- 最美中国·文化旅游生态旅游目的地
- 山东省县域经济发展先进单位
- 山东省省级文明区
- 山东省电子商务示范县
- 山东省基层党建工作先进区
- 省级农产品质量安全区
- 平安山东建设先进区
- 省级双拥模范区

福山区志

（1978—2002）

烟台市福山区史志编纂委员会　编

方志出版社
Publishing House of Local Records

图书在版编目（CIP）数据

福山区志．1978—2002 / 烟台市福山区史志编纂委员会办公室 编编．— 北京 ：方志出版社，2018.9

ISBN 978-7-5144-3292-3

Ⅰ．①福… Ⅱ．①烟… Ⅲ．①福山区—地方志—1978-2002 Ⅳ．① K295.24

中国版本图书馆 CIP 数据核字（2018）第 219455 号

福山区志（1978—2002）

编　　者：烟台市福山区史志编纂委员会办公室
责任编辑：刘方圆

出 版 人：冀祥德
出 版 者：方志出版社
　　　　　地址　北京市朝阳区潘家园东里 9 号（国家方志馆 4 层）
　　　　　邮编　100021
　　　　　网址　http://www.fzph.org
发　　行：方志出版社图书经销中心
　　　　　电话（010）67110500
经　　销：各地新华书店
印　　刷：青岛海蓝印刷责任有限公司
开　　本：889×1194　　1/16
插　　页：2 页
印　　张：63.5
字　　数：2067 千字
版　　次：2018 年 9 月第 1 版　　2018 年 9 月第 1 次印刷
印　　数：0001 ～ 5000 册

ISBN　978-7-5144-3292-3　　定价：790.00 元

福山区史志编纂委员会

刘文林　孙乃祝　姜广益　周道隆　于脉才　李维良　周福成　杜晓雯
沈立国　钟　文　刘文龙　张仲杰　王　钧　逄孝海　于业军　纪　鹏
胡绍东　徐侃云　尹作光　林克芳　姚有才　孙丽娟　马少彦　柳玉庆
徐嘉涛

2012年3月调整

名誉主任：姜中二

主　　任：戴龙成

副 主 任：宋福荣

成　　员：宁　波　侯　亮　王岳峰　张业明　刘忠顺　姜广益　胡启运　刘文林
孙乃祝　周道隆　李维良　周福成　杜晓雯　沈立国　钟　文　刘文龙
张仲杰　王　钧　逄孝海　于业军　纪　鹏　胡绍东　徐侃云　尹作光
林克芳　姚有才　孙丽娟　马少彦　柳玉庆　徐嘉涛　林屹东

2015年12月调整

名誉主任：戴龙成

主　　任：李金涛

副 主 任：宋福荣

成　　员：黄明利　薛建伟　宁　波　胡启运　张业明　钟　文　刘忠顺　毕建宏
刘新鹏　李国防　纪　鹏　宫　涛　赵玉浩　徐建国　高中卫　唐晓东
胡绍东　马建宁　杜晓雯　吕道飞　张仲杰　林义先　周道隆　刘文龙
王有兴　迟少华　吕祖光　孙丽娟　林屹东

2018年3月调整

名誉主任：祁小青

主　　任：李金涛

副 主 任：王德胜　孙韶波　于业青　毕建宏

成　　员：王　波　于　涛　宁　波　宋嘉林　马建宁　刘新鹏　翟红升　周道隆
纪　鹏　徐建国　吕道飞　李文涛　柳光全　赵玉浩　邢　健　张成海
宫　涛　孙丽娟　孔祥良　韩旭东　林义先　林屹东　侯　亮　张中学
陈积春　张鹏举　周建鹏　刘延塔　刁　飞　马培文

《福山区志》初稿（2002—2005）编审人员

主　审：王曰义

副主审：于　东　迟景国　钟庆利　陈　新

主　编：徐嘉涛

副主编：解广海　杨学宽

编　辑：柳宗铎　胡克礼　徐嘉起　马培文　牟东惠　徐立业　刘一飞　李杨帅

《福山区志》送审稿（2005—2010）编审人员

主　审：姜中二　卫　京

副主审：揣文汇　于　泳　李洪斌　吕道飞

主　编：徐嘉涛

副主编：解广海　杨学宽

编　辑：林治楠　王植和　刘宗俊　于琳永　马建华

《福山区志》修订稿（2010—2012）编审人员

主　　审：戴龙成

副 主 审：宋福荣　李洪斌　吕道飞

主　　编：徐嘉涛

副 主 编：解广海　杨学宽

编　　辑：胡克礼　徐嘉起　牟东惠　徐立业　林治楠　王植和
　　　　　刘一飞　李杨帅　刘宗俊　于琳永　马建华

特邀编辑：姜洪臣　胡　良　宋嘉林　杨爱民　李佳丽　初志霞　马咏梅

《福山区志》出版稿（2013—2018）编审人员

主　　审：李金涛

副 主 审：王德胜　黄明利　王　波　宋嘉林

特邀主审：胡其林

主　　编：林屹东

特邀主编：权锡铭　胡其华

编　　辑：颜　旗　初世朴　于祖强　邹　伟　石卫坚　王维丽

生态福山（赵丽娜　摄）

福山高新区部分实景（于惠武　摄）

门楼水库一角（韩淑晶　摄）

王懿荣纪念馆（盐场大成栈）

甲骨之父
甲骨功臣
甲骨魂
光辉生平
高風垂百

第八届中国·烟台大樱桃节在福山举行（孙文潭　摄）

大樱桃之乡迎客来（孙波　摄）

福山美食展（吕静波　摄）

福山籍厨师在全国烹饪大赛获奖

百福图

2009年8月13日，福山区隆重举行王懿荣发现甲骨文纪念活动（图为领导、专家为王懿荣纪念馆奠基）

福山博物馆

2006 年，中国烟台 SOS 儿童村张雨霄被全国妇联评为“中国百名优秀母亲”

福山区地图

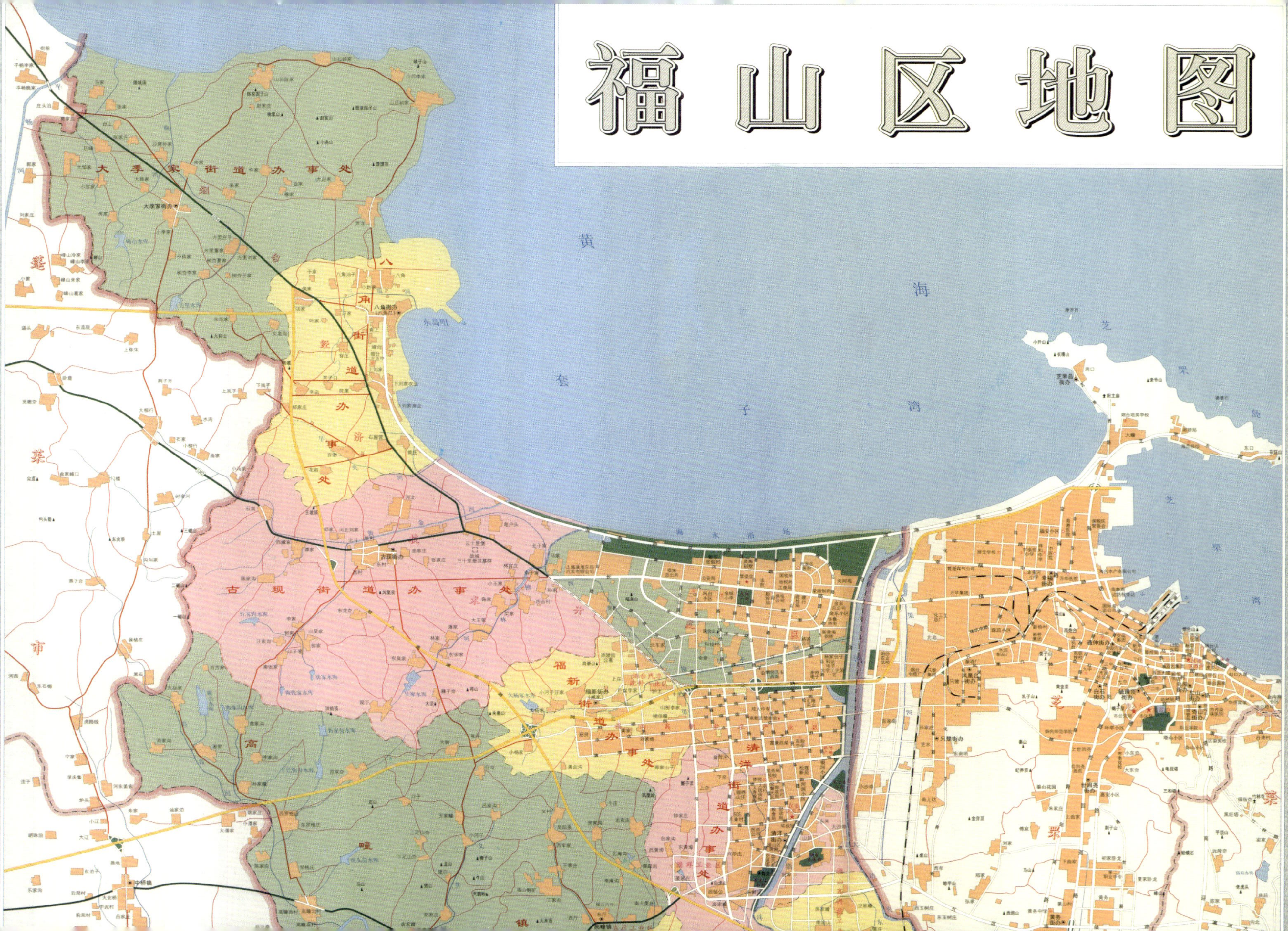

黄海
套子湾
芝罘湾
八角街道办事处
大季家街道办事处
古现街道办事处
福新街道办事处
清洋街道办事处
高疃镇
东岛咀
芝罘区
莱山区
蓬莱市

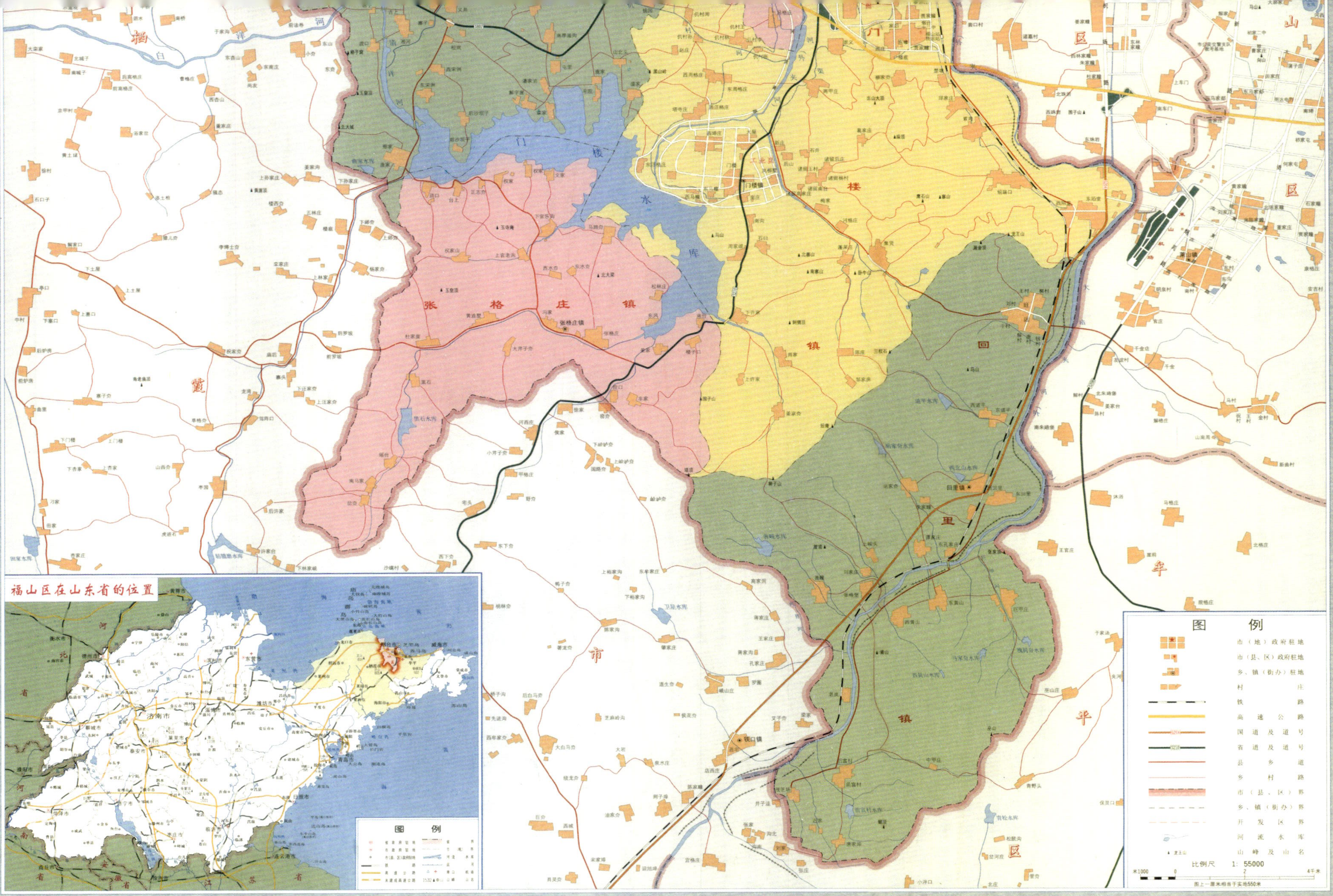

统一书号：1280532·659　2004年12月第1版　2004年12月第1次印刷　定价：28.00元　印数：0001—3000
主编：董智家　责任编辑：王玉琴　电脑制作：崔海华　烟台市福山区地名办公室提供标准地名资料　山东省地图出版社编制·出版·印刷·发行
鲁SG(2004)086号

·序·

修志是中华民族源远流长的优良传统。福山编修地方志，始于明朝，后经历代传承，延续至今。现在这部记述1978—2002年间福山发展足迹的志书，是全区修志人员历经10余年艰辛磨砺的结晶，更是福山区文化建设领域的又一丰硕成果，可喜可贺！

福山山川灵秀，物产丰饶，拥有“鲁菜之乡”“中国书法之乡”“中国大樱桃之乡”三大国字号名片，素有“福山福地福人聚”之美誉。福山民风淳朴，急公好义，革命战争年代，无数有志青年奔赴沙场，为民族解放立下战功，成为后人楷模；中华人民共和国成立后，福山人民积极投身社会主义现代化建设，涌现出许多爱岗敬业、无私奉献的劳动模范、先进人物，诠释着福山精神；改革开放以来，福山经济发展蒸蒸日上，城市形象日新月异，社会事业欣欣向荣，人民生活正朝着全面小康稳步迈进。

盛世修志，志载盛世。福山曾分别在明万历、清康熙、清乾隆年间和民国初期、20世纪80年代，修编过五部志书。上部《福山区志（1131—1985）》于1990年出版，距今已近30年。这期间，福山变化翻天覆地，修志记之，势在必行。中共福山区委、区政府顺应时势，聘有识之士，倾全区之力，启动编修续志。在编修过程中，许多老同志、专家、省市领导及兄弟县市区同行给予了精心指教，全区各级党政机关、企事业单位和各界人士提供了大力支持，各位编纂人员更是兢兢业业、不辞辛苦、长年累月伏案工作，直至志书付梓出版。在此，谨向所有付出艰苦劳动的修志人员和给予关心、支持、帮助、指导的单位和朋友，致以衷心的感谢！

“治天下者以史为鉴，治郡国者以志为鉴。”续编区志与上部区志一脉相承，运用辩证唯物主义与历史唯物主义的观点、方法，广征博采，认真考证，条分缕析，略古详今，总体设计不落俗套，篇目厘定顺应变革，突显地方特色和改革开放新风貌，实为一部反映当代福山的百科全书。诚望全区干部群众学好区志、用好区志，承先辈壮志，扬拼搏精神，不忘初心、牢记使命，凝心聚力、逐梦前行，奋力谱写福山开放创新发展的辉煌篇章。

中共烟台市福山区委员会

烟台市福山区人民政府

2018年9月

·凡　例·

一、《福山区志（1978—2002）》以马克思列宁主义、毛泽东思想、邓小平理论、“三个代表”重要思想、科学发展观、习近平新时代中国特色社会主义思想为指导，坚持辩证唯物主义和历史唯物主义的立场、观点和方法，全面反映福山区自然和社会的历史与现状，展示地方特色，积累、传承地方文献，力求达到思想性、科学性和资料性的统一。全书资料翔实，纲目清晰，特色鲜明，为福山区各级领导干部追思过去，展望未来，认识区情，振兴福山区提供借鉴，对促进福山区经济、社会等各个领域发展都将发挥重要作用，是一部重要的工具书和资料库。

二、本志是1989年出版的《福山区志》续志，前志下限为1987年。为完整反映历史进程，上限定为1978年，下限断为2002年。为使志书前后连接，部分内容适当上溯或下延。对旧《福山县志》和《福山区志》遗漏事项、人物加以补遗，使之不断充实、完善。

三、本志坚持科学分类和社会分工相结合的原则，事以类聚，类为一志，横排门类，纵述史实，力求做到门类合理，归属得当，层次分明，排列有序。篇目设置采用编、章、节、目（个别地方设置子目）结构，目、子目不排顺序号，以不同字体区别。为彰显地域特色，特设烹饪、侨务、果业、高新技术产业区、门楼水库库区开发编。本志共设34编，176章，694节。

四、本志采用述、记、志、传、图、表、录等通用体裁，以志为主。卷首设概述、大事记，卷尾有附录，均不列入编的序列，也不设章、节。大事记以编年体为主，兼用纪事本末体，主要收录1978—2002年境内发生的大事、要事（含新事、奇事等）；附录辑存未曾收入正文的有重要历史价值的资料。为提高志书的著述性，各编、章开头大多设置无题小序，以叙为主，间有议论。在志中，坚持以事系人。图表随文而设，以达图文并茂。

五、入志人物，以本籍人物为主，客籍人物在境内有重大影响者也收入，分为人物传和人物名录两部分。坚持生不立传的原则，对社会历史发展有重大贡献、业绩突出的已故者入人物传，包括古代人物补遗、现代党政军企干部和社会名人；有突出贡献的在世者，以人物名录的方式入志，涵盖党政军企领导和科技人员。

六、行文采用规范的语体文、记叙体，力求语言朴实、简洁、流畅。用字，以国家语言文字委员会1986年10月重新公布的《简化字总表》为准。

七、数字标点符号用法，以《中华人民共和国国家标准出版物上数字用法》《中华人民共和国国家标准标点符号用法》为准。纪年，中华人民共和国成立（1949年10月1日）后，采用公元纪年；中华人民共和国成立前，采用朝代纪年。志书中××年代，如“50年代”等表述，均指20世纪；新世纪指21世纪。

八、计量单位使用法定计量单位。农田土地面积沿用“亩”为计量单位；单位、团体、会议名称及专用术语，第一次出现时用全称，再次出现时用简称。

九、本志资料坚持求真务实、宁缺毋滥的方针，力求翔实丰富，主要由相关部门、单位、镇街提供，部分资料来自档案、文献、行业志书及社会调查。所用资料一般不注明出处，各种资料均经过严格核实、考证后载入，力求准确无误。2002年9月17日，古现镇整建制划入烟台经济技术开发区，部分统计口径发生变化，志书中均已注明。

十、本志一律用第三人称。1983年11月以前，称“福山县”或“全县”“县内”“境内”“域内”；1983年11月以后，称“福山区”或“全区”“区内”“境内”“域内”；“改革开放”，指1978年中共十一届三中全会之后。

十一、为方便检索和阅读，书后附有要目索引、入志人物索引和附录索引三部分，按首字汉语拼音字母次序排列。

·目　录·

第三编　人口

第四编　城乡建设

第五编　环境保护

第六编　党派群团

第七编 政权 政务 政协

第八编 政法

第九编 民政

第十编　劳动人事与社会保障

第十一编　农业　农村

第十二编　林业

第十三编　果业

第十四编　水利

第十五编　高新技术产业区

第十六编　门楼水库库区开发

第十七编　水产

第十八编　工业

第十九编　乡镇企业　民营经济

第二十编　商贸　粮食

第二十一编　烹饪

第二十二编　财政

第二十三编　税务

第二十四编　金融保险

第二十五编　科技

第二十六编　教育

第二十七编　邮政　电信

第二十八编　交通

第二十九编　经济管理

第三十编　文化

第三十一编　体育

第三十二编　卫生　医疗

第三十三编 华侨 港澳台同胞

第三十四编 社会生活

人 物

附 录

·概　述·

福山区位优越　福山区地处山东半岛东北部，位于北纬37°14′～37°43′，东经121°02′～121°22′，与朝鲜、韩国、日本隔海相望。北临烟台经济技术开发区（以下简称烟台开发区），东以大沽夹河为界与芝罘区、莱山区隔河相望，东南与牟平区为邻，西南与栖霞市相连，西北与蓬莱市接壤。最大横距29.7千米，最大纵距54.7千米，区域总面积482.83平方千米（不含烟台开发区及蓬莱市原大季家镇）。公路四通八达，铁路纵贯南北，中心城区距烟台港、火车站不足14千米，到烟台国际机场（蓬莱潮水）仅30千米；区政府距烟台市政府16.5千米，离济南市472千米，至北京市680千米。

福山历史悠久　福山，商为莱国地，西周为牟子国地，秦、西汉置腄县，唐置清阳县，以后隶属多次变更。1131年（金天会九年）设福山县，历代沿之。1940年5月，县抗日民主政府成立，治所不定。1945年8月，民主政府迁入县城，隶属胶东行政公署北海专署。1950年3月，由文登专署管辖。1956年3月，由莱阳专署管辖。1958年10月，福山县建制撤销，并入烟台市。1962年4月，建制恢复，隶属烟台地区。1983年11月，改为烟台市辖区。2002年底，福山区辖2个街道、4个镇、1个高新技术产业区（以下简称高新区），分别是清洋街道、福新街道、高疃镇、门楼镇、回里镇、张格庄镇、高新区，共有231个村居（其中179个行政村，52个居委会），常住人口24.9万人。

福山地理条件良好　福山属低山丘陵区，其中山地占总面积的32.31%，丘陵占40.19%，平原占21.08%，洼地占1.5%，水域占4.92%。地势西南高，东北低，由西南向东北倾斜。境内有塔顶、狮子山等大小山峰140座，清洋河、大沽夹河等河流32条。始建于1958年的门楼水库是烟台市区最大的水源地，总库容1.26亿立方米。福山属暖温带东亚季风区大陆性气候，四季分明、各具特色，冬无严寒、夏无酷暑。年均降水量651.1毫米，气温12.5℃，日照2643.3小时。全年相对湿度64%，平均无霜期223天。

福山自然资源丰富　境内已发现矿产30种，主要矿床点26处。其中金属矿产有铜、锌、钼、金、银、镉、硒、碲等11种；非金属矿产，有磷、黄铁矿、透辉石、石灰岩、白云岩、玄武岩、花岗岩、水泥用大理岩等17种；水气矿产有地下水和矿泉水2种。查明资源储量的矿产13种，其中铜、锌、钼、镉、透辉石居全省第一位，钼居全国第四位。福山曾经是著名烟台苹果主产地，当年所产“青香蕉”“红香蕉”“小国光”等苹果均被国家评为优质果品；现在是大樱桃主产地，“佐藤锦”“红丰”“雷尼”等品种大樱桃获1995年度中国国际农业博览会金奖，被中国特产之乡命名组委会授予“大樱桃之乡”。2002年，全区水果总产量7.85万吨，果业收入占农业总收入的67%。

福山文化底蕴深厚　福山是“甲骨文之父”王懿荣的故乡，始建于1989年的王懿荣纪念馆先后被省、市授予优秀社会主义教育基地和优秀爱国主义教育基地。在现代书法领域，涌现出胡铁生、权希军、邹振亚、邹德忠、史世奇等一大批享誉国内外的书法家，被授予“中国书法之乡”。福山烹饪享誉天下，是鲁菜的发祥地，宋朝的“北食”，即出于福山厨师之手；明、清时期，福山烹饪技术传入宫廷，福山厨师开设的“金华馆”常供奉宫廷御膳。2001年，中国烹饪协会为福山冠名“鲁菜之乡”。福山旅居海外的侨胞遍及世界32个国家和地区，被称为“华侨之乡”。2002年，华侨总数达到1713户、6201人。

改革开放以来，福山经济社会稳步发展，群众生活水平不断提高。2002年，完成国内生产总值42.04亿元，是1978年的50.6倍，三次产业比例调整为13.6∶57.8∶28.6；固定资产投资25.12亿元，社会消费品零售总额9.77亿元，地方财政收入3.24亿元，分别是1978年的461倍、30.2倍和28.7倍；农民人均纯收入3647元，城镇居民人均可支配收入7604元，逐步向小康水平迈进。

农业经济高速发展。1980年初，全区实行家庭联产承包责任制后，农民生产积极性空前高涨。到2002年，实现农业总产值6.33亿元（不变价），是1978年的12.71倍。粮食总产4.56万吨，粮食和经济作物种植比例达到1∶5。蔬菜、瓜类产量达84451吨，同比增长81.8%。发展区、镇、村三级示范园178个，面积为316公顷。年末生猪、大牲畜存栏量分别达到4.51万头和0.46多万头，肉、蛋、奶总量1.79万吨。农机总动力20.7万千瓦时，农业用电量1.91亿千瓦时。

工业体量持续壮大。乡镇企业异军突起，撑起福山经济的半壁江山。1997年实行企业改制，区、镇、村三级企业改制面分别达到88%、86.9%和75.4%。门楼、高疃、张格庄三个水泥厂初具规模，年开采水泥大理岩500万吨，开采总量1.2亿吨。2002年底，全区有工业企业948个，其中，国有企业20户，集体企业471户，私营企业447户，中外合资企业10户。全区工业用电2.78亿千瓦时，是1978年的10.81倍；完成工业总产值43.89亿元（不变价），是1985年的14.86倍（之前无据可查）；完成工业增加值19.3亿元，是1978年的92.52倍；实现利税15.16亿元、利润6.19亿元。

对外开放成效显著。1991年2月，成立高新技术产业区，赋予其改革、开放、试点权和项目、人员管理权，实施“五通一平”基础工程建设，减少各类检查、达标和直接收费。1992年6月、1993年9月，烟台市与山东省政府同意成立烟台开发区福山工业园区，并享受烟台开发区的优惠政策。1994年，烟台太华服装公司成为园区首家入驻外企。之后，进入园区的外企不断增多，逐步成为全区工业经济的“龙头区”。1997年，平稳度过亚洲金融危机后，引进外资量稳中有升，至2002年，共引进项目163项，合同利用外资3.1亿美元，实际利用外资2.22亿美元。仅2002年，完成外贸进出口总额17869万美元，其中外贸进口8850万美元，外贸出口9019万美元。

城市功能不断完善。改革开放后，城市规模不断扩大，道路交通便捷通畅，城市面貌发生巨变。新百货大楼、西苑商贸城、新东花园等商贸设施与建材批发市场相继建成并投入使用。门楼、张格庄、高疃、臧家、回里等大樱桃批发市场初具规模，到2002年，建成运营城乡集贸市场26个，商品成交额5.58亿元。1984年，建成区府礼堂、华侨宾馆及总面积61.43公顷的河滨公园等，后又建成河滨广场、银河广场等。2002年底，全区完成楼房建筑面积34万平方米、产值2.6亿元，人均居住面积达到31平方米；建成区面积20多平方千米，相当于1978年的40多倍；公路通车里程422千米，货运量224.3万吨，客运量281.3万人次。

科教实力稳步提升。80年代，全区创新开展“中小学生作文训练科学化、单元达标教学和学生综合素质发展评价”三项教改试验，取得瞩目成果，先后吸引27个省市考察团到福山考察学习，《光明日报》《中国教育报》等媒体进行了专题报道。近年来，为扩大教育资源优势，先后建设福山一中（新校）、格迈纳尔中学、劳动技校、汽车工业学校等，到2002年，全区拥有各类学校72所，在校学生33642人。同时，各类科研机构相继成立，到2002年，全区拥有科研机构26家，科研项目遍及工业、农业、建筑等领域，先后获区级以上科技成果奖2566项，申请发明专利、实用新型专利、外观设计专利381件。

文化事业日益繁荣。大力创建社会文化先进乡镇、文化模范村、模范文化广场，广泛开展“蒲公英”农村儿童文化园活动，基本形成区、镇街、村居三级公共文化网络。先后建成广播站、电视台、档案馆、文化馆、图书馆、文物管理所、影剧院各1处，镇文化站10处，企业文化室32处，农村文化室82处。至2002年，全区文化场所达到100多处。同时，注意更新观念，有计划、有步骤地发展旅游产业，2002年，各景点接待国（境）外客人1499人（次）、国内客人15.78万人（次），实现旅游收入2.3亿元，其中外汇收入56.5万美元。

卫生体育蓬勃发展。医疗卫生方面，到2002年，全区有区级医院1处，保健医院1处，乡镇中心卫生院3处、卫生院7处，私营专科医院2处，村卫生所185处，民营诊所52处，床位470张；卫生技术人员521人；每千人口拥有病床1.5张，较80年代提高1倍。居民平均年龄从70岁提高到74.84岁。体育事业方面，1977年以来，福山先后设立体委、体育局、体育活动中心，投资建设福山体校和全国赛艇后备人才基地，形成以区体校为支柱、以各学校传统体育项目为基础、以社会办武校等体育项目为补充的业余训练网络。1982—1985 年，福山籍运动员在参加的市级以上比赛中，获国家级金牌 3 枚、省级金牌 1 枚、市级金牌 8 枚。2002 年，全区群众性武术传授活动普遍开展，螳螂拳、通臂拳、三皇炮捶在民间广泛传承；福山籍运动员唐功红被选调到国家体育举重中心，成为日后闻名世界的奥运举重冠军。

现如今，福山的天更蓝、水更清、山更绿；街更宽、楼更多、城更美。回顾过去，成就辉煌；展望未来，豪情满怀。福山人民将在区委、区政府的坚强领导下，崇文尚德、创新奋进，戮力同心、顽强拼搏，为全面建成小康社会，打造现代化开放创新之区而不懈奋斗。

·大事记·

1978年

1月，福山百货大楼竣工，主楼4层，建筑面积5300平方米。

春，县统一规划，沿烟潍公路两侧，东起古现公社北于家村西、西北至八角公社侯家村东，全长12千米，对333.33公顷土地进行整治。县成立指挥部，分两个工地，参加古现段整地的有古现、门楼、回里、东厅、张格庄5处公社的158个大队；参加八角段整地的有八角、臧家、兜余、高疃、福山镇5处公社的148个大队，共1万余人参加会战。附近大队社员朝出夜归，较远大队社员安营住宿设灶。到1979年春完工，总投工70万个，整地360公顷。由于“左”的影响，仍属“大兵团作战”“一平二调”性质。

4月，旺远柳村发现一例肝吸虫病人，治疗后痊愈。

5月5日至8日，县第八届人民代表大会在县城举行，历时4天。大会号召全县人民要认真贯彻中共十一大路线和全国五届人大提出的新时期总任务，为在本世纪内把中国建设成为社会主义现代化强国做出贡献。本届只举行1次会议。

6月25日，县邮电局开通400门HJ—008型纵横制自动交换机，实现县城电话自动化。

7月25日，县武装部召开民兵表演比赛大会，参赛民兵240余人，历时3天。

8月，福山变电站由烟台电业局移交福山电业局管理；全县发生黏虫灾害，受灾面积达1.2万公顷。

10月，商业系统开始实行“利润留成法”。

12月下旬，县委组织全县人民学习中共十一届三中全会文件，使干部群众了解党的“把工作重点转移到社会主义现代化建设上来”这一重大决策的现实意义和深远意义。

是年，福山被评为省计划生育工作先进县；县农业科学研究所建立，机构设在县良种场，地点在胜利东村，占地3公顷；县城护城壕填平，旧城陋迹消失，百货、邮电、供销社大楼等拔地而起，县城始展新容；东北关村蔬菜队“大白菜、大椒杂交良种及杂交优势利用”成果获山东省科技大会奖励。

1979年

1月17日，楮佳疃村在该村礼堂开大会，群众吸烟将烟蒂丢在刨花里引起火灾，礼堂被烧毁，经济损失2.5万元。

2月，贯彻执行中共中央《关于地主、富农分子摘帽问题和地富子女成分问题的决定》，经群众评审，县革委批准，一次摘帽462名，纠正10名。1981年，全部摘掉帽子，改为社员成分，恢复政治权利。

同月，县电视大学招生，招收机械工业班学员20名。

3月22日，县精神病防治院建成，设病床40张。

27日，打击贪污盗窃、投机倒把“双打”运动结束，历时18个月。全县共查获贪污盗窃、投机倒把分子32名，追回赃款和赃物折款36331元。

同月，县委、县革委办公大楼破土动工，同年8月建成。设计为5层，实建成4层。长76.45米，宽17.24米，建筑面积4608平方米。1990年，接政府大楼东山墙向东又南拐，增建档案馆楼。1995年，按原设计图纸增建主楼第5层。

5月18日，县革委会批准成立10处公社农电站。

同月，福山铜矿科研室设计的GMOS集成电路数字控制加药系统组装成功，经鉴定达到国内先进水平。

6月，小麦大丰收，全县12066公顷小麦平均亩产247公斤，创历史新纪录。

夏，大旱。县革委组织人工降雨，中国人民解放军烟威警备区支援6门高炮，在八角、古现、高疃、谭家庄、张格庄等公社设发射点。

秋，八角海珍品育苗室建成。

10月，提高肉、蛋、蔬菜、水产品、奶制品等8种副食品销售价格。国家职工每月增加5元副食品补贴。

11月28日，县第一届侨眷、归侨代表大会召开。

同月，全县40%的干部、职工增加工资。执行四类区工资标准。

12月23日，县归国华侨联合会成立。

是年，县人民武装委员会恢复；开始引进日本“红富士”苹果品种；提倡1对夫妇只生1个孩子，全县独生子女领证率达到85%。

1980年

1月1日，县气象站开始进行天气预报。

同月，全县地名普查工作开始。

2月，推广地膜覆盖栽培蔬菜技术。

春，进行扇贝人工育苗和海参人工增殖试验。

3月，县火葬场建成投运，位于两甲庄村南、鹰山北。

7月4日，朝鲜平壤蔬菜研究所所长金莫善一行到东北关大队考察大白菜育种情况。

14日　烟台军分区帮助福山县架设县防汛指挥部至门楼水库的“八一”型防汛电台。

8月27日，中共福山县第五次代表大会在县城召开，历时4天。大会选出中共福山县第五届委员会和出席省第四届党代会代表；选举杨克明为县委书记。

同月，门楼水库启闭式溢洪大闸工程竣工，由12孔(10×6)平板钢闸门组成，总宽180米，最大泄洪量为8340秒/立方米。

9月10日，首批中小学保健教师学习班在县卫生学校结业，共培训保健教师65名。14日，开始技术职称评定工作。全县449名工程、农技干部被评为初、中级技术职称。

同月，县卫生局派代表出席全国防痨工作会议并介绍经验；上海电影制片厂《喜盈门》摄制组来福山拍摄外景。

12月12日，县第九届人民代表大会在县城举行。大会选出本届人大常务委员会和人民政府正、副县长；选举杨克明为县人大常务委员会主任、王正麟为县人民政府县长；将县革命委员会改称县人民政府。历时4天。本届共举行6次会议。

同月，全县有247个大队通电，占全县大队总数的80.72%。

是年，“海鱼淡化”和“流水高密度养草鱼”试验获得成功；沿海渔民开始应用对讲机和鱼群探测仪；加强海上资源保护和安全管理，设专职护滩人员；开展侨情和港澳同胞普查工作，全县共有华侨、外籍华人、港澳台胞2613户、6328人。

1981年

3月，全县集资援建龙口发电厂，至1983年共集资401万元。

同月，东北关村蔬菜科研队培育的“福东茭瓜1号”品种获省科技成果三等奖。

24日，县委召开首次知识分子座谈会。出席会议的有工程师、农艺师、医师、教师和文艺界的代表，共24人。

同月，老岚村小学三年级学生康永坡临危不惧，在火车轨道上勇敢抢救聋哑儿童，被团县委、教育局授予“舍己救人的优秀少先队员”。

4月1日，县公证处成立。

同月，县地方志领导小组及史志办公室成立。

6月28日和8月3日，烟台东海域地震，福山有震感。

7月，全县发生玉米螟，受害面积8666.7公顷，损失粮食9万公斤。

同月，国家首次发行国库券，全县认购45.26万元。

8月19日，烟台电业局在福山召开农电工作会议。时任电力工业部部长李鹏到会讲话，并到兜余公社蔡家夼大队和福山镇公社东关大队考察一户一表情况。

9月16日，日本东京大学蔬菜研究专家松山直仪到东北关大队考察大白菜栽培技术。

7月至12月，开始纠正“文化大革命”中冤、假、错案，落实干部政策工作。至1983年3月全部结束，共复审纠正2139起，占立案总数的94.4%。

12月，县革委调荷节电办公室改为县人民政府“三电”（计划用电、节约用电、群众办电）办公室。

是年，门楼水库鱼种厂建成，年孵化能力为1500万尾；八角水产养殖场扇贝人工育苗获国家农委和国家科委联合颁发的技术推广奖。

1982年

2月，县化肥厂改建为烟台味精厂，当年投产。所产“福寿”牌味精销往国内外。1983年获省优，1986年获部优。

3月，开展以治理“脏、乱、差”为中心内容的“全民文明礼貌月”活动。

4月，推广地膜覆盖花生栽培技术。

春，大旱，河道大部断流，小水库干涸，人、畜吃水困难。全县1000多名机关干部下乡领导抗旱，适时完成春播任务。

5月10日，县首届幼儿运动会开幕。

同月，县委组织15个检查小组对全县落实知识分子政策工作进行全面检查。

6月，和平、大转、巨屯大队联合兴办的自来水工程告竣，结束到外村挑水吃的历史。

7月，济南军区副参谋长周水朵和省军区司令员赵峰到福山检查民兵预备役工作。县委书记杨克明陪同。

同月，进行第三次人口普查，以7月1日零时为标准时间，全县总人口281455人，其中男性139987人，女性141468人。

31日，县农学会成立，下设农业、林业、果业、畜牧兽医4个分会。

8月7日，全县“三级干部”会议召开。会议由县长王正麟主持，县委书记杨克明出席会议并讲话。会议主要议程是贯彻落实烟台地委“牟平三干会”精神，在全县推广莒县吕鸿宾实行的大包干家庭联产承包责任制经验。

25日，全县普降暴雨，冲垮塘坝7座，倒塌房屋2500间，受淹粮田433公顷，损失约700万元。

同月，塔寺庄锅炉厂生产的低压锅炉被评为省优产品。

11月11日，县委、县政府下达《关于五统一下专业联产承包责任制若干问题的意见》，对实行农业生产责任制过程中出现的问题，提出17点意见。

12月20日，福山县在烟台地区率先实现村村通电。

29日，县工程技术学会成立，下设机械、轻化纺、电器、建筑4个分会。

同月，县委、县政府组织320余名县、社干部深入各大队宣传家庭联产承包生产责任制；县政府礼堂动工，1984年7月建成。建筑面积4274平方米。

是年，福山县获烟台市地方病防治、精神病防治、肠道病防治、食品卫生成绩第一名；门楼水库管理局利用网箱培育大规格鱼种取得成功，其负责人出席华东地区网箱养鱼和全国培育大规格鱼种经验交流会，并在会上发言；东北关村蔬菜科研队选育的“福东大白菜1号”和“福东大椒2号”在全国推广；全县党政机关、文教、卫生等工作人员普调一级工资；县农林局从市林科所引进健杨杂交杨新品种，并在东关、邱家庄、紫埠、西宋大队进行造林，共植树造林26.7公顷。

1983年

1月20日，提高棉布销售价格，降低化纤布、国产表、闹钟、胶鞋等销售价格。

26日，县委在姜家夼大队召开现场会，严肃处理该大队1982年12月2日至13日346户砍伐国家成材树4819棵的毁林事件，宣布将首要分子姜道璞逮捕法办，对大队党支部书记、大队长分别给予留党察看1年和党内警告处分。

同月，县制锨厂和北京市劳动环境保护研究所共同研制的ZYL—20消声器通过鉴定，性能良好，准予推销。

2月1日，县劳动致富专业经验交流会召开。81名代表参会，多数代表介绍了致富经验。

21日，中国人民政治协商会议福山县第一届委员会召开，历时6天。选举胡登宝为县政协主席，邢书仁、杨杰臣为副主席。本届共举行3次全委会议。

3月19日，县食品公司500吨冷库建成投入使用。

5月，县科学代表大会开幕。在科技工作中作出成绩的各行业代表463人出席会议，有68个先进集体、先进个人受到表彰。

同月，福山华侨宾馆动工兴建，福山籍华侨和港澳台胞捐赠现金及物资折价共计80万元，1984年8月竣工；开始利用粉锈宁防治小麦全蚀病，平均白穗率下降81.1%。

6月，烟台西北海域地震，县城有震感。

8月，全县开展严厉打击刑事犯罪分子活动。

9月，上海电影制片厂《咱们的牛百岁》摄制组到福山拍摄外景。

10月，35千伏吴家变电站、城镇变电站破土动工，1985年11月竣工运行。

11月，福山县划归烟台市，为市辖区。

同月，全区94个企业的职工普调1级工资，分2批至翌年5月结束。

12月1日，销售各种针棉织品停收票证。翌年，棉花、棉布及棉织品敞开供应。

13日，政协福山区第一届委员会第二次会议召开。选补冯德悦为区政协主席，于宝珠、郭新湖、王伟麟为副主席。

12月，电业局、供电所合并，更名为福山区电业公司，同时撤销电业局党组，成立电业公司党支部。

同月，张洪刚任中共福山区委书记。

年底，全县各业重点户、专业户已发展到25087户，占总农户的34%；县“四坊”（磨坊、油坊、粉坊、豆腐坊）已发展到1408处，食品加工点157处；县政府为农民的自留地、山、园、滩和房前屋后的林木办理登记手续，发放林权证。

是年，国家领导人李先念在中国驻土耳其大使馆接见福山烹饪大师尹品山；县委组织276名干部、会计深入农村社队，检查各项承包合同签订情况；粮食征购改为户交售、户结算；玉米螟、小麦蚜虫、花生蚜虫、稻纵卷叶螟为害，19600公顷粮田受害，粮食减产127万公斤；县水产局、八角公社、八角派出所联合组建福山区海上治安管委会，下设海上治安队。

1984年

1月，各公社成立农业技术服务公司，指导农民劳动致富。

2月，省政府正式批准福山区城区建设总体规划方案并付诸实施。

同月，福山县人民政府“三电”办公室改为福山区人民政府“三电”办公室，副区长初展葵任主任。

4月，山东军区司令员刘玉德到福山人武部检查指导工作。

同月，民政部与国际SOS儿童村组织达成协议，在福山区兴办一所SOS儿童村。同年11月，国际儿童村主席赫尔曼·格迈纳尔和海尔姆特·库廷一行5人专程到福山考察，同意由国际SOS儿童村拨款80万美元（后增至100万美元），福山区划拨土地3.6公顷，在西山路西侧兴建中国烟台SOS儿童村。1985年4月，儿童村建设动工。1986年10月，竣工。开始招聘“妈妈”16名，聘任妈妈助理3名，收养孤儿80名，组成16个家庭，使失去家庭温暖的孤儿得到新的母爱。至2010年，已累计收养来自山东、河南、新疆、黑龙江、辽宁等60个县市区的孤儿300多人。

同月，人民公社改称乡镇，生产大队改称行政村；全区商业系统在北京、上海、广州、内蒙古等地建立信息网，进行市场预测预报；根据国务院“关于进行全国第二次土壤普查”的文件精神，开始对全区进行第二次土壤普查，于1985年7月全面完成任务，并通过山东省土壤普查领导小组的检查验收。

5月16日至19日，区第十届人民代表大会在福山礼堂举行。大会选出第十届人大常务委员会主任、副主任、委员和人民政府区长、副区长；选举杨克明为区人大常务委员会主任、杜昌敏为福山区人民政府区长。本届共举行3次会议。同时，政协福山区第二届委员会在县城召开，历时4天。本届共举行4次全委会议。

20日，烟台陆军预备役师福山炮兵团举行建团大会。

28日，8个乡镇降雹，最大直径6厘米，历时20分钟，损失苹果290万公斤。

同月，食品发酵论证会在区政府招待所举行，来自北京、上海、沈阳、济南、烟台的20多名专家对发展福山区食品发酵工业发表了意见。

6月20日，福山区教师进修学校副校长唐懋宽设计的《中文声数编码方案》通过省级鉴定，为汉语文字信息处理实现计算机化做出贡献。

25日，西埠庄村麦场连续失火，烧毁粮食1万公斤，损失约8000余元。

7月16日，中共福山区第六次代表大会在福山礼堂举行。大会选举产生中共福山区第六届委员会和纪律检查委员会。选举张洪刚为区委书记、金胜波为纪检书记。

同月，区发酵公司与上海新型发酵厂联营建烟台分厂；首批商品住宅楼竣工，建筑面积8000平方米；福城桥建成，建筑质量被评为烟台市优良级。

8月18日，福山区侨属台属代表会议开幕，403名代表和13名侨胞、台胞出席会议。

9月21日，实验小学建成开学。

10月20日，市政府在福山北部沿海划出22.68平方千米，成立烟台经济技术开发区。

11月，汤家村农民于秋季试种西瓜成功。

年底，全区开展社会主义精神文明建设活动，评出“文明村”97个、“文明单位”99个、“五好家庭”1.4万户，办起幼儿园237个、敬老院11个。

全县“三级干部”会议在政府礼堂召开。会议对区劳动模范和先进生产（工作）者进行表彰。会议由区委副书记、区长杜昌敏主持，区委书记张洪刚出席会议并讲话。

是年，福山区首次在206国道（烟台至潍坊公路）两侧（每侧宽15米）栽植高质量公路绿化带18千米；全区发展大樱桃66.6公顷；区农技站采取花生带壳播种加地膜覆盖栽培试验获得成功，1986年被省科委列为重点开发研究课题，并在全市大面积推广，1990年获烟台市科技进步一等奖。

1985年

1月，区工业公司与航天工业部联营成立航空液压公司。

同月，烟台渤海联合有限公司成立，生产颗粒饲料，1986年创汇370万美元。

3月，福山区柔道选手王春光在全国男子柔道锦标赛中，荣获青年组95 公斤级冠军。

5月6日，区直机关开始整党。有83个单位、120个支部、1814名党员参加，到1986年1月底结束。

5月，山东省副省长卢洪在烟台市长董传周的陪同下，到福山区门楼水库检查指导防汛工作。

同月，区电业公司首次在河滨路安装双杆钠灯78基、199盏。

7月27日，中顾委副主任薄一波到福山镇西关村考察。

同月，实行工资改革，干部职工普调一级工资，执行五类工资区标准。

7月，门楼水库防汛路竣工，全长1058米。

8月7日，对越自卫还击战老山前线英模报告团来福山作报告，1200余人受到教育。

同月19日，台风持续6小时，最大风力10级。受台风影响，从清晨到下午4时普降暴雨，门楼水库24小时降雨量达255.4毫米，最大泄洪量为760 立方米/秒。门楼水库照明设施及养鱼网箱全部被破坏。全区损失水果2500万公斤，倒伏、淹没庄稼8000公顷，倒伏、折断各种路杆2248棵、树木18万株，毁坏房屋1338间、渔船9条。损失约3400余万元。

23日，中国民主同盟烟台市福山区支部委员会成立。

26日，文化街市场工程动工。1986年4月28日竣工。

8月底　山东省副省长马世忠率领省水利厅、财政厅、气象厅等厅局主要领导，到水库考察因9号台风造成的灾害情况。

9月10日，全国人大常委会第九次会议确定，自本年起，每年9月10日为全国教师节。福山区自此每年采取多种形式举行庆祝活动。

同月，经烟台市政府批准，建立烟台第五职业中学。学校占地4.7公顷，开设幼师、财会、机电等专业。

是年，福山区被评为全国计划生育先进集体；在老官庄一带发现大型透辉石矿床，勘测矿石总储量为2000万吨以上；根据林业部和山东省林业厅的部署，首次完成“福山区林业资源调查与林业区划”工作，全区林业用地面积12053.3公顷（不含水果面积），其中有林地9400公顷；全区退耕还林2000公顷。

1986年

1月10日，乡镇机关和区属企事业单位整党开始，有209个支部、3335名党员参加，7月20日结束。区直机关和乡镇机关及区属企事业单位18名党员受到组织处分。

4月，升华贸易公司养殖场1只母北极狐一胎产仔20只，成活13只，为养狐史罕见。

5月，烟潍公路夹河口至北于家路段改线工程动工。原经东胜利村、西胜利村、岗嵛村北，改经永福园村北、岗嵛村南至北于家与原路相接。至1987年新路建成。从夹河口至垆上村沥青路面宽30.5米，为国家一级路标准。

6月，为期三年的门楼水库保安全工程胜利开工，至1989年竣工，主要工程为溢洪闸的加固，大坝加高培厚及东副坝的加固。

8月，河滨路北自县府街南至曾家庄大桥路段建成，铺设沥青路面长1134米，宽18米。

同月，张洪刚任烟台市林业局局长；姚学政任中共福山区委书记。

11月13日，中国少年先锋队福山区第一次代表大会召开，出席代表125名。会议协商产生少先队福山区工作委员会。

15日，农村整党开始，有317个支部8836名党员参加，到1987年2月底结束。有3名党员未登记、1名党员缓登记、3名党员不予登记、31名党员受到党纪处分。

12月10日至14日，全国农村小学作文教学经验交流会在福山区召开，国家教委副主任柳斌到会听取汇报，来自全国20多个地区的代表400多人出席会议。

同月，烟台第十七中学（福山一中）4层办公大楼竣工。

25日，区政府召开会议研究路灯管理。决定从1987年开始，由财政局从城市建设费中拿出25000元予以补贴，一定3年不变。以后新增加的路灯，其经费由区政府协调解决。

是年，济南军区司令员迟浩田在山东省农业展览馆出席福山书画展并剪彩；城里、南关、西关、西北关、东北关、三里店、史家庄等8个村村民整体转为非农业人口。

1987年

3月21日，政协福山区第三届委员会在政府礼堂召开，历时4天。选举刘学增为区政协主席，王连成、郭新湖、王伟麟为副主席。本届共举行3次全委会议。1989年3月8日，区政协三届三次会议补选苏家超为本届政协副主席。

29日，福山区第十一届人民代表大会第一次会议在政府礼堂举行。大会选出人大常委会、人民政府区长和副区长、法院院长、检察院检察长。选举孙德广为人大常委会主任，刘同占为区人民政府区长。历时5天。本届共举行3次全体会议。

春，区政府与10个乡镇第一次签订1987—1989年为期3年的绿化责任状。全区共植树1194.4公顷。

4月22日，中共福山区第七次代表大会在政府礼堂举行。大会选举产生中共福山区第七届委员会和中共福山区纪律检查委员会。历时3天。

5月23日，烟台国际SOS儿童村举行落成典礼。副市长刘国栋主持，烟台市长俞正声和国际儿童村组织主席库廷分别讲话，民政部副部长张德江与山东省副省长马长贵及民政部、省民政厅、市政府办、市民政局、福山区的主要负责人出席庆典活动。

6月17日，福山区在北京美味斋饭店举办大樱桃新闻发布会。会议由区长刘同占主持，区委书记姚学政致辞。商业部部长刘毅题写“北方春果第一枝”。轻工业部部长杨波、农业部原部长林乎加，福山籍在京的司局级干部初本敏、刘承能、孙祖梅等及工商、文艺、书画、餐饮、新闻界等知名人士340多人出席会议。中央电视台新闻联播栏目播放了发布会盛况。

7月，西关小学教学楼竣工，共2栋，每栋建筑面积1500平方米，造价35万元。

8月6日，由北京市水利调度中心协助福山区安装门楼水库上游流域栖霞县境内的大庄头、庙后、臧格庄、庵里4处雨量遥测站。

9月5日，门楼水库溢洪闸进行悬挂式帷幕灌浆，12月5日竣工。

10月，门楼水库西干渠福山城段盖板工程及倒虹吸改造工程施工。

11月23日，共青团福山区第十二次代表大会召开，出席代表251名，特邀代表3名，选出福山区第十二届团委会；同月28日，福山区第六届工会代表大会召开，出席代表202名，选举产生福山区第六届工会委员会；同月30日，福山区第十二次妇女代表大会召开，出席代表300名，选出福山区妇女联合会第十二届执行委员会。

是年，福山镇工农业生产总值突破1亿元。城里村、东北关村、塔寺庄村、东陌堂村工农业生产总值超过1000万元；年满16周岁的城乡居民统一办理居民身份证；团省委副书记张万青在区委书记姚学政、团市委书记刘延林的陪同下，到福山考察渤海贸易有限公司。

1988年

1月22日，城区房屋确权发证机构成立，至8月，全区共发放房产证8.7万份。

同月，区委企业政工部撤销，设立监察局。

3月10日，区二轻工业集团公司成立；区发酵公司由行政公司改组为实体公司。

4月10日，回里镇巫山发生重大山林火灾。共烧毁山林122公顷、树木10万棵，直接经济损失10万元。在扑救山林火灾中，巨甲村青年王少君、王京祥、王陆善、孙茂华英勇献身，山东省人民政府批准为烈士。肇事者西黄山村民姜某被追究刑事责任。

28日，福山区被国务院批准设立山东省贸工农外向型经济改革试验区。

同月，烟台电业局在城西卧牛山南侧建220千伏变电站，并以35千伏向福山供电。

5月，区电业公司组织人员设计施工的35千伏城北变电站竣工运行。

6月14日至15日，臧家乡、东厅乡、福山镇共31个村遭到冰雹袭击，降雹时间持续10多分钟，雹体直径为1～2厘米。受灾面积844公顷，折款254.4万元。

6月18日至7月6日，区委常委、常务副区长吕志海等一行4人到美国密执安州和华盛顿州考察大樱桃生产情况。

同月，门楼水库上游、高疃镇前沙坝子村南部发生蝗灾。区长刘同占组织农口部门负责人、高疃镇机关干部、周围村干部群众数百人，采取机器与人工喷药相结合、由外至内围歼蝗虫的办法，奋战6小时，歼灭数亿只蝗虫，避免了蝗灾的更大规模发生。

7月，区"老龄问题委员会"成立。

8月，市政府在南庄科技队召开各县、市、区长参加的"果播覆膜花生"现场观摩会。

9月1日，烟台住房银行福山区办事处成立。

10月26日，区广播站更名为烟台市福山区人民广播电台。

是年，烟台市长俞正声在区长刘同占的陪同下，到烟台SOS儿童村视察；烟台市在福山区白虎山、农技中北山、桃园南山、太平顶实施近郊绿化工程，栽植黑松80公顷；福山区争取农业部"大樱桃优质苗木繁育基地"项目，获得配套资金200万元；实行住房制度改革，住房商品化，企业、单位不再有分房福利；大中专毕业生自主择业，不再包分配。

1989年

1月11日，烟台第五职业技术中学改为职业中等学校。

21日，区无线电管理委员会成立；同日，区老干部学校成立，隶属区委老干部局。

4月24日，福山区与曹县建立友好县区；与乌鲁木齐市头屯河区缔结为友好区。

8月12日至15日，中国儿童发展中心顾问林佳楣、主任伍蓓秋和省妇联主任杨衍银到福山视察庭院经济。

19日，在磁山一带利用飞机撒播牧草试验。播撒苜蓿、沙打旺牧草种2500公斤，面积33.3公顷。

10月16日，全市农田水利基本建设现场会与会人员到福山参观农田水利建设现场。

17日，位于城里街的王懿荣纪念馆开馆。

同月，省委副书记、省长李昌安在烟台市委书记陈建国等陪同下，到门楼水库考察。

12月4日，山东省农村外向型经济学会成立大会在福山区举行。

1990年

1月6日，福山区螳螂拳学校成立。

2月23日，区委、区政府成立"门楼水库增容和库区脱贫致富指挥部"。

27日，区青少年教育委员会成立。

9日，市政府批转门楼水库增容和库区脱贫方案。

同月11日，烟台市委、市政府在福山召开了"门楼水库增容库区脱贫工作动员大会"。大会由市委书记陈建国主持，副市长杨金镜代表市委、市政府就门楼水库增容和库区脱贫工作进行了部署。

15日至18日，政协福山区第四届委员会第一次会议召开，选举刘学增为区政协主席，苏家超、郭新湖、王伟麟为副主席。本届共举行3次全委会议。

28日，中共烟台市福山区第八次代表大会召开，选举刘同占为区委书记。

5月，全区大面积发生小麦白粉病，发病面积6666公顷，占小麦种植总面积的60%以上。

6月，经过2个多月的奋战，完成门楼水库增容工程电力线路搬迁任务。

7月4日，区政府成立财贸办公室。

8月3日，山东省政协副主席陆懋曾等一行13人，到水库考察防汛工作。

8月10日，中共中央政治局常委宋平在省委书记姜春云、秘书长马仲才等陪同下，到东陌堂村视察。

同日，山东省人大常委会主任李振在烟台市人大常委会副主任栾聚茂和福山区人大常委会主任孙德广陪同下，到福山区门楼水库水库考察。

8月25日，山东省副省长李春亭到门楼水库检查指导工作。

9月，全区2417公顷粮田，经烟台市科委、市财政局、市农业局、市统计局、市供销社、市科技开发中心等组成的联合小组验收，平均亩产超过1吨粮。

10月，西干渠城区曾家庄段盖板、东干渠浆砌工程开工。

10月，区电业公司在福海路南起内夹河桥北至宽幅布厂路段，安装125基、322盏双杆双排路灯。

11月3日，烟台市政府在福山召开门楼水库库区扶贫现场办公会。副市长杨金镜作了重要讲话，对市直和福山区35个扶贫部门提出了把扶贫工作一抓到底，抓出成效的要求。

11月26日　烟台市委、市政府召开门楼水库增容工程表彰大会，大会对做出突出成绩的集体和个人进行了表彰(通令嘉奖22个单位，记大功24人，记功31人)。

28日，青岛铁路分局与东陌堂村开始合资修建旺远联营货场。

是年，在山区进行大规模工程造林，至1992年，共造林、补植4000公顷。

1991年

1月12日，区政府召开区属工业首季开门红誓师大会。区委书记刘同占出席会议并讲话。

2月5日，铁道部、济南铁路局、青岛铁路分局及烟台车务段有关领导和专家到福山火车站查看扩建情况。

3月4日，副市长王学刚率市乡企局一行6人到福山检查贯彻落实全市乡企会议情况。

11日，区委、区政府召开1990年全区社会主义劳动竞赛总结表彰大会。会议表彰了168个劳动竞赛获奖单位和58个乡村工业达标单位；福山区与辽宁省锦州市古塔区缔结友好协作区(草案)签字仪式在华侨宾馆举行。副区长钟庆禄与古塔区副区长王景分别在协议书签字。

25日，福山区矿产资源管理局成立，为正科级政府序列部门；同日，福山区经济协作委员会成立，为正科级事业单位。同日，福山华侨宾馆与区政府招待所合并为烟台市福山华侨宾馆，为副科级事业单位，隶属于区政府办公室。

29日，全区地名工作会议召开，对建立地名标志工作进行部署。

31日，全省职业教育和公办校舍改造表彰会在济南召开，福山区被评为全省职业教育先进单位，并荣获全省“公办校舍改造先进县区”。

4月4日，市委、市政府在福山召开库区脱贫工作交流会。区税务局、张格庄乡楼子口村介绍扶贫脱贫经验。

16日，区经济发展恳谈会召开，区外130名领导、专家、学者对福山区经济发展提出一些建设性意见和建议，初步达成合作项目协议20个。

17日，烟台地委原书记路升云到门楼水库考察，对水库管理工作谈了意见。

19日，省农业厅副厅长李兴仁、市林业局局长张洪刚等3人到福山考察林业育苗和平原绿化情况。

27日，中国烟台格迈纳尔中学举行奠基仪式。省民政厅副厅长张建军、市委副书记周训德、市人大常委会副主任姜德华等70多位领导和来宾参加。国际SOS儿童村总部主席库廷、民政部、国家教委等个人和部门分别发来贺电。

同月，荷兰外交大臣施梅尔策偕夫人到东陌堂村考察，参观饲料厂、幼儿园和农户；全国政协副主席刘澜涛考察福山区政协工作，并题词；山东农业大学教授罗新书等著名果树专家到楮佳疃村考察果农迟谦君533.4平方米设施栽培大樱桃园，认为其大樱桃设施栽培丰产技术达到国内领先水平，为全省乃至全国大樱桃设施栽培树立了样板。

5月21日，建设部部长侯捷到福山区门楼水库检查指导工作。

5月22日，辽宁省鞍山市立山区人民政府区长刘兆杰一行7人到福山考察，并就两区建立友好区达成协议。

6月3日，区国有资产管理局成立，隶属财政局。

14日，烟台市领导周训德、杨连政、刘延凤等30多人到福山参加麦收，区级领导陪同。

19日至29日，副区长吕家超率外经委等部门赴青岛参加外经贸洽谈会。会上共签署合资和补偿贸易项目10个，合同总额2271万美元，名列全市前茅。

21日，中国驻荷兰大使王庆浴夫妇到东陌堂饲料厂考察。

7月6日，韩国回乡探亲侨民李某在烟福一级公路臧家入口处发生车祸身亡。区政府办外事科会同侨办、法院、检察院、公安局等有关部门对事故进行妥善处理。

11日，区政府十二届十二次常务会议研究决定，成立黄金开发领导小组，组建工作班子，对杜家崖金矿进行试验性开采。同日，兜余镇贾家疃采石场发生因违章作业而引起的恶性事故。

14日，国家教委副主任王明达、省教委主任吕克英到福山职业中专视察，对福山重视发展职业技术教育工作给予高度评价。

24日，1991年全国“集中识字”教学讲习会在福山召开。

同月29日，山东省省长赵志浩在烟台市副市长周训德和福山区委书记刘同占的陪同下，到水库检查指导防汛工作。

同月29日，全国小学作文教学讲习会在福山召开。

8月，副市长杨金镜带领福山区门楼水库库区34个村的党支部书记到栖霞县庵里水库库区公山后村和莱州市小草沟村，参观学习荒山开发经验。

8月5日，省政协副主席丁方明到福山考察教育工作，并参观格中、职业中专学校。

11日，全省职业教育工作会议与会人员到福山职业中专现场观摩，省教委副主任王恩大出席会议。

25日，全区乡镇劳动管理工作现场会在高疃镇召开。会后各乡镇相继组建劳动服务站。同日，分别设立区发酵研究所、区水产科技推广中心、区小区管理服务处。

10月19日，全市平除坟头工作现场会在高疃镇召开。市民政局领导、各县市区民政局长参加会议，区民政局和高疃镇分别介绍经验，与会人员参观了高疃镇、臧家乡的平坟现场。

24日，外国驻京记者团一行21人，在外交部新闻司及省、市外办有关人员陪同下，到东陌堂村采访，并参观农户、肉食鸡加工厂、饲料厂和果园，受到当地政府和人民群众热烈欢迎。记者团由10个国家16个新闻机构的记者组成。

同月，全区高考工作总结表彰大会召开。全区高考录取人数263人，比上年增长58%，创历史最好水平。会议对成绩突出的烟台十七中和原烟台十八中及有关教师进行表彰。

11月12日，福山区与上海市金山县缔结友好区县协议签字仪式在金山县政府招待所举行。

23日至27日，锦州市古塔区区长汪德平一行7人到福山参观考察，先后参观福山钢窗厂、福航包装材料厂、烟台渤海联合有限公司、东陌堂村、烟台西苑制药厂等。

27日，农业部长刘中一在省水产局长王元仁等陪同下，到两甲庄村检查指导工作。

是年，在烟青一级路两侧建设烟台市长“135”（在烟青一级路两侧，3年完成5万亩造林绿化工程，包括栖霞市路段）造林绿化工程，福山区栽植黑松、刺槐1333公顷；杜家崖金矿经过4个月的艰苦紧张工作，共采选合质金3492克，折合纯金2793.6克，价值13.4万元，结束了福山无黄金的历史；区农技站研究完成的“冬小麦晚播独杆栽培方法”和烟台金河实业有限公司研究完成的“生产高质量氧化亚铜方法”2项成果，分别荣获国家发明三等奖和四等奖。

1992年

1月，粮油票停止使用。

18日和6月4日，山东省军区司令员易元秋、政委刘国福分别到福山人武部检查工作，并查看办公楼建设情况。

2月5日（农历正月初一），烟台市委书记陈建国、市委秘书长姚学政、副市长杨金镜、福山区委书记刘同占等领导，一同走访了高疃镇曲家村和张格庄乡浒口村，向库区人民拜年，并询问了生活和生产等情况。

2月29日，副市长王学刚在福山华侨宾馆主持召开门楼水库绿化工程现场会。

3月3日，国家民政部社会福利司副司长吴景松一行到烟台格迈纳尔中学考察。

23日至24日，国际SOS儿童村主席赫尔姆特·库廷及其私人助理查德皮赫尔由国家民政部有关人员陪同，到烟台SOS儿童村检查工作，并到格迈纳尔中学考察。

4月30日，烟台市委、市政府在福山召开门楼水库库区脱贫致富工作会议，交流工作情况，副市长杨金镜作了重要报告。

5月5日，省人大常委会副主任苗凤林、省教委主任吕克英等，到由华侨捐助的西埠庄荣珍学校视察。

6月，门楼水库管理局建成水库防汛指挥台，安装计算机数传系统，用于水库防汛工作。

9月21日，福山百货大楼起火，市、区两级领导亲临现场组织扑救，经公安、消防和其他群众6个小时的奋战，将大火扑灭。

11月10日，福山一中举行建校40周年庆祝大会。

25日，区政府召开全区村委会换届选举工作会议。至次年1月8日，共选举村委主任290人、副主任190人、委员 699 人。

12 月 1 日，烟台西苑实业总公司总经理吕道龙，荣获全国第三届科技实业家创业奖金奖，受到江泽民、李鹏、乔石等党和国家领导人的接见。

同月，城区永安街（旧称北一路）、文化路、商业街、区政府家属小区及电业家属小区路段相继安装路灯，共 173 基、285 盏。

是年，在门楼水库汇水区建设水土保持、水源涵养林工程。至 1993 年，完成造林、补植 2666.7 公顷。

1993 年

2 月 3 日，区委、区政府召开福山籍 1993 年大中专毕业生座谈会。

9 日至 13 日，政协福山区第五届委员会第一次会议召开。选举史润田为区政协主席，张绪麟、郭新湖、王伟麟、林道传、王逢志、展瑞花为副主席。历时 5 天。本届共举行 5 次全委会议。

10 日至 14 日，福山区第十三届人民代表大会第一次会议召开。历时 5 天。本届共举行 5 次全体会议。

4 月 2 日，烟台市政府在福山召开高新区开发建设恳谈会。听取福山区政府关于福山高新区开发建设情况汇报。市纪委、市人大、市政府、市政协的领导和区“五大班子”成员出席会议。与会人员参观了福山高新区。

5 月 15 日，市委、市政府在福山召开门楼水库库区脱贫致富工作总结表彰大会。市委、市政府、市人大、市政协、市纪委的负责人出席大会。大会表彰了在库区脱贫致富工作中做出突出成绩的先进集体 82 个、先进个人 184 名。

28 日至 30 日，香港万富行有限公司王永福一行 4 人到福山洽谈投资事宜，与烟台第三水泥厂、区黄金局签订合资协议。

6 月 10 日，省教委副主任刘明泽一行到福山职业中专参观，并给予高度评价。

11 日，烟台市市长张华福、市政府秘书长宫本胜及市计委、市水利局负责人到门楼水库查看防汛情况。

16 日，全省农村社会养老保险第二轮投保工作现场会在福山召开。省民政厅副厅长李吉忠、副市长王修伯参会。同日，副市长王修伯、副秘书长徐维胜到福山检查三夏生产情况。

7 月 9 日，位于福海路中段路西的优钢大楼交付使用，福山钢材批发市场正式开业。

8 月 8 日，全国政协副主席钱正英，在烟台市政协副主席刘延凤、福山区政协主席史润田等陪同下，来水库视察指导工作。

10 月 6 日，烟台市长张华福率领市直有关部门在福山召开现场会，确立福山区政府现代化工业城区地位和总体思路，原则确定加快福山现代化工业城区建设的各项优惠政策，提出“腾龙落凤”工程重大举措。

11 月 26 日，区政府在回里镇召开全区乡村企业股份合作制改革工作现场会。

同月，福山第一座 110 千伏高压站始建。1997 年 1 月 30 日竣工运行。同时，建成长 3.8 千米的 110 千伏输电线路。

12 月 2 日，区政府在张格庄乡召开福桃路二期工程现场会。主要解决“三杆”（电线杆、广播线杆和电话线杆）及障碍物的搬迁、拆迁问题。

3 日，烟台市政府组织人员到福山检查验收市政府提出的“控制环境污染系统工程”及市长环保目标责任书完成情况。

10 日，省水利厅工程管理局副局长姜千里率验收组到福山验收门楼水库确权发证工作。福山区顺利通过验收。

1994 年

2 月 2 日，刘万春在福山区第十三届人代会第二次全体会议上，当选为福山区政府区长。

4 月 21 日，区属 8 个产权制度改革试点企业厂长（经理）调度会议召开。

28 日，福山区“两基”（基本普及九年义务教育、基本扫除青壮年文盲）教育通过市验收。

6 月 18 日，福山区通过全国卫生城验收。

7 月 6 日，烟台市副市长杨金镜到门楼水库检查防汛工作，并现场办公，拨款 20 万元，解决门楼水库当年防汛工作中存在的问题。

7 月 30 日，省农业厅厅长杲宪庆到福山了解农民收入情况。

8 月 28 日，区国家税务局和区地方税务局分设，并正式挂牌办公。

9 月 1 日，经区政府研究，将福山镇的盐场和永福园2个村划归福山高新区管辖，2个村的村委会撤销，成立居委会。

29日，区委、区政府召开全区部门计划生育职责目标责任书签状和区计生协会第二届常务理事换届选举会议。

10月13日，市人大常委会副主任左言华、市海洋局长于青松到福山调研，听取水产情况汇报。

26日，区委、区政府组织全区农业开发及农田水利基本建设观摩检查。重点检查福山镇、东厅、门楼、回里等乡镇的养殖基地、大樱桃开发基地、蔬菜基地等现场。

11月22日，区长刘万春在全市县、市、区长工作会议上，签订确保完成“两税”（国税和地税）增长目标，实现财政收支平衡责任书。

是年，全市第一座无人值守变电站在福山建成并投入运行；福山区提前一年完成省级“八五”绿化达标任务，共造林、补植6200公顷，被省政府授予提前达到省“八五”造林绿化标准先进单位；副区长曾庆禄被省委省政府记“二等功”、区林业局长王文贤被省委省政府授予“山东省林业劳动模范”。

1995年

1月4日，福山区通过省初级卫生保健达标验收。

25日，市政府在福山华侨宾馆召开聚氨酯制革厂第三次董事会。市委副书记王树建、副市长杨金镜、市委副秘书长李贤书、区长刘万春等参加会议。会议签订《烟台合成革总厂购买聚氨酯制革厂部分股份的协议》，现场兑现400万元。会议通过《烟台合成革总厂聚氨酯制革有限责任公司章程》。

2月7日，区政府召开烟台化学制革厂债券偿还领导小组部分成员单位负责人会议，研究安排债券兑付工作。至4月15日，债券兑付工作结束。

19日，区长刘万春、区委副书记高明经率领产业区管委、外经委、工委、计委、乡企局、农委、科委等部门负责人赴北京国家有关部门索求信息，争取项目和资金。

3月6日，区政府召开建设、规划、土管、房管等部门及相关村庄负责人会议，研究新华书店南侧拆迁改造问题。

8日，区政府落实与市政府签订的“基本粮田保护责任状”，在全区开展划定基本粮田保护区工作。11月13日，市政府委托市土管局，对福山区划定基本粮田保护区工作进行全面检查验收，总合格率为98.5%，居各县市区之首。

17日，中共福山区第九次代表大会召开，历时4天。

18日，区政府制定印发《建设工程招标投标管理暂行规定》，对建设工程招标、开标、评标、定标及争议解决与处罚作出明确规定。

22日，副市长李皆荣到福山考察乡镇卫生院改貌工作。

25日，门楼镇、高疃镇、回里镇供销社和福山镇兴华庄3个猪场列为市“菜篮子”工程重点项目基地。

30日，投资500万元的福桃路三期工程（4.6千米）、投资800万元的内夹河第二道拦河闸和夹河城区段西岸护坡（1100米）工程开工。是年6月20日，内夹河护坡工程和第二道拦河闸工程建成并投入使用。8月28日，福桃路三期工程建成通车。

4月5日，区政府与市政府签订“菜篮子”工程责任状。

5月1日，区政府发布《关于封闭内外夹河下游和沿海滩涂沙场的通知》，并成立由水利、土地、公安、农委等部门组成的工作队，巡查制止随便挖沙取土的行为。

15日，内外夹河2座大桥工程开工。11月30日，竣工并通行。共投资800万元。

31日，在全市“双拥共建”工作会议上，福山区被市委、市政府授予“双拥共建模范区”光荣称号。7月21日，省“双拥共建”领导小组到福山检查验收“双拥共建”工作，对福山双拥工作给予高度评价。同日，实验幼儿园建设工程竣工并交付使用。

同月，区政府邀请省、市有关专家在华侨宾馆召开福山大樱桃展评会，与会专家对福山大樱桃生产给予较高评价；东厅乡十里堡村果农邹积武在承包的0.2公顷大樱桃园进行设施栽培，每亩收入高达10万多元。

6月3日，召开全区中小学内部管理体制改革动员大会。区长刘万春做动员报告。

6日，区长刘万春和区委副书记高明经率领政府办、工委、外经委、农委和乡企局等单位负责人参加“’95中国烟台—东亚城市进出口商品交易会”，取得圆满成功。

8日，区副食品基地办公室成立并举行揭牌仪式，市财办等领导出席仪式。

15日，副市长范庆梅一行到福山查看生猪基地生产情况。

26日，区政府制定预算外资金管理改革方案，决定成立区预算外资金管理局。

7月3日，区环境监测部门各项工作指标通过省计量认证专家组考评。

8月13日，“张裕杯”全国青年赛艇赛在内夹河举行。国家体委、省体委、市政府、市体委和区“五大班子”领导及驻福部队首长参加开幕式。

16日，国际奥委会执委、全国政协常委、中国赛艇协会主席何振梁，到福山观看“张裕杯”全国少年赛艇赛。

18日，区化工公司总投资1200万元的醋酸项目在东方有机化工总厂举行试产仪式。同日，由东陌堂集团总公司、中国航空油料总公司和市交通委投资公司联合投资700万元共建的烟台机场供油工程竣工并投产。

19日，区联星公司与三环制锁集团公司合作，成立三环制锁集团烟台锁材有限责任公司。副市长王德和专程前来祝贺。

29日，位于盐场村的烟台市实验中学一期工程竣工并交付使用。

9月1日，经区政府研究批准，由工商局牵头共建的区商品交易中心在经会计师事务所全面评估定价后，出售给区内一私营业主。

13日，全区第三次工业普查工作开始。

14日，市政协主席巴忠鼎到福山考察“菜篮子”工程。

17日，世界银行考察团到福山职业中专考察评估，对其工作表示满意。

25日，江苏省镇江市双拥工作参观团到福山参观。

10月1日，实施财政第二预算制度、预算外资金管理体制改革启动运转。

5日，福山区顺利通过国家卫生城验收。

7日，市人大考察组到福山视察打击非法炼金暨环保工作，并给予好评。

25日，全国双拥工作考察团到福山考察，对福山区的双拥工作给予高度评价。

26日，在中国第二届农业博览会上，福山区选送的大樱桃获得3枚金牌、4枚银牌、1枚铜牌。金、银牌总数居全国县级参评单位之首。

29日，区里召开全区科技工作大会。对9个科技先进集体和16名先进工作者予以表彰。

11月8日，全市乡镇敬老院检查组到福山检查工作。

10日，福山区人民医院举行“二级甲等医院”剪彩揭牌仪式；同日，在全省高等级公路验收中，烟栖公路福山段获优良工程，是全省第一条获此项等级的工程。

29日，市委副书记、代市长任海深到福山检查工作。听取区财政局关于预算外资金管理体制改革情况汇报，并给予充分肯定。

同月，经烟台市职称改革办公室评定，全区79名农民取得农民技师技术职称。

12月1日，福山区荣获“烟台市农村社会养老保险管理工作先进区”。

12日，省城镇地籍调查验收团到福山，对城镇地籍调查工作进行全面检查验收。福山区调查成果被评为优秀。

是年，门楼水库累计向烟台市城镇供水3600万立方米，达到建库以来最高纪录。

是年，县府街路灯全部换成金属电杆的新型双杆双色钠灯，共116盏。

1996年

3月，福山区被中国特产之乡命名组委会命名为“大樱桃之乡”。

4日，区政府采取催办、调度、现场办公等办法清理机关办实体，并根据政策规定进行妥善处理。

20日，福山区社会福利奖券大抽奖开始，省民政厅副厅长戴成贵到场祝贺。

21日，蓬莱市大柳行镇金河村小姑庙着火蔓延至古现镇磁山，区领导迅速组织100多名公安干警、400余名干部群众进行扑救。市委书记王树建、副书记杨金镜、栾秉良和市政府秘书长王秀臣组织市公安局、烟台警备区、武警部队迅速赶赴现场帮助救火。大火于22日5时30分被扑灭，经现场勘测，磁山北部过火面积32公顷。

25日，市人大副常委会主任姜德华陪同韩国客商赛力亭到西罗格庄村考察银杏发展情况。

26日，福山一中顺利通过省级规范化学校检查团验收，正式成为省级规范化学校。

5月4日，福山成人中专30名学生因食馊饭菜引起食物中毒。因抢救及时，无人死亡。

同月9日，副省长邵桂芳在烟台市刘副市长福山区区长刘万春的陪同下到福山区门楼水库视察，对水库的防汛准备工作表示满意。

同月17日　省水利厅王玉柱厅长到福山区门楼水库

检查防汛工作。

17日，烟台市长任海深到轸八高速公路福山段考察。

24日，烟台市委书记王树建到福山考察磁王材料项目。

6月5日，日本鹿尔岛市经贸代表团到福山部分企业参观考察。区长刘万春等陪同；同日，民政部副部长范宝俊、省民政厅厅长王离善等领导到福山视察养老保险工作。

8日，参加东亚城交会的中外记者采访团一行30人到福山高新产业区采访，听取情况介绍，并参观路达、冰轮、太华等企业。

18日，烟台路达新型建材有限公司举行竣工投产开业典礼，市政协主席巴忠鼎出席典礼。

22日，韩国先州西区厅长李廷一等11人应邀到福山访问。

27日，副市长范庆梅带领市直有关部门负责人一行14人到福山考察“菜篮子”工程。

30日，中国老龄协会副会长于国厚和省、市老龄协会办公室领导到福山视察老龄工作；同日，市长任海深带领市政府办公室、市政府农业办公室、市水利局等部门负责人到福山检查门楼水库扶贫和防汛工作。

6月，门楼水库除险加固工程开工，主要完成主坝砼防渗墙和下游坝脚压重、闸北副坝加宽培厚和东副坝加固、溢洪闸下游注桩和导流墙加固、西放水洞洞壁补强工程等。

7月5日，省人大常委会副主任马世忠一行10人，在市人大常委会主任周训德等陪同下，到福山检查预算外资金管理情况。

15日，大旺线北段公路建成通车。

17日，内蒙古自治区赤峰市松山区人大常委会副主任于金朴、副区长徐德林带领松山区政府经贸洽谈团一行11人，到福山考察访问。根据烟台市政府意见，福山区与松山区签订建立友好区意向书，双方结为“一对一”友好关系区。10月2日，于金朴一行再次到福山学习考察。

18日，省委副书记陈建国在市委书记王树建等陪同下到福山视察高新区。同日，国家爱国卫生运动办公室、卫生部卫生城市复查小组到福山检查工作。

24日，区政府第25次常务会议议定，将盐场联中合并到烟台市实验中学；同日，八角乡遭受自1982年以来特大的暴雨袭击。自凌晨5时至上午11时，全乡降雨量达102毫米。有23个村434户农户室内进水，倒塌房屋15栋63间，被淹果树及农作物134公顷，造成直接经济损失819万元。

8月1日，市政府在福山区召开全市第二轮门楼水库库区扶贫工作调度会议。市邮电局等11个市直帮扶单位、张格庄乡浒口等4个库区村及区帮扶单位交通委在会上作典型发言。

3日，省政协主席陆懋曾一行到福山高新区视察。

28日，区园艺场部分产权（包括设备、厂房共计960万元）转让给海南西北国际投资有限公司。福山园艺场场长解北梓与海南西北企业集团总裁侯剑代表双方签订产权转让合同。次日，烟台油漆厂、金河实业股份有限总公司改组为股份制企业。烟台油漆厂以企业的全部资产投入，占80%的股份；金河实业股份有限公司以管理技术等无形资产投入，占20%股份。

12日，环库路西线建成通车。

15日，区政府召开全区推行国家公务员制度和参照管理工作动员大会。

16日，山东省“希望杯”少年赛艇比赛在内夹河举行。来自青岛、德州、烟台福山3支代表队60名运动员、教练员参赛。福山区夺得金牌17枚（共19枚），并获团体总分第一名。

28日，开始兑付烟台味精厂欠发职工的工资。

9月，经省政府批准，烟台汽车工业学校成立。专业设置逐步向汽车、电子、机电发展延伸，汽车特色基本形成。

9日，烟台市委书记王树建、市委副书记任海深到福山视察道路建设情况。

28日，经烟台市政府批准，中国烟台赫尔曼·格迈纳尔中学升格为副处级单位。

30日，格迈纳尔中学、烟台第五职业中学顺利通过市检查团评估验收，跻身于烟台市首届“明星学校”行列。

11月8日，区人民医院举行建院50周年暨潍坊医学院实习医院揭牌庆祝大会。

12月1日，区政府召开全区房改工作会议，研究部署新一轮房改工作。

12日，区政府召开烟台市液化气公司移交问题会议。

28日，烟台格迈纳尔中学举行建校5周年暨体育馆落成典礼；同日，区政府举办科技开发成果展示会。

是年，烟台市政府组织市直27个单位、福山区34个单位，分别进驻门楼水库库区34个村对口帮扶。

1997年

3月26日，由区农业局提供的20棵优质红富士苹果苗，由烟台援藏干部在西藏聂拉木县樟木镇立新村栽植成功。自此，福山苹果落户雪域高原。

春，根据省农业厅统一部署，区农业局组织农技人员组成作物栽培、土壤肥料、植物保护、良种推广、果树管理、畜牧兽医等技术演讲团，深入各镇、村进行巡回技术讲座，指导农民科学种田，广泛开展科技推广年活动。

6月，济南军区副司令员裴怀亮到福山区人武部检查工作。

8月19日，11号台风袭击全区，伴随降雨持续39个小时，降水242.7毫米。林木和果树刮倒甚多，玉米、高粱等高秸作物大多被刮倒。

是年，烟台张裕葡萄酒有限责任公司在张格庄镇建立酿酒葡萄生产基地，带动全区葡萄大规模发展；河滨广场建成，占地面积1.57公顷；区婚姻登记处设立，废除乡镇婚姻登记机构；区国防动员委员会设立。

1987年和1997年，按全省统一要求，先后2次对全区森林植物检疫对象进行调查，完成检疫对象种类、危害程度及发生面积的清查工作。

1998年

1月5日至8日，中共福山区第十次代表大会召开。

15日至19日，政协福山区第六届委员会第一次会议召开，选举李来雁为政协主席、张绪麟、郭新湖、王伟麟、林道传、王逢志、展瑞花、张宏政、李成章、于庆山、王振卿为副主席。历时5天。本届共举行5次全委会议。

16日至20日，福山区第十四届人民代表大会第一次会议召开。冯永林当选为福山区人民政府区长。本届共举行5次全体会议。

2月，根据上级部门关于电力企业实行政企分开改革的部署，区政府对电业公司机构设置进行调整，撤销“三电”办公室，农电管理体制改革开始。

同月，位于永达街路北的福山通信大楼竣工；位于西山路中段的青年公园建成。

夏，东陌堂村1.34公顷小麦，经省、市、区三级专家实地验收，平均亩产602公斤。

8月，门楼水库主坝砼防渗墙和溢洪闸左右岸翼墙加固工程施工结束，总投资4460元。（施工日期为1996年10月至1998年8月）

11月，区农科所“12万亩花生新良种鲁花12号及增产技术推广”，获省农业厅农牧渔业丰收奖一等奖。

同月，烟台陆军预备役步兵师炮兵团与26集团军步兵第七十六师炮兵团合并，整编为山东陆军预备役步兵第七十六师炮兵团。

是年，各乡镇大力进行种植业结构调整。到2002年，全区粮食作物与经济作物比例由1997年的5∶1调整为2.7∶1。

1999年

3月，农村土地进行第二轮承包，承包期延长为30年。到2002年3月，全区土地二轮承包基本结束。

4月19日，按照《山东省农电管理体制改革实施方案》和《趸售县供电企业代管办法》，山东省电力集团公司与福山区人民政府签订《趸售县供电企业代管协议》。区电业公司由原福山区属企业改为山东省电力集团公司代管。

6月中旬，王懿荣纪念馆从城里街卍字会迁至盐场村大成栈。国务委员、中国科学院院长宋健与全国政协副主席张思卿等国家领导人到福山参观、视察。

18日，举行王懿荣纪念馆新馆开馆揭牌仪式。全国政协常委、中国社科院常务副院长汝信和国家文物局副局长郑欣淼为新馆揭牌；山东省文化厅副厅长王承典、烟台市政协主席巴忠鼎为中国殷商文化学会王懿荣研究会揭牌。国家夏商周断代工程专家组组长李学勤、烟台市委副书记杜昌祚，区委书记谭伟，区长冯永林，烟台市文化局长孙以勤，王懿荣嫡孙女、天津市教育学院教授王福重等参加揭牌仪式。

夏，兜余镇1997—1999年连续3年小麦平均亩产超过千斤，受到市政府的表彰。

8月24日，省政协主席赵志浩到福山区门楼水库检查工作，市委书记任海深、副书记王树建及区委书记谭伟、区长冯永林等陪同。次日，任海深、王树建等市领导专程到水库检查工作，并就当年抵御特大干旱做出了工作指示。

9月20日，区委书记办公会研究决定：撤销区文化娱乐中心，人财物并入区电影公司，其人员不再是事业编制；原礼堂所有权仍为区政府，使用权归电影公司，挂福山影剧院牌子，并保证区里大型会议和活动的需要。

同月，福山大樱桃“雷尼”和“艳阳”2个品种，被中国国际博览会认定为名牌产品。

是年，区政府确定，把发展大樱桃作为今后果业生产的主导产业，并在《福山城郊型农业发展“十五”规划》中明确提出，到2005年，全区大樱桃面积要达到6666公顷。

2000年

1月7日，市政府召开东西结合帮扶定陶县工作调度会议，决定让福山区帮扶定陶陈集镇，规定在年内增加财政收入30万元。2月23日，区委副书记、副区长金延铭带队赴定陶县陈集镇考察，洽谈东西结合、帮扶该镇致富工作。

同月，区电业部门撤销八角、张格庄、斗余、东厅供电站，成立八角、张格庄、斗余、东厅供电所；5月，成立古现、回里、高疃、门楼供电所；8月，成立城区供电所。至此，全区农电管理体制改革工作全部结束。

29日，在全市1999年度对外经贸工作表彰大会上，福山区被市政府评为“'99年度全市出口创汇工作先进单位”。

3月13日，张裕矿泉水项目在门楼镇落户，并举行签字仪式。

21日，国际SOS儿童村主席库廷一行3人到烟台SOS儿童村和格迈纳尔中学视察。

31日，市委副书记栾秉良、警备区预备役师师长曹可到福山考察预备役炮团营房建设。

15日，省、市科委领导到福山考察山东省科技攻关项目“磁王材料”进展情况。

17日，区政府召开区直部门参加外夹河义务劳动以资代劳款收取工作会议。

19日，省人大常委会主任赵志浩到福山高新区视察。

28日，区政府在政府四楼会议室召开门楼水库库区扶贫开发工作会议。部分库区村负责人在会上作交流发言。

6月1日，国家、省、市财政部门领导到福山考察工作。

3日，福山区与招商局中银漳州开发区管委就双方建立经济协作关系举行签字仪式。

30日，区长冯永林、副区长姜中二带队到龙口市和牟平区参观农业产业化、骨干企业。

7月，济南军区政委张文治到福山区人武部检查工作。

7日，省、市土管局领导到福山考察高新区发展区、空港科技园和农业高新区用地工作。

29日，北京化工大学新技术、新成果发布会暨福山区政府与北京化工大学“产”“学”“研”合作签字仪式在福山举行。区长冯永林致辞。

8月，门楼水库防汛调度中心主体工程与水库渔业队门前水产码头同时完工。

8月8日，建设部李东序局长到福山考察华德建材项目。

16日，烟台市垃圾场选址于福山区郑家庄村。

9月13日，区政府召开“以地换路”政策有关问题专题会议。

25日，水利部、省政府领导到福山视察门楼水库供水工程。

27日，市委书记任海深率全市县、市、区委书记到福山佳隆电子和山村果园公司观摩。

31日，全国第五次人口普查工作正式展开。

同月，下夼村妇女主任李永玲被国家计生委授予“全国村居委员会优秀计划生育工作者”。

12月1日，区委、区政府召开会议，专题研究工业公司经理部、发酵公司经理部欠“三金”情况及对策。

同月，八角镇并入古现镇，兜余镇并入门楼镇，东厅镇并入高疃镇。全区辖古现镇、门楼镇、高疃镇、回里镇、臧家镇、张格庄镇、福山镇、高新区及292个村居。

是年，开展森林资源二类调查、森林发展规划及森林分类经营区划界定工作。

2001年

1月3日，全区镇行政区划调整工作会议召开。

4日，区政府召开城区地下污水管网改造专题会议。

2月5日，谭伟当选为区人大常委会主任。区十四届人大5次会议补选蔡德义为区人大常委会第一副主任。

3月30日，市人大常委会副主任王德和、市技术监督局局长林德敏一行10人到福山考察《中华人民共和国产品质量法》贯彻实施情况。

3月，区电业公司筹建35千伏东厅变电站，11月竣工投入运行。为区内第一个无人值守箱式变电站，首次采用光缆通讯。

4月6日，市委书记任海深到福山高新区考察。

9日至19日，全国清仓查库工作验收组到福山检查粮食仓储情况。经查，没出现任何问题，一次性通过验收。

16日至17日，中国两岸文化交流协会一行14人到福山参观考察。

28日，美康卫生通讯网络公司在福山举行开业典礼。市委书记任海深、省计委副主任阎作溪、副市长李淑琴出席典礼。

5月8日，山东省证券有限公司烟台分公司福山营业部举行开业仪式。

6月8日，中共中央政治局委员、国务院副总理温家宝到福山区门楼水库考察“西水东调”工程，省委副书记、省长李春亭，省委副书记陈建国，水利部部长汪恕诚，省水利厅厅长宋继峰，烟台市委书记任海深，市政府副市长迟焕然，市水利局局长罗开田，福山区委书记谭伟、区长王曰义等陪同。

6月15日，烟台市委副书记、市长杨金镜到门楼水库考察城市供水工作。

7月8日，杨金镜市长到水库检查工作，福山区委书记谭伟、区长王曰义陪同。

8月3日，烟台市委副书记、市长杨金镜，副市长张幸福、市水利局长罗开田、夹河管理处处长刘刚等到门楼水库考察蓄水情况。

同月21日和31日，在烟台市举办的全市乡镇分管农业副镇长培训班期间，两次组织200余人到农业局示范园观摩。9月19日，烟台市人大常委会主任王树建率领30名人大代表，到农业局示范园视察。区领导谭伟、王曰义陪同视察。

同月26日，中共中央政治局委员、山东省委书记吴官正等领导到福山区门楼水库考察，烟台市委书记焉荣竹、市长杨金镜等陪同。

9月，门楼水库大坝、大闸安装监控设施。

10月，中国烹饪协会授予福山区“鲁菜之乡”。

12月，区建设委员会更名为区建设管理局，并设立区城市管理综合执法大队。

是年，福山区成为首批国家森林生态效益补助资金试点单位。从此，全区9066.7公顷重点公益林，每公顷每年得到75元的国家森林生态效益补助，每年补助资金68万元。

2002年

5月3日，中共中央政治局常委、国务院副总理李岚清，到烟台汽车工业学校考察。省委书记吴官正、常务副省长韩寓群、烟台市委书记焉荣竹和福山区委书记谭伟等陪同。

19日，区政府在长春市举办福山大樱桃推介洽谈会。

6月3日，省计委副主任战树毅，省计委经处科长杨际朝，省防指秘书长、水利厅巡视员韩修民，省防办副主任、工管局长于国平等领导到门楼水库检查防汛工作。

7月，省委副书记吴爱英到福山高新区永福园村走访。区委书记谭伟陪同。

同月，区电业公司开工建设35千伏河东变电站，工程投资458.6万元，12月投入运行。该站为箱式无人值守变电站。结合该站建设，改造10千伏线路6.96千米，投入资金123.33万元，并首次采用10千伏管塔技术。

8月，省委书记张高丽到福山考察工作。市委书记焉荣竹和区委书记谭伟陪同。

9月17日，经山东省人民政府批准，蓬莱市大季家镇划归福山区管辖。同月19日，经烟台市人民政府批准，将福山区古现（八角）镇、大季家镇划归烟台经济技术开发区管理。自此，福山区辖高疃镇、门楼镇、张格庄镇、回里镇、清洋街道办事处、福新街道办事处、高新区及231个村（居）。

同月，内夹河一期综合治理工程和河滨南路工程启动。

12月，城区中巴客车退市，大巴士客车往返芝罘区和福山区。

是年，全区大樱桃栽植面积3600公顷，总产6430吨，总产值6500万元。

第一编　建置

第一章　政区沿革

福山历史悠久，6000多年前，就有人类在这里生息繁衍。1131年置县，隶属登州府。元、明、清时期，沿之。民国时期，先后隶属胶东道、东海道、直属山东省、山东省第七行政区、鲁东道、登州道。民国二十九年（1940年5月），福山县抗日民主政府成立，隶属胶东行政公署北海专署。中华人民共和国成立后，先后隶属文登专署和莱阳专区。1958年10月，福山县撤销，并入烟台市。1962年4月，恢复福山县建制，属烟台地区。1983年11月，地区改市，福山改为市辖区。

境域明至清末基本未变。民国中期，变更量较大。中华人民共和国成立以后，多次变更。1934年，烟台商埠从福山县划出，成立烟台特区。至中华人民共和国成立前，东、南、西境部分村庄与芝罘、栖霞多次划入析出。1984年10月20日，烟台市从境内北部划出22.68平方千米，成立烟台开发区。至2002年9月，多个村庄及古现镇又先后划入烟台开发区。

行政区划：明朝实行保、社制，以保领社，以社辖村。1582年（万历十年）以前，全县共设4保29社；1582年（万历十年）以后，4保沿之，29社调为23社。清朝时期，全县共设4保30社。1908年（清光绪三十四年），废保、社制，全县划为20个区。1932年秋，全县20个区合并为5个大区，区下设43个乡1个镇。1941年，抗日民主政府成立后，全县划为8个区。1946年12月，全县调整为10个区1个镇。中华人民共和国成立后，1951年，全县共设10个区91个乡。1952年，全县共设8个区1个镇91个乡。1958年8月，废除乡镇建制，实现人民公社化，全县成立5处公社。1970年，设8处公社。1977年4月，全县增至10处公社。1983年11月，撤销福山县建制，改为烟台市辖区。1984年4月，撤销人民公社建制，设乡镇人民政府，生产大队改为行政村。全区辖6个镇4个乡306个行政村。1984年10月，全区有302个行政村。1996年，撤乡改镇，全区辖10个镇。2000年6月，有2个镇改为街道办事处；同年12月，有6个镇合并为3个镇，全区共辖5个镇2个街道292个行政村。2002年，福山区辖高疃镇、门楼镇、张格庄镇、回里镇、清洋街道办事处、福新街道办事处、高新区，共231个村（居）民委员会（不含烟台开发区）。

第一节　地理位置

福山区位于山东半岛东北部，地处北纬37°14′～37°43′，东经121°02′～121°22′，

图1-1　福山城区

东以大沽夹河为界，与芝罘区、莱山区相望；南以巫山、两界河、塔顶、蓬顶为界，与牟平区、栖霞市相连；西以北大城、磁山、峰山为界，与栖霞市、蓬莱市相接；北临黄海。辖区南北最大纵距 54.7 千米，东西最大横距 29.7 千米，总面积 703.53 平方千米（含烟台开发区及蓬莱市原大季家镇）。区政府距烟台市政府 16.5 千米，离济南市 472 千米，距北京市 720 千米。

第二节　隶属沿革

从地质岩性形成看，福山在 6 亿年以上远古代形成的陆相粉子山群，就有人类生存的用水。百万年左右新生代形成的第四纪沉积，即有人类生存的黏黄土壤。惜无远古时代发现，难以考究。

新石器时期（约 1 万—4000 年前）　1956 年和 1975 年，境内发现邱家庄和臧家 2 处古文化遗址，出土大量石器、陶片、骨器、红烧土块等文物。经中国科学院测定，远在 6000 年前，就有人类在这里生息繁衍。

夏朝时期（前 21—16 世纪）　《史记·夏本纪》载："海岱惟青州，隅夷既略"。清胡谓《禹贡锥指》释："今登州、莱州二府，皆为禹贡莱夷之地"。夏代今境为东方隅夷之地，属青州，州治在益都。

商、西周时期（前 16 世纪—前 770 年）　《禹贡》云，莱夷地大都为营州莱国地。西周建后，武王封姜尚（太公）立齐国，莱国为齐国东邻，属东方夷国。《尚书·禹贡》载："莱夷作牧，厥篚厌丝"，西周时，境内即从事畜牧和蚕丝生产。

春秋时期（前 770—前 476 年）　《左传》载，齐宣公七年（公元前 603 年），"公与齐侯伐莱"，莱国址于黄县境域。公元前 567 年，齐灭莱后，牟子国由莱芜（今名）迁今福山三十里堡村南，筑城立国，境为牟子国徙地，属齐国，都治临淄。

战国时期（前 476—前 221 年）　齐国田和篡夺姜姓的王位，康公姜贷被放逐到之罘一带，随即"迁康公于海上，食一城"。境为齐康公食邑，属齐国东莱地。

秦朝时期（前 221—前 206 年）　公元前 221 年，秦始皇统一中国后，实行郡县制，置腄县，县治在今福山城，属齐郡，郡治在临淄。时今"蓬莱以东，直抵海滨，皆秦腄县地"。《史记》载，始皇周游天下，曾三次"过黄腄，穷成山，登之罘"，"行祠名山大川及八神"。

西汉时期（前 206—25 年）　西汉王朝建立后，仍行郡县制。公元前 203 年，置东莱郡，郡治在掖县。时境内有腄县，县治在今福山城；育犁县，县治在今奇章村北营子头，南境部分为观阳县地，均属青州东莱郡。

东汉时期（25—220 年）　腄县、育犁县具废，并入牟平，县治在古现。属青州东莱郡，郡治在蓬莱南。

三国魏时期（220—265 年）　曹魏郡县设置，多沿东汉建制，境为牟平县地，县治在古现，南境部分为观阳县地，皆属青州长广郡，郡治在今海阳市发城。

西晋时期（265—317 年）　公元 265 年，司马炎代魏称帝，建立西晋王朝，实行郡、国、县、侯国并存制，在莱州置东莱国，国府在掖县。境为牟平县地，县治在古现，《寰宇记》曰："牟平晋属东莱国"。

东晋、十六国时期（317—420 年）　"永嘉"之乱，晋室渡江。青州地被后赵、前燕、前秦、后燕、东魏、北齐等地方割据，境为牟平县地，县治在古现，属东牟郡，郡治在今牟平城。

南北朝时期（420—581 年）　北魏时，境为牟平县地，县治在古现，属光州东牟郡，郡治在牟平城。北齐天保七年（556 年）宣王高洋，牟平治所迁至蓬莱境内。高齐后主天统四年（568 年），析牟平、观阳县地，置文登县。时境西、北部为牟平县地，县治在蓬莱境；东、南部为文登县地，县治在文登城。皆属青州东莱郡，郡治在今招远曲城。

隋朝时期（581—618 年）　境为牟平、文登两县地，县治在今牟平、文登城。《隋书·地理志》载，隋文帝开皇五年（585 年），改光州为莱州。大业年间（公元 605—617 年），复称东莱郡，郡治在掖县，境属东莱郡。

唐朝时期（618—907 年）　唐武德四年（公元 621 年），割文登西部、牟平东部、置清阳县，县治在腄城。贞观元年（627 年），牟平、清阳俱废，清阳西部与牟平并入黄县，东部复为文登，清阳县治（今福山城）改置两水镇。麟德二年（665 年），割文登西境（包括今福山东部）置牟平县，县治在今牟平城，境为黄、牟两县地。神龙三年（707 年），境为蓬莱、牟平两县地。属河南道登州，州治在蓬莱城。观阳县撤销后，南境改属昌阳县（今莱阳县）。

五代十国时期（907—960 年）　先后有后梁、后唐、后晋、后汉、后周执政，境内建置与唐代基本相同，属登州，州治在蓬莱城。南端为莱阳县地。

北宋时期（960—1127年）　宋沿唐制，境为蓬莱、牟平、莱阳三县地，县治在蓬莱城、牟平城、莱阳城。初属京东路。熙宁七年（公元1074年），改属东京东路登州东牟郡，州、郡治均在蓬莱城。

金朝时期（1127—1279年）　“靖康之变”后，金扶立刘豫伪齐政权。刘豫巡边，登两水镇西北五里山巅，称“福地”。天会九年（1131年），割蓬莱东境、牟平西境，以山命县，置福山县，县治随名福山城。属山东东路登州。

元朝时期（1271—1368年）　境为福山县地，县治在福山城。初隶山东东西道淄莱路登州，至元二十四年（1287年），改属般阳路登州，州治在蓬莱城。

明朝时期（1368—1644年）　境为福山县地，县治在福山城。初属登州，洪武六年（1373年）改属山东行省直隶州。洪武九年（1376年）升登州为府。属山东布政司登州府，州、府治在蓬莱城。

清朝时期（1644—1911年）　清沿明制，境为福山县地，县治在福山城。属山东省登蓬青胶道登州府，府治在蓬莱城。

民国时期（1912—1949年9月）　境为福山县地，县治在福山城。民国3年（1914年），北洋政府废府为道，属胶东道；14年（1925年），改属东海道，道治在烟台；17年（1928年），南京政府废道，直属山东省；26年（1937年）隶属山东省第七行政区；27—34年（1938—1945年），先后隶属鲁东道、登州道；29年（1940年）5月，县抗日民主政府成立，治所不定；34年（1945年）8月，全县解放，抗日民主政府迁入县城，隶属胶东行政公署北海专署；36年（1947年）9月，国民党占领福山，县人民政府转移至县南境，是年11月划归山东省烟台市；37年（1948年）10月，福山二次解放，县人民政府迁回县城，仍属胶东行政公署北海专署。

中华人民共和国成立以来（1949年10月—　）　中华人民共和国成立后，境为福山县地，县治未变。1950年5月，属文登专署。1956年3月，改属莱阳专区。1958年10月，福山县撤销，并入烟台市。1962年4月，恢复福山县建制，属烟台地区。1983年11月，福山改为市辖区。

第三节　境域变迁

明至清末，境域基本未变。1934年，烟台商埠从福山县划出，成立烟台特区，随之福山东境有多个村庄划入烟台特区。1945年，南境栖东县有1个村划归福山县。1946年，福山东境有3个区划归烟台市，次年又复归福山县。1947年，南境栖东县的1个区划入福山县，次年11月回归栖东县；西境栖东县4个村划归福山县，次年11月又回归栖东县。同时，原属福山的2个村划归栖东县。

中华人民共和国成立后，境域变更次数较多。1955年，福山东境2个乡划归烟台市；南境栖霞县1个村划入福山县。1957年，福山东境又有2个乡划归烟台市。1958年，撤销福山县建制，并入烟台市。同年，南境栖霞县有3个大队划归福山县。1962年4月复县，东境烟台市有4个大队划入福山县。1965年，烟台市的1处公社全部和1处公社的1个大队划入福山县。1977年，1处公社全部和2处公社的4个大队划归烟台市。1984年10月，烟台开发区立后至1992年6月，北境先后有14个村划归烟台开发区。2002年9月17日，原蓬莱市大季家镇划归福山区；9月19日，古现镇（含八角）和大季家镇整建制划归烟台开发区。

东境　1934年，烟台商埠从福山县划出，成立烟台特区，隶属国民党山东政府，上夼村、奇山所、西南村、东海阳、中海阳、西海阳、西河村、通伸、芝罘屯及芝罘岛诸村，全部划归烟台特区。1946年7月，太平顶区、蓁山区、芝水区划归烟台市，次年10月，3个区又回归福山县。1955年5月，芝水区的珠玑、只楚2个乡划归烟台市。1957年1月，黄务、西牟2个乡划归烟台市。1958年，撤销福山县建制，并入烟台市。1962年4月复县，烟台市黄务公社的楚塘、邱家庄、紫埠、绍瑞口4个大队划入福山县。1965年5月，烟台市的黄务公社和幸福公社的西牟大队划入福山县。1977年4月，黄务公社及兜余公社的西牟大队、西玉树庄大队、东玉树庄大队，福山镇公社的小沙埠大队划归烟台市。

南境　1945年10月，栖东县的黄连墅村划归福山县。1947年10月，栖东县的铁口区划入福山县，次年11月回归栖东县。1955年5月，栖霞县的大芹子夼村划入福山县。1958年8月，栖霞县的瑶台、马家、岔夼大队划归福山县。

西境　1947年10月，栖东县的大潘家村、小潘家村、小夼村、姚家庄划入福山县，次年11月，又回归栖东县。同时，将原属福山的前法卷村、后法卷村划归栖东县。

北境　1984年10月20日，国务院批准烟台市在福山北部沿海区域，东起夹河，西至柳林河，南起曲家台子村，北至黄海，成立烟台开发区，总面积22.68平方千米。福山镇的曲家台子村、胜利东村和臧家乡的胜利西村及古现镇的马家村，划归烟台开发区。1992年6月15日，福山区臧家乡的岗嵛村、廒上村、栖里村、舒家村、北车家村、北屯村、奇章村和福山镇的宫家台子村、刘家台子村、杨家台子村，划归烟台开发区。2002年9月19日，经烟台市人民政府批准，将古现镇（含八角）、大季家镇的93个行政村，划归烟台开发区。

第四节　区划调整

明朝时期　明朝实行保、社制，以保领社，以社辖村。万历十年（1582年）以前，全县共设4保29社。万历十年以后，4保沿之，29社调为23社，将东北保的北诸社并入芝罘社，唐家夼社并入黄务社；西南保的桃园社并入朱丛社，义井社并入杜家庄社；西北保的次兴社并入蕃畚社，孙夼社并入八角社。

东北保　分领东关厢社、西关厢社、务本社、芝水社、北诸社、芝罘社、唐家夼社、黄务社。辖东北关、西北关、西关、南关、曾家庄、康家庄、东关、黄庵、大沙埠、小沙埠、小梁家庄、朱家山、銮驾庄、上柿子夼、下柿子夼、孟家庄、城里、苏家庄、栾家庄、汗河、汪家疃、胡家、九槐、南杏华庄、北杏华庄、泉水眼、芝阳、前埠、芝水、东南哨、葛家台、上坊、小沙埠、只楚、珠玑、桥上、北皂、前仓、宫家岛、上世回尧、下世回尧、上曲家、下曲家、堡后陈家、堡后刘家、奇山所、烟台、西南河、东海阳、中海阳、西海阳、通伸、芝罘屯、芝罘村、上林家、下林家、汪家、黄务、狄家沟、西牟、诸嘉村、管庄、长峰牟、长峰曲、长峰姜、陶口、堡后张家、堡后郑家、玉树庄。

东南保　分领涂山社、兜余社、陌堂社、水都社、集贤社、南诸社、黑石社。辖南涂山、北涂山东村、北涂山西村、崇义、两甲庄、葛庄、小庄子、西庄、东碓、家后、南墟、蔡家庄、夼里、楚塘、邱家庄、紫埠、小水口、西陌堂、东陌堂、门楼、东汪格庄、西汪格庄、东周格庄、西周格庄、西埠庄、大屋、岚柳墅、新庄、后山、石井、东马疃、西马疃、管家庄、石臼、周家岘、上许家、下许家、肖家、诸留王、诸留高家庄、诸留杨、诸留南台、诸留后庄、葛家庄、梅家、河格庄、蓬莱庄、陈家庄、邹家房、集贤、旺远于、旺远钱、葫芦、谭家宅口、荆子埠、卧龙、团团埠、胡家夼、李家疃、谭家庄、东孔家庄、刘家庄、土峻头、渠家庄、东黄山、西黄山、前富村、后富村、迟家、唐家埠、善疃、张格庄铺、南台、尹家庄、楼子口、姜家、院口、相公庙、松林庄、冯家、杜家崖、黑石。

西南保　分领留公社、马疃社、桃园社、朱丛社、虎窠社、义井社、杜家庄社。辖东留公、西留公、桃园、高家疃、钟家庄、包家沟、老官庄、庞家沟、仉村王、东厅、西厅、车家、丁家夼、王家庄、山北头、盛家、鹿家、宅院、汪格庄、朱丛、解字崖、权家、官乐沟、台上、虎窠、权家山、曲家、沙坝子、东宋洲、西宋洲、北候旨沟、南厚滋沟、义井、栾家疃、窝窿、寨子、仙后、古上、店子、前法卷、后法卷、陈家湾、高疃、邹格庄、汤家疃、兆家庄、义和、阳泉、小河子、上大山夼、下

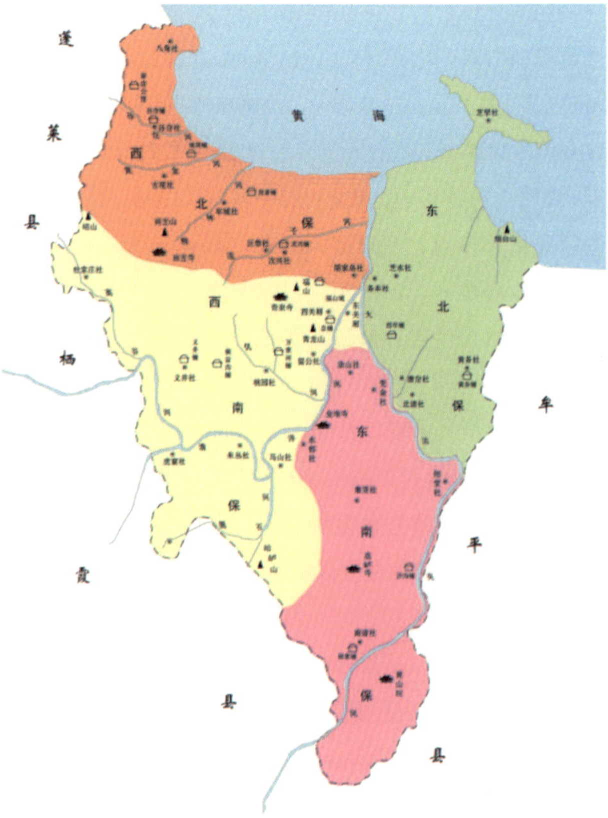

图1-2　明万历四十六年（1618年）福山县行政区划图

大山夼、东罗格庄、西罗格庄、孙家疃、曲家沟、李家沟、湘里、肖家沟、大谷家、小谷家。

西北保　分领胡家岛社、次兴社、蕃夆社、牟城社、古现社、孙夼社、八角社。辖韩家岛、潘家岛、胡家岛、蒲湾、盐场、刘家帐子、宋家疃、河西、泊子、舒家、小陈家、刘家台、杨家台、宫家台、曲家台、栖里、翟家屯、炉上、韩家店、廒上、奇章、车家、弥都屯、岗嵛、黄家庄、刘家埠、楮家疃、小河子汪家、次兴铺、招贤、蕃夆李家、柳行、臧家、大杨家、小杨家、南于家、北于家、马家、林官庄、牟城张家、牟城吴家、李家、孙家、小王家、上林家、下林家、潘家、梁家、大邹家、上院下、下院下、北宋家、南宋家、棘子夼、皂户头、城阴铺、南庄子、董家砚、山吴家、南夼李、南夼郭、汪家沟、古现、河北、河北刘家、花园、臧家、谭家、陈家沟、郑家庄、百堡、石屋营、八角、峰台、刘家、陡崖、下庄子、辛店、小赵家、官庄、王家、汤家、侯家、泊子。

清朝时期　清沿明制，保社划分基本与明1582年（万历十年）前相同，除北诸社外，唐家夼社、桃园社、义井社、次兴社、孙夼社全部恢复，并增设福中社、奇山社，将虎窠社改名为其相社，全县共设4保30社。1908年废保、社制，全县划为20个区。

城区　辖北关、西北关、南关、东关、大沙埠、山后、芝阳、前埠、小梁家庄、永福园、盐场、刘家帐子、朱家山、銮驾庄、上士子夼、下士子夼、城西、刘家疃、姜家疃、宋家疃、汗河、栾家庄、速甲庄、汪家疃、三里店、康家庄、姜家庄、史家庄、曾家庄、东留公、西留公、高家疃、南杏花庄、北杏花庄、泉水眼、蒲湾。

芝水区　辖芝水、东南哨、葛台庄、北上坊、南上坊、小沙埠、孙家庄、只楚、珠玑、桥上、北皂、前仓、宫家岛。

蓁山区　辖大东夼、小东夼、上世回尧、下世回尧、上曲家、下曲家、朱家庄、蓁山屯、傅家。

烟台区　辖奇山所、上夼、烟台、西南河、西河村、东海阳、中海阳、西海阳、通伸、芝罘屯。

芝罘区　辖东口、西口、芝罘村。

门楼区　辖东周格庄、西周格庄、塔寺庄、西埠庄、大屋、门楼、东马疃、西马疃、石井、周家岘、上许家、下许家、上肖家、下肖家、姜家夼、管家庄、南沟、石臼、台上、尹家庄、楼子口、庙前姜家、车家、院口、张格庄、松林庄、马蹄夼、东水夼、西水夼、南水夼、冯家、杜家崖、黑石、相公庙。

兴隆区　辖东孔家庄、胡家夼、土峻头、李家疃、巨甲庄、东黄山、西黄山、中甲庄、前富村、后富村、茅芝场、迟家、唐家埠、善疃林、善疃姜、善疃刘、张格庄铺、老岚、谭家庄、刘家庄。

黄务区　辖初家、夏家、上林家、下林家、刁家、汪家、黄务、狄家沟、西牟、诸嘉村、汪家、小林家、长峰杜、长峰牟、长峰朱、长峰曲、长峰姜、官庄、篆山子、陶口、铺后张家、铺后郑家、铺后刘家、大玉树庄、小玉树庄。

旺远区　辖东珠岩、西珠岩、北珠岩、东陌堂、西陌堂、小水口、紫埠、旺远于、旺远刘、旺远柳、旺远唐、旺远钱、旺远解、旺远王、东道平、西道平、东回里、西回里。

出山区　辖东碓、西碓、西庄、小庄子、蔡家夼、家后、楼底、南涂山、北涂山东村、北涂山西村、崇义、两甲庄、邱家庄、楚塘、葛庄。

诸留区　辖诸留杨、诸留王、诸留南台、诸留高家庄、新庄、后山、后庄、葛家庄、蓬莱庄、陈家庄、梅家、钱庄、河格庄、岚柳墅、邹家房。

岗嵛区　辖刘家台子、宫家台子、杨家台子、曲家台子、舒家、小陈家、泊子、栖里、上庄、炉上、韩家店、廒上、奇章、车家、泥都屯、岗嵛。

臧家区　辖臧家、黄家庄、刘家埠、柳行、楮家疃、山上张李、小河子汪家、十里堡、邢家山、招贤、黄泥沟、蕃夆李家、大杨家、小杨家。

牟城区　辖南于家、北于家、马家、林官庄、牟城张家、李家、大王家、小王家、上林家、下林家、陈家、牟城吴家、孙家、潘家、梁家、上院下、下院下、南宋家、北宋家、棘子夼。

古现区　辖古现、曲家庄、皂户头、三十里堡、邱家庄、河北、河北刘家、臧家、谭家、陈家沟、石岚、百堡、花岩、石屋营、黄庄、董家、南夼王、山吴家、南夼徐、南夼李、南夼郭、汪家沟、东龙夼、郑家庄。

桃园区　辖桃园、东黄埠、西黄埠、包家沟、钟家庄、老官庄、牛庄、庞家沟、雨淋沟、十里堡、车家、丁家夼、王家庄、上庵沟、下庵沟、东厅、西厅、仉村孙、仉村王、仉村张、仉村林、仉村周、仉村李、吕格庄。

权家区　辖权家、山北头、潘家、盛家、栾家、鹿家、宅院、汪格庄、朱丛、解字崖、文家、上官老沟、下官乐沟、井子夼、台上、虎口、权家山、曲家、邢家、沙坝子、

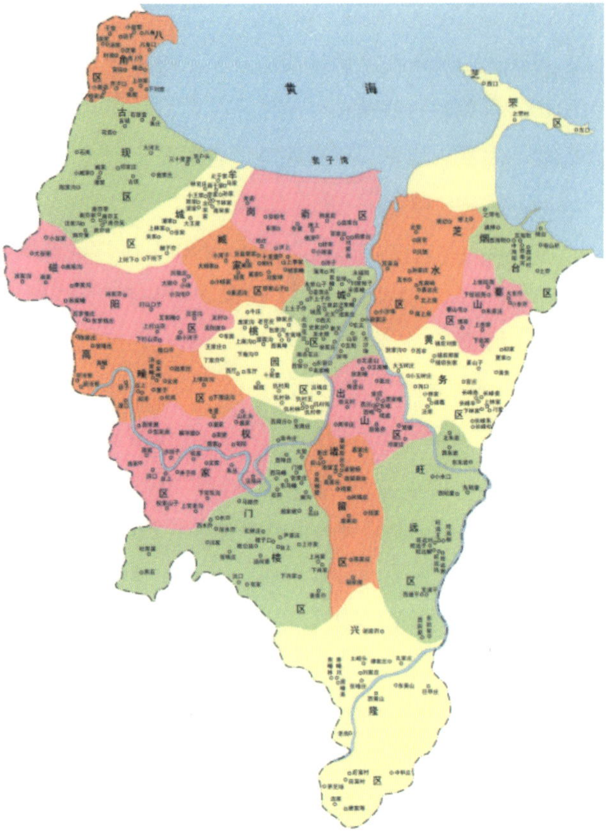

图 1-3　清光绪三十四年（1908 年）福山县行政区划图

东宋洲、西宋洲。

高疃区　辖高疃、邹格庄、陈家庄、前法卷、后法卷、仙后、古上、店子、渡口、松岚、栾家疃、寨子、屯里、北候旨沟、南厚滋沟、义井、唐家疃、兆家庄、龙口。

磁阳区　辖兴隆庄、大转、小转、义村、吴阳泉、吕家沟、王家疃、小河子、疋山口子、上大山夼、下大山夼、小沟屯、肖家夼、东罗格庄、西罗格庄、李家沟、孙家疃、湘里、曲家沟、肖家沟、大谷家、小谷家。

八角区　辖八角、八角口、峰台、上刘家、下刘家、陡崖、芦子口、小辛店、小赵家、青上、官庄、王家、叶家、于家、汤家、侯家、泊子、郑家庄。

民国时期　1932 年以前，行政区划沿清制，名称及区界，均无变动。1932 年秋，全县 20 个区合并为 5 个大区，区下设 43 乡 1 镇，以乡领村，村下设闾，闾下设邻。

一区（驻城里）　辖城里镇、盐场乡、芝水乡、珠玑乡、士子乡、招贤乡、涂山乡、兜余乡、沙埠乡。

二区（驻上世回尧）　辖西牟乡、黄务乡、蓁山乡、芝罘乡、长峰乡。

三区（驻门楼）　辖门楼乡、诸留乡、珠岩乡、旺远乡、集贤乡、巨甲乡、富村乡、姜家乡、管家乡、冯家乡。

四区（驻高疃）　辖南关乡、桃园乡、老官乡、高疃乡、湘河乡、浒口乡、朱丛乡、屯里乡、磁阳乡、王家乡。

五区（驻古现）　辖古现乡、八角乡、刘家乡、官庄乡、河北乡、臧家乡、岗嵛乡、李家乡、奇章乡、大王家乡。

1934 年，烟台特区成立后，全县仍设 5 个区，将 1 镇 43 乡调整为 4 镇 39 乡。区领乡镇，乡镇辖村。

第一区：辖 1 个镇 9 个乡。

中枢镇　辖西北关、西关、史家庄、三里店、汪家疃、城里共 6 个村。

南关乡　辖南杏花庄、北杏花庄、泉水眼、南关、曾家庄、东留公、西留公、高家疃。

盐场乡　辖永福园、盐场、姜家疃、刘家疃、汗河、栾家庄、宋家疃、苏家庄、东北关、汪家疃。

珠玑乡　辖撬户村、桥上、珠玑、北皂、仓里、只楚、孙家庄。

芝水乡　辖宫家岛、芝水、东南哨、葛台庄、南上坊、北上坊。

大沙埠乡　辖大沙埠、小沙埠、小梁家庄、东关、山后、芝阳、前埠。

涂山乡　辖房家疃、卫家疃、南涂山、崇义村、两甲庄村。

兜余乡　辖葛庄、贾家疃、蔡家庄、家后、东碓、西庄、楼底、蔡家夼、楚塘、邱家庄。

士子乡　辖山上张李、北十里堡、楮佳疃、邢家山子、朱家山子、銮驾庄、上士子夼、下士子夼、城西。

招贤乡　辖華夆李家、臧家、柳行、黄家、刘家埠、小河子汪家、招贤、黄泥沟、大杨家、小杨家。

第二区：辖 4 个乡。

蓁山乡　辖大东夼、小东夼、上世回尧、下世回尧、朱家庄、上曲家、下曲家、蓁山屯、傅家、刘家。

西牟乡　辖铺后郑家、铺后张家、西牟、东玉树庄、西玉树庄。

黄务乡　辖初家卧龙、夏家卧龙、王家庄、东林家、西林家、黄务、官庄、篆山子。

长峰乡　辖套口、诸嘉村、曲家村、姜家疃、牟家庄、朱家疃、杜家疃。

第三区：辖 10 个乡。

门楼乡　辖东周格庄、西周格庄、塔寺庄、西埠庄、门楼。

诸留乡　辖葛家庄、诸留（含诸留王、诸留杨、诸留后庄、诸留南台4个自然村）高家庄、河格庄、集贤、紫埠。

管家乡　辖新庄、大屋、后山、岚柳墅、梅家、南庄、南沟、东马疃、西马疃、管家庄、石井、周家岘、石臼。

珠岩乡　辖北珠岩、东珠岩、西珠岩、东陌堂、东小水口、西小水口。

旺远乡　辖旺远唐村、钱村、柳村、刘村、王村、于村、解村、西陌堂、东道平、西道平。

姜家乡　辖蓬莱庄、陈家庄、邹家房、上肖家、下肖家、姜家夼、上许家、下许家、尹家庄、南台、楼子口、庙前姜家、松林庄。

冯家乡　辖马蹄夼、相公庙、车家、院口、张格庄、东水夼、西水夼、冯家、东杜家崖、西杜家崖、黑石。

谭家庄乡　辖李家疃、胡家夼、土峻头、刘家庄、张格庄铺、谭家庄、东孔家庄、东回里。

巨甲乡　辖西回里、巨甲庄、东黄山、西黄山4个行政村。

富村乡　辖前富村、后富村、善疃林、善疃刘、善疃姜、老岚、中甲庄、茂芝场、唐家埠、迟家。

第四区：辖1镇8乡。

高疃镇　辖高疃、陈家庄、邹格庄、东罗格庄、前法卷、后法卷。

磁阳乡　辖大谷家、小谷家、肖家沟、湘里、李家沟、孙家疃、西罗格庄、曲家沟。

湘河乡　辖湘河、龙口、兆家庄、义井、栾家疃、唐家疃、古上、店子、渡口、寨子、松岚。

王家乡　辖兴隆庄、大转、小转、肖家夼、疋山口子、上大山夼、下大山夼、小沟屯、王家疃、小河子、吕家沟、义村、吴阳泉、车家。

老官乡　辖老官庄、牛庄、庞家沟、钟家庄、包家沟、姜家庄、东黄埠、西黄埠、十里堡、儒林沟、上庵沟、下庵沟。

屯里乡　辖上候旨沟、下厚滋沟、屯里、潘家、栾家、鹿家、解字崖、宅院、盛家、山北头。

桃园乡　辖东厅、西厅、桃园、王家庄、丁家夼、仉村周、仉村孙、仉村林、仉村李、仉村张、仉村王、吕格庄。

浒口乡　辖西宋洲、东宋洲、前沙坝、后沙坝、曲家、邢家、浒口、台上。

朱丛乡　辖东汪格庄、西汪格庄、朱丛、文家、权家、上官老沟、下官乐沟，权家山。

第五区：辖2镇8乡。

古现镇　辖古现、河北刘家、邱家庄、张家庄、曲家庄、东龙夼共6个行政村；

臧家乡　辖臧家、石岚、谭家、陈家沟、汪家沟、郭家、李家、山吴家、徐家、山王家、张家、董家。

林家乡　辖潘家、上林家、院下、吴家、牟城张家、棘子夼。

李家乡　辖陈家、梁家、李家、大王家、北宋、南宋、孙家、南于家、北于家、马家、下林家。

奇章乡　辖岗嵛、奇章、弥都屯、车家、上庄。

舒家乡　辖曲家台子、杨家台子、刘家台子、宫家台子、栖里、廒上、陈家、舒家、泊子、蒲湾、垆上。

河北乡　辖河北、三十里堡、皂户头、林官庄、小王家。

刘家乡　辖上刘家、下刘家、陡崖、黄庄、石屋营、百堡、花岩。

官庄乡　辖青上、官庄、峰台、于家、侯家、汤家、王家、叶家、芹子口、辛店、郑家庄。

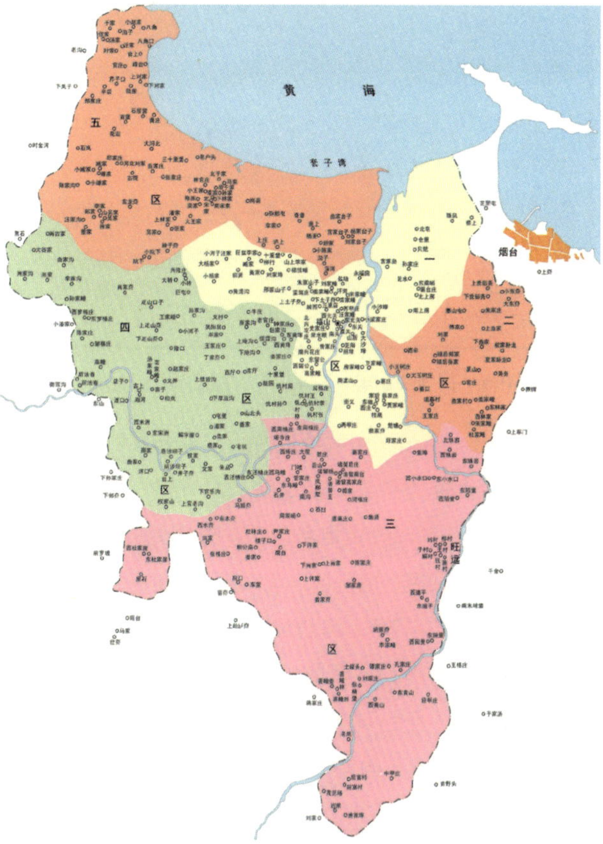

图1-4　民国23年（1934年）福山县行政区划图

八角镇　辖八角、八角口、小赵家、泊子。

1936年下半年，推行梁漱溟的“乡村建设”实施方案，将全县5个区改为5个乡农学校，撤销区公所，由乡农学校管理全区的行政、军事、教育、生产等事宜，称其为管、教、养、卫一体化，1937年抗战爆发后，将其全部撤销，恢复1936年以前的区乡制。

抗战时期，境内国民党县政府和日伪县政府在其统治区内实行保甲制，百户为保，10～20户为甲，其间，并用一套乡保政权组织。

福山縣行政區域圖

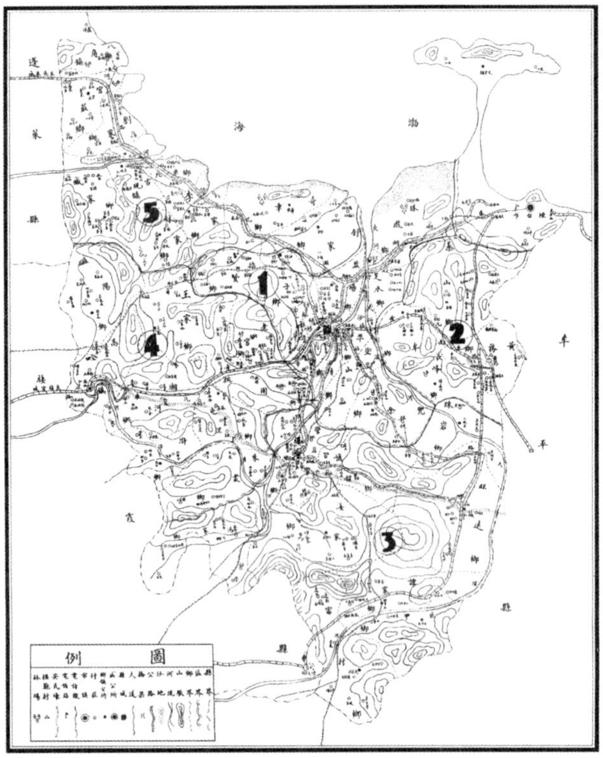

图1-5　民国32年（1943年）福山县行政区划图

1941年，抗日民主政府成立后，将全县划为8个区，以序数名区。

1944年9月，改由地名命区，分别为：狮子山区、门楼区、太平顶区、宅院区、疋山区、古现区、盐场区、蓁山区。1945年7月，原盐场区改为奇章区，另设新盐场区，同年9月改为城厢特区。

1946年12月，全县调整为10区1镇，即狮子山区、门楼区、太平顶区、宅院区、蓁山区、疋山区、古现区、奇章区、盐场区、芝阳山区、城厢镇。

1947年3月，撤销城厢镇，其所属村庄并入芝阳山区。是年10月，栖东县的铁口区划归福山县，全县调整为11个区。

狮子山区　下辖下许家、康家旺、肖家、上许家、姜家夼、胡家夼、李家疃、回里、孔家庄、谭家庄、土峻头、刘家、善疃、张格堡、东黄山、西黄山、巨甲庄、后富村、前富村、茅芝场、中甲庄、迟家、唐家埠共23个行政村。

门楼区　下辖东周格庄、西周格庄、塔寺庄、西埠庄、大屋、门楼、西马疃、东马疃、南庄、南沟、石井、石臼、周家岘、尹家庄、松林庄、楼子口、南台、相公庙、姜家、张格庄、院口、车家、权家、文家、朱丛、汪格庄、下官乐沟、上官老沟、马蹄夼、权家山、西水夼、东水夼、冯家、黄连墅、杜家崖子、黑石共36个行政村。

旺远区　下辖楚塘、邱家庄、紫埠、小水口、东陌堂、西陌堂、新庄、葛庄、后山、诸留后庄、诸留王村、诸留杨村、诸留高家庄、诸留南台、岚柳墅、梅家、河格庄、蓬莱庄、集贤、陈家庄、邹家房、刘村、柳村、王村、于村、解村、唐村、钱村、西道平、东道平共30个行政村。

宅院区　下辖牛庄、庞家沟、老官庄、车家、王家庄、上庵沟、下庵沟、儒林沟、丁家夼、西厅、东厅、十里堡、南候旨沟、北候旨沟、桃园、仉村周、吕格庄、仉村王、仉村林、仉村孙、仉村李、仉村张、山北头、盛家、宅院、屯里、栾家、鹿家、解子崖、唐家疃、赵家庄、隆口、栾家疃、义井、店子、古上、湘河、寨子、渡口、松岚、西宋州、东宋州、后沙坝子、前沙坝子、台上、正志夼、邢家、曲家、浒口共49个行政村。

芝水区　下辖桥上、珠玑、北皂、南仓、只楚、宫家島、孙家庄、芝水、东南哨、北上坊、南上坊、小沙埠、梁家庄、东关、山后、大沙埠、芝阳、前埠、卫家疃、房家疃、南涂山、葛庄、家后、东碓、西庄、楼底、蔡家庄、贾家疃、蔡家夼、崇义、两甲庄、西牟、西玉树庄、东玉树庄、套口共35个行政村。

疋山区　下辖北于家、马家、南于家、林官庄、小王家、孙家、陈家、四合村、梁家、大王家、林家、潘家、吴家、张家、院下、棘子夼、和平、大转、巨屯、王家疃、吕家沟、小河子、义村、吴阳泉、肖家夼、口子、上疋山夼、下疋山夼、肖古家、大谷家、曲家沟、肖家沟、湘里、李家沟、孙家疃、姚家庄、大潘家、小潘家、西罗格庄、东罗格庄、陈家庄、邹格庄、高疃、后法卷、前法卷、小夼、东山共47个行政村。

古现区　下辖于家、泊子、小赵家、八角、八角口、侯家、汤家、汪家、叶家、青上、上刘家、下刘家、郑家庄、辛店、芹子口、陡崖、花岩、百堡、石屋营、黄庄、石岚、臧家（含小臧家）、谭家（含小谭家）、邱家庄、河北刘家、河北、大庄、小庄、古现、陈家沟、李家、郭家、山王家、山吴家、汪家沟、张家、徐家、东龙夼共38个行政村。

奇章区　下辖胜利西村、胜利东村、岗嵛、弥都屯、车家、奇章、廒上、栖里、舒家、曲家台子、杨家台子、宫家台子、刘家台子、泊子、蒲湾、垆上、山前李家、十里堡、柳行、黄家、刘家埠、褚佳疃、邢家山、臧家、上庄、巨盆李家、小河子汪家、大杨家、小杨家、招贤、黄泥沟共31个行政村。

芝阳山区　下辖永福园、盐场、宋家疃、刘家疃、姜家疃、栾家疃、苏家庄、汪家疃、朱甲山、銮驾庄、上夼、下夼、城西、三里店、钟家庄、包家沟、西黄埠、东黄埠、北兴华庄、南兴华庄、史家庄、泉水眼、南庄、姜家庄、西留公、东留公、高家疃、汧河共28个行政村。

蓁山区　下辖上世回尧、下世回尧、小东夼、大东夼、蓁山屯、朱家庄、傅家、上曲家、下曲家、初家卧龙、夏家卧龙、刘家、堡后张家、堡后郑家、篆山、黄务、官庄、诸嘉、姜家疃、西林家疃、东林家疃、朱家疃、杜家疃、北珠岩、西珠岩、东珠岩共26个行政村。

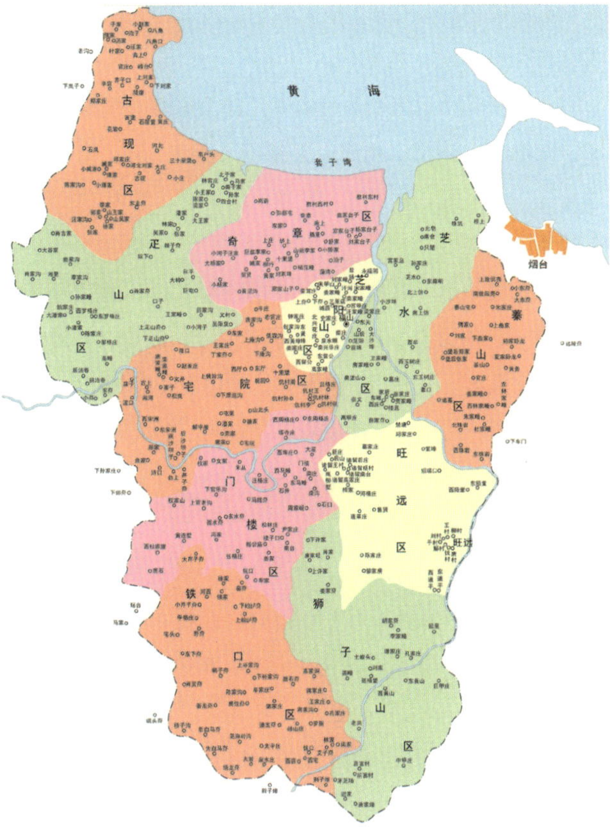

图1-6　民国37年（1948年）福山县行政区划图

铁口区　下辖大芹子夼、徐家、窑夼、侯家、河西、小芹子夼、下山合山卢夼、上山合山卢夼、甲格庄、野夼、宅头、东下夼、肖灵夼、鸭子夼、上裕家沟、下裕家沟、陈家沟、牟家庄、磨石夼、高家洞、蒋家庄、王家庄、蒋家沟、孔家庄、陈家疃、展佳夼、肇家庄、著龙夼、桥子沟、后白马夼、芝麻岭沟、太平庄、大白马夼、绕龙夼、大岩、泉水庄、铁口、道主夼、峨山庄、林家、艾子夼、梁家、西宅、西店、荆子埠共45个行政村。

1948年下半年，恢复城厢镇，11月铁口区回归栖东县。

中华人民共和国成立后区划

区镇建制　1949年10月，除城厢镇外，各区名称由地名改为序数名称，狮子山区为一区，门楼区为二区，旺远区为三区，宅院区为四区，芝水区为五区，疋山区为六区，古现区为七区，奇章区为八区，芝阳山区为九区，蓁山区为十区。

1951年，区下设乡，全县共设91个乡。一区辖7个乡，二区辖11个乡，三区辖8个乡，四区辖7个乡，五区辖13个乡，六区辖11个乡，七区辖11个乡，八区辖8个乡，九区辖7个乡，十区辖8个乡，城厢镇不设乡。

1952年，撤销九、十2个区，所辖乡并入邻区。全县共设8区1镇91乡。

一区（驻谭家庄）　辖富村乡、黄山乡、巨甲乡、善疃乡、张格堡乡、谭家庄乡、回里乡、旺远于乡、旺远唐乡、集贤乡、许家乡。

二区（驻门楼）　辖门楼乡、南庄乡、楼子口乡、张格庄乡、官乐乡、汪格庄乡、周格庄乡、西埠庄乡、杜家崖乡、诸留王乡、诸留杨乡。

三区（驻黄务）　辖黄务乡、初家乡、堡后乡、世回尧乡、曲家乡、林家乡、诸嘉乡、珠岩乡、陌堂乡、绍瑞口乡、紫埠乡。

四区（驻宅院）　辖宅院乡、屯里乡、浒口乡、宋洲乡、湘河乡、义井乡、罗格庄乡、王家疃乡、权家乡、高疃乡。

五区（驻芝水）　辖珠玑乡、只楚乡、宫家岛乡、芝水乡、上坊乡、沙埠乡、西牟乡、玉树庄乡、葛庄乡、楼底乡、两甲乡、涂山乡、山后乡。

六区（驻城西）　辖仉村乡、老官庄乡、黄埠乡、东厅乡、吴阳泉乡、城西乡、盐场乡、留公乡、栾家疃乡。

七区（驻古现） 辖古现乡、三十里堡乡、湘里乡、孙家疃乡、山王家乡、臧家乡、河北乡、辛店乡、刘家乡、泊子乡、八角乡、百堡乡、官庄乡。

八区（驻臧家） 辖大王家乡、北于家乡、岗嵛乡、垆上乡、蕐夼臧家乡、招贤乡、楮佳疃乡、奇章乡、舒家乡、曲家台子乡、大转乡、吴家乡、小王家乡。

1955年，区名又从序数改为地名，一区为谭家庄区，二区为门楼区，三区为黄务区，四区为宅院区，五区为芝水区，六区为城西区，七区为古现区，八区为臧家区，城厢镇名称依旧。1956年上半年，撤销芝水区、臧家区，其所属各乡分别并入城西、黄务等区。全县共辖6区1镇79乡。同年7月，将原有的区、镇和乡撤销，设1镇20个大乡：城厢镇、兜余乡、许家乡、门楼乡、旺远乡、黄山乡、张格庄乡、西牟乡、谭家庄乡、高疃乡、权家乡、王家疃乡、宅院乡、留公乡、奇章乡、臧家乡、大王家乡、八角乡、古现乡、黄务乡、绍瑞口乡。1957年，黄务、西牟两乡划归烟台。1958年上半年，撤销奇章、绍瑞口两乡，所辖村并入邻乡。全县设1镇16乡。

公社建制 1958年8月，废除乡镇建制，实现公社化。全县成立古现、高疃、门楼、谭家庄、福山镇5处人民公社。同月，栖霞县的瑶台、马家、岔夼划归福山县门楼公社。10月，福山县撤销，并入烟台市。1962年4月复县后，原5处公社重属福山，并从福山镇公社与烟台市黄务公社划出部分大队成立兜余公社，从门楼、高疃公社划出部分大队成立张格庄公社。1965年5月，黄务公社划归福山县。1970年10月，从福山镇、高疃、古现公社划出部分大队，增设东厅、臧家、八角3处公社。1977年4月，黄务公社25个生产大队，兜余公社东玉树庄、西玉树庄、西牟和城关公社小沙埠大队，划归烟台市。全县共辖10处公社。

谭家庄人民公社（驻谭家庄） 辖旺远柳村、旺远王村、旺远刘村、旺远于村、旺远解村、旺远唐村、旺远钱村、东道平、西道平、胡家夼、李家疃、东回里、西回里、谭家庄、东孔家庄、土峻头、刘家庄、善疃、张格堡、东黄山、西黄山、巨甲、老岚、前富村、后富村、中甲庄、茂芝场、迟家、唐家埠。

张格庄公社（驻张格庄） 辖浒口、台上、正志夼、权家、文家、权家山、上官老沟、下官乐沟、东水夼、西水夼、马蹄夼、松林庄、东风、姜家、南台、楼子口、车家、院口、岔夼、马家、瑶台、黑石、杜家崖、黄连墅、冯家、大芹子夼、张格庄。

高疃公社（驻高疃北村） 辖肖古家、大谷家、肖家沟、湘里、曲家沟、李家沟、孙家疃、肖家夼、西罗格庄、东罗格庄、陈家庄、邹格庄、高疃南村、高疃北村、高疃西村、口子、上夼、下夼、隆口、王家疃、赵家庄、唐家疃、栾家疃、小河子、店子、渡口、古上、湘河、寨子、义井、松岚、东宋洲、西宋洲、邢家、曲家、前沙坝子、后沙坝子。

东厅公社（驻东厅村） 辖义村、牛庄、老官庄、庞家沟、吴阳泉、车家、王家庄、北庵沟、南庵沟、儒林沟、十里堡、桃园、东厅、西厅、丁家夼、北候旨沟、南厚滋沟、屯里、潘家、解字崖、宅院、盛家、鹿家、栾家、山北头。

门楼公社（驻门楼村） 辖仉村周、仉村孙、仉村林、仉村王、仉村李、仉村张、赵庄、东周格庄、西周格庄、东汪格庄、西汪格庄、塔寺庄、西埠庄、大屋、门楼、东马疃、西马疃、南庄、石臼、岚柳墅、蓬莱庄、集贤、梅家、河格庄、新庄、后山、葛家庄、诸留后庄、诸留王村、诸留杨村、石井、周家岘、上许家、下许家、肖家、姜家夼、邹家房、陈家庄。

兜余公社（驻兜余片村东） 辖卫家疃、房家疃、葛庄、南涂山、崇义、楼底、蔡家夼、西庄、东碓、家后、蔡家庄、贾家疃、两甲庄、楚塘、邱家庄、紫埠、绍瑞口、东陌堂、西陌堂。

福山镇公社（驻南关村） 辖胜利东村、曲家台子、宫家台子、刘家台子、杨家台子、泊子、蒲湾、姜刘疃、盐场、永福园、宋家疃、栾家疃、朱甲山、銮驾庄、上夼、下夼、城西、三里店、钟家庄、包家沟、东黄埠、西黄埠、南兴华庄、北兴华庄、姜家庄、西留公、高家庄、东留公、吕格庄、东关、小梁家庄、山后、大沙埠、芝阳、前埠、史家庄、泉水眼、东北关、西北关、西关、南关、城里。

臧家公社（驻臧家村） 辖胜利西村、廒上、栖里、舒家、奇章、小陈家、岗嵛、北屯、车家、上庄、垆上、蕐夼李家、柳行、十里堡、山前李家、楮佳疃、黄家、刘家埠、邢家山子、小河子汪家、招贤、黄泥沟、大杨家、小杨家、大转、和平、巨屯、吕家沟、臧家。

古现公社（驻古现东村） 辖河北、河北刘家、邱家庄、石岚、臧家、谭家、陈家沟、李家、郭家、张家、徐家、山王家、山吴家、汪家沟、东龙夼、院下、棘子夼、张家、吴家、林家、潘家、梁家、陈家、大王家、小王家、林官庄、马家、南于家、北于家、孙家、四合村、皂户头、三十里堡、张家庄、曲家庄、东村、西村、胜利、北斗。

八角公社（驻八角口村） 辖八角、八角口、小赵家、于家、泊子、侯家、汤家、汪家、叶家、青上、官庄、峰台、芹子口、陡崖、上刘家、下刘家渔、下刘家农、辛店、郑家庄、百堡、花岩、石屋营、黄庄。

乡镇建制 1982年1月，福山镇公社改为城关镇，设镇人民政府。1983年11月，撤销福山县建制，改为烟台市辖区。1984年4月，经省、市政府批准，撤销人民公社建制，设乡镇人民政府，生产大队改为行政村，设村民委员会。全区辖6镇4乡306个行政村。1984年10月，福山镇的胜利东村、曲家台子村，臧家乡的胜利西村，古现镇的马家村，划归烟台开发区。全区有302个行政村。1992年6月15日，福山镇的宫家台子、刘家台子、杨家台子，臧家乡的岗嵛、北屯、北车家、奇章、廒上、栖里、舒家，划归烟台开发区。同月，福山高新区成立，盐场、永福园划入。全区共有292个行政村。

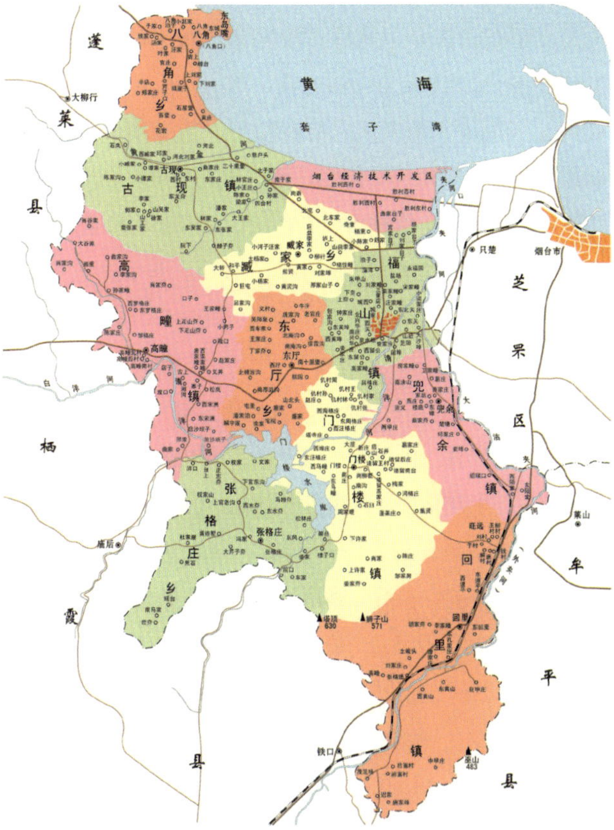

图1-7 1985年福山区行政区划图

福山镇 辖泊子、蒲湾、姜刘疃、永福园、盐场、宋家疃、栾家疃、朱甲山、銮驾庄、上夼、下夼、城西、三里店、钟家庄、包家沟、东黄埠、西黄埠、兴华庄、姜家庄、东留公、西留公、吕格庄、东关、大沙埠、山后、芝阳、前埠、泉水眼、史家庄、东北关、西北关、西关、城里、南关、曾家庄。

古现镇 辖河北、河北刘家、邱家、石岚、西臧家、谭家、陈家沟、李家、郭家、徐家、山吴家、山王家、汪家沟、南张家、东龙夼、院下、棘子夼、东吴家、东张家、潘家、林家、大王家、梁家、陈家、小王家、林官庄、北于家、南于家、孙家、四合村、皂户头、三十里堡、张家庄、曲家庄、东村、西村、胜利、北斗。

高疃镇 辖肖古家、大谷家、肖家沟、湘里、曲家沟、李家沟、孙家疃、肖家夼、西罗格庄、东罗格庄、陈家庄、邹格庄、高疃南村、高疃北村、高疃西村、口子、上疋山夼、下疋山夼、隆口、王家疃、赵家庄、唐家疃、小河子、西栾家疃、店子、渡口、古上、湘河、寨子、义井、松岚、东宋洲、西宋洲、邢家、曲家、前沙坝子、后沙坝子。

门楼镇 辖辖仉村周、仉村王、仉村李、仉村林、仉村孙、仉村张、赵庄、塔寺庄、西埠庄、东汪格庄、西汪格庄、大屋、门楼、东周格庄、西周格庄、东马疃、西马疃、南庄、石臼、岚柳墅、集贤、蓬莱庄、梅家、河格庄、新庄、后山、葛家庄、诸留后庄、诸留杨村、诸留王村、石井、周家岘、上许家、下许家、肖家、姜家夼、陈庄、邹家房。

兜余镇 辖卫家疃、房家疃、南涂山、葛庄、崇义、楼底、蔡家夼、西庄、东碓、家后、蔡家庄、贾家疃、两甲庄、楚塘、邱家庄、紫埠、绍瑞口、东陌堂、西陌堂。

回里镇 辖旺远柳村、王村、于村、钱村、解村、唐村、刘村、东道平、西道平、胡家夼、李家疃、东回里、西回里、谭家庄、东孔家庄、土峻头、刘家庄、善疃、张格堡、东黄山、西黄山、巨甲庄、老岚、前富村、后富村、中甲庄、茂芝场、迟家、唐家埠。

八角乡 辖八角、八角口、小赵家、于家、八角泊子、侯家、汤家、汪家、叶家、青上、官庄、烽台、芹子口、陡崖、上刘家、下刘家渔、下刘家农、辛店、郑家庄、百堡、花岩、石屋营、黄庄。

臧家乡 辖小陈家、上庄、垆上、巨盆李家、十里埠、柳行、山前李家、楮佳疃、黄家、刘家埠、邢家山子、小杨家、大杨家、小河子汪家、招贤、黄泥沟、大转、和平、巨屯、吕家沟、臧家。

东厅乡　辖义村、牛庄、老官庄、庞家沟、吴阳泉、西车家、王家庄、南庵沟、北庵沟、儒林沟、南十里堡、桃园、东厅、西厅、丁家夼、北候旨沟、南厚滋沟、屯里、潘家泊、解字崖、宅院、鹿家、盛家、栾家、山北头。

张格庄乡　辖浒口、台上、正志夼、权家、文家、权家山、上官老沟、下官乐沟、东水夼、西水夼、马蹄夼、松林庄、东风、姜家、车家、南台、楼子口、院口、南马家、瑶台、岔夼、黑石、杜家崖、黄连墅、冯家、大芹子夼、张格庄。

镇街建制　1996年1月，东厅乡、臧家乡改镇；同年12月，张格庄乡、八角乡改镇。2000年6月13日，经省政府批复，撤销福山镇，改设清洋街道办事处，增设奇泉街道办事处；撤销臧家镇，改设福新街道办事处；原福山镇蒲湾村、泊子村和臧家镇小陈家村划归福新街道办事处；福山镇曾家庄等14个村（居）划归清洋街道办事处；福山镇史家庄等17个村（居）划归奇泉街道办事处。12月19日，经省政府批复，撤销八角镇，将其行政区域并入古现镇；撤销东厅镇，将其行政区域并入高疃镇；原臧家镇和平、吕家沟、巨屯、大转4个村划归高疃镇，高疃镇政府驻地迁至义井；撤销兜余镇，将其行政区域并入门楼镇；撤销奇泉办事处，将其管辖范围并入清洋街道办事处；撤销臧家镇，将其臧家、垆上、上庄、柳行、招贤、黄家、大杨家、小杨家、黄泥沟、邢家山、楮家疃、小河子、巨盆李家、山前李家、刘家埠、十里堡16个行政村和清洋街道办事处姜刘疃居委会，划归福新街道办事处。全区共辖5个镇2个街道292个行政村。

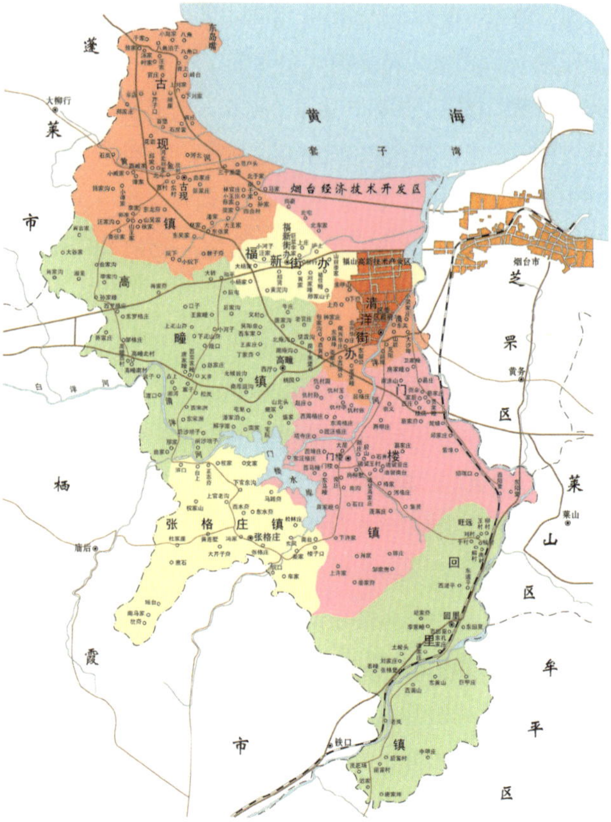

图1-8　2002年福山区行政区划图

古现镇　辖八角、八角口、小赵家、于家、八角泊子、侯家、汤家、汪家、叶家、青上、官庄、峰台、芹子口、陡崖、上刘家、下刘家渔、下刘家农、辛店、郑家庄、百堡、花岩、石屋营、黄庄、河北、河北刘家、邱家、石岚、西臧家、谭家、陈家沟、李家、郭家、徐家、山吴家、山王家、汪家沟、南张家、东龙夼、院下、棘子夼、东张家、东吴家、林家、潘家、梁家、陈家、大王家、小王家、林官庄、南于家、北于家、孙家、四合村、皂户头、三十里堡、张家庄、曲家庄、东村、西村、胜利、北斗。

高疃镇　辖肖谷家、大谷家、肖家沟、湘里、曲家沟、李家沟、孙家疃、肖家夼、西罗格庄、东罗格庄、陈家庄、邹格庄、高疃西村、高疃南村、高疃北村、口子、上疋山夼、下疋山夼、王家疃、小河子、唐家疃、隆口、赵家庄、店子、渡口、古上、湘河、寨子、西栾家疃、义井、松岚、西宋洲、东宋洲、前沙坝子、后沙坝子、曲家、邢家、义村、牛庄、吴阳泉、西车家、王家庄、庞家沟、北庵沟、南庵沟、儒林沟、老官庄、丁家夼、东厅、西厅、南十里堡、北候旨沟、南厚滋沟、桃园、解字崖、屯里、潘家泊、栾家、鹿家、盛家、宅院、山北头、大转、和平、巨屯、吕家沟。

门楼镇　辖门楼、赵庄、仉村周、仉村孙、仉村林、仉村王、仉村张、仉村李、塔寺庄、西周格庄、东周格庄、西汪格庄、东汪格庄、西埠庄、大屋、岚柳墅、新庄、后山、西马疃、东马疃、南庄、周家岘、石臼、肖家、上许家、下许家、姜家夼、石井、诸留王村、诸留杨村、诸留后庄、葛家庄、梅家、河格庄、蓬莱庄、集贤、陈庄、邹家房、贾家疃、西庄、东碓、家后、楼底、蔡家庄、房家疃、卫家疃、崇义、南涂山、葛庄、两甲庄、蔡家夼、楚塘、邱家庄、紫埠、绍瑞口、东陌堂、西陌堂。

张格庄镇　辖张格庄、浒口、台上、正志夼、权家、文家、上官老沟、下官乐沟、马蹄夼、权家山、西水夼、东水夼、松林庄、杜家崖、黄连墅、大芹子夼、冯家、东风、姜家、南台、楼子口、院口、车家、黑石、岔夼、南马家、瑶台。

回里镇　辖西回里、东回里、于村、王村、刘村、柳村、唐村、解村、钱村、西道平、东道平、胡家夼、李家疃、谭家庄、东孔家庄、土峻头、善疃、刘家庄、张格堡、西黄山、东黄山、巨甲庄、老岚、后富村、前富村、中甲庄、茂芝场、迟家、唐家埠。

清洋街道　辖宋家疃、栾家疃、朱甲山、銮驾庄、上夼、下夼、城西、三里店、钟家庄、包家沟、西黄埠、东黄埠、兴华庄、姜家庄、西留公、东留公、吕格庄、东关、大沙埠、山后、芝阳、前埠、曾家庄、史家庄、泉水眼、东北关、西北关、西关、南关、城里。

福新街道　辖臧家、垆上、上庄、柳行、招贤、黄家、大杨家、小杨家、黄泥沟、邢家山子、楮佳疃、小河子汪家、巨盆李家、山前李家、刘家埠、十里堡。

福山高新区　辖盐场、永福园、蒲湾、泊子、小陈家、姜刘疃。行政归福新街道办事处管辖。

2002 年 9 月 17 日，经省政府批准，蓬莱市大季家镇划归福山区管辖。9 月 19 日，经烟台市政府批准，古现镇、大季家镇划归烟台开发区。福山区辖 4 个镇 2 个街道 231 个村（居）。

第二章　城区　镇街　村庄

福山城是一座历史悠久的县城，从春秋时期至今，历经近 2800 年，几经变迁，有古城与今城之分，古城早已湮没在历史的长河中。今城从秦朝始建一直到中华人民共和国成立前，由城的雏形到成型，由小到大，由简到繁，变化不大，仍被邑人戏谑为“鸡蛋壳篓”城。中华人民共和国成立后，尤其是改革开放以来，福山城发生了日新月异的变化，变大了，变美了，变亮了，变绿了，变的欣欣向荣，由过去“弹丸之地”的“土城”变成一个高楼林立、交通发达、经济繁荣的工业化、商业化、现代化市区。

随着行政区划的不断变更，福山的村庄也发生了许多变化。所辖村庄数量时增时减，有的已更名，有的已划归毗邻市区，有的已消失。现辖村庄大都根据地理位置，因地制宜发挥当地优势，发展工业、农业、渔业等生产，不断成为具有现代特色的社会主义新农村。

第一节　县城

古城

牟子国城　位于古现镇三十里堡村南，春秋时期（前 770—前 476 年）修建。古城坐落在丘陵坡上，南高北低，依山砌筑，略成方形，东西宽 450 米，南北长 423 米。城墙根底宽 20 米，上顶宽 16 米，高 6 ～ 8 米。墙体土质，分层夯实。设东、西、南、北四门，城内南北为中央大道，高地为君府。西南设监狱，西北有铸铁炉坊，城墙东南角设炮台。

腄城　位于城区东南部，秦置县，遂筑城。公元前 221 年，秦始皇统一中国后，实行郡县制，在黄县以东，置腄县。《史记》载，始皇周游天下，曾三次“过黄腄，穷成山，登之罘，行祠名山大川及八神”，在牟山（今磁山），奉阴主，建阴主庙。县治何处，清乾隆邑举王积熙《腄城辨》曰，黄以东腄，秦之建置，府志所云在州东三十里，应系秦齐郡子之腄。县治腄城，即今福山城。时为土城，面积仅约 0.2 平方千米。

牟平城　古城位于今古现，牟山（今磁山）之东，西汉元朔三年（前 126 年），武帝（刘彻）封齐孝王子谍为牟平候，遂修县城。古牟城方形，南北长约 500 米，东西宽约 550 米，南北街 2 条，东西街 2 条，呈井字形，县衙位于其中。有土城墙、护城河、设四门。城内有祭天台、纳意楼。县治径东汉、三国、西晋、东晋列国、南北朝至北齐文宣帝（高洋），天保七年（556 年），移治蓬莱县南王乡马岭山南，历时 682 年。撤县后，历代均为重镇。

育犁城　位于奇章村北，西汉立县，治所营子头。

城坐大丘岗，依山傍水，地势险要，东有养马顶，西有福莱山，北濒黄海，南靠柳了河，土地肥沃，宜犁育农。城为长方形，南北长约500米，东西宽约300米。城墙土质，分层行市。城内有十字形大街。曾出土过汉币、铜镜、铜鼎、陶器等文物。东汉省，历经两千余年，城塌人移。90年代，遗址半存。

今城

地理位置　位于区境东北部，北纬37°29′，东经121°15′。东起东关村东南北道，西至牟黄公路，南起青龙山，北至同三高速公路，规划面积43平方千米，建成面积11平方千米。人口7.78万人，多为汉族，回、满、朝鲜、高山等少数民族散居。

始建朝代与沿革　始建于秦朝，曰腄城，西汉沿之。唐时为清阳县治，曰清阳城；贞观元年后改为两水镇。金天会九年（1131年）升镇为县，更名福山城至今。

历代筑城概况　福山城，初筑土城墙。元末，旧垣毁于兵祸。

明洪武四年（1371年），备御千户刘能稍为修筑。洪武九年（1376年），千户吴贵复增修。永乐九年（1411年），千户周玘加以砖石，并建城楼。东有镇静门，西有义勇门，南有平定门，北门后续。城墙高3丈，宽8尺，周长517丈。后“岁久楼敝”，弘治十五年（1502年），兵宪王和命知县区珊、千户王麟重建。万历六年（1578年），兵宪蔡叔逵按部以城墙窄隘，命知县华岱、千户卢汝弼加筑。万历十九年（1591年），有倭警，知县张所修奉檄严防，在城墙上置垛堞720座，并增建炮台。万历四十六年（1618年），城内有4街8巷，街道两侧有各种手工作坊、商店、饭馆等近百家。连同四关，城区面积约0.4平方千米，人口近5000人。城貌始为可观。崇祯五年（1632年），外绕墙北、西、南凿护城壕，“深一丈五尺，阔8尺”。知县朱国樟“守城造车，引河水环绕”，后“俱加挑濾，较昔倍深阔”。县署在城内东北部，有大堂、二堂、三堂及附属与建筑，有县丞衙、主簿衙、典史衙、公署、察院、部政司、公馆，有寺观庙祠10余处、牌坊26座。

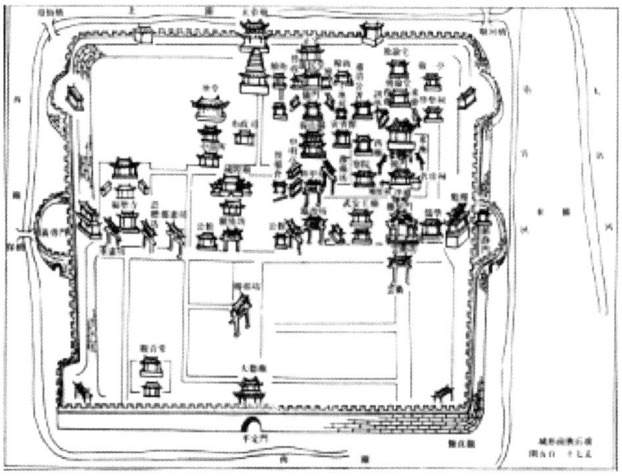

图1-9　明朝万历年间福山城区布局图

图1-10　1673年（康熙十二年）地舆图

明末清初，“城楼凋敝，三门残损，城墙俱坏”。清雍正十三年（1735年），知县程大模捐奉鸠众督筑。乾隆二十七年（1762年），秋涝城多亏损，知县何乐善即加修葺。同治四年（1865年），知县朱恩荣重新修葺益固。

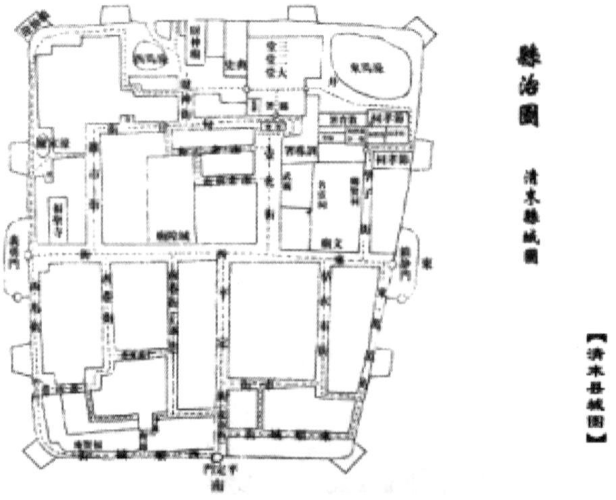

图1-11　清末县城图

民国初期至中华人民共和国成立前城区概况

至民国初期，城内已有东西街巷8条，南北街巷10条。城区面积0.5平方千米。1929年军阀混战，刘（珍年）褚（玉璞）之战，城遭破坏。刘珍年打败褚玉璞之后，1930 年建东西大街和衙前街，铺筑水泥路面。到 1937 年末，城区商业曾兴旺一时，城内外有杂货铺、当铺、药房、饭馆、点食铺、旅馆、澡塘、理发店等 180 余家，每逢农历三、六、九集日，农工商贾云集于此，进行交易，较为繁华。1938 年 2 月，日军侵占县城，到处拆房，构筑碉堡，民不聊生，店铺绝大部分倒闭，城区受到严重破坏。抗日战争胜利后，城墙被逐步拆除。

中华人民共和国成立后城区变化

五六十年代，因财力较弱，仅在四关扩展，面积约 1.2 平方千米。70 年代中后期，在改造老城的同时，西向烟潍公路以东，北向栾家疃以南拓展，面积约 1.5 平方千米。

从 80 年代开始，城区建设纳入政府重要议事日程，统一规划，加强管理，四向延伸，南起曾家庄，北至城西、宋家疃，东起内夹河，西至史家庄，规划面积 11.9 平方千米，建成面积 3.6 平方千米。

进入 90 年代，随着改革开放步伐的加快，城区建设日新月异。拆迁改造老城区，大力拓展高新区，老城、新区连成一体。南起青龙山、802 国道，北至同三高速路，东起东关村，西至奇泉路。街道纵横交错，港城西大街、南苑街、城里街、县府街、永安街、崇文街、汇福街、天府街、永达街横穿东西；西山路、福海路、松霞路、河滨路、河滨东路纵惯南北，总长 47.7 千米。

棋盘式道路交通网络，构划与连接着商业区、工业区、行政区、生活区、文化区、风景区。商业区位于城区中部和南部，主要有百货大楼、新东商城、东亚商厦、商贸大世界、家具服装批发市场等；工业区位于城区西部和北部，主要有纺织、酿造、电子、机械、电器、塑料、服装、工艺品、食品等；行政区位于老城区东北部，区委、区政府、区人大、区政协等在旧县署处，部、委、办、局大部集中于县府街、永达街；生活区除锦绣山庄位于城区西部外，河滨、松霞、西关、天府、银河、三元、同福、康庄、三元、观月里、迎宾里、平安里等，皆在城区东部；风景区位于城区东、南部，青龙山山青水绕，烈士陵园建于山巅。清洋河水湛绿如黛，河滨公园沿河坐落，气候温和，风景宜人，是观光游览佳地。

城区内文化事业发达，有新华书店、文化馆、图书馆、体育馆、画院各 1 处；学校有大专 1 处、中专 3 处、高中 2 处、体校 1 处、初中 3 处、小学 9 处；区医院、镇医院各 1 处。城区内外交通方便，11 路大巴公共客车

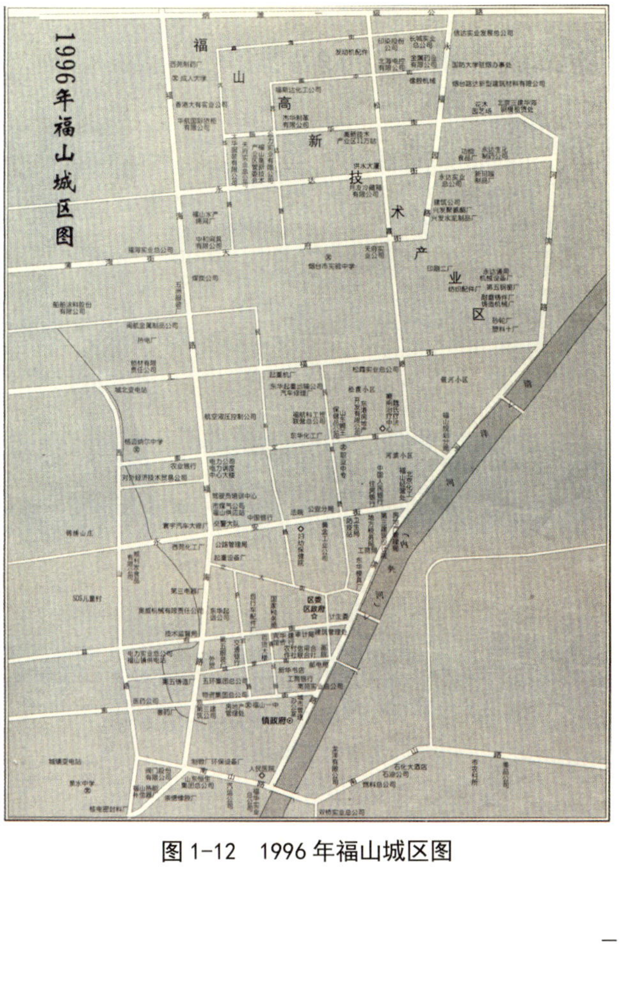

图 1-12　1996 年福山城区图

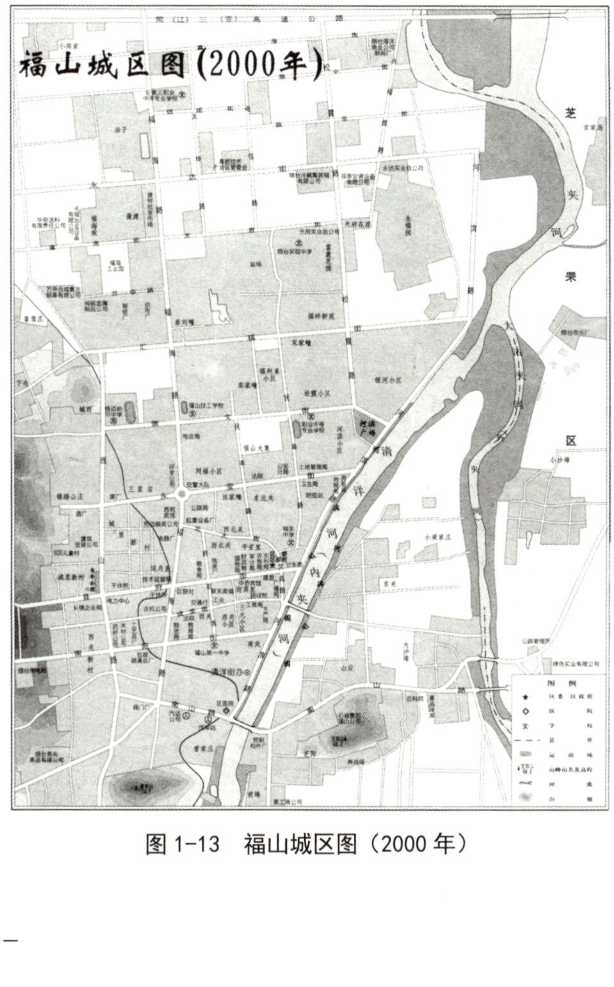

图 1-13　福山城区图（2000 年）

穿街过巷达烟台市里，21路中巴公共客车分东西两路通烟台开发区。同三高速公路、206国道在城区北境，804省道插城南境。莱山机场、烟港码头距城区14千米。

城区内古建筑筑甚多，至民国年间有文庙、通仙宫、修真观、城隍庙、宾阳书院等20余处，后经历史变迁，所剩无几。明朝县衙仅存大堂、二堂及东厢房，系省级重点文物保护单位。民国年间所建福山“卍”字会址，被区文管所占用，系市级重点文物保护单位。民国初建王氏庄园故居，辟为王懿荣纪念馆，为市优建筑、省级文物重点保护单位。

至2002年底，城区规划面积44.46平方千米，建成面积10平方千米。城区公共交通、自来水、煤气、暖气、程控电话、有线电视、宽带网络从无到有，昔日脏、乱、差的“弹丸小城”，而今已成为碧水蓝天、红瓦绿树、群楼错落、焕然一新的“国家卫生城”。

第二节　镇街

古现镇

位于区境西北部，镇政府驻古现东村，距区政府驻地14.5千米，北纬37°34′，东经121°07′。东临黄海套子湾，西连蓬莱市大柳行镇，南接高疃镇、福新街道，北界大季家镇。面积106平方千米，辖63个村、61个村委会、14285户、42152人，耕地面积3171公顷。

镇域，春秋时为牟子国地。汉至北齐为牟平县地。明清时期属西北保牟城社、古现社、孙夼社、八角社。清末民初，改称牟城区、古现区、八角区。1932年，属五区。1944年，改称古现区。1951年，属七区、八区。1958年，成立古现公社。1970年10月，割北部23个村成立八角公社。1984年，社改乡镇，分称古现镇和八角乡。1997年1月，八角乡改镇。2000年12月，撤销八角镇，并入古现镇。2002年9月19日，划归烟台开发区。

境域地势西高东低，西、南部属山丘地，东、北部为沿海、河谷丘陵平地。主要山丘有将山、罗山坡、大顶、小磁山、祈雨顶、凤凰山，最高山峰为磁山，海拔528.9米。河流皆为季节河，主要有柳林河、黄金河、旱夹河、陡崖河、三道河，均直接入黄海。有小（一）型吴家水库，小（二）型汪家沟水库、徐家水库，塘坝43座，总库容172万立方米。门楼水库西干渠斜穿东北部至黄庄扬水站，提水北扬。各种水利设施，控制灌溉面积约1000公顷。西、南山丘地带，土质为冲积砂土，宜粮油果生长。主产小麦、苹果、草莓、梨等。其中，汪家沟、院下的长把梨，北于家、三十里堡的葡萄，石岚的花生，属地方名产。东部套子湾潮间带为岩礁地质，潮下带为泥沙砾石，宜贝、藻、参类生长。至2002年，海上养殖1500公顷，年产水产品2万余吨，捕鱼千余吨。主产海带、扇贝、贻贝、海参、对虾、鲅鱼、黄鱼、台鱼、小杂鱼等。其中，海参久负盛名，享誉中外。地下矿藏丰富，主要有东吴家铁矿点，东龙夼、古现铜矿化点，汪家、花岩铅锌矿点，南张家、陈家沟、陡崖金矿化点，石岚花岗岩材点，北于家、三十里堡海沙点，河北、梁家、陡崖等砖瓦黏土矿点等。

八角口为天然避风良港，历史悠久，明清两朝为海防重地，曾在此陈兵把守。清末民初，南北船只停泊，成为小商埠，有各种商号50余家。孙中山曾在《治国方略》书中提到“开发八角良港”。烟台开埠后，八角口渐落。1998年春，区水产局与上海投资3000万元，建新渔港码头和挡浪坝，坝长740米，引堤长840米，实堤100米，港内泊位长380米，可同时停泊3000吨大船6艘、中小船300只，时成北方最大渔港码头。

镇村主要企业有金河实业有限公司、养捕公司、渔业公司、水产供销公司、保险粉厂、马赛克厂、水产品加工厂、冷藏厂、修船厂、网具厂、造纸厂、建材厂、扇贝育苗场等。

境内东有206国道，西有绕城高速公路，南北纵贯。中有成（山头）龙（口）公路，东西横穿；还有古（现）张（张格庄）、林（官庄）院（下）地方公路连续串村，交通方便。

境域地灵人杰，科教文卫事业发达。金至清科举，考取进士24名，举人58名，贡生75名。至2002年，全镇有初中2处、完小11处、小学5处、卫生院2处、卫生所62处。

该镇依山傍水，条件优越宜人。自然景观有磁山洞、夹石天门、石老公、鹰嘴石、老虎石、五哥石、圣水泉、龙爪槐、古槐等。人文景观有牟子国古城、汉墓群、明代防倭寨、烽火墩、王懿荣故居、孙夼镇遗址等。

高疃镇

位于区境西部，镇政府暂住东厅，距区政府驻地

图 1-14 高疃镇政府

6500 米，北纬 37° 28′，东经 121° 11′。东以黑山岭、驴拦堰为界，与门楼镇、清洋街道相连；西以北大城、东北堰为界，与栖霞市、蓬莱市为邻；南以曲家河、门楼水库为界，与张格庄镇相望；北以葫芦岭、东大顶、洪钧顶、神仙顶、小磁山为界，与福新街道、古现镇相接。面积 114 平方千米，辖 66 个自然村及村委会，14504 户，40216 人，耕地面积 3256 公顷，果园面积 122 公顷。

镇域，春秋时为牟子国地。汉至北齐为牟平县地。明清时期，属西南保虎窠社、义井社、杜家庄社、桃源社。清末民初，属高疃区、磁阳区、桃园区、权家区。1932 年，属四区。1944 年，属疋山区、宅院区。1951 年，属四区、六区、七区。1958 年 8 月，成立高疃公社。1970 年 10 月，割东部 18 个村及福山镇公社 7 个村，成立东厅公社。浒口、台上、正志夼、权家、文家划归张格庄公社，吕家沟划归臧家公社。1984 年 4 月，改社为乡镇。1996 年 12 月，东厅乡改镇。2000 年 12 月，撤销东厅镇，并入高疃镇。臧家镇和平、大转、巨屯、吕家沟村划归高疃镇。

境内地势北高南低，属丘陵地带。主要山岭有北大城、迷鸡山、凤凰岭、神仙顶、洪钧顶、马山，最高峰疋山，海拔 383 米。河流属季节河，主要有高谷河、义井河、十里堡河、子奇河、曲家河，均流经清洋河，注入门楼水库。有小（一）型磁山水库 1 座，小（二）型肖家夼、下巴鱼夼、曲家、虎头旺、曲家沟水库 5 座，塘坝 61 座，总库容 243.3 万立方米。从 1970 年始，沿清洋河、门楼水库先后兴建盛家、马山、东风、邢家、曲家、西宋洲、店子等扬水站，总灌溉面积 790 公顷。丘陵地为黄黏土壤，宜果树及耐旱作物生长。河间地及南部门楼水库库区，为冲积砂壤和沉积沃泥，宜粮、菜及耐涝作物生长。主产小麦、玉米、大豆、地瓜、花生、苹果、草莓、大姜、大樱桃。地下矿藏丰富，有肖谷家、肖家沟金矿点，王家庄、丁家夼铜矿点，宅院锰矿点，解字崖黄铁矿点，曲家磷矿点，湘里、曲家沟水泥灰岩点，老官庄石棉矿点，陈家庄板岩点等。

镇村主要企业有起重机械厂、华福塑料有限公司、塑料编织袋厂、轧延厂、铸造厂、汽车大修厂、电瓶厂、电气焊厂、化工厂、洗衣膏厂、纸箱厂、矿山机械厂、瓶盖厂、橡胶厂、面粉厂、模型厂、铝合金门窗加工厂、石灰窑厂、砂轮厂、苗木公司等。东厅工业园业已起步，西北部规划为临港物流园。

境内交通发达，绕城高速公路斜插东北，802 省道横穿东西，古（现）张（格庄）路、高（疃）谷（大谷家）路、义（村）东（厅）路纵贯南北，均通公共汽车，交通方便。

文教卫生事业，明清科举考取进士 2 名、举人 7 名、贡生 26 名。中华人民共和国成立前，仅有完小 3 处、小学 30 处，在校学生千余名。中华人民共和国成立后，发展较快，至 2002 年底，有初级中学 2 处、职业中学 1 处、完全小学 13 处、小学 17 处、中心卫生院和卫生院各 1 处、卫生所 45 处。

该镇山峰俊秀，河水竞流。自然景观有大小迷鸡山、马山、猪山、巴鱼旺、虎头旺、吴阳泉、老官泉、古藤、古槐、新石器溶洞等。人文景观有明山顶龙甲石刻、天鼓岭市碑、吴阳泉石碑、古建筑筑 11 栋等。

门楼镇

位于区境中南部，镇政府驻门楼村东，距区政府驻地 9000 米，北纬 37° 25′，东经 121° 14′。东临芝罘区，西连高疃、张格庄镇，南接回里镇，北靠清洋街道。面积 117.3 平方千米，辖 59 个自然村、57 个村委会，20002 户，56117 人，耕地面积 2499 公顷，果园面积 727.2 公顷。

镇域，春秋时为牟子国地。西汉为腄县地。东汉至北齐为牟平县地。明清时期，属东南保集贤社、涂山社、兜余社、陌堂社和西南保马疃社、黑石社、朱丛社。清末民初为门楼区、诸留区、出山区。1932 年，属三区。1944 年，属门楼区、太平顶区。1951 年，分属二区、三区、五区、六区。1958 年 8 月，成立门楼公社。1962 年 4 月，划出西部 22 个大队，成立张格庄人民公社；同时，福山镇公社与烟台市黄务公社划出部分大队，成立兜余公社。

图 1-15　门楼镇政府

1984 年 4 月，改社为镇，分属门楼镇、兜余镇。2000 年 12 月，撤销兜余镇，并入门楼镇。

境内地势南高北低，南部为山丘地，北部为平原。主要山岭有出山、寨山、龙王山、姑姑崖、三杈石、狮子山等，最高山峰狮子山，海拔 571 米。主要河流有清洋河、大沽夹河、杨家河、仉村河、绍瑞口河，汇流黄海，许家河流入门楼水库。有大型门楼水库 1 座，蓄水 1.2 亿立方米；小（二）型水库 1 座，库容 18.1 万立方米；塘坝 57 座，总库容 84.3 万立方米。西干渠流经西北部，可控制灌溉面积约 400 公顷。东北、南部山丘地带为砂石土和黄黏土壤，宜果树生长，是果品生产的重要基地，青香蕉、红香蕉苹果名震中外，曾列中央特供。东、北部沿河地带，为河间冲积砂壤，土质肥沃，宜粮宜蔬，主产小麦、玉米、大豆等。

地下矿藏主要有卫家疃锰矿点，周家岘、东马疃、西马疃、门楼玄武岩矿点，下许家石英矿点，蔡家夼、两甲庄、贾家疃花岗岩矿点，卫家疃长石矿点，潘家井、龙王山矿泉水。

镇村主要企业有马山火山灰场、低压锅炉厂、聚氨酯厂、汽车修配厂、木业加工厂、天然矿泉水厂、铸造厂、建筑安装公司、塑料厂、装卸队、砖瓦厂等。

境内交通发达，兰烟铁路、大旺公路、福桃公路南北纵贯，绕城高速路、林门公路东西横穿，还有福山通塔寺庄等串村路，通客车，出行方便。

境内山清水秀，地灵人杰。金至清科举先后考取进士 18 名、举人 34 名、贡生 68 名。中华人民共和国成立前，仅有完全小学 5 处、小学 30 处，入学率仅 28%。中华人民共和国成立后，文教卫生事业发展较快，至 2002 年底，全镇有初级中学 2 处、完全小学 15 处、小学 20 处、卫生院 2 处、卫生所 48 处。

境域环境优越，地理处佳。自然景观有龙王山、造书洞、神仙洞、老虎眼、陀螺石、神仙桥、猪嘴石、潘家井、古槐、白皮松等。人文景观有门楼水库、溢洪闸、烈士陵园、汉墓遗址、新石器遗址、天主教堂等。

张格庄镇

位于区境西南部，镇政府驻张格庄村西，距区政府驻地 15.6 千米。北纬 37° 22′，东经 121° 10′。东邻门楼镇，西、南界栖霞市，北接高疃镇。面积 74 平方千米，辖 27 个自然村及村委会，7327 户，19783 人。耕地面积 990 公顷，果园面积 1040 公顷。

镇域，春秋时为牟子国地，西汉为腄县地，东汉至北齐为牟平县地。明清时期，分属东南保黑石社和西南保虎窠社。清末民初分属门楼区、权家区。1932 年，属四区。1944 年，分属宅院区、门楼区。1951 年，分属二区和四区。1958 年 8 月，分属门楼、高疃公社。1962 年 4 月，从门楼公社划出 22 个村，成立张格庄公社。1970 年 10 月，浒口、台上、权家、文家、正字夼由高疃公社划入。1984 年 4 月，改社为乡。1997 年 1 月，改乡为镇。

境内地势西南高东北低，除少量河谷平地外，均属丘陵地带。主要山峰有小天、玉皇顶，最高山塔顶，海拔 630.4 米。主要河流有黑石河，自西南向东北，流经全镇 10 个村，在东风村南与院口河汇流，注入门楼水库，全长 20 千米。有小（一）型黑石水库 1 座，库容 316 万立方米；塘坝 29 座，总库容 40 万立方米。山丘地为黄黏土壤，宜果树及耐旱作物生长。河谷地为冲积砂壤，宜粮菜生长。主产小麦、玉米、地瓜、花生、黄烟等。1995 年后，进行产业结构调整，大力发展葡萄生产。至 2002 年，全

图 1-16　张格庄镇政府

镇酿酒葡萄约400公顷。黄烟、香椿、大樱桃（后被命名为全国大樱桃第一镇）栽植普遍，为当地特产。

镇境山丘为下元古代粉子山群张格庄组，距今约20亿年，主要岩性为片岩、大理岩等，变质程度较深，矿藏特丰。金属矿有马蹄夼、张格庄铁矿点，权家山铜矿点，杜家崖金矿点。非金属矿有黄连墅白云岩、石棉矿点，大芹子夼、西水夼等11个村蕴藏水泥大理岩矿点，张格庄砖瓦黏土矿点等。其中，杜家崖金矿已开采，年产矿石4万吨，提炼黄金2800两。

企业有水泥厂、石灰窑厂、石子厂、碳酸钙厂、杜家崖金矿、水泥和石灰石采矿场等。

镇境内山高石头多，俗称福山的"沂蒙山区"。中华人民共和国成立前无公路，驴是主要交通工具。1958年，修建门楼水库后，原通城区几条乡道亦被库水截断，交通极为不便。从70年代初开始，各级政府加大山区投资力度，1972年开通古（现）张（格庄）公路，1973年福（山）战（场泊）公路建成，1975年张（格庄）栖（霞）公路通车，1988年杜（家崖）马（南马家）公路修成，1998年铺筑沥青路面。至2002年底，全镇27个村，村村通车。

文教卫生事业，明清科举考取进士1名、举人3名、贡生15名。中华人民共和国成立前，有完全小学2处、小学8处，入学率不足20%；有药铺4家。中华人民共和国成立后，文教事业发展较快，至2002年底，有初中1处、完小7处，入学率达97%以上，有中心医院1处、卫生所27处。

镇境依山傍水，天赐地恩。自然景观有石泉洞、虎窠洞、峆峪泉、塔顶泉、惊龟石、试剑石、古树等。人文景观有峆峪寺古建筑、古碑、防捻围子山墙及中共福山县委1938年权家山办公旧址等。

回里镇

位于区境南部，镇政府驻西回里村西，距区政府驻地20千米。北纬37°20′，东经121°18′。东、南与牟平区为邻，西与栖霞市相连，北与门楼镇搭界。面积102平方千米，辖29个村及村委会，11226户，34725人。耕地2045公顷，果园422.4公顷。

镇域，春秋时为牟子国地。秦至西汉为腄县地。东汉至北齐为牟平县地。明清时期，为东南保南诸社。清末民初为兴隆区和旺远区。1932年，属三区。1944年，属狮子山区。1951年，属一区。1958年，成立谭家庄公社。1978年，改称回里公社。1984年，改社为镇。

图1-17　回里镇政府

境内地势系牙山山脉延续，西高东低，山峦起伏。主要有马山、巫山、蝎顶、黄山、狮子山等，最高峰塔顶，海拔630.4米。大沽夹河纵贯南北，其支流旺远河、道平河、胡家夼河、善疃河、两界河、富村河横穿东西。有小（一）型水库1座，库容180万立方米；小（二）型水库6座，总库容192万立方米；大口井2眼，蓄水2.6万立方米；塘坝38座，总库容46万立方米。山丘地为黄黏土壤，宜果树及耐旱作物生长，沿河属冲积砂壤，宜粮菜生长。主产小麦、玉米、地瓜、花生、苹果、梨、大樱桃等。2002年，新发展黄金梨、大枣。

境内山丘为下元古界荆山群禄格庄组，距今17亿年以上。主要有片岩、大理岩等，蕴藏多种矿物。金属矿有西黄山褐铁矿和方铅矿点，后富村金矿点。非金属矿有中甲庄脉石石英矿点，巨甲庄、东黄山花岗石材矿点，胡家夼砖瓦黏土矿点，回里、老岚河沙点等。

全镇企业29家，主要有木材加工、精细化工、建材机械、汽车附件系列、电子开关、流量计、空气滤料、制鞋、农机、中转储运等行业，年出口创汇2600万美元。

镇境内山高河谷多，交通干线沿大沽夹河并行。兰烟铁路、烟青一级公路、烟凤公路南北纵贯，林门公路、马回公路、回郝公路东西横穿。村际路联通辖村，交通方便。

文教卫生事业，明清科举考取进士3名、举人8名、贡生11名。中华人民共和国成立前有完全小学2处、初级小学15处，入学率约21%，有药铺7家。中华人民共和国成立后发展较快，至2002年底，有初级中学2处、完全小学10处、初级小学8处、中心医院1处、卫生所29处。

该镇山高水长，自然景观有马石、龙石、东西厢洞、狼窝洞。人文景观有金代圆明院石碑、黄山院石桥、中共福山县委1940年胡家夼办公旧址等。

福新街道办事处

位于区境西北部，办事处驻臧家村西北，距区政府驻地7000米。北纬37°31′，东经121°11′。东邻清洋街道办事处，南连高疃镇，西、北接烟台开发区。面积21.47平方千米，辖16个自然村及村委会，3455户，10134人。耕地199公顷，果园551.4公顷。

镇域，春秋时为牟子国地。秦至西汉为育犁县地。东汉至北齐为牟平县地。明清时期，属西北保次兴社、葦畚社。清末民初分属臧家区、岗嵛区。1932年，属一区和五区。1944年，属盐场区。1945年，改为奇章区。1951年，属八区。1958年8月，属福山镇公社。1970年10月，成立臧家公社。1984年4月，改社为乡；10月，所辖胜利西村划归烟台开发区。1992年6月，岗嵛、北屯、北车家、奇章、廒上、栖里、舒家划归烟台开发区。1996年12月，改乡为镇。2000年12月，撤镇，改称福新街道办事处；和平、大转、巨屯、吕家沟划归高疃镇；小陈家划归福山高新区。

境内地势西高东低。主要山岭有三阳顶、东大顶、葫芦山、炮山、羊群山、黄花岭、蝎子顶、卫家山、鸡爪岭，最高峰夹鹿山，海拔185.2米。柳子河自西向东流经全镇8个村，经烟台开发区注入大沽夹河，流入黄海，境长7000米。有小（二）型水库1座，库容56万立方米；塘坝13座，总库容28.3万立方米。西部丘陵地为黄黏土壤，宜果树及耐旱作物生长。东部河谷平地为冲积砂壤土，宜粮、菜类生长。主产小麦、玉米、花生、苹果、梨、大樱桃等。至2002年底，全镇大樱桃面积约600公顷。

图1-18　福新街道办事处

境内山丘为下元古代粉子山群巨屯组、岗嵛组，距今约20亿年。岩性变质程度较深，矿藏丰富。有色金属有邢家山子钼钨矿点，储量居全省之首。非金属矿有和平长石、石英、小云母、小杨家矿泉水，各项指标均达国家标准。

企业有铅镁蓄电池厂、五金塑料制品厂、装饰板厂、塑钢门窗厂、汽修厂、石子厂等。

境内古有福山通栖霞—济南—北京驿马大道，1989年拓为烟栖一级公路。1998年扩建为同三高速公路，沿侧为地方公路，通客车，交通方便。

文教卫生事业，明清科举先后考取举人3名、贡生11名。中华人民共和国成立前，有完小2处、初小10处，入学率不足20%；有药铺5家。中华人民共和国成立后发展较快，至2002年底，有初中1处、完小3处、初小4处，入学率达97%以上，有卫生院1处、卫生所20处。

境内山清水秀，自然景观有夹鹿山、响水泉等。人文景观有招贤古祠、上庄古建筑等。

清洋街道办事处

位于区境东北部，办事处驻南关村南，距区政府驻地700米。北纬37°29′，东经121°15′。东临芝罘区，西连高疃镇、福新街道办事处，南接门楼镇，北靠福山高新区。面积40平方千米，辖36个自然村、30个村委会、35324户、86608人。耕地面积561公顷，果园面积53公顷。

镇域，春秋时为牟子国地。秦至西汉为腄县地，东汉至北齐为牟平县地。唐至元为清阳、两水镇地。明清时期，分属东北保、西南保。清末民初，分属城区、桃园区。1932年，属一区和四区。1944年，属盐场区。1945年，属新盐场区、城厢特区。1946年，分属新盐场区、芝阳山区、城厢镇。1951年，分属五区、六区和八区。1958年8月，成立福山镇公社。1962年4月，南部卫家疃、房家疃以南13村划归兜余公社。1970年10月，西北部楮家疃、岗嵛、奇章等28村划归臧家公社；西部儒林沟、牛庄等7村划归东厅公社。1977年4月，小沙埠划归烟台市只楚公社。1982年1月，改称城关镇公社。1984年4月，改称福山镇。1984年10月，曲家台子、胜利东村

图 1-19 清洋街道办事处

划归烟台开发区。1992 年 6 月，杨家台子、刘家台子、宫家台子划归烟台开发区。1994 年 9 月，盐场、永福园划归福山高新区。2000 年 6 月、12 月，蒲湾、泊子村和姜刘疃村先后划归福山高新区。

境域地势西高东低。主要山丘有福山、芝阳山、青龙山、白虎山、朱甲山，最高卧牛山，海拔 115 米。清洋河、大沽夹河纵流南北，松河、留公河横流东西。西部丘陵属黄黏土壤，宜果树和耐旱作物生长。东部平原，大部为城区占用，东南部宜粮、菜作物生长。主产小麦、玉米、蔬菜。20 世纪末，粮、果、蔬仅分布在西南部丘陵地带，余者开发它用。境内矿储有上夼钼铅矿点和砖瓦黏土矿点，包家沟透辉岩点，奇泉矿泉水点等。

境内公路四通八达，南有烟栖路，北有沈海高速，东有大旺路，西有绕城路，中有福海路。往返芝罘区的 30 路、31 路、32 路公交车走街串巷，10 分钟一趟，还有 200 余辆出租轿车，深入大街小巷，招手即停，交通便捷。

境域位于城区，企业发达。主要有机械、化工、电子、陶瓷、服装、家具、修配、加工、食品、饮食、建筑、工艺品、房地产等。

文教卫生事业发达。金至明清科举先后考取进士 27 名、举人 101 名、贡生 160 名。民国年间，有初中 1 处、高中 1 处、完小 2 处、初小 20 处、医所 3 处、药铺 10 余家。中华人民共和国成立后，发展很快，至 2002 年底，有初中 3 处、完全小学 8 处、幼儿园 10 处、医院 1 处、卫生所 30 处、药店 9 家。

自然景观有青龙山、白虎山、芝阳山、福山、奇泉、石碑、古建筑、古树等。人文景观有明代县衙、福山“卐”字会址、王熙荣纪念馆、烈士陵园、河滨公园、日月广场等。

福山高新区

位于城区北部，管委会驻永达街 881 号，距区政府驻地 2500 米。北纬 37° 29′，东经 121° 15′。东临芝罘区，西连福新街道，南接清洋街道，北靠烟台开发区。面积 8 平方千米，辖 6 个居委会，7030 户，17576 人。

区境春秋时为牟子国地。秦至西汉为腄县地。东汉至北齐为牟平县地。唐至元为清阳、两水镇地。明清时期，属东北保胡家岛社。清末民初，属岗嵛区。1932 年，属一区。1945 年，属盐场区。1951 年，属六区。1958 年 8 月，属福山镇公社。1982 年，属城关镇公社。1984 年 4 月，属福山镇。1994 年 9 月，经国家批准，成立向亚太经合组织成员开放的开发科技工业园区，故名福山高新区。

境域地势北临黄海，东处大沽夹河，平坦低洼，又为海侵地，有流盐沟，为晒盐场。明初，登宁盐场曾在此设盐课司官署，专司管盐征税。清代后，此地成为一片盐碱地，长有芦苇等野草。民国年间，随着人口的增加，逐渐种植一些耐盐碱的高粱之类作物。中华人民共和国成立后，涝洼地得以逐渐改造。1976 年秋后，县委对城后泊实施排、灌、林、田、路统一划方，综合整治，地貌大变。主产小麦、玉米、水稻等。高新区成立后，粮田渐被占用，成为市区。松霞路、福海路、河滨路南北纵贯，永达街、天府街东西横穿，有主次干道 13 条，长 20 千米，硬化路面 42 万平方米。

该区以高功能定位，重点发展电子信息、生物工程、新材料、机电一体化产业，以高新技术产业为主导，吸收符合国家产业政策的各类工业项目进区。昔日盐碱荒野已变成鳞次栉比的现代化厂区。至 2002 年底，批准进区项目 227 个，其中高新技术项目 59 个，利用外资项目 92 个；注册企业 268 个，其中认定高新技术企业 20 个；

图 1-20 福山高新区管委会

从业人员9520人，其中外商投资企业5890人，高新技术企业1178人；固定资产投资286307万元，其中基础设施投资33616万元；引进项目投资431835万元，其中合同外资25951万美元，实际利用外资额10255万美元；业务总收入607240元；工业总产值449802万元；技工贸总收入607240万元。

区境文教事业，金至明清科举先后考取进士1名、举人3名、贡生8名。民国年间，有小学4处，入学率35%。中华人民共和国成立后，文教事业发展较快，至2002年底，区内有初级中学1处、完全小学3处，入学率达95%以上，有幼儿园5处、卫生所6处、药店5家。

第三节　飞地、插花地

飞地

坐落于非本行政区辖内、四周皆无本区辖地相连为飞地，区内有飞入地和飞出地。

飞出地为本区飞往外区的土地。飞入地为外区飞入本区。回里镇唐家埠村南500米处，有2.6公顷土地，属牟平区观水镇小泮口村。至中华人民共和国成立初期，为私户自耕地。1956年合作化时，归集体所有，生产队耕种。1983年，实行家庭联产承包责任制后，其土地分给10户村民经营。后因离村远，管理不便，1992年，小泮口与唐家埠两村土地承包户之间协商，每亩以1000元价格，卖给唐家埠村10户村民，协议书今存小泮口村。

水处理剂厂，原福山县办企业，位于烟台开发区长江路北、黄山路西、香山路东、丹阳小区南部，面积为0.7公顷，原为烟台第四化工厂，1978年兴建，占地面积4.7公顷，生产黄磷；1979年，因产品滞销，停产；1981年，16名护厂职工利用原厂房，转产油漆；1982年，引进水处理剂系列，生产除垢剂、阻垢剂、聚丙烯酸、缓蚀剂等，后仍销路不畅，处于半停或停产状态，场地缩小，分为他用；1996年，被金河实业公司兼并。

烟台油漆厂，原福山县办企业，位于烟台开发区水处理剂厂西侧，面积2.7公顷；1983年7月兴建，时称烟台家具涂料厂；1984年10月，与青岛油漆厂联营，主产醇酸调和漆；1985年6月，改称油漆厂；后因产品销售不好，工厂亏损，停产放假；1996年，被金河实业公司兼并，进行房地产开发。

渤海联合有限公司福山饲料厂，原臧家镇办企业，位于烟台开发区长江路北、黄河路南、贺兰山路西、金沙江路东，占地面积12公顷，原为奇章和胜利西村集体沙滩；1978年，臧家公社成立公社农场，被战山河指挥部占用；同年，公社投资16.1万元，成立烟台渤海联合有限公司福山饲料厂，利用地产槐树叶等，生产虾饵饲料，出口国外；1990年后，产品出口不景气，连年资不抵债而停产，后被银行接收，现由福新街道办事处驻开发区办事处代管。

升华联合公司，原臧家镇办企业，位于烟台开发区渤海联合公司东侧，面积11.8公顷，原为渤海联合公司一车间；1985年析出，成立福山水貂颗粒饲料厂，产品畅销全国各地，后改称升华联合公司；90年代后，因产品竞争激烈，销售不好，1996年，改制给烟台二畜产总公司，臧家镇持14%股份，更名黄河牌复合肥，产品出口日本，企业改称为三利公司；1998年，生产萧条，收不抵债，收归福山农村信用社。

上庄土地，位于烟台开发区长江路以北，金沙江路以东，黄河路以南，渤海联合有限公司以西，现国家网珠训练基地内，原有臧家镇上庄土地27公顷，后卖13公顷，余14公顷，属上庄集体所有。

插花地

坐落于非本行政区辖区内，仍连本区辖地为插花地，分插入地和插出地两类。

插入地　外区插入本区。1984年10月，福山区析出东北部沿海地带，成立烟台开发区。1992年，以206国道为界，北为开发区，南为福山区；自东向西，开发区沿道村庄坐落在福山区内的土地304.5公顷。其中，杨家台子村11.4公顷、刘家台子35.1公顷、宫家台子村4.2公顷、舒家村50.2公顷、北车家村为61.1公顷、北屯村6公顷、岗嵛村136.5公顷。

插出地　本区插入外区。以206国道为界，福山区坐落于开发区内的土地共计53公顷。其中，留公部队农场6.4公顷、小陈家村4.7公顷、山前李家村10.3公顷、圬上村10公顷、上庄21.6公顷。

第二编　自然地理

福山地处胶东半岛东北部，山、丘、泊、滩、海、林俱全，有“六山一水三分田”和“四山三丘三分泊”之说；山清水秀，气候宜人，交通发达，资源丰富，是各行业发展的“福地”。

图 2-1　福山门楼水库鸟瞰图

第一章　地质

福山区处于胶东地质的胶北隆起区。境内出露的地层主要为元古的变质岩系。分布最广的地层为粉子山群，次为荆山群、蓬莱群，少量为中生界、新生界，岩浆活动形成的岩石中，元古代的花岗岩、中生代的花岗岩等分布广泛，新生代的玄武岩很少。

第一节　地层

下元古界

荆山群　分布于境内南部山区，距今约 18 亿年以上。集贤至善疃一带，主要岩性为片岩、变粒岩、透辉岩、大理岩组成的变质岩系。上许家、邹家房、胡家夼等地，大面积出露黑云片岩。老岚、玉皇顶小范围出露大理岩。该段岩面韵律性好，延伸稳定。地层中赋存石墨、滑石、大理岩、磷灰石、残绒石等丰富的矿产。

粉子山群　分布于区境中部、东部和北部，距今约 17 亿年左右。在境内最为发育，出露面积最大。地层呈东西向分布，由下而上分为 4 组。

祝家夼组　有两段。一段在杜家崖、马蹄夼一带，主要岩性为长石石英岩、黑云片岩、黑云变粒岩、透闪岩、大理岩；二段与一段相依分布，主要岩性为黑云变粒岩、石榴黑云片岩、石墨黑云片岩夹黑云角闪片岩、中厚层长石石英岩。

张格庄组　有三段。一段在黄连墅、东水夼等地，主要岩性为白云质大理岩、黑云变粒岩、透闪大理岩；二段与一段相依分布，在大芹子夼南出露齐全，主要岩性为透闪岩、透闪片岩、夹黑云变粒岩、黑云片岩，是邢家山子钼矿和杜家崖金矿的主要矿层；三段露出广泛，冯家村南出露较全，主要岩性为白云大理岩、透辉大理岩、方解大理岩等。

巨屯组　有两段。一段在八角至花岩、权家、下许家、蓬莱庄等地，主要岩性为石墨云片岩、黑云片岩、石墨片岩、黑云变粒岩；二段在臧家以南至门楼水库一带，主要岩性为石墨大理岩、石墨硅质大理岩、黑云片岩等，其顶部石墨大理岩是王家庄铜矿的重要矿层。

岗嵛组　有两段。一段在臧家、东厅、兜余、旺远等地，主要岩性为黑云片岩、夹透闪岩、黑云变粒岩；二段在东厅一带，主要岩性黑云片岩、二云片岩、夹黑云变粒岩、长石石英岩。

上元古界

蓬莱群　分布于境内西部和西南部边缘地带，距今约10亿年。自下而上分为4组。

豹山口组　在洪钧顶、肖家夼至高疃及文家、浒口、下官乐沟等地，出露面积14平方千米。主要岩性，下部为板岩，底部有含砾、石英岩，上部为钙质板岩、碳质板岩和平板岩。

铺子夼组　在洪钧顶、高疃镇北、北大城等地，分布面积8平方千米。主要岩性为厚层石英岩、夹板岩，可作水泥硅质配料。

南庄组　在肖家沟、高疃镇北、陈家庄等地，分布面积2平方千米。主要岩性，下部为青灰板岩、钙质板岩，中部为大理岩夹钙质板岩，上部为黄绿色板岩夹钙质板岩、泥质白质灰岩。

香夼组　在高疃镇湘里一带，出露面积4平方千米。主要岩性，下部以泥灰岩为主，厚276米。上部为结晶灰岩、白云质灰岩。该群中储存丰富非金属矿。

中生界

分布境内西北部边缘地带，距今约1亿年左右。由下至上，分为3群。

莱阳群　在车家村北，角度不整合于荆山群之上。在邹格庄东，出露面积1.5平方千米，呈东北向长条状，角度不整合于蓬莱群铺子夼组之上。主要岩性为杂色砾岩、砂岩、粉砂岩，局部见页岩、泥灰岩等。

青山群　在邹格庄北至肖家夼地带，出露面积2平方千米。主要岩性为灰白色英安质砾熔岩、火山角砾岩、凝灰岩等。

王氏群　在西北部李家沟、南部迟家，出露面积7平方千米。主要岩性为砾岩、砂岩、粉砂岩及黏土岩。此段有恐龙化石和腕足类动物化石。

新生界

分布于沿海平原、河流沿岸和山间盆地中，距今约100万年左右。分为两纪岩石地层。

上第三系　在门楼马山，主要岩性，下部为沙砾岩、砂岩、上部为一套玄武质集块岩、伊丁化石橄榄玄武岩，出露面积0.4平方千米。该岩可作水泥掺合料。

第四系　从更新统到全新统，均有沉积，其成因残破积、洪积、冲积、海积等。残破积层及洪积层，分布于山麓处，岩性为砾沙质黏土、黏土质砾沙、含砾沙、沙砾层；冲积层分布于平原及河流两岸，岩性为黏土性粉沙、含砾中细沙及沙质黏土；海积层分布于沿海一带海积平原，岩性为中纵沙、粉沙、中细沙，储存石英沙河建筑沙。

第二节　构造

褶皱

境内褶皱构造比较发育，按其形状顺序和叠加关系可分为4期。

第一期层内流褶皱　分布于荆山群与粉子山群中的小褶皱，规模仅几十厘米至几米。

第二期近东西向褶皱　构成基底构造的基本格架，后期褶皱的叠加构造，部分褶皱枢纽呈S型变化。主要有八角背斜，位于八角村北，西自小赵家村北，经八角村北，沿110°方向延伸至海边，背斜轴长大于2500米。由巨屯组一段组成，翼部为巨屯组二段石墨大理岩；花岩村南背斜，位于花岩村南300米。背斜轴长约800米，两端均被断层所截，核部地层为张格庄组3段大理岩，北翼地层露出较全；老官庄北侧转向斜，位于老官庄与上夼之间，长约1500米。地层为巨屯组一段，两翼地层为张格庄组三段，轴面及两翼地层均向北倾斜；钟家庄背斜，位于老官庄与钟家庄一带，长1500米。地层为张格庄组二段和三段，两翼为巨屯组一段，北翼地层向北倾斜，南翼地层向南倾斜；西车家向斜，位于西车家村南，王家庄北，长1500米。地层为岗嵛组，翼部为巨屯组，北翼总体产状向南倾斜，南翼总体产状向北倾斜。

第三期东北向褶皱　主要有谭家村南背斜，位于古现镇谭家村南1000米，长约2000米。地层为巨屯一段，翼部为巨屯二段，地层向背产出为宽缓背斜；洪钧顶向斜，位于古现镇与高疃镇交界地带，长约3000米。东南翼地层向西北倾斜，北两翼地层向东南倾斜；幸福山背斜，长约4000米，宽约2000米，枢纽向西端倾斜。

第四期北西向褶皱　主要有陡崖子南向斜，位于八角陡崖村南1000米，长约1500米。地层为粉子山群岗嵛组，北、西、南三面被巨屯组和张格庄组环绕，北西端被八角断裂切断，为短轴开阔向斜；马蹄夼背斜，位于马蹄夼村南，长约1500米。地层为祝家夼组一段，南翼倾向南西，北翼倾向北东，为宽缓短轴背斜；张格庄向斜，位于张格庄与上官老沟一带，长约3000米。地层为巨屯组一段，翼部为张格庄组；权家山背斜，长约2500米，北翼向北东倾斜，南翼向南西倾斜，为宽缓背斜；黄连墅向斜，长约5000米，由张格庄组三段构成，西部倒转，东部正常。倒转部位面向东北倾斜。

韧性剪切带

境内韧性剪切带，按产状和相互切割立系，可分为4期。

第一期东西向顺层滑脱韧性剪切带　主要有肖家夼至刘家埠韧性剪切带，位于吴阳泉北2000米，沿张格庄组与巨屯组界面分布，带长1万米，宽100～200米，为变晶糜棱岩，a型褶皱；岔夼韧性剪切带，位于岔夼村南，分成2条，北部长2000米，宽200米，南部长1000米；周家岘韧性剪切带，分布于周家岘至蓬莱庄北，长2000米，宽几米至数十米。带内构造岩石为糜棱岩，发育a型小褶皱。

第二期北东向送冲推露型韧性剪切带　主要有车家至集贤带，位于门楼水库南侧的车家、下许家、集贤一带，总体走向东北，向西南沿出区外，向东北方向肖家南至下许家右行错动，位移约3000米。在蓬莱庄南坡北西向左行错动，位移约3000米。东北端在河格庄东北被北西向小河子至旺远带所动。出露长度约1万米，宽数十至百余米，糜棱面理倾向南东，倾角20°～40°。

第三期北西向平移韧性剪切带　主要有小河子至旺远带，位于小河子、西厅、赵庄、金堆寺至旺远一线，长2万米，宽20～200米，糜棱面理产状30°＜40°，倾角50°～10°。下许家至谭家庄带，长8000米，宽约200米，糜棱面理产状215°＜65°。

第四期蓬莱群底部界面环形韧性剪切带　主要有肖家夼至南张家带，呈半环状分布于蓬莱群豹山口组底部与粉子山群接触界上面，为区域上东鹿头至陈家庄带东北端，在肖家夼村南被吴阳泉断裂切断。下官乐沟带，位于下官乐沟至正志夼一带，是湘河至邢家一带的东延部分。糜棱面理倾向南东，倾角20°～40°。

断裂

境内断裂构造发育，按其布展方向，可分为两向。

东西向断裂　主要有吴阳泉断裂。位于泉水眼、儒霖沟、吴阳泉、口子、曲家一线，长1.5万米。有两个主断裂组成，主断面向南，倾角60°～80°，次级断裂面南倾或北倾，倾角较陡。断裂带宽约200米，见构造角砾岩、挤压透镜体、断层泥、隐晶质石墨。西部控制着中生代火山岩盆地北部边界，中部切断了中生代石英闪长玢岩。早期为左行压扭性断裂。从粉子山群与断裂相接的有关组段判断，下盘（北盘）向西移动达1400米，上盘（南盘）下落达800米。近代位断裂仍有活动迹象，沿断裂有多处泉水分布。东宋州至解字崖断裂，全长2300米，倾角20°～40°，带宽20～100米，主断面直，属左行压扭性断裂；肖家沟至曲家沟断裂，长约4000米，宽约300米，在曲家沟以南控制着青山群北部边界，在肖家沟村东被北东向肖谷家断裂切断，区内总体走向70°，倾角20°～40°，为右行压扭性；下官乐沟断裂，位于下官乐沟玉山庵一线，长3500米，倾角65°～75°，属左行压扭性断裂。

北北东向断裂　主要有肖谷家断裂，位于肖家沟—肖谷家—臧家一线，长约8000米，宽数十米，走向30°，倾角75°～80°，属左行压扭性；南张家断裂，长1.2万米，倾角80°左右，宽数十米至百米以上，属左行压扭性，沿断裂有泉水出露，储金矿；院下村西断裂，位于院下至肖家夼一带，长2000米，走向15°，倾角80°，倾向北西，属右行压扭性断裂；权家山至王家庄断裂，大致平行展布，间距约千米左右，长3000～8000米，总体走向20°～30°，倾角35°～70°，倾向东南，东南盘相对向西南方向扭动，最大移位百米以上，大盘下落差在100米左右；姜家至门楼断裂，长约1万米以上，倾向东南，倾角60°左右，断裂带宽50米，属右行压扭性；唐家埠断裂位于唐家埠至前富村一线，长3500米，宽约20余米，倾向东，倾角60°～80°，属部西向，为左行压扭性断裂。

第三节　岩浆岩

侵入岩

区内较为发育，分布广泛，出露面积较大。按年代单位划分为3期。

晚太古代侵入岩　大谷家侵入体：位于高疃镇肖家沟至大谷家，呈岩株状产出，南侧与蓬莱群呈断层接触，东部北燕子夼单元侵入。岔夼侵入体：位于张格庄镇岔夼村，呈岩株状产出，北部与粉子山群呈韧性剪切接触，南部在岔夼村南，荆山群被推覆到侵入体之上而呈韧性剪切接触。两体岩性为条带状细粒角闪黑云英云闪长岩，新鲜岩石呈灰白—灰黑色，风化后呈褐色—褐绿色。中粒鳞片柱粒状变晶结构，片麻状、条带状构造，岩石中斜长石，呈变晶粒状，不规则粒状。钾长石形粒状，分布与斜长石间。石英呈不规则粒状，多被压扁拉长定向排列，具波状消光。黑云母呈片状，褐色，多色性明显，部分褪色，析出铁质，生成少量针状金红石。

元古代侵入岩　磁山侵入体：位于古现镇西北部，出露面积约2平方千米，形成528.9米山峰，呈岩株状产出，东侧被燕子夼单元侵入，西部延入蓬莱市境内，岩石构造片麻理、糜棱石理发育，产状倾向240°，倾角60°，岩石中细粒花岗岩脉、长英质伟晶岩脉发育，形成一系列的剪切流动褶皱。肖谷家侵入体：位于高疃镇肖谷家至古现镇陈家沟一带，出露面积约15平方千米，呈岩株状产出，东部侵入粉子山群，西部侵入磁山单元，侵入体内部有斜长角闪岩、黑云变粒岩等，岩性不均匀，局部地段黑云母集中呈条带状分布。芹子口侵入体：位于古现至八角以西地区，出露面积约12平方千米，东侧与粉子山群呈断层接触，西部出区，南、北部侵入粉子山群，侵入体边部黑云母略定向形成片麻状构造，岩性为中粒二长花岗岩、斜长石、黑云母等。狮子山、南十里堡、马山、南寨山等侵入体：位于张格庄镇东、回里西、南十里堡东，出露面积约13.5平方千米，呈岩株状侵入粉子山群、荆山群，岩性为伟晶不等粒花岗岩，新鲜岩石呈肉红色，风化后呈褐灰色，有斜长石、微斜长石、石英、黑云母、并有少量磷灰石、磁铁矿、电气石等。

中生代侵入岩　东黄山侵入体：位于回里镇东黄山至孔辛头一带，出露面积约6平方千米，岩性为巨斑中粒含黑云二长花岗岩，新鲜岩石呈灰色，风化后呈褐黄色，似斑状结构，基质为不等粒半自形粒状结构，块状构造。有斜长石、钾长石、石英、黑云母、锆石、磷灰石等。巨甲庄侵入体：位于回里镇巨甲庄周围，出露面积约4平方千米，南部与后野夼单元呈涌动接触，西部北第四系覆盖，岩性为含巨斑中粒黑云二长花岗岩，新鲜岩石呈烟灰色，风化后呈褐黄色，似斑状结构，有斜长石、钾长石、石英、黑云母、角闪石、锆石、榍石、磷灰石等。

脉岩

境内比较发育，按其形成时代，可划分为两期。

远古代脉岩　分布于回里镇中甲庄等地，规模小，长几十米至千余米，宽几十厘米至几十米。侵入于粉子山群地层及晚元古代九曲单元中。呈致密块状，主要以石英组成，地表可见褐铁矿染及晶洞，较纯者可作玻璃原料。

中生代脉岩　闪长岩分布于高疃镇王家庄铜矿一带，规模小，多沿北西向断裂充填，岩石呈灰绿色，不等粒自形—半自形粒状结构，块状构造，矿物成分为斜长石、角闪石、黑云母等，少量金属矿物，为铜矿成矿前脉岩，在王家庄矿区被蚀变矿化；石英脉分布于丁家夼等地，规模较小，长几十米至百余米，宽不大于2米，沿断裂充填，呈致密块状，主要由石英组成，含硫化物与金；石英闪长玢岩分布于解字崖、上夼、大转、吴阳泉一带，总面积约15平方千米，侵入粉子山群等，岩石呈灰白色，斑状结构，块状构造，岩石边部蚀变强烈；花岗斑岩分布于古现镇西臧家村北一带，规模较小，岩石呈灰白色，斑状结构，块状构造，斑晶由石英、钾长石组成，有斜长石、钾长石、石英、白云母及少量黑云母。

火山岩

境内火山岩，按其形成时代可分为两期。

中生代火山岩　分布于高疃镇肖家夼、邹格庄一带，活动于早白垩世中期之后，属火山喷发Ⅱ旋回。岩性为一套钙碱性酸性火山岩系。面积较小，其火山机构不易恢复。属臧家庄火山喷发堆积Ⅳ级盆地。

新生代火山岩　分布于门楼镇马山、环绕火山通道四周，平面呈圆形，直径约500米，其内充填物有火山通道相的橄榄玄武岩，与四周崩落堆积的集块岩和角砾集块岩，呈明显的侵入关系。具强爆发的特点，属火山机构就近火山堆积物，其本身发育有垂直柱状节理。

第二章　地貌

福山区地处山东半岛，为华北陆台的一部分。地形呈西、南高，东、北低，由西南向东北倾斜，水流入黄海。境内低山起伏，共有大小山丘138座，丘陵连绵，山间泊地与滨海平原紧相连，河流蜿蜒，洪枯有变，主、支河流与沟渠网络地面，大致形成了“六山一水三分田”和“四山三丘三分泊”的地貌特点。自南向北，有塔顶、磁山、崮岦山脉。西、南低山起伏，海拔300米以上，相对高度200～400米，面积27137公顷，占总面积的43.36%；山泊之间，丘陵连绵，海拔300米以下，相对高度20～200米，面积15453公顷，占总面积的24.7%；山间河海岸边，平原相连，海拔100米以下（单位面积20公顷以上，地面坡度小于2度），面积19986公顷，占总面积的31.94%。

图2-2　塔顶山（阳）

第一节　山脉

境内海拔300米以上的山有27座。

塔顶（峆岵山）　位于福山城南1.9万米，张格庄镇车家村东，与栖霞市交界。为峆岵山脉主峰。呈西南东北走向，东西宽2200米，南北长3500米，海拔630.4米，巅有山顶泉，夼有奇石，麓有古刹。“峆岵烟云”为旧时福山八大景之一。

布谷崖　位于福山城南1.9万米，回里镇善疃村西北，与栖霞市交界。呈东南西北走向，东西长2000米，南北宽1500米，海拔571米。山势陡峭，多岩洞。布谷鸟等以洞筑巢，繁衍后代。春秋季节，甚为景观。

狮子山　位于福山城南1.8万米，回里镇土峻头村西北、门楼镇姜家夼村东南。为峆岵山脉之东峰，东西长2800米，南北宽2500米，海拔571米。清康熙《福山县志》载：“狮子山，其峰尖峭，排起如指，竖如笋茁，有狮形，故名。由邑南望，如开屏，如展袖，嵯峨苍翠，备极耸秀。”峰北悬崖峭壁，峰东奇石林立，壮观至极。

磁山　汉称牟山。位于福山城西北19.5千米，高疃镇西北，古现镇西南，与蓬莱市交界。呈南北走向，东西宽3000米，南北长5000米，海拔528.9米。巅有明筑防倭寨，中有瀑布、石洞、樱桃涧、尼姑庵，麓有秦封阴主庙、清水泉等。“磁山瀑布”为旧时福山八大景之一。清康熙年间，户部尚书王隲读书于山脚下，对山峰雄伟记曰“磁山叠耸之峰，严严雄峻，其峰石壑峭如削，上悬瀑布，有石洞，可容百余人”。

歪顶　位于福山城南2万米，回里镇善疃村西北，与栖霞市交界。呈东南西北走向，东西宽4200米，南北长3500米，海拔449.3米。远望双顶，巅歪斜，异常奇特。

巫山　位于福山城南2.55万米，回里镇中甲庄村，与牟平区交界。呈东西走向，东西长2500米，南北宽1800米，海拔483.4米。山曾有老爷庙，巫婆常去敬香。山体蕴藏石英矿，为玻璃工业原料。

三岔顶　位于福山城西南2.4万米、张格庄镇岔夼村西南，与栖霞市交界。呈东西走向，东西长2000米，南北宽1100米，海拔451.4米。山奇特，颠三岭聚汇，呈三杈。储大理石，色泽鲜艳，装饰佳料。

陀螺石　位于福山城南1.65万米、门楼镇姜家夼村西南。呈圆形，长宽各2000米，海拔426米。山上有块巨石，圆形，远看似陀螺。

花顶　位于福山城西南23500米、张格庄镇南马家村西，与栖霞市交界。呈东西走向，范围0.8平方千米，海拔424米。古时南山沟有座尼姑庙。山体蕴藏丰富大理石。

胡家岘子顶　位于福山城西南23000米、张格庄镇南马家村西，与栖霞市交界。呈东南西北走向，东西长1500米，南北宽1000米，海拔423米。山陡险峭，北麓两夼，储大理石。

黑龙沟顶　位于福山城西南2.2万米、张格庄镇瑶台村西，与栖霞市交界。呈南北走向，东西宽1100米，南北长1700米，海拔409.6米。山夼奇特，弯曲似龙，石多黑色，颠曾有龙王庙。储大理石。

后庵　又称西大天。位于福山城南16000米、门楼镇邹家房村东，与回里镇交界。呈南北走向，东西宽1800米，南北长2300米，海拔387.4米。旧时山后有庵。

疋山　位于福山城西12500米、高疃镇肖家夼村东南。属峆岦山脉。呈南北走向，东西宽1800米，南北长4500米，海拔为383.1米。清《福山县志》载："疋山在珠（猪）山之西（西北），南北横亘十余里，清洋河绕其南。顶有玉皇祠，麓有龙潭，乡人常于两山中闻龙吟于其内。"中有虎头旺，建水库1座。

前庵　位于福山城南1.65万米、门楼镇姜家夼村东，与回里镇交界。呈东西走向，东西长2500米，南北宽2000米，海拔370米。旧时山前有座尼姑庵，后坍塌。

尖山　位于福山城南2.45万米、回里镇老岚村东。呈圆柱形，东西长1200米，南北宽1100米，海拔364米。周近山中，唯此尖高，山体陡峭。储有花岗岩和金矿脉点。

洪钧顶　位于福山城西北1.4万米、古现镇院下村西，与高疃镇交界。为峆岦山脉之主峰。呈南北走向，东西宽600米，南北长1000米，海拔357.6米。巅有古战壕，顶之阳碎石流似巴鱼状，称巴鱼旺（注：旺为替代字，应是"大"和"山"上下结构，发音：wang）。锰储量丰富。北麓地下水旺。

神仙顶　位于福山城西1.5万米、高疃镇西罗格庄村北、古现镇徐家村南。呈东西走向，东西长2500米，南北宽2000米，海拔356米。顶之阳，有块横卧巨石，俗称"神仙台"，为古时民众扬善除恶祭祀处。麓之南，有柳氏明建西老茔。

三齿牙　位于福山城南1.6万米、回里镇西道平村西。呈南北走向，东西宽1100米，南北长1800米，海拔356米。此山有3个顶，远看似牙齿上部。

西围子山　位于福山城南1.55万米、门楼镇上许家村西南，与张格庄镇交界。呈南北走向，东西宽1300米，南北长2200米，海拔348米。清同治六年（1867年），知县吴恩荣，为抵捻军，曾在山顶筑围。

双顶　位于福山城南1.55万米、回里镇西道平村西北，与门楼镇交界。呈东南西北走向，东西宽700米，南北长1200米，海拔325米。山有二顶。

北大城　位于福山城西南1.5万米、高疃镇邢家村西北，与栖霞市交界。呈南北走向，东西宽2000米，南北长2500米，海拔322.4米。清，曾在山巅筑围挖壕，形似城堡。

龙王顶　位于福山城东南1.2万米、门楼镇绍瑞口村南，与回里镇交界。呈东西走向，东西长3000米，南北宽2500米，海拔320.2米。清《福山县志》载："造书山，在神山之东，上有石洞，门不可启。相传有异人造书于此……西峰有龙王庙。"

桃花楼　位于福山城南1.45万米、门楼镇邹家房村东，与回里镇交界。呈东西走向，东西长2000米，南北宽1000米，海拔为310.1米。旧时山多映山红，色似桃花，层叠如楼。

三杈石　位于福山城南1.42万米、门楼镇陈庄村东，与回里镇交界。呈东西走向，东西长2000米，南北宽1300米，海拔309.3米。山前有桃花楼，后有姑姑崖，地势险要，山巅有三块巨石矗立，形似三杈。明同治六年（1867年），为防捻军，曾筑围山巅。

回里马山　位于福山城南2.75万米、回里镇前富村东南，与牟平区交界。呈南北走向，东西宽1100米，南北长 1800 米，海拔 357 米。此山石形似马，远望犹真。

人石旺　位于福山城南 2.5 万米、回里镇中甲庄村北。呈南北走向，东西宽 1100 米，南北长 2300 米，海拔 309 米。山有巨石，形似人状，自然逼真。

第二节　丘陵

境内海拔 100 ～ 300 米的低山丘陵有 89 座；海拔 100 米以下、比较有名的山丘有 28 座。

高疃马山　位于福山城西 1.25 万米、高疃镇北村村东。呈南北走向，东西宽 1000 米，南北长 1500 米，海拔 288.4 米。山西坡碎石流，由西东望，形似马状。麓南清洋河，冲其山根，遇石成龙潭。山腰于 1972 年修建扬水站 1 座。

蓬顶　位于福山城西南 1.75 万米、张格庄镇大芹子夼村南，与栖霞市交界。呈圆形，范围 1 平方千米，海拔 288.3 米。山围四岭相连，相间远眺似蓬。蕴石灰岩、大理石。

姑姑崖　位于福山城南 1.37 万米、门楼镇陈庄村东北、集贤村东南。呈南北走向，东西宽 1500 米，南北长 2000 米，海拔 287 米。巅曾有尼姑庵，悬崖峭壁，鹰欢雀跃，人不能至。东坡山腰，石林耸立，有神仙洞。

围子山　位于福山城南 2.35 万米、回里镇西黄山村南。呈东西走向，东西长 2100 米，南北宽 1200 米，海拔 285 米。巅有围墙，内有菩萨庙，农历二月十九日赶山会。

小天顶　位于福山城南 1.47 万米、门楼镇邹家房村东南，与回里镇交界。呈东西走向，东西长 2000 米，南北宽 1100 米，海拔 284 米。山峰兀立，直插云霄，为近山次高。

玉皇顶　位于福山城西南 1.65 万米、张格庄镇权家山村西南、杜家崖村西北。略呈圆形，东西宽 1500 米，南北长 1800 米，海拔 277.2 米。相传玉皇大帝惩腐，曾在山顶落脚。

马棚　位于福山城南，2.75 万米、回里镇唐家埠村东北，与牟平区交界。呈东西走向，东西长 1700 米，南北宽 1200 米，海拔 276.6 米。山中有岩洞，似马棚形。

官顶　位于福山城南 2.9 万米、回里镇唐家埠村东南，与牟平区交界。呈东西走向，东西长 1800 米，南北宽 1200 米，海拔 262 米。山形如宋朝官帽，主峰平坦，似帽顶，南北各有一条岭岗像帽翅，故名。

小磁山　位于福山城西北 1.75 万米、古现镇汪家沟村西，与高疃镇交界。呈南北坐向，东西宽 1000 米，南北长 1500 米，海拔 261 米。因山储磁石，且较磁山小，故名。

香炉顶　位于福山城西南 2 万米、张格庄镇瑶台村东北，与栖霞市交界。呈东西走向，东西长 1700 米，南北宽 1200 米，海拔 253 米。山体形似香炉。储大理石。

尖顶　位于福山城西南 1.95 万米、张格庄镇黑石村西北，与栖霞市交界。呈南北走向，东西宽 1200 米，南北长 1800 米，海拔 252.2 米。山高尖，直刺天。大理石储量丰富，色泽鲜艳，为装饰佳料。山麓有黑石水库。

北珠山（天顶山）　位于福山城西南 1.5 万米、张格庄镇权家山村西北。呈西南东北走向，东西宽 1500 米，南北长 2000 米，海拔 252 米，蕴藏黄金。

七条岭　位于福山城南 2.45 万米、回里镇老岚村东。呈南北走向，东西宽 1200 米，南北长 2100 米，海拔 160 ～ 245 米。由七条山岭组成，高低错落，延连不断。储藏花岗岩。

战茂场　位于福山城西南 1.4 万米、高疃镇渡口村南，与栖霞市交界。呈南北走向，东西宽 1500 米，南北长 2000 米，海拔 244 米。巅有围墙，清咸丰年间，官军与捻军在此交战。

哈鱼顶　位于福山城西南 1.65 万米、张格庄镇大芹子夼村东南，与栖霞市交界。呈东南西北走向，东西宽 2100 米，南北长 2300 米，海拔 244 米。古为海侵地，巅有哈鱼化石。储石灰岩，有采石场，石灰窑厂。

黑夼　位于福山城南 1.62 万米、回里镇西道平村西。呈东西走向，东西长 1500 米，南北宽 800 米，海拔 240 米。山背阴面土质肥沃，松树蔽日，午后不见阳光，如同黑夜。

锝山　位于福山城南 2.42 万米、回里镇中甲庄村东北，与牟平区交界。呈东西走向，东西长 1200 米，南北宽 900 米，海拔 240 米。此山奇特，远眺似犁锝。

大迷顶　位于福山城西 8000 米、高疃镇北侯旨沟村东北、丁家夼村南。呈圆形，范围 1 平方千米，海拔 235.4 米。清《福山县志》载："其山孤峰圆秀，独冠一邑，自东远望更佳。"麓南有清乾隆湖广总督王检墓。

出山大顶　位于福山城东南 6600 米、门楼镇蔡家夼村西南、葛家庄村北。呈东西走向，东西长3000米，南北宽2000米，海拔233.5米。山形奇特，中峰突起，似出字。山腰有巨石，可摇不移，属奇石。

老树林顶　位于福山城西南1.85万米、张格庄镇黑石村东南。呈东南西北走向，东西长2200米，南北宽700米，海拔224米。老松树、柞树甚多。储黑色大理石。

回里小马山　位于福山城南1.52万米、回里镇西道平村西北、旺远唐村西南。呈东南西北走向，东西宽1500米，南北长2000米，海拔218.2米。山有巨石，形似马状。

鹰石山　位于福山城东南1万米、门楼镇集贤村东北。呈东西走向，东西长2500米，南北宽1000米，海拔215.8米。山上有巨石，似鹰状。

猪山　位于福山城西1.1万米、高疃镇下疋山夼村南。呈三角状。边长2000米，范围2.3平方千米，海拔215米。山巅危崖峭壁，有巨石，形似猪头。下有洞，面积达120平方米。储花岗岩，东坡有采石场。

玉皇庙　位于福山城西1.37万米、高疃镇东宋州村西，与栖霞市交界。呈东西走向，东西长2000米，南北宽1000米，海拔213米。巅有玉皇庙，旧时人们到此祈求玉帝免灾。

罗弥相　位于福山城南1.25万米、门楼镇蓬莱庄村西南。呈南北走向，东西宽1500米，南北长2000米，海拔211.8米。山中峰似巨型大佛，神态肃穆，盘腿趺坐。山上石中，有海螺和海砺贝壳之类，称螺贝相。

北寨山　位于福山城南1.1万米、门楼镇蓬莱庄村西北、石臼村东。呈东西走向，东西长2000米，南北宽1100米，海拔210米。巅有防捻寨。

老顶　位于福山城西南1.65万米、张格庄镇大芹子夼村东南。呈西南东北走向，东西宽500米，南北长800米，海拔210米。储大理石、石灰岩。北麓有石洞，有石灰窑厂。

貉子窝　位于福山城西南1.4万米、高疃镇渡口村西，与栖霞市交界。呈南北走向，东西宽1000米，南北长2000米，海拔208米。山上多貉子窝。

歪嘴山　位于福山城西1.2万米、高疃镇肖家夼村西北，系崮岦山脉。呈南北走向，东西宽1000米，南北长1500米，海拔207米。巅悬崖峭壁，奇石特多，远眺似歪嘴老人。

寨山　位于福山城东南1万米、门楼镇绍瑞口村西南。呈东南西北走向，东西宽1000米，南北长1200米，海拔206米。山西坡半腰处有个自然山洞，民称“老虎眼子”。

铁状岭　位于福山城南2.35万米、回里镇东黄山村南、西黄山村东南。呈东南西北走向，东西宽800米，南北长1000米，海拔206米。山孤柱状，岩石黑色，含铁质。相传，古时曾有人在此开矿炼铁。

唐家旺　位于福山城东南1.15万米、门楼镇西陌堂村西、绍瑞口村东南。呈南北走向，东西宽1200米，南北长1800米，海拔203米。山土质好，树林茂密。

隆山　位于福山城西1.25万米、高疃镇下疋山夼村东、隆口村西北。呈南北走向，东西宽500米，南北长1000米，海拔199米。山东、南、西由河谷围绕，峰似圆锥，从谷中隆起，远望威严异特。

北大梁　位于福山城西南1.4万米、张格庄镇张格庄村北、松林庄村西北。呈东南西北走向，东西长2100米，南北宽500米，海拔196米。为长条形，似屋梁。蕴铁矿脉，石灰岩储量丰富。

老顶　位于福山城南1.42万米、门楼镇陈庄村西南。呈东南西北走向，东西宽500米，南北长1500米，海拔195.4米。四周低缓，此峰突起，似群山老者。

北围子山　位于福山城西南1.65万米、张格庄镇权家山村西北，与栖霞市交界。呈东西走向，东西长1500米，南北宽500米，海拔195米。巅有防捻围墙，尚存。

南寨山　位于福山城南1.15万米、门楼镇蓬莱庄村西南、石臼村东。呈东西走向，东西长3000米，南北宽1000米，海拔187米。相传，太平天国起义，捻军东下，曾在此安营扎寨，与清军对抗。

漏金顶　位于福山城东南1.17万米、门楼镇绍瑞口村西南，与回里镇交界。呈东西走向，东西长1500米，南北宽1200米，海拔187米。相传，古时曾雨后在此淘沙金，蕴藏金矿脉，品位不高。

于顶　位于福山城西南1.6万米、张格庄镇浒口村南、权家山村西北，与栖霞市交界。呈东西向，东西长800米，南北宽300米，海拔186.3米。此山古为于姓所有。

夹鹿山　位于福山城西北9500米、高疃镇和平村北，与古现镇交界。呈南北走向，东西宽1200米，南北长2000米，海拔185.2米。古时山上松树茂密，鹿急跑被两树夹住。东北麓有大杨家水库。东麓有清雍正年间邑人湖北按察使王柔墓。

鹰嘴山 位于福山城西北6800米、福新街道黄泥沟村东南，与高疃镇交界。呈圆形，范围1平方千米，海拔184.9米。山形似鹰嘴，故名。

黄山 位于福山城南2.3万米、回里镇西黄山村南。呈圆形，东西长1700米，南北宽1500米，海拔184米。麓东南有黄山院。《园名禅院记》载："福山之南四十余里，有山曰黄山，其山五顶，虽不甚高峻而挺拔，但圆润壮观。"储铁矿石。并有少量方铅矿脉。

凤凰岭 位于福山城西4200米、福新街道邢家山子村西南，与高疃镇交界。呈南北走向，东西宽1000米，南北长2000米，海拔182米。相传，古时此山曾落过凤凰，故名。储丰富花岗岩，北麓有采石场。

小迷顶 位于福山城西7500米、高疃镇西厅村西南。呈圆形，范围0.8平方千米，海拔182米。处于大迷顶之东，山体相连。巅有防捻围子。南麓为古现王氏茔地，清进士、湖广总督工检葬于此。

玉寺庵 位于福山城西南1.4万米、张格庄镇下官乐沟村西北。呈东南西北走向，东西长1500米，南北宽1200米，海拔180米。原山中有座玉山庵。储大理石，并有采石场。

波罗营 位于福山城西南1.8万米、张格庄镇杜家崖村西。呈西南东北走向，范围0.5平方千米，海拔178米。山南麓为杜氏茔地，内植柏栎树(柞树)，后演绎为波罗营。

大洼 位于福山城东南8500米、门楼镇紫埠村西南、绍瑞口村西北。呈南北走向，东西宽1000米，南北长2000米，海拔176米。山南有条深沟，民称"大洼"。

蝎顶 位于福山城南2.75万米、回里镇唐家埠村东北、前富村东南。呈东西走向，东西长1500米，南北宽800米，海拔174米。山体石多，扁层，蝎子较多，故名。

包家口子 位于福山城南8800米、门楼镇诸留后庄村东、紫埠村西。呈东西走向，东西长2000米，南北宽1000米，海拔169米。包姓曾在此居住过，后迁紫埠村。

天鼓岭 位于福山城西9000米、高疃镇隆口村东。山略呈方形，边长1200米，海拔169米。山中有巨石，击之鼓声。

羊群山 位于福山城西4700米、福新街道黄家村南，与高疃镇交界。呈南北走向，东西宽1000米，南北长2000米，海拔169米。山石多，形奇特，远眺似羊群，故名。花岗岩储量丰富，麓有采石场。

门楼马山 位于福山城南1.1万米、门楼镇东马疃村南、周家岘村西北。呈圆形，东西宽1200米，南北长1100米，海拔166.9米。山形似马。明万历《福山县志》载："马山，在县南二十里，据传秦始皇东巡，驻马于此。"储火山灰，并有采石场。

葫芦顶 位于福山城西6000米、福新街道招贤村南、黄泥沟村东南，与高疃镇交界。范围0.5平方千米，海拔166米。古时山上有株野生葫芦，演绎成宝葫芦传世。

将山 位于福山城西北1.05万米、古现镇棘子夼村东北，与福新街道交界。呈南北走向，东西宽500米，南北长1000米，海拔165米。相传，明朝曾有位将军驻防于此，故名。

榛子山 位于福山城西9000米、高疃镇小河子村东南。呈东北西南走向，东西长1500米，南北宽1000米，海拔164米。山上榛子树多，盛产榛子。

杏山 位于福山城东南1.1万米、门楼镇集贤村东北。呈西南东北走向，东西长1500米，南北宽1000米，海拔162米。古至今，山植和杏树较多，故名。南麓有东观水库1座。

扇子口 位于福山城南1.4万米、门楼镇陈庄村西。呈南北走向，东西宽800米，南北长1200米，海拔161米。山横卧，中有路，边展开，似纸扇，故名。

祈雨顶 位于福山城西北2.3万米、古现镇于家村西，与蓬莱市交界。呈南北走向，东西宽700米，南北长1500米，海拔153.1米。山势陡峭。巅有唐建庙，内有老龙潭。农历四月十八日为庙会日，是福山四顶会之一。旧时每逢天旱，近村百姓聚此祈雨，故名。

合山 位于福山城南1.9万米、回里镇土峻头村北。呈南北走向，东西宽700米，南北长1200米，海拔152.7米。山有巨石，张口状，人们忌讳，搬走。因不吉，又搬回。

岗嵛山 位于福山城西北7500米、烟台开发区岗嵛村南。呈南北走向，东西宽1900米，南北长2800米，海拔150.5米。北麓为三十里堡汉墓区东区，有封土汉墓30余丘。

黑山岭 位于福山城西南7000米、门楼镇赵庄村南，与高疃镇交界。呈南北走向，东西宽1700米，南北长4000米，海拔150.4米。其石黑色，故名。

垛顶　位于福山城南8000米、门楼镇葛家庄村东。呈东西走向，东西长2000米，南北宽1200米，海拔150米。昔称坐顶，猎手守夹待物，后视山形似草垛，故名。

牛山　位于福山城西9000米、高疃镇隆口村东。呈圆形，东西长1500米，南北宽1200米，海拔149米。山形似牛，故名。蕴藏花岗岩。

大旺顶　位于福山城西南1.6万米、张格庄镇浒口村西南，与栖霞市交界。呈西南东北走向，东西宽1000米，南北长1200米，海拔149米。山峰突起，四周山低，西南有沟。

南围子山　位于福山城西南1.35万米、张格庄镇马蹄夼村南。呈圆锥状，范围0.5平方千米，海拔146米。清咸丰十一年（1861年），巅筑围墙防捻，今完整无损。

筐顶　位于福山城南2万米、回里镇刘家庄村西北。呈圆形，范围0.5平方千米，海拔145.4米。山形似筐。麓南有善疃河，麓东有塘坝1座。

狼窝夼　位于福山城南2.7万米、回里镇中甲庄西南、前富村东南。呈东西走向，东西长2100米，南北宽1500米，海拔144米。古时人烟稀少，野狼居此繁衍。山半坡有狼窝洞。

羊虎山　位于福山城西南1万米、高疃镇松岚村东。呈南北走向，东西宽1300米，南北长1700米，海拔142.9米。山形远眺似羊似虎，故名。花岗岩蕴藏丰富，北坡有采石场。

小南山　位于福山城南2.2万米、回里镇西黄山村东南、东黄山村西南。呈南北走向，东西宽1200米，南北长1500米，海拔141米。蕴藏花岗岩石材，可加工石条。

三雁顶　位于福山城西9000米、高疃镇巨屯村南。呈东南西北走向，东西宽1300米，南北长1500米，海拔138.4米。古时曾有三只大雁落此，故名。西麓为义井河发源地。

凤凰顶　位于福山城西北1.4万米、古现镇东村村南。呈东西走向，东西长2000米，南北宽1000米，海拔136.4米。山有三顶，中高两低，形似凤凰展翅。主峰曾有魁星阁，农历四月十八日赶庙会。北麓有清乾隆年进士、官至安徽布政司使王显绪墓。其山树古时屡遭砍伐，清康熙年户部尚书王隲曾写诗《苦雪》，予以鞭挞。

盘长岭　位于福山城南2.3万米、回里镇巨甲庄村东南，与牟平区交界。呈斜方形，南北、东西各2000米，面积8平方千米，海拔136米。古时多长虫（蛇）盘踞。储花岗岩。

北山　位于福山城西南5700米、高疃镇东厅村北。呈东西走向，东西长1500米，南北宽1100米，海拔135.8米。古时巅有玉皇庙。

东北堐　位于福山城西1.9万米、高疃镇肖家沟村南，与栖霞市交界。呈南北走向，东西宽1500米，南北长2000米，海拔135.8米。储石灰石。

老岚　位于福山城东南7700米、门楼镇邱家庄村西南。呈南北走向，东西宽1000米，南北长1500米，海拔133米。其山土肥，草木丰茂。

东大顶　位于福山城西8000米、高疃镇巨屯村东南。呈南北走向，东西宽1200米，南北长1500米，海拔132.9米。山势平缓，近顶较大，形似龟，又称龟盖顶。

高峠山　位于福山城南1.5万米、回里镇西道平村西北。呈南北走向，东西宽500米，南北长1500米，海拔130.2米。清《福山县志》载：“山有石，形如香炉，故名。北有寺，寺前溪水环抱，涧石粼粼，极为幽胜。”

高顶　位于福山城南2.6万米、回里镇后富村东、中甲庄村西。呈东南西北走向，东西长800米，南北宽700米，海拔129米。此山高于周围山，故名。麓北有塘坝1座。

刺猬顶　位于福山城南1.35万米、门楼镇肖家村西北。呈东西走向，东西长1300米，南北宽1000米，海拔129米。山有巨石，形似刺猬，故名。

神山　位于福山城东南6500米、门楼镇楚塘村西北、蔡家夼村东北。呈南北走向，东西宽1000米，南北长1500米，海拔126米。清《福山县志》载：“顶有大石房，砌如飞来状，其坦处有古庙”，“山上有个自然洞，传说有个神仙在山洞驻过，名为神仙洞”，今庙塌洞存。

蝎子顶　位于福山城西北3000米、福新街道邢家山子村南，与清洋街道交界。呈西南洞北走向，东西宽1000米，南北长1200米，海拔124米。山多蝎子，故名。

大顶　位于福山城西北1.15万米、古现镇棘子夼西。呈南北走向，东西宽800米，南北长1000米，海拔122米。该山较周围山高，故名。西麓有吴家水库。

罗山坡　位于福山城西北1.3万米、古现镇东吴家村西。呈东西走向，东西宽1500米，南北长1000米，海拔121米。系崀岦山脉，西南有洪钧顶，麓东北有圣水泉，麓东有古现王氏茔地，清顺治年乡贤王道增葬此。昔日山上山下，苍松古柏，茂密参天，风景独秀。储石灰岩、铁矿石、铜矿点等。

青石山　位于福山城西北7500米、高疃镇丁家夼村北。呈东南西北走向，东西宽1100米，南北长1200米，海拔121米。山有青石，含铜。明时，曾在此开矿炼铜。

圩子山　位于福山城西北1.15万米、古现镇东张家村西南。呈南北走向，东西宽500米，南北长1000米，海拔115米。清同治年间，为防捻军，山巅筑圩，现保存完好。

小天　位于张格庄镇台上村东南、天顶山下东北的两座小山，海拔约120米。高峻险峭，两山之间为深渊，登崖如登天，故名。

卧牛山　位于福山城西3000米、清洋街道钟家庄村东北、上夼村南。呈南北走向，东西宽1000米，南北长2000米，海拔115米。山形似卧牛状，故名。储钼锌矿点。

老墩　位于福山城西北2.05万米、古现镇辛店村西北，与蓬莱市交界。呈南北走向，范围2平方千米，海拔107.8米。明初，为防倭寇，官府五里筑墩，十里筑堡，此为土墩。

眠凤山　位于福山城南1.85万米、回里镇李家疃村东。呈圆形，范围0.5平方千米，海拔103米。相传，古时曾有凤凰落此休眠。山东坡有镇建革命烈士陵园。

岚子埢　位于福山城南2.25万米、回里镇巨甲庄西南。呈南北走向，东西宽1500米，南北长2000米，海拔101米。山为土埢，树林茂密。

景山　位于福山城西北1.56万米、古现镇山王家村西南、郭家村东。呈圆锥形，范围0.5平方千米，海拔98米。山体挺拔，圆直青秀。1942年，陈昱曾在山上建岗楼。

北官顶　位于福山城南2.52万米、回里镇后富村北。呈南北走向，东西宽900米，南北长1200米，海拔97.6米。山有三顶，厚实平坦，异命百官。储金矿脉。

鹿角山　位于福山城西北7500米、福新街道大杨家村东、招贤村西。东西宽1200米，南北长2000米，海拔94米。古时山林茂密，有野鹿栖息，山石似鹿角状。麓有塘坝、采石场。

太平顶　位于福山城东南4300米、门楼镇葛庄村西。东西宽800米，南北长1200米，海拔93米。巅有龙王庙，相传系唐太宗遣大将尉迟敬德建，宏伟壮观。后拆，仅存遗址。

望海楼　位于福山城西南1.22万米、高疃镇湘河村东南。东西长1000米，南北宽500米，海拔93米。山似楼状，巅有巨石，高3.5米，宽1.6米，踏石顶可望到黄海。

卧牛山　位于福山城东南1.17万米、门楼镇蓬莱庄村东南。东西宽500米，南北长1500米，海拔91米。远眺似牛卧河中。

王坡顶　位于福山城西北1.7万米、古现镇邱家村北。东西长2000米，南北宽1000米，海拔85米。坡有河北村王氏墓地。

柞岚　位于福山城南2.35万米、回里镇老岚村西，与栖霞市交界。东西宽1300米，南北长1200米，海拔84米。四周平坦，山丘突起，柞树成林。

海山子　位于福山城西北8000米、福新街道小河子汪家村北。范围1平方千米，海拔82米。巅可望到北海。

鹰山　位于福山城南7500米、门楼镇新庄村北。东西长1500米，南北宽1200米，海拔81米。山上有巨石，形似大鹰。

镇泉山　位于福山城西南15500米、张格庄镇院口村北。范围0.5平方千米，海拔75米。古时，东南麓有泉，巅有庙宇。储石灰岩，有采石场、石灰窑厂。

张家顶　位于福山城南2.05万米、回里镇巨甲庄村北、孔家庄东，与牟平交界。东西宽500米，南北长1500米，海拔72米。旧时为张姓所有，故名。

猴岭　位于福山城西北8500米、福新街道小河子汪家村东北，与古现镇交界。范围1平方千米，海拔71米。属岗嵛山之北峰。北麓有汉墓。

芝阳山　位于福山城东南1500米、清洋街道芝阳村北、山后村南。东西长1100米，南北宽500米，海拔69.6米。《中国历史地图大辞典》释：“祝圣山，在山东福山县东南二里，三峰横亘，峙两河中央，一名芝阳山，山南一峰，下有洞曰芝阳洞。”芝阳洞前建有祝圣道院，庙内石刻有“福地”“洞天”“名山”两竖一横六字。升仙峰前“大石矗立如人形，中服俱具。相传为马丹阳仙影。”麓西有郭氏茔，明兵部尚书郭宗皋葬于此。

凤凰山　位于福山城东南4000米、门楼镇葛庄村北。东西长1000米，南北宽500米，海拔65.3米。清《福山县志》载：太平顶“迤东中，特起二峰，名凤凰山。

前有圣寿院，今名山阳寺。”寺舍68间，土地10公顷。1947年和尚还俗，舍为粮库，后拆掉。

高疃岚子顶　位于福山城西南1.1万米、高疃镇解字崖村西。范围0.5平方千米，海拔65米。山体矮小，近清洋河，林木茂密。形成山岚。麓南即门楼水库。

回里岚子顶　位于福山城南2.15万米、回里镇善疃村东南。范围0.3平方千米，海拔61米。山周平坦，唯丘突出，松柞林茂，形成岚子。

双塚子　位于福山城南8000米、门楼镇葛庄村西南。范围1.2平方千米，海拔60米。山巅两塚并连，为两丘汉墓。

蘑菇山　位于福山城南6000米、门楼镇东周格庄村北。范围1平方千米，海拔59米。山呈蘑菇状，理石质，黑白岩层相间，似部天书，层页无穷。北为两甲庄孙氏墓地，历官不断。

白虎山　位于福山城西南2500米、清洋街道西留公村北、兴华庄村南。范围0.3平方千米，海拔58米。东有青龙山，北为802省道。

老牛孤堆　位于福山城西北1.8万米、古现镇陡崖村南。范围1.1平方千米，海拔57米。颠有明筑防倭烟墩，远眺似牛，故名。储金矿脉。

东炮台　位于福山城西北1.25万米、古现镇三十里堡村南。范围4平方千米，海拔56.2米。西周时，祝融之后封子爵，由莱芜徙此建都，称牟子国。依山筑城，城东南角设炮台。

魏家山　位于福山城西北5200米、福新街道楮家疃村西北。范围2.2平方千米，海拔51米。相传，春秋时，魏国被诸侯打败，君王等逃此，掘井藏宝，积土成山，故名。

鸡爪岭　位于福山城西北7000米、福新街道臧家村西。范围1平方千米，海拔49米。相传，古时金鸡曾在此落过，留下爪印，故名。麓南有柳子河。

福山　位于福山城西北2500米、清洋街道城西村北。山呈圆形，直径300米，周长千米，海拔45米。《中国古今地名大辞典》条释：“福山，在山东福山县西北五里。有崱岦山蜿蜒三十里至此。圆峰拔起，群山绕之。县以此名。”《今县释名》记载：“福山，汉腄县地。福山在县西北五里。相传刘豫为敌兵所追，避此山获免，叹曰：真福地也，因名山，并以县名。”古今地图，图标皆此。巅有烽火墩，坡有果园，麓为农田，分外清秀。

青龙山　位于福山城南1000米、清洋街道曾家庄村西南。东西长1100米，南北宽1000米，海拔44米。明、清《福山县志》均载：“青龙山，在县南二里，清洋河绕其东，故名。”西有白虎山，中有珠山，有龙虎戏珠典故。麓南有清康熙年进士谢乃实墓。麓东为清洋河。水青山秀，为游览胜地。

朱甲山　位于福山城西北3200米、清洋街道朱甲山村北。东西宽250米，南北长300米，海拔41.3米。原为朱姓之山。储理石，有采石场。东有古银杏树1棵。

金堆山　位于福山城南7000米、门楼镇大屋村东北。范围0.5平方千米，海拔20.8米。巅古有庙，麓有潭。“五代显德时，有僧结庐与此，至宋庆历八年，僧园鉴改建成寺。”因山体含石英石，阳光下金光闪闪，故名金堆山，寺遂山名。

第三节　平原

境内平原，是指成方连片、面积在20公顷以上、地面坡度小于2度、地面平坦切割程度轻的地块。主要分布于低山丘陵之间、河流两岸和沿海，多呈带状。是重点农业区，可分两类。

山间泊地　即山间平川地，位于山前、山间开阔地，地面平坦，地块大，土层深厚，地下水位一般在2～8米。母质为洪积物或冲积物，多发育为潮棕壤、潮河土或河潮土。占总面积的19.4%。主要分布于张格庄镇的黑石、杜家崖、黄连墅、张格庄；高疃镇的西罗格庄、邹格庄、湘河、义井、张八泊、东厅、桃园；回里镇的富村、黄山、巨甲、谭家庄、回里、道平、旺远；门楼镇的大屋、西埠庄、仉村、两甲、崇义、南涂山、东陌堂、绍瑞口、紫埠；古现镇的汤家、侯家、八角、泊子、西臧家、四合村；福新街道的柳行、垆上、山前李家、楮家疃；清洋街道的城西、芝阳、留公、东关、大沙埠；高新区的盐场、永福园等村。

滨海缓平地　位于沿海一带，地势缓平，地面平坦，海拔5～10米。土壤质地多为沙质。地下水位1.5米左右。母质为冲积或海冲积，多发育成滨海潮土。占总面积的3.1%。主要分布于古现镇的于家、小赵家、八角、青上、峰台、下刘家、黄庄、皂户头、北于家等村。

第三章　海域

区境海岸线长 17300 米。沿海潮汐类型为不正规半日潮。海浪频率季节性变化明显。水温四季变化较大。海水盐度属于混合型。潮间带滩涂分为沙滩、泥沙砾石滩、岩礁 3 种类型。

第一节　海岸

区境海岸线东起柳林河口，西至与蓬莱市交界处，长 17300 米。海岸线曲折，轮廓主要受冰后期海面抬升前原始地形控制，山丘突出海中，形成岬角，海蚀后，基岩退速缓慢。沿海低地，局部平原，河流入海；港湾地，松散沉积物来源，主要是海岸底基岩的侵蚀物质，次之是河流挟入泥沙。海湾湾顶，曲度不大，海滩较窄，港口敞开，两侧连陆发育。

第二节　海湾

八角湾南起旱夹河，北至东岛嘴，海岸线长 5500 米，伸入陆地 2400 米，水域 8.4 平方千米。海口东向，长 4000 米，最深处 8 米。潮间带主要为岩礁底质，属天然良港。明天启年间即有货船来往，“为四方贸易所”；崇祯年间，“设左营兵将驻防，亦一时重地”；民国初，孙中山在《治国方略》书中提出“开发八角良港”；中华人民共和国成立后，随着国民经济的发展，港口建设迈出新步伐。1998 年，新兴建的八角渔港码头，成为中国北方最大渔港。

图 2-3　八角湾一角

第三节　潮汐　海浪

潮汐　沿海潮汐属一日两涨、两落，不正规半日潮。一般涨潮时间 6 小时 10 分，落潮时间 5 小时 50 分，涨潮历时大于落潮，平均高潮间隙 9 小时 59 分，平均低潮间隙 3 小时 49 分，平均大潮升 2.3 米，小潮升 1.88 米，平均海面 1.3 米，涨潮流向为西北，落潮流向为东南，流速为 0.7 ～ 1.75 米 / 秒。

福山区八角湾潮汐表

表 2-1

农历日期	第一低潮时	第一高潮时	第二低潮时	第二高潮时
初一、十六	03:49	09:59	15:49	21:59
初二、十七	04:37	10:47	16:37	22:47
初三、十八	05:25	11:35	17:25	23:35
初四、十九	06:13	12:23	18:13	00:23
初五、二十	07:01	13:11	19:01	01:11
初六、二十一	07:49	13:59	19:49	01:59
初七、二十二	08:37	14:47	20:37	02:47
初八、二十三	09:25	15:35	21:25	03:35
初九、二十四	10:13	16:23	22:13	04:23
初十、二十五	11:01	17:11	23:01	05:11

续表 2-1

农历日期	第一低潮时	第一高潮时	第二低潮时	第二高潮时
十一、二十六	11:49	17:59	23:49	05:59
十二、二十七	12:37	18:47	00:37	06:47
十三、二十八	13:25	19:35	01:25	07:35
十四、二十九	14:13	20:23	02:13	08:23
十五、三十	15:01	21:11	03:01	09:11

海浪　境域海浪无观测记录资料。据当地水产部门和渔民口述资料：海浪频率季节性变化明显，最高月份在冬季，12 月最多，频率为 32%。6 月最少，频率为 10%。

波向分布特征：冬季北风多，以北向浪为主，频率为 22.5%；西北浪次之，频率为 19%；西北至东北向浪的频率总和为 64%；春季沿海风向不稳定，仍有较多偏北风浪；夏季浪向分散，偏南浪总频率在 24% 以下；秋季浪向与春季基本相同。最大波高，冬季大风多，在寒流大风侵袭下，风大浪高，北向浪很大，最大波高在 1 月份，达 7.1 米；次为 2 月份，波高为 6.5 米；春、秋两季平稳，最大波高 3 月和 9 月，分别为 3 米和 4 米；夏季波高较小，最小波高在 6 月份，仅为 0.58 米。

第四节　水温　盐度

水温　境域沿岸，沙岸多于石岸。水温变化较大。春季水温平面分布，北部高于南部，近岸高于远岸，表层高于底层；夏季水温平面分布与春季基本一致，整个海域水温变化范围在 22℃～ 26℃之间，温差为 4.6℃，同春季相比，平均增温 10℃～ 11℃；秋季水温平面分布于春季相反，南部高于北部，远海高于近海，低层高于表层；冬季水温，远海高于近海，表层最高 4.2℃，最低为 -3.1℃。水温垂直分布不均匀，无温跃层出现，表层高于底层。整年水温 2 月最低，月均 0.4℃，8 月最高，月均 25.1℃。

盐度　境域海水盐度属于混合型。年变化取决于季风交替所导致的两种不同性质流系的变化。上半年为增盐期，春季盐度水平分布自南向北递增，盐度在 27.2‰～ 28‰之间，最高为 29.4‰。下半年为降盐期，盐度表现为夏高冬低，夏季盐度在 28‰以下，冬季属低盐期，各河入海径流小，在冬风作用下蒸发，盐度降低 0.15‰～ 0.35‰。

第五节　潮间带沉积物

境内海岸属基岩，多为下元古界中深级区域变质岩，其岩性主要为混合花岗岩。地层为下元古界胶东群第二岩段，岩性以片麻岩类、变粒岩类、角闪石岩类为主。在一些岬角地段，还出露有抗侵蚀能力较强的变质花岗岩体。域内潮间带很窄，跨度为 100 ～ 500 米。潮间带滩涂，可分为沙滩、泥沙砾石滩、岩礁 3 种类型。石屋营嘴至蓬莱交界段属岩礁型，海岸线长 14000 米，有八角东岛岬角、烽台悬崖、石屋营石岸，带内有抗侵蚀变质花岗岩体形成的奇石鹰嘴石、虎头石、婆婆石、五哥石、棺材石、钓鱼台等。底质有机质含量较高，平均为 0.56%，绝大部分生物分布于此。

从石屋营嘴至柳林河口端段为沙滩型，海岸线长 3300 米，陆地平坦，入海河流有旱夹河、黄金河、柳林河，大量泥沙入海，造成该段海区潮间带平直，含沙量较高，粒径为 0.5 ～ 0.25 毫米，粒级含量平均可占 70.8%，量高可达 86.79%。底质有机质含量较低，平均为 0.095%，无大型藻类生存，动物种类分布亦少。

第四章　气候

福山区为暖温带大陆性气候。地处欧亚大陆东缘，濒临太平洋，大陆度 57.2%。因受海洋调节，春季雨少风多，空气干燥；夏季高温雨多，空气湿热；秋季雨量适中，空气凉爽；冬季风大雪小，空气寒冷。季风进退和四季变化均较明显，与同纬度的内陆地区相比，具有春冷、夏凉、秋爽、冬温，昼夜温差小、无霜期长、大风多、湿度大等海洋性气候特点。

第一节　四季特征

春季（3—5月）　3月至4月中旬，热带暖空气逐渐北上，极地冷气团渐退，高低气压流系交替移动频繁，气候多变。随着日照时间加长、强度增加，4月下旬至5月上旬，气候回升较快，气压渐降，风力加大，蒸发加快，降水较少，约占全年降水量的15%。春旱影响作物播种和生长。

夏季（6—8月）　受海洋暖湿气团和季风影响，空气暖湿，多3～4级南风，形成降水天气。6月底至7月初，进入汛期，至9月上、中旬，降水量占全年总量的58%以上。有些年份，连阴雨，形成洪涝，或受台风影响，大风伴暴雨，造成灾害。个别年份，受太平洋高压北上控制，稳定少动，形成高湿、高温的闷热天气，出现短时伏旱，严重影响农作物生长。

秋季（9—11月）　9月上、中旬，暖湿空气仍比较活跃，多南风或偏南风，降水也较多，有时形成阴雨天气。9月下旬至10月，冷空气南下，暖湿空气明显衰退，北风加强，气温下降，天气晴爽，降水显著减少，降水量占全年的20%，往往出现秋旱。11月份，北风增多，地方性的低云、阵雨、阵雪天气开始出现。

冬季（12—2月）　受蒙古高气压控制，偏北风盛行，霜、雪次数多，日照少，气压高，温度低，降水量少，降水量占全年的7%。

第二节　气温

境内气温受海洋调节，变化缓慢，南北温差小，气温比较均匀。与同纬度内陆相比，冬不甚冷，夏不太热，温度年振幅和昼夜温差较小。

年温度　年温分布较为均匀，1960—2002年，累年平均气温为12.5℃，比较稳定，振幅不大。最高年为1994年和1999年，均为13.5℃；最低年1972年，为10.6℃。日平均气温稳定通过0℃的初、终日一般在3月上旬和12月上旬至中旬，持续280天左右，最多有303天，最少仅有249天；温度＞0℃的积温为4400℃，极差600℃左右。

季温度　冬季温度最低，12月中旬末至翌年3月中旬初，日平均温度一般在0℃以下；最低气温南部山丘区低于北部沿海区。春季温度逐日回升，日均上升6℃，4、5月份偶尔有倒春寒现象。夏季温度最高，月均温度在20℃以上，其分布南部山丘区高，北部沿海区低。秋季气温逐日下降，9月中旬后期，月均气温降到20℃以下，11月上旬降到10℃以下，11中旬后期降到5℃以下。秋季气温平均高于春季。

月温度　累年月均温度1月最低，为-3.4℃。7月份最高，为25.2℃。从2月下旬至8月上旬，温度逐月上升。从8月中旬至翌年1月下旬，温度逐月下降，1月出现一年最低值。

极端温度　累年极端最高温度为39.9℃，出现在1966年8月5日。极端最低温度为-21.8℃，出现在1963年1月23日。

结冰　累年平均结冰初期在11月中旬初，最早在11月7日，最晚在11月19日。累年平均终冰期在3月下旬末，最早在3月下旬初，最晚在4月上旬中期。

地面温度　1981—2002年，年平均地面温度为14.7℃。地面极端最高温度为66.7℃，出现在1986年7月7日。地面极端最低温度为-19.6℃，出现在1985年

1月1日。3月和11月，月地面温度均在5℃以上；4—10月，均在10℃以上；5—9月，均在20℃以上；1月最低，为-2.6℃；7月最高，为30.4℃。

第三节　降水

境内降水量四季不均，其特点是：春季干旱，夏季多雨，秋季不匀，冬季降水少。

年降水　1960—2002年，累年平均降水量为651.1毫米，最大降水量出现在1964年，为1099毫米；最少降水量出现在1986年，为336.1毫米。地区降水量分布不平衡，总的趋势是自南向北递减。（见表2-2）

季降水　季降水以夏季多，冬季少，秋季多于春季。季降水量春季为97.7毫米，占15%；夏季为377.5毫米，占58%；秋季为130.2毫米，占20%；冬季为45.6毫米，占7%。

月降水　累年月平均降水量1月最少，仅8.5毫米；2月以后，逐月增多，7月和8月最多，均在130毫米左右；9月以后又逐月减少。

累年最大降水量　历年一日最大降水量是1965年7月27日，为175.8毫米；累年一次最多降水量是1975年8月13日至18日，5日总降水量为319.7毫米。

降雪与积雪　降雪初日平均在11月13日，最早为1981年10月23日，最晚为1995年12月2日。降雪终日平均在3月18日，最早在1970年2月23日，最晚在1991年4月25日。年降雪日数平均为38天，最多年份在1983年，达56天。

积雪初日平均在11月25日，最早在1995年11月1日，最晚在1984年12月16日。积雪终日平均在3月2日，最早在2002年1月8日，最晚在2000年3月28日。累年年均积雪日数为30天，最多是1983年，为49天，最少是2001年，仅有5天。累年最大积雪深度为250毫米，出现在1985年12月10日。

第四节　气压和风

气压　境内气压变化的季节性较明显，冬季受强大的蒙古高压外围控制，气压最高；夏季处于印度低压伸出的低槽内，气压最低。

年气压　1980—2002年，海拔高度33.9米，年平均气压为1013.3百帕。最高是1981年和1989年，为1013.9百帕；最低是1994年和1998年，为1012.9百帕。

月气压　累年月均气压12月最高，为1023.4百帕；7月最低，为1001.2百帕。

风

风向　境内全年风向主要是南风和偏南风，多出现在春、夏季；其次是北风和偏北风，多出现在冬季。

风速　据1988—2002年海拔45米的风速资料统计，累年平均风速为3.5米/秒。1981年最大风速为4.1米/秒，1990年最小风速为3.1米/秒。

月风速4月最大，平均为4.1米/秒；7—9月风速

1960—2002年福山区年降水量情况表

表2-2

年份	降水量（毫米）	年份	降水量（毫米）	年份	降水量（毫米）
1960	665.7	1976	835.2	1990	888.4
1961	617.2	1977	516.3	1991	504.5
1962	704.9	1978	733.7	1992	460.3
1963	742.9	1979	590	1993	636.8
1964	1099	1980	529	1994	810.1
1965	795.3	1981	452.4	1995	587.1
1966	745.7	1982	684.3	1996	693.3
1969	524.6	1983	532.1	1997	480.5
1970	799.6	1984	698.4	1998	769
1971	882.1	1985	811.8	1999	339.4
1972	681.6	1986	336.1	2000	478.1
1973	844.3	1987	670.2	2001	654.7
1974	665.2	1988	505.6	2002	410.5
1975	980.3	1989	336.8	—	—

最小，平均小于 3 米 / 秒；10 月开始冷空气势力加强，风速随之增大，11 月至翌年 3 月平均风速均在 3.8 米 / 秒。

历年平均大风强度以春季最大，3 月一般为 7 级，4—5 月为 8 级；冬、夏季一般为 7 级；秋季一般为 6 ～ 7 级。

第五节　湿度和蒸发

湿度

年、季相对湿度　1980—2002 年，年平均相对湿度为 64%。由于受明显的季风环流影响，相对湿度春季最小，为 56%。

月相对湿度　累年各月平均相对湿度 8 月最大，为 80%；4 月份最小，为 53%。1—5 月和 11—12 月，空气比较干燥，月最小相对湿度一般不超过 10%；3 月和 4 月最小，相对湿度不超过 5%。

蒸发

年蒸发量　1981—2002 年，年均蒸发量为 1955.3 毫米。最大是 1994 年，为 2096.1 毫米；最小是 1985 年，为 1598.1 毫米。

月蒸发量　自 1 月份开始，月平均蒸发量逐月递增，6 月份达到高峰，为 265 毫米。之后逐月递减，至翌年 1 月份，减到最低值，为 52.9 毫米。

各月一日蒸发量 5 月最大，为 26.6 毫米，6 月次之，为 24.8 毫米。春季大于夏季，冬季最小，一般在 6 毫米左右。累年日蒸发量极端值为 26.6 毫米，出现在 1982 年 5 月 7 日。

第六节　日照和云

日照

年日照　1980—2002 年，年平均日照时数为 2643.3 小时，年平均日照率为 59%。最多是 1997 年，为 2909.1 小时；最少是 1985 年，为 2371.1 小时。

月日照　5 月日照时数最多，为 276.6 小时，日照率为 63%；12 月日照时数最少，为 167.7 小时，日照率为 56%。（见表 2-3）

云

总云量　6—8 月最多，累年平均在 5.5 成以上；2 月最少，平均在 4 成以下。低云量 7—8 月和 11—12 月最多，平均在 2 成以上；2—4 月最少，平均在 1 成以下。

各月平均晴天日数　按总云量统计，全年晴天日数为 105 天。9 月至翌年 3 月，晴天日数最多，均在 10 天以上；6—8 月晴天日数最少，在 5 天左右。按低云量统计，全年晴天日数为 251 天。2—5 月晴天日数最多，均在 25 天左右；7 月、8 月、11 月和 12 月，晴天日数最少，均在 18 天左右。

各月平均阴天日数　按总云量统计，全年阴天日数为 76 天。7 月阴天日数最多，为 13 天；2 月阴天日数最少，不足 5 天。按低云量统计，全年阴天日数为 11 天。11 月最多为 3 天，其他月份均在 1 ～ 2 天。

第七节　冻土和霜期

冻土　冻土初日，一般在 12 月上旬中期；10 厘米深冻结初日，平均在 12 月下旬末，最早出现在 12 月 15 日，最晚出现在 1 月 11 日；30 厘米深冻初日，一般在 1 月 28 日。解冻日期，平均在 3 月上旬末；10 厘米深解冻日期，平均在 2 月下旬末；30 厘米深解冻日期，平均在 2 月中旬末。冻土深度以 1 月和 2 月最大，平均最大冻土深度均在 30 厘米以上。极端最大值出现在 1981 年 2 月，最大冻土深度达 45 厘米。

霜期　初霜日，一般在 11 月上旬末，最早出现在 10 月下旬初，最晚出现在 11 月下旬中。终霜日，平均在 3 月下旬末，最早出现在 3 月中旬初，最晚出现在 4 月中旬末。初霜与终霜间的日数平均在 140 天左右。全年无霜期平均为 223 天。

福山区累年各月日照情况表

表 2-3

月份	1	2	3	4	5	6	7	8	9	10	11	12	全年
日照时数（时）	176.2	190.8	229.9	254	276.6	255.5	229	233.7	239.1	219.1	171.9	167.7	2643.3
日照率（%）	58	63	62	64	63	58	51	56	65	63	57	56	59

第八节　物候

动物和植物的生长发育活动规律与非生物的变化，对季节的反应极为敏感，人们在长期观察中，发现规律，预示季节。

动物　大雁，“春分”前北飞，“霜降”后南返。小燕，“清明”节始见，“寒露”前南归。布谷鸟，“立夏”前后始啼，“秋分”前后终鸣。青蛙，“谷雨”前后鸣叫 ，“白露”后即止。

植物　“惊蛰”后，小麦返青，杨树、柳树萌发。“春分”至“清明”节，桃花、杏花盛开。“谷雨”前后，草木皆青 。“立夏”前，棘子萌芽，刺槐开花。“芒种”前后，小麦变熟。盛夏期，柳树吐红白丝，为雨天将临。“大暑”后，草木结实。“秋分”前后，草树籽实成熟。“寒露”，野菊花始花。“霜降”前后，乔灌木叶渐落，杂草渐枯黄。“立冬”后，植物休眠。

第五章　水文

境内共有大小河流 32 条，其中主要河流有 14 条，总长 40.3 万米。多系季节性河流，其水源靠降水补给，径流量季节性变化很大。正常降水年份，多数河流夏、秋雨季有水，冬、春两季干涸。流向依地势由南向北或由西南向东北注入黄海。

出水较旺的泉有 9 眼，另有诸多未成旺流的小泉，均以涌出的方式，补给、丰富地下水。

第一节　河流

大沽夹河及其支流

大沽夹河　俗称外夹河，史称大沽河。发源于海阳市郭城镇牧牛山、栖霞与海阳两市交界处之榆山。自南向北，流经海阳、栖霞、牟平，由茂芝场村入境，绕东回里、东陌堂、大沙埠、永福园，经烟台开发区，注入黄海。全长 7.5 万米，流域面积 1072 平方千米。境内长 4.3 万米，河床宽 100～200 米，流域面积 130 平方千米。属常年河，洪峰期 20 年一遇，径流量为 1540 立方米 / 秒。境内支流有柳子河、巨甲河、两界河、善疃河、谭家庄河、道平河等。

柳子河　旧称流子河。上游有南、北两个支流，南支流发源于福新街道东大顶山北麓；北支流发源于福新街道杨家夼。两支流在大杨家村东汇合，东下柳行村西向东北，至垆上村北，经烟台开发区胜利东村，汇入大沽夹河入海。全长 13500 米，流域面积 46.4 平方千米。境内长 7000 米，流域面积为 20.5 平方千米，河床宽 20～40 米，洪峰期径流量为 141 立方米 / 秒。

巨甲河　发源于回里镇巨甲庄村南巫山北麓。自南

图2-4　大沽夹河和内夹河（吕静波　摄）

向北，流穿巨甲庄村中，由村西北入外夹河。长 5500 米，河床宽 30 米，流域面积 7.2 平方千米。属季节河，洪峰期径流量 175 立方米 / 秒。

两界河　发源于回里镇善疃村西北歪顶山东南麓。自西向东，流经善疃村西东下，入外夹河。长 5000 米，河床宽 30 米，流域面积为 4 平方千米。属季节河，洪峰期径流量为 110 立方米 / 秒。

清洋河及其支流

清洋河　又称内夹河。发源于栖霞市郭落山北麓、老灵山西麓。自西南向东北，流经栖霞市东北部，由高疃南村村南入境，出门楼水库，北经金堆山北下，于永福园村东南入大沽夹河，过同三高速公路，经烟台开发区入黄海。全长 6.5 万米，流域面积 1224 平方千米。境内长 2.7 万米，河床宽 200 米，流域面积为 330 平方千米。属常年河，洪峰径流量为 1680 立方米 / 秒。其支流有黑石河、高谷河、仉村河、杨家河、义井河、曲家河、许家河等。

黑石河　上游有东、西两个支流，西支流发源于栖霞市狼虎夼北麓，流经瑶台、黑石、杜家崖、黄连墅、冯家、张格庄；东支流发源于栖霞市虎鹿夼顶北麓，流经大庄头。两支流在院口村东南汇合，由东风村前入门楼水库。境内长 2 万米，河床宽 30 米，流域面积为 29.5 平方千米。属季节河，洪峰期径流量为 250 立方米 / 秒。

杨家河　发源于门楼镇东南小天顶北麓，自东南向西北，流经蓬莱庄、梅家、岚柳墅等村，在金堆寺西南入清洋河。长 1 万米，河床宽 40 米，流域面积为 15 平方千米。属季节河，洪峰期径流量为 250 立方米 / 秒。

高谷河　上游有东、西两个支流，西支流发源于高疃镇与古现镇交界处小磁山和蓬莱市东尖顶南麓；东支流发源于高疃镇与古现镇交界处洪钧顶南麓。两支流在西罗格庄村西南汇合向南，经邹格庄村西，在高疃西村东折，由南村入清洋河。长 15000 米，河床宽 50 米，流域面积 60 平方千米。属季节河，洪峰期径流量 220 立方米 / 秒。

义井河　上游有东、西两个支流，东支流发源于高疃镇吕家沟村东大顶南麓；西支流发源于疋山东麓。两个支流在隆口村南汇合南下，经赵家庄、义井、寨子，由湘河村西南入清洋河。长 7000 米，河床宽 40 米，流域面积为 9 平方千米。属季节河。

仉村河　上游有东、西两个支流，东支流发源于老官庄村北山；西支流发源于义村北山和迷鸡山。两支流在仉村周村西北汇合，经仉村孙、仉村林、由仉村张村东入清洋河。长 1.1 万米，河床宽 60 米，流域面积为 16 平方千米。属季节河，洪峰期径流量为 105 立方米 / 秒。

直接入海河流

柳林河　上游有东、西两个支流，东支流发源于高疃镇和平村北与古现镇交界处夹鹿山西麓；西支流发源于洪钧顶东麓。两支流在东吴家村东汇合，经潘家、大王家、四合村、小王家，由北于家村东北入黄海。长 9000 米，河床宽 60 米，流域面积为 18.5 平方千米。属

福山区小河流表

表 2-4

项目 名称	发源地	流入地	长度（千米）	河床宽（米）
茂芝场河	官顶西麓	外夹河	5.7	20
富村河	马棚、巫山	外夹河	5.8	20
黄山河	人石旺北麓	外夹河	5	20
善疃河	塔顶南麓	外夹河	6.5	25
土峻头河	狮子山东麓	外夹河	6.2	30
谭家庄河	后庵山东麓	外夹河	5.8	25
道平河	三杈石东麓	外夹河	5.3	30
旺远河	三杈石北麓	外夹河	6.4	20
绍瑞口河	鹰石山北麓	外夹河	5	20
许家河	塔顶东北麓	门楼水库	7.5	40
官乐沟河	小天顶、围子山	门楼水库	5	20
松　河	凤凰岭	清洋河	5	10
曲家河	栖霞庙后	门楼水库	2（境内）	50
院口河	栖霞大庄头	门楼水库	4（境内）	50

季节河，洪峰期径流量为183立方米／秒。

黄金河　史称古现河。上游有东、西两个支流。东支流发源于磁山东麓、洪钧顶北麓；西支流发源于蓬莱市尖顶山东麓，由石岚村西入境。两支在北斗村西汇流东下，经三十里堡村北，直入黄海。全长1.6万米，流域面积84平方千米。境内长1万米，河床宽80米，流域面积62平方千米。属季节河，源短流急，含沙量大。洪峰期径流量为210立方米／秒。

旱夹河　古称孙夼河。发源于境内老墩山南麓和蓬莱市九目山东麓。自西向东，经百堡、河北等村，由黄庄村东南直入黄海。全长8000米，流域面积21平方千米。境内长6000米，河床宽40米，流域面积15平方千米。属季节河，洪峰期径流量为130立方米／秒。

三道河　发源于老墩山北麓和蓬莱市丈老沟。自西向东，经侯家、汤家村南东下，于八角村东南直入黄海。长8000米，河床宽30米，流域面积为10.5平方千米。属季节河，洪峰期径流量为80立方米／秒。

第二节　泉眼

响水泉　位于福新街道小杨家村西。水位埋深17.12米，日涌水量1019.3立方米。每升含锶0.45～0.68毫克，偏硅酸14.40～24.64毫克，矿化度449.77～62毫克／升，酸碱度7.46～7.83。属含锶的重碳酸—钙·钠型天然矿泉水。

奇泉　位于清洋街道上夼村西。水位埋深10.5米，日涌水量360立方米。每升含锶0.17～0.34毫克，偏硅酸54.30毫克，矿化度442.7～463毫克／升，酸碱度7.8。属重碳酸—钙·钠型天然矿泉水。

潘家井　史称谭家井。门楼镇东汪格庄村东。水位埋深0.5～5米，单井日涌水量大于3000立方米。每升含锶0.21～0.34毫克，偏硅酸13.9～20.8毫克，矿化度402～482毫克／升，钾1.61～2.06毫克，钠25.44～38.16毫克，钙54.14～70.2毫克，镁17.72～22.78毫克，碳酸氢根198～236毫克，氯40.98～50.15毫克，酸碱度7.1～7.6，不含二氧化碳。属重碳酸—钙·镁型矿泉水。

圣水泉　古现镇东吴家村西南、罗山坡东北麓。水位埋深2.5米，日涌水量1000立方米。矿化度500～680毫克／升。属重碳酸—钙·钠型矿泉水。

山王家泉　位于古现镇山王家村西南、洪钧顶西北，与圣水泉一脉水线。水位埋深2.5米，日涌水量3000立方米。

老官庄泉　高疃镇老官庄村西北。水位埋深5米，日涌水量1000立方米。矿化度490～530毫克／升。属重碳酸—钙·镁型矿泉水。

吴阳泉　高疃镇吴阳泉村西北。水位埋深0.5米，曾日涌水量约200立方米。后上游建方塘和附近村民打机井，泉水断流，仅夏季丰水期有水。矿化度490～530毫克／升。属重碳酸—钙·镁型矿泉水。

峆岵泉　张格庄镇车家村东北、峆岵寺林场门前。清《福山县志》载："峆岵泉，水从石窦迸出，有数十源，皆合注一湾，两流触石声，可闻数里"。过去漫流，后石砌井束。水位埋深1.5米，日涌水量约200立方米。矿化度450～550毫克／升。属重碳酸—钙·镁型矿泉水。

塔顶泉　位于张格庄镇峆岵寺林场东南塔顶山巅。埋深2～5米，日涌水量约100立方米。矿化度450～550毫克／升。属重碳酸—钙·镁型矿泉水。

此外，未成旺流的小泉有：清水泉，位于磁山北峰北麓，为花岗岩类裂隙水，常流水，质甘冽；台沟泉，位于高疃镇下疋山夼村西，旱涝有水，质甘；徐家泉，位于古现镇徐家村东，水旺，质甘；石泉，位于张格庄镇冯家村南，含水层碳酸盐岩；梧桐泉，位于门楼镇姜家夼村南，为变质岩类裂隙水，与塔顶泉同脉；八旺泉，位于高疃镇西罗格庄村北，与圣水泉同脉；赖家井，位于门楼镇楚塘村西南神山东南麓，长年有水，水质甘冽；饮马湾，位于张格庄镇车家村东、峆岵山巅下西北坡，长年流水，过去水很旺，山顶泉及机井开后，水量减少。

第六章　土壤　植被

境内土壤可分为棕壤、褐土、潮土、水稻土、风沙土5种土类，10个亚类，17个土属，43个土种。表层0～20厘米土壤质地分为粗沙土、石皮土、石碴土、壤质土、松沙土、紧沙土、沙壤土、轻壤土和中壤土9种类型。土体构型主要有夹沙型、夹粘型、夹砾石型、均质型和夹壤型5种。土体厚度分为极薄层、薄层、中层、厚层、深厚层5层。土壤孔隙度和土壤容重适中，适宜各种农作物及果树生长。土壤养分按全国六级分级标准，均属四、五级，为养分缺乏土壤。土壤微量元素含量因土壤类型不同而异。土壤酸碱度适宜或基本适宜作物生长。全区土地分为二至六级5个级次，7个亚级。

境内自然植被分为木本、草本植物2大类。属暖温带落叶阔叶林区的胶东丘陵栽培植被赤松麻栎林分区。自然植被覆盖面积29467公顷，占土地总面积的47%。

第一节　土壤

土壤分类

棕壤土类　分布于各镇街的低山、丘陵及高平地带，是境内第一大土类。面积为45480.6公顷，占总面积的72.7%。其中，耕地面积18609.4公顷，占总耕地面积的68.1%。包括棕壤性土、棕壤和潮棕壤3个亚类，5个土属，16个土种。

棕壤性土：俗称石碴土、山岭土、马牙沙土等。分布于低山丘陵中上部，垂直分布在棕壤亚类之上。土壤剖面发育不全，无黏化层，表土下为半风化酸性岩或基性岩等母岩。土层浅薄，平均厚度25厘米左右。质地粗，粗沙和砾石含量占33.4%。海拔高，坡度大，水蚀、风蚀重。耕地肥力低，多植果类及地瓜、花生等耐旱、耐瘠薄作物。面积为16696.3公顷，占总面积的26.7%。其中，耕地面积3148.3公顷，占总耕地面积12.7%。

棕壤：俗称黄堰土、黄泥头等。分布于山丘中上部及地形较高的坡麓地上，垂直分布在潮棕壤之上。成土母质为酸性岩或基性岩的残疾或洪积冲积物。土体厚或深厚，不受地下水影响，通体以棕色或棕褐色为主，心土层黏重、紧实，结构为柱状或扁柱状，垂直裂隙明显。土壤肥力一般，主要是粮、油作物轮作和栽植果树。面积为23123.2公顷，占总面积的36.9%。其中，耕地面积10066.8公顷，占总耕地面积的40.8%。

潮棕壤：俗称黑黄土、油黄土等。分布于地势缓平的泊地，地下水位3米左右，成土母质为洪积冲积物。土层深厚，土壤肥力高，适种作物广，主要种植玉米、小麦一年二熟作物。面积为5661.1公顷，占总面积的9%。其中，耕地面积5394.3公顷，占总耕地面积的21.8%。

潮土土类　分布于内外夹河、黄金河、旱夹河等河流两岸，是全区第二大土类。面积为9279.5公顷，占总面积的14.8%。其中，耕地面积3986.9公顷，占总耕地面积的16.1%。

河潮土：俗称沙土、河淤土、油沙土等。分布在沿河两岸。母质为酸性岩和基性岩风化物，经河水搬运沉积而成。潜水矿化度小于5克/升，地下水位1.5米左右，水质良好。土体深厚，无石灰反应，质地多属沙性，肥水保、供能力差，养分含量低，主要种植小麦、玉米、地瓜、花生和林果，粮食产量低而不稳。面积为5910.8公顷，占总面积的9.4%。其中，耕地面积2618.5公顷，占总耕地面积的10.6%。

石灰性河潮土：分布、化学性状、生产性能与河潮土相似，区别在于母质中含钙质岩类，有石灰反应，酸碱度为7.5左右。面积为912.2公顷，占总面积的1.5%。其中，耕地面积271.7公顷，占总耕地面积的1.1%。

滨海潮土：分布在海拔5米左右的沿海地区。潜水矿化度10～20克/升，局部大于20克/升。地下水位1.5米左右，通体为沙质土。土体深厚，表土流动性大，易风蚀，肥水保、供性能差，土壤肥力低，主要栽种果林和小麦、玉米、地瓜、花生，产量低不稳。面积为2456.5公顷，占总面积的3.9%。其中，耕地1096.6公顷，占总耕地面积的4.4%。

褐土土类　其分布、地形、生产性能、利用方式与棕壤土类相似，区别在于钙质岩的残积或洪积物的母质上，土壤酸碱度较高，有盐酸反应，是全区第三大土类。面积为7411.5公顷，占总面积的11.8%。其中，耕地面积3647公顷，占总耕地面积的14.8%。包括褐土性土、淋溶褐土、褐土、潮褐土4个亚类，5个土属，12个土种。

褐土性土：俗称石碴土、岭沙土等。分布、性能、特征与棕壤性土相似，不同点是成土母质为钙质岩，呈褐色，有石灰反应。面积为1746公顷，占总面积的2.8%。其中，耕地面积563.1公顷，占总耕地面积的2.3%。

褐土：俗称黄堰土、黄泥头等。分布于山丘中下部和地形较高的坡麓及河谷阶地上。垂直分布在褐土性土之下，成土母质为钙质岩类的残积和洪冲积物。土体厚或深厚，不受地下水影响。表层土较松，质地多为中壤，心土层黏重，并有明显或不甚明显的胶膜淀积；底土层通体有石灰反应。土壤肥力一般，主要是粮油轮作和果园。面积为2692.5公顷，占总面积的4.3%。其中，耕地面积1256.7公顷，占总耕地面积的5.1%。

淋溶褐土：分布较褐土亚类高或平行。剖面1米土层内无盐酸反应。土层较厚，但肥力较低。面积为1508.1公顷，占总面积的2.4%。其中，面积802.5公顷，占总耕地面积的3.3%。

潮褐土：俗称金黄土、褐黄土等。分布于地势缓平的山间泊地上，垂直分布在褐土亚类之下，地下水位3米左右，有明显的附加潮土成土作用。成土母质为洪积冲积物。土层深厚，质地多为轻壤和中壤土，有石灰反应。土壤肥力较高，适种作物广，产量高稳。面积为1464.9公顷，占总面积的2.3%。其中，耕地面积1024.7公顷，占总耕地面积的4.1%。

水稻土土类　主要分布于柳子河下游一带。土体深厚，土壤质地良好，呈碱性反应，地下水位1米左右，潜水矿化度为4.3克／升，易积水，土壤肥力较高。面积为287.5公顷，占总面积的0.5%。其中，耕地面积245.8公顷，占总耕地面积的1%。

风沙土土类　分布于北部沿海地带，呈沙丘状，为东西向，基本上与海岸线相平行。沙砾均匀，颜色黄白，沙层一般在2米以上，表面有薄的结壳，春季有风蚀现象，不受潜水影响。肥力低，不易耕种。面积为130.8公顷，占总面积的0.2%。其中，耕地面积仅7.7公顷。

土壤质量

物理性状　土壤质地：境内0～20厘米表层土壤质地共分石皮土、石碴土、粗沙土、松沙土、松沙土、壤质土、沙壤土、轻壤土和中壤土9种类型。石皮土、石碴土、粗沙土、松沙土和松沙土，主要分布在沿海一带，质地粗，保肥保水性极差，肥力低，不易耕种，可植草造林，面积5358公顷，占总面积的8.56%，其中耕地面积1481公顷，占总耕地面积的6%；壤质土，分布于低山丘陵的中上部，质地疏松，通透性良好，保肥蓄水性能差，砾石含量高，水土流失重，不耐干旱，土壤瘠薄，部分可种花生及耐旱作物，大部可种草植树；沙壤土、轻壤土和中壤土，分布于全区各镇街，质地沙黏比例较适当，通透性和保蓄性能良好，土壤中水、肥、气、热状况比较协调，土壤肥力高，宜耕期长，适种作物广，面积39711.9公顷，占总面积的63.46%，其中耕地面积19707公顷，占总耕地面积的79.8%。

土体构型：境内土壤有夹沙型、夹粘型、夹砾石型、均质型、夹壤型5种构型。夹沙型，分布于高疃、门楼、回里、八角等镇，表层和底层土为轻壤或中壤，心土层出现浅位或中位夹沙。浅位夹沙，漏肥漏水，不抗旱，肥力低；中位夹沙，对作物影响不大，面积1353公顷，占总面积的2%，其中耕地917公顷，占总耕地面积的3.7%；夹粘型，分布于全区各镇街，表层土多为轻壤或中壤，心土层出现浅位夹粘或中位夹粘，浅位夹粘，影响水分运动、气体交换、作物根系下扎，易旱易涝，肥力低，中位夹粘，对水分、气体、根系影响不大，属好土体，面积15795公顷，占总面积的25.2%，其中耕地7922公顷；夹砾石型，分布于高疃、古现、张格庄、门楼4镇，心土层出现浅位或中位夹砾石层，浅位漏水漏肥严重，影响作物生长，中位对作物影响较少，面积2117公顷，占总面积的3.4%，其中耕地815公顷，占总耕地面积的3.3%；均质型，分布全区各镇街，在0～100厘米土体内的质地，均沙质为松沙、紧沙或沙壤，通透性好，耕性好，保蓄性能差，养分含量低，作物产量低，均壤质为轻壤或中壤，土体深厚，质地良好，土壤中水、肥、气、热较协调，适种作物广，产量高而稳，面积13410公顷，占总面积的21.4%，其中耕地7124.5公顷，占总耕地面积的 28.85%；夹壤型，分布于门楼、古现、张格庄 3 镇，质地表层土为沙质土，心土层出现轻壤或中壤土层，夹壤又有浅夹与中夹之别，浅位夹壤，理化性状和生产性能良好，对土壤有良好影响，中位夹壤，对土壤影响较少，面积 389 公顷，占总面积的 0.6%，其中耕地 238 公顷。

土体厚度：境内土壤共分极薄层、薄层、中层、厚层和深厚层 5 层厚度。极薄层，分布于高疃、古现、门楼、回里等低山丘陵顶部，厚度小于 15 厘米，土体浅薄，不易耕种，多属草地，面积 2239 公顷，占总面积的 3.6%；薄层，分布于回里、张格庄、古现、高疃等镇低山丘岭中上部，厚度为 15 ～ 30 厘米，土浅肥力低，已退耕还果，面积 13651 公顷，占总面积的 9.7%；中层，分布于各镇街山丘中上部，厚度在 30 ～ 60 厘米，土体较薄，易旱，肥力低，宜植地瓜、花生等耐旱作物及果树，面积 13619 公顷，占总面积的 21.8%，其中耕地 5179 公顷，占总耕地面积的 21%；厚层，分布于回里、古现、高疃、门楼等镇，厚度在 60 ～ 100 厘米，肥力较高，但有干旱威胁，宜种地瓜、花生、谷子或果树等，面积 652 公顷，占总面积的 1%，其中耕地 359 公顷，占总耕地面积的 1.5%；深厚层，分布于各镇街的坡麓、泊地和滨海缓平地上，厚度大于 100 厘米，土层深厚，抗干旱，肥力高，适种作物广，高产稳产，面积 32414 公顷，占总面积的 51.8%，其中耕地 16658 公顷，占总耕地面积的 67.5%。

土壤孔隙度和容重：因不同土壤质地、土层深度、有机质含量和产量水平而异。0 ～ 20 厘米表层土壤，中壤土孔隙度为 50.46%，毛管空隙度为 33.32%，通气孔隙度为 17.19%，土壤容重为 1.313 克 / 立方厘米；轻壤土分别为 48.79%、32.18%、16.64% 和 1.356 克 / 立方厘米；沙壤土分别为 46.99%、33.01%、13.98% 和 1.405 克 / 立方厘米；松沙土分别为 48.6%、31.79%、16.81% 和 1.362 克 / 立方厘米；壤质土分别为 47.93%、30.65%、17.14% 和 1.381 克 / 立方厘米。

化学性状　境内 0 ～ 20 厘米耕层土壤养分含量有机质平均为 1.08%，全氮为 0.066%，碱解氮为 61PPM，速效磷为 8.1PPM，速效钾为 71 PPM，氮、磷、钾比例为 3.3∶1∶4.6。按烟台市综合养分分级标准，表层土壤缺氮的耕地为 9377 公顷，占总耕地面积的 38%；缺磷面积 13354 公顷，占总面积的 54%；缺钾面积 3484 公顷，占总耕地面积的 14.1%。

表层土壤微量元素含量因土壤类型不同而异。棕壤土硼、锌、铜缺乏，锰、铁丰富；褐土锌极缺，硼、铜缺乏，锰、铁丰富；潮土锌、硼、铜极缺，锰、铁丰富；水稻土锌极缺，铁、铜、硼、锰丰富。

全区耕地土壤微酸性（pH 值 5.5 ～ 6.5）的面积占 59.1%，主要分布于各镇街的低山、丘陵及平泊中区；中性（pH 值：6.5 ～ 7.0）的耕地面积占 38.6%，主要分布于清洋河、大沽夹河、黄金河及旱夹河等河流的中、下游两岸；微碱性（pH 值：7.5 ～ 8.5）的耕地面积占 2.3%，主要分布于山丘中下部和河谷阶地及山间泊地等。

第二节　植被

境内植被属暖温带落叶阔叶林区的胶东丘陵栽培植被赤松麻栎林分区。到 2002 年，全区自然植被覆盖面积 29467 公顷，覆盖率为 47%。分为木本、草本植物 2 大类。

木本植物

常绿针叶林　分布于南部、西部山区和沿海一带棕壤性土、褐土性土和风沙土上。主要树种有赤松、黑松、侧柏、水杉、云杉等。

落叶阔叶林　主要分布于中北部各镇街的棕壤、潮棕壤、河潮土壤上。主要树种有杨、柳、榆、梧桐、泡桐、栎、桑、刺槐、楸树、臭椿、香椿、苦楝、黄连木、枫树等。

落叶灌木林　主要分布于山区沟夼、荒坡、地堰、沟旁、路旁、河滩及北海滩棕壤、河潮土上。主要树种有棉槐、柞、蜡条、柽柳、合欢、胡枝子、映山红、葛藤、山葡萄等。

经济果林　分布于各镇街的各种类型土壤上。主要树种有苹果、梨、桃、杏、樱桃、李子、山楂、柿子、香椿、大枣、核桃、板栗等。

草本植物

草丛　主要分布于南部、西部山丘的上中部棕壤性土上。主要草种有野菊、艾子、黄背草、鬼针叶、羊胡子草、苍耳、蒺藜、苜蓿、白蔹、葎草、苏子、益母草、黄芩、苦草等。

草甸　主要分布于山丘泊地、荒山、田间、地堰、路旁、水沟等处的河潮、潮棕壤上。主要种类有马唐、狗牙根、白头翁、白茅、芦苇、水蓼、莎草、节节草、香蒲、马齿苋、水葱、黑蒿、碱蓬、车前草、茵陈、雀麦、鸡眼草、百里香等。

第七章　自然资源

境内自然资源丰富。2002年底，全区土地总面积59098.33公顷（含古现镇）。随着产业结构的调整，粮田面积不断减少，园田、城镇、交通用地逐渐增加。土地分布以丘陵为多，山地次之，平原较少。

福山大地构造属鲁东地质，基底岩层为胶东群、粉子山群及蓬莱群的变质岩类，岩浆活动剧烈，其地形地貌决定了地表水的流通聚集及地下水的补给、径流和排泄。山前平原及山间谷地河流两侧，浅地表水较发育，但径流短、弯曲多、速度快，具有强烈的季节变化。大气降水一部分沿裂隙下渗，储存风化带，一部分转化为地表水泄走。境内河流排泄，北部直入黄海，余者经内、外夹河排入黄海。其基本特征：降水补给，浅层循环，短程排泄，在未开采地带，从大气降水转为地下水，再以泉水的形式排泄补给地表水，时间短暂，循环剧烈。

水产资源，15米等深线内浅海生物共计123种。

金属矿8种，探明储量的金属矿有6种，计26处矿点；非金属矿18种，计30处。

生物资源种类繁多，草本植物有200多种，木本植物共计49种、102属、190余种。动物主要有虫类、禽类、兽类。中药材有350余种，其中，常见药材130多种，著名药材7种。

第一节　土地资源

利用现状　2002年，全区耕地面积14677.89公顷，较1984年减少14.4%。有园地面积14776.48公顷，占土地总面积的25%，较1984年增加16.8%。有林地面积11734.18公顷，较1984年增加1.42%。城镇、村居民点和工业矿山用地面积为6072.98公顷，占土地总面积的10.3%，较1984年增加4.95%。交通用地面积为2096.48公顷，占土地总面积的3.6%，较1984年增加1.29%。河流、水库、坑塘、沼泽、沟渠、水利工程等占地面积为4866.93公顷，占土地总面积的8.2%，较1984年增加3.3%。全区尚未利用地面积为4873.39公顷，占土地总面积的8.2%，较1984年减少8%。

土地分布

山地　海拔300～630米之间，相对高度200～330米，坡度20度以上。面积20266.6公顷，占总面积的32.4%。其中，耕地面积占总耕地面积的16.3%。大部分属棕壤性土，土体厚度20厘米以下，土质松、有机质少、结构差、坡度大，不适粮、油作物生长。属五级或六级地。分布于各镇街的山丘陵地中上部。

丘陵　海拔200米以下，坡度20度以下。面积25466.6公顷，占总面积的40.7%。其中，耕地面积占总耕地面积的47.7%。以轻壤和砾质沙壤土为主，质地疏松，耕性较好。土体厚度30～60厘米，肥力较差，地下水贫乏，适植地瓜、花生等抗旱耐瘠薄作物。属四级地。分布于各镇街山丘陵地中下部。最宜苹果、大樱桃、葡萄、冬枣等生长。

平原　海拔100米以下，坡度5度左右。面积15866.6公顷，占总面积的25.4%。其中，耕地面积占总耕地面积的36.7%。质地多为潮棕壤及河潮土，成土母质为第四纪冲积物，潜水位2～3米。土体厚度80厘米以上，肥力较高，是粮、菜作物高产稳产区。属二级或三级地。分布于各镇街的低山丘陵间及河流两岸，为各种农作物的精种高产区。

第二节　水资源

地表水资源　境内地表水主要来源于大气降水，因受自然地理条件和季风影响，年际间降水变化较大，多年平均地表水资源量为2.46亿立方米。其特点：地区分布不均，多年平均径流模数由东南向西北逐步减少，如南部回里、兜余区为27万立方米/平方千米，西北部古现、八角区为15万立方米/平方千米；季节性变化大，汛期雨水集中，洪水暴涨暴跌，洪涝灾害频繁，汛期径流占总径流的 80% 左右，枯水季节径流少，有河干断流现象；年际间变化大，有连丰连枯的现象。

地下水资源 全区地下水资源主体为第四纪浅层地下水。其中，平原区（面积 137.34 平方千米），第四纪浅层储量为 1.83 亿立方米，浅层地下水变幅带 5 ~ 20 米，给水度在 0.06 左右，占全区地下水总储量的 89%。山区丘陵区（面积 453.65 平方千米）地下水储量为 0.23 亿立方米，占总量的 11%。地域之间储量极不平衡，平原地区的富水带，多以古河道为基地，浅部淡水沙层分布严格受古河道所控制，如内夹河中下游平原沙层厚度均在 5 米以上，外夹河西黄山至大沙埠段（长 20 余千米，宽 1.5 千米），沙层厚度超过 10 米。岩性大部分以细、中沙为主，单井出水量在 40 立方米 / 小时以上。山丘区地下水资源主要以基岩风化裂隙带作为含水层，其风化带裂隙水以潜水为主，具有统一连续的地下水面，在有第四系覆盖的低洼地方，也可形成承压水。

水资源供需 全区水资源可供水量多年平均（1956—1990 年）为 14030 万立方米。其中，枯水年为 12942 万立方米，特枯年为 9269 万立方米。1982 年，春、夏大旱，地下水位下降 3 ~ 6 米，河道断流，门楼水库蓄水量仅有 1900 万立方米，全区 100 多个村庄人畜吃水困难。1986 年（特枯年），全区年平均降水 336.1 毫米，不足常年降水量的 50%。1988—1989 年，连年干旱；1999—2000 年，7 个连季没下有效雨，为历史上百年不遇的特大干旱，全区 19 座小型水库及 265 座塘坝干涸，门楼水库亦近死水位。90 年代后期，工业用水量急骤增加，烟台市区工业、农业及民用水供需矛盾日益突出。1996 年调查，大沽夹河、清洋河下游一带由于超量采水，导致海水侵染区达 12.7 平方千米。地表水下降造成井越打越深，采水量越来越少。1998 年，全区可供水源为 12942 万立方米，其中地上水量为 6598 万立方米，地下水量为 9812 万立方米，水资源总量虽然可满足国民经济的需要，但区域间水资源量很不平衡。比如，古现、八角一带比回里、兜余少 1 倍之多。

第三节 水产资源

海水生物资源

滩涂资源 境域潮间带跨度为 200 ~ 500 米，面积 374 公顷，其中沙滩面积 167 公顷，浅海面积 11800 公顷。滩涂生物受潮间带底质影响，分布不均，八角至石屋营段分布较多，其他段分布较少。共有生物 155 种，密度平均为 542 个 / 平方米，垂直分布 5 个站点。

动物类：腔肠动物有海肠子、海月水母、纵条肌海葵、沙海葵、星虫海葵；扁形动物有厚涡虫；环节动物有软背磷沙蚕、长吻沙蚕、日本刺沙蚕、断角围沙蚕、银蚕、索沙蚕、巢沙蚕、毛翼虫、日本毛翼虫、沙烛、安氏竹节虫、丝鳃虫；拟软体动物有海豆菜；软体动物有红条毛肤石鳖、函馆锉石鳖、朝鲜磷带石鳖、史氏背尖贝、短拟帽贝、单齿螺、锈凹螺、托氏蝐螺、马蹄螺、朝鲜花冠小月螺、短滨螺、陆氏穴螺、古氏滩栖螺、扁王螺、红螺、疣荔枝螺、日本刍秣螺、润泽口螺、多形核螺、核螺、习见织纹螺、小塔螺、耳口露齿螺、径氏壳蛞蝓、

图 2-5 扇贝

图 2-6 梭蟹

小拟海牛、多枝卷发海牛、纤细蓑海牛、毛蚶、布氏蚶、紫贻贝、究壳肌蛤、黑偏顶蛤、李氏不等蛤、褶牡蛎、伊豆布目蛤、朽叶蛤、中国蛤蜊、紫彩血蛤、烟台暖蛤、异白樱蛤、樱蛤、樱蛤SP、九州斧蛤、中国绿蛤、大竹蛏、渤海鸭嘴蛤、双啄耳乌贼、玄妙微鳍乌贼、长蛸、短蛸、菲律宾蛤；节肢动物有纹藤壶、海岸风虱、拟棒鞭水虱、浪漂水虱、钩虾、双眼沙钩虾、锥形跳钩虾、细螯虾、短背鼓虾、锯齿长臂虾、蛤氏美人虾、真寄居蟹、红绒黎明蟹、豆行拳蟹、四齿矶蟹、慈母互敬蟹、三疣梭子蟹、特异扇蟹、中华豆蟹、青岛豆蟹、中型三张蟹、痕拳沙蟹、宽身大眼蟹、隆绒拟闭口蟹、圆环股窗蟹、绒毛近方蟹、长指近方蟹、中华近方蟹、肉球近方蟹、手背蜞等足目；棘皮动物有刺参、海棒槌、海燕、鸡爪海星、多刺海盘车、细雕刻肋海胆；原索动物有柄海蛸、玻璃海蛸、海蛸等。

藻类：绿藻门有孔石莼、浒苔sp1、浒苔sp2、浒苔sp3、浒苔sp4、绿管浒苔、花刚毛藻、刺松藻；褐藻门有水云、黏膜藻、酸藻、点叶藻、萱藻、裙带菜、网地藻、叉开网翼藻、鼠尾藻、海黍子、马尾藻、索藻；红藻门有条斑紫菜、海索石、具钩海门冬、石花菜、鸡毛菜、茎刺藻、亮管藻、珊瑚藻、蜈蚣藻、海萝、扁江离、红羚菜、环节藻、节芙藻、仙菜、三叉仙菜、顶群藻、多管藻、软骨藻、凹顶蓬、松节藻、鸭毛藻；大叶藻门有大叶藻等。

浅海资源

动物类：软体动物20种，主要有栉孔扇贝、紫贻贝、红螺、扇玉螺、福氏玉螺、牡蛎等；棘皮动物6种，主要有刺参、海棒槌、海燕、多棘海盘车等；甲壳动物30种，主要有中国对虾、鹰爪糙对虾、三疣梭子蟹、日本蟳、虾姑等；鱼类动物54种，主要有黄盖鲽、鲅鱼、鲐鱼、真鲷、黑鲷、鲻鱼、梭鱼、鲈鱼、青鳞鱼、马面鲀、黄花鱼、黄姑鱼、鳀鱼、红娘鱼等。

藻类：计13种，主要有石花菜、海带、江蓠、裙带菜、马尾藻、鼠尾藻、大叶藻等。

淡水生物资源

内陆水域主要有门楼、善疃、磁山、吴家、黑石水库及其他小型塘坝、池塘等。

动物类：软体动物主要有球蚬、螺蛳、河蚌等；节肢动物主要有沼虾、米虾、中华绒螯蟹等；鱼类动物主要有24种，其中养殖的有草鱼、鲢鱼、鲫鱼、鲤鱼、团头鲂、尼罗罗非鱼、梭鱼、鳙鱼、甲鱼等。野生鱼主要有麦穗鱼、棒花鱼、泥鳅等。

植物类：主要有马鞭草、芦苇、蓑草、蒲草、水葫芦、藕、鸡头、水葱、青苔、浮萍等。

第四节　矿藏资源

金属矿藏　金属矿有铁、锰、铜、铅、锌、钼、钨、金8种。探明储量的金属矿有锰、铜 、锌、钼、钨、金6种。铜、锌金矿床伴有银，铜、锌矿床中伴有稀散元素镉、硒、碲。

东吴家铁矿点　位于古现镇东吴家村西，东经121°07′16″，北纬37°32′40″。矿体产于蓬莱群豹山口组大理岩之裂缝中。呈楔形，断续长200米，宽16米，延深17米。矿点属中生代岩浆热液型。矿石矿物以褐铁矿为主，黄铁矿次之。

马蹄夼铁矿点　张格庄镇马蹄夼村南，北纬37°24′10″，东经121°11′32″。矿体产于粉子山群祝家夼组角闪黑云变粒岩之裂隙中。呈细脉状，长10米，厚0.1米。矿点属中生代岩浆热液型。矿石矿物为磁铁矿。

西黄山铁矿点　回里镇西黄山村南，北纬37°17′36″，东经121°16′10″。矿体产于九曲单元弱片麻状中粒含石榴二长花岗岩与荆子山群禄格庄组大理岩之接触带中。呈近东西向，宽6米。矿点属晚元古代接触交代型。矿石矿物以褐铁矿为主，有少量方铅矿。

张格庄铁矿点　张格庄镇张格庄村南，北纬37°22′30″，东经121°11′20″。矿层为粉子山群张格庄组含铁石英岩。呈似层状，有二层矿体，长100～400米，宽0.35～10米。矿点属早元古代沉积变质型。矿石矿物为磁铁矿，脉石矿物为石英。

洪钧顶锰矿点　古现镇洪钧顶北，北纬37°32′06″，东经121°06′01″。矿层产于蓬莱群豹山口组三段底部，自西向东分南张家矿段、西段和院下矿段。矿体层数一般2～3层，多者4层。呈扁豆状，长数米至数十米，厚0.3～0.4米，最厚1.14米。矿点属晚元古代沉积变质型。矿石矿物有软锰矿、硬锰矿。脉石矿物为石英等。

宅院锰矿点　高疃镇宅院村北，北纬37°26′30″，东经121°11′15″。矿体产于粉子山群巨屯组含锰石墨大理岩中，有6条矿体，长40～600米，厚1～2米。呈层状。矿点属早元古代沉积变质型。矿石矿物为褐锰矿。

卫家疃锰矿点　门楼镇卫家疃村东，，北纬37° 28′ 23″，东经121° 17′ 00″。矿体产于粉子山群岗嵛组黑云片岩与大理岩之间，长9米，厚1米。矿点属早元古代沉积变质型。矿石矿物为褐锰矿。

王家庄铜锌中型矿床　位于高疃镇王家庄村西南，北纬37° 29′ 02″，东经121° 10′ 32″。矿体产于粉子山群巨屯组二段石墨大理岩与岗嵛组一段透闪大理岩中，共有矿体226个，工业矿体40个。呈似层状、透镜状。长几十米至几百米，最长1150米，厚1～5米，最厚30余米。矿点属中生代岩浆热液型。主要矿石矿物为黄铜矿、铁闪锌矿、黄铁矿、孔雀石、褐铁矿。

西臧家铜矿化点　古现镇西臧家村北，北纬37° 34′ 40″，东经121° 06′ 00″。矿化体产于花岗斑岩脉之裂隙中。呈脉状，长5米，宽1米。矿化点属中生代岩浆热液型。矿石矿物为黄铜矿、黄铁矿。

东龙夼铜矿化点　古现镇东龙夼村南，北纬37° 33′ 18″，东经121° 07′ 00″。矿化体产于粉子山群岗嵛组透闪大理岩中。矿化点属中生代岩浆热液型。矿石矿物为黄铜矿、黄铁矿、孔雀石。

古现铜矿化点　古现镇古现村南，北纬37° 34′ 00″，东经121° 09′ 00″。矿化体产于粉子山群岗嵛组透闪岩之裂隙中，矿化范围小。矿化点属中生代岩浆热液型。矿石矿物为黄铜矿、孔雀石。

权家山铜矿化点　张格庄镇权家山村南，北纬37° 23′ 35″，东经121° 08′ 40″。矿化体产于粉子山群张格庄组大理岩之裂隙中，长数十米，宽1～2米。矿化点属中生代岩浆热液型。矿石矿物为孔雀石、铜、斑铜矿、黄铜矿。

东吴家铜矿化点　位于古现镇东吴家村南，北纬37° 32′ 42″，东经121° 08′ 25″。矿化体产于粉子山群巨屯组大理岩之裂隙中。矿化点属中生代岩浆热液型。矿石矿物为黄铜矿、孔雀石、黄铁矿。

汪家铅矿点　古现镇汪家村东，北纬37° 38′ 08″，东经121° 07′ 04″。矿体为石英脉，沿张格庄组三段大理岩之裂隙充填。呈马尾丝状，最大宽0.5米。矿点属中生代岩浆热液型。矿石矿物为方铅矿、自然铅。

花岩铅锌矿点　古现镇花岩村南，北纬37° 35′ 42″，东经121° 06′ 30″。矿体产于粉子山群张格庄组三段大理岩之裂隙中，3条矿脉，长50～100米，厚0.35～2.13米。矿点属中生代岩浆热液型。矿石矿物为方铅矿、闪锌矿。

下刘家铅锌矿化点　古现镇下刘家村北，北纬37° 37′ 12″，东经121° 07′ 45″。矿化体产于粉子山群巨屯组大理岩之裂隙中。呈透镜状、鸡窝状。矿化点属中生代岩浆热液型。矿石矿物为方铅矿、闪锌矿、黄铜矿。

北堡铅锌矿点　古现镇北堡村北，北纬37° 36′ 07″，东经121° 07′ 06″。矿化体产于粉子山群巨屯组之大理岩中。矿点属中生代岩浆热液型。矿石矿物为方铅矿、闪锌矿。

邢家山钼钨大型矿床　福新街道邢家山村南，北纬37° 30′ 30″，东经121° 13′ 50″。矿体赋存于粉子山群张格庄组二段透闪岩与三段大理岩中。共有钼工业矿体107个，钨矿体48个。钼矿体长200～2200米，厚1.17～185.47米。钨矿体长190～1460米，垂直厚1～13.3米。矿床属中生代岩浆热液型。矿物以辉钼矿、磁黄铁矿为主，次为白钨矿、黄铜矿等。

磁山东金矿点　古现镇磁山东，北纬37° 35′ 25″，东经121° 04′ 20″。矿体产于燕子夼单元花岗岩中，矿化体有2条。一条为黄铁绢英岩带，长70米，宽1～2米；一条为含金石英脉，长10余米，宽0.1～0.2米，均见黄铁矿化。矿点属中生代岩浆热液型。

肖谷家金矿点　高疃镇肖谷家村北，北纬37° 32′ 42″，东经121° 03′ 54″。矿化产于燕子夼单元花岗岩中。控矿构造为3条平行碎裂岩带，长30～70米，宽1～2米，相距20～30米。矿点属中生代岩浆热液型。矿化赋存于碎裂岩带中，呈脉状，见黄铁矿化。

陈家沟金矿点　古现镇陈家沟村北，北纬37° 34′ 08″，东经121° 05′ 09″。矿化产于燕子夼单元花岗岩中。长20米，宽0.3米。矿点属中生代岩浆热液型。矿物断裂带内有黄铁绢英岩化蚀变。

花岩金矿化点　古现镇花岩村西，北纬37° 35′ 42″，东经121° 06′ 15″。矿化体产于雀召单元花岗岩与粉子山群张格庄组的断裂接触带上，化体宽10米。矿化点属中生代岩浆热液型。矿化物见黄铁矿与褐铁矿化。

陡崖金矿化点　古现镇陡崖村西南，北纬37°36′50″，东经121°06′43″。矿化体产于雀召单元花岗岩与粉子山群张格庄组的断裂接触带上，宽10～30米。矿化点属中生代岩浆热液型。矿物具黄铁矿化。

肖家沟金矿点　高疃镇肖家沟村北，北纬37°31′19″，东经121°02′48″。矿体产于回龙夼单元闪长岩中。矿体不连续，沿走向、倾向均有膨胀现象。宽0.15～0.5米。矿点属中生代岩浆热液型。矿物为黄铁矿、闪锌矿等。

南张家金矿中型矿床　古现镇南张家村南，北纬37°32′09″，东经121°05′23″。矿体产于燕子夼单元花岗岩与蓬莱群变质岩间的断裂带中，工业矿体4个。呈脉状，最大长度550米。矿床属中生代岩浆热液型。矿石矿物为黄铁矿、褐铁矿，次为闪锌矿、方铅矿、磁铁矿。

杜家崖金矿小型矿床　张格庄镇杜家崖村北，北纬37°23′25″，东经121°07′45″。矿体产于粉子山群张格庄组中，工业矿体9个，盲矿体2个。单个矿体长70～400米，厚171～6.59米，延续80～150米。矿石矿物主要有黄铁矿，金矿物为自然金、自然银。

非金属矿藏

非金属矿有白云岩、磷、石棉、滑石、水泥灰岩、板岩、石英岩、透辉岩、长石、高岭土、玄武岩、云母等18种。探明储量的非金属矿有磷矿、水泥大理岩、石英岩、透辉岩。

黄连墅白云岩矿点　位于张格庄镇黄连墅村北，北纬37°23′05″，东经121°09′20″。矿层为粉子山群张格庄组三段之白云大理岩。呈带状，长2000～5000米，厚74.8米。矿点属早元古代沉积变质型。矿石呈灰白色，粒状变晶结构，块状构造。

黄连墅白云岩矿点　张格庄镇黄连墅村西，北纬37°23′00″，东经121°08′38″。矿层为粉子山群张格庄组一段白云石大理岩。3层，长2000米，厚16.1～87米。矿点属早元古代沉积变质型。矿石呈灰白色，粒状变晶结构，块状构造。

曲家磷矿点　高疃镇曲家村南，北纬37°25′20″，东经121°07′20″。矿层产于蓬莱群豹山口组二段底部含磷大理岩中，长600米，厚2.75米。矿体为新生代风化淋滤型。矿物为暖磷矿。

解字崖黄铁矿点　高疃镇解字崖村北，北纬37°26′30″，东经121°10′00″。矿层产于粉子山群巨屯组之断裂中，长10～20米，宽30～40米。矿点属中生代岩浆热液型。矿石矿点为黄铁矿。

黄连墅石棉矿化点　张格庄镇黄连墅村北，北纬37°23′05″，东经121°09′05″。矿化产于粉子山群张格庄组大理岩中，为透闪石、阳起石石棉。呈白色纵纤维。矿化点属早元古代区域变质型。

老官庄石棉矿化点　高疃镇老官庄南，北纬37°29′27″，东经121°12′35″。矿体产于粉子山群张格庄组大理岩中，为阳起石和透闪石石棉。矿化点属早元古代区域变质型。

邹家房滑石矿点　门楼镇邹家房东南，北纬37°21′45″，东经121°16′20″。矿体产于粉子山群岗嵛组片岩之挤压带中，长1000米，厚1米。矿点属早元古代热动力变质型。矿石具纤状变晶结构，片状构造。

湘里熟泥灰岩矿点　高疃镇湘里村，东北纬37°30′44″，经121°04′49″。矿层为蓬莱群香夼组二段灰岩。共5层，长1000～2250米，宽200～750米。矿点属晚元古代沉积型。矿石呈灰—灰黑色。矿物为方解石80～90×10-2，白云石0.5～15×10-2，石英2～5×10-2，铁质、碳质少量。

大芹子夼水泥大理岩中型矿床　张格庄镇大芹子夼村东南，北纬37°22′14″，东经121°09′58″。矿层为粉子山群张格庄组三段底部大理岩。呈扁豆状、透镜状，长110～2000米，厚1～60米、一般20米。矿床属早元古代沉积变质型。矿石具不等粒变晶结构，条带状构造。矿物为方解石。

西水夼水泥大理岩大型矿床　张格庄镇西水夼村西南，北纬37°23′47″，东经121°10′24″。矿层为粉子山群张格庄组三段底部大理岩。呈层状，长5000米，单体厚6～40米。矿床属早元古代沉积变质型。矿物为方解石。

姜家水泥大理岩矿点　张格庄镇姜家村北，北纬37°22′40″，东经121°12′45″。矿层为粉子山群张格庄组三段底部大理岩。呈似层状，长400米，宽100米。矿点属早元古代沉积变质型。矿石具粒状变晶结构，块状构造。

陈家庄板岩矿点 高疃镇陈家庄村南，北纬37° 29′ 06″，东经121° 05′ 00″。矿层为蓬莱群南庄组三段板岩，长750米，宽400米。矿点属晚元古代沉积变质型。矿物为绢云母、绿泥石等。

洪钧顶石英岩矿中型矿床 高疃镇洪钧顶南，北纬37° 31′ 25″，东经121° 06′ 18″。矿层为蓬莱群铺子夼组石英岩，长400米，厚76.20～83.20米，其间有2～3层硅质板岩夹层，厚2米左右。矿床属晚元古代沉积变质型。矿物：石英80～90×10^{-2}，绢云母8～20×10^{-2}，绿泥石2×10-2，铁矿物＜2×10^{-2}。

姜家夼脉石英矿点 门楼镇姜家夼村南，北纬37° 20′ 41″，东经121° 14′ 44″。矿脉产于荆子山群安吉村片岩段之黑云片岩中，长300米，宽5～15米。矿点属早元古代岩浆热液型。

中甲庄脉石英矿点 回里镇中甲庄村东北，东经121° 18′ 24″，北纬37° 16′ 00″。矿脉产于九曲单元花岗岩中，有2条，分别长600米和500米，宽5～25米。矿点属早元古代岩浆热液型。主要矿物为石英，二氧化硅含量＞95×10^{-2}。

老官庄透辉岩大型矿床 高疃镇老官庄村东南，北纬37° 29′ 23″，东经121° 13′ 00″。矿层为粉子山群居屯组一段中部之透辉岩、石英透辉岩等。呈层状，长1027米，宽56～155米，厚24～37米。矿床属早元古代区域变质型。矿物：透辉石53.70×10^{-2}，石英12.49×10^{-2}，方解石2.02×10^{-2}。

卫家疃长石矿点 门楼镇卫家疃东北，东北纬37° 28′ 15″，经121° 17′ 13″。矿脉产于粉子山群岗嵛组片岩中。有2条，一条长400米，厚26米；另一条长320米，宽75米。矿点属早元古代伟晶岩型。矿石为钾长伟晶岩。矿物为钾长石、石英。

和平长石矿点 高疃镇和平村西，北纬37° 31′ 00″，东经121° 09′ 18″。矿脉产于粉子山群居屯组片岩中的钠长伟晶岩脉，出露长60米，宽5～10米。矿点属早元古代伟晶岩型。主要矿物为钠长石60～65×10^{-2}，石英30～35×10^{-2}。

花岩高岭土矿化点 古现镇花岩村西南，北纬37° 35′ 33″，东经121° 06′ 21″。矿体产于雀召单元断裂带中。呈团块状或带状。矿点属中生代构造蚀变风化型。矿石呈灰白、灰绿色，有黏性，呈土状。

肖家沟高岭土矿点 高疃镇肖家沟村西北，北纬37° 31′ 11″，东经121° 02′ 36″。矿体产于近东西向断裂带中，出露长100米，宽20米，长＞500米。矿点属中生代构造蚀变风化型。矿石呈灰白色，由高岭土和云母类矿物组成。

马山玄武岩矿点 门楼镇马山，北纬37° 24′ 07″，东经121° 13′ 29″。矿体产于临朐群尧山组玄武岩。呈椭圆形，面积0.4平方千米，厚度大于80米。矿点属第三纪火山喷发型。矿物：斑晶为橄榄石；基质为斜长石、普通辉石、磁铁矿等。

胡家夼砖瓦黏土矿点 回里镇胡家夼村东南，北纬37° 20′ 02″，东经121° 17′ 26″。矿层产于临沂组中，地表出露沙质黏土、黄色黏土，后者为矿层，厚1～3米。矿点属第四纪冲积沉积型。

张格庄砖瓦黏土矿点 张格庄镇张格庄村东，北纬37° 22′ 34″，东经121° 11′ 54″。矿层产于临沂组中，地表出露沙质黏土、黏土质粉沙、黄棕色黏土，后者为矿层，厚1～3米。矿点属第四纪冲积沉积型。

外夹河建筑沙矿点 回里镇外夹河中，北纬37° 18′ 28″，东经121° 17′ 00″。矿层产于沂河组，长30000米。宽70～250米，产状近水平，沿河谷分布。矿点属第四纪冲积沉积型。矿物为石英53×10^{-2}，长石42×10^{-2}，为长石沙。物理性质：比重为2.64，容重为1.42～1.56，空隙率42.7～46.1×10^{-2}，泥污含量1.57×10^{-2}，吸水率1.11×10^{-2}，为中粒沙。

北于家建筑沙矿点 古现镇北于家村北，北纬37° 34′ 35″，东经121° 10′ 45″。矿层沿海岸线分布，产于旭口组，分布面积700万平方米，厚5米，产状近于水平。矿点属第四纪海积沉积型。矿物为石英67×10^{-2}，长石29×10^{-2}，为长石石英沙。物理性质：比重为2.54，容重为1.42，空隙率为42～44×10^{-2}，泥污含量0.55×10^{-2}，吸水率2.4×10^{-2}，为中粒沙。

清洋河建筑沙矿点 门楼镇清洋河，北纬37° 27′ 00″，东经121° 15′ 11″。矿层产于沂河组，长800米。宽50～100米，厚1～2米，沿河谷分布。矿点属第四纪冲积沉积型。主要矿物为长石、石英，为中粒沙。

巨甲花岗石材矿点　于回里镇巨甲村东南，北纬37° 18′ 00″，东经121° 19′ 51″。矿体产于西山寨单元和上牛蹄夼单元花岗岩，面积8平方千米。矿点属中生代岩浆岩型。矿石可采块度大，达2平方米，长3～5米，坑压强度700～2160公斤/平方厘米。硬度99.4～115（HS），成材率70×10　。

西黄山花岗石材矿点　回里镇西黄山村南，北纬37° 17′ 45″，东经121° 17′ 16″。矿体产于九曲单元花岗岩，面积17平方千米。矿点属晚元古代岩浆岩型。花岗石为变晶结构，片麻状、块状结构。可加工成3～5米的条石。

石岚花岗石材矿点　位于古现镇石岚村东南，北纬37° 34′ 39″，东经121° 05′ 02″。矿体产于崔召单元花岗岩，面积8平方千米。矿点属晚元古代岩浆岩型。可作一般建筑石材。

岗嵛山白云母矿点　福新街道上庄村西南，北纬37° 32′ 00″，东经121° 12′ 00″。矿脉为侵入于粉子山群岗嵛组中伟晶岩脉，长50米，宽12米。矿点属晚元古代伟晶岩型。矿石为伟晶结构，镶嵌状构造。矿物为白云母，片径2～5厘米。

第五节　生物资源

植物资源

草本植物　农田杂草50余种，主要有马唐、稗草、牛筋草、香附子、狗尾草、小旋花、铁苋菜、西风古、反枝苋、苍耳、麦蒿、荠菜、刺菜、灰菜等；山间杂草150多种，主要有黄背草、野谷草、荩草、臭蒿、毛草、木兰、苦草、葎草、荻草、小臭草、白羊草、山麦子、芦子草、狗尾草、田皂角、布墩草、白蒿茜、山刀杆、银柴胡、香茶菜、结缕草、鸡眼草、白茅草、牛筋草、虎尾草、小糁子、水红子，水竹子、大叶狗尾等。

木本植物　主要用材树种有国槐、刺槐、加杨、杂交杨、毛白杨、小叶杨、钻天杨、青杨、泡桐、白榆、刺榆、春榆、黑松、赤松、白皮松、落叶松、侧柏、楸树、枫杨、臭椿、麻栎、水杉、苦楝等；主要经济树种有苹果、梨、桃、杏、山楂、板栗、李子、大樱桃、香椿、柿子、柞、桑、大枣、核桃、银杏、榛子等；主要绿化树种有法桐、国槐、龙爪槐、垂柳、旱柳、龙爪柳、黄连木、雪松、千头柏、圆柏、龙柏、刺柏、白玉兰、蜀桧、合欢、花椒、无花果、铅笔柏、大叶黄杨等；主要灌木有紫穗槐、杞柳、牡丹、含笑、蜡梅、白蜡、葛藤、紫藤、紫荆、黄杨、酸枣、山葡萄、紫椴、石榴、杜鹃、映山红、照山白、紫丁香、白丁香、女贞、小叶女贞、桂花、迎春、连翘、夹竹桃、黄荆、金银花、淡竹、刚竹等。

动物资源

禽类　主要有雕、鹰、山鸡、隼、燕子、大雁、麻雀、喜鹊、乌鸦、斑鸠、鹌鹑、杜鹃、啄木鸟、春鸟　鸰、布谷鸟、灰喜鹊、黄鹂、蜡嘴、山鹊、云雀、猫头鹰、鸽子；水禽有雁、凫、鹄、鸥、白鹭、天鹅等。

兽类　主要有狐狸、山狸、獾、貉、鼹鼠、刺猬、蝙蝠、黄鼠狼等。

虫类　主要有蛇、蝎、蟾、山蚕、鸣蝉、蝴蝶、螳螂、蜻蜓、蜘蛛、蚯蚓、蜂、青蛙、蝼蛄、蜥蜴、蟋蟀、蚂蚁、瓢虫、金龟子、小地老虎、萤火虫、赤眼蜂、小茧蜂、寄生蝇、蝗虫、天牛、草青蛉、豆天蛾等。

第六节　药材资源

动物

主要有獾、蝎子、土元、牡蛎、双蛸、泥鳅、蟾蜍、蜥蜴、海龙、海马、鸡内金、鱼首石、蜜蜂、乌贼骨、蜂房、蝉蜕、全虫、蛇蜕、蜂蜡、蜂王浆、狗胃、羊肝、驴肾、蝼蛄、鳖、僵蚕、蜗牛、牛虻、桑螵蛸等。

植物

根茎类　主要有黄芩、丹参、桔梗、防风、柴胡、远志、地丁、前胡、紫参、苦参、沙参、苍术、葛根、元参、穿地龙、天花粉、天门冬、草乌、紫草、威灵仙、何首乌、芦根、茅根、山药、芍药、野百合、黄花、党参、地榆、升麻、泽泻、生姜、葱根、大蒜、白头翁、紫莞、山豆根、射干、茜草、玉竹、魔芋、平贝母、狼毒、半夏、徐长卿等。

叶及全草类　主要有茵陈、益母草、艾叶、桑叶、苏叶、紫苏梗、翻白草、蒲公英、金钱草、老鹳草、蜈蚣草、车前草、仙鹤草、透骨草、猫眼草、鬼针草、猪毛草、龙胆草、马兰草、夏枯草、三棱草、伸筋草、瞿麦、野薄荷、旱莲草、地锦草、土三七、荠菜、夜交藤、浮萍、荆芥、木贼、柽柳、葛叶、迎山红、牛蹄叶、血见怨草、蓖麻叶、鼠曲草、山梗菜、葎草、白薇、石韦、龙葵、水辣蓼、爬山虎藤、寄生草、马鞭草、天蓬草等。

果实类　主要有桃仁、杏仁、核桃仁、酸枣仁、火麻仁、银杏仁、郁李仁、莱菔子、仓耳子、牛蒡子、车前子、桑葚子、马兜铃、枸杞子、白芥子、菟丝子、萝摩子、水红子、蛇床子、酸浆子、冬葵子、白肤子、葶苈子、蓖麻子、山楂肉、刺槐子、苏子、绿豆、红小豆、荞麦、葱子、麦芽、谷芽、小茴香、韭子、牵牛子、芝麻、松子、香苓子、槐角、黑豆等。

花类　主要有野菊花、金银花、鸡冠花、月季花、牡丹花、洋金花、凤仙花、旋复花　、玉簪花、款冬花、黄花、菊花、芫花、蒲黄、葵花、石花、扁豆花、槐花、玫瑰花、槐米等。

皮及木类　桑白皮、榆皮、西瓜皮、狗奶根皮、柞树皮、桑枝、柿蒂、箭羽、香椿皮、樗白皮、合欢皮、冬瓜皮、丹皮等。

第八章　自然灾害

境内自然灾害主要是旱、涝、风、虫和冰雹。

中华人民共和国成立前，自然灾害发生频率高、涉及面广、受害严重。中华人民共和国成立后，党和政府领导人民在大搞农田水利基本建设的同时，加强各种自然灾害的预测预报工作，科学防灾救灾，将自然灾害的损失降到最低程度。

境域为七度烈度区，无深层大活动断裂，无破坏性地震。据史料记载，从古至今，虽有地震，多由外围影响，有震无灾或小灾。

第一节　旱灾

境内旱灾出现的季节和频率，春旱占 53.3%，平均 2 年一遇；初夏旱占 40%，平均 5 年两遇；夏旱占 20%，平均 5 年一遇；秋旱占 20%，平均 5 年一遇；大旱占 10%，平均 10 年一遇。从清代 1644—1911 年的 268 年间，特旱发生 3 次，90 年一遇；大旱发生 4 次，67 年一遇；中旱发生 3 次，90 年一遇；小旱发生 12 次，20 年一遇。中华人民共和国成立后，从 1952—2002 年的 51 年间，特旱发生 1 次，受灾面积 20000 公顷；大旱发生 4 次，受灾面积 13334 公顷；中旱发生 4 次，受灾面积 6667 公顷；小旱发生 4 次，受灾面积 3333 公顷。具体情况如下：

1949 年，夏旱，受灾面积 16100 公顷。

1965 年，春旱，6 个月仅降雨雪 31.9 毫米；8 月中旬至 9 月底，秋旱，降水 11.6 毫米。

1973 年，大旱，2—3 月，仅降水 5.2 毫米，受灾面积 13334 多公顷。

1975 年，大旱，1—3 月，仅降水 12.2 毫米，受灾面积 13334 余公顷。

1980 年，大旱，1—3 月，仅降水 7.7 毫米；8 月又旱，降水 12.6 毫米，受灾面积 13334 多公顷。

1981 年，春旱、秋旱，全年降水 452.4 毫米，受灾面积 13334 多公顷。

1982 年，春旱，2—4 月，降水 7.8 毫米；9 月又旱，降水 6.7 毫米，受灾面积 2 万公顷。

1984 年，大旱，2—3 月，降水 5.4 毫米，受灾面积 13334 多公顷。

1986 年，特旱，1—5 月，降水 25.5 毫米；全年降水 336.1 毫米，受灾面积 2 万公顷。

1988 年，春旱，1—4 月，仅降水 7 毫米，受灾面积 13334 多公顷。

1997 年，秋旱，9—10 月，仅降水 11.7 毫米，受灾面积 6667 公顷。

1999 年，春旱、夏旱；全年降水 339.4 毫米。中小型水库、塘坝干涸，门楼水库亦近死水位。地下水平均下降 5.1 米，受灾面积 6333 公顷。

2001 年，秋旱，9—11 月，仅降水 52.2 毫米，全区受灾面积 6667 公顷。

第二节　水灾

境内水灾多发生在7—9月，轻者一般2～3年一遇，重者一般10年一遇。清代（1644—1911年），特大涝年和大涝年出现2次，130年一遇；中涝年出现9次，30年一遇；小涝年出现14次，20年一遇。1952—2002年，大涝年出现1次，受灾面积3556公顷以上；中涝年出现2次，受灾面积2000多公顷；小涝年出现9次，受灾面积667公顷以上。

1950年秋，大水，受灾农田375公顷。

1953年9月3日至7日，大雨连绵，山洪暴发，57个村庄受灾，过水土地2000多公顷。

1954年8月12日，骤雨4小时，87个村庄受灾，过水土地1853公顷。

1955年7月15日晚至17日下午，降雨191毫米。内、外夹河决口35处，塌房757间，过水土地3333公顷。

1956年9月4日晚至5日下午，19小时降雨174毫米。堤坝决口73处，塌房428间，过水土地3333公顷。

1962年8月，大水，塌房341间，过水土地3333公顷。

1964年，全年降水1099毫米；7—8月，淫雨连绵。8月18日，张格庄公社8小时降水124毫米。全县河道决口44处，塌房144间，毁桥涵11座，过水土地1933公顷。

1965年7—8月，连降暴雨613.9毫米；7月降雨419.6毫米，塌房1441间，毁桥涵23座、公路3万米，过水土地2667 公顷。

1970年7月，大雨连绵，月降水417.8毫米，过水土地2000公顷。

1975年8月13日15时至16日6时，降雨200毫米，是月降水378.9毫米。堤坝决口44处，长1190米，塌房600间，过水土地2600公顷。

1982年8月25日3时至24时，暴雨，平均降雨225毫米。塘坝决口7座，毁桥24座，塌房2500间，死亡人1名、牲畜100多头，过水土地4333公顷，经济损失700万元。

1985年8月19日，遭遇9号台风袭击，自8时至19时，最大风力达11级。18—20日，全区普降暴雨，平均降水量183毫米。损失水果25000吨，毁坏房屋1338间，损坏渔船9条。经济损失3400万元。

1990年7月，大雨，月降雨量349.1毫米。

1994年7月15日，15号台风袭境，伴随持续39小时降雨，全区平均降水量242.7毫米。农作物、水果受灾面积247公顷，冲毁塘坝1座，损坏扬水站3座。经济损失2991万元。

1996年7月，大雨，月降雨量达281.3毫米。

1997年8月19日，受11号台风影响，持续降雨39小时，降雨量平均242.7毫米。门楼水库泄洪量每秒787立方米，弃水总量10353万立方米。全区受灾面积246.6公顷，冲毁塘坝1座，毁坏供电线路3000米，经济损失2991万元。

第三节　风灾

境内平均风力大于或等于6级或瞬时风力大于或等于8级，累年平均日数为33天，春季占37%，夏季占22%，秋季占18%，冬季占23%。大风的阵性强度夏季最大，受台风影响，极大风力高达12级。

清咸丰六年（1856年）二月十日，大风扬尘，日月无光。

1949年7月26日，台风、暴雨。屋瓦刮飞，树禾倒伏。

1956年9月4日晚至5日傍晚，大风伴大雨。塌房428间，损坏渔船7只、渔网150丈。

1960年7月28日，受5号台风影响，瞬时风速高达39.6米/秒。房屋倒塌，树禾倒伏。

1964年8月7日，福山镇公社受暴风雨袭击，最大风力10级以上。房舍庄稼损失严重。

1969年2月，大风。下刘家3只20马力机船锚缆被风刮断，卷入深海中。

1976年10月9日晚，大风。古现公社三十里堡大队鲁福渔29号船海上迂难，死亡7人。

1985年8月19日，9号台风持续6小时，风力达10级。倒伏庄稼8000公顷、树18万株、线杆2248棵，毁渔船9只。

1994年7月15日，受15号台风袭击，连降大雨，门楼镇姜家夼塘坝发生大面积（约1500米）滑坡，经紧急抢险处理，避免事故发生。

1994年8月15日，受16号台风袭击，受灾面积达13333公顷，成灾面积10867公顷。

1995年8月8日，古现镇南张家、汪家沟遭龙卷风袭击，113 公顷水果受损 14.4 万元。

1997 年 8 月 19 日，11 号台风袭击全区，受灾面积 246.6 公顷。

2001 年 8 月 1 日，全区普降暴雨，阵时伴有 8 级大风，各类果树受灾面积 6516 公顷，大樱桃树刮倒甚多。

第四节　雹灾

境内冰雹多发生在 6 月至 8 月，其次是 4—5 月和 9—10 月．最早在 3 月，最晚在 11 月下旬。冰雹机遇，南部山地平均 3 年二遇，北部平原平均 5 年一遇。冰雹移动路径主要有 2 条：一条来自西北方向，从蓬莱市入境，沿西部向东南进入牟平区；另一条来自西南方向，从栖霞市入境，沿福山区南部东移至芝罘区或牟平区。单独在境内产生的冰雹极少。冰雹直径一般为 5 ～ 10 毫米，较大的为 10 ～ 20 毫米，极大的为 60 毫米。降雹持续时间一般在 10 分钟左右，个别在 20 分钟上下，很少超过 30 分钟。

1949 年 6 月 4 日，回里一带遇冰雹袭击。

1953 年 6 月 13 日下午 6 时，百堡、八角、辛店、湘里、孙家疃等大队降雹，大如核桃，小似玉米粒，翌日晨尚未化完。小麦减产 3 成，13 多公顷梨园受损。

1957 年 7 月 11 日，雨雹，受灾面积 359 公顷，减产 41.28 公斤；8 月 1 日，谭家庄、门楼、兜余、东厅、八角等乡降雹，受灾面积 1315 多公顷，粮食减产约 3 成；8 月 8 日，谭家庄、门楼、兜余一带重点果区降雹，击伤苹果 400 多万公斤。

1962 年 7 月和 8 月，连续 2 次降雹，门楼公社等局部大队受灾，粮、果减产 2 成。

1984 年 5 月 28 日，8 处乡镇降雹，最大直径 60 毫米，历时 20 分钟，给苹果、小麦造成严重损失。

1995 年 8 月 27 日，八角乡侯家、八角泊子、于家等 11 个村突遭冰雹袭击，持续 5 分钟，农作物受灾面积 215.3 公顷，折款 1061 万元。

2002 年 9 月 28 日，全区受冰雹袭击，苹果、梨、桃等损失严重。

第五节　虫灾

中华人民共和国成立前，仅有蝗灾记载。中华人民共和国成立后，随着科技普及，对虫害认识逐步加深。50 年代，农田主要虫害有土蝗、豆天蛾、玉米螟、小麦红蜘蛛等；林、果主要虫害有卷叶虫、避债蛾、星毛虫、食心虫、红蜘蛛等。60 年代，农田主要虫害有黏虫、蝼蛄、蛴螬、玉米螟等；林、果主要虫害有松毛虫、红蜘蛛、食心虫等。70 年代，农田主要虫害有玉米螟、小麦蚜虫、花生蚜虫、小地老虎、金针虫等；林、果主要虫害有卷叶虫、食心虫、柳毒蛾、杨扇舟蛾、松干蚧壳虫等。80 年代后，农田主要虫害有黏虫、蚜虫、蓟马、玉米螟、棉铃虫、稻纵卷叶螟等；林、果主要虫害有潜叶蛾、梨木虱、卷叶虫、苹果黄蚜、桃小食心虫、山楂红蜘蛛、松毛虫、榆兰金花虫、黄拳舟蛾、松干蚧壳虫、杨扇舟蛾、柳毒蛾等。随着植保事业的不断发展和农药种类的增多，加强对各类虫害的适时防治，历年虽有不同虫害发生，但未成灾。

虫害一般发生时间，一代黏虫在 4 月中旬至 5 月下旬，小麦蚜虫在 4 月中下旬至 5 月中下旬，玉米蓟马在 5 月至 6 月上中旬，花生蚜虫在 6 月上旬至 8 月初，一代玉米螟在 6 月上旬至 7 月中旬，玉米棉铃虫在 7 月下旬至 8 月中旬，二代稻纵卷叶螟在 7 月中旬至 8 月上旬。

1949 年 8 月，门楼土蝗为害。

1950 年 5 月，小麦红蜘蛛、土蝗为害。小麦受害 23 公顷，早熟粮、菜受害 284 公顷。

1951 年，土蝗、黏虫为害。

1952 年 7 月，稻蝗、大豆造桥虫为害。

1953 年春，小麦红蜘蛛为害，受害面积 1 万公顷，占总面积的 70%；8 月，稻蝗为害。

1958 年 8 月，玉米螟为害，受害面积 4667 公顷，占玉米总面积的 54%。轻者每株玉米有虫 1 ～ 3 只，重者每株 20 ～ 30 只。

1969 年，花生蚜虫为害，受害面积 3700 多公顷，减产花生 16 万公斤。

1977 年，松干蚧壳虫为害，6667 公顷松林大都枯死。

1978 年，黏虫为害，受害面积 12445 公顷，粮食减产 50 万公斤。

1981 年，玉米螟为害，受害面积 8667 公顷，减产 9

万公斤；稻纵卷叶螟发生面积466.7公顷，减产2万公斤。

1982年，小麦蚜虫为害面积8000公顷，减产9万公斤；玉米螟为害面积6667公顷；花生蚜虫为害面积3467公顷；稻纵卷叶螟为害面积200公顷。减产6万公斤。

1983年，小麦蚜虫为害面积8667公顷，减产75万公斤；玉米螟为害8000公顷，减产50万公斤；花生蚜虫为害2667公顷，减产1万公斤；稻纵卷叶螟为害，减产1万公斤。

第六节 地震

据史料记载，境内虽有地震发生，但很少成灾，有感地震有：

民国37年（1948年）5月23日，威海西北海域地震，福山有感。

1969年7月，渤海湾地震，福山有感。

1975年2月4日，海城地震，福山有感，烈度为4.5度。

1976年2月25日，长岛地震，福山有感；7月28日，唐山地震，福山部分烟筒倒塌，烈度为5度。

1978年2月12日，烟台市至蓬莱县大季家村沿海发生4.1级地震，八角有感，上下颠簸，有响声。

1981年6月28日，烟台市北部海域地震；8月3日，烟台市北部海域地震，福山有感。

1983年6月4日，烟台市西北海域地震；9月5日，地又震，福山有感。

第三编　人口

改革开放以来，福山区人口与计划生育工作走在全国、全省、全市的前列。全区（含烟台开发区）人口数量得到有效控制，人口素质得到明显提高，婚育观念得到较大转变。实现了人口再生产类型由高出生、低死亡增长到低出生、低死亡、低增长的现代生育类型转变，实现了低生育水平的稳定发展和人口计生工作的统筹、和谐发展。

第一章 人口基本状况

1978 年以来，境内人口数量、密度逐年增多，尤其城区人口明显多于山区人口，城乡人口从 1 ∶ 18 缩小到 1∶2.8。人口迁入、迁出呈波浪式变动。随着工商业的发展和外商独资、合资企业的迅猛增加，大量外来务工人员涌入。其中，少数民族人口增长迅速。同时，境内人口的文化程度显著提高，文盲半文盲从 10% 下降到 4.28%，大学生万人比由 8.4 人增加到 89 人。人口平均寿命不断增加，百岁寿星从无到有，增加到 5 人。

第一节 人口规模

人口数量 改革开放后，居民户数和总人口逐年增多。1978 年，全县有 65652 户、272817 人。其中，男性 134777 人，女性 138040 人。2002 年，全区总户数为 138416 户，总人口为 379523 人。其中，男性 190399 人，女性 189124 人，比 1978 年总户数增加 72764 户，总人口增加 106706 人，分别增加 110.83% 和 39.11%。

人口性质 随着改革开放的深入，福山区的农业人口所占比例逐年下降，非农业人口逐年增加。1978 年，全县农业人口为 258370 人，占总人口的 94.7%；非农业人口为 14447 人，占总人口的 5.3%。1982 年，农业人口和非农业人口分别为 263281 人和 20628 人，分别占总人口的 92.73% 和 7.27%。1995 年，农业人口和非农业人口分别为 242586 人和 50227 人，分别占总人口的 82.85% 和 17.15%。2002 年，全区农业人口为 249580 人，非农业人口为 129943 人，农业人口占总人口的比例减至 65.76%，非农业人口所占比例增至 34.24%。非农业人口主要集中在城区和镇驻地，清洋街道所占比重为 50% 以上，位居各镇街之首。

人口分布 境内人口分布总的趋势是山区、边远乡镇较少，平原、城郊乡镇居多；乡村人口所占比例逐年减少，城镇人口所占比例逐年增多。1978 年，人口最多的是门楼公社，为 60544 人，其次是古现公社，为 45205 人，再次为高疃公社和福山镇公社，分别为 44281 人和 40078 人；人口最少的是张格庄公社，为 23462 人。80 年代以后，福山镇人口数量速增，1985 年由第四位上升为第二位，较 1978 年增加 6746 人，增加 16.83%。1994 年，福山镇人口数量为 63508 人，位居各乡镇第一位，其他乡镇人口数量相对减少。2002 年，清洋街道人口数量为 86608 人，其次为门楼镇和古现镇，分别为 56117 人和 42152 人；张格庄镇人口数量减至 19783 人，较 1978 年减少 3679 人，减少 15.68%。

1978—2002 年福山区人口基本情况表

表 3-1

项目 年份	总户数	总人口数（人）			性别（人）		人口密度 （人/平方千米）
		合 计	农业	非农业	男	女	
1978	65652	272817	258370	14447	134777	138040	436.6
1979	67284	274372	259160	15212	135607	138765	439.1
1980	69797	277304	260125	17179	137463	139841	443.8

续表 3-1

年份＼项目	总户数	总人口数（人）			性别（人）		人口密度（人/平方千米）
		合计	农业	非农业	男	女	
1981	74765	280400	260289	20111	139326	141074	448.8
1982	76989	283909	263281	20628	141131	142778	454.4
1983	78234	286024	264878	21146	142215	143809	457.8
1984	77982	283755	262571	21184	141301	142454	454.1
1985	78893	284038	261249	22789	141525	142513	454.6
1986	80292	286532	261973	24559	142759	143773	458.6
1987	81212	290172	255036	35136	144800	145372	464.4
1988	83850	293303	262738	30565	146468	146835	469.4
1989	85229	296894	258741	38153	148208	148686	475.2
1990	84828	297509	260279	37230	148722	148787	476.1
1991	88888	298919	260897	38022	149373	149546	478.4
1992	88867	289629	250618	39011	144980	144649	463.5
1993	90870	290738	250795	39943	145825	144913	465.3
1994	91665	292310	246299	46011	146528	145782	467.8
1995	92167	292813	242586	50227	146518	146295	468.6
1996	92554	292463	232342	60121	146200	146263	468.1
1997	94182	293393	230605	62788	146875	146518	469.6
1998	97988	292621	227309	65312	146534	146087	468.3
1999	95183	293938	224917	69021	147708	146230	470.4
2000	106125	293875	221430	72445	147554	146321	470.3
2001	107198	291156	215670	75486	145850	145306	483.1
2002	138416	379523	249580	129943	190399	189124	539.5

1978—2002 年福山区镇街人口分布情况表

表 3-2　　单位：人

年份＼地别	合计	清洋街道	福新街道	古现镇	高疃镇	张格庄镇	回里镇	门楼镇
1978	272817	40078	21772	45205	44281	23462	37475	60544
1979	274372	40858	21699	45231	44503	23664	37598	60819
1980	277304	42345	21751	45378	44967	23910	37745	61208
1981	280400	43504	21977	45687	45334	23984	38324	61590
1982	283909	44273	22372	45999	45841	24290	38694	62440
1983	286024	45237	22506	46021	45924	24451	38945	62940
1984	283755	45437	20965	45246	45889	24377	38969	62872
1985	284038	46824	20896	44953	45689	24211	38783	62682
1986	286532	48763	20920	44968	45868	24255	38841	62917
1987	290172	51789	20861	44960	45835	24279	39159	63289
1988	293303	54991	21155	44907	45501	24159	39165	63425
1989	296894	58230	21704	44801	45248	24136	39191	63584
1990	297509	57703	21968	44858	45531	24253	39210	63986
1991	298919	59367	22187	44783	45577	24197	39050	63758
1992	289629	59492	13402	45397	45283	23853	38854	63348
1993	290738	61409	13711	45573	44910	23517	38444	63174
1994	292310	63508	13913	45634	44757	23263	38245	62990
1995	292813	67050	13722	44970	44021	23007	37701	62342
1996	292463	69641	13500	44604	43501	22864	37263	61090
1997	293393	72285	13356	44330	43055	22596	36745	61026
1998	292621	74370	13172	43955	42422	22332	36335	60035
1999	293938	77807	12981	43772	41911	22049	35935	59483

续表 3-2

年份＼地别	合计	清洋街道	福新街道	古现镇	高疃镇	张格庄镇	回里镇	门楼镇
2000	293875	81259	12311	42958	41145	21531	35822	58849
2001	291156	83820	12199	42894	39425	20187	35375	57256
2002	289753	86608	10134	42152	40216	19783	34725	56135

人口密度　中华人民共和国成立后，境内人口密度逐年增加。1949 年，平均每平方千米为 281 人。1978 年，平均每平方千米为 436.6 人，较 1949 年增 155.6 人，增加 55.37%。2002 年，平均每平方千米为 539.5 人，较 1949 年和 1978 年分别增加 258.5 人和 102.9 人，增长率分别为 91.99% 和 23.57%，比全国每平方千米人口密度高近 5 倍，略低于全省人口密度。

各乡镇人口密度差别很大。平原、城区明显高于偏远山区。1977 年，张格庄公社每平方千米人口密度为 315 人；1995 年，全乡平均为 311 人；2002 年，全镇平均为 267 人。门楼公社（镇）每平方千米人口密度分别为 453 人、469 人和 478.4 人。福山镇（清洋街道）每平方千米人口密度分别为 800 人、1368 人和 1766.5 人。

第二节　人口变动

自然变动　1978 年以后，辖区人口的自然变动呈显两个波峰、两个稳定、一个波谷。第一个波峰为 1979—1982 年，4 年共出生 20286 人，平均每年出生 5071.5 人；共死亡 7212 人，平均每年死亡 1803 人；共净增加 13074 人，平均每年净增加 3268.5 人，自然增长率平均为 11.7‰。第二个波峰为 1986—1989 年，4 年共出生 19366 人，平均每年出生 4841.5 人；共死亡 7990 人，平均每年死亡 1997.5 人；共净增加 11376 人，平均每年净增加 2844 人，自然增长率平均为 9.76‰。第一个稳定期为 1984—1985 年，2 年共出生 6242 人，平均每年出生 3121 人；共死亡 3958 人，平均每年死亡 1979 人；共净增加 2284 人，平均每年净增加 1142 人，自然增长率平均为 4.02‰。第二个稳定期为 1990—1998 年，9 年共出生 26214 人，平均每年出生 2913.2 人；共死亡 16811 人，平均每年死亡 1867.9 人；共净增加 9403 人，平均每年净增加 1044.8 人，自然增长率平均为 3.55‰。一个波谷为 1999—2002 年，人口生产出现负增长，4 年共出生 7122 人，平均每年出生 1780.5 人；共死亡 8140 人，平均每年死亡 2035 人；共净减 1018 人，平均每年减少 254.5 人，自然增长率平均为 -0.88‰。

1978—2002 年福山区人口自然变动情况表

表 3-3

年份＼项目	出生人口（人）	死亡人口（人）	自然增长	
			净增加人口（人）	自然增长率（‰）
1978	4178	1861	2317	8.49
1979	4595	1658	2937	10.70
1980	4684	1833	2851	10.28
1981	5344	1908	3436	12.25
1982	5663	1813	3850	13.56
1983	4110	1662	2448	8.56
1984	3226	1906	1320	4.65
1985	3016	2052	964	3.39
1986	4605	2052	2553	8.91
1987	5659	1842	3817	13.15
1988	4460	2187	2273	7.75
1989	4642	1909	2733	9.21
1990	4075	2006	2069	6.95
1991	2596	1827	769	2.57
1992	2512	1874	638	2.20
1993	2272	1775	497	1.71
1994	2712	1969	743	2.54

续表 3-3

项目 年份	出生人口（人）	死亡人口（人）	自然增长	
			净增加人口（人）	自然增长率（‰）
1995	3560	1585	1975	6.74
1996	2948	1996	952	3.26
1997	2767	1458	1309	4.46
1998	2772	2321	451	1.54
1999	1888	2113	-225	-0.77
2000	2018	2093	-75	-0.26
2001	1698	2284	-586	-2.01
2002	1518	1650	-132	-0.46

机械变动　改革开放后，境内人口迁入大于迁出。1978—2002年，全县（区）25年共迁入93349人，迁出85686人，迁入比迁出多7663人，平均每年迁入3734人、迁出3427.4人。迁入迁出最多的是1982年，全县共迁入9651人，迁出9980人；迁入迁出最少的是1998年，迁入1849人，迁出1168人。

1978—2002年福山区人口迁移情况表

表 3-4　　单位：人

项目 年份	迁入	迁出	项目 年份	迁入	迁出
1978	4472	6098	1991	2424	1090
1979	4541	6113	1992	7093	4510
1980	7063	7056	1993	2786	2174
1981	6275	6587	1994	3137	2308
1982	9651	9980	1995	2937	4409
1983	3523	3925	1996	2062	999
1984	4473	4583	1997	2684	976
1985	1899	1528	1998	1849	1168
1986	2050	1888	1999	4061	802
1987	5221	9535	2000	3580	1425
1988	2398	2138	2001	2501	812
1989	2432	1480	2002	2717	1714
1990	1520	2388	—	—	—

第三节　人口构成

民族构成　境内为汉族居住区，少数民族极少。1982年第三次人口普查，全县有汉族、回族、苗族、壮族、朝鲜族、满族、白族、高山族、土族9个民族。其中，汉族281413人，占总人口的99.99%，较1964年增加61172人，增长27.78%；少数民族42人，占总人口的0.01%，较1964年增加17人，增长68%，其中回族9人，苗族3人，朝鲜族16人，满族9人，高山族2人，白族、壮族、土家族各1人。少数民族分布：福山镇17人，臧家乡9人，古现、兜余镇和东厅乡各3人，高疃、门楼镇各2人，张格庄、八角乡和回里镇各1人。

1990年第四次人口普查，全区（含烟台开发区）共有12个民族。其中，汉族299566人，占总人口的99.95%，较1982年增加18153人，增长6.45%；少数民族153人，占总人口的0.05%，较1982年增加111人，增长264.29%，其中蒙古族4人，回族33人，苗族4人，彝族1人，壮族2人，朝鲜族29人，满族71人，土家族3人，傣族2人，水族3人，布朗族1人，未识别民族1人。少数民族分布于全区10处乡镇及烟台开发区，其中福山镇42人，臧家镇13人，八角镇6人，张格庄镇5人，古现镇、东厅镇各3人，门楼镇、回里镇、兜余镇、高疃镇各2人，烟台开发区73人。

2000年第五次人口普查，全区（含烟台开发区）共有23个民族。其中，汉族353888人，占总人口的99.46%，较1990年增加54322人，增长18.13%；少数民族1915人，占总人口的0.54%，较1990年增加1762人，增长11.52倍，其中蒙古族145人，回族97人，藏族8人，苗族31人，彝族5人，壮族4人，朝鲜族901人，满族635人，土家族25人，佤族14人，达斡尔族5人，仡佬族10人，锡伯族21人，赫哲族3人，傣族、黎族、维吾尔族各2人，侗族、白族、布依族、哈尼族各1人，外国人加入中国籍1人。

性别构成　中华人民共和国成立后，男女比例渐趋平衡。1964年，男性占48.83%，女性占51.17%，男女性别比为95.44（女为100）。1982年普查，全县男性人口为141131人，占总人口的49.71%；女性人口为142778人，占总人口的50.29%，男女性别比为98.85。1990年普查，全区男性人口为148722人，占总人口的49.99%；女性人口为148787人，占总人口的50.01%，男女性别比例为99.96。2000年普查，全区男性人口为147554人，占总人口的50.21%；女性人口为146321人，占总人口的49.79%，男女性别比为100.84∶100。2002年，全区男性人口为190399人，占总人口的50.17%；女性人口为189124人，占总人口的49.83%，男女性别比为100.67。（见表3-5）

年龄构成　1982年普查，全县人口的平均年龄为29.01岁。按国际通用的人口年龄构成类型标准，已由1964年的“年轻型”变为“成年型”。其中，7～11岁的学龄儿童占9.43%；15～25岁的青年占23.66%；15～49岁的育龄妇女占28.08%；劳动适龄人口占59.79%，其中16～59岁的男性占30.65%，16～54岁的女性占29.14%；65岁以上老人占6.53%，其中男性占42.83%，女性占57.17%，女性比男性多14.34%；90岁以上的长寿者116人，其中男性23人，女性93人，女性比男性多70人，百岁寿星1人；负担少年系数为41.33%，负担老年系数为9.87%，总负担系数为51.2%。

1990年普查，全区人口的平均年龄为33.2岁。其中，7～11岁的学龄儿童占8.32%，比1982年下降1.11个百分点；15～25岁的青年占20.12%，比1982年下降3.54个百分点；劳动适龄人口占64.67%，较1982年增长4.88个百分点，其中16～59岁的男性为52.06%，16～54岁的女性为47.94%；65岁以上的老人占6.71%，较1982年增长0.18个百分点，其中男性占42.08%，女性占57.92%，女性比男性多15.84%；90岁以上的长寿者168人，较1982年增加52人，其中男性42人，女性126人，女性较男性多84人，百岁寿星2人；负担少年系数为40.35%，负担老年系数为11.98%，总负担系数为52.33%。

2000年普查，全区人口的平均年龄为35岁。其中，0～14岁的儿童少年占16%；15～24岁的青年占15.66%；劳动适龄人口占70.39%，其中15～59岁的男性为52.15%，15～54岁的女性为47.85%；65岁以上的老人占7.58%，较1990年增加0.87个百分点；90岁以上的长寿者425人，较1990年增加257人，其中男性97人，女性328人，女性为男性的3.38倍，百岁以上寿星5人，全为女性。负担被抚养人口占30.6%，其中儿童少年为20.9%，老年人为9.7%。根据联合国人口组织界定老龄人口标准（65岁）和老龄化社会标准（65岁以上人口占总人口的比重达到或超过7%的国家或地区称老龄化国家或地区），福山区已进入老龄化社会。

福山区部分年龄段男女性别比抽年表

表3-5

年别 龄别	1982年	1990年	2000年
0～4岁	108.44	106.43	107.7
10～14岁	104.35	107.87	105.59
20～24岁	94.86	98.07	95.68
30～34岁	98.36	100.78	104.01
40～44岁	112.89	100.08	103.74
50～54岁	89.14	117.89	98.34
60～64岁	82.72	81.58	112.17
70～74岁	78.39	77.7	77.95
80～84岁	53.02	58.79	62.35
90～94岁	29.87	31.09	29.2

2000 年福山区分年龄段人口情况表

表 3-6

年龄段	人口数（人）			占总人口的比例（%）		
	合计	男性	女性	合计	男性	女性
0～4 岁	14523	7531	6992	4.08	2.12	1.96
5～9 岁	15948	8186	7762	4.48	2.3	2.18
10～14 岁	26470	13595	12875	7.44	3.82	3.62
15～19 岁	29251	14623	14628	8.22	4.11	4.11
20～24 岁	26199	12810	13389	7.36	3.6	3.76
25～29 岁	32210	16347	15863	9.05	4.59	4.46
30～34 岁	35122	17906	17216	9.87	5.03	4.84
35～39 岁	36059	18667	17392	10.14	5.25	4.89
40～44 岁	31130	15851	15279	8.75	4.46	4.29
45～49 岁	30206	15173	15033	8.49	4.26	4.23
50～54 岁	21905	10861	11044	6.15	3.05	3.1
55～59 岁	16414	8355	8059	4.62	2.35	2.27
60～64 岁	13411	7090	6321	3.77	1.99	1.78
65～69 岁	10145	5067	5078	2.85	1.42	1.43
70～74 岁	7262	3181	4081	2.04	0.89	1.15
75～79 岁	4976	2029	2947	1.4	0.57	0.83
80～84 岁	2768	1063	1705	0.78	0.3	0.48
85～89 岁	1379	450	929	0.39	0.13	0.26
90～94 岁	354	80	274	0.1	0.02	0.08
95～99 岁	66	17	49	0.02	0.01	0.01
100 岁以上	5	—	5	—	—	—
合计	355803	178882	176921	100	50.27	49.73

文化构成　中华人民共和国成立后，通过开展扫盲工作，普及初等教育，居民文化水平有很大提高。1964 年，全县受小学以上教育的人口占总人口的 46.05%。其中，大学文化程度的占总人口的 0.08%，高中文化程度的占 0.61%，初中文化程度的占 2.82%，小学文化程度的占 42.54%。

1982 年普查，全县受小学以上教育的人口为 209844 人，占总人口的 73.91%，较 1964 年增长 27.86 个百分点。其中，大学文化程度 484 人，占总人口的 0.17%，比 1964 年上升 0.09 个百分点，其中男性占 0.14%，女性占 0.03%，万人比为 19.6 人；高中文化程度 19869 人，占总人口的 7%，比 1964 年上升 6.39 个百分点，其中男性占 4.05%，女性占 2.94%；初中文化程度 63197 人，占总人口的 22.26%，比 1964 年上升 19.44 个百分点，其中男性占 12.29%，女性占 9.97%；小学文化程度 126294 人，占总人口的 44.49%，比 1964 年上升 1.95 个百分点，其中男性占 23.55%，女性占 20.94%；文盲、半文盲 36446 人，占 12 岁及以上人口的 16.29%，比 1964 年下降 11.4 个百分点，其中男性占 3.62%，女性占 12.67%。

1990 年普查，全区受小学以上教育的人口为 238556 人，占总人口的 79.59%，较 1982 年增长 5.68 个百分点。其中，大学本科文化程度的 902 人，占总人口的 0.3%，比 1982 年上升 0.13 个百分点，其中男性占 0.23%，女性占 0.07%，万人比为 30 人；大专文化程度的 1780 人，占总人口的 0.59%，其中男性占 0.42%，女性占 0.17%；中专文化程度的 3831 人，占总人口 1.28%，其中男性占 0.74%，女性占 0.54%；高中文化程度的 22463 人，占总人口的 7.49%，比 1982 年上升 0.49 个百分点，其中男性占 4.36%，女性占 3.13%；初中文化程度的 91721 人，占总人口的 30.6%，比 1982 年上升 8.34 个百分点，其中男性占 16.39%，女性占 14.21%；小学文化程度的 117859 人，占总人口的 39.32%，比 1982 年下降 5.17 个百分点，其中男性占 20.1%，女性占 19.23%；文盲、半文盲者 33807 人，占 15 岁及以上人口的 12.28%，比 1982 年下降 3.49 个百分点，其中男性占 2.93%，女性占 9.35%。

2000 年普查，全区受小学以上教育的人口为 320840 万人，占总人口的 90.17%，较 1990 年增长 10.58 个百分点。其中，研究生文化程度的 134 人，占总人口的 0.04%，其中男性占 0.03%，女性占 0.01%；大学本科文化程度的

6495人，占总人口的1.83%，比1990年上升1.53个百分点，其中男性占1.21%，女性占0.62%，万人比为89人；大专文化程度的11078人，占总人口的3.11%，比1990年上升2.52个百分点，其中男性占1.77%，女性占1.34%；中专文化程度的18456人，占总人口5.19%，比1990年上升3.91个百分点，其中男性占2.7%，女性占2.49%；高中文化程度的39470人，占总人口的11.09%，比1990年上升3.6个百分点，其中男性占6.23%，女性占4.86%；初中文化程度的137854人，占总人口的38.74%，比1990年上升8.14个百分点，其中男性占19.86%，女性占18.88%；小学文化程度的107353人，占总人口的30.17%，比1990年下降9.15个百分点，其中男性占14.77%，女性占15.4%；文盲、半文盲者16999人，占15岁及以上人口的5.69%，比1990年下降6.59个百分点，其中男性占1.32%，女性占4.37%。

行业、职业构成按行业分　中华人民共和国成立前，福山居民大多以农为主，少数务工、经商和从事渔业生产。改革开放后，随着各行各业的发展，打破传统的就业结构，行业构成逐渐多样化。1982年普查，全县在业人口为149341人，占总人口的52.6%，每千人中拥有各种职业人数为530.6人，平均年龄为30.75岁，每万人中有大学文化程度32.4人，高中文化程度1330.4人，初中文化程度4232.7人，小学文化程度8457.8人。按行业构成统计，从事农、林、牧、渔业的120450人，占在业人口的80.65%；从事工业的16503人，占11.05%；从事地质勘探和普查业的82人，占0.06%；从事建筑业的1631人，占1.09%；从事交通运输、邮电通讯业的997人，占0.67%；从事商业、饮食业、物资、供销及仓储业的2956人，占1.98%；从事房地产管理、公用事业管理和居民服务业的392人，占0.26%；从事卫生、体育和社会福利业的665人，占0.45%；从事教育、文化艺术事业的3397人，占2.28%；从事科学研究和综合技术服务事业的298人，占0.2%；从事金融、保险业的292人，占0.2%；从事国家机关、政党和群众团体工作的占1.12%；从事其他行业的6人。

1990年普查，全区在业人口为191253人，占总人口的64.29%，较1982年增加11.69个百分点，每千人中拥有各种职业人数为630.1人，平均年龄为28.67岁，每万人中有大学本科文化程度47.2人，大学专科文化程度93.1人，中专文化程度200.3人，高中文化程度1169.3人，初中文化程度4795.8人，小学文化程度6162.5人。在各行业中，从事农林牧渔业的134239人，占在业人口的70.19%，比1982年下降10.46个百分点；从事工业的31252人，占16.34%，比1982年上升5.29个百分点；从事地质普查和勘探业的118人，占0.06%，与1982年基本持平；从事建筑业的5078人，占2.66%，比1982年上升1.57个百分点；从事交通运输、邮电通讯业的1995人，占1.04%，比1982年上升0.37个百分点；从事商业、公共饮食、物资、供销及仓储业的6909人，占3.61%，比1982年上升1.63个百分点；从事房地产管理、公用事业、居民服务和咨询服务业的1498人，占0.78%，比1982年上升0.52个百分点；从事卫生、体育和社会福利业的916人，占0.48%，比1982年上升0.03个百分点；从事教育文化和广播电视事业的4088人，占2.14%，比1982年下降0.14个百分点；从事科学研究和综合技术服务事业的420人，占0.22%，比1982年上升0.02个百分点；从事金融、保险业的621人，占在业人口的0.33%，比1982年上升0.13个百分点；从事国家机关、政党机关和社会团体工作的占2.15%，比1982年上升1.03个百分点；从事其他行业4人。

2000年普查，按各行业门、大类分的人口统计，全区在业人口为20906人，占总人口的7.11%。在各行业中，从事农林牧渔业的9032人，占在业人口的43.2%；从事工业的5341人，占25.55%；从事地质勘探、水利管理工作的24人，占0.12%；从事建筑业的659人，占3.15%；从事交通运输、仓储及邮电通讯业的524人，占2.51%；从事批发零售贸易业和餐饮业的1710人，占8.18%；从事房产业的736人，占3.52%；从事卫生、体育和社会福利业的196人，占0.94%；从事教育、文化艺术及广播电影电视业的552人，占2.64%；从事科学研究和综合技术服务事业的49人，占0.23%；从事金融、保险业的170人，占0.81%；从事国家机关、政党机关和社会团体工作的1863人，占8.91%；从事其他行业的50人，占0.24%。

按职业分　1982年第三次人口普查，全县在业人口共为149341人。其中，各类专业、技术人员7709人（男性4668人，女性3041人），占在业人口的5.16%；国家机关、党群组织、企事业单位，占在业人口的1.08%；办事人员和有关人员1222人（男性1026人，女性196人），占在业人口的0.82%；商业工作人员2603人（男性1942人，女性661人），占在业人口的1.74%；服务性工作人员2971人(男性2203人女性768人),占在职人口的1.99%;农林牧渔劳动者85436人(男性54903人,女性30533人),占在职人口的57.21%；生产工人、运输工人和有关人员47790人（男性25251人，女性22539人），占在职人口的32%；不便分类的其他劳动者1人。

1990年第四次人口普查，全区在业人口191253人。其中，各类专业、技术人员10044人（男性4895人，女性5149人），占在职人口的5.25%；国家机关、党群组织、企事业单位干部3429人（男性3214人，女性215人），占在职人口的1.79%；办事人员和有关人员4010人（男性3259人，女性751人），占在职人口的2.1%；商业工作人员5465人（男性3298人，女性2167人），占在职人口的2.86%；服务性工作人员为4697人（男性2887人，女性1810人），占在职人口的2.46%；农林牧渔劳动者120955人（男性62815人，女性58140人），占在职人口的63.24%；生产工人、运输工人和有关人员42650人（男性22338人，女性20312人），占在职人口的22.3%；不便分类其他劳动者3人。

2000年第五次人口普查，按各职业大、中类分人口统计，全区在业人口20906人。其中，各类专业、技术人员1534人（男性641人，女性893人），占在职人口的7.34%；国家机关、党群组织、企事业干部694人（男性579人，女性115人），占在职人口的3.32%；办事人员和有关人员631人（男性431人，女性200人），占在职人口的3.02%；商业、服务人员2509人（男性1313人，女性1196人），占在职人口的12%；农林牧渔劳动者10464人（男性5827人，女性4637人），占在职人口的50.05%；生产、运输设备操作人员及有关人员5068人（男性3115人，女性1953人），占在职人口的24.24%；不便分类的其他劳动者6人（男、女各3人），占在职人口的0.03%。

不在业人口　1982年普查，全县不在业人口为55181人，占总人口的19.44%。其中，在校学生3849人（男性2402人，女性1447人），占不在业人口的6.98%；家务劳动者41957人（男性877人，女性41080人），占76.04%；待升学者678人（男性431人，女性247人），占1.23%；待国家统一分配者15人(男性9人,女性6人),占0.03%；市镇待业者57人（男性29人，女性28人），占0.1%；离休、退休、退职者1857人（男性1597人，女性260人），占3.37%；其他6768人（男性3515人，女性3253人），占12.27%。

1990年普查，全区不在业人口为40846人，占总人口的13.73%。其中，在校学生8563人（男性4876人，女性3687人），占不在业人口的20.96%；料理家务者19533人（男性238人，女性19295人），占47.82%；待升学者34人（男性21人，女13人），占0.08%；市镇待业者333人（男性127人，女性206人），占0.82%；

1990年福山区职业人口分布情况表

表3-7　　单位：人

乡镇名＼人口分布	在业人口总数	各专业技术人员	国家机关党群企事业负责人	办事和有关人员（男）	商业工作人员(男)	办事和有关人员及商业人员（女）	服务性工作人员	农林牧渔劳动者	生产运输工人和有关人员	不分类的其他劳动者
八角乡	10177	354	116	62	82	58	102	8703	700	—
臧家乡	13814	491	172	129	157	76	336	10663	1790	—
东厅乡	10509	448	160	116	159	107	276	7003	2240	—
张格庄	14107	369	121	60	82	56	94	11110	2214	1
福山镇	35773	4635	1737	1960	1636	1831	1933	8420	13621	—
古现镇	17898	587	226	120	227	151	353	13903	2331	—
高疃镇	17898	411	89	89	146	50	164	15657	1291	1
门楼镇	22880	668	213	160	218	127	406	16570	4518	—
回里镇	23934	538	162	82	99	92	104	16156	6701	—
兜余镇	18075	645	205	177	286	155	482	12427	3698	—
开发区	6188	898	228	304	206	215	447	343	3546	1
总计	191253	10044	3429	3259	3298	2918	4697	120955	42650	3

离休、退休、退职者3412人（男性2770人，女性642人），占8.35%，；丧失工作能力者8633人（男性4317人，女性4316人），占21.14%；其他338人（男性257人，女性81人），占0.83%。

2000年普查，全区不在业人口为8487人，占总人口的2.89%。其中，在校学生1425人（男性792人，女性633人），占不在业人口的16.79%；料理家务者3535人（男性64人，女性3471人），占41.65%；离休、退休、退职者1089人（男性666人，女性423人），占12.83%；丧失工作能力者1446人（男性667人，女性779人），占17.04%；从未工作和正在找工作者363人（男性168人，女性195人），占4.28%；失业者294人（男性162人，女性132人），占3.46%；其他335人（男性208人，女性127人），占3.95%。

第四节　姓氏

姓氏　2002年，全区共有姓氏382个，其中单姓380个，复姓2个。较1985年新增姓氏有：才、山、幺、井、尤、卞、元、化、斤、云、仉、汀、仪、帅、代、仵、伏、全、成、邦、考、那、位、束、闵、佟、伴、芦、邴、远、运、苑、屈、呼、侣、所、禹、明、郁、郇、和、咸、昝、相、种、祖、荀、勇、类、弭、原、晋、殷、都、索、奚、翁、浴、铁、栖、扈、焉、望、符、尉、密、禄、揭、嵇、揣、渠、强、溪、雍、慈、赫、阚、德、缴、薄、淳于，81姓。

按姓氏笔画排序：

二画姓氏：丁、乜、刁、卜，4姓。

三画姓氏：于、万、门、卫、马、才、山、幺，8姓。

四画姓氏：亓、韦、王、车、戈、毛、丰、牛、仇、公、方、邓、尹、巴、孔、井、尤、卞、元、化、斤、文、云、仉，24姓。

五画姓氏：甘、石、左、龙、占、卢、史、叶、田、由、甲、申、白、丛、包、乐、宁、冯、兰、司、弘、汀、仪、帅、代，25姓.

六画姓氏：邢、吉、巩、权、匡、达、师、吕、曲、朱、乔、年、仲、任、伍、伊、华、兆、衣、齐、庄、亦、刘、江、汝、米、安、关、许、应、毕、牟、纪、孙、阮、阴、仵、伏、全、闫、成、邦、考、那，44姓。

七画姓氏：严、苏、巫、杜、杨、李、邳、郏、时、吴、何、邱、谷、佘、邹、狄、辛、初、祁、沈、汤、汪、沙、冷、冶、完、宋、陈、阿、陆、张、迟、邵、郎、收、灵、位、束、闵、佟、伴、芦、邴、远、运，45姓。

八画姓氏：武、林、杭、松、苗、范、苟、欧、卓、尚、罗、易、季、竺、岳、金、周、庞、郑、单、官、宗、房、郎、孟、苑、屈、呼、侣、所、禹、迮、明、郁、郇、和，36姓。

九画姓氏：柯、柳、柏、荆、胡、项、赵、郝、要、荣、战、线、钟、郜、修、侯、段、俞、逄、祝、施、姜、娄、洪、宫、闻、姚、贺、骆、费、咸、昝、相、种、茹、祖、荀、勇、类、弭，40姓。

十画姓氏：秦、耿、贾、袁、莫、夏、顾、柴、监、党、晁、徐、倪、席、栾、唐、高、郭、海、凌、剧、姬、陶、桑、展、原、晋、聂、殷、都、索、奚、翁、浴、铁、栖，36姓。

十一画姓氏：梦、曹、黄、梅、梧、萧、聊、龚、鄄、盛、戚、接、堂、常、崔、崇、假、鹿、兜、麻、康、商、章、阎、盖、剪、梁、寇、宿、隗、隋、扈、焉、望、符、尉、密，37姓。

十二画姓氏：鼓、蒋、葛、董、韩、斯、惠、甄、景、路、喻、程、储、傅、焦、舒、鲁、童、温、游、曾、谢、屠、禄、揭、嵇、揣、渠、强，29姓。

十三画姓氏：瑞、楚、槐、赖、靳、蓟、蓝、雷、虞、暗、解、鲍、裔、靖、廉、满、窦、褚、溪、雍、慈、赫，22姓。

十四画姓氏：臧、慕、蔡、綦、管、裴、端、廖、翟、熊、谭、阚，12姓。

十五画姓氏：樊、黎、滕、颜、潘、潭、德，7姓。

十六画姓氏：薛、燕、霍、冀、穆、缴、薄，7姓。

十七画姓氏：戴、鞠、魏，3姓。

十八画姓氏：瞿，1姓。

复姓姓氏：宇文、淳于，2姓。

部分姓氏范字　范字又称字辈、世序，产生于家庭，是同辈兄弟的标志，后演变成家族同辈人的标识。家族范字是由家族先祖为其后代而立，经几代人规范，使其家族尊卑有序，长幼井然。福山人姓名，多为3个字，即姓、范、名，范字有居中、缀后之分，3字姓名约占85.9%；也有2字姓名，即有姓和名，无范字，约占

14%；近些年，因重名增多，有的子女将父母二姓合为复姓，冠以范、名之前，成为4字姓名，仅为0.1%。

范字选字寓意吉祥，组词易记上口，多为诗文或绝句，概以摘选飨读。

卜姓范字　卜姓分居于南关、西关、东北关、城西等村。范字不统一，如东北关村卜姓范字为五言诗20字：“兴毓传继广，昭宪庆繁祥，令德维垂佑，钦绍念显扬。”

于姓范字　于姓为福山第六大姓，分布于全区43个村。以于姓冠村名的有南于家、北于家、旺远于村、于家。范字不一，如湘里村于姓范字：“贤宗思萝逢，冲国起元，恪基遵学德，克己复礼。”南涂山村于姓范字：“清光丕茂，泰岳钟祥，安邦治国，万世永昌。”

卫姓范字　卫姓分居于卫家疃、东马疃、湘河等9个村。如卫家疃村卫姓范字：“文昌德茂，广源泽长，吉庆有余，宝石传家。”东北关村卫姓范字：“玉肇永生，文昌德懋，光远泽长，积善余庆，衍世传家。”

马姓范字　马姓分布于西汪格庄、庞家沟、四合村、盐场等14个村。如南马家村马姓范字：“亿世德芝绍，培仁学海道。”西陌堂村马姓范字：“寿日长成，文明治国，武建中华。”

王姓范字　王姓为福山第一大姓，分布于全区80多个村。以王姓冠村名的有大王家、诸留王、王家疃、王家庄等8个村。范字不一，如古现户部尚书王鹭之后十二至二十五世范字：“积善余庆，伯世其昌，秉正守礼，敦本业儒，务勤崇俭，立德绍先。”

车姓范字　车姓分布于车家、义村等9个村。以车姓冠村名的有北车家、西车家、车家3个村。如车家村车姓范字：“文祥汝庆培，谦茂继士维。”义村车姓范字为五言诗：“元祥汝廷丕，谦守吉士维，书永客启曰，式常允立为。”

邓姓范字　邓姓为小户姓，分布于东北关、城西、仉村林、西关等村。如东北关村邓姓范字：“仁义礼信，泽世永昌。”

巴姓范字　巴姓分居于崇义、紫埠、三里店等10个村。如崇义村巴姓范字：“文国仁义，礼本忠信，美荣和治，巨贤玉伦。”

孔姓范字　孔姓分布于刘家庄、招贤、盐场等7个村。因古时孔子视为圣人，故范字全国统一。孔子之65代孙孔荫植五言诗以定范字：“希纳公彦承，弘闻贞尚衍，兴毓传继广，昭宪庆繁祥，令德维垂佑，钦绍念显扬。”孔子76世孙孔令贻，又续补一首五言诗作为范字：“建道敦安定，懋修肇懿常，裕文焕景瑞，永锡世绪昌。”

石姓范字　石姓为小户姓，分布于蓬莱庄、城里等5个村。范字不一，如蓬莱庄村石姓范字：“典国明维德，轩承守勋业。”

左姓范字　左姓为小户姓，分布于两甲庄、周家岘等6个村。如两甲庄村左姓范字：“守其令绪，衍泽迪光，麟祥培振，百代延昌。”

卢姓范字　卢姓为小户姓，分布于城里、东厅、宅院等7个村。同祖同宗，其范字少异。如城里村卢姓范字：“文振祖泽茂，武定邦国长”，“恪遵世德，家道乃昌。”

史姓范字　史姓分布于史家庄、老官庄、栾家疃等10个村。非同宗，其范字基本相同，如史家庄村史姓范字：“世守书田，崇修儒业，家传经学，荣赐恩光。”

由姓范字　由姓分布于岗嵛、三里店、永福园等10个村。非同支系，如永福园村由姓范字：“培玉芝其相，新继衍祖德，繁荣永锦昌。”

丛姓范字　丛姓分布于诸留王、邹格庄等5个村。非同支系，如诸留王村丛姓范字：“珠树兹培，曰龙章锡，宠年伦常，敦自厚昭，穆存相传。”

包姓范字　包姓分布于紫埠、蔡家夼、包家沟等10个村。非同支系，如蔡家夼村包姓范字：“国廷克永，鸿书绍锡，敦德承先。”

冯姓范字　冯姓分布于南庄、陡崖、西陌堂、冯家等9个村。非同宗系，如冯家村冯姓范字：“德善秉文，麟国立仁。”

邢姓范字　邢姓分布于邢家山、邢家、栾家、东宋州等11个村。非同支系，如邢家村邢姓范字：“敏乐天永玉，丰文治光华。”

权姓范字　权姓分布于权家、权家山、文家、南关等8个村。同宗支系，范字不一。如权家村权姓范字：“〇继祖应，一世国立，毓恩彤修，啟绍福百。”权家山村权姓范字：“继应自世，图之文宜，葆修守仁，良惠克昌。”

吕姓范字　吕姓分布于东留公、大沙埠、小河子等18个村。以吕姓冠村名的有吕格庄、吕家沟。非同宗支系，范字不一。如东留公村吕姓范字：“实家道贻序昭穆，正源礼明传典常。”大沙埠村吕姓范字：“积德之家，其泽允长，钦承贻训，丕绪永祥，维仁曰义，祖述宪章，昭文传守，万世克昌。”

曲姓范字 曲姓分布于下许家、曲家沟、曲家等15个村。非同宗系，范字不一。如曲家村曲姓范字：“有其尚金，学昌景德，礼运绍通，源本根深，全枝永茂，自古相传，繁华续宗。”

朱姓范字 朱姓分布于八角、花岩、诸留杨、楚塘等12个村。非同宗徙居，范字不一。如八角村朱姓范字：“钦培希从，东北赤国，承丕大广，文维吉相，延年益寿，宝德兴家。”

乔姓范字 乔姓分布于湘里、曾家庄、西关、蔡家庄等6个村。非同宗系，范字不一。如湘里村乔姓范字：“进臣玉秉，成宏世明，文章华国，忠厚传家，诗书智礼，雅言孔嘉。”

刘姓范字 刘姓为福山第二大姓，分布于招贤、楮佳疃、官庄、下许家等40多个村。以刘姓冠村名的有刘家庄、刘家埠、上刘家、下刘家、旺远刘村、河北刘家等。非同宗徙居，范字不一。如刘家埠村刘姓范字：“忠厚传世，家声克振，和平礼仪，馀德常照。”

许姓范字 许姓分布于两甲庄、上许家、梅家、东罗格庄等11个村。非同宗支系，如东罗格庄村许姓范字：“万春福禄，百世其昌。”

牟姓范字 牟姓分布于两甲庄、巨甲庄、汪远钱村、盐场等10多个村。非同宗支系，范字不一，如两甲庄村牟姓范字：“其传惟道，家学有常，修正立本，余庆世昌。”

纪姓范字 纪姓分布于曲家、邢家、山后、浒口等7个村。非同宗系，如曲家村纪姓范字：“尊可存文，宏浩东远，智才永进，禄寿祥松。”

孙姓范字 孙姓是福山第三大姓，分布于孙家、花岩、西黄山、孙家疃、东孔家庄、东罗格庄、台上、上官老沟、邱家庄等50多个村。以孙姓冠村名的有孙家、孙家疃、仉村孙。非同宗支系，范字不统一。福山孙姓范字，清代有16字：“延光应守，万世永昌，文盛德茂，承基愈隆。”1990年，续行16字：“培艺植兰，挺秀留芳，忠孝余庆，绍诸益良。”

汤姓范字 汤姓分布于汤家、吕格庄、八角、盐场等村。非同宗支系，范字不一。如汤家村汤姓范字：“成盛国九，文元兆志，祖德鸿恩，从善有福，先贤永杰，庆乐丰年。”

苏姓范字 苏姓分布于肖家、栾家疃、谭家庄、永福园、盐场等村。非同宗系，范字不一。如谭家庄村苏姓范字：“廷宪家修，泽庆其长，忠厚传远，在世之光。”

杜姓范字 杜姓分布于黑石、东罗格庄、上官老沟、西陌堂、东陌堂等近10个村。非同宗支系，范字不一。如杜家崖村杜姓范字：“国世其昌，永言保子，继承先德，立本行家。”

杨姓范字 杨姓分布于永福园、皂户头、前富村、楚塘、四合村等15个村。以杨姓冠村名的有诸留杨、大杨家、小杨家。非同宗支系，范字不一。如大杨家村杨姓范字：“汝德方茂，秉子永正，克复元善，天赐余庆。”永福园村杨姓范字：“儒汝其述，先崇正学，敬承世泽，永振家声，大道生德，善源茂盛。”

李姓范字 李姓为境内第五大姓，分布于永福园、巨屯、邢家山、八角泊子、四合村、南厚滋沟、老岚等70多个村。以李姓命名的村有李家、山前李家、李家沟、仉村李、李家疃、巨盆李家。非同宗支系，范字不统一。如永福园村李姓范字：“应相汝宗，克培维善，进执昭明，作德以仁。”山前李家村李姓范字：“方兴之景，益能光大，维善柯传，世泽鸿衍。”

吴姓范字 吴姓分布在吴阳泉、山吴家、东吴家、下许家、永福园、石岚、东罗格庄等15个村。非同宗支系，范字不一。如吴阳泉村吴姓范字：“丕承先学，缉熙有光，燕翼百世，运祁克昌。”永福园村吴姓范字：“金生崇山，家邦作宝，艺荣圣代，奕叶绍芬。”

谷姓范字 谷姓分布在大谷家、姜刘疃、西关、永福园等村。如大谷家村谷姓范字：“胡斗元世，鸿田克成。”

佘姓范字 佘姓全区仅有10余户，分布于楮佳疃、潘家、冯家、盐场等村。如楮佳疃佘姓范字：“源永保注宁，华忠殿振延，庆昌百世家。”

邹姓范字 邹姓分布在邹格庄、大王家、张格堡、巨甲、邹家房、山后、永福园、銮驾疃等25个村。虽非同支，范字基本相同。老范字16字：“培原立本，积德广仁，敬忠裕嗣，庆成绪昌。”新范字16字：“文明兴家，忠孝贤良，锦程英杰，福贵吉祥。”

初姓范字 初姓分布于永福园、城西、孙家疃、巨盆李家、南台、楼子口、老岚、西黄埠等14个村。如西黄埠村初姓范字：“元全维鸿，本立学德，积家庆裕，文章华国。”

汪姓范字 汪姓分布在汪家沟、湘里、小河子汪家、汪家、大谷家等近10个村。非同宗支系，范字不一。如汪家村汪姓范字：“华忠朝九，文国兆世，金永元富，贵春厚礼。”

陈姓范字　陈姓为境内第九大姓，分布于官庄、西道平、四合村、南厚滋沟、下官乐沟、姜家、老岚、卫家疃等近30个村。以陈姓命名的村庄有陈家、陈庄、陈家庄、小陈家、陈家沟。非同宗支系，范字不统一。如官庄陈姓范字：“三殿宴志在，春秋一部书。”陈家沟村陈姓范字：“守家应日久，文世玉兆广，承善德维明。”

宋姓范字　宋姓分布在宋家疃、东宋洲、诸留后庄、陡崖、百堡、蔡家夼等14个村。以宋姓命名的村有宋家疃、东宋洲、西宋洲。非宗支系，范字不一。如宋家疃村宋姓范字：“祥发同宗协，文修维述昌，咸钦人俊杰，会萃焕云章。”

张姓范字　张姓为福山第四大姓，分布在张格庄、东风、张格堡、东张家、南张家、仉村张等村。非同宗支系，范字各不相同。如仉村张村张姓范字：“言德世增，廷忠应华，道隆振寿。”东风村张姓范字：“文其斗兴，廷国仕芳，玉德守百，啟华家宝，永世子传。”

迟姓范字　迟姓分布在迟家、南关、桃园、栾家疃等约10个村。非同宗支系，范字不同，如南关村迟姓范字：“天德春焕，丕振家声。”

林姓范字　林姓为福山第十大姓，分布于林家、林官庄、仉村林、西留公、小河子汪家、上刘家、芝阳、权家山等25个村。非同宗支系，范字各异。如芝阳村林姓范字：“从道泽玉，建贤作示，继书为同。”林家村林姓范字：“维汝先家，克绍乃祖，永玉洪烈。”

岳姓范字　岳姓分布在盐场、城西、东厅、西栾家疃、房家疃、永福园等村。为同宗支系，范字相同：“维秉昌永，葆德福贵，忠原传家，诗书继世。”

金姓范字　金姓全区约30户，散居于四合村、马蹄夼、门楼、紫埠、姜刘疃、仉村王等村。非同宗支系，范字不同。如四合村金姓范字：“仁义建山，永继祖泽，百世流芳。”

周姓范字　周姓分布在柳行、上刘家、桃园、集贤、丁家夼、上官老沟、盐场、贾家疃、义村、北庵沟等20多个村。以周姓命村名的有周家岘、仉村周、东周格庄、西周格庄。非同宗系，范字不同。如上刘家村周姓范字：“正宪国章，延长方学。”

郑姓范字　郑姓分布在郑家庄、两甲庄、宅院、紫埠、汪家沟、盐场、史家庄等10余个村。非同宗支系，范字不同。如郑家庄郑姓范字：“祥发和才，国朝尚一，守逢希成，宝瑞乃寿，龙凤雄英，治世安民，润德泽生，育延永昌。”

房姓范字　房姓分布在房家疃、邹家房、城西、诸留杨、西庄、盐场等村。非同宗系，范字不同。如房家疃村房姓范字：“培年春绍，明训树模，恒新致政。”

孟姓范字　孟姓分布在辛店、城西、盐场等村。为同宗支系。其范字：“希讷公彦承，弘闻贞尚衍，兴毓传继广，昭宪庆繁祥，令德维垂佑，钦绍念昌扬，建道敦安定，懋修肇懿常，裕文焕景瑞，永锡世绪昌。”

柳姓范字　柳姓分布在权家、高疃北村、门楼、西罗格庄、旺远柳村、河格庄、邹格庄、西关、百堡、浒口、城西、集贤等约20个村。为同宗系，范字统一。胶东柳氏范字：“成培清建运，钟毓尧光华，明德长昭继，生辉永克家。”近年接续五言40字：“肇惠滋沛润，一本延百昆，纪元兆逢瑞，浩宇栋杰林，兴牟彦景仁，承先启良俊，干支续世昌，万古流芳春。”

胡姓范字　胡姓分布在下官乐沟、宋家疃、胡家夼、北庵沟、南关、东北关等村。非同地迁入，范字不同。如北庵沟村胡姓范字：“文学有光，继续万年。”下官乐沟村胡姓范字：“长发其祥，万年宜昌。”

赵姓范字　赵姓为福山第七大姓，分居在西陌堂、黄连墅、东黄山、东汪格庄、西陌堂、巨甲庄、西水夼、东水夼、丁家夼、谭家庄等20多个村。以赵姓命名的村有赵家庄、赵庄、小赵家。非同宗系，范字不同。如西陌堂村赵姓范字：“贞心大度，敬德尊业，成季宣孟，忠勋衍庆，先泽聿守，荣绪鸿广。”

钟姓范字　钟姓分布在钟家庄、东北关、永福园等村。为同宗系，范字相同。如钟家庄钟姓范字：“声王应力世维毓培宝，振立庆宪允有百景昭。”

侯姓范字　侯姓分布在侯家、石臼、大王家、紫埠、巨盆李家等村。非同宗系，范字不同。如侯家村侯姓范字：“国应九东强，成文克元庆，振述宜立嘉，永训继宗志。”

逄姓范字　逄姓分布于前富村、老岚、紫埠、八角泊子等村。非同宗系，范字不同。如前富村逄姓范字：“元德奎人，忠孝节义，仁爱双全。”

姜姓范字　姜姓为福山第八大姓，分布在姜家、石臼、善疃、东道平、西道平、西回里、紫埠、四合村、邹格庄、东关等26个村。以姜姓命名的村有姜家、姜家夼、姜家庄、姜刘疃。非同宗系，范字不同，如邹格庄村姜姓范字：“百秋兆基，树人乃尚，万善端木，克己奉昌。”

姚姓范字　姚姓分布在花岩、孙家疃、西臧家、八角、曲家沟等村。非同宗系，范字不同。如曲家沟村姚姓范字：“杰振崇忠，成唐培锡，汝积德国。”

贾姓范字　贾姓分布在贾家疃、城西、丁家夼、西关、东北关等村。非同宗系，范字不同。如贾家疃村贾姓范字：“国恩世庆，洪广德培，功新民惠，奉泰宪萃。”

徐姓范字　徐姓分布在徐家、塔寺庄、蒲湾、西厅、东厅、西北关、院口、张格庄、东道平等20个村。非同宗系，范字不同。如徐家村徐姓范字：“东承有世，国元德永，家学传经，丕基永绍，宗功名鼎，积善宜昌。”西北关村徐姓范字：“庆汝学增，修德瑞生，维谦安吉，万年昌永，承先恩隆，积善功胜，咸萃和顺，百福臻荣。”

倪姓范字　倪姓分布在邹格庄、黄庄、陈庄、丁家夼、河北、古现西村等。非同宗系，范字不同。如邹格庄村倪姓范字：“丕德振鸿，世守分田，克昌家声。”

栾姓范字　栾姓分布在栾家疃、西栾家、栾家、院口、楼子口、浒口、柳行等20多个村。非同宗系，范字不同。如栾家疃栾姓范字：“秉谨慎和平政福，以勤俭忠厚传家。”

唐姓范字　唐姓分布在东陌堂、唐家埠、汪远唐村、东道平、石井等15个村。非同宗系，范字不同。如东陌堂村唐姓范字：“德与功懋，寿延福昌，本源承继，万世荣光。”

高姓范字　高姓分布在曲家、东留公、西埠庄、曲家等17个村。非同宗系，范字不同。如曲家村高姓范字：“一卓成明，桂丕韩凤，耀百世昌，日月同辉，万年长盛。”东留公高姓范字：“礼培学树，从忠克维，有子世昌。”

郭姓范字　郭姓分布在义井、黑石、杜家崖、郭家、楼子口、东回里等20个村。非同宗系，范字不同。如城里村郭姓范字：“世子洪茂，玉尔言国，惟学友光，永新善培，科达延昌。”

钱姓范字　钱姓分布在梅家、旺远钱村、三里店、黄庄等村。非同宗系，范字不同。如旺远钱村钱姓范字：“守义忠廷，善为志宝，心作良田，家传有道，业广惟勤。”

曹姓范字　曹姓分布在西汪格庄、南关、西道平、东北关等村。非同宗系，范字不同。如西道平村曹姓范字：“作德永昌，积善玉庆，功名富贵，福寿康宁。”

黄姓范字　黄姓分布在黄庄、黄家、西陌堂、黄泥沟、东宋洲等14个村。非同宗系，范字不同。如东宋洲村黄姓范字：“清忠明亮，文学有进，光宗耀祖。”

肖姓范字　肖姓分布在肖家沟、肖家、肖家夼、城里、楮佳疃、西道平等15个村。非同宗系，范字不同。如楮佳疃村肖姓范字：“敬义传家，所行惟善，勤俭啟後，其业永光。”永福园村肖姓范字：“一脉相承，应维本源，宝善友庆，振起家声，延奕鸿祚，玉国宪荣。”

常姓范字　常姓分布在岔夼、黑石、台上、巨盆李家、姜刘疃等村。非同宗系，范字不同。如岔夼村常姓范字：“永曰廷开宝，国学洪求明。”

崔姓范字　崔姓分布在肖谷家、西马疃、吴阳泉、孙家疃、西周格庄等14个村。非同宗系，范字不同。如肖谷家村崔姓范字：“世友得永维，广树汝德鸿。”

鹿姓范字　鹿姓分布在城里、下夼、土峻头、仉村李、东回里等14个村。非同宗系，范字不同。如下夼村鹿姓范字：“崇道理为宪，章常照懿训，育英才振绪，业祐启新传。”

梁姓范字　梁姓分布在东关、梁家、峰台、上许家、仉村孙、石臼、张格庄、孙家等村。非同宗系，范字有别。如东关村梁姓旧范字：“家栋尔廷风，中昆火（边旁）葆云。”新范字：“惟善益修，长发其祥，德基克培，永久亨昌。”

隋姓范字　隋姓分布在南关、赵家庄、权家、葛庄、东陌堂、三里店、屯里等村。非同宗系，范字不同。如南关村隋姓范字：“乐善承家，克绍令树。”

董姓范字　董姓分布在南张家、百堡、西罗格庄、老官庄等10多个村。非同宗系，范字不同。如西罗格庄村董姓范字：“仁义礼智信，家道永远昌，祖德文功惠，百世继传方。”

曾姓范字　曾姓分布在曾家庄、仉村李、朱甲山、南庵沟等村。非同宗支系，但范字统一：“希讷公彦承，弘闻贞尚衍，兴毓传继广，昭宪庆繁祥，实德维垂佑，钦绍念祖扬，建道敦安定，懋修肇懿常，裕文焕景瑞，永锡世绪昌。”

谢姓范字　谢姓分布在城里、下夼、西关、南关、包家沟等10余个村。非同宗系，范字不同。如下夼村谢姓范字：“忠原传先人彝训，俭勤作复嗣令箴。”

赖姓范字　赖姓分布在东北关、浒口、招贤、永福园等村。非同宗系，范字不同。如东北关村赖姓范字：“万年绍家声积善昌懋，德载承祖训培儒耀光。”

靳姓范字　靳姓分布在马蹄夼、东周格庄、西埠庄、肖家、盐场等7个村。非同宗系，范字不同。如马蹄夼村靳姓范字：“乃光德玉，万世永昌，仁义礼智信，忠厚传家远。”

解姓范字　解姓分布在院下、旺远解村、蓬莱庄、四合村等。非同宗系，范字不同。如院下村解姓范字：“汝重有言天，永云宗运木，承福如北海，培修德才广，振起家邦声。”旺远解村解姓范字：“汝崇明文，中成永毓，洪学国世，道仁立本，义福盛德，春茂信发。”

鲍姓范字　鲍姓分布在紫埠、蔡家夼、盐场等村。如紫埠村鲍姓范字：“正大光明，修身宣世，振兴祖业，思宗惠华，元春则章，德盛浩然。”

臧姓范字　臧姓分布在西臧家、臧家、百堡、曲家庄、下夼、城西等村。非同宗系，范字不同。如臧家村臧姓范字：“泽田学宜，维汝崇文。”

蔡姓范字　蔡姓分布在蔡家夼、蔡家庄、盛家、小河子等村。非同宗系，范字不同。如蔡家夼村蔡姓范字：“××玉恩，维启先德，仁善承家。”

管姓范字　管姓分布在东北关、芝阳、南关、西关、善疃等村。非同宗系，范字不同。如西关村管姓范字：“泽起明亭，恩延清增。”

谭姓范字　谭姓分布在谭家庄、谭家、青上、隆口、东留公、院口等村。非同宗系，范字不同。如谭家庄村谭姓范字：“文明学章，卫世华国。”

滕姓范字　滕姓分布在八角口、黄家等村。范字：“绍元钟善，嵛德良启，福云忠孝，传家实声。”

潘姓范字　潘姓分布在湘里、潘家、上刘家、汪家沟、义井、吕家沟、官庄等18个村。非同宗系，范字不同。如湘里村潘姓范字：“毓振增启士，立业先青善，恕衍尔成家。”

鞠姓范字　鞠姓分布在张格堡、巨甲庄、四合村等。非同宗系，范字不同。如张格堡村鞠姓范字：“惟万志学，永泮方鹏。”

第五节　家谱（族谱）

家谱（族谱）是以记载父系家族世系、人物为中心的历史图谱，记录着家族来源、迁徙的轨迹和家族生息、繁衍、婚姻、族规、家约等，是研究社会史、移民史、人口史、地方史的宝贵资料，是华夏三资（国史、方志、家谱）的重要文献。

修谱起源　福山家谱修撰，始于明朝，兴于清朝，衰于民国，亡于“文化大革命”。从能搜集到的家谱序文看，初修于明朝的谱书有《李氏家谱》《孙氏家谱》等，不足10部，因年代久远，今见题无本。续修、重修和始修于清朝家谱，有《萧氏家族》《王氏家谱》（支谱）、《鹿氏家谱》《卢氏家谱》《宋氏家谱》等，全县约40部，是福山家谱的主体。三修、再修、重修于民国，涵盖所有清谱，初修谱书主要有《陈氏家谱》《赖氏家谱》《梁氏家谱》《林氏家谱》等20余部，所修谱书多为支谱，范围少，连续性差，趋于衰落时期。中华人民共和国成立后，受阶级斗争论影响，以阶级划线，所谓“亲不亲，阶级分”，把家谱当成封建糟粕，打入冷宫，无修谱之举。“文化大革命”期间，家谱成为“四旧”“毒草”，其中一部分家谱被“扫进历史垃圾堆”，付之一炬。党的十一届三中全会后，人们思想解放，将家谱视为文化瑰宝，寻根问祖的人越来越多，新修家谱蔚然成风，研究家谱方兴未艾。全区新修家谱有《孙氏家谱》《卢氏家谱》《邹氏家谱》《胶东柳氏族谱》及《王氏家谱》（支谱）等。

修谱内容　福山历代家谱修撰的主要内容有：

姓氏源流　以叙述的形式，记述始祖渊源、后继变迁等，聚置于序文中，展谱即入眼睑。

家谱堂号　为姓氏的特殊标识，是寻根问祖的重要线索。堂号名称多出于郡号望族，寓意深奥。如下夼鹿氏的“衍庆堂”、宋家疃宋氏的“惇叙堂”等。

世序范字　各姓氏字辈，皆由德高望重的长辈提拟，

图3-1　善疃村姜氏宗祠

合族共议，载入族谱，多置序言之后，按字数多少，有四言句、五言句、七言句、九言句不等。

世系表　是一个家族成员相互关系按辈排列的图表，其基本格式有欧式、苏式、宝塔式、牒记式，四种形式各有利弊。城西《王氏族谱》世系表为欧式，特点是：世代分格，由右向左横行，每个世代人名左侧都有一段生平记述，介绍该人的字、号、功名、官爵、生辰、配偶、葬地等。张格庄镇权家村权氏世系表为宝塔式，特点是：将世代人名由上向下排列，采用横竖线联接法，竖线永远处在横线的中间，一目了然，易看易懂。

谱书收藏　家谱收藏，历来为世人所看重。明、清时期，皆为手抄本，数量有限，多为望族大户收藏，过春节时，与其宗谱奉祭，供族人瞻仰。民国时期，王、谢等部分大姓，付梓石印，数量较多，分藏于富有人家。1946 年土改后，复查地主、富农被扫地出门，家谱遭到灭顶之灾。中华人民共和国成立后，政治运动接连不断，家谱逐渐成为废纸，收藏者多为本家族内文化老人。“文化大革命”时期，家谱再次遭劫，部分幸存，多为爱好者所藏，全区统计有 80 余部。

2002 年福山区谱书收藏情况统计表

表 3-8

项目/谱名	版式	年代	册数	编修	收藏	住址	堂号
孙氏家谱	手抄	明代	1	孙　珪	孙承惠	盐场村	—
鹿氏族谱	印刷	清代	4	鹿寿祺	鹿道章	下夼村	衍庆堂
宋氏族谱	印刷	清代	1	宋树春	宋绍文	宋家疃	惇叙堂
赖氏家谱	印刷	清代	1	赖　倗	赖积绥	东北关村	—
史氏家谱	印刷	清代	1	史作霖	史青田	史家庄	—
王氏族谱	印刷	清代	1	—	王树楼	东关村	—
卢氏族谱	印刷	清代	1	卢万祚	卢道宾	城里村	素行堂
谢氏家乘	印刷	清代	1	谢乃实	谢英华	下夼村	玉森堂
王氏族谱	手抄	清代	1	—	肖久田	南关村	—
迟氏族谱	手抄	清代	1	—	迟焕浩	南关村	—
邹氏族谱	手抄	清代	1	—	邹立业	銮驾庄	—
王氏家谱	印刷	清代	1	王继绥	王家政	城西村	—
隋氏族谱	手抄	清代	1	隋光弟	隋承东	南关村	—
郭氏族谱	印刷	清代	3	—	郭新枢	西关村	—
曾氏族谱	手抄	清代	1	—	—	曾家庄	—
吕氏族谱	手抄	清代	4	吕铭新	吕伟达	东留公	义德堂
钟氏家谱	手抄	清代	1	—	钟庆录	钟家庄	—
萧氏谱书	印刷	清代	2	萧程俨	萧义政	楮佳疃	—
朱氏族谱	印刷	清代	2	—	—	八角村	—
陈氏族谱	印刷	清代	3	陈曰宣	陈会生	官　庄	—
姜氏族谱	手抄	清代	1	姜麟祥	姜锡文	百堡村	—
孙氏家谱	印刷	清代	1	孙东安	孙善韬	花岩村	—
王氏族谱	印刷	清代	6	王家整	王长志	花岩村	—
郑氏族谱	手抄	清代	1	—	—	郑家庄	—
彭氏家谱	手抄	清代	1	—	彭学源	百堡村	—
解氏族谱	手抄	清代	1	解青运			
解承勋	解北梓	院下村	慧迪堂				
林氏族谱	手抄	清代	1	—	林德禄	林官庄	—
臧氏族谱	手抄	清代	1	—	—	西臧家村	—
王氏族谱	石印	清代	6	王　符	王者昌	河北村	—
王氏族谱	印刷	清代	6	王兆琛	王宪君	古现东村	福德堂
李氏家谱	手抄	清代	1	李玉桥	李焕一	李家村	—
吴氏族谱	手抄	清代	1	吴滋本	吴其仁	永福园村	—
杨氏族谱	印刷	清代	1	吴　普	杨述运	永福园村	—
李氏族谱	手抄	清代	1	—	李宗连	永福园村	—
岳氏家谱	手抄	清代	1	岳　禄	岳永庆	永福园村	—

续表 3-8

项目 谱名	版式	年代	册数	编修	收藏	住址	堂号
杜氏谱书	印刷	清代	2	杜　埰	杜伯生	盐场村	—
臧氏族谱	手抄	清代	1	—	—	臧家村	—
于氏族谱	印刷	清代	1	于宗询	于	湘河村	—
吴氏族谱	手抄	清代	1	—	—	吴阳泉村	—
柳氏族谱	手抄	清代	5	柳廷瑞	柳玉山	高疃北村	—
李氏族谱	印刷	清代	1	李自华	李祝华	南厚滋沟村	—
高氏家谱	手抄	清代	1	—	高更远	曲家村	—
唐氏族谱	印刷	清代	2	唐逢昇	唐茂义	东陌堂村	—
赵氏族谱	手抄	清代	1	—	—	西陌堂村	—
柳氏族谱	手抄	清代	1	柳清晏	—	门楼村	—
王氏家谱	手抄	清代	2	王　骐	王家良	诸留王	—
于氏族谱	手抄	清代	1	于锡麒	于茂绂	南涂山	—
逄氏宗谱	手抄	清代	1	逄元林	逄培恺	前富村	—
柳氏族谱	手抄	清代	1	—	柳运山	柳　村	—
郭氏家谱	手抄	清代	1	郭惟斌	郭永坤	门楼村	—
胡氏族谱	手抄	清代	1	胡　瑾	胡再发	下官乐沟村	—
权氏家谱	手抄	清代	1	权彤范	—	权家村	—
杜氏族谱	印刷	清代	1	杜　埰	杜永洲	杜家崖村	—
张氏族谱	手抄	清代	1	张　庚	张啟生	东风村	—
王氏支谱	印刷	清代	1	王　泉	王文军	张格庄	—
陈氏家谱	印刷	清代	3	陈星汉	陈芳玲	浒口村	—
萧氏家谱	手抄	清代	1	萧文蔚	萧建秀	葛庄村	—
牟氏家谱	手抄	清代	1	牟报国	牟林辉	两甲庄	—
梁氏族谱	手抄	民国	1	—	—	东关村	—
叶氏家谱	手抄	民国	1	—	—	叶家村	—
林氏家谱	手抄	民国	1	—	—	上刘家村	—
殷氏家谱	手抄	民国	1	殷铭贵	殷洪武	石屋营村	—
刘氏家谱	手抄	民国	1	—	刘相生	石屋营村	—
汤氏家谱	手抄	民国	1	—	—	汤家村	—
徐氏家谱	手抄	民国	1		徐永发	徐家村	—
于氏族谱	手抄	民国	1	—	于荣光	湘里村	—
柳氏族谱	手抄	民国	1	—	柳钟华	西罗格庄	—
董氏族谱	手抄	民国	1	董义勤	董相娟	西罗格庄	富兴堂
姜氏族谱	手抄	民国	1	—	—	东回里、善疃	—
迟氏族谱	手抄	民国	1	—	迟文集	迟家村	—
王氏支谱	手抄	民国	1	王曰寿	王兰芳	瑶台村	—
靳氏家谱	手抄	民国	1	—	—	马蹄夼	—
高氏家谱	手抄	民国	1	高　放	高曰德	集贤村	—
初氏宗谱	手抄	1963 年	1	初本涛	初本涛	西黄埠村	—
汪氏族谱	印刷	1980 年	1	—	—	汪家村	—
王氏家谱	印刷	1988 年	1	王钟崙	王振溥	陈家村	—
卢氏族谱	印刷	1992 年	1	卢道宾	卢继禹	城里村	—
孙氏谱书	铅印	1994 年	1	孙茂盛	孙茂法	西黄山村	—
邹氏谱书	铅印	1998 年	1	邹积超邹积权	邹积权	张格堡	—
卫氏族谱	印刷	2002 年	1	卫熙昌	卫德瑞	卫家疃	—
胶东柳氏族谱	印刷	2003 年	1	柳玉明	柳宗铎	西罗格庄	德茂堂
王氏族谱	手抄	—	1	—	—	垆上村	—

第二章　婚姻　家庭　生育

1978年以来，福山各级党委、政府加强人口与计划生育宣传教育，不断改变人们陈腐、落后的婚姻、家庭、生育观念，为人口与计划生育的健康发展创造良好氛围。80年代，学习推广烟台市以宣传教育为主、避孕为主、经常性工作为主的“三为主”经验。90年代初期，推出集中教学地点、集中教学对象、集中教学内容，推广电化教学“三集中一推广”教学模式，在各村大力兴办人口学校，利用广播喇叭讲解等形式进行宣传。90年代后期，重点开展婚育新风进万家和宣传教育进村，婚育新风进家“双进”、建设新型生育文化、建设文明幸福家庭“双建”活动。通过丰富多彩的活动，促进全区群众婚育观念的转变，福山区被评为全省“婚育新风进万家先进集体。”

第一节　婚姻

未婚　1982年普查，全县15岁以上（含15岁，下同）的人口为204522人，占总人口的72.04%，其中男性100356人，女性104166人。其中，未婚人口为57805人（男性31328人，女性26477人），占15岁以上人口的28.26%。在未婚人口中，15～29岁的为55423人（男性29092人，女性26331人）；30～44岁的为1648人（男性1537人，女性111人）；45～59岁的为471人（男性449人，女性22人）；60岁以上的为263人（男性250人，女性13人）。

图3-2　全区人口和计划生育工作会议

1990年普查，全区15岁以上的人口为232099人，占总人口的78.01%，男性115312人，女性116787人。其中，未婚人口为47396人（男性26462人，女性20934人），占15岁以上人口的20.42%。在未婚人口中，15～29岁的为44772人（男性24023人，女性20749人）；30～44岁的为1665人（男性1530人，女性135人）；45～59岁的为757人（男性727人，女性30人）；60岁以上的为202人（男性182人，女性20人）。

2000年普查，全区15岁以上的人口为298862人，占总人口的83.99%，其中男性149570人，女性149292人。15岁以上的未婚人口为5980人，占15岁以上人口的2%，其中男性3246人，女性2734人。在未婚人口中，城市人口为3890人，其中男性2006人，女性1884人；镇驻地人口为289人，其中男性160人，女性129人；乡村人口为1801人，其中男性1080人，女性721人。

配偶　1982年普查，全县15岁以上有配偶的人口为131645人，占15岁以上人口的64.37%，其中男性64714人，女性66931人。在有配偶人口中，15～29岁的为34859人，其中男性15795人，女性19064人；30～44岁的为53619人，其中男性26431人，女性27188人；45～59岁的为28196人，其中男性14074人，女性14122人；60岁以上的为14971人，其中男性8414人，女性6557人。

1990年普查，全区15岁以上有配偶的人口为169740人，占15岁以上人口的73.13%，其中男性84410人，女性85330人。在有配偶人口中，15～29岁的为40570人，其中男性19210人，女性21360人；30～44岁的为75174人，其中男性36880人，女性38294人；45～59岁的为37134人，其中男性19404人，女性

17730人；60岁以上的为16862人，其中男性8916人，女性7946人。

2000年普查，全区15岁以上有配偶的人口为291240人，占15岁以上人口的97.45%，其中男性145816人，女性145424人。按地域分：城市人口有配偶的为93226人，其中男性46370人，女性46856人；镇驻地人口有配偶的为16775人，其中男性8457人，女性8318人；乡村人口有配偶的为181239人，其中男性90989人，女性90250人。

丧偶　1982年普查，全县15岁以上丧偶的人口为14272人。其中，男性丧偶的为3758人，占26.33%；女性丧偶的为10514人，占73.67%。女性丧偶为男性丧偶的2.8倍。在丧偶人口中，15～29岁的为27人，占丧偶总人口的0.19%，其中男性丧偶15人，女性丧偶12人；30～44岁的为503人，占丧偶总人口的3.52%，其中男性丧偶245人，女性丧偶258人；45～59岁丧偶的为2819人，占丧偶总人口的19.75%，其中男性丧偶796人，女性丧偶2023人；60岁以上丧偶的为10923人，占丧偶总人口的76.53%，其中男性丧偶2702人，占24.74%，女性丧偶8221人，占75.26%，老年女性丧偶为男性丧偶的3.04倍。

1990年普查，全区15岁以上丧偶的为13976人。其中，男性丧偶的为3734人，占26.72%；女性丧偶的为10242人，占73.28%。在丧偶人口中，15～29岁的为75人，占丧偶总人口的0.54%，其中男性丧偶38人，女性丧偶37人；30～44岁丧偶的为503人，占丧偶总人口的3.6%，其中男性丧偶272人，女性丧偶231人；45～59岁丧偶的为2381人，占丧偶总人口的17.04%，其中男性丧偶792人，女性丧偶1589人；60岁以上丧偶的为11017人，占丧偶总人口的78.83%，其中男性丧偶2632人，占23.89%，女性丧偶8385人，占76.11%，老年女性丧偶为男性丧偶的3.19倍。

2000年普查，全区15岁以上丧偶的为1425人，其中男性丧偶384人，女性丧偶1041人。按地域分，城市人口丧偶的为552人，其中男性丧偶119人，女性丧偶433人；镇驻地人口丧偶的为91人，其中男性丧偶24人，女性丧偶67人；乡村人口丧偶的为782人，其中男性丧偶241人，女性丧偶541人。

离婚　1982年普查，全县15岁以上离婚的为800人，占15岁以上人口的0.39%，其中男性556人，女性244人。在离婚人口中，15～29岁的为98人，占离婚总数的12.25%，其中男性57人，女性41人；30～44岁的为244人，占离婚总数的30.5%，其中男性200人，女性44人；45～59岁的为262人，占离婚总数的32.75%，其中男性183人，女性79人；60岁以上的为196人，占离婚总数的24.5%，其中男性116人，女性80人。

1990年普查，全区15岁以上离婚的为987人，占15岁以上人口的0.43%，其中男性706人，女性281人。在离婚人口中，15～29岁的为252人，占离婚总数的25.53%，其中男性150人，女性102人；30～44岁的为342人，占离婚总数的34.65%，其中男性270人，女性72人；45～59岁的为247人，占离婚总数的25.03%，其中男性204人，女性43人；60岁以上的为146人，占离婚总数的14.79%，其中男性82人，女性64人。

第二节　家庭

境内的家庭形式结构以及与其相联系的道德观念，随着生产方式的变革而改变。在旧式家庭中，家长多由男性最高辈或长子长孙充当，拥有掌控家庭的一切权力，他们以封建法规、礼教、习俗等束缚家庭成员，极力维持大家庭格局，讲求四世同堂、五服齐全、九族兴旺，一家人尽管矛盾重重，消极混生，也维护大家庭的同居局面。明洪武二十九年（1396年），福山的家庭人口户均8.37人；清光绪二年（1876年），户均8.4人；民国21年（1932年），户均5.4人。

中华人民共和国成立后，消除封建家长制，实行家庭民主，其结构由大家庭型逐渐变成小家庭型。1949年，全县户均4.14人。70年代，家庭结构开始走向单一化、直系化，多代共炊的大家庭结构逐渐减少，大多数家长在子女结婚后即让其自立门户，由夫妻和未成年子女两代组成的家庭逐渐增多。1980人，全县家庭户均3.97人。2002年，全区户均2.57人。

家庭类型　1982年普查，全县家庭户为76711户，占总户数的99.64%，人口为277934人，占总人口的97.9%，户均3.62人；集体户为278户，占总户数的0.36%，人口为5975人，占总人口的2.1%，户均21.49人。家庭户门楼公社最高，户均3.77人；城关镇最低，户均3.53

人。集体户城关镇最多，为141户；臧家公社最少，仅有13户。集体户户均人口最多是东厅公社，户均60人（含福山铜矿）；张格庄公社最少，户均9.57人。

1990年普查，全区家庭户为91699户，占总户数的99.47%，人口为293521人，占总人口的97.93%，户均3.2人，比1982年户均减少0.42人；集体户为484户，占总户数的0.53%，人口为6200人，占总人口的2.07%，户均12.81人，比1982年户均减少8.68人。家庭户臧家乡最高，户均3.3人；张格庄乡最低，户均3人。集体户烟台开发区最多，为192户、2544人，户均13.25人；高疃镇最少，仅为8户、37人，户均4.63人。家庭户中，1人户为6338户，占家庭户的6.91%；2人户为14987户，占16.35%；3人户为37112户，占40.47%；4人户为23471户，占25.6%；5人户为7504户，占8.18%；6人户为1732户，占1.89%；7人户为411户，占0.45%；8人户为114户，占0.12%；9人户为17户，占0.02%；10人以上户为13户，占0.01%。民族混合家庭户中，2人户为13户，3人户为22户，4人户为11户，5人户为7户，6人户为5户，7人户为1户。

2000年普查，全区家庭户为117182户，占总户数的95.96%，人口为330468人，占总人口的92.88%，户均2.82人，比1990年户均减少0.38人；集体户为4929户，占总户数的4.04%，人口为25335人，占总人口的7.12%，户均5.14人，比1990年户均减少7.67人。家庭户中，1人户为10891户，占家庭户的9.29%；2人户为30239户，占25.8%；3人户为52078户，占44.44%；4人户为18219户，占15.55%；5人户为4674户，占3.99%；6人户为850户，占0.73%；7人户为158户，占0.14%；8人户为55户，占0.05%；9人户为13户，占0.01%；10人以上户为5户，不足0.01%。民族混合家庭户中，单民族户116748户，占家庭户中的99.63%；2个民族户433户，占家庭户中的0.37%；3个民族户仅1户。

五服　旧时的丧服制度，以亲疏为差等，有斩衰、齐衰、大功、小功、缌麻5种名称，统称五服。其斩衰用最粗的麻布做成，不缉边，使断处外露，以示无饰，服期3年，凡子及未嫁女为父、承重孙为祖父、妻为夫，都服之。齐衰，次于斩衰，用粗麻布做成，以其缉边，故称齐衰，服期1年的齐衰期，如孙为祖父母，夫为妻；有5个月的，如为曾祖父母；有3个月的，如为高祖父母。

九族　《书•尧典》“以亲九族”。孔传：“以睦高祖、玄孙之亲。”指本身以上的父、祖、曾祖、高祖和以下的子、孙、曾孙、玄孙。旧时立宗法、定丧服，皆以此为准，也包括异姓亲属。孔颖达疏引夏侯、欧阳氏说，以父族四、母族三、妻族二为九族。

第三节　生育

中华人民共和国成立前，婴儿死亡率很高，全县平均每个妇女活产子女5～6人，存活率不足70%。中华人民共和国成立后，医疗卫生和妇幼保健事业不断发展，子女存活率提高。

1982年普查，全县15～64岁的妇女中，存活子女占活产子女的99.59%。

1990年普查，全区15～64岁的妇女中，存活子女占活产子女的99.82%。

2000年普查，全区15～50岁的妇女中，存活子女占活产子女的99.47%。

第四节　寿命

寿命现状　福山气候宜人，人口寿命较高。1963年，全县人口平均寿命为60.9岁，其中男性为60.57岁，女性为61.22岁，女性比男性高0.65岁。1981年，全县人口平均寿命为70.33岁，比1963年增加9.43岁，其中男性为68.25岁，女性为72.37岁，女性比男性高4.12岁。1989年，全区人口平均寿命为73.1岁，比1981年增加2.77岁，其中男性为68.95岁，女性为76.22岁，女性比男性高7.27岁。1999年，全区人口平均寿命为74.84岁，比1989年增加1.74岁，其中男性为72.3岁，女性为77.42岁，女性比男性高5.12岁。

寿星　中华人民共和国成立后，90岁以上长寿老人、百岁寿星不断增加，女性高于男性。1963年，全县90岁以上长寿者为41人，无百岁寿星。1981年，全县90岁以上长寿者为116人，百岁寿星1人。1989年，全区90岁以上长寿者168人，其中男性42人，女性126人，百岁寿星2人。1999年，全区90岁以上长寿者425人，其中男性97人，女性328人，百岁寿星5人。2002年，全区有百岁寿星6人，其中男性1人，女性5人。

2002 年福山区百岁寿星表

表 3-9

姓名	性别	民族	出生年月	籍贯
由淑英	女	汉	1901 年 10 月	古现镇山王家村
孔庆花	女	汉	1901 年 9 月	门楼镇东碓村
孙立松	男	汉	1902 年 6 月	门楼镇下许家村
鲍风琴	女	汉	1902 年 12 月	清洋街道大沙埠村
孙培英	女	汉	1903 年 4 月	门楼镇楚塘村
王孙氏	女	汉	1896 年 5 月	古现镇北斗村

第三章　计划生育

1957 年，全县开始宣传、号召节制生育，但未设立专门机构，由卫生局兼管。1963 年 9 月，县成立计划生育工作委员会，开始推广节育技术，提倡晚婚晚育，动员多子女夫妇做绝育手术。1972 年 2 月，县委、县革委将人口计划纳入国民经济计划，县成立计划生育办公室，开始倡导“晚”（晚婚、晚育）、“稀”（2 个孩子间隔 4～5 年）、“少”（一对夫妇 2 个孩），计划生育工作逐步得到加强。1978 年后，计划生育政策向“一对夫妇生育最好 1 个，最多 2 个，杜绝 3 胎”的目标过渡，全县人口生产步入低生育水平。1980 年，全县实行计划生育证制度，取得准生证后才能生育，鼓励一对夫妇只生 1 个孩子。1990 年 10 月 26 日，区政府印发关于执行《山东省计划生育条例》的实施办法。1993 年 3 月，全区坚持“党政一把手亲自抓、负总责、一级抓一级”和“主要领导亲自抓、分管领导靠上抓”计划生育工作，层层签订《人口与计划生育目标管理责任书》，并把人口与计划生育工作纳入党委、政府重大事项督察范围，每季度调度决策目标、执行责任、考核一次。2000 年，实行计划生育重点管理、一票否决、离任审计、追踪奖惩制度。2002 年 9 月 1 日，严格执行《人口与计划生育法》，不断加大投入，保证计划生育工作人员待遇、法定支出和各种运转等经费需要。

由于措施得力，福山区率先在全国、全省实现人口生产由“高出生、低死亡、高增长”到“低出生、低死亡、低增长”的历史性转变。全县人口平均净增率“五五”期间为 8.53‰，“六五”期间为 8.55‰，“七五”期间为 9.64‰，“八五”期间下降为 3.18‰，“九五”期间，全区育龄妇女总和生育率为 0.84‰。1999—2002 年，全区人口连续 4 年出现负增长。按 1970 年人口出生率 30.15‰计算，全区 33 年间少生 18.5 万人。按 2000 年国家人口公报公布的统计数据计算，少生人口为国家和家庭节省社会抚养费 42.6 亿元。1990 年，福山区被烟台市委、市政府授予“计划生育先进集体”。1993 年，被山东省委、省政府授予“全省首批计划生育工作‘三为主’先进单位”。1998 年，被省委、省政府授予“计划生育先进集体”。1989—2002 年，连续 14 年获烟台市人口与计划生育目标责任考核一等奖。

第一节　计划生育管理机构

区（县）计划生育局　1957 年，县政府开始号召群众节制生育，但无设专门机构，由县卫生局兼管，具体业务由各医务部门负责。1963 年 9 月，县成立计划生育工作委员会，县长任主任，宣传部长、卫生局长任副主任，妇联、团委、工会、计委、民政、文教等单位负责人任委员，统一抓计划生育工作。1971 年 2 月，县成立计划生育办公室，编制 3 人。1982 年，县计划生育办公室改为计划生育局，编制 4 人。1983 年，计划生育局内设计划生育服务站。1984 年，改称烟台市福山区计划生育委员会，编制 7 人。1985 年，编制增加到 14 人，其中行政编制 5 人，事业编制 9 人，内设办公室、宣传站、技术服务指导站。1988年，计划生育宣传站和技术指导站撤销，成立计划生育服务中心。1992年3月，增设计划统计管理科、宣传教育科。1995年12月，增设流动人口管理科。2001年12月，更名为计划生育局，编制26人；流动人口管理科更名为政策法规科。2002年，局内设办公室、规统科、政策法规科3个行政科室和技术服务站、药具站、宣传站、协会办公室，共有工作人员26人。

乡镇计划生育办公室　1974年，全县10处公社相继成立计划生育办公室，并组建计划生育小分队，人员3～5人不等，业务隶属县计划生育办公室。1984年，改称乡镇计划生育办公室，并设计划生育专职助理员，指导基层计划生育工作。每年春、秋两季搞计划生育突击活动时，从镇、村抽调临时人员，后部分骨干转为合同制。至2002年，各镇街计生办编制为3人，设助理员、统计员和药具员各1人。

流动人口计划生育科　1995年12月，区计生委增设流动人口管理科，负责全区流动人口计划生育工作。2001年12月，机构改革，流动人口计生科更名为政策法规科。

计划生育协会　1995年10月，福山区计划生育协会成立，属群众社团组织。设会长1人(由分管副区长兼任)，副会长2人（由区计生委主任、副主任兼任），常务理事31人(由各局、委、办及计生委相关科室负责人组成)。下设办公室，副科级单位，编制2人，设秘书长1人。5年一届。同年同月，各乡镇相继成立计划生育协会，设会长1人（由乡镇党委书记兼任），副会长1人（由分管副乡镇长兼任），常务理事10人不等（由乡镇属各部门负责人兼任）。下设办公室，设秘书长1人，由乡镇计生办主任兼任。5年一届。

同时，各村计生协会成立，会长由村党支部书记兼任，副会长由村委主任兼任，秘书长由村计生主任担任，常务理事由村干部、致富能人和计生积极分子各1/3组成，每村5～7人，按10%吸纳会员，每名会员要帮助1户计生户致富。

第二节　计划生育教育

人口控制教育　1979年11月1日，县委召开大会，提出“一对夫妇只生一个孩子”的号召。至年底，有5810人报名只生一个孩，报名率达55.2%；有8个大队实现一孩化；有580对夫妇退出1980年的生育指标，志愿要一个孩子。1980年3月，县委再次召开大会，提出“全县普及育龄妇女一胎化，全年实现一孩化”。同年9月，全县各级党、团组织宣传学习中共中央《致全体共产党员、共青团员的公开信》，带头做到一对夫妇只生一孩。至年底，全县独生子女领证率达60%。1985年后，一孩率逐年增加。1992年，全区独生子女领证2962人，占93%。2002年，独生子女领证1404人，占98.29%。

基础知识教育　1980年7月，县委举办47人参加的计划生育专职干部学习班。90年代以后，各乡镇均成立人口学校，把人口理论、政策法规、生理节育、优生优育优教等基础知识融为一体，作为常规教育的内容，全区每年受教育者达10万多人次，普及率达98%以上。

基本国策教育　1984年，全区各级采取举办培训班、广播、板报等形式，进行计划生育基本国策教育，解决干部群众存在的各种模糊认识。1985年4月，区政府对照顾生二胎的范围做出适当调整，规定：农村只有一个女孩的大龄妇女，母女年龄满40岁、母亲最低年龄31周岁、女孩满3周岁的经批准可生育二胎。全区有913对只有一个女孩、间隔8年的农村夫妇领取二胎“准生证”。

第三节　计划生育管理

晚婚晚育　中华人民共和国成立前，县内青年男女结婚年龄一般在17～20岁之间。1950年5月，《婚姻法》颁布后，结婚年龄为21～22周岁左右。1963年，开始提倡晚婚，城市男女结婚年龄在25岁以后，农村男女在23岁以后。70年代初，晚婚晚育之风基本形成。1972年，男子结婚年龄平均为26岁，女子为24.6岁。1980年，新婚姻法颁布后，全区晚婚率逐年提高。1983年，晚婚率为77.05%，1992年提高到92.32%，2002年达到97.31%。同时，晚育率随之提高。1986年，晚育率为62%，1992年提高到93.53%，2002年达到98.29%。

婚前管理　70年代推行计划生育后，各公社由民政、计生办组成婚姻登记小组。符合条件要求登记结婚的男女双方，须持大队和计生主任等出具的出生和婚姻状况证明，在规定的登记日（每月2天）到所在公社办理登记手续。登记前，男女双方要先参加婚前教育学习班，学习生育知识等，并到指定医院进行婚前查体。后持各种证明，与计生办签订《婚姻家庭协议书》和《计划生育合同》，经民政助理审查合格后，予以登记，并发给登记证。领证后，夫妻双方持“一书一证”到计生办登记注册，报县计生委申领准孕证和出生证。1997年10月，省政府改革婚姻登记管理体制，由乡镇（街道办事处）办理婚姻登记改为由县（市、区）民政局直接办理婚姻登记。但牵扯到计划生育方面的内容、程序并无减少。

孕前管理　突出抓好三个结合，即计生工作与家庭建设结合，在全区开展“加强家庭建设，推进计划生育”活动，进行“十好”“十星”评比工作，计生是十星之一，获得者，以铝制标牌，镶钉在街门门框上方，人们以此为荣，自1986年起，全区每年评出“十好”“十星”户2万～3万家；计生工作与农村户口城市化管理结合，各村居计生办建立流动人口计生档案，实行计生合同制，杜绝流动人口乱生现象的发生，严格新生儿户口申报，无出生证申报者，由公安部门转交计生部门审查，同时，规范户籍迁移手续，1996—2002年，全区每年审办流动人口计生手续2000～4000份，落实流入、流出育龄妇女计生措施2000～3000人；计生工作与村级规范管理结合，各村依照国家和各级颁布的有关法规，制定村级计划生育管理规范、管理措施和奖惩制度等，统纳村级规范化管理，上书上墙入户。

药具管理　1983年，县计划生育局内设计划生育技术服务站，设药具管理员。1989年，改称药具管理站。10处乡镇皆设药具管理员1人，各村均设专职或兼职药具管理员。区药具管理站拥有35平方米的药具库，内配货架、干湿度计、除湿机、空调及灭火器等；乡镇计生办均设药具管理室，内有药具柜、样品柜、统计刊板、避孕知识刊板及挂图等；各村有避孕药具专柜、档案盒、知识刊板、节育挂图等。

自1989年以来，区计生委每年对镇、村两级药管员进行培训。1991年，培训乡镇药管员2期。各乡镇也都举办培训班，普训村级药管员。1996年以后，区每年培训新上岗的乡镇计生干部和区直计生干部2次，培训乡镇药管员2次，轮训村级药管员4次。至2002年，全区累计培训各级药管员2640多人次，药管员持证上岗率达100%。同时，实行药管员岗位责任制，建立药具管理、药具财务管理及药具档案管理等制度，定期考核，奖优罚劣。自1989年起，每年进行2次全区药管大检查，看硬件，查软件，找差距，评先进，药具管理步入制度化、规范化、科学化轨道。1989年，区药具管理站被烟台市计生委评为“节育措施知情选择先进集体”。1997年，被山东省计生委评为“节育措施知情选择试点先进单位”。2001年，被烟台市“计生委评为优秀药管站”。

属地管理　1993年10月，区政府印发《烟台市福山区流动人口计划生育管理办法》，把流动人口管理提到重要议事日程。2000年，按上级要求，积极探索依法建立城镇社区计划生育工作属地化管理机制。其基本原则是：“属地管理、单位负责、居民自治、社区服务。”其管理体制是：“单位负责，条条保证，属地为主，条块结合，双重管理，双重考核。”并具体界定全区计划生育属地管理责任区划。

常住人口生育管理　1965年，实行“提倡二胎，反

福山区晚婚晚育情况抽年表

表3-10

项目 年份	初婚		一孩	
	人数（人）	晚婚率（%）	人数（人）	晚育率（%）
1986	3360	74	15892	62
1988	2894	65.24	17888	62.86
1992	2267	92.32	2962	93.53
1994	2717	95.62	2217	97.46
1996	2400	97.71	2175	98.80
1997	2324	98.28	2019	98.27
1998	1770	98.71	2066	98.02
1999	1781	98.43	1400	98.12
2000	1628	98.03	1767	98.23
2001	1700	98.29	1471	98.28
2002	1116	97.31	1404	98.29

对三胎和多胎生育”的政策。1971年，实行“一对夫妇2个孩，2胎间隔四五年”的节育政策。1980年，鼓励一对夫妇只生1个孩。

流动人口生育管理　1995年，区计生委增设流动人口计划生育管理科，对流入、流出育龄妇女进行摸底普查，规范管理。

流入育龄妇女　1996年，区内流入育龄妇女3265人，其中已婚2158人，未婚1107人；持证明者3265人，部门验证3265人；应落实和实际落实节育措施均为1908人；持证生育的29人。市内流入390人，其中已婚218人，未婚172人；持证生育的5人，部门验证350人；应落实节育措施的199人，实际落实197人。市外省内流入98人，其中已婚29人，未婚69人，部门验证96人；应落实节育措施25人，实际落实24人。省外流入312人，其中已婚172人，未婚140人；持证明者312人，部门验证310人；应落实节育措施的165人，实际落实163人。

流出育龄妇女　1996年，区内流出育龄妇女3150人，其中已婚2053人，未婚1097人；持证明者3150人；应落实节育措施的1908人，实际落实1905人；持证生育的150人。流出市内3493人，其中已婚1683人，未婚1810人；持证明者3493人；应落实节育措施的1627人，实际落实1561人；持证生育55人。流出省内62人，其中已婚30人，未婚32人；持证明62人；应落实节育措施30人，实际落实29人。流出省外86人，其中已婚40人，未婚46人；持证明者86人；应落实节育措施40人，实际落实39人；持证生育1人。

1997年后，流动人口计生管理服务逐渐规范化。对现居住地非常住户口的育龄人口和离开常住地户口地30日内的已婚妇女，必须持身份证、婚姻状况证明、流动人口计划生育合同和近期照片，到户口所在地计生部门办理流动人口婚育证明。

合同管理　坚决执行《中华人民共和国计划生育法》及《山东省计划生育条例》，实行签订合同的方式，对计划生育依法加强管理。

第四节　计划生育技术服务

1965年，凡生二胎以下者，一切避孕药具全部免费供应。县妇幼保健站会同县医院组成节育小组，下乡服务。1971年，对一对夫妇2个孩或二胎间隔四五年的节制生育者，免收节育的一切费用。1983年12月，区计划生育局内设计划生育服务站，事业单位，编制2人。1988年8月，改称区计划生育服务中心，副科级事业单位，编制3人。1989年，恢复计划生育服务站名称，隶属关系和性质不变。至2002年，服务站设有门诊室、咨询室、治疗室、手术室、乳透室、优生实验室、检验室、B超室、药房、收款室、消毒供应室、男性门诊、康复室、药具管理室、药具仓库、人口学校等；拥有万能手术床、四孔无影灯、B超、心电图机、电动流产吸引器、妇科手术设备、显微镜、高压消毒设备、新型B超、乳腺诊断仪、酶标仪、微波治疗仪、血球分析仪、尿液分析仪、半自动系列化分析仪、电脑洗板机、三氧消毒机等医疗设备；还有微机、打印机、服务器、空调机、康复床及专用车等设备。计划生育服务站编制5人，设站长1人，其中主治医师4人，药剂师1人，兼职人员8人。主要从事人工流产、放取宫内节育器、皮下埋殖术、四项病毒检测、唐氏综合征筛查、避孕节育相关医学检查、优生优育、生殖健康、避孕节育技术咨询、不孕不育充症诊治、男性生殖健康等服务。

2002年，做节育手术243例，咨询服务182人次，术后随访412人次，遗传咨询128人次，巨细胞病毒、弓形体检测853例，还为26名病残儿进行技术鉴定并批生2胎计划。在生殖道感染干预工作中，对全区40周岁以下的已婚育龄妇女进行妇科病普查普治，为区直单位已婚育龄妇女查体3480人，查出各类妇科病1220例，督导各项健康查体4万余人次，治疗各项妇科病9000多例，对查出的22例非流感怀孕者及时采取补救措施。同时，还为全区242对不孕症夫妇建立了档案。

第四编　城乡建设

福山旧城建设始自金代，至明朝初具规模。至清末，总面积 0.5 平方千米。中华人民共和国成立后，因政治、经济、地理等诸多原因，城区建设一直滞后。改革开放前，福山城到处是烂泥湾、臭水坑，主街道只有一条长 380 米、宽 7 米的东西向城里街，且坑洼不平。

70 年代，百废待兴的福山城区建设开始启动。80 年代，开始走上建设与管理轨道。1985 年，控制区面积达到 11.9 平方千米，建成区面积 3.6 平方千米。90 年代，根据烟台市城市建设总体规划要求，实施建设与管理并举。21 世纪初，按照“园区化带动工业化，推进城市化，建设新型工业化河滨市区”和“加快与中心市区相融合”的总体思路，实行新区开发与旧城改造相结合，坚持高起点规划、高标准建设、高效能管理，城区面貌日新月异。综观 20 多年的城建历程，大体可分 4 个阶段：

1978—1983 年，为缓慢发展阶段。建成福山电影院、百货大楼、福山一中教学楼、医院综合大楼、政府办公楼、礼堂、华侨宾馆等现代建筑。楼房建设一改 70 年代“火柴盒”式（又称“筒式”）砖混结构建筑，“欧式”“海派”风格等框架结构建筑逐渐林立城区。

1984—1993 年，为加快发展阶段。主要是加强市政建设，建成格迈纳尔中学、烟台 SOS 儿童村、商贸大世界、百轲苑大酒店和邮政、通信、银行、医院大楼等；建成河滨路与河滨公园，内夹河两岸浆砌护岸工程告竣。

1994—2000 年，为突破发展阶段。建设或扩建河滨、福利莱、银河、电业等住宅小区；老城区和高新区、夹河生态园一带的排污排水管网工程启动并相继竣工；建成福海路、河滨路、西外环路、轸八绕城高速公路、五区连接路、南山路、永达街、同三高速公路“三纵五横”8 条主干街道的道路框架。重视城市管理、绿地建设、环境保护及城市环境综合整治工作，打造生态家园。先后建成河滨公园、健身公园、河滨广场等；大力创建卫生城市，多次受到国家、省、市的表彰。

2001 年以后，为跨越发展阶段。主要是加快旧城改造，成功运作姜刘疃、三里店、宋家疃、栾家疃、芝阳村、盐场等村改造。夹河西岸，美景如画，新建的福山医院门诊大楼、供电公司大楼、阳光水景大厦、福山一中和烟台汽车工程职业学院教学大楼，以及一片片仿古建筑、别墅和几层、十几层、几十层的高档住宅，沿岸而兴，顺势而建，栉比鳞次。

图 4-1　福山城区新貌

第一章　机构沿革

随着城区规模的膨胀扩大，居民的居住条件和居住环境不断改善、提高，境内的建筑业快速发展，应运而生的建筑队伍不断壮大，城乡建设管理机构的职能发生了较大的变化。主要职责是：负责建筑企业资质管理、岗位培训、工地安全管理、建筑市场管理、劳保费用收缴与拨付、工程招投标、工程造价及房地产开发管理；实施城乡建设规划，监督管理施工质量，查处或拆除违章建筑，做好城区环境卫生和美化、绿化等项工作。

第一节　机构沿革

1951年，县人民政府设建设科。1954—1957年4月，县人民委员会设建设科。1962年后，基本建设由计委和财政局分管。1967年，由县革命委员会生产指挥部工交办公室分管。1971年，县成立基本建设领导小组，下设办公室，负责建设管理；房产仍由财政局分管。1972年，县成立基本建设局，编员15人，下辖门楼水泥厂、福山砖瓦厂、自来水厂、建筑工程公司。1979年，撤销基本建设局，成立基本建设委员会。1982年，改称城乡建设委员会，负责城区建设管理、村镇建设规划、建筑队伍管理，下辖市政工程队、环境卫生管理所、园林管理队、房地产管理所。1983年12月，城乡建设委员会和环境保护局合并，成立城乡建设环境保护委员会。1986年，环境保护由城乡建设环境保护委员会析出。1993年，城市规划从城乡建设委员会析出，成立烟台市规划局福山分局。1996年9月，更名为区建设委员会。下辖建筑业管理处、建筑工程质量监督站、煤气公司、第三建筑设计院、环境综合管理处、市政工程公司、园林管理处、城市管理办公室、第三建筑工程公司。

2001年12月，区建设委员会更名为区建设管理局。2002年1月，建设管理局内设办公室、财务审计科、基本建设管理科、市政公用设施管理科、村镇建设办公室5个科室。下辖园林管理处、环境卫生管理处、建筑业管理处、质量监督站、城市管理综合执法大队、市政工程有限责任公司、第三建筑设计院、第三建筑工程安装公司、建设监理中心9个单位。

第二节　事业及企业单位

事业单位

房产管理局　1977年以前，福山房产管理、维修、建设等先后由财政局、基本建设局分管。1977年，县成立房产管理所，负责公房登记、维修、分配等工作。1990年9月19日，区房产管理局成立，为自收自支正科级事业单位，辖区城市建设综合开发公司、区房地产管理处、区房产交易监理处，代区政府管理房改办公室。1992年5月27日，成立区房地产开发集团总公司，为独立核算、自主经营、自负盈亏的经济实体，与房管局一套机构2个牌子，继续履行原职能，房管局原编制、行政人员身份、工资标准、行政级格不变。1993年2月10日，设立区城市建设房屋拆迁办公室，为全民事业单位，经费来源自收自支，隶属区房管局。原属房管局内设科室的城市房屋拆迁办公室撤销。同年，房地产管理局撤销，保留区房地产开发集团总公司，原编制和行政管理职能不变。1996年2月12日，恢复房管局，同时更名为区房产管理局，为正科级事业单位，隶属区政府。1998年12月17日，区城市建设综合开发公司由事业单位改为企业性质，撤销副科级规格，隶属关系不变。1999年9月30日，房地产管理处、小区管理服务处转为企业，取消事业编制。2002年1月21日，区房产管理局内设办公室、拆迁管理科、物业管理科、房改办公室、财务科、产权产籍管理科，辖房产交易处、拆迁办公室2个事业单位和区城市建设综合开发公司、河滨物业管理中心、房管处物业管理公司、锦绣山庄物业管理中心、第二房地产开发公司5个企业单位。同年8月，区房产管理局改制为内部职工持股的有限责任公司，更名为区城建综合开发有限公司。

环境卫生管理处　1963年，县成立城镇卫生管理队，隶属县卫生局。1974年，更名为县城镇卫生管理所。1981年5月，改称县市政卫生管理队，隶属县基本建设委员会。1984年11月，更名为区市政卫生管理队，为股级全民事业单位。1986年8月，改称区卫生管理处。1990年9月，升格为副科级事业单位，隶属关系不变。1993年11月，爱卫办、城建办、环卫处3个单位合并，成立区城市环境综合管理处，为正科级事业单位，隶属关系不变。1999年8月，更名为区环境卫生管理处，行政级别及隶属关系不变。

建筑业管理处　1979年，县建设委员会内设施工管理股。1983年12月，区城乡建设环境保护委员会内设施工管理科、工程质量监督站。1989年，施工管理科更名为建筑业管理处。1991年 6月，工程质量监督站独立，为股级事业单位，隶属于区城乡建设委员会。1993年11月，区建筑业管理处升格为正科级事业单位。1995年，增设房地产开发管理办公室。同年12月，工程质量监督站升格为副科级事业单位。2002年2月，建筑业管理处内设科室调整为办公室、行业管理科、安全监督科、房地产开发办公室。建筑市场管理、工程招投标及造价管理职能划归建设管理局。

园林管理处　1979年，县园林管理队成立，隶属县基本建设委员会。1983年，改称绿化股，隶属于区城乡建设环境保护委员会。1986年4月，改称区园林管理处，为股级事业单位。1993年11月，升格为正科级事业单位，隶属区城乡建设委员会。

城市管理行政执法大队　1984年8月，烟台市城市建设监察大队福山分队成立，为股级全民事业单位，隶属市、区两级双管单位。1986年11月，改称区城市管理办公室，其隶属关系、机构规格、人员编制不变。1999年4月，区城市管理办公室对外挂烟台市城建监察支队福山大队的牌子。2001年12月，撤销区城市管理办公室，成立区城市管理综合执法大队，为副科级事业单位，隶属于区建设管理局。

企业单位

烟台第三建筑安装工程公司　1967年5月，由城西、南涂山等40个生产大队的木瓦工匠组成联营队，专营建筑工程。1968年12月，联营队由联合体改为大集体。1969年底，改称福山县建筑队。1976年，改称县建筑工程公司。1984—2002年，称烟台第三建筑安装工程公司。

烟台第三建筑设计院　1974年4月，县成立建筑工程设计组，直属县基本建设局。1982年，定为集体性质的独立核算单位。1983年，更名为县建筑设计室。1986年6月，转为全民事业单位。1988年，更名为烟台第三建筑设计院。

福山区城建综合开发有限公司　1984年10月，区房地产开发公司成立，直属区政府，为全民所有制企业，由区城乡建设环境保护委员会代管。1987年11月，改称区城市建设综合开发公司，为服务性事业单位。1990年10月，隶属于区房产管理局。2002年8月，改制为内部干部、职工持股的有限责任公司，更名为区城建综合开发有限公司。

烟台市福山区市政工程有限责任公司　1979年，市政工程队成立，隶属县基本建设委员会。1987年11月，改称区市政建设工程处，为股级事业单位。1993年11月，更名为区市政工程公司，为正科级事业单位，隶属关系不变。2000年7月，改制为企业，称区市政工程有限责任公司，隶属关系不变。

烟台市福山区液化气公司　1986年6月，区液化气站成立，随后改称区液化气公司，为全民事业单位，隶属区城乡建设环境保护委员会。1996年12月，公司转为企业。同时，移交给烟台市煤气公司。2001年，公司破产。

烟台市泰达建设监理有限公司　1997年3月27日，区建设监理中心成立，为国有企业，隶属于区建设委员会。2002年10月22日，改制为公司，称烟台市泰达建设监理有限公司，隶属于建设管理局。

永达房地产开发公司　为烟台永达实业公司（永福园村）投资兴办的集体企业。

松霞房地产开发公司　1993年6月，由宋家疃村投资兴办的集体企业。

烟台市福山区三联房地产开发公司　1992年5月，由区计划委员会、土地管理局、福山建行三家联合发起成立。

烟台福利莱置业有限公司　1993年成立。前身系烟台福利莱房地产开发有限公司，是中国银行福山支行和香港合资企业。

烟台市福霖居房地产开发有限公司　下设烟台龙华建筑工程公司、烟台振兴工贸有限公司、烟台龙华果品苗木有限公司、贵州湄潭龙华果品开发有限公司、烟台元亨利木业有限公司等企业，为民营企业。

烟台福山天府房地产开发有限公司　1992年，由烟台福山天府集团公司（盐场村）发起成立，为集体企业。

烟台市福山东华房地产开发公司　1992年7月，由烟台市东华经济开发总公司（东北关村）投资兴办，为集体企业。

烟台北方房地产开发公司　1993年，经市政府批准成立。2002年，被省建设厅批准为国家房地产开发三级资质企业。

烟台恒生—汤斯曼房地产开发有限公司　1992年，烟台市恒生房地产开发公司（西关村）与美国汤斯曼有限公司合资兴建。

烟台市福山区建筑安装装饰工程公司　1991年10月5日成立，为区属企业，是全区建筑行业的龙头。

烟台市福山区建筑安装装饰工程公司第二工程处　1995年成立，为区属国家二级房屋建筑承包企业。

烟台市福山区建筑安装装饰工程公司第三工程处　为区属企业。

烟台市福山区建筑安装装饰工程公司第六、第八、第九、十二、十四、十五、十七、十八、二十、二十二、二十三工程处等　均为90年代民营企业。

烟台市福山区建筑安装装饰工程公司第二十六工程处　1972年组建，原为门楼镇集体四级企业。1994年改为股份制，更名为国苑工程有限公司。2001年，合并于区建筑安装装饰工程公司，编为二十六处。

烟台市福山区建筑安装装饰工程公司第二十七工程处　1989年2月，由楮佳疃村的木、瓦工为主体组成建筑队，称臧家乡建筑队。1998年，改称烟台开发区正大建筑安装公司二处。2002年7月，编入区建筑安装装饰工程公司，属民营企业。

烟台市福山区东华建筑安装公司　1972年，东北关建筑队成立。1980年，成立东华建筑安装公司。

烟台同化防水保温工程有限公司　是集科研、生产、设计、施工为一体的高新技术企业，为私营企业。

烟台德润建筑有限公司　前身为兜余镇卫家疃村建筑队。1994年，易名区卫家疃建筑公司。2000年，更名为卫家疃建筑有限公司。2002年1月，西关建筑公司、辉源建筑有限公司并入，组建烟台德润建筑有限公司。

烟台市福山天府建筑装饰有限公司　1991年11月成立，由盐场村投资营运。

烟台市福山区永福园建筑安装有限公司　1984年成立，由永福园村投资营运。

烟台市福山区裕东消防工程公司　2002年成立。

福山建筑安装工程有限公司　前身属福山镇公社下属企业，1971年创建。1995年，改制为福山建筑安装工程有限公司。

第二章　城市规划

改革开放以来，福山坚持“超前规划、科学指导、优质服务”的原则，建立健全城市规划机构和体系，依法组织编制完成城市总体规划、道路规划和“七五”至“十五”城建规划，以及乡镇、街道驻地和部分村庄建设规划等，强化规划刚性管理，提高规划的严肃性。同时，放开规划设计市场，引入市场竞争机制，对区内重要地段、重大项目和主要景观区域的详细规划、城市设计，面向社会公开招标，征集并择优选择最佳方案，使规划设计彰显福山特色，突出福山特性，达到国内先进水平，促进城市面貌明显改观、城市魅力进一步凸显。

第一节　机构

1976年，县基本建设局成立规划组，开始对城区近期建设进行规划。1980年3月，县革委成立城镇建设领导小组，下设办公室。1993年9月，烟台市规划局福山分局成立，为正科级单位，隶属于烟台市规划局。内设办公室、规划管理科、规划监察科，下辖规划勘测设计院。1995年12月，增设测绘管理科。1999年5月，规划勘测设计院事改企。2001年5月，成立福山城市地理信息中心，为企业性质，隶属于区规划分局。

第二节　规划

1976年，县基本建设局规划组开始对城区近期建设做规划调查。1980年，对县府街、城里街等街道拓宽延伸做规划测量。同年，根据省政府的要求，首次开展城区总体规划编制工作。1982年，第一轮城区建设总体规划编制完成，报省政府审批。1983年，对总体规划方案进行修改补充，再次上报省政府。1984年2月，省政府正式批准福山区总体规划方案并付诸实施。在市总体规划指导下进行建设和管理。同年，严格执行城市规划管理条例和审批手续制度。全年完成具体规划项目33个，并完成6条道路、总长13000米的测量定线。1986—1987年，对锦绣山庄、河滨小区进行规划，并完成城区部分街道的纵横断平面测绘及设计。1988年，加强城区乡规划的管理与实施工作，使城乡建设基本走上按照规划建设的轨道。

1990年4月，采取多种形式，大力宣传《城市规划法》。是年，完成永安街至永达街用地控制详细规划及永安街等5处较大的规划；编绘出1∶10000总体规划图、青龙山征地用图、建设单位8套规划设计图、崇文街路面设计及排水沟设计图、原有公共道路占地面积征地用图；完成东北关村至西北关村到永安街的测量与设计。共定点放线建筑60个，完成补图面积0.43平方千米，提供征地图纸530份。同步完成3.3千米的四等水准网、水准观测计算工作。同年，实行规划许可证和规划用地许可证制度，发放规划许可证39份、规划用地许可证31份。1992年，对河滨公园、城区北段做出详细规划；对22大院（茂林居小区）、华侨村、史家庄至西山路两侧与城里街商业网点、城市道路网、松霞路、永福园路、儿童乐园做出规划设计；完成城区排水管网测绘制图和产业区起步区控制性规划及道路设计。

1993年8月，烟台市规划局福山分局成立，业务接受市规划局领导。1996年，对城区规划依法实施管理。全年共查处违法建设142起，面积5996平方米。其中，依法拆除45起，面积2160平方米；补办临建手续97起，面积3836平方米，使违法建设得到有效遏制，违法建设案件同比下降30%。是年，在城区建成区内，确定和设计“标志性地段、标志性建筑群、标志性建筑物”。在全市规划设计展评中，福山区标志性地段河滨路控制性详细规划和标志性建筑群夹河岛世界水上景园景观详细规划，分获一等奖和二等奖。同年，对永福园、东华、西北关、史家庄、大沙埠、盐场、天府居住小区和福海路、河滨路、河滨广场、烟台航空客运口岸联检业务楼等60余项工程做出修改性规划设计，并在各乡镇全面开展规划普查工作。在此基础上，完成9个乡镇驻地的规划修编工作。为实现城市规划、设计科学化，区规划分局投资8万元，新增2台586微机和1台喷墨绘图仪及扫描仪，规划设计、建筑方案设计、建筑施工图设计全部达到微机化。

1997年，依照福山区新一轮总体规划，开展城区绿化规划设计。先后完成河滨广场一期工程、房管局南侧华侨新村、少年宫公园北段二期工程、县府街等4条主干道、南山医院广场、永安街区公路局大院、大沽夹河城区段的绿化规划设计。同时，完成河滨广场周边和东陌堂机场综合服务区控制性详细规划设计；完成烟台足球体育中心、门楼水库内岛开发建设等11项（区委、区政府下达的指令性工作）规划设计；完成福利莱房地产开发公司等单位50多项修建性详细规划设计；完成城建开发公司标准厂房等18项建筑方案设计；对南苑、栾家疃、东关、天府4个居民住宅小区进行规划设计；对百货大楼、民营经济一条街、广场周边、河滨路北段绿化等10个大的规划设计方案和建筑设计方案，会同有关领导和部门进行会审。另外，还把规划编制延伸到农村，完成10个村庄规划编制工作。是年，在全省举办的“三标”设计展评中，区规划分局设计的标志性建筑群烟台世界水景园获省规划设计二等奖。

1998年，对环宇、观月顶、曾家庄3个居民住宅区进行详细规划设计；完成204国道南侧东至外夹河、西至福桃路、南至轸八路和前埠村南侧至轸八路、内夹河东侧、福桃路西侧的控制性详细规划；编制完成20个村庄的规划和以城区绿化、消防为重点的专业规划；配合市规划局完成外夹河水源梯形开发规划。同年，制定出台福山区《管线铺设管理规定》。

1999年，对南苑小区、马山小区做出详细规划；对永安街南侧至204国道、西山路至西外环路做出控制性详细规划；完成区青少年娱乐中心、健身公园二期改造工程、福盛商场拆迁改造及周边环境改造、河滨东路的规划设计和绿化设计；完成河滨路永安街以南绿化改造、永达街福海路以西至西外环路、高新区发展区的路网及竖向管网规划设计；完成区人民医院新建病房建设和周边环境改造的设计及督办；完成疏港路南侧、泊子村北侧、福海路西侧2平方千米与河滨东路1.25平方千米1∶1000地形测图、补图；完成轸八路崇义立交桥至侯家出口段1∶1000带状地形测绘工作。

2000年，完成曾家庄等5个居民生活小区的详细规划编制和规划调整；完成产业区发展区永达街福海路至西外环路的控制性规划编制和东厅乡工业园区的道路规划设计；完成6项市、区重点工程规划设计；完成永昌电子公司、帝元电子公司、烟台虹光房地产开发公司标准厂房及张裕矿泉水厂等42项修建性详细规划设计；完成区“十五”总体规划基础资料的汇总及现状图的绘制；完成规划编制测、补图30幅，面积5.22平方千米。是年，还为驻军54698部队测绘光缆敷设图13幅，面积为3.55平方千米；测绘工程竣工验收图20幅，面积0.55平方千米；进行5条线路的水准测量，总长度为6.52平方千米。

2002年，编制修订福山分区总体规划，调整功能区划。围绕产业结构调整，对工业园区的发展用地进行合理布局，构筑城区道路网络系统规划。完成河滨路204国道以南和西山路至汇福街道路延伸以及永安街西山路以西拓宽改造等四纵四横道路规划设计；完善环宇和栾家疃等8个居民住宅小区的详细规划、泊子和小陈家村搬迁规划、制锨厂及周边环境改造规划；完成康迪工业园区等各类修建性详细规划47项及政府指令性规划20余项；完成富豪花园二期工程等13项大的建筑方案设计，其中富豪花园的规划和建筑设计，获省优秀住宅小区设计奖；高标准完成福海路、福桃路、204国道两侧的景观改造规划；完成河滨路北段绿化改造和南段绿化延伸规划及产业区起步区绿化规划；完成福泰热电厂及供热管网、产业区污水管网改造及3号、4号河二期污水管网敷设规划。

在建设项目的审批和验收中，实行“一书三证”制，发放率达100%。坚持规划设计和建筑设计方案评审制，充分发挥规划和建筑设计审定委员会的作用，杜绝遗憾工程。

第三章　建设与管理

福山旧城只有城里街1条主街道和花市街（现鑫汇街）、估衣市街（现邮电巷）、萝卜市街（现迎宾巷）、衙门前街（府前街，1994年北段辟为公园）、西马路（现新华书店楼南）、儒学街（城里街东首北）6条南北走向街巷，街道狭窄、皆为土路。改革开放前，市政工程投资寥寥无几，城区街道只是修修补补，面貌依旧。改革开放后，福山城市建设框架逐步拉开，基础设施日益完善，发展空间不断拓展，逐步形成“三纵五横”道路框架。城市形象得到彰显，城市功能大幅提升，城市面貌焕然一新。

1981年，县政府发布《福山县县城建设管理办法（草案）》，制定《关于加强城区建设管理的若干规定》。1983年4月，印发《关于县城建设管理》规范性文件。1984年，福山执行烟台市制定的道路、桥涵、排水设施、照明设施、园林绿化、市容环境、清扫保洁、“门前三包”、废弃物收运和处理等若干管理规定。

90年代，福山依据烟台市总体规划要求进行建设与管理，加快城建步伐。1991年，本着“量力而行，尽力而为”的原则，进行城区建设管理。建筑业完成产值8000万元，完成施工面积26.65万平方米，工程质量一次验收合格率达100%，优良率达40%。铺筑沥青路4条，总面积为3.28万平方米，完成排水工程2167米。城市绿化覆盖率达36%，人均占用公共绿地面积13.1平方米。乡村建设进展较快，2个乡镇和8个村庄达到省新型乡镇和明星村庄标准。翌年8月，通过国家级卫生城的鉴定和验收。1994年，积极开辟新的融资渠道，发动全社会力量参与城市建设。吸引资金4450万元，主要用于崇文街、汇福街和天府街西段的建设工程。1996年，以建设花园式现代化工业城区为目标，加快基础设施和重要工程建设，不断增强城区载体功能，初步构筑起新老城区“三纵四横”的道路框架。

2001年，学习外地先进经验，盘活基建资金，坚持新建与改建并重，全区城市建设突飞猛进。2002年，加大招商引资力度，引进天然气公司、热电站、热力公司、上海亚通置业发展有限公司、大连老撒园林设计公司、济南邦捷企业集团、烟台北方房地产开发公司、玉森房地产开发公司、大连福祥房地产开发公司等企业到福山投资开发，城市建设投入资金共计3.47亿元。完成小城镇建设投资额5130万元、房地产业投资额1.62亿元、河滨路综合整治工程投资2000万元；实现建筑、安装产值3亿元，开发面积20.4万平方米；城区绿化美化投入资金500万元，共栽植各类花卉33.5万株，铺设草坪6万平方米；道路建设投入资金3630万元，新建道路4条，总长4800米；完成3号、4号河污水治理工程。

第一节　建筑

福山城坐落在内夹河西岸，旧时规模狭小，改革开放前，被民众戏称“鸡蛋壳楼城”，也有妇孺皆知的“东门磕一跤，西门捡帽子”之谑。改革开放后，特别是福山县改为烟台市区之后，城区建设日新月异，一大批现代建筑拔地而起。

主要建筑

政府办公大楼　坐落于县府街东段路北、旧县衙二堂后。1979年3月破土动工，同年8月建成。设计为5层，实建成4层。长76.45米，宽17.24米，建筑面积4608平方米。福山建筑设计室初博海设计师设计，县建筑工程公司施工。大楼设计结构合理，庄重大方，造型系中轴对称“工”字形，为抗“七度裂度”破坏的砖混结构。外墙饰面采用棕红色石子干粘，式样新颖、线条清晰。门厅地面为紫红色水磨石。楼梯宽敞，踏步适度，内廊开间为“非”字形，大小房间120个，可供500人办公。整个大楼层间明亮，光线柔和，为境内较大建筑物之一。

图4-2　明代福山县衙旧址

区委、区人大、区政府、区政协、区纪委等机关驻此办公。

1990年，接政府大楼东山墙向东又南拐，增建档案馆楼。1995年，按原设计图纸增建主楼第5层，由李家华领建。大楼前厅及楼梯，换铺“将军红”花岗石，各层走廊及各间办公室换铺浅橙黄色地面砖；改换木质门窗为铝合金门窗，外墙面重贴浅棕黄色瓷砖。大楼前为大院。院内栽植雪松、银杏、水杉及玉兰、石榴、冬青等绿化树木。

政府礼堂　位于县府街东段路北，区政府大门西200米。建址原为护城壕（1977年改为城区地下排污总管道），建筑面积4274平方米。1982年12月动工，1984年7月建成。烟台市建筑设计院设计师柴树基、周如婴设计，烟台第三建筑工程公司施工。排架结构，属抗震设防工程。前厅由8根白石方柱、14根理石嵌面柱挺拔支撑，14扇并排棕色大门（90年代换为角铁玻璃门），镀金“礼堂”二字含露方宇，尤显高雅。大厅内，设舞台和1230个观众席位，通风供暖设施齐备，四壁吸音，空灯辉煌。

法院办公楼　位于永安街东段路北。1993年建成。楼高5层，建筑面积4200平方米，占地面积6142平方米。烟台第三建筑设计院建筑师林浩设计，区技校建筑安装工程公司施工。

公安局办公楼　位于永安街东段路北。1994年6月开工，1995年12月竣工。楼高7层，建筑面积5600平方米，占地面积11034.5平方米。框架结构。天津市建筑设计院邢兵等设计，福山东华建筑工程公司一处施工。

福山一中教学、教务楼　位于南苑街中段路南，与西关小学相望。校址原为民国初期的仁德小学（西关小学前身）。1982年，在校园中心建成2栋3层教学楼，建筑面积2600平方米。教学楼宽敞明亮，透光性好。县建筑设计室设计，县建筑工程公司施工。教务楼于1986年由区建筑设计院宋桂荣设计。砖混结构，设计规模3650平方米。

格迈纳尔中学教学、实验楼　1991年，由烟台第三建筑设计院汤化松、林浩、侯薇、权惠庆、张艳芸等人设计。框架和砖混结构，设计规模6500平方米。教学楼由城西建筑公司一队和卫家疃建筑公司施工。实验楼由烟台第三建筑工程公司施工。

中国SOS儿童村　位于西山路中段路西，1985年建成。建筑面积3940平方米，占地面积3.6公顷。县建筑设计室设计，东北关建筑公司施工。村内建有家庭住宅、村长室、村部办公室、接待室、幼儿园等23栋平房建筑。房屋设计精巧，造型别致，为散点式建筑群。

福山电影院　位于福海路（初称西大街）南首路东，1975年春筹建，1978年1月建成。县建筑设计室宋桂荣建筑师设计，县建筑工程公司施工。建筑面积1520平方米。内设舞台、放映室、观众厅，容纳观众1220人。可供电影放映、戏剧演出、大型会议使用。1999年，因属不防震危房建筑，拆除。2002年，对原址进行改造，东半部辟为住宅区。

福山百货大楼　位于城里街旧城西门外，1974年10月动工，1978年1月竣工。建筑面积为5300平方米，工程造价60万元。县建筑设计室建筑师夏殿信设计，县建筑工程公司施工。主楼4层，附楼3层，为“弧”式“凸”字形建筑。主楼采用内框架结构，附楼为砖混结构。1992年9月21日晚，2楼因用电不当引起火灾，火势迅速蔓延至3楼、4楼，造成重大损失，楼体损坏，弃用。1997年，在原地重建。烟台第三建筑设计院设计，烟台建设集团有限公司施工。框架结构。同年4月开工，1998年4月竣工。建筑面积8000平方米，投资480万元。重建的百货大楼高5层，坐地广敞，内设电梯，外墙体以铜棕色为主调，大块铝塑板与浅绿玻窗为饰面，耀显辉映，浑厚庄重。

商贸大世界　位于福山百货大楼西北侧，区建委承建。1993—1994年，基本完成一期工程，部分交付使用。1995—1996年，完成二期工程。

鸿运大厦　位于城里街东首路南。烟台第三建筑设计院设计师汤化松、林浩、张锡文等人设计，区建筑安装装饰工程公司施工。框架结构、九层。1997年开工，1998年竣工。

通信大楼　又称电信大楼。位于永达街中段路北，1995年开工，1998年竣工。楼高9层，建筑面积5150平方米，占地面积6670平方米。烟台第三建筑设计院周峻、相立明设计，天府建筑工程公司施工。框架结构。属办公、营业与机房于一体的综合楼。

邮政局综合楼　位于永安街中段路北。楼高6层，建筑面积3868.4平方米。框架结构。2000年12月开工，翌年10月竣工。烟台市规划局福山分局设计院设计，区建筑安装装饰工程公司第九工程处承建。

人民医院门诊病房综合楼　位于南山路路北、内夹河桥西。第1栋门诊楼于1982年12月开工，1984年10月交付使用。楼高4层，砖混结构，建筑面积2690平方米，工程造价59万元。县建筑设计室宋桂荣设计，烟台第三建筑公司施工。第2栋门诊楼1988年由宋桂荣、王有模等人设计，砖混结构，设计规模4374平方米。

中国银行福山支行楼　位于永安街中段路北。1994年11月建成。楼高10层，建筑面积3300平方米，占地面积647平方米。框架结构。北京中建设计局设计师王琪等设计，烟台第三建筑安装工程公司施工。

百舸苑大酒店　位于永安街西段路南，福海路西，原址为西苑宾馆。主体楼高8层，建筑面积1.2万平方米。山东三元建筑设计院游国英、何敏芝建筑设计师设计，烟台德信建筑工程公司施工。2002年9月开工，翌年12月竣工。框架结构。为境内首家三星级宾馆。

福山家电五金市场　位于城里街西段路北、福海路东，原为福山无线电元件厂、第五服装厂址。2002年春开工，翌年12月竣工。楼高5层，建筑面积1.8万平方米。烟台市规划局设计院设计，福山德润建筑工程公司承建。框架结构。大楼由3座单体楼房组成，楼与楼之间有天桥连接贯穿，组为一体，是胶东地区规模最大的家电五金批发市场。

建筑结构

木质结构　以木质柱脚（在建筑物的四角处，砌于墙内的木柱）为支撑架，上架全为木料。现存的旧县衙大堂、二堂及1970年前农村所建民房住宅皆为木质结构。

砖木结构　以砖石为主，木料为辅。其特点是，承重体全用砖石砌成，只有梁、檩、椽使用木料。中华人民共和国成立初期，公用建筑多为砖木结构，民房建筑至今多用，但多不用梁，而将檩条两端搭在山墙和壁墙上。

砖混结构　70年代，厂房、民房、低层楼房建筑多为砖混结构。材料主要有砖石、沙子、水泥、钢筋、石子，以砖石砌块为承重体，与混凝土楼板、构造柱、圈梁、过梁等组成的混合结构建筑。

无木建筑结构　1968—1974年，学习临沂“无木建筑”经验，以土代木、以草代钢，其构件强度低、承重力小。在此基础上，福山采用密集梯形屋架、密集鱼腹式屋架和人字形、檀形屋架等进行大跨度无木建筑，受到省建委的表扬并推广。

框架结构　以钢筋混凝土浇筑而成的建筑物支撑架，承受全部建筑物负荷。分全框架、内框架和部分框架结构。1979年，福山被定为七度烈度区后，高层建筑一般都采用框架结构。

排架结构　排架结构即以预制柱为主，承担整个建筑物负荷。

建筑装饰

外装饰　60年代以前，境内的建筑体多用石灰沙浆挂面、石灰浆刷墙。70年代，较多采用“疙瘩墙”“巴拉沙”“水刷绿豆沙”“水泥拉毛”等装饰外墙。80年代，楼房外墙装饰多采用“干粘石”、瓷砖、涂料、陶瓷马赛克等。90年代至21世纪初，多用瓷砖贴面，或粉刷涂料、贴铝塑板等对建筑体外墙进行装饰。

内装饰　1970年以前，建筑体内装饰皆用石灰乳粉刷。至70年代，部分建筑采用石膏乳粉刷。80年代，油漆、涂料、瓷砖、陶瓷马赛克、釉面砖、大理石板、钙朔板、糊壁纸等被广泛用于内装饰。90年代至21世纪初，城区住宅楼内舍装修时兴，地脚线粘贴瓷砖或理石板，门、窗框边和腰墙以下粘贴木板，裸露墙体多用乳胶漆粉刷。

建筑材料

境内的建筑材料资源丰富，黏土遍布全区，石灰岩、花岗岩遍布张格庄镇、高疃镇和回里镇；河滩和海滩较多，河沙、海沙用之不尽，并远销天津、上海。70年代后，水泥、砖瓦、石灰、石子等建材工业蓬勃发展。

水泥　60年代以前，福山建筑所用水泥均为外地产和进口。自70年代起，境内建起县属水泥厂和高疃公社水泥厂，所用水泥多为本县产品。

石灰　烧制石灰为建筑体的主要黏结剂和粉刷材料。境内的石灰烧制最早最多是张格庄一带，属镁质石灰，白度大、强度高。后高疃、回里也开始烧制。

黏土　黏土自古就为建筑材料，泥制土坯筑砌墙体，细土加水为墙体黏结料。70年代前，农村民房建筑多用黏土作砌墙黏结剂，或制成土坯筑砌内墙，再用黏土浆加麦秧草抹墙底层，然后用石灰浆抹墙表层。

砖　境内建筑自古使用黏土制坯，柴烧青砖。但黏土大都含沙量较高，其化学成分含铝铁偏低，故烧制的砖瓦粗糙疏松，不耐侵蚀。60年代后，先后建起留公、张格庄、门楼、梁家、车家、胡家夼、东黄山等窑厂，用煤烧制红砖。80年代，使用石灰与沙经碳化的“碳化灰沙砖”。90年代至21世纪初，框架结构建筑多用粉煤灰加水泥、发泡剂制成的“加气砼砌块”，另用混凝土砖，土砖用量减少。

石料　境内多为石灰石、泥灰石、花岗岩等，用于建筑砌体。楼房等现代建筑主要用于基础。回里镇巨甲村的花岗岩为优质石料。烟台山以东的堤防工程、内夹河护岸工程等，皆选用巨甲出产的花岗岩。1986年春，建筑工程禁用有水溶现象的高疃镇义井村石料。

沙子　福山地处内、外夹河腹地，河床冲积着大量优良的颗粒沙。呈多角形，多属石英颗粒。沙质纯净衔接力强，为制混凝土的天然良品。自70年代后，回里、高疃、门楼等乡镇沿河村庄多辟沙场，以供外销。随着砖混结构建筑、框架结构建筑的兴起，海沙用量越来越大。北部沿海村庄岗嵛、北于家、黄庄、三十里堡等村各辟沙场，以供建筑。

木材　50—80年代，木材按国拨价调配供应。建筑用木材多为国产红松、落叶松及柳桉等。1976年，为节省木材，县建筑公司加工制作轻烧镁模板，代替木材模板。因成本高，自1984年后，以钢模取代。90年代，国产木材紧缺，多用美国松等进口木材。

钢材、铝材　70—80年代，建筑结构改为砖混结构和框架结构后，钢材使用量增加，所用钢材主要靠国家计划调拨和计划外自购。90年代后，钢材市场放开，实行自购。同时，铝合金门窗逐步代替木制门窗，所需铝材自选自购。

建筑设计

60—70年代，境内的建筑工程多为砖混结构和排架结构及无木结构。砖混结构主要用于生活民居、公共建筑、多层楼房，排架结构主要用于工业厂房等。70年代建筑的县政府招待所楼、县政府办公楼和县供销合作社联合社办公楼等，均为砖混结构；福山电影院、百货大楼和烟台宽幅布厂车间等，均为排架结构。1968—1974年建筑的县造纸厂、机械厂、农机厂、织布厂仓库和福山果品库、回里果品库、机关简易宿舍楼、区医院门诊楼等建筑，均属无木钢筋混凝土排架结构和密集型结构。1975年后，国家及省有关部门不提倡采用。

80年代，福山县（区）被国家地震局确定为七度抗震设防区。要求建筑物必须承受得起七度地震的抗震作用，不能有严重破坏和倒塌。这一时期，福山的建筑工程设计主要是框架结构和砖混结构。主要工程有：1983年建筑的年生产规模为8万吨、框架结构和构筑物的张格庄水泥厂；1985年设计规模为2100平方米、砖混结构的国际SOS儿童村；1986年设计规模为3650平方米、砖混结构的福山一中教务大楼；1988年设计规模为3334平方米、框架结构的第五职业中学教学楼；1988年设计规模为4374平方米、砖混结构的福山医院门诊楼等。

90年代以后，国家禁止使用黏土砖，建筑市场出现大量的新建筑材料和新技术。风格各异的新型建筑矗立在城区。高新区的工业厂房多采用钢结构。

20世纪末至21世纪初，建筑设计多为框架结构和钢结构，少数为砖混结构。主要工程有：1991年设计规模为6500平方米、框架和砖混结构的格迈纳尔中学教学、实验楼；1994年设计的楼高11层、规模为5730平方米框架结构的区邮电大楼；1995年设计的楼高11层、规模为1万平方米框架结构的鸿运大厦；1999年设计规模为4.5万平方米框架结构的高新技术发展总公司厂房；2000年设计规模为12000平方米钢结构的威海糖酒站物流中心车间及设计规模为1.2万平方米钢结构的高新区福恩电子厂房；2001年设计规模为4800平方米框架结构的高新区矢崎配件厂房；2002年设计的楼高8层、规模为13672平方米框架结构的高级职校教学楼等。

第二节　市政工程

城区主要路街

福海路　位于福山城中部，是南北交通主干道。南自南山路，北至烟台开发区（同三高速公路），中与南苑街、城里街、县府街、永安街、崇文街、汇福街、天府街、永达街相交汇。长9000米，宽50米。原为烟潍公路经福山城路段，城区段初称西大街，1983年始逐段划为城区道路。1995年，改称福海路。

1988年，福海路拓宽和给、排水工程被市政府列为10件大事之一。工程分2期进行，一期工程自同年3月开工至年底，完成建桥涵8座，铺设排水管道5508米、给水铸铁管1200米、雨水管道1042米，整修排水沟8000米，搬迁各种线杆112棵。二期工程于1989年完成，路宽由10米拓为18米，铺筑快车道沥青路面总长5700米，面积达11.6万平方米，完成投资340万元；排水管道安装11261米，完成投资128.96万元；倒虹吸续建工程110米，完成投资15万元；搬迁各种线杆399支，完成投资107.5万元（其中，搬迁电力杆261支、广播线杆23支、邮电杆115支）。同时，拆除沿街影响市容的全部障碍物22处，粉刷沿街陈旧建筑物2处，取消城区段道路两侧的商贩摊点，使街景明显改观。

1990年，完成福海路拓宽附属设施工程建设。铺筑

图4-3　福山城区一角（郑宏　摄）

慢车道71.4万平方米，铺装人行道方格砖2.96万平方米，铺设路口11处、1560万平方米，挡土墙288米，铺设电缆长7000米，安装路灯150盏，搬迁线杆13棵，围墙改建铁栏杆透视墙2处。

1998年，完成福海路沥青盖被5000平方米及部分路段修补工程。2000年，投资66万元，完成福海路盖被工程面积4.1万平方米。2002年上半年，投资350万元，对福海路再次进行整治和改造。到年底，福海路两侧铺装人行道板35678平方米，铺装人行道路边石9580米，粉刷建筑物1万平方米，油漆栏杆1000平方米。是年，还对产业区围挡绘画1000平方米。安装新型高标准候车亭18个，安装霓虹灯8个。区交警大队还投资10万元，安装了探照灯。拆除违章建筑、旧建筑物1.3万平方米。对沿街门头牌匾进行统一规范，搬迁、废除不规范广告牌、门头牌126个。恢复整理绿地面积6500平方米，栽植各种树木花卉1900棵。

河滨路　福山城东部、内夹河西岸，是南北交通主干道。南自南山路、北至永达街，中与南苑街、城里街、县府街、永安街、崇文街、汇福街、天府街、永达街交汇。长4750米，宽20～30米。1982年以前，南段至福城桥为河堤兼用土路。1982年秋，对河堤两岸进行砌石护岸和沿河道路拓宽。1984年，命名为河滨路。1985年10月至1986年8月，对南自内夹河桥、北至县府街的道路铺设沥青路面和排水管道，全长1134米，宽18米。1988年，河堤两岸砌石护岸工程向北延伸，沿河道路也随之向北延伸900米，宽50米（土路）。1989年7月，投资86万元，对路面铺设沥青，长900米，宽18米，铺筑面积达15.84万平方米；完成道路东侧人行道铺装5280平方米，铺设排水管道1000米。1991年，在河滨路上修筑桥涵3座，回填土方8.5万立方米，完成排水工程和沥青路面铺筑500米。1996年，河滨路向北延伸至汇福街，铺筑沥青路面长1430米，宽30米。1998年，河滨路修筑、铺设工程继续向北延伸。2000年，投资58万元，完成河滨路盖被工程，施工面积3.5万平方米。

南山路　福山城南部，是东西交通主干道。东自石油公司（芝阳山后），西至西山路南端，中与河滨路、福海路交汇。长2000米，宽47米。其中，主车道宽47米，慢车道宽13米，人行道宽3～12米，河滨路至福海路段长512米。原为烟潍、烟青公路福山城南山路段。1975年，铺设沥青路面。1982年，命名为南山路。90年代，对东自内夹河桥，西至东留公村北进行加宽并铺筑沥青路面。1995—1999年，对内夹河岸以东路段进行拓宽。

西山路　福山城西部，是南北交通主干道。南自802省道，北至崇文街，中与南山路、南苑街、县府街相交汇。长2224米，宽24米。1983年，命名为西山路。1984年12月，新拓西山土路。1985年春，建成通车。1991年，投资100万元，铺筑沥青路面长1820米，宽20米；铺设排水工程长1130米。1992年，投资40万元，对北段路面铺设沥青及排水工程长550米，宽20米。1993年，铺筑沥青路面北延650米。1999年，铺筑沥青路面北延1080米，宽14米。2001年，对西山路南段路面进行返修。2002年4月，西山路向北继续延伸607米，宽14米。同时，铺设排水管道总长1214米，工程造价120万元。同年5月29日竣工。

灵园路　位于福山城南部，北自南山路，南至青龙山。1986年，铺筑沥青路面。同时，修建烈士塔台阶路，长124米，宽10米，高36米，计168台级。

永福园路　福山城东北部，是福山区与烟台开发区、芝罘区的交通主干道。南自永福园村西，北至同三高速公路，中与永达街、振华街相交。长1253米，宽12～38米。80年代，辟为通烟台开发区便路。90年代初，成为福山至烟台开发区东路。1995年，命名为永福园路。1996年，铺筑沥青路面。1997年，完成慢车道沥青铺筑工程。

松霞路　福山城东北部，是城区交通主干道。南自崇文街，北至烟台开发区，中与汇福街、天府街、永达街、振华街、振中街、鑫海街相交。长2822米，宽39米。1994年，完成土路工程。1995年，硬化南段路面，铺筑沥青路面长1500米。同年，命名为松霞路。1997年，完成主车道加宽工程。

西外环路　福山城西部。2002年9月，建成通车。全长7000米，宽15米，工程造价2288万元。其中，道路工程1200万元，桥涵及土地征用等1088万元。共填挖土石方54.5万立方米，建桥涵12座。

河滨东路　福山城东内夹河东岸。南自南山路，北至东关村西北。1999年，铺筑水泥路面，长2480米，宽10米。并命名河滨东路。

县府街　福山城南部，是东西交通主干道。东自河滨路，西至西山，中与府右路、福海路、西山路相交汇。

长1365米，宽26米。1968年以前，县府街是通往烟潍公路（现福海路）和西山的一条便道。1976年，开始铺设沥青路面。1982年，命名为县府街。1985年底，开通河滨路至西山路路段，并铺设沥青路面和地下双面排污管道，长1035米，宽26米。1995年，延伸至西山，长330米，宽14米。2002年5月，投资240万元，向西延伸至西外环路，长1100米，宽14米，并铺设排雨水和污水管道各1100米。同年7月4日竣工通车。

城里街　福山城南部，是东西交通主干道。旧时，东自城东门（镇静门），西至城西门（义勇门），长380米，宽7米。1930年，铺设水泥路面。1978年，拓宽东段。1981年，开通西段至福海路。1982年，铺设沥青路面，全长840米，宽14米。并命名为城里街。

南苑街　福山城南部，是东西交通主干道。东自河滨路，西至西山，中与福海路、西山路交汇。长1562米，宽20米。东段原为南关街、隋家街，村西至福山一中为村路。一中以西系康家庄和西关连村道。从福海路至西山路为史家庄等乡间小路。60年代初至70年代末，开通福海路至福山一中路段。1982年，命名南大街。1984年，向福海路至西山路开拓，并铺设沥青路面和排污管道，长800米，宽14米。1988年，向东延伸460米至河滨路。1995年，改称南苑街。2001年，对西段进行返修，并铺设排水管道。

永安街　福山城中部，是东西交通主干道。东自河滨路，西至西山路，中与福海路、民丰路、民阜路相交。长1505米，宽50米。原称北一路，1995年改称永安街。1988年，区政府成立指挥部，协调指挥征地、拆迁、标定路型等事宜，始建路基，长1250米，宽50米。1990年，投资190万元，铺筑东段沥青路面，宽30米。同期，浆砌排水工程，共完成土石方5.1万立方米、浆砌排水沟长1480米、浆砌石7400立方米。1992年，完成快车道铺筑工程4800平方米、慢车道铺筑工程5100平方米、排水工程913米。1993年，完成东段扫尾工程和西端道路铺筑工程600米。1994年，铺筑西段沥青路和人行道，长135米，宽6米。1999年，西段铺筑沥青路面，长200米，宽16米。

崇文街　福山城中部，是东西交通主干道。西自西山路，东至河滨路，中与福海路、民丰路、民阜路、松霞路相交。长2273米，宽30米。始称北二路，1995年改称崇文街。1991年，铺筑快车道工程9900平方米、排水工程1254米；铺筑慢车道17.5万平方米、人行道方格砖1.5万平方米；西段回填土方5500立方米，路基压黏土1.1万平方米。1992年，西段格迈纳尔中学门前铺筑沥青路面，长600米，宽30米，排水工程同步进行。1993—1994年，完成铺筑长1650米、宽30米的沥青路面和排水工程。

汇福街　福山城中部，是东西交通主干道。东自河滨路，西至西外环路，中与福海路、松霞路相交。长4300米，宽20米。始称北三路，1995年改称汇福街。1991年，铺筑沥青路面2230米。1993年，修筑地下排水浆砌盖板工程2300米。1994年，修筑灰土路基、排水工程，长2308米，宽30米。1999年，东段铺筑沥青路面，长910米，宽20米。2000年，完成西段长630米、宽8米的排水沟浆砌和1260米的沥青路面铺筑工程。

天府街　福山城北部，东自永福园路，西至福海路，中与松霞路、电信路、太华路相交。长1580米，宽200米。始称北四路，1995年，改称天府街。1997—1998年，建成并铺筑沥青路面。

永达街　福山城东北部，是福山高新区中心街。东自河滨路，西至福海路，中与永福园路、电信路、太华路相交。长2500米，宽50米。始称北五路，1995年改称永达街。1992年，福山高新区成立，南自汇福街，北至同三高速公路，东自河滨路，西至福海路，总面积8平方千米。其中，起步区3.8平方千米，发展区4.2平方千米。当年修筑土路面长1920米，宽30米。1993年，修筑地下排水浆砌盖板及土路面工程2200米。1994年，铺筑沥青路面并砌路沿石，长2450米，宽50米。1995年，铺筑东段沥青路面，长600米，宽50米。1996年，完成慢车道路面沥青铺筑工程。

鑫海街　福山城北部、福山高新区。西自电信路，东至永福园路，中与松霞路相交，长1197米，宽20米。1992年，高新区规划成区街。1995年，命名为振华街。1999年，更名为鑫海街。1997年，铺筑建成。铺设排水管长1280米，直接排入2号河；铺设排污管长1100米，接西苑制药厂管线，经松霞路、永福园路至开发区污水处理厂。

振中街　福山高新区。西自太华路，东至永福园路，中与松霞路相交。1992年，高新区成立后，辟为区街。1995年，命名为振中街。1999年，铺筑建成，全长1530米，宽 20 米。铺设排水管道全长 1330 米、排污管道全长 1400 米。

振华街　位于福山高新区。西自太华路，东至河滨路，中与电信路、松霞路、永福园路相交。1992 年，高新区规划成区街。1995 年，命名为振华街。1999 年铺筑建成，全长 2182 米，宽 20 米。铺设排水管线 1830 米、排污管线 1840 米。

成大街　福山高新区，福海路至斯达路。1999 年铺筑建成，全长 668 米，宽 12 米。

太华路　高新区，振中街至天府街。1999 年建成，全长 1080 米，宽 20 米。

斯达路　高新区，振兴街至天府街。1999 年建成，全长 1310 米，宽 20 米。

连福街　高新区，积福路至迎福路。2000 年开始修建，全长 1300 米，宽 20 米。

鸿福街　福山城北部、福山高新区，福海路至环城路。2001 年铺筑建成，街道全长 2000 米，宽 20 米。铺设路中排水管长 1875 米、双排排污管线长 3518 米。

祥福街　福山城北部、福山高新区，积福路至环城路。2002 年铺筑建成，全长 1690 米，宽 20 米。铺设双排排水管线和排污管线各长 3280 米。

聚福路　高新区，同三高速公路至蒲湾街。2001 年铺筑建成，全长 1670 米，宽 20 米。铺设双排排水管线长 3436 米、双排排污管线长 3300 米。

迎福路　高新区，鸿福街至永达街。2003 年铺筑建成，路长 672 米，宽 20 米。

其他重点工程

西干渠浆砌盖板工程　1989 年始，对门楼水库西干渠城区段进行浆砌和加盖预制板，防止渠道渗漏。1989 年，浆砌渠道长 1200 米，预制盖板 700 米。1990 年，盖板 600 米。1991 年，盖板并铺筑沥青路面，长 870 米，宽 8 米。至 1992 年，累计投资 600 万元，完成城区段渠道浆砌、盖板 6000 米。将明渠改为暗渠后，不仅美化了环境，而且改善了交通条件。

内夹河一期综合治理工程　2002 年，对内夹河曾家庄段进行综合治理，完成内夹河桥南护坝道路挡土墙 280 米，水厂以南保护管涵洞和雨水过道沟及浆砌护坡 1500 余米。

污水管网工程　2002 年，区政府投资 220 万元，对 4 号、3 号河污水进行治理，共铺设水泥管道 3600 米，至同年 6 月 4 日，完成全部管道对接。是年，还投资 6 万元，将老干部局门前污水闸门更换为不锈钢全封闭闸门，并完成县府街、南苑街污水管网工程。

连城路福山段改造工程　东自莱山区观海路，西至福山区河滨路，道路由原来的 23 米拓宽到 50 米，两侧绿化带各宽 50 米，工程总造价 5820 万元，是烟台市的重点工程之一。其中，福山段总长 2700 米，占地总面积 18.4 公顷，涉及 3 个村居民 183 户、商贸企业（单位）14 户，总拆迁面积 5.05 万平方米。2002 年 12 月，区政府对城区南出口芝阳村一带进行大规模拆迁改造，完成土石方回填 50 万立方米，绿化面积 15.3 万平方米，栽植各类乔灌木 5.35 万株，铺设草坪 5 万平方米。经拓宽改造后的连城路，拉近了福山区与市中心区的距离，加快了与中心区的融合步伐。

河滨南路工程　北自南山路，南至门楼水库。工程分两期进行，一期于 2002 年开工，铺筑路基 2100 米。翌年，完成北自内夹河桥，南至绕城高速公路，长 2.47 千米，宽 24 米的沥青路面铺筑。同时，完成内夹河浆砌护坡 1500 米，回填土石方 30 万立方米，修建桥涵 14 座，总投资 1500 万元。

第三节　公用设施

1978 年以来，福山区城建、交通等部门坚持权为民所用、心为民所想、情为民所系、利为民所谋，努力为市民做好事、办实事、排忧解难，秉承“承诺必践行，一诺重千斤”的理念，开通绿色通道，倡导用心服务，优化规范服务，深化创新服务，提供优质服务，构建和谐供用关系。同时，采取登门走访、举办座谈会、发放征求意见表、聘请社会和新闻媒体监督员等方式，广泛与社会沟通，努力维护好、实现好、发展好居民的根本和切身利益。

供水

1971 年，县自来水厂成立，建成南庄水厂和贮水池。1972 年 1 月 1 日，自来水厂正式向城区部分居民供水。1981 年，在青龙山建高位贮水池。1985 年，增建芝阳水厂。南庄和芝阳水厂皆于河床竖井，采集地下水。

1993 年 11 月，福山供水公司成立。厂址设在东留公村东泊，采集地下水。高位水池建于青龙山，设计日供水能力3万吨。同月，向福山高新区供水。

供电

1983年，县府街、城里街、西大街安装路灯。至2002年，城区所有大小街道及公园等公共场所皆安装电灯，提高了城区亮化度。

供暖

1980年，区政府办公大楼开始集体供暖。90年代，城区楼群多用锅炉集中供暖。1996年，西关小区在村级居民中率先集中供暖。1999年，城区锅炉集中供暖达10万平方米。2000年冬，为克服煤烟型污染，部分锅炉改用烧油或烧汽供暖，后因价格昂贵，重新改为燃煤供暖。城区收入低的市民，仍与乡间同用普通煤炉、蜂窝煤炉取暖。

供气

1985年，福山家具厂购进少量液化石油气罐，供部分家庭使用。1986—1990年，液化石油气以罐装计量按户计划供应，离休干部、领导干部和工程技术人员优先购用。1987年，东陌堂村建立液化气站，部分农户开始使用液化气做饭。

90年代后，液化石油气市场放开，多户经营，敞开销售。经营者到天津大港油田、山东胜利油田、河南濮阳油田、辛店炼油厂、大连炼油厂灌取液化石油气，运回福山零售。1996年，中国银行福山支行住宅小区首先试用管道液化气。后又在河滨小区、银河小区、锦绣山庄小区实施管道液化石油气供气工程，通过管道向部分用户供气。

2002年，进行液化石油气市场整顿，规范营销市场秩序，进一步加强液化石油气管理。区政府印发《燃气市场整顿工作方案》，对液化石油气营销站点不规范、违规沿街灌气、倒气等现象进行查处。共查处隐患57条，下发隐患通知书23份，责令停止违法行为通知书3份。

交通指挥设施　1984年8月，福山城区始有交通指挥设施。县府街与福海路交叉路口、城里街与商业街交叉路口设红绿灯和交通岗；区政府门前和商业街北首设交通岗；县府街、商业街车行道与人行道设隔离桩；城里街、福海路、南山路划分车行道与人行道。1989—2002年，南山路东自区人民医院西至福海路、福海路南自南山路北至永安街、永安街西自福海路东至河滨路3条主要路段中心设隔离护栏。

2000年后，城区交通标志、指挥逐渐步入自动化、科学化管理。城区14处主要道路的“十”字、“丁”字路口安装多相位或多功能红绿灯。在主要街道和路口设立禁令、指路、指示、组合标志。对河滨路、福海路、南苑街、城里街、县府街、永安街、崇文街、汇福街、天府街、永达街划分机动车道、非机动车道、转弯、直行等行驶标线，标线总长153.8千米。

第四节　环卫管理

1963年，县城镇卫生管理队负责城区街道清扫、垃圾及粪便清运、环境卫生管理等。福山撤县改区后，环境卫生管理逐步纳入城市化管理，环卫队伍不断壮大，设施不断更新，管理水平进一步提高。1986年，开展“环境卫生活动月”活动，调动各种车辆100多车次，搬运垃圾350多立方米，疏通污水沟400余米，清扫街道124万平方米，新增设垃圾箱40个。在县府街继续保持“三优街”的基础上，再创河滨路为“三优街”。1988年，开展创建卫生城活动，并对乱堆、乱放、乱贴、乱画现象严肃查处。

1991年，结合开展“环卫杯”“优质服务杯”活动，城区主要街道按照“一日三清，全日保洁”的要求进行清扫，道路保洁率达99%以上，垃圾、粪便日产日清。全年共清运垃圾、粪便15680吨，清扫面积54万平方米。是年，福山区被市政府授予“市区建设和市容综合整治先进单位”“市容卫生达标单位”。

2002年，对城区市容环境卫生进行综合整治。将福山高新区、城乡接合部三不管地段、福海路北段原由公路局管理地段一并纳入统一管理。

清扫保洁

1963年，县城镇卫生管理队组建初期，清扫保洁面积只有2万平方米。1979—1989年，制定道路清扫质量标准，实行分片包干，定任务指标、定上岗时间、定质量标准、定职责范围，全日保洁。有保洁工26人，年均保洁面积达20.8万平方米，人均清扫面积8000平方米。清扫主要街道13条，每日清扫2次。1990年，河滨路环境整治被评为省级示范达标街。1992年，城区道路迅速发展，道路清扫业务量不断增加，区环卫处狠抓各项责任制的落实，积极开展“信得过”优质服务劳动竞赛，充分调动职工的积极性。1993年后，随着城市建设的发展，清扫保洁扩大到14条街道、70万平方米。2000年，清扫保洁面积达到140万平方米，保洁工增至225人。2002年，加强城区市容环境卫生综合整治，加大环境保洁管理力度，不断扩大服务范围，实施统一标准，坚持道路一日清扫3次，全日保洁。

垃圾清运

城区垃圾清运经历了从人工清运到机械清运的过程。60年代，垃圾清运工具主要用手推车，年清运量1100吨。80年代，用拖拉机、大板车清运垃圾，年清运量10340吨。90年代后，垃圾清运范围增加，涵盖城区14条街道及东北关村、西北关村、城里村沿街、史家庄旧村、栾家疃北二路以南、宋家疃、城西村沿街、南关村沿街、曾家庄村、芝阳村沿街、前埠、姜刘疃村沿街，并对无清运能力的单位和个体经营者实行垃圾代清代运，征收一定的垃圾处理费，年清运垃圾2.7万多吨。垃圾容器为活底铁制敞口箱，清运工具采用叉车和自卸汽车配套作业，日产日清，清运及时率达100%。1989年9月至1999年9月，垃圾清运由垃圾清运队1名职工承包，上缴利润。2000年，推行垃圾收运方式改革，在河滨小区撤掉垃圾箱，建立垃圾中转站，定点、定时袋装收集垃圾。全年清运垃圾3万吨。2002年，投资120万元，购置12立方米压缩式密封垃圾运输车2辆，实行垃圾密封式压缩车清运，并将区府街、河滨路、商业街和南苑街旧式敞口垃圾箱更换为封筒式垃圾筒。至年底，区环卫处拥有各种垃圾清运车20辆。城区垃圾基本实现桶装收集、压缩车密闭化、机械化运输，解决了“二次污染”问题。是年，对城区垃圾实行收集、运输统一管理，城市建筑垃圾运输处置实行审批制度。

粪便清运

1978年前，粪便掏挖全靠环卫处粪便清运队人工作业，运输靠人挑和带粪罐的地排车、小推车，年粪便清运量4000吨左右。80年代，粪便仍靠人工掏挖，运输逐步用拖拉机和“130”型粪罐车，年清运量4180吨。1991年，城区改造旱厕57所。环卫处购置“130”自吸粪罐车和3吨叉车各1辆，机械化清运率达93%。90年代至2002年，粪便清运由粪便清运队承包，上缴利润。对城区420个单位公厕和居民旱厕，采取人工掏挖，车辆运输；对部分单位改造的深坑旱厕，采取自吸粪罐车抽运；楼房区均设2～3个化粪池，粪便在池内自然发酵，随地下管道排出；对无清运能力及化粪池堵塞的单位和个体经营者的厕所，负责代清代运和管道疏通，隔日一清。年清运量1.1万吨。

环境卫生设施

公共厕所　60年代，福山城区只有少量百姓自建的简易厕所。80年代，建设管理部门在西山路百货仓库、青年公园、南山路、河滨路等处建公厕。1990年，区政府投资在南山路和百货大楼旁建2座水冲式公厕。1991年，对城区64个单位的厕所进行改建、拆除，新建公厕。其中，改建旱厕28座，新建7座（其中水冲式5座），对不合标准的20座旱厕予以拆除。1992年，投资10万元，新建水冲式公厕2座。1994年，投资10万元，在永安街西端建水冲式公厕1座。2000年12月，在河滨路夹河管理所和福盛商场各建1座活动公厕。2001年6月，在河滨路健身公园建免冲公厕1座。设专人保洁、维修和定期粉刷。

化粪池　1986年，区政府投资，在青龙山下建占地面积3000平方米、储粪量750吨化粪池1个。化粪池利用山坡地形，呈阶梯形建于地下，池内各部分自流贯通，闸阀控制。粪便在池内经自然温度和阳光照射发酵27天，进行无害化处理。处理后的粪便经卫生防疫部门检验，寄生虫沉降率达98%以上，达到国家要求标准。

垃圾箱　1965年，城区设有废油桶改制的垃圾桶10个。1970年，设砖砌垃圾箱30个。1977—1985年，更换铁制活底垃圾箱77个，布于城区各点。2002年，铁制敞口垃圾箱改为高密度聚乙烯密闭式垃圾桶，共设450个。

果皮箱　80年代，区政府出资，在城区主要街道设置果皮箱。90年代，依靠社会力量办公益事业，城区主要街道、繁华地段设公益广告式果皮箱50个。

垃圾处理场　80年代前，垃圾多为积粪原料，用于农田，或倾倒于清洋河岸。80年代，区政府在钟家庄、西留公村东山沟设垃圾场。1996年，在臧家镇上庄村北废墟处建填埋式垃圾场1处，占地面积3公顷，可容纳垃圾29万立方米。

1975—1993 年福山区环境卫生管理情况表

表 4-1

年份	职工数	清扫面积（万平方米）	清运垃圾（吨）	清运粪便（吨）
1975	25	4	1500	2270
1976	25	4	1700	2430
1977	25	4	2000	2470
1978	28	4	2000	2820
1979	28	4.5	2100	3610
1980	28	4.5	2100	3910
1981	28	4.5	2500	4400
1982	28	4.5	3300	4860
1983	28	4.5	3500	3660
1984	39	6.8	5000	3000
1985	47	7.75	5500	3000
1993	180	70	27375	11000
2002	225	140	27375	11000

第五节　园林绿化与管理

1978 年前，福山县城绿地极少。80 年代后，城市绿化工作逐步得到重视，居民的居住环境得到进一步优化、美化。

园林绿化

1979 年，县园林管理队成立后，开始在县城内栽植花草绿化。1988 年，区政府投资，在河滨路两旁种植各种树木 6034 株、冬青球 3900 株、花灌木 49 株。同时，加强花园式单位、绿化先进单位建设，创建煤气公司、食品酿造厂 2 个花园式单位；创建钢窗一厂、钢窗二厂、起重设备厂、自来水公司、包装装潢厂、福山镇公路站园林绿化先进单位 6 个。1994 年，城市绿化覆盖率为 26.5%，人均占有公共绿地面积 8.9 平方米，建成区绿地率为 21.5%。1995 年，城区公共绿地面积达到 69 万平方米，绿化覆盖率为 28.2%，人均占有公共绿地面积 11.5 平方米。1997 年，投资 300 多万元，完成河滨广场一期、二期和河滨公园二期、三期绿化工程，面积 1.67 公顷；完成河滨路、永福园路、万华路、松霞路等 5 条道路绿化；完成健身公园绿地建设，并对河滨路南段分车绿带进行改造。全年栽植各种苗木 1.74 万余株、草坪 3.04 万平方米。1999 年，城区绿化栽植树木 3225 株、草坪 9900 平方米。城区绿化覆盖面积 341.9 公顷，绿化覆盖率达 32.56%，人均占有公共绿地面积 14.3 平方米。2002 年，重点实施城区绿化、美化、亮化工程。河滨路北段绿化面积 2.2 万平方米，栽植树木、花灌木 3.93 余万株（品种 30 多个），栽植草花 1 万余盆、草坪 7000 平方米；河滨公园、健身公园绿化改造，栽植树木 200 株、草花 5000 余盆，铺设人行道板 1230 平方米，新上健身活动器材 40 多件，并安装新型环保厕所，铺设鹅卵石健身路 240 米；高新区主、次干道两侧栽植绿化苗木 29 万余株、草坪 2.4 万平方米、草花 6.8 万盆，更换路边石 2900 米；福海路绿化改造栽植苗木 238 株、花灌木 300 余株、草坪 2000 平方米，补植丰花月季 5000 株。同时，通过招投标，投资 50 万元，将福城大桥水泥护栏、地面、路灯进行改造更新；在河滨公园、健身公园和河滨广场设置高杆灯、地灯、泛光灯、草坪灯等 360 盏。

公共绿地

河滨公园　位于内夹河西岸，南自区人民医院，北至振华街。1984 年始建。全长 4680 米，总面积 61.43 公顷，其中水面 45.82 公顷，绿地 15.61 公顷，绿地率达 83%。栽植品种主要有雪松、黑松、垂柳等乔灌木百余种，共计 6.5 万株；栽植草坪 6 万余平方米。公园内设置花架和各式小亭，有中央美术学院设计制作的雕塑、假山等园林精品 20 余处。

河滨公园依清洋河而建，河水清澈，波平如镜，几座拦水坝横贯河面，亮出一道美丽的水景。又是开放性综合公园，为境内最大、景观效果最好的一所长廊公园。尤其晚间，草坪灯、地埋灯映出幅幅翠绿画面，令人驻足、神往。参观游览、婚礼录像、度假休憩、划船、垂钓的游人络绎不绝。大致可划分为三大景区。第一景区：从区医院至永安街。长2000米，面积约3.6公顷。处于居民集中地段。建园初期，以大叶黄杨绿篱为线条划格布方，有梅花格、樱花格、紫荆格、月季格、石榴格等，每格又有锦带、丁香、美人蕉、秋菊相间。格间铺设人行道，曲径通幽，景致优雅。树间设石凳、石桌，护岸设栏杆，依栏拂石，绿荫簇簇，燕语丝丝。1986年，景区内栽植各种树木30409棵，竖起6尊别具一格的汉白玉雕塑。在水面上增设15只小型划船，并在水面种植荷花。1999年，拆除大叶黄杨绿篱，铺设草坪。改造后的景区以疏林草地为基本格调，散布雕塑、小亭、自然山石、石桌、石凳等雅品，常绿树木占60%以上。景区内绿草如茵，繁花似锦，令人心旷神怡。主要景点为锁澜亭健身场地，亭子位于场地中央，为一座六角垂檐仿古亭，附近有开放的儿童游戏场及健身场地等。第二景区：从永安街至汇福街，1996—1997年建成，长1080米，宽18米，面积约2公顷。其中，草坪面积6470平方米，甬路、广场铺装面积7786平方米。绿化以大面积冷季型草坪为主，辅以各式小广场、组合花坛、小亭、花架等园林小品191个。大理石铺地，间插彩色鹅卵石小路，甚为别致。该区视野开阔，小型花灌木品种繁多，组合花坛丰富多彩，令游人信步忘返。第三景区：从汇福街至鑫海街，2003年建成，长1600米，面积4公顷。由青岛风景园林设计院设计。以各种乔灌木形成组团、色块，乔、灌、草、常绿树与落叶树相间，整体风格更加明快、活泼。

青年公园　县府街和西山路交界处，1987—1988年兴建，占地面积5336平方米。公园内建有紫藤花架2处、蘑菇亭3座、石凳数10组。绿化以大叶黄杨绿篱和各种树木为主，主要树种有迎春、垂柳、芙蓉、雪松、塔松、龙爪槐、龙柏、合欢、法桐、紫叶李、木槿等，大叶与小叶黄杨绿篱700余米。苗木生长繁茂，是周围居民晨练、游玩的理想场所。

健身公园　县府街和城里街东首、河滨路西侧，由原居民房拆迁改建而成。1998年始建，2001年竣工。占地面积1.3公顷。绿地面积9600平方米，以大面积的冷季型草坪、四季草花和高大乔木为主，栽植金叶女贞、花柏球、蜀桧球、龙柏球、大叶黄杨球等小灌木千余株，并有大规格合欢、国槐、银杏等高大乔木点缀其间，一串红、万寿菊、矮牵牛等时令草花竞相争艳。公园视野开阔、线条流畅、色彩明朗，是一座颇具现代风格的街头公园。西半部建有下沉广场、组合紫藤花架以及各式小亭等园林小品；东半部以流线型园路贯穿于草坪之中。公园内建有现代化的喷灌设备，环形百米多长的卵石小道，吸引众多市民步行按摩，下沉广场内均匀散布着10余种健身器材，供人们锻炼。

河滨广场　河滨路西侧、崇文街和河滨路交界处，占地4.28公顷。1995—1997年，建成1.57公顷。2001年，增建2.6公顷。广场绿化风格简洁明快，以大面积的冷季型草坪和马尼拉结缕草为主。在靠近中央下沉广场处散植十几株大规格的合欢，其他角散点栽植大叶黄杨球，四周鱼鳞形花池内用龙柏球、翠柏球、蜀桧球和红叶小蘖组成高低错落的色块。正入口小花坛内用龙柏球和翠柏球依花坛线条组成流线型的“彩云拱月”图案，周边蜀桧球似一串珍珠，外缘以丰花月季、地被菊组成色块，使之与整体绿化风格协调一致。步行街周围栽植合欢，中央草坪内以黄杨围护的大片丰花月季组成色块，整个广场绿地均有微地形设计和轻微坡度的大草坪，自然、雅观。西南角为大面积的疏林草地，细腻的马尼拉结缕草坪似绿色的地毯，柔软舒适，丛植大规格的国槐、毛白杨、楝树、黄金梨及紫叶李、紫薇等花灌木，繁花似锦。广场中央为一心形下沉式小广场，四周环以大草坪、步行街、停车场、运动场、休闲区等辅助设施。步行街上等距离安装健身器材，运动场分设篮球场、旱冰场等，南侧休闲区设有儿童游戏场。广场中心有一高架灯，四周安装庭院灯、草地灯，夜晚灯火掩映。河滨广场成为居民婚典、文娱活动和健身、纳凉休闲的良好去处。

绿地建设　1988年，区园林处在青龙山南坡建苗圃5.7公顷。1994年，又在东关村建苗圃5.7公顷。主要栽植雪松、龙柏、蜀桧、大叶黄杨、合欢、紫荆、紫薇等常见绿化苗木。之后，境内出现永福园苗圃、万红园艺场苗圃、八角苗圃等个体苗圃，其规模、经营苗木的品种、数量及质量与国营苗圃不相上下。品种主要有银杏、国槐、樱花等常用绿化树种。

居住区绿地　1986年，烟台SOS儿童村建成后，随之实施绿化工程，长年聘用3名专职绿化技术员工，负责绿化管理工作。村内绿化设计布局合理，园林设计与建筑格调有机结合，建有假山、花架、雕塑等园林小品，配有儿童娱乐设施。乔、灌、草搭配相间，地面绿草如茵，墙面利用爬墙虎立体绿化，阳台、屋顶和室内摆放四季花卉，达到三季有花、四季常绿的景观效果，受到国内外各界人士的赞许。至2002年，村内绿地面积达1.85公顷，绿化覆盖率达52.8%，人均占有绿地103平方米。1987年，被评为烟台市“花园式”单位。1994年，被评为省级“城市绿化”先进单位。1999年，被评为省级“花园式单位”。

1984—2002年，境内先后建成环境优美、功能齐全的河滨、锦绣山庄、富豪花园、福祥新苑、银河、北方·月光心境等花园式小区。其中，富豪花园为省级花园式小区。

单位附属绿地　1984年，福山区开展创建花园式单位、绿化先进单位活动，机关、事业、工厂、部队、学校等各单位，在庭院内设花坛、立苗圃，植树、栽花、种草，绿化美化环境。至2002年，共创建花园式单位、绿化先进单位各32个。

防护绿地和风景林地　主要位于夹河两岸、大沙埠、永福园村以北等处，树种以杨树、刺槐、黑松、旱柳等乡土树木为主。

道路绿地　1976年春，随着街道整修，开始路旁植树。1979年以后，每修完一条街，随即进行绿化。1984年春，在县府街路旁树间，栽植大叶黄杨球、月季花等，并加护栏。80年代，在福海路中间隔离带栽植蜀桧、紫叶李、丁香、连翘、大叶黄杨绿篱等绿化苗木。1992年，在道路两侧栽植中国槐。2000年，对福海路绿化进行改造，拆除花坛，将大叶黄杨绿篱改为铺设冷型草坪，原有的灌木全部改成丰花月季组坛，绿化覆盖总面积13.64万平方米，绿化覆盖率达40%。2001年，完成汇福街、河滨路北段两侧、福海路西侧的绿化改造。2002年，对高新区永达街、松霞路、永福园路及其他所有支路进行系统规划设计，全部进行绿化或改造。对福环西路中央隔离带、河滨公园永安街至汇福街段进行绿化。

园林管护　每年秋季树木落叶后，区园林部门都对城区道路两侧的树木进行整形修剪。常规树形为三杈九顶式，使其向外围扩大树冠、控制高度、避让空中城市线路。每年5月、7月和10月，对球类小灌木及绿篱等绿化苗木进行整形修剪3次。1995年7月，区园林管理处购置草坪修剪机1台，草坪修剪实行机械作业。冷型草一般每半月修剪1次，夏季生长旺盛时每星期修剪1次；结缕草1年修剪2～3次。同年9月，又购置绿篱修剪机1台，工作效率提高。对小叶黄杨、小龙柏、金叶女贞和红叶小檗，每年整形修剪4～5次。此外，加强绿化苗木田间管理，定期浇水、施肥、拔除杂草，适时防治病虫害，确保健壮旺盛生长。

绿化苗木　境内绿化苗木资源丰富，常绿乔木主要有雪松、黑松、龙柏、蜀桧等；常绿灌木主要有大叶黄杨、花柏、小龙柏、小蜀桧等；落叶乔木主要有法桐、国槐、合欢、垂柳、杨树、银杏、苦楝、栾树、白蜡、龙爪槐等；落叶灌木主要有玉兰、紫叶李、樱花、紫荆、海棠、连翘、榆叶梅、碧桃、丁香、黄刺玫、紫薇、木槿、月季、金银木、红瑞木等；草坪初为结缕草，1995年，引入冷型草坪，1999年，开始播种白三叶草。地被主要有小龙柏、金叶女贞、红叶小檗，地被石竹、三叶草，马尼拉结缕草、草地早熟禾、高羊茅等。

第六节　建筑行业管理

1978年以前，福山建设工程在县财政局的监督下施工。1978年10月，建筑工程接受县建设银行的控制和监督。

1984年，区建筑总公司、工程质量监督检验站相继成立，下设施工管理股，对重要工程质量、工程形象、安全生产进行大检查，并负责收缴各乡镇施工队的施工管理费。1985年，注重工程质量和技术管理，实行建筑质量检查制度，全年进行大检查4次，实测点1868个，合格点1381个。同时，加强工程技术资料管理，印发建筑安装技术资料整理意见和各种验收表格530余册。同年，对54个建筑企业进行全面资质审查，经过上级部门审核批准，全区有三级建筑企业1个、四级建筑企业9个、五级一等建筑企业2个，五级三等建筑企业22个。其中，烟台第三建筑安装工程公司被定为三级建筑企业；福山、门楼、斗余、回里、东厅、高疃、臧家、古现8个乡镇及胜利西村建筑公司被定为四级建筑企业；八角乡、屯里村建筑公司等被定为五级一等建筑企业；山后、大沙埠、芝阳、三里店、钟家庄、南关、东北关、西留公、姜家庄、下夼、栾家疃、曾家庄、盐场、诸留杨、西埠庄、下许家、绍瑞口、家后、东厅村、北斗、杜家崖、奇章村等建筑队被定为五级三等建筑企业。是年，区建设管理部门根据省《建筑企业管理条例暂行实施办法》，对民办建筑企业进行审批。凡具备资质审查条件的单位、村和个体，均先到建设管理部门进行资质审查，经审查符合相应资质等级后，再到工商管理部门办理营业执照，为合法建筑企业。各自在允许的等级范围内进行建筑施工。

1986年，规范建筑规程，严格建筑标准质量。建筑质量监督部门对工程质量进行3次大检查，有7项工程进行部分返工。同年10月，对56个单位建筑工程进行检查，实测实量28个单位工程，共65个分项，合格工程1个，优良项8项，合格项目33项，合格项率为63%，优良项率为12.3%；实测点1974个，合格点为1450个，合格点率为73.5%，比上半年检查合格项率提高7.9%，优良项率提高6%，合格点率提高9.8%。同时，加强工程技术资料管理，举办培训班3次，参加人员100多人次。是年，抽调4人组成调查组，用7天时间对烟台第三建筑公司、臧家、古现、高疃、东厅等乡镇建筑公司及福山镇建筑公司八队进行有针对性的调查，及时发现、纠正行业不正之风，促进建筑业健康发展。

1988年，加强建筑市场整顿和工程招投标工作，实行工程质量保证金制度。根据省、市有关规定，严格执行新规范、新要求，每项工程在办理开工手续时，提前按工程总造价的3%缴纳质量保证金。施工中每个分项必须有样板，经质监站验收合格后方可继续施工，工程竣工后经验收合格，方能交付。是年，全区三级以上施工企业的工程质量合格率达100%，四级企业的工程质量合格率达到80%以上。同时，深化建筑企业改革，把竞争机制引入建筑市场。全年共实行招标投标工程12项，面积达8万平方米，招标议标工程占全年新开工面积的78.5%。同年，对乡镇47个建筑企业重新进行资质审查，共审批三级建筑企业3个、四级建筑企业13个、五级建筑企业31个。为提高建筑施工质量，先后举办登高架设、技术员、预算员学习班160多人次，组织施工企业负责人和有关技术人员60多人次到烟台、招远参观学习工程的立体和装饰装修。全年监督工程92个，面积达12万平方米，监督面达100%。共查出违章工程4起、质量隐患和通病1300多条，发现重大质量事故10起，对工程质量差的企业进行停工停产整顿12次。另外，对全区17家预制构件厂进行2次全面质量检查。

1992年，以提高经济效益为目标，积极转换经营机制，开拓市场。在全区四级以上施工企业中推行以工期、质量、安全和资产增值等指标的承包建筑责任制，使建筑安装企业的产值利润、竣工面积、工程质量等大幅度提高。在施工企业中开展“安全达标”和“质量效益”夺杯活动，加强施工过程中各项环节的督查管理。建管安保部门采取月检、季检和年终大检查等形式，全年共查出安全事故隐患1324条、重大质量事故隐患10起，下发弊病通知单100多份。全年工程质量合格率达100%，优良率达40%，创市级优良工程25项。

1994年5月，建管处对全区78个在建工程进行安全大检查，共查出事故隐患362起，对存在严重隐患的工地，下令停工整顿。质量管理站共接受监督工程183项，监督面积53万平方米，监督覆盖率达100%，查处重大事故隐患4起、一般事故隐患10多起，下发弊病通知书50多份。建筑工程质量检测站进行建筑材料检验项目316种，出具检测报告1450份。

1998年，加强工程预算定额和招投标管理，规范建筑市场秩序。全年招投标工程39个，招标面积达11.37万平方米，比上年提高17.7%。是年，对全区中小学校、幼儿园校舍进行严格细致的抗震鉴定，下发抗震鉴定通知书21份，确保在校学生和幼儿的人身安全。

2001年，按照建设部新制定的建筑业资质重新就位等级标准，对全区36个施工企业进行摸底调查，对各施工企业的项目经理、“十二”大员等专业技术人员的数量、等级和建筑业产值等进行全面核实。积极开展技术培训工作，培训塔机司机、塔机指挥、卷扬机司机75名，并对瓦工、抹灰工等140人所建工程进行技术鉴定。继续实行工程招投标制度，工程招投标率达100%。开展工程质量大检查和创建无质量通病住宅工程活动，严格执行强制性技术标准、规范，严格落实工程质量责任制，全年接受监督工程108项，总面积约50万平方米，监督覆盖率达100%，工程监理覆盖面达82.5%。

2002年，按照建设部新标准，对企业注册资金、资产情况、工程技术人员、项目经理、质量安全、生产状况及工程业绩等方面进行全面考核，严格把关。通过资质审核，将原来49个施工企业压缩保留为26个，其他企业予以注销或转为劳务分包企业。将工程招投标机构与招标代理机构脱钩分设，职能分离。开放建筑市场，打破地域封锁和行业垄断，进行公开公平竞争。同时，健全质量投诉、承诺、回访、保修制度。从施工管理、技术措施、岗位责任等方面采取措施，做到施工前为用户着想，施工中对用户负责，竣工后让用户满意。同年4月，对全区在建工程进行质量普查，对发现的质量隐患，现场下发停工通知书8份、工程质量整改通知书56份。全年接受监督工程64项，面积为38万平方米，工程合格率达100%。对全区在建工程进行检查3次，检查覆盖率达100%。开展建筑安全防护用品专项整治活动，严格查处假冒伪劣防护用品，推广合格安全防护用品。是年，创建市级文明工地6个。

第七节　房产管理

城市房屋拆迁　1980年，县计委、建委、财政局、物资局、建行、福山镇公社组成城区建设领导小组，制定房屋拆迁方案，并吸收拆迁户较多的城里、西关、史家庄、南关村党支部书记，研究确定农房拆迁补助标准。1984—1985年，修建河滨路，由区建委和福山镇政府组建拆迁管理办公室，负责东北关、城里、南关村临河162户居民房屋拆迁和安置工作。

1991年，区建委拆除沿街有碍市容的部分公房和民房，接管遗留下来的应拆户18户，经多次做工作，达成协议4户，自拆3户，强制拆迁5户，办理拆迁手续6户。全年批准拆迁13起共224户，拆迁面积2.3万平方米。受理拆迁案件11起，调解达成协议2起，裁决7起。妥善解决商贸大世界拆迁遗留问题，经多方协商，200万元用于拆迁安置，支付给拆迁户。同时，完成民营经济一条街、邮电局东侧旧城改造拆迁工作，拆迁面积1.3万平方米。

1992年，对城里街北、老“22号大院”进行拆迁改造，共拆除房屋300余间，面积5000平方米，为70余户居民解决住房困难。是年，危房鉴定工作由区建委移接到区房管局，全年共进行危房鉴定面积达4580平方米；累计批准拆迁5起，拆迁面积1.2万平方米；调解仲裁9户，其中6户达成协议；完成新华书店以南旧城改造拆迁工作，拆迁面积7100平方米；完成鑫汇巷800平方米和百货大楼拆迁工作，并对城里街邮电巷共60户拆迁房屋进行评估。

1993年，批准15家房地产开发公司及单位进行房屋拆迁，拆迁面积3.8万平方米，拆迁户数400余户，受理拆迁立案50余件。通过开庭审理，使拆迁立案人达成协议8户，依法做出裁决40余户，除2户对裁决不服向法院起诉外，其余全部执行裁决。全年批准拆迁7起，总面积6941平方米，接受委托拆迁8900平方米。完成儿童娱乐中心西侧大型绿地公园的拆迁任务，拆迁面积达7500平方米。同时，积极做好85户拆迁户的回迁安置工作。

1994年，批准城区拆迁6起，建筑面积800平方米；受理拆迁申请裁决4起，结案3起；完成煤气公司家属楼4户436平方米、福华房地产曾家庄地段11户850平方米、河滨大酒店478平方米的委托拆迁任务。批准拆迁9起，总面积26277平方米；完成城市房屋拆迁评估面积1.8万平方米。重点突破福桃路芝阳段、南关村等地段的拆迁改造工作，同时，采取措施解决一批拆迁遗留问题。1997年，累计完成旧城改造拆迁面积8500平方米。

2000年，制定实施《福山区房屋拆迁补偿安置若干规定》。完成东北关北店子街地段及福桃路芝阳段的拆迁工作，面积达1万余平方米；对臧家街道3个居委会及烟栖公路、区外环路有关住户房屋进行评估，评估危房4万平方米；实施机场路、五区连城路及206国道等重点工程房屋拆迁2万平方米。全年接受委托拆迁面积5.2万平方米。

2001年，加快城区旧城改造和高新区西扩工程步伐，区政府批准城市房屋拆迁10起，建筑面积29120平方米。接受委托拆迁12起，完成房屋拆迁面积31120平方米。主要完成机场路、河滨南路、姜刘疃及小陈家等区域房屋拆迁工作。

2002年，实施市、区重点项目五区连城路福山段建设工程，完成房屋拆迁评估丈量面积21.07万平方米，实际完成拆迁面积16.75万平方米。同时，对全区中、小学校舍进行普查，危房鉴定6.5万平方米，其中安全鉴定4万平方米。

房产交易市场管理

房产　1948年，县人民政府从旧政府接管的公房有旧县署、旧县署西侧的平房、城隍庙和福圣寺院内平房、八角清时巡把总所驻平房、土地改革被没收归公的北店子街裕丰楼及与其相对珠路西3处平房，总面积约1.6万平方米，其中用于职工住舍的仅有1000平方米。1968年，城区始建干部职工平房住宅。1972年，始建干部职工楼房住宅。1978年，住宅建设进入高潮。到1985年，接管干部职工住宅面积37.1万平方米。

管理 1948—1971年，公房由县财政局分管。1972年，归县基本建设局统管。1977年，房产管理所成立，公房管理分政府直管和单位自管。房产管理所只管政府直接控制的住宅房产，其他公管房（主要指干部职工住宅）由各委、办、局及其厂矿自管。1982年5月，县政府制定《福山县公房管理守则》，对直管公房和自管公房的使用、维修作出统一规定。90年代后，公管房逐步退出历史舞台。

分配 1985年，制定统一住宅分配方案，属房产管理所管理的住宅由政府分房领导小组决定分配。在区委、区政府任职的干部，多住在机关附近的1～9号楼，离休干部住在环境僻静的西山离休干部楼，有财力的单位和厂矿，其住舍多为自投资、自建造、自分配、自管理，分配原则由各单位自行确定。80年代末至90年代，区政府陆续建成河滨、平安里、锦绣山庄等住宅小区，分配给机关企事业单位的干部职工。

房租与修缮 1978年6月，县基本建设局和财政局联合制定房租收取标准，按房屋等级和使用面积计算房租。1982年，房产管理所直接收取房租，成立住宅修缮组，修缮费用从所收房租中支出，不足部分由财政补助。此法延续到90年代中期。

确权发证 1989年，区政府开始对直管和单位自管公产房进行确权发证工作。

1990年，对私人房产进行确权发证，完成8个农转非村确权发证3328户，建筑面积为28.16万平方米；办理直管公产房215处，建筑面积1471平方米；办理单位自管公产房59处，建筑面积4.5万平方米。全年共办理各类房产交易201户，交易额达277.26万元，共收取交易费51.34万元。1991年，加强产权产籍管理，完成房产交易259户，交易额700万元，并按要求将确权发证的房产资料整理归档。1992年，设立固定的房地产交易市场和租赁市场，在建成区范围内聘任并培训12名房产监理员，协助房产交易监理工作。全年办理新建商品房确权发证398户，面积3.7万平方米，整理房产档案1500余卷。完成交易额1000万元，为国家征税7万元。1993年，在房产买卖中启用《房地产买卖契约》，进行房地产租赁许可证、房地产租赁许可证试点工作，共完成各类房产交易696户，面积5.4万平方米，交易额达2000万元；办理确权发证830户，面积10.7万平方米；整理归档房产档案840卷。1994年，建成区范围35个行政村的房产归区统一管理，办理城西、东留公等行政村的房产确权发证。完成各类房产确权发证510户，面积12万平方米，各类房产交易额达2824万元，面积6.08万平方米。加强房屋租赁管理，房管、银行、公证等部门联合，开展房产抵押工作。办理房产抵押手续16户，抵押金额1430万元，抵押登记37起，金额5300万元；整理房产档案1000余卷；完成确权发证25万平方米，收缴契税13.5万元，各类交易额3000万元。推行商品房销（预）售许可证，为9家房地产开发单位审查核发商品房销（预）许可证，面积达10万平方米。1995年，投资30余万元，筹建区房地产交易市场，将全区房产的买卖、评估、公证、征税等融为一体，实施“一条龙”服务。完成各类房产交易额4000万元，确权发证20万平方米；办理房产抵押42起，抵押金额3500万元。1996年，完成各类房产交易额2000万元，确权发证11万平方米。1997年，完成各类房产交易额41.83万元，确权发证8.9万平方米。其中，按照房改要求，完成房改房交易690户，售房金额13.63万元。1998年，完成房屋确权发证2230套，面积29.8万平方米，各类房产交易额达7416.9万元；办理房产抵押登记43起，抵押金额2341万元，并收缴物业管理公共资金18万元。1999年，房屋确权发证28万平方米，交易额7000万元；房产抵押登记9.2万平方米，抵押金额6577.33万元；对符合条件的25栋、9.4万平方米的商品房发放《商品房销（预）售许可证》；收缴物业管理资金120万元。同时，拓宽服务领域，房产估价1.3万平方米，评估总值972万元。

2000年，完成各类房产确权发证2887户，总建筑面积47.54万平方米，房产交易额达19377.16万元；审查发放商品房销（预）售许可证29个，面积24万平方米；收缴物业管理公共资金45万元；办理房产抵押16.73万平方米，抵押金额11235.33万元；房产评估8000平方米，评估总值达6400万元。2001年，完成各类房产办证5962户（处），总建筑面积96.57万平方米，房产交易额达3.9亿元。同时，依法严格实行房产价格评估和价值认定，严把房产契税征收关卡，杜绝房产契税的流失。全年征收房产契税670万元，其中为财政挽回和增加契税收入210万元；收缴房产交易费、登记费246万元，足额上缴区财政；房产抵押登记2032户（处），收缴抵押服务费55.6万元；测绘评估收入144万元，收缴物业管理公共资金381.5万元 ；审查发放《商品房预（销）售许可证》32个，总建筑面积达96.57万平方米。2002年，依法加强房屋产权产籍管理，重点落实商品房销（预）售许可证制度。完成各类房屋确权发证3126户，交易额达1.5亿元，实现交易收入108万元，足额上缴财政；办理房产抵押860起，抵押面积28.4万平方米，抵押金额达1.74亿元。

物业管理

1990年，区房管局着手组建小区管理服务处，配备专门人员，制定《生活居住小区管理暂行办法》。1992年，结合住房制度改革，逐步把各居民小区的管理机构改组为物业管理公司。1993年，强化管理，开展争创国家级文明小区活动。为住户疏通化粪池34个、沉淀井344个；投资5800元，完成各类小修小补395次，使房屋完好率达99%。1994年，完成房屋维修620户（次），费用6.8万元，维修合格率达100%，及时率达到99；整顿河滨小区内的市场秩序，使小区主道两侧面貌一新；对个别住户在楼内私建的违章建筑进行严肃处理，遏制乱搭乱建的现象。1997年，在河滨小区、锦绣山庄试点，开展物业管理改革。1998年，物业管理改革在全区各居住小区逐步推开，7处居民小区成立专门的物业管理机构。1999年，制定并实施《福山区物业管理试行办法》，进一步提升居民小区建设管理的档次。2000年，全区共成立居民小区物业管理企业12家，实施物业管理面积达到58.23万平方米。

城镇住房制度改革

1986年，烟台市执行《国务院在一些城市进行城镇住房制度改革试点的决定》，福山区参与烟台市住房制度改革试点。1987年8月1日起，执行烟台市关于提高公房租金标准、发给干部职工相应数量住房券的办法，将住宅由实物分配转向货币化分配。区政府制定《公有住房出售办法》，采取向买房职工发放低息抵押贷款等优惠政策，鼓励干部职工购买住宅。1988年，部分干部职工开始购买有限产权和全部产权住宅。

1994年，区房改办公室积极做好新的房改政策出台前的测算、调查摸底工作，测算出全区的参改人数、售房标准、所出售房屋的建筑面积、可回收的资金、公积金收缴的数额和享受租金减免政策的人数等有关数据，为区房改方案的正式出台提供依据。1995年，根据各单位上报的有关数据，测算出全区出售公有住房的标准价、负担价、抵交价、成本价等，依据《烟台市深化城镇住房制度改革方案》及相关的配套政策，制定出《福山区深化城镇住房制度改革方案》及配套政策，报市房改办审批。

1996年，福山区的城镇住房制度改革方案及配套政策正式出台。凡在境内范围的中央、省、市、区属党政机关、群众团体、企事业单位及乡镇驻地机关和事业单位的机关干部、固定职工、合同制职工（含农村户口合同制）、离退休干部，均实行缴纳公积金办法，缴纳额为基本工资的5%。同时，推进租金改革，逐步提高公房租金。凡属区房管部门的直管公有住房，采取“分等计租”的办法，按规定的统一标准调整租金。稳步出售公有住房，按照区公有住宅出售办法的要求，凡单位自管和房管部门直管的新建住房及公有旧住房均可向职工和居民出售。根据干部职工收入的高低实行市场价、成本价和标准价，采取现住房优惠、工龄折扣、一次性付款等优惠政策，鼓励干部职工购房。售房价格定为标准价建筑面积每平方米为466.02元，成本价暂定为740.97元，市场价暂定为1155.72元。此后，房改房出售价格根据实际情况逐年进行调整。实行集资、合作建房，加快经济适用房的开发建设，实施“安居工程”、完善社会保障性质的住房供应体系。按照房改政策，完成了全区公有住房的租金调整，面积达20.2万平方米。同年12月底，根据上级有关住房制度改革的政策规定，按工龄和工资基数的20%发放住房补贴。是年，全区公积金上缴单位达367个，公积金上缴总额860万元，出售公房1200套，建筑面积8.6万平方米。

1997年，深化住房制度改革，相应调整公房出售价格，强化公积金收缴力度。全区公积金上缴单位367个，到位率达88.65%；上缴人数1.8万人，上缴金额

1450万元，收缴率达85.3%；出售公房2485套，建筑面积17.3万平方米；建立住房基金2112万元，收缴住房公积金1068万元，占应缴单位总数的97%；住房补贴发放单位160个，发放住房补贴4.7万元；理顺房改房成本价870户，归集理顺资金438万元。同时，大力开展住房置业担保业务，受理置业担保439份，担保面积38673平方米，发放住房贷款3469万元。

1998年，实施《烟台市已购公有住房和经济适用住房上市交易管理办法》，加强上市公房的理顺和二级市场的规范监督工作。全年理顺已购公有住房19套，归集资金90650.4元；办理房改房上市交易52户，建筑面积3000平方米；出售公有住房141套，总建筑面积10476平方米，归集售房款141.19万元；收缴住房公积金1334万元；发放住房补贴580万元。

1999年，稳步推进新的房改政策，调整公房出售成本价，停止住房实物分配，建立以经济实用住房为主的多层次供应体系。继续强化公积金的收缴力度，严格公积金使用审批程序。强化住房金融服务功能，开展住房贷款业务。进一步规范住房交易，逐步放开已购公有住房和经济实用住房的交易市场。公房出售成本价调整为每平方米建筑面积898元。出售公有住房789套，建筑面积52371平方米，归集售房资金230.76万元。公积金上缴单位357个，占应缴总额的97%，收缴公积金792万元。

2000年，全年共出售公房359套，面积2.4万平方米，回笼资金937万元；公积金收缴1068万元；发放住房补贴219.7万元。

2001年，理顺上市公房和二级市场，规范公房出售监督管理。理顺已购公有住房19套，归集资金9万多元；办理房改房交易52户，出售公有住房141套，归集售房款141.2万元；收缴住房公积金1334万元，发放住房补贴580万元。

2002年，出售公有住房74套，建筑面积4622平方米；收缴住房公积金1627万元，公积金收缴率达到98.5%；理顺房改房成本价999套，建筑面积9.1万平方米，归集理顺差价款468万元；办理房改房上市交易186套，建筑面积1.07万平方米。

第八节　城区管理

管理队伍

改革开放前，福山无专门城管机构，脏乱差现象随处可见。改革开放后，开始重视城区管理，建立专门管理队伍，依照有关法律法规、规章对市政设施、市容环境、园林绿化、街道卫生、经营摊点、交通秩序等进行严格管理。城区居民居住环境质量全面改善，城市整体形象大幅提升，尤其是河滨路、夹河公园、健身广场等地，成为城区一道亮丽的风景线。

1984—1991年，城管办公室工作人员共有20人，配有一辆三轮摩托车，队员统一着装，配有标志，骑自行车上岗执勤，查处城区违章案件。1992年后，城管逐步配有吉普车、大头车、两轮摩托车和传呼机、手机等通信设备，城管人员持建设部统一印制的监察证件，进行城市管理。2001年，区城市管理综合执法大队成立，配员20名。

依法管理

80年代末，福山的城市管理执行烟台市《城市园林绿化管理施行办法》《市容环境卫生管理施行办法》《市政工程设施管理施行办法》《城市规划管理施行办法》和《门前“三包”（包卫生、包绿化、包秩序）的管理规定》。管理范围主要是县府街、南大街、南山路、西大街等城区街道。1989年，重点围绕卫生城达标、维护交通秩序和公用设施等加强城市管理。全年查处各种违章1029起。其中，车辆撒漏73起，机动车辆上人行道164起，乱贴乱画555起，建筑占用人行道24起，乱设摊点197起，机动车上沟盖板16起。

1992年，城市管理范围扩大，综合服务功能进一步提高。城市管理监察的范围北至206国道，南至前埠村、东留公一带，东至河滨东路，西至西山路。围绕创建国家卫生城、园林城市、优秀旅游城市和模范环保城市，城建、城管、市政、园林、环卫等单位，充分发挥专业监察队伍的职能作用，协同有关部门和单位，集中人力物力，对城区的大环境及城市秩序进行综合治理。全年共拆除违章建筑82处，清理乱堆乱放及乱设摊点597处，清除乱贴乱画3250处，查处违章车辆124车次。新铺人行道方格砖2.8万平方米，修复8000平方米；硬化地面 1.5 万平方米，修复路面 6800 平方米；改造实体围墙 580 米，粉刷构筑物 50 万平方米；修剪和栽植绿化带 5 万平方米。是年 8 月，福山区通过国家卫生城创建工作验收。1993 年，区政府印发《关于进一步加强城市市容环境卫生管理的规定实施意见》，重点抓城市秩序的治理整顿，对有碍市容的各种现象，依法进行查处。共清理各类乱设摊点 1021 处，清理乱堆乱放 473 处、乱贴乱画 2113 张，纠查违章车辆 457 车次，查处各类乱挖道路 39 处。1995 年，全年共清理乱设摊点 2100 次、乱贴乱画 1300 余张，查处乱堆乱放和乱搭乱建 470 余次，清理乱设广告牌、标语牌 230 块，查处夹河非法捕鱼和沿街撒漏 200 多起。1998 年，福山区获“烟台市城市建设管理达标单位”称号。

2000 年，开展城市建设管理达标竞赛活动，重点整治摊点乱摆、车辆乱停、广告乱贴、杂物乱堆、垃圾乱扔的“五乱”现象，分 10 个专项进行综合治理。共清理乱设摊点、店外经营、露天烧烤 2700 个（次），清理主干道两侧涮车场、摩托车修理部 7 处，查处违章停车 300 余车次，清理乱贴乱发野广告 5 万余张，对城区 20 处垃圾死角进行彻底清除，清运垃圾 1000 余吨，整治规范马路市场 3 处。2001 年，城管执法大队依法行使法律、法规赋予的行政处罚权。对违反城市规划和影响市容环境的违法建筑物或设施、公安交通、市政道路、无照商贩、侵占道路、旅游和文化的违法行为实行行政处罚。执法范围为建城区内北至 206 国道，南至轸八高速公路福山段出入口，东至大沙埠，西至环城西路。先后协调铺设方格砖 4428 平方米，规范整治门头牌匾 140 余块，拆除有碍景观市容的门头牌匾、标志牌、灯箱 120 余块，取缔露天洗车场 4 处，查处沿街撒漏车辆、乱倒垃圾 120 车次，受理、解决投诉电话 307 次，协调房管局拆除河滨小区内乱搭乱建、房外经营 11 处，抓获处罚非法捕鱼 10 余人次。

第九节　村镇建设

乡村民房建设　境内民居坐北向南，靠山近水，背风向阳。多为南屋北屋，东西两厢，四合院格局。60 年代前，房屋起脊，砖、石、木结构，山区多用麦秆草、山草盖坡，沿海一带用海草盖坡，冬暖夏凉，民曰“草房”。富者用青瓦护坡，出厦挑檐，起脊抱垅，谓“瓦房”。皆用石灰沙浆里外抹墙，尤显洁净。因受地皮（地基）所限，或从保暖考虑，房屋间口狭小，一般每间屋 8～10 平方米。沿用木制条格式窗棂，黑暗、潮湿、透光差。70 年代前后，民房始用红瓦，大开间，大窗户，宽敞明亮。改革开放后，始用铝合金代替木制门窗。

1949 年，全县农房建筑面积为 264.3 万平方米。1959 年，为 294.5 万平方米。1969 年，为 476.9 万平方米。1979 年，为 485.9 万平方米。1985 年，为 606 万平方米。后随着进城务工人员逐年增多，部分农民开始到烟台市区、福山城区购买楼房居住，农村许多民房实为空房，无人居住。至 2002 年，全区农房建筑面积仍稳定在 600 万平方米左右。

1982 年，县政府贯彻国务院《村镇建房用地管理条例》，成立乡村农房建设管理委员会，下设办公室。1983 年，各公社配备 2 名农房建设管理员，加强农房建设指导。县政府制定《农村建设规划方案》，对 306 个大队农房进行全面调查。1984 年，根据国家农村建设要“全面规划、正确引导、依靠群众、自力更生、因地制宜、逐步建设、有利生产、方便生活”的方针和“农房建设提倡使用坡地、薄地、荒地，提倡建楼房，避免求新过急、大拆大建，从实际情况出发，近远期结合，分期达到”的要求，先后在三十里堡、塔寺庄、西埠庄、东陌堂、蔡家夼、北于家、两甲庄等村制定近期建设规划。1985 年，全区有 2580 户农民建设新房。1986 年，区建设规划部门对八角乡、回里镇前 3 年的农村建房规划执行情况和宅基地使用证明情况进行调查。1988 年，全区 294 个村进行房屋产权登记，并分期分批发放房产所有证。至 1989 年 8 月，共发证 8.7 万份。同时，完成 30 个村的规划调整修订工作。结合搞好街道绿化，在 10 个村进行绿化试点，然后在全区推开。全年有 111 个村进行街道绿化，共植树 13570 棵。对全区 294 个村庄进行规划测补工作，办理审批农民建房手续 1600 户。同年，在北于家村开展农房确权发证试点，在塔寺庄、蔡家夼村进行建设楼房试点工作。

1992 年，调整和完善村、镇规划，引导条件较好的村、镇进行基础设施和公用设施建设，加快城乡一体化建设步伐。对全区各乡镇的村镇建设管理工作实行百分制考核，开展“明星村庄”达标活动。城西、蒲湾、宋家疃、盐场、赵庄、古现东村、臧家和南涂山8个村庄达到明星村庄标准。1994年，加快“小康屋”工程建设，在东陌堂、北于家、八角口、柳行、西埠庄、八角、古现东村、邹格庄、宋家疃村进行试点，1995年，在全区推开。1997年，加强农村建设规范化管理，实行道路、绿化、给排水、供电、通信等基础设施同步建设。全区镇街共投入1380万元，硬化通村路面31万平方米；投资56万元，改造自来水，使农村用水问题得以改善；投资130万元，建桥5座，解决农村交通不便问题；投资226万元，绿化面积500万平方米。是年，开始换发房产证，全区共换发8953份。

2001年，古现镇投资80万元，对全镇38个村的低压线路进行改造；邱家、东龙夼、西臧家分别投资11万元、8万元和108万元，建设竣工桥涵3座。回里镇投资80万元，新修进村路7000平方米；投资18万元，新建村桥5座。2002年，门楼镇姜家夼、葛家庄、邹家房等村投资20万元，修建自来水，铺设管路总长5700米，改善吃水、用水条件。张格庄镇院口村筹措资金，对街巷铺筑水泥路面，改变了村容村貌。是年，全区换发房产证9306份。

乡镇驻地规划建设

1958年，人民公社驻地是所辖区域的政治、经济、文化中心和工业基地。一般建有学校、供销社、医院、银行所、邮电所、税务所、工厂、农机站、饭店、旅馆等办公用房、生产厂房和生活服务设施。驻地与村之间均修建可通机动车的公路。多数公社驻地离开村庄，在所辖区中心设址，建设办公用房，改变过去皆驻村内民房的状况。1978年之后，各公社（乡镇）开始新建宽敞明亮的平房办公室，后逐步以楼房替代平房。

1985年，对10处乡镇政府驻地做出规划布局，绘制现状图和发展规划图。1986年，区建设规划部门对八角、回里两乡镇前3年的农村建房规划执行情况和宅基地使用证明情况进行调查，并完成高疃、东厅2处乡镇驻地的规划模型设计。

1992年，完成3处乡镇驻地的详细规划和9处乡镇工业区的规划。门楼、古现2个镇达到新型乡镇标准。1994年，重点加强中心集镇的建设管理。完成张格庄乡驻地长4100米、宽14米的沥青道路硬化和兜余镇长320米、宽10米的水泥大街路面硬化，并逐步配套给排水、绿化、人行道铺装及路灯安装等设施。1995年，完成5处乡镇驻地的详细规划；对回里、高疃镇驻地街道进行硬化；在古现镇、八角乡进行现代化小城镇建设试点。1997年，乡镇驻地硬化路面18条，总面积2800平方米；古现镇和八角乡建商住两用楼，面积为5700平方米；投资3.8亿，启动建设镇街工业园9个，园区建成面积达到13万平方米，落户项目29个。1999年，城镇建设步伐进一步加快。建设改造整修村、镇道路488万平方米；整修河道9500米；古现镇投资160万元，建成拥有107个网点、5个交易大棚的华宇商贸市场投入使用；东厅乡投资130万元，开发建设500平方米商业网点楼交付使用。各乡镇驻地主街道两侧全部绿化美化，并成立专职保洁队伍。

2000年，申报回里镇为全省小城镇建设中心镇。各村镇道路硬化率、绿化覆盖率和自来水普及率进一步提高。2001年，加快小城镇建设步伐，推进城乡一体化，各镇街驻地建设一条文明示范街，达到绿化、亮化、净化标准。对新行政区划调整后镇街驻地进行中长远规划，强化环境综合整治。高疃镇投资200万元，硬化路面5.1万平方米；投资1150万元，新建工业园区厂房6200平方米；投资21万元，新建绿地4000平方米；投资220万元，新建总面积为4200平方米的商住楼及办公楼。古现镇投资170万元，对镇政府、电信局、供电站办公楼进行改建；投资60万元，建设并交付使用商住两用楼。回里镇投资145.2万元，新建电信大楼、建筑公司、果品批发市场、蔬菜批发市场、西道平村服装厂。2002年，坚持“规划一张图、审批一支笔、建设一盘棋、配套一条龙”的原则，加强道路绿化、供排水、供电、通信等基础设施配套建设。重视发展居民小区、商业服务区和工业园区，重点实施村、镇道路和工业园建设，硬化路面26万平方米，新建工业园5个，总投资达5130万元。

典型村居

卫家疃　90年代后，规划修建“三横三纵”6条街道；改造拓宽、硬化路面2500米；修建村头公园一座，绿地面积2200平方米，道路绿化带4000多平方米。设垃圾回收点4个。

塔寺庄　1981年，建起敬老院、幼儿园，建筑面积300平方米。1982—1985年，建综合服务楼2栋，建筑面积4500平方米；建厂房7000平方米。经省有关部门批准，创办“农民中等技术专业学校”，村自筹资金建教学楼、办公楼各1栋，建筑面积2500平方米。1984年，村规定：凡新建房屋，一律不准建平房，由村委统一规划、统一设计、统一施工、统一建楼房，并划定改扩一条长250米、宽18米的主街，拆旧房，建新楼。至1985年，建住宅楼8栋，22户农民住上新楼，平均每户居住面积120平方米。

东陌堂村　1979年以来，建厂房1万多平方米。1985年，改扩一条主街道，东西长1000米，宽17米。以主街道为轴线，划西部为农民住宅区，东部为工业生产区。

北于家村　1984年，进行旧村改造，在原居住区开通“井”字形街道，南北向长250米，宽16米；东西向长100米，宽14米。在规划新区建起10排200间整齐漂亮的新农舍。1985年，建起幼儿园，供上自来水。天津商业学院在村北建起学员培训处，建筑面积5000平方米。

蔡家夼村　1985年，建起4排26栋2层农民住宅楼，户均每居住面积102平方米。

两甲庄村　1984年，建起2500平方米的3层办公楼、1200平方米的2层教学楼。

第四章　国土资源管理

改革开放前，福山无专门土地管理机构，土地整治和利用工作由农业局代管。1984年，区农牧渔业局成立土管站，负责建设用地管理。1987年底，区土地管理局成立，针对当时形势，开展全区土地资源调查，为严格土地管理提供可靠依据。1990年，国务院颁布《城镇国有土地使用权出让和转让暂行条例》，建设用地逐步纳入有偿使用轨道。1993年，对原划拨土地发生转让的用户开始补办出让手续。90年代后期，对改变用途的原划拨土地或一直是经营性质的原划拨土地开征地租，实现土地使用由双轨制向单轨制转换。同时，探索农村宅基地有偿使用，遏制建房热势头和乱圈滥占现象。围绕土地有偿使用，在全区开展土地定级估价工作，使建设用地拥有合理的价格体系。同时，进行农村集体土地登记发证，加强土地档案管理。进行土地利用总体规划，划定基本农田保护区。依法查处破坏土地的违法行为。

1991年3月，区矿产资源管理局成立，担负全区矿产资源合理开发利用和地勘行业、地质环境的监督管理职能及矿业秩序的治理整顿，依法征收矿产资源补偿费任务。矿产局坚持开发与保护并重，通过广泛深入的法制宣传教育，坚持不懈地开展矿业秩序治理整顿，矿产资源的违法勘查和违法开采得到有效遏制，生态地质环境得到有效保护。

2002年1月，国土资源局福山分局职能发生变化，划入职能为原区黄金工业公司承担的地质矿产行政管理职能及原区计委制定国土和与土地规划有关的职能。划出职能为：地下水资源行政管理交给区水利局。转变的职能为土地、矿产资源基础信息和资源利用情况、变化趋势的动态数据、技术处理及预测分析等职能移交给直属事业单位承办；实行政企分开，不再从事土地矿产资源的经营活动，与所属企业脱钩，不再管理企业及企业生产经营开发活动。

第一节　管理机构

1984年，区农牧渔业局成立土管站，负责建设用地报批、管理工作。1987年12月，区土地管理局成立，原土管站编制人员从农牧局划出。机构规格为正科级单位，隶属于区政府序列部门。内设建设用地科、土地利用规划站、监督检察科，均为股级单位。1990年6月，各乡镇成立土地管理所，为股级单位。1991年3月，土地管理局增设办公室、法规科、地籍科3个股级科室。1993年8月，增设土地估价事务所，为股级单位。

1988年3月，区计委成立矿产资源监督管理科。1991年3月，福山区矿产资源管理局（以下简称矿产局）成立。1993年12月，土管局与矿产局合并，组建福山区土地矿产管理局，为正科级单位，隶属区政府序列部门。

内设办公室、法规科、地籍科、建设用地科、土地利用科、规划站，均为股级单位。2002年1月，改称烟台市国土资源局福山分局，规格和隶属关系不变。内设矿产管理处（为副科级单位）、办公室、土地估价事务所、地籍科、建设用地科、土地利用科、规划站、监督检察科，均为股级单位。

第二节　地质资源管理

区矿产局根据实际需求，对全区2001—2010年矿产资源产量和需求量情况进行预测。

矿产资源供需形势　境内矿产开发量较大，对国民经济和城乡建设有影响的矿产主要有黄金、水泥大理岩及建材原料矿产。黄金：有南张家与杜家崖金矿2处。南张家金矿因资源变化已停采；杜家崖金矿预测黄金总产量为1070公斤，需消耗基础储量1390公斤，需要储备需求储量为2910公斤，后备资源明显不足，急需勘查新的金矿资源。水泥大理岩：预测水泥石用量为3415万吨，需消耗基础储量为4878万吨，需要储备需求储量10668万吨，现保有基础储量1.2亿吨，能满足开采需求。按全区水泥石资源总量计算，张格庄镇水泥大理岩分布区，至少可再建一个年产300万吨的大型水泥厂。建筑石材：主要矿种有建筑大理石、花岗岩、乱石和石子，主要产地有张格庄镇、高疃镇、福新街道。预测产量为3025万立方米，消耗基础储量为3184万立方米，需要储备需求储量7134万立方米，现保有基础储量估算20000万立方米，能满足开采需求。建筑用砂：主要分布于外夹河回里河段和清洋河高疃河段。预测总产量为400万立方米，每年预测产量约40万立方米。根据历年河流洪水期上游补充砂量计算，每年补充砂量在45万立方米左右，基本满足每年开采量。砖瓦黏土：分布于各镇（街），资源丰富，能满足需求。2000年，砖瓦黏土产量20万立方米，砖产量1亿块。到2010年，砖瓦黏土产量预计下降到5万立方米，砖产量下降到2500万块，年均下降7.5%。供需缺口部分全部由混凝土轻制砖、炉渣砖、页岩砖及尾矿渣砖等新型墙体材料取代。

矿产资源勘查现状　至2000年底，境内已发现各类矿产34种，占全市发现矿种的45.95%；已探明储量的矿种16种，占全市探明储量矿种的40%；发现各类矿床（点）64处；已探明储量的矿产地11处，占矿产地总数的17.2%。

勘查规划区划分　矿产资源勘查规划区分为勘查区、限制勘查区和禁止勘查区。勘查区为远离高速公路、铁路沿线及水源地，地质勘查工作程度较高，划分为肖谷家、门楼、回里3个；主要勘查水泥灰岩与水泥大理岩、花岗岩、长石等矿产，重点鼓励重要成矿区（带）开展金矿勘查；允许开采区有肖谷家、门楼、回里、老岚河砂4个。限制勘查区为在城市规划区、港口、机场附近、铁路、主要公路及河流两侧、大型水利工程设施附近，限制以零星分散开采玄武岩、石英岩、石灰岩等建筑材料为目的的勘查活动及在海岸带与防护林勘查矿产资源，有高疃和张格庄2个。禁止勘查区有门楼水库、东陌堂水源地、山合　山卢寺森林公园、老岚水库（规划）、城市建设规划区5个。

矿产资源开发利用现状　到2000年，全区开发矿产18种、矿山108处，从业人员1381人，矿产开发总量556万吨，总产值6974万元。矿产品加工企业10个，从业人员550人，年消耗矿石量45万吨，产值6800万元。在矿产开发中，建筑石料矿山开采35处，产值2168万元，占总产值的31.09%；矿泉水厂1个，产值1000万元，占总产值的14.34%；水泥大理岩、水泥石灰岩矿山开采33处，产值1360万元，占总产值的19.5%；金矿开采1处，产值790万元，占总产值的11.33%；砖瓦黏土矿山开采8处，产值800万元，占总产值的11.47%；其余各类矿山开采30处，产值856万元，占总产值的12.27%。

第三节　土地规划

1990年，制定福山区土地规划利用总体规划。1999年，按照新的《中华人民共和国土地管理法》有关规定，重新制定福山区土地利用总体规划。至2002年，福山土地利用均按此规划进行。

土地利用总体目标　农业用地得到有效保护和综合整治，稳定现有耕地数量，逐步提高耕地质量；有效控制非农业建设用地，城镇用地规模合理，农村居民点用地规模逐步缩小；全面有序开展土地整理和废弃地复垦，适度开发未利用土地资源，实现耕地占补平衡；优化土地利用结构和布局；提高土地利用率和产出率；土地利用与经济社会协调发展。

土地利用规划目标　耕地保有量10340.42公顷；基本农田保护面积9354公顷，基本农田保护率88%；新增建设用地6420公顷，其中占用耕地3021公顷；补充耕地3021公顷，其中区域内补充耕地2731公顷，区域外补充耕地290公顷；土地利用率由92.24%提高到95.66%。

近期规划目标（至2010年）　耕地保有量为10340.42公顷；基本农田保护面积9354公顷；新增建设用地4491公顷，其中占用耕地2049公顷；补充耕地2049公顷，其中区域内补充耕地1759公顷，区域外补充耕地290公顷；土地利用率提高到94.24%。

第四节　土地执法

区国土资源管理部门依法加强土地管理，对破坏土地违法行为进行严肃处理。

1993年，东留公村村民吕某开办沙场期间，未经批准超范围采沙，先后挖光8户村民责任田2480平方米，破坏了土地的种植条件，违反《土地管理法实施条例》第十五条、《基本农田保护条例》第二十条规定。限吕某在接到决定书之日起3个月内治理被挖光的村民责任田2480平方米，恢复土地种植条件，并按每平方米10元的标准罚款，共计罚款24800元。

同年，福山自来水公司职工吕某开办沙场期间，私自超范围挖沙，先后挖光东留公村12户村民责任田3415.77平方米，违反《土地管理法实施条例》第十五条、《基本农田保护条例》第二十条之规定。限吕某在接到决定书之日起3个月内治理被挖光的村民责任田3415.77平方米，恢复土地种植条件，并按每平方米10元的标准罚款34157.7元。

1993年秋至1995年3月间，东留公村村民吕某先后挖光村机耕路和田头地及4户村民责任田3116.3平方米，严重破坏了土地种植条件，违反了《土地管理法实施条例》第十五条、《基本农田保护条例》第二十条规定。限吕某接到决定书之日起3个月内治理被破坏的土地3166.3平方米，并按每平方米10元标准罚款31663元。

1994年6月至9月，东留公村村民吕某非法挖光4户村民责任田980.1平方米，严重破坏了土地种植条件，违反《土地管理法实施条例》第十五条、《基本农田保护条例》第二十条规定。限吕某在接到决定书之日起3个月内治理被挖光的村民责任田980.1平方米，恢复土地种植条件，并按每平方米10元的标准罚款9801元。

1995年3月，东留村村民胡某非法利用其兄弟和自己的责任田挖沙盈利，挖光土地93.33平方米，用推土机推开责任田地表土层800平方米，共计破坏土地893.33平方米，严重违反《土地管理法实施条例》第十五条、《基本农田保护条例》第二十条规定。限胡某在接到决定书之日起3个月内治理被破坏的893.33平方米土地，恢复土地种植条件，并按每平方米10元的标准罚款8933元。

第五章　房地产开发管理

中华人民共和国成立初期，县机关干部家属多住县政府东、西侧和城里街的庙宇等公产房，低矮、潮湿、破旧不安全，人均居住面积不足5平方米；企业职工多到附近农村租房住。

80年代，为解决机关干部和企事业单位职工的住房困难，由县财政和企业出资建造住舍楼，按条件交房租进住。90年代，进入市场经济，随着住房制度改革和居城人口的增加，房地产开发新兴产业如雨后春笋般地兴起。21世纪初，结合旧城改造，房地产开发迅速发展，外地房地产开发商竞相到境内开发。建筑风格多样，欧式建筑、“海派”风格，成为城市的亮点；银河名都、曙光名座被烟台市列为最具影响力的十大经典楼盘之一。

第一节　房地产开发

住宅小区建设与改造

1985年，区房地产开发公司在东北关村东北角和城西村西南角建居民区。至1986年，建成商品楼4栋，面积为15925平方米，进住居民174户。90年代后，房地产开发快速发展，住宅小区建设步伐加快。至2002年，开发建设规模住宅小区21个，占地总面积714.94万平方米，建筑总面积147.54万平方米，集中居住17874户。

在开发建设的同时，按照城市发展的需要，对早期建造的住宅小区不断进行改造整治，完善配套基础设施，绿化、硬化、美化环境，提高服务功能。1991年，投资100多万元，对河滨小区进行整治改造。拆除鸡舍、煤池等障碍物260处，回填土方9100立方米，整改地下自来水、排污管1600余米，修筑水泥主干道和甬路21条、面积8500余平方米，铺筑方砖6700平方米，整修架设供电线路1200米，安装路灯134盏，粉刷楼房、小棚外墙800余平方米，增设石凳、石桌60多套和宣传栏3处，栽植草坪3万平方米、乔灌花木2万余株，绿化覆盖率达到27%。是年，对机关宿舍大院（平安里小区）进行整治改造，使道路平整光洁，各种线路井然有序。1992年，坚持“统一规划，合理布局，综合开发，配套建设”的方针，全年完成房地产开发面积2.7万平方米。结合住房制度改革，逐步把各居民小区的管理机构改组为物业管理公司。对锦绣山庄的脏、乱、差现象进行整治。先后走访居民200多户，说服动员拆除鸡舍、草棚、煤池44个，清挖化粪池36个，清运土方650立方米，清理污水管道110米，铺设甬路740米，建围墙240米，使小区环境卫生初见成效。继续对河滨小区进行整治改造，栽种各类花木1000余株，补栽草坪1800平方米，铺方砖700米，硬化道路700平方米，使小区内三季有花，四季常青，卫生整洁，环境优雅，被评为“省级文明小区”。1993年，完成开发投资5100万元，开工面积12.7万平方米，竣工面积4.2万平方米；基础设施建设完成投资额2896.4万元。同年，完成锦绣山庄与河滨小区新建住宅工程的设施配套建设和绿化，共栽花木1100余株，种植绿篱近1000米，铺栽草坪3000多平方米，硬化路面2600平方米。1995年，投入资金30万元，对建成的居民小区卫生环境及公用设施进行大规模的整改配套。增设高标准公厕及文化娱乐场所等设施。1996年，投资70余万元，再次对锦绣山庄进行较大规模的整治改造，硬化道路5200平方米，环境绿化1.2万平方米，并增设必要的基础配套设施，使小区的环境面貌得到改观。1997年，完成房地产开发面积2.6万平方米。在河滨小区，投资20余万元，完成小市场建设，以方便群众生活需要；投资20余万元，改造小区电力设施，缓解居民的用电难问题。在观月里小区，投资30余万元，对居住环境进行整治改造，增设基础配套设施。1998年，完成河滨小区道路及绿化的配套改造，建设小区停车场及垃圾中转房；投资205万元，建设管道液化气一期工程和集中供热工程。1999年，投入资金155万元，又对河滨小区、锦绣山庄的基础设施和居住环境进行较大规模的配套改造整治。对河滨小区内市场进行拓宽改造，增设了遮阳遮雨设施；硬化路面1000平方米，铺方砖200平方米，环境绿化面积4000平方米，建设小区商业用房200平方米。锦绣山庄建设商业用房524平方米，增设幼儿园、诊所等社区服务设施。2000年，完成7个旧小区的整治改造。

旧城改造

1992年，福山镇西关村揭开旧城改造的序幕，拆除居民平房，建造住宅楼房。至1996年，建起商住楼10余栋，改变了居民传统的居住环境和城区面貌。1999年，区城市建设综合开发公司结合旧城改造，完成开发改造面积8万平方米。其中，商住楼和标准厂房1.7万平方米，经济适用房1.2万平方米。

2000年，房地产开发与旧城改造同步进行。开工面积15.4万平方米，竣工面积14.67万平方米。旧城改造河滨路南关段3.5万平方米；县府街粮食局面粉厂、自行车配件厂段和三里店村段改造工程竣工；县府街东、东北关葫芦头部分房屋拆迁结束。2002年，加快旧城改造步伐，推进城市化进程。城区9个村、厂的旧城改造工作全面展开，完成房屋拆迁面积3.85万平方米，正式施工面积23万平方米，完成改造面积20.4万平方米。其中，三里店村计划拆迁面积1.98万平方米，涉及246户，实际完成拆迁104户，拆迁面积10785平方米，开发面积3.6万平方米；曾家庄村计划开发1万平方米，实际完成拆迁16户，拆迁面积1600平方米，开发面积8100平方米；姜刘疃村涉及拆迁56户，完成拆迁面积8560平方米；栾家疃村完成拆迁面积1600平方米，开发面积

8600平方米；南关村完成拆迁面积9300平方米，开发3.6万平方米；制锹厂完成拆迁面积2000平方米，首期开发的1.67万平方米商住楼交付使用；盐场村完成拆迁23户，拆迁面积2900平方米，开发建设4.8万平方米；东北关村完成拆迁面积1798平方米，开发面积1.58万平方米；蒲湾村开发竣工厂房、综合楼面积3.5万平方米。

第二节　房地产企业管理

90年代后，随着房地产开发的快速发展，区政府加大对房地产开发管理力度，整顿、规范房地产开发市场，确保房地产开发质量。1994年，对房地产开发市场进行检查清理，注销无开发实绩、资金不到位、不符合房地产开发相关规定的企业11家。1995年，区成立房地产开发管理办公室，对全区房地产开发业进行统一管理。

1985—2002年福山区房地产开发简况表

表4-2

开发商名称	开发年份	小区名称	占地面积（万平方米）	建筑面积（万平方米）	居住户数（户）
福山区城市建设综合开发公司	1985	河滨小区	20	20	2500
福山区城市建设综合开发公司	1989	平安里小区	1	2	250
福山区城市建设综合开发公司	1992	经济小区	1.8	2.5	338
烟台寰宇实业总公司房地产开发公司	1992	寰宇小区	3.8	6.2	706
烟台恒生－汤斯曼房地产开发有限公司	1992	恒生小区	9.5	11.8	1300
福山区三联房地产开发公司	1992	三联小区	2	2.89	360
福山区松霞房地产开发公司	1993	松霞小区	3.05	4.06	510
福山区天府房地产开发有限公司	1994	天府小区	8.6	8	1073
福山区天府房地产开发有限公司	2000	富豪花园	7.7	9	958
烟台福利莱房地产开发有限公司	1994	同福小区	3.4	4.8	674
福山区新城市建设开发有限公司	1996	永乐公寓	2.4	5	400
福山区永达房地产开发公司	1997	福园小区	4.3	4.5	600
烟台市福山区城市建设综合开发公司	1998	锦绣山庄	7	7.5	938
福山鑫丰房地产开发公司	1998	民丰小区	2.13	2.7	320
烟台福利莱房地产开发有限公司	1999	福利莱小区	5.4	6.1	870
福山区城市建设综合开发公司	2000	清洋苑	2	5	625
福山区天府房地产开发有限公司	2000	福祥新苑	5	9	891
多家单位共同开发		银河小区	606	8.89	1111
烟台玉森房屋综合开发有限公司	2001	曙光名座	11.56	15.2	1900
烟台北方房地产开发公司	2002	北方．月光心境小区	1.9	2.8	350
山东邦捷企业集团有限公司	2002	银河名都	6.4	9.6	1200

说明：此表仅为有资质的企业开发情况

1997年，对全区房地产开发企业进行整顿清理，注销不合格企业5家；对29家房地产开发企业进行资质年检，合格企业为13家，基本合格和不合格企业各8家。1998年，对专营和兼营房地产开发企业、公司全面进行清理整顿，对不合格的2家开发企业和5家兼营开发公司予以注销房地产开发资质。

2000年，采取以会带训、举办培训班、现场质量观摩、召开工程质量分析会、设立质量攻关课题等方式，分期分批对各类建筑专业技术人员和从业人员进行轮训。把加强管理贯穿于工程的全过程。对每项建筑工程，严把建筑材料检测关，严格执行强制性标准，落实质量责任制，实行竣工验收备案制度。同时，强化行业管理，严肃查处违规、虚假招标，严厉打击工程转包和违法分包行为，查处工程建设逃避监督管理，进一步理顺房地产开发交易秩序。是年，在房地产开发企业中开展争先创优活动。卫家疃建筑公司承建的福利莱12号住宅楼，荣获“省优良工程先进单位”称号；区建筑安装装饰工程公司直属处承建的新城市住宅楼、区建筑安装装饰工程公司二处承建的劳动技校住宅楼、区东华建筑公司一处承建的银河小区东华商住楼、卫家疃建筑公司承建的福隆花园1号和4号住宅楼，荣获“市安全文明工地先进单位”；区建筑安装装饰工程公司四处承建的富豪花园8号住宅楼、区建筑安装装饰工程公司九处承建的福利莱房地产3号、4号、5号楼和三联房地产10号楼、卫家疃建筑公司承建的新城市住宅楼、茂德建筑公司承建的民丰小区商住楼、西关建筑公司承建的恒生房地产8号楼，荣获“市级优良工程先进单位”；区福利莱房地产开发公司、区城市建设综合开发公司、烟台恒生—汤斯曼房地产开发公司、鑫丰房地产开发公司，荣获“全优良住宅小区先进房地产开发企业”；福利莱房地产开发公司荣获“房地产开发企业优良率达标单位”。2002年，区城市建设综合开发公司被评为“全市房地产开发优秀企业”；天府房地产开发公司承建的富豪花园住宅被评为“全市优秀住宅小区”“放心房满意房”工程，以上单位均受到烟台市政府的表彰。

第五编　环境保护

1980年，县设环境保护局（以下简称环保局），负责监管全县环保工作。初期主要是开展环境污染状况调查和检测。80年代开始，强化环境监测管理，实行环保与经济建设、城乡建设、环境建设同步规划、同步实施、同步发展。先后编制并实施福山区“七五”“八五”“九五”和“十五”环保计划。90年代以后，加强水、大气污染防治和生态示范区建设，强化城市环境综合治理、工业污染防治和自然生态保护，全区整体环境质量得到改善。

图5-1 福山区环保局

图5-2 内夹河城区河段

第一章 机构沿革

区环保局主要是贯彻执行国家环保政策和法律法规，组织开展环保执法检查活动，监督管理大气、水体、土壤、噪声、固体废弃物、有毒化学品以及机动车等污染的防治工作；调查处理重大环境污染事故和生态破坏事件；监督检查各种类型自然保护区、风景名胜区、森林公园环境保护以及生物多样性、野生动植物和湿地环境保护、荒漠化防治工作。

第一节 行政管理机构

1975年，县基本建设局设1人负责环境保护管理工作。1978年，县革委设环保办公室。1980年3月，县环境保护局成立，列政府序列。1983年12月，环保局与城乡建设委员会合并，称城乡建设环境保护委员会，内设环保办公室。1986年，环保与建委分设，恢复环保局。1988年，内设管理科。1999年，增设宣传法制信息科，主要是宣传执行环境保护法律法规，加强环保信息交流。2002年，增设财审科。

第二节 事业机构

环境保护监测站 1980年3月，在县环保局内设环境保护监测站，负责相关项目监测和兼收排污费。1983年12月至1985年12月，监测站隶属区建委。1986年，隶属区环保局。

环境监理站 1988年4月，设立排污收费站，隶属区环保局。负责对废水、废气、废渣超出国家排放标准的单位，按规定收取排污费。1993年7月，排污收费站撤销，设环境监理站，为执法事业单位，主要进行环境现场监理、排污收费和处理来信来访工作。

环境保护应用科学研究所 1997年，在环保局内设环境保护应用科学研究所。

第二章　污染防治

境内环境污染源主要包括废水、废气、噪声和废渣等。1983年统计，全区排放工业废水358万吨、生活废水51.2万吨、工业废渣7.12万吨、生活垃圾0.4万吨、燃煤产生废气量52500万立方米、燃油产生废气量1636吨、烟尘494万吨、粉尘495万吨。针对上述环境污染源，福山区采取有效措施，依法进行综合治理，使各类污染现象得到有效遏制。

第一节　废水治理

境内水质状况大体可分为3个阶段，第一阶段为80年代以前，工业排废较轻，农业生产所需的农药、化肥用量较少，环境污染较轻，水质优良。第二阶段为80年代，随着工业快速发展，污水排放量增加，水质逐渐遭到污染。第三阶段为1989年以后，贯彻落实《中华人民共和国水污染防治法》，对污染较重的工厂实行关停并转，对排污超标的企业限期整改，并要求配套排污设施，水质得到明显改善。同时，为改善内夹河水质，区政府两次投资，铺设专用地下排污管道，将城区工业污水和居民生活污水排入套子湾污水处理厂，每天可减少向夹河排放污水6000余吨，减少化学耗氧量排放1.3吨。全区饮用水源水质均符合饮用标准。

2000年，福山区把“一控双达标”（污染物排放总量控制，工业污染源达标排放和环境质量达标）和改善环境质量作为中心任务。马利酵母有限公司、烟台北方装饰布厂的废水治理设施正常运转，污染物排放总量控制在烟台市规定的标准内。全区饮用水质、主要河流水质和近岸海域水质达标率100%。2002年，为保护门楼水库流域生态环境，制定“门楼水库流域生态功能保护区规划”和“生态功能区划分”，建立起生态安全保障系统。

造纸废水治理　1978—1980年，县环保部门争取国家投资65万元，将福山造纸厂、古现河北造纸厂进行车间及设备升级改造，转产白纸和卫生纸，避免造纸黑液对环境的污染。1987年，造纸厂转产后，日排废水量减少3000吨。1989年，在实施烟台市环保“538”系统工程中，共对430相关企业进行了专项治理。

电镀废水治理　1979年，福山县开始在北海岸选址建“电镀中心”。至1983年，共争取国家直接投资和山东省一轻厅投资120万元，建成自行车配件厂电镀分厂，电镀中心因故未建成。同期，各电镀厂根据各自具体情况，采取离子交换法、硫酸亚铁加石灰絮凝沉淀法和含铬废水一元净化器等新技术、新设备，推广“逆流漂洗”，对电镀含铬废水进行治理。但由于部分电镀厂操作技术不严格，注重生产，忽视管理，致使只除掉了电镀废水中的六价铬，其他重金属仍然污染环境。1985—1986年，为确保门楼水库、内外夹河水源不受污染，区里先后对解字崖、权家、东北关、西北关、栾家疃村等8个电镀厂点实行关停。

尘毒治理　1978年，县（区）内工厂尘毒危害严重。1979—1981年，县政府组织专家全面检查，发现电子原件厂尘毒不超标，其余厂家均不同程度超标。1982年，县政府成立防尘毒领导小组，有关企业成立防治尘毒攻关小组，研究整治措施。1983年，宽幅布等5个厂投资55万元安装先进的防尘设备。1984年，对自行车配件厂的磨光与电镀车间、磷肥厂的砷化物、塑料厂的联苯和乙烯气体等严重危害健康的尘毒进行整治，20%的粉尘点排放达到合格标准，其余虽未达标，但也接近合格要求。同时，对有毒点的整治，合格率达到86%。进入新世纪后，尘毒问题基本得到解决。

化肥废水治理　1980年，为避免福山化肥厂废水对外夹河水源地造成污染，县政府争取烟台地区投资120万元，铺设废水排放管道，经葛庄、东关村至夹河入海口林带区。1982年，化肥厂转产味精，管道为排放味精废水所用。

印染废水治理　1982年始，对烟台宽幅布厂的废水，采用硫酸亚铁为絮凝剂，使废水经水池沉淀过滤后再排入渠道，在渠道中，经炉渣、焦炭脱色过滤后，再排入长有芦苇等植物的自然氧化塘，经净化后排出，从而达到排放标准。1984年，在自然氧化塘边浆砌，并清除塘内芦苇等植物，把自然氧化塘改造成人工湖风景区。半年后，因水塘中无植物产生氧气，致塘底缺氧，净化废水功能下降，废水中所含化学耗氧量和色度上升。后增加暴气处理设施，氧化塘又恢复净化功能。1997年，烟台北方宽幅布厂投入20万元资金对废水进行处理，累计减少化学耗氧量60吨。1999年，福山染织厂投资8万元，采用气浮法对废水进行达标处理。2001年，烟台世刚纤维有限公司投资250万元，利用厌氧好氧法治理印染废水，达到国家排放标准。

酿酒废水治理　70年代前，福山酿酒厂在生产过程中产生大量糟液，直接排入三里店、姜刘疃、盐场村一带沟渠，造成严重污染。1984年，区政府争取国家经贸委资金40万元、自筹30万元，引用并改进美国和日本酿酒糟液治理技术，采用厌氧发酵法治理酒糟废液，获得成功，后期在全国中型酒厂中推广。该技术被轻工业部环保科研所授予国家科技进步二等奖，福山酿酒厂被山东省评为环境优美工厂。

医疗废水治理　1983年，争取省环保局和卫生厅资金4万元，对区医院废水采用自控投氯法杀菌。1994年，改用塔寺庄低压锅炉厂生产的“二氧化氯发生器”杀菌消毒。

味精生产废水治理　1983年开始，区环保局、经委等部门，对味精厂在生产过程中排出的大量高耗氧酸性废水，采取裁掉淀粉生产车间、改革生产工艺、冷却水循环使用、减少用水量、酸性水中和、发酵水综合利用等措施，进行治理。1987年，以味精厂扩建为契机，进行清污分流、清水循环使用，日减少排污量1036立方米。1988年，将味精生产排出的发酵母液加工为饲料酵母，实现变废为宝。经综合治理后，废水日排量由4000吨降到3000吨。

酵母废水治理　1998年，烟台马利酵母有限公司投资400万元，利用厌氧好氧技术对其废水进行治理。

废纸制浆废水治理　1987年，烟台包装装潢厂对打浆、洗浆废水采用气浮法回收废水中的纸浆，白水循环使用，日减少排放废水量近2000吨。

铜矿废水治理　70年代，福山铜矿选矿厂排出大量废水，对丁家夼村及其村河造成严重污染。1990年，该矿投资30万元，建成选矿废水沉淀池，沉淀后的废水循环使用，沉淀物石萤粉回收利用。

金河保险粉厂有限公司废水治理　1997年，烟台市金河保险粉厂采取污染物全过程控制清洁生产工艺，实现废水零排放，每吨产品成本下降1000元，实际年净削减化学耗氧量600吨，提前3年完成整改任务。

含氰选矿废水治理　1996年，烟台市黄金冶炼厂，利用化学物理法回收含氰选矿废水，节约的氰化物原料和回收的铜、银重金属用作支付治理费用。

食品生产废水治理　1999年，天府饮料厂投资3万元，采用无动力污水处理工艺降解化学耗氧量。2000年，烟台山村果园绿色生物发展公司投资200万元，利用生物膜法处理食品加工生产过程中产生的有机废水，达到污水排放要求。

城市废水治理　改革开放前，福山无专设城市污水排放管道，城市污水顺雨水管道或直接排入内夹河，致使城区河段水体受到污染。90年代后，区政府在城建工程中，逐步将雨水和城市污水排放管道分开铺设。1997年，购买“埋地式无动力生活污水净化处理装置”，在康乐达食品厂、公务员公寓、石化大酒店等单位，建成“新型组合式化粪池”。经监测，处理后的生活污水基本达到排放标准。1999年，区环保应用科学研究所争取国家城区污水管网改造贷款。2002年，区政府投资220万元，对3号、4号河污水进行治理，共铺设水泥管道3600米，完成全部管道对接，并同步完成县府街、南苑街污水管网铺设工程建设。

第二节　粉尘与废气治理

烟尘治理　70年代，工业锅炉和生活锅炉的烟尘治理从锅炉改造、降低煤耗入手。1978年，区里组织造纸厂、纸箱厂、酒厂、化肥厂到益都学习锅炉“二次风”改造技术，重点对纸箱厂锅炉进行试验性改造。后因旧式锅炉和煤质差等原因，未达到预期目的。在县政府办公楼采暖锅炉和粮油加工厂、塑料七厂生产锅炉加装“消烟除尘塔”，烟台宽幅布厂采用“水封尘降室”等办法消烟除尘。同时，提倡使用链条往复炉排机械炉，淘汰老式人工加煤手烧炉。同期，推广使用“返烧式茶水炉”，淘汰“火烧心”茶炉；家庭推广使用“蜂窝煤”，饭店食堂推行炉灶改革。1987年，对华侨宾馆、招待所、饭店、浴池的锅炉进行治理改造，烟尘林格曼黑度降低不明显。对工艺品厂、车辆配件厂、纸箱厂、建委、粮食局、燃料公司、电业局7台总蒸发量为11.5吨的锅炉及制锨厂、自行车配件厂的工业窑炉进行改造，烟尘黑度降低。1988年初，城区建成3平方千米烟尘控制区，完成炉窑烟尘治理改造7台。1989年，改造锅炉2台、工业窑炉1台、茶水炉3台。1990年，划定南起南山路，北至宽幅布厂，东起河滨路，西至西山路，面积为4平方千米的烟尘控制区。控制区内共有排烟设施180台，全部达标排放。区环保局设立烟尘控制区瞭望哨，对排烟情况进行监控。1991年，由区环保局统一建立“燃煤设备环境保护管理记录簿”，强化锅炉烟尘污染监督检查，锅炉使用单位填写燃煤设施消烟除尘检查记录。1992年，区政府制定《福山区烟尘控制区管理办法》和《关于燃煤设施运行许可证的有关规定》，控制烟尘污染。同年，加强大灶和炒灶的改造，推广烧焦炭。1996年，恒生小区和锦绣山庄小区实行集中供暖，减轻煤烟污染。1997年，改造大灶20余个、窑炉3台、锅炉7台，全部达标排放。1998年，各种锅炉、茶水炉和大灶一律改用气、油、电、型煤等清洁能源。禁止销售和使用含硫量大于1.5%和灰分高于27%的各种煤炭。1999年，烟台马利酵母公司投资6.3万元，福利莱房地产公司投资7.5万元，烟台宽幅布厂投资10万元，星达生物工程有限公司投资10.3万元，房管局热力公司投资6.5万元，治理生产锅炉废气，实现达标排放。2000年，全区完成1吨以下小锅炉治理改造21台。2001年，福山机床厂投资6万元、福山沙埠五金厂投资5万元，将煤窑炉改造为煤气炉，实现达标排放；区环保局、农村信用社、劳动保险事业处等锅炉均安装水法脱硫除尘装置，实现达标排放。至2002年，全区1吨以上机械炉排燃煤锅炉全部采取湿法除尘和脱硫措施，减轻烟尘及二氧化硫对大气的污染。但城区和农村居民生活和冬季取暖燃料仍以燃煤为主，故烟尘污染问题尚未彻底解决。

粉尘治理　70年代，县粮油加工厂花生粉碎车间采用封闭式尘降室，控制扬尘污染。1979年，区环保部门争取省环保局资金10万元，采用脉冲袋式粉尘回收技术治理粉尘。1984年，增设立窑粉尘沉降室，扬尘得到控制。90年代，门楼、高疃、张格庄水泥厂分别采用“静电”“袋式”“水膜”“旋风”等除尘措施，减少水泥粉尘对环境的污染。1997年，烟台第二水泥厂派员到青岛、临朐、荣成参观考察，采用静电除尘法治理粉尘；投资124.73万元，完成3条生产线的熟料磨粉尘治理。2000年，将烟台三星水泥有限公司和烟台东亚水泥厂立窑粉尘治理列为省、市、区长环保目标责任书和环境质量工程的重点内容。两企业各投资20余万元，采用湿法水泥除尘脱硫装置，防止粉尘污染。至2001年，烟台第二水泥厂投资140万元，在生料破碎机处和水泥装包处各安装袋式收尘器1台，生料磨安装高压静电除尘器2台，水泥磨机安装高压静电除尘器3台；烟台三星水泥有限公司投资55万元，在破碎机处安装扁袋收尘器1台，生料磨安装高压静电除尘器2台，2台水泥磨机各安装静电除尘器和布袋除尘器1台，水泥装包处安装静电除尘器1台；烟台东亚水泥厂投资65万元，在破碎机、生料磨机、装包处各安装静电除尘器1台，水泥磨机磨头磨尾各安装高压静电除尘器1台。2000—2002年，全区大气悬浮物微粒年日均值、二氧化硫含量，均低于国家二级标准。

废气治理　1979年，区政府争取国家投资7万元，对福山磷肥厂硫酸生产车间和磷肥熟化车间产生的硫酸和氟尾气，采取尾气闭路回收措施进行治理。

1984—1985年，福山多次出现降酸雨现象，污染源主要来自芝罘区西郊化工厂、发电厂。区里及时向烟台市政府及有关部门反映情况。后经芝罘区不断治理，废气排放得到控制。90年代后，据区环保部门监测，境内再未出现降酸雨现象。

80年代中期以后，汽车尾气成为城区主要大气污染源。为此，福山交警车管所将车辆尾气排放纳入年检项目。

1989年以前，境内供应的多为含铅汽油，对改善车用汽油的抗爆性能起到较好作用，但对人体有害。1998年6—7月，区环保局、贸易局、技术监督局、工商局组成督导组，先后两次对全区16处石油加油站供应的汽油质量进行检查，并从当年9月1日起，在城区范围内禁止供应含铅汽油。2000年始，全面推广无铅汽油，解决汽车尾气中的铅污染问题。1996年，由恒生集团公司从美国购进一批清洗发动机设备和药剂，对汽车发动机油垢进行清洗。2000年，烟台张裕公司投资50万元，在原福山酒厂建成工业废气二氧化碳回收系统。

第三节　噪声控制

70年代以来，福山县（区）采取措施，严格控制噪声污染。最初，门楼水泥厂、福山翻砂厂等使用蜗牛式（又称象鼻式）鼓风机，噪声污染严重。后改用罗茨鼓风机并间隔消音，噪音明显下降。80年代，区政府责成栾家疃锻打厂远离居民区建厂；让轻工机械厂、曾家庄锻打厂等采取挖沟形成断声带的方法，减轻空气锤的震动；责令纸箱厂、酒厂等安装消声器，减少锅炉引风机的噪声。90年代，对烟台冶金水冷件厂封闭门窗、加高围墙，降低钢材搬运加工时的震动与噪声；对华侨宾馆等采用隔声罩与消声器相结合的办法，治理鼓风机和引风机噪声。同期，组织公安和文化部门定期检查、巡查，限制商家的高音喇叭噪声。

1996年，福山城区划定3个噪声控制区。崇文街以南、南苑街以北为噪声控制一类区，要求噪声值白天不超过55.45分贝，夜间在45.45分贝以下；高新产业区和南山路两侧定为噪声控制三类区，噪声值白天不超过65.55分贝，夜间在55.55分贝以下。2000年，城区环境噪声为49.2分贝，主要干线交通噪声为67.7分贝。2001年，分别为49.7分贝和68.4分贝。

2001—2002年，加强对建筑噪声、文化娱乐噪声的检查管理。学生中、高考期间，区环保局、公安分局、文化局联合发布《福山区关于中、高考期间对环境噪声污染源实行管制的通告》，在电视台连续播放3天。并组成联合执法检查组，对城区建筑工地、卡拉OK娱乐场所等噪声点源进行反复巡查，对夜间违规施工单位给予处罚，广播电视台对现场执法进行跟踪拍摄报道，对违规施工单位进行曝光。

第三章　环境监督管理

1979年国家颁布的《中华人民共和国环境保护法（试行）》，把“三同时”制度以法律的形式固定下来，成为中国特有的一项法律制度。福山区认真贯彻执行“三同时”制度，加强建设项目环境管理，对造成环境污染危害的行为依法处罚。同时，为提高全民环保意识，区环保部门每年采取多种形式进行环保宣传。

第一节　审批管理

80年代开始，福山区贯彻落实《中华人民共和国环境保护法（试行）》，在审批建设项目时，对新建、扩建、改建和技术改造项目，以及一切可能对环境造成污染和破坏的工程建设和自然开发项目，均坚持环保优先。设专人分管项目审批工作，对有严重污染又无防治措施的项目一律拒批。

1986年，环保与工商部门联手，严把项目审批关。对所有新上项目，未经环保局批准，工商部门不予发给营业执照。全年共审批项目269个，均按“三同时”要求办理。其中，拒批有轻度污染项目如翻砂、橡胶、聚氨酯、罐头厂等项目37个。1987年，共审批新上项目202个，对有轻度污染无防治措施，或在居民区、上风向建厂的项目，都促使其完善治理措施重新选择厂址。1988年，对不执行“三同时”的项目不准投产。全年共审批新建项目248个，“三同时”执行率为96%。1989年，审批新、改、扩项目204个。

1991年，实行未经环保部门审查的项目，计划部门不办理征地手续，银行不予贷款，工商部门不予办理营业执照制度，“三同时”审批率达100%。1992年，区政府与各工业主管部门和乡镇政府签订“环境保护目标责任书”，填写“环境影响报告书”，把环境保护纳入乡镇企业管理重要内容。1993年，坚持环境影响评价和“三同时”制度，审批新建项目128个，对有严重污染又无防治措施的新上项目一律拒批；对生产规模大、工艺较复杂，又有较轻污染的项目填写“环境影响报告书”，并由区计委、经委以及主管部门共同进行环境影响评价、论证后，再确定是否获准。1994 年，严格新建项目的审批和建后验收制度，每季度区人大进行执法情况检查，对新上项目以“责任状”的形式将“三同时”落实到有关部门；对不缴纳“三同时”保证金、工艺落后、布局不当、污染严重的项目，不予批准建设；对引进产品和项目，严防污染转嫁；对夹河流域和门楼水库周围新上有污染的项目一律拒批。全年审批新上项目 78 个。1996 年，凡符合国家企业政策、低污染、低耗能、布局合理的新建项目，经区环保局实地考察论证后，准予立项并收取保证金。全年共审批项目 43 个，拒批 5 个，收取“三同时”保证金的项目 22 个。1997 年，对所有新上项目包括高新技术项目，均按照“三同时”与“三不上”（耗能高不上、用水量大不上、污染重不上）的原则予以审批。全年共审批项目42个，拒批重污染、布局不合理项目1个。

2000 年，严格管理开工项目，控制新污染源的产生。全年共审批项目358个，“三同时”执行率达100%。2002年，全年审批新建项目 470 个，“三同时”执行率达 100%。

第二节　环境监理

该项工作始于 80 年代。1986 年，对区府街、城里街 16 台锅炉冒黑烟情况进行现场检查，督促进行锅炉改造，减轻烟尘污染。对被关停的各电镀厂点进行不定期检查，查看生产设备是否已拆除或完全停产。1987 年，执行新的《山东省征收排污费实施办法》，对 54 个单位开征排污费。1988 年，强化现场监理职能，对扰民较重的工业噪声和商业网点喇叭噪声予以制止监督。征收排污费单位增至 168 个。1989 年，重点督查交通噪声污染，城区规定禁鸣喇叭路段。同年，查找磷肥厂球磨机、邮电局等锅炉引风机噪声点源，督促其改造治理。

1990 年，区政府组织专人对燃煤设施进行督查，对无证运行或超标排放烟尘的锅炉，轻者批评、警告，重者处罚。实行巡回检查制度，每季度派人到排放废水的单位督查，杜绝有废水处理设施而不运用的现象。1991 年，突出环境综合整治，强化环境监督管理。对排污单位的污染处理设施运行情况昼夜不定时监控，对擅自停用污染治理设备和管理不善的单位，予以严肃处理。是年，区政府组织环保、公安、矿管、土管、工商 5 家行政执法部门突击现场监察，取缔高疃一带非法选金 138 户，避免氰化物对清洋河和门楼水库的污染。同年，对区属以上企业及乡镇企业石子厂、砖瓦厂、石灰厂、铸造厂等全面开征排污费。1992 年，加强对污染治理设施的运行情况检查，治理设备运转率达到 80% 以上；对国务院规定乡镇企业不准经营的小造纸、小炼油、小化工、小电镀、小印染“五小项目”，严格控制把关，不扩散污染。1993 年，在区环保局内设环境监理站，负责环境监督检查、排污费收取和来信来访处理工作。1994 年，加强对锅炉、窑炉、茶水炉的监督管理；完成全区“燃煤设备运行许可证”发放工作；设立监督检查组织和环保巡回法庭，依法征收排污费；对夹河水污染厂家关停并转。1995 年，加强门楼水库水源地保护，开展内、外夹河流域污染源普查工作，发现门楼镇西周格庄村一小造纸厂擅自改变工艺，用麦秆做原料造纸，对内夹河水源造成污染，立即令其停产关停。同年 6 月 15—19 日，对高疃镇大谷家等 3 个村 28 户选金户予以清查打击。10 月初，又对古现镇石岚村 20 户非法炼金者进行严处。1996 年，继续严厉打击非法炼金行为。年初，组织区环保局、公安分局、地矿局等单位 150 多人，对门楼水库上游的高谷河、古现黄金河流域的石岚村等非法炼金户进行重点清查，共查处非法炼金户 50 多户，锯废土金磨 10 多台，没收土矿石 100 多吨，掩埋废矿渣 200 多吨，依法对 20 多辆运输车和 13 人进行处罚。同年，按照国家工商局、环保局的指示，对城区和乡镇驻地第三产业依法清查，责令其限期到区环保局办理相关手续，申报排污量。历时一个半月时间，检查、审批和发放登记证饭店 100 多家，审报登记排污大户 30 多个，并对 1990 年以来的工业厂家全面摸底普查。1997 年，实施“碧水蓝天”工程，对城区 900 多家企事业单位的污水排放量、污水管道走向进行普查，并对 400 多家企业进行污染物申报培训，将污染物排放状况纳入微机管理；对全区化工、造纸、纺织、酿造、黄金、建材等行业的 9 套污染防治设施运行情况全年进行巡查。1998 年，区政府制定“九五”环保规划，将环保列入区机关岗位责任制考核内容，实行“环保不达标一票否决”制度。区公安、环保、矿管等部门和有关乡镇组成近百人的执法队伍，清查打击高谷河和黄金河流域非法炼金户。是年，福山区通过国家环保模范城市验收。1999 年，落实省、市长环保目标责任书，实施“环境质量”工程，加大环境监理力度；制定污染物削减计划，对全区所有污染点源排放情况进行统计摸底、排查，把省、市控制的11家企业16个治理项目作为监控管理的重点；对逾期未完成治理任务的企业依法关停并转。

2000年是环境保护行政执法年。福山区采取监督检查与集中执法检查相结合的方式，严肃查处违法行为。全年处理环境违法案件4起；对逾期未完成治理任务的，令其停产整顿，达标排放后方恢复生产。2001年，检查单位116个，下达限期治理通知书26起，提出整改意见30多条，依法取缔西黄山村化铝作坊和古现镇小炼油厂。2002年，对擅自停运污染治理设施、偷排“三废”的行为严肃查处，对3个违法单位各罚款3万元，对4起夜间违法施工建筑单位各罚款6000元。对黄金、化工、染织等厂家进行督查，防止污染事故发生。

第三节　来信来访

七八十年代，烟台磷肥厂生产中，硫酸生产车间和磷肥熟化车间排出大量硫酸尾气和氟尾气，污染周围农田，每年造成大量农作物减产和绝产，多次引起群众上访。区政府组织环保、农业等相关部门，在实地调查、测产的基础上，厂方给予农民损失补偿。1978—1981年，福山化肥厂氨水罐多次泄漏，给蔡家庄苹果树造成污染。接到群众来信来访后，区政府及时邀请果树技术人员到实地调查、测产，协调厂方给予经济赔偿。1986年，全年接待、处理群众来访有关环保事件26件次。1987年和1988年，分别接待、处理因污染纠纷的来访事件32起和45起，处结率100%。

1993年，共接待和处理来信来访案件21起、人大提案2起，均公正处理。1994年，高疃群众反映个体户选金造成污染。区里组织环保、公安、矿管部门联合执法，查处非法选金户68户，拘留13人。1995年，福山电视大学师生联名写信反映烟台第二食品厂编织袋车间噪声污染，区政府责成环保局深入现场调查、测试，当即提出处理意见。烟台第二、第四水泥厂对周围居民生活和农作物造成污染，区政府邀请农业专家一起到实地监测、采样、评估，很快圆满解决。是年，共接待、处理环保案件34起，处结率达100%。1996年，全年共接受群众反映环保问题的来信来访案件61起，处结56起。1997年，全年接待、调解处理群众环境信访和污染纠纷42件次。1998年，处结古现镇四合村化工厂污染、西留公村地表水污染、东留公村冶金水冷件厂噪声污染、福山一中宿舍房管处化工厂噪声污染、八角村马赛克氟气污染等信访案件。全年共接待来信来访68件次，处理结案67件次，处结率为98.5%。1999年，共接待环保信访案件134件次，结案129件次，处结率为96.3%。

2002年，信访工作坚持定期回访制度，把群众满意作为工作的出发点和落脚点。对群众反映的污染事件，做到件件有落实、事事有结果，处结后再定期回访，直到群众满意为止。

第四节　环境监测

1979年以前，福山的环境监测化验由烟台监测站承担。1980年，在环保局内设环保监测站，配备化验员1名，开始监测化验工作。是年，取得监测数据161个。1982年，开展常规监测和非常规监测，全年取得监测数据764个。1983年和1984年，分别取得监测数据1088个、1511个。1985年后，监测项目增多，主要进行水中（含废水）重金属、化学耗氧量、生物需氧量、悬浮物、氨氮、硝酸盐、亚硝酸盐、酸碱度和大气中二氧化硫、氮氧化物、总悬浮微粒、粉尘等化验监测，全年取得监测数据2159个。1986年，增加大气、噪声例行监测，取得监测数据2874个、污染源监测数据725个、噪声监测数据1000个。1987年，在城区增加地下水监测点。新开展机动车尾气监测，共测各种机动车3177辆，取得数据7718个。烟台市监测中心在福山城区设立噪声监测点43个，共取得各种监测数据10843个。1988年上半年，开办有重点污染源的厂矿人员参加的监测学习班，共获取监测数据2700个。1989年，在区环保局配备配全监测设备。开展监测项目25项。在例行监测中，选取优化布点20个。对福山城区锅炉烟尘进行监测，对工业污染源定期监督检查，共取得监测数据1374个。

1990年，多次对废水污染源、地表水质、地下水质、功能区噪声、大气环境质量等抽样监测。1991年，选定区环保局监测站为基准点，以青龙山为清洁对照点，对大气降尘情况进行监测，监测自来水公司和烟台宽幅布厂2个测点的饮用水，均达国标。1992年，优化确定点位，对大气降水、废水污染源、地下水质、地表水质、大气环境质量、大气降尘等进行监测。全区大气降水监测，无降酸雨现象。1993年监测，大气降尘量有所下降；仉村河、大沙埠、内夹河水闸下游3个点位的地表水质良好。1994年监测，全区大气环境质量清洁良好，大气降水无酸雨现象。1995年，对高谷河、清洋河、福山区内3个监测点的水质进行监测，结果正常，境内大气降水无酸雨现象，地表水和地下水质良好，大气环境质量为清洁级。河滨路点位噪声超出国家规定标准，全区平均等效声级为69.4分贝。1996年，继续例行监测。其中，地表水增加监测次数，由原来的每年5月、8月和10月3次改为4月、5月、7月、8月、10月和11月6次。是年，进行"三同时"验收监测、信访监测、治理验收监测等，取得各项环保监测数据2288个，收取监测费5万元。1997年，取得监测数据2379个，收取监测费6万元。1998年，对全区交通噪声、区域环境噪声监测点位进行调整。交通噪声监测由原来5条路5个点增加为9条路9个点，区域环境噪声监测由原来的14个点增加为36个点，共取得监测数据3012个，整理补充各类规范性监测档案40余册。是年，挪威赠款在区劳动技校教学楼楼顶设计安装大气环境质量自动监测站。翌年，进入试运行阶段。至年底，自动监测站迁至环保局办公楼楼顶。2000年，大气环境质量自动监测站连续24小时正式运行，替代人工手动监测。1999年，开始对套子湾5号、6号和7号3个海水点位进行监测，收取监测费7万元，取得各类监测数据3348个。获得"烟台市环境监测工作先进单位"。

2000年，取得监测数据2451个，收取监测费8万元。2001年，取得监测数据2547个，海水点位监测增加到7个。收取监测费8万元。通过地下水、地表水、废水、大气降水、环境空气、废气、噪声等7大类57个项目的计量认证复审。2002年，全年取得监测数据2642个，收取监测费10万元。区环保监测站增加应急监测仪器设备，制定出《福山区监测站应急监测方案》。同年9月，海域监测划归烟台开发区环保监测站负责。

第五节　环保宣传教育

改革开放后，区政府组织环保人员，深入到学校、农村、街道、厂矿企业、集贸市场，采取举办电视讲座、播放环保专题片和张贴标语、悬挂横幅、演讲比赛、知识问答竞赛、征订刊物等多种形式，宣传环保政策法规，普及环境科学基础知识，增强全民环保意识。

1981—1985年，重点宣传《中华人民共和国环境保护法（试行）》和环境保护行政法规及环保基础知识。1986年，结合全国普法教育年活动，开展全民环保普法教育，印发环保文件汇编400余份。1987年，在中小学举行"居住与环境"为主题的征文活动，办宣传栏11期。

1988—1992年，结合实施市政府"538"工程，开展环保宣传。1994年，围绕"一个地球、一个家庭"主题，在1000多名中、小学生中开展环保知识抢答赛；区广播电台举办为期10天的"环保与社会与家庭"专题节目、播放环保执法故事片10部、开办中小学生环保知识抢答赛等新闻节目。1997年，充分利用区、乡镇两级党校，对领导干部进行环保法制宣传。在西关小学开展"环境教育课"试点，在崇文街和华侨宾馆设立"环保公益广告牌"和"环保宣传灯箱"，与文化馆联合举办庆祝世界环境日文艺演唱会，在区有线电视台播放环保专题片，对杜家崖金矿、门楼水库管理局、锦程化工厂等环保先进单位进行宣传表彰。1998年为"环保年"，国家、省、市到福山进行环保检查、考察和采访8次；7月6日，迎接全国人大"环渤海执法及中华环保世纪行"大检查；7月19日，迎接省政府"1997年度省、市长环保责任书完成情况"检查；8月7日，迎接国务院环境与发展国际合作委员会清洁生产工作组的考察，分别在金河实业总公司、醴泉酒业公司、永达实业总公司召开现场会，中外50多名专家实地参观；9月5日，迎接烟台"环保世纪行"记者团采访；9月14日，迎接省人大"环保执法工作"大检查；9月30日，迎接国家环保总局、全国环保局局长学习组"环境综合整治"考察，并到部分企业参观；11月4—5日，迎接国家环保总局"创建环保模范城"检查，实地查看了醴泉酒业公司废水治理、河滨广场大环境建设情况；12月18—19日，迎接市政府"1998年度省、市长环保目标责任书"完成情况检查。

每年的6月5日世界环境日期间，均开展不同形式的环保宣传活动。1993年，编发环保宣传资料万余份。选定永福园村为重点宣传对象，与千名村民通过文艺会演的形式开展环保宣传，发放和出售环保电视录像带

30余部，并参与烟台市广播电台举办的环保专题演播。1996年，区环保局会同西关小学等单位联合举办“保护地球、爱护家园、从我做起”的文艺表演活动；全区有5000多名中、小学生上街宣传环保知识；区电视台播放环保宣传教育电视片。1998年，区委宣传部、教文体委、环保局联合举办“福山是我家，环保靠大家”环城游活动；区妇联、环保局联合举办“妇女与环境”知识竞赛；开展“环保一条街”活动，组织10多人的环保咨询站，发放宣传材料2000多份；区有线电视台开设“创建环保模范城”栏目。1999—2002年，区有线电视台每年定期开设“一控双达标”专栏，对污染治理、城区环境质量、环保工作开展情况等进行系列报道，并制作播放环保专题片，滚动播放环保标语口号。区环保局筹备举办环保广场演出晚会。区人大、政协领导对辖区生态建设情况进行视察。有关区领导定期到电视台做环保电视讲话。城区主要街道上空悬挂横幅，路口两旁摆放环保宣传路标，区直各部门门前摆放环保标语宣传看板。

第六编　党派群团

改革开放后，福山县（区）委拨乱反正，落实党的干部、知识分子政策，大胆启用老干部，严格按照德、勤、绩、能的要求，培养和重用革命化、知识化、年轻化、专业化的干部，合理配备、调整、补充党政群团领导班子。历届县（区）委不断加强党的组织、思想和作风建设，常态化开展党风廉政教育；坚持“两手抓、两手都要硬”的方针，一手抓经济建设，一手抓社会主义精神文明建设；重视信访、党费收缴管理和党史编纂工作；严格执行中国共产党领导下的多党合作和政治协商制度，连续多年荣获“全省精神文明建设工作先进区”。

第一章　中国共产党福山区（县）地方组织

党的十一届三中全会以来，福山历届县（区）委始终把党的建设放在重要位置，坚持以马列主义、毛泽东思想、邓小平理论和“三个代表”重要思想教育武装全党，不断加强党的组织、思想、作风建设。健全完善党的基层基础工作，解放思想，实事求是，使党的战斗力、凝聚力进一步增强，党组织的战斗堡垒作用不断强化。

第一节　中共福山区（县）委机构

1938年10月，中共胶东特委决定成立福山县委。同年12月，中共福山县委在权家山子村成立。1953年8月，中共福山县第一次代表大会后，县委设常务委员会。1958年10月，福山县并入烟台市，县委随之撤销。

图6-1　福山区政府

1962年4月复县，县委恢复，仍设常务委员会。1967年2月，县委被“造反派”夺权。1969年9月，成立中共福山县革命委员会核心领导小组。1971年1月，召开中共福山县第四次代表大会，恢复中共福山县委，设常务委员会。

中共福山县第一届委员会（1953年8月至1956年5月） 书记鹿道平（1953年8月至1956年5月）；副书记阎振之（1952年6月至1954年2月）、王庆煌（1953年8月至1954年5月）、王书臣（1954年7月至1955年7月）、王友政（1954年7月至1956年5月）、胡登保（1956年5月至1956年5月）。

中共福山县第二届委员会（1956年5月至1958年10月） 书记鹿道平（1956年5月至1957年9月）、张少甫（1957年9月至1958年10月），副书记王友政（1956年5月至1958年10月）、胡登保（1956年5月至1958年10月）、宋明（1956年9月至1958年10月）。

中共福山县第三届委员会（1963年7月至1971年1月） 书记鹿道平（1962年4月至1965年5月）、鞠远业（1965年5月至1967年7月）、戴长春（组长，1969年9月至1970年12月），副书记胡登保（1962年4月至1967年2月）、徐珉（1962年4月至1967年2月）、李瑞忠（1965年4月至1967年2月）、杨克明（1966年3月至1967年2月）、任韶华（副组长，1969年9月至1971年1月）、杜光顺（副组长，1969年9月至1970年8月）、王道业（副组长，1970年8月至1971年1月）。

中共福山县第四届委员会（1971年1月至1980年8月） 书记王庆云（军代表，1971年1月至1973年7月），董传周（1973年7月至1976年12月），张崇德（1976年12月至1980年8月）；副书记董传周（1971年1月至1973年7月）、任韶华（1971年1月至1979年12月）、胡登保、徐珉（1971年1月至1973年1月）、王道业（军代表，1971年1月至1971年2月）、杨克明（1973年2月至1980年8月）、林文富（1975年8月至1980年8月）、王子民（1975年12月至1976年6月）、孙利强（1976年8月至1979年3月）。1971年，县委设组织组、宣传组等，日常工作由革委办公室和革委政治部及其各组承担。9月，县委在革委政治部、生产指挥部中分设党委。是年，恢复县委办。1972年5月，恢复机关党委。1975年8月，恢复组织部、宣传部；撤销政治部、生产指挥部及其党委。1978年3月，恢复党校。

中共福山县（区）第五届委员会（1980年8月至1984年7月） 书记杨克明（1980年8月至1983年12月）、张洪刚（1983年12月至1984年7月）；副书记林文富（1980年8月至1983年12月）、张洪刚（1980年8月至1983年12月）、王正麟（1980年10月至1983年12月）、杜昌敏（1983年12月至1984年12月）、李洪芝（女，1983年12月至1984年7月）。本届县委先后调整4个部门。1982年，增设统战部、政法委。1983年，增设农工部。1984年，信访办公室改称信访科；增设企业政治工作部。调整后，县（区）委设有办公室、纪委、组织部、宣传部、统战部、企业政治工作部、政法委员会、党史委、党校、农村工作部、信访科、机关党委12个工作部门。

中共烟台市福山区第六届委员会（1984年7月至1987年4月） 书记张洪刚（1987年2月离职）、姚学政（1987年2月任职）；副书记杜昌敏（1987年2月离职）、姚学政（1986年8月至1987年2月）、刘同占（1987年2月任职）、李洪芝（女，1983年12月任职）、刘挺章（1985年8月任职）。本届县委先后调整2个工作机构。1985年2月，增设老干部局。同年5月，信访科改称信访办公室。调整后，区委设有办公室、组织部、组织员办公室、宣传部、统战部、政法委员会、企业政治工作部、信访办公室、党校、农村工作部、党史委、老干部局、机关党委13个工作机构。

中共烟台市福山区第七届委员会（1987年4月至1990年3月） 书记姚学政（1987年4月至1989年12月）、刘同占（1989年12月至1990年3月）；副书记刘挺章（1987年4月至1988年1月）、刘同占（1987年4月至1989年12月）、李洪芝（女，1987年4月至1990年3月）、吴尚坤（1989年12月至1990年3月）。本届县委工作机构设有办公室、组织部、宣传部、统战部、政法委、企政部、信访办、党校、农村工作部、党史委、老干部局、机关党委等。

中共烟台市福山区第八届委员会（1990年3月至1995年3月） 书记刘同占（1990年3月至1993年6月）；副书记李洪芝（女，1990年3月至1991年7月）、吴尚坤（1990年3月至1993年1月）、王茂祥（1992年12月至1995年3月）、李贤书（1992年12月至1995

年1月）、刘万春（1993年6月至1995年3月）、王志有（1994年9月至1995年3月）、高明经（1995年1月至1995年3月）。1993年11月，党政机关精简为29个，其中区委工作部门5个。

中共烟台市福山区第九届委员会（1995年3月至1998年2月）　书记谭伟（1997年12月至1998年2月）；副书记王茂祥（1995年3月至1995年10月）、刘万春（1995年3月至1997年12月）、王志有（1995年3月至1996年10月）、高明经（1995年3月至1997年12月）、冯永林（1995年10月至1998年2月）、刘明光（1996年1月至1998年2月）、李来雁（1997年12月至1998年2月）。

中共烟台市福山区第十届委员会（1998年2月至2002年2月）　书记谭伟（1998年2月至2002年2月）；副书记冯永林（1998年2月至2001年2月）、刘明光（1998年2月至2001年2月）、李来雁（1998年2月至2002年2月）、金延铭（满族，1998年9月至2001年2月）、刘洪波（女，挂职，2000年7月至2002年2月）、王曰义（2001年2月至2002年2月）、郝志学（2001年2月至2002年2月）。

中共烟台市福山区第十一届委员会（2003年1月—）　书记王曰义（2002年12月—）；副书记姜中二（2002年12月—）、郝志学（2002年2月—）、邵玉进（2002年6月—）、姜丽娟（女，2002年6月—）。

第二节　中共福山区纪委机构

1950年5月，中共福山县委设纪律检查委员会（以下简称纪委），为县委工作部门。1955年11月，改称中共福山县监察委员会。自1956年，监察委员会由党代会选举产生。1958年10月，监察委员会随同福山县建制并入烟台市。1962年4月复县，监察委员会恢复。1966年，监察委员会被撤销。1971年，监察工作由县委组织部兼管。1979年5月26日，中共福山县委重建纪委，并组成办事机构。全县10处公社，除东厅、臧家外，其余8处公社及县直各党委都配备专职纪检委员。自1980年2月，县纪委实行由县委为主和烟台地区纪检委双重领导体制。1983年11月，改称中共烟台市福山区纪委。12月，机构改革后，区纪委不再作为区委的工作部门，成为独立的纪检机关。1984年7月，区第六次党代会后，纪委设

中共福山区（县）纪委书记、副书记更迭表（1979.4—2002.12）

表6-1

职　务	姓　名	性　别	籍　贯	任职时间
书　记	徐　珉	男	栖霞市	1979年4月 至1980年9月
副书记	金声波	男	牟平区	1979年6月 至1981年10月
副书记	徐承祥	男	荣成市	1979年6月 至1983年7月
书　记	孙德广	男	福山区	1980年9月 至1981年10月
书　记	金声波	男	牟平区	1981年10月 至1987年4月
副书记	姜中庆	男	牟平区	1981年11月 至1986年5月
副书记	蔡德义	男	福山区	1984年1月 至1987年4月
副书记	邵世江	男	莱西市	1985年7月 至1989年3月
书　记	纪树森	男	龙口市	1987年4月 至1990年3月
副书记	张培富	男	福山区	1988年2月 至1993年1月
书　记	王志有	男	龙口市	1990年4月 至1995年9月
副书记	刘兆坤	男	福山区	1990年4月 至1993年11月

续表 6-1

职　务	姓　名	性　别	籍　贯	任职时间
副书记	王道才	男	福山区	1993 年 1 月 至 1998 年 11 月
副书记	王力江	男	福山区	1993 年 4 月 至 2002 年 2 月
书　记	蔡德义	男	福山区	1995 年 9 月 至 2001 年 2 月
副书记	逄守和	男	福山区	1995 年 3 月 至 2001 年 12 月
副书记	郭新娥	女	福山区	1997 年 12 月 —
书　记	邵玉进	男	招远市	2001 年 2 月 —
副书记	孙唯武	男	福山区	2001 年 12 月 —
副书记	于建平	男	文登市	2002 年 12 月 —

常务委员会。9 月，升格为副处级。1986 年 5 月至 1987 年 2 月，乡镇、区直党委相继成立纪委，配副科级纪委书记；区直党总支设纪检组，配副科级纪检组长。乡镇纪委、纪检组实行双重领导体制。至 1987 年底，全区共有 20 个基层纪委、10 个纪检组，有专职纪检干部 61 人。

第三节　区委工作部门

区委办公室　1954 年，县委设办公室。1983 年 11 月后，改称区委办公室。1988 年 1 月，撤销调研科，成立区委调查研究室。1991 年 3 月，设保密局，隶属区委办公室。同年 5 月，增设督查科。1993 年 12 月，科室调整为秘书科、督查科、信息科、行政科、保密科、机要科、信访室。1994 年 5 月，对外挂烟台市福山区信访办公室和福山区委政策研究室牌子。1996 年 8 月，撤销信访室。同年 9 月，撤销保密科，设立区委保密委员会办公室，为区委办公室内设机构。2002 年 1 月，内设区委机要局、保密办公室 2 个机构和秘书科、信息科、督查科、行政科 4 个职能科室。内设区委机关党支部，隶属区直机关工委。

政策研究室　1987 年 11 月至 1988 年 1 月，为区委办公室调研科。1988 年 1 月，撤销调研科，成立区委调查研究室，为正科级单位，后更名为区委政策研究室。1993 年 11 月，撤销区委政策研究室，设立区政策研究中心。2001 年 12 月，更名为区委政策研究室。

保密局　1955 年 6 月，县委设立保密委员会。1991 年 3 月，设立烟台市福山区保密局，为正科级单位，隶属区委办公室。1993 年 11 月，撤销保密局，职能划归区委办公室。

保密委员会办公室　1987 年 11 月至 2001 年 9 月，沿用区委保密委员会办公室名称，为区委虚设机构。2001 年 9 月，设立区委保密办公室，为区委常设机构，规格副科级，对外挂烟台市福山区保密局牌子。

机要局　1988 年 7 月，区委办公室机要科为副科级行政单位。2001 年 12 月，区委办公室内设区委机要局，为副科级单位，同时撤销机要科。

组织部　1939 年，设立县委组织部。1971 年，改为组织组。1975 年后，恢复组织部名称。1983 年 11 月后，改称区委组织部。1987 年 11 月至 1990 年 6 月，内设办公室、组织科、干部科、干部培训科。1990 年 6 月，增设企业干部科、调查研究室。1993 年 12 月，内设办公室、干部科、组织科、调研科、干训科。2002 年 1 月，科室调整为办公室、干部科、组织科、调研科。内设组织部机关党支部，隶属区直机关工委。

组织员办公室　1990 年 7 月，区委组织员办公室为正科级部门；1993 年 11 月，予以撤销，职能划归区委组织部。2001 年 12 月，组织部内设组织员办公室，为副科级单位。

党员电化教育中心　1993 年 11 月，设立烟台市福山区党员电化教育中心，为正科级事业单位，隶属于区委组织部。

老干部局　1983年3月，县委组织部老干部科改为老干部局。同年11月后，改称区委老干部局。1989年3月，增设安置服务科、办公室。1993年10月，撤销区委老干部局，设立区委老干部工作办公室，归口区委组织部管理，规格为正科级。1996年9月，恢复区委老干部局名称，原隶属关系机构规格不变。设机关党支部，隶属区直机关工委。

老干部活动中心　1987年11月至1993年10月，沿用烟台市福山区老干部活动中心名称，为股级单位，隶属区委老干部局。1993年10月，升格为正科级，隶属关系与名称不变。

宣传部　1939年，设立县委宣传部。1971年，改为宣传组。1975年后，恢复县委宣传部名称。1983年11月后，改称区委宣传部。内设机关党支部，隶属区直机关工委。1987年11月，内设办公室、宣传科、企业宣传科、理论教育科、新闻科、音像科、对外宣传办公室。1993年9月，设立区音像管理站，为部属副科级事业单位。同年12月，内设科室合并为办公室、宣教科、新闻科。1995年2月，区精神文明委员会办公室成立，为正科级单位，与区委宣传部合署办公。2001年12月，区精神文明委员会办公室划归区委宣传部内设机构，为副科级单位。同时，将原区文化服务中心并入区委宣传部；增设文化管理科。

政法委员会　1982年12月，设立中共福山县政法委员会。1983年11月后，改称烟台市福山区政法委员会。内设机关党支部，隶属区直机关工委。1990年11月，政法委内设办公室、综治科。1991年4月，成立福山区社会治安综合治理办公室，与政法委合署办公。2001年12月，司法局与政法委、社会治安综合治理办公室合署办公。2002年1月，政法委内设办公室、政工科、综合治理工作科、基层工作科、法制宣传教育科。

统战部　1940—1955年，县委设立统战部。1956—1982年，职能被有关部门分解。1982年4月至2002年12月，沿用中共福山县委统战部、烟台市福山区委统一战线工作部名称。设党支部，隶属区直机关工委。1989年4月，设立区委对台工作办公室，与统战部合署办公。1993年3月，对台工作办公室与统战部分设。1993年11月，设烟台市福山区台胞接待室，为正科级事业单位，隶属统战部。1994年6月，统战部对外挂烟台市福山区政府民族宗教事务办公室和区政府台湾事务办公室牌子。1998年9月，统战部对外挂烟台市福山区台湾工作办公室牌子，撤销区台胞接待室。2001年12月，统战部挂台湾工作办公室、政府台湾事务办公室牌子，将民族宗教工作移交区政府办公室，统战部内设办公室、综合科。

机关工委　1956年8月，设县直机关党总支委员会。1957—1958年9月，改设机关党委。1958年10月，福山县并入烟台市，机关党委撤销。1962年复县后，仍设机关党委。1980年8月至2001年12月，沿用中共福山县机关党委、烟台市福山区委直属机关委员会名称。下辖13个党总支和136个党支部。机关党委内设机关党支部。1996年5月，内设机关企事业武装部。2002年1月，机关党委更名为区委区直机关工作委员会。内设办公室，下辖党总支12个、党支部127个，机关工委内设机关党支部。

党校　1949年，县委设党校。1971—1977年，改为“五七”干校。1978年后，恢复党校名称。1983年11月后，改称烟台市福山区委党校，为正科级单位。1993年1月，列为中等专业学校体制，为副处级单位。同年6月，成立中共烟台市福山区委党校委员会，下设机关党支部。1994年7月，对外挂烟台市福山区行政学校牌子。1995年7月，设立福山区企业干部培训中心。2000年7月，成立退休干部党支部。2001年12月，设立区委党史研究室，为区委党校领导的正科级事业单位，同时撤销党校内设的党史研究室。

区委党史研究室　1982年9月，成立党史办公室。1984年5月，改称为区委党史资料征集研究委员会，为正科级事业单位，归区委直接领导。1993年11月，撤销党史委员会，业务划归区委党校。2001年12月，设立区委党史研究室，为区委党校领导的正科级事业单位，同时撤销党校内设的党史研究室。

信访局　1980年8月，设信访办公室。1984年2月，改为信访科。1985年5月，恢复信访办公室名称。1987年11月，改为区委、区政府信访办公室，为正科级单位。1993年11月，撤销信访办公室，职能划归区委办公室。同年12月，区委办公室内设信访室，为正科级单位。1996年8月，设立区委、区政府信访局，为区委办、政府办管理的正科级单位。

企业政工部　1984年6月，区委设立企业政工部，为正科级单位，隶属区委。内设办公室、宣传科、干部科；内设机关党支部，隶属区直机关党委。1988年1月，企业政工部撤销。

农村工作部　1983年12月，区委设立农村工作部，为正科级单位。1993年10月，撤销农村工作部、农牧局、农机局、林业局，组建区农业委员会，为区委、区政府综合协调农业工作的职能部门。同时，设立福山区农技开发总公司，一套机构2块牌子。下辖烟台福田蔬菜开发公司、烟台福萌种子公司、烟台福毓畜牧开发公司、烟台福馨果业开发公司4个正科级事业单位和农技站、植保站、土肥站、能源站、农科所、经管站、中央农业广播学校烟台市福山区分校等股级单位。农委设党组，内设机关党支部，隶属机关党委。1996年8月，撤销农委和农技开发总公司，设立区农业局，隶属区政府，对外仍挂农业委员会牌子。

第四节　党代会

中华人民共和国成立后至2002年，中共福山县（区）委共召开4次党代表会议和10届党代表大会。

代表会议

第一次代表会议　中共福山县第一次代表会议于1949年12月1日至5日召开，出席代表75名。王历波代表前届县委作《关于今后两个月工作与执行意见》的报告，通过有关决议。

第二次代表会议　中共福山县第二次代表会议于1950年2月8日至12日召开，出席代表108名。王历波代表前届县委作1949年冬季工作总结，部署1950年任务，通过有关决议。

第三次代表会议　中共福山县第三次代表会议于1951年11月22日至30日召开，出席代表173名。王鲁夫代表前届县委作组织合作社和互助组、结束土改、抗美援朝、镇压反革命及农业丰产等工作报告，通过会议决议，增补赵维省等5名同志为县委委员。

第四次代表会议　中共福山县第四次代表会议于1952年12月4日至7日召开，出席代表143名。鹿道平代表前届县委作《关于一年来的爱国增产与互助合作运动》的总结报告，通过《关于今后继续贯彻爱国增产运动，开展农、副业生产，整顿提高与发展互助合作、总结丰产经验，做好明年大丰收的准备工作为中心任务》的决议。

代表大会

第一次代表大会　中共福山县第一次代表大会于1953年8月20日至25日召开，正式代表150名，列席23名。鹿道平代表前届县委作《关于春夏生产和开展三个反对斗争、转变领导作风》的工作报告。大会通过6项决议。会议以无记名投票的方式，选举产生中共福山县第一届委员会，选出县委委员15名。经中共文登地委批准，中共福山县委常务委员会（以下简称常委会）由5人组成。在中共福山县一届一次全委会上，选举鹿道平、王庆煌、阎振之、牟照仁、王友政为县委第一届常委；鹿道平任书记，王庆煌、阎振之任副书记。

第二次代表大会　中共福山县第二次代表大会于1956年5月17日至23日召开，正式代表220名，列席54名。鹿道平代表前届县委作工作报告。与会代表讨论和通过了《全县1956年到1957年关于实施全国农业发展纲要的规划和生产整社的意见》。以无记名投票的方式，选出县委委员23名，候补委员5名，监察委员会委员7名，出席省第一届党代表大会代表6名，后补代表1名。经中共莱阳地委批准，中共福山县委常委会由8人组成。在二届一次全委会上，选举鹿道平、王友政、胡登保、宋明、刘敬之、王志贤、刘文孝、吕芬为县委第二届常委；鹿道平任书记，王友政、胡登保任副书记。

第三次代表大会　中共福山县第三次代表大会于1963年7月21日至26日召开，正式代表204名，列席50名。会议学习贯彻《中共中央关于目前农村工作中若干问题的决定（草案）》和中共烟台地委关于干部参加集体生产劳动、到基层蹲点等决定。鹿道平代表县委作工作报告。大会选出县委委员15名，候补委员5名，监察委员会委员13名，出席省第二届党代表大会代表4名。经中共烟台地委批准，中共福山县委常委会由9人组成。在三届一次全委会上，选举于丕通、王德群、牟照仁、杜在农、宋明、胡登保、徐庆明、徐琨、鹿道平为县委第三届常委；鹿道平任书记，胡登保、徐琨任副书记。

第四次代表大会　中共福山县第四次代表大会于1971年1月2日至9日召开。出席会议正式代表731人，列席32人。大会分两段进行。1月2日至6日为预备会议，传达《中共中央关于召开地方各级党代表大会的通知》，讨论修改《工作报告》，酝酿主席团和委员会候选人。7日至9日为正式会议，戴长春作工作报告。选举产生27人组成的中共福山县第四届委员会，选举出席地区党代会代表31名、出席省党代会代表6名。经中共烟台地革委核心小组批准，中共福山县委常委会由9人组成。在四届一次全委会议召开，选举王庆云、董传周、任韶华、黄兆康、徐珉、杨洪文、胡登保、王树文、姜长英为县委第四届常委；王庆云任书记，董传周、任韶华任副书记。至此，在"文化大革命"中停止工作的福山县委重新建立起来。同时，撤销中共福山县革命委员会核心领导小组。

第五次代表大会　中共福山县第五次代表大会于1980年8月24日至27日召开，与会代表351人。大会由张洪刚致开幕词，杨克明作工作报告，徐珉作纪检工作报告，于丕通作关于党费收缴、使用情况的报告，胡登保致闭幕词。大会通过《关于工作报告的决议》《关于加强和改善党的领导，加快四化建设步伐的决议》《关于纪律检查工作报告的决议》。选举产生中共福山县第五届委员会委员30名、候补委员5名、纪委委员9名、出席省第四届党代会代表5名。经中共烟台地委批准，中共福山县委常委会由7人组成。在五届一次全委会议上，选举杨克明、张洪刚、林文富、刘学增、孙德广、张起魁、林美娟为县委第五届常委；杨克明任书记，张洪刚、林文富任副书记。

第六次代表大会　中国共产党烟台市福山区第六次代表大会于1984年7月16日至19日召开。出席会议的正式代表280名，列席30名。李洪芝作《关于代表资格审查的报告》，杜昌敏致开幕词，张洪刚作《全面开创我区社会主义现代化建设的新局面》报告，金声波作《纪律检查工作的报告》，李洪芝致闭幕词。大会通过《关于区委工作报告的决议》《关于纪律检查工作报告的决议》。会议选举产生中共福山区第六届委员会委员30名、候补委员5名、纪委委员13名。经中共烟台市委批准，中共烟台市福山区委常委会由8人组成。在六届一次全委会上，选举张洪刚、杜昌敏、李洪芝、史润田、刘学增、孙德广、李永顺、张锦亭为区委第六届常委；张洪刚任书记，杜昌敏、李洪芝任副书记。

第七次代表大会　中国共产党烟台市福山区第七次代表大会于1987年4月22日至24日召开。出席大会的正式代表300名。刘同占致开幕词，姚学政作《坚持四项基本原则，深入进行改革开放，把我区的社会主义现代化建设事业推向前进》工作报告，金声波作《纪律检查工作报告》，李洪芝致闭幕词。大会通过了《关于区委工作报告的决议》和《关于纪委工作报告的决议》。选举产生中共福山区第七届委员会委员25名、候补委员4名、纪委委员14名。经中共烟台市委批准，中共烟台市福山区委常委会由8人组成。在七届一次全委会上，选举姚学政、刘同占、李洪芝、刘挺章、吕志海、郭传逊、史润田、吴尚坤为区委第七届常委；姚学政任书记，刘同占、李洪芝、刘挺章任副书记。

第八次代表大会　中共烟台市福山区第八次代表大会于1990年3月28日至31日召开。出席大会的代表300人。会议听取和审议刘同占作的《坚持党的基本路线，保持政治经济和社会稳定，为全面振兴福山而努力奋斗》工作报告；听取和审议区纪律检查委员会的工作报告。大会选举产生中共烟台市福山区第八届委员会，委员25名、候补委员4名；选举产生区纪律检查委员会委员12名。4月1日，中共福山区第八届一次全委会议召开，选举刘同占、李洪芝、吴尚坤、王茂祥、郭传逊、史润田、高延庆、冯永林、王志有、曾庆禄为区委第八届常委；刘同占任书记，李洪芝、吴尚坤任副书记。

第九次代表大会　中共烟台市福山区第九次代表大会于1995年3月17日至20日召开。出席大会的代表200人。听取和审议《为建设现代化工业城区而奋斗》工作报告；听取和审议区纪律检查委员会的工作报告。大会选举产生中共烟台市福山区第九届委员会委员27人、候补委员5人；选举产生区纪律检查委员会。3月20日，中共福山区第九届一次全委会召开，选举刘万春、王志有、高明经、郭传逊、冯永林、王振卿、蔡德义、杜维平、邹长青为区委第九届常委；刘万春、王志有、高明经任副书记。

第十次代表大会　中共烟台市福山区第十次代表大会于1998年2月5日至8日召开。出席大会的代表200名。会议听取和审议谭伟作的《解放思想，抢抓机遇，开拓进取，加快发展，把我区现代化建设事业全面推向二十一世纪》工作报告；听取和审议区纪律检查委员会的工作报告。会议选举产生中共烟台市福山区第十届委员会委员27人、候补委员5人；选举产生区纪律检查委

图 6-2　中共福山区第十次代表大会会场

员会。在十届一次全委会上，选举谭伟、冯永林、刘明光、李来雁、金延铭、王振卿、蔡德义、邹长清、李成章、姜丽娟、宿兴为区委第十届常委；谭伟任书记，冯永林、刘明光、李来雁任副书记。

第五节　基层党组织建设

区委、乡镇（公社）党委　1938 年 6 月，中共牟福边区在福山南部狮子山一带建立秘密分区委。1939 年 5 月，中共福山县委接过该分区委所管辖福山籍党员的组织关系，组建福山南部分区委。1940 年 4 月，以盐场小学支部为基础，建立北部分区委。1941 年 1 月，建立第一、二、三、四、五分区委。1943 年 1 月，增建第六、七、八分区委。至 1946 年 6 月，全县建立狮子山、门楼、太平顶、宅院、蓁山、疋山、古现、奇章、芝阳山 9 个分区委。1950 年下半年，全县设 10 个区党委和 1 个镇党委。1951 年，区委下设乡总支。1956 年，撤销区委和乡总支，全县设 20 个乡党委、1 个镇党委。1958 年 8 月，撤销乡镇党委，设福山镇、古现、高疃、门楼、谭家庄 5 个公社党委，公社党委下设管理区党总支。1960 年 4 月，管理区党总支撤销。1962 年 4 月，增设兜余、张格庄公社党委。1965 年 5 月，增设黄务公社党委；1977 年 4 月，划归烟台市。1967 年，公社党委受“造反派”冲击停止工作。1970 年 10 月，增设东厅、臧家、八角公社党委。1969—1970 年，公社相继成立革命委员会党的核心领导小组。1970 年 10 月至 12 月，恢复公社党委。1978 年，谭家庄公社党委改称回里公社党委。1980 年，有党委 11 个。1984 年 4 月，公社改为乡镇后，全区设福山镇、古现、高疃、门楼、回里、兜余 6 个镇党委和八角、臧家、东厅、张格庄 4 个乡党委。1997 年 1 月，撤乡设镇，4 个乡党委改称镇党委。2001 年 1 月，福山镇、臧家镇党委分别改为清洋街道和福新街道工作委员会。同年同月，东厅镇合并至高疃镇、兜余镇合并至门楼镇，东厅、兜余 2 个镇党委撤销。2002 年 10 月，古现镇党委（含八角）划归烟台开发区；全区有党委 20 个。

机关企事业党总支、党组、党委　1956 年 8 月，设县直机关总支委员会。1957—1958 年 9 月，改设机关党委。1958 年 10 月，福山县并入烟台市，机关党委撤销。1962 年 4 月复县后，仍设机关党委。

1977 年 2 月，设农林水办公室党委；1979 年 2 月撤销，归属县机关党委。1984 年 3 月，设农牧局党委；1993 年 11 月撤销，隶属区农业委员会党组。1996 年 8 月后，设农牧局党组，隶属于区直机关工委。

1977 年 2 月，设财贸办公室党委；1979 年 2 月撤销。

1977 年 2 月，设文教卫生办公室党委；1979 年 2 月撤销。1984 年 3 月，改称教育局党委。1993 年 11 月，改为教育文化体育委员会党委。1994 年 10 月，改为教育文化委员会党委。2001 年 12 月后，改为教育体育局党委。

1977 年 2 月，设工交办公室党委。1981 年 2 月，改称经委党委。1984 年 3 月，改为总支。1993 年 12 月，改为工委党委。1996 年 8 月，改为经贸委党委。2001 年 12 月后，改为经贸局党委。

1981 年 2 月，设商业局党委。1992 年 5 月，改为商业集团总公司党委；2001 年底撤销。

1981 年 2 月，设基本建设委员会党委。1984 年 3 月，改为城乡建设委员会党委。1996 年 9 月，改为建设委员会党委。2001 年 12 月后，改为建设管理局党委。

1982 年 12 月，设政法委员会党委。1984 年 3 月，设工业公司党委；1998 年 7 月撤销。

1984 年 3 月，设二轻工业公司党委；1998 年 7 月撤销。

1984 年 3 月，设供销合作社联合社党委。

1984 年 3 月，设卫生局总支委员会。1987 年 11 月，改设卫生局党委。

1985 年 11 月，设食品发酵公司党总支。1988 年 7 月，改为公司党委；1998 年 7 月撤销。

1987 年 1 月，设化学工业公司党总支。1989 年 10 月，改为化学工业（集团）公司党委。1990 年 6 月，改为化学工业公司党委；1998 年 7 月撤销。

1987年11月，设烟台宽幅布厂党委。1989年10月后，改为烟台北方装饰布公司党委。

1987年11月，设福山铜矿党委。1992年3月后，改为福山铜矿总矿党委。

1987年11月，设烟台市公安局福山分局党组。1990年1月后，改为烟台市公安局福山分局党委。

1987年11月，设交通运输公司党总支。1989年10月，改为交通运输公司党委。1993年6月，改为交通委员会党委。2001年12月后，改为交通局党委。

1989年10月，设烟台包装装潢总厂党委；2002年12月撤销。

1979年3月，设电业局党组。1983年12月，改为电业公司党支部。1996年12月，设电业公司党委，后改称供电公司党委。

2001年4月，设工商业联合会党组。2002年12月，改为工商业联合会党委。

党支部　1935年，牟福边区党委宣传委员辛冠吾在珠玑小学建立首个党支部。1938年中共福山县委成立后，在姜家村建立农村第一个党支部。1939年春，盐场小学党支部建立；同时，绍瑞口村党支部、永福园秘密交通站也相继建立。1940年5月，在陈昱部队的政治部和情报科内部建立2个特别支部（次年撤销）。8月，北海地委将栖东县的峨山庄、罗圈、肇甲庄支部合并为峨山庄特别支部，划归福山县委领导；1941年4月又回归栖东县。年末，建立浒口村特别支部；8月撤销。1944年基层党支部为68个。1945年为158个。1946年为211个。1947年，国民党军盘踞福山期间，全县111个党支部被破坏。福山第二次解放后，经重新整顿，1949年底恢复、发展到297个。1956年，发展到386个。1980年，全县有基层党支部592个，其中农村支部449个。1990年为788个。2002年，支部总数为703个。

党员　1934年，全县有党员8名。1937年为17名。1939年发展到66名。1941年为328名。1945年抗日战争胜利时，党员队伍发展到1329名。1947年，为适应土地改革形势的需要，突击发展土改积极分子1763人入党，至年底，共有党员7115名。国民党军占领福山后，党组织遭到严重破坏，损失党员1834名。1948年10月，福山二次解放，经过整顿，有983名党员恢复组织关系，至1949年底，共有党员6549名。

中华人民共和国成立后，党员队伍不断发展壮大。1967—1969年，因受“文化大革命”的冲击，党组织停止活动，未发展党员。1970年，党组织恢复后，由于受“文化大革命”的影响，一度突击发展，降低质量标准，至1976年，7年共发展党员4939名，全县党员总数达到12294名。中共十一届三中全会后，对“文化大革命”中发展的党员进行补课教育，提高党员素质。同时，解决知识分子入党难的问题，吸收各行各业积极分子入党，至2001年，党员发展到19191名。2002年底，古现镇整建制划归烟台开发区后，全区共有党员15976名。

1949—2002年福山县（区）党组织、党员情况统计表

表6-2

年份	党员总数（人）	党组织数（个）			
		合计	党委	总支	支部
1949	6549	309	12	—	297
1950	7008	341	12	—	329
1951	6725	456	12	92	352
1952	6807	447	9	91	347
1953	6382	453	9	90	354
1954	6528	459	9	89	361
1955	6946	415	9	80	326
1956	6899	412	22	4	386
1957	6147	348	19	3	326
1958	6245	343	18	2	323
1962	6265	392	8	4	380
1963	6381	397	9	3	385
1964	6379	400	9	3	388
1965	7143	440	10	4	426
1966	7350	—	—	—	—

续表 6-2

年份	党员总数（人）	党组织数（个）			
		合计	党委	总支	支部
1967	7350	—	—	—	—
1968	7350	—	—	—	—
1969	7355	—	—	—	—
1970	7355	—	—	—	—
1971	8760	—	—	—	—
1972	9260	—	—	—	—
1973	9816	509	12	5	492
1974	10139	520	15	3	502
1975	10957	527	15	2	510
1976	12294	601	17	2	582
1977	11748	551	13	2	536
1978	11934	582	12	2	568
1979	12324	603	12	2	589
1980	12858	613	11	10	592
1981	13146	637	16	6	615
1982	13388	647	16	6	625
1983	13537	642	14	13	615
1984	13785	644	14	6	624
1985	14352	671	14	10	647
1986	14985	711	14	21	676
1987	15141	746	26	26	694
1988	15405	773	26	26	721
1989	15704	823	27	29	767
1990	15963	844	27	29	788
1991	16226	851	27	31	793
1992	16516	855	27	32	796
1993	16767	866	27	36	803
1994	17158	872	27	36	809
1995	17411	878	28	36	814
1996	17668	898	28	37	833
1997	17766	900	29	34	837
1998	17694	897	25	41	831
1999	17695	870	25	33	812
2000	18104	848	22	29	797
2001	19191	753	21	29	703
2002	15976	751	20	28	703

说明：1959—1961 年因福山县划归烟台市，故未列入统计数据

第六节　党员教育

日常教育　中华人民共和国成立后，建立党员生活会制度。农村党员一般每月召开一次、机关党员每周召开一次党小组会。每年冬季进行集中整党。1962 年后，建立“三会一课”（支部会、党员大会、小组生活会和党课）制度。“文化大革命”中，党的生活制度中断。1970 年恢复党员生活以后，仍执行“三会一课”制度。1978 年以后，教育内容增加《关于党内生活若干准则》等。自 1980 年，县委组织部和宣传部统一编写党课教材，分发各基层党组织学习。1993—1999 年，组织党员和干部开展社会主义市场经济、爱国主义、现代科技、爱岗敬业做奉献教育等。2001—2002 年，在全区广泛开展“三个代表”重要思想学习教育活动。

集中教育　县委党校建立后，围绕党在各时期的方针政策，分期分批对党员和干部进行培训。1949—1953 年，重点以党的基础知识教育为主，培训党员骨干和农村支部书记，为开展农村整党和互助合作运动培训骨干。1962—1966 年，以党章、毛泽东哲学、中共第十次代表大会文件等为内容，培训县直机关和社、队党员和干部。

1973—1978年，以《毛泽东选集》五卷、五届全国人大文件等为内容，组织县社机关干部、农村支部书记和大队长、党员骨干等学习培训。1978—1979年，以学习邓小平讲话、开展真理标准的讨论为内容，培训县社机关干部、农村支部书记和大队长、党员骨干。1984—1985年，以学习中共中央《关于整党的决定》《关于经济体制改革的决定》为主要内容，组织培训脱产干部、农村和企事业的党支部书记。1985年5月至1987年3月，按照上级党委部署，全区分三批整党。参加整党的646个支部中，有643个达到要求；15428名正式党员中，合格和基本合格的14506名，履行党员登记手续；不予登记的12名；有62名受到党纪处分；在279名预备党员中，被取消预备资格的3名。1989年，进行端正党风、廉洁从政的党课教育。秋，根据市委的要求，进行农村基层党组织整顿工作，有57名原支部成员因经济问题而落选，19个支部班子因软弱无力被改组，30个党支部改选了书记。通过整顿，全区712个基层支部中，好的和比较好的占90%，先进支部占30%，党组织的威信和战斗力明显提高。1990—1991年，在全区农村集中开展以发展壮大集体经济、在机关企事业单位开展以坚持党的领导为重点的社会主义思想教育。1998—2000年，在全区农村开展“深化规范化管理、加强基层基础工作”集中教育活动。2001—2002年，在区级领导班子和领导干部中开展讲学习、讲政治、讲正气为主要内容的“三讲”教育活动。

党风廉政教育　区委始终把党风廉政教育作为重要内容，在党员中坚持每年开展一个主题教育活动，先后开展“讲党性、守纪律、正党风”“端正党风、优化环境、促进发展”“理想信念、廉政纪律”等活动。对领导干部采取党校理论学习、党课集中辅导、条规知识测试、典型示范、反腐案例警示、任前预警谈话等形式，纠正不正之风。1998—2002年，出台《关于党政机关、事业单位人员公费安装住宅电话的处理及管理使用暂行规定》《关于住房制度改革中违纪行为处理暂行办法》《关于对领导干部实行廉政谈话制度的暂行规定》《关于对镇街和部门领导班子领导干部执行党风廉政建设责任制情况的考核和责任追究细则》《农村党员干部廉洁自律若干规定》等规章制度。

第七节　宣传工作

1978年12月，福山县委、县革委对复查纠正冤假错案进行舆论引导。1979年1月，宣传和学习中共十一届三中全会精神；落实党的基层干部政策宣传引导。2月，围绕全党工作着重点的转移进行思想发动和理论探讨。5月，开展坚持四项基本原则的宣传教育。10月，进行民主和法制教育试点；宣传落实农村粮油征购、自留地及按劳分配政策；宣传用好经济政策发展畜牧业；宣传多种经营典型。

1980年4月，组织宣讲党章修改草案。5月，宣传纠正冤假错案工作。8月，扩大经济宣传。9月，配合上影厂完成《喜盈门》影片的拍摄。11月，加大农村生产责任制舆论宣传。

1981年2月，开始组织编纂《福山县志》。3月，策划对台宣传工作。6月，开展整顿社会秩序舆论宣传。7月，传达学习《关于建国以来党的若干历史问题的决议》。11月，开展学雷锋、树新风和“五讲四美”活动；大力发展文化事业，新发展生产大队放映队58个。

1982年3月，开展第一个“全民文明礼貌月”活动。6月，布置清除过时标语；在《烟台日报》发表南涂山大队党支部书记王宗信事迹的通讯。10月，举办理论学习班，对县直机关干部进行中共十二大精神的学习。11月，对农村涌现的万元户、专业户进行宣传报道。

1983年3月，作出《关于继续深入扎实地开展文明村活动的决定》《福山县创建文明村的十项条件》；深入治理“脏、乱、差”；召开爱国主义和共产主义思想教育报告会；成立学雷锋小组6750个。4月，授予胜利西村等44个单位“五讲四美三热爱”活动先进集体，表彰133名先进个人。5月，组织开展向张海迪学习活动。7月，组织学习《邓小平文选》。10月，在全区建起105个报刊发行站；对农民进行“一坚持、两不变、三兼顾”教育。

1984年1月，组织“移风易俗宣传月”活动。8月，邀请中国新闻社等8家新闻单位对华侨宾馆与区政府礼堂落成进行采访报道，邀请胡铁生、张君秋、郭全宝等书法家、艺术家出席落成典礼。10—11月，在国内外媒体发布设立烟台开发区、福山农民中专学校、烟台SOS儿童村筹备小组的消息。12月，重点宣传改革城市经济体制、实行厂长负责制工作。

1985年1月，重点宣传中央1号文件精神，调整农村产业结构。2月，报道贸工农并举的农村经济发展思路。8月，组织机关企事业单位干部职工和学校师生听取老山前线英模报告；集中宣传在抗击9号台风中涌现出来的英雄群体和先进个人事迹，介绍抗灾自救做法。

1986年，宣传区检察院副检察长梁永焕的事迹；制作《福山区种植、养殖业专业村和专业户集锦》录像片，宣传报道一批乡镇企业家；对烟台工艺品厂产品创部优等进行宣传；在济南举办《福山画展》；配合省电视台拍摄《福山烹饪》电视专题片。

1987年1月，起草《烟台市福山区“七五”期间社会主义精神文明建设规划》。2月，开展对区属企业实行资产经营承包责任制的报道，重点推出舒宗仁典型宣传。3月，突出贯彻中央5号文件舆论宣传。6月，在北京举行福山大樱桃新闻发布会。8月，召开全区企业思想政治工作现场会；对教育系统的布鲁姆教学法进行报道。

1988年4月，集中宣传报道“4•10”重大山林火灾中涌现出的先进群体事迹。

1989年，召开企业思想政治会议，建立企业思想政治工作档案。对外发布王懿荣纪念馆开馆的消息。12月，宣传烟台锁材厂典型经验；在农村建立起13个思想政治工作联系点。

1990年7月，在《人民日报》《大众日报》等宣传报道抢救驻福战士英雄群体的事迹。9月，编印福山画册，录制《福山春节》《福山烹饪》《丰饶的银福山》等宣传福山的专题录像片。10月，撰写农村社会主义思想教育活动宣传材料。

1991年，重点宣传报道烟台格迈纳尔中学奠基。组织评选全区精神文明10件最佳好事，其中2件入选全市10件最佳好事。

1995年5月，进行中国烟台—东亚城市进出口商品交易会宣传。11月，“福山区积极建设国家级节水农业示范区”一文在《农民日报》头版头条位置报道。

1996年7月29日、30日和8月1日，中新社、《人民日报》、中央人民广播电台分别对“福山冬小麦创全国单产新纪录”进行报道。是年，《烟台建成优质大樱桃基地》等稿件，被《人民日报》、新华社、中央人民广播电台等国内20多家新闻媒体发表、转载；集中对福山高新区、大西苑集团、渤海电池公司等10多家企业及其产品进行宣传报道。

1999年6月，配合烟台市举行纪念王懿荣发现甲骨文100周年活动、举行王懿荣纪念馆新馆落成仪式。10月，组织举办“福山纪念中华人民共和国成立50周年成就展”。

1993—1999年，先后印发《关于学习建设有中国特色社会主义理论、社会主义市场经济理论的安排意见》《关于在全区职工中开展社会主义市场经济教育的通知》《关于在全区开展“迎接香港回归祖国”读书活动的通知》《关于做好纪念王懿荣发现甲骨文100周年活动街面宣传工作的意见》《关于在全区青少年中开展“知我中华，爱我祖国”读书教育活动的意见》等文件，并组织庆祝中华人民共和国成立50周年活动，安排放映爱国主义题材的优秀影片。 2000年，《佳隆（烟台）公司打破一项世界级技术垄断》《百万元引来亿元大项目—福山建成全国最大高磁生产基地》等稿件，先后在《科技日报》《烟台日报》头版头条刊发。

2001年，印发《中共福山区委宣传部关于开展“三个代表”重要思想学习教育活动的实施意见》。是年，《福山产业区发展纪实》《创办一流的高新技术产业区》等稿件，先后被《人民日报》《大众日报》及省广播电台等刊发。9月，在香港《大公报》推出宣传福山形象专版，在香港开展经贸洽谈活动。2002年，编辑、制作、出版《烟台市新兴的现代化工业城区—福山》中文、英文画册及《新型工业化城市—中国福山》中、英、日、韩语DVD光盘。

第八节　统战工作

改革开放以来，福山县（区）健全配套措施，推进中国共产党领导的多党合作和政治协商机制的规范化、制度化。采取民主协商会、座谈会、通报会等形式，加强同各民主党派的政治协商，把政治协商纳入决策程序。对区人大、政府、政协和司法机关等方面领导人选的确定，注意征求民主党派的意见，坚持协商于决策之前。政府有关部门和司法机关在民主党派、无党派人士中聘任监察员13名、检察员10名、审计员10名、教育监督员12名。

落实统战政策，在1979年对213名错划“右派”、111名“反社会主义分子”和72名“右派分子”全面甄别的基础上，于1984年复审，对原决定中留有“尾巴”的197人，重新下达删“尾巴”的决定，为错划“右派”和“反社会主义分子”受株连回乡的家属子女办理农转非94户、268人。1983年，对错划处理的11名起义投诚人员进行复审，予以纠正，并对127名起义投诚人员，颁发起义投诚证书。1984年，对原系干部身份后被改为职工的7名工商业者，恢复干部身份。

1988年，民盟福山支部进行第二次换届选举，以后每3年换届选举一次。自2001年始，每5年换届选举一次。1999年8月，致公党福山支部成立。全区共有民盟盟员26名、致公党党员14名、九三学社社员2名、农工党党员1名。各民主党派积极参政议政，围绕两个文明建设和群众关心的热点难点问题，积极提意见建议，其中有116条被区委、区政府及有关部门采用。民盟福山支部《未雨绸缪，疏通河道》的提案，获烟台市政协优秀提案奖。

发挥非公有制经济人士作用，认真贯彻“团结、帮助、引导、教育”的方针，在非公有制经济人士中积极开展“致富思源、富而思进”教育，引导其积极参与“光彩事业”“富民兴烟”和爱心捐助等社会公益活动。1998—2002年，累计捐款、捐物折合人民币300多万元，救助贫困家庭178户，资助困难学生218名；参与国有企业改革和再就业工程，参与国家西部大开发和对贫困地区的帮扶开发，累计提供就业岗位3000多个。

做好优秀非公有制经济人士政治安排工作，有4人选为区人大代表、33人担任区政协委员、7人担任市政协委员。安排优秀党外人士进人大、政协领导班子，区人大常委会和区政府领导班子成员中非党干部各有1名。在各级政协中保证党外人士占有较大比例，其中政协委员中不少于60%，政协常委中不少于65%，政协副主席中有3名。把培养选拔使用党外干部工作纳入各级政府及部门、司法机关领导班子的总体规划，统一管理。全区配备党外科级领导干部12名。加强党外后备干部队伍建设。区委组织部按照1∶2的比例确定32名后备党外干部人选，并实行定期考察，动态管理。充分利用党校、行政学院等有关院校，加强对党外干部的培训。共培训党外县（处）级干部20人次、科级干部106人次。

第九节　纪律检查

纪律检查　1979年以来，全县（区）共查处违纪案件482起，处理党员干部471人。其中，开除党籍176人，留党察看102人，撤销党内职务15人，严重警告90人，警告88人，受政纪处分4人。

历史案件复议　1979年开始平反纠正冤假错案，解决历史遗留问题。先后对565起案件进行复议，平反纠正411起，占原处理案件总数的73%。

违纪建私房查处　1981年下半年至1982年3月，对部分干部职工在县城违纪建私房问题进行清查，共查出59户干部职工未经批准滥建私房，并侵占国家和集体的物料折款11936.41元，拖欠国家和集体款22899.63元。对违纪人员，根据不同情况，责令其进行经济退赔，或给予党纪、政纪处分，其中有6户所盖私房收归公有。

案例

△1997年7月至2005年6月，高疃镇老官庄村党支部原书记兼村委主任，利用职务之便，将烟台市九洲农业生产资料有限公司支付给该村的土地补偿款8.4万余元非法占为己有，被区法院以职务侵占罪判处其有期徒刑3年，缓刑3年。区纪委给予开除党籍处分。

△2000年4月至2002年6月，区人大办公室行政科原科长王某在任本单位会计兼出纳期间，利用职务之便，从单位挪用公款75万余元用于赌博，被烟台市中级人民法院以挪用公款罪判处其有期徒刑15年。同时，区纪委对其给予开除党籍处分。

△2000年2月至2005年2月，清洋街道办事处西留公居委会党支部原书记兼居委会主任，利用职务之便，将领取的该居委会土地补偿款35.72万余元截留，并将其中的5.5万元据为己有，区法院以贪污罪判处其有期徒刑5年。区纪委对其给予开除党籍处分。

第十节　党史编纂

1983—2002年，县委党史委（区委党史研究室）先后编辑出版8本关于党史方面的书籍和资料集，发行4500多册。主要有《福山党史资料选编》第一、二、三集，分别于1987年6月、1989年12月、1992年6月编辑出版；《中共烟台市福山区组织史资料》（1929—1987），1989年5月编辑出版；《中共福山县党史大事记》（1921—1949），1989年9月编辑出版；《中共烟台市福山区组织史资料》（1987年11月—2002年2月），2002年11月编辑出版。

第十一节　精神文明建设

1992年1月，福山区制定《关于开展创建文明市区争做文明市民活动的意见》，广泛开展创建文明城市竞赛活动。2月，开展评选“雷锋杯”竞赛活动、优胜单位和学雷锋积极分子活动。3—4月，组织干部职工参加全省职业道德教育讲座培训。5月，在批发零售、接待服务、交通客运、医疗卫生、邮电通信、公安交警、粮油门市、金融储蓄等窗口行业中，开展以创优质服务、优良秩序、优美环境为主要内容的“新风杯”竞赛活动。10月，开展学习宣传《烟台市民文明公约》活动。12月，对省、市、区文明单位进行复查。

1993年8月，以烟台市民文明公约、文明读本和烟台市“做文明市民，建文明城市”演讲比赛录像片为基本教材，开展社会公德培训活动。9月，推广普及文明用语20句和烟台市民文明行为规范。12月，推荐评选1993年度“十佳文明市民”和市、区两级文明单位。

1994年，广泛开展“双文明”创建活动，相继在商业零售、交通客运、医疗卫生等10个窗口行业开展优质服务竞赛、岗位禁语、创建文明小区、做文明村民、建文明乡镇教育培训活动，共举办培训班46期，设立监督台16个、公平秤25个，聘请监督员112人。12月份，对文明单位进行复查和整顿，确认省级文明单位6个、市级文明单位35个、区级文明单位167个。是年，区委、区政府被市委、市政府授予“双文明”活动先进单位。

1995年初，对评选出的“十佳”和“百户标兵”进行隆重表彰。在全区广泛开展向孔繁森、王廷江、韩素云学习活动。福山区在全市“三学活动”经验交流会上作经验介绍。继续深入开展“双文明”创建活动，先后邀请中国公共关系协会、市文明礼仪学会等专家到福山讲课5场次；在窗口行业推广“五十句行业忌语”活动，推选规范服务承诺制。7—9月，开展第三个“双文明”月活动，重点强化治安、市场、交通和卫生秩序整治。9月，结合“双文明月”活动，广泛开展市民文明素质宣传教育活动。

1996年，制定《精神文明建设考核办法》，把精神文明建设的内容细化量化为4个大项16个小项，进行严格考核。继续开展“三学”活动及向济南交警、济南工商银行和烟台“5·23”英雄群体学习活动。7—9月，开展第四个“双文明”月活动，开展“便民服务一条街活动”。12月，组织开展各级文明单位复查和推荐评选活动。

1997年3月，开展创建“十佳文明机关”“十佳文明企业”“十佳文明村庄”“十佳文明学校”活动。总结推广区电业公司、冶鑫矿山公司、两甲庄村、东关村、格中等单位开展创建活动的经验做法。4—6月，开展第五个“双文明”月活动。7月，开展精神文明示范单位评选活动，东厅镇荣获市“文明乡镇”，车廷森、方芳、陈永顺家庭分获市“十佳文明市民”“十佳服务明星”“十佳文明家庭”，区委宣传部被评为“双文明活动先进集体”。

1998年4月，对评选出的“十佳文明机关”“十佳文明企业”“十佳文明村庄”“十佳文明学校”进行集中表彰。8—10月，开展第六个“双文明月活动”，组织城镇居民签订“居民道德自律承诺书”。11月，对省、市级精神文明建设示范点和文明单位进行考查，全区建成省、市级文明单位45个。福山区首次通过全省精神文明建设先进县验收。

1999年4月，组织开展“做文明师生，建文明学校，创示范单位”活动，推广福山高职等15个单位的先进经验。6月，组织开展创建“倡新风模范户”活动，有50户农村家庭被评为省级倡新风模范户。8—10月，组织开展第七个“双文明”月活动。福山区被市委、市政府授予“创建文明城工作先进单位”，区委宣传部被评为“双文明”月活动先进单位。11月，福山区再次通过复查，继续保持“全省精神文明建设先进区”。

2000年5月，组织开展“十星级文明村”创建活动。8—10月，组织开展第八个“双文明”月活动。以《文明公民读本》为教材，组织工商、公安、规划等9个部门和单位300多人次走上集市、街头进行城市管理法规宣传和开展打假集中宣传；区电视台开办专栏，开展“福山形象与市民行为大讨论”活动。组织开展“爱区奉献日”“文明示范窗口单位”创建活动。11月，福山区第三次通过复查，继续保持“全省精神文明建设工作先进区”。

2001年3月，对国税局办税大厅等18个“文明窗口单位”进行挂牌表彰，有2个单位、5名个人被市文明委分别授予“窗口行业优质服务、优胜单位”和“优质服务标兵”。10月，以美化城区环境、树立福山形象为主题，组织公安、城管、工商等单位开展文明形象工程，对城区环境进行综合整治，并在河滨路、福海路等主要路段设置93块公益广告牌。

2002年3月，在全市率先开展“农村文明一条街”创建活动，召开现场观摩会，推广院口、台上、卫家疃等村的经验和做法。全区70%以上村（居）对主要进村道路重新整修，清理门前“三大堆”。6月，设立精神文明监督岗，公布热线电话，以督办单、电视曝光等形式，加强对不文明行为的监督。8月，在各村（居）开始成立道德促进会组织。11月，福山区第四次通过复查，继续保持“全省精神文明建设工作先进区”。

第十二节　人民来信来访

组织机构　1979年，县委设信访科。1982年，县政府设信访办公室。1985年，乡镇镇设信访办公室，村设民调小组；公检法和区直部门设专人负责信访工作。1996年，设区委、区政府信访局。至2002年，全区共设信访科（室）21个，专职信访干部34名，农村民事调解员287名，形成三级信访网络。

受理处结工作　1979—1983年，信访工作的重点是解决历史遗留问题。1979年，受理“右派”甄别和“文化大革命”冤假错案5313件次，处结5122件次，处结率达96.4%。1984—1993年，随着农村家庭联产承包责任制的推行，反映土地、宅基地纠纷和村干部信访案件增多，约占农村信访案件总量40%；城镇则以旧城改造、水电管理和企业承包、改制的信访案件为主。涉法信访案件以经济案件为主。1994—2002年，随着农村第二轮土地承包、村委会换届和国企改革的推进，信访的内容和形式发生新的变化。农村信访案件以土地纠纷、村委会换届和农村干部经济问题为主，约占农村信访案件总量的61%；城镇信访案件则以企业职工求解决工作、工资、生活费和养老保险金为主。涉法信访案件尤其是执行案件逐年呈上升趋势，由1994年的20%上升到2002年的45%。至2002年底，共受理人民群众来信来访43550件次，处结41808件次，处结率为96%。

第二章　群众团体

福山区历来重视群团工作，由一名区委副书记和区委宣传部长主抓群团工作，定期或不定期地听取汇报，进行工作指导，并支持依法维护工人、妇女、青年、科技工作者、工商户的合法权益，帮助解决实际困难，形成为民服务的强大合力。

第一节　烟台市福山区总工会

组织沿革　1941年4月，在中共福山县委领导下，成立福山职工抗日救国会联合会。抗日战争胜利后，改称职工工作委员会，区、村设职工会。1949年11月，县职工会改称工会联合会。1950年8月，改称县总工会。1953年11月，复称县工会联合会。1958年10月，并入烟台市总工会。1962年4月复县，设县总工会。1967年2月，被工人“造反”组织夺权，由“工人指挥部”取代。1973年5月，恢复县总工会。1983年11月，福山撤县改区，改称福山区总工会。1994年11月至2002年，内设办公室。下设区工人文化宫。2002年9月，区总工会办公大楼奠基，次年建成。

工人文化宫　1983年11月，县工人俱乐部改称区工人俱乐部。1993年11月改称工人文化宫。1995年1月至2002年，内设经济事业科、文体科和办公室。经费为差额预算管理。

组织建设　1950年8月，县总工会下设区教育工会。

1953年上半年，商业、供销系统成立基层工会。1984年4月，工业、二轻、建委、卫生、文教、物资、粮食、商业、经委、农牧、林业、水利、供销13个系统工会工作委员会成立。至1985年，全区有基层工会96个、工会小组871个、会员10217人，占职工总数的69%。1986年，全区有职工13586人，其中工会会员10245人，占职工总数的75.4%。下设15个系统工会、111个基层工会，其中企业66个。是年，新成立建材公司和化工公司工会。1988年，全区职工14135人，其中工会会员13071人，占职工总数的92.5%。全区有基层工会146个，其中企业工会82个。

1990年，新组建区属企业基层工会7个、乡镇企业工会12个，全区10处乡镇都有企业工会。是年，新发展工会会员1500名，占原有会员总数的11.5%。1992年，全区有职工14914人，其中工会会员12428人，占职工总数的83.3%，有基层工会144个。1993年，重点加强乡镇及乡镇企业建会工作。全区各乡镇均建起由党委领导任组长的工会工作领导小组，已成立的14个乡镇企业工会均已开展工作。福山永生金属制品有限公司在私营企业中率先成立工会，召开职代会的经验在全市推广。1995年，加大区和乡镇两级党政机关、事业单位、乡镇企业工会组建工作。区委转发区总工会《关于在党政机关中成立工会组织的意见》《关于加强乡镇企业工会建设的意见》，成立由区委分管的副书记任组长，区委组织部长任副组长的工会建设领导小组。是年，全区党政机关均成立工会组织，各乡镇均成立机关工会和工会工作委员会。共建党政机关工会和乡镇企业工会113个，发展新会员7175人。1996年，重点抓好基层组织建设和干部培训工作，在外商投资企业成立工会组织，全区外商投资企业建会率达100%。1997年，全区新建工会组织13个，其中私营企业工会3个。1999年，以私企工会建设为重点，加强工会组织建设。选取福山锦程化工厂等3家私企为试点单位，年内3家私营企业全部完成建会工作，30个改制企业规范理顺工会组织，保持工会工作的连续性。

2000年，把新建和改制企业组建工会工作纳入党建目标考核体系，成立由区委分管的副书记任组长，分管工业的副区长、区总工会主席任副组长，组织部、宣传部、经贸委、劳动与社会保障局、高新区等部门负责人为成员的领导小组，下设办公室，负责组建工作的调度和指导。区总工会成立3个工作组，深入企业做好组建工作。是年，全区新建私营企业和改制企业成立工会144家，镇、村企业成立工会29家，外商投资企业成立工会63家。2001年，开展创建工会工作示范镇街活动。是年，全区新组建工会88家。2002年，新组建各类企业工会110家，6个镇街全部成立工会组织，配备工会干部。是年，全区有职工22000人，工会会员20500人，占职工总数的93.2%，有基层工会325个，其中企业工会260个。

历届代表大会　1956年12月，县第一届工会代表大会召开，选举9人组成工会委员会。在“文化大革命”期间召开的工人代表大会（简称工代会），为第二届工代会。1973年5月27日至28日，县第三届工代会召开，正式代表203名，选举产生委员25人，常务委员9名。

1980年12月18日至19日，县第四届工代会召开，正式代表151名，选举产生委员21人，常务委员7名。1984年5月26日，区第五届工代会召开，正式代表273名，选举产生委员27人，常务委员11名。1987年11月28日，区第六届工代会召开，正式代表202人。区总工会王文雨致开幕词，区委副书记李洪芝、市总工会主席唐与宥分别讲话，姜学武作报告。大会选举产生委员27人、常务委员7人，姜学武任主席，王文雨任副主席。

1992年11月4日，区第七届工代会召开，正式代表215人。区总工会副主席吕家媛致开幕词，区委副书记吴尚坤、市总工会主席唐与宥分别讲话，姜学武作工作报告。大会选举产生委员29人，常务委员7人，姜学武任主席，吕家媛、刘存山任副主席。

2001年4月29日，区第八届工代会召开，正式代表161人。区总工会副主席吕家媛致开幕词，区委副书记郝志学讲话，区总工会主席林美娟作工作报告。大会选举产生委员33人，常务委员7人，林美娟任主席，吕祖光、吕家媛任副主席。

主要活动　中华人民共和国成立后至1985年，各级工会组织围绕党的中心工作，积极开展思想教育、劳动竞赛、企业管理、业余学习、文体活动。1986年，发动职工开展社会主义劳动竞赛，参赛单位25个、人数2098人。举办福山区首届专业工种技术比赛，设珠算、心算、开票计价、量板布、称、包、捆等项目，有15名选手获奖。1987年，以增产节约，增收节支“双增双节”

为主要内容，组织职工开展查漏洞、算细账、找差距、订措施等多种形式的社会主义劳动竞赛。1988年，组织开展“双增双节”、技术革新和劳动竞赛。1989年，开展“为振兴福山建功立业活动”和多种形式的劳动竞赛，参加竞赛的职工达8000多人。组织各行业进行岗位练兵和技术比武，全区有5000多名职工参加岗位练兵，300多名职工参加单位和系统的技术比武；有80多名选手参加全市的技术比武，有23名选手获奖。

1990年，开展以“双增双节”为主要内容的“八赛八比夺奖杯”劳动竞赛和“振兴福山建功奖章”获得者评选活动，全区有30名职工获奖。1991年，开展以技术学习、练兵和比武为主要内容的竞赛。同时，举办各类专业技术培训班218期，成立读书小组372个，参加学习的职工占职工总数的94%以上。全区有8682人参加84个工种的技术练兵和比武，399人获“技术能手”称号。1992年，开展以“新产品开发”和管理、效益、目标为主要内容的“岗位创一流，班组创先进，企业创效益”劳动竞赛活动，开发新产品77项，“双增双节”共值480.6万元。1987—1992年，通过系列竞赛活动，涌现出大批先进集体和个人。其中，区级劳模20名，市级劳模4名，省级劳模3名，有2个集体和5名职工分别获山东“富民兴鲁”劳动奖状和奖章。1993—1994年，开展开发一个新产品、提一条新建议、搞一项新革新、破一项新纪录、人均节约100元的“五个一”为主要内容创新发明活动和写一封书信、搭一座桥梁、联系一位亲朋、提供一条信息、引进一个项目、做出一份贡献的“六个一”为主要内容的招商引资和促销活动。1995年，开展以实施“双增双节”和“名牌战略”为重点，以创优质产品、优质工程、优质服务，创新产品、新工艺、新技术、新操作法，创先进定额、先进技术、先进水平，创最佳经济效益和降成本、降消耗、降积压、降亏损“四创四降”为主要内容的社会主义劳动竞赛。1996—1997年，开展以“争当新时期劳动者”为主题，以“四创四降”为主要内容的劳动竞赛。1998年，掀起“学先进、比贡献、创一流、增效益”劳动竞赛热潮，全区共选树竞赛标兵21名。烟台工艺品厂林则建获省劳模称号。1999年，广泛开展以“争当新时期先进劳动者”为主题，以“五创”为主要内容的劳动竞赛；开展“双增双节”与学邯钢、学海尔相结合活动，为企业振兴创造一流的效益。

2000年，开展以“跨世纪建功立业”为主题的系列劳动竞赛，每个企业开发一种新产品、每个车间搞一项技术革新、每个班组改进一项新工艺、每个职工提一条合理化建议的“四个一”活动。2001—2002年，围绕“十五”规划和全区经济工作中心，实施“经济技术创新工程”，全区有85%以上的企业和职工参与劳动竞赛和经济技术创新活动。

合理化建议和技术革新　1985—2002年，职工共提合理化建议7.83万条，被采纳2.46万多条，涌现出大批模范人物。1996年，烟台燕福实业集团总公司设备科科长迟振海在劳动竞赛和技术革新中，为企业节省资金45.7万元，被评为山东省合理化建议和技术改革先进个人。1999年，第二水泥厂邹广奇在合理化建议活动中表现突出，被评为市劳模。

平等协商、签订集体合同　福山区于1995年开始平等协商、签订集体合同的试点工作。首先确定4个符合条件的国有、集体、乡镇和私营企业进行试点。之后，又选择11个企业进行扩大试点。当年，15个试点企业均成立集体协商委员会，实行平等协商、签订集体合同。其中，区工业委员会工会所属7个骨干企业，全部完成签订集体合同工作。烟台阀门厂、燕福实业集团公司等单位，在试点工作中提供典型经验。1996年，重点培育典型，宣传试点单位的经验做法，分行业分系统地推进签订集体合同工作。分别在燕福实业集团总公司召开由各镇工委主任、镇办企业和外商投资企业工会主席参加的现场经验交流会，在烟台轻工机械厂召开工业系统现场经验交流会。工业系统企业集体合同签订率达100%。至年底，全区有131个企业签订集体合同，占企业总数82.9%。1997年，各级工会把平等协商和签订集体合同的重点放在提高集体合同质量和建立监督运行机制上，把签订集体合同作为工会先进单位评选的条件之一，并实行一票否决。至年底，全区签订集体合同138家，签订率达87.3%。1998—1999年，重点推行区域性、行业性平等协商签订集体合同工作，成立镇域性集体合同试点工作领导小组，在古现镇试点。至1999年底，全区签订8个覆盖58个企业的区域性集体合同、5个覆盖31个企业的行业性集体合同。同年，区总工会被省总工会授予“全省推行集体合同制度先进单位”。2001年，区总工会本着“重点实用，逐步规范”的原则，把重点放在培育完善机制，解决突出问题上。2002年，在继续抓好国有、集体和改制企业续签、重签集体合同以及履约兑现的同时，重点向新建企业拓展。至年底，签订集体合同185家。

厂务公开　1999年上半年，开始在企业中推行“厂务公开”制度。区成立领导小组，召开厂务公开工作会议，采取先试点，后全面推进的方式进行。确定烟台包装装潢总厂、烟台阀门厂、烟台轻工机械厂为试点单位。至年底，全区有24个企业实行厂务公开。确定每年的1月10日、4月10日、7月10日、10月10日为全区统一厂务公开日。各企业均成立由“一把手”任组长的厂务公开领导小组，下设办公室，作为推行厂务公开制度的办事机构，由工会主席或政工书记任办公室主任，形成“一把手”负总责、工会具体运作、职工普遍参与的格局。企业成立由职工代表参加的民主监督小组，设置意见箱，公布举报电话，主动接受职工监督。企业基本做到至少每半年召开一次职代会或职工大会，由领导述职，报告企业重大决策，通报厂情和听取意见。在年终检查中，全区24个企业全部达标。2001年，对全区厂务公开情况进行验收，共有2216名职工对厂务公开工作进行评议，其中99%的职工投了满意票。同年，厂务公开工作向卫生、教育等单位延伸。8月份，全区118所学校和12所医院的3252名职工在对校务、院务公开评议时，有3246名职工投了满意票。2002年，对全区各类企业和文教卫生等单位进行厂务公开检查，有99%以上的职工投了满意票。

送温暖工程　1990年，工会系统开始对困难企业和职工开展送温暖活动。区总工会组织力量，对辖区停产、半停产企业进行调查，掌握困难企业和困难职工情况。年底，区政府、区总工会和市总工会3方筹资，由分管工会工作的副区长带领区总工会及有关部门负责人，到全区7个停产、半停产企业，向职工送温暖。1991年，各级工会组织开展向职工送温暖和为职工办实事活动，全年共为职工办实事219件，争取财政支持发放救济金和生活补助金3万多元。1992—1995年，广泛开展“进万家门、知万家情、解万家难、暖万家心”的送温暖活动。1996年春节期间，各级工会共筹集慰问款18.5万元，救济职工500余人。同时，还在广大职工中开展向困难职工“献爱心、送温暖”捐款助贫活动。广大干部职工共为困难职工捐款11.55万元。1997年，困难职工档案实行动态化管理，随时掌握困难企业和困难职工的情况。元旦、春节期间，共向困难职工发放送温暖资金34.5万元，其中发动干部职工向困难职工献爱心，筹集资金11.4万元，共救助困难职工1619人。1998年，对困难职工档案进行全面整理，建立困难职工档案584份。2000年，对32名特困职工进行妥善安置。2001年，对特困职工、下岗职工、特困职工子女升学资助等情况进行摸底排查，共走访下岗特困职工家庭60户，建立特困职工档案160件。2002年，成立福山区困难职工援助中心，推进送温暖工程的常态化、制度化。是年，共建立困难职工档案90户；元旦、春节期间，各级工会发放救济金18.8万元，救助困难职工173户；全区纳入低保特困职工家庭95户，发放救助资金12万元。

第二节　福山区妇女联合会

机构及代表大会　1940年5月，县妇女抗日救国会成立。1949年秋，改称民主妇女联合会（以下简称妇联）。1953年，成立乡级妇女代表会。1958年，县民主妇联改称县妇联，公社设妇联，大队设妇女主任。“文化大革命”之初，妇联机构撤销；1972年9月恢复。1983年11月，福山撤县改区，县妇联改称区妇联。1984年4月，公社妇联改称乡镇妇联。自1950年9月至1998年3月，先后召开过14次县（区）妇代会。每次大会都总结前段工作，围绕党的中心工作布置今后任务，选举产生新一届妇联领导机构和出席上级代表大会的代表。

妇女儿童工作　1995年5月，区妇女儿童工作委员会成立，由区委副书记任主任，区妇联主席、区人大常委会副主任、区政府分管副区长、区政协副主席任副主任及29个相关单位的分管领导任成员。先后召开5次会议，研究和部署妇女儿童工作，认真落实目标管理责任制，为妇女纲要、儿童规划目标的落实奠定基础。1998年，对纲要和规划开展中期监测评估，研究制定终期监测评估方案，并召开专题会议，从有关部门抽调6名骨干组成两个督导检查小组，分别对20多个相关单位的指标完成情况进行督查，促进纲要、规划各项指标落实。区教文委先后制定下发3个制止学生辍学的文件，与各学校签订责任书，把学生辍学纳入对学校工作评估的重要内容。每学期组织有关科室定期和不定期对学校辍学情况进行督查。组织开展包帮特困学生活动，前后有4批371名特困学生得到包帮。把每年3月定为妇女法及纲要、规划的宣传月。1999年3月，组织开展“贯彻男女平等基本国策、实施妇女发展纲要”宣传月活动，“三八”妇女节期间，区妇联与区司法局联合开展以维护妇女合法权益为主题、以“148”法律服务专用电话为载体的妇女维权周活动，区、镇两级联合开展集市咨询等活动，共设宣传、咨询点27个，解答咨询510人次，接待、处结有关妇女权益的信访案件12件次，宣传网络覆盖到全区1.8万多名妇女。

区委高度重视妇女干部的培养和使用。1999年，全区共有女干部2903名，占干部总数的42.6%，比1994年底增加38.2%。其中，科级女干部60名，占科级干部总数的13%；科级女后备干部35名，占科级后备干部总数的26.9%，分别比1994年底提高3%和6.9%；35岁以下的女干部1280名，占同龄干部总数的42.3%；大专以上文化程度的女干部1780名，占总数的42.3%，分别比1994年底增加5.2%和6.4%。全区有25个部门配备女领导干部，占部门总数的52.1%，其中“一把手”6名，占“一把手”总数的12.5%，分别比1994年底提高11.9%和3.5%；10个镇全部配备女镇长1名。全区共有女党员2563名，占党员总数的13.9%。其中，1995年之后，共发展女党员506名，占总数的25.7%。农村“两委”班子中有女成员的村187个，占64.5%，其中支部班子中有女成员的村56个，占19.2%。

在城乡妇女中，广泛开展不同层次、不同形式的实用技术和职业技术教育培训，大力开展各类岗位练兵、技术比武竞赛。70%以上的城镇女职工接受岗位职业培训，农村妇女接受培训率达80%以上。获绿色证书妇女1780人，村均6.09%；有1115名妇女获得农民技术员职称，村均3.8名，均达到和超过纲要规定的目标。

1995年、1997年、2000年，3～6岁的儿童入园率分别为91.04%、96.89%和98.67%；初中学生升学率分别为75.58%、78.95%和75.04%，其中女生升学率分别为76.19%、79.14%和75.14%；初中考入中专女生分别占总数的58.9%、62.23%和63.1%；高中毕业人数女生分别占44.74%、43.86%和44.78%；普通高考升入高一级学校女生分别达到40.27%、40%和45.18%。2000年，适龄儿童入学率和女童入学率均达100%。

区、镇两级政府均制定有利于妇女发展和就业的措施，实施“再就业工程”，多形式、多渠道开辟适合妇女特点的就业领域，保证妇女劳动权利的落实。在岗女职工9080名，接受职业技术培训比率达到70%。下岗女工624名，安置再就业456名，再就业率达73.1%。2000年8月，结合社区服务工作，区妇联、区建委、河滨小区物业管理公司联合成立“乐助”家政服务中心。2001年1月1日起，实施生育保险基金社会统筹有关政策。开展打击侵害妇女儿童权利的犯罪行为活动，是年查处侵害妇女儿童案件21起，查处、打击犯罪分子22人。

各级政府高度重视妇女儿童的身心健康。1998年之后，婚前查体3816人，查体率达100%。城镇女职工查体6356人，查体率达70%。妇女儿童保健的系列指标（孕产妇保健覆盖率、新法接生率、住院分娩率、母乳喂养率、5岁以下儿童死亡率、各种疫苗接种率、住户碘盐使用合格率、农村享有安全饮用水人口覆盖率）均达到和超过纲要、规划中的指标。

区设立妇女培训中心，用于培训各级妇女干部、召开会议、举办有关活动。成立青少年活动中心。至2002年，全区有镇级妇联组织10个，村级妇代会292个，商品交易市场工商管理处妇代会1个，乡镇企业妇代会17个，产业区、区直妇委会、工会女工委共8个。妇联专职干部15名，其中副科级以上的6名，兼职妇联干部8名，大专以上文化程度占86.7%，平均年龄36.8岁。成立妇女之家286个，村级妇代会主任平均年龄38.5岁，党员162名，初中以上文化程度274名，农村妇女进“两委”比例达到64.5%。

主要活动　在革命战争年代，广大妇女尽其所能，积极开展支前和后方生产。在社会主义建设中，顶起“半边天”。1989年，开展“学文化、学技术、比成绩、比贡献”竞赛活动，涌现出一大批“双学双比”女能手。1991年，开展“巾帼建功”竞赛活动，组织和引导城镇女职工发扬“四自”精神，在各自的岗位上建功立业。开展“巾帼文明示范岗”创建、“巾帼社区服务工程”“市场建功”等活动，激发城镇女职工投身经济建设和社会事业发展的积极性。1992—2002年，每年提出一个活动主题，先后开展“为国教子、科学育人”“文明新风进家庭”“家庭文化建设”“四自系列教育”“文明新风一条街”“科技、法律、美德进万家”“美在社区、美在家庭”创建等活动，成为福山区精神文明建设精品工程之一。

第三节　中国共青团福山区委员会

机构沿革　1940年5月，县青年抗日救国会成立。1949年10月，改称青年工作委员会。1950年2月，成立中国新民主主义青年团福山县工作委员会。1957年，更名为中国共产主义青年团。1983年11月福山撤县改区，共青团福山县委员会改称共青团福山区委员会。

中国共青团福山区团员代表大会　1950年7月至1982年4月，福山县团组织共召开过10届代表大会。每次都总结前段工作，作出今后任务的决议和选举产生新一届团县委组成人员。1984年9月7日至9月9日，共青团福山区第十一次团员代表大会召开，出席会议代表370名，特邀代表30名，代表全区团员1180多名。王卫平致开幕词，张承忠作工作报告，区总工会副主席张汝洲、区妇联主任林美娟分别致辞。大会选举产生共青团福山区第十一届委员会委员24人，张承忠任书记，王卫平任副书记。1987年11月23日至25日，共青团福山区第十二次团员代表大会召开，选举孙承平任团委书记，于光任团委副书记。1992年5月，共青团福山区第十三次团员代表大会召开。选举孙海平为团委书记。1995年11月8日，共青团福山区第十四次团员代表大会召开。2000年5月4日，中国共青团福山区第十五次团员代表大会召开，选举李忠为团委书记，揣文汇为团委副书记。

图6-3　共青团福山区第十五次代表大会主席台

中国少年先锋队与代表大会　1953年6月，中华人民共和国成立前的儿童队改称少年先锋队。“文化大革命”期间，少先队被“红小兵”取代。1978年10月，恢复少先队名称。1986年10月30日，召开少先队福山区第一次代表大会，成立中国少年先锋队烟台市福山区工作委员会。1991年6月，召开少先队福山区第二次代表大会。1997年8月21日，召开少先队福山区第三次代表大会，团区委书记姜忠强作工作报告，区教文委主任车培德和区委副书记刘明光分别讲话。2002年12月7日，召开少先队福山区第四次代表大会，团区委书记薛建伟作工作报告，区委副书记郝志学到会讲话。

主要活动　1978年，团县委开展“纪念毛主席为雷锋同志题词15周年”活动。1979年，开展纪念“五四”运动60周年活动；开展“积肥造肥突击月”活动。

1980年，开展植树造林和“拾边地”活动；1981年，组织全县团员青年开展“五讲四美”文明礼仪实践活动；举行福山县男子青年农民篮球赛；组织各公社团委在兜余公社召开现场会，动员兴办青年之家。1982年，召开全县青年精神文明建设表彰动员大会；开展“三热爱”教育和“积肥周”活动；举行青年“三项体育”运动比赛。1983年，举行全县少年儿童歌咏比赛；举办新长征突击手事迹报告会。1984年，开展“双心”活动，争做“四有”青年；举行“青年致富党员”征文比赛。1985年，开展青年征文比赛、学生夏令营、青年之家建设等活动。1986年，开展农村实用技术学习竞赛、“金星队员”评选、基层团组织建设活动等。1987年，举行首届青年田径运动会；开展振兴福山竞赛、青年公园建设、“双增双节”、法律知识竞赛等活动。1988年，开展农村青年文艺大奖赛、振兴福山活动月、送温暖活动。1989年，开展纪念“五四”70周年系列活动，进行团干部培训、爱党爱国爱军演讲会、青少年爱国主义系列教育等活动。

1990年，开展福山区第二届青年田径运动会、建功福山竞赛、学习赖宁活动等。1991年，举行福山区青少年歌咏比赛。1992年，开展农业实用技术竞赛和学雷锋、千队竞赛、赠书赠言等活动。1993年，开展青春立功、卡拉OK大赛、双拥、优秀青年厂长经理评选活动。1994年，开展福山区首届十大杰出青年评选、青年岗位能手培养、少先队辅导员评选等活动。1995年，开展第二届福山区十大杰出青年评选、福山区首届十佳少年评选、青工创新创效等活动。1996年，开展青年歌手比赛；开展第二届十佳少年、优秀少先队辅导员评选活动。1997年，举行青年集体婚礼；开展志愿者服务、青年文明号创建、少先队手拉手等活动。1998年，开展志愿服务月活动；开展下岗青工创业大讨论，学习刘海英事迹，发展中青科技致富网员工作。1999—2000年，开展创文明城市、中青年农业高新科技示范园建设、双拥工作等。

2001年，开展志愿者服务、贫困生帮扶、青年文明号创建等活动。2002年，开展纪念“五四”80周年、志愿者“四下乡”、贫困生救助等活动，创办少年军校。

第四节　福山区科学技术协会

1964年8月15日，县科学技术协会成立。“文化大革命”中解散。1984年1月5日，恢复科协组织。为正科级事业单位。1984—1992年3月，主要抓农村科普和农函大招生工作。1988年，区科协扶持福山镇吕格庄村兴办精密模具厂和科技服务部。1992年，由区科协牵头成立区养鸡协会，区委常委、副区长王茂祥兼任会长，科协主席张汝洲兼任理事长。1996年3月至2001年12月，主要开展农村实用技术培训活动和反对邪教宣传活动。2000年4月，区科协被市委、市政府授予“科普工作先进集体”。2002年9月，由区科协牵头成立区优质果种苗繁育推广协会，科协主席权锡铭兼任会长，共向区内、外销售大樱桃等优质苗木100多万株，收入300多万元。11月，首次争取到区科普经费拨款，开展农村实用技术培训系列活动，进行公众科学素养调查问卷和反对邪教、防治“非典”、环保等科普工作。

第五节　福山区工商业联合会

机构　福山商会始建于1916年，为全县商家的群众性组织。1944年5月，抗日民主政府在狮子山区、门楼区组建商会。1949年，商会全部撤销；年末，县政府设城厢、门楼、高疃、旺远、八角口工商联合会。1953年12月，成立县工商联筹委会，撤销城厢工商联，将门楼、高疃、旺远、八角口工商联改组为办事处。1954年3月，召开第一届会员代表大会，选举产生由11人组成的县工商联合会。1958年，该会撤销。1993年10月29日，成立福山区民间商会。1995年7月20日，成立区工商业联合会，为人民团体，正科级单位，财政全额拨款。1996—2002年，不再使用事业编制，原经费渠道不变。

代表大会及工作　1995年8月29日，福山区工商联第二届会员代表大会召开，正式恢复成立福山区工商业联合会（总商会）。采取等额举手表决方法，选举产生执委25名，组成区工商联第二届执行委员会。会长由区统战部部长兼任，副会长7人，其他6人由民营企业家担任，秘书长1人（由区委提名）。按照章程规定，设工商联顾问，由区委宣传部、工商局、税务局、外经委、乡企局、劳动局、人事局等单位的主要负责人及2名民营企业家组成。

区工商联第二届执行委员会在任期内，先后组织会员参加各类培训活动20余次，向上级推荐优秀会员58名。会员企业吸纳社会剩余劳动力1.3万余人，其中下岗职工2300余人；先后有18人次受到省、市工商联等系统表彰。会员为“光彩”事业和社会公益事业捐款捐物折合人民币500余万元。全区已有2个镇、1个街道办事处成立商会，会员总数为228名。先后组织会员企业参加烟台、济南等地的交易会、展销会等，组织部分会员到新加坡、马来西亚、泰国、美国等进行经济考察，积极为会员开展技术、商品、信息、传递等中介服务；开展法律、会计、审计等事务服务和企业策划、产品展销、品牌宣传等组织服务，帮助企业排忧解难。通过不同形式，先后向会员企业传递经济信息216条，新上项目11个，协调解决资金476万元，培训WTO骨干19人，办理农转非153人，评定专业技术职称218人，帮助子女入托、入学、就业等208人，招聘各类人才133人，帮助解决经济纠纷53起，帮助5户不景气的会员企业走出困境。撰写调研文章14篇，上交提案32件，提出建议20余条。

2001年5月31日，福山区工商联第三届会员代表大会召开。换届后，设会长1人、副会长17人、秘书长1人，执行委员会由108人组成，其中民营企业家103人；设顾问和名誉会长职务，聘任区委书记、区长、分管副书记为顾问，分管副区长为名誉会长。

区工商联第三届委员会，组织召开民营企业家迎新春联谊会和执委会议3次。与烟台其他县市区工商联保持经常性友好往来，与浙江省乐清市工商联（总商会）结为友好商会。

第七编　政权　政务　政协

1945 年 8 月，福山县参议会正式成立。1949 年 12 月，改称各界人民代表会议。1954 年 7 月，改称人民代表大会。1938 年以来，福山先后成立联合抗日民主政府、抗日民主政府、人民政府（人民委员会、革命委员会）。区政协始建于 1983 年，是区爱国统一战线组织，是中国共产党领导的多党合作和政治协商机构。

第一章 地方权力机构

改革开放后，1980—2002 年 2 月，福山县（区）共举行 14 届 40 次人民代表大会。

1980 年 12 月，设立县人民代表大会常务委员会，为辖区人民代表大会的常设机构。1983 年 11 月，改称区人民代表大会常务委员会。改革开放以来，县（区）人大常委会履职尽责，对辖区宪法、法律、法规、行政规章等执行情况进行有效监督，坚定不移地贯彻执行上级人民代表大会及其常委会的决议；领导、主持县（区）人大代表和出席省、市人大代表的选举工作；召集县（区）人民代表大会会议，听取审议县（区）人民政府、人民法院和人民检察院（简称一府两院，下同）工作报告；讨论、决定福山的政治、经济及社会各项工作的重大事项；根据县（区）政府建议，对国民经济和社会发展计划、预算部分变更做出决定；联系县（区）人大代表，组织代表视察；对县（区）“一府两院”的工作进行监督；受理人民群众对“一府两院”和国家工作人员的申诉和意见；在县（区）人民代表大会闭会期间，补选市、县（区）人大代表和罢免个别代表。

第一节 人大机构沿革

常务委员会　1980 年 12 月，福山县第九届人民代表大会第一次会议选举产生由 16 人组成县人民代表大会常务委员会。自此，本级人民代表大会设常设机构，设主任 1 人、副主任 3 人。1983 年 11 月，福山撤县设区，改称烟台市福山区人民代表大会常务委员会。

内部机构设置　1983 年 12 月，区人大常委会设立办公室，下设代表联络科、调查研究科。1987 年 2 月，撤销代表联络科、调查研究科，改设政法工作委员会、财经工作委员会、科教文卫工作委员会，均为正科级工作部门。1990 年 6 月，办公室下设代表联络科、信访科、秘书科、行政科。1991 年 6 月，信访科更名为信访室，代表联络科更名为代表工作委员会，均为正科级工作部门。2002 年 12 月，区人大常委会办事机构和专门委员会调整，办公室不再保留信访室；代表工作委员会更名为人事代表工作委员会；财经工作委员会更名为财经城环工作委员会；政法工作委员会与科教文卫工作委员会合并，组建法制科教工作委员会。

第二节 参议会

1941 年 3 月，县委主持召开党政军民会议，选出 9 名代表组成县临时参议会选举委员会。各区选出参议员 81 名。是年 7 月，临时参议会在栖霞县下夼村召开第一次会议，除讨论通过其他有关事项外，还选出临时参议会参议长、副参议长、驻会主席团成员、县长、县行政委员会和出席胶东区参议员。1943 年 5 月，临时参议会第二次会议在前富村召开，选出临时参议会参议长、副参议长和县长。1945 年 8 月，各区公民选举，选出参议员 57 名，候补参议员 18 名。8 月 15 日，县参议会成立大会在楼子口村召开，选出参议长、副参议长、山东省参议员、胶东区参议员、胶东区候补参议员、县长、副县长及行政委员。

第三节　各界人民代表会议

1949年12月至1952年12月，福山共召开10届各界人民代表会议。（见表7-1）

第四节　人民代表大会

第一届代表大会

第一次会议　1954年7月6日至10日举行。应到代表260人，实到220人。会议听取并通过县长王友政作的政府半年来的工作总结及今后工作意见的报告，讨论《中华人民共和国宪法（草案）》，选出出席省人民代表大会代表3名，制定了夏季生产的工作方针，作出拥护宪法的决议。

第二次会议　1954年11月15日至19日举行。大会正式代表260人，实到192人。会议主要内容是布置冬季工作任务，对代表进行主人翁思想教育。

第三次全体会议　1955年12月25日至29日举行。到会代表195人。会议听取县委副书记兼县长王友政作的政府工作总结和今后两年农业生产规划的报告、吕芬作的新兵征集工作报告，并通过关于以上报告的决议。会议选举17人组成县人民委员会，设县长1人，副县长2人，选举县人民法院院长1人。

第四次会议　1956年7月6日至8日举行。出席代表235人，列席25人。会议听取副县长慕玉鉴作的上半年工作总结和夏季工作任务的报告，通过副县长周吉堂作的执行莱阳专署关于撤销区划大乡初步意见的报告。与会代表围绕劳动定额、财务管理以及夏季生产的技术指导等问题进行讨论。

第二届代表大会

第一次会议　1956年11月26日至30日举行。应到代表248人，实到204人，县人委科、局长及部分乡干部列席会议。会议审查通过县人民委员会一年来的工作总结和今后任务的报告，汇报了一届三次会议议案处理情况，解答了此次会议议案。会议选出第二届县人民委员会委员19人，设县长1人，副县长4人。

第二次会议　1957年6月2日至5日举行。应到代表248人，实到163人，县人委科、局长及部分乡干部列席会议。会议听取县委副书记宋明关于正确处理人民内部矛盾的报告，通过县长慕玉鉴关于1956年国民经济计划执行基本情况和1957年国民经济计划安排意见以及夏季分配、征购工作的报告。

第三次会议　1957年12月12日至15日举行。应到

1949—1952年福山县各界人民代表会议简况

表7-1

届次	时间	出席代表（人）	常务委员（人）	主席	副主席
一	1949年12月11日至14日	144	15	卫庆贵	姜玉堂 谷贤甫
二	1950年3月1日至3日	198	17	王文琪	卫庆贵 姜玉堂 谷贤甫
三	1950年5月29日至30日	200	17	赵维省	卫庆贵 姜玉堂 谷贤甫
四	1951年3月7日至10日	188	17	赵维省	卫庆贵 姜玉堂 谷贤甫
五	1951年6月12日至14日	197	17	王鲁夫	鹿道平 崔福凯 谷贤甫
六	1951年9月12日至14日	200	17	王鲁夫	鹿道平 崔福凯 谷贤甫
七	未正式召开	—	—	—	—

续表 7-1

届次	时间	出席代表（人）	常务委员（人）	主席	副主席
八	1952 年 4 月 13 日至 15 日	200	14	王鲁夫	鹿道平 谷贤甫
九	1952 年 7 月 5 日至 7 日	200	19	王鲁夫	鹿道平 谷贤甫
十	1952 年 12 月 20 日至 24 日	250	31	鹿道平	王书臣 谷贤甫 鹿华民

代表 226 人，实到 200 人，县人委科、局长及公司经理列席会议。会议听取县长慕玉鉴作的一年来工作总结和今冬明春工作意见的报告，副县长周吉堂作的第二届人民代表大会第二次会议议案办理情况及此次会议议案审查意见的报告。

第三届代表大会

第一次会议　1958 年 6 月 3 日至 5 日举行。应到代表 197 人，实到 170 人，县人委科、局长列席会议。会议审查并通过副县长周吉堂作的县人民委员会工作总结和今后工作意见的报告，汇报了第二届人民代表大会第 3 次会议议案办理情况，解答了此次会议议案。会议选出第三届县人民委员会委员 19 人，设县长 1 人，副县长 3 人；选出出席省人民代表大会代表 3 人和县人民法院院长 1 人。

第四届代表大会

1958 年 10 月至 1962 年 4 月，福山县划归烟台市。1961 年 3 月 27 日至 30 日，市召开第四届人民代表大会，原福山区划内出席代表 57 人，福山复县后，列入县人民代表大会届次。

第五届代表大会

第一次会议　1963 年 6 月 15 日至 18 日举行。应到代表 230 人，实到 212 人，县人委科、局长列席会议。大会听取县人民委员会工作报告、1962 年财政决算和 1963 年财政预算报告。会议选出第五届县人民委员会委员 23 人，设县长 1 人，副县长 2 人；选出出席省人民代表大会代表 3 人和县人民法院院长 1 人。

第二次会议　1964 年 6 月 13 日至 15 日举行。应到代表 230 人，实到 176 人，县人委科、局长列席会议。会议审查并通过了县人民委员会工作报告、1963 年财政决算和 1964 年财政预算报告、县人民法院工作报告。会议补选副县长 1 人，选出县人民法院院长 1 人。

第三次会议　1965 年 7 月 22 日至 24 日举行。应到代表 233 人，实到 206 人。会议审查并通过了县人民委员会工作报告、1964 年财政决算和 1965 年财政预算报告、县人民法院工作报告。会议补选副县长 1 人。

第六届代表大会

1966 年 2 月 26 日至 3 月 1 日举行。应到代表 250 人，实到 212 人，列席 11 人。会议听取并通过县长牟照仁作的工作报告、1965 年财政决算和 1966 年财政预算报告、县人民法院工作报告。会议选出第六届县人民委员会委员 25 人，设县长 1 人，副县长 3 人。

第七届代表大会

1967 年 2 月 21 日，部分工人、农民、学生、机关干部“造反”组织，在“支左”部队支持下，联合召开夺权大会，宣布旧县委、旧人委的党、政、财、文一切大权自即日起全部归革命委员会。县革委由 8 人组成，设主任 1 人，副主任 4 人；革委成员未经人民代表选举，由军代表和造反派代表指定。后经上级批准，将此次大会列为县第七届人民代表大会序次。

第八届代表大会

1978 年 5 月 5 日至 8 日举行。应到代表 450 人，实到 432 人。会议听取审议并通过县革委会主任张崇德作的工作报告，选举产生由 47 人组成县革命委员会，设主任 1 人，副主任 7 人，委员 39 人；选出县人民法院院长和人民检察院检察长各 1 人。

第九届代表大会

第一次会议　1980 年 12 月 12 日至 16 日举行。应到代表 205 人，实到 200 人。会议听取审议并通过杨克明作的县革委工作报告，审查批准 1979 年和 1980 年县国民经济计划执行情况和 1981 年计划安排及“六五”计划设想报告、1979年县财政决算和1980年财政预算执行情况报告，审议县人民法院和人民检察院工作报告。会议根据《中华人民共和国地方各级人民代表大会和地方各级人民政府组织法》的规定，决定成立福山县人民代表大会常委会，选举16人组成县第九届人大常委会，设主任1人，副主任3人；决定取消县革命委员会名称，恢复县人民政府；选出县长1人，副县长5人，人民法院院长和人民检察院检察长各1人。

第二次会议　1982年1月14日至16日举行。应到代表205人，实到178人，列席41人。会议听取审议并通过“一府两院”工作报告、1980年财政决算和1981年财政预算执行情况及1982年财政概算报告、县人大常委会工作报告。会议制定颁布《福山县城建设管理办法（草案）》《县城卫生管理暂行条例》等规范性文件，督促部门办理人大代表建议、提案68件，占提案总数的68%。

第三次会议　1983年2月24日至26日举行。应到代表203人，实到178人。出席县政协一届一次会议的全体委员、县政府各部门和人民团体负责人42人列席会议。会议听取审议并通过“一府两院”工作报告、1983年国民经济和社会发展计划、县人大常委会工作报告。会议总结县人大常委会前段工作情况；讨论通过《福山县城镇治安条例》，指导各公社制定乡规民约；听取区政府关于文明礼貌月活动、城镇建设管理、打击经济犯罪等工作汇报。会议补选县人大常委会副主任1人；选出法院院长1人、出席省第六届人民代表大会代表4人。

第四次会议　1983年11月17日举行。应到代表203人，实到157人。会议通过经省委、省政府研究和国务院批准的将福山县改为烟台市市辖区的决定。会议选出出席烟台市人民代表大会代表26人。

第五次会议　1983年12月9日举行。出席代表166人，缺席43人。会议补选区人大常委会副主任3人；选出区人民政府区长1人，副区长3人。

第六次会议　1984年2月19日至21日举行。应到代表206人，实到178人。出席区政协一届三次会议的全体委员、区政府各部门和人民团体负责人31人列席会议。会议听取审议并通过“一府两院”工作报告、1983年国民经济和社会发展计划执行情况及1984年计划初步安排报告、1983年财政预算执行情况和1984年财政概算意见报告、区人大常委会工作报告；听取政府和有关部门的工作汇报，并作出相应决议和决定；会议补选区人大常委会副主任1人，委员1人；选出区人民检察院检察长1人。

第十届代表大会

第一次会议　1984年5月16日至19日举行。应到代表177人，实到157人。出席区政协二届一次会议的全体委员、区政府各部门和人民团体负责人列席会议。会议听取审议并通过“一府两院”工作报告、1981—1983年国民经济和社会发展计划执行情况及1984年计划初步安排报告、区人大常委会工作报告。会议选出14人组成区第十届人大常委会，设主任1人、副主任5人；选出区长1人、副区长3人和区人民法院院长和检察院检察长各1人。

第二次会议　1985年3月9日至11日举行。应到代表175人，实到141人。出席政协二届三次会议的全体委员、区政府各部门和人民团体负责人列席会议。会议听取审议并通过“一府两院”、1984年国民经济和社会发展计划执行情况及1985年计划安排报告、1984年财政决算和1985年财政预算意见报告、区人大常委会报告。

第三次会议　1986年6月10日至13日举行。与会代表172人。出席区政协二届四次会议的全体委员、区政府各部门和人民团体负责人133人列席会议。会议听取并通过福山区国民经济计划和社会发展第七个五年计划（草案）报告、1986年国民经济和社会发展（草案）报告、1985年财政决算和1986年财政预算报告、区人大常委会工作报告、法院和检察院工作报告，审议决定区内重大事项。会议通过关于接受赵丕杰和杨杰臣辞去区人大常委会副主任、牛太祥辞去区人大常委会委员的请求的决议。

第十一届代表代会

第一次会议　1987年3月28日至4月2日举行。与会代表189人。出席区政协三届一次会议的全体委员、区政府各部门和人民团体负责人列席会议。听取审议并通过“一府两院”工作报告、1987年国民经济和社会发展计划草案报告、1986年财政决算和1987年财政预算报告、区人大常委会工作报告。会议选举区第十一届人大常委会组成人员，设主任1人、副主任5人、委员9人；选出区长1人、副区长3人，区人民法院院长、检察院检察长各1人。

第二、第三、第四次会议 分别于1987年12月13日、1988年3月10日至12日和1989年3月9日至12日举行。第二次会议主要是选举出席市人代会代表。出席区政协三届二次、三次会议的全体委员、区政府各部门和人民团体负责人列席第三、第四次会议。会议听取审议并通过1987年和1988年“一府两院”工作报告、1987年和1988年国民经济和社会发展执行情况及1988年和1989年计划草案报告、1987年和1988年财政决算和1988年和1989年财政预算报告、1987年和1988年区人大常委会工作报告。

第十二届代表大会

第一次会议 1990年3月16日至19日举行，与会代表207人。出席区政协四届一次会议的全体委员、区政府各部门和人民团体负责人列席会议。会议听取审议并通过“一府两院”工作报告、1989年国民经济和社会发展执行情况及1990计划草案报告、1989年财政决算和1990年财政预算报告、区人大常委会工作报告。会议选举15人组成区第十二届人大常委会，设主任1人、副主任4人、委员10人；选出区人民政府区长1人、副区长5人、区人民法院院长和人民检察院检察长各1人。

第二次、第三次会议 分别于1991年3月26日至28日、1992年3月3日至5日举行。出席区政协四届二次、四届三次会议的全体委员、区政府各部门和人民团体负责人列席每次会议。会议均听取审议并通过1990年和1991年“一府两院”工作报告、国民经济和社会发展执行情况及当年计划草案报告、财政决算和当年财政预算报告、区人大常委会的工作报告。

第十三届代表大会

第一次会议 1993年2月10日至14日举行。与会代表202人，出席区政协五届一次会议的全体委员、区政府各部门和人民团体负责人列席会议。会议听取审议并通过“一府两院”工作报告、1992年国民经济和社会发展执行情况及1993年计划草案报告、1992年财政决算和1993年财政预算报告、区人大常委会工作报告。会议选举17人组成第十三届人大常委会，设主任1人、副主任6人、委员10人；选出区人民政府区长1人、副区长5人和区人民法院院长、人民检察院检察长各1人。

第二次、三次、四次、五次会议 分别于1994年1月31日至2月2日、1995年3月26日至28日、1996年2月5日至8日、1997年1月21日至23日举行。出席区政协会议的全体委员、区政府各部门和人民团体负责人列席每次会议。会议均听取审议并通过1993—1996年每年“一府两院”工作报告、国民经济和社会发展执行情况及当年计划草案报告、财政决算和当年财政预算报告、的区人大常委会工作报告。

第十四届代表大会

第一次会议 1998年1月16日至20日举行。与会代表186人，出席区政协六届一次会议的全体委员、区政府各部门和人民团体负责人列席会议。会议听取审议并通过“一府两院”工作报告、1997年国民经济和社会发展执行情况及1998年计划草案报告、1997年财政决算和1998年财政预算报告、区人大常委会工作报告。大会选举17人组成第十四届人大常委会，设主任1人、副主任6人、委员10人；选出区人民政府区长1人、副区长5人和区人民法院院长、人民检察院检察长各1人。

第二次、三次、四次、五次会议 分别于1999年1月14日至16日、2000年1月17日至20日、2001年2月26日至3月2日、2002年2月20日至22日举行。出席区政协会议的全体委员、区政府各部门和人民团体负责人列席每次会议。会议听取审议并通过1998—2001年每年“一府两院”工作报告、国民经济和社会发展执行情况及当年计划草案报告、财政决算和当年财政预算报告、区人大常委会工作报告。其中，第三次会议还听取审议并通过区国民经济和社会发展第十个五年计划及2010年远景目标草案说明。

图7-1 福山区第十四届人大第一次会议

1980—2002年福山县（区）历届人大常委会领导人更迭表

表 7-2

职务	姓名	籍贯	任职时间	当选届次
主任	杨克明（兼）	芝罘区	1980年12月—1987年4月	九届一次 十届一次
副主任	胡登保	栖霞县	1980年12月—1983年2月	九届一次
副主任	于丕通	牟平县	1980年12月—1983年12月	九届一次
副主任	冯德悦	沂南县	1980年12月—1984年2月	九届一次
副主任	潘士友	福山区	1983年2月—1993年3月	九届三次
副主任	赵丕杰	福山区	1983年12月—1986年12月	九届五次
副主任	王建威	福山区	1983年11月—1984年5月	九届五次
副主任	杨杰臣	栖霞县	1983年12月—1987年2月	九届五次
副主任	滕传斌	福山区	1984年2月—1990年3月	九届六次
副主任	许桂华	潍坊市	1984年5月—2002年2月	九届六次
主　任	孙德广	福山区	1987年4月—1993年3月	十一届一次
副主任	舒光远	福山区	1987年4月—1990年3月	十一届一次
副主任	王德福	福山区	1987年4月—1987年11月	十一届一次
副主任	纪树森	龙口市	1990年3月—1993年3月	十二届一次
副主任	李绪河	德州市	1990年3月—1996年1月	十二届一次
主　任	吕家超	福山区	1993年3月—2001年2月	十三届一次
副主任	刘永胜	栖霞市	1993年3月—2001年1月	十三届一次
副主任	王维江	福山区	1993年3月—1996年1月	十三届一次
副主任	王其耀	福山区	1993年3月—1996年1月	十三届一次
副主任	栾世光	福山区	1993年3月—1998年3月	十三届一次
副主任	初展葵	芝罘区	1996年2月—2002年2月	十三届四次
副主任	王其东	福山区	1996年2月—1998年3月	十三届四次
副主任	王振昌	牟平区	1998年3月—2001年1月	十四届一次
副主任	曾庆禄	福山区	1998年3月—2002年2月	十四届一次
副主任	高云礼	诸城市	1998年3月—2002年2月	十四届一次
主　任	谭　伟	栖霞市	2001年2月—2002年2月	十四届四次
副主任	蔡德义	福山区	2001年2月—2002年2月	十四届四次
副主任	孙治民	福山区	2001年2月—2002年2月	十四届四次
副主任	林美娟	福山区	2001年2月—2002年2月	十四届四次

第五节　人大代表选举

选举机构　1980年7月15日，成立由11人组成的福山县选举委员会，张崇德任主任，杨克明、冯德悦任副主任，设办公室为办事机构。同年9月1日，因县委主要负责人工作变动，县委常委会研究决定，杨克明任县选举委员会主任，张洪刚、冯德悦任副主任。自此，福山县（区）、公社（乡镇）两级人大历次选举都设立选举委员会，历届人大代表选举均在选举委员会组织下进行，均受县（区）人大常委会的领导。

选民登记　历届人大代表均采取选举的方式产生。在人大代表换届选举之前，都先划分选区进行选民登记。在各选区设立选民登记站，凡年满18周岁、户口在本县（区）、享有合法选举权的中国公民均参加选民登记。

人大代表选举　1980年11月，出席县第九届人民代表大会的代表实行直接选举。11月28日确定为选举日。确定选举本届人大代表的名额为205人。是年，全县总人口为276289人。参加投票选举的为168969人，其中委托参选人为12666人，参选率为96.7%。

1993年2月，区第十二届人代会任期届满。1992年10月至1993年1月，进行换届选举区第十三届人大代表。确定名额为210名。1993年1月6日为选举日。实选区人大代表202人。1997年11月至1998年1月，进行区第十四届人大代表选举，实选代表186人。

第六节　人大代表议案及建议

1990年6月，区人大常委会下设代表联络科。1991年6月，改称代表工作委员会，负责办理人大代表提出的议案和建议。1992年，区第十二届人大三次会议收到代表提出的议案4件、建议和批评及意见88件；1993—1997年，区第十三届人大历次会议收到代表及10人以上代表联名提出的议案19件、建议和批评及意见263件；1998—2002年，区第十四届人大历次会议收到代表及10人以上代表联名提出的议案50件、建议和批评及意见122件。

对代表们提出的每一件议案、建议、批评和意见，区人大常委会及时转交区政府，由区政府责成相关部门认真办理，并形成书面报告，将情况反馈给代表，所有报告由区政府汇总整理，最后由区长每年向区人大常委会作专题汇报。

第七节　人大代表视察

福山自设立人大常委会以来，多次组织部分驻福省、市、区人大代表对辖区内贯彻实施国家宪法、法律法规、规章和工作情况进行视察。1992年5月18日，组织21位区人大代表对贯彻实施《环境保护法》情况进行视察，提出3点意见和建议。同年6月3日，组织常委会委员、部分人大代表、“一办四委”负责人、各乡镇人大办主任，分5组，采取听、看、议的方式，对全区10处乡镇的30个村计划生育工作情况进行视察。

1993年7月中旬，组织部分人大代表和有关人员，分3组，采取上下结合、点面结合、自查与抽查结合的方式，对全区10处乡镇贯彻实施国务院关于《农民承担费用和劳务管理条例》《山东省农民负担管理条例》情况进行视察。同年11月上旬，组织20名人大代表，分4组，对全区10处乡镇卫生院及26个村级卫生室进行视察。是年11月25日至1994年1月5日，组织28名驻福省、市人大代表，采取代表持证分散视察和代表集中视察相结合的方式，对区政府关于1993年国民经济和社会发展计划及财政经济执行情况、农业和农民企业情况、全民所有制工业企业转换经营机制条例贯彻落实情况、打击犯罪和社会治安情况、反腐败斗争情况进行视察。

1994年5月25日至31日，组织96名区人大代表，对贯彻实施《中华人民共和国农业法》情况进行视察。代表们实地视察了10处乡镇24种种植业、养殖业、农产品生产基地情况。同年12月25日至26日，组织驻福省、市人大代表和部分区人大代表36人，对1994年国民经济和社会发展计划及财政预算执行情况、农业生产和农村经济发展情况、消费者权益保护法和惩治生产销售假冒伪劣商品犯罪及维护市场秩序方面法律执行情况、建立现代企业制度工作进展情况、打击犯罪和社会治安情况进行视察。

1995年5月8日至10日，组织人大代表，分2组，对6处乡镇贯彻实施《中华人民共和国农业法》《中华人民共和国农业技术推广法》情况进行视察。

1996年6月3日至10日，组织部分区人大代表，对贯彻实施村民委员会组织法情况进行视察。同年11月15日至29日，组织驻福省、市人大代表和部分区人大代表39人，采取持证分散视察和集中视察相结合的方式，对1996年1—10月国民经济和社会发展计划及财政预算执行情况，实施《中华人民共和国劳动法》、维护劳动者合法权益、建立健全社会保障制度情况，实施《关于加强社会治安综合治理的决定》、开展严打情况，开展依法治理活动情况，门楼水库库区村脱贫致富情况进行视察。

1997年4月15日至16日，组织10名区人大代表，对城区环境卫生和贯彻实施《中华人民共和国食品卫生法》情况进行视察。

1998年6月5日至10日，组织部分驻福市及区人大代表，对全区大樱桃苗圃基地建设、大樱桃产业发展情况进行视察。11月16日至12月4日，组织驻福省、市人大代表，对1999年国民经济和社会发展计划及1988年1—10月财政预算执行情况、发展农业及农村经济和农村基层民主法制建设情况、国企改革情况、法院和检察院及公安司法情况进行视察。

1999年5月17日至20日，组织驻福市人大代表和区、镇人大代表71人，分6组，对全区种植业结构调整情况进行考察。11月12日至11月30日，组织驻福省、市人大代表和部分区人大代表22人，对1999年1—9月国民经济和社会发展计划及财政预算执行情况、企业改革情况、稳定和加强农业情况、加快基础设施建设情况进行视察。

2000年6月12日，组织部分人大代表，对全区个体私营经济及个体私营经济园建设等情况进行视察。同年11月13日至28日，组织22名驻福省、市人大代表和9名区人大代表，对2000年1—9月国民经济和社会发展计划执行情况及财政预算执行情况、调整农业产业结构发展优质高效农业情况、发展高新技术产业情况进行视察。

2001年5月25日，组织部分驻福市人大代表、区人大代表共23人，对全区房地产开发和居民小区物业管理情况进行视察。同年11月20日至28日，组织2名驻福省人大代表和22名市人大代表，采取代表个人持证视察和代表集中视察的方式，听取区政府关于2001年1—10月国民经济和社会发展计划及财政预算执行情况汇报，实地视察福山高新区发展建设情况、烟台农业高新区建设情况、农村冬季综合开发情况、福山城市建设情况。

2002年9月17日至18日，组织驻福省、市人大代表和区人大代表24人，对福山高新区建设和城市建设管理情况进行视察。

视察中，代表们对发现存在的问题及时提出改正意见和建议。每次视察结束后，人大办均根据代表们的要求，行文印发到区政府和有关部门，督促办理。

第二章　地方行政机关

福山县（区）人民政府是管理地方性行政事务的行政机关。中华人民共和国成立后，在不同时期，始终坚持党的路线、方针、政策，励精图治，依法行政，带领人民积极发展生产。改革开放以来，认真贯彻国民经济调整、改革、整顿、提高的方针，坚持“一个中心，两个基本点”，带领全区人民大力发展经济，对内搞活，对外开放，不断深化经济体制改革。在农业领域，推行生产责任制，充分调动农民的生产积极性；通过不断调整优化种植业结构，农民的经济收入不断增加；在工商业领域，推行企业改制，大力发展个体私营经济，形成国有、集体、个体齐头并进。与此同时，城市、园区、市场、交通和文化建设等均取得显著成绩，社会各项事业蓬勃发展。

第一节　机构沿革

明清时期，县衙为全县最高行政机关。1912年，中华民国成立，县衙改称民政署。1913年，民政署改称县公署。1928年，县公署改称县政府。1938年3月，县联合抗日民主政府成立。1940年5月，县抗日民主政府成立。1945年8月，改称县人民政府。

1955年12月，县人民政府改称县人民委员会，设县长1人、副县长2人。1958年，设县长1人、副县长4人。1962年复县后，设县长1人、副县长2人。1967年2月，福山县委和县人委被夺权后，成立县革命委员会，设主任1人、副主任4人。1978年，县革委会设主任1人、副主任5人。1980年12月，县第九届人民代表大会第一次会议决定，取消县革委会，恢复县人民政府名称；选举产生县长1人、副县长5人。1983年11月，福山县改为烟台市市辖区，称烟台市福山区人民政府。

1940—2002年福山区（县）历届人民政府领导人更迭表

表7-3

机构名称	职务	姓名	籍贯	任职时间
县抗日民主政府	县　长	郝艺军	烟台市	1940年5月—1942年8月
	县　长	林纯芝	福山县	1942年8月—1945年8月
县人民政府	县　长	林纯芝	福山县	1945年8月—1949年2月
	副县长	柴满山	栖霞县	1945年8月—1946年6月
	副县长	邢　光	乳山县	1947年8月—1949年6月
	县　长	鹿道平	福山县	1949年2月—1953年11月
	副县长	慕玉鉴	栖霞县	1952年8月—1954年7月
	副县长	王友政	牟平县	1953年4月—1953年10月
	副县长	周吉堂	福山县	1953年3月—1954年7月
	县　长	王友政	牟平县	1953年11月—1954年7月
	副县长	于黎民	海阳县	1953年12月—1954年5月
县人民委员会	副县长	慕玉鉴	栖霞县	1954年7月—1957年7月
	副县长	周吉堂	福山县	1954年7月—1958年10月
	县　长	王友政	牟平县	1954年7月—1957年7月
	副县长	赵丕杰	福山县	1956年8月—1957年1月
	副县长	吕书吉	荣成县	1956年12月—1958年10月
	县　长	慕玉鉴	栖霞县	1957年7月—1958年5月
	副县长	李惠文	文登县	1956年12月—1958年2月
	县　长	王友政	牟平县	1958年5月—1958年10月
	副县长	刘文孝	文登县	1958年6月—1958年10月
	县　长	牟照仁	栖霞县	1962年4月—1967年2月
	副县长	邹本森	文登县	1962年6月—1964年11月
	副县长	姜德余	福山县	1962年6月—1963年9月

续表 7-3

机构名称	职务	姓名	籍贯	任职时间
县人民委员会	副县长	葛林华	蓬莱县	1963 年 9 月—1967 年 2 月
县人民委员会	副县长	赵丕杰	福山县	1964 年 11 月—1967 年 2 月
	副县长	刘德茂	芝罘区	1965 年 9 月—1967 年 2 月
县革命委员会	主　任	徐　珉	栖霞县	1967 年 2 月—1968 年 4 月
	副主任	任韶华	掖　县	1967 年 2 月—1971 年 3 月
	副主任	牟照仁	栖霞县	1967 年 2 月—1968 年 4 月
	副主任	杨洪文	掖　县	1967 年 2 月—1968 年 4 月
	副主任	刘乃然	沂水县	1967 年 2 月—1967 年 12 月
	主　任	王安让	新泰县	1968 年 4 月—1969 年 7 月
	副主任	牟传珠	芝罘区	1969 年 7 月—1971 年 1 月
	主　任	戴长春	蓬莱县	1969 年 7 月—1970 年 12 月
	副主任	杜光顺	沂南县	1969 年 7 月—1970 年 8 月
	副主任	王道业	东平县	1970 年 8 月—1971 年 4 月
	主　任	王庆云	河北省	1970 年 12 月—1973 年 7 月
	副主任	董传周	荣成县	1971 年 4 月—1973 年 7 月
	主　任	董传周	荣成县	1973 年 7 月—1976 年 12 月
	主　任	张崇德	招远县	1976 年 12 月—1980 年 8 月
	副主任	杨克明	芝罘区	1976 年 12 月—1980 年 9 月
	副主任	胡登保	栖霞县	1978 年 5 月—1980 年 12 月
	副主任	林文富	福山县	1978 年 5 月—1980 年 12 月
	副主任	赵丕杰	福山县	1978 年 5 月—1980 年 12 月
	副主任	于宝珠	福山县	1978 年 5 月—1980 年 12 月
	副主任	邢书仁	乳山县	1978 年 5 月—1980 年 12 月
	副主任	张洪刚	福山县	1979 年 2 月—1980 年 9 月
	副主任	冯德悦	沂南县	1980 年 1 月—1980 年 12 月
	主　任	杨克明	芝罘区	1980 年 9 月—1980 年 12 月
县人民政府	县　长	王正麟	掖　县	1980 年 12 月—1983 年 12 月
	副县长	林文富	福山县	1980 年 12 月—1983 年 12 月
	副县长	赵丕杰	福山县	1980 年 12 月—1983 年 12 月

续表 7-3

机构名称	职务	姓名	籍贯	任职时间
县人民政府	副县长	于宝珠	福山县	1980 年 12 月—1983 年 12 月
	副县长	邢书仁	乳山县	1980 年 12 月—1983 年 12 月
	副县长	杨宝才	即墨县	1980 年 12 月—1983 年 12 月
区人民政府	区　长	杜昌敏	福山区	1983 年 12 月—1986 年 8 月
	副区长	李永顺	福山区	1983 年 12 月—1984 年 8 月
	副区长	初展葵	芝罘区	1983 年 12 月—1989 年 12 月
	副区长	杨宝才	即墨市	1983 年 12 月—1987 年 2 月
	副区长	吕家超	福山区	1984 年 9 月—1993 年 2 月
	区　长	姚学政	招远县	1986 年 8 月—1987 年 2 月
	区　长	刘同占	乳山县	1987 年 2 月—1989 年 12 月
	副区长	吕志海	蓬莱县	1987 年 4 月—1989 年 12 月
	副区长	钟庆禄	福山区	1987 年 4 月—1993 年 2 月
	副区长	王殿文	福山区	1987 年 4 月—1989 年 12 月
	副区长	文亚非		1988 年 9 月聘任
	副区长	苏起恒		1989 年 10 月聘任
	副区长	王茂祥	招远市	1989 年 12 月—1992 年 12 月
	副区长	李贤书	莱阳市	1989 年 12 月—1995 年 1 月
	副区长	李　强	龙口市	1991 年 3 月—1992 年 12 月挂职
	副区长	权良宝	福山区	1991 年 7 月—1994 年 10 月
	副区长	黄广泉		1992 年 9 月—1993 年 2 月聘任
	副区长	高延庆	芝罘区	1992 年 12 月—1994 年 9 月
	副区长	金延明		1992 年 12 月—2000 年 12 月
	副区长	杨鸿铭		1992 年 12 月—1993 年 2 月
	代区长	刘万春		1993 年 6 月—1994 年 2 月
	区　长	刘万春		1994 年 2 月—1997 年 12 月
	区　长	冯永林	莱州市	1997 年 12 月—1998 年 1 月
	副区长	史纪明	福山区	1993 年 2 月—1995 年 1 月
	副区长	刘训玉	福山区	1993 年 2 月—1995 年 1 月
	副区长	杨　凯		1993 年 4 月挂职

续表 7-3

机构名称	职务	姓名	籍贯	任职时间
区人民政府	副区长	曾庆禄	福山区	1993 年 5 月—1997 年 12 月
	副区长	康绍邦		1993 年 9 月挂职
	副区长	姜国平	莱州市	1995 年 1 月—1997 年 8 月
	副区长	王曰义	栖霞市	1995 年 1 月—2001 年 2 月
	副区长	高明经		1995 年 1 月—1997 年 12 月
	副区长	张冰开		1995 年 11 月挂职
	副区长	迟景国	蓬莱市	1997 年 12 月—2002 年 2 月
	区　长	冯永林	莱州市	1998 年 1 月—2000 年 12 月
	代区长	王曰义	栖霞市	2000 年 12 月—2001 年 2 月
	区　长	王曰义	栖霞市	2001 年 2 月—2002 年 2 月
	副区长	姜中二	龙口市	1998 年 1 月—2002 年 2 月
	副区长	杨学岭	日照市	1998 年 1 月—2002 年 2 月
	副区长	刘福生	海阳市	1998 年 2 月—1998 年 9 月挂职
	副区长	刘福生	海阳市	1998 年 9 月—2002 年 2 月
	副区长	邢学东		1998 年 9 月—2000 年 12 月
	副区长	姜远茂	莱山区	1999—2002 年 2 月聘任
	副区长	黄　涛	莱阳市	2000 年 12 月—2002 年 2 月
	副区长	姜清春	乳山市	2001 年 1 月—2002 年 2 月
	副区长	吴东有	福山区	2001 年 5 月—2002 年 2 月

同年 12 月，区第九届人民代表大会第五次会议召开，选举产生区长 1 人、副区长 3 人。1984 年 5 月，区第十届人民代表大会第一次会议选举产生区长 1 人、副区长 3 人。1987 年 3 月，区第十一届人民代表大会第一次会议选举产生区长 1 人、副区长 3 人。1990 年 3 月，区第十二届人民代表大会第一次会议选举产生区长 1 人、副区长 5 人。1993 年 2 月，区第十三届人民代表大会第一次会议选举产生区长 1 人、副区长 5 人。1998 年 1 月，区第十四人民代表大会第一次会议选举产生区长 1 人、副区长 5 人。

第二节　县（区）直属机关

1938 年，县联合抗日民主政府下设财政委员会、行政委员会和教育委员会。1940 年，县抗日民主政府成立，下设秘书处、公安局、民政科、财政科、教育科、粮秣科、经济建设科；1943 年 10 月，增设司法科。1945 年 8 月，抗日民主政府改称人民政府，增加实业科、卫生科、合作推进社、粮食局；1946 年 4 月，增设邮政局。

1951 年，县政府办事机构有秘书处、人事监察科、民政科、公安局、法院、检察署、卫生科、邮电局、建设科、财政科、税务局、粮食局、工商科、供销合作总社、教育科、人民银行福山支行、保险公司福山支公司。1954年，县政府改称县人民委员会，办事机构增设劳动科、交通科、水产科，税务局改称税务科、供销合作总社改称县联社，撤销保险公司福山支公司。1955年，增设工业管理局、统计局、计划委员会。1956年，秘书处改称办公室，教育科改称教育局，增设文化科、林业局、农业科、农业银行福山支行。全县有委办局51个。

1958年，县政府办事机构有办公室、计委、体委、人事监察科、民政科、卫生科、教育科、统计科、工业局、交通局、邮电局、农业局、林业局、水利局、水产局、财税局、粮食局、商业局、人民银行福山支行、保险公司福山支公司、县联社。

1967年2月，县革委会下设办公室、人事组、宣传组、生产组、斗批改组、文教组。1968年4月，县革委设政治部、生产指挥部。政治部下设组织组、宣传组、文教组、群工组、机关政工组、政法组；生产指挥部下设农林水办公室、财贸办公室。1970年1月以后，局级行政机构陆续恢复。1975年8月，撤销县革委政治部、生产指挥部，增设文教卫生办公室和工业交通办公室。“四大办”分口领导各局级行政部门。

1978年，增设人事局、劳动局、第二轻工业局、科委，撤销科技办公室。全县共有委、办、局52个。1979年，撤销农林水办公室、财贸办公室和文教卫生办公室，其所属机构直接归县革委领导。工业交通办公室改为经济委员会，代管工业交通各行政部门；撤销基本建设局，改设基本建设委员会；撤销战备办公室；增设侨务办公室、化工局、二轻工业局、建设银行福山县支行。

1980年，撤销农林局，设立农林牧渔业局、司法局、农业银行福山县支行。县革委工作部门有办公室、侨办、计委、增产节约办公室、经委、科委、体委、计划生育办公室、知识青年上山下乡办公室、人事局、劳动局、民政局、公安局、司法局、物资局、工业局、二轻局、化工局、农机局、公社工业管理局、交通局、电业局、农林牧渔业局、水利局、基本建设委员会、环保局、财政局、商业局、粮食局、外贸局、工商局、文化局、教育局、卫生局、广播事业管理局（站）、邮电局、县联社、多种经营办公室、人民银行福山县支行、农业银行福山县支行、建设银行福山县支行。1980年12月恢复县人民政府后，至1983年11月，办事机构有办公室、计委、经委、职教办、科委、地震办、建委、计生办、体委、人事局、劳动局、民政局、公安局、司法局、统计局、物价局、物资局、工业局、二轻工业局、第二工业局、化学工业局、电业局、农业机械局、交通局、农牧局、林业局、水利局、门楼水库管理局、水产局、环保局、财政局、税务局、审计局、工商局、商业局、粮食局、外贸局、文化局、教育局、卫生局、广播电视局、县联社、多种经营办公室、侨务办公室、邮电局、气象局、人民银行福山支行、农业银行福山支行、建设银行福山支行。

1983年11月，福山县改为烟台市市辖区。是年12月，区政府工作部门有办公室、计委、经委、科委、城建环保委、体委、计生委、民政局、司法局、人事局、劳动局、财政局、税务局、审计局、工商行政管理局、统计局、物价局、物资局、商业局、农牧渔业局、林业局、水利局、粮食局、多种经营社队企业局、文化教育局、卫生局26个。

1984年6月，成立食品发酵、化工、塑料工业、建材、交通运输5个局级专业公司。同年8月4日，农牧渔业局改称农业畜牧局；成立农机公司、水产公司，隶属区政府。

1985年1月22日，农机公司更名为农机管理总站。2月14日，地方史志办升格为副科级事业单位。10月14日，设立档案局，列区政府序列部门。12月，设置区行政管理科，规格为副科级，隶属区政府办公室。区政府办事机构有办公室、计委、经委、职教办、科委、城建环保委、体委、计生委、人事局、民政局、司法局、公安分局、劳动局、统计局、农村抽样调查队、财政局、物价局、物资局、农牧局、林业局、水利局、门楼水库管理局、税务局、审计局、工商行政管理局、商业局、粮食局、文化局、市政建设管理办公室、教育局、卫生局、乡镇企业局、广播电视局、档案局、侨务办公室、史志办公室、农业机械管理总站、供销合作社联合社、邮电局、气象局、水产公司、交通运输公司、电业公司、二轻工业公司、外贸公司、食品发酵公司、建材公司、塑料公司、房地产开发公司、人民银行烟台市分行福山区办事处、工商银行烟台市分行福山区办事处、农业银行福山支行、建设银行福山支行、保险公司烟台中心支公司福山区办事处、烟草专卖局、药材公司。

1986年4月10日，设立信访办公室，列党政机关序列，由区委办、政府办同管。同年5月7日，设立教育文化局、城乡建设委员会、环境保护局、二轻集体工业联社，交通运输公司挂交通局牌子；撤销文教局、城乡建设环境保护委员会。

1987年6月9日，建筑材料公司更名为建筑材料工业公司。

1988年1月9日，设立土地管理局、监察局。同年7月，设立法制办，为副科级单位，隶属区政府办公室；设立广播电视局，为科级事业单位，与广播电视站合署；设立农业机械管理局，与农机管理总站合署办公；撤销外经贸委， 设立外经委，为区政府序列部门。

1989年1月，区行政管理科更名为机关事务管理处，规格和隶属关系不变；广播电视站更名为人民广播电台，与广播电视局合署办公。

1990年6月27日，工业、二轻、化工、发酵公司改为行政管理公司。同年9月19日，设立房地产管理局，为正科级事业单位，业务接受区建委领导。

1991年3月25日，设矿产资源管理局，为政府科级序列部门；设经济技术协作委，为区政府直属正科级事业单位。同年7月26日，国家安全局对外挂区政府对外联络办公室牌子。

1992年1月6日，设立黄金工业局，为正科级部门，与矿产资源管理局合署。同年3月，成立粮油集团总公司，与粮食局一套人员两块牌子；设立机关事务管理处服务公司，为股级全民事业单位，实行企业化管理，隶属机关事务管理处，后改制为企业。

1993年1月30日，设立社会治安综合治理办公室，为正科级单位，与政法委合署办公；多种经营乡镇企业局更名为乡镇企业局；标准计量局更名为质量技术监督局，为区政府序列部门；设立贸工农外向型经济试验区办公室，为正科级单位，与农委合署办公。同年6月2日，撤销交通运输公司，设立交通委。6月8日，设立黄金工业公司，与矿产资源管理局合署办公。11月8日，区政府工作部门有办公室、工委、外经委、农委、计委、建委、交通委、科委、教文体委、计生委、烟台市公安局福山分局、国家安全局、司法局、民政局、人事局（机构编制办与其合署）、监察局、劳动局、财政局、税务局、水利局、卫生局、审计局、工商行政管理局、土地矿产管理局、环境保护局、质量技术监督局、渔业海洋局、乡镇企业局、统计局，共29个。撤销农机管理总站（农业机械管理局）；黄金工业公司不再挂黄金工业局牌子，转为区直属正科级企业；撤销史志办、经济协作委、房管局、水产公司；撤销粮食局，由行政机构改为经济实体，称粮油总公司。12月，法制办由政府办代管变为政府办内设科室；机关事务管理处更名为机关事务管理服务公司，规格和隶属关系不变，单位性质由机关行政变更为事业，经费来源为全额财政拨款。

1994年6月10日，区委办同时对外挂福山区信访办公室和福山区委政策研究室牌子；区委统战部同时对外挂福山区政府民族宗教事务办公室和福山区政府台湾事务办公室牌子；区府办同时对外挂福山区人民政府侨务办公室和福山区经济体制改革办公室牌子；区民政局同时对外挂福山区老龄委员会办公室牌子。同年8月4日，档案馆同时对外挂档案局牌子，归口区委办领导。8月17日，税务局分设为国税局和地税局。国税局为垂直机构，地税局为区政府序列部门。8月30日，广播电视台上划移交。10月8日，设立教文委、体委，均为正科级，列区政府工作部门序列；国有资产管理局与财政局合署。

1995年7月20日，设立粮食局，为区政府序列部门。

1996年4月，武装部收归军队建制。同年7月17日，科委对外挂专利管理局牌子。8月，重设区政府法制办，规格为正科级，为区府办内部机构。8月14日，设立农业局、林业局，为政府序列部门；撤销农技开发总公司、林业技术开发总公司；贸易局列为区政府序列部门，挂区政府财贸办公室牌子；区委、区政府信访局和物价局升格为正科级；社会综治办与政法委合署；福馨果业、福田蔬菜、福毓畜牧、福萌种子四个公司隶属农业局；工委改称经贸委；城乡建设委员会改称建设委员会；乡镇企业局改称乡镇企业管理局；渔业海洋局改称海洋与水产局；撤销农委。12月11日，农业局对外挂区政府农业办公室牌子。

1997年3月20日，撤销烟台仲联实业总公司。

1998年6月30日，烟台福达旅游公司对外挂旅游局牌子。同年7月4日，工业、发酵、二轻、建材、化工五个公司撤销。7月13日，烟台福达旅游公司改为企业。9月6日，地税局实行垂直管理。

1999年6月7日，工商行政管理局实行由烟台市工商行政管理局垂直管理。同年8月24日，撤销区政府驻深圳办事处。

2001年1月1日，安全局上交烟台市直接管理。12月13日，设立招商局，为区政府正科级事业单位。至此，区政府工作机构有办公室（对外可使用区民族宗教事务局名称）、发展计划局、经贸局、教体局、科技局（地震局与其合署）、烟台市公安局福山分局、民政局、财政局、人事局（区编办与其合署）、劳动和社会保障局、建设管理局（对外可使用人民防空办公室名称）、烟台市国土资源局福山分局、环保局、交通局、农林局、水利局、海洋与渔业局、对外贸易经济合作局、卫生局、计划生育局、审计局、统计局，共22个。区政府设派出机构1个，即福山高新区管委会。监察局与区纪委机关合署，不占政府机关数额。区政府工作部门减少6个，司法局与政法委合署；不再保留乡镇企业管理局、贸易局；农业局与林业局合并；物价局、粮食局为发展计划局内设机构。人大机关、政协机关、法院、检察院参照部门管理机构进行管理；撤销商业集团总公司、经协集团总公司；残疾人联合会直属区政府。区政府其他直属事业单位有投资促进局、农业高新区项目推进中心。机关事务管理服务公司更名为机关事务管理处，规格、隶属关系和单位性质不变。12月20日，招商局对外挂烟台高新技术产业开发区福山高新技术产业区投资促进局牌子。

2002年1月，政府法制办公室为区政府办内设机构，规格为副科级。同年2月2日，质量技术监督局上划移交。9月30日，古现镇（包括原八角镇）整建制、海洋与渔业局及区直部门派驻古现镇的机构划归烟台开发区。

第三节　重要施政举措

改革开放以来，福山区人民政府与时俱进，务实勤政，采取一系列施政举措，推动了全区经济社会各项事业又好又快发展。

农业　1982年8月7日，在全县推广莒县吕鸿宾大包干家庭联产承包责任制经验。同年11月11日，县委、县政府印发《关于五统一下专业联产承包责任制若干问题的意见》。同月，组织320余名县、社干部深入各大队宣传家庭联产承包生产责任制。至1983年春，全县土地承包基本结束。同时，大力发展重点户、专业户。是年底，全县各业重点户、专业户发展到25087户，占总农户的34%。1984年，将土地、山岚承包期延长至15年。1999年7月30日，区政府出台《关于延长农村土地承包期工作的实施方案》，对第一轮土地承包合同到期的进行第二轮承包，承包期延长为30年，与农户家庭重新签订土地、果园承包合同，并发放土地承包经营权证书。取消两田制，土地按人口均分。到2002年，全区有210个村完成第二轮土地延包工作，占需延包村的98.1%。

1986年，福山苹果由于栽植时间较长，有的树势已经衰弱、品种老化、品质较差，失去市场竞争能力。区政府审时度势，在充分调查研究、科学论证的基础上，根据当地的资源优势，提出在稳定苹果面积的基础上，大力发展大樱桃产业。1991年4月15日，区政府印发《关于八五期间果园更新改造的意见》，提出把加快老残果园更新改造、发展名优新品种作为果业生产的紧迫任务。并采取召开新闻发布会、推介洽谈会、建立市场、成立专业合作社和专业协会等多种形式，积极帮助果农搭建销售平台。1987年6月17日，区委、区政府在北京美味斋饭店举办福山大樱桃新闻发布会。2002年，又先后在长春市和上海市两次成功举办福山大樱桃推介洽谈会，扩大福山大樱桃的影响力和知名度。1995年10月，在第二届中国农业博览会上，福山大樱桃获得3金、4银、1铜8块奖牌。1996年3月，福山被中国特产之乡组委会命名为“中国大樱桃之乡”。

从1986年开始，福山以市场为中心，以科技为先导，以调整种植业结构为主题，把发展大樱桃、蔬菜、草莓、畜牧作为农业生产的主导产业。2002年，全区水果总面积达到7333公顷，其中大樱桃3600公顷，苹果2200公顷，水果总产量78526吨；瓜、菜面积1740公顷，总产84451吨；草莓面积733.3公顷，产量24000吨；畜牧肉类总量7334吨，蛋类总量5427吨，奶类总量5158吨。水利、林业、农机快速发展。农村经济总收入由1978年的10434万元增加到898089万元，增加85倍；农民人均纯收入由226元增至3647元，增加15倍多。

工业　1978年以来，福山大力兴办县（区）属工业、乡镇和村办企业，努力提高工业产值和利润。先后成立工业、二轻、化工、发酵、建材公司，重点发展机械加工、建材、化工、食品等项目。各乡镇（公社）均成立工办，因地制宜兴办企业。东陌堂、塔寺庄西苑、两甲庄锦程、城里鑫汇、东北关东华、盐场天府、永福园永达、浦湾福海等集团或实业公司不断发展壮大，撑起福山乡镇企业半壁江山。门楼、高疃、张格庄水泥厂初具规模，水泥大理岩年开采量达到500万吨。1997年，区属、乡镇、村办企业按照“因企制宜、一企一策”的原则，采取挂强联名、股份制、兼并、租赁、拍卖等多种形式进行改制，区、镇、村三级企业改制面分别达到88%、86.9%和75.4%。219户企业改制为私营企业，涉及资产6.4亿元，分别占改制企业的48%和37.4%。改制企业新投入9200万元，盘活存量资产2.7亿元，52户停产、半停产企业重新启动，安置职工2106人。轻工机械厂、阀门厂现代企业试点进入实际运转。粮油食品工业公司挤进国家优化资本结构，核销银行呆坏账准备金1540万元。职能萎缩的工业、二轻、化工、发酵、建材公司等被撤销，11个事业单位转为企业。到年底，全区有工业企业948个，职工42598人。其中，国有企业20户，集体企业471户，私营企业447户，中外合资企业10户。1999年5月20日，区政府出台《关于扶持重点企业发展的意见》，重点扶持具有一定规模、科技含量高、市场前景广阔、充满发展活力的企业。2002年，全区工业用电21594万千瓦时，相当于1978年的10.8倍；完成工业总产值52.4亿元，是1985年的16倍（之前，无据可查）；完成工业增加值19.3亿元，实现利税1.52亿元、利润6189万元，分别相当于1978年的92.5倍、13.6倍和8.14倍。

私营经济　改革开放以来，加大扶持服务力度，个体私营经济热度持续升高。1978年以前，全县个体经济寥寥无几。改革开放初期，一直缓慢发展。1997年初，区政府相继出台《关于鼓励发展个体私营经济若干规定》《全区个体私营经济工作意见》。把发展私企作为支柱产业来抓，引导私企扩大规模。把企业改制与发展个体私营经济结合起来，整体推进，全区上下掀起发展个体私营经济的热潮。到1998年，新发展个体工商户1500户，私营企业120户，注册资金分别达到1.56亿元和1亿元。到2002年，全区个体私营户达到6297户，经济税收达到5739万元（不含个人利息所得税）。

园区建设　1991年2月，福山高新区成立，赋予其改革、开放、试点权和项目及人员管理权，减少各类检查、达标和直接收费活动。先后实施“五通一平”基础工程建设，加大招商引资力度。1994年，韩国客商投资兴建的烟台太华服装公司首家外企入驻园区。之后，进入园区的外企日益增多，逐步成为全区工业和财政收入的龙头。至2002年，园区总面积达14平方千米，引进项目163个。其中，进区投产企业123个，在建企业20个。形成机电、新材料、电子信息、纺织服装等高新技术产业群。实现规模以上工企业总产值14.44亿元，占福山区规模以上工企业总产值的47%；实现利税6782万元、出口创汇6805万美元、地方财政收入6183.3万元，分别占全区的44.7%、83.3%和39%。

招商引资　90年代中期，加大招商引资力度，突出载体、委托、网络招商等手段，对外开放成效显著。2002年，全区新批利用外资项目47个，合同外资额达10296万美元，实际利用外资7958万美元；完成外贸进出口总值17869万美元，其中外贸进口8850万美元，外贸出口9019万美元，连年保持全市12个县（市、区）增幅第1名。

城区建设　进入80年代，福山注重老城改造和房地产开发，城区建设日新月异，生活环境不断改善提高。1983年，建成区府礼堂、华侨宾馆等。1984年，建成总面积61.43公顷的河滨公园，又先后建成河滨、银河广场等。整个公园碧波荡漾，绿草如茵，繁花似锦，垂柳拂面。房地产业突飞猛进。2002年，完成楼房建筑面积34万平方米，实现产值2.6亿元，人均居住面积31平方米；建成区面积达到20多平方千米，相当于1978年的40多倍。

市场建设　1978年后，注重繁荣城乡市场，人民生活水平稳步提高。相继建成投运新百货大楼、西苑商贸城、新东花园、建材批发市场等。门楼、张格庄、高疃、臧家、回里等大樱桃批发市场初具规模。至2002年，建成运营城乡集贸市场26个，商品成交额5.58亿元。

文化建设　福山重学尚文，文化底蕴浓厚，为全国著名的书法之乡。1978年以来，持续加大投入，先后建成广播站、电视台、档案馆、文化馆、图书馆、文物管理所、影剧院各1处，镇文化站10处，企业文化室32处，农村文化室82处。进入80年代，以创立文化品牌为抓手，大力提升专业文化。一大批戏剧、曲艺、小品、歌舞节目和书画作品在国家、省、市演出或参展中获奖。同时，注意更新观念，有计划地发展门楼水库、夹河公园、王懿荣纪念馆等旅游景点。1989年，在“卍”字会旧址建立王懿荣纪念馆。1999年，为烟台市成功举行纪念王懿荣发现甲骨文100周年活动，将王懿荣纪念馆搬迁到盐场村“大成栈”旧址。相继被省、市政府授予优秀社会主义、优秀爱国主义教育基地。2002年，旅游业接待国（境）外客人1499人、国内客人15.78万人次，旅游收入逐年增加。大力创建社会文化先进乡镇、文化模范村、模范文化广场和蒲公英农村儿童文化园活动，基本形成区、镇、村三级公共文化网络。着力发展烹饪业，打造“鲁菜之乡”文化名片。2001年1月，福山烹饪协会成立，有会员单位28个、会员150人。是年10月，福山被中国烹饪协会授予“中国鲁菜之乡”。

交通、邮电建设 随着国民经济的发展，全区公路建设突飞猛进。到2002年，辖区建有国道4条、省道3条、县乡公路19条，公路通车里程521.8千米，为1980年的3.7倍多。货运量224.8万吨。实现村村通车，客运量281.3万人次。邮电业务总量达到1621万元，电信业务总量4518.01万元，拥有市话3200户、小灵通3015部、农话44098户。

教育、科技 进入80年代，福山区坚持教育兴区、科技强区理念，有计划、有组织、卓有成效地开展“中小学生作文训练科学化、单元达标教学和学生综合素质发展评价”三项教改试验，取得瞩目成果。高考录取人数逐年攀升，由最初的几十人上升到数百人。同时，不断加大教育投入，加快各类学校建设，新建福山一中、格迈纳尔中学、劳动技校、成人中专、汽车工业学校等。至2002年，全区建有各类学校70所，在校学生32628人。其中，小学生12080人、初中生16318人、高中生4230人。同时，侧重发展科技事业，发展科研所1处、各种科技学术团体5个，科研项目遍及教育、工业、农业、化工、生物、制药、建筑等领域。1978—1998年，全区获区级以上科技成果奖2566项。至2002年，全区科研机构发展到12个，专职科研人员360人，32项科研成果获市（地）级以上奖励。

社会事业 改革开放后，福山倾力发展卫生与计划生育事业，重视人口与计划生育工作，建立健全机构，做到有人管事，有钱办事，依法办事；坚持党政一把手亲自抓计划生育工作，层层签订《人口与计划生育责任状》，实行严格考核奖惩和一票否决权制度，连年保持省、市先进位置。认真落实人口政策，对岁数较大的老人发给补贴，居民寿命逐年延长；百岁寿星从无到有，逐步增加到5人；城乡人口从1∶18缩小到1∶2.8；文化素质不断提高，文盲、半文盲从10%下降到4.28%。

保险事业蓬勃发展，逐步建立健全职工养老保险、农村养老保险、机关事业单位保险、医疗保险、工伤保险、计划生育保险制度，社会保险体系日趋完善。

出国招商 1994—2000年，福山区领导先后组团17次86人，出访韩国、日本、荷兰、美国、比利时、瑞典、法国等国家，考察洽谈经贸项目。

依法行政 1998年，在全区实施罚款与收缴分离制度。首次对行政执法人员实行资格确认、培训、考试、发证工作，标志着行政执法人员亮证执法制度的全面实施。1999年，对全区行政处罚主体进行全面清理，对清理后确认合法的行政处罚主体予以公布。

典型案例

1998年6月，在回里镇某铁路道口发生重大路外伤亡事故，造成欲通过道口车辆内的5人全部丧生。事故发生后，某铁路分局及福山区政府有关部门组织事故处理委员会进行调查、处理，但对死亡赔偿未与死者家属达成一致意见。2002年1月，5死者家属以某铁路分局及福山区政府为共同被告提出诉讼，要求共同赔偿31万元。本案是一个涉案标的额高、涉案人数多、涉及面广、社会影响大的案件。区政府法制办深入了解案情，研究分析案件材料，查找证据，查阅相关法律法规及文件规定，以有力的答辩和无懈可击的代理意见，赢得法律支持，最终以某铁路分局承担全部赔偿责任，福山区政府不承担任何责任而胜诉。

第三章　人民政协

区政协自成立以来，积极开展工作，对本区重要事务、政策法令的贯彻、群众生活及统一战线中的重大问题进行政治协商、民主监督，在社会主义现代化建设中充分发挥参政、议政的重要职能。1983—2002年，区政协先后召开六届23次全体会议，收到政协委员提案1308件，组织政协委员开展考察40场次。

第一节　机构沿革

1983年2月，政协福山县第一届第一次全体会议召开，政协福山县委员会正式成立。同年11月，政协福山县委员会改称政协烟台市福山区委员会。12月，内设办公室，为科级行政部门。1984年，区政协定编6人，办公室定编2人。1986年10月，设置工作联络科、文史资料研究科，均为正科级行政部门。1987年2月，撤销工作联络科、文史资料研究科，改设工作联络委员会、祖国统一联络委员会，行政级别不变。1988年7月，设立经济技术联络委员会和文史资料研究委员会；撤销祖国统一联络委员会。1989年6月，撤销工作组联络委员会，成立学习文教委员会；经济技术联络委员会、文史资料研究委员会分别更名为经济科技委员会、文史资料委员会。1991年1月，增设提案委员会，为正科级行政部门，编制2人，从区政协编制内调整；2002年，设主任1人，委员6人。同年3月，各乡镇设政协工作办公室，为正科级工作部门，各编制2人。1999年1月，乡镇政协工作由党委宣传委员负责，不再设政协工作办公室。

第二节　历届政协委员会议

第一届委员会（1983年2月至1984年5月）

第一次会议　1983年2月21日至26日举行。委员80名，出席委员76名。划分为中国共产党、工会、妇联、共青团、农民、科技、教育、医药卫生、文艺、体育、侨联、少数民族、宗教、特邀人士14个界别。会议听取县委书记杨克明作的政治报告；听取和审议县政协主席胡登保作的政协工作报告；学习中共十二大文件和《中国人民政治协商会议章程》；列席县人大九届三次会议，听取和审议县政府工作报告及其他有关报告。会议选出23人组成常务委员会，胡登保任主席，邢书仁、杨杰臣、郭新湖任副主席。

第二次会议　1983年12月13日举行。出席会议的委员71人，缺席12人。政协原主席胡登保和副主席邢书仁因年龄原因、原副主席杨杰臣因调任区人大常委会副主任，会议同意辞去所任职务。会议选举冯德悦为区政协主席，于宝珠、郭新湖、王伟麟为副主席。

第三次会议　1984年2月18日至21日举行。出席会议的委员69名，缺席15名。会议学习中共中央1984年1号文件和国务院副总理万里在全国农村工作会议上的讲话，讨论中共烟台市委和福山区委1984年工作要点；传达山东省第2次文史资料征集工作会议精神；修改、通过政协福山区第一届常委会的工作报告；列席区人大九届六次会议，听取和讨论区政府工作报告和其他有关报告。会议补选常务委员1名。

第二届委员会（1984年5月至1987年3月）

第一次会议　1984年5月16日至19日举行。委员90名，出席委员70名。划分为中国共产党、共青团、工会、农民、妇联、科技、教育、文化艺术、体育、医药卫生、宗教、少数民族、无党派爱国民主人士、归侨眷属、特别邀请人士15个界别。会议学习中国人民政治协商会议章程；听取区委副书记李洪芝的报告；听取和审议区政协工作报告；列席区人大十届一次会议，听取和讨论区政府的工作报告和其他有关报告。会议选出23人组成常务委员会，冯德悦任主席，于宝珠、郭新湖、王伟麟任副主席。

第二次会议 1984年11月23日至24日举行。出席会议的有区政协委员、驻福市政协委员、出席烟台市各界人士为四化建设和祖国统一服务经验交流会的代表、区侨联代表、各乡镇侨属台属工作联络小组组长、各乡镇党委宣传委员，共190余人。会议学习党的十二届三中全会公报和中共中央关于经济体制改革的决定；传达省委书记苏毅然在省、市、县政协为四化建设服务经验交流会上的讲话；听取区委书记张洪刚和区政协副主席于宝珠的报告。

第三次会议 1985年3月9日至11日举行。出席会议的有区政协委员、驻福市政协委员、各乡镇党委宣传委员，共110人。会议听取区委书记张洪刚的报告；听取和审议区政协第二届常委会工作报告和二届一次会议以来提案办理情况报告；列席区人大十届二次会议，听取和讨论区政府工作报告和其他报告；通过本次会议政治决议、关于常委会工作报告决议、关于拥护中英两国政府关于香港问题联合声明决议、关于提案审查报告决议。

第四次会议 1986年6月9日至12日举行。出席会议的区政协委员89名，列席会议的有省、市驻福政协委员和各乡镇党委宣传委员共26名。会议听取和讨论区委书记张洪刚的讲话；听取和审议区政协二届常委会的工作报告和二届三次会议以来提案办理情况的报告；审议文史资料委员会关于文史工作情况的报告；列席区人大十届三次会议，听取并讨论区政府关于国民经济和社会发展第七个五年计划的报告和其他有关报告；通过区政协二届四次会议政治决议和其他决议。

第三届委员会（1987年3月至1990年3月）

第一次会议 1987年3月21日至24日举行。委员120名，出席委员114人。划分为中国共产党、教育、医药卫生、文化艺术、无党派民主人士、宗教、工会、科技、妇联、共青团、少数民族、体育、中国民主同盟、农民、归侨侨眷、特别邀请人士16个界别。会议听取和讨论区委书记姚学政的讲话；听取并审议区政协二届常委会工作报告和二届四次会议以来的提案办理情况的报告；列席区人大十一届一次会议，听取并讨论区政府的工作报告及其他有关报告；通过区政协三届一次会议政治决议和其他决议。会议选出25人组成常务委员会，刘学增任主席，王连城、郭新湖、王伟麟任副主席。

第二次会议 1988年3月9日至12日举行。会议听取并审议区政协常委会工作报告；审议关于区政协三届一次会议以来提案办复情况的报告；列席区人大十一届二次会议，听取并讨论区政府的工作报告及其他有关报告；通过区政协三届二次会议政治决议和其他决议。

第三次会议 1989年3月8日至11日举行。会议听取并审议区政协常委会的工作报告和三届二次会议以来提案办复情况的报告；列席区人大十一届三次会议，听取并讨论区政府工作报告及其他有关报告；表彰先进工作组、先进委员；通过区政协三届三次会议政治决议和其他决议。会议增选苏家超为区政协副主席。

第四届委员会（1990年3月至1993年2月）

第一次会议 1990年3月15日至18日举行。委员共161名，出席委员152名。划分为中国共产党、中国民主同盟、无党派爱国人士、工会、共青团、妇联、经济科技、农民、教育、医药卫生、体育、文化艺术新闻、少数民族、归侨侨眷、宗教、特别邀请人士16个界别。会议听取并审议区政协常委会工作报告和三届一次会议以来提案办复情况的报告；列席区人大十二届一次会议，听取并讨论区政府工作报告及其他有关报告；通过区政协四届一次会议政治决议和其他决议。会议选出33人组成常务委员会，刘学增任主席，苏家超、郭新湖、王伟麟任副主席。

第二次会议 1991年3月24日至27日举行。听取并审议区政协常委会的工作报告和四届一次会议以来提案办复情况的报告；列席区人大十二届二次会议，听取并讨论区政府工作报告及其他报告；通过区政协四届二次会议政治决议和其他决议。会议增选常务委员12名。

第三次会议 1992年3月1日至5日举行。会议听取并讨论区委书记刘同占的讲话；听取并审议区政协常委会工作报告；审议并通过区政协关于四届二次会议以来提案办复情况的报告；列席区人大十二届三次会议，听取并讨论区政府工作报告及其他有关报告；通过区政协四届三次会议政治决议和其他决议。

第五届委员会（1993年2月至1998年1月）

第一次会议 1993年2月9日至13日举行。委员共192名，划分为中国共产党、中国民主同盟、无党派爱国人士、工会、共青团、妇联、科协、归国华侨联合会、经济、科技、农民、教育、医药卫生、体育、文化艺术、少数民族、宗教、港澳人士、特别邀请人士 19 个界别。会议听取并讨论区委书记刘同占的讲话；听取并审议区政协常委会工作报告和提案工作报告；列席区人大十三届一次会议，听取并讨论区政府工作报告及其他有关报告；通过区政协五届一次会议政治决议及其他决议。会议选出 38 人组成常务委员会，史润田任主席，张绪麟、郭新湖、王伟麟、林道传、王逢志任副主席。

第二次会议　1994 年 1 月 29 日至 2 月 1 日举行。会议听取并讨论区委副书记李贤书的讲话；听取并审议区政协主席史润田作的常委会工作报告；审议并通过区政协关于五届一次会议以来提案办复情况的报告；列席区人大十三届二次会议，听取并讨论区政府工作报告及其他有关报告；通过区政协五届二次会议政治决议及其他决议。会议增选常务委员 6 人。

第三次会议　1995 年 3 月 24 日至 27 日举行。会议听取并讨论区委副书记王志有的讲话；听取并审议区政协主席史润田作的常委会工作报告；审议并通过区政协关于五届二次会议以来提案办复情况的报告；列席区人大十三届三次会议，听取并讨论政府的工作报告及其他有关报告；通过区政协五届三次会议决议及其他决议。会议表彰了在“献计出力奉献杯”活动中做出优异成绩的 28 名政协委员。会议增选展瑞花为区政协副主席。

第四次会议　1996 年 2 月 4 日至 7 日举行。会议听取并讨论区委副书记冯永林的讲话；听取并审议区政协主席史润田作的常委会工作报告；审议并通过区政协关于五届三次会议以来提案办复情况的报告；列席区人大十三届四次会议，听取并讨论修改区长刘万春作的关于《烟台市福山区国民经济和社会发展第九个五年计划及 2010 年远景目标纲要（草案）》说明及其他有关报告；通过区政协五届四次会议决议及其他决议。会议表彰了在“献计出力奉献杯”活动中做出优异成绩的 29 名政协委员。

第五次会议　1997 年 1 月 21 日至 23 日举行。会议听取并讨论区委书记关于加强全区政协工作的讲话；听取并审议区政协主席史润田作的常委会工作报告；审议并通过区政协关于五届四次会议以来提案办复情况的报告；列席区人大十三届五次会议，听取并讨论区政府的工作报告及其他有关报告；通过区政协五届五次会议决议。会议对在 1996 年度“献计出力奉献杯”活动中做出优异成绩的 28 名政协委员进行表彰。

第六届委员会（1998 年 1 月至 2003 年 1 月）

第一次会议　1998 年 1 月 15 日至 19 日举行。委员共 172 名，划分为中国共产党、民主党派无党派人士、侨联台联、科协、妇联、共青团、工会、民族宗教、教育、医药卫生、文体、工商联、经济、科技、农业、特邀人士 16 个界别。会议听取并讨论区委书记谭伟的讲话；听取并审议区政协副主席张绪麟作的常委会工作报告；审议并通过区政协关于五届一次会议以来提案办复情况的报告；列席区人大十四届一次会议，听取并讨论区政府工作报告及其他有关报告；通过区政协六届一次会议决议。会议选出 30 人组成常务委员会，史润田任主席，张绪麟、王伟麟、王逢志、刘训玉、展瑞花、张宏政任副主席。

图 7-2　政协福山区第六届委员会第一次会议

第二次会议　1999 年 1 月 12 日至 15 日举行。会议听取讨论区委副书记李来雁的讲话；听取审议区政协主席史润田作的常委会工作报告；审议并通过区政协关于六届一次会议以来提案办复情况的报告；列席区人大十四届二次会议，听取并讨论区政府工作报告及其他有关报告；通过区政协六届二次会议决议。会议增选李成章为区政协副主席，增选常务委员 2 人。

第三次会议　2000 年 1 月 17 日至 19 日举行。会议听取讨论区委副书记李来雁的讲话；听取审议区政协副主席张绪麟作的常委会工作报告；审议并通过区政协关于六届二次会议以来提案办复情况的报告；列席区人大十四届三次会议，听取讨论区政府工作报告及其他有关报告；通过区政协六届三次会议决议。会议增选于庆山为区政协副主席，增选常务委员 3 人。

第四次会议 2001年2月26日至3月2日举行。会议听取并讨论区委副书记李来雁的讲话；听取并审议区政协主席史润田作的常委会工作报告；审议并通过区政协关于六届三次会议以来提案办复情况的报告；列席区人大十四届四次会议，听取并讨论修改区政府关于《烟台市福山区国民经济和社会发展第十个五年计划纲要（草案）》及其他有关报告；通过区政协六届四次会议决议。会议补选李来雁为区政协主席，王振卿为副主席，增选常务委员3人。

第五次会议 2002年2月20日至22日举行。会议听取并讨论区委副书记郝志学的讲话；听取并审议区政协副主席王振卿作的常委会工作报告；审议并通过区政协副主席展瑞花作的关于六届四次会议以来提案办复情况的报告；列席区人大十四届五次会议，听取并讨论区政府工作报告及其他有关报告；审议通过区政协六届五次会议决议。会议对在2001年度“献计出力奉献杯”活动中取得优异成绩的委员进行表彰。

1983—2002年福山区（县）政协领导人更迭表

表7-4

届别	姓　名	性　别	籍　贯	职　务	任职时间
第一届	胡登保	男	栖霞县	主　席	1983年2月—1983年12月
	冯德悦	男	沂源县	主　席	1983年12月—1984年5月
	邢书仁	男	乳山县	副主席	1983年2月—1983年12月
	杨杰臣	男	栖霞县	副主席	1983年2月 1983年12月
	郭新湖	男	福山县	副主席	1983年2月—1984年5月
	于宝珠	男	福山区	副主席	1983年12月—1984年5月
	王伟麟	男	上海市	副主席	1983年12月—1984年5月
第二届	冯德悦	男	沂源县	主　席	1984年5月—1987年3月
	于宝珠	男	福山区	副主席	1984年5月—1987年3月
	郭新湖	男	福山区	副主席	1984年5月—1987年3月
	王伟麟	男	上海市	副主席	1984年5月—1987年3月
第三届	刘学增	男	福山区	主　席	1987年3月—1990年3月
	王连城	男	文登市	副主席	1987年3月—1990年3月
	郭新湖	男	福山区	副主席	1987年3月—1990年3月
	王伟麟	男	上海市	副主席	1987年3月—1990年3月
	苏家超	男	福山区	副主席	1989年3月—1990年3月
第四届	刘学增	男	福山区	主　席	1990年3月—1993年2月
	苏家超	男	福山区	副主席	1990年3月—1993年2月
	郭新湖	男	福山区	副主席	1990年3月—1993年2月
	王伟麟	男	上海市	副主席	1990年3月—1993年2月

续表 7-4

届别	姓 名	性 别	籍 贯	职 务	任职时间
第五届	史润田	男	福山区	主 席	1993 年 2 月—1998 年 1 月
	张绪麟	男	福山区	副主席	1993 年 2 月—1998 年 1 月
	郭新湖	男	福山区	副主席	1993 年 2 月—1998 年 1 月
	王伟麟	男	上海市	副主席	1993 年 2 月—1998 年 1 月
	林道传	男	福山区	副主席	1993 年 2 月—1998 年 1 月
	王逢志	男	芝罘区	副主席	1993 年 2 月—1998 年 1 月
	展瑞花	女	莱西市	副主席	1995 年 3 月—1998 年 1 月
第六届	史润田	男	福山区	主 席	1998 年 1 月—2001 年 2 月
	李来雁	男	栖霞市	主 席	2001 年 2 月—2003 年 1 月
第六届	张绪麟	男	福山区	副主席	1998 年 1 月—2003 年 1 月
	王伟麟	男	上海市	副主席	1998 年 1 月—2003 年 1 月
	王逢志	男	芝罘区	副主席	1998 年 1 月—2003 年 1 月
	刘训玉	男	福山区	副主席	1998 年 1 月—1999 年 10 月
	展瑞花	女	莱西市	副主席	1998 年 1 月—2003 年 1 月
	张宏政	男	荣成市	副主席	1998 年 1 月—2003 年 1 月
	李成章	男	福山区	副主席	1999 年 1 月—2003 年 1 月
	于庆山	男	福山区	副主席	2000 年 1 月—2003 年 1 月
	王振卿	女	福山区	副主席	2001 年 2 月—2003 年 1 月

第三节 政协委员提案

1983 年 2 月县政协成立后，本着“配合中心工作，突出重点，发挥优势，注重实效”的原则，积极参政议政。1991 年 1 月，区政协设提案委员会，负责政协委员提案整理、立案、转办工作。1983—2002 年，共收到政协委员提案 1308 件，立案转办 1276 件，不予立案 32 件。涉及工业、农业、科技、文教卫生、体育、财税、经贸、交通运输、计划生育、城建、环保、社会治安、政策落实、邮电、物价、群众生活、统战、市场管理、法制建设等各个领域。对政协委员提案，区政协根据提案委员会的审查意见，作专门研究后，分别送交区委、区政府各有关部门办理。党政各部门对委员提案高度重视，认真办理，多数提案被有关单位采纳和解决，产生了良好的经济效益和社会效益。

1984—1986 年，区政协二届委员会共收到提案 176 件，经审查并列为提案交办 175 件，办理答复 175 件，作为来信来访处理 1 件。其中，“关于建议区、镇（乡）建立专业户统一组织”“成立企业管理干部训练中心”“加强城区建设、卫生管理、改善医疗条件、提高服务质量”“关于加强全区标准计量事业”等提案，得到区政府和有关部门重视和采纳。

1987—1989 年，区政协三届委员会共收到提案 151 件，经审查并列为提案交办 145 件，办理答复 145 件，不予立案 6 件。其中，“关于抓好菜篮子，解决新菜地基金”的提案，区政府高度重视，土管局印发《关于认真做好新菜地开发建设基金征收工作》的通知，全年征收10万元，用于新菜地开发50%，促进了蔬菜生产的发展。“加强文化市场管理”的提案，区委、区政府主要领导做出批示，责成相关部门进行专题调研，印发了《加强文化市场的管理意见》，并进行整顿。关于“发展食用菌”“大面积推广二四畦玉米‘两改三坚持’高产栽培技术”“提高蜂窝煤质量和增设供应点”等提案，也得到很好地落实。

1990—1992年，区政协四届委员会共收到提案286件，经审查全部列为提案交办，办理答复率达100%。其中，1990年四届一次会议期间，委员们提出的“关于非农业人口供应面粉质量差”“城区儿童入托难”“解决城区部分道路的路况及卫生问题”及“解决农用生产资料供应问题”4件提案，被区政府列为年内为群众办好10件实事，得到有效解决。1991年，委员们提出“关于查清福山城区工程地质情况及采取相应对策的建议”提案，区委召开常委会议听取汇报，认真调研，对搞好福山城市建设起到重要作用。关于“河滨路中间绿化带影响视线妨碍交通”“基层卫生部门人才短缺问题”“检修自来水管道的建议”“解决西干渠至实验小学路面及排水问题”等提案，区政府责成相关部门，均认真加以解决。

1993—1997年，区政协五届委员会共收到提案367件，经审查全部列为提案交办，办理答复率达100%。其中，“要求帮助解决卖果难问题”“扩大出口创汇途径”“改变现行农村干部退休制度”“加强对撂荒地的管理”“尽快规划和搬迁福山一中和西关小学门前蔬菜批发市场”“依法保护耕地增加粮食生产”“积极开拓高起点外向型高科技的大项目”“加大企业改革力度采取措施盘活存量资产”“强化农业基础地位”“发展文教事业实施科教兴国”“强化社会治安综合治理”等提案，得到区政府和有关部门重视和采纳。

1998—2002年，区政协六届委员会共收到提案305件，经审查全部列为提案交办，办复率100%。其中，“在企业改制过程中要防止国有和集体资产流失”“采取有效措施调动企业纳税积极性”“引进竞争机制改革国企用人制度”“发展高效农业增加农民收入”“实行库区第三轮扶贫工程发展库区经济”“加强文化市场管理杜绝游戏厅赌博”“加大国企改革扩大对外开放”“引进人才实施科教兴福战略”“加快开发福山旅游资源”“延长交通客运时间增设车辆方便群众”等提案，得到政府有关部门的采纳，推动了福山的经济建设和社会各项事业的发展。1999年，区政协收到政协委员关于“进一步加强粮食市场管理”的提案，常委会专门召开主席会议，列为重点提案转交区政府办理。区政府接到提案后，分管领导批示，由区政府办公室牵头，组织工商、粮食、质量技术监督等部门对全区粮食市场进行全面整顿和清理，共查处不合格业户47户、无证经营14户，查封粮食270吨，规范了粮食的经营和管理，净化了粮食市场。2001年，区政协收到政协委员关于“发展壮大农村集体经济”的提案，组成3个调研组，历时一个多月，深入区直有关部门和7处镇街20多个村，走访了烟台山村果园、烟台康乐达食品等农产品加工龙头企业，先后召开各类座谈会17次，基本摸清了全区农村集体经济状况，找出存在问题及主因，结合实际，就如何发展壮大农村集体经济，向区委提交建议案，得到区委领导的重视和采纳。

第四节 政协委员考察

福山区政协成立以来，紧紧围绕区委的中心工作，选择领导重视、部门关注、群众关心的热点难点问题，经常组织政协委员开展专题视察和调查研究工作，并对相关问题通过主席会议或常委会议讨论形成建议案，为区委决策提供具体依据。

1984年3月20日至22日，区政协组织商业、供销、卫生部门负责人，对贯彻落实《食品卫生法》情况进行视察。现场视察了古现、八角、回里公社驻地的饭店、食品加工厂、糕点厂、食品站等15个单位。9月13日至17日，由区政协主席带队对张格庄乡、回里镇、臧家乡、城关镇7处中小学的集资情况进行视察。

1985年5月，区政协配合市政协对福山贯彻落实《食品卫生法》情况进行视察。

1986年5月，区政协组织部分驻福市政协委员和区政协委员29人，分4组，对部分工厂、农村、学校、医院、商业24个单位的“两个文明”建设情况进行视察。

1988年3月25日，区政协主席带领部分政协委员对区牙科防治所的医疗环境进行视察。

1989年4月18日至20日，根据市政协的通知精神，区政协组织常委会组成人员、部分驻福市政协委员和区政协委员，分4组，对5处乡镇、14个村、4个镇办企业、2个供销社和1个信用社的农业科技、服务组织、生产资料供应、农村政治思想工作、镇办企业经营管理、企业政治思想工作情况进行视察。同月，按照市政协的要求，组织政协常委会组成人员和驻福市政协委员，分4组，对夹河下游的兜余镇、福山镇8个村自1980年以来水位下降及产生的影响情况进行视察。

1990年7月25日至26日，区政协组织驻福市政协委员和部分区政协委员及区工商、物价、卫生防疫等部门负责人，分2组，对生产流通领域有关商品质量情况进行视察。现场视察了城区农贸市场、商业、供销、粮食、物资等18个企业和部门。

1991年1月23日，区政协组织20名政协委员，对区政协四届一次会议以来部分提案落实情况进行视察。7月12日，区政协组织15名政协委员对烟台革制品工业公司进行视察，实地查看了工艺皮件厂、童星皮鞋厂、革制品服装厂、箱包厂的生产环节和生产经营情况。8月1日至3日，组织医药卫生界部分政协委员，由区政协主席、副主席带队，分2组，对10处乡镇卫生院进行视察。提出“乡镇卫生院要增加投入，充实技术力量”等建议。

1992年1月14日，区政协组织驻福市政协委员对全区大商业、大市场、大流通领域情况进行考察。1月23日，又组织20名政协委员对区政协四届一次会议以来部分提案落实情况进行考察。

1993年4月，区政协组织部分政协委员对全区苹果发展情况进行考察。先后视察了兜余镇蔡家夼、崇义、两甲庄，八角乡泊子村，臧家乡垆上村，并到栖霞县参观学习发展苹果基地的经验。11月18日，为落实《中华人民共和国义务教育法》，区政协组织文教委、张格庄乡政协委员，会同区教育局组成考察组，对张格庄乡中小学教育情况进行考察。

1994年5月下旬，区政协组织部分政协委员对全区化肥等农用物资供应情况进行考察。委员们深入到高疃镇北村、赵家庄和回里镇巨甲等村，召开部分村干部和农民群众座谈会，提出“加强化肥市场管理，理顺供销社管理体制，确保兑现粮食奖售化肥”等建议。12月，按照市政协要求，组织驻福市政协委员，并邀请2处乡镇政协办公室主任及分管养猪工作的副乡镇长，对万头养猪场进行考察。

1995年5月，区政协组织部分政协委员会同区工委、劳动局、财贸科等有关单位，对停产、半停产待业人员的情况进行考察。7月12日至13日，区政协组织提案委员会全体委员，对区政协五届三次全委会以来部分提案办理情况进行考察。实地考察烟台磷肥厂、新建垃圾场选址。10月10日至13日，针对全区中小学内部管理体制改革情况，组织市、区教育界的政协委员对福山一中及5处乡镇学校进行视察。

1996年7月7日，区政协组织医药卫生组的政协委员和区卫生防疫站、工商局、质监局、广电局等部门负责人，对城区28个生肉摊点、6个熟肉摊点及2个小菜摊点进行考察。9月25日至26日，组织驻福市政协委员16人，赴长岛县考察海上养殖情况。

1997年5月5日，区政协组织部分政协委员对全区的交通秩序情况进行考察。5月6日，组织部分政协委员对城区集贸市场情况进行考察。9月11日，再组织部分政协委员，会同工商、城管等部门，对城区野广告的清理情况进行考察。10月22日，按照市政协的意见，组织13名驻福市政协委员对全区中小学素质教育情况进行考察。

1998年3月24日至26日，区政协组织政协委员会同质监局、工商局、区联社、农业局等部门，对全区农业生产资料市场情况进行考察。10月22日，根据市政协的部署，组织驻福市政协委员和部分农业界、科技界的区政协委员，对全区农田水利基本建设和山区农业综合开发重点工程的进展情况进行考察。实地考察了八角镇旱夹河治理、古现镇古城顶山区开发、臧家镇柳子河治理和巨屯山区开发、高疃镇龙门埝山区开发、张格庄镇黑石葡萄园开发、东厅镇桃园河治理等重点工程项目现场。

1999年4月20日，区政协主席、副主席对新建的八角渔港码头进行视察。5月6日至12日，组织政协委员对福山一中、格中的教学管理情况视察。6月14日，区政协主席、副主席在区政府分管农业副区长和水利局长的陪同下，对外夹河治理工程进展情况进行视察。12月1日，按照市政协部署，组织驻福市政协委员对全区农业开发和种植业结构调整进行视察。

2000年6月20日，区政协组成专题视察组，对1

处国有药品经营企业、1 处个体行医诊所、5 处药品和保健品门市部的药品管理、药品知识宣传和药品市场管理情况进行视察。7 月 12 日，组织部分政协委员对全区文化市场管理情况进行考察。7 月 19 日，组织部分政协委员对全区教育收费情况进行考察。

2001 年 5 月 22 日，区政协主席、副主席对张格庄镇发展壮大农村集体经济情况进行视察。7 月 6 日，对福山高职校容校貌及教学设施建设情况进行考察。

2002 年 5 月 22 日，区政协组织部分政协委员对整顿规范市场经济秩序、打击假冒伪劣商品工作情况进行考察。5 月 29 日至 30 日，组织社会政法组的政协委员考察了门楼法庭、派出所和高疃派出所的工作情况。6 月 5 日，实地考察福山高新产业区建设情况。

第五节　文史编研工作

区政协坚持“存史、资政、团结、育人”的方针，采取多种形式挖掘、收集、抢救、整理、编写文史资料。先后为省、市政协提供有价值的文史资料 30 多篇。同时，组织编写出版多部反映福山历史、人物、风情的书籍。1985—2002 年，先后编辑出版《烹饪之乡采录》《苹果之乡史话》《烽火岁月纪实》《福山商业漫忆》《福山教育钩沉》《福山文化概览》《人民公仆林纯之》《夹河银湖》《福山文化名人》9 部 80 多万字的文史资料丛书专辑。1985 年 9 月，为收集、整理反应福山在解放战争时期的有关资料，区政协选派两人，历时 18 天，登门走访了在外地工作、居住的福山籍老干部 10 多位。先后走访了 1939—1940 年时任福山县委书记林纯之的爱人、青岛市机关托儿所原所长王志坚、潍坊市潍城区妇联原主任李东、淄博市农林局原局长孙浩、山东师范大学党委原副书记刘众等人，收集了大量有价值的资料。1986 年 10 月，召开中华人民共和国成立后文史资料征集座谈会。1989 年 9 月 21 日，区政协邀请县委原书记杨克明、县政协原主席胡登保等离退休老干部座谈，征集中华人民共和国成立后的有关文史资料。是年，区政协编撰的《烹饪之乡采录》《苹果之乡史话》《福山商业漫忆》《福山教育钩沉》4 部文史专辑，参加了华东 6 省 1 市政协文史书展。1990 年 11 月 28 日，省政协文史办副主任陈登曦在市政协领导陪同下，到福山检查指导文史工作。1991 年，区政协文史委张允德撰写的“编辑地方文史专辑的三个要点”论文，在《文史通讯》刊登，同年被省《联合日报》转载。1992 年 6 月 5 日，区政协召开全区文史工作会议，围绕深入挖掘福山文史资料素材进行研讨。1998 年 8 月，在中国殷商文化会举办的国际学术研讨会上，区政协委员吕伟达发表《甲骨文发现与钩沉》《王懿荣书法艺术与爱国精神》等 3 篇论文。

第六节　联谊活动

海外联谊会　1993 年 10 月 16 日，由区政协牵头，区委统战部、侨联、侨办、对台办参加，正式成立海外联谊会。大会通过《烟台市福山区海外联谊会章程》；选举王国梁、史润田、初春霖为会长，选出副会长 56 名、常务理事 42 人、秘书长 1 名；通过聘任 38 位名誉会长名单。海外联谊会首批会员 237 人，分布在 32 个国家和地区，并在日本、韩国、美国、英国等国家和地区设立海外联谊小组。会上，表彰了多年来为支持家乡建设做出突出贡献的港澳台同胞和海外侨胞。组织会员参观考察轻工机械厂、工艺品厂、钢窗厂、西苑制药厂等企业。10 月 17 日，区政府举行经济联谊恳谈会。

海外联谊会成立后，区政协采取多种形式，密切同海外会员联系。利用祖国传统节日，定期寄信问候；利用家乡重大活动，寄信通报；在“三胞”家属中开展“写一封信”活动，热情接待回乡“三胞”，增进感情交流；在重大节日和区重要活动时，区政协都召开“三胞”眷属委员座谈会；对回乡探亲、旅游、洽谈生意的港澳台同胞和海外侨胞，热情接待，提供服务；做好“三胞”眷属工作，做好“三胞”支援家乡经济建设的牵线搭桥工作。

书画联谊　1991 年 5 月 8 日，区政协成立书画之友社，并召开一届一次社员大会。选举一位社长（刘学增）、6 位副社长、1 位秘书长、5 位副秘书长；通过 8 位名誉社长、15 位艺术顾问、17 位特邀顾问名单。书画之友社成立后，区政协组织开展书画联谊活动。1992 年 6 月 16 日，书画之友社一届二次会议召开，52 名社员出席会议，市书协主席柳志光、秘书长宁兰智、市画院院长袁大仪等莅临会议。会议对征集的 132 幅社员作品进行了展评。同年 9 月 29 日，区政协书画之友社与区环保局联合主办“福山美”环保书画展，共展出作品 67 件。

第八编　政法

1978年以来，福山区公、检、法机关的各项工作逐步走向正规。司法机构不断建立健全，司法制度不断完善，司法程序趋向科学合法。侦查技术不断提高，案件侦破率逐年上升。依法对各类犯罪分子开展斗争，社会治安持续稳定。公、检、法联合办案，成为司法机关的普遍方式。严格按照“分工负责，互相配合，相互制约”的原则，进行刑事诉讼，以保证法律执行的准确有效。对刑事案件的侦查、拘留、执行逮捕、预审，由公安机关负责；检察、批准逮捕及检察机关直接受理的案件的侦查、提起公诉，由人民检察院负责；审判由人民法院负责。通过开展普法教育，人们的法律意识、法制观念和遵纪守法的自觉性普遍增强。

第一章　公安

中华人民共和国成立后，福山县（区）公安机关在治安管理、镇压反革命、取缔反动会道门、锄奸反特、经济保卫、侦查破获、监所管理、惩治刑事犯罪、消防等方面取得显著成效。

改革开放以来，县（区）公安机关贯彻“以预防为主，防控结合，标本兼治”的方针，健全社会治安防控体系，贯彻“严打”方针，对刑事犯罪始终保持高压态势，有效地预防、制止和惩治违法犯罪行为，维护了稳定。加强治安、户籍、出入境、消防、监所管理等，确保公民的人身安全、人身自由与合法财产。同时，公安机关不断加强自身建设，坚持“政治建警、科技强警、从严治警、从优待警”，塑造忠诚可靠、业务精通、纪律严明、作风优良、战斗力坚强的公安队伍，为福山社会稳定和经济发展做出积极贡献。

第一节　公安机构

南宋绍兴三十一年（1161年），县衙设巡检。元设典史，分管监狱、缉捕等。明、清沿袭之。清顺治三年（1646年）设孙夼镇巡检司。清乾隆二十五年（1760年）改设海口巡检司。民国元年（1912年），县民政署设审检所、警察所。民国十七年（1928年），县政府第一科分管公安，下设公安局。民国二十一年（1932年），公安局单设。民国三十年四月（1941年4月），县抗日民主政府设公安局。民国三十五年（1946年），县公安局内设人事、侦查、审讯科，下设八角口派出所。1947年改科为股。

1949年，增设治安股，区设公安特派员，村设公安员。1951年，公安局成立劳改队。1956年9月，增设户籍股，村设治保会361个，企业、学校成立治保小组35个。1958年10月，福山县并入烟台市，公安局撤销。1962年复县后，恢复县公安局。八角口、皂户头、奇章设边防哨所。1966年，谭家庄、兜余、黄务、古现、高疃、门楼公社分设派出所。1967年2月，公安机关被“造反派”冲击，处于瘫痪状态。1968年4月，公、检、法机关实行军事管制，合并为政法组，内设政工办公室、秘书股、治安股、政保股、经保股，下设福山镇派出所。1970年11月，设西陌堂机场派出所。1973年4月，撤销谭家庄、黄务、古现、高疃、门楼派出所，改设特派员。6月，公安机关军事管制小组撤销，恢复县公安局。1975年3月，

图8-1　烟台市公安局福山分局

内增设检察股；4月，奇章派出所改为胜利边防派出所；5月，设回里火车站派出所。

1980年3月，县公安局设刑警队。5月，设消防股。7月，设边防保卫股；八角、胜利边防派出所改为军制。1981年10月，设福山铜矿派出所。1982年4月，设门楼水库派出所（隶属门楼水库管理局，业务受县公安局指导）。8月，设张格庄、高疃、古现、门楼、臧家派出所，将原回里火车站、西陌堂机场、福山铜矿派出所分别改为回里、兜余、东厅派出所。1983年1月，边防保卫股改为武警中队，同时消防股转为隶属武警军制。11月，福山县公安局改称烟台市公安局福山公安分局。1984年8月，设交通队。1985年2月，秘书股改称办公室，政保股、治安股、预审股、消防股改为科，经保股改为保卫科。同年，增设纪检组、法制科和治安队。1987年3月，区交通局交通监理站移交福山公安分局；9月，与公安分局交通队合并，设立福山交通警察队。1988年，交通警察队内设办公室、一中队、二中队、事故科、宣传科、培训科、设施队、车辆管理所。6月，福山公安分局设户籍科、信访科。1989年2月，按照公安部统一要求，交通警察队改为交通警察大队（副科级），同时增设城关中队；城关镇派出所改设城关派出所和福山镇派出所。10月，福山公安分局增设外事管理科。

1991年6月，福山公安分局设自行车管理所；治安队改称基层基础科。10月，八角边防派出所改称八角边防工作站。1992年4月，分局纪检组改为纪律检查委员会。1994年5月，设立福山公安分局巡警大队（正科级），下设办公室、业务科和4个值勤中队；撤销基层基础科。10月，刑警队改称刑警大队（副科级），下设办公室、技术科和4个刑警中队。1996年3月，刑警大队增设五中队（综合中队含预审科）。4月，交警大队增设门楼五中队、古现三中队。6月，胜利边防派出所改称胜利边防工作站。8月，分局设预审监管大队（副科级），看守所、行政拘留所归属预审监管大队。11月，增设审计科、行政科、通信科；巡警大队增设五中队和六中队。是年，户籍科改称户政科，信访科改称控申科。1997年7月，分局设指挥中心（副科级），内设指挥调度科、办公室，通信科归属指挥中心；增设培训中心（副科级），内设综合科和教学调研科。8月，设档案科，归属指挥中心；消防科改称消防大队。1998年7月，消防大队设消防中队，内设2个班。9月，分局设警务督察队，交警大队增设高疃中队（四中队）。1999年4月，分局设计算机监察科；9月，设宣传科；11月，设经济侦查科。

2000年3月，分局看守所并归烟台市公安局看守所（设在留公）统一管理；福山区武警中队并于烟台市公安局看守所警卫队。5月，政保科改称国内安全保卫科；外事管理科改称出入境管理科。2001年4月，福山镇派出所改称清洋办事处派出所；臧家派出所改称福新办事处派出所。5月，为打击“法轮功”邪教组织的非法活动，分局设立“428”办公室，之后改称“610”办公室。9月，经济侦查科改称经济侦查大队（副科级），内设办公室、保卫科和3个中队；治安科改设治安大队（副科级），内设办公室、一中队、二中队、治安行动队。11月，交警大队撤销城关中队，设交通科。2002年3月，分局设等级化管理办公室；4月，交警大队撤销设施队，增设财务科。9月，八角、胜利边防工作站划归烟台开发区；福山武警边防中队并归开发区武警边防大队；交警大队古现三中队迁到福山高新区。

第二节　打击刑事犯罪

1978年，县公安局选派3人到烟台地区公安处参加刑事侦察训练班，提高刑事侦察能力，加大打击各种刑事犯罪力度。1980年3月后，县公安局刑警队专门负责刑事侦察工作。

1983年8月，根据中共中央《关于严厉打击刑事犯罪活动的决定》，全县开展严厉打击各种刑事犯罪活动。打击的重点是杀人、放火、爆炸、强奸、抢劫、重大盗窃及流氓团伙等严重危害社会治安的7类刑事犯罪分子。县委成立“严打”指挥部，按照中央“三年为期，三个战役”的统一部署，贯彻“从重从快，一网打尽”的方针。公安机关以事实为根据，以法律为准绳，惩办与宽大相结合，“严打”斗争稳步深入发展。至1984年7月，为“严打”第一战役。主要针对犯罪分子活动嚣张的情况，全线出击，四面撒网，着重打击浮在面上的刑事犯罪分子。1984年8月至1986年1月，为“严打”第二战役。以“打流窜、追逃犯、攻死角、破积案”为战略，有重点、有目标地组织集中深入打击，挖掘深层的重大刑事犯罪分子。1986年2月至1987年1月，为“严打”第三战役。

深入开展反盗窃、反破坏社会治安秩序的斗争。各级从本地实际出发，集中解决突出的社会治安问题，扫除社会丑陋现象。

经近三年半的时间，“严打”斗争取得成效。全区破获各类刑事案件198起。其中，重大案件29起，缴获赃款及赃物折款37万余元；摧毁各类刑事犯罪团伙23个，收捕团伙成员78名；逮捕各类刑事犯罪分子364名，判刑324名。其中，死刑4名、死缓6名、无期徒刑1名、20年以下有期徒刑313名。在第二战役中，抓获制作、贩卖、传播淫秽物品违法犯罪分子140名，依法收缴淫秽录像带14盘、录像机12台、电视机4台、淫秽书刊等一宗。

“严打”期间，全区群众检举揭发犯罪线索403条，扭送现行违法犯罪分子245人，涌现出一大批同犯罪分子作斗争的先进典型。诸城市暴力抢劫犯李某，携带炸药包、匕首蒙面闯入福山镇西留公村林某家行劫。林某夫妇不畏强暴，与闻声赶来的父亲、弟弟一起同罪犯展开搏斗，身负重伤不退却，终将罪犯擒获，因而受到区、市表彰。在“严打”的震慑下，全区有17名违法犯罪分子主动向公安机关投案自首，坦白交代问题。

“严打”斗争有力地推进了社会治安综合治理。区公安分局成立由19人组成的治安队，全区城乡成立治安小分队11个、69人，有80个乡镇企业成立治安队66个、326人，306个村有专职治安巡逻队277个、1101人。治安队共抓获现行违法犯罪分子465名，破获各类案件307起，逮捕刑事犯罪分子28名，治安处罚398名。全区202处重点要害部位全部实行防范措施，签订安全合同。刑事案件大幅度下降，治安秩序稳定，群众的安全感普遍增强。

附：典型案例

△1978年5月7日7：30，福山镇永福园大队烈属邹某（女，80岁）被杀害；其曾孙卧于院内草棚里，颈部、头部多处受重伤。县公安局闻讯后立即组织8人专案组侦破，经5昼夜奋战，将杀人犯王某（男，22岁，本村人）抓捕归案。

△1981年12月26日晚，东厅公社特派员王某的手枪及子弹11发被盗，案件久侦未破。1982年12月8日晚，东厅公社北厚滋沟大队巡逻队员发现一盗窃分子，在追捕时，该分子鸣枪，巡逻队员立即报告县公安局。县公安局派出5人小组堵截，将其抓获。经查，该犯刘某，系栖霞县人，在福山铜矿工作，除盗窃手枪、子弹外，还盗窃东厅公社武装部子弹200余发、农户20英寸彩色电视机、收录机、嘉陵摩托车，赃物折款5000余元。

△1999年1月29日14时半，古现镇谭家村76岁的女侨属刘某住房起火，当群众扑灭大火从坍塌的废墟中找到她时，尸体已被烧焦。区刑警大队接到报案后即赴现场，经现场勘查、尸检结果认定是一起“他杀、焚尸”案。干警经过9昼夜奋战，终将凶犯（案犯系本镇皂户头村人，死者房后邻居谭某的女婿）隋某抓捕归案。

△2002年1月11日凌晨，2辆出租车停在文化街黑暗处，车上下来7名男青年直扑“大发鸡蛋批发部”。拎大铰钳的人将防盗门锁铰断，留下1人望风，其余6人推门而入。此时，睡在店内一楼的雇工张某听到动静，没等反应过来，头部、身上便遭猛击，当即昏死过去。睡在二楼的店主周某和妻子刚要下床，被扑上来的4名歹徒摁在床上，铁管、菜刀齐上，血染四壁。歹徒们抢走店内6万元现金，逃离现场。案发后，区刑警大队赶赴现场，经勘查、走访，孔某有作案嫌疑。孔系店主一周前招来的帮工，因行为不端被辞退。刑警大队布点守候，于2月23日上午9时在烟台火车站前将其抓获。经审讯，孔因多次受店主训斥后被辞退，萌发报复抢劫念头。1月初，他找到犯有前科的安徽到烟台打工的李某，经周密策划，由李找到同乡王某、牟某等5人，实施抢劫。刑警大队顺藤摸瓜，速将其他案犯一网打尽。

第三节　治安管理

枪支管理　1951年，县公安局开始对枪支进行管理。1958年，对射击运动使用的5.6毫米的小口径步枪和手枪、7.62毫米的大口径运动步枪和作为射击运动的猎枪也进行管理，凡作为开展射击运动的枪支弹药，皆需向公安局申请发给持枪证。1981年4月，公安部颁布《中华人民共和国枪支管理办法》。同年6月，山东省政府发布清理各类枪支的通告，把枪支配发范围严格控制在工作必需的政法机关、海关、机要、企事业保卫部门等。同时，对民用枪支进行清理、登记，换发新的持枪证件。1983年，公安部发布《关于坚决贯彻国务院命令，进一步加强枪支弹药、爆炸物品管理的通知》。配合“严打”斗争，福山公安分局开展以清理、收缴枪支弹药和爆炸物品为主要内容的安全大清查工作。1984年底，全区持枪总数为1845支。其中，政法等部门公用枪支139支，社会民用枪支1706支（包括土枪1116支，气枪223支，猎枪350支，小口径步枪17支），各类子弹4000余发。之后，公安机关每年都对发现散存在社会上的所有民用枪支一律收缴。至2002年底，全区共收缴各类民用枪支3321支。其中，猎枪1068支，土枪1636支，气枪389支，小口径步枪等228支，子弹3万余发。

爆炸物品管理　中华人民共和国成立初期，对爆炸物品未列为治安管理范围，对炸药的产运管销过程无统一规则，发生爆炸事故甚多。1957年12月，公安部关于《爆炸物品的管理规则》颁布后，县公安局对爆炸物品的制造、运输、储存、使用均作了严格规定，不论集体和个人均需持乡政府信件，向公安局申请，经批准后方可生产和经销黑炸药。凡购买工农业生产所需炸药、雷管、导火索，必须持单位申请书向公安局领取购买证。1960年以后，经营炸药、雷管、导火索和鞭炮等物品，购销按规定，储存有专库，保管有专人，手续完备。1980年5月，县公安局根据上级部署，在全县采取人人清理、户户收缴的办法，对散存在社会上的爆炸物品进行集中收缴活动。同时，组织大批干警，逐村逐户逐单位签订《不私藏爆炸物品保证书》。切实做到堵源截流，把爆炸物品管理责任真正落到实处。经过每年不断地集中宣传、收缴，至2002年，全区共收缴炸药2万余公斤、雷管9000余枚、导火索3万余米。

尽管如此，仍有少数人无视法规，致使爆炸事故时有发生。1986年12月12日，古现镇四合村村民陈某、林某、孙某，在配制鞭炮药剂中违章操作，引起氯酸钾爆炸，当场炸死7人，致重伤2人，轻伤2人，炸塌房屋20间，严重损坏房屋190间，造成直接经济损失20余万元。还有因放松警惕、保管不善，被不法分子骗取或偷盗，利用爆炸物品作案现象发生。1979年以来，全区共发生爆炸案件23起，抓捕犯罪嫌疑人18名。

特种行业管理　中共十一届三中全会后，特种行业治保组织逐步恢复、健全。至2002年，全区特种行业共成立治保组织123个，治保人员389人。

公安机关针对特种行业易为犯罪分子利用的特点，建立健全并严格执行安全规章制度。凡经营特种行业者，需向公安机关申请登记，经审核批准，发给许可证，再由工商管理机关办理营业执照；对房屋建筑、消防设备、安全设施等不符合开业条件的，不予批准发证；如变更营业范围、迁移地址或合并等，应及时向公安机关报告，办理变更登记手续。

旅店业有严格的旅客登记住宿、审查证件、出入、会客、财物保管和值班制度，并定期向公安机关报送“店簿”。刻字业建立承刻、保管、监销制度，刻铸公章需报公安机关审查由指定部门专刻。铅印证件、介绍信等，禁止在市场销售。信托、废品等旧货收购业和修理业，对邮寄、买卖、收购、修理物品进行凭证登记，贵重稀有物品严格保管，发现可疑物品，立即报告公安机关；严禁收购枪支弹药、爆炸物品、放射性物品、石油专用器材、通信设备、机密文件、图纸等；单位或个人出售生产性废旧金属，一律要出具证明。对特业从业人员，公安机关不断进行提高警惕性和识别违法犯罪嫌疑人的教育，以利查获违法人员。逐户签订安全责任状，分门类登记造册存档，进行经常性的检查和集中清查，发现问题限期整改。2002年，全区共下达限期整改通知书60份，取缔违规美容美发厅23家，查封旅店业、废旧金属收购业17家，抓获违法犯罪嫌疑人26名。

禁赌　境内赌博的方法很多，常有押宝、推牌九、看纸牌、打麻将、掷骰子等。中华人民共和国成立前，赌风盛行，尤其每年春节或庙会期间，赌风最盛。1949年，公安局三令五申不准设局聚赌，但赌风仍旧不断。公安局通过发动群众，调查摸底，破获几处大赌局，设局者和惯赌分子皆受到严厉惩处，赌风有所收敛。1953年以后，社会赌博基本销声匿迹。80年代，赌博陋习又渐兴起。1983年，臧家公社大杨家村党支部书记杨某联络外省市赌徒在家聚赌，被公安机关抓捕，判处有期徒刑4年。1985年春，回里镇一赌徒纠合牟平、栖霞赌徒聚赌，被公安机关查处严惩。是年，群众举报，有的民营企业无视法规，私设赌局，以押注、扑克牌、吹球器等为赌具聚赌，非法盈利。区公安分局接到举报后，立即出警，先后将东陌堂、天仙阁、和福、华霖等单位私设的赌具捣毁，对首要分子予以处罚。

安全预防　1980年，县公安局在全县内部单位的要害部位安装技术报警装置，财会室安装暗锁和配备保险柜，实行安全责任制。1982年3月，全县重点部位推行门窗牢固、有人值班、消防配套、技术报警“四配套”防范措施，加强安全预防工作。1983年8月，县公安局贯彻执行“打防并举”的方针，狠抓基层基础工作，推进综合治理各项措施全面落实。在公共复杂场所和特种行业建立健全相应的治安管理制度和治安联防网；在经济要害部位实行安全岗位责任制，直接与个人经济利益挂钩；在农村实行以治保会为主体的治安巡逻队承包责任制和治安联防责任制；对一般违法犯罪人员，普遍建立健全帮教组织，定期进行帮教；对“两户一体”逐项签订安全公约等，加强安全预防管理。在城区采取“动静结合，点线面结合、人防技防配套”措施。人防以巡警为主体，科学划分巡防区，合理布建处警点。对主要街道、繁华区域、治安复杂地带、居民区、城郊接合部等进行24小时不间断巡查。同时，实施“1447”方略，即在青龙山设1处警务工作站，在福海路南北两端、河滨路南端、松霞路北端设4处堵截卡点，在北五路（红旗西路）西端、河滨路中段、芝阳路口、永福园北端设4处治安岗亭，在松霞、锦绣山庄、同福、河滨、电业、天福、泊子7个居民小区设警务室。技防主要在党政机关、金融、新闻单位以及关系到国计民生的水、电、油、气等部门，采取安装闭路电视监控、视像监控、微波监控、电脑联网等高科技报警系统，全天候发挥作用。同时，城区各单位普遍建立门岗值班室、看车场，楼寓设电控对讲门、内置式防护网，做到路、街、门、窗、店、院联防联动，互相共防。在全区实施“警务下沉，防线前移，以城带镇，整体推进”的社区警务战略。全区共布建70个以公安干警为骨干、治安联防队和治保主任为主体的治安责任区，每个治安责任区均设警务室，配备2～4名正式干警和3～5名治安巡逻队员，各村治保主任轮流带队执勤，形成强有力的基层治安堡垒。治安责任区民警按照“以管住人就是管住社会治安”的工作思路，广泛开展进百家门、认百家人、知百家情、暖百家心的“百家熟”活动，走门串户，建立“两本账”，编织“两张网”。一本账记录辖区内有多少长期有困难、主要困难是什么的群众，民警与这些困难户结成对子，关心他们的疾苦，尽可能帮助他们解决困难；另一本账记录群众对公安机关有什么意见和建议，从中了解群众想什么，要求公安机关做什么，以便更好地改进工作。一张网是朋友网，民警与他们建立起真正的朋友关系，使群众敢向民警说实话，讲心里话，敢提供各类违法犯罪的线索和突出的治安问题；另一张网是帮教对象网，对帮教对象真心帮助，真心关怀，真心施教，感化他们，重新做人。2002年末，经对70个治安责任区进行考核，有17个达到“文明社区”的标准。

福山公安分局还成立60人的骨干小分队，专门进驻治安秩序混乱的村队和单位，打地包、挖地痞、扫恶霸，整顿治安秩序。1990年5月18日，因门楼水库增容，侵害到张格庄乡台上村群众利益。驻村干部在工作中由于方法失当，激化700余名群众围攻，并抢走法警54式手枪1支。福山公安分局立即组织100余名干警赶到现场，及时遏制了事态扩大，并于23日追回被抢枪支，事件得以平息。高疃镇湘河村一度治安秩序混乱，多次发生爆炸案件。1999年1月，福山公安分局组成5人小组进驻该村，进行整治，仅10天时间，挖出一个11人的村霸团伙，破获大小刑事、治安案件48起，2名主犯被依法惩处。

禁毒　中华人民共和国成立前，福山吸毒者较多。1941—1945年，全县有烟馆121家，吸食鸦片者723人。中华人民共和国成立后，政府严厉禁毒，使吸毒恶习逐渐绝迹。改革开放后，吸毒、私种罂粟者有所抬头。区公安分局在每年的整治治安秩序中，始终把禁毒工作列为重点。至2002年底，全区共治安处罚较轻吸毒者7人，铲除罂粟1025棵。

禁娼　清末民初，福山城内和八角口即有妓院。1935年后，尤其日伪时期，娼妓活动猖獗。中华人民共和国成立后，娼妓活动逐渐销声匿迹。80年代后，暗地卖淫嫖娼丑恶现象又沉渣泛起。歌舞厅、练歌房、洗头房、洗脚房等成为卖淫嫖娼主要场所。公安机关多次进行专项清查整顿，取缔摧毁卖淫嫖娼场所、团伙，严厉打击扰乱社会秩序违法行为。

第四节　基层治安保卫

中华人民共和国成立初期，福山农村始设治安保卫委员会（简称治保会）或小组。1952年，全县建立治保会92个、治保小组284个。1956年，农村治保会发展到361个，企业、学校成立治保小组35个。1962年11月，公安部根据治保会工作实践，制定《治安保卫委员会工作细则（试行草案）》。1978年1月，公安部重新修订《治安保卫委员会工作细则》，治保会工作走上正轨。1985年，全区有治保会302个、治保小组120个。

基层治保会成员由思想作风正派、善于联系群众、热心治保工作的人员担任，一般由3～7人组成，设主任1人，副主任1～2人。以机关、企业、学校、街道、行政村为单位组建。治保会建立初期的任务是负责所属范围内的防特、防火、防盗、防其他事故的“四防”工作；协助公安机关维护社会治安秩序、侦破案件；依法管制和监督改造地富反坏“四类分子”，保障生产建设的顺利进行。中共十一届三中全会后，基层治保会的工作重点转向宣传组织群众预防犯罪，执行乡规民约，开展治安巡逻、安全检查，落实防范措施，协助公安机关保护刑事案件现场，提供破案线索，积极反映群众对社会治安管理的意见和要求。

基层治保会为群众性的治保组织，受基层党组织领导和公安机关、特派员业务培训指导。80年代前，治保人员全靠政治觉悟，义务工作，村治保主任外出开会发给误工补贴。1982年农村实行生产责任制后，各村建立以治保会为主体的治安巡逻队，承包治安工作，明确职责，给予一定报酬，实行奖惩制。1985年后，为便于开展治安管理，多数村组建治安联防片，由片长指挥，实行治安联防责任制。2002年末，福山公安分局对全区基层治保组织进行资格审查登记，认定核发证书465个。其中，有390个治保会达到《烟台市规范化治保会条件》的要求，达标率为83.9%。

第五节　取缔反动“会道门”

1949年6月28日，山东省政府发布《关于取缔反动会道门布告》，县公安局进行登记，全县共有“会道门”有“九宫道”道首28名、道徒3361名；“一贯道”道首8名、道徒3253名；“家里”（“清帮”）3000名；“普济佛教会”会员1700名。1951年5月10日，全县统一行动，对反动“会道门”予以集中打击、取缔，逮捕反动的“一贯道”“普济佛教会”等坛主和道首47名，其中被判处死刑2名，判处有期徒刑15名，被管制19名。1972年10月，东留公老道徒借“文化大革命”混乱之机，建立“黄正道”，自封为“中盘主”，发展道徒24名，建立“下下盘”1个。他和“下下盘”主经常造谣惑众，宣扬封建迷信，攻击社会主义制度。1973年1月，公安机关发觉后予以摧毁。该老道徒被判处管制3年。

第六节　户政管理

常住人口管理　中华人民共和国成立后，县公安局对全县人口实行统一管理。1956年，设户籍股，建立常住人口出生、死亡、迁出、迁入4项变动手续。农村户口由区、乡、公社文书兼管，大队由会计兼管。城市户口实行居民户口簿管理。城镇居民申请出生、死亡、迁出、迁入，由户主或当事人持户口簿到户口管理机关办理。农村户口实施人口卡片管理，1人1卡，人动卡动，卡随人动。卡片填有姓名、出生日期、性别、籍贯及相关项目。如果村民迁出常住村或死亡，由村开具证明，本人或户主持卡片到公社办理变更手续。

1984年，福山镇及区直机关、厂矿企事业单位的户口，纳入派出所管理。1985年，各乡镇管理的户口全部纳入派出所管理。公安派出所采取“户访制”工作方式，对辖区常住人口进行入户走访，详细了解每户人口的基本情况。对有家不归、有业不就、有学不上的社会游荡人员，做到掌握其基本情况。通过户访制度，民警对常住人口的重点年龄段人员，熟知率达90%，杜绝了人户分离、出生不报、死亡不销和迁移不落户等问题。1985年9月，根据国家新颁布的《居民身份证条例》规定，常住人口开始办理居民身份证。1992年，农村户口取消卡片，改换户口簿，至此，全区常住人口全部实行户口簿管理。

流动暂住人口管理　1985年始，福山公安分局将暂住人口纳入管理范围。对全区暂住人口立卡建档，实行暂住户口证制度。暂住人口包括经劳动部门核准，驻本区所有的厂矿企事业单位从外地或辖区农业人口中招收的不转户粮关系的合同制工人、年度内的临时工、季节工、承包工及外地驻辖区办事机构无常住户口的工作人员；经工商部门批准进城办理服务行业的集体、个体从业人员；镇村从事建筑、运输等行业的承包队人员；探亲、访友、旅游、就医、借读、保姆等暂住在居民家中的人员；港澳台同胞和海外侨胞回乡探亲、办厂、洽谈贸易的人员；劳教、少管、劳改人员因病因事请假回家暂住以及需申报临时户口的其他人员。

暂住人口暂住时间超过3个月，由集体或者本人持证明信件到驻地派出所办理领取暂住户口证，有效期为1年；暂住3日以上3月以下，由户主或本人在3日内向派出所申报暂住户口登记；港澳台胞和海外侨胞凭回乡证、护照、旅行证等证件办理临时户口登记，住在亲友或本人家的由亲友或本人在 24 小时内向驻地公安机关申报临时户口登记，住在宾馆、旅行社、饭店的只办理住宿登记，填报华侨、港、澳、台同胞住宿登记表。

暂住户口施行来时申报、走时注销管理制度。暂住户口证由本人随身携带，以备公安人员检查。申报暂住户口的人员，进行违法活动受到多次治安处罚的，公安派出所撤销其暂住户口，收回暂住户口证，用工单位解除合同，退回常住户口驻地。2002 年，全区共登记暂住人口 2560 人，办理暂住户口证 2535 人，租赁房屋治安许可证 260 份。

重点人口管理　根据省公安厅关于《重点人口管理工作规范》规定，对五类监管对象和符合列管重点人口标准的，一律纳入公安重点人口管理范围，加大管理力度。管理方式，由责任区民警针对重点人口的不同情况，逐人建立帮教小组，走访了解其现实表现及交往人员和经济来源等情况，发现可疑线索，及时内查外调，切实做到底数清、情况明、能发现、控制住，对重点人口的熟悉率达到 100%。对人户分离的重点人口，做到“两头包、双列管”，确保不漏管、不失控。对监外执行犯等五类列管对象，落实帮教责任制和管控措施，坚持定期考察、日常汇报制度，逐人建档立卡，保证改好率达到 95% 以上，减少重新犯罪。2002 年末，全区共列管重点人口 64 人。

第七节　出入境管理

外国人出入境管理　1983 年，烟台市被国务院批准为沿海开放城市后，入境业务考察、洽谈贸易、游览观光等外国人日益增多。公安机关严格依法办事。在签证有效期内，需居留者，办理户口登记，发给居留证；无旅行证的，查明原因，给予补办；对非法入境、居留、就业的外籍人员，依法处置。1989 年，福山公安分局增设出入境管理科，负责出入境管理工作。1990—2002 年，全区共为临时入境的外国人办理各种签证 1178 件。其中，旅游 72 件、探亲 251 件、洽谈贸易 462 件、友好访问 354 件、其他 39 件。

公民出入境管理　改革开放后，公民申请出国增多。公安机关根据《中华人民共和国公民出入境管理法》规定，放宽政策，减少限制，简化手续，快速办理。公民因私事出国申请获准后，持中华人民共和国有效护照和出境登记卡及前往国家或地区的入境许可证，即可出境。

区公安分局压缩 5 项承诺时限，放宽 2 项限制，配置微机、打印机、扫描仪等设备，为公民出入境提供优质服务。外事科建立特殊身份人员登记备案、不准出境人员通报备案、常住人口登记备案 3 个数据库，出入境管理工作实现办公信息化、网络化，公民因私出境申请均可在网上受理，网上传输，办理时间大为缩短。1990—2002 年，福山公安分局共为 2155 名公民办理了因私出境手续。

同时，不断改进工作作风，简政提速，增强服务观念，对申请出入境公民实行急事急办、特事特办制度。文莱达鲁萨兰国政府在烟台宏远氧业有限公司购买 1 套高压氧舱设备，急需救治国内一位重要人物，专派健康部长带 1 架大型运输机空运，并要求厂方派 2 名工程技术人员随机前往安装。时间紧迫，外事科立即向领导请示汇报、受理填表、微机录入，又派专人冒雨将材料报送市公安局审批，上传省公安厅制证，前后不到 3 个小时就将护照等手续办妥。文莱国健康部长得知设备、工程技术人员可以按时起运时，对中国外事民警的办事效率深为钦佩，并通过烟台宏远氧业有限公司向福山公安分局表达谢意。

附：涉外案例

△ 1995 年 8 月 19 日 23 时 30 分，荷兰籍阿利克斯与英国人蒂姆、弗兰克 3 人酒后沿县府街西行至水利局门前，与烟台宽幅布厂下夜班骑车回家的青年女工汤某、刘某相遇。阿利克斯和蒂姆突然举起双臂拦截并呼喊，当场将汤某摔倒在地。福山公安分局接到报案后，立即调查处理。根据国家规定，给予蒂姆罚款 100 元、赔偿损失 248.45 元人民币的处罚；给予阿利克斯罚款 200 元、包赔损失 445.12 元和医药费 18.42 元人民币的处罚。

△ 1997 年 3 月 1 日 20 时 40 分，朝鲜人崔相元驾驶一辆客货两用车行至烟青一级公路福山区华仲木业制品有限公司东侧时，与停放在公路西侧修车的莱阳粮油公司车队一大货车追尾相撞，致崔相元右小腿骨折，直接经济损失 3 万余元。区公安分局交警大队接到报案后，速派员前往勘验调

查，认定崔相元违反《中华人民共和国道路交通管理条例》规定，应负主要责任。

第八节　消防管理

1957年，福山的消防工作归治安股（科）管理。1980年5月，县公安局设消防股，消防管理工作实行专业化。1983年，在福山城区建立公共消防栓13个。1985年，全区共有8公斤泡沫灭火机2300个、4公斤干粉灭火机180个、100公斤泡沫灭火机20个、灭火水龙带200盘。1989年，开始推行消防工作目标化管理试点。1992年，开展消防安全专项治理。之后，每年冬春两季进行全民防火教育；在炎热季节对危险化学物品、公众聚集场所、建筑消防设施、市政消防设施等进行消防治理整顿。同时，开展“119”消防安全宣传教育月活动。1997年10月，消防股改为公安消防中队，下设2个班，配置干部战士11名，配备泡沫消防车、水罐消防车、22米平台式消防举高车各1部。2001年，福山消防工作在全市率先实现微机接处火警。至2002年底，全区共设公共消防栓234处。区邮电大楼、天同证券公司等单位安装自动报警、自动喷淋灭火的防火安全系统。各厂矿企事业单位和村队自配大量的消防工具，共有8公斤泡沫灭火机5700余个、100公升泡沫灭火机120个、4公斤干粉灭火机510个。此外，还配有大量的水桶、铁锨、梯子、斧头、水龙带、水池、水缸等防火器具。

消防监督　1980年春季开始，公安局开展建筑防火审核工作，凡建造厂房、仓库、楼堂馆所等大型建筑物，须把消防设施列入建筑整体，同时设计、同时施工、同时竣工使用。建筑图纸不经公安机关审核，不得施工，并对建筑布局、耐火等级、消防通道、防火间距、安全疏散、灭火水源、通风采暖等方面的设计进行审查，严格把好图纸审核、施工检查、竣工验收三关，从根本上消除火灾隐患。

1981年11月，根据省公安厅《关于加强消防重点单位与部位安全管理试行办法》，把消防重点单位和部位的消防工作纳入制度化管理。消防重点单位须有1名行政领导具体负责消防工作，组织实施逐级防火和岗位防火责任制，建立健全消防档案；对义务消防队员和从事具有火灾危险性较大的电工、焊接工、油漆工、保管员和使用易燃易爆化学危险物品的特殊工种人员，进行经常性的防火知识和基本消防技能等专业教育训练；对影剧院、文化宫、游乐场、俱乐部、体育馆、展览馆等人员集中的公共场所，配置灭火器材，畅通疏散通道；对职工群众、在校学生，进行经常性的防火宣传和安全教育。

农村防火　广泛开展防火宣传，狠抓措施落实，减少火灾事故发生。每年麦收时节，公安机关都把防火作为重点工作进行专门部署，组织干警深入乡村，逐级签订《麦收防火安全公约》，检查落实防火措施。麦场上备足水缸、水桶、沙堆等灭火工具和物料；拖拉机、柴油机戴防火帽；用电严格按照规程操作。1989年以来，全区麦收期间从未发生大的火灾事故。

附：重大火灾案例

△1979年1月17日，臧家公社楮家疃村在礼堂召开全体社员大会，群众吸烟将烟蒂丢在刨花堆里，引起大火，整个礼堂被全部烧毁，经济损失2.5万余元。

图8-2　福山区公安消防大队

图8-3　消防知识讲解

△1984年6月23日和25日，门楼镇西埠庄村麦场2次起火。26日，门楼7队麦场起火。3起火灾皆因电盘接触不良打火花引起，共烧毁小麦8.25万余公斤，经济损失3.3万余元。

△1992年9月21日18时55分，福山百货大楼因劳保组东南上方的照明灯泡爆碎引起重大火灾。烟台市消防支队于19时04分接到报警，调集直属一中队、二中队、烟台开发区消防中队、烟台港务局消防中队、合成革消防中队共13部消防车，组织204名官兵及专职消防队员参加灭火，于22日凌晨2时将火扑灭。

△1999年9月2日10时40分许，福山高新区烟台进出口公司气调库施工工地，因在防水处理施工过程中的炉子烤燃氯丁胶和防水材料，发生重大火灾，过火面积400多平方米，烧毁大量建筑结构及保温防水材料，直接经济损失22.5万余元，伤3人。主因是建设单位领导消防意识差。施工现场严禁火种，但施工单位违规在易燃可燃材料近处使用电炉子烧水；缺乏市政消防设施，无公共消防栓，给取水扑救火灾造成被动。

第九节　监所管理

清末，福山监所设在县衙前右侧。1911年2月，成立福山监狱和福山审判厅看守所。1928年，福山审判厅看守所改为福山法院看守所，地址原在烟台海防营，1934年7月迁到山东第二监狱（原福山监狱）。1983年11月，按省统一设计、投资，在南大街58号建看守所。羁押对象主要是被刑事拘留和逮捕处于侦查、预审、审判阶段的刑事被告人，被判处有期徒刑余刑1年以下的犯人，被判拘役的罪犯和暂时不能送往劳改场执行刑罚的已决犯。2002年5月，烟台市留公监狱启用，福山看守所撤销。

人性化管理　福山看守所成立后，严格执行公安部、省公安厅的各项规定，坚持对人犯的人身、携带物品、活动场所及周围环境每月进行一次大检查，每周进行一次小检查，平日不定期抽查，确保监所安全，避免事故发生。实行人性化管理，按规定标准调节生活，让犯人吃热、吃饱、吃好，节日加菜改善生活。坚持对囚室定期消毒，为犯人检查身体，定时令犯人洗脚、洗衣服、理发、放风，防止传染病。看守所设有狱医，备有常用医疗药品，做到“小病不出所，大病请医生”，使病犯得到及时治疗。

加强教育　看守所对在押人犯始终坚持“管制与教育相结合”的方针，及时了解掌握人犯思想情况，有针对性地进行政治思想教育，包括监规教育、法律教育、政策教育和形势前途教育。人犯入所24小时内提审1次，宣讲监规。对抗拒审讯审判、妄图行凶、逃跑者加重处罚。在审讯中，配合预审、检察、法庭，向犯人讲述有关法律法规内容，使犯人懂得什么是犯罪、什么犯罪行为应受到法律惩罚等，认识自己所犯罪行对国家、对人民的危害，促其认罪服法。向人犯讲明“惩办与宽大相结合”“坦白从宽，抗拒从严”等有关政策。从正反两方面列举从宽、从严典型事例，使人犯相信党的政策，老实交代罪行，争取从宽处理。不断对人犯进行社会主义建设成就和美好前景教育，列举一些的英模人物事迹，以某违法犯罪人经改造后成为遵纪守法、勤劳致富的先进典型事例，促使人犯树立正确的人生观，愿意改恶从善，洗心革面。同时，有选择地安排人犯家属、亲友探监，进行规劝教育，进一步促其悔过自新。看守所设有图书室、广播喇叭，报纸配发到囚室。每日组织人犯收听新闻广播，阅读报纸、图书，使其了解国内外大事，树立和坚定认罪服法、重新做人的信心。

第二章　检察

改革开放后，福山县人民检察院重建，担负着批捕、起诉工作，协同有关部门平反“文化大革命”期间造成的冤假错案。刑事检察工作配合“严打”整治斗争和社会治安综合治理，稳准快狠地打击各种严重刑事犯罪；

经济检察严厉打击贪污贿赂犯罪。1995年12月，反贪污贿赂工作局成立后，反贪成为检察工作的重中之重；法纪检察从查办重大责任事故和非法拘禁等犯罪案件转向全面查处国家机关工作人员渎职侵权案件；控告申诉检察、民事行政检察、监所检察等工作全面开展，检察机关的监督职能得到充分发挥。

第一节　检察机构

清宣统三年（1911年）二月，福山地方检察厅成立，内设厅长、检察官、书记官、录事、法警等。民国17年（1928年），检察厅撤销，在福山地方法院内设检察处。

1951年，福山县人民检察署成立。1955年，改设人民检察院。1958年撤县时并于烟台市人民检察院。1962年复县后，恢复福山县人民检察院。1964年2月，内设检察委员会，成员任免由省检察院批准。“文化大革命”期间，检察院被“砸烂”，后归并“军管组”。1975年3月，县公安局设检察股，专门负责批捕工作。1978年10月，县人民检察院重建。1980年，内设刑事检察一股、刑事检察二股、法纪检察股、经济检察股和秘书股。1981年，增设监所检察股。1983年11月，更名为烟台市福山区人民检察院。1984年2月，增设控告申诉股。同年11月，将股改为科，设办公室、刑检一科、刑检二科、法纪检察科、经济检察科、控告申检科、监所检察科、技术科、政工科。1987年11月，内设刑事检察一科、刑事检察二科、法纪检察科、经济检察科、监所检察科、技术科、政工科、办公室。1988年4月，增设法律政策研究室。1989年5月，成立打击严重经济犯罪办公室，为副科级单位。1990年2月，经济检察科改为贪污贿赂检察科。1992年3月，成立税务检察室。1994年2月，

图8-4　福山区检察院

成立民事行政检察科。1995年1月，成立农村经济检察室；11月，更名为乡镇检察室。1995年12月，成立反贪污贿赂工作局，正科级规格。1996年3月，检察技术科对外挂烟台市福山区人民检察院司法技术鉴定中心牌子。1996年10月，政工科对外挂纪检监察科牌子。1997年12月，增设行政装备科；法律政策研究室合并到办公室；撤销税务检察室；反贪污贿赂工作局内设侦查一科、侦查二科。1999年1月，增设调研室；政工科对外挂法警队牌子；撤销行政装备科。2000年10月，增设法警队，政工科不再挂法警队牌子。2001年9月，设立渎职犯罪侦查局，规格为副科级；撤销法纪检察科。2002年1月，法警队与办公室一个机构2块牌子；撤销乡镇检察室；反贪污贿赂工作局内设侦查一科、二科、三科；政工科不再挂纪检监察科牌子。

第二节　刑事检察

福山县人民检察院于1978年重建后，恢复行使审查批捕职权。对刑事案件实行专人审查、集体讨论、检察长审查决定的办案制度。1980年，《中华人民共和国刑法》《中华人民共和国刑事诉讼法》实施，审查批捕和审查起诉工作走向正规。是年，县检察院内设2个刑事检察股，主要受理对公安机关和本院自侦部门移送的刑事案件进行审查，决定是否逮捕，对其侦查活动是否合法实行监督，对移送审查起诉和免予起诉的刑事案件进行审查，作出起诉、免予起诉或不起诉决定，对提起公诉的案件出庭支持公诉。1978—2002年，支持公诉占审判次数的100%，共受理公诉案件2133件，涉案2813人，审查决定起诉1588件，涉案2182人，起诉准确率达100%。

第三节　经济检察

1980年，检察院内设经济检察股，主要受理、查办贪污、贿赂、挪用公款等经济犯罪案件。是年，查办经济案件2起，挽回经济损失4102元。1982年，按照全国统一部署，开展打击严重经济犯罪活动，查办经济案件8起，挽回经济损失45214元。1983—1984年，以严厉打击刑事犯罪为中心，经济案件查办相对减少，共立案侦查11件，挽回经济损失71438元。1985年，执行中央、

山东省和最高人民检察院关于严惩经济犯罪活动的决定和指示，立案侦查6件，挽回经济损失31.2万元。1986年，检察机关把打击经济领域犯罪放在首位，立案侦查13件，挽回经济损失31万元。1987年和1988年，依法从严惩处以贪污受贿犯罪为重点的犯罪活动，立案侦查38件，挽回经济损失65.3万元。1989年，建立健全经济案件侦、捕、诉分开办案制度，全年查办经济案件30起，挽回经济损失104.44万元。1995年12月，设立反贪污贿赂工作局，全年立案查处经济犯罪案件81起，挽回经济损失495.17万元。

1978—2002年，共查办经济案件525起，为国家和集体挽回经济损失3329.9万元。

附：典型案例

△ 1990年8月3日，中国人民银行烟台市福山区支行举报，单位会计董某有挪用公款嫌疑。区检察院立案查明：董于1989年5月至1990年7月17日期间，利用职务之便，采取私自填写“委托付款凭证”和“同城交换票据”、制作假账等手段，擅自将区财政局在该行的预算资金和区人民银行的资金共计21万元，先后8次分别挪用给本区个体户梁某、曹某、李某、莱阳市焦家店村焦某搞盈利活动。案发后，尚有11万多元没有追回。1990年8月11日，区检察院将其依法逮捕。同年12月30日，被区法院判处有期徒刑16年。

△ 2001年2月3日，区检察院接到群众举报，烟台宽幅布厂驻青岛办事处原负责人刘某挪用公款。查明：刘某在1990—1999年，利用担任烟台宽幅布厂销售科副科长、驻青岛办事处负责人之便，以单位名义，采取以货物顶货款、借转帐支票、打收条、借条的手段，先后从中国抽纱山东进出口公司套取价值146.77多万元的货物另行销售，并提取单位货款30.04万元；从青岛三百惠商厦股份有限公司结算货款2.65万元，共计179.46万元。2001年3月15日，区检察院将刘某刑事拘留；28日执行逮捕。后被市法院判处其无期徒刑。

第四节　法纪检察

1980年，县检察院内设法纪检察股。按照法律规定，对国家工作人员违犯国家法纪、触犯刑法进行检察，以

1980—2002年福山区检察院经济检察案件情况表

表8-1

年份	立案件数（件）	挽回经济损失数（万元）
1980	2	0.4102
1981	4	2.5756
1982	8	4.5214
1983	5	5.8301
1984	6	1.3137
1985	6	31.2
1986	13	31.1
1987	19	36.53
1988	19	28.78
1989	30	104.44
1990	26	29.2
1991	20	18.74
1992	14	35.16
1993	10	38.65
1994	50	298.5
1995	81	495.17
1996	83	930.72
1997	46	537.02
1998	15	130
1999	7	47.3
2000	19	164.68
2001	19	104.44
2002	23	253.6

保障人民的人身权利、民主权利。主要受理查办重大责任事故、刑讯逼供等16种侵权、渎职犯罪案件。2001年9月，区人民检察院设立渎职犯罪侦查局，专司侵权、渎职犯罪案件。1984—2002年，区检察院共查处非法搜查、打击报复、诬告陷害、侵害公民通信自由、私立公堂等案件314起，立案95起。

第五节　控告、申诉检察

1984年2月，区检察院设立控告申诉股；同年11月改为科。根据最高人民检察院关于《人民检察院处理控告、申诉案件的规定》，人民检察机关承办下列控告、申诉案件：不服人民检察院处理决定，虽经复查驳回，但仍有错误可能的再申诉案件；刑满释放的人，不服人民法院判决、裁定，虽经复查驳回，但仍有错误可能的再申诉案件；矛盾可能激化的控告、申诉案件等。同时，受理人民群众来信来访，受理涉及刑事问题控告、检举、申诉、自首等案件，纠正冤假错案，实行法律监督。1984—2002年，区检察院共受理人民群众来信来访案件1457起，除不属检察机关受理范围的以外，其余均予以认真查处办理。

第六节　民事行政检察

1994年2月，区人民检察院设立民事行政检察科，通过对发生法律效力的有错误的民事、行政判决、裁定提出抗诉，依法对人民法院的民事行政审判活动实施法律监督。1994—2002年，共受理民事行政案件216起，其中立案116起。

第七节　监所检察

1979年以前，未设监所检察机构，根据需要临时派刑事检察人员进行监所检察。1981年，县检察院增设监所检察股，对刑事判决、裁定、决定执行和监狱、看守所、劳动改造机关的活动是否合法实行监督。1984年11月，监所检察股改为监所检察科，各项检察制度不断建立健全。对监管场所执法活动、外执人犯、犯人申诉案件、监狱安全、人民法院刑事判决和裁定执行情况加强检察，促进看守所依法关押，文明管理。开展打击“狱霸狱头”活动，维护监狱秩序。加强对在押人犯法制教育，敦促其坦白交代罪行，检举揭发犯罪线索，运用各种手段对外执人犯进行帮教，鼓励他们痛改前非，重新做人。同时，协助公安机关和看守所加强狱政管理，整顿狱规，对打骂犯人等违法行为及时给予指出和纠正。1981—2002年，区检察院共受理监所检察案件16起。

第八节　其他检察

税务检察　1992年3月以前，涉税案件检察由经济检察部门负责。是年3月，区检察院设立税务检察室，及时解决和处理税收征管工作中遇到的难点问题，受理查办偷税、抗税案件，依法严厉打击情节严重的涉税犯罪，维护税收秩序。1997年3月，税务检察室撤销。

乡镇检察　1995年1月，检察院设立农村经济检察室。同年11月，更名为乡镇检察室。主要对一些财务管理混乱、群众反映经济问题较多的农村进行检察。对集体上访案件，做好疏导教育和调查处理，稳定群众情绪，促进农村经济发展。2002年1月，乡镇检察室撤销。

第三章　法院

中共十一届三中全会以后，人民法院充分发挥审判职能作用，制裁违法犯罪，保证公民合法权益。1978—1982年，人民法院主要从事刑事、民事审判工作。1983年农村实行家庭联产承包责任制后，经济纠纷案件逐渐增多，法院案件受理范围进一步扩大，多个适应审判需要的机构相继成立，各项工作制度逐渐健全。以司法公正为目标，以法院改革为动力，全面推进各项审判工作，逐步实行立审分立、审执分立、审监分立，实行审判流程管理制度。

第一节 机构沿革

清光绪三十四年（1908年），在烟台设福山审判所，辅佐知县审理一般民事案件。1911年2月，在烟台海防营设立福山地方审判厅，内设民庭、刑庭、看守所和文牍、统计、记录等科，受理福山、牟平、栖霞、招远、荣成、莱阳、文登、海阳、平度、黄县、掖县11个县的诉讼案件。1913年，设福山高等审判厅，与福山地方审判厅合署，受理第二审的上诉案件。1919年，福山地方审判厅和福山检察厅改组为福山地方法院。1930—1933年，相继成立山东福山地方法院威海分院和掖县、莱阳分庭。1935年7月，改称威海、掖县、莱阳地方法院，均为一审机构，福山法院所辖范围缩小。1938年2月，日本侵略军侵占胶东后，福山地方法院解体。1943年3月1日，县抗日民主政府设司法科，受理刑事、民事诉讼案件。1945年，增设训育队、看守所。1947年秋，司法科撤销，审判工作由公安机关负责。1948年秋，司法科恢复。

1950年9月，改为福山县人民法院，内设刑事、民事审判和行政三部分，下设劳改所、看守所。1952年，在镇压反革命运动中，成立人民法庭，下设西牟第一分庭和巨盆李家第二分庭，1952年撤销。1953年，设古现、门楼、黄务3处普选法庭，1954年撤销。另设门楼、臧家巡回法庭。1958年秋，福山县建制撤销，县法院并入烟台市人民法院。1962年复县后，福山县人民法院恢复，内设刑事庭、民事庭、办公室、接待室、档案室。“文化大革命”中，法院被“砸烂”，公、检、法合并实行军管。1973年，军管撤销，恢复县人民法院。

1979年，内设机构有刑事审判庭、民事审判庭、秘书室（办公室）、接待室，下设门楼法、古现、城关镇和陌堂法庭。1981年10月，增设经济审判庭。1982年，设立东厅人民法庭。1983年11月，福山县人民法院改称烟台市福山区人民法院。1985年3月，增设执行庭，下设臧家、八角、高疃、张格庄、回里法庭。1988年7月20日，增设行政审判庭、刑事审判二庭、信访科和调研室。同年12月，刑事审判二庭撤销。1989年4月15日，设立告诉申诉庭；接待室、信访科并入告诉申诉庭。1991年5月9日，设立政工科，增设福山镇法庭。1992年3月，成立烟台市福山区公路法庭。同年8月31日，设立法医技术室。1994年2月24日，区法院成立法警中队。1997年10月，撤销城关法庭和公路法庭，增设高新区法庭。1998年1月，撤销告诉申诉庭，设立立案庭和审判监督庭；撤销法警中队，成立法警大队。同年11月，设立监察室。12月，将原有的11处法庭合并，设立4处中心法庭。福山镇、高新区、东厅和臧家法庭合并为福山镇中心法庭；回里和兜余法庭合并为回里中心法庭；门楼和张格庄法庭合并为门楼中心法庭；古现、八角和高疃法庭合并为古现中心法庭。2000年3月，撤销执行庭，设立执行一庭、二庭。2001年9月，设立福山区人民法院执行局，内设执行一庭、二庭。2002年1月，撤销民事与经济审判庭，设立民事审判第一庭、第二庭；监察室与纪检组合署；执行局增设执行三庭，负责执行局的内务工作；撤销4处中心法庭，设立第一、第二法庭和城区小额法庭3个派出机构。第一法庭管辖门楼镇、张格庄镇和回里镇；第二法庭管辖古现镇和福新街道办事处；城区小额法庭负责城区内小额债务案件。同年9月，由于行政区划变更，第二法庭移交烟台开发区法院。

第二节 刑事审判

1951年，镇压反革命时，成立以县长为首的裁判委员会，法庭内设审判委员会，运用审判程序审结并判处罪犯77名，其中判处死刑39名，判处无期徒刑和有期徒刑38名。1957年，受理刑事案件149起。在处理上，凡情节者轻微者，采取处理人民内部矛盾的方法，进行批评教育，或赔偿损失，以维护人民内部团结。1958年，在审判工程中，曾出现“宁左勿右”“宁严勿宽”“宁推勿拉”的错误倾向，共受理案件204起，处结242件（包括1957年积案）。1962年，对1958—1961年的案件进行复查，列为复查的案件30起，认定原判正确的20起，事实不清的3起，处理偏重的7起，其余182起1963年全部复查，对查处的问题作了纠正。“文化大革命”时期，正常的审判程序被废除，实行“群审、群判”，造成大批冤假错案。1978年，开始对“文化大革命”中造成的冤假错案和刑事案件进行复查。1979年，恢复公开审判、陪审、合议、辩护审判工作程序。

1980年，全面贯彻《中华人民共和国刑法》《中华人民共和国刑事诉讼法》，全年受理案件31起，依法公开审理20起。1982年，全年收案31件，审结25件，为收结案数量最少的一年。之后案件数量逐年上升。1993年，收案123件168人。1998年，达到213件，为收案最多的一年。2001年，审结刑事案件206件，为结案最多年份。1982—2002年，福山区人民法院共受理刑事案件2314件、2904人，审结2265件、2839人。平均年收案111件，结案108件。

1982年，县人民法院设立复查办公室，对“文化大革命”中的冤、假、错案和刑事申诉等案件进行复查，予以平反昭雪，落实政策。上半年，全县开展打击经济领域犯罪活动，审理经济犯罪案件19起，占全年结案数的48.7%。1983年8月，全县开展严厉打击刑事犯罪分子活动。1991—2002年，共处理经济犯罪案件561件、854人，为国家和集体挽回大量经济损失。其中，仅1993年审结的1起经济犯罪案件，就为国家和集体挽回经济损失2117万元。

1988年3月，公开审理重大交通事故犯曲某一案，组织300多名驾驶员参加旁听。1982—2002年，福山法院共召开公判大会63次。

1990年，受理自诉案件18起，占刑事案件收案总数的23%，刑事附带民事案件同比占33.3%。1991年，自诉案件和刑事附带民事案件分别占收案总数的55.4%和67.8%。2002年，自诉案件结案数量占结案总数的44.7%。1991—2002年，共审结自诉案件680起、809人。

1983—2002年，区法院依法判处缓刑罪犯733名。1991年，区法院对1983—1991年判处的146名缓刑犯考察、回访，重新犯罪的仅有1人，重新犯罪率为0.6%。1990年，区法院设立少年犯合议庭。1995年，提出预防少年犯罪司法建议21条。1991—2002年，未成年人犯罪69名，绝大多数被依法判处缓刑。

第三节　经济审判

1981年12月，县人民法院始设经济审判庭，开展经济审判工作。1982年，受理经济纠纷案件15起，审结14起。1983年，农村实行生产责任制后，经济纠纷案件增多，法院工作重点是协助党委、政府综合处理农村承包合同纠纷，依法维护合同的法律效力，稳定完善承包制，为经济体制改革服务，共办案26起。1984年，根据中共中央1号文件精神，经济审判工作以维护“两户一体”（个体户、专业户、联合体）的合法权益为经济审判的重点，全年受案67起，处结60起，诉讼标的额70万元。1985年，受案70起，处结64起，诉讼标的额为23.86万元；理顺经济合同和解决经济纠纷案件8000余起，为国家、集体、个人收回现金200余万元；向有关单位提出司法建议19次，帮助完善、修改经济合同100余份。90年代，重点是帮助企业清理“三角债”，加强对企业改制、改组、兼并、联合、承包、租赁、转让和出售等案件的审理工作。1993年，挽回经济损失2700万元。1998年，收案847件，结案668件，标的额达8648.31万元。2000年，区法院成立专门合议庭。至2002年，共收办企业破产等案件9起。其中，3起顺利结案，5起资产拍卖成功，1起职工得到妥善安置；审结农村基金会案件30起，标的额达2100万元。

1982—2002年，共收理经济案件5925起，结案5871起，标的额总计53632.51万元。

第四节　民事审判

中华人民共和国成立前至50年代末，民事审判案件多为婚姻、家务、边界、债务等，其中婚姻案件居多。1949年，受理民事案件130起，其中婚姻案件120起，占92.6%。1950—1958年，婚姻案件占受案总数的70%。1962年以后，民事案件的性质发生新变化，财产权益纠纷尤其产权争执与典当房屋回赎案件最为突出。“文化大革命”初期，审判机构瘫痪，民事审判工作无人管。1973年，民事审判工作恢复。1982年，农村实行生产责任制以后，民事纠纷案件逐年上升，民事审判工作着重抓办案质量、审判作风建设，建立健全合法的审判程序和审判制度，实行“分析到庭，分案到人”责任制。全年共受理民事案件327起，审结292起，结案率89.3%。1987年，《中华人民共和国民法通则》实施，民事案件办理进入依法办案新阶段。民事审判方式由开庭前询问、调查、调解、开庭“四步程序”改为立案后直接开庭，即“一步到庭”。全年受理民事案件529件，比1978年增加5.2倍。1993年收案达1099起。1995年，受理境内首例名誉侵权案。1998年，收案1803件。

2000年，审结民事案件达1976起。1982—2002年，区法院共受理民事案件18308起，审结18161起，结案率达99.2%。

1982年，区法院推行民事诉讼调解办案方法，多数民事纠纷采取调解的方式解决。至1993年，民事纠纷调解率为92%～98%。这一经验在全市法院系统广泛推广。1993年后，民事调解多为离婚案件。1994年，离婚案件调解率为69%。1996年为64%。1997年为57.3%。

80年代，农村赡养纠纷案件增多。1987年上半年，区法院对全区10处乡镇、302个自然村的20284户赡养关系户进行理顺调解，下半年的赡养纠纷案件比上半年减少50%。同时，积极协助基层调解组织办案，全年协助办案220件，提供法律咨询2000余人次。1992年，调解处理一般民间纠纷152件，帮助完善合同130件。2001年，为镇、村办企业和重点村理顺各类合同62份，采用非诉手段，为区属和镇、村办企业挽回经济损失280余万元；及时审结婚姻家庭、邻里关系、劳动争议、人身伤害等矛盾易激化案件71起。2002年，基层法庭积极配合派出所、司法所排查调处民事纠纷355起。区法院向区有关部门和金融机构提出司法建议60多条，为企业挽回直接经济损失近1400万元。1993—2002年，通过民事调解，防止了744起矛盾激化案件的发生。

第五节 行政审判

1973年县人民法院恢复后至1987年，行政诉讼案件由民事审判庭负责审理。1988年7月20日，行政审判庭成立，主要对具体行政行为是否合法进行审查，执行非诉讼行政案件。1990年，审理土地行政案件3起，结案率达100%。1990年8月，首次公开审理农民告政府的土地行政案件2起。同年10月1日，《中华人民共和国行政诉讼法》颁布实施，区法院举办专题讲座16场次，印发宣传材料1620份，受教育5000余人次。1996年后，行政案由多集中于土地、城建、房屋登记、交通、劳动和社会保障等方面。自《中华人民共和国行政诉讼法》实施后至2002年，区法院共受理行政一审案件315起，审结306起，结案率为97.1%。

1994—2002年，区法院共受理行政非诉讼案件1562起，执行1522起，执行率为97.4%。其中，1998—1999年审结行政一审案件106起，行政机关胜诉10起，占结案数的9.4%；2000—2002年，审结行政一审案件175起，行政机关胜诉105起，占结案数的60%。

2000年，农村“三提五统”（“三提”即公积金、公益金、管理费，“五统”即计划生育费、优抚费、乡村道路费、乡村两级办学费、民兵训练费）案件增多，受理申请执行337起，占收案总数的71%。至2002年，区法院共执结拆除违章建筑、腾迁土地、“三提五统”等案件600余起，对防止矛盾激化起到积极的作用。

第六节 案件执行

1985年以前，县法院没有专门执行机构，执行工作与审判结合在一起，强制执行仅限于极个别案件，须经审判委员会讨论决定，报党委批准。1985年3月，区法院始设执行庭，执行人员与法警共同负责执行工作。1987年，区法院收理执行案件129件，比1986年上升20.6%。1992年以后，区法院每年都开展“集中清理积案”“突击积案执行会战”活动。

1994年2月，区法院成立法警中队，执行庭和法警均负有执行任务。开始实行审执分立，当年结案945件，执行标的额达350万元，比1993年增加241万元。1995年，收案1546件，执行1423件，执结率为92%，标的额达3764万元。

1999年，区法院共收案2528件。结合全国法院系统开展的“执行年”活动，积极开展“突击执行积案百日会战活动”，未执行的积案由1700余件下降到700余件。2000年，区法院分设2个执行庭，执结案件2320件。2001年成立执行局，下设3个执行庭，受理执行案件1296起，执结案件2050起，执结率达158%（含积案）。2002年，受理执行案件1334起，执结率为98.6%，执行存案189件。

附：重大案例

△1998年6月10日早，赵某等4人乘坐车主张某驾驶的农用三轮车到张某的连襟家打工。行至半路，被某交通局稽查人员拦下，因张某的农用三轮车无养路费和购车附加费收据，其车被交通稽查人员扣押，并向张某出具“道路运输违章处理通知书”及“证据登记保存清单”。张某趁交通

稽查人员不注意驾车逃跑。交通稽查人员发现后驾车追赶。交通稽查人员多次让张某停车，张某则加速行驶。其间，稽查人员用头盔和擦车拖把向张某击打，使得农用三轮车侧翻，造成赵某重伤、张某轻伤。经法医鉴定，赵某伤残二级，丧失劳动能力。赵某于1999年3月，向某交通局提出赔偿请求。交通局认为，赵某伤残的主因系农用三轮车驾驶员张某造成，决定只赔偿赵某4万元。赵某不服，起诉到区法院，要求交通局赔偿医疗、交通、伙食、伤残补助、精神赔偿等费用270751.17元。1999年6月4日，区法院经审理，作出行政赔偿判决，认为作为被告执行公务交通稽查人员，应该严格按照法律程序办事，不应用扔头盔、拖把的方式阻止违法行为，增加了张某的恐慌，促使超速行驶，导致农用三轮车翻车，造成原告赵某伤害。对这一后果，被告也应承担一定赔偿责任。根据国家赔偿法的规定，原告赵某应获得医疗费、残疾赔偿金、伤前抚养人生活补助费赔偿178916.17元，被告应承担20%赔偿责任，原告赵某要求被告承担全部赔偿责任，理由不足。被告所作的赔偿原告4万元的决定，应予以采纳。不足部分，原告可通过民事诉讼程序予以追偿。依法判决被告赔偿原告医药费、残疾赔偿金、伤前抚养人生活费共计4万元。

本案经一审后，原告赵某不服，提出上诉。二审法院经审理，维持一审判决。

△2001年12月6日中午12时30分，徐某驾驶小客车在东回里村大街由西向东行驶，车轮弹起一块石子将正在路边行走的姜某头部击伤。福山交警大队认为该事故不是发生在村道上，不属于道路交通事故。同时查明，该车登记车主为王某。为此，姜某以徐某、王某为被告起诉到区法院，要求2被告连带承担其医疗、交通、误工、护理、住院伙食补助等费用共计6854元。法院查明，原告姜某、被告徐某均未违反交通规则；该车系徐某于2001年2月份从被告王某处购得，未办理车辆过户手续。2002年6月7日，区法院作出民事判决，认为被告徐某从事高速运输工作，对周围环境有高度危险，由此造成的后果应由徐某赔偿；被告王某自将车辆交付徐某时起，该车的所有权已归被告徐某，且发生事故时，实际支配车辆运行的是被告徐某，故被告王某不应向原告姜某承担赔偿责任。依据《中华人民共和国民法通则》规定，判决被告徐某赔偿原告姜某5589元；驳回原告姜某要求被告王某承担赔偿责任的诉讼请求。

宣判后，被告徐某不服，上诉到市中院，审理后，市院驳回上诉，维持一审判决。

△2002年3月12日凌晨2时，被告王某驾驶小货车从莱州经龙口返回福山。6时30分许，沿牟黄线由西向东行至39.8千米处，因过度疲劳，与前方顺行的骑自行车人姜某尾随相撞，致姜某抢救无效于当日死亡。交警部门认定，被告王某负全责；证人王某、唐某证实被告王某疲劳驾车，将姜某撞伤致其死亡；被告人王某亦当庭供认不讳，且与以上证据相印证，供证吻合。本案事实清楚，证据确实充分。

法院认为，被告人王某违反交通法规，酿成重大事故，其行为已构成交通肇事罪。公诉机关指控的罪名成立。由于被告王某归案后认罪态度较好，且民事赔偿部分已调解处理，可酌予从轻处罚。依法判决被告王某犯交通肇事罪，判处有期徒刑2年，缓刑3年。

第四章 司法行政

福山司法局成立后，采取多种形式，大力开展普法宣传教育。1986—2002年，实施全民普及法律常识“四个”五年规划普法宣传教育，广大干部群众的法律意识、法制观念和遵纪守法的自觉性普遍提高。

基层调解组织不断建立健全，形成镇、片、村三级调解网络。多数民事纠纷案件在基层得到调解处理，对化解矛盾，促进社会稳定起到积极的作用。

通过加强律师事务依法管理，开展律师职业道德、执业纪律整顿教育活动，律师事务工作逐步走向正规。律师队伍不断壮大，执业水平、法律服务观念不断提高。

1981年，福山县公证处成立后，依法开展各类合同、宅基地、土地承包、遗产继承、财产赠与分割、收养关系及涉外等10余项公证业务。同时，积极开展公证咨询服务，减少民事纠纷，有效防止和避免了矛盾激化的案件发生。

第一节　司法行政机构

1943 年，司法行政工作由县抗日民主政府司法科兼理。1950 年，由法院代管。1980 年 10 月，设县司法局，主管司法行政事务。1983 年 12 月，县司法局改称烟台市福山区司法局，为正科级单位。1985 年，内设办公室、宣传教育科、基层管理科，下设法律顾问处、公证处、法律服务站。1991 年 5 月，法律顾问处更名为烟台市福山区律师事务所，为副科级单位。1995 年 6 月，设立第二、第三律师事务所，为股级事业单位。同年 12 月，福山区律师事务所更名为烟台市扶正律师事务所；第二律师事务所更名为烟台清晨律师事务所；第三律师事务所更名为烟台祥光律师事务所。1998 年 9 月，设立公证律师科，并对外挂烟台市福山区法律援助中心牌子。同年 12 月，撤销烟台扶正律师事务所副科级规格。2001 年 12 月，司法局与区政法委合署办公；公证处由行政机构调整为区委政法委（司法局）领导的自收自支事业单位。

第二节　普法宣传

70 年代，法制宣传由公、检、法等有关部门负责。1980 年，县司法局成立后，利用多种形式开展普法宣传教育。1981 年，印发各种法制宣传材料 95 份，举办广播讲座 46 次，办宣传栏 161 期，放幻灯 2 场次，编写黑板报 519 期，受教育人数达 21 万人次。1982 年，编印普法宣传材料 3502 份，广播宣讲 620 次，放幻灯 49 场次，出动宣传车 18 辆次，培训法制宣传员 100 名，为 8 所学校上法制课，建立帮教小组 5 个，办少年学习班 3 期。1983 年 3 月，配合“文明礼貌月”活动，开设普法宣传站 13 个，印发法制宣传小册子 1 万份，展出漫画、图片 64 幅，办宣传栏 16 个。1984 年，编印普法宣传材料 70 种 37 万份，举办培训班 18 期，培训法制宣传骨干 1042 人，出动宣传车 53 辆次，举办法制展览 5 场次，展出漫画、图片 216 幅，编印《法制小报》3 期 2 万余份。1985 年，以宣传学习刑法、经济合同法、新婚姻法等为主题，印发考试题 5000 份，复制宪法、法学基础理论、讲座录音磁带 375 盘，发放《农民法律常识读本》《职工法律常识读本》《干部法律常识读本》《常用法规选编》4.8 万册。1984 年 8 月至 1986 年 1 月，在“严厉打击严重刑事犯罪分子”斗争“第二战役”中，印发法制宣传提纲 15 种 2 万份，印发《法制宣传》小报 2 期 4 万份，举办法制讲座 9 场次，出动宣传车 50 辆次，下乡宣传 20 次，受教育者达 6.8 万人次。

1986—1990 年，实施全民普及法律常识第一个五年规划。主要学习宣传宪法、刑法、工业企业法、经济合同法、环境保护法、矿产资源法、商标法、专利法、会计法、计量法、治安处罚管理条例等。全区配置普法教育宣讲员 1500 余名，举办普法培训班 185 场次，利用乡镇集市日进行法律宣传 280 余场次，受教育群众达 10 万多人；出动宣传车 270 辆次，书写永久性标语 400 余幅，制作看板 300 余块。

1991—1995 年，实施全民普及法律常识第二个五年规划。主要学习宣传选举法、行政诉讼法、国旗法、集会游行示威法、义务教育法、土地管理法、环境保护法、水法、森林法、矿产资源法、食品卫生法、文物保护法、军事设施保护法、残疾人保障法、未成年人保护法、山东省计划生育条例等。全区成立普法领导小组 422 个、普法办公室 44 个，调整充实人员 1450 名，普法宣讲员增至 2600 名；举办领导干部、普法骨干培训班 187 期，培训 5000 余人次，组织副科级以上领导干部普法考试 3 次；开展普法宣传月活动，张贴悬挂标语 5562 幅，制作看板 680 余块，出动宣传车 250 余辆次，设立法律咨询点 78 处，解答法律咨询 2000 余人次，累计受教育人数达 20 万人，受教育面达 90% 以上；编印法律法规单行本 16 万余册，送法上门，组织农村群众进行学法考试，答卷率达 98%，及格率达 90% 以上。全区涌现出 50 个依法

图 8-5　福山法德文化教育基地

治理先进单位，其中，省级3个，市级31个。

1996—2000年，实施全民普及法律常识第三个五年规划。重点学习宣传劳动法、公司法、刑事诉讼法、赔偿法、农业法、继承法、妇女权益保障法、行政复议法、反不正当竞争法、治安管理处罚条例、信访条例以及新颁布的重要法律、法规。全区设有普法领导小组422个和普法办公室44个，调整充实人员1150名，普法宣讲员达到3000余名；举办普法培训班142期，培训各级干部5000余人次，先后组织4次副科级以上干部普法考试，参考率达95%以上，平均成绩85分以上；122所中小学全部纳入法制教育体系，为中小学上法制课60余次，在校学生的普法参学率达到98%以上；组织“法律进万家”活动3次，发放《农民常用法律法规选编》10万余册。

2001年，为全民“四五”普法第一年，主要学习宣传宪法、村民委员会组织法、行政复议法、婚姻法、教育法、合同法、产品质量法、土地管理法、预防未成年人犯罪法、刑法等。至2002年，举办普法培训班28期，开展法制宣传月活动9次，印发普法宣传单2万余份，解答法律咨询300余人次；每月的20日确定为领导干部学法日，领导干部接受普法教育累计1.2万人。

第三节　人民调解

中华人民共和国成立前，民事纠纷由尊长和村长出面调解。抗战胜利后，民事调解工作由县司法科领导，区设司法助理员，村设调解委员会。

1950年起，民事调解工作由法院领导，区由民政助理员兼管。1980年11月，县由司法局管理，公社恢复司法助理员。1981年，全县有基层调解委员会306个，各公社以会代训基层调解主任3～4次。全县发生各类民事纠纷2697起，处结2624起。其中，基层调解委员会调处1787起，公社司法助理员调处599起，交法庭处理140起。1982年，全县共有调解人员1133名。福山镇、高疃公社恢复调解片，并成立调解领导小组，形成公社、片、大队三级调解网。全年共发生民事纠纷3287起，在基层调处的2174起，占调处总数的66.2%；司法助理员调处811起，占37.3%。1983年，全县有大队调解委员会303个，调解片33个。上半年对84个基层委员会进行调整，全县调解人员减少到822人。其中，党员585名，占总人数的71.2%，党支部成员216名，退居二线的原大队干部82名，并建立健全厂企调解组织53个，有调解人员196名。其中，党员占74.5%。全年新收案件2322起，旧存651件，处结2561件，占总案数86.1%。1984年，推广落实民事调解责任制，306个村全部签订承包合同。全年共发生纠纷1951起，调处1910起，处结率达到97.9%，调解成功率达到90%。有70个调委会没上交民事纠纷，防止可能发生的杀人、伤害和自杀案件52起，并调处多年积存的疑难案件34起。1985年，抓调解工作“四落实”，全区302个村均建立健全调委会，调解片增加到54个，厂企调委会增加到97个，全区有调解干部918人。同时，进一步落实调解工作责任制，有116个村实行百分制考核，111个村实行大包干，76个村实行“四定一奖”制。全年发生纠纷1250起（包括旧存），处结率达98.4%，调解成功率达98%。由于调解及时，防止15起凶杀、12起自杀、21起矛盾激化的案件发生。

1995年，基层调解组织排查各类纠纷隐患372起，受理纠纷案件482起，调处率达97%以上。1996年，受理民间纠纷案件425起，化解各类纠纷、矛盾134起，依法调处420起，调处率达100%，调解成功率达98%。签订赡养、继承、宅基地等方面协议560多份。1997年，受理民间纠纷案件447起，全部处结，民事纠纷发生率控制在全区总人口的万分之十五点二。1998年，全区有调解人员1242名，全部轮训一遍。共化解纠纷407起，并对103名“劳改”“劳教”释放人员进行情况摸底。1999年，受理纠纷案件402起，调处398起，占99%，预防“民转刑”案件6起。2000年，受理纠纷案件194起，调处178起，占91.8%，预防“民转刑”案件6起，处理各类治安案件52起。2001年，排查纠纷案件73起，疏导71起，受理各类纠纷案件392起，调处381起，占97.2%。2002年，解答群众法律咨询521次，对151名刑释解教人员落实帮教责任制。调处矛盾纠纷371起，成功率达96.7%。

第四节　律师事务

1980年10月，县设法律顾问处，有专职律师3人、特邀律师1人，建立起律师辩护和经济代理制度。1985年，更名为福山区律师事务所，编制3人。1988年，编制增至6人。2000年，律师事务所脱钩改制，不再属于事业单位行政级别。在编全员退出事业编制。2000年，有执业律师16名。2002年，有执业律师15名，其中三级律师1名、四级律师3名，其余为有律师资格的执业律师。区司法局依照《中华人民共和国律师法》对律师事务所和律师实行指导和监督。

1980—1985年，律师应邀参加刑事辩护32人次，受理经济代理案71起，追回货款194万元。其中，1981年，律师出庭为刑事被告人辩护13人次，为民事代理诉讼4起，解答法律询问219人次，代写法律文书37件，接待法律咨询338人次。1984年，为有关单位办理各类经济代理50件，索回货款41.93万元，并为3个企业和1个专业户担任常年法律顾问。1985年，办理各类经济代理27起，追回货款82.50万元，为8个企业担任常年法律顾问，为民事代理诉讼3件，解答法律询问224件950人次，帮助审改各种法律文书2050份。

1995年，为55家企业担任常年法律顾问，办理民事案件250起，经济代理155件，非诉讼代理120件，代写法律文书680份，参加刑事辩护13起，解答法律咨询3000多人次，为企业挽回经济损失550余万元。1996年，办理民事诉讼代理96件，经济诉讼代理219件，非诉讼代理102件，刑事辩护24件，代写法律文书448份，为企业挽回经济损失2108万元。1997年，代理民事诉讼181件，经济诉讼代理214件，刑事辩护46件，非诉讼代理181件，担任法律顾问41家，代写法律文书1221份，为企业挽回经济损失2779万元，避免经济损失4216万元。1998年，担任法律顾问46家，代理民事诉讼案件130起、经济诉讼案件108起、非诉讼法律事务98件，参加刑事辩护及代理48起，代写法律文书798份，解答法律咨询2559人次，办理法律援助案件14人次，索回赔欠款1064万元。1999年，办理各类案件390余起，办理法律援助案件18起、刑事辩护案件35起、民事诉讼案件113起、非诉讼案件86起、经济诉讼案件121起，索回赔欠款2600万元，代写法律文书311件。2000年，办理刑事辩护案件35起、民事诉讼案件113起、非诉讼法律事务86件、法律援助案件18起、经济诉讼案件121起，索回欠款2600万元，代写法律文书311件。2001年，为51家单位担任法律顾问，办理各类诉讼案件392起。其中，刑事辩护和诉讼代理44件、民事诉讼代理179件、经济诉讼代理99件、非诉讼代理50件，索回赔欠款6285万元。2002年，为56家企事业单位担任常年法律顾问，办理各类诉讼案件348起，索回外欠款1400余万元。

第五节 公证事务

1981年3月16日，设立福山县公证处。1983年底，更名为福山区公证处，编制2人。1985年，编制4人。1986年，增编至5人。2002年，编制5人。其中，二级公证员2名，三级公证员1名，四级公证员1名。

1981年，办理公证19件，涉外公证13件。1982年，办理宅基地公证64件，涉外公证86件，经济合同公证15件。1983年，办理涉外公证195件。1984年，办理经济合同公证250件。1985年，办理果园合同公证1.5万件，其他经济合同公证260件，民间公证90件，接待来访1356人次，防止纠纷率达到99%，合同履约率达到98%，索要提留款32万元。

1995年，办理各类公证1500件。其中，国内经济事务公证852件，民事公证431件，涉外公证217件。1996年，办理各类公证1642件。其中，经济合同公证1317件，民间公证128件，涉外公证198件。1997年，办理各类公证2800件。其中，涉外公证169件。1998年，办理各类公证1712件。其中，民间类公证1200件，经济类公证127件，涉外类公证146件。1999年，办理各类公证1780件，其中涉外公证530件。2000年，办理公证1780件，其中涉外公证530件。2001年，办理公证2872件，其中国内民事公证668件，国内经济公证1511件，涉外公证667件。2002年，办理各类公证1743件。

第九编　民政

福山区民政工作承担基层政权建设、拥军支前、抚恤优抚、烈士褒扬、退复军人安置、社会救助、社会福利、婚姻登记和殡葬改革、民间组织、地名管理等事项。1984—2002年，共进行七届村委会换届选举工作。革命战争年代和社会主义建设时期，积极做好拥军支前工作。按照国家政策规定，按时足额发放优待金、抚恤金和补助金。为褒扬革命烈士，修建烈士陵园4座，并安置荣复转退军人8000余名。积极发展社会福利事业，关心残疾人、孤寡老人、孤儿的生活和身心健康。中华人民共和国成立后，贯彻落实《中华人民共和国婚姻法》，依法办理婚姻登记。70年代后，改革旧的丧葬制度，大力推行火化。改革开放以来，辖区社会团体发展迅速，民政部门进行清理整顿、登记、管理。80年代始，做好地名普查工作，并对全区乡镇、村、街巷等进行地图测绘、命名，设立标志，建立档案，为地名的规范化管理提供科学依据。

第一章　机构沿革

福山民政机构由行政机构、事业单位和临时机构3部分构成。主理基层政权建设、优抚安置、救灾救济、社会福利、行政区划、婚姻登记、殡葬改革、来信来访等。

第一节　行政机构

明朝时期，民政由知县亲理，具体事务由户房、仓房办理。1913年，福山县公署设民政科。1928年以后，民政工作由第一科分管。1933年，复设民政科。抗日战争时期，国民党、日伪县政府与抗日民主政府皆设民政科。1947至1957年，县政府仍设民政科。1958年，改称民政局。1967年2月撤销，县革委生产指挥部内设专人分管民政工作。1970年1月，县革委设民政局。内设机构有安置、优抚办公室。1980年12月，改称县民政局。1983年11月，福山撤县改区，改称区民政局。2002年，内设机构有办公室、社会科、双拥与优抚安置科。编制20人，设局长1人、副局长3人，有工作人员16人。

第二节　事业单位

残疾人联合会　1987年1月，福山区残疾人福利基金会成立。1990年9月，改称残疾人联合会，隶属民政局，为副科级事业单位，编制4人。1994年10月，升格为正科级事业单位。1995年10月，内设残疾人劳动服务处，为股级事业单位，编制2人。2001年12月，残疾人联合会机构单列，归属区政府直管，编制3人。2002年1月，内设康复教育与劳动就业部，编制7人，设理事长1人、副理事长1人，有工作人员5人。

福山区实业公司　1993年10月，福山区实业公司成立，为正科级事业单位，设经理1人，工作人员5名，隶属于区民政局。1998年8月撤销。

殡仪馆　1980年3月，县殡仪馆成立，为股级事业单位，隶属于民政局。内设殡仪厅、火化炉、骨灰存放室。2002年，内设办公室、接待室、营业厅、殡仪厅、火化车间、骨灰寄存堂、消毒间、冷藏室等。编制9人，设主任1人、副主任2人，工作人员6人。

婚姻登记处　1997年10月，福山区婚姻登记处成立，为股级事业单位，隶属于区民政局。同时，撤销10处镇婚姻登记室。结婚和协议离婚登记由区婚姻登记处集中统一办理。2002年，编制4人，设主任1人、工作人员3人。

军休所　1985年5月，军队离退休干部休养所成立，为股级事业单位，隶属区民政局。2002年，编制13人，设所长1人、副所长1人，有工作人员11人。

地名办公室　1980年1月，县革委设立地名办公室，为股级事业单位。1984年3月，更名为区政府地名办公室，隶属区政府办公室。1988年，划归区民政局管理，并承担行政区划工作。2002年，编制2人，设主人1人，有工作人员1人。

民间组织管理办公室　2001年1月，福山区民间组织管理办公室成立，为股级事业单位，隶属区民政局。编制2人，设主任1人，有工作人员1人。

社区服务中心　1999年12月，福山区社区服务中心成立，为股级事业单位，隶属于区民政局。2002年，编制6人，设主任1人，有工作人员5人。

老龄委办公室　2002年8月22日，福山区老龄委办公室成立，为区民政局领导的副科级事业单位。定编3人，设正、副主任各1名，主任由区民政局副局长兼任。同年，更名为福山区老龄工作委员会办公室。

第三节　临时机构

区残疾人工作协调委员会　1993年6月，区政府成立残疾人工作协调委员会，设主任1人、副主任2人、委员19人。主任由副区长金延铭兼任，副主任及委员由区政府相关序列部门副职兼任，日常工作由区民政局残联承办。2001年5月，残协会进行调整，设主任1人、副主任8人、委员21人。主任由副区长迟景国兼任，副主任及委员由区委、区政府有关部门负责人兼任，日常工作仍由区民政局残联兼理。

区民间组织工作领导小组　2001年7月，根据省、市文件精神，福山区民间组织工作领导小组成立，设组长、副组长各1人，成员由区委办、政府办、财政局、教文局、卫生局、等单位负责人组成。组长由区委副书记郝志学兼任，领导小组下设民间组织管理办公室。

区地名委员会　1980年1月，根据省、市意见，福山县政府地名领导小组成立，设组长1人、副组长3人。组长由县革委副主任胡登保兼任，领导小组下设办公室，负责日常事宜。1984年5月，易名福山区地名领导小组，设组长1人、副组长3人。组长由区委宣传部长李永顺兼任。1990年6月，更名为福山区地名委员会，设主任1人、副主任3人，主任由副区长李贤书兼任。1992年3月，地名办公室归属区民政局管辖。1995年1月，地名委员会进行调整，设主任1人、副主任1人、委员17人。主任由常务副区长兼任。

第二章　基层自治组织建设

中华人民共和国成立后，辖区村委会主任（生产大队长），由乡、区（公社）、镇委任免，县政府（人委）备案。1978年后，农村实行以家庭为单位联产承包，经济基础发生变化，政治体制随之改变，农村原有的组织形式，远远不能适应新形势发展的要求。为此，国家颁布《中华人民共和国村民委员会组织法（试行）》，省政府先后制定实施办法。福山区认真贯彻落实，在实践中探索建立和全面推行“民主选举、民主决策、民主管理、民主监督”制度。

第一节　村民委员会

1984—2002年，全区共进行七届村民委员会换届选举工作。

第一届村民委员会选举　1984年3月至5月，时值实行政社分开，撤销人民公社，改建乡镇政府，以原生产大队或较大自然村为基础，先进行试点，后在全区302个行政村进行选举，共选出村委会成员1314人，大村5人，小村3人，设村委主任1人，委员2～4人。

第二届村民委员会换届选举　1986年12月至1987年10月。本届选举，认真贯彻实施《中华人民共和国村民委员会组织法（试行）》，先试点，后铺开，全区302个行政村，共选出村委会成员1272人，较上届总数减少42名。

第三届村民委员会换届选举　1990年1月至12月。本届换届选举，以党支部为核心，抓村级组织配套建设；

以村民自治为基础，抓民主政治配套建设；以集体经济为依托，抓社会化服务配套建设。先点后面，全区302个行政村，共选出村民委员会成员1268人，大村5人，小村3人，设主任1人，委员2～4人。

第四届村民委员会换届选举　1993年1月至10月。本届换届选举，贯彻民政部和司法部“依法建制、以制治村、民主管理”精神，抓好村、组、户层次，落实村委组织、制度、职责、场所环节。推点上经验，收面上硕果。全区292个行政村，共选出村委会成员1271人，大村5人，小村3人，设主任1人，委员2～4人。

第五届村民委员会换届选举　1996年1月至10月。本届换届选举，准备充分，换届前成立领导小组，制定《换届选举工作实施意见》，狠抓骨干培训。全区应选举292个村委会，换届选举289个，参选率为99%。共选出村委会成员1266人。其中，年龄35岁以上的619人，占48.9%；高中以上文化程度277人，占21.9%；党支部书记兼村委会主任的95人，占32.9%；村主任连任的160人，占55.4%；村委会委员连选连任的623人，占49.2%。全区建立村民代表会议制度的有289个村，成立村民小组2676个。

第六届村民委员会换届选举　1999年2月至12月。本届换届选举工作，按省、市的统一部署，加强领导，广泛宣传，成熟一个选举一个。经10个月努力工作，全区10镇应换届选举的村292个，实换选274个，占村总数的93.8%。共选出村委成员803人，较上届减少463人，每村干部职数由3.7人下降到3.2人，平均年龄由47岁下降到44岁。

第七届村民委员会换届选举　2002年1月至11月。本届换届选举，坚持先试点后推广，先培训后展开。全区应换届选举的村240个，实换选238个，占总数的99.2%。除古现镇外，共选出村委会成员674人。其中，妇女进班子128人，占村委会成员总数的19%；党支部书记兼村委主任159人，占村委主任总数的66.8%；党支部与村委成员交叉兼职458人，占村两委干部总数的68%；村主任连任111人，占46.6%；村委成员是党员的544人，占80.7%；村委会成员平均年龄为43岁，与上届相比呈年轻趋势。

第二节　居民委员会

2000年6月，经山东省政府批准，撤销福山镇，设立清洋街道办事处；撤销臧家镇，设立福新街道办事处。2001年4月，经区政府批准，将清洋街道办事处所辖的20个行政村和福新街道办事处所辖的19个行政村村民委员会改设为城市居民委员会。

2002年，第一届居民委员会换届选举随区第七届村民委员会换届选举统一进行。到10月底，全区52个居委会，完成换届选举50个，占居委会总数的96.2%。

第三章　拥军　支前

福山素有拥军优属、参军支前的光荣传统。在抗日战争、解放战争和朝鲜战争中，做出了较大贡献。中华人民共和国成立后，拥军支前劲头不减。中共十一届三中全会后，扎实做好拥军支前工作，巩固和发展新型军民关系，促进了全区社会经济发展和部队现代化建设。

第一节　拥军

革命战争年代，全县广大人民群众采取多种形式开展拥军活动。有的帮助驻军备饭菜、烧暖炕、秘密隐蔽、安全转移、照料伤病员，有的将自家的粮菜无偿支援前线。1945年2月，在“联拥月”活动中，抗日根据地内普遍召开拥军会、军民联欢会、烈军属座谈会。同年5月10日，胶东行政公署规定：“干部群众要按制订的拥军公约进行工作，要普遍帮助抗属荣誉军人建立家庭；让他们享受生产贷款优先权；对原根据地来解放区的抗属，帮助解决困难回原籍；为烈士建公墓、竖立纪念碑、举行追悼会按群众习俗，建立清明节祭扫烈士墓制度。”1946—

1949年，全县各级妇救会发动妇女做慰问袋8000余个、军鞋和鞋垫近万双，慰问前方解放军。1947年3月，县成立赴掖县慰问团，慰问参加沙河战斗的军民。中华人民共和国成立后，拥军活动更加普遍。1953—1954年11月，全县腾民房1.5万余间，凑集木板、床铺、木杆、桌椅等2.5万余件，为朝鲜战争归国官兵安置住处。1955—1956年，群众帮助军官家属解决住房百余间，为第六预备医院（144医院）解决住房330间。

节日拥军

建军节拥军　1950年开始，每逢“八一”建军节，县（区）委、政府皆举行军民联欢会。1978年后，拥军形成制度化，活动多样化。80年代，节日期间，区、乡镇领导走访驻军机关，征求意见。召开英模报告会、座谈会、经验交流会和开展文艺演出活动。据不完全统计，1978—1989年，全县（区）共召开英模报告会15次、各种座谈会48次、经验交流会32次、文艺演出52场。90年代以后，每逢“八一”建军节，区、乡镇领导，带领民政、粮食、供销、物资、商业、劳动人事、水产、教育等部门负责人，走访驻军部队，慰门基层官兵，倾听各方面意见，改进拥军工作。团区委、电业局（公司）等单位，还给驻军送去空调、饮料、食品和西瓜等消暑降温慰问品。1990—2002年，给驻军安装空调2台、饮水机2台、电风扇20台，送猪肉2500多公斤、西瓜1万多公斤。区电业局（公司）每年还在“八一”建军节组织“庆八一，爱长城”国防知识智力竞赛活动，以此推动拥军优属和国防教育的开展。

新年春节拥军　中华人民共和国成立前，福山按照解放区人民政府的指示，把每年2月定为拥军月。1951年春节，县党政干部和群众带着猪羊等物品慰问伤病员和驻军。1960年春节开始，省组织拥军优属慰问团，地区组织分团，到辖区驻军进行慰问。省地县领导走访驻军机关，召开慰问大会，组织演出戏剧。至1977年，共走访约100余次，演出戏剧50多场次。1978年后，慰问活动日趋多样化，大型演出逐渐减少。每逢新年春节，区（县）领导与驻军首长进行联欢，祝贺新春佳节；宣传、文化部门带领文艺团体，深入部队进行各种宣传和文艺演出；粮食、供销、商业、水产、电业等部门负责人，在县（区）领导带领下，携带慰问品，慰问驻军。1978—2002年，区（县）领导共走访驻军70余次，慰问演出30多场次，放映电影40余场次，召开座谈会80多次，送猪肉4000多公斤、水产品近6000公斤、面粉1万多公斤、花生3500多公斤、各种水果1.5万公斤、蔬菜2万公斤、煤炭5万公斤。

纪念日拥军　1945年8月15日，日本宣布无条件投降。同年9月2日，日本政府签署投降书，抗日战争胜利结束，并将这天定为抗战胜利纪念日。每年这两天，福山军民皆召开座谈会，逢5举行报告会，逢10举行庆祝会，教育军民勿忘国耻，提高国防意识。1950年10月25日，中国人民志愿军赴朝作战，并将这天定为朝鲜战争纪念日。福山军民逢五小庆，逢十大庆。2000年10月25日，为纪念中国人民志愿军赴朝作战50周年，全区举行军民庆祝大会，走访慰问志愿军战士72名和家属184名，并为他们每人送去300元钱。

清明节拥军　每年清明节这天，福山党、政、机关干部，驻军官兵，工人、农民和学生，都到烈士墓前祭扫，缅怀烈士的英雄业绩。

拥军形式

思想拥军　从80年代中期开始，福山区采取多种形式开展拥军活动。经常举办国防教育报告会，宣传国防建设的重要性，提高干部群众居安思危、常备不懈的忧患意识。每年老兵退役、新兵入伍、部队训练等时期，区、乡镇和有关单位领导都协助驻军部队进行思想政治教育工作。全区有36名地方干部担任了部队的兼职教导员和指导员。1988年，有位四川籍战士的母亲病重，缺钱医治，思想压力大，情绪低落，影响练兵，兼职指导员知道后，责成单位出差同志捎去500元钱，解决了战士的家庭困难。1993年，某团家属工厂生产不景气，有13名随军家属下岗待业，军官分心着急。区领导了解后，与劳动部门研究优先安置20多名军嫂上岗。1993年和1998年，南方地区发生洪水灾害，有些南方籍战士挂念家乡，兼职指导员深入连队，耐心做思想工作。同时，全区上下召开赈济会议，开展向灾区战士捐款、捐物送温暖活动，共捐款、捐物价值6万余元，解除了战士的后顾之忧。东留公村民李本增主动拿出用于建房款2000元，寄给四川籍战士单赤显家，战士深受感动。

科技拥军　90年代中期开始，区委、区政府提倡科技拥军。至2002年，区电信局、财政局、地税局、房管局、烟台冶金水冷件厂、宋家疃村等，先后给驻军送去微机

29台、VCD片309张、科技图书6100册，提供科技习武奖励基金4万多元，培训官兵920人次，微机模拟操作系统等6项科技成果已转化到连队，使广大官兵得到现代化高科技培训。在生产生活上，区政府无偿划拨33.3公顷水面、滩涂和部分房屋，为驻军部队建起海水养殖场，并选派6名技术人员，进行实地指导，使驻军有了稳定的生产经营收入。区林业局累计送给驻军林业苗木5000多株，派出技术员20余人次帮助指导植树，绿化军营。

知识拥军　1985年之后，福山区拥军活动深入各个领域。区委党校、教文委、劳动和社会保障局等单位，利用地方师资，到部队举办各种培训班，讲授农机维修、服装剪裁、海水养殖、塑料大棚生产、电工、烹饪、计算机市场经销、经济管理和高中、职业中专文化补习等。到2002年，累计培养各类军地两用人才540多名，经考试合格，发给结业证书。区电信局、国税局等单位，筹资15万元，建起文化长廊和占地2000多平方米的文化活动中心。

解难拥军　驻军守防，客居异地，困难甚多。福山区想驻军所想，办部队急需，自1978年起，为驻军办了许多实事。预备役部队组建后，办公、场地无坐落，区政府先后拨款360万元，为预备役部队建起办公楼和训练基地。垆上村至驻军营房3200米，道路逢雨泥泞，有碍战备，区府投资150万元，对路面进行硬化。某团首长伏尔加轿车破旧不堪，区领导送给1辆新桑塔纳轿车。1990年7月24日，驻军战士在青龙山井下施工，因缺氧窒息，南关村民张岩和铜矿职工杨志国下井抢救战士，英勇献身。1994年10月和2001年，烟台警备区部队在臧家乡进行合成军事演习、济南军区军事学习在福山段进行，区委区政府为保障部队演习畅通无阻，建立了以区卫生局为主体的医疗抢救组，以区公安分局为主体的输送保障组，以妇女、共青团为主体的服务组，以民政局为主体的民事调解组的服务组织，为部队解决了大量实际问题。区政府与驻军先后举行联席会议20多次，解决历史遗留问题6起，化解军地矛盾纠纷3起。1962年，驻军某部演习时，误伤回里公社1名妇女，因后遗症逐年加重，其家属多次上访无果。为解决这一问题，1994年，区委领导与驻军首长商讨解决办法，最后区财政拨款2万元，作为一次性补偿，使问题得到解决。1996年，驻军承揽沿海地下电缆施工工程，施工用电跟不上，区电业公司立即解决。军休所2栋家属楼的低压照明线路老化，电压不稳，影响老干部正常生活，电业公司及时更换了变压器，让军休所用上了放心电。

共建活动

1978年，全区开展军民共建精神文明活动，从治理环境“脏、乱、差”开始，逐步发展到精神、政治、文化等生活领域。军民共建方式，从就地挂钩共建，逐步发展到对口共建。到2002年，全区有40个基层单位和个人，与驻军结成双拥共建对子，建军民联系点210个。

区电业公司与驻福某部队结对后，公司成立经理为组长的“双拥”领导小组，并依托公司武装部成立国防教育和民兵工作领导小组，制定教育、报告、联谊、走访制度等。同时，采取军企双方领导节日互访、定期信息交流和签订“军企共建协议书”等办法，进行文化、管理、思想、服务共建。公司先后为部队无偿投资50多万元，出动车辆20余台次，立杆8基，架设电线5000多米，修整路面和操场近8000平方米，赠送图书2000多套、34英寸彩电2台、乐器价值3000多元；为部队举办微机、电工培训班10余期，培训官兵200多人次，还为驻军更换车辆。吕玉刚是1937年参军的老功臣，久治不愈，留下后遗症。公司领导请医登门医治，并安排家庭生活，老人特别感动。公司连年荣获省、市文明单位。

区电信局与驻军基层连队结对后，始终把拥军优属工作当作自己的责任和义务。对子弟兵在生活上关心，严寒送毛毯，酷暑送西瓜，节日送慰问品，平时送电器，累计折款约10万余元；在政治上关怀，共建双方领导互为兼职政治辅导员，定期进行国防和改革开放教育，双向累计约20多场次；在技术上帮助，90年代中期，区电信局率先提出“科技拥军”口号，为共建部队送去计算机12台，建起微机室，派技术人员进行辅导。为鼓励战士科技练兵，出资设立“科技练兵奖励基金”，每年拿出5000元，奖励科技练兵优秀士兵。同时，为官兵提供通讯方便，在营区建起“虚拟交换网”，安装IC卡公用电话8部，仅2001年就为连队战士赠送了3万元的电话卡和2万元的连队建设基金；文化上支持，每年都赠送一些书刊，仅1997年就增送5000余册。1997年7月，被民政部和解放军总政治部授予“拥军优属先进单位”。2000年12月，被烟台市政府和烟台警备区授予“拥军优属先进单位”。

亚泰无缝钢管有限公司与驻军二连结对后，总经理林则平把拥军工作记在心里、拽在手上。1985年，为丰富连队“菜篮子”，改善战士伙食，购买钢管和塑料薄膜，为连队建起2个温室蔬菜大棚。1987年，为丰富战士的业余文化生活，给连队购置了音响、乒乓球案和价值2000余元的图书。1998年，为支持连队科技练兵，赠送价值500元的计算机和书籍，并派技术人员到军营授课。同年，林则平被聘为名誉指导员。他还带领职工夏天给战士送西瓜、汽水、电风扇，节日给战士送猪肉、饮料、海产品。1979—2002年，林则平23年如一日，从“拥军大哥”到“拥军大叔”，连续10年被烟台市评为“拥军共建模范个人”。

烟台冶金冷件厂（私营企业）与某部雷达站结对后，厂长孙立国十分关心雷达站官兵，尽力为官兵办实事。他发现雷达站营居高山，夏天潮湿，冬天寒冷，官兵易患风湿关节炎，于1998年购买68床毛毯，给官兵送去。1999年建军节，又给官兵送去3000余元慰问品，春节送去猪肉和蔬菜，并向战士介绍自己的创业史，鼓励战士刻苦训练，尽好义务，做李向群式的好战士。2002年，为支持官兵科技练兵，在建军节前夕，还给雷达站送去步步高丽声DVD机，并附赠《大决战》《第二次世界大战实录》《豫东之战》《七战七捷》《英雄孟良崮》等DVD片，鼓励战士争当科技尖兵。2000年，烟台冶金冷件厂被烟台市政府和烟台警备区授予“拥军先进单位”。2001年，孙立国因双拥共建成绩突出，被记3等功。

第二节　支前

革命战争年代，福山人民采取参军、参战、建立民站和运输队等方式，开展支援前线工作。1938年2月，日军侵占福山，全县十几名青壮年参加山东人民抗日救国军第三军。1939—1940年，350名青壮年参加福山游击队、县大队、独立营等抗日武装。1941年11月6日，12名青年报名参军。1942—1945年7月，500余名青壮年参军，抗击日本侵略者。

1945年9月至10月，542名青壮年参加解放军和地方武装。1946年12月5日，福山县特区召开教师备战思想动员会议，号召教师参军支前。至18日，疋山区51名教师组成战地服务团，奔赴前线；芝阳山区34名教师组成战地服务团，全区教师捐款2.58万元北海币，支援前线。同年，全县395人参军。1947年2月，全县人民积极发展生产、参军参战，678名青壮年入伍。同年3月8日，福山成立支前指挥部，中旬组建“福山支援鲁南大会战随军担架大队”，辖狮子山区、门楼区、古现区3个中队，共有队员800余人，担架167副，于3月24日整队出发，参加孟良崮战役。同月，为保障战备物资运输和过路的支前民工食宿，县支前指挥部民力动员部设立民站，在盐场村设中心站，湘河、曲家、张格庄等村设大站，张格堡、古现、岗嵛、西埠庄、东厅等村设小站，各站配备专职工作人员、民兵和运输工具。7月21日，全县4000余名青壮年参加解放军，涌现出东黄山、后富村、松林庄、冯家、黄连墅、上刘家、陡崖等“动参模范村”。同月，县第二次组建500余人的担架队，奔赴鲁南战场，跟随九纵二十七师参加南麻战斗。从3月至8月，福山担架大队6个月迂回行程万余里，胜利完成任务，于同年9月返回福山。8月17日，根据胶东司令部指示，县成立支前短途运输支队，辖3个大队，计民工2610人，驾驶千辆手推车，把大批军用物资从烟台转运栖、福边区，又把大批粮食由栖霞、福山运往烟台海港，支援东北解放区。10月上旬，北海军分区二团和三团于狮子山阻击国民党军二十五师西进。附近诸村村民皆主动支援前线。

1948年8月，全县又有200余名青壮年参加解放军。同年9月28日，驻福山城的国民党军到兜余一带抢粮，第二军分区烟台独立团与出城的国民党军于太平顶激战，狮子山、疋山解放区群众积极支援独立团官兵。同年11月，为支援淮海战役，县委、县政府广泛发动群众和抽调干部，组建以福山县民工为主体的“胶东担架第八团”，共计1800余人。11月底，担架团从福山出发，跋涉1个月，于12月底到达徐州，转送伤员半个月，后在安徽省符离集一带休整待命。1949年3月，担架团配属第三十三军过淮河到达巢湖地区，进行横渡长江训练。4月21日夜，担架团随军冒着长江对岸国民党军的机枪扫射、飞机轰炸和敌人炮艇的袭击，胜利渡过长江。过江后，担架团队员克服饥饿和路滑等困难，抬着100多公斤的炮弹，每晚行程60多千米继续南进。在参加广德包围战中，担架团队员用担架杆当枪，先后俘敌26名。同年5月5日，担架团又随军参加上海战役。在进攻上海和吴淞口时，担架团分成若干火线抢救队，直接到前线抢救伤员。27日，上海市全部解放。6月中旬，担架团进行总结评比，有26名队员被分别立特等功、一等功、二等功和三等功，荣获华东支前司令部、政治部颁发，并由司令员、政治委员、副司令员、副政治委员、政治部主任署名的立功奖状。每个担架队员荣获“淮海战役纪念章”“渡江战役纪念章”各1枚。部队向每个担架营赠送退役战马5匹，带回家乡支援生产。担架第八团随军转战8个月，途径鲁、皖、苏、浙、沪5个省市，迂回行程6000千米，胜利完成支前任务，于1949年7月12日返回福山。

1949年秋，解放军发起解放长山岛战斗。战斗前夕，福山县组织古现、八角沿海渔民150余人、渔船36条，组成支前中队，于7月25日启程，支援解放长山岛，胜利完成任务，有1人被胶东军区支前委员会评为特等功，3人被评为三等功。

1950年10月，朝鲜战争爆发。翌年8月，全县人民踊跃捐款捐物资，用于购买飞机和大炮，支援抗美援朝战争。

1979年2月17日，中越边境自卫还击作战开始后，福山籍参入中越边境自卫还击作战指战员192名，前方胜利捷报传到福山后，县政府立即组织各界人士，走访慰问参战家属，为他们排忧解难。

1985年8月7日，中越边境自卫还击作战老山前线英雄报告团到福山做报告，引起强烈反响，全区掀起了向老山前线战士学习热潮。报告会后，城区广大干部群众深入开展拥军优属活动，全区人民先后向前线寄慰问信450多封，赠送锦旗5面、慰问品1129件。烟台包装装潢厂职工在赠送的200条汗衫、460双鞋垫上刺绣着“英雄杀敌，为国立功”等字样。区委、区政府为做好前线指战员家属工作，责成有关部门组成拥军助工小组47个，为参战家属办实事200多件。粮油门市部主动送粮到门，民政部门送优待金到家，共青团积极为参战家属扫庭院。包装装潢厂女职工王忠艳的丈夫初世朴在老山前线参战，厂领导登门慰问她，并给她送去暖瓶、毛巾被等，王忠艳深受感动，写信鼓励丈夫英勇作战，出色地完成了作战侦察任务，多次荣立战功。

第四章　优抚

抗日战争时期，福山儿女积极参军参战，组织起游击队、独立营、县大队、武工队和民兵基干队、自卫团等武装，以游击战、地雷战、麻雀战等形式，对敌作战326次，毙敌、伤敌、俘敌2000余人。解放战争时期，福山5000余名青壮年参军参战。全县先后有855名优秀福山儿女光荣献身。中华人民共和国成立后，福山青年踊跃参军，又有一大批军人及残废、复员、退伍军人为保家卫国、建设祖国贡献出青春年华。由此，产生了众多优抚对象。

第一节　群众优待

群众优待方式与数额随时而异。战争年代，为粮和代耕。中华人民共和国成立后，为优待劳日、现金。

优待劳动日　始于1956年，其标准经多次调整。1978年，全区优待烈、军、残、复、退1064户、4046人，优待劳动日187493个，人均139个。1981年，对军属实行户户优待，其数额按所在村庄整劳力的7%。1982年，对烈属除改嫁和已成年者外，也实行户户优待。

优待现金　1983年，农村实行家庭联产承包责任制后，群众优待方式由优待劳日改为现金。对烈属和义务兵家属仍实行户户优待；对二等以下残废军人、复员和带病回乡的退伍军人，根据现有劳动能力加子女负担部分，不足整劳力的部分，实行差额补成优待。同年，全区农村10944户优抚对象，按政策优抚2533户，发给现金605380元，户均239元。城镇户口在职入伍的，服役期间保留其原工资，由原单位按月发给其家属；入伍前无正式工作的，由其父母所在单位每年发给其家属200元左右的优待金；其父母无工作单位的则由所在乡镇按无职标准优待。1985年后，实行以乡镇为单位统筹优待。

1978年福山县优待情况表

表9-1

属别	总户数(户)	总人数(人)	优待情况						
			户数（户）	人数（人）	劳动日			
					自劳（元）	优待（元）	合计（元）	人均（元）
烈	512	1192	442	898	57660	75011	132671	148
军	1914	8357	334	1536	166763	46997	213760	139
残	524	1997	197	1130	110303	48786	159089	141
复	2129	10530	67	367	28959	11702	40661	111
退	3273	13537	24	115	10349	4997	15346	133
合计	8352	35613	1064	4046	374034	187493	561527	139

全区有烈属301户、334人，享受优待款185460元，人均555.3元；义务兵家属1375户，享受优待款671893元，户均488.7元；残废军人493人，享受优待款121385元，人均246.2元；复员军人944人，享受优待款239864元，人均254.1元；退伍军人12人，享受优待款7631元，人均635.9元。

第二节　国家抚恤

牺牲病故抚恤　1979年，对军人、机关工作人员、参战民兵和民工，牺牲病故抚恤金调整为：师职、地区副专员或13级以上牺牲者每年发给700元，病故者发给600元；团职、县副职或14～17级牺牲者发给650元，病故者发给550元；营职、县社副科级以下或18～20级牺牲者发给600元，病故者发给500元；排长、连长或21级以下和县社一般干部20级以下牺牲者发给550元，病故者发给450元；班长、战士、工勤人员牺牲者发给500元，病故者发给400元；参战民兵、民工牺牲者发给470元，病故者发给370元。

1980年6月，对在保卫祖国和现代化建设中牺牲的解放军指战员，追认为革命烈士，由民政部颁发《革命烈士证书》。县政府按照作战牺牲军人家属抚恤规定，分4个等级发放抚恤金，最高每年为1000元，最低为850元，差均为50元。1984年，烈士抚恤金每年提高到2000～2400元。1985年10月，民政部、财政部规定，1984年4月1日以后牺牲被批准为革命烈士的发一次性抚恤金，抚恤金额视情而定，烈士生前有工资收入的，按其牺牲时间40个月工资计发；烈士生前无工资收入或工资低于23级正排职干部标准的，按其牺牲时军队23级正排职干部的40个月工资计发。1985年1月1日，对烈属、因公牺牲、病故军人家属，由定期量补助改为定期抚恤。城镇孤老烈属每月补助35元，烈属补助30元，病故军人家属补助25元；农村孤老烈属每月补助25元，烈属补助20元，病故军人家属补助15元。

1988年6月28日，国务院颁布《军人抚恤优待条例》，规定现役军人死亡，根据性质定为革命烈士、因公牺牲军人和病故军人3类。根据死亡性质和本人死亡时的工资收入，由民政部门发给其家属一次性抚恤金，标准为革命烈士40个月工资、因公牺牲军人20个月工资、病故军人10个月工资。立功和获得荣誉称号的现役军人死亡，一次性抚恤金分别按比例增发。被国家主席或中央军委授予荣誉称号的增发35%；被大军区授予荣誉称号的增发30%；立一等功的增发25%，立二等功的增发15%，立三等功的增发5%；义务兵和月工资低于正排职军官工资标准的其他军人死亡时，按正排职军官的工资标准，发给其家属一次性抚恤金。

残病抚恤　现役军人伤残，根据伤残性质确定为因战、因公和因病致残3类。革命伤残军人的伤残等级，按1950年中央规定，根据丧失劳动能力及影响生活能力的程度确定。因战、因公致残的等级划分为4等6级，即特等、一等、二等甲级、二等乙级、三等甲级、三等乙级。特等和一等残废人员，按标准的金额供给终身。二等甲级和乙级，按标准的金额供给2年后，再减半供给终身；1953年改为全标准金额供给终身。三等甲级和乙级，1950—1965年按标准金额一次性发清；1965年7月改为每年发给残废补助费；1978年1月由补助费改为抚恤金，供给终身。因病评残仅限于在服役期间患病致残的义务兵。因病致残划分为2等3级，即一等、二等甲级、二等乙级。现役军人因战、因公、因病致残，由军队规定的审批机关在医疗终结后负责评伤残等级，发给革命伤残军人证，退役后一般不再办理。退出现役后没有参加工作的革命伤残军人，由民政部门发给伤残抚恤金，并享受农村优待；退役后参加工作，或者享受离休、退休待遇的革命伤残军人，由民政部门发给伤残保健金。

1950—1952 年，残废抚恤金以粮食计算。1953 年后以现金计算。1950—1976 年，残废抚恤金先后进行 4 次调整。1977 年 12 月，财政部报请国务院批准，调整在乡残废抚恤金标准。1982 年，调整在职抚恤金标准。1984 年 5 月，调整残废人员抚恤标准。

革命残废人员的抚恤证，是领取抚恤金的凭证。1951—1972 年，全县进行过 4 次换发残废证书。其中，1951 年、1963 年和 1972 年换证时，对残废等级进行检查和调整。

1978—2002 年福山区在乡残废军人抚恤标准表

表 9-2　　单位：元 / 年

类别＼年份	特等		一等		二等甲级		二等乙级		三等甲级		三等乙级	
	因战	因公	因战	因公	因战	因公	因战	因公	因战	因公	因战	因公
1978—1981	520	480	460	430	260	240	190	186	100	100	80	80
1982—1984.6	520	480	460	430	260	240	190	186	100	100	80	80
1984.7	570	518	498	464	390	350	296	268	180	180	140	140
1996	2240	2100	1860	1740	1250	1150	856	780	536	516	442	442
1999	5340	5180	4000	3870	2120	2010	1320	1240	900	880	780	780
2001	6000	5840	4600	4470	2480	2370	1680	1600	1050	1030	930	930
2002	8400	8240	6480	6350	3330	3220	2230	2150	1360	1340	1210	1210

第三节　国家补助

临时补助　1978 年以前，国家每年不定期对在乡的烈军属、残废和退伍军人等优抚对象的生活和生产给予临时补助，以保证他们的生活水平不低于当地群众。1979 年起，根据民政部通知，减少临时补助，增加定期定量补助，临时补助按优抚补助费的 30% ～ 40% 拨发。

定期定量补助　1978 年以前，对生活极困的烈军属，由政府按期给予实物或现款补助。1978 年以后，改变补助款使用结构，把补助款的 70% 用于定期定量补助。定补对象为孤老烈属、孤老病故军人及失踪军人家属；没有亲属抚养或虽有亲属而无力抚养的烈士、病故、失踪军人的未成年子女；丧失劳动能力而子女又无人抚养的烈士、病故军人、失踪军人的父母和配偶；带病回乡不能经常参加生产劳动、生活特困的复员、退伍军人；完全丧失劳动能力、生活困难的复员军人。居住在小城市和城镇者每人每月补助 10 ～ 15 元，居住农村者每人每月补助 6 ～ 8 元，孤老烈属、烈属遗孤和抗日战争时期入伍、军龄在 5 年以上或是排以上干部的复员军人每人每月补助 9 ～ 10 元。自 1980 年 2 月起，对生活不能自理、饮食起居需人扶持的特等、一等残废军人，经烟台行署批准，每月发给护理费 36 元、副食品补助费 2.5 元。同年，对中越边境自卫还击作战中牺牲的烈士家属，按最高标准给予定期定量补助。1981 年 11 月到 1982 年 6 月，

1985—2002 年福山区三属定期抚恤标准表

表 9-3　　单位：元 / 月

项目＼年份	户口性质	类别	属别	月抚
2001	城镇非农	革命烈士因公牺牲家属	一般	155
			孤老	160
		病故军人家属	一般	150
			孤老	155
	农业户口	革命烈士因公牺牲家属	一般	145
			孤老	150
		病故军人家属	一般	140
			孤老	145

续表 9-3

项目 年份	户口性质	类别	属别	月抚
2002	城镇非农	革命烈士因公牺牲家属	一般	195
			孤老	200
		病故军人家属	一般	190
			孤老	195
	农业户口	革命烈士因公牺牲家属	一般	170
			孤老	175
		病故军人家属	一般	165
			孤老	170

对在乡特等、一等残废军人，先后2批全部转供商品粮。1984年10月，将其家属转为非农业户口。1985年，烈士家属实行定期抚恤。全区享受定期定量补助的有1950人，年定补款总额125228元。其中，烈属月均19.9元，退伍军人7.5元，复员军人11.8元。

第四节　抚优解贫

改革开放后，曾为革命和建设事业作出奉献的优抚对象的保障相对滞后，尤其一些年龄偏大的人不同程度的出现了“生活难、住房难、治病难”问题。1999年，区里发动干部职工向优抚对象奉献爱心。153个单位捐款15万元、面粉和大米5100公斤、花生油560公斤、药品及食品等价值18万元，还为9户“三老”户修缮房屋28间，发放补助款6万元，解决医疗费12.85万元。为掌握全区老烈属、老残废军人、老复员军人存在的“三难”情况，区民政部门逐村逐户排查摸底，确定108户“三老”为首批帮扶对象。同时，区政府将“三老”户落实到部门实行包帮，其中98户由区属98个单位对口帮扶，10户争取市属部门包帮。

第五章　烈士褒扬

据1978年普查，全区有革命烈士1001名。其中，抗日战争牺牲162人，解放战争牺牲696人，朝鲜战争牺牲109人，对越自卫还击战与社会主义建设牺牲34人。后经调查核实，有6名尚生存，被撤销革命烈士待遇；有1名革命烈士漏录。1988年以后，又新增革命烈士7名。至2002年，全区共有革命烈士1003名。其中，抗日战争牺牲162人，解放战争牺牲693人，朝鲜战争牺牲107人，对越自卫还击战与社会主义建设牺牲41人。对革命烈士，福山人民采取举行追悼会、修建烈士陵园、祭扫烈士墓等形式祭奠。

第一节　祭奠活动

抗日战争时期，对烈士，只在革命队伍中举行不同形式的小型追悼会。1947年10月，县委县政府在古现山王家村召开“公祭革命烈士”大会，追悼牺牲的先烈。中华人民共和国成立后，每年清明节，党、政、机关干部，驻军官兵，工人、农民和学生，都到烈士墓前祭扫，缅怀烈士的英雄业绩。1978年以后，部分单位在祭奠期间，组织新加入的党、团员在烈士墓前宣誓，激励他们继承革命先烈遗志，做好本职工作，为改革开放做出贡献。

第二节　烈士陵园

1963年4月，县政府在兜余太平顶征地6660平方米，建烈士陵园，迁葬烈士遗骨74名。1971年6月，门楼公社在马山征地9800平方米，建烈士陵园，迁葬烈士遗骨62名。同年11月，县革委在青龙山征地1.8万平方米，建烈士陵园和纪念碑，迁葬烈士遗骨160名。1973年，回里公社在李家疃眠凤山辟地6800平方米，建烈士陵园，迁葬建墓109座。至此，境内共建革命烈士陵园4座，迁葬烈士405名。1978年以后，各级政府对所辖烈士陵园加大投入，进行修缮、绿化美化，使陵园焕发新容，成为干部群众接受爱国主义思想教育的基地。

第三节　烈士变更情况

在历次战争与社会主义革命和建设中，全县有1003名革命烈士献出生命。多数革命烈士英名已在1990年版《福山区志》中入录，本志不再赘述。

王德和（1912—1945）　原名王建夏，肖家夼村人，中共党员。1933年，被抓壮丁。1938年，山东纵队五支队向高明远部发动突袭，王德和在前沿阵地弃暗投明，走上革命道路。

1941年3月18日，山东纵队五支队司令员王彬率2个团4000余人，攻打陈昱盘踞的牟平县观水据点，时任排长王德和带领全排战士冲锋在前，连克顽军碉堡数座。在接近据点中心时，一个敌军火力点挡住前进道路。他命战士加大火力，孤身前去炸暗堡。接近暗堡后，摸出手榴弹瞄准枪眼投了进去。一声巨响，敌人的机枪炸哑了，王德和被震昏过去。醒后，听到敌人的机枪又响起来。王德和站起来，一把抓住敌人的机枪筒，拼命往外拽，敌枪手亦被拖出半截。争夺中，敌堡内投出一颗手榴弹，王德和抱着机枪倒下。五支队指战员趁机发起冲锋，拔除了暗堡。此时，王德和已失去气息，被送往北海野战医院抢救。未愈，回乡养伤。是年，在胶东反投降战役中，王德和身负轻重伤7处，腹部被弹片穿孔，鼻骨被打断。

1942年春，他奉命组建福山六区（疋山区）中队。是年秋，还在养伤的王德和任六区中队副（专职队长）。军训中，他亲自示范，严格要求，使队员们的军事素质迅速提高。在敌强我弱情况下，王德和于东厅集日，安排2名队员，化装成赶集群众，巧夺敌特手枪1支。是年冬，六区中队接受袭击县城日伪顽队部任务，他带领3名队员，趁赶集之机，制服敌饲马班长、值班伪军，火烧伪军部，获得长枪2支、子弹百余发等物品一大宗。城后汙河村王麻子是个恶棍，阴险狡诈枪法准，手下有几十名便衣特务，县公安、大队几次镇压未成。是年暮秋，王德和夜间独闯王宅，用匕首将其斩除。

1944年夏，部队生活困难，王德和按上级要求，带领战士在落山坡开垦荒地2.67余公顷，精种细作，当年收获玉米2500余公斤、大豆数百斤、蔬菜自给有余。还养羊40多只、养猪10多头及鸡鸭鹅等，冬天又开豆腐房。闲时，抽队员到海边帮助渔民捕鱼，分得海鲜，使中队伙食得到改善，被誉为“烟福地区的南泥湾”。是年初秋，一位自称“初胜一”的流浪学生，到六区中队报名参军，被中队收留。是年暮秋，六区中队响应北海军区号召，停用粮食一周，捐给莱阳人民。“停粮周”命令下达后，中队掀起挖野菜比赛，到第7天，王德和晕倒，炊事员违规做碗面糊汤给他喝。他醒后坚辞不受说：“我能坚持，把汤给小初吧。”初胜一得知这碗面汤来由后，感动得大哭。第二天，趁大家不注意，留一封信，离开六区中队。信中写道：“你们根本想不到我会是个女扮男装的日本特务，而且身藏微型发报机。我在这里3个月，就深深体会到八路军的伟大和高尚，你们舍生忘死为中华民族的存亡艰苦斗争，你们情如手足的兄弟情谊，你们爱民如亲父母的情怀，使我深受感动，你们才是真正的人民子弟兵……在这3个月中，我没做过对不起你们、对不起八路军的事，以前没做过，今后也决不会做，因为我有一颗中国人的心。请相信我，再见了……最后请允许我向你们敬礼。”1944年末，王德和调任福山独立营二连连长。1945年8月19日，在芝阳山阻击战中，光荣牺牲。

王维涵（1923—1947）　古现东村人。少年家贫，下学务农。1945年参加福山抗日游击队，后入解放军第9纵队，当战士。1947年，牺牲。

孙浴之（1922—1978）　山东省烈士，北于家村人。1942年参加福山抗日游击队，历任班长、副排长、排长。1944年，加入中国共产党。后地方军升入北海军分区。1946年后，在解放军历任指导员、教导员、团副政委、政委、师政治部副主任。1972年，任聊城军分区副政治委员。荣立二等功1次、三等功2次、四等功5次。1978年病逝。

黄廷利（1923—1980）　山东省烈士，集贤村人。1945年加入中国共产党，从事抗日救国、反蒋保国运动。1947年参加解放军，随军北上，参加过辽沈、平津等战役。历任排长、指导员、教导员、科长、主任、副政委、国家第三海洋研究所政治委员等职。荣立二等功1次、三等功2次、四等功4次。获解放奖章和独立功勋荣誉章各1枚。1980年病逝。

王陆善（1967—1988） 巨甲村人。1975年在巨甲小学读书，期间积极参加体育锻炼，是学校运动队主力队员。1980年，在巨甲中学就读，初中毕业后，在村参加生产劳动。他心地善良，乐于助人。1988年4月10日，在扑灭巫山山火中，为保护集体财产，光荣牺牲。

王少君（1970—1988） 巨甲村人，共青团员。1977年在巨甲完小读书，连续五年被评为三好学生。1982年，考入烟台二十一中。1986年，初中毕业，考入烟台十八中，团结同学，遵守纪律，学习刻苦，成绩优秀。1988年4月10日，在扑灭巫山山火中牺牲。

孙茂华（1971—1988） 巨甲村人。1980年，在巨甲完小读书，学习刻苦，遵纪尊师，团结同学，热爱劳动，艰苦朴素，积极参加少先队活动，多次被评为优秀少先队员。1986年，考入烟台二十一中。1988年4月10日，在扑灭巫山山火中，光荣牺牲。

王京祥（1974—1988） 巨甲村人。1981年在巨甲完小读书，1987年，考入烟台二十一中，学习非常刻苦，成绩名列前茅。1988年4月10日，在扑灭巫山山火中，光荣牺牲。

李文东（1967—1989） 大屋村人。1987年10月，应征入伍，在解放军陆军27集团军高炮旅汽车连当战士。1989年9月13日，在河北省井隆县光荣牺牲。

张岩（1957—1990） 南关村人。他为人厚俭，见义勇为，初中毕业后务农。1990年7月24日17时，位于内夹河西的54758部队水井房突然停电，18时许，负责看井的部队战士翟绪勇下井查因时，因缺氧晕倒。约20分钟后，翟妻宋艳萌发现险情，跑出水房呼救。张岩闻声赶到，奋不顾身下井抢救，也因缺氧晕倒。这时，福山铜矿职工杨志国、宋艳萌胞弟宋省委、烟台阀门厂职工宋福生、武装部五金厂厂长胡永军等人闻讯赶到现场，杨志国与宋省委下井后相继晕倒，在这严峻时刻，宋福生、胡永军等轮换下井救人。经1个多小时抢救，翟绪勇得救，张岩、杨志国光荣献身。是年，张岩、杨志国被省民政厅批准为革命烈士。

姜秋江（1959—1990） 邹格庄村人。1978年12月应征入伍。在解放军89772部队任士官。1990年7月，在四川省西昌光荣牺牲。

1978年，县民政局组织专门人员对全县革命烈士进行普查登记。1981年，编写《福山县革命烈士英名录》，入册烈士共1001名，分别录其姓名、职务、籍贯、参军时间、入党时间、牺牲时间及安葬地点。又编《著名烈士英名录》，录入立二等功以上和团职以上烈士30名。后经调查核实，有6名录入“烈士”曾回乡探亲或有书信来往，被撤销。

第六章　安置

1950年9月8日，县政府成立复员军人安置委员会，负责接待、安置复员退伍军人。1951年10月，安置委员会撤销，工作移交民政科兼管。1982年，县政府成立荣、复、转、退军人安置办公室。1986年，区民政局内设退伍军人和军队离、退休干部安置办公室。1995年，易名为退伍军人安置办公室。2001年，更名为双拥与优抚安置科。

县（区）政府重视复退军人的安置工作，根据国家政策规定，回来一个，接收安置一个。在政治上关怀他们，在生活上关心他们，在居住条件、生活环境等方面给予从优照顾。

第一节　退伍士兵安置

1950—1957年，县政府共接受安置复员军人3266人。至1977年，共接受安置退伍军人5190名。1978—2002年，累计接受安置退伍军人6319人。

农业人口义务兵退伍后，安置回农村。对孤单身、生活确有困难或城镇工作需要的，通过招工形式重新安置在城镇就业或安排临时性工作。对在部队立功受奖、因战因公伤残退伍军人，给予优先安置；对驻港部队、参加抗洪抢险及长期在边防、海岛艰苦地区服役的退伍士兵，给予照顾。1984年，开始安置退伍军人军地两用人才，并对原属城市户口或参军前在大中专院校读书、服役期间父母已转成非农业人口、三等以上残废军人以及立过三等功以上者，安置在城镇工作。1985年开始，区民政部门对军地两用人才进行登记。至2002年，全区推荐安置军地两用人才246名。对1979年参加对越反击战的192名退伍军人，全部安置农转非或安排合同制工作。2000年，对进西藏服役原农业户口的士兵，退伍时直接登记为非农业户口，并安排工作；荣立三等功以上的优先安置。在历届村（居）委会换届选举中，各级政府重视退伍军人在基层的作用，到2002年，退伍军人在两委班子任职的有518人，150多名退役军人成为种养大户，有300多人成为勤劳致富的带头人。（详见表9-4）

非农业人口义务兵退伍后，在原户口所在城镇安排就业。1978年始，区政府依法安置退伍军人。出台了《福山区拥军拥属若干规定》和退伍军人安置工作等系列规范性文件。退伍军人安置名额实行统一计划分配，每年单位接收率达到95%以上。同时，实行“双向选择、供需见面、包底安置”，供求各得其所。鼓励退役士兵竞争就业，充分利用劳务、人才市场，为退役士兵牵线搭桥，提供中介服务和信息咨询，帮助他们就业。对没有找到职业的退役士兵，则通过政府包底分配的办法，保证其第一次就业。此外，还鼓励退役士兵自谋职业。1978—2002年，全区共安置非农业人口退伍军人878人。其中，有80多名成为厂长、经理。（详见表9-5）

第二节　转业士官干部安置

1976年春，根据有关政策，对1965—1975年7月复员的133名军队干部（除4名因故外）安排工作。1979年开始，部队实行义务兵与志愿兵相结合的兵役制度，服役6年以上的专业技术骨干，根据部队需要，本人申请获准即可转为志愿兵。志愿兵服役年限为8～12年，年龄到35岁。志愿兵服役期间由部队发给工资，称士官。退役后，由劳动部门安置为技术工人。1986年，境内开始接收、安置转业士官。到2002年，共接收、安置372名。在安置工作中，根据他们的技术特长，尽力做到对口分配，扬长避短，士官与接收单位都满意。（详见表9-6）

第三节　军队离退休干部安置

1980年12月，县民政局着手筹备对部队团职以下离退休干部接收安置工作。到2002年，共接收军队移交地方政府安置的离退休人员62名。其中，离休37人，退休17人，退休志愿兵和无军籍退休退职职工8人。家属均被妥善安置。

1981年10月，根据国务院和中央军委的规定，国家拨款54万元，在县府街西段路北兴建3层的军休住宅楼2栋，1982年10月竣工。其中，团职楼面积1653平方米，户均70平方米；营职楼面积1490平方米，户均50平方米。1985年，国家拨款44万元，在团、营职住宅楼北新建楼房2栋，1986年11月竣工。一栋为4层住宅楼，面积为1714平方米；一栋为3层军休所办公楼及车库，面积为775平方米。1995—1997年，军休所先后投资31万元，更换了铝合金门窗和坐便器，安装了电话和电视加密线。1998年，投资4万元，建起健身房，安装8种健身器材。2000年，区政府投资12万元，更改自来水管道和低压线路。2002年，投资36万元，为军休干部安装上空调；投资28万元，将旧平板楼顶改为起脊楼顶，解决冬冷夏漏雨难题。同时，硬化了军休所路面，铺设鹅卵石路160米，供军休干部锻炼身体。

按规定，军队退休干部按其退休当月基本工资比例计发退休金、福利费和各种生活补贴，享受当地干部的同等待遇。军队离休干部，执行中共中央〔1982〕13号文规定，“基本政治待遇不变，生活待遇还要略微从优”，其工资、各种补贴等，原则保持军队干部的标准不变。

1986—2002 年福山区农村户口退伍军人安置表

表 9-4　　单位：人

年份＼项目	人数	年份＼项目	人数
1986	242	1995	154
1987	241	1996	162
1988	234	1997	134
1989	223	1998	149
1990	150	1999	158
1991	195	2000	98
1992	164	2001	93
1993	242	2002	125
1994	132	合计	2896

1986—2002 年福山区非农业户口退伍军人安置表

表 9-5　　单位：人

年份＼项目	人数	年份＼项目	人数
1986	24	1995	36
1987	23	1996	44
1988	38	1997	41
1989	29	1998	59
1990	21	1999	56
1991	43	2000	41
1992	21	2001	57
1993	26	2002	40
1994	12	合 计	611

1986—2002 年福山区转业士官安置表

表 9-6　　单位：人

年份＼项目	人数	年份＼项目	人数
1986	15	1995	34
1987	13	1996	33
1988	21	1997	20
1989	19	1998	27
1990	20	1999	27
1991	8	2000	30
1992	23	2001	21
1993	23	2002	17
1994	21	合 计	372

第七章　社会救灾救济

福山在历史上自然灾害较重，主要有旱、涝、风、雹、虫和震灾。中华人民共和国成立前，虽有荒政、灾赈之举，但因政局腐败，统治者鱼肉百姓，致使灾多荒多，几乎无灾不荒。每遇重灾，灾民逃荒要饭，流离失所，常常导致社会动乱，给灾民造成深重灾难。中华人民共和国成立后，福山把防灾、抗灾、救灾结合起来，提高了抵御自然灾害的能力。在遇到较大及以上灾害时，国家及时下拨救灾专款和物资，组织群众生产自救，做到了重灾变轻灾，有灾无荒，甚至在大灾之年获得粮油大丰收，体现出救灾工作的卓越成效。

第一节　救灾

赈济本地灾民

生产自救　1946年水灾，县政府成立救灾委员会，借粮5000公斤急救。次年组织生产自救，募集北海币42.85万元和玉米、高粱、地瓜干共计29384万公斤，助民度荒。1978年夏秋之际，黏虫成灾，受害面积1.2万公顷。全县干部群众采取喷洒农药、徒手捕捉、挖沟封锁、锄地压虫等方法灭虫，减轻灾情。1985年8月19日，“九号”台风到来之前，区委、区政府根据天气预报，连续下达2次紧急通知，要求各单位做好抵御台风袭击准备。全区上下齐心协力，乡镇、村组织抢险队，台风过后，立即抢险救灾，共抗洪排涝2500多公顷，培扶玉米3000多公顷，修缮塌房1300多间，修复道路、通信线路20多千米，工农业生产当月恢复正常。1999年，遭百年未遇旱灾，全区受旱面积1.33万多公顷。区委、区政府广泛发动群众，指导抗旱自救。全区打深机井20多眼，库内挖井30多眼，新建塘坝11个，修建小型水库4座、方塘7座，扩大水浇地面积1333多公顷，把干旱损失降到最低限度。

政府救济　1949年5月，北海专署拨发给福山灾民救济粮2.8万公斤。同年7月26日，全县遭受台风暴雨袭击，塌房1343间，淹没冲毁土地2667公顷。北海专署“生救会”2期发放救济粮21.75万公斤。1951年夏、秋暴雨，89个村遭受重灾。政府允许灾民自由借贷资金，并发放救济粮8.2万公斤。1953年9月大雨，57个村被淹。政府发放救济款3750万元（旧人民币）。1955年7月暴雨，内外夹河决口，大小河流淹没土地3267公顷，28个村4578户受重灾。同年，部分地区约133公顷庄稼遭虫灾，政府发放救济款7872万元，助民抗灾。1956年9月4日，普降暴雨，全县3581公顷农田过水，195公顷绝产，32个村庄1079户洪水进家。政府拨发救济款40余万元。1957年，连遭虫灾、旱灾、雹灾，农业严重减产，群众口粮不足，政府拨发救济粮8.5万公斤、救济款1.2万元。1962年涝灾，农田受灾5133余公顷。政府安排统销粮174.5万公斤，发放救济款2.4万元；对门楼水库库区灾民增补救济款9507元，并发放棉花、布匹、成衣等实物。1964年，暴风雨成灾，全县作物受灾面积1933余公顷，绝产219公顷，政府拨发救济款5.1万元、棉毯100床、被套100床。1965年7月暴雨，2640公顷农田过水，200公顷绝产，政府发放救济款10.6万元。1966年，局部遭受水灾、旱灾，烟台行署拨发救济款3万元、棉布1.33万米、棉花2500公斤。1979年，门楼、回里等5处公社遭受旱、雹灾害。县政府拨发救济款47192元。1980年旱灾，受灾作物3140公顷，粮食减产157.5万公斤。县政府拨发自然灾害救济款9996元，救济243户；社会筹集救济款33927元，救济1060户。1982年春旱、秋涝。县政府2次发放救济款148407元，救济3766户。1983年4月26日，高疃镇部分村庄遭飓风袭击，126户275间草房屋脊被刮走，6间房屋倒塌，湘河村烘炉烟囱被刮倒，砸死1人，砸伤2人。同年8月28日晚至29日晚，连续3次飓风伴雹，袭击回里、张格庄、门楼、高疃等乡镇，粮油果损失惨重。县政府先后发放救济款10万元，救济村民8159户37815人。1985年春旱，7月上旬又连降大雨，部分农田、果园受损。区政府发放救济款64790元，救济325户。1986年、1988年和1989年，连遇旱灾，年降水272.6～392毫米，不足常年降水50%。区政府发动群众，开源节流，拨款急救。1994—1995年，古现、八角等乡镇部分村庄先后遭受台风、暴雨袭击，受灾农田1.3万多公顷、果园5333多公顷，倒塌房屋70多间，冲垮塘坝2座、桥6座，毁船8只，刮断电杆20根。区委、区政府组织救灾工作组，深入灾区普查，速将10万元救济款分发到灾民手中。1997年8月19日，11号台风袭击全区，伴随持续39小时降雨242.7毫米，农田受灾面积3700多公顷，冲毁塘坝1座，损坏供电线路3000米。区政府发放救济款21万元，救济512户1050人。1999年，全区普遍干旱，缺粮无款户580户1281人。区委、区政府筹资10万元，向上级争取救灾款20万元，确保灾民渡过灾年。2000年，旱灾、风灾席卷福山，全区受灾面积7300多公顷，部分农户缺粮缺款。区民政局组织3个小组深入到乡镇，逐户排查，对困难户登记造册，发放救济粮8.5万公斤、救济款12万元，使612户1584人安渡难关。2001年，全区遭特大风、雨灾害，农田受灾6000多公顷，粮果菜等减产，部分村民生活遇到困难，国家发放救济款20万元，使434户灾民摆脱困境。2002年，自然灾害接连不断，4月份低温冷冻，大樱桃着果冻伤，苹果开花冻死；5月中旬连雨天，大樱桃成熟裂口、霉烂；秋季连旱，农作物减产；9月28日，遭冰雹袭击，农田、果园损失严重。区民政局组织人员逐村逐户排查灾情，争取上级支持，全年共发放救济款20万元。

赈济异地灾民　福山区人民对异地灾区积极捐款赠物。1993年8月，鲁南、鲁西南等地区普降特大暴雨，致使临沂等30个市、县遭受严重洪涝灾害。福山人民知情后，立即行动，捐款74.2万元，捐赠衣物2万余件，及时送往临沂地区。福山区获“山东省抗洪救灾先进集体”称号。1994年，全区又向沂南县捐赠衣、被3.5万余件，把温暖送给贫民。1998年8月，南方遭受特大洪水灾害。全区人民积极投入救灾活动，先后募集衣物8万多件，捐款600多万元，送到江西、湖南、湖北等灾区。2002年，对口支援的西藏聂拉木县部分民众，生活暂时遇到困难，全区人民捐赠衣、被3.67万多件，折款18万元。

第二节　救济

城镇救济

临时救济　1978年前，对城镇生活无来源的孤老、残幼、贫民、无业人员，政府拨给临时救济款，年均50户、100人。1979年后，工商业发展迅速，就业机会增多，社会总体生活水平提高，城镇非农贫困人口相对减少。90年代中期，下岗离企人员增多，无技能人员、家庭贫困户、火灾、车祸、突发疾病等，给一些家庭带来暂时困难。区政府千方百计筹措资金，及时帮助排忧解困。2002年，发放救济款10万元，救济92户271人。

定期救济　1959—1961年国家三年困难时期，精减下放一批职工。民政部门根据国务院规定，对生活困难、无依无靠的老弱病残人员，发给本人原标准工资30%的救济费。1965年，根据国务院224号文规定，1957年年底以前参加全民所有制单位工作，并在1961—1965年6月9日期间精减退职，且领过一次性退职金的职工，凡是全部或大部丧失劳动能力或年老体弱长期患病，影响劳动较大，家庭生活无依靠，均享受原工资的40%，医药费报销2/3。1982年，经县民政局普查，报省民政厅检批，全县享受定期定量救济147人，年补款37612元。2002年，城镇尚有120人享受定期补助，年补款3万元。

低保救济　1997年，区政府对城镇居民最低生活保障对象每人每月救济150元；对人均收入达不到150元的家庭，给予差额救济。1999—2002年，将低保标准提高到每人每月195元。2002年，根据低保属地管理规定，省属企业福山铜矿职工最低生活保障由福山区管理，有670户1683名职工符合条件，全部纳入低保范围，每月发放保障金20.4万元。

农村救济

临时救济　1977年以前，对农村生活困难户，通过集体补助劳动日的办法解决。1978年，县革委决定以1976年年终决算分配为限，欠集体款无力偿还户暂不偿还。部分贫困户欠款，由各大队用公益金代交一部分或全部。仍需扶助的贫困户，用集体公益金救济款予以补助。全县贫困户人均年收入由1976年的80元增加到1980年的116元。1983年农村实行家庭联产承包责任制后，对缺劳动力的常困户，实行帮工帮劳，种好口粮田，以保温饱。仍无生活能力者，政府给予临时救济。

扶困救助 从1979年开始，扶持农村贫困户发展生产，使其依靠集体力量、群众互助和国家扶持，通过自力更生脱贫致富。同年，进行普查登记，并在八角村试点，重点是摸清情况，用好救济款。1984年，全区有一般困难户2071户8284人、贫困户887户4435人。民政部门重点扶持1080户4869人。其中，有偿贷款865户3895人，款额为7.81万元，扶持种植业115户、养殖业456户、加工业241户、其他53户，贷款户全年平均增加收入12785元；无息贷款215户，贷款额为1万元。另外，还扶持化肥9000公斤、农具25件、大牲畜15头、猪崽120头、羊羔17只、兔仔56只、家禽2356只，全年平均每户增收13970元。1988年，各乡镇成立扶贫扶优领导小组，全区形成“政府管、部门抓、群众支持”的局面。全区共扶持3095户，款额为11.93万元，年终80%贫困户摘掉贫困帽子，5%的优抚户超过群众平均生活水平。90年代以后，对社会救济进行改革，农村开展“手拉手”活动，动员党政机关企事业单位干部职工及先富者，由民政局牵线搭桥，与贫困户结成对子，实行部门联户、党员干部联户、企业联户、先富户联户的方式，为贫困户指一条路子，供一条信息，助一点资金，上一个项目，教一门技术，尽力做到因户施助，需要什么，帮扶什么。2002年，全区结帮扶对子389户，救助1087人，提供各种生产、科技、致富信息433条，资助资金32万元，落实脱贫项目231个，使大部分贫困户生活有了转机，部分户已脱贫致富奔上小康。

低保救济 1983年农村实行家庭联产承包责任制后，大部分村民收入大幅度增加。到1996年，全区农民人均纯收入2731元，较1983年增加5.3倍。但农村一部分无劳力的孤、寡、老、残、病人，或有力无术者的基本生活难以维持。区政府根据民政部、省政府的指示，责成民政局牵头，会同区财政局等有关部门，深入到村，逐户进行摸底。在此基础上，按照贫户申请、村委审查、民政审批、张榜公布、动态管理、登记造册、按时发放的程序，给予低保救济。保障金来源，由区、乡镇、村三级按3∶3∶4的比例分担。为正确用好低保资金，区政府推行“标准科学化、管理属地化、资金正常化、动作法制化、组织系统化、技术网络化、发放社会化”的规范程序，依法施保。1997年，救济标准每人每年为500元，对人均收入达不到500元的困难家庭，实行差额救济。之后，随着全区经济财力的增强，低保救济标准逐年提高。1999年，保障标准提到每人每年为600元。2002年，保障标准提到650元。（见表9-7）

第三节 收容遣送安置

1978年以前，流入者多为灾民、盲流、精神病患者、犯罪潜逃者等，全县年收遗30～70人不等。1979年后，灾民、盲流基本绝迹，收容对象主要是精神病患者，聋哑呆傻者、拾荒者、因事外逃者、弃婴等。1979—2002年，累计收容不足百人。收容后，区民政部门根据各自情况，发给衣服、鞋子、食宿费、路费，由公安部门配合，送往烟台市总收容站，遣送回原籍；对残婴，区民政部门收容后，送区福利院抚养，至2002年，共收养18人。

1997—2002年福山区低保户补助情况表

表9-7

项目 年份	城镇			农村		
	低保标准（元/月）	低保户数（户）	低保人数（人）	低保标准（元/年）	低保户数（户）	低保人数（人）
1997	150	5	13	500	118	284
1998	150	10	20	500	126	296
1999	195	10	20	600	313	628
2000	195	25	53	600	338	689
2001	195	30	65	600	414	831
2002	195	61	154	650	327	667
2002福山铜矿	195	670	1683	—	—	—

第八章　社会福利

中华人民共和国成立前，福山有红卍字会，对生活困难者进行收养或救助，1948年自行消亡。1956年，县政府开始对缺乏劳动能力或完全丧失劳动能力、生活无依无靠的老弱鳏寡病残人员，实行“保吃、保穿、保烧、保教、保葬”（简称“五保”）。改革开放后，各级领导把社会福利事业提到重要议事日程，使之得到快速、全面发展。

第一节　福利事业

1945年，民政、文化部门组织部分盲人成立30人的“盲人救国会”。主要通过下乡说唱鼓词，宣传抗日救国、减租减息等。1950年，盲人救国会改称曲艺队，主要宣传抗美援朝、新婚姻法。1964年后，演出的主要内容是农业学大寨、工业学大庆和计划生育等。盲人下乡宣传，所到之处皆由群众管饭，每人每月发给生活补贴40元。1978年后，曲艺队停止活动。

1979年后，社会福利事业不断完善发展。1983年，张格庄乡在乡政府后建敬老院。1995年3月，改为福山区社会福利院。内设办公室、会议室、娱乐室、宿舍、食堂。有工作人员3名。同月开始收养社会弃婴，多为残疾、侏儒等。到2002年，共收养18名。费用主要来源于张格庄镇、区民政局和福利院生产添补3个方面。张格庄镇每年出资1万元，区民政局按每个孩子每天10元标准年拨4万元，其余部分由福利院自行生产添补。院有土地0.2公顷，种植大樱桃、大枣等水果和粮、油、菜等作物，年收入3000～5000元。另外，社会上有些单位，逢节奉献爱心，给孩子们赠送食品和玩具等。院领导以身作则，工作人员耐心苦干，多次受到镇、区表彰。2002年，院长郭光泉被烟台市评为“先进工作者”。

第二节　福利企业

1979年后，县民政局多方筹措资金，积极兴办福利企业。1984年9月，区内建成社会福利综合工厂，吸收150名优抚对象和社会救济人员就业。1985年，区成立社会福利公司，下辖社会综合加工厂、聋哑学校家具厂、福山镇福利综合加工厂、东陌堂福利食品和服装加工厂、高疃镇福利服装厂、回里镇福利钢木家具厂、八角乡福利砖厂、张格庄乡福利刺绣厂等，安排320余名优抚、社会救济及贫困户人员就业。为加强对社会福利企业的领导，1993年10月，成立福山区福信实业公司，隶属区民政局领导，公司下辖福信纸管厂、福信化工厂、福山体育器械厂、福山区东陌堂社会福利公司、福山锦程保温配套厂、烟台市滨城有限公司、福山张格庄福利刺绣厂、福山包装黏合剂厂、福山东苑福利塑料厂、福山台联源丰化工厂、福山区鑫源化工厂、烟台市英豪化工有限公司、福山鸿达五金化工厂、福山福兴热镀锌有限公司、烟台市明矩气体厂、福山田园食品有限公司、福山隆海福利化工厂、福山天力综合加工厂、福山绝缘材料厂、烟台鑫海矿山机械有限公司20个社会福利企业。1999年，福山区按照文件要求对全区的福利企业进行改制。至2001年，全区21个福利企业全部完成改制工作。2002年，共安置优抚、社会人员800余名，实现年产值5325万元，利润858万元。

第三节　残疾人就业康复

劳动就业

福山区历届政府重视残疾人事业，采取多种形式，关爱、支持他们，让他们以自己的诚实劳动，改善生活，健康成长。

安置　1984—1989年，全区成立福利企业16家，集中安置残疾人就业 138 名。2002 年，福利企业发展到 21 家，集中安置残疾人就业 312 名。1999—2001 年，区残联与烟台经开发区残联协商，由开发区帮助安置残疾人就业 30 名。2001 年 6 月，区政府制订《福山区按比例安排残疾人劳动就业办法》，对安排残疾人就业达不到规定比例的单位，按其在职职工总数的 1.5% 与区统计部门公布的上年度本地职工平均工资之和，向区残联缴纳残疾人劳动就业保障金。2001 年下半年至 2002 年，全区共收缴残保金 37 万多元。

就业　1999 年 6 月，区残联与国税局、地税局和卫生局联合印发《关于落实残疾人从事个体私营经营减免税费的通知》，对持证残疾人按其残情和从事的行业，给予减免工商、税务、卫生税费的优惠政策，在政策上扶助残疾人从业。至 2002 年，全区有 250 余名残疾人员找到职业，3 年累计减免税费 15 万多元。

扶贫解困

1998 年，区委、区政府组织 400 多名科级干部，深入基层开展“一帮一”扶贫解困活动，使近百个残疾户脱贫。1999—2000 年，区残联争取省、市残联小额扶贫贷款 65 万元，帮助区福利企业发展经济。2000 年 5 月，在高疃镇建起“福山区残疾人扶贫基地”，种植大樱桃、葡萄、桃、草莓等水果和苗木 13.3 多公顷，为周边村庄残疾人优惠供应苗木，无偿进行技术培训。2001 年 4 月，开展“残疾人从业脱贫工程”，市、区残联各投资 4 万元，户均 2000 元，帮助 40 户贫困残疾人购买果树苗木、种畜和日用百货等物品，发展大樱桃 0.33 公顷、草莓 0.93 公，养牛 16 头、羊 30 只、猪 16 头、兔 100 只、鸡 500 只，并从事食品加工和图书、日用百货等经商活动。到 2002 年底，有 37 户残疾人脱贫。

救助低保

区民政局、残联，每年定期救助贫困残疾人，发放粮油、救济金，帮助解决生活困难。至 2002 年，向残疾人累计发放救济米、面 4000 多公斤、油 500 多公斤、救济金 2 万多元。

1997 年起，对生活特困的残疾人，实施最低生活保障制度。1997—1998 年，城镇残疾人，每人每月为 150 元；农村残疾人，每人每年为 500 元。1999—2002 年，城镇残疾人每人每月提高到 195 元；农村残疾人为 650 元。对人均收入达不到标准的家庭，实行差额救济。至 2002 年，全区有 168 户 363 名生活贫困的残疾人办理了低保，解除贫困之忧。

助残日

《中华人民共和国残疾人保障法》规定：每年 5 月的第 3 个星期天，为全国助残日。1991—2002 年，全区共开展助残日活动 12 次。主要形式有：请区政府领导发表电视讲话，走访慰问残疾人，召开总结表彰会议；宣传《中华人民共和国残疾人保障法》，开展一助一送温暖、法律服务、关心残疾人生活活动，营造尊重、理解、关爱、帮助残疾人的社会氛围；协调有关部门，开展红领巾、青年志愿者、巾帼、法律和科技助残等活动，为残疾人排忧解难做好事；开展募捐活动，1996—2002 年，先后开展为远南残疾人运动会、新世纪爱心助残、“爱心助残”3 次

图 9-1　福山区康复工作培训班

图 9-2　“魏基成天籁列车”助听器捐赠活动走进福山

募捐活动，共筹集助残福利基金130多万元；开展以扶贫济困为重点内容的助残活动，为残疾人安装假肢，向贫困残疾人发放轮椅、助学金、生活救济款和粮油等物品；组织有一技之长的残疾人上街，为群众提供理发、修鞋、修自行车、修电器等义务服务，以实际行动回报社会。

医疗康复

精神病康复　1973年3月，在原古现医院旧址成立福山县精神病防治院，有病床40张，职工21人。1980年底，病床增至47张，同时建立家庭病床180张，职工增至26人。1994年7月，精神病防治院迁至福山镇前埠村南，新建病房1599平方米。1998年6月，区残联与烟台亚泰无缝钢管福利厂共同投资，在臧家镇成立福山精神病防治康复工疗站，对15名精神患者进行工疗康复。2001年，康复工疗站停办。1999年9月，精神病防治院改为区医院精神病防治科，有病床47张、职工16人，收理精神病患者20余名，并负责管理全区1760名精神病人的治疗工作。到2002年，全区有家庭病床212张，有1689名精神患者得到监护，1086名病情明显好转，1056名能参与社会活动，肇事率降为零。

视力康复　1991—1997年，全区年均白内障患者60名，通过复明手术均得到复明。1998年，区医院精神病防治科设眼科诊所，开展白内障复明手术，每年平均100例以上，复明率达99%，脱残率95%以上。

听力康复　1998年始，区医院精神病防治科眼科诊所，每年为3～4名听力障碍患者配戴助听器。到2002年，有近20名听力障碍患者的听力得到改善。

肢体康复　1996—2002年，年均为6名肢体残疾人做肢体矫治手术、装配矫形器和安装假肢；向社会肢体残疾人免费发放轮椅76辆。2001年，为残疾人提供畅通无阻道路。至2002年，全区改建无障碍设施6处，在福海路两侧铺设盲道5000米。

聋儿康复　2000年以前，辖区聋儿大都送市残联聋儿语训班，进行语言康复训练。2000年6月，烟台兽药厂下岗女职工孙丽，在家中开办聋儿语训班，收纳14名聋儿，进行语言康复系统训练。到2002年，已有3名聋儿被送入普通幼儿园学前班学习，1名聋儿送入普通小学接受教育，其他10名聋儿的语言能力也有不同程度的康复。孙丽的事迹，先后被省、市媒体宣传介绍。2002年，被团市委评为“十大杰出青年志愿者”。

第四节　五保户供养

1956年实行农业合作化后，按《高级农业合作社示范章程》，对缺乏劳动能力或完全丧失劳动能力、生活无依无靠的老、弱、鳏、寡、病、残人员，实行五保（保吃、保穿、保烧、保教、保葬）。其形式有分散供养和集中供养2种。

分散供养　1978年以前，各大队对“五保户”采取定额供给粮、菜、柴、油、零花钱或定工日等形式供养。其标准略高于或相当于本村社员的平均生活水平。凡不能自理的“五保户”，生产大队安排专人照顾其日常生活，并给照顾人以工分报酬。1979年5月，县民政部门对“五保户”进行调查登记，全县420户“五保”老人的生活供养和救济补助得到落实。1983年，实行家庭联产承包责任制以后，区政府对全区“五保户”制定统一标准，每人年口粮不低于250公斤，其中细粮占70%，食油6公斤，每月零用钱不低于5元，衣着鞋袜由集体负责供应。1994年1月，国务院颁布《农村五保供养工作条例》，对“五保户”实行依法供养，确保“五保”对象的合法权益。1995年初，区民政局组织人员进行“五保”普查、核实登记，由乡镇政府同意审批。2002年，再次抽调人员，组成专门普查队伍，深入农村，逐户排队，历时2个月，全区确认“五保”对象为645户、750人。其中，男性325人，女性378人，残疾人47人。根据每个人的具体情况，分散供养567户、625人。

福新街道大杨家、臧家、刘家埠、上庄、招贤等村，对60岁以上的孤寡老年人采取分散供养方式，粮草由村直接送到家。回里镇有168名孤寡老人居住在原村，由村分散供养。胡家夼村对60岁以上的孤寡老人每人每年发给250公斤小麦和400元钱，医药费报销，柴草、菜、粮油送到家，对病弱老人派专人侍理。高疃镇多数无子女老人居住在所在村分散供养。

集中供养　1958年，50%的生产大队办起敬老院，对散居的“五保”老人集中供养。时因经济条件较差，1960年后，敬老院陆续解散。1983年农村实行家庭联产承包责任制以后，各级发动社会力量恢复兴办农村敬老院，至1988年，门楼镇、兜余镇、八角乡办起敬老院，将各村“五保”老人集中到乡镇敬老院供养。同时，南涂山、后沙坝子、西回里、张格庄、东黄山、巨甲庄、东北关、东留公、南十里堡等办起村办敬老院，全区入院老人127名。敬老院生活标准高于当地群众平均水平，费用由乡镇、村负担。一般敬老院，每人年均400元左右，多者达600多元。90年代后，全区敬老院建设与管理，出现了“三抓三上”局面，即抓入院人数，上规模；抓设施齐全，上档次；抓院务管理，上水平。至2002年，全区有镇级敬老院7处，集中供养117人。敬老院内设施完善，有专人侍理，生活、健康得到保障，“五保”老人精神愉快，生活无忧。各敬老院根据实际，开展种、养、加工等以副养院活动，努力改善院民生活。经常开展象棋、扑克、麻将等形式的文体活动，活跃和丰富“五保”老人的文化生活。清洋街道敬老院，因档次高，服务态度好，连续多年被评为省级“模范敬老院”；福新、门楼、张格庄敬老院被评为市级“先进敬老院”。

1993年，福山镇投资220万元，在青龙山下建成占地2600平方米的敬老院。院舍设计精巧，造型美观，错落有致，树荫掩映；集美化、绿化、硬化、亮化为一体；设有阅览室、娱乐室、保健室，水电暖设施齐全，冬有暖气，夏有风扇，每个老人独居一房间。厨房每星期更换一次饭菜谱，行动方便的老人到食堂就餐，不方便的由服务人员送到房间床头。2002年，全院住有老人35名，其中享受“五保”的孤寡老人11人，代养老人24人。回里镇敬老院入住老人集中供养22名，每人年2800元生活费由所在村承担。高疃镇敬老院集中供养2名老人，由所在村承担每人每年3000元生活费。古现镇敬老院集中供养老人26名，每人每年由所在村出支3000元。门楼镇敬老院集中供养老人18名，由老人所在村和社会捐助承担每人每年2000元。张格庄镇敬老院集中供养4人，由老人所在村每人每年出支3000元。福新街道敬老院入住老人集中供养10名，由老人所在村承担生活费每人每年3000元。

第五节　老龄工作

老龄管理　1988年7月，区老龄问题委员会成立，下设办公室，隶属区政府，科级事业单位。1990年，改称老龄委员会，下设办公室，隶属党群口。1993年12月后，隶属区民政局，科级事业单位。2001年12月，机关机构改革，老龄委员会办公室撤销。2002年8月，改称老龄工作委员会，重设办公室，为民政局内设事业机构，副科级单位。

老龄工作办公室每年对省以上老年劳动模范和生活困难的老年人进行走访，重要节日前后，区政府组织乡镇与共青团、妇联、学校等团体举行联动送温暖活动，给生活特困老人送粮油和食品，对老年人表示慰问和关爱。

1984年机构改革前，离休老干部管理工作由县委组织部老干部科具体负责。1985年2月，区委老干部局成立，为正科级单位，列区委序列部门。同年8月，老干部局内设服务所。1989年3月，老干部服务所改为安置服务科，并增设办公室。1990年，成立区老干部学校，隶属老干部局。1993年，老干部局更名为中共烟台市福山区委老干部工作办公室，科级单位。设老干部活动中心，内设办公室、安置服务科、文体活动科、调查研究科和老干部学校。1995年，恢复老干部局名称，隶属关系和内设机构不变。2000年，老干部局归属区委组织部，内设机构。文体活动科、调查研究科和老干部学校撤销，设老年教育科。

老干部管理机构建立后，每年组织老干部参观、学习、旅游，开展象棋、书画、游艺、钓鱼及其他文体比赛活动，增强离休干部的身体健康。80年代初，对中华人民共和国成立前参加革命工作的老干部，其待遇执行国家规定政策，提高政治荣誉和经济待遇，领取在职时全额工资，并享受护理费、易地安置费等。1985—1990年，全区离休老干部约为1100人。1998—2000年，约为700人。至2002年底，全区实有离休老干部630人。

老龄供养　中华人民共和国成立前，老人大多由其子女或亲属供养，没有子女亲人的老人生活无保障。中华人民共和国成立后，党和人民政府关心老年人的身心健康，在经济上给予补助、生活上给予照顾、精神上给予安稳、行动上提供方便，使他们老有所依，老有所乐，尽享天伦之乐。

90年代末以后，各级采取措施，对老年人予以照顾。永福园、盐场村60岁以上的老年人享受高新区最低生活标准，村里每月每人发给150元的生活费。泊子、蒲湾、姜刘疃和小陈家村对60岁以上的老年人每人每年分别发给2000元、600元、200元和400元的生活补助费。无子女亲人的老年人，产业区管委每人每年补助生活费 120 元。

东北关村对 60 岁、70 岁、80 岁、90 岁的老人每人每年分别发给 600 元、700 元、800 元和 1000 元的生活补贴。城里村对 55 岁男性年发 300 元，女性年发 240 元；60 岁男性老人年发 480 元，女性年发 420 元，是中共党员的每人加发 100 元。南关村对 60 岁以上的老人每人每年平均发给 600 元，曾任过生产队长、支部书记以及老党员平均每人每年发给 1000 元。三里店居委会对男 60 岁、女 45 岁实行退休制度，每人每年领取 1000 ～ 3000 元的退休金，老干部再增加 400 元。宋家疃对男 60 岁以上、女 55 岁以上的老人每人每年发给 700 元，老党员增补 200 元。栾家疃对 60 岁以上男女老年人每人每年发给 300 元、党员发给 400 元。东关村对 60 岁以上老人每人每年发给 200 元。东留公村对 60 岁以上的老党员每人每年发给 200 元。城西村对 62 ～ 65 岁、66 ～ 69 岁、70 ～ 79 岁、80 ～ 89 岁和 90 岁以上的老人，每人每年分别发给 160 元、200 元、250 元、350 元和 500 元。东黄埠村每年“九九”老人节时，每位 60 岁以上老人发给 100 元，还免缴公益金。朱甲山村对 60 岁以上老人每人每年发给 200 元。芝阳村对 60 岁以上老人免缴公益金。赵家庄村对 60 岁以上老人每人每年从提留中减免 62 元钱。

古现镇北于家村对男 60 岁、女 55 岁以上的老人每人每月发给 50 元生活补贴；对无子女亲人的老人管吃管穿，并派人照料，每人每月再发给零花钱 100 元。南于家村对 60 ～ 70 岁和 80 岁以上的老人每人每年分别发给 500 元和 1000 元。台上村、冯家村、院口村对 60 岁以上的老年人每人每年发给生活补助 60 元。

2002 年，全区无养老金待遇的农村社会老人共有 28974 人，占老人总数的 85.7%，基本都得到不同形式的照顾，晚年生活有保障。此外，还有 5450 位农村老人按投保金额每月领取数额不等的社会养老保险金。

社会优待　1998 年，福山区执行《烟台市优待老年人规定》，对所有 70 岁以上老年人实行就医减免普通挂号费。70 岁以上老年人到影剧院等公共文化娱乐场所观看演出，免除门票费，60 ～ 70 岁实行半价优惠。同时享受《山东省优待老年人规定》的待遇。

2002 年，按照省、市规定，对农村老年人不承担村级兴办集体公益事业出资任务，不承担义务工和劳动积累工；到医院就医优先，凭证免收门诊挂号费；凭证进入公园，免购门票；65 ～ 69 岁老人乘坐市内公共汽车，给予半价优惠，70 岁以上免收乘车费；百岁以上的老年人，财政每人每月发给不低于 100 元的长寿补贴金；65 岁以上老人每年免费体检一次。

第六节　收养登记管理

1931 年春，福山绅商捐资，在西门里街北建卍字会。1935 年，设“接婴处”，接收被遗弃的婴儿。中华人民共和国成立后，有关弃婴收养，无明文规定。1991 年 12 月，颁布《中华人民共和国收养法》。福山的收养有关事宜由烟台市民政局办理。1999 年 7 月，新修订的《中华人民共和国收养法》规定：收养应当向县级以上人民政府民政部门登记，收养关系自登记之日起成立。收养登记权下放后，由区婚姻登记管理处一名负责人专管，办理福山区、烟台开发区范围内的收养登记。至 2002 年，依照条件先后办理收养登记 53 名。其中，三代以内旁系血亲 2 名、无力抚养 1 名、弃婴 50 名。登记合格率为 100%。

第七节　福利彩票

社会福利有奖募捐是经国务院批准，由民政部组织发行的几种具有社会公益性质的彩票，其发行宗旨是“扶老、助残、救孤、济困”，原则是“公平、公开、公正”。通过发行福利彩票募集的社会福利资金，主要用于发展孤、老、残、困群众服务的社会福利事业。

中国福利奖券　1987 年，国务院批准民政部在全国范围内发行中国社会福利有奖募券，后改称中国社会福利奖券。区民政局根据省、市民政部门的部署，采取走街头、拉横幅、赶大集等措施，进行广泛宣传、销售福利奖券。是年，全区销售福利奖券 2 万元。1988 年以后，销售人员增多，销售形式多样，销售收入逐渐增加。到 1993 年，销售量达 8 万多元。

中国福利彩票　1994 年，奖券易名为中国福利彩票。推广“大奖组”销售方式，突出大奖，扩大中奖面，兑奖实行现金实物结合，促进重复购券，增加销售量。1995 年，全区福利彩票销售量达 20 万元。1996 年，在城区搭起擂台，大造声势，大张旗鼓进行宣传、销售，5 天时间销售 600 万元，创历史最高纪录。1998 年，又搭擂台宣传、销售，销售额再创新高。

“齐鲁风采”电脑福利彩票　2000年起，国务院决定彩票的监管职能由财政部负责。同年1月，省民政厅召开全省电脑福利彩票工作会议。区民政局在摸底调查、宣传发动、考证站点、人员培训的基础上，共设投注站点19个，从业人员40余名，实行网络化管理。2001年，全区销售彩票610万元。2002年，彩票销售突破700万元。2年销售各种彩票总额1500万元，筹集社会福利基金120万元，共产生一等奖3个，除按规定足额上交福利资金外，余钱全部用于救灾救济、社会救助等，并拨出20万元，对家庭困难的学生给予资助。

第九章　国际SOS儿童村

图9-3　国际SOS儿童村创始人赫尔曼·格迈纳尔（左）
国际SOS儿童村组织主席海尔姆特·库廷（右）

世界上第一所SOS儿童村，由奥地利科学院名誉院士H·格迈纳尔医学博士于1949年在奥地利成立。国际SOS儿童村组织总部设在奥地利首都维也纳。

儿童村采用小家庭分养方式，每个家庭有6～8名不同年龄、性别的孤儿，他们之间以兄弟姐妹相称，由一名妇女充当家庭中妈妈的角色。该妇女要有献身精神，喜欢、爱护并能教育孩子，使他们的身心健康成长。这位母亲角色的生活态度和行为方式与正常家庭中的母亲一样。每个儿童村有15～20个家庭，每个家庭都有自己独立的住宅。进入就学年龄的孤儿，可就近上学。这些孤儿进入青年期后，迁至SOS青年宿舍居住，直到完全独立走向社会。

世界各地成立SOS儿童村遵循的原则是：妈妈与孩子们生活在一起，对每个孩子进行抚养和照料；数名不同性别、年龄的孩子和妈妈生活在一个家庭中；每一个家庭都有自己的住宅；家庭是村子组成的一个部分，村子是与外界联系的桥梁。

第一节　中国烟台SOS儿童村

中国烟台SOS儿童村，是在中国建成的第一个国际SOS儿童村。1984年4月，国家民政部与国际SOS儿童村组织达成协议，在烟台市福山区兴办一所SOS儿童村。同年11月，国际儿童村主席赫尔曼·格迈纳尔博士和海尔姆特·库廷专程到福山区考察，同意由国际SOS儿童村拨款80万美元（后增至100万美元），福山区划拨土地3.6公顷，兴建中国烟台SOS儿童村，并任命区民政局长卢继禹为首任村长。1985年4月，儿童村建设动工。1986年10月竣工。建成村长室、村部办公室、接待室、幼儿园等23幢别墅式平房，建筑面积3940平方米。其中，标有SOS徽记的住宅16幢，每幢居住一户人家，面积为125平方米。

1987年5月23日，应国际SOS儿童村组织的要求，

图9-4　中国烟台SOS儿童村

图 9-5　中国烟台儿童村奠基仪式

图 9-6　中国烟台儿童村奠基仪式

决定在国际 SOS 儿童村日前夕，举行中国烟台 SOS 儿童村开村典礼。国际儿童村组织的外宾 30 多人和国家民政部副部长张德江、山东省副省长马长贵、烟台市市长俞正声以及有关方面负责人出席开村典礼。大众日报、烟台日报、烟台电视台等媒体进行开村仪式采访报道。开村仪式由烟台市副市长刘国栋主持，福山区区长刘同占与国际 SOS 儿童村组织负责人互赠礼品，烟台市市长俞正声、国际SOS 儿童村组织主席海尔姆特•库廷分别致辞。当天下午，在烟台芝罘宾馆举行新闻发布会。刘同占向各位来宾和各级媒体记者介绍烟台国际 SOS 儿童村的筹备、建设及招聘“妈妈”、收养孤儿情况。至此，中国第一所国际 SOS 儿童村正式宣告开村。

烟台 SOS 儿童村自建村以来，在国际 SOS 儿童村组织和中国各级政府及社会各界爱心人士的关心支持下，不断发展壮大。已建成住宅家庭 16 户、青年公寓 1 处、社交中心 1 处、幼儿园 1 处、“妈妈”退休公寓 1 处，总建筑面积达到 6750 平方米。全村有“妈妈”16 人、阿姨 5 人、工作人员 20 人。至 2002 年，共收养来自山东、河南、新疆、辽宁、黑龙江 5 个省 10 个县、市、区的孤儿 266 名。其中，男孩 178 名、女孩 88 名。常年生活在村内的孩子 150 名，每个家庭抚养孩子 8 名，14 岁以上的男孩转入青年公寓生活。

烟台 SOS 儿童村建村至今，连续 12 年被烟台市评为市级文明单位，连续 7 年被评为烟台市“十佳文明窗口单位”。1999—2002 年，连续 4 年被评为“山东省文明单位”。1994 年，“妈妈”郑忠燕被评为烟台市“十佳文明市民”“山东省劳动模范”。1995 年，“妈妈”孙爱丽被评为烟台市“十佳文明市民”。1999 年，“妈妈”张玉霄的家庭，被评为烟台市“十佳文明家庭”。国际 SOS 儿童村主席先后 5 次到村考察，给予较高评价。

第二节　中国烟台 SOS 青年公寓

国际 SOS 儿童村组织规定，生活在 SOS 家庭中的男性儿童，年满 14 周岁就要离开家庭，转入与之相配套的青年村、青年社区或青年公寓生活，以期训练、培养他们逐步独立生活的能力，为最终立足社会打下坚实基础。

根据这一规定，1992 年，国际 SOS 儿童村组织总部投资 120 万元，在福山区西山路 228 号建成中国烟台 SOS 儿童村青年公寓楼房 4 幢，占地面积 7334 平方米。公寓设有集体宿舍、伙房、餐厅、自习室、活动室和健身运动场所等，并配有专门服务管理人员。至 2002 年，青年公寓共入住由 SOS 家庭转入 14 周岁以上的男性青年 161 人。现入住青年 38 人。

烟台 SOS 青年公寓，坚持“一切为了青年”的服务宗旨，认真落实中国 SOS 儿童村“文明办村，勤俭持家，坚持五爱教育，培养四有人才”的工作方针，以创建和谐育人环境，提高全员的整体素质为目标，努力为青年适应社会、立足社会，尽心、尽责的做好各项工作。先后入住青年公寓的 151 人，其中有 12 人加入中国共产党，41 人获得大学专科以上学历，3 人被评为省级三好学生，4 人获得省级优秀毕业生称号，13 人参军，48 人结婚成家，已离村的 121 名青年全部就业。现任空军某部连长的张建成，是从烟台 SOS 儿童村走出的第一位军人，先后荣立三等功 3 次、二等功 1 次。1998 年，在抗洪抢险中表现突出，被空军党委授予“抗洪勇士”称号，《解放军报》以《从

SOS村走出的猛虎排长》为题对其事迹进行报道，并出席全国抗洪抢险英模表彰大会。就业于烟台海洋渔业公司的于新平，靠自身努力走上中层领导岗位，曾被派往国外任中远公司船队经理。于兰是烟台SOS儿童村第一位获得双学士学位的孩子，现在烟台市中级人民法院工作。李华是中国SOS儿童村第一个出国留学的学生，1997年到英国剑桥大学进修英语，现任拉萨SOS儿童村翻译。

烟台SOS青年公寓的先进事迹曾多次被中央电视台、山东电视台及《中国青年报》《中国教育报》《大众日报》《中学生报》和《山东青年》等新闻媒体专题报道，赢得了国际SOS儿童村组织主席赫尔姆特·库廷的赞扬。中国SOS儿童村协会对烟台SOS青年公寓实施的假期组织青年参加“社会实践历练”和内部推行“半军事化”的特色管理给予充分肯定。

第三节　中国烟台赫尔曼·格迈纳尔中学

中国烟台赫尔曼·格迈纳尔中学是一所省级规范化学校，创办于1991年，是福山区政府与国际SOS儿童村总部共同投资兴办的一所普通完全中学。学校以国际SOS儿童村创始人赫尔曼·格迈纳尔的名字命名。学校环境优雅，设备优良，拥有配套齐全、装备一流的教学楼、实验楼、图书楼、体育馆、塑胶田径场、学生宿舍楼和餐厅等建筑设施。建有多功能的校园网和多媒体网络教学系统，教师人手一机，实现了班班通，教室全部实现多媒体教学。

学校把格迈纳尔博爱精神作为立校之本，烟台SOS儿童村的孩子可全部免费在该校学习。据统计，SOS儿童村孩子从该校高中、初中毕业生有200多名，现在高中就读的有10人，初中就读的有41人。儿童村孩子在该校毕业后考入大专院校的有45人，其中考入国家重点大学5人，考上硕士研究生1人，有3人被保送出国深造。烟台格迈纳尔中学还接受拉萨SOS儿童村20多名孩子免费上学。

图9-7　国际儿童村组织主席库廷先生与原福山区委书记刘同占

第十章　婚姻登记管理

中华人民共和国成立前，婚俗成为劳动人民的沉重负担，许多男女未曾见面，就由父母之命、媒妁之言而被捆绑为夫妻，出现了大量不和谐的家庭，甚至酿成残局。中华人民共和国成立后，福山深入开展妇女解放运动，对旧的婚俗进行改革。在婚姻制度上，以宣传执行《中华人民共和国婚姻法》为主导，提倡婚姻自由，取缔童养媳、早婚、骗婚、抢婚、重婚和包办、买卖婚姻，严厉打击各种违法婚姻，建立了婚姻登记制度。随着人们科学文化水平的提高，出现了热闹、节俭的旅行结婚、集体婚礼、男女双方共同举办婚礼等新风尚。

第一节　登记方式

婚姻登记，包括结婚登记、离婚登记、复婚登记。程序是申请、审查、登记、发证。

分散登记　1953年下半年，县内实行婚姻登记，至1954年，在全县范围内普遍实行。结婚登记由区、乡民政干部监督，设专人或由文书办理。1955年6月，全县召开各区、乡婚姻登记会议，统一婚姻登记程序，严格婚姻登记手续，保证婚姻法的正确贯彻落实。70年代后期，婚姻登记与计划生育密切配合，严格控制结婚登记年龄，提倡晚婚，男女双方合龄为50周岁，较婚姻法规定年龄高4～6岁。1981年1月，实施新修改的《中华人民共和国婚姻法》，按规定对三代以内旁系血统禁止结婚，不予登记。1982年开始，凡申请登记的男女双方，除由单位出具证明外，须到所属公安派出所出具户籍、年龄等证明，方能登记结婚。男女双方离婚，一般先由单位调解，无效再到乡镇（公社）调解，若双方自愿离婚，且在子女、财产等方面达成协议后，乡镇（公社）政府发给民事调解书，给予离婚登记，发给离婚证。达不成协议者，转交法院处理。1985年下半年，统一使用山东省印制的、加盖区人民政府“婚姻登记专章”的结婚和离婚证。区政府成立有民政、司法、计划生育部门参加的婚姻登记工作领导小组，加强婚姻登记管理。1994年，按规定办理结婚登记2645对、离婚登记32对、复婚登记15对。分散登记弊端是无专职人员司事，早婚、冒名顶替、证件造假等问题时有发生，借婚姻登记乱搭车、乱收费等现象屡禁不止，婚姻登记质量难以保障，执法地位难以确立。

集中登记　1997年9月以前，婚姻登记由各乡镇（公社）民政助理兼管。每月2日，确定为集中登记日。1997年9月以后，实施《山东省婚姻登记管理办法》，由乡镇办理婚姻登记改为县（市、区）民政部门直接办理婚姻登记。同年10月，区正式成立婚姻登记处，为股级事业单位，负责全区婚姻登记管理工作。内设结婚登记室、离婚登记室、微机室、档案室、结婚服务室。同时撤销10处乡镇婚姻登记室。至2002年底，全区共办理结婚登记11002对、离婚登记3000多对，其中协议离婚登记497对，收养登记48件，合格率均为100%。

第二节　登记管理

管理网络化　1998年底，区婚姻登记处购置计算机，实行办公自动化，并与省计算机网络联网。在防止早婚、重婚、重身份证号码登记和查询档案、出具相关证明等，扩大了审查范围，排除了人为干扰，使婚姻登记更加准确、及时、便捷。

政务公开化　婚姻登记实施政务公开，把登记的条件、程序、收费标准、监督电话上墙，登记员挂牌办公，接受群众监督。到2002年底，结婚登记和离婚登记收费均为50元。

档案规范化　1987年，开始建立婚姻登记档案。至1997年9月区婚姻登记处成立前，共建婚姻档案480卷。1997年10至2002年底，新建婚姻档案242卷。登记处设专室、定专人、立规章，将档案输入计算机。

服务多样化　区婚姻登记处采取多种便民措施为群众搞好服务。对行动不便的当事人，登记人员上门服务；对因特殊原因在正常工作日不能到场登记的当事人，实行预约登记；逢节假日，安排专人值班。同时，积极开展婚姻咨询等相关便民服务项目。深受当事人好评。

2001—2002年，区婚姻登记处连续2年被评为群众满意“优秀窗口”科室。

第十一章　殡葬管理

中华人民共和国成立前，直至1955年，仍风行旧的葬俗。农业合作化后，开始对旧葬习俗进行改革。“文化大革命”时期，推行火化火葬。各村均平整茔地，多数改为“大寨田”。改革开放后，党、团员和各级干部带头移风易俗，严禁丧葬习俗回潮。同时，许多地方把殡葬改革纳入乡规民约，成立红白喜事理事会，取得明显成效。

第一节 殡葬改革

中华人民共和国成立后，县政府号召群众改革丧葬习俗。50年代，倡导节约办丧事。60年代，改革旧的殡葬制度，提倡火化、开追悼会和以生产大队为单位建立集体公墓。各村划出1处或几处山坡非耕地为茔地，统一安葬骨灰。1982年，省委组织部规定，国家干部逝世后，本着严肃、隆重、从简、节约的原则，办理治丧事宜，不组织群众吊唁，不举行遗体告别仪式。开追悼会悬挂遗像，不悬挂挽联、挽幛。追悼会由党、政领导或部门负责人致悼词，并向死者家属表示慰问。追悼会费用由发工资单位报销。规定副处级以上干部逝世后，可成立治丧委员会，以市委市政府名义，各送 1 个花圈，并在《烟台日报》发讣告，不登简历、评语和照片。

1985 年 2 月，国务院发布《关于殡葬管理的暂行规定》。1997 年 7 月，国务院出台《殡葬管理条例》。1999 年 1 月，省政府发布《山东省殡葬管理规定》。区政府根据条例、规定的要求，制定具体实施办法，逐步形成殡葬管理的制度体系。全区干部群众，依法办理殡葬。至 2002 年，火化率达 99% 以上；各镇、村居，统一规划山岚埋葬，共建公墓 290 座、骨灰存放纪念堂 2 处。

第二节　普及火化

1962 年年，首倡火葬。1965 年以后，除个别死者土葬外，皆到烟台火化场火化。至 1978 年，火化率达 95% 以上。1979 年，土葬有所回潮。1980 年，全年死亡 1833 人，其中火化 827 具，占 45%。1980 年 3 月，县火化场建成，尸体火化率逐年提高。1981 年，全年死亡 1980 人，其中火化 1629 具，火化率 85%。至 1990 年，火化率稳定在 90% 左右。区政府不断增加投资，改善殡仪馆服务条件。1989 年投资 16 万元，新建办公楼。1993 年，投资 3 万元，改造装修殡仪厅。1995 年，投资 15 万元，改成火化车间自动化。1997 年，投资 20 万元，新建消毒车间和冷藏室，实现运尸、消毒、冷藏、殡仪、火化一条龙服务。1998 年，投资 5 万元，新建丧主及亲朋休息室。1999 年，投资 25 万元，更新火化炉 2 台。2000 年，投资 40 万元，新建 1 台高档火化室和高效、节能、坚固、耐用火化炉。2001 年，投资 10 万元，改造骨灰寄存室。到 2002 年，尸体火化率始终保持在 95% 以上。

第十二章　民间组织管理

改革开放前，辖区社团组织缺乏管理。改革开放后，福山社会团体发展较快，各种协会如雨后春笋，逐年增多，幼儿园、托儿所、卫生所、研究所等陆续成立。区政府责成民政局依据国家法律法规，对社团成立和发展，进行计划、组织、指导、监督、协调和管理。

第一节　社团管理

清理整顿　80 年代。随着改革开放的逐步深入，社会团体发展迅速，社团管理工作成为政府社会行政管理工作的重要组成部分。1989 年 10 月，国务院颁布《社会团体登记管理条例》，赋予民政部门登记管理社团职能。自 1990 年 10 月起，全区社团登记管理由民政局负责，实行归口统一管理。1992—1997 年，区民政局按照上级部署，在全区范围内开展对社会团体的清理整顿工作。全区清理整顿社会团体 69 个，经审查注销、撤销 65 个，保留 4 个，重新登记 9 个。至 2002 年，全区共有社团组织 13 个。

登记程序　社会团体成立登记的基本程序：发起人先向业务主管单位提出申请，出具社会团体章程（草案）、会员数量、团体名称及组织机构、住所及资金情况、拟任负责人的任职资格等资料等。经审查同意后，出具批准筹备成立的文件。再由发起人向登记管理机关提出筹备成立申请，并提交筹备申请书、业务主管单位批文、验资报告书、场所使用权证明、拟任负责人基本情况及身份证、社团章程（草案）。登记管理机关进行实地调查核实后研究批准，发出准予筹备成立的批准文件。社团召开筹备成立大会，通过章程，选举产生执行机构、负责人及法定代表人。同时，向登记管理机关领取登记表格，填写法人登记表、法定代表人负责人登记表、章程核准表、银行账户备案表、印章备案表等；向登记管理机关申请登记，提交成立登记的申请书、业务主管单位的批准文件、会员大会通过的章程、选举产生的执行机构及负责人的名单、会员名册等。登记管理机关对社会团体提交的文件、表格等材料，进行审核，办理登记手续，颁发社团法人登记证书和发布公告。

规范管理　福山区坚持培育发展和监督管理并重方针，逐步建立起社团行政管理与法律法规、社会监督、自律体系。在监管中，依据国家法律法规，进行计划、组织、指导、监督、协调。在组织管理上，通过制订各种法规规定社团组建的原则和程序，保障公民和法人正当结社权利，制止和取缔各种违法社团组织。在行政管理上，对依法成立的社团活动，予以监督和检查，保障其在社团章程规定范围内正常活动，纠正和处罚各种违反社团章程和社团管理法规的活动。2002年，全区社团组织有个体劳动者私营企业、烹饪、书协、美协、邮电体育、集体建筑企业、消费者、电业职工技术、标准计量质量、集邮协会和基督教三自爱国会、烟台市包装装潢总厂职工持股会等。

第二节　民办非企业管理

民办非企业单位是指企事业单位、社会团体和其他社会力量公民个人，利用非国有资产举办的、从事非营利性社会服务活动的社会组织。80年代以后，全区民办非企单位发展较快，广泛分布于文教卫体与科技、劳动和社会保障等行业中，发挥了积极作用。

清理整顿　辖区内民办非企业单位始兴于80年代，发展于90年代。初期，民办非企无统一管理体制，无统一登记机关，致使民办非企单位的法律地位不明确，不能取得合法地位。在发展中，出现各行其是、政出多门、盲目发展，部分单位不经审批，自行挂牌，擅自开展活动，违法牟取暴利，损害国家和公众利益等问题较多。同时，侵犯民办非企单位合法权益的现象也不断发生。1998年10月，国务院颁布《民办非企业单位登记管理暂行条例》，明确规定民办非企业单位统一归口登记、双重负责、分级管理体制，由民政部门负责。2001年7月，区委办和区政府办成立领导小组。根据省、市民政部门的统一部署，开展民办非企单位复查登记工作。召开全区民办非企单位复查登记工作会议，进行动员部署；出台政策规定，给复查登记提供依据；下发复查登记《通告》，利用宣传工具，大造整治舆论。复查工作人员进村入户，摸底排查，至2001年10月30日，全区登记民办非企单位269个，并注册、发证、立卷、归档。通过复查登记，使符合条件的民办非企业单位依法取得了法律地位，合法权益得到保护。取缔和打击了非法民办非企单位，维护了国家的安全，维护了社会的稳定。2002年9月，古现镇69个民办非企业单位随区划调整划归烟台开发区。

登记程序　民办非企业单位成立登记的基本程序：举办者先向业务主管单位提出资格审查的申请报告，包括章程草案、资金、场所、设备、从业人员资格、组织机构、拟定名称等。主管单位审查同意后，出具批文。再向登记管理机关提出申请，并提交登记申请书、业务单位批文、验资报告、场所使用权证明、拟任责任人的基本情况及身份证明、章程草案等。登记机关发出登记受理通知书，发给登记申请表、法定代表人或负责人登记表、内设机构备案表、章程核准表等。经登记管理机关调查核实和研究，下达批准通知书，办理登记手续，颁发登记证书，办理机构代码、银行账户、印章备案手续，发布公告。

规范管理　2001年，区民政局开始负责登记管理民办非企单位，受理和审批同级业务主管单位审查同意的民办非企业单位的成立、变更、注销登记；依法办理民办非企单位的补证；对其依法进行监督和年度检查，对违反条例的民办非企业单位给予行政处罚。

2002年，全区民办非企业单位有艺林、育苗、春苗等16个托儿所，有宋家疃、东华、东关等40个幼儿园，有精英与湘河武术、中国书画福山函授、华兴实用技术培训4个学校，有城西、西留公、三里店等134个卫生所，有前锋种苗、天一园艺、芳林果树花卉、蝎子谷生态养蝎、新型材料5个研究所，有1个由龙章画院。

地名，为区别不同地理实体而形成，是人们社会活动和生产生活必需的工具。

第十三章 地名管理

80年代之前，福山地名大都是约定俗成，造就了多样化地名。同时，因为信息不畅，重名颇多，不能适应时代发展的需要。由于文化落后，有的地名庸俗不雅。无名之地也较多，不能全面客观反映本区的地域特点。随着社会发展和城乡建设的需要，地名已成为信息载体，利用频率越来越高。原有地名已不适应现代信息和邮政、电讯科技的发展需要。因此，加强地名管理，已提到各级政府的议事议程。

1980年1月3日，县革委根据上级要求，成立“福山县地名工作领导小组”，县委副书记兼革委副主任胡登保任组长，下设地名办公室（以下简称地名办）。1984年5月、1990年12月、1995年1月，区政府分别对领导小组组成人员进行调整，组长陆续由副区长李永顺、李贤书、金延铭兼任，并设副组长3人，成员共13人。地名办成立后，组织专业人员，制定工作计划，把地名工作纳入正规化、法制化管理轨道。

第一节 地名普查与补查

地名普查 1980年1月16日至2月16日，贯彻落实国务院〔1977〕79号文件和全国第一次地名工作会议精神，组织人员对全县地名进行集中普查。1980年3月至1984年8月，对全县地名进行分散续查。

组织领导 1980年1月3日，县成立地名工作领导小组。组长由县革委会副主任担任、成员由各主要委局负责人组成。下设地名普查办公室，由12人组成，具体负责地名普查计划安排、技术培训、业务指导、检查验收、资料整理等日常工作。各公社相继成立地名普查领导小组，由公社管委副主任、教育助理、水利员等组成，具体负责本公社的地名普查工作。

普查试点 地名普查先在福山镇公社试点，培训骨干。县、社两级共抽调25人，40个大队分成6个片，每片4人，5天时间。试点结束后，各公社分头进行。

方法步骤 普查工作在县地名领导小组统一领导下，采取“问、看、议”的方法，进行深入访问调查，收集族谱、碑记等文字材料。对有异议的地名，召集知情人士共同商议决定取舍，获取可靠材料。

检查验收 由县普查领导小组组织力量，分成5个小组，深入到公社和大队，对表、卡、图、文等情况逐项进行认真细致验收。对存在问题，进行逐条登记，提出具体要求，由公社进行补调，挖掘新材料，把历史遗留问题弄清楚。

标准化处理 按规定，实事求是地对名称不当的地名，全面进行标准化处理。全县有1处公社、12个大队名称不合要求，根据国务院规定，经领导批准，予以更改。

1984年8月，全县地名普查工作全面结束，共普查地名965条。其中，社（乡镇）行政区划名称10条，大队行政村名称306条，自然村名称327条，专业部门名称78条，人工建筑名称27条，名胜古迹纪念地名称6条，自然实体名称187条。在各类地名中，以姓氏命名的159条，以山水地势命名的248条，以当地物产命名的18条，以吉祥嘉言命名的14条，因事奇闻命名的48条。共填写卡片965张，写成文字材料23份。

地名补查 1985年，在普查和复查的基础上，进行地名补查工作。1987年，在地名资料补调中，采取请进来和走下去研究、指导的方法，深入到4处乡镇和部分村庄研究考察，收集文献事物资料23部（件），基本解决了有关地名用字、移民来源等一些普遍性的问题，进一步完善有关地名内容、订正原有资料谬误，形成地名释文资料4万字。1988年，补调、充实、更新地名档案资料1万多字。1989年，对全区部分乡镇、村庄进行地名资料补查，充实新资料1.5万字。1990年，区地名办公室按照上级意见，拟定福山区地名资料补查和更新实施方案。培训地名补查、资料更新骨干20人次。查阅4333页约90万字的地名档案资料，获得各种有关资料420份，计12.6万字，补充遗漏地名160条，新增地名36条；核查文、图、表、卡错误12条，区划变动资料105条，补查更新上报347条。在补查中，共查出族藩61部，碑碣15块，翻阅史料、档案12件（部），补查走访单位50余个200余人次，参加座谈314个自然村1500人次，使有证率达24%以上。

第二节 地名标志建设

命名·更名

公社 1981年6月30日，县政府按照国务院《关于地名命名、更名的暂行规定》，因谭家庄公社驻西回里村，经报省政府批准，将谭家庄人民公社更名为回里人民公社。

村庄 1981年6月，根据国务院关于“一个县内生产大队名称不重名”和“地名命名、更名要简明确切、不用生僻字和字形、字音易混淆的字”和省政府《关于地名命名、更名的具体办法》中的有关规定，将12个大队名称进行更名、调整、恢复。

居民住宅区 1997—1999年，根据国务院地名管理条例和省政府地名管理办法的有关规定，先后对城区16个居民住宅区实施命名。（见表9-9）

街巷 为加强城镇管理，做到街道名称统一，1982—1999年，区地名办对城区街、路、巷命名67条，更名7条；镇驻地命名主要街路26条。1982年，命名县府街、城里街、北大街、南大街、南山路、东华路、北店子街、府前街、商业街、文化路、西大街、东大街12条街路。1983年，命名县府宿舍街、观月顶街、电业东巷、电业西巷、西山路、迎宾苑、邮电巷、鑫汇巷、水产巷、银行巷，城里新村朝阳街、城里新村积金街、城里新村通仙街、友谊巷、文化东巷、文化西巷、西关福利巷、西关新村，东华街、东北关永安街、东北关平安街、东北关兴华街、东北关卫华街、东北关振华街、西北关富荣街、西北关振兴街、西北关育才巷、南关街、南关西街、南关正阳街、史家庄粮仓街、史家庄渠东街、曾家庄福华街曾家庄新建街34条街巷。1984年，东大街更名为河滨路。1995年，命名振兴街、振中街、振华街、永达街、天府街、汇福街、崇文街、永安街、蒲湾街、永福园路、松霞路、民阜路、民丰路、思达路、太华路15条街路；南大街改称南苑街，文化街改称府右街，西大街改称福海路。1997年，命名万华路、观月顶巷、盐场街；电业东巷改称兴业巷。1999年，命名山渠街、文昌街、新东路；振兴街（中段）改称鑫海街，思达路改称电信路。

1997年，镇驻地主要街路命名：张格庄镇龙泉路、振泉路；古现镇古现街、荣盛路、东胜街；高疃镇茼云街、向阳街、育才街、青年街；兜余镇余安街；回里镇福回街；门楼镇昌宁街；臧家镇富裕街、福康街；八角镇通海路、海淀路、通岛路、青峰路、青松路、翠竹街、青阳街、八角街；东厅镇华福路、福航路、芙蓉路、福东路。

公园与广场 1984年，命名青年公园、河滨公园；

1981年福山县大队（村）名称变更表

表9-8

项目 公社	大队原名	更名	更名原因	更名依据
八　角	泊　子	八角泊子	因与福山镇泊子重名	加注社名示别
古　现	臧　家	西臧家	因与臧家公社臧家重名	位于古现公社西
古　现	邱家庄	邱　家	因与兜余公社邱家庄重名	去掉庄字示别
高　疃	上　夼	上疋山夼	因与福山镇上夼重名	恢复原名
高　疃	下　夼	下疋山夼	因与福山镇下夼重名	恢复原名
高　疃	栾家疃	西栾家疃	因与福山镇栾家疃重名	位于县城西
臧　家	车　家	北车家	因与张格庄公社车家、东厅公社车家重名	位于县城北
臧　家	輂夆李家	巨盆李家	因村名字生僻	取其谐音
东　厅	车　家	西车家	因与张格庄公社车家、臧家公社车家重名	位于县城西
东　厅	潘　家	潘家泊	因与古现公社潘家重名	地处泊地
门　楼	陈家庄	陈　庄	因与高疃公社陈家庄重名	去掉家字示别
张格庄	马　家	南马家	因与古现公社马家重名	位于县城南

1999 年，命名河滨广场。

设立标志

1986 年，国务院和省政府分别颁布《地名管理条例》和《山东省地名管理办法》，规定“城镇街道、集镇、村庄、交通要道、交叉路口，以及其他有必要设置地名标志的地理实体，均应设置地名标志。地名标志由市（地）、县（市、区）政府或有关部门统一组织设置。”1989 年始，区政府责成区地名办公室，对辖区地名标志进行统一设置。

村碑　村碑，又名村标，其内容含建村时间、村名由来、历史沿革等。1989—1991 年，用近 3 年时间，全区 292 个行政村，除个别村外，绝大部分村庄都在村头立起全区统一标准制作的黑色大理石村碑。碑身高 0.8 米，宽 1.2 米，厚 0.09 米。正面是汉字村名，加汉语拼音，正楷大字，由著名农民书法家徐永发书。背面为村名简介，正楷小字，落款是某某村民委员会立和福山区地名办公室撰文、监制及立碑年、月、日。碑座由 4 块粗大理格石拼砌，顶层高 0.105 米，宽 0.45 米，长 1.52 米；中层高 0.6 米，宽 0.3 米，长 4.3 米；底层高 0.1 米，宽 0.5 米，长 1.52 米，砖与水泥混砌。地基因地形而异，凹地以瓜子石奠基，高地以砖砌筑，混凝土填充。

路牌　1996 年，为促进城市发展，便民利众，在城区福海路、河滨路、永达街等设置路牌 60 块。其规格为单杆单头双面牌。杆高 2.2 米，铁制，地下埋 0.5 米；牌长 0.9 米，宽 0.35 米，铁制，搪瓷，双面，楷书街、路名称。1998 年，在城区范围内各主要街口、路口设置带有企业广告的地名标志牌 50 块。其标准为双柱双头双面牌。双杆高 2.5 米，不锈钢材料，地下埋 0.5 米。双头牌长 1.2 米，宽、高各 0.3 米，不锈钢框，双面，楷书街、路名称。

2000 年 3 月，福山区按国标要求，对原有 110 块路牌进行改造。街（路）牌图文书写平面为 1200 毫米 ×300 毫米，外沿宽度 25 毫米；版面街（路）名称为汉字。

门牌　80 年代初，福山城区曾设置门牌，但规格不统一、不规范、不健全。90 年代初，城区逐年扩大、旧城区改造步伐加快，原设门牌失去意义。1996 年 3 月，区政府召集办公室、民政局、公安分局、土管局负责人，专题研究城区门牌号码设置有关事宜，就责任分工、门牌设置、门牌标准、收费等进行全面部署。区地名办公室将城区所有街道两侧的单位、企事业、居民区、住宅区进行全面普查，并绘制成平面图。根据平面图，先从已公布道路名称的主要街道开始设置门牌号码。门牌号码设置的原则是：尽量保持原有号码；东西走向道路从东向西设置，南北走向道路从南至北设置；东西道路道北为单数号码，道南为双数号码；南北走向道路以东为单数，西为双数。是年，共制作设置门牌号码 500 余块。1999 年 8 月，根据市政府统一部署，在城区范围内，对未设置门牌号的单位，按预留号进行补设，对已设有的门牌号码，按原号进行更换。全年新设置门牌号百余块。

1997—1999 年福山区居民住宅区命名表

表 9-9

项目 年份	命名名称	方位	寓意
1997	河滨小区	东起河滨路，西至民阜路，南起永安街，北至崇文街	东靠河滨路
1997	锦绣小区	东起西山路，西至松山东路，南起永安街，北至城西南街	北依福山
1997	松霞小区	南起崇文街，北至宋家疃，东起商业街，西至民阜路	东靠松霞路
1997	西关小区	东起商业街，西至百货商店，南起南苑街，北至城里街	原村名
1997	天府花园	东起松霞路，西至盐场村，南起汇福街，北至天府路	临天府集团
1997	迎宾里	东起机关食堂，西至迎宾巷，南起城里街，北至县府街	近迎宾苑
1997	平安里	东起东北关，西至西北关，南接区礼堂，北至东西北关	平安
1997	观月里	东起福海路，西至城里新村，南起县府街，北至城里新村	借“仙峰夜月”
1999	银河小区	东起河滨路，西至松霞路，南起崇文街，北至汇福街	近夹河水似银
1999	三元小区	东起水产巷，西至商业街，南起南苑街，北至城里街	
1999	同福小区	东起民丰路，西至中国银行，南起永安街，北至崇文街	同聚同安同福
1999	福利莱小区	东起松霞小区，西至栾家疃，南起崇文街，北至汇福街	
1999	福祥新苑	东起松霞路，西至盐场街，南起汇福街，北至民丰路	幸福吉祥
1999	银河名都	东起河滨路，西至松霞路，南起永安街，北至崇文街	恒星密集
1999	康庄小区	东起河滨路，西至福海路，南起港城西大街，北至南苑街	平安康乐

2000年3月始，区地名办对城区企事业单位、居民区等重新进行普查、绘图，对不符合国标的按国标改制。新的楼牌图文书写平面为900毫米×500毫米，外沿宽度为25毫米，版面内容为该楼在街区汉字名称、编号和邮编。门牌图文书写平面尺寸为350毫米×240毫米，外沿宽度为25毫米，牌面内容为所在街区汉字名称和编号等。

区界勘定

1996年6月至2002年12月，区政府根据山东省勘界工作会议精神和《烟台市县级行政区域界线勘定技术设计书》规定，分别与芝罘区、牟平区、栖霞市、蓬莱市勘定边界线总长184.4千米，埋设界桩28棵，绘制边界地形图35幅，使区划边界基本清楚。

福山区与芝罘区、莱山区界线，长36.25千米，由芝罘区牵头，1996年6月勘定，设立界桩6棵，绘制1：10000地形图6幅。3区边界线交会点为三面花岗岩石界桩，位于莱山机场西侧、芝罘区黄务镇东珠岩村东南、福山区门楼镇东陌堂村东北，北纬37°24′48″，东经121°21′39″，高程13.8米。1号桩为单立双面花岗岩石界桩，位于芝罘区黄务镇西珠岩村西北、福山区门楼镇紫埠村东，北纬37°26′08″，东经121°19′29″，高程10.5米。2号桩为同号双立花岗岩石界桩，位于芝罘区黄务镇西玉树庄村南、福山区门楼镇葛庄东北、兰烟铁路大桥西端。2A号界桩位于铁路桥北头西侧，北纬37°28′10″，东经121°17′50″，高程7.5米。2B号界桩位于铁路桥南头西侧，北纬37°28′05″，东经121°17′51″，高程12.7米。3号桩为单立双面花岗岩石桩，位于芝罘区只楚镇小沙埠村西南、福山区清洋街道办事处大沙埠村东北，北纬37°29′30″，东经121°17′03″，高程8.7米。4号桩为单立双面花岗岩石桩，位于芝罘区只楚镇宫家岛村西北、福山区高新区永福园村东北，北纬37°32′05″，东经121°16′25″，高程6.8米。5号桩为同号双立花岗岩石桩，位于烟台开发区胜利东村东北、芝罘区幸福十五村西、夹河大桥西端。5A号界桩位于夹河大桥西头北侧，北纬37°33′26″，东经121°17′02″，高程7.5米。5B号界桩位于夹河大桥东头北侧，北纬37°33′24″，东经121°17′29″，高程7.7米。

福山区与牟平区界线长28.95千米，由牟平区牵头，1996年11月勘定，立界桩3棵，绘制1：10000地形图3幅。牟平、福山、栖霞边界线交会点为单立三面花岗石桩，位于福山区回里镇茂芝场村西北农田里，北纬37°15′21″，东经121°14′30″，高程38.33米。1号桩为单立双面小型花岗岩石桩，位于回里镇迟家村南、牟平区观水至王官庄的土路西，北纬37°28′49″，东经121°04′03″，高程82.03米。2号桩为单立钢筋混凝土简易桩，位于牟平区观水镇青野头村西北1000米、回里镇中甲庄东北巫山口，北纬37°16′03″，东经121°19′32″，高程255.4米。3号桩为单立双面小型花岗岩石桩，位于牟平区院格庄镇王官庄西北、回里镇巨甲村东北，北纬37°19′18″，东经121°19′03″，高程29米。

福山区与栖霞市界线长87300米，由福山区牵头，1996年11月勘定，设立界桩12棵，绘制1：10000地形图13幅。蓬莱、栖霞、福山边界线交会点为单立三面花岗石桩，位于蓬莱市大柳行镇河东姜家村东、栖霞市中桥镇朱家村北、福山区高疃镇肖家沟村南，北纬37°20′16″，东经121°19′52″。1号桩为单立双面花岗石桩，位于高疃镇高疃西村西北、栖霞市中桥镇后法卷村东北，北纬37°28′49″，东经121°04′03″，高程82.9米。2号桩为同号双立单面花岗石桩，位于高疃镇高疃南村东南角清洋河两岸。2A号桩为单面花岗石桩，位于清洋河北岸，北纬37°27′59″，东经121°6′15″，高程35.11米。2B号桩为单面小型花岗石桩，位于清洋河南岸，北纬37°27′54″，东经121°6′21″，高程34.14米。3号桩为单立双面花岗石桩，位于高疃镇曲家村南、栖霞市庙后镇下孙家村东，北纬37°25′03″，东经121°06′56″，高程34.1米。4号桩为单立双面花岗石桩，位于张格庄镇杜家崖村西、栖霞市庙后镇前罗坡村东，北纬37°22′24″，东经121°7′2″，高程126.99米。5号桩为钢筋混凝土简易桩，位于张格庄镇南马家村西1500米的扇子顶山头上，北纬37°20′23″，东经121°5′40″，高程429.21米。6号桩为钢筋混凝土简易桩，位于张格庄镇岔夼村南2000米的山顶上，北纬37°19′11″，东经121°6′18″，高程396.35米。7号桩为钢筋混凝土简易桩，位于张格庄镇瑶台村东北的香炉顶山上，北纬37° 20′ 55″，东经121° 08′ 07″，高程252.40米。8号桩为钢筋混凝土简易桩，位于张格庄镇大芹子夼村南的山顶上，北纬37° 21′ 38″，东经121° 9′ 3″，高程265.19米。9号桩为单立双面花岗石桩，位于福山区张格庄镇院口村南福烟公路西侧，北纬37° 21′ 46″，东经121° 11′ 26″，高程39.79米。10号桩为钢筋混凝土简易桩，位于回里镇善疃北塔顶上，北纬37° 20′ 5″，东经121° 13′ 5″，高程622.35米。11号桩为双面小型花岗石桩位于回里镇善疃烟青一级公路福山与栖霞交界处，北纬37° 17′ 44″，东经121° 15′ 35″，高程41.62米。

福山区与蓬莱市界线长31900米，由蓬莱市牵头，1996年9月勘定南段，2002年12月勘定北段，设立界桩4棵，绘制1∶10000地形图5幅。三市区边界线交会点为花岗岩石桩，位于蓬莱市虎路线镇河东姜家村东、栖霞市中桥镇朱家村北、福山区高疃镇肖家沟村南，北纬37° 30′ 34″，东经121° 02′ 47″，高程128.5米。1号桩为钢筋混凝土简易桩，位于蓬莱市大柳行镇沟刘村东北、福山区古现镇陈家沟村西北，北纬37° 34′ 18″，东经121° 03′ 23″，高程414.2米。2号桩为单立双面小型花岗石桩，位于蓬莱市大柳行镇小马家村东南、古现镇石岚村西北，北纬37° 35′ 16″，东经121° 04′ 26″，高程51.5米。福山至蓬莱（大季家镇），1号桩为单立双面花岗石桩，位于蓬莱市大柳行镇上陈家村东北、福山区大季家镇小苗家村南，北纬37° 38′ 15.8″，东经121° 02′ 52.3″，高程90.9米。2号桩为单立双面花岗石桩，位于蓬莱市潮水镇葛家庄东南、大季家镇巨峰村西北，北纬37° 41′ 31.8″，东经121° 01′ 14.8″，高程6.67米。

第三节　地名档案管理

建立档案　1986年，区地名办按上级规定建立地名档案室，对地名档案进行整理、充实、更补。2002年，福山地名档案管理实现区、市、省三级达标。

设备　区地名档案室有房屋1间25平方米，铁皮密码保险柜3个，图书资料柜4个，多格地图组合柜1个，案卷盒176个，案卷隔板30块，1211型灭火器1具等。

分类　按《全国地名档案管理暂行办法》规定，地名档案全宗分为文书档案、地名调查和成果档案、编译出版档案三大类。文书档案集中保管反映本区和上级地名工作活动的文书资料，按年分类组卷，依时间和重要程度、工作联系排列，划分永久、长期和短期3个保管期限，分别保管。至2002年底，文书档案有65卷，其中永久30卷，长期20卷，短期15卷。地名调查和成果档案，集中保管记录、表述地名的各种内容、各种形式的专业材料。综合性的有地名图、地名表、统计表、文字材料等。个体性的有原始稿、审定稿、补调材料，个体材料是全宗的主体，把属于1条地名的各种单行材料，集中在一起，装入1袋，10袋装入1盒，按地名排列顺序依次排列。到2002年底，地名调查和成果类档案有398卷，全部列为永久类保管。编译出版档案，集中保管《福山区地名录》《福山区地名志》及向上级提供的各种汇编资料的手稿、审定稿、出版本和上级审定、修改意见的材料，皆列为永久保管类。普查用图、工作成果地名图、历史地图、参考资料图，全收入多格地图专用柜，照片入影集。至2002年底，已入专柜地图影件资料120幅，影集4集。

理卷　区地名办按国家《地名档案分类编码表》要求，从1986年起，着手整理、充实、更新档案资料4333页，对所有资料进行分类排列。1987年，理档191卷764袋。1994年，进一步理顺地名档案，新入存地名档案150份，整理地名图书120册。1996年，新增地名档案40份，并立卷入档。1999年，充实地名档案30份。到2002年，累计整理档案583卷。

地名档案目录与利用　为便于地名档案利用，区地名办编制地名档案资料案卷分类表、查找目录表、个体地名档案索引表、新旧地名对照表、地图档案目录、地名照片档案目录及参考工具书目录等各2套。由于地名档案机密性较强，涉及面广，区地名办制定了25条地名档案管理、借阅、保密工作制度和守则。

第四节　地名文图编绘

地图编绘　自明朝至1996年，境内先后编绘过7次地图，皆有区域图和城区图。

明万历《福山县行政区划图》　明万历四十六年（1618年），徒手绘制，无比例。全县图标山、河、寺等，社、保建置未标。县城图绘有县衙、寺庙、城门、城墙、护城河等。

清康熙《福山县行政区划图》 清康熙十二年（1673年），徒手绘制，无比例。全县图标有山、河、洞、铺、寺、院等。社、保、村名未标。城区图绘有县治、学宫、寺庙、桥等。

清乾隆《福山县行政区划图》 清乾隆二十七年（1762年），木版印制，无比例。全县图绘有山、河、洞、铺、墩、寺、庙等，社、保、村建置未标。城区图与康熙版同。

清光绪《福山县行政区划图》 清光绪三十四年（1908年），石印版，无比例。全县图绘有县界、区界、集镇、山脉、河流、大路等。城区图绘有县署、寺庙、城墙、城门等。

民国《福山县行政区划图》 1934年编绘。全县图绘有县界、区界、乡界、山脉、河流、公路、桥梁、县城、区公所、乡公所、村庄、市镇、电话线等。单独成图，无附着件。

《福山县行政区划图》 1984年3月，撤销公社，成立乡镇，将原有10处公社改建4乡6镇。1985年3月，区地名委员会与省地质测绘院编印《福山区行政区划图》5000幅，内部用图，比例尺1：50000。图绘有区、乡镇名称、界线，村庄、河流、山脉、公路、桥梁、铁路、车站、水库、水渠等名称。左下角附城区图，绘有主要街道、机关、企事业名称等。

《烟台市福山区地图》 1992年6月，岗嵛、北屯等10个村划归烟台开发区管理；福山成立高新区，盐场、永福园村划入。1996年1月，区地名办与省地质测绘院编印《烟台市福山区地图》4000幅。比例尺1：50000。右下角有图例。全区图绘有7镇3乡1高新区及306个自然村名；自然实体有山脉、河流、人工建筑有水库、公路、铁路、桥梁、车站等。左下角附城区图，绘有主要街道、居民小区、机关、企事业单位名称等。2000年，福山行政区划变更很大，撤销八角、臧家、兜余、福山镇，设立古现、门楼、高疃、回里、张格庄镇和福新、清洋街道办事处及高新技术产业区。2002年9月，古现镇划归烟台开发区管理。城区街道、居民小区亦有变更与增加。尚需绘制新的福山区地图与城区图。

《福山区地名录》 1987年10月至1988年4月，区地名办编印《福山区地名录》内部资料。共收集各类地名744条、地图2幅。其中，行政区划、居民地名称379条，企事业单位129条，人工建筑物名称55条，自然地理实体名称170条，名胜古迹、纪念地名称11条。以简明的形式，集中地表述了全区标准地名的规范书写和标准读音、地理位置、类别、人口等信息，是辖区有史以来首部具有法定性的地名工具书。

《福山区地名志》 2000年6月，区地名办开始编纂《福山区地名志》，至2002年6月完成初稿。2003年3月定稿，分别送市、省地名机关审查、修改，形成修订稿。6月，送《山东省地图出版社》付梓出版发行。全志80万字，由3部分内容组成：第一部分概述了福山的区情、政区设置的历史变迁、各个时期的行政区划等。第二部分以词条的形式，记述1078条地名的标准书写形式、汉语拼音、名称由来，记述地理实体的位置及相关的自然、经济、人文景观等。第三部分以附录的形式，收录各级政府下发的有关地名、地名工作的通知和文件等。全志附有各个时期地图18幅，反映城乡变化彩色照片100多幅，黑白照片150多幅，并在部分自然实体及村落目下，附以其内容相吻合的民间传说、神话故事等，以增加志书的趣味性、可读性。第一版印刷2000册。

地名词条

《中华人民共和国县乡大词典·福山条目》 1996年6月，区地名办按国家民政部要求，编纂《中华人民共和国县乡大词典·福山条目》。主要内容有地理位置、面积、人口、历史沿革、自然地理、山川、交通邮电、工农渔业生产、特产、文化教育、名胜古迹、著名人物等。

《山东省地名志·福山条目》 1998年，区地名办编写《山东省地名志·福山条目》。主要内容有全区概况、历史沿革、重点街道、所辖乡镇、部分村庄等，共计41条，80万字。是年8月，由山东省地名研究所编纂，山东地图出版社出版，国内外发行。

第十编　劳动人事与社会保障

福山劳动力资源历来较为密集，中华人民共和国成立前，在所有劳动力中，大多数人务农，少数人经商、做工，劳动人事管理工作基本上是空白。中华人民共和国成立后，县人民政府开始进行劳动人事管理。1958 年“大跃进”，生产项目盲目上马，劳动人事工作受到严重干扰。60 年代初，开始大量精简职工。“文化大革命”中，劳动人事工作陷入无政府状态。70 年代，在动员知青上山下乡的同时，又招收大批农村青年进城做工，出现城乡劳动力对流的现象。党的十一届三中全会召开之后，劳动人事工作走向正轨，出现崭新局面。特别是福山区积极开拓劳动力市场，组织建立健全就业服务体系，落实下岗职工基本生活保障和再就业规划、政策，组织实施再就业工程，使全区的养老、失业、医疗、工伤、生育社会保险政策得以全面实施。

第一章　劳动管理

改革开放之前，福山的企业管理基本沿用计划经济管理模式。改革开放后，劳动管理工作不断得到加强，其工作内容与范围不断扩大，逐步涉及综合管理城镇劳动就业、劳动力的招用与分配、企业劳动组织与定员定额管理、劳动计划与统计、职工工资与福利、劳动保险与保护、安全监察、劳动争议与仲裁及劳动制度改革等方面，对改善职工劳动、工作、生活条件，保护合法权益，起到了积极的促进作用。

第一节　管理机构

自 1946 年起，县政府劳动管理工作由推进社、工商科、统计局分管。1978 年 3 月，县成立劳动局。1983 年 11 月，改称福山区劳动局。1999 年 5 月，改称福山区劳动和社会保障局。内设办公室、社会保险科（原工资福利科）、劳动培训科（原计划调配科）、劳动监察室、劳动争议仲裁办公室、安全生产监察科（2000 年 8 月撤销，其业务移交区经贸局）；下辖区劳动就业办公室、技校和区社会劳动保险、农村社会养老保险、机关事业单位社会保险、城镇职工医疗保险处；下辖烟台锅炉水汽暖安装工程公司、烟台塑料制品厂（2002 年倒闭）。

第二节　劳动就业

计划招工　中华人民共和国成立后，福山县（区）劳动部门按照国家下达的招工计划，根据辖区用工需要，每年下达招工计划。招工按固定工、计划内临时工（合同工）和计划外临时工招收。固定工招收城镇待业青年、上山下乡知识青年、离退休职工子女、城镇复退军人、对越作战有功人员、军队专业干部家属、华眷（台属）、烈属、技校和国家不分配的大中专学校毕业生。1958 年，烟台第三炼铁厂、福山炼焦厂的 300 名民工由烟台农具厂（复县后称福山农具厂）招收为固定工。1971 年，全县厂矿共有临时工 1359 人，其中有 1071 人招收为正式职工。1963—1977 年，共接受安置转业、复员、退伍军人 201 人。1977 年，根据上级要求，对符合条件的 7 名烈士子女招收为固定工。1978—1985 年，共接收安置军队转业、复退干部 460 人。1979 年后，改革招收新职工办法，适当扩大企事业单位用人数量，采取个人报志愿、高分优先录用的办法，对 433 名留城和下乡的知青进行分配。是年，对“文化大革命”期间的冤假错案和“文化大革命”前的“反右派”“反右倾”及“四清”运动中历史遗留问题进行复查工作。1978—1985 年，共安置收回职工 286 人，其中全民所有制 220 人，集体所有制 66 人。

1981年，在全县为企业招收新工人2246人，其中全民所有制职工934人（含知青223人），集体所有制1312人（含知青563人）。为落实侨务政策，对台归人员、台胞子女、归侨和侨眷进行妥善安置，全县共安置就业5人，另有台归2人因年老不符合招工条件，由统战部每月发给生活补贴费。从1978年起，对家住农村的退休退职工人、本人户口迁回农村的，招收1名符合条件的子女参加工作。至1985年，共办理子女顶替招工1052名。1984年起，全区招收新工人全部实行劳动合同制。1993年起，下放企业用工自主权，企业可根据需要自行招工，然后到主管劳动部门备案。自2001年，企业用工完全实行市场择业与招工双向选择。

合同制招工

城镇合同制　80年代后，用人单位逐年增加。1984年10月，首次试招城镇合同制工人145人，其中全民所有制88人、集体所有制57人。1985年，招收城镇合同制332人，其中为市属以上单位代招204人，区属单位招工128人。1986年10月，除个别行业外，招收工人一律实行劳动合同制。1993年，区属150个企业的15733名固定职工全部转为合同制工人，转制职工身份证入档案，解决了企业多种用工形式的弊端。

农民合同制　1975年，全县试行亦工亦农制度，共招收亦工亦农2908人，其中全民所有制1036人，集体所有制1872人。亦工亦农人员实行既做工又务农、定期轮换的制度。到1978年，县劳动局对历年招用的4083名亦工亦农人员压缩1038名，暂保留3045名。1985年，对计划外用工进行整顿和改革，对1978年底以前入厂、被批准的亦工亦农人员，经单位考核，报主管局批准，转招为合同制工人。至此，全区共有计划外用工5730人，转招合同制工人3160人。其中，全民所有制计划外用工2171人，转招为合同制1127人；集体所有制计划外用工3559人，转招为合同制2033人。

其他就业

自谋职业　1978年后，个体经营户和私营企业迅速发展。至1985年，全县个体私营户发展3009户。到2002年，全区共有个体私营户10400个。到个体私营户自谋职业者逐年增多。1985年，全县个体私营户从业人员增至4427人。2002年，增至18400人。

再就业　随着经营体制改革的不断深入，企业进行优化组合和改制，导致部分企业转产或破产。至2002年，全区共有工业企业64户，改制的企业45户，破产的企业94户，股份制企业9户，出售企业1户，租赁企业12户，兼并企业1户，转移企业22户，停产企业10户。由于破产、停产，全区下岗失业职工逐年增加，政府与劳动部门设立再就业组织，并在税收方面给予优惠，在资金和信贷上扶持，需要技术则由劳动部门组织培训。1999—2002年，全区共安排再就业9912人，使失业率控制在1.5%以内。

劳务输出　1978—1985年，共向烟台市和烟台开发区输出劳动力22723人。1986—2002年，共向区外输出劳动力65000人。另外，亦有通过其他渠道到济南、青岛、威海以及上海、北京、广州、大连等地打工；还有出国到韩国、日本、俄罗斯等国家务工。

第三节　知青安置

机构设置　1973年前，县内非农业户口初、高中毕业生均安排就业。由民政局设专职人员负责接受外地下乡来福山安置的知青。1973年6月，县成立由14人组成的知青领导小组。1977年7月24日，对领导小组进行调整。1979年，知识青年上山下乡活动停止。1980年12月30日，领导小组和下设办公室同时撤销。

下乡安置　从1964年9月开始至1973年底，外地知青来福山安置的656人。1974—1978年，回乡落户的知青208人。主要来自天津、大连、青岛和烟台。1974年，县革委在奇章、胜利西村、岗崳、招贤、北于家、三十里堡、河北、皂户头、下刘家大队建知青点9个，至1978年，共安排下乡知青498人。5年中，县革委先后选派32名机关干部带队下点，和知青们同吃、同住、同劳动、同学习。在下乡知青中发展党员2人、团员45人，担任民兵副连长1人、生产队委以上干部6人、通讯报道员51人、民办教师7人。1975年3月下旬，县委组成3个分团，对全县7个知青点和有代表性的35个有老知青的生产大队进行慰问、检查，并及时解决存在的问题，使知青安心、扎根于农村，推动了知青工作的顺利进行。

就业安置　县革委采取知青推荐、带队干部与村党支部书记讨论同意、社与县批准的办法，对知青安置就业。

至1979年，全县498名下乡知青全部安置，其中当地招工302人，入伍27人，升学13人，为外地招工156人；864名外地回乡知青，除9人因病未安置和一人自愿留乡外，其余全部招收为固定工。

第四节　劳动服务

劳动服务机构　1978—1984年7月，劳动服务工作由劳动局各科室分工负责。1984年8月，区劳动服务公司成立，隶属劳动局，为自收自支副科级事业单位。下辖烟台锅炉水汽暖安装工程公司、福山塑料包装制品厂。1990年，在10处乡镇设劳动服务站。2002年9月，劳动服务公司更名为劳动就业办公室，定编20人。同时，设立高新区、清洋、福新、高疃、回里、门楼、张格庄7处劳动和社会保障事务所，各所配置2名工作人员；设立东北关、西北关、城里、三里店、西关、南关、宋家疃、曾家庄、史家庄、永福园、盐场11个社区劳动和社会保障服务工作站，各站配置1名工作人员。

1986年前，通过建档登记，全区有社会劳动力1056人，待业青年630人。1986年，新增加服务项目：负责待业职工的登记、建档、建卡、组织管理；职工待业保险金的管理和发放；待业职工的就业指导和介绍；组织待劳保福利待遇及有关财务管理工作；组织和管理有劳动条件的退休、退职职工参加力所能及业职工的专业训练，扶持、指导生产自救和自谋职业。2002年，再增加劳动代理事务服务，为失业职工代收养老保险金，代办养老、医疗等项事务。以上各项，劳动服务公司成绩突出，受到省、市、区政府及劳动部门多次奖励。

职工教育与培训

文化补课　中华人民共和国成立初期，职工来源主要是个体劳动者，文盲、半文盲占70%以上。从1953年起，通过业余学校和技工短训班形式，对职工进行文化学习和技术培训。至1957年，文盲、半文盲下降到20%。1968—1985年就业的职工，大部分是“文化大革命”时期的初、高中毕业生，名不副实。于是，采取脱产、半脱产、业余自学等方式，进行全面培训。1982年，工业、二轻、粮食、卫生、供销、商业系统等相继办起职工学校7处，至1985年，共举办脱产轮训班97期，半脱产和业余学习班436期，参加初中补课3719人，合格毕业3440人，占92.5%；参加高中补课668人，合格毕业474人，占71%；参加其他补课432人，合格毕业385人，占89.1%。不合格者在限定时间内通过自学进行补考。

岗前、在岗、再就业培训　1979年，县劳动部门举办司炉等技术培训班。1984年，实行在岗专业培训制度。1985年，实行先培训，再就业制度。两年共培训1047人。1993年，开始对失业者进行技能培训。1978—2002年，先后举办会计、电工、电焊工、水质处理工、机加工、计算机操作工、汽车修理工等工种培训班。1986—2002年，共培训12657人。

技校培训　1988年，福山区技工学校建成招生，经逐年扩建，建筑面积24310平方米。拥有办公楼、教学楼、餐厅、实习车间、实习酒店、宿舍楼、校外实习基地等完整配套设施和教学设备。有教职工140人，可同时容纳学生3000余名。学校根据社会发展和市场需要，先后设置海洋养殖与捕捞、建筑、烹饪、电工、铸造、钳工、车工、井下电钳、服务、服装、营销、计算机、数控车、电工电子等专业。至2002年，共为社会培养懂技术、会管理的合格人才2631人，并有在校生2098人。学校推行“订单培训”“订单教育”，使毕业生的就业率达到100%，做到社会、用工单位、家庭和学生都满意。先后获“山东省技工学校教学质量、职业技术培训、招生工作先进单位”“全国网络教育示范、教书育人、安全生产先进单位”等荣誉，并通过国家级重点学校的评估，实现与北京科技学院联合办学的规划。

第五节　职工调配

调动　1979年2月1日，县劳动局制订《工人个别问题的意见》，对全民所有制工人跨省及省内调出职工，由本人申请，主管局提出意见，再由劳动局审批，并给予办理调动手续；调入职工需经劳动部门同意接收后，交烟台地区劳动局审批，县劳动局办理手续；县内系统之间职工调动和系统内职工调动均由县劳动局批准办理手续；国营农、林、牧、渔场的职工不得调入其他全民所有制单位；驾驶员、炊事员、锅炉工等，不经县劳动部门批准，不得调换工作。依据以上规定，为夫妻长期分居两地、父母年迈需子女照顾及因工作需要而调动的职工，尽力办理调动手续。至1985年底，跨省调入467人，跨省调出124人，跨地区调出208人，跨县调入790人，跨县调出727人。1986—2001年，跨省调入651人，调出129人，跨地区调入209人，调出299人，跨县调入867人，调出1302人。随着企业实行全员合同制和劳动力进入人才市场，只需经过企业双方同意，劳动部门即给办理调动手续。

调配　调配职工，主要是在区内不同行业或不同企业之间进行的调动。1979年，县黄磷厂建成，经县政府批准从各企业抽调225人。投产后，因产品滞销而关停，又将209名职工调往其他企业。1982年，福山化肥厂转产味精，急需50名技术骨干，劳动部门及时为之调配到位。至1985年，共为各企业调配职工782人。1986—2000年，共调配4080人。随着企业全员合同制的实施，1993年劳务市场开放，允许人才流动，企业之间可以自主选择，劳动部门只备案办理调配手续。至2000年底，不再办理职工调配手续。

第六节　职工工资与福利

工资形式

计时工资制　计时工资是按年、月、日或按小时计算工资额的一种方式。1978年以来，全县（区）多数企业采用按月计发工资。为体现多劳多得的分配原则，分别按职工技术的熟练程度、道德品质、劳动态度等予以评定1～8个工资级别，企业每月分别按职工的工资级别发给相应的工资。林业和建筑企业则执行7级工资标准。临时工和亦工亦农工则采取以日计资、按月发给工资的形式。

计件工资制　计件工资是按职工每日产出合格产品的件数为计算工资的依据，每月累计个人、班组、车间的工资，按月发给。“文化大革命”中，计件工资被取消，以附加工资代之。1978年后，重新实行计件工资。1979年，县劳动局对实行计件工资的企业推行超定额计件工资制。

工效挂钩工资制　工效挂钩工资是指企业的工资总额必须与企业的经济效益挂钩，企业的工资总额随着经济效益指标完成的情况上下浮动。凡实行工效挂钩工资制的企业，其实现利税的比例基数每增长1%，则可按职工总数的4%提取固定晋级指标，晋级指标掌握在30%～100%之间。1988年，开始执行工效挂钩工资，当年全民所有制企业有54家25494名职工，集体企业有51家8188职工人，实行工效挂钩工资制。至2002年，尚未改制的企业仍继续沿用这种工资形式。

奖励工资　1978年，对完成任务、贡献大的职工给予奖励，全县有3377人受到奖励，人均获得奖金8.97元。之后每年获奖人数和人均奖金逐年增加。1984年，根据规定，在奖金使用上，企业有自主权，可以发放奖金，也可以实行浮动工资、计件工资、浮动升级、岗位津贴，还可以采用适合本单位特点的工资制度，奖金上不封顶，下不保底。按照文件规定，奖金在2.5个月工资以内免税，不超4个月、不超6个月和超过6个月，分别征收30%、100%和300%的奖金税。是年，全区获奖者9552人，人均奖金206元。1985年，国家又调整奖金税率，即在4个月工资以内免征奖金税，不超过6个月征30%，超过6个月征300%。是年，全区获奖者10300人，人均奖金152元。至2002年，多数企业实行奖励工资制度。

其他工资

加班工资　1978年，严格按国家规定，实行“五一”劳动节1天、国庆节2天、新年元旦1天、春节3天、每周日为公休日的法定节假日制度。凡在节假日和公休日加班而又不能补假，则按工资额200%发给加班费。1995年5月1日起，执行每周双休日制度。1999年9月18日起，执行国家规定的五一劳动节、国庆节、春节各放假3天，加上2个双休日，各放假7天，加班工资亦按此规定执行。

婚假与丧假工资　1978年以来，执行省劳动厅1961年的规定，职工婚假3天，工资照发；凡男年龄满25周岁、女满23周岁的大龄青年，婚假为17天。职工的直系亲属（父母、配偶和子女）死亡时，可以根据具体情况，由本单位领导批准，酌情给予1～3天的丧假。

旷工、事假、探亲假工资　1978年后，职工因旷工、事假，不论时间长短，企业均不发给工资。自1981年3月14日起，夫妻分居两地的固定工一方，每年给一次探亲假30天，未婚职工探望父母假每年一次20天，发给本人标准工资，往返路费按月资的30%予以报销。

停工工资　企业因停产停工，尽量安排其他工作并发给标准工资。因本人过失造成停工的，停发工资。

受处分人员工资　1982年起，职工受留厂察看处分期间，每月只发给20～25元生活费。1984年起，执行国家劳动部的规定，受处分人员的工资由企业决定，发给适当报酬。

复退军人工资　1985年起，复退军人到企业，工资定级按其军龄合并计算，不满3年定为一级工，满3～8年定为二级工，满8～15年定为三级工，满15～20年定为四级工，满20年以上定为五级工。工资按所定级别发给。

临时工与亦工亦农工资　均按日计算发给工资。在计件工资制企业的，按日定额件数完成的情况计算。1980年，在执行八级工资制的企业，一级工日资为1.29元，七级工为3.6元。1985年，一级工日资为1.41元，八级工的日资为4.42元。

补贴与津贴

粮价与补贴　1978年，每人每月补贴2元。1991年5月1日起，每人每月补贴6元。1992年4月1日起，每人每月补贴11元。

副食品价格补贴　1979年10月1日起，每人每月补贴5元。1988年5月1日起，每人每月补贴10元。

洗理费补贴　1986年12月1日起，每人每月，男补贴4元，女补贴5元。1992年5月1日起，每人每月，男补贴7元，女补贴8元。1994年1月1日起，每人每月，男补贴15元，女补贴17元。

夜班补贴　1980年起，大夜班每人每班补贴0.4元，小夜班每人每班补贴0.3元。1986年2月起，大夜班每人每班补贴0.8元，中夜班每人每班补贴0.6元。实行两班制的夜班，每人每班补贴0.6元。1989年4月20日起，跟班干部和职工，大夜班每人每班补贴1.2元，中夜班每人每班补贴1元。1997年起，跟班干部和职工，大夜班每人每班补贴10元，中夜班每人每班补贴7元。

防暑降温补贴　1978年起，每人年补贴6元。1989年起，高温作业的职工每人年补贴24元，一般高温和常年露天作业的职工每人年补贴18元，其他人员每人年补贴12元。

火化工补贴　1980年3月18日起，火葬场火化工每人每月补贴21元；接触尸体的其他人员和司机，每人每月补贴7.5元。

其他补贴　1978年起，取暖补贴每人每年12元；1992年8月1日起，煤价补贴每人每月6元；1994年1月1日起，图书补贴每人每月15元；1994年1月1日起，交通费补贴每人每月10元；1978年，对铸造、锻打、金属、冶炼、接触火源、建筑、露天作业等单位的职工，高温津贴每人每月2～9元。1978年1月1日起，自行车补贴每人每月1.5元；1989年3月1日起，自行车补贴每人每月5元。1978年以后，对从事有毒腐危害的化工企业、塑料厂、电镀厂、金属制品厂、纺织厂、油漆涂料厂等单位职工，保健津贴每人每月2～9元。

职工福利　1978年后，随着国民经济的恢复与快速发展，各级政府十分重视职工的福利待遇，除各项补贴、津贴外，还对职工的健康、居住、医疗、养老等福利给予关怀。

劳动保障　1984年，城镇合同制工人所在的用人单位为合同工人投劳动保险。1985年，农民合同制工人的用人单位也为其投劳动保险。对因工伤残、疾病及非因工伤残，均依照有关条款发给相应的保险金。对在职病故或离退休后病故的职工，除发给安葬费、抚恤费外，对其直接供养的直系亲属发给本人工资的25%～50%的供养费。放宽女工退休条件，凡年龄满50周岁、工龄满10年以及特殊工种的井下、高空作业、特别繁重体力劳动的女工，凡年满45周岁、工龄满10年者，均办理退休。

医疗费　1978年后，按国家规定，职工患病或工伤，在指定医院治疗，费用由企业负担。1984年起，合同制职工的医疗费，由企业报销90%，病重入院治疗给予适当照顾，停工治疗期限为1年；满2年的不能恢复工作者，解除合同，一次性发给本人标准工资3个月，作为医疗补助费。临时工、季节工、亦工亦农工的医疗费，参照1966年的规定执行。企业职工所负担的直系亲属患病，医疗时的手术费、药费，企业报销50%。企业实行经济责任制以后，多数企业将正常的医药费包干到个人或一年一次性发给，或每月随工资发给个人自行掌握使用，超出部分自己负担。

女职工的生育待遇　1964年规定，女工在生育期间给产假56天，难产或双生增加14天。1979年8月16日始，对实行晚婚、晚育、独生子女的女工，给产假84天，难产者给假不超过100天，如仍未恢复健康，持医生证明按病假处理。哺乳婴儿未满周岁的女工，每班给2次哺乳时间，每次20分钟。1986年，合同制女工的产假享受与固定工同等待遇。1991年起，女工产假增至半年。

其他福利项目　1978年以来，境内有计划地建设宿舍楼，解决双职工居住问题。职工较多的企业多建洗澡堂。女工较多的13个企业还建起幼儿园。各企业都为职工开办青年之家、图书室，各企业工会经常组织文体、技术等比赛活动。各企业每年从工资额中按比例拨出专款作为福利费，对家庭生活困难或遇到天灾人祸的职工，给予适当救济。自1982年起，凡住公房的职工，每月补给房租的50%；租住3间以内公房的职工，每月每间补助2元。

第七节　劳动保护

安全生产管理机构　1957年5月，县成立安全生产委员会（以下简称安委会），办公室设在劳动局。1980年和1984年，安委会成员进行两次调整，由分管工业的副县长任主任，劳动局副局长任办公室主任。各公社和各企业管理系统，也相继成立安委会或领导小组，车间、班组设安全监督检查员。1985年，全区共成立基层安全生产管理委员会10个、领导小组28个，配备专职检查员60名，兼职检查员72人。2001年，劳动安全监察工作由区质监局、卫生局、经贸局分担。是年，成立区安监局，具体负责安全生产工作。2002年，区政府与各乡镇、各单位层层签订安全生产责任状，实行一票否决制，严格进行考核、奖惩。

安全生产规章制度　1978年，从县安委会到企业班组，逐级制定安全生产制度和检查制度，县安委会每年进行两次大检查，发现问题给予批评指正，对问题严重的给予处罚和通报批评，并限期整改。通过检查，对评选的安全生产先进车间、班组或个人，分别授予荣誉奖，同时发给奖金。对违章作业的企业、车间、班组或个人，视情节轻重，罚款1000～10000元；造成安全事故者，给予行政处分和经济处罚；造成严重后果者，交司法机关依法处理。

安全检查　安全检查，分大检查和专业检查两种。大检查每年上、下半年各进行一次，专业检查采取单位自查、系统检查和县（区）不定期抽查。1985年，全区进行重点抽查5次，检查鞭炮厂11处，有9处不合格责令其停产；检查锅炉57台，有41处存在隐患，及时给予处理；对61个交通、农机、公路系统的单位检查，对7个企业提出限期整改意见。全年查出隐患132处，在限期内全部得到解决。

劳动保护经费　1979年起，企业每年从上缴的折旧费中提出10%～20%作为劳保经费。每年提取额为150万元左右。至2002年，由各企业按照上级要求和劳动法规提取劳保经费。

劳动保护用品　1978年，劳动保护用品的种类有防酸碱、防辐射、防尘、防毒、耐油、绝缘、耐高温、防打击、防雨水及高空作业所需的安全用品等10大类。在计划经济时期，以上十大类防护用品，均由商业部门按计划保证供应。进入市场经济后，全区由各企业按照上级业务部门要求和劳动法规进行发放。

保健食品　1978年后，保健食品发放的范围是接触有毒物质和接触矽尘作业、放射线作业、潜水作业、沉箱作业、高温作业等工种。1979年统计，全县享受保健食品的单位63个，职工946人，每人每月发给保健食品费4～10元，全年共发保健食品费87259元；对接触甲苯或石英粉尘作业的职工，每人每月加发1.5市斤食用油票，由粮食局按计划保证供应。20世纪80年代中后期，停发油票，多数企业给予一定数额的现金补助。

尘毒治理　1978年以来，县（区）内有不少工厂设备落后，尘毒危害严重。1979—1981年，县政府组织专家全面检查，发现电子元件厂尘毒不超标，其余厂家均有不同程度的超标。1982年，县政府成立防尘毒领导小组，有关企业成立防治尘毒攻关小组，研究整治措施。1983年，宽幅布等5个厂投资55万元安装先进的防尘设备。1984年，对自行车配件厂的磨光与电镀车间、磷肥厂的砷化物、塑料厂的联苯和乙烯气体等严重危害健康的尘毒进行整治，粉尘点排放达到合格标准的为20%，其余虽未达标，但也接近合格要求。对有毒点的检查，合格率达到86%。进入新世纪，尘毒治理明显改善。

职业病防治　境内可引发职业病的工种共有9类。1979年，县政府组织劳动、卫生等部门对职业病进行普查，查出7名电镀工人有鼻中隔穿孔或溃疡、1名铸造工人染矽肺病，并及时给予治疗，强调劳动时须佩戴防护器具。1984年以后，全区再无职业病发生。

女工的健康保护　1978年，全县有女职工3100人。各企业对女工的健康特别重视，按上级规定予以保护。女工在月经期间，不安排冷水作业、重体力劳动；怀孕期间调换工种，不安排到有毒、震动、高噪音和有放射线等车间或班组劳作；在婴儿未满周岁期间，安排哺乳时间。2001年，全区制定实施计划生育保险制度，强化女工健康保护力度。

第八节　劳动纪律与监察

劳动纪律　“文化大革命”期间，企业的劳动纪律遭到严重破坏。1978年，县政府要求各企业根据行业特点，依据上级规定，制定相应的劳动纪律规范，并对劳动纪律规范的基本内容做出具体要求。各企业根据单位的具体情况，制定奖罚规定。1995年，《中华人民共和国劳动法》颁布实施后，各企业依据法律规定，修改奖惩条件，使企业的劳动纪律步入法制化、规范化轨道。

奖励　1978年，各企业制定奖励规定。1982年，国务院颁布《企业职工奖惩条例》后，企业每年由工会组织评选，对完成任务突出、遵纪守法的职工，经评选上报主管部门审批。给予荣誉奖和物质奖。荣誉奖有记功、记大功或授予先进生产（工作）者、劳动模范等；物质奖励发给奖金或提前晋级等。企业奖励职工、政府奖励先进企业领导，充分调动了广大干部职工的生产积极性。出台《中华人民共和国劳动法》《中华人民共和国劳动合同法》后，则按新的规定予以奖励。

处罚　1978年以后，全县（区）各企业普遍实行以奖励为主、处罚为辅的处罚制度。1982年，国务院颁布《企业职工奖惩条例》后，各企业对于少数个别职工违反劳动纪律、规章制度，视情节和造成的后果，分别给予警告、记过、记大过或降级、降职、留用察看、开除等处罚，同时给予一次性罚款。凡给予开除处分，必经职工代表大会讨论通过，报主管部门备案；留用察看处分时间最多2年，在察看期间内，只发给生活费，不发给工资；罚款不得超过本人月工资的20%。1995—2002年，按《中华人民共和国劳动法》《中华人民共和国劳动合同法》规定进行处罚。

劳动监察　1995年8月22日，区劳动局设劳动监察室，定编3人。2002年，改称劳动和社会保障局监察室，增编2人。劳动监察部门采取日常检查、年度检查、举报专查和专项检查等方式进行监察。对查出的问题，违法必究。自1995年以来，对区内企业进行各项检查1261户次，立案查处的违法案件126起，受理投诉案件67起，实施行政处罚16起，行政处理6起，进行调解教育176起。对企业的劳动用工情况进行年检7次，年检面80%以上。发现有不符合法律要求的问题，现场提出解决办法。对企业分管劳资的人员进行劳动法律、法规培训两次，共250户250人次。1997年和1998年，区劳动和社会保障局连续两年被省劳动厅授予“劳动监察先进单位”。

第九节　劳动仲裁

1986年7月，国务院明确提出设立劳动争议仲裁机构。1988年7月，国务院颁布《国营企业劳动争议处理暂行规定》。自此，福山区开始开展劳动争议仲裁工作。1997年企业改制后，劳动争议案件急速上升，年受理近200件，处理解决150件左右。

劳动仲裁机构　1987年7月，区劳动争议仲裁委员会成立，并在区劳动局设办公室。同时，各大企业相继成立劳动争议调解委员会。1988年7月5日，调整区仲裁委员会组成人员，将办公室定为副科级。1995年8月，定为劳动局内部科室。1999年5月，改称区劳动和社会保障局劳动争议仲裁办公室。2001年12月机构改革，定编1人，不足人员内部调整。1996年1月，乡镇均成立劳动关系协调委员会，78个企业成立调解委员会，工作人员395人。

劳动法律、法规宣传　劳动争议仲裁部门为尽力防止或减少劳动争议发生，采取深入企业宣传、举办骨干培训班等方法，培训调解委员会主任和成员800余人次，培训劳动争议仲裁专、兼职工作人员9批368人。

劳动合同的审查与鉴定　1987年7月以来，依法签订的劳动合同为有效合同。但因多种原因，有少数单位的合同不符合法律要求，往往产生劳动争议。为了维护企业和职工双方的合法权益，劳动争议仲裁部门每年都对新签订的合同进行审查鉴定。至2002年，共审查集体合同175份，审查厂规、厂纪96份，涉及职工1.31万人；鉴证劳动合同53383份。

处结劳动争议信访　随着劳动合同制的全面推行，加之部分企业的劳动合同不规范，来信来访、咨询劳动法律法规和政策者逐年增多。劳动争议仲裁部门积极接访、立案调解或案外调解，对调解不成者，则依法裁决。1988—2002年，共接访4101人次，全部得到满意的答复。

其中，1988—1997 年，接访 1195 人次；1998—2002 年，接访 2906 人次。

劳动争议处理　1987 年以来，发生劳动争议的事件也逐年增多。对此，劳动争议仲裁部门本着实事求是的原则，公开、公正、严格、准确地依法处理。至 2002 年，共立案处结劳动争议案件 395 起，案外调解处决 44 起，在基层调解处理 51 起。

第十节　职工退职　下岗　退休

退职　1978 年，国务院发文规定职工退职的条件和退职后的待遇。对不具备退休条件、又完全丧失劳动能力的职工，由医院证明，可办理退职。1985 年，鲁劳字 092 号文件规定，对 1957 年底前参加工作、1961 年 1 月 1 日到 1965 年 6 月 9 日精减退职、又无固定收入的老职工，按月发给适当的生活困难补助费，其标准为中华人民共和国成立前参加革命工作的每人每月 20 元，中华人民共和国成立后参加革命工作的每人每月 15 元。至 1985 年，全区按政策规定办理退职人员 132 人；异地安家者，发给 2 个月标准工资的安家费。1999 年 5 月 15 日，省劳动和社会保障厅与省财政局发文规定，自 1999 年 7 月 1 日起，企业精减老职工生活困难补助费调整为：中华人民共和国成立前参加工作的每人每月为 100 元，中华人民共和国成立后参加工作的每人每月为 90 元。

下岗与再就业　1990 年，全区首次安排下岗再就业职工 12 人。1991 年，安排 13 人。1992 年，安排 3 人。1994 年后，下岗职工逐年增加，至 1998 年，达到 2375 人。自 1996 年起，各级政府把下岗职工的再就业作为“民心工程”抓紧抓好，并出台多项优惠政策，采取政府、企业和个人共同努力的办法，解决再就业问题。区劳动局设立再就业服务中心，免费对下岗职工进行专业技术培训。至 2002 年底，共安排再就业 9938 人，尚有挂档待业 510 人，失业率控制在 1.5% 以内。下岗待业期间，每个职工都按月发给基本生活费。

退休　1978 年后，按国务院颁布的新条例执行。凡符合下列条件之一者即给予办理退休：男年满 60 岁、女年满 50 岁、连续工龄满 10 年的，其中从事井下、高空、特别繁重体力劳动或者其他有害身体健康的工作，男年满 55 岁，女年满 45 岁，连续工龄满 10 年，或由医院证明完全丧失劳动能力的，或因工致残，由医院证明完全丧失劳动能力的。养老金发放标准为：抗日战争时期的发 80%，中华人民共和国成立后工龄满 20 年的发 75%，满 15 年的发 20%。1986 年，按国务院规定，对劳动合同制工人退休养老实行社会保障制度，基金由企业和个人共同缴纳，退休时，依据基金缴纳年限的长短、金额多少和本人一定工作期间平均工资收入的不同比例，按月发给退休费。至 2002 年底，共有离退休职工 3977 人。

第十一节　分配制度

工资区类别　1978 年，福山执行三类工资区标准。1979 年 11 月起，执行四类工资区标准。1985 年 7 月起，执行五类工资区标准。1986 年 7 月起，执行六类工资区标准。六类工资区中二类产业的职工的月工资，分别为一级 37 元，二级 40 ～ 44 元，三级 48 ～ 52 元，四级 56 ～ 61 元，五级 66 ～ 72 元，六级 78 ～ 84 元，七级 90 ～ 97 元，八级 104 ～ 111 元。企业中行政人员的工资分别为一级 270 元，五级 185 元，十级 111 元，十三级 72 元，十五级 52 元，十六级 44 元，十七级 37 元。

企业工资　1978 年，全县企业的行政和技术人员的工资，参照政府机关和事业单位的工资执行；职工则执行八级工资制。1979 年，省劳动局对集体所有制企业的工资新拟定了统一的工资标准。在保证不因执行新标准而造成企业亏损的前提下，全都对照执行。1984 年，省劳动局提出简化归并工资标准。区内全民所有制和集体所有制工人的工资标准进行简化归并。归并后，实行八级工资制的 30 个企业，人均月增资 7 元；执行其他工资形式的 55 个企业，人均增资 2.62 元；离退休人员人均月增资 2.43 元。1985 年 7 月 1 日，中共中央和国务院下达的《关于国营企业工资改革问题的通知》和省政府下达的《企业工资改革方案》文件规定：企业工人、干部实行国家统一规定的两套新工资标准。全区有 73 个企业、8382 名职工参加改革，人均月增资 13.9 元。这次改革为政企分开奠定基础。1986 年 7 月 1 日起，根据省劳动和财政部门的文件规定，执行本职务最低等级工资。凡在 1985 年 6 月 30 日前确定为地市级、县级、副县级、科级、副科级的企业，分别执行大型企业（一）（二）、中型企业（一）（二）、小型企业（一）（二）的干部职工工资标准；未确定级别的企业按小型企业执行。从1987年1月1日起，企业的专业技术人员聘任后，执行所任技术职务最低等级工资。2001年，劳动部门不再审核企业工资，只在宏观上进行控制，工资由企业自主决定。

工资调整　1978—2001年，根据上级政策规定，先后进行了10次工资调整。

1978年，为89名干部和职工增资，占全县职工的1.98%，人均月增资9.83元；1979年，为3186名干部和职工增资，增资人数占40.06%，人均月增资5.26元。

1983年，为4393名职工增资，人均月增资6.96元；为2027名亦工亦农工增资，人均月增资6元。1984年，为120名职工增资，人均月增资12.4元。1985年，为123名职工增资，人均月增资8.43元。1989年，全区执行按企业上缴利税增加情况而决定增资的政策，利税增幅达到15%以上，工资总额增10%；利税增幅达到10%以上，工资总额增5%，全区86%的职工增资。其中，升半级的796人，升一级的846人，升一级半的2730人，升二级的3777人，升二级半的860人，人均月增资26.27元。

1991年5月1日起，按劳动部要求，每人每月增资4～6元。1997年，根据省劳动厅的通知精神，给生产经营正常、效益好、利税比上年增长、工资基金充足的企业，工资总额增长18%；给高于全省企业职工年平均工资4876元的2倍及其以上的企业，按工资总额的15%核增；给效益一般、但有支付工资能力的企业，按工资总额的13%核增。全区有11435人增资，人均月增资66元。1999年，根据省、市规定，生产经营正常、有工资支付能力的企业，按工资增长基准线22.3%核增工资总额；经济效益水平较高、工资支付能力较强、利税较上年增长10%及其以上的企业，在22.3%～26.3%之间核增工资总额；对生产经营困难、支付工资能力较差的企业，在18.3%～22.3%之间核增工资总额。本次增资人均月增83.33元。

2001年，实行岗位技能工资制的企业，按照调整后的企业职工岗位技能工资标准，根据企业的经济效益，选择适当起点工资标准，套改工资标准后，再实行考核升级，一般职工升一级，贡献大者升三级。全区共有10451人增资，人均月增资45.92元。

最低工资　根据省、市政府的规定，1995年6月1日起，职工最低月工资为190元；外资企业的中方职工，每人每月最低228元。1997年7月1日起，最低工资每人每月为240元；外资企业的中方职工每人每月为288元；困难企业停放假1个月以上，每人每月发给生活费192元。1999年7月1日起，最低工资为每人每月为290元；外资企业的中方职工每人每月为348元。2001年7月1日起，最低工资每人每月为290元；外资企业中方职工每人每月为408元；下岗职工基本生活费每人每月发249.6元。2002年10月1日起，执行山东省政府规定，每人每月最低工资为380元。

1949—2002年福山县（区）职工工资情况表

表10-1

年份	年末职工人数	工资总额（万元）	人均工资额（元）	年份	年末职工人数	工资总额（万元）	人均工资额（元）
1949	824	12	145.6	1976	7841	326	415.8
1950	1029	14	136.1	1977	10820	479	442.7
1951	1389	25	180	1978	11842	629	531.2
1952	1754	40	228.1	1979	12275	662	539.3
1953	2083	57	273.6	1980	13409	855	637.6
1954	2320	91	392.2	1981	13630	884	648.6
1955	2431	104	427.8	1982	14335	939	655
1956	3480	151	433.9	1983	12960	912	703.7
1957	3575	183	511.9	1984	13583	1225	901.9
1958	5547	235	423.7	1985	15573	1435	921.5
1959	3827	181	473	1986	16914	1703	1006.9
1960	3564	175	491	1987	15633	2129	1361.9
1961	3308	164	495.8	1988	18896	2689	1423.1
1962	3594	159	442.4	1989	21227	3618	1704.4

续表 10-1

年份	年末职工人数	工资总额（万元）	人均工资额（元）	年份	年末职工人数	工资总额（万元）	人均工资额（元）
1963	3649	209	572.8	1990	20735	3889	1875.6
1964	3962	209	527.5	1991	24808	4975	2005.4
1965	3897	210	538.9	1992	23927	5405	2259
1966	4237	220	519.2	1993	20700	5554	2683.1
1967	4289	218	508.3	1994	21521	8244	3830.7
1968	4698	233	496	1995	22497	9641	4285.5
1969	4988	239	479.2	1996	23743	11432	4814.9
1970	5750	259	450.3	1997	26549	15001	5650.3
1971	6885	329	477.9	1998	24898	15516	6231.8
1972	7179	357	497.3	1999	22960	15929	6937.7
1973	6549	350	534.4	2000	23848	18041	7565
1974	6891	370	536.9	2001	26492	21802	8229.7
1975	7270	330	453.9	2002	30225	27662	9152

第十二节　劳动制度改革

休息日制度改革　1978年，全县仍沿用每周工作6天、每个工作日工作8小时、星期日为工休日的制度。1995年5月1日起，实行每周双休日制，即每周5个工作日，工作40小时，休息2日。1998年9月18日起，国家又规定“五一”“十一”、春节各放假3天，并与双休日前后相加休息7日。并规定在节假日加班发双倍工资。

定额定员制度改革　1978年前，全县大多数企业机构臃重，人浮于事。1978年4月，贯彻上级《关于做好企业编制定员和劳动定额工作的意见》，有78个企业实行定额定员改革，非生产人员由原来的45%降到13.75%。改革后，部分企业初见成效。1982—1985年，再次进行定额定员改革，78个参加改革的企业全部取得实效，改革后连续7个季度劳动生产率逐步提高，增长幅度最低的达到16.5%，增幅最高的达到46.7%。

用工制度改革　1978年，全县仍执行严格的计划用工制度，包括固定工、临时工、亦工亦农工。1979年，实行德智体全面考核、择优录用的原则。1981年，实行在国家统筹规划和指导下，实行劳动部门介绍就业、自愿组织起来就业和自谋职业相结合的政策。1984年起，试行招收劳动合同制用工。1985年，下放城镇招工权限，并对符合条件的亦工亦农工转为合同工。1993年12月，150个区属企业全面实行合同制管理，全区15773名各种身份的职工全部签订劳动合同，实行全员合同制，同时下放劳动计划管理权，企业可随时向劳动部门申请用工。2001年，随着计划经济向市场经济的转变，用工制度由劳动主管部门转向人才流动市场。劳动部门不再对企业招工进行审批，改为依照劳动力市场管理法规和劳动力合同制度进行管理；不再审核区属新建的国有企业定员标准，改为重点调控这些企业的工资总额和工资水平；不再制订企业职工奖惩政策规定，改为企业依据国家制定的奖惩职工的基本准则，由企业制定内部的规章制度，处理相关的劳动关系；不再承担协调企业、事业单位和国家机关的工资政策职能；将职业分类、职工技能鉴定、职业技能竞赛的具体实施、职业技能培训教材的组织编写以及劳动定员、定额标准拟定等工作，交由事业单位或社会中介组织承担。

第二章　人事管理

改革开放以来，福山区始终把人事管理及其体制改革放在关键位置。实行人事管理工作观念、制度和管理创新，适应社会主义市场经济体制需要；成立人才交流机构，招贤纳士，有效开发、优化配置人才资源；抓好职业培训、职称评定、机构编制、公务员管理、社会保障等各项工作；认真贯彻执行国家人事管理法律法规，严格考核、评比、奖惩，及时兑现职务、职称工资和福利待遇，充分激发广大干部、科技人员和知识分子的工作积极性。

第一节　管理机构

1950年3月，县人民政府设人事科，5月并入民政科，10月复设人事科。1951年10月，设人事监察科。1967年2月，人事工作由县革委组织组负责。

1978年6月，县人事局成立，负责工资福利、干部调配、任免奖惩、干部离退休、军队转业干部安置等工作。

1982年，成立县编制委员会，下设办公室，在人事局办公。1983年11月，县人事局更名为烟台市福山区人事局。同年12月，县编制委员会更名为烟台市福山区编制委员会。1984年3月，人事局增设人才招聘办公室。1988年7月，编制委员会升格为副科级。

1991年，人才招聘办公室更名为福山区科技人才流动服务中心，为副科级事业单位。1993年11月，编委办公室升格为正科级。1994年10月，增设福山区机关事业单位社会保险处和福山区人事局考试中心，均为副科级事业单位。1997年4月，增设毕业生分配科。1999年5月，机关事业单位社会保险处析出，移交区劳动和社会保障局。

2000年10月，成立福山区计算机培训指导站，为股级事业单位。2002年8月，设区事业单位登记管理办公室，隶属于编委办公室，为股级事业单位。9月，科技人才交流服务中心更名为区人才服务中心。

第二节　机构编制管理

1950年3月，全县实有编制662人。其中，党委系统103人，政府机关177人，群众团体88人，企事业单位294人。1956年，全县有委、办、局51个，编员1008人。其中，党委系统163名，政府机关306名，群众团体51名，企事业单位488名。1962年，全县干部编制为1735名。1978年，全县共有委、办、局52个，编员2449名。

1983年12月，设立区委工作部门6个，区政府工作部门26个，不列政府工作序列部门1个，区委、区政府直接领导的局级事业、企业编制机构7个。全区党政群机关编制总额580人，实有681人，其中乡镇228人；附属机构实有人员264人；政法部门实有191人；行政性公司实有174人；全民事业单位实有人员1685人。

1984年12月和1985年12月，党政群机关编制均为631人，其中乡镇260人；实有1430人，其中乡镇273人，附属机构人员740人；政法部门编制249人，实有250人。

1986年12月，党政群机关编制375人，实有1131人，其中乡镇252人，附属机构人员384人；政法部门编制251人，实有280人。

1987年12月，党政群机关编制665人，其中乡镇263人；实有918人，其中乡镇259人；政法部门编制233人，实有259人；基层人员127人；全民所有制事业单位编制427人，实有427人。

1988年12月，党政群机关编制701人，其中乡镇260人；实有1430人，其中乡镇273人，附属机构人员740人；政法部门编制249人，实有250人。

1989年12月，党政群机关编制701人，其中乡镇260人；实有962人，其中乡镇251人；政法部门编制

298 人，实有 368 人；基层所人员（税务所、工商行政管理所、物价检查所、农产品成本调查员）实有 172 人；行政性公司编制 100 人，实有 103 人；全民所有制事业单位实有 3872 人；集体所有制事业单位实有 371 人。

1990 年 12 月，党政群机关编制 707 人，其中乡镇 260 人；实有 967 人，其中乡镇 259 人；政法部门编制 295 人，实有 428 人；基层所实有 179 人；行政性公司编制 164 人，实有 174 人；事业单位编制 4694 人，实有 5062 人。

1991 年 12 月，党政群机关编制 708 人，其中乡镇 260 人；实有 885 人，其中乡镇 283 人；政法部门编制 304 人，实有 433 人；基层所编制 186 人，实有 230 人；全民事业单位编制 5215 人，实有 5286 人；集体事业单位实有 384 人。

1992 年 12 月，党政群机关编制 710 人，其中乡镇 260 人；实有 850 人，其中乡镇 265 人；政法部门编制 333 人，实有 465 人；基层所编制 239 人，实有 235 人；行政性公司编制 162 人，实有 157 人；全民事业单位编制 5432 人，实有 5133 人；集体事业单位实有 361 人。

1993 年 12 月，设置党政机构 34 个。其中，区委工作部门 5 个，区政府工作部门 29 个。

党政群机关编制 710 人，其中乡镇 260 人；实有 866 人，其中乡镇 276 人；政法部门编制 333 人，实有 455 人；基层所人员编制 229 人，实有 242 人；行政性公司编制 130 人，实有 106 人；全民事业单位编制 5773 人，实有 5582 人，集体事业单位实有 385 人。

1994 年 12 月，党政群机关编制 775 人，其中乡镇 324 人；实有 783 人，其中乡镇 312 人；政法部门编制 368 人，实有 495 人；基层所编制 141 人，实有 152 人；全民事业单位编制 5682 人，实有 5815 人；集体事业单位实有 335 人。

1995 年 12 月，党政群机关编制 772 人，其中乡镇 324 人；实有 788 人，其中乡镇 286 人；政法部门编制 368 人，实有 555 人；基层所编制 178 人，实有 185 人；事业编制 6555 人，实有 6784 人。

1996 年 12 月，党政群机关行政编制 730 人，其中乡镇 300 人；实有 764 人，其中乡镇 283 人；政法部门编制 368 人，实有 626 人；基层地税所、工商所、物价所编制 191 人，实有 201 人；事业编制 6866 人，实有 7129 人。

1997 年 12 月，党政群机关行政编制 730 人，其中乡镇 300 人；实有 772 人，其中乡镇 296 人；政法部门编制 372 人，实有 634 人；基层工商所、物价所编制 213 人，实有 205 人；事业编制 6952 人、实有 7215 人。

1998 年 12 月，党政群机关行政编制 722 人，其中乡镇 300 人；实有 698 人，其中乡镇 257 人；政法部门编制 374 人，实有 619 人；基层工商所、物价所编制 125 人，实有 116 人；事业编制 6917 人，实有 7027 人。

1999 年 12 月，党政群机关行政编制 716 人，其中乡镇 300 人；实有 667 人，其中乡镇 246 人；政法部门编制 374 人，实有 595 人；事业编制 6624 人，实有 6558 人。

2000 年 12 月，党政群机关行政编制 716 人，其中乡镇 300 人；实有 676 人，其中乡镇 250 人；政法部门编制 373 人，实有 587 人；事业编制 6406 人，实有 6187 人。

2001 年 12 月，区委设工作机构 7 个、部门管理机构 2 个，区委派出机构 1 个；区政府设工作机构 22 个；设人民团体 6 个。党政群机关行政编制 567 人，其中乡镇 240 人；实有 623 人，其中乡镇 217 人；工勤编制 61 人，实有 60 人；离退休服务人员编制 19 名；政法部门编制 373 人，实有 602 人；事业编制 5971 人，实有 6173 人。

2002 年 12 月，党政群机关行政编制 530 人，其中镇街 204 人；实有 507 人，其中镇街 176 人；工勤编制 85 人，实有 72 人；离退休服务人员编制 19 人，实有 16 人；政法部门编制 331 人，实有 540 人；事业编制 5273 人，实有 5327 人。

第三节　干部选拔录用

选拔录用　中华人民共和国成立初期，大批经过战争年代考验的教师、农村干部、工人、农民、初中及高校毕业生被选拔录用到党政机关和企事业单位。1956 年，全县私营工商业社会主义改造基本完成，部分资方代表和小职员转为国家干部。1966 年 6 月，从农村选拔 19 名优秀青年作为“服役”干部，1970 年 7 月转为正式干部。1971 年，从农村大队党支部书记和退伍军人中选拔录用 45 名青年到县或公社机关工作。1973—1976 年，从农村分 3 批共选拔 65 名优秀青年到县和公社机关，称为“三不脱离干部”，于 1978 年全部转为国家正式干部。

1983—1985年，将1979年底至1983年7月底，在干部岗位上工作的、具备规定条件的435名以工代干人员，分3批转为国家正式干部。1984年和1985年，从农村和城镇高中中，考试、考核、选拔录用149名合同制干部，主要充实乡镇干部缺员。

毕业生录用　1978年，分配到福山的大中专毕业生，由组织、计委和人事部门对口安排工作，分配到党政机关、企事业单位。1979年，对大中专毕业生的工作安排情况进行全面普查，对31名学非所用的大中专毕业生，人事部门及时调整，并录用分配“文化大革命”中“社来社去”的大中专毕业生19名。至1985年，全区累计录用大中专毕业生765名。1986—2002年，累计录用大中专毕业生687名。其中，本科217名，专科364 名，中专106 名。

招聘录用　1984年，在农村高中毕业生中，采取自愿报名、文化考试、全面考核、择优录用的办法，招聘96名合同制干部。1984—1985年，从全国各地招聘49名科技干部来福山工作。1986—2002年，招聘干部安排到党政机关的217名，安排到事业单位的394名。至2002年底，累计招聘录用博士后1人、硕士18人，本科、专科和中专毕业生 920人。

年轻干部选拔录用　1973年，按照“老中青三结合”的要求，县委常委中有35岁以下年轻干部1名，公社党委书记和副书记中有30岁以下的5名，其他部门科级干部中有30岁以下的2名，企业领导班子中有30岁以下的5名。在此基础上，县委决定再选拔培养232名，实际选拔培养157名，其中35岁以下的县委副书记1名，常委2名，25岁左右的公社党委书记、副书记11名，正副科级年轻干部34名，其他部门年轻干部120名。1980年7月，县委制定培养后备干部第3梯队的意见。1984—1987年10月，按照革命化、年轻化、知识化、专业化的标准，选拔81名干部进各类院校深造培养；组织21名干部参加业余电大、函大和自修学习；对副科级以上干部普遍进行培训，一批年轻干部被提拔到领导岗位。

女干部选拔录用　1976年，从农村女干部中选拔32名，到公社妇联、团委等部门任职。1977年6月，1名女干部进县委常委班子。1979年，机关事业单位的女干部增加14名。1980年、1981年增加52名。1982年，增加36名。1983年12月，1名女干部任区委副书记。1984年，从农村高中生中招聘合同制女干部36名。到1995年，全区机关事业单位女干部及工作人员有1871人。至2002年，女干部及工作人员达2428名。

第四节　干部管理

干部任免

任免范围　县（区）国家行政机关的正副局（科）长、委员会的正副主任、办公室的正副主任、乡镇（人民公社）的正副乡镇长（主任）、县（区）属企业的正副厂长与经理、中学与完小正副校长、医院正副院长，均由县（区）政府任免。

任免程序　按照法律程序和党管干部的原则，县（区）政府正副县（区）长、法院院长、检察院检察长的任免，提交县（区）人民代表大会选举产生。法院副院长、法庭正副庭长和审判员、人民检察院副检察长、检察员，分别由法院院长、检察院检察长提名，报请区人大常委会决定产生。县（区）政府任免的序列部门正职领导干部，经县（区）委研究审查决定后，报请区人大常委会决定产生。序列部门副职领导干部，由组织部门报请县（区）委研究审查决定产生，批准后由组织部门行文公布。任免党外人士担任领导职务时，先征求本人意见，并在有关的党外人士中进行民主协商，听取意见后，再按法定程序办理任免手续。企事业单位行政领导的任免，先征求主管行政领导的意见，再提交党委（党组）集体讨论决定，并以行政领导的名义任免。任免干部职务、时间，均由人事局行文公布。

干部调配

调配原则　坚持为经济建设服务，为基层服务，保证重点，统筹兼顾，特别是重点项目、重点单位，优先调配得力干部。严格执行编制定员和工资计划，实行有计划按比例调配干部，调剂余缺，注意解决夫妻两地分居问题。1996年，区内国家机关实行公务员制度后，补充机关工作人员，一律面向社会公开考选，择优录用。

调配政策与实施　外地调入干部，除急需的专业技术干部外，其他干部从严控制；对用非所学、用非所长，本单位有余额，县（区）内又无法调整的专业技术干部可调出；夫妻在两地工作长期分居的，尽力给予照顾，凡夫妻在一地工作需调动的，坚持一起调动；国家统一分配的大、中专毕业生在见习期间原则上不予调动；对身边无子女、身体差或离退休确需照顾的老干部，可调入1名子女干部到身边工作；调动干部时，未成年子女可随迁户口。1979—2002年，全县（区）共调入干部2393人、调出干部2234人，解决夫妻两地分居141人。

干部考核　1979年，根据中组部的要求，每年或每两年对党政领导干部考核一次。1982年，开始在机关事业和驻福单位实行岗位目标责任制考核。县成立机关岗位目标责任制考核领导小组及办公室，按百分制办法，半年初考，年终总考，作为评选先进、立功受奖的依据。1988年6月，执行中组部规定，对干部进行考核。1989年5月，区直部门、乡镇主要考核物质文明和精神文明建设。1994年，增加区直部门、乡镇引进项目和引进资金的考核。同年，成立福山区机关岗位目标责任制领导小组及办公室，加大对区直部门、乡镇、驻福单位的考核力度。1998年后，进一步突出考核内容，简化考核程序，加大奖惩力度，考核工作逐步步入制度化、规范化。考核结果与晋升工资挂钩。

干部档案管理　1978年，人事局建立档案室，收管党政机关、企业、部分事业单位副股级以下干部、职工及离退休人员的档案。1990年10月，区档案馆楼建成，配有计算机及配套设备2套、空调与吸尘器各1台、手动切纸打孔机2台和防火、防盗、防蛀、防潮、防光、防高温器械和金属门窗、档案柜，室内所用为防火装修材料，保证了档案的安全管理。档案室配本科文化程度档案管理员2名。至2002年底，共收集人事档案6678卷，其中在职干部档案4284卷，工人档案447卷，离退休干部档案303卷，退休工档案270卷，退职人员档案1228卷，招聘干部档案146卷。同时，加强档案收集与整理，全部档案无一丢失损坏。

第五节　公务员管理

公务员推行　1994年8月，区政府成立推行国家公务员制度领导小组，设立办公室，并制定《福山区推行国家公务员制度试点工作方案》。至1995年9月，先后举办推行公务员制度骨干培训班两期。1996年9月15日，召开推行国家公务员制度和参照管理工作动员大会，印发相关文件，实施范围为区、乡镇党政机关及群众团体中除工勤人员以外的工作人员。到1997年5月，区直党群机关89人和区政府机关649人过渡为国家公务员；乡镇党政群机关270人过渡为国家公务员，104人暂缓过渡，17人不予过渡。

公务员录用　根据《国家公务员录用暂行规定》，对国家行政机关录用担任主任科员以下非领导职务的公务员，采用考试与考核相结合的方法进行公开考录。1996年10月，为区公安分局公开考录警察30名。1997年10月，为8处乡镇公开考录公务员9名。1997年以来，对54名安置到公务员岗位的军队转业干部，经培训合格后办理了公务员过渡手续。1999年7月和2000年4月，通过面试、考核、体检等方式，录用5名公安学校毕业生为公务员，到区公安分局工作。2002年10月，为区公安分局考录警察1名。

公务员培训　按照《国家公务员培训暂行规定》，采取多层次、多形式的培训办法，对公务员有针对性地进行培训。1997年，对新录用的公务员进行初任培训。至2002年，组织晋升副科级以上领导职务的55名公务员参加在市行政学院举办的任职培训。先后举办创业与成功、WTO与经济全球化、依法行政、英语、行政许可法等培训班，参训公务员3000多人次。

公务员辞职　按照《国家公务员辞职辞退暂行规定》，经本人申请、组织批准，可辞职辞退。1997年公务员过渡后，全区有6名公务员离职从事个体私营经济，有3名公务员辞职。

公务员竞争上岗（轮岗）　按照《国家公务员职位轮换（轮岗）暂行办法》，1998—2002年，全区有计划地组织符合条件的公务员进行岗位轮换。结合竞争上岗，全区股级及以下工作人员共轮岗460多人次。

第六节　专业技术干部管理

考试工作

专业技术职务全国统一考试　1991年起，会计和统计专业初级职务任职资格实行全国统一考试，以后逐年扩大到经济、审计、执业药、注册会计、税务、资产评估、一级和二级注册建筑、一级和二级注册结构工程、监理工程、价格鉴证、国际商务、土木工程、造价工程、城市规划、房地产估价师以及企业法律顾问、房地产经纪人、土地登记代理人、出版和计算机软件等专业任职资格初级及中级考试，并对考试合格者，办理任职资格证书等。至2002年，全区共考取员级116名，初级588名，中级411名。

工人技术等级考试　1996年起，对机关和事业单位的工人实行技术等级考试。参加考试的行业有汽车驾驶员、维修电工、中式面点师、中式烹调师、前厅服务员、客房服务员、保管员、船舶驾驶员、花卉园林工、计算机操作员、渠道维修工、水工测验工、水生动物饲养工等共计200多个工种，并对考试合格者发给初级、中级或高级职称证书。至2002年底，共考取初级458名，中级313名，高级196名。

外语、计算机考试　自1992年始，凡参加中、高级职称评审的人员，皆需参加外语考试，考试成绩合格者方可参加评审。1997年，取消古汉语考试，全部改为参加外语考试。2000年始，凡参加中、高级职称评审的人员，皆需参加计算机考试，成绩合格者准予参加评审。为保证参考者达到合格要求，区人事局成立计算机培训站，购置微机52台，设专职教师2人，常年进行培训。至2002年，共培训2000余人，考试成绩全部合格。

职称评审　1956年，由行政领导根据技术干部的工龄、学历、工作表现和业务考试成绩进行推荐，经党政领导批准，即可获得职称。“文化大革命”中，职称工作中断。

1980年，县成立工程技术干部和农技干部职称评定委员会，进行初级职称评定和中级职称推荐评审工作。具体工作由县科委负责。1983年，职称评定委员会重新组建。至9月，全区有526名科技干部套改、评定晋升职称。至1985年底，全区1022人取得技术职称。1987年12月，先后组建工程、经济、会计（含统计和审计）、卫生、中小学与技校教师、农业、图文档资8个专业技术初级职称评定委员会。至1990年6月，全区评定初级技术职称8672人，推荐评定中级职称1271人、高级职称81人。同年10月，专业技术干部管理和职称评定工作由区科委移交区人事局科技干部管理科。1992年12月，区成立中小学教师专业技术职务中级评审委员会，中小学教师的中级职称可在区内评定。对参评人员少的几个专业，区内又无初评委的，由人事局将参评人员的材料统一上报市人事局，委托市相关评委代评。

1993年始，采用“细化量化”记分法推荐中、高级职称参评人员，最后将每人总得分从高到低顺序排列，决定上报材料人数，做到参评者满意，未参评者心服口服。当年评定初级467名，中级93名，高级12名。福山的“细化量化”记分法经验在市职称工作会议上做介绍并在全市推广。2001年，全区试行专业技术职务社会化评审机制，市不再下达评审指标。当年评审高级95名、中级430名、初级1252名，共1777名。

1988—2002年，全区23个系列共评聘专业技术人员14760人，其中高级672名，中级4330名，初级9758名。

继续教育　1981年，区人事局根据上级要求，制订规划，把专业技术人员完成继续教育计划作为晋升高一级专业技术职务的必备条件之一。1991年，把区委党校、区电视大学、职业中专、技工学校和乡镇企业局等单位列为继续教育基地或培训网点。至2002年，全区共有29144名专业技术人员先后参加省市举办的创造学与创造能力、英语、计算机等继续教育。

聘任与竞聘上岗　1988年，对专业技术职务开始实行聘任制，企业单位聘期为2年，事业单位聘期为3年。1999年6月，区人事局制订具体实施方案，开始在事业单位推行专业技术职务评与聘分开，在聘任中实行竞争上岗。并根据各单位初、中、高级职称人数，下达聘任指标，聘任率为90%～95%。是年，全区共有3002人参加竞聘上岗，降聘210人，降聘率为7%。2001年，事业单位聘期改为2年，并进行第二轮竞争上岗。全区有4744名专业技术人员参加竞聘，聘任4601人，聘任率为97%；未聘143人，解聘、降聘137人。

拔尖人才　至2002年，全区有医务正高级专家4名，农业正高级专家、市级拔尖人才1名，市级学科带头人2名，享受政府特殊津贴2名。

第七节　干部奖惩与监察

1978年，被“文化大革命”破坏的干部奖惩制度恢复，对机关事业单位的工作人员中成绩显著的干部，经过群众评选与逐级审查批准，给予荣誉奖励和少量物质奖励；对违法、违纪的干部，给予处分；重者交司法部门依法处理。

干部奖励　1979年3月，县革委奖励120名取得优异成绩的中小学教师。1982年，全县有493人被评为先进工作者。1984年，有1137人受奖。1985年，区委、区政府为3人记大功、38人记功，248人被评为“先进工作者”。1986年后，区委、区政府根据机关目标管理岗位责任制考核结果，每年年底对机关事业单位及其工作人员进行表彰奖励，单位奖励为授予先进集体，个人奖励有通令嘉奖、晋级、记大功、记功、记三等功、嘉奖、先进个人等荣誉称号。至1994年底，获通令嘉奖1人，晋级91人，记大功209人，记功300人，记二等功16人，记三等功78人，嘉奖1382人，评为先进工作者1495人。1995年始，根据《国家公务员奖励暂行办法》的规定，区委、区政府的奖励分为嘉奖、记三等功；市政府或者省级以上人民政府的工作部门，给予记二等功；省级以上人民政府或国务院的工作部门，给予记一等功奖励。从实施奖励的程序到奖励的权限，实行与公务员奖励接轨。至2002年，福山区受到省委、省政府记一等功奖励2人，记二等功奖励2人；受到市委、市政府记二等功奖励50人；受到区委、区政府记三等功奖励1217人，嘉奖奖励2582人。

干部惩戒　1978年，对行政机关工作人员的纪律处分为警告、记过、记大过、降级、降职、撤职、开除留用察看、开除8种。构成犯罪的，交由司法机关处理。至1985年，全区有1名干部因工作失误，受到警告处分；有4名干部因不服从工作调动或有生活作风问题受到降职处理。1995年后，根据《国家公务员暂行条例》，处分的种类改为警告、记过、记大过、降级、撤职、开除6种。1986—2002年，机关事业单位共有126人受到党纪、政纪处分。其中，受警告、严重警告、留党察看、开除党籍党纪处分86人；受警告、记过、记大过、降级、撤职、开除政纪处分22人；交司法机关处理被判处缓刑17人，判处实刑1人。

第三章　社会保障

1978年以来，境内的劳动和社会保障工作逐渐步入正轨。企业职工的劳动保险统筹项目不断扩大，社会统筹标准经过不断调整逐步趋向科学合理，养老金待遇逐年提高。机关事业单位离退休人员的养老金及各项待遇也相应增加。建立起劳动保险金的社会统筹费按时收缴、足额发放的社会保障体系。1983年始，对农村党支部书记、村委主任和主管会计实行退休制度。1987年始，对企业和机关事业单位待业、失业职工发放保险金。1992年始，在农村实行社会养老保险。1996年，实行社会统筹医疗基金、企业医疗调剂金和职工医疗账户金制度。凡驻本区城镇的所有用人单位，包括机关事业单位、社会团体与国有、集体、私营、民办企业的职工和外商投资、合资企业的中方员工，均纳入基本医疗保险范围。

第一节　社会保障机构

社会劳动保险事业处　1988年7月，升格为副科级事业单位，隶属区劳动和社会保障局。同年10月正式挂牌。1978年，劳动和社会保险事务由县劳动局负责。1984年8月，劳动局内设劳动服务公司保险股。1986年8月，设立区社会劳动保险事业处，为股级事业单位，并对外办公。内设办公室、基金管理科、养老保险科、基金统筹科、核审计科。设主任、副主任各1人。定编18人，实有13人。其中，高级职称1人，中级职称2人，初级职称5人。主要负责指导开展社会保险及区直企业职工社会保险参保登记、企业基本养老、失业、医疗、工伤、生育5项保险费一票征缴、养老保险基金管理和支付、企业退休职工待遇审核及社会化管理服务以及区直企业退休人员采暖补贴的筹集发放等相关工作。

机关事业单位社会保险处　1994年10月，设立区机关事业单位社会保险处，为副科级事业单位，隶属区人事局。设主任、副主任各1人，工作人员7人。内设财务科、业务科、综合科。1999年4月，机关事业单位社会保险处隶属区劳动和社会保障局。内设业务科、财务科。

核编7人，实有7人。其中，高级职称1人，中级职称2人，初级职称2人。主要负责全区及驻福机关事业单位工作人员养老保险、失业、工伤、生育、保险等工作。

农村社会保险事业处 1992年2月，设立区农村社会养老保险事业管理处，为副科级事业单位，隶属区民政局。定编25人。经费自收自支。1996年1月，更名为烟台市福山区农村社会保险事业处。1999年5月，隶属区劳动和社会保障局。设主任1人、副主任2人。内设办公室、财务科、业务一科、业务二科。有工作人员19人。其中，驻乡镇12人。全区10处乡镇均设农村社会保险事业管理所，每所编制2人，与乡镇民政办公室合署办公。主要负责全区农村社会养老保险基金的筹集、支付和运用等管理工作。2002年10月，古现镇农村社会保险事业管理所划归烟台开发区。

城镇职工医疗保险事业处 2001年10月，设立区城镇职工医疗保险事业处，为副科级事业单位，隶属区劳动和社会保障局。设主任、副主任各1人，编制10人，实有9人。其中，高级职称1人，中级职称3人，高级工1人。内设财务科、稽察科、业务科、工伤生育科。主要负责全区医疗、工伤、生育制度的改革，落实参保人员的基本医疗、工伤、生育保险待遇及各项保险基金的核算、支付等管理工作。

第二节 企业劳动保险

劳动保险对象 凡在境内的中央和省市企业、区属企业、部队属的全民企业、区级以上集体所有制企业、经济独立核算企业、中外合资及外商独资企业的中方职工、私营或个体企业，均列入参保对象。

统筹项目及标准 劳动保险的统筹项目：包括离退休和退职人员的生活补贴（包括副食品补贴、肉价补贴、粮价补贴）、冬季取暖补贴、书报费、洗理费、死亡职工供养直系亲属的抚养救济费、因工致残职工的护理费（包括交通补贴、误餐补贴）、城市开发费、离休干部护理费（包括特殊补助费、生活补贴费、误餐补贴费等）。

1984年，执行烟台市政府规定，为合同制工人投保。企业按投保人工资总额的20%、个人按工资的2%，逐月上缴到区劳动服务公司。1986年10月1日起，按照国务院规定，企业按投保合同工工资总额的18%、个人按工资的3%缴纳。1987年6月9日起，根据《烟台市职工退休费用统筹施行办法》规定，全民所有制企业按17%、集体所有制企业按22%缴纳统筹费。7月1日起，实行全市固定工养老金统筹。全区有69个企业的8135名在职固定工和4157名合同工及1420名离退休、退职人员纳入统筹范围。全年收缴养老金170万元，发放养老金80万元。1988年10月1日起，对病故或非因公死亡职工所供养的直系亲属由一次性补助改为按月发给。1989年2月起，外商投资企业按上年度中方全部职工平均月实际收入的22%、个人按每人每月5元缴纳统筹费；机关事业单位和按规定不参加固定职工退休费用统筹的企业中的合同制职工、城镇农业户口的计划内临时工，单位按工资总额的18.5%、个人按每人每月2元缴纳统筹费。同时，把城镇非农业户口的计划内临时工纳入参保范围，企业按该类职工工资总额的18.5%、个人按本人工资的3%缴费。1992年7月1日起，农村户口的计划内临时工也纳入参保范围。同时实行固定职工个人缴费制度。全民与集体所有制参保职工，个人每人每月均缴纳3元，全民所有制企业缴费比例不变，集体所有制企业缴费比例调整为20%，其他单位、个人、外商投资企业缴费标准不变。1993年7月1日起，企业按全部职工工资总额的19.5%、个人按月工资的2%缴纳。1996年1月1日起，实行职工基本养老金社会统筹与个人账户相结合的办法。1998年1月1日起，个人缴费调整为4%。1999年1月1日起，所有企业均按参保人员工资总额的20%、个人按月工资5%缴纳。2001年1月1日起，个人按月工资6%缴纳。统筹基金的征缴率经过多次调整，范围逐年扩大，离退休人员的发放标准也随之提高。2002年，全区投保人员达20403人，年收缴养老基金3461万元，实际发放养老金3287万元。

养老金及待遇 1989年，离退休人员养老金普遍增长一个级差，增额不足8元的按8元增，退职人员每人月增加8元。全区共有1732人增加养老金，人均增长12.61元。1990年10月1日起，凡未参加1985年工资改革、在1989年9月底前离休的人员，每人每月增加15元，退休人员每人每月增加10元生活补贴，其中本人级差分别大于15元或10元者，按一个级增加；参加1985年工资改革、并于1985年9月底前离休且执行企业工资标准的每人每月增加生活补贴费8元，其中本人半个级差大于8元者，按半个级差增加；执行机关事业单位结构工资制的退休职工，按职务工资标准的一个级差增加。本次全区增资1596人。1993年，自1月1日以后的离退休人员按10%增加养老金，离休人员增额不足12元者按12元增发，退休人员增额不足10元者按10元增发。从10月起，凡在1978年底前离休的人员，每人每月增加100元，退休人员每人每月增发60元；凡在1979—1985年工资改革前的离休人员每人每月增发85元，退休人员每人每月增发45元；凡在1985年工资改革后至1988年底的离休人员每人每月增发70元，退休人员每人每月增发30元；凡在1989年1月1日至1993年底前离休人员每人每月增发60元，退休人员每人每月增发20元。执行时间根据办理离退休时间不同而异。凡在1993年9月底办理离退休、退职手续的从10月份执行，在10月1日至12月31日办理手续的从办理手续的当月执行。在以上增资的基础上，离休人员再根据参加革命工作的时间，以本人月基本养老金为基数，按不同比例增发。其中，1937年7月6日前参加工作的增发20%，1942年12月31日前参加工作的增发15%，1945年9月2日前参加工作的增发10%，1949年9月30日前参加工作的增发5%。全区共有2272人增资，人均增40.47元。

1994年7月1日起，按本人月基本养老金的11%增长。全区共有2272人增资，人均增长41.35元。1995年，自7月1日起，为1993年9月底前离退休、退职人员，按本人月基本养老金各增资15%。1996年，自7月1日起，对在1983年9月30日前离、退休的人员增加养老金。其中，1937年7月6日前、1942年12月31日前、1945年9月2日前、1949年9月30日前参加工作的离休人员，每人每月分别增发190元、170元、160元和155元；1949年9月30日前参加工作，在1993年10月1日至1995年12月31日前退休、退职人员，每人每月增发19%，退休者增额不足50元的按50元，退职者增额不足30元的按30元增发；1993年10月1日后退休、退职人员增长7%，增额不足25元者按25元增长。全区共有2594人增资，人均增加62.72元。1997年，自7月1日起，对1996年前离休的正厅级职务的每人每月增长110元，副厅级职务或享受厅级待遇，或1937年7月6日前参加工作的每人每月增发105元；正处级或副处级职务，或享受处级待遇，或1943年1月1日至1949年9月30日前及中华人民共和国成立前参加革命工作的老工人，每人每月增加95元，退休和退职人员按本人月基本养老金的7%增发。

1998年，养老保险的范围进一步扩大到城镇集体、私营企业，基金实行统一标准、管理调剂使用。1999年7月1日起，离退休、退职人员分固定部分和机动部分增加养老金。固定部分离休人员每人每月增70元，退休人员增40元，退职人员增35元；机动部分，离休人员每人每月增9.5%，增额不足120元的按120元增加，退休人员增7%，退职人员增5%。全区共有3280人增资，人均76.75元。2001年1月1日起，为离退休和退职正、副处级干部每人每月增资163元，科级及以下每人每月增资140元；工人按红军时期、抗日战争时期、解放战争时期每人每月分别增资163元、140元和121元。全区有285人增资，人均增加140.35元。从7月1日起，退休、退职人员按2000年底基本养老金的7%调整，退休人员增加额不低于50元，退职人员不低于40元。从10月1日起，离休干部按正处、副处、科级及以下每人每月分别增加196元、152元和124元；工人按红军时期、抗日战争、解放战争时期，每人每月分别增加150元、130元和110元。全区共有3644人增资。

2002年7月1日起，凡2001年12月31日前退休、退职的人员，按本人月基本养老金的5.5%增资，增额不足30元、24元者，分别按30元、24元增加。在此基础上，1949年1月1日至9月30日参加工作享受薪金制待遇的人员及1953年12月31日前参加工作和企业中军转干部及原工商业的退休人员，再根据不同情况适当进行调整，调整后月基本养老金仍达不到300元的一律按300元执行。

第三节　机关事业养老保险

养老保险金的统筹　1978—1995年3月，党政机关事业单位的养老金由县（区）财政和单位安排。1995年4月至2000年12月，实行全市统筹。单位按月工资总额的25%、个人按月工资的2%收缴。自2001年1月起，改由区级统筹，单位按月工资总额的28%、个人仍按2%收缴。从1995年5月起，离退休养老金不再现收现付，由机关事业保险处统一发放。2002年，全区机关事业单位投保7070人，年收缴额3781万元，发放养老金3832万元。（见表10-2）

养老金调整 1993年10月，实行工资制度改革，随着在职工作人员工资的提高，离退休人员的养老金和各项待遇也相应增加。1993—2002年，根据国家、省、市有关规定，先后16次为离退休人员增加乘车补贴、生活补贴、护理费、退休费。（见表10-3、10-4）

第四节 农村社会养老保险

1992年，农村社会养老保险在全区发动，召开各种会议700多次，张贴标语1500多幅，印发宣传单、“对比表”10万多份，播放宣传节目300多次，办板报、发简报670期，出动宣传车9辆次，举办村委主任、会计与兵青年妇负责人培训班90多场次。是年春，区政府在东厅乡、兜余镇、高疃镇分别选3个村和1个企业，进行为期1年的农村社会养老保险试点。东厅乡25个村无一空白，参保者5543人，占应投保人数的90%，收缴保费25.59万元。

1993年3月14日，区政府印发《烟台市福山区农村社会养老保险暂行办法》，农村养老保险业务由农村社会养老保险事业管理机构统一办理，前段由保险公司经办的农村养老保险业务，暂时维持现状，不再扩大业务范围，其他部门不得在农村开办新的养老保险业务。并对保险对象及投保年龄、保险费缴纳、养老金给付、保险金的管理与运用作出规定。

1987—2002年福山区养老金征缴、发放情况表

表10-2

年份	参保人数（人）	征收养老金（万元）	发放养老金	
			人数	金额（万元）
1987	12292	170	1420	80
1988	12784	327	1599	168
1989	14089	473	1769	248
1990	13764	564	1924	326
1991	16274	622	2071	388
1992	17253	722	2351	429
1993	18145	757	2372	817
1994	17196	1041	2540	1114
1995	16962	1156	2632	1300
1996	15468	1253	2914	1378
1997	15293	1459	3164	1913
1998	14226	1603	3226	2186
1999	15896	1884	3401	2329
2000	16962	2204	3662	2509
2001	17162	2311	3808	2703
2002	17298	2560	3823	3231

福山区1995—2002年机关事业单位养老金收缴、发放情况表

表10-3

年份	投保人数（人）	年征缴额（万元）	离休人数（人）	退休人数（人）	退职人数（人）	年发放额（万元）
1995	8059	859	513	1115	14	633
1996	8137	1437	509	1258	14	1458
1997	8294	1443	505	1373	14	1548
1998	8243	1816	503	1676	14	1959
1999	8220	1827	498	1964	14	2438
2000	7609	1903	470	1891	14	2864
2001	8526	3307	449	1975	14	3255
2002	7070	3781	411	1912	12	3832

1993—2002年离退休人员养老金调资情况表

表10-4

年份	调资文件依据及内容	调资人数（人）	人均增资（元）
1993	鲁人退〔1995〕4号，1993年工资改革二步增资	286	35
1995	烟老〔1995〕11号，离休人员增加乘车补贴	513	15
	国发〔1995〕32号，增加离退休费	1611	24
	烟台市人事局，按职务增加生活补贴	1590	78
	烟台市人事局，增加生活补贴	1611	60
1997	鲁人退〔1997〕11号，增加离退休费	1792	20
	鲁人退〔1997〕11号，增加离退休费	1792	25
1998	鲁人退〔1998〕4号，增加生活补贴	20	50
1999	国办发〔1999〕78号，增加离退休费	1826	117
2000	烟人〔2000〕12号，增加离退休费	1870	23
2001	国办发〔2001〕14号，增加离退休费	2116	107
	烟人〔2001〕29号，增加生活费	2170	140
	国办发〔2001〕70号，增加离退休费	2174	86
	烟福老〔2001〕8号，离退休人员护理费	449	200
2002	烟人〔2002〕52号，增加离退休费	2335	27
	鲁人办发〔2002〕96号，部分退休干部增加生活补贴	3	120

农村养老保险

参保对象　农村社会养老保险的参保对象包括农民、乡镇企业职工、民办老师。

参保基本原则　参加农村社会养老保险的基本原则是：投保自愿，退保自由，可一次性投保，也可多次投保，逐年筹措，有钱多投，无钱时可以不投，中途退保者，退给全部本金和银行同期利息。养老保险与家庭赡养、土地保障以及社会救助等形式相结合。基金筹集以个人缴费为主，集体补助为辅，国家给予少量补助扶持。个人、集体、国家三者的责任明确。实行储备积累，建立个人账户，农民个人缴费和集体补助全部记在个人名下，属个人所有。个人领取养老金的多少取决于个人缴费的多少和积累时间的长短，多缴多领，少缴少领，还付给银行同期利息。

保险金增值　根据国家政策和上级政府有关规定，农村养老保险金只能存入银行或购买国债，不得作为其他高风险投资，以确保基金安全、稳定增值。投保人的个人账户保险金计息利率随银行利率调整分段计算、积累总金额。国家实行优惠政策，农保基金利息高于同期银行利率和其他存款利率，从而使参保者获得更多利益。

农保资金管理　对农保基金实行专款专用、专户管理，任何单位和个人都无权挪用。管理内容包括财务计划、资金筹集、服务费、保险金管理及责任金、调节金和资金运用管理等。

养老金的收缴与发放　参保基金分定期缴费、不定期缴费和一次性缴费3种。定期缴费时间在每年的2月底至3月初；不定期缴费主要为部分农民收入不稳定而采取的方式，丰年多缴，欠年少缴，灾年缓缴，家庭收入好时缴，不好时可不缴；一次性缴费主要为岁数偏大的农民，根据本人年老后的保障水平将保费一次性缴足，到60岁以后按规定领取养老金。如果投保人在缴费期间身亡，将全部本息退给其法定继承人或指定受益人。投保人领取养老金保证期为10年，不足10年身亡者，保证期内的养老金余额可以继承，也可一次性提出。无继承人或指定受益人者，按农村社会养老保险管理机构的有关规定支付丧葬费用。养老金领取时间超过10年者，支付养老金直至寿终为止。投保对象从本区迁往外地者，若迁入地尚未建立农村社会养老保险制度，可将其缴费额全部本、息退给个人。如果投保人被招工、提干、考学或农转非，可将保险关系转入新的保险渠道，或将缴费额全部本、息退还本人。

1992年7月，开始收缴养老金，当年全区投保48297人，收取保费2154582元。是年，发放养老金4人、75.3元。2002年，全区农村投保人数占农村总人口30%以上，无空白村。当年投保24773人，收取保费5065855元。领取养老金的5711人，共计599889元。办理退保手续1644人，其中因死亡退保1532人，因户口迁移退保2人，因农转非退保110人。

农村“三职干部”养老保险　1983年10月13日，

县委决定对符合规定的农村干部，从本年起享受退休待遇。其条件和标准是：男年满55周岁，女年满50周岁，工龄25年以上的；男年满50周岁，女年满45周岁，体弱多病，不能坚持正常工作和体力劳动的；工龄10年以上，因公致残经县以上医院证明完全丧失劳动能力、符合有关规定的，可分别享受本大队党支部书记当年收入（包括大队补贴和本人承包收入）的110%、125%和100%的退休待遇。1986年10月，区委印发《农村主管会计退休条例》，从本年1月1日起，凡男年满55周岁、女年满50周岁、连续工龄15年以上的农村主管会计（包括原高级社和大队会计），均可享受退休待遇。办理退休手续：个人申请，经村讨论通过，乡镇同意，报区委农村工作部和区农林局批准，发给退休证书。退休金以村党支部书记基数，按工作年限、业务级别和工作量大小确定。1994年，印发烟福发〔1994〕51号文件，对在职农村党支部书记、村委主任、主管会计（以下简称“三职干部”）享受集体养老保险待遇作出规定。对1994年前已办理退休的农村干部仍享受退休待遇，不实行集体投保。已经离职但尚未办理退休手续、担任农村党支部书记或村委主任10年以上、担任主管会计15年以上的，仍按原退休政策办理退休手续，按规定年龄享受退休金。农村“三职干部”集体养老保险自1995年1月始实行。

农村在职“三职干部”，按照任职1年，集体给投保1年，退休后享受农村社会养老保险；乡镇政府在确定农村干部当年工资时，与其贡献大小和村集体经济总收入、人均收入挂钩，适当拉开档次；凡当年和任职期间无集体经济收入或造成集体经济收入亏损的村干部不得办理集体投保和补交保费；离任时，经审计给集体经济造成亏损的，一律不享受集体养老保险，已投保的返还集体；对1994年12月底以前任职的工龄，实行一次性集体补交投保费用，具体按干部任职年限内的年平均工资总额的10%确定集体投保的基数；任职期间，受撤职处分或未经批准擅自离职、辞职的，取消其集体投保资格；投保费用集体负担80%、个人负担20%；“三职干部”退休后，养老保险待遇健在1年享受1年，不足10年离世者，剩余部分返还集体。1983—2002年，全区共有1200名农村“三职干部”享受集体养老保险待遇。

1992年，被民政部授予“全国农村社会养老保险先进区”。1993年，山东省农村养老保险工作现场会在福山召开。1995年，被烟台市政府授予“农村社会养老保险先进区”。1997年，被省政府授予“全省农村社会养老保险先进单位”。

第五节 医疗保险

1951年，政务院公布《中华人民共和国劳动保险条例》，对国营、集体所有制的厂矿、企业职工实行劳保医疗。1966年7月，福山开始执行。条例规定，职工患病或因公负伤，须在指定的医疗单位就诊，医药费由企业报销。职工供养的直系亲属患病，企业负担医药费的50%。1984年以后，部分单位采取将医药费按月平均发给职工个人的办法，劳保医疗费由企业在福利基金中支付。同时，对合同制工人，按国家有关规定，医疗费由企业报销90%，病重住院给予适当照顾，但停工治疗限

1992—2002年福山区农村养老金收缴与发放情况表

表10-5

年份	缴费		发放	
	人数	金额（元）	人数	金额（元）
1992	48297	2154582	4	75.3
1993	44455	3679832	102	3326.3
1994	27182	2513070	333	14056.4
1995	30131	4322720	651	39688.8
1996	30734	3939567	938	93385.4
1997	30327	4655708	1802	148053.7
1998	27238	4203030	2375	228063.6
1999	24269	3782380	3153	295368
2000	23898	4200263	3745	363865.2
2001	24417	4350905	4633	497893.2
2002	24773	5065855	5711	599889.1

在1年内、满2年仍不工作者，解除合同，发给3个月的工资作为医疗补助。计划内临时工、季节工、亦工亦农工，凡停工治疗3个月的，原则上参照上述办法处理。1996年1月17日，区政府印发《烟台市福山区企业职工医疗保险制度改革暂行办法》，从1月1日起，实行医保基金全区统筹。职工医疗保险基金由社会统筹医疗基金、企业医疗调剂金和职工医疗账户金3部分组成。医疗保险费由单位和个人共同负担，医疗保险基金按以支定收、略有储备的原则筹集。标准按企业上年度工资总额的10%提出，其中30%缴纳社会统筹医疗基金，50%拨给职工个人医疗账户金，20%作为企业医疗调剂金。

基本医疗统筹范围涵盖驻本区城镇的所有用人单位，包括国有企业、集体企业、私营企业、机关事业单位、社会团体、民办企业、外商投资企业和合资企业的中方员工的职工。2001年10月，区设立城镇职工医疗保险事业处，负责城镇职工的医疗保险事务。2002年，区政府印发《烟台市福山区城镇职工基本医疗实施办法》，对建立城镇职工基本医疗保险的实施范围、基金征缴、支付范围和原则、个人账户划入和管理、基金管理和监督等做出明确规定。区劳动和社会保障局、卫生局又联合印发《加强城镇职工基本医疗保险制度管理的意见》，要求各定点医院要为每一位参保住院患者提供住院费用清单，内容包括药品、检查、化验、治疗、材料等项目名称、规格、单位、单价、数量、计价金额等，对无费用清单、清单项目不全、费用清单与实际不符，不予从统筹医疗基金支付。对门诊收费，各定点医院要在5月底前将治疗项目、药品名称、剂量、包装、价格、收费数量一次性微机打印。对参保职工出差、探亲期间因患急症在外地就医及异地工作1年以上人员和异地安置人员发生的医疗费用，必须凭病例、有效医疗费收据、用药处方、治疗费用清单和单位证明信到医疗保险经办机构审核报销，无用药处方和收费明细，其医疗费个人先负担20%，其余按相应规定给予报销。严格转院审批制度，对疑难重症，原则只限到上级医院确诊或确定治疗方案。如确需转院治疗，手术及用药按最低标准包干外转，对未经批准在外地就医所发生的医疗费用不予报销。福山区转外诊疗原则限制在解放军107医院、烟台毓璜顶医院、烟台山医院，青岛医学院附属医院、山东省立医院、山东医科大学附属医院、北京协和医院、北京阜外医院、北京同仁医院、解放军301医院、中国医科院肿瘤医院（不含上述医院的下属分院及院外门诊）。同时，对定点医院严格按照《统筹病种诊断细则》标准填写《医疗保险统筹病种认定申请表》，区劳动和社会保障局每月组织认定一次。对已认定的统筹病患者，原则上每半年组织康复鉴定。对鉴定不够统筹病种条件或不参加康复鉴定者，终止其统筹病种的医疗保险待遇。鉴定收费标准参照省物价局、财政厅、劳动厅三部门下发的鲁价涉发〔1994〕181号文执行。对CT和ECT、核磁共振、彩色多普勒、震波碎石、高压氧疗、射频治疗、人体器官、组织移植、安装人工器官及单价在200元以上的其他物理检查、治疗项目，由定点医院填写《特种检查治疗申请审批单》，经区医疗保险机构审批，对急诊病患者可先行检查，5日内补办手续，未经批准的，不予从统筹基金中报销。做同一项检查和同一部位检查，由区医疗保险经办机构根据物价部门核定的价格确定统一的报销金额，后按有关规定给予报销。对参保人员因病手术当天的输血费（含全血和成分血），按规定从统筹基金中支付，其他情况输血的费用，不予从统筹基金中支付。医疗保险经办机构定期对定点医院的用药处方、医嘱病例记录以及治疗、检查、化验等收费情况进行核查，发现变通项目和串换费用与实际不符，一经查实，先按变通或串换金额的2倍扣除，再按有关规定结算，多扣除金额由责任人负担。在住院期间，需到院外购药，应由临床医生提出建议报医疗保险经办机构批准。否则，按在院内用药结算处理。对新增医疗收费项目，定点医院要将该项目名称、性能及有关部门批文，报劳动保障行政部门，经审核批准后，方可纳入基本医疗保险范围；对未经批准的新增医疗收费项目以及医院自定项目，擅自提高收费标准所发生的一切费用，不予从统筹医疗基金中支付。定点医院要严格控制进口、贵重药品的使用，门诊用药一次处方量为7日量，慢性疾病最多为15日量。

至2002年底，全区参加基本医疗保险的单位267个，参保人员16497人，年收缴医疗保险基金616万元，结算费用403人次，支出医疗统筹基金225万元。基本医疗保险金累计结余788万元。大额救助金收缴25万元，认定统筹病患者59人，全部得到及时治疗和结算。离休人员参保单位61个、193人，收缴医疗基金49万元，结算费用357人次，支出医疗统筹基金78万元，超出收缴基金29万元，财政补贴30万元。

医疗基金收缴　基本医疗统筹基金由用人单位按职

工工资总额的8%缴纳，在职职工按本人工资的2%缴纳，离退休人员个人不缴纳医疗统筹基金，职工工资低于上年度全市职工平均工资60%的按60%基数缴纳。

个人账户管理　基本医疗保险基金由统筹基金和个人账户2部分组成。用人单位缴纳的基本医疗基金的65%划入统筹基金，35%划入个人账户；职工个人缴纳的全部计入账户。具体计算公式是：在职职工月划入的金额＝年龄系数×（个人年龄－17）＋缴费工资系数×本人月缴费基数＋本人月缴费基数×2%。退休人员按月划入金额＝年龄系统×（本人年龄－17）＋养老金系数×本人养老金总额。职工个人账户采用IC卡管理，由用人单位申请办理。参保人可持卡在定点医疗机构或药店就医和购药。职工在本区范围内调动工作，只办理个人账户转移手续，调离本区的可一次性领取或转移，个人账户的本息归本人所有，可结转使用和继承。

统筹基金支付范围标准　基本医疗统筹基金支付的范围，包括住院医疗费和统筹病种患者的门诊医疗费用。在一个医疗年度内，参保人因病每次住院医疗费用（不含不予从统筹医疗金中支付的费用），在超付标准以上部分，从统筹基金中分段支付，即5000～10000元的部分按75%支付；10000元以上的部分按81%支付。退休人员在上述支付比例基础上再提高10%。统筹病种患者的日常门诊医疗费用，从统筹基金中支付75%，退休人员支付80%。

基本医疗统筹基金支付标准根据治疗医院等级而定，一级医院为烟台市上年度职工平均工资的8%、二级医院为10%、三级医院为12%。最高限为市上年度平均工资的4倍，超付标准以下和最高支付限额以上部分，统筹基金不予支付。超出最高限额的医疗费用，由大病医疗救助金解决，在职职工按80%，退休人员按85%支付，最高限额为15万元。大病救助金从参保个人中统筹，企业每人每月缴纳3元，事业单位每人每月缴纳5元，每年3月份一次性收缴，个人缴纳劳保金的一并收缴。

统筹病种包括慢性肺源性心脏病　（出现肺功能症状合并心功能不全）、白血病、尿毒症、脑出血急性期（含急性期后需特殊护理依赖的）、颅内占住性病变、椎管内占住性病变、全身各系统恶性肿瘤、大面积烧伤（二度50%以上，三度30%以上）、心功能三级以上、肝硬化失代偿期、糖尿病含并发症。

医疗保险待遇　离休人员（含中华人民共和国成立前参加革命的老人）、二等乙级以上革命伤残军人的医疗费，以上年度统筹人均医疗费用的标准报销，由所在单位于每年3月份一次性向医疗保险单位申报，在基本医疗保险规定的范围内据实报销，支付不足部分由区财政给予解决。破产企业退休人员的医疗费，按《中华人民共和国企业破产法》及有关规定，按当地退休人员人均医疗费一次性缴纳10年，由区医疗保险处优先支付。

2000年，区政府印发《关于福山区城镇企业职工生育保险试行办法》，从2001年1月1日起实施。凡区内经济独立核算的国有企业、区属集体企业、股份制企业、三资企业、中央和省市属及部队属驻福企业和参加养老保险统筹的镇（街）属企业、私营企业、个体工商户及外商独资企业的中方职工，均享受女工生育保险待遇。生育保险基金按月筹集，统一使用。企业按上年度工资总额的0.95%缴纳，个人不缴纳；女职工生育、哺乳期间，按照有关政策享受产假、生育津贴和产假津贴。生育津贴和产假津贴标准按全区上年度月平均工资计发，由生育保险基金支付。其中晚婚、晚育者支付3个月的生育津贴；流产、引产者支付半个月的产假津贴。生育者的检查费、接生费、手续费、住院费、医疗费从生育保险基金中一次性支付，标准为平产每人600元、流产400元、难产900元、剖腹产2300元，多胎生育者每多生一胎增加50元。2001年，全区有199个单位15996人参加生育保险，实收生育保险金52万元，拨付33人、10万元。2002年底，有251个单位17174人参保，实收生育保险基金74万元，拨付106人、38万元。

第六节　失业保险

中华人民共和国成立后至1986年前，境内无失业者，对关、停、并、转的企业所精减的职工由劳动部门安排到其他企业。之后，失业者逐年增多。1986年，国务院和省政府先后印发《国营企业职工待业保险暂行规定》及实施细则。1987年，区劳动服务公司设立待业保险科（1988年更名为失业保险科）。6月12日，区政府印发待业保险金收缴办法。至25日，全区有48个国营企业、45个集体企业和65个机关事业单位签订《银行结算协议》，实行同城托收无承付的结算方式收缴待业保险金。

1986年10月至1987年底，共收缴待业保险金14.3万元。1988年，根据国务院和省政府的有关规定，经严格审查，区内有部分企业辞退少数违纪职工。对辞退职工，分别登记建卡；对因病辞退的职工，填写待业登记表，按规定发给待业金。全区共接收违纪辞退职工20人，其中按有关规定的2人发放待业保险金。1996年，对失业人员实行再就业的优惠政策，并在待业期间发给基本生活保障金。1998年，全区失业人员2375人，失业保险的压力也随之增大。由于实行多渠道安排就业，失业率控制在1.5%以下。2000年，实行职工下岗保障与失业保障并轨制度。2001年，区设立职业介绍中心，对失业者进行专业技术培训，为再就业提供条件。2002年9月，劳动服务公司更名为劳动就业办公室，内设失业保险科，为失业者登记建档、建卡，加强管理，征收一定的管理费和发放失业保险金，使失业者在待业期间有一定的生活保障。

1987—2002年福山区收缴与发放失业保险金情况表

表10-6

年份	收缴金额（元）	发放情况	
		人数	金额（元）
1987	142948.61	—	—
1988	138607.59	2	510.8
1989	166820.87	6	3335.55
1990	154353.03	19	8704.59
1991	177211.49	17	9315.58
1992	338508.98	47	16413.39
1993	362275.27	89	93519.73
1994	460321.07	105	270844.11
1995	481990.52	315	161284.57
1996	502280.52	295	432561.88
1997	551714.44	152	445342.02
1998	824954.55	176	389082.5
1999	1330402.41	283	634375
2000	1621894.08	415	911621.5
2001	1191432	751	1558751
2002	2632003	1666	2163833

第十一编　农业　农村

中华人民共和国成立前，福山农业比较落后。1949 年 10 月 1 日后，特别是中共十一届三中全会以来，福山立足区位优势，着力发展城郊型农业，大力调整种植业结构，改变单一以种植业为主的农村经济，走上农林牧渔和工、交、建、商多种经营全面发展的富裕之路。

80 年代后，农村普遍实行生产责任制，农村面貌日渐改观。1985 年后，全区种养业生产逐渐向优质、高产、高效方向发展。福山是烟台市菜篮子工程生产基地。2002 年，全区粮食面积 10272.53 公顷，总产 36347 吨，比 1978 年分别减少 16089.74 公顷和 68333 吨；花生面积 1909.07 公顷，总产 4736 吨，分别减少 1716.73 公顷和 2984 吨；瓜菜面积 1737 公顷，总产 84451 吨，分别增加 47.3% 和 1.18 倍；畜牧业由原来为农业提供肥料型逐步向为社会提供肉蛋奶型发展，肉类总量 7334 吨，蛋类总量 5427 吨，奶类总量 5158 吨，人均占有量分别达到 29.62 公斤、21.92 公斤、20.83 公斤。2002 年，全区农村经济总收入由 1978 年的 10434 万元增加到 898089 万元，增加 85 倍；农民人均纯收入由 226 元增至 3647 元，增加 15 倍。

第一章　机构沿革

福山区农业局下设种子公司、畜牧兽医站、蔬菜站、农村改革试验区办公室、蔬菜站、果树站、农技站、土肥站、经管站、农广校、植保站。

第一节　行政机构

1920 年，县公署设劝业所，主管农业。1927 年，县建设科主管农牧业。

1956 年 3 月，建设科分设农业科；8 月改称农业局。1958 年，农业局与林业局合并为农林局；同年 10 月，撤销福山建制，县农林局并入烟台市农林局。1962 年 4 月复县，设县农林水产局。1963 年 6 月，农林水产局改称农林局。1964 年 7 月，农、林单设，复称农业局。1967 年 4 月，设农林水办公室。1971 年 5 月，恢复农业局。1979 年 6 月，改称农林局。1980 年 1 月，分设畜牧局、农业局；10 月，成立农林牧渔业局。1983 年 11 月，改称农牧渔业局。1984 年秋，改为农牧局。1993 年 11 月，撤销农牧局，设立区农业技术开发总公司，为正科级事业单位，隶属区政府。1996 年 8 月，撤销区农业技术开发总公司，设立烟台市福山区农业局，为正科级事业单位。2001 年 12 月，区农业局、林业局、农机局合并，组建区农林局。同时，设立区林业技术开发中心和农业机械服务中心，均为正科级事业单位，归口农林局。

图 11-1　福山区农业局

第二节　事业机构

烟台福萌种子公司　1956 年，成立县种子工作站，同时挂种子公司牌子，隶属农业局。1984 年 6 月，更名为福山区种子站。1987 年 11 月至 1993 年 10 月，沿用烟台市福山区种子公司名称，同时挂烟台市福山区种子站牌子。为股级事业单位，隶属农牧局。1993 年 11 月，种子公司改为烟台福萌种子公司，升格为正科级事业单位，隶属于区政府。1996年9月，隶属于农业局。2001年4月，烟台福萌种子公司与区农科所合并，一个机构三块牌子，为正科级事业单位，隶属于农林局。

烟台市福山区畜牧兽医站　1956年，县成立兽医组，隶属农业局。1964年1月，改称畜牧兽医站。1979年12月，成立畜牧局，仍保留畜牧兽医站。1982年，改称为畜牧兽医工作站。1984年6月，改称福山区兽医站。1991年，农牧局增设畜牧股，人员由兽医站划出。1993年11月，在区兽医站的基础上，成立烟台福毓畜牧开发公司，为区政府直属正科级事业单位，实行企业化管理。1996年8月，设区兽医站，与烟台福毓开发公司一个机构两块牌子。1999年，恢复区畜牧兽医站，归口区农业局直属副科级事业单位，撤销烟台福毓畜牧开发公司，将福山镇兽医站职能、人、财、物归口区畜牧兽医站。同时，对外挂福山镇兽医站牌子。2000年，区畜牧兽医站设回里、高疃、古现3个兽医监督分所。2002年，古现兽医监督分所划归烟台开发区。

烟台市福山区蔬菜站　1985年成立，为股级事业单位，隶属农业局。1993年11月，更名烟台福田蔬菜开发公司，隶属于区政府。1996年，恢复区蔬菜站，隶属农业局，与烟台福田蔬菜开发公司一个机构两块牌子。1999年10月，更名为福山区蔬菜站。

烟台市福山区果树站　1984年成立，为股级事业单位，隶属农牧局。1993年11月，在区果树站的基础上，成立烟台福馨果业开发公司，为区政府直属正科级事业单位，实行企业化管理。1996年8月，区农业局内设果树站，与烟台福馨果业开发公司一个机构两块牌子。1999年9月，恢复区果树站，为农业局所属副科级事业单位，与烟台福馨果业开发公司分离。

烟台市福山区农村改革试验区办公室　1988年4月，经国务院批准，福山区作为山东省农村改革试验区，成立区贸工农外向型经济改革试验区领导小组办公室，规格为正科级事业单位，隶属区农委。1996年8月至2001年，改称农村改革试验区办公室，隶属区农业局。

烟台市福山区农技站　1954年，县成立农技推广站，股级事业单位，隶属建设科。1956年，隶属农业局。1984年6月，改称福山区农技站。1993年12月，隶属农业技术开发总公司。1996年8月，隶属农业局。1999年9月，能源站人员及职能并入农技站，对外挂能源站牌子，经费渠道不变。2002年1月，隶属农林局。

烟台市福山区土肥站、植保站　均为1985年成立，股级事业单位，隶属农牧局。1993年12月，隶属农技开发总公司。1996年8月，隶属农业局。2002年1月，隶属农林局。

烟台市福山区经管站　1956年3月，县农业科设会计辅导组。1958年，隶属农林局。1984年，改称农业经营管理指导站，股级事业单位，隶属农牧局。1993年12月，归口农委内设机构。1996年8月，隶属农业局，改称经管站。2002年1月，隶属农林局。

中央农业广播学校烟台市福山区分校　1981年7月，成立中央农业广播学校烟台市福山区办公室，校址在福山良种厂。1983年初，迁至农林牧渔业局。1985年6月，中央农业广播学校烟台市福山区分校正式成立。1990年12月，改称山东省农业广播电视学校福山分校。

烟台市福山区农业技术推广中心　1988年成立，为全额拨款的全民副科级事业单位，隶属农牧局，管辖农广校、农技站、果树站、植保站、土肥站、蔬菜站、能源站等人员，并行使其职能；1993年11月，撤销。农广校、农技站、植保站、土肥站、能源站归口农业技术开发总公司；果树站和蔬菜站分别改为烟台福馨果业开发公司和烟台福田蔬菜开发公司。

烟台市福山区农科所　1978年成立县农科所，隶属农业局。1984年6月，更名为区农科所。1990年，成立区蔬菜研究所，与农科所合署办公，隶属区农牧局。1996年，农科所对外挂区花卉研究所牌子。1997年，农科所对外挂区花生研究所牌子。2001年4月，与烟台福萌种子公司合并，一个机构两块牌子，隶属农林局。

烟台市福山区能源站　1984年成立，隶属农牧局。1999年9月，并入农技站。

烟台市福山区土地管理站　1984年成立，隶属农牧局。1987年12月，区土地管理局成立，编制人员由农牧局划出。

第三节　其他机构

园艺场　1958年10月成立，场址在栖里村北，有土地28公顷，其中果园16公顷。1999年春，改为民营企业。后划归烟台开发区。

良种场　1977年在胜利东村成立，有土地21公顷。1985年3月，划归烟台开发区。

第二章 种植业

80 年代前，粮食作物占主导地位，常年播种面积约占农作物总播种面积 85% 左右。改革开放后，压缩粮油作物，发展果蔬作物，进行种植制度和种植方式改革，增加产量和效益。

1975 年，通过组建“战山河”队伍，大搞农田水利基本设施建设。1979 年之后，注重改善土肥水条件和提高农机化水平，推广良种、良种良法配套、地膜覆盖、配方施肥、病虫害综合防治和综合高产栽培等技术，粮油产量大幅度提高。1979—1998 年，粮食年均亩产 381 公斤，花生亩产 90 公斤。1999—2002 年，粮食年均亩产 242.3 公斤，花生亩产 133 公斤。

福山是烟台市重要的商品菜生产基地，蔬菜种植种类较多，有许多地方名优特产。通过加强“菜篮子”工程建设，引进推广优良品种和新技术，拉动蔬菜生产迅速发展，成为区内支柱产业。2002 年，全区菜地面积 1737 公顷，年种植面积 2575 公顷，占农作物总播种面积的 12.4%，比 1978 年增加 8.6 个百分点，蔬菜年产值达到 2.3 亿元。

第一节 种植制度与结构调整

耕作制度 中华人民共和国成立前，除平原地区年种植两季作物外，余者大多为二年三熟，山地多为一年只种一季地瓜或花生。中华人民共和国成立后，耕作制度发生变化。60 年代，开始改一年一作、二年三作为一年二作，增加复种指数，提高土地利用率和单位面积产量。至 60 年代末，耕地复种指数为 148%。70 年代开始，压缩二年三作面积，推行以一年二作为主的种植制度。至 1984 年，一年二作面积占 67.7%，一年一作占 22.4%，二年三作占 9.9%，复种指数为 160%。1998 年后，经济作物大增，粮食作物锐减，复种指数下降。至 2002 年，复种指数为 141.6%。

种植方式改革 1964 年，开始麦田套种玉米试验，比夏播增产 18.6%，且可早收玉米倒茬种小麦，增产 20.6%。1973 年，引进试验小麦“四、二畦”（俗称“小畦大背”）种植方式，全县推广面积 1266.7 公顷。1982 年达到 6333.3 公顷，占当年玉米播种面积的 69.3%。80 年代初，推广大、小沟麦套种半夏花生种植方式，解决粮油争地矛盾。1986 年，小麦、玉米示范推广“小畦中背”种植方式。1991 年，全区推广面积 3333 公顷，占当年玉米总播种面积的 42%。90 年代中期开始，小麦、玉米因地制宜，不同生产条件采取不同种植方式。2000 年后，改麦田套种为夏播玉米，实现小麦、玉米双高产。

立体种植 1985 年，推广立体种植技术。主要是利用小麦“四、二畦”大背套种菠菜、蒜苗、水萝卜、西瓜等。蔬菜收获后套种玉米。麦收后在畦面间作黄瓜、萝卜、芹菜、大葱等。此外，还有果菜、果粮、果油等立体种植模式。

结构调整 改革开放以来，以农业增效、农民增收为目的，不断调整优化种植业结构，压缩粮食作物，增加经济作物。1987 年，全区粮食作物播种面积由 1978 年的 26362.27 公顷调整为 18768.87 公顷，果园面积由 3870.93 公顷增加到 6480.93 公顷。到 2002 年，全区粮食作物播种面积 10272.53 公顷，经济作物面积 4379.4 公顷，果园面积 4681.53 公顷。

第二节 粮食作物种植

中华人民共和国成立初期，以种植小麦、玉米、地瓜、大豆和高粱、谷子为主。60 年代，普种小麦、玉米、地瓜、豌豆、谷子、黍子、绿豆、小豆、大豆、豇豆、高粱等，黍子、绿豆、小豆、豇豆等有少量种植，其他杂粮逐渐绝迹。

稻，有水稻和旱稻之分。境内种植水稻起源于 1568 年，南京兵部尚书郭宗皋回福山，在柳行庄买下 2.7 公

图 11-2　小麦丰产田

顷盐碱地，在柳子河里用树木栅闸水，用水车灌溉，栽植水稻，成为胶东地区引植水稻第一人。当年亩产 4 ～ 5 斗，第三年亩产超过一石者甚多。之后，境内种稻面积依然不多。1952 年，全县仅种植旱稻 66.7 公顷。1965 年，对城后泊涝洼盐碱地进行综合改造，大面积改种水稻。是年种植 90 公顷，平均亩产 260 公斤，比旱稻增产近一倍。1972 年，全县水稻种植 580 公顷。1979 年，种植面积仅 233.3 公顷。1993 年，水稻停种。

1978 年以后，种植业结构发生较大变化，农作物总播种面积和粮食作物播种面积逐年减少。2002 年，全区农作物总播种面积为 14039.80 公顷，比 1978 年减少 17314.53 公顷，下降 55.22%；粮食作物面积 10272.53 公顷，减少 16089.74 公顷，下降 61.03%。

中华人民共和国成立前，粮食作物产量很低。成立后，粮食生产发展很快。1949—2002 年，粮食单产年递增 2.9%，总产在粮田减少 14000 公顷的情况下仍年递增 0.6%。1979 年，总产 120360 吨，亩产 552 公斤。1991 年，总产为 105683 吨，亩产增至 668 公斤。在粮食产量中，小麦占 25.5% ～ 62.1%，玉米占 29.5% ～ 53.2%，地瓜占 6.6% ～ 24.2%，大豆占 1.2% ～ 2.5%，高粱、谷子等所占比例极少。

1949—2002 年福山县（区）主要粮食作物产量表

表 11-1

年份	粮食		其中					
			小麦		玉米		地瓜	
	总产（吨）	亩产（公斤）	总产（吨）	亩产（公斤）	总产（吨）	亩产（公斤）	总产（吨）	亩产（公斤）
1949	26385	87	7370	43	5745	47	6675	125
1950	35250	104	7300	43	10710	78	8170	135
1951	36680	108	9530	64	8590	82	8840	138
1952	49705	150	11560	68	15340	118	11550	180
1953	50920	161.5	11525	64	18175	141	10740	202.5
1954	43330	144	12515	71	13885	115	8350	161
1955	45280	152.5	10330	66	14455	122	11365	196
1956	59255	195	14620	92	18465	141	15685	261
1957	51935	275	13585	80	17225	130	12230	180
1958	49060	176.5	10590	67	13940	135	18130	203.5
1959	44830	167.5	9990	92	10665	104	16410	200
1960	30160	136	11445	72	5700	71	8180	122
1961	39585	159.5	7460	52	8540	111	18250	194
1962	44465	174.5	9035	69	9780	119	17915	195
1963	51525	196	12440	87	14480	152	15190	181
1964	59765	227.5	13200	92	17085	178	21620	251.5
1965	59210	230.5	15575	104	17900	179	18650	233
1966	69335	272	13645	95	24145	230	23030	288
1967	74505	291	19550	126	25490	228	20510	277
1968	59835	236	16865	111	19405	185	15685	206.5
1969	66815	262	18235	117	21415	197	18855	239
1970	66530	265	16445	108	20135	192	21050	263.5
1971	72385	289.5	18160	112	22930	205	22080	352.5
1972	76030	308	21495	124	27435	243	19360	272.5
1973	85610	348	21055	121	29955	261	26115	353
1974	90505	371	24015	142	32600	274	26345	361
1975	112205	498.5	33895	192	37965	330	33415	539

续表 11-1

年份	粮食		其中					
			小麦		玉米		地瓜	
	总产（吨）	亩产（公斤）	总产（吨）	亩产（公斤）	总产（吨）	亩产（公斤）	总产（吨）	亩产（公斤）
1976	109255	490	43215	229	36465	288	24390	454
1977	104920	475	33080	176	46915	350	19895	428
1978	104680	474.5	36325	196	38820	278	25315	539
1979	120360	552	44740	247	47210	348	25315	496
1980	104650	497	36060	201	47305	346	16530	393
1981	101445	495.5	35660	203	47740	355	13465	347
1982	81775	399	30165	174	36040	264	12655	318
1983	122490	598	47585	265	53445	376	17135	497
1984	115480	576.5	35010	205	58055	414	16330	486
1985	87280	524.5	37230	244	33695	277	11810	397
1986	77820	473	33405	227	33490	289	6905	272
1987	79810	486	20360	174	42460	370	12295	406
1988	90740	557	35325	238	40565	343	10005	386
1989	63907	390	37784	255	19830	175	4481	177
1990	94918	581	41780	285	40818	360	8629	329
1991	105683	668	42356	297	53068	446	8173	385
1992	80879	544	36607	269	35601	327	6424	325
1993	93501	648	41398	308	42053	400	7500	391
1994	82226	577	30556	381	37864	378	10199	519
1995	90376	635	38629	284	39525	402	9843	523
1996	92210	648	38569	289	41813	431	9460	591
1997	76071	538	41762	312	27476	294	4980	308
1998	86820	614	38610	320	37484	402	8003	535
1999	61305	434	38057	315	18088	198	4057	273
2000	47363	210	20577	181	22935	275	5309	348
2001	52349	272	19652	223	24854	332	6016	377
2002	36347	236	16746	207	14967	278	3705	391

第三节　经济作物种植

花生　为境内主要油料作物。中华人民共和国成立后，花生产业发展迅速。1949—2002 年，花生种植面积仅次于小麦、玉米，在经济作物中居首位。1978—1987 年，全县（区）种植 3733 ～ 4400 公顷。1988—2001 年，为 2600 ～ 3333 公顷。2002 年，播种面积 1909 公顷。

花生亩产由于受自然降水的影响，年际间变化较大。1996 年，平均亩产 208 公斤。1981 年，总产达到 12365 吨，为历史最高水平。2002 年，花生播种面积比 1978 年减少 47.4%，总产减少 38.7%。

1949—2002 年福山县（区）花生面积及产量表

表 11-2

年份	面积（公顷）	亩产（公斤）	总产（吨）	年份	面积（公顷）	亩产（公斤）	总产（吨）
1949	4266.67	88	5605	1976	3649.33	91	4970
1950	3200	90	4335	1977	3518.27	110	5780
1951	3533.33	127	6725	1978	3625.8	142	7720
1952	4400	130	8510	1979	3654.53	176	9610
1953	4533.33	130	8890	1980	3985.13	170	10125
1954	5666.67	120	10170	1981	4343.13	190	12365
1955	6200	101	9335	1982	4377.8	138	9005
1956	5600	134	11275	1983	4091.13	182	11145
1957	5933.33	74	6560	1984	3878.13	195	11335
1958	5200	84	6505	1985	3901.33	137	7945
1959	3200	80	3860	1986	3709.07	60	3340

续表 11-2

年份	面积(公顷)	亩产(公斤)	总产(吨)	年份	面积(公顷)	亩产(公斤)	总产(吨)
1960	3733.33	70	3890	1987	3705.4	132	7320
1961	3266.67	110	5355	1988	3228.47	98	4725
1962	3466.67	111	5750	1989	3143.07	34	1539
1963	3400	132	6745	1990	3296.4	142	7004
1964	4000	149	8895	1991	3225.07	160	7737
1965	4333.33	111	7165	1992	3045.27	112	5133
1966	4133.33	168	10390	1993	3053.47	160	7335
1967	4200	111	6995	1994	2641.4	199	7894
1968	3866.67	108	6270	1995	2645.8	207	8198
1969	3733.33	99	5535	1996	2599.73	208	8096
1970	3866.67	137	7955	1997	2571.67	139	5355
1971	3920	150	8850	1998	2771	204	8459
1972	3980	111	6535	1999	2732	81	3335
1973	3758.87	135	7720	2000	2699	132	5335
1974	3797.8	128	7280	2001	2932.87	154	6770
1975	3719.8	137	7685	2002	1909.07	165	4736

黄烟　为民间传统的经济作物，一般农户均有种植，或自用或出售。主产地在张格庄镇权家山、马蹄夼、下官乐沟、台上、黄连墅村一带。因其特殊土壤条件，生产的烟质好、产量高。随着人们健康意识增强，黄烟需求量减少，种植面积逐年下降。现仅有零星种植。

西瓜　中华人民共和国成立前，种植数量很少。80年代前，全县每年种植不足67公顷。90年代后，种植面积扩大，每年730公顷、总产3万吨左右。种植方式有直播、育苗移栽和嫁接苗移栽，并与玉米、花生、蔬菜等间作。播期由单纯春播发展到春、夏两季播种。

甜瓜　中华人民共和国成立前，栽培面积较大。后随西瓜面积扩大，逐渐减少。

麻类　有大麻、苘麻、红麻3种。大麻种植较早，产量较低，1955年，全县种植131余公顷，亩产119公斤；60年代后，大麻逐渐被化学纤维所取代，至70年代后期濒临绝迹。苘麻适于涝洼、沟坡、道旁、村边、地头等零星种植；1955年，全县仅种植5公顷，70年代后期停种。红麻种植较少，1955年，仅种植7公顷，亩产119公斤，70年代后期停种。

棉花　1931年，山东省农业厅引入美洲棉，分配境内试种16.7公顷，亩均12.5公斤。1952年，全县植棉131.5公顷，亩均18公斤。70年代后，因棉花成熟晚、产量低，效益底，面积逐年减少。1975年，全县仅有1.5公顷，亩产籽棉90.5公斤。后逐渐停止种植。

芝麻　也称脂麻。人们习惯利用田边、地头种植。1951年，面积不足0.4公顷，亩产28公斤。1980年以后，年均7公顷左右，亩产80公斤左右。至今仍有小量种植。

第四节　蔬菜种植

蔬菜种类

中华人民共和国成立后至2002年，福山有18科82种311个品种，分10类。

速生绿叶菜类　有小白菜、菠菜、油菜、芹菜、花心菜、苔菜、茴香、芫荽、雪里蕻等。其中，芹菜和菠菜种植面积和上市量均占主要地位。其他速生绿叶菜类，每年各种植20～50公顷左右。80年代后，引进推广结球生菜、木耳菜等稀有品种。

茄果类菜　有茄子、西红柿、辣椒等。茄子，常年种植80公顷，总产2600吨左右；70年代前，主要是露地栽培。80年代之后，开始采用塑料拱棚、大棚进行设施保护栽培。西红柿，常年种植320公顷，总产1.3万吨左右。80年代前，春栽夏收。80年代后，四季均有种植、上市，有春夏露地、小拱棚、塑料大棚、冬季日光温室栽培和秋季延迟栽培等形式。辣椒，常年种植70公顷、总产约1940吨。传统是在早春温床育苗，再移栽到大田露地栽培，常导致产量大减。1970年后，推广塑料拱棚、塑料大棚、地膜覆盖、日光温室等保护栽培。

瓜类菜　有黄瓜、冬瓜、茭瓜、方瓜、玉瓜、南瓜、丝瓜、佛手瓜等。黄瓜，搭架或平地种植，约230公顷、总产1万吨左右。一年四季通过错开播期和保护栽培，可周年生产供应。茭瓜，常年种植约80公顷、总产

1830吨左右，是五六月份供应市场的主菜。70年代前，多为春季露地栽培。70年代后，采取小拱棚保护栽培，采收期提早，亩产2.5吨左右。80年代后，利用塑料大棚栽培，上市时间提早月余。佛手瓜，1983年引进，在庭院试种成功。

豆类菜　有芸豆、菜豆、菜豆、豌豆、扁豆、绿茶豆等。属喜温性作物，适于在温暖季节栽培。芸豆、菜豆，多为春、夏季种植，有露地栽培和保护栽培；有纯作，也有与玉米、谷子等作物间作。绿茶豆、豌豆、扁豆，多利用田边、地头、畦埂、果园等零星种植。

葱、蒜类菜　有韭菜、大蒜、洋葱、大葱等。韭菜，春夏秋露地生产，冬季进行保护栽培，是周年生产供应中较均衡的蔬菜。常年种植60公顷，总产约1100吨。洋葱、大蒜、大葱，常年种植分别为40公顷、70公顷和85公顷，总产分别为1100吨、720吨和580吨左右。

根茎类菜　有菜萝卜、水萝卜、胡萝卜、根用芥菜、大姜、莴苣、榨菜、苤蓝等，常年种植约120公顷、总产约2450吨。春季以水萝卜为主，秋季种菜萝卜、胡萝卜。根用芥菜，主要用作腌渍加工咸菜或辣菜。大姜种植约45公顷、总产2000吨左右。四川榨菜，1979年引进试种，次年，扩种8.67公顷。之后，每年有零星种植。

结球类菜　有大白菜、甘蓝、花椰菜等。福山包头大白菜在境内有300多年栽培历史，被列为胶东半岛大白菜主产区五大品种群之一，除黑龙江省和吉林省外，其余各省、市、地区均有种植。最高年份3.4万多公顷，并且引种至日本、朝鲜和东南亚等国家和地区。80年代前，每年种子外销量约25吨，最多年份50多吨。境内常年种植约300公顷，一般亩产3.75吨。甘蓝，又名包头菜、卷心菜、大头菜，常年种植约50公顷，总产1200吨左右，春、夏、秋三季均有种植。花椰菜，又名菜花，常年种植约60公顷、总产2200吨左右。

薯芋类菜　有马铃薯、芋头、山药等，均为粮、菜兼用作物。马铃薯，历年种植约90公顷、总产2400吨左右。可春播也可秋播，可纯作，也可与粮油作物间作。芋头，80年代前，年种植约200～260公顷；90年代，年种植约600公顷。山药，每年均有零星种植。

食用菌类　1982年，境内开始引进试验人工栽培食用菌。1984年，栽培面积发展到1100平方米，每平方米均产12.55公斤。随着栽培技术的发展，种植方式由单一室内栽培发展到利用山洞、塑料大棚、庭院阳畦、半地下窖室和与玉米、蔬菜等作物间作栽培；种类由原来的单一平菇，发展到双孢菇、香菇、金针菇、木耳等；栽培季节由原来的春、秋两季，发展到一年四季生产。1987年，全区栽培平菇1万平方米，平均产量15.5公斤。栽培方法由原来的露地平面栽培发展为塑料袋立体栽培。1989年，全区平菇栽培面积1.5万平方米，平均产量18.5公斤。90年代，高疃镇利用废弃的人防坑道，栽培双孢菇成功。

其他类　有香椿、芦笋等。香椿，主要有紫红香椿和菜椿。张格庄镇发展香椿近百公顷，年产万吨左右，收入2000多万元。芦笋，1975年引进，在南涂山村一带沙土地种植，亩产嫩根茎约500公斤。每年分期挖其嫩根茎出售或食用。

保护栽培

境内菜农早有保护栽培的做法。早年，只在早春或晚秋对韭菜、芹菜、菠菜、大蒜、苔菜等耐寒蔬菜，采取覆草、盖草帘、挡风障和阳畦种植等简单措施加以保护栽培。90年代以后，蔬菜生产进入了全面保护栽培时期。主要有风障阳畦、地膜覆盖、大小拱棚、普通塑料大棚、冬暖式塑料大棚（日光温室）5种。

1991—2002年福山县（区）蔬菜保护栽培面积表

表11-3　　单位：公顷

年份	合计	冬暖大棚	普通大棚	中、小拱棚	地膜覆盖	风障阳畦
1991—1992	440.8	0.1	66.7	300	70.7	3.3
1993—1994	666.7	2	266.7	333.3	60	4.7
1995—1996	1100	3.3	466.7	433.3	186.7	10
1997—1998	1199.9	13.3	733.3	346.7	93.3	13.3
1999—2000	1400	20	1000	266.7	100	13.3
2001—2002	1599.9	20	1000	333.3	233.3	13.3

风障阳畦　在早春用玉米、高粱秸秆等在菜地的北面挡成围障，以提高局部温度，促进蔬菜早发快长。具有设备简单、取材容易、造价低廉、管理方便等特点。主要用于早春蔬菜育苗和韭菜、青蒜苗、芸豆、黄瓜、甘蓝、菠菜、水萝卜等早春栽培及芹菜、花椰菜的假植。2002 年，全区风障阳畦面积 13.3 公顷左右，占保护地栽培 0.8%。

地膜覆盖　自 1980 年开始，在辣椒、大蒜、西瓜上试验，一般增产 30% 以上，成熟期提早 4 ～ 16 天。2002 年，全区蔬菜地膜覆盖面积约 233 公顷，占保护地栽培面积 14.6%。

塑料拱棚　有大、中、小拱棚 3 种。1967 年引入境内。拱棚的面积较小，大拱棚一般 10 平方米、中拱棚 6 平方米左右。骨架多用竹竿、木棍和竹皮。棚膜多用聚乙烯膜保温。主要栽培黄瓜、番茄、韭菜、芹菜、辣椒、芸豆、西葫芦和其他叶菜类。小拱棚又称一条龙拱棚，多用绵槐条作支架，一般种植 2 ～ 4 行叶菜或一行西瓜。2002 年，全区中、小拱棚面积约 333 公顷，占保护地栽培面积 20.8%。

塑料大棚　分冬暖大棚和普通大棚。骨架有钢管、角铁或竹木架设，单棚面积较大，坚固耐用，保温效果好，便于操作，适宜各类蔬菜种植，是境内主要的保护栽培形式。棚膜多用长寿膜或聚乙烯膜，一年两季不用更换棚膜。一般单棚面积 30 ～ 80 平方米。2002 年，全区塑料大棚面积约 1020 公顷，占保护地栽培面积 63.8%。

蔬菜生产基地建设

蔬菜生产基地　80 年代，确定门楼、臧家、福山镇的 20 多个村，为烟台市蔬菜生产基地，面积为 166.67 公顷。90 年代，市财贸办公室为 3 个蔬菜生产基地的 10 个村贴息贷款 30 万元，建冬暖大棚 30 多个。之后，臧家乡的蔬菜基地被烟台开发区征用，又将回里镇调整为市蔬菜生产基地，并贴息贷款 15 万元，在东回里村建冬暖大棚。福山镇、门楼镇、回里镇既是烟台市的蔬菜生产基地，也是区里的蔬菜生产专业镇。

千亩蔬菜丰产方　1997 年和 1998 年，市财贸办公室 3 次分别拨款 48 万元、50 万元和 40 万元，区财政每个千亩方配套资金 10 万元，在门楼镇仉村林村、东周格庄村和福山镇吕格庄村各建 1 处千亩蔬菜丰产方。资金主要用于修建丰产方内的主干路埋设管道、浆砌排水沟等，并在仉村建桥，在东周格庄村打井，对吕格庄村内一条主干路进行硬化。

日光温室示范区　1998—2000 年，市财贸办公室拨款 290 万元，在境内建设 5 处共 220 个温室大棚蔬菜示范区。1998 年，在仉村林村建 1 处 47 个玻璃钢骨架结构的冬暖大棚蔬菜示范区。1999 年，在吕格庄、西埠庄、旺远于村建 3 处 151 个铁管骨架的塑料大棚日光温室蔬菜示范区。2000 年，在旺远钱村建 1 处 22 个铁管骨架的冬暖大棚日光温室蔬菜示范区。示范区实行统一规划、设计、规格，成方连片，每个大棚为 1000 平方米，总面积 22 公顷。同时，对旺远于村日光温室示范区进行改造，在烟青一级路旁树立无公害蔬菜示范区标牌。

党政机关建蔬菜大棚　2000 年，区政府发动各单位出资建造蔬菜冬暖大棚，由区蔬菜站负责收款，按照统一规划、规格、建设，建好后分给各单位管理，分别在旺远于村建 50 个、唐村建 24 个冬暖大棚。另外，区委党校、建设局和电业公司分别自建自管冬暖大棚 1 个、4 个和 4 个。共建冬暖大棚 83 个，总计 8.3 公顷。

图 11-3　塑料大棚黄瓜

图 11-4　塑料大棚韭菜

第三章　农技推广

中华人民共和国成立前，福山区农业生产比较落后。中华人民共和国成立后，党和政府提倡科学种田，发动群众养猪积肥，整地改土，兴修水利，选用良种等，促进农业发展。改革开放后，推广普及粮油菜优良品种，促进各类农作物的优质、高产；推广深耕深翻、压沙换土、增施肥料、整治“半边涝”、农田水利基本建设综合治理等技术、化肥科学施用和测土配方施肥技术、农作物综合高产栽培技术；推广植保新器械、新农药、植物生长调节剂和无公害防治新技术，为农产品的安全生产提供保障。蔬菜生产推广多形式育苗、保护地栽培，实现周年生产，均衡供应。

第一节　土壤　肥料

土壤

深耕细刨　1949 年，全县冬耕冬刨面积 3136 公顷。1962 年，冬耕冬刨面积 10493 公顷。之后，春地冬耕冬刨逐渐形成习惯。60 年代境内有了拖拉机后，机耕替代了人工刨地。1983 年秋，在山丘薄地推广大犁深耕技术，至 1990 年，深耕面积 1 万余公顷。

压沙换土　1953 年，推广黏土压沙、沙地压土改良土壤技术 135 公顷。1954 年增加到 411 公顷。1963 年，对 313 公顷黏土麦田压沙换土。70 年代，推广黏地压含磷风化石。

综合治理　1964 年冬开始，全县每年利用冬闲时间，开展大规模的以治山、治水、整地、农田水利建设为重点的综合治理活动。1983 年实行家庭联产承包责任制后，大规模整地改土活动停止。

秸秆还田　1986 年，推广小麦高留茬技术，即在收割小麦时，留地表往上 15 厘米以上的秸秆，中耕灭茬后，通过降雨或浇水使小麦秸秆腐烂，以增加土壤有机质、培肥地力，亩增产玉米 35 公斤、亩增产小麦 53.4 公斤。至 1991 年，推广面积 2 万公顷。

土壤普查　1978—1979 年，县农林局选取 274 个大队的 6177 公顷中、高产麦田，取土样 467 个，对土壤氮、磷、钾、有机质等养分进行化验测定。1984—1985 年，根据国务院关于进行全国第二次土壤普查的部署，区农牧渔业局成立土壤普查办公室，对 10 处乡镇土壤进行普查，对 10 个村土壤进行详查。

肥料

肥料种类　包括有机肥料、化学肥料和其他肥料。

氮肥，主要有氨水、碳酸氢铵、硫酸铵、尿素等。1925 年前后，硫酸铵化肥由外国输入。1942 年，山东省粮食增产委员会分配给福山少量化肥试用（每吨 78 元）。

60 年代，地方兴办氨水厂，氨水成为当家化肥。1970 年以后，氨水厂陆续改建成碳酸氢铵厂。1975 年，福山县建化肥厂。1979 年，开始生产固体碳酸氢铵，年产 7000 吨。1973—1981 年，累计生产碳酸氢铵 87897 吨。80 年代以后，尿素成为氮肥的当家肥料。

磷肥，主要有过磷酸钙和钙镁磷肥等。1972 年，县建磷肥厂，年产过磷酸钙 500 吨。1980 年生产 1 万吨。1980—2002 年，全县年施用磷肥面积 3.5 万公顷，年总施用量 1.2 万吨。

钾肥，主要是硫酸钾、氯化钾和磷酸二氢钾。1975 年，开始施用钾肥。1979 年，进行玉米施钾肥试验，每亩增产 116.4 公斤。80 年代后，钾肥在粮、油、菜生产上被广泛应用。

复合（混）肥，主要有磷酸二铵和由氮、磷、钾三元或二元复合（混）配制成的肥料。1994 年后，复混肥成为农业的主要肥料。

专用肥，80 年代开始，根据作物需肥规律和特点生产专用于某种作物的肥料。主要有小麦、玉米、花生、果蔬专用肥等。除含有氮磷钾等元素外，还有机质和多种中、微量元素。

中、微肥，80年代，境内开始施用中、微量元素肥料。主要有锌肥、铁肥、硼肥、铜肥、钼肥等。施用方法多作基施、追施、浸种、拌种、蘸根和叶面喷施。

绿肥，1966年，引进种植草木樨、田菁、草苜蓿、紫穗槐、毛叶苕子等专用绿肥作物，皆压青翻入土壤，以培肥地力。但因需每年占用土地种植，70年代以后逐年减少。

微生物肥，即细菌肥料。中华人民共和国建立初期，引进试验花生根瘤菌，年施面积约占花生播种面积的60%。60年代，土法生产“五四〇六”“九二〇”及磷细菌等，均因效果不佳停用。90年代开始，在果、蔬等经济作物上推广新型生物肥料。

叶面肥，50年代，推广过磷酸钙水溶液喷施小麦，进行根外追肥。60—80年代，其他作物多采用叶面喷施方法，主要肥料有尿素、硼砂、“九二〇”、磷酸二氢钾、钼酸铵等。90年代后，“喷施宝”、“翠竹”、氨基酸、腐殖酸、氨基酸钙、氨基酸锌等新型叶面肥，在果业、蔬菜、草莓等经济作物上普遍推广使用。

施肥技术

中华人民共和国成立前，化肥使用量少。1965年前后，以使用农家肥为主、化学肥料为辅。1966—1978年，农家肥料和化肥混合使用。1979年以后，实行施肥增产和培肥地力相结合、施基肥和追肥相结合、施有机肥和无机肥相结合。旱地小麦、玉米、地瓜、花生、谷子、大豆等作物，整地和播种时一次性施足底肥，做到以肥等雨，以雨溶肥，促进作物生长。水浇地以施基肥和追肥相结合，基肥为主，追肥为辅，基肥和种肥占总施肥量的70%，追肥以速效化肥为主。地瓜、花生推广基肥集中施技术。玉米追肥推广穴施技术。1985年，推广将几种肥料混合一起施用技术。1989年，推广配方施肥技术。2000年，将施肥与灌溉耦合，在蔬菜、草莓和果园设施栽培条件下推广滴灌施肥、冲施肥等新技术。

第二节　良种采用与推广

良种更新换代　中华人民共和国成立后至2002年，境内粮油作物品种先后更换多次，实现了主要农作物良种化和玉米一代杂交种化。农作物良种的更新换代，促进了粮油产量增长。

1955年，基本普及小麦、地瓜良种，至20世纪末分别更换8次、5次。1962年，开始推玉米广杂交种，至20世纪末先后更换7次。至20世纪末，花生品种先后更换5次。

蔬菜、瓜类采用的主要品种：大白菜，有福山大包头、福东1号（小包头）、福山核桃纹和福白1号等。芹菜，有空心芹和实心芹两种。茄子，有徐州长茄、济南早小长茄、美引长茄、鲁茄1号、福山牛腿茄、青选长茄等。番茄有当地大红、7173、强力米寿、荷兰5号、历红、济南大红、福寿、农大23、北京早红、青岛早红、强丰、中蔬4号、鲁番茄7号等。辣椒，有当地柿子椒，茄门甜椒，麻辣三道筋，福东大椒1号、2号，双丰甜椒，烟椒1号、2号，中椒2号等。黄瓜，有福山半夏，烟台4叶，地黄瓜，津研系列，津杂1号、2号、栖霞密刺等。西葫芦，多为当地白皮4叶、福东茭瓜1号和美国茭瓜。韭菜，有青黄苗、大黄苗、大金钩、勾勾韭、汉中韭、寿光马澜等。芸豆与菜豆，有福三长丰、一尺青、秋白、红咀燕、豇28—2、绿龙、绿丰等。洋葱有高黄、黄皮等。大葱有7叶葱、鸡腿葱、章丘大葱等。大蒜有红皮、白皮、苍山大蒜和苏联2号等。萝卜，春季水萝卜有大红袍、赤峰、小五樱等；夏季为象牙白萝卜；秋季种植翘头青、大青皮等品种。马铃薯，有福山红皮、红毛眼、南爵、串地龙、丰收白、白头翁等。西瓜，有中育6号、密宝、新澄1号、鲁西瓜1号、新红宝、特小凤等。

良种繁育

中华人民共和国成立初期，粮、油种子皆由户选留、繁育。1962年，开始进行玉米杂交种制种。1978年后，

图11-5　农技培训班

图 11-6　玉米测产

县种子站开展良种良法配套试验。全县统一安排小麦、玉米等品种的繁种、制种和收购计划，实行县、社联合繁种、制种、供种制度。

杂交种繁育体制　1979—1982 年，实行地区繁育供应玉米自交系原种，县繁育自交系和配制杂交种的两级繁种体制。1983—2002 年，实行区统一安排制种计划，区、乡镇两级联合制种、供种制度。区种子站在古现镇院下、棘子夼、邱家、河北刘家和高疃镇渡口、下夼、南村等建立玉米制种基地约 70 公顷，在农技人员的指导下制种。年制种 300 余吨。

加代繁育　1978 年，县种子站引进优良的烟单 14 号、中单 2 号玉米父、母亲本，从中科院引进 M017 和 330 优良玉米自交系，冬季派 5 人到海南岛崖县加代繁育。翌年 4 月，获得亲本种子 1250 公斤，当年用于配制玉米杂交种，使烟单 14 号、中单 2 号玉米良种提前一年进入大田生产。至 1982 年，又在 3 个冬季派 8 人（次）到海南岛，租地约 3 公顷，进行加代繁育、制种，共繁育玉米、高粱杂交种 3265 公斤。1981—1998 年，区农科所在冬季 17 次派员到海南岛三亚市，租地 0.87 公顷，加代繁育花生和玉米良种，每年繁种 1000 多公斤。

小麦种子“三统一”制度　1988 年，开始实施小麦种子“一、二、五”工程，实行全区小麦繁种、保管、供种三统一制度，解决小麦品种混杂、退化问题。区里选择生产条件较好、技术力量较雄厚的镇、村，按全区小麦总面积的万分之一建立原种田，按千分之二建立一级种子田，按百分之五建立二级种子田。原种田繁育的种子供一级种子田使用，一级种子田繁育的种子供二级种子田使用，二级种子田繁育的种子供大田生产使用。1989 年，全区三级种子田分别生产原种 6 吨、一级种子 13 吨、二级种子 3000 吨。1998 年，区种子站选留优良单株 800 个，建立原种田 0.93 公顷，一级种子田 18.67 公顷，二级种子田 466.67 公顷。

良种提纯复壮　境内农民自古以来重视良种提纯复壮。小麦、花生提纯复壮采取“三圃”制和“两圃制”。1979 年后，花生多改为直接选择优良单株，混合摘果，建立一级种子田，繁育的种子经去杂去劣后建立二级种子田，二级种子田繁育的种子再去杂去劣供大田使用。1982 年，县种子站在三里店、塔寺庄、永福园村，对福山大包头、核桃纹大白菜种连续进行 4 年提纯，纯度达 95%。1984—1988 年，区农科所对福山核桃纹大白菜种进行提纯复壮，选育出稳定的复壮系，整齐度提高 21%，软腐病发病率降低 14%，净菜产量增加 21%。

名产名品

伏花生　由两甲庄农民房纬经于 1944 年选育而成，以早熟优质、抗旱耐瘠、稳产和适应性强等优点而传播全国。春播生育期 130 天。1955 年，被莱阳专署定为优良品种。先后在山东、河北、江苏、河南、安徽等省推广，每年推广面积 86 万余公顷，比地方品种一般增产 20% 以上。该品种对改一年一作为二年三作及一年二作、促进粮油生产发展至关重要。

鲁花 12 花生　由区农科所于 1989—1991 年培育而成，1994 年，被省里命名为鲁花 12 号。春播生育期 120 ～ 125 天，夏播 100 ～ 105 天。1996 年和 1998 年，鲁花 12 号选育及推广，分获省农业厅科技进步一等奖和农牧渔业丰收奖一等奖。

8017—2 小麦　由北于家大队农民于世芾于 1980 年杂交培育而成，适宜在水浇地种植。1991—1993 年，经市种子站试验，平均亩产 562.5 公斤，突破北方冬麦区高产纪录。

福山包头大白菜　又名包头莲，是农家培育的优良品种，为中国卵型大白菜的代表。按生长期长短和包球大小分为大包头、二包头（核头纹）、小包头（福东 1 号）3 个品系。品质优，净菜率高达 70% 以上。80 年代，境内年种植约 233 公顷，总产达 2.5 万吨。除自销外，常年调出千余吨。菜种年销售 25 ～ 50 吨。除黑龙江、吉林省外，其他各省均有种植。

福白 1 号大白菜　1984—1988 年，由区农科所从福山核桃纹大白菜中通过提纯复壮选育而成。1989年，通过市级技术鉴定。1990年，获烟台市科技进步三等奖。

福三长丰芸豆　是80年代县农技人员和福山镇三里店村科技队从当地农家品种“双季豆”中选育出的一个自然变异品种。1986年，通过市级鉴定并定名。其特点：耐寒、耐高温、高产、品优鲜嫩，适宜春秋两季种植，亩产2000～2500公斤。

福东茭瓜1号　1979年，由东北关大队科技队采用福山茭瓜与阿尔及利亚茭瓜杂交培育而成。结瓜早，一叶一瓜，高产抗病，比双亲增产20%。1980年，获省科技成果三等奖。

福山牛腿茄　是当地优良品种，迄今有600多年栽培历史。长势强、抗病害、分枝多、紫黑色，品质极佳，单果重250克左右，亩产2000多公斤，适宜大棚早春和越冬栽培。

福东1号、2号大椒　是县农技人员和福山镇东北关村蔬菜科技队于1972—1977年利用杂交育种方法培育而成。通过市级鉴定，达到国内先进水平。属柿子椒类型，个大肉厚，结果集中，分布均匀，口味麻辣鲜嫩，植株生长势强、健壮，抗病力强，产量高，亩产约6000公斤，大棚栽培可达8000公斤以上。1978年5月，获山东省科技成果奖。

第三节　栽培技术

小麦种植技术　中华人民共和国成立前，境内小麦的种植管理比较粗放，亩施土杂肥约500公斤，富户亩增施10～15公斤豆饼。种植品种为红秃头、白秃头等。播种方式实行墩播或条播，犁开沟点葫芦流种或耠子开沟播种，管理简单，基本不追肥、不划锄、不浇水、不防治病虫害。

中华人民共和国成立后，小麦品种先后更换了8次；推广整地改土、科学施肥、适期播种、合理密植、改革种植方式、适时防治病虫害、多体系高产栽培等技术，使小麦产量大增。

50年代，推广新式步犁、双轮双铧犁等改良农具，替代了旧式犁和镢刨，耕层加深了4～7厘米，小麦增产20%以上。自60年代拥有拖拉机后，机耕面积迅速扩大，耕层增至30厘米以上，比牛耕13厘米亩增产77.8公斤，增产32.4%。

60年代以前，小麦以施有机肥为主，亩施土粪500～600公斤。60年代以后，提倡养猪积肥和积攒土杂肥，麦田亩施1500～2000公斤；70年代增到3000～4000公斤。并推广氨水肥料，亩施20～25公斤，亩增产小麦58公斤。1970年以后，碳酸氢铵成为当家化肥，氨水停止使用。80年代以后，多使用尿素作种肥、基肥、追肥。1983年，推广玉米秸秆还田技术，增加土壤有机质、氮、磷、钾含量。1987年以后，大力推广配方施肥技术。

1981—1985年，县（区）农技站侯庆福研究发明“晚茬小麦独杆栽培法”，比同期常规栽培增产20%。至1991年，全国累计推广40多万公顷，增产40万吨。1990年和1991年，分获省科技进步2等奖和国家发明3等奖。1986—1998年，试验推广大沟麦套种覆膜花生暨“春膜秋覆双增”技术。1996年秋，晚茬小麦试验推广穴播覆膜栽培技术，平均亩产489公斤，比不覆膜亩增151.5公斤

玉米种植技术　中华人民共和国成立前，主要种植春玉米，一年一熟，或春玉米—小麦—大豆二年三熟。每亩密度1500～2000株，肥料多以厩肥作基肥，每亩500～1000公斤，中华人民共和国成立后，各级政府重视玉米生产，引进新品种、新技术，玉米产量大幅度提高。

60年代，推广玉米双交种。1970—1975年，推广种植三交种和双交种。1976—1985年，全面推广单交种。1986—1995年，推广种植紧凑型品种。1996—2002年，引进推广品质优、增产潜力大的高产优良新品种。

1964年，开始试验推广玉米麦田套种技术，提高复种指数。1973年，推广“二、四畦”（又称大背小畦）种植方式，持续时间长达20余年。1976年，增到5067公顷，占同年夏玉米面积的69%；1982年，推广面积6333公顷，占夏玉米面积的80.5%。后不断进行种植方式改革，压缩小畦大背面积，推广一般套种方式。

60年代以前，主要使用农家肥。70年代，以使用氨水、碳酸氢铵、硫酸铵、硝酸铵为主。80年代，尿素成为当家肥料。90年代以后，施肥种类由单一肥改为复合肥、专用肥。

80年代以后，总结推广夏玉米指标化高产栽培技术。90年代，推广玉米田覆盖技术。覆膜比不覆膜亩增110

公斤，增产19.7%。之后，地膜覆盖技术广泛运用在塑料大棚草莓和瓜、菜早春接茬种卖青棒鲜玉米上，上市期提早15～20天，经济效益提高40%以上。

地瓜种植技术 中华人民共和国成立前，地瓜栽培粗耕粗作，多栽春芽瓜，品种为当地红皮、白皮等。贮藏采取室外井窖和炕头等办法。在栽培管理上，亩施农家肥300～500公斤，芽瓜起垄栽植，倭瓜平种。六七十年代，引进新品种、改进栽培技术。

育苗技术 五六十年代，地瓜黑斑病和茎线虫病蔓延为害。1957年，春地瓜育苗由室内火炕育苗改为室外简易回龙火炕育苗。1966年后，采取建立无病留种地、选用抗病良种、建立采苗圃，培育无病壮苗，并进行温汤浸种、高温催芽等措施，控制和消灭地瓜黑斑病。70年代，推广酿热温床覆盖塑料薄膜育苗。1980年，开始试验推广太阳能温床育苗技术。

整地改土 70年代，推广地瓜地深耕深刨、压含磷风化石、根治半边涝、挖丰产沟技术。

“倭瓜”与“倭瓜下蛋” 50年代以前，人们习惯春季将较小的地瓜块直接种在平地上，让其自然膨大，称为“倭瓜”。1956年，在平地“倭瓜”栽培的基础上，学习引进莒南经验，推广起垄“倭瓜下蛋”技术，比芽瓜增产30～50%。

短苗深插斜栽一把土 传统芽瓜栽法多为钓钩插、船底插、直插等栽法，易被风吹折断、干死，扎根慢，跑瓜、梗根多，结瓜分散，瓜块小，产量低。70年代初期，推广短苗深栽斜插一把土技术，可防止春风为害，利于早还苗早座瓜，结瓜大而集中，产量高。

适时早栽 传统栽春瓜一般在“小满”前后，夏瓜在“大暑”前后。70年代中期开始，推广地瓜适期早栽技术，春地瓜在5月上旬、夏地瓜在7月上旬为最佳栽植时间。

合理密植 中华人民共和国成立前，每亩栽植1000～2000株。五六十年代，每亩栽2000～2500株。70年代以后，每亩栽植4000～4500株。

改翻蔓为不翻蔓 栽地瓜曾有翻蔓的习惯，减产10%以上。70年代开始，不再翻蔓。

地膜覆盖栽培 1983年，进行春地瓜地膜覆盖栽培试验，比不覆膜亩增产710公斤。 1989年，全区地瓜地膜覆盖栽培面积66.67公顷。1996—1998年，引进试验推广地瓜脱毒栽培技术800公顷，比不脱毒每亩增产687.6公斤，增产41%。

吨粮田开发技术 1977—1980年，门楼公社南庄大队科技队小麦、玉米两作连年平均亩产超1000公斤。1989年，农技人员利用系统工程原理，进行吨粮攻关，全区有10处366.2公顷粮食亩产达到1003.3～1112.5公斤。

1990年，门楼、古现、福山镇、兜余、回里、臧家6镇承担烟台市2417.33公顷吨粮田开发，经市科委、市财政局、市农业局、市统计局、市供销社、市科技开发中心联合验收，小麦平均亩产422.7公斤，玉米平均亩产597.4公斤，全年粮食平均亩产1021公斤。

1990—1991年，兜余镇东陌堂村33.33公顷小麦、玉米，连续两年平均亩产分别达到1080公斤和1155公斤。

1995—1996年，古现、高疃两镇承担烟台市1333.33公顷吨粮田开发，经市验收，1995年平均亩产1012公斤；1996年平均亩产10210公斤。同期，烟台市每年下达给古现镇800公顷、高疃镇533.33公顷吨粮田开发任务。古现镇两年小麦平均亩产分别为479公斤和459公斤、玉米亩产分别为526.8公斤和555.7公斤，全年粮食平均亩产分别为1005.8公斤和1014.7公斤；高疃镇两年小麦平均亩产分别为430公斤和421.5公斤、玉米亩产分别为591公斤和613公斤，全年粮食平均亩产分别为1021公斤和1034.5公斤。

花生栽培技术 中华人民共和国成立前，花生栽培粗放，很少施肥。每亩种植密度不足，田间管理简单。中华人民共和国成立后，花生品种更新了5次。并主要推广了7项增产技术。

整地改土 自70年代初开始，重视对花生地的深耕深刨。每年冬季深耕面积占花生总播种面积的80%以上。同时，推广压含磷风化石、根治“半边涝”配套技术。

科学施肥 70年代中期，推广花生施用氮肥和磷肥。至80年代后，每年花生施氮肥和磷肥面积约占花生播种面积85%以上。

起垄种植 历史上种植花生普遍采取平种。70年代初，开始起垄种植。至80年代后，开始推广麦田套种花生技术。1987—2002年，推广宽垄大沟麦套种覆膜花生技术。

合理密植 中华人民共和国建立初期，每亩仅种植

3500～4000墩左右。50年代末，亩种5000墩左右。1972年以后，大花生品种亩种6000～7000墩，早熟小花生品种亩种8000～9000墩。1982年以后，改由小垄单行种植为大垄双行种植，中、晚熟大花生品种亩种8500墩左右。

浸种催芽 1960年，开始对花生种进行播前温水浸种催芽。1970年后，改为土坑催芽。1975年以后，推广沙床催芽。

清棵蹲苗与培土迎果针 60年代，开始推广花生清棵蹲苗与培土迎果针技术，利于花生结果多、饱、整齐、增产。

地膜覆盖 1982年，引进花生地膜覆盖栽培技术，试验示范面积11公顷，亩产358公斤，比不覆膜亩增102.5公斤，增产40%。1987—1991年，东关村每年种植13.33公顷覆膜花生，连年平均亩产400公斤以上。1984年，区农技站胡其华试验果播覆膜成功，为国内北方花生抗旱、保墒、节水、增产栽培开辟一条新途径；1986年，被省科委列为科研课题，在全市进行开发试验；1988年12月，通过国家级技术鉴定，属国内首创，达到国内领先水平；1990年，获烟台市科技进步一等奖。1986—1990年，全市累计推广6.4万公顷。

蔬菜栽培技术　中共十一届三中全会之后，域内蔬菜生产着力推广高、特、优品种和保护栽培技术，实现蔬菜种类多样化、生产供应周年化。1990年后，加大对蔬菜科技的投入，重视保护地生产，越夏渡淡蔬菜面积逐年扩大，名特菜、精细菜、反季菜、野生菜及无公害蔬菜的专业化生产基地迅速发展。全区共引进、试验、推广国内外蔬菜新品种30多个。在生产管理上采用高效节能日光温室大棚，改进棚型结构，栽培品种多样化，推广使用无滴棚膜、反光幕、测土配方施肥、增施二氧化碳肥、微滴灌溉、保护地栽培、塑料薄膜多层覆盖、粮菜间作立体栽培、越夏和秋延迟栽培等技术，使蔬菜的种类、品质、产量和效益大增。

大白菜种植方式有直播和育苗移栽，穴播和穴栽两种，以穴直播为多。主要技术要点是实行轮作换茬，播前深耕地，增施肥，起垄种植，“立秋”后2～3天播种，适时间苗定苗、追肥浇水、排涝、防治病虫害等，“小雪”前后适时收获。

黄瓜阳畦早熟栽培，于1月上中旬温床育苗，2月中下旬阳畦定植。小拱棚栽培，于2月中下旬阳畦育苗，3月下旬定植于小拱棚内。露地栽培，于3月下旬直播或阳畦育苗，4月下旬定植。夏黄瓜栽培于5月上旬至6月上旬每半月直播一茬。秋黄瓜露地栽培于6月下旬至7月下旬播种。秋季延迟栽培，于8月下旬播种，前期露地栽培，后期保护栽培。

韭菜有露地栽培和保护栽培或二者相结合方式。播种季节分春播、夏播和老根韭3种。露地栽培，于3月底至4月底播种育苗，7—8月栽植，或5月至8月播种育苗，8月至翌年6月前开沟墩栽。保护栽培，于3月底至4月底播种育苗，7月底至8月中旬栽植，或于5月播种育苗，翌年5月栽植。

茄子早春栽培，一般11月下旬至12月上旬育苗，3月上中旬起垄定植，定植前10～15天扣棚提温，采取双干留枝，及时摘除第一分枝以下的多余枝。秋季延迟栽培，于7月底至8月初露地育苗，苗龄40～50天适时定植，在茄子以上留3片叶摘心，摘除植株下部的侧枝及老叶、病叶。冬季日光温室生产，一般在10月中旬播种，1月中、下旬室内地温回升时定植，2月下旬以后开始收获，一直收到7月下旬。

马铃薯分春播和秋播。春播露地栽培一般为3月中旬，采取地膜覆盖，可提前10～15天。秋播为避免高温雨季烂种和种性退化，采取留种薯早收，放阴凉处保存，播前切块后用井水浸泡，晾干后沙床分层催芽，“立秋”后起垄播种，水肥一促到底，“霜降”前后收获。

芹菜有露地栽培和保护栽培。露地栽培于6月下旬至7月上旬、保护地越冬栽培于8月初至9月初播种育苗。苗高15～18厘米、4～6片真叶、苗龄45～55天时定植，“立秋”前后栽完。一般行距20厘米，穴距10～15厘米，每穴2～3株，每亩4.5万～6.5万株。

大棚甜椒于11月下旬播种育苗，出苗前覆盖地膜。3月上旬小高垄定植。结果前摘除第一分枝下的侧枝及小叶，生长中期摘去老叶、病叶，“立秋”后剪去光秃枝。门椒用2，4-D蘸花，或用番茄灵喷花。越夏栽培收获门椒后追施尿素3～4次，后期增施磷、钾肥。第一次浇水延至果实膨大期，结果期7～10天浇一次水。适时防治病虫害。

番茄冬暖大棚越冬栽培，选用中晚熟品种，于9月下旬至10月上旬在棚内播种育苗，11月上旬至12月上旬定植。大拱棚春季栽培，选用中、早熟品种，于12月中下旬至翌年1月上旬温床育苗，3月上中旬定植，前期适当蹲苗，5月中旬至7月下旬收获。中小拱棚春季栽培，于12月中旬至翌年1月上旬在冬暖大棚内用电热温床育苗，二叶一心时分苗，2月下旬至3月上旬定植，4月底至6月上旬收获。春季露地栽培，于1月中旬至2月中旬阳畦育苗，4月中下旬定植，加盖地膜，6月上旬至8月上旬收获。越夏栽培，于1月下旬至4月上旬育苗，4月中旬至5月上中旬定植，6月中旬至10月中旬收获。秋季露地栽培，于7月中旬适墒直播，出苗前盖草遮阴，经常浇小水降温，促使早出苗，留3～4穗果后摘去顶心。秋季大、中棚延迟栽培，于7月中旬至8月上中旬露地遮阴育苗，8月中旬至9月上旬定植。

第四节　植物保护

农作物常见病虫害及天敌

病害　小麦有白粉病、纹枯病、全蚀病、锈病、根腐病、土传花叶病等17种。玉米有叶斑病、粗缩病、青枯病等11种。地瓜有茎线虫病、软腐病等7种。大豆有豆天蛾、大豆造桥虫、大豆食心虫、豆荚螟等。花生有根结线虫病、叶斑病、青枯病等10种。蔬菜有软腐病、病毒病、霜霉病、炭疽病、枯萎病、白粉病、早疫病、晚疫病、灰霉病、姜瘟病等50余种。

虫害　小麦有麦蚜、麦蜘蛛、黏虫、蝼蛄、蛴螬、金针虫等。玉米有玉米螟、黏虫、玉米蚜、飞虱、蓟马、地老虎、金针虫等。地瓜有地瓜天蛾、蛴螬等。花生有蚜虫、棉铃虫、红蜘蛛、地老虎、蛴螬、金针虫等。蔬菜有蚜虫、红蜘蛛、二斑叶螨、棉铃虫、菜青虫、菜螟、潜叶蛾、韭蛆、葱蓟马、甜菜夜蛾等。

害虫天敌　鸟兽类主要有啄木鸟、喜鹊、猫头鹰、燕子、麻雀、青蛙、蛤蟆、壁虎、蜥蜴等。昆虫类主要有玉米螟赤眼蜂、黏虫黑卵蜂、纹翅小蜂、瓢虫类、步甲类、食蚜蝇类、蜻蜓类、螳螂类、食蚜螨等。另有人工释放的害虫天敌。1976—1977年，县农技站进行人工饲养、释放赤眼蜂防治玉米螟试验成功。1978年，省、市农业部门分别拨款2万元、8000元，建房3间，繁殖、释放赤眼蜂1333.3公顷。1986年，全区人工饲养、释放赤眼蜂1万多公顷。是年，还试用白僵菌防治玉米螟，均获得较好效果。

农药与药械

种类　常用杀虫剂主要有六六六、敌敌畏、滴滴涕、马拉硫磷、甲胺磷、久效磷、辟蚜雾（抗蚜威）、对硫磷（乙基1605）、甲基对硫磷（甲基1605）、1059、乐果、氧化乐果、三氯杀虫酯、甲双灵、呋喃丹、甲基异柳磷、辛硫磷、水胺硫磷、Bt、吡虫啉、灭幼脲、除虫脲、种衣剂、菊酯类等。杀菌剂主要有托布津、多菌灵、石硫合剂、波尔多液、三环唑、三唑酮（粉锈宁）、代森锰锌、世高、萎锈灵、井冈霉素、阿维菌素类、百菌清、扑海因、多抗霉素等。杀螨剂主要有三氯杀螨系列、克螨特、三唑锡、哒螨灵、螨卵酯等。杀线剂主要有二溴氯丙烷、丙线磷、铁灭克等。熏蒸剂主要有氯化苦、溴甲烷、磷化铝等。杀鼠剂主要有磷化锌、甘氟、敌鼠钠盐、溴敌隆、毒鼠强等。除草剂主要有西玛津、拉索、除草醚、草甘磷、乙草胺、西草净、阿特拉津、都尔、克芜踪、乙阿合剂等。

更新换代　不断淘汰剧毒、高毒、高残留、致癌、致畸及防治效果差的农药，推广高效、低毒、低残留、无公害农药。先后淘汰六六六、敌敌畏、滴滴涕、毒杀芬、三氯杀螨铜、三氯杀螨酯、1059、杀虫脒、甲胺磷、久效磷、对硫磷、甲拌磷、甲基异柳磷、磷化锌、毒鼠强、二溴氯丙烷、灭线磷等农药。

经营管理　90年代前，农药仅为生资部门独家经营。1990年后，农技、植保部门开始成立“庄稼医院”，开展技物服务，既开方又卖药，各镇、村也都成立农药服务站、点，实行生资、农技、植保、村（户）多渠道经营。

1996年前，农药监督管理由工商部门负责，农业植保人员协助工商部门进行农药检查。1998年始，农药监督管理由区植保站负责。实行农药经营许可制度，当年对15个经营农药单位进行审核，并颁发农药经营许可证。至2002年，共为93个单位办理农药审核登记。

1997—1998年，区植保站与工商稽查大队对农药生产经营单位进行多次联合执法检查，并对部分三证不全、经营假冒伪劣、过期、禁止使用的农药的违法行为进行处罚。至2002年，区植保站每年都对农药经营单位进行检查和年审，对未取得农药经营许可证的或经营的农药标签残缺不清或擅改标签内容等违法行为，进行教育或处罚。累计处罚150批（次）。

药械　50年代以前，境内病虫害防治未有专用药械，依靠人工捕捉和土办法防治。1952年，开始使用喷雾器防治病虫害，全县仅有单管式喷雾器18台。70年代，全县拥有各种药械3444台。农村实行联产承包责任制后，药械大增。1985年，全区拥有人力喷雾（粉）器25558台，机动喷雾器465台，平均每公顷农田占有2.1台。2000年，全区拥有各类药械54025台。其中，人力药械53000台，机动药械1025台，平均每公顷农田占有5台。2002年，全区拥有药械6.4万多台，农户各拥有1台，平均每公顷农田占有6.5台。

病虫害预测预报　1956年，根据全国农业发展纲要（草案）提出的消灭农作物病虫害任务要求，在黄务、门楼建立2处病虫预测预报情报点（网）。每点聘请5～10名农业社的技术员担任情报员，组成群众性情报网。1977年，全县建立重点病虫测报点23个。1979年，建立县、社、队三级植保测报网络，部分大队有专职植保员，多数大队成立由科技队、生产队植保员组成的植保小组。公社以工作片为单位，成立防治交流网和重点测报点，县农技站植保员负责发布病虫情报和提出防治意见。是年，发布病虫情报30期。此后，植保部门每年都根据不同作物、不同时期各测报点病虫发生情况进行预测预报，及时发布病虫情报和提出相应的防治措施20～30期。

不同时期病虫测报对象不同。70年代，主要是黏虫、玉米螟、小麦锈病、二代棉铃虫、花生蚜虫。80年代，增加小麦白粉病、麦蚜、三代棉铃虫、花生叶斑病。90年代，增加麦蜘蛛、玉米叶斑病、黄瓜霜霉病、蔬菜灰霉病、茄果类棉铃虫、菜蚜、果树叶螨、苹果轮纹病、斑点落叶病和樱桃蚧壳虫、褐斑病、穿孔病、金纹细蛾等。

化学除草　1979年，境内首次在玉米田使用西玛津、绿麦隆进行化学除草。1983年后，又在花生、玉米、小麦、地瓜、果园和部分蔬菜田推广除草剂化学除草。1990年前后，全区年除草剂用量20吨左右。2002年，达到135吨，化学除草面积达2.7万多公顷。

鼠、蝗防治　1980—1986年，境内鼠害发生严重。1982年，田鼠为害超过任何农业虫害。1983年，鼠害达到高峰。至1986年，每年春秋2次开展全区性的统一突击灭鼠行动。卫生、农业部门用甘氟和溴敌隆配制成毒饵，组织镇、村对居民住宅和农田鼠害进行统一投饵防治，许多农民还自购灭鼠药、鼠夹和养猫灭鼠，鼠害得以控制。

1984年，回里镇东道平至西黄山沿外夹河一带芦苇发生稻蝗和土蝗，每平方米少者有20～30头，多者达70～80头，由于防治及时，蝗害得以控制。1988年，门楼水库上游前沙坝村水位地数十公顷芦苇发生东亚飞蝗，每平方米达200余头，区、镇和周围村出动劳力数百人喷药防治，予以歼灭。

病虫害无害化防治　1978年，东北关大队试用灯光灭虫，共安装高压杀虫灯32只，控制面积61.3公顷。6—9月开灯诱杀90多夜，使蝼蛄、金龟子、黏虫、棉铃虫、玉米螟等害虫密度降低11%～94.2%，且不诱杀天敌，不污染环境，省工、省农药。

90年代后，选用抗病品种、温汤浸种、轮作换茬、科学施肥、土壤消毒、培育壮苗、去除残枝病叶等进行农业防治；采取灯光、黄板诱杀害虫等进行物理防治；利用生物物种间的相互关系，以虫治虫、以菌治病等进行生物防治；选择毒性低、残留期短、无公害农药和严格按照农药安全间隔期及使用方法进行化学防治。

植物检疫

检务　1952年，境内开始植物检疫。1985年，在福山火车站、东陌堂货运站、回里火车站设3个检疫点（1996年停止）。1992年，在兜余、门楼、张格庄、高疃、东厅、臧家、八角7个乡镇设立水果检疫代办处。1998年后，实行报检员报检制度。

1968年，境内开始进行植物产地检疫与调运检疫及检疫签证，主要对大白菜种子调出检疫，每证收手续费0.2元。1998年1月起，每证收手续费1元。

1982年，开始苗木检疫。1984—1985年，每年苹果苗木检疫签证30～50批（次）。1987年，开始对苹果进行检疫。1990—1992年，年签证达千批（次）以上。1998—2002年，对果树苗木和部分蔬菜种子的调出进行检疫签证，年签证200～300份，果品检疫量下降。

2000年，对种子、苗木经营单位和生产基地实行登记制度。至2002年，依法取得植检登记证的有16个单位。

调查与普查　1952年，对境内有关植物检疫对象进行调查。1977年，进行第二次普查，境内共查出检疫对象9种，其中有4种为新发现的检疫对象。1989年，进行第三次普查。2001—2002年，区植保站组织人员进行第四次普查，共查出小麦全蚀病、苹果绵蚜、美国白蛾、美洲斑潜蝇、南美斑潜蝇、蔗扁蛾、菟丝子检疫对象7种。

第四章　农业机械

境内传统农业生产工具主要是锄、镰、锨、镢等，运输为肩挑人抬、独轮车推，灌溉用辘轳、水车及水桶。中华人民共和国成立后，农机逐步替代人、畜力工具。1956—1967年，农机少，作用也不大，全县农机总动力由77千瓦发展到3528千瓦。1968—1980年，农业机械发展较快，农用动力和拖拉机明显增加，农机作业多、水平高，农机总动力发展到91675千瓦。1981—1993年，农机由单纯的社、队集体经营发展为集体、联户、个体经营多种形式，农机总动力发展到147091千瓦。1994—2002年，农机快速发展，总动力发展到206995千瓦，农业生产灌、耕、种、收、运、病虫草害防治等基本实现机械化。

图11-7　小麦收割机在作业

第一节　行政机构

1972年，县农业机械局成立。1975年，改称农业机械管理局。1983年12月，农业机械管理局撤销。农牧渔业局下设农业机械管理站、农业机械公司和农业机械培训班。1984年8月，区成立农机公司，下设农业机械供应公司和农业机械管理站。1985年1月，农机公司改称农业机械管理总站。1988年7月，复称农业机械管理局，与农业机械管理总站合署办公，对外挂农业机械管理局牌子。1993年11月，更名为农业机械服务总公司，10个乡镇均成立农业机械管理服务站。2002年1月，更名为农业机械服务中心，归口农业局，对外仍挂农业机械管理局牌子，辖高疃、古现、臧家、门楼、回里、张格庄、福山镇7处镇农业机械管理服务站。是年，古现镇（包括八角）农业机械管理服务站划归烟台开发区。

第二节　企事业单位

农业机械安全管理站　1984年9月成立，为股级全民所有制事业单位。

农机学校　1982年4月成立。1989年，被纳入成人教育，为股级全民所有制事业单位。

农业机械服务站　1997年8月成立，股级全民所有制事业单位，实行企业化管理。2000年1月，改制为企业。

农业机械公司　1978年9月成立，为国有企业。1997年改制为区农业机械有限责任公司。

乡镇农业机械管理服务站　70年代，各公社普遍成立拖拉机站。2001年，部分乡镇合并，农业机械管理服务站由原来10个合并为门楼、回里、臧家、高疃、张格庄、福山镇7个农业机械管理服务站。2002年，古现镇农业机械管理服务站划归烟台开发区。

第三节　农机拥有量

农机总动力　1956年，全县农机总动力77千瓦。1967年，发展到3528千瓦。1984年，农机总动力120970千瓦。2002年，增加到206995千瓦，每公顷耕地平均占有21千瓦。

1956—2002 年福山县（区）农业机械总动力表

表 11-4　　单位：千瓦

年份	总动力	年份	总动力	年份	总动力	年份	总动力
1956	77	1968	7024	1980	91675	1992	146091
1957	85	1969	7459	1981	104998	1993	147091
1958	223	1970	10089	1982	114343	1994	152702
1959	521	1971	13029	1983	122925	1995	163668
1960	942	1972	19504	1984	120970	1996	164206
1961	1441	1973	23738	1985	123086	1997	148418
1962	1602	1974	28783	1986	133784	1998	182667
1963	1744	1975	36548	1987	141509	1999	232092
1964	2136	1976	42768	1988	141730	2000	230468
1965	2460	1977	53501	1989	152490	2001	241518
1966	3294	1978	65408	1990	152889	2002	206995
1967	3528	1979	79614	1991	149830	—	—

60 年代，全县仅有两台拖拉机。70 年代初，拖拉机品种增多，发展较快。到 1979 年，全县除牛庄外，村村皆有拖拉机。机型向链轨和轮式发展。1980 年，全县拖拉机保有量达到 1411 台、34639 马力。1985 年，全区拖拉机保有量 1624 台、44333 马力，其中联户和个体所有 940 台，占总量的 58%。1986 年以后，农用汽车和农用运输车发展较多，拖拉机数量逐年减少。至 2002 年，全区拥有农用拖拉机 1032 台、汽车 799 辆、运输车 11402 辆。

动力机械　1960 年，全县动力机械发展到 92 台。1983 年以后，土地由集体经营变为分散经营，小型动力机械迅速发展。至 2002 年，全区拥有柴油机 4243 台、电动机 3235 台。

机引农具与被动机械　1960 年，推广使用磨面机、脱谷机、粉碎机、榨油机。70 年代初，推广使用玉米脱粒机、碾米机、花生摘果机、扬场机、铡草机等。1973 年，推广小麦播种机。1978 年，推广玉米点播机和 1.7 米射式小麦收割机。1979 年，推广氨水追喂耧和地瓜扶垄器。1980 年，推广圆盘式平地合墒器、自动铡麦机、小麦扬糠机。1981 年，推广圆盘式筑埂播种机、火箭犁和灭茬点播机。1985 年，引进推广花生地膜覆盖机。1988 年，臧家乡农机站引进首台小麦联合收割机。2001 年，采取资金扶持政策，发展新型农业机械。至 2002 年，全区拥有小麦精播机 74 台、玉米联合收割机 1 台、小麦联合收割机 206 台、玉米秸秆还田机 38 台、花生播种覆膜机 4 台、花生收获机 2 台、电动卷帘机 143 台、田间作业机械 2323 台件。同时，新增大、中型农业机械 100 台件。全区农机总值 23264 万元。

第四节　农机经营管理

经营　1980 年前，农机均为集体经营，由公社、生产大队和小队集体购置和调配使用。各公社设拖拉机站，除运输经营外，主要负责农机维修和其他业务。1981 年，全县仅有 1 台拖拉机由个体经营。1982 年，个体经营 82 台，联户经营 5 台。

管理　农机具的改进、供应、维修和农机人员培训、考核、发证及拖拉机挂牌、年检、监理等均由农机管理部门负责。1984 年，全区拖拉机挂牌 1536 台，驾驶员发证 2214 人。1986 年，挂牌 1892 台，发证 2163 人，拖拉机年检率和驾驶员年审率均达 98%。1990 年，全区拖拉机换牌 1820 台，年审驾驶员 1826 人。1994 年 6 月，区农机监理站成立农机路查队。1995 年 3 月，依法开展农机安全监理。1996 年 1 月，在全市率先实行农机社会化服务承诺制度。1997 年 7 月，换发“90”式拖拉机牌证。2001 年 5 月，开展农机百日安全竞赛活动。

第五节　农机服务

农机培训　自 1982 年 4 月农业机械化学校建校以来，规模逐年扩大，设施不断完善，师资力量增强。到 1990 年，学校占地面积达到 6000 平方米。1982 年，学校开始进行农机培训。到 2002 年，共培训各类农机人员 1.7 万多名。

生产服务　随着农业机械化的发展，农业生产中的耕、耙、收、种、运、脱、灌、病虫草害防治和粮食粉碎、加工等，逐步实现机械化。1965 年，全县机耕面积 63.8 公顷。1980 年，机耕面积 14226.7 公顷，占总耕地面积的 75%。1983 年，土地由集体经营变为分散经营，机耕面积有所下降。1984—1987 年，全区机耕面积在 50 ～ 70% 之间。1988 年，全区机耕面积达 12473.3 公顷，占总耕地面积的 77.5%。1989 年，机耕面积 12920 公顷，占总耕地面积的 80.5%。2002 年，机耕面积 7360 公顷，占耕地总面积的 74.2%。

1970—2002 年福山县（区）机耕情况表

表 11-5　　单位：公顷

年份	总耕地面积	机耕面积	占总耕地 %	年份	总耕地面积	机耕面积	占总耕地 %
1970	16665	451	2.7	1987	12353	10420	84.4
1971	16342	1265	7.7	1988	12263	12473	101.7
1972	16099	2226	13.8	1989	12227	12920	105.7
1973	16047	2798	17.4	1990	12216	12499	102.3
1974	15926	4735	29.7	1991	11824	11267	95.3
1975	15030	6634	44.1	1992	10921	11708	107.2
1976	14927	8839	59.2	1993	10796	11153	103.3
1977	14839	9343	63.0	1994	10714	11383	106.2
1978	14830	13333	89.9	1995	10632	11193	105.3
1979	14748	13333	90.4	1996	10784	12333	114.3
1980	14699	14227	96.8	1997	10779	12333	114.4
1981	14693	12353	84.1	1998	10606	12667	119.4
1982	14686	13333	90.8	1999	10624	13267	124.9
1983	14881	10000	67.2	2000	10627	13860	130.4
1984	14323	12793	89.3	2001	10625	11300	106.4
1985	12456	11367	91.3	2002	9921	7360	74.2
1986	12363	10373	83.9				

第五章　畜牧业

境内传统饲养家畜主要有猪、羊、牛、兔、驴、马、骡;家禽有鸡、鸭、鹅。过去，均为家庭分散饲养，发展缓慢。70 年代，大牲畜稳定发展，生猪存养量增加。1984 年，农业实行生产责任制后，集体大牲畜大都被拍卖，农民从使役和积肥出发，生猪生产稳定发展，牛饲养量上升，驴、马、骡饲养量下降。90 年代后，畜牧业快速发展，马、驴、骡大幅下降，猪稳步增长，牛、羊、兔和家禽大幅增长，肉、蛋、奶产量显著增加。山鸡、鹌鹑、肉鸽、水貂、狐狸、貉、鹿等珍稀动物养殖从无到有，广为发展。畜牧业生产逐步转向高效、特种、规模化、专业化、商品化。

第一节　畜牧业结构与规模饲养

1978—1985 年，大牲畜及猪的存养量有所减少，羊和兔稳定增长，蛋鸡和肉鸡成倍增长，鹌鹑、肉鸽、火鸡、貂、狐狸、狗、鹿等迅速发展。1985 年，马、驴、骡为 2218 头，在畜牧业内部所占比重由 1980 年的 30.5% 下降到 19.7%。生猪饲养量为 82456 头，出栏肥猪为 69263 头；养奶牛 61 头，年产鲜奶 81 吨；养奶山羊 2431 只，年产鲜奶 310 吨。养禽 811079 只，年产禽蛋 3244 吨，人均占有 11 公斤。羊所占的比重由 1.2% 上升到 3.7%。兔由 1% 上升到 6%。全区牧业总收入 1515 万元，占农业总收入的 14%。

1986—1997 年，由家庭散养转向专业户、重点户。主要有蛋鸡、肉鸡、奶牛、猪、羊等。1990 年，养殖专业户发展到 73 户，饲养畜禽 19093 头（只）。1997 年，养殖专业户 387 户，饲养量 167133 头（只），产蛋 836 吨、产奶 197 吨、产肉 1017 吨，收入 1887 万元，占牧业总收入的 16.6%。

1998—2002年，畜牧业生产逐渐向规模化集约型饲养、产供销、贸工农一体化发展。2002年，规模饲养场发展到350个。其中，生猪饲养场81个，年存养11000头，出栏32669头，占总量的95.5%；奶牛饲养场46个，存养2006头，占总量的96.5%，年产奶4513吨，占总量的68.7%；肉牛饲养场3个，出栏1100头，占总量的91.7%；羊饲养场151个，出栏8091只，占总量的99.9%；商品蛋鸡饲养场43个，产蛋91吨，占总量的10.1%；肉鸡饲养场20个，年出栏385200只，占总出栏量的100%；其他饲养场6个，主要饲养狗、水貂、狐狸、鹌鹑、鹿等。1999—2001年，全区畜牧年收入连续3年实现1.6亿元。2002年，畜牧收入2亿多元，饲养牛、马、驴、骡4573头，养猪45131头、羊32255只、家禽890130只，肉蛋奶总量达到17919吨。

1978—2002年福山县（区）畜牧业生产情况表

表11-6

年份	畜、禽存养量						肉、蛋奶总量（吨）
	牛（头）	马、驴、骡（头）	生猪（头）	羊（只）	家禽（只）	兔（只）	
1978	4661	3863	103447	1754	325875	5613	3105
1979	4425	3539	101037	2328	323875	7950	3722
1980	4234	3201	91144	2793	350940	17012	4453
1981	3853	2610	75632	3407	280668	46256	4960
1982	2812	1788	53080	2416	483055	44426	3818
1983	1833	1012	40301	2912	529228	21322	3296
1984	1660	844	41475	2642	1107024	8313	7617
1985	1522	696	41621	4297	678717	41300	6196
1986	1356	699	23203	2847	693990	27174	2866
1987	1144	594	14866	2784	411273	22698	4665
1988	1368	520	35486	4820	607369	21510	6140
1989	1694	489	31500	10973	504088	24428	7936
1990	1721	417	32199	11203	1112843	24091	7854
1991	1954	415	33867	9276	665633	26512	9903
1992	2253	387	32331	11589	524488	37394	8637
1993	2267	175	20320	10254	164882	29130	11806
1994	3549	381	30790	19235	819627	38574	24295
1995	3504	141	41802	26016	811958	34256	38587
1996	5100	95	36222	27055	978200	63863	15477
1997	5364	95	41658	30476	1145350	48803	19464
1998	4869	74	51864	21486	767813	48520	11086
1999	4994	87	50249	24265	649855	46277	1369
2000	4433	30	45775	23824	498239	41827	15037
2001	5037	30	51275	26652	742630	59218	14250
2002	4560	28	45131	32255	890130	63300	17919

第二节　畜禽饲养

畜禽主要种类及品种

猪　养猪在畜牧养殖中占有重要地位。中华人民共和国成立后，党和政府重视生猪生产，养猪业不断发展。1957年，全县猪存养量由1949年的0.77万头发展到4.7万头，多为户养。1958年人民公社成立后，猪由户养收归集体饲养。后因受自然灾害等因素影响，存养量下降。1963—1970年，全县生猪存养量由4.22万头增加到5.2万头。1971—1979年，发展集体养猪，公社、大队、生产小队都建有集体养猪场，实行定人员、定头数、定饲料、定出肥和仔猪数、定积肥和超产奖励的“五定一奖”办法；社员养猪实行分饲料地或斤猪斤粮，积肥交给生产队给予合理报酬；多数生产队实行户养猪队包圈，给养猪户记工分的办法；对养猪户和集体饲养人员进行奖励和表彰。1980—1987年，社、队猪场多数解散，部分承包给个人，农户养猪较少。1988—2002年，年存养量3万～5万头。

境内原有猪种系烟台黑猪。1953年，引进垛山猪、木碗头、巴克夏、约克夏等品种与当地黑猪进行杂交改良。1972年，引进哈白、新金、北京黑、金华、沂南猪等十几个品种。1975年，县畜牧良种场从四川引进荣昌、内江猪作父本与本地猪杂交，生产杂交一代商品猪，后又引进约克夏猪种进行三元杂交。2000年3月，从美国、加拿大引进纯系双肌臀大约克、长白、杜洛克原种猪。80年代后到2002年，又先后引进新长白、杜洛克、大约克、汉普夏及皮兰特等品种。同时，推广洋三元和迪卡等品种。

牛 境内农民自古有养牛习惯。中华人民共和国成立后，养牛业逐年发展。1970年，全县牛存养量从1949年的1680头增加到5843头。1971—1980年，稳定在5491～4234头。1991年，全区存养量减至1954头。1996年后，养奶牛和肉牛逐年增多，黄牛稳定在1500～2000头。至2002年，全区牛存养量4560头，其中役用牛占极少数。

马、骡 70年代前，马、骡是主要的运输工具和重要的生产资料。1949年，全县仅有马4匹、骡1112匹。1978年，马存养量927匹、骡911匹。2000年，全区仅有马3匹、骡22匹。主要是蒙古马、新疆马和渤海马。

驴 毛驴自古是农民驮运、耕种、推磨、拉碾的主要役畜。1950年，为6723头，占大牲畜总数的71%。1955年，达到12463头。品种为胶东小毛驴。1969年前后，引进德州驴和无棣驴进行改良，使其体型增大。70年代以后，随着农机化水平的提高，驴的役用不显重要，饲养量下降。至1999年，全区存养量仅有6头。2002年，全区仅有毛驴3头。

羊 中华人民共和国成立后，养羊呈波浪状发展。1949年，全县养羊4104只。1955年，存养量下降为1248只。1964年，增至7115只。1997年，达到30476只。2002年，增至32255只。羊的品种有绵羊和奶山羊。1987年，区兽医站先后两次引进产肉性能高的小尾寒羊150余只。2000年，又引进体型大、生长快、肉多质嫩、耐粗饲、适应性强的波尔山羊。

兔 1949年，全县养兔2200只。1950年后开始引进家兔饲养。1958年，部分社、队建立小型兔场，全县存养量21898只。1959年，达到36500只。1978年，全县存养量5613只。80年代初，兔毛市场价格大涨，养兔业快速发展。1981年，全县养兔46256只。后因兔毛受国际市场销路和价格影响，大批兔场倒闭。90年代后，兔毛价格复苏，肉食需求量增加，养兔业大发展。全区存养量由1990年的24091只逐年上升到2002年的63300只。

鸡 境内饲养家禽历史悠久，鸡占家禽总量98%以上。中华人民共和国成立后，家禽养殖年际间波动发展，出现5次养殖高峰，分别是1957年，全县存养量132270只；1979年为323875只；1984年为1107024只；1990年为1112843只；1997年为1145350只。

中华人民共和国成立前，鸡种多为本地元宝鸡和䅟糠鸡。1953年，引进莱航鸡雏鸡，饲养繁殖。1970年，引进肉食鸡。1982年和1983年，引进北京白鸡、罗曼肉鸡、星杂579祖代鸡繁殖推广，原有品种逐渐淘汰。80年代末，引进罗曼和海兰优良种鸡2万多只。1990年，东陌堂村从美国引入数万套A、B、C、D四系配套的爱拔益加肉用鸡种，进行繁育推广。

饲料资源

粗饲料 主要有农作物秸秆、秧蔓、野生饲草、人工种植牧草等。境内每年可产农作物秸秆、秧蔓92240吨，占粗饲料总量的66%；产野生牧草35950吨，占25.8%；产饲用果树叶和刺槐树叶4570吨，占3.3%；产饲用蔬菜、青贮作物秸秆等6735吨，占4.8%。实际消耗利用各种饲草22700吨，占可饲粗料的16.3%。野生牧草除每年有6个月放牧或割青饲用外，只收集青干草10930吨。2002年，种植饲料作物、苜蓿、三叶草83公顷。

精饲料 1978年，用于畜牧业精饲料为32815吨。1984年，精饲料留量30394吨，除粮食精料外，还有糠麸和饼类9755吨、副食品加工下脚料265吨、动物性饲料鱼虾1159吨和贝类等1157吨。1989年，开始生产矿物质添加剂，当年生产31吨。1994年达到570吨。

配合饲料 1978年，烟台渤海联合有限公司利用槐叶粉、青草粉、苜蓿粉加工颗粒饲料。1981年，县粮食局加工猪、鸡饲料。1984年，渤海公司增加粮食颗粒饲料。1990年前后，烟台新中新饲料有限公司生产禽畜饲料。2002年，全区有饲料加工厂17处，年产添加剂、预混料、浓缩料、配合料等40多种，年产饲料5万多吨。

第三节 经济动物饲养

境内饲养经济动物主要有蜜蜂、水貂、鹌鹑、狗、山鸡、鸵鸟、鹿、狐狸、鹦鹉等。

1949年，全县养蜂38箱。中华人民共和国成立后，引进意大利蜂种进行杂交改良，形成意大利杂交蜂。蜜源主要是刺槐花、果树花及野花等。1960年，达到346箱。“文化大革命”期间，养蜂停止。1982年，恢复养蜂。1984年，全区养蜂549箱，年产蜂蜜3393公斤。2000年，养蜂2306箱，年产蜂蜜1.2万公斤。2002年，回落到

535箱，年产蜂蜜6907公斤。

1973年11月，县外贸公司从烟台种貂厂引进200只，在卜刘家和丰台村貂场饲养。1985年，臧家颗粒场兴建养貂场，最高年存养3000余只。1987年，全区养貂3865只。1990年后，因貂皮价格下降，饲养数量减少。至2000年，饲养量仅有800只。

农户素有养狗护院的习惯。中华人民共和国成立后，农村养狗较少。1983年后，山林、果园承包到户，需要狗看家护院、护园，农村兴起养狗热。品种多为当地草狗和狼狗。1987年，全区养狗3万多只。1990年以后，狗作为观赏宠物，上市量增多，饲养量达2万多只，品种多为北京哈巴狗。1996年后，饲养肉食狗2100多只。2002年，全区养狗2.8万多只。

1980年，从北京引进鹌鹑饲养，但规模一直较少，零星散养。2000年前后，东陌堂村一个体户建立鹌鹑规模饲养场，年存养8万多只。

80年代末，引进美国七彩山鸡。1994年，回里东升特禽场饲养5000多只， 4年后停产。

1987—2002年福山区经济动物存养情况表

表11-7

年份	蜂		貂		狐狸		狗	山鸡
	箱	蜜产量(公斤)	只	皮数量(张)	只	皮数量(张)	只	只
1987	318	3535	3865	2570	—	—	31000	—
1990	332	2380	1000	1100	—	—	—	—
1992	232	1045	900	1150	—	—	—	—
1993	160	885	900	750	—	—	—	—
1994	259	1485	600	1300	—	—	—	5000
1995	154	1640	800	1050	—	—	—	5000
1996	719	7190	1000	915	—	—	—	5000
1997	285	2760	1000	2000	1465	1979	—	4000
1998	1073	4079	500	1000	1425	1200	—	—
1999	1503	5144	663	818	1334	1522	—	—
2000	2306	12000	800	1560	1215	2600	—	—
2001	1855	48000	—	—	1500	1275	—	—
2002	535	6907	—	—	1300	1400	28000	—

第四节　畜禽疫病防治

境内发生的畜禽病毒性传染病有15种、细菌性传染病14种、寄生虫病46种。

畜禽传染病　分为病毒性传染病和细菌性传染病2种。

口蹄疫　被世界兽医卫生组织列为A类的烈性病毒性传染病。主要感染牛、猪、羊等偶蹄动物。1964年4月初，古现公社院下大队3头牛相继患病，经诊断为口蹄疫。由于防治得力，使役情得到有效控制。1988年，东陌堂村的4头猪发生口蹄疫病，当即挖坑深埋，进行消毒处理。90年代后，牲畜口蹄疫发生较重，每年进行一次强化免疫。2001年，口蹄疫免疫每年增加到3次。全区每年免疫牲畜15万头（次），防疫密度保持在98%以上。

马传染性贫血　是马的一种烈性病毒性传染病。1971年夏，门楼公社梅家大队从潍坊购进9岁口成年马1匹，1972年6月，出现高热、黄疸、浮肿、消瘦症状，经省、地、县畜牧兽医站会诊，确诊为马传染性贫血阳性，当即处死深埋。此后，境内再未发生。

牛流行热　是牛的热性、急性病毒性传染病。以高热和呼吸道炎症为主，伴随四肢关节疼痛引起跛行。常大群发病，降低牛的生产性能和役用效率。1966年，全县10处公社发病2500头，占饲养数的54%。1976年，全县发病3500头，占70%。1984年，再次爆发，发病率超过50%。由于早隔离、早治疗，加强环境消毒和对吸血昆虫的杀灭，此后再未发生。

猪瘟　俗称“烂肠瘟”。1954年，东黄山村6头猪发生猪瘟病，蔓延至西黄山和巨甲村，死猪114头。1963年1月，谭家庄大队发生猪瘟，后又蔓延到门楼、高疃、张格庄、福山镇，共死亡猪4711头。1964年，注射疫苗密度提高到84%，猪瘟基本得到控制。1965—1970年，福山连续5年荣获猪瘟无疫县称号。1984年，又有84个村发生猪瘟，死亡1386头，死亡率达92%。1985年后，全面开展疫苗注射防疫，此病基本消灭。

新城疫　又名鸡瘟。中华人民共和国成立前，每年都有发生，死亡率在90%以上。1952年，县妇联、团县委组织鸡新城疫防疫小组，在全县开展预防注射工作。

60年代以后，兽医部门每年秋季对鸡群进行预防注射。至1985年，疫情基本得到控制。90年代后，再未发生。

狂犬病　俗称“疯狗病”。疯狗咬伤人，如不及时治疗，死亡率达100%。1954年3月，臧家乡柳行村一患狂犬病狗咬伤一名10岁小孩和4条家犬后逃跑，相继在廒上、坍上等7村咬伤7人，后致使全县23个村的60人患狂犬病，其中1人发病死亡。县委县政府采取措施，控制疫情。1983年，兜余公社家后大队一村民被狗咬伤，20多天后患病死亡。是年，首次开展狗狂犬病疫苗防疫，免疫狗1.1万条。1986年，免疫3.7万条。之后，未发生狂犬病。

兔瘟　学名兔病毒性出血热。1984年，在国内发现。1985年，传染到境内，对家兔伤害很大。至90年代初，该病得到控制。90年代中、后期，该病已被消灭。

炭疽　中华人民共和国成立前，流行甚烈。有的农民对病畜剥皮食肉而被感染，烂掉手指或整个手。从1950年起，开始注射疫苗防治。至1979年后，此病被消灭。

乳房炎　牛、羊常见此病，猪、兔亦发病。畜禽发病后，乳房及周围红、肿、热、痛，泌乳减少，患部引起破溃，出现脓乳、血乳，重者导致乳房废弃或引起败血症死亡。在一些饲养管理粗放卫生条件较差的牛饲养户，至今发病率仍较高，并有转向隐性的趋势。

猪丹毒　俗称“打火印”。中华人民共和国成立前，蔓延流行。1952年，全县因猪丹毒病死亡1587头。1960年以后，加强防疫措施，疫情逐年减轻。至1980年，随着猪瘟、猪丹毒二联苗的推广使用，只呈零星发生。至80年代末，该病基本得到控制。

猪肺疫　中华人民共和国成立前，均有流行。50年代起，推广使用疫苗防疫注射，大剂量使用青霉素，治愈率提高。80年代，推广使用口服疫苗。90年代以后，只在局部零星发生。

破伤风　中华人民共和国成立后，不断改进阉割技术，严格消毒，该病再很少发生。

猪喘病　为细菌性传染病。1956年由外地传入烟台。1958年，各公社均有发生。1979年，开始建立猪喘病无疫县，采取消毒、灭源、净化饲养场所、坚持自繁自养、淘汰顽固性病猪和应用土霉素碱油背部肺俞穴注射等综合预防治疗措施，至1981年，该病基本消灭。

禽霍乱　70年代起，推广禽霍乱疫苗注射预防，虽有成效，但副作用太大，群众接受程度低。80年代起，通过注射氢氧化铝疫苗和口服磺胺类药预防，有效控制疫情蔓延。

鸡白痢　80年代以前，此病常致雏鸡育成率不足50%。80年代以后，实行科学饲养，控制育雏温度，注意清洁卫生，及时添加药物预防，该病很少发生。

畜禽寄生虫病

肝片吸虫　牛、羊多发生。1982年，进行寄生虫调查时发现有羊患此病。通过加强管理，定期驱虫，避免到水边、滩涂放牧，得到有效防治。

猪囊尾蚴　又名猪囊虫，是人畜共患病之一。主要发生在使用“连厕圈”的贫穷落后农村，严重危害人体健康。中华人民共和国成立后，此病时有发生。1994年，在外调猪肉内发现猪囊虫，及时予以处理，此后再未发现此病。

蛔虫　各种畜禽均有感染，以猪、鸡较为普遍。用左旋咪唑、伊维菌素等，按期给猪、鸡注射或口服驱虫，能较好地控制该病发生。

后圆线虫　即猪的肺丝虫病，中间宿主是蚯蚓，主要危害仔猪。随着养猪环境改变，卫生状况改善，定期消毒、驱虫，该病随之减少发生。

球虫　主要危害鸡、兔等小畜禽的小肠、盲肠，导致消化紊乱，出血、便血死亡。通过使用三字球虫粉、克球多、球痢灵等专用驱虫药，较好的控制和预防了该病发生。

节肢动物类　包括虱、蜱、螨3类。虱：是猪、鸡常发病，多因卫生管理不善所致，主要吸收畜禽血液，造成噬毛、噬羽，影响猪、鸡生长发育。蜱：是寄生在牛体皮外的寄生虫，专以吸血传播牛焦虫病，使牛消瘦，体质衰弱，生产能力下降。螨：主要寄生在猪身上的疥螨（癞）、鸡身上的刺皮螨（溜溜）和兔身上的痒螨（耳螨）、疥螨（干爪病），对猪、鸡、兔危害很大。以上几种寄生虫病，直到2002年底，在一些管理不善的饲养场、户仍有发生。防治方法是用高效低毒的杀虫剂外部涂擦或内服。

焦虫　主要感染牛。呈明显的季节性发病。80至90年代，回里镇发生较多，直至2000年仍有个别发生。预防的有效途径是消灭环境中的害虫，治疗方法用血虫净注射。

疫病防治　中华人民共和国成立前，因缺医少药和不懂技术，畜禽疫病频繁发生。中华人民共和国成立后，党和政府重视畜禽病的防治，及时开展注射疫苗防疫，消灭和控制畜禽传染病的发生。到1989年，已消灭或控制的传染病有炭疽、水泡病、马鼻疽、牛肺疫、牛气肿、牛结核、牛付结核、牛肝片吸虫病、布氏杆菌病、口蹄疫、鸭瘟、小鹅瘟等。但仍有猪瘟、猪丹毒、猪肺疫、猪喘病、猪流感、猪痢疾、猪水肿病、鸡新城疫病、狂犬病、兔瘟、破伤风等零星发病。

1950年，境内开始对畜禽进行疫病防疫。文登专署派畜牧技术指导工作组到福山对猪、鸡进行猪瘟、新城疫防疫。同年，胶东兽医院北海防疫大队福（山）蓬（莱）分队来人对全县的大牲畜进行炭疽苗注射，共免疫大牲畜937头。

1956年，县建设科兽医组对猪、鸡等畜禽按季节、有计划进行防疫。但由于受各方面因素制约，防疫工作开展并不理想，防疫密度仅有20%～30%。1958年，防疫疫苗猪瘟使用结晶紫弱毒干苗、猪丹毒使用活菌氢氧化铝苗等。全县使用过的疫苗达12种之多。由于受传统观念影响，人们对动物疫病防疫认识不足，免疫慢、密度低、效果差。猪瘟免疫注射密度只有41%，鸡新城疫免疫注射密度仅为20%。

1964年，县兽医站正式成立，动物疫病防疫逐步形成制度化、规范化。鸡新城疫防疫每年进行一次、猪瘟和猪丹毒防疫每年春秋各进行一次。

1982年1月，烟台地区发生牲畜“5号病”。全县开展大普查、大消毒紧急行动，避免了该病在境内传染发生。1985年以后，推广使用较多的疫苗有兔瘟三联疫苗、猪肺疫疫苗、鸡产蛋下降综合征疫苗、鸡法氏囊疫苗、鸡传染性支气管炎疫苗、传染性喉气管炎疫苗、犬温热疫苗、细小病毒疫苗、鸭瘟疫苗、魏氏梭菌病疫苗等。

防疫形式，1958年以前，主要由县、社组织人员在发病疫区内进行。60年代以后，防疫形式因时期不同而异，主要有4种。

“四定一奖”制：1961—1970年，防疫人员从村里选拔，由县、公社统一组织进行防疫。防疫员实行“四定一奖”制。防疫员每人每天定为注射猪120头或鸡150只；防疫密度定为猪90%、鸡85%；防疫质量定为疫苗保管好，不浪费，注射达标，事故少；疫苗利用率猪定为90%、鸡70%，完成“四定”任务者从防疫费中提取40%作为奖金。1970年，全县猪瘟注射防疫密度为85%，猪丹毒防疫密度为79.2%，鸡防疫密度为67%。

图11-8　福山区动物防疫监督所化验室

合作医疗制：1971—1980年，畜禽防疫队伍健全、壮大。全县有防疫员306人，每个大队1名。90%以上的大队推行畜禽合作医疗制度。1979年，猪瘟、猪丹毒和鸡注射防疫密度分别达到95.3%、96.5%和86.8%。

分片包干制：1981—1989年，防疫工作实行分片包干，防疫人员由区和乡镇兽医站及村防疫员组成。1981年，全区有畜禽防疫人员1306人。猪、鸡防疫实行“两包四定”制。注射防疫后5～7日内发病免费包治，死亡包赔；防疫员完成“四定”任务，每天每人固定工资为1.5～1.7元，超额1头提成0.01～0.05元。乡镇兽医站完成猪瘟、猪丹毒和鸡防疫三项指标者，从防疫纯收入中提出3%～5%作为奖励。1982年，全区猪瘟、猪丹毒防疫密度均达99%，鸡防疫密度为92.5%。

承包责任制：1991—2001年，实行畜禽防疫承包责任制，由32人承包猪27300头、大牲畜1010头、羊2051只、兔6444只、貂200只。全年猪瘟和猪丹毒防疫密度均达208.3%，鸡防疫密度达到96%，技术承包收入11.46万元，占总收入的25%，防疫费收入5.73万元，占总收入的13%。2001年，全区猪瘟、猪丹毒和鸡新城疫3种疾病基本得到控制。

2002年，乡镇畜牧兽医站由原来的10处调整为5处。当年全区口蹄疫免疫3次，共免疫猪8万头、牛1万头、羊2.4万只，防疫密度为95%。猪瘟、猪丹毒、鸡新城疫等常规免疫均达到100%，全年未发生猪瘟、新城疫、禽流感和口蹄疫。

检疫　50年代，农村生猪检疫由屠宰人负责。1958年后，各公社成立食品站，生猪购销、检疫由商业部门负责。70年代，牲畜出口外调检疫由畜牧兽医部门负责。80年代后，市场开放，畜禽屠宰、经营由农民自行决定。检疫员进入市场进行肉片检疫。由于无正规化验和测试设备，仅凭经验临床观察检测，检疫准确率较低。1998—2001年，由区贸易局牵头，工商、畜牧、公安等部门联合执法，查处一批私屠、乱宰及脏乱差的屠宰点，有效遏制出售病死畜禽现象。2002年，根据无疫区建设要求，成立区兽医卫生监督所和回里、高疃、古现3个镇监督所，专门负责动物防疫和检疫监督工作，检疫密度达到100%。是年，福山区被国家列为胶东半岛无规定动物疫病示范区。

第五节　畜牧良种场

国家级种鸡场　1988年，国家农业部与区农牧局联营在园艺场内建立中福种鸡场，为中外合资企业，全民性质，由区农牧局主管。农业部与欧盟投资，饲养设备、饲料加工设备、鸡舍、冷冻冷藏等设施均为进口，达到世界先进水平。1989年，饲养祖代和父母代蛋鸡、肉食鸡2万套，品种为艾维因。1990年，生产雏鸡55万只、种蛋31吨、商品蛋65吨。1993年，园艺场被烟台开发区征用，中福鸡场迁到古现镇。1996年，因经营管理不善停产。

省级种畜禽场　1990年，东陌堂村建立山东益生种禽场。当年分别从美国和德国引进祖代蛋鸡3万套、父母代蛋鸡2万套、祖代肉鸡14万套、父母代肉鸡5万套。年向社会提供父母代蛋鸡120万套、父母代肉鸡380万套、商品蛋鸡200万只、商品肉鸡1400万只。2001年，发展种乳牛场和种猪场各1个、种禽场3个。2002年，种乳牛场存栏600头，种猪场存栏2700头，种禽场祖代蛋鸡存栏2万只，祖代肉鸡存栏12万只，父母代肉鸡存栏3.6万只。

地方级种禽场

金福种猪场　1992年，区水产养捕公司在八角建立金福种猪场，饲养良种母猪120头。至1999年，存栏种猪300头，其中能繁殖母猪260头，出栏良种猪2300头。2001年，存栏150头，其中能繁殖母猪100头，出栏700头。

良种鸡试验场　1983年，福山良种场成立良种鸡试验场，饲养莱克享蛋鸡8000只。后又引进肉用种鸡AA、罗曼与蛋用种鸡京白、B4等品种和品系，存养量2.8万套。年向社会提供商品蛋和肉用雏鸡280万只。1993年，鸡场因被烟台开发区建设征用而停产。

种兔场　1986年，区兽医站建种兔场，当年引进比利时长毛兔、加利福尼亚长毛兔和青紫兰肉食兔300只，繁殖仔兔2000余只，年产兔毛100多公斤。1997年，种兔场停产。

第六章　农村经济体制

党的十一届三中全会以后，农村经济体制改革迅速展开，实行家庭联产承包责任制后，家庭经营为基本核算单位，农民生产积极性高涨。农村经营方式由生产队统一经营变为家庭承包经营，家庭收入提高，发展成为各种专业户、重点户，农牧副渔各业得到全面发展。

第一节　土地制度

土地所有制

私有制　中华人民共和国成立前，土地均为私有制。全县1160户地主占有38.1%的土地，户均3.78公顷；21525户贫雇农占有61.9%的土地，户均0.31公顷。

集体所有制　1956年春，部分初级农业生产合作社转为高级农业生产合作社。1957 年底，全县共有高级社 246 处，入社土地 25159 公顷。高级社土地为集体所有，农具、耕畜等生产资料折价归公，实行按劳分配。1958 年，将高级社合并为古现、门楼、高疃、谭家庄、福山镇 5 处人民公社，下设 193 个生产大队、930 个生产队。土地归公社集体所有。

1978 年，中共十一届三中全会以后，农村实行经济体制改革，划分自留地，集体收种，分散管理。1982 年春，部分村开始推行农业生产责任制，将土地按人口和劳力承包到户，生产队统一耕种，个人管理收获。承包的形式有联产到组和联产到劳两种形式。同年 8 月，开始推行家庭联产承包责任制，土地划为口粮田、责任田，按人固定到户，长期使用，农户除完成税金、粮油征购任务和集体提留外，其余收入归己。年底，实行家庭联产承包责任制达到 297 个大队，占大队总数的 97%。1983 年春，全县分地承包基本结束，并签订了土地承包合同。1984 年，将土地、山岚承包期延长至 15 年，土地仍属集体，不许买卖。

全民所有制　中华人民共和国成立后，国营福山示范农场、园艺场和良种场的土地为全民所有。

第二节　农村经济组织

互助组　1944 年，农民按照自愿互利、等价交换的原则，开始组织互助组。1952 年，全县有季节性互助组 5219 个，常年互助组 2843 个，参加户数 9681 户，耕地面积 5603 公顷。

生产合作社　1953 年 1 月，泉水眼村徐守义组织该村 15 户农户，办起全县第一处初级农业生产合作社。至 1955 年底，全县初级社 680 处，入社农户 43329 户，占总农户的 81.65%。

之后，初级社转为高级农业生产合作社。1957 年底，全县 98.2% 的农户加入高级社。

人民公社　1958 年，人民公社成立后，实行“政社合一”“工、农、商、学、兵五位一体”。生产上劳力统一调配，“大兵团作战”；分配上搞平均主义，实行供给制，大办集体食堂，损害了农民利益。1960 年，开始纠正“左”的错误。1962 年 3 月，实行“三级所有、队为基础”，农业基本核算单位下放到生产队，把生产与分配统一起来，促进了生产力发展。“文化大革命”中，“割资本主义尾巴”，取消自留地；有的把生产队核算改为大队核算，搞“穷过渡”，再次挫伤农民生产积极性。1984 年，取消人民公社，恢复乡镇、村建制。

生产责任制　中共十一届三中全会以后，家庭联产承包为主的生产责任制在农村普遍落实，统分结合的双层经营体制取代了“一大二公”的人民公社体制，种植、养殖、运输、餐饮、加工等专业户、重点户和专业村应运而生。1983 年，全县发展专业户和重点户 6523 户，占全县总户数的 9.3%。1984 年，涌现出韭菜、辣椒、大姜、西瓜、草莓、大樱桃、养禽畜等专业村 105 个。

第三节　收益分配

初级农业社的收益分配　本着利于国家、利于集体经济发展、逐步增加个人收入要求分配。有些合作社先行分配，再由社员自交农业税和国家统购的农产品；也有些合作社集体交农业税和国家统购的农产品，余者进行分配。分配时：扣除本年生产中的各项消耗，留足下年生产费；留出一定数量的公积金和公益金；支付社员的土地、林木和牲畜的报酬以及租种土地的租金；按照农业生产、副业生产和社务工作的全部劳动日，分配给社员劳动报酬。

高级农业社的收益分配　有农业产品和现金两部分组成。1957 年以前，夏收和秋收农产品，除留下集体所需部分外，余者按社员实得劳动日数最先预分，年终结算。现金包括合作社的现金收入和国家对农产品的预购定金，除留下集体所需部分外，余者以社员实得劳动日数分期预支。年终统一结算。1957 年夏季，高级社的粮食分配推行三种办法：第一种是将社员劳动日报酬所分得的口粮、柴草、油料等作款扣留后的余额分余粮；第二种是将社员劳动日报酬，加上社员劳动日投资，作为社员的收入部分，再扣其所得的基本口粮、柴草、油料后的余额分余粮；第三种是将社员劳动日报酬，扣基本口粮余额后分余粮。

人民公社的收益分配　实行供给制，办集体食堂，吃饭不要钱。当年虽粮食丰收，但没有颗粒归仓，有的地方粮食都落在地里、烂在山上。1959—1961 年国家三年困难时期，粮食歉收严重，农户缺粮吃，只得吃糠咽菜，勉强渡过难关。

1958—1962 年，全县农村收益分配为实物加现金，人均分别是 56 元、70 元、58 元、82 元、74 元；粮食分配人均分别是 288 公斤、237 公斤、166 公斤、251 公斤、268 公斤。

1963 年初，随着农村人民公社体制改革下放，确定了实物分配政策，包括口粮、油料、柴草、奖售物资分配办法和土肥付酬办法。口粮分配推行按人劳（肥）比例分配，有“人九劳一、人八劳二、人七点五劳二点五、人七劳三、人六劳四、人五劳五”等多种形式。油料平均分配，多余部分有的按“人三劳七、人四劳六”或者随口粮分配。柴草分配 80% 的生产队采取草随粮走，20% 的生产队采取以户坐底，余者随粮走。蔬菜分配一般是菜随粮走，也有的生产队按人口平均分配。奖售物资的分配，征购任务以内奖售的物资，一般按粮食分配比例分配。土粪一般是以肥折工或以质论价，以钱代粮或以粮付酬。

1966 年，粮食按人分配部分推行二等定量法，即 1～3 岁小孩分大人口粮的 60%，4 岁以上和大人同样分。1970 年后又改为三等定量法，即 1～3 岁的小孩分大人口粮的 40%，4～7 岁小孩分大人口粮的 70%，8 岁以上的孩子和大人同样分。

1972 年，社员分配的实物价格，由过去自行定价改为统一定价记账。每公斤小麦 0.24 元，豆类 0.24 元，地瓜干 0.14 元，鲜地瓜 0.04 元，玉米 0.17 元，粳稻 0.2 元，其他杂粮 0.16 元，花生果 0.4 元，棉花 1.8 元。

1978 年，实行定指标加奖励分配形式。全县实行“三定一奖”的大队占 62%，以产定工的占 28%，不承认差别的占 10%。1980 年，农村生产队在统一核算和分配的前提下，对作业组实行包工包产、联产计酬、超产奖励。奖励的形式有工分、实物和现金。

责任制后的收益分配　1983 年农村实行大包干责任制后，简化收益分配手续。粮、油分配承包户依据合同规定，缴上国家的，留足集体的，剩下都是自己的，分配的中心是兑现合同。是年，全县农民人均占有粮食 387 公斤，油料 15.5 公斤。收入多挣多得，少挣少得，不挣不得。对承包专业户也是交上承包费后，剩余归己。

1949—2002 年福山县（区）农村经济收入表

表 11-8

年份	总收入（万元）	人均纯收入（元）	年份	总收入（万元）	人均纯收入（元）
1949	960	50	1976	10108	235
1950	1130	57	1977	11322	250
1951	1283	63	1978	10434	226
1952	1467	71	1979	12552	276
1953	1621	77	1980	11898	228
1954	1706	81	1981	12981	254
1955	1775	79	1982	13247	264
1956	1907	82	1983	18420	430
1957	2045	82	1984	21261	479
1958	2037	79	1985	24449	513
1959	2182	87	1986	27917	531
1960	2134	73	1987	32716	560
1961	2850	92	1988	39782	598
1962	2655	86	1989	44061	577
1963	2726	85	1990	48321	587
1964	2920	90	1991	65884	680
1965	3159	89	1992	114903	913
1966	3823	100	1993	206602	1190
1967	4261	106	1994	386412	1628
1968	4222	102	1995	516729	2096
1969	4611	112	1996	685782	2738
1970	4592	109	1997	731109	2834
1971	4898	113	1998	766596	2993
1972	5228	125	1999	88040	3033
1973	5883	138	2000	88291	3191
1974	5872	133	2001	89595	3281
1975	9421	228	2002	90405	3547

第四节　农村改革试验

1987年，中共中央提出，建立农村改革试验区，为推进农村深化改革提供经验。1988年4月，经国务院批准，福山区作为山东省贸工农外向型经济改革试验区，成立试验区办公室，为正科级事业单位，先后分别隶属于区农委和农业局。1988年、1995年和2001年，区改革试验区办公室分别制定《烟台市福山区贸工农外向型经济试验区实施方案》《烟台市福山区农村社会主义市场体系建设试验方案》和《烟台市福山区农业科技（推广）体制建设试验方案》。结合福山区实际，从快速发展农产品生产基地、壮大农副产品出口创汇加工龙头企业、搞活流通和建设农村社会主义市场体系、改善现行的农业科技推广体制的工作思路出发，有计划、有步骤地进行改革试验。至2002年，全面圆满完成任务，取得系列丰硕成果。

第七章　农村经济管理

改革开放以来，福山区加强会计培训、财会检查和财务审计，完善会计制度和会计核算办法，推行民主理财，加强农民负担监督管理，农村经济逐渐步入规范化管理轨道。

第一节　财会组织建设

农村财会组织　1956年，县农业科设立会计辅导组，农村建立56个会计辅导网（农业社之间距离较近的5～10个会计员组成1个“网”），每网选出正、副网长各1名，每月集体活动一次，各社会计员带单据、账簿，集体办公，互相审查、清账、结账。会计网长每人每月由县财政拨给3元补贴，直到80年代初。会计与出纳由两人担任。会计管账，出纳管钱。

1982年，对农村大队财会人员实行考核晋级制度，分一、二、三级会计员和见习会计员。1984年，区农牧局设立农业经营管理指导站，负责全区农村财会指导管理工作。

1986年，通过考试招聘会计人员7名，充实到乡镇经管站。是年，推行农村主管会计退休制度，凡男年满55周岁、女年满50周岁，连续工龄15年以上的农村主管会计，均享受退休待遇；1987年，有64名符合条件的农村老会计办理退休手续；1995年以后，农村会计不再办理退休，改为享受养老保险待遇。1993年，推行农村会计持农村会计证上岗制度。2002年，取消村会计一职，实行委派制，全区共设委派会计34人，由镇统一管理。

会计培训　县（区）农业经管部门积极开展会计培训工作。1981年5月，举办为期13天的会计培训班，有60名大队会计和各公社的经管员参加培训。1983年4月，为加强农村财务管理，举办为期4天的全县生产大队会计培训班。1989年，举办农村财会人员培训班，培训475人（次）。同年，又对农村230多名财会人员进行为期7天的培训。2000年3月和11月，分别对全区农村主管会计、出纳会计、合作经济组织会计进行业务培训。2002年11月，为加强农村会计职业化管理和适应农村税费改革的需要，举办农村委派会计培训班。

会计核算方法　1949年以前，农村采用“流水过眷清”，以四柱结算法平衡账目，即单一式记账法。发生一项业务，在一个账户中记一笔账，一般只登记现金的收付和人欠、欠人等事项。有的也登记实物的收付，一般用两本日记账，即现金流水账和物资流水账。

1954—1956年，农业合作化期间，推行现金收付记账法。应用19个会计科目，采用账簿主要有总分类账、财产明细账、往来明细账、现金日记账、土地股金登记簿、物品收支登记簿、财产登记簿、工分登记簿等。

1960—1962年，普遍推行借贷记账法。1963年，改为现金收付记账法，会计科目增加到28个，后又增加到33个。

1972年，公社、大队和生产队，全部使用的记账方法是钱物收付记账法。

1985年以后，改为借贷记账法。把收支分配核算体系改为费用、成本、利润核算体系。

民主理财　1973年，学习招远县高家庄民主理财经验，首先在全县9个公社17个大队试点。做法是：大队成立民主理财委员会，生产队成立民主理财小组，由社员代表、财会人员、干部三结合，民主推选组成。每半月召开一次理财会，由出纳员按单据公布上半月的收支事项，理财小组当场审查评议，对不合理的收支事项，由理财小组根据群众意见研究处理；由物资保管员公布半月来的粮食收支库存和物资变化情况，并进行审议；由会计员公布下半月的财务收支计划交理财小组审议。到1974年，全县有110个大队成立理财委员会，440个生产小队成立理财小组；有150个大队、800个生产队的粮食、物资经过整理；有120个大队、50个生产小队的财务档案经过整理。

第二节　财务检查与审计

1982年，县农牧局制定《关于整顿生产大队、生产队财务的意见》。3月中下旬，在东厅公社鹿家大队进行财务整顿试点。1986年4月中旬至5月25日，对全区农村财务工作进行大检查。其中账簿健全、记载及时的村级合作经济组织有298个，占97.4%；财务制度比较健全、完善的村有275个，占90%。1994年3月至5月，再次对农村财务进行大检查。

1990年，区成立农村财务审计机构，配备审计人员46名，开展农村集体经济审计。内容包括农村干部离任审计、农村经济效益审计、农村财务和农村经济违纪审计。全区审计87个单位，审计金额达1亿元。1993年，审计49个单位，审计金额7000多万元，查出违纪单位3个，为集体挽回经济损失9万多元。1995年，区检察院成立农村经济检察室，先后对1994年离任的52名村党支部书记进行财务审计，对全区292个村的财务进行全面大检查。查处挪用公款案3起，使31个村财务长期混乱的问题得到解决，农村财务信访案件比上年下降40%。

第三节　农民负担监督管理

1983年，实行“三提五统”政策，即村级三项提留和乡镇五项统筹。村提留是村按规定从农民生产收入中提取的公积金、公益金和管理费，作为村级维持或扩大再生产、兴办公益事业和村干部工资及日常管理开支费用；乡统筹是指乡镇依法向所属单位（包括乡镇和村办企业、联户企业）和农户收取的计划生育费、优抚费、乡村道路费、乡村两级办学费、民兵训练费，由乡镇统一管理，主要用于上述五项民办公助事业。

1990年，成立农民负担监督管理领导小组，全面进行农民负担情况调查和文件清理工作。共清理涉及农民负担的文件56份，涉及农民负担项目26个。

1993年，共清理涉及农民负担文件59份，涉及农民负担项目62项。同时，取消涉及农民负担的47项集资、收费基金项目和48项农村达标升级活动。全区共减轻农民负担370多万元。严格执行村提留乡统筹费和义务工、劳动积累工预决算审批制度和农民负担卡制度，村提留、义务工、劳动积累工预算方案由乡镇审批，乡统筹费方案由区审批。是年，全区农民负担的“三提五统”费两项合计974.82万元，人均38.21元，占上年人均纯收入的4.18%，比1992年降低0.83个百分点；收取农村义务工84.28万个、劳动积累工10.57万个，平均每个劳动力分别为8.39个、1.05个；查处涉及农民负担的来信来访案件9件。

1997年，实行农户上交的村提留、乡统筹费一定几年不变、按年度收取的办法。是年，全区收取“三提五统”费共计1802.08万元，人均75.15元，占上年人均纯收入的2.75%，下降0.39个百分点。至2001年，农民负担一直执行1997年的政策，基本5年未变。

1998年12月，区政府部署农民收入统计“乡改村”工作。根据规定，从1999年1月1日起，全面准确真实地进行农村经济收益分配统计，合理确定样本户进行记账。

2002年，全面推行农村税费改革。主要内容为“三取消、两调整、一改革”。即取消乡镇统筹费、农村教育集资等面向农民征收的行政事业性收费和政府性基金集资，取消屠宰税，逐步取消统一规定的劳动积累工和义务工；调整农业税政策，调整农业特产税政策；改革村提留征收使用办法。税费改革后，农民需要承担的税费有农业税和农业特产税及附加、乡村公益事业金和集体果园、鱼塘、“四荒”、机动地等依据合同法有关规定需缴纳的承包费。

第十二编　林业

中华人民共和国成立前，福山林业无专职管理机构。1949年，林地面积3800公顷，林木覆盖率为6.7%。中华人民共和国成立后，县人民政府设立林业局，发动全县人民采取各种措施，植树造林。1977年，林地面积为4667公顷，林木覆盖率为8.5%。1978年后，农村产业结构调整，部分土地退耕还林。1985年，林地面积5740公顷，林木覆盖率为17.6%。1990年后，贯彻《中华人民共和国森林法》，逐级签订绿化责任状，实施烟台市长绿化工程等，调动了国营、集体、私营林业生产积极性。2002年，全区林地面积达20242公顷，林木覆盖率达31.2%。

第一章　机构

福山县（区）林业机构分行政机构和事业、企业单位，公社或乡镇设林业站。其主要职能是负责制定实施辖区内林业育苗、植树造林规划，防止砍伐、盗伐、毁坏、烧毁林木，依法保护林木、珍贵树种、湿地、珍禽异兽和鸟类、蛙类等资源，不断加强生态文明区建设。

第一节　行政机构

清代，福山林业由县衙工房兼管。民国时期，先后由公署（政府）劝业所、建设局、第四科、县抗日民主政府建设科负责林业工作。1949年，建设科更名实业科，内设农林股。1952年秋，成立林业所。1956年6月，成立县林业局。1962年，林业工作由农林水产局负责。1964年7月，设林业局。1967年2月，林业工作由县革委生产组负责。1970年1月，恢复农林局。1980年10月，成立农林牧渔业局。1983年11月，改称烟台市福山区林业局。1993年12月，改为区林业技术开发总公司（对外仍称区林业局）。1996年8月，恢复区林业局名称。2001年10月，改为区林业技术开发中心（对外仍称区林业局）。

第二节　事业机构

烟台市福山区林业站　1956年，县林业局设林果站，并在胡家夼、王家疃设狮子山和疋山林业技术推广站。1964年3月，在门楼水库和园艺场增设马山和海滩林业技术推广站。“文化大革命”初期，4处林技站瘫痪。1970年，4处林技站与所在公社农技站合并。1978—1983年11月，县农林局、农林牧渔业局均设林果站。1983年11月，区林业局设林业站。1993年12月和2001年10月，区林业技术开发总公司、区林业技术开发中心均设林业站。

区森保站　1987年，区林业局设森保站。1993年12月和2001年10月，区林业技术开发总公司、区林业技术开发中心均设森保站。

区护林执法大队　2002年，区林业局内设护林执法大队。

区国有福山林场　坐落于福山南部塔顶后坡。原名福山峆崊寺林场，1942年，由胶东区党委接收峆崊寺庙产后改建，1946年秋移交给福山二区区公所。1949年5月，更名福山林场。1998年6月，改为烟台市福山区国有福山林场。总面积233.7公顷。其中，林业用地228.4公顷，占总面积的97.7%；房屋、工程、道路等用地5.3公顷，占总面积的2.3%。在林业用地中，有林地面积117.1公顷，疏林地面积84.5公顷，荒山、荒地面积26.8公顷。森林覆盖率50.1%。活立木总蓄积3607立方米。

区国有福山苗圃　坐落于门楼镇崇义村西北。原名崇义林场，建于1950年。1962年，改为崇义苗圃，开始培育苗木，后改为福山苗圃。1998年6月，改称烟台市福山区国有福山苗圃。占地面积2公顷，主要培育防护林苗木，年培育苗木约4万株。

第三节　乡镇林业站

1970年，各公社设农技站，安排1名林业技术员负责林业工作。1983年11月，乡镇林业站从农技站析出单设，为区林业局派出人员。1986年，各乡镇正式成立林业站，人员由各乡镇管理。2001年机构改革，乡镇林业站合并入各镇街农业综合服务站。

第二章　林业资源

林业资源主要包括林地、树种、林种、林木覆盖率、蓄积量、珍贵古老树种、湿地、珍禽异兽和鸟类、蛙类。改革开放前，农村普遍靠烧木头、柴草做饭或取暖，林木砍伐严重。改革开放后，煤、电、液化气、天然气等取代了木、草，山林得到恢复和有效保护。

第一节　林地面积

福山属山丘陵区，自然林区较多。1933年，全县山岚面积达1万公顷（含今芝罘区一部分），占总面积的11.2%。1938—1948年，由于战争破坏，林地面积逐年减少，到1949年，全县有林山岚仅剩下3800公顷。

中华人民共和国成立后，三年国民经济恢复时期，县政府发动人民植树造林，1952年林业用地面积增至4266.7公顷。第一个五年计划期间，开发海滩、荒山宜林地，林地面积增至6666.7公顷。1958年，由于搞“大跃进”，林业生产受到破坏，大量树木被砍伐。三年自然灾害时，杀树开荒种粮，林地面积减少666.7公顷。经济调整时期，进行林木确权发证工作，调动国家、集体、个人植树造林积极性，林地面积上升到13466.7公顷。第三和第四个五年计划期间，片面强调“以粮为纲”，毁林开荒，到1975年，全区林地面积减至4666.7公顷。

1978年后，对农村产业结构进行调整，部分土地退耕还林。1985年，全区林业用地16450公顷（包括水果4398公顷），占土地总面积的26.3%。其中，有林地13806公顷（包括水果），占林业用地的83.9%；疏林地1572公顷，占林业用地的9.6%；未成林造林地57公顷，占林业用地的0.3%；无林地1013公顷，占林业用地的6.2%；固定苗圃2公顷。

2000年，全区林业用地20242公顷，占全区总面积的34.3%。其中，有林地17998公顷（含水果6331公顷），占林业用地的88.9%；疏林地245公顷，占林业用地的1.2%；苗圃地37公顷，占林业用地的0.2%；荒地1962公顷，占林业用地的9.7%。

第二节　树木种类

清至民国时期，境内树木主要有秦椒、桧、椿、樗、桐、楸、槐、刺槐、皂荚、榆、杨、柳、桑、柘、柞、松、蔓荆子、山石榴、马尾松、柞树、柳、琴、白杨、侧柏等树种。

1951年，县林业部门在发展当地优质树种的同时，积极引进适宜本地生长的苗木及种子。主要有黑松、苦楝、板栗、车梁木、泡桐、白榆、落叶松、茶树、北京杨、健杨、文冠果、核桃、214杨、波兰15号杨、意大利杨、杜仲、梧桐、水杉、刺杉、池杉、湖桑、箭杆杨、八里庄杨黄、漆树、梧桐柳、柳杉、白皮加杨、马木、钻天杨、赤杨、大宫杨、沙兰杨、毛白杨21号、毛白杨31号等。随着生态环境建设的发展，后又引进杂交杨I-214、I-69、I-72、欧美杨、107、三倍体毛白杨、中林46、中林2001、中林2002等速生用材树种和樱花、蜀桧、金叶女贞、沙金柏、红叶小檗等观赏树种。

1985年统计，全区主要木本植物共155种。其中，用材、防护林树种34种，观赏林树种35种，经济林树种24种，灌木林树种13种，观赏花木树种49种。山区天然林建群树种以松属、柏属、栎属、榆属、杨属等温带树种成分占优势。在用材、防护林中，以松类树种最多，其次为刺槐，柏类树种较少%。在经济林中，紫穗槐、柳条、荆条、蜡条等树种数量为多，其次是板栗、核桃和其他树种。1991年，全区主要木本植物有49科102属190余种。

用材、防护林　主要有赤松、侧柏、黑松、黑赤松、栎、日本落叶松、杉木、水杉、毛白杨、小叶杨、加拿大杨、I-69、I-72、I-214、107杂交杨、三倍体毛白杨、健杨、垂柳、旱柳、速生柳、枫杨、紫椴、青桐、赤杨、白榆、国槐、刺槐、紫花泡桐、苦楝、楸叶泡桐、白花泡桐、臭椿梓树、楸树、火炬树等。其中，松类占73.5%，柏类占3.9%，栎类占0.7%，刺槐占14.5%，白杨类占0.3%，黑杨类占6%，其他类占1.1%。

观赏林　主要有银杏、白皮松、华山松、雪松、合欢、万峰桧、千头柏、圆柏、日本花柏、龙柏、铅笔柏、杜仲、龙爪柳、鹅掌楸、大叶黄杨、黄杨、一球悬铃木、二球悬铃木、三球悬铃木（即法国梧桐、美国梧桐）、龙爪槐、毛刺槐、三角枫、复叶槭、栾树、雪柳、小叶女贞、女贞、蜀桧、金叶女贞、沙金柏、大叶女贞、樱花、海桐、构树、锦鸡儿等。

经济林　主要有核桃、板栗、麻栎、槲树、花椒、桑、无花果、杜仲、香椿、大枣、柿子、文冠果、葡萄、苹果、梨、桃、杏、李、茶树、石榴、山楂、樱桃、刺梅等。其中，苹果、桃等水果占91.5%；板栗、山楂占2.2%；桑、栎类等占6.3%。

灌木林　主要有白蜡、绒白蜡、柽柳、山合欢、胡枝子、多花胡枝子、酸枣、紫穗槐、杞柳、黄荆、柘树、盐肤木、卫矛等。

观赏花木　主要有苏铁、白玉兰、广玉兰、厚扑、蜡梅、海桐、黄栌、紫藤、葛藤、紫荆、皂角、木槿、扶桑、山茶花、紫薇、花石榴、山杜鹃、照山白、尖叶杜鹃、紫丁香、白丁香、桂花、迎春、探春、连翘、金钟花、茉莉、夹竹桃、凌宵、栀子、接骨木、金银花、淡竹、刚竹、棕榈、金橘、橘子、柠檬、紫叶李、西府海棠、观赏苹果、红叶李、紫叶桃、红叶小檗、黄金槐、香花槐、碧桃、红瑞木、红枫等。

第三节　林木覆盖率及蓄积量

林木覆盖率　民国初年，全县森林覆盖率为11.3%。1938—1949年，受战争破坏，林木覆盖率下降到6.7%。中华人民共和国成立后，三年国民经济恢复时期，林木覆盖率上升到7.5%。从1953年开始，县政府发动群众大搞植树造林，到1957年，林木覆盖率达到15.5%。1964—1975年，因毁林开荒和受松毛虫、松干蚧等害虫的危害，覆盖率再度下降至8.5%。

1978年以后，开展全民义务植树活动和“四旁”（即宅旁、村旁、路旁、水旁）绿化，林业生产发展较快，林木覆盖率逐年上升，到1985年底，林木覆盖率为25.8%。其中，森林覆盖率15.1%，林网覆盖率0.2%，“四旁”树木覆盖率3.5%，水果覆盖率7%。1991年，全区林木覆盖率为31.6%。其中，森林覆盖率为8.4%，林网覆盖率0.3%，间作覆盖率0.1%，村、镇林木覆盖率0.7%，经济林覆盖率22.1%。90年代，由于受市场经济的影响，苹果、桃、山楂等被淘汰，经济林减少。2000年，全区林木覆盖率为31.2%。其中，森林覆盖率16.9%，经济林覆盖率13.6%，道路沟渠覆盖率0.2%，村、镇林木覆盖率0.5%。

林木蓄积量　70年代前，境内林木蓄积量无详细记载。1975年，全县活林木蓄积量为92593立方米。其中，用材林、防护林蓄积量为43854立方米，占总蓄积量的47.3%；散生木蓄积量为1013立方米，占总蓄积量的1.1%；“四旁”林木蓄积量为39412立方米，占总蓄积量的42.6%；疏林地蓄积量为8314立方米，占总蓄积量的9%。

1985年，全区活立木总蓄积量为129263立方米，人均0.46立方米。其中，有林地蓄积量69393立方米，占总蓄积量53.6%；疏林地蓄积量375立方米，占总蓄积量的0.3%；散生木蓄积量为358立方米，占总蓄积量的0.3%；“四旁”树木蓄积量为49888立方米，占总蓄积量的38.6%；林网树木蓄积量为9249立方米，占总蓄积量的7.2%。林分蓄积按林种分，用材林蓄积21656立方米，占林分蓄积的31.2%；防护林蓄积为47737立方米，占林分蓄积的68.8%。按龄组分，幼龄林蓄积17504立方米，占林分蓄积的25.2%；中龄林蓄积44108立方米，占林分蓄积的63.6%；成熟林蓄积为7781立方米，占林分蓄积的11.2%。按优势种分，松类蓄积4158立方米，占林分蓄积的6%；柏类蓄积2106立方米，占林分蓄积的3%；刺槐蓄积27458立方米，占林分蓄积的39.6%；杨类蓄积29754立方米，占林分蓄积的42.8%；其他树种蓄积5917立方米，占林分蓄积的8.6%。

2000年，全区活立木总蓄积量88853立方米，人均0.3023立方米。其中，林分蓄积55578立方米，占总蓄积量的62.5%；疏林蓄积3178立方米，占总蓄积的3.6%；道路沟渠蓄积23791立方米，占总蓄积的26.8%；村、镇树蓄积6306立方米，占总蓄积的7.1%。林分蓄积按林种分，用材林蓄积6313立方米，占总蓄积的29.5%；防护林蓄积49265立方米，占总蓄积的55.4%。按龄组分，幼龄林蓄积26211立方米，占总蓄积的29.5%；中龄林蓄积11588立方米，占总蓄积的13%；近熟林蓄积6036立方米，占总蓄积的6.8%；成熟和过熟林蓄积11743立方米，占总蓄积的13.2%。按优势树种分，松类蓄积19119立方米，占总蓄积的21.5%；柏类蓄积5518立方米，占总蓄积的6.2%；刺槐蓄积14092立方米，占总蓄积的15.9%；杨类蓄积12817立方米，占总蓄积的14.4%；其他树种蓄积4032立方米，占总蓄积的4.5%。

第四节　古老稀有树木

1983年和2002年，为充分挖掘古树名木资源，区林业部门2次对境内的古老稀有树木进行调查。全区古老稀有树木共有63株，接近古树名木的后备树木和具有一定观赏价值的林木百余株。

古树名木

银杏　银杏科，银杏属，别名白果。落叶乔木，树干高大，叶扇形，为中国特有树种，被称为“活化石”。银杏树形优美，春、夏季节叶色嫩绿，秋季鲜黄，抗烟尘力强，是珍贵的用材及观赏树种。境内栽培较多，分布亦广，古树有12株。寿命最长的1株位于峆嵚寺林场门前，树龄约1010余年。雌株。自90年代后进行人工授粉，硕果累累。

国槐　豆科，槐属，别名槐树，落叶乔木。原产中国北方。生长慢，寿命长。多作为观赏树种，在庙宇、公园、城乡道路两侧、庭院等栽植，被老百姓誉为“风

图12-1　西水夼白蜡

图12-2　区政府院内杜仲

水树”。境内现存古树国槐34株。其中，树龄最长的为1000多年。李家疃村1株，树龄500多年，由于树干中空，村民在里面栽了1棵榆树，形成了神奇的槐抱榆。

龙爪槐　豆科，国槐属。为国槐的变种，树冠伞形，枝条全部拱曲下垂。为较好的园林绿化树种。境内仅古现四合村1株。

黄连木　漆树科，黄连木属。落叶乔木。寿命长，萌芽力强，为较好的观赏树种。境内共有6株。

白皮松　松科，松属。常绿乔木，针叶三针一束，国内特产。老树树皮呈灰白色，裂成不规则的鳞状块片脱落，露出粉白色的内皮，白褐相间成斑鳞状，树形多姿，苍翠挺拔，别具特色，极为美丽。白皮松寿命长，树龄可达数百年，甚至上千年。因其树皮斑斓如白龙，封建社会只许帝王陵寝及寺院栽植。境内无白皮松的天然分布。古树仅有紫埠村赵家祠堂院内2株。据考证，两树于清朝咸丰年间，赵姓富户由北京带土运回本族祠堂院内栽植。

白蜡　木樨科，白蜡属。落叶乔木，树冠卵圆形。奇数羽状复叶，对生，小叶5～9枚，通常7枚，卵圆形或卵状披针形，长3～10厘米。圆锥形花序侧生或顶生于当年生枝上，下垂，夏季开花，花萼钟状，无花瓣，翅果倒披针形，长3～4厘米。花期3—5月，果10月成熟。境内仅大芹子夼村和西水夼村各存1株。

凌霄　紫葳科，凌霄属。落叶木质藤本。羽状复叶对生，小叶7～9枚，卵形或卵状披针形，长3～7厘米，宽1.5～3厘米。花橙红色，由三出聚伞花序集成稀疏顶生圆锥花丛，花萼钟形，花冠漏斗状，直径约7厘米。蒴果长如豆荚，顶端钝，种子多数，花期7～9月，果熟期10月。境内山北头村原关帝庙内仅存1株。

榆树　榆科，榆属。落叶乔木，在干旱贫瘠之地长成灌木状，幼树树皮平滑，大树树皮呈不规则纵裂，粗糙。叶椭圆状卵形、长卵形、椭圆状披针形或卵状披针

图12-3　紫埠白皮松

图12-4　张格庄黄连木

图12-5　赵家庄明古槐

图12-6　福山林场古银杏

形，长 2～8 厘米，宽 1.2～3.5 厘米。花先叶开放，翅果近圆形，长 1.2～2 厘米，核果部分位于翅果的中部，花果期 3～6 月。境内栽植较普遍，近年数量锐减。古树西埠庄村仅存 1 株。

樱桃　蔷薇科，樱属。落叶乔木，嫩枝无毛或微被毛。叶卵圆形至卵状椭圆形，长 7～16 厘米。花白色，3～6 朵成总状花序，直径 1.5～2.5 厘米，先叶开放，花期 3—4 月，核果，果期 5 月。大樱桃自 1871 年引入境内，绍瑞口村存古树 1 株。

石榴　石榴科，石榴属。落叶灌木或小乔木，树冠丛状自然圆头形，树根黄褐色，根际易生根蘖。树干呈灰褐色，嫩枝有棱，一次枝在生长旺盛的小枝上交错对生，具小刺。叶对生或簇生，长披针形至长圆形，长 2～8 厘米，宽 1～2 厘米，有短叶柄。花两性，一般 1 至数朵着生在当年新梢顶端及顶端以下的叶腋间，萼片硬，肉质，管状；花瓣有单瓣、重瓣之分，花多红色，也有白、黄、粉红和玛瑙色，花期 5—6 月份，果实 9—10 月成熟。境内石榴多庭院栽培，古树仅存大芹子夼村 1 株。

柘树　桑科，柘属，别名柘棘。落叶灌木或小乔木。树皮淡灰色，呈不规则薄片状剥落，幼枝有硬刺，刺长 5～30 毫米；叶卵形或倒卵形，长 3～12 厘米，宽 3～7 厘米；花排列成头状花序，单生或成对腋生；聚花果近球形红色；花期 6 月，果熟期 9—10 月。在中国有“南檀北柘”之称。生长极为缓慢，凡树龄在 50 年以上，属于国家一级保护落叶乔木。福山林场有原生柘树林数百米，近百株，其中较大柘树 3 株，古柘树仅有 1 株。

紫藤　豆科，紫藤属。落叶木质大藤本，攀缘缠绕，茎粗大。树皮深灰色，小枝暗灰色，嫩枝暗黄绿色，总状花序侧生，长 15～30 厘米，花冠紫色，为较好的庭院观赏树种。境内吴阳泉村存紫藤古树 1 株。

后备古树名木　全区有接近古树年龄的后备树木 4 株，生长势均强。1954 年，区政府院内栽植银杏 1 株。至今树高 19.4 米，胸径 60.5 厘米，平均冠幅 13.7 米。1963 年，福山苗圃栽植鹅掌楸 1 株。至今树高 12.6 米，胸径 43.9 厘米，平均冠幅 9 米。1964 年，钟家庄村栽植国槐 1 株。至今树高 17 米，胸径 65 厘米，平均冠幅 15.5 米。60 年代，区政府院内栽植杜仲 1 株。至今树高，15.5 米，胸径 43 厘米，平均冠幅 10.7 米。

2002 年福山区古树名木统计表

表 12-1

树种	生长地点	树龄（年）	树木规格			生长势
			树高（米）	胸径（厘米）	平均冠幅(米)	
银杏	福山林场	1010	26.2	151.3	22.5	强
银杏	朱甲山村	100	24.0	79.6	13	强
银杏	小河子汪家村	400	20.3	68.5	14.3	强
银杏	小河子汪家村	400	25.8	124.2	16.1	弱
银杏	西水夼村	70	20.8	47.8	10.5	强
银杏	西埠庄村西北	700	19.3	79.6	13.7	强
银杏	西埠庄村西北	700	22.8	101.9	17.2	强
银杏	西埠庄村东北	150	20.8	63.7	11.4	强
银杏	西埠庄村东北	150	21	52.5	8.3	强
银杏	西埠庄村东南	700	23.2	124.2	18.9	强
银杏	房家疃村	700	19	116.2	12.8	强
银杏	南涂山村	700	14.8	133.8	13.4	强
国槐	钟家庄村	310	3.7	90.8	4.3	弱
国槐	钟家庄村	310	12.8	98.7	16.3	强
国槐	西留公村	500	13.4	98.7	17.6	中
国槐	蒲湾村	300	6.8	125	4.9	中
国槐	銮驾庄村	300	18.3	100	15.2	强
国槐	泊子村	300	13.4	103.5	8.3	强
国槐	招贤村	500	7.8	84.4	5.8	中

续表 12-1

树种	生长地点	树龄（年）	树木规格			生长势
			树高（米）	胸径（厘米）	平均冠幅(米）	
国槐	永福园村东	1000	10.3	105.1	17.5	强
国槐	永福园村西	1000	19.2	79.6	13.5	强
国槐	南马家村	410	21.4	105	12.7	强
国槐	下许家村	310	16.8	119.4	18.1	强
国槐	石臼村	200	20.8	97.1	18.2	强
国槐	河格庄村	410	18.8	151.3	18.4	强
国槐	葛家庄村西	1000	12.2	120	10.1	强
国槐	葛家庄村东	200	18	57.3	11.7	强
国槐	大转村东	510	9.2	51.6	8.8	中
国槐	大转村西	400	14.2	38.2	13.4	强
国槐	丁家夼村	120	11.2	43	10.4	强
国槐	吴阳泉村	400	11.8	140.1	9.5	强
国槐	义村	250	12.8	73.2	9.9	强
国槐	南厚滋沟村	210	17.2	84.4	13.2	强
国槐	赵家庄村	400	6.4	63.7	7.5	强
国槐	隆口村	300	14.4	117.8	16.2	强
国槐	庞家沟村	360	17.8	135.3	18	强
国槐	唐家埠村	300	8.2	70.1	9.4	强
国槐	李家疃	500	7.2	98.7	12	强
国槐	解子崖村	300	15.3	66	13.8	强
国槐	小赵家村	300	10	113	10.6	中
国槐	北于家村	100	4.4	82.8	6	弱
国槐	南张家村	200	17	72.5	16.3	强
国槐	西臧家村	500	14.6	108.3	22.9	强
国槐	辛店村	300	14.5	92	11.7	弱
国槐	陡崖村	400	15	73	11.9	强
国槐	河北村	400	13.5	95	10.5	弱
龙爪槐	四合村	200	3.2	30	3.1	中
黄连木	钟家庄村	110	8.2	140.1	11.6	弱
黄连木	张格庄村	170	10.3	184.7	15.7	强
黄连木	西黄山村	100	7.6	60.5	9.1	强
黄连木	茂芝场村	90	17.2	57.3	10.9	强
黄连木	茂芝场村	90	17.4	54.1	9.8	强
黄连木	茂芝场村	90	17	47.8	7.4	强
白皮松	紫埠村	180	19.3	66.9	14.2	强
白皮松	紫埠村	180	17.3	58.9	14.2	强
白蜡	大芹子夼村	80	18.4	57.3	10.5	强
白蜡	西水夼村	310	13.8	63.7	10.1	强
凌霄	山北头村	200	4.3	35	4.1	强
榆树	西埠庄村	90	23	66.9	16.4	强
大樱桃	绍瑞口村	100	5.6	108	6.8	中
石榴	大芹子夼村	85	4.5	38	4.5	强
柘树	福山林场	80	7.6	22.5	4.1	强
紫藤	吴阳泉村	200	2.5	41.3	4	强

第三章　山林权属

中华人民共和国成立前，林木以私有为主。中华人民共和国成立后，山林权属有私有、集体和国营林木三种形式。1955—1957年，进行林业所有制改造，私人山岚林木入社。1964年，开展林木确权发证工作。“文化大革命”中，私有林木的权属再度陷入混乱。改革开放后，推行林业生产承包责任制，坚持房前屋后和承包山、地、草场树木谁栽谁有、谁栽谁管的方针，适时对树木确权发证，充分调动国有、集体和个人三者造林护林的积极性，群众性的爱绿、兴绿、植绿、护绿意识不断增强，植树造林、美化环境、保护生态等生活理念成为时尚。

第一节　私人林木

1955年，全县开展合作化运动，当年入社林木706.7公顷。1957年，林木所有制的改造基本完成，私人入社山岚林地10933.3公顷。但“四旁”树木仍归私人所有。1963年春，县里在古现公社汪家沟大队试点，将社员房前屋后的私有树木调查核实，颁发林木所有证。1964年，全面开展林木确权发证工作。1966年，县人委颁布公告，强调社员“四旁”植树的私人所有权和林木所有证的效力，调动了农民个人植树的积极性。

1972年1月，县革委颁布关于保障林木所有权的布告，“社员个人种植的零星树木归社员所有”；“经济林从种植到死亡，用材林从种植到成材，所有权都不再变动”。

1982年，落实稳定山权林权、颁发林权证，划定自留山，确定林业生产责任制的“三定”工作。是年，县林业部门进行第二次林木确权发证工作。其原则是：如存有1964年所发林木证书，实际情况又无重大变化，根据旧证，补发新证，同时废除旧证；在不影响交通、排水、输电和通信线路的前提下，街头巷尾、房前屋后的树木能放则放，靠谁近、谁管理方便就划给谁。至1984年，全区284个村43977户农民领取林权证，分别占总村数和总户数的92.8%和76%。1991年，水果经济林为12369公顷，2000年，减为6331公顷。

第二节　集体林木

1949年，在沿海海滩营造集体林733.4公顷。1955年，部分私有山岚折价入社，变为集体所有。至1957年，全县集体林木10933.3公顷。其中，成林3600公顷，幼林5666.7公顷。1963年，县农林局在崇义大队成立国家、公社联合林场，面积33.7公顷。1965年，县委、县人委组织机关干部和中学师生，在东道平山整水平梯田7公顷，山顶栽松、山腰植果，属谭家庄公社。1976年，张格庄公社与岔夼、马家、瑶台、黑石4村联办林场，以公社“战山河专业队”为主，历时两年，修水平田、挖鱼鳞坑100公顷，植黑松、刺槐。后该林场属公社所有。至70年代末，全县共有集体山林面积10592公顷。

1984年，对未划自留山的其余林地，全面落实多种形式的责任制。全区198个有岚村，总面积8854公顷，划定自留山的有70个村，面积为3333.4公顷，分别划给16390户农民经营；实行承包责任制、承包到户的有85个村，面积为223.8公顷，分别承包给380户农民经营；实行管护责任制的有56个村，面积为1120公顷，管护人员280名。至此，全区10591.6公顷集体林木均落实了不同形式的责任制。1991年，又将山滩林木权属收归村级集体所有，但经济林仍归农民自行管理。此后全区山滩林木全为集体所有、集体管护。是年，全区集体林业用地12467公顷。2000年，因行政区划变动，林业用地面积减至11800公顷。至2002年，沿海防护林基干林带以及巫山、狮子山、黑石山、大芹子夼山、桃园北山的防护林和永福园的林网等，枝叶茂盛，郁郁葱葱，发挥了林业的生态效益、社会效益和经济效益。

第三节　国有（营）林木

福山国营林木，主要是峆峅寺林场，1942年由胶东区党委接管的峆峅寺庙产改建而成。1946年秋，移交二区区公所。1949年5月，更名福山林场。初时测定总面积为273.3公顷。1954年，测定经营面积为233.7公顷。1963年，经省林业调查队测定实际面积为226.5公顷。1983年，按全省统一部署调查，总面积为233.7公顷，林业用地面积为231公顷，其中有林地面积150公顷，疏林地面积6.6公顷，无林地面积74.4公顷。活立木总蓄积量为1499立方米。主要树种为赤松、黑松、落叶松、麻栎、刺槐、苹果、板栗等。1985年，除国营林场外，还有公路绿化带162千米，树木14.4万株；铁路绿化带28千米，树木7.3万株。

1991年，全区国营林业用地为364.3公顷。其中，福山林场232.8公顷，区卫生局80公顷，福山铜矿28.6公顷，区园林处20.9公顷，福山苗圃2公顷；有林地184公顷，疏林地23.6公顷，无林地154.7公顷，苗圃2公顷。活立木总蓄积为2128立方米。主要树种为赤松、黑松、麻栎、刺槐、苹果、板栗，还有少量枫杨、大樱桃、桃等。

2000年，全区国有林业用地385公顷。其中，福山林场228公顷，区卫生局80公顷，福山铜矿29公顷，区园林处46公顷，福山苗圃2公顷；有林地197公顷，疏林地84公顷，苗圃地2公顷，荒地77公顷，其他用地25公顷。活立木总蓄积为5096立方米。

第四章　林业生产

改革开放前，福山主要进行河堤植柳、海滩造林、房前屋后植树和封山育林。改革开放后，加大林业生产力度。80年代，各公社（乡镇）广修环山路，发展干杂果，开展荒山造林、封山育林和留苗养树，基本恢复南部巫山与狮子山、西部洪均顶与磁山的赤松林带，北部沿海以黑松、刺槐为主的防风林带，中部大沽夹河和清洋河以杨、柳为主的堤岸防护林带。同时，在公路、铁路两旁建设绿化带，在河滩建设速生丰产林，在村旁、路旁、宅旁、沟（渠）旁进行“四旁”植树，在城区实施机关企事业单位包绿化工程，推行“包栽、包活、包管理、三至五年不变”的植树造林新模式，力求改变“重栽轻管，年年栽树不见树”的现象。90年代中、后期，每年雨季，烟台市与区和乡镇机关干部到划定的区域挖坑栽树，造林绿化，形成制度。至2002年，全区林业育苗达5000万株，义务植树近千公顷。

第一节　采种育苗

采种育苗　1952年，全县采集赤松、棉槐、刺槐等树种6961公斤，同时还从外地引进少量黑松树种。自1953年开始，采集的树种除供县内用外，每年还批量外调，至1971年，支援外地树种累计达2万多公斤。1978年，全县收购采集树种1.8万公斤。1984年后，林业实行多种形式责任制，家庭采种育苗增多，收购量下降。1985年，仅有1820公斤。之后逐年下降，每年收集100公斤左右。1986年以后，植树造林以引进优良树种为主，采种量很少。

国营苗圃育苗　1950年春，县政府建立金堆寺苗圃，占地5.6公顷，育苗2公顷，年出圃苗130万株。1962年，该苗圃下放给大屋大队。崇义苗圃（原为崇义林场），营地2公顷。1962年以前，以育苗为主，年育苗1.3公顷，出圃苗木60余万株，主要是用材树种和经济树种。1978年，苗圃为2公顷，年育苗1.6公顷，出圃苗木6万余株。主要树种为松类、杂交杨、国槐、柳树、毛白杨、法桐、泡桐等。1984年以后，开始引进雪松、蜀桧、冬青、国槐、白皮松等优质园林绿化苗木。1992年，苗圃减为1.5公顷，以引进新品种苗木和绿化苗木为主。1995年以后，主要培育园林绿化的大规格苗木，年出圃苗木1万株。

集体育苗　50年代初，全县有250个村建立集体育苗基地。1952—1956年，年均育苗33.3公顷，出圃苗木250万株。1957—1961年，全县育苗面积在

53.3～66.7公顷，年均出圃苗木400万株。1965年，育苗面积达87.7公顷，出圃苗木658万株。60年代末，年均出圃苗木1758.5万株。70年代，全县集体育苗面积年均200公顷以上，年出圃苗木1500万株以上。1988年，达到333.4公顷。1990年以后，集体育苗面积逐年减少。2000年，区农林局在回里镇旺远刘村租赁土地5.33公顷，建立育苗基地，当年繁育大樱桃苗10万株，2002年，繁育大樱桃苗、梨苗、桃苗、苹果苗等50多万株。

1987年，境内首次使用塑料容器袋培育容器苗新技术，年培育容器苗数十万株。1992年，容器苗达到3000万株。

私人育苗　50年代初，农民少量繁育杨、柳、槐、榆、梧桐及苹果、山楂、桃、李、板栗、杏等苗木。60年代，大量繁育苹果苗出售。“文化大革命”期间，私人育苗被当作“资本主义尾巴”割掉。1978年后，私人育苗逐渐恢复和发展，主要有苹果、桃、山楂、樱桃等果树苗。除当地栽植外，还销往甘肃、宁夏、青海、四川、湖南、湖北等地。随着城市绿化的需求，逐渐增加绿化、美化树种，并逐渐形成育苗大户。1985年，育苗面积0.2公顷以上的大户34个。全区年出圃苗木1亿多株。1987年以后，苗木繁育开始转为大樱桃为主。2002年，全区大樱桃育苗面积40多公顷，年出圃樱桃苗木200多万株。

2002年9月，由区科协牵头组建的福山区优质果种苗繁育推广协会成立，育苗成员单位有31个，主要以繁育大樱桃苗为主，以繁育柿子、板栗、核桃、大枣等干杂果苗木为辅。至年底，民营育苗已形成规模的绿化公司有16个，占地100多公顷。主要培育苹果、大樱桃、杏、柿子、梨等果树苗和雪松、蜀桧、沙金柏、樱花、连翘、冬青球、小叶黄杨、红叶小檗等城市绿化苗木，以及月季、一串红等花卉苗木。年出圃苗木539万株。

第二节　植树造林

中华人民共和国成立初期，县政府发动沿海19个村庄近3000名劳力进行海滩造林，至1952年，共栽黑松、刺槐等45万株，营造上乔下灌防风林733.4公顷。同时，号召群众开展荒山造林，至1953年，绿化荒山僻岭733.4公顷。1956年，植树造林1466.7公顷，“四旁”植树5.7万株。1964—1966年，对林木进行确权发证，放宽林业政策，林业生产有很大发展。开展以哄君顶、门楼马山、狮子山为重点的荒山造林；对海滩防护林重新进行增栽补植，营造入海河流林地近66.7公顷；营造河岸新林地680.9公顷；组织29个大队7000余人次，在县境28千米的蓝烟铁路沿线，植树7.3万株，压棉槐30万墩；在西干渠汪格庄至奇章沿途灌区植树63.3万株，压条桑44.5万墩。1970—1972年，全县每年进行“四旁”绿化植树122.5万株。70年代初，门楼、兜余、古现、福山镇等平原地区，营造农田林网3197.9公顷。70年代中期，由于松毛虫和松干蚧的严重危害，全县8666.7公顷赤松林相继枯死。林业工作的重点是以质地更新为主的荒山造林，栽植树种为黑松、刺槐、紫穗槐、落叶松等。

1978年以后，开发山区和开展全民义务植树活动。至1980年，全县共造林3100公顷，干线公路绿化162千米，社干路绿化480千米。1982年，回里、门楼、兜余、福山镇，在立地条件较好的河滩地，发展杨树速生丰产林137.5公顷。1984年春季，根据烟台市的统一规划，在206国道烟台至潍坊段两侧，每侧宽15米，栽植高质量的公路绿化带18千米。同年，将8853.4公顷山岚和1733.4公顷海滩、河滩林地，直接同农民签订“三定”（定林权、定山权、定树权）合同，对承包者实行责、权、利一体化管理制度，激发了农民植树造林的积极性，当年全区修环山路571千米，挖大穴216万个，造林485.9公顷，“四旁”植树51.8万株。1985年1月1日，《中华人民共和国森林法》开始实施，林业生产走上法制化轨道。全面开展封山育林、护林防火工作，使林业资源得到恢复和发展。1987年，区、乡镇两级党委和政府签订为期3年的绿化责任状。同年，在山区大量使用容器苗造林新技术，提高了造林成活率。1988年，在福山镇白虎山、东厅乡农技中学北山和桃园南山、高疃镇马山、兜余镇太平顶等实施烟台市近郊绿化工程，全部采用容器苗造林新技术，植树造林80公顷，成活率达95%。至1989年，3年共完成造林1150公顷，新栽和补植农田林网1455公顷，“四旁”植树87万株。

1991年，对全区林业发展进行全面规划。目标是：在北部，巩固海滩防护林带117公顷；在西部、南部建起山系林带，使林地达到25167公顷；在东部大沽夹河、清洋河河滩，建设防护林带532公顷；在中部铁路、公路、机耕路、连村路，建起护路林带413千米；在城镇、乡村开展庭院绿化、美化活动，形成东西南北中与带、网、片、点全面发展的防护体系。

1991—1992年，在烟青一级路两侧回里镇、兜余镇段可视范围内，建设烟台市长“135”造林绿化工程，造林补植1333多公顷。1992—1993年，在门楼水库汇水区，建设烟台市长水土保持、水源涵养林工程2666公顷。至1994年，完成造林3068公顷，疏林补植3140公顷，“四旁”植树182万株，新建和改造经济林2382公顷，新建和完善农田林网4733公顷。1994年，实现省“八五”绿化达标和平原绿化达标，福山区被林业部评为“沿海防护林体系建设先进单位”，被省政府授予“八五绿化达标先进单位”和“平原绿化达标先进单位”，被市政府授予“近郊绿化先进单位”和“消灭荒山荒滩先进单位”称号。

1995年以后，主要采取组织全民义务植树的形式进行山区造林绿化。每年春季和雨季，区政府组织区和乡镇机关干部到划定的责任区内造林补植，每3年造一片林，绿化一个山头。同时，市政府组织部分企事业单位干部职工到福山区义务植树。

2000年，外夹河大坝植树17千米，计3.4万株。至2002年，全区义务植树800公顷。

1978—2002年福山区造林面积和“四旁”植树情况表

表12-2

年份＼项目	造林面积（公顷）	“四旁”植树（万株）	年份＼项目	造林面积（公顷）	“四旁”植树（万株）
1978	560	40	1991	413.3	30
1979	633.3	38	1992	2400	33
1980	360	30.3	1993	800	35
1981	273.3	39.9	1994	3200	33
1982	193.3	39.5	1995	400	20
1983	540	55	1996	200	17
1984	593.3	51.8	1997	—	19
1985	393.3	44	1998	133.3	17
1986	366.6	37	1999	386.7	17
1987	780	34	2000	213	17
1988	1106.7	56	2001	—	17
1989	393.3	50	2002	334	16
1990	453.3	34	—	—	—

第五章　林木保护

中华人民共和国成立前，富家、寺庙的大片山岚及族茔林木，皆雇人看护，零星树木由树主自行看管。

中华人民共和国成立后，县里重视林木保护工作，多次发布公告，严禁滥伐树木。人民公社化之后至农村实行大包干生产责任制之前，县、社、村三级加强林地和林业资源保护，有山岚草场的村均安排专职护林员，实行昼夜看护，名曰“看山”。农村实行家庭联产承包责任制之后，各级政府更加重视护林工作。建立健全林木保护组织，区里成立常务副区长为组长的护林防火指挥部，办公室设在林业局；林业局内部相继设有森林保护站、森林公安科、护林执法大队；各乡镇成立专业护林防火小分队；各村设护林员。每年清明节、十月朝前后，区、乡镇机关干部分片包干，包乡镇、包村居，起早贪黑、昼夜巡逻、严防死守，及时扑灭因上坟烧纸引起的山林火灾。同时，加强病虫害预测预报和重点防治，推动林木资源保护工作向规范化、法制化方向发展，有效地构筑起城区园林化、通道林荫化、农田林网化、库区湿地化、镇村林果化、城乡一体化的绿化新格局。

图 12-7　福山区森林消防指挥中心

图 12-8　福山区森林消防队

中华人民共和国成立后，县政府多次发布公告，严禁滥伐树木，并对盗伐、纵火及其他有意破坏林木者，依法惩处。各村设护林员 1～4 人，并制定护林公约，建立护林员分段分工负责制度。1972 年，县革委颁布《关于保障林木所有权加强山林保护管理的布告》。一些山岚较大的大队，成立林业队，实行统一经管。各公社把山规制度列入《乡规民约》，要求群众严守。农村实行生产责任制后，部分村实行管护投标责任制，将护林人员的工资与工作责任联系在一起，实行超奖减罚制度，加强林木保护。1985 年，全区实行林木管护责任制的有 83 个村，林地面积 2000 公顷，管护人员 377 人。

1987 年，区林业局设森林保护站，负责制定森保规划；进行病虫害预测预报和防治；对森林植物及其产品实施检疫、划定疫区和保护区；指导、组织实施陆生野生动、植物资源的保护管理和开发利用；协调、督察、查处国家重点保护野生动物的违法案件。

1989 年，林业局内设森林公安科，负责全区森林资源动态监测；编制森林采伐限额并监督实施；管理监督林木凭证采伐与运输；依法办理林地、林权和征占用林地的审核审批手续；查处宜林地区破坏植被造成水土流失的违法行为；承办林业执法、监督、行政应诉和行政复议；协调、组织、指导、督察全区森林防火工作；拟定全区森林防火规划并组织实施；承担区护林防火指挥部的日常工作，减少了山林火灾和毁林案件的发生。

2001 年 10 月，设立林政科。负责全区森林资源监测、调查统计，编制森林采伐限额并监督实施；管理监督林木凭证采伐与运输；依法办理林地、林权和征占用林地的审核、审批；依法查处宜林地区破坏植被的违法行为；承办林业执法监督、行政应诉和行政复议。

2002 年，区政府正式列编设立烟台市福山区护林执法大队，管理全区护林员队伍，协调和督促查处破坏森林资源、国家重点保护野生动物、植物的重大案件；组织协调、指导监督全区森林防火工作；拟定并组织实施全区森林防火规划，发布森林火灾信息，承担区森林防火指挥部的日常工作。各乡镇相应成立林管所，并划分林管区，安排护林员 211 名。

为保护和利用森林资源，1985 年，区林业局进行林业资源调查与区划。1991 年，进行全区林业发展规划设计和沿海防护林体系建设规划设计。2000 年，开展森林资源二类调查及发展规划和森林分类区划界定工作。全区划界定公益林 12135.9 公顷，商品林 8060.8 公顷。

2001 年，根据区划界定的结果，确定在大沽夹河、清洋河流域汇水区的防护林和沿海防护林基干林带范围内，已经森林分类区划界定为重点防护林的水土保持林和防风固沙林面积为 9066.7 公顷。中央财政连续 3 年每公顷补助 75 元森林生态效益资金，每年 68 万元。

第一节　封山育林

1951 年，境内开始封山育林，至 1953 年，全县封山 2500 公顷，封滩 4133.4 公顷。1956 年合作化后，各村确定专职护林员，封山育林 10933.4 公顷。60 年代末 70 年代初，为弥补自然灾害给林业生产造成的损失，对毁林者除进行经济制裁外，还采取破坏 1 棵、保栽保活

3棵苗的措施。同时，对山岚采取死封和活封两种办法护林。死封期内，非护林人员严禁入内；活封期内，只允许拾草及其他不破坏林木的活动。在活封林地内，推广自然苗养树的幼林抚育方法，年抚育面积67公顷左右。到1964年，全县封山育林2万公顷。但由于农户普遍缺少烧柴，砍伐树苗木的现象时有发生。

1983年冬，实行家庭联产承包责任制，农户粮、油、果等全面丰收，农作物秸秆随之增多，满足了牲畜饲草和烧火做饭、取暖的需要。之后，煤炭和液化气等相继走进农家，烧火做饭取暖的农作物秸秆也被丢弃，毁林砍树现象减少。同时，坚持“以封为主，封、造、管并举”的方针，封山育林取得明显效果。1985年，全区封山育林面积9733公顷。

1990年，区政府颁布《关于实行封山育林留苗养树的通告》，将全区1.2万公顷山、滩全部划为封山育林区，使林地得到休养生息，各种树木自由繁殖、生长、成材，或开花结实，林木资源得到有效保护，减少了水土的流失。闻名遐迩的张格庄镇权家山村“地堰香椿”，随着改革开放的春风，繁育出成百上千万株幼苗，在本镇27个村乃至福山、烟台等区域安家落户。2002年，绿色覆盖了福山的田野、山坡、沟壑、地堰、草场、路侧、河旁、海边、公园、机关企事业单位的院内院外和居民的房前屋后，到处都是郁郁葱葱、花繁似锦。

第二节 病虫害防治

主要病虫害种类 1985年，林业部门调查统计，全区林木害虫约7个目66科220余种，主要病害约84种。

虫害 有美国白蛾、赤松毛虫、日本松干蚧、松梢螟、刺槐小皱蝽、尺蠖、刺槐夹螟、侧柏毛虫、红蜘蛛、光肩星天牛、杨扇舟蛾与尺蠖、白杨透翅蛾、柳毒蛾、柳小吉丁虫、柳蓝叶甲、大袋蛾、日本龟腊蚧、枣食心虫、栗实象甲、舞毒蛾、柿绵蚧、云斑天牛、桃小食心虫、黄刺蛾、国槐尺蠖、楸梢螟、榆兰金花虫与榆毒蛾、掌舟蛾、榆长翅卷叶蛾等。

病害 有松苗立枯病、松枝枯病、刺槐溃疡病与紫纹羽病、杨树溃疡病与腐烂病、毛白杨锈病、泡桐丛枝病、枣疯病与锈病、板栗枝枯病、核桃黑斑病、楸树根结线虫病等。

病虫害防治 中华人民共和国成立初期，发生虫害后，仅用传统人工捕捉的方法防治。1955年后，境内开始使用化学药剂防治。使用的农药主要有“六六六”、滴滴涕、敌百虫等。这些农药广谱剧毒，既杀害虫，也杀伤天敌，对人畜造成一定危害。80年代后期，采用高效低毒、残效期短、对人畜较安全的仿生制剂灭幼脲进行防治。

日本松干蚧 该虫为国际检疫对象，每年发生2代，主要危害赤松、黑松。土壤瘠薄、干旱年份发生程度重。1964年，境内始有少量日本松干蚧发生，为害较轻。70年代初，由于喷洒“六六六”农药，防治松毛虫，误伤了松干蚧壳虫的天敌，致使日本松干蚧暴发成灾，蔓延扩散至全区。1973年，林业部门组织防治，在树干上刮一块长10厘米、宽三分之一树周长的树皮，再涂以剧毒内吸性农药氟乙酰胺，防治效果较差。此后，采取合理间伐、加强抚育管理、增强树势、更新培养抗病树种、保护天敌等方法，以减轻其发生程度。

美国白蛾 1989年8月，在古现镇北于家村首次发现美国白蛾。该幼虫群集结网幕为害，网幕直径长达1米，食性杂，寄主有桑、法桐、泡桐、榆、杨、柳、刺槐、苹果、大樱桃、杏、葡萄、胡萝卜等林木和蔬菜。繁殖力强，危害严重。区政府花费大量人财物力进行封锁、扑灭，虫情得到有效控制，但未能根除。至2002年，除张格庄镇外，其他镇街均有发生。

赤松毛虫 群众称为“松毛狗”。中华人民共和国建立初期，全县年均受害松林67公顷左右。1953年，县政府发动群众于春季捕捉幼虫840公斤，秋季剪蛹1348公斤。1955年，试用喷洒“六六六”粉防治松毛虫，面积785.2公顷，占防治总面积的25%。至60年代初，松毛虫的危害基本得到控制。1966年，松毛虫再度猖獗，全县大部分松树被噬去针叶，最多每棵树虫口达400余条。1967年春，首次在福山林场采用飞机洒药，后来逐步推广到全县，至1974年，共进行7次，累计防治面积41600公顷，松毛虫被消灭。

1977年，县农业局在北海滩试验利用赤眼蜂和喷洒松毛虫杆菌方法，防治松毛虫，取得明显效果。80年代后期至90年代初期，赤松毛虫发生严重，林业部门利用松毛虫下树越冬的习性，于3月20日上树前和11月20日下树前，分别采用菊酯类农药进行毒笔涂环防治，虫情得到控制。之后，加强野生动物资源管理，特别是大樱桃面积扩大之后，喜食大樱桃的喜鹊数量成倍增加，松毛虫虫口密度迅速下降，达到自然调节状态。

松苗立枯病　50年代有少量发生，60年代较为普遍。该病主要危害松树幼苗，若管理不善，危及整个苗圃。防治方法：在松树幼苗刚出土时期，搭草帘进行遮阴，减少该病发生；播种前用硫酸亚铁溶液喷洒地面，进行土壤消毒；幼苗期每周喷一次多菌灵，有良好效果。

病虫害预测预报　1987年以前，林业部门安排1名技术人员负责调查病虫害发生情况，上报市林业局，然后再根据市林业局发出的虫情简报进行防治。1987年区森林保护站成立后，具体负责境内的林木病虫预测预报工作。根据气候、天敌、历史资料等因素，对林木病虫害的发生进行系统观察和中长期预测预报，发出短期虫情简报，指导林业病虫害防治。

90年代，区林业部门开始加大林业有害生物的监测力度，建立观测网络。各镇街安排1名专业技术人员负责辖区林业有害生物监测工作，全区10666公顷针、阔叶林全部纳入监测范围，及时、全面了解掌握林业有害生物的消长变化，监测覆盖率达100%。

第十三编　果业

福山种植水果历史悠久，素有“苹果之乡”和“大樱桃之乡”的美誉。1862年，烟台通商以后，果品外运便利，栽培果树者渐多，主要有梨、葡萄、苹果、海棠果等类。

中华人民共和国成立后，特别是中共十一届三中全会以后，福山把发展果业生产作为增加农村经济、提高农民收入的主导产业来抓。现代生产的水果种类达20余种、数百个品种，果园遍及全区各村。福山苹果曾一度成为闻名国内外的名产品，大樱桃居国内领先地位。

2002年，全区水果总面积达到7422.9公顷。其中，大樱桃3600多公顷，苹果1867.6公顷，葡萄757公顷。水果总产量78526吨，其中大樱桃6430吨、苹果26059吨、葡萄10000吨。

第一章　苹果

福山苹果素以色泽艳丽、皮薄肉脆、香气馥郁、品质优良而驰名中外。六七十年代，福山苹果成为党和国家领导人举办国宴、招待外宾的重要果品。年出口量达6000多吨，无论是产量、质量还是出口创汇均在全国名列前茅。

福山是中国栽培西洋苹果的发祥地。1871年，美国传教士约翰·倪维思携带西洋苹果苗木，栽植在福山境内的烟台新亭山之东麓。20世纪初，绍瑞口村农民唐殿功自烟台西山外国人开辟的果园剪来青香蕉苹果枝条，在该村平岚沟一带嫁接；紫埠村李锡伍自烟台西沙旺“芝圃园”引进红香蕉苹果苗栽植。四五年后，这两个苹果新品种便在绍瑞口、紫埠村繁衍。1930年前后，福山苹果形成第一个昌盛时期。1932年《胶济铁路经济调查分编》称：“福山所产果实为全省之冠……远销于沿海各口岸。”每年有2750吨苹果销往上海、天津、大连、青岛等地，并经香港远销到菲律宾。每当“中秋节”前后，苹果相继成熟，果农们便车载、畜驮、肩挑，成群结队将苹果送往烟台各商号，换回衣食所需。当时1公斤苹果可换6～8公斤粮食。1936年，全县有果树176万余株，年产苹果3680吨。1938年，福山果业因战乱受到严重摧残。除直接损毁大批果树外，还阻扼果品外运，苹果的售价尚不足以支付运往烟台的运费。果农被迫砍伐果树种粮。1945年，全县仅剩果园33.4公顷，产量则仅为战前的12.4%。抗日战争胜利后，果业生产恢复发展。1946年秋，全县新发展果园128.8公顷。

中华人民共和国成立后，县人民政府采取优先发放贷款、组织技术人员指导生产、成立果品联合推销部等措施，发动农民发展苹果生产。1950年冬至1951年春，新栽苹果135.7公顷，全县苹果面积602.4公顷。1959—1961年，因伐树种粮，部分果园遭到破坏。1962年，果业再次发展。1965年，全县苹果2066.7公顷，总产15225吨，60年代中后期，引进先进技术和玉林、东光等苹果新品种，果品质升量高。1966年春至1968年冬，全县栽植面积146.7公顷。1969—1970年秋，由于片面强调“以粮为纲”，全县1200公顷新栽果树被迫刨掉种粮，果园从4266.7公顷下降到3066.7公顷。1972年，国务院确定福山苹果为名产，实行特供。1973—1975年，新发展苹果1000公顷，总产由32720吨增至61670吨。

1977年，域内苹果产量创历史新高，达到62310吨。1979年特别是实行生产责任制以后，果农种果积极性高涨。至1981年，全县282个大队有集体苹果园，面积增加5倍，总产增加17.2倍。福山苹果在烟台地区占据首位，在农业总收入中占有举足轻重的地位。

福山苹果由于栽植时间长，有的树势已经衰弱，品种老化，品质较差，失去市场竞争能力。为此，1986年，区政府提出在稳定苹果面积的基础上，大力发展大樱桃。90年代后，境内因种植业结构调整，大力发展大樱桃，苹果面积和产量减少。2002年，全区苹果面积1867.6公顷，总产26059吨，分别占果园总面积和水果总产的39.9%和33.2%。

图13-2　青香蕉苹果

第一节　主要品种

福山苹果品种资源丰富。1949年前，主要栽植花红、秋红、福山小海棠、洋白海棠、青红玉、秋花皮、青香蕉、红香蕉、印度青等品种。中华人民共和国成立后至60年代，主要品种有青香蕉、红香蕉、小叶子、印度青、金帅、国光、花皮、红星、白粉皮、祝光、新红玉等。1974年，引进日本青富士品种。70年代末到80年代初，先后引进红国光、红光、烟青、烟红、烟红蜜、美国新红星、短枝型印度青、玫瑰红、北斗、乔纳金、好矮生、金矮生、秀水、红富士等新品种。其中，红富士、北斗、乔纳金等新品种一度成为主栽品种。1984年，开始对一些老品种、大龄树采取“高接换头”的办法进行更新。90年代以后，又先后引进烟富系列、红将军、嘎啦、烟嘎1号等新品种，但主栽品种仍为红富士。2002年，全区共有苹果属6种70多个品种，栽培面积1867.6公顷，其中，红富士面积1586公顷，占84.9%。

图13-1　红香蕉苹果

第二节　面积与产量

90年代以前，苹果是境内的主要果品，主导着全区果品乃至农村经济形势。1990年以后，由于苹果品种老化等原因，进行果业结构调整，大力发展大樱桃、葡萄及其他水果，苹果面积和产量均有所下降。

1949—2002年福山区水果面积及产量表

表13-1

年份	面积（公顷）	水果产量（吚）		年份	面积（公顷）	水果产量（吨）	
		总产	其中：苹果			总产	其中：苹果
1949	800	3510	2315	1976	3867	62215	54410
1950	800	2890	2220	1977	3800	67575	62310
1951	800	3760	2770	1978	3933	51420	43440
1952	867	4405	3260	1979	4000	62570	57660
1953	1267	9200	4675	1980	4133	51505	45710
1954	1600	5355	3580	1981	4000	60520	55825
1955	1667	9250	5905	1982	4133	40240	36650
1956	1867	5325	2480	1983	4200	62860	58515
1957	2067	8980	6720	1984	4400	45125	40375
1958	2133	7635	6090	1985	5327	50095	46090
1959	2133	12165	10130	1986	5667	35275	31230
1960	2200	4875	3465	1987	6467	41955	37170
1961	2067	6210	4930	1988	6467	37390	32470
1962	2133	4790	3225	1989	6467	22996	19844

续表 13-1

年份	面积（公顷）	水果产量（吨）		年份	面积（公顷）	水果产量（吨）	
		总产	其中：苹果			总产	其中：苹果
1963	2400	9040	6635	1990	6467	16520	13310
1964	2400	7820	5775	1991	6467	16341	13560
1965	2400	15775	15225	1992	6200	26292	22212
1966	2400	24970	22005	1993	6200	26429	22579
1967	2733	28295	25365	1994	6133	27608	24108
1968	2800	28390	24540	1995	6067	32141	28382
1969	4267	32160	27105	1996	6133	38000	29829
1970	3067	36110	31320	1997	6333	27661	21269
1971	3467	34700	31150	1998	6333	38879	30774
1972	3733	37000	32720	1999	6533	60632	59220
1973	3733	54740	49515	2000	6533	65322	64732
1974	3933	32055	28185	2001	6600	75748	55269
1975	4467	67400	61670	2002	7423	78526	26059

第三节　栽培与管理

育苗

砧木　主要有沙果种、海棠种、山定子种和国光苹果种等培育的实生苗。

播种　分为春播和秋播 2 种。春播需在冬季按 1 份种子 3 份湿沙的比例拌匀，放在阴冷处冷冻，早春再将经过冷冻的种子移到塑料棚或阳畦内催芽，当 30% 的种子“露白”时播种。秋播不需冷冻和催芽处理，于 10 月中、下旬播种，让种子在地里经过冬季自然冷冻。80 年代后，春季多在畦面上支小拱棚，覆盖塑料薄膜，能有效提温、保墒，促苗早发快长，提早嫁接，当年育苗，当年出圃。

育苗地选择　育苗地选择背风向阳，土层深厚、肥沃，排灌条件良好，质地疏松的地块。深耕、深刨，施足肥料。一般畦面宽 40 ～ 60 厘米，播种 2 ～ 4 行。

苗木嫁接　苹果苗一年四季均可嫁接。嫁接方法有芽接、枝接 2 种。生长期一般采取芽接，休眠期采取枝接。枝接分劈接、切接和切腹接 3 种方法。

剪砧及抹除掖芽　苗木嫁接成活后，及时剪掉接穗以上砧木及抹除基部砧木掖芽。

苗木出圃和贮藏　苗木落叶后、土壤封冻前，及时起苗出圃，随即假植贮藏。

栽植

栽植时间　苹果苗一般在冬前或春季栽植。冬前于 10 月底至 11 月上旬，春季在 3 月中下旬至 4 月上旬，苗木发芽前栽植。

栽植密度　根据不同的立地环境、土肥水条件、品种特性、砧木类型、整形修剪方式及管理水平等确定。土肥水条件一般的丘陵梯田，行株距为 4 米 ×3 米，或 4 米 ×2.5 米，或 3 米 ×3 米；土肥水条件较好的平泊地块，行株距为 5 米 ×4 米，或 5 米 ×3 米，或 4 米 ×4 米。主栽品种一般为 70% ～ 80%，搭配授粉树 20% ～ 30%。

栽植方法　栽植前先按长宽各 1 米、深 60 厘米挖穴，然后将土回填入穴内。栽植时，深度不超过嫁接部位。栽后随即浇足水。水渗后，在苗木基部培成高 15 厘米左右的土堆，以利保墒、防风。

整地改土　70 年代中期，推广老果园扩穴深翻技术，加深土层、改良土壤。方法是从植穴的外缘开始，每年逐渐向外深翻土壤。80 年代后，果园普遍采用深翻的方法进行整地改土。整地改土一般在秋冬或早春进行。

全园深翻　将果园土壤一次性全部深翻。幼龄和初果期果园多采用该方式。

隔行或隔株深翻　第一年隔行或隔株深翻果园的 50%，第二年再深翻另 50%，2 年完成深翻任务。老果园一般多采用这种方法。

抽沙换土　对沙地果园，把果树根系周围的沙土掏出来，换上保水保肥性能好的土壤。随着树冠的扩大，逐年向外扩展，直到全园换完为止。

黏土地压沙　对黏土地果园，将风化的酥石或沙土铺压在地表面，结合深翻与黏土混匀。压沙厚度一般 10 ～ 20 厘米，每 3—4 年压一次。

施肥、浇水

肥料种类　1949 年以前，苹果施肥主要是农家肥。

中华人民共和国成立初期，多混合使用土粪和豆饼。1956年，开始追喂硫酸铵、过磷酸钙等化学肥料及部分骨粉。60年代中期，使用氨水、碳酸氢铵等。1971—1975年，国务院从东北调运大豆饼，为特供青香蕉、红香蕉苹果作追肥。70年代末以后，主要使用碳酸氢氨、硫酸铵、磷酸二铵等化学肥料。80年代后，主要有复合肥、磷酸二氢钾、磷酸二铵、硫酸钾、尿素、果树专用肥等。此外，还有二氧化碳气肥、腐殖酸系列有机肥、氨基酸系列微肥、叶面宝、光合微肥、锌肥、硼肥等。

施肥时间　施肥分为基肥、追肥和根外追肥3种方法。施基肥一般在秋季果树落叶前或休眠期或春季，追肥在花前、花后和果实迅速膨大期，根外追肥多在果实生长期间进行。

施肥方法　根据施肥时期，分土壤施肥和根外追肥2种。土壤施肥主要有放射状沟施法、环状沟施法和穴贮肥水法。根外追肥一般在果树生长季节结合喷药防治病虫害叶面喷施。

浇水　关键浇好花前、花后和封冻3遍水。一般在3月下旬至4月初，结合追肥浇花前水，谢花后半月左右浇花后水，落叶后至封冻前浇封冻水。在果实生长期视降水情况，干旱时适时浇水。70年代前，多为大水漫灌，80年代后，推广喷灌、滴灌与穴灌等灌溉新技术。

整形修剪　30年代初期，开始使用剪刀修剪苹果树。50年代末，因地因树制宜修剪，培养出干多、冠矮、枝密特点的丰产树形。70年代，福山青香蕉、红香蕉苹果的修剪技术达到国内先进水平，获省、地两级科研成果奖。境内苹果修剪技术主要有3种流派：轻剪派以迟子恒为代表，主要修剪旺树，特点是轻剪多留，缓和树势，结果早，不太注意树形；重剪派以赵希山为代表，特点是注重树形，强调层次清楚，主侧分明，修剪较重，结果较晚，前期产量低；综合派以宋力维为代表，采众派之长，主张“先乱后清”，简便易行。

境内苹果修剪树形较多，主要有小冠疏层形、自由纺锤形和改良纺锤形3种。

小冠疏层形　干高一般50～70厘米，全树高3米左右，冠径约2.5米左右。中心干上有5～7个主枝，分2～3层。第一层着生3～4个主枝，第二层着生2～3个主枝，第三层着生1～2个主枝，三层以上开心。第一层与第二层间距60～70厘米，第二层与第三层间距50～60厘米，层内间距10～20厘米。第一层每个主枝上配置2～3个侧枝，第二层以上主枝不留侧枝。各主枝开张角度60～80度，下层角度大于上层，各主枝上合理配置中、小型枝组，层间及其他空间留适量的辅养枝。

自由纺锤形　干高一般1～1.2米，树高3米左右，冠径2.5米左右，呈纺缍形。中心干直立挺拔，其上按15～20厘米间距或成层分布10～15个伸向四面八方的小主枝，同侧主枝间距不小于60厘米。主枝开张角度80～90度，下层主枝较大，向上依次减少。主枝上不着生侧枝，直接着生结果枝组。

改良纺锤形　干高一般50～70厘米，树高2.5～3米，冠径2～3米。树体上着生3个主枝，开张角度80度左右，主枝上直接培养枝组。树体上部在“中央领导干”上不分层次，均匀分生小主枝或侧生枝，下部略长，上部略短，单轴延伸，交错排列。树顶呈锐角，树冠上部呈纺锤形。

花果管理

辅助授粉　中华人民共和国成立前，依靠自然授粉，结实坐果率较低。60年代初期，果农采取挂瓶插花方法进行人工授粉，略见成效。1964年，县农林局果业技术员在蔡家夼预先采集鲜花，用热炕烘干，制出干燥花粉，再用纱布包裹在园内撒放。70年代在全县推广，2万余人授粉，面积达2000公顷左右。80年代后，全区苹果普遍采用人工辅助授粉，以提高坐果率。

摘心　在苹果开花后新梢长到10厘米左右时（约5月上旬），对果苔副梢和旺梢进行摘心，能有效控制枝条旺长，减少其对幼果营养的争夺，有利于提高坐果率。

疏花、疏果　60年代以前，果农基本不疏花、疏果。60年代中期，紫埠、蔡家夼果农开始在苹果开花前，采取隔花去花的方法，进行疏花疏果试验，对防止因结果过多造成树势衰弱、病虫害加重和克服“大小年”有显著作用，且坐果率提高19.4%，单株产量提高48.7%，一、二等优果率增加38%。1965—1979年，蔡家夼对46.7公顷山地苹果进行疏花疏果，增产10.6%。1985年以后，疏花疏果成为常规技术在全区推广。疏花，是在苹果开花前将过多的花芽、花序和花蕾摘除，能节省大量的养分供给有效花果。疏果，是从落花后7～10天开始，花后1个月内将小果、虫伤果、畸形果及过多的果实疏除，其作用与疏花相同。

套袋、摘袋　30年代，部分果农采用废旧报纸对果实进行套袋防治虫害，待8月底虫害为害期过后再揭袋着色。1956年，推广果实套袋技术，防治苹果梨小、桃小等害虫。80年代后，果实套袋技术在全区普及。套袋旨在为增强果面鲜艳度和光洁度，使果点变小，颜色变浅，提高果实的外观质量，且能减少尘土污染和避免果实直接与农药接确，降低农药残留量。选用的纸袋为专业厂家生产，分单层纸袋和双层纸袋2种。双层纸袋外袋纸质要求透气性和遮光性好，不渗水，经得住风吹日晒雨淋；内袋不褪色，蜡层均匀，日晒后不易蜡化，并且具有较好的防虫、防菌作用。一般红色品种选用双层纸袋，其外层表面为灰褐色或黄色，里面为黑色，内袋为红色蜡纸；绿色和黄色品种选用单层白色或浅色纸袋。多选用国内生产的凯祥袋、爱农袋及日本、韩国袋。套袋时间根据品种不同而异，黄色和绿色品种在落花后5～7天、红色品种在落花后30～40天，将纸袋套在幼果上。苹果采收前20天左右，将纸袋摘除，以促进果实着色和提高含糖量。

摘叶、疏枝、转果、铺膜　为生产高档优质果，90年代，开始推广苹果摘叶、疏枝、转果和地面铺设反光膜技术。即在苹果秋季摘袋后5～6天，将果实周围遮光的叶片摘除。同时，剪除遮光的直立枝、徒长枝和密生枝。在果实阳面着好色后，再将果实旋转180°，把果实的背阴面转为向阳面。摘叶后，在地面铺设反光膜。以改善光照条件，促进果实着色以增加反射光，提高树冠内膛的光照强度，促进果实全面着色和提高含糖量。

病虫害防治　苹果病害有100多种，发生较重的有腐烂病、干腐病、轮纹病、斑点落叶病、褐斑病、白粉病等40多种及病毒性病害；害虫约有760多种，量多、为害大的有蚜虫类、螨类、食心虫类、潜叶蛾类、蚧壳虫类、卷叶蛾类、刺蛾类、毛虫类等40余种。

休眠期　果农历来重视果树休眠期的病虫害防治，每年对果园杂草、枯枝落叶进行清除，并集中烧毁，消灭许多叶斑病菌及越冬的潜叶蛾类病虫害；结合修剪，剪除病虫枝干、病芽、病苔和根蘖，防治白粉病、枝枯病、天牛、食心虫、卷叶虫、苹果棉蚜、苹果瘤蚜、潜叶蛾、蚧壳虫等病虫。入冬后至翌年2月，彻底刮除枝干上的粗皮、翘皮和病疤，铲除腐烂病、干腐病等枝干病害的菌源和越冬害虫的卵、蛹、幼虫、成虫。全园喷布1次杀菌剂，防治枝干轮纹病、干腐病、腐烂病以及越冬害虫，然后对树干用石灰水涂白，进行消毒杀菌。

萌芽至开花期　在苹果花序露出至分离期，喷洒杀菌剂、杀虫剂，防治轮纹病、霉心病、白粉病、潜叶蛾、卷叶蛾、蚜虫和叶螨等。

落花后至果实套袋前　落花后7～10天和30天左右、果实套袋前2～3天，各喷1次杀菌、杀虫、杀螨混合药剂，防治苹果轮纹烂果病、褐斑病、苹果全爪螨、山楂叶螨，兼治卷叶虫、金纹细蛾、蚜虫等。

套袋后至摘袋前　适时喷洒杀菌剂、杀虫剂和杀螨剂。重点防治褐斑病、二斑叶螨、毛虫、桃小食心虫、轮纹病等叶部病虫害。果实采收前30天停止用药。1974年，县农林局在园艺场进行人工饲养赤眼蜂防治小卷叶蛾、梨小食心虫试验，取得良好效果。1976年，兜余公社在267公顷果园里放养赤眼蜂，至1979年，小卷叶蛾和梨小食心虫基本得到控制。

采果后　喷洒杀虫剂和杀菌剂，防止早衰落叶，延长叶片的功能期，提高光合效能。

第四节　新技术推广

技术队伍建设　1954年，县政府建设科举办园地改造、施肥、果树修剪、病虫害防治技术培训班，建立起一支拥有近千名技术员的果业技术队伍。1957年，全县果业技术人员发展到1720余名。1962年，县农业局组织老果区28名技术员，分头到县内5个技术交流网交流生产经验，新果区从老果区聘请50余名技术员传授技术，培训果农1000余人。从1965年起，县农业局每年于冬春季节，举办技术培训班，果业技术队伍日益壮大。1978年，全县果业技术员达7800人。1983年农村实行生产责任制后，果业由集体转为个体经营，为适应新形势，县农林牧渔业局和果品公司多次联合举办果业技术培训班，并采取召开现场会、技术观摩会、技术表演等措施，使95%以上的果农基本掌握果业栽管技术。1984年，农业畜牧局内设果树站，负责果业技术推广工作。1985年，全区共有果业技术员8400人。90年代后，随着果园面积的不断扩大，每年举办培训班达30余次，使得果业新技术、新成果得到普及推广。

新技术推广

壁蜂授粉　壁蜂具有自然生存力强、无需喂养、管理简便、便于放养、耐低温、春季活动早、繁殖率高、活动范围小、授粉效果好等特点，其传粉能力是普通蜜蜂的80～100倍。1988年，中国农科院在福山镇南关村苹果园进行壁蜂授粉试验，每亩果园放蜂150～200头，坐果率和产量都明显提高。之后，该技术在全区迅速推广。

果园放养壁蜂，首先用木箱或砖石垒砌蜂箱（蜂巢）。一般按每亩苹果园内均匀设置5个左右。释放壁蜂前，按放蜂量的2～2.5倍备足繁蜂所需的蜂巢管（蜂卵管），多用芦苇管或废书纸卷成筒，长约20～25厘米，直径0.5厘米。蜂巢管按每30～50支为一捆捆好，前端长短错落，分别染上不同的颜色，另一头在泥浆中沾一下或用纸粘贴封死管口，放入蜂巢内，以备壁蜂进入管内产卵。

在苹果开花前4～5天，将蜂茧放在蜂巢内。放蜂数量，盛果期苹果园一般按每亩放蜂茧200头、初果期100头左右。苹果花期结束时，授粉任务完成，壁蜂会自行进入巢管内。此时及时将巢管收回，装入纱布或塑料网袋内，扎好袋口，挂在通风、干燥、避光、干净无污染的房屋中贮藏。翌年“立春”后，把巢管中的蜂茧及时扒出，装入玻璃瓶内，放置在温度为0～5℃的冷风库或电冰箱的保鲜室内保存。果树开花前取出，再放到果园释放。

果园覆草　80年代初，开始推广果园覆草技术，即在果树树盘周围覆盖一层麦秧草或玉米秸秆。这一技术不仅有利于保贮土壤水分，改良土壤，还可有效抑制杂草生长，经统计，一等果率增加5.9%，每亩增产210公斤。覆草量一般每亩2000公斤左右，厚度15～20厘米。覆草前结合深翻或深锄浇水，每株施氮肥0.2～0.5公斤。

穴贮肥水　80年代，在丘陵旱地果园推广穴贮肥水技术，具有良好的改土、增肥、贮水作用。具体方法：在树冠外围向内0.5米处挖深40厘米、直径30厘米左右的穴坑，每株4～6个；把玉米秸秆或麦秸草截成长35厘米左右，捆成直径25厘米的草把，放在5%～10%的水尿液中浸泡1～2小时，然后直立放于穴中，每穴再施入农家肥4～5公斤、复合肥0.5～0.1公斤、灌水3～4公斤，回土填实。穴位每隔1～2年更换一次。

高接换头　80年代末，推广苹果“高接换头”技术，即对栽植时间较长的老果树或品质较差的品种，在其枝条基部上嫁接另外新品种，待嫁接的新品种长出新枝条时，再将其以上老枝条剪除，让新嫁接的新品种枝条生长、结果，起到短时间内更新品种的效果。门楼镇集贤村是老果区，全村有果园113.3公顷。其中，栽植时间50年以上的苹果树有90公顷。1989年，开始“高接换头”改造，将原有的国光、伏花皮等老品种，改接为红富士、北斗、乔纳金等新品种。至1991年，“高接换头”面积53公顷，实现1年改接、2年成冠、3年恢复产量的效果，每亩增加收入800余元。3年后，该村优质果品达1000多吨，收入300余万元，为全区的老果园改造创出一条新路。

附：绍瑞口苹果

福山苹果当属绍瑞口村盛产的青香蕉和红香蕉苹果。其果形特殊，状似“猪嘴”，果实硕大，风味独特，表皮青绿和红艳，果肉黄白，蕉香浓郁，爽口润喉，汁多肉细，含糖量高，甜味如蜜，硬度适中，极耐贮藏，被誉为苹果“皇冠”。

绍瑞口村时有1460户、3976人，是福山第一大村。栽培苹果历史悠久，是烟台苹果的发祥地。1871年，西洋苹果首次引入福山后，该村果农唐殿功于20世纪初抢先到“广兴果园”剪取青香蕉苹果枝条嫁接在自家果园的秋子、海棠树上，几年后便在兜余一带繁衍。

中华人民共和国成立后，绍瑞口村把苹果作为增加集体经济、提高农民收入的主导产业。全村有苹果160公顷，占果园总面积的96%，苹果常年总产量5000吨左右，最高年产6500吨，其中，“青香蕉”面积和产量均占58%。全村有果业技术队12个，果业技术员450多名。

选送苹果献给党和毛主席

1953年秋，绍瑞口村果农、县劳动模范、省人大代表张成瑞，在上级派来的果树技术员的指导下，创出亩产6000多公斤，成为当时胶东综合性丰产典范。苹果丰收后，他与本村果农、县劳动模范陈培田共商，各自将精选的青香蕉苹果一箱，邮寄给党中央和毛主席。

1958年，绍瑞口村苹果总产3200吨，村党支部决定，将精心挑选的特级苹果青香蕉2箱、红香蕉1箱、花皮1箱，于国庆节前邮寄北京。次年秋天，为迎接国庆10周年，绍瑞口村又精选青香蕉和红香蕉苹果各4箱寄送北京。

1967年，绍瑞口村苹果总产5500吨，创历史新高。同年12月15日，精选出直径80毫米的“猪嘴形”特级青香蕉苹果30箱，安排专人送往中央办公厅。次年10月19日，又生产出“毛主席万岁”等字样的工艺苹果，精选出红香蕉工艺苹果12箱，由专人送往北京。

每次送苹果，党中央、国务院办公厅均复信、汇款，感谢果农，曾两次谢绝赠送礼品。

苹果生产牵动着国家领导的心

1958年秋，中共中央副主席刘少奇、中央书记处书记邓小平到绍瑞口村考察苹果生产情况，并与省人大代表、县劳动模范张成瑞和果农陈培田等亲切交谈。1965年和1966年，国务院副总理董必武，国家基本建设委员会主任、党组书记谷牧和国家计划委员会第一副主任兼秘书长余秋里先后到该村考察苹果生产情况。

以绍瑞口村为主的福山苹果成为党和国家领导人举办国宴、招待外宾的专用果品。1970年，美国国务卿基辛格到北京。周总理用绍瑞口的青香蕉苹果招待他。基辛格吃了几口后问总理:“怎么你的苹果变味了，香味小，酸味多呢？”这句话引起周总理的高度重视，立即责成中国科学院调查福山苹果风味变劣的原因。原来，60年代末，绍瑞口村施用氮肥过量，磷钾肥和有机肥不足。周总理得悉后，亲自批示从东北调运大豆饼500吨，专供绍瑞口等村用于苹果生产。1971年春天，绍瑞口村果农打响提高苹果质量的攻坚战。短短几年的时间，恢复了原有风味，且含糖量增加。当年，青香蕉苹果的含糖量提高1.6%，次年提高2.3%。

1972年，国务院确定福山兜余公社苹果为名品，对党中央、国务院和中央军委实行特供。至1975年，绍瑞口、紫埠、蔡家夼等11个大队特供青香蕉苹果500余吨。

引来众多专家、学者、考察团

30年代起，先后有北京大学，北京农业大学，河北大学，中国农业科学院，西北、浙江省、江苏省、福建省、南京农学院，华北农业科学研究所，石家庄、熊岳果树研究所，省内一些大专院校、科研单位，以及苏联、日本、朝鲜、捷克斯洛伐克等国家的教授、专家到绍瑞口等村考察、指导，有关农业院校还把绍瑞口大队作为大学生的教学实习基地。许多果树方面的专著、论文，如《果树园艺学》《果树学各论》等，都是在这里编撰而成。

30年代初，浙江农学院教授、全国著名果树专家吴耕民、西北农学院教授孙云蔚，日本著名果树专家浅见博士先后到绍瑞口村考察苹果生产情况。1938年，北京大学农学院教授唐荃生和技师吴瑞之到绍瑞口村等地考察苹果栽管技术。

中华人民共和国成立后，到福山考察的专家、学者更是络绎不绝。

1950年夏，北京农业大学副教授、北京市果树顾问团顾问李忠涛到绍瑞口村调查苹果的面积、株树、产量及苹果收入在农业经济中的比重；1951年秋，山东省果树研究所副所长、中国园艺学会常务理事、高级农艺师陆秋农和山东农学院教授、留法博士王学书，到绍瑞口村进行为期10天的苹果叶面积系数调查研究，总结苹果丰产栽培经验；1951—1952年，江苏省农科院果树专家吴国祥、烟台果树所高级农艺师章宗江，先后到绍瑞口村指导果农张成瑞进行山地苹果丰产试验，创出全省山地果园亩产超5000公斤的最高纪录；1953年，又在0.12公顷的苹果园，创出亩产6000多公斤的高产，成为当时胶东综合性丰产典范。1954年，北京农业大学教授、著名果树专家沈隽陪同苏联园艺专家、教授宋华西列夫到绍瑞口等村考察苹果生产情况。1956年10月，沈隽教授2次分别陪同苏联专家亚波德拉加夫采夫和立维维尔霍夫斯基为首的苏联果树园艺及葡萄考察组到福山绍瑞口等村考察苹果生产情况。1956年秋至1957年秋，山东省农牧厅蚕果处农艺师王春贵和植保处技术员李元良、杜成基及青岛市果树试验站技术员邹维清、司清，先后到绍瑞口村进行苹果栽培管理情况调查及病虫害防治试验。1954—1958年，山东农学院教授沙凤，华北农业研究所研究员翁欣桐、赵大鹏、刘沛镇，河北农学院教授曲泽洲，中国农科院教授章文才，福建省农学院教授金作栋，北京农业大学教授沈隽，山东省农牧厅农艺师王春贵、李元良、杜成基，山东农学院园艺系教授束怀瑞和副教授罗新书，山东省酿酒葡萄研究所工程师杨惠萍先后到绍瑞口村考察苹果生产情况。另外，山东农学院园艺系3名老师还带领30多名大学生到绍瑞口村实习，观察青香蕉苹果的结果习性，总结其丰产经验。1959年，由陆秋农、邹绪华领队的山东省农业资源调查组到绍瑞口、紫埠、蔡家夼等村调查果树资源情况。是年，北京农业大学园艺系党总支书记苏洪恩和系主任及老师哈贵增、黄可训、孙自然、袁维藩、刘宝兰、孟新法，带领果树专业二、三年级30名大学生到绍瑞口村调查、实习一年；青岛市果树试验站高级农艺师刘绍清、邹维清到绍瑞口村考察苹果丰产经验及病虫害防治情况；莱阳农学院3个毕业班的100多名学生到绍瑞口村实习，学习、考察苹果丰产经验。

1960年，西北农学院教授孙华、山东农学院教授孙中信到绍瑞口村考察苹果丰产经验。

1965年，北京农业大学教授、著名果树专家沈隽再次到绍瑞口村视察苹果生产情况。1968年秋，陆秋农第6次到绍瑞口村调查苹果生产状况，并进行实地技术指导和苹果生产专题技术讲座，全县100多名果树生产领导干部、果业技术员及果农到场听课。

1971年，朝鲜果树代表团到绍瑞口村考察苹果腐烂病防治情况。之后，在烟台地委接待处召开3天研讨会。1972和1973年，朝鲜、日本果树代表团先后到绍瑞口村参观、考察苹果栽培管理情况。1972—1974年，辽宁省熊岳果树研究所邱副所长和古云勤，河北省昌黎果树所副所长周克昌，带领5人到绍瑞口村参观学习；山东农学院园艺系师生毕云冠、安成祥、张少娣等到绍瑞口村学习、考察；山东省农业厅茶果处处长张克俊和省果树研究所所长魏国华、果树专家张勇等到果乡考察。1975年，新疆维吾尔自治区代表团一行30人，到绍瑞口村参观学习苹果栽培技术。70年代到80年代初，新疆伊犁野里孜良场，曾3次派员到绍瑞口村参观学习苹果栽培管理经验。

1979—1980年，山东省果树研究所陆秋农、李洪钵、张艳芬、矫树臻等4人先后到绍瑞口村考察总结青香蕉苹果优质高产经验、形成“大小年”（丰欠年）的原因及影响产量和质量的各种因素，并提出相应解决的措施。

1962—1982年，莱阳农学院园艺系老师李忠涛、戚其家、崔逞等先后多次带领大学生到绍瑞口村进行毕业实习，共计数百人次，实习时间少则几个月、半年，多则一年。

1983年秋，日本果树代表团一行5人到绍瑞口村参观、考察苹果栽培情况。1985年秋，日本平田尚美教授到绍瑞口村考察苹果生产情况。1986年春，日本果树专家佐藤到绍瑞口村考察苹果栽培管理情况。他回国后给绍瑞口村寄来若干富士苹果枝条。

80年代，到绍瑞口村考察、参观的还有中国科学院郑州果树研究所、西北农学院、南京农学院、河北大学、石家庄果树研究所等大专院校和科研部门的诸多专家、教授。

50年代以来，到绍瑞口村参观学习苹果生产经验的代表团络绎不绝，除台湾和西藏外，其余省、市、自治区均曾先后几次或十几次组团到此学习，多时每天达四五批、数百人次。

精湛技艺传南北

中华人民共和国成立以来，绍瑞口大队在栽培管理技术、苗木等方面大力支援全国各地，为祖国的苹果生产发展做出重要贡献。1957—1985年，仅应邀外援的果业技术员就达100多人（次），先后到13个省、31个地（市）指导发展苹果生产。

1957年冬，绍瑞口村唐与胜、唐九焕、徐守贤、徐吴玲等人组成技术组，应邀到临沂专区的沂水、蒙阴等县指导果树管理技术。1959年秋，绍瑞口村果业大队长高学先，应邀到云南省大姚县指导果树管理技术，并被该县农林局聘任为果树科副科长。历时3年，为该县发展果园面积10667公顷。

1966年春，绍瑞口大队果业技术员唐与胜、孙文全、鹿道友，应邀到昌维、泰安、济宁、德州、聊城专区的22个单位，帮助总结苹果生产经验教训，查找存在问题，提出解决措施，指导栽管技术，使一些原来不结果的果园获得丰收，一些苹果生产水平落后的单位增产增收。同年秋至1968年，绍瑞口大队果业技术员鹿从岗、唐与洪、高学新3人，应邀到北京市延庆、顺义、昌平、丰台、通县等地指导。同期，唐与胜、唐美玉、唐经章，应邀到安徽省白米山农场指导苹果栽管技术，历时1年，为该场培养果树技术员20多名。1969—1973年，绍瑞口大队革委副主任孙德良带领果业技术员徐守贤、陈景宽，应邀到山西省临汾、太原、沂川等地举办苹果栽培技术培训班，培养了数百名技术骨干。

1970年冬，绍瑞口大队果业技术员徐善璞，应邀到江西省靖安县指导苹果栽植管理，当年发展苹果树1.5万多株。1973—1975年，绍瑞口村的唐与生、唐经章、孙文全、孙奎修、唐九焕等人组成果树技术组，应邀到淄博炼油园林处进行苹果生产技术指导、培训。

1976—1983年，应国家机械工业部、北京市南口园林处等单位邀请，绍瑞口大队科技队长唐九平带领28名果业技术骨干，前往进行果业生产管理技术指导、培训技术队伍。

这些外援果业技术人员，舍家离乡，有的几年甚至十几年，还有的至今未归，被当地挽留转为国家正式技术干部。据不完全统计，在外地工作1年以上的技术人员达30多人。他们深入果业生产第一线，采取举办培训班、示范展示、实地指导等办法，向当地果农传授果业生产技术，培养出一大批果树技术人员。同时，还多次被当地农业大专院校聘请到校讲授果树栽培管理技术，指导大学生实践、实习。

绍瑞口村输出苹果生产技术，也繁育出优质苹果苗木、枝条供应到全国各地。据统计，自60年代以来，外援的苹果苗木和接穗达1亿多个。主要品种有青香蕉、红香蕉、金帅、国光等。遍及北京、青海、甘肃、宁夏、四川、贵州、云南、浙江、福建、广东、河北、河南、山西、湖北、江西、江苏、安徽等17个省市自治区。一批批苹果苗木，带着果乡人民的深情厚谊，在祖国四面八方的土地上扎根生长，枝繁叶茂，开花吐蕊，硕果满园。

第二章　大樱桃

福山是中国栽培大樱桃的发祥地。1871年，美国传教士约翰·倪维思携带大樱桃等多种苗木，栽植在烟台东南山（毓璜顶）蝎子顶南坡。1890年，福山县东北保朱家庄村（现芝罘区朱家庄）朱德悦通过美国船员引进大紫等品种，在家乡栽植0.26公顷。结果后连年丰收，每斤售价1银元，极畅销，收入颇丰。后逐渐推广到芝水、北上坊、东南哨、绍瑞口等村。到民国初年，大樱桃栽培颇为盛行，除福山外，还推广到牟平、蓬莱、龙口及威海等地。

中华人民共和国成立后至70年代，福山大樱桃发展缓慢。改革开放以后，福山大樱桃作为时令水果迅速发展，成为农民增收的重要来源。

1995年，在第二届中国农业博览会上，福山选送的10个大樱桃品种有8个获奖。其中，佐藤锦、红丰、雷尼3个品种获金奖；拉宾斯、先锋、宾库、海地芬4个品种获银奖；那翁品种获铜奖。福山成为本届大樱桃获奖最多的县（市、区）。1996年3月、2001年10月，福山区分别被中国特产之乡命名组委会和中国优质农产品开发服务协会命名为“中国大樱桃之乡”。1999年9月，在中国国际农业博览会上，福山选送的雷尼和艳阳2个大樱桃品种被评为名牌产品。2001年11月，雷尼大樱桃品种再次被中国国际农业博览会评为名牌产品。

第一节　主要品种

据1984年资源调查，全区有樱桃品种14个，主要品种有大紫、那翁、小紫、紫樱桃、鸡心、红丰、水晶、晚红等。其中，以那翁为代表的黄色大樱桃品种占67%，以大紫为代表的红色大樱桃品种占28.6%，中国樱桃（小樱桃）占4.4%。

1987年，区果树站从芝罘区引进晚黄、芝罘红和烟台1号、2号等品种。1988年，从山东省果树研究所引进雷尼、宾库新品种。1989年，又引进先锋、拉宾斯、斯太拉、萨姆、佐藤锦、海地芬新品种，在两甲庄建立展示园。同时，大量引进樱桃砧木，在福山园艺场、塔寺庄、吕格庄村建立大樱桃苗木繁育基地。是年，又

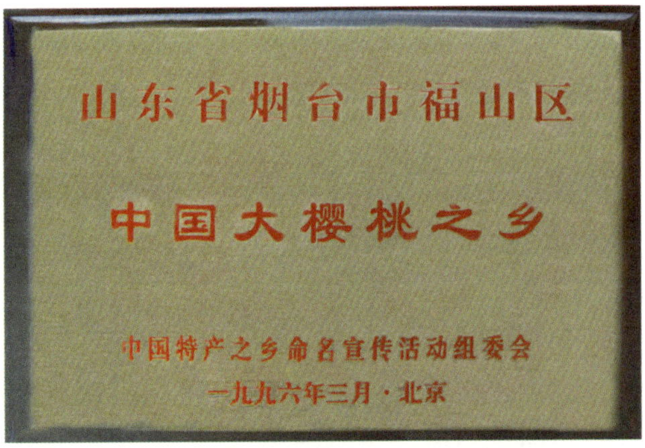

图13-3　福山中国大樱桃之乡标志牌

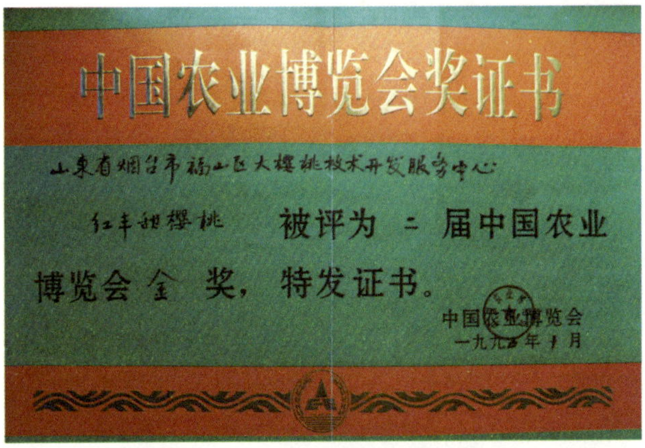

图13-4　中国农业博览会奖证书

图 13-5　红灯

图 13-6　先锋

图 13-7　美早

引进红灯、红蜜、红艳、巨红（13—38）等大樱桃苗木4000余株，在两甲庄、十里堡村和区农技推广中心院内栽植，建立采穗圃1.34公顷。1994年，从大连市农科院果树研究所引进美早、晚红珠（8—102）、佳红（3—41）新品种接穗，进行品种观察和接穗繁育。同时，还从芝罘区引进意大利早红品种。1997年，从山东农业大学引进友谊、胜利、早大果、奇好、宇宙大樱桃苗木各20株，在楮佳疃村栽植。2001年6月，区农业局从大连市农科院果树研究所引进美早、萨米脱、艳阳、晚红珠等大樱桃接穗6万多个，在区农业局果业科技示范园嫁接繁育苗木，用于全区大面积推广。

至2002年，全区共有大樱桃品种71个。主要品种有红灯、拉宾斯、先锋、雷尼、宾库、美早、芝罘红、萨米脱、砂蜜豆、那翁、红蜜、友谊、胜利、早大果、奇好、宇宙、大紫、鸡心、红丰、晚红、晚黄、红艳、黄玉、斯太拉、萨姆、海蒂芬、艳阳、巨红、红秀峰、佐藤锦、抉择、早红宝石、意大利早红、晚红珠、水晶、早生凡、桑蒂娜、黑珍珠、龙冠、红手球、黑兰特等。2002年，栽培面积最大的有红灯、先锋，分别占大樱桃面积的40%和30%，其他品种占30%。美早、友谊、艳阳、晚红珠、萨米脱等优良品种面积不断扩大。

第二节　面积与产量

据1984年统计，全区大樱桃种植面积仅为73.3公顷，主产地在兜余镇、张格庄乡、臧家乡，占全区大樱桃总面积的98%；但结果面积仅10公顷。

1986年，鉴于福山苹果栽植时间较长、树龄老化、品种低劣的实际情况，在充分调查研究、科学论证的基础上，区里根据当地优势，提出大力发展大樱桃生产。是年，区政府成立大樱桃生产办公室。采取政策引导、资金扶持、技术指导、典型引路等措施，鼓励农民发展大樱桃。1987年秋，区政府在楮佳疃村召开发展大樱桃生产现场会，发动各乡镇、村侧重发展大樱桃。是年冬与翌年春，全区发展大樱桃200公顷，并在邢家、东陌堂、山前李家3个村，各建立面积在6.7公顷以上的大樱桃生产基地。

1987年，区果树站和兜余镇果树站，承担了烟台市科委下达的“万亩大樱桃增产技术开发试验”课题。历经3年，完成任务。1990年5月，通过技术鉴定。1991年，获山东省科技进步三等奖。1988年6月，区委常委、常务副区长吕志海率队赴美国密机安州和华盛顿州进行为期19天的考察。回国后制定发展大樱桃规划。是年，

1978—2002年福山区大樱桃产量表

表13-2

年份	总产（吨）	占水果总产（%）	年份	总产（吨）	占水果总产（%）	年份	总产（吨）	占水果总产（%）
1978	460	1	1987	620	1.48	1996	1600	4.21
1979	450	0.72	1988	805	2.15	1997	1624	5.87
1980	480	0.93	1989	900	3.91	1998	1541	3.96
1981	500	0.83	1990	1010	6.11	1999	1430	2.12
1982	550	1.37	1991	1060	6.49	2000	4030	5.76
1983	540	0.86	1992	1200	4.56	2001	2370	2.12
1984	580	1.03	1993	1400	5.3	2002	6430	15.98
1985	560	1.11	1994	1600	5.8	—	—	—
1986	590	1.67	1995	1500	4.67	—	—	—

区农牧局争取国家农业部大樱桃优质苗木繁育基地项目，总投资200余万元，用于大樱桃新品种的引进和苗木繁育。

1991年，全区加快老残果园更新改造，改栽大樱桃667公顷。1995年，全区新发展大樱桃1200公顷。到1996年，全区大樱桃面积达到2667公顷。2002年，全区大樱桃面积达到3600公顷，占水果总面积的49%；总产由1978年的450吨提高到6430吨。

第三节　栽培与管理

育苗

砧木种类及繁育　大樱桃砧木主要有中国草樱桃、莱阳矮樱桃、大青叶、毛把酸、青肤樱、东北山樱桃等。砧木繁育通常采取根蘖繁育、种子繁育和压条繁育3种方法。根蘖繁育，即采集大樱桃树基部发出的实生苗分蘖种子繁育，即用砧木种子直接播种；压条繁育，即将实生苗水平压在土中，让其侧芽萌发生长，是大樱桃砧木繁殖较普遍采取的无性繁殖法。

育苗方法　60年代以前，育苗技术落后，主要在草樱桃（中国樱桃和毛把酸）大树采集根蘖，栽植1～2年后再嫁接大樱桃苗，培育1～2年后再移栽至大田，育苗时间一般为2～4年。70年代，部分果农开始采集草樱桃的种子，先在苗圃培育实生苗，2年后再嫁接大樱桃苗，培育1～2年后再移栽至大田，育苗时间一般为3～4年。80年代以后，较普遍采取水平压条育苗技术，不仅可当年压条，当年嫁接，当年出圃，而且苗木质量好。方法是：早春按垄距60厘米、沟深20厘米左右起垄，将实生苗顺行斜栽在垄沟内，待苗木发芽后，用长20厘米左右的树枝交叉将母本苗水平插压固定在垄沟地面。结合中耕锄地，逐渐将实生苗母本埋入土中。随着苗木的生长，分次培土25厘米左右。吕格庄村果农、全国科普带头人刘其明于2月在塑料小拱棚内培育实生苗，3月移进塑料大棚内，6月下旬嫁接，苗木根系长直而发达，成活率高达100%，创造了当年育苗当年出圃的育苗新方法。

苗木嫁接　适宜的嫁接时间为春、夏、秋三季。春季嫁接一般为3月下旬，夏季嫁接为6月中下旬至7月底，秋季嫁接一般从8月下旬至9月底。采取根蘖育苗和种子育苗多为春、秋季嫁接，压条育苗多为夏季嫁接。方法主要有劈接、切腹接、“T”形芽接和条状板片芽接等。砧木生长期多采取“T”形芽接和条状板片芽接法，休眠期多采取劈接和切腹接法。

苗木管理　嫁接成活后，及时剪掉接穗以上砧木及抹除基部砧木上发出的掖芽，并加强肥水管理和适时防治病虫害等。苗木落叶后、土壤封冻前，及时起苗出圃，栽植或假植贮藏。

整形修剪　境内的大樱桃树形有自然开心、自由纺锤、改良纺锤和小冠疏层形4种。

自然开心形　干高30厘米左右，主干上着生3～5个长势、分布均匀的主枝，角度45度左右，每个主枝着生5～7个侧枝，树高一般3米左右。

整形要点：苗木定植后，在距地面50～60厘米处剪截定干，萌芽后选留3～5个枝条为主干，以35度角向外延伸。新梢长到50厘米左右时摘心，促发分枝，选留2个强旺分枝作为第1对分枝，开张角度50度左右。第2年春季，对上一年选留的主枝剪留40～50厘米，对侧枝剪留20～30厘米进行短截。夏季对除主枝延长枝以外的新梢进行摘心，选留2个新梢作为第2对侧枝，长度为40～50厘米，开张角度50度左右，其余的新梢剪留20厘米左右，培养中小型结果枝组。第3年和第4年春季，根据树体空间情况，按照第2年的整形方法继续选留培养侧枝和结果枝组。夏季继续摘心、拉枝、疏枝，促使形成花枝。当树冠大小和枝量达到要求时，主枝延长枝不再短截，完成整形修剪。

自由纺锤形　干高50～60厘米，树高3米左右，中干上着生12～16个单轴延伸的主枝。基部3～4个主枝，每个主枝上着生2～3个大型结果枝组，其余主枝均为单轴延伸，其上直接着生中小型结果枝组。

整形要点：第一年，定干高度80厘米左右，保留剪口下第1芽，下面的2～5芽抹除，再在下面选留2～3个芽。秋季选留1个中央领导干，其余2～4个主枝拉成水平状。第二年春，中央领导干截留0.8～1米，保留剪口下第一芽，其下2～5芽抹除。主枝选留饱满芽实行短截，抹除剪口下第2～3芽。芽膨大期在中干下部按不同方向刻芽3～4个，促发长枝培养主枝。夏季摘心、扭梢，培养结果枝组。秋季对选留的主枝进行拉枝。第三年修剪整形同上年，继续选留主枝，对中干和主枝延长枝实行轻短截，对竞争枝和强旺枝留桩重短截，培养结果枝组。第四年春季，在适当部位落头开心，控制树高。

改良纺锤形　主干高度40～50厘米，树高3米左右，3层主枝，单轴结果主枝20个左右。第一层主枝培养为单轴延伸式或主侧枝式。

单轴延伸式：结果枝为鞭杆状单轴延伸，单枝领头，无长果枝，仅有束状果枝或短果枝。第一年，定干高度一般40～50厘米，并适当刻芽，争取当年发出3～5个芽，形成主枝。当新枝长至30～40厘米时，进行短截，促发分枝。一般旺枝留4～6个芽，中庸枝留3～5个芽，弱枝留2～3个芽。翌年春天，对上年抽生的所有枝条，在叶芽萌动前，每枝留3～5个饱满芽再行短截。第二年，选一上冲健壮直立枝，作为主干，在60～70厘米处短截，以培养第二层枝。其他枝条去强留弱，选留8～10个长势一致、角度好的为第一层主枝。留下的枝条不摘心和短截，一律甩放，当年也不拉枝。第三年春，在第二层抽发的新枝中，选一健壮直立主枝留60～70厘米行短截，培养第三层主枝。经过三年的整形修剪，树体第一层一般留有8～10个主枝，第二层有3～4个主枝。为控制树势，在春季树体萌动前后，对各枝进行拉枝。不摘心，不短截，一律甩放。主枝两侧长出的侧枝去大留小、去直留斜，疏去背上直立枝和25厘米以上的长枝，确保主枝单轴延伸。第四年，对较直立的枝继续拉枝。主枝顶端只留一头延伸，两侧去大留小、去直留斜，疏除20厘米以上的旺枝条，疏除背上枝。

主侧枝式：第一年，定干高度30～40厘米，新梢长至40厘米时，选3～4个壮枝做主枝，当年不处理，以枝养根壮树。第二年春，对选留的主枝，留40～50厘米进行短、中截，促发侧枝。中心主干延长枝留60～70厘米短截，并选芽刻伤，促发第二层主枝。在生长季节，对短截后发出的新枝选出角度好、空间大的枝作为第一侧枝。延长枝长到40～50厘米时，留30厘米左右短截，在第1侧枝相反的位置培养第二侧枝。当年同样处理2次，每个主枝上培养出2～3个侧枝。选留的主枝及时拉枝开角。第三年春，在第二层枝中选一直立枝，于60～70厘米处短截，以培养第三层主枝。夏剪时，及时摘心、疏除、甩放、短截、拉枝，处理所有留枝上发出的背上枝和轮生枝。第四年春，对第三层枝拉枝，并对树体进行化控。

小冠疏层形　主干高30～50厘米，树体高3米，冠径2.5米左右，中心干上明显分三层主枝。第一层3个主枝，各主枝上配备2个侧枝。第二层2～3个主枝，如有2个主枝各配备1个侧枝，有3个主枝不配备侧枝。第三层1～2个主枝，不配备侧枝，直接着生结果枝组。各层间距60厘米左右。

整形要点：第一年，定干高度60厘米左右，选择3个新枝条作主枝。秋后或翌年春进行拉枝，角度为60～70度。第二年春，中心干延长枝剪留80厘米左右。在适当的位置选留2～3个侧枝，秋季或翌年春季继续进行拉枝，角度为60度左右。第三年和第四年，骨干枝修剪与上一年相同。一般四年完成修剪整形。

福山大樱桃主要品种是红灯，一般从定植到结果需六七年，达到盛果期需八九年的时间。吕格庄村果农刘其明采取春季和6月中旬各剪1次，并采取喷药、控制树势等措施，把大樱桃的结果期提前2～3年，独创3年成树、4年有花、5年坐果、6年达到盛果期的修剪新方法。同时，改春剪为夏剪，能进行有效疏枝，不仅剪口愈合快，减少流胶病，还能节省药水，省时省力省钱。并且不摘心掐头，有利于稳产高产。386.7平方米大樱桃采用该技术，在第六年（1999年）收入达2.8万多元。至2002年，累计收入10多万元。

病虫害防治　主要有褐斑病、细菌性穿孔病、叶斑病、干腐病、流胶病、根颈腐烂病、根癌病、斑驳病、小果病、锈斑病。其中，流胶病、细菌性穿孔病、褐斑病危害较重；害虫有草履蚧、绿盲蝽、桑白蚧、小绿叶蝉、金龟子、桃潜叶蛾、二斑叶螨、飞虱、红蜘蛛等。

休眠期　从11月中、下旬至翌年3月上旬，时间约4个月左右。主要措施是清除田间杂草和落枝、落叶，刮涂树体老翘树皮，剪除病枝、病梢并彻底烧毁，消灭越冬病虫，减少病虫基数。同时，加强树体保护，对剪、锯口和刮皮处，涂以杀菌剂或油漆，防止病害感染。

干枝期　从3月上旬至4月上旬，时间约1个月。结合修剪，剪除病枝、病梢，搞好伤口保护。同时，在3月中、下旬，全树喷1次杀菌剂，消灭树体潜伏病虫。有草履蚧发生的地片，在幼虫低龄期，加喷1次杀虫剂。

花果期　从4月上旬至6月中、下旬，时间为70～80天。主要害虫有金龟子、绿盲蝽、桑白蚧等。选用高效低毒、降解快、无污染的农药防治。严禁使用高毒和残留期长的农药。

采后期　从7月上旬至11月中、下旬，约120～130天。主要病虫害有褐斑病、叶斑病、流胶病、穿孔病、潜叶蛾、二斑叶螨、梨网蝽等。选择对路农药适时防治。

2000年左右，烟台市区兴施多效唑控制树势旺长，许多大樱桃树因果农使用不当而死亡。吕格庄村果农刘其明采用2次稀洗法：把一包"国光牌"多效唑放入桶内，加2.5公斤水搅匀，每盛出0.25公斤药液，加15倍水再搅匀，开环状浅沟追施，药效可延长5年，每亩成本不足10元，比使用BPO化学促控剂节省百元。几十年来，果农为防止果树早期落叶，均在七八月喷施波尔多液，效果不佳。为此，他用省内生产的优质"金库"牌农药替代波尔多液，效果极佳。11月中旬，他家的大樱桃树仍葱绿如春。

第四节　设施栽培

发展概况

1990—1991年，臧家乡楮佳疃村果农迟谦钧在533.4平方米大樱桃园，利用竹竿搭架简易塑料大棚，进行设施栽培试验，获得成功。果实上市时间比露地栽培提早15天左右，每公斤售价160余元，是露地栽培的十几倍。1991年5月初，山东农业大学教授罗新书等著名果树专家到楮佳疃村考察，认为大樱桃设施栽培技术达到国内领先水平，率先总结出大樱桃设施栽培丰产技术，为大樱桃高产栽培树立了样板。

1992年，全区大樱桃设施栽培面积1.2公顷，每亩平均产量970公斤，收入1.94万元，比露地栽培增产427公斤，增收1.4万元。

1995年，东厅乡十里堡村果农邹积武在承包的大樱桃园中，采用钢管骨架大棚进行设施栽培，喜获成功。每公斤大樱桃售价200元左右，每亩收入高达10万余元。同期，张格庄乡下官乐沟村胡其讯投资500元，在庭院对1株大樱桃用竹竿搭架简易塑料棚，连续3年，年均收入6000多元。其中，1996年收入达万元。

1997—2002年，全区有11个村设施栽培大樱桃，均获成功。2002年，全区大樱桃设施栽培面积6.7公顷，一般亩收入3万元左右。

关键技术

棚址选择　选择地势平坦、背风向阳的园地，并进入盛果期的大树进行设施栽培。

大棚结构及建棚材料　主要有拱形单体棚和拱形连体棚。对地势平坦、栽植面积大、行数多的多建造连体棚，一般2行树为一拱棚，2～3个拱棚为一连体棚。对山丘梯田和面积较小的单独大樱桃园，多建造单体棚，宽度一般为2～3行树。棚体高度一般不超过5米。

设施栽培初期，建棚材料一般采用竹木结构。1995年后，多用钢管骨架焊接而成。塑料选用厚度为0.1毫米的聚氯乙烯（PVC）无滴膜。棚顶为拱形或脊式，用直径15毫米或20毫米的钢管做拱架，用直径33毫米的钢管做立柱，拱架间隔90厘米，立柱间隔3米。棚宽一般8米，棚长30～60米，棚高4.5米，肩高3米，棚面离树梢留出1米左右的空间。大棚塑料膜为3幅，棚顶1幅，两侧各1幅，相互压接30厘米左右，作为风道。大棚塑料膜上面的保温材料一般选用草苫或保温被，外加一层普通塑料薄膜作防雨膜。草苫或保温被升降采取人工或电动卷帘机操作。

品种选择　设施栽培选择早熟品种为主，如大紫、红灯、早大果、意大利早红等。

盖棚前管理　全树淋洗式喷洒1次5波美度的石硫合剂。墒情较差时，先浇水再盖棚。施基肥时间由秋、冬施改为晚夏或早秋施，一般株施有机肥50～100公斤，复合肥1～2公斤。

盖棚后管理　早、中熟品种满足其1200～1440小时7.2℃以下的低温需求量后适时盖棚，一般为1月上、中旬。盖棚后至发芽期7～10天内，白天温度控制为18～20℃，夜间为2～5℃；盖棚10天后白天温度为20～22℃，夜间温度为5～6℃。相对湿度保持在80%左右。开花到谢花期，白天温度为18～22℃，夜间温度不低于6～8℃，湿度掌握在50%～60%。果实发育到收获期，白天温度为20～25℃，夜间温度为8～15℃，湿度前期为50%～60%，着色后为50%左右。采取人工或放蜂辅助授粉。遇寒流天气，棚内生火炉升温，防止冻害。大樱桃开花前后，叶面喷施尿素水溶液，果实膨大期喷施1～2次磷酸二氢钾液，进行根外追肥。

棚内取暖设备　在棚内架设火炉，安装数节炉筒，在棚内环绕，终端排出棚外。或在棚角支架锅炉或土暖气炉，棚内多点架设暖气片。当棚内温度低于大樱桃生长要求适温时，及时烧火生炉，提温保暖。

第三章　草莓

改革开放以后，福山草莓生产发展较快，成为一项主导产业，是农民增收的重要来源。

福山草莓原先多为露地栽培。1985年后，全部改为大棚设施栽培，主栽品种为宝交早生、春香、明宝、丰香等。由于品质优良、果大美观、风味独特。草莓上市时间从新年前后到翌年“五一”节。福山草莓不仅销售于当地，还销往青岛、大连、沈阳等地，成为享有盛名的名牌产品。草莓一般亩产鲜果两三千公斤，产值2万元左右。

第一节　面积与产量

1984年，全区草莓栽培面积23.6公顷。至2002年底，发展到733.4公顷，产量2.4万吨，总产值1.5亿元。种植面积较大的有兜余、回里、古现、高疃和福山镇。芝阳村、南涂山村是远近闻名的草莓生产专业村，每村年种植均在133.3～200公顷。张格堡、刘家庄、邱家庄、绍瑞口、紫埠、两甲庄、西埠庄、湘河村等也已形成较大规模，每村年栽培面积均达6.7公顷以上。高疃镇赵家庄村，由1978年的6户试种草莓发展到全村年栽培17.3公顷，亩产由原来的500公斤提高到2500公斤，亩效益由2500元增加到1.5万元以上。

第二节　大棚栽培管理

品种选择　采取大棚栽培的草莓一般选择生长势强、果型大、香气浓、口感好、花芽形成早、休眠浅、对低温要求不严格、成熟期早、抗病性强、连续结果能力强、丰产稳产的品种，如宝交早生、春香、明宝、丰香等。

培育壮苗　利用上年秋季培育的母株，于4月中、下旬定植在土、肥、水条件较好的繁苗圃中。加强管理，促使母株匍匐茎伸长和幼苗健壮生长。经常间苗、整理，疏除过密苗和弱小苗。一般按每平方米留苗70～80株。到秋季栽植时，使幼苗达到5～6叶、植株矮壮、有较多新根、叶色深绿、茎粗1厘米左右、单株重25克以上的壮苗标准。

整地施肥　栽培草莓选择土层深厚、质地疏松、肥沃，有水浇条件的地块。结合整地施足肥料。一般每亩基施腐熟有机肥5000公斤以上，氮、磷、钾三元复合肥75公斤左右。耕翻30厘米。按垄距80厘米起垄，垄高25厘米，垄面宽45厘米，垄沟宽30厘米左右。

棚膜选择　大棚塑料多用无水滴或滴水较轻、透光性好、较抗老化、使用寿命较长的聚乙烯无滴膜。一般可覆盖2个栽培季节。棚内拱棚塑料选用普通塑料薄膜。

适时定植　一般在9月下旬至10月上旬，按每垄双行定植。垄面小行距30厘米以上，株距10～12厘米，亩栽1.4万～1.7万株。栽植时将草莓背弓朝向垄边，以利果实着生在垄的两坡和着色、采收。栽植后及时追肥浇水，保持土壤湿润。

适期盖棚膜　掌握幼苗经过5℃以下低温满50～100小时即为盖棚膜保温适期。一般在10月下旬至11月上旬。盖棚后在垄面上覆盖黑色地膜，并随之将幼苗扒在膜上。

图13-8　福山大棚草莓

控制棚温　盖棚后密闭保温，使棚内温度迅速提高。前期以促进植株生长为主，白天棚温控制在28℃左右，夜间不低于8℃；着果后，白天保持在20～25℃，夜间5℃以上；果实采收期，白天控制在25℃左右，夜间5～8℃。为促使早熟上市，多采用4层覆盖，即大棚膜，膜上覆盖草帘，棚内加小拱棚，地面覆盖黑色地膜。大棚草帘每天早揭晚盖，尽量延长采光时间。棚内空气相对湿度控制在50%～60%。

加强管理　及时摘除老叶，每株保留5～6片新叶。开花期在棚内放养蜜蜂授粉。适时浇水追肥。盖棚膜后5天，用赤霉素喷布幼苗，连喷2次。选择适宜农药，适时防治病虫害。

第四章　其他果品

福山在抓好苹果、大樱桃、草莓等生产的同时，重视发展其他果品，主要有葡萄、桃、梨、杏、李、石榴、无花果、猕猴桃等；干杂果有银杏、山楂、柿、核桃、大枣、板栗等。

第一节　主要水果

葡萄

有鲜食、酿酒或二者兼用品种。鲜食葡萄多在庭院栽植。酿酒葡萄较多，主要供应烟台张裕葡萄酿酒公司。1984年，全区葡萄面积217公顷。1997年，张裕公司在张格庄镇建立酿酒葡萄生产基地，发展葡萄395公顷。2002年，全区葡萄栽培面积756.6公顷。

境内葡萄主要有巨峰、红提、京秀、京亚、龙眼、龙宝、红瑞宝、高妻、水晶、泽香、红富士、森田尼、黑澳林、乍娜、先锋、玫瑰香、佳丽酿、赤霞珠、蛇龙珠、贵人香、李将军、雷司令、法国兰、长相思、白羽、白雅、红双味和烟73、74等40多个品种。

庭院栽植多采取棚架式。架高2米左右，龙干形整枝，棚架以下为主干，不留枝蔓，架面上着生结果组枝和结果枝。大田栽培采用篱架式，用水泥杆作立柱，高1.5米左右，上面横拉4～5道铁丝。多为自由扇形整枝，主干高30～40厘米，每株留3～5个主蔓，上配置侧蔓，主、侧蔓上选留结果枝组和结果母枝。秋季落叶后或春季萌芽前修剪，夏季则采取摘心、抹芽、疏除卷叶等方法，改善通风透光条件。

葡萄病虫害主要有炭疽病、白粉病、黑痘病、白腐病、霜霉病、虎蛾、虎天牛、透翅蛾等。防治措施是：秋冬季彻底清园，发芽前喷布石硫合剂。生长期根据发病种类选择对路农药适时防治，并采取果实套袋。

桃

主要分布于古现、张格庄、臧家、门楼、东厅、城关等镇。1984年，全区桃栽培面积125公顷。2002年，达到400公顷。

区内桃属有3种57个品种，主要有雪桃、肥城桃、南宫桃、水蜜桃、血桃、油桃、扁桃、冬桃、中华寿桃、春蜜、黄露、六月鲜、白银、红尖子、新川中岛、春艳、莱山蜜、大久保、仓方早生、红甘露、京艳、京玉、绿化9号等。多采取自然开心形整形。主枝3～4个，在主干错落着生，直线延长。在主枝侧方着生2～3个侧枝。主、侧枝均留有结果枝和结果枝组，侧枝间距35～45厘米，从属关系明显，光照条件好，形成立体结果。采取果实套袋。

桃的病虫害主要有褐腐病、缩叶病、白粉病、疮痂病、炭疽病、腐烂病、穿孔病、流胶病、食心虫、桃蛀螟、茶翅蝽、桃潜蛾、蚜虫、山楂叶螨、桑白蚧等。结合冬、夏季修剪，调节树势，改善通风透光条件。开花前喷布石硫合剂或波尔多液，生长期根据病虫发生情况，选用农药适时防治。

梨

梨是福山的主要水果之一。1984年，栽培141公顷。2002年，栽培200公顷左右。

境内有梨属5种32个品种，主要有葫芦梨、莱阳花梨、福山香水梨、鸭梨、栖霞大香水、黄县长把、茄梨、黄金梨、绿宝石、水晶、二十世纪、新世纪、爱岩、丰水、红把梨等。

梨树多采用主枝自然圆头形、疏层形和开心形整枝。自然圆头形主干高度50厘米左右，无中央领导干，主干上留4～6个主枝，侧枝上着生结果枝组或结果枝。疏层形和开心形均有中央领导干，修剪方法与苹果基本相同。90年代后，一些新品种如黄金梨、丰水梨等多采用“Y”字形整枝。2002年，区农林局示范园采取搭架栽培梨9.4公顷。具体做法：在地周边按一定距离埋设水泥柱，地下埋70厘米，地上2米以上。在柱间按60厘米×80厘米，用8号铁丝拉成网格式，地中间每隔一段距离再埋一根水泥杆做顶柱，树形整为开心形，把梨枝绑缚在铁丝上，结果后，网架起支撑作用。修剪整形简单，管理方便。

梨病虫害主要有腐烂病、白粉病、梨锈病、黑斑病、黑星病、轮纹病、梨木虱、食心虫、蚜虫、山楂叶螨、各类刺蛾等。防治措施是：休眠期结合冬剪剪除病虫枝。早春刮除老翘树皮。搞好夏剪。采取果实套袋。生长期选择对路农药适时防治。

杏

栽植历史悠久。1965年以前，福山县有杏树1.5万多株，年产杏200吨左右，最高年产300多吨。主要分布在崇义、邢家山、楮家疃、黄家、张格庄、权家山、下官乐沟等村。“文化大革命”期间，杏树资源受到严重破坏。1984年，全区仅有杏树10.9公顷、4639株，总产30吨左右。90年代以后，杏有所恢复发展。2002年，全区杏栽植面积为66.7公顷。

境内杏有17个品种，主要有草杏、麦黄杏、蛤蟆杏、胭脂瓣、半夏、红丰、新世纪、金太阳、凯特、仁用杏等。80年代前，杏树一般主干高度矮者2米，高者3米以上，不修剪、整形，任其自然生长。80年代后，开始修剪整形，多为主枝自然开心形。幼树栽植后，距地面60～80厘米定干，在1～2年内选留5～6个主枝。主枝上每隔30～50厘米留一侧枝，共留2～3个侧枝。各主、侧枝生长保持均衡，稀密适度。

杏病虫害主要有杏疔病、刺蛾、蚜虫、粉蚧、桑白蚧、金龟子、蝉、星天牛等。

李

全区不足7公顷。主要分布在高疃、东厅、张格庄等乡镇部分村庄。李属有3种14个品种，主要有小伏李、秋李子、狗蛋李、黄李、青皮脆、大红袍等。李子树多以自然开心形为主。干高50～60厘米，在主干上选留3～4个枝条作主枝。在主枝的中部选留2～3个向外侧伸长的分枝作为侧枝进行短截，在主侧枝上培养结果枝组。

第二节　主要干果

境内干果主要有山楂、核桃、柿子、板栗、银杏、大枣、软枣等。其中，山楂属2个种7个品种，主要有艳阳红、红瓤绵、白瓤绵等。分布于回里、兜余和臧家等乡镇。全区栽培面积30公顷左右。山楂多采用主干疏层形整形。干高50厘米左右，第一层为2～3个、第二层为1～2个主枝，在主枝上培养侧枝及结果枝组。

第五章　果品贮藏加工销售

福山自古有贮藏、加工果品的经验，但因技术落后，贮藏期短，效果较差，加工方法较单一，且能力较低。改革开放后，不断改进和引进贮藏技术，保鲜效果提高，为调节市场、实行周年供应，发挥了积极作用。果品加工由简单的初加工向深加工、产品由单一化向多样化发展。果品销售实行政府搭台、全民参与等多种渠道，在国内外市场占有重要地位。

第一节 贮藏

缸贮 是果农贮藏果品的传统方法。方法是：将选好的优质果品放入泥缸或瓷缸中，封盖缸口，一般可贮藏至翌年清明前后。宜缸贮的品种主要有青香蕉、红香蕉、国光、秋花皮、金帅苹果以及梨、山楂等。

室贮 30年代末期，绍瑞口村开始利用厢房贮藏苹果。将地面与墙壁铺贴上一定厚度的干软杂草，然后堆放果实，高度为66厘米左右，上面用草盖严。50年代中期，部分村利用礼堂、包装室贮藏。其方法是，10月中旬入室，箱（筐）装须严格挑选果实。放置时垒高在3米左右。散放成行堆置，行宽4～5米，堆高不超过1米。室内温度防止大起大落，最低温度不低于零下2℃，同时要向地面洒水，保持室内湿度。

窖贮 60年代中期，老果区果农采取窖贮苹果，试验成功。方法是：选择地势高燥的地方，挖1米深、1～1.2米宽的土沟，沟长与沟底根据地形与贮藏量而定。沟底铺上5厘米厚的细沙。果实入窖前，喷洒少量的水润湿沙层，将挑选的完好果实堆入窖内，每隔3～4米垂直放一玉米秸，堆放高度为60～70厘米左右。土窖四周筑有排水沟，以防止雨雪渗入。其上搭一人字架，白天盖席遮阴，晚间揭席放露。气温下降时，在果实上盖一层蒲包，气温急剧下降，夜间温度在零下6～8℃时，在蒲包上盖20～30厘米厚的树叶。此后便不再揭席，及时扫除积雪，翌年2—3月包装调运。70年代，全县年均窖贮量在2500～5000吨以上。

冷风库、气调库贮藏 1985年，区内在大沙埠村建成第一座冷库，容量2000吨，主要贮藏苹果、梨等。1987年，区农牧局在芝阳村南建起一座容量300吨的冷风库。2000年，福新街道办事处建起区内第一座大樱桃气调库，有效解决了果品贮藏问题。

第二节 加工

境内的水果加工始于50年代末期。1958年，福山酒厂用不够等级的苹果，生产果露酒，1960年停产。1970年，福山酒厂建成果脯车间，生产苹果、梨、桃、杏、李脯。1984年，福山酒厂果脯车间转产葡萄酒，两年共加工葡萄975吨。同年，区果品公司与东陌堂村联营建成果品加工厂，生产梨、桃、苹果、山楂和葡萄等水果罐头，至1985年，共加工水果1500多吨。80年代末，区内水果产量迅猛增长，加工企业随之增多。1997年，烟台康乐达食品公司成立，年生产规模万吨以上。其中，生产果脯、果干6000吨，各种水果罐头4000吨。2000年8月，烟台山村果园绿色生物公司全套引进具有世界先进水平的16条全自动化水果、乳品深加工生产线，年生产能力达20万吨。另外，境内的果品还为烟台张裕葡萄酒公司、福山果汁厂、美尚果汁等果品加工企业提供大量的生产原料。

第三节 销售

果农销售苹果、草莓和大樱桃，开始以集市为主，后随着栽培规模的扩大，产量不断增加，逐渐出现果品商贩。为提高福山大樱桃的知名度，1987年6月17日和2002年5月19日，区政府分别在北京和长春召开福

图13-9 福山水果罐头

图13-10 福山果脯

山大樱桃新闻发布会和推介洽谈会，在城市建立福山大樱桃销售窗口，真正起到政府搭台、企业唱戏、农民得实惠的效果。2000年后，大樱桃产量剧增，区政府倡导在境内建立大樱桃批发市场80多个。其中，规模较大的有圬上、绍瑞口、曲家、东厅、两甲庄、杜家崖、张格庄等大樱桃市场。另外，民间还自发成立果品销售协会，解决果品销售问题，至2002年，销售果品4万多吨，销售收入5.28亿元。主要销售北京、上海、沈阳、深圳等大中城市和新加坡、韩国及中国香港等国家和地区。

附：典型果园

在生产实践中，福山境内涌现出许多高产优质果园，为果业发展树立了样板。

圬上大樱桃设施栽培丰产园　1994年建园，面积9.3公顷。园区实行统一规划，统一标准，全园整齐划一。栽植规格为3.3米×3.6米，品种以红灯为主。授粉树有先锋、雷尼、拉宾斯等。2000年，大樱桃进入盛果期，平均亩产1000公斤以上。全园采取设施栽培，为规格一致的钢架塑料大棚，使大樱桃的成熟期提前1个月，平均亩产值2.5万元以上。

两甲庄大樱桃丰产园　1992年，村委统一规划建园2.5公顷。以红灯品种为主。1997年，由张中立承包。实行科学管理，采用改良纺锤形整形，平均亩产超1000公斤。因在山地栽培，光照充足，受晚霜危害轻，大樱桃口味好，品质优，亩产值超万元。

巨甲红富士苹果丰产园　1996年，由朱京成建园0.33公顷。品种为红富士。栽植规格为3米×4米。该园土质沙壤，河水浇园，平均亩产3500公斤。2002年，套袋10万个，产量达1.5万公斤，仅套袋果创效益3.6万元。所产苹果个大、色艳、口感甜脆。

农林局果业科技示范园　2000年3月，区农林局在旺远租赁土地，建立果业科技示范园。栽植梨9.3公顷、大樱桃0.9公顷，育苗及其他用地1.13公顷。梨主要品种是新世纪、丰水、黄金梨等；大樱桃主要品种有红灯、先锋、意大利早红等。此外，还引进、繁育果树新品种苗木20多个。至2002年，3年共繁育大樱桃、梨优质苗木100多万株。园内水、电、路完善配套，基础设施完备，管理技术先进，吸引了法国、韩国、美国及国内许多农业专家和团体前往参观考察。2001年秋，全区有60多个村组织1500多人到园参观学习。2002年6月，示范园被烟台市政府评为农业产业化经营十佳科技示范园。

鑫丰大樱桃示范园　位于门楼镇西埠庄村西南。1993年，由两甲庄村民左言彬承包，栽培大樱桃树6000余棵，面积7.33公顷。主营大樱桃果实、苗木、接穗。施用长白山腐殖质复合肥，年产大樱桃50吨左右，收入上百万元。年培育、嫁接、经销大樱桃苗木、接穗几十万株（个），收入数百万元。所产大樱桃质优价高，曾供给武警部队、总参谋部、总后勤部及烟台、青岛等较大的集团公司。

第十四编　水利

中华人民共和国成立之前，福山人民基本靠天吃饭，水、旱灾害时有发生。50年代中华人民共和国成立后，县政府发动群众，兴修水利，提高拦蓄及泄洪能力，增加灌溉面积，促进了工农业生产的发展。改革开放后，福山县（区）进一步加大河道治理力度，加快水利工程建设，推广节水灌溉技术，合理开发利用水资源，为烟台城区用水提供保障。

第一章　机构

福山区水利局为区政府的职能部门。下设门楼水库管理局、供水公司、第三水利勘测设计院、水泥制品厂、喷涂灌服务公司、水资源站、水保站、河道管理站、工程管理站、水政监察大队。

第一节　行政机构

清代，福山无专门水利机构，有关事宜由县衙工房兼管。民国初年，由劝业所兼管。后由实业局兼管。1945年，县政府实业科设专人主管水利。1952年初，成立县水利推进站，隶属建设科。1953年3月，水利工作改由实业科分管。1956年3月，县人委设水利科。同年8月，县水利局成立。1957年，水利局下设办公室、水利队。1958年10月，合并于烟台市水利局。1962年4月复县后，由县农业局兼管。1963年7月，恢复水利局。1968年4月，水利局与供电所合并，成立水电服务站。1971年5月，恢复水利局。1979年7月，局内设水利机械管理站。1981年12月，成立水利技术站和水利工程管理站。1983年11月，县水利局改称烟台市福山区水利局。1988年4月，水利局机关设办公室、财务股、农田水利股、水资源办公室、水土保持办公室、水利工程管理站。同时，撤销排灌机械管理站，其职能并于水利工程管理站；撤销水利技术站，其职能并于烟台市第三水利勘测设计院。1989年12月，成立河道管理局（副科级）。1995年机关机构改革后，内设办公室、财务审计科、水资源站、水保站、河道管理站、工程管理站、水政监察大队。

图14-1　福山区水利局

第二节　事企机构

门楼水库管理局　1960年9月，设门楼水库管理局。1962年12月，改称门楼水库管理站。1979年5月，恢复门楼水库管理局，为副科级事业单位，隶属县水利局。下设闸、坝工程管理组，东、西发电站，门楼（2个）、兜余、福山镇、臧家、古现6个渠道管理所和渔业队、鱼种场。1994年10月，升格为科级单位。2002年，局内设办公室、财务科、工程科、综合经营办公室、渔政监督管理站、水库派出所。有干部职工91人，其中技术干部15人。

福山供水公司　1993年4月，福山供水公司成立，属正科级事业单位。自负盈亏，企业化管理。内设办公室、财供科、工程技术科、业务科、调度室、水厂。在职干部、职工52人，设经理1人、副经理3人。其中，专业技术人员中级职称7人，初级职称9人。主要负责为福山高新区和烟台开发区供水。

烟台市第三水利勘测设计院　1968年9月，成立钻井队，隶属县水利局。有干部、职工15人。1985年增至58人。1988年12月，福山水利局设计室与福山水文地质勘察队合并，成立烟台市第三水利勘测设计院，为副科级事业单位（1998年升格为正科级），企业化管理，实行独立核算，自负盈亏。1998年7月，改制为企业。2001年9月，改制为烟台市第三水利勘测设计院有限责任公司。2002年底，有干部、职工106人。

福山水泥制品厂　1965年1月，在原门楼水库水泥管厂的基础上，成立福山水泥管厂，时有干部、职工38人。1984年，改称福山水泥制品厂。2001年10月，改制为福山区水泥制品有限责任公司，注册资金50万元，有干部、职工53人。

福山区喷涂灌服务公司　1988年成立，事业性质，企业化管理，自负盈亏。有干部、职工20人。2002年11月，申请破产。

乡镇水利机构　1965年，公社农技站主管水利，站内安排2～4名亦工亦农人员从事水利工作。1968年，全县10处公社成立水利站，每站3～5人。1978年，各公社水利站共计36人均转为公社计划内临时工，工资由县水利局拨付。1988年，乡镇水利站水利技术人员31名。2001年，乡镇机构改革，撤销水利站，并于农业技术服务站，设专人主管水利工作。

第二章　河道治理

大沽夹河（亦称外夹河）和清洋河（亦称内夹河）流域山高坡陡，迂回多变，汛期河水暴涨暴落，历史上经常泛滥成灾。

中华人民共和国成立后，文登、莱阳、烟台地区和福山县（区），多次对内外夹河采取疏浚河床、裁弯取直、修筑堤坝等措施进行治理。同时，在河道上游兴建水库、塘坝，控制洪水，削减洪峰，抗御水灾。同时，重视对小型河道综合治理，对拦洪起到较好的调节作用。

改革开放后，各级政府把河道治理提到重要议事日程，加大投入，科学治理，把治理与管理、治理与美化绿化、治理与休闲观光相结合，起到防洪抗灾作用，形成了靓丽的风景线。

第一节　内外夹河治理

福山城区位于清洋河西岸。有史以来，人们修长堤，防水患。明天顺年间，修土堤，南自青龙山、北至邑历坛，长三里，高一丈一尺，阔一丈；又植柳树数千株于堤外，于是城垣田舍赖以巩固。后，东城下以南，至修正观堤一百零三丈，年久崩坏，经修筑亦渐残损。1688—1690年，大修南关堤坝。1734年与1736年，知县程大模督筑清洋河西岸南堤、东堤“灌灰砌石，坚固异常”。1759年，清洋河水涨溢，冲坏西岸土堤，知县何乐善捐俸改修石堤。

中华人民共和国成立后，文登、莱阳专署、烟台地区行署及烟台市，组织沿河县市、区，对大沽、清洋两河流域进行多次较大规模治理。1950年，胶东水利局投资，将东北关村至永福园村段筑堤2000米；1953年，文登专署投资，在东关村作护岸工程1100米。1956—1957年，进行大沽、清洋两河下游筑堤工程。大沽夹河东岸由小沙埠至西玉树庄，西岸由小梁家庄至卫家疃村东；清洋河东岸由东关至崇义村西对轮山脚下，西岸由杨家台子村至曾家庄大桥。堤防全长1.94万米，活动土方32.95万立方米，修筑大小涵洞10座，砌石护岸5处，长450米，用乱石1850立方米，共用工日1403万个，投资8.7万元。该项工程由莱阳专署水利局派技术人员帮助勘测设计，有关区（镇）组成施工领导班子，沿河各受益村出民工参加施工，县水利局负责技术指导。工程完工后，3000公顷耕地和24个村庄免受水害。

1957年，莱阳专员公署争取山东省水利厅对福山夹河治理工程款，对内夹河西岸城区段进行护堤加宽加高工程建设。垫土加宽至3米，筑高至6米。

1975—1976年，进行大沽夹河中上游筑堤工程。1975年初，烟台地区水利局组织福山、栖霞、牟平、烟台等县市，对大沽夹河进行统一治理，指挥部设在谭家庄公社。福山境内重点治理兜余、谭家庄两公社河段，全长23千米。全县11处公社分担任务参加施工。1975年4月动工，1976年汛期前完工。共筑堤22.2千米，新建涵洞10座，除险加固工程8处，长1300米，裁滩清障14处，长1.3万米，活动土石方96.06万立方米，总用工68.75万个，总投资32.77万元。竣工后，防洪标准达到20年一遇。

1999年，市政府组织莱山区、福山区、芝罘区、烟台开发区对大沽夹河进行全面整治。福山区承担南自旺远国防桥，北至同三公路桥段的浆砌石护坡、挖河清淤、裁弯取直及河岸绿化工程，全长21.8千米。跨兜余镇、福山镇、高新区，共15个行政村。前期工作完成拆迁房屋6000平方米，迁移坟墓400丘，搬迁经济作物塑料大棚160个。区政府成立指挥部，分管水利的副区长任指挥，水利局牵头，财政、建委、电业、公安等部门参与，负责资金筹措和工程监管。其资金来源除财政专项列支外，还积极争取国家补助，并发动全区机关、事业单位、厂矿企业干部职工及广大农村村民参加义务劳动，不能参加者以资代劳。工程设计由烟台市水利勘测设计院承担，设计防洪标准为50年一遇。施工单位有烟台市第三水利勘测设计院、门楼水库管理局、福山供水公司和福山区市政工程公司，组成4个大队，下设30个施工队。施工高潮时上阵机械200台（套）、日劳力3000余人，昼夜奋战。工程于同年3月4日开工，2002年8月底竣工。完成工程量土方415万立方米，浆砌石13.03万立方米，修桥2座、涵闸16座、涵管42处，总投资3880万元。2001年春，在河岸栽植杨树4行，滩地栽植大樱桃、桃树等水果。区统一供苗，村栽培管理，收益归村。市水利局沿河建闸坝6道，整体工程完工后，确保行洪畅通，并涵养地下水源，美化两岸环境。

80年代后，福山区对清洋河先后进行过五次较大规模治理。

1982年10月，曾家庄至东关段整治工程破土开工。工程包括河两岸砌护坡石墙、建造福城桥和自动翻板拦水闸各1座。总投资235.4万元。其中，两岸砌护坡石墙工程，长1100米，高5.5米，防浪墙高0.8米，基础宽3.4米，上宽0.5米，属重力式结构。投资77.8万元。由县水利局设计，西岸分摊各公社施工，东岸由承包者承筑；城区至东关村钢筋混凝土双曲拱式福城桥工程，长143米，投资118万元，由交通部门和县水利局设计，烟台第三建筑公司和桥工队施工；自动翻板拦水闸工程，位于福城桥下游，长135米，投资39.6万元，由区水利局设计，东厅乡建筑队和东兰建设队施工。1988年11月，3项整治工程全部竣工。

1992年8月，投资171万元，对两甲庄段两岸筑砂坝整治，长8千米，1993年汛前竣工。由区水利局组织实施，烟台市第三水利勘测设计院设计并施工。

1995年，投资620万元，对内夹河西岸永福园村东南段进行治理。工程包括建造1座自动翻板拦水闸和混凝土浆砌石护岸2项。自动翻板拦水闸，宽200米，高2.5米，由烟台市第三水利勘测设计院设计并负责施工。护岸工程，长2000米，由烟台市第三水利勘测设计院设计，区市政工程公司施工。共活动土方21万立方米，混凝土量3000余立方米，浆砌石1万立方米。工程于同年3月初开工，汛前竣工。完工后，达到20年一遇行洪标准。

1998年，因城东自动翻板拦水闸年久失灵，不能自动翻板，妨碍行水，投资70万元，重修闸墩、闸板。3月动工，7月竣工。由烟台市第三水利勘测设计院设计并实工。

2002年7月至9月，投资135万元，对内夹河东岸永福园村东南段进行治理。浆砌护墙600米。由区水利局组织施工。工程完工后，内外夹河交汇处浆砌堤相连。

第二节 小流域治理

境内小型河道多系坡陡流急、狭窄弯曲的山洪河道。汛期泛滥漫溢，灾情严重。六七十年代，不断对河道进行治理，较大的小型河道一般裁弯取直、修筑沙土坝，有些河道上游还修建水库、塘坝，对拦洪削峰、减轻暴雨灾害起到一定作用。1986年以后，小型河道治理大都浆砌石堤，河中建闸（坝）蓄水。对水资源开发和农业灌溉起到了积极作用。

黄金河　黄金河原河道呈S型，河道宽150米，荒滩面积大，汛期两岸土地盐碱化严重。1975年春，古现公社组织39个大队进行改河筑堤，总工程量32万立方米。

新河道宽 80 米，堤高 2.5 米，堤防迎水顶处为乱石护坡，其他为沙坝。治理后，河道顺直，并造地 40 公顷。1982 年 8 月 25 日，全县普降暴雨，古现公社降雨 257 毫米，70% 的堤坝被洪水冲毁，沿河近千亩农田受淹，直接损失 6 万元。1983 年春，古现公社重修堤防，并采取两岸坝体压柳、植草等措施，保护堤坝。之后，淘金者在河道中滥挖，造成坑洼不平，沙堤破坏严重。2000 年，古现镇投资 67 万元，在河道内修建拦河坝 8 道，活动土石方 11.5 万立方米，投工 8.7 万个，机械台班 1800 个。治理后，增强了堤坝防洪能力，增加灌溉面积 253.3 公顷。

旱夹河　1974 年秋至 1975 年秋，八角公社成立 500 余人的“战山河”专业队，在郑家庄村东至百堡村西段开挖一条 2000 米的新河道，河底宽 10 米，投工 20 余万个，完成土石方 7 万多立方米，总投资约 20 万元，改道后造地 33.3 公顷。但因不适当的裁弯取直，束窄河床，1982 年夏洪水重入故道，10 公顷河滩地被冲毁，在老河道修建的大口井亦基本报废。1997—1999 年，对河道进行整治，上阵机械台班 3300 个，投工日 19.5 万个，浆砌河堤 5.2 千米，修建闸坝 16 座，活动土石方 30.1 万立方米，新增灌溉面积 86.7 公顷。

柳子河　原河道弯曲狭窄，每值汛期，下游受到夹河与海潮顶托，洪水时常漫溢，受灾严重。1955 年，县里将原穿越栖里村内河段改于村南至河口，修堤 1700 米。1968 年秋，福山镇公社组织沿河大队，裁弯取直小河子村至臧家村河段，长 1500 米。1975 年 7 月，臧家公社组织沿河大队，裁弯取直小杨家村至大杨家村河段，长 1500 米。2 次治理总投工日 4 万余个，完成土石方 8.5 万立方米，投资 5 万元。治理后，达到 20 年一遇防洪标准。1991—1998 年，臧家乡政府组织沿河村，对河道进行综合治理，建高标准浆砌堤 6700 米，建拦河闸 1 道、迷宫堰 7 道，扩修沿河连村路 4000 米。共活动土石方 82 万立方米，用工日 13.4 万个。治理后，确保行洪畅通，增加和改善旱涝保收田 400 公顷。1998 年，还对部分河段采取砌石堤、建人字架闸蓄水等治理措施，达到 20 年一遇防洪标准。

仉村河　仉村河原河道狭窄弯曲。1974 年冬至 1975 年春，门楼公社组织仉村片 5 个大队进行治理，河两岸干砌石护坡。1998—2000 年，在东厅村上下段进行浆砌石堤 3500 米，建拦河坝 4 座。其中，东厅镇完成浆砌工程量 3.15 万立方米，投入机械台班 350 个，工日 4.75 万个。工程完工后，增加灌溉面积 33.3 公顷。

义井河　原河道宽 80 ～ 150 米。1975 年春，高疃公社组织人员进行全面治理。2001 年，又对赵家庄村下段河道进行浆砌石堤 1000 米，建坝 2 座，上阵机械台班 100 个，用工 1.5 万个。扩大和改善灌溉面积 20 公顷。

黑石河　原河道多死弯，行洪不畅。1966 年秋，投资 10 万元，沿河大队自行施工，治理后基本顺直畅通。1969—1979 年，在其上游修建小（一）型水库，对拦洪挫峰起到调节作用。80 年代后，由于建材业的发展，大量尾沙排放入河，抬高河床 1 米左右，个别地段与两岸河堤基本持平，成为悬河，潜在危险严重。1999—2001 年，张格庄镇对黑石河进行疏浚、砌堤治理，总长 5470 米，总工程量 19.5 万立方米，上阵机械台班 218 个，投工日 1.43 万个。工程完工后，河道行洪畅通。

巨甲河　1966 年和 1971 年，在其上游的 2 个支流分别修建小（二）型水库 2 座，对拦洪挫峰起到调节作用。1972 年，巨甲大队发动全村劳力 600 多人修筑堤防、顺直河道、修建桥梁，进行治理。1999 年，对其穿村河进行治理，浆砌河堤 3480 米，建人字架拦河闸 4 座，完成工程量 62 万立方米，使用机械台班 38 个，用工日 1.98 万个。完工后，确保行洪安全，并扩大和改善灌溉面积 26.7 公顷。

道平河　2001 年，道平村对穿村河进行治理，浆砌石堤 2000 米，建人字架闸 6 座，完成工程量 45 万立方米，投机械台班 16 个，用工日 8700 个。竣工后，不仅缓解洪水的浸溢，且扩大灌溉面积 20 公顷。

留公河　2001 年，清洋街道对留公河西段进行治理。浆砌石坝 660 米，完成工程量 2400 立方米，投入机械台班 10 个，用工日 2351 个。2002 年，又扩建 200 米。

松河（奇泉河）　原经福山镇上夼、下夼村，于姜刘疃村西北流入柳子河。1976 年秋，结合城后泊整治，河道改由姜刘疃村东流经宋家疃村北永福园村南入内夹河。1993 年，下夼至内夹河段，疏河浆砌加盖，并在河道北侧筑路加宽，河道变成汇福街。2002 年，对奇泉河道浆砌石堤 440 米，完成工程量 1600 立方米，使用机械台班 6 个，投工 1782 个。

第三节　河道管理

1985年12月，区政府决定：对位于夹河水源保护区内的解子崖、权家、西北关、东北关、石井、栾家疃等电镀厂（点）实行关停，其余电镀厂次年底前停产或转产。同时，又在内外夹河、柳子河等临海河道修建拦河闸（坝）30余道，以涵养水资源。1987年11月，在区水利局设立河道管理办公室，对乱采滥挖河沙等行为予以严厉查处。

1989年，福山区河道管理局成立（1995年更名为福山区河道管理站），专门负责河道管理工作。是年，依法征收河道采砂管理费。至2002年，全区累计征收河道采砂管理费68.8万元，全额上交区财政局，再根据预算计划返拨用于河道维修。

1992年初，由区水利局会同土地管理局，对内外夹河60千米河道进行确权划界，历时4个月，绘制图纸64张，涉及单位和村庄78个，划定1933公顷土地为国家管理范围。

1995年前，根据有利于保护河唇和行洪畅通的原则，每年发放采沙许可证，挖沙缺口6月底堵复，9月底开放。1995年5月1日，区政府发布布告：外夹河回里镇黄山大桥以上500米至入海口、内夹河门楼水库大坝至入海口，均禁止挖沙。2001年7月1日，市公安、水利、等部门联合发文，外夹河老岚村至入海口，内夹河门楼水库大坝至入海口，一律禁止挖沙。2002年7月1日，区政府决定，内外夹河所有河段均禁止挖沙。

第三章　水利建设

1949年以前，人们采取开渠引水、挖潜打井、筑坝截流、挖塘蓄水等措施，改善水利条件。中华人民共和国成立后，县（区）政府把水利建设作为农业生产的命脉，在加强引水、拦蓄、打井、挖塘工程建设的同时，狠抓修建水库和扬水工程建设，努力扩大水浇地面积。60年代，修建水库、塘坝形成高潮；70年代，水利建设的重点以修建拦蓄工程、加强工程配套和扬水站建设为主；80年代初期，水利建设转向以配套挖潜和开发利用地下水为主。拦蓄工程重点是对小型水库、塘坝按“板桥两型”后新演算的标准进行除险加固，对促进农业高产稳产发挥了极大作用。

第一节　引水工程

引河渠道　明朝成化年间，官府倡修引河渠道一条。1616年，大沽、清洋两河农民开渠筑堰，引河灌田。中华人民共和国成立后，较大的引河自流渠是幸福渠，1958年5月15日动工，6月6日竣工，渠道位于塔寺庄南2千米处，引清洋河水，渠道全长18千米。11个乡镇参加施工，国家投资4.1万元。最大流量2立方米/秒，灌溉面积1333.4公顷。

引泉渠道　福山第一条引泉渠道为小杨家村响水泉自流渠，建于1954年，最大流量0.02立方米/秒，灌溉面积8公顷。1955年，又修建东吴家村罗山坡泉自流渠，最大流量0.02立方米/秒，灌溉面积0.53公顷。1957年，修建相公庙村（今东风村）、姜家夼村等引泉工程，但流量较小，灌溉面积2.7～3.4公顷。

第二节　拦蓄工程

至2002年，全区修建水库、塘坝285座，总库容2.21亿立方米。其中，大型水库（门楼水库）1座，总库容2.02亿立方米；小（一）型水库4座，总库容797.5万立方米；小（二）型水库15座，总库容458.9万立方米；塘坝265座，总库容618.6万立方米。

门楼水库

水库兴建　门楼水库位于城西南10千米、清洋河中游。总库容2.02亿立方米，兴利库容1.264亿立方米，控制流域面积1077平方千米。是一座集防洪、灌溉、供水、发电、养鱼等为一体的综合性大型水库。由烟台地区水利局勘测设计，1958年11月1日动工，1960年5月大坝合龙蓄水，1960年秋枢纽工程基本竣工。工程分2期进行，第一期自1958年11月1日至1959年5月。第二期自1959年11月至1960年10月。参加施工的有福山、牟平、乳山、烟台市以及省水利厅第三安装队等，驻地部队官兵2000余人支援建设，施工高潮时达2.2万人。

枢纽工程　主坝为黏土心墙砂壳结构，原坝高22.32米，顶宽22.5米，底宽160.25米，全长1050米。主坝迎水面系三级配干砌石护坡。副坝共6条，总长960米，坝高2～15米，顶宽1.5～20米。放水洞2个，东放水洞与坝体同时完成，洞横断面直径为2.5米钢筋混凝土管，长124.8米，最大流量35立方米/秒，西放水洞于1971年3月建成，洞横断面直径为2米钢筋混凝土隧洞，长231.6米，最大流量20立方米/秒。放水洞下各建电站1处，装机总容量1500千瓦，1980年，年发电120～150千瓦时，养鱼水面733.4公顷。溢洪洞，原为27米宽开敞式，1979年4月至1980年8月底兴建启闭式，为10米×6米平板钢闸门12扇，净宽120米，最大泄洪量8304立方米秒。

门楼水库由于建库早、条件差、标准低，多年来被国家水利部和省水利厅列为病险库。1986—1999年，水库大坝、副坝及主坝砼防渗墙和溢洪道左右岸翼墙，先后进行过3次除险加固。总投资5361万元，其中国家补助2240万元。工程完工后，总库容由1.96亿立方米增到2.02亿立方米，兴利库容由0.758亿立方米增到1.264亿立方米。

第一次为坝体加高和主坝护坡及溢洪闸基灌浆等工程。1986年6月30日开工，1988年12月竣工。由烟台市水利勘测设计院设计，中国有色金属二建十公司、海阳、乳山、临沂县水利局建筑安装工程公司及福山水文地质勘察队等单位负责施工。工程完工后，大坝长增至1075米，坝高增至37.1米，大坝坡面平整，坝面及坡面排水系统顺畅。溢洪闸基灌浆做到延长渗径，减少渗漏，确保闸身安全。总工程量41.5万立方米，总投工日31.4万个，总投资651万元，其中国家补助240万元。

第二次为幸福渠副坝加固工程。1990年10月15日开工，次年10月30日竣工。由烟台市水利勘测设计院设计，福山区基础工程大队施工。钻孔总深度3569.8米，冲填及配料1307.2立方米，总投资250万元。工程完工后，截住坝体下游泉群渗漏，排除幸福渠副坝的险情。

第三次为主坝砼防渗墙和溢洪道左右岸翼墙加固工程。1996年11月26日开工，1999年8月30日竣工。由烟台市水利勘测设计院设计，主坝砼防渗墙由中国水利水电基础工程局负责施工，溢洪道左右岸翼加固由烟台市基础工程公司施工。砼防渗墙采用CZ22型冲击机钻孔、泥浆固壁用水下导管浇注砼的方法施工。总工程量：钻孔进尺31.062万米，土石方8万立方米，碎石路面10355平方米，总投资4460万元，其中国家补助2000万元。

配套工程　门楼水库有东、西干渠，全长53.3千米；支渠39条，总长185千米；隧洞、渡槽等水利建筑设施720座。设计灌溉面积14333.4公顷，实际灌溉8200公顷。

西干渠南起水库坝西，沿清洋河左侧向北，至福山城转向西北，经北车家村西、北于家村后顺海岸线向西北达黄庄。纵贯门楼、福山镇、臧家、古现、八角5处公社（乡镇）。工程分2期进行，第一期1964年3月至1965年7月，以原幸福自流渠改建扩建。投资21.2万元，渠长19.6千米，渠首最大流量4立方米/秒，可灌溉农田2000余公顷。第二期1974年12月至1980年3月，进行西干渠扩建延伸工程（由柳子河延至黄庄）。扩建延伸后，全长32.3千米，渠道最大流量8立方米/秒，设计灌溉面积5333.4公顷，因工程不配套，实际灌溉面积为2866.7公顷，受益自然村87个。共有建筑物101座，其中倒虹吸91座，长403米，岗嵛山隧道2300米。扩建延伸总投资270万元，总用工日50.8万个。

门楼水库渠道大多为土渠。自1966年运行以来，工程日趋老化，渠道渗漏严重，渠水利用系数仅30%左右。为此，门楼水库管理局争取国家财政资金，进行渠道防渗和盖板处理。1988—1992年，投资600万元，对福山城区段渠道进行浆砌、盖板6000米。1990—1994年，投资120万元，对两甲庄、留公、山前李家段进行防渗处理，工程总长约2300米。1993年，投资100万元，对烟台开发区马家段浆砌和铺暗管工程约1000米。1995—1997年，投资140万元，对西干渠首至仉村段采用钢筋砼连垫底防渗处理4000米。2001年，投资120万元，对岗嵛段浆砌、盖板400米。2002年，投资60万元，对城西段盖板400米。

东干渠西起水库坝东，沿清洋河右侧向北延伸，至崇义村东转向大沽夹河，过河后向东北延伸至黄务南车门村北，纵贯门楼、兜余、黄务3处公社（乡镇）。工程于1969年4月破土动工，1971年7月1日竣工，全长21千米（其中芝罘区段10千米），渠首宽6.5米，最大流量10立方米/秒。设计灌溉面积7866.7公顷，实际灌溉面积4186.7公顷（其中芝罘区2820公顷）。国家总投资156万元，总用工日120万个。有建筑物147座，其中钢丝网薄壳渡槽2座，全长1640米。大屋渡槽长1180米，单节长14～24米，横断面4.5平方米，通过流量8.9立方米/秒，为省内第二大薄壳渡槽；跨大沽夹河渡槽，长460米。石拱渡槽2座，计733米。倒虹吸7座，计928米。

水库管理　1960年9月，设门楼水库管理局，下设7个管理所。主要负责福山、芝罘2区所辖的9个公社152个自然村8200公顷的农田灌溉任务。自1962年开始，40年来累计灌溉面积达10.28万公顷。东干渠有门楼、兜余、黄务管理所（黄务管理所于1979年划归芝罘区）；西干渠有门楼、福山镇、臧家、古现管理所。每个管理所编制为3～5人，主要任务是渠道维护、供水管理及收费。70年代，开始为福山造纸厂、味精厂、纸箱厂和砖瓦厂等单位提供工业用水。利用干渠送水，年供水量400万立方米。自1981年开始，利用东干渠为烟台市送水补源，年供水量200万立方米左右。1983年，供水管道建成后，正式向市区供水，年供水量在千万立方米左右。1993年，随着烟台市经济的发展和供水复线工程的建成，供水量逐年增加。1998年以来，年供水量均在3000万立方米以上。1999年，供水备用管线建成。1981—2002年，门楼水库共向烟台市区供水34565万立方米，成为烟台市区主要的水源地。2000年，烟台开发区供水专线管道开始修建，设计日供水量10万吨。

同时，门楼水库管理局不断加强对闸坝的管理。1960年始，对主坝每月进行一次沉陷观测。自1986年大坝加固、加高后，严格按照《水利部大坝安全管理条例》进行观测、监测。主要是沉陷位移观测、沉润线监测、防渗墙予应力监测等。设备全部采用居全国领先水平的大坝安全监测自动化系统。1993年，投资6.5万元，对1980年建成的溢洪闸起闭系统进行更新改造，先进的自动化控制启闭系统，代替人工起闭闸门，并设专人定期进行观测、保养维修。

1981—2002年门楼水库有关情况表

表14-1

年份	量高水位（米）	最大泄洪量（秒立方米）	弃水量（万立方米）	汛末蓄水量（万立方米）	年用水量（万立方米）	灌溉面积（公顷）	向市区供水（万立方米）	水面捕捞（吨）
1981	23.11	—	—	1638	3200	8000	186	550
1982	29.80	1300	14876	1650	1396	4000	59.3	59
1983	27.50	—	—	5390	1900	4000	503	59
1984	26.95	12	392	6923	1812	3000	687	48
1985	28.51	760	3520	7564	2563	3000	1438	52
1986	27.69	—	—	1474	1244	—	1244	44.5
1987	25.00	—	—	4040	1781	3467	693	43
1988	25.15	—	—	1980	1015	3000	574	41.5
1989	21.81	—	—	392	1250	1333	740.8	5.5
1990	29.13	96	6500	10460	786	—	673.9	4

小（一）型水库　60年代末至80年代初，境内先后修建了4座小（一）型水库，总库容为797.5万立方米。

黑石水库　位于张格庄镇黑石村南，拦截黑石河水源，流域面积10平方千米。1969年11月动工，1971年7月竣工。总投资25.6万元，完成工程量24.1万立方米。坝体高22米，坝顶宽4米，全长314米。总库容316万立方米，兴利库容227万立方米。溢洪道位于大坝东端，为开敞式，宽24.6米，设计泄洪量173立方米/秒；非常溢洪道位于大坝西端山嘴处，宽31米，最大泄洪量344立方米/秒。放水洞为沟埋式钢筋混凝土圆管，直径100厘米。出口处安装直径100厘米手摇式启闭机1台，最大输水量6万立方米/秒。干渠1条，长9千米，设计灌溉面积466.7公顷，实际灌溉面积143.4公顷。由于原防汛路不畅，1992年张格庄乡投资12.5万元，建设防汛桥1座，长30米，宽4米。

吴家水库　位于古现镇东吴家村南，拦截柳林河水源，流域面积4.78平方千米。1965年12月动工，1971年8月竣工。总投资15.5万元，总工程量24.5万立方米。坝体高21米，坝顶宽2.5米，全长590米，总库容209万立方米，兴利库容159万立方米。设计溢洪道宽24米，现有宽8米，最大泄洪量34立方米/秒。放水洞为沟埋式钢筋混凝土圆管，直径80厘米，出口处安装直径60厘米手摇式启闭1台，最大输水量5立方米/秒。灌区有长5千米干渠1条，设计灌溉面积333.4公顷，实际灌溉200公顷，库有养鱼面积12.53公顷，因水源不足，自建库以来从没溢过洪。

善疃水库　位于回里镇善疃村西北，流域面积6.9平方千米。1976年8月动工，1978年11月竣工。总投资22万元，总工程量20万立方米。坝体高23米，顶宽2.5米，全长430米。总库容180万立方米，兴利库容145万立方米。以灌溉为主，并可防洪养鱼。溢洪道位于大坝南端，为宽顶埝式，宽40米，最大泄洪量238立方米/秒。放水洞为沟埋式钢筋混凝土圆管，直径100厘米，出口处安装直径80厘米手摇式启闭机1台，最大输水量8.3立方米/秒。有干渠2条，全长2.65千米。设计灌溉面积266.7公顷。由于原坝体单薄，回里镇分别于1991年和1992年进行坝体培厚工程。总投资29.8万元，总用工2.5万个，完成工程量4.79万立方米。该水库下游危及兰（村）烟（台）铁路安全，故定为重要小（一）型水库。

磁山水库　位于高疃镇小谷家村南，磁山脚下，流域面积2.35平方千米。1974年开工，1980年基本竣工，但坝体不够高（差1.7米，属未完工程）。总投资21万元，总工程量17.8万立方米。坝体高24.6米，顶宽14米，长270米，总库容92.5万立方米，兴利库容72.5万立方米。溢洪道为开敞式，底宽15米，最大泄洪量51.5立方米/秒。放水洞为沟埋钢筋混凝土圆管，直径60厘米，出口处安装直径70厘米手摇式启闭机1台，最大输水量5立方米/秒。有干渠1条，全长2千米。设计灌溉面积200公顷。1998年，投资8万元修建防汛桥1座，宽5米，长10米，大坝两头溢洪道浆砌40米，确保泄洪畅通。

对以上4座小（一）型水库的管理，90年代前，均设水库管理所，配备2～4人，负责防汛、灌溉、管理等工作，并开展养鱼、种植、旅游观光、餐饮等综合经营。90年代后，体制改革，实行联包、个人承包等形式，合同签订包括防汛、灌溉、工程管理等多项内容。

小（二）型水库　1958—2002年，全区共建小（二）型水库16座，总库容488.7万立方米，兴利库容369.4万立方米，实际灌溉面积558.2公顷。均为联办或村办。

前富村水库　位于回里镇前富村南，属村联办。1974年破土兴建，1975年1月竣工。承雨面积2.5平方千米。坝顶高程52.54米，校核水位51.67米，总库容53.1万立方米，兴利库容48.9万立方米，实际灌溉面积51.6公顷。

马家夼水库　位于回里镇巨甲村西南马家夼、巨甲河上游，属村办。1969年破土兴建，1970年8月建成。承雨面积1.09平方千米。坝顶高程47.95米，校核水位46.64米，总库容16.4万立方米，兴利库容13万立方米。实际灌溉面积33.4公顷。

槐树夼水库　位于回里镇巨甲村东南槐树夼、巨甲河上游，属村办。1973年底破土兴建，1974年5月建成。承雨面积0.98平方千米。坝顶高程50.64米，校核水位49.6米。总库容39.8万立方米，兴利库容31.3万立方米。实际灌溉面积33.4公顷。

胡家夼北夼水库　位于回里镇胡家夼村西北后庵山东麓，属村办。1964年冬破土兴建，1965年4月建成。承雨面积1.5平方千米。坝顶高程50.11米，校核水位48.33米。总库容24.5万立方米，兴利库容19.1万立方米。实际灌溉面积43.4公顷。

西北山水库　位于回里镇西北山，属村联办。1977年冬破土兴建，1978年6月建成。承雨面积0.7平方千米。坝顶高程57.38米，校核水位56.66米。总库容34.5万立方米，兴利库容28.8万立方米。实际灌溉面积33.4余公顷。

道平水库　位于回里镇西道平村西北三杈石山东麓、道平河上游，属村联办。1974年冬破土兴建，1975年7月建成。承雨面积2.41平方千米。坝顶高程47.3米，校核水位45.58米。总库容23.8万立方米，兴利库容22.6万立方米。实际灌溉面积33.4余公顷。

汪家沟水库　位于古现镇汪家沟村西北磁山东麓，属村联办。1958年兴建。承雨面积1.4平方千米。坝顶高程49.43米，校核水位47.89米。总库容56.4万立方米，兴利库容43.2万立方米。实际灌溉面积36公顷。

徐家水库　位于古现镇徐家村南神仙顶北麓，属村联办。1978年冬破土兴建，1979年建成。承雨面积1.81平方千米。坝顶高程52.45米，校核水位52.09米。总库容44.4万立方米，兴利库容30.5万立方米。实际灌溉面积13.4公顷。

肖家夼水库　位于高疃镇肖家夼村西北西麓，属村办。1976年冬破土兴建，1977年建成。承雨面积0.47平方千米。坝顶高程49.35米，校核水位47.82米。总库容17.1万立方米，兴利库容14.1万立方米。实际灌溉面积20公顷。

下巴鱼夼水库　位于高疃镇肖家夼村西巴鱼夼南，属村联办。1971年破土兴建，1972年建成。承雨面积0.375平方千米。坝顶高程52.8米，校核水位51.66米。总库容12万立方米，兴利库容8.5万立方米。实际灌溉面积13.4公顷。

曲家沟水库　位于高疃镇曲家沟村西北，属村办。1970年冬破土兴建，1971年建成。承雨面积0.71平方千米。坝顶高程33.01米，校核水位52.02米。总库容19.3万立方米，兴利库容10.8万立方米。实际灌溉面积20公顷。

曲家水库　位于高疃镇曲家村西北大城山东南麓，属村办。1965年冬破土兴建，1966年建成。承雨面积0.89平方千米。坝顶高程47.66米，校核水位47.2米。总库容12.2万立方米，兴利库容8.1万立方米。实际灌溉面积6.7公顷。

虎头旺水库　位于高疃镇邹格庄村东巴山西麓虎头旺，属村联办。1958年破土兴建，1959年建成。承雨面积1平方千米。坝顶高程52.16米，核定水库51.62米。总库容31.3万立方米，兴利库容23万立方米。实际灌溉面积33.4公顷。

东灌水库　位于门楼镇集贤村东北东灌夼，属村办。1958年破土兴建，1959年建成。流域面积1.34平方千米，坝顶高程54.41米，校核水位53.6米。总库容18.1万立方米，兴利库容12.4万立方米。实际灌溉面积20公顷。

大杨家水库　位于福新街道大杨家村西北杨家夼下游，属村联办。1967年破土兴建，1968年10月建成。承雨面积2.68平方千米，坝顶高程38.21米，校核水位37.88米。总库容56万立方米，兴利库容32.5万立方米。实际灌溉面积66.7公顷。

胡家夼水库　位于回里镇胡家夼村东，属村办。2002年7月完工。流域面积8.3平方千米，坝高14.6米。总库容29.8万立方米，兴利库容22.8万立方米。控制灌溉面积100公顷。

对小（二）水库的管理，属联办的均安排专人负责管理，属村办的均由村自行管理。1998年3月，区水利局在兜余镇邱家庄村进行小型水利设施产权制度改革试点。同年10月，区政府在全区推行小型水利设施产权改革。全区共有小型水利工程830项，已改制的有706项，占应改制的85%。其中，承包形式的占59%，租赁形式占41%。

夹河地下水库　位于福山城北，大坝东起芝罘区宫家岛村西，西至福山区朱甲山村北，全长3894.1米，最大坝高31.5米，总库容2.052亿立方米，设计调节库容6800万立方米，库容面积63.3平方千米。工程由烟台市政府投资，市水利勘测设计院设计，市大地防渗加固工程有限公司和市水利基础工程公司施工。2000年11月8日破土兴建。工程由地下截修坝、回灌补源和取水3部分组成。采用地质钻机造孔，把带有喷头和灌浆管下到土层的预定位置，然后用高压设备将水、气、水泥浆以一定的压力喷射出来，水泥浆与土粒掺搅混合，凝固后形成一道防渗墙。地下水库的建成，可提高市区的供水保障能力，有助于改善大沽夹河下游的水生态环境，阻止水质恶化和海水入侵。具有见效快、无搬迁、不占地、无防洪等优点。

第三节　塘坝

境内共有塘坝265座，总库容618.6万立方米，均属村办。其中，清洋街道5座，总库容15万立方米；古现镇64座，总库容190.8万立方米；高疃镇61座，总库容151.4万立方米；张格庄镇27座，总库容39万立方米；回里镇38座，总库容63.3万立方米；门楼镇57座，总库容130.3万立方米；福新街道13座，总库容28.8万立方米。

60年代后期，为开发浅层地下水，建设大批大口井（平塘）。开口面积一般在666.7平方米以下，个别较大者2000～3000平方米。水井深一般5米左右，标准较低，大都为乱石护坡。到1979年，全县共建大口井242眼。至1988年达到271眼。

1980年后，由于连年干旱，地表水严重不足，开发利用地下水，成为水利建设的重点。为此，建设高标准大口井（平塘）。开口面积一般3334平方米左右，大者6667余平方米，井深5～10米。到1983年，全区共建成高标准大口井36眼。其中，有20眼为扩建工程。结构形式：马道以下均为乱石护坡，以上为料石块砌护，设有水泥花格栏杆或水泥压顶围墙。

店子泊平塘　1982年5月建成，面积6000平方米，深5米，其中水深2米。蓄水量1万立方米，控制灌溉面积33.4公顷。

渡口平塘　1982年6月建成，面积4667平方米，深5米，其中水深3米。蓄水量0.75万立方米，控制灌溉面积20公顷。

侯家平塘　1981年5月建成，面积6667平方米，深4米，其中水深2.5米。蓄水量2万立方米，控制灌溉面积33.4公顷。

八角平塘　1983年10月建成，面积4667平方米，深5米，其中水深3米。蓄水量0.97万立方米，控制灌溉面积33.4公顷。

巨甲平塘　1980年建成，圆形，直径80米，面积5334平方米，深8米，其中水深6米。蓄水量1万立方米，控制灌溉面积33.4公顷。

旺远平塘　1982年建成，面积12000平方米，深6米，其中水深1.5米。蓄水量1.6万立方米。控制灌溉面积33.3公顷。

农村实行联产承包后，大部分平塘采取联包或个人承包方式管理。

第四节　井灌工程

1941年，全县有水井576眼。中华人民共和国成立前夕，已达千余眼，主要是吃水井和菜园井。1950年，人民政府号召打井，灌溉农田，到1955年底，全县有灌溉水井4816眼，灌溉583公顷。1956年，开始推广井底下泉技术，即井内打小井（俗称母子井）。1957年底，全县共有灌溉水井10240眼，其中井底下泉185眼。1958年，开始使用大锅锥、掏砂器等半机械化工具，井深一般在20米左右，井筒直径80厘米。到1959年底，共打机井49眼。1964—1966年，境内架设农用高压线路2条，促进机井和扬水站建设，1966年打机井158眼。

1967年，县钻井队成立。1973年，钻井设备实现机械化，钻井队业务由打普通水井转向打农田灌溉机井，深者达百米以上。1979年，全县有机井944眼。80年代初期，旱情严重，地表蓄水量逐渐减少，以开发利用地下水为主，除挖大口井外，重点是打机井。到1983年底，电机井达到1289眼。其中，百米以上深井6眼，年提取地下水3000多万立方米，灌溉4675公顷。井灌区主要分布于古现、兜余、回里、门楼、高疃及福山镇等乡镇。农村实行生产责任制以后，打井以户为主，小土井、小机井、河道小躺井发展迅速，全区约有4000～5000眼，改善和增加灌溉面积666.7公顷。90年代后，门楼水库由灌溉转向城市供水为主，农田灌溉主要靠井灌。2002年，许多机井报废，全区拥有机井839眼，控制灌溉面积2666公顷。

1990年，门楼镇集贤村有的农户在杨家河河道旁自挖小土井，虽然标准较低，但效益高。1999年，旱情严重，群众打小土井积极性高涨，村里租用挖掘机为群众开挖小土井。全村拥有小土井250多眼，可灌溉农田67公顷。周围沿河7个村庄的农户纷纷仿效，在10千米河道旁开挖小土井400多眼。小土井直径一般1.5～2米，深5～8米，井壁用石头砌护或在井内下1米直径的水泥管，井盖为10厘米厚的混凝土。每眼井的造价2000元左右。

第五节　扬水站工程

1956年，境内始建扬水站。有西宋州扬水站，安装相当于8.8千瓦（12马力）的蒸汽机1台；渡口、西马疃扬水站，各安装1140型柴油机8.8千瓦（12马力）1台，均配4k水泵。1957年冬，动土兴建南关南堤扬水站，1958年春建成，安装55千瓦（75马力）锅驼机2台，配16k水泵，净扬程6.4米，流量0.66立方米/秒。自1966年开始，先后兴建门楼水库库区扬水站22处，同时各公社也开始兴建扬水站。到1969年，全县有固定扬水站126处，总动力达3604千瓦（4900马力）。70年代，扬水站建设向多级、大机组方向发展。80年代，随着电力供应的好转，新建扬水站动力以电动机为主。到1983年底，全县拥有固定扬水站276处，计14195千瓦，灌溉5180公顷。其中百马力以上的34处，7576千瓦（1.03万马力）。

黄庄扬水站　位于八角镇黄庄村北，属国营大型扬水站。1977年8月破土动工，1979年秋建成。取门楼水库西干渠水源。原设计为三级，只完成一级工程。装有135型柴油机8台，计795千瓦（1080马力）。1984年，改装100千瓦电动机4台。总扬程36.5米，净扬程27.5米，设计流量1.36立方米/秒。扬水管路8条，内径400毫米，每条长770米。灌区配套已完成，干渠长5.7千米，支渠2.3千米。干、支渠道共有建筑物51座。完成工程量7.2万立方米，工日12万个，总投资120.8万元。受益村17个，灌溉面积267公顷。1982年1月8日，列为国营扬水站。90年代后，因城市供水等原因，渐失作用。

盛家扬水站　位于东厅镇盛家村南，属国营大型扬水站。取门楼水库水源。1966年，由高疃公社9个村联办。装有100千瓦电动机2台，安装形式为滑轨式，以适应水库水位的变化。1978年，东厅公社决定将其扩建为一级站，另在王家庄村东新建二级站1座。工程于同年3月动工，1980年春建成试车。扩建后，一级站装有100千瓦电动机组6台。总扬程43.5米，净扬程42.5米，总流量1.02立方米/秒。配套干渠3条，长13.9千米；支渠9条，长14.5千米。共有建筑物134座。灌溉面积267公顷。二级站装有135柴油机组2台，共199千瓦（270马力）。总扬程46.5米，净扬程44.8米。原设计干渠2条，长19.8千米，实际完成1.5千米，灌溉面积33.3公顷。该站自初建到扩建总投资82.5万元，其中国家补助14.53万元。1982年1月13日，列为国营扬水站。90年代后，因城市供水等原因，渐失作用。

工农扬水站　位于古现镇皀户头村北，属公社（镇）、村联办扬水站。一级站于1978年落成试车，装有135柴油机2台，共199千瓦（270马力）。总扬程32.8米，净扬程24米。取门楼水库西干渠水源，灌溉面积120公顷。1981年4月，二级站建成，装有135柴油机2台，共199千瓦（270马力）。总扬程30米，净扬程23.6米，灌溉面积40公顷。80年代中后期，因门楼水库蓄水量减少，渠道无供水，停止运行。

马山扬水站　位于高疃北村、马山脚下清洋河北岸，属公社（镇）办大型扬水站。1971年破土动工，1972年建成试车。一级站装有300千瓦电动机3台。总扬程36.9米，净扬程32.9米。灌溉面积87公顷。二级站装有300千瓦电动机3台。总扬程39.5米，净扬程35.3米。取清洋河水源，灌溉面积113公顷。80年代后，停止运行。

解子崖扬水站　位于东厅镇解子崖村南、门楼水库北岸，属公社（镇）、村联办小型扬水站。1972年始建，1973年建成试车。装有135柴油机1台。总扬程42.2米，净扬程41.5米，配以渠道等建筑物。取门楼水库水源，灌溉面积70公顷。

两甲庄扬水站　位于兜余镇两甲庄村西，属村办小型扬水站。1975年建成。装有100千瓦电动机1台。总扬程63米，净扬程60米。取门楼水库东干渠水源，灌溉面积6.7公顷。

浒口扬水站　位于张格庄镇浒口村北、门楼水库南岸，为村办。1979年建成。装有135柴油机1台。总扬程59.4米，净扬程48米。取门楼水库水源，灌溉面积23.3公顷。

马蹄夼扬水站　位于张格庄镇马蹄夼村、门楼水库南岸，属村办。1972年建成。装有135柴油机1台。总扬程44.34米，净扬程42.5米。取门楼水库水源，灌溉面积23.3公顷。

邢家扬水站　位于高疃镇邢家村北、门楼水库西岸，属村办小型扬水站。1972年建成。原装有135柴油机1台。1976年，改为115千瓦电动机1台。总扬程44米，净扬程40米。取门楼水库水源，灌溉面积33.3公顷。

下官乐沟扬水站　位于张格庄镇下官乐沟村东，属村办。1972年建成。原装有135柴油机1台。1990年改为155千瓦电机1台。总扬程50.7米，净扬程40米。取门楼水库水源，灌溉面积38.7公顷。

台上扬水站　位于张格庄镇台上村东北山麓，属村办。1974年建成。原装有135柴油机1台。总扬程55.03米，净扬程54米。取门楼水库水源，灌溉面积13.3公顷。1996年，改装135千瓦电动机1台。总扬程62米，净扬程60米。同时，建二级扬水站，装有50千瓦电动机1台。总扬程87米，净扬程85米。并配1400立方米和600立方米储水池各1个、200立方米吸水池1个、300立方米分水池2个。二级扬水站可灌溉27公顷。

西宋洲扬水站　位于高疃镇西宋洲村南，属村办。

1980年8月建成试车。装有100千瓦电动机1台。总扬程24米，净扬程20米。取清洋河水源，灌溉面积47公顷。

周家岘扬水站　位于门楼镇周家岘村西、门楼水库东岸，属邻村联办。1968年冬动工兴建，1969年1月建成试车。装有135千瓦电动机1台。总扬程45米，净扬程40米。取门楼水库水源，灌溉面积53.3公顷。80年代中后期，因收费困难停止运行。

权家扬水站　位于张格庄镇权家村北、门楼水库南岸，属村办。1977年冬破土兴建，1978年建成试车。装有135柴油机1台。总扬程47.97米，净扬程33米。取门楼水库水源，灌溉面积40公顷。

文家扬水站　位于张格庄镇文家村北、门楼水库南岸，属村办。1972年建成试车。装有135柴油机1台。总扬程44.7米，净扬程43米。取门楼水库水源，灌溉面积27公顷。

姜家扬水站　位于张格庄镇姜家村西，属村联办。1978年建成试车。装有100千瓦电动机1台。总扬程36米，净扬程33米。取门楼水库水源，灌溉面积7公顷。

东风扬水站　位于高疃镇东宋洲村南、门楼水库北岸，属公社（镇）办。1972年冬动工，1973年建成试车。一级扬水站装有135柴油机2台，共199千瓦（270马力）。总扬程38.5米，净扬程36米。取门楼水库水源，灌溉面积26.7公顷。二级站装有135柴油机2台，共198.7千瓦（270马力）。总扬程32.5米，净扬程28.5米。灌溉面积40公顷。

仉村扬水站　位于门楼镇仉村村南，属村联办。1973年10月建成试车。装有75千瓦电机1台。总扬程26米，净扬程21米。取门楼水库西干渠水源，灌溉面积67公顷。80年代后期，因受水源限制，停止运行。

楚塘扬水站　位于兜余镇楚塘村东、大沽夹河西岸，属村联办。1968年10月建成。装有165千瓦电机3台。总扬程50米，净扬程48米。取外夹河水源，灌溉面积133.3公顷。

西关扬水站　福山镇、相关村联办。1980年10月，公社建一级扬水站，装有115千瓦电机1台。总扬程43米，净扬程38米。取门楼水库西干渠水源，灌溉面积20公顷。同年12月，公社建二级扬水站，装有80千瓦电机2台。总扬程38米，净扬程36米。灌溉面积16公顷。同期，村建三级扬水站，装有44千瓦（60马力）柴油机机1台。总扬程36米，净扬程32米。灌溉面积2.7公顷。80年代后期，因受水源限制，停止运行。

西留公扬水站　福山镇办。1981年5月建成。装有230千瓦电机2台。总扬程45米，净扬程36米。取西干渠水源，灌溉60公顷。80年代后期，因水源限制，停止运行。

幸福扬水站　福山镇、相关村联办。取西干渠水源。1974年5月建成。原一、二级扬水站各装有135柴油机1台，后均改为115千瓦电机。一级站总扬程43米，净扬程38米，灌溉面积50公顷；二级站总扬程48米，净扬程42米，灌溉面积40公顷。80年代后期停办。

朱家山扬水站　福山镇、相关村联办。取西干渠水源。1969年6月建成。一、二级扬水站各装有110千瓦电机2台。一级站总扬程16米，净扬程13.49米，灌溉面积50公顷；二级站总扬程25米，净扬程21.76米，灌溉面积30公顷。80年代后期，因水源限制停办。

奇章扬水站　臧家公社（镇）奇章村办。取西干渠水源。1969年6月建成。装有220千瓦电机4台。总扬程19.6米，净扬程17.6米，灌溉80公顷。80年代后期停止运行。

岗嵛扬水站　臧家公社岗嵛村办。取西干渠水源。1978年9月建成。装有135柴油机1台。总扬程38.7米，净扬程35米，灌溉面积27公顷。80年代后期停止运行。

蔡家夼扬水站　兜余公社（镇）蔡家夼村办。1979年10月建成。一、二级扬水站各装有75千瓦电机1台。一级站总扬程39米，净扬程35米。灌溉面积13.4公顷；二级站总扬程53米，净扬程50米，灌溉面积27公顷。

紫埠扬水站　兜余公社（镇）紫埠村办。1979年10月建成。一级站装有80千瓦电机2台，二级站装有55千瓦电机1台。总扬程和净扬程均分别为29米和27米。取门楼水库东干渠水源，灌溉面积33.4公顷。

巨甲扬水站　回里公社（镇）巨甲村办。1980年9月建成。装有135柴油机1台。总扬程56.8米，净扬程52.84米。取大口井水源，灌溉面积27公顷。

旺远扬水站　回里公社（镇）旺远诸村办。一、二级扬水站各装有115千瓦电机1台。一级站总扬程20米，净扬程19米；二级站总扬程16米，净扬程15米。取大口井水源，灌溉面积67公顷。

丰收扬水站　门楼公社（镇）相关村联办。1972年建成。装有135柴油机1台、200千瓦电机2台。总扬程50米，净扬程45米。取门楼水库东干渠水源，灌溉面积150公顷。

曲家扬水站　高疃镇曲家村办。1980年建成。装有100千瓦电机1台。总扬程39米，净扬程35米。取大口井水源，灌溉面积40公顷。

店子泊扬水站　高疃镇办。1982年建成。装有75千瓦电机1台。总扬程26米，净扬程22米。取大口井水源，灌溉面积20公顷。

4号河排灌站　福山镇办排灌站。1977年建成。装有120柴油机2台。总扬程5米，净扬程4米。可灌溉面积20公顷，排水面积67公顷。

大沙埠排水站　福山镇办排水站。1978年建成。装有110柴油机2台。总扬程6.5米，净扬程5.5米。可排水面积67公顷。

90年代后，主要是门楼水库库区扬水站建设。1990—1991年，由市、区两级水利部门承担对34座扬水站进行改造。工程分两个阶段实施。第一阶段从1990年4月至12月，主要完成土建工程，共完成滑轨式泵站7处、沉井式27处，新建改造机房33处、1530平方米。第二阶段从1991年3月至5月，主要完成扬水站的机电设备、输电线路、扬水管路等安装工程。是年上半年，34座扬水站基本竣工，总投资370余万元。工程竣工后，由设计、电业、水利和乡镇、村领导共同验收，并办理移交手续，由所在村进行管理。1995年，区财政投资70余万元，对10座因材料、设备、施工质量及运行管理存在问题的扬水站进行维修改造。2002年，区财政投资10万元，建设张格庄村扬水站，可控灌溉面积67公顷。是年底调查，全区有40%的扬水站因水源不足、管理不善等原因已退灌。全区实际拥有扬水站170座，灌溉面积2000公顷。其中，门楼水库库区有扬水站52座，灌溉面积逾700公顷。

第四章　农田灌溉

1949年前，境内农民历来采取堵河截流、挖塘、打井、平整土地等措施进行灌溉。提水工具主要是辘轳、水桶，提水方式多为肩挑人抬或引水。方法简单、落后，浇灌面积极少。中华人民共和国成立后，党和政府号召人民兴修水利、整地改土、改革提水工具，不断改善水浇条件，努力扩大水浇地面积，对农业高产、稳产发挥了积极作用。

第一节　灌溉面积与分布

1568年春，南京兵部尚书郭宗皋回乡在柳行村建成稻田2.7公顷，挽车提水灌溉。1616年，县令宋大奎，倡造水车30余架，在大沽夹河、清洋河两岸改水浇田77.5公顷，比旱田获益数倍。至1949年，全县水浇地发展到313.4公顷，占耕地面积的1.24%。

中华人民共和国成立后，农田灌溉迅速发展。到1960年，发展到2287公顷，占耕地面积的10.66%。1970年，灌溉面积8900公顷，占耕地面积的41.48%。1978年12534.2公顷，占耕地面积的65.5%。1985—1998年，有效灌溉面积11000公顷，占耕地面积的77%。

据1988年调查，全区有效灌溉面积为9193.5公顷，其中，水库、塘坝灌溉5860公顷，占灌溉总面积的63.7%；井水灌溉2866.7公顷，占31.2%；引河水灌溉393.4公顷，占4.3%；其他灌溉73.4公顷，占0.8%。大型水库灌溉面积为4146.7公顷，占灌溉总面积的45.1%；机电井和塘坝灌溉分别为2866.7公顷和780公顷，分别占31.2%和8.5%；小（一）型、（二）型水库灌溉分别为506.7公顷、426.7公顷，分别占5.5%、4.6%；其他灌溉466.7公顷，占5.1%。固定扬水站灌溉3673.4公顷，占40%。灌溉面积最大是回里镇，为1317公顷，占全区灌溉总面积的14.3%；其次是门楼镇和古现镇，分别为1263公顷和1221公顷，分别占13.7%和13.3%；高疃镇为1056公顷，占11.5%；福山镇为899公顷，占9.8%；兜余镇为849公顷，占9.2%；臧家乡为782公顷，占8.5%；八角乡为605公顷，占6.6%；东厅乡为575公顷，占6.3%；张格庄乡为566.5公顷，占6.2%；其他为58.5公顷，占0.6%。

第二节　节水灌溉

福山县（区）节水灌溉工程始于1976年，引进喷灌技术，在门楼公社西大沙农场花生田试验，取得明显的节水、增产效果。1988年，开始发展低压管道灌溉（管灌）。1991年，全区建设千亩管灌示范区7个，总面积为533余公顷。其中，兜余镇绍瑞口片、回里镇旺远片千亩管灌示范区，达到井房、井台、出水池、配电箱四配套，被烟台市水利局评为管灌建设样板工程。全国节水工作会议期间，与会代表到绍瑞口片观摩，受到一致好评和肯定。管灌具有节水、节能、省工、省地、造价低（每亩费用130元）、效益高等优点。此后，大田灌溉建设在各乡镇广泛开展，特别是荒山旱薄地开发管灌工程配套，促进了高效优质农业的发展。到2002年，全区管灌面积达到5553公顷。

1992年，南涂山村6个大棚草莓，采取滴灌，所产草莓个头大、品质好，单果重达125克。自1995年后，全区在大棚草莓、樱桃、葡萄园推广滴灌技术。1997年，区喷滴灌公司将南涂山片100公顷大棚草莓发展为连片滴灌区。经试验，采取滴灌，每亩可节水60%、节电72千瓦时，增产20%。2002年，全区发展大棚草莓、蔬菜、大樱桃滴灌465.3公顷。

第五章　水土保持

60年代初，境内在修建水库、塘坝和开展整地改土、整修水平梯田建设的同时，大力开展植树造林活动，使水土流失初步得到控制。改革开放、实行生产责任制后，荒山荒坡承包到户，开发与治理并举，水土保持有新的发展。1985年，福山区成立水土保持委员会后，制定和规范一系列水土保持的治理措施，使水土保持工作逐步走向正规。

第一节　水土流失

1949年前，全县因战乱自然植被破坏严重。中华人民共和国成立后，曾片面强调抓粮食生产，随意开荒，缩河造田，造成水土流失严重。据1985年普查，全区水土侵蚀总面积达630.89平方千米，年土壤侵蚀总量为94.14万吨，侵蚀深1.1毫米。水土流失给农林牧业生产造成严重危害：随土壤流失而带走的肥料，折合标准氮肥292吨、磷肥48.5吨、钾肥170吨；水库、塘坝库容逐年减少，泥沙淤积总量达20多万立方米，相当于每年报废1座小（二）型水库；土壤变劣变薄，耕地土层不足30厘米的面积达3533公顷，占山丘区耕地的24.5%。

第二节　水土流失治理

治理措施　中华人民共和国成立后，县政府号召农民在丘陵地内开挖排水沟，在地外堰修筑石堰包，防止地面径流。1952年冬至1953年春，组织农民在狮子山前后进行闸谷坊近500座。1955—1957年，以修补地堰包为主，全县共修补地堰包8000余条，建闸谷坊372座，修筑坝头地13条，控制水土流失面积20平方千米。1958年开始，修建水库、塘坝、水平梯田，并大面积地挖鱼鳞坑、水平沟，大搞荒山荒滩造林，提高了水土保持能力。

80年代后，全区开展大规模的封山育林、植树造林和治山治水活动，加强水土保持。以胡家夼、瑶台、马家、岔夼、道平及黄金河、柳子河等小流域为单元，开展山水林田路综合治理；以内外夹河、旱夹河、柳子河、仉村河、黑石河、巨甲河、道平河等为单元，实施河道综合治理工程。例如：柳子河流域治理，实行山顶封山育林，山间的和平、巨屯、小杨家、大转村，进行千亩薄地开发，整地改土、挑沟挖壕，修环山路 5.2 千米，打机井 1 眼，铺设管道 5000 米，以南北走向发展大樱桃，以利水土保持；柳子河下游，总长 7 千米，建成高标准浆砌河堤 6700 米，修建拦河闸 1 座、迷宫堰 7 道，扩修沿河连村路 4000 米。工程竣工后，达到小水不下坡、大水少出河，蓄水 12 万立方米，增加、改善稳产高产田 400 公顷。

90 年代后至 2002 年，水土流失治理重点是荒山旱薄地连片开发，规模大、标准高、配套全。一治一座山、一治一道岭、一治一个领域，每片千亩以上，整地改土与水利工程配套。先后整治开发八角镇东岛片，古现镇古城片和河北片，臧家镇巨屯片、招贤片及上庄片，高疃镇龙门耩片，东厅镇屯里片，门楼镇下许家片，福山镇东黄埠片，张格庄镇权家片，回里镇西北山片 12 个千亩以上片，总面积达 1467 公顷。到 2002 年，全区累计治理水土流失面积 320 平方千米，占水土流失总面积的 76.4%；有林地面积达到 18213 公顷，森林覆盖率达 31.2%。

水土保持监督管理　1990 年 9 月，区水利局设水土保持监督监察站。1994 年，开始征收水土保持设施防治补偿费。至 2002 年，共征收补偿费 36.2 万元。1996 年，福山区水土保持工作通过省、市水保部门的验收，被省水利厅授予水土保持监督执法试点先进单位。1998 年，区政府规定：新建项目未取得水保部门签发的水保方案合格证的，不得立项开工，并对在建项目普遍进行摸底调查核实，对未编报水保方案的，限期编报。1999 年，福山区被水利部列为全国水土保持生态环境监督规范化建设区。2001 年，通过国家级验收。

第六章　抗旱　防汛

境内历史上旱涝灾害发生频繁。清代 268 年间，福山大旱有 22 年，平均每 12 年出现一次；大涝年 27 年，平均每 10 年出现一次。人们听天由命，为免受饥饿，许多人选择逃荒要饭。中华人民共和国成立后，党和政府号召兴修水利，科学治水，提高了抗旱、排涝能力。

第一节　领导机构

中华人民共和国成立后，县政府重视抗旱防汛工作。每当旱、涝发生，便组织发动干部群众，抗涝、防汛，把灾害损失降到最低限度。1991 年，区设抗旱防汛指挥部。由区长任指挥，分管农业的副区长、武装部长、水利局长、建委和农委主任任副指挥，成员由计委、电业、交通、气象等部门负责人组成，指挥部下设办公室。各乡镇均成立由乡镇长任指挥，分管农业副乡镇长任副指挥，农、林、水站和仓库负责人及护坝人员为成员的防汛指挥部。

第二节　抗旱

中华人民共和国成立后，境内修建了大批水利工程，在抗旱中发挥了极大作用。1965 年，出现严重春旱和秋旱。春旱从 1964 年 11 月份至翌年 4 月底，共降水 31.9 毫米，为福山历史少有的春旱。县里组织发动群众，充分利用一切水源和抗旱工具，浇小麦 2000 余公顷，抗旱春播 2667 余公顷。秋旱在 9 月份，仅降水 11.6 毫米。全县抗旱播种小麦 5334 公顷。1982 年春，大旱。县里组织干部和职工 1000 余名、汽车 275 辆、拖拉机 441 台、马车 125 辆，下乡支援抗旱，同全县农民一起共浇小麦 8134 公顷，浇果园 1800 公顷，完成春播任务 6667 公顷。1989 年，干旱严重。全区投入抗旱劳力 10 万余名，并组织 300 余名机关干部，下乡协同抗旱。区委、区政府先后在高疃镇隆口村、门楼镇诸留片、臧家乡柳子河、张格庄乡瑶（台）马（家）岔（夼）召开节水灌溉、打小土井、拦河截流和小流域治理现场会。通过典型引路，一批投资少、见效快的水利建设项目迅速发展。全区浇小麦6833公顷，浇果园2007公顷。1999—2000年，遇到百年不遇特大持续干旱。区委、区政府加大人力、财力、物资投入，扶持以打井、挖塘为重点的应急工程，确保抗旱双保。据统计，全区打深机井160余眼，挖小土井、打小机井、河道挖小躺井4000余眼。同时，大力推广节水技术，提高水的利用率。两年发展管灌1000公顷，大排点灌267公顷，浆砌高标准渠道12千米。

第三节　防汛

1956年9月4日晚至5日17时，全县普降大雨，19小时降雨174毫米，并伴有7～8级大风。大沽、清洋两河洪水暴涨，水势凶猛，流量5.36米/秒。清洋河洪峰流量2380立方米/秒，大沽河洪峰流量1080立方米/秒。并因海潮顶托，两河水漫溢汇合，城区北店子街至大沙埠一带一片汪洋。5日晨，县委县政府派出干部50余人，分赴各险工段组织抢险，并组织干部、职工、学生、驻军800余人，编成4个防汛大队，分赴各段同群众上堤抢险。虽经一昼夜奋战，终因水势过猛，两河堤防大都决口漫溢。过水耕地达3580公顷，成灾1306.7公顷，冲毁耕地21.1公顷；洪水进入村庄32个、1079户，倒塌房屋428间。灾情发生后，县委县政府组织干部200余人，分赴灾区进行慰问，发动群众排水1106.7公顷。

1965年7、8月份，2个月内暴雨集中，共降雨631.9毫米。仅7月26日至28日，36小时即降雨318.7毫米。门楼水库达到建库以来最高水位30.79米，最大入库流量达3440立方米/秒。经调洪后，溢洪道最大泄洪量832立方米/秒，削减洪峰75.8%。大沽夹河水势猛涨，谭家庄、兜余两公社堤防溃决19处，长1934米，全县冲垮小塘坝13座，堤防决口31处，倒塌房屋144间，农田受淹面积2667公顷，成灾面积1280公顷，其中绝产55公顷。

1982年8月25日3时至24时，全县普降暴雨，伴有大风。21小时内平均降雨225毫米，最大点雨量吴家水库337.5毫米。县政府当晚8时，组织各部门负责人和水利局全体人员分赴各地组织防汛。但由于降雨量大，全县冲垮塘坝7座，毁坏桥梁24座，倒塌房屋2500间，淹没耕地4334公顷，成灾3667公顷，淹死1人，死亡牲畜100余头。城区洪水漫溢北点子街，水深1米，持续3小时。县委县政府主要领导亲临现场指挥群众加高堤防。解放军驻留公部队出动汽车40辆，战士200名参加抗洪抢险。

1985年8月18日23时至21日17时，两次降雨182.9毫米。19日8时至19时，暴雨伴有台风过境。全区刮掉水果3500万公斤，倒伏玉米6667公顷，倒塌房屋636间，损坏房屋2064间，刮倒树木6万余株，刮倒和折断电杆、电话杆、广播杆2668根，毁坏渔船4只，过水耕地3200公顷。经济损失3364.5万元，其中农业损失3000万元，乡镇村办工业损失337万元，水利设施损失27.5万元。全区人民立即行动起来，包库包坝的领导及抢险人员全部到位，组织险房住户转移，砍伐危及房屋安全的树木。区防汛指挥部派15名技术人员到第一线指挥防汛。城建、邮电、电业、交通等部门及时抢修电力、电话、广播线路等设施。

80年代后，防汛工作坚持“安全第一，常备不懈，以防为主，全力抢险”的原则。1988年6月，门楼水库管理局与北京水务自动化公司共同在门楼水库上游的栖霞庵里、臧家庄、庙后和大庄头4处雨量观测点安装了自动遥测系统，实现雨量观测自动化。

1991年6月28日，国务院颁布《防汛条例》。福山区认真贯彻落实条例，建立以区长、乡镇长、村委主任负责的各级防汛机构。区成立防汛指挥部、城市防汛指挥部、门楼水库防汛指挥部；乡镇成立的防汛指挥机构有10个，村级有302个，较大企业有8个。实行领导包库、责任到人制度。分管区长包门楼水库，区委常委分包小(一)型水库和大沽、清洋两河，乡镇领导包小(二)型水库和重要小型河道，村领导包塘坝。每年4月份前后，区防汛指挥部都组织乡镇水利技术人员对水利工程逐项进行检查，发现问题，及时上报、抢修、加固、除险，防患于未然。门楼水库和4座小（一）型水库，每年汛期前都组织防汛演练，做好物料储备。各水库责任单位还组建防汛常备队和防汛抢险队。门楼水库防汛常备队由50人组成，防汛抢险队达 1500多人；小型水库防汛常备队每处一般5～10人，防汛抢险队每处100～200人。抢险队按连、排、班军事化组建待命。每年6月1日至9月30日防汛期间，每座水库都安排专人24小时昼夜值班，发现险情及时组织排除。1991年，在原有通信设备的基础上增加无线电15台，确保汛情、雨情、工情的通讯联络畅通。

1995年，门楼水库对在1988年上游及门楼水库管理局内安装的5处雨量观测点自动遥测系统进行更新换代，并加装水位遥测仪。区防汛指挥部投资24万元，在10个乡镇安装自动化雨量遥测系统，在区防汛办公室安装前置机等设备，灵敏度高，雨量测量准确及时，实现雨情、汛情的自动化遥测网络控制。1998年，投资10万元，安装气象云图全自动高分辨接受处理系统，性能稳定，可靠性高，图像直观性能好。

第七章 水利执法

1988—2002年，国家先后颁布《中华人民共和国水法》（简称《水法》）、《中华人民共和国水土保持法》（简称《水土保持法》），使水利工作有法可依。福山区通过法律、行政、工程、经济、科技多种手段，实行对水资源的合理开发利用，科学配置和节约用水，保护水资源、水域及水工程，并对抗洪防汛与防治水害等依法管理。

第一节 《水法》学习与宣传

1988年1月21日，《中华人民共和国水法》颁布后（7月1日实施），3月至8月，全区开展集中宣传《水法》活动，出动宣传车10余辆次，印发宣传资料4000余册、宣传图片及标语4040份，利用区有线广播电视讲座7次，区人大常委会副主任专门作有线广播电视讲话和动员。同时，连续5天到乡镇驻地和集市进行录音宣传。1991年6月29日《水土保持法》颁布后，区水利局与广播电视局共同举办水土保持专题讲座6场次，印刷资料200余册，在城区主要道口耸立大型标语牌4块；在乡镇驻地主要道口挂横标200多幅，印发宣传资料5200份。另外，在历年的“世界水日”“中国水周”和《水法》《水土保持法》颁布日开展宣传活动。

第二节 规范性文件与执法队伍建设

规范性文件　1997—2002年，福山区依据国家《水法》《水土保持法》和省、市有关水利法规，相继颁发了《福山区水源资源管理暂行办法》《关于加强地下水开发管理和监督的通知》《关于进一步搞好计划用水、节约用水的通知》《福山区河道管理暂行办法》《关于保护水土资源的通告》《福山区水利工程管理办法》《福山区水土流失防治费征收、使用和管理试行办法》《关于全区水土流失重点防治区和禁垦坡度的通告》《关于实行水土保持方案审批制度》《福山区关于封闭内外夹河下游和沿海滩涂沙地通告》等水利规范性文件。

队伍建设　1990年9月，区水利局下设水政股和水土保持监督监察站，局长任主任考察员，设专职监察员4名，水利局及乡镇水利站设兼职监察员34名，统一持证着装上岗。1995年3月，全区乡镇设立水保兼职检查员20名，重点村设水保管护员50名。1996年，区水利局成立水政监察大队，对外挂牌执法。区、镇、村三级水政监督监察执法体系基本建立健全。

为提高执法人员的能力和水平，区水利局多次举办专题培训班，邀请区法院、公安局、司法局和法制办的专家，讲授《中华人民共和国宪法》《水法》等法律常识。自90年代以来，共查处破坏水土保持、不遵守河道管理及非法提出地下水等方面的有关案件50余起，结案率达100%。

水利执法　1995年，群众举报，臧家乡小杨家村石坑承包人李某某，破坏占压植被1000平方米。接到举报后，区水土保持执法人员立即赶往现场，责令其缴纳水保设施补偿费2000元，李某某拒不执行。8月26日，水保执法部门依法申请区法院强制执行。使其缴齐所歉水保设施补偿费，并支付应承担的诉讼费300元。

1995年7月3日，水政执法人员侦查发现，在内夹河两甲庄和南涂山封闭河段，个体户张某某、于某某非法采砂，当即上报区政府。区领导立即组织相关单位38人，分两路围截抓获。当场扣押挖掘机2台、装载机1台、

"解放牌"汽车2部。依照山东省《河道管理条例实施办法》规定，对建材运输车各罚款3000元，款到后次日放行。对张某某没收非法所得并处以两倍罚款共计3.5万元，预缴河道清障押金5万元；对于某某没收非法所得并处以两倍罚款共计5.04万元，预缴河道清障押金2万元。7月9日，2人将罚款、押金全部缴齐后，扣押车辆、设备予以放行；河道清障验收合格后，如数退回清障押金。

1998年上半年，应收取烟台市某银行福山支行1.6万元的河道工程维修管理费。但该支行拒不缴纳。区水利局将其诉讼至区法院。区法院判决该支行必须缴清。但到期后该支行仍不执行。为此，区水利局申请区法院强制执行，使之很快将款缴齐。

1999年11月23日，做洗车行业的个体户姜某某，非法打井1眼。水利局执法人员对其送达责令封井停用通知书。姜采取表面接受、背地照常启用的手法欺骗执法人员。2000年1月，区水利局依法申请区法院强制执行，并依法将其地上塑料井管割除、填埋地下井管。

第三节 水资源管理

水资源普查　1985年，区水利局组织技术人员对全区水资源情况进行普查、评价和规划。90年代，又先后2次对水资源情况进行重新评价和规划。1992年，编写出《福山区水长期供求计划》。1997年，编写出《地下水资源开发利用规划》，较系统地对全区地下水开采现状和开发利用进行专题探讨和科学规划。通过3次普查，基本摸清了全区水资源数量和水资源的变化规律，估算出水资源的可供水量及所需求量，为加强水资源管理奠定基础。

1990年，区水资源管理办公室在全区范围内进行用水普查，对水质进行取样化验。共取样266处（次）。化验结果：地表水门楼水库、内夹河门楼段为一级水，福山城区段为二级轻度污染水，经处理后方可饮用。全区地下水有40%的沸点达不到饮用水标准（主要是城区及乡镇驻地），五毒污染在1～2级水的范围，为轻度污染水，经处理后方可饮用。

城区水污染源主要是工业废水和生活污水。据统计，城区年污水排水量在200万立方米。农村污染主要是农药和化肥的使用，全区年施农药折纯量达3.3吨以上。福山城后泊地下海水入侵也是导致污染的主要原因。据1990年调查，海水入侵面积为7.72平方千米，1996年达12.7平方千米。造成海水入侵的主要原因是由于连年干旱，降雨量少，地下水严重超采，导致漏斗区不断扩大；其次是河道大量采沙，河床高程降低。1970年，外夹河大沙埠段实测河床最低点高程为1.73米，1980年降到1.19米，1990年又下降到0.02米。海水入侵导致地下水氯离子含量提高，生态环境破坏，对工农业生产造成影响，对人畜危害极大。

水资源管理　福山区是烟台市区的主要水源地。为加强对水资源的管理，市、区两级政府相继制定关于加强水资源保护和管理的制度。1985年，对位于夹河水源保护区内的6家电镀厂实行关停或转产。1995年始，内外夹河禁止采砂；2002年起，对所有河道禁止采砂。同时，不断加强河道和小流域治理，在内外夹河、柳子河等临海河道修建拦河闸（坝）30余道。

1988年4月，区水利局设水资源办公室，负责水资源管理工作。是年，在城区和高疃等5个乡镇实行取水许可制度。并根据《山东省水资源管理条例》和区政府规定，对非生活性质取用地下水征收水资源费。征费标准：城区及内夹河1千米内每吨为0.1元，其他范围每吨为0.05元。1991年，在全区范围内实行取水许可制度，并发放省级地下水取水许可证350个。1992年，开始推行水资源"五程序一制度"规范化管理模式，即水资源费征收、使用管理程序；取水登记、取水许可管理程序；取水计划报批管理程序；建设项目供水水源地审批程序；钻井审批和施工管理程序及水资源系统制度。是年，对兜余热电厂、和平金矿等单位的新建项目，建立用水立项审批。对全区9个钻井队进行资源评定，理顺钻井行业秩序。

1996年，区水资源管理办公室被省水利厅授予全省取水许可管理先进单位，并获二等奖。自1997年开始，全区逐月征收工业企业的水资源费。1999年起，提高水资源收费价格，普通区调到每吨0.4元，超采区每吨0.5元，海水入侵区每吨0.8元。2002年7月1日起，根据省水利厅和物价局文件规定，普通区水资源费上调到每吨0.8元，海水入侵区每吨1.6元。如无故拖欠、不按时缴纳水资源费的依法按日加收1‰的滞纳金。1988—2002年，全区共收取水资源费1575.2万元。全额上交国库，返拨部分，主要用于涵养水资源建设。

为防止海水入侵，确保夹河水源不受污染，2000年，市水利局组织实施了从蒲湾村至永福园村段灌浇地下水泥浆屏幕，建起一道长约5千米的地下水库。

为了提高水资源的有效利用率，在全区大力提倡节约用水。农业生产大力推广地膜覆盖、设施栽培、喷灌、滴灌、管灌等节水技术。工业生产鼓励企业试用中水。2000年，烟台合成革厂开始使用中水，年用量100多万立方米，不仅减少地下水的提出量，而且年节省费用40余万元。此外，加强企业管网改造，杜绝管网跑冒滴漏。烟台宽幅布厂为境内的用水大户，在区水资源管理办公室协助下，进行了供水管网更新改造，年节水达25%以上。

第十五编　高新技术产业区

福山高新技术产业区位于福山城区北部，东临大沽夹河，西与新招路接壤，南至汇福街（北三路），北至同三高速公路和206国道，毗邻烟台开发区。总面积14平方千米，辖6个村居委会。2002年末总人口17576人。管委会设在永达街881号。

90年代初期，福山区委、区政府审时度势，提出成立福山工业园区的战略设想，期以形成经济发展的“龙头”和对外开放的“窗口”。1992年初，组织编写《福山高新技术产业区可行性研究报告》，并聘请专家论证。同年5月6日，区委常委会扩大会议研究通过工业园区起步区开发建设的范围以及对占用盐场、永福园村土地补偿和相关优惠政策。6月30日，公布成立福山工业园区管委会（正科级），并设立办公室、招商科、基建财务科等相应机构。

1992年6月、1993年9月，烟台市、山东省政府分别同意成立由福山区委、区政府领导的烟台开发区福山工业园区，并享受烟台开发区的优惠政策。

福山高新区经历了起步、发展、西拓3个阶段。1992年下半—1999年，为起步阶段。经过近8年的艰苦努力，配备完善3.8平方千米的区域基础设施，企业基本布满。至1999年，进区项目达70余个，其中45家企业投产，奠定了发展基础。

2000年春，区政府决定，将原福山镇蒲湾村、泊子村和臧家镇小陈家村整体划归高新区管辖，加快建设4.2平方千米的发展区，并按照一区多园的发展模式，辟建韩国、日本工业园和汽车工业园等定向招商园区。2002年下半年，发展区80%的地块已落实项目。区委、区政府正视发展需要，决定向西拓展空间，将6平方千米丘陵山地开发建设成高新区西拓区。

福山高新区建立后，先抓基础设施建设，创造良好硬环境。至2002年，起步区和发展区累计场地回填土方330万立方米，修筑道路17条，计25.5千米。起步区全面达到“五通一平”标准，为进区企业提供完善的载体和配套服务；发展区基本达到项目开工要求，并努力向“五通一平”基础设施建设目标迈进。招商引资成果丰硕，共引进项目163个。形成机电一体化、新材料、生物工程、电子信息、纺织服装等高新技术产业群体。同时，把建设高素质队伍作为一项战略性工作。打破地域、年龄、资格等框框限制，不拘一格选聘人才。

至2002年，进园投资500万元以上的较大企业有34家，投产企业达到123家，累计固定资产投资达到25.89亿元，实现工业总产值45.63亿元，技工贸总收入59.88亿元，出口创汇1.53亿美元，地方财政收入1.39亿元。

图15-1　福山高新区全景图

第一章　机构沿革

福山高新区建立后，相继成立管理机构和内设机构及派出机构，并明确了各自的工作职责。管委会的主要职责是：负责编制并组织实施园区建设规划和经济发展规划；组织好基础设施建设和管理，组织协调项目、资金的引进和开工建设及各项社会事业的规划、发展、管理、服务工作；编制并组织实施科学技术发展规划和年度工作计划等。

第一节　管理机构

1992年6月，福山工业园区成立，为正科级单位，设工委书记1人、管委主任1人、副主任2人。1993年10月，成立经济发展总公司，为具有法人资格的经济实体，总经理由工业园区管委主任兼任，实行中共福山区委高新区工作委员会、管理委员会和经济发展总公司党、政、经“三位一体”的领导体制。3个机构，一套人马，合署办公。1994年7月，烟台市政府确定福山高新区管委会为福山区政府派出机构，升格为副处级。1998年10月，经济发展总公司降格为副科级，管委领导成员不再兼任总公司总经理。2002年末，高新区工委、管委机关共有工作人员68人（在编人员36人）。

第二节　内设机构

福山高新区建立初期，下设办公室、基财科、招商科。1994年10月，高新区工委、管委内部机构调整为党政办公室、经济发展部、规划建设部、经营管理部、社会事业部、联络部、财务部。1995年10月，内部机构调整为办公室（挂政治工作处牌子）、经济发展处（挂项目推进中心牌子）、规划建设处、企业管理处、社会事业处、策划信息中心。1996年10月，设立福山区财政局高新区财政分局，为副科级事业单位。1997年11月，设立项目推进中心、创业中心，均为股级事业单位。1998年11月，设立高新区办公室、经济发展处、规划建设处、企业管理处、社会事业处、政治工作处，均为副科级。2000年3月，设立烟台市福山区投资促进局，为正科级事业单位，由高新区负责管理。2001年，投资促进局更名为招商局。2001年3月，撤销社会事业处和政治工作处，设立正科级基层工作管理处。

机构名称变更表

表15-1

时间	变更名称
1992年6月	根据烟台市政府〔1993〕烟政函50号“关于建立烟台经济技术开发区福山高新技术产业区的批复”设立烟台经济技术开发区福山高新技术产业区管委会，为正科级单位，负责高新技术产业区的开发、建设、管理等工作
1994年7月	根据烟政编〔1994〕2号，市政府同意设立烟台高新技术产业开发区福山高新技术产业园管理委员会，作为区政府派出机构，规格定为副县级。市政府烟政函〔1992〕50号批复的烟台经济技术开发区福山高新技术产业区的牌子继续保留
2010年6月	根据区政府机构改革实施意见，烟台高新技术产业开发区福山高新技术产业园管理委员会更名为“烟台高新技术产业园区福山园管理委员会”对外挂“烟台经济技术开发区福山高新技术产业区管委会”牌子，仍为区政府派出机构
2013年9月	根据烟福编〔2013〕17号，烟台高新技术产业园区福山园管理委员会更名为“烟台高新技术产业开发区福山园管理委员会”。对外挂烟台经济技术开发区福山高新技术产业区管委会牌子，仍为区政府派出机构

第三节　派出机构

1994年1月，福山区政府设立北京办事处（副科级），由高新区代管。

2001年11月，福山高新区在韩国汉城设立办事处。

2002年2月，福山高新区在上海设办事处（股级事业单位）。

第二章　基础设施建设

福山工业园区管委会成立初期，在区建委、土管局、水利局等部门的协助下，组织技术人员对3.8平方千米的起步区进行规划，绘制出地形图，布设10条道路及排水系统的平面图，制定水通、电通、路通、电信通、暖通和地面平的"五通一平"施工要求和质量标准。同时，对包括发展区在内的8平方千米区域设计总体框架初步方案，绘制出较为完整的建设规划图。

第一节　道路与地面平整工程

起步区　东至河滨路西至福海路。1992年8月，工业园区成立市政公司，年内永达街、松霞路等7条道路陆续开工。至1994年，10条道路的土路面全面完工。园区地面填平工程完成总量的80%以上，共90万立方米。至此，起步区雏形基本形成。

1995年起，道路建设的重点转向路面硬化和设施配套。至1999年，10条道路硬化工程及相配套的排水、给水、供电及通信工程等基本完成。起步区基础设施建设总投资3.8亿元。

发展区　东至福海路西至环城路。2000年，发展区建设启动，组织实施道路建设和地面填平工程。至2002年底，发展区道路建设、排水、地面填平3项工程投资约5700万元（不包括供水、供电、通信工程投资，其投资由相关企业自行负责）。共规划设计7条道路已完成5条，地面填平工程基本完成，完成总土方量240万立方米。排水（雨、污）、供水、通讯、电力等相应配套工程随道路建设同步进行，分头施工。

道路的绿化、亮化　1998年，高新区管委会制定出台《道路绿化管理意见》，组织实施了几次较大规模的绿化战役。起步区道路两边栽植梧桐、芙蓉、毛白杨等树种。绿化带或中间绿化隔离带以植物造型为主，常绿树中点缀多变的色叶树种、花灌木或花草，做到三季有花、四季常青。至2002年底，道路绿化面积40万平方米。同时，进行道路亮化工程建设。起步区的10条道路全部安装上路灯，永达街东段、松霞路等主要街道还安装了霓虹灯、广告灯箱，共安装灯具600余盏。是年，开始对发展区中段的道路进行绿化、亮化，并初见成效。

福山高新区发展区道路建设情况表

表15-2

道路名称	竣工时间	起点	终点	路长（米）	路宽（米）	路面结构
聚福路	2001	蒲湾街	同三高速路	1670	12	沥青
永达街	2002	福海路	环城路	2000	34	沥青
祥福街	2002	积福路	环城路	1766	12	沥青
鸿福街	2002	福海路	环城路	2000	12	沥青
连福街	2002	积福路	迎福路	1300	12	混凝土
蒲湾街	在建	迎福路	环城路	455	12	沥青
迎福路	在建	蒲湾街	鸿福街	1117	12	沥青

第二节　给排水工程

供水　高新区有独立的供水系统，即区供水公司。1993年8月开始供水。水源地位于福山城南3千米内夹河西侧，有水井23眼，日供水能力3万吨。高位调节水池设在青龙山顶，池底高程海拔62米，容量4500立方米。供水公司担负汇福街（北三路）以北整个高新区的企业和居民生活用水。水质符合国家生活饮用水卫生标准。

给水管线自高位调节水池沿河滨路，经松霞路到永达街与管网相接。至2002年，起步区和发展区的主、支管路及管网总长20.8千米，接水用户150余家，日用水量0.6万吨左右，年用水量138万吨，水费收入206万元。自2000年6月起，建筑用水每立方米为2.5元，工商企业用水为1.55元，居民用水为1.5元。

雨水排放　高新区地处城后泊，汛期暴雨后，极易内涝。为此，在永达街南侧修建底宽4米、高2米的地下浆砌暗渠，将起步区振中街以南和发展区鸿福街以南各路排水管网均汇集到暗渠，穿经河滨路后，经一段明渠排入大沽夹河。将起步区振兴街和发展区连福街，通过暗管接入4号沟后直接排入大沽夹河。至2002年，共建排水管网22条，总长29189米。

污水排放　园区的污水主要是工业污水和城市生活污水。至2002年，共建污水排放管道26条，总长32381米。各条管网沿着东西走向的街道铺设，在松霞路进入福山区污水总管道，流经烟台开发区并入套子湾污水处理厂处理后，排放入海。

另外，城后泊一度因地下水过量开采，出现大面积漏斗区，致使海水侵染严重。2000年，烟台市政府投资在蒲湾村至永福园村段灌浇长约5千米的地下水泥浆屏幕，形成地下水库，较好地阻止了海水入侵。

第三节　电力、通信、交通建设工程

电力　1997年1月，投资1800万元，在高新区振华街中段，建成福山境内第一座110千伏变电站，装机容量25000+16000千伏安，主供福海路以东起步区。电源接入110千伏碳素线、福高线（双会），长3.8千米。2001年，又同杆架设振中线、信一线2条配电线路。至2002年，共有10千伏出线16条，总长53千米。其中，公用线6条、专用线10条。2002年12月至翌年6月，在发展区蒲湾街中段，建成110千伏朱甲变电站，装机容量16000千伏安。供电范围为福海路以西、汇福街以北区域。

通信　福山通信公司位于高新区永达街。1998年2月开始运作，容量2700线。可办理国内、国际长途直拨电话、电传、传真、计算机联网、多媒体通讯等各种电信业务。至2002年，已铺设专用管道139千米，架设电缆46千米。辖区内用户3941户，公用电话355户。

交通　高新区内公共交通便捷，福山至烟台32路公共汽车穿经福海路以东永达街；福山至烟台开发区公交车东线途经松霞路、西线穿越福海路；福山至古现及福山至蓬莱等公共汽车均在境内通过。同三高速公路、206国道濒临园区北部，形成四通八达的公路交通网。

第三章　招商引资

福山工业园区成立伊始，即成立招商科（招商中心）、经济发展部（1995年，改称经济发展处）等机构。2000年，区政府成立投资促进局（2001年，改称招商局），具体由高新区管委负责管理。同时，设立北京、上海、韩国汉城办事处等招商机构。这些机构的设立对开展国内外招商引资工作、拓宽招商途径、协调与招商引资有关事宜，发挥了重要作用。

福山高新区工委、管委把品牌推介作为招商引资的重中之重，采取走出去举办洽谈会、恳谈会、新闻发布会等形式，加大对外宣传力度。1993年3月，区委、区政府在北京举行招商引资新闻发布会，内地及港澳台地区30多家新闻单位参加，并对福山工业园区招商、开发、

图 15-2　上汽变速器有限公司外景（高新区）

建设“三位一体”同步进行的做法进行宣传报道。是年 4 月，区政府召开福山工业园区开发建设恳谈会，烟台市党政领导和 100 多个部门的有关人员前来福山参会、参观指导，此外，还请中央、省、市电视台拍摄福山工业园区简介专题片等。1998 年，介绍福山高新区优良投资环境和优惠政策的专题片，在中国香港地区、美国电视台播放。2000—2002 年，又先后多次印制日、韩、英文版的专题宣传画册，广泛推介福山高新区。通过多种宣传形式，提高了知名度，树立了招商引资、对外开放的良好形象，使之真正成为带动全区经济发展的“龙头”。

第一节　招商服务

福山高新区始终把项目服务放在和招商引资同等重要的位置。1997 年 11 月，设立项目推进中心，在内部细化分工，各负其责，严格实行承诺制，建立与国际接轨的服务体制和运行机制，实行“一个窗口对外”，积极为项目建设提供全程服务。对每一个进区项目，从签订土地出让合同、办理工商注册、项目立项、税务登记、银行开户、海关备案、环保审批、厂房建成投产等每个环节，都实行全方位优质服务。高新区内的韩国工业园拟由韩国世洋精工株式会社、烟台鑫泰克工业有限公司、韩国智德产业株式会社、韩国一林油压株式会社共同投资建设，总投资 400 万美元，占地 3.33 公顷，建筑面积 1 万平方米，达产后年产值可实现 8000 万元。因 4 家企业共用一块土地，规划手续较为繁杂，不能按计划开工建设，项目推进中心在为之加快办理有关手续的同时，积极协助他们找到能垫资的施工队伍，又召开 14 次项目调度会议，协调 4 家相关企业解决了各种问题，终使项目顺利开工。在具体招商工作中，主要采取以下形式：

敲门招商　福山高新区建立初期，招商人员像企业推销员，对烟台市的有关部门及近千家大中型企业进行拉网式登门拜访，详尽宣传福山高新区的投资环境和优惠政策，诚邀他们到福山高新区观摩、考察，使有关部门的和企业负责人加深对福山高新区的认识、了解。

参会招商　福山高新区管委每年都派员参加在全国各地召开的经贸洽谈会、交流会、展览会等，捕捉有价值的信息。1999 年，第二届 APEC 中小企业会议期间，管委获知烟台北极星 LK 模具欲与日商合资生产精密模具的信息后，立即靠上去推介福山高新区情况，遂使该项目于 2000 年在区内落户，投产后产品销往日本。

专题招商　1996 年初，市政府制定“腾龙落凤”工程，计划将芝罘区处于商业旺地的部分工业企业迁往周边地区。管委得知信息后，机动灵活，一企一策，组织招商人员分头开展工作，相继引进刺绣厂、制网厂、印染厂等企业。2002 年，省、市政府为盘活一汽大宇发动机及车身项目，与上海通用公司洽谈资产转让事宜初步达成协议。为引来相关汽车零部件企业，管委当即设立驻沪办事处，成立汽车招商小组，年内便与几家企业签订了投资意向。

中介招商　高新区管委与专业性强的中介机构建立关系，及时获取有关信息。2000—2002 年，通过韩商协会引进了三美刺绣、韩日服装等项目。

网上招商　高新区管委借助互联网快捷平台，发布500余条有关福山高新区的土地储备、厂房信息等，并在网络上捕捉大量项目信息。2001年5月，根据网上反馈信息，获知某企业正在寻找土地投资建厂，立即主动与之接触，经过谈判，促成富恩电子电器进区落户。

以商招商　高新区管委视投资者为“上帝”，全程为其提供优质服务。通过先期落户的企业将良好的投资环境介绍给其亲朋好友，动员他们到福山高新区办企业。2002年11月，万和铸钢企业进区后，其负责人便又介绍他的朋友到这里兴办瑞峰机械公司。

境外及港澳台招商　高新区管委历届领导均曾出访韩国、日本、美国以及东南亚一些国家和中国台湾、港澳地区，联络客商，推介福山高新区，欢迎他们到福山高新区考察、洽谈项目。

第二节　优惠政策

为吸引外商投资，福山区政府于1992年上半年制定《福山高新技术产业区优惠政策》。1995年12月，重新修订，对在高新区落户的企业，减半征收工程造价2%的资料保证金和3%的质量保证金及每项工程1万元的安全保证金，属内资生产性企业，可申请缓交；凡1996年底前迁进高新区的市属企业，免收8项建设费用，包括每平方米120元的城市建设综合开发费、24元的综合开发管理费、12元的人防费、1～1.3元的资源综合利用发展基金、新区35元的商业网点建设费、工程造价3%的基本建设教育费、开发工程成本价与市场价20%差额的住房建设发展基金、不超过5万元的建设垃圾保证金，外商独资企业、中外合资企业、高新技术企业及投资额在1亿元以上的内资项目，也免收上述8项建设费；投资额在5000万元至1亿元的内资项目，只缴纳每平方米35元的基础设施补助费，其他8项建设费免缴；其他生产性项目，缴纳基本建设教育费和商业网点费，缓交综合开发费，其他建设费免缴；高新区管委自办企业（含盐场、永福园）的建设费全部免缴；鼓励进区企业缴纳基本教育费，用于兴办高新区教育事业；高新区内建设单位缴纳的建设费和管理费，扣除上交上级部分，全部返还高新区，用于基础设施配套建设和社会事业发展，实行专户储存、专项管理。

2001年，为吸引更多的外资项目及内资项目进园建设，对优惠政策进行2次修订。对外商投资兴办的生产性企业，实际经营期在10年以上的，自获利年度起2年内免征所得税，3～5年内在减半征收的基础上，按企业实际上缴所得税额的30%给予奖励，期满后企业实际上缴所得税超过15%的部分全部给予奖励；外商投资兴办的先进技术企业，减免企业所得税期满后仍为先进技术企业的，免税时间再延长3年，并按10%的税率征收所得税；外商投资兴办的产品出口企业，减免企业所得税期满后，凡当年出口产值达到当年企业总产值的70%以上的，按10%的税率征收；外商投资企业按应纳所得税的3%缴纳地方所得税，属生产性企业的予以免征；对新办的独立核算的从事咨询业、信息业、技术服务业的企业或经营单位，自开业之日起，免征所得税2年；外商投资企业的外国投资者将其从企业取得的利润直接作为资本再投资，经营期限不少于5年的，经投资者申请、国家税务机关批准，退还其再投资部分已缴纳所得税的40%税款；外商投资项目，只要属于中国《外商投资产业指导目录》中的鼓励项目，其在投资总额内进口的自用设备，除中国《外商投资项目不予免税的进口商品目录》所列商品外，均免征关税和进口环节增值税；国内投资项目，只要符合中国《当前国家重点鼓励发展的产业、产品和技术目录》，其投资额内进口的自用设备，除中国《国内投资项目不予免税进口商品目录》所列商品外，也均免征关税和进口环节增值税；外商投资企业以来料加工、进料加工贸易方式进口的货物，实行全额保税，产品全部出口后，免征关税和进口环节的增值税、消费税，对不能出口的部分，予以补税核销，加工货物出口后，经国家税务机关批准，免征加工或委托加工货物及加工缴费的增值税、消费税；外商投资企业以进口料件加工成品后不直接出口，而是转让给另一家承接进料加工的外商投资企业进行再加工、装配后出口，经国家税务机关批准后，免征生产环节的增值税、消费税；对生产性投资项目免征基本建设教育费、资源综合利用发展基金、商业网点建设费、住房建设发展基金、建设垃圾保证金、人防费、质量保证金、安全保证金等多项费用；内资生产性企业，视科技含量、投资规模等情况，给予相应的优惠政策。

第三节　项目引进

至2002年，福山高新区共引进项目163个，已投产企业共有123家，在建企业20家。总投资额达29亿多元。已投产企业中，内资企业67家，占54.5%，其中国有3家、股份6家、集体16家、私营42家；外商独资企业39家，占31.7%，其中韩国23家、日本6家、美国2家、荷兰1家、澳大利亚1家；中外合资企业17家，占13.8%，其中中日合资3家、中韩合资3家、中澳合资1家、中美合资2家、中加合资1家、中德合资1家、中阿合资2家。合同利用外资3.1亿美元，实际利用外资2.22亿美元。引进投资1000万元以上的项目45个，其中投资3500万元（折人民币）以上的项目16个。

高新区内无第一产业（农业）；第二产业增加值为5.1亿元，占70%；第三产业增加值为2.2亿元，占30%。

1995年后，福山高新区把推动和发展高新技术产业作为立园之本。至2002年，共引进高新技术项目30余个，其中被省科技厅认定的高新技术企业21家。

福山高新区投资3500万元人民币以上项目表

表15-3

企业名称	性质	投资额	投产年份	主要产品
烟台荏原空调设备有限公司	日中合资	22000万元	1997	中央空调
信一精密（烟台）有限公司	韩国独资	835万美元	1997	回转支架
烟台华德新型建筑材料有限公司	中澳合资	517万美元	1997	强力地砖
烟台山村果园果汁有限公司	与香港合资	7898万元	1998	各类果汁
烟台绿色生物发展有限公司	内资股份	28000万元	1999	果汁乳品
烟台冰轮公司速冻设备分公司	股份	1940万美元	2001	速冻机
烟台首钢磁性材料有限公司	内资股份	11415万元	2001	高磁材料
烟台矢崎汽车配件有限公司	日本独资	2500万美元	2001	汽车配件
美康通讯（烟台）有限公司	美国独资	2990万美元	2001	宽带网
烟台帝元电子有限公司	韩国独资	450万美元	2001	谐振器
烟台世刚纤维有限公司	韩国独资	800万美元	2001	服装
烟台迪帕迩空调有限公司	中巴合资	990万美元	2002	家用空调
烟台建设集团钢结构有限公司	国有	5000万元	2002	轻钢结构
烟台东洋机电有限公司	韩国独资	500万美元	在建	油缸
烟台美康新型建筑材料有限公司	美国独资	1000万美元	合同	工厂化造房
泰昌企业株式会社	韩国独资	7000万美元	合同	服装

1995—2002年福山高新区高新技术企业情况表

表15-4

企业名称	产品名称及特点	认定年份
烟台路达新型建筑材料有限公司	彩色混凝土路面砖、砌块。抗压抗折强度大，耐磨、耐冲击、耐油、防滑、渗水性强，耐久性好	1995
烟台西苑制药厂	藻酸双酯钠	1995
烟台永达生化制药公司	多烯康胶囊。有效降血脂、血压，抗血栓，改善末梢循环，提高免疫力	1995
烟台市福山区稀星磁电有限责任公司	钕铁硼磁体系列化产品	1996
烟台金属喷塑装饰材料厂	金属保护膜	1996
烟台华德新型建筑材料有限公司	路面砖、空心混凝土砌块。重量轻，保温性能好	1997
烟台月友冷藏集装箱有限公司	冷藏集装箱	1997
烟台杰华制革有限公司	高档猪皮正面、绒面服装革。获国家科技进步1等奖	1997
烟台恒通暖气设备有限公司	强制排风暖气设备	1998
烟台佳隆实业有限公司	高分辨率显示管、电子涂料。颗粒度极细，高温电性能稳定	1999
烟台鑫海矿山机械有限公司	大型浮选机、高效浓密机。主要用于黄金选矿	1999

续表 15-4

企业名称	产品名称及特点	认定年份
烟台同化防水保温隔热工程有限公司	硬质聚氨酯防水隔热复合板。质轻、导热系数小、抗压强度高、不透水、保温节能	1999
烟台荏原空调设备有限公司	吸收式制冷机。采用溴化锂制冷剂，属环保型制冷机	2000
烟台山村果园绿色生物发展有限公司	活性乳酸菌饮料、果汁。无菌保鲜包装，产品处于国内领先水平	2000
烟台帝元电子有限公司	高精度谐振器、振荡器。性能稳定、使用寿命长，耐磨、耐热、防锈、高绝缘性、高密封性	2000
烟台首钢磁性材料股份有限公司	钕铁硼磁体系列化产品。采用无氧工艺全自动控制、超细晶、强场取向、制粉、成型等技术，填补国内空白	2000
烟台斯科伊泰克电子有限公司	高精度谐振器、振荡器。技术性能稳定、使用寿命长、体积小、低功耗、高频率	2000
烟台高盈科技有限公司	移动通信基站天线。结构简单、性能稳定，填补国内空白	2002
烟台升索渔用饲料研究中心	鱼、虾、蟹苗种微粒子饲料。部分产品填补国内空白	2002

第四章　经济发展

1993 年，天府（盐场）、永达（永福园）2 个实业总公司的 17 家企业划归福山高新区。随后，相继从区外引进烟台中和网具有限公司（与香港合资）、烟台水产渔业公司制网厂（国有）、韩国独资信一精密工业（烟台）有限公司、中日合资荏原空调设备有限公司、烟台绿色发展有限公司（股份）等一批企业进园投产。

2000 年以后，高新区发展区全面启动。至 2002 年，进园投资 500 万元以上的较大企业有 34 家。累计固定资产投资达 25.89 亿元，实现工业总产值 45.63 亿元，技工贸总收入 59.88 亿元，出口创汇 1.53 亿美元，地方财政收入 1.39 亿元。

第一节　规模以上工业企业

2002 年，园区年销售收入在 500 万元以上的企业共有 28 家，完成总产值 10.44 亿元，占全区规模以上工业企业总产值的 47%；实现利税 6782.1 万元，占全区的 44.7%；出口创汇 6805 万美元，占全区的 83.3%；地方财政收入 6184.3 万元，占全区的 39.1%。

2002 年福山高新区规模以上工业企业情况表

表 15-5　　　　单位：万元

企业名称	总产值	产品销售收入	利税
海洋渔业公司烟台海新大洋食品加工厂	2567.3	2598	183.6
烟台太华服装有限公司	1160.2	1186.1	20.9
烟台华德新型建筑材料有限公司	2075.9	1962.8	134.2
烟台市福山气缸垫有限公司	590.9	505	61.5
烟台鑫海矿山机械有限公司	1710	1569.8	41.2
烟台荏原空调设备有限公司	17006	12446.5	1159.5
烟台嘉亿刺绣有限责任公司	796.8	1606	216.3
信一精密工业（烟台）有限公司	6731.5	6731.5	2453.6
烟台泰元工业有限公司	4345.4	4345.4	1009.8
烟台鑫泰克重工业有限公司	813.2	813.2	116
烟台康乐达食品有限公司	1201.2	1201.2	-7.8
烟台绿色生物发展有限公司	6171.9	6303.5	1313.2
烟台三垒塑料管材有限公司	1601.5	1661.3	162.8
烟台织田寝装有限公司	679.1	679.1	-39.2

续表 15-5

企业名称	总产值	产品销售收入	利税
烟台明炬气体厂	1085.5	1084.1	351.9
烟台白马包装有限公司	2251	2309	185.7
烟台汇丰包装彩印有限公司	1182	960	81
烟台宇科电池有限公司	1189.2	1269.4	-357
烟台新世界纤维有限公司	874	877.5	-24.3
烟台帝元电子有限公司	1310	1180	-178
烟台世刚纤维有限公司	8167	6407	19
烟台新光纺织有限公司	850	634.9	-88.1
烟台双华塑料机械有限公司	1900	1633.3	724
烟台福宝食品有限公司	1291.5	1319.4	196.7
烟台吉艾斯三华服装有限公司	1550	1390	-59.2
烟台建设集团钢结构有限公司	4445	2698.4	494.2
烟台矢崎汽车配件有限公司	29999.5	27652.5	-1548
烟台爱开天隆模塑有限公司	848	866.5	158.6
合计	104393.6	93891.4	6782.1

第二节　主导产业

机电一体化　重点企业有烟台荏原空调设备有限公司，主要产品为中央空调；烟台矢崎汽车配件有限公司，主要产品为汽车线束；烟台飞迈机械有限公司，主要产品为子午线轮胎机械；烟台冰轮股份有限公司速冻设备有限公司，主要产品为速冻机；烟台鑫海矿山机械有限公司，主要产品为矿山机械；烟台迪帕迩空调有限公司，主要产品为家用空调机；信一精密工业（烟台）有限公司，主要产品为回转支架等。

新材料　重点企业有烟台首钢磁性材料股份有限公司，主要产品为高磁材料；烟台华德新型建筑材料有限公司，主要产品为地砖；烟台三垒塑料管材有限公司，主要产品为 UPVC 管材；烟台新光纺织有限公司和烟台新世界纤维有限公司，主要产品为金银丝等。

生物工程　重点企业有烟台绿色生物发展有限公司，主要产品为果汁、乳品；烟台瑞东科技发展有限公司生物制品厂，主要产品为虫草菌丝；烟台正大生物科技有限公司，主要产品为生物制品等。

电子信息　重点企业有烟台高盈科技有限公司，主要产品为基站天线；烟台山川精密电子有限公司，主要产品为电子底板；烟台天林精密有限公司，主要产品为气动量仪；烟台帝元电子有限公司，主要产品为谐振器等。

纺织服装　重点企业有烟台世刚纤维有限公司，主要产品为服装；烟台太华服装有限公司，主要产品为内衣；烟台嘉亿刺绣有限责任公司，主要产品为刺绣工艺品；中服集团烟台服装有限公司，主要产品为服装；烟台天一特纺有限公司，主要产品为特种布。

1996—2002 年福山高新区财政决算情况表

表 15-6　　单位：万元

年份	财政收入	财政支出	盈（+）亏（-）
1996	155.67	172.12	-16.45
1997	498.99	427	+ 71.99
1998	834.88	737.72	+ 97.16
1999	1165.88	994.43	+ 171.45
2000	1296.41	749.28	+ 547.13
2001	3767.9	2080	+ 1687.9
2002	6184.3	1960.5	+ 4223.8
合计	13904.03	7121.05	+ 6782.98

说明：2002 年财政收入新口径为 3892.3 万元（因企业所得税、营业税、个人所得税由全部地方收入改为中央、地方共享而改变）

第三节　主要企业简介

烟台山村果园绿色生物股份有限公司　1998年1月成立，1999年1月投产。占地13万平方米，总投资7898万元。先后投资1260万美元，从意大利、英国、德国、挪威和芬兰等国家引进5条具有世界先进水平的全套自动化水果、乳品加工生产线，主要产品有果肉、果汁、果浆、乳制品、速冻食品等，被认定为山东省名牌产品、免检产品。研制开发的“FV高纤液态汁”“海参多肽营养胶囊”，均获山东省科学技术三等奖；“FV高纤液态汁”被评为全国食品工业科技进步优秀新产品；研制开发的浓缩果肉果汁剂，被评为全国食品工业科技进步优秀项目。该公司销售网络完善，在全国建有6个直销公司，经销商遍布全国100多个大中城市。年生产果汁及乳品3.5万吨，年产值2亿元，实现销售收入1.44亿元。公司拥有自营进出口权，通过省商检出口企业出口食品厂库卫生注册。先后被评定为农业产业化国家重点龙头企业、全国食品工业优秀龙头食品企业、全国食品工业科技进步优秀企业、中国学生奶定点生产企业、山东省先进民营企业、农业产业化经营龙头企业、首批重点民营高科技企业、十强乳品企业和“十五”期间全国少数民族特需用品定点生产企业、省级守合同重信用企业。

烟台矢崎汽车配件有限公司　2001年6月投产。是经山东省政府批准的由日本矢崎株式会社与美国北美矢崎公司共同出资兴办的外商独资经营企业，总投资2500万美元。2002年，拥有员工3000多人。主要生产销售汽车配套用线束及仪表等产品。生产技术在同行业中处于领先水平。产品全部返销日本大型汽车生产厂家。年生产加工能力200多万件（套），完成销售收入4亿多元，实现出口创汇5000多万美元。公司先后被省对外贸易经济合作厅评为山东省出口先进企业；被评为烟台市出口上台阶先进单位、A级纳税信用等级单位。

图15-3　矢琦生产流水线（高新区）

烟台荏原空调设备有限公司　由日本荏原制作所与烟台冰轮股份有限公司合资兴建。1996年成立，1997年投产，合资期限为50年。总投资2.2亿元，日方控股60%，中方控股40%。占地8万平方米，建筑面积3.5万平方米。引进日本荏原制作所专利技术近600项，生产目前世界上最先进的溴化锂吸收式制冷机、冷温水机组、螺杆式冷水（热泵）机组和冷却塔。年产溴化锂吸收式制冷机1300台，50%的产品出口日本。至2002年，产品产、销量居同类产品世界和全国四强。年销售额2亿多元，出口创汇423万美元。1998年，在中国市场商品质量跟踪调查中，获中央空调行业十佳品牌、质量满意度第一名和品牌信誉度第一名。2000年，被山东省科学技术厅认定为高新技术企业；在中华世纪坛工程中获“庆祝新世纪、新千年突出贡献奖”；被中国制冷学会推荐为第六届中国制冷空调设备信得过产品。

烟台瑞东科技开发公司　2001年3月成立。注册资金2600万元。为山东省高新技术民营企业。厂区面积3.73万平方米，建筑面积3800平方米。主导产品冬虫夏草“蝙蝠蛾被毛孢”发酵菌丝粉，是与著名冬虫夏草专家沈南英研究员合作生产的专利产品。设计年生产能力40吨，达产后年销售收入可达8000万元。2002年7月，被列入国家级火炬计划项目。2003年1月，一次性通过省卫生厅保健食品GMP验收。同年11月，省科技厅组织魏江春院士等国内冬虫夏草专家，对“冬虫夏草菌丝低温深层发酵技术”进行技术鉴定：其成分与冬虫夏草基本一致，是冬虫夏草的换代产品。该技术属高新技术，达到国际先进水平。

烟台首钢磁性材料股份有限公司　是经省政府批准具有自营产品出口权的省高新技术内资股份企业。2000年10月成立，2001年5月投产。总投资1.1415亿元，占地4万平方米，建筑面积1.2万平方米。年产高性能钕铁硼永磁性材料300吨，为国家高技术产业化示范工程。该项目融合包头稀土院的专有技术，成功采用速凝薄带冶炼、氢化破碎处理、橡胶模成型等多项国际先进的磁体生产技术。拥有从日本、德国和美国引进的磁体制造、机械加工、表面处理、检验和包装4条生产线自动化设备和先进完善的材料特性理化检测分析设备。经国家项目组验收鉴定，达到国外同类产品的先进水平。

山东佳隆纳米科技股份有限公司　总投资8700万元，注册资金2580万元，占地3.33万平方米。是以纳米材料和纳米技术的研究应用为主，兼顾特种功能材料、导电高分子材料、化学化工材料的开发与生产的高新技术企业。2次获山东省优秀中青年科学家科研奖励基金（博士基金）的支持。2001年，经人事部批准，设立“企业博士后科研工作站”。先后承担并完成国家“863”计划及“国家高技术产业化示范工程”“国家级火炬计划”“国家中小企业技术创新基金项目”“国家级重点新产品试产计划”“山东省科技攻关计划”等10余项科技计划项目；申请国家发明专利3项；有2项产品被列为国家级重点新产品；2次获山东省科技进步二等奖。公司拥有6个专业实验室和产品质量管理部，拥有先进的生产设备及实验、检测仪器。建立了一套严谨科学的技术、生产、质量管理体系。自主研制开发出可用于显示器件、建筑材料、渔具及船舶防腐防污、催化剂、光电池、军事防伪、制药、饮食等领域的纳米材料与导电高分子材料。多种产品在国内外市场具有较强的竞争优势。

信一精密工业（烟台）有限公司　1996年3月成立，1997年投产。为韩国株式会社信一精密在中国的全资子公司。总投资835万美元，注册资本555万美元。占地1.5万平方米，建筑面积4800平方米。从国外引进生产设备及技术，主要生产经营挖掘机等特殊车辆零部件。年产建筑工程机械用回转支承3万台套。生产设备、技术、产量均处于同行业领先地位。产品主要供给大宇重工等挖掘机生产企业，50%外销，获得用户的好评与认可。至2002年，实现销售收入1.24亿元，出口创汇240万美元。

烟台迪帕迩空调有限公司　2001年9月成立，2002年10月投产。是与巴拿马迪帕迩股份有限公司合资企业。总投资990万美元。占地6.6万余平方米，建筑面积达3万多平方米。主要研发、生产和销售空调器。引进先进的成套生产设备，年生产能力达150万台。采取国内、国外2个市场同步进行的营销方式，打造出烟台“迪帕迩品牌”。2002年，销售总量7.9万多套，销售额达1.3亿元，上缴利税526万元。成为中南美洲地区的知名品牌。

烟台建设集团钢结构有限公司　2001年3月成立，2002年投产。总投资5000万元人民币。占地4.88万多平方米，建筑面积1.59万多平方米。引进先进的设备，自行完成塔式起重机等建筑机械、非标准构件以及钢结构（空间网架）、彩色压型钢板、金属容器的设计制作和安装。年可生产钢结构1万吨，压型彩钢板30万平方米。拥有钢结构工程专业承包一级资质及地基与基础、防腐保温、机电设备安装、建筑幕墙、预应力5项工程相关专业承包二级资质，承建各类钢结构工程。

烟台冰轮股份有限公司速冻设备分公司　2001年3月投产。为烟台冰轮股份有限公司的全资子公司。总投资1940万美元。占地4万平方米，建筑面积2万平方米。引进日本东洋制作所技术，生产隧道式单冻机和果蔬加工系列产品；引进丹麦DANTECH公司技术，生产螺旋式单冻机、平板速冻系列产品及冷风干燥食品精加工产品等。共有七大类30多个品种，均达到国内一流水平。产品销往全国各地，远销俄罗斯、日本及欧美、东南亚、南美等地区。年生产能力300台套，销售收入1.2亿元，出口创汇300万美元。该公司为国家一级企业。1998年，成为上市公司，在深圳证券交易所挂牌交易。

第五章　社区建设

1992年，福山镇永福园村、盐场村划入高新区。1994年6月，改行政村为城市社区，成立社区党支部和居民委员会。2000年，清洋街道泊子村、蒲湾村、姜刘疃村和福新街道小陈家村又先后划入高新区。2001年4月，均改为社区，成立居委会，并成立相应的社区组织。

盐场　位于松霞路西、汇福街北。2002年末，有1208户、3190人。经济总收入2.1亿元，人均纯收入3666元。划入高新区前，有耕地215公顷，属涝洼盐碱地，以种植高粱、玉米、小麦为主。有工业项目18个。1992年，划入高新区。1997年，原集体工业大都改制。至2002年，有起重机厂、减速器厂、轻工酿造厂、铝合金门窗厂、房地产开发公司、建筑公司、基础安装公司，年总产值1.16亿元，利税2403万元。新建标准厂房2.5万平方米，全部出租。有个体工商户360户，从业人员120人。社区把房地产开发作为主导产业。至2002年，建住宅楼64栋22万平方米。改造路面3条2700米，并全部安装路灯，进行绿化。居民生活有较大改善，男满60周岁以上、女满55周岁以上，每人年补助1800元；按年龄段，每年补足一定数量的面粉；逢生日送寿糕庆贺等。2002年，投资400余万元，新建3层教学楼2栋。同时，对幼儿园进行改造，对老年活动室进行装修。

永福园　位于河滨路西、永达街南。2002年，有1077户、2814人口。经济总收入3475万元，人均纯收入3724元。划入高新区前，有耕地151公顷，属平原洼地，粮菜并举。有工业项目7个。1992年，划入高新区。大力实施农村城镇化建设，建住宅楼14栋3.7万平方米。先后对11条社区街道进行硬化，总长416米，绿化面积2300平方米。居民享受医疗费补足，住院费按40%报销。凡年满60周岁以上的老人均享受退休待遇，每人年1950元；60周岁以下每人年发给生活补助费300元。居民逢生日送蛋糕。住户加密电视费、幼儿入托费、小学生学杂费均由居委会交纳。先后投资423万元，建设幼儿、小学教学楼和老年活动中心。经常举办文体活动，并多次参加表演赛。至2002年，有永达生化制药厂、砂轮厂、铸件厂、房地产开发公司、建筑公司等9个企业，年总产值2375万元，利税220万元。新建出租标准厂房1.5万平方米。拥有商业网点13处，面积440平方米，从业人员20人。

蒲湾　位于福海路西、永达街以南。2002年，有203户、518人。经济总收入4000万元，人均纯收入3500元。划入高新区前，有耕地23.33公顷，属涝洼盐碱地，以种植高粱为主，属缺粮村。有工业项目13个。2000年，划入高新区。至2002年，共有工业、建筑企业22个，年总产值4000万元，利税500万元。发展重点是开发物资经营市场和标准厂房建设。新建标准厂房2.4万平方米，基本出租完毕。拥有商业网点50处，从业人员80人，个体工商户58户。区域内共有4条硬化道路，面积约1万平方米。居民每人年补助面粉150公斤。有设备完善的幼儿园，独生子女免费入托。年满60周岁以上的老人年发给生活补助费1000元，逢生日送礼品。居委会还经常组织开展群众性的健身娱乐活动。

泊子　位于福海路西、永达街北。2002年，有527户、1394人。经济总收入3730万元，人均纯收入4688元。划入高新区前，有耕地78.73公顷，属涝洼地带，以种植小麦、玉米为主。有工业项目7个。2000年，划入高新区。至2002年，共有工业、建筑企业9个，年总产值1323万元，利税118万元。主要企业有制线厂、包装厂、酿酒厂、建筑公司等。新建标准出租厂房1500平方米。拥有商业网点8处，从业人员24人。有650名居民主要从事二、三产业。社区内有硬化道路1条，面积150平方米，绿化面积200平方米。有线电话户360户，占总户数的68.3%。有小学、幼儿园、老人活动室及门球场。60周岁以上居民每人年发给补贴2000元，60周岁以下每人年发给300元。

姜刘疃　位于福海路东、汇福街以北。2002年，有1387户、2534人。经济总收入4305万元，人均纯收入4558元。划入高新区前，有耕地2公顷，属缺粮村。有工业项目10个。2000年，划入高新区。至2002年，拥有塑料厂、石墨油剂厂等工业项目10个及建筑、运输、商饮，服务等企业，年总产值4215万元，利税110万元。有劳动能力的267名居民主要从事二、三产业。社区内新建住宅3栋，共9000平方米。硬化道路2条，计4000平方米。自来水入户率达100%。安装有线电话270户。有幼儿园和与东北关村联办小学各1所。凡男满60周岁以上、女满55周岁以上，每人年发给生活补助费200元。

小陈家　位于206国道南，聚福路东。2002年，有160户、382人。经济总收入280万元，人均纯收入3300元。划入园区前，有耕地9.8公顷，属盐碱性黄黏土，主要种粮。2000年，划入高新区。至2002年，有予制构件厂工业企业1个。在建厂房面积500平方米。拥有商业网点3处、45平方米，从业人员3人。有劳动能力的居民多数外出务工。社区内有硬化道路1条，长约300米。有老年活动室。自划入高新区后，社区为所有居民投入了保险，每人年发粮食补助150公斤，60周岁以上老人每人年发给生活补助300元、老党员发给200元、残疾人发给100元。

第十六编　门楼水库库区开发

1987年以前，福山区门楼水库库区跨高疃、东厅、张格庄、门楼4个乡镇31个自然村。1987年，增加湘河、渡口和屯里3个库区村。2001年，东厅镇并入高疃镇；2002年，张格庄村划为库区村，门楼水库库区跨3个镇35个村。

1989年末，烟台市委、市政府做出实施门楼水库增容工程的决定。同时，动员福山、芝罘、烟台开发区各行各业帮扶库区人民脱贫致富。1990年2月，福山区成立门楼水库增容和库区脱贫致富指挥部，下设办公室、宣传组、规划施工组、水利设施规划组和物资供应组；库区乡镇也成立相应的组织；库区村设领导小组。至6月底，完成房屋拆迁、饮水、水利设施、路桥以及电力线、电话线、广播线、校舍改建等前期工程任务。

在库区帮扶脱贫工程中，市委、市政府对库区村实行招工、粮食补贴、减免税收等优惠政策，并组织市直单位与库区村进行对口帮扶，为库区村投钱投物，帮助兴办工副业项目、改造老残果园、发展优质高效农业、改善农田水利基础设施等，使库区村的经济状况得到较大改变。至1994年，库区农业总收入、集体积累、人均收入均比增容前的1989年翻了一番。

一轮帮扶后，库区村仍存在村办企业债务沉重、新生劳动力就业困难、水利设施不配套等困难和问题。1995年12月，烟台市政府再次决定：自1996年起，对门楼库区进行第二轮扶贫，除继续实施原有的优惠政策外，专门建立门楼水库库区发展基金，继续组织有关部门、单位对库区村进行对口帮扶。1996年1月，福山区委成立门楼水库库区工作领导小组，下设库区工作办公室，负责对库区扶贫工作的协调、监督、检查和考核等工作。

在帮扶单位的支持帮助下，库区村加强农业综合开发、科学调整种植业结构、大力发展高效农业，农村经济迅速发展。2002年，库区农村经济总收入、人均纯收入两项指标均比二轮扶贫前的1995年翻一番，库区人民生活由温饱型转变为宽裕型。

图16-1　门楼水库大坝

第一章　门楼水库增容

80年代末，胶东地区连年干旱，降水量不足常年的6成。1989年末，门楼水库蓄水量仅有392万立方米。面对持续干旱、水库蓄水严重不足的严峻形势，烟台市委、市政府于1990年3月9日转发市供水办公室《关于门楼水库增容和库区扶贫工作方案》的通知，并做出决定：实施门楼水库增容工程，使蓄水能力由7500万立方米增加到1.26亿立方米，以缓解城乡用水矛盾。3月11日，市委、市政府在福山区礼堂召开福山、芝罘、烟台开发区“三区”党政军民动员大会。6月底，总投资3000余万元，如期完成房屋搬迁及“三线”、校舍和大部分扬水站、饮水、路桥改建等前期工程任务。1990年，门楼水库当年蓄水1.05亿立方米。至1992年上半年，全面完成扬水站、饮水、路桥改建任务。

1990年11月，烟台市委市政府表彰在增容工程中表现优异的集体和个人。福山区委区政府，门楼镇、东厅乡、张格庄乡党委政府，区建委、公路管理站、水利局、教育局、电业公司、邮电分局、广播电视局等15个单位受到通令嘉奖；吕区长、农工部长曾庆禄、区府办栾世奎、区建委孙桐军、公路管理站唐玉寅、水利局姜作风、教育局杨志川、电业公司杨梓树、邮电分局于维国、广播电视局杜昌礼和王道卿11人被记大功；区建委狄世泰，东厅乡建房办王德虎，公路管理站李福海、刘长寿，水利局王功信，东厅乡水利站周德和，教育局鹿道林、肖敬昱、于贻民，门楼镇李义茂，电业公司靳世虎、迟松南、慕秀贵，邮电分局郭新穆、吴兆柱、李国强、王少军，张格庄乡广播站王振宝，高疃镇广播站林树茂，东厅乡广播站徐柏洲，门楼镇周家岘村于仁生，张格庄乡马蹄夼村靳永山22人被记功。

第一节　房屋拆迁

1958年兴建门楼水库时，共搬迁37个自然村，拆房23029间。1960—1966年，在库区建房安置11635间，在库外买房安置2605间。1974—1979年，补偿未安置户和在外职工户3673间。1983年，补偿尚欠移民户房屋5116间。至此，移民房屋安置工作基本结束。

1990年，门楼水库增容，凡高程在31.88米以下的房屋均需拆迁安置。市区两级建委共同成立拆迁安置办公室。以拆迁安置办公室为主，成立有乡镇干部参加的旧房评估作价小组，对拆迁的房屋按正房1间顶1间、厢房2间顶1间、平顶房3间顶1间进行评估作价。新建房屋规格为平均开间3米×5米的砖石结构。统筹农户住宅每平方米预算价200元，集体公房每平方米300元。至1990年6月底，共搬迁房屋202处1313间、17256平方米，补助费403万元。其中，统筹农户住宅156处957间，面积为11760平方米，补助费为235.2万元；集体公房46处356间，面积为5496平方米，补助费为164.88万元；平整场地费30万元。

第二节　饮水工程

按市供水办公室的规划要求，门楼水库增容后，饮水工程高程必须在30.88米以上。除权家村原已用上自来水外，还有33个村的自来水需改造或新建。

1990年4月初，开始勘测设计。方案经市供水办公室审批后，立即投入施工阶段。区钻井队多台钻机同时作业。为确保饮用水的水质和出水量，钻井深度一般为50米左右，深者达80多米。是年6月底，完成自来水工程改建24个村。1991年下半年，总投资300余万元，新建和改建自来水工程9个村。至此，库区34个村全部吃上水质好、水龙头到户的自来水。1995年4月，门楼水库库区工作办公室对库区村的自来水工程运行情况进行调查，发现有12处因材料设备、施工、管理等原因出现问题，不能继续使用。区财政投资近50万元进行维修改造。2002年11月，又投资10万元，对权家村原有的自来水工程进行改造。

第三节　扬水站工程

门楼水库增容后，扬水站高程要求在31.88米以上。库区共有34座扬水站需要改造。该工程由市、区两级水利部门承担，总投资370余万元。工程分两个阶段实施。第一阶段，从1990年4月至12月，主要完成土建工程。共完成滑轨式泵站7处，沉井式泵站27处；新建、改建扬水站机房33处，计1530平方米。第二阶段，从1991年3月至5月，主要完成33处扬水站的机电设备、输电线路、扬水管路等安装工程。其中，设备全部更换的21处，部分更换的3处，不需要更换的9处。共更换水泵19台，1737千瓦电机22台，2560千伏安变压器25台，更换Φ200混凝土管2481.5米，Φ300混凝土管3162.5米，铸铁（钢）管661米。

1992年7月，市政府在福山召开门楼水库库区脱贫致富调度会，决定为34个库区村每村建设1座二级扬水站。工程预算总投资718万元，市、区投资补助536万元。其中，市补助410万元，区补助126万元。另外，市供水办公室拨给区电业公司218万元，主要用于扬水站电力外线工程费用。至1993年11月底，34座二级扬水站全部完工。

1995年4月调查，库区有10座扬水站由于施工质量、管理等问题，不能继续运行。是年，区财政投资70余万元，进行改造。2002年，区财政投资10万元，建设张格庄村扬水站，可控灌溉面积67公顷。至2002年底，库区共有扬水站52座，可控灌溉面积667公顷。

第四节　路桥工程

桥梁　按门楼水库增容要求，凡高程在30.88米以下的道路桥梁均需改建。改建后的桥涵高程不低于30.95米。有邢家桥、渡口桥和西宋洲桥3座桥梁需要改建或新建。

邢家桥　系库区干线古（现）张（格庄）公路的主要桥梁。原为漫水桥，桥面窄，标高低，常随水库水位上涨淹没水中。结合水库增容，在其西侧新建桥梁1座。设计桥长10孔130米，桥面净宽7米，桥面标高31.9米，板梁结构，双柱式蹲台，柱径1米，引桥长度455米。1990年4月开工，6月完成板梁结构。1991年5月完工。

渡口桥　工程设计桥长17孔136米，桥宽5米，桥面标高31.6米，板梁结构。引桥及配套村路长804米。1990年4月开工，当年6月完成板梁结构。1991年5月完工。

西宋洲桥　长120米，宽4.5米，高31.2米，钢筋混凝土板梁结构。1992年6月竣工。

道路工程　共完成修路8条，总长6.8千米，完成土石方量16.8万立方米，修建涵洞16处、石拱桥1座，砌护工程4856立方米。

第五节　“三线”改建

按门楼水库增容要求，凡高程在30.88米以下的电力线、广播线、电话线均需改建。改线后距地面高程不低于31.88米。

电力线　主要是库区扬水站10千伏电力线改建。区电业公司自1990年5月初至6月底，共完成挖基土石方量6000立方米，立电杆620基，架设导线近35吨，总长度20千米。

广播线　主要是库区广播线路的改建。由市、区两级广播电视局承担。1990年4月开工，历时3个多月，完成库区4处乡镇的14段广播线路改建工程。共搬迁线杆834根，架线57.7杆/千米。实现村村通广播、户户响喇叭。

电话线　库区电话线路改建工程由区邮电局承担。自1990年3月中旬开工，至6月底结束。共挖坑825个，活动土石方2000多立方米，立电杆669根，改迁线路33.4杆/千米。至此，库区34个村实现村村通程控电话，彻底改变了通讯落后的局面。

第六节　校舍改建

门楼水库增容前，库区校舍大多年久失修，有的已成为危房。根据市政府指示，将库区校舍改造列为水库增容的重要工程。由市、区两级教育局共同承担。1990年4月至6月底，如期完成库区24所小学校舍的新建、扩建、翻新修缮等工程，共计553间10660平方米、厕所21处、围墙2894条，建校门24个，硬化路面5736平方米。均达到省级小学配套标准。

第二章　库区扶贫

门楼水库共淹没耕地2092.5公顷，主要是良田。其中，1960年蓄水后淹没1753.4公顷；增容后新淹没339.1公顷。1990年，烟台市委市政府提出增容与扶贫并举的指导方针，确立“1年打基础，2年起好步，3年见成效”的脱贫目标。并采取系列优惠政策，组织市、区直单位对口帮扶，兴办一批“短、平、快”的工副业项目，建设路、水、电等基础设施。1992年，3年脱贫目标实现后，市政府又做出“扶上马，送一程，扶贫工作再延长1年”的决定。4年间，市、区两级扶贫单位共投入扶贫资金2861万元。开发荒山旱薄地228.7公顷，更新老果树品种515.3公顷，发展滴灌、管灌275.5公顷，淡水养殖67公顷；库区经济总收入由1989年的3010万元增加到8900万元，增长1.96倍；人均纯收入由450元增加到1218元，增长1.71倍；人均集体积累由74元增加到256元，增长2.46倍。困扰库区30多年的吃水、浇地、吃粮、行路、上学、就业难等诸多难题基本解决。特别是电力、通讯和校舍建设等达到全市一流水平。1993年，市、区两级政府又拨款536万元（其中市拨款410万元），在34个库区村各建1座二级扬水站，扩大和改善水浇地400多公顷。1994年，有33个工副业项目取得经济效益，经济总收入14171万元，人均纯收入1549元。

1995年3月至4月，福山区委、区政府组织人员到库区村进行摸底调查，发现库区村兴办的60余个工副业项目，80%已倒闭或濒临倒闭；为兴办这些项目所产生的1517.6万元的贷款债务无力偿还，使库区村重新背上沉重的包袱；新生劳动力就业困难，1994年度，市、区均无招工指标；随着粮食市场的开放，粮价上涨，库区实行的粮差补贴标准相对偏低等。这些问题严重影响着库区的经济发展和社会稳定。同年7月，福山区政府将情况及时上报市政府，并建议扶贫单位继续帮扶，使已倒闭或濒临倒闭的企业正常运转；继续执行《关于库区新成长劳动力安置意见》，帮助消化安置库区新成长的劳动力；从门楼水库水资源费中拿出部分资金，作为库区农业综合开发专项资金等。随后，市农委到门楼水库库区开展扶贫调研。12月15日，市政府决定，以福山区为主，对门楼水库库区进行第二轮扶贫，继续落实扶贫优惠政策，组织市区有关单位对口帮扶。二轮扶贫期限，市政府原定为1996—1998年，后又延长到2000年。为巩固和发展二轮扶贫成果，期限再次延长3年。

2001年7月10日，烟台市召开表彰大会。市环保局、国土局、规划局，电力开发有限公司、港务局、张裕公司，中国人民保险公司烟台分公司，市电信局、地方税务局、质量技术监督局，福山区门楼水库库区工作办公室、财政局、水利局、交通委、电业公司15个单位被授予“帮扶门楼库区经济发展先进单位”。同时，市发展计划委孙君荣、财政局邹建德、劳动和社会保障局秦丰国、财贸办公室苏允诰、农业局曹玉汉和房培宏、总工会林凤学、供销社包德练、工商姜世春、烟台高级技工学校胡本进、烟台万华合成革集团有限公司任松智、烟台发电厂黄野、烟台海洋渔业公司刘智义，福山区政府办李洪斌、水利局陈学聪、农机局尹作光、门楼水库库区工作办公室王军、张格庄镇党委谷学新、高疃镇政府王文奎20人被市人事局、农业局授予“帮扶门楼库区经济发展先进个人”。

第一节　优惠政策

工政策　一轮扶贫期间，门楼水库库区凡年满16～25周岁的未婚男、女青年和26～35周岁大龄未婚男青年均纳入市、区、乡镇企业招工计划，逐步安排就业。1990—1994年，市、区两级劳动部门共安排库区就业6170人。二轮扶贫期间，劳动部门除按照上述年龄标准继续安置库区新生劳动力外，对因企业破产而返乡的合同制工人，给予再次安置。市公安局还给予办理地方城镇户口农转非手续，逐步减少库区农业人口。市、区共安排库区劳动力就业1490人，办理地方城镇户口农转非手续2677人。

吃粮补贴政策　从1990年下半年开始，对门楼水库库区村实行统销粮政策，人数按1989年末实有人数计算。标准是：库区村和淹没土地的非库区村，水淹一亩粮田，统销粮食500公斤，统销后人均口粮不足250公斤的统销到250公斤；库区村土地虽未淹没，但自产口粮不足250公斤的，统销到250公斤。统销到1992年9月底结束。1992年10月粮食价格放开后，实行粮食差价补贴政策，从1993年开始执行。实际享受粮食差价补贴人数为20506人。1994年，补贴范围增加渡口、湘河村，享受补贴总人口为22404人。补贴标准分为3等：1993年，按人均200公斤的每月补贴3.5元，年补42元；人均140～190公斤的每月补贴3元，年补36元；人均140公斤的每月补贴2.5元，年补30元。1994年和1995年，补贴标准分别提高到每月8元、7.5元和7元，年补96元、90元和84元。

1996年开始，按1995年底实有人数，每月补贴分别增至11元、10.5元和10元，年补132元、126元和120元。1997年、1999年和2000年，由于干旱，每人又给予25公斤小麦面粉的补助。二轮扶贫期间，共向库区村发放粮食补贴款2491.72万元。

免税政策　库区两轮扶贫期间，对原有和新办的工副业项目，给予免税优惠。同时，减免农业税、特产税和粮油征购任务，每年减免税额45万元。

资金扶持政策　一轮扶贫期间，市税务、财政、农行各调节500万元贷款，作为开发基金，低息贷给库区村发展工副业项目。自1996年起，烟台市每年将收取门楼水库的1000万立方米水资源费交付福山区财政，区政府再安排一定数额的配套资金，作为扶持库区开发基金，由区财政局和门楼水库库区工作办公室共同负责监督管理。自1996年以来，共投入库区发展基金2468万元。其中，农业综合开发175万元，水利基础设施建设1007万元，发展两高一优农业购买优质苗木232万元，水产、畜牧养殖108万元，维修改造自来水96万元，修建道路69万元，水利工程电力、机房配套等411万元，挖塘抬田工程370万元。另外，烟台市财政还投入1100万元，用于购买挖塘抬田工程机械和支付工程施工费等。

处理贷款账目　1995年，福山区对库区村一轮扶贫期间所兴办的项目进行全面梳理，将经营较差、前途无望的项目，通过依法破产，由农行作为呆滞账处理掉；濒临破产倒闭、无力偿还银行贷款的企业，由区人民银行摸清底子，将细情上报市人民银行，在呆账准备金中核销。到二轮扶贫期满时，库区村因办企业形成的1517.6万元债务，由市财政周转金本息处理315.6万元，市中保公司核销贷款本息208万元，兑除后仍有994万元贷款债务尚未处理。

第二节　对口帮扶

帮扶单位　1990年，市、区两级政府组织35个部门、单位与库区34个村结成对子，实行为期4年的对口帮扶。1996年，烟台市有27个、福山区有34个部门单位，分别进驻34个库区村对口帮扶。2002年3月，部分帮扶单位进行调整，库区帮扶村为35个。

门楼水库库区村对口帮扶单位

表16-1

村名	1990—1993年		1996—2001年		2002年	
	烟台市	福山区	烟台市	福山区	烟台市	福山区
下许家	物资局	—	物资局	卫生局	电力开发办公室	卫生局
周家岘	钢管厂	—	钢管厂	纪律检查委员会	地税局	纪律检查委员会
赵庄	发电厂	—	发电厂	人大常委会	发电厂	人大常委会
南台	—	外贸局	—	优钢集团总公司	—	房管局
姜家	建材公司	—	建材公司	五环集团总公司	进出口商品检疫局	发展计划局
松林庄	纺织公司	—	环保局	环保局	环保局	科技局
下官乐沟	一轻局	—	一轻局	乡镇企业局	国税局	农机服务中心

续表 16-1

村名	1990—1993 年		1996—2001 年		2002 年	
	烟台市	福山区	烟台市	福山区	烟台市	福山区
权家	救捞局	—	张裕集团有限公司	审计局	张裕集团有限公司	审计局
台上	二轻局	—	土地矿产管理局	政协委员会	国土资源局	政协委员会
渡口	—	供销联合社	—	城乡建设委员会	—	环保局
东宋洲	冶金公司	—	土地资源管理局	安全局	公路局	公路局
后沙坝子	建设委员会	—	建设委员会	监管处	建设管理局	建设管理局
曲家	保险公司、劳动技校	—	化工局、劳动技校	劳动局	冰轮集团	水利局
栾家	塑料公司	—	粮食局	物贸集团总公司	东方电子	粮食局
屯里	—	电业公司	保险公司	化工公司	—	交通局
石井	—	石油公司		交通委员会	—	国税局
东汪格庄	海洋渔业公司	—	海洋渔业公司	渔业海洋局	交通局	海洋与渔业局
西汪格庄	—	税务局		地税局	—	地税局
楼子口	商业局	—	商业局	商业集团总公司	经贸局	经贸局
东风	港务局	—	港务局	司法局	港务局	对外贸易经济合作局
马蹄夼	合成革总厂	—	合成革总厂	土地矿产管理局	万华合成革有限公司	劳动和社会保障局
文家	供销社	—	供销联合社	供销集团总公司	供销社	供销联合社
正志夼	—	农机局	—	农机服务公司	—	农林局
浒口	外贸局	—	邮电局	外贸公司	电信局	电信局
西宋洲	电子工业局	—	总工会	外经委	总工会	总工会
前沙坝子	电业局	—	电业局	人事局	电业局	人事局
邢家	钟表集团公司	—	科学技术委员会	民政局	科学技术委员会	民政局
解字崖	水产集团公司	—	水产集团公司	防疫站	烟草公司	计划生育局
潘家	化工局	—	保险公司	化工公司	中保财产分公司	财保公司
宅院	—	交通局	—	电业公司		电业公司
鹿家	丝绸公司	—	技术监督局	技术监督局	技术监督局	技术监督局
山北头	医药公司	—	工商局	工商局	工商局	工商局
盛家	机械局	—	机械局	二轻公司	规划局	规划局
湘河	—	总工会	—	总工会	—	土地资源管理局
张格庄	—	—	—	—	—	财政局

门楼水库库区村帮扶情况表

表 16-2 单位：万元

村名	市直帮扶			区直帮扶			合计
	出资	折资	小计	出资	折资	小计	
下许家	93	—	93	0.1	—	0.1	93.1
周家岘	24.4	13.07	37.47	—	—	—	37.47
东汪格庄	20.3	0.3	20.6	0.6	—	0.6	21.2
西汪格庄		—		6.88	—	6.88	6.88
赵庄	24.56	7.97	32.53	—	—	—	32.53
石井	—	—	—	7	—	7	7
张格庄	—	—	—	20	—	20	20

续表 16-2

村名	市直帮扶			区直帮扶			合计
	出资	折资	小计	出资	折资	小计	
南台	—	—	—	0.3	0.3	0.6	0.6
楼子口	16	1.1	17.1	—	0.5	0.5	17.6
姜家	10.4	2.65	13.05	—	2.5	2.5	15.55
东风	5	—	5	—	—	—	5
松林庄	33.3	0.46	33.76	2	0.91	2.91	36.67
马蹄夼	34	0.2	34.2	1	—	1	35.2
下官乐	29.5	4.5	34	—	—	—	34
文家	1.2	4.4	5.6	0.4	1.48	1.88	7.48
权家	26.2	2.82	29.02	0.2	1	1.2	30.22
正志夼	—	—	—	0.5	0.4	0.9	0.9
台上	25	0.8	25.8	0.1	—	0.1	25.9
浒口	36.03	62	98.03	0.5	—	0.5	98.53
渡口	—	—	—	2.5	—	2.5	2.5
湘河	—	—	—	3.5	0.8	4.3	4.3
西宋洲	14.5	0.5	15	0.2	—	0.2	15.2
东宋洲	18.5	17	35.5		—		35.5
前沙坝子	6.8	33	39.8	0.4	—	0.4	40.2
后沙坝子	66.8	27.6	94.4	6.48	4	10.48	104.88
邢家	12.6	—	12.6	7.3	0.6	7.9	20.5
曲家	3.4	4.15	7.55	10	—	10	17.55
解字崖	6.2	2	8.2	0.7	—	0.7	8.9
栾家	15.5	1.92	17.42	6	0.96	6.96	24.38
潘家	19.8	—	19.8		2	2	21.8
屯里	—	—	—	8.9	—	8.9	8.9
宅院	—	—	—		8.66	8.66	8.66
鹿家	17.2	6.8	24	2.5	—	2.5	26.5
盛家	7.5	—	7.5	13.8	—	13.8	21.3
山北头	19.5	—	19.5	—	1	1	20.5
总计	587.19	193.24	780.43	101.86	25.11	126.97	907.4

兴办工副业项目　在第一轮帮扶期间，帮扶单位一方面采取“输血”的方式，给钱捐物，帮助库区村启动当地资源，振兴经济。另一方面采取“造血”的办法，帮助兴办工副业项目，发展经济。1991—1993年，共帮助库区村兴办“短、平、快”项目60余个。有33个项目正常运营生产，取得了较好效益，共有职工974人，固定资产717.6万元，年产值1984.3万元，实现利税206.87万元。但有些项目因某种原因未达到预期效果。

资金、物资帮扶　在第二轮帮扶期间，市、区两级帮扶单位共为库区村投资907.4万元或帮助购买果树苗木、化肥，发展高效农业；或帮助引进项目，发展工副业生产；或帮助进行电力、水利、自来水设施建设及村容村貌整治。春节期间，很多单位给库区村送面米、鱼肉、救济款等。1996年，34个库区村制定出1996—2000年致富工程规划。东厅乡鹿家村长期用电难、吃水难，市、区技术监督局帮扶后，先后投资10余万元，购置电器、供水和水利灌溉设备，解决了困扰该村经济发展和群众生活问题；村拔丝厂90年代后一直不景气，局领导积极帮助与南京冶金公司联合开发精密拔丝，使企业焕发了生机；2002年，又投资4万元打机井，解决村北10公顷旱薄地的灌溉问题；投资2万元修建蓄水池；还赠送给村吉普车一辆、29寸彩电一台。市、区商业局帮扶楼子口村，组织有关人员到外地参观学习网箱养鱼，1996年，帮助发展养鱼网箱10个，当年收回全部投资；投资2.5万元购买大樱桃等优质苗木，引导群众发展优质果品。烟台港务局、市国税局、工商局、交通局、等单位，积极帮助对口村整修硬化路面、发展高优农业等，均取得良好效果。

发展主导产业　各扶贫单位都把发展高优果业作为重点项目，引导群众大力发展大樱桃、葡萄等。至2002年，库区村新发展大樱桃578公顷、葡萄233余公顷、其他优质林果133公顷，形成大樱桃专业村20个、葡萄专业村7个。马蹄夼村发展樱桃大棚85个，年产值200万元。曲家、台上、渡口、西宋洲、张格庄、下许家库区村建成大樱桃批发市场。

技术帮扶　帮扶单位根据不同农事季节，经常邀请市和区农牧渔果技术人员，到所帮扶村进行技术讲座和实地指导。烟台张裕集团公司以权家村为中心发展万亩酿酒葡萄园，并帮助镇、村成立葡萄生产合作社，负责葡萄销售，统一收购、运输、结算，很快形成规模。

驻军帮扶　2002年，烟台警备区组织15个团以上单位，对口帮扶门楼水库库区15个村。部队首长多次深入库区村问寒送暖，组织官兵，帮助修建道路、硬化街道、挖坑植树、发展高效农业、兴修水利等。同时，帮助库区村加强精神文明建设，多次赠送电视机、影碟设备以及小学课桌、图书等。

第三节　“带动、效益、致富”工程

1997年初开始，依照区委、区政府关于门楼水库库区各乡镇、村、户必须要有脱贫致富的硬指标的指示精神，在库区村广泛开展实施“带动、效益、致富”三大工程。

“151”带动工程　库区每处乡镇以引进繁育农作物新品种、推广普及新技术、增加科技含量为主题，建设1处6.7公顷（百亩）以上高产优质科技示范园，每处示范园引进5个以上新品种，筹建1处万只以上规模的珍珠兔繁育基地。以此为基础向库区村、户辐射，带动林果业、畜牧养殖业发展。

“553”效益工程　每个库区村以创办集体经济园、讲究投入产出效益、壮大集体经济为主题，建1处3.3公顷（50亩）以上的高优林果经济园，1处500只以上规模的珍珠兔养殖场，集体经济创利30万元。以此逐步壮大库区村集体经济，增强经济势力。

“2214”致富工程　每个库区农户以运用新技术、开发新品种、发展高产优质高效种养业为主题，在房前屋后栽植2棵以上高效优质林果树木，以开发荒滩、充分利用地堰、路边和老残园为主，发展20棵以上的高优林果树木，70%以上家庭养殖10只以上珍珠兔，3年内库区农民户均收入达到4000元以上。

至1997年8月底，门楼水库库区共建立镇级科技示范园5处，面积85.3公顷，珍珠兔繁育基地2处，安哥拉系列优质兔繁育基地1处，种兔存养量达2075只；建立村级集体经济园26个，面积140公顷，其中21个村的集体经济园面积达到3.3公顷以上；农户利用“四旁”、旱薄地开发和老残果园改造，栽植大樱桃、银杏等高效果树11.57万棵，户均15棵。至2000年，库区村共建立示范园38处，面积155.9公顷。其中，镇级5处，村级33处；建立畜牧繁育场3处，淡水珍品养殖基地2处；示范带动发展高效农业户5600户。

第四节　内岛开发

门楼水库内岛位于水库南岸、松林庄村北、马蹄夼村东，待开发面积106.7公顷。其中，90%以上属门楼镇东汪格庄村，10%属张格庄乡松林庄村。岛上不通路、不通电、不通水，无人居住，土地荒芜。1996年秋，区委、区政府决定历时2年，对门楼水库内岛实行山水林田路综合治理开发，建成农业综合开发示范区、生态环境保护区和农业观光旅游区。

内岛开发分3期进行。1996年10月至11月为一期工程。主要修建道路、整地、挖树坑。采取机械和人工作业并举，开挖土石方13279立方米，修建成宽3米、长4429米的主干路和宽2米、长2000余米的环山支路各3条，挖树坑9万多个。参加整地、挖树坑的有预备役部队、驻军、区机关事业单位干部职工及门楼镇、张格庄乡的部分干部群众，总投工5万多个。

1997年2月至5月为二期工程。建成100千伏安变电站和60千瓦扬水站各1座，蓄水池3个，总容量2600立方米，铺设输水管道6000余米；栽植干杂果63.5公顷，其中板栗25.2公顷，银杏10.7公顷，甜柿5.3公顷，大樱桃9.7公顷，梨枣11.3公顷，冬枣1.3公顷；植树40余公顷，主要有火炬树、黄栌、黑松、冬青等10余个品种。

1997年5月至年底为三期工程。主要完成管理房屋施工和旅游景点建设。

区政府专门成立门楼水库内岛综合开发领导小组，成员由区政府领导及门楼水库库区办公室、林业局、果业公司、水利局、门楼水库管理局、电业公司、门楼镇和张格庄乡政府有关人员组成。下设办公室，具体负责内岛综合开发的组织协调工作。

门楼水库内岛开发初期，门楼镇政府成立内岛农业综合开发公司，向东汪格庄租赁土地，实行农业企业化管理模式。自 1997 年起，分别由门楼镇和张格庄镇负责管理。2000 年 9 月，烟台开发区天一工程配套公司与门楼镇政府签订租赁合同，开发建设烟台银湖生态园。

第五节　荒山旱薄地开发

1998 年，区政府组织对门楼水库库区荒山旱薄地和老残果园进行开发、改造。采取一治一面坡、一治一座岭、一治一个小流域的方式，打破乡镇、村庄区域界限，统一开发、购苗、栽植标准，水、田、路综合治理。至 2002 年，成方连片开发旱薄地 9 处、670 公顷。

龙门耩片　包括湘河、西宋洲、东宋洲村。1998—1999 年开发 133.4 公顷。修环山路 2000 米，打机井 2 眼，建蓄水池 6 个，总容量 2500 立方米，铺设输水管道 3000 米。栽植大樱桃 66.7 公顷、葡萄和草莓 66.7 公顷。

英雄岭片　包括西宋洲、东宋洲、后沙坝子、前沙坝子村。1999 年开发 66.7 公顷。修路 2000 米，铺设输水管路 3000 米，建 500 立方米蓄水池 1 个。主要栽植大樱桃、葡萄等。

马山片　包括湘河、古上、栾家疃等村。2000 年开发 100 公顷。打机井 5 眼，建 1000 立方米蓄水池 1 个，铺设输水管路 3000 米，修环山路 3000 米。主要发展大樱桃。

屯里片　包括屯里、潘家、栾家、解字崖村。1999 年开发 83.3 公顷。修路 4 条、5900 米，渠道防渗处理 1600 米，铺设输水管路 2800 米。栽植大樱桃 33.3 公顷、葡萄 50 公顷。

山北头片　包括山北头、盛家、宅院、鹿家、潘家、屯里村。2001 年开发 80 公顷。主要栽植大樱桃、葡萄。

赵庄　1999 年开发 53.3 公顷。修农田主干路 3 条 5500 米、支路 8 条 4000 米，改造扬水站 1 座，铺设输水管路 2700 米，建 50 立方米蓄水池 4 个。改造老果园 23.3 公顷，主要发展大樱桃、银杏、桃子和速生杨等。

下许家　1999 年开发 53.3 公顷。修建扬水站 1 座，建 50 立方米蓄水池 3 个，铺设输水管路 4000 米。进行老残果园改造，发展大樱桃 33.3 公顷。

下官乐片　包括下官乐沟、正志夼、权家、文家村。1999 年开发 100 公顷。修连通 4 个村的机耕路 8800 米，修建二级扬水站 1 座，建蓄水池 3 个、1400 立方米，铺设输水管路 3900 米，渠道防渗处理 7900 米。主要是老果园改造，发展葡萄、大樱桃等。

浒台片　包括浒口、台上村。2000 年开发 66.7 公顷。修路 3500 米，铺设输水管路 3500 米，管灌面积 46.7 公顷。全部栽植大樱桃。

第六节　挖塘抬田

1998 年春，区政府投资 380 万元，购置挖掘机、装载机、汽车等设备，由区水利局组织、烟台第三水利设计院施工。工程实施后，市政府先后 2 次拨专款 500 余万元，扶持挖塘抬田工作。工程历经 4 年，于 2001 年汛期前基本完成 21 个村的挖塘抬田任务。共挖塘 34 公顷，抬田 153.5 公顷，挖排水沟 3000 余米，筑坝 2000 余米，搬运土石方 418 万立方米。

第七节　淡水养殖与畜牧养殖

淡水养殖　1994 年，在一轮扶贫期间，门楼水库库区有 10 多个村进行围塘、围网养殖。发展面积较大的有下官乐沟、周家岘、后沙坝子等村，共计 67 公顷。

二轮扶贫期间，在帮扶单位出资、出物的扶持下，又有 20 多个村进行养鱼、养鳖、养藕等淡水养殖。1996 年，楼子口村发展网箱养殖 10 个，栾家、解字崖村各发展 20 个。同时，马蹄夼、下官乐沟、宅院等村的围塘养殖，均取得较好收益。1997 年，西宋洲、东宋洲、邢家、浒口、台上等村还发展樱桃谷鸭养殖，由于多种原因，终未形成规模。

畜牧养殖

珍珠兔养殖　至 1998 年上半年，库区村建设畜牧繁育场 3 处。下半年，市场兔毛收购价格大幅下跌，由每公斤 150 元左右跌至 100 元左右，珍珠兔养殖受到影响。

牛羊猪养殖　1996 年，烟台海洋渔业公司出资 6 万元，购买 80 只优质种羊，扶持东汪格庄村发展养羊；烟台发电厂出资 3 万元，扶持赵庄村购买小尾寒山羊种羊 20 只。1997 年，下许家村养牛 100 头、养羊 200 只。1998 年，库区村生猪年末存栏 2255 头，全年出栏 2261 头；牛年末存栏 385 头，全年出栏 225 头；羊年末存栏 1164 只。2000 年，生猪存栏 2633 头，出栏 2765 头；牛存栏

427头，出栏191头；羊存栏1190只。2002年，姜家村养奶牛40头。

第八节　领导班子与精神文明建设

领导班子建设　扶贫单位共帮助库区村充实调整领导班子14个。东厅乡山北头村，张格庄乡松林庄村、南台村、文家村，门楼镇赵庄村等经培训、整顿，组建的新班子，带领群众脱贫致富。东厅乡干部栾昌军回村挂职村党支部书记后，筹资12万元，办起优质长毛兔养殖场和养猪场，促进村集体经济发展。张格庄乡台上新的村领导班子，带领干部群众开山劈岭，大搞农田水利基本建设，发展高效农业，村民收入由1993年以前人均不足300元增加到1998年的2800元。1999年，被中组部授予“基层党组织先进党支部”称号。

精神文明建设　库区村在不断发展经济建设的同时，加强精神文明建设，有12个库区村被评为精神文明村。1998年开始，在扶贫单位的帮助下，库区村普遍开展整治街道活动，硬化路面，绿化路边，有的村还安装上路灯。库区村的村容村貌发生很大改观，生活环境得到较好改善。同时，还组织开展文体活动，活跃群众文化生活。高疃镇在农闲期间，举办球类比赛；张格庄镇台上村组织20余名妇女扇子舞队。一些扶贫单位还给库区村送书、电视机、VCD、影碟设备等。福山驻军送给张格庄镇南台村科技书籍50多册，为小学提供桌椅16套。

2002年门楼水库库区村基本情况表

表16-3

镇、村名称	户数	人口	耕地面积（公顷）	粮田面积（公顷）	果园面积（公顷）	总收入（万元）	人均收入（元）	集体生产性固定资产（万元）
总计	8596	23376	1105.9	491.3	1069.2	29879	3375	848
下许家	423	1195	20.8	14.1	33.3	1635	3849	30
周家岘	265	658	28	10.7	24	715	4194	20
东汪格庄	175	496	16	9.1	11.4	345	3508	2
西汪格庄	264	755	39.8	26.8	13.3	215	4005	5
赵庄	87	211	10.3	7.1	26.7	340	3317	28
石井	126	303	23.3	12.7	10.7	235	3003	2
张格庄	782	2142	149.2	54.7	94.5	2013	3567	2
南台	181	535	5.6	4.3	26.7	833	3633	2
楼子口	192	509	8.8	7.5	15.4	491	3627	1
姜家	259	667	15.5	8.9	32	704	3620	3
东风	164	452	29.3	14.5	46.7	1176	3740	2
松林庄	178	512	6.3	5.3	24	423	3594	2
马蹄夼	297	949	17.1	16.9	76.7	846	3541	9
下官乐	336	883	68.7	14.6	95.3	1334	3620	5
文家	180	424	22.5	10.9	42.3	770	3619	5
权家	321	912	30.1	16.3	48.5	862	3622	5
正志夼	22	82	1.3	1	7.9	19	3545	1
台　上	272	800	17.7	12.5	34.1	208	3613	9
浒　口	310	688	22.7	11.9	24.5	167	3620	9
渡　口	230	560	42	8	25.5	674	3011	20
湘　河	400	1009	100.2	23.3	27.3	1544	3038	40
西宋洲	320	925	55.1	15.6	46.7	1172	3384	21
东宋洲	280	664	37.9	4.5	39.3	889	3227	40
前沙坝子	108	287	14.3	4	11.3	410	3050	6
后沙坝子	150	387	22	9.1	19.6	477	2890	25

续表 16-3

镇、村名称	户数	人口	耕地面积（公顷）	粮田面积（公顷）	果园面积（公顷）	总收入（万元）	人均收入（元）	集体生产性固定资产（万元）
邢　家	200	697	25.1	—	37.3	770	3019	40
曲　家	500	1239	64.7	41.3	46.7	1630	3000	300
解字崖	343	896	45.1	36.5	19.5	1810	3359	32
栾　家	212	652	8.7	6.4	10	638	2430	64
潘　家	186	528	30.5	14.7	23.3	1265	3333	30
屯　里	231	601	46.7	25.4	27.9	1175	3361	12
宅　院	130	377	12.9	9.3	10.3	655	3481	46
鹿　家	172	392	15.4	6.1	5.3	922	3314	4
盛　家	170	587	30.7	16	15.9	1090	3529	20
山北头	130	402	21.6	11.3	15.3	1427	3342	6

第十七编　水产

福山辖区海岸线长17.3千米，滩涂373公顷，水质营养盐极为丰富。浮生生物种类多、密度大，适合鱼虾洄游索饵和开展贝类养殖。浅海和滩涂生物有279种。其中，浮游生物57种，鱼类54种，腔肠动物4种，扁形动物1种，纽形动物1种，环节动物12种，拟软体动物1种，软体动物59种，甲壳动物38种，棘皮动物6种，原索动物3种，藻类43种。

境内水库、塘坝、河流较多，水质好，资源丰富，有利于淡水养殖。有浮游生物109种，水生植物12种，鱼类24种，爬行动物和节肢动物5种，为淡水养殖提供了较好的饵料。

沿海居民自古从事渔业生产。1949年，全县有非机动渔船218只，渔网3200顶，年产鱼2663吨。中华人民共和国成立后，渔业生产实行集体经营。改革开放后，实行生产责任制，个体与联户承包与养捕结合，以养殖为主；海水养殖与淡水养殖结合，以海水养殖为主。

第一章　机构沿革

1945年，县政府设水产工作组。1951年，撤销水产工作组，设立水产科。1953年，精简机构，水产科撤销，水产工作由建设科兼管。1956年，恢复水产科，下设渔业技术推广站和暴风警报站。1958年10月，福山县并入烟台市，县水产科并入市水产局。1962年4月复县后，设农林水产局。1969年，设水产局。1983年11月机构改革，水产局与农业局、畜牧局合并为农牧渔业局。1984年秋，水产工作由农牧渔业局析出，设水产公司（正科级）。内设办公室、渔政科、船检科。1993年11月，水产公司撤销，改称渔业海洋局。内设办公室、渔政船检科，下设水产科技推广中心。1996年8月，渔业海洋局更名为海洋与水产局。2001年12月，更名为海洋与渔业局。2002年9月13日，烟台开发区所辖海域渔业工作暂由福山区海洋与渔业局管理。9月30日，海洋与渔业局及所属的事业单位整建制移交烟台开发区。

福山区渔政渔港监督管理站　1979年，县水产局设渔政管理员。1989年10月，区水产公司设渔政管理科。1993年11月，渔政管理科与渔船渔港监督管理站合并，更名为渔政船检科。1995年3月，区渔业海洋局下设渔政渔港监督管理站。

山东渔业船舶检验局福山检验站　1989年，区水产公司设渔船渔港监督管理站。1993年11月，与渔政管理科合并，设渔政船检科。2000年2月，设山东省福山渔船检验站，与渔政渔港管理站合署办公。2001年7月，更名为山东渔业船舶检验局福山检验站。

中华人民共和国福山渔港监督　1978年以前，县水产局设渔港监督员。1999年3月，设中华人民共和国福山渔港监督，与区渔政渔港监督管理站合署办公。

福山区海洋监察大队　1995年3月，区渔业海洋局始设海洋监察大队。

第二章　捕捞

辖区北邻黄海，东西为渤海、烟威渔场。60年代以前，捕捞船只主要是舢板、帆船和木筏子，仅能在近海从事捕捞和养殖活动。60年代以后，机动渔船迅速发展，网具不断更新。70年代，改变传统的捕捞方式，变单打为一船多具；流、拖兼作辅作，变单纯季节性生产为常年生产。网具由聚乙烯、聚丙烯等先进材料逐步替代棉制渔网，作业渔场由近海域拓展到渤海、青石等渔场，机动渔船完全取代帆船和机帆船。1979年，全县机动渔船发展到113艘，捕捞量达到8744吨。1984年，区养捕公司和下刘家渔业队等，购置较大功率的钢质捕捞渔船，开拓外海渔场。90年代后，95%的海洋捕捞渔船属个体私有，沿海渔民出现购船闯海热，形成以小功率渔船为基础、以中等功率渔船为主体、以大功率远洋捕捞船为发展方向的捕捞格局。2002年，区内实行海洋船舶报废制度，减少渔船数量，增加出海安全系数。

第一节　渔船

非机动渔船

舢板　土名“小角子”，木制结构，以人工摇橹为动力，是从事近海捕捞和养殖的主要船种。1923年，全县共70余只，1936年，增至近百只。后因战乱，损坏甚多。中华人民共和国成立后，逐年恢复发展，1952年增加到119只。60年代，海水养殖兴起，舢板成为主要作业船具。机动渔船兴起后，渔民多在船尾安装功率为2.6～8.8千瓦的柴油机作动力。80年代，为保护近海渔业资源，水产部门对舢板进行登记造册，限制数量增长，控制作业范围。至1985年，全区尚有85只，其中用于海水养殖20只，淡水养殖6只，近海捕捞59只。1989年，八角村尚有挂机舢板船43只。

帆船　俗称“风帆船”，木制结构，有单桅和双桅两种。单桅载重1～3吨，数量较少；双桅一般载重10～15吨，俗称“大瓜蒌”。清朝末年，八角村有帆船40多只。1936年达164只。中华人民共和国成立后，木帆船逐年增加，1952年达到204只。50年代末，有少数木帆船安装发动机。70年代初，木帆船被淘汰。

木筏子　极其简单，用5～6根直径约8～10厘米、长4米左右的梧桐木，用绳索并排拴在一起，后面起一个架，钉上撸锥，以人工摇橹为动力。中华人民共和国成立前，是渔民最早从事近海捕捞和养殖的主要船种。中华人民共和国成立后，被舢板和帆船所取代。

机动渔船　1955年秋，下刘家村从黄海造船厂购进境内第一对木壳机动渔船。1966年，下刘家村修船厂设计制造出一对单船功率为14.7千瓦、载重15吨的木壳机动渔船。70年代后，机动渔船逐年增多。1977年，全县拥有机动渔船59只。1978年，下刘家渔业队购进两对单船功率为99.2千瓦、载重30吨的中型机动渔船，从事远海作业。1980年，全县拥有机动渔船82只，载重总量750吨。1984年，下刘家渔业队又购进一对单船功率136千瓦、载重65吨的底拖钢壳机动渔轮。1985年，区养捕公司购进境内第一对大型底拖钢壳机动渔轮，单船功率183.8千瓦、载重82吨。上刘家村林明先等购买村集体15千瓦木制机动捕捞渔船，成为全区首只私有渔船。是年，全区19个村共有机动渔船106只，总功率2845.9千瓦，总载重量1553吨。1995年后，个体渔业户主不断增加，小型捕捞船只增多，95%捕捞渔船为私有。到2002年，全区有机动渔船351只，总吨位3150吨，总功率5501千瓦。

1972—1975年，门楼水库管理局先后购进8.8千瓦和14.7千瓦机动渔船4只，用于淡水养殖和捕捞。

随着机械化的发展，机动渔船的结构不断发生变化。70年代前，渔船主机多为烧球式柴油机，俗称“火车头”。70年代后，逐渐被中高速柴油机取代。90年代后，主机主要型号有F170、R185、195、2105、2100、3100、135

系列、160系列、61C-18A、6190ZLCA等。渔船辅机主要有绞钢机（稳车头）、起锚机、液压起网机、液压流网起网机、冷冻机、装卸渔机械等。渔船电器主要有发电机、电动机、电瓶、配电盘、电压调节器等。电机主要型号有FB33、SB-HW-16、SB-HW-24、CZF-3H、ZFS8H/3、TZSH160M-4等。渔船仪器不断更新，逐渐向现代化方向发展。70年代前，渔业仪器仅有磁罗镜和指南针。1986年11月，区养捕公司12"鲁福渔"1001号等15只渔船设置使用无线电话机。1989年，136千瓦以上大功率渔船均安装使用雷达和探鱼仪等。1991年，开始使用卫星导航仪。1998年，8.8千瓦以上渔船基本普及无线电对讲机，14.7千瓦以上渔船基本普及卫星导航仪，43.5千瓦以上全部渔船和部分29.4千瓦渔船开始安装使用渔用雷达。

1986—2002年福山区捕捞渔船情况表

表17-1

年份	总计			14.7千瓦以下			16～44千瓦			44.1千瓦以上		
	数量（艘）	总吨位（吨）	功率（千瓦）	数量（艘）	总吨位（吨）	功率（千瓦）	数量（艘）	总吨位（吨）	功率（千瓦）	数量（艘）	总吨位（吨）	功率（千瓦）
1986	159	4160	3430	143	2860	1496	2	100	59	14	1200	1874
1987	299	4214	3209	285	3584	1864	2	100	59	12	1000	1507
1988	186	1936	2836	172	983	1344	2	14	59	12	939	1433
1989	150	1897	2815	130	742	1088	10	154	294	10	1001	1139
1990	170	1901	3012	150	823	1293	10	154	294	10	1001	1139
1991	200	2022	3330	175	897	1250	13	195	382	12	930	1698
1992	301	2661	3984	261	1181	1433	28	544	823	12	936	1727
1993	233	1477	1999	189	846	1016	32	631	723	12	936	1727
1994	288	2540	3169	245	1450	1593	40	800	1180	3	290	396
1995	292	1960	2974	263	1306	1667	25	314	713	4	340	594
1996	334	2590	3246	296	1714	1963	36	708	1085	2	168	198
1997	370	2438	4338	329	1430	2465	37	590	1278	4	418	595
1998	389	2514	4515	348	1506	2643	37	590	1278	4	418	595
1999	399	2544	4615	358	1536	2742	37	590	1278	4	418	595
2000	389	2514	4515	348	1506	2642	37	590	1278	4	418	595
2001	357	2159	4026	323	1413	2522	32	497	1105	2	249	397
2002	351	3150	5501	290	1617	2267	54	615	1681	7	918	1553

第二节　渔具

钓具　明清时期，沿海渔民捕鱼的主要手段是钓具，钓捕的鱼种有马步鱼、真鲷鱼、黄鱼、黑鱼、白米鱼、黄姑鱼、桃花蛸等。钓捕有延绳钓（俗称漂线，分漂线和底线两种）和垂钓（俗称手把线）两种。民国年间，渔民针对桃花蛸喜居海螺壳内的习性，发明了用海螺壳代替钓钩的"海螺钓"，专捕桃花蛸。至1937年，全县有钓具1038筐，单船平均6筐。抗战时期，钓具毁损严重，1945年下降到575筐。中华人民共和国成立后，人民政府积极资助渔民整修和添置钓具，尽快发展渔业生产。1950年，全县钓具达到1014筐，单船平均4.9筐。钓具仅限于近海作业。随着网具的发展，至60年代中期，钓具逐渐被淘汰。

六七十年代，境内修建多处水库、塘坝，人们开始利用钓具钓捕鲫鱼、鲢鱼、鲤鱼、鲶鱼等淡水鱼，方法多为垂钓，延绳钓者较少。

网具　清末，渔民捕捞多用小插网和拉网，后用鲐鱼圈网、流网捕捞鲐鱼。二三十年代，先后引进鲫鱼网、桃花虾网、鲅鱼网（即丝挂网）、片口网、虾流网、燕鱼网、裤裆网、袖子网等。50年代末，从威海引进大型定置网具老牛网。60年代以后，机动渔船迅速发展，网具不断更新，将鲐鱼网改造成适宜大、中型机动渔船作业的围网，裤裆网改造成底拖网。同期，又推广使用弓子网和锚流网。网质也由尼龙、聚乙烯取代棉、麻。七八十年代，大、中型机动渔船以底拖网、围网、流刺网为主要捕捞网具。1977年，全县有渔网5663顶。90年代以后，以底拖网、流刺网为主要捕捞网具。

插网　初期，八角、下刘家村一带沿海渔民于低潮时，在河道入海口处，用高粱秸秆箔，一头埋在沙里，留一个口，涨潮时鱼类随海潮至入海口上游，满朝时把入口堵住，退潮时海水从箔缝隙流走，把鱼挡在里面。后随渔网的发展，渔网取代高粱秸秆箔，网长约160米，两端各束一根竹竿，方法与高粱秸秆箔相同，属定置网具。50年代后，逐渐被淘汰。

拉网　为棉质网具，有大、小之分，网长达1700米。在黄庄以东至胜利东村一带曾长期使用。1949年，全县有大拉网12盘。因捕捞能力差，60年代中期停止使用。

鲐鱼圈网　网身呈长带状，由档底、二排、三排及梢网4部分构成。一般浮子纲长250～290米，沉子纲长240～280米。网地高度，档底为30～33米，二排为29～32米，三排为25～29米，梢网为24～26米，每盘网通常需用网衣50～60片，均为棉线结织，是流动网具。该网最初由下刘家村渔民织出，后推广到黄庄以北至八角口一带。1949年，全县共有48盘。后改进成适应大、中型机动渔船作业的围网。

挡网　又称“小樯子网”，是鲐鱼圈网的辅助网具，不能单独作业。网地呈长带状，中央部分及两端的高度相等，浮子纲、沉子纲的长度亦同，用网衣24片连成，长250米，高21.5米。其作用是，当发现较大或洄游甚速的鱼群，两船使用圈网包围困难时，即将挡网下于网口空隙处，以阻挡鱼群逃逸。

鲐鱼流网　多为棉质或用苘麻织成，网地长56.9米，高7.06米，呈长带状，均使用横目，其网索由浮子纲、沉子纲等部分构成。境内沿海均有分布。1949年，全县共有309盘。因效益低于圈网，用者极少，机动渔船兴起后，改成流刺网。

桃花虾网　为棉质流动网具，长3.75米，宽3.3米，高2.5米，呈长带状，中有一囊。网索由上缘纲、沉子纲、曳纲等部分构成。沿海均有分布。70年代被限制使用。

鲅鱼网　又称“丝挂网”，定置网具。网地长28米，网索由浮子纲、沉子纲等部分组成，主要分布在下刘家一带。1950年，全县有3674盘。80年代后仍沿用。

片口网　原为棉线或苘麻，后改为聚乙烯或尼龙线织成，长一般40～50米，高3米，网目13.5厘米。1949年，全县有839盘。机动渔船兴起后，因不适应作业，停止使用。

虾流网　系丝质网具，网地长约60米，高62.5米，网索由浮子纲、沉子纲、缘纲、叉纲等部分构成。1949年，全县有629盘。80年代后仍为捕虾的主要网具。

燕鱼网　用丝线织成，长40米，高6米，网索由浮子纲、沉子纲、缘纲等部分构成。1949年，全县有340盘。80年代后，由于资源枯竭而停用。

裤裆网　为棉质流动网具，由翼网部（前翼网、后翼网）、囊网部（前囊网、中囊网、后囊网）和三角网构成，网索有浮子纲、沉子纲、缘纲、曳纲、叉纲等。1949年，共有12盘。70年代中期，被改造成适应大、中型机动渔船作业的底拖网。

袖子网　又称“百袋”，系苘麻质定置网具。由板网和袖子（形似袖子的囊网）组成，每盘网一般91个袖子。主要分布在黄庄以北的渔村。因损害资源严重，70年代后逐渐停用。

牛网　俗称“迷魂阵”，属定置网具。1959年，渔民自威海引进“老牛网”，次年改进为牛网。由网头（分单头网、双头网、三头网）、樯子网和网门等部分组成。网头一般长200米，樯子网一般长350～500米。整网呈“T”形。60年代末至70年代初，八角村有牛网7盘，80年代前，用该网每年都能捕捞鱼类5～15万公斤。1972年4月1日，用一盘牛网一个晚上捕捞鲭鱼6万公斤。2002年，区内有牛网52盘。

弓子网　因网口由弓形钢筋与网衣连接而成得名。网地长3米，网高不定，一般0.4米左右，上缘有一弓形铁棍，与网衣缝接，两端衔接一条铁索链，整网呈椭圆形。主要分布在黄庄以东至胜利东村一带。70年代末，因损害资源严重较重，被禁用。

流刺网　由鲐鱼流网改进而成，网地长1700米。1980年，全县共有1330盘。

锚流网　结构形状与流刺网相似，网纲两端系有铁锚固定网具，网身在水中随流移动，是机动渔船作业的主要网具之一。1981年，全县共有1960盘。

围网　为尼龙质鲐鱼圈网，只是网长较圈网增加2倍。

底拖网　由裤裆网改造而成，种类繁多，结构基本相同，由网身、网袖、盖网、囊网及网纲、网浮、网沉等部分组成。网的大小随船体大小、作业海区和捕捞品种的不同而异。1980年，全县共有90盘。

另外，还有抬网、挂网、淋网、扒网等，规格大、小不等，多为近岸浅水区捕捞渔具。

蟹子笼　先用直径4毫米的钢筋制成直径40厘米左

右的圆圈2个，中间用一弹簧支撑连接，形似圆筒状，再在外边缝上网目为1厘米的网衣，上圈有2个排子，可使笼子放开、收起，圆筒内腰部留一个外大内小的喇叭形网口。下笼时，内加饵料，圆筒的顶端系一长绳，长绳的另一端系一浮漂。收网时，抓住浮漂提上笼子，倒出海产品。

蜈蚣笼　又名“地笼”“扫地穷”，因形似蜈蚣而得名，90年代从韩国引进。制作时，先用直径4毫米的钢筋制成20厘米×40厘米的长方形钢圈20余个，再用网目为1厘米的网衣均匀连接在一起，钢圈之间距离约40厘米，最后在每隔中间留一“门洞”。现被禁用。

潜水器　是捕捞海参的主要工具。1937年，八角东岛和尚昌礼返俗后，从青岛购进1盘捕捞海参。50年代，全县共有5盘。1985年，增至11盘。70年代前，主要是重潜，俗称“大头”，由人工气泵、高压输气管、潜水衣、铁鞋、胸背铅坨、铜头等部分组成，一般潜水深度5～13米。1976年，八角村始用轻潜式潜水器，潜水员身穿潜水衣和脚蹼，口含呼吸器，由船上的气泵把空气通过胶管输送给潜水员，可潜至20多米深的水底作业，全村时有200多人参加轻潜捕捞。1986年，全村有近百名潜水员到长岛、龙口、蓬莱、秦皇岛等地潜水捕捞。

第三节　鱼汛期

每年的12月至翌年3月，石屋营、黄庄、下刘家村等沿海渔民，有出小海捕捞冷水片口鱼的传统。网具主要是锚流网、3层网。捕捞品种还有黄盖鲽、石鲽、梭鱼等，作业场所为套子湾渔场。同时，亦有渔民用方子网、裤裆网在近岸水域捕捞桃花虾，作业场所主要在夹河口至黄庄沿岸浅海。3月初至6月末，为爬虾汛期，主要作业渔场为套子湾、烟威渔场、渤海湾等。4月初至6月末，为春季鱼汛，鲐鱼、鲅鱼、马步鱼、鹰爪虾等也形成鱼汛，主要作业渔场有套子湾、烟威渔场、渤海渔场等。春季鱼汛时，渔民还使用小插网在浅水处，插杆张挂网衣，网口向岸作包围状，专截捕随潮流向深水洄游的鲭鱼及其他鱼、虾。5月1日至6月初，黄姑鱼在套子湾东北部、芝罘山附近沿海形成鱼汛，沿海渔民多以流刺网捕捞。“谷雨”至“立夏”和“立秋”至“小雪”期间，渔民有拉大网捕捞的传统，渔场在旱夹河以南、北屯以北的沙质海区。渔民乘舢板在离岸1000米左右处的平坦海区撒网，向岸围半圆形，收网时，70余名劳力像纤夫一样，口喊号子奋力拖曳。最高网次量可逾5万公斤，鱼种主要有鲐鱼、鲅鱼、黄姑鱼及比目鱼和虾蟹等。7月中旬至10月中旬，为海蜇捕捞期，以渤海湾为主要作业渔场，黄海中、北部也能形成汛期，多以流刺网捕捞。9月中旬至11月底，为秋季鱼汛，捕捞品种有鲅鱼、底杂鱼类及对虾、鹰爪虾、蟹类等。秋季为全年主要捕捞生产期，作业渔场主要有套子湾、渤海渔场、烟威渔场。一般于立秋后，渔民习惯用钓具在20千米外海面下钓线，以漂线钓带鱼、针鱼，以底线钓片口等底层鱼类，垂钓主要是黄鱼、黑鱼、白米鱼等。135.97千瓦以上大功率捕捞船，长年进行海上捕捞生产，主要作业渔场有烟威渔场、青石渔场、舟山渔场、东海渔场、南海渔场及韩国、日本附近海域。

淡水鱼类多在秋后用挂网、淋网、抬网等渔具捕捞。

60年代以前，境内的水产品全靠自然繁殖，单纯捕捞。70年代始，转为捕捞与养殖相结合，且养殖比重逐年提高。捕捞产量呈波浪式发展。1949—2002年，54年间海上捕捞鱼、虾、蟹类，最高1998年，产量达6829吨，最低1961年，产量为825吨；淡水捕捞始自1962年，最高1995年，产量为620吨，最低1967年，仅为7吨。

1949—2002年福山县（区）鱼虾蟹类捕捞产量表

表17-2　　单位：吨

年份	总产量	海水产品	淡水产品	年份	总产量	海水产品	淡水产品
1949	2708	2708	—	1976	2734	2714	20
1950	2482	2482	—	1977	1740	1713	27
1951	2259	2259	—	1978	1669	1642	27
1952	1826	1826	—	1979	1530	1505	25
1953	1271	1271	—	1980	1287	1229	58
1954	1249	1249	—	1981	1058	994	64
1955	925	925	—	1982	1187	1123	52

续表 17-2

年份	总产量	海水产品	淡水产品	年份	总产量	海水产品	淡水产品
1956	901	901	—	1983	1154	1080	74
1957	1019	1019	—	1984	1194	1112	82
1958	1046	1046	—	1985	1860	1749	111
1959	1339	1339	—	1986	1586	1508	78
1960	1654	1654	—	1987	2289	2193	96
1961	825	825	—	1988	2394	2274	120
1962	960	949	15	1989	2727	2635	92
1963	1077	1065	12	1990	3213	3133	80
1964	1138	1130	8	1991	3956	3850	106
1965	1420	1403	17	1992	3514	3410	104
1966	1373	1358	15	1993	3823	3718	105
1967	1099	1092	7	1994	4203	3778	425
1968	3215	3205	10	1995	4366	3746	620
1969	4544	4514	30	1996	4340	3972	368
1970	2071	2021	50	1997	6266	5805	461
1971	1545	1505	40	1998	7234	6829	405
1972	3048	3013	35	1999	5797	5321	476
1973	1725	1715	10	2000	5967	5600	367
1974	2686	2666	20	2001	5327	5172	155
1975	1507	1477	30	2002	4690	4550	140

第三章　养殖

境内浅海可养殖面积 2133 公顷。1958 年，开始海水养殖，至 2002 年，养殖种类由早期的单纯海带发展到贻贝、裙带菜、扇贝、鱼类、蟹类、对虾、海参、日本真牡蛎等。养殖区域有滩涂、浅海和深海。养殖方式有筏式、网箱、围堰、筑池、工厂化和人工增殖多种。

淡水养殖始于 1960 年，但由于重海水捕捞，淡水养殖发展较缓慢。淡水水面利用率低，产量寥寥无几。1978 年，只有门楼水库和部分坑塘进行人工放苗养殖，且多为只放苗，不饲喂，任其自然生长。因疏忽饲养、管理，每公顷水面平均产量仅为 93.75 公斤。改革开放后，淡水养殖迅速发展，面积扩大，产量提高。1984 年，回里镇旺远柳村一专业户承包的 0.34 公顷鱼塘，产量达 1290 公斤；茂芝场村一专业户承包的 0.2 公顷鱼塘，产量 915 公斤。

第一节　海水养殖

辖区海域辽阔，近海套子湾，水深在 20 米以内，是天然的优良海水养殖场所。1923 年 2 月，烟台海水养殖试验场场长于清潘向福山县知事倡议在八角湾等处人工养殖牡蛎、紫菜。中华人民共和国成立后，党和政府重视发展海水养殖业，至 1958 年，初具规模。五六十年代，以生产大队为单位，主要养殖海带。70 年代，试养紫贻贝。1983 年，实行联产承包后，调整海水养殖布局，将养殖单位缩编，生产体制由原来单一的村队经营改为区、乡联营或区、村联营。1985 年春，区组建水产品养殖捕捞公司。养殖品种由单一化发展到多样化，养殖方式由筏式发展至网箱、围堰、筑池、工厂化和人工底播放流增殖等。半人工栉孔扇贝自然采苗、工厂化人工育苗技术日趋成熟。苗种除供应本省外，还远销东北 3 省。海水养殖成为辖区渔业的支柱产业之一。2002 年，全区海水养殖单位 170 个，从业劳力 3090 人，养殖面积 806 公顷，养殖水产品总产 23473 吨，总产值 6324 万元。

养殖方式

筏式养殖　为辖区主要海水养殖方式。养殖品种主要有海带、扇贝、贻贝等。2002年，全区筏式养殖面积596公顷。

滩涂养殖　分滩涂扩养、滩涂增殖、潮间带围堰池养、潮上带池塘养殖等。养殖品种有蛤类、海参、对虾、鱼蟹类。2002年，全区滩涂养殖210公顷，其中围堰筑池24.6公顷。

人工增殖　方法主要有人工增殖放流、投石造礁和苗种底播等。品种主要有对虾、海参、鲅鱼等。2002年，全区人工底播面积106.9公顷，投放海参、鲅鱼等苗种1000余万粒。

网箱养殖　1992年，福山区海珍品综合育苗场在浅海投放网箱4个，进行鱼类试养。2002年，全区网箱养殖170个。养殖品种主要有鲈鱼、六残鱼、黑鱼、巴蛸等。

工厂化养殖　2001年，古现镇在沿海打井建场，进行鱼类高密度工厂化养殖。到2002年，全区发展工厂化养殖厂8个，养殖面积0.8公顷。主要品种有大鲮鲆、牙鲆、半滑舌鳎、欧洲鳎。总产活鱼353吨，年产商品苗100万尾。另外，还有海水综合育苗场12个，育苗水体5000立方米。

养殖种类

海带　1958年，古现公社在八角口建海带养殖场，当年放养14.2公顷。1962年，下刘家、上刘家、峰台、八角4个大队联办海带养殖场，放养23.9公顷。翌年，实收面积20公顷，总产225吨。1966年，八角大队成立海水养殖场，当年放养海带2.7公顷，至次年夏，共收获干海带6万多公斤，总收入6万多元；1970年，该大队建养殖场20个，海带放养面积10公顷；1982—1999年，每年海带养殖面积均在20～24公顷。1967年，古现、福山镇公社11个生产大队放养海带67.4公顷。1972年，八角、古现、臧家、福山镇公社22个大队建立海水养殖场，海带养殖140公顷。1977年，八角公社针对海湾转滩流的特点，对海带架子及株行距进行加宽调整，当年每公顷海带产量达26250公斤，闯出海带养殖向深水流、大海区扩大的新路。1978年，全县养殖海带120公顷，总产量1974吨，产值177.68万元。1983年，实行联产承包责任制，区水产公司将养殖单位缩编成9个，生产体制由单一的村队经营改为区、乡联营或区、村联营。调整后，当年养殖133公顷，每公顷产量16155公斤，总产2153吨。1984年，全区海带养殖面积120公顷，每公顷产量21195公斤，总产2544吨。1986年，全区海带养殖面积33公顷。1988年5月，区政府决定，向驻福部队76师炮兵团提供1.5万平方米水面进行海上养殖，海面所属权归地方，养殖经营权归部队。1989年，兴起扇贝养殖热，海带养殖受到影响。1997年，引进“901”克隆海带新品种，使海带养殖产量大幅度提高。2002年，全区海带养殖面积60公顷，总产2065吨，产值204万元。

裙带菜　1968年，八角、下刘家、峰台大队海水养殖场从烟台市海水养殖场引种裙带菜种试养，每公顷产量2250公斤。1972年，裙带菜开始对外出口。1973年，八角大队养殖裙带菜2公顷，收获腌制裙带菜9000多公斤，全部出口。1973年，县水产局与八角大队联合，投资2万元，在八角东岛建立裙带菜育苗室，供应沿海村庄养殖用苗。1974年，北于家、郭家、岗嵛、小赵家等相继发展裙带菜养殖，面积9公顷。1975年后，逐渐停止育苗和养殖。

紫菜　1969年，上刘家、官庄从烟台海水养殖场购进紫菜苗种，各试养666.7平方米，均收获75公斤。但所养紫菜杂藻附着繁多，质量差，经济效益低，1971年停养。

贻贝　俗称“海虹”。1974年春，县水产局引进苗种，试养1.3公顷，收获72吨。之后面积逐年扩大。1988年后，因大力发展扇贝养殖，贻贝养殖缓慢。2002年，全区贻贝养殖面积187公顷，产量6779吨，收入3436万元。

扇贝　1979年春，八角公社工交海水养殖场改建为海珍品养殖场，从烟台海水养殖场引进栉孔扇贝幼苗40万个，在八角东岛养殖区进行筏式养殖0.27公顷，当年收获鲜贝1.2万公斤。此后，八角公社沿海渔村相继发展栉孔扇贝养殖。1980年，县水产局在八角东岛海珍品育苗场，采用浮筏式笼养方式，进行栉孔扇贝人工育苗养殖，成功后，在全县沿海村庄推广。1985年，共养殖栉孔扇贝16.5公顷，总产743吨。1986年，八角海珍品养殖场从烟台海水养殖场引进海湾扇贝，试养0.27公顷，年收获成贝7吨。1988年，区水产公司对海水养殖区进行结构调整，鼓励和提倡发展扇贝养殖，面积迅速扩大。1992年，扇贝养殖463公顷，总产量14840吨。1996年后，每年的7月份，栉孔扇贝大批死亡，养殖受到影响，各养殖单位开始以海湾扇贝养殖为主。1999年秋，下刘家部分养殖单位，购进壳长3～4厘米虾夷扇贝苗试养。翌年7月，壳长达7～8厘米，产量高效益好。

自此，虾夷扇贝在八角一带养殖。2002 年，全区扇贝养殖总面积 415 公顷，总产量 16021 吨，总产值 1222.3 万元。

对虾　1983 年和 1984 年，胜利东村在夹河边挖虾塘 5.33 公顷，进行人工养殖，年产对虾 2.5 万公斤。1985 年，区水产公司在岗嵛沿海潮上一带挖池建塘，养殖 0.67 公顷。翌年，在八角、古现、福山镇等乡镇推广。1986 年后，皂户头、三十里堡、北于家、石屋营、八角等沿海村队或个人，先后建池养殖对虾。1987 年，养殖面积扩至 24 公顷，年产 32 吨。后因产量低、养殖面积逐年减少。1991 年，下降到 18 公顷，总产 11 吨。1997 年，停止养殖。

太平洋牡蛎　又名日本真牡蛎。1985 年，八角海珍品养殖场引进日本真牡蛎苗种．进行筏式试养 0.14 公顷，翌年产 10 吨。因其繁殖力极强，自然苗附着在扇贝养殖笼上，影响扇贝生殖，1987 年停养。1999 年，福山水产苗种公司重新养殖。此后，八角、下刘家一带相继发展。2002 年，全区太平洋牡蛎养殖 79 公顷，总产量 5000 吨，总收入 341 万元。

海参　境内北自蓬（莱）福（山）交界处，南至石屋营嘴一带，凡岩礁及砾石延伸区域，均有海参分布，总面积约 273.4 公顷。1937 年后，有人开始用潜水器采捕，产量逐年下降。80 年代以前，海参属自然生长。1981 年，水产公司采取海参增殖措施，先后向海参分布区内投放人工育海参幼体 17 亿个，以增加参苗密度。1984 年，水产公司在八角东岛嘴至石屋营一带浅海区，投放石块，人工造礁 10 余公顷，投石量 1500 立方米，总投资 10 万元，为海参生长提供更多的栖息场所。1985 年，进行生产性试捕，在增殖区内，每盘潜水器每小时捕参 55 公斤。1991 年，八角村渔民朱信创建“信海海珍品试验养殖场”，个人投资 45 万元，在八角东岛灯楼东南，距岸不足百米处，利用礁石自然形成的几个小海湾，就势将豁口围堵成 3 个海参池，面积 0.4 公顷，进行海参人工养殖。1996 年，八角村在八角东岛海珍品育苗场东南潮带，围堰水泥筑池 0.67 公顷，进行海参池养。1997 年，古现镇北于家村对原对虾养殖池用水泥浆砌改造，养殖海参。1999 年，区海洋与渔业局大力提倡潮间带围堰养殖海参，并在政策上给予优惠扶持。是年，沿海各养殖单位和个人投资 712.5 万元，在八角、峰台、下刘家、黄庄一带潮间带围堰筑池 30 公顷，进行海参池养。此后海参养殖遍及区内沿海。2002 年，全区海参围堰养殖 34 公顷，池塘养殖 13 公顷，年产海参 14.4 余吨。

1986—2002 年福山区海水养殖情况表

表 17-3

项目 年份	海带			栉孔扇贝			海湾扇贝			贻贝			对虾	
	面积（公顷）	产量（吨）	产值（万元）	面积（公顷）	产量（吨）	产值（万元）	面积（公顷）	产量（吨）	产值（万元）	面积（公顷）	产量（吨）	产值（万元）	面积（公顷）	产量（吨）
1986	80	1315	—	2	70	—	—	—	—	40	2642	—	6	4
1987	33	675	—	9.6	310	—	—	—	—	79	3422	—	24	32
1988	40	810	—	23	975	—	—	—	—	93	7000	—	17	26
1989	160	1800	—	120	6489	—	—	—	—	133	5612	—	23	35
1990	160	1800	—	120	6489	—	—	—	—	133	5612	—	23	35
1991	157	2625	—	244	11306	—	—	—	—	51	2210	—	18	11
1992	125	2730	346	463	14940	4202	—	—	—	33	2440	49	—	—
1993	87	1890	252	367	17422	4356	—	—	—	40	2738	118	—	—
1994	43	746	121	785	21261	3406	—	—	—	—	—	—	—	—
1995	80	1012	108	785	21815	3422	—	—	—	—	—	—	—	—
1996	40	600	240	810	21426	6022	—	—	—	50	900	37	—	—
1997	100	655	175	618	25939	9909	—	—	—	—	—	—	—	—
1998	62	651	191	652	19498	6369	—	—	—	—	—	—	—	—
1999	57	1083	198	671	20177	6389	—	—	—	—	—	—	—	—
2000	67	850	91	859	21643	7575	—	—	—	—	—	—	—	—
2001	67	490	46	307	9200	1972	416	1250	—	765	77	—	—	—
2002	60	2065	204	268	9600	1221	147	6421	1.3	187	6779	3436	—	—

第二节　淡水养殖

库养　境内有大中、小型水库 20 座，总面积 1101.6 公顷，养殖可利用面积 783.7 公顷。其中，门楼水库面积 1046.6 公顷，可养殖面积 733.3 公顷；4 座小（一）型水库总面积 27.7 公顷，可养面积 25.3 公顷；15 座小（二）型水库总面积 27.3 公顷，可养面积 25.1 公顷。1960 年，门楼水库蓄水后，水库管理局从长江口一带引进鲢鱼、鳙鱼、草鱼、鲂鱼 5 万尾，投放于水库养殖。1962 年，捕成鱼 15 吨。70 年代，境内又相继修建了一批不同规格的中、小型水库，先后投放鲢鱼、鳙鱼、草鱼、鲂鱼等苗种，进行人工养殖。门楼水库管理局还专门设立渔业队，进行淡水鱼养殖与捕捞。1972 年，库区邻近大队相继成立渔业联营队。坚持以养为主、养捕结合的方针，年投放鱼苗 60 多万尾，捕捞成鱼 12.5 吨。1977 年，门楼水库、高疃公社上夼水库、八角公社侯家水库开始采用网箱养鱼；1985 年，全区发展网箱养鱼点 100 个，箱养面积 500 平方米；1987 年，达到 1070 个，养殖面积近 3 万平方米，1 平方米网箱产量达 75 公斤；1995 年，新增网箱养成鱼 60 个，库叉养鱼 200 公顷；2000 年，门楼水库为防水源污染，停止网箱养鱼。1977 年，全县淡水养殖面积 600 公顷，年产成鱼 27 吨。1980 年，县水利局、门楼水库管理局与省水利厅签订建设水库商品鱼基地合同。是年，全县水库养殖面积 994 公顷，捕捞成鱼 58 吨。1982 年，门楼水库管理局投资 40 万元（其中地区水利局拨款 23 万元）在仉村征地 8 公顷，建成一座年孵化生仔 1500 万尾能力的鱼种场；1983 年，孵化生仔 1400 万尾，培育鸟仔 1100 万尾，除供应本县外，还外销蓬莱、栖霞等县。1997 年冬和 1998 年，门楼水库管理局从泰安共引进银鱼鱼卵 7000 万粒投放水库；1999 年，捕获大银鱼 12 吨，收入 108 万元。2001—2002 年，门楼水库管理局投资 105 万元，先后投放鲢鱼和鳙鱼 186 万尾、大银鱼卵 8000 万粒。后因连年干旱，中、小型水库水源无保证，淡水养殖发展迟缓。养殖形式除门楼水库外，其余均由个人或联户承包。

塘养　辖区共有池塘 272 座，总面积 98.5 公顷，可利用面积 65.9 公顷，已利用面积 41 公顷。1967 年，门楼公社西埠庄大队在 0.67 公顷池塘放养鲢鱼、鳙鱼、草鱼、鲂鱼苗种。1979 年，全县池塘养鱼大队发展到 100 余个。1981 年，县水利局从文登购进尼罗罗非鱼幼苗 300 尾，投放于刘家台子池塘试养成功，当年个体重达 0.75 公斤。同年，县水产局在该池又投放甲鱼与“四大家鱼”混养，1 年后，甲鱼个体重 1 公斤。1984 年，县水产公司购进各类鱼种 5000 尾，分别投放在胜利东村、胜利西村、岗嵛、舒家、刘家台子、曲家台子、泊子村池塘内，面积约 0.53 公顷，与“四大家鱼”混养。是年冬，胜利东村、刘家台子村修建罗非鱼越冬鱼池 168 平方米，投放鱼苗 3 万尾。80 年代，全区兴起建池塘热，增加池养面积 65 公顷。1983 年和 1984 年冬春，胜利东村在夹河边挖鱼塘 40 多个，面积 15.87 公顷，养殖鲤鱼、鲢鱼、鲫鱼、草鱼、鲂鱼、罗非鱼等，每年产淡水鱼 5 万余公斤；1986 年，该村村民李宝娥在夹河桥南西堤坝自家房东建鱼塘 1.67 公顷，当年亩产千斤淡水鱼；1999 年，因修建夹河公园，鱼塘被占用，停止养殖。1985 年，全区有可放养池塘 202 个，总面积 131.7 公顷，年捕鱼 72 吨。进入 90 年代后，由于池塘大都被个人或联户承包，池塘养殖鱼苗投放量相对减少。

养殖品种

鲢鱼　又称白鲢。1960 年，由门楼水库管理局引进。常生活于水体上层，以浮游动物为食。性活泼，喜跳跃，疾病少，生长快，2 年可成商品鱼，已捕最大个体重 30 公斤。静水中不能自繁，苗种必须人工催情繁殖。

鳙鱼　又称花鲢。1960 年，由门楼水库管理局同鲢鱼一起引进。以浮游动物为食，性温驯，游迟缓，易捕捞，2 年可成商品鱼，已捕获最大个体重 40 公斤。

鲤鱼　常栖于水库低层，不易捕捞。疾病少，易养殖，生长快，适应性强，各种水域均可养殖。五六月份产卵，在浅水杂草中自繁。2 年可成商品鱼，已捕获最大个体重 5 公斤。

尼罗罗非鱼　1981 年，县水利局从文登引进。当年成商品鱼，个体重 0.75 公斤左右。

大银鱼　1977 年，由门楼水库管理局自泰安引进。

甲鱼　1981 年，进行池塘试养 1 年后，个体重可达 1 公斤。

第四章　水产品加工与冷藏

中华人民共和国成立前至60年代，水产品以销鲜为主。加工、保鲜技术落后，多为简单的腌渍和晒干，保鲜方式主要采取盐、冰保。70年代后，水产品加工、保鲜技术提高，品种众多。加工产品逐步由粗加工型向精深加工型转变，除干制品和腌制品外，还有罐头、粉剂、汁剂品等，且口味多样化。保鲜采取冷藏或冰冻方法，确保水产品的新鲜度，满足市场需求。

第一节　加工

中华人民共和国成立前，在鱼汛旺季，渔民习惯于腌制鲐鱼和鲅鱼等。同时，还晾晒鲅鱼干、鲐鱼干、鲹鱼干、乌鱼干、老板鱼干等干制品。中华人民共和国成立后，水产供销部门先后在八角口、下刘家、福山镇办起水产品加工厂，建有晒鱼场、海制品仓库和加工作业棚等设施。干制品主要有海参、海米、干贝、鲐鱼干、鲅鱼干、白米鱼干等30多个品种；腌制品有全色鲐鱼、滚子鲐鱼、带鱼、白米鱼、海蜇皮等10多个品种。70年代后，水产品加工达到半机械化水平，加工水平提高，品种增多。1982年，全县水产品加工能力达1000吨，品种有60多个。其中，干制品有干贝、刺参、带鱼片、鲐鱼片、鲅鱼片、黄姑鱼片、青鱼干、鳝鱼干、鲅鱼干、片口干、海米、贻贝肉干、紫菜、裙带菜、石花菜及淡盐海带干等；盐卤制品20余种，主要有全色鲐鱼、滚子鲅鱼、片口鱼片、小白鱼、花鱼、海蜇皮等。90年代后期，传统的腌渍、晾晒加工逐渐被冷藏加工取代。2002年，全区有加工低值鱼类干品场95个，鱼类干制品产量达3430吨；晒鱼场1100平方米，生产杂鱼干品280吨。

第二节　保鲜与冷藏

60年代前，渔民多在船上用粗盐将捕获的鲜鱼进行腌渍。70年代后，44.1千瓦以上渔船普遍增设保鲜冷藏仓，将捕获的鲜鱼加冰封存。一艘136千瓦渔船一次带冰约10～15吨，可保鲜鱼25～40吨，持续保鲜时间1～15天。1982年，下刘家渔业队自筹47万元，兴建贮藏量为200吨的小型水产品冷藏厂，1985年投入使用。1983年，县肉类联合加工厂建成贮藏量为500吨冷库。1984年，由国家农业部、区联社联合投资在大沙埠村南建200吨低温库。1985年春，区水产公司投资70万元，在下刘家村南建造贮藏量为400吨的水产品冷藏厂。同年秋，区水产公司供销经理部与哈尔滨铁路分局联合投资50万元，在八角口村东侧兴建200吨冷藏厂；区水产局投资100万元，在小陈家村东建400吨冷库。2002年，全区冷冻、冷藏水产品能力1550吨。其中，坨冻鱼类1400吨，小包装与精包装150吨。

第五章　水产资源保护

境内所辖海域是著名的烟威渔场，15米以内等深线面积1122.58公顷。海域辽阔，潮流畅通，水质肥沃，水生动植物资源丰富，是山东北部沿海鱼虾产卵育成场，历来受到保护。

第一节 海水渔业资源

据调查，境内海洋与内陆水域渔业资源较为丰富，海域鱼虾类多达340余种。

鱼类 沿海地方性和洄游鱼类共有200多种。其中，经济鱼类30多种，主要有鲅鱼、鲐鱼、银鲳、真鲷、鲻鱼、梭鱼、鲈鱼、黄姑鱼、马面鲀、安鱇鱼、鳀鱼、片口、牙鲜鱼、黄花鱼、带鱼、鳕鱼、鲨鱼、马步鱼、石鲽、劳板鱼、鱿鱼、绿鳍鱼、海鳗、河豚等。

鲅鱼 背呈蓝黑色，腹部银灰色，体侧中央有黑色圆斑，体长侧扁，尾柄细。成鱼体长27～62厘米，大者1米、个体重约15公斤以上。属温暖性洄游的中上层鱼类，每年早春由东海向北洄游产卵。每年5月中旬至6月和9月至11月为捕捞盛期，9月下旬鱼群开始按原路返回越冬场。70年代前，是境内主要捕捞品种，年捕捞产量在3000～5000吨。90年代后，资源量下降，年捕捞产量在1000吨左右，且多为幼鲅鱼。

鲐鱼 又称鲐鲅鱼。体呈纺锤形，有褐蓝色花纹，属远洋性中上层鱼类，成鱼体重0.5公斤以上。每年五六月份，进入黄海北部产卵，易集大群，风浪少的天气浮至水面。70年代前，为境内主要捕捞品种，年捕捞产量在300吨以上。80年代后，已形不成鱼汛，产量很低，1983年捕捞量仅为8吨。1984年后，产量很低。

银鲳 俗称镜鱼。身短，扁平，鳞细小，通体呈银白色，背成蓝黑色。成鱼体重250克以上，属暖水性名贵鱼类。平时分散索饵，生殖季节集群，产量较少，可常年捕捞。

真鲷 又名加吉。通体艳红，小嘴大眼，成鱼体重1公斤左右，大者5公斤以上，属名贵鱼类。喜栖沙砾底层，常年可捕。70年代后，资源衰退，已形不成产量，极为珍贵。

黄姑鱼 俗称同鱼。形似小黄鱼，肉粗色黄，成鱼体重1公斤左右，属上淮离洄游性中下层鱼类，喜群游，产卵时鳔能发声。1990年前，五六月在芝罘岛附近形成鱼汛，年产量30吨左右。1990年后，资源衰退，年产量在5吨左右。

小黄鱼 又名黄花鱼、花鱼。体呈金黄色，大者0.5公斤。肉嫩鲜美，性喜群游，并能发声，属中下层鱼类。每年3月下旬，由黄海越冬北上，向沿岸产卵洄游。60年代前，资源丰富，后逐年下降。70年代后，已形不成鱼汛。80年代后，辖区基本绝迹。90年代后，资源有所回升，但多属幼鱼，年产量50～100吨。

叫黄姑 俗称小白鱼。体长7～16厘米，呈银白色，属洄游性底层小型鱼类。常栖于泥沙底层海域，能发声，集大群，寿命较短，成鱼一般不超过3龄，年产量20吨左右。

白姑鱼 俗称白姑子、白米子。常栖息在水深40～60米海域，年产量50～100吨。

马面鲀 俗称扒皮狼。形如马脸，扁平，背有硬刺，灰褐色，属远洋性洄游鱼类。有昼浮夜沉的习性。其肉呈白色，较硬。60年代前，属低值鱼类，未作主捕对象。1968年后，在沿海集群产卵，沿海渔民用老牛网、围网、圈网等进行捕捞，高网次量达10数吨。1976年，捕捞产量为997吨。1980年后，年捕捞产量百吨左右。1990年后，已形不成鱼汛。

带鱼 又名刀鱼。体呈带形，尾如尖枪，银白色，长嘴利牙，性情凶猛。1960年前，捕捞产量列各种经济鱼类之首。80年代后，已形不成鱼汛。90年代，几乎绝迹。

梭鱼、鲻鱼 两者体形相似，习性也基本接近，通称黄眼梭、黄眼鲻。常年栖息在夹河口地带。冬季向深水迁移，是一种广温广盐性鱼类。在水中跳跃距水面1～2米，以浮游生物和底栖藻类为主要饵料。拖网、流刺网、定置网均可捕捞。

孔鳐 俗称劳子、劳板鱼。体呈菱形，色晴红，眼生于头背上，口在头的腹面。尾细，背面有棘刺，卵生。常栖于泥沙海底，昼伏夜游，秋季产卵，分布在深水海域。资源比较稳定，年捕捞量在100吨左右。

鲆鲽 属比目鱼类，形似鞋底，两眼在头部一侧，在左称鲆，在右称鲽。主要种类有牙鲆、木眼鲽、高眼鲽、黄鲽、黄盖鲽、石鲽等。常年栖息近海水域，不做长距离洄游，春天产卵，不集大群。境内渔民尤喜冬季捕捞，称为冷水片口。80年代前，资源较稳定，年捕捞量在500吨左右。自90年代后，资源有所衰退。

远东拟沙丁 俗称沙丁鱼。属低层鱼类。体形小，呈长椭圆形且偏高，成鱼体重为15～25克。洄游性属中上层鱼类。2龄成熟，主要用拖网、定置网捕捞，年捕捞量1000吨左右。除小量食用外，多用作加工鱼粉或养殖鱼虾饵料。

鳀鱼 俗称离水烂。个体小，游速快，是一种生活于浅海中上层洄游性鱼类。夏、秋季形成鱼汛，属低值鱼类。因其他经济鱼类资源衰退，自1980年开始捕捞。1990年达盛期，年捕捞量1万余吨。90年代后，资源下降，年捕捞量在8000吨左右，主要用于制作鱼粉。

马步鱼　俗称针鱼。体系短棍，背呈绿色，上颌短，下颌长。属洄游性上层鱼类。成鱼体长16～24厘米，每年5月份进入汛期，年捕捞量在50吨左右。

鲭鱼　又名青花鱼。体粗壮微扁，呈纺锤形，一般体长20～40厘米，个体重150～400克。头前端细尖似圆锥形，体背呈青黑色或深蓝色，体两侧胸鳍水平线以上有不规则的深蓝色虫蚀纹，腹部白而略带黄色。背鳍2个，相距较远；尾鳍深叉形，基部两侧有两个隆起脊；胸鳍浅黑色，臀鳍浅粉红色，其他各鳍为淡黄色。成熟早，成长快，喜群居。70年代前，资源量大，1972年捕捞1814吨。80年代后，资源下降，年捕捞产量一般在50～70吨。

日本金枪乌贼　俗称笔管蛸。70年代前，资源丰富。70年代后，年捕捞量10吨左右。

虾蟹类　辖区海域及沿海虾类有18种，蟹类25种，主要经济种类有中国对虾、鹰爪虾、脊腹褐虾、长臂虾、竹节对虾、虾蛄、三疣梭子蟹、沙蟹、突眼蟹、日本蟳等。

中国对虾　又名大虾。因历史上大虾销售以对计数，故名对虾。资源量少，为海产珍品。属洄游性虾类。每年4月份，由黄海越冬场洄游经过辖区海域，少部分进入套子湾，大部分进入渤海湾产卵。当年10月份成虾，小部分返回至原越冬场越冬。一般在春、秋两季捕捞。70年代前，对虾资源较丰富。1975年，全县捕捞量达137吨。80年代后，资源量逐渐下降。1984年，产量仅有6吨。90年代后，已形不成产量。

鹰爪虾　俗称红虾。可去头去皮加工成虾仁，加盐煮熟晒干后可加工成海米，为海产珍品。属温水底栖虾类，生长期较长，习性昼伏夜出，繁殖力强，资源丰富。每年春季，从石岛东南渔场向沿岸做生殖洄游，4月中下旬，到达烟威渔场。一般春、秋两季捕捞，年捕捞量在100吨左右。1983年和1984年，捕捞量分别达187吨和184吨。

脊腹褐虾　因桃花开时为其捕捞盛期，又称桃花虾。属底栖短距离移动虾类。体长4厘米左右，早春从泥中爬出到沿海浅水处产卵。

虾蛄　俗称虾爬、爬虾。黄、渤海沿岸均有分布。多穴泥沙而居。每年3—4月，出洞产卵游动，春、秋均可捕捞。80年代前，资源丰富，年捕捞量约1000吨左右。1990年后，资源量逐年下降，其价值迅速上升。为29.49千瓦以下渔船的主捕品种。

三疣梭子蟹　俗称飞蟹。以鱼虾尸骸和短齿蛤为饵，除冬季卧泥休眠外，其余季节均可捕捞。80年代后，资源衰退，近乎绝迹。1997年后，资源有所回升，年产量在30～50吨。

日本蟳　又名石夹红。系地方性品种，生长在浅海岸带的石砾岩礁水域。每年3—11月，均可捕捞，年捕捞量约10吨左右。

贝类　境内浅海滩涂有各种贝类34种，主要有栉孔扇贝、紫贻贝、中国蛤蜊、菲律宾蛤仔、渤海鸭嘴蛤、黑偏顶蛤、魁蚶、竹蛏、褶牡蛎等。

栉竹扇贝　八角东岛浅海岩礁地带有少量的自然分布，尚未形成产量。1979年，进行人工养殖后，为境内海上养殖生产支柱品种。

紫贻贝　俗称海虹。八角东岛潮间带和潮下带，均有自然分布，面积为167公顷，资源量400吨左右，极少部分被沿海渔民赶小海采捕，大部分未被利用，主要以人工养殖为主。

菲律宾蛤仔　俗称黑蛤。境内沿海潮带至5米浅海的中低潮位泥沙砾滩，均有分布，面积为80余公顷，资源总量约30吨。每平方米密度平均为57个，最多达168个，每平方米生物量平均为62.8克，最大达251.2克。是沿海渔民赶小海采捕的主要品种之一。

中国蛤蜊　俗称飞蛤。2龄成熟，主要分布在夹河口至旱夹河、黄金河口泥沙地质一带浅海，面积约47公顷，资源量30吨左右。一般用14.7千瓦以下机动渔船拖底耙子进行捕捞。

渤海鸭嘴蛤　属低值贝类，集中分布在夹河一带的潮间带，其他海区也有一定数量，面积约80公顷，每年采捕量35～50吨。1984年开始用于对虾养殖饵料。

黑偏顶蛤　属低值贝类，集中分布在八角东岛的岩礁上，面积约34公顷，资源量每年可采捕100吨左右，除当地渔民采捕少量作鸭食外，大部分尚未合理利用。

竹蛏　分布在黄庄至北于家一带沙层浅海。春、秋均可人工潜水钓捕，年捕捞量约2吨。

褶牡蛎　主要分布在八角至石屋营嘴有岩礁的潮间

带，面积约34公顷，总资源量13吨，每平方米密度平均为37个，最多达168个，每平方米生物量平均为38.2克，最大达286.2克。是沿海渔民赶小海采捕的主要品种之一。

棘皮类及其他　境内海域有刺参、海棒槌等棘皮类动物4种及海蜇、鲸类等其他生物。

刺参　又名海参。营养价值较高，为海珍品，尤以八角海参驰名中外。海参喜居浅海杂藻重生的岩礁处。北自蓬莱与福山交界处，南至石屋营附近浅岩礁、砾石和大叶藻丛生地带均有分布，面积约274公顷，鲜参资源量115吨左右，每平方米密度平均为1.05个，最多达6个，每平方米生物量平均为121.6克，最大达993.5克。80年代前，属自然生长。由于竞相酷捕，濒临绝迹。80年代后，通过采取人工造礁、投放幼体等增殖措施，资源量有所增长。1984年后，实行海域分片承包，养殖海参专业户增多，产量逐年增加。

海蜇　又名水母。头有红线如血黏聚，汁有毒，蜇人痛痒，重者可致人死亡。可食者分绵蜇、沙蜇2种。绵蜇为优，色白体少，个体重不超过25公斤；沙蜇体呈微晴红色，体大，最大个体重200公斤以上。渤海、黄海北部及辖区海域均有分布，资源量较稳定。每年7月中旬至9月上旬为捕捞期。年捕捞鲜蜇约500吨。海蜇除鲜食外，可加工成蛰皮。

江豚　俗名红猪。国家二级保护水生野生动物，属鲸类海洋哺乳动物。全身光滑，呈黑色，喜居近岸海域活动，每年春季为生殖期。1998年3月17日，在距海8.5千米的大沙埠村东外夹河，发现一头体长1.6米、重48公斤的江豚。

藻类　境内海域共有藻类43种，其中经济藻类22种，浅海主要有海带、裙带菜、石花菜、鼠尾藻、马尾藻、大叶藻等13种。

海带　自然分布在石屋营至八角与蓬莱交界处的潮下带岩礁上，是潮下带藻类优势品种之一，分布面积约80公顷，资源量每年可采捞200吨左右（干品），尚未得到合理利用。

裙带菜　自然分布与海带相同，常和海带混合在一起，分布面积较大，资源量小于海带，只有50吨左右（干品），也未得到合理利用，仅有一少部分被沿海渔民采捞食用。

石花菜　集中分布在石屋营嘴至八角与蓬莱交界处的低潮线以下，面积约40公顷，资源量年产约11.5吨（干品），尚处于自由采捞状态。

鼠尾藻　分布在石屋营嘴至八角东岛嘴的低潮线上下，面积约97公顷，资源量约300吨（干品），尚处于自由采捞状态。

第二节　淡水生物资源

鱼类　境内淡水鱼类主要有24种。人工养殖的有鲢鱼、鳙鱼、草鱼、团头鲂、鲤鱼、鲫鱼、梭鱼、甲鱼、尼罗罗非鱼、大银鱼等。野生鱼主要有鲶鱼、麦穗鱼、棒花鱼、泥鳅等。

虾、蟹类　主要有沼虾、米虾、中华绒毛蟹等。水库、池塘、主要河流均有分布。70年代以前，中华绒毛蟹较多，自70年代中期后极为少见，80年代后，基本绝迹。

螺蚌类　主要有球螺、河蚌、螺蛳等。分布于水库、池塘、主要河流及其他水域。

水生植物类　主要有马鞭草、藕、芦苇、蓑草、蒲草、水葫芦、水葱、青苔、浮萍、鸡头、马来眼子菜、小茨藻等。除藕于70年代在内夹河城区段及部分池塘曾人工种植外，其余品种在水库、池塘、河流等水面周围均有自然分布。

第三节　水产资源保护

中华人民共和国成立初期，渔民片面追求产量，盲目发展渔船、渔具，忽视资源保护，致使水产资源逐年下降。“文化大革命”期间，提出变伏闲为伏忙的口号，渔业生产由季节性为常年捕捞，大批稚鱼、幼鱼被捕。至70年代，水产资源历经数劫，鲐鱼、鲅鱼、黄花鱼、带鱼等汛期网次量仅有几十斤。从50年代开始，县（区）政府不断采取措施，对水产资源加以保护。

限制网具网目与船只　1954年，开始限制裤裆网和拉网网目。1957年，禁用蚊帐网、推网，凡增添小拉网和裤裆网需经水产部门批准。1979年，规定底拖网、流刺网的网目不得小于2寸；限制发展三层挂网、弓子网。1983年，县水产局规定，捕捞鲅鱼的网具网目不得小于2.4寸，捕捞鲐鱼的网具网目不得小于2.8寸，捕捞对虾的网具网目不得小于2.2寸。1994年，开始限制捕捞渔船主机功率和捕捞渔船数量，以降低捕捞强度。

规定作业期限　1954年，规定裤裆网和拉网的作业期，春季为3月24日至4月1日，秋季为8月10日至11月5日。1957年规定，6月22日至9月8日，为裤裆网和拉网的禁捕期；5月31日至7月15日，为海参的禁捕期。1962年，国家水产部规定，7月1日至8月底，58.8千瓦（80马力）以上的机动渔船不得进入禁渔区作业。1979年规定，7月1日至10月1日，为小拉网禁止生产期；7月20日至9月10日，为拖网禁止生产期；对进入渤海湾捕捞对虾的船只，44.1千瓦（60马力）以下的限在每年9月5日以后，58.8～99.23千瓦（80～135马力）的限在每年9月15日以后；海参禁捕期为5月31日至7月15日。1980年，海参禁捕期改为6月1日至8月10日。1986年，实行渔业捕捞许可证制度。未取得捕捞许可证的渔船，不得从事海上捕捞。同时，实行伏季休渔制度，时间为每年的7月1日至9月1日。休渔期间，严禁任何渔船、网具进行海上捕捞生产；严禁炸鱼、毒鱼、电捕鱼和鱼鹰捕鱼等。1995年，国家正式实行伏季休渔制度，时间为每年的7月1日至9月15日。

划定水产资源保护区　1979年，划定南起黄庄、北至八角东岛的内湾为封海区。1980年8月，县政府颁发《关于加强海珍品繁殖保护区的布告》，划定北起八角东岛筏子口，南至海带养殖区为海珍品重点繁殖保护区。1981年，国家颁布《水产资源繁殖保护条例》，开始对鱼虾贝类的产卵场、洄游场，实行禁渔区期制度，对严重破坏渔业资源的网具和捕捞方式进行取缔。1985年4月，区政府重新划定北起蓬（莱）、福（山）交界处，南至黄庄村网房，以低潮线为准向海面延伸6海里为海珍品繁殖保护区，严禁在其区域内捕鱼、钓鱼和游泳，只允许个人或集体从事水产养殖业者进入作业，采捕时须持有渔政管理部门签发的许可证。

渔政管理　1979年前，辖区渔政管理由渔业行政部门负责。1979年，县水产局始设渔政管理股。1983年，县水产局、八角公社管委、八角派出所联合成立福山海上治安管理委员会，下设由20人组成的海上治安队。1987年，省水产局拨款23万元，区水产公司购置一对钢质渔政管理船，船号为山东渔政427号、428号。2001年，区海洋与渔业局在东岛船厂建造一艘总吨位27吨的木制渔监船，船号为中国渔政218号。2002年，辖区拥有主机功率29.4～110.25千瓦玻璃钢渔政监察艇3艘，73.5千瓦的木制渔监检查船1艘，加强对海上巡逻检查。

渔船检验　1984年以前，辖区渔船及设备由山东省渔船检验局负责检验。1984年，区水产公司设渔船渔港监督管理站，负责44.1千瓦以下的渔船注册、登记和航行签证工作。44.1千瓦以上的渔船，仍由省渔船检验局检验，检验的项目有建造检验、初次检验、营运检验、临时检验和公证检验。1998年，为规范渔船管理，根据国家规定，对辖区内44.1千瓦以下渔船重新登记，并颁发渔业船舶所有权证书。2002年始，实行捕捞渔船报废制度，对超过国家规定的报废船龄标准的渔船，实行强制报废。

第十八编　工业

1861 年烟台开埠后，福山靠着丰富的自然资源和地理优势，办起缫丝、纺织、修船等工业。1892 年，张裕葡萄酒公司建成。1920 年前后，又有电力、罐头、钟表、玻璃、火柴、医药等工业投产。1932 年，主要工业有织布厂、酿酒厂、榨油厂和一些家庭手工业作坊，共 27 家。战争时期，工业遭到破坏，各厂相继关闭，仅有几家手工业户维持生产，从业者 34 人。

中华人民共和国成立后，县政府组织恢复和发展工业、手工业生产。1952 年，县建成国营糕点厂。1957 年，工业总产值 388 万元。1958 年，全县办起 2 个较大的炼铁厂，均未出产品，于 1959 年陆续停办。1963—1965 年，工业生产开始回升。1965 年，全县工业总产值为 616 万元。至 1975 年，全县有全民所有制企业 11 个，区属集体所有制企业 23 个，社办企业 13 个，产品种类 100 余种，职工总数 3916 人，总产值 3813 万元，利润总额 312.4 万元。

1978 年以后，实行改革开放，给企业经营自主权，调动职工积极性，引进新项目、新设备，开办新企业，加强技术改造创新，工业生产持续稳定发展。1985 年，全区有工业、二轻、化工、塑料、建材、发酵、电业等 7 个专业公司和 1 个乡镇企业局，生产厂家 82 个，其中，全民所有制 21 个，集体所有制 61 个。工业产品种类增加到 200 余种，其中出口产品 5 大类 20 多个品种，职工总数发展到 11032 人，总产值 1.47 亿元，利润 1432 万元，固定资产 7469.9 万元。至 1995 年，年工业总产值 25.45 亿元。至 2002 年，全区有国有、集体、股份制、联营、民营、港澳台资、外资企业 1145 个。其中，规模以上工业企业 83 个。还有 8 人以下、注册资金 3 万元以下个体户 400 个，主要行业有电子、食品、轻工、纺织、机械、化工、服装、汽车零部件、电业、建材、有色金属、家具、饲料等 10 余个。在岗职工 36260 人。年工业总产值 43.89 亿元，利税总额 15.16 亿元，利润总额 6.19 亿元。其中，规模以上工业产值 16.39 亿元，利税 1.52 亿元，利润 6189 万元。

第一章　机构沿革

民国初期，福山无工业管理机构。1920—1937 年，设劝业所、第三科，分管工业和手工业。1941—1946 年，县民主政府先后设建设科、实业科，兼管工业和手工业。

中华人民共和国成立后，随着工业的发展，门类逐年增多，管理机构相应增加，并多次变更。先后设手工业联社、工业局、工业管理局，并根据不同类别，分设工业、二轻、食品发酵、化工、建材、电业、黄金公司和多种经营乡镇企业局、经济贸易局等工业管理机构。

烟台市福山区经济贸易局　1983 年 12 月，设经济委员会，为正科级事业单位。内设办公室、技术科、企管科、安全监察科、资源节约综合利用办公室、信息办公室，为区政府的综合经济管理部门。主要职能是负责制定企业技术改造规划、组织领导项目审批以及企业新产品开发、新技术推广、新材料应用等工作，并评比选报优质产品和质量管理奖，进行重大科技项目协作攻关和新产品鉴定等工作。1996 年 8 月，更名为经济贸易委员会（以下简称经贸委）。1998 年 7 月，撤销工业、二轻、化工、发酵、建材公司后，5 个公司的全部职能划归经贸委。

图 18-1　更名后的福山区经济贸易局

2001年12月，更名为福山区经济贸易局。内设办公室、民营经济管理办公室、政工科、技改科、财贸科、经济运行科、综合管理科、电力管理办公室。下辖安全生产监督管理局、经济体制改革办公室。同时，撤销区乡镇企业管理局和区黄金公司，管理职能划归经贸局。新增职能是制定公交、商贸等领域的产业政策，组织实施和调整产业结构，指导企业和商业性金融投资方向；负责财贸、乡镇企业、个体私营经济管理；组织实施经济体制改革等。原来的职能有所转变，将指导、调度企业生产经营转变为加强政策引导，优化经营环境、搞好协调服务；将下达全区各企业年度主要技能控制指标计划，改为编制经济运行近期调控目标；将企业自营进出口审批制度，改为等级备案制度。调整后共有16项职责。

烟台市福山区工业公司　1958年4月成立县工业局。同年10月，福山并入烟台市，工业局随之撤销。1962年4月复县，成立县手工业管理局。1968年7月撤销，工业归县革委生产指挥部领导。1971年5月，重设工业局。1975年，设工业交通办公室，辖工业局、基本建设局、交通局、邮电局、电业局、农机管理局。1978年，工业交通办公室改称经济委员会。1983年12月，工业局改称工业公司，列为企业。1989年7月，改为工业集团公司，为实体公司。1990年6月，恢复工业公司，改为行政管理公司。下设办公室、生产计划科、技术设备科、财务科、审计科、政工科、安全保卫科、企业管理科。主要职能：编制工业发展规划和年度计划，确立产品发展方向，推行现代化管理，指导企业完成承包指标，按期考核和奖惩、任免、使用和教育干部，组织技术改造，抓好安全生产，编制环保方案等。公司下辖烟台通用机械厂、烟台第三电器厂、烟台炭素厂、烟台自行车配件厂、福山电镀厂、经理部、产品经销部、烟台航空液压控制公司等企业。1985年，所属企业固定资产总值643.15万元，年产值944.47万元，利润64.54万元。1989年，固定资产1657.15万元，产值增至1460万元。1998年7月，工业公司撤销，资产归区国资局，职能划归区经贸委。

烟台市福山区二轻工业公司　1978年，县成立第二轻工业局。1983年10月，改称二轻工业公司。1988年3月，改为二轻工业企业集团总公司。1990年6月，恢复二轻工业公司，为正科级行政管理公司。职能是编制二轻工业的长远规划和年度计划，帮助企业搞好产、供、销，改善生产管理，搞好承包经营和经济责任制，发展传统工艺，引进新技术，开发新产品，加强财务管理，监督经济核算和劳动保护，指导企业分配，决定对下属的奖惩，负责思想政治培训教育等项工作。内设办公室、政工科、计划科、技术设备科、财务科、保卫科、审计科、对外贸易科、职工学校。下辖二轻公司幼儿园、烟台地毯材料有限公司、烟台锁材厂、烟台轻工机械厂、烟台阀门厂、烟台制锨厂、烟台家用电器厂、烟台家具厂、烟台工艺品厂、烟台第五服装厂、烟台铣床总厂、烟台金属家具厂、烟台福美制鞋有限公司、烟台第七塑料厂、烟台第九塑料厂、烟台第二制镜厂、烟台无线电元件厂、供销公司、产品展销门市部、冷藏厂、安装公司、电子服务部，共有职工2359人。1985年，下属企业固定资产1950.4万元，年产值5375.9万元，利润260.39万元。1989年，年产值8675万元，利润521.2万元。1998年7月，二轻工业公司撤销，资产和职能分别划归区国资局和区经贸委。

烟台市福山区食品发酵工业公司　1983年末，区食品发酵工业公司成立。1988年3月，改为实体公司，更名为食品发酵工业集团公司，属中型（二）全民所有制企业。1990年6月，恢复食品发酵工业公司，改为正科级行政性管理公司。内设办公室、政工科、生产计划技术科、安全保卫科、财务科、审计科。主要负责制定全区发酵工业的中长期和年度计划，包括总产值、利润、销售收入、技术改造、新产品开发、产品质量、节能降耗、安全生产，特别是实行承包经营责任制后各项指标的完成以及精神文明建设等工作。下辖烟台味精厂、烟台第二酿酒厂、烟台福山葡萄酿酒厂、上海酵母厂烟台分厂、烟台发酵厂、福山区发酵工业经营部，共有职工1990人。1989年，产值4057.1万元，利润359.9万元。1998年7月，食品发酵工业公司撤销，资产和职能分别划归区国资局和区经贸委。

烟台市福山区化学工业公司　1978年，设化工局。1983年末，改称化工公司。1989年8月，改为化学工业集团公司。1990年6月，改为化学工业公司。内设办公室、生产计划科、技术开发科、财务科、审计科、政工科、安全保卫科。主要职能：指导、监督、审查化工企业的各项生产计划、上级指令性计划及各项承包指标的完成情况；负责干部、技术人员和职工培训，指导推广应用新技术、新工艺、新材料，实现新产品标准化；组织实施技术改造，审批重大技改项目，向企业提供市场信息，帮助扩大产品销售市场，监督企业安全生产；负责企业的行政管理和政治工作。下辖烟台油漆厂、烟台化工实验厂、烟台第四化工厂、烟台第六化工厂、烟台磷肥厂、烟台船舶涂料厂、福山区化工开发公司、福山区化工研究所、烟台化工经理部，共有企业职工627人，固定资产1292.9万元。1985年，产值399.86万元，利润35.67万元。1998年7月，公司撤销，资产和职能分别划归区国资局和区经贸委。

烟台市福山区建筑材料工业公司　1984年6月，将区物资局下属建筑材料公司改为区属企业。1987年，改称建筑材料工业公司，为正科级行政性公司。职能是编制和监督落实全区建材工业发展计划，有计划地进行技术改造、上新项目和扩大企业规模，开发新产品；负责本系统的劳动人事、工资管理以及政治思想等工作。下辖散装水泥办公室、建材公司化验室、烟台第二水泥厂、建材购销供应站、烟台建筑陶瓷厂、烟台建筑机械厂、化学建材厂、建房公司、华丰商厦、建材服务站、建材汽车修理厂、建筑材料经理部，共有职工963人，固定资产370.3万元。1989年，产值550万元，利润53万元。1998年7月，公司撤销。

烟台市福山区电业公司　1963年10月，县成立电业管理所。1964年，固定资产仅有0.79万元，销售收入8.81万元，利润2.21万元，利税0.04万元。1968年8月，水利局与电管所合并，成立县水利电力服务站。1969年12月，恢复县电业管理所。1970年3月，县供电所成立。1977年5月，县电业局成立。1983年12月，改称电业公司（正科级）。1985年，固定资产、销售收入、利润和利税分别为812.61万元、800.74万元、63.55万元和25.7万元。内设机构多次变化，至1997年初，调整为党委办公室、公司办公室、工会、财务科、生技科、电力设计室、用电科、农机科、“三电”办公室、调度所、工程科、安保科。1992年4月，电力实业总公司成立，隶属电业公司，为生产贸易经济实体，实行独立核算、自负盈亏；辖电力设备开发公司、电力物资购销公司、电力工程安装公司、运输公司、路灯公司、电力经营开发公司、电力汽车修配厂、电业塑料厂、五金工具厂、电业大酒店。2001年12月，行政管理职能划归区经贸局。电业公司主要负责全区输配电网络、线路及城区和农村低压线路建设、变电工程及电网调度建设；负责全区的供电用电及收费；加强电业生产、安全管理，对职工进行培训教育等。下辖高新区、城镇、城北、吴家、集贤、兜余、门楼、张格庄、回里、福山镇10处供电站。2002年，电业公司有干部59人、职工304人，固定资产、销售收入、利润和利税分别达到17492.22万元、16122.21万元、394.05万元和1190.83万元。

烟台市福山区黄金工业公司　1992年10月，设区黄金工业局，隶属区政府。内设办公室、收费科、财务科、生产科、监督科。1993年6月，改称黄金工业公司，与区矿产资源管理局合署办公，为区属全民所有制企业，正科级单位。内设生产技术（开发）科、财务科、办公室。职责：组织对全区黄金矿产资源的勘探、开采、冶炼；征收黄金设施费；对黄金生产进行管理。1996年10月，恢复黄金工业局，与黄金公司合署办公。下辖杜家崖金矿和矿业开发公司，有企业职工150人，年产值1000万元，利税150万元。2001年12月，机构改革，黄金工业局撤销，其职能划归区经济贸易局，工作人员调到到区经贸局和市国土资源局福山分局，所辖企业同时移交区经贸局。

第二章　所有制

中华人民共和国成立前，境内的工业全部为个体私营所有制。中华人民共和国成立后，工业所有制类型有私营工业、国有工业、集体工业和三资工业。1952年，政府号召个体手工业者组织起来，成立手工业生产组。同时，发展县属集体和全民所有制工业。1954年开始，有部分手工业者加入生产合作社。1955年下半年，全县掀起手工业合作化高潮，至1956年6月，对手工业社会主义改造基本完成。1958年公社化后，基本取缔了私营工业企业。各公社相继办起社办企业。70年代，有条件的生产大队办起村办企业。至1985年，全区村办企业达到394个，总产值9036万元。

党的十一届三中全会以后，工业体制不断深化改革，私营个体工业企业恢复发展，县（区）属集体工业企业和国有全民工业企业发展较快，村办企业迅猛发展。90年代后，随着企业改制和其他经济类型工业的发展，区属集体工业企业和国有全民工业企业稳定发展，乡镇办集体工业企业在全部工业企业中的比重有所下降，私营工业企业迅速发展，数量增加，规模扩大，并开始向高新技术领域发展。

第一节　个体民营工业

清末民初，境内工业仅有纺织、酿酒、榨油等类。1932年，福山纺织业有平民工厂1家。酿酒业有天生成、裕昌栈、大通栈、合顺盛、复顺成、复隆号、酿成居、汇泉居、双泉涌、益丰泰、新丰居、锦绣春、天兴成、涌顺居14家。榨油业有同聚恒、富裕、成来、同和昌、宝盛、丰成永、福泰仁、裕盛昶、乾昌、元和泰、乾成祥、同聚祥12家。抗日战争时期，由于日伪军的破坏，多数厂家停业。至1948年10月，城厢镇仅剩油坊、木业铺、铁匠铺、白铁（时称洋铁）铺、成衣铺、称铺16家个体手工业，从业者34人。

中华人民共和国成立后，县政府鼓励恢复发展个体手工业生产，从业人员和总产值逐年增长。至1953年，全县发展手工业生产组4处，入组者84人。1954年始，有部分手工业者加入生产合作社。至年底，合作组与合作社发展到10处，入组、社人数191人，占个体手工业者总数的6.8%；社员股金1.19万元，以盈利分红作为社员收入，当年产值17.45万元。1955年，全县有个体工业户169家，从业人员278人。1958年，完全取缔个体私营工业企业。

改革开放后，党和政府鼓励发展私营经济，私营个体工业企业恢复发展。1981年7月19日，县政府把发展个体工商户作为搞活经济的一项长期政策和重大措施在全县推行。凡是农村和城镇剩余劳力、闲散和待业人员，均可申请从事个体经营；有证个体工商户的正当经营和收入受到国法保护，个体工商户迅速发展，连年办证均超过千户。至1984年底，全区有个体工商业户4069家。1985年1月20日，区个体劳动协会成立，10处乡镇设分会。同年2月，区政府设立农民进城服务办公室。农民到乡镇驻地务工经商，只需持村的介绍信，乡镇政府批准，即可办理经营手续；要到城区务工经商，需持乡镇政府介绍信，到区农民进城服务办公室登记，办理有关手续，即可经营。至2002年，全区发展个体工商户5351个，注册资金1.05亿元；私营企业972户，注册资金6.08亿元；有21户发展成规模以上民营企业。

第二节　集体及全民所有制工业

手工业合作社　1955年下半年，全县掀起手工业合作化高潮。至1956年6月，全县手工业社会主义改造基本完成，共组建手工业生产合作社31处，入社人数2780人，占全县手工业总数的87.5%，入股总金额4.26余万元。其中，木业社7处270人，股金8035.09元；缝纫社7处170人，股金6125元；铁业、烘炉社6处332人，股金15851元；石灰、砖瓦窑业2处71人，股金5100元；皮革社3处31人，股金2616.94元；鞋业社1处41人，股金1314元；自行车修理社1处20人，股金1312元；棉织社1处26人，股金1145.08元；绣花、花边社3处1819人，股金1138元。

县（区）属集体工业　1953年，全县有4家，总产值13.4万元。1956年发展到31家，总产值183万元。1957年降至15家，总产值368万元。1958年增至36家，总产值下降至75万元。同年，福山并入烟台市，县属集体工业下放到公社，不分行业合并成综合加工厂。1962年4月复县后，恢复县属集体工业，至年底共有13家，总产值117万元。1976年，增加5个集体企业，固定资产原值468.44万元，实现利税200.1万元，有职工1829人。1978年以后，区属集体企业进一步发展。1985年，区属集体企业19家，职工2287人，各种生产设备1016台，固定资产总值1317.7万元，总产值5488万元，占全区工业总产值的33.76%。1992年，区属集体工业42家，职工16089人，总产值37510万元，利润3484万元，利税1639万元。1993年起，区属集体工业进行产权体制改革。至2002年，改为股份制9家，出租3家，兼并3家，转让出售8家，停产9家，破产5家，合资4家，未改制1家。

全民所有制工业　1952年9月，县糕点厂建成，为境内第一个国营企业。1958年，建成县糖酒厂、粮油厂，并将部分手工业合作社升级为全民所有制工业企业，至年底，全民所有制工业企业有6家，总产值130万元，占全县工业总产值的32%。1963年，贯彻国家“调整、巩固、充实、提高”的方针，盲目升级的企业又恢复为手工业生产合作社，全民所有制企业仅剩2家，产值66万元，占总产值的37%。1966—1974年，先后建成酿造厂、农机修造厂、造纸厂、水泥厂、砖瓦厂、磷肥厂、电器厂、印刷厂、化肥厂等企业，总产值1198万元。1976—1984年，相继建成宽幅布厂、化工厂、饲料厂、味精厂（化肥厂转产）、发酵厂等，全民所有制企业增至21家，总产值4518万元，占全区工业总产值的30.8%。1989年，全民所有制工业总产值5299万元。至2002年，全民所有制企业破产5户，兼并1户，出售转让12户，改为股份制3户。

第三章　有色金属工业

明朝时期，境内即有采矿业，丁家夼村北青石山（又名铜顶山）至今尚有采铜遗址。

1958年，全县大办钢铁，当年开矿5处。县委抽调16名干部组成矿产勘察组，发现矿苗50多种。70年代，山东省第三地质队进驻福山，对境内矿产钻探采样，发现铜矿点有王家庄、西臧家、东龙夼、古现、权家山、东吴家、下刘家7处，据已探明的储量，列全市首位；金矿有磁山东、肖古家、陈家沟、花岩、陡崖、肖家沟、南张家、杜家崖、后富村尖山9处；铁矿有东吴家、马蹄夼、西黄山、张格庄、解子崖5处；锰矿有院下、宅院、卫家疃等3处；铅矿有汪家、花岩、下刘家、百堡4处；锌矿有王家庄、花岩、下刘家、百堡4处。还有邢家山的钼和钨矿，钟家庄、姜家夼、下许家的石英矿，东马疃南马山的火山灰矿。

第一节　铜矿开采

1970年10月，烟台地区重工业局将栖霞牙山铜矿迁至福山丁家夼村北青石山南麓，兴建福山铜矿（1983年11月，隶属山东省冶金工业总公司）。矿区占地面积471669平方米，建筑面积54672平方米，有职工846人。采用明斜井与斜井联合开拓方式。1971年7月1日投产。9月，第一系列即达日采选250吨。1972年，日采选上升到500吨。1973年5月，研制成功副斜井提升自动摘挂钩、翻笼、卸矿运输系统。1975年5月，主斜井实现卷扬机垂直布置箕斗提升联动化。1977年，铜精矿金属量年产达1002吨，工业总产值639万元。1978年1月，经省冶金工业局批准，对一矿段负50米水平以下，开拓

图18-2　**福山铜矿旧址**

延深，集中开采 19.5～39.5 米勘探间和负 50～110 米水平矿段。同年 5 月，自行设计安装一套竖井开拓机械化作业线。铜选厂进行浮选流程改造，选矿回收率由原来的 38% 提高到 92%。1983 年，一矿段停产，1984 闭坑。共采出 C+D 级矿石量 660819 吨，选出金属 6336.28 吨。

1977 年 6 月底，始建二矿段开拓主井。投资 859 万元。挖掘井巷 10129 米，采切 3325 米，年采选产量 16.5 万吨。至 1980 年，建成主立井 1 座。1983 年，进行井筒装备。1984 年，省冶金工业总公司投资 1000 万元，进行负 120 米水平工程和南风井掘进。二矿段主、副井计划于 1986 年建成投产，因无力解决地下水排放而终止建设，矿区开展来料加工业务。

随着福山铜矿的建设发展，矿区内各项服务设施不断完善配套。1974 年 9 月，建职工医院。1975 年 10 月，建职工子弟学校。1976 年 10 月，建幼儿园。1985 年，有职工 1231 名、家属 1000 多人。矿区还建有职工食堂、职工宿舍及家属楼、商店、浴池、招待所等。

福山铜矿的建设，受到各级领导重视。1973 年 3 月，济南军区司令员杨得志到矿考察。1975 年 9 月，国家经委副主任袁宝华和顾秀莲到矿考察井下文明生产情况，并称赞福山铜矿井下安全生产技术为全国一流，达到世界先进水平。1976 年，外交部副部长李耀文到矿视察。1977 年 4 月，省革委会副主任宋一民陪同国务院副总理等到矿考察。

1977 年 1 月，省委、省革委授予福山铜矿“大庆式企业”。同年 4 月 20 日，矿党委书记出席全国工业学大庆会议，福山铜矿获全国“大庆式企业”。1976—1978 年，先后被省冶金工业局、烟台地委地革委、福山县委县革委授予“大庆式企业”“学大庆红旗单位”。

第二节　金矿开采

杜家崖金矿，位于张格庄镇杜家崖村北偏西 3.5 千米处玉皇顶西麓，办公地址设在臧家镇和平村东。1991 年 8 月，杜家崖金矿筹建处成立，当年进行试开采生产。1993 年 2 月，正式成立烟台市福山区杜家崖金矿。有职工 98 人，注册资本 450 万元，为区属集体企业，隶属黄金工业公司。该矿是集采矿、选矿和冶炼于一体的黄金综合性矿山生产企业。采矿方式为露天和地下联合开采。选矿方法：氧化矿采用氰化堆浸—活性炭吸附工艺；原生矿采用浮选工艺。冶炼采用活性炭直接灰化，取得成品金。

1999 年以后，对矿区深部及外部进行普查，新发现金矿点 13 处。2002 年，产量 65 千克，总产值 531.8 万元，利润 3 万元，利税 10 万元，资产总计 1511.1 万元，负债总计 1052 万元。12 年共产黄金 820 千克，总产值 6775 万元，总利润 702 万元，总利税 125 万元。经连年开采，矿产资源转入深层，品位下降，成本提高，2002 年始，开发回里镇后富村尖山矿。

第三节　制锁材料

1976 年 1 月，县制锁材料厂建成投产，生产各种铜锁体、钥匙铜板、铜带和铜棒。1978 年前，年产 500 吨。1981 后，不断进行设备改造更新，产量、产值大增，年产量提高到 2000 吨，产值达 945.2 万元，利润为 16.1 万元。1989 年，产量增至 3600 吨，产值 2167 万元。产品获省优和部优称号，并获省、部 QC 成果奖。产品主要销往省内和河南、辽宁等省的造锁厂家。2000—2002 年，年产量分别为 5761 吨、6185 吨和 6092 吨，产值分别为 6207 万元、8045 万元和 7110 万元，利税分别为 116.8 万元、75.4 万元和 154.1 万元。

第四章　机械工业

中华人民共和国成立前，机械工业只是小烘炉、木匠铺。1953 年成立铁业社。1956 年，实行手工业改造，合并成铁业五金合作社。1958 年，改称农具修配生产合作社，主要维修农具。1962 年，大部分下马。1965 年，县农业机械厂试制出 65 公斤空气锤，机械制造开始起步。70 年代后，机械制造业发展较快，产品品种较多，质量不断提高。机械制造种类有机床、冶金机械、矿山机械、锻压机械、农业机械、建材机械等。改革开放后，机械制造向大型化、现代化发展，生产工艺由传统向现代先进工艺转变，许多机械产品由“福山制造”转为“福山创造”，达到国际、国内先进或领先水平，并获国家专利、科技进步、优秀产品奖励。

第一节　机床

1968 年，县通用机械厂生产 57-3 型铣床。1989 年，切割机械厂建成，生产 50 型、80 型、200 型等离子切割机，年产 200 台。1991 年 9 月，家用电器厂改产铣床，年产 XJ55 系列立式转塔铣床 1200 台。所有产品均采用国际、国内先进技术和工艺生产，广泛用于加工平面，任意角度的斜面，铣健槽、沟槽，亦可用于钻、铰、镗孔，其铣头可左右回转各 90 度，前后各 45 度，滑枕可平回转 360 度，主轴转速高，变速范围大，主轴套筒可机动定程进给，并设有进给过载保护装置，还可按照用户要求配备机动进给装置及数显系统。产品经质量管理体系认证，主要销往广东、福建、江西、浙江、江苏、河北、河南、湖北等省和省内。

图 18-3　冶金矿山机械厂炼钢用 150 吨电炉除尘器

第二节　冶金机械

炼钢转炉　境内的冶金机械生产始自 1990 年，烟台轻工机械厂生产氧气顶吹转炉。产品进入市场后，受到用户欢迎，随后逐年开发新产品，形成涵盖多领域的冶金机械生产规模。主要产品氧气顶吹转炉有 20 ～ 120 吨 7 个规格型号。炉体外径为 3630 ～ 9750 毫米，高度为 5920 ～ 9750 毫米。至 2002 年，共产 52 台，为 20 世纪末新型炼钢设备的畅销产品。

2000 年，烟台冶金矿山机械厂生产 8 吨炼钢转炉。2002 年，生产 20 吨炼钢转炉 12 台、40 吨炼钢转炉 6 台，被列入国家火炬计划，每台售价 300 万元。

一级溢流定径文氏管、二文可调喉口（RD 调节阀）　1997 年，烟台冶金矿山机械厂始生产一级溢流定径文氏管，定型产品 7 种，并可根据用户需要进行特殊设计，至 2002 年，共生产 300 台；1997 年，烟台冶金矿山机

图 18-4　安阳 20 吨 -300 吨转炉水冷烟道

械厂研制生产出二文可调喉口 7 个规格品种，与一级溢流定径文氏管配套使用，进行精除尘，达到国家环保要求规定的烟气排放标准，至 2002 年，共产 300 台。

水冷烟道、水冷炉盖、水冷炉壁　烟台冶金矿山机械厂生产 20～200 吨转炉用的各种规格排管式水冷烟道、水冷炉壁、水冷炉盖，由无缝钢管密排而成。至 2002 年，共产 180 套。

除尘器　1998 年，烟台冶金矿山机械厂生产转炉煤气净化除尘器，供 8～32 吨炼钢炉消除气体污染，年产 100 台，每台价格 3～5 万元。2002 年，被评为国家级新产品。

第三节　矿山机械

球磨机　1980 年，县机械厂（烟台轻工机械厂、烟台冶金矿山机械厂）先后引进矿山机械生产技术，开始小规格、小批量生产，主要产品有 9 种。是年，开始生产溢流 / 格子球磨机，质量达到或超过设计要求。1981 年以后，生产较大规格的产品，年产 50 台。1985 年，研制成功园罐球磨机，年产 52 台。1985 年后，主要生产 10 个规格的新品种，年产量为 50 台。1989 年，生产湿式溢流型球磨机干式格子型球磨机，年各产 10 台。1991 年，生产 2 种球磨机，年产 20 台。新生产的预分选球磨机，获国家专利。

选矿磨机　1991 年，烟台轻工机械厂生产溢流型选矿磨机 15 台。1992 年，开始生产湿式格子型选矿磨机，年产 30 台。2001 年，烟台冶金矿山机械厂生产湿式格子滚动轴承磨机 15 台，供铁矿、铜矿选矿用。该厂研制的选矿磨机，有 5 种规格型号的产品获国家专利。

破碎机　1983 年，县机械厂研制生产的颚式破碎机 75 台。1984 年，烟台轻工机械厂研制出 EFZ-400X600 颚式破碎机 250；1987 年，生产 PEX-250-1000 颚式破碎机 30 台；1989 年，先后开发生产锤式破碎机和双辊破碎机，各生产 30 台；1990 年，研制出 PE600X900 颚式破碎机 10 台。2000 年，烟台冶金矿山机械厂，成功开发出 1000X1250 单锻锤式破碎机，年产 10 台，可破碎直径 1 米以下的大石块，被大型矿区采用。以上产品销往全国各地。颚式破碎机颚板和圆锥破碎机的传动部分，均获国家专利。

压滤机　为矿山选矿设备。1982 年，县机械厂生产 10 平方米自动压滤机 20 台；1983 年，生产 12.5 平方米压滤机 20 台；1984 年，烟台轻工机械厂生产 1.5 平方米压滤机 20 台；1987 年，生产 20 平方米压滤机 15 台；1991 年，研制成功 30 平方米压滤机，供大型矿区采用，至 2002 年，仅销售 12 台。研制的压滤机卸料及滤布清洗系统获国家专利。

磁选机　为矿山选矿机械。1990 年，烟台轻工机械厂生产永磁筒式磁选机 100 余台。

分级机　为新型矿山分选机械。1989 年，烟台轻工机械厂生产 GDF750、230 型分级机；1990 年，开始生产 225P、EFC-12 双螺旋型分级机，每年各产 15 台。

烘干机　为矿山分选设备。1983 年，县机械厂开始生产转筒烘干机，年产 3 台。以后按订货合同生产。1991 年，烟台轻工机械厂生产焙烧窑，为军用高科技产品，用于烘干。

提升机　1984 年，烟台轻工机械厂生产提升机 60 台。矿山和水泥生产均可采用。

液压机　1984 年，烟台轻工机械厂生产桥式自动液压机 5 台，广泛用于机械组装。

第四节　锻压机械

空气锤　1964 年，县农具修配生产合作社采用荣成黄海造船厂的图纸和技术资料，试制空气锤成功。1965 年，改称农业机械厂后，批量生产 65 公斤空气锤 180 台，并被列入山东省定点生产厂家。1969 年 8 月，改称轻工机械厂后，开始生产 150 公斤空气锤；1972 年，试制成功并生产 560 公斤空气锤。3 种规格的产品均符合国家一机部空气锤生产标准，最高年产量 260 台，常年保持生产 180 台。1986 年以后，轻工机械厂（冶金矿山机械厂）每年根据订单生产各种规格的空气锤，产品销往全国各地。

压铸机　1974 年 1 月，县机械厂试制 250 吨压铸机 5 台，8 月份通过国家部级鉴定，投入批量生产；1975 年 8 月，自行设计 50 吨压铸机，并在轻工业部召开的全国会议上作经验介绍。2 种规格的产品均为卧式冷室压铸机，符合国家冷室压铸机标准。其中，JLW-250A 压铸机引进美国液压技术，各项测试参数均达国内先进水平；合模开度采用油马达调整，简单可靠，高效节能，为国内首创。1985年以前，年产80台。1985年以后，采取订单生产模式。

第五节　农机具

1968年，县农业机械修造厂建成投产，生产铣床和机油泵。1970年，增添设备，扩大生产规模。7月，试制出1辆长江12马力拖拉机和195、295、695水泵。从事农具修造的厂家还有县第一、第二、第三、第四农业机械厂。主要产品有地瓜切片机、小麦脱粒机、喷粉器、水轮机、水泵、机油泵、12马力柴油机、长江—12型拖拉机、泰山12马力拖拉机等。

进入80年代后，农机产品销路不畅，县第一农机厂改为烟台第二钢木家具厂，生产两用钢木折椅和圆桌；第二农机厂改为烟台阀门厂，生产阀门；第三农机厂改为烟台建筑机械厂，生产混凝土搅拌机；第四农机厂改为烟台家用电器厂，生产家用电器。县制锨厂成为最大的农具专业生产厂，年产铁锨200万张，产品有方膀锨、园膀锨、方膀铁把锨、园膀铁把锨。方膀铁把锨全部出口东南亚各国，其他品种销往全国各地。1985年产值152万元，利润12.5万元。1990年以后，销量逐年减少，造成严重滞销，1996年停产，1998年10月倒闭。

1985年，烟台航空液压控制公司生产花生去皮机，生产30台后停止生产。

第六节　建材机械

搅拌机　1975年，县第三农业机械厂开始生产J0I系列混凝土搅拌机。1978年，改称建筑机械厂后，年产混凝土搅拌机88台。1984年，改称烟台建筑机械厂，年产混凝土搅拌机161台；1985年，年产210台，产值154.2万元，利润15.6万元。

理石研磨机　1979年，县机械厂生产理石手扶磨机10台，之后最高年产30台。1985年，烟台轻工机械厂生产半自动研磨机、手扶磨机和手扶摇臂磨机，每种年产15台。

切边机　1979年，县机械厂生产理石切边机10台，之后最高年产40台，用于理石切边。

理石生产辅助设备　1979年，县机械厂生产压坯机40台。1984年，烟台轻工机械厂生产粗磨机40台，之后最高年产60台，并生产锯石机，年产10台。

球磨机　为水泥生产设备。1982年，县机械厂生产直径为1.83米×6.4米球磨机30台。1985年，烟台轻工机械厂生产直径为2.2米×6.4米球磨机60台；1988年，生产直径为2.6米×13米管磨机3台；1993年，研制成功节能型滚动轴承球磨机，被评为国家级新产品；1997年，研制成功磨内增筛分装置，每年生产30台，最高年产50台；1998年，直径2.4米和2.6～3.2米滚动轴承球磨机被评为国家级新产品，并获得国家专利。新产品4大类18种，质量全部达到国家对水泥生产的新要求。

成球盘　1983年，县机械厂开始生产GQ直径3.2米成球盘60台。1984年，烟台轻工机械厂生产SJ232直径2.8米成球盘30台；1992年，生产QPY3.6盘式成球机；1993年，又开发直径为4.2米盘式成球机，每年各产10台，供水泥生产厂家选用。

磨煤机　1984年，烟台轻工机械厂生产直径为1700×2500毫米钢球式磨煤机，用于回转窑水泥生产和火力发电厂，年产5台。

选粉机　1988年，烟台轻工机械厂生产20602直径3米旋风式选粉机，年产40台；1991年，又开发5081-1直径4米选粉机，年产15台。1995年，烟台冶金矿山机械厂开发生产LQG95螺线型气流选粉机，产品先进，适应中、大型水泥厂选用，年产15台。

回转窑　为水泥生产设备。1982年，县机械厂开始生产年产量1万～3万吨的回转窑，一般年产20台，最高年产40台。1986年，烟台轻工机械厂生产直径2.4米×40米回转窑，年产5台，每台年产水泥10万吨；1989年，生产HY2.4×2×40米回转窑10台；1993年，生产直径3米×45米回转窑，可年产水泥30万吨，至2002年，共产6台。

机立窑　1982年，县机械厂生产机立窑10台。1984年，烟台轻工机械厂生产双进盘塔式机立窑30台，每台年产水泥5000吨；生产2.2米×8.5米盘塔机立窑10台，每台年产水泥2万吨。1985年，生产双进风盘塔式机立窑12台，每台年产水泥4.4万吨。1986年，生产直径3×10米盘塔式机立窑40台，每台年产水泥8.8万吨；生产半圆球盘式镶齿机立窑30台，每台年产水泥10万吨。

研制的系列新产品，有3项获得国家专利。1989年，研制生产YPQ1.7盘球式机立窑10台，每台年产水泥2万吨。1991年，研制生产BP-直径3×10米半圆球盘式镶齿机立窑10台，每台年产水泥10万吨。1992年，生产YLSB28100和YLSB2910圆盘式镶齿机立窑30台，每台年产水泥10万吨。至2002年，共有500余台投入使用。其中，直径2.8×10米机立窑，被评为国家级高效节能新产品。至2002年，共销售500余台。

除尘器　1994年，烟台冶金矿山机械厂生产湿法旋风除尘器30台，被评为国家级新产品；1997年，生产DCGQ-36D单层高压静电除尘器和WKLG-36双层静电除尘器，专供水泥厂环保除尘用，每年各产20台。2001年，高压静电除尘器被评为国家级新产品。

给料机　1988年，烟台水泥自控设备厂生产WTG系列调速成定料给料机，装有微电脑智能仪表30台。产品销往济南、淄博、牡丹江、唐山、邯郸等市。2001年停产。

自动控制予加水技术及装备　1988年，烟台水泥自控设备厂采用新技术、新工艺，生产自动控制予加水装备，被水泥生产厂家改造设备所广泛采用，年产80台。2001年停产。

流量计　1988年，烟台水泥自控设备厂生产LLJ系列溜槽式流量计，系国家“七五”科技攻关最新技术项目，并获得科技成果奖励。该设备以其运行可靠、性能稳定、操作方便并能收回大量粉尘入窑和减少污染等特点，受到水泥生产厂家的欢迎。年产40台。

第七节　其他产品

塑料挤出机　1980年，县机械厂生产SJ-65A塑料挤出机70台。

管道清理机　1984年，烟台农机修造厂与北京市机械局技术开发研究所合作，研制成功2个类型的管道清理机500台，产值77.5万元。

发电机　1980年前，县机械厂和县第三电器厂生产100千瓦发电机1300台。第三电器厂为门楼水库和产芝水库生产300千瓦发电机11台。

电动机　1980年前，县第三电器厂生产3千瓦、10千瓦、55千瓦电动机，共产1000台。

变压器　1973—1980年，县第三电器厂生产50～360千伏安变压器300台；生产3200千伏安变压器1台。

刷镀电源　1976年，县第三电器厂被中船总公司列为定点生产厂家，生产刷镀电源。其中，150A刷镀电源获省优产品。1980年产120台。1989年产27台。

碳刨电源　1976年，县第三电器厂生产碳刨电源100台。1989年，仅产23台，产品销往全国造船和维修厂家。

多头电焊机　1976年，县第三电器厂被中船总公司列为定点生产厂家，生产EPG系列多头电焊机60台。1989年，产量降至16台。产品销往全国造船和维修企业。

高速并条机　1989—1990年，烟台轻工机械厂生产高速并条机40台，供纺织厂用。

输送带生产线、分梳、夹持、张紧装置、定子导开装置　1990年，烟台轻工机械厂生产2100X8000X1输送带生产线和分梳、夹持、张紧装置、定子导开装置，供兖州和龙口橡胶厂，以销定产。至2002年，共产15台。

阀门　1967年，建农铁业生产合作社开始生产低压阀门。1972年12月，承接烟台五金站低压阀门加工业务。1978年，专业生产阀门，主要生产JW11W-10系列碗密封内螺纹截止阀、W-6系列碗密封水嘴，产品经省厅鉴定，达到国际先进水平，销往全国各地，并有部分出口。1989年，产低压阀门1510吨，产值441万元。1998年后，新增国标、美标、日标、德标、英标产品，年产3300吨。1998—2002年，产品全部出口，年利税170万元。

自行车配件　1962年，县自行车配件社生产自行车支腿。1970年，增加自行车后货架、轴、档、牙盘等产品。1995年以后，自行车配件市场滞销，曾转产钢管椅、安乐椅、拉手、铝合金暖气片。1998年底，将1000平方米厂房和部分设备出租给抚顺市嘉华机械配件厂。

石墨电极　1986年，由兰州碳素厂、烟台冶金工业公司和区工业公司，合资建设烟台碳素厂，利用造纸厂的厂房和场地，生产石墨电极。1988年6月投产，有职工500余人，原料由兰州碳素厂供应，并负责销售80%的产品。1992年4月，因属于国家明文禁办的“五小企业”，工厂停产。累计生产石墨电极4809吨，产值1742.7万元。

液压泵钻　1986年，烟台航空液压控制公司运用精密机械加工设备、精密实验和计量设备，生产液压泵钻。产品有小型和大型多种规格，年产50台。

工程油缸 1986年8月，烟台航空液压控制公司生产多种型号的工程油缸。每年产5000只。小型每只售价500元，大型每只售价5000元。产品主要出口国外，少量在国内销售。

伺服液压缸 1986年8月，烟台航空液压控制公司生产伺服液压缸，以销定产，年产稳定在100多只，每只售价500～5000元。产品一部分出口，一部分在国内销售。

第八节 企业选介

烟台切割机械厂 1989年，烟台切割机械厂建成。全民所有制企业，隶属商业局。1994年，并入烟台铣床总厂，继续独立经营生产。固定资产投资10万元。生产50型、80型、200型空气等离子切割机，设计年产量200台。1995年后，一般年产50～60台。2002年产45台，售35台，产值26万元，利税3万元，有职工9人。

烟台铣床总厂 1991年9月，烟台家用电器厂改产铣床，称烟台凯程机械集团有限公司，同时兼并烟台第二酿造厂与烟台切割机械厂。1996年，改称烟台铣床总厂，为区属集体企业，隶属于二轻工业公司。所有产品均采用国际、国内先进技术和工艺生产，广泛用于加工平面，任意角度的斜面，铣健槽、沟槽，亦可用于钻、铰、镗孔，其铣头可左右回转各90度，前后各45度，滑枕可平回转360度，主轴转速高，变速范围大，主轴套筒可机动定程进给，并设有进给过载保护装置，还可按照用户要求配备机动进给装置及数显系统。产品达到国内领先水平。1998年，有职工315人，工业总产值1164.8万元，利税16万元，总资产1598.3万元。2002年，有职工280人，产值1176.2万元，利税16.7万元。

烟台冶金矿山机械厂 1958年，成立国营烟台农具修造厂。1962年4月下马，改称县农具修配生产合作社。1965年，改称县农业机械厂。1969年，改称县机械厂。1984年，称烟台轻工机械厂。1994年，改称烟台冶金矿山机械厂，并改为股份制。1995年，接受国资局对第九塑料厂的转让，厂区和建筑规模扩大。原为区属企业，隶属区二轻工业公司，1998年7月隶属经贸委。1999年3月，国有股311.74万元转让给企业，改制成由企业领导层控股、内部职工参股、独立自主经营的股份合作企业。建厂初期，只能生产火钩、煤铲、铁锨等小五金产品。1964年，始产空气锤，规格有65公斤、150公斤、560公斤3种产品，质量符合国家一机部颁发的技术标准。建厂40年来，共生产各种机械200多种，获国家专利的产品有22项。1995年，被评为山东省专利明星企业。1998年，企业通过ISO 9000国际质量体系认证，获省、市新产品奖12种，国家级新品8种。1999年，被评为山东省高新技术企业；厂长王逢志被评为中国专利烟台优秀发明家，并被烟台市委、市政府评为专业技术拔尖人才。1985年，固定资产134.8万元，年产值413.4万元，利润53.5万元，有职工335人。1989年，产值359万元。1998年，产值929.8万元，销售收入883.8万元，利润11.9万元，利税51.6万元。2002年，固定资产3800余万元。厂区占地3.8万平方米，建筑面积1.3万平方米，有职工210人。2002年，年产值1400.8万元，利税106.3万元。

烟台建筑机械厂 1953年3月，成立门楼铁木生产合作社。1962年，更名为福山县门楼农具修配厂，为县属集体企业。1975年，称县第三农业机械厂。主要生产球磨机、水轮机、长江—12型拖拉机。1978年，称县建筑机械厂。1984年，改称烟台建筑机械厂。为区属集体企业，隶属于建筑材料工业公司。1985年，厂区面积1.4万平方米，建筑面积4446平方米，固定资产81.7万元，有职工103人，年产混凝土搅拌机210台，产值154.2万元，利润15.6万元。1990年以后，产品滞销，1998年停产。企业资产总额为654万元，停产后，厂房出租给矿山设备厂、龙山铸件厂和北京望远集团二建公司，年租金16万元。2002年破产，厂区被列入房地产开发规划。

烟台制锨厂 1962年4月，福山家具制修厂红炉车间与福山镇公社红炉车间合并，成立县红炉生产合作社，后改称县制锨厂。1984年，改称烟台制锨厂，为区属集体企业，隶属于二轻工业公司。原产铁制小农具，1966年，为烟台生资站生产铁锨44.32万张。1973年和1974年，省轻工局2次拨款50万元，建成全省最大的铁锨生产厂家，年产200万张，被轻工业部定为全国制锨行业副组长厂，被山东省计委定为小农具生产重点企业。1985年，厂区占地面积23198平方米，固定资产103.6万元，产值152万元，利润12.5万元，有职工213人。产品有方膀锨、园膀锨、方膀铁把锨。主要销往东南亚各国。1989年，产铁锨100万张，产值394万元。1990年后，产品滞销，1996年停产。1998年，区政府将厂区土地和建筑物拨给房管局，进行房地产开发，职工给予一次性安置。

烟台阀门厂　1954年4月，高疃12户村民筹资370元组建红炉生产组。1956年，改称建农铁业生产合作社。1967年，始产低压阀门。1984年，改称烟台阀门厂，为区属集体企业，隶属于二轻公司。1985年，厂区占地面积2.6万平方米，建筑面积6999平方米，有职工234人，各种生产设备125台，固定资产83.1万元，年产值176.3万元，利润15.9万元。1989年，产各种低压阀门1510吨，产值441万元。生产的系列产品达到国际先进水平。1994年，企业改为股份制，称烟台阀门股份有限公司。总资产1268万元，有职工340人。1996年，恢复烟台阀门厂名称。1998年7月，转让给山东通用机械有限公司。接收方以400万元买断国有股473.6万元，优惠73.6万元，负担离退休人员未统筹的费用和债权债务，并以租赁的方式，取得厂区土地的使用权。转让后，生产国标、美标、日标、德标、英标系列阀门，产品全部出口。1998年，产量3000吨，产值1638.8万元，利润36.3万元，利税136.2万元。2002年，有职工400人，产量近3000吨，产值1570万元，销售收入1604.6万元，利润40.7万元，利税177.4万元，资产总计1271万元。

烟台家用电器厂　1954年5月，称生产合作社。1962年，改称县第四农业机械厂。1979年8月，与福山铸造厂合并，改称福山家用电器厂。1984年，改称烟台家用电器厂。为区属集体企业，隶属于二轻公司。1985年，厂区占地面积2万平方米，建筑面积1万平方米，固定资产49.8万元，有职工253人，年产值133.3万元，利润12.4万元。产品有摇臂钻床、潜水电磁流量计、台式电风扇，灶用吹风机、电热壶、电热毯、手动吸尘器等。1989年，新增生产太阳能热水器，总产值322万元。1991年9月停产。

烟台第三电器厂　1973年11月，从县供电所电器车间划出，成立县电器厂。有职工48人，固定资产16万元。至1980年，共生产50～3200千伏安变压器300台、2～300千瓦发动机26台、3千瓦电动机1000台。1984年，改称烟台第三电器厂，为全民所有制企业，隶属于区工业公司。为国家六机部定点生产厂家，主要为造船厂家生产多头电焊机、刷镀电源、电动葫芦、电动机等。1985年，厂区占地面积15837平方米，建筑面积6703平方米，有职工165人，职工宿舍2010平方米，固定资产131.7万元，产值130.11万元，利润11.66万元。1989年，产刷镀电源27台、碳刨电源23台、多头焊机16台，产值153万元。1998年，有职工130人，产值168万元，利税7.1万元。生产的150A刷镀电源和多头焊机获省优产品称号。2001年改制，称烟台奥立电器有限公司。2002年停产。

烟台自行车配件厂　1956年，由2个自行车修理组和一个钟表眼镜店，组成建胜车辆生产合作社。1959年，并入福山镇公社综合厂。1960年，并入福山镇公社修配厂。1962年，改称县自行车配件社。1973年1月，称县车辆配件厂。1984年，改称烟台自行车配件厂，为区属集体企业，隶属于工业公司。厂区占地面积17705平方米，建筑面积8802平方米。1985年，有职工307人，生产设备107台，产值202.9万元，利润12.65万元。1989年，主要生产自行车货架、支腿、轴、挡、牙盘等配件，产值211万元。1998年，有职工122人，总资产256万元。后因产品滞销，改产铝合金暖气片，年销售收入4万元。同年，出租厂房1000平方米及配套设施，租期10年，安排职工30人，生产汽车配件，安排60人再就业，留32人生产暖气片。2002年，申请破产。

烟台航空液压控制公司　1985年，由西安航空航天部173厂出资70%、区工业公司出资30%，合资建成烟台航空液压控制公司，1986年8月投产。厂区占地2.7万平方米，建筑面积3100平方米。生产伺服液压缸、液压泵钻、工程油缸、零件清洗机、轻型框架、花生去皮机。1989年，产值145万元。1998年，产值391.8万元，利税3.1万元。2002年，产值732.7万元，利税40.4万元，资产总计1511.6万元，有职工130人。产品部分出口，部分内销。

烟台炭素厂　1986年，利用烟台第二造纸厂转让的厂房和场地建厂。厂区占地面积33334平方米，建筑面积7596平方米，固定资产814万元，生产石墨电极。为合资企业，隶属于区工业公司。由兰州炭素厂投流动资金150万元，股本187万元，烟台冶金工业公司投流动资金100万元，区工业公司投股本166.7万元，联营贷款595万元。1988年6月投产。有职工500人。1992年4月，因属国家禁止的“五小”企业，停产。投产4年共生产石墨电极4809吨，产值1742.7万元，账面资产1243万元。1994年2月，分流职工398人，厂房租给福山闽航钢铁制品有限公司，租期10年。出租场地3.34公顷、厂房7596平方米和110KV变电站。第1年租金为40万元，第2年为90万元，第3、4、5年各为100万元，第6、7、8、9、10年以100万元为基数，上下浮动20%。2002年，工业总产值为8003.2万元，利税为159.3万元，资产总计932.1万元，有职工162人。

烟台焊接设备厂　1992年3月建厂。厂区占地面积7719平方米，有职工37人。为区属集体企业，隶属五环总公司。因产品滞销，连年亏损，于1998年11月停产。评估资产总额为226万元。2000年12月，转让给民营企业，不承担债权债务。

烟台福盛建材机械有限公司　1992年，烟台第二制镜厂兼并烟台水泥自控设备厂。1994年，实行股份制，改称烟台福盛建材机械有限公司。为区属集体企业，隶属二轻公司。厂区占地5730平方米，建筑面积4660平方米（含保安公司大楼1104平方米），有职工81人。年产建材机械80台，销往省内及黑龙江、河北、贵州等省。2000年6月，资产评估总额491万元，其中固定资产242万元。2002年3月破产，资产拍卖165万元。

第五章　建材工业

福山的建筑材料资源得天独厚，水泥、石灰、沙石等材料丰富。随着城市发展和建设的需要，建材工业得到快速发展。全县（区）有社（乡镇）办钢窗生产厂3家、村办钢窗生产厂或钢窗配件生产厂12家、水泥生产厂3家、水泥预制构件厂13家、砖瓦厂26家、石灰厂8家、砂场20家、石场80多个、石料加工厂1家、石子厂18家、建筑陶瓷厂3家、水泥彩瓦厂1家、理石厂2家。其中，区属企业有水泥厂1家、预制构件厂2家、砖瓦厂1家、建筑陶瓷厂1家、水泥彩瓦厂1家、水泥管厂1家，共7家。其余均为乡镇和村办企业。

第一节　钢窗

境内的钢窗生产始于1973年，福山钢窗厂投产，生产角钢实腹门窗，年产量12383平方米，产值42万元，利润16.73万元。1976年，增加生产空腹钢门窗。1978年，被国家物资总局、基建物资局和石油部定为钢窗生产厂，产品供应国家物资总局分配的重点工程和石油部分配的几大油田建设工程。1981年，产品被山东省公社工业局评为优良产品。1985年，从国外引进设备，增加生产塑料门窗，共有各种机器设备95台，固定资产总值403万元，产值1101.25万元，利润255.64万元。实腹钢窗被山东省评为优质产品。

1979年，福山液压件厂转产空腹钢门窗，建钢窗车间1152平方米，产值42.5万元，利润10万元。1982年，投资15万元建钢窗车间972平方米。1983年，产品达到国标。1984年，增加生产实腹钢门窗、铝合金门窗。1985年，改称中国房屋建设开发公司烟台分公司后，年产空腹、实腹钢门窗及铝合金门窗119950平方米，产值359.78万元，利润77万元。产品供应北京市房管局、烟台开发公司、济南钢铁厂和建筑公司、中国科学院等。

1980年，永福园村办福山第五钢窗厂，生产空腹钢窗，年产12000平方米，产值35万元，利润10万元。1984年，增加生产设备和人员，扩大生产厂区。1985年，产值达169万元，利润52万元。产品销往北京、天津、济南、河南中原油田等地。

至1985年，社（乡镇）办钢窗生产厂家有福山钢窗厂、中国房屋建筑开发公司钢窗厂、东厅建材厂3家；村办有福山第五钢窗厂、福山钢窗三厂、福山钢窗六厂、福山五金一厂、福山五金制品厂、福山镇五金厂、福山钢窗附件三厂、福山钢窗附件二厂、福山钢窗附件厂、西马疃五金厂、福山五金四厂、古现钢窗厂等12个钢窗生产厂或钢窗配件生产厂。90年代后，塑料、铝合、塑钢门窗渐多，空腹钢门窗和实腹钢门窗生产逐年减少。

第二节 砖瓦 陶瓷

砖瓦 福山砖瓦烧制历史悠久。明、清、民国时期，民间建筒窑用松柴烧土坯青砖瓦片。中华人民共和国成立后至70年代，社办、村办砖瓦厂增多，改手工为机制砖、瓦，建轮窑用煤烧红砖、红瓦。1972年，国营福山砖瓦厂在北车家村建成投产，建28孔轮窑1座，有各种机械设备15台。机械作业，年烧制黏土砖、瓦87.4万块（片）。为全民所有制企业，隶属于建材公司。1978年，产量增加到1509.2万块（片）。1980年后，产品积压，1983年产量降至946万块（片），1984年停产。1985年，单一生产黏土砖，年产558万块。厂区占地89530平方米，有各种机械设备42台，固定资产64万元，年产值24.3万元，利润3.5万元。1986年，改为建筑陶瓷。至1985年，全区共有砖瓦厂26家，年产砖1亿块、瓦630万片。

1992年12月，烟台五环新墙体材料厂建成投产，生产加气混凝土空心砖。为区属集体企业，隶属烟台五环公司。1999年3月，租赁给烟台东海建材公司，生产环保型建筑材料，并新开发轻质砖生产，年产15万立方米。2000年，年产加气混凝土空心砖10万立方米，新开发炉渣空心砖年产1万立方米。被省建委和省墙改办认定为新型环保节能产品。2002年，建筑面积增至8000平方米，年产值1200万元，利税200万元。1998年，烟台五环水泥制品厂开发生产水泥彩瓦，年产100万片，年产值200万元，利税200万元。

生产粉煤灰空心砖的还有烟台第三建筑公司预制构件厂，年产5万立方米。

建筑陶瓷 1986年，福山砖瓦厂改为建筑陶瓷厂，厂区占地4.7万平方米，建筑面积6000平方米，固定资产301万元。生产内墙釉面砖，为境内首家建筑陶瓷企业。为股份制企业，隶属五环总公司。1989年，产釉面砖0.37万平方米，产值28万元。1995年，有职工321人，资产总额992万元；因亏损停产，由区政府筹资解决前欠工资后，全部解除劳动合同，办理失业手续，厂地转让给烟台永生集团公司。

第三节 水泥及制品

水泥 中华人民共和国成立前，境内用进口水泥。50年代至60年代，水泥由外地调入。

1969年春，门楼公社以门楼砖瓦厂为基础，投入部分资金，吸收石臼、周家岘村，在石臼村西头改建社办门楼水泥厂。1970年4月动工，9月建成投产。同年，改为县水泥厂。全民所有制企业，隶属县建材公司。设计日产玄武岩（火山灰）硅酸盐水泥20吨。投资33万元，有职工70名。1976年，年产水泥4.4万吨。1984年，改称烟台第二水泥厂，增建8.8万吨窑1座，产量13.2万吨。1985年，有职工289人，固定资产224.6万元，产值169万元，销售收入2619万元，利税180.6万元。1993年，增建8.8万吨窑1座，产量达到22万吨。1999年，改制为股份制企业，改称烟台第二水泥有限公司。有职工465人，其中离退休28人，评估7765万元，扣除职工宿舍款、坏死账、公司上调款、离退休人员等费用，净资产17万元。是年，再次扩建，年产量30万吨。生产的水泥标号有325型、425型、525型、625型。2002年，有职工252人，资产总计7692万元，产值2950万元，利税205.9万元。

1972年，社办高疃水泥厂建成投产，经过扩建，1990年产量达到10万吨。1985年，乡办张格庄水泥厂建成投产。至年底，全区共有水泥厂3家，年产水泥77594吨，标号有325型、425型2种，总产值364.7万元，利润210.8万元。

水泥预制构件 1992年统计，全区有水泥预制构件厂13家。其中，区属2家，年产2.4万立方米，主要生产空心楼板，并按用户需要，生产预应力后张屋架、薄腹梁，大跨度桥梁预制构件，桥梁柱和桩，大型屋面板、网架板、二级钢空心板等。1992年，烟台五环水泥制品厂建于门楼镇。厂区占地7000平方米，建筑面积2000平方米，总资产59.9万元，有职工20名。为区属集体企业，隶属五环总公司。生产混凝土预制构件，年产4000立方米。1999年7月，资产转让给民企，承担双方确认的债权债务。2000—2002年，年产水泥彩瓦100万片，年产值200万元，利税20万元。

1996年10月，烟台五环新型建材厂建成，有职工147人，为区属集体企业，隶属五环总公司。1998年停产。

1999年9月，厂地、厂房及全部设备出租给烟台第二水泥厂，租期10年，第一、二年，每年租金为8.5万元，自第3年起，每年递增10%。

1968年12月，由40个村的工匠组成建筑联营队，同时成立预制构件厂。1978年独立经营，为区属集体企业。1983年初，改归县建筑公司。1985年，改称县水泥预制构件厂，有职工32人，固定资产72万元，流动资金8万元，产钢筋砼预制件2000立方米，产值40万元，利润4万元。1998年，产值81.5万元，利税3万元。2001年12月，从烟台第三建筑公司析出，改为股份制企业，更名为烟台市龙腾建筑构件制品有限责任公司。2002年7月，经全国建筑企业资质审查，被省建工局批准为建筑构件二级资质企业。厂区占地13340平方米，建筑面积1000平方米，有职工32人、固定资产45万元，年产钢筋砼预制板4000立方米，产值300万元，利税11万元。

水泥管　60年代初，门楼水库管理站建有水泥管厂。至2002年，有职工53人。生产直径200～2000毫米各种规格的水泥管8万米，产值137.7万元，利税8.1万元。

水泥自控设备　1988年，由烟台建材实验厂微机车间与福山水泥设备厂联合组成烟台水泥自控设备厂。区属集体企业，隶属二轻公司。厂区占地2万平方米，建筑面积8000平方米，有职工160人。生产WJG系列调速定料给料机、自动控制予加水及设备、LLJ系列溜槽式流量计3个系列13种型号规格的水泥自控设备，均为“七五”期间最新技术产品。年产80台。

第四节　元钢线材

1994年2月，福山闽航钢铁制品有限公司租赁烟台碳素厂厂房7596平方米、场地33400平方米和110千伏变电站，投资995万元，有职工149人，生产直径6.5～8毫米的建筑元钢线材，设计年产量为10万吨。1995年，年产量2万吨，产值4000万元。1998年，年产量降至1万吨，产值2055.6万元，利润84.4万元，利润1.8万元。2002年，产量增至3.9万吨，产值8003.2万元，利税159.3万元，资产总计932.1万元。

第五节　石灰

明、清时期，民间即有用松柴烧制石灰。民国年间，张格庄、高疃等处建有“福兴”“同兴”“东兴顺”窑厂。50年代初，石灰由个体生产转为合作生产。1953年，张格庄乡院口村30余人兴办“建华”石灰窑业生产合作社，以松柴为燃料，每公斤出灰1.2公斤，后改用煤为燃料，每公斤出灰2.2公斤。1956年，改进装窑技术，每窑多出灰200公斤。60年代，境内有小杨家、曲家沟、张格庄石灰厂等。70年代，增加陡崖、张格庄2处社办石灰厂，烧制工艺更新，由筒窑一次性烧制改为层煤陆续性烧制，俗称“啦啦窑”。80年代，境内较大石灰窑厂有曲家沟、大谷家、王家疃、院口、车家、黄连墅、上官老沟、权家等多处，年生产能力70513吨，多属镁质石灰，白度大，强度高，主要销往周边及东北地区。

第六节　砂石

福山靠山临海，多河流，石头、海砂、河沙资源丰富。中华人民共和国成立前，人们建房铺路修桥，进行小规模自由开采。中华人民共和国成立后，砂、石多集体开采，成为农村经济收入的主要来源。

海砂　70年代，沿海一带开始采掘海砂出售。80年代，有岗嵛、北于家、皂户头、三十里堡、河北、黄庄、石屋营海砂场，年销120万吨左右。主要供应城区基本建设及外地。

河沙　主要产地为内外夹河和黄金河流域。80年代，境内沿河村庄有采砂场20余处，所产河沙多用于民建和城建，并销往烟台市。为加强资源保护和河道管理，1989年，开始征收河道采砂管理费。1995年始，内外夹河禁止采砂。2002年起，对所有河道禁止采砂。

石场　境内中部、西部、南部山区多有乱石开采。全县（区）有采石场20多处。所产花岗岩和页岩，质地坚硬，耐风化雨袭，为民建和城建的上好石料，年外销量20万吨。

石料加工　主要有巨甲石料加工场。该场建于1971年，初期只加工民用料石，年产量2000立方米。后不断改进技术，生产路沿石、花坛石、楼台石等精料石和石条、石桌、石凳、葡萄架石、工业用硫酸槽等。

第六章　纺织工业

民国以前，福山居民的衣着均为家庭手工制作。民国初年，县城开办成衣店铺和鞋店，有估衣铺3家、成衣铺3家、鞋店6家；织花边、结发网、刺绣花、编草帽辫等在全县农村兴起，30年代，花边、绣花出口量大，成为农户的主要副业收入来源。中华人民共和国成立后，服装、工艺品生产迅速发展。1954年，成立联胜鞋业社。1955年，成立运成皮革社。1956年，成立缝纫生产合作社6家、靴鞋生产合作社1家。1957年，经调整改组，成立缝纫生产合作社2家、靴鞋生产合作社1家。1958年，福山县并入烟台市，手工业生产合作社下放到公社管理。1962年复县后，有缝纫、靴鞋生产合作社各1家。1964年，靴鞋产品滞销，改产纸盒。1965年，缝纫生产合作社转为合作工厂，生产男女服装、帽子等产品。中华人民共和国成立初期，福山有私营织布厂4家，年产布千余匹。1955年5月，古现与高疃分别成立新华、建明绣花供销生产组。同年9月，县艺业绣花供销生产合作社成立。1956年，4家私营织布厂联合成立福山县裕丰棉制生产合作社。1961年9月停产。改革开放后，服装、靴鞋、工艺品生产又有新发展。1979年，县宽幅布厂建成投产。新增生产企业有区属集体、乡镇村办企业和个体企业。较大企业有烟台第五服装厂和烟台第五鞋厂。

第一节　织布

1976年12月，县开始筹建宽幅布厂，为全民所有制企业，隶属县工业公司。1977年4月25日，试生产出第一批宽幅床单布。1979年7月6日，共投资457.5万元，完成主、附厂房土建工程和355台设备安装，正式投产，设计年产宽幅布400万米。原料来源于济南国棉一厂和潍坊、梁山、诸城、栖霞棉纺厂。开始只生产床单布、方格布、棉袜混纺布、绒底布、平纹棉布。同年11月，投资400万元，修建染整车间8040平方米，成套引进印染整理设备，印染整理各色宽幅布，有职工210人。1983年，与上海三十六织布厂、第二印染厂、太平洋被单厂建立协作关系，增强技术力量，产品质量提高，花色品种增至40余个，成为国内最大的抽纱布及室内纺织装饰用品厂家之一。同年11月，改为市属企业。1985年，厂区占地109441.36平方米，建筑面积44196.96平方米，固定资产952.8万元，有职工1227人，拥有4条生产线，1515K-250型织机130台、1515K-280型织机280台，产品有幅宽7市尺以上的漂白、染色、丝光、提花等纯棉和化纤织物，以及多种规格的漂白、素色、提花、印花、绣花、方格、中西式床单、床垫套、床罩、窗帘、门帘、被套、枕套、被里等配套产品。经广州、福建、烟台、大连等13个口岸，远销世界五大洲，产值1025.7万元，利润88.2万元。1998年，转让给烟台北方装饰布有限公司，为民营企业。有职工1574人，产值50812万元，销售收入11277.9万元，利税6.2万元。2002年，有职工1232人，产值19744.7万元，利润110.2万元，利税152万元，资产总计10612.2万元，年产棉布600万米，品种有床单、床罩、枕套、被单、多针衔缝被等系列家用纺织品20多个500万套，产品除国内销售外，还出口美国、加拿大、英国、澳大利亚等10几个国家。其中，1000根缎纹件被套，被特许使用“紫光阁”图案，被选为国务院专供产品。

1985—2002年，先后从意大利、德国、荷兰、日本、朝鲜和国内购进先进设备，建成一条现代化的印染整理生产线，年产能力1600万米。因货源所限，实际年产稳定在1000万米。产品有各种单染色、印花、提花纯棉布，年产值5000万元。

第二节　服装

1953年6月，县成立建中缝纫生产合作社，有职工

11人，缝纫机8台，年产服装5000余件。1956年，接收私营衣帽店进社，职工增至87人。1958年底，并入福山镇公社综合厂。1962年4月，划归县手工业局管理，改称县服装生产合作社。1965年，改称县服装厂。1978年，被山东省授予“大庆式企业”。1984年1月，改称烟台第五服装厂，县属集体企业，隶属于二轻公司。1977年以后，不断扩建厂房，增加设备，建成棉衣、成衣、童装和硬领衬衣4条生产线。1984年，引进日本黏合机、高速平缝机、暗缝机和纳缝机等机械45台，扩大生产规模。1985年，厂区占地5000平方米，建筑面积7500平方米，有职工243人，各种生产设备230台，成衣服装加工能力60万件，产品主销国内，有部分出口。固定资产91.2万元，产值503.5万元，利润25.3万元。1987年，生产的童装参加全国展览，获“金鹿”奖。1989年，生产各种服装49万件，产值744万元。1994年，改为股份制，国有股为96.4万元，职工股为28.6万元，并改称烟台环宇制衣有限公司。1997年停产。1998—1999年，门市房、厂房出租。2000年，转让给和平家电商场。

1990年6月，烟台革制服装厂建成投产，因原料不足，未形成生产规模，改产布类服装。1992年，更名为烟台五洲服装厂。厂区占地4200平方米，建筑面积2025平方米，有职工71名。全民所有制企业，化学制革厂投资。1993年9月，归属区联社。2000年9月，转让给烟台芝辉制衣有限公司，生产男女休闲时装、童装。转让资产总额195.34万元。

第三节　布鞋

1981年3月，县农具厂布鞋车间组建县鞋厂，有鞋模3套，生产十几个花色品种的布鞋。1984年，改称烟台第五鞋厂。全民所有制企业，隶属二轻公司。1985年，固定资产18.5万元，有职工129人，鞋模增加到10套，注塑机、剪裁机、黏合机等生产设备44台。生产100多个花色品种的男女布鞋，年产量45.8万双，产值184.6万元，利润10.14万元。1988年，产品获省优第2名和二轻厅“城运杯”质量优秀奖，销往17个省、市，并出口美国、俄罗斯、新加坡等国家。1989年，职工增至300人，年产布鞋98.6万双，产值585万元。同年，美国希莱斯公司投资，成立烟台福美制鞋有限公司。厂区占地7000平方米，建筑面积4200平方米。新增注塑机、电动缝纫机、合布机、鞋帮机等130台，年产男女成人和儿童高档注塑胶粘布底鞋、旅游鞋150万双。1999年，与希莱斯公司合同到期，美方退出，停产。同年5月，厂房和设备出租给烟台悦晟服装鞋业有限公司，以订货合同进行生产。有职工100人。至2002年，每年产注塑布底鞋60万双，产值600万元，利税30万元，产品全部出口。

第四节　工艺品

1955年5月，古现与高疃分别成立新华、建明绣花供销生产组。同年9月，县艺业绣花供销生产合作社成立。组织农村妇女进行钩针、棒槌花边、刺绣等工艺品生产。1956年，新华、建明两组并入县艺业合作社。1958年10月，福山县并入烟台市，该社下放福山镇公社代管。1962年4月复县后，改称县绣花生产合作社。1965年，县联社拨款3.3万元，在史家庄建厂房600平方米。1973年7月，改称县工艺品厂，为区属集体企业，隶属二轻公司。1978年，在全县270个生产大队组织3万余人，从事工艺品手工生产，总产值480万元，平均每个大队收入1.11万元，人均收入150元。主要产品有雕平绣、钩针和棒槌花边等手工艺品。1979年，研制的5个新样品在广交会受到外商好评，一举成交30万元，受到县政府的现金奖励。1981—1983年，贷款40万元，建综合楼房2233.5平方米，增添锅炉、熨平机、清洗机、脱水机、打色机、刷货机、烫干机、机绣机等设备。出口产品有雕平绣、钩针、棒槌花边等工艺品。1984年，改称烟台工艺品厂。1985年，厂区占地5195平方米，建筑面积6176平方米，有职工156人，固定资产67.8万元，年产值353万元，利润17.5万元。1986年，“烟花牌”棒槌花边获轻工业部优质产品称号，区政府颁发奖旗一面，厂党支部书记、厂长各晋一级工资，副厂长一次性奖半年工资，职工按工资总额的20%提取奖金。1988年，烟台工艺品厂被评为国家工艺出口创汇先进企业，雕平绣获国家轻工业部全国轻工优秀出口产品铜牌。1989年，被评为省级先进企业，产值达到770万元。1992年，厂区面积增至9200平方米，建筑面积7500平方米，固定资产达到2000万元，拥有生产设备232台。1993年，引进日本产最新型多头电脑刺绣机15台和配套齐全的缝纫设备，电脑绣花机达到38台。花色品种有抽纱手绣台布、机绣台布、花边拼镶制品、高档刺绣服装、雕平绣、钩针制品等1000多个。1998年9月，转让国有股43.2万元，成为领导班子控股的股份制企业。有职工321人，产值1483万元，销售收入1392.6万元，资产总计2786万元。2002年，有职工165人，固定资产3000万元，年产成品30万件（套），产值2500万元，利税150万元。产品畅销日本、美国、德国等40多个国家和地区，在国际市场久负盛誉。

1971年，县草制品厂建成，时有职工34人，组织家庭妇女用玉米苞叶编织草辫地毯、汽车坐垫、背包、枕头垫等手工艺品，深受客商欢迎。年出口总值20万元左右。1983年，因出口不景气，于1984年停产，职工分流到烟台钢木家具厂、烟台油漆厂、烟台第五鞋厂等。

第七章　化学工业

1972年4月，国营福山磷肥厂建成，境内始有化学工业。1975年11月，县化肥厂投产。1978年，建成县化工厂。1982年，第七塑料厂建成。1983年，县家具涂料厂开始生产油漆。1984年6月，区化学工业公司成立，负责管理和发展化学工业。同年7月，发酵厂、酵母厂投产。1985—1992年，烟台第九塑料厂、烟台化工实验厂、烟台化工研究所、第五化工厂、第六化工厂、第七化工厂相继落成，化学工业成为全区的重要工业门类。至2002年底，全区有化学原料及化学制品企业9家，职工838人，年总产值1.35亿元，销售收入1.25亿元，利润303.3万元，缴税522.8万元；有发酵制品工业2家，职工295人，年总产值4005.1万元，销售收入3803.8万元，缴税104.9万元。

第一节　化学原料与制品

硫酸　1972年4月，福山磷肥厂建成硫酸生产车间，年产硫酸2000吨。1980年扩建，年产5000吨。产品供应烟台合成革厂。1983年停产。

水处理剂　1978年，投资217万元，建县化工厂，位于今烟台开发区长江路40号，为全民所有制企业，隶属区化工公司。主要生产黄磷，因产品滞销，于次年停产。1981年，改产油漆，缴税后亏损4000元。1982年，引进技术，生产除垢剂、阻垢剂、聚丙酸、缓蚀剂等水处理系列产品，产值和利润提高15%。1984年，改为烟台第四化工厂。1985年，厂区占地1.65万平方米，建筑面积2300平方米，有职工61人，产值153万元，利润33.7万元。1988年，产除垢剂、阻垢剂、聚丙烯酸等300吨，产值184万元。1998年，转让给烟台云天化工有限公司。2002年，年产各种工业水处理剂系列产品1500吨、其他助剂350吨，产值700万元，利润70万元，利税50万元。

聚氨酯黏合剂与着色剂　1985年，烟台化工实验厂始产聚酯系列产品，为区属集体企业，隶属区化工公司。厂区占地6670平方米，建筑面积1400平方米，有职工72人，生产设备8台（套），生产聚氨酯黏合剂、聚氨酯着色剂，产值19.27万元，利润1.4万元。1989年，产量67吨，产值134万元，总产值184万元。1994年，改称福达化工有限公司，并改为职工持股的股份制，股本24.9万元。1999年9月，全部资产（不含职工宿舍）转让给区化工研究所。接收方承担全部债权债务，并以每年新增所得税的50%先征后补，补平为止。1986年，烟台化工研究所成立，为全民所有制企业。1999年8月，兼并化工实验厂，改称烟台市福山区化工研究所有限公司，集研究与生产于一体。厂所占地6670平方米，建筑面积5600平方米，注册资金50万元。主要生产由本所研究成功的黏合剂、油漆、涂饰剂、聚氨多元醇等聚氨酯系列产品16个品种；还与德国专家合作研制出高档聚氨酯硅用胶，达到世界先进水平。年产值230万元，销售收入215万元，利润34.9万元，利税49.4万元。2002年，有职工42人，年产量900吨，产值813.6万元，利税187.4万元。

渗透剂系列产品　1993年1月，烟台第二助剂厂生产渗透剂、皮革加脂剂、柔软剂、净洁剂等产品。为印刷、棉纺、皮革等工业提供加工化学原料。年产600吨，产值100万元。

硬脂酸锌等　1992年7月，烟台齐鲁助剂厂建成，租用炭素厂的车间、库房32间，建筑面积1200平方米，固定资产105万元，流动资金15万元，设计定员60人，年产400吨助剂。为全民所有制企业，隶属于区建委。生产硬脂酸锌，年产100吨，为橡胶、塑料、油漆等化学工业提供助剂产品。1998年，转让给区海神化工助剂厂。生产的硫酸盐系列化学试剂，主要有硫酸镍、硫酸铜、硫酸铵等；柠檬酸系列有柠檬酸钠、柠檬酸铵；生产和提纯磷酸三钠、乙酸钠、乙酸铵、甲基硫酸等26种化学试剂；年产电刷镀溶液200余种、150吨，配套经营刷镀电源、镀笔、包套、石墨阳极等。年产值100万元，利税3万元。

丙醋酸、醋酸酐　1992年8月，烟台第六化工厂建成投产，厂区占地面积3793平方米，建筑面积1656平方米，有职工78名，资产总值1425万元，其中固定资产741万元。为全民所有制企业，隶属化工公司。年产醋酸酐2000吨，产值500万元。1993年9月停产。1995年10月，烟台东方有机化工总厂建成投产。厂区占地面积17868平方米，建筑面积3500平方米，总投资2926万元，有职工126人。全民所有制企业，隶属化工公司。设计年产丙醋酸能力7000吨，投产后3个月生产400吨，因流动资金不足停产。1999年1月，部分厂房和设备出租给烟台开发区宇田化工有限公司，生产醋酸丁酯和醋酸乙酯，年产1万吨，产值7000万元，利税800万元。2002年，总资产1541万元，后因经营不善，欠职工工资、集资、“三金”，由政府解决。

印染助剂　1982年，烟台第四化工厂生产印染助剂。2002年产350吨。

1993年1月，由烟台电镀厂分离建成烟台第二助剂厂。厂区占地面积2777.6平方米，固定资产原值19.2649万元，净值17.9237万元，流动资金9万元。为股份制企业，股本总额为34.1万元，其中集体股为30万元，个人股为4.1万元。生产渗透剂、皮革加脂剂、柔软剂、净洗剂等化工产品，年产600吨。1999年6月，转让给本厂干部职工，实行厂领导持股、职工参股的股份制。接收方承担双方确认的债权债务。

1990年，烟台第七化工厂建成，为区属集体企业，隶属区民政局。有职工30人，固定资产30万元，年产印染助剂300吨。1998年，产值93万元，销售收入90.4万元，利润11万元，利税22.3万元。2000年，转让给烟台英豪化工有限公司，继续生产印染助剂。2002年，有职工30人，固定资产1000万元，年产助剂300吨，产值180万元，利税45万元。

1991年3月，烟台第五化工厂建成投产，厂区占地面积8793平方米，建筑面积900平方米，有职工5人，注册资本53.5万元。年产印染助剂200吨，1997年停产。为区属集体企业，隶属民政局。2003年12月，转让给烟台光达工贸有限公司。总资产114万元，整体转让，土地使用权50年，转让价50万元，区民政局负责清理债权债务。

第二节　发酵

酶制剂　1984年7月，始建上海发酵厂烟台分厂。1985年10月投产。当年生产洗涤剂酶、蛋白酶、淀粉酶350吨。1986年，有职工197人，年产各种酶制剂2000吨。1989年，产量3786吨，产值594万元。1999年6月，租给烟台盛达（后改称盛元鸿）生物工程有限公司。有职工130人。2002年，产值增至773.4万元，销售收入619.3万元。

酵母　1984年，筹建上海酵母厂福山分厂。厂区占地1.3万平方米，建筑面积5700平方米，总投资364万元。其中，上海酵母厂投资143万元，控股40%；福山区发酵公司投资221万元，控股60%。全民所有制企业，隶属区发酵公司。1986年10月投产，开始生产鲜酵母、活性干酵母、高麦角团醇酵母、葡萄酒活性干酵母、酵母浸膏、面包添加剂等，年产鲜酵母和活性干酵母700吨。1988年，有职工232人，产压榨酵母1307.54吨，产值195万元，利润12.4万元，利税17.87万元。1989年，产量增至2031.6吨，产值633.1万元，利润10.5万元，利税307.28万元。1993年，产值1477万元，销售收入1432万元，利润65万元，利税106.7万元。1994年10月，更名为烟台酵母厂。1995年，与澳大利亚马利公司合资，澳方投资630万美元，控股60%；中方控股40%，合资经营期限为40年，更名为烟台马利酵母有限公司，年生产能力达到4000吨。1998年，年产酵母4351.4吨，产值1950.2万元，销售收入2079.4万元。2000年，产量5689吨，产值2277.6万元，销售收入2740万元，利润152.9万元，利税337.3万元。2001年，与河北马利成立联营中心。2002年，有职工165人，产量达7965.5吨，产值3239.6万元，销售收入3731万元，利润295万元，利税612万元。主要产品有压榨鲜酵母、活性干酵母、高麦角固醇酵母、葡萄酒活性干酵母、酵母浸膏、面包添加剂。其中，活性干酵母获省优产品奖。产品销往国内外。

第三节　油漆

1983年7月，筹建福山家具涂料厂，1984年7月投产。同年10月，与青岛油漆厂联营，生产醇酸清漆和醇酸调和漆。12月，醇酸调和漆投入生产。1985年6月，改称烟台油漆厂，为区属集体企业，隶属区化工公司。厂区占地3万平方米，建筑面积4400平方米，固定资产120万元，有职工146人，年产油漆420吨，产值227.6万元，利税30万元，税后利润8.4万元。被省化工厅列为定点生产厂家。生产的聚氨酯清漆荣获全国第1名；获省科技进步2等奖，连年获省优产品。1990年，年产油漆1500吨，产值760万元，有30多个品种。1998年8月，将资产转让给金河实业总公司，每年以新增所得税的50%先征后补，抵完为止。

1985年，始建烟台船舶涂料厂，1987年投产，主要生产乙烯长效防锈漆、防污漆、氧化亚铜，是中国船舶总公司转让和推广的最新科技成果，设计年产400吨。厂区占地6000平方米，建筑面积1500平方米，有职工37人。为区属集体企业、隶属区化工公司。1992年12月，改称烟台远洋船舶涂料股份有限公司，企业法人代表控股，职工持股。总资产990万元，有职工50人。1993年，产量为130吨。1997年和1998年，分别年产429吨和447吨。生产的X44-1和X40-4长效防锈漆和防污漆，分别获中船总公司3等奖，产品销往全国30多个造船厂家。1998年9月，全部产权转让给烟台海神船舶涂料有限公司，注册资本50.4万元。接收方承担全部债权债务，以租赁方式取得土地使用权，按国家法律政策安置职工和发放离退休人员养老金。2002年，因产品滞销，产量降至147吨，产值187万元，缴税13.5万元。

第四节　塑料与化工制品

塑料　福山塑料加工业是70年代发展起来的新兴工业。1970年，臧家公社兴办福山塑料五厂，开始加工生产塑料制品。1972年，东厅公社南十里堡村办福山塑料三厂，生产塑料制品、聚四氟工程件、尼龙工程件，年产能力800吨。1973年，东厅公社工办购置65型抽丝机1套、日本丰田织布机10台，以聚丙烯和高压聚乙烯为原料生产编织袋。1981年初，臧家公社兴办福山塑料六厂，生产塑料压条。同年，臧家公社农机修造厂设塑料车间，生产自行车、摩托车塑料配件。

1982年1月，县机械厂购进SJ—CP65塑料挤出机，生产塑料薄膜。后又购进8台不同型号的注射机，生产塑料生活日用品及周转箱、洗衣机壳等塑料制品，形成完整的塑料制品生产加工车间。同年5月，安装丙纶丝生产设备，7月试车成功，成立县塑料厂。有职工231人，固定资产162万元。后又引进日本产和国产塑料注射机等设备36台（套），生产多种塑料制品及各种颜色的丙纶长丝、弹力丝。1983年，改称烟台第七塑料厂。区属集体企业，隶属区二轻公司。1985年，有职工291人，固定资产162万元，产值360万元，利润37.5万元。1989年以前，年产塑料制品200吨、丙纶丝80吨左右，产值360万元，利润37.5万元。1990年，厂区占地10000平方米，建筑面积5000平方米，年实产塑料制品194吨、丙纶丝74吨，产值345万元。产品销往烟台、威海、青岛及东北各省。1998年2月，转让给区义峰包装彩印有限公司（不含2辆运输车和水电、土地使用权）和债权债务（不含银行贷款、利息和欠二轻公司的管理费，按国家规定安置在职及发放离退休职工养老金，以1997年税收为基数，税收连续退还5年），有职工54名。专业生产各种塑料周转箱，年产40万只，产值600万元，利税56万元。2002年，产值596.2万元，利税56.1万元，资产总计1873.3万元。

1983年，兜余公社两甲庄村建成聚氨酯材料厂，主要产品是硬质聚氨酸泡沫塑料，年产3000立方米；组合聚醚年产600吨，组合冷库板年产8000平方米。同年9

月，兜余塑料厂建成，有固定职工243人，固定资产原值68.4万元，产值104万元，利润2万元。

至1985年，全区有塑料厂22个。其中，区办2个、乡镇办5个、村办15个，年产塑料制品1369吨、聚烯烃编织袋651万条。

丙纶膨体长丝　1988年，烟台地毯材料有限公司投产，厂区占地面积6700平方米，建筑面积5000平方米，固定资产416万元，有职工156人。股份制企业，国有股占77.16%，金东公司股占19.7%，职工股占3.14%。隶属区二轻工业公司。拥有从意大利引进的丙纶膨体长丝生产线2条，生产一束单色、一束双色、一束3色的丙纶膨体长丝，设计年产能力1500吨。1989年，产量1113吨，产值1657万元。产品获山东省优秀新产品2等奖，销往国内6个省，出口10个国家。1989年，产量1113吨，产值1657万元。1995年以后，亏损严重，1999年1月停产，总资产1440万元。2002年5月破产，资产出售给烟台开发区工艺品公司，职工解除劳动合同，全部办理失业手续。

芳烃增塑剂　1985年4月，烟台第九塑料厂建成投产。厂区占地面积4000平方米，建筑面积600平方米，固定资产17万元，有职工30人。拥有塑料成型挤出机和芳烃增塑剂生产线，1989年，生产增塑剂270吨，产值97万元。因资不抵债，1995年破产，资产转让给烟台冶金矿山机械厂。

聚氨酯仿皮革　1987年，始建烟台化学制革厂，拥有国产化学制革设备163台。厂区占地面积4.4万平方米，建筑面积1万平方米。1989年8月投产，当年生产49万平方米，产值829万元。由于投资不足、设备不配套、产品质量低、流动资金短缺和受技术与市场等因素制约，1990年5月，出租给烟台合成革总厂，制革厂的债券本息于1995年还清。2002年11月破产，资产卖给烟台金河实业公司。

防雨胶布　1988年，烟台中和革制品有限公司成立。为合资企业，烟台化学制革厂投资70%，香港中和行投资30%。厂区占地5000平方米，建筑面积2000平方米，年产防雨胶布100万平方米、革制品10万件、其他制品2.5万件。因严重资不抵债，于1998年停产。经评估，总资产为728万元。2000年1月，厂房和土地全部出租给万坤服装有限公司，租期10年，原有职工129名留守2人，其余均解除劳动合同，按国家有关规定处理。2002年破产。

涂料　1985年3月，福山化学建材厂建成，为区属集体企业，隶属建材公司。注册资本17.5万元，有职工23人。借用厂房，生产内外墙涂料。1991年停产。

第五节　化肥

氮肥　1975年11月，县化肥厂在兜余公社建成，为全民所有制企业。年产合成氨3000吨。1977年，产量增至5000吨。1979年，改产固体碳酸氢铵，年产7000吨。至1981年，共生产合成氨32548吨、碳酸氢铵37897吨，产值1675万元。产品全部在县内销售。1981年12月底停产。1982年改产味精。

磷肥　1972年4月，国营福山磷肥厂建成，为全民所有制企业，隶属区化工公司。1984年，改为烟台磷肥厂。建厂初期年产硫酸2000吨、普通过磷酸钙500吨。1976年和1980年，对硫酸、磷肥2条生产线进行工艺改造，年产磷肥1万吨、硫酸5000吨。1989年，产磷肥6050吨、混配复合肥646吨，产值112万元。1998年7月，全部资产及债权债务（包括欠职工工资、集资本息、劳保费用等，不包括职工宿舍）转让给烟台永生集团总公司，并安置70名职工（含离退休7人）。2002年，有职工110人，年产磷肥3万吨，产值1477万元，欠税0.9万元，资产总计2088万元。

第六节　制药

1972年6月，县食品公司建制药厂，生产氯碱和中草药。1976年，改称福山制药厂。生产针剂、中草药等18个品种。1979年4月，改称福山兽药厂，生产兽药。1984年，生产兽用针剂、片剂、粉剂、添加剂等44个品种。固定资产增至92万元，年产值156万元，销售额173.6万元，全员劳动生产率1.74万元，利润29.2万元。1985年，更名为烟台兽药厂。厂区面积1.25万平方米，建筑面积5200平方米，人员增加到117人。生产的兽药及添加剂50多个品种。其中，水貂添加剂饲料，达到国内领先水平；蛋鸡多维素，达到省内先进水平。1990年，年产针剂4003万毫升、粉剂423万袋、片剂56464万片、添加剂196吨。总产值934万元，净产值655万元，固定资产原值445万元，净值356万元，产品销售收入773万元，利润34万元，上缴利税4万元。1996年，改称烟台群乐兽药厂。1998年1月，改制转让给林源公司。产量有所下降，产值574.1万元，销售收入389.8万元，利润4万元，利税17.3万元。2002年停产，翌年破产。

第七节　企业选介

烟台化工开发公司　1991年成立，为区属集体企业，隶属区化工公司。占地面积2314平方米，建筑面积531平方米，总资产50万元，有职工22人。生产化工材料、密封材料。1998年停产。2003年，厂地被区政府征用，职工解除劳动合同，办理失业手续，给予安置。

烟台化工包装材料厂　1992年建厂，为全民所有制企业，隶属于化工公司。固定资产80万元，有职工40名。1998年停产，职工放假，有6名工人利用原有设备租房生产瓶盖。2002年5月停产。总资产130万元，以解体处置。

烟台豪华塑料制品公司　1986年，福山电镀厂关停后，厂区土地及建筑物被烟台开发区占用，开发区以黄河路7号3083平方米的厂房作为电镀厂补偿。1989年，原电镀厂职工计划筹建烟台豪华塑料制品公司，因缺钱未建。1996年，由烟台佳佳服装厂接管。1999年6月，区政府决定收回黄河路7号的厂房，作价295.968万元，以烟台炭素厂12066.36平方米土地的30年使用权作价229.26万元和4522平方米的厂房作价59.75万元，抵给烟台豪华塑料制品公司。同年，又转让给烟台佳佳服装厂，以企业新增所得税的50%先征后退，抵完为止，并按照《中华人民共和国劳动法》和区政府有关规定，安排职工及离退休人员的工作和各项待遇。

第八章　家具工业

中华人民共和国成立前，境内家具均由民间木匠制作。30年代，城镇出现木业作坊，多为来料加工。1945年，福山有木器厂7家，主要制作家具和木制小农具。50年代初期，木工多以师带徒，设有简单作坊生产，或预约登门服务，按雇主要求制作家具或进行建筑木工作业。1956年，除民间个体作坊外，又组建建国、建成、联民、建强、新建、联华、建兴等7处木业生产合作社。1957年，调整改组，仅剩建国、联华2处。1962年，建国木业生产合作社改称县木器生产合作社。1973年之后，先后改称县木器厂、福山家具厂、烟台家具厂。

60年代前，木材加工从锯木、刨光、开榫、凿眼到成装，均系人工操作。60年代后，锯木实现机械化。70年代，刨光机、砂光机、压力机、开榫落榜机、打眼机、压刨床、平刨床、车床、铣床等相继安装使用，木材加工实现机械化。家具式样由传统式转为现代式样。80年代，高档组合家具进入千家万户。1984年，开始生产折叠式系列钢木家具和组装家具。

第一节　木制品

1953年3月，建国木业生产合作社成立。1962年4月，改称县木器生产合作社。1973年7月，改称县木器厂。1980年，改称县家具厂。1984年，改称烟台家具厂。区属集体企业，隶属区二轻公司。1985年，厂区占地1.9万平方米，建筑面积8500平方米，有职工229人，固定资产43万元，各种木工机械52台，年产家具8800件，产值175.6万元，利润13.5万元。1984年，生产的小衣柜、曲柳贴面写字台，在山东省家具产品展销订货会上分获2等奖和3等奖。产品主要销往省内各大、中城市，部分远销河北、内蒙古等省、自治区。1989年，生产各种木制家具17652件，产值284万元，利润21万元。主要产品有大衣柜、小衣柜、文件柜、书柜、写字台、办公桌椅、单双人床、高中档沙发等。1996年停产。1997年5月，出租给欧一艺品有限公司，租期10年。2001年9月破产。

第二节　钢木家具

1984年，县第一农机厂改称烟台第二钢木家具厂，为区属集体企业，隶属区二轻公司。生产的两用钢木折椅，被评为省优产品。1985年，厂区占地7000平方米，建筑面积8000平方米，有职工102人，固定资产43万元，生产钢木折椅10.6万把，产值372万元，利润19.5万元。1989年，生产钢木折椅、折叠圆桌、圆凳、钢折叠床、茶几、大衣柜、可调沙发、花架等70余种，共计6.69万件，产值305万元。产品销往北京、天津、唐山、连云港及省内20多个城市。1995年以后，产品滞销，资不抵债。1998年9月，转让给济南利博实业总公司，改称烟台特达家具有限公司，继续生产钢木家具，产品全部出口。厂区占地9000平方米，建筑面积1.2万平方米，有职工130人，资产总额1691万元。2000年，销售收入311万元。2002年，有职工205人，总产值243.7万元，销售收入162.7万元，总资产1666.5万元。

第九章　饲料工业

1965年，县手工业管理局建饲料加工厂。1978年，烟台渤海联合有限公司福山饲料厂成立。1981年5月，县粮食局建饲料厂。1986年，烟台市饲料公司与香港协力科技有限公司和新加坡百龄麦有限公司共同合资，在境内建成烟台新中新饲料有限公司。改革开放后，私营饲料工业逐步兴起，促进了区（县）内养殖业的发展，产品还出口国外。2002年，全区有饲料加工厂17处，年产添加剂、预混料、浓缩料、配合料等40多种。

第一节　颗粒饲料

1978年，烟台渤海联合有限公司福山饲料厂成立。有职工61人，各种机器设备23台。利用槐叶粉、青草粉、苜蓿粉加工颗粒饲料，年产量5000吨，产值150万元，利润15.7万元，原料来源于烟台外贸土产公司。1984年，增加粮食颗粒饲料生产。两种颗粒饲料均供外贸出口。1985年，厂区占地19901平方米，共有职工168人，固定资产18.5万元，产值153.13万元，利润110万元。1978—1985年，8年共生产各种颗粒饲料20736吨。1983年，增设水貂饲料加工车间，1985年，分出经营，称福山水貂颗粒饲料厂，资金25.3万元，职工110人，机械设备3台，动力机械105马力，原料由中国土畜产总公司调拨和自购，产品销往全国各地，年产量3724吨，产值619.2万元。

第二节　配合饲料

1981年5月，县粮食局投资16万元，建饲料加工厂，占地面积9145平方米，为全民所有制企业，隶属县粮食局。安装粉碎机和混合机各1台，以玉米、小麦、麸皮、鱼粉、骨粉、豆饼等为配料，主要生产畜禽混合饲料，在县内销售。1984年，改称区饲料公司。1985年，有职工52人，固定资产16万元，年产配合饲料1200吨，产值278.2万元，利润20.3万元。主要生产猪饲料和鸡饲料，由10处乡镇粮管所经销。90年代前期，开始推广和生产水貂颗粒饲料。90年代中后期，经营利润锐减，加上受东南亚金融危机的影响，1998年销售收入仅有66万元，利税0.8万元。2000年4月，企业改制，转让给个人，更名为华福饲料有限公司。接收方承担全部债权债务，负责安置在职职工及离退休人员养老金，负资产以每年税收的50%先征后补相抵。2001年，与烟台市粮贸公司合资，加工生产浓缩饲料，企业更名中宏饲料有限公司，长期处于停产状态。

第三节　浓缩饲料

1986年，烟台市饲料公司与香港协力科技公司、新加坡百龄麦有限公司共同投资250万美元（折人民币2000万元），在境内建成烟台新中新饲料有限公司。厂区占地21082平方米，建筑面积6517平方米，有职工93人，固定资产1300万元，流动资金700万元。引进澳大利亚先进的成套生产设备，生产过程全部由电脑自动化控制。设计年产浓缩饲料、预混饲料和配合饲料10万吨。产品有蛋鸡、肉鸡、蛋鸭、肉鸭、奶牛、肉牛、肉羊、猪、兔、鱼等十大系列。并根据禽畜不同生长阶段的需要，科学采用不同配方，降低饲养成本，提高饲养效益。公司拥有动物营养和兽医专业等高素质人才，聘请农业大学等院校的专家为顾问，组成科研实验队伍，研制新产品，先利用自办养殖试验场试验，化验鉴定合格后再批量生产。公司实行饲养、加工、销售等配套服务，聘用高级兽医师指导，同时为养殖户提供种苗服务。投产后，因受销量制约，实际年均产量稳定在3～5万吨。1998年，产值2118万元，销售收入2886.2万元。2002年，总产值573.4万元，利税260.5万元，总资产1670.5万元。产品销往江苏、湖南等省，部分出口斯里兰卡、印尼等国家和地区。

第十章　饮食及其他工业

福山的饮食工业生产历史悠久。1929年，有较大酿酒户14家。

中华人民共和国成立后，国营福山糕点厂建成，私营糕点铺停业。1958年，国营福山糖酒厂建成，开始生产白酒、红酒等。

酱菜生产始于1936年。1950年，邹某开设“建新”号酱菜店，于1956年并入福山镇供销社，在盐场村成立福山镇酱菜厂，1965年倒闭。1966年8月，国营福山酱菜厂建成，生产酱油、面酱、醋及各种小咸菜。

1984年，福山建味精厂，生产“福寿牌”味精，获世界优质产品金奖。产品销往全国各地，并出口国外。

福山印刷业始于清末，造纸业始于1944年。1964年，生产纸制品。1976年，生产无线电元件。改革开放后，制镜、钕铁硼永磁性材料、体育器械等新兴工业发展较快。

第一节　食品

1952年9月，国营福山糕点厂建成，全民所有制企业，隶属于县商业局。有职工8人，厂房70平方米，厂棚200平方米。手工制作，吊炉烘烤，以柞碳作燃料，年产4万公斤。1957年，改吊炉烘烤为丘炉烘烤，改烧柞碳为无烟煤。1960年，新建厂房200平方米，改丘炉烘烤为烧大烟煤的暗炉烘烤，年产量增至15万公斤。1973年，购置和面机，改造土炉，减轻劳动强度，提高产品质量。1979年，建远红外线大3炉1台，班产能力5500公斤。1981年，建12米电炉1台，班产能力2500公斤。1981年，建3米小电炉1台，班产能力225公斤。1984年，改称烟台第二食品厂。至1985年，厂区占地5176平方米，建筑面积2832平方米，有职工76人，固定资产49.3万元，产值117.2万元，利润2.5万元。拥有远红外线大型电炉、12米电炉、雪糕机、冰激凌机、日本产食品包陷机、冰棍制把机、万能制点器等设备。生产糕点30余种，最高年产30万公斤；生产山楂系列产品3种，最高年产8万公斤；生产冷饮冻制品10余种，年产1.5～2.5万公斤。生产的“观月牌”芙蓉糕和山楂可乐，曾被评为全省第1名，获省、部优产品。之后，随着粮油市场的开放、私营食品业发展、食品厂设备老化，产品滞销，亏损严重，1994年3月停产。1998年10月，申请破产。

第二节　酒水

白酒　1958年，国营福山糖酒厂建成，生产白酒、红酒、白糖、红糖。技术设备差，年仅产酒22吨。1959年，与烟台酿酒厂合并，称烟台酿酒厂福山分厂。1962年析出，称福山酿酒厂。1963年停产。1966年重建。1967年，产白酒229吨。1975年增加到1100吨。1979年，在城西建新厂，厂区占地45288.68平方米，建筑面积76270.69平方米，拥有年产5000吨白酒、3000吨酒精和400吨固体酒的生产线，固定资产432.6万元，有职工698人。1982年迁入，白酒年产量增加到2200吨。1983年，与烟台张裕公司联营，酿造出的红酒和白酒有30多种。1984年，改称烟台第二酿酒厂。1985年，年产白酒4225吨、红酒1425吨，产值812.66万元，利润112.46万元。其中，鲁皇佳酿、金凤酒被评为省一类酒；鲁皇特窖、奇泉春、鲁皇白干、霸威老窖、鲁皇老窖、家吉酒、霸威特曲、鲁皇8个品种被评为市一类酒。1989年，产白酒3441吨，产值480万元。1990年，鲁皇佳酿获布鲁塞尔世界博览会金奖。1993年，鲁皇特液和鲁皇白干获布鲁塞尔世界优质产品银奖。1994年以后，产销量下降，资不抵债；1997年破产，转让给烟台张裕公司，更名为烟台张裕葡萄酒公司醴泉酒业公司。1998年，产值893.5万元，销售收入2448.9万元，利润12.8万元，利税287.5万元，有职工202人。2002年，产白酒8000吨、酒精8000吨，产值3840万元，利税1029.6万元，资产3398.6万元。产品主要销往省内各地及东北等地。

葡萄酒　1987年，烟台第二葡萄酒厂建成。厂区占地3.3万平方米，建筑面积3000平方米，有职工300人，年产量4000吨。产品有干红葡萄酒、白葡萄酒、半甜雷司令和干红解百纳，并获世界优质产品金奖。1997年，因产品销量低，企业亏损、破产，转让给烟台张裕葡萄酒酿酒公司，改称烟台张裕葡萄酒公司福山葡萄酒公司，主要生产干红系列葡萄酒。1998年，产值1411万元，销售收入2862.7万元，利税549.3万元。之后，原酒年产量稳定在2～3万吨、成品酒稳定在4000吨。2002年，有职工101人，资产1959万元，工业总产值2322.8万元，销售总收入3195.1万元，利润363.3万元，利税1359.2万元。

矿泉水　2000年6月，烟台张裕葡萄酒公司与门楼镇共同投资1800万元，开发潘家井矿泉水。厂区占地2万平方米，建筑面积5000平方米，有职工90人，生产“张裕牌”矿泉水1.8万吨。2002年，产值750万元，销售收入763万元，利税84万元。产品在省内销售。

第三节　味精

1982年2月，县化肥厂转建福山味精厂，当年投产，固定资产原值565万元，净值448万元，职工437人。1984年，改称烟台味精厂，生产“福寿牌”味精。为全民所有制企业，隶属于区食品发酵公司。1985年，厂区占地61536平方米，建筑面积12084平方米，有职工449人，固定资产565万元，年产味精981吨，产值1112.7万元。1989年，产味精1496吨，产值1678万元。1990年，有职工720人，年产味精3000吨、饲料酵母800吨、黏多糖50吨、柠檬酸1500吨。所有产品均获省、部优称号。1988年，“福寿牌”味精获世界优质产品金奖。产品销往全国各地，并出口欧洲、东南亚等国家和地区，被山东省定为出口厂家之一。后因经营不善，造成企业亏损，资不抵债，于1994年破产。

第四节　酿造

1966年8月，国营福山酱菜厂建成，为全民所有制企业，隶属县商业局。生产设备简陋，采用传统方法生产酱油、面酱、醋及各种小咸菜，醋、酱油年产400吨。1968年后，更新设备，改进工艺，开始用大缸晾晒面酱，保温发酵，并增加多种小菜腌制品种。1975年，年产酱油750吨、面酱20吨、食醋12吨。1978年，产量达到800吨。1979年，建成玻璃酱房330平方米，年产面酱100吨。后引进先进设备，采取蒸罐熬料、通风制曲、水溶发酵、淋油、灭菌、入罐储存等新工艺流程。并于1983年，在烟台地区酿造评比中取得风味、质量第1名。1984年，改称烟台第二酿造厂。引进淋酱油加热器，增建暖酱池、曲池等设施，改单房生产为双房生产，年产1600吨。制醋车间改卧式蒸球为旋转蒸球，生产一级食醋。1985年，厂区占地7000平方米，建筑面积4800平方米，固定资产55.9万元，产值53万元，利润6万元，有职工49名。设酱油、面酱、小菜、制曲、制醋、修配6个车间。生产品种有酱油、面酱、食醋、酱菜等，主要向各乡镇供销社食品部批发，少量销往区外。1994年，与烟台铣床总厂合并，继续进行酱菜、酿造生产。后因酱菜、酿造利润微薄，于1996年停产。

第五节　果品深加工

1970年，福山酒厂建成果脯车间，生产果脯。1984年，区果品公司与东陌堂村联营建成果品加工厂，生产梨、桃、苹果、山楂和葡萄等水果罐头。

80年代末，境内水果产量猛增，加工企业随之增多。1986年，区联社投资兴建区罐头厂，厂区占地8000平方米，建筑面积6500平方米，有职工150名，年产罐头1000吨，产值131.6万元，利润8.6万元。主要以当地水果为原料加工罐头。其中，黄桃和大樱桃罐头均获省、部优，产品销往全国各地。1996年，黑龙江美尚集团与区联社合资，在福山罐头厂的基础上成立烟台美尚果剂有限公司，注册资金2200万元，主要加工生产浓缩果汁和鲜果汁，年产量1.5万吨，产值700万元，利税7万元。1997年，烟台康乐达食品公司成立，年进行果品深加工万吨以上。2000年8月，烟台山村果园绿色生物公司全套引进具有世界先进水平的全自动化水果、乳品深加工生产线16条，年生产能力达20万吨。2002年，美尚果汁公司停产，设备与厂房由永益食品公司继续使用、生产。有职工51人，年产值620.2万元，利税6.9万元，总资产500万元。

第六节　粮油工业

粮食加工　1949年，福山城内有专门从事磨面的个体户13家。60年代中期以前，农村粮食加工依靠石磨和石碾。60年代后期，粮食加工实现机械化，先是以柴油机为动力，后改用电动机。1968年，县粮食局建面粉加工车间，安装65型小钢磨5台、500洗麦机1台、1吨联合比重去面机1台，日加工面粉1.5万公斤。1975年，厂方设备全部更新，安装16寸钢磨6台、750洗麦机1台、6吨联合比重去面机1台、6吨跳筛1台、刷麸机2台，日加工面粉6万公斤。主要供应给城镇居民和驻军，以及批量供应糕点、饮食业，同时对农村开展少量的小麦兑换面粉业务。1992年，粮食定量供应停止后，面粉加工进入市场化。1994年1月，福山面粉厂成立，为全民所有制企业，隶属于区粮食局。1995年5月，投资550万元，对面粉生产设备进行更新改造，日加工能力达170吨。同时，开发保健粉、食品加工专用粉和普通食用粉3大系列的十几个品种。除在烟台市区销售外，还销往外省市。1998年，产值1341.9万元，利润104.4万元，利税105万元。2000年，改为股份制，由粮油集团参股持有更名为福发面粉有限公司，企业领导层控股85%，粮油集团参股15%。2002年，年销售量达到2.9万吨，产值3872.8万元，利润35.1万元，利税57.6万元，资产937.5万元。

油脂加工　中华人民共和国成立前，境内有多处大豆榨油作坊。50年代初期，油脂加工均为手工操作，加工的油脂有花生油、芝麻油、大豆油。榨油作坊分集体和个体两种，经营方式有兑换和带料加工。1956年5月，国家投资0.6万元，与联成、同兴油坊合营，成立县粮油加工厂，有职工10人、人力铁榨机8台，日加工花生仁1200公斤，年产值10万元。1964年，增至24台，日加工花生仁7000公斤。1968年，购进1台螺旋榨机，代替24台人力铁榨机，榨油实现机械化，日加工花生仁2.4万公斤。1983年，年产花生油61万公斤，供应非农业人口食用有余。1985年，开始为群众加工油脂。1989年，粮油放开经营，停产。

粮油食品加工　1979年前，粮食部门只卖生、不卖熟，搞单一经营。1979年以后，坚持一业为主、多种经营的方针，开始加工经销粮油食品。与此同时，各公社粮管所、粮油食品供应公司随之开展做馒头、炸油条及豆制品加工等经营项目。1982年4月，区粮油食品工业公司成立，生产加工挂面、面包、桃酥、五香花生仁等。粮油食品加工业务开展初期，粮食部门所经营的议价食品，多数利用平价粮油加工生产，给粮食部门搞活企业、增加收入带来实惠。1992年后，由于国家粮油供应政策发生变化，粮油计划供应指标被取消，同时又受到产品生产加工技术、市场等因素制约，各企业的食品经营陆续停止。

第七节　造纸与印刷

造纸　1944年，境内有纸坊1家，自产自销，供不应求。1970年，建成国营福山造纸厂。当年产纸板620吨。后经7次较大技术改造，生产各种规格的箱纸板、有光纸、水果包装纸等。1973—1977年，因管理不善，连年亏损。1978年，扭亏为盈，产品质量提高，品种增多，主要生产箱板纸、有光纸、板纸、水果包装纸、卫生纸等。生产的2号和8号箱板纸，在全省质量评比中，被评为一类产品。1985年，厂区占地54933平方米，建筑面积8699平方米，固定资产237.6万元，有职工245人，产各种纸 4370 吨，产值 341.9 万元，利润 21.68 万元。1988 年，因污染防治无力，大部分厂房和场地转给碳素厂而停产，只保留卫生纸生产车间。1989 年，产卫生纸 704 吨，产值 141 万元。1992 年 4 月停产。

纸制品　1964 年，靴鞋生产合作社转产，改称县纸盒生产合作社。1967 年，改称纸箱生产合作社。1971 年，称纸箱厂。1976 年，利润超过 100 万元。1978 年，社队纸制品企业大增，利润下降至 42 万元。1984 年，称烟台包装装潢厂，为区属集体企业，隶属于区工业公司。1985 年，厂区占地 51941 平方米，建筑面积 16302 平方米，设彩印、纸箱、机修 3 个车间和 1 个锅炉工段，有职工 490 人、各种机械设备 75 台（套），固定资产 605 万元；瓦楞纸板生产线建成投产，生产彩印小包装纸箱 3000 吨、纸板 2500 吨，年产值 950 万元，利润 55 万元。1986 年后，增加先进设备 25 台（套），年可印制彩色印刷品 100 万色令、瓦楞纸箱 3000 平方米、纸管 20 万米、不锈钢烧结过滤嘴 10 万支。1989 年，生产纸箱 976 万平方米、彩印 3433 万印、纸板 3061 吨，产值 2402 万元。产品曾获国家科技进步奖和省优、部优。主要销往烟台张裕、鲁星食品、氨纶、首钢电装、外贸二冷等知名公司。1998 年，产值 2803.5 万元，销售收入 3699 万元，利润 259 万元，利税 499.7 万元。是年 12 月，将全部国有股转让给本厂全体股东，成为领导班子控股、职工参股的股份制企业。同时，改称烟台利达彩印包装有限责任公司，有职工 381 人。2002 年，产值 1722.3 万元，总资产 3567.4 万元。

印刷　福山的印刷业始于清朝末年。1958 年初，莱阳专署印刷厂职工分到福山，成立福山印刷厂。同年 5 月 1 日，《福山大众》创刊，印刷厂承担印刷业务。10 月，福山并入烟台市，印刷厂随转为市属企业。1974 年 10 月，福山师范学校开办印刷厂。铅字板印刷稿纸、报表、文件、图纸、报刊等。1984 年，改称烟台第二印刷厂，为全民所有制企业，隶属于区文教局。1985 年，有职工 43 人，固定资产 15.5 万元，产值 19.5 万元，利润 3.4 万元。1992 年 5 月，区机关印刷所建成，拥有胶印机 2 台以及铅印机、制板机、微机等成套设备。承印文件、表格、账页、书刊形式的装本。年产值 40 万～ 50 万元，利税 2 万～ 3 万元。

村办印刷厂有永福园、城西、石屋营、黄连墅、城里等。部门办印刷厂有八角工交、烟台二十三中和烟台二十五中印刷厂等。

第八节　无线电元件

1976 年，县无线电元件厂建成投产，生产碳膜电阻和金属膜电阻 700 万只。1977 年，产电阻 1067.7 万只，产值 81.7 万元，利润 21.58 万元，被山东省电子局定为电阻生产定点厂家。1984 年，改称烟台无线电元件厂。为区属集体企业，隶属于区二轻公司。1985 年，厂区占地 1270 平方米，建筑面积 3295 平方米，固定资产 59 万元，产值 74.3 万元，利润 1.5 万元，有职工 110 人。设备有真空镀膜、自动对焊、自动冲帽等生产线，生产 RJ0.25W 至 RJ2W 全系列金属膜电阻、精密金属膜电阻和各种规格的碳膜电阻，并根据用户需要生产高瓦数、大功率电阻。1998 年 7 月，转让给和平家电商场。商场利用库存物资和无销路的大号产品，加工、改制成小型号电阻，年产 100 万只，收入 13 万～ 15 万元。

第九节　其他产品

钕铁硼永磁性材料　1995 年 3 月，烟台磁王集团有限公司成立，次年 3 月投产。主要生产高性能钕铁硼永磁性材料，设计年产 20 吨。至 2000 年，每年产量稳定在 15 吨左右，产值 650 万元，利税 60 万元。

体育器械　1992 年 5 月，福山体育器械厂建成，挂靠区民政局。注册资本 15.5 万元，生产乒乓球台、篮球架、排球架、单杠、双杠、健身器等体育器械。2002 年，脱钩为民营企业，有职工 9 人，租用厂房，继续生产体育器械，销售收入 110 万元，利税 15 万元。

制镜　1986 年，烟台第二制镜厂建成，厂区占地 7000 平方米，建筑面积 5000 平方米，有职工 130 名，固定资产 242 万元，隶属于区二轻公司。拥有镀铝、喷砂、滚框、切割、磨花、电渗洗、机床等 50 余台设备，为烟台外贸轻工业进出口公司联营厂。生产电镀磨花支镜、大镜片、喷砂玻璃等 20 余种产品。年产量 130 万面，产值 180 万元。产品获省优，被轻工业部授予出口创汇先进企业。产品 90% 出口，10% 内销。1988 年，被烟台制锁材料厂兼并，年产磨花支镜 96 万面，产值 136 万元。

1992 年，兼并烟台水泥自控设备厂。1994 年，改为股份制，改称烟台福盛建材机械有限公司。2000 年，资产总额 491 万元。2002 年 1 月转让。2002 年 3 月破产。

第十节　企业选介

上海发酵厂烟台分厂　1984 年 7 月始建，次年 10 月投产。为全民所有制企业，隶属于区食品发酵工业公司。厂区占地面积 15799 平方米，建筑面积 4133 平方米，固定资产 260 万元，有职工 197 人，当年生产 AP 洗涤剂酶、2709 蛋白酶、淀粉酶共 350 吨。1989 年，生产酶制剂 3765 吨，产值 594 万元。1998 年，改称星达生物工程有限公司。产值 1795.6 万元，销售收入 959.9 万元，利税 0.8 万元。1999 年 6 月，租赁给烟台盛达生物工程有限公司，租期 10 年。2002 年，称烟台盛元鸿生物工程有限公司。年产值 773.4 万元，有职工 130 人。

烟台微生物多糖厂　1986 年 9 月筹建，1987 年试投产。厂区占地面积 2.6 万平方米，建筑面积 1500 平方米。因产品销路不畅，试产 3 个月后即停产。2003 年 6 月，转让给烟台大华生物开发有限公司，转让全部资产（含厂房、土地、设备等），转让后生产生物系列制品。

烟台磁王集团有限公司　1995 年 3 月成立，1996 年 3 月投产。全民所有制股份企业。其中，福山黄金公司占股 39%，烟台市地矿局占股 41%，山东省地勘局占股 20%。厂区占地面积 1 万平方米，建筑面积 850 平方米，总投资 805.5 万元。生产铷铁硼，设计年产 20 吨，年产值 650 万元，利税 60 万元，有职工 60 人。2000 年 10 月，以 961.3 万股（占 13.7%）入股首钢磁性材料股份有限公司。

第十一章　电力工业

境内电力生产最早始于清代光绪年间。电力工业为商人私营企业，生产能力低，供电范围狭窄，仅供官府、商家和富户照明。中华人民共和国成立后，电力事业迅猛发展。1959 年，福山镇公社始建发电站，供机关事业单位、商店、城里和南关大队部分用户照明。1963 年春，烟台发电厂输电至福山城，自磨发电停止。同年，福山县第一条 6.3 千伏高压配电线路竣工运行。1965 年秋，建成第一条 10 千伏高压配电线路。是年底，县电管所开始向农村送电。1966 年，兜余、黄务、古现、福山镇 4 处公社驻地及附近 33 个农村大队通电。1980 年，通电农村大队 247 个，占农村总数的 81%。至 1982 年，全县 306 个大队实现村村通电。

图 18-5　国网烟台市福山区供电公司客服大厅

1971—1973 年，境内建成第一座 35 千伏变电站。至 2002 年，相继建成 35 千伏变电站 9 座、110 伏变电站 1 座。同时，城乡高压输电线路、配电线路、低压网络、城区路灯及设施配套建设迅速发展。1980 年，开始进行电力调度自动化建设，至 1990 年，电网调度自动化系统全面运行。2002 年，电力网络遍及全区城乡千家万户、各行各业和大街小巷。随着电力事业的快速发展，工农业生产和人民生活用电量逐年增加。工业年用电量由 70 年代的 120.45 万千瓦时增至 21594 万千瓦时，农村年用电量由 75.9 万千瓦时增至 6467 万千瓦时，生活年用电量由 9.7 万千瓦时增至 4462 万千瓦时，分别增加 178.3 倍、57.8 倍和 459 倍。

第一节　小型发电

动力发电　1905年，烟台商人孙克选投资21万银元，购置1台小型发电机组发电，在今烟台华丰街西首河东创建“全埠华商电灯有限公司”。1913年，福山商人张润暄和王子雍等共同集资10万银元，创办“烟台生明电灯股份有限公司”，购英国产100千瓦汽力发电机和6吨卧式锅炉各2台，次年发电，安装电灯6928盏。1917年后，逐年增装发电机，日发电量达4000多千瓦时，用户随之增多。

1931年春，福山商人鹿益三联络王玉卿等人筹股8000元，创办“育黎有限股份电灯公司”，从上海购进德国产24马力柴油机和发电机各1台，于县城东门外设机房，次年秋发电，供官府、商家、街道和富裕人家照明，安装灯泡千余盏。1936年，鹿益三用3000元购买公司全部设备，后联络“生明电灯公司”常务董事萧兰亭等人投资，将“育黎有限股份电灯公司”改称“启明电灯公司”，继续发电。1938年2月，日军侵占福山，公司被迫停业。

1959年春，福山镇公社购进48千瓦发电机1台，在南堤扬水站利用75马力蒸汽机作动力，每晚发电3小时，供机关、商店和城里、南关村部分住户照明。1962年，又安装80马力柴油机1台，带动50千瓦发电机发电。后迁址车辆修配合作社，购买60马力柴油机和38千瓦发电机各1台。1963年5月，烟台电厂输电至福山城，自行发电停止。

1970年以后，全县有247个大队（占全县农村总数的80.7%）自购10千瓦小型发电机，用12马力柴油机带动发电，装机总容量2600千瓦，一般每晚发电3个小时左右。1982年，全县306个生产大队实现村村通电，小型动力发电停止。

水利发电　1962年5月，在门楼水库东放水洞口的泄洪河道上，建成48千瓦开敞式水电站，发电供水库管理局办公照明。次年，增供门楼公社机关、门楼村农户照明及水库磨坊用电。1964年，投资9.75万元，建成125千瓦水轮发电站，供门楼、大屋、西埠庄、东马疃、西马疃及水库管理局和部分村动力用电。1965年，48千瓦机组停止运行。1966年初，125千瓦机组发电并入烟台电网。1971年又脱网发电，供水库水泥管厂照明和动力用电。1975年，再次并入烟台电网运行。1979年底，停止发电。

1969年12月，张格庄公社马家大队，在村南安装1台5千瓦水电机组，运转发电一年多时间。1970年底停止发电，1971年废除。

1970年3月，投资44.12万元，在门楼水库西干渠放水口处，筹建“幸福”发电站，1971年11月建成，装机300千瓦水轮发电机组2台。1972年2月，又投资76.47万元，在东干渠放水口处，筹建“东风”发电站，1973年建成，装机300千瓦水轮发电机组3台，1982年，3台发电机组更换为320千瓦。以上2处发电站均利用放水灌溉进行发电。水轮机和发电机分别由门楼公社修

1962—1979年福山县水利发电情况表

表18-1

年份	机组容量（千瓦）	年发电量（万千瓦时）	经济效益（元）
1962	48	—	—
1963	48	—	—
1964	48	—	—
1965	125	1.17	—
1966	125	5.57	—
1967	125	1.39	—
1968	125	13.94	—
1969	125	天旱未发电	—
1970	125	19.55	—
1971	125	42.03	—
1972	725	304.65	18276
1973	725	1492.29	89538
1974	725	1215.26	72915
1975	725	1535	87000

续表 18-1

年份	机组容量（千瓦）	年发电量（万千瓦时）	经济效益（元）
1976	1625	1196.63	71797
1977	1625	890.88	55358
1978	1625	695.37	38275
1979	1625	1498.21	82401

配厂、县机械厂制造。因水轮机和发电机质量较差，机组运行后其功率达不到国家要求，均于1982年停止发电。自1972年运行发电至1982年，2处发电站总计发电10665.54万千瓦时，收益51.556万元。

第二节　电力工程施工

电力施工　1963年，县电业管理所成立。县内的电力施工，均由所内人员和临时抽调的民工组成的施工队承担。1969年，设线路班，配员7人，除完成境内电力线路架设和用电设施安装任务外，还将10千伏架空线路由原来的“三线制”供电改为“二线一地制”供电。1972年秋至1975年春，完成35千伏福山变电站建设及其供电线路架设任务，并将“二线一地制”供电又改回“三线制”供电。1977年，线路班增加到10人，除完成县内厂矿企业和农村高低压线路架设及用电设施安装外，还完成烟台电业局下达的110千伏烟黄线（烟台至黄县）和烟徐线（烟台至海阳县徐家店）福山段的架设施工任务。1981年，建成35千伏集贤变电站及进出本站的全部线路架设任务。1984年，成立线路工区，下设线路班和维修班，线路班人员增至20名。1985年，建成35千伏吴家变电站及进出站的线路架设任务。1987年8月，组建电力工程安装队。1989年4月，成立电力工程安装公司。至1990年，电力工程施工器械增加了大货车、发电车、电力工程车、吊车、路灯车，并购进机动卷扬机。在完成境内线路架设和用电设施安装的同时，还完成了烟台电业局下达的220千伏龙文线（龙口至文登）福山段的架设工程任务。1997年，经山东省建筑工程管理局批准，区电力工程安装公司为送变电工程三级资质。至2002年，先后建成和改造福山高新区、门楼和朱甲110千伏变电站3座，建成和改造福山镇、集贤、城镇、吴家、城北、张格庄、兜余、东厅35千伏变站8座，同时完成与之配套的线路建设和改造任务。

工程质量检查监督　福山办电初期，电力工程施工质量无统一标准。1970年以后，电业管理所按照部颁标准，实行电力施工检查验收制度。每项工程竣工后，先由施工负责人自检，再由局（公司）责成生技科、安保科、用电科组成检查验收小组，共同对施工质量按标准逐项检查验收。重大工程项目，均请烟台电业局组织验收。对不合格处立即整改，完全合格后，方可送电。1997年以后，电力工程实行监理制，均委托专业监理部门进行监理。35千伏的河东和东厅输变电工程请烟台鸿山监理公司监理；110千伏的朱甲和门楼输变电工程请山东诚信监理公司监理。电力工程质量检查验收制和监理制的实施，使福山的电力基本建设质量、施工队伍的技术水平不断提高，30多年来所承建的输变电工程全部一次送电成功。

第三节　电网建设

变电站建设

诸嘉村变电站　1964年初，烟台成立电灌办公室，由烟台市（芝罘区）、牟平县、福山县组成，并在黄务公社诸嘉村建成一座35千伏变电站。1965年10月，诸嘉村变电站移交给福山县电管所管理。1977年，黄务公社划归烟台市，该变电站随之移交给烟台电业局。

杨家庄变电站　1966年2月，烟台电灌办公室将牟平县杨家庄35千伏变电站移交给福山县电管所。1969年12月，该站移交给牟平县供电所。

福山变电站　1971年10月，县供电所在县城西山开工建设35千伏福山变电站，1973年9月投入运行。初装县供电所自行设计制造的2400千伏安主变压器，1976年，增容为10000千伏安。1985年，35千伏城镇变电站建成投入运行后，该站退出运行。

集贤变电站　1980年8月，县电业局投资130多万元，在集贤村南建设35千伏集贤变电站，安装主变压器2台，装机容量13000千伏安，设计输电能力18000千伏安。

1982年2月投运，供张格庄、门楼、谭家庄、兜余公社用电。1999年，将35千伏多油断路器和10千伏少油断路器全部更换为真空断路器，减少了停电事故。2000年，将储能直流装置更换为全封闭免维护直流装置。2001年3月，将2台无载调压变压器更换为有载调压变压器。

城镇变电站　1984年6月，区电业公司投资209.36万元，在泉水眼村西建设35千伏城镇变电站，装机容量为13000千伏安，1985年11月投入运行。该站为境内第一座全户内式变电站，变压器与开关柜均在室内安装，并首次采用较先进的35千伏手车式开关柜。1999年，将35千伏多油断路器和10千伏少油断路器，更换为有载调压变压器。2001年，主变压器增容更换为22500千伏安。

吴家变电站　1984年6月，区电业公司投资170.7万元，在古现镇吴家村北建设35千伏吴家变电站，装机容量11300千伏安，为半户外式变电站，1985年11月投入运行。该站设计小巧玲珑，结构紧凑合理，被评为省优。1999年，将35千伏多油断路器和10千伏少油断路器，更换为有载调压变压器。

城北变电站　1986年7月，区电业公司投资248万元，在福山城北建设35千伏城北变电站，装机容量13000千伏安，1988年5月投入运行。采用全户式、高低压手车式开关柜。主供烟台锁材厂、宽幅布厂等工业企业用电。并将城镇站35千伏吴家线改由本站出线。

张格庄变电站　1992年7月，区电业公司投资280万元，在张格庄村东北、东风村西南建设变电能力为13000千伏安35千伏的张格庄变电站，1994年5月投入运行。该站为境内第一座无人值守变电站，首次采用微机保护。一期装机容量9450千伏安，新建35千伏张格庄线，直接由城镇变电站经开关引出。并改造10千伏供电网，撤销由集贤变电站引出的10千伏线路。2001年，主变压器更换为有载调压变压器。

兜余变电站　1993年10月，区电业公司投资905.31余万元，在兜余镇驻地东北，利用热电厂原址厂房，改建变电能力为10000千伏安的35千伏兜余变电站，1996年5月投入运营，为无人值守变电站。一期工程安装5000千伏安主变压器1台。1997年12月，二期工程又安装3150千伏安变压器1台，供兜余全镇及生物发酵工业用电。

高新变电站　1993年11月，区电业公司投资2194万元，在福山高新区建设境内第一座110千伏高新变电站，1997年1月投入运营。2001年8月，投资120万元，扩建15回10千伏出线，采用微机综合自动化系统。

东厅变电站　2001年3月，利用农网改造资金317.7万元，在高疃镇十里堡村南建设境内首个35千伏箱式无人值守东厅变电站，当年11月投入运营。解决东厅镇电源单一、供电半径长的问题，并为东厅工业园及周围村庄提供充足电源。

河东变电站　2002年11月，利用农网改造资金458.6万元，在东关村南建设35千伏箱式河东变电站，次年5月投运。由本站出线有文化线、城北线、城南线、南苑线、东福线。该站的建成，解决了35千伏变电站双电源和部分10千伏城区环网供电、手拉手供电问题。

高压线路建设

35千伏输电线路　1971—1973年，35千伏福山变电站建成，电源由烟台电厂供电所祥山线双杆“T”接，经福山城南进入福山变电站，是境内第一条35千伏高压输电线路，线路长7.5千米。采用LGJ-50型钢芯铝绞线及水泥电杆94基。设计输电能力10000千伏安。1981年，将35千伏福山线由祥山线改接四水厂线供电，途径只楚公社，跨大沽夹河，由福山城北进入福山变电站，采用LGJ-150型钢芯铝绞线及水泥电杆41基，全长4.835千米，设计输电能力为25000千伏安。

1980年年1982年，35千伏集贤变电站建成，电源由福山线延伸，经福山镇、兜余及门楼公社至集贤变电站，线路长12.374千米。造价131.05万元。

1984—1985年，35千伏城镇变电站建成，引出35千伏输电线路2条，为集贤站和吴家站提供电源。同时，将35千伏福山线由福山变电站改接到城镇变电站，专供东厅乡和城区厂企、机关、商贸、事业单位和居民生活用电。同期，35千伏吴家变电站建成，电源由城镇变电站经开关引出，途径福山城北、臧家乡、古现镇至吴家变电站，线路长11.45千米。

1986—1988年，35千伏城北变电站建成，改造35千伏电源，吴家线改由城北变电站出线，线路长10.92千米，电杆92基，总造价113.32万元。1987年，烟台市电业局在福山城西南卧牛山建成220千伏福山变电站，以35千伏向福山区供电，区内电网也随之作相应调整，城镇Ⅰ线电源由福山变电站至城镇变电站，线路长0.234千米；福北Ⅰ线电源由福山变电站至城北变电站，线路长2.616千米。同时，撤销了35千伏四水厂“T”接的福山线。

1992—1994年，35千伏张格庄变电站建成，电源由城镇变电站经开关引出，途径福山镇、东厅乡至张格庄变电站，全长16.4千米。线路总投资173.69万元。

1993—1996年，35千伏兜余变电站建成，电源由烟台电业局的35千伏祥山线50号杆“T”接至兜余变电站，线路长0.56千米。

1997年4月，区电业公司投资25万元，开工建设35千伏城镇Ⅱ线工程，铺设境内第一条35千伏高压电缆线路，线路长0.28千米，实现了35千伏双电源供电。

2001年，35千伏东厅变电站建成，采用境内首条光缆线路通讯方式，从调度楼经城镇变电站至东厅变电站，线路长8千米。

2002年，为解决35千伏河东变电站的电源问题，由35千伏西郊线“T”接电缆至河东变电站，线路长0.8千米。并改造西郊线6.96千米。

110千伏输电线路　1993年11月，110千伏高新区变电站建成，电源由220千伏福山变电站引出，经碳素厂延伸至高新变电站。总造价400万元。1997年1月投入营运，是福山区第一条使用合成绝缘子的线路。

2002年12月，区电业公司自烟台供电公司110千伏福大线12号塔向北“T”接110千伏单回线路，以19基水泥杆、铁塔混合架设，线路长度3.64千米，为新建的朱家变电站提供电源。次年6月竣工，9月投入营运。

配电线路　福山区第一条6.3千伏高压配电线路，自南上坊村南至福山城，约4.5千米。1962年10月施工，1963年1月投入运行。1965年秋，东关村东的开关站建成，线路升压为10千伏，为境内第一条10千伏高压配电线路。

1965年10月，诸嘉村变电站移交给福山县电管所管理，由诸嘉村变电站引出珠岩、古现和崇义10千伏线路3条，开始向农村输电，总长17.4千米。其中，珠岩线供黄务公社部分大队用电，古现线供城区及部分大队用电，崇义线供兜余公社部分大队用电。

1967年，县电管所对尚未通电的公社进行线路勘测设计，将方案上报省电业管理局审批。1968年初，省电业管理局批复，并拨给办电补助金10万元。谭家庄公社的22个大队又自筹资金21.4万元，从牟平县杨家庄变电站的10千伏莱山线“T”接至谭家庄公社旺远338千伏安变压器，向南部22个大队送电，配电线路总长17.34千米，共安装配电变压器22台，总容量668千伏安。1969年，该线路改由崇义线供电。

1971—1973年，建设35千伏福山变电站，架设城镇、八角、高疃和张格庄10千伏高压配电线路4条。

1980—1982年，35千伏集贤变电站建成。同时，新建和改建谭家庄线、门楼线、张格庄线、水泥线、门楼水库线、兜余线10千伏线路6条，总长152.1千米。

1984—1985年，35千伏城镇变电站建成。同时，建设和改造10千伏城南、城北、文化、东厅配电线路4条，长67.8千米。同期，35千伏吴家变电站及建成，改造10千伏配电线路6条，线路长192.8千米，将臧家乡、高疃镇、古现镇及八角乡改由吴家变电站供电，还为高疃水泥厂架设了专线供电。1992年，为自来水水源地架设了专线供电。

1992—1994年，在建设35千伏张格庄变电站的同时，

图18-6　国网烟台市福山区供电公司明珠变电站

图18-7　明珠变电站变电设备

新建和改造10千伏配电线路61.44千米，撤销由集贤变电站引出的10千伏线路，并为烟台第三水泥厂架2路专线供电。

1993—1997年，由110千伏高新变电站引出10千伏配电线路5条，全长31.72千米。将原东宝线三分之二的负荷改接到高新站供电，更名为永福线；原化工线改接到高新站供电，更名为永达线；原由吴家站供电的臧家线改接到高新站供电，线路名称不变。

1999年9月，10千伏农网建设与改造一期工程开工，主要对10千伏文化线、城北线、东宝线、永福线、永达线进行换线改造，增大导线截面，提高供电能力。按照省电业管理局的技术标准，新建线路2条，长度为10.35千米；改造项目21个，线路长度67.55千米。总投资467.06万元。2001年5月30日竣工，全面完成10千伏农网建设与改造一期工程任务。

2001年，在建设35千伏东厅变电站的同时，将10千伏栾家线、义村线、东园Ⅰ线、仉村支线，均改由东厅站供电，建设改造线路4.75千米。

2002年9月，10千伏农网建设与改造二期工程开工，共12个项目，其中新建项目9个，改造项目3个，建设和改造线路长度25.5千米，总投资487万元，于次年6月竣工。同年11月，开工建设35千伏河东变电站，在10千伏线路改造中，首次采用管塔技术，实现了南苑线、东福线、文化线和城北线4条线路的配网自动化。

低压网络建设

城区低压网络　1963年，由南上坊村南引出，架通6.3千伏低压输电线路4.5千米至福山县城区，安装变压器3台。1965年，烟台电厂对福山城区的配电电压升为10千伏，供电范围逐渐扩大。1970年初，城区低压线路增至10千米，共安装公用变压器7台。1980年初，城区内公用变压器增至15台，低压线路也随之延伸架通。部分用电大户企业自家安装变压器，工业用电迅速发展。1999年，城区内工业企业各自安装变压器，共安装公用变压器24台，满足了机关、企事业、商贸单位、居民生活和路灯用电。

农村低压网络　1960年春，永福园村由烟台四水泥厂接低压电用于农田、菜园灌溉。是年秋，东陌堂村由莱山机场专线引进村，为全县第一批用电村。1962年，改接10千伏高压供电。1965年，开始普及农村办电，由诸嘉村35千伏变电站以10千伏配电线路向黄务、兜余、谭家庄、福山镇、臧家、古现公社的部分农田供给排灌用电和少数农户照明用电。1966年，全县有33个村通电。1968年，新增通电村23个。之后，每年都新增通电村10～20个。至1980年，全县通电村庄247个。1981年，县政府扶持边远贫困的59个村办电。至1982年12月20日，全县306个村实现村村通电，成为烟台地区第一个普及用电县。共设低压配电室682个，配电变压器746台，容量97880千伏安，低压配电盘2138面，架设低压线路794.6千米，全县94192户全部通电，农户通电率达100%，农户生活用电保证率达到98.4%。

1982年以后，农村用电量逐年成倍增长。1995年，针对农村线路年久失修、老化严重、安全隐患大等问题，区电业公司有计划地对全区农村低压网络进行改造，总长571千米。电业公司按每户20元标准给予整改补助，更换配电盘的每面补50%，更换高耗能变压器按原有容量，从农电管理费中给予补贴。在1995年5月3日前更换的每千伏安补30元，至10月31日前更换的，每千伏安补20元，以后再更换的不予补贴。对11月仍使用高耗能变压器的村，电费加价5～10倍，12月底以前仍不更换的村，停止供电，并以所用变压器原值的10%进行罚款。至年底，共完成线路改造20个村，改造低压线路23.8千米，大修10千伏线路9条，175台高耗能变压器全部予以更换。1996—1997年，完成线路改造142个村，改造低压线路205千米。至1998年，共改造266个村，更换配电盘94面，总投资2006万元。1999—2002年，改造292个村和23个扬水站，使农村供电可靠率达99.7%以上，用户电压合格率达96%以上，农网步入良性循环。农网改造总投资5572.37万元。其中，改造35千伏投资589万元，改造10千伏投资985万元，改造0.4千伏投资3998.37万元。

城区路灯建设

1963年，在城里街安装路灯20盏，成为境内第一条路灯大街。1970年初，县城大街除原有的马路弯灯外，增加县供电所自制的长杆路灯20多盏。1976年，城区路灯增至50盏，全部更换为高压水银荧光灯。1981年，路灯全部采用定时开关钟控制，实现在不同季节都能自动定时开关路灯。1986 年，在河滨路安装双杆钠灯 78 基杆、199 盏。1990 年，在福海路安装 125 基杆、322 盏双杆路灯。1991—1992 年，文化路、永安街、商业街以及区政府家属住宅小区、电业家属住宅小区等地段均装上路灯，共 173 基杆、285 盏。1995 年，对县府街路灯进行改造，电杆全部更换为金属新型双杆双色钠灯，共 58 基、116 盏。1997 年，在崇文街、西山路安装路灯 129 基杆、184 盏。1998 年 6 月，在永福路两侧对称安装杆高 12 米的多臂路灯 52 基、104 盏。

2000 年 9 月，对新东花园内路单排路灯进行改造，新立 6 米单臂双头元宝钠灯 12 基，敷设路灯电缆 2.5 千米。2002 年 8 月，在振华街单排安装高 12 米单头钠灯 52 基，敷设路灯电缆 2.7 千米；9 月，在振中街单排安装高 12 米单头钠灯 39 基，敷设路灯电缆 2.2 千米；10 月，分别在电信路、太华路、鑫海街单排安装高 12 米单头钠灯 34 基、25 基和 35 基，敷设路灯电缆 5.3 千米，并在振中线 18 号杆处，安装 100 千伏安杆台变压器 1 台。

电力调度　1982 年以前，福山的电力由烟台市电业局直接调度。1982 年 4 月，福山电力调度所成立，负责县内电力系统的生产运行和调度管理，有计划地供应全系统负荷的需要，确保电网安全和经济运行。1985 年，安装 2.7 米高镶嵌式调度模拟盘 6 面、30 门纵横交换机 1 台，调度通信工具有载波机、市话内线电话等。1990 年，在福海路中段东侧始建电力调度大楼，1992 年 4 月启用，调度室实用面积为 100 平方米。

通讯现代化　1980 年初，电业公司安装 30 门纵横自动交换机、载波机、市话、内部电话。1990 年初，安装 224 门程控总机 1 台、载波机 3 路，通集贤、张格庄、吴家变电站，设无线电台基地 2 个、车载无线台 2 个、移动电台 36 部、手机 10 部、市话机 27 部、内话机 200 部、总机线 8 条，保证通讯联络畅通。1997 年 12 月，开通虚拟网电话，一期工程开通 244 部电话，将各供电站、变电站、办公大楼、实业公司、各部门、住宅楼全部纳入虚拟网，与电信局直通管理，虚拟网内通话只拨末 3 位数，免收话费。

微机应用　1986 年 5 月，第一台微机启动，用于工资和电费计算。至 1995 年底，新增微机 13 台。至此，公司的工资核算、电费换算、线换理论计算、供电站电费、农村电工工资核算系统与行业分类报表，完全由微机操作完成。1995 年末，10 处镇供电站皆配微机，用于台账、资料储存、电费核算、发票打印，电费张榜也实现微机化。

调度自动化　1992 年，调度楼建成后，装设微机运动装置和高 3.8 米调度模拟盘 10 面，总长 8.4 米，调度手段达到遥信、遥测、遥调、遥控的条件。1995 年，装备无线电负荷调控装置，安装三相电装置 12 台、单相电装置 30 台，实现了限电不拉闸的目标。投资 80 万元对调度自动化系统进行扩展与改造，主站配烟台东方电子集团公司生产的国际灰色马赛克模拟屏，城镇、城北、吴家、集贤 4 个变电站采用淄博产 RS-1 型常规变送器分站，张格庄变电站采用南京产交流采样微机变送器分站，配套微机保护，高新变电站和兜余变电站采用烟台产分布式 RTU 配套常规保护，达到“四通”功能主站采用丹麦产 300 安时 UPS 为主力电源，停电 8 小时，系统仍可正常运行。形成了主站调配一体化系统，开发了包括配电图形、计算器具、文书档案、生产设备、资料、物资、人事劳资管理与电费核算等 14 个模块。是年底，调度自动化实用化建设通过国家能源部验收。1997 年底，全部实行模块投运，实现微机指导、管理生产的目标。1999 年，通过省和烟台供电公司实用化验收复查，达到部颁标准。

用电量

1965 年，全县供电量为 68.5 万千瓦时，人均占有电量 3 千瓦时。到 1971 年，供电量达到 599.7 万千瓦时，人均占有 23.02 千瓦时，较 1965 年分别增长 7.76 倍和 6.67 倍。1977 年，供电量增加至 2562.2 万千瓦时，人均占有 94.23 千瓦时，比 1971 年分别增加 3.27 倍和 3.09 倍。进入 80 年代，电力事业步入崭新阶段，到 1987 年，全区供电量达到 8866 万千瓦时，人均占有 305.44 千瓦时，比 1977 年分别增长的 2.46 倍和 2.24 倍。1997 年，全区供电量突破 2 亿大关，达到 20282.8 万千瓦时，人均占有 693.43 千瓦时。2002 年，全区供电量达到 34865 万千瓦时，人均占有 1408.12 千瓦时。

工业用电　1963 年，城区通电后，车辆社与粮油厂始有少量用电。1967 年，全县工业用电量仅为 64.35 万千瓦时，占全县总用电量的 79.85%。进入 70 年代后，随着工业生产的发展，用电量逐年增加，但由于农业和生活用电量增加，工业用电所占比重有所下降。1971 年，全县工业用电量 350 万千瓦时，占总用电量的 58.36%。到 1977 年，工业用电量增至 1199.1 万千瓦时，占总用电量的46.8%。党的十一届三中全会以后，县属工业企业和社队企业发展迅速，电力成为工业发展的先决条件。至1987年，全区工业用电量达4183万千瓦时，占总用电量的47.18%。1997年，工业用电量达到6900万千瓦时，占全区总用电量的34.02%。之后，随着工业生产的快速发展，用电量急剧增加，但由于农业用电量相对减少，工业用电量所占比重逐年相对增加。1999年，全区工业用电量达到16733万千瓦时，占全区总用电量的70.64%。2002年，工业用电量增至27771万千瓦时，占全区总用电量的79.65%。

农业用电 1967年，全县有49个村通电，农业用电量仅为10.52万千瓦时。后随通电村和农田灌溉面积的扩大，电力灌溉面积不断增加。1971年，农业用电量为240万千瓦时，占总用电量的40.02%。1977年，通电村增至172个，农业用电量增到1281.7万千瓦时，占总用电量的50.02%。1981年，全县农业用电量达到2763.6万千瓦时，占总用电量的61.12%。1982年全县实现村村通电后，农业用电量也随之增加，但由于工业和生活用电量的增多，农业用电量所占比重相对减少。1987年，全区农业用电量为2987万千瓦时，占总用电量的33.7%。1991年，增至6972万千瓦时，占总用电量的52.95%。1997年，由于天旱，农业灌溉面积较大，农业用电量增至8529.2万千瓦时，占总用电量的42%。1998年以后，随着农业结构的调整和农田的减少，农业用电量逐年下降。1999年，农业用电量降至2091万千瓦时，占总用电量的8.83%。2002年，农业用电量为1909万千瓦时，占总用电量的5.48%。

生活用电 60年代中后期，部分城乡居民开始用点灯照明，缓慢发展。1967年，全县居民生活用电量仅为5.72万千瓦时，占总用电量的7.1%。70年代，简单的初级家用电器进入百姓家庭，生活用电逐年增加。1971年，生活用电量为9.7万千瓦时，占总用电量的1.62%。到1977年，生活用电增至81.4万千瓦时，为1971年的8.39倍，生活用电量占总用电量的3.18%。80年代后，人民生活逐渐富裕，电视机、电风扇、音响设备等家用电器进入普通家庭，生活用电随之增加。1981年，生活用电量为178.2万千瓦时，占总用电量的3.94%。到1987年，全区居民生活用电量增到1696万千瓦时，为1981年的9.52倍，生活用电量占总用电量的19.13%。90年代，城乡居民收入增加，高档家电进入千家万户，生活用电量剧增。1991年，达到2415万千瓦时，占总用电量的18.34%。到1997年，居民生活用电量又翻了一番，达到4853万千瓦时，占总用电量的23.93%。进入21世纪，居民生活用电量大幅度提高。2002年，全区生活用电量达到5185万千瓦时，占总用电量的14.87%。

1965—2002年福山县（区）主要年份输送电量表

表18-2

年份	输送总电量（万千瓦时）	人均用电量（千瓦时/人）	其中（万千瓦时）		
			农业	工业	生活
1965	68.5	3	—	—	—
1967	80.59	3.41	10.52	64.35	5.72
1971	599.7	23.02	240	350	9.7
1977	2562.2	94.23	1281.7	1199.1	81.4
1981	4521.3	161.24	2763.6	1579.5	178.2
1987	8866	305.44	2987	4183	1696
1991	13167	440.52	6972	3780	2415
1997	20282.2	693.43	8529.2	6900	4853
1999	23689	1049.52	2091	16733	4865
2000	26333	1172.74	1859	19631	4843
2001	31913	1285.34	2355	24773	4785
2002	34865	1408.12	1909	27771	5185

第四节 “三电”工作

1974年8月，县革委在供电所设调荷节电办公室，由县革委生产部主任分管，供电所革委主任负责日常工作，配备工作人员2人。主要任务是调整负荷，开展节约用电和安全用电工作。1981年初，改称县人民政府“三电”办公室，县政府1名副县长任办公室主任，电业局1名副局长任副主任。1984年，改称区人民政府“三电”办公室，区政府分管工业的副区长任办公室主任，区经委1名副主任和电业公司1名副经理任副主任。1998年2月，根据上级部门关于电力企业实行政企分开的统一部署，农电体制改革，撤销“三电”办公室。

计划用电　电业部门不断加强电力、电量的分配使用管理，严格实行“不超分，不超用，谁超限谁，今超明还”的供电原则。

1974—1980年，县调荷节电办公室对全县的工农业生产用电情况进行摸底调查，查清高峰用电季节、日用电高峰时间、低谷用电时间以及工业生产班次、生产流程、生产工艺、技术特点、用电负荷等情况，在此基础上，进行统筹安排，并采取多项计划用电措施。

调整下达计划指标、用电和避峰时间，把工业单位原一班生产的上班时间调整为10—18时用电，避开8—10时用电高峰；把二班生产的上班时间调整为10—18时、22时至次日6时用电，避开灯峰用电；三班生产的企业，避开19—22时用电高峰。对社队工业按单、双日保电，单日保回里、兜余、张格庄、门楼、东厅公社用电；双日保高疃、臧家、古现、八角公社用电；福山镇公社工业企业用电随县城工业统一安排。对全县所有工业用电时间与负荷，按日、周、月进行均衡测算，制定计划限电拉路顺序，实行轮流休电日制度，避免星期天有电无使用者。对大、中型工业企业进行技术限电，全县安装定时用电开关钟40台、负荷定量器25台，从技术上保证计划用电。对农业春灌、三夏、三秋用电高峰季节，工业为农业让路，保证农业生产用电。提倡企业自办电，1980—1984年，烟台市每年分给福山的用电指标只有1.2万千瓦时，实际需要2万千瓦时左右，限电拉路频繁，难以满足工农业生产需求。为此，门楼水泥厂、制锨厂、装潢厂、轻工机械厂、农机厂、电器厂等用电大户，先后自筹资金购置发电机15台，日发电量2000千瓦时。同时，采取用煤换电的办法，仅1984年全区就增加电量2000千瓦，1993年，又集资购买用电指标2600千瓦。

1991年，烟台市“三电”办公室对各县（市、区）所辖的35千伏变电站有计划地加装负荷定量器。1993年，区电业公司将35千伏变电站改装成无线电负荷控制装置，还安装峰谷分时表325只，实行分时电价，挖掘低谷电的潜力。1994年，烟台市分给福山用电指标增加14280千瓦时。至此，福山区的电力供需矛盾得到缓解。

2000年以后，全区电力供需形势一直比较平稳，电力供应逐步由计划用电转向有序用电，即通过法律、行政、经济、技术等手段，加强用电管理，改变用户用电方式，采取错峰、避峰、轮休、让电、负控限电等系列措施，避免无计划拉闸限电，规范用电秩序，将季节性、时段性电力供需矛盾给社会和企业带来的不利影响降至最低程度。

节约用电　福山县（区）认真贯彻执行国务院及上级政府关于节约能源等系列指示精神，一方面，加大节电宣传力度，提高广大用户节电的自觉性。另一方面，采取增设变电站，改造迂回线路，调整供电布局，缩短供电距离，减少线损等措施，节约用电。同时，因地制宜地推广采用节电新工艺新技术，更换高耗能变压器和电动机，撤换耗能高的机械电表，改用电子电能表，推广使用节能灯具等，既提高了供电能力和安全系数，又节约了大量能源。

1973年，境内第一座35千伏福山变电站建成投入运行，引出10千伏线路4条，担负着150多个村和全县机关、企事业单位供电任务。由于受线路设计和材料限制，造成供电线路长、线径细、负荷大、压降大和电杆矮、线损高、安全系数低等诸多问题，致使机械、电气设备难以启动，电灯达不到应有的亮度，利用率低，浪费极大。1982年全县实现村村通电后，电业部门在建设变电站的同时，每年都进行低压线路改造20～30千米。至2002年，全区共建成35千伏变电站9座、110千伏变电站1座，建设改造10千伏迂回线路37条，线路电压合格率达100%，用电的功率因数由原来的20%提高到95%以上。

同时，学习推广节电新经验、新技术。1975年，学习青岛、淄博等地节电经验，推广应用交流接触器无声运行。1977年，推广水泵去底阀。1981年，根据国务院关于节电的指令，推广采用电焊机自动断电器等节电新技术。1984—1990年，对500千伏安及以上的用电大户进行电平衡测试，淘汰部分高耗能电动机和变压器。1990—1995年，对容量大、功率因数低的用电单位，全部加装电力电容器1.5万多千伏，更换高耗能变压器260台，达26810千伏安，推广节能灯2万只，每年节约用电300多万千瓦时。

1985年，区电业公司获市“节能先进单位”奖。1991年，被省经委授予“节能企业”。

安全用电　1974年以后，县（区）电力管理部门先后制定用户电器装置设计审批、工程竣工检查验收、安全用电定期检查、高压电器设备绝缘预防性试验、双电源用户管理、用电大户配电室值班、电器设备维护、巡回检查等多项制度及各工种岗位责任制。1976年始，对全县所有企业、农村全部安装电压型触电保安器。1983年，恢复农村电工管理制度。1985年，对农村电工进行登记、考试、审定人数，颁发电工证；对农村配电室和农民家庭安装不同型号的漏电保护器，提高农村用电的安全系数。每年春、秋两季，进行线路清扫消缺工作。1995年，推广应用氧化锌避雷器和硫氟化硫开关，保证线路安全可靠运行，减少事故停电。1985年11月，发生一例触电死亡事故，此后至2002年底，再未发生触电伤亡事故。

1979年和1980年，县电业局连续2年获省电业局“安全生产”奖，获省电力工业局“在农电工作中取得连续2年安全生产的新成绩”奖。1986年、1989年、1991年、1994年、1997年，5次获市“安全生产先进单位”奖。

第十二章 工业体制改革

改革开放后，随着国家由计划经济向市场经济的转变，工业体制的改革也逐步深化，福山区按照国家、省、市的要求，以增强企业活力、转变经营机制为中心，根据各企业的实际情况，由易到难，逐步深入，改革不断完善。主要进行了经营制度和产权制度改革。经过一系列改革，私营企业、合资企业、外商独资企业发展迅速。至2002年，全区有规模以上工业企业83个，合作合伙企业8个，集体联营、国有集体联营、私营合作、中外合作经营企业各1个，股份有限公司2个，另有各种有限公司34个，私营有限责任公司10个，港澳台合资经营企业6个，中外合资经营企业9个，其他有限责任公司9个。通过对工业体制的不断深化改革，推动了福山的工业经济快速发展。

第一节 机构设置

1987年4月以前，改革由县（区）政府和主管部门负责。1987年5月，经烟台市编制委员会批准，设立福山区经济体制改革委员会（简称体改委）。为区政府序列部门，正科级单位。首任主任由区长兼任，后设专职主任，负责全区经济体制改革工作。1993年11月机构改革，体改委更名为经济研究中心，隶属于区政府办公室。内设体改科、综合科。1994年7月，根据市政府统一要求，经济体制改革工作职能并入区政府办公室，对外挂福山区经济体制改革办公室的牌子。体改办的职能由经济研究中心代为履行。1996年1月，正式公布启用烟台市福山区经济体制改革办公室印章。2001年1月机构改革，经济研究中心撤销，在区经济贸易局内设体制改革办公室，为副科级单位。

第二节 经营制度改革

1978年以前，境内工业企业一直实行“统收统支”“统购包销”和高度集中统一管理的体制，造成政企不分、统的过多过死、企业无自主权，形成企业吃国家“大锅饭”，职工吃企业“大锅饭”的局面，压抑了企业和职工的积极性、主动性和创造性，企业失去活力。

党的十一届三中全会以后，工业企业进行整顿，生产秩序恢复正常，各项改革深入展开。政府和各企业根据市场变化，采取相应政策，树立正确的经营思想，制订切实可行的经营目标计划，确定正确的经营方针政策，积极开拓国内外市场，深入进行产品用户调查和销售预测，加快技术改造和新产品开发，下大力气抓成本管理和财务管理，使企业获得新生。根据国家和省、市的有关政策，改革首先从扩大企业经营自主权、向企业放权让利、试行利润留成和两步利改税等着手，给企业更多的财力，增强了企业的活力。1979年起，全县实行下达季度八项经济指标，按照企业指标完成情况，审批奖金制度，调动了企业干群的积极性。

1984年，国务院颁布《关于进一步扩大国营企业自主权的暂行规定》，区政府根据企业的实际情况，采取多种形式的承包经营责任制试点，实行企业财产所有权与经营权分离，并对企业领导、分配、用工等管理制度进行配套改革。至年底，国有企业有的实行了厂长（经理）负责制，有的掺入了承包经营责任制试点。

1987年5月，区体改委成立。在总结前段改革经验的基础上，承包经营责任制在全区企业推开。至年底，除航空液压和预制件厂外，其余企业全部实行承包经营责任制。1988年2月，区委、区政府出台《关于进一步搞活区属工业企业的若干政策》。同年7月，又印发《明星企业、企业家评选及奖励的试行办法》《关于鼓励企业经营者注重企业长期发展的若干规定》等文件，制定具体政策，鼓励企业超额完成承包基数。第一轮承包期为3年，全区105家企业实行了多种形式的承包经营责任制。其中，资产经营式12家，三保一挂式21家，两保一挂式41家，利润递增包干超收分档分成式8家，按比例分成式17家，超计划还款与工资总额挂钩式2家，达产目标责任制3家，指标承包制1家。

1989年，区政府又先后制定《关于区属企业建立风险抵押金制度的实行办法》《关于进一步搞活区属工业企业的若干政策》的实施细则。烟台包装装潢总厂、烟台第二酿酒厂、烟台家用电器厂、烟台第七塑料厂、烟台轻工机械厂、烟台制锁材料厂、烟台第九塑料厂、烟台地毯材料公司、烟台第四化工厂、烟台自行车配件厂、烟台通用机械厂、烟台群乐兽药厂、烟台制锨厂、烟台家具厂、烟台阀门厂、烟台金属家具厂、烟台工艺品厂、烟台第五鞋厂、烟台化工实验厂、烟台船舶涂料厂、烟台磷肥厂、上海发酵厂烟台分厂、烟台马利酵母有限公司、烟台油漆厂、烟台第二水泥厂、烟台第二酿造厂、烟台味精厂、烟台多糖厂、烟台第五服装厂、烟台第二食品厂、烟台粮油食品厂、烟台粮油加工厂饲料公司、区电业公司等企业实行风险抵押。抵押金按厂级、副厂级、中层干部、行政人员、工人5个标准缴纳，分别为1000元、800元、600元、500元和300元。超额完成任务，从税后留利中提取10%～20%，作为低压补偿金。调出本企业或离退休人员，可退回抵押金。同时，引入竞争机制，把商品交换和工效挂钩的原则引入企业内部，把企业承包任务进行分解，通过招标竞争，以合同的形式层层落实到分厂、车间、班组和个人。

推行承包经营责任制后，实行厂长负责制，给厂长经营决策权、生产指挥权、人事决定权。党支部与工会各按其工作目标责任制，发挥监督作用，让职工参与民主管理，调动了各方面的积极性。重点对企业的内部分配、劳动人事、财物管理等方面不合理制度进行改革。对内部分配，企业在国家政策规定范围内有权决定工资形式和奖金分配办法，自行制定岗位工资标准，实行定岗、定责、定薪。凡能实行计件工资制的，一律实行计件工资制；不能实行计件工资制的，则以30%～50%的工资作为奖金浮动或工资浮动，重点奖励在技术进步、上新创新、双增双节和出口创汇做出贡献的能人。对劳动人事安排，企业有权自主决定机构的设置和人员编制，实行劳动组合制，岗位靠竞争，报酬看贡献，在核定人员内实行减人不减工资，增人不增工资，按“精减效能”的原则，尽量压缩非生产人员，剩余人员可开办生产、生活服务项目，独立核算，经批准可给予免税待遇；改中层干部任命制为聘任制，对车间、科室、班组负责人，实行公开招标或厂长选聘，并签订合同；对技术人员实行业务承包制，采取产品设计提成法，或单项承包提成法，或联产计酬法；对供销人员实行大包干销售承包责任制，工资上不封顶，下不保底；对科室人员实行岗位系数加百分考核责任制。对财物管理，实行“厂内银行”结算制，对财务、物资实行分级、分口管理，物资有消耗定额和储备定额，劳动有工时定额，有流动资金定额。根据各项定额，制定厂内计划价格，以“厂内货币”形式结算，使劳动与利益紧密结合，从而调动了干部职工的积极性。

实行经济技术指标综合承包，除产值、利税指标外，还有技术改造、出口创汇、企业升级、新产品开发、产品质量、节能、设备完好率、固定资产增值、资金使用效益、归还贷款、安全生产等指标。完成承包指标，经营者的收入可高于职工的1～3倍；利润指标3年平均递增20%以上的，可奖职工平均收入的2倍；实现年承包利润300万元的，可得职工平均收入的3倍。完不成承包指标者进行扣罚，亏损者取消经营资格，只发80%的基本工资。

实行超收分档分成制，超承包基数1%～10%的部分，按五五分成；超基数10%～20%的部分，按倒四六分成；超基数20%～30%的部分，按倒三七分成；超基数30%～100%的部分，按倒二八分成；超基数100%以上的部分，全部留给企业，可以50%用于更新改造，20%用于福利基金，30%用于奖励基金。对1年即完成3年承包指标、利润不低于50万元的，给经营者2户农转非指标，并各晋升一级工资，职工晋级面扩大到7%。获此项奖励的有烟台第四化工厂。对2年完成3年承包任务、合计利润不低于80万元的，给经营者1户农转非指标，各晋升一级工资，职工当年晋级面扩大到5%。获此奖励的有烟台阀门厂。对3年期满全面完成各项指标，每年超利润30%或超30万元以上的，给经营者1户农转非指标，各晋升一级工资，职工晋级面当年扩大到4%。获此奖励的有烟台船舶涂料厂、烟台制锹厂、烟台第九塑料厂、烟台地毯材料厂、烟台油漆厂、烟台通用机械厂、区电业公司。对推进科技进步，开发出填补国内空白或国内领先产品的，在承包期内利润达10万元以上或能形成年产值1500万元或3000万元以上的，凡达到其中一项指标，企业当年晋级面可扩大到5%，给经营者各晋升一级工资。烟台包装装潢总厂获此奖励。凡获国家金质奖或管理奖的企业，职工当年晋级面扩大到10%，经营者及主要有功人员5人，各晋一级工资，给经营责任者记大功一次和2户农转非指标，给职工40元奖金。烟台第二酿酒厂生产的鲁皇佳酿获国家金奖而受此奖。凡获国家银质奖或省质量管理奖的企业，职工当年享受7%的晋升面，经营者及有功人员3人各晋升一级工资，给经营责任者记功一次和1户农转非指标，职工奖20元。烟台工艺服装厂、烟台家具厂、烟台第二水泥厂、烟台第二食品厂、烟台第二酿造厂获此奖。凡获国家节能金牌、银牌的企业，经营者和分管者晋升一级工资，记功一次，主要有功人员一次性奖励4个月的标准工资，给企业提节能奖率为18%。烟台阀门厂、烟台制锹厂获此奖。凡获省节能先进企业称号的，经营者和分管者各晋一级工资，主要有功者一次性奖励3个月标准工资，企业提奖率为15%～18%。上海新型发酵厂烟台分厂和烟台地毯材料公司获此奖。凡升为省级以上等级企业，除享受国家规定的奖励外，再给企业增加晋级指标，给经营者晋级、记功，给职工一次性奖励。

1989年，区政府印发74号文件，推行区属工业企业放开经营，部分企业与原主管公司脱钩，由区政府实施计划单列，原承包合同的各项指标不变，生产经营业务由区经委直接管理。企业的机构和中层干部由经营者决定；在劳动部门的监督下，企业可向社会招收合同工、临时工，按照有关规定办理调入、调出或辞退职工；企业的工资总额，与经济效益挂钩浮动，企业有权决定分配方式；指令性计划外的产品，可自选客户出口，允许企业自行解决外汇，厂长可决定进口设备、技术，原材料或合资经营，企业所得外汇中的地方分成部分归企业。首批放开经营的企业有烟台化学制革厂、烟台包装装潢总厂、烟台炭素厂、烟台第五鞋厂。

经过第一轮承包经营，3年实现利润比前3年增长87.4%，上缴利润增长87.4%，利税增长82.3%，固定资产增加118.7%，职工收入人均增加515元，增长47%。

1991年，全区工业企业实行第二轮承包经营。区里成立新一轮企业承包工作领导小组。区委、区政府在总结第一轮承包经营经验的基础上，制定《福山区新一轮企业承包经营责任制实施办法》《关于进一步完善区属企业承包经营的意见》，主要有4个方面内容，即对企业主管部门的考核；鼓励企业增加生产性投入，超额完成承包利润；集中财力发展重点企业；加强对承包经营的监督检查。第二轮承包各项指标较第一轮承包均有所增加，包括利润、总产值、固定资产保值和增值、技术改造、设备完好率、职工教育、全员劳动生产率、人均实现利税、归还专项贷款等14项指标。其中，利润指标一年一核定。1992年，区属工业企业制定内部改革方案，原有管理机构压缩了12.5%，非生产人员由原来的21%下降到17.9%。建立起职工能上能下、能进能出、收入能高能低的经营管理机制，破除了"大锅饭""铁交椅""铁饭碗""铁工资"的弊端，为企业产权体制改革打下基础。

第三节　产权制度改革

工业企业产权制度改革，严格按照国家、省、市的要求，结合各企业的实际情况，由易到难，逐步展开。至2002年底，全区原有63户区属工业企业产权制度改革完成。其中，实行股份制的企业9户，出售1户，租赁12户，转让22户，破产9户，停产10户。

1992年1月，企业产权制度改革试点工作全面展开。同年3月，成立以区长为组长的深化企业改革工作指导小组。同时，制定《加快区属企业内部改革步伐实施方案》

《关于改革企业劳动工资计划管理的实施意见》，选定14户企业作为试点单位，先对试点企业厂长（经理）、书记、工会主席及企业主管部门领导进行培训。9月，进行股份制、兼并、租赁等形式改革。1996年，参照《中华人民共和国公司法》，制定《关于对我区原有有限责任公司和股份有限公司进行规范的实施意见》，依照《意见》，从企业名称、注册资本、股东人数、股权管理制度等方面进行规范。1998年，区政府印发《关于区属企业改革有关问题的处理意见》《关于企业改革中土地资产的处置意见》等配套文件。

产权制度改革期间，所有新的企业法人对接收资产有占有权、使用权、受益权、处置权，应安置在册职工和离退休人员，依照国家有关法律和政策规定，保证得到劳动就业、劳动工资、养老保险、医疗保险、失业保险、工伤保险、女工生育保险的权益，并缴纳住房公积金，签订劳动合同。产权制度改革主要有租赁、兼并和股份制3种方式。

租赁　自1993年，部分区属企业开始对外出租。有的出租部分房产，有的出租全部房产和设备。烟台五环新型墙体材料厂，将全部设备、建筑物、场地出租给烟台东海建材公司，租期自1993年3月1日至2009年3月1日，租金第1年为20万元，以后每年递增6%。烟台家具厂厂房和设备，出租给欧一艺品有限公司，租期自1997年5月8日至2007年5月7日，租金为283.7万元，第1年交25万元，以后每年递增0.75万元。烟台炭素厂将7596平方米厂房、3.34公顷场地及变电站、地磅等，出租给福山闽航钢铁制品有限公司，租期自1994年2月至2004年2月，租金第1年为40万元，第2年为90万元，第3～5年每年为100万元，第6～10年每年以100万元为基数，上下浮动20%。烟台通用机械厂、烟台环宇制衣有限公司、烟台第五服装厂、烟台第六化工厂、烟台东方有机化工总厂、烟台第五鞋厂、烟台星达生物公司、区保安公司等，均将本单位资产出租给有关企业，按规定收取租金。

兼并　自1988年始，对经营不善的劣势企业，由区内外强势企业实行兼并。同年4月11日，烟台无线电元件厂和烟台第二制镜厂被烟台制锁材料厂兼并，锁材厂统负盈亏，实行分级承包经营。9月，烟台特达家具有限公司全部资产1691万元（包括水、电、土地使用权和二轻公司幼儿园的土地使用权）被济南利博实业有限公司兼并，承接方承担全部债权和债务2456万元，土地使用权为50年。

股份制　1992年9月，根据区政府《加快区属企业内部改革步伐实施意见》，举办全区企业股份制试点工作培训班，各工业系统选定1个企业、各乡镇分别选择1个镇办企业和1个村办企业参与试点。1993年初，烟台化工实验厂等9家区属企业改为股份制。1994年，结合贯彻《中华人民共和国公司法》，区委、区政府制定9个改革配套文件。至年底，共有24个试点企业（包括镇办企业）实行股份制。1996年，对全区有限责任公司和股份有限公司进行规范，对试点中少数情况特殊的企业恢复原来的国有性质，有的恢复原厂名称。

1998年始，对股权进行重组，国有股份从企业中退出。坚持优势互补，使部分企业挂靠区内外强势企业，使优势企业能更快发展壮大，劣势企业得到有效利用。采取转让的方式，实行新股份制。转让企业为停产1年以上的，转让后2年内可按原企业新增所得税50%予以奖励。是年，有5家企业实行新股份制。2月27日，区合力水产养殖有限公司全部产权转让给该公司全体干部职工，实行股份制，转让总资产为310万元，净资产为128万元，接收方承担全部债权债务，并按照有关规定办理土地使用证。7月16日，烟台阀门厂被山东通用机械有限公司以400万元买断全部国有股，成立股份制企业。按照该厂的净资产给予优惠73.6万元，用于接收方负担已离退休人员的统筹费用，以年租金7.8万元取得该厂2.6万平方米的土地使用权。9月21日，烟台工艺品厂转让给该厂领导班子持股，实行自主经营股份制，转让国有股份43.2万元，扣除欠缴国资局、职工股金及利息、离退休人员统筹费等，土地使用权租赁40年。9月23日，烟台船舶涂料厂全部产权转让给烟台海神船舶涂料有限公司全体股东，接收方承担全部债权债务，土地以租赁方式取得使用权，转让后继续实行股份制。12月28日，烟台包装装潢总厂转让给该厂全体股东，实行领导班子控股、职工参股的股份制，转让全部资产和债权债务（不含职工宿舍，含土地使用权50年），以新增所得税的50%逐年返还至补齐为止。1999年，实行新股份制企业有3家。3月1日，烟台冶金矿山机械厂将1994年改制后的全部国有股份转让给内部职工，组建全部由内部职工参股的股份合作制企业，接收方承担全部债权债务，转让国有股、奖励股376.4万元，扣除离退休职工统筹费和承担兼并烟台第九塑厂的亏损，加上原欠国资局的款，总计742.8万元。6月18日，烟台第二水泥厂转让给以厂长为首的领导班子控股、职工参股的新企业，资产评估7765万元，净资产1378万元。6月30日，烟台豪华塑料制品公司全部资产（不含职工宿舍）及债权债务转让给佳佳服装厂，组成领导控股、管理层参股的股份制企业，按企业新增所得税的50%抵补。2000年，实行新股份制的企业有2家。9月7日，烟台五洲服装厂股份转让给芝辉服装公司，买断部分资产，剩余资产进入租赁，资产总额为195.34万元。10月8日，区福发面粉厂全部资产（不含土地使用权）转让给区福发面粉有限公司，原企业领导层控股85%，粮油集团总公司参股15%，折股由粮油集团总公司持有，接收方承担全部债权债务。

同期，有15家企业将全部国有产权实行转让。1998年2月25日，烟台第七塑料厂全部资产（不包括2部运输车、水电和土地使用权）及全部债权债务（不含银行贷款和欠区二轻公司的管理费）转让给区义峰包装彩印厂，以1997年为基数，接收方增交地方财政收入的税收，连续5年按年度退还。转让后仍保留烟台第七塑料厂，承担原贷款及利息。同年7月24日，烟台磷肥厂全部资产（不含职工宿舍50.3万元）和债权债务转让给永生集团公司，接收方在接收后5日内，付给欠职工的80万元工资、集资本息、劳保费。7月31日，烟台无线电元件厂、烟台协立计算机应用设备厂和区电子工业公司全部资产及债权债务转让给和平家电商场，以职工宿舍抵一部分，余额以每年新增所得税的50%先征后补，补齐为止，转让的土地使用权为50年。转让后保留烟台无线电元件厂和烟台协立计算机应用设备厂的厂名。8月16日，烟台油漆厂全部资产（包括土地使用权和职工宿舍）及全部债权债务转让给山东金河实业总公司，由原企业新增所得税的50%先征后补予以抵补，补齐为止。9月17日，烟台第四化工厂转让给烟台云天化工有限公司，总资产为918.65万元，安置职工118名、离退休人员7名。11月10日，烟台华泰针织有限公司全部资产（不含宿舍楼）及债权债务转让给本厂职工。1999年1月6日，烟台群乐兽药厂、兽医药械经销部和烟台群乐饲料有限责任公司的全部资产（不包括职工宿舍楼）转让给烟台林源包装彩印有限公司，转让净资产为415.58万元。接收方承担全部债权债务，接受全部职工、离退休职工和原园艺场的职工及离退休职工。同年3月31日，烟台第三电器厂全部资产（含土地使用权）全部债务、相关责任转让给本厂职工，由企业新增所得税的50%先征后补，予以抵补。6月29日，烟台第二助剂厂全部资产（不含职工宿舍）转让给本厂职工。接收方承担双方确认的债权债务，所余负资产7.57万元，以原企业新增所得税的50%先征后补，补齐为止，职工宿舍产权不变，由接收方管理。7月30日，烟台五环水泥制品厂全部资产及债权债务转让给本厂职工，总资产为59.9。9月28日，烟台化工实验厂全部资产（不含职工宿舍，接收方负责管理）转让给区化学工业研究所，转让金以原企业新增所得税的50%先征后补，补齐为止。2000年4月20日，区饲料公司转让给本单位职工，接收方承担全部债权债务。职工宿舍产权归国家所有，接收方负责管理。同年12月15日，烟台第七化工厂全部资产及部分债权债务和抵押担保责任，转让给烟台英豪化工有限公司。12月23日，烟台焊接设备厂全部房产和土地使用权转让给本厂职工，转让价格为120万元，接收方不承担原厂的一切债权债务。2001年11月16日，区水泥制品厂全部资产、土地及全部债权债务和抵押担保责任转让给本厂5名职工。

第十九编 乡镇企业 民营经济

福山县的社队企业起源于50年代后期。1958年，全县先后办起炼铁厂、砖瓦厂等29个企业，产值269万元。国民经济调整时期至1970年，社队企业全部下马。70年代，社队企业逐年增多，主要是为农业生产的需求，加工和维修农机具，同时办起石料厂、石灰厂、砖瓦厂等。至1978年，全县社队企业发展到42个，总产值达到1561万元。

改革开放后，在中央"放宽政策，搞活经济"的方针指导下，社队企业开始进入大发展时期。1979年，国家在对国民经济进行"调整、改革、整顿、提高"的同时，国务院颁发《关于发展社队企业若干问题的规定（试行草案）》指导性文件，山东省"革委"也颁发《贯彻执行国务院发展社队企业〈十八条〉若干问题的试行规定》。这两个规定，使社队企业的发展方针、政策更加明确，对引导社队企业的进一步发展注入了活力。1981年，全县兴办社队企业233个，产值达3607万元。1984年，全区10处乡镇和90%的村兴办企业，总数为763个（其中乡镇办企业80个，村办企业683个），从业人员达24341人，占农业总劳动力的21.3%；总产值达1.34亿元，利润2861万元；其中有6处乡镇总收入在1000万元以上，有15个村总收入在100万元以上；乡镇企业总收入占农业总收入的60%以上；拥有固定资产4393万元，各种机械设备7000多台，生产产品1300多种，其中出口产品6种。1986年始，乡镇企业进行结构调整，不断上新（项目）、扩建、改造，开展横向经济联合，企业数量虽然减少，但规模不断扩大，档次逐步提高。

1991年，乡镇企业技改投入转向"少新建，多技改，调结构，保重点"，促使企业尽快由数量速度型向规模效益型转变。1991—1995年，全区乡镇企业实施技改项目累计1395个，投资13亿元。至2002年，全区乡镇工业企业投资500万元以上的项目45个、1000万元以上的12个。1993年，乡镇企业围绕主导产业和规模效应，采取多种形式联合，组建企业集团。1998年，乡镇企业以转换机制、加快发展为目标，进行不同形式的改制。

2000年3月1日，乡镇企业福山区化工协会成立，参加单位15个。5月30日，福山区机械冶金协会成立，此后又有多个乡镇企业协会成立。标志着乡镇企业由政府主导过渡到行业管理，政府由管理型转变为服务指导型。2002年，全区乡镇企业总数为470个，从业人员26381人，总产值77.47亿元。

改革开放后，福山的个体私营经济日益活跃，区政府先后印发《关于鼓励发展个体私营经济若干规定》《关于恢复发展个体工商户的有关意见》《全区个体私营经济工作意见》等文件，把发展个体工商户作为搞活经济的一项长期政策和重大措施，并采取优惠扶持政策，鼓励发展个体私营经济，创办多业并举的民营企业，形成乡镇企业经济多元化体系。到1985年，全区民营企业发展到19户，注册资金158万元。至2002年，民营企业达972户，注册资金6.08亿元。私营经济真正成为国民经济的重要组成部分。

第一章　乡镇企业

境内的乡镇企业，经历了由小到大、由弱到强、由分散到集团化规模发展的过程。科技含量、技术装备、管理水平、经济效益不断提高。生产方式由简单的手工业小作坊发展到自动化、现代化；产品由单一化向多样化发展，由起初的几种发展到上千种，涵盖工业、建筑业、运输业、种养业、商业服务、化工、建材、生物制药、房地产开发、捕捞养殖、食品生产及加工、社会化服务业等门类；管理由粗放型逐步转向科学化、规范化；产品质量和数量大幅度提高，产值由数百万元提高到近百亿元。

乡镇企业充分显示出在国民经济发展中的重要地位和作用，对优化农村产业结构、改善农业生产条件、加快农业现代化进程、增加农民收入和加快小康目标的实现等均发挥了积极的作用。乡镇企业安置了大批的农村剩余劳动力，有力地保障了农村的社会稳定，促进了小城镇建设，加快了农村城市化、工业化进程。乡镇企业的发展，是推动经济体制由计划经济向社会主义市场经济转变的强大动力。

第一节　机构沿革

1976年5月，县公社工业管理局成立，隶属县革命委员会。1978年，改称社队企业局。1980年1月，改称县第二工业局。1983年12月，改称区多种经营社队企业局。1984年7月，更名为区多种经营乡镇企业局。1996年8月，改称区乡镇企业管理局，下设办公室、函授教育办公室、计划财务科、技术质量科、资产评估事务所、财务管理事务所、高新技术开发服务公司、供销公司（集体性质，人员53人）。

2001年12月，乡镇企业管理局撤销，其职能划入区经济贸易局。

第二节　知名企业选介

80年代中期开始，乡镇企业坚持“放小抓大，因企制宜，多种形式，稳步推进”的原则，组建企业集团公司。1993年，年总产值1亿元以上的村级企业5个，其中东陌堂村26428万元，塔寺庄村26200万元，东北关村11856万元，西关村11800万元，盐场村11439万元；年总产值在1000万元以上的村级企业10个，其中城里村7000万元，永福园村4150万元，宋家疃村4050万元，卫家疃村3500万元，城西村3000万元，两甲村3000万元，三里店村2000万元，南涂山村2000万元，林家村1600万元，下刘家村1250万元；年产值3000万元以上重点明星乡镇企业5户，其中烟台华龙集团总公司10568万元，烟台思维电脑有限公司7290万元，烟台西苑制药厂3300万元，东陌堂畜牧公司8605万元，烟台燕福集团总公司5052万元；年产值过1000万元的企业明星7个，其中福山东华钢管厂6000万元，烟台华测实业有限公司3760万元，烟台第三水泥厂2675万元，烟台金河实业总公司2500万元，烟台渤海联合有限公司2150万元，福山低压锅炉厂2116万元，烟台西苑集团华苑公司1951万元。

山东大西苑集团总公司　塔寺庄村于1984年成立。注册资金500万元，后增至3000万元。属科技密集型的跨地区、跨行业、跨所有制，集科、工、贸于一体的国家级大（二）型企业集团公司。拥有自营进出口权，为区内外影响较大的乡镇企业之一。1988年，集团内企业开始改制，至2000年结束。

集团拥有低压锅炉厂、养鸡厂、散热器厂、建筑队、商贸城、鑫苑公司、制药厂、赛法尔酒厂、娱乐城、大酒店、宾馆、安装公司、太阳能厂、成人中专等18个厂企、物流单位，5个科研机构，3所学校。开发产品100多个，70%以上质量标准和技术性能均达到或超过国内或国际先进水平。年均销售收入达1亿元，总资产达1.2亿元。先后获国际奖4项，国家奖8项，省部级奖20余项。集团公司连续5年被省委、省政府授予省级文明单位，连续15年被镇、区、市评为先进集体。1994年，塔寺庄村被区委、区政府授予首批“小康村”。至2002年底，集团公司总产值达1.59亿元，利税2500万元，是连续多年的纳税大户。

东陌堂集团总公司　1993年成立，注册资金8888万元。为区内外影响较大的乡镇企业之一。所属核心企业23个，紧密联营企业14个。经营范围包括种植、养殖、加工、建筑、贸易、房地产开发、水电暖安装、铁路运输、航空运输、特种钢材营销、油料中转、金银首饰珠宝加工、医疗保健、礼仪服务等。其中，现代化肉食鸡养殖、生产、加工是胶东最大的出口基地；铁路货场和航空客货包机公司是全国第一家由农民参股兴办的企业；总投资1亿元的烟台万富有限公司，为中外合营企业；烟台东亚实业股份有限公司和邯郸太行中外实业股份有限公司，为国内率先创办以发起方式直接成立的中外合资股份制企业。

烟台天府实业总公司　1990年4月26日，盐场村成立烟台市福山区盐场实业总公司。1992年4月2日，更名烟台市福山天府实业总公司。1995年8月28日，变更为烟台天府集团总公司。为区内外影响较大的乡镇企业之一。1996年，改为区属企业。2001年10月10日，更名为烟台天府实业总公司，注册资金 2000 万元。为国家中型二级企业，辖房地产开发有限公司、建筑公司、减速器厂、起重机厂、轻工酿造机器厂、基础施工公司、福利化工厂、采暖设备厂、中型机械厂、车队、食品厂、鞋业有限公司、欧贝木业有限公司 15 个。生产经营范围包括起重设备、正车设备、压力容器制造、减速器制造、食品饮料、化工生产、电脑喷绘、房地产开发、建筑工程施工等。年最高产值 1.87 亿元。1997 年改制。

烟台宏伟实业总公司　卫家疃村于 1990 年成立。为区内外影响较大的乡镇企业之一。是以食用油及精饲料、水泥制品及建筑、环保节能设备、特菜加工出口四大产业系列为支撑的高效农业为主的多品种、跨领域的现代化企业。

1989 年，村建浸出油厂。1996 年进行大规模改造后，日加工大豆 200 吨，新上日产 30 吨色拉油生产线。生产的高级大豆烹调油、色拉油、高级蛋白豆粕、皂角等各类油品及制成品，质量稳定可靠，获烟台市“二级卫生规范企业”称号，其产品被烟台市消费者协会确定为“消费者满意产品”。

1994 年，宏伟水泥制品厂建成投产，与烟台水泥制品厂联营，采用最新工艺，按国家有关技术标准生产钢筋混凝土系列排水管、自应力钢筋混凝土排水管、输水管、环形应力系统电杆等水泥制品。其中，“宏伟”牌钢筋混凝土系列排水管、环形应力系列电杆被烟台市消费者协会评为“消费者满意产品”。

1997 年春，宏伟节能设备厂建成投产。是集设计、制作、安装于一体的专业生产环保节能设备企业。研制生产的“ZGM”系列型煤自控茶炉、“ZGM”系列组合式油烟净化设备，高效、多能、消烟、除尘、脱硫。

2000 年，总公司与日本山冈株式会社合资兴办的集种植、生产、加工、出口为一体的烟台青叶农园有限公司投产。总投资 3000 万元，注册资金 1200 万元，固定资产投资 1800 万元，建厂房、办公楼 2200 平方米，三连栋大棚 40 个计 6.67 万平方米，占地 12 万平方米，有职工 400 人。年产紫苏叶片 2.5 亿～3 亿枚，冷藏加工后全部出口日本。年总产值 2600 万元左右，出口创汇 300 万美元左右。成为高科技、高附加值、工厂化生产管理的高效农业示范典型。

烟台华龙集团有限公司　1972 年 10 月成立，其前身为福山镇五金厂。1973 年，更名为福山钢窗厂，后组建烟台华龙集团有限公司。福山镇重点乡镇企业之一。所属企业有医疗机械有限公司、精密铸造厂、磁性材料厂、铝合金门窗厂、实腹钢窗厂、空腹钢窗厂、塑料钢窗厂、第二钢窗厂、运输公司。占地总面积 8.53 万平方米，厂房面积 3 万平方米。年产值 1 亿元左右，销售收入 8500 万元左右，利税 850 万元左右，从业人员 1000 余人。主要产品实腹门窗和空腹门窗，畅销全国各地，为原国家石油部、各大油田定点门窗供应厂家，被国家定为对外援助建设所需门窗的生产单位，产品还远销坦桑尼亚、赞比亚等非洲国家。获省、部级优质产品称号，被评为国家二级企业，誉为山东钢窗第一品牌。

烟台燕福实业总公司　1984 年成立，其前身为烟台福莱山钢木制品厂。福山镇重点乡镇企业之一。所属企业有化工一厂、化工二厂、化工三厂、食品添加剂厂、远红外窑炉有限公司、伊妹儿化工有限公司、澳利福化工有限公司、聚氨酯厂、饭店、建筑有限公司、经贸公司、建陶有限公司、集贸批发市场综合开发管征处等。占地总面积 10.67 万平方米，厂房面积 6.5 万平方米。总资产 1.3 亿元，年销售收入 4800 万元左右，上缴利税 550 万元。

1993 年，投资 1 亿元成立宏福陶瓷有限公司。占地面积 7.07 万平方米，厂房面积 2.3 万平方米，员工 800 人。购进国外最先进设备，配有 2 套流水线。最高年销售收入 3000 万元，利税 350 万元，产品销往全国各地。1998 年，改制为股份制。

烟台市福山区鑫汇实业总公司　1988 年成立，由城里村办企业改制为私营企业。福山镇重点乡镇企业之一。所属起重设备厂、彩印厂、建筑公司、金属材料加工厂、建筑涂料厂、塑料热合厂、工贸联营铅石加工厂、出口木材加工厂、钢球网架厂、房地产开发公司、微型电机厂、饭店、宾馆、商店 14 个企业。占地总面积 10 万平方米，厂房面积 3 万多平方米，固定资产 3500 万元，年销售收入过亿元。城里村被市、区两级政府授予“亿元村”。至 2002 年，累计完成利税 8500 万元，上缴国家税额 4000 万元。

公司所属龙头企业烟台起重设备厂，始建于 1971 年，占地面积 4 万多平方米，建筑面积 7500 平方米，拥有固定资产 650 万元，年生产能力 3000 吨，销售收入

2500万元，利润400万元。拥有国内先进的生产设备，主导产品是LD-A型电动单梁式起重机、MDG型5～32吨单梁式起重机、MH型3～10吨电动葫芦门式起重机。1989年，获国家机械电子工业部生产许可证，被评为山东省优质产品，被确定为省专业生产起重机的主要厂家。

烟台恒生实业总公司　原为西关村办企业。1982年，福山区西关实业总公司成立。1998年，企业改制，易名烟台恒生实业总公司。福山镇重点乡镇企业之一。所属制钢厂、油漆包装厂、铆焊厂、制钉厂、染织厂、塑料包装厂、塑料制品厂、瓦固厂、密封材料厂、建筑公司、塑料机械厂、水冷管件厂、模型厂、制铣厂、饭店等企业20个。占地面积8.67万平方米，年产值1亿元以上，从业人员1000多人。西关村被市、区两级政府授予亿元村。

1987年，龙头企业水冷管件厂建成投产。占地面积3.33万平方米，厂房面积1.3万平方米，从业人员180人。年产值2500万元左右，年利润300万元。主要产品有冶钢设备、塑料金属加工设备、包装设备及材料、外贸工艺原料等。

烟台松霞实业总公司　由宋家疃村集体在1992年成立。福山镇重点乡镇企业之一。所属拔丝厂、纸箱厂、编织袋厂、工艺品厂、水泵厂等企业20多个。主要产品封口钉畅销全国，工艺产品远销日本、东南亚等国家和地区。1992年，工业总产值2300万元，利税472万元。

烟台永达实业总公司　1987年成立，原为永福园村办企业。1994年，划归福山高新区。下辖钢丝厂、铸造机械耐磨铸件厂、纺织配件厂、印刷厂、通用机械厂、生化制药公司、钢窗厂、砂轮厂、塑料厂、房地产公司等企业13个。有员工1500多人。产品畅销全国各地。固定资产2700万元，年工业总产值3500万元左右，上缴利税450万元左右，是福山区乡镇企业的利税大户。

烟台联合电池有限公司　1997年成立。臧家镇重点乡镇企业之一。厂区占地2万平方米，有员工90人。主要产品为阀控式密封铅酸蓄电池，大部分销往欧美、日本及韩国等。2000年，产值1300万元，上缴利税100万元。2001年，产值2000万元，上缴利税210万元。2002年，产值1500万元，上缴利税110万元。

烟台福兴热镀锌有限公司　1993年成立。臧家镇重点乡镇企业之一。厂区占地2万平方米，有员工60人。主要对外加工镀锌业务。2000年，产值800万元，上缴利税100万元。2001年，产值900万元，上缴利税38万元。2002年，产值960万元，上缴利税40万元。

福山玻璃马赛克厂　1985年建厂。1998年改制。八角镇重点乡镇企业之一。厂房面积4000平方米，有员工200人。主导产品为玻璃马赛克及内外墙涂料。年产量120万平方米左右，产品销往全国各地，部分出口国外。年产值最高达1000多万元，上缴利税200万元。

福山东厅压延厂　1978年建厂，1995年改制。东厅镇重点乡镇企业之一。主要产品为铝材加工、医药瓶盖。1985—1987年，年均产值约430万元。

福山东厅建筑队　1970年成立，1995年改制。东厅镇重点乡镇企业之一。主要从事建筑业。90年代左右，年均产值300万～400万元。

福山东厅拖拉机站塑料厂　1980年建厂，1995年改制。东厅镇重点乡镇企业之一。主要从事农机服务、塑料编织袋加工。1990—1995年，年均产值400万元左右。

烟台第四水泥厂　高疃镇重点乡镇企业之一。主要产品为325#、425#水泥。年产量12万吨左右，产值2400万元左右。

烟台市起重机械厂　高疃镇重点乡镇企业之一。主要产品为电动葫芦。年产量800台左右，产值200万元左右。

烟台市福山区电瓶厂　高疃镇重点乡镇企业之一。主要产品为船用、民用铅酸蓄电池。年产量120万左右电极板，年产值150万元左右。

烟台锦程实业总公司　1979年，两甲庄村成立工程队。主要承担土方、设备、材料搬运等。在此基础上，1987年，成立烟台锦程实业公司。1992年，更名为烟台锦程集团总公司。1997年末开始改制，更名为烟台锦程实业总公司。门楼镇重点乡镇企业之一。年产值最高达1.2亿元。2002年，固定资产2500万元。

1983年，成立聚氨酯材料厂。1984—1985年，参与全国重点工程中原油田、长庆油田输油管道保温工程。1985年，福山粉末静电喷涂厂成立。1986年，与烟台冷冻机总厂联合，成立烟台冷冻机总厂联合切分厂。1987年，成立农业服务公司和工业公司。农业服务公司主要为全村进行农业、机械服务；工业公司主要负责管理村办企业、引进新项目，先后建立化工厂、建材厂、蜂窝煤厂、机械厂、加油站、聚氨酯防腐保温工程队。

烟台华洲企业有限公司　1982年，福山县第二木器厂成立。是年，更名为烟台华洲实业有限公司。1994 年 3 月至 8 月，股份改制。易名为烟台华洲集团股份有限公司。1996 年，改称为烟台华洲企业有限公司。回里镇重点乡镇企业之一。是以木制品加工为主的综合性企业。厂区占地面积 7.35 万平方米，建筑面积 3 万平方米。有职工 300 人。总资产 5000 万元。所属中日合资烟台华仲集成材有限公司、烟台华仲木业有限公司、中韩家具（烟台）有限公司、加拿大独资枫裕裕家具（烟台）有限公司 4 家企业。主要生产办公、宾馆、卧室、厨房 4 个系列全实木家具产品。全部出口日本、韩国、美国、英国、加拿大等国家。年进出口总额 600 万美元左右，创汇 400 万美元左右。

烟台三星水泥有限公司　原为烟台市第三水泥厂。1984 年始建，1985 年投产。张格庄镇重点乡镇企业之一。建厂初期，仅有年产量 8.8 万吨的立窑 1 台。1991 年，自己设计、施工，扩建成年产量 15 万吨的旋风带分别炉回转窑生产线。所采用的设备和工艺设计均达到国际先进水平。1993 年 9 月底，扩建 2 条生产线试产成功，年总产量达到 35 万吨，栖身入中型企业行列。1994 年，与香港万富行（后被香港锦宏国际水泥控股有限公司持有）、四川至顶集团股份有限公司合资，成立烟台锦泉水泥有限公司。1996 年 6 月，与四川至顶集团股份有限公司共同经营，四川方持 51% 的股份控股，并派员管理经营，企业更名为烟台金泉水泥有限公司。1998 年 8 月，烟台三星水泥有限公司中标经营，经营期为 10 年，企业易名为烟台三星水泥有限公司。

自投产以来，水泥产品合格率始终保持 100%。先后获农业部质量鉴定达标企业，省、市系统先进企业，省级节能先进企业，明星企业，一级信用企业，市级先进企业，省、市散装水泥推广先进单位等称号。1989 年，所产 325# 水泥被评为部优产品。1991 年，425# 水泥被评为省优产品，并经中国水泥质量验证委员会评审，达到出口合格标准，2 年出口 5 万吨，创汇 200 万美元。1992 年，生产水泥 8.5 万吨，产值 1205 万元，利润 145 万元。

第三节　企业改制

1998 年，乡镇企业贯彻党的十五大精神，以转换机制、加快发展为目标，积极探索不同形式的改制。至 8 月底，全区镇、村改制企业 373 户，改制面为 62.5%。其中，镇办企业 78 户，改制面为 79.6%；村办企业 295 户，改制面为 59.1%。涉及资产 10.33 亿元，占镇、村企业总资产的 45.5%。其中，镇办企业 6.13 亿元，占镇办企业总资产的 70.6%；村办企业 4.2 亿元，占村办企业总资产的 30%。至 10 月，6 处镇的镇办企业已基本完成改制任务。

改制本着“因企制宜，一企一策，形式多样”的原则，主要有挂强联名、股份制、股份合作制、租卖结合、整体出售、集体股份转让、兼并、租赁、破产、摘“红帽子”（与党政机关脱钩）、剥离经营等多种形式。其中，股份制和股份合作制的 42 户，占 11.3%；整体出售的 52 户，占 13.9%；租卖结合的 30 户，占 8%；摘“红帽子”的 89 户，占 23.9%；租赁的 129 户，占 34.6%；其他形式的 31 户，占 8.3%。

对改制后有遗留问题的企业，一方面，抓好转让金上缴回笼工作，至 1998 年 10 月，已收回资金 74.5 万元；一方面，对改制不规范彻底、留有尾巴的 13 户镇办企业，采取出售、股份制、租赁等形式重新进行改制。回里镇先后将耐克工场、韩成电子及华州企业有限公司中的集体投资及股份全部出让；东厅镇和东北关村将福航科工贸公司的股份转让给控股方，获取转让金 260 万元。改制后对土地采取协议出让或剥离租赁的使用方式。对停业多年的 80 个企业办理注销手续。

通过改制，企业的自主权和积极性进一步增强，采取多渠道引进项目和资金，加快发展。臧家镇采取“腾巢引凤”策略，把镇办福鑫公司的部分闲置厂房、设施有偿转让给烟台闹钟厂，吸引其投资 3750 万元，成立烟台闹钟厂臧家分厂；西苑制药厂于 1998 年与外商签订合资合同，利用外资额达 245 万美元；东华集团联合外地两家企业共同投资 70 万元，到俄罗斯兴办塑料扣板厂；宏伟实业总公司与外商签订大豆深加工合资协议，并积极争取政策扶持，获农业部企业局 5800 万元的浸出油技改贷款；烟台锦程实业总公司在所属企业全面改制后，及时转变经营方式，通过自筹和争取上级扶持资金，新上鸵鸟养殖和葡萄种植等农业项目。

第二章　民营经济

至90年代中后期，乡镇企业经过十余年的快速发展后，因其体制原因，有的已渐失优势，原有的所有制体制已严重束缚企业的再发展。随之新兴的个体工商户、重点户和私营企业的迅速发展壮大，区委、区政府因势利导，加大扶持力度，促进个体私营经济发展。1997年初，区政府出台《关于鼓励发展个体私营经济若干规定》，组织各级负责人及个体私营企业到温州、济南、青岛、临沂等地学习考察，总结表彰和推广一批先进典型，把企业改制与发展个体私营经济结合起来，整体推进，全区上下掀起发展个体私营经济的热潮。1999年，区政府印发《全区个体私营经济工作意见》，推动个体私营经济工作再上新台阶。

同时，引导个体私营企业主加强企业内部管理，逐步转变家族式管理模式，运用现代管理方式，推动企业管理不断上档次、上水平，加快企业向现代化、科技型、外向型方向发展。多数企业推广运用微机辅助企业管理。烟台华奇涂料有限公司在境内最早推行ISO 9002国际质量管理标准，产品质量进一步提高，1999年，被烟台市政府评选为现代化管理十佳企业。

第一节　私营经济的发展

个体工商户　中华人民共和国成立后，党和人民政府大力发展工商业。50年代初期，在积极发展国营工商业的同时，努力保护和扶持私营工商业。1952年，全县有私营工商业193家，年销售额202.6万元，占总销售额的39.2%。1956年，对私营工商业进行社会主义改造，全县639名私营从商者接受改造。1958年后至“文化大革命”期间，个体工商业被当作“投机倒把”和“资本主义尾巴”受到冲击，到1978年，个体工商户基本绝迹。中共十一届三中全会以后，个体工商业得到恢复发展。1981年，全县发展个体工商户346户，从业人员360人。到1987年，全区个体工商户达到3574户，从业人员6088人；注册资金584万元，营业额达2742万元。其中，商品零售额1626万元，占全区商品零售额总额的11.6%。在个体工商户中，城镇个体工商户为308户，占8.6%，从业人员493人，占8.1%；农村个体工商户为3266户，占91.4%，从业人员5595人，占91.9%。个体工商户从事的行业主要是：商业约占60%，工业、手工业占21%，修理业占11%，饮食业占5%，服务业占2%，运输业占1%。至1998年，全区个体工商户达到10833户，从业人员32079人，注册资金11708万元，营业收入44729万元，实际入库税金1188万元。1999年，个体工商户达到11319户，从业人员24998人，注册资金达到2.5亿元。2000年以后，个体工商户数量有所减少，私营企业增多。2002年，全区有个体工商户5351个，从业人员18400人，注册资金10477万元。

私营企业　1985年，全区有私营企业19户，注册资金158万元。1993年达到126户，注册资金2561万元。1996年以后，区委区政府出台加快个体私营经济发展的有关规定及章程，每年3、4月间召开全区个体私营经济工作会议，表彰纳税模范户和先进企业。至1998年，全区私营企业发展到512户，注册资本16259万元。其中，注册资金100万～500万元的10户，500万元以上的3户，1000万元以上的2户。私营企业实际入库税金891万元，涌现出纳税过百万元的私营企业2户。其中，杜成林（烟台林源彩印包装有限公司）纳税113万元，张廷林（烟台市福山区聚氨酯材料厂）纳税104万元。1999年3月，全区个体私营经济工作会议召开，对东厅等3个先进私营经济产业镇、宋家疃等5个先进专业村、烟台林源包装彩印有限公司等10强私营企业、杨成军等10户十佳个体工商户进行表彰。2000年，私营企业总数达到823户，从业人员10232人，注册资金2.73亿元。纳税50万元以上的私营企业13户，其中，三星水泥销售公司纳税203万元，利达彩印包装有限公司纳税181.2万元，区物资回收有限公司纳税120.6万元。引进区外投资企业38户，总数达到83户，注册资金5821万元。新发展科技型私营企业6户，累计达到18户。新发展外向型私营企业8户，累计达到23户，出口创汇4560万元。其中创汇额50万元以上的16户，分别是：邹积纯（康乐达食品有限公司）创汇650万元，栾炳（四海产业发展有限公司）600万元，王传高（华宇塑料制品有限公司）430万元，鹿丛阳（东兴塑料制品有限公司）420万元，林茂先（茂源金属制品厂）380万元，姜其娥（惠通工艺服装厂）320万元，初祺祥（顺达塑料有限公司）320万元，李洪强（银河塑料有限公司）280万元，郭健（盛泰塑胶有限公司）260万元，周振国（宏达塑料制品有限公司）230万元，夏明日（华福塑料制品有限公司）200万元，孙承波（福裕工贸有限公司）180万元，李雨春（城关丰源服装厂）90万元，孙贞达（华东塑料厂）80万元，刘淑娟（东苑服装厂）70万元，孙茂礼（利达塑料厂）50万元。

2001年，区委、区政府提出“一靠外、二靠民、完善政策、优化服务、内外并举、以外为主”的工作思路，加大招商引资力度，个体私营企业得到快速发展。全区新发展区外投资企业53户，总数达到136户，注册资金8426万元；新发展私营企业217户，增加注册资金1.59亿元，其中注册资金100万元以上的29户，500万～1000万元和1000万以上的各2户，2000万元以上的1户。全区私营企业总数达到1035户，从业人员12150人，注册资金4.48亿元。2002年，古现镇（含八角）划归烟台开发区后，全区尚有私营企业972户，注册资金60831万元，从业人员11521人。

第二节　私营企业选介

山东金河实业集团有限公司　1982年4月成立。大型科技型民营企业集团占地面积150万平方米。主导产品为保险粉。下辖12个法人企业，员工1500多人，其中各类专业技术人员570多人。2002年，总资产超过10亿元。拥有全球领先的自主核心技术，编制保险粉国家标准3项，获国家发明专利6项。率先实现由“中国制造”到“中国创造”的历史性跨越，雄踞世界保险粉产业的第二位。投入技改资金700万元，年生产能力达到1万吨。在烟台市民营企业中，率先通过ISO 9001、ISO 14001、OHSAS 18001体系认证，成为国家安全标准化一级企业。该公司吸纳200多名失地居民稳定就业。热心社会公益事业，积极参加爱心捐助活动，累计向社会捐款、捐物折款350多万元。先后被国家和山东省授予全国守合同重信用企业、省先进民营企业、省文明诚信百姓企业、省高新技术企业、省AAA级信用企业、中国专利山东明星企业、山东省A级纳税信用等级企业等称号；获国家发明奖、中国民营企业创新奖、中国专利新技术新产品博览会金奖等奖励。

烟台国冶冶金水冷设备有限公司　始建于1988年。占地面积7万平方米，厂房面积2万多平方米。主要设计和制造冶金电弧炉水冷设备、LF炉水冷设备及转炉余热锅炉汽化冷却设备、废钢预热装置及能源环保设备等，是国内冶金水冷设备行业开发最早、设备技术水平最高、生产规模最大的电弧炉和精炼炉水冷设备专业公司，也是山东省科委认定的高新技术企业，年生产能力5000吨。拥有数控铣床、数控剪板机、数控折弯机、微控水平下调式三辊卷板机、摇臂钻床等一批先进设备以及氩弧焊机、各种气体保护焊机、埋弧焊机、焊接中心、空气等离子切割机、数控切割机等焊接、切割设备100余台；钢材预处理生产线，具有UT、RT、MT、PT等完善的预处理、后期处理和检测手段。拥有A级余热锅炉和A2级压力容器生产资质和独立的知识产权，获得国家实用新型专利8项。

1998年，冶金电弧炉水冷设备获国家新产品证书，拥有自营进出口权。同年，该公司代表国家拟定“电弧炉水冷设备制造行业标准（YB/T161-1999）”。生产的超高功率大电炉水冷设备，为国家“八五”至“十五”重点扶持和发展项目。可替代进口，为国家节省大量外汇。公司长期与世界著名的电弧炉制造公司、中国钢铁设计院、电炉研究所及各大工程技术公司合作，为国内外钢铁公司提供水冷及汽化冷却设备，成功地完成几十项国内外大型先进设备的合作制造工程。其中，电弧炉、LF炉水冷设备设计和制造均居国内首位水平，是上海宝钢电弧炉水冷设备制造的定点厂家。十多年来，为国内外用户提供整套电弧炉水冷设备百余套，并长期为宝钢、天津钢管公司、上钢五厂、安阳钢铁公司、珠江钢铁公司等国内 78 家用户提供备产品、备件，并与这些知名大型企业建立长期稳固的供货关系。

烟台宏远氧业有限公司　1998 年 3 月成立。占地面积 2.33 万平方米，建筑面积 1.2 万平方米，下设 6 个职能科室和 2 个生产车间，有正式员工 300 余人。其中各类专业技术人员 40 余人，持国家级证书的压力容器设计审核资格人员 3 人，质保工程师 2 人，质量体系内审员 6 人，二级无损检测人员 6 人，电焊工 44 人。拥有制造压力容器的主要设备和检测试验装置及仪器 200 余台，总资产 3000 万元。是集医用空气加压氧舱制造、压力容器设计、医疗机械生产及为海军提供武器装备于一体的专业加压氧舱生产企业。主导产品有医用空气及器械加压氧舱系列、部队应急保障配套的陆（船）用加（减）压舱系列、海上石油开采配套的集装箱式加（减）压舱系列等 3 大系列 60 余种。拥有氧舱方面的专利技术 20 多项。公司连年被评为 A 级纳税信用等级单位、守合同重信用企业及质量信用 AAA 级企业。在市场同类产品销售中，连续 3 年保持全国和全军销量第一。2002 年，实现销售收入近 6000 万元，上缴利税近千万元。同时，还与有关大学、科研院所建立合作关系，开展科学研究。与中船重工 702 研究所合作开发 I 型和 II 型车载机动抢险系统，与第二军医大学、海军医学研究所、武汉海军工程大学、中船 719 所等联合研制海军 500 米饱和潜水系统。

烟台市福山聚氨酯材料厂　始建于 1983 年，原为两甲庄村办企业。1998 年改制为私营企业。是集科研、生产、施工、经营于一体的民营科技企业，也为国内最早从事聚氨酯硬泡原料和硬泡制品生产及聚氨酯绝热保温工程的厂家之一。厂区占地面积 2 万余平方米，建筑面积 1.2 万余平方米，有员工 120 人。下设锦程保温配套厂、锦程防腐保温工程有限公司和锦程聚氨酯研究所。保温配套厂主要生产聚氨酯硬泡用聚醚多元醇、聚酯多元醇、多种催化剂、助剂以及聚氨酯硬泡组合料、硬泡制品等；防腐保温工程有限公司拥有 17 台美国 GLAS 公司生产的聚氨酯泡沫高压喷涂机，专业从事冷库、建筑屋面等各种绝热保温工程的施工，是国内最大的专业从事聚氨酯保温工程施工的企业；聚氨酯研究所专门从事聚氨酯原料和精细化工产品的引进开发工作。

先后研制开发出聚醚多元醇系列、聚酯多元醇系列、JSY-3023 匀泡剂、无 CFC-11 聚氨酯硬泡组合料等多种产品。获省部级以上科技进步奖多项。其中，无 CFC-11 聚氨酯硬泡组合料、聚酯多元醇 -303S，获国家级新产品称号。产品及施工市场除台湾、香港、澳门、西藏外遍及全国各地。2000 年，完成工业总产值 3700 万元，实现销售收入 3560 万元，利税 91 万元。2001 年，完成工业总产值 7000 万元，实现销售收入 6000 余万元，利税 269 万元。拥有资产 3000 余万元，企业规模跃居国内同行业发展的前列。

烟台大福绿化工程有限公司　原为区绿化公司。1990 年 5 月成立。是改革开放后烟台市首家具有法人资质的绿化专营企业，注册资金 200 万元。主要从事园林绿化工程施工和养护，经销花卉、苗木、园林器具等。为山东省园林协会理事单位和国家园林学会会员单位。下设职能科室 5 个，园林绿化施工专业队 3 个，园林建筑工程处和机械作业队各 1 个。有职工 88 人，其中各类工种技术人员 30 余人，高级工程师 3 人，各类经济管理人员 11 人。拥有烟台市区最大面积的苗圃基地 16.67 万平方米，品种齐全，可为园林绿化提供充足的苗木资源。有花卉温室 2600 多平方米，可一年四季提供观赏花卉。连续 3 年为大连、上海、天津、北京绿化工程调运苗木 30 余万株。主要树种有雪松、龙柏、蜀桧、法桐、合欢、国槐、丁香、紫荆、大叶黄杨球、木槿等 40 余种。先后承担区内外 1 万平方米以上绿化工程 40 余个，完成绿化施工面积 200 多万平方米。

烟台市福山区东华建筑安装公司　1972 年，东北关建筑队成立。2002 年，为房屋建筑总承包三级资质企业。有员工 400 余人、项目经理 10 人、特殊工种持证人员 56 人、技能持证上岗人员 87 人、工程技术人员 58 人。拥有固定资产 900 余万元，流动资金 400 余万元，核资注册 600 万元。公司占地面积 3.6 万平方米。拥有主要机械设备 200 余台套。年竣工面积达 6 万多平方米。下设 8 个科室、3 个工程处、1 个机械化施工处。多次被评为省优工程、市文明工地。市优工程率 50% 以上，省优工程率 30% 以上。连续多年被市工商行政管理局授予“守合同重信用”企业。2002 年，分别被市国税局和地税局评为“A 级纳税信用等级单位”。

烟台德润建筑有限公司　前身为兜余镇卫家疃村建筑队。1994 年，易名区卫家疃建筑公司。2000 年，更名为卫家疃建筑有限公司。2002年1月，西关建筑公司、辉源建筑有限公司并入，组建烟台德润建筑有限公司。是建筑施工、设备安装、装饰、装修施工的综合性建筑企业。具有房屋建筑工程总承包三级资质。下设4个施工处和1个铝合金、塑钢门窗加工厂。从业人员820人，其中各种工程技术人员60人。拥有各种机械设备310台。固定资产600万元。年施工能力8万余平方米，年产值4000多万元。工程一次交验合格率100%，优良率年均30%以上，合同履约率达100%。曾获“全优工程先进施工企业”。共创市级优良工程18个、省级优良工程2个、市级安全文明工地10个。

烟台市福山区建筑安装装饰工程公司第二十六工程处　1972年组建，原为门楼镇集体四级企业。1994年改为股份制，更名为国苑工程有限公司。2001年，合并于区建筑安装装饰工程公司，编为二十六处。下设4个土建施工队，配有装饰施工队、水电安装施工队各1个。有工程技术和经济管理人员65名、专业工程技术人员68名、员工400名。平均年施工产值1200万元，年施工面积3万平方米，年竣工面积2万平方米以上。工程一次交验合格率100%，优良率持续5年保持80%。承建的多项市、区重点工程获奖。

第二十编　商贸　粮食

民国初，全县各种商号、店铺有150余家。20年代，军阀混战，苛捐杂税繁多，许多商号倒闭。30年代初，商业开始复兴。1935年，全县商号、店铺200余家。1937年发展到300多家。1938年日军侵占福山后，民族商业遭到严重摧残，商号、店铺所剩无几。

从50年代初开始，党和政府积极发展国营商业，努力保护和扶持私营商业。1952年，全县有国营商业单位2个，年销售额31.2万元，占总销售额的6%；供销合作社11处，年销售额283万元，占总销售额的54.8%；私营商业恢复到193家，年销售额202.6万元，占总销售额的39.2%。1956年，全县639名私营从商者接受改造，占86.7%，被长期安排到集体或国营商业单位工作。1958年至“文化大革命”中，商业政策受到“左”的干扰，国营商业独家经营，集体商业受到限制，私营商业基本绝迹，商业发展缓慢。1976年，全县社会消费品零售额3030万元，国营商业占21.15%，集体商业占78%，私营商业占0.85%。

中共十一届三中全会以后，进行商业体制改革，逐步形成以国营、集体商业为主体，个体商业为补充的社会主义商业体系，商业网点遍及城乡。1978年，全县社会消费品零售额3240万元。1982年，增长到5407万元。1986年以后，计划经济向市场经济快速转变，国营、集体和个体商业齐头发展，工农产品充足，人们的购置力不断提高。1988年，全区社会消费品零售额为15333万元。1991年，达到17450万元，外贸进出口总额87万美元。

1993年始，区政府积极招商引资，加快商业网点建设。1994年，建成商品交易中心。1995年，吸引3家外资企业，建成商贸大厦7000平方米、新东商城9000平方米、商贸大世界1.8万平方米。1996年，建成西苑商贸城批发市场。1997年，建成占地面积4.6万平方米的城乡贸易中心（又称福山大集），并在大集周边建成2.48万平方米的德胜商城和门市楼，还建成1.6万平方米的民营一条街商业网点群及家电一条街网点群。至年底，全区共有商业网点7613个，建筑总面积达35.6万平方米，平均每个网点面积46.76平方米。其中，城区商业网点建筑面积23.6万平方米，建筑面积超过1万平方米的商场4处、批发市场3处、宾馆1处，超5000平方米的商场2处。全年社会消费品零售总额达到55357万元，外贸进出口总额3893万美元。1998年，投资6万元，重建的1.2万平方米福山百货大楼投入使用。至此，百货大楼、商贸大世界、东亚商厦、新东商城、百盛商场、德胜商城与民营一条街、家电一条街等连成一片，又有莱阳龙大、威海家家悦先后进驻福山。全区个体工商户发展到12346家，注册资金11321万元，从业人员32079名，个体私营商业遍布城乡。全区社会消费品零售总额增至62609万元，外贸进出口总额7108万美元。2002年，全区社会消费品零售总额实现97708万元，其中个体私营零售额79747万元。外贸进出口总额达到17869万美元。

第一章　商贸

1978年以来，境内的商贸机构分国营企业管理机构、供销商业管理机构。国营企业管理机构有福山区商贸局、物资局和对外经济贸易局；供销商业管理机构是福山区供销合作联合社；商业企业单位共有38家和10处基层供销合作社。

改革开放以后，境内的商贸经营市场繁荣，品种繁多，有力地促进了社会经济的又好又快发展。经营体制由国营或集体独家经营发展到国有、集体和个体齐头共进，经营形式由单一化发展为灵活多样化，多数商品由计划经济控制转为市场调控。

第一节　国有（营）商贸企业管理机构

福山区商贸局　1956年6月，县商业局成立。1958年，并入烟台市商业局。1962年4月恢复县商业局。1968年4月撤销，业务工作由县革委生产指挥部财贸办公室负责。1969年底重设商业局，与县供销社合署办公。1975年10月，商业局与供销社分设。1983年12月，改称福山区商贸局。内设办公室、政工股、业务股、财会股、审计股、保卫股、职工学校。辖百货公司、五交化总公司、食品公司、酒类糖茶公司、蔬菜副食品公司、饮食服务公司、石油公司、百货大楼、酿造厂、食品厂。共有干部职工885名。1992年4月，组建商业集团总公司。1993年11月，改为经济实体，同时撤销商业局。2001年12月，商业集团总公司撤销，职能划归区经贸局。

福山区物资局　1966年5月，县人委设物资局。1969年4月，改称县物资综合公司。1972年，复称物资局。1980年4月，改为行政局。内设办公室、业务科、财务科。下辖金属木材公司、化建机电公司、燃料公司、物资综合服务公司、三类物资办公室（1981年改称建筑材料公司）。1983年12月，改称福山区物资局。1984年8月，建筑材料公司划归区经委。1985年，局机关有15人，企业职工141人，固定资产517.3万元，总购进额2266.9万元，销售额2627.8万元，利润89.4万元。1986年8月，成立木材公司和机电设备公司。1988年，成立物资贸易中心。1992年5月，改称区物资集团总公司。固定资产844万元，销售额30477万元，实现利润559.7万元，纳税85.3万元。1993年11月，改为实体公司。物资集团总公司及所属的汽车贸易公司、金属贸易公司、化工厂、三洋汽车摩托车销售中心、建材公司、物资经营公司、烟台人防建筑工程公司第二工程大队的全部资产，转让给区物资发展有限公司。接收方按照有关法律规定，安置在职职工和发放离退休人员养老金及遗属补助。

福山区对外经济贸易局　1976年4月，县对外经济贸易局成立，下设外贸公司，出口物资仍由基层供销社代为收购。1983年12月8日，撤销对外经济贸易局，改设区对外经济贸易公司（正科级）。内设办公室、业务科、计财科、政工科、工矿科和直属库，共有干部职工46名。公司占地14147平方米，建筑面积8023平方米，固定资产42.17万元。1983年，外贸公司自行收购农副产品、土特产品、土畜产品、工艺抽纱、海产品、化工产品、五矿类、棉纺针织品、机械产品等12大类120多个品种，外贸收购额990.97万元。1984年，外贸收购额3277.2万元；1985年，为3532.5万元；1986年，为4774.37万元；1987年，为3566.88万元；1988年，为4592.8万元。1997年11月底，有干部职工95名、离退休人员18名、固定资产592万元（含土地369万元）。1997年12月底，公司被烟台开发区中和石油联合公司兼并。兼并后，干部职工及离退人员的工作、待遇均按《中华人民共和国劳动法》和现行规章制度办理。

第二节　供销商业管理机构

1950年7月，县供销合作社总社成立，下设秘书股、合作股、供销股和会计室，并将11处连村合作社改为基层供销社。1951年5月，改称县供销合作社联合社，内设秘书室、计划统计科、财会科、储运科、供销经理部等机构；11处基层社在大村设零售点63处。是年，社员发展到5.2万股，每人最少入1股，多不限；最多者入20股，计入20万股。1952—1956年，县社内部先后增设干部科、秘书科、生产科、物价科、总务科、饮食科、计划科、统计科、储运科、牲畜经营管理科、化肥农药科、业务指导科、经济保卫科、基本建设科、日用品经理部、大型农具站和私改办公室等。1958年下半年并入商业局。1963年，恢复供销合作社联合社，下设秘书科、人事科、组织指导科、经济计划科、财会科、业务科、物价科、储运科。1967年，又与商业局合并。1975年，与商业局再次分设，县社内设办公室、财务科、计划科、政工科。1982年，全系统实行承包经营。1983年11月，改称区供销合作社联合社（以下简称区联社）。1984年6月，召开社员代表大会，修订社章，选举理事会和监事会成员，新增社员股70万股。至1985年，辖4个公司、10个基层供销社、549个网点，有干部职工2233人、固定资产1002.1万元，年销售总额6950万元，占全区社会消费品零售总额的61.6%；实现利润191万元。内设科室增加业务科、保卫科、职工教育科。1993年，进行经营机制改革，有189个零售门店实行内部职工租赁经营。全供销社的销售总额为1.3亿元，实现利润123万元，纳税70万元。1995年9月，臧家供销社并入古现供销社，东厅供销社并入高疃供销社，兜余供销社并入门楼供销社，八角、回里、张格庄和福山镇供销社不变。1998年，实行产权体制改革，废旧物资回收公司、再生资源公司、华润公司、五洲基础公司、华霖宾馆、华中商场、华西商场、华润宾馆、福山镇供销社及所属华东商场改为股份制，汽车修理厂等改为私营企业。全年（含改制企业）销售总额1.728亿元，实现利润149.9万元，纳税182.2万元。2000年9月，五洲服装厂改为私营企业。2001年，销售总额6840万元，纳税70.7万元。2002年9月，八角和古现供销社划归烟台开发区；农业生产资料公司改为私营企业。区联社所属企业有果品公司、冷藏厂、土产杂品公司、永益食品有限公司及高疃、张格庄、回里和门楼4个基层供销社。

第三节　商业企业

福山区百货公司　1952年秋，烟台市百货公司在福山城里大街设百货经营组。1956年1月，改称福山县百货公司，为全民所有制，隶属于县商业局。下设批发部、门市部、办公室。1958年，改称烟台市福山镇百货商店。1962年，复称福山县百货公司。1963年6月，改称福山县百货商店。1969年1月，改称福山县百货杂品公司。1970年1月，复称福山县百货公司。1983年10月，实行承包经营。11月，改称福山区百货公司。内设办公室、会统物股、批发部、贸易货栈。1985年，有干部职工47人，经营商品6500余种，销售额900万元，实现利润19万元，固定资产净值60万元，自有流动资金10万元。1986年，销售额1001万元；1987年，为1074.7万元；1988年，达到1528.4万元；1992年，为1064.8万元。1993年，实行租赁经营。1994年6月，改为股份制企业，称烟台市福山百货股份有限公司。总股本72万元，每股1000元，为内部职工股。辖福盛商场和经营部10个、柜组13个。

福山区商业交电总公司　1977年7月成立营业，称县五金交电化工公司，为全民所有制，隶属于县商业局。1983年11月，改称区五金交电化工公司。1985年，公司占地面积1050平方米，建筑面积1924平方米。内设办公室、批发组、财务组、储运组、门市部、维修部。固定资产净值30万元，自有流动资金5万元，经营商品5000余种，年销售总额634万元，实现利润17万元。1986—1990年，每年销售额分别为664.9万元、677万元、1089.4万元、801.9万元和1184.9万元；实现利润分别为14.3万元、14.2万元、23.6万元、16.2万元和20.4万元。1992年，改称区商业交电总公司，年销售额达到1541.6万元。后因个体商业的大发展，经营困难。1998年12月24日，进行资产评估，账面资产原值274.03万元，评估净资产245.57万元，调整后净资产172.74万。1999年1月6日，转让给个人，变为私营企业，负责安置在职干部职工的工作和离退休人员及遗属的各项待遇。

福山区糖酒副食品总公司　1950年4月，县酒类专卖零销处成立。1952年，改为中国专卖事业公司山东省福山县公司。1958年，并入县酒类专卖供销经理部。1962年，县糖茶公司成立，同年底，改称糖业烟酒公司。1964年撤销。1977年，成立县副食品公司，次年复称糖业烟酒公司。为全民所有制，隶属于县商业局。1984年10月，改称烟台市第三副食品公司，下设业务股、财会股、仓储股、办公室、第一门市部、县府街门市部、干菜调味品批发部。公司占地面积10240平方米，建筑面积51533平方米，有干部职工73人。固定资产净值27.3万元，自有流动资金6万元，年销售额350万元，实现利润4.2万元。主要经营酒类、糖类、烟、罐头、奶制品、干菜、调味品等400余种商品。1986—1989年，每年销售额分别为347.5万元、421.2万元、467.9万元和530.1万元；实现利润分别为5.3万元、5.6万元、18.3万元和19万元。1992年，销售额达到最高峰，为1021.3万元。1994年，改为股份制企业，共募集股本10.9万元，为内部职工股。辖酒类、糖类、副食品3个分公司。

福山区食品公司　1956年7月成立。1958年3月，隶属县供销社食品经理部。同年10月，改称烟台市食品公司福山经营组。1962年，复称福山县食品公司。1985年2月，改称烟台市福山区食品公司，内设政工股、财会股、业务股、生产卫生股、储运股、加工厂、仓库、鸡场、熟肉车间、门市部。公司下设10处乡镇食品站。为全民所有制，隶属区商业局。主要经营猪、羊、牛、禽类鲜肉、熟肉、香肠、蛋等15个品种。公司占地面积49048.7平方米，建筑面积16260.8平方米，有干部职工170人，固定资产净值50万元，自有流动资金6万元，年销售额540万元，实现利润10万元。1986年，销售额313万元，纳税4.4万元。1990—1993年，销售总额2267.2万元，此后连年下降。1997年，根据国家规定，公司在全区设立10个定点屠宰点，供个体户销售。1999年3月底，食品公司切块改制，所辖9处乡镇食品站、食品门市部、东关养鸡场，均改制为私营企业，分别接收、安置原有干部职工及离退休人员；食品公司总部、肉联厂、家电批发部、熟肉门市部合并改为股份合作制。2000年7月底，经评估审计，将总资产938.71万元（含15817.2平方米土地），全部转让给区食品公司，负资产以每年所得税的50%弥补，补齐为止，并按有关规定安置干部职工、离退休人员和落实政策人员及遗属。

烟台市第三饮食服务公司　1957年，县服务局成立。是年底，原属县供销社所辖的第一和第二合作饭店、福山旅社、黎明照相馆、兴华理发馆、卫生浴池等单位划归商业局领导，并转为国营商业。1958年，服务局撤销。1962年，成立县饮食服务公司。1968年，改称饮食服务总店。1969年，复称饮食服务公司。1983年12月，改称烟台市第三饮食服务公司。为全民所有制企业，隶属区商业局。公司占地1314平方米，建筑面积3030.96平方米；有干部职工84人。1985年，辖旅社（馆）、饭店、照相馆、浴池等9个单位，有干部职工142人。年经营额58万元，实现利润5.1万元，固定资产净值29.3万元，自有流动资金24万元。1986年，经营额64.6万元，实现利润1.2万元。1999年1月28日，将全部资产（不含土地）及债权债务，转让给个人，接收方负责安置全部职工和发放离退休人员养老金。

福山区蔬菜副食品公司　1958年，县蔬菜组成立，负责向城镇非农业人口实行牌价、定量供应蔬菜。1976年，建蔬菜基地126.7公顷。1978年，菜农所产蔬菜按牌价交售给蔬菜组，再以牌价销售给厂矿、机关、部队及城镇居民，年销售量150万公斤。1982年，县蔬菜公司成立。是年，蔬菜市场开放，议价自由买卖，市场经营活跃，至1990年，蔬菜公司仍对城镇非农业人口按每公斤0.039元牌价每人每年供应大白菜40公斤，差价由财政补贴。1986年，销售额22.6万元。1992年，达到331.6万元。1993年，停止蔬菜营业。

福山百货大楼　1974年始建，1978年竣工投入运营，称县百货商店。建筑面积5136平方米，营业面积4200平方米，固定资产97.5万元。内设办公室、业务室、会计室。下设五金、交电、化工、日用百货、副食品、服装鞋帽、针棉纺织品、布匹、文具等13个组和早晚门市部、干校门市部、南山门市部，共有干部职工107人，经营商品2000余种。1984年，撤销干校和南山门市部，经营商品5000余种。1985年，有干部职工121人，固定资产净值90万元，自有流动资金31万元，经营商品8000余种，年销售额590万元，实现利润17万元。1990年，有干部职工146人，销售额938万元，营销商品1.3万余种。1992年9月21日晚，因电线短路，造成严重火灾。1993年，实行租赁经营，时称“国企民营，租壳卖瓤”。1996年10月，大楼拆除，耗资2000万元，重建1.2万平方米新百货大楼。拆迁期间，租用商贸大世界部分柜台继续营业。1997年底，大楼主体工程、部分设备安装和装修工程完工。1998年5月竣工，6月投入运营。2000年，出租4600平方米给龙大超市经营，出租300平方米给证券公司经营。2001年，龙大超市增租600平方米，总投资500万元。主要经营家电、服装鞋帽、粮油副食品、烟酒糖茶、鱼肉类、水产品、干鲜菜品等。

中国石油化工股份有限公司山东烟台福山石油分公司　1976年7月，县煤建石油公司成立。1978年8月，改称山东省石油公司烟台石油采购供应站福山分站，受县商业局和烟台石油站双重领导，为全民所有制。1985年，改称山东省石油公司福山分公司，内设办公室、计划业务股、财会股、行政股、仓储股、加油站、警卫班。公司占地2万平方米，建筑面积1436平方米，固定资产净值60万元，自有流动资金5万元，年销售石油8996吨，销售额700万元，实现利润36万元。1986年，改称福山石油供应站。1987年，改称山东省石油公司福山支公司。1993年，改称山东省石油集团福山石油公司，有干部职工49人。1999年，改称中国石油化工股份有限公司山东烟台福山石油分公司，有干部职工172人。2000年8月，全部资产（不含土地）折29080元转让给福山石油分公司，成为上市公司。2002年，有干部职工156人。辖加油站15处，年销售石油1.3万吨。

福山燃料公司　1978年，县燃料公司成立，由县煤建石油公司析出。内设总务科、财务科、业务科、仓储科、汽车班，为全民所有制企业，隶属县物资局。1984年，更名为福山燃料公司。1985年，有干部职工42人；

增设采购科、蜂窝煤加工车间。公司占地面积3823.7平方米，建筑面积35192平方米，固定资产净值40万元，自有流动资金1.5万元，销售煤炭8.32万吨，其中计划外购4.73万吨，并因台风灾害，紧急调拨1000吨支援乡镇救灾。销售额493.2万元，实现利润26万元。1986年，固定资产净值增至103.7万元。1987年，实行任期目标责任制，售煤8.01万吨，其中计划外购2.8万吨，远销浙江、江苏1.24万吨，并以每吨赔20元的价格售给烈军属、教师1260吨。年销售额403.5万元，实现利润30.3万元。1988年，将承包任务分解到人，实行“包死基数、保证上缴、超额分成、歉收自补”的原则，年售煤1.11万吨，其中计划外购2.18万吨，每吨65.5元，销售额928.3万元，实现利润80.6万元。1992年，国家取消煤类计划供应，进入市场经营。1994年，更名为烟台物贸有限公司，改为股份制企业，国资控股60%，干部职工个人股40%。1994—1996年，共售煤3.5万吨，销售总额8731万元，实现利润440.2万元，缴税220.6万元。1997年，售煤4.29万吨，销售额14331万元。2000年9月，将国有股71.4万元（不含土地使用权）转让为内部职工股，成为自主经营的股份制企业。

福山区化轻建材公司　1980年4月，县化建机电公司成立，为全民所有制企业，隶属县物资局。内设业务科、财务科、储运科和办公室，有干部职工24人。主要经营化工、建材、机电设备。当年购进额247.4万元，销售额297万元，实现利润19.8万元。1985年，设业务科、仓储科、财务科、行政科、门市部，干部职工增至38人，固定资产净值41.17万元，自有流动资金58万元，购进额741.4万元，销售额777万元，实现利润13.1万元。1986年8月，撤销化建机电公司，设化轻建材公司。内设办公室、业务科、财务科。固定资产113万元，负内债21.9万元，销售额467万元。1987年，实行经理任期目标责任制，次年将承包任务分解到人。至1992年，6年销售总额11333.3万元，实现利润总额322.8万元，固定资产178.5万元。1998年9月，将全部资产及所属办公室、车库和生产资料公司所属的车库、传达室的产权一起转让给个人。接转人承担全部债权债务，按有关政策，安置25名职工的工作，发放离退休人员养老金和遗属的生活补助。1993—2000年，销售总额12039万元。

福山区木材公司　1980年4月，县金属木材公司成立。1986年8月，木材专业从中析出，成立区木材公司，下辖木材加工厂。有干部职工28名，其中木材加工厂13人。固定资产50.2万元。建筑面积1067.8平方米，宿舍楼面积546平方米，叉车和吉普车各1部。内设业务科、财务科、储运科。1992年底，固定资产69.76万元。1986—1997年，共销售木材5.98万立方米，销售总额3999.6万元，实现利润117.9万元。1997年，因无力经营而停产。

福山机电设备总公司　1986年8月，机电部门从县化建机电公司中析出，成立区机电设备公司，为全民所有制企业，隶属区物资局。内设业务科、财务科。有干部职工17名。固定资产59万元。大院货场2897平方米，建筑面积1724.6平方米。货车、吉普车各1辆。1987—1992年，总销售额8281万元，实现利润总额111.2万元。1992年底，固定资产55.85万元，纳税33.91万元。1993—1999年，总销售额19902万元。1999年8月，机电设备公司与区物资开发总公司、化轻公司一起，转让给个人。接收方承担全部债权债务，安置企业全部在职职工和发放离退休人员养老金。

烟台市福山区生产资料服务总公司　1980年4月，县物资综合服务公司成立。1984年，内设业务科、财务科、基建科。年销售额432.2万元，实现利润24.1万元。1985年，为国营企业，隶属区物资局。建筑面积（含仓库和锅炉房）2008平方米，大院货场9866平方米。拥有5吨货车1部、面包车1辆。是年购进额550.4万元，销售额615.8万元，实现利润29万元。1986年，固定资产127万元，有干部职工42人。为独立核算单位，全年销售额712万元，纳税54.8万元。1987—1992年，销售总额10683.5万元，实现利润196.8万元。1992年2月，更名区生产资料服务公司，为股级单位，固定资产189.16万元，纳税39.92万元。1993年7月，更名为区生产资料服务总公司，全年销售额4937万元。2002年停业。

福山区物资贸易中心　1988年7月，成立区物资贸易中心，为全民所有制企业，隶属区物资局。股级经济实体，承包经营，独立核算，自负盈亏。经营全区工业企业所需的生产资料和部分生活资料，计划外购进、市场调节销售。有干部职工12人。1993年，销售总额9690.4万元，实现利润近100万元。2002年，停业。

福山区金属贸易公司　1993年8月，成立区金属贸易公司，为全民所有制企业，隶属区物资局。固定资产30万元，流动资金20万元。有干部职工10人。经营金属材料及其生产资料。2000年6月，与物资集团总公司一起转让给区物资发展有限公司。

福山区建材公司　1977年，设三类物资办公室。1981年，改称县建筑材料公司，为全民所有制企业，隶属县物资局。1984年，改称区建筑材料公司。同年8月，隶属区经委。物资局从内部安排人员继续从事建材物资经营。1983—1987年，销售额434.6万元。1992年12月，区物资局设建材公司，股级企业，物资局直属。1994年，销售额为145万元。2000年4月，转让给区物资发展有限公司。

福山区物资股份有限公司　1992年10月，设立区物资经营公司，为全民所有制企业，隶属区物资局。1993年10月，改为股份制企业。2000年4月，转让给区物资发展有限公司。

福山区汽车贸易公司　1980年，县物资局开展汽车经营。至1992年，共销售载重车234辆、小客车244辆。1992年12月，成立区汽车贸易公司，股级企业，隶属区物资局。至1998年，共销售各种车辆342部。2000年4月，转让给区物资发展有限公司。

福山区三洋汽车摩托车有限公司　1983年，物资系统始销摩托车。1984年销139辆。1992年，成立三洋汽车摩托车股份有限公司，为股份制企业，隶属区物资局。当年盈利30万元。2000年4月，转让给区物资发展有限公司。

物资供应站　1978年，县物资局在高疃、八角、张格庄、回里公社设立物资供应站。1979年，又在古现、臧家、兜余、东厅、门楼公社设物资供应站。每站年销售额3万～5万元。1982—1985年，各站销售额20万～40万元。1993年，各物资站先后撤销。

福山区农业生产资料公司　1970年1月，县农业生产资料公司成立，有干部职工28人。1984年1月，改称区农业生产资料公司，为集体企业，隶属区联社。内设业务科、财务科、仓储科、办公室，下设生产资料门市部和烟酒门市部，人员增至30人。主要经营农药、化肥、中小农具等生产资料。1985年，有干部职工41人，固定资产净值32万元。销售农药494吨、喷雾器1.27万个、喷粉器3200个、化肥2.78万吨、中小农具11.48万件、农膜140吨，销售额638万元，实现利润18万元。1986—1990年，销售总额2606.4万元。之后，随着农业生产资料市场的开放，进口化肥和农药、塑料薄膜进货量的增加，1991—1994年，年销货额均在1000万～2000万元。1995年，销售化肥2.3万吨、农药2.5万吨、农膜200吨，销售额2230万元，实现利润25万元。2002年9月，集体股退出，改为私营股份制企业，更名为区农丰生产资料有限公司，有干部职工79人，离退休职工29人。

福山区土产杂品公司　1970年4月，县土产杂品公司成立。同年9月，并入县蔬菜果品公司，称土产果品公司。1973年3月，土产杂品公司独立。1984年，改称区土产杂品公司，为集体企业，隶属区联社。1985年，内设副业组、业务组、财会组、储运组、办公室，下设门市部。有干部职工49人。经营土产杂品、建筑材料、家庭日用陶瓷、烟花爆竹等近700个品种。固定资产41万元，销售额704万元，实现利润7.2万元。1986—1993年，销售总额3716.7万元。1987年，土产杂品市场开放，销售额和利润逐年下降。1993年后连年亏损。1997年12月，区联社将19名在职职工和25名离退休人员分流到物资回收公司。1998年1月，土产杂品公司被物资回收公司兼并。

福山区果品贸易公司　1970年4月，县蔬菜果品公司成立。同年9月，与县土产杂品公司合并，称土产果品公司。1973年，县果品公司独立。1985年，改称区果品贸易公司，有干部职工143人。内设办公室、财务科、贸易科、业务科、生产科、基建科、储运科，下设食杂品门市部和10处乡镇果品站。公司固定资产净值130.5万元，自有流动资金235万元。1983年，销售额479.6万元。1984年，果品购销市场放开，公司购销受到冲击，销售额为413.3万元。1991年提高至1091万元。1993年达到1452万元。2002年破产。所辖门楼果品站，有干部职工7人，占地110485平方米，建筑面积2508.32平方米，总资产21.44万元，无负债。1998年11月，改为股份制，土地出租经营，职工自愿入股。

福山区废旧物资回收公司　1970年4月，县土产杂品公司设废旧物资回收科。1984年6月，成立区废旧物资回收公司，集体所有制企业，隶属区联社。内设办公室、会计科、业务科、储运科。有干部职工18人。1984年，销售额59.7万元。1985年，固定资产净值18.2万元，自有流动资金2万元，销售额119.3万元，实现利润8.3万元。1986—1993年，销售总额2065.7万元。1995年，销售废钢铁1.2万吨。固定资产净值39万元，销售额785万元，实现利润15万元。1997年，废钢铁销量达2.5万吨，销售额1467万元，实现利润30.2万元，纳税102万元。1998年5月30日，经评估确认，固定资产为186.7万元，流动资产177.2万元，无形资产16.8万元，总资产380.7万元。公司占地面积10477.54平方米，建筑面积2289.09平方米。1998年9月，改为私营股份制企业，更名为区物资回收有限公司，土地出租使用，在职职工72人、退休职工43人、离休职工9人、遗属补助4人，均按国家法律和有关规定处理。

基层供销合作社　1949年底始建谭家庄、门楼、旺远、栾家、芝水、高疃、古现、奇章、芝阳、黄务、城厢镇11处基层供销合作社，基金来自农民入股。主要服务于农业生产和乡镇办工副业生产。1950年11月，合并为旺远、门楼、城厢镇、大转4处县分社。1952年，又调整为谭家庄、门楼、高疃、臧家、芝水、古现、黄务、城厢镇8处基层社，共有干部职工250名。1956年，芝水、黄务社划归烟台市。1962年复县后，又调整为城厢镇、高疃、门楼、古现、谭家庄5处基层社，并增加兜余、张格庄2处供销社。1970年，又增设东厅、臧家、八角3处供销社。至1985年，全区共有基层供销合作社10处，辖门市部91个，零售点65个，采购站、批发部、饭店、旅馆各10个，代购代销点91个，共有干部职工1972名，年销售额3771.2万元，利润69.4万元，固定资产净值336万元，自有流动资金511万元。1983—1993年，销售总额54607万元。1995年9月以后，由于连年亏损，区联社将臧家供销社并入古现供销社、兜余供销社并入门楼供销社、东厅供销社并入高疃供销社。1998年9月，福山镇供销社改制为私营企业，更名为区华东商场有限公司。随之改制的干部职工65人、离退休人员56人及改制前退职人员9人。是年，门楼供销社建2000平方米营业楼，八角供销社建3000平方米商住两用大楼。2002年9月，八角、古现供销社划归烟台开发区。区内基层供销合作社有回里、张格庄、门楼、高疃4处，在职职工180人，离退休人员219人。

福山区再生资源公司　1996年2月，区再生资源公司成立，为集团所有制企业，隶属区联社。占地面积1300平方米，建筑面积647.3平方米。主要从事废旧物资收购销售业务。在职职工15人，退休职工3人。1997年，销售收入120万元，利润5万元，纳税13万元。1998年5月，改制为私营企业，更名为区再生资源有限公司。土地租赁使用。接收方负责安置在职职工的工作和退休职工的生活待遇。

福山区华源公司　1995年2月，区华源公司成立。集团企业，隶属区联社。占地面积5718.62平方米，建筑面积5496平方米。资产总额100.91万元。主要经营汽油、柴油、润滑油和煤炭。1998年5月，改制为私营企业，更名为区华源物资经营公司。负资产用每年的土地租金抵顶，抵完为止。接收方承担全部债权债务，安置全部在职和退休职工17人。

华西商场　1996年2月，华西商场成立。占地面积1800平方米，建筑面积1318平方米，为集团企业，隶属区联社。有职工22人，资产总额71.89万元，其中流动资金3.74万元，净资产为0.99万元。1997年，销售收入20万元，利润1.2万元，纳税1.3万元。1998年5月，改制为私营企业，更名为烟台鲁美包装制品有限责任公司。接收方负责安置职工，土地出租使用，主要从事包装纸箱加工和销售。

华东商场　1998年9月成立，由原福山镇供销社改为为私营企业，改称为区华东商场有限公司。占地面积2109平方米，建筑面积2071.8平方米。1999年，原建筑拆除重建，2002年投入使用。店面全部实行出售或租赁经营，主要有药材公司的药材商店、照相馆、通信器材商店、水产品商店、书画装裱店、鞋帽和日用商品店。

华中商场　原为福山镇供销社设在西大街的营业楼。1996年3月，从福山镇供销社分离改为股份制，成立华中商场。为集体企业，隶属区联社。占地面积3012.6平方米，建筑面积1999.54平方米。账面固定资产182.15万元，流动资金23.9万元，有干部职工68人，退休职工27人。1998年初，兼并华霖商场，接收职工15名和全部流动资产。经营百货和杂品等。1997年，销售额690万元，利润5万元，纳税5万元。1998年9月，改制为私营企业，更名为福山区华中商场有限公司，自主经营，固定资产151.08万元，流动资产26.85万元，土地租赁使用。接收方负责安置在职干部职工和退休职工待遇。

福山区供销社汽车修理厂　1995年5月成立，占地面积4207.73平方米，建筑面积1772平方米。有干部职工7名。净资产为6.35万元。主要从事车辆修理、保养业务。1997年，收入33万元，利润2万元，纳税3万元。1998年4月，改制为股份合作制企业，更名为区华霖汽修厂。承担原厂的债权、债务，安置全部职工。

华霖宾馆　1995年5月，区联社办公楼和饭店改建华霖宾馆，同年7月正式对外营业。集体企业，隶属区联社。占地面积2000平方米，建筑面积2599.64平方米。固定资产283.15万元，流动资金92.6万元。有干部职工17人，退休职工1人。1996年，营业额为98万元。1997年，营业额132万元，利润8.1万元，上缴税金4.3万元。1998年9月，改制为私营企业，土地租赁使用。安置在职干部职工17人，发放退休职工养老金1人。

华润宾馆　1985年4月筹建，1987年7月正式对外营业。集体企业，隶属区联社。1993年10月对外出租，租期为5年。1998年9月，再次出租，租期为8年。

福山区供销集团总公司冷藏厂　1985年8月和9月，山东省供销社和国家商业部批准区联社建5075平方米的果品冷库，总投资239万元，其中商业部投资95.6万元，地方投资143.4万元。冷藏能力为2000吨，冷冻能力为200吨，果品加工量500吨。集体企业，隶属区联社。从事水产品加工和购销业务。有职工9人。1997年，收入27万元，利润2.1万元，纳税2.3万元，2002年，收入30万元，利润1.2万元，纳税1.3万元。

福山镇供销合作社　1950年11月，城厢镇供销合作社成立。1984年，改称福山镇供销合作社。集体企业，隶属区联社。占地面积4138.5平方米，建筑面积2619.3平方米（包括煤场占地2029.5平方米，建筑面积547.5平方米）。1983—1993年，销售总额为9524.1万元。1997年，销售额700万元，利税11.4万元，利润5.2万元。有干部职工65人，离退休人员56人。1998年，改制为私营企业。所辖文化街商店，剥离后归供销集团总公司处理。有职工4名，占地面积1252平方米，建筑面积737.34平方米，资产总额44.27元，无负债。1998年8月，改为股份合作制。职工入股，土地出租使用。

烟台五洲基础工程有限公司　1996年2月成立，从事建筑基础工程和水、电、暖安装业务。占地面积5710.45平方米，建筑面积1023.36平方米。有干部职工13名。资产总额101万元，其中固定资产71.16万元。净资产15.63万元。1997年，总收入80万元，利税15万元，实现利润5.2万元。1998年4月，改为股份合作制。土地租赁使用，安置全部职工。

烟台优钢集团总公司　原为物资局金属材料总公司。1993年，在此基础上，成立烟台优钢集团总公司（正科级单位），由烟台特殊钢公司、烟台不锈钢公司、区金属回收公司和福山金苑大酒店组成。同年7月，占地面积1.2万平方米、建筑面积4000平方米的优钢大厦建成投入使用，有干部和正式职工68人，当年销售额1.3亿元。1998年9月，全部资产含276.43平方米库房及债权债务转让给大连钢铁集团有限责任公司。土地租赁使用期30年，年租金6万元。公司更名为大连钢铁集团烟台优钢有限责任公司。2002年，更名为东北特殊钢集团烟台优钢有限责任公司，固定资产1300万元。

烟台市医药公司福山区公司　1956年1月，中国药材公司山东省福山县公司成立，隶属县卫生局。1958年，改为烟台药材站福山经营组。1962年，恢复县药材公司，下设门市部。1978年，改称山东省药材公司福山公司。国营企业，业务归省医药局统一领导、核算、调拨、管理，行政隶属县商业局。1981年，改称山东省药材公司福山县公司，内设计划股、业务股、生产收购股、办公室，下设药材门市部，有干部职工37名。1983年，升格为正科级，行政隶属区经委。同年11月，更名为山东省福山区药材公司。1984年4月，业务和人、财、物归烟台医药公司领导。1990年，改称烟台市医药公司福山区公司。1989—2002年，先后设立医药门市部12个。其中，1989年3月，在南苑街设门市部60平方米；1994年9月，在八角镇设门市部50平方米；1996年8月，在天府街设门市部224平方米；1997年3月，在崇文街租房设门市部；1998年3月，在县府街设门市部60平方米；同年11月，在芝罘区南大街租房设门市部、12月在高疃镇设门市部153平方米；1999年3月，在永安街设门市部81.7平方米；2000年3月，在芝罘区宏福街租房设门市部；2001年，在芝罘区文化路租房设门市部，同年9月，在古现租房设门市部；2002年8月，在东厅租房设门市部。2002年，有职工92人，离退休职工2人。

销售额3487.7万元，实现利润70万元，纳税62万元。

山东烟草公司烟台分公司福山支公司　1984年3月，山东烟草公司烟台分公司福山支公司成立，与区烟草专卖局合署。科级企业单位，隶属区政府，委托区经委代管，全民企业。设文秘科、财务科、业务科、批发部、专卖管理科，下设稽查中队。1992年4月，设城区批发部。1996年10月，设回里、高疃批发部。2002年8月，3处批发部撤销。主要经销国产和进口香烟，办理香烟准销证，查处贩卖走私烟和假烟。至2002年，供销香烟100807箱，销售总额50219万元，上缴利税总额2018万元；查处私假烟案件1337起，查获私假烟614万支（30700条），案值116.88万元。

第四节　副食品经营

中华人民共和国成立前，境内肉、蛋、禽、水产品、糕点等副食品由食者直接向生产者或向中间商贩购买。中华人民共和国成立后，副食品由国有（营）、集体和个体多渠道经营。

猪肉购销　1957年8月，执行生猪派购政策，基层供销社设生猪代购点（站），按等级牌价收购，代购点（站）再将所收购的生猪送县食品公司屠宰或上调。1960年后，对养猪采取优惠奖励政策，生产大队给养猪户饲料地，粮食部门发给生猪称重四分之一的平价饲料，商业部门1头猪奖励3.3米布票和一定量的化肥。自1960年开始，对城镇人口肉食品实行部分定量供应。1966年，实行牌价供应，城镇户口每人年均供应10～12.5公斤，月均0.75公斤，春节1.5～2.5公斤。1977年，全县派购生猪691.43万公斤。1979年，生猪派购统购和猪肉定量供应废止，猪肉敞开销售。1983年，生猪可到外地采购。生猪屠宰实行“两把刀”（即食品公司和食品站为一把刀，个体屠宰户一把刀）政策，猪肉年销量260万公斤。1985年春节，区食品公司仍对城镇户口每人供应1.5～2.5公斤猪肉。1986年，区食品公司销售猪肉247万公斤，其中冻肉30万公斤。1987年以后，食品公司销售猪肉的数量逐年减少。1988—1995年，食品部门共销售猪肉735.5万公斤，年均销售91.93万公斤。私营和个体户的销售量逐年增多，年均销售200余万公斤。1997年，食品公司在全区设10个屠宰点，定点宰杀生猪。1999年，食品公司所属食品站全部改制为私营。至2002年，全区猪肉市场只有私营和个体户，年均销售400余万公斤。

牛、羊、鸡肉购销　1978年以前，牛、羊、鸡肉由食品公司在县内派购，只供应军队，数量有限。1979—1989年，改派购为议价收购，对军队和饮食行业供应。1980年，销售牛肉2.8万公斤。1990年以后，畜牧业发展较快，随之牛、羊、鸡的流通渠道开放，销量逐年增加。1995年，区食品公司共销售牛肉2.49万公斤、羊肉9.93万公斤。同期，私营和个体户迅速发展，不仅销售当地产品，还从省内其他地区或内蒙古等地进货，销量激增。至2002年，年均销售牛肉6.8万公斤、羊肉26万公斤、鸡鸭肉47.6万公斤。

蛋禽销售　1959年9月，蛋禽实行派购政策，县食品公司将派购任务分配到各公社，公社摊派到生产大队，生产大队再按人数分到各户，由基层供销社代购。鲜蛋专供驻军。1977年，全县派购鲜蛋9.87万公斤、家禽299万只。1978年，全县收购、供应6万公斤。1979年以后，改派购为议价收购，年销售4万公斤。1984年，取消计划供应，购销渠道放宽，蛋类销售市场转为开放，个体商户进入市场。1995年，区食品公司仅售蛋3.48万公斤，全区有私营个体批发户19家，年销售800余万公斤。另有少量鸭、鹅、鹌鹑蛋在集市上销售。

奶制品及鲜奶销售　1978年以前，奶制品及鲜奶销量很少，只有婴儿在母乳不足或病重情况下，购少量奶粉予以补充。1978—1985年，市场上仅有商业和供销部门销售奶粉和炼乳，年销售3000～4000公斤。1986—1992年，共销售20.34万公斤，年均2.91万公斤。1990—2002年，随着人们生活水平的提高和饮食结构的改善，鲜奶和酸奶被人们普遍接受，销量成倍增长。1990年，全区鲜奶销量不足千吨。2002年，达到12.5万吨。

水产品销售　中华人民共和国成立前，海产品由渔商贩到八角、芝罘、蓬莱等地贩购、出售。1951年，古现区在下刘家村组建渔业联合社。1954年春，改为县渔业供销合作社。1956年福山水产供销店成立后，在八角口、下刘家、三十里堡、马家设水产收购点。1957年开始，水产品由水产站按国家下达的计划，实行牌价收购，个体商贩禁止经营水产品。水产站收购的水产品，除完成加工外调任务外，对居民实行定量供应，人均年供应鲜鱼 4 公斤左右。自 70 年代，收购市场扩大到荣成、乳山、长岛和江浙等地。1973 年，县水产公司添置海上收购船，开始在海上收购。同时，淡水鱼上市量也逐年增加。1978 年，全县水产品总销量 4574 吨。1981—1982 年，水产品实行派购、议购，派购量占 60%，议购量为 40%，全年总销量 4054 吨。1983 年，水产品市场放开，全部实行议价议购，市场价销售，全县总销量 4704 吨。其中，海鱼 877 吨，虾蟹类 203 吨，贝类 1500 吨，藻类 2050 吨，淡水鱼 74 吨。春节时，水产部门仍向城镇居民平价供应少量鲜鱼，差价额由财政补贴。1978—1992 年，水产干品由水产、商业和供销部门销售。主要销售干鱼、海参、海米、虾皮、鱼罐头等，共销售 3434 吨，年均销售 228.9 吨。1984—2002 年，全区经营水产品的个体户达 200 多个，进货渠道多为舟山群岛、日照、长岛、荣成、莱州等地。水产部门总共销售水产品 36.64 万吨，年均销售 1.93 万吨。1998 年始，福山大集设水产品批发夜市，日成交量 10 ～ 30 吨，多数个体户到此批发，再运往城乡各市场销售。1993—2002 年，城区有私营水产门市部 8 家，龙大和家家悦超市亦设专柜经营，年均销量 300 余吨。

糕点类食品销售　中华人民共和国成立前至 50 年代初期，糕点为私商经营，主要品种有粗果、桃酥、蛋糕、饼干、月饼、酥果、萨琪玛等。1956 年后，糕点由国营和集体商业部门专营。60 年代，糕点凭票供应。80 年代以后，市场开放，花样品种繁多。

第五节　烟酒糖茶经营

卷烟　中华人民共和国成立前，吸烟者以吸黄烟为主，吸卷烟者甚少。黄烟在集市交易，卷烟多从香港、美国、大连等地输入，销量极少。50 年代，卷烟由烟酒专卖分处专营。60 年代，卷烟购销实行分配制，由县烟酒糖茶公司批发给国营商店和基层供销社零售。1978 年，全县销售香烟 1591 箱（5 万支 | 箱）。1981 年，仍由烟酒糖茶公司专营批发，国营、集体商店、个体摊贩均可零售。1983 年，全县销售 3347 箱。之后逐年增加。2002 年，全区共销售 8703 箱，销售额 4559 万元，完成利税 373 万元。

1984 年，区烟草专卖局成立，与山东省烟草公司烟台市分公司福山区支公司合署办公。严格实行烟草专卖、经营许可证制度，至 2002 年，全区共办理烟草经营许可证 2100 多户。烟草专卖局还成立烟草稽查中队，负责清理整顿卷烟市场经济秩序，严厉打击卷烟流通领域的违法犯罪行为，杜绝走私烟、假烟、渠道外烟入境。至 2002 年，共查处非法案件 1346 起，计 618 万支，案值 117.08 万元。2002 年，还对舒家批发市场进行整治，查处销售假烟 24 户，并全部取缔，受到省、市局的表彰。

酒　明清、民国年间，福山酿造销售的酒类主要有白酒和黄酒，开设的烧锅、黄酒馆皆自酿自售。1929 年，全县 14 家烧锅、黄酒馆，酿造白酒 5 万公斤、黄酒 1.25 公斤，供应县内并销往大连、哈尔滨等地。

中华人民共和国成立后，禁止私人酿酒。1949 年，酒类批发销售纳入国营渠道，由酒类专卖零售分处专营，年销售酒 132 吨。1958 年，国营福山酒厂建成投产，生产白酒和水果酒，大部分自产自销。1959—60 年代初，白酒凭证定量供应。1962 年，酒类由县烟酒糖茶公司统一购进，再向商业和供销系统零售店批发，并设立第一零售门市部。当地产酒也由烟酒糖茶公司统购统销，不准自售。全年销售红酒、白酒 1225 吨。1977 年，烟酒糖茶公司购进外地白酒 313 吨，销售 195 吨；购销葡萄酒等红酒 149 吨。1979 年，县烟酒糖茶公司增设第二、第三、第四零售门市部，共批发、零售各种酒 1903 吨。1980—1984 年，销售红酒和白酒 6992 吨、啤酒 1063 吨。1985 年，全区购销四川、贵州、安徽、江苏、山西、广西、河南和省内白酒 180 余吨、葡萄酒等红酒 120 余吨，烟台、青岛等地产啤酒 558 吨，福山酒厂自销白酒 5000 吨。1986 年以后，个体商业户逐年增加。1987 年，酒类糖茶公司在商业街、南大街、城里街及回里、古现、八角、高疃、兜余、张格庄设立批发部（1993 年撤销），方便零售店户批发零售。1986—1990 年，酒类年销售量由 1541 吨上升到 2370 吨。1991—1997 年，酒类市场放开，厂家直接向销售店户送货，国营和集体商业销量下降。酒类糖茶公司年销量由 1991 年的 1583 吨下降到 1997 年的 110 吨。1986—1997 年，白酒和红酒总销量 15245 吨、啤酒 8777 吨（不包括个体户的销量）。1997 年 9 月，区糖酒副食品总公司停业。1998—2002 年，全区私营个体酒类批发商 9 家，年批发红酒、白酒 2000 ～ 2500 吨、啤酒 2100 吨。

饮料水　1985年以前，境内城乡市场只销售汽水饮料。1986年以后，可乐、雪碧及各种果汁逐步摆上柜台，销量逐年增多。1992年，全区年销各种饮料水1万余箱。1993—1995年，年均销售15043箱。1994年以后，矿泉水、纯净水进入市场，全区桶装、瓶装水专卖店有6家，城乡大小商店、酒店、宾馆均有销售。同时，饮水机也随之进入单位和家庭。至2002年，全区年均销售矿泉水、纯净水4100吨，销售额61.83万元。

食糖　清朝和民国期间，食糖多由江、浙、闽等省船帮运至八角、芝罘海口，由中间商转卖给糖坊、店铺和摊贩零售。中华人民共和国成立后，食糖通过公私多渠道购进销售。1959年9月，食糖采购由国营批发部门专营，按票证定量供应。多为进口古巴糖和国产甜菜糖。1977年，全县购进白糖128吨，销售110吨；购进红糖19吨，销售17吨；购进糖果74吨，销售58吨。1978年以后，食糖敞开供应，全年销售444吨，人均1.5公斤。1979—1985年，共销售4361吨，年均销售621吨，年人均2.1公斤。1986—1990年，全区销售10423吨。1991—1993年，销量稳定。1994—1997年，糖酒公司销量逐年下降，个体商户销量逐年上升。1997年9月至2002年，区糖酒副食品总公司停业后，各商业户均由西苑批发市场或外地进货，用量大的厂家则从糖厂定购，满足了民用和工业生产需求。

茶叶　中华人民共和国成立前至成立初期，茶叶通过商贩和公私多渠道购进销售。1959年9月，由国营批发部门专营，按票证定量供应。品种多为福建产茉莉花茶。1977年，全县购进茶叶14650公斤，销售8000公斤。1978年，茶叶敞开供应，共销售21150公斤。1979—1992年，共销售395464万公斤，年均销售28247公斤。1993—2002年，糖酒副食品总公司停业，茶叶主要由3处个体茶庄及龙大超市、家家悦超市、商贸大世界、商贸大厦、新东商城、德胜商场和基层供销社等经营，年均销售量3万余公斤。产地有福建、浙江、江西、云南、安徽、山东等，主要有花茶、绿茶、红茶、青茶、黑茶等10余个品种。

第六节　果品蔬菜经营

果品　清代中叶以前，境内所产水果，多由果农自产自销，部分由摊贩购销。清道光、咸丰年间，部分水果经八角口装船运往京、津和南方口岸销售。1861年烟台开埠通商后，梨、葡萄、苹果等水果开始销往海外，“每年出口数十万”。葡萄种植最多，主要供烟台酿酒用，也有少量出口。清末至民国初，“青香蕉”“红香蕉”苹果开始大量进入市场，并运销于沿海各口岸。同时，南方所产的柑、桔、香蕉等水果也由烟台转销于福山城乡。1932年，全县销往上海、天津、大连、青岛等地的苹果共2750吨。1936年，全县共销售苹果3680吨。抗战时期，口岸被日军封锁，果品大量滞销，福山果业衰落。

中华人民共和国成立后，政府提倡发展果业生产，水果产量逐年提高。1949年，全县水果总产3510吨，其中苹果2315吨。1950年，县成立果品联合推销部，帮助果农推销水果。1956年，烟台地区在福山专设果品收购组。1957年，水果购销由供销社经营，销售苹果、梨、桃、葡萄等水果1万多吨。60年代，福山果品由烟台市果品采购站购销。1970年，县成立果品公司，部分公社成立果品收购站，专营境内果品收购与外销业务。1975年，全县销售水果5万吨，其中出口3万吨，销往菲律宾、新加坡、苏联等国家。1978—1983年，果品公司每年销售苹果4万～5万吨，其中出口2000～3500吨。1984年，果品市场开放，个体商贩大增。90年代后，苹果产量逐年下降，大樱桃产量不断提高。1990—2002年，福山苹果每年外销1万～3万吨，大樱桃销售1000～6000吨。

1978—2002年，境内年均销售梨1851吨、葡萄408吨、桃1110吨、杏47吨、鲜枣16吨、干枣31吨、柿子32.5吨、山楂80.2吨、板栗核桃及其他果品116吨。

改革开放后，南方香蕉、橘子、橙子、荔枝和新疆葡萄干等果品大量进入境内市场。1978—1983年，由商业和供销部门经营，年均销售5100吨。1984年，果品市场开放，个体摊贩多在集市和沿街设点销售。至2002年，年均销售7791吨。

瓜类水果销售　改革开放前，境内所产甜瓜和西瓜由瓜农自产自销。1978年，县政府向部分公社及大队恢复下达甜瓜和西瓜生产计划，生产队自产自销，年销200余吨。1979—1982年，全县种植计划增加，年销量300余吨。1983年，土地承包到户，西瓜类种植面积扩大，年销售503吨。1984年，果品市场开放，外地西瓜、甜瓜、哈密瓜等瓜类水果大量涌进境内市场，销量逐年增长。

2002年，全区瓜类水果销售量达1.28万吨。

蔬菜　明清及民国时期，农民多粮菜间作，除自食外，部分到集市出售。城区附近村庄菜园较多，蔬菜生产形成一定规模。30年代，福山县城曾有兼营蔬菜的杂货店。

1958年开始，城镇非农业人口食用蔬菜，由蔬菜部门按牌价定量供应。1976年，菜农所产蔬菜按牌价交售给县蔬菜组，蔬菜组再以牌价售给机关企事业单位、驻军和城镇居民，年销售1500余吨，1981年达3000余吨。1982年，蔬菜市场开放，议价自由买卖。1984年，销售5060吨。且种类繁多，经营活跃，四季不淡，冬季里韭菜、黄瓜、芸豆、辣椒、菇类等均可满足市场供求。至1990年，区蔬菜公司仍向城镇非农业人口按牌价每人供应大白菜40公斤。1992年，蔬菜公司销售额331万元。1993年，蔬菜公司停止蔬菜供应，全部由个体商户和菜农直销。龙大超市和家家悦超市内设蔬菜柜台，至2002年，年销售均在1.5万吨以上。

腌制菜　品种有腌制疙瘩、萝卜、黄瓜、雪里蕻、八宝菜、糖醋蒜、榨菜等。80年代以前，腌制菜主要由商业和供销社食品部销售。1994年以后，私营个体专卖户和杂货铺均有销售，品种繁多。1997年以前，年均销售31.2吨。1998—2002年，年均销售36吨。

干菜　主要品种有黄花菜、竹笋、木耳、银耳、菇类等。80年代以前，主要由供销社和商业系统的副食店营销，年均销售黄花菜200公斤、木耳2343公斤、各种干蘑菇1617公斤。1992—2002年，私营商店和个体专营户增多，品种丰富，销量大增。

调味料及制品　主要品种有茴香、八角、花椒、黑胡椒及粉、白胡椒及粉、五香粉、胡辣粉、辣椒面等。80年代以前，国营商业和供销社副食品店均有销售，年均销售5万余公斤。1984年以后，私营商店和个体户均有销售。至2002年，平均每年销售7.5万多公斤。

第七节　日用百货经营

清朝中期以前，福山城镇商店、集市出售的日用工业品，主要为当地手工业产品和由店铺、商贩从邻县采购。自1861年烟台开埠后至抗战前夕，大部分从烟台进货，产地多为上海、天津、青岛、大连等地。

中华人民共和国成立后，日用工业品市场繁荣，品种繁多，销量逐年增多。自1954年7月开始，棉花和棉布实行计划供应，由国营商业部门统一采购，按人定量批发，限国营、集体零售商店按批发价购进。1955年1月，正式发放使用布票，棉布按人定量供应。自1956年，国家控制商品42种，省控制商品66种，全部由一级、二级站统购，再行批发。百货、文化用品由福山三级百货批发站（百货公司）按季（月）从烟台地区二级百货批发站购进；纺织品、针织品从纺织品二级批发站购进；五金、交电、化工原料自1977年6月由县三级百货批发站（五交化公司）从烟台地区二级批发站购进；少部分日用工业品按二级批发站的分配计划可自行到上海、天津、大连、西安、济南、青岛等地购进；地产白纸、宽幅布、味精、白酒等，亦需二级批发站批发。县三级批发站将购进的商品再批发到各商业和供销系统的百货大楼、商店、门市部销售。1959年，火柴、肥皂等供应紧张，凭票定量销售。1960年，部分日用工业品高价销售。1964年，全县发放布票25.36万米，人均1.1米，销售棉布56.15万米。1970年9月，部分卫生衣裤、棉毛衣裤、线袜、毛巾等减票或免票销售。1976年，全县发放布票166万米，人均6.15米，销售棉布179.77万米。1981年，销售地产宽幅布230万米、机制白纸10吨、门帘7万条、线手套8.2万副、衣服千余件；百货大楼经营商品上万种。1982年，部分日用工业品改批发分配制为定购、选购制，零售商可多渠道自行采购部分商品销售。1983年12月，废除棉布票证，棉布敞开供应。1984年，仍属分配批发渠道的日用工业品有食糖、名酒、铁丝、元钉、名牌自行车和缝纫机等10种；棉布、呢绒、胶鞋、灯泡、名牌电视机、洗衣机、收录机、电冰箱、电风扇等可由零售商店直接到生产厂家定购或选购。同年春，福山百货大楼与北京、上海、广州等地建立以信息、采购、推销三结合的购销网络，全年自行采购自行车2750辆、缝纫机557台、手表1185只、摩托车250台、电视机1273台、电风扇240台、洗衣机177台、电冰箱4台。1985年，商业经营体制继续改革，国营、集体零售商店可以兼营批发业务。1986年，全区个体百货商户发展到2286户。至1998年，发展到12346户，成为百货销售的重要渠道，销售的商品上万余种。

1985年以前，成品服装由百货大楼、供销社销售。1986年以后，服装个体商户增多，主要在集市设摊经营。1990 年以后，私营服装户开始进驻城区设店经营。至 2002 年，全区服装个体商户发展到 608 户。较大的服装市场有商贸大厦、商贸大世界、新东商城、德胜商城、工会商场等，年销售针织服装 51.6 万件，销售布类、呢绒和丝绸服装 42.7 万件。

第八节　药材经营

中华人民共和国成立后，党和政府重视中药材开发利用。1956 年 1 月，设县药材公司，开展药材购销业务。至 1998 年，药材购销仍由县药材公司独家经营。1998 年以后，私营业逐年发展。

药材购进　药材部门经营的药材，购进渠道主要是烟台药材二级批发站，部分购自省外药材二级批发站或省内外制药厂，但外购药材不得超过总进货额的 20%。1979 年，全县药材总购进额 130.9 万元，其中外购额 10 万元，占 7.6%。1982 年，总购进额 164.8 万元，其中外购额 5.4 万元，占 3.3%。1985 年，购进药材和器械 2831 种，总购进额 199.7 万元，其中外购额 27.4 万元，占 13.7%。1987 年以后，药材市场逐步放开，进货渠道增多，厂家直销、上门送货。1995 年，区医药公司购进额 1200 多万元。2002 年，达到 3000 多万元。

药材收购　境内野生药材资源丰富，中药材有植物类 601 种、动物类 45 种、矿物类 3 种。中华人民共和国成立后，省医药局每年下达药材收购计划。医药部门鼓励农民采集野生药材，县药材公司委托各采购站收购。60 年代，开展群众采药运动，采集的药材大部分不符合药用要求，药材公司派出人员协同采购站深入农村，宣传中药知识，指导采集加工，提高药材质量。1978—1985 年，药材公司委托区联社基层社收购 50 种，公司安排 3 名专职人员，实行分片包干责任制，广泛发动群众和学生采挖药材，一般人均收入 10 ～ 400 元，仅酸枣核一项最高年收购量达 50 吨。1978 年，全县收购药材 2.5 万公斤，增收 13.8 万元。1980 年，收购 3.36 万公斤，增收 9.9 万元。1983 年收购 5 万公斤，增收 21.2 万元。此后由于价格偏低，国营收购量有所下降。1984 年，收购 2.2 万公斤，增收 8.1 万元。1985 年，收购 2.4 万公斤，增收 3.5 万元。90 年代以后，国营公司停止收购，中药材收购完全变成私营。

药材种植　1964 年，从外地引进杜仲、黄柏、党参、茯苓等 10 多个品种，利用荒山、丘陵进行种植。富村、刘家庄、姜家、黑石、文家等村还在农田种植药材 3.3 公顷。1972—1976 年，县计委每年下达中药材种植计划 10 公顷，药材种植村 20 多个，种植品种 20 个，最高年产 12 吨。因收购价格偏低，效益不如果业，1977—1980 年，药材种植计划逐年下调为 6.7 公顷、5.3 公顷和 4 公顷。1981 年，不再下达计划，中药材种植停止。

中药材初加工　中药材收购入库贮存，需经拣、洗、撞、煮、烫、熏、硫、去毛、去壳、干燥等加工过程，部分中药材需经切片加工或经炮炙加工。炮炙加工的药材有清炒、土炒、麸炒、沙烫、酒炙、醋炙、蜜炙、盐水炙、薑炙、蒸熬、焙等法，每年炮炙 50 余种。1976 年，县药材公司购置 2 台半机械化切片机，日加工切片药材 500 公斤。药材公司职工栾慎波和李林基研制出电动滚筒锅，日炒制加工药材 500 公斤。1985 年，炮炙加工药材 33 吨。

药材销售　由县（区）医药公司统一向全县（区）医疗单位和农村卫生所进行批发，共有 17 处医院和防治所、34 处个体诊所、21 个厂企保健室、15 处中学卫生室、258 个村办卫生室。经销的药品有中药、中成药、西药、医疗器械。1965 年，县医药公司委托张格庄、高疃、八角 3 处医院代理向所辖村卫生室批发药品，1983 年停止，仍由药材公司直接批发。经营的品种逐年增加，1978 年为 2380 种，1980 年为 2512 种，1985 年为 2880 种，1995 年达到 3000 多种。一般常用药品由医药公司批发、零售。1978 年，医药公司有零售门市部 1 处，经营品种 1666 个，零售额 12.9 万元；1985 年，经营品种 1990 个，零售额 22.6 万元。为方便城乡居民购药，1989—2002 年，区药材公司先后在南苑街、八角镇、天府、崇文街、县府街、古现镇、东厅镇、高疃镇、永安街和芝罘区南大街、宏福街、文化路设 12 处药品和医疗器械零售店，2002 年，销售总额 3487.7 万元，利润 70 万元，纳税 60 万元。同期，私营药品店逐年增多，先后有益生堂、仁成、鸿生、春城大药房等相继开业，各店注册资金 30 万～ 50 万元，年销售额 20 万～ 60 万元。

1978—1998 年 4 月 30 日，药品的批发、零售价格执行国家和省政府定价和可上浮 10% 的指导价。1998 年 5 月 1 日起，执行市场调节价，由经营单位自主定价。

在药品经营中，剧毒药品凭医院主治大夫处方和单位证明销售；化学危险药品凭卫生主管部门和公安局审核批准证明，由医药公司发给化学危险物品采购证，验证销售；避孕药品，1974年始免费供应，1985年8月医药公司停止经营避孕药品。

第九节 生产资料经营

1951年开始，化肥、农药购销由供销社专营。同年，购进硫酸铵化肥，在全县推广试用。1952年，供销社从大连、青岛、高密、威海等地调拨化肥2487吨，卖出2007吨，其中赊销给农民456吨。1958年，全县销售"六六六"、滴滴涕、乐果纷等农药136吨。1970年1月，县农业生产资料公司成立，主营农药、化肥、中小农具等生产资料。共销售农药671吨、化肥8834吨。1975年，氮、磷、钾肥和氮磷钾复合肥普遍使用，磷肥由生产大队从县磷肥厂直接购进，部分碳酸氢铵由生产大队从外地购进。是年，生资部门向农民销售化肥5884吨。1975年，县化肥厂建成，生产氨水，生产队按分配数量直接到县化肥厂购运。1978年，全县购销化肥4.22万吨。1979年，县化肥厂改产固体碳酸氢铵，至1981年，共生产37897吨，全部在县内销售。是年，全县购销农药1.1万吨。80年代初，取消生资部门对化肥、农药的专营制，实行多渠道经营。1985年，生资部门销售农药494吨、喷雾器12726个、喷粉器3200个、化肥27825吨、中小农具114800件、农膜140吨，销售额638万元，实现利润18万元。1995年，销售化肥2.3万吨、农药2.5万吨、农膜200吨，销售额2230万元。1998年，农药、化肥销量3万余吨，销售额5200万元。2002年9月，农业生产资料公司改为私营股份制企业，继续销售农业生产资料。

第十节 集市贸易

集市设置　中华人民共和国成立后，福山的集市数量不断增加，布局趋向合理。1956年，全县城乡设置集市16处。1958年，又撤销曲家沟、东厅、奇章3个集市。"文化大革命"中，部分集市关闭。1979年，全县设古现、八角、臧家、福山镇、东厅、高疃、张格庄、门楼、兜余、绍瑞口、回里、曲家、梁家、岗嵛农村集市14处。1983年，增设下刘家、旺远2处。1990年，全区集贸市场有古现、八角、下刘家、梁家、东厅、高疃、臧家、曲家、张格庄、门楼、兜余、绍瑞口、回里、旺远、农贸、东陌堂、北于家、东吴家、东罗格庄、湘里、湘河、王家疃、孙家疃23处。1991年，增加下官乐沟村集市，全区集贸市场达到24处。1993年，增加百堡、八角村、杜家崖3处集市，全区共有集贸市场27处。1994年11月，福山商品交易中心建成。2001年，增加西苑商贸城，全区集贸市场共有28处。2002年9月，古现镇、八角镇划归烟台开发区，全区城乡集贸市场减至20处。规模较大的集市有福山城、高疃、门楼、张格庄、回里、臧家、东厅、兜余等。

集市贸易　民国以前，集市是境内物资交流的主要形式。柴草、粮油、果蔬、水产品和肉禽蛋畜、手工日用品等都到集市交易，商店、摊贩也到集市摆摊设点。

中华人民共和国成立后，随着国民经济的恢复，集市贸易得以逐步发展。畜禽、土特产品、手工产品、柴草等自由上市，粮油等农产品完成征购任务后也可上市交易。"文化大革命"期间，商品交易严格控制在一定范围内，集市再度萧条。改革开放后，执行对内搞活的经济政策，集市规模扩大，交易品种增多，交易额提高。集市经营区域划分为粮油市、柴草市、果蔬市、水产品市、畜禽市、肉市、服装市、杂品市、副食品市、花鸟市等。1979年，登市商品有112种，年上集人数273万人，成交额343万元。1980年，年上集人数285万人，上市商品250种，成交额596万元。1990年，成交总额5385万元。2000年，成交额49275万元。2002年，市场年成交额65820万元，其中城市集市成交额54811万元，农

图20-1　张格庄镇大樱桃市场

村集市成交额11009万元。另有生产资料市场年成交额170万元；城乡贸易中心摊位数1472个，年成交额2.5亿元；西苑商贸城摊位数110个，年成交额1.5亿元；农副产品成交量414吨。

第十一节　商贸制度改革

改革开放以来，商贸改革由浅入深，稳步推进，基本实现了由高度集中统一的计划经济体制向社会主义市场经济的根本转变。在管理体制改革中，经历了承包经营、租赁经营、股份制经营、转让出售到私有制的几个阶段。这一时期，区政府出台鼓励发展私营工商户的文件，个体私营经济迅速发展，占领了主要市场。1978年，全县商业、物资、供销、外贸系统，仍然实行计划经济体制。1980年，商业系统对餐饮服务业实行浮动工资经济责任制；物资供应实行计划分配与市场调节相结合。1981年，县政府进行流通体制改革，促进市场放开搞活。先后对2个企业、42个网点全面推行不同形式的经济责任制。同年7月，县政府批转工商局《关于恢复发展个体工商户的有关意见》，个体户迅速发展，促成集中贸易兴旺发达，集市贸易额由1978年的246万元提高到702万元。

1982年6月起，除名牌自行车、缝纫机等几种商品外，其他商品敞开供应，基本达到了卖方市场向买方市场转化，计划经济向市场经济转换。9月，全县放开小百货、小针织品、小五金、小交电、小农具、小食品等9类商品价格，实行企业定价和市场调节。12月，县政府印发《关于商业供销经济责任制的试行意见》，决定全面试行统一计划管理、物价政策、安全卫生标准、供应主要原料（货源）和定资金、定人员、定上缴利润、定经营范围的“四统一四定”专业大包干责任制。实行由集体或个人承包商店或门市部，独立核算，自负盈亏，经营自主，定额上缴，超收归己，减收自负。

1985年2月，区政府成立农民进城服务办公室，并规定：农民进入乡镇驻地（不含福山城）务工经商，持村委会介绍信到乡镇政府办理批准手续；进入城区务工经商，持乡镇政府的介绍信到区服务办公室办理有关手续；农民进入城镇务工经商需要改建、扩建、新建经营设施的，要服从城镇建设的总体规划，由规划部门统一安排；各有关部门必须大力支持农民进城、进镇务工经商，主动协调好各部门的工作关系，提供方便条件；区农民进城服务办公室接待登记，统筹安排，各部门、单位凡接到服务办公室的介绍信，在手续完备的情况下，对所需办理的施工、卫生许可证、营业执照、临时或常驻户口等都要在5日内完成或给予明确答复。这为私营经济大发展打下了坚实基础。

1986年2月，对全区饮食服务业放宽政策，国营、集体和个体网点不断增加，满足了城区人民日益增长的物质生活需要。同年8月，物资系统6个公司实行独立核算。

1987年9月，全区推行经理任期目标责任制。在商贸系统内部以招标、投标的方式，通过答辩、评比，择优选定法人，采取“包死基数，保证上缴，超额分成，q歉收自负”的办法，把人权、财权、经营权下放给企业，企业再层层承包到个人。区联社先在东厅供销社试点，然后在9处基层社全面推行。对业务量大、效益高的门市部、采购站、仓库，实行定额管理、百分考核、联利计酬责任制。在基层供销社的10处饭店、10处旅馆、5处照相馆、小型门市部和13个承包单位全部实行租赁承包经营责任制，所有权与经营权分离。

1988年10月，区政府总结承包经营经验，制定承包经营的奖励规定：承包经营者1年内完成3年承包期各项指标，奖给经营者1户农转非指标，并按本年利润基数超出部分的2.5%给予一次性现金奖励；承包经营者1年内完成2年的承包指标，按本年利润基数超出部分的2%给予一次性现金奖励；承包经营者连续3年完成承包任务，且利润增长幅度均在当年基数的100%以上，给1户农转非指标，并按3年利润总和超出部分的3%给予一次性现金奖励。承包期内获省级先进企业称号的，奖现金500元；获国家先进企业称号的，奖现金1000元。1991年5月，区政府兑现上述奖励，共有10个公司获奖。其中，燃料公司最高，获奖28660元；回收公司最低，获奖125元。

1993年，进一步深化商贸改革，主要形式有抵押承包经营、租赁经营和股份制3种。商贸部门40多个独立核算门店、150多个部组，实行抵押承包经营，即财产为公有，经营为私营，称“公有私营”。百货公司、百货大楼、华润宾馆整体出租；60多个门店、部组的80余节柜台和2000多平方米的营业面积实行租赁经营，称

“国有民营，租壳卖瓤”。10月，福盛商场、物资经营公司、三洋汽车摩托车经公司改为股份制。

1994年，对6部分小门店实行租赁经营，对批发业实行分组承包，逐步抽出国有本金，自主经营。是年，开始进行产权改革。百货总公司、商业物资公司、酒类糖茶公司、五交化公司、糖酒副食公司、燃料公司，改为股份制企业。通过改制，使企业走上自我发展、自我积累、自主经营、自负盈亏的市场经济轨道。1998年，土产杂品公司和华霖商场被兼并。回收公司、华中商场、区联社汽修厂、五洲基础公司改为股份制。交电公司、化工建材公司、再生公司、华源公司、华西商场、华霖宾馆、福山镇供销社，实行资产转让，变为私营经济。1999年，食品公司转为股份制，9处乡镇食品站和城区门市部及东关养鸡场转让后变为私营。另有第三饮食服务公司、机电公司、物资开发公司、化轻公司转让后成立私营公司。2000年，石油公司、燃料公司、金属贸易公司、建材公司、物资贸易中心、三洋汽车摩托车有限公司实施资产转让；食品公司国资股转让。2002年9月，生资公司改为股份制，并将集体股转让给该公司；物资局生资公司破产；木材公司上报破产；蔬菜副食品公司、果品公司、物资贸易中心停业。体制改革基本结束。

第二章　粮食

改革开放前，福山粮食部门举足轻重。各级领导重视粮食生产、收购与供应。改革开放后，粮食部门依然重要。实行家庭联产承包责任制之后，粮油收购逐步改为定购，议价粮油逐年增多。随着粮食流通体制、企业产权制度改革，其行政功能弱化，粮油购销职能逐步被市场所取代，私营粮店大量涌现，粮食管理机构、人员也逐年减少。进入新世纪后，粮食管理部门改革粮食流通体制，加大仓储数量，保证了市场上的粮油供应。

第一节　机构沿革

行政机构　1941年，县抗日民主政府设粮秣科，负责管理公粮的征收和交付工作。1942年11月，改称财粮科，下设粮库。1948年春，县粮食局成立，内设会计股、调保股、秘书股，下设11个区（镇）粮库。1950年，改称县中央粮库分库，下设3个支库。1953年1月，与粮食公司合并，统称县粮食局，内设计划股、业务股、秘书股、调保股、储运股。1958年春，县油脂公司并入，增设人事股。1958年10月，合并于烟台市粮食局。1962年4月复县后，恢县粮食局。1968年5月，县种子站并入，改称县粮食公司。1970年，复称县粮食局，设政工、财会、购销、储运4个股。1983年11月，改称烟台市福山区粮食局，内设办公室、财务股、计划股、业务股、基建股、政工股、人保股，下设议价公司、饲料公司、粮油加工厂、职工学校、中心粮店和10处乡镇粮食管理所。1987年11月，增设保卫科、审计科，人保股改为政工科。1992年3月，粮食市场放开后，成立粮油集团总公司，与粮食局一套人马、两块牌子。1993年机构改革，粮食局撤销，由行政机构改为经济实体，称为区粮油总公司，内设机构亦相应调整，业务科改为行管处，财务科改为财审科，撤销业务科、审计科和基建科。1995年7月，复称粮食局。1996年9月，设办公室、政工科、财审科、业务科。2001年12月，粮食局归口区发展计划局，仍沿用区粮食局名称，为二级局单位。

业务机构

乡镇粮管所　1941年，县抗日民主政府在狮子山区设第一粮站，在宅院区、疋山区设第二粮站。1944年，在古现区、奇章区增设第三粮站。1945年9月，粮站撤销。1946年8月，设门楼、狮子山、宅院、疋山、古现、奇章、芝阳山7个区粮库。1947年春，增设旺远、芝水、蓁山3个粮库。1948年冬，又增设城厢粮库。1950年4月，粮库撤销，设中央粮库福山分库，下设第一支库（驻旺远村）、第二支库（驻城厢镇）、第三支库（驻古现村）。

1952年，支库改称粮库。1953年10月，增设门楼粮库。1954年，旺远粮库改称第一区粮库，门楼粮库改称第二区粮库，城厢镇粮库改称第六区粮库，古现粮库改称第七区粮库，并按行政区划，增设第三区、第四区、第五区、第八区粮库。1955年4月，各区粮库均改称粮食管理站。1955年秋，改称粮食管理所（以下简称粮管所）。谭家庄粮管所下设旺远粮站，门楼粮管所下设张格庄粮站，黄务粮管所下设紫埠粮站，宅院粮管所下设栾家、栾家疃2处粮站，芝水粮管所下设北上坊粮站，古现粮管所下设八角粮站，臧家粮管所下设舒家、梁家2处粮站，城厢镇粮管所下设东厅粮站。1956年7月，撤销区划大乡后，设谭家庄粮管所，辖旺远、黄山粮站；门楼粮管所辖张格庄、娄子口、卫家疃粮站；黄务粮管所辖紫埠粮站；高疃粮管所辖权家、栾家、栾家疃粮站；古现粮管所辖梁家、八角粮站；城厢镇粮管所辖北上坊、奇章、紫埠、东厅粮站。1957年，黄务、西牟两乡划入烟台市，黄务粮管所、北上坊粮站随同划出。1958年上半年，奇章、绍水口两乡撤销，奇章、紫埠粮站随之撤销。1958年5月，在原粮管所、粮站的基础上，成立谭家庄、旺远、黄山、门楼、张格庄、娄子口、高疃、王家疃、权家、古现、四合村、八角、福山镇、卫家疃、臧家、东厅16处粮油管理站。同年8月，粮油管理站撤销，设福山镇（辖臧家粮站）、谭家庄、门楼（辖张格庄粮站）、高疃（辖东厅、义井粮站）、古现（辖八角、四合村粮站）粮管所。1962年4月，增设兜余、张格庄粮管所。1970年7月，增设东厅、八角、臧家3处粮管所。至1978年，设福山镇、古现、兜余、门楼、回里、高疃、张格庄、东厅、臧家、八角10处公社粮管所和义井、三十里堡、四合村3处粮站。1992年4月粮油市场放开后，居民粮证废止使用，粮油供应任务撤出。2002年4月起实行市场化改革后，粮管所的政策性业务只是负责地方储备粮的收购和保管，实行自主经营、自负盈亏、自我约束的经营机制。

中心粮店　1971年，成立县粮食局粮油门市部。1982年，改称县粮食局中心粮店，辖县府街和西山2处粮店。1983年，改称区粮食局中心粮店。负责区直机关和企事业单位非农业人口的粮油供应。1988年5月，改称区粮油食品供应公司，仍辖县府街和西山2处粮店。1992年4月，粮食市场放开后，居民粮证随之取消，粮油供应进入市场化。

直属粮库　1976年，县局粮食成立直属粮库，其前身为维修组，内设粮油运输车队、物资器材保管组和维修组。粮油运输车队拥有3辆大型运输车辆，直接归粮食局调度使用，负责全县粮油调拨运输；物资器材保管组主要负责粮油运输包装器材（麻袋、面袋等）的保管和调度使用；维修组负责粮油保管设施的安装与维修。1993年底，直属粮库撤销，与粮食局基建股合并，成立区粮食局建筑安装工程处。

军队粮油供应管理站　1992年12月，成立军队粮油供应管理站，负责福山驻军的粮油供应。2002年起，驻福部队开始裁军，供应量相对减少。

第二节　粮油征购与议购

粮食征购　1941年，县抗日民主政府建立后，成立筹募救国公粮临时委员会，向群众摊征粮食，每户10公斤。1942年，改为累进率征收办法，成立征粮委员会，抽调三分之一以上党政干部组成征粮工作队，分赴各区指导征粮工作。1945年，按胶东行署颁布的《征收爱国公粮暂行办法》，贫农征收收获量的10%以下，中农征收20%以下，富农征收30%以下，地主征收35%以下。实行土地改革后，执行新的累进征收方法，负担率最高不超过收获量的35%以下。具体标准：人均收获不足50公斤者免征，平均收获50公斤者征收5%，50公斤以上者每增加0.5公斤征收率随增5%，平均收获350公斤者征收率为35%，350公斤以上不再增加。1950年，为减轻农民负担，改用土地插级定产的办法征收，以户为负担单位，以中亩为负担标准，以每人扣除中亩7分地产量50.25公斤为免征点，每中亩年征收公粮15公斤。遭受水灾旱灾的土地，酌情给予减免。同时奖励喂养牲畜，每头耕畜减征秋粮7.5公斤。

1953年11月，实行粮食统购政策，发动群众将所产粮食扣除种子、口粮、饲料后剩余部分卖给国家。1955年8月，实行定产、定购、定销的“三定”政策，各村进行人畜、地亩登记，匡算任务，确定产量，扣除种子、口粮、饲料后，对余粮户实行定购。全县核定产量5371万公斤，按粮田计算，每亩平均产量153.5公斤，核定任务866.5万公斤，比上级分配任务多256万公斤，超41.8%；统购户32045户，占总户数的58.9%。1957

年10月，在坚持粮食“三定”的基础上，实行以丰补歉办法。农业社和单干户产粮，超过定产数量的部分，由国家增收40%。当年全县实际完成1055万公斤，比“三定”任务增购340万公斤，占47.6%。1958年，各村办集体食堂，群众统一在食堂就餐，口粮由集体储存，粮食征购遂停止“三定”，实行大购大销政策。统购的多，返销的也多，形成购后又返销，给粮食工作带来麻烦。1961年，恢复“三定”政策。1965年10月，开始实行粮食统购一定3年不变的办法，1971年改为一定5年不变。根据当年丰歉情况，兼顾国家、集体、个人三者利益，实行增产超购、减产减购、超产部分给予加价奖励和奖售一定数量的化肥。1979年，实行调减征购基数的政策，对农民在完成征购基数后多余的粮食，由国家下达超购任务，以超购价进行收购。对完成超购任务后的余粮，国家以议购价收购，并允许粮食自由买卖。1981年，实行粮食购销差额管理、调拨包干的办法，一定3年不变，农民完成征购基数任务后，剩余部分按议价卖给国家。1983年，农村实行生产责任制，粮食征购任务包干到户，户交售户结算。全区征购2002万公斤，创历史最高水平。1985年，改统购为合同定购。并实行“优待价”和“保护价”政策。是年受台风、水灾影响，倒伏、淹没庄稼8000公顷，广大干群奋力抗灾，向国家交售粮食751.5万公斤。80年代后期，随着农业种植结构的不断调整，经济作物快速发展，粮田面积和粮食总产逐年减少，粮食收购数量随之下降。

1998年，国务院颁布实施《粮食收购条例》《粮食购销违法行为处罚办法》，同时规定：收购粮食必须执行国家的粮食收购政策；国家为掌握必要的商品粮源，继续实行粮食定购制度；除国家规定的粮食收储企业可从事粮食收购活动外，未经批准，任何单位和个人不得直接向农民和其他粮食生产者收购粮食，并制定了违法收购粮食处罚办法。期间，粮食和工商行政管理部门联手整顿粮食购销市场，有效遏制了违法购销售粮食的现象。

2002年，烟台市被列入国家粮食市场化改革试点地区之一，福山的粮食收储企业终结了延续近20年的粮食合同定购任务，粮食购销完全进入市场化。农民除缴纳农业税外，可以自由买卖自产的粮食。粮食收储企业根据需要，本着购得进、销得出的原则，随行就市，敞开收购，同时受政府委托代收税粮。

油料征购　境内油料作物主要是花生。1954年，实行计划统购，农民生产的油料，按照规定的比例或标准，留下种子和自食部分，其余均由国家统购。全县征购油料440万公斤。自1957年始，油料统购与粮食统购同步进行，实行“多产多吃，少产少吃”的政策，按比例先留后购。1960年和1961年，先后执行交售花生返销生饼和奖售化肥的办法。1965年，实行定购一定3年不变的办法；1971年改为一定5年不变。1966年，花生大丰收，全县完成征购651万公斤，超任务243.5万公斤。1983年起，实行按比例价收购政策，并奖售化肥、返饼，户交售户结算。1985年，实行合同定购后，花生的收购主要是根据种植面积，按一定比例确定收购计划，数量较为固定。80年代后期，花生收购数量随着栽培面积和产量逐年减少而下降。1999年，全区收购花生26万公斤。2000年，福山停止花生收购。

粮油议购　1963年，在平价购销计划外，根据市场供求情况，按议价经营粮油议购业务。当年议购粮食22.5万公斤、油料14万公斤。1964年，议购粮食100万公斤、油料9.5万公斤。1965年，议购粮食22.5万公斤、油料5.5万公斤。“文化大革命”期间，粮油市场关闭，粮油议购中断。1978年12月，恢复粮油议购业务。1980年12月，粮食局成立粮油议价公司，设议价粮油门市部，议购品种和数量不断增加。1979—1985年，全区年均议购粮食442万公斤、油料53.5万公斤。1986年粮油征购改为合同定购后，议购业务停止。

1950—2002年福山县（区）粮油征购情况表

表20-1　　　　单位：万公斤

年份	粮食	油料	年份	粮食	油料
1950	9.8	—	1977	1449.5	157
1951	—	—	1978	1168	160.15
1952	84.9	—	1979	1777	343
1953	1210.1	—	1980	534	319.5
1954	1162.9	440	1981	1133	438.5
1955	1093	524.5	1982	652.5	262
1956	1119	239	1983	2002	348

续表 20-1

年份	粮食	油料	年份	粮食	油料
1957	1050	253	1984	1798.5	315
1958	1227	266.5	1985	751.5	199
1959	1455.5	283	1986	821	170
1960	803.5	99.5	1987	910	174
1961	988.5	133.5	1988	604	156
1962	987.5	93	1989	588	132
1963	1167	182.5	1990	601	107
1964	1208.5	343.5	1991	642	114
1965	922	233.5	1992	511	93
1966	1031.5	651	1993	616	77
1967	1422.5	342	1994	576	78
1968	1113	178.5	1995	561	61
1969	987.5	205.5	1996	626	54
1970	800.5	415	1997	598	48
1971	906	481	1998	544	44
1972	938.95	172.25	1999	645	26
1973	988	217.5	2000	567	—
1974	1235	214	2001	368	—
1975	1912.5	265	2002	304	—
1976	999.5	116			

第三节　粮油分配

粮食分配　1954 年，农业生产合作社实行劳日加入社土地数量折粮进行分配。1956 年，实行农业合作化以后，社员口粮开始由集体统一分配，方法是“人七劳三（即按人口分配占 70%，按劳动工分分配占 30%），土粪分粮”。每人平均分配粮食 227.5 公斤。

1958 年 8 月成立人民公社后，分配上实行供给制，办集体食堂，吃饭不要钱。是年，由于粮食没有颗粒归仓。1959—1961 年，三年自然灾害，粮食歉收，社员口粮分配甚少。1960 年，人均口粮仅有 81 公斤。1962 年后，社员口粮逐年增加。1964 年，人均分配口粮 285 公斤。1966 年，粮食按人分配部分推行二等定量法，即 1 ～ 3 岁小孩分大人口粮的 60%，4 岁以上和大人同样分。1970 年后又改为三等定量法，即 1 ～ 3 岁的小孩分大人口粮的 40%，4 ～ 7 岁小孩分大人口粮的 70%，8 岁以上的孩子和大人同样分。1972 年，全县农业人口人均分配口粮 197.5 公斤。价格由过去自行定价改为统一定价记账，每公斤小麦 0.24 元、玉米 0.17 元、豆类 0.24 元、地瓜干 0.14 元、鲜地瓜 0.04 元、其他杂粮 0.16 元、花生果 0.4 元。1973 年，社员口粮多采取“人七劳三”办法，有的实行分等定量，也有的按人均分。烈军属略高，职工家属相当于一般社员口粮水平，困难户略低。社员养猪，划分给饲料地，未划分饲料地的按“斤猪斤粮”分配给饲料粮。1983 年实行生产责任制以后，农民依据合同要求，交足国家的，留下集体的，剩下都是自己的。是年，全区农民人均占有粮食 387 公斤。

油料分配　1963—1971 年，农民每人每年分配花生果 8 ～ 10 公斤。1972—1982 年，人均 5 ～ 7 公斤。1983 年实行生产责任制以后，数量增加。1984 年，人均分配 18.5 公斤。

第四节　粮油销售与供应

1953 年，粮油开始有计划销售和供应，完全纳入国家计划轨道。自此，粮油供应以计划为主、市场调节为辅的原则下进行。

农村统销　中华人民共和国成立后，农业生产虽有较大发展，但由于受自然条件和其他因素的影响，仍有一些村队依靠国家供粮。1952 年修筑蓝烟铁路和 1958 年修建门楼水库，占用大量耕地；临海的一些以渔业为主的村队，群众口粮不足，需要国家返销部分粮食。1955—1962 年，有的年份购了“过头粮”，再加上粮食受灾减产，8 年累计返销粮 2349 万公斤，年均 294 万公斤。随着农业生产条件的不断改善，返销数量逐年下降。1989 年，门楼水库增容，又淹没了部分耕地。为解决库区村吃粮问题，从 1990 年下半年开始，对库区村实行统销粮政策，标准是：库区村和淹没土地的非库区村，每淹没一亩粮田，统销粮食 500 公斤，统销后人均口粮不足 250 公斤的统销到 250 公斤。统销时间到 1992 年 9 月底。1992年10月粮食价格放开后，从1993年开始执行实行粮食差价补贴政策。1997年、1999年和2000年，由于干旱，又给予每人25公斤小麦面粉的补助。

城镇居民供应　中华人民共和国成立初期，城镇居民用粮依靠粮油贸易市场供应，供销社和国营粮油公司也参与市场调节，起到平抑粮价的作用。1953年11月，粮食实行统购统销后，城镇居民开始由国家按人分等定量供应粮油，以户为单位核发粮油供应证，由国有粮食部门按月供应。1955年，根据国务院规定，按非农业人口职业、工种、年龄，分重体力、轻体力、脑力劳动者和中学学生、儿童，共分25等供应。粮色供应比例，细粮和粗粮各占50%。1965年，对重体力劳动者由每月19公斤调整为19.5公斤，脑力劳动者由13.5公斤调整为15公斤。1971年，对粮色供应比例进行调整，细粮提高为70%，粗粮占30%。1978年，对体力劳动、脑力劳动及10周岁以下儿童的定量标准又进行调整，体力劳动分为特重体力、重体力、轻体力3类9个等级，定量供应标准为16～28公斤；脑力劳动分3个等级，定量供应标准为13.5～16.5公斤；10周岁以下儿童分10个等级，定量供应标准为3.5～13公斤。

食油从1954年开始定量供应，主要是花生油，城镇居民每人每月0.25公斤。1959—1961年，国家三年困难时期，每人每月供应量压缩为0.15公斤。1964年国民经济好转后增加到0.2公斤。1971年，又恢复到0.25公斤。国庆节、春节每人额外补助0.5公斤。

1992年，粮食市场放开后，粮油定量供应停止。

粮油票证

粮票　粮票是粮食计划供应年代作为副券凭以购买粮食及粮食食品的特有无价证券，在计划经济时期具有举足轻重的地位。粮票分为全国通用粮票和地方粮票2种。全国通用粮票由国家粮食部统一印制发行；地方粮票以省、直辖市、自治区的粮食行政管理机关统一印制发行。境内使用的地方粮票，由山东省粮食厅统一印制发行，只限本省购粮或粮食制成品。

全国通用粮票有伍斤、叁斤、壹斤、半斤4种印张；山东省地方粮票有拾斤、伍斤、壹斤、半斤、壹两5种印张。粮票于50年代开始使用，1992年停止使用。

粮证　1953年，城镇居民开始以户为单位核发粮证。根据不同情况将每个人口的定量标准核准注明。居民持证到国有粮食供应单位购粮。定量粮食节约归己，节余多，暂时吃不了的，可以存在粮店，粮店代储。存粮自愿，取粮自由。

1956年开始，除城镇居民外，工商行业如食品加工、发酵、酿造、饭店、宾馆、招待所等单位用粮用油也纳入计划供应。这些行业所用粮油，是根据其生产计划和耗粮油情况而定，由粮食部门按季度核准供应。

1992年以后，粮证取消，各等次的定量标准与城镇居民供应也随之取消。1994年12月起，使用“居民粮油优惠卡”，每人每月均为10公斤面粉。供应价格则是按购进价加保管和加工费用定价，略低于市场价格。居民粮油优惠卡实行后不到2年停用，居民吃粮走向市场化。居民粮油优惠卡只在办理居民户口迁移时，作为办理粮食关系手续的依据使用。它和户口关系合称为“户粮关系”。2001年5月，根据国家规定，粮食关系在全国范围内取消。

侨汇供应　侨汇粮油供应，是国家对侨民、华侨、侨眷采取的一种特殊粮油供应办法。根据山东省粮食局1978年3月关于发放使用侨汇专用粮票油票的规定，实行凭侨汇券供应粮油。其票证分五元、十元、五十元、壹佰元4种。每壹佰元侨汇券，供给10公斤粮食，或粮食加工食品和0.75公斤食油的票证。侨民持侨汇票证购买粮油，粮油品种不受限制，可任意选购。1978年8月17日，发放使用“山东省侨汇专用粮票”和“山东省侨汇专用油票”。其粮票面额分别为壹市两、半市斤、壹市斤、伍市斤、拾市斤5种；油票面额分别为半市两、壹市两、半市斤、壹市斤4种。新印侨汇粮票、油票由银行负责发放使用，粮食部门凭票供应。粮食部门收回的侨汇专用粮票、油票在银行的监督下，每半年销毁一次。

侨汇留成外汇的计拨和使用管理，是根据谁供应物资谁使用留成外汇的原则。1982年11月1日起，每回收侨汇专用粮票0.5公斤，拨留成外汇额度0.06美元；每回收侨汇专用油票0.5公斤，拨留成外汇额度0.25美元。留成由烟台市粮食局按季拨给，拨给的比例是所得留成外汇额度的75%。1992年，侨汇供应及侨汇票的使用规定等，随粮油供应的放开废止。

特殊供应

军粮供应　军队的粮油供应根据不同时期的驻军情况确定。一般情况下，军队不向粮食部门提供用粮计划，粮食部门只凭军队的专用粮油票证供应粮油。主要品种是面粉、大米和花生油（50年代供应军马草料，60年代后取消），这种供应方式一直沿用。粮食部门将回收的军队专用粮票逐级上缴、结算。粮油购进价和供应军队的价格差价由财政部门拨补。

伤残军人等人员供应　对特等、一等在乡在职残废军人，定量内全部供应细粮；二、三等在乡在职残废军人，定量内本人全部供应细粮，但不包括家属；对在辖区内工作的南方籍干部，定量内粗粮部分供应50%的大米。离休干部除在定量内全部供应细粮外，每月多供应花生油0.25公斤。这些规定都随粮油的供应放开，于1992年废止。

1977—2002年福山区粮油销售情况表

表20-2　　　　单位：万公斤

年份	合 计	非农业人口	农业人口	年份	合 计	非农业人口	农业人口
1977	945.5	619.5	326	1990	1642	616	1026
1978	863	475.5	387.5	1991	1462	671	791
1979	900.5	495	405.5	1992	1399	749	650
1980	1092.5	590.5	502	1993	1346	—	—
1981	1223.5	639	584.5	1994	1656	—	—
1982	1399.5	679	720.5	1995	1298	—	—
1983	1063.5	726.5	337	1996	1010	—	—
1984	1584.5	1084	500.5	1997	924	—	—
1985	1658.5	770	888.5	1998	768	—	—
1986	1614	696	918	1999	360	—	—
1987	1712	784	928	2000	766	—	—
1988	1643	727	916	2001	1070	—	—
1989	1619	701	918	2002	794	—	—

说明：1993年后，粮食价格放开后，不再区分非农业人口和农业人口

第五节　粮油仓储

粮仓建设　中华人民共和国成立后，政府不断加强粮仓建设。1948—1949年，利用公房（祠堂、庙宇和没收地主房屋）改建粮仓178间。1955年，山东省粮食厅投资、拨料，在县内新建粮仓3处，其中福山镇西大仓容量250万公斤，门楼仓容量100万公斤，谭家庄仓容量25万公斤。1959年，全县有粮仓14处，总容量832.5万公斤。1980年，福山面粉厂建成一座容量为100万公斤的圆筒仓。各粮管所的仓库遍布全县10处公社。至1985年，全区有粮仓138幢564间，建筑面积达21463平方米，总容量为3553万公斤。2002年底，古现、八角划归烟台开发区，粮仓遂减至110幢460间，总容量为2930万公斤。

境内粮仓主要有3种建筑类型。50年代，多为苏（联）式仓，砖木结构，沥青地面，仓库平面大，容量少，库门较窄，不实用，50年代后期已停止建造。60年代，多为简易仓，砖木结构，沥青水泥地面，造价较低，且仓房高度大于苏式仓，仓容量大，仓底防潮性能好。80年代，主要是砖混仓，坚固耐用，防潮、防鼠，且利于机械化装运，使用寿命长。

粮食专项储备　专项储备粮是用于救灾、稳定粮油市场以及应对紧急情况的粮食，有国家专项储备和地方专项储备2种。1989年开始，按照国家下达的指令性计划，收购储存国家专项储备粮小麦11937吨。1994年，增加到12437吨。到1995年下半年，因不断外调，储备数量减少到1337吨。1996年7月，又增加国家专项储备玉米1200吨。之后，国家不断建设和扩大粮食专项储备库规模，对专项储备粮进行集中储存和管理。2002年，国家专项储备粮全部调出，福山不再承担为国家储存专项粮食的任务。

1993年3月，按照市、区两级政府的安排，开始储存地方储备粮小麦3500吨。2002年，粮食合同定购任务取消后，为确保粮油市场稳定，增强救灾及应对紧急情况的能力，市政府将福山的地方储备粮小麦数量增加到1.42万吨。

粮油储存管理　粮油储存和管理的重点工作是防虫、防霉、防盗。中华人民共和国成立初期，采取物理机械

法防虫，即粮食经风筛、溜筛等处理，以干、净、饱防治虫害。坚持查仓晒粮制度，各粮管所实行3日一小查、5日一中查、10日一大查，风雨雪后随时查，发现问题及时倒仓、晒粮。各储粮点成立护粮小组，组织民兵站岗。50年代至60年代，粮食入库前晒干扬净，空仓消毒，堵塞鼠洞，清扫卫生。使用“六六六”、敌敌畏、敌百虫、氯化苦、磷化铝、溴甲锌等药剂，采取喷洒、熏蒸、毒饵诱杀等措施，防治虫害、老鼠、麻雀。开展无虫、无霉变、无鼠雀、无事故“四无”粮仓活动。70年代后，粮油管理仍贯彻“以防为主，防治并举”的保粮方针，推广缺氧防治虫害法，在粮食仓库密闭的条件下，人为地造成粮堆内缺氧和二氧化碳积累，并配合使用少量的药物，致使粮食害虫窒息死亡。90年代后，有条件的国家大型粮食储备库，则采取更科学先进的管理和防虫技术，仓内设有电子仪器，微机测控，在测温、测湿、通风、气体杀虫等诸多方面，操作更加简便，防效更加显著。

第六节　粮食流通体制改革

粮食购销体制在经历长期的计划经济体制后，于90年代起，正式启动由计划经济向市场经济转轨变型的改革，在全行业中推行放开经营、价格、分配、用工的“四放开”为主要内容的流通体制改革。粮食系统首先在区粮油议价公司和回里粮管所进行试点，然后在面上推开。在经营方面，全系统普遍实行合伙经营、团伙承包和个人承包等经营形式，不再受计划经济的束缚，全面推向市场。在用工上，普遍实行干部聘任制和全员劳动合同制，建立起能上能下的用人机制。在分配上，按照多劳多得的原则，拉开分配档次。对购销人员实行联购、联销、联利计酬办法；对粮油工业实行计件计时工资、浮动工资、结构工资和定额、超定额工资。同时，对区粮油总公司直属企业进行产权制度改制，并对面粉厂进行股份制改制。

推行“四放开”和产权制度改革后，粮食企业坚持“本业为主，多种经营”的方针，打破行业界限，由单一经营向多种经营转变，一批加工业、养殖业、糕点业等相继兴起。

流通体制改革　1992年上半年，组建区粮油集团总公司，同粮食局合署办公，继续履行粮食局的行政职能。各乡镇粮管所均成立粮油分公司，均是一套人马2块牌子。

1998年上半年，在全系统流通企业中推行流通体制改革。改革的原则是“四分开一完善”。1999年下半年，全区共组建粮食收储管理站10个，从事收储业务的人企分开、中央与地方责任分开、储备与经营分开、新老财务账目分开，完善粮食价格机制。实行的粮食新政策是敞开收购，顺价销售，资金封闭运行。1998年6月，成立区粮油收储管理中心，编制为8人，隶属区粮食局，直接管理政策性粮油收储业务。粮食局与企业在人、财、物等方面彻底脱钩，不参与粮食经营，不直接干预企业自主经营活动，只负责收购、储藏、管理工作。

基层粮管所，亦将收储业务与附营业务划开，人、财、物彻底分离，成立基层粮油管理站，共有人员110人，占原有人员总数的50%；新成立附营企业10个，从事附营业务人员110人，占原有人员总数的50%。全区划入收储企业固定资产645万元，土地11.99万平方米；划入附营企业固定资产216万元，土地9634平方米。全区90%的粮仓划入收储企业。

产权制度改革　1999年11月，在对粮管所进行体制改革的基础上，开始对区粮油总公司直属企业进行产权制度改制。首批列入改制的粮油贸易公司、饲料公司、金凤养殖公司，均采取个人一次性买断的方式进行改制。改制以接收原公司所有债权、债务及全部职工为条件，将产权转让给原企业负责人。金凤养殖公司参加改制职工为15人，2002年底，该公司随行政区划划归于烟台开发区。饲料公司参加改制职工为55人，粮油贸易公司参加改制职工为37人。2000年10月，经区政府批准，对面粉厂进行股份制改制，参加改制职工100人，企业全部股份由领导层持股。

第二十一编　烹饪

福山地处沿海，盛产多种海产品；土质肥沃，粮、油、菜、果、畜禽等物产资源丰富，经济发达；居民善烹饪。自古就有“要想吃好饭，围着福山转”的民谚。在福山，家家善烹饪，人人皆厨师。普通家庭，逢年过节，亲友相聚，几乎人人都能操刀掌勺，做出丰盛的家宴。平时，也很讲究饭菜花色、口味，可谓“一天三顿不重样”“一菜一饭一口味”。

旧时，福山人出外者大都从事烹饪业，或开饭店，或当掌柜、厨师，在32个国家和地区有福山人开的饭店、酒店，真可谓福山名店、名厨遍天下。福山烹饪文化芬芳馥郁，倍受青睐。2001年10月，福山区被中国烹饪协会授予“中国鲁菜之乡”。

第一章 沿革

福山的鲁菜文化源远流长。据考证，6000多年前的福山人以海贝等海产品为食，开创了福山风味鲁菜以海鲜为主要烹饪原料的先河。西周、春秋时期，作为齐鲁食邑的胶东沿海，“其民食鱼而嗜咸”，奠定了福山鲁菜以咸鲜为主的基础。隋唐时期，福山鲁菜凭借港口走向全国。到北宋时期，福山风味鲁菜普遍受到人们的推崇和喜爱。明朝时期，福山名菜佳肴已有几十种烹饪技法，从民间走进宫廷王府，成为御膳支柱。创于明代的福山拉面，用手拉出细如银丝的圆形、扁形、三棱形的面条，可谓巧夺天工。清朝初年，福山菜风格基本形成，并逐渐成为鲁菜的杰出代表。1861年烟台开埠后，福山鲁菜文化遍布大江南北，享誉海内外，京、津、沪，乃至俄罗斯的海参崴及亚、欧、美、港、澳、台，福山风味菜馆有3000多家，倍受当地人和多方游客青睐，生意红火，为中华民族的美食文化做出了重要贡献。

第一节 管理机构

1956年6月，县设商业局，管理烹饪工作。1992年4月，烹饪工作由商业集团总公司管理。1993年，商业局撤销改为经济实体后，烹饪事务划归区经贸局管理。

第二节 形成与发展

福山烹饪大体经历了烹饪食物、完善提高、成熟发展、全面振兴4个发展阶段。

烹饪食物阶段　远古“福山人”在今邱家庄所遗留下来的锅灶及食用的陶器，证明当时已经进入烹饪的雏形时期。70年代初，在牟子国遗址出土的陶鱼洗、陶盘、陶扁壶等，说明福山人在饮食上已形成由猎取、种植食物原料到加工、煮熟进食较为完整的饮食习俗。春秋战国时期，齐国大兴渔盐，境内盐场、皂户头等村制盐户、场居多。有盐后，以鲜咸适口的福山帮鲁菜基本口味初步形成。人们将捕捞的海鲜、饲养的禽畜、猎取的禽兽、种植的粮菜果，在加工烹制过程中用盐调味，使烹调的食物增添了独特的风味。盐是调味品“百味之首”，“好厨子全靠一把盐”。盐是食物多样化、口味好、耐储藏，增进人的体能和健康的关键。由此可见，2000多年前，福山人烹调食物就开始用盐。同时，这一时期随着冶铁水平的提高，铁制炊具得到普及应用，烹饪过程中的刀工、火候、器具等技艺有了进一步改进，促进了福山烹饪风格雏形的生成。经过长期积累，人们把大海中的鱼、虾、蟹等水产品，通过捕、钓、捉、挖、捡等手段猎取回来，烹调加工菜肴。并根据品种的不同，重视原料搭配、烹调方法的应用、火候的掌握、刀工的技艺，使烹调的海产品菜肴形成鲜、香、脆、嫩等特点。随之，福山烹调海鲜且形成鲜明特色，丰富了鲁菜的花样品种。

完善提高阶段　福山人烹调菜肴，讲究原材料的精选，强调技法的多种多样和工艺的精细，注重色、香、味和谐，突出微味的不同。据记载，明朝时期，福山已有100多种烹饪技法，多被民众所掌握和应用，“食不厌精”得以普及。福山人制作小吃讲究特色，主食追求味好适口。县城和八角湾港口等地，出现加工出售熟食店铺，专卖烧肉、包子、火烧等，逐步又出现烹调菜肴和经营主食炒菜、面系等餐馆。至晚清时期，福山的烹饪进入完善提高阶段。

成熟发展阶段　清末民初，福山人到京、津、沪、东北等地经商，多经营餐饮业、干厨师。烹饪风格基本成熟，烹调技艺精湛，由菜肴、小吃、主食和糕点构成的福山美食，达到中华人民共和国成立前的鼎盛时期。1852年，福山县城“吉升馆”开业。主要经营菜肴、面食、包办酒食，以烹调海鲜和“福山大面”而闻名遐迩。此后一些独特的餐馆也应运而生，相继开业。到30年代，烹饪业店铺达几十家。同时，烹饪业誉满京华，福山帮成为京城烹坛的佼佼者。有资料称：“数百年来，福山菜和历下菜并称为鲁菜两大风味，为鲁菜名列中华八大菜系之首，撑起了半壁江山”“福山帮精于烹制海味，在北京已有四五百年的历史”。1930年，“丰泽园饭店”开业，誉满华夏。福山厨师个个身怀绝技，出手不凡，名店有上海的“丰泽楼”，天津的“登瀛楼”，大连、青岛的“群英楼”“顺兴楼”，台湾的“鹿鸣堂”等。

全面振兴阶段　中华人民共和国成立特别是80年代以后，福山烹饪进入全面振兴阶段。2001年1月，福山烹饪协会成立，会员单位28个、会员150人。至2002年底，全区共有宾馆、饭店、酒楼、餐馆、小吃店近800家，从业人员约万人，年烹饪营业额上亿元。

第二章　福山名菜

鲁菜由福山菜、济南菜和孔府菜三大风味流派组成，其中以福山鲁菜最为著名。春秋战国时期，福山肴馔就崭露头角。宋朝时，福山鲁菜开始名扬四海。明、清两代，进入宫廷，成为御膳支柱。中华人民共和国成立后，福山鲁菜花色品种不断翻新，烹饪技法日臻成熟。改革开放后，福山区在全国率先成立烹饪协会，并被中国烹饪协会命名为“鲁菜之乡”。

福山鲁菜在国内外颇具影响，北京著名八大饭店中的东兴楼、致美楼、泰丰楼、永丰楼、萃华楼、宴福楼、同和居等，皆为福山人开办或掌灶。福山人经营的福寿堂、会贤堂、金华馆等曾供奉过御膳。金华馆定期向朝廷进献烧鸡、烤鸭等美食。其烹饪技法全面，精于熘、爆、炸、扒、蒸、烧、炒、煸等；极讲刀工、火候，以清淡、味香和鲜嫩著称。民众也极善于烹调，福山菜名扬海内外，名厨遍天下。

第一节　名菜门类

海鲜类　福山海产资源丰富。有质地优良的海参、鲍鱼、对虾、乌鱼蛋、干贝、牡蛎、海蛏、海肠、黄花鱼等。

海参，福山菜对海参烹制技法很多，有葱烧海参、虾籽海参、蟹黄海参、红烧海参等，其味道鲜美、营养丰富，是久负盛名的名贵菜肴。

干贝，其鲜品称扇贝，肉味鲜嫩。福山菜以干贝为原料烹制的芙蓉干贝、绣球干贝、红烧干贝、辣爆干贝等，都是驰名中外的菜肴。

鱼翅，与燕窝齐名，被列为宴席上品，以鲨鱼鳍干制而成。福山有名鱼翅菜肴有清汤全鱼翅、三丝鱼翅、扒蟹黄鱼翅等。其中清汤全鱼翅为名贵菜肴，是用鱼翅、鹌鹑蛋制成“全鱼”平摆于盘中，上屉蒸好，放入清汤中，鱼形逼真，翅丝欲动。

境内沿海生产的珍贵小海产品，品质优良，是其他海域没有或不能比拟的。如乌鱼、鱿鱼等产量高、质量好，烹制多用鲜品，很少用干制品；牡蛎个大肉厚，蛏子体长味鲜，大蛤、海螺肉质鲜嫩，加之适当烹制，令人百食不厌。

禽畜类　烹制畜禽是福山厨师的绝活，光是鸡、鸭、猪、牛、羊、鸽及禽蛋类菜肴就有几百种。常见有炸鸡、红焖鸡、溜杂拌、熘肝尖、烧大肠、炸八块、金银鸡、炸肉、汤爆肚、糖醋排骨、四喜丸子、芙蓉鸡片、辣子鸡、干爆里脊、空心丸子、香酥鸡、锅烧肉、爆双脆、干贝肚、锅榻肉等。还能制作出上百种既具有观赏艺术，又美味可口的花式冷荤菜品。

蔬菜类　福山菜讲究荤、素搭配，一桌菜必有素菜垫席。一年四季根据季节和蔬菜种类制作出多种菜品。春季有芙蓉韭菜、炸椿头、香椿鱼、椿头丸子等；夏季有红烧茄子、番茄鸡蛋、干煸芸豆、清炒辣椒和黄瓜等；秋季有干煸头菜、醋熘白菜、清炒丝瓜等；冬季有炒雪里蕻、炒绿茶豆、炒豆芽等，既增加了菜品花样，又起到平衡膳食，调适胃口的作用。

甜食类　多以水果为原料，按时令季节制作出不同的甜食品，俗称“醒酒盘”，如拔丝苹果、拔丝山药、蜜汁百合、冰糖莲子、冰糖桃梨、大樱桃果汤等。

淡水鱼类　门楼水库建成后，淡水鱼渐入福山烹饪之列，烹调技艺不断提高，风味独特，有红烧鲤鱼、糖醋鲤鱼、清蒸撅嘴鲢鱼、油炸河虾等，为福山菜增添了新的门类。

第二节　选料

主料　以地产为主，有各类海鲜、禽畜、山珍、蔬菜、瓜果、野菜和树叶，也用南方的燕窝、鱼翅和国外的海参、鲍鱼、龙虾等。

辅料　主要有大葱、大姜、大蒜、辣椒、芫荽、韭菜、菠菜、黄瓜、胡萝卜、香椿芽等。

调料　主要有花生油、香油、酱油、面酱、豆瓣酱、醋、料酒、味精、食盐、麻油、橄榄油、花椒、五香粉、茴香、淀粉、蜂蜜、糖、辣椒面、鲜辣粉、八角等。

福山菜在主料和辅料的使用上讲究合理，相得益彰。如春天“闷鲐鱼”，辅料有小白菜、香椿芽、花椒叶、小酸杏或饽饽花。前3种辅料起平衡营养，调节口味的作用，小酸杏则起到化解一旦“隔潮”鲐鱼毒素，保证食用安全的作用。在调料的使用上，强调既突出原汁原味，又去腥去膻。如醋椒加吉鱼汤，醋和胡椒粉既解鱼腥味，又突出香鲜味；再如羊杂汤，用葱花和醋作调料，不仅无膻味，而且葱香四溢、醋香扑鼻。

福山菜烹制选料严格精细，注重时令性。蔬菜力求鲜嫩，海鲜选用鲜活品，畜禽现杀现用。蔬菜以初次上市和较早上市为上品，如春季蔬菜有4大鲜，即“头刀韭菜香椿芽，发芽葱和小黄瓜”；海鲜讲究“麦黄鲐鱼豆黄蟹，过了谷雨吃杂鱼”，春节前后吃冷水偏口、开冰梭，烹调大虾必须用春虾等。原料品种很讲究，如辣子鸡，非童子鸡不用；韭黄炒海肠，辅料不用韭菜；凉拌菜，冬、春用芥末，夏、秋用大蒜，2种调料绝不混用。主、辅料的质量要求极为严格，如清蒸加吉鱼要用重量在750克以上；炸煮花生米，颗粒必须均匀；葱烧海参、香菜炒肉丝、蒜薹炒肉丝的葱段、芫荽段和蒜薹，必须粗细均匀等。

第三节　烹调

福山烹饪工艺独特全面，具有非常鲜明的特色，菜肴突出刀工、火候、烹制和调味。

刀工　墩上刀工熟练精巧，精细美妙，令人赏心悦目。厨师根据需要，把主、辅料切成厚薄、粗细、大小、深度均匀形状一致的片、丝、丁、花，以达到型美的要求。主、辅料经精细的刀工料理后，烹调时利于入味，受热均匀，成熟时间短，以保持营养和水分，使菜肴鲜嫩可口。冷拼盘如同雄鹰展翅、孔雀开屏、鸟语花香、金鸡报晓等，刀工细腻、色泽艳丽、造型优美、栩栩如生，令人食欲大开；热菜更是美妙绝伦，令食客浮想联翩，富有美的享受，如芫爆乌鱼花、熘腰花等，相似菊花、麦穗、牡丹，千姿百态。

火候　灶上火候讲究长短适度、准确，烹调的菜肴具有软、焦、嫩、酥等特点。有的菜肴多烹片刻失其味，少炒瞬间则不足，必须把握分寸。具体掌握好3个关键环节：一为油温火候，油温既不过高也不能过低。如炸里脊，有软炸里脊和干炸里脊之分，关键在油温。软炸里脊用的是5～6成热油，干炸里脊用的是7～8成热油；熘鱼片，用3～5成热油划开，熘出的鱼片鲜嫩爽滑，油温稍过鱼片即成“木渣”。二为爆炒烧熘火候，尤其是爆炒熘鱿鱼、贝肉、猪肉、脱水蔬菜要求最高。如辣炒鱿鱼，火候轻了色泽、口味、营养都不到位，火候过了则咬不动；葱烧海参，要求葱段烧透，香味浓但不塌架；桃花虾炒韭菜，须是虾熟韭菜不过。三为烤火靠火候，如拔丝山药糖火靠重火靠轻都拔不出丝，须恰到好处，糖丝缠绵，脆甜可口。

烹制 福山菜烹调技法很多，现代主要有蒸、熏、焖、炸、烧、熘、爆、炒、扒、氽、烤、火靠、煎、熬、炖、酥、拔、煮、炝、拌、糖醋等几十种。由于烹调技法不同，烹制的菜肴口味不同，但基本风味不变，食而不腻，原汤原味，鲜嫩为主，偏重清淡。

熘法 是将熘菜的主料根据工艺要求“挂糊”，过水或过油划散，炸熟或炸焦出锅，锅里留底油，葱蒜爆锅，加入高汤和清汤煮沸，“勾芡”放入处理过的原料颠锅、调味即可。其要点是“挂糊”均匀，油温适度，芡汁浓淡合理，熘时精准，调味得当。

塌法 是将塌菜原料用调料腌渍入味，“挂糊”油煎至金黄色，放入调料、水、高汤，用文火煨透入味。如名菜锅塌黄鱼、锅塌豆腐等都是菜中精品。

扒法 是将扒菜原料改刀处理后，放入葱姜爆锅，将调料齐全的汤烧开，捞出装盘，汤汁勾芡浇在菜上即可。如扒香菇菜心、扒贝脯等都是扒法名菜。

爆法 采用旺火速成的方法，突出菜肴的鲜香脆嫩，保持食物营养不被破坏或少破坏。“爆”又分油爆、酱爆、葱爆、芫爆、汤爆等若干种。如油爆海螺，是将海螺改刀成大薄片水烫、油冲，然后放入葱蒜爆锅和调料兑好汁水的炒锅中，急火快速翻炒，瞬间完成。油爆肚片、葱爆羊肉、酱爆蚍蛴等名菜，也都是抢火候爆成的美味。

调味 福山菜肴调味精于用汤，善用大葱和重视味口。汤以肥鸡、肥鸭和猪肘肉为原料，经多道工序煮出来，且有“清汤”和“奶汤”之分，其特点清澈透明，色白如乳，味道鲜美。用清汤和奶汤调味的名菜，如清汤燕菜、荷花鱼翅、沙锅鱼唇等，都是高级宴席的珍馐美味。善用大葱是福山烹饪师傅的特点，在菜肴烹制中，葱是必备的调料和辅料，尤其爆炒、烧、蒸、扒、塌、熏烤的海鲜菜肴，都飘逸着诱人的葱香。葱不仅提味，而且还有增进食欲、通畅顺气、抑菌健胃之功能。重视味口，是福山烹制菜肴讲究的基本口味，当地称“口”，即胡辣口、酸甜口、醋椒口、鲜咸口、清汤口。这5种口味要求严格、纯正不邪，靠的是主料、辅料的科学搭配。烹调方法得当和调料使用的精准，是福山菜肴特色的综合体现。

第四节 传统名菜

福山传统风味鲁菜大致可分为山珍海味类、素类菜和甜类菜三大类。从选料加工到烹制、调味，十分讲究、精益求精。有三大特点。其一是主料珍奇稀少、高档名贵。主要调味品是高级清汤。菜肴成品高贵大气，独领风骚，是高档筵席中的领军大菜，如燕窝、鱼翅、熊掌、海参等，既是鲁菜名菜中的上品，也是旧时皇宫御膳中的佳品，最能体现鲁菜名菜的规格档次，是传统鲁菜中的精华。其二是菜品选料考究，制作精细，把握火候，恰到好处，突出体现鲁菜的精细、精美和高超技艺。烹调方法一般以爆、扒、煎、塌、火靠等独特技法为主，如油爆双脆、爆乌鱼花、扒原壳鲍鱼、扒酿荷花海参、锅塌鱼盒、火靠大虾等。其三是注重选料，以原料的新鲜应时为主。突出季节性和产地品种，辅以恰当的烹调方法，突出原汁原味，体现福山海鲜菜肴的特色特点，代表菜品有清蒸加吉鱼、清蒸冷水偏口、韭黄炒海肠等。

山珍海味类

清汤一品官燕 燕窝珍贵稀有，被视为珍贵补品，配以高级清汤，入口后燕窝软滑，汤鲜醇厚。一般品尝前要先以清水漱口，才能品出滋味。

冰糖炖盅燕菜 滋补佳品，营养丰富，高贵典雅。

清汤燕菜 汤汁清澄，鲜美沁心，营养丰富，是省内筵席中的高级菜肴。因汤清见底，无其他配料，故也叫“通天燕菜”。

芙蓉燕菜 芙蓉洁白鲜嫩，燕菜汤鲜味醇。

扒烂鱼翅 又名扒三丝鱼翅。色泽金黄，清鲜香醇，鱼翅软烂香糯，是筵席名菜。

蟹黄鱼翅 卤汁红润，翅黄软糯，味道鲜美，在山东省首届鲁菜大奖赛上被评为优秀菜。

砂锅通天鱼翅 鱼翅软糯柔润，汤味鲜香醇厚，颜色白、红、褐、绿相间，赏心悦目。

各吃炖盅鱼翅 汤醇，味鲜，翅针软糯柔嫩，炖盅典雅美观，格调高雅。

荷花鱼翅　造型美观雅致，色泽鲜艳，鱼翅软糯鲜浓，荷花清鲜软嫩。

白扒鱼翅　制作精细，造型美观，汤汁浓白，软烂鲜香。

蟹黄扒鱼唇　鱼唇用鲨鱼等的吻部周围软骨加工干制而成。蟹黄鲜美，鱼唇柔软，胶质感重，味道鲜、香，醇厚不腻，富含营养，被列为八珍之一。

葱烧海参　海参乌亮，口感柔软，肥润滑爽，咸鲜中带有浓厚的葱香。

㸆大虾　色泽红润油亮，诱人食欲，质地软嫩、口味咸鲜略甜。在山东省首届鲁菜大赛上被评为10大名菜之一。

一品鲍鱼　鲍鱼为传统的名贵烹饪原料，列为海八珍之一。烹制后鲜美，柔软滑嫩，黄绿相间，美观大方，回味悠长，极富营养。

其他菜　主要有：砂锅奶汤鱼唇、三丝鱼信、雪花鱼骨、红烧鱼皮、白扒裙边、扒熊掌、清汤全家福、扒酿海参、肉末海参、鸡块海参、扒原壳鲍鱼、麻汁紫鲍、鸡茸鱼肚、绣球干贝、芙蓉干贝、炒虾片、罗汉大虾、盐水虾、原汁大虾仁、锅塌虾、花鼓虾、燕子虾、炸板虾、雪丽大蟹、清蒸全蟹、全蟹羹、清蒸加吉鱼、清蒸冷水偏口、醋椒鲈鱼、黄鱼吐丝、两吃鱼扇、锅贴鱼、糟溜鱼片、椿头鱼卷、滑炒鱼米、扒鱼腹、醋椒鱼丸、扒炸板鱼、金银鱼丁、辣爆鱼仁、抓炒鱼、锅塌黄鱼、捶烩鱼丝、鱼茸蹄筋、盘龙鱼喜珠、油爆海螺、炸蛎黄、清氽蛎子、爆炒天鹅蛋、清氽西施舌、韭黄炒海肠、姜汁海胆、芫爆乌鱼花、两吃鲜贝、扒贝脯、福山小烧鸡、油爆双脆、炒芙蓉鸡片、鸡茸菜心、酱爆核桃鸡丁、红烧肘子、清炸腰花、九转大肠、溜三样、清烧大肠、葱爆肉、四喜丸子、清蒸福山丸子、霸王别姬等。

素类菜　主要有：烧二冬、椿头豆腐丸子、扒口蘑芦笋、烧素鸡、扒香菇油菜心、炸荠菜卷、溜黄菜、温拌蛰头、凉拌海蜇、金钩挂银丝、凤凰氽牡丹等。

甜类菜　主要有：拔丝金枣、拔丝蛋泊肉、糖酥丸子、拔丝珍珠苹果、酥白肉、蜜汁甜糕、冰糖水果银耳汤、三不粘等。

第五节　创新名菜

福山鲁菜大师、名师、大厨和理论研究者们，继承传统文化和烹调技术，博采众家之长，锐意创新，创造出许多具有新思路、新特点、新品质、新风味的鲁菜新品种，使菜品更具有时代特点。如：宗海参系列、鲍汁系列、浓汤系列、淡水鱼系列、微波系列、桑拿系列、胶东烧烤系列、农家系列、渔家系列、水晶系列、鱼汤系列、虾酱系列、铁锅系列、鸡汤小海鲜系列等。尤其是调味品，已由原来的几十种增至成百上千种，使创新鲁菜在原有的风味上，更加丰富多彩，日臻完善。有的菜品在烹饪大赛中获金牌。

主要创新名菜及特点：腐皮黄鱼卷，色泽金黄，外焦脆，里鲜嫩；瑶柱萝卜盏，色泽红亮，造型美观，瑶柱、萝卜合理搭配，营养丰富；粽香风味虾，虾肉红润，糯米洁白，粽香浓郁；百合灼鲜鱼，鱼肉软香滑嫩，百合清新艳丽；富贵龙虾球，虾丸红润鲜美，菜花翠绿清爽。还有：参烧鲍鱼、糟香鱼丝、翡翠白玉、碧绿鲍丝鱼卷、拉皮海肠、双耳螺片、风味海螺、火腿鱼腹扒冬

图21-1　翡翠鱼丝

图21-2　葱烧海参

菇、三鲜内酯豆腐、三鲜焖子、肉末海带、红油松籽鱼片、金丝玉米、炸脆奶、红扒拆骨鱼头、双味葫芦鲜、豆瓣鲤鱼块、金玉满堂、五彩银丝、腐乳鱼排、烧肚当、面包鱼串、鲤鱼八宝、黑鳝吐珠、叉烧鱼扇、沙司鱼排、雪丽银鱼、赛烧鸡、盘龙银丝、麻辣鱼头、蒜茸草鱼、芙蓉鱼片、兰花鱼等创新名菜，风味各异，超群绝伦。

图 21-3　花开富贵

图 21-6　兰花螺片

图 21-7　秋实米香

图 21-8　虾茸鱼肚

第三章　福山面食名吃

福山小吃历史悠久，以味美、价廉、制作精细、造型美观、风味独特而盛传于世。主要名吃有：福山大面、大馅馄饨、三鲜水饺、脑饭、老豆腐、杠子头火烧、千丝饼等。

第一节　面食

福山面食以小麦、玉米、大豆、小米等面粉为主要原料，源于民间，取于本地，历经千百年的摸索、改进、创新，几十样名特品种日臻完美，成为流传甚广的地方名吃。

福山大面　即抻面，亦称拉面，因源于福山，故称“福山大面”，是烟台三大风味面食之一，山东传统风味名吃，中国北方四大面条之一，素有“叉子火烧福山面，宁海州里喝脑饭”之民谣。福山大面以柔韧爽滑、卤汁鲜美的特色而享誉海内外。

福山大面距今已有400多年的历史。据说最早是用香油浸泡过的砂陶碗盛面。古时所有面食均称饼，早期的面条是将和好的面团托在手上，然后拉扯成条状或薄片下锅煮成。这种古代面食，堪称福山拉面之雏形。明代程敏政在《面食行》诗中写道：“传家面食天下功，制法来自东山东；美如甘酥色莹雪，一匙入口心神融。”高度赞美了胶东面食。清朝中叶，福山的吉升馆及烟台的东顺馆、同顺馆、兴顺馆等，都因经营福山拉面而享有盛誉。福山拉面因其独到特色先后传入京、津、沪和东北各大城市。烟台开埠后，英、美、法、德、日、意等国家在烟台开办领事馆，福山拉面的制作方法随即传入世界多国。

50年代，烟台的永胜馆、双胜馆、永宁馆等均经营福山大面。著名京剧艺术家程砚秋、尚小云、荀慧生、马连良、谭富英、余少山、杨宝森等相继来烟演出，烟台京剧票友一般都在“蓬莱春”设筵款待，席间均要品尝福山大面，食后无不称奇。因而，有人把三鲜面、扁条面、龙须面、空心面，同京剧“四大名旦”相提并论。至今，福山乃至胶东地区的各种酒宴之后，多以福山大面为主食，象征着长长远远、吉祥平安。

福山拉面具有工艺性高、柔滑软嫩、品种繁多、经济实惠等特点。包括和面、溜条、出条、下锅、开卤等工艺流程。其中溜条有“丢荡”和“摔打”两种制法。丢荡法是将和好的面团运用两臂和腕力，使面团抻长后，再扭、叠、抻，然后出条；摔打法则是将和好的面团放在案板上反复的摔打，再叠、抻，然后出条。面条可分为：带子条、灯草皮、柳叶条、扁条、韭菜扁、绿豆条、匀条、细匀条、一窝丝、大条、空心条等条形。卤汁可分为温卤、大卤、三鲜、炸酱、麻汁、清汤、炝汤、烩勺、炒面等20多种，且条与卤的配合均有要求。

福山豆腐脑　又称老豆腐，山东名吃之一。用水泡透大豆，加水磨成水糊，过滤去渣成浆，浆水烧开后再点上卤水凝成嫩脑。食用时用扁圆平勺盛入碗内，然后浇上辣椒油、腌韭菜花、虾油、芝麻酱等调味佐料。若与油条、炸糕、烤饼等同食，风味更佳。

福山脑饭　民间早有制作。以小米、大豆为主料，先将用水浸泡软的大豆磨成浆，用盐卤点成嫩豆腐脑，然后把豆腐脑倒进小米饭糊缸内，轻轻搅和几下，使其

图21-9　特色杠子头

融为一体，最后将红白熟肉丁、菠菜、食盐、味精等佐料加入“脑饭”中拌匀即可。既有一般豆腐脑的风味，又有小米稀饭的特点，既可当菜吃，又可当饭用，是一种风味独特的小吃。

福山水饺　福山水饺品种多样，有肉馅水饺（以猪、牛、羊、鸡、驴肉为主料，加适量的蔬菜为辅料，再加佐料）、鱼馅水饺（以各种海鱼、淡水鱼为主料，加适量的蔬菜为辅料，再加佐料）、素馅水饺（以大白菜、韭菜、荠菜、辣椒、黄瓜、萝卜丝、方瓜丝、茴香、芹菜等蔬菜为主料，加猪肉、鸡蛋、木耳、海米、虾皮等辅料，再加佐料）等。具有个头均匀、皮薄柔软、馅多丰满、鲜嫩滑爽的特点。最负盛名的要属三鲜水饺（鲜猪肉、新鲜水发海米、韭菜或大白菜），质量上乘，味道极美。不仅用料新鲜，而且制作精细，各种用料比例、拌馅调味、擀皮包捏、下锅潦煮，每道工序操作细密、精准，被誉为水饺中的佼佼者。此外，还有海参、虾仁、海蛎、海肠、海胆等海鲜水饺，既异常鲜美，又独具风味。

三鲜馄饨　馄饨可作主食亦可配以其他面食并用。最为人们喜爱的是三鲜馄饨。主料是鲜猪肉泥馅，加适量新鲜水发海米、韭菜或白菜，用葱姜末等加香油拌匀，面皮加适量盐碱擀成柔软的大张薄皮，以淀粉做醭面，再割成马蹄形的馄饨皮，包成月牙状。食用时用母鸡、猪骨头炖成的汤烧沸后将馄饨下锅煮熟，最后撒上熟鸡肉丝、海参丝、煎鸡蛋丝、紫菜、海米、香菜、食盐、味精，滴入香油即可。汤味醇厚鲜美，皮薄润滑，馅香适口。近些年，福山城内多家经营鸽肉馄饨，做法与三鲜馄饨类似，极其鲜美。

发面包子　是境内民众的日常主食，咸鲜合口，风味特殊。主料有白菜、萝卜丝、茴香、瓜类、肥瘦猪肉丁、炸豆腐丁、粉条、木耳、绿茶豆等，拌以葱姜末和调味佐料，用老酵面发成的面团逐个擀成圆皮，按圆形或圆尖状包好，接口处捏成花瓣状，上锅猛火蒸熟。具有皮暄面软、菜馅香鲜等特点。令人百吃不厌，倍加喜爱。

肉馅火食　是境内民众非常喜爱的一种主要食品。主要原料有面粉、猪肉、大葱及调味佐料等。先将面粉加酵母、温水发酵至十成开，再将等量面粉加温水和好揉在一起，加碱去酸味，掐成数个面坯。把猪肉、葱切成小方丁，加酱油、食盐、香油喂好成馅。制作时，将面坯按成圆形面皮，包上肉馅，再按成小圆饼，放在锅、炉上烙烤，待两面烙成蛋黄色时，放入烤炉烤熟呈金黄色时即可。特点是色泽金黄，外焦里软，硬软适中，鲜香可口。

韭菜盒子　是福山民间小吃。主要原料有韭菜、小肉丁、煎鸡蛋饼切成丝、虾皮和木耳，用食盐、味精、食油等调成馅。制作时，把烫面团与冷水面团揉在一起掐成面坯，擀成圆皮，包上菜馅，捏成半月状，放在油锅，双面煎成金黄色，熟透即可。特点是外香酥，里鲜嫩。

酸辣凉粉　境内民间多有制作凉粉的习俗。主要有以地瓜淀粉、绿豆淀粉和海粉菜制作的3种。食用时，浇上用麻汁、老醋、蒜茸、食盐、味精、香菜及葱末调成的佐料即可。3种凉粉口感不同，地瓜和绿豆凉粉软糯柔和，海菜凉粉脆嫩清气，但都凉爽鲜美，酸、香、辣味浓厚，是人们喜爱的爽口名吃。

烧锅子伙食　主料是烙成的凉水硬面伙食。制作时，先把猪、牛、羊骨头和老母鸡放在汤锅内反复煮沸，将硬面伙食整个放在锅内沸汤中煮透，再用猪、牛、羊碎肉和葱丝、香菜梗、食盐、酱油、醋、味精调成佐料。食用时，把煮透的伙食从沸锅中捞出，用炒勺捣成不规则块状，撒上碎肉及各种调料，浇上沸汤即可。烧锅子伙食是流传在福山至周边地区乃至胶东各地深受民众普遍欢迎的汤面饭食。香醇可口，热汤厚实，经济实惠，食用方便。

福山饽饽　是民间逢年过节必备的美食，也是家家户户春节餐桌上必不可少的食品。福山饽饽种类繁多，有枣饽饽、豆饽饽、桃饽饽、鱼饽饽、莲子饽饽等。不同种类的饽饽有着不同的寓意，鱼饽饽寓意年年有余，桃饽饽寓意富贵长寿等。

杠子头　20世纪初，福山城的许多面食摊铺长年制作销售，延续至今。制作时，先将老酵面加碱去酸味揉搓匀透，再把面粉加入适量的花生油、白糖和热水搅匀揉搓成面团，然后把老酵面与面团揉搓成较硬的面团。将面团掐成数个面坯，搓圆压成直径约7厘米的圆饼，用刀在圆饼的四周均匀地切上斜纹花刀，后将圆饼放在炉内上下两面烘烤至熟透即可。

硬面锅饼　先用面粉加酵母和适量面碱揉匀成面坯，再将面坯擀成3～4厘米厚、直径40厘米的大圆饼，在正面用刀交叉划成菱形花纹。把平锅烧热，将芝麻撒在饼上，正面朝下放锅内，用慢火烙成淡黄色，再翻过来用筷子均匀插上一些小眼，用略旺的火烙成淡黄色。最后用铁丝圈把饼垫起来，用慢火烘熟即可。具有色泽金黄、外硬里软、味道干香等特点。

叉子火食　因用特制的铁叉子制作而得名。以面粉、油酥、老酵面和芝麻、花椒盐为原料制成。制作时，先将面粉、老酵面加温水揉匀擀成大饼，抹上油酥、花椒盐，从一端卷成圆柱形，掐成数个面坯。再把面坯从四边一擀一叠擀成长方形，正面沾上芝麻，擀成扁形，放在铁炉上两面烙成淡黄色，最后用铁叉子将其放在烤炉内烤熟，呈金黄色即可。

椒盐烤饼　先把1/3的面粉加温水、酵母和成面发酵至十成开，把2/3的面粉加温水和好（不发酵），再将两块面团合在一起揉匀，加碱去酸味掐成面坯。然后将面坯擀成长方形，抹上少许花生油与花椒盐，从一头卷成柱形，把两头分别掐拢，用手搓成线穗状，擀成菱形，放炉上两面烙成淡黄色，最后再放烤炉内烤熟成金黄色即可。

盘丝饼　第一步拉面，先用适量的水、碱、盐将面粉调成面团，饧20分钟后，用抻面的方法拉成八扣的一窝丝面条，并顺丝放在面板上，再在面条上刷上香油，每隔8厘米将面条切断，切成数个面条小坯。第二步制饼烙熟，即取一面丝坯从一头卷起，盘成直径4～5厘米的圆形饼，把尾端压在底下，用手轻轻压扁；将平底锅内放入花生油，烧至六七成热时，把盘丝饼放入，用慢火烙到两面呈金黄色至熟。食时，提起饼的中心把丝拉开，放入盘内，撒上白糖即可。盘丝饼的制作技术精细，抻面的面团要软硬适度，面条要拉的均匀，香油要刷的均匀，盘饼时面头要压实压好，防止烙时乱散，烙时火力不可过旺，以免烙糊。另一种龙眼盘丝饼，是在制作的盘丝饼中间逐个放入一小堆鲜红的果酱，因果酱似龙眼而得名。

家常饼　先将面粉加适量盐用开水烫面搅匀，后加凉水，揉匀后掐成单个面坯。再将面坯擀成圆形薄片，刷上花生油，撒少量细盐，两面对卷起来，捏住两头盘成2个圆形叠在一起，擀成直径14厘米左右的圆饼。最后下锅烙熟，取出平放在案板上用手一拍使饼松软，再双手在饼边一蔟，使其起层即可。特点是色泽金黄，层次分明，柔软味香，微咸适口。

鱼锅片片　早先沿海一带渔民将捕到的小鱼，用自制的面酱，在锅里添上海水焖鱼，锅边贴上玉米饼子，亦菜亦饭，深得渔民喜爱，逐渐成为福山饮食中的特色名吃。其制作方法：先将玉米面用开水浇烫约2/3，凉后加入适量的小苏打，用水和成面团。然后在锅内放入花生油，加入葱、姜、大料、花椒、豆瓣酱等调料煸炒，再加入适量的水、白酒、白糖调好口味，开锅后将洗净的杂鱼放入锅中，烧开后，撇净浮沫，将和好的玉米面团拢成椭圆形的饼状，贴在锅的周边上，焖约40分钟左右，出锅即可食用。

第二节　糕点

福山糕点制作精良，享誉海内外。20年代，福山的糕点业制作和经营店铺达四五十家，大多有几十年的从业史，最有名的“广益”有200多年，“复泰”也有100多年的历史。在县城外的古现、高疃、门楼等大集镇，也都开有小型点心杂货铺，多是自家独具特技的名师高手，制作方法为手工操作，自刻木模磕制，用柞炭炉烘烤而成。

福山糕点制作有三大特点：第一，花色品种多，粗、中、细各类点心齐全，主要店铺能制作三四十个品种，一般店铺也可制作一二十个品种。如当时深受欢迎的桃酥、马蹄酥、到口酥、茶酥、蛋糕、绿豆糕、芙蓉糕、萨其玛、小龙饼、豆沙饼、香蕉饼、百荷饼、月饼、油盒子、麻花、大八件、小八件（八种形状、口味）等。各家店铺除常年制作经营常用糕点外，有的店铺还特意制作一些四季应时糕点。如春节的绿豆糕，夏季的凉糕，秋季的月饼，冬季的麻花。另外，福山当时还有一种特殊的食品糕点叫“油祭”，是专为祭奠而特制的。其制作精细，形象逼真。第二，制作技术规范，定数，足斤。每种糕点的形状大小、重量都是有定数的。一般桃酥、萨其玛、绿豆糕、芙蓉糕每市斤都是24块，适应筵席“果碟”之需要，每桌4盘，每盘6块，既整齐美观，又应双数民俗。第三，质好品优，色、香、味、形俱佳。说明福山糕点在当时的制作技术已经达到高水平，不但供应当地需要，而且还远销国内外许多名城。如日本大阪的华埠和香港都有商家订购福山糕点销售。国内的上海、北京、天津也时常购买，特别是东北的大连、沈阳、哈尔滨等城，则是常年寄函或来人进货运销。

第四章　名店　名厨　名堂

福山饭菜久负盛名，有3万多人在国外从事餐饮业。英国华人成立的“京菜业同业联谊会”有35名执事，其中福山籍10名。福山鲁菜名扬天下，名店、名厨师也多。一个村如果有人在海内外经营餐饮业，会招收许多本乡本土的厨子，特别是亲友、兄弟和街坊邻居，去酒店当学徒、干厨师和伙计。为了传承和发扬厨艺，爷传孙、父传子、兄传弟、叔传侄、姑父姨夫舅父传外甥蔚然成风。同时，还常切磋技艺，互相学习竞争，讲究诚信和饭菜质量、口味，能丢性命，不丢招牌。因此，福山的名厨、名堂遍布国内外，享有很高声誉。

福山厨师很早就当御厨。据记载，元朝至元年间，忽必烈统一中国后学用汉食，时任福山县县尹的哈阿马得知这一消息后，在福山精选6名厨子送到燕京，制作葱烧海参、芙蓉鸡片等菜肴让忽必烈品尝，忽必烈尝之大喜，下旨：“朕膳非福山厨子不用矣！”并代代相传。

第一节　国内名店

北京名店

同和居　位于北京四南大街北侧，1822年开业。一日，清廷王爷到此进餐，大饱口福，对菜肴赞不绝口。食后题名“同和居”，广闻京城，与当时京城闻名的砂锅居、泰丰居、万福居、福兴居、阳春居、东兴居、广和居齐名，并称“八大居”之首。30年代初期，同和居掌柜牟文卿、吕家泰、牟启新均为福山人。厨师掌灶人称福山老李头，堂头是福山大王家村人王杜。抗日战争之前，约有员工30余人；60年代，有职工近40人，60%是福山人，经理为福山四合村人李作乐。70年代前后，同和居有二层小楼，24个单间，营业面积500平方米，可接待300余人就餐。国家特级管理技师、福山县徐家村人徐永祺任经理，厨师冀风喜、张树增、吴桐判、陈承有，面案师傅李奉先、梁宾中及堂倌吴行玺皆为福山人。

同和居以烹制海鲜而闻名于世，能制作300余种菜肴。厨师善溜、爆、炒等，技法娴熟，菜口具有清、鲜、脆、嫩的特色，其中脍炙人口的三不粘、贵妃鸡、粉皮辣鱼、潘鱼、酱爆鸡丁、锅塌酿豆腐等，独具风格。汤菜菊花火锅、烩两鸡丝、烩乌鱼蛋和燕菜汤等，别具风味。烤馒头果香浓郁、外焦里软，堪称北京烹饪界之一绝。

同和居位于繁华热闹的街市一角，历来生意兴隆。清朝的王公大臣、贵胄子弟经常到该店设宴，终日车马盈门，络绎不绝。中华人民共和国成立后，同和居的鲁菜受到国家领导人和社会名流的赏识。外交部、九三学社和民盟的领导常在此宴请外国贵宾。陈毅、万里、乔冠华等都曾光临过此店。知名人士严济慈、许德衍、周培源、陈垣、启功等，以及末代皇帝溥仪，其弟溥杰、溥儒也是这里的常客。1980年，经溥杰夫人嵯峨浩的引荐，日本天皇裕仁也尝到了空运到日本的同和居名菜“三不粘”。有很多外国朋友也为品尝此菜专门到同和居设宴，有的在临行前还专请厨师做几个菜，带回国去让家人和亲朋好友品尝。北京大学、故宫博物院以及中国京剧院的教授、学者和专家们频频到此汇聚，品尝可口的饭菜。

惠丰堂　位于前门观音寺街。清朝大太监李莲英的义子李五爷与福山南庄村人张祖萌是把兄弟，二人共同出资创办。由福山潘家村人潘景明任掌柜。1937年“七七事变”后，有员工50多人，其中半数是福山人。饭店前后三进院落，有20多个单间，可同时开席100多桌。是北京“十大堂”中较有名气的鲁菜馆。福山西埠庄村厨师刘德章，烹调技术出色，经常为朝廷制作指定的菜肴，有时带上烹具到御膳房为光绪皇帝和慈禧太后掌勺烹菜。1924年，刘荣时到惠丰堂跟叔父刘德章学艺，很快掌握了鲁菜的烹调技术。著名菜肴有：烧烩爪尖、糟煨冬笋、红烧熊掌、奶汤鲫鱼、扒鲤鱼龙须、鸡丝粉皮、莲子银、鸽蛋托、油焖大虾、水晶肘子等。民国时期，北平市市长何思远、国军将领傅作义都到这里品尝有名的饭菜。

东兴楼　原址位于东安门大街路北，1902年开业，1944年12月停业。1983年8月，重新开业。原股东，刘家投资白银2万两，何家投资白银1万两，聘请邵英臣、安树塘（福山西关人）为领东掌柜，有员工140人。饭庄建筑宽敞，路北出厦大房1000多平方米，路南礼堂1500多平方米，前边有11间宽大的楼房和东西配房，后面有7间出厦的四合大房，室内有沙发、茶几等精致设备，能办大型宴会，可容纳千人。店堂中央的桌面铺的全是花台布，餐具象牙筷、银勺、碟碗等瓷器一律是蟠龙花纹，上有“万寿无疆”字样。宴席上的冷荤，在顾客入座前就摆好，放入银质带盖的圆盘内，客人入座后，将盖打开。东兴楼待遇优厚，对得力的骨干助手，都给以人力股待遇（共有30多人，俗称“吃买卖的”），年终按股分红。一般职工年终也给馈赠，约白银160两，全年收入可达六七百元。除馈赠从年终盈余提出外，日常工资来自小账加小费，两者合起来分成若干份，按职务分配，厨师、经理各拿一份，堂头拿一份半，新来的学徒，一进门拿二成。绩好每年可增加一成，特殊好的可增加二成。

选料精、制作细、质量高、服务态度好是“东兴楼”创造声誉的4大要点。在选料上非常精细，决不含糊。专门采购人员都是识货内行，对原材料的品种、产地、性能和特点了如指掌，专门选购最好的原材料。燕窝、鱼翅、银耳等贵重原料，经理要亲自看小样，再看大样，最后才决定是否进货。名菜有：芙蓉鸡片、糟蒸鸭肝、锅塌豆腐、烩乌鱼蛋、酱爆鸡丁等。用料都非常讲究，如芙蓉鸡片、酱爆鸡丁，只用雏鸡的小脯（俗称鸡牙子）、鸡腿等，其他原料都作为下脚料煮汤用，或作为“烩三鲜”等一般菜的原料。一个砂锅豆腐，需要用很浓的高汤煨火靠而成，加上各种副料，如鸡、虾、玉兰片等。制作时每道工序都十分严格。炒菜厨师分头火、二火、三火、四火。高级菜必由头火小炒（俗称当灶）。每一个菜都讲究色、香、味、形，有时做出的菜略差，宁可受损也不上桌。跑堂人须经较长时间训练才能接待顾客。刚到店时，只能由厨房将菜端到接菜桌上，由老师傅上菜。对常来的顾客，选派熟悉这些顾客的跑堂为其服务；对一般顾客，也是根据年龄、职业等特点，派适当的跑堂的去接待。

清朝时期，东兴楼是大臣们上下朝时歇脚休息、吃点心用餐的地方，服务对象大都是达官贵人。民国以后，服务对象又多为军政要人，北洋军阀政府时期是最盛阶段。1932年，白崇禧请客要吃中餐份饭，1份为银元14元，只有东兴楼饭庄敢应。

1944年，东兴楼停业。1983年8月，歇业40年的东兴楼又在东直门内新址重新开业。并从萃华楼调来特级厨师臧维多（福山西臧家村人）掌灶。各种传统名菜逐步得以恢复。

丰泽园饭庄　原址位于煤市街南口处，1930年4月运筹，8月正式开业。由姚泽圣、雍胜远等几家股东筹资大洋5000元创办。福山籍人栾学堂、吴行璋任掌柜。饭庄为四进大院，青堂瓦舍，整齐宽敞，内设典雅，每间餐厅皆挂名演员剧照，摆放鲜花。桌椅讲究，餐具酒杯、果盘、布碟、匙勺、筷架等都是银制，筷子为象牙制作，喝黄酒的碗是从古玩店里买来的乾隆年间制品。旧时达官显贵、军政要人、社会名流、艺苑名角等，都把“丰泽园饭庄”当作饮宴酬答、聚会喜庆之地。饭庄职工都是山东人。堂口名堂有徐永海、隋子明、甄永才、常玉山，人称“四大金刚”，以及后来的厨师郭友忠、王明理、康文明、吴行官、牟常勋、王世珍、孙懋峰、朱家德等都是福山人。1951年，丰泽园实行劳资双方共管，牟铭首任工会主席。1952年，饭庄银器被盗，市军管会主任叶剑英指示有关部门扶持丰泽园饭庄，并提出：“丰泽园不能倒闭，要保持风味。”随即决定：丰泽园饭庄行政归前门区政府领导，业务由国务院典礼局负责，国家出资实行公私合营。是年，筹备招待参加北京亚太和平会议的各国代表。1954年，饭庄首任党支部书记王万杰到任后，一方面着力培训技术骨干，造就了王义均、时广南等新一代厨师；一方面抓设备改造，将厨房按功能分隔，使饭庄成为全国红旗单位。1963年9月，周恩来总理陪法国议长富尔到此就餐，并指示：“山东菜要保持风味，别失传了；老师傅要带好徒弟，培养人才。”饭庄牢记总理的教导，注意保持风味，培养徒弟，现有政府评定的高级厨师和服务师80余名，其中特级技师10余名，他们曾到苏联、意大利、东德、西德、日本、土耳其、美国、瑞典、挪威、新加坡等地进行技术表演和工作，为弘扬祖国烹饪技艺做出了贡献。1968年“文化大革命”中，丰泽园饭庄改名春风饭庄，部分匾额、字画被毁。1970年，在时任北京市政协副主席万里的关心和批示下，除保留原四合院的特色外，将前院和相邻的华北戏院原址拆除，建1座三层楼。1972年4月，新楼开业。外交部部长姬鹏飞在此设宴招待外宾时，提出：恢复丰泽园饭庄。1987年，为扩大营业，将原建筑全部拆除，在丰台区刘家窑、朝阳区幸福三村、深圳蛇口、海淀镇开设4个分店。1991年，北京市政府投资近亿元，在丰泽园故址重建，1994年9月竣工开业。2001年，饭庄进行改建和装修。

丰泽园饭庄，由济南帮和胶东帮几代名厨掌灶，烹制的鲁菜正宗地道，名厨王世珍及其弟子王义均、时广南，在继承传统烹艺的基础上，锐意创新，其菜品色、香、味、形别具风味。所烹制的葱烧海参、醋椒活鱼、姜汁活鱼、砂锅鱼翅、砂锅散丹、扒熊掌、干烧大虾、锅烧肘子、清炒鲍贝、干烧鱼翅、干烧冬笋、糟溜三白、炸龙须全蝎、烩乌鱼蛋及清汤、奶汤菜等，令人赏心悦目，赞叹不已。

名店名厨名菜，迎来名人名宾名客。丰泽园饭庄先后接待的历史名人有曹锟、吴佩孚、段祺瑞、张宗昌、唐生智、韩复渠、何应钦、白崇禧、宋哲元、王克敏、王揖唐、朱深、郑介民、胡蝶、周曼华、周旋、张大千等；党和国家领导人有刘少奇、周恩来、朱德、陈云、邓小平、彭真、叶剑英、陈毅、宋庆龄、郭沫若、廖承志、万里、谷牧、朱学范、楚图南、班禅、胡子昂、庄希泉、赵朴初等；知名人士有李宗仁、傅作义、李济深、陈叔通、张治中、邵力子、张学良、张自忠、余麟阁、商震、达赖、南汉臣、溥杰、陈永贵、梅兰芳、陈砚秋、谭富英、荀慧生、尚小云、马连良、张君秋、齐白石、徐悲鸿、陈半丁、李苦禅、李可染、启功、华君武、老舍、许广平、茅盾、施今墨、赵炳南、侯宝林、赵丹、新凤霞、徐寅生、李富荣等；国际贵宾及友好人士有胡志明、西哈努克、田中角荣、大平正芳、三木武夫、中曾根、西苑寺公一、布什、富尔、基辛格、勒克菲洛、李政道、赵浩生等。

丰泽园饭庄在烹饪文化的国际交往活动中，以其雄厚的实力做出了重要贡献。1954年，年仅21岁的王义均在莱比锡国际博览会上作技术表演，获纪念奖并拍成电影。1955年和1977年，张锡晋、李健分别赴苏联莫斯科和美国纽约进行技术表演，产生了深远影响。1979年，时广南访问华盛顿、纽约、旧金山、温哥华、渥太华、多伦多、蒙特利尔及东京等地，所到之处都进行技术表演，效果不同凡响。1982年，时广南、王德启、王德庆、任胜利等人在西德汉堡的技术表演。同年6月，王义均在北京、大阪、福冈等地的技术表演。1989年，贺景福、杨连生等在瑞典及挪威等国若干城市访问时进行的技术表演，均取得令人瞩目的成果。

1984年，王义均、赵玉树、史连勇、尹振江、于铁柱等人到罗马格兰德大饭店，1985年，史连勇、崔广金、梁史夏等人到土耳其安卡拉，1986年，吕秋梦、王义均、张永才、尹振江、于铁柱、于勇禄、王富强、安万国、杨玉厚、孙启明等人到美国新泽西州中国饭店，1988年，崔广金、唐太贵、屈浩、姚风林等人到日本横滨，1989年，刘龙江、王义均、史连能、赵玉树、聂春平等人到新加坡等进行国际交流，均使双方获得很大收益，同时把中国烹饪的精华弘扬于世界各地。

2001年12月，丰泽园饭庄被中国烹饪协会授予“中华餐饮名店”；被中国烹饪协会和全国绿色消费委员会评为“全国绿色餐饮企业”；被中国烹饪协会、山东省贸易办公室和济南市政府授予“中国鲁菜名店”。2002年2月，被北京市旅游局、北京市人事局授予“旅游企业最佳风味餐饮奖”。同年6月，被中国（烟台）五彩缤纷国际美食节授予“中华美食大奖”。饭庄内福山籍名师有郭有忠，王家疃人，特级厨师，北京市劳动模范以及王世珍、王义均。

此外，福山人在北京开办的名店还有：致美斋、萃华楼饭庄、新丰楼、安福楼、会贤堂饭庄、福寿堂饭庄、庆和堂饭庄等。

上海名店

丰泽楼　1931年秋，北京丰泽园饭庄经理栾学堂，由著名影星胡蝶引荐，到上海创业。1932年春，上海丰泽楼饭庄正式开业。栾学堂任掌柜，掌灶厨师吴缉健、墩子师傅郭光德、面案技师王道成和潘启元等，都是福山人。饭庄一开业就十分红火，轰动上海滩。

40年代，栾学堂又从家乡招去当灶王殿臣（招远人）和当灶福山人吴语廷、王宜新、王懿臣、王国梁，墩子宋大槛，面案张传臣、潘景古、王荣勤，烤鸭师朱吉茂、孟家斌等人。此时丰泽楼能同时设宴60余桌，有百名员工，90%是福山人。丰泽楼厨师的烹调技法，承袭了北京丰泽园饭庄正宗福山风味鲁菜的套路。如葱烧海参、蟹黄鱼翅、干火靠鱼翅、砂锅鱼翅、清汤燕窝、芙蓉燕窝、干烧四宝、鸡油四宝、酱爆鸡丁、醋椒黄鱼、糟溜鱼片等，都是当时风行上海滩的鲁菜名肴，特别是糟溜鱼片、葱烧海参，尤受众宾青睐。很多军政要员、社会名流、商贾艺人，如“四大家族”的宋子文、孔祥熙、蒋经国夫妇，韩国的李承晚，国民党第十一军军长孙立人，上海警备司令杨虎，名流人士梅兰芳夫妇、言慧珠、李钰茹（曹禺夫人）、童芷苓、张大千，银行界的大陆、金城，盐业建筑业等“四小行”及商界的面纱大王、橡胶大王、面粉大王、酱油大王等，都经常光顾丰泽楼。1948 年，李宗仁竞选总统时，在丰泽楼摆鱼翅席，流水宴，随到随吃。除每日迎接来店的顾客外，还应食客之邀送菜上门，据老店员回忆，丰泽楼曾为蒋介石的官邸送过菜肴。

1946—1948 年，是丰泽楼生意最红火的 3 年。8 个包间，必须提前 3 天预订座席。每年春节除年三十歇业 1 天外，其余全照常经营。仅春节期间掌柜奖赏当灶师傅黄金 10 两。

上海解放后，丰泽楼得到更大的发展。陈毅市长在丰泽楼举行宴会，招待团职以上干部，摆席 60 桌。谭震林、谷牧及上海市政府和军管会的主要领导，也常到丰泽楼设宴招待客人。

丰泽楼的餐饮管理人员，历来都是以福山人为主。现年 80 余岁的王景新，自丰泽楼开业的第二年就在店内任保管，1984 年退休前一直任国际饭店的餐饮部经理，1989 年，中国烹饪协会为表彰他对中国烹饪事业的发展做出的贡献，特颁发“从事烹饪工作 30 年以上者”荣誉证书。赖家宽，16 岁到丰泽楼工作，1970 年任食品科长，“文化大革命”后任餐饮部经理。邹本坛（山后村人）和郭光德（西周格庄人），也都先后任丰泽楼餐饮部经理和副经理等职。

70 年代初期，丰泽楼福山籍的厨师仍有 30 多人，如冷盘名厨栾学修（浒口村人）、至今主管冷菜的赵莉莉（女，山前李家村人）等，都是年轻一代有影响的名厨。

大雅楼与大雅厅　位于上海市广西北路与南京路交叉口处，开业于 1943 年。掌柜柳钟梅系福山河格庄村人。全店员工有 50 余人，几乎全是福山人。厨师王殿奎、王洪财、张传坤与墩子张传乐、堂头柳鸿仙、会计吴语铎都是福山人。

1948 年，“大雅楼”在南京路与西藏路交界处的大新公司五楼开设“大雅厅”，有职员 160 余人，90% 以上是福山人。柳钟梅任大雅楼和大雅厅两处的总经理。厨房和堂口的骨干人员大都是从老店大雅楼抽调。厨师主要有福山人王樾、吴语章、吴语超、王建超与墩子姓曲某，堂口堂头陈殿信、朱吉会，跑堂邹立域、姜鸿禄、王琪，账房先生潘士义。

大雅楼和大雅厅的名菜有：扒通天鱼翅、一品官燕、炸虾轱辘烹、糟溜鱼片、五柳鱼、清蒸鲥鱼、糖醋黄花鱼、蹭蹦鲤鱼、爆双脆、酱爆鸡丁、贵妃鸡、狮子头、四喜丸子、罗汉肚等。另外，还有正宗的北京烤鸭，原料出于自家在青浦县开设的鸭场。

大雅楼可同时开席 50 余桌；大雅厅能同时设宴 100 多桌，常年接待喜庆寿宴，其设备气派出众，用霓虹灯制作的大“喜”“寿”字和大厅明柱上的龙爪彩灯，招徕了众多顾客。

大雅楼和大雅厅的接待服务水平很高。堂口的所有服务人员都身着标有“大雅厅”字样的工作服。接待过许多有名气的军政界、商业界和演艺界的名流人士，如国民党元老于右任、“四大家族”之一的宋子文、时任国民党上海市市长吴国祯、淞沪警备司令汤恩伯、上海警察局长毛森、中国银行总裁席德懋、商业巨头虞洽卿及京剧名流梅兰芳、周信芳、姜妙香、童芷苓、李珏茹等，都经常到此光顾，为品尝地道的山东胶东风味鲁菜聚会。

当年在大雅楼和大雅厅从事过烹调工作的吴语超、吴语铎、张传乐、潘士义、邹立域、王建超、王建风、王琪等福山人，先后在英、美、日等国发展自己的餐饮事业，并获成功。

此外，福山人在上海开办的名店还有“会宾楼”“悦宾楼”“燕云楼”等。

天津名店

登瀛楼　位于天津市南建物街华楼，创办于 1913 年。1920 年，店堂失火停业。1924 年，在东兴大街 103 号建新店，股东康振甫等启用福山籍堂倌王桂任掌柜。王桂凭多年的店堂经验，谨慎料理，苦心经营，以高超的烹饪技艺和周到细致的服务，赢得广大顾客的青睐。1931 年，在天津法租界兰牌电车道（今滨江道）开设“登瀛楼北号”，生意异常兴隆。翌年后，又在北号路南开设“南号”（也叫雅座）。装饰富丽堂皇，以接待高级宾客为主。总号和两处分号共有员工300余人，其中98%是福山人。总号厨师有福山人李亭芝、丛大松等；南号雅座的厨师有福山人车汝兰、王樾等；北号的厨师有福山人张廷彩、吴兴裕和烤鸭师朱吉平、林承书等。福山人王国梁、邹立域为堂倌，林福先任管账先生和采购。

1938年，王桂病逝，由其胞弟王梅和福山人栾希堂继任经理。1939年，登瀛楼又在法租界山东路开设第3处分号“悦宾楼”，由福山人王德谦主持业务。至此，登瀛楼已发展商号4处，员工总数达400多人，经营的高、中、低档鲁菜菜品达500余种，其营业收入约占全天津市饭馆业的40%。此时为登瀛楼的鼎盛阶段，掌柜王梅兼任天津市旅饭业商会总会长。

登瀛楼的4处商号都以京制胶东风味鲁菜为特色，其代表名肴主要有：一品官燕、通天鱼翅、糟溜鱼片、葱扒海参、生焖大虾、炒虾仁和烩乌鱼蛋等。精湛的烹调技艺和鲜美的菜肴，吸引了众多食客，纷纷到此品尝美馔佳肴。梅兰芳、袁世海、张君秋等著名艺人，都从京城专程到天津登瀛楼赴宴。其时，登瀛楼已成为天津鲁菜餐馆的名店代表。

1955年，登瀛楼收归国营，4处商号在滨江道旧址开业。“文化大革命”期间，改为井冈山食堂。1973年，复称登瀛楼。著名的生物学家美籍华人牛满江教授、国军将领张学良的胞弟张学铭及南开大学校长杨石先等均先后光顾登瀛楼。国军将领、日籍华人商震在宴请宾朋后说：“我吃过的大小餐馆不计其数，唯有登瀛楼的菜最好。”美国朋友用餐后在留言簿上留下“精湛的烹调，美味的佳肴”赞语。1984年4月，经天津市政府批准，年久失修的登瀛楼重建。新建的登瀛楼为4层大楼，古朴庄重，内部装饰富丽典雅，可同时接纳800多人就餐。

新时期的登瀛楼，不断开拓创新，研制出的新菜品如津门三味虾、芙蓉蟹黄、通天鱼翅、醋椒鱼等，多次在中国烹饪世界大赛和全国烹饪技术大赛中获金、银奖，有17个品种荣获“中华名小吃”和“天津市小吃”称号。饭庄先后获得天津市“模范集体”“文明单位”“食品卫生达标单位”“企业形象先进单位”，并荣获国家级质量管理奖。

致美斋　位于天津法租界32号路。掌柜迟星三系福山桃园村人。全店员工80余人，其中60%是福山人。很多有钱有势、身份地位高的人经常光顾。清朝的太子少保金息厚、军阀孙传芳、督军陈光远等皆是致美斋的常客。1946年，致美斋的许多员工去上海的丰泽楼从业。

同和居　位于天津滨江道，为北京同和居分号。全店职工50余人，80%是福山人。掌柜张子树、掌灶厨师谭廷东、墩子师傅崔路香和巴敬忠均为福山人。天津同和居与北京老店同和居齐名。三不粘和烤馒头广受欢迎。后部分员工南移上海，创办“燕云楼”。

天和玉饭庄　位于天津南市，是天津规模较大的鲁菜饭馆。时有员工100多人，一部分是福山人厨师和前堂服务人员，鲁菜名声与登瀛楼不相上下，在津门具有很大的影响力。掌柜为福山人王钦滨，一生从事饮食行业的管理工作。中华人民共和国成立后，除管理多家饭店外，还担任天津市和平区饮食公司副经理和天津市工商联合会常委。

大连名店

群英楼　坐落于大连市修竹街84号（旧称东乡町），创建于1892年。店主王玉春和掌墩、当灶钟培修、柳毓洲、袁德常等均为福山人。常客有油坊掌柜、铁工厂主、绸缎店老板、钱庄经理以及清廷的皇亲国戚等。主要经营海鲜，包办宴席，素以蒸、炒、爆、烧、炸见长，突出了福山菜清嫩鲜脆，淡香适口的特点。1945年，大连解放，群英楼最后一位经理为福山人王杰臣，1948年1月，被选为大连工商联候补监察委员。中华人民共和国成立初期，在各行各业举办福利事业的高潮中，由于群英楼离大连船渠（今大连造船厂）很近，被船渠接收，改为船渠职工消费合作社食堂。50年代中期，被大连信插公司（饮食公司前身）收编为国营第17食堂。后因群英楼坐落在修竹街上，改为“修竹饭店”，“文化大革命”中改为“反修饭店”。70年代末，改为厨师进修班。1974年，被国家贸易部命名为“中华老字号”。先后有福山籍厨师与堂倌王道池、林国松、林文洲、张传本、李芳芬、王世友、余润德、孙华山、牟传仁、孙中田、张传源、孙中俊等在此处工作。1983年，经理牟传仁在全国首届烹饪技术比赛中，以红鲷戏珠、鲜贝原鲍、鸡锤海参、橘子大虾等高超技艺，获得“全国优秀厨师”称号。

登瀛阁　位于大连青泥洼。1909年，日本南满铁路株式会社指派福山籍人钟会臣在清泥洼花园筹建饭店。

他从烟台“会英楼”招去同乡赵文藻、赵吉明、钟培环等人助建，1914年落成开业，取名“登瀛阁”。开张后轰动大连，宾客满座。

日军侵占大连，把大连人分为五等，一等是日本人，二等是朝鲜人，三等是台湾人，四等是东北及当地人，五等是山东人，称“寄留”。在登瀛阁从业的山东人不堪歧视，陆续离开。到1927年，登瀛阁停业改为“满铁”图书馆。登瀛阁经营时间虽只有13年，却是福山籍厨师当灶，以制作福山鲁菜为主，并培养出大连第一代厨师福山籍人柳树勤、吴云祥。

大连饭店　坐落于大连市上海路（旧时称大山通）与天津街（旧时称浪速町）交口处。始建于1924年，面积1万平方米。1929年，大楼落成，时称“辽东饭庄”。一层是商店，二层至五层是客房，六层是餐厅，七层为舞厅娱乐等。1930年开业，餐厅取名“太白楼”，专营广东菜，经营不足1年便歇业。1931年，福山籍烹饪高手柳树勤、林玉明、赵作福、郭光瑾等掌墩与王文选、吴云祥、杨振仁以及栖霞人吕义、林国滨等当灶入店。饭庄特由京奉天请来出类拔萃厨师专做，包办燕翅。各种酒席，精益求精，精中取美，与众不同。

太平洋战争爆发后，饭庄人事发生变化。日本人三田山平的朋友明吉昌出任东家，大掌柜是威海人张绪荣，福山人徐兰洲任日文翻译，厨师仍以福山人为主。1944年旧历小年，张绪荣回乡探亲，徐兰洲则回家为儿子操办婚事，乘坐“昌平丸”行至大连小平岛附近被鱼雷击沉，2人葬身大海。1945年，大连解放，辽东饭庄作为敌产被没收，改为“关东饭店”。福山籍厨师于国祯、刘家修、曲迎春、张传本、王宜贵、孙华山等先后到关东饭店，而吴云祥、杨振仁则离开，王文选去世。

50年代初，关东饭店改为“大连饭店”，福山籍厨师梁顺中、梁乐善、牟传仁等人入店。1953年10月31日，大连饭店归市政府交际处，负责政府接待工作。福山人柳树勤和栖霞人吕义仍留在大连饭店。当年，先后接待了原国民政府外长顾光钧、清恭亲王爱新觉罗·溥伟、女作家丁玲等。中华人民共和国成立后，党和国家领导人到大连，该店都派人司厨。

另外，福山人在大连开办的名店还有“泰华楼”“杏乐天饭庄”等。

青岛名店

顺兴楼　位于青岛市北京路，创建于1912年，牌匾为清朝翰林大臣王垿所题。建店之初，有员工90余人，其中半数是福山人。掌柜李殿臣，后任林焕堂也是福山人。三四十年代，福山人牟兆瑞、高学福任掌柜。顺兴楼汇集了许多福山烹饪名厨高手。20年代至30年代，墩子王传选刀工娴熟，快捷灵巧，可谓刀下生花，人称美号“飞刀王”；面案林从政有一手漂亮的面食制作功夫；当灶邹立宽。40年代，头灶厨师李松山、尹品三、鹿崇禧，面案王仁周、刘棣书等，均为福山人。

顺兴楼创建之始，由福山籍厨师掌勺，其烹制的清蒸燕窝、高汤燕窝、红烧鱼翅、扒烂鱼翅、高汤银耳等高档菜，在当时青岛餐饮业中占绝对优势。其经营规模最大，不仅有大厅，还有高档的雅间，可常年接待喜、寿宴会和大型筵席，可同时设宴60余桌。也是青岛商界、银行界及政界经常聚会之所，时任青岛市长沈鸿烈非常欣赏这里的风味鲁菜，多次在此处设宴接待宾朋。青岛解放前，蒋经国还曾在此楼用餐。1953年，顺兴楼停业。

共和楼　位于青岛市博山路，开业于30年代初期。时有员工30多人，其中绝大多数是福山门楼一带人。掌柜杨益崇（诸留杨村人），掌灶李松山、墩子李玉勤（岚柳墅村人），尹品三（篆山村人，李松山之徒弟），堂倌杨某（诸留杨村人）等，均为“共和楼”的骨干。

该店是以福山风味鲁菜作主打，李松山和尹品三师徒二人的鲁菜调制技艺非同一般，尤以烹制海鲜为拿手绝技，如红扒鱼翅、蟹黄鱼翅、蟹黄海参、火靠加吉鱼等，名噪一时，深得社会各界食客之赏识。1945年，李、尹师徒因故一起离开“共和楼”到“顺兴楼”，业务渐渐冷淡。1947年，共和楼停业。

聚福楼　在青岛有近百年历史的鲁菜传统老店，总店位于即墨路，后扩展在台东设分号（2002年上半年因城建拆除）。掌柜高学增和堂头杨盛环，均为门楼人，高学增去世后由杨盛环接任掌柜。该店纯正的福山传统风味鲁菜，在当地具有较大的影响。中华人民共和国成立后，“聚福楼”的生意久盛不衰，很多人以能到此美餐一顿正宗鲁菜而感到荣幸。

中国大饭店　位于青岛市冠县路30号，1945年前称“大东亚饭店”，是30年代至40年代青岛规模较大的鲁菜馆，能同时设宴50余桌，仅大堂就可摆席30桌。

大堂内设戏楼，可供唱“堂会”（庆祝宴会）之用。该店以烹制胶东风味鲁菜闻名岛城，尤以海鲜系列菜品为上乘，如葱烧海参、虾籽海参、清蒸大虾、煎虾轱辘、清蒸加吉鱼等，都是耳熟能详的海味菜。顾客以当地商界人士、中小资本家等为主。时有员工80余人，其中福山人30多名，两任掌柜赵显亭、赵焕洲，当灶厨师赵景山、王传寿，墩子师傅曲鸿玉和面案厨师李海亭等，均为福山人。1949年10月1日前，饭店关闭。

东兴楼　店址位于青岛市高密路，是一处鲁菜老字号饭庄。共有员工30多人，多数是门楼一带人。掌柜高培兴和掌灶厨师都是门楼村人。

烟台名店

烟台开埠以前，餐馆、饭铺店小人少。1861年开埠后，饮食业始兴。1934年，烟台划为特区后，餐饮业空前发达，到1938年前，福山人在烟台开办的饭店有20余家。

东顺馆　店址在修业胡同，1867年开业。是一处历史悠久的老鲁菜馆。经理孙某，东宋洲村人。赵升明（西水夼村人）的拉面和盘丝饼制作技术高人一筹，为人称道。

中兴楼　店址在广东街，30年代开业。掌柜（经理）福山人。该店制作的具有京津风味的“挂炉烤鸭”很有特色，颇受欢迎。

兴顺馆　店址在估衣街，1942年开业。经理于寅东（西关村人），副经理李玉成（前沙坝子村人），主灶厨师李世荣（上夼村人）。于寅东、李玉成和面案厨师邢兆县（东宋洲村人），皆能拉一手出色的“福山大面”。属二等饭馆，接待一般宴席。

同顺馆　店址在民主街，1943年开业。掌柜兼厨师王明祥（福山人），面案师傅崔克俭（孙家疃村人），服务堂头孙来云（西宋洲村人）。该店的“福山大面”颇有名气，属二等饭馆，接待一般宴席。

松竹林　店址在儒林街，中华人民共和国成立前开业。经理张渐九（福山人），掌灶厨师王传甫与墩子厨师王传选系亲兄弟（诸留杨村人）。属中等饭馆，接待一般宴席。

中兴居　店址在丹桂街，中华人民共和国成立前开业。经理于景学（湘河村人），主灶厨师权守本（权家村人）。属中等饭馆，接待一般宴席。

会仙楼　店址在北马路，中华人民共和国成立前开业。为二层小楼。经理兼厨师高云龙（松岚村人），烹制一手好菜。属二等饭馆，接待一般宴席。

松竹楼　店址在太平街，40年代开业。掌柜诸留杨村人。属一等鲁菜馆。

连成兴　店址在儒林街，40年代开业。掌柜柳忠江（西罗格庄村人）。以经营天津苟不理包子为主项，兼营热菜小炒。

东兴居　店址在南洪街，40年代开业。掌柜刘福远，主厨系福山人。属中等饭店。

福山名店　清末民国初，福山县城及较大乡镇餐饮业比较发达。至30年代中期，境内烹饪业处于鼎盛时期。1937年，仅县城经营餐饮业就有30多家，各镇驻地有五六家。1938年，日军侵占福山后，大部分饭店相继倒闭，福山烹饪业衰落。1945年8月日军投降后，烹饪业有所恢复，全县开办饭馆102家。解放战争时期，县城仅剩5家饭店。

中华人民共和国成立后，福山烹饪业迅速恢复。1956年，国家实行社会主义改造，全县有饮食店铺16家，77人组织合作小组，成立第一、第二合作饭店。1962年，县成立饮食服务公司。全县有国营饭店11家，集体饭店8家，私营饭店3家，饭棚2个，从业者100多人。80年代初期，福山餐饮业开始振兴，国营饭店减少，集体饭店增多，私营饭店显露。较大的餐饮单位有区政府招待所、华侨宾馆、西苑宾馆、鑫汇酒楼、福城饭店、鲁味饭店、海味饭店、福山酒家及各公社供销社饭店等。1985年以后，烹饪业迅速发展。国营餐饮上档次，集体饭店扩规模，私营店铺增数量。国营有华侨宾馆、银湖酒店等。集体规模较大的有金苑大酒店、东方大酒店、东华饭店、燕福饭店、杏坛园及各镇供销社饭店等。私营饭店有美味斋、管家大酒店、通源宾馆、华霖宾馆、龙祥大酒店、新天德大酒店、福莱山大酒店、天心阁大酒店、玖源酒店、品味饭店、金海酒店、快活林酒店、大屋淡水鱼酒店等。2002年，全区登记注册的国营、集体店馆有30多家，私营个体餐馆750余家，从业人员约万人。

吉升馆　位于城里街东段北侧。始建于清道光年间（1821—1850），初为西关谢姓火食摊，后由义士资助，扩展规模。至民国初期，建成颇具北方特点的四合院，北屋2层楼房，上下各5间，楼上设雅座、烟榻，楼下为宿舍、仓库；南屋为出檐大房，一排5间，设账房、厨房、散座；东、西厢房各5间，立隔扇分设10张客座。

民国元年（1912年）至十一年，饭馆东家和掌柜为西关谢延吉。此间，饭馆虽已具规模，但仍未出众。民国12年，掌柜易人，先由南关村人王焕亭担任，两三年后，换为于丰阜。此时，营业额猛增，发展迅速，有店员20人，是人员最多的一家饭馆。吉升馆之所以超群出众，独占鳌头，主因是：其一，烹调技艺高超，名菜佳肴诱人。有多名红、白案手艺甚高的厨师，灶师于庆树曾在北京师从福山籍烹饪名师学艺十几年，后返里任职于吉升馆，长达33年，其烹调山珍海味、常行菜蔬技艺超众；墩师吴学寿，刀工娴熟，技法不凡，改得一手漂亮菜肴；面案师傅张立瑞能摔拉出各种规格不同的扁、圆面条。吉升馆烹制的菜肴，选料讲究，调配得当。墩上刀工，熟练而精巧；灶上火候，掌握准确。在其种类繁多的菜品中，尤以烹制海味、河鲜而著称。在烹调技法上，精于溜、爆、炸、扒、蒸；在菜品风味上，以鲜嫩为主，偏重清淡。当家名菜溜黄菜，色呈橙黄，滋荧莹澈，外温内热，糕泥润滑；“三不粘”观之色彩金黄，食之甜润，不粘盘、不粘匙、不粘牙；雪花丸子晶球似珠，皎白如雪，品之绵香；糟溜鱼片洁白清新，糟香鲜美，百尝不厌；溜虾仁肉皮嫩白，营养丰富；虾子海参柔嫩细腻，味道鲜美；浮油鸡片鲜香润滑；烧蛎黄金黄鲜嫩；软炸里脊外焦里嫩；软炸鸡味香焦脆；氽双脆汤清味浓；烧五丝鲜香滑口；油爆肚白嫩脆口；清炒腰花鲜嫩爽口；水晶肘子肥而不腻，以及风味十足的“全家福”等，堪称福山风味的名菜佳肴。其二，经营顺时应势，方式灵活多样。于丰阜自少年在吉升馆学生意，自任掌柜后，更是勤于思谋，善于管理，兼任饭馆采办，经常亲自赴烟台“福昌泰”海味杂货店和“合兴东”海味店采购干、鲜海货及南货。原料充足，调料齐备，山珍海味，常备有余，从无短缺。并讲究信誉，童叟无欺。为方便顾客，既可赊欠挂账，亦可登门取银。在经营方式上灵活多样，不仅零卖菜肴、面食，还包办各种规格酒宴，遣人包料到家加工，为县城商号、摊贩、民户等售送订购饭菜，逢集市日派出人员售卖饭菜，为诉讼者定做饭菜及承办酒席等。其三，价格上贵贱结合，注重薄利多销。菜品规格高低兼备，既有上层人物需用的“燕翅席”，又备有平民所需的杂烩及小炒，不为利厚而偏执，不因利微而不营。因而生意红火，名声远播，近至胶东，远至京津、东北，各方名人及同业人等慕名而至。前往品菜的政界人士和社会名流有：时任国民党山东省主席韩复榘、“七七”事变前任北京市市长王韬、北洋军阀某81师师长展书堂、北洋军阀某3师师长王啸蔚、烟台商会执委林秋圃、烟台富商张颜山等。烟台“张桐记”海味杂货店东家兼“东坡楼”股东张桐人（宫家岛村人），每年春、秋两季还专程到吉升馆宴请其官绅富商之友。吉升馆还经常与同业人进行烹调技艺交流，主要有日本大阪市华侨最大饭店“天华俱乐部”栾玉林、北京“福寿堂”饭庄掌柜张宝桓、天津“登瀛楼”掌柜王桂和王梅及钟毓礼、烟台“东坡楼”“桓盛园”“大罗天”等饭馆的掌柜和厨师等。北京“丰泽园饭庄”掌柜栾学堂，每逢回乡必在吉升馆住三五日。

1929年3月，军阀刘珍年与褚玉璞为争夺福山县城之战，吉升馆储存在库房内的燕窝、鱼翅、海鲜杂货被兵勇抢去大半，店伙计的铺盖衣物也被抢劫一空。吉升馆被迫停业2个月，后经多方凑集才勉强开业。“七七”事变后，饭馆生意更加艰难。敌伪实行封锁，四乡平民进城不便，顾客稀少，柜上赊欠陈年老账太多，且难以找账。1939年四五月间，吉升馆被迫倒闭，出兑于吕绪昌经营，改名“吉升楼”。两年后停业。

致美斋　位于东门外。掌柜邹乐亭（山后村人）。经营多种饭菜，是福山的著名饭馆。

中兴楼　位于东门外。掌柜史洪起（史家庄人）。以经营凉拌菜、面条为主。面案师傅吴学根（张格庄村人），拉面技艺高超，“油盐拌面条”特别有名。

铸盛馆（羊肉馆）　位于东门里路北。掌柜王锦堂（青州府人）。烹制羊肉颇有考究，陈、陶二位当灶师傅技艺不凡，其扒羊肉、汤爆羊肚、蜜汁羊白（尾）、炒羊肉等，特好。

一声春　位于东门外。掌柜兼当灶厨师靳万州（城里村人）。“红烧鱼腑”“糖醋排骨”等菜特别出手。除炒菜外，还经营干饭、水饺、油饼等。

双盛馆（馄饨馆）　位于西门外。掌柜泉双一（青州府人）。经营的大、小馅羊肉馄饨，汤醇味美，非同一般。此馆后改为“连陞园馄饨铺”。

便宜坊　位于西门外。史家庄村人史泗滨为掌柜。经营的烤鸭、烧鸡、烤乳猪久负盛名。

合兴（饭铺）　位于西门外。掌柜赵义年（莱阳县人）。

以经营油饼、锅饼、火食、饽饽、片片、切面、炒茄子、炒辣椒、炒一般蔬菜等家常饭菜为主，很受平民顾客欢迎。

三合馆　位于南门外。掌柜张洪奎（西关村人）。以经营炒菜、面条、杂烩为主。

全福馆　位于南门里路西。掌柜王鹤亭（城里村人）。以经营烧肉、杂烩为主。

桃李园　位于南门外。掌柜王维坤（高疃人）。经营炒菜、面条、饺子为主，包办酒席。

北海居　位于估衣市街。掌柜徐镇南（东北关人）。以经营炒菜、大面为主，包办酒席。

洪顺兴（德香园烧肉铺）　位于北店子街。掌柜韩德明（青州府人）。

福山华侨宾馆　位于县府街东段南侧。由区政府与福山籍爱乡侨胞共同投资81万元开办。1984年8月落成，建筑面积2485平方米。1991年1月，与区政府招待所合并。1995—2001年，开设西单酒楼、银湖酒店、农博园餐饮中心3处分部。客房设有高、中、低档房间，可同时接待350人住宿，餐厅有雅间60余个、大厅5个，可同时接纳1800人用餐。有干部职工230余人，其中厨技人员80多人，餐厅服务人员70多人，科室后勤人员70多人。

福山华侨宾馆是“鲁菜之乡”餐饮界的“龙头”单位，正宗鲁菜为其突出特色。有全国鲁菜大师、名师、特一级和二级烹调技师及三级以上厨师80余名。制作的菜肴以选料严格，烹调精细，色、香、味、形俱佳而闻名遐迩。尤以海鲜类菜肴独具鲜明特色，如葱烧海参、火靠大虾、油爆海螺、糟溜鱼片、韭菜炒海肠、扒原壳鲍鱼、清蒸加吉鱼等，被八方宾客所称道。创新菜肴红烧鲢鱼头、红焖鲶鱼、翡翠白玉等，颇受广大顾客的欢迎。脍炙人口、倍受赞赏的“福山大面”以及淡水鱼饺等，都是顾客常食的美食佳品。此外，银湖酒店的淡水鱼席和农博园餐饮中心的无污染蔬菜，更是让前往品食的客人留下美好的记忆。

福山华侨宾馆，多年来圆满地完成上级交给的内外贵宾和重大活动的接待任务，多次接待和协助国内外媒体拍摄以宣传“鲁菜之乡”内容的专题片。同时，对福山烹饪协会的工作与鲁菜的研究发展，给予大力支持和帮助，为弘扬鲁菜文化发挥了重要作用。

该宾馆经过近20年的建设与发展，为“鲁菜之乡”规模最大、享有盛名的宾馆，是烟台旅游局指定的定点接待单位和涉外宾馆，也是中国、烟台和福山烹饪协会的会员单位。宾馆先后获中国烹饪协会举办的“红口袋”中餐烹饪技术比赛优秀奖、福山烹饪协会举办的首届“电力彩虹杯”烹饪比赛团体第一名、首届中国（烟台）五彩缤纷国际美食节“中华烹饪精英”大赛多项个人金奖和银奖及集体“中华美食大奖”。2001年，被中国烹饪协会命名为“烟台餐饮名店”。2002年，被中国烹饪协会和全国绿色餐饮消费工程组委会命名为“全国绿色餐饮企业”。

烟台百舸苑大酒店　1984年7月，山东西苑集团总公司在县府街区粮食局大楼1楼创建“福山奇泉酒楼”，经理吕贻韶，员工26人，年营业额100余万元。1986年2月至10月，西苑总公司在福海路中段与永安街交汇处建新酒店，并更名为“烟台西苑宾馆”，总经理吕贻建。营业面积2800平方米，员工增至60余人，年营业额400多万元，实现利税近百万元。2002年7月，烟台百舸苑置业有限公司筹资2800万元，在原址重建新酒店，更名为“烟台百舸苑大酒店”。集餐饮、商务、娱乐、休闲、展览为一体。一楼大厅为顾客浏览厅，内设海鲜大世界、鲍翅坊、靓汤坊和鲁菜博物馆等；二至四楼设高级雅席间46个、宴会大厅2个；五至七楼为高档客房、中型和小型会议室等。酒店可同时接纳1500人就餐、100余人住宿。实行全方位电脑监控运行管理。按国家经贸委关于酒店分等定级标准为三级酒店。

酒店共有员工200人，其中国家特一、二级烹调厨师和三级以上厨师60余人，服务人员120余人。以经营胶东风味正宗传统鲁菜为主，同时兼营川、粤、淮、扬等菜系。多次接受媒体的采访和报道，协助拍摄电视专题片多部，弘扬光大福山鲁菜烹饪文化。在福山烹饪技术比赛和小吃面点比赛中，多个菜品获得名吃优秀奖；多次参加省、市饮食文化节和各级烹饪技术比赛。2002年，在首届中国（烟台）五彩缤纷国际美食节上获“中华美食大奖”。

新天德大酒店　创建于1984年底，初名“天德小吃部”，店址在县府街东段路南的2间小平房，面积仅有15平方米。城里村人杜承芳任经理，有员工5人。主要经营烤饼、肉火食、馄饨。1987年，迁址南山路西首交通要道口处。1990年6月，改名为“天德饭店”。营业面积500平方米，为2层楼，设雅座间12个、大厅1个，可同时接纳180人就餐。员工增至15人。除经营烤饼、肉火食、馄饨外，还从天津引进北京正宗烤鸭技术，填补了福山饮食品种的空白。2000年，饭店迁址河滨路中段西侧，更名为“新天德大酒店”。营业面积达到1100平方米，设雅间14个、大厅2个，可同时接纳600余人就餐。有员工30人，其中厨技人员15人，服务人员12人。经理杜承芳兼任福山烹饪协会副会长。营业项目除继续保留北京烤鸭外，重点继承与创新鲁菜，如蒜香排骨、返沙芋条、海参烧鲍鱼、芙蓉三鲜、铁板三鲜等，都是顾客常点喜爱的特色菜。2001年，在首届福山“电力彩虹杯”烹饪技术比赛中，该店制作的菜肴乌龙报喜、吉祥海螺、百花争艳获优秀菜品奖。

管家饮食有限公司　烟台和福山烹饪协会会员单位。位于福海路南段路西。1985年创建，时为平房60平方米，员工5人。主营涮羊肉。1988年，承包福山自来水公司酒店，面积400平方米，员工增至25人。1994年，酒店扩大规模，又承租“金德大酒店”，更名为“管家大酒店”。营业面积达到1300平方米，有员工50余人。获区委、区政府颁发的金牌1枚。

1999年9月，实行连锁经营，在莱阳开办分店，后又在龙口、牟平开办第二和第三连锁店。2000年，成立管家饮食有限公司。是年9月，投资100多万元在芝罘区南大街开办第一分店，面积1200平方米，员工50余人。2001年，投资150万元，在芝罘区胜利路开办第二分店，面积1400平方左右，员工60余人。至此，公司拥有酒店6家。总经营面积达6000多平方米，固定资产1500万元，员工180余人。董事长管清良，总经理管清茂（兼任福山烹饪协会副会长），副总经理兼行政总厨蔡乐成。

管家饮食突出火锅涮羊肉，以其质优、味美而闻名遐迩。自2000年后，在以火锅为主营的基础上，又在福山总店和芝罘区两处分店经营正宗传统鲁菜，并不断进行菜品创新。2001年，在首届福山“电力彩虹杯”烹饪技术比赛中，获团体总分第1名、优秀菜品奖3个。是年，被烟台市烹饪协会评为首批“烟台饮食名店”。2002年，在山东省劳动和社会保障厅举办的“鲁能杯和皇冠杯烹饪大赛”中，获团体总分第1名、优秀菜品奖3个。

品味饭店　福山烹饪协会会员单位。1987年，王修田在东关村开办“品味饭店”。有员工17人，其中厨师6人，服务人员10余人，营业面积300平方米。1994年，店址迁至城西村，有员工8人，营业面积170平方米。1997年，饭店再次迁至永安街东首，营业面积240平方米。1998年，王修田之子王传广接任经理，兼任福山烹饪协会常务理事。他自少年时即喜爱烹饪，常在自家研究摸索菜肴的烹调制作技法，成年后更善于向行家学习，长年坚持工作在烹饪操作间，眼不离火，手不离勺，同时又时常深入顾客中听取意见，积累了丰富的鲁菜制作经验，烹调技艺不断提高，逐渐成长为一名具有较高鲁菜烹饪水平的厨师。他烹制的油爆海螺、滑熘肉片、芙蓉干贝、糖醋鱼条、葱烧蹄筋、韭菜炒海肠、黄焖鸡、烧蛎黄等福山正宗传统鲁菜，受到食客称赞。

福莱山大酒店　位于福海路南段西侧。为福山烹饪协会会员单位。始建于1988年。初名“福莱山宾馆”，为烟台包装装潢厂直属单位。建筑面积3000多平方米，4层楼房，其中1、2层用于餐饮，3、4层用于客房。经理谷克翠、肖相坡，有职工30余人。1991—2000年，先后由林德壮、李辉光、初长浩任经理。2001年春，宾馆改制为民营企业，赵明刚任经理，更名为“福莱山大酒店”。同年4月，隋世友任经理，兼任福山烹饪协会常务理事。有员工20余人，其中厨技人员8人。设雅座间9个，中、小型餐厅2个，可同时接待260余人就餐。该店注重鲁菜的开发与研究，不断推出新的鲁菜花色品种，如沾板排骨、油香冬瓜排、小笼荷叶蒸巴蛸、煎封鱼排、雪花香芋、火腿鱼脯扒香菇等，深受顾客的欢迎。2001年，烹制的芙蓉全蟹和珍珠扒鱼肚，获首届福山“电力彩虹杯”烹饪比赛优秀菜品奖。

丽苑大酒店　1991年春，在西山路创建“春源大酒店”。营业面积200平方米，有员工8人，设雅间5个。张振春任经理。1994年，在南山路扩建二店，营业面积300平方米，员工12人，设雅座间7个、综合厅1个，可同时接待120人就餐。1997年3月，春源大酒店与区交通委共同投资300余万元，在福山汽车站大楼创建“通源宾馆”，张振春仍任经理，刘锡萍任副经理兼客房部经理。有员工60余人，其中厨技人员20余人，餐厅服务人员20余人。营业面积5000平方米，设雅间16个、中型餐厅3个、大型宴会厅1个，可同时接纳1300余人就餐。客房有床位70个。90年代末，酒店迁址崇文街中段南侧，更名为“丽苑大酒店”。该店有国家特一、二级厨师多人。1998 年，聘请济南南郊宾馆名厨潘士铭任技术指导。烹制的福山传统鲁菜尤为出色，如葱烧海参、油爆海螺、滑熘肉片等。其中油爆海螺脆嫩鲜香，为该店的拿手菜品。2001 年，在首届福山“电力彩虹杯”烹饪技术比赛中获团体第 2 名、优秀菜品奖 2 个。2002 年，在福山第二届“西苑杯”小吃面点比赛中获优秀奖 3 个；在首届中国（烟台）五彩缤纷国际美食节大赛中，制作的“福山大面”获金奖，热菜获优秀奖。1998 年，该酒店被评为福山民营企业“光彩之星”；被烟台物价局授予“特二级单位”；被省文明办、工商局和个体私企协会授予“文明诚信个体工商户”，并参加全省表彰大会。

美味斋　1992 年 6 月初建，地址在东北关，营业面积 90 平方米，员工 8 人，经理舒兴良（兼区烹饪协会副会长）。除烹制风味鲁菜外，还经营韩国正宗烧烤，时为福山首家。1994 年 3 月，店址迁至河滨路南段路西，营业面积 700 平方米，设雅座间 5 个、综合宴会娱乐厅 1 个，可同时接待 200 余人就餐。1999 年 6 月，店址迁至城里街中段路南。该店注重正宗福山传统鲁菜的烹制，特色菜有韩国烤肉、排骨饭套餐、儿童套餐及早餐等。2001 年，在首届福山“电力彩虹杯”烹饪比赛中，制作的热菜花鼓扇贝嬉乌龙和凤蛋海肠获优秀奖。2002 年，制作的松仁薯茸饼和酥皮鸡蛋挞，获福山第二届“西苑杯”小吃面点比赛优秀小吃奖。

金苑大酒店　位于福海路中段西侧优钢大厦一层，属集体企业。1992 年 7 月创建，首任经理周庆一，员工 35 人。餐饮营业面积 400 平方米，设雅座间 5 个、中厅 1 个，可同时接待 80 人就餐；客房 30 余间，可容 100 人住宿。2000 年 7 月，国家特二级烹调师、福山烹饪协会常务理事李建华任经理。客房停止营业，改为雅座间 7 个，可同时接待 120 人就餐。2001 年，制作的热菜椒盐鲑鱼和八宝熊掌豆腐，获在首届福山“电力彩虹杯”烹饪比赛优秀奖。

东方大酒店　位于河滨路中段路西。1995 年 9 月，为区规划局下属企业。首任经理于香龙，副经理王旭，有员工 26 人。为 4 层楼房，营业面积 980 平方米，设雅座间 8 个、中型厅和宴会大厅各 1 个。1996 年 1 月，酒店经过招标，王旭任经理（兼任福山烹饪协会常务理事）。员工增加到 32 人。是年春，酒店装修，格调高雅。营业面积扩大到 1200 平方米，设雅座间 11 个、婚宴大厅 1 个，可同时接纳 520 人就餐。该店以烹制鲁菜海鲜类菜品为主，兼营川菜等其他菜肴，尤以鸡汁鲍鱼、珍珠芋条、红烧全家福、三鲜扣花菇等，深受客人青睐。2001 年，在首届福山“电力彩虹杯”烹饪技术比赛中，制作的菜品宫廷豆腐皮获优秀奖。2002 年，制作的家常饼和家常包子获福山第二届“西苑杯”小吃面点优秀小吃奖。

福源大酒店　福山烹饪协会会员单位。创办于 1995 年 7 月，店址在县府街西首路南，名为“福山电业大酒店”，首任经理王文斌。1997 年底，尹力强继任经理，在原址上进行扩建。2002 年 9 月，酒店迁于福海路中段路东，改称“福源大酒店”。营业面积 2000 平方米，设包间 15 个，可接待 200 余位宾客，大厅可安排 600 多人就餐。总经理张吉顺、尹力强，分别兼任福山烹协副会长和常务理事。该店主营正宗胶东风味鲁菜，兼营川、粤、苏等菜系菜肴。特聘请全国烹饪大师、鲁菜泰斗王义均为顾问。酒店不断研制推出葱烧海参、清汤燕菜、黄焖鱼翅、糟溜鱼片、秘制干鲍、招牌金丝虾、蛤肉炒蛋、肥蟹茄子煲、上汤三鲜肉燕、虾脑烩三鲜等新款鲁菜。菜肴烹制精细入微，色、香、味、形俱佳。2002 年，制作的热菜分获在首届中国（烟台）五彩缤纷国际美食节中华烹饪精英大赛金奖和中华美食大奖。

燕福酒楼　区烹饪协会会员单位。位于河滨路中段永安街东首。1997 年 6 月，烟台燕福集团公司创办。营业面积 500 多平方米，设雅间 13 个、散座 6 个，可同时接待 200 人就餐。有员工 18 人，其中国家一、二级厨师 12 人。厨师长邹新科、经理林克军兼区烹饪协会副会长。该店以经营福山正宗传统鲁菜为特色。制作的芙蓉虾仁、温拌海螺、水胆海肠、芸炖海参、松籽鱼排、鱼茸瓜方、米粉肉等，受到顾客好评。2000 年 12 月，被烟台市卫生局评为全市餐饮系统“食品卫生先进单位”。2001 年，在首届福山“电力彩虹杯”烹饪比赛中获团体第 3 名、优秀菜品奖 3 个。2002 年，在福山第二届“西苑杯”小吃比赛中获优秀奖 2 个。

福泉大众快餐店　1996 年秋，东黄埠村村民孙少松在 204 国道泉水眼村头，租用平房 150 平方米，开办“泉水饭店”，自任经理。开始经营面条、水饺、馄饨等小吃，后推出福山民间“片片”（玉米饼子）。1991 年，因扩建 204 国道，饭店迁至南山路西首路东。店面 2 层楼，面积 300 平方米，设雅座间 10 个，可同时接待百余人就餐，员工由4人增至10余人。1995年5月，饭店搬到崇文街东首，改称为“福泉大众快餐店”。营业面积200平方米，设雅座间9个、散座10个，有员工12人。可同时接待150名客人就餐。后在福海路设分店，营业面积300平方米，员工7人。该店以经营玉米片片为首食，兼营其他多种小吃。片片严格按照福山民间传统方法制作：选用优质玉米和大豆，按50公斤玉米加10公斤大豆的比例掺和磨成面粉；制作时，先用开水烫面使其稀厚合适，再用大铁锅烀，在锅底焖鱼，锅边烀贴片片，有一种特殊诱人的鱼香味。不仅很受工薪阶层欢迎，就连中国香港、台湾地区及韩国、日本的客人也经常光顾。2002年，作的玉米片片，获福山第二届“西苑杯”面点小吃比赛优秀小吃奖。

第二节　海外名店

香港名店

松竹楼　创办于1965年，经理王国樑，皂户头村人。营业面积4000平方米，有雅座6间、散座130桌、厨师22人、服务员30人。主营正宗鲁菜。

洪长兴　创办于1962年，大王家村邹立域与他人合资创办。以烤羊肉为主而出名。后饭店扩大，主营福山烧鸡、松子王鱼、红烧大虾、京烧羊肉等鲁菜。1983年，首创北京填鸭自助餐。名菜有清汤鸡茸鱼翅、山东全家福、铁板烤鲥鱼、烩乌鱼蛋、炒三不粘、琉璃金枣及水煎包等，深得国内外人士好评。

台湾名店

中餐馆　创办人孙德彦，绍瑞口村人。他从小喜食鲁菜，亲自下灶操勺，烹制些民间粗菜淡饭。1949年去台湾，经营中餐馆。初因台湾经济萧条，多为大众饭菜。后随经济复苏，饮食渐趋高档，专营鲁菜，吸引了众多北方人特别是山东人光顾，生意兴隆，故称“店小名气大”。有些低、中收入户，逢年过节、亲朋聚会、红白喜事，多在此店聚餐。

鹿鸣春　创办人王志忠，古现西村人。1940年移居台湾，集足资金，自营“鹿鸣春”和“丰泽园”两处饭馆，并任董事长兼总经理。除经营鲁菜外，还有粤菜及传统菜近百种。冷菜主要有美人菜心、珊瑚白菜、玫瑰鱼条等；宫廷菜有百鸟朝凤、三羊开泰、游龙戏凤、五福捧寿、二龙戏珠等；时令菜有芙蓉官燕、云片熊掌、鸡茸鱼翅、菊花桂鱼等；素菜有香织什绵、油菜海棠、香菇盖兰等；甜菜有寿比南山、蜜汁鸭梨、百子汤圆、清凉莲子羹等。

日本名店

一品香饭店　创办人王乐嘉，河北村人。1948年到大连绸缎庄学徒，后去日本，从事饮食业。先在中餐馆打杂跑堂、当厨师，资金筹足后，自营“一品香饭店”，任经理。专营正宗鲁菜，很多北方华人闻名到此，一品味香，一尝清鲜，一年四季宾朋满堂。烹制的菜肴以鲜为主，偏重清淡。主菜有溜黄菜、软烧鸡、糟溜鱼片、火靠大虾、雪花丸子等。

八仙阁　创办人郭光甲，东周格庄村人。1933年，独自一人闯大连，在饭馆跑堂。后经人介绍，去日本“中华楼”学徒。1955年，在日本大阪市中心独自创办“八仙阁大饭店”，任经理。饭店占地1万平方米，8层楼，可容纳百桌、千余人同时开席。以京菜（鲁菜）为主，有时也可根据客人需要，烹调川菜、粤菜及日本料理。传统鲁菜菜谱300余种，常行菜有天蓬献灵芝、百果虾球、金牌豆腐、秘制粽香鸽、素扒黄芽白、糟溜鱼片、雪花丸子、浮油鸡片、炸蛎黄、油爆肚片、水晶肘子、全家福、火靠大虾、通天海参、一鱼三做等鲁菜。先后接待过邓小平、胡耀邦、廖承志、康克清、王震等党和国家领导人。王震副主席为其题词：“生意兴隆通四海，祝郭光甲先生顺利。”国内许多艺术家也曾光临。

大东饭店　创办于1965年。经理姜培福，四合村人。30年代，其父姜道行去日本大阪大东楼饭店当厨师。1938年，姜培福随母到日本寻父，在“大东楼”学徒3年，后回青岛学做贸易生意10年。1951年返回大阪，在其堂叔姜福行开办的“新华园饭店”从厨。1954年，易东京“北京亭饭店”任总管。经多年磨炼，积累了烹饪和管理餐馆的经验。1965年，集资开办“大东饭店”，为3层楼建筑，经营面积260多平方米，店中有厨师、店员约20人。姜培福自任经理兼当灶厨师。烹制的高汤鱼翅、蟹黄鱼翅、软炸鸡、青椒炒肉丝、炸春卷等菜品，极受商界人士与当地市民及旅日华人的欢迎。

彩桂店　创办人由爱民，岗嵛村人。12岁便在烹饪行业学徒，先后在日本大阪、神户的“东天阁”“新北京”“万寿亭”等大型中华料理店工作。他勤学苦练，潜心研究，熟练地掌握了鲁菜的墩工、勺工和面点技术。1968年，任“万寿亭饭店”总厨师长，在日本餐饮界创出名气。1972年2月，在日本京都府龟冈市创建“彩桂店饭店”，经营面积500平方米，可同时提供200人就餐。饭店以正宗鲁菜为主，同时，改造和吸收日本料理，使许多传统菜肴的风味呈现新特色。他从事烹饪工作50余年，做菜选料优异，讲究技艺，中日结合，菜肴的口味、码味、入味、出味、提味、定味等都有独到之处。研制的日中友好菜、麒麟吉品鲍鱼、箭三文鱼、山东包子等，深受日本国民及华侨的喜爱。特别在迎接辽宁省鞍山市政府代表团时，受到中国驻日大使和鞍山市长的高度评价，并为饭店题词。饭店先后获京都府龟冈市“企业管理先进单位”“顾客满意店”“卫生免检单位”等荣誉。每年收到海内外宾客表扬信百件以上，并长年为在日华人孤儿提供免费就餐，受到中国驻日使馆的赞扬。

中餐菜馆　创办人权希英(女)，权家山村人。40年代，她随丈夫去日本经商，从事饮食业。经多年努力，独资开办“中餐菜馆”，自任经理、董事长，兼任神户市华侨总会理事。菜馆位于神户市中央区，以经营鲁菜为主，兼营川、粤等菜。

世界饭店　刘家埠村孙世恩在东京独资开办，自任经理，兼任东京华侨总会理事、东京留日华侨北省联合会副会长。该店传统名菜有溜虾仁、熘腰花、苜蓿蛏子等，其烹制特点是软、焦、嫩、酥，日本朋友为之叫好。

东华菜馆　城里村郭永殷与湘河旅日华侨于永善合资，初在京都市开办“神海楼饭馆”。1945年迁址下京区，更名为“东华菜馆”。专营鲁菜，成为京都有名菜馆。1985年，接待过中国红十字会会长、卫生部长李德全；京剧大师梅兰芳为其赠“文艺是精神食粮”条幅。

北京楼饭店　创办人朱相奎，八角村人。1930年到日本，此前先后在意大利、俄罗斯、古巴等国驻日领事馆当厨师。1939年，在神户市“俄罗斯料理店瓦西利”当厨师。1945年11月，在神户独资开设中华料理“北京楼饭店”，任董事长、兼任神户华侨总会名誉理事。1963年起，先后兼任兵库县中华料理加工协会、环境卫生协会、神户食品卫生协会会长或理事等职。该店选料精细，配料科学，口碑极佳。烹制的糟溜鱼片、虾籽海参、炸蛎黄、烧虾仁、雪花丸子、油爆大蛤等菜品，上至达官贵族，下至平民百姓，无不叫绝。1975年，朱相奎受到神户市长“食品卫生有功者”表彰。1977年，因对福利行政事务做出贡献，荣获兵库县知事“野路菊”奖。1978年，受到日本食品卫生协会“食品卫生有功者”表彰。1979年，受到日本国原生大臣“有功者”表彰。1981年，获日本食品卫生协会“优良设施”奖。

陶祭亭饭店　经理王安杰，西周格庄人。1988年去日本，继承其岳父王泽文产业，主掌“陶祭亭饭店”。该店发扬中餐传统，料理鲁菜风味，主要名菜有砂锅鱼翅、葱烧海参、干烧冬笋、醋椒鱼、糟煎桂鱼、鸡茸鱼肚、盐爆鱿鱼卷、蒸芙蓉虾片等。

船场东海俱乐部　总经理张膺三，宅院村人。1951年，徙居日本大阪。1962年，从事饮食业，独资经营“船场东海俱乐部”，任总经理，兼任大阪中华北帮公所理事长、终身顾问、大阪华侨总会顾问等。该俱乐部以鲁菜为主，兼制川菜、粤菜。同时，还经营中餐糕点，主要有小龙饼、到口酥、萨琪玛、蜜饯、荷面饼等。配料考究，工艺精细，色香味形俱佳。

集英楼饭店　盐场村王鸣九创办。1936年，去日本从事饮食业，独营“集英楼饭馆”，任董事长，其三子王政仁任经理。该店主营中餐鲁菜，同时集合大菜系之优，烹制其他菜肴。其当家菜主要有雪丽大蟹、烧大虾、炸蛎黄、瓦糕溜蟹黄、白扒鱼翅等。

新北京饭店　门楼村刘家齐独资创办，自任经理、会社社长。该店精心料理鲁菜，开发名吃，叫绝名菜有鸡松鲍鱼、红烧海参、红烧海螺、清汤全家福等。

锦城阁　渡口村潘士义于1974年创办。店名取自日本历史名城大阪城的别称“锦城”，其谐音又含锦绣前程之意。“锦城阁”位于大阪市中心，营业面积1800平方米，有80个雅座、150个散座，有高级厨师30名、店员70名、服务生35名。主要经营鲁菜，并吸取沪菜、川菜及粤菜的一些特点及精华，常行菜有300多种。根据客户要求，承办满汉全席。山珍海味，一应俱全。党和国家领导人曾多次光临。刘海粟曾在此用餐，并挥毫写下“其味无穷”，董寿平赠匾“宾至如归”，尉天池题词“供馔十洲三岛客，欢迎四海五湖人”。

韩国名店

中美饭店　经理车丕愷，北车家村人。1949年去韩国，从事饮食业。1950 年，在大立市经营“中美饭店”，任经理。1954 年，又在汉城开设中美饭店。1964—1972 年，任汉城华侨协会会长。饭店以鲁菜为主，兼制西餐菜点，适应各国宾客口味。

仁和永饭店　经理李世仁，泊子村人。1948 年去韩国，先当厨师，后经营“仁和永饭店”，任经理。该店以鲁菜为主，兼制川菜、粤菜等，兼外卖，送菜到家，生意红火。李世仁专心研制鲁菜，在他的影响下，其妻郑夏子在饭店从业，长子李承时任饭店理事长，长女李永淑在“永海庄餐馆”从业。

德成楼饭店　经理王维芹，石岚村人。14 岁随同乡去韩国，从事饮食业，后独营“德成楼饭馆”，任经理。该店以鲁菜为主，兼烹川菜等。其特点是讲究花色造型，重视适度火候。

英国名店

中华菜馆　经理吴语超，东吴家村人。1948 年去香港，在饭店当厨师。1968 年，移居英国伦敦，开办“中华菜馆”。他的拿手菜是油爆肚仁、软炸里脊、白扒鱼翅、清蒸加吉鱼等。其高超的烹制技艺，迎来宾朋满座，被同行推荐为英国京菜同一联谊会副会长兼秘书长。

蓬莱阁　创办人陈远良，陈家庄村人。1949 年到上海“大雅楼”学徒。1951 年，到香港“燕云楼”学艺。1952 年，分别到泰国曼谷“乐宫楼”和香港“悦宾楼”任头灶。后又先后到德国“北京饭店”、英国伦敦“东兴楼”、日本川崎“日航酒店”等任大厨。1964 年，在英国伦敦创办“蓬莱阁饭庄”。时有厨师 5 人、服务人员 10 人，拥有 60 个座位。

他对家乡鲁菜情有独钟，改进了许多传统菜，如“叫花子鸡”原有做法是将猪肉丝、大头菜煸炒后，加五香粉拌匀放到鸡肚子里，然后用猪网油把鸡包起，外面用绍兴酒缸上的封缸纸包住。因外国人惧怕猪油类，看到泥土感觉不卫生，也不雅观。他改变做法，不用猪网油，而是直接用荷叶包后，外面用调好的白面包好，再放到炉上烘烤。时任中国驻英大使胡定一到这里用餐后，对他的叫花子鸡大加赞赏。再如“香酥鸭”，内地和香港做法是将鸭子洗净后，用葱、姜、花椒、盐把整个鸭子搓过，浸过味后再蒸焖即可。而他的做法则是蒸焖凉透后再油炸，使之里面骨头尽酥，外面焦脆，外国人喜欢用其下酒，称“北京鸭”。

寰海京菜馆　经理王寰海，又名王传镜，高疃西村人。1946 年，到香港当厨师。1968 年，在英国利兹市以自己的名字命名创办“寰海京菜馆”。他广招名厨，生意红火，当地华人、社会名流接踵而至，声誉大震，同行们一致荐举他为英国京菜联谊会会长。

比利时名店

麒麟饭店　经理张世华，口子村人。1948 年去香港从事饮食业。后移居比利时布鲁塞尔市，独营“麒麟饭店”。在坚持正宗鲁菜风味的同时，学习西餐烹饪技艺，以中餐为主，西餐为辅，中西结合，广揽顾客，生意十分红火。

美国名店

景川餐馆　创办人孙善德，巨屯村人。先到韩国一家中餐馆打杂跑堂，后移美国当厨师，经积累，独资经营“景川餐馆”，自任总经理。该餐馆以鲁菜为主，兼制川、粤、湖、扬菜。同时，还按顾客口味和需求，外卖送饭到户，乃至到家作菜，生意特别兴隆。

乐宫楼饭店　经理张传乐，汪家沟村人。1944 年去香港从事饮食业。1971 年，移居美国，独资经营“乐宫楼饭店”。张传乐虽身为老板，则带头苦干，手下店员暗称其为“大伙计”。他一生热爱烹饪事业，精心开发鲁菜。突出特点是讲究刀口、火口、味口，尤擅炸、熘、扒、炮，所制作的熘腰花、炸蛎黄、蹄筋扒海参、炝三丝等菜肴，顾客百食不厌。

华北饭店　创办人吴语廷，东吴家村人。辍学后由家乡去北京，在饭店厨房学徒。1946 年去上海“丰泽楼”任厨师。1950 年去香港“乐宫楼”任厨师。1956 年，与同乡合伙去泰国曼谷，在香港“乐宫楼”曼谷分店任厨师。1958 年，又回到香港，在远东饭店任大厨。1960 年，自己开始创办“丰泽楼”。1966 年，又去非洲。1968 年，去美国，在华盛顿“帝国饭店”任大厨。不久，自己创办“华北饭店”。他对鲁菜了解颇深，在继承发扬鲁菜的基础上，不断进行创新、改造，使华北饭店的鲁菜一直保持独特风味。同时，还兼营京菜，深受华人和外国人赞赏。

京都饭店　创办人臧维泰，百堡村人。他 15 岁离乡出国，从事饮食业，后在美国旧金山三蕃市自营“京都饭店”。以中餐鲁菜为主，兼制川菜、粤菜及西餐口味的菜肴。其当家菜肴有红烧海参、油爆鸡丁、糖醋加吉鱼、葱爆羊肉、熘腰花、熘肝尖、清汤全家福等。

林家园饭庄　创办人林春刚，芝阳村人。1946 年去美国，从事饮食业。先在中餐馆学徒、当厨师，后自营“林家园饭庄”，任经理兼董事长。他 18 岁独闯美国，从跑堂到厨师，积累资金，以自己的姓氏命名饭庄。主营中餐，拿手名菜有三不粘、贵妃鸡、锅塌鱼、糟溜鱼片、醋熘活鱼，汆鲫鱼青蛤蜊、扒三丹、扒爆龙须、盐爆鸡肚、乌鱼蛋汤、绣球海参等。

厚德福饭店　创办人于桂兰（女），南于家村人。1968年移居美国三藩市，同丈夫一起开办“厚德福饭店”。1981 年，扩大业务，又在核桃溪开办新厚德福饭店，她任 2 处饭店总经理。该店有店员、厨师 30 人，雅间、散座俱全。1988 年退休后，新老店分别由长子柳经奎和次子柳经义继任经理。她在经营饭店 20 多年中，不惜重金广招人才，特聘名厨，并让厨师们定期外出学习，交流烹调技艺。同时，她还利用回国探亲的机会，向国内鲁菜大师学艺，品尝名菜名吃，将烹制技艺带到美国，推动了鲁菜在异国他乡的发展。

皇宫饭店　创办人李作功，东龙夼村人。1972 年移居美国。先在华盛顿地区中餐馆任前台经理。1980 年，到北卡罗来纳州格林威尔市开办第一家中式自助餐馆“皇宫饭店”，专营鲁菜，反响强烈。李作功在异国他乡，苦心经营中餐，潜心弘扬鲁菜，广纳人才，高厨特多。其中有面点特级厨师王宝桓，擅长拉面和精制中式面点，在美主厨会师时作拉面表演，颇受称赞；掌勺特师王泉宏，曾赴日本交流厨艺，在美国以优异的烹调技术受到高度评价。该店因经营有方，待人热诚，在当地享有盛誉。

京园饭庄　创办人李作功。饭庄位于洛杉矶市州际公路交汇处，周围为商业区。中式装修，古朴典雅。营业面积 8000 平方米，有雅间 10 个、散座 3000 个、店员 25 人、厨师 6 人、服务生 15 人。该饭庄服务周到，深受美国朋友的喜爱，是洛杉矶市享有盛名的中餐馆。

红楼餐馆　创办人李作功。位于北卡州首府洛丽市两条州际高速公路相接处。“红楼餐馆”人文荟萃，华人聚居，中式装饰，宽敞大方。营业面积 4500 平方米，有雅间 10 个、散座 150 个、店员 20 人、厨师 4 人、服务生 6 人。该餐馆礼仪讲究，服务周全，是华人社团活动、中国大使馆官员及中国访美代表团与美国相关官员经常聚会交流的用餐场所之一。

华东饭庄　创办人李作功。位于摩海市海滨，是夏季度假旅游观光之地。为当地规模最大、档次最高的中餐馆。营业面积 8200 平方米，有雅间 10 个、散座 320 个、店员 30 人、厨师 6 人、服务生 15 人。其店以华丽的装修、味美的中餐、周到的服务，吸引了众多的游客光临。

鲁园饭店　创办人吴语铎，东吴家村人。1950 年，与其弟吴语廷到香港，在“乐宫楼”当会计。1956 年去泰国，在“首都饭店”当伙计。后去非洲，从事饮食业。1967 年，移居美国华盛顿，开办“鲁园饭店”，自任经理。在继承发扬鲁菜的基础上，按当地习俗，进行革新改造，形成中西结合的地方特色菜系，使鲁菜容西味，西菜有鲁味。一名美籍华人食后称赞说：“我们老一辈喜食清淡鲁菜，在美国出生的晚辈爱吃原味冷食，该店中西合璧，可适多种口味，大家都能享用，成为家店，太好了。”

燕京饭店　创办人王琪，又名王子玉，百堡村人。1962 年，到香港当厨师。1963 年，移居美国，从事饮食业，先后开办“麒麟阁”“蓬莱阁”“燕京饭店”，并任经理。他广招人才，潜心经营中餐鲁菜，赢得社会的认可和顾客的青睐。每天经营的菜品有 50 多种，主要名菜有扒鱼翅、山东扒海参、盐爆肚仁、烧鸡丁、炒银鱼等。

第三节　名厨

北京福山籍名厨

栾学堂　字鲤亭，外号栾蒲包，浒口村人。民国初期，赴京“新丰楼”跑堂，后任堂头。1930 年 4 月，在“同德银号”老板姚泽圣支助下，筹措 5000 元大洋，创办“丰泽园饭庄”，首任大掌柜。后在烟台、天津、上海、南京、开封等地，开设丰泽园分号。其同乡慕名，亦在香港、巴黎等地开设同一饭馆，一时丰泽园誉满京华，飘香海外。

他为人豁达，立心忠厚，善行交际，被推举为北京饭庄同业公会会长。他知人善任，堂口名堂全是山东籍人士，厨房掌灶的师傅个个是鲁菜烹饪高手。栾学堂本人的烹调技艺也是博采众家之长。丰泽园在他的主理下，达官显贵、军界将领、社会名流、艺苑闻人，都慕名而至，光顾品味，酬宾聚会。到 30 年代末，丰泽园饭庄职工达 120 多人，可同时接待 160 余人的高档宴会。他每年都回乡探亲，每次都在“吉升馆”住几天，取经和交流技艺。

1958年，患脑血栓，病逝于北京。

牟常勋　生于1895年。中式特级烹调师。生前为北京丰泽园饭庄名厨，鲁菜大师。1911年，到北京同和堂饭店学徒。出师后先后在北京江南春饭庄、庆和堂饭庄、惠贤堂饭庄掌灶。1929年起先后在天津东兴楼饭庄和同福楼饭庄掌灶。1935年以后又到北京庆楼饭庄、同和居饭庄、安福楼饭庄掌灶。1946—1960年，在丰泽园饭庄掌灶。1957年，收王义均为入室弟子。50年代，牟常勋成为全国首批特级烹调技师，当选为北京市前门区、宣武区和北京市人大代表，被评为劳动模范，并作为特邀代表出席全国政协会议，受到毛主席接见。还为毛泽东、刘少奇烹制菜肴。他为丰泽园饭庄留下了丰富的菜肴品种和精湛的烹调技艺，如砂锅鱼翅、砂锅散丹、干烧冬笋等；清汤、奶汤制作堪称一绝。1971年，因病去世，享年77岁。

朱家德　生于1903年。1920年随郭有忠老师学艺，先后在北京回贤堂、丰泽园饭庄等处掌灶。能熟练掌握烧、扒、爆等烹调技术和清汤、奶汤的调制方法以及各种干货原料的涨发等。其代表菜有葱烧海参、九转肥肠、油爆双脆等，为国家培养了王义均、时广南、韩忠文等一代名厨。1957年，他被派往苏联为马林科夫总书记掌厨。1957—1959年，当选为北京市宣武区政协委员，任北京海淀区中关村餐厅中式烹调技师。1991年，因病去世。

王世珍　权家村人，生于1910年。中式烹调特级厨师，北京丰泽园饭庄名厨、鲁菜大师。1985年去世。1925年，到北京泰丰楼饭庄学徒。出师后在“泰丰楼”司厨。1953年，到丰泽园饭庄任厨师。1959年，被评为国家首批烹调技师。1961年，任丰泽园饭庄副经理兼北京服务学校烹饪专业教师。1964年，当选为北京市宣武区人大代表。1982年，任宣武区烹饪研究会副理事长。其代表菜品有葱烧海参、姜汁活鱼、扒蟹黄鱼唇、芙蓉鸡片、鸡茸鱼翅、汤爆双脆、琥珀肘子等。所传高徒有王义均、刘春芳、李健等。

刘荣时　西埠庄村人，生于1910年。中式烹调技师。先后任北京惠丰堂饭庄厨师长、海淀区饮食服务公司培训中心教师。1997年逝世。1924年，他到京学艺，一直在惠丰堂饭庄，从事烹饪工作70年余，鲁菜造诣颇深，对鲁菜的扒、烩、爆等技法的研究有独到之处。其代表菜品有：九转大肠、糟蒸鸭肝、烧烩爪尖等。其精湛厨艺和敬业精神受到业内人士的高度赞扬。对众多弟子悉心传授，培养出王永贵等10多名高级烹调技师、京城餐饮业骨干。

苏德海　生于1919年。特级烹调技师。生前为北京哈德门便宜坊烤鸭店名厨，焖炉烤鸭的著名传人。1984年逝世。1933年，到北京“东兴楼”学徒。1943年，到“萃华楼”掌灶。1945年，到便宜坊烤鸭店任主厨至去世。他从事烹饪工作50多年，功力深厚，擅长烹制山珍海味。创制的油辣子大虾、酥小鲫鱼一直是“便宜坊”的招牌菜。他是中华人民共和国成立后首批特级厨师，先后2次被评为北京市劳模，多次被评为先进工作者、优秀共产党员，长期担任北京市饮食服务总公司高级班技术培训讲师、技术考评委员会委员兼总裁判长等职务。

蔡启厚　蔡家夼村人，生于1921年。特一级烹调师。1987年2月病逝。1936年，到北京“东兴楼”学徒，由摘菜、切菜开始，直至后来担任三灶、二灶。深得名师郭有忠的指点，全面地掌握了爆、炒、炸、溜、扒、烩、蒸等基本技法。1944年，先后到北京安福楼饭店、惠尔康烤鸭店和上海海滨楼饭庄掌灶。1953年，到北京前门全聚德烤鸭店掌灶。1954年，奉命筹建北京长安街全聚德烤鸭店分号。1957—1959年，以专家身份被派往苏联莫斯科“北京饭店”工作。1978年，参与筹建北京和平门全聚德烤鸭店，任副总经理。1980年，赴日本东京留园饭店开设的中国北京全聚德烤鸭店，任主厨。1983年，兼任全国第一届烹饪技术比赛评委。先后创造了清蒸三色鱼、油煎大虾等菜品，又和同仁研创出火燎鸭心，成为全聚德烤鸭店的名菜。在苏期间，协助苏联人整理中国名菜资料。1959年，出版《中菜二百五十样》。1982年，参加编写《全聚德名菜谱》。所传高徒有陈学斌、杨学智、孙智德等。

丛培德　大杨家村人，生于1923年。1940年，在北京萃华楼饭庄学徒。能熟练地使用多式翻勺技术，无论前后翻、左右翻、斜翻和高吊等，都能保证勺中的菜丁点不外落，“翻勺”是其绝技。炒菜独具匠心，色、香、味、形俱佳。其代表菜品有：烩乌鱼蛋、糟溜三白、红扒鱼翅等。中华人民共和国成立后，周总理2次在萃华楼饭庄宴请外宾，每道菜都由他烹制。一次，周恩来总理见一条鱼只吃了一半，问能否做个汤菜，他马上做了一道风味浓郁的醋椒鱼汤，总理品尝后连声说好。他是烹饪鲁系菜肴的元老，先后培养出徒弟130多个。其中，店内特级技师8人，中、高级厨师54人。他先后到菲律宾、美国和日本进行技术表演。1981年，被授予北京市劳动模范。1995年，获“爱国立功标兵”。曾当选北京市东城区人大代表。

孙仲才　院下村人，生于1932年。曾任北京朝阳区烹饪技术培训中心专业讲师、京华名厨联谊会会员。1950年，去北京萃华楼饭庄拜名厨曲有功为师，得到鲁菜爆、炒、烧、烤等技法的真传。擅长红烧、芫爆、夸炖、干烧等菜品80余种。其代表菜品有山东丸子、炖吊子、香蕉锅炸、夸炖鱼等。精于山珍海味类原料的识别、运用和发制。从80年代始，担任各类烹饪大赛的评委。1983年，到呼和浩特为全国24个省市自治区高级厨师培训班授课。1985—1995年，常为北京市多家厨师培训班授课，并被聘为北京市烹饪技师考评委委员，参加全国烹饪技师考评试题的出题工作。王义昌、李连、张金明等均是他的高徒。其亲传弟子北京团结湖烤鸭店总经理董振祥，是全国有影响的创新鲁菜大师之一。

王义均　河北村人，生于1933年，国家特级烹饪大师。1946年，到北京丰泽园饭庄学徒，后历任饭庄厨师、厨师长、特级厨师、国家特一级厨师。1994年，聘为技术总监，兼任全国高级烹饪技术讲师、烹饪大赛评委、中式烹调裁判长、高级技术顾问等。从厨50余年，烹艺精湛，菜肴或嫩，或软，或脆，或酥，淡咸宜人；或香，或鲜，或清，或醇；山珍海味，以醇厚不腻见长，并刻意讲究色、香、味、形俱全。曾为国家领导人烹制菜肴，参加承办国宴，为许多外国元首、贵宾献艺。先后到德国、意大利、日本、美国、新加坡等国表演中国烹艺。先后

图21-10　王义均大师与名厨王良

获西德莱比锡博览会纪念奖、先进突击手、全国十佳厨师、北京市“五一”劳动奖章、中国烹饪大师、中国鲁菜烹饪特级大师等奖励与称号。1996年离休。

闫忠超　生于1933年，特级厨师。1951年参加工作，擅长烹制山东菜。其代表菜品有：烩乌鱼蛋、葱烧海参、清蒸鳜鱼等。多次立功受奖。1951年，在政务院从事厨师工作。1966年，转到中央警卫局为首长服务。传徒有王传军、单毅、权立成、徐国林等。

王景宾　生于1934年，中式高级烹调技师。1949年，调入北京新侨饭店工作至退休。历任中餐厨师长、中餐管理员等职。精通山东菜的全面制作方法及成本核算，能有条理地组织和完成各种高级宴会的各项工作，多次圆满完成国家重大接待任务。其代表菜品有山东海参、生菜鸡腿等，首创“汽锅三珍”名菜。精制的酱爆鸭片曾受到周总理的好评。美国总统尼克松、日本首相田中角荣访华期间，都参与组织宴会接待工作。1980年后，到中国驻菲律宾大使馆工作4年。参与编写《新侨饭店菜谱》。传徒有周继祥、闫建民、李靖等。

权学昶　权家山村人。擅长做鲁菜。50—70年代，在北京饭店任厨师长。

上海福山籍名厨

王樾　大王家村人。30年代初期，在天津登瀛楼的“南号”雅座任厨师。1948年，到上海“大雅厅”任头灶厨师。具有一身高超的鲁菜烹饪技术，烹调手法既快又好，单手翻勺菜肴能在空中连翻3翻。烹制的菜肴形状美观，味道宜人，颇受食客青睐。尤以扒、爆见长，无人能比。烹制的通天鱼翅和爆双脆等色味双全，高人一筹，食后回味无穷，令人叫绝。

天津福山籍名厨

吴兴裕　东吴家村人。20年代初，在天津登瀛楼饭庄“北号”任当灶厨师。1930年，被聘请到北京全聚德烤鸭店，专做福山地方风味鲁菜。烹调技术高超，烹制的菜肴色、香、味、形俱佳。代表菜品有三不粘、清蒸炉鸭、大酥丸子和核桃酥等。其中三不粘味道香甜不腻；大酥丸子个大酥嫩，风味甚佳，一般厨师无可比拟。

大连福山籍名厨

柳树勤　1914年，到大连登瀛阁饭店，跟福山人赵

吉明学习墩上技术。1927 年，“登瀛阁”歇业，返回烟台等地饭店从厨。30 年代初，又到大连。1941 年，在辽东饭庄掌墩。是大连地区福山籍第一代厨师，号称“五大掌墩”之一。因刀工技术好，加之姓柳，故被大连厨师界称为“柳木墩”。1945 年 8 月，大连解放后，辽东饭庄先后更名为关东饭店和大连饭店，柳树勤继续留任。曾参与接待宋庆龄、刘少奇、周恩来、彭德怀、邓小平等党和国家领导人。先后培养出张传本、陈维刚、孙华山等一大批福山籍名厨。

牟宝华　大连近代最著名的面点师之一。早年在京、津等地的大饭店学习面点技术。50 年代到大连，先后在天津街百货公司 3 楼餐厅、大连海味馆等单位执掌面案。他的发面活堪称一绝，每个环节都亲自把关，对技术精益求精。所做的莲子、开花馒头、门丁、荷花酥、豆沙包等面点，被大连饮食行业评定为 50 年代最佳名师名点。

于国桢　20 年代到大连“共和楼”，跟福山籍当灶师傅刘学信学徒，很快成为当灶。30 年代中期，被高薪聘为大连扶桑仙馆当灶。后加盟到辽东饭庄。50 年代初，被安排到东北局为领导司厨。50 年代中期，又回到大连，在市服务局技校、惠宾京菜馆、大连海味馆等单位工作。1957 年，被授予大连市“劳动模范”。在商业学校期间，参加大连第一套正式菜谱的编写工作。1983 年，参与编写《大连菜谱》。1985 年后，仍担任青年厨师指导工作。

于润德　早年跟亲戚学习烹调技术。1949 年 4 月 1 日，大连市委在大连饭店召开代表大会并就餐，当灶的福山人王宜贵请他帮忙，以很高的烹饪技术完成接待任务。1950 年，在大连交通旅社和商场餐厅工作。1954 年 7 月，在大连食堂（人民饭店）掌墩。1959 年后，先后在市服务局技校、大连商业学校实验饭店、大连海味馆、群英楼等单位工作。1996 年以后，注重传、帮、带，经他培训传教的厨师近万名。他创制出全新的火箭鱼、火箭虾、糖醋鱼等菜肴。在商校工作期间，2 次参加《大连菜谱》编写工作，为大连饮食界留下宝贵的财富。

张传本　30 年代中期，被其堂兄张传言带到大连扶桑仙馆，跟于国桢师傅学徒，掌握了墩上的基本功。大连解放前夕，到辽东饭庄跟柳树勤学艺。后到大连第一国营食堂天百餐厅掌墩。1963 年，到大连斯大林路食堂工作。1976 年后，先后在群英楼、渤海饭店、山水楼等为厨。精通刀工，对块、丁、条、丝、片掌握准确，其“云片三鲜”堪称一绝。还多次参与《大连菜谱》的编写工作。

由其辉　16 岁到大连群英楼学艺，经过 4 年的勤学苦练，出徒后到“共和楼”掌管面案。后到日本东京满州饭馆和天津东兴楼掌管面案。1952 年回到大连，先后在大连商场餐厅和惠宾京菜馆工作。面点技术全面，特别是馅食、烤食和酥制品尤为突出，研制的“大肉包子”在大连十分盛行。1960 年，与同事于国桢、于润德到大连市服务局技校执教。1965 年，大连成立商业学校，3 人继续从事教学工作，培养出 10 多名高徒，其中王久玉成绩显著，创制出许多面点新品种，编写出面点技术教材，成为大连烹饪大师、面点师、晋级考核首席评委；女徒弟孔金云（牟平人），1958 年随其学徒，由于技术出众和工作业绩突出，被评为大连餐饮业先进工作者。1970 年，由其辉因脑溢血抢救无效病故。

牟传仁　生于 1931 年。国家特一级烹调师、高级技师、辽宁省烹饪大师、中国烹饪协会第一届和第二届理事、辽宁省烹饪协会副会长、辽宁省烹饪技术考评委员会委员、大连市烹饪协会顾问、大连市大师级和特级厨师考评评委。精通鲁菜，旁通川菜，以方法得体、调味准确、色泽雅素、造型精美的烹调风格誉满大连，其娴熟多样的刀法被誉称烹坛“牟飞刀”。

他 18 岁到大连饭店，跟鲁菜名师柳树勤学习墩上刀工技艺，探索出不同质地原料的刀工美化方法。经他处理的各种原料，丝粗细均匀，长短划一；片厚薄如一，大小一致；条有棱有角，角线垂直，其刀工技艺炉火纯青。他还师从大连名厨曲迎春、张传本、于润德、于国桢（皆为福山人），学习烹调技术。1956 年，在大连市饮食烹调技术表演中，一举夺得丝、片、丁、花刀、凉菜、改刀第 1 名。1958 年，在大连市烹饪技术表演赛中，以优异的成绩再次获得刀工第 1 名。1959 年，他与其他几位大连名厨赴重庆学习川菜烹调技术，将川菜引进大连。1960—1980 年，先后在大连海味馆、中山区烹饪技术培训班、市饮食服务公司厨师进修班、站前饭店、青山饭店、四川饭店、“群英楼”任厨师，并任培训班主讲教师和饭店副主任、主任。编写出《烹调基础知识》《小海产品在烹饪中的应用》等讲义和论文。几十年中，共举办培训班 20 余期，培养和培训的中青年厨师 3000 多人，其中大连名厨和饭店、宾馆总厨与经理级的管理人员 10 余名。七八十年代，担任“群英楼”经理、主灶厨师。大胆创新出浮油三色鱼片和清蒸加吉鱼等名菜。同时，大力发展大连地方菜，先后到上海、南京、天津、北京、山东、哈尔滨、沈阳等地考察学习，博采众家之长，形成以烹调海鲜为主，以咸定味、融鲁菜和辽宁菜为一体的烹调风格。1983年，参加首届全国烹饪技术比赛，精心制作的红鲷戏珠获金杯奖。被授予全国优秀厨师（全国共12名），受到党和国家领导人的接见。

1992年，年过花甲的牟传仁任群英楼股份有限公司饮食集团副总经理兼群英楼总经理。他研制的“海鲜宴”成为独具风格的高档筵席，闻名遐迩，响遍大连；虾仁水饺被国家审定为优质新产品，首获“金鼎奖”，并获国家专利，还远销日本、西欧市场，被日本人誉为“牟传仁天下第一饺”。他不仅是闻名全国的烹饪大师，而且是餐饮业的优秀管理家。1970年，被评为大连市“特等劳模”。1980年，被评为辽宁省“特等劳模”，荣获辽宁省“五一”劳动奖章。1990年，成为全国“五一”劳动奖章获得者。

另外，在大连的福山籍名厨还有胡勤发、陈生发、孙华山、吴永丰、于茂南、孙中田、梁乐善、刘志海、车丕君、于政礼等人。

青岛福山籍名厨

尹品三　生于1921年。17岁到青岛共和楼饭庄学厨，师从李松山。20岁开始掌灶。1945年，与师傅一起到“顺兴楼”从业。肯学习、勤动脑，深得鲁菜的烹调之道，学得一手好技法，成为青岛餐饮界极具名望的“三山”之一。1952年，先后在青岛海军招待所、青岛国营纺织九厂厨房工作。1958年，调任青岛市政府会议科（招待所）一所厨师长。多次筹划安排市“三级”干部、人大、政协等大型重要会议的生活。因工作出色，多次被评为市接待系统先进工作者。他常被青岛市委借调外出参与高级接待服务工作。与李海亭（白案）2人合作，曾在青岛八大关宾馆接待国家领导人邓小平和田纪云等；到济南接待叶剑英、李先念、彭真、万里等。1964年，全军大比武时，专门接待罗瑞卿总参谋长及杨得志和李达上将。1981年，被国家派往中国驻土耳其大使馆任厨师。1984年底回国，在青岛市栈桥宾馆（市政府接待处）工作，直到1990年退休。曾任青岛接待单位烹饪技术考试评委。退休后，又先后被双星度假村和石锋宾馆聘任为技术顾问达7年。被山东省烹饪协会授予“中国鲁菜特级大师”。

李海亭　1919年出生。1942年，到青岛大东亚饭店从厨，司职面案。制作的福山拉面和盘丝饼令人叫绝，面食糕点更是花色品种繁多，堪称青岛地区餐饮业的面案高手。1950年，到新新公寓工作。60年代，独自代表青岛饭店业到上海参加全国面点制作交流比赛，制作的8种面点以艳丽、清香、味美获奖。1983年，被评为国家特一级面点师，并任山东省烹饪比赛面案评委。1991年，任青岛市特一级厨师考评面案评委。还经常与尹品三合作，参加青岛市政府举办的一些高级别的餐饮接待活动，退休后，仍被留用至1995年。

烟台福山籍名厨

历史上福山在烟台（今芝罘区）从事厨师行业的人数量多、时间长、资历深。长期把持着众多饭馆的红案与白案，独占鳌头。有许多人成为烹饪名厨。

赵升明　西水夼村人，生于1919年。15岁时到烟台赵喜明开的蓬莱春饭店学习制作面点技艺，后到东宋洲村人开的“东顺馆”任白案师傅。40年代到上海国际饭店二楼丰泽楼饭庄执掌面案。1953年，回到烟台市政府招待所任厨。1959年，调到烟台地区交际处工作。他的面点制作技术精湛超群。制作的家常饼、盘丝饼、银丝卷、福山大面等，特受宾客的青睐。参加接待过许多国家领导人和外宾。邓小平、叶剑英曾与他握手留影。其高超的面点制作技术闻名遐迩，全国各地慕名求教的人不计其数。他是中国烹饪名师、中国鲁菜烹饪大师、国家级餐饮业考评评委、国家职能鉴别裁判员、山东烹协理事、烟台市烹协副秘书长等。多次被评为市级先进工作者、优秀共产党员，并被选为烟台市人大代表。1991年去世。

柳宗洲　西罗格庄村人，生于1932年。1948年，在八角口福生号学徒。1950年，到烟台饭馆学厨。1956年，调任烟台市饮食服务公司工作。1958年，任“复顺馆”经理。1962年，改任蓬莱春饭店经理。1966年，在该店设立烹饪实习基地，主持教学实习等工作。并举办短期培训班，至1968年，共举办10期左右，累计培训厨师300余人。1972年，调任烟台商校教务科副科长，负责教学和管理工作。1978—1985年，调任北海饭店副经理、市商业技工学校副校长。1986年和1987年，又先后调任市房地产管理局招待所所长、朝阳街烤鸭店经理。1988—1993 年，调任物资部烟台培训中心副主任。1993 年退休。

王传选　诸留杨村人。早年在青岛“顺兴楼”学厨。1956 年，回到烟台松竹林饭店主持菜墩。后调到大众食堂任厨。刀法熟练，能在薄绸布上切割肉丝，且条细均匀，不留丝毫刀痕。被人们称为“飞刀王”。多次参加市级烹饪表演，成为有名的高厨。

刘维轩　西埠庄村人，生于 1935 年。国家高级烹调技师、山东省烹饪协会理事、烟台烹饪协会常务理事、山东省和烟台市烹调技术职称考评委委员、山东省第一届鲁菜大赛和全国第一届青工技术大赛及烟台市烹饪大赛评委。他将川菜调味、一菜一格、百菜百味的精华融汇到鲁菜的烹调中，创制出油泼鱼、家常海参等菜肴，形成独特风格的川味鲁菜。制作的宫保鸡丁、红烧牛鞭、扒牛鞭、烩胡椒牛鞭、家常牛鞭等特色菜肴，令人叫绝。

初立健　西黄埠村人，生于 1945 年。中国烹饪大师、中国鲁菜烹饪特级大师、中国烹饪协会首届理事、餐饮业国家一级评委、山东省劳动厅高级烹调技师与烟台市劳动局烹调技师职称考评委员会评委。1988 年，被山东省政府命名为“山东十大名厨”。1997 年，在珠海市海湾大酒店举办为期一个多月的鲁菜展销活动。亚太地区经济合作组织博览会期间，在烟台碧海大厦、粤鲁酒店等开展展销活动。为喜迎香港回归，在济南化工宾馆、泰安市泰山饭店等地进行系列展销活动。2001 年 1 月，回乡参加福山烹饪协会，现场进行菜品烹制和刻花表演，受到烹饪界赞扬。是年，在首届中国鲁菜饮食文化节上被授予“中国鲁菜烹饪特级大师”。2002 年 12 月，受台湾省台中市全国大饭店的邀请，赴台参加“新派鲁菜”文化美食交流活动。台湾全国大饭店董事长、总经理和“全福楼”经理与主厨为他颁发荣誉证书及奖牌，并赠送：“初立健厨艺大师君，热心协助参与两岸厨艺交流美食节活动，对两岸厨艺、美食交流贡献良多，特颁此状，以兹感谢。厨艺精湛，惠我善举”的感谢状。

吕道宸　东留公村人，生于 1952 年。国家特二级烹调师、技师、中国鲁菜大师。先后拜烟台名厨邹本忠、栾新民、郭延祥和青岛名厨强庆安为师。1972 年，在烟台华侨旅行社任厨。1978 年，被外交部选派到中国驻肯尼亚大使馆任主厨。1979 年，在烟台华侨宾馆任厨师长。1988 年到香港考察，将西餐炊具“铁板”与中式烹调巧妙相结合，创制出铁板海鲜菜肴，港胞称赞他制作的铁板蛎黄、铁板海肠可与香港的铁板鱼肠媲美。1989 年，在山东省劳动厅特二级烹调师考试中，获总分第 2 名。1992 年，先后任烟台财会培训中心餐食科副科长、科长、中心主任助理等职。1993 年，被国家劳动人事部授予“中餐烹调技师”。他烹调的海鲜类三鲜大件、葱烧海参、虾籽海参、清汤燕菜、蟹黄鱼翅、扒鱼翅、火靠大虾、扒鱼腹、清蒸瓦垅加吉鱼、网油蟹钳、龙眼凤尾虾、韭菜炒海肠、扒原壳鲍鱼等菜肴入选《烹饪荟萃》。2000 年和 2001 年，分别任香港第一届和第二届“华夏美食杯”海鲜菜点大赛评委。先后指导、培养青年厨师 50 多名，均成为烹饪队伍中的名厨高手。第二届中华名小吃 3 块金牌获得者杨建伟、中国驻美大使馆特二级厨师王中章、第四届全国烹饪大赛金奖获得者巴敬波等均是他培养的名徒。他撰写的《强化管理工作提高餐饮服务质量》《餐饮业如何实施名牌战略》，均获一等奖。还被《华夏美食》杂志社聘为编委。

于镇龙　三十里堡村人，生于 1955 年。国家高级烹调师、烟台市烹饪协会副秘书长、烟台天天渔港副经理、烟台劳动技术服务学校烹饪专业兼职高级讲师。先后赴澳洲、日本、新加坡、泰国及国内诸多大饭店考察。1996 年，应邀带队到香港文华酒店举办“鲁菜美食月”活动，引起轰动。香港《大公报》《文汇报》《商务旅刊》及《中国烹饪》、中央电视台等媒体均进行报道，称为：中国大厨师掀起港人食鲁菜热潮。2001 年，在山东省首届中国鲁菜饮食文化节上，被中国烹饪协会授予“中国鲁菜大师”。2002 年，获高级技师职称。曾被中国烹饪协会授予国家二级评委资格，被中国商业联合会和中国烹饪协会授予“中国烹饪名师”称号。

高速建　西埠庄村人，生于 1960 年。山东鲁菜烹饪大师、国家特一级烹调师、高级技师、中国烹饪协会会员、山东省烹饪协会副秘书长、烟台市烹饪协会副秘书长。1982 年，毕业于烟台高级技校烹饪专业。1990 年，毕业于上海旅游专科学校饭店管理专业。1996 年，任烟台东山宾馆厨师长。2000 年，毕业于东北财政大学酒店管理学院。同年，先后任烟台晶晶海鲜城餐饮总监和济南店副总经理兼餐饮总监。2002 年，任德州大酒店餐饮总监。《山东商报》《齐鲁晚报》连续进行专题报道，介绍他研制开发海参系列菜的传奇经历，并开辟“海参王说菜”

专栏，介绍其创制的“高厨（迷宗）海参”系列菜肴。1996年，在第二届世界烹饪大赛中获金牌。1999年，在“’99创新鲁菜”表演中获创新奖。2001年，在山东省劳动和社会保障厅举办的烹饪技能大赛中，技压群芳，荣获头名状元，并被授予“山东烹饪大师”。2002年，撰写的《“迷宗海参”与鲁菜的品牌创造》论文，在首届中国（烟台）五彩缤纷国际美食节上获一等奖，并获中华美食奖。此外，还参加编写《烟台烹饪荟萃》《中国北方风味菜》《中国大菜系—鲁菜》《淡水鱼制作120例》《新鲁菜》《胶东海参王》等多部专著。他的事迹被载入《中国当代高级科技人才系列词典》《中国大百科专家人物集》。

吕贻国　塔寺庄村人，生于1962年9月。中国烹饪协会会员、烟台烹饪协会常务理事、国家高级烹调技师、中国烹饪名师、中国鲁菜烹饪大师、国家餐饮二级评委。1980年，在烟台警备区招待所任厨。1988年，参加全军第一届烹饪技术大赛获第三名。同年，代表全军参加第二届烹饪大赛获银牌1枚、铜牌2枚。2001年，在济南首届全国鲁菜餐饮文化节上，被授予“中国鲁菜大师”称号。2002年，取得国家二级评委资格。同年，被中国商业联合会和中国烹饪协会授予“中国烹饪名师”称号。

王忠勤　大屋村人，生于1963年。国家特一级烹调师、山东烹饪协会理事。

于家涛　生于1954年。特一级烹调师、烟台市鲁菜大师权守本的关门弟子。

此外，刘敏辉、柳忠春、夏云良、唐嘉医、刘照辉、梁兴涛等，均为烟台福山籍名厨、国家特一级烹调师、技师。在烟台还有许多有名气的老一代福山籍厨师和堂头。如早年烟台最大饭馆“复顺馆”红案师傅吴秉政（曲家沟村人）、柳耀东（高疃人），“兴顺馆”面案师傅李玉成（前沙坝子村人）、邢兆先（东宋州村人），“同顺馆”面案师傅崔克俭（孙家疃村人）、服务员孙来云（西宋州村人），“全宾楼”柳耀柱（高疃北村人），“人和馆”厨师王传金（诸留王村人）以及“蓬莱春”的厅堂服务员潘士贵（渡口村人）等。

福山名厨

张吉顺　城里村人，生于1948年。国家高级烹调师（略，详见“非遗传承人”）。

王良　东张家村人，生于1965年。国家特一级烹调技师（略，详见“非遗传承人”）。

吕贻建　塔寺庄村人，生于1964年。国家特一级烹调技师、福山烹饪协会副会长。先后到烟台芝罘宾馆、福山华侨宾馆学厨，拜郭永进、程卫华为师，后又受初立健、杨永光、刘维轩、郭延祥等鲁菜大师的传授。23岁晋升为一级厨师。1984年，到上海国际饭店深造，专门学习冷菜制作与雕刻艺术。1986年，任烟台西苑宾馆总经理。2002年7月，西苑宾馆扩建并更名为烟台百舸苑大酒店，任总经理。他将鲁菜的烹调技术进行整理和总结，与中国烹饪大师程卫华共同编写《鲁菜精选》。还参加《中国鲁菜》编写工作。筹建起山东第一家“鲁菜博物馆”，弘扬“鲁菜之乡”烹饪文化，对鲁菜的传承与发展做出重要贡献。

张振春　曲家沟村人，生于1964年。国家特一级烹调师、福山烹饪协会副会长兼福山鲁菜研究发展中心副主任。1982年，在烟台第五鞋厂厨房学厨。1984年，到福山华侨宾馆任厨师。1989年，在福山文化酒店任厨师长。1991年，开办个体春源酒家，任经理；90年代末，更名为丽苑大酒店。多次协助区烹饪协会接待新闻媒体专访和专题片的拍摄。1992年，在山东省劳动厅举办的全省烹饪技术比赛中，烹制的福山传统菜肴油爆海螺获奖。2002年，被中国餐饮研究院《华夏美食》评为全国餐饮管理“华夏之星”并获奖。

福山名厨还有于祖国、栾和欣、梁防修等，皆为国家特二级烹调师。

海外福山籍名厨

姜鸿禄　邹格庄村人，1922年生。1935年到上海，先在“大雅楼”跑堂，后在“会宾楼”当厨师。1948年去台湾“会宾楼”任主厨。1950年，到香港“乐富楼”任职。1962年，迁居英国伦敦，继任厨师、厨师长等。1987年退休。其拿手菜有：浮油鸡片、红烧海参等。

林锦浩　肖家夼村人，生于1933年。1951年去香港，在“燕翅楼”当厨师。后又到“东兴楼”任厨师长。1962年，合伙创办香港“泰华楼”，任厨师长。1964年10月，任日本大阪“大成阁”厨师长。2001年退休。他在海外漂泊50余年，主要从事鲁菜的烹调和研究，创造出许多鲁菜新品，如糟溜鱼片改用绍兴花雕酒代替香糟卤水，别有风味。在传统鲁菜基础上，还加上川、粤菜的技法，研究出多种即有鲁菜风味，又有川、粤特点的新菜品。还创出“一鱼三吃”菜品，既有传统的鲁菜技艺，又有日本料理的做法，成为拿手好菜。

他曾为中国乒乓球代表团、芭蕾舞代表团访日全体成员亲自掌勺做菜，深受祖国亲人的赞赏。

郭永进　门楼村人，生于1951年。国家特一级烹调师、烟台烹饪协会理事。1976年，毕业于烟台商校烹饪专业，分配到济南南郊宾馆任厨师。1982年，调任福山县政府招待所厨师班长。1984年，调任福山华侨宾馆副经理，主管餐饮业务。1993年，任福山泰华酒楼经理。1996年，到美国维治尼亚州中国饭店任大厨，后又在燕京饭店任主厨。在商校学习期间，得到王传选和车克奎、权守本的亲传，后在济南又受到鲁菜大师赵树林的指导，并成为得意门生。他以挖掘和继承“鲁菜之乡”的烹饪事业为己任，大胆进行改革创新，代表菜有㸆大虾、葱烧海参、油爆肚仁、芙蓉干贝等。制作的油爆肚仁清脆鲜嫩，色泽口味恰到好处。

柳耀华　邹格庄村人，生于1960年。其祖父柳钟梅是上海名店“大雅楼”与“大雅厅”的掌柜。1982年，到香港福山同乡王国梁开办的“松竹楼”学厨，出徒后任王国梁开办的另一酒店“新洪昌兴”当灶厨师。1988年，到青岛崂山石老人宾馆展示技艺。1989年底，从香港到日本京都市，在福山人王安杰开办的“桃园亭”任厨师长，时间长达9年。1999年，回到香港，在“新洪昌兴”帮厨半年后，于2000年初到中国银行设在香港的中国银行会所任总厨。曾为中国外交部和中国银行领导、香港特区和商界名人董建华、霍英东、李嘉诚等烹制菜肴，均受到赞许。他不仅是国际大厨，还充满爱心。2002年，他得知开饭店的香港市民黎少开夫妇因买楼欠债、妻子想跳楼自杀时，便将咕噜肉、回锅肉、红烧茄子绝招菜的技艺毫不保留地传授给他们。3道“救命菜”使夫妇俩的生意红火起来，逐步走出困境。

第四节　名堂

刘恩海　西埠庄村人，生于1923年出。高级宴会设计师。16岁随在北平惠丰堂饭庄任大厨的叔父刘荣时学徒。掌柜看他是个好苗子，便将其调到柜上学习会计。中华人民共和国成立后，先后当选为京城某区工会主席、市人大代表和市政协委员。1952年，调到和平宾馆，参加接待中华人民共和国成立后的第一个国际会议—亚洲太平洋会议。之后，负责安排300多人的苏联红旗歌舞团和波兰玛夫左舍歌舞团访华接待会的膳食工作。1954年，第一届全国人代会在京召开，他调集广东、四川、淮扬、山东、湖南、湖北、东北等各地的名厨进京，圆满完成任务。后又被调到国务院事务管理局饭店负责管理工作。1958年调入北京饭店，曾负责全国书记会议和检察院检察长、法院院长、公安局局长“三长会议”的伙食安排。是年，又一手安排周总理在中南海怀仁堂宴请阿沛·阿旺晋美的宴会。还经常安排宋庆龄、叶剑英等国家领导人用餐。1959年国庆10周年期间，历时半年，参与策划筹备人民大会堂和钓鱼台国宾馆的接待宴会，最小的国宴有5000人，最大的一次招待会有1.23万人参加。

他设计各种宴会伙食非常注意就餐者的口味。在亚非拉乒乓球锦标赛期间，不但让运动员们吃饱吃好，而且还吃出中国菜的特色风味。70年代，法国代表团在北京展览馆办展，就餐于他所在的饭店。他改革烹调手法，让外国人吃上从不敢吃的海参和鱼翅，得到法国人赞赏。1971年调到北京“全聚德”工作，与烹饪大师们密切合作，大胆创新，使全聚德的菜肴从几十种发展到200多种。创造出的鸭翼煨熊掌、甲翼煨冬瓜、芙蓉梅花鸭等菜独具一格。经过6次试验烹制成功的“火燎鸭心”，堪称色味双绝的美肴。还把全聚德的数百种菜逐一整理，编撰成《北京全聚德名菜谱》。由他主编的《北京全聚德烤鸭技术与名菜点》，被作为厨师技术教材。80年代，以全聚德派出的烹饪专家身份到美国纽约任北京饭店总经理。他运筹帷幄、经营有术，根据纽约人的口味特点，在翻新花样方面大做文章。以号称“三绝”的八仙发丝面、美味莼菜汤和全聚德烤鸭等地道中国菜，令食客们争相品味而倾倒，使将临破产的饭店重获新生，一时成为美国饮食界的美谈。

刘恩海在烹饪行业辛勤工作60余年，经他亲手指导过的徒弟绝大多数成为特级厨师、各大饭店的骨干。1986年10月1日，在人民大会堂光荣地出席了首都服务保健环卫园林系统职工代表大会。1990年，被北京市宣武区饮食业同业工会授予“管理先进工作者”。1995年，获首届“元达杯”全国名厨大赛“组织工作奖”。

王礼鑫　城里村人，生于1926年。高级服务技师、高级宴会设计师。1941年到北京，在福山西关村人安宝熙开的“安福楼”干堂倌。1952年，在仿膳饭庄当服务员。1986年退休。他从事餐厅服务接待工作多年，对不同客人的饮食习惯、忌讳和爱好颇有研究。经他配列的菜单，既突出了“仿膳”的特点，又适合客人的口味需要。对常来的熟客，注意调整筵席的花样，使其流连忘返。经他带出的服务员，有的成为饭庄的领导。仿膳饭庄经常接待国家领导人和外国国家元首级人物。经他接待服务过的外国政要有美国总统乔治·布什、尼克松及国务卿基辛格、英国首相希斯、日本首相田中角荣和大平正芳、柬埔寨首相西哈努克等；国家领导人有周恩来、朱德、邓小平、叶剑英、杨尚昆、万里等，还有北京市副市长吴晗、世界著名物理学家李政道等。自1977年，连续多年被北京市园林局和北京市饮食服务总公司评为优秀党员、先进工作者和先进职工。

孙裕彤　邱家庄村人，生于1931年。高级服务技师、高级宴会设计师。1942年，在北京鲁菜馆“致美楼”学徒。1945年，到“同春楼”做前堂服务员。1954年，在西苑大旅社工作。1965年，到丰泽园饭庄任餐厅服务组长。1991年，在河北省易县望龙度假山庄任餐厅经理。1992年，于丰泽园饭庄退休。他从事餐厅服务工作60年整，常年坚持苦练基本功，有一手“抓”的特长，即一抓就成型，可谓餐桌服务之一绝。多次被借调到北京饭店和人民大会堂帮助餐厅、宴会做服务工作。在西苑大旅社、丰泽园饭庄、北京饭店、人民大会堂工作期间，曾为许多国家领导人、外国元首与贵宾等服务。曾任北京市服务局考评委员会评委。还将60余年积累的服务技能与经验写出几万字的讲义，制作录像带，贡献给社会。

张传源　古现人。大连名堂。早年在上海大华饭店学徒，后被安排学餐厅服务（堂倌）。因能说会道、头脑灵活，先后在上海、北京等地饭店做堂倌。50年代初，先后在大连食堂、惠宾京菜馆、大连海味馆、“群英楼”等单位工作。具有丰富的餐厅服务经验，接待过许多社会名人、学者等。80年代初，在大连厨师进修班任服务专业教师，与福山籍服务技师孙中俊共同编写大连餐饮业服务技术讲义，设计了多种餐桌台面、接待礼仪、规定服务程序等，为大连餐饮业培养出10多名高级服务技师及众多餐厅服务人员。

孙中俊　古现人。大连名堂。早年在上海、北京、天津等地饭店当堂倌。50年代初，在大连商场一楼餐厅工作。后到惠宾京菜馆、群英楼等单位工作。80年代初，被调到厨师进修班做服务专业教师。结合自己的多年服务经验，编写出大连餐饮服务教材。并根据各地客人的饮食口味和海鲜菜肴的特点，教学员制作各种调料和佐料。同时，深入到基层饭店，考察餐饮服务中存在的问题，有针对性地编写教材、培训学员、指导教学。为大连餐饮行业培养出众多服务技师，其中有10多名获得高级职称。

第二十二编　财政

中华人民共和国成立前，福山财源狭窄，财政收入极低。中华人民共和国成立后，随着国民经济发展，财政收支规模不断扩大。改革开放后，福山经济快速发展，财政收入和支出不断增加。收入结构由初期主要取之于农业、逐步转变为主要取之于工商业。

1978 年，烟台地区对福山财政实行“增收分成，收支挂钩”的管理办法。1980 年，改为“划分收支，收支包干”。1982 年，又改为“总额分成”。1983 年，实行利改税。1984 年，实行第二步利改税。1986 年 10 月，各单位预算外资金，由财政局集中代管。1987 年，区住房制度改革方案出台，全区 223 个房改单位全部由空转转入实转。1988 年，将财政包干体制改为“定额上交，加比例递增”。从 5 月起，在全区企业实行工资总额与经营效益浮动挂钩，当年全区企业职工工资即增长 18%。1989 年，在全区 30 个推行风险抵押的区属国营企业（占 60%），成为全省首家功效挂钩成功县（市、区），当年减财政退库 20 万元。

1992 年，改革煤炭暗补为明补，减轻区财政负担。1994 年，实行分税制财政体制，对原规定包干上交的递增比例改按新比例执行。1996 年，开始对区属国有（营）企业实行国有股权转让。

2000 年，进行集中支付制度改革：按照公共财政的基本要求，在继续推行综合预算的基础上，细化预算编制，将预算工作更加科学化、合理化；分步实施财政委托银行代发工资，全区 59 个行政事业单位和离退休人员均由财政统一发放工资；取消社控，实行政府采购，财政直接支付，既能保证全程服务，又形成多重制约。本年度政府采购 32 个品种，比市场价格节约经费 212 万元。2001 年，政府采购金额 1100 万元，节约财政资金 195 万元。

财政体制改革，增强了福山区财政工作的活力，保证了各项事业的高速发展。

第一章 机构沿革

福山财政机构包括财政局、国有资产管理局和镇(街)财税所。事业单位包括会计师事务所、国债服务部、财政监督处、投资公司、预算外资金管理处、国有资产经营公司、财政驻厂员管理所、住房资金管理处、会计干部管理培训中心、政府采购管理办公室、农业税收管理局、住房资金管理处。

第一节 管理机构

烟台市福山区财政局 清代，县内财政由知县掌管，具体事务由县衙户房办理。1913 年，县公署设财政科。1928 年，县政府设财政局。1932 年，地方财政征解由第二科掌管，地方财政收入由第三科掌管。抗日战争时期，国民党福山县政府第二科掌管财政。1941 年，抗日民主政府设财政科掌管地方财政。1944 年，改称财粮科。1948 年，复称财政科。

中华人民共和国成立后，1956 年 8 月，财政科改称县财政局。1958 年 3 月，财政局与税务局合并，称财税局。1971 年，财税局与人民银行合并，成立财政金融局。1973 年，人民银行分出，恢复财税局。1982 年 10 月，分设财政局和税务局。1983 年 11 月，福山县财政局改称烟台市福山区财政局。1984 年 10 月，内设预算股、企业财务股、农业财务股、财政驻厂员办公室。1985 年，调整为行政股、农财农税股、预算股。1986 年，增设办公室和预算外资金管理股。1987 年，增设公房租金管理股。1990 年 8 月，增设财政资金科。1991 年 6 月，税收财务物价大检查办公室改为常设机构，为副科级行政部门。1995 年 7 月，增设海上特产税征收处。1996 年 1 月，公房租金管理所更名为福山区住房资金管理处。1997 年 4 月，增设社会保障科，行财科更名为文教行政科，对外挂福山区控制社会集团购买力办公室的牌子。1999 年，税收财务物价大检查办公室更名为福山区财政监督处。2002 年 7 月，撤销农税科。各镇（街）财政所更名为财税所。

烟台市福山区国有资产管理局　1991 年 6 月，设福山区国有资产管理局，为副科级行政部门，隶属区财政局。2000 年撤销，职能并入福山区国有资产经营公司。

镇（街）财税所　1978 年，全县 10 处公社分设财税组，负责公社财务工作。1986 年 5 月，改称乡镇财政所。同年 6 月，区政府批准区财政局《关于建立乡镇财政的报告》，把乡镇财政所列入乡镇政府编制，乡镇财政成为国家财政的组成部分。并确定乡镇财政所定编 4～5 人。2002 年 7 月，改称镇（街）财税所。

第二节　事业单位

烟台市会计师事务所福山分所　1988 年 7 月设立。1990 年，为副科级自收自支事业单位，隶属区财政局。1991 年 1 月，财政局设会计管理科，与会计师事务所合署办公。1992 年，内设综合科。1995 年 3 月，增设资金评估部、涉外部、国内查账部、基建审查部、办公室。1999 年底，会计师事务所与财政局脱钩，改称烟台国正有限责任会计师事务所。

烟台市福山区国债服务部　1991 年 5 月设立，为股级事业单位，隶属区财政局。经费是自收自支。

烟台市福山区财政监督处　1985 年，设税收、财务、物价大检查办公室，为非常设机构。1991 年，改为常设机构，为副科级事业单位，隶属区财政局。

烟台市福山区投资公司　1992 年 6 月成立，为股级全额事业单位，企业化管理，经费自收自支，隶属区财政局。内设财务科，计划信贷科。1994 年 10 月，升格为正科级。1997 年 7 月撤销，与烟台投资公司福山代办处合署办公，业务直属烟台投资公司。

烟台市福山区预算外资金管理处　1986 年 9 月，区财政局设立预算外资金管理股。1990 年，撤股设财政资金管理科，兼管预算外资金收入事项。1992 年，更名为综合计划科。1995 年 7 月，撤科设预算外资金管理局，为正科级事业单位。经费自理，隶属区财政局。同年 10 月，内设财务科、征管科、票据科、稽查科。2001 年，更名为烟台市福山区预算外资金管理处，降格为副科级事业单位，隶属关系和职能不变。

烟台市福山区国有资产经营公司　1991 年，设区国有资产管理局，为正科事业单位，隶属区财政局。1994 年，改称区国有资产经营公司，级别、性质、职责等均不变。1995 年 10 月，内设办公室、资产经营部和评估中心。

烟台市福山区财政驻厂员管理所　1984 年 4 月，财政局内设财政驻厂员办公室。1986 年 10 月，改称财政驻厂员管理所，为股级事业单位，经费自负。

烟台市福山区会计干部管理培训中心　1995 年 3 月成立，为股级事业单位，经费自理，编制 4 人，隶属区财政局。

烟台市福山区住房资金管理处　1987 年，区财政局设立公房租金管理所，主要负责公房租金的收缴与管理。1995 年，改称住房资金管理处，为股级事业单位，隶属区财政局。2002 年，升格为副科级事业单位，内设综合科和业务科。

烟台市福山区农业税收管理局　1984 年，区财政局设农业财务股。1985 年，改称农财农税股。1988 年 7 月，设农业税征收股，与农业财务股合署办公。同年 10 月，改称农财农税科。2002 年 7 月，撤科设农业税收管理局，升格为正科级事业单位，内设会计科、征管科、票据科、稽查科，隶属区财政局。

烟台市福山区政府采购管理办公室　1999 年 4 月，区政府采购中心成立，为股级全额事业单位。主要组织实施集中采购，对政府采购进行监督管理等，集采购和管理为一体。2002 年，《中华人民共和国政府采购法》出台后，区政府采购中心更名为区政府采购管理办公室，升格为副科级全额事业单位。只负责政府采购的监督管理工作，不再参与政府采购项目的采购活动。

第二章　财政预决算

财政预决算，主要表示着全县（区）每个年度内财政收入支出的项目、金额及收支平衡的状况。1986年，由区财政局集中代管、使用各单位预算外资金。2000年，进行集中支付制度改革，继续推行综合预算，细化预算编制，使预算工作更加科学化、合理化。

第一节　财政预算

1913年，县财政科开始实行财政预算制度，经费开支依赖田赋留成、附捐及其他杂捐。抗日战争和解放战争时期，根据地内的脱产人员实行供给制，人民政府实行统收统支制度。

中华人民共和国成立后，逐步建立起行政事业单位预决算制度。1953年，中央决定实行中央、省、县三级财政管理体制，福山县财政正式办理预决算，财政收支开始纳入计划管理。预算编制内容包括预算收入和支出；上年度结余用于本年度安排的支出；上级返还或补助的收入；返还或补助下级的支出；上解上级的支出；下级上解的收入。其中前两项为经常性项目，其余是临时性项目。预算编制按照量入为出、收支平衡的原则，不列赤字。在收支平衡、略有节余前提下，不同时期预算编制原则略有不同。

1991年，执行国务院《政府预算管理暂行条例》。1994年起，执行《中华人民共和国预算法》规定。

财政部门于每年初，依照国家有关财政规定和法规，遵照上级财政部门的要求和区政府的计划安排，按照预算编制的内容，对当年的预算收入和预算支出的项目、上年度结余用于本年度支出的安排、上级返还或给予补助的收入、返还或补助下级的支出、上缴给上级的支出、下级上缴的收入等进行预算。按照以上规定和内容，将全区各部门和直属单位预算进行汇总，编制全区总的财政预算草案，并附以文字说明，经区政府审查、修改后，报送区人民代表大会常务委员会审查通过，再由财政局长代表区人民政府向区人民代表大会（以下简称人代会）全体与会代表做《关于本年度政府财政预算（草案）的报告》，经过全体代表的审议、讨论，提出修改意见，做出批准决定后，再以政府当年财政预算下发各部门和单位执行。

财政预算付诸实施后，区财政局于每个季度初，向单位下达收入计划，同时上报前一季度的支出情况，每季度做出收支计划执行情况汇总。做到收支平衡，确保各项事业健康发展。

第二节　财政预算调整

区级财政预算经县（区）人代会批准后，在执行过程中，常遇特殊情况，造成收入和支出出现计划外的增加或减少，使原预算计划的收支出现不平衡。对此，区财政局于每年年中，根据各部门和单位财政预算的执行情况进行汇总，分析、判断预算执行方向，预计下半年可能发生的变化，编制切实可行的预算调整方案。调整后呈县（区）政府审定，再报送县（区）人大常委会审查，批准后，由县（区）财政局将调整的财政预算方案发往全县（区）各部门和单位执行，并由县（区）政府将调整方案报上级政府备案。

第三节　财政决算

财政决算由总表、明细表、附表和文字说明4个部分组成。县（区）级财政决算，每年进行一次，由县（区）财政局负责编报。

财政决算的编制，是按年度财政预算的科目，自下而上，逐级编报，最后由区财政局汇总而成。按照国家财政法规和上级规定，决算中各项内容完整、数字准确、报送及时，并且不允许有估计数、虚假数，当年未发生的收支不能编入决算，不允许出现提前预付的现象。每年年底，县（区）财政局根据各部门和单位的决算上报表，核编全县（区）的财政年度决算。决算首先由区（县）政府审核，再报县（区）人大常委会审查，最后，由县（区）财政局长代表政府向全县（区）人代会作预决算报告，经过讨论、审议通过，并报上级财政部门。

1978—2002年福山区财政预决算收支总表

表22-1　　　　单位：万元

年份	预算		决算							
	收入	支出	总收入	财政收入	补助收入	总支出	财政支出	上解支出	结转下年支出	结余
1978	1128	668	1175	1128	47	1143	611	532	—	32
1979	810	773	810	810	—	778	613	165	—	32
1980	531	799	837	531	306	932	793	140	-1	-95
1981	1051	584	1314	1051	263	1311	564	637	110	3
1982	1167	936	1635	1167	468	1602	897	660	45	33
1983	1480	1041	1850	1480	370	1848	1008	841	-1	2
1984	1382	1263	1885	1382	503	1995	1206	-43	832	-110
1985	2163	1585	2871	2163	708	2624	1485	1139	—	247
1986	2311	2233	3116	2311	805	3225	2110	1192	-77	-109
1987	2359	2292	3035	2359	676	3211	2233	975	3	-176
1988	3327	3163	4121	3327	794	4058	3054	-56	1060	63
1989	3905	3733	4768	3905	863	4766	3642	-131	1255	2
1990	4667	4193	5487	4667	820	5480	4031	1431	18	7
1991	4906	4685	5940	4906	1034	5922	4349	1670	-97	18
1992	5541	5257	6923	5541	1382	6915	4811	1818	286	8
1993	6910	6298	7951	6910	1041	7943	5962	2024	-43	8
1994	4687	7117	8774	4687	4087	8716	6709	1958	49	58
1995	5766	8290	9868	5766	4102	9862	7677	2210	-25	6
1996	7269	9789	11544	7269	4276	11537	9386	2361	-210	8
1997	9167	11180	13579	9167	4412	13571	10889	2360	322	8
1998	10635	15204	17041	10635	6406	17031	13436	2582	1013	10
1999	11912	17158	18598	11912	6686	18588	14778	3198	612	10
2000	13879	19718	20707	13879	6828	20697	16683	3359	655	10
2001	17000	23509	24151	17000	7151	24146	22299	3672	-1825	5
2002	15801	25668	28303	15801	12503	28234	22995	3825	1414	69

说明：1. 财政收入按当年一般预算收入口径填列，结余为当年净结余

2. 2002年，古现和八角镇划归烟台开发区，财政收支有变

第三章　财政收入与支出

明、清时期，福山财政收入主要来源于田赋和丁银。民国初年，各种课税收入为县主要财源。抗日战争时期，日伪政府以征收田赋和苛捐杂税为主要财政收入；抗日根据地内，县抗日民主政府以征收田赋为主要经济来源，不足部分由上级拨给。

中华人民共和国成立后，福山县财政收入主要来源于国营企业上缴的利润和各项税收。1984年以后，增加行政性收费收入、罚没款收入、土地与海域有偿使用收入和专项收入及其他收入。

财政支出，中华人民共和国成立前，主要用于官员薪俸、官府杂费等。中华人民共和国成立后，县财政支出本着“量入为出，统筹兼顾，全面安排”以及“勤俭

建国，厉行节约”的原则，根据不同历史时期经济发展情况，有计划、有重点地安排使用支出资金。财政支出取之于民用之于民。财政收入逐年提高，各项事业的投入也随之增长。

第一节　财政收入

清顺治十一年（1654 年），全县财政共征田赋和丁银 1.4 万两。清康熙十二年（1673 年）为 1.67 万两。清乾隆二十五年（1760 年）为 1.55 万两。

1930 年，全县财政收入，年入经常门田赋附捐、杂捐、公款、公产共 65709 银元；年入临时门共 7720 银元；两项合计 73429 银元。1935 年，年入经常门共 82250 银元；年入临时门共 5213 银元；两项合计 87463 银元。预算之外，还有民团捐、枪支捐等。

抗日战争时期，日伪政府财政收入 1941 年为 21.76 万元（伪币），1943 年为 110.93 万元（伪币）；抗日根据地内，县抗日民主政府以征收田赋为主要经济来源，不足部分由上级拨给。1941 年，上级补助 1.8 万元（北海币）。1942 年，补助 1.9 万元（北海币）。

中华人民共和国成立后，县（区）财政收入逐年增加。1953—1957 年，全县财政总收入为 321.44 万元（人民币，下同），年均 64.29 万元。1963—1965 年，财政总收入为 848.04 万元，年均 282.68 万元。1966—1970 年，财政总收入为 1620.79 万元，年均 324.16 万元。1971—1975 年，财政总收入为 3541.85 万元，年均 708.37 万元。1976—1980 年，财政总收入为 4841.97 万元，年均 968.39 万元。

改革开放后，县（区）财政收入大幅度提高。1985 年，一批新开办的工商业投产运营，原有的工商业生产和经营加快发展，特别是乡镇企业迅猛发展，纳税户迅速增加，1986—1990 年，全区财政总收入为 20527 万元，年均 4105.4 万元。1991—1995 年，全区财政总收入为 39456 万元，年平均为 7891.2 万元。1996—2001 年，福山高新区的企业逐渐形成规模，个体工商业全面发展，房地产业异军突起，全区财政总收入达到 105021 万元，年均 17503.5 万元。2002 年，全区财政总收入达到 28303 万元。

福山县（区）的财政收入，主要有各项税收，包括营业税、企业所得税、个人所得税、各种资源税、增值税、投资方向调节税、城市维护建设税、农业税、牧业税、耕地占用税、农业特产税、契税、地方税附加等；县（区）属国营企业利润及国营企业计划内亏损补贴；行政性收费及各种罚没款；土地和海域有偿使用收入；专项收入；其他收入；基金预算收入，包括工业、交通、文教、农业部门基金和政府住房基金。在以上各项财政收入中，各种税收占 90% 以上，其余项目收入只占不足 10%。

第二节　财政支出

清代，福山财政开支主要用于官员薪俸、胥吏皂隶的工食费、官马饲料费、官府轿夫工食银、祭祀费、修缮费及迎送上司的伞扇费等。清顺治十一年（1654 年），全县财政支出银 5564.2 两。清康熙三年（1664 年）支出银 1764.6 两。清乾隆二十一年（1756 年）支出银 1772.8 两。清光绪三年（1877 年）支出银 1616.1 两。

民国初年，财政开支主要用于治安、行政、教育、建设、自治、民众团体等费用。1930 年，年出经常门公安费、民团经费、教育经费、建设经费、自治经费共 58810 银元；年出临时门建设费、预备费共 11063 银元；两项合计 69873 银元。1935 年，年出经常门经费共 75504 银元；年出临时门经费 11251 银元；两项合计 86755 银元。

抗日战争时期，日伪政府和国民党政府主要用于军警和机关人员的薪俸开支。1943 年，日伪政府支出 110.92 万元（伪币）。其中，警备队经费 35.42 万元，警察所经费 12.61 万元，分别占总支出的 31.93% 和 11.37%。抗日根据地，军政人员生活费用实行供给制，支出以实物为主。1944 年，共支出粮食 51 万公斤、马草 36.93 万公斤，折现金 86.84 万元（北海币）。

中华人民共和国成立后，福山的财政支出，坚持“量入为出，量财办事”“保证重点，兼顾全局”和“收支平衡”的原则，贯彻“一要吃饭，二要建设”的方针，牢固树立“艰苦奋斗，过紧日子”的思想，在财政收入逐年增加的基础上，科学合理地安排全县（区）各项建设事业资金及各项经费的支出。主要用于支持工商企业生产、经营、发展；支持农、林、果和水利等事业的发展；有计划地进行城市和城镇基础设施建设；用于抚恤、社会救济、社会保障、价格补贴等民生补助；用于文教卫生、科技、行政、公检法、交通、其他事业发展及国家工作人员工资等方面支出。保证了各项事业逐年发展，并且保持财政收支基本平衡。

1953—1957年，县财政共支出565.79万元，年均支出113.16万元。1963—1965年，支出674.19万元，年均224.73万元。1966—1970年，支出1179.49万元，年均235.9万元。1971—1975年，支出2044.1万元，年均408.82万元。1976—1977年，支出888.09万元，年均444.05万元。

1978—2002年，全县（区）财政总支出为206135万元，年均支出8245.4万元。支出项目主要有：新产品试制费和中间试验费及重大科研项目补助费“科技三费”、城市维护建设费、支援农业及农林水事业费、工交流通等部门投入、文教卫生事业费（1990年以后增加教育附加费）、其他部门事业费、抚恤金和社会保障费、行政管理费、公检法部门支出、其他费等。从1985年开始，增加排污费。从1986年开始，增加政策性补贴支出。从1987年开始，对水资源进行保护性建设，增加水资源费。

1978—2002年福山区各项支出情况表

表22-2　　单位：万元

年份	科技“三费”	城市维护费	农林水支农费	工交流通等部门	文教卫生	其他部门事业费	抚恤和社会保障	行政管理费	公检法	政策性补贴	排污费	水资源费	其他
1978	49	—	90	25	222	—	54	87	—	—	—	—	83.5
1979	7	—	102.7	62.6	214.7	—	65.2	116.5	—	—	—	—	44.5
1980	2.8	—	119.4	32.7	281.5	—	84.2	162.1	—	—	—	—	109.5
1981	5.5	—	62.7	4.9	284.1	—	65.8	114.4	—	—	—	—	26.2
1982	6.7	10	170.2	32.3	358.9	16.2	89	185.6	13	—	—	—	14.8
1983	9.2	5.1	97.2	2.6	488.6	34.2	92.6	243.4	20.8	—	—	—	15.2
1984	43.1	44	125	5.6	500.7	52	101.2	276.1	44.9	—	—	—	12.9
1985	3.4	208.8	93.5	4.1	616.9	47.4	163.2	247.9	—	—	15.5	—	64
1986	0	—	332.9	16.9	760.4	77.6	141.6	315.2	—	129.1	16	—	129
1987	23.6	103.9	184.7	10.2	733.7	85.5	158.7	345	—	351	—	54.7	182.4
1988	22.8	119.6	384.7	65.9	1018.1	104.9	181.1	312.1	148.7	455	39.4	125.2	76.9
1989	21.6	12.9	418.7	74.9	1322.7	256.5	231.1	356.9	190.4	342.8	63.2	82	138.9
1990	29.4	110.6	577	71.6	1419.6	364.5	265.4	439.7	254.9	230	61.9	50	193.3
1991	32.3	148	594.7	102.2	1524.7	438.4	311.6	418.5	264.2	222.7	63.5	46.5	156.2
1992	35.5	125	324	94.2	1875.1	272.6	291.5	658.9	321.9	395	54	32	163
1993	30	120	881	82	1904	621	322	846	314	204	71	60	507
1994	48	135	622	105	3052	620	371	920	484	494	72	52	412
1995	43	135	779	27	3014	753	333	1011	458	424	73	90	537
1996	47	200	664	39	3882	717	306	1244	906	338	78	85	88
1997	111	295	892	136	4118	790	496	1237	995	130	85	86	1737
1998	220	487	1144	149	5047	857	715	1417	1183	658	86	46	1427
1999	206	384	1377	165	4482	610	1690	1402	896	717	101	98	2650
2000	348	477	1599	129	5105	816	1922	1592	1084	604	120	84	2803
2001	130	2892	1982	185	6905	929	3314	2301	1212	614	130	76	1629
2002	176	2439	1511	170	6933	1106	4269	2852	1669	629	147	208	886

第四章　财政体制与财务管理

明、清时期，县级赋税收入按规定存留，供地方开支，余者全部上解。民国初期，全县征收的田赋及杂税全部上解省府，地方经费由省拨给。抗日战争时期，县抗日民主政府征收的赋税和没收敌伪的财物，根据情况上解或用于地方开支；国民党政府和日伪政府所征田赋及其他各种苛捐杂税，小部分上解，大部分留作地方军政开支。

中华人民共和国成立后，县政府执行国家统一的财政管理体制，财政收支的办法、项目、范围、标准由上级制定，收入全部上交，支出由上级拨给。1953 年，始有县级财政管理章程。

1976 年，烟台地区行政公署对福山确定的财政体制和规定，即“定收定支，收支挂钩，总额分成，一年一定”的体制。后改为“收入全留，定额上缴”和“定额上交，加比例递增”及“分税制”等财政体制。乡镇财政体制，随着人民公社“一平二调”体制的消失，纳入区的财政核算范围。行政事业单位的财务管理，则是各单位每年努力实现财政预算和调整预算的各项指标，尽力做到收支平衡。自 1978—2002 年，福山区各级政府均加强对财政工作的管理检查和监督，保证了社会和各项事业又好又快发展。

第一节　财政体制

县（区）级财政体制　1953 年起，实行从中央到乡镇全面预算管理体制，设县级财政，走上“划分收支，分级管理”轨道。1954 年，实行“按收入分类分成”办法，将财政收入划为固定收入、固定比例分成收入和调剂分成收入三类。支出分正常支出和专项拨款支出两类。1959 年，实行“收支下放，计划包干，地区调剂，总额分成，一年一变”的财政体制，各项财政收支按隶属关系列入各级预算。1965 年，福山分成比例为 50%，1967 年为 72%。1971 年，中央对地方实行“定收定支，收支包干，保证上交，结余留用，一年一变”的办法，福山当年的分成比例为 50%；1972 年和 1973 年，分别为 40% 和 20%。1976 年，财政体制改为“定收定支，收支挂钩，总额分成，一年一变”的办法，福山超收比例分成为 20%。1980 年，烟台行署改变统收统支吃大锅饭的管理体制，实行“划分收支，分级包干”的体制。把财政收入划分为固定收入，固定比例分成收入和调剂收入，对支出划分包干范围。根据核定的收支基数实行包干，一定 5 年不变。对超过包干基数的收入部分，实行按比例分成。1981—1985 年，福山的分成比例分别为 62.5%、43.4%、43.2%、43.2% 和 44.9%。

1987 年，财政体制改为“收入全留，定额上缴”的大包干体制。1988 年，改为“定额上缴，加比例递增”的体制。定额上缴基数的递增比例，均按市政府给予的指标执行。其中，增长 8% 以下，递增上缴比例为 8%；增长 8% ～ 15%，递增上缴 17%。此体制延续 6 年。

1994 年 1 月 1 日起，实行“分税制”的财政体制。确定上缴国家的税种，上缴上级的比例和留给区财政的部分。留区使用的财政收入包括：增值税的 25% 部分、营业税、城镇土地使用税、印花税（以上四项均不含中央、省、市级收入部分）；县级以下企业所得税、利润及亏损补贴、个人所得税、固定资产投资方向调节税、房产税、车船使用税、屠宰税、契税、遗产税和赠予税、土地增值税、农业税、农业特产税、国有土地使用权有偿出让收入的 95% 部分、耕地占用税的 80% 部分、资源税的 50% 部分、其他原属于区的各项收入。财政支出划分，仍按原规定执行。烟台市对县市区税收返还执行全国统一规定：按照 1993 年的实际收入以及税制改革和中央与地方收入划分情况，计算出中央从地方净上划的收入数额，作为烟台市对县市区的税收返还基数。1994 年以后，税收返还额在 1993 年基数上逐年递增，递增率按全国增值税和消费税平均增长率的 1∶0.3 系数确定。

1997 年，实行原体制与分税制并行的双轨制。原体制规定包干上缴的限额继续上缴，包干上缴的递增比例继续执行。

2002 年，在执行分税制的基础上，根据国家和省的规定，企业所得税与个人所得税和经营税，实行与中央和省共享，并且均以上个年度的数额为基础，确定定额返还基数，以后每年实行定额返还，返还率为 1：0.3。

管理体制的改革，充分保证了国家与地方建设的需要和国家与地方建设同步发展，激发了地方发展经济的活力，提高了中央宏观调控能力，也加快了地方经济的发展。

乡镇（公社、街道）财政体制　人民公社初期，实行的是“一平二调，吃大锅饭”，财政收入是从大队平调。

1978—1983 年 10 月，全县 10 处公社均列为县级财政预算单位，纳入县财政管理体系。公社会计负责公社财务管理，会计辅导负责生产大队（村）的会计核算。

1983 年 11 月，人民公社撤销，福山改设为 4 乡、6 镇，建立乡镇政府，同时建立起乡一级财政和相应的预算制度，纳入区级财政核算范围。1984 年，各乡镇全部设立财政所，财政收入与支出均按区政府规定执行。

1985 年，国家财政部下发关于《乡镇财政管理试行办法》，乡镇财政体制转入正轨轨道，并从本年开始在乡镇实行“定收定支，收支挂钩，总额分成，一年一定”的管理体制。乡镇财政收支由预算内资金、预算外资金和自筹资金三部分组成。其中，预算内资金收入包括乡镇企业所得税、屠宰税、城市维护建设税、集市交易税、牲畜交易税、车船使用牌照税、契税和其他收入；预算外收入包括农业税附加、农村教育费附加、行政事业单位管理的预算外收入、公用事业费附加；自筹资金收入，主要是乡镇政府按照国家规定所征收的自筹收入。乡镇的财政预算内支出，包括行政管理费、文教卫生和科学事业费、农林水事业费和其他事业支出；预算外资金支出，包括用预算外收入安排的各项支出；自筹资金支出，包括用自筹资金收入安排的各项支出。各项自筹资金的收入必须分别记账和结算。

1986 年 6 月，10 处乡镇财政所均建立起乡镇财政体系。实行“定收定支，收支挂钩，总额分成加增长分成”的管理体制。

1989 年，张格庄乡和八角乡实行“收入全留，增长分成”，其他乡镇仍实行“收支挂钩，总额分成加增长分档分成，一年一定”的财政体制。1991 年，乡镇财政全部改为“收支挂钩，总额分成加增长分档分成，一年一定”的体制。乡镇收入的项目为各项工商税收和农业税参与总额分成及增长分档分成。其中总额分成比例为 30%，增长超过 8% ～ 15% 以上的部分，分成比例增加到 15%。农林特产税和耕地占用税不参与分成。城建税归乡镇集中使用。预算外资金收入为农业税附加（与区财政平分）。农业特产税附加和渔业自筹资金归区财政。实施本体制，乡镇自行安排财政预算，年度中间发生的一切变化，均由乡镇自行解决。各项专款，均按区财政局下达的文件精神执行，年终据实列入乡镇财政决算。对上级批准减免的各项税收、农业税，均不列入乡镇增长分档分成的计算之内。

1994 年，乡镇实行“核实收支基数，超收分档分成，短收按比例扣减”的财政体制。1996 年，实行“划分收支，定额补助，收支挂钩，增长分成”的乡镇财政体制。1999—2002 年，实行“分税制，双轨制”的乡镇财政新体制，增了镇级财政的职能和责任。

第二节　行政事业财务管理

中华人民共和国成立后，县（区）逐步建立起行政事业单位预决算制度，统一开支标准，在政府标准的计划指标内实行核销。1959 年，根据单位不同性质，实行部分经费包干。1979 年，财政部颁发《关于文教科学卫生事业行政机关预算包干试行办法》。县政府对全县的行政事业单位一律实行“部分经费预算包干，超收留单位使用，超支自负”的财务管理办法。1980 年，行政事业单位实行“按人定额、经费包干”的管理办法。经费开支标准分为三个等级：一等每人每年 79 元，部门有县委办公室、政府办公室，1985 年调整为 135 元；二等每人每年 90 元，部门有公安局、检察院、法院，1985 年调整为 170 元；三等每人每年 75 元，部门有县委各部委、政府各科局，1985 年调整为 90 元。

1985 年始，实行财政预算“定额包干，结余留用，超支不补”的财务管理办法。对事业单位分为有收益和无收益两种类型管理：对一部分有收入的单位，实行企业化管理办法，财政不再拨给事业经费，执行国家对企业的有关规定，自负盈亏；对有部分经济收入、而暂不足支出的单位，实行差额预算管理，核定收入，定额补助，增收节支单位留用，减收超支不补，逐年减少事业费补贴，在规定年限内达到经济自立；对行政事业单位，由财政部门核拨经费，实行预算定额包干、结余留用、超支不补的办法。按照以上分类，事业单位分为财政全额拨款、差额拨款、自收自支三种类型。是年，全区企业化管理的事业单位有20个。

1986年起，对行政单位的经费，年初做预算时，按照编制人员和定额标准，一次核定到单位。对超编人员，财政一律不拨经费，由所在单位自行安排。

1988年，区政府批转财政局《关于推行事业单位实行企业化管理的实施意见》，鼓励实行企业化管理的事业单位，发展多种经营和有偿服务。对全区24个委（办、局）下属的55个有收入的事业单位，实行部分财政经费有偿使用和定额补贴的办法。对正常的事业经费，安排的有偿使用期为2年。根据企业经营的条件，把财政经费有偿使用的比例分为4个档次。一档为50%，有政府礼堂和多种经营办公室；二档为30%，有农业畜牧局、水利局、建委、文化局、土地管理局等系统下属的事业单位及机关幼儿园、法律顾问处、公证处；三档为20%，有林业局、水产公司、农机总站、科委、卫生局、广播电视局、体委、劳动局、工商局等系统的下属事业单位及钼矿筹建处；四档为10%，有乡镇企业局、民政局、教育局、计生委、经委的信息中心。同时，还对经营、管理、奖励等项作出具体规定。是年，全区事业单位完成收入95.7万元，上缴财政31万元，抵顶经费41.2万元。

1989年，根据财政部《关于事业单位财务管理的若干规定》，区政府结合全区事业改企业的实际情况，批准区财政局《关于推行事业单位实行企业化管理的补充意见》。将部分事业单位经费有偿使用的比例进行调整，其中，法律顾问处由30%调整为40%，科委、农机总站、水产公司由20%调整到30%，农业畜牧局由30%调低为10%。确定了奖金的发放范围和标准：奖金发放范围只限于有收入的事业改企业单位的人员，主管行政人员不参加奖金发放。奖金发放标准分情况区别对待：财政全额拨款事业单位，其中完成核减事业费10%的单位，全体职工每年可享受一个半月标准工资的奖金；完成核减事业费20%的单位，职工每年可享受2个月标准工资的奖金；完成核减事业费30%的单位，职工每年可享受3个月标准工资的奖金；再每多核减事业费的10%，加发半个月标准工资的奖金。财政差额拨款的事业单位，职工每年可享受一个半月标准工资的奖金，再每多核减定额补助的10%，加发半个月标准工资的奖金。自收自支的事业单位，在完成主管部门核定事业收入计划的基础上，职工每年可享受3个月标准工资的奖金，再每年多上缴财政10%，职工加发半个月标准工资的奖金。是年，区财政调剂周转金100万元，支持事改企的39个单位创收，上缴财政抵顶财政经费35万元。区财政局还制定《行政事业单位固定资产管理办法》《关于进一步完善行政事业单位经费预算包干的实施办法》，明确固定资产增减的审批权，使固定资产管理有章可循。各部门和单位还压缩经费5%，共计5.4万元，支援受旱灾严重的乡镇。同时，加强票据管理，全区统一使用行政收费收据，严格领用登记手续，违者严肃处理。

1990年，进行编制预算包干试点，进一步落实“按编制人员定额，安排财政经费支出，增人不增经费，减人不减经费”，保证了财政预算的执行。是年，区财政拨给事改企单位周转金167万元，所支持的29个项目，增收83万元，补助事业经费30.7万元。1991年初，区财政拨给事改企单位周转金205万元，增强了各单位自我发展的资金保障，效益成倍增长。全年完成收入630万元，用于抵顶事业单位财政经费291万元，上缴财政27万元。

1992年，根据国家财政部、省财政厅和市财政局关于行政事业单位财务管理办法的要求，福山区加强和规范全额财政预算、差额财政预算和自收自支三种类型事业单位的财务管理，支持65户事改企单位周转金345万元，实现利税98万元，到期的周转金全部收回。

第三节 农业财务管理

中华人民共和国成立后，县（区）财政预算每年对涉农事业费作重点安排，以支持农业的全面发展。1953年，县财政部门逐步建立健全农业财务管理制度，将农、林、水等项事业费（包括农业、畜牧、农机、林业、水利、水产、气象支农支出、小型农田水利和水土保持事业费。1980年，增加社队企业事业费；1985年，改称乡镇企业事业费。1981年，增加农委事业费。1985年以后，又增老果园改良改造或更换新品种、支持粮食自给工程、菜篮子工程等项事业费，简称农林水等项事业费），纳入财政预算管理，实行专款专用。农口部门每年初向财政部门呈报各项事业费和支农资金的项目及所需金额的计划，财政部门汇总后，列入年度财政预算，经区政府和区人大常委会审查批准后执行。

1982年开始，支农资金不单纯用在农田和水利建设上，把重点转向支援山区多种经营、引进新品种等方面。1984年后，部分支农资金由原来的无偿投资，逐步改为支农周转金，在规定的时间内周转使用，到期收回。1984年，区财政局设农业财务股，专职负责农林水等项事业费及支农资金的使用，并进行检查和监督。1985—2002年，区政府决定，把农林水等事业费的农业发展基金、支农资金、支农周转金、水产基金，重点用于老果园改造、新农产品开发、大棚蔬菜生产、大型农机购置、林业育苗、荒山绿化、水利工程及喷滴灌工程、水产养殖、乡镇村办企业、港湾建设等项目。

1978—1985年，全县（区）农林水等项事业费为860.7万元，年均支出107.59万元，占财政总收入的8.7%。1986—1990年，为1098万元，年均219.6万元，占6.6%。1991—1995年，增至3200.7万元，年均640.14万元，占11.5%。1996—2002年，达到9169.3万元，年均1309.9万元，占10.7%。

第四节　企业财务管理

县政府加强对所属工商、交通等企业的财务管理，把企业的国有资产流动资金、产品成本、利润分配等项列入企业预算管理。企业每年逐项列表向财政部门报告，经审批后执行。

1956年，县财政局与企业主管部门、银行相互配合，对县属国营企业实行利润监交和留成制度，20%留归企业发展生产，80%上交国库。1958年，县以上供销合作社由缴纳工商所得税改为上交利润，就地入库，纳入监交范围。1966年，国营企业留成制度停止执行，企业所得利润全额上交国库，亏损全额拨给。1970年，商业利润由财政监交，基层供销社由缴所得税改为上交利润。1973年，又改为上交所得税，利率为39%。

1978年，县政府决定，在企业恢复基金制度。国营工业企业按其完成计划指标情况，提取企业基金，主要用于职工福利方面的设施建设；从利润增长额中提取企业基金，主要用于提高生产力。县财政部门对企业的财务，主要是根据企业的计划及其各项指标完成的情况，进行有效管理。县政府根据国家规定，把企业的固定资产列入全县财政预算管理。把企业固定资产折旧基金的50%上缴国家财政，10%上缴县财政，40%留在企业，作为企业进行更新改造资金，每年提取。提取额和使用额，都要在企业会计决算中单独列出；较大项目要在开工前，将计划报县计划委员会、经济建设委员会和财政局批准，竣工后还要编制全部工程决算，详细列入项目支出总额和投产后的经济效果考核。

1979年，执行省政府制定的国营企业固定资产更新改造资金管理的具体规定，对县属企业所提取更新改造资金的20%～30%上交主管局，70%～80%留在企业，用于更新改造，不允许移用于基本建设和其他支出。对地方国营企业实行利润五五分成办法，上缴国家和留县财政各为50%。

1980年，根据烟台专署的规定，把企业固定资产分为生产用、非生产用、出租资产、未使用、不需使用、封存固定资产和土地，共7个大类进行管理。具体做法是：把固定资产的折旧，按企业核定的折旧率和月初在用固定资产的账面原价，按月计算上报，而对新增固定资产，当月不提折旧费，停工超过一个月的，停工期间，不提折旧费。对报废的固定资产、未使用的固定资产和暂时不用而封存的固定资产及土地，均不提折旧费。

1981年，县政府对国营企业的财务管理由指令性计划管理转向指导性计划管理，并按照国家、省和烟台专署的规定，对全县国营企业盈利实行全额分成和超收分成管理。其中，工业企业超收部分，按国家与企业四六分成；商业企业实行国家与企业三七分成结算；对亏损企业，则实行“亏损包干，超亏不补、减亏留用”的办法。县财政部门还在国营企业中推行多种形式的责任制，实行利润全额留成、超收分成大包干，并推行浮动工资、计件工资、定额计件工资形式。

1982年，县政府规定，对国营工业、交通和商业的更新改造资金，只准用于技术改造和设备更新，不准用于新建项目和其他支出。县财政和各主管部门及各建设施工企业的更新改造资金，必须存入福山建设银行。其他企业，凡确定为更新改造资金，也要全部存入福山建设银行管理。年底，县委、县政府制定《关于商业供销经济责任制的试行意见》，决定实行统一计划管理，统一物价政策，统一安全卫生标准，统一供应主要原料和定人员、定资金、定上交利润、定经营范围的“四统四定”大包干责任制。实行包干的商店或门市部，均独立核算，自负盈亏，经营自主，定额上交，超支归己，减收自负，为改革企业管理开辟了新路。

1983 年，进行第一步利改税。对所属企业原上缴的利润部分，改按新纳税规定上缴企业所得税；对国营大中型企业，则根据企业实现利润的情况，分别采用递增包干、固定比例上缴、调节税上缴、定额包干上缴（用于破产企业）等办法。上缴国家的利税，一部分按上级规定的留利水平留给企业。对国营小型企业，根据其实现利润的情况，按八级超额累进率，缴纳所得税，税后自负盈亏，国家不再拨款。对税后利润较多的企业，国家收取一定份额的承包费，或按固定数上交部分利润。对进行过技术改造的企业，每年提高 10% 的折旧率，全部留给企业，并从销售中提取 10% 作为企业的技术开发基金。

1984 年，实行第二步利改税。地方征收税种有产品税、增值税、营业税、盐税、新增资源税、城市维护建设税、房产税、土地使用税、车船使用税。对有盈利的大中型企业，先按 55% 的税率缴纳所得税，然后按规定缴纳调节税。对国营小型企业，按八级超额累进率纳税后，剩余利润较多的企业可上交部分承包费。同年 11 月，区政府按照国家第二步利改税精神，改革财政对企业的管理。企业的专用资金，可根据资金用途、生产和经营的需要，有权自行安排使用，但必须报财政备案；企业 30% 的更新改造资金不再上交，动用时只需向财政部门备案；企业新上项目财政不再拨款，改为企业自行贷款。为加强对企业的财务管理，同年 4 月，区财政局设立驻厂员办公室；10 月，改称驻厂员管理所。督促企业按时足额上交各项财政收入，审批企业能源和原材料节约奖及企业税前还贷，审查企业的控股商品，监督管理企业的专项资金，参与企业承包和工效挂钩工作，加强对企业财务的监督检查，防止财政收入流失；审批企业的盘盈、盘亏、报废的固定资产及各项呆账损失，审批营业外所列支的新产品试制失败的损失。第二步利改税的实施，使财政增收、企业多得，全区工商业发展较快。

1985 年，根据国家《国营企业固定资产折旧试行条例》精神，区政府规定：编制企业和主管部门中长期与年度内固定资产更新改造计划；各企业的折旧基金要先提出后使用，做到量入为出；各企业主管部门负责对折旧基金的使用，落实更新改造计划，并对经济效益进行检查和监督；折旧基金的提取和使用，全部纳入预算管理；对违反试行条例和政府规定的单位，进行严肃处理，并追究领导责任，构成犯罪者，交司法部门追究其刑事责任。同时，对于各企业闲置的多余的固定资产，企业有权出租或者转让，或由政府调拨，并报财政部门备案。是年起，对企业的各项专用资金，企业可根据资金用途和生产经营需要，自行安排使用，企业只需报财政部门备案。企业 30% 的更新改造资金不再上交财政部门，企业如要动用，只需据实报财政部门备案；企业需新上项目，财政部门不再拨款，改为企业自行贷款。

1986 年，对企业实行经济责任制，对二级企业的财务进行整顿管理。1987 年，开始试行企业承包经营，形式有股份制经营或全员合同制经营，并推行风险抵押制度。国有工业、商业、物资企业及集体企业，均实行不同形式的经营承包责任制，扩大了各企业的经营自主权。承包内容包括：包利税上缴额、总资产增值、技术改造，还要联产值、联质量、联安全指标。全区有 61 家国营工商企业与各自主管局或部门签订实现利润、上缴金额、利润还贷、完成总产值和销售总额，以及其他辅助指标在内的承包经营合同。合同形式主要有“上缴包干，超收分成”“递增包干，超收分成”“上缴利润包干”三种。同时，实行工资总额与经济效益挂钩，承包经营基金、风险抵押及审计兑现承包合同制度。1988 年，对国营企业的经济情况进行跟踪检查 2 次，查出违纪金额 50 万元，补交入库 11 万元。

1989 年，进一步完善企业承包经营责任制，推行“风险抵押”和“工效挂钩”管理。全区 50 个实行这种责任制的国营企业中，有 30 个的工资总额增长 18%。是年，全区争取上级各种企业发展生产资金 1738.36 万元，其中无偿拨款 353.86 万元。用于企业改造挖潜，解决了企业流动资金不足的问题；帮助停产 2 个月的烟台第二酒厂恢复生产。对粮油企业采取增收节支、减轻财政负担的措施，把 10 处乡镇粮管所的承包基数增加 10%，当年盈利增到 84 万元。又压缩平价粮销售范围，总数达 150

万公斤，减少财政补贴 50 万元。同时，在所有企业，实行盈亏大包干责任制。

1991 年 10 月，区财政局下达本年度区属全民企业工资总额同企业的经济效益挂钩基数及浮动比例，全区 56 家国营工商企业全部照此办理。同年 12 月，根据烟台市《关于调整国营企业利润分配清算办法的通知》精神，在新一轮承包经营的企业，对承包基数内的利润，实行一上缴、二还贷、三留利；未进行新一轮承包经营的企业，继续实行第二步利改税的方案。年底，完成前一轮承包的兑现工作，完善新一轮承包责任制，并筹措资金 2922 万元，其中无偿拨款 943 万元，各种贷款和周转金 1979 万元，支持企业革新挖潜。其中，支持烟台化学制革厂新上生产项目 70 万元，当年创收 40 万元；帮助 10 户企业处理积压产品 650 万元；帮助 4 户企业扭亏为盈，盈利总额 120 万元。还支持水产育苗及养殖试验。

1992 年，区劳动局和财政局联合下发《区属全民企业工资总额同经济效益挂钩基数及浮动比例的通知》，对 61 户承包企业，逐户下发核定的利税基数、利润基数、职工人数、工资总额基数、人均利税、每万元资金的利税和工资浮动比例；进驻 5 个企业调查研究，细化核算单位，实行厂内“银行”管理；帮助粮油厂查出亏损原因，实现扭亏为盈；帮助酵母厂进行产品结构调整；帮助商业部门制定清理债务和债权的计划，尽力追回欠款；帮助 3 户亏损企业扭亏为盈，共增加利税 200 多万元。同年 9 月，区投资公司成立。至年底，共筹资金 6364 万元。其中，上级无偿拨款 100 万元，各种贷款和周转金 6264 万元。主要用于利税大户和部分企业的流动资金及支持水产育苗、荒山开发。

1993 年，区政府决定改变商业的经营方式，主要有 3 种：一种把全区 40 个独立核算的商业门店和 150 个经营部门，全部实行两全抵押承包，即财产为公有，经营为私有；一种租赁经营，出租柜台 80 多节，年收租金 70 余万元；一种对 3 个企业实行股份制经营试点。多种经营方式，企业进货渠道进一步拓宽，中间环节减少，改从二、三级站进货为从厂家直接进货，全年直接进货额占总进货额的 60%，利润明显增加。

1994 年，财政工作由计划经济模式下的微观管理转变为市场经济运行中的宏观指导与微观服务。区财政局将财政驻厂员管理所更名为企业金融科，负责参与全区产业政策、企业改革政策及政府与企业的分配政策的实施等项工作。

1995 年，对产权制度改革进一步深化和完善，主要是进行兼并、租赁、转让、出售、破产、停产、股份制、合营等形式的改造，使全区工商业在改革中更加繁荣。

1996—2002 年，全区的工商企业全部改制，改制后不再对其进行财务管理。全区企业进入市场经济时代。

第五节　基建财务管理

1978 年始，企业扩建、改建、迁建、购建项目逐年增多，工厂、公路、桥梁、港湾、学校、医院、住宅、商店、办公楼、农田水利、车辆、船舶、机械设备、技术改造等基本建设工程等，均列为基建财政财务管理范围。财政部门负责管理财政投入的基建资金。参与这些基本建设的计划安排，办理基建拨款，检查分析基建支出预算执行情况，审批基建财务决算，并负责制定工程价款结算制度，参与管理和监督工程价款结算，审核工程概算、预（决）算的标底造价及管理工程审价工作。还参与重点项目的评估论证。会同有关部门制定工程预决算定额及工程造价、招投标、工程监督、竣工验收等管理工作。

1991 年，审查档案馆和体校建设的预决算，节资 40 万元。1995 年起，以财政投资项目为重点，加强对基建资金的财务管理。特别是对门楼水库的清淤和增容、内外夹河的综合治理、农村公路改造、城区的城市基础建设和园林绿化及排污、镇驻地建设工程等项目，均重点检查。并参与工程设计变更、图纸会审、隐蔽工程记录、材料定价等审查工作。

2002 年，进一步加强基建资金的事前控制、事中监理、事后审查工作，将全区的基建资金全部统一到基建科审查核拨，保证了基建资金的使用效益。年内，共对 23 项基建工程预决算进行审查，核减不合理支出 390 万元。

至 2002 年，区财政安排城区道路、外夹河治理和门楼水库等重点建设项目，共拨款 11593 万元，审查使用合理，保证了各项工程按期完成。

第六节　社保基金管理

1997 年，区财政局内设社会保障科。各项社会保险基金实行收支两条线管理，即由各社会保险经办机构负责基金收取，再全额交财政部门，设专户监督管理，并负责提出社保基金预算草案；会同相关部门研究制定社保经费的收缴标准和定额；提出年度经费和专项资金预算安排的建议；负责监督归口部门预算的执行。年底，企业职工养老保险基金结余96万元。1998年，全区企业职工养老保险基金收入2100万元，支出2186万元；开征事业保险基金103万元，支出90万元。1999年，企业职工养老保险基金收入2234万元，支出2332万元，累计结余为负88万元；失业保险基金收入134万元，支出115万元，累计结余32万元。

2000年，进一步发展完善社会保障制度。各级财政部门加大对社会保险基金的投入，解决下岗职工的基本生活保障问题，并逐步向失业保障并轨。全年筹措企业职工基本养老保险基金2547万元；事业保险基金收入163万元，支出147万元，累计结余48万元。是年，开征城镇职工基本医疗保险基金518万元，支出168万元，累计结余350万元。

2001年，企业职工基本养老基金收入2616万元，支出2706万元，累计结余负149万元；失业保险基金收入129万元，支出167万元，累计结余10万元；城镇职工基本医疗保险基金收入224万元，支出176万元，累计结余398万元；重新开始收取生育保险基金51万元，支出9万元，结余42万元。

2002年，实行社会保险基金“一票征缴”制度，企业职工基本养老险金收入3209万元，支出3309万元，累计结余负249万元；失业保险基金收入263万元，支出241万元，结余32万元；城镇职工基本医疗保险基金收入615万元，支出225万元，累计结余658万元；生育保险基金收入74万元，支出37万元，累计结余37万元。

第七节　预算外资金管理

1978年和1979年，福山虽有预算外资金收入，但无档案资料记录，财政亦未纳入统一管理。1980年和1981年，预算外资金收入分别为127.7万元和112.3万元。1983年，预算外资金收入主要有地方财政管理的预算外收入、行政事业单位管理的预算外收入、国有企业和主管部门管理的各种专项基金及县以上集体企业的税后利润与专用基金，共计1411.9万元。预算外资金支出的范围主要有更新改造、福利与奖励、城市维护建设、科技三费、流动资金增补、基本建设和行政事业费补助支出，共计1436.2万元。1984年，预算外资金收入1361.1万元，财政提取安排使用1189.6万元。1985年，共收入预算外资金1417万元，支出120.4万元。安排扶持味精厂、多糖厂、酵母厂、元件厂、养虾场等15个项目改造150万元。

1986年10月，经区编委批准，财政局设立预算外资金管理股。从本月起，将单位预算外资金全部集中到财政代管，确保有效监督，合理使用。全年预算外资金收入2425万元。

1987年，全区预算外资金收入1862万元，支出1743万元。1988年，收入2279万元。1989年，收入2494万元，并实行收支两条线的管理办法。1990年，收入2132万元。

1991年9月，对乡镇行政事业单位、企业及其专管部门的预算外资金，均实行专户储存、计划管理、财政审批、银行监督、收支两条线的管理办法。凡纳入管理的单位，均在银行设账户，每项收款存入账户，并按规定转存到乡镇财政所账户。支出则须经财政所专户拨款；未经财政所审查同意的开支，单位不得支取，银行有权拒付。农业特产税和渔业自筹资金归区财政，农业税附加区与乡镇平分；特产税的50%转为农业发展基金，40%用于补粮基金，10%上缴市财政。本年的农业发展基金全部用于老果园改造。

1992年，全区的预算外资金收入2588万元。其中，区财政收167万元，行政事业单位收1166万元，企业和主管部门收1255万元。全区总支出2619万元。其中，财政支出172万元，行政事业单位支出1168万元，企业和主管部门支出1279万元。

1993年和1994年，预算外资金分别收入1499万元和1589万元（均不含企业和主管部门的收入）。1995年8月，区政府印发《预算外资金实行行政预算管理的暂行规定》，同时设立区预算外资金管理局，并规定：预算外资金是国家财政资金，不是部门和单位的自有资金，所有预算外资金收入必须全额上缴财政专户。10月，省政府《山东政报》刊载“开创预算外资金的新路子”，充分肯定、推广福山区预算外资金管理的经验。全国各地到福山参观学习预算外资金管理经验者络绎不绝。全年预算外资金收入 2050 万元。其中区财政收 416 万元，行政事业单位收 1634 万元。福山区成为全省预算外资金管理先进单位。

1996 年 7 月，区政府根据国务院《关于加强预算外资金管理的决定》，对各部门和单位单独开设预算外资金收入账户，不存入其他资金，不能自行支出，只接受财政对该项目拨款。全年预算外资金收入 4129 万元。1997 年，全区预算外资金收入 3165 万元。1998 年，为 4556 万元。1999 年，为 4291 万元，支出 4556 万元。是年，取消 16 项不合理收费，查处违纪金 88.5 万元。区政府利用预算外资金 357 万元，完成了福桃公路拆迁、永安街和西山路修复、健身公园改造及城区绿化等建设项目。

2000 年，预算外资金收入 5357 万元，支出 5094 万元。查处违纪使用 53 万元，入库 32 万元。2001 年，收入 5417 万元，支出 4997 万元。2002 年，收入 6418 万元，其中财政收 92 万元，行政事业单位收 5249 万元，乡镇收 1077 万元。支出总额 6109 万元，其中行政事业发展支出 4683 万元，教育基本建设支出 349 万元。

区财政局对预算外资金实行预算管理，每年初给部门和单位下达预算外资金收支预算，支出则执行按收入完成情况统筹安排。全区实行预算管理的单位 83 户。其中，地方财政部门 11 户，行政事业单位 72 户。参与管理的单位，每年编制财政第二收支预算，实行预算外收入的二次分配，打破两权不变的模式和资金管理混乱的现象，把分散的资金集中到财政，增强了财政宏观调控能力，有效地调控了资金流向，也起到了预防腐败的作用。同时，通过预算内和预算外资金的有机结合，形成预算内资金保全区“吃饭”，预算外资金搞建设的新局面。

第八节　住房资金管理

1987 年，福山区开始住房制度改革。区财政局设立公房租金管理所，负责公房租金收缴工作。1988 年，区政府成立住房制度改革领导小组，研究制订房改实施办法，摸清所有房改公房的增减变动情况，并对进入实际操作后，财政、单位、企业的承受能力进行综合分析，举办房改工作培训班，使每个房改单位都有明白人。

1989 年，公布公房出售方案，将 223 个房改单位由空转进入实转，对实转情况予以审核和批准，并按房改方案的规定，发放住房补贴，解决了 14 个单位存在的实际问题，使得房改工作顺利展开。至 1991 年，全区完成房改方案实转调整、审核和审批工作的单位 230 个，对部分单位多发住房补贴的问题予以纠正，并筹集住房基金 60 万元。

1995 年，公房租金管理所改称住房资金管理处，负责住房基金和住房公积金的收集、支付和核算管理工作。住房基金从各单位筹集，用于公房售后的维修管理。住房公积金的收集范围是机关、企业、事业单位和在职干部、职工。收缴标准：单位按月工资总额的一定比例逐月缴存，个人按月工资的一定比例由单位代扣，一并存到住房公积金个人账户，归个人所有，专储专用。在职期间未使用者退休时一次性返还。同时，对困难干部职工实行信贷。

1996 年，区政府印发《福山区深化城镇住房制度改革方案》，住房制度改革进入实施阶段。全年筹集城市住房基金 154.4 万元，行政事业单位住房基金 253.1 万元。

1997 年 3 月，开始出售公有住房，出售方式分标准价和成本价两种。全区共售出公有房 2520 套，平均每套价格为 8548 元，共收取 2154 万元。至年底，缴纳住房公积金的单位 367 个，占应缴单位的 99.74%，总人数为 19182 人，占 93.54%。收取城市住房基金 490.5 万元，收取行政事业单位住房基金 1569.4 万元。支出城市住房基金 186.4 万元，其中维修直管房 30 万元；支出地方行政事业单位住房基金 405.9 万元，其中修房 18.1 万元，购房 118.4 万元，建房 60 万元。

1999 年，收取城市住房基金 297.9 万元，行政事业单位住房基金 466.9 万元。2000 年。收取住房补贴 592 万元。2001 年，收取住房基金 719 万元。

1996—2002 年福山区住房公积金收支情况表

表 22-3　　单位：万元

年份	收入	支出	年份	收入	支出
1996	675.14	8.33	2000	1375.88	323.01
1997	888.78	104.87	2001	1406.89	401.05

续表 22-3

年份	收入	支出	年份	收入	支出
1998	865.16	195.89	2002	1910.48	592.94
1999	1006.83	379.3	—	—	—

第九节　社控与政府采购

1985年，区政府对各行政、事业、企业单位控制社会集团购买力和确定控购商品。1986年，全区减少购买开支46万元。1987年，在全区各单位建立控购商品辅助账，实行报表制度，控购商品管理形成制度化、程序化、规范化。1988年，对全区控购商品执行情况进行检查，没收违规购买小汽车3辆，查封2辆；查处控购商品47万元和私自着装12万元。

1991年，区政府采取措施，严格控制社会集团购买力。对各部门、单位、企业和镇村办企业，分配压缩购买指标，从严审批专控商品购买，特别是小汽车和现代化办公设备。审批程序和权限由单位申请、区财政局审查、区长办公会批准。根据市政府的通知要求，对实行控购以来各部门、单位执行的情况先进行自查，自查的问题从轻处理；区政府组织重点检查，查出的问题从严处理。检查的范围包括国家规定的33种专控商品和以个人名义用公款购买小汽车等。通过全面检查和整改，遏制了违法乱纪行为，防范了财政收入流失，形成了惩治腐败的高压态势。1992年，专控商品减为29种。1993年5月调减到8种。1996年6月，区财政局向全区党政机关、企事业单位、省市驻福单位印发《关于进一步加强控购管理工作的通知》。对未经审批购买使用的寻呼机、无线电话机等，限期到区控制社会集团购买力办公室办理审批手续；对私购社控商品者给予责令检查、通报批评、罚款、没收所购商品等处罚；重申控购政策，购小汽车需经省控制社会集团购买力办公室审批，购大轿车、摩托车需经市控制社会集团购买力办公室审批，购录像、音响、空调、移动电话、寻呼机、放像机及500元以上的照相机等，均需区控制社会集团购买力办公室审批，违者酌情处罚。从1998年6月起，个体私营企业、外商独资企业、外方控股的合资企业购买小汽车等专控商品，不再办理审批手续，随之社控管理停止。

1999年，社控逐渐放开。但区政府对各单位购置大额商品仍严格控制，对违购问题严肃查处。全年共查处违规购买小汽车186辆，收缴超编小汽车24辆。同年4月，区政府设立采购中心；2002年更名为政府采购管理办公室，升格为副科级单位。是年，完成政府采购311万元，比市场价节约50万元。2000年，为全区58个单位采购车辆、计算机、空调和燃料等品种32个，支出1112万元，比市场价节省212万元。2001年，进一步完善采购程序，加强采购过程的档案管理，节支效果明显。对较大的采购活动，均邀请纪检、监察、新闻等部门参与，做到公开透明。全年政府采购1100万元，节支195万元。同年，对62个单位年度采购情况进行检查，查出私自采购和违规采购单位30个，金额达336万元。

2002年6月，《中华人民共和国政府采购法》颁布，福山区的政府采购走上有法可依的规范化、法制化轨道。全年为64个单位采购40多个品种，金额达1500万元，节省开支170多万元。其中，招标采购11次，供应商户竞标56家，中标金额360万元，节省开支72万元。

第十节　财务检查与监督

中华人民共和国成立初期至1957年，财务检查工作重点是企业，主要是通过月、季、年报进行监督。1958年，财政部门会同银行和主管部门，对全县工商企业进行财务检查，查处纠正问题。此后，每年定期或不定期地进行检查。形式有自查、互查、抽查和专题检查等。

1978年8—10月，进行财政税务和物价大检查，共检查399户，发现存在问题的有171户，应补税款3134.46万元；虚报利润的1户，虚报额30万元；少记利润1户，少记额5.7万元；非法牟利1户，牟利2万元；应退税1236.66万元。1981年，查出有问题的有47户，自查有问题的44户。其中，漏税20.6万元，欠税5.92万元，应退税0.23万元。

1985年，区财政局设立财政税务物价大检查办公室，为非常设机构。之后，每年都进行大检查，重点查处违纪违法案件，惩治腐败。1985年，查处截留应上缴国家利润153万元和偷漏税款191.6万元，并查处罚没款乱开支和乱发服装的现象。1987年，查处罚没款8万元，查处截留利润300万元，查处行政扩大补贴范围和事业私自配装单位各1个，查处违纪资金79.8万元。1988年，查处违纪资金318万元，入库156万元。1989年，采取先自查，再重点抽查的方式进行大检查。自查305户，违纪的156户，金额238万元，应入库160万元。1990年，查处罚没款114万元，入库84万元；查处违规收款95万元，违纪收支款69万元。同时，对乡镇财政进行检查，发现有3个乡镇的暂存、暂付款清理不及时，对支农资金管理不严。是年，还对计划生育超生费的收缴情况进行查处，对存在的问题进行处理。1991年初，重点检查国企、事业单位所办集体企业的利润分配、资金来源和运用情况；检查侵占国有资产、固定资产和流动资产而未得到应有补偿的问题；检查对有收入的行政事业单位所发津贴、补贴和奖金被占用的问题；严查私设“小金库”问题。年末，区里抽调101人组成24个小组，共检查183户，查出违规金额233万元，补交入库61万元。年内还清查了60户企业的仓库，帮助10户企业处理积压产品650万元。在检查乡镇预算执行情况中，查出违纪金额25万元。1992年，检查81户，查出违纪金额204万元，应入库116万元，当即入库84万元。

1998年，财政税务物价大检查办公室撤销。1999年，设立财政监督处，负责对财政拨款的行政事业单位和企业进行财务收支检查监督。

2000年，查出不合理支出390万元，违纪收支预算外资金53万元。是年，审查重点项目工程预决算8933万元，核减2030万元。2001年，重点对门楼水库库区村淹没土地和房屋财政专项补偿资金的使用情况进行检查。是年，还对4户企事业的财务、资产总额、负债总额、净资产总额、利润总额进行检查，均存在不同问题，调减总资产34.03万元，调减总负债106.24万元，调减净资产总额140.27万元，利润总额调整为亏损21.63万元。2002年，对2001年度财政专项资金使用情况、农业税费征收和各镇（街）基金会进行专项检查。查出专项基金使用中违纪金额51.83万元；农业税费欠收额较大，至2002年2月尚欠5.64万元；存在基金会应兑付而未及时兑付的问题。

第十一节　会计管理

1984年，企业会计人员的业务工作由驻厂员办公室监管。1988年4月，对乡镇财政人员19人和行政事业单位的会计47人进行为期2天的培训。1989年，开展1949年以来首次财会人员普查工作，全区共有财会人员2479人。对区直机关以上的1064名财会人员，全部建立个人档案；对国营企业的744名财会人员，开展“抓基础、达标准、上等级”的学习活动。开展会计职称评聘工作，事业单位有5人评为会计师，有127人评为助理会计师和会计员；企业单位评聘高级会计师1人、会计师40人、助理会计师和会计员329人。全区有125名会计参加会计大专函授学习，考试合格；有24人参加中央电视大学会计专业学习，均获得毕业证书；有224人入会计函授福山分校学习。

1990年，有120人获得会计大专班毕业证书。会计函授大专班的入学人数达到300人。同年7月，省财政厅在福山召开全省教学管理和达标升级工作现场会，福山作经验介绍，并在全省推广。是年，实行会计持证上岗制度。至年底，全区有510名会计人员获得持证上岗证书。1991年，区财政局设会计管理科，负责全区会计的管理工作。在会计达标升级活动中，全区获得验收合格的34户，会计工作达到三级单位的8户，验资合格的116户，不合格的420名，通过培训，经省级考试全部合格，并发给会计上岗证。是年，全区有125名会计函授大专毕业，新招会计学员194名，在校学习会计490名。2000年，对全区的会计人员进行分批轮训1800余人。2001年，组织会计人员继续教育1700人，轮流培训会计1300人。至2002年，全区会计人均接受轮训2～3次。50%以上的会计获函授会计大专毕业证书。有9人被评为高级会计师，有314人通过全国统考获得会计师证书，有500余人获会计初级职称。

第五章　债券

为筹集国家经济建设资金，中央政府决定采取发放债券的方法，收集民间闲散资金，用于国家急需的重点项目建设。改革开放后，福山于80年代初开始发行国库券。1986年，由于建设烟台化学制革厂遇到资金困难，经上级批准，以债券集资的形式筹措建厂资金。

1991年5月，区财政局设立国债服务部，负责国债发行、兑付、转让业务，进行有关国债咨询服务，宣传、解答国债政策和法规。

第一节　国库券发行

1981年，福山县首次发行国库券。由县财税局负责，共向企业、行政事业单位发放8.2万元。1983年发行50万元，1984年为69.7万元，1985年为127.7万元，1986年为129.2万元，1987年为129.2万元。1988年，烟台市分配给福山区189万元，实际完成195万元。1989年，发行205万元，并销售特种国债42万元、保值公债172万元。1990年，销售国库券157.9万元、特种国债券59.3万元。1991年，区财政局设立国债服务部。当年售国库券223万元、特种国债3万元。是年，兑付到期国库券300万元，办理转让1.3万元。1992年，500万元国库券售给个人，3万元特种国债券售给单位，兑付国库券166万元。1993年，国库券销售达到高峰，共销售1175.32万元。1994年销售574万元，1995年销售100万元，1996年销售34万元。1997年以后，国债销售与兑付工作转交银行系统。

另外，自1987年6月始发福利彩票。1999年8月始发电脑福利彩票。2002年5月始发齐鲁彩票、体育彩票和足球彩票。均不归财政局管理。

第二节　企业债券

1986年1月，国家化学工业部批准福山区政府的申请报告，在境内建烟台化学制革厂。为筹集建厂资金，区委、区政府决定以债券集资的形式筹措。1987年8月，经山东省人民银行批准，由福山区人民银行在区内向集体单位发售建设债券923万元，年利率11.6%，3年后偿还。到期应兑付本息1245.55万元。债券票面额分别为10元、100元、1000元、10000元、100000元5种。1989年8月，烟台化学制革厂投产。后因资金不足，设备未能完整配套，操作技术水平偏低，迟迟打不开市场，无法继续生产。1990年5月，出租给烟台合成革厂。建厂债券拖至1991年开始偿还，本年只还100万元。历经5年，至1995年将本息全部还清。

第二十三编　税务

中华人民共和国成立后至1978年，国家先后进行了4次重大税制改革。中共十一届三中全会后，经过数年酝酿探索，决定由企业向国家上缴利润改为上缴税金。1980年9月，对中外合资经营企业开征所得税。1981年12月，对外国企业开征所得税。1982年，开征燃油特别税。1983年，征收建筑税；制定全国统一的牲畜交易税条例，恢复征收牲畜交易税。1983年和1984年，分两步进行“利改税”税制改革。第一步从1983年1月改革，具体征收工作从6月开始办理，把国营企业在流转税后上缴的利润改为上缴所得税。小型国营企业与集体企业实行8级超额累进税率，最低为10%，最高为55%；大、中型国营企业则一律为55%的固定税率。第二步从1984年10月实行。进一步“以税挤利”，对盈利较大的产品规定较高的产品税（增值税）税率；对第一步利改税后留利仍然较多的企业，以1983年留利为基数，规定一户一率的国营企业调节税，用调节税取代原有名目繁多的利润上缴办法。

1984年，将原工商税划分为产品税、增值税、营业税和盐税；开征资源税；对国营企业征收所得税、调节税、奖金税、工资调节税。1985年，征收城市维护建设税、集体企业所得税与奖金税、事业单位奖金税。1986年，征收个体工商业户所得税、车船使用税（原车船使用牌照对外征收），恢复征收房产税。1987年，开征个人收入调节税、耕地占用税。1988年，开征私营企业所得税、城镇土地使用税（废止原城市房地产税）、筵席税，恢复征收印花税。1989年，对少数商品征收特别消费税。

1980—1988年，国家对中央和地方的财政分配关系先后进行过3次调整和改革。1980年，实行划分收支、分级包干的财政管理体制，在中央和地方之间进行收入划分。1985年，为适应国营企业利改税的改革需要，根据《中央关于经济体制改革的决定》精神，实行划分税种、核定收支、分级包干的财政管理体制。1988年以后，又实行收入递增包干、总额分成、上解额递增包干、总额分成加增长分成、定额上解和定额补助等多种形式的包干办法。

1994—2002年，实行分税制财政体质。1993年12月，国务院颁布分税制改革条例，于1994年1月1日起正式实施。根据中央和地方的事权，按税种划分中央税和地方税。中央税包括关税、海关代征消费税和增值税。消费税包括中央企业的所得税、非银行金融企业所得税、铁道、银行总行及保险公司等部门集中缴纳的收入（包括营业税、所得税、利润和城市维护建设税）、中央企业上缴利润等。地方税包括地方企业营业税、所得税、上缴利润、个人所得税、城镇工地使用税、固定资产投资方向调节税、城市维护建设税（不含银行总行、铁道、保险总公司集中缴纳的部分）、房产税、车船使用税、印花税、屠宰税、农牧业税、耕地占用税、契税、遗产和赠与税、土地增值税、国有土地有偿使用收入等。中央、地方共享税包括增值税、资源税和证券交易税。增值税75%划归中央、25%归地方；资源税按照不同资源品种划分，海洋石油资源税归中央，其他归地方；证券交易税中央和地方各占50%。

第一章　机构沿革

清末，地方田赋、杂税由县衙户房征解。1928年，县政府第二科下设财政局，兼理地方税务。1932年，财政局撤销，税务由县政府第二科掌管。抗日战争和解放战争时期，国民党政府税务由第二科掌管，日伪政府由财政科掌管。1941年，抗日民主政府设财政科兼理税务，1944年，改称财粮科，后复称财政科。1945年10月，财政科设征收处，负责税款征解。1948年，征收处撤销，税务工作仍由财政科负责。

中华人民共和国成立后，县政府财政科内设征收处，下设征收一所、二所、三所，一所驻城厢镇，二所驻旺远，三所驻古现。1950年4月，撤销征收处，成立县税务局，征收所改为税务所。1954年，税务局改称县政府税务科。

1955年，复称税务局，下辖城厢镇、古现、旺远、高疃、门楼5个税务所。1958年3月，县税务局与财政局合并，称财税局。1971年，与人民银行合并，称财金局，税务所改称财金所。1973年，恢复财税局名称。1982年，税务局独立，内设办公室、税征股、政工股，撤销城关镇、兜余、东厅、臧家税务所，成立福山镇税务分局。1984年3月，八角税务所并入古现税务所，张格庄税务所并入门楼税务所；4月，撤销福山镇税务分局，成立福山镇税务所。1985年，区税务局内设办公室、税政股、计会股、政工股、征收处，下辖福山镇税务所（含兜余、东厅、臧家征收点）、门楼税务所（含张格庄征收点）、古现税务所（含八角征收点）、高疃税务所、回里税务所。

1994年，根据国家统一规定，福山区分设国家税务局和地方税务局。

1994年9月，福山区国家税务局（以下简称国税局）成立。机构设置、人员编制、干部管理实行国税总局垂直管理体制。内设办公室、税收管理科、征收管理科、计划财务科、人事科、监察室、行政装备科、政工科；下设第一征收分局、第二征收分局、第三征收分局、涉外分局、稽查分局（撤销税务稽查大队）和回里、门楼、高疃、古现、兜余、张格庄、八角、东厅、臧家税务所。1995年7月，设立区税务咨询事务所，为副科级事业单位。8月，设立烟台华信会计师事务所福山业务部，与税务咨询事务所合署办公，一个机构两块牌子，业务受烟台华信会计事务所领导。1996年7月，古现、臧家、八角税务所合并，设古现分局；东厅、高疃税务所合并，设东厅分局；门楼、兜余、张格庄、回里税务所合并，设门楼分局；设高新区分局，均为副科级单位。11月，撤销第一、第二、第三征收分局，设立直属分局，为正科级单位。1997年3月，成立区税务师事务所，与税务咨询事务所合署办公。1998年3月，高新区分局撤销，并归到直属分局；古现分局更名为臧家分局。12月，机关内设机构进行调整，撤销行政装备科，与办公室合并；人事科与监察室合署办公；稽查分局更名为稽查局；涉外分局更名为涉外税收管理分局。2001年1月，税务师事务所改制，成立有限责任税务师事务所，与税务局脱钩。4月，机关内部机构进行重新布局，内设办公室、人事教育科、监察室、税政管理科、征收管理科5个行政科室和信息中心1个事业单位；撤销涉外税收管理分局，设立计划征收局；直属分局更名为城区分局；臧家分局更名为古现分局。2002年7月，机关内设发票管理所，为股级事业单位。

1994年9月，福山区地方税务局（以下简称地税局）成立。内设办公室、税政管理科、计划会计科、征收管理科，均为股级单位；下辖第一征收分局（分管福山镇的乡镇企业）、第二征收分局、稽查分局3个副科级单位和高疃、东厅、古现、八角、张格庄、门楼所、回里、兜余、藏家9个股级税务所。1996年8月，成立涉外分局（副科级）；12月，增设第三征收分局、第四征收分局和征税中心3个副科级单位；局内部增设人事监察科（股级）。1997年，成立区地方税务代理事务所（全民所有制企业）。1998年10月，区地税局经费、机构设置、编制、干部任免等实行省地税局垂直管理，区地税局归烟台市地方税务局主管。1999年，在第一征收分局的基础上成立地税局直属征收分局，主要负责城区国有、集体企业的税费征收管理；在第二、第三征收分局的基础上成立城关征收分局，主要负责福山镇镇村企业和城区个体私营工商户的税收管理。7月，成立高新技术产业区征收分局，主要负责高新区和臧家镇各类企业税费征收管理；成立兜余、门楼、东厅、古现4个征收分局。2000年1月，征税中心并入区地税局直属征收分局。4月，成立烟台福山地方税务师事务所有限公司，原税务代理事务所撤销。2002年9月，古现征收分局随镇整建制划归烟台开发区。区地税局下辖稽查分局和直属、清洋（前身为城关征收分局）、福新（前身为高新区征收分局）、高疃（前身为东厅征收分局）、回里（前身为兜余征收分局）、门楼6个征收分局。

第二章　国税征收

国家税收包括流转税、所得税及其他税种。流转税主要包括增值税、营业税和消费税3个税种。1994年，全国工商税制改革，建立以增值税为主体的流转税体系，构成以流转税和所得税为主体税种、其他辅助税种与之配合的复合税制。所得税主要包括企业所得税、个人所得税和外商投资企业所得税；其他税主要是车辆购置税。福山区国税局加强税源监控、调查核实、纳税评估、日常检查和纳税服务，依法征税。利用现代科技手段，加强税源管理。税收逐年增加，1994年为5729万元，2002年为18122万元，累计征收税款82282万元。

第一节　流转税收

增值税　1984年10月，对原工商税中的部分工业产品，单独征收增值税。以生产销售、委托加工及进口应税产品为征收对象，包括机器机械及其零部件、汽车、钢材等。共分甲、乙两类，12个税目，按差额比例税率计征，甲类企业税率为14%，乙类企业税率为16%。1994年1月1日起施行国家《增值税条例》后，销售或进口货物及提供加工、修理修配劳务的基本税率为17%；销售或进口粮油类、水煤气类、饲料农机化肥类以及国家规定的其他物品的基本税率为13%。1994—2002年，区国税局累计征收增值税69797万元。

营业税　1984年10月，将原工商业税中的营业税列为独立的税种。凡从事商业、交通运输、建筑安装、金融保险、邮政电讯、公用事业、出版业、娱乐业、加工修理业及其他各种服务业的单位或个人（不包括中外合资企业和外商独资企业），均为其纳税义务人。征收对象是纳税人的营业收入，包括商品零售收入、商品批发收入及其他营业收入。税率分为25等，最低为3%，最高为15%。1994年1月1日起施行国家《营业税暂行条例》后，税率分为9等，最低为3%，最高为20%。至2002年底，国家税务机关只负责征收金融企业的部分营业税。1994—2002年，区国税局累计征收营业税2063万元。

消费税　消费税是对特定消费品征收的税种。1994年1月1日起，施行《中华人民共和国消费税暂行条例》，凡生产、委托加工和进口国家规定范围内的消费品的单位和个人，均为消费税的纳税义务人。征收范围包括烟酒类、化妆品类、首饰珠宝类、鞭炮烟火类、燃油类、摩托车与小汽车类等。税率分为17等，最低为5%，最高为40%。1994—2002年，区国税局累计征收消费税2852万元。

第二节　所得税收

企业所得税　企业所得税是对企业生产经营所得和其他所得征收的税种。1983年4月，开征国营企业所得税。国营企业除水产工业、水产供销企业、农电企业实行定额补贴外，其他国营商业、供销、文化企业，均由原来上交利润改为上交所得税。税率有比例税率和超额累进税率两种。大中型国营企业比例税率为55%，饮食服务业、营业性的宾馆、饭店、招待所比例税率为15%，小型国营企业、县以上供销合作社为8级超额累进税率，最低为7%，最高为55%。1994年1月1日起，施行《中华人民共和国企业所得税暂行条例》，凡经济上实行独立核算的国有、集体、私营、联营、股份制企业和有生产、经营所得及其他所得的其他组织，均为企业所得税的纳税义务人。纳税人应纳税额，按应纳税所得额计算，税率为33%。纳税企业所得税按年计算，分月或分季预缴。月份或季度终了后15日内预缴，年度终了后4个月内汇算清缴，多退少补。1994年起，国税部门负责中央级企业和金融保险企业的企业所得税征收。2002年1月1日起，凡新办内资企业和应缴纳企业所得税的其他组织的企业所得税也由国税部门征收。1994—2002年，区国税局累计征收企业所得税 559 万元。

个人所得税　个人所得税的纳税人是指在境内有住所，或者无住所但居住满 1 年，以及无住所又不居住或居住不满 1 年但有从境内取得收入的人。1980 年 9 月 10 日，执行《中华人民共和国个人所得税法》，开征个人所得税。1987 年 1 月 1 日起执行国务院《个人收入调节税暂行条例》。1993 年 10 月 31 日起，执行新的《中华人民共和国个人所得税法》。1994 年 1 月 28 日起，执行国务院配套颁布的《个人所得税法实施条例》。将工资薪金、个体工商户的生产经营、企事业单位的承包承租经营、劳务报酬、特许权使用费、利息、股息、红利、财产租赁、财产转让、偶然所得及经国务院部门确定征税的其他所得定为应缴纳个人所得税。税率分为 14 等，最低为 5%，最高为 45%。此税种基本由地税部门征收。1999 年 8 月 30 日起，执行新修正的《中华人民共和国个人所得税法》。11 月 1 日起，国税部门对个人在金融机构储蓄存款利息所得征收个人所得税。1999—2002 年，区国税局累计征收个人所得税 3069 万元。

外商投资企业所得税　1991 年 1 月 1 日起施行《中华人民共和国外商投资企业所得税法》。凡外商投资企业的生产、经营所得和其他所得，均缴纳所得税。按应纳税所得额计算，税率为 30%。设在烟台开发区和福山高新技术产业区的生产性外商投资企业，按 15% 的税率征收企业所得税。对生产性、经营期在 10 年以上的外商投资企业，自开始获利的年度起，第一年和第二年免征企业所得税，第 3 年至第 5 年减半征收企业所得税。1994—2002 年，区国税局累计征收外商投资企业所得税 3419 万元。

第三节　其他税收

区国税局征收的其他税主要是车辆购置税，由交通部门代征。车辆购置税是对取得并自用应税车辆的行为征收的税种。2001 年 1 月 1 日起，施行国务院颁布的《车辆购置税暂行条例》。凡购买、进口、受赠、获奖或以其他方式取得并自用应税车车辆的单位和个人，均为车辆购置税的纳税义务人。征税范围包括各类汽车、摩托车、电车、挂车、三轮和四轮农用运输车，税率为 10%。区国税局共征收车辆购置税 523 万元。

1994—2002 年福山区国税局税收情况表

表 23-1

年份	税收金额（万元）	年份	税收金额（万元）
1994	5729	1999	8711
1995	6052	2000	10463
1996	5609	2001	13915
1997	6505	2002	18122
1998	7176	—	—

第三章　地税征收

1950 年，开征的税种有货物税、工商业税、印花税、屠宰税、牲畜交易税、利息所得税。1953 年，试行商品流通税，简化货物税，修正工商业税。除 1950 年开征的税种外，又新增商品流通税种。1956 年，开征文化娱乐税。1958 年，实行工商税制改革，征收的税种有工商统一税、工商所得税、牲畜交易税、车船使用牌照税、屠宰税、文化娱乐税、利息所得税。1962 年，开征集市交易税。1966 年底，停征利息所得税。1967 年，停征文化娱乐税。1973 年，试行新的工商税制度，简化税目、税率。征收的税种有工商税、工商所得税、车船使用牌照税、牲畜交易税、集市交易税等。国营企业只征收工商税，集体企业只征收工商税和所得税，屠宰税和牲畜交

图 23-1　福山区地税局

图 23-2　福山区地税局营业厅

易税只对个人征收。1983 年始，国家对国营企业实行利改税，开征国营企业所得税、建筑税、国家能源交通重点建设基金、营业税、产品税、国营企业奖金税、城市维护建设税。1994 年，工商税制改革，建立以增值税为主体的流转税体系，构成以流转税和所得税为主体税、其他辅助税种与之配合的复合税制。地方税收包括流转税、所得税、资源税、财产税、地方行为税和其他税。地方流转税类的税种主要是营业税；所得税包括地方企业所得税、外商投资和外国企业所得税收入属于地方政府的 3% 部分（包括附征的地方所得税，目前由国税统一征收，然后划归地方）及个人所得税；资源税类的税种主要包括资源税和城镇土地使用税；财产税类的税种主要包括房产税及车船使用税；地方行为税类的主要税种包括固定资产投资方向调节税、印花税、城市维护建设税、土地增值税、屠宰税（2002 年 6 月 18 日，山东省范围内取消屠宰税）；其他税种以教育费附加为主。此外，还包括文化事业建设费、水利基本建设专项资金及发展旅游事业费等。1994—2002 年，区地税局累计征收各项税金 60776 万元。

第一节　流转税收

1950 年，对工商营利企业按营业额征收营业税。1958 年改征工商统一税。1984 年，第二步利改税时恢复营业税。1994 年，统一规范流转税种，以增值税、消费税和营业税为主。地税机关主要征收营业税。征税对象为交通运输业、建筑业、金融保险业、文化体育业、娱乐业、服务业、邮电电信业、转让无形资产、销售不动产。营业税对以上 9 个税目分别设置 3%、5%、8% 三个档次的固定税率和 5% ～ 20% 的幅度税率。交通运输业、建筑业、文化体育业、邮电电信业适用 3% 税率；服务业、转让无形资产、销售不动产适用 5% 税率；金融保险业适用 8% 税率，2001 年调为 7%，2002 年调为 6%；娱乐业采用 5% ～ 20% 幅度比例税率。1994—2002 年，区地税局累计征收各项营业税 22470 万元。

第二节　所得税收

企业所得税　1950 年，对按所得额征收的部分称所得税。1958 年，改称工商所得税。1978 年后进行税制改革，逐步建立企业所得税系列。1994 年前，企业所得税按企业所有制性质分别设置，除中外合资经营企业所得税和外国企业所得税合并为外商投资企业和外国企业所得税外，内资企业所得税主要含国营企业所得税、集体企业所得税和私营企业所得税。1994 年 1 月 1 日起，实施《中华人民共和国企业所得税暂行条例》，纳税人为在国内实行独立经济核算的企业或组织，法定税率为 33%。但考虑到很多企业利润低或规模小，所以暂规定两档低税率给予照顾，即年应纳税所得在 3 万元以下的企业，执行 18% 的税率；年应纳税所得在 3 万～ 10 万元的企业，执行 27% 的税率。征税方式有按账征收或核定征收两种。对账目健全、收入和成本费用核算准确的，按账征收企业所得税；对账证不健全或收入、成本费用不能准确核算的，按核定征收企业所得税。1994—2002 年，区地税局累计征收企业所得税 17479 万元。

个人所得税　1981 年，开征个人所得税。1987 年，开征个人收入调节税和城乡个体工商户所得税。1994 年 1 月起，将个人收入调节税和个体工商业户所得税并入个人所得税。以个人取得的各项应纳税所得额为征收对象，包括工资薪金所得、个体工商业户生产经营所得、企事业单位承包或承租经营所得、劳务报酬所得、稿酬所得、特许权使用费所得、利息所得、股息所得、红利所得、财产租赁所得、财产转让所得、偶然所得、其他所得。工资、薪金所得适用5%～45%的超额累进税率；个体工商户生产经营所得和企事业单位承包经营或承租经营所得，适用5%～35%超额累进税率；其余应税项目适用20%比例税率，劳务报酬所得一次收入畸高的实行加成征收。1994—2002年，区地税局累计征收个人所得税4687万元。

第三节　资源税收

资源税　1984年，国家始对部分矿产品征税，利润不到12%的免征。1986年，全国人大通过《矿产资源法》，对资源税做出明确规定。改按率征收为从量定额征收，由级差调节过渡到普遍征收、级差调节，取消起征点。1994年1月1日起，实施国务院颁布的《中华人民共和国资源税暂行条例》及其实施细则，对资源税做出重大改革，实行从量定额计征，采用差别定额税率。税目包括原油、天然气、煤炭、其他非金属矿原矿、黑色金属矿原矿、有色金属矿原矿、盐、天然矿泉水、建筑用砂、其他黏土、其他建筑石料等。税额原油每吨为8～30元，天然气每吨为2～15元，煤炭每吨为0.3～5元，其他非金属原矿每吨为0.5～20元，黑色金属矿原矿每吨为2～30元，有色金属矿原矿每吨为0.4～30元，固体盐每吨为10～60元，液体盐每吨为2～10元，天然矿泉水每立方米为3元，建筑用砂、其他黏土、建筑石料每立方米为1元。1994—2002年，区地税局累计征收资源税130万元。

城镇土地使用税　1984年，工商税制改革时设立土地使用税。1988年11月1日起，实施国务院颁布的《中华人民共和国城镇土地使用税暂行条例》。征收范围和标准是城市、县城、建制镇和工矿区，按照使用土地的单位和个人实际使用土地面积征税。福山区适用税额标准分为两档，政府驻地（原福山镇辖区）和高新区范围内的土地，每平方米为3元，其他区域为2元。1994—2002年，区地税局累计征收城镇土地使用税1275万元。

第四节　财产税收

房产税　1973年起，该税并入工商税。1984年，对企业复征房产税。1986年9月，国务院颁布《中华人民共和国房产税暂行条例》，同年10月1日起实施，在城市、县城、建制镇和工矿区征收。国家机关、团体、军队、学校、医院等单位自用房、个人所有非营业用房免征。税率：房产余值的1.2%或房租收入的12%（房产余值＝房产原值×70%）。1994—2002年，区地税局累计征收房产税3330万元。

车船使用税　1951年10月，开征车船使用牌照税，次年停征。1957年，恢复对机动车辆征收，1962年，恢复对非机动车辆征收。机动车辆按季征收，税额最高为40元，最低为8元；非机动车辆按年征收，全年最高为20元，最低为2元。机动船每季按净吨位征收，非机动船每季按载重吨位计征。1973年，工商企业的车船使用牌照税并入工商税内征收。1978年，全部停征，保留税种。1986年9月15日，国务院颁布《车船使用税暂行条例》，同年10月1日起施行，对国内拥有并且使用车船的单位和个人，依据车船种类分别以辆、净吨位、载重吨位计征，外商投资企业和外国企业除外。1999年8月1日起，车船使用税的税额全省统一标准，载客车辆按人征收，小型客车20座以下全年260元，20座以上全年300元；载货车辆按吨位计征，每吨为60元；摩托车按辆征收，三轮车全年每辆72元，两轮车全年每辆56元。1994—2002年，区地税局累计征收车船使用税803万元。

第五节　行为税收

固定资产投资方向调节税　1991年，开征固定资产投资方向调节税，实行差别税率，最低为5%，最高为30%。1999年7月1日，实行减半征收。2000年1月1日停征。1994—2002年，区地税局累计征收固定资产投资方向调节税2943万元。

印花税　1914年开征，按件贴花，行为凭证26种。抗日战争时期，日伪政府依照旧章征收；抗日民主政府未正式征收。1952年，规定印花税目有25个，按金额或件定额贴花。1953年，印花税并入工商业税内征收。1956年，印花税按金额比例贴花，税率为3‱～3‰；

按件定额贴花。1958年，印花税并入工商统一税征收。1988年10月1日，实施国家《印花税暂行条例》，复征印花税。对经济活动和经济交往中书立、领受凭证的单位和个人征税。采用比例税率和定额税率两种计税方法。比例税率有5档，分别为1‰、5‱、3‱、0.5‱、0.3‱；定额税率每件固定为5元。1994—2002年，区地税局累计征收印花税353万元。

城市维护建设税　1985年2月8日，国务院颁布《城市维护建设税暂行条例》，从本年度起施行。按其实际缴纳税额计征。征税额度市区为7%，县城和建制镇为5%，农村为1%。1994—2002年，区地税局累计征收城市维护建设税4935万元。

土地增值税　自1994年1月1日起开征。凡转让国有土地使用权、地上建筑物及其附着物并取得增值额的单位和个人，均为纳税人。税率依增值率多少分别实行30%、40%、50%、60%。1997—2002年，区地税局累计征收土地增值税354万元。

屠宰税　1877年，开始对猪征收屠宰税，时称肉厘。1916年，扩大征收范围，增加牛、羊、驴等屠宰税。抗日战争时期，日伪政府按屠宰后实际重量的20%～30%计价征收；抗日民主政府根据地内，以当地猪、羊平均出肉量，依3%比例税率计征。1952年，按屠宰后的实际重量从价计征，税率为10%，自养、自宰、自食者免税。1953年，屠宰商原纳的印花税、营业税及营业税附加，并入屠宰税内征收，税率调整为12%。1957年，屠宰税率下调为8%。1969年11月，按头定额计征，猪2元、绵羊4角、山羊2角。1973年，国营食品公司屠宰税并入工商税内征收。1981年7月，宰杀菜牛每头征税4元。1984年4月，宰杀猪、牛、羊、驴、骡5种牲畜，按宰杀后的实际重量和市场平均销售价格，按3%的比例征税。1985年，国家财政部颁布《关于改进屠宰税征税办法的若干规定》，凡经营生猪（包括菜牛、菜羊）的单位和个人，均比照国家《产品税条例（草案）》规定，由收购者根据收购所支付的金额和规定的税率计算缴纳产品税，不再征屠宰税；集体伙食单位屠宰牲畜，仍按头征收定额屠宰税，税额应与征收生猪产品税的税负大体相等。从此，屠宰税的纳税人仅为农民和集体伙食单位。其税率由各省、自治区、直辖市自行规定。1994年，税制改革时，国务院将屠宰税下放给地方管理，征收与否，由各省、自治区、直辖市政府自行决定，具体征收办法根据屠宰税暂行条例的规定制定，并报国务院备案。是年4月24日，省政府发布《山东省屠宰税征收办法》规定，屠宰税在收购环节或屠宰环节征收，税额分别为生猪每头10元，牛、马、驴、骡每头20元，羊每头2元。1996年1月1日起，屠宰税划转地税系统管理。2002年6月18日，山东省范围内取消屠宰税。1995—2002年，区地税局累计征收屠宰税60万元。

第六节　其他税收

教育费附加　1986年7月1日起开征。对缴纳增值税、消费税、营业税的单位和个人，依据其实际缴纳的税额计征，附征率为1%和2%。1994年，附征率提高到3%。1994—2002年，区地税局累计征收教育费附加金额1957万元。

文化事业建设费　1997年1月1日起，按照国务院《关于进一步完善文化经济政策的若干规定》，开征文化事业建设费。以缴纳娱乐业、广告业营业税的单位和个人为纳税人。计征方法：应纳文化事业建设费＝应纳娱乐业、广告业营业税的营业额×3%。

水利基本建设专项资金　1994年1月1日起开征。按企业上年销售收入或营业收入的1‰征收。1997年7月1日停征。

发展旅游事业费　1998年1月1日起，由地方税务部门采取比例加价征收的方式，代征发展旅游事业费。经有关部门批准的各类宾馆、饭店、旅行社等旅游企业，按其计税营业收入的1%征收，旅游景点（场所）、索道公司等按票价收入的3%征收。

1994—2002年福山区地税局税收情况表

表23-2　　　　单位：万元

年份 税种	1994	1995	1996	1997	1998	1999	2000	2001	2002
营业税	955	1154	1978	2787	2819	2329	3277	2865	4306
资源税	8	16	23	22	10	12	12	8	19

续表 23-2

年份 税种	1994	1995	1996	1997	1998	1999	2000	2001	2002
企业所得税	781	1205	1084	1383	1202	1438	1704	4338	4344
个人所得税	18	49	424	489	570	722	669	668	1078
房产税	83	79	133	181	362	546	600	568	778
车船使用税	28	43	69	75	39	47	164	175	163
土地使用税	26	23	24	21	107	172	326	267	309
土地增值税	—	—	—	5	17	39	116	98	79
印花税	13	18	28	24	40	42	55	51	82
屠宰税	—	1	5	6	11	15	16	2	4
投资方向调节税	206	149	188	196	549	1004	330	284	37
城市维护建设费	92	227	410	525	602	701	749	764	865
教育费附加	19	35	86	178	278	304	347	336	374
合计	2229	2999	4452	5892	6606	7371	8365	10424	12438

第七节　涉农税收

涉农税种主要包括农业税、农业特产税、契税和耕地占用税，均由财政部门征收管理。

农业税　古称地税、田赋。明朝前期，田赋每年分夏、秋两季，征收实物。1436 年（明正统元年）以后，田赋、土贡及其他实物税目，皆折征银两。丁役不分银差、力差，皆收银两，称“丁税”或“丁银”。清朝初年，赋税沿袭明制。1726 年（清雍正四年），实行“摊丁入亩”，将丁银并入田赋征收，统称“地丁”或“地丁钱粮”。清时地丁分春、秋两次征收。民国初年，地丁征收沿袭清制。随着币制的改变，由征银两改为折征银元。分正额和省附加两种。20 年代，军阀混战，军需浩繁，地丁正额之外附征项目繁多，附税特捐超过正额数倍。1935 年后，地丁改称田赋。抗日战争时期，日伪政府仍沿用税银折款办法征收田赋。1941 年，县抗日民主政府在解放区征收田赋，将土地划分为上、中、下 3 个等级计算。1945 年，福山第一次解放后，老解放区将土地划分为 17 个等级、新解放区按 3 个等级和人均占有土地数量，用累进的方法以实物（粮食）为主征收田赋。

中华人民共和国成立后，田赋改称农业税，仍以征收实物为主。1952 年，土改结束后，全县进行查田定产，核定计税土地，按国家统一规定的农业税税率，每人扣除 50 公斤免征额后，依率计征。如遇自然灾害，根据受灾程度依法减免。1953 年，实行统购统销后，征收的粮油与统购的粮油同时入库，分别计算。征收部分，以货币形式由财政部门入缴国库。1958 年公社化后，按正常年景的产量重新评定纳税额，一定 5 年不变，实行无免征额的比例税制。1958 年 6 月，首届全国人大通过《中华人民共和国农业税条例》，以粮食年均产量核定征收任务。农业税征收包括粮食、薯类、棉花、麻类、烟叶、油料、糖料、其他经济作物、园艺作物的收入及经国务院规定或者批准征收农业税的其他收入。1974 年，对原来的常年产量予以全面调整，按前 5 年的粮食平均产量，作为后 5 年农业计税的常年产量。1979 年，实行起征点的办法，每人平均口粮在省统一规定的起征点 180 公斤以下、收入不足 40 元的，免征农业税。1983 年，停止执行起征点办法，对原享受起征点减免照顾的生产队恢复征收农业税。1985 年，开始采取折征代金办法征收农业税，将过去以集体为单位统一结算，改为以户为单位结算，按核定的常年产量计算，价格由省财政厅根据当年国家粮食收购价格为准。分夏、秋两季征收，并把农业税附加的 10% 留给乡镇用于公共设施建设，5% 留给区财政。1986 年以后，农业税征收采取村委代收、统一交乡镇财政、再由乡镇交区财政，或由粮食收购部门代扣的方式，保证了农业税按时入库。1986 年开始，开征农业税附加，共征收 17.2 万元；1987 年征收 24.2 万元；1997 年征收 77.7 万元；1999 年征收 53.97 万元。

农业税税率：1958—1997 年为 15.5%，1998 年下调为 7%。2002 年，开展农村税费改革试点，取消村提留和乡统筹，改为征收农业税。全面核实计算土地面积，重新评估计税常产，计税价格按山东省统一要求确定为每公斤标准粮 1.14 元，一定 5 年不变，农业税率为 6%。同时，征收税额 40% 的地方附加。1978—2002 年，全县（区）共征收农业税 4808.29 万元。1980—1985 年，全县（区）农作物因受灾歉收，共减免农业税 71.7 万元，年均减免

11.95万元。1989年，全区减收农业税20万元。1991年，减免农业税14万元。

农业特产税　1988年，福山区开征农林特产税，初期按特产品实际收入核定征收，以当地统计资料前3年的平均产量为基础，核实纳税单位当年农林特产实际种植面积、产量和收入，按法定税率计算征收，一定3年不变。税率相当于农业税率的2.5倍左右，苹果税率为15%，梨、桃、杏为10%。之后，随着农林特产品生产迅速发展，采取摸清税源底子、公平税率、据实征收农林特产税的办法。1994年1月30日，国务院颁布《关于对农业特产收入征收农业税的规定》，农林特产税改称农业特产税，征税范围增加水产品捕捞收购和贵重食品、牲畜和食用菌产品。山东省对特产品收入税率进行调整，苹果、梨均为12%，其他水果和干果为10%，果用瓜为8%。2002年，农业特产税政策进行相应调整，大田生产的西瓜、甜瓜、甜叶菊改征农业税，不再征收农业特产税；苹果应税税率由12%调减为8%，同时征收应负税额20%的地方附加。1988—2002年，全区累计征收农业特产税6942.3万元。

耕地占用税　1987年4月1日，国务院颁布《耕地占用税暂行条例》，同年6月25日，国家财政部发布《关于耕地占用税具体政策的规定》，自同年4月1日起占用的耕地，都依法缴纳耕地占用税。对未经批准占用的耕地，4月1日以后到土地管理部门办理用地手续的，照章征收耕地占用税。耕地占用税的纳税人包括占用耕地建房或者从事其他非农业建设的各类企业、单位、个体经营者或其他个人（一般不包括外商投资企业、外国企业和外国人）。征税范围包括占用国有和集体所有的用于种植农作物的土地、新开荒地、休闲地、轮歇地、草田轮作地。适用税率以县为单位划分，福山区按山东省1987年统一规定的每平方米5.5元计征。1987—2002年，全区累计征收耕地占用税2885万元。

契税　清初，田房典当或买卖，均按契价征银。1909年始，卖契与典契分别计税。民国初年，沿袭清末税率。抗日战争时期，日伪政府征收的契税税率常有变更，有时卖契税率高达15%，典契税率高达10%。1944年，胶东行政公署颁布田房契税暂行办法，税率按土地等级定额征收，随征契纸工本费每张2元。后按原税额的60%征收。1946年，在评定登记土地等级的地区，按上中下等级之土地，每亩分别征收契税80元、60元和40元；山岚、草地等，每亩征收35元。乡村房契，按所占土地面积，依该村最高土地等级征收。

中华人民共和国成立后，人民政府制定新的契税条例，凡不动产之买卖、典当、赠予、交换由承受人验契纳税。买契税按买价6%、典契税按3%、赠予税按时价6%征收；交换双方价格相等者免征，价格不相等者，则按差价60%征收。1954年，契税只对个体农民及其他人购买、承典、受赠的房屋征收。1956年，土地归集体所有，不再自由买卖，停征土地契税，房屋契税也逐年减少。此后，契税时征时停。1962年，恢复征收房屋契税，卖契税率为6%，典契税率为3%。1978年，停征房屋契税。1991年，恢复征收契税，税率为6%。1997年7月7日，国务院重新颁布《契税暂行条例》，同年10月1日起施行。凡转移土地、房屋权属，承受的单位和个人，均应缴纳契税。转移土地是指国有土地使用权出让和土地使用权转让（包括出售、赠予和交换），房屋权属包括房屋买卖、房屋赠与、房屋交换。税率为3%～5%。同年10月28日，国家财政部颁布《契税暂行条例细则》。1998年6月11日，省政府发布《山东省国契税征收规定》，对征税范围进行调整，确定税率为3%，并对减免政策做出相应调整和规定，城镇职工在国家规定标准面积内第一次购买公有住房的免征契税。1999年，烟台市契税税率调减为1.5%。1991—2002年，全区累计征收契税为1200万元。

1978—2002年福山区涉农税收情况表

表23-3　　　　单位：万元

年份	农业税	耕地占有税	农业特产税	契税
1978	83.18	—	—	—
1979	97.01	—	—	—
1980	92.4	—	—	—
1981	86.2	—	—	—
1982	71.17	—	—	—

续表 23-3

年份	农业税	耕地占有税	农业特产税	契税
1983	97.08	—	—	—
1984	95.96	—	—	—
1985	111.79	—	—	—
1986	122.1	—	—	—
1987	113.5	11.1	—	—
1988	141.7	97.4	27	—
1989	107.7	92	147	—
1990	117.4	73	270.4	—
1991	123.1	81.5	230.9	5
1992	142	292	220	12
1993	179	142	196	5
1994	230	119	381	8
1995	277	120	464	13
1996	381	235	700	35
1997	383	285	722	65
1998	382	410	730	53
1999	360	241	730	85
2000	260	120	750	145
2001	261	120	855	300
2002	493	446	519	474

第四章　税务管理与检查

福山区税务系统在税收征管上实行税务管理员制度，加强税源监控、调查核实、纳税评估、日常检查和纳税服务等工作。在税务检查方面，依照税收法律法规和财产会计制度对纳税人、扣缴义务人及其他有关纳税事项进行审查、核实、监督。税务稽查部门充分发挥内促征管、外防偷逃的职能，依法对纳税人的纳税情况进行日常稽查、专项稽查和专案稽查。同时，采取多种形式，及时受理群众税务举报案件，打击偷税、逃税行为。

第一节　征管形式

福山区国税局加强税源监控，以申报纳税和优化服务为基础，以计算机网络为依托，集中征收，重点稽查，强化管理。充分发挥税收管理员的基本职能，将管事与管户有机结合，通过实地监控或采取“信息比对”等科技手段，加强户籍监控、生产经营情况监控、未申报纳税情况监控、发票使用情况监控等，及时掌握纳税人户籍登记及生产经营变动情况，监督纳税人依法履行申报纳税义务，重点解决“管户不到位”和“税负率异常”等问题。

区国税局构建以日常征收管理为主体、以纳税评估为补充的税收征收管理体系。研究总结出“增值税分析选案法”，根据纳税人会计报表中的产品（商品）销售收入、销售成本和期初存货、期末存货两组数据，利用“存货资产变化率”“存货率”“税负率”三个指标来综合分析企业在涉税资料中反映出的疑点和问题。在综合评析过程中，采取“集体会诊”的办法，共同探讨问题原因和查找方法，有效地提高选案的准确性和评估效率。根据纳税人报送的纳税申报资料，以及日常掌握的各种涉税信息资料，运用科学的手段和方法，对纳税人纳税申报的准确性、真实性进行定性和定量分析，查找处理具有普遍性和规律性的税源变化情况及异常问题。在此基础上，根据不同对象，分为一般程序和简易程序进行纳税评估。一般程序适用于评估分析发现疑点但非偷、逃、骗、避税或虚开增值税专用发票等重大问题嫌疑的评估对象，包括评估分析、约谈举证、调查核实、评定处理4个环节；简易程序适用于评估分析未发现疑点或者存在偷、逃、骗税或虚开增值税专用发票等重大问题嫌疑的评估对象，包括评估分析、评定处理2个环节。对在一般程序的约谈举证环节中发现的偷、逃、骗税或虚开增值税专用发票等重大问题嫌疑的参照适用简易程序，直接转入评定处理环节。区国税局制定《纳税评估积点考核办法》，对评估人员推行“积点”考核，把考核情况纳入岗位目标责任制考核中，提高评估技能，充分调动评估人员的积极性，增强做好评估工作的责任心。

税收管理员按照国家税务总局下发的《纳税评估管理办法（试行）》和《山东省国家税务局纳税评估管理操作规程》，以省局纳税评估系统为依托，积极开展纳税评估工作。纳税评估工作原则上在纳税申报期之后进行，评估的期限以纳税申报的税款所属当期为主，特殊情况可以延伸到往期乃至以往年度。同时，严格按照《中华人民共和国税收征管法》相关规定，加强日常管理，积极做好注销登记检查、发票检查与协查、安装使用税控装置的检查、所得税汇缴检查、涉外税务审计等。在具体实施过程中，出具税务检查证和《税务检查通知书》，并告知被查纳税人检查的时间、范围和所需准备的资料、情况等。日常检查由2名或以上税收管理员参加，采取审核、调查、询问、确认或实地检查的方式进行，如实记录检查中发现的问题、涉及的账簿、记账凭证、金额以及相关税收问题等。

区国税局推行“一窗式”管理制度，坚持“一家查账，多家认账”和信息交流制度。各征收分局不得对稽查选案计划名单中纳税人以前年度的纳税情况进行评估。稽查局将已查企业的检查情况在执行完毕10日内通报给征收分局，征收分局对列入稽查选案计划名单的企业以前年度的偷税线索，及时提供给稽查局。坚持涉外审计和汇算清缴二者选其一的原则，对需进行汇算清缴的纳税人，先根据纳税人的有关情况确定涉外审计对象，其余的进行汇算清缴。建立健全严格的征管责任追究制度。工作业绩与年终评先选优、公务员考核和奖金等挂钩，严格奖惩兑现和责任追究，真正把征管责任落实到部门、到人。

福山区地税局在充分考虑税源结构、行业管理、征管力量、行政区划的基础上，建立起符合本区实际征收管理需要的征管责任区。将全区划分为直属、清洋、福新、高疃、回里、门楼6个征收分局与一级管理责任区、稽查局稽查责任区。各征收分局局长为第一责任人。一级征管责任区根据各自实际，又细划分出14个二级征管责任区，实行税收管理员负责制，严格落实三评估制度，完善有关评价的基础资料。制定出台《征管责任区管理考核办法》，明确职责、税收计划和征管质量等考核指标，实行责、权、利整体挂钩管理。并与一、二级征管责任区第一责任人签订责任书。一级征管责任区建立考核日志，定期对二级征管责任区的工作进行考核、记录。此外，采取“抓大、控中、定小”的分类征管办法，将全区所有企业按照年纳税额划分为3档，实行责任到人管理。年纳税额在50万元以上的重点企业，由局党组成员定点联系“抓大”管理；对年纳税额在10万～50万元之间的中型企业，由分局长定点负责“控中”管理；对年纳税额在10万元以下的小型企业，实行“定小”管理。区地税局还设立一部专线电话，与区工商、土管、房产、财政局加强联系，定期通报各种权利许可证照办理情况，并积极推行网上申报、双委托申报等多元化纳税申报方式，使其登记纳税户数达80%以上。

第二节　税务检查与稽查

税务检查　福山区税务部门经常采取专管员检查、专管员互查、联合检查、纳税户自查、纳税户互查、日常检查、专项检查、专案检查等多种形式，开展税务检查。1962年，全县国营企业35户，实查34户，查补税款3768元；队办企业590户，实查590户，查补税款1.52万元；其他如小型定额纳税户共查355户，补缴税款2626元。1978年上半年，对全县欠税欠利单位处以5‰的滞纳金罚款。1979年，检查280户纳税单位，占纳税单位的76.9%，查出有问题纳税户152个，占检查户数的54.3%，补缴税款9.47万元。1982年，检查全县608户纳税单位，自查155户，互查157户，专业抽查和全面检查174户（包括社队企业），共查出违纪金额30.89万元，补缴税款18.45万元。此后，税务部门每年都联合财政、金融、审计部门对区内工商企业定期或不定期地进行税务大检查。对偷税、逃税、骗税、避税或虚开增值税专用发票等涉税违法犯罪案件，除补缴税款外，移交司法机关查办。

税务稽查　1988年8月，区税务局稽查大队成立，专司偷税、逃避、欠税、骗税、抗税案件的查处工作。1994年9月，区国税局和地税局分设后，分别成立税务稽查分局，主要负责组织、指导、协调和监督本系统的税收检查，对重点税源企业和税务违法案件进行查处、审理，对税收案件举报进行受理、转办及与公安、检察、审判机关协调税务稽查中的司法工作。区国税局稽查分局内设选案审理科、稽查执行科和税务违法案件举报中心，具体负责贯彻执行税务稽查法律、法规和规章的实施，组织税收检查，对一般税务违法案件的审理、执行和群众举报税务案件的受理、查处，对国税系统稽查部门“金税工程”增值税专用发票进行协查，配合司法机关做好涉税违法犯罪案件的查处等工作。1994—2002年，区国税局稽查局共查处税务违法案件486起，查补税款、罚款、滞纳金3669万元。

区地税局稽查分局在日常稽查工作实践中逐步探索出选案、稽查、审理、执行“四分离”的税务稽查工作机制。根据各征收分局提供的上年度企业名单，拟定稽查计划，确定稽查重点，对全区企业分行业、分所有制性质进行税收稽查，每年稽查企业总户数不少于100户。设立税务稽查大案、要案审理委员会，实行集体定案，确保案件事实清楚、论据确凿、定性准确、适用法律正确、处罚种类与幅度合法得当。

第三节　税务案件举报

税务稽查部门受理的税务案件举报形式有口头、电话、来信、来访等。对举报案件实行登记制度，对举报人实行严格保密制度。1994—2002年，区国税局稽查局共受理群众举报案件207起，查处税收违法行为147起，查补税款290万元。区地税局共受理信访投诉97起，查处有税收违法行为的68起，查补税款384.2万元。

1994—2002年福山区国税局税务稽查收入表

表23-4

年份	金额(万元)	年份	金额(万元)
1994	216	1999	511
1995	254	2000	220
1996	320	2001	497
1997	389	2002	645
1998	617	—	—

1994—2002年福山区税务部门受理税务举报案件情况表

表23-5

年份	国税局				地税局			
	受理件数	其中违法件数	补税(万元)	滞罚(万元)	受理件数	其中违法件数	补税(万元)	滞罚(万元)
1994	31	28	11	4	—	—	—	—
1995	16	15	72	19	4	3	6.64	3.83
1996	19	16	27	7	7	4	8.32	4.53
1997	22	18	58	17	11	6	13.34	7.19
1998	26	23	13	4	13	9	19.35	10.75
1999	35	13	14	5	12	7	24.93	13.98
2000	21	12	16	7	15	11	41.48	21.24
2001	23	17	7	4	16	13	52.92	31.78
2002	14	5	3	2	19	15	81.45	42.47
合计	207	147	221	69	97	68	248.43	135.77

第二十四编　金融保险

1978 年前，境内的金融机构单一，存、贷款种类和数量较少。改革开放后，社会各项事业迅速发展，国有多家银行先后在福山设立分支机构，一些地方性融资机构也相继成立。各银行扩大存款、贷款种类，支持地方经济发展，存、贷数量增长较快。

1993 年前，各金融机构除储蓄存款业务相同外，其他分工较明确，人民银行专司中央银行职能，工商银行履行工商业贷款职能，农业银行负责农村金融业务和信用社业务，建设银行履行国家基本建设拨款和技术改造贷款职能，中国银行履行国家外汇存、贷职能，住房储蓄银行主要服务于房改和房地产业。1994 年始，金融体制改革，各专业银行开始向商业银行转轨。人民银行的中央银行地位和职能进一步强化，监督范围逐渐扩大至商业银行、政策性银行和城乡信用社、保险、证券、拍卖、典当等行业。各金融机构业务范围不断扩展，由简单拨款、存款、贷款和结算等，拓展为办理适应新形势发展的转账、信用卡、票据承兑、委托代理等，并由国内发展到国际，承办国外存款、贷款、汇款、结算等业务。同时，金融机构开展多种中间代理服务业务。金融管理逐步走向规范化、现代化，与国际金融业接轨。

境内的保险业务始于 1951 年，福山保险公司开办国营企业财产强制性保险。至 1980 年，险种有国营企业财产强制性保险、团体火灾保险、运输保险、人民财产保险、企业财产保险、机动车辆及第三者责任保险、小麦麦场火灾保险、团体人身意外伤害保险、生猪保险等。

第一章　金融机构

清时，金融机构称为钱庄。福山最早的钱庄“通生号”，创办于 1823 年（清道光三年）。民国初年，钱庄发展到 16 家。1932 年达到 67 家（含烟台市）。开设于县城的著名钱庄有 10 余家。资本多者 1.4 万元，少者千元。1938 年，日军侵占福山后，各钱庄相继倒闭。1943 年 5 月，北海银行成立蓬（莱）福（山）办事处。1946 年撤销，并入县政府实业科。

图 24-1　烟台农商银行福山区支行

1949 年 11 月，中国人民银行福山办事处成立。至 2002 年，境内金融机构增至 11 家。其中，领导机构有中国人民银行福山支行 1 家；国家独资商业银行有中国建设银行烟台市福山区支行、中国农业银行烟台市分行福山区支行、中国工商银行福山支行、中国银行烟台市福山支行 4 家；股份制银行有烟台市商业银行福山支行、恒丰银行福山支行、交通银行烟台分行福山支行、中信银行股份有限公司烟台福山支行 4 家；政策性银行有中国农业发展银行烟台市福山区支行 1 家；非银行金融机构有烟台市福山区农村信用合作社联合社 1 家。

第一节 银行金融机构

中国人民银行烟台市分行福山区办事处 1949年11月，中国人民银行福山办事处成立。1951年2月，改为福山支行，下设古现、旺远两处营业所。1953年，增设黄务、门楼、谭家庄、高疃、城西营业所。1962年，增设福山镇、兜余、张格庄营业所。1970年，增设八角、东厅营业所。1983年11月，中国人民银行福山支行改称中国人民银行烟台市分行福山区办事处，内设信贷科、计划科、人事科、秘书科、会计科、出纳科，下设城关镇和留公营房储蓄所。1984年底，按照国家有关规定，中国人民银行烟台市分行福山区办事处作为全区金融事业的领导机构，其原有业务移交中国工商银行烟台市分行福山区办事处办理。

中国建设银行烟台市福山区支行 1979年3月，中国人民建设银行福山县支行成立，内设拨款室、会计室。经办县内国家预算基建、自筹地方基建资金及施工企业结算等业务。1983年11月，更名为中国人民建设银行烟台市福山区支行。1984年6月，内设业务股、会计股。1986年12月，业务股、会计股撤并，设立人秘科、投资管理科、建筑经济科、会计出纳科。1987年9月，设县府街储蓄专柜，开办居民个人储蓄业务。1988年4月，设西大街储蓄所。1988年5月，撤销县府街储蓄专柜，设县府街储蓄所。1988年8月，支行内设储蓄科，设兜余储蓄所。1989年1月，撤销人秘科，设办公室、保卫科。同年4月，撤销会计出纳科、储蓄科，设储蓄出纳科、会计科。5月，设门楼储蓄服务部。1990年6月，撤销门楼储蓄服务部，设门楼储蓄所。1991年1月，支行内撤销储蓄出纳科、会计科，重设会计出纳科、储蓄科。1992年3月，设北一路储蓄所。1993年10月，支行内设立信用卡业务部。同年12月，设福海路储蓄所。1994年2月，设北二路分理处。同年6月，支行内设对公存款科。11月，设河滨路、大沙埠储蓄所。1995年1月，设火车站结算处，支行内投资科和对公存款科合并，设信贷管理科。1996年1月，支行内撤销建筑经济科，设工程预算审查科。同年3月，中国人民建设银行烟台市福山区支行更名为中国建设银行烟台市福山区支行（以下简称建设银行福山支行）。5月，设西大街办事处。1997年1月，支行内设计算机管理科，北二路分理处迁址到永达街并更名为永达街分理处，大沙埠储蓄所迁址到原北二路分理处所在地址，并更名为北二路储蓄所。1998年3月，支行内原科室撤并，设综合部、计划信贷部、中间业务部、筹资储蓄部、营业部。1999年4月，支行内保卫工作职责从综合部分离出来，单设保卫部。2000年9月，撤销福海路储蓄所。2001年4月，北一路储蓄所迁址永安街并更名为永安街储蓄所。支行内设部门合并，设综合部、客户服务部、营业室3个部门。同年9月，撤销河滨路储蓄所。2002年10月，撤销南苑街、兜余、门楼储蓄所。

中国农业银行烟台市分行福山区支行 1956年9月，中国农业银行福山县支行成立，与人民银行县支行合署办公。主管支农资金，办理农村信贷，对农村信用合作社实行业务领导。1958年，并入中国人民银行福山支行。1964年1月，农业银行与人民银行分业经营。农业银行负责农村金融业务和信用社领导工作。基层营业所与人民银行营业所合署办公，挂人民银行、农业银行两块牌子。1965年10月，农业银行并入人民银行。1980年7月，农业银行从人民银行中分离出来，恢复中国农业银行福山县支行，设人秘股、农金股、会计股、出纳股、计统股、企业信贷股；下设福山镇、兜余镇、门楼镇、回里镇、高疃镇、古现镇、张格庄乡、东厅乡、八角乡、臧家乡10个营业所和西山、芝阳、福海路、烟台开发区4个办事处。1983年底，中国农业银行福山县支行改称中国农业银行烟台市分行福山区支行（以下简称农业银行福山支行）。1994年3月，农业银行福山支行与农村信用社分设，10处乡镇农行网点与农村信用社分门营业。1996年10月，中国农业发展银行烟台市福山区支行成立，相关业务从农业银行中分离出来。11月，农村信用社与农业银行脱离行政隶属关系。是年，农业银行福山支行在城区增设网点和代办机构，后因制约化经营，对代办机构、代办网点进行撤并。至2002年，农业银行福山支行内设办公室、计划财务部、信贷管理部、个人业务部、公司业务部，下设分理处、储蓄所等营业机构13个。

中国工商银行福山支行 1984年4月，中国工商银行烟台市分行福山区办事处成立，人员由中国人民银行福山支行转入。内设人事科、秘书科、信贷科、计划科、会计科、出纳科和储蓄部；下设中心储蓄所和第一、第二储蓄所。1989年，中国工商银行烟台市分行福山区办事处更名为中国工商银行福山支行（以下简称工商银行福山支行）。同年，中心储蓄所及下属南山路、西山路、西大街、通仙路、车辆厂、酒厂、金属木材公司、铜矿8个储蓄所同时更名为工商银行福山支行储蓄所。1995年10月，成立高新区永达街分理处。同年，支行内设科技部。1996年，设营业部（包括分理处）、业务部、公存部、储蓄部、办公室。2001年，下属储蓄网点撤并，设中心储蓄所和南山路、永达街分理处。2002年，支行内部机构调整，设业务部、营业部、办公室。

烟台市商业银行福山支行　1987年7月，烟台市福山区城市信用社成立，由人民银行福山支行、农业银行福山支行、福山农村信用社退休人员组成，内部合署办公，未设具体的职能科室。1992年底，内设办公室、信贷科、保卫科、营业部，下设城里街储蓄所。1994—1995年，将城里街储蓄所改建为城里街服务部，并分别在北一路、南山路设立2个服务部。1996年10月，经人民银行批准，烟台市城市信用社联合社经整体股份改制，成立烟台市商业银行。同时，烟台市福山区城市信用社更名为烟台市商业银行福山支行（以下简称商业银行福山支行），下设的服务部改建为二级支行。

恒丰银行福山支行　其前身为烟台住房储蓄银行福山区支行，是国务院实行城市房改配套的一家专业银行，成立于1988年10月。内设办公室、计划信贷科、住房基金管理科、会计出纳科。1989—1990年，内设计划信贷科、住房基金管理科、会计出纳科、保卫科和办公室。1991—1993年，设支行1处、储蓄所1处。1994年，设分理处2个。1995—2001年，设分理处3处。2002年，支行内设办公室、信贷科、储蓄科、营业部、保卫科；下设二级支行3个。

中国银行烟台市福山支行　中国银行原为中央人民政府政务院特许的外汇专业银行。1983年9月，国务院决定中国银行与国家外汇管理总局分设，各行其职，中国银行统一经营国家外汇的职责不变。至此，中国银行由原中国人民银行的一个分支部门即国家金融管理机关，转为以盈利为宗旨的企业，成为中国人民银行监管之下的国家外汇外贸专业银行。1991年4月，中国银行烟台市福山支行（以下简称中国银行福山支行）成立。同年10月，内设存汇科、业务科、信用卡科、稽核科、人事科、电脑科、保卫科、办公室、财会科。1994年，外汇管理体制改革，国家外汇由外汇管理局经营，中国银行由外汇外贸专业银行开始向国有商业银行转化。各外汇业务银行在外汇业务经营方面享有平等地位，中国银行不再进行国家外汇专业管理，作为国有独资商业银行，与中国工行、农行和建行3家国有独资商业银行成为国家金融业的支柱。1997年3月，撤销存汇科、业务科、信用卡科，并入业务发展部；设业务管理部，稽核科并入业务管理部；人事科并入办公室；财会科并入营业部。

交通银行烟台分行福山支行　1994年5月，交通银行烟台分行福山办事处成立，内设办公室、计划信贷科、会计出纳科、保卫科。隶属于交通银行烟台分行管辖。是福山区最早成立的一家股份制商业银行。同年10月，设城里街储蓄所。12月，设县府街储蓄所。另外，发展储蓄代办网点67家（1995年后全部撤销）。1997年6月，城里街储蓄所升格为城里街分理处，后迁址松霞路，随之更名为高新技术产业区分理处。1998年12月，交通银行烟台分行福山办事处升格为交通银行烟台市福山支行。2000年，改称交通银行烟台分行福山支行（以下简称交通银行福山支行）。2001年，县府街储蓄所迁址永安街，随之更名为交通银行福山支行永安街储蓄所。

中国银行福山支行辖属机构情况表

表24-1

网点名称	成立时间	备注
中国银行福山支行城里街储蓄所	1991年11月22日	2000年2月15日撤销
中国银行福山支行西大街储蓄所	1991年11月22日	
中国银行福山支行西山路储蓄所	1992年7月28日	迁址改称汇福街储蓄所
中国银行福山支行河滨路储蓄所	1992年7月28日	
中国银行福山支行下刘家分理处	1993年10月21日	
中国银行福山支行区府街储蓄所	1993年10月21日	
中国银行福山支行区府街办事处	1994年12月18日	更名为县府街办事处
中国银行福山支行县府街储蓄所	1996年4月3日	2000年11月28日撤销

续表 24-1

网点名称	成立时间	备注
中国银行福山支行县府街办事处	1996 年 4 月 3 日	更名为县府街分理处
中国银行福山支行汇福街储蓄所	1998 年 4 月 21 日	2000 年 2 月 15 日撤销
中国银行福山支行县府街分理处	2002 年 2 月 1 日	更名为县府街储蓄所

中国农业发展银行烟台市福山区支行　1996年11月，中国农业发展银行烟台市福山区支行（以下简称农发银行福山支行）正式挂牌成立，隶属中国农业发展银行烟台市分行。内设办公室、会计出纳部、计划信贷部。所有财产及人员均由农业银行福山支行划转。农发银行的主要任务是按照国家法律、法规和方针政策，以国家信用为基础，筹集农业政策性信贷资金，承担国家规定的农业政策性金融业务，代理财政性支农资金的拨付，为农业和农村经济发展服务。实行独立核算、自主保本经营、企业化管理，在业务上接受中国人民银行的指导和监督。主要资金来源从中央银行贷款、财政拨入资金和发行金融债券。2000 年 12 月，会计出纳部与办公室合并为综合业务部。2002 年 2 月，内设机构又设办公室、会计出纳部、计划信贷部。

中信银行股份有限公司烟台福山支行　1998 年 11 月，中信银行股份有限公司烟台福山支行成立（以下简称中信银行福山支行），受人民银行和中信银行股份有限公司烟台分行领导。内设营销部、营业部，辖区内无分设网点，人员编制归烟台分行统一分配管理。中信银行是第一家由国有大型企业集团独自创办并控股经营的现代商业银行。

第二节　非银行金融机构

1953 年，人民银行福山支行在曲家台子和胜利东村试办信用合作组，吸收社会闲散资金，发展组织，办理贷款，年底发展到 7 个组。1954 年，改组为社，发展到 34 处。1956 年，合并为 21 处，有社员 42955 人。1972 年，在旺远成立信用社，直属回里信用社领导。1977 年，试办村代办站。1979 年，县农村信用社与农业银行合署办公并由其兼管。1983 年始，农业银行进行改革，信用社产生民主管理委员会，恢复信用社固有的“管理上的民主性、经营上的灵活性和组织上的群众性”。同期，恢复信用社股金分红制度，对农村信用社社员进行清股，落实股权，补发拖延的股息，换发股证，并在自愿的原则下吸收新社员，扩大股金。是年，全区农村信用社分社发展到 7 处。到 1985 年底，全区有农村信用社 10 处，信用分社 6 处，信用代办站 152 处。1994 年 3 月，农村信用社与农业银行分离，更名为山东省烟台市福山区农村信用合作社联合社（以下简称福山农村信用社），主管部门仍为烟台市农业银行。内设督查科、业务科、财会科、人秘科，并下设八角信用合作社、古现信用合作社等营业机构 21 处。其中，信用社 10 处、信用分社 5 处，储蓄所 6 处。下半年，福山农村信用社增设保卫科、电脑部。同年，增加观月顶分社和三里店、东关、商业街储蓄所 4 处营业机构。1996 年 11 月，福山农村信用社与烟台市农业银行脱离行政隶属关系，由人民银行兼管。1997 年 5 月，福山农村信用社增设营业部，辖营业网点 26 处。1999 年 5 月，增设资产管理科，专项负责不良资产处置等工作。

2002 年 9 月，古现农村信用合作社、八角农村信用合作社划归烟台开发区。至年末，福山农村信用社内设专业管理科室 7 个，下设营业机构 21 处。

第二章　金融业务

清道光三年（1823 年），县城通生号钱庄办理储蓄业务。民国期间，各钱庄和商号争相开展储蓄业务，集聚资金。1947 年，北海银行胶东分行福山办事处开始办理集体存款。

中华人民共和国成立后，中国人民银行福山县办事处始办保本保值定额储蓄（简称双保储蓄）。企业、机关、团体等单位根据国家规定，对超过库存限额的现金及一切转账收入，须按规定存入国家银行。

1951年，福山支行相继开办活期储蓄、整存整取定期储蓄、定额储蓄、整存整取有奖定期储蓄等业务。1953年，开展“售粮优待储蓄”，存期不超过6个月，利息优惠，对象仅限于售余粮给国家的农民，收购任务结束后即停办。1954年始有信用社存款。1955年，福山支行开办华侨（人民币）定期储蓄。1956年，曾开办活期有奖储蓄。1963年，国民经济进入调整时期后，储蓄工作坚持“存款自愿，取款自由”的原则，储蓄工作稳步发展。1971年，信用社始有社队企业存款。

改革开放后，境内金融机构增多，融资渠道拓宽。1979—2002年，国家又先后20次调整存款利率，增加储蓄种类，鼓励集体、个人储蓄存款，城乡储蓄连续直线上升。开办的储蓄种类有活期、整存整取、零存整取、存本取息、整存零取、定活两便储蓄存款和华侨（人民币）定期储蓄7个种类。2002年，全区人民币储蓄存款余额总计401723万元。其中，银行机构263386万元，农村信用社95008万元，邮政43329万元。

清末民初，民间互助性借款方式主要是“请会”（也称“标会”）。钱庄借贷方式是债主与借款人订立借约，写明借款金额、利率、偿还期限、抵押品及中间人、保人姓名等。当铺一般都按抵押品的半价以下向当户发放贷款，利息从当款中扣除，当期期满，当户如不赎出或办理续当手续，即为“死当”，当铺即将其当品没收，按时价拍卖。1948年11月，北海银行福山县办事处发放贷款20万元（北海币），支持裕成鞋店发展鞋业生产。1949年2月至10月，又发放民营工业、民营手工业、公营商业、公营工业和公营交通业贷款。

中华人民共和国成立后，工商信贷工作坚持“计划发展，有物保证，按期归还”的原则，对国营企业、城镇集体企业、个体企业发放工商贷款。1949—1952年，按照“先公后私”的方针，发放国营和私营贸易贷款，支持恢复发展生产。1953—1957年，本着“发展生产，繁荣经济，公私兼营，城内外交流”的方针，对有益于国计民生并符合国家经济计划的公营、合作、公私合营、私营及其他个体经济事业发放贷款。1958年，银行信贷管理放松，各种贷款大增。1962—1963年，加强信贷管理，在控制货币投放的同时，大量回笼货币。“文化大革命”期间，信贷失调，市场货币流通量增多，造成资金严重浪费。1976年以后，银行部门对工商企业进行摸底排查，清仓挖潜，对不合理的积压资金进行加息处理，以促进产、供、销的平衡，使工商贷款稳步增长。

1978年之后，信贷工作恢复正常。各银行认真落实“区别对待、择优扶持”贷款政策，提高信贷资金使用效益。1980年，恢复对城镇个体工商户发放贷款。改革开放初期，贷款发放较多，一度造成信贷相对失控、风险性贷款增加。1984年下半年开始进行清收，到1986年底，85%的风险贷款清理收回。1985年，信贷工作按照“有计划、有物资保证性、按期归还”的原则，从保收购转向保销售，严格执行信贷合同。是年5月，全国性控制信贷规模，全区信贷资金紧张。

1987年，信贷类型增多，由原来的信用贷款1种发展到保证贷款、抵押贷款、质押贷款和消费贷款4种，各银行风险贷款也随之增大，非正常贷款逐年增加。对此，人民银行对各专业银行实行计划规模管理，控制信贷总量，调整信贷结构，合理调配信贷资金，重点扶持效益好的企业。

90年代初期，信贷工作注重加强对贷款使用的监管，减少非正常贷款。“三资企业”贷款额逐年增加。1994年，专业银行开始向商业银行转轨，各国有商业银行集约化经营，实行借款履约保证金和贷款利息备付金制度，非正常贷款减少。1998年，面对金融风险和呆滞账贷款的出现，各银行加强金融监管，规定贷款人信贷资质。1999年，中国人民银行下发《封闭贷款管理办法》后，银行部门将有效益、有市场、发展潜力大的项目纳入封闭贷款计划。

2001年，各商业银行把加大信贷投入作为化解风险、提高效益、促进自我发展的有效途径，加快贷款增长。同时，票据承兑、贴现、打包放款、出口押汇等各种形式的融资力度不断加大。2002年，各银行及信用社各项贷款余额达216209万元。

第一节　存款

建设银行福山支行　80年代前期，建筑施工企业存款较小。1979 年，建设银行福山支行只开展对公存款业务，各项存款余额仅有 77.44 万元。1981 年，增加信托资金存款。1987 年 9 月，设立县府街储蓄专柜，开办个人储蓄存款业务。1988 年，增设城区储蓄所 2 个、乡镇储蓄所 1 个。1990 年，各项存款余额 4128 万元，其中居民存款余额 3116 万元，占 75.5%。

1991 年，开展储蓄代办业务。1992 年末，各项存款余额达到 19919 万元，是 1979 年的 257.2 倍。1997 年底，永达街分理处存款余额超过 1000 万元，创支行网点当年新增历史最好水平。1999 年，从银行的风险控制和经营发展出发，对 1995 年以来开办的住宅储蓄存款和自动转存存款进行清理，降低经营成本和经营风险。2000 年，全部撤销协储员，规范业务管理。

2001 年初，及时调整筹资战略，介入招商引资工作，赢得市场，使境内最大外资企业烟台矢崎汽车配件有限公司成为建设银行福山支行的客户。同时，积极发展福山高新区有外汇结算业务的外资企业在建设银行福山支行开户，培育新的存款增长点，增加外币存款。是年，外币企业存款月平均余额 330 万美元，人民币企业存款月平均余额 5800 万元。保持外币企业存款的增长和人民币企业存款的相对稳定。到年末，一般性存款余额为 25179 万元，外币存款余额为 118 万美元。2002 年底，建设银行福山支行各项存款余额达到 23752 万元，为 1979 年的 306.7 倍。其中，居民个人存款占 64.2%，对公存款占 12.9%，信托资金存款 22.9%。

1979—2002 年建设银行福山支行存款情况表

表 24-2　　　　单位：万元

年份	合计	居民储蓄	对公存款								信托资金存款
			小计	建设单位预算存款	地方待转自筹基建存款	自筹基建资金存款	更新改造资金存款	集体安装企业存款	单位借入资金存款	其他资金存款	
1979	77.44	—	77.44	5	—	—	4.11	35.48	—	32.85	—
1980	141.96	—	141.96	—	—	7.61	24.81	31.06	—	78.48	—
1981	213.86	—	188.83	4.58	—	14.58	25.11	31.55	—	113.01	25.03
1982	264.68	—	98.45	2.1	—	35.11	20.87	40.37	—	—	166.23
1983	113.95	—	113.95	2.1	—	9.26	65.08	37.51	—	—	—
1984	576.35	—	576.35	—	89.73	—	6.88	13.04	—	466.7	—
1985	803.34	—	346.4	—	218.47	29.5	7.04	45.1	46.29	—	456.94
1986	966	—	421	—	179	53	10	49	130	—	545
1987	1138	63	428	—	15	83	3	17	297	13	647
1988	2139	747	706	—	37	90	3	56	275	245	686
1989	2731	1835	418	—	10	45	3	15	225	120	478
1990	4182	3116	513	—	8	42	3	15	260	185	553
1991	6233	4349	1294	—	25	61	3	58	280	867	590
1992	11919	9135	1693	—	268	126	8	96	315	880	1091
1993	12528	9268	1724	—	270	138	8	105	320	883	1536
1994	14057	10621	1738	—	365	132	8	98	318	817	1698
1995	19148	16258	1485	—	223	89	6	83	285	799	1405
1996	25000	22008	1536	—	225	96	6	85	296	828	1456
1997	33315	23677	3033	—	295	147	9	168	826	1588	6605
1998	33196	23813	3043	—	298	150	9	159	827	1600	6340
1999	35956	26263	3059	—	306	149	9	164	819	1612	6634
2000	29663	21618	3021	—	292	143	8	164	806	1608	5024
2001	25179	17317	2999	—	287	138	7	159	798	1610	4863
2002	23752	15252	3070	—	296	150	8	168	821	1627	5430

农业银行福山支行　1986 年前，农业银行仅开展对公存款业务一项，存款余额很少。1987 年始，不断完善服务手段，加大宣传和存款吸收力度，发挥代办网点的作用，存款余额大增。到年末，各项存款余额达到 4359 万元。2002 年，各项存款余额达到 57057 万元。

居民储蓄　1987 年，农业银行福山支行开办居民储蓄业务，当年居民存款余额为 3075 万元，占总存款余额的 70.5%。1988 年后，采取稳固网点、拓展储蓄领域、增加储蓄种类、优化服务、对内部员工分配揽蓄任务等措施，居民存款余额逐年增加。1994年3月，农业银行福山支行与农村信用社分设后，6月始，在全区10处乡镇陆续设立代办站，储蓄存款迅速增长。1996年11月，根据国务院《关于农村金融体制改革的决定》，农村信用社正式与农行脱离隶属关系，农业银行由此由国有专业银行向国有商业银行全面转轨。农业银行福山支行从1997年1月开始，采取多种方式，推介储蓄品种和行业品牌，加大储蓄存款宣传力度。同时，加强柜台服务，拓展巩固客户群体，储蓄存款迅猛增长。2000年，开办集“存取款、转账、消费”于一体的“借记卡”业务，为客户提供方便。2001年，设置个人客户经理。到2002年，农业银行福山支行居民存款额43869万元，占总存款余额76.9%，是1987年的14.3倍。

集体存款　1980年，农业银行存款没有分类。集体存款余额25万元。1984—1986年，集体存款分农业存款和乡镇企事业存款。1987—1993年，增加工业企业存款。1994年，农业银行分设后，集体存款主要有农业、乡镇企事业、工业企业、商业企业、机关团体、财政预算外、外汇、其他存款8类。1996年，农行完成“一分一脱”后，集体存款逐年提高。2002年末，农业银行福山支行集体存款余额13188万元，占总存款余额的23.1%，是1980年的527.5倍。

工商银行福山支行　1985年，工商银行福山支行各项存款余额2611万元。1992年后大幅度上升。1995年10月30日，在福山高新区成立永达街分理处。1996年，永达街分理处存款额超过1000万元，创支行网点存款历史最好水平。1997年，区财政局将预算、社会养老保险金、失业保险金等基本账户转到工商银行福山支行，财政公存额达到2100万元。同时，还发展8个企业大户在工商银行福山支行开户，存款额占全行对公存款总额的50%以上。在居民储蓄方面，采取缓冲柜台、增加网点、开办电话银行、网上银行、发放银行卡、引导客户使用ATM自动柜员机等措施，储蓄量迅速增长。1999年，把业务范围又辐射到80多户乡镇企业，年均存款额达200多万元。2000年，福山高新区有150余家企业在工商银行福山支行开户。2001年后，又增加中间代理业务，发售国库券700万元，代理兑现兑付540万元；为多家事业单位代发工资、退休金和代收养路费；为财政局、税务局、电信局等部门代收多种费用，招揽存款，年均存款额以6000万元左右递增。2002年底，各项存款余额达到50228万元，是1985年的19.2倍。

商业银行福山支行　1987年底，福山区城市信用社开立账户98户，存款179万元。1988—1992年，储蓄业务发展较缓慢。到1992年末，各项存款余额2072万元。1993年，理顺规范内部管理规程，存款余额有所增加。1994年，增加储蓄网点，均对外办理存款结算业务。年末，各项存款余额达到5022万元。1995年，实行岗位目标责任制，将存款指标细化、量化，分解到各部门，纳入考核，千方百计融通资金，培育新的储蓄增长点。年末，各项存款余额达到10915万元。1996年，完成整体股份制改造，实行一级法人管理，当年各项存款余额达到18280万元。1997年，逐步对原城市信用社的经营管理模式进行改革整顿，推动储蓄业务工作的顺利开展。2001年，商业银行福山支行的各项存款余额实现25125万元。2002年，达到28458万元。

恒丰银行福山支行　1988年底，烟台住房储蓄银行福山区支行开立账户510户，各项存款余额238万元。1989年，城镇住房制度改革，理顺住房资金渠道，实行住房基金专项管理。至年底，各项存款余额1413万元。1990年，各项存款余额2206万元。1992年，各项存款余额5118万元。到1994年末，各项存款余额13619万元。1996年底，恒丰银行福山支行存款余额实现21143万元。2002年，达到36940万元，是1988年的155.2倍。

中国银行福山支行　中国银行是开办外汇存款币种最全面的银行，包括人民币、美元、港币、英镑、欧元、日元、加拿大元、澳大利亚元、瑞士法郎和新加坡元。个人外币存款分为现汇户存款和现钞户存款，种类有活期存款、整存整取、定期存款；人民币存款种类主要有对公活期与定期存款、对公保证金存款、金融机构存款、储蓄活期存款、储蓄定期存款、储蓄通知存款等。2002年，中国银行福山支行人民币储蓄存款余额34580万元，外币储蓄存款余额716万美元。

农发银行福山支行　农发银行福山支行是国家政策性银行，无居民储蓄业务，主要开展粮食加工收储企业集体存款和粮食风险基金业务。只开户福山粮食收储管理中心一个企业。2002年，存款余额为115万元。

中信银行福山支行　中信银行福山支行虽成立时间

较短，但储蓄存款业务发展迅猛。1998年末，各项存款余额为2067万元。1999年，突破10000万元。2000年末，突破20000万元。2002年底，达到32256万元，是1998年的15.6倍。

福山农村信用社　1996年，福山农村信用社从农业银行分离出来后，存款余额为43965万元。通过不断完善服务手段，存款量逐年增长。1997年为55345万元。1998年为58931万元。1999年为65528万元。2000年为73546万元。2001年为82359万元。2002年达到95008万元。

1980—2002年农业银行福山支行存款情况表

表24-3　　单位：万元

年份	合计	居民储蓄	对公存款							
			小计	农业	乡镇企业	工业企业	商业企业	机关团体	财政预算外	其他
1980	25	—	25	—	—	—	—	—	—	—
1981	14	—	14	—	—	—	—	—	—	—
1982	25	—	25	—	—	—	—	—	—	—
1983	76	—	76	76	—	—	—	—	—	—
1984	261	—	261	83	178	—	—	—	—	—
1985	220	—	220	65	155	—	—	—	—	—
1986	279	—	279	116	163	—	—	—	—	—
1987	4359	3075	1284	120	394	770	—	—	—	—
1988	7445	5827	1618	54	366	1198	—	—	—	—
1989	10138	8494	1644	142	469	1033	—	—	—	—
1990	13346	12122	1224	112	407	705	—	—	—	—
1991	16368	14972	1396	111	494	791	—	—	—	—
1992	20658	18758	1900	104	857	939	—	—	—	—
1993	26760	22933	3827	132	1769	1926	—	—	—	—
1994	32558	27725	4833	490	2237	89	408	122	—	1487
1995	35864	32339	3525	166	1310	160	287	98	25	1479
1996	39281	35866	3415	197	1156	171	138	143	21	1589
1997	42843	37501	5342	111	944	167	226	112	27	3755
1998	46561	42473	4088	130	550	108	142	44	108	3006
1999	52778	45643	7135	117	961	27	207	100	14	5709
2000	56389	46536	9853	93	431	121	160	467	122	8459
2001	60418	46713	13705	136	471	37	115	475	372	12099
2002	57057	43869	13188	118	370	109	141	1344	1137	9969

1985—2002年工商银行福山支行存款情况表

表24-4　　单位：万元

年份	合计	居民储蓄	对公存款				
			小计	工业企业	商业企业	机关团体	其他
1985	2611	1658	953	519	317	—	117
1986	3133	2261	872	602	167	—	103
1987	4140	3138	1002	770	121	—	111
1988	5460	4211	1249	855	96	—	298
1989	6068	5248	820	490	96	—	234
1990	7811	6411	1400	1027	117	—	256
1991	9882	7806	2076	1572	212	—	292
1992	12250	9753	2497	1968	230	—	299
1993	13106	10516	2590	1917	216	—	457
1994	15724	12622	3102	1331	228	751	792
1995	18130	14633	3497	1356	136	622	1383
1996	21572	17341	4231	1604	144	630	1853
1997	23178	18096	5082	1740	281	693	2368

续表 24-4

年份	合计	居民储蓄	对公存款				
			小计	工业企业	商业企业	机关团体	其他
1998	25720	19677	6043	1646	65	812	3520
1999	33161	24607	8554	3886	239	857	3572
2000	38735	24609	14126	6613	202	841	6470
2001	44789	25965	18824	7350	125	3565	7784
2002	50228	28574	21654	8926	—	8197	4531

1987—2002 年商业银行福山支行存款情况表

表 24-5　　单位：万元

年份	居民储蓄	对公存款	合计
1987	50	129	179
1988	346	907	1253
1989	489	955	1444
1990	501	1063	1564
1991	584	1263	1847
1992	695	1377	2072
1993	938	1235	2173
1994	2763	2259	5022
1995	6668	4247	10915
1996	13348	4932	18280
1997	12206	3556	15762
1998	11769	2024	13793
1999	11135	4501	15636
2000	11244	6939	18183
2001	16592	8533	25125
2002	19579	8879	28458

1989—2002 年恒丰银行福山支行存款情况表

表 24-6　　单位：万元

年份	合计	居民储蓄	对公存款				
			小计	工业企业	商业企业	机关团体	其他
1988	238	—	—	—	—	—	—
1989	1413	399	1014	100	200	14	700
1990	2206	865	1341	200	250	20	871
1991	3269	1226	2043	250	260	83	1450
1992	5118	1939	3179	300	400	79	2400
1993	9575	5227	4348	270	217	50	3811
1994	13619	9627	3992	366	136	60	3430
1995	17254	13606	3648	199	84	50	3315
1996	21143	16130	5013	245	31	80	4657
1997	25134	19452	5682	310	41	14	5317
1998	28555	23833	4722	378	49	52	4243
1999	27983	21206	6777	319	19	41	6398
2000	23687	17590	6097	163	33	532	5369
2001	28787	18357	10430	215	17	154	10044
2002	36940	21201	15739	270	12	1127	14330

1992—2002 年中国银行福山支行存款情况表

表 24-7

单位：万元

年份	人民币储蓄	人民币企业存款	三资企业存款	各外币折美元储蓄存款	各外币折美元企业存款
1992	4475	1382	60	109	—
1993	8868	2105	313	169	79
1994	11308	2202	254	196	56
1995	11916	1831	105	202	47
1996	15448	2666	189	216	113
1997	19362	2971	286	242	47
1998	20644	2971	274	263	54
1999	19348	3874	315	394	65
2000	16549	13649	547	604	54
2001	14756	21715	1094	509	64
2002	19231	15349	995	651	65

1996—2002 年农发银行福山支行存款情况表

表 24-8

单位：万元

年份	存款余额	企业单位存款	粮食风险基金
1996	64	39	25
1997	219	218	1
1998	75	56	19
1999	279	79	200
2000	262	97	165
2001	306	282	24
2002	115	88	27

1998—2002 年中信银行福山支行存款情况表

表 24-9

单位：万元

年份	对公存款				居民储蓄		合计
	活期	定期	保证金	金融机构	活期	定期	
1998	1447	—	—	—	620	—	2067
1999	2332	1916		1477	999	4471	11195
2000	4745	1918	2317	6919	2033	4476	22408
2001	9997	2827	—	56	4308	6599	23787
2002	6003	6844	—	867	2573	15969	32256

第二节　贷款

建设银行福山支行　80 年代以前，建设银行福山支行贷款较少。1979 年，仅为 25 万元。1983 年为 296 万元。1985 年，贷款余额为 522 万元。

1991 年，贯彻落实“控制总量，调整结构，强化管理，提高效益”的信贷方针，优化贷款投向。至 1993 年底，贷款额 7831 万元。1994 年和 1995 年，国有专业银行向国有商业银行转变，银行改革经营体制，对有信贷关系的企业，摸清风险情况，加强贷后管理。1996 年，信贷工作采取“增加储蓄，改善服务，合理使用资金”等措施，对全区企业的内在潜力进行普查，摸清企业状况。对效益好、潜力大的企业给予积极支持，对一些效益差的企业坚决收回贷款，化解风险。1997 年，贷款余额 13848 万元，其中公司贷款 98.1%。1999 年，信贷工作的重点是收息。

2001 年，共压缩不良资产 404 万元，核销贷款 165 万元。先后与城建、松霞、新东、东华房地产开发公司等单位签订购房贷款协议。是年，还开展个人住房贷款业务，为福山高级职业学校、区医院等单位职工发放个人住房贷款960万元，余额达到1615万元。此外，还上报审批3730万元用于支持首钢磁性材料有限公司、烟台山村果园果汁股份有限公司等优质客户。2002年，又增加个人消费贷款938万元。至年底，各项贷款余额达17659万元，是1985年的33.8倍。

农业银行福山支行　1978年，农业银行信贷工作恢复正常。1980年，恢复对城镇个体工商户发放贷款。实行“区别对待、择优扶持”的信贷原则，改“信贷包干”为“统一计划，分级管理，存贷挂钩，差额包干”。1982年，实行“以销定贷”原则，按周转期贷款，信贷工作从保收购转向保销售。1985年，贯彻“宏观控制、微观搞活”方针，本着发挥信贷资金最佳经济效益的要求发放贷款。1986年始，坚持“择优扶持、两个效益并举”的原则，在保证国营农业贷款和集体农业贷款稳中有升的基础上，加大对个体农业的贷款力度。1987年，按照“计划规模管理、控制信贷总量、调整信贷结构、合理调配信贷资金”的要求，重点扶持效益好、产品有销路的骨干企业，贷款增幅放缓。是年，农业银行福山支行各项贷款余额7746万元。1988年，合理调整资金，重点扶持效益好的商业和产品有销路的农副产品及海上养殖、化工、机械等骨干龙头企业。

1994年，专业银行开始向商业银行转轨，农业银行实行制约化经营，坚持借款履约保证金和贷款利息备付金制度，非正常贷款减少。是年，贷款余额达到16437万元。1998年，实行贷款法人客户信用等级评定和授信制度。对法人客户先进行等级评定与授信，再发放贷款。2000年，按国家政策规定，首次进行不良贷款剥离，农业银行福山支行剥离不良贷款17100万元。2001年，坚持防范与投入并重的方针，加大票据承兑、贴现、打包贷款、出口押汇等各种形式的融资力度。2002年，农业银行福山支行各项贷款余额达到19844万元。

工商业贷款　1982年前，农业银行福山支行发放的贷款基本全为工商业贷款。1983年以后，工商业贷款比重逐年减少。1983年为616万元，占贷款余额的93.2%。到1987年下降为60.8%。1991年降至53.8%。1994年，工商业贷款7690万元，占46.8%。1997年，下降到37%。2001年，占27.3%。2002年，工商业贷款5694万元，占28.7%。

农业贷款　1983年，农业贷款仅为45万元，占贷款总额的6.8%。1989年，逐年提高到17.7%。90年代以后，农业贷款比重明显增加。1990年达到2681万元，占20.2%。1997年提高到52%。2002年，农业贷款余额达到10795万元，占54.4%。

乡镇企业贷款　1985年，农业银行福山支行开办乡

1985—2002年建设银行福山支行贷款情况表

表24-10　　　　单位：万元

年份	贷款余额	其中			
		公司贷款	个人住房贷款	个人消费贷款	其他
1985	522	522	—	—	—
1986	536	536	—	—	—
1987	2497	2497	—	—	—
1988	3518	3518	—	—	—
1989	3724	3724	—	—	—
1990	3923	3889	—	—	34
1991	4178	4138	—	—	40
1992	6722	6657	—	—	65
1993	7831	7751	—	—	80
1994	8706	8586	—	—	120
1995	11805	11645	—	—	160
1996	12135	11905	—	—	230
1997	13848	13583	—	—	265
1998	14143	13843	—	—	300
1999	9121	8821	—	—	300
2000	7575	7265	—	—	310
2001	10976	9225	1615	—	136
2002	17659	12215	4291	938	215

镇企业贷款业务，发放贷款325万元，占各项贷款余额的30.8%。1986年，加大乡镇企业资金投入，进行上新、扩建、改造，发放贷款878万元。1991年，为支持乡镇企业“二次创业”，发放贷款2639万元。1996—2002年，乡镇企业调整优化行业和产品结构，实施“再造工程”，每年为其发放贷款3000多万元。2002年，乡镇企业贷款余额3305万元，占各项贷款余额的16.7%。

工商银行福山支行　1985年，贯彻“严格控制信贷、控制货币发行”的方针，在对全区企业实行贷款重点扶持。80年代后期，贷款规模总体较少。90年代以后，贷款数额逐年增加。1993年底，贷款余额16687万元。1994—1995年，加强防范风险、优化信贷资产结构。1998年，贷款额有新增长，突破20000万元。1999年，大力支持改制企业的发展，发放各项贷款20817万元。同时，收回企业欠息700多万元。对经营困难的企业，除给予贷款支持外，还帮助寻找出路。先后为福山百货大楼发放贷款150万元，使其迅速渡过难关；协调负债大户烟台化学制革厂挂靠烟台万华集团，将其贷款和1000多万元欠息，由债权转为股权，促进不良资产转化。2000年后，又先后2次发放贷款700万元，用于福山高新区基础设施建设；为烟台包装装潢厂提供贷款300万元，及时偿还贷款利息。2002年，工商银行福山支行贷款余额达到27054万元。

商业银行福山支行　1987年底，福山区城市信用社发放贷款仅120万元。1988—1992年，贷款业务缓慢发展。1993年，强化内部管理，年末，各项贷款余额2499万元。1994年末增至3220万元。1995年，千方百计培育新的利润增长点，年末，各项贷款余额7682万元。1996年，城市信用社更名为商业银行福山支行后，实行资产负债比例管理，增加抵御风险的能力，各项贷款余额突破10000万元。2000年，各项贷款余额为11624万元。2002年，达到17121万元。

恒丰银行福山支行　1988年底，发放贷款955万元。其中，房地产企业贷款130万元，个人购房贷款3万元。1989年，服务于城镇住房制度改革，建立住房基金。1990年，各项贷款余额2509万元。其中，房改贷款591万元。1992年，各项贷款余额5076万元。其中，房改贷款为2317万元。1993年末，各项贷款余额为9770万元。其中，房改贷款4840万元。1998年后，强化信贷管理，不断改善和优化信贷结构。1999年，各项贷款余额18999万元。2002年达到22977万元。

1980—2002年农业银行福山支行贷款情况表

表24-11　　单位：万元

年份	贷款余额	其中					
		工业	商业	建筑业	农业	乡镇企业	技术改造
1980	616	120	496	—	—	—	—
1981	545	150	395	—	—	—	—
1982	553	146	407	—	—	—	—
1983	661	200	416	—	45	—	—
1984	723	198	461	—	64	—	—
1985	1055	213	417	—	100	325	—
1986	3845	499	2266	—	202	878	—
1987	7746	815	3896	—	1083	1952	—
1988	8644	963	4506	—	1302	1873	—
1989	10988	1185	6106	—	1942	1609	146
1990	13296	1135	6977	—	2681	2397	106
1991	17289	1198	9841	—	3451	2639	160
1992	20538	1118	11901	—	4425	2934	160
1993	18382	1584	12450	—	476	3173	699
1994	16437	1373	6317	—	5945	2181	621
1995	18418	1691	6537	—	7539	2186	465
1996	30166	2584	9534	—	13919	3309	820
1997	31824	1808	9967	—	16561	2868	620
1998	39143	2867	14983	—	15909	4489	895
1999	40520	4668	12767	589	17101	4910	485
2000	22270	2251	4809	974	10605	3581	50

续表 24-11

年份	贷款余额	其中					
		工业	商业	建筑业	农业	乡镇企业	技术改造
2001	20941	2569	3149	370	11131	3672	50
2002	19844	2497	3197	—	10795	3305	50

1985—2002 年工商银行福山支行贷款情况表

表 24-12　　单位：万元

年份	合计	工业贷款	商业贷款	其他贷款
1985	4317	2721	948	648
1986	5435	3688	1025	722
1987	6123	4280	905	938
1988	7408	5400	878	1130
1989	7253	6566	687	
1990	10304	7870	599	1835
1991	12460	9414	618	2428
1992	14841	10924	941	2976
1993	16687	12076	958	3653
1994	13414	12166	870	378
1995	15436	13954	851	631
1996	17635	15616	1045	974
1997	19950	17677	1185	1088
1998	21066	18263	1332	1471
1999	20817	17945	1316	1556
2000	20267	17200	1475	1592
2001	22118	18227	1435	2456
2002	27054	24769	740	1545

1987—2002 年商业银行福山支行贷款情况表

表 24-13　　单位：万元

年份	个体工商户	企业	合计
1987	10	110	120
1988	156	741	897
1989	199	890	1089
1990	225	1023	1248
1991	236	1200	1436
1992	254	1515	1769
1993	375	2124	2499
1994	336	2884	3220
1995	124	7558	7682
1996	109	10522	10631
1997	530	10934	11464
1998	121	10977	11098
1999	526	10988	11514
2000	125	11499	11624
2001	293	12951	13244
2002	193	16928	17121

1989—2002 年恒丰银行福山支行贷款情况表

表 24-14　　单位：万元

年份	合计	工业贷款	商业贷款	建筑业贷款	其他贷款
1989	2000	800	806	150	244
1990	2509	627	224	173	1485
1991	3422	855	325	233	2009
1992	5076	1269	240	542	3025
1993	9770	2852	213	1683	5022
1994	14744	3166	1400	1648	8530
1995	14717	2464	877	1869	9507
1996	14678	2214	100	1746	10618
1997	15948	5430	906	1928	7684
1998	18858	3012	1100	674	14072
1999	18999	1622	1064	579	15734
2000	17093	1534	1044	1430	13085
2001	20854	1148	44	1127	18535
2002	22977	1173	44	1004	20756

中国银行福山支行　1991 年 4 月，中国银行福山支行成立后，积极支持地方“三资企业”、外贸企业发展，各项贷款逐年增加。1992 年末，贷款余额为 5874 万元。1996 年，突破 10000 万元。2001 年，突破 20000 万元。2002 年，各项贷款余额达到 24615 万元。

农发银行福山支行　1996 年，农发银行福山支行成立后，负责对辖区夏秋粮油收购资金管理，发放政策性贷款，从根本上杜绝给农民“打白条”的现象，发放各项贷款 8078 万元。1998 年，按保护价敞开收购农民余粮，保证粮食的顺价销售。之后，每年进入收购季节，都对辖区小麦和玉米的播种面积、产量、价格、定购任务以及收购的数量、资金需求情况进行摸底调查和测算，按照“收多少粮发放多少贷款、销多少粮收回多少贷款本息”的原则，确保粮食收购资金及时足额到位。1998 年，将农业综合开发、开发性及其他贷款划转到农业银行和工商银行。同时，对附营业务进行清理认定。1999 年 4 月，将清理认定的附营业务占用贷款全部划转到农业银行和工商银行，使库贷比例达到 100%，有效化解了金融风险。2000 年以后，坚持仓单管理，使收购资金与库存值一致，严把粮油收购、储存、销售关，做到钱随粮油走，确保收购资金专款专用。

中信银行福山支行　1998 年，中信银行福山支行加强金融监管，规定贷款人信贷资质，主要为工业企业发放短期贷款 429 万元。1999 年，支持重点项目发展。除工业企业贷款外，还有少量的商业短期贷款。同时，把加大信贷投入作为化解风险、提高效益、促进自我发展的一条有效途径，贷款余额为 1116 万元。2001 年，又增加中长期按揭贷款。2002 年，发放贷款余额 17343 万元。其中，中长期贷款占 34.6%，短期贷款占 65.4%。

福山农村信用社　1996 年 11 月，福山农村信用社分设后，大力支持农业基础产业的发展。1997 年，共发放各项贷款 44503 万元。1998 年，全面加强金融管理，各项贷款比上年略增。2002 年，各项贷款余额达到 66321 万元。

1992—2002 年中国银行福山支行贷款情况表

表 24-15　　单位：万元

年份	合计	三资企业贷款	外贸企业贷款	短期贷款	长期贷款
1992	5874	1900	550	1824	1600
1993	6537	2048	665	1524	2300
1994	7862	1970	650	1823	3419
1995	8556	2340	708	2508	3000
1996	11857	3836	1046	3720	3255
1997	13587	4396	1199	4262	3730
1998	15431	5092	1389	4262	4688
1999	12696	4190	1143	4063	3300
2000	19365	6390	1743	6197	5035

续表 24-15

年份	合计	三资企业贷款	外贸企业贷款	短期贷款	长期贷款
2001	21715	7166	1954	6948	5647
2002	24615	6646	1230	6892	9847

1996—2002 年农发银行福山支行贷款情况表

表 24-16　　单位：万元

年份	合计	国家专项储备	粮油收购	新增财务挂账	粮油调销	农业综合开发	其他	地方储备油	加工企业流动资金	开发性	地方储备粮	简易建仓	划转粮油附营业务	储备粮	粮油附营业务
1996	8078	1617	5147	—	14	200	1100	—	—	—	—	—	—	—	—
1997	12048	328	7266	—	514		1400	—	600	1940	—	—	—	—	—
1998	8337	328	3645	—	—	—	—	—	—	—	—	80	4284	—	—
1999	5680	284	2328	1263	61	—	—	44	—	—	651	80	—	—	969
2000	5378	174	2208	—	1252	—	—	44	—	—	651	80	—	—	969
2001	4225	—	1233	—	1248	—	—	44	—	—	651	80	—	—	969
2002	3275	—	356	—	1248	—	—	—	—	—	651	—	—	51	969

1998—2002 年中信银行福山支行贷款情况表

表 24-17　　单位：万元

年份	短期贷款		中长期贷款			合计
	工业贷款	商业贷款	工业贷款	商业贷款	按揭贷款	
1998	429	—	—	—	—	429
1999	996	120	—	—	—	1116
2000	12561	370	—	—	—	12931
2001	12292	3073	—	—	70	15435
2002	10089	1254	4800	—	1200	17343

1997—2002 年福山农村信用社贷款情况表

表 24-18　　单位：万元

年份	合 计	农业贷款	农村工商业贷款	其他
1997	44503	15593	22958	5952
1998	44928	16805	21931	6192
1999	46331	18640	21983	5708
2000	54022	24591	21910	7521
2001	60037	30721	21131	8185
2002	66321	38571	19730	8020

第三节　结算

结算方式　1978 年前，结算方式有现金结算、同城结算、异地结算等，转账结算没有定型。1979 年，转账结算形式基本定型。异地结算中有汇兑结算、托收承付结算；同城结算中有支票结算、委托付款结算、托收承付和托收无承付结算。1980 年，同城结算中增加委托收款结算。1984 年，又增加票汇结算。1989 年 4 月，实行中国人民银行颁布的新结算办法，主体为汇票、银行本票、支票、信用卡4种结算方式，总称为“三票一卡”。

1990年，中国银行推出“长城卡”结算业务；建设银行推出“龙卡”结算业务。1991年，工商银行推出“牡丹卡”结算业务。1993年8月，农业银行推出“金穗卡”结算业务。

1990年、1993年和1994年，中国银行、建设银行、工商银行先后实现微机化结算。1997年，建设银行开通资金清算系统。1998年和2000年5月，中国银行和建设银行储蓄业务先后实现烟台市内通存通兑。2000年，工商银行在全国实现微机网络结算。2001年4月和2002年10月，中国银行和建设银行储蓄业务先后实现全省通存通兑。2002年，农业银行结算开通综合应用系统（简称ABIS），中国银行、工商银行、建设银行推出网上企业银行业务。境内使用的主要结算方式有银行承兑汇票、商业承兑汇票、银行本票、支票、汇兑、委托收款、电子汇兑、通存通兑、信用卡、异地托收承付、微机网络结算等。

联行清算　七八十年代，各银行联行清算通过人民银行进行。人民银行联行清算制度分为全国联行、省辖和与支行辖内往来3种。90年代初，各银行对本系统内汇划款项和内部资金划拨均纳入各银行联行系统清算。对系统内下拨、上缴资金及其他资金往来，确需调拨资金时，通过人民银行联行系统办理汇兑。对因客户办理异地结算发生跨系统的汇划款项，采取“相互办理转汇、及时清算资金”的划拨清算办法。汇划款项与资金清算同步进行，各专业银行先将资金交人民银行，作为汇差资金，由人民银行控制。各银行全国联行跨系统和系统内未达标汇起点的汇划款项、内部资金汇划款项和县（市）以下全国联行通汇机构的汇划款项，由各银行跨系统或本系统联行划转。联行汇差资金清算，采取“每日计算、十日上报、差额清点、逐级划转”的办法，及时反映联行间的资金存款关系。1998年起，中行、建行、农行等开通城市综合网。到2002年，各银行联行清算均由各自的综合应用系统进行处理，联行汇划由联行子系统操作，资金清算遵循资金“统一管理，分级负责”的原则，由清算中心自动进行，在网内自上而下，逐级滚动清算。

同城票据交换　1987年前，区内金融系统的同城票据交换业务由区人民银行主持，人民银行设立同城票据交换中心，各专业银行在人民银行开设往来户，办理同城票据交换业务。参加同城票据交换的金融机构有工商银行和农业银行。1988年，放宽结算条件，大力推广票据业务。之后，随着各支行的相继成立，参加同城票据交换的部门逐渐增多。2002年，直接参加人民银行的票据交换的有工商银行福山支行、农业银行福山支行、中国银行福山支行、建设银行福山支行、农发银行福山支行、中信银行福山支行、福山农村信用社等。

第四节　外汇业务

1991年前，人民银行负责对外办理外贸、外事单位存贷款、外币储蓄存款、外币兑换和侨汇解付等项业务。1991年4月，中国银行福山支行成立后，具体负责外汇业务办理。汇款方式分为电汇、信汇、票汇3种。1992年，工商银行福山支行开办外币储蓄业务。通过多次与台办、侨联等单位联系，向全区“三胞”发出信函3000多件，号召为振兴地方经济，踊跃参加外币储蓄。到年末，外币储蓄近12万美元。1996年，发挥电子化快捷、便利优势，外汇业务有新发展。2002年，外币储蓄额230万美元，办理国际结算业务1103笔，共计8846万美元。

1995年，农业银行福山支行开办外币存款储蓄业务。到2002年，外汇业务种类有外汇存款、汇款、兑换和国际结算、结售汇、进口开证、打包贷款等。1995—2002年，共办理进口开证400笔，累计金额5200万美元，外汇存款652万美元，发放外汇贷款260万美元，外汇汇款336万美元。年均办理国际结算业务1000笔，金额为9660万美元，结售汇1362万美元。

2001年2月，建设银行福山支行开办外汇贷款、汇款、兑换与国际结算、国际结汇和国际售汇业务。在发展外资企业、“三资企业”客户的同时，秉承诚信经营理念，不断拓展服务空间，提高服务质量，着力打造诚信品牌，赢得企业的信赖。2001年，烟台矢崎汽车配件有限公司在建设银行福山支行开户，外币存款余额118万美元。2002年，东洋机电、世刚纤维等7家外资企业先后在建设银行福山支行开户。年末，外币存款余额134.2万美元，较年初增长49.6%。

第五节　代理服务

工商银行福山支行从 1992 年开始，开办为单位代发养老保险金业务，年均代发额 900 多万元。1994 年始，开办代收养路费业务，年均收费 1300 万元。1995 年始，开办代发工资、退休金业务，年均代发 6300 万元。1996 年始，开办代收电费业务，年均收费 135 万元。1997 年始，开办代收手机话费业务，年均收费 120 万元。2001 年始，开办代收电话费业务，年均收费 18 万元；开办代收财政、税务多种费用业务，至 2002 年，总额达 780 万元。

农业银行福山支行于 1993 年 8 月开始，代理发行各种“金穗卡”业务。至 2002 年，共代理发行“金穗信用卡”“金穗借记卡”“金穗智能卡（IC 卡）”“金穗国际卡”16628 张，稳定存款余额 1677 万元。1997 年起，开办为有关单位代理收取税款和税收预存款、道路交通违规罚款业务。1999 年起，开办机关事业单位财政、企业、公路养路代收费业务。2000 年起，开办为单位代发工资业务。共为 53 个企业、32 个机关单位共 13000 人代发工资，年代发额 19824 万元。同时，又先后开办为网通公司代收固定话费、小灵通话费，为移动公司代收手机话费，为电业部门代收电费，为保险公司代收续期保费、保险费、银证转账等业务。2002 年，月代收电费 1521 万元、养路费 157 万元；年代理保险业务发生额 356 万元，获得手续费收入 25 万元。

建设银行福山支行 1995 年始，开办为单位代发工资、退休金业务，年均代发 380 万元。

中国银行福山支行和中信银行福山支行，也都相继开办代发工资、代售基金、代收代付、代售保险、国库券代售与兑付、代理银行卡等业务。中国银行福山支行先后为 30 余个企业 3 万多人累计代发工资 15000 万元、代售基金 4000 余万元、发放信用卡 4000 多张。中信银行福山支行先后为 20 个企业 4 万余人累计代发工资 5000 余万元、代售基金 500 余万元、发放信用卡 317 张。

第六节　货币流通与管理

人民币流通　1949 年 7 月，县内开始流通人民币，共 12 种面额 62 种版别。1955 年 3 月 1 日，中国人民银行发行新版人民币，收回旧版人民币。旧版人民币与新版人民币兑换比例为 100001。新版人民币的面额有 1 分、2 分、5 分、1 角、2 角、5 角、1 元、2 元、3 元、5 元、10 元，共 11 种。1957 年，发行铝镁合金硬币，面额有 1 分、2 分、5 分 3 种。1964 年 4 月，收回“苏印”、3 元、5 元、10 元券，停止 3 元券的流通。1980 年，面额为壹圆、伍角、贰角、壹角的铜镍合金硬币在市场有小量流通。1981 年，市场上流通的人民币纸币面额有 1 分、2 分、5 分、1 角、2 角、5 角、1 元、2 元、5 元、10 元 10 种；硬币面额有 1 分、2 分、5 分、1 角、2 角、5 角、1 元 7 种。同时，面额为壹圆的铜镍合金硬币和伍角、贰角、壹角的铜锌合金硬币也在福山市场有小量流通。

1987 年 4 月 27 日，中国人民银行发行第 4 套人民币，并与第 3 套人民币等价混合流通。第 4 套人民币采取一次公布分次发行法，面额为 1 元、2 元、5 元、10 元、50 元、100 元 6 种主币和 1 角、2 角、5 角 3 种辅币。1999 年 10 月 1 日，中国人民银行发行第 5 套人民币，并与第 3 套、第 4 套等价混合流通。2002 年，境内流通的纸币面额有 1 分、1 角、2 角、5 角、1 元、2 元、5 元、10 元、50 元、100 元 10 种；硬币面额有 1 分、2 分、5 分、1 角、2 角、5 角、1 元 7 种。

货币管理　辖区各金融机构有：现金管理（主要包括库存现金、上缴分行现金、法定存款准备金和备付金、存放中央银行和同业的款项及其他形式的现金资产。现金，包括本外币，必须做到账实相符，对发生的出纳长短款、结算业务的差错款等，按照规定程序报批后，分别计入营业外收入或营业外支出，按照规定向中央银行缴纳存款准备金）；信贷资金管理（按照《中华人民共和国商业银行法》和《贷款通则》进行管理，遵循效益性、安全性、流动性“三大原则”）；结算管理（主要包括银行汇票、商业汇票、银行本票、支票、银行卡、网络结算等金融工具，原则是恪守信用，履约付款；谁的钱进谁的账，由谁支配，银行不垫款）；外汇管理（主要加强外汇贷款的管理。外汇贷款坚持统一授信、权限管理，实行分级审批、审贷分离的原则）；利率管理（严格按照国务院制定和调整的利率执行，确保利率执行准确性）。均在人民银行和系统内总行、省行、分行的统一领导下进行。

中华人民共和国成立后至 1978 年，福山工业发展缓慢，银行自建立以来，一直属投放型。投放目标主要是厂矿和城镇道路建设。1978年后，县域经济全面发展，县人民银行适当放宽库存限额，货币投放、回笼及流通量明显增长。1985年后，全区经济平稳发展，货币投放、回笼及现金活动量逐年增加。1991年后，货币投放、现金活动量逐年放大，但有些货币得不到及时回笼。1995年，农业银行福山支行、工商银行福山支行和中国银行福山支行在全区货币投放18.06亿元，回笼16.35亿元，减少1.71亿元。2002年，各银行在加大货币投放的同时，注重货币回笼。以上3家银行货币投放共计33.87亿元，回笼36.95亿元，净回笼3.08亿元。

1994—2002年工商银行福山支行货币活动情况表

表24-19　　单位：万元

年份	货币收入	货币支出	货币投放	货币回笼	货币净投放
1994	58521	58657	35995	34706	＋1289
1995	69880	69991	34957	30864	＋4093
1996	97958	97860	33962	32532	＋1430
1997	121759	121802	44976	38893	＋6083
1998	146228	146246	39848	38584	＋1264
1999	209799	209401	52164	50224	＋1940
2000	241247	241388	58963	58160	＋803
2001	209877	210078	68207	65489	＋2718
2002	149676	149582	69315	67547	＋1768

1992—2002年中国银行福山支行货币活动情况表

表24-20　　单位：万元

年份	货币收入	货币支出	货币投放	货币回笼	货币净投放
1992	8499	8443	13540	11057	＋2539
1993	36552	36515	24379	28271	－3855
1994	39918	39922	59365	63257	－3896
1995	43284	43329	37661	31553	＋6063
1996	46650	46736	41008	34900	＋6022
1997	52714	52811	46339	39437	＋6805
1998	57985	58092	41706	35494	＋6105
1999	52187	52283	42536	37269	＋5171
2000	57924	68423	69352	67424	＋8571
2001	63075	64642	73554	70420	＋1567
2002	89275	76379	79775	105567	－12896

1985—2002年农业银行福山支行货币活动情况表

表24-21　　单位：万元

年份	货币收入	货币支出	货币投放	货币回笼	货币净投放
1985	50044	49996	—	—	－48
1986	46538	46557	—	—	＋19
1987	58243	58263	—	—	＋20
1988	82870	82657	—	—	－213
1989	83591	83655	—	—	＋64
1990	92713	92908	—	—	＋195
1991	112275	112086	—	—	－189
1992	140240	140254	—	—	＋14
1993	166482	166563	—	—	＋81
1994	151768	161523	—	—	＋9755
1995	137520	137733	107985	101119	＋213

续表 24-21

年份	货币收入	货币支出	货币投放	货币回笼	货币净投放
1996	133730	133700	104783	92293	－30
1997	131497	131438	101888	91596	－59
1998	131899	131874	103797	98680	－25
1999	150654	150344	119454	115753	－310
2000	194043	193965	153494	150674	－78
2001	224025	224271	176889	175081	＋246
2002	241130	241278	189622	196409	＋148

第三章　财产人身保险

境内的保险业务始于 1951 年，福山保险公司开办国营企业财产强制性保险。至 1980 年，险种有国营企业财产强制性保险、团体火灾保险、运输保险、人民财产保险、企业财产保险、机动车辆及第三者责任保险、小麦麦场火灾保险、团体人身意外伤害保险、生猪保险等。

改革开放以来，保险机构不断完善，保险险种增多。涉及工业、农业、交通运输、医疗卫生、教育、民生、社会活动等各领域。主要有种植业、养殖业、车辆船舶、企业财产、家庭财产、人身安全、寿命、意外伤害、养老金、生育等。至 2002 年底，中国人民保险公司福山支公司在境内累计开办财产险种 60 多个，中国太平洋财产保险公司福山支公司开办财产险种 53 个。开办寿险险种达 60 多种。随着人们保险意识的提高，参保人员大幅度增加。各保险机构充分发挥职能作用，广开险种，不断扩大经营规模，保费收入、理赔金额逐年提高。

第一节　保险机构

中国人民保险公司烟台市福山区支公司　1951 年 2 月，成立中国人民保险公司福山县代理处。1952 年，中国人民保险公司福山县支公司正式成立。1958 年 5 月撤销。1980 年 12 月，中国人民银行福山县办事处代理保险业务。1984 年，改设中国人民保险公司烟台市福山区办事处。1992 年，改称中国人民保险公司烟台市福山区支公司。1996 年 4 月，体制改革，中国人民保险公司成立集团公司，分设中保财产保险有限公司福山办事处和中保人寿保险有限公司福山营业部。1999 年 4 月，中国人民保险集团公司解体，其保险业务由中保财产保险有限公司承接，复称中国人民保险公司烟台市福山区支公司。

中国人寿保险股份有限公司福山支公司　1996 年 4 月，寿险业务从中国人民保险公司福山支公司析出，成立中保人寿保险烟台分公司福山营业部。1998 年 11 月，更名为中国人寿保险公司烟台分公司福山营业部。内设办公室、计财科、业务部、营销科、组训科、营业室。2001 年 12 月，更名为中国人寿保险公司烟台分公司福山支公司。

中国太平洋财产保险股份有限公司烟台市福山区支公司　1996 年 12 月，中国太平洋保险公司烟台分公司福山办事处成立。设办公室、计财科、企财险科、车辆险科、寿险科。1997 年 7 月，科室调整为办公室、营业室、理赔科、寿险科。1999 年，科室调整为办公室、计财科、营业室、业务一科、业务二科、寿险科。2000 年 12 月，经中国保险监督管理委员会批准，中国太平洋保险公司产寿险分业经营，成立中国太平洋财产保险股份有限公司烟台市福山办事处，后改为支公司。设经理 1 人，副经理 2 人。

中国太平洋人寿保险股份有限公司烟台市福山区支公司　1996 年 12 月，中国太平洋保险公司福山办事处成立，内设办公室、计财科、企险科、车辆险科、寿险科。1997 年 7 月，科室调整为办公室、计财科、营业室、理赔科、寿险科。1999 年，调整为办公室、计财科、营业室、业务一科、二科、寿险科。2001 年 11 月，经中国保险监督管理委员会批准，中国太平洋保险公司产寿险分业经营，成立中国太平洋人寿保险股份有限公司福山支公司，内设营业室、个险科、团险科、收费科。2002年，干部职工增至13人，营销人员200多人。

第二节 险种

财产险种 1951年，福山保险公司开办国营企业财产强制性保险。1952年，先后增加牲畜自愿、团体火灾、运输、船舶、公民财产保险等险种。1953年，县保险公司撤销后，人民银行文登中心支行派人常驻县财政科，办理国营企业财产强制性保险。1956年后，恢复团体火灾、运输和人民财产保险。1980年，恢复县保险公司。1981年，开办企业财产、汽车保险。1982年，增办家庭财产、船舶保险。1983年增办自行车、拖拉机保险。1984年，增办生猪、麦场火灾保险。1985年，增办货场运输、水貂保险。1986年，增办奶牛养殖、苹果种植、摩托车保险。1987年，增办扇贝养殖保险。1988年，增办渔船保险。1991年，增办蔬菜大棚保险。1992年，增办家庭两全保险。1993年，增办肉食鸡养殖保险。1994年，增办旅客住宿平安、现金保险。1996年，增办产品责任、产品质量保险和建筑工程一切险。

1996年，中国太平洋财产保险公司烟台市福山办事处成立后，开办家庭财产、机动车辆综合、摩托车定额保险和企业财产基本险等业务。1997年，增办国内水路和陆路及航空货物运输、邮政包裹、安居综合、雇主责任、公共营业场所火灾责任、户外广告媒体公众责任、校（园）方综合保障、执业律师责任、商场公众责任、医疗机构执业、金融机构责任、旅行社责任、供电责任、保险经纪从业人员职业责任、保险公估从业人员职业责任和注册会计师职业责任保险。1998年，增办沿海内河船舶、渔船、船舶建造、集装箱、展览会责任、产品质量保证、信用卡和短期出口信用保险。1999年，增办建筑工程一切保险和飞机、建房工程、安居理财综合、航空公司承运货物责任保险。2000年，增办油污和其他保赔责任、海上石油开发工程建造、陆上油气钻井工具保险与钻井船、钻井平台、油管铺设一切保险。2001年，增办民用管道煤气综合保险、个人抵押商品住房保险。

1997—1999年，中保财产保险有限公司福山支公司增办建筑安装工程、雇主责任保险，广告牌责任、国外货物运输保险，货运预约、承运责任保险。2000年，增办个人抵押贷款房屋、餐饮场所责任、物业管理责任、磁卡电话及投币电话设备保险、电话盗打话费损失、进出口货运、律师职业责任保险与工业一切险。2001年，增办公众场所责任保险。2002年，增办计算机保险、金牛家财系列、机动车消费保证、民用管道煤气（天然气）及液化气保险。

寿险及其他险种 1952年，福山保险公司开办简易人身保险。1980年，增办团体人身意外伤害保险。1987年，增加学生、公共旅客人身意外伤害、养老年金保险。1988年，增办航空人身意外伤害保险。1989年，增办团体人寿、简易人身两全保险。1991年，增办公共汽车乘员责任、金融职工保险。1993年，增办人身意外伤害附加住院医疗、独生子女两全、子女婚嫁金保险。1995年，增办安康保险。1997年，增办执业律师责任、医疗机构执业、金融机构责任、保险经纪人员职业责任、保险公估从业人员职业责任、注册会计师职业责任保险。1996年，中保人寿保险公司福山营业部开办福源增额终身、88鸿利终身、66鸿运及小儿一生幸福、住院医疗特约、住院医疗津贴特约、学生及幼儿疾病住院医疗、人身意外伤害、独生子女两全、母婴安康、子女婚嫁金、养老金、福寿安康保险等短期险种。1997年，增办女性安康保险、鸿寿养老金保险、重大疾病定期保险97版88鸿利终身保险、97版99鸿利终身保险、97版个人养老金保险（A、B型）、旅游意外保险。1998年，中保人寿保险总公司对97版寿险险种进行调整，主要险种有：66鸿运保险（A、B型）、88鸿利终身保险、99鸿福终身保险、鸿寿养老金保险、重大疾病定期保险、重大疾病终身保险、简易人身保险、福寿安康保险、子女教育婚嫁备用金保险、独生子女两全保险、个人养老金（A、B型）保险、养老金还本保险、个人购房贷款定期人寿保险、义务兵养老保险。1999年，增办祥运定期保险、祥和定期保险、祥瑞终身保险、祥瑞返本终身保险、康宁定期保险、康宁终身保险，附加定期保险（A、B型）、安居定期保险、人身意外伤害综合保险、建筑工程团体人身意外伤害保险、附加制定交通工具乘客意外伤害保险和国寿英才少儿、松柏养老、松鹤养老金、个人养老金、独生子女两全、如意两全、养老金返本、简易人身、子女教育婚嫁备用金、学生与幼儿平安、附加住院医疗、团体人身、观光景点与娱乐场所人身意外伤害、执法人员团体人身意外伤害、出境人员意外伤害、旅游意外、辉煌人生、住宿旅客平安、机动车驾驶人员意外伤害、附加意外伤害医疗费用、家庭幸福、全家福保险（B型）、母婴安康保险、计划生育安康保险、病员安康、指定交通工具乘客意外伤害及附加疾病住院医疗保险等。

1997年，中国太平洋人寿保险公司福山办事处开办少儿乐、老人福、小福星寿、福禄寿、步步高增额寿、团体人身意外伤害、子女教育安家保险等险种。1998年，增办少儿两全、老来福终身与太平盛世长寿养老、长健医疗、长泰安康、长顺安全、附加婚嫁金保险。

2000年，中国太平洋财产保险公司福山支公司开办人身意外伤害保险包括团体及个人人身意外伤害、附加交通意外伤害加倍给付、出国人员人身意外伤害、公共人员团体人身意外伤害、家庭人身意外伤害、建筑工程施工人员伤害、旅游景点及娱乐场所游客人身意外伤害、民用燃气用户人身意外伤害、机动车辆司乘人员人身意外伤害、金融职员人身意外伤害、师生及幼儿意外伤害、君安行人身意外伤害、航空旅客人身意外伤害保险与太平盛世长虹两全（分红型）、长发两全（万能型）、状元两全（分红型）保险。2001年，增办电梯安全综合保险。是年，中保财产保险有限公司福山支公司增办校园方责任保险。

第三节　业务经营

财险经营　1981年1月，中国人民保险公司烟台市福山区办事处正式开办财产保险业务后，经营险种、保险金额、保费收入和赔款支出逐年增加。至2002年，经营险种由企业财产、汽车保险发展到各领域的60多个，保险金额由25981.6万元增至98210.7万元，保费收入由13万元增加到1423.3万元，赔款支出由1万元增至1025万元，理赔率由0.7%提高到72.01%。

机动车辆保险是财产保险的主要险种，也是人们投保意识较强的险种，其保费收入占保费总收入的70%，赔付率达61%。1996年，中保财产公司福山办事处建立省内联网的机动车辆险业务计算机处理系统，并开通全国范围内的“95518”报案和业务咨询服务专线电话，加速业务发展。同时，不断开发新的险种，使业务面扩大，投保额逐年呈增长趋势。

1996年月12月，中国太平洋财产保险公司福山办事处开办企业财产基本险、综合险、一切险等10余个险种。1997年，车险保费收入481.1万元，企业财产保费收入177.1万元，车险和企业财产理赔分别达222.8万和12.8万元，赔付率为35.8%。至2002年，保费总收入达到605.9万元，理赔总额401.8万元，理赔率68%。

寿险经营　1985年，中国人民保险公司福山支公司始办人身保险业务，以直销为主。1996年后，实行全新个人营销管理模式，业务量发展迅速，当年保费收入达394万元，赔付支出69万元。2002年，保费收入达6057万元，理赔支出541万元。

2001年11月，中国太平洋人寿保险股份有限公司福山支公司成立后，不断扩大营销人员和覆盖面，增办业务险种，保费收入为475.46万元，赔款支出为17.43万元，理赔率为36.65%。2002年，保费收入增至653.36万元，赔款支出增至29.48万元，理赔率提高到45.12%。

1980—2002年中国人民财产保险福山支公司经营情况表

表24-22　　单位：万元

年份	保险金额	保费收入	赔款支出	理赔率（%）
1980	21563.5	12	—	—
1981	25981.6	13	1	0.7
1982	30587.7	23.8	9.3	39.1
1983	39791.1	41.9	12	28.6
1984	50321.7	61.2	39.2	64.05
1985	52461.8	91.7	64.8	70.66
1986	58217.9	131.3	78.8	60.01
1987	65394.5	208.4	78.2	37.52
1988	76591.2	337.9	115	34.03
1989	88562.1	514.3	172.8	33.59
1990	89145.9	678.7	206	30.35
1991	91365.8	769.4	266	34.57

续表 24-22

年份	保险金额	保费收入	赔款支出	理赔率（%）
1992	98157.5	846.3	320.2	37.83
1993	105671.3	930.9	390.6	41.95
1994	113515.8	1024	460.9	45
1995	121523.6	1126.4	550.4	48.86
1996	131418.9	1300.1	617.5	47.5
1997	118558.1	1380	759	55
1998	78217.3	1105.2	985	89.12
1999	60419.9	1250.3	1000.1	79.99
2000	82683.9	1323.1	1005	75.95
2001	73337.1	1420.2	724.2	50.99
2002	98210.7	1423.3	1025	72.01

1997—2002 年太平洋财产保险福山支公司经营情况表

表 24-23　　单位：万元

年份	保费收入		赔款金额		理赔率（%）
	车 险	企业财产险	车 险	企业财产险	
1997	481.1	177.1	222.8	12.8	35.8
1998	553.8	81.4	442.3	7.7	71
1999	530.8	34.6	597.3	19.4	109
2000	451.2	49.3	410.4	10	84
2001	563.4	72.9	318.1	8.9	51.4
2002	517.3	88.6	401.8		68

1996—2002 年中国人寿保险福山支公司经营情况表

表 24-24　　单位：万元

年份	保费收入	短险	赔款支出
1996	394	150	69
1997	1011	180	196
1998	1621	230	344
1999	2322	230	219
2000	3019	240	1000
2001	4545	240	591
2002	6057	260	541

附：典型案例

△ 1992 年 9 月，福山百货大楼发生火灾，中国人民保险公司烟台市福山区支公司经过勘查、取证，及时调拨资金，按照条款赔付约定，支付赔款 320 万元。

△ 2000 年 1 月，回里镇华仲木器厂发生火灾，为使企业财产损失能够及时得到经济补偿，尽快恢复生产，中保财产保险有限公司福山支公司支付赔款 132 万元。

△ 1997 年，安某在中保人寿保险烟台分公司福山营业部投保鸿寿养老来福终身保险，后被保险人因意外伤害身故。公司核实后，于 2001 年 6 月把数万元保险金送到保户家中。

第二十五编　科技

中共十一届三中全会后，福山县（区）高度重视科技工作，把科学技术作为第一生产力，层层建立健全科技组织，先后建立县（区）、公社（乡镇）级专业科技组织近60个、农村科技队304个、民营科研组织26个。涵盖工业、农业、节能环保、医学、生物工程、新技术开发、化工电子、新材料、新型肥料等领域。科技组织在科技成果引进、试验、研究、推广中做了大量工作。1978—1998年，获区级以上科技成果奖2566项。通过采取举办科技培训班、技术讲座、科普展览、赶科普大集、科技服务百村行、科普之冬、科技之窗、科技专栏等形式，广泛开展科普宣传，加大科技推广力度，群众学科学、爱科学、用科学蔚然成风。

第一章　机构沿革

区科技局的工作职能是，贯彻执行党和国家科技发展的战略、方针、政策，研究制定福山区科技政策和实施细则；提出适应本区发展的重大科技课题，组织编制科技发展计划，下达并组织实施科技课题项目；会同有关部门推动企业和农村的科技进步，负责全区科技成果的鉴定、验收、奖励、登记和科技保密工作及技术合同的认定、登记等；归口管理全区科技信息工作，组织、协调科技信息资料的有效利用，进行科技情报研究及专利申报、管理等。

第一节　管理机构

1954年2月，县委宣传部设专人分管科技工作。1964年5月，始设县科学技术委员会（以下简称科委），隶属宣传部，“文化大革命”中撤销。1972年6月，成立科技办公室。1978年5月，恢复县科委。1983年11月，改称福山区科技委，正科级单位，隶属区政府。1993年12月，内设办公室、综合科。1996年7月，对外挂福山区专利管理局牌子，内设专利科。2001年9月，设区地震局，为正科级单位，与区科委合署办公。2001年12月，更名为烟台市福山区科学技术局，内设办公室、综合科、知识产权科。仍与区地震局合署办公。

第二节　事业机构

1987年11月，烟台市福山区科技开发服务公司成立，为区科委所属股级事业单位，实行企业化管理。1988年5月，增设区科技情报研究所，与科技开发服务公司合署办公，实行独立核算，自负盈亏。1997年9月，区科技开发服务公司撤销。2001年12月，设区科技情报所，为自收自支股级事业单位。

第三节　专业科研机构

90年代后，各类科研机构相继成立。至2002年，全区共审批科研机构26家。其中，省级1家、区级25家。1995年，烟台市福山科达股份有限公司、烟台华州集团股份有限公司果树苗木研究所成立。1997年，烟台福山聚氨酯材料厂研究所成立。1998年，先后成立绿园清洁生产技术研究所、烟台新科源应用技术研究所、烟台宏伟环保节能新技术研究所、烟台市农家乐蔬菜良种研究所、福山芾兴小麦研究所、烟台新杰植物技术研究所、烟台市福山嘉恒化工电子研究所、福山康乐气功研究所、烟台市福山高新区生物工程研究所。1999年，烟台市福山骨伤病研究所、烟台锦程精准农业研究所、烟台新型肥料研究所成立。2000年，烟台市福山前锋种苗研究所、烟台市福山新世生物技术研究所、烟台市福山三信生物工程研究所、烟台市福山利民实用技术研究所、烟台天一园艺研究所成立。2001 年，成立福山蝎子谷生态养蝎研究所、烟台国苑葡萄研究所、福山联发奶牛研究所、山东省纳米涂层工程技术研究中心。2002 年，烟台市福山区芳林果树、花卉研究所成立。

第二章　科技队伍

中华人民共和国成立后，福山科技人员主要来源于国家分配的大中专毕业生。“文化大革命”中，科技工作遭到严重破坏，科技人员有的被迫下放，有的离职改行，致使科技队伍近于瓦解。

1978 年全国科技大会后，建立健全县（区）、社（乡镇）、村三级科技网络，基层科技组织不断发展壮大。广大科技人员在各自的专业技术岗位上，改革创新，积极引进、试验、示范、推广新技术新成果和新品种，为促进科技进步做出积极的贡献。1983 年，农村实行生产责任制后，科技组织发生新变化，由科技队转为科技带头户为主。

第一节　专业科技队伍

1954 年，县成立农技站。1956 年，县种子工作站和兽医组成立。1964 年，兽医组改称县畜牧兽医站。1978 年，县农科所和林业站成立。1984 年，县果树站成立。1985 年，区蔬菜站、植保站、土肥站、能源站成立。1988 年，区水利技术站成立。1990 年、1996 年和 1997 年，区农科所分别内设蔬菜、花卉、花生研究所。1997 年，区农业机械服务站成立。

第二节　农村科技队伍

1956 年，门楼乡南庄科技实验队成立。六七十年代，农村科技队迅速发展。1966 年达到 66 个，占全县总村数的 21.6%。1971 年发展到 297 个，占 97.1%，有农民技术员 3646 名。科技队在良种和种植技术的引进、试验与推广方面取得多项省、市、县级科研成果。1983 年实行联产承包生产责任制后，农村出现科技热，科技带头户取代科技队。是年底，全县重点户、专业户发展到 25087 户。1985 年，全区有南庄、东北关、张格庄、东黄山、集贤、张格堡、刘家庄、肖家等几个村科技队。到 2002 年，全区仅存南庄科技队。

1984 年，南庄科技队队长张宝斌破格晋升为农艺师，并为其办理退休。1990 年 11 月，经烟台市农业技术职称评委评定，东陌堂村孙宝修和东关村范作山晋升为农民技师；1996 年 7 月，二人晋升为农民高级技师。1995 年，全区又有 79 名农民被评定为农民技师。2000 年，有 1 人被评为农民助理农艺师、482 人被评为农民技术员。

南庄科技队　1956 年成立，有队员 14 人、试验田 2 公顷、仪器 50 余台。1979 年，创出夏玉米亩产 718 公斤的高产纪录，获烟台地区科技成果三等奖。1980 年，“小麦需肥规律研究”，获烟台地区科技成果一等奖。1981 年，小麦、玉米两作连续 4 年亩产超一吨，获烟台地区科技成果二等奖。70—90 年代，共承担省、市、县（区）科研和农技部门试验项目 150 多项。1998 年，被区委、区政府授予“全区科技先进单位”。

东北关科技队　1967 年成立，有队员 15 人、试验田 0.33 公顷，实验仪器和设备较全。先后进行大白菜、大椒、黄瓜、番茄、茭瓜等近百个杂交组合育种。其中，有 20 多个杂交组合的一代种推广到大田，年均为全国各地供应各种菜籽 1500 余公斤。有 6 个项目获省、地科技成果奖。1973 年，在选育出“福东 1 号”包头大白菜的基础上，育成“福东杂 1”大白菜优良品种。1977 年，采用茄门甜椒和本地柿子椒杂交，育成“福东大椒 2 号”新品种。1980 年和 1981 年，育成“福东茭瓜 1 号”和“福东茭瓜 2 号”两个一代杂交种。并从四川引进榨菜试种成功。80 年代初，朝鲜、日本等国专家曾到该科技队考察蔬菜育种及生产管理技术。

第三章　科研成果

改革开放以来，福山区技术推广部门在引进、试验、示范推广新技术、新品种、新成果的同时，从事大量的科研工作，有的获得国家、省（部）、市科技成果奖励。不仅在辖区而且在全市、全省乃至全国产生较大影响，得以推广应用，并取得显著的经济和社会效益。

第一节　科研成果项目

中华人民共和国成立前，福山的科研仅限于农业，成果很少。中华人民共和国成立后，党和政府重视科研工作，科研深入各个领域，专业人员与群众相结合，科研与生产相结合，取得显著成绩。1944 年，两甲庄村妇女房纬经与其儿媳邹淑仙，选育出高产、优质、早熟“伏花生”，后经多年繁殖，1955 年，被莱阳专署定为优良品种，1962 年 4 月 5 日，《人民日报》予以报道推广。1966 年，南庄科技队选育出“南选 25 小麦种”，抗病、高产，后在全县推广，1972 年在烟台地区科技展览会上展出，被列为全省小麦优良品种。1970 年，县建筑公司技术人员研制成功“落地水塔”，投资少，可移动，结构简单，制造简便。1973—1979 年，东北关科技队培育出“福东大椒 2 号”“福东茭瓜 1 号一代杂交种”，抗病、优质、高产，均获山东省科技成果奖。1974—1984 年，福山师范学校唐懋宽研究的“中文声数编码”方案，组码简单、易学易用、无须专门记忆就能操作，通过山东省科委鉴定，参加全国首届汉字键盘输入方案评测，被列为 A 组方案，并参加全国计算机应用展览。1975 年，县轻工机械厂技术人员研制出“JWL50 型五金压铸机”，经轻工机械部组织鉴定，技术指标达到设计要求，具有维修方便、运转可靠、压射速度快等特点。1976—1977 年，县电器厂技术人员研制成功“FH20 型 20 吨电动葫芦”，烟台机械局受六机部委托组织鉴定，达到部颁标准。1977 年，县工业局研制出“高速冲帽机”，烟台电子局予以肯定，在全国业务会议上受到表扬，并获奖旗一面。同年，县水利局技术人员试验成功“千斤顶式滑动模板”，具有施工工艺先进、节省钢材、精度可靠等优点，烟台行署、省水利厅先后在门楼水库召开现场会，向全省推广。1978 年，县电器厂技术人员研制成功“ZPG—2000 型可移动式多头电焊机”，具有投资少、维修简单、效率高、使用方便、可移动等优点，经六机部组织鉴定，各项技术指标达到设计要求。1979 年，紫埠村果业技术队在烟台果树科学研究所的指导下，进行“矮化苹果栽培技术”试验，获得成功，后在烟台地区推广，获烟台市科技成果奖。1982 年，县制锨厂技术人员研制成功“15ZVC—20 型消声器”，产品设计合理、结构简便、消声性能好，使用方便，经烟台地区二轻局组织有关技术人员鉴定，达到国内领先水平，荣获国家经委新产品金龙奖。1985 年，福山钢窗厂生产的“32 系列实腹钢窗”，被评为山东省优质产品。

进入 80 年代中期以后，境内掀起科技热，广大技术人员结合本职专业，进行科学研究。1991—2002 年，全区共取得科技成果 165 项。其中，工业 77 项、农业 68 项、其他 20 项；达到国际先进水平 9 项，填补国内空白和达到国内领先水平 50 项，国内先进水平 29 项，省内先进和领先水平 37 项，市内先进和领先水平 40 项。1987—2002 年，获市级以上科技成果奖励 74 项。其中，国家级 4 项、省级 34 项、市级 36 项。

1987—2002年福山区获得市级以上科技成果奖励表

表 25-1

成果名称	完成单位	奖励级别	奖励等级	奖励年份
福山区林业资源调查和区划报告	福山区林业局	省级	三等	1987
YHT 型聚氨酯着色剂	烟台化工试验厂	市级	三等	1988
及 W-6 系列碗密封水嘴	烟台阀门厂	市级	三等	1988
水库网箱成鱼技术研究	门楼水库管理局	市级	三等	1988
黄单胞多糖的研制与应用	福山多糖厂	省级	二等	1988
微生物多糖	福山多糖厂	国家级	三等	1989
双锥反转出料混凝土搅拌机	福山建筑机械厂	市级	三等	1989
透辉岩和福山白土在陶质釉面砖中的应用	福山建筑陶瓷厂	市级	三等	1989
PVC 塑料门窗研制	福山钢窗厂	市级	二等	1989
丙纶膨体长丝	福山地毯材料厂	市级	二等	1989
SY321 自动熨烫机	福山区针织器材厂	市级	三等	1990
网箱培育花白鲢鱼种试验	门楼水库管理局	市级	三等	1990
福山核桃纹大白菜提纯复壮	福山区农科所	市级	三等	1990
408 沥青炭纤维增强摩擦材料	烟台冶金新材料研究所试验厂	市级	二等	1990
花生果播覆膜抗旱栽培技术	福山区农技站	市级	一等	1990
水貂颗粒饲料	福山水貂颗粒饲料厂	国家	—	—
星火奖	四等	1990	—	—
赵文竹玻璃画新工艺的研究与应用	赵文竹	市级	三等	1991
JMT 系列阶梯式往复炉排燃煤机	烟台环保设备厂	市级	三等	1991
WTG 系列调速式定量给料机	烟台水泥自控设备厂	市级	三等	1991
单细胞蛋白饲料酵母	烟台味精厂	市级	二等	1991
硫酸亚铜	烟台金河化工厂	市级	二等	1991
生产高质量氧化亚铜的方法	烟台金河实业有限公司	国家	—	—
发明奖	四等	1991	—	—
冬小麦晚播独杆栽培方法	福山区农技站	国家	—	—
发明奖	三等	1991	—	—
丙纶色母粒研制	福山钢窗厂	市级	三等	1992
前置式气动平衡抽油烟机	福山采油设备厂	市级	三等	1992
玉米钾肥技术开发试验及推广	福山区土肥站	市级	三等	1992
推制钢质弯头生产工艺及系列产品	烟台石化管件厂	市级	一等	1992
YLG50/30A 空气等离子切割机	烟台切割机械厂	省级	三等	1992
万亩大樱桃增产技术开发试验	福山区果树站	省级	三等	1992
水溶性聚乙烯亚胺黏合剂	福山区化工研究所	市级	三等	1993
大黄河牌有机颗粒肥	福山水貂颗粒饲料厂	市级	二等	1993
YLG 系列空气等离子切割机	烟台切割机械厂	省级	—	—
星火奖	三等	1993	—	—
木制品涂饰新材料	福山西苑化工厂	省级	—	—
星火奖	一等	1993	—	—
排管式水冷烟道	烟台石化管件厂	省级	三等	1993
烟台市福山区林业发展规划设计方案	福山区林业局	省级	二等	1993
沪芝牌 Yq1-1 型面包添加剂	烟台酵母厂	市级	三等	1994
72 系列钢塑推拉窗	福山钢窗厂	市级	三等	1994
优质高产“鲁花 12 号”花生新品种选育	福山区农科所	市级	二等	1994
超高功率炼钢电炉水冷件系列产品开发	烟台石化管件厂	省级	—	—
星火奖	三等	1994	—	—
新型卸料系统机械立窑	烟台冶金矿山机械厂	省级	三等	1994
万亩芹菜新品种开发	回里镇农技站	市级	—	—
星火奖	三等	1995	—	—
羟基乙叉二膦酸	烟台第四化工厂	市级	三等	1995
防酸碱透湿涂层布	福山特种织物涂层布厂	市级	三等	1995
CH-1 型阻燃布	福山特种织物涂层布厂	市级	三等	1995
沪芝牌 HAY 高活性干酵母	烟台酵母厂	市级	三等	1995
甲酸钠法保险粉	烟台金河助剂厂	市级	二等	1995

续表 25-1

成果名称	完成单位	奖励级别	奖励等级	奖励年份
特种织物涂层布系列产品	福山特种织物涂层布厂	省级	—	—
星火奖	三等	1995	—	—
高效节能水泥机械系列产品	烟台冶金矿山机械厂	省级	二等	1995
9310J 聚氨酯结构漆	烟台油漆厂	省级	三等	1996
匀泡剂	福山聚氨酯材料厂	省级	三等	1996
心奥特胶囊	烟台西苑制药厂	省级	三等	1996
低含氢硅油	福山聚氨酯材料厂	市级	三等	1997
钢丝绳输送带联动生产线锭子导生和分梳夹持张紧装置	烟台冶金矿山机械厂	市级	二等	1997
套子湾海区扇贝自然采苗预报研究	福山区海洋与水产局	省级	三等	1997
福山区科技管理信息系统软件研制	福山区科学技术委员会	市级	二等	1998
妇奥特胶囊	烟台西苑制药厂	省级	三等	1998
无 CFC-11 聚氨酯硬泡组合料	福山聚氨酯材料厂	省级	三等	1998
增涤剂 DW-301	烟台燕福实业公司化工三厂	省级	二等	1998
钢丝网泡沫混凝土轻质墙板	福山福松开发有限公司	省级	二等	1998
非圆柱形机械立窑	烟台冶金矿山机械厂	省级	二等	1998
F-51 酚醛环氧树脂	福山锦程防水材料厂	省级	三等	1999
高性能钕铁硼永磁材料	烟台磁王集团有限公司	省级	三等	1999
硬质聚氨酯防水保温隔热复合板	烟台同化防水材料厂	省级	三等	1999
φ2.4×10（7）米滚动轴承球磨机	烟台冶金矿山机械厂	省级	三等	1999
φ3×48 米回转窑	烟台冶金矿山机械厂	省级	三等	2000
聚酯多元醇 -3038	福山聚氨酯材料厂	省级	三等	2000
KR 系列加热式环境空气采样管	烟台正太冷冻机附属设备有限公司	省级	三等	2001
GPE-50 共聚物底胶	福山西苑化工厂	省级	三等	2001
“三防”纳米涂层材料	烟台佳隆纳米产业有限公司	省级	三等	2001
三元贵金属纳米涂层材料	烟台佳隆纳米产业有限公司	省级	二等	2002
无粉尘保险粉	烟台市金河保险粉厂有限公司	省级	三等	2002
HF-001 氟树脂	烟台华奇涂料有限责任公司	省级	三等	2002
高纤液态汁的研制	烟台绿色生物发展股份有限公司	省级	三等	2002
细胞生长因子治疗脑梗塞的研究	福山区人民医院	市级	二等	2002

说明：奖励级别中除特殊注明外，其他奖项均为科技进步奖

附：主要科技成果简介

小麦独秆栽培法　1981—1985 年，区农技站研究完成。1990 年和 1991 年分别获山东省科技进步二等奖和国家发明三等奖。其关键技术：增加基本苗数，依靠主茎成穗。同时，根据肥水对小麦生长发育的影响规律，在秋种时不施或少施氮肥，增施有机肥和磷钾肥，冬前及早春控制肥水，拔节至旗叶露尖时一次性肥水猛攻。该栽培法主要解决晚茬麦贪青晚熟粒重低的问题，比同期常规栽培亩增产 93.2 公斤，增产 20%。

花生果播覆膜栽培技术　1986—1988 年，区农技站研究完成。国内领先，达到国内领先水平。1990 年，获烟台市科技进步一等奖。其关键技术：花生带壳播种加地膜覆盖，播期比常规提前 1 个多月。具有显著的抗旱、保苗、节水、增产效果，比米播覆膜和露地米播分别亩增 53.4 公斤和 133.5 公斤，增产 14.8% 和 47.7%。

新型卸料系统机械立窑　1991 年，烟台冶金矿山机械厂完成，国内领先。1994 年，获山东省科技进步三等奖。采用半球全良齿卸料器，具有卸料能力强、通风性能好、钢材消耗低、寿命长、维修方便等特点，与老式机立窑相比，可提高产量 15% ~ 25%、节能 14% ~ 25%。

大黄河牌有机颗料肥料　1991 年，区水貂颗粒饲料厂完成，国内先进。1993 年，获市科技进步二等奖。该肥料以蹄角粉、肉骨粉、蚕蛹粉、面粉、棉籽粕等为主要原料加工而成。有机质含量高于 64%，氮含量大于 6%，五氧化二磷含量大于 7%，氧化钾含量为 0.5%。可广泛应用于粮、油、菜、瓜果及花卉等生产，具有明显的增产效果。

沪芝牌 HAY 高活性干酵母　1992 年，上海酵母厂烟台分厂完成，国内先进。1995 年，获市科技进步三等奖。该产品具有发酵力高、速度快、作用持久、保持期长等特点，可替代进口，适用于面包的机械化生产。

排管式水冷烟道　1992年，烟台冶金水冷件厂完成，国际先进。1993年，获省科技进步三等奖。该产品是电炉炼钢采用的一种先进的排烟尘设备，具有传热能力大、降温快、运行稳定、使用寿命长等特点，可替代进口。

“8017-2”小麦新品种　1992年，福山芾兴小麦研究所选育。该品种穗大、粒重，具有适应面广、品质好、抗寒、耐肥、抗倒状、灌浆速度快等特点，比烟农15品种增产10%～20%。1997年，以单产731.73公斤创北方冬麦区最高纪录。

ϕ2.4×10（7）米滚动轴承球磨机　1993年，烟台冶金矿山机械厂完成，国内领先。1999年，获省科技进步三等奖。该产品采用特制的滚动轴承取代传统的巴氏合金轴瓦，明显减少球磨机运行过程中的阻力，废除原有的水冷系统，可节电15%、节油80%，提高产量12%。

甜樱桃大棚栽培技术研究　1994年，区果树站完成，国内领先。可缓解果品淡季市场供应，提高甜樱桃的产量和品质。与露地栽培相比，产量提高1.8倍，收入提高3至4倍。

“鲁花12号”花生新品种选育　1989—1991年，区农科所采用有性杂交和化学诱变相结合的方法培育而成，原名“伏早1号”。1994年，通过省农作物品种审定委员会审定并命名，国内领先。同年，获市科技进步二等奖。该品种具有长势强、成熟早、产量高、品质好等特点，比白沙1016品种增产20%以上，符合珍珠豆型花生出口标准。

高效节能水泥机械系列产品　1994年，烟台冶金矿山机械厂完成，国内领先。1995年，获省科技进步二等奖。该系列产品由半球盘可银齿系列机立窑和滚动轴承球磨机组成，是水泥生产中的主要设备。具有设计先进、结构独特、工作平稳、节能效果显著等特点。

新奥特胶囊　1994年，山东烟台西苑制药厂完成，国内领先。1996年，获省科技进步三等奖。该产品在利用海洋药物的基础上，配以中药丹参、三七、海藻等，经提炼精制而成的复方制剂。具有抗凝血、降低血液黏度、降血脂和改善微循环等作用，对防治缺血性心脑血管疾病有很好的疗效。

套子湾海区扇贝自然采菌采苗预报研究　1994年，区渔业技术推广站完成，国内领先。1997年，获市科技进步二等奖。根据海况条件调查、亲贝性腺指数监测、海区幼囊发育和分布规律、气象潮汐变化等进行采苗预报，提出投袋最佳时间、最佳水层及中心采苗区等预报方法，平均每袋采苗3000粒。

万亩芹菜新品种开发　1995年，回里镇农技站完成。同年，获烟台市星火三等奖。该项目采用回里镇农技站自行选育的“回先1号”空芯芹菜新品种，在进行配套栽培技术研究的同时，开发面积达1333公顷，平均亩产9000公斤。

耐高温a淀粉酶（固体）　1995年，烟台发酵厂将该产品采用地衣牙孢杆菌经深层发酵精制而成，填补国内空白，接近国际先进水平。具有良好的耐热性、稳定性、安全性和储运性，可广泛用于味精、酒精、柠檬酸、酿造、医药、淀粉糖等淀粉深加工行业，其发酵水平均达到5380U/ml，回收率平均达84.3%。

年产140万平方米透辉石质高档透明釉内墙砖　1996年，烟台宏福陶瓷有限公司完成，国内先进。该产品以本地透辉石为主要原料，在研究坯体、化妆土及面釉间的有机配合基础上，引进90年代最先进的釉面砖生产线研制而成。具有尺寸规整、强度高、成本低、色彩典雅等特点。

无氟聚氨酯硬泡组合料　1997年，福山聚氨酯材料厂完成。其综合性能国内领先。1998年，获省科技进步三等奖。该产品以水代替氟里昂作发泡剂制成，清除氟里昂对大气层的破坏，具有环保、活性高、黏度低、保存期长等特点。主要用作冷库及管道的保温材料，尤其适于高寒地带施工。

福山区科技管理信息系统软件　1997年，区科委完成，国内领先。1998年，获市科技进步二等奖。该软件采用UCDOS操作系统及FOXPRO数据管理系统，研制出“FSMIS系统软件”，建立科技计划、成果与专利管理及技术市场等科技管理数据库。

硬质聚氨酯泡沫防火保温隔热复合板　1998年，烟台同化防水保温工程有限公司完成，国内领先。1999年，获省科技进步三等奖。该产品是集防水保温隔热为一体，由硬质聚氨酯泡沫和防水涂料复合而成。具有整体性好、导热系数小、抗压强度高、不透水性好、质轻、无毒、耐化学腐蚀等特点。可广泛用于工业、民用建筑的屋面、室内、墙体的防水保温。

F-51酚醛环氧树脂　1998年，福山绝缘材料厂完成，国内领先。1999年，获省科技进步三等奖。该产品以苯酚、甲醛、环氧氯丙烷为主要原料，经缩合、醚化、环化等反应制成。用于电业的阻焊油墨中，既能提高阻焊油墨的附着力，也能提高阻焊油墨的耐焊性及绝缘性。

WKLG-36高压静电除尘器　1998年，烟台冶金矿山机械厂完成，国内先进。该产品采用隔离法设计，提高除尘器的抗结露性能，同时设计脱硫系统，其脱硫效率达到 95% 以上，除尘效率≥99.9%，广泛用于水泥生产中机立窑的除尘。

GPE-5D 共聚物底胶　2000 年，福山西苑化工厂完成，国内领先。2001 年，获省科技进步三等奖。该产品属于新型工业用黏合剂，主要应用于石油、天然气、化工、电子、建筑、船舶等领域。具有黏结强度高、耐环境老化、施工方便、使用温度范围广、寿命长等特点，在 -50℃～80℃的范围内使用期可达 50 年。

HF-001 氟树脂　2000 年，烟台华奇涂料有限责任公司完成，国内领先。2002 年，获省科技进步三等奖。该产品采取单体制备、四元共聚 2 个独特工艺制成。能溶于有机溶剂，可中、低温固化，具有超耐候性、耐腐蚀、抗沾污、易清洁、耐温变及高装饰性等特点。可广泛用于船舶、航空、建筑、石油、桥梁等领域。

无粉尘保险粉　2001 年，金河保险粉厂有限公司完成，国内领先。2002 年，获省科技进步三等奖。该产品是在普通保险粉基础上，通过选用适宜助剂，采用先进的包裹技术制成。具有稳定性好、气味小、贮存期长、用量低等特点。主要用于印染、陶瓷、食品、粮及纸浆等的漂白。产品出口美国、加拿大、韩国、菲律宾等 20 多个国家和地区。

转炉烟气净化除尘装置　2001 年，烟台冶金矿山机械厂完成，国内领先。该产品主要应用于转炉炼钢时产生烟气的净化除尘，是转炉烟气净化除尘的关键设备。由一级溢流定经文氏管和二文可调喉口组成。与传统装置相比，其 CO 的回收量明显增加，热值也大幅提高，其烟气排放浓度≤100 毫克／立方米，除尘效率达到 95% 以上。

三元贵金属纳米涂层材料　2002 年，佳隆（烟台）实业有限公司完成，国际先进。同年，获省科技进步二等奖。该产品是用于纯平显示管、平极等离子显示屏、微波炉视窗的最新一代涂层材料，能实现防静电、防眩光、防辐射的特殊功能，符合环保 TCO-99 标准。填补国内在高档显示管用纳米涂层材料方面的空白，打破日本等发达国家在该领域的垄断地位。

本草汁功能饮料　2002 年，烟台唯尔生物科技有限公司完成，国际先进。该产品选用菊花、金银花、薄荷等药食同源的天然中草药为主要原料，经洗涤、浸提等工艺制成。不添加咖啡因、防腐剂和色素等添加剂。长期饮用可达到消渴化暑、去热解毒、温中补气等作用。

第二节　专利

1985 年 4 月 1 日，《中华人民共和国专利法》施行后，福山区的专利工作坚持"鼓励发明创造，推动创新发展"的原则，强化示范带动作用，加大宣传培训力度，提高全社会专利意识，推动全区专利工作的快速发展。"七五"期间，全区申请专利 49 件，"八五"期间增到 120 件，"九五"期间实现 144 件，"十五"期间达到 332 件。2002 年，全区申请专利 381 件。其中，发明专利 98 件，实用新型专利 254 件，外观设计专利 29 件。烟台冶金矿山机械厂、烟台冶金水冷件厂、烟台同化防水保温工程有限公司、烟台市福山区五矿石材有限公司、烟台正太集团有限公司 5 户获"中国专利山东明星企业"。是年，区科技局对获得外观设计、实用新型、发明专利的申请人，分别给予 500 元、1000 元和 3000 元的奖励。

第三节　科技论文、图书

1978—2002 年，各系统科技人员在学术、科普刊物发表科技论文和科普文章 1406 篇。其中，市级 560 篇，省级 447 篇，国家级 356 篇，其他 43 篇。编著或参加编写科普图书 13 部。这些科技论文、文章和科普图书，有的在全省乃至全国学术界引起较大反响，有的成为宝贵的研究参考资料，有的获得优秀论文奖励，不仅进行学术交流，而且大都在不同领域起到科普宣传作用，变成强大的生产力，取得较好的经济效益和社会效益。

附：部分科普书籍目录

许艳芬（参加编写）　《蔬菜栽培技术》　1981

张泽明（编著）　《果树的栽培与管理》　1985

李栋编（主编）　《电刷镀金属学》　全国电刷镀研究提高班教材　1988

侯庆福（合编）　《旱作小麦栽培技术问答》　气象出版社　1989

侯庆福（主编）　《现代农业实用技术研究》　气象出版社　1991

张文国（副主编）　《禽病诊断与防治》　山东大学出版社　1992

姚有财（参加编写）　《玉米高产开发原理与技术》

山东科学技术出版社　1992

牟林辉（参加编写）《紧凑型玉米育种》气象出版社　1993

迮福惠（副主编）《几种经济作物高产高效应用技术》中国农业出版社　1994

于承广（参加编写）《大樱桃栽培新技术》山东科技出版社　1998

胡其华、王植义（参加编写）《花生规范化栽培与实践》中国农业科技出版社　2000

胡其华（参加编写）《夏玉米新品种高产开发理论与实践》中国农业科技出版社　2000

第四章　科学普及

中共十一届三中全会以来，福山区重视科学普及工作。区科协、农业、卫生等部门每年利用冬闲和不同生产季节，组织科技人员深入镇、村，采取多种形式，广泛宣传普及科学知识，使人们的科技意识进一步增强，实用技术操作技能不断提高。

第一节　科技情报

1954 年，县农技站将农业技术资料摘录编辑成册，印发到各村。1979—1981 年，又编印《农业科技小报》，定期印发到有关领导和社、队。1978—2002 年，县（区）农技部门共编印作物栽培、种子、土肥、果蔬、植保、畜牧兽医等技术材料 20 多万份。自 1979 年开始，植保部门每年都及时发布病虫情报 20 ～ 30 期，指导农民适时防治病虫害。

1981—1982 年，县科委定期编印《科技参考》，共计 12 期，发往农村和工厂。1983 年，改名《科技简讯》，每期印发 30 份，专为有关领导提供区内科技动态。1989 年，区科委与省内 10 多个单位建立联系、交换信息资料。区建立科技信息网，各乡镇、重点企业设信息员 30 余人，并与全国 50 多个信息部门建立经常性联系，互通信息。1998 年起，连续 3 年开展“寻找科技项目千里行”为主题的科技交流活动，与国内 10 余所大专院校、科研单位联系与合作，签订科技合作协议书 6 份。至 2002 年，共收集科技成果项目资料 300 余份，发至全区各乡镇、企业，提供各类技术信息，指导工农业生产。

1983 年，区委办以全县各行业研究创造的新技术、新成果为主要内容，定期编印《福山科技》，供领导参考。1998 年，更名为《科技工作信息》，2001 年停办。1985 年，区多种经营办公室开始编印《信息报》，载录专业户和经济联合体的先进生产技术和经验。同年，区经委同全国各地 70 多家信息部门建立联系，互相交流传递技术情报，并创办《信息简报》。

第二节　科普活动

1964 年，县科学技术普及协会（以下简称科协）成立后，科普工作得到加强。1965 年冬季，县农业局组织技术骨干，利用冬闲时间，举办果业技术培训班，受训人员 1500 多人（次）。“文化大革命”期间，科技培训一度中断。1978 年后，科技培训活动又逐渐活跃起来。县（区）科委、科协、农牧系统根据不同季节，利用农闲时间，经常组织科技人员深入到公社、乡镇、村举办作物、果树、蔬菜、食用菌、畜牧养殖等农技培训班，培训农民技术骨干。1979 年，县科委与农牧局联合举办生产大队长和技术员培训班，聘请山东农学院教授、烟台地区农科所的技术员讲解小麦、玉米、地瓜、花生四大作物的栽培技术。全年举办农技培训班 8 次，听课者 3000 多人次。工业系统办科技培训班 7 次，听课 620 人。1982—1985 年，县（区）农牧局举办粮、油、菜、果、食用菌、草莓等栽培技术培训班共 150 多期，听课者达 2 万多人次。在县（区）政府及农业部门的安排下，绍瑞口等村自中华人民共和国成立至 1985 年，先后派出数百人次奔赴全国各地举办苹果栽培管理培训班和讲座，把福山苹果育苗、嫁接、修剪、管理等成套技术普及到大江南北。90年代，在冬闲季节，区政府每年组织农技宣讲团，到各乡镇和部分村进行巡回农技讲座，每年讲座50余场次，听课人员达5000多人次。1991年3月20日至4月20日，开展科普宣传月活动，组织高级、中级职称的技术人员62人，举办科技讲座11场次，受训1100人次。1994年，区委组织部开展农村党员、干部实用技术培训，举办科技培训班62期，印发各种培训教材9种1000多册，参加培训人员5600人。

1979—2002年，全区举办各类科技培训班2245场次，受训人数达20.13万人次。

科普宣传　中华人民共和国成立前，政府对科技工作很少过问，中小学校只讲授一点科学基础知识。中华人民共和国成立后，县设专职机构负责科技传播工作。改革开放以来，各级科协组织、农牧系统利用宣传栏、黑板报、录像、幻灯、电影、电台、电视、科普橱窗等设施以及采取订阅科技报、科普图书、印发“明白纸”和科技资料、图片展览等形式，积极开展科普宣传。1979年，工业系统印发科技资料10余期，3800多册，放科技影片6部。1981年4月，县广播站设“农业技术广播讲座专题节目”，农技人员到场讲座20余场次。1984—2002年，全区订阅《山东科技报》《科技信息报》《山东科技信息报》《烟台科技信息报》等科技报纸3.91万份，印发科普资料、科技“明白纸”36万份，办科普知识橱窗、宣传栏、画廊、展览等156期，发放科普丛书1万多册，播放科技电影、录像、幻灯100多场次。1990年，举办科普宣传周活动，出动宣传车9台次，展出宣传看板130块，播放科普录像20场次。区广播站开设“科普之声”栏目，播放科普稿件20余篇。1991年开展科普宣传月活动期间，除进行科技讲座外，还播放科普录像20场次，出动宣传车3辆，部署街面看板600多块，组织青少年科普演讲35场次、智力竞赛3场，参加人员近600人次，进行科普鼓乐队宣传750多人。为工企业提供信息项目100条。1999年，区广播电台开设“科技致富”“科技之窗”专栏，科技人员定期到场技术讲座30多场次。2002年，在福山德胜商场举办《信息网络》科普知识展览，分批组织数千名中小学生到场参观。

科普学校、镇、村　1987年，乡镇普遍建立科普学校，有科普教室531间，设专职教师21名，兼职教师57名，配套桌凳243套，藏书1000余册。至1999年，全区建立农民科普培训学校116个，编写、发放教材8套1.1万余册。

1984年，全区有290个村成立科普小组，发展科技致富带头户3546户。1991年，有76个村达到“科普村”标准。1992年，全区科普村达到108个，发展科技示范户1.8万户。东陌堂村被山东省科协命名为“省科普先进村”。1994年，全区科普村达到150个。1995年，增至175个，占村总数的58%。

1992年，福山创建市级科普文明镇2个。1993年，新增科普乡镇1个。1994年，高疃、门楼、臧家、兜余、福山镇达到科普乡镇标准。1995年，科普乡镇达到6处。

科普下乡　1984年，科协、农牧、卫生系统通过科普下乡、“赶集”形式，广泛开展科普宣传活动。全年科普“赶集”20次。1996年3月，区科协利用古现庙会，组织大型科普宣传活动，邀请市科技馆8名专家及市有关新闻单位参加活动，区内组织23个单位100多名科技人员参加科技咨询服务，发放科技“明白纸”2万份，现场售书100多种2000余册。1996年，开展科技下乡活动，先后到古现、门楼、高疃、兜余4处乡镇送科技到户千余人次。1999—2002年，在各镇街巡回开展科普“赶集”活动59次。2000年，举办“崇尚科学文明，反对封建愚昧”大型科普知识展览1次；举办农村技术经验交流会，特邀莱州、莱阳、龙口三市农技、科协负责人到会做典型经验介绍。2001年，举办“科技服务百村行”活动，走进全区120多个村，向3000多户果农、菜农传授农业科技知识。2002年，区科协牵头成立区优质种苗繁育推广协会，聘请有实践经验的“土专家”到镇入村，实地举办大樱桃栽培管理技术讲座近十场次，培训果农上万人次。

第五章　技术监督

福山区质量技术监督局（以下简称质监局）职责：对全区产品质量进行检验鉴定，依法查处生产和经销假冒伪劣商品行为；协调建立重大工程设备质量监理制度，管理全区工业产品生产许可证和质量认证；贯彻国家标准和行业标准，管理全区标准化工作，组织制定并监督执行地方标准，在企业推行国际标准，管理全区组织机构代码和商品条码工作；统一管理计量工作，推行法定计量单位和国家计量制度，规范和监督商品量的计量行为；组织协调行业和专业的质量技术监督，对锅炉、压力容器、压力管道、特种设备安全进行检验和监察。

第一节　机构

中华人民共和国成立后至60年代初，福山县的度量衡检定由烟台市度量衡监理所代管。1962—1978年，先后由县手工业管理局、统计局、科委监管。1977年，县标准计量所成立。1987年7月，区标准计量局成立，隶属区经委，为副科级单位。1993年3月，改称烟台市福山区质量技术监督局，为正科级单位。内设计量管理所和衡器管理所。1994年，内设信息所，负责管理全区标准化工作；成立质量监督稽查大队，负责质量、计量、标准化、特种设备安全督查执法。1995年，成立计量质量纠纷事务所，负责受理计量、质量纠纷。1998年，计量质量纠纷事务所与稽查大队合署办公。2000年8月，特种设备安全监察职能由劳动部门划转质监局，区质监局设立特种设备安全监察科。2001年12月，省以下质量技术监督实行系统垂直管理，区质监局改称烟台市质监局福山区分局。

第二节　标准计量

中华人民共和国成立后，政府加强对度量衡的管理，逐步统一为市制单位。1986年7月1日，实施国家《计量法》，规定采用米、千克、牛顿、焦耳、库仑、安培等国际单位制，并以国家选定的其他计量单位配合使用。同时，废除非国家法定计量单位，但是斤、两、尺、寸、亩等市制单位在民间依然流行。

第三节　标准计量检修和管理

计量器具检修与管理　中华人民共和国成立后，标准计量检修工作先后由县手工业管理局、统计局、科委兼管。1977年，县标准计量所成立，负责标准计量器具的检修管理工作。购置各种砝码、分析天平等设备，配套空调、检定实验室等办公设施。技术监督局成立后，计量管理的办公条件、检定设备不断改善，标准计量器具的检定、维修能力明显提高。检修项目从简单的木尺、杠秤检修发展到电子衡、电能表、电子计价器、分析天平、电子汽车衡、医用辐射源等，计量器具的检定维修逐渐实现现代化、精密化、高技术化。

1983年，福山电业公司建立电能表检定室；自来水公司建立水表检定室；轻工机械厂、味精厂等陆续建立计量室。区标准计量所对企业计量室进行整顿和监督管理，每年都对医疗卫生常用的血压计、血压表、压力表、辐射源以及企业的卡尺、压力表、温度计、量规等进行检定，受检率85%以上；每年对加油站的加油机每季检定一次，个体户、小作坊的测微仪、计价器等受检率达到50%左右；每年检查生产和商贸企业上百家，受检商品达千批次。全区生产企业定量包装合格率始终保持在95%左右，流通领域定量包装合格率在80%左右。

标准化、代码和条码管理

工业产品标准化　1978年，县标准计量所正式在县属企业中推行产品质量标准化管理，开展技术培训、技术咨询服务，帮助企业制定、修订产品执行标准。1994年后，产品质量标准化管理由信息所负责。1999年，全区工业企业标准化覆盖率达到95%以上，有7家企业通过ISO质量体系认证，10多家企业采用国际标准或国外先进标准组织生产。是年，福山区通过省技术监督局标准管理检查验收，成为山东省第二批“消灭无标准生产试点县”。

农业标准化　1995年，区质监局在农业局、工商局、区联社等部门的配合下，开始建设全国唯一的国家级大樱桃标准化示范区，并制定和实施《大樱桃栽培技术规程》等地方标准。通过示范村、示范户，以点带面，推广先进的标准化管理模式，规范大樱桃生产在引种育苗、田间管理等技术环节以及产品加工标准化管理。2000年，福山大樱桃标准化示范区通过国家质监局验收。2001年，国家颁布《无公害农产品标志管理规定》，福发面粉有限公司、青叶农园、福山蔬菜基地等通过无公害认证，全区农产品逐步实现标准化生产、加工、管理。2002年6月，区果树站编制的《无公害农产品大樱桃生产技术操作规程》，由烟台市质监局作为地方标准，在全市发布实施。

组织机构代码和条码　1993年秋，在党政机关、人民团体、企事业单位推行组织机构代码管理。主要内容包括单位法人、成立时间、生产经营等。90年代中后期，随着微机的普及，组织机构代码新增加IC卡，在银行贷款、纳税管理、汽车挂牌、商品报关等方面得到广泛应用。至2002年，全区有50%以上的机关企事业单位有自己的组织机构代码。1998年，国家对商品实行条形码管理，全区先后有20多家企业注册条形码。

产品质量监督管理　1987年，区成立产品质量检验站，开始对食品、工业产品进行质量监督管理。至2002年，区质检站基本具备食品、燃油、化肥、油漆、面粉、调味品、建材等产品质量检测能力，有70%以上的工业产品质量在本区检测。烟台宽幅布厂、山村果园等企业生产的4种产品通过省名牌产品认定，有30多个单位通过ISO 9000系列质量认证。质检站每年为企业提供委托检验服务2000次以上，对300多户生产企业实施产品质量定期检验，定检合格率始终保持在90%以上。国家、省监督抽检辖区企业产品合格率稳定在80%左右。

第四节　特种设备安全检验和监察

2000年8月，锅炉、压力容器、压力管道、特种设备安全监察职能从劳动部门划转质监局，内设特种设备安全监察科，负责全区特种设备安全监督管理。是年，根据上级部署，对全区的锅炉、压力容器、压力管道、特种设备登记建档，录入微机，实行科学化、动态化、微机化管理，覆盖面达95%。2000—2002年，每年对全区的锅炉、压力容器、起重机械、厂内机动车辆等设备至少检查一遍，年检率为85%以上，发放隐患整改通知书上百份，查处特种设备非法制造案件6起，查获生产工具、原材料和产品货值上百万元，查封或销毁“土锅炉”30多台，报废气瓶、厂内机动车辆、锅炉等设备100多台（件），查处非法安装、改造和无证操作等违法行为400多起。并对企业锅炉、压力容器、压力管道、特种设备操作人员经常进行培训、考核，持证上岗，全区共换发证213人次，达标上岗率95%。

第五节　稽查

1993年9月，《中华人民共和国产品质量法》颁布实施。1994年，在区质监局成立稽查大队。2001年，稽查大队逐步推行质量、计量、标准化、特种设备安全“四位一体”执法。每年查处案件上百起，查获假冒伪劣和不合格产品价值数百万元。1995年，在区质监局成立计量质量纠纷事务所。至2002年，年均受理纠纷投诉案件50多起，处结率保持在85%以上，受理万元以上大案30多起，为消费者挽回经济损失150多万元，投诉、被投诉双方满意率达到60%。

第六章　气象　地震

中华人民共和国成立前，境内无专门气象机构，人们靠肉眼观察天气，凭经验进行气象预测。50年代至70年代前期，气象资料由烟台气象台提供。1978年，县成立气象站，可独立进行气象预测。

福山的地震测报工作始于1975年，科技办公室设专人具体负责。全县各村设立地震测报点，观察自然异常现象。1979年，县成立地震办公室，1983年11月撤销。2001年9月，设立区地震局，为正科级单位，与区科委合署办公。

图25-2　2002年福山区气象局大门及业务楼

第一节　气象测报

1978年10月，县气象站成立。内设测报组、预报组、农业气象组。1979年7月1日，正式成立县气象局。后更名为烟台地区气象局直属站福山县气象站。1988年，更名为烟台市福山区气象局，局站合一，属中国气象局基层台站编制。1979—1989年，为一般站；1990—1991年，为辅助站；1992年，改为地面测报国家基本站、辐射二级站；1994年，农业气象业务升为国家基本站。

地面测报，主要是对境内的云、能见度、气温、气压、降水、湿度、水汽压、日照、风向风速、蒸发、地温、冻土、雪深、雪压等气象要素进行观测记载，对灾害性天气进行纪要。每天02时、08时、14时、20时进行4次基本天气测报，每旬末、月末编发气象旬月报。福山太阳辐射观测点是全省3个观测点之一，主要负责太阳总辐射、净全辐射的数据观测和编制报表。同时，还承担沙尘暴的监测发报任务。

图25-1　烟台市福山区气象局

天气预报　福山气象局每天接收卫星云图，进行天气形势分析；听取省、市气象台的预报，做出全区24小时、48小时、72小时修正预报；进行长期和短期各种天气预报。先后在县广播站和区电视台开播天气预报栏目，每晚播放2次。此外，还通过电话、传真、“12121”气象预报自动答询系统等，开展未来24小时和72小时短期天气预报、未来10天中期天气预报、一个季度的天气趋势预测、森林火险气象等级预报及相关专业气象预报服务。

农业气象　区气象局常年对土壤墒情、自然物候等进行观测，并担负小麦、花生等作物生育状况观测和气象条件分析，发布农气服务信息。每年印发春播、秋播和每旬农业气象情况各100多份。同时，提出下旬天气预报并做出相应气象条件分析及生产建议，及时为各级领导和有关用户提供气象服务。进入汛期后，实行重要天气联防制度，24小时昼夜值班，随时向各级政府及防汛部门报告天气变化和降水预报。在防汛抗旱、植树造

图 25-3　福山区气象局开展气象科普宣传

林、森林防火、大樱桃和蔬菜基地建设等方面及时提供公众气象服务、决策气象服务和专业气象服务。同时，还利用气象科技开展庆典气球彩虹门施放、防雷设施安装检测等专业有偿服务。承担辖区内企事业、建筑工地、易燃易爆场所、高大建筑物、微机室等的避雷、防雷装置的设计、安装、检测，对新建筑物的防雷电装置进行审核验收，为安全生产提供保证。

第二节　地震监测预报

1979 年，县成立地震办公室，在黄庄、蔡家夼、新华书店、城西、吴家水库、刘家台子设立 6 个测报点。在黄庄、蔡家夼、吴家水库安装工地电应力和地应力仪器，监测水井、河流与某些动物的异常反应。测报点每周向县地震办汇报 1 次，再汇总整理成书面材料，报送市地震办。1996 年，区地震办制定《福山区破坏性地震应急反应预案》。在原有地震观测点的基础上，重新进行布局调整，建立起区、镇（街）地震宏观异常速报网。新建水利局水井、回里特禽场、善疃水库、黑石水库、夹河养鸡场、东关养牛场、门楼水库和权家、门楼、东厅养猪场等地震宏观观测点 10 处。2000 年，在南涂山村增设省级二氧化碳骨干观测点，观测员每天定时记录数据，每周上报到市地震局监测台网中心。2002 年，在区武装部院内打深 30 米的地震观测井 1 眼，安装地湿、水位、气压参数观测仪，通过无线传输到市地震局台网中心。震情时加密观测，每天向市地震局上报震情加密观测数据 1 次。

图 25-4　烟台实验中学二氧化碳观测点

第二十六编　教育

福山自古以来重视教育，崇文尚德。中华人民共和国成立前，只有少数富家子弟上得起学，绝大多数贫困百姓接受不到正规教育。1376年，福山知县蔡希仁主持于西门外建社学1所，招收15岁以下儿童就读。1670年，全县建社学29处。1746年，知县李经邦捐俸并倡导地方绅士捐资，在城北门外建“宾阳书院”，招收应考童生、生员复习功课，延师辅导。1857年，知县何维坤筹集巨款，增建房舍数十间，以作县试童生考场。1907年，宾阳书院改为县立高等小学堂。清末民初，福山并存私塾、学堂2种办学形式。1912年后，教育部命令废除私塾，私塾相继停办，至1916年前后全部废止，全县各大村庄陆续办起小学。

中华人民共和国成立后，特别改革开放以来，辖区教育事业全面振兴，逐步形成由义务、职业、成人教育相互配套，各级各类学校布局合理、比例适中的教育新体系。2002年，全区学校72处。其中，高中1处，完全中学1处，初中12处，小学56处，职业学校、成人学校各1处。在校学生33642人。幼儿园93处，入园幼儿6008名，入园率为99.8%。

第一章 机构沿革

金至元代设教谕。明设教谕、训导。清顺治年间只设教谕，康熙年间裁教谕，复设训导，雍正年间复设教谕。教谕、训导负责文庙祭祀，教诲县学生员，协助县官管理全县教育事宜。1905年改称劝学所。1912年，县民政署设视学所，掌管全县文教工作。1915年，恢复劝学所。1923年，改称教育局。1928年，县政府第一科下设教育局。1932年，县政府由二科改为五科掌管教育，后又将五科并为四科分管教育。

抗战时期，县抗日民主政府和国民党政府均设教育科。1947年9月至1948年10月，国民党政府重回福山，仍设教育科。1946—1956年7月，人民政府（人民委员会）设教育科。1956年8月，改称教育局。1962年4月，教育局与卫生局合并，称文教卫生局。同年7月，单设文教局。1967年2月，改为教育组。1971年5月，恢复教育局。1977年8月，教育局与文化局合并，称文教局。1978年4月，文化局单设，文教局复称教育局。1983年11月，文化局并入教育局，复称文教局。1986年5月，文化局又单设，文教局复称教育局。1993年11月，文化局、体委、教育局3局合并，成立教育文化体育委员会，分署办公。1994年10月，体委析出，改称教育文化委员会。2001年，改称教育体育局；文化工作管理职能划归区委宣传部，教体局增加体育工作管理职能。

中华人民共和国成立前，福山无专门的幼儿学前教育机构。中华人民共和国成立后，党和政府重视幼儿学前教育工作。70年代，幼教工作由区妇联主管，幼儿教师由村队管理。自1989年始，幼儿教育由教育部门主管。1991年前后，各乡镇教委在辖区内公开招聘幼儿教师，将能力差的幼儿教师辞退。同时，实行以乡镇为单位的收费制度，经费由乡镇教委统一管理，统一发放幼儿教师工资。1990年始，托幼工作领导机构为区、镇、村三

图26-1 福山区教育局办公楼

级，各级均成立领导小组，负责贯彻落实市托幼办制订的9类人员职责。各幼儿园还建立健全工作、学习、考勤、评估、奖惩、十项卫生保健等规章制度。

第二章　学前教育

中华人民共和国成立后，党和政府重视幼儿学前教育工作。机关、厂矿企事业单位和农村兴办托儿所、幼儿园。70年代，幼教事业开始步入健康、全面、快速发展。提倡村村办幼儿园。招生对象大多是学前一年幼儿，称为“育红班”。

80年代前，幼儿园开设语言、计算、常识、美术、音乐、体育6门课程，教学重点是向幼儿传授粗浅的知识和技能。90年代后，以发展幼儿智能为中心，尝试幼儿整体综合教育、幼儿园主题教育、农村混合班教学、幼儿英语口语教学、幼儿学具理论的实践与研究、儿童道德启蒙教育系列内容与方法，进行科学与艺术整合等课题的实验与研究，教学实行因材施教、分类指导。办园宗旨是，为解放妇女劳动力，让幼儿全面发展；教育目标是，让幼儿具有粗浅的知识和技能，发展幼儿智能，为培养创新人才奠定基础。

第一节　幼儿园

1952年，县政府创办县机关托儿所，入园幼儿12名。1962年，福山纸箱厂办起企事业单位首所幼儿园。到70年代末，全县仅有4所，入托幼儿57名，幼儿教师6人。到1980年，发展到15所，入园幼儿424名，有教职工49人。2002年，区直共办幼儿园5所，入园幼儿1461名，入园率达100%，有教职工68人。

1958年，为解放农村妇女劳动力，全县农村兴办幼儿园256所，入园幼儿11202名，有教职员539名。因在“大跃进”时期，多数村不具备办园条件，1959年以后陆续停办。部分村办起农忙季节开班、农闲解散的临时幼儿园。1973年，农村开始兴办常年幼儿园，也称育红班，当年共办20所，入园幼儿660名。1976年，增加到136所，入园幼儿7014名，有教职工148名。1985年，农村幼儿园发展到243所，入园幼儿12119名，入园率为84.6%，有幼儿教师387名。2002年，全区有幼儿园93所，入园幼儿6008名，入园率为99.8%，有幼儿教师385名。

1978—2002年福山县（区）幼儿教育分布情况表

表26-1

单位	年	园所数（个）	班级数（个）	入园幼儿（人）	入园率（%）	教职工（人）
古现	1978	15	17	602	41.2	21
	1988	21	27	511	43.2	32
	1998	19	33	569	100	47
八角	1978	18	27	586	43	33
	1988	18	27	561	44	33
	1998	15	24	499	100	33
福新	1978	12	20	874	42	20
	1988	25	30	789	87	26
	1998	10	19	347	100	21
	2002	6	15	190	100	15

续表 26-1

单位	年	园所数（个）	班级数（个）	入园幼儿（人）	入园率（%）	教职工（人）
清洋	1978	10	10	300	60	20
	1988	36	60	1500	90	70
	1998	17	30	447	100	46
	2002	14	28	483	100	38
高疃	1978	33	36	1320	89	36
	1988	37	41	1230	93	41
	1998	23	27	731	92	27
	2002	14	19	348	95	22
东厅	1978	20	20	332	81	20
	1988	20	20	357	89	20
	1998	15	16	301	98	16
	2002	8	10	228	100	11
门楼	1978	30	45	1865	58	47
	1988	30	50	1951	62	58
	1998	9	28	624	100	38
	2002	6	26	68	100	31
张格庄	1978	27	42	1000	50	42
	1988	26	40	908	70	40
	1998	13	17	352	97.8	21
	2002	4	20	392	100	23
兜余	1978	17	33	860	68	35
	1988	17	35	970	83	40
	1998	17	42	1300	99	44
	2002	11	19	420	100	24
回里	1978	30	45	1865	58	47
	1988	32	54	1969	62	58
	1998	18	37	832	97	43
	2002	12	27	565	98	36
区直	1978	1	3	90	100	10
	1988	6	24	916	100	30
	1998	6	28	847	100	77
	2002	5	33	1461	100	68
合计	1978	213	298	9694	62.75	331
	1988	268	408	11662	74.84	448
	1998	162	301	6849	98.4	413
	2002	93	252	6008	99.8	385

说明：合计中 2000 年不含古现、八角镇

第二节 教育成果

改革开放后至 2002 年，福山区《农村幼儿教师六统一管理办法》在全省转发；《对幼儿实施德育的实践与探索》在全省幼教学术会议上作典型交流；《关于幼儿教师现代教育观的调查研究》《幼儿园的目标管理》等论文在全市幼教学术会议上交流。全区幼教工作人员近 200 篇论文在市以上发表或获奖。在历次市幼师技能比赛和幼儿各项竞赛中，均名列前茅。区教育局学前科连年被市教委评为“托幼工作先进单位”；17 名幼儿教师被评为市以上“托幼工作先进个人”；近 200 名幼儿在各类竞赛中获国家、省、市比赛一、二等奖。

第三节 幼儿园选介

机关幼儿园　1952 年，县政府创办县机关托儿所，受政府秘书处领导。设所长、指导员、会计、炊事员各 1 人，保育员 7 人，当年入托 1～5 周岁幼儿 12 名。所内有活动室、宿舍、游戏场，主要玩具有木马、转木马、游车、跷跷板等。周末可由家长领回，星期一送返。入托费用全由国家负担。1953 年，国家工作人员实行薪金制后，入托幼儿每人每月需交 5 元。1954 年，精简国家工作人员，所内除保育员外，行政人员只留 1 名负责人。1958 年上半年，入托幼儿 41 名。10 月，福山并入烟台市后，该所移交给福山镇公社。1962 年复县后，由县人委接管，

改称县机关幼儿园。分大、中、小3个班，共有幼儿71名。1965年，建平房29间。1985年，入园幼儿141人，设4个班，有幼儿教师7人，工作人员5人。经费来源主要是县财政拨款，固定资产除平房外，只有5000元。

1987年，在原址建成1座3层教学楼，占地面积678平方米，建筑面积2034平方米，教室、寝室、活动室、舞蹈室、图书室、办公室等配备完善。1988年，设8个班，入园幼儿250名，教职工24名，固定资产75万元。1992年，改为自收自支事业单位。2000年，开办第一分园。2001年，开办锦绣山庄分园。2002年，固定资产99万元。至2002年末，共有教学班12个，入园幼儿550名，教职工30名，其中具有本科学历7人，专科、本科在读20人。1996年以前，隶属于区政府办领导。1996年起，隶属于区教育局领导。

机关幼儿园是同期福山区唯一一所全日制省级示范幼儿园。以幼教法规为指针，坚持保教结合，实行园长负责制、岗位责任制、教师聘任制、工资结构制，全面开展素质教育，提倡赏识教育，努力开发幼儿潜能，积极开展特色教学和“蒙台梭利”等实验教学，培养创新人才，成为国家教委、国家科委“科技教育”实验基地和中国学前教育研究会“十五”研究课题“幼儿科学与艺术启蒙整合教育”实验基地。

实验幼儿园　创建于1995年5月，隶属于区教育局领导，自收自支事业单位，省级实验幼儿园。园所坐落于河滨小区内，占地面积5240平方米，建筑面积3483平方米。2002年，有教职员工33人，教师全部为幼师毕业，持证上岗率达100%。其中，高级职称1人，中级职称5人。大、中、小共13个班，入园幼儿500多名。先后承担“幼儿智能学具”“蒙台梭利教学”“儿童道德启蒙教育系列内容与方法”“幼儿科学与艺术启蒙教育整合”“儿童英语口语教学”等国家、省、市实验课题，教学科研成果喜人。2000年，被中央教科所授予“优秀实验基地园”。2001年，于佳小朋友代表省赴京参加“中国青少年艺术新人选拔大赛”少儿组朗诵项目比赛获铜奖，是福山区幼教系统有史以来所获最高奖项。该园先后荣获烟台市“托幼工作先进单位”、福山区“教书育人先进单位”和“文明单位”。

烟台SOS儿童村幼儿园　建于1987年5月，坐落于西山路城乡接合部288号儿童村院内。业务隶属于区教育局领导，被市教育局评为一类幼儿园。占地面积874平方米，建筑面积474平方米。室内有电子钢琴、电视、图书等，室外有大型活动玩具，均由社会赞助。建园当年设1个教学班，入园幼儿37名，均为村内3～7岁的孤儿，教职工2名。1989年始，逐步向社会招收幼儿，仍是半日制混合班。1995年，改为全日制，将混合班分为中、小2个班。2002年，设2个教学班，入园幼儿24名，教职工3名。

第三章　小学教育

清末民国初，福山并存私塾、学堂2种办学形式。1913年，各大村庄开始创办小学。1916年，私塾基本绝迹。1948年，全县共有完小26处，初级小学72所。

中华人民共和国成立后，党和政府重视小学教学工作，人们的文化水平不断提高。中共十一届三中全会以来，勇于改革，大胆探索。在教育思想上，由选择适合教育的学生向创造适合学生的教育方向转变。在教学思想上，重升学率，更重合格率；重知识传授，更重能力培养；重智力因素，更重人文素养。在教学理念上，变“三中心”为“三为主”，即变以课堂为中心为以课堂为主，变以教材为中心为以教材为主，变以教师为中心为以教师为主导。在教学方法上，变注入式为启发式，变封闭式为开放式，变“一刀切”为因材施教。进入新世纪之后，推进素质教育，突出创新教学，坚持以学生为主体，培养学生养成良好学习习惯。

第一节　学校

清末民初，创办较早的小学，多在城关及其附近村庄，主要有县立高等小学、育黎小学、半日小学、义智小学、鼎新小学、东华小学、端华女子小学等。1916 年以后，全县各大村庄皆陆续兴办小学，私塾基本绝迹。1930 年，全县增设诸嘉、兴隆、门楼、八角 4 所县立小学；村立小学 221 所，其中高等小学 22 所，私立小学 54 所。全县共有初级小学教师 365 人，高级小学教师 123 人，有学生 7876 人，其中高小学生 1002 人。

1938 年，国民党县政府将县立小学调整为世回尧、兴隆、张格庄、疋山夼、刘家 5 处。1940 年，全县共有小学 367 所，学生 15542 人。1947 年秋，因国民党军进攻福山，全县教育停办。1948 年 10 月复学，全县有完小 26 处，学生 1739 名，教员 66 人；初级小学 72 所，学生 5914 名，教员 305 人。

1950 年，全县共有小学 171 所，学生 20153 名，学龄儿童入学率为 53%，教职工 461 人。1957 年，小学增至 214 所，学生 28442 名，学龄儿童入学率为 70.7%，教职工 935 人。1963 年，全县有小学 259 所，学生 41387 名，学龄儿童入学率为 92.5%，教职工 867 人。1971 年，有小学 290 所，学生 44371 名，学龄儿童入学率降为 87.5%，有教职工 1694 人。

1978 年后，学校逐步合并，处数减少。各公社（乡镇）设中心完小，除福山镇（公社）设 2 处，其他公社（乡镇）均设 1 处，另设学区完小、初小若干处（有的初小设有五、六年级）。1978 年，全县有小学 247 所，学生 35448 名，学龄儿童入学率为 98%，教职工 1332 人。1984 年，设区直属小学福山实验小学 1 处。1985 年，胜利西村完小、胜利东村初小和马家初小划归烟台开发区。全县有小学 220 所，学生 24279 名，学龄儿童入学率为 98.31%，教职工 1622 人。1992 年，刘家台子完小、舒家实验小学、奇章完小、车家完小和岗嵛完小划归烟台开发区。1995 年，设福山高新区，盐场完小成为该园区中心小学。2002 年 9 月，古现和八角镇小学全部划归烟台开发区。全区有小学 56 所，学生 12080 人。

第二节　学制

民国初年，小学教育学制为 7 年，分前后 2 期，前期 4 年，后期 3 年。1922 年 11 月，小学改为 6 年制，初小 4 年，高小 2 年。

1951 年，政务院颁布《关于学制的决定》，小学实行“五年一贯制”，修业年限为 5 年。1952 年，县教育科在东厅小学试点；1953 年，教育部通知暂缓推行。1966 年，全县各小学一律由“六年一贯制”改为“五年一贯制”。1979 年秋至 1985 年春，“五年一贯制”和“六年一贯制”两种学制并存，各占 50%。1985 年秋至 2002 年底，又恢复“五年一贯制”。

第三节　课程设置

清末，文科课程以经史、古文、诗词等为主，理科开设算术、常识课。民国初年，初小普遍开设修身、国文、算术、手工、图画、唱歌、体操等；高小增加自然、历史、地理、尺牍，有的还设论说、古文、千家诗、英文等课程。1930 年前后，开始使用白话文教材，课程设置也有所变动。初小有国语（后改为国文）、算术、三民主义（后改为公民）、常识、珠算等，废除修身课；高小有国语、算术、历史、地理、自然、卫生、公民，村立小学一般仍设尺牍和珠算，废除古文、千家诗、英文等课程。后唱歌、体操、图画等课程分别改称音乐、体育、美术、劳作课。抗战时期，敌占区恢复修身课，解放区不设公民课。

1949 年之后，小学课程与抗战前基本相同，只是撤销公民课，增设政治课、劳动课，国语课改称语文课。一、二年级的音乐、体育课合并为唱游课。“文化大革命”期间，课程设置混乱。1976 年后，逐渐纠正，按国家规定设置课程。1978 年，小学设语文、算术、自然、地理、写字、唱歌、图画、体育、劳动等课程，各年级安排不同。1978 年后，四、五年级设政治课，自 1981 年始，改为思想品德课。1991 年，西关小学试设英语课。

1993 年，各小学设思想品德、语文、数学、自然、社会、音乐、美术、体育、劳动共计 9 门课。1994 年进行调整。1995 年，各小学三至五年级普遍开设英语课。1996 年始，取消历史、地理课，设社会课。2000 年，一年级取消自然课，设现代科技课。2001年，各年级取消自然课、劳动课，普遍设现代科技课。自1992年始，活动课（以往称课外活动）改为第二课堂。1995年，恢复活动课。2001年7月，实施国家教育部颁布的全日制义务教育18种课程标准（实验），开展课改实验。

第四节　教材教法

教材　中华人民共和国成立以来，小学各年级使用的教材由全国统编人民教育出版社出版。1989—1996年，东华小学、东厅中心小学和刘家小学部分年级试用中央教科所集中识字教材。1999年，部分小学一年级试用烟台市教科院编写的异步教材。2002年开始，所有一年级实施新课程改革，试用北京师范大学出版社出版的教材，其他年级使用的教材为人民教育出版社出版的修订本。

教法　70年代以前，小学教学方法基本全为注入式。80年代以后，教学方法大致有讲授方法、训练方法、自学方法、开放方法4种。变注入式为启发式，变封闭式为开放式，变“一刀切”为因材施教。1986年，开始实施“掌握学习”教学法；90年代后期，开始实施“双主”教学法；进入新世纪，开始实施“自主、合作、探究”教学法。

第五节　教学改革

1978年后，重点抓基础知识和基本技能“双基”教学研究。1980—1985年，重点抓学科教学研究。1986年以后，开始单科教学改革实验。福山成为全国同类实验的发源地之一。1996年后，开始大规模教改实验。

小学素质教育整体改革实验　1996年5月，启动小学素质教育整体改革实验。经过启动、试点、推广、总结4个阶段，至1999年底初步构建起具有福山特色的小学素质教育体系。出台《素质教育改革实验操作规范》，研制、推广使用《小学生素质发展评估手册》，构建一系列适合素质教育需要的各科课堂教学模式。

基础教育新课程改革实验　2002年8月，福山作为第2批国家基础教育课程改革省级实验区，全区56所小学一年级近2500名学生进入课改实验，标志着福山素质教育进入新阶段。

语文教学实验　1978—1980年初，重点进行识字教学实验，探索识字教学规律和写字规范。1985—1996年，东华小学、八角乡中心小学和东厅乡中心小学成为中央教科所“集中识字、大量阅读、分步习作”实验基地。至1990年初，构建成“一五四三”识字教学模式。

1979年开始，进行“小学作文训练科学化”实验。经过多年探索，形成小学作文“掌握学习”“一二五四”整体优化训练体系，创建小学作文教学新结构，实施“一五三”作文教学新模式，小学作文“四步训练”纳入常规。1994年，福山区被批准为“中央教科所农村小学作文教学实验基地”。

1986年秋，小学语文学科开始进行“运用掌握学习理论，大面积提高教学质量”实验。

1990年开始，进行“小学语文双轨教学”实验。后推广至全区，全市推广最早。1995年，张格庄完小为福山区提供现场，通过省级验收鉴定。1996年，制订、实施《小学语文双轨教学常规》，并开始进行“10课时单元达标”教学研究。

1986—1995年，进行“小学语文‘掌握学习’整体教学”实验。制定认知领域、情感领域教学目标，探索课时一篇课文、单元及“一三三三”阅读教学模式、“一六三六”语文单元教学模式等各种课型教学模式。

数学教学实验　1996年前，实施“黎世法”尝试教学。1987年春，小学数学学科开始实验。1987—1995年，进行布鲁姆“掌握学习”策略实验，以单元教学为基本模式，探索“一五八”单元教学新模式。1997—1999年，实施“310”工程。2000—2002年，提出数学创新教学，形成结合实际的“问题情境－建立模型－解释应用与拓展”的基本教学模式。

自然教学实验　1987年秋，自然学科在全区小学推开，1995年，通过省级验收，阶段性结题，其成果编辑为《十年探索》出版。1988年，探索“看、想、做、说”四字教学法。1997年，实验、西关和东华小学为市控现代科技综合课程实验学校。教学采用“看想做说”和“探究与研讨”法。1999—2002年，全区所有小学从一年级开设现代科技课。

教法改革　1998年以前，各科均注重“双基”教学，使学生尽快将知识转化为能力。采用启发式教学，“扶中有放，边扶边放”，使学生尽快学会“自己走路”。

教学中因材施教，组织学生相互学习、提高。1999年始，在全区开展自主学习、自主发展课堂教学活动，促使教师在课堂教学中充分体现“两主”精神，以有效提高教学质量为重点，全面推进素质教育。2001年以后，大力提倡“自主、合作、探究”学习方式，并结合开展“综合性学习”，有计划地进行研究性学习的探索。

考试改革　1949年前，正规学校每学期一般举行月考2次、期考1次。1949年后，学校也举行月考、期考，后又将月考改为期中考，并增加平日考试。1965年以前，小学升初中，均进行考试，择优录用。“文化大革命”期间，取消升学考试。1977年，国家规定恢复升学考试制度，仍根据考试成绩，参考操行鉴定，择优录用。小学各科考试均沿用百分制。1996年，随着素质教育的深入，对小学考试制度进行改革，各科考试均实行等级制，并对各学科进行分项考核。1998年，区教研室出台《学科质量分项考核规范》。考试方法除笔试外，还有口试、动手操作等。考核的时间也改变以往期终一次性考试的做法。

口试与动手操作随堂进行，以学生为主，师生共同参与，期末复习时进行完毕。其他各项采取分项或集中复习形式，期末进行考核。单元达标检测，则随单元进度进行。

1986—1995年，烟台市多次以福山为现场举办研讨会。1988年5月华东六省一市教科所协作会议，1989年4月山东省“借鉴布卢姆‘掌握学习’理论、大面积提高教学质量研讨会”，1992年8月中央教科所、中国教育学会、山东省教委、山东省社联举办的“全国中小学大面积提高教学质量研讨会”等，均在福山召开。1987—1995年，全国各地先后到福山参观、学习者达100多批、5000多人（次）。至2002年底，全区有40多篇教育类文章在市级以上报刊发表。其中，《全面提高教育质量》一文在《中国教育报》发表。

第六节　小学选介

福山实验小学　建于1984年，位于福山区西山路西，时为福山区唯一的区直属小学。建校初，有教学楼1座、教学班11个、学生400余名、教职员工27名。至2002年，学校占地1200平方米，建筑4600平方米，有教学楼2座、教学班27个、学生1100余名、教职员工69名。学校拥有全区先进水平的实验室、语音室、多媒体教室、音像备课中心、微机室、科技活动室、舞蹈室、美术室、图书室、仪器室等，是全区教育科研实验基地、教学研究示范中心、德育工作排头兵、信息交流窗口、小学段示范性龙头学校，在省内外具有较大影响，先后有27个省、市、自治区2000余名教师、学者和教育干部到学校参观学习。学校被国家教育部、科技部确定为课题研究重点学校，山东省教育科学“八五”重点课题实验学校。少先队获全国“红旗大队”和山东省“金星大队”，学校获省少年儿童工作先进集体，烟台市规范化学校、教师队伍建设先进单、“绿色学校”、语文双轨教学优秀实验学校和心理健康教育优秀实验学校等称号。2000年，福山镇撤并钟家庄小学，学生并入该校。

西关小学　建于1948年，原名仁德小学，为初级小学，旧址为福山一中部分校舍。时有教学班6个、学生240名、教师8名。1953年，校址迁至南苑街东段路北。有教学班8个、学生230名、教职员工11名。1968年，教学班发展到14个、学生680名、教职员工26名。1968—1978年，转为联办初级中学。1978年8月，联中撤销，改为西关完小，被确定为市、县、镇（公社）三级重点小学。1981年，拥有平房3排、教学班22个、学生1050名、教职员工56名。1986—1990年，福山镇政府投资35万元，学校所在几村联合投资100多万元，建教学楼2幢、办公楼1幢，各3层，共计1544平方米。至2002年，拥有教学楼5幢、办公楼1幢，占地11340平方米。有教学班28个、学生1167名、教职员工71名。学校设有微机室、语音室、实验室、舞蹈排练厅、教师音像备课中心、多媒体教室等，被确定为省级教改实验点学校、艺术教育示范学校、劳动实践示范学校和市级教改实验学校。少先队获全国“红旗大队”和山东省“金星大队”，学校获全国单元达标教学研究先进单位，山东省教学先进单位、体育卫生工作先进单位，烟台市花园式学校、规范化学校等称号。2000年，被确定为烟台市向全国开放名校。《人民教育》和国家、省、市级新闻媒体，都对学校教育教学情况做过专题报道。

东华小学　为东北关富绅集资创办，1916年开学。初为初级小学，学制4年。1930年，有学生313人。后改为完全小学。1945年后改为东北关完小，原址为今城关中学。1980年秋，迁至西北关村内，借用该村委2层仓库楼为校舍，易名西北关小学，有教学班10个、学生200余名。1988年，以东北关为主由2村出资，在永安街北、永福路东新建学校，易名东华小学。占地面积13320平方米，建筑面积1300平方米。有教学楼、办公楼1座，教学班10个，学生400余名，教职员工37名。1991年，新建教学楼1座，面积1157平方米。同年，宋家疃和栾家疃2所小学并入该校，成为4村联办小学。1993年，建成南北门和南围墙。之后，又建成84平方米的校办工厂。1996年，教师集资，利用暑假由教师和民工共同劳动，硬化校园4000平方米，绿化校园5000平方米。1998年，新建教学楼1座，面积1409平方米。学校占地19400平方米，有教学班26个、学生1277名、教职员工68名，成为全区规模最大的小学。2002年，有教学班30个、学生1292名、教职员工69名。学校图书室、阅览室、仪器室、印刷室、音乐室、体育室、实验室、会议室、教师音像备课室、语音室、劳技室、舞蹈室、多媒体教室、少先队室、微机室、美术室、卫生室、“两机一幕”教室、篮球场、足球场、羽毛球场等一应俱全。学校为福山区精神文明建设先进单位，被国家教育部、科教部命名为科学规划重点课题实验学校和山东省小学生记者站。获山东省计算机辅助教学优秀实验学校、“九五”教科规划英语重点课题优秀实验学校，烟台市电化教学示范学校、素质教育先进单位、规范化学校、教育科研先进单位、艺术教育示范学校、教书育人先进单位、巾帼建功先进单位、“双规”教学优秀实验学校、差异教学优秀实验学校等称号，少先队获烟台市“金星大队”称号。学校通过省规范化学校验收，为福山唯一的省级规范化小学。多次为河南、山东临沂、全国小语会、烟台市、福山区学校提供教学和科研现场。所承担的中央教科所“集中识字”教学实验经验，在全国性学术研讨会上交流。先后两次接待韩国社团访问。

福山高新区中心小学　始建于1914年，原名盐场小学，校址在盐场村大成栈。1985年，学校迁至盐场村北，有校舍21间、教学班5个。1992年，新建校舍21间，有教学班6个，教职员工21名。1995年前，隶属于福山镇。1995年，划归福山高新区。教学班增至10个，有学生370名、教职员工23名。1999年，教育体制改革，高新区教委撤销，学校遂为高新区中心完小。2002年，在原址新建2座楼房，建筑面积为4100平方米。学校有标准化教室、专用教室29个。2002年，有教学班12个、学生460余名、教职员工31名。

张格庄中心完小　坐落于张格庄村东，随山势而建，背靠五峰顶，前临南沙河，占地面积12500平方米，建筑面积836平方米。设有图书室、仪器室、阅览室、实验室、微机室、多媒体教室、教师音像备课中心等。至2002年，有教学班6个、学生185名、教职员工17名。校舍原是一座庙宇，1907年设私塾，东西两厢为教室。1939年，改为县立高级小学。解放战争初期，北海联中一部迁校于此。1950年，张格庄完小成立，新建校舍21间。“文化大革命”期间，正殿拆除，扩充、修建校舍。学校包括小学至高中3个学段，有教学班18个、学生800余名、教职员工32名。80年代初期，联中撤销，恢复张格庄完小；80年代中期，建围墙近130米，筑校门前水泥大台阶73级；80年代后期至90年代，进行近百年来最大规模的校舍改造，翻新教室、硬化校园、建花墙、修运动场、打机井，新建校舍34间。法国教育家沃克女士曾到此考察。曾任省委常委王立波、烟台地区行署副专员姜德华、省书协主席邹振亚及杜辉等名人，曾在这里读书或任教。该校先后获全国红领巾小建设优胜奖，省教育科研“八五”重点课题实验学校，烟台市德育工作先进单位、红旗单位、电化教育示范学校、花园式学校、校园经济先进学校、规范化学校、少先队素质教育先进单位、少先队“金星大队”等称号。

门楼佑民中心小学　坐落于门楼村西南。早期为私塾。1920年，由门楼村纪姓商人出资与村民郭学英共同创办，名为纯华小学。学校占地3000平方米，平房44间，建筑792平方米，有教学班5个、学生100余名、教师8名。1992年，旅日爱国华侨刘家齐秉承祖父刘佑民意愿，捐资70万元，在原址重建二层楼房2栋。1994年，新校舍落成，教学设施完备。周围8个村的学龄儿童全部在此就读。为纪念刘佑民，经有关部门批准，更名为门楼佑民中心小学。学校占地12000平方米，建筑5500平方米，教学楼、办公楼各1幢，设有德育室、阅览室、教师音像备课中心、微机室、实验室、仪器室、体育室、音乐室等。2002年，有教学班9个、学生206名、教职员工19名。

学校先后获烟台市规范化学校、素质教育示范单位和福山区文明单位、优秀劳动实践活动单位、先进党支部、体育传统项目学校、十佳文明学校称号。

西埠庄荣珍小学　始建于1913年，由西埠庄村开明绅士刘翔云、刘子周和刘文熙倡导并主持创建。坐落于西埠庄村东一座庙宇内，命名为彭郡小学。1937年，更名西埠庄小学。1965年，在原址重建。占地2000平方米，平房39间，建筑585平方米，有教学班10个、学生400余名、教师13名。1990年，爱国华侨李维鼎联合数名爱国人士投资200余万元，在西埠庄村东南建占地18000平方米、建筑9600平方米的新校舍。由南北2栋主楼和东西2栋副楼构成，楼房为双层，框架结构。1992年，为褒扬李维鼎之义举，经有关部门批准，更名为西埠庄荣珍小学。2002年，有教学班7个、学生152名、教师12名。

学校先后获烟台市素质教育先进单位、规范化学校和福山区文明单位、十佳文明学校、教书育人先进单位称号。

兜余中心完小　原址在楼底村山关庙。1950年，迁至家后村西法国天主教堂。1965年，新建校舍18间。1971年，增建15间。1969年，改为兜余联中。1982年8月，联中撤销，恢复兜余完小。学校占地8749平方米，建筑953平方米，校舍55间。周围葛庄、蔡家夼、家后、蔡家庄、贾家疃、东碓、西庄、楼底、崇义9个村和兜余镇企事业单位的四、五年级学生在此就读。一至三年级学生在6处初小就读。1993年，崇义初小重建，该村一至五年级学生全在本村初小就读。2000年，初小撤销。2002年，崇义完小撤销，9个村的适龄学生全部在该校就读，成为兜余镇教育教学研究中心。有教学班10个、学生340名、教职员工28名。

学校先后获烟台市文明单位、政治思想工作先进单位、校园经济先进学校、规范化学校、教学质量优胜单位和福山区文明单位称号。

回里中心完小　位于回里镇政府驻地东北部，始建于1958年。“文化大革命”期间，设联中。占地面积2000平方米，平房47间。1982年9月，联中撤销，恢复回里中心完小。东回里、西回里、东道平、西道平4个村学生在此就读。设五、六年级，有学生144名，教师7名。1996年9月，迁至新校址，为2栋二层楼房，占地面积22170平方米。学生来自原4村和胡家夼村。

学校设有仪器室、德育室、科技室、多媒体室、微机室、图书阅览室、语音室等。2002年，有教学班12个，学生370名，教职员工28名，学历达标率为100%。

1997—2002年，该校少先队连续5年获烟台市“手拉手中队”和福山区“雏鹰大队”等称号；学校承担山东省“差异教学”实验课题。

东厅中心完小　位于东厅镇政府驻地西北，建于1925年。占地面积10164平方米，建筑面积27045平方米。学校设有微机室、实验室、图书室、德育室、音像备课室等7个专用教室。不仅承担区研究课题，还承担中央教科所“集中识字”实验课题，科研成果丰硕。2002年，有教学班8个，学生213名，教师17名。其中，小学高级教师8人，具有专科学历9人。

1988—2002年，先后获烟台市花园式学校、实验室建设达标学校、校园经济先进学校、特色学校和福山区文明单位、大面积提高教学质量先进单位、教育工作先进单位、素质教育先进单位称号。2001年，被烟台市教科院授予国家级德育课题研究与实验先进学校称号。

高疃中心完小　位于高疃村西北，建于1965年。由高疃北村、南村、西村、邹格庄4村联办。4村和高疃镇机关、企事业单位的学龄儿童在此就读。1984年，在原址重建校舍，占地面积11701平方米，建筑面积1482平方米，平房73间。1986年开始，逐步设有图书室、阅览室、仪器室、实验室、体育室、卫生室、音美室、微机室、教师音像备课中心、少先队活动室等。为市级规范化学校和庭院式学校。2002年，有教学班8个，学生220名，教师21名。

学校先后获烟台市青少年科技活动先进单位、花园式单位和福山区青少年思想工作先进单位、先进集体、文明单位称号；少先队获山东省“金星大队”称号。

古现中心完小　位于古现东村内，建于1900年。2002年，有教学班11个，学生450名，教职员工23名。学校设有图书室、仪器室、实验室、微机室、教师音像备课中心、语音室等专用教室。先后获山东省单元达标教学先进学校和烟台市花园式学校、校园经济先进学校、优秀家长学校及福山区大面积提高教学质量实验先进单位称号；少先队获烟台市“金星大队”“雏鹰大队”、少先队素质教育示范单位称号。

臧家中心完小　位于福新街道办事处办公大楼前，

前身是一所村办完小。1984年，改为中心完小。占地面积17200平方米，绿化面积达30%。院内有200米跑道的操场，教学设备齐全。学生来自10个村和乡镇机关、企事业单位。2002年，有教学班12个，学生320名，教职员工30名。

八角中心小学　刘家完小为八角中心小学。原建于上刘家和下刘家村之间。90年代初，由刘乃光倡导，上刘家、下刘家农业村和渔业村、官庄、峰台、芹子口、陡崖7个村和区养捕公司、水产公司育苗场、福汇水产公司、八大家养殖场、渔业村船厂和养殖3场等单位共同出资，在上刘家村西南、烟潍路旁重建校舍，于1993年秋建成投入使用。学校占地面积19980平方米，建筑面积1806平方米，校舍86间。有学生459名，教职员工25名。2002年，有教学班10个、学生266名、教职员工22名。

附：湘里德新小学

高疃镇湘里早有私塾，民国立新学德义小学。时值于氏家族四支人昌盛时期，为再提高本族学生成绩，遂办“西书房”，由本族学问深厚的于遵寅（世称“三先生”）任教，校址设在于遵寅客屋。于氏家族六支人恃强好胜，晓“既读孔孟之书，必达周公之理”、“学而优则仕”之经，于二十世纪一十年代初，又创办新生小学，校址设在于光烈闲屋，并聘请闻名一方的“饱学”崔祖山（秀才，小谷家人）、于大周（秀才，本族人）任教。一时五里八村学生多到此就读。同期，于珍卿又创办女子小学，校址设在于遵骞客屋，聘请时尚女子烟台培真女子学校毕业的高才生刘桂琴（原名刘桂莲，栖霞东寨人）任教。刘知识渊博，又习丝竹，性格开朗，世人称赞。

一村4校，周边少有，实属罕见。会首于遵容出面通融共议，集为一校，取原校“德义”之“德”字，新校“新生”之“新”字，更名“德新小学”，女子单设女生班。又聘名师姜秀亭（秀才，栖霞小辽人）、徐振山（栖霞南泥沟人）任教。首办军乐队（乐器为时任教师王寿臣向本村在外埠谋事者募款而置），时为福山第一校。1932年，福山县政府隆重举行国庆20周年庆祝大会，特邀德新小学军乐队赴会。开幕式上，县政府军乐队、德新小学军乐队齐奏军乐，鼓点、号韵、节奏激越高亢，与会人群甚受振奋。县长孙光晋会后接见军乐队全体队员，并留宿犒赏。福山、栖霞、蓬莱有山会，多请德新小学军乐队去游会、演奏。此时，为德新小学鼎盛时期。

40年代末，当权者意将学校外迁，经校长于遵航多方周旋，方保住校址。该校一直是中心完全小学，后虽间隔2年，但很快恢复。附近的蓬莱县黑石村、栖霞县大潘家村的学生也到此就读，学校再现新貌。德新小学先后培养出多名出类拔萃的教育工作者和一大批国家行政、军旅、工商界任职人员。

第四章　中学教育

福山的中学教育始于1927年。学制实行教育部1912年颁布的《学校系统令》和1922年的《学校系统改革案》的规定，至1968年，福山一直执行该规定。课程设置和教学内容，随年代不同而变化。

1978年后，各校突出德育，除通过思想品德课、思想政治课、校本课程加强思想理论教育外，还通过多途径、多形式对学生进行热爱社会主义祖国、热爱中国共产党、遵守社会主义法纪和公共道德、健全人格、文明行为以及伦理道德诸方面的养成教育，有条件的学校还专设德育室，学校普遍建立学校、家庭、社会三结合教育网，各学校建立健全多达数10种德育规章制度。

初、高中学校设点布局的合理调整，加强了教育行政机关对初、高中学校的领导和管理。按统一部署要求，集中财力投入，加速校舍改造和建设。烟台格迈纳尔中学（以下简称格中）、烟台实验中学2处区直新建学校和福山泉水中学、回里中学2处镇属新建学校，全部按标准校舍要求一步到位进行建设；其余老校也全部按标准化、规范化校舍要求，对原有校舍进行全面改建、修缮以至重建。与此同时，校园绿化、美化和路面硬化也按统一部署，分期达到要求。

科教兴国和以经济建设为中心的富民强国方针，为中学教学和研究注入前所未有的动力，各校强化教学工作中心地位，把教学工作列为学校的核心工作，以提高教学质量求生存和发展，带来教学和教学研究的一系列飞跃性变革。

学校内部的教学设施，除对原有的物理、化学、生物实验室及实验仪器、文体教学器材等逐年不断充实和更新换代外，各校普遍新建微机室、语音室。重点学校还新建音像备课中心、电脑备课中心、多媒体教室和校长办公系统。

体育、卫生教育始终坚持制度化、规范化，纳入学校工作计划。在广泛开展群众性课外体育运动的基础上，各校高中部组建球类、田径、武术等专项运动队。1990年，实施九年义务教育后，初中按规定从初三开始，生物课每月增加1课时青春期教育。2002年开始，高中将体育课改为体育和保健课。初、高中学生的体育测试及格率（含良好）由80年代的90%左右提高至2002年的98%，优秀率由30%左右提高到40%左右。但初、高中学生的近视率控制力度不够，仍为上升趋势。

第一节　学校

1927年，福山县教育局长孙凌云与清末进士于宗潼发起创办福山中学（属私立性质），富绅林瑞卿、赖芳圃捐资2.4万元为学校基金，校址设于清时宾阳书院后院，前后招生2期，每期50人左右。1929年春，福山发生刘（珍年）褚（玉璞）之战，校舍被军队占驻，学校被迫停办。1930年春，孙凌云、于宗潼用原中学基金在城里估衣市街陈宅办私立两水中学，招生1个班，约40余人。1931年，奉省厅令，改为福山县立初级中学，迁入师范讲习所校舍（原城隍庙）。讲习所撤销，学生编为中学附设的师范班。当年秋，中学、师范各招新生1个班，全校共有教学班4个。1934年后，师范班停止招生。中学招生9届430人左右。毕业6届，共240人左右。1938年春，日军占领福山，学校停办。1939年8月，日伪县政府在北关小学创办县立中学，后迁往城里，有初中3个班、师范1个班，共有学生200名。日军投降后，由抗日民主政府接管，有初中班4个、师范班1个，教员30余人，学生200余名（当年春节前师范班毕业，再未招生）。1946年下半年，又在西罗格庄设分校，在当地招生，1948年春停办。

1942年5月，陈昱在古现创办福山中学，招生50人。是年秋，陈昱部被击溃，中学解散。陈率其残部在莱阳河马崖村成立流亡福山中学，招生40余名。1943年春解散。

1952年9月，山东省福山中学成立，校址设在盐场村大成栈。1953年，迁往福山城原仁德小学校址。1956年9月，在门楼成立山东省福山第二中学，原山东省福山中学改为山东省福山第一中学（简称福山一中）。1958年8月，在古现、高疃、回里创建3处初级中学，分别称福山第三中学、福山第四中学、福山第五中学。同时，福山一中改为完全中学，增招高中生。1968年8月，在兜余、张格庄公社创建2处初级中学（后改为福山第七中学和第八中学）。1969年8月，各公社的完小和较大的初小均改为联办初级中学，简称“联中”，共77所。其中，由完小改的56处，初小改的21处，均为民办。其教师配备，公办、民办皆有。同时，全县原有的公立学校一律停招初中学生，均改为公社高级中学。

1975年8月，臧家、八角、东厅公社各创建1所高级中学，分别称福山第九中学、八角“五七”红校（后改为福山第十中学）和福山第六中学。1977年，全县有民办、联办和自办初级中学98处，1978年调整为68处。普通公办高级中学10处。其中，东厅、臧家和八角公社没有公办高中。全县形成“上初中不出片（村），上高中不出公社”的教育布局。1980年，福山一中、二中、三中皆招初中生，改为完全中学，其他7所高中改为初级中学。

1981年，初、高中学校进行第一次全面调整。全县高中由原来的10所调整为4所，分别为福山一中、二中、三中和四中。除福山一中暂不招收初中班外，其余3处均为完全中学。1984年，福山一中恢复招收初中班，成为完全中学。高中招生采取分片录取的办法。全区初中学校调整为26处。福山五中至十中6所普通高中全部停办高中班，改为区直初级中学。根据各校实际情况，尽量将所属公社没有办学条件的联中和自办中学合并于区直完全中学或初级中学。其中，兜余、张格庄、八角3处乡镇的联中和自办中学于当年分别合并于七中、八中和十中。

1983年11月，福山划为烟台市辖区，福山一中改为烟台第十七中学、二中改称烟台十八中、三中改称烟台十九中、四中改称烟台二十中、五中改称烟台二十一中、七中改称烟台二十二中、八中改称烟台二十三中、九中改称烟台二十四中、十中改称烟台二十五中。均隶属于烟台市教育局。1984年11月起，隶属于福山区文教局。1992年，烟台第十七中学恢复原山东省福山第一中学名称。1993年和1996年7月，福山一中和格迈纳尔中学（以下简称格中）规格分别由科级升为副处级。

1983—1996年，初中学校进行第二次调整。1983年，福山镇东北关联中撤销，改称城关中学。1989年，高疃联中撤销，改为高疃镇中学。均为镇属初级中学。1993年，福山镇又选址在南山路西端增建福山泉水中学。1994年，区政府决定，在盐场村北创建烟台实验中学，为区直初级中学。1996年，回里镇新建回里中学，为镇属初级中学。全区共有初中学校13所。

1986—1991年，高中学校进行第二次较大调整。1986年和1987年，烟台十九中和烟台二十中停招高中学生，高中教师全部并入烟台十七中。1991年7月，烟台十八中高中撤销，改为区直初级中学，高中教师并入烟台十七中和烟台格迈纳尔中学（以下简称格中）。同年7月，格中成为区直完全中学。1999年起，辖区2所高中全部定点在福山城区，一所为福山一中，属区直普通高中，烟台市重点学校；一所是格中，属区直完全中学。

2002年9月，烟台第十九中学和烟台第二十五中学随古现镇划归烟台开发区，不再隶属福山教育体育局。

第二节　学制

1912年，教育部颁布的《学校系统令》中规定，中等学校修业年限为4年。1922年，在《学校系统改革案》中又规定，中等学校的学制为6年，分初、高中两级，各修业3年，称为“三·三制”。1927—1968年，福山一直执行这一学制。

1969年，中学学制由“三·三制”改为“二·二”，即初中和高中修业年限各为2年。1979年秋季起，初中学制由2年制恢复为3年制。1981年，高中学制由2年改为3年，恢复“三·三制”。1990年9月，在福山二十四中进行“四年制”改制试点，以后逐年推开。1996年秋，全区初中全部完成“四年制”改制。

第三节　课程设置与教材

1927年，福山中学开设国文、历史、地理、数学、英文、动物、植物、物理、化学、农学、图画、手工、音乐、生理卫生和体育等课程。另外，还一度开设经书课，教读“四书”“五经”。1929年以后，中学的课程设置根据国民政府教育部颁发的《中学课程暂行标准》的规定，开设党义（后改为公民）、国文、算术、代数、几何、英文、历史、地理、化学、生理卫生、图画、音乐、体育、自然（后改为动物、植物、矿物）、劳作。

中华人民共和国成立后，中学课程均按国家规定设置。“文化大革命”期间，课程设置混乱。1976年后，教学恢复正常，课程设置与“文化大革命”前基本相同。至1989年，初中学校共开设13门学科。其中，初中一年级开设政治常识、语文、数学、英语、中国地理、中国历史、植物、生理卫生、体育、美术、音乐11门学科；初中二年级除初一11科外，增加物理学科。其中，地理、历史、植物、生理卫生4门学科在学年期满时举行毕业考试；初中三年级增加化学学科。1990年，初中实施4年制后，共开设14门课程。其中，政治常识改为思想品德，植物和生理卫生合并为生物；新增信息技术和校本教材与综合实践活动，其余课程名称未变。从初一（六年级）到初四（九年级）设有思想品德、语文、数学、英语、体育、美术、音乐、信息技术、校本教材与综合实践活动，共9科；初一至初二增加地理课；初一至初三（六至八年级）增加历史、生物课，初三每月有1课时的青春期教育内容。

1978—1979年，高中学校课程仍沿用山东省“文化大革命”期间的课程设置。高二开始分设理科班和文科班。理科班开设政治、语文、数学、物理、化学、生物及体育等；文科班开设政治、语文、数学、地理、历史及体育等。文科班和理科班均无外语课。1980—1991年，高一设有政治、语文、数学、英语、物理、化学、生物、地理、历史和体育课等。高二开始分理科和文科。理科班不开设地理课，其余课程与高一相同；文科班所开课程与高一相同。高三理科班只开政治、语文、数学、外语、物理、化学、体育课；文科班开设政治、语文、数学、外语、历史、地理、体育课。学科课程设置按国家统一规定，采取必修课和选修课2种形式。必修课有政治、语文、数学、外语、物理、化学、生物、地理、历史、体育和劳动技术，共11门学科。其中，政治、语文、数学、体育、劳动技术5门学科为高中阶段必修课；外语、物理、化学、生物、地理、历史为高一、高二年级的必修课。选修课分为2类：一类为单课性选修，在高一、高二开设；另一类为分科性选修，分文科、理科、外语、艺术、体育、职业技术6类，在高三开设。福山一中和格中主要实施的是分科性选修，文科类（历史、地理）、理科类（物理、化学、生物）、外语类（英、俄、日语）、艺术类和体育类。同时，均开设单课性选修的计算机课。2000年，体育学科改为体育和保健，新增信息技术、艺术及综合实践活动学科。原来的计算机和劳动技术分别并入信息技术和综合实践活动。新规定的必修课为思想政治、语文、数学、外语（英、俄、日等语种）、物理、化学、生物、历史、地理、信息技术、体育和保健、艺术以及综合实践活动13门学科；选修课有数学、物理、化学、生物、历史、地理、信息技术7门学科。

1980年前，初中全部使用山东省编教材。1980—1999年，使用人民教育出版社出版的全国统编教材。2000—2002年，使用北京师范大学编写的教材。

高中1978—1979年使用山东省编教材。1980—2002年，使用国家教育部全国统编教材，后增设计算机和信息技术学科使用山东省编教材。1999年8月起，高一至高三增设校本课程德育读本和各校自编教材，德育读本选编北京师范大学实验教材。

第四节　教学与教学研究

民国时期，福山的中等学校基本是以西方资产阶级教育学为指导，进行教学，旧时私塾的“注入式”的教学方式仍未彻底废除。解放战争时期，实行教学与参加社会活动和生产劳动相结合的办法。

50年代初，学习苏联教学经验。课堂教学分为组织教学、检查复习、讲授新课、巩固练习、布置作业5个环节，并推行“五级分制”记分法。重点强调废除“注入式”、提倡“启发式”教学，改变“满堂灌”的旧式教法，同时提倡在教学中寓德育、智育之中。1958年，贯彻“教育为无产阶级政治服务，教育与生产劳动相结合”的方针，学校办工厂、农场，师生过多参加校内外生产劳动。学校正常教育秩序被打乱，严重影响教学质量。1960年，开展教学改革，提出“教学为学校压倒一切的中心工作”的口号，开始纠正教学中的混乱现象。“文化大革命”期间，学校以阶级斗争为主课，强调以社会为课堂，实行“开门办学”，拜工农为师，批判“智育第一”，大搞学工、学农、学军活动，文化课提倡老师教学生、学生教老师、学生教学生的办法，实行开卷考试（允许看书看笔记和照抄别人试卷），致使教学质量严重下降。一度实行“停课闹革命”、废除升学考试，实行推荐选拔制度。

1976年后，学校恢复招生考试制度，课堂教学重新走向正规。1978年后，学校强化教学工作的中心地位，以提高教学质量求生存、谋发展，教学质量和教学研究发生质的变化。教学理念上，从应试教育转变为素质教育；在教学管理和教学评价上，以单纯的分数及升学率作为教学管理的杠杆和评价学校、教师、学生的标准转变为坚持以人为本、以尊重学生及促进学业发展为目的的教学过程管理和实现课程目标的评价。在教学研究方面，1987—1997年，在全区高、初中推广启动“移植布鲁姆教学理论、大面积提高教学质量”的实验成果和经验做法；在初中开展“目标教学”“单元过关”，语文“大量读写双轨运行”，数学“异步教学”等教学专题性研究，取得实验性成果。2000年，福山一中李雪梅被评为国家级骨干教师，并参加教育部组织的为期一年的中小学骨干教师国家级培训；自主探索的旨在提高学生学习潜能的“五疑式”教学法，得到全国中语会及省、市专家的充分肯定，作为教改经验在全市推广，获山东省第四届中小学教育科研成果三等奖，山东教育电视台拍摄成教学录像，作为示范课在全省播放；承担的国家“十五”规划课题“基于网络的学业记录、评价、管理系统的研究和开发”，经专家组评审鉴定，顺利结题；承担的国家“十一五”重点课题中国学校心理健康教育行动研究，获研究成果一等奖。

第五节　中学选介

山东省福山第一中学　创办于1952年7月，初称山东省福山中学。当年招生300名，分为6个教学班，有教职员工41人。1956年秋，改称山东省福山第一中学（简称福山一中）。1958年10月，福山并入烟台市，改为烟台第六中学。1962年4月复县后，恢复原名称。1976年，福山一中撤销，与福山师范合并，改办“福山五七”大学（当年9月，招收通讯报道班，至1977年5月停办）。1978年，恢复福山一中名称。1983年，福山县改为烟台市辖区，福山一中更名为烟台第十七中学，直属烟台市教育局。1984年7月，改属福山区文教局。1992年，经烟台市教育局批准，恢复福山一中名称。

1952—1958年，为初级中学。1958—1976年，为完全中学。1976—1978年7月，高、初中停止招生。1978年8月，高中恢复招生，初中全县招收1届4个重点班。次年，初中停止招生。1984年，确定为市属重点中学，重新开始招收初中班，成为完全中学。1985年，全校共有学生1526人，其中高中生844人，初中生682人，教职员工125人。1996年，再度停招初中班，只招高中班。1999年，在校初中班全部毕业，成为全日制普通高级中学。2002年，在校高中生2800余人，教学班38个，教职员工183人。其中，专任教师167人。教师学历达标率为99.2%，具有研究生学历8人，离职读研究生4人，在职读研究生15人，全国优秀教师2人，国家级骨干教师12人。

福山一中自建校以来，校舍建设不断发展。1952年建校初期，校址设于盐场村，借政府公房64间暂作校舍。

图26-2　山东省福山第一中学

1953年秋，迁于南关原仁德小学旧址，原有校舍41间，又扩建教室2个，办公室16间。1959年，增建教室4个、房屋12间、学生宿舍4幢。1960年，建楼房1幢，计12个教室、38间房。1978年，新建教学楼2幢，可容纳32个班级1200多名学生；拆除2层旧办公楼，新建1幢学生宿舍楼。1983—1984年，新建教学楼2幢，建筑面积为2880平方米。1986年，新建第1幢学生公寓楼，建筑面积为2400平方米。1987年，新建办公、图书、实验综合楼，面积为3600平方米。1990年，建社团综合楼，面积为1200平方米。1995年，建图书、实验楼。1998年，又建学生公寓楼1幢。2000年，新建学生餐厅。2001年，建学校综合服务门市楼。自1988年起，共建教职工住宅楼6幢。硬化校园路面1万平方米，绿化校园2500平方米。

原有的物理、化学、生物实验室和图书馆、语音室、微机室，全部按国家一类标准进行充实、更新；新建校长办公系统、音像备课中心、电脑备课中心、多媒体电教室，均达到国家一类标准，并联入因特网及中国教育远程同步教学网。其中，电教资产（包括语音室）设备2套、计算机室3个、多媒体教室2个。1989—2001年，购置小蜜蜂电脑、386电脑、多媒体电脑共计234台；建起拥有2万册图书的电子阅览室。2000年，50个教室安装上教学广播网。2002年，安装宽带网，总资产53.1万元。

学校全面贯彻党的教育方针，推进素质教育，与时俱进，按照“现代化、有特色、高质量、争一流”的办学目标，直奔“教科研兴校，学者执教、专家治校”之路，为福山教育事业发展和社会进步做出贡献。1978年，高考本科录取89人，1988年为85人，1998年为94人，2002年达到307人。

1978—2002年，学校获得各类荣誉1232项（次）。其中，国家级2项（次），省级95项（次），市级412项（次）。1984年被确定为市属重点学校。1994年成为首批烟台市规范化学校。1996年被评为山东省规范化学校。1999年被评为烟台市明星学校。

中国烟台赫尔曼·格迈纳尔中学　学校前身为烟台市福山实验中学，始建于1989年7月，为区教育局直属学校。建校初期，有校舍85间平房，当年招收初中班4个，学生223名，教职员工33名。1991年，区政府决定与国际SOS儿童村总部共同投资兴办一所普通完全中学，校址确定在实验中学，以国际儿童村总部创始人赫尔曼·格

图 26-3 中国烟台格迈纳尔中学

迈纳尔的名字命名。当年 3 月，一期工程开工，同年 11 月底竣工。建成教学楼 2 幢，面积为 5376 平方米；科研楼 1 幢，面积为 3569 平方米；学生宿舍楼 1 幢，面积为 2764 平方米；教职工住宅楼 1 幢，面积为 2893 平方米；学生餐厅和伙房，面积为 1232.93 平方米。1992 年 3 月，二期工程开工，1993 年 8 月竣工。建成图书楼 1 幢，面积为 2526.4 平方米；办公楼 1 幢，面积为 2523 平方米；阶梯教室 1 座，面积为 719.6 平方米；教职工住宅楼 1 幢，面积为 2893 平方米。1997 年，新建体育训练馆 1 座，面积为 1431.48 平方米。1999 年，又建学生公寓 2 幢，面积为 1071.84 平方米。同年，第 3 幢教职工住宅楼落成，面积为 3669.48 平方米。2000 年，第 2 个学生餐厅建成，面积为 1206.5 平方米。

2002 年，学校总占地面积 10.42 万平方米，校舍为 39535.37 平方米，绿化 6.7 万平方米，甬路全部硬化。拥有微机室 3 个，语音室 4 个，劳技室及德育室 4 个，物理、化学、生物实验室设施均达到国家一类标准。配有卫星接收、校长办公自动化、校长评估闭路电视和校园网络系统。图书馆藏书量达 6 万册。设教学班 44 个，在校学生 3434 人。其中，高中部教学班 26 个，在校学生 2004 人；初中部教学班 18 个，在校学生 1430 人。教职员工 233 人，其中专任教师 172 人（高中专任教师 109 人，初中专任教师 63 人）。

学校先后获山东省文明单位、规范化学校、教书育人先进单位、示范学校和烟台市文明单位、文明学校示范点、规范化学校、明星学校、教书育人先进单位等称号。

烟台市实验中学　1994 年 12 月 1 日，烟台市教委批复同意在福山筹建烟台市实验中学，校址在福山城北盐场村西北，福山高新区内，当年奠基开工。1995 年 8 月，首期工程竣工，交付使用，新学期招收初中一年级学生。学校隶属于区教育文化委员会，为普通初级中学。被列为市实施素质教育实验基地和语文、英语文科教学改革实验学校及艺术教育特色学校。学校占地面积 6.7 万平方米，有教学楼 3 幢，可容纳 40 个教学班，实验、图书楼 1 幢，学生公寓楼 1 幢，伙房、餐厅 1 幢，多媒体阶梯教室、办公楼各 1 幢，建筑总面积为 1 万平方米。实验图书楼包括物理、化学、生物实验室和准备室，各占 1 层；有微机室 3 个、语音室 2 个和教师音像课中心室 1 个；实验仪器设备和电教设备全部按国家一类标准配齐。图书馆藏书量 4 万册。校园内建有环形炉渣跑道、标准体育运动场 400 米。绿化面积为 5000 平方米，甬路全部硬化。2002 年，有教学班 40 个，在校学生 2300 名，教职员工 153 人。其中，专任教师 124 人，教师任职资质全部达标。

1996—2002 年，学校获全国目标教学研究先进单位和中国教育理事会《中国教育报》艺术教育特色单位、山东省初中教学工作先进单位、烟台市教书育人先进单位和精神文明建设工作先进单位及心理健康教育优秀实验学校等称号，获区级奖励 13 项。

烟台第十八中学　创办于 1956 年，校址在门楼村南，初为山东省福山第二中学，办学经费和教学仪器均由省教育厅拨发，直接受莱阳专属教育局领导。1958 年，下放归福山教育局。是年福山并入烟台市后，改为烟台第七中学。1962 年复县后，恢复原名称。1983 年 11 月，改为烟台第十八中学，直属烟台市教育局领导。1984 年夏，归区文教局领导。

1956 年，为初级中学，当年招生 208 名，分为 4 个教学班，有教职员工 25 人。1961 年夏，改为完全中学，增招高中 1 个班，54 人。1965 年，又改为初级中学，在校高中学生转入福山一中。1968 年，改为高级中学，不再招收初级中学生。1984 年，改为完全中学，重新招收初中学生。1985 年，有教职员工 91 人，其中公办 72 人、民办 19 人，高中教师 38 人、初中教师 32 人，共有学生 1249 名，分为 24 个教学班，内有高中班 13 个、学生 656 名、初中班 11 个，学生 593 名。1991 年，高中撤销，改为初级中学，高中教师分别转入福山一中和格中。

1980—2002 年，新建校舍 117 间，建筑面积为 3305.97 平方米。其中，1992 年和 1995 年，相继建教学楼2幢，每幢均为31间，建筑面积1183平方米。1989—2002年，修缮和改造危旧校舍131间，面积1987.04平方米。1996—2002年，硬化校园、路面、运动场地3585平方米。1996年后，新建56人座语音教室、50台座486型微机教室、设备完整的多媒体教室各1个，新购置教学办公用586彩显电脑7台、 586型海信电脑40台。2002年，有教学班26个，在校学生1080名，教职员工 134人，其中专任教师108人。1999年，学校评为烟台市规范化学校。

烟台第十九中学　1958年建校，原为福山第三中学，校址在古现东村凤凰山北坡。同年8月，招收初中学生2个班、108名。是年10月，福山县划归烟台市，学校改为烟台第十六中学。1962年复县后，学校恢复原名称。“文化大革命”期间，由完全中学改为高级中学，自1968年停招初中学生。1977年，改为完全中学，恢复招收初中学生，当年招生4个班。1983年11月，福山县划为烟台市区，学校改称烟台第十九中学，直属烟台市教育局领导。1984年夏，重归福山区文教局领导。1985年，有高中班7个、学生282人，初中班9个、学生462人，教职员工75人。1988年，学校改为初级中学。2002年9月，有教学班27个、在校学生1300名，教职员工132名。2002年9月，学校划归烟台开发区，改为烟台开发区第三初级中学，隶属于烟开发区教科局。

学校建校时仅有校舍15间。1980年，增至58间（含伙房10间、职工宿舍18间）。1985年，增至215间。1992年，新建10间一类理化实验室。1998年，新建标准化语音室、微机室、教师备课中心室27间。2002年，学校占地面积4.1万平方米，建筑面积5610平方米，校舍261间。硬化校园路面1700平方米，绿化校园面积为1000余平方米。

学校先后获烟台市解决四项薄弱环节示范学校、教书育人先进单位、规范化学校等称号。

烟台第二十中学　创办于1958年7月，校址在古上村北，称高疃公社农业中学。1959年，校址迁至松岚村东重建，更名烟台第十一中学。1960年7月，改为烟台第十七中学。1962年4月，改为福山第四中学。“文化大革命”期间，改为高疃“五七”红校。1976年7月，改称高疃“五七”大学。1977年，复名福山第四中学，招收高中和初中生，成为完全中学。1983年11月，改为烟台第二十中学，隶属烟台市教育局。1984年夏，复归福山区文教局领导。1986年起，停止招收高中学生，改为区直镇初级中学。

建校初期，有校舍7间，占地300平方米，当年招生80名，分为2个教学班，有教职员工9人。1959年迁至新校，建校舍67间，占地6667平方米，招收新生104名，教职工增至14人。“文化大革命”中，招生200名，分林水、红医、机电等专业班，分科讲授农业知识，不按正常课程设置教学。1985年，有校舍240间，占地2.7万平方米；高中班6个、初中班10个，在校生共831名，教职工81名，其中专任教师62名。

1992年，高疃镇政府投资35万元，翻新危旧校舍50间。2001年，新建校舍9间。2002年，新建校舍8间，铺设甬路500余米。2002年，有校舍168间，占地面积3.3万平方米；有教学班12个，在校学生493人；教职工65人，其中专任教师61人。

学校先后获团省委、省教育厅“奋飞之鹰”最佳主题活动奖，团市委、市教育局争做烟台未来建设者先进单位奖，福山区委、区政府教书育人先进单位。

烟台第二十一中学　1958年3月建校，校址在谭家庄村北，名为福山第五中学。1959年1月，改称烟台第十八中学。1960年，改称烟台第十二中学。1962年4月，复称福山第五中学。1983年11月，改称烟台第二十一中学。1958—1968年，为初级中学。1968—1981年，改为高级中学。1981—1983年，为完全中学。1983年后，改为初级中学。

建校初期，有校舍27间，招生108名，分为2个教学班，有教职员工14人。1960年，校舍增至54间。1968年，扩建为72间。1979年，新建校舍118间，面积2478平方米。1984年，校舍又扩建到219间。1985年，共有学生1150名，分为22个教学班，有教职员工74名，其中专任教师55名。1990年，新建校舍6间，面积126平方米。1995年，新建校舍6间，面积126平方米；改建校舍18间，面积378平方米。2000年，修缮校舍84间，面积1764平方米。2001年，修缮校舍63间，面积1323平方米。2002年，修缮校舍30间，面积630平方米；学校绿化面积2160平方米，硬化路面2251平方米。2002年，有教学班18个、在校学生853人，教职员工70名，其中专任教师59名。1996年和1998年，学校被福山区委、区政府授予教书育人先进单位。

烟台第二十二中学　1968年7月建校，校址在贾家疃村东，原为兜余农业中学校舍，名为兜余公社“五七”红校，招收新生80名，分为2个教学班。1969年，改称兜余公社高中。同年，更名为福山第七中学，扩建校舍54间，设教学班8个，招收学生320名。1978年，开始招收初中班，成为完全中学。1982年8月，撤销高中班，改为初级中学。1983年11月，改为烟台第二十二中学，仍为初级中学。1985年，有校舍169间，在校学生776名，分为16个教学班，有教职员工73名，其中教学人员54名。1985—2002年，翻新改建危旧教室108间。1991年，新建教学楼1幢。校舍建筑面积5800平方米，硬化路面2139.45平方米，绿化校园6256.80平方米。2002年，在校学生1300余人，教职员工111人。学校先后获烟台市规范化学校、教书育人先进单位、初中语文双轨教学先进单位等称号，获福山区各种奖励33项次。

烟台第二十三中学　创建于1969年秋，校址在原张格庄公社医院西侧，称张格庄高级中学。1970年8月，校址迁至冯家村东，称福山第八中学。1975年，更名为张格庄公社“五七”红校。1977年8月，复称福山第八中学。1981年8月，改为初级中学。1984年7月，改称烟台第二十三中学，隶属于福山区文教局。

学校创办之初，有教职员工10余名，招收高中学生2个班，108名。第二年续招高中学生2个班，108名，教职员工增至20余名。1978年秋，有高中班8个，学生400名，教职员工46名。1981年8月改为初级中学后，招收2个初中班，不再招收高中学生。1984年，初中班发展到14个，教职员工增至65名。

图26-4　山东省烟台第二十三中学

建校初期，校舍仅有10间。1970年迁于新校，至1982年，有校舍110间。1993年4月，建成面积为2400平方米的教学、办公综合楼。1994—2002年，改建危旧校舍64间，面积为2464平方米；硬化路面、篮球运动场地5000平方米；绿化、美化校园7142平方米。2002年，有教学班19个，在校生960人，教职员工81人，其中专任教师57人。

1996—2002年，学校历年获福山区教书育人先进单位、教学质量优胜单位称号，1999年被评为烟台市规范化学校。

烟台第二十四中学　始建于1971年7月，校址位于原臧家乡柳行村西、响水河南畔。前身为臧家“五七”红校，后定名福山第九中学，为高级中学。1972年春，招收学生210名，分为4个教学班，有教职员工12人。1976年，高中停止招生，学校停办，在校2个级部学生临时分到臧家、奇章、楮佳疃3处联中。1978年9月，恢复办学，招回分到3处联中的学生。1980年，改为初级中学，招收初中生147名，分为3个教学班。不再招收高中学生。1984年7月，改称烟台第二十四中学，隶属于福山区文教局。1985年，在校初中生492名，设11个教学班，有教职工52名，其中教学人员42名。

1971年，建校舍27间。1973年，增建校舍18间。1980—2002年，新建校舍151间，修缮、翻新校舍242间；建校园围墙278米，铺设甬路和硬化路面4700平方米；运动场（3个篮球场和1个排球场）1万平方米，绿化面积728平方米。2002年，有教学班12个，在校学生536人；教职员工69人，其中专任教师54人。1989—990年，学校被福山区委、区政府授予教书育人先进单位、文明单位、勤工俭学先进单位等称号。

烟台第二十五中学　1975年夏建校，位于八角公社上刘家村北，名为八角公社“五七”红校。1978年8月，归属县教育局，改名福山第十中学，为高级中学。1981年8月，改为初级中学。1984年7月，更名为烟台第二十五中学。2002年9月，划归烟台开发区，改称烟台开发区第四初级中学，隶属开发区教科局领导。

建校初期，学校占地3.5万平方米，有校舍36间，招收高中生100名，分为2个班。1976年，扩建教室9间。1980年，增建校舍18间。1981年，扩建63间。共有教学班15个，学生700余名，教职工70余名。1983年，建校舍9间。1985年，有校舍140间，学生651名，分为15个教学班，有教职员工61名，其中教学人员43名。1991年，新建理化实验室。1994年8月，建成教学大楼，可容纳18个教学班；建围墙380米，硬化路面、运动场地4907平方米，绿化校园19308平方米；通过勤工俭学修建运动场地18750平方米。1992—1999年，有4名学生参加全国性学科知识大赛，分获三等奖、山东赛区二等奖、山东赛区2人（次）一等奖。1997年，获烟台市规范化学校、福山区十佳文明学校称号。

山东省福山第六中学　1975年8月建校，原名为东厅公社“五七”红校，为高级中学，有教职工11人。首届招收高中4个班、180名学生，全部由东厅联中初中毕业生转入。初办时因无校舍，临时附设于东厅联中。同年，在东厅村东、烟青公路北建平房64间，占地2万平方米。1976年8月，学校从东厅联中迁于新校。1977年，招收4个高中班。1978年6月，易名山东省福山第六中学。同年8月，招收4个高中班、2个初中班，成为完全中学。1980年，高中班停办，只招收初中班。1982年5月，改为初级中学。1984年5月，区政府决定改为农村职业学校，同时更名福山农业技术中学，分设职业高中部和普通初中部2个级部。初中部共有校舍92间、9个教学班、452名学生、42名教职员工。1985年，区政府决定将普通初中部下放到东厅乡。1986年，东厅乡政府重新在东厅村北征地2.9万平方米，投资120万元，建新校舍114间。1989年，一期工程竣工。1993年，乡政府又投资40万元，扩建校舍36间。同时，对校园进行硬化、绿化，二期工程完工。至2002年，学校建筑面积13344平方米。有教学班18个、在校学生751人、教职工员81人。其中，专任教师61人。学校先后获烟台市花园式学校、规范化学校、教学先进单位、电化教育示范学校、市级花园式学校和福山区教书育人先进单位、精神文明建设先进单位、教学质量优胜单位、教学管理优胜单位等称号。有3名教师获省、市优秀教师奖，25名教师获区优秀教师奖，30名教师获省、市、区优质课奖；58名学生在国家、省、市各级奥林匹克竞赛中获奖。

福山城关中学　创办于1917年，位于东北关村东华街，前身为东华私塾，后改称东华小学。“文化大革命”期间扩建，并易名东北关联中，设有高中部。1983年，改称福山城关中学，隶属于福山镇政府领导。1998年，区政府投资180万元，新建面积为2600平方米的教学大楼，可容纳24个教学班。2002年，投资20万元，建起300平方米学生餐厅、伙房。学校占地总面积7452平方米，建筑面积4000平方米；设教学班19个，在校学生1181人、教职员工80人，其中专任教师72人，全部具有专科以上学历。学校先后被区委、区政府授予教育教学先进单位、教学管理先进单位、教学质量优胜单位、学科联赛优胜单位。

福山泉水中学　创办于1993年，位于南山路西端，当年招生198名。1994年，第1座教学楼落成交付使用。1997年，第2座教学楼完工并交付使用。1999—2002年，硬化路面3800平方米，绿化校园380平方米。2002年，设教学班16个，在校学生800名，教职员工93名。学校先后获烟台市初中外语教学先进单位、初中语文大量读写双轨运行实验先进单位和福山区精神文明先进单位、教书育人先进单位、教学质量优胜单位、中学常规管理先进单位称号。有2名学生在全国数学竞赛中获二等奖；“作家摇篮小组”在全国报刊上发表文章3篇。

高疃镇中学　创办于1972年，位于高疃西村村北，原名高疃公社联办中学。创办初期为完全中学，设4个高中班和6个初中班。1981年以后，改为初级中学。1989年，改称高疃镇中学，隶属于镇政府领导。有校舍119间，建筑面积9162平方米，绿化、美化校园2421平方米，硬化路面1005.50平方米，硬化篮球场800平方米。2002年，设教学班15个，在校学生615名，有教职员工75名，其中专任教师63名。学校先后荣获烟台市实验室建设达标学校、花园式学校、加强四项薄弱环节教育示范学校、规范化学校和福山区教书育人先进单位、教学质量优胜单位、开展国家体育锻炼标准活动先进单位。

回里中学　创建于1996年，位于回里镇政府驻地东北角、烟青一级公路西侧，为镇属初级中学，占地面积2万平方米。1995年10月奠基动工；1996年9月竣工交付使用。主体校舍为3层砖混结构教学办公综合楼，建筑面积3000平方米。2002年，新建厕所、伙房和运动场围墙；硬化校园1951平方米，绿化校园1859平方米。2002年，有教学班20个、在校学生956名、教职员工99人，其中专任教师89人。学校获区教书育人先进单位等奖励20余项。

第五章　师范教育

清末，师范讲习所培养对象主要是私塾先生。民国初，县公署举办的师范讲习所，培养对象多为中年塾师，只有经过培训的塾师方具有到学校任教的资格。

中华人民共和国成立初期，师资缺乏，学校大部分教师来源于社会知识青年。以后教师主要来源于国家统一分配的师范和其他部分大中专毕业生。

80年代至90年代初期，师范教育主要是小学和初中教师通过培训逐步达到教师任职资格要求。从90年代开始，随着中小学教育改革的不断深入和提高素质教育的全面实施，师范教育的目标要求、方式方法以及教学手段发生深刻变化。以教育科研为先导，实施“继续教育工程”，促使全区中小学教师学历培训向岗位过渡；结合中小学课程改革，组织中小学教师进行教育教学应急应需培训；进行信息技术培训，使广大中小学教师尽快掌握现代化教学手段；立足于综合素质培训，逐步建立和完善中小学教师终身学习教育体系。

第一节　师范学校

师范讲习所　清末，西关谢樾亭捐资创办福山最早的师范讲习所。民国初，教育部下令废除私塾，兴办学校。为解决学校师资缺乏问题，县公署曾举办过师范讲习所。1925年，县公署在县文庙创办师范讲习所，招生50人，学制为2年，1927年学生毕业后停办。1930年3月，县政府在城隍庙创办3年制师范讲习所，当年招生1个班；1931年夏又招1个班，两级学生共66人。同年，奉省教育厅令，将师范讲习所与私立两水中学合并，成立县立初级中学，师范班附属于中学内，学生毕业后，再未招收师范班。

蓬福师范学校　1944年10月，抗日民主政府为开展敌后教育工作，在蓬莱东境时金河村成立蓬福师范学校，1945年1月停办。

福山教师进修学校　1964年7月，县人委在下夼华侨农场旧址创办农业职业学校。1965年8月，改为福山县工读师范学校，招生100名，学制2年；有专任教师6人，职员7人，工勤人员3人。1966年秋，学校停课“闹革命”。1968年7月，学校停办。1973年7月，成立福山师范。1976年夏，迁至福山一中校舍（一中停办），改称“福山五七”大学。1978年1月，学校又迁回下夼师范原址，复称福山师范。1981年7月，改为福山县教师进修学校。1998年8月，与福山高级职业学校合并，办公与教学仍独立，校址迁于福山电视大学。

学校占地286.7万平方米，校舍总建筑面积44.7万平方米。1983年，新建教师住宅2幢。1984年，新建教师住宅和宿舍3幢、学生宿舍1幢，共计7万余平方米。

学校先后获全省中学教师“三沟通”培训先进单位，烟台市教师培训先进单位、“八五”师资工作先进单位、继续教育先进单位、中小学校长培训先进单位称号。

第二节　办学模式

80年代，福山师范主要采取在职或离职形式，对辖区小学和初中教师分科分年级进行轮训。在职轮训，主要通过函授和巡回面授对教师进行辅导、培训；离职轮训，是采取离职集中办班的形式分科分年级进行培训。1978年，开办2个普通中师班、1个民师班，学制2年，在校学生153人。1981年，除常设离职学习的2个中师班外，再设学制半年、1年、2年的轮训班。1984年，为青海省代办师资班1个，学制2年，在校学生50人。1986年，为蓬莱师范学校代办中师班2个，学制3年；民师班1个，学制2年，在校学生共161人。此外，还为福山区委组织部代办干部高中学历班1个，培训学员90人。

90年代，学校开始转向学科专业知识理论的学历达标和高学历目标培养。1992年，举办高师卫电专科班和高师函授本科班各1届，学制均为3年，共培养专科学历教师480人、本科学历教师260人。1996年，举办助学自考小学教师学校教育专科班、教育管理本科班和有关专业本科班各1届，实行3年为基点的弹性学制，培养学员58人。2000—2001年，举办民师班2期，学制2年，培养教师76人。2002年，举办中小学教师助学自考专科、本科班各1届，在读教师学员420人，其中专科学员116人，本科学员304人。

第六章　职业教育

1914年前后，县公署在文庙后的训导署创办商业学校，后因烟台商业学校称甲种商业学校，而更名福山县乙种商业学校。1923年，更名职业学校，学制7年，初级4年，高级3年。开设的基础课程有国文、算术、英文、地理、历史、动物、植物、矿物、生理卫生、修身等，专业课程有商品学、商业实践、商业簿记和商事要项等。1929年停办。

中华人民共和国成立后，各类职业教育迅速发展。1956年8月，县卫生科在谭家庄、古现、黄务同时办起3处走读中医学校，招收学员178名，原定学制2年，后按省卫生厅要求改为3年。1958年底和1959年夏，学员提前结业，3处学校相继撤销。

1958年“大跃进”时，各公社创办农业中学15所，全县有专职教师42名，学生来源于未考取初中的高小毕业生，共招收学生785名。办公经费由国家拨发，教师待遇由生产大队记工分。学校开设初中文化基础课和专业课，同时参加学校基地的劳动，毕业后全部回原籍。因无教学设备、师资不足、条件不成熟，学校开办不久即先后解散。1964年后，有些较大村庄又自发办起民办农业中学，招收未考取初中的高小毕业生。学校办公经费由县文教局拨发，教师由生产队按同等劳力记工分。同时，每人每月由国家发给生活补贴6元。1965—1966年，全县农业中学发展到45处，其中公社办1所、大队办20所、大队联办24所，在校学生2066名，分为65个教学班，有专职教师115名，兼职教师10名。1966年“文化大革命”开始后陆续停办。

1960年，古现公社在八角口办起1所水产中学，开设初中语文、数学和海产养殖等课程。1961年秋停办。

1964年9月，县少年业余体育学校成立，除开设基础文化课程外，还利用早晨和下午课外活动时间分项集中训练篮球、乒乓球、射击、田径等。1966年9月停办。1973年恢复。1983年11月，更名烟台市福山区业余体育学校。

1978年，县医院设卫生学校。1979年5月开学，负责对全县基层医疗单位的在职人员、农村“赤脚医生”进行培训。此外，还开办西医中专班1期，学员30人，学制一年半。

1982年，县在东厅成立福山农业技术中学，招收初中毕业生，开设高中普通课和专业技术课，学制3年。1983年，在东陌堂村创办福山第一职业技术学校。1984年11月，经山东省教育厅批准，门楼镇塔寺庄村创办福山农民中等专业技术学校，隶属于区文教局领导，属民办公管学校。同年，部分乡镇开办农业中学，招收未考取高中的初中毕业生。至1985年，全区有八角、古现、高疃、门楼、兜余5处乡镇农业中学，共有教学班9个，学生203名，学制2至3年，课程分设文化基础课和专业课。

1985年7月，臧家乡政府出资，在驻地创办福山第二职业技术学校。同年9月，经上级批准，在福山城区成立烟台第五职业中学，1989年1月，经山东省政府批准，更名为烟台市福山职业中等专业学校，1991年1月，经省政府批准、国家教委认定为省级重点职业高中。1996年9月，经省政府批准，成立烟台汽车工业学校，设在福山职业中等专业学校内。1997年12月，经烟台市政府批准，以福山职业中等专业学校为基础，福山电视大学、福山教师进修学校和烟台汽车工业学校4校合并，成立烟台市福山区高级职业学校，规格升为副处级，由区政府领导，业务受区教育文化委员会领导。2001年8月，福山第二职业中等专业学校与福山高级职业学校合并，更名为烟台汽车工业学校西校。

2001年夏，烟台福山区第一职业技术学校和第二职业技术学校均因生源不足停办。至2002年，区内有高级职业学校和成人中等专业学校各1处，在校学生5166人，占高中段在校学生总数的51.66%。

第一节　福山高级职业学校

学校概况　始建于1985年8月，名为烟台第五职业中学，招收城镇户口应届初中生，学制3年。开设财会、机制专业，招收学生160人，分2个教学班，有教职员工24人。

图26-5　福山高级职业学校

办学初期，学校借用区农机局在芝阳村西的1座楼房作为教职工办公室、教室和学生宿舍，无伙房食堂，师生到农机局的伙房买饭吃。1年后，学校将财会班迁于城西，借用福山实验中学的教室和办公室，形成芝阳、城西一校两地上课。1987年秋，区政府采取社会集资和政府投资的办法，共筹集资金530万元，在东北关村北征地4.7万平方米，于1988年破土动工建设新校。1989年1月，建成3199.36平方米的教学大楼，5月师生迁入新校。当年，又相继兴建2406平方米的办公楼、603.38平方米的阶梯教室和实验图书楼及能容纳200人的餐厅、伙房，至1990年底，建设工程相继完工。

1989年1月，经省政府批准，更名烟台市福山职业中等专业学校。1991年1月，省政府批准、国家教委认定为省级重点职业高中。1994年起，开始招收农村户口初中毕业生。1996年9月，经省政府批准，在其校内成立烟台汽车工业学校。1997年夏季开始招生，同年12月，上级又将该校与烟台广播电视大学福山分校、烟台汽车工业学校、福山教师进修学校4校合并，定名山东省烟台市福山区高级职业学校。2001年8月，与福山第二职业中等专业学校合并，成立烟台汽车工业学校西校，校址仍在东厅原校。

2002年，拆除原来2座危楼的教学楼、办公楼、图书楼和阶梯教室，新建集教学、办公、实验一体化的7层综合大楼，建筑面积为14200平方米；新建餐厅、宿舍楼，建筑面积为7600平方米，次年8月竣工，投入使用。设有汽车构造实验室，汽车发动机实验室，金属物理实验室，气、液、电综合实验室，机械加工中心，机床数控实验室，多媒体电教室，计算机室等20多个实验室和实习车间，占地21.3万平方米，建筑面积为89000平方米；共有教学班88个，学生6700多名，分大专、中专2个学历；教职员工396名。

学校坚持走联合办学之路，在国内外建立许多学生就业安置点。在国内，同一汽大宇、大宇重工、大城汽修、矢崎汽车配件公司等大型企业及广州、青岛、深圳、北京和济南等地建立合作伙伴关系；在国外，通过烟台国际经济技术合作公司与日本、美国、韩国、新加坡等大型企业取得联系，并与德国石荷州经济学术学院、澳尔夫斯伯格市应用科技大学、弗伦斯堡市应用科技大学签订合作意向，扩大对外交流。2002年5月3日，时任中共中央政治局常委、国务院副总理李岚清和中共中央政治局常委、中纪委书记吴官正到校视察。

学校先后获全国职业技术教育先进单位，山东省民主管理达标单位、省部级重点职业中等专业学校，烟台市文明单位、思想工作先进单位、明星学校等称号。

图26-6　培训基地、合作单位标志牌

图 26-7　汽车电路教学图

图 26-8　机械加工教学图

开设专业　先后开设财会、机制、发酵、文秘、幼师、工美、化工、服装、商管、涉外会计、外经外贸、计算机、化工仪表、财会电算化、化工机械、汽车维修、汽车化工、企业管理、数控机床、化学工艺、电子技术、电控涂装、海关、海关报关、汽车电器、汽车驾驶、电控、数控等近 30 个专业。

毕业生就业　至 2002 年，共招收学生 10132 人，毕业 5602 人。毕业后由学校安排就业 3782 人，自谋职业 634 人，平均就业率为 78.83%。

教学设施　共有教学、实验仪器 967 台，价值 204.82 万元；教学标本、模型价值 30.95 万元；电工机械设备 518 台，价值 38.91 万元；服装教学设备 301 台，价值 15.69 万元；汽车检测仪器 148 台，价值 150.22 万元；机械设备 203 台，价值 196.6 万元；电教设备有电视机 103 台，价值 22.57 万元；录像机 40 台，价值 7.13 万元；摄像设备 14 台，价值 10.9 万元；幻灯投影设备 250 台，价值 18.26 万元；计算机 406 台，价值 203.19 万元；文体设备若干，价值 22.07 万元。

经费来源　经费主要来自上级拨款、学校自筹、社会资助 3 个方面。

1986—2002 年福山区高级职业学校教育经费来源情况表

表 26-1　　单位：元

年份＼金额＼来源	上级拨款	学校自筹	社会资助	合计
1986	99100	13379	—	112479
1987	188430	66074.66	—	254504.66
1988	248910	98846.91	—	347756.91
1989	340800	134399.09	—	475199.09
1990	445100	247245.55	—	692345.55
1991	570815	476102.15	19382.01	1066299.16
1992	785074	506156.42	3500	1294730.42
1993	808800	664798.16	—	1473598.16
1994	1287770	340432.63	155800	1784002.63
1995	1296520	734117.23	28600	2059237.23
1996	1958990	927498.12	324501	3210989.12
1997	2053100	4138254.4	—	6191354.4
1998	3685082.02	4134138.79	—	7819220.81
1999	3654466.21	5682861.61	—	9337327.82
2000	4678060.21	3596754.53	—	8274814.74
2001	5173474	6685038.8	5000	11863512.8
2002	7800718	12181179.44	—	19981897.44

第二节　烟台市福山区第二职业中等专业学校

1982年7月，福山农业技术中学在东厅村东山创建。校舍从福山第六中学划拨63间房。办学经费由教育局拨付，隶属于县教育局领导，面向全县招生。当年招新生80名，分2个教学班，设文化、专业2门课程。1987年8月，更名为烟台市福山第二职业中等专业学校。1983—1987年，每年由上级拨款扩建校舍20余间。1988年，福山第六中学迁往新校址，将原有的132间校舍转给该校。1992年，上级拨款再建3层教学实验楼1幢。学校占地6.5万平方米，建筑面积11046平方米。2001年7月，并入烟台汽车工业学校，更名为烟台汽车工业学校西校。至2002年，为社会培养各种中等专业人才2207人。

教学设施　至2001年7月，拥有服装车间4处、计算机教室2处和语音教室、生化实验室、电工实验室、物理仪器室各1处。教学仪器总价值27万余元。

开设专业　开设农林、建筑、服装、财会、计算机、机械制造、家电维修、军事预备役8个专业和综合高中课程。

第三节　烟台市福山区第一职业技术学校

1983年，由东陌堂村投资兴建，位于该村东外夹河西岸，占地1万平方米，有校舍21间，伙房、宿舍5间。当年招收新生36人，开设农林专业班1个，学制3年，有教职员工9人。1992年，学校迁入村中间新建4层教学大楼。设教室3个、办公室2个、实验室、图书室各1个，男女生宿舍各1个、教师住宅5户。1994年，村投资330万元，在村东北新建3层楼房2幢，同年学校迁入，定名烟台市福山区第一职业技术学校，属民办公管。1999年，学校投资400余万元建公寓楼1幢和餐厅、洗浴房、篮球场、足球场各1个，占地总面积5.3万平方米。至2001年，先后共招收培养有一技之长的中等专业人才1293人。

专业与学制　先后开设农林、机械、财会、计算机、英语和医科等专业。英语、计算机专业学制为4年，其他专业为3年。1996年，与烟台师院联合举办英语自学助考大专班，学制4年，全国范围招生，由烟台师院派专家学者授课。医科专业设小儿科、内科、外科、口腔科、妇科和神经科，属军民联合办学，由解放军107医院选派各科主任医师授课。

教学设施　教学实验仪器完备，有电脑22台。图书室藏书3万余册。

经费来源　公办教师工资由区教育局拨发，民办教师工资由近村筹集交镇政府，再由镇政府按月发给。办公经费由东陌堂村支付。

第四节　烟台市福山区第二职业技术学校

1985年，经上级批准，由臧家乡政府筹资，区文教局主管，在乡政府驻地创办福山区第二职业技术学校。有校舍12间，占地1667平方米。当年8月招收新生54人，均系本乡初中毕业生，开设塑料化工专业1个教学班，有教职员工10人。后学校迁往臧家中心完小南，有校舍18间，占地3600平方米。2001年夏，因生源不足停办。共毕业学生645人。

学校先后开设塑料化工、家电维修、电工、财会、林果、美工等专业。课程设置有普通文化课和相关专业技术课2个门类。办学经费由乡政府拨款和社会资助解决。

第七章　成人教育

福山的成人教育始于民国初期。中华人民共和国成立后，党和政府重视成人教育，先后创办工业、农业、果业大学和农业职业学校，培养大批农业专业技术人才。改革开放后，又先后创办广播电视大学烟台分校福山工作站、福山电视大学、农民中专学校、福山职业中专学校、烟台汽车工业学校和福山教师进修学校，成为福山教育的重要组成部分。

第一节　农民业余教育

民国初期，福山城里富绅鹿玉轩创办半日小学，吸收男青年入学，每天学习半天，1916 年后停办，此为福山最早的扫盲教育。1936 年，遵照省教育厅的指示，一些较大的村庄创办短期小学，入学者皆为文盲女青年。

1941 年始，抗日民主政府在解放区、游击区开办冬学和妇女识字班，组织青壮年男子和妇女学习文化，当年解放区办起冬学和妇女识字班 36 处，入学人数为 810 人；在敌游区建立识字小组 126 个。1948 年，全县民校发展到 433 处，参加学习人数达 9019 人；妇女识字班发展到 477 处，参加学习人数达 5754 人。

1952 年 11 月，县成立扫盲委员会，全县 91 乡除 9 个整党未结束的未开班外，共办班 99 个，有专任教师 91 人、兼职教师 210 人。1955 年，全县有青壮年文盲 42955 名。同年，县扫盲委员会颁发《福山县扫盲工作规则（草案）》，规定 3 年内扫除青壮年文盲和半文盲。1958 年，全县青壮年参加民校、学习室、妇女、识字班者和读报班学习者共达 21670 人。由于受“大跃进”运动中“浮夸风”的干扰，扫盲工作未达到预期效果，之后即停顿。

第二节　职工业余教育

1950 年秋，县机关干部业余文化补习学校成立，组织县直机关中不及高小程度的干部学习文化，至次年冬，学员由 20 人增至 102 人，分为扫盲、初小、高小 4 个教学班，于每天早晨和晚上集中上课 1～2 小时。1955 年，学员达到 520 人，分扫盲、小学、初中 8 个教学班。1956 年下半年，入学 680 人，占应入学干部的 96%。1958 年 10 月，福山并入烟台市，学校撤销。1962 年复县后恢复。“文化大革命”开始后停办。1984 年开始，机关干部实行大中专自学考试。新世纪后，机关干部全部达到大专以上文化程度，业余教育基本停止。

1953 年，县创办职工业余文化补习学校，学员均为城区企事业在职职工，共 52 人，设初小文化班和政治班。1956 年下半年入学人数 311 人，占应入学人数的 70%。1958 年，开设高小五、六年级和初小一、二、三年级班。同年，福山百货公司自办职工学校，有学员 63 人，分为五、六年级 2 个班。供销合作社系统设基层供销合作社职工学校 6 处，共有学员 295 人，分为扫盲班和高小班，共 17 个班。另有基层社零售店学员 237 人，分为 67 个学习小组。“文化大革命”开始后，各校均停办。

1975 年 7 月，工业系统创办“七二一”工人大学。第一学期招生 42 人，均为各厂保送的青年工人，学习机制专业课程，于 1976 年底毕业。次年春又招生 33 人，重点学习制图基础知识，4 个月结业，学校停办。1981 年，县职工教育办公室成立，负责全县的职工业余教育工作，指导各单位组织“文化大革命”期间中学毕业的职工补习初中课程，并组织不及初级技术水平的工人学习初级技术。商业、工业、二轻、粮食、卫生系统共建立职工学校 5 处。同时，各企业均不定期举办各类轮训班。

第三节　函授教育

1955 年，创办县教师函授师范学校，当年招生开学。1957 年，招收第二级学员。1958 年 10 月，福山县撤销，函校并入烟台业余师范学校，设福山函授点，继招第三级学员。1960 年，福山函授点从烟台业余师范学校分出，并入牟平师范。1961 年，又转并烟台师范函授部。1962 年复县后，恢复福山县教师函授师范学校，教学形式采取函授和面授相结合的办法。1982 年秋，在中小学教师中，有中师函授学员 206 人，学制 4 年。

1985 年，区职工高中函授站成立，设 4 个函授点、14 个教学班，为在职不够高中程度的职工补习文化课，参加学习者 700 余人。

第四节　烟台广播电视大学福山分校

1979 年冬，山东广播电视大学烟台分校福山工作站成立，办公、教学地点均设在县教育局 3 楼，隶属于县教育局领导，设负责人 2 名、教师 3 名。开设英语、化学、数学、物理4个单科专业，招收单科生66人。同时，福山“七二一”工人大学更名为福山电视大学。业务受电大工作站领导，常务、行政和经济等隶属于县经委领导。校址位于南大街水洼地，校舍为14间预制结构简易厂房。开设机制、中文、工业企业管理、工业财务会计和电气自动化5个电大学历专业，共招收新生106人。

1984年9月，电大工作站和电视大学实行站校合一，命名山东烟台福山广播电视大学，股级单位，隶属于区文教局，业务由市电大主管。设领导2人、职员4人。校址仍设在电视大学简易校舍内。1986年，在学校原址建起1幢3层1392平方米办公、教学楼。

1988年5月，福山电视大学为区属科级高教事业单位。同年，更名为烟台广播电视大学福山分校。下半年，与烟台教育学院联合举办数学教师大专班，为福山、牟平委培学员26人。1990年后，拆除14间简易危房，新建学生宿舍2层楼1栋、平房18间、仓库房4间、伙房3间，修水泥球场1个，建门市房1排，建筑面积为2638.6平方米。

1997年12月，与福山职业中等专业学校、烟台汽车工业学校和福山教师进修学校组建成烟台市福山区高级职业学校。校址未变，校名改称福山高级职业学校一分校。

学校先后获烟台市教学工作先进单位、勤工俭学先进单位、文明单位、先进党支部。

学生来源　学生多数来自辖区城镇和乡村，个别专业来自本市其他县市区。大专全脱产学生系招收应届高中毕业生和各行业在职干部和职工；大专半脱产学员招收辖区各行业在职干部和职工；中专各专业班学员多数为应届、少数为往届初中毕业生。至2002年，共招收大专学员2096人，培养各科专业毕业生2047人；招收、毕业中专生251人。

开设专业　大专班先后开设数学、英语、物理、化学、机械、机制、中文、工业会计、工业企业管理、电气自动化、党政干部专修科、法律、汉语言文学、财政税收、外经外贸、审计、外向型企业管理、经济管理干部专修班、水产养殖等二十几个专业；中专班先后开设商业企业管理、工业企业管理、财务会计、商品经营管理、家用电器、幼儿师范、公共关系、室内装潢等近十个专业。

教学方法　主要凭借现代化的广播、电视等传媒，收听收看、教师辅导。福山分校只负责组织、管理和听视后的辅导工作。

教材与教师　教材由中央电大和省电大统一编印，主讲教师由中央或省聘请专家学者担任，实行省、地、县三级联网办学。每科教材由中央或省指定，主讲教师的录音录像由中央电大或省电大制作。

教学计划与考试　教学计划、出题考试和阅卷，均由中央电大或省电大负责。中专的制卷、阅卷后来由市电大负责。

教学设备　学校有微机6台、录像机3台、接收机2台、电视机5台、英文打字机6台、扩大机1台、接收天线2架、录像带1200盘、录音带300盘、篮球场1个、图书8000册，总价值216.5万元。

经费来源　办公经费由上级拨发，不足部分由学生所交的学费补足，另有社会资助。

第五节　烟台市福山区成人中等专业学校

1984年11月，烟台市福山区农民中等专业学校成立，招生对象为初中毕业生，学制3年。学校受区政府领导，为区属科级事业单位，纳入教育事业编制计划，经济依托西苑集团总公司支付。当年招收新生36名，开设机械专业班1个，有教职员工9人。

1987年9月，经区政府批准，更名为烟台市福山区成人中等专业学校，其性质、级别、隶属关系不变。1994年5月，经烟台市政府批准，更名为烟台市福山区第三职业中等专业学校，其性质、级别和隶属关系仍然不变。

建校初，校址在门楼镇塔寺庄村，占地2.7万平方米，建筑面积2000平方米。1993年6月，校址迁至福海路北端路东，占地面积5.3万平方米，建筑面积1.2万平方米。有教学班18个、学生636名、教职员工43名。至2002年，共招收学生2076名，毕业1535名，学校安排就业934名，自谋职业601名，就业率达100%。

学校先后获省级示范性成人中专，烟台市职业教育先进学校、成人教育工作先进单位、精神文明建设先进单位，福山区十佳文明学校、教书育人先进单位。

教学设施　学校建有教学实验室2个，教学实习车间5个，微机室2个，奔腾四型电脑50台，财会模拟室、语音室、图书室各1个，藏书2万余册，并配套标准较高的教学演示器材和学生实验、实习设施，总价值800余万元。

资金来源　西苑集团总公司投资1600余万元，用于校舍建设维修和教学设备购置。办公经费：上级拨款548万元，学校自筹360万元。

第六节　山东省农业广播电视学校福山分校

1981年7月，中央农业广播学校烟台市福山县办公室成立。校址在福山良种厂，1983年初迁至农林牧渔业局内。1985年6月，中央农业广播学校（以下简称农广校）烟台市福山区分校正式成立。1990年12月，改称山东省农业广播电视学校福山分校。有教室4间、80余平方米，配有电视机、放像机、幻灯片、VCD机等教学设备。下设高疃湘河武校和古现鹏程武校2处中专教学点，区农广校每周派出教师授课。

区农广校是一所省属农村远距离成人中等专业学校，坚持面向“三农”、新的农业科技领域、农业现代化和市场的办学宗旨，从最初单一的农学专业发展到种植类、养殖类、加工类、理工建筑、文秘法律、经营管理等6大门类的20多个专业；从广播教学，发展到以广播电视为主、面授函授为辅的综合性教学；从单一的中专学历教育，发展到以中专为主，大专、本科、绿证教育、实用技术培训等多层次的成人教育。中等专业学员可以通过中央广播电台、中央电视台、中国教育电视台、山东电视农科频道和山东人民广播电台播出的教学课程，进行不脱产学习。学员学完规定课程经考试合格后，由省教育厅颁发国家承认的中专学历毕业证书。

区农广校先后与中国农业大学、山东农业大学、山东省委党校、省农业管理干部学院、山东干部函授大学、莱阳农学院等大学联办大专班和本科班。由联办学校派教师前来讲课，区农广校负责组织日常管理和考试工作。各科考试合格并撰写毕业论文，经学校论文评审委员会评审通过后，颁发相应的毕业证书或专业证书、结业证书。

学校累计招收大、中专学员1613人，毕业1487人。同时，采取集中培训、远程传媒教育等多种形式，在农村广泛开展以实用技术培训和“绿色证书”教育为主要内容的“送科技进千家万户”活动，进行果树、蔬菜、畜牧与兽医、现代乡村综合管理等培训，先后有3084人获得“绿色证书”，并掌握了一至两门实用技术。

第八章　特种教育

1973年7月，为培养聋哑儿童具有一定文化知识，掌握一定劳动技能，使其成为残而不废、能为社会做出一定贡献的自食其力的劳动者，创办福山县聋哑学校，经费由县教育局拨发。初因无校舍，附设于福山工读师范院内，两校成立1个党支部。1975年下半年，县教育局拨款，在銮驾庄村东南建校舍27间，1976年2月迁入。1979年，又建房9间。除教职员工办公室、教室、师生宿舍、仓库、伙房外，还备有校工厂房和医务室。1982年，新建房18间。至1985年，全校共有校舍72间，占地5000平方米，建筑面积1080平方米。同年，因生源不足，学校停办。未毕业的学生转入烟台聋哑学校。

学制原定6年，学完初级小学课程。自第3届新生入学开始改为9年，前8年学完小学主要课程，第9年进行学工实习。开设文化课和专业技术课2类课程。文化课设语文、算术、体育、图画和手工5门学科；专业课设木工、缝纫2门学科。

教学方法，采取文化知识和专业技术传授结合，低、中年级以传授文化知识为主，把培养学生口语和手势语作为首要任务。专业知识集中讲授，分别指导；教师示范，学生模仿；培养骨干，互教互学；分组实习，练习操作；先易后难，独立作业。

学生在校集体食宿。学校视其家庭经济状况，每人每月发放生活补助费 2 ～ 3 元到十几元不等。教师享受特种教育待遇，每人每月加发本人原工资额的 15% 津贴。

1973—1985 年福山聋哑学校情况表

表 26-2

类别	数目／年份	1973	1974	1976	1979	1981	1984	1985
招收学生		18	18	16	14	14	24	—
毕业学生		—	—	—	14	14	14	—
教职员工	文化课专任教师	2	5	9	11	9	11	11
	木工师傅	1	1	1	1	1	1	1
	缝纫工师傅	1	1	2	2	3	3	3
	职工	—	—	3	3	7	8	9

第九章　师资队伍建设

明、清时期，福山各类私塾，有的由办塾者自任塾师，有的聘请当地儒生任教。民国时期，学校教师由校长聘任，报教育行政机关备案。1930 年 1 月，始设小学教员事务所，负责对全县小学教师的登记、鉴定等工作。

抗日战争时期，沦陷区内公办中、小学校长由伪教育科委任，教师由校长聘任，报教育科备案。解放区教师主要有留用原学校教师、录用社会上闲散的知识分子、接收转复军人和录用高小及中学毕业生等。1945 年 8 月，福山解放，全县共有教师 508 名。1947 年秋，国民党军进攻福山，全县大部分教育停办，教师解散。1948 年秋，福山二次解放，教育恢复，仅有一部分教师复职。各校曾任用一部分义务教师，初由设学校的村集体发给少量生活补助粮，后多由政府发工资。

中华人民共和国成立后，教师队伍不断壮大，教师的政治地位和社会地位得到提高。

第一节　师资来源

中华人民共和国成立后，聘用的民办教师和义务教师经考核大部分转为正式教师。1958 年，又开始任用民办教师，由生产大队提名，经公社批准即可。1962 年以后，严格批准手续，改为由公社考核、县文教局批准。同时，精减素质较差或不胜任教师 106 名。“文化大革命”期间，对民办教师失去控制，生产大队自行任免。1968 年 12 月，将小学教师全部下放回原籍任教，并由工资制改为工分制。1971 年，恢复工资制，并在全县统一调整师资力量。1978 年后，教师主要是国家计划分配，统一安排。1983—1994 年，采取社会公开招聘的办法，从高中未考取大中专学校的毕业生中招收初中、小学教师，后又从区职业中专幼师班招录一部分毕业生充实到中小学音、美教师队伍。1984 年起，逐年将民办教师转为公办教师。至 2002 年，除个别因自由离职、调出、辞退、退休、死亡和年龄原因外，其余 283 名民办教师全部转为公办教师，工资享受同等公办教师待遇。

1999 年以后，采取双向选择政策，不包分配。2001 年始，转为社会招聘、择优录取。至 2002 年，全县（区）共录用大中专毕业生任教 1625 名。其中，本科以上学历 135 名，专科学历 596 名，中专学历 894 名。

第二节　师资培养与培训

师资培养　1978 年以来，针对部分教师学历偏低的情况，鼓励教师在职或脱产进修，并提供必要条件和方便。至 2002 年，全区有 1176 人取得中师学历、1045 人取得专科学历，325 人取得本科学历，12 人取得研究生学历。小学、初中及高中（含高职）教师学历达标率分别达到

99.4%、96.8%和94.5%，分别提高46.3%、34.5%和3%。

师资培训　自80年代开始，开展教学应急培训，帮助中、小学教师尽快掌握教材、能上课任教。1980—1983年，县教育局先后在紫埠（后迁至福山师范）设点举办初中语文、数学、理化等学科教材和教法学习班，为各公社联中培训骨干教师。共举办师资培训3期，每期半年，共培训教师360多名。同时，利用寒、暑假，采取初中到县、小学在公社集中学习的方式，累计培训4000多人（次）。

1984—1996年，先后举办骨干实验教师培训班30多期，参加培训人员3100人（次），参加其他类型培训班的人数达2556人（次）。

1992年，全区中、小学开展教师学科专业培训，有2791人取得教师专业合格证书。1996年，进行教师资格认证、考核，对非师范院校毕业的教师进行专业培训补课，全区有103人取得教师资格证书。之后，又有1307人取得资格证书。

1995年，开展中、小学教师继续教育工作，规定在3～5年内用400个学时系统修完政治理论、素质教育理论与实践、师德修养、教学技能、信息技术等课程。至2002年，参加学习人数3547人（次），占应学教师的90%以上。

1996—1998年，区教育文化委员会选派500名初、高中段中青年教师参加骨干教师培训，福山一中、格中等10余名校长参加省高中校长培训班，全区13处初中20多名校长参加市校长培训班，50多名小学校长参加区进修学校举办的校长培训班。同时，对初中班主任在市、小学班主任在区进行为期2个月的脱产学习培训。

1997年后，在新录用大中专毕业生试用期内，采取集中学习和分散实践的方式进行培训。至2002年，全区共举办新教师培训班6期，参训人数324人，参训率达100%。

第三节　教师地位与待遇

中华人民共和国成立前，教师政治上无地位，生活上无保障。中华人民共和国成立后，党和政府关心教师，家长、学生尊重教师。“文化大革命”期间，绝大多数教师受到冲击，精神受到摧残，心灵受到伤害。改革开放后，县里为121名在1957年被错定为“右派分子”的教师摘“帽”，落实政策。

1979年，开始评定省特级教师。至2002年，李昌斌、史兰田、史纪官、王允贞、王玉梅、于深春、李雪梅等教师先后获此殊荣，并领取补贴，初每月30元，后提高为80元。

1980年起，县（区）政府和教育行政部门多方筹措资金，改善城区教师住房条件。至2002年，总投资2600万元，共建宿舍楼19幢，总建筑面积4.24万平方米，为555户教师解决住房问题。城区教师人均居住面积达到22平方米。农村教师住房也相应得到改善，人均住房面积为20平方米。先后为573人符合条件的（中级以上职称，工作满20年或年龄40周岁）在农村配偶及其未成年子女办理农转非手续。

1981年10月，中小学教师普遍晋升1级、部分优秀骨干教师提升2级工资。至1985年，全区2700名教师增加工资。中学公办教师月均工资接近80元，小学公办教师月均工资接近70元。1987年10月起，中小学、幼儿教师提高教师标准工资的10%。1998年，全区教职员工月均工资达到886元。

1982年，开始职称评审试点。1987年，职称评审工作在中小学（含高职、电大）全面开展，当年评出高级讲师5名、中学高级教师29名、一级教师189名、小学高级教师184名。至2002年，全区共有中专副高级讲师52名、讲师47名；中学高级教师392名、一级教师1249名；小学中学高级27名，小学高级教师1309名。

1983年，国务院给25年以上教龄的教育工作者颁发“园丁纪念章”。1984年，省政府又给30年教龄的教师颁发教师荣誉证书。同年，为15名中教5级和小学8级以上教师家属办理农转非手续。

1985年，中小学（含中师、职专、职高、幼儿）教师随工资发放教令津贴，教令满5年不满10年的每月3元，满10年不满15年的每月5元，满15年不满20年的每月7元，20年以上的每月10元。1989年，又向中小学（含中师、职专、职高）担任班主任的教师发放班主作津贴，达到国家规定标准的每人每月发给15元，达不到标准的发给13元。

自1985年以后，每年的9月10日教师节期间，区委、区政府及教育主管部门都举办一系列活动，号召社会各界大力支持教育、尊重知识、尊重教师。同时，对教书育人做出优异成绩的教师予以表彰，逐步形成全社会都来关心支持教育的新风尚。

1990年，按省人事部门规定，连续从事教育工作30年的，退休金按原工资的100%发放。1993年，按烟台市教育局规定，自1989年起，连续任教25年的女教师，退休时也按原工资的100%发放。

1978—2002年，全区有964名教师加入党组织。有10人被评为全国优秀教师，39人被评为省优秀教师，192人被评为市级优秀教师。有10多人当选为区人大常委会副主任或常委，区级以上政协委员80余人，其中1人被选为区政协副主席，10人被选为区政协常委。

第十章 基础设施建设与设备配套

1978年后，随着中小学布局的调整和教学秩序的恢复、建立以及各类学校结构的初步构建，改善办学条件开始提到各级政府和教育部门的工作日程。区里加大教育投入，加强基础设施建设，教学条件得到较大改善，教学仪器设备逐步完善配套，学校面貌焕然一新。

第一节 基础设施建设

1990年，对城区公办中小学、职业中专、职业高中校舍进行改造。资金筹措以财政拨款为主，学校自筹和社会集体、个人捐赠为辅。同时，实行校舍、大门、院墙、厕所、操场、课桌凳、仪器设备及图书、校园绿化美化、劳动基地、师生宿舍改造“十配套”。本次校舍改造历时3年，累计投资4511万元。其中，用于校改、绿化4160万元，内部设备351万元。新建校舍6.43万平方米，维修校舍9600平方米，绿化校园1.85万平方米。至2002年，城区中小学校舍改造累计投资达9.8亿元，达标单位8处。城区公办学校基本完成“五达标、十配套”任务，为“双基”验收提供可靠保证。是年4月至6月，区政府结合门楼水库库区扶贫工作，投资360万元，对门楼、张格庄、高疃、东厅4乡镇24所小学的校舍进行新建、扩建、翻新修缮改造，拆迁重建新校舍12处，改建房屋1.2万平方米，维修旧房屋1万平方米，达到省小学六配套标准。1997年，全区校舍改造投入80万元。

2000至2002年，区、镇两级政府投入资金1603万元，加大基础设施建设。其中，新建盐场、永福园、巨屯、集贤、南涂山5处学校；新增福山一中理化实验楼、格中教学楼、福山高职综合办公楼3幢，建筑面积1.8万平方米；改造危旧校舍5.6万平方米。

第二节 设备配套

1988年，对全区10处乡镇农村学校进行校舍、课桌凳、操场、院墙、校门及厕所“六配套”改造。至1990年，区、镇两级政府和村办、联办小学主管村委3年累计投资450万元，达标单位33处。同期，在全区开展创建“花园式学校”活动，筹措资金620万元，新建、改建、维修房屋9500平方米，新修围墙8500平方米、大门30个、厕所50个，添置课桌凳1500套，修建、平整操场5万平方米。1991年，160个单位均达到合格标准。

第十一章　教育经费使用与管理

民国以前的教育经费，塾师自办的学馆来源于学生缴纳的学费，家塾由办塾的家庭负担，义塾主要是祠堂、寺庙田地的地租或山岚收入。民国时期，县立中小学的经费均由县财政拨发。1929年，县设教育经费委员会，负责查管和监督教育经费使用情况。中华人民共和国成立后，教育经费筹措，坚持“国家财政拨款为主，多渠道筹措为辅”的原则，努力实现“三个增长”，确保公办学校经费的来源可靠、稳定。

第一节　征收教育附加

1987年，区政府开始征收教育附加费，并出台《关于征收教育附加的暂行规定》，把该项工作纳入以法征收的规范化管理轨道。实行乡镇征、区管、返回使用的办法。征收标准不低于本区农民人均收入的1.5%，凡拖欠教师工资比较严重的乡镇，按人均收入的2%征收。教育附加费上交地方财政、入国库管理后，区教育主管部门按上级有关规定提取8%～10%作为全区师资培训经费和统筹农村职业教育，大部分返给征收单位（乡镇政府）。乡镇政府根据发展教育的实际需要，由乡镇教委提供教育经费支出预算，经乡镇政府批准后，上级教育主管部门如数拨给乡镇教委，入账管理。教育附加费主要用于民办教师工资及政策性福利（含民办退休教师退休金）、学校基础设施建设、内部配套设备购置等。1993年，区政府又开始征收义务教育费。征收对象为区直所有机关、社会团体、企事业单位（包括区内“三资”企业、民营企业）城镇就业职工（含农民合同制工人和城镇计划内临时工），由个人按月交纳。征收标准为月工资性收入500以上（含500元）者，按总额的2%征收，月工资性收入300元以上（含300元）不足500元的按月工资总额的1%征收。现役军人、离退休人员、残疾人月工资不够300元者、家庭只有1 个职工有收入且月工资收入低于500元的特困户等免征。征收办法由职工所在单位发放工资时代扣，交区财政局。该项经费主要用于城区校舍改造维修、教学仪器和图书资料购置及其他政府办学条件方面的支出。

第二节　社会集资

80年代以来，县（区）政府积极鼓励各种社会力量及个人自愿投资助学，想方设法吸纳外资，发展教育事业。区委区政府出台《关于动员社会力量，开展捐资助学活动的决定》，促进捐资助活动健康发展。1992—1995年，全区社会各界捐助办学资金3367万元。用于新建房屋59380平方米，硬化学校路面32000万平方米。累计吸纳“三胞”捐资240万元。其中，旅日华侨刘家齐一次捐资120万元人民币，建成门楼、曲家等4处小学；美籍华人李维鼎捐资90万元人民币，建成西埠庄荣珍小学；美籍华人王学忠捐资2万美元（折合人民币17万元），设置教育奖学金；香港同胞于静深在烟台市实验中学建成开学庆典大会上，当场捐资10万元人民币，为该校设立奖学金。

第三节　勤工俭学

70年代末，学校勤工俭学活动主要是组织学生参加一些小型的力所能及的社会有偿服务，如编织、折叠等手工劳作及搬运劳动或季节性的农产品复收，采集中草药、树种等。随后，许多学校以自办、联办的形式创办起具有一定规模和生产能力的校办企业。在农村兴办农业基地、饲养场，取得较好的经济效益。1985年，全区各类学校勤工俭学收入54.28万元。1995年，总产值达2146万元，纯收入281万元。勤工俭学收入主要用于改善办学条件，部分用于提高教师福利和学习生活。90年代末，许多校办企业相继停产、停办。

第四节 事业性收费

根据市教育主管部门和物价部门规定的项目和收费标准，事业性收费主要有学费、杂费、借读费、住宿费、取暖费。

进入90年代，非义务教育收费标准有所提高，普通高级中学收费也有所变化。扩招的自费生，按中考成绩高低收取学杂费。交费入学后，与正式录取的高一学生享受同等待遇。高中自费生收费，2000年前由区教育主管部门计财科代收，上交区财政局，然后根据收费单位实际需要申报预算，经批准后，返回使用。2001年，改为扩招学校自收，上交财政，按需返还使用。

1978—2002年福山县（区）教育经费支出情况表

表26-3

年份	教育经（万元）	占区财政支出（%）	年份	教育经（万元）	占区财政支出（%）
1978	148	24.22	1991	1029	23.66
1980	158	19.92	1995	2131	27.76
1981	178	31.56	1996	2933	31.25
1985	560	37.71	2000	4477	26.84
1986	674	31.94	2001	5659	25.38
1990	860	21.33	2002	6663	28.98

第十二章 教育管理

区教育行政机构是区政府主管全区教育事业的综合职能部门，主要负责贯彻中央和省、市教育工作的方针、政策和法律法规，统筹规划全区教育事业的发展，研究和制定全区教育工作的政策和规范性文件，协调各行业、各部门有关教育方面的工作，指导全区基础教育、职业教育和成人教育；统一部署、指导全区教育体制改革；会同区有关部门拟定筹措教育经费的政策，并监督检查教育经费的筹措、管理和使用情况。

第一节 行政管理

1978年之后，福山县（区）逐步建立起“分级办学、分工管理”的办学体制。县（区）教育局直接管理福山一中、格中、区高级职业学校、区三职专、烟台实验中学、福山实验小学、机关幼儿园、实验幼儿园。乡镇专门设置教育委员会，负责管理乡镇初级中学、中心完小。村、片初级小学和村办幼儿园由村委会管理。

1979—1995年，学校领导任免与教师调配管理实行干部任免制。局直属单位副科级以上干部由组织部门任免、管理，其他干部由教育局党委任免管理。1993年、1996年和1997年，福山一中、格中和福山职业中专升格为副处级后，其校长的任命由烟台市委宣传部提名，烟台市政府任免管理。自1995年始，实行校长聘任制和任期目标责任制，任期为3年。各校长根据上级设置职位、职数，聘任本校中层领导。至1997年，全区各学校全部实行校长聘任制和任期目标责任制。教职工调配亦分2种形式，局直单位、乡镇正规初中教职工、教委会计由区教育文化委员会政工科统一调配；乡镇各小学教师调配权下放到乡镇教委，由乡镇教委根据具体情况自行安排。

第二节 业务管理

区教研室统一下达教学计划、课程进度，规范课堂常规，组织全区教学质量分析、评估工作。区属初中、小学分别由学科教研员牵头组成中、小学教研组。乡镇教研员以中心小学为基础组成教研组；中学组各学科教研员牵头组成中心教研组。成员吸收各校各学科教研组长，各校再以学校为单位组成学科或年级教研组，按区教研室下发的计划开展教研活动。

第三节　招生管理

1984 年以前，招生工作由区教育主管部门在招生前临时从教研室和办公室抽调人员组成临时招生小组。招生工作结束后，招生小组即行解散，调用人员回原工作岗位。

1984 年夏，区招生办公室成立，由文教局直接管辖，专门负责应届高中毕业生高考、初中毕业生中考、成人高考和自学考试工作。

1979—2002 年福山县（区）初中升中专统计表

表 26-4　　单位：人

年份	报名人数	录取人数					
		师范	中专	民办＋教师	合计	委培	总计
1979	—	—	19	—	19	—	19
1980	—	—	24	—	24	—	24
1981	—	—	35	28	63	—	63
1982	—	—	62	—	62	—	62
1983	—	—	40	19	59	—	59
1984	—	—	42	6	48	—	48
1985	—	—	44	5	49	—	49
1986	273	—	69	23	92	—	92
1987	190	—	77	—	77	—	77
1988	282	53	26	—	79	6	85
1989	663	35	28	19	82	148	230
1990	161	18	27	33	78	15	93
1991	363	38	26	16	80	87	167
1992	217	38	28	17	83	37	120
1993	237	40	25	15	80	145	225
1994	412	39	166	20	225	160	385
1995	287	49	97	—	146	104	250
1996	326	30	113	3	146	104	250
1997	407	321		2	323	—	323
1998	453	45	235	—	280	—	280
1999	371	49	219	—	268	—	268
2000	194	68	262	—	330	—	330
2001	79	—	65	—	65	—	65
2002	323	48	71	—	119	—	119

1997—2002 年福山区高考情况统计表

表 26-5　　单位：人

年份	报考人数	录取人数					
		本科	专科	中专	合计	委培	总计
1977	—	40		81	121	—	121
1978	—	91		29	120	—	120
1979	—	82		43	125	—	125
1980	—	75		46	121	—	121
1981	—	80	14	24	118	—	118
1982	—	110		40	150	—	150
1983	—	101		33	134	—	134
1984	—	66	40	52	158	—	158

续表 26-5

年份	报考人数	录取人数					
		本科	专科	中专	合计	委培	总计
1985	—	83	50	46	179	—	179
1986	322	125	42	15	182	—	182
1987	452	128	63	18	209	—	209
1988	830	133	71	20	224	—	224
1989	683	116	55	11	182	31	213
1990	640	96	57	12	165	2	167
1991	655	147	68	13	228	36	264
1992	678	131	64	18	213	75	288
1993	735	132	68	4	204	249	453
1994	742	134	297	16	447	—	447
1995	748	155	269	13	437	—	437
1996	716	165	128	34	327	—	327
1997	685	150	107	13	270	—	270
1998	814	174	140	39	353	—	353
1999	561	197	125	28	350	—	350
2000	946	277	275	33	585	—	585
2001	1200	413	399	—	812	—	812
2002	1272	452	459	—	911	—	911

1986—2002 年福山区自学考试统计表

表 26-6　　　　　　　　　　　　　　　　　　　　**单位：人**

年份	报名人数	录取人数	
		大专	大本
1986	122	6	—
1987	252	14	—
1988	430	16	—
1989	483	17	—
1990	440	9	—
1991	455	47	—
1992	478	16	—
1993	535	10	—
1994	542	6	—
1995	516	14	—
1996	485	12	—
1997	614	11	—
1998	602	31	—
1999	361	19	—
2000	461	21	—
2001	385	35	7
2002	573	60	38

第二十七编　邮政　电信

福山驿邮始于西汉，设立亭、驿，供传者歇宿、换马。宋代建急递铺，接力急驰至终点。明时，境内设递铺12处。清时，设递铺5处，专为官府传递文书。1903年，登州邮政局在福山设邮寄代办所，办理民间邮寄业务。1913年，设福山邮政局。1931年，国民党县政府设长途电话事务所。1943年，县抗日民主政府设立县战时邮局。1946年4月，福山战时邮局改为福山县邮政局。1953年10月，开通电报业务。

1949年10月1日至1985年，福山邮政业务虽有波折，但逐渐发展至全盛时期，电信业务发展相对缓慢。1985年后，邮政业务平稳发展，电信业务发展步伐加快。80年代后期，各种便捷的通信设施迅速发展，开始进入信息时代。1987年11月，境内程控电话交换设备开通，市话跨入数字化程控交换的先进行列。1992年4月，将长途载波设备改为数字光传输设备（光端机）。同年12月，开办模拟移动通信业务。1995年5月，数字移动电话正式开通。同年10月，中国联通机构进入福山，打破邮政通信事务独家经营的传统格局。中国移动、中国联通、小灵通网络覆盖全区。1996年后，邮政、通信体制不断改革。1998年，邮政和电信分营后，各自发挥优势，不断拓宽业务范围，提高服务质量，邮政、电信事业快速发展。

第一章　邮政

改革开放前，境内邮政主要有信函、包裹、汇兑、报刊发行，以步班和自行车投递为主。1949年，福山邮路总长400千米，投递自行车仅有3辆，设信筒3个，年收寄函件0.46万件，订销报刊2.1万份，邮政总收入0.48万元。1977年后，邮政发展迅速。全县邮路总长852千米，运输工具有汽车35部、摩托车14辆、投递车辆48辆，设立信筒70个，年收寄函件85.72万件、包裹9.1万件、汇票3.06万张，订销报刊343.96万份，邮政总收入16.22万元。90年代中期以后，随着电话数量的增多，邮政信件虽逐渐减少，但服务领域不断扩展。

图27-1　福山区邮政局

至2002年，全区共有邮运车8辆、投递自行车40辆。邮政业务除信函、包裹、汇兑、报刊发行外，还增加特快专递、邮政储蓄、机要通信、邮政广告、集邮和邮政物流等业务。

第一节　机构沿革

1903年，登州邮政局在福山设邮寄代办所。1913年，设福山邮政局。下设古现、旺远、高疃、楼底、门楼、八角口、道平、芝水8处邮寄代办所。1938年，福山邮政局被日伪政府接管。1942年5月，共产党领导的胶东战事邮务管理局在福山解放区设立邮站，负责传递党、政机关文书及报刊。1943年11月，县抗日民主政府设立县战时邮局，兼办民间邮递业务。1945年日军投降后，福山战时邮局接管日伪邮局，下设岗嵛支局。1946年4月，福山战时邮局改为福山县邮政局。1948年10月，设古现、旺远邮政支局。1953年10月，县邮政局改称县邮电局，兼理电信业务。下设古现、高疃、门楼、旺远4个营业处。1956年，营业处改为支局，同时增设臧家、八角、谭家庄支局。1957年，设张格庄、沙坝子、梁家3处营业代办所。1958年，福山县邮电局改为烟台市邮电局福山中心支局。1962年，恢复福山县邮电局，下设古现、高疃、门楼、谭家庄4处邮电所及兜余、梁家2处代办所。1969年12月，邮电局分为邮政局和电信局。1973年9月，两局合并复称邮电局。1977年，县邮电局内设报务、话务、机线、机务、营业、封发、投递、维修8个班。下设10处支局，有职工130人。1984年1月，改称烟台市邮电局福山分局。1993年，更名为烟台市福山区邮电局。1998年9月12日，根据国务院信息产业部要求，邮政、电信分营，撤销区邮电局，成立区邮政局和区电信局。邮政局内设办公室、人事教育部、财务部、经营服务部。下设八角、古现、臧家、东厅、高疃、张格庄、门楼、兜余、回里、东陌堂、南山、城西、北二路13个邮政支局。有国有职工78名、乡话集体人员51名。2001年7月，东陌堂邮政支局撤销，并入兜余邮政支局。是年12月，撤销城西邮政支局。2002年1月，内设办公室、市场部、储汇部。是年10月，八角、古现2处支局划归烟台开发区邮政局。区邮政局下设臧家、东厅、高疃、张格庄、门楼、兜余、回里、南山、北二路9个邮政支局。共有国有职工81人，乡话集体人员46人。

第二节　邮政网络

干线邮路　明朝至清朝光绪初年，福山递铺以县城为中心，东递西牟、黄务至宁海（今牟平），境内长7.5千米；西北递次兴、岗崳、城阴、孙夼、辛店公馆至登州（今蓬莱），境内长25千米；西递力家河、候旨沟、店上至栖霞，境内长约15千米；西南递沙沟、张格庄抵栖霞，境内长约25千米。1895年，烟台商埠至天津旱班邮路开通，总长850千米。1912年，中华邮政开办后，递铺渐撤，邮路增多。烟台至栖霞邮路途径福山、高疃，境内长30千米。邮件在高疃交接，邮差次日步班投递。1917年，烟台至青岛邮路经福山城，设营业点，并开通烟台至蓬莱邮路。1922年，烟潍公路建成通车，辟烟台经永福园、蓬莱至潍县的汽车邮路。1929年，新辟烟台经福山城、门楼至高疃，烟台经旺远至回里，烟台至古现3条步班邮路。1931年，烟青公路通车，途径福山，部分邮件由汽车代运，步班邮路撤销。1938年日伪占领福山后，汽车邮路中断，恢复步班邮路。1943年，抗日民主政府开通自烟台经栖霞至蓬莱战时邮路。1949年，开通烟台至潍坊委办汽车邮路。福山邮政局除办理境内邮件外，还办理栖霞、栖东2县邮件接收和转发业务。1977年10月，烟潍邮路分为2段，烟台邮电自办至掖县段二级干线邮路，途经三十里堡、八角，境内长18.9千米。1995年，邮车直进古现局，不再到三十里堡接发邮件。1997年，烟台二级干线邮路有2条：一条是烟台经古现、八角至莱州；一条是烟台经福山、东厅、高疃至招远，境内长34千米。1998年9月，邮、电分营后，二级干线邮路停止，全部改为区内自办邮路。

区内邮路　1978年，境内邮件委托福山客运站汽车代运，邮运线路有：福山经门楼至张格庄，长21千米；福山经兜余至陌堂，长18千米；福山至黄务，长10千米；福山至臧家，长11千米。接发火车邮路有：旺远至回里站，长7.5千米；谭家庄至回里站，长2.5千米。1989年7月，福山邮电分局自办开通2条邮运线路：一条是福山经兜余、陌堂、回里、门楼至张格庄，长68千米；一条是福山至臧家，长11千米。委办汽车邮路和接火车邮路停止。1996年6月，福山至臧家邮路增加城西支局，邮路改为福山经城西至臧家，长13千米。

2002年，境内自办汽车邮路2条：一条为东厅经高疃、臧家、古现、八角至北二路，穿递6处邮政支局；一条为南山经兜余、回里、门楼、张格庄至南苑，穿递6处邮政支局。全区有汽车邮路152.5千米，自行车邮路710多千米，投递所20个，投递点300多个。其中，城区内设投递所12个、投递点200多个。

第三节　邮政设施

投递工具　明、清时期，福山递铺备有驿马。官府文书皆由铺兵骑马或步行背负传递，私人书信多为托人捎带或派专人送交。民国初年，邮件仍由邮差步行背负投递，除邮袋外，无其他邮政设施。1947年，福山城至栖霞臧家庄邮路配有自行车。

中华人民共和国成立后，邮政条件不断改善，邮政设施逐步增加。五六十年代，投递工具主要是自行车。1949年，福山邮电局仅有自行车3辆。1958年，增至18辆。1968年，有自行车31辆、摩托车1辆。1978年，摩托车增至19辆，全县农村投递实现摩托化。是年，福山邮电局购置汽车、拖拉机各1辆，专用于邮运。1984年，专运汽车增至3辆。1985年，因摩托车投递耗费大、事故多，重改自行车投递。1992年10月，购置特快专递面包车1辆。1995年，邮政专用汽车增至6辆。至2002年，全区共有邮运车8辆。其中，箱式封闭邮运车1辆，剑款邮运车2辆，特快专递面包车5辆。另有投递自行车40辆。

信筒报柜　自清光绪年间设邮寄代办所以来，所、局营业厅皆设信柜，主要街道设信筒。1949年，全县设信筒信箱3个。1957年增至7个。1977年，设信筒信箱70个。1985年，增至73个。90年代中期以后，随着电话的增多，信件逐步减少。1995年，全区信筒仅有30个。同时，个人订报刊数量增加，为方便群众，及时读上当日报纸，邮政部门将报箱钉挂到户，随到随送。2002年，全区有信筒13个、报箱1250多个。

计算机　90年代以前，福山邮政的储蓄、汇兑业务皆为手工操作，速度慢，误差大。1992年，中创储蓄前台与事后监督复查使用电子计算机系统。1993年，区及各邮电支局中创储蓄前台皆使用计算机操作。1997年，区邮电局业务、储蓄使用全国联网绿卡系统。1998年，各支局储蓄亦使用全国联网绿卡系统。同时，采用电信X.25网络储蓄。2001年，全区邮政系统汇兑均使用电子汇兑系统。2002年，各邮政支局网络进行更换，采用祯中继，网速提升至64K。全局有计算机40台。邮政业务及储汇实现自动化。

第四节　邮政业务

平常信函　1903年，福山邮寄代办所始收寄民间普通平信、明信片、印刷品等。1934年，始办平信加快函件业务。抗战和解放战争时期，福山战时邮局免费为抗日家属、在伍军人投递函件。中华人民共和国成立后，平函数量猛增。1949年，福山邮政局收寄函件0.46万件。1952年，增至22.5万件。1977年，达到85.72万件。80年代后，平信、明信片、印刷品、国内航空信函、商业信函及代发广告等业务迅猛发展。1988年，函件数量近120.6万件。2002年，函件总数达到267.13万件，其中国内函件261.99万件，国际函件5.14件。

挂号信函　1935年，福山邮政局始办代收货价挂号函件业务和存证信函业务。普通信函挂号业务由交寄人亲自或委托亲友到营业窗口办理交寄，其手续一经办理，用户要求撤回，须经上级邮政部门批准。挂号信函可办理收寄，如用户要求办理收信回执，需另加收费。挂号信函的收费，除按平常函件价收取外，另加收挂号费。中华人民共和国成立后，挂号函件除按平常函件交付邮资外，需加收挂号费。1990年7月1日，停办挂号回执业务。挂号信函收寄范围包括信函、明信片、印刷品、盲人读物及轻小耐压准予交寄的小型物品等。1960年，开办“特种挂号”业务，可邮寄粮票、布票、食油票和户口、粮食关系转迁证等。

保价信函　1915年，福山邮政局开办保险信函业务。1936年，改称保价信函。中华人民共和国成立后，保价信函收寄办法基本同前。1976年，承办保价印刷品业务。保价信还准寄存单、存折、支票、证据和特准外币等，每件保价函件最高保价额为300元。1980年调整为500元。1990年调整为1000元。1990—1996年，对保价额进行4次调整，分别为0.5万元、1万元、3万元和5万元。收寄保价信函手续严格，办理此项业务须用保价信封邮寄，封装及办理手续的过程，与特种挂号信函基本相同。保价信函须在营业窗口收寄，并在窗口点验投寄。

1978—2002年福山区邮政函件投递情况表

表27-1　　单位：件

年份	国内函件	国际函件	年份	国内函件	国际函件
1978	975736	—	1991	740062	12564
1979	744157	—	1992	801158	12500
1980	703105	—	1993	869760	10554
1981	722000	—	1994	1160071	12470
1982	738000	—	1995	1753437	27080
1983	821000	—	1996	1242958	22974
1984	824000	—	1997	1303855	31858
1985	878000	—	1998	1081716	15215
1986	938506	4707	1999	1733190	78561

续表 27-1

年份	国内函件	国际函件	年份	国内函件	国际函件
1987	1118669	5415	2000	4742590	68699
1988	1205062	8562	2001	2250517	42878
1989	919573	12930	2002	2619914	51370
1990	780508	11257	—	—	—

中邮专送广告　1999 年 7 月，福山邮政局根据上级通知精神，开办《中邮专送广告》业务。是年底，成立商函广告公司，具体负责经营工作。

包裹　包裹邮寄业务包括普通包裹、小包邮件、民用包裹、商用包裹、代收货价包裹、存局候领、快递包裹等。中华人民共和国成立后，包裹邮寄数量逐年增加，并增办保价包裹。1949 年，全县收寄各类包裹数量仅为 0.05 万件。1957 年增至 1.37 万件。1977 年达到 9.19 万件。之后，包裹邮寄数量又逐年下降。1985 年为 4.2 万件，2002 年为 2.64 万件。

普通包裹　1903 年，福山邮寄代办所始办普通包裹邮寄业务，邮件由烟台一等邮局代运。1937 年，增办小包邮件业务。1943 年，战时邮局办理为解放区军属免费投送包裹业务。1986 年 7 月，将包裹分为“民用”和“商用”2 种。凡重量在 5 公斤以内，内装物品为非经营性、个人零星交寄物品，均按民用包裹交寄。凡重量、尺寸超过民用包裹的规格，内件属经营性物品的，一律按商品包裹复寄。商包最大重量为 25 公斤，山东省内互寄放宽到 28 公斤。1996 年 12 月 1 日后，商用包裹业务停办。

代收货价包裹　1935 年，福山邮政局开办代收货价包裹业务，后停办。1980 年初恢复。代收货价包件采取局内投交的方式，收件人接到通知后，要先到营业窗口领取有关汇款通知单或电报汇款通知单，再按货价汇回货款后，方可领取相关包裹。1990 年 7 月后，停办。

存局候领　1999 年 8 月，开办国内包裹存局候领业务。其手续费标准为每件 3 元。

邮政快件　1987 年 12 月，开办邮政快件业务，分信函件和包裹件 2 种，可保价交寄，保额最高为 1 万元。1995 年，快件最高保额提高为 5 万元。1998 年 7 月，邮政快件业务停办。1999 年 12 月，恢复办理省内快件业务。2001 年 8 月 1 日，开办国内快递包裹业务。

1978—2002 年福山区邮政国内包件邮寄情况表

表 27-2

年份	函件数量	年份	函件数量
1978	89337	1991	24517
1979	74739	1992	22657
1980	62513	1993	26467
1981	57170	1994	25144
1982	48820	1995	31224
1983	52702	1996	25196
1984	48154	1997	27732
1985	42018	1998	22663
1986	43153	1999	36353
1987	36697	2000	22249
1988	38863	2001	19255
1989	33326	2002	26385
1990	30497	—	—

邮政金融

汇兑业务　1913 年，县邮政局始办汇兑业务，每人每次汇往同一收款人的数额以 10 银元为限。1920 年，提高为 100 元。1932 年，增至 200 元。50 年代后，汇兑业务分普通汇兑和电报汇兑 2 种。普通邮汇用挂号封套，按邮政班次转运及投送；电报汇款以矩离较远用户要求时间性强所办的汇款业务，出口电汇仅在县邮局办理。1949 年办理汇票业务 0.03 万张。

1953 年，邮电部与人民银行总行就邮政汇兑的业务范围，作出原则分工，邮局限于受理个人零微数汇款，银行负责办理各种大宗汇款业务。邮政汇票最高限额为300元。1957年，福山邮政局共办理汇票业务1.79万张，1977年增至3.06万张。1980年，取消最高限额的规定。1983年，规定最高限额每张汇票为5000元。1996年12月1日，放宽到1万元。2001年1月1日，福山邮政局开办电子汇兑业务。是年底，全区所有邮政网点陆续开通电子汇兑全国联网网点，结束传统手工处理方式。2002年，共办理汇票业务4.33万张。

1978—2002年福山区邮政汇兑情况表

表27-3

年份	汇票件数	年份	汇票件数
1978	26163	1991	24938
1979	20480	1992	30923
1980	23089	1993	42525
1981	23091	1994	48164
1982	21727	1995	51805
1983	21739	1996	43896
1984	22302	1997	37647
1985	24471	1998	37589
1986	25682	1999	40359
1987	25461	2000	32229
1988	27875	2001	28961
1989	25510	2002	43329
1990	24268	—	—

邮政储蓄　1986年9月，福山邮电局在营业厅设储蓄专柜，始办邮政储蓄业务，至年底，储蓄余额为36.12万元。1987年9月底，全区9处邮政支局全部开办邮储业务，储蓄总额达372万元。1990年1月，邮储业务由邮电部门自行办理，邮储部门所揽收的存款转存人民银行，人行支付邮电部门转存款利息和保值储蓄贴息，停止支付邮电部门邮储手续费和提供备用金。储户的存款利息，由邮电部门支付，所获利差即为邮电业务收入。1998年，人民银行3次下调居民储蓄存款利率，由原来的7.45%下调到5.922%。1999年6月10日，再次下调居民存款利率，由原来的5.922%调整为4.6008%，居民储蓄的积极性受到影响。2000年，针对转存款利率下调带来的影响，区邮政局采取广泛宣传、稳固网点、拓展领域、增加种类、优化服务等措施，储蓄量增加，当年储蓄余额达到24900万元，为全市邮储系统之首；全年净增储蓄余额10622万元，利差收入超上年度51.93万元。2001年，邮储余额达30401万元，较上年净增余额5501万元，当年实现利差724.68万元，较上年增加收入257.88万元。2002年，邮政储蓄余额达到32711万元，较上年增加2310万元，增7.6%。

代收代发　1995年，福山邮电局开办为事业单位代发工资、代收电费和电话费等业务。2001年，开办代收国税、联通话费、移动话费等业务。2002年开始，又开办代收、代发养老金业务，每年代收500余万元，代发5690户200余万元；开办为交警大队代收汽车驾照和事故押金等业务。1998—2002年，年均沉淀资金840余万元，年均实现收入40余万元。

1998—2002年福山区邮政代收代发情况表

表27-4

年份	代发户数	代发金额（万元）	代收户数	代收金额（万元）	沉淀资金（万元）
1998	2048	320	4500	560	600
1999	3050	360	5000	780	700
2000	4100	410	8100	950	750
2001	8150	700	14500	1500	1050
2002	8600	750	14800	1630	1120

代理保险　2000年3月，福山邮政局与太平洋保险公司和中保财产公司签定代理协议，代理保费40.75万元，实现收入2.03万元。2001年上半年，又与中国人寿保险公司合作银行代理业务，当年代理保费75.65万元，实现收入2.58万元。2002年，又开展与其他保险公司代理业务，当年代理保险保费达到96.75万元，实现收入2.91万元。

邮政快递　1992年10月，福山邮电局开办国际、国内特快专递邮政业务。1994年5月，邮电分支机构相继开办特快专递业务。特快专递邮件以小时为单位计算。国内邮件在运递的全程最大时限为100小时。特快专递邮件按内件性质分为函件、文件资料和物品3种。1999年5月，根据烟台市邮政局要求，区邮政局开办邮政特惠箱业务。资费低于国内特快专递，高于普通包裹标准，社会服务和内部处理手续等同于特快专递业务的物品类寄递业务。

直递邮件业务　2000年8月，福山邮政局根据省邮政局的通知精神，开办直递邮件业务。在速递公司设立邮购配货中心，一套机构2块牌子。开通青岛、上海、北京、大连4个方向及周围县、市直递业务。同时，开办省内邮政特快护照寄递业务。同年9月，开办省内特快专递限时递业务；同月，根据省高级人民法院和省邮政局的通知精神，开办省内特快专递送达法律文书业务。其法律文书及收件送达回执单，均按国内特快专递资费标准计费。省高级人民法院寄往全省各市、地及所属县局的法律文书，特快邮件送达回执费由省局拨付，每件回执费为12元。2002年3月，开办省内邮政特快专递送款业务。

1993—2002年福山区邮政特快专递情况表

表27-5

年份	业务总量	特快函件数	特快物品数
1993	8308	—	—
1994	10683	—	—
1995	8625	—	—
1996	9567	—	—
1997	9079	—	—
1998	8582	8271	311
1999	11572	994	1628
2000	12265	10812	1453
2001	15160	14171	989
2002	22128	20303	1825

报刊发行　清末民国初，境内报刊发行为私营，雇用“报夫”投递。1934年，县邮政局始办理代订代销报刊发行业务。1935年，办理代购书籍业务。中华人民共和国成立后，通过邮电局发行的报刊种类、数量逐年增加。1977年，发行报刊22287份。1978年后，停刊的报刊杂志社相继复出，新创报刊增多。80年代初，福山邮电局在营业大厅设专柜零售报刊杂志，后又在城区设报刊零售亭3处。1983年10月，各邮电支局亦建立报刊发行站，形成报刊收订的网点。1985年，全区订销报刊50824份、杂志40331份。之后，由于许多报刊杂志社自办发行并提价，通过邮局发行的数量逐年减少。福山邮电局采取相应措施，抽调职能干部，到各乡镇进行宣传发动。到1996年，使报刊流转额比1995年增长33.2%。

1998年2月，撤销发行室，成立报刊影像公司，报刊发行业务拓展到录音、录像、DVD、VCD等影像制品的销售和出租业务。2000年4月，根据烟台市邮政局统一要求，投递室与报刊音像公司合并，成立发行投递室。

1978—2002年福山区报刊发行情况表

表27-6　　单位：份

年份	报纸	杂志	年份	报纸	杂志
1978	12194	10335	1991	22127	18844
1979	13637	11259	1992	23471	18860
1980	14278	14829	1993	19963	16047

续表 27-6

年份	报纸	杂志	年份	报纸	杂志
1981	15616	22681	1994	15973	13318
1982	15231	25015	1995	28216	13853
1983	17265	29385	1996	23499	10762
1984	42864	34181	1997	27495	8785
1985	50824	40331	1998	23702	12411
1986	39736	33516	1999	19279	7008
1987	48299	35784	2000	24552	10625
1988	45500	35701	2001	19749	11542
1989	22075	19921	2002	13159	5630
1990	19216	22618	—	—	—

机要通信　1956 年前，福山县委县政府与上级机关之间来往的机要文件由机要交通员传递。1957 年，县邮电局设机要交通员，办理机要文件的收发与传递。党委和政府外发的机要文件，由秘书或文书送往邮局寄发；上级发来的机要文件，由机要交通员专送。1957 年，由邮寄机要文件为 460 份，1977 年为 400 份。90 年代末期以后，随着通信事业的快速发展，先进的通信设备和多样化的通信工具广为应用，邮政机要通信业务量逐渐下降。

1978—2002 年福山区机要通信情况表

表 27-7

年份	机要文件（份）	年份	机要文件（份）
1978	607	1991	776
1979	723	1992	772
1980	685	1993	733
1981	723	1994	990
1982	718	1995	1168
1983	724	1996	1053
1984	468	1997	790
1985	489	1998	677
1986	466	1999	477
1987	490	2000	512
1988	590	2001	361
1989	854	2002	371
1990	800	—	—

集邮　1986 年 3 月，区邮电局营业厅设集邮专柜，对外出售邮票集邮品。1991 年 6 月，与龙口、招远等邮电局相继成立集邮协会，并召开第一次代表大会，产生集邮协会的领导机构，有会员近百人。1993 年 4 月，成立集邮公司。随着集邮票品的增多，经营收入提高，由开始的年收入几万元提高到 1997 年的 34 万元。至 2002 年，全区集邮爱好者达 4000 余人，集邮协会会员由原来不足百人发展到 700 余人，销售邮票 159.4 万枚。

邮政物流　2000 年 3 月，福山邮政局根据省邮政局的通知精神，开办粮油果菜种子邮寄、邮购直递业务。邮费按现行邮政包裹资费和特快专递资费分别优惠 20% 和 50%，列邮购收入。

2002 年 3 月，福山邮政局成立中鸿通信有限公司，与一体化物流一起具体负责整个邮政物流业务。是年 9 月 13 日，开办“天达—2116”系列产品代销业务，后又增加同城配送业务，先后分销的品种有化肥、乳制品、酒类及洗衣粉等。

第五节　邮政管理

业务督查　中华人民共和国成立后，福山邮政建立健全督查制度。1962 年，设乡邮检查员。1978 年，督查工作除平时对支局班组的日常检查外，按季进行业务汇审，主要内容包括财务、统计和业务 3 个方面。1985 年，设业务股。1989 年，改为邮政科。1998 年，设邮政检查员，做到立检、立改、奖罚分明。到 2002 年，全区邮政业务无误，受到各级领导表彰。

微机管理　1992 年，福山邮电分局储蓄前台和事后监督系统，实施通存通兑异地存取微机管理。1993 年，全区 11 个支局储蓄前台实施全国联网绿卡系统微机管理。1998 年，各支局储蓄实施全国联网系统微机管理。2001 年，各支局实施电子汇兑系统微机管理。到 2002 年，全区邮政系统拥有微机 40 台，邮政业务实施微机化、网络化管理。

储汇稽检　1978 年前，汇兑由营业组分管。1978 年后，改为汇兑班。1986 年，福山邮局始办邮政储蓄。1989 年，设储汇班，负责办理全区邮政储蓄与汇兑业务。1994 年，设稽核班，负责储汇稽查与汇兑检查。2002 年，设储汇部，负责全区邮政储蓄与汇兑事后监督，稽查有关金融政策、法规、业务、规章制度的贯彻执行情况，确保储汇工作健康有序发展。

1931 年，福山成立长途电话事务所，始办理市内电话和农村电话业务。1940 年，日军将福山列入“山东省无线电信、有线电话联系通信网”内。

第二章　电信

中华人民共和国成立后，福山的电信事业迅速发展。有线、无线、传真电报和固定、移动电话全球畅通。1977 年，全县电话交换机总容量为 920 门，杆路长 127 千米，有市话 205 户、农话 201 户，年长话量 7.44 万张、农话量 23.13 万张、电报 2.31 万份，电信总收入 15 万多元。2001 年 7 月，将电话网与因特网相连接，发展为 IP 长途电话。2002 年，全区电信业务市话交换机实际容量为 24534 门；农话交换机实际容量为 25995 门。各种移动电话用户达到 10 万多户。

第一节　电信机构

烟台市福山区通信分公司　1931 年，国民党福山县政府设长途电话事务所。1933 年，国民党山东省政府建设厅长途电话局设福山分局，对民间营业，1938 年撤销。同年，日伪政府在县城设长途电话事务所，主要联络军事和政务，不通民话。1953 年 10 月，县邮政局改称邮电局，兼理电信业务。1969 年 12 月，邮电局分为邮政局和电信局。1973 年 9 月，两局合并，复称邮电局。1984 年 1 月，福山县邮电局改称烟台市邮电局福山分局。1993 年 2 月，改称烟台市福山区邮电局。1998 年 9 月 12 日，邮政、电信分营，撤销区邮电局，成立区电信局。内设综合办公室、市场经营部、人事教育部、计划财务部。下辖八角、古现、臧家、东厅、高疃、张格庄、门楼、兜余、回里、北二路、城西 11 个支局，共有职工 98 名。1999 年 5 月，增设市场二部；2002 年 2 月 20 日，更名为运行维护部。同年 11 月，根据信息产业部的指示精神，成立山东省通信公司烟台市福山分公司。内设办公室、市场部、运维部、人事教育部、计划财务部。下设福新、东厅、高疃、张格庄、门楼、兜余、东陌堂、回里、城西 9 个支局，共有干部职工 102 人。

山东移动通信有限责任公司福山分公司　1992 年 12 月 1 日，境内始有移动通信业务，隶属区邮电局。1998 年 10 月邮电分营后，隶属区电信局。1999 年 7 月 8 日，根据《山东电信分营实施方案》要求，福山移动通信从区电信局剥离，成立山东移动通信公司烟台分公司福山营业部，遂易名为山东移动通信有限责任公司福山分公司，有职工 17 人。下设 3 个营业厅。2002 年，有职工 20 人，其中，经理 1 人，工程技术人员 5 人。

中国联通烟台分公司福山支公司　1996 年 10 月，中国联通烟台分公司福山营业厅成立。1998年，更名为中国联通烟台分公司福山支公司。2001年6月，在商业街永乐公寓9号成立第二营业厅。2002年，有员工14人，正、副经理各1人。

第二节　电报

有线电报

线路　1949年前，境内无专门电报机构，电报业务由烟台市电报局代办。1953年10月，县邮电局开办至烟台以话传报业务。1955年，各支局陆续开办电报业务。1957年，开通至烟台电报线路1条。1986年7月，开通至济南线路，电报电路并入全省自动转报网，实现自动转报程序化。1988年12月，境内开通至东厅支局的传真电报线路，后逐年增扩，到1994年末，全区邮电支局电报线路全部开通。

设备　1957年，县邮电局安装人工音响电报机1台。1977—1979年，先后安装“55型”电传打字机2部，实行自动接报和发报。1981年11月至1985年9月，安装“BZP-01型”单路和4路载报机各1部；购置电传打字机3台、双头自动发报机2部。1987年12月，购置“BDD”电子电传机2部，结束了人工译电操作方式。1995年，购置传真终端分集器1套，实行来报自动分发，去报半自动分发，自动把关，节省人力，加快传递速度，保证通信质量。1998年后，程控电话开通，电报失宠。

业务种类　1985年4月1日，实行国内公众电报业务规程，电报种类分为天气、水情、公益、政务、新闻、普通、汇报、公用电报8种。特别业务分为特急、加急、邮送3种。同时办理电报挂号、租用设备业务。传递顺序：一级电报为天气，局内最大发出时限为8分钟，全程式最大时限为30分钟；二级电报有水情、特急公益、特急业务公电、特急公务公电，局内最大发出时限为20分钟，投递为40分钟，全程最大时限为90分钟；三级电报有加急公益、加急政务、加急新闻、加急普通、加急业务公电、加急公务公电、加急汇款电报（限银行汇报），局内最大发出时限为60份钟，投递为120分钟，全程最大时限为240分钟；四级电报有公益、政务、新闻、普通、业务公电、公务公电、汇款电报，局内最大时限为90分钟，投递为180分钟，全程最大时限为360分钟。

投递　1953年10月，福山初办电报业务，城区及近村来报，由县邮电局话务员投送。1954年，县城电报由县邮电局话务员投送，农村由农民工专送，收取专送费。1956年4月，改为邮送。1957年，城区半径3千米以内由报务员轮班投送，半径3千米以外由投递员投递。农村支局由驻地话务员或投递员投送。1983年10月，对农村电报实行专送。执行省局规定的收费标准：3千米内每份电报收费0.3元；3～5千米收费0.5元；6～10千米收费0.7元；10千米以上收费0.9元。山区、库区按上述收费标准加收0.1元。雇用专门人员递送，签订专送合同，从专送费中提出70%作为其工资，30%由局提留作为电信业务费用。1985年底，城区由专职送报员投递。1986年5月，城区以外电报实行专送。1993年，局提留30%改为10%，90%作为专送人员的工资。1994年，局提20元作为业务管理费。是年底，局提管理费取消。1995年7月，取消农村支局电报专送业务，全部改为邮送，城区仍实行专送。

无线电报

1947年9月，国民党军占据福山城后，山东省电讯管理处在福山安装无线电台1部，供军队和政府机关使用。

1965年，县邮电局安装15W短波收发讯机1台，负责与烟台无线电通讯。1960年秋，门楼水库蓄水后，烟台市邮电局派员自带电台，在门楼水库负责防汛联络，汛期过后，人员与电台撤回。1982年，县邮电局担负门楼水库夏季防汛联络工作，电台设在门楼水库，用于收发水情电报，汛期过后，人员、电台撤回。1985年，门楼水库管理局自备高频对讲机，做汛期防汛使用。是年，为增强通信能力，保障汛期通信，由市邮电局调入15W无线电收发讯机2部，作为备用。1993年，又从烟台市邮电局调拨“单边带”无线电台1部。

第三节　有线电话

长途电话

线路　1931年福山成立长途电话事务所后，通往烟台、牟平、栖霞、蓬莱的线路4条，总长116.25千米，系军政专用。1935年，山东省长途电话局架设烟台至潍县的长途电话线路后，福山可经此线接通至潍县和济南的电话。1938年日军侵占福山后，此线路废除。同时，日伪长途电话事务所架设通往烟台、蓬莱电话线路，联络军事和政务，1945年撤销。

中华人民共和国成立后，境内的长途电话线路逐年增多。1951年，县邮电局架设至烟台电话线路1条。1963年增至3条。1974年，与烟台开通3路载波机和半自动拨号电路各1台。1976年，与烟台增开3路载波机1台。1977年，福山至烟台长途话路增为6路。1981年，福山至烟台长途电路由原来3条4毫米铁线改为2条3毫米铜线，开通12路载波机，电话增为9路。1982年，增开福山至蓬莱载波电路1路。1983年，福山至烟台长途电话增为12路。1984年，增开威海、牟平、青岛载波电路各1路。1985年，开通福山至栖霞载波电路。1987年11月，福山长途电路共计21路，除2路是到烟台实线半自动电路外，其余全部为载波电路。1993年，撤掉福山至青岛、威海、蓬莱、牟平、栖霞的电话。1994年初，撤掉农话台，实现长话和农话交换自动化，结束人工接续。2001年7月，始用IP长途电话。

设备　1931年，福山长途电话事务所有磁石交换机3台，容量54门，实装单机22部。1938年，日伪长途电话事务所设22门交换机1台。中华人民共和国成立后，设备增加，话机更新。1951年，县邮电局装有携带式20门磁石交换机1部。1966年，又装配长途30门磁石交换机1部。1977年，安装3路载波电话终端机2部。1978年6月，将长途磁石交换机改成“JT508型”长途共电式交换机1台。1982年，载波电话终端机增到3部，是年12月，增装长途交换机1台2个座席。1986年，增装12路载波机1部。1987年11月，改为程控自动交换机，同时撤掉长途台，将长途交换机改作农话台。1992年4月，将长途载波设备改为数字光传输设备（光端机）。2001年7月，将电话网与因特网连接起来，发展为IP长途电话。

长话业务　中华人民共和国成立前，境内长途电话业务，按资费分为5种58级。中华人民共和国成立后，几经变化。1977年，分为代号、特种、首长、紧急调度、军政、新闻、普通、公务业务电话8种。特别业务有预约和会议电话。1984年，长话业务种类修订为代号、特种、紧急调度、政务、普通、公务业务电话6种。按不同处理手续，通话种类分叫人、叫号、传呼电话。特别电话为预告和预约电话。国内长途电话按业务种类和计费等级，排列按顺序规定为防空情报、特种、紧急调度（特急、业务电话）、政务、加急普通（加急公务业务电话）、普通电话和公务、业务电话。国内长途电话的等候时限规定6类：一类为立即接通；二类为10分钟；三类和四类为20分钟；五类为30分钟；六类为60分钟。1987年9月，为缩短长话等候时间，开办特快业务。是年11月，福山分局开通“EWSD”程控电话，进入全国通信大网，撤掉长途台。1992年4月，全数字通信本地网在福山竣工运营。全区长话实现程控直拨。话费由交换机自动计费。1996年12月，计费由原来的13级标准调整为3级标准。1997年5月，开办中国电话卡自动密码记账长途直拨电话业务，简称“200”号业务，用户申请购置“200”号电话卡，可在市区任何一部双音频话机上拨特服号码“200”号后，依次输入卡号和密码，即可直拨国际、国内长途电话，话费将自动记入持卡户的账户上。是年底，开始使用“300”号卡。

线路　1931年，福山始架市内电话线路。中华人民共和国成立初期，境内市内电话线长仅有3对千米。1962年，杆路长增至8千米，线长60对千米，电缆0.2皮长千米，电缆芯线长14对千米。之后，杆路及架空明线逐年增加。1971年，空明线长64对千米，电缆3皮长千米，杆路长21千米。1977年，城区市话杆路长23千米。1978年，市话交换设备迁入新楼，更新市话线路，铺设出局地下电缆。杆路总长25杆千米，其中水泥杆9杆千米；架空明线57对千米，电缆8.8皮长千米，电缆芯线总长468对千米。基本由电缆取代架空明线，由水泥杆取代木杆。1986年，全县市内电话杆路长42.8千米，电缆53.5皮长千米，其中地下电缆1.1千米，电缆管道1.5管千米。1987年，杆路长43千米，其中水泥杆39千米，电缆长58皮长千米（地下电缆6皮长千米，电缆管道10.5管千米），逐渐由地下电缆取代地面杆路。1988年，杆路长45千米，其中水泥杆41千米，电缆长72皮长千米，其中地下电缆10皮长千米。1990年，为建设福山地下管道，筹资并设计电缆管道铺设走向，逐年进行施工，到1994年，电缆（包括部分架空电缆）总长136.8皮长千米，1995年增至174.9皮长千米。1996年，全区市话电缆总长217.4皮长千米，基本形成地下通信网络。1998年，各局及交换点间均以光缆相连，出局则以地下电缆与落地交接箱或架空交接箱相连，后用下户皮线入户。是年，对高新区、西北关、城西、上夼、下夼进行市话线路扩建，敷设电缆6000余米。1999年5月，对河滨住宅区进行线路扩建改造，新敷设电缆4000米。同年7月，高新区支局铺设18芯光缆1580米、400对电缆1100米。8月，对银河小区进行线路建设，铺设地下管道3.09千米，敷设电缆6900米。10月，对东留公、西留公片线路进行扩建，敷设电缆1.1万余米。2000年8月，对城西、西山、西北关、泉水眼、南苑街、兴华庄等线路进行扩建。11月，对南山路、三里店、城西、城里北坡、西北关、姜刘疃、栾家疃等区域线路进行扩建改造。并开通大沙埠、钟家庄、银河小区、中行小区和区政府5个接入网交换点，皆以光缆与交换局相连。2001年，对天府西、东、新3个小区与盐场村及北三路住宅楼电缆进行重新改造。2002年，对恒生、福利莱、河滨、银河小区和城里新村、永福园村等主干电缆进行改造，完成了高新区支局至城里局光缆、至蒲和路和铁塔路主干电缆及高新区管道电缆的配套工程建设等。

设备　1931年，县电话事务所始有磁石交换机1台，总容量30门，电话10余部。中华人民共和国成立初期，县邮局装有市内电话20门，磁石交换机1台，实占容量4门。1962年，交换机总容量增至150门，实占122门，话机97部。1971年，磁石交换机总容量增至300门，实占171门。1978年6月，改换天津产纵横制市话自动交换机，总容量400门，实占容量247门。1980年，交换机增容到600门，实占容量299门。1985年，增容到800门。1987年11月，改装德国西门子EWSD程控交换机，总容量2000门，实占容量688门。1988年，实占容量922门。1991年，实占容量1699门。是年底，扩容1400门。1996年，交换机容量由原来的9304门增至13904门，实占容量8977门。是年底，接入邮电局交换机的话机10764部，接入用户小交换机的话机789部，共计11553部。1997年，交换机容量再次扩容到16304门。1998年，又扩容到21256门。1999年，高新区支局安装EWSD交换机1896门，永福园村无人值守交换点换装EWSD交换机944门。2000年，新安装一批华为接入网HONET-OLT交换设备。其中，区政府816门、银河小区848门、中行小区848门、大沙埠村848门、钟家庄村176门、东留公村688门、西留公村512门。2001年，城西、北二路、高新区支局分别进行EWSD交换机扩容，新增华为接入网HONET-OLT交换设备。其中，福利莱小区528门、下夼小区528门、钟家庄160门、东留公176门。2002年起，城里、城西、北二路和福山高新区支局交换机容量分别扩容，并新增电业公司华为接入网和富泰花园EWSD两个交换点。

1978—2002年福山区市内话机容量情况表

表27-8　　单位：门

年份	交换机容量	实占容量	年份	交换机容量	实占容量
1978	400	247	1991	2000	1699
1979	400	247	1992	3400	2081
1980	600	299	1993	3400	2856
1981	600	322	1994	9304	4349
1982	600	336	1995	9544	6280
1983	600	379	1996	13904	8977
1984	600	419	1997	16304	11705
1985	800	543	1998	21256	14523
1986	800	577	1999	24488	17174
1987	2000	688	2000	26168	22544
1988	2000	922	2001	29182	23328
1989	2000	1225	2002	19182	24534
1990	2000	1421	—	—	—

市话业务　1977年前，福山市话基本营业区范围是以主干电缆到达区为基础，东至内夹河边，西至西山路，南至南山路，北至东北关、西北关村北。1978年后，多次扩区。1996年4月，市话营业区范围扩大到整个福山镇。2002年，全区覆盖。

1978年，开通纵横制自动交换机时，福山用户号码为3位数。1987年，换为程控交换机后，用户号码升为6位数。1994年12月4日，电话号码升至7位数，即原号码前加“6”。

1978年，境内话种分为普通电话、电话附机及附件、同线电话、合用电话、用户交换机及互通机、分机、中继承机、专线、临时电话、公用电话、复用电话、租杆挂线、租用管道、代维用户机线设备14种。1986年，取消复用电话和租用管道。1990年，增加“126”人工无线寻呼和“127”无线自动寻呼。后市话话种几经修改补充，1995年，市话话种分为普通电话（正机）、电话附机及附件、无线电话、户用交换机集团电话、分机、中继线、专线、临时电话及临时专线、公用电话、用户终端复用设备、租杆挂线、代维设备、程控电话服务项目、电话查号、移动、改名过户、代办工程、选号18种。市话按不同话种为用户提供服务。

农村电话

线路　1932年，福山长途电话事务所始办理农村电话业务，线路总长111杆千米。1933年，全县农村电话线长208.25千米，杆线长113.43千米，架设电杆1478根。1937年，农村电话线长137.5千米，空明线长233.1对千米。抗日战争时期，农村电话线路中断。

中华人民共和国成立后，农村电话线路逐年增加。1956年底，全县有16个村装上电话机。1959年底，通往各公社的农村电话网基本形成。1972年，县邮局装设至古现单线载波电路。1976年，各支局开通载波电路，并将农话单线改换成双线，至1977年，全县农话实现双线化。1979年，全县农村电话线路明线长260对千米，电缆11.2皮长千米。1980年12月，县城至门楼、古现分别开通3路载波电路。1982年3月，福山至东厅开通3路载波电路。1986年，全区农话水泥杆路总长457千米，占农话杆长总长的81.6%。福山中继线路有至高疃17对千米，至东厅6.2对千米，至古现19.3对千米，至臧家9对千米，至张格庄17.6千米，至回里23.4千米，至兜余4.5对千米，古现至八角7.7对千米，门楼至旺远9.6对千米，旺远至莱山2.2对千米，回里至栖霞铁口8.3对千米，回里至旺远4.7对千米，福山至黄务0.8对千米，兜余至门楼4.5对千米，东厅至高疃10对千米，福山至八角27对千米和电缆1.6皮长千米，门楼至张格庄8对千米和电缆1.8皮长里。1991年后，福山农话始架光缆，到1992年4月，全区农话光缆工程全部完工，实现光纤传输。1997年底，本地（地方国有）中继光缆122皮长千米，计611.50芯千米。形成福山—兜余—陌堂—回里—门楼—张格庄—高疃—东厅—福山南环型和福山—臧家—古现—八角北链状4次群144M光传输系统。

1998年，相继开通后富村、西黄山、张格堡村3处无人值守模块交换点及下许家、集贤、西周格庄3个村接入网交换点以光缆连接支局。1999年后，对农话线路扩建改造，新增的数十处无人值守交换点都以光缆和支局相连。2002年3月，结合臧家、古现、八角3个支局改造，安装华为SDH155/622M光传输设备。是年10月，SDH北环工程改造完成，将原南环的高疃支局划入北环中，形成蒲湾、楮佳疃、和平、林家、石屋营、下刘家、八角泊子、曲家沟、高疃北村、西留公、福山光缆环路。2002年9月，古现镇划归烟台开发区后，北环路从古现通过西臧家村和李家沟村与高疃支局相连，形成新的北环光缆线路：福山—臧家—古现—高疃—福山；南环光缆线路为福山—兜余—陌堂—回里—门楼—张格庄—东厅—福山。

设备　1932年，福山长途电话事务所备有磁石交换机2台，总容量15门。其中，烟台1台10门，古现1台5门，共配有话机9部。1933年，有交换机3台45门，话机22部。1937年，有交换机3台45门，话机18部。

中华人民共和国成立后，交换机数量不断增加。1953年10月，县邮电局装有20门携带式磁石交换机1部。1956年底，古现、门楼、旺远、栾家分别安装20门磁石交换机各1部。1959年，县邮电局装设100门磁石交换机1部，高疃、门楼、古现、黄务支局均将20门磁石交换机改为50门磁石交换机。1965年，张格庄、谭家庄、兜余、八角4支局装有50门磁石交换机各1台，旺远支局装有30门磁石交换机1台，奇章和梁家代办所各装20门磁石交换机1台，留公装设10门携带式磁石交换机2台。1977年，农话交换机容量为620门。1978年6月，县邮电局农话台由磁石交换机改换成JT508共电交换机，总容量200门。同时，古现、兜余、张格庄支局由50门机、东厅支局由60门机改为100门机。同年9月，各支局全部开通自动电路。1979年，全县共有农村电话交换机11台，容量1100门，实装563门。1985年，门楼支局增装100门磁石交换机。到1986年，区邮电局经营的9处交换点，除门楼支局2台200门交换机外，其他8处支局皆为100门交换机，还有乡镇经营的盐场30门和留公

50门交换机，全区农话总容量共计1300门，实装1092部。其中，住宅电话15部，306个行政村全通电话。1990年后，随着通信事业的发展，奇章、梁家、屯里、山王家、儒林沟、曲家、富村、旺远、盐场、留公等交换点逐年撤掉，并入市话网。1992年4月，各支局由磁石交换机改换成数字程控自动交换机，并安装数字传输设备CD/MF34HL-III型光线路复用中继机或终端机。除回里支局交换机为JSN-I型华光设备外，其余8处支局皆为HJIOD-H型西安10所设备。程控交换机总容量为3880门，实占1188门。淘汰沿用60年的摇把子机，进入数字通信的新时期。形成全省第一个光纤传输全数字程控交换的县级农话网。1995年8月，门楼、八角2处支局扩容，改用JSN-I型程控交换机，容量分别为512线和986线。到1996年10月，张格庄、回里、兜余、门楼、古现、高疃、东厅7处支局设备改型，新增东陌堂交换机，均采用EWSD数字程控交换机，皆为944线。1997年4月，完成臧家、八角2处支局交换机改型扩容，换成EWSD数字程控交换机，分别为944线和1896线。是年12月，安装开通南于家和上刘家2处EWSD程控交换机432线无人值守模块交换点。1998年3月，安装开通两甲庄和旺远2处交换点，分别为512线和1024线。是年6月，古现、兜余、回里3处支局分别增容EWSD程控交换机952线、1792线和896线。全区农话总容量为19352门，用户总计11383户。1999年，少数支局交换设备扩容，潘家泊、西车家、李家、林家、三十里堡、巨甲、楮佳疃村新设无人值守EWSD交换点。2000年，增设旺远、谭家庄、善疃、东黄山、西道平5个村EWSD交换点。2001年3月，将旺远华光JSN-I交换机换成EWSD交换机。至2003年，福山区农村支局及各无人值守交换点共有EWSD程控交换设备25080门。

1998年12月，福山开始在农村新交换点使用华为HONET-OLT接入网交换设备。其中，门楼镇下许家265门、集贤512门、西周格庄512门。1999年底，建成湘里、曲家沟、小河子、东宋洲、上疋山夼、肖家夼、大谷家、权家、杜家崖、瑶台、卫家疃、紫埠12个接入网点。是年，接入网设备容量为5936门。2000年6月，陆续开通诸留杨、仉村周、八角泊子、西臧家、和平5个村接入网点。同年7月，开通姜家接入网点。共计4280门华为HONET-OLT交换设备。是年10月至12月，陆续开通义井、陈家庄、邢家、孙家、西埠庄、塔寺庄、肖家、仉村李、邱家庄、两甲庄、南涂山、四合村、辛店、下刘家、黄连墅、东风、鹿家17个连入网点。2001年底，开通蔡家夼接入网点。至2003年底，全区农村接入网点38处，设备容量为19824门。

农话业务　1956年，根据省邮局规定，支局（所）经办农话业务，凡设交换机的乡镇，支局范围相互交换农话只收月租费不收通话费。农话性质为地方国营企业，坚持以收抵支、维持简单再生产、逐步执行经济核算及差额上缴的办法。之后，省邮局对农话业务办法进行过多次修改补充。1986年，国家邮电部电信总局对农村支局基本营业区划分做出规定：以邮电支局（所）交换点为中心，按距离0.5千米为半径，结合自然地形划定。区间电话按照不同的服务对象和业务性质分为代号电话、特种电话、紧急调度电话、政务电话、普通电话和公务电话。用户分为甲乙2种，甲种用户包括村民委员会、村民小组及其所属小学和无营业性质的住宅电话用户；乙种用户包括甲种用户以外的电话用户。区内农话业务种类分为用户交换机与普通、同线、合同、临时、公用电话及专线、租杆挂线、代维设备业务。1978年，福山年农话业务量25万张（次），1997年提高到1201.1万张（次）。

会议电话　1959年，开通会议电话。把一定范围的电话网路汇接在一起，将电话的音量放大，供各级领导机关和相关部门召开紧急会议等使用。长途电话会议是由中央、省、地（市）召开下设相关机构的会议，此项业务由省、地（市）级以上邮电局经营。若中央、省、地（市）召开到县（区）级的会议，则由县（区）邮电局负责汇接，并作为来话处理。县（区）级领导机关召开公社（乡镇）相关单位的会议电话，属农村会议电话，一般在预定通话时间6小时前办理挂号手续，农话台值班员负责受理，预定通话30分钟前农话台复出电路，发收话局汇接台调整好设备，等待开会。1959年前，县以下农村会议电话，由公社放大站负责扩音。1959年后期，改为邮电局负责汇接，采用电子管会议终端机。1973年，改换为晶体管会议电话终端机。1978年，县邮电局改换成JHIOZIV会议电话汇接机，支局改换成JH30ZIV型会议电话终端机。1996年5月，开通可视会议电话，不仅有声音，而且还可以看到图像信息。

公用电话

普通电话　1953年，县邮电局在营业厅设1部普通公用电话，用人工计时、记次收费。1993年，区邮电局在营业厅安装磁卡公用电话2部，用户购买磁卡后，可自行插入话机，任意拨通国际、国内电话。1994年，开始发展城乡公用电话，主要是委托单位和个人代办，由代办者与邮电局签订代办协议，邮电局发给牌照并售给公话计价器，挂牌营业。代办者收取公话费，按规定资费上缴，余者为代办手续费。是年，全区公用电话发展到100多部。1996年，在南山支局安装磁卡公用电话1部。1998年2月至6月，分别在邮政营业厅、电信营业厅、城西支局、北二路支局、华侨宾馆、百货大楼、国税局、自来水公司、交通委安装IC公用电话各1部。是年，全区公用电话达571部。其中，人工值守（计价器）公用电话558部，磁卡公用电话5部，IC卡公用电话8部。1999年后，磁卡公用电话被淘汰，人工值守公用电话逐年减少，IC公用电话增加。到2002年，全区共有IC卡公用电话186部。

智能公用电话　2002年9月，开始发展有人值守智能公用电话。为预付费方式，使用专用充值卡，按操作要求充值。话机通过线路连接烟台市通信公司智能公用电话平台交换并计费。由于智能公用电话操作简单，话费便宜，深用户欢迎。是年底，全区有公用电话89部。

话吧　2002年，为方便市民通话需求，在全区陆续开业由用户自办的话吧30处，每个话吧均装电话8～10部。在各中等学校安装校园卡，方便师生使用。话吧和校园卡，均属智能网电话，线路与烟台市通信公司智能公用电话平台连接，长途电话按IP电话计费。

第四节　无线寻呼

1994年2月，福山撤销农话台，于4月1日正式开通“362118”（原农话台号）无线寻呼业务，并向用户放号。寻呼接收机（BP机）由市话营业室出售。运行3月后，通过与烟台市邮电局宏达实业公司协商，达成协议，于是年7月1日，将福山“362118”寻呼台并入宏达公司“188”寻呼台，寻呼发射系统与“188”发射系统联网，用户BP机改为“188”台号码。福山区邮电局营业室成立“烟台宏达188寻呼台第三销售服务部”，并为“188”台放号，利润按BP机销售量分成。至年底，全区共放号1174部。1997年3月，销售“126”台全省联网（后改为全国联网）寻呼机。同年8月，销售“1234”（后改为“198”）全国联网高速寻呼机。至此，区邮电局同时销售宏达公司“188”“126”“198”3个寻呼台寻呼机。并设有3个台的发射机。为扩大寻呼覆盖面，同年，东厅、回里支局分别安装“188”和“198”2个台的发射装置各1套。至1998年6月，全区3个台累计寻呼机放号3200部，寻呼机普及率每百人为1.1部。是年9月，福山联通建成191/192寻呼网络。2000年9月，国信无线寻呼网并入联通无线寻呼网，寻呼系统容量7000户，寻呼应答及时率100%，人工寻呼台接通率平均大于99.8%，拥有全国网“198/199”“191/192”和全省网“126/127”及本地网“188/187”三位一体的网络系统。“126/ 127”设于福山西苑制药厂和高疃2个站点，发射机采用加拿大建利尔公司产品，功率为100W，频点为125.65MHZ、151.35MHZ、156.725MHZ；“198/199”设于福山西苑制药厂1个站点，频点为279.7125MHZ。2001年10月，推出寻呼机与联通手机互通的“两网通”、“三网通”业务。2002年8月，推出联通新资讯及居家宝典业务。同年11月，推出“198”联通秘书业务。至年底，福山联通共发展寻呼用户4000多户。

第五节　移动电话

模拟移动电话　1992年7月，境内始建移动电话系统，在区邮电局院内建高64米发射铁塔1座。同年12月，移动电话基站（10信道）正式开通并开始放号，至1993年底，全区共放号290部。1994年1月，基站扩容，由10信道增至18信道，并放号696部。1997年，在古现、高疃、回里3处支局增建基站。至此，全区模拟基站达4座，信道70个。2001年底，模拟网转为数字网，模拟网络关闭。

数字移动电话

中国移动　1995年5月，启动GSM数字移动系统，主机采用瑞士爱力信公司RBS200、RBS2202设备。1996—1997年，相继在八角、古现、臧家、东厅、高疃、张格庄、门楼、兜余、回里9处支局建设GSM数字移动电话基站10座，有话音信道192个。1999年，增建基站2座。2002年，增建基站8座。基站发射塔高度，根据地势高程而定，东厅、高疃、张格庄、高新区基站塔高均为40米，门楼基站塔高为8米，兜余、八角、臧家、回里、区委党校基站塔高均为48米，古现基站塔高为56米，烟台汽车工业学校基站塔高为30米。全区GSM数字移动通信最大网载量可达20万个，可容纳客户13万个。

1997年8月，各支局开展移动电话营销活动，促使放号加快。1998年，在网上运行手机总量4800部。1999年，福山移动通信分公司与全市同步推出亲情卡、神州行、新世纪神州行、齐鲁行、分时行、行业组网等业务，网上运行手机总量5700部。2000年10月，移动通信“短消息”业务开通，之后，中文秘书、手机杂志、自由全球呼、WAP上网、WPSH上网、无线上网卡、企业直联、GPS、短信、彩信、手机银行、移动IP等时尚、方便、实用、个性鲜明的移动声讯业务、数据业务相继推向市场。移动通讯业务由单一的语音业务开始向数据多媒体、增值业务发展。同时，在终端上给予用户提供来电显示、主叫隐藏、呼叫转移、呼叫等待、三方通话、呼入限制、呼出限制等各种补充业务。另外，还与世界143个国家“GSM”运营商达成国际漫游业务协议。是年，放号4350部，网运行手机总量达到10500部。2001年5月，根据省通信公司统一部署，所有模拟手机用户给予适当补贴后，免费换号转入GSM移动通信网，年终在网运行手机21550部。2002年，网运行手机总量达31212部。

中国联通　1995年，境内始建中国联通“GSM”网络。同年10月，一期工程开工，建成家具厂基钻，天线高42米，设备型号为IN-CELL，配置为2/2/1型定向基站，共有5个载频，35个话音信道，容量为1160户。1996年9月30日，GSM业务正式运营。除提供基本语言通信服务外，还提供来电显示、主叫禁显、呼叫转移、呼叫等待、呼叫保持、三方通信、呼入限制、呼出限制等各种补充业务，并与多家“SP”合作，推出丰富多彩的增值业务。1998年7月，二期工程开工，1999年5月投入运行。建成李家疃村东北山顶基钻，天线挂高70米，设备型号为M-CELL，配置为全向基站，共有3个载频，22个话音信道，容量为856户。1999年2月，三期工程开工，同年8月投入运行。建成福山高新区管委楼顶和门楼、兜余、高疃、东厅、张格庄镇驻地6个基站，天线挂高24～40米，设备型号均为M-CELL，配置各型定向基站，共有载频17个，话音信道119个，容量3630户。1999年11月，四期工程开工，2000年3月投入运行。扩容家具厂基站，减容回里基站，新建臧家和八角2个基站，天线挂高40～50米，设备型号皆为M-CELL，共有载频6个，话音信道42个，容量为1048户。2000年5月，五期工程开工，同年10月投入运行。新建福山城通源宾馆楼顶、房管局楼顶、古现镇驻地3个基站，天线挂高30～50米，设备型号为IN-CELL、M-CELL、HORIZON，配置2/2/2和全向基站，共有载频14个，话音信道98个，容量为3407户。同年5月，开通预付业务（如意通），特点是先交钱后打电话。2001年4月，六期工程开工，同年8月投入运行。扩容和改造家俱厂、高新区管委楼顶、福山房管局楼顶、兜余4个基站，新建福山劳保公司楼顶、肖家夼村2个基站，天线挂高27～30米，设备型号为IN-CELL和HORIZON，配置为2/2/2和1/1型定向基站，共有载频8个，话音信道56个，容量为1834个户。2002年11月，七期工程开工，同年完工。搬迁3个基站，扩容2个基站，新建东宋洲基站，拉线增高30米，采用东信设备，配置为1/1/1型定向基站，有载频3个，话音信道21个，容量为561户。同时，如意通开通收、发短信功能。七期工程结束后，全区CSM系统总容量为17126户。至年底，GSM网络累计发展用户28885户，其中在网用户14597户。

2001年，中国联通进行“CDMA”网络建设。同年5月，一期工程开工，建成基站6个。2002年4月8日，CDMA业务正式对外放号运营。同年9月，二期工程开工，12月投入运行，建成基站4个。10个基站均与GSM基站共址，设备型号皆为METRO-CELL，配置20/20/20及时性10/10/10定向型基站，总容量为5083户。二期工程结束后，全区CDMA系统容量合计为9544户。同年10月，开通无线虚拟专网（WVPN）业务，品牌为“联通新时空网中网”，可实现短号码拨号功能。至年底，CDMA业务累计发展用户2249户。

小灵通　2001年11月，完成小灵通基站网络一期工程，开通23个基站。2002年3月，完成二期工程，扩建基站53个，并于3月14日正式放号。同年10月，扩建基站8个。是年12月，完成三期工程，扩建基站16个。至年底，全区小灵通用户达到3015户。

第六节　数据通信

1994年，境内始办数据通信业务，主要有分组交换、“DDN”考线。

分组交换网　1994年4月，福山开通分组交换网业务，并进入烟台分组交换网，得到用户的广泛应用。1998年6月，全区分组交换网用户有28户。2002年，发展到100户。

帧中继　帧中继具有吞吐量大、延时小、适合突发性业务等特点。1999年，福山开通帧中继业务。2000年，用户有29户。2002年，达到80户。

数字数据网　数字数据网业务，简称“DDN”，是利用光纤（数字微波和卫星）数字传输通道和数字交叉复用节点组成的数字数据传输网，为用户提供各种速率的高质量数字电路和其他新业务，以满足用户多媒体通信和组建中高速计算机通信网的需要。可一线多用，可通话、传真、传递数据、组建电话会议系统，开放帧中继业务、做多媒体通信，或组建自己的虚拟专网，设立网管中心，自己管理自己的网络。1996年12月，福山开通DDN专线业务，后经多次改版升级，到2002年，全区拥有DDN专线端口200余端，用户发展到24户。

计算机通信　1998年6月，福山开通计算机互联网通信业务，上网29户。上网方式主要通过“163”“169”拨号上网。1999年，开通“ISDN”业务，实现在一对电话线上同时上网并能通话。2000年，为提高计算机用户的上网访问速率，福山电信局开通“ATM”交换机，实现宽带接入。后又相继完成城里老局和高新区、城西、北二路支局的“ADSL”宽带工程建设。2001年12月，开通政府宽带网270个端口。2002年3月，各乡镇驻地全部开通西门子“VSDL”宽带设备，使宽带网络延伸到农村。是年底，又对卫家疃、南涂山、大沙埠等多处模块局，开通“ADSL”宽带设备。并为公安系统组建宽带网。上网用户达2000户。

电子邮件　电子邮件亦称电子信箱，在几分钟乃至几秒钟之内便可将信件发送到全球各个拥有电子邮件地址的人那里，具有使用简易、投递迅速、收费低廉、易于保存、全球畅通等特点。可以是一封普通的自由文字组成的信件，也可以是包含有声音图像等，较常规信件具有更多内容和信息。1996年8月，区电信局开通电子信箱业务，有的企业在互联网上建立电子信箱，推销自己的产品。是年仅有2户，到2002年达10余户。

信息港　1999年5月，开通运行信息港业务，共设栏目10余个。信息港自开通后，许多企业在福山信息港上申请制作本企业网页，发布企业信息。

网吧　2000年6月，区电信局在营业大厅开办网吧业务，有10台微机，可供10人同时上网。之后，私人经营的网吧迅速发展，到2002年，全区私人网吧达到40余家。

第七节　通信电力设备

市话电力　改革开放后，福山的通信电力设施不断更新。1987年11月，市话程控交换机的电源采用西门子公司生产的RECTIFER48/200程控整流设备，共3台，蓄电池采用重庆电池厂生产的GF-1000AH蓄电池。1996年8月，增加文登市电池厂生产的ZV1000AH蓄电池。1998年底，城里局电力机房将西门子整流电源设备更换为华为艾默生PS864000高频开关电源。1999年4月，高新区支局安装华为艾默生PS481000高频开关电源；安装济南英格尔JS40固定柴油发电机组1套；安装威海文登密封铝酸蓄电池组。2001年12月，完成城里局相控电源改造工程，增设华为艾默生PS481000高频开关电源1台；更换南京嘉力图公司CANATL和ALRFLOW机房专用空调机各1台；更换淄博GFM-1000与威海文隆GFM500AH密封式铝酸蓄电池各2组；安装PD380/600AFH-2直流配电屏1架。至此，福山市话机房全部使用高频智能开关电源系统。2002年7月，城里中心机房设监控机房值班室，安装华为艾默生IDAII-PSM48动力集中监控系统、传输网管系统、112电话故障集中受理系统各1套，可监测32处电力、交换、接入网及传输系统故障，接受用户障碍投诉。

农话电力　1998年前，各支局农话电力设备均采用德国西门子整流开关电源和潍坊发电机组。2001年，乡镇支局及模块点均改换使用华为艾默生PS48240与PS48100高频开关电源。2002年起，各支局发电机陆续更换为济南英格尔JS40固定式全自动柴油发电机组。并配有中国雅玛哈与济南英格尔移动式汽油发电机组，以作备用。同时，各支局和交换点新置、更换以威海文隆、淄博GTM为主的密封式铝酸蓄电池组。2002年7月，各支局及主要交换点均与城里局中心机房华为艾默生IDAII-PSM48动力监控系统主机联网，列入监测范围。

第八节 电信管理

管理体系 1978年前，电信管理是在县邮电局党支部领导下的分工负责制，党支部书记负全责，实行党的一元化领导，局长只负责业务管理，重大决策由党支部决定。1985年，设股（科），局长领导股（科），股（科）直管班组，实行三级管理。1988年，实行局长目标责任制管理，局长与上级业务主管局长签订任期责任书，履行企业领导职责。2002年，福山电信局改称山东通信公司烟台市福山分公司后，实行经理目标责任制管理。

九七系统 又称电信业务计算机综合管理系统。1997年，福山开始筹建“九七”管理系统。1998年11月，市话营业管理、话费收理等“九七”子系统管理开始运营。1999年6月，10处农村支局“九七”系统也联网运营，实现市话和农话收费、查询统管。2001年2月，“九七”系统由城里局搬迁至高新区电信大楼。2002年后，其他子系统相继开通，实现办公自动化。

质量管理 1978年，福山电信业务除上级局及县局对基层进行检查、抽查外，各班组、支局对电信进出口业务进行自查、互查。从1980年开始，推行全面质量管理，成立“QC小组”。1988年，福山邮电分局成立企业管理办公室，重点加强管理。1989年，各单位根据全局总的工作目标要求，建立起月检查、季小结、半年一次全面会诊制度。1990年，组织干部职工收看有关质量管理电视讲座，举办培训班，普及质量管理知识，增强质量管理意识，提高电信质量管理。1990—1996年，八角支局获省优、回里等7个支局5个班获市优。1999年4月，区电信局督查室和13处消费者投诉站成立。同年5月，重新修订《福山电信局社会服务承诺制度》，制定详细的服务标准和重要业务的服务时限。2000年2月，区电信局用户服务中心成立，负责处理用户投诉、用户咨询等服务质量问题。是年3月，区电信局召开社会监督员座谈会，聘请社会各界代表20人，担任福山电信局社会监督员。2001年8月，福山电信局质量监督检查室成立，负责监督检查全局服务重量，处理用户投诉工作。

第二十八编　交通

交通是县域经济的基础行业。交通兴，百业兴；要想富，先修路。中华人民共和国成立后，福山不断修建乡村公路，由土路面到硬化路面、由三级公路到二级公路、再到一级公路、高速公路，村村通公共汽车；城市原有的土泥、低洼不平窄街小巷也变为硬化、宽敞、照明、绿化、美化、亮化、人车及盲人专用双向式四通八达的现代化大街。同时，蓝烟铁路穿境而过，由单向单车道改为双向双车道，燃煤、慢速列车改为电动、高速列车。烟台码头、莱山机场近在咫尺。

第一章　机构沿革

清代至民国初，县内交通建设由县衙工房管理。1925 年，由实业局分管。1929 年，由政府二科分管。1932 年，改由第四科分管。1947 年，政府设立建设科，分管交通。1948—1950 年，县政府设实业科，1951 年，改设建设科。1954 年，在建设科配备公路科员 1 人，负责公路管理事宜。1956 年以后，建制多变，名称不一。

第一节　管理机构

烟台市福山区交通局　1956 年 5 月，县人委成立交通科。1957 年，成立交通局。1958 年并入烟台市交通局。1962 年复县后，仍设县交通局。1968 年 12 月，改称县公路运输局。1970 年，恢复交通局。1983 年 12 月，交通局撤销，在区经委内设交通股。1984 年 7 月，交通股撤销，改称烟台市福山区交通运输公司（对外称烟台市福山区交通局）。内设办公室、计财科。1993 年 6 月，交通运输公司撤销，成立区交通委员会（以下简称交通委）。内设办公室、政工科、计财科。2001 年 12 月，区交通委撤销，改称区交通局，为正科级行政单位、区政府职能部门。2002 年，内设办公室、政工科、财务审计科、法规科。下辖事业单位 10 个、乡镇交管所 8 个、企业单位 2 个；代管烟台市福山公路管理局、烟台汽车西站。

福山公路管理局　1953 年，县公路管理站成立，负责交通运输和道路维修保养。1962 年 10 月，易名福山县道班。1963 年 6 月，复称公路管理站。1969 年，全县 10 处公社均设养路班房。1985 年，有区公路管理站 1 处，下设福山镇、东厅、高疃、八角、古现、臧家、门楼、张格庄、回里、兜余 10 处乡镇公路管理站，有养护人员 291 名。1987 年，内设秘书股、路工科、财务科、机料

图 28-1　福山交通服务大厅

图 28-2　福山公路管理局

科。1990年，增设保卫科和路政科。1991年，增设材料科。1993年6月，公路体制改革，实行公路分级管理，县乡路划归区交通委管理；张格庄、门楼公路管理站移交区交通委。同年10月，改称烟台市福山公路管理局，内设7科1室1队。2002年，内设办公室、征稽办公室、审计室、政工科、养护科、财务科、路政科、工程科、材料科、工程处、机械队。为正科级事业单位，隶属烟台市公路管理局。下辖高疃、回里、清洋、福新、高新公路管理站。

第二节　事业单位

福山区交通战备办公室　1996年10月成立，副科级单位，隶属区交通委。主要拟定全区有关国防交通工作方案、网络布局；运力动员、战备器材管理；协调军事交通重大活动等。

福山区交通稽查大队　1987年3月，福山区城关交通检查站成立，股级单位。1990年5月，改称福山区道路检查站。1995年10月，易名区交通委交通稽查站。1997年3月，更名为区交通稽查大队。2002年3月，升格为副科级，隶属区交通局。主要依法统一管理辖区内的交通检查工作；协调交通部门内部有关交通检查工作的业务关系；管理有关单证、标志；完善执法手段和设施设备等。

福山区运输管理所　1966年11月，县联运办公室成立，负责全县道路运输工作。1984年7月，撤销联运办公室，成立烟台市交通局运输管理处福山分处。1988年3月撤销，成立区公路运输管理所。2002年2月，改称区道路运输管理所，股级单位，隶属区交通局。主要负责辖区内道路货运车辆的审批和营运手续及证件办理；对货运市场进行监督、管理；发放、管理运输车辆票据；审报营业者开业、停业申请；交通规费征收等。（以下均为股级单位）。

福山区客运管理所　1995年10月，区客运管理所成立。2002年2月，改称区道路客运管理所，隶属区交通局。主要负责全区客运出租车辆的开业、停业审批，核发经营许可证和道路运输证；负责客运出租市场、标志和线路管理，培训出租车驾驶员，查处违章行为，保护合法经营和维护乘客权益等。

福山区机动车辆维修管理所　1986年6月，区机动车辆维修行业管理所成立。1989年2月，更名为区机动车辆维修管理所。隶属区交通局。主要负责全区机动车辆维修和配件销售业户的开业和停业及维护类别变更的审核、核发经营许可证、维修质量管理、技术等级评定、技管人员培训考核等。

福山区航务管理所　1988年10月，区航务管理所成立。隶属区交通局。与机动车辆维修管理所合署办公。主要负责编制全区水路运输行业规划、规章制度及水运市场管理、水运输企业开、停业审批等。2002年2月撤销。

福山区公路管理所　1993年6月，实行公路体制改革，县乡公路由区交通委管理。1994年4月，区交通委设立公路站（科）。2002年2月，改称区交通局公路管理所。隶属区交通局。主要负责全区县乡公路及附属设施的规划、工程勘查、设计、招投标、建设、养护、应急抢修等。

福山区交通规费征收处　1997年11月设立。隶属区交通委。主要负责全区营运性客、货运输车辆的微机台账的登录管理；证件管理，附加税征收；客运基金、货运基金、运输管理费、滞纳金的征收和摩托车养路费的征收；代征车辆使用税、营业税、工商管理费；对偷漏交通规费车辆的催缴和处罚等。

福山区综合治理办公室　1998年10月设立。隶属区交通局。主要负责辖区内道路客、货运输市场的监督、管理；打击非法营运的“黑车”“黑户”；保障经营者及服务对象的合法权益；维护道路运输市场秩序。

福山区汽车培训学校　1982年6月，县汽车运输公司训练队成立，隶属县汽车运输公司。1992年9月，更名为区交通培训学校，隶属区交通局。为全民事业单位，实行企业化管理，与运输公司合署办公，人、财、物由汽车运输公司管理。1998年12月，学校由公司析出，实行独立核算，自负盈亏。主要负责驾驶员和全区驾驶员上岗证的培训工作。

高疃交通管理所　1963年2月，福山县高疃运输管理站成立。1964年5月，易名县交通局福山运输管理站。1984年5月，复称高疃运输管理站。1988年3月，更名为交通管理所。2001年5月，建制变更，东厅交通管理所并入，统称高疃交通管理所。隶属区交通局。

张格庄交通管理所　1976年3月，张格庄运输管理站成立。1988年3月，更名为张格庄交通管理所。隶属区交通局。

门楼交通管理所　1964年10月，门楼运输管理站成立。1988年3月，改称门楼交通管理所。2001年5月，建制变更，兜余交通管理所并入，统称门楼交通管理所。隶属区交通局。

回里交通管理所　1964年10月，谭家庄运输管理站成立。1988年3月，更名为回里交通管理所。隶属区交通局。

古现交通管理所　1972年9月，古现运输管理站成立。1988年3月，更名为古现交通管理所。2001年5月，建制变更，八角交通管理所并入，统称古现交通管理所。隶属区交通局。2002年9月，随古现镇划归烟台开发区。

清洋交通管理所　1964年5月，福山运输管理站成立。1988年3月，易名福山交通管理所。2002年2月，更名清洋交通管理所。隶属区交通局。

福新交通管理所　1976年3月，臧家运输管理站成立。1988年3月，易名臧家交通管理所。2002年2月，更名福新交通管理所。隶属区交通局。

高新区交通管理所　1997年4月，高新区交通管理所成立。隶属区交通局。

乡（镇、街、园）交通管理所主要负责各辖区内县乡公路的修建、养护、管理；加强运输市场管理，征收交通规费；对运输车辆票据发放、管理等。

第三节　企业单位

烟台市福山区汽车运输公司　1969年5月，成立县汽车运输队。1975年8月，改称县汽车运输公司。内设政工科、财务科、材料科、机务科、调度室和修理车间。1983年12月，更名为烟台市第九汽车运输队。1987年1月，改称区汽车运输公司。2002年，公司内设办公室、政工科、财务科、材料科、机务科、调度室和修理车间。为集体企业，隶属区交通局。

福山汽车站　1922年，修筑烟潍公路时，福山曾于永福园村和东北关村之间建烟潍公路福山支路，并设永福园、东北关2处汽车站。1938年2月，日军侵占福山后，汽车站撤销。中华人民共和国成立前，兵站在宫家岛村南设汽车站，进出福山的客、货车，由此站办理过往手续。1951年，成立县汽车站，配站长、客货服务员各1名，属四级站。1956年，升为三级站，设客运组、货运组、后勤组。1984年，更名为烟台市福山汽车站。1985年，设办公室、客运组、货运组、后勤组，下设门楼站、三十里堡站、八角代办站、高疃代办站。1992年8月，汽车站设办公室、客运科、货运科。1995年6月，福山汽车站并入烟台亨通技术开发公司。1996年12月，经省交通厅核准为二级客运站。1997年10月，福山汽车站从烟台亨通技术开发公司析出，复称福山汽车站。2002年，福山汽车站属烟台交运集团下设的二级客运站。

第二章　交通建设

秦代，境内有驰道1条，长约23千米。明朝有驿道3条，长约50千米。清代，有官道4条，长约70千米。民国年间，始有汽车路2条，长约40千米。中华人民共和国成立后，公路建设突飞猛进，1980年为140千米。1988年后，按公路的作用和规模，划分为国道、省道、县乡道。到2002年，境内有国道4条、省道3条、县乡公路19条，总长422千米，实现村村通车。

第一节　公路建设

国道

同三高速公路　黑龙江省同江市至海南省三亚市，属国家干线高速公路。境内途经永福园村北、埠上、大杨家、和平、肖家夼、西罗格庄至栖霞市交界处，长18.6千米。夹河桥西至大杨家路段，1998年11月1日开工，2000年11月18日通车，路基宽28米，水泥混凝土路面，中间设隔离带，双向四车道。夹河大桥至垆上立交桥段，长5.458千米，路基宽47米，水泥混凝土路面，双向六车道。大杨家至西罗格庄桥西路段，长8.8千米，2000年11月破土，2002年11月通车，路基宽28米，水泥混凝土路面，双向四车道。

绕城高速公路　莱山区轸格庄至福山区侯家村（原称轸八路）。1995年9月开工，1998年10月建成通车。属国家沿海大通道同三线路组成部分，全长45.8千米。境内途经楚塘、崇义、大杨家、古现至侯家，入206国道，路基宽26米，水泥混凝土路面，长31.6千米。

烟汕公路（烟潍公路）　烟台市至汕头市，属国道干线。原为烟（台）潍（坊）公路，属省级公路。秦时建驰道，唐为御道，元、明系驿道，清为车马大道。1920年11月始建公路，1922年1月全线修通。东起烟台，西至潍县。福山路段东至大沽夹河东岸，经永福园、山前李家、南于家、三十里堡、青上、侯家入蓬莱境，长23.4千米。砂土路面，路宽6米。1954年，改经福山城、三里店、山前李家与原路相接。1974年，改经胜利村至岗嵛与原路相接，称烟岗路，路宽10米。1979年，铺设沥青路面，宽12～15米。1981年，被国家列为烟台至广东汕头市206国道。1987年，改经永福园村北、岗嵛村南至北于家与原路相接。从夹河至垆上村东，沥青路面，宽25.5米，为国家一级公路。从垆上至北于家村，宽14米，为二级公路。北于家至侯家村为三级路。1998年11月，从夹河大桥西端至垆上村东，改修疏港高速公路，东起烟台港四突堤，西至大杨家，原路基为同三高速公路所占，烟潍路在其两侧修筑新路，各宽9米，两车道，2000年11月建成通车。烟（台）汕（头）线在境内长18.9千米，途经垆上、北车家、岗嵛、北于家、三十里堡、石屋营、陡崖至侯家。北于家至侯家段，为二级路，长12.7千米，路基宽11.5米，路面宽10.5米，沥青贯入式路面，1980年建成。北车家至北于家段，为二级路，长5.7千米，路基宽15米，路面宽14米，沥青混凝土路面，1988年建成。垆上至北车家段，为一级路，长0.5千米，路基宽32米，路面宽28.6米，沥青混凝土路面，2000年建成。

烟上公路（烟青一级公路）　原为乡道，北自大沙埠村，南至张格埠村与栖霞县交接处，长26.4千米，民国初期即有，1932年修筑，称烟（烟）青（岛）公路，1955年，改称福（山）穴（莱阳县穴坊村）公路，为国家三级公路，路基宽8.5米。1983年，取直拓宽至12米。1986年3月，国家投资1亿元，北起芝罘区黄务镇，西南至莱阳市太平庄，中经福山回里、栖霞桃村、海阳徐家店，全长100.05千米。境内长17.1千米，途经东陌堂、东道平、回里、李家疃、张格堡入栖霞境。珠岩桥至东陌堂段，长1.2千米，路基宽33.5米，路面宽32米，沥青混凝土铺筑，双向六车道。东陌堂至善疃段，长15.9千米，路基宽26米，路面宽24.5米，沥青混凝土铺筑，双向四车道。均为烟青一级公路。1999年，改称烟台至上海204国道。

省道

烟凤公路　烟台至海阳凤城镇。民国年间，为县际马车道。中华人民共和国成立后，渐扩成车路。1975年，福山至海阳战场泊段建成通车，称福战路，境内长17.3千米，宽6.5米，沙土路面，为四级公路。1987年，改为福山至桃村，称福桃路。1995年，铺设沥青路面。1998年，东延至芝罘，南延至凤城，改称烟凤公路，为二级路，升为省道。境内长19.5千米，途经大沙埠、芝阳、前埠、崇义、两甲庄、门楼、周家岘、楼子口、院口入栖霞市境。福山段芝罘界至外夹河大桥东，长0.3千米，路面宽15米，为二级路。外夹河大桥东至芝阳，长2.2千米，路面宽29.5米，为一级路。芝阳至南涂山，长2.6千米，路面宽23米，为一级路。南涂山至院口，长14.4千米，为二级路。

成龙公路　荣城市成山头至龙口市黄山馆，途经文登、牟平、莱山、福山、蓬莱。30年代，称烟（台）招（远）汽车路。1974年，易名烟（台）黄（黄县黄山馆）公路。1998年，更名为成龙公路。境内长14.2千米。福山路段外夹河东岸，经福山城、岗嵛、三十里堡、古现等村，至石岚村西入蓬莱县境。福山城至与烟潍公路接头处为8.2千米，称福海路，1976年修建，1981年铺设沥青路面，南部1.2千米路段路面宽11米，余者宽9米。三十里堡村至石岚村与蓬莱县交界处，长7.7千米，1968年修建，路基6.5米，砂土路面，为国家四级公路，后路基增宽至12米，路面增宽至11米，沥青混凝土铺筑。大沙埠村东至大沙埠桥，长0.5千米，路面宽48米。芝阳至舒家立交桥段，长6千米，路基宽50米，路面宽34米，沥青混凝土铺设。舒家立交桥至三十里铺段，长

10.8千米，宽12米，与烟汕线重复。

烟栖公路　烟台市至栖霞市。1953年，山东省建设厅修建，称青（岛）烟（台）汽车路。线路走向为青岛、即墨、刘家庄、莱阳、栖霞、福山至烟台。1955年，线路走向为烟台、福山、臧格庄、栖霞、杨础、莱阳、陵山、即墨、青岛。1956年，改称烟青公路。福山路段，原由西厅村西南，经小迷顶、大迷顶前，北候旨沟村北向西，至义井村东入路，改为西厅村西南，经潘家村北、南厚滋沟村南入路。时属省级公路。1974年，铺设沥青路面。境内长17.2千米。后境内路段多变，大沙埠至芝阳段，长2.3千米，宽29.5米，与烟（台）凤（城）段重复。芝阳至烟台阀门厂段，长1千米，宽34米，为一级公路。烟台阀门厂至东厅河段，长5.6千米，宽15.5米，为二级路。东厅河至高疃西村与栖霞交界处，长11.6千米，宽8米，为三级路。1981年，被确定为烟台至上海204国道。烟（台）栖（霞）专用路修建后，改为省道烟上附线。1999年，改为802省道。

县乡（地方）公路

福山县乡（地方）公路建设始于1965年，以拓宽乡村道路，接通断头路为主要工程，至2002年，共改建、新建地方性公路（线）20条，总成140.36千米。

福战公路　福山至海阳战场泊。境内长17.3千米。1975年通车。1987年，改为福山至桃村。1998年，改称烟凤公路，升为省道。

张栖公路　张格庄至栖霞市。境内途经冯家、黄连墅、杜家崖，长8.3千米，宽6.5米，属四级路，1975年建成通车。1994年始铺沥青路面。张格庄水泥厂至冯家段，长3.5千米，属二级路，路基宽16米，路面宽14米，沥青上拌下贯路面，1994年建成。冯家至杜家崖段，长4.8千米，属三级路，路基宽7.5米，路面宽6米，1999年建成。

马回公路　回里村至牟平区马格庄，与烟上线相复。境内长2千米，宽8米，属三级路。1975年建成通车。

曲桃公路　曲家村至栖霞市桃村。境内长1.2千米，宽8.5米，属三级路。1972年建成通车。2000年，铺设沥青路面。

回郝公路　西回里村至牟平区郝格庄。境内长12.8千米，宽8.5米，属三级路。1980年建成通车。

初八公路　八角口至蓬莱市山后初家村。境内长1.6千米，宽5.5米，属四级路。1974年建成通车。

林门公路　门楼至莱山区林家疃，与烟凤线、烟青线相接。境内长10.6千米，宽5.5米，属四级路。1973年建成通车。2002年，铺设沥青路面，路基宽增至8米，路面宽6.5米，是年11月铺成通车。

古张公路　古现至张格庄村。途径东吴家、和平、巨屯、王家疃、东宋州、邢家、台上、下官乐沟、冯家等村。60年代后期，为战备路，后经过拓宽改造，1972年通车。全长26.3千米，宽6.5米，属四级路。张格庄至义井段，长12.6千米，路基宽8米，路面宽6.5米，1996年，铺沥青路面，同年11月铺成通车。义井至王家疃段，长4.5千米，路基宽8米，路面宽6.5米，2000年，改造路基，铺设水泥路面，当年11月铺成通车。王家疃至和平段，长3.1千米，路基宽8米，路面宽6.5米，2002年，铺设水泥路面，当年11月铺成通车。

蒲和公路　蒲湾村至和平村。东与福海路、西与古张路相接。长8.7千米，宽6.5米，属四级路。1982年建成通车。2001年，蒲湾至楮佳疃段铺设沥青路面，长2.5千米，路基宽50米，路面宽34米，双向六车道。2002年，招贤至和平段铺设沥青路面，长3.2千米，路基宽9.5米，路面宽8米。

大旺线　大沙埠村至旺远钱村。与成龙线、烟青线相接，与绕城高速路相交。长12.9千米，宽8.5米，属三级路。原为福穴路段，1932年建成通车，后不断扩建。1997年，始铺沥青路面。大沙埠至蔡家庄段，长4.6千米，路基宽8.5米，路面宽7米，1997年7月铺成通车。蔡家庄至楚塘段，长1.1千米，路基宽8米，路面宽6.5米，1998年8月铺成通车。楚塘至陌堂段，长7.2千米，路基宽9.5米，路面宽8米，2002年11月铺成通车。

臧招线　臧家村至招贤村，与蒲（湾）和（平）路相接。长0.81千米，宽6米，属四级路。路基宽8.5米，路面宽7米。1966年建成通车。1993年，铺设水泥混凝土路面，同年9月铺成通车。

回胡线　西回里村至胡家夼村，与烟青线相接。长1.7千米，宽6米，属四级路。1938年建成通车。1996年，烟青路至回里镇政府段铺沥青路面，长0.5千米，路基宽8米，路面宽7米，当年10月铺成通车。

福门线　东留公村至门楼村，与烟栖线、烟凤线相接。长10.4千米，属四级路。1952年建成通车。1998年，留公至吕格庄段铺沥青路面，长1.43千米，路基宽7米，路面宽6米，同年11月铺成通车。

杜岔线　杜家崖村至岔夼村，与张栖线相接。长5.4千米，宽5米，属四级路。1970年建成通车。1998年，铺设沥青路面，路基宽6.5米，路面宽5.5米，同年10月铺成通车。

上权线　上官老沟村至权家山村，与古张线相接。长1.85千米，宽5米，属四级路。1969年建成。1999年，铺沥青路面，路基宽6.6米，路面宽5.6米，同年8月铺成通车。

东义线　东厅村至义村，与烟栖线相接。长3.9千米，宽6米，属四级路。1968年建成通车。2000年，铺设水泥混凝土路面，路基宽8米，路面宽7米，同年10月完工通车。

高谷线　高疃西村至大谷家村，与烟栖线相接。长7.7千米，宽5.6米，属四级路。1955年建成通车。2002年，铺设水泥混凝土路面。高疃西村至孙家疃段，长4.2千米，路基宽8.5米，路面宽7米，同年11月铺成通车。

院口线　张格庄水泥厂至院口村，与烟凤线重合。长0.5千米，1932年通车。1999年，铺设沥青路面，路基宽7米，路面宽6米，同年8月完工通车。

崇贾线　崇义村至贾家疃村，与烟凤线相接。长3.1千米，宽5米，属四级路。1960年建成通车。2002年，铺设沥青路面，路基宽6.5米，路面宽5米，同年11月铺成通车。

水库专用线　门楼村至东汪格庄村，与烟凤线相接。长3.3千米，宽6米，属四级路。1960年建成通车。1999年，铺设水泥混凝土路面。门楼至门楼水库坝东段，长1.88千米，路基宽8.5米，路面宽7.5米，同年8月铺成通车。

第二节　铁路、港口建设

铁路建设　蓝（村）烟（台）铁路福山路段，南起老岚村西，北至芝罘区玉树庄铁路桥，长26千米。莱阳至芝罘路段，1954年8月破土，1955年7月竣工，1956年7月1日通车。境内设回里、旺远、楚塘车站。其中，回里站为4股道，旺远站为2股道，楚塘站为6股道，属五等站。1984年，楚塘站改称福山站，升格为四等站。1998年，投资22亿元，进行蓝烟铁路增复线扩建工程，2002年底完工。境内长21.3千米，有各种桥梁14座、涵洞86个。

港口建设

八角渔港码头　八角港区自然条件良好，岸线是环渤海天津以南、以东建设大型深水泊位中上佳区域，自然水深、水文、掩护、工程地质及建设港口的地方材料等条件，在环渤海乃至东北亚地区优越。1989年，区水产公司开始规划、申报八角渔港扩建工作。是年11月，八角新渔港平面图绘制完毕。12月11日，福山区政府发布《八角渔港港章》，对船舶航行、停泊、签证、监督检查、安全秩序及港口维护、事故处理、渔港收费等事项作出明确规定。1990年6月，八角渔港被国家农业部公布为全国279个首批渔港之一。

1998—2002年，区海洋渔业局、上海云蓝实业有限公司、上海崇明鑫华建设总汇3方共同投资兴建八角渔港码头。工程分两期进行。一期工程于1998年3月破土，1999年8月竣工，投资2900万元。二期工程于2002年5月动工，翌年4月完工，区海洋渔业局利用国债资金，投资3100万元。两期工程总投资6000万元。码头由烟台海港、市第二水利设计院设计，福山区市政工程处施工。共活动土石18万立方米。完成主体工程：挡浪坝，由西向东，长740米，宽22米，高3米，总量4.8万立方米；引堤，由北向南，长840米，宽25米，高2～9米，总量10.5立方米；浮堤，由东向西，长100米，宽35米，高9米，总量3.15立方米。完成辅助工程：硬化海岸路740米，填海1.2公顷，建批发市场1处、500吨冷库1座、油库4座（总容量5000吨）、500平方米办公楼1座、机井2眼。港内泊位长380米，高潮水深7米，低潮水深5米，可同时停泊3000吨大船6艘和中、小船300只。

八角东岛灯塔与航标　位于八角东岛东端，东经121°08′58″，北纬37°38′28″。1954年3月建。后多次改建。标高21.5米，塔高8.5米。射程6海里。桩身结构为砖砌圆形。建塔初期为煤油灯导航，60年代中期改为汽灯，1972年8月31日改装成200毫米电闪灯，单闪白光，闪光期6秒，射程5海里。发光时间，每年3月15日至12月15日。是八角港渔业生产和商货海运的重要助航标志。

八角渔港航道浮标为左侧浮标，2001年4月设置，位于八角港航道东西两侧，标身为红色，标高1.2米。灯标位置：东标为北纬37° 40′ 27.3″，东经121° 15′ 84″；西标为北纬37° 39′ 32.94″，东经121° 12′ 56.76″。闪光红色，周期为闪（2）红6秒。常年发光，每天18时至24时和零时至6时。

第三节　桥涵建设

明、清时期，辖区桥梁多为木石结构。桥台、桥墩均用方石砌筑，桥面为木、石、土构成。涵洞多系砖、石构筑。民国年间，烟潍公路修建时，县公署在永福园村东大沽夹河建一漫水桥。1941年改建成木质桥，1949年被洪水冲毁。

中华人民共和国成立后，桥梁建设由交通、水利部门负责，多为钢筋混凝土结构。1949年11月，胶东公路局在福山修筑夹河口桥，1950年4月30日竣工，长144米，是年夏毁于洪水。1949—1985年，全县（区）新建、改建公路桥53座，总长2477.26米。其中，桥长100米以上，或单孔跨径40米以上的大桥6座，总长1109.4米；桥长30米以上，或单孔跨径20米以上的中桥11座，总长695.5米；桥长8米以上，或单孔跨径5米以上的小桥36座，总长672.36米。修建涵洞408座，总长4839.7米。修建倒虹吸52处。1993年6月，实行公路体制改革，县、乡公路移交区交通委管理，国、省道仍由福山公路管理局负责。1986—2002年，全区新建和改建公路桥41座，总长1699.4米。其中，国省道公路大桥3座，长538米；中桥7座，长387.2米；小桥24座，长386.7米。县乡公路大桥1座，长163.7米；中桥4座，长203.6米；小桥2座，长20.2米。修建涵洞178座，总长4598米。修建倒虹吸25处，总长582.2米。修建防护工程86处，总长10860.5米。高速公路新建和改建互通式立交桥5座、分离式立交桥1座、大中小型桥梁47座、天桥21座、通道28座、涵洞40多个。

2002年，全区共有桥梁185座。其中，大桥14座、中桥31座、小桥68座、立交桥15座、天桥29座、通道28处。有涵洞620个。

大桥

外夹河桥　位于福山城东南（以下简称城某方位）4千米，大沙埠村南、卫家疃村东，跨外夹河。1955年始建，1956年元旦落成，单线。桥长158.9米，车道宽5米，人行道宽0.86米，桥为1～24梁，6孔，孔总长128米，跨距为21～22米，火车负荷为中P20。2000年增建复桥。

楚塘外夹河桥　城东南6.5千米，楚塘村东北。属绕城高速公路桥，跨外夹河。1995年10月动工，1998年9月落成。桥长201.17米，净宽22米，桥板截面高0.8米。钢筋混凝土空心板梁结构，9孔，最大跨径20米。负荷（以下简称负荷）20吨。

崇义内夹河桥　城南3千米，崇义村西北。属绕城高速公路桥，跨内夹河。1995年动工，1998年8月建成。桥长214.62米，净宽22米，截面高0.8米。钢筋混凝土空心板梁结构，10孔，跨径20米。负荷20吨。

古现河桥　城西北14.5千米，古现西村西南。属绕城高速公路桥，跨古现河。1998年修建。桥长133.6米，净宽21.5米，截面高0.52米。石拱石墩台结构，5孔，跨径5米。负荷20吨。

珠岩桥　城东南12千米，芝罘区珠岩村南。属烟上公路桥，跨外夹河。1986年破土，1987年8月落成。桥长187米，宽20米。钢架拱柱式墩高桩承台结构，8孔，跨径20米。负荷20吨。

黄金河桥　城西北13.3千米，三十里堡村西北。属烟汕公路桥，跨黄金河。1970年破土，1971年4月竣工。1991年8月改建。桥长118.2米，宽12米，桥面标高9.8米。石拱石墩结构。跨径10米。负荷10吨。

大沙埠北桥　城东1.5千米，大沙埠村东。属烟栖公路桥，跨外夹河。1952年10月建成，时称外夹河桥。1960年4月重建。1988年，改称大沙埠桥。桥长132米，宽7米，人行道宽2米×1米，标高5.9米。钢筋混凝土结构，18孔，跨径6米。负荷10吨。2002年，因年久失修拆毁。

大沙埠桥　城东1.5千米，大沙埠村东。属烟栖公路桥，跨外夹河。1995年新建。桥长191米，宽18.5米。空心板简支梁结构，11孔，跨径16米。负荷20吨。

曾家庄南桥　城东南，曾家庄村东。属烟栖公路桥，跨内夹河。1952年5月破土，由苏联专家设计、山东省桥梁工程队施工。1953年7月落成，时为华东第一公路大桥，称内夹河桥。1985年，在其北侧又增新桥，称曾家庄南桥。1988年，更名曾家庄桥。桥长144米，宽7米，人行道宽2米×0.875米，高10.1米。钢筋混凝土连续悬臂梁结构，重力墩式，象耳式台，7孔，跨径16.5＋22.05×5＋16.1米。负荷10吨。

曾家庄北桥　城东南，曾家庄东。属烟栖公路桥，跨内夹河。1994年破土，1995年竣工。桥长160.45米，宽20米，人行道宽2米×1米，高10.2米。简支板结构，7孔，跨径2～16.1、5～22.05米。负荷20吨。

清洋河西桥　城西南13.5千米，东宋洲村南，邢家村北。属古张公路桥，跨清洋河。1990年动工，1991年建成。桥长163.7米，宽7米，高8米，钢筋混凝土结构，12孔，跨径13米。负荷20吨。

东黄山桥　城南21千米，东黄山村北，谭家庄村南。为回郝公路桥，跨外夹河。1972年兴建。桥长146.2米，宽6.5米。石拱结构，10孔，跨径12米。负荷20吨。

塔寺庄桥　城南8.3千米，塔寺庄村南。为福门公路桥，跨清洋河。1970年破土，1971年建成。桥长150米，宽6米。石拱结构，12孔，跨径12.5米。负荷10吨。

福城桥　城东，城里街东端，东关村西，跨内夹河。由区水利局设计，烟台第三建筑公司和桥工队施工。1983年10月破土，1984年7月落成。桥长143米，宽12.3米，人行道宽1.2米，高9.3米。钢架拱混凝土结构，6孔，跨径22米。负荷30吨。

中桥

黄金河桥　城西北16.5千米，邱家村西。绕城高速公路段通山农田天桥，跨黄金河。1998年修建。桥长95.61米，净宽22米，截面高0.55米。钢筋混凝土空心板梁结构，6孔，跨径13米。负荷20吨。

旱夹河桥　城西北19千米，郑家庄村东。属绕城高速公路桥，跨旱夹河。1997年修建。桥长46.29米，净宽21.5米，截面高0.52米。石拱石墩结构，跨组5米×5米。负荷20吨。

古现匝道桥　福山城西北14.5千米，古现西村西。属绕城高速公路立交分离道。1998年修建。桥长61.12米，净宽14米，截面高0.8米。钢筋混凝土空心板梁结构，跨组2米×10米＋2米×20米。负荷20吨。

西罗格庄桥　城西15.5千米，西罗格庄村西北。属同三高速公路桥，垮高谷河。1998年破土，2000年12月建成。桥长93.04米，宽29.45米，高9米，截面0.6米。钢筋混凝土结构，6孔，跨径13米。负荷20吨。

楚塘跨铁路桥　城东南6.5千米，楚塘村北。属绕城高速公路桥，跨蓝烟铁路。1995年动土，1998年9月落成通车。桥长36.14米，宽21.5米，截面高0.8米。钢筋混凝土板梁结构，2孔，跨距15米。火车负荷中-26。

绍瑞口河桥　城东南10.5千米。属蓝烟铁路桥，跨绍瑞口河。1955年兴建，单线，2000年增建复桥。桥长42米，宽3.9米。钢筋混凝土结构，2孔，跨距14.90米。火车负荷为中－26。

柳子河桥　城西北8千米，大杨家村南。属同三高速公路桥，跨柳子河。1998年动工，2000年11月建成。桥长77.5米，桥面净宽33.5米。石墩石拱结构，1孔，跨径5米。负荷20吨。

道平北河桥　城南16.5千米，道平村东北。属蓝烟铁路桥，跨道平北河。1955年兴建，单线，2000年增建复桥。桥长48.8米，宽3.9米。钢筋混凝土结构，2孔，跨距16米。火车负荷中－26。

旺远河桥　城东南15千米，旺远钱村南。属蓝烟铁路桥，跨旺远河。1955年兴建，单线，2000年增建复桥。长43.1米，宽3.9米。钢筋混凝土结构，2孔，跨距15米。火车负荷中－26。

张格堡桥　城南21千米，张格堡村东北。属蓝烟铁路桥，跨刘家庄东河。1955年兴建，单线，2000年增建复桥。桥长59.6米，宽3.9米。钢筋混凝土结构，3孔，跨距15米。火车负荷中－26。

西坝湾河桥　城南20.5千米，东孔家庄村西南。属蓝烟铁路桥，跨西坝湾河。1955年兴建，单线，2000年增建复桥。桥长42米，宽3.9米。钢筋混凝土结构，2孔，跨距15米。火车负荷中－26。

道平南河桥　城南16.5千米，东道平村东南。属蓝烟铁路桥，跨道平南河。1955年兴建，单线，2000年增建复桥。桥长46.3米，宽3.9米。钢筋混凝土结构，2孔，跨距15米。火车负荷中－26。

两界河桥　城南23千米，老岚村北。属蓝烟铁路桥，跨两界河。1955年兴建，单线，2000年增建复桥。桥长85.5米，宽3.9米。钢筋混凝土结构，4孔，跨距14－15米。火车负荷为中－26。

史家河桥　城南21.5千米，善疃村东南。属蓝烟铁路桥，跨史家河。1955年兴建，单线，2000年增建复桥。长44.1米，宽3.9米。钢筋混凝土结构，2孔，跨距15

米。火车负荷中一26。

侯家桥　城西北22千米，侯家村西。属绕城高速公路桥，跨三道上游。1997年修建。桥长30.17米，净宽21.5米，截面高0.5米。石拱石墩结构，3孔，跨径6米。负荷20吨。

李家疃桥　城南18.5千米，李家疃村东南。属烟上公路桥，跨胡家夼河。1971年秋破土，1972年4月建成。桥长32.51米，宽7.5米，高4米。台墩石板结构，10孔，跨径2米。1986年拓宽，长22.1米，宽27.5米，钢筋混凝土空心板石墩结构，2孔，跨径10米。负荷20吨。

北于家西桥　城西北10.7千米，北于家村南。属烟汕公路桥，跨柳林河。1967年动工，1968年6月建成。桥长46.5米，宽8米，高5.6米。石拱台墩结构，6孔，跨径5米×6米。负荷10吨。1987年，东桥建成后，该桥废。

北于家东桥　城西北10.7千米，北于家村南。属烟汕公路桥，跨柳林河。1986年破土，1987年10月建成。桥长62米，宽15.6米，高5.9米，人行道宽2米×1.5米。石拱结构，3孔，跨径6米。负荷20吨。

旱夹河南桥　城西北15.2千米，石屋营村南。属烟汕公路桥，跨旱夹河。1974年落成。1986年损毁，同年10月修复。1991年8月改建。桥长41.1米，宽12米，高4.7米，人行道宽2米×0.75米。石拱台墩结构，3孔，跨径12米。负荷10吨。

西厅桥　城西南6.7千米，西厅村南。属烟栖公路桥，跨仉村河。1953年冬动工，1954年5月建成。桥长37.2米，宽8.5米，高4.1米。钢筋混凝土悬臂梁台墩结构，4孔，跨径13.3米。负荷10吨。

高疃北桥　城西15千米，高疃西村西北。属烟栖公路桥，跨高谷河。1954年建高架桥，1983年改建，同年7月竣工通车。桥长71米，宽9米，高8.14米，人行道宽2米×1米。钢筋混凝土空心筒支板结构，5孔，跨径16米。负荷15吨。

高疃南桥　城西15千米，高疃西村西北。属烟栖公路桥，跨高谷河。1953年秋破土，1954年建成。桥长48.3米，宽7米，高8米，人行道宽2×1米。钢筋混凝土台墩悬臂结构，4孔，跨径7.4米。负荷10吨。1983年北桥建成后，该桥废。

杨家河桥　城南10千米，大屋村东。属烟凤公路桥，跨杨家河。1967年10月修建。桥长70米，宽6米。台墩石拱结构，4孔，跨径12.7米。负荷15吨。1997年，拓筑新桥，长52米，宽14米。现浇板空心板滑柱振堆U型桥台结构，3孔，跨径13米。负荷20吨。

下许家河桥　城南13.5千米，下许家村西南。属烟凤公路桥，跨下许家河。1965年7月修建。桥长54.5米，宽5.8米。台墩石拱结构，6孔，跨径6米。1995年于西侧弃旧建新桥。长45米，宽8米。钢筋混凝土板石拱台墩结构，4孔，跨径10米。负荷20吨。

南车家桥　城西南15.5千米，南车家村北。属烟凤公路桥，跨院口河。1965年修建。桥长90米，宽7米，跨径10米。1994年拓建，长81.16米，宽14米，石拱台墩结构，7孔，跨径10米。负荷20吨。

古现河桥　城西北15千米，北斗村西。属成龙公路桥，跨古现河。1971年秋破土，1972年6月建成。桥长71.3米，宽6米，高2.7米。台墩石拱结构，10孔，跨径6米。负荷13吨。

清洋河东桥　城西南13.5千米，东宋洲村南，邢家村北。为古张公路桥，跨清洋河。1968年修建。桥长95米，宽6米。二铰板拱结构，10孔，跨径8米。负荷10吨。因桥矮，常漫水成为漫水桥，1991年在西侧新建高桥。

曲家桥　城西南14.7千米，曲家村东南。为古张公路桥，跨曲家河。1972年修建。桥长46米，宽6.5米。石拱结构，10孔，跨径12米。负荷10吨。

老岚河桥　城南24千米，老岚村东。为回郝公路桥，跨老岚河。1975年修建。桥长32米，宽7米。石拱结构，3孔，跨径8米。负荷10吨。

岚柳墅桥　城南9千米，岚柳墅村东北。为林门公路桥，跨杨家河。1972年建。桥长45米，宽5.9米。石拱台墩结构，4孔，跨径10米。负荷10吨。

张格庄桥　城西南15.5千米，张格庄村南。为张栖公路、古张公路桥，跨张格庄河。1972年修建。桥长64.72米，宽6.5米，石板台墩结构，20孔，跨径2米。负荷15吨。

小桥

谭家庄桥　城南20千米，谭家庄村西南。属蓝烟铁路桥，跨谭家庄河。1955年修建，单线，2000年增建复桥。长16.5米，宽3.9米。钢筋混凝土结构，1孔，跨径12

米。火车负荷中－26。

柳村河桥　城东南14千米，旺远柳村东。蓝烟铁路桥，跨柳村河。1955年修建，单线，2000年增建复桥。长20.7米，宽3.9米。钢筋混凝土结构，1孔，跨径20.7米。火车负荷中－26。

旺远站－股桥　城东南13.5千米，旺远柳村东北。属火车站股桥。1955年修建，2000年增建复桥。桥长18米，宽3.9米。框架结构，跨距7米。火车负荷中－26。

旺远站三股桥　城东南13.5千米，旺远柳村东北。属火车站股桥。1955年修建，2000年增建复桥。桥长19.5米，宽3.9米。框架结构，跨距6米。火车负荷中－26。

西陌堂西河桥　城东南12千米，西陌堂村西。属蓝烟铁路桥，跨西陌堂西河。1955年修建，单线，2000年增建复桥。桥长22.9米，宽3.9米。钢筋混凝土结构，2孔，跨距6米。火车负荷中－26。

紫埠东河桥　城东南9.8千米，紫埠村东。属蓝烟铁路桥，跨紫埠东河。1955年，修建单线。2000年增建复桥。桥长17.5米，宽3.9米。钢筋混凝土结构，跨距6米。火车负荷中－26。

邱家庄河桥　城东南7.8千米，邱家庄村东。属蓝烟铁路桥，跨邱家庄河。1955年修建，单线，2000年增建复桥。桥长26.9米，宽3.9米。钢筋混凝土结构，跨距15米。火车负荷中－26。

楚塘东河桥　城东南7千米，楚塘村东。属蓝烟铁路桥，跨楚塘东河。1955年修建，单线，2000年增建复桥。桥长26米，宽3.9米。钢筋混凝土结构，跨距11米。火车负荷中－26。

臧家桥　城西北7千米，臧家村南。属同三高速公路桥，跨柳子河上游支流。1998年11月动工，2000年11月竣工。桥长18.2米，净宽28.3米，截面高0.45米。钢筋混凝土板拱结构，2孔，跨径5米。负荷20吨。

肖家夼石拱桥　城西12.5千米，肖家夼村东南。属同三高速公路通山沟壑桥。1999年动工，2000年底12月竣工。桥长6.04米，宽25米，高5.6米。台墩石拱结构，1孔，跨径5米。负荷20吨。

肖家夼山水桥　城西13.2千米，肖家夼村南。属同三高速公路山水桥，跨山沟。1999年动工，2000年12月竣工。桥长13.42米，宽30.8米，高5.9米。台墩石拱结构，2孔，跨径5米。负荷20吨。

肖家夼上山桥　城西13.5千米，肖家夼村西南。属同三高速公路通山路桥。1999年动工，2000年竣工。桥长6.93米，宽33.4米，高6.1米。台墩石拱结构，跨径5米。

楚塘桥　城东南6.5千米，楚塘村北。属绕城高速公路桥，跨大旺公路。1995年10月动工，1998年9月建成。桥长20.1米，净宽21.5米，截面高0.45米。钢筋混凝土空心板梁结构，1孔，跨径10米。负荷20吨。

蔡家夼桥　城东南6.5千米，蔡家夼村北。属绕城高速路桥，跨蔡家夼河。1997年修建。桥长12.8米，净宽21.5米，截面高0.48米。台墩石拱结构，2孔，跨径4米。负荷20吨。

楼底桥　城东南5.5千米，楼底村西南。属绕城高速路桥，跨山涧河流。1996年修建。长12.78米，净宽21.5米，截面高0.3米。钢筋混凝土实心板梁结构，1孔，跨径6米。负荷20吨。

崇义桥　城东南5.3千米，崇义村东北。属绕城高速路桥，跨山涧农田河流。1996年修建。桥长19.97米，净宽21.5米，截面高0.55米。钢筋混凝土空心板梁结构，1孔，跨径13米。负荷20吨。

福山桥　城南2.8千米，崇义内夹河桥西，吕格庄村北。属绕城高速路桥，跨山涧农田河流。1995年10月动工，1998年春建成。桥长20.2米，净宽21.5米，截面高0.3米。钢筋混凝土空心板梁结构，1孔，跨径5米。负荷20吨。

高家疃桥　城西南3.5千米，留公村西。属绕城高速路桥，跨山涧小沟。1995年秋动工，1998年春建成。桥长12.73米，净宽21.5米，截面高0.3米。钢筋混凝土实心板梁结构，1孔，跨径6米。负荷20吨。

儒霖沟桥　城西5千米，儒霖沟村南。属绕城高速公路桥，跨沟壑。1997年修建。桥长22.61米，宽21.5米，截面高0.5米。石拱结构，1孔，跨径6米。负荷20吨。

北庵沟桥　福山城西5.4千米，北庵沟村西。属绕城高速路桥，跨山沟小河。1997年修建。桥长24.38米，净宽21.5米，截面高0.55米。石拱结构，1孔，跨径8米。负荷20吨。

小杨家桥　城西北8.2千米，小杨家村东北。属绕城高速路桥，跨柳子河。1997年修建。桥长16米，宽23.5米，截面高0.5米。台墩石拱结构，2孔，跨径4米。

负荷20吨。

林家河桥　城西北11.3千米，林家村西南。属绕城高速路桥，跨柳林河。1997年修建。桥长26.8米，净宽21.5米，截面高0.52米。石拱石墩台结构，3孔，跨径5米。负荷20吨。

花岩桥　城西北17.5千米，花岩村西。属绕城高速路桥，垮农田小河。1997年修建。桥长20.64米，净宽21.5米，截面高0.52米。石拱石墩台结构，1孔，跨径5米。负荷20吨。

郑家庄（东南）桥　城西北19千米，郑家庄村东南。属绕城高速路桥，跨山涧小河。1997年修建。桥长15.13米，净宽21.5米，截面高0.6米。石拱石墩台结构，1孔，跨径6米。负荷20吨。

郑家庄（东）桥　城西北19千米，郑家庄村东。属绕城高速路桥，跨山涧小河。1997年修建。桥长22.3米，净宽21.5米，截面高0.6米。石拱石墩台结构，2孔，跨径6米。负荷20吨。

辛店桥　城西北21千米，辛店村西北。属绕城高速路桥，跨山涧小河。1997年修建。长10.31米，净宽21.5米，截面高0.3米。钢筋混凝土实心板梁结构，1孔，跨径5米。负荷20吨。

旺远北桥　城东南14千米，旺远柳村东南。属烟上公路桥，跨旺远河。1986年修建。桥长9米，宽27米。钢筋混凝土板面台结构，1孔，跨径8米。负荷20吨。

旺远南桥　城东南15千米，旺远唐村东南。属烟上公路桥，跨旺远河。1986年修建。桥长25米，宽27米。钢筋混凝土板面台结构，3孔，跨径8米。负荷20吨。

道平东桥　城南16.5千米，东道平村东。属烟上公路桥，跨道平河。1986年兴建。桥长22米，宽27.5米。台墩石拱结构，2孔，跨径10米。负荷20吨。

回里河桥　城南19.5千米，西回里村西。属烟上公路桥，跨回里河。原为烟青公路桥，1975年兴建，桥长6米，宽7.3米，台墩石拱结构。1986年扩建，桥长22.4米，宽27米。钢筋混凝土结构，3孔，跨径6.45米。负荷20吨。

谭家庄桥　城南20千米，谭家庄村南。属烟上公路桥，跨谭家庄河。原为福穴公路桥，1975年兴建。1986年扩建，桥长8米，宽28.5米。石拱面台结构，1孔，跨径6米。负荷20吨。

张格堡桥（北1）　城南20.5千米，张格堡村北。属烟上公路桥，跨土峻头河。原为福穴公路桥，1975年兴建。1986年拓宽，桥长26米，宽27米。钢筋混凝土板面台结构，3孔，跨径8米。负荷20吨。

张格堡桥（北2）　城南20.7千米，张格堡村北。属烟上公路桥，跨狮子山河。原为福穴路石拱桥，1975年兴建。1986年拓宽，桥长14米，宽27米。钢筋混凝土板面台结构，2孔，跨径6米。负荷20吨。

张格堡桥（南1）　城南21千米，张格堡村东。属烟上公路桥，跨篁顶山河。原为福穴路石拱桥，1975年兴建。1986年拓宽，桥长26米，宽27米。钢筋混凝土板面台结构，3孔，跨径8米。负荷20吨。

张格堡桥（南2）　城南21.5千米，张格堡村东南。属烟上公路桥，跨山沟小河。原为福穴公路桥，1975年兴建。1986年扩建，桥长12米，宽30.5米。石拱面台结构，1孔，跨径8米。负荷20吨。

柳子河桥　城西北5.5千米，垆上村东北。属烟汕公路桥，跨柳子河。1986年建高架桥。桥长20.5米，宽15.5米，高3米。板石墩台结构，3孔，跨径5米。负荷20吨。

陡崖河桥　城西北18.2千米，上刘家村西。属烟汕公路桥，跨陡崖河。1979年修建。桥长17.9米，宽12米，高3米。台墩石拱结构，6孔，跨径1.5米。负荷10吨。

上刘家河桥　城西北18千米，上刘家村西。属烟汕公路桥，跨上刘家河。1979年兴建。桥长16.9米，宽12米，高3米。台墩石拱结构，2孔，跨径5.4米。负荷10吨。

汪家河桥　城西北20.5千米，汪家村北。属烟汕公路桥，跨汪家河。1979年修建。桥长14.1米，宽11.8米，高3米。石拱台墩结构，7孔，跨径3米×2.1米+4米×1.1米。负荷10吨。

汤家河桥　城西北21.5千米，汤家村北。属烟汕公路桥，跨汤家河。1974年修建。桥长21.6米，宽10.08米，高3米。铺板石墩结构，8孔，跨径2.15米。负荷10吨。

姜家河桥　城西南3.5千米，姜家庄村南。属烟栖公路桥，跨姜家河。1954年修建，桥长28米，宽7米，高4米，肋板墩型结构，2孔，跨径6米。负荷10吨。1999年拓宽，桥长17.1米，宽22.5米。负荷20吨。

南十里堡桥　城西南4.8千米，南十里堡村南。属烟栖公路桥，跨十里堡河，1954年兴建，桥长24.9米，宽7米，高4.5米。1999年拓宽，桥长18米，宽22.5米，

2孔，跨径6.75米。负荷20吨。

东厅桥　城西南6.5千米，东厅村东南。属烟栖公路桥，跨庵沟河。1954年修建，桥长20.6米，宽7米，高4.2米，2孔，跨径6.73米。1999年拓宽，桥长20.5米，宽20.5米，2孔，跨径6.75米。负荷20吨。

南厚滋沟桥　城西南8.8千米，南厚滋沟村南。属烟栖公路桥，跨厚滋沟河。1954年修建。桥长24米，宽8.5米，高3.5米。台墩板悬臂梁结构，3孔，跨径分别为5.37米、13.3米和5.31米。负荷10吨。

西栾家疃桥　城西南11.5千米，西栾家疃村南。属烟栖公路桥，跨义井河。1954年修建。桥长28.1米，宽8.5米，高4.5米。排架柱肋板结构，4孔，跨径6米。负荷10吨。

大山沟河桥　城西南12.5千米，古上村北。属烟栖公路桥，跨大山沟河。1960年修建。长25.4米，宽7.5米，高6.5米。钢筋混凝土石拱结构，3孔，跨径5米。负荷10吨。

曲家庄桥　城西北14千米，曲家庄村北。属成龙公路桥，跨农田小沟。1972年修建，1990年拓宽。桥长12.28米，宽11.8米。台墩石拱结构，4孔，跨径2米。负荷20吨。

古现西河桥　城西北14.5千米，古现镇政府北。属成龙公路桥，跨古现西河。1972年修建，桥长11.1米，宽6米，高2米，台墩石拱结构。1990年扩建，桥长40.38米，宽11.8米，现浇板U形桥台结构，4孔，跨径8米。负荷20吨。

西臧家东桥　城西北16.5千米，西臧家村东。属成龙公路桥，跨臧家河。1974年修建，桥长14米，宽6米，高3.5米，台墩石拱结构。1990年扩建，长14.69米，宽11.8米，2孔，跨径6米。负荷20吨。

西臧家西桥　城西北16.7千米，西臧家村西北。属成龙公路桥，跨山涧小河。1996年10月兴建。桥长14米，宽13.09米。钢筋混凝土台墩结构，1孔，跨径5米。负荷20吨。

石岚东桥　城西北17.7千米，石岚村东。属成龙公路桥，跨农田小河。1990年修建。桥长5.8米，宽11.8米。台墩石拱结构，1孔，跨径5米。负荷20吨。

石岚南桥　城西北18千米，石岚村南。属成龙公路桥，跨农田小河。1990年修建。桥长11.12米，宽11.8米。台墩石拱结构，3孔，跨径3米。负荷20吨。

石岚西桥　城西北18.5千米，石岚村西。属成龙公路桥。1972年修建，桥长6.2米，宽6.2米。1990年拓宽，长6.63米，宽11.8米。台墩石拱结构，1孔，跨径5米。负荷20吨。

大沙埠西桥　城东1.5千米，大沙埠村西。属烟凤公路桥，跨农田水沟。1954年修建，1995年拓建。桥长6米，宽16.5米。钢筋混凝土板石台结构，1孔，跨径6米。负荷20吨。

吴家桥　城西北12千米，东吴家村东。为古张公路桥，跨柳林河上游。1970年修建。桥长18.5米，宽7.5米。石拱结构，2孔，跨径8米。负荷10吨。

隆口桥　城西10.3千米，隆口村南。为古张公路桥，跨义井河。1970年兴建。桥长16.4米，宽7.45米。石拱结构，2孔，跨径6.9米。负荷10吨。

下官乐沟桥　城西南12.8千米，下官乐沟村西南。为古张公路桥，跨官老沟河。1970年修建。桥长10.7米，宽7.7米。石拱结构，1孔，跨径8米。负荷10吨。

西黄山桥　城南22千米，西黄山村西。为回郝公路桥，跨黄山河。1975年修建。桥长23米，宽7米。石拱台墩结构，2孔，跨径8米。负荷10吨。

后富村桥　城南26.3千米，后富村西。为回郝公路桥，跨山涧小河。1980年修建。桥长24.6米，宽8.5米。台墩石拱结构，2孔，跨径8米。负荷10吨。

前富村桥　城南26.7千米，前富村西。为回郝公路桥，跨富村河。1980年兴建。桥长25米，宽8.5米。石拱结构，2孔，跨径16米。负荷10吨。

大沙埠南桥　城东南1.5千米，大沙埠村南。为大旺公路桥，跨农田小沟。1977年6月修建。桥长7.2米，宽8.7米。台墩石拱结构，1孔，跨径6米。负荷15吨。

葛庄桥　城东南4千米，葛庄村西。为大旺公路桥，跨葛庄河。1977年6月修建。桥长14.4米，宽9.9米，高3米。台墩石拱结构，2孔，跨径5米。负荷10吨。

绍瑞口桥　城东南10.5千米，绍瑞口村东。为大旺公路桥，跨绍水口河。1967年修建。桥长23.5米，宽7米，高2.5米。台墩石拱结构，4孔，跨径4.85米。负荷10吨。

旺远河桥　城东南14千米，旺远村东。为大旺公路桥，跨旺远河。1970年修建。桥长18.72米，宽7.5米。台墩石拱结构，4孔，跨径4米。负荷10吨。

门楼河桥　城南9千米，门楼村东。属烟凤公路桥，跨门楼河。1968年修建。桥长11.15米，宽6.48米。台板结构桥，4孔，跨径2米。负荷15吨。

集贤河桥　城南11.5千米，集贤村南。为林门公路桥，跨集贤河。1968年修建。长19.86米，宽6米。台墩石拱结构，3孔，跨径4.5米。负荷10吨。

高家庄桥　城南9.5千米，诸留高家庄村西南。为林门公路桥，跨诸留河。1969年修建。桥长18.7米，宽6.5米。台墩石拱结构，2孔，跨径8米。负荷15吨。

旺远河桥　城东南14千米，旺远村西。为林门公路桥，跨旺远河。1966年修建。长18.3米，宽6.5米，台墩石拱结构，4孔，跨径3.6米。负荷15吨。

立交桥

五指山分离立交桥　城东北4千米，永福园村北，烟台开发区五指山路南端。属同三高速公路大型立交桥，垮五指山路与永福园路交叉处。1998年11月破土，2000年11月建成。全长120.32米，净宽25米，截面高1.3米。被交叉路种为城市快速路，主线上跨型。钢筋混凝土结构。负荷（以下简称负荷）20吨。属分离式立体交叉大桥。

福海路立交桥　城北4.5千米，福海路北端，烟台开发区衡山路南端。属同三高速公路互通中型立交桥，跨福海路与衡山路交叉处。总长96.34米。上部构造为钢筋混凝土连续箱梁，下部构造为柱式墩，扶壁式桥面，钻孔落注桩基础。负荷超20吨。

垆上立交桥　城西北5.5千米，垆上村东南、山前李家村东北。属同三高速公路互通大型立交桥，与206国道相交。1998年11月动工，2000年11月建成。总长186.08米，桥面净宽25米，截面高1.7米。半定型向，主线上跨式，钢筋混凝土箱梁结构。负荷20吨。

臧家分离立交桥　城西北7千米，臧家村西南，招贤村东北。属同三高速公路小型分离立交桥，与村际乡路相交。1998年11月破土，2000年11月建成。桥长14.9米，桥面净宽28.3米，截面高0.36米。钢筋混凝土矩型板结构，1孔，跨径8米。负荷20吨。

大杨家互通立交桥　城西北8千米，大杨家村西南。属同三高速公路中型互通立交桥，与绕城高速公路交叉。1998年动工，2000年12月竣工。桥长75米，桥面净宽34.2米，高7.8米，截面高1.3米。钢筋混凝土矩型板结构，4孔，路径为2米×14米+2米×21米。负荷20吨。

和平分离立交桥　城西北9.5千米，和平村西南。属同三高速公路中型分离式立交桥，与古张公路交叉。1999年动工，2000年12月建成。桥长75.84米，桥面净宽7.5米，高22米，截面高0.75米。钢筋混凝土矩形结构，4孔，最大跨径16米。负荷20吨。

楚塘蓝烟增二线公路立交桥　城东南6.5千米，楚塘村北。属绕城高速公路中型立交桥，与蓝烟铁路增二线交叉。2001年8月动工，2002年7月竣工。桥总长37.65米，净宽21.5米，截面高0.9米。3孔，跨径分别为6米、20米和6米，20米板为砼空心桥梁，6米桥为简支板。负荷超20吨。

崇义（东）立交桥　城东南4.5千米，崇义村西北。属绕城高速公路立交桥，与烟凤公路相交。1995年10月动工，1998年6月建成。桥总长61.18米，净宽13米，截面高0.8米。钢筋混凝土空心板梁结构，2孔，跨径10米。负荷20吨。

崇义立交桥　城东南4.5千米，崇义村西北。属绕城高速公路中型分离立交桥，与烟凤公路相交。1995年10月破土，1998年6月落成。桥总长61.18米，净宽13米，截面高0.8米。匝道总长232.8米，面积2471.6平方米。钢筋混凝土实心板梁结构，2孔，跨径13米。负荷20吨。

姜家庄分离立交桥　城西南3.6千米，姜家庄村西南，绕城高速公路与烟栖公路相交。1995年动工，1998年10月建成。桥总长39.72米，净宽21.5米，截面高0.55米。钢筋混凝土空心板梁结构，2孔，跨径13米。负荷20吨。

姜家庄互通立交桥　城西南3.5千米，姜家庄村西南，绕城高速公路与烟栖公路相交。1998年动工，2001年6月建成。桥总长36.73米，净宽21.5米，高7.2米。钢筋混凝土结构，1孔，跨径20米。负荷20吨。

大杨家立交桥　城西北8.5千米，大杨家村西南，绕城高速公路与烟栖高速公路相交。1998年修建。桥总长12米，净宽42米，截面高0.5米。石拱结构，1孔，跨径8米。负荷20吨。

古张立交桥　城西北12.2千米，林家村西，绕城高速路与古张公路相交。1996年修建。桥总长61.44米，净宽7米，截面高0.8米。钢筋混凝土空心板梁结构。

负荷 20 吨。

古高立交桥　城西北 14.5 千米，古现西村西南，绕城高速公路与古高乡路相交。1998 年修建。桥长 17.13 米，净宽 21.5 米，截面高 0.6 米。台墩石拱结构，1 孔，跨径 8 米。负荷 20 吨。

回里立交桥　城南 19.5 千米，回里村北，烟上公路与回郝公路相交。1989 年修建。桥长 38.7 米，宽 29.5 米，钢筋混凝土空心板 V 型台结构，1 孔，跨径 15 米。负荷 20 吨。

天桥

山前李家人行天桥　城西北 5.5 千米，山前李家村北，烟台开发区奇章村南两村路相交。属同三高速路段中型人行天桥。1998 年动工，2000 年 10 月建成。全长 55 米，桥面净宽 2.5 米，截面高 1.15 米。被交叉路种为主线下穿型，钢筋混凝土连续板结构，2 孔，跨径 26 米。

泰山路人行天桥　城东北 4 千米，电信路北端，烟台开发区泰山路南端相交。属同三高速路段中型人行天桥。1999 年动工，2000 年 10 月建成。全长 55 米，桥面净宽 2.5 米，截面高 1.15 米。被交路种为主线下穿型，钢筋混凝土连续板结构，2 孔，跨径 26 米。

刘松路人行天桥　城东北 4 千米，松霞路北端，烟台开发区刘家台子路南端。属同三高速路段中型人行天桥。1999 年动工，2000 年 11 月竣工。全长为 55 米，桥面净宽 2.5 米，截面高 1.15 米。被交叉路种为主线下穿型，钢筋混凝土连续板结构，2 孔，跨径 26 米。

舒家人行天桥　城北 4.6 千米，小陈家村北，烟台开发区舒家村南两村路相交。属同三高速路段中型人行天桥。1999 年动工，2000 年 10 月建成。长 55 米，桥面净宽 2.5 米，截面高 1.15 米。被交叉路种为主线下穿型，钢筋混凝土连续板结构，2 孔，跨径 26 米。

杜家崖金矿天桥　城西北 9 千米，和平村东，同三高速公路与杜家崖金矿厂路相交。属同三高速路段中型通厂天桥。1999 年破土，2000 年 12 月落成。桥长 72 米，桥面净宽 6 米，高 15 米，截面高 0.75 米。钢筋混凝土矩型板结构，3 孔，跨径 16 米。负荷 20 吨。

大转分离天桥　城西北 11 千米，大转村西南。属同三高速路段中型分离式田间天桥。1999 年动工，2000 年 12 月落成。桥长 64.8 米，桥面净宽 6 米，高 13 米，截面高 1.2 米。钢筋混凝土矩型板结构，3 孔，跨径 20 米。负荷 20 吨。

肖家夼天桥　城西 13 千米，肖家夼村南。属同三高速路段中型人行天桥。1999 年破土，2000 年 12 月竣工。桥长 56.36 米，桥面净宽 2.5 米，高 6.2 米，截面高 0.9 米。钢筋混凝土矩型板结构，4 孔，跨径 16 米。负荷 20 吨。

东罗格庄天桥　城西 14.8 千米，东罗格庄村北。属同三高速路段中型分离立交天桥。1999 年动工，2000 年竣工。桥长 69 米，桥面净宽 6 米，高 11 米，截面高 1.2 米。钢筋混凝土矩型板结构，3 孔，跨径 20 米。负荷 20 吨。

西罗格庄天桥　城西 15 千米，西罗格庄村北。属同三高速路段中型分离立交天桥。1999 年动工，2000 年竣工。桥长 64.8 米，桥面净宽 6 米，高 12 米，截面高 1.2 米。3 孔，跨径 20 米。负荷 20 吨。

楼底东山天桥　城东南 5.5 千米，楼底村东南。属绕城高速路段中型连山采石场空中天桥。1995 年 10 月动工，1996 年 10 月建成。桥长 53 米，宽 4.5 米，截面高 0.8 米。钢筋混凝土空心板梁结构。

楼底西山天桥　城东南 5.5 千米，楼底村西南。属绕城高速路段中型农田空中天桥。1996 年兴建。桥梁总长 53 米，净宽 4.5 米，桥板截面高 0.8 米。钢筋混凝土空心板梁结构。

姜家庄天桥　城西南 3.5 千米，姜家庄村西南。属绕城高速路段中型农田空中天桥。1996 年春动工，1998 年秋建成。桥长 53 米，净宽 4.5 米，截面高 0.8 米。被交为主线下穿型，钢筋混凝土空心板梁结构。

儒霖沟天桥　城西 5 千米，儒霖沟村西南，山路跨绕城高速公路。属绕城高速路段中型农田空中天桥。1997 年修建。桥总长 53 米，净宽 4.5 米，截面高 0.8 米。钢筋混凝土空心板梁结构。

庞家沟天桥　城西 6 千米，庞家沟村西。属绕城高速路段中型农田空中天桥。1997 年修建。桥长 53 米，净宽 4.5 米，截面高 0.8 米。钢筋混凝土空心板梁结构。

义村东北天桥　城西 7 千米，义村东北。属绕城高速路段中型农田天桥。1997 年修建。桥长 53 米，净宽 4.5 米，截面高 0.8 米。钢筋混凝土空心板梁结构。

义村北天桥　城西 7 千米，义村村东。属绕城高速路段中型村际来往天桥。1997 年修建。桥长 53 米，净宽 4.5 米，截面高 0.8 米。钢筋混凝土空心板梁结构。

黄泥沟天桥　城西北 7 千米，黄泥沟村西。属绕城高速路段中型村际来往天桥。1997年修建。桥长53米，净宽4.5米，截面高0.8米。钢筋混凝土空心板梁结构。

大王家天桥 城西北10千米，大王家村西南。属绕城高速路段中型天桥。1997年修建。桥长53米，净宽4.5米，截面高0.8米。钢筋混凝土空心板梁结构。

东张家天桥 城西北11千米，东张家村西。属绕城高速路段中型天桥。1997年修建。桥长53米，净宽4.5米，截面高0.8米。钢筋混凝土空心板梁结构。

东龙夼天桥 城西北13.5千米，东龙夼村东。属绕城高速路段中型通往农田天桥。1997年修建。桥长53米，净宽4.5米，截面高0.8米。钢筋混凝土空心板梁结构。

东龙夼（东北）天桥 城西北14千米，东龙夼村东北。属绕城高速路段中型通山天桥。1997年修建。桥长62.49米，净宽4.5米，截面高0.8米。钢架拱结构。

西村天桥 城西北14.5千米，古现西村西南。属绕城高速路段中型通往农田天桥。1997年修建。桥长61米，净宽4.5米，截面高0.8米。钢筋混凝土空心板梁结构。

邱家天桥 城西北16.5千米，邱家村西北。属绕城高速路段中型通往农田天桥。1997年修建。桥长53米，净宽7米，截面高0.8米。钢筋混凝土空心板梁结构。

花岩（西南）天桥 城西北17.5千米，花岩村西南。属绕城高速路段中型通山天桥。1997年修建。桥长53米，净宽4.5米，截面高0.8米。钢筋混凝土空心板梁结构。

花岩（西）天桥 城西北18千米，花岩村西。属绕城高速路段中型村际间来往空中通道。1997年修建。桥长53米，净宽4.5米，截面高0.8米。钢筋混凝土空心板梁结构。

花岩（西北）天桥 城西北18.5千米，花岩村西北。属绕城高速路段中型通往山间农田天桥。1997年修建。桥长53米，净宽4.5米，截面高0.8米。钢筋混凝土空心板梁结构。

辛店（西）天桥 城西北21千米，辛店村西。属绕城高速路段中型村际间来往空中通道。1997年修建。桥长53米，净宽4.5米，截面高0.8米。钢筋混凝土空心板梁结构。

辛店（西北）天桥 城西北21千米，辛店村西北。属绕城高速路段中型通往山间农田天桥。1997年修建。桥长53米，净宽4.5米，截面高0.8米。钢筋混凝土空心板梁结构。

侯家天桥 城西北22千米，侯家村西。属绕城高速路段中型村际间来往空中通道。1997年修建。桥长53米，净宽4.5米，截面高0.8米。钢筋混凝土空心板梁结构。

通道

垆上通道 城西北5.5千米，垆上村南。属同三高速路段小型村际间来往路下通道。1998年11月动工，2000年11月竣工。桥长7.12米，桥面净宽28.3米，桥板截面高0.3米。钢筋混凝土矩型板结构，1孔。负荷20吨。

十里堡通道 城西北5.5千米，十里堡村北。属同三高速路段小型农田路下通道。1998年11月破土，2000年11月竣工。桥长6.06米，桥面净宽28.3米，截面高0.3米。钢筋混凝土矩型板结构，1孔。负荷20吨。

刘家埠通道 城西北6千米，刘家埠村北。属同三高速路段小型村际间来往路下通道。1998年动工，2000年11月竣工。桥长7.22米，桥面净宽28.3米，截面高0.3米。钢筋混凝土矩型板结构，1孔。负荷20吨。

柳行通道 城西北6千米，柳行村东南。属同三高速路段小型农田路下通道。1998年11月动工，2000年11月竣工。桥长8.31米，桥面净宽28.4米，高0.36米。钢筋混凝土矩型板结构，1孔。负荷20吨。

黄柳庄通道 城西北5.8千米，黄家村北，柳行村南。属同三高速路段小型村际间来往路下通道。1998年11月动工，2000年11月竣工。桥长17.46米，桥面净宽28.3米，截面高0.36米。钢筋混凝土矩型板结构，2孔。负荷20吨。

小河子汪家通道 城西北7.5千米，小河子汪家村南。属同三高速路段小型农田路下通道。1998年动工，2000年11月竣工。桥长5.4米，桥面净宽28.4米，截面高0.3米。钢筋混凝土矩型板结构，1孔。负荷20吨。

大杨家通道 城西北8千米，大杨家村南。属同三高速路段小型连村路下通道。1998年动工，2000年11月竣工。桥长7.8米，净宽33.4米，高8.1米，台墩石拱结构，1孔。负荷20吨。

肖家夼通道 城西12.8千米，肖家夼村东南。属同三高速路段小型村际间来往路下通道。1999年动工，2000年竣工。桥长8.02米，桥面净宽33.9米，高5.9米，截面高0.47米。钢筋混凝土矩型板梁结构，1孔。负荷20吨。

肖家夼山路通道　城西13.6千米，肖家夼村西南。属同三高速路段小型上山路下通道。1999年动工，2000年竣工。桥长6.8米，桥面净宽35.2米，高5.2米，截面高0.28米。钢筋混凝土矩型板结构，1孔。负荷20吨。

蔡家夼通道　城东南6.5千米，蔡家夼村北。属绕城高速路段小型农田路下通道。1997年建，桥长20.55米，净宽21.5米，截面高0.5米。台墩石拱结构，2孔。负荷20吨。

崇义通道　城东南5千米，崇义村东北。属绕城高速路段小型农田路下通道。1996年建，桥长11.99米，净宽21.5米，截面高0.3米。钢筋混凝土空心板结构，2孔。负荷20吨。

吕格庄通道　城南3.5千米，吕格庄村东北。属绕城高速路段小型跨村路通道。1995年冬动工，1998年秋建成。桥长20.42米，净宽21.5米，截面高0.45米。钢筋混凝土空心板梁结构，2孔。负荷20吨。

高家疃通道　城西南3.5千米，高家疃村西南。属绕城高速路段小型山间农田通道。1997年建。桥长17.83米，净宽21.5米，截面高0.3米。台墩石拱结构，2孔。负荷20吨。

西留公南通道　城西南3.5千米，西留公村南。属绕城高速路段农田通道。1997年建。桥长10.16米，净宽21.5米，截面高0.3米。钢筋混凝土空心板梁结构，2孔。负荷20吨。

儒霖沟通道　城西5千米，儒霖沟村东南。属绕城高速路段小型山间通道。1997年建。桥长16.93米，净宽21.5米，截面高0.45米。钢筋混凝土空心板梁结构，1孔。负荷20吨。

北庵沟通道　城西5.3千米，北庵沟村南。属绕城高速路段小村来往通道。1997年建。桥长13.6米，净宽21.5米，截面高0.45米。钢筋混凝土空心板梁结构，1孔。负荷20吨。

庞家沟通道　城西6千米，庞家沟村西。属绕城高速路段小型农田通道。1997年建。桥长10.16米，净宽21.5米，截面高0.3米。钢筋混凝土空心板梁结构，1孔。负荷20吨。

大杨家通道　城西北8.5千米，大杨家村西南。属绕城高速路段中型村通道。1997年建。桥总长64米，净宽6米，截面高0.5米。钢筋混凝土空心板梁结构，2孔。负荷20吨。

大杨家西通道　城西北8.7千米，大杨家村西。属绕城高速路段小型农田通道。1997年兴建。桥长10.68米，净宽21.5米，截面高0.3米。钢筋混凝土空心板梁结构，1孔。负荷20吨。

大杨家西北通道　城西北8.9千米，大杨家村西北。属绕城高速路段小型农田通道。1997年建。桥长10.16米，净宽21.5米，截面高0.3米。钢筋混凝土空心板梁结构，1孔。负荷20吨。

东张家通道　城西北11.3千米，东张家村西。属绕城高速路段农田通道。1997年建。桥长10.16米，净宽21.5米，截面高0.3米。钢筋混凝土空心板梁结构，1孔。负荷20吨。

林家通道　城西北11.5千米，林家村西。属绕城高速路段小型乡村来往通道。1997年建。桥长19.94米，净宽21.5米，截面高0.5米。台墩石拱结构，2孔。负荷20吨。

东龙夼（东南）通道　城西北14千米，东龙夼村东南。属绕城高速路段中型山地通道。1997年建。桥长62.49米，净宽45米，截面高0.68米。钢架拱结构，1孔。负荷20吨。

东龙夼通道　城西北14千米，东龙夼村东。属绕城高速路段小型农田通道。1997年修建。桥长15.21米，净宽21.5米，截面高0.45米。台墩石拱结构，2孔。负荷20吨。

西村通道　城西北14.5千米，古现西村西南。属绕城高速路段小村通道。1997年建。桥长13.74米，净宽21.5米，截面高0.3米。钢筋混凝土空心板梁结构，2孔。负荷20吨。

郑家庄通道　城西北19千米，郑家庄村东。属绕城高速路段小型村际间来往通道。1997年建。桥长16.44米，净宽21.5米，截面高0.5米。台墩石拱结构，2孔。负荷20吨。

侯家通道　城西北22千米，侯家村西。属绕城高速路段小型山地通道。1998年建。桥长11.48米，净宽21.5米，截面高0.3米。钢筋混凝土空心板梁结构，2孔。负荷20吨。

大沙埠通道　城东南1.5千米，大沙埠村南。属烟凤路段小村通道。1996年修建。桥长18.5米，净宽6米，截面高0.3米。钢筋混凝土空心板梁结构，1孔。负荷20吨。

第三章　运输业

清代，辖区货运以牲畜驮运、脚夫肩挑为主，兼有人推木制独轮车和铁木结构畜力大车。客运工具有轿、驮轿、苫子等。民国时期，货运工具仍以木制推车和铁木结构畜力大车为主。客运工具自烟潍公路通车和人力车、自行车兴起后，驮轿、苫子逐渐淘汰，轿子只供嫁娶使用。中华人民共和国成立初期，货运工具有木质独轮推车和双轮大板车、铁木轮畜力大车。50年代末，木轮、铁轮车改为胶轮。60年代后，客货运输工具逐步向机动车发展。1969年，境内始有机动车辆。1975年，有载货汽车30辆。1976年，全县有农运兼营拖拉机357辆。

中华人民共和国成立前，辖区公路客运业务由烟潍、烟青公路福山车站及站点经办。1938年，日军侵占福山后，客运停营。1949年冬，胶东军区后勤部兵站于八角村南烟潍路北侧设立汽车代办站，办理客运业务。1951年，县政府在西北关村南租赁2间民房，成立福山汽车站。烟台汽车站开通烟台至福山短途班车，途经珠玑、永福园等村。每日上下午各往返1次。同时，烟台汽车站增开烟台至莱阳长途班车，途经福山城、高疃。1953—1955年，烟台汽车站相继开辟4条通境内的班车线路：烟台至臧家营房，途经三里店、山前李家等村，全程24千米；烟台至古现，途经岗嵛、三十里堡等村，全程32千米；烟台至张格庄，途经大沙埠、门楼等村，全程34千米；烟台至高疃，途经芝阳、东厅等村，全程31千米。1956年后，烟台汽车站开辟烟台至青岛、栖霞、蓬莱、黄县等省内长途客运班车，福山站无客运车辆，仅办过往手续。1957—1960年，福山有过路班车18次。70年代，门楼、高疃等较大村镇先后成立汽车代办站。

第一节　公路运输

运输工具

改革开放前，辖区货运主要是牲畜、小推车、大板车、拖拉机及少量汽车等。1983年，农村实行生产责任制后，自行车已普及，有的农民购置轻骑、摩托车用于贩运；少数富户购置大客车、小客车、拖拉机、载货汽车，用以客运；部分厂企单位亦配备车队，自运为主，兼顾外营。1985年，全区客货运输工具有20马力以上拖拉机861辆、0.5吨以上载货汽车1107辆、客货两用车106辆、大型客车21辆、乘坐车97辆、轻骑2346辆、摩托车610辆、自行车8.6万辆。1986年以后，随着改革开放的深入，交通工具得以长足发展。至2002年底，全区共有载货汽车1791辆，其中重型263辆、大型424辆、中型146辆、小型958辆，农用三轮、二轮车523辆、拖拉机146辆，营运客车157部，客运出租车209部。

公路客运

1983年11月，烟台市公交公司增开烟台至福山城11路公交车，全程15千米，每日往返4次。1985年，改为每小时往返1次。设大沙埠、芝阳、区医院、史家庄等站点。1985年，全区有客运线路34条，总长1723千米，设站点297个，有过路班车132次。其中，城区内有过路班车95次。全区有专营客运的中巴面包车9辆，2002年12月，中巴客运车退市。1985年以后，境内客运事业迅速发展。至2002年，新辟福山发车的客运线路24条，途经福山的过路线路3条，设站点320个，总通车里程达1267千米。

始发客车

福山至青岛　1987年开通，全程219千米。途经栖霞、莱阳、莱西、即墨等站点达青岛。

福山至临泉　1989年开通，全程961千米。途经莱阳、临沂、徐州、锅阳等站点达安徽临泉。

福山至烟台开发区　1992年，开通福山至烟台开发区客运班车6部，全程10千米。途经福海路及衡山路村、企单位等站点。1997年，客车增加到10部，东西两线对开。

福山至迟家　1992年开通，全程30千米。途经兜余、东陌堂、旺远、回里、黄山、富村等站点达迟家村。1998年，客运班车增加到10部。

福山至芝罘　1992年开通，全程15千米。1997年，班车增加到34部，东西线对开。2002年底，34部中巴小客更新为17部大客。30路开东线，31路、32路开西线。

福山至临朐　1993年开通，全程361千米。途经三十里堡、大辛店、黄县、龙口、莱州、潍坊等站点达临朐。

福山至张格堡　1993年开通，全程24千米。途经芝阳、门楼、集贤、旺远、回里、谭家庄等站点达张格堡村。1998年，班车增加到11部。

福山至张格庄　1993年开通，全程28千米。1998年，班车增加到24部，东西线对开，东线途经芝阳、门楼、下许家等站点达张格庄；西线途经东厅、义井、西宋洲、邢家、上官老沟、冯家等站点达张格庄村。

福山至八角　1995年开通，全程22千米。途经舒家、山前李家、三十里堡、石屋营、上刘家等站点达八角口村。1998年，班车增加到14部。

福山至大杨家　1995年开通，全程12千米。途经舒家、山前李家、臧家等站点达大杨家村。1997年，班车增加到2部。

福山至大谷家　1996年开通，全程23千米。途经东厅、高疃、邹格庄、孙家疃等站点达大谷家村。1998年，班车增加到13部。

福山至烟台大学　1996年开通，全程15千米。途经黄务、五台等站点达烟台大学。2001年，班车增加到5部。

上官老沟至烟台站　1996年开通，全程30千米。途经曲家、义井、大沙埠、发电厂等站点达烟台站。

福山至牟平　1997年开通，全程30千米。途经黄务、五台等站点达牟平区。1998年，班车增加到2部。

福山至义村　1997年开通，全程10千米。途经南十里堡、东厅、铜矿等站点达义村。

福山至塔寺庄　1997年开通，全程9千米。途经留公、仉村、周格庄、汪格庄等站点达塔寺庄村。1998年班车增加到3部。

福山至桃村　1997年开通，全程45千米。途经门楼、下许家、大庄头等站点达桃村。

福山至和平　1997年开通，全程15千米。途经舒家、招贤、小杨家等站点达和平村。

绍瑞口至烟台站　1997年开通，全程21千米。途经葛庄、卫家疃、大沙埠等站点达烟台站。

福山至院下　1998年开通，全程20千米。途经舒家、垆上、林官庄、吴家等站点达院下村。

古现至烟台开发区　1998年开通，全程10千米。途经林官庄、马家等站点达开发区。

院下至烟台开发区　1998年开通，全程20千米。途经吴家、林官庄、马家等站点达开发区。

回里至烟台站　1998年开通，全程25千米。途经道平、旺远、陌堂、黄务等站点达烟台站。

上夼至蔡家夼　2001年开通，全程8千米。途经福山城、大沙埠等站点达蔡家夼村。

过路客车

烟台至济南　1985年，由烟台发车，途经福山、潍坊、淄博等站点达济南市。1999年，车型由普通客车更换为依维柯。

栖霞至烟台　1987年，由栖霞市发车，途经高疃、东厅、福山城、大沙埠、烟台发电厂等站点达烟台。1997年，班车增加到3部。

庙后至烟台　1998年，由栖霞市庙后村发车，途经福山、大沙埠、烟台发电厂等站点达烟台。

旅游客车

1995—2001年，辖区新增5部旅游客车。线路、时间不固定，专为旅游团服务。

出租客车

1988年，境内始有1部出租三轮车。90年代后，客运出租发展迅速。1995年8月，区交通局公开招标，对辖区客运出租车辆道路运输证实行有偿使用，有130人报名，经审查符合条件的有90人，每辆标的0.8万元，最高限价2.2万元，最终有88人以2.2万元中标。同时，还为运输公司12人、东陌堂3人办理客运出租车辆道路运输证。至2002年底，全区客运出租轿车发展到209部。其中，桑塔纳9部、新式夏利128部、富康23部、捷达49部。

公路货运

民国之前，辖区货物大都由货主雇用农户牲畜、挑夫、车夫，使用旧式工具进行运输。

中华人民共和国成立后，1951—1965年，境内货运由烟台市汽车运输公司承担。1966—1969年，由山东省运输公司烟台分公司市属车队承运。1969年5月，县汽车运输队成立，购置大把195型三轮车4部，承担部分货运业务。1974—1975年，购置NJ－130汽车12部、CA－10B汽车18部，核定吨位102吨。1978年后，有的厂矿企业成立车队，自运兼外营；部分农民购置汽车，成为专业运输户。1982—1983年，购进CA－10C汽车13部，核定吨位110吨。至1985年，全区有专业运输车辆821部，核定吨位2650吨；配属车队8个，汽车94部，核定吨位568吨。全年货运量289.4万吨。至2002年底，全区有货物配载、搬运装卸等服务企业7个，专业运输企业4个，共有载货汽车1791部，合计吨位8077吨。其中，重型汽车263部，吨位2560吨；大型汽车424部，吨位2756吨；中型汽车146部，吨位654吨；小型汽车958部，吨位2107吨。另外，还有农用三轮、两轮车523辆，合计吨位316吨；拖拉机146辆，合计吨位511吨。

1965—2002年福山县（区）公路客运量统计表

表28-1　　　　单位：万人次

年份	完成客运量	年份	完成客运量
1965	9.7	1984	101.9
1966	11.2	1985	108.4
1967	1.4	1986	106.1
1968	1.5	1987	89.6
1969	1.8	1988	85.3
1970	19.6	1989	72.3
1971	21.5	1990	60.9
1972	24.3	1991	96.7
1973	24.9	1992	105.1
1974	23.5	1993	173.5
1975	26.3	1994	177.8
1976	29.8	1995	192.9
1977	34.3	1996	225.5
1978	37.1	1997	230.1
1979	42.7	1998	230.2
1980	51.3	1999	230.3
1981	104.8	2000	261.8
1982	58.8	2001	299.7
1983	68.9	2002	281.3

1969—2002年福山县（区）公路货运量统计表

表28-2　　　　单位：万吨

年份	完成货运量	年份	完成货运量
1969	0.2	1986	134.2
1970	0.6	1987	126.8
1971	1.1	1988	130.5
1972	2.3	1989	138.4
1973	3.5	1990	141.8
1974	27.3	1991	150.1
1975	45.2	1992	274.1
1976	58.1	1993	562.7
1977	76.2	1994	644.1
1978	102.1	1995	857.6
1979	90.4	1996	443.7
1980	125.1	1997	519.3
1981	84	1998	480.1
1982	91	1999	195.7

续表 28-2

年份	完成货运量	年份	完成货运量
1983	121.8	2000	379.6
1984	93.5	2001	352
1985	289.37	2002	224.3

第二节　铁路运输

1956 年 7 月 1 日，蓝烟铁路建成通车。1998 年，为完善全国铁路网布局和缓解南北运力紧张，经国务院批准，投资 22 亿元，进行蓝烟铁路增二线扩建工程，2002 年底竣工。

客运　蓝烟铁路开通后，在辖区路段设福山、旺远、回里站，年发送旅客 2 万人次左右。改革开放后，福山外出旅游、经商者增多，铁路客运业务扩大，平均每年发送旅客 3 万余人次。1985 年达到 5.3 万余人次。90 年代后，年发送旅客 80 万人次。2000 年后，同三高速、烟上公路、烟汕公路开通后，火车乘客较前减少。每天路过的客运列车有烟台－上海西、烟台－北京、烟台－西安、烟台－佳木斯、烟台－石家庄、烟台－徐州、烟台－济南、烟台－青岛、烟台－淄博。

货运　1956 年，回里火车站开办铁路货运业务，主运黄沙、水果、滑石粉等。至 1975 年，年铁路货运量 2 万吨左右。之后，铁路货运物品由原材料发展到大宗工业、商业及人民生活相关产品。1976 年，铁路货运量为 4.2 万吨，1977 年为 6.6 万吨，1982 年为 10.9 万吨，1985 年达 13.2 万吨。到 2002 年，境内铁路站点年装、卸货物达 2.05 万车。其中，福山站年装货 1200 车、卸货 8000 车；旺远站装货 1000 车、卸货 6000 车；回里站装货 300 车、卸货 4000 车。

第四章　交通管理

清朝时期，县衙征集民工养护驿道。1932 年，县政府设养路班房，雇佣民工养护公路。中华人民共和国成立后，县设公路管理机构，配备专门养路工人，路况始终保持良好状态。随着境内的客、货运输车辆总量增多，交通主管部门对从事道路的运输经营者，依法加强管理。主要包括严格开业审批程序、车辆年度审验制度、车辆维修保养、交通监查、路政和规费征收管理等。

第一节　公路养护

养护队伍　1951 年，福山始设公路管理站，配备国家养路工人。60 年代初，设专职技术员，对公路维修和养护进行技术指导。1969 年，10 处公社均设养路道班，有养路工 34 人。1971 年，建立群众养路队伍，雇佣农村养路员 288 名。80 年代，县公路站配备专业工程师，养路队伍素质不断提高。1985 年，全区有国家养路职工 10 人，农村养路员 225 名。1993 年 7 月，实行公路体制改革，县乡公路由区公路管理站移交区交通委管理，国道、省道仍由区公路管理站管理。区公路站根据实际定人定编，实行责任路段养护，一级路每千米设 1.2 人，二级路和三级路每 1.5 千米设 1 人。2002 年底，境内的国、省道里程为 86.9 千米，按规定配备固定养路工 125 人。

区交通委对县乡公路养护，砂土路每 0.7 千米设 1 人，柏油路每千米设 1 人。乡村路由驻地乡镇政府负责管理。2002 年底，全区县乡路里程为 113.5 千米，其中乡村路 33.6 千米，按规定配备固定养路工 89 人、拖拉机驾驶员 5 人。

路面养护　新中华人民共和国成立初期，境内公路路面多为泥结砾石或石灰渣结构，以取土养护为主，保证晴天通车。养路工具主要是铁锨、镐头、筐篓、手推车等。60 年代，采用泥沙混合浆、底层加石子的方法养护路面，并开始使用推土机、压道机等养路机械。1972

年4月，县公路站建立油场，干线公路相继铺设油渣路面，养路实行人工和机械相结合的方法，不断修残补缺。1981年后，公路养护实行分工包段岗位责任制，开展好路站、全优工程和全优班队社会主义劳动竞赛，条条公路达到全天晴雨通车。1985年，全区养护公路174.7千米，完好率80%以上。有养路机械33台（辆），其中解放CA－10型汽车6部，跃进NJ－130型汽车2部，自动翻斗车2辆，拖拉机18台，装载机1台，压路机1台，沥青搅拌机1台，公路养护工具基本达到半机械化或机械化。1990年以后，境内各类公路路面质量不断提高，国、省道拓宽改建54.8千米，县乡路拓宽改建94.8千米。至2002年底，区公路局负责的国道36千米，好路率达94.4%；省道50.9千米，好路率达86.2%。综合好路率达89.6%，养护质量综合值82.4%。共有各种养路机械145台（套），国、省道的公路养护基本达到机械化作业。区交通局负责管理的县路76.6千米，好路率达94.7%；乡路36.9千米，好路率达83.2%。总好路率达91%，总综合值达85.5%。全区县路高级路面56.2千米，次高级路面5.7千米，低级路面14.7千米；乡村路高级路面10.5千米，次高级路面12.5千米，低级路面10.6千米；专用路高级路面1.8千米，低级路面1.5千米。共有公路养护机械10台（辆），其中平浪机4台，拖拉机6台。县、乡公路养护基本达到半机械化或机械化作业。

公路绿化　民国期间，开始对烟潍、烟青公路两侧进行绿化。树种多为刺槐、榆树和杨树，树种混杂，残缺不全。中华人民共和国成立后，坚持修筑1条路、绿化2行树。树种多为杨树、柳树和刺槐，陡坡路段植棉槐或矮化刺槐。70年代，县公路部门加强公路绿化管理，实行道班与当地社队联合管养，树木成活率达90%以上。树木的受益实行国家与地方分成政策。干线公路收益分配是国家分50%，公社分20%，村队分30%；地方公路收益分配是公社分50%，村队分50%。至1985年，全区绿化公路150.2千米，占养护里程的81%。进入90年代，交通、公路管理部门把公路绿化作为重要工作来抓，区政府与基层单位签订绿化责任状。所植树种主要有杨树、柳树、法桐、国槐，间有冬青。至2002年底，境内国、省道共栽植乔木约2.16万株、花灌林木21.8万株、草坪40.64千平方米；县、乡公路共植乔木约4.6万株，灌木冬青、木槿1.38万株。全区国、省、县、乡200.4千米的公路两侧，全部进行了绿化。

1983—2002年福山区县、乡公路养护统计表

表28-3

年份	养护总里程（千米）	总好路率（%）	总综合值（%）	县路里程（千米）	好路率（%）	综合值（%）	乡路里程（千米）	好路率（%）	综合值（%）
1993	102.5	80	80	100.9	86	82	1.6	63	75
1994	116	86	84	107.9	87	84	8.1	79	86
1995	120.7	90	82	109.1	91	81	11.6	82	83
1996	120.7	91	84	109.1	91	85	11.6	86	84
1997	126.3	86	84	109.1	87	84	17.2	79	86
1998	125.5	80	80	91.8	86	82	33.7	63	75
1999	125.5	86	83	91.8	86	81	33.7	86	85
2000	131	94.2	83	91.8	98.8	87.4	39.2	83.2	84.2
2001	127.7	91	85.5	90	94.7	86.1	37.7	83.2	84.2
2002	113.5	91	85.5	79.9	94.7	86.1	33.6	83.2	84.2

第二节　车辆管理

开业管理　境内客、货运输车辆的总量控制与管理，由县（区）道路运管所和道路客运所负责。经营者在确定投资方向、购置车辆或设备后，开业前必须向县（区）道路管理机构提出经营意向的开业申请书。经管理部门逐项审核，符合条件，发给营业许可证。申请人持道路运输业经营许可证，再到县（区）工商、税务部门办理登记，领取工商营业执照和税务登记证。并向保险公司投保。申请人持道路运输业经营许可证、工商营业执照、税务登记证、保险凭证，向县（区）道路运输管理机构领取有关单证。

1985年，全区按程序审批开业货运1家。1987年，审批2家。1990年，审批4家。1993年，审批8家。

1995 年，审批 9 家。1998 年，审批 10 家。2000 年，审批 12 家。1985—2002 年，全区累计审批 46 家，审批车辆 1304 辆。

年度审验　1986 年以前，境内对车辆以“路单”和“行车档案”进行管理。从 1987 年开始，实行经营许可证制度。1989 年后，实行营运证年审制度，每年由市运管处统一布置，4 月份开始，6 月底结束。县、乡道路运输主管部门组成年审组，对客、货、出租车辆进行年度审验。至 2002 年，全区累计审验车辆 2450 部，参审率保持在 95% 以上。

车辆维修　1969 年，境内 4 辆车均为自养自修。后随车辆增多，车辆专业维修队伍速增。1976 年，县运输队有修理人员 70 余名。1981 年，县汽修厂成立。有条件的大队相继办起车辆修理厂，其中能承接车辆大修的厂家有三里店、胜利东村、上夼、芝阳、兴华庄、岗嵛大修厂；能承修中、小型车辆维修或保养的厂家有大沙埠、西关、东北关装卸队、南关、北于家、福山镇、胜利西村、高疃北村及高疃和八角拖拉机站等修理厂。同时，出现了首家民营汽车修理厂。

1986 年 6 月，区机动车辆维修行业管理所成立，对全区的机动车辆维修行业实施“规范、协调、服务、监督”管理。1987—1997 年，依据《山东省汽车维修业管理暂行办法实施细则》，辖区车辆维修业国有、集体、个体等各种形式并存。全区有汽车大修企业 1 家、汽车维修企业 48 家、汽车专项修理企业 143 家。

1990 年，根据交通部 13 号令，对运输车辆的选配、使用、检测、维护维修、改造、更新和报废全过程实行综合性管理。1992 年，区机动车辆维修行业管理所配置检测车 1 部，对机动车辆进行强化维修服务监督。

1997 年，区欧林特汽车检修中心成立，并上一条专用汽车检测线。是年，国家颁布《汽车维修开业条件》，根据汽车维修设备、技术水平、流动资金等情况，将汽车维修企业划分为 3 类。至 2002 年，全区共有一类汽车维修企业 1 家、二类汽车维修企业 6 家、三类维修企业 156 家。

车辆技术管理　1985 年，境内开始进行车辆技术管理，分别由道路客运管理所和道路运输管理所负责。车辆技术管理部门坚持以防为主的原则，实行“择优选配、正确使用、定期检测、强制维护、视情修理、合理改造、适时更新和报废”制度，根据运输车辆的发展规划对运力增长幅度实行先审批、后购置的额度管理；建立车辆技术档案；实行车辆技术审查，包括车辆技术档案的建立及使用、车辆的厂牌、型号、规格及主要技术参数，车辆装备的完好情况，车辆技术状况等级评定情况等；实行车辆二级维护记录制度，行驶车辆一般 1 ～ 1.5 万千米，非行驶车辆一般以季为周期，定期进行车辆技术检测。检测内容主要包括汽车的安全性、可行性、动力性、经济性及噪音和废气排放状况等。定期评定车辆技术等级，根据车辆技术状况分为四级：一级车为完好车，二级车为基本完好车，三级车为需修车，四级车为停驶待报废车。技术状况等级的评定结果记入道路运输证内，作为车管监督检查的内容之一。

车辆改装、改造、更新和报废，均需车辆管理部门审核批准。1984—2002 年，全区共批复改装车量约 120 余部。1980—2002 年，全区共改造汽车近 200 部。1983—2002 年，全区共更换汽车 200 多部。1978—2002 年，全县（区）共报废汽车约 500 多部。

第三节　路政管理

80 年代以前，境内无专门路政机构和专职人员，路政管理由交通局兼管。1990 年 9 月，按上级规定，区公路管理站内设路政科，配备专职路政员 2 人、兼职路政员 10 人。以“保护路产、维护路权”为目标，对所辖国、省道和县、乡公路的路产路权实施保护。1993 年 7 月，县、乡公路移交交通委管理后，区交通委内设公路科，配备专职路政员。2002 年，区公路管理局路政科下辖 3 个路政中队，有专职路政员 5 人、兼职路政员 8 人；区交通局公路所有专职路政员 4 人；各镇（街）交管所各设兼职路政员 1 人。

1997 年，《中华人民共和国公路法》颁布后，区路政部门依法加强公路管理。区公路局、交通局先后配备路政专用车辆、照相机和摄像机，逐步完善管理公路服务措施，保障公路的完好、安全和畅通。1992—2002 年底，共处理各种违章 3635 起，收取公路损坏补偿费 259.37 多万元。其中，区公路局处理各种违章 2777 起，收取公路损坏补偿费 242.84 万元；区交通局处理各种违章 858 起，收取公路损坏补偿费 16.53 万元。

第四节　交通规费征收管理

交通规费是经国家或政府批准，向从事营业性道路运输业户征收的费用，用于公路、公路附属设施及公路运输设施的建设、养护和管理的专项基金。

公路运输管理费　1981 年，根据国家和省有关规定，开征货运车辆公路运输管理费，征收方法分 2 种：一种是按营业额的 0.8% 征收。另一种是按定额征收，载货汽车（含客货两用车）每月每吨位 8.5 元；挂车（含拖拉机）每月每吨位 7 元；出租客车每月每座位 7 元；普通中级客车大型每月每座位 1.5 元，中型每月每座位 2 元，小型每月每座位 3.5 元；高级客车大型每月每座位 2.3 元，中型每月每座位 3 元，小型每月每座位 5.2 元。当年全县征收公路运输管理费 4.57 万元。之后，征收额逐年提高，2002 年，全区征收额达到 251.33 万元。

养路费　凡参加营运的车辆，每月按核定吨位征收。1968 年，县公路站开始收取养路费。当年征收 1.5 万元。1975 年为 30.8 万元。1978 年为 84.4 万元。1980 年为 89.06 万元。1985 年，征收标准是：货车，不足 1 吨按 1 吨计算，每吨位每月为 115 元；小型乘坐车，2～5 人按半吨计算，6～10 人按 1 吨计算，11～15 人按 1.5 吨计算，每吨位每月为 115 元；拖拉机，乡、村每吨位每季度为 45 元，厂矿企事业单位按月征收，每吨位每月为 45 元。是年，全县征收养路费 448.5 万元。1994 年，根据鲁交计〔1994〕105 号文规定，汽车每月每吨位 190 元；正三轮摩托车每月每车 54 元；侧三轮摩托车每月每车 12 元；两轮摩托车每月每车 10 元；拖拉机每月每吨位 45 元。全区年征收 1850.19 万元。2002 年，达到 2694.83 万元。

货运建设基金　1990 年，根据省计委、经委、交通厅、财政厅、物价局、建行鲁交计〔1989〕112 号文规定，开征公路货物运输建设基金。汽车（不含特种车）每月每吨位 45 元；汽车的挂车、拖拉机和其他机动车，每月每吨位 24 元；21 吨以上的特种运输车每月每吨位 18 元。当年全区征收公路货物运输建设基金 203.41 万元。2002 年，达到 373.6 万元。

铁路道口安全管理费　1996 年，根据省经委、交通厅、财政厅、物价局、鲁经安字〔1995〕第 76 号文规定，开征铁路道口安全管理费。2 吨及以上农用车、三轮车、拖拉机每年每车 24 元；2 吨以下农用车、三轮车、拖拉机每年每车 12 元。

路港建设费　1997 年，根据省政府〔1996〕第 71 号文规定，开征路港建设费。按费率征收养路费的车辆按营运收入的 3% 征收；按定额征收的汽车每月每吨位 30 元，从事营业性运输的轮式拖拉机每月每吨位 30 元，正三轮摩托车每月每吨位 10 元，侧三轮、两轮摩托车每月每车 5 元。

车辆购置附加费（税）　根据国务院〔1985〕50 号文规定，进口车辆按车价的 15% 征收，国产车辆按车价的 10% 征收车辆购置附加费。自 2001 年 1 月 1 日开始，执行国家税务总局、交通部国税发〔2000〕21 号文规定，原车辆购置附加费改为车辆购置税，暂由交通部门代征，进口车、国产车均按车价的 10% 征收。

1980—2002 年福山区交通规费征收情况表

表 28-4　　　　单位：万元

年份	养路费	其中	运管费	货运基金	车购费	客运基金
		公路局				
1980	89.06	89.06	—	—	—	—
1981	80.58	80.58	4.57	—	—	—
1982	101.6	101.6	6.71	—	—	—
1983	190.47	190.47	19.78	—	—	—
1984	190.12	190.12	21.48	—	—	—
1985	448.5	448.50	24.15	—	—	—
1986	502.51	502.51	31.22	—	—	—
1987	531.98	531.98	38.44	—	—	—
1988	685.29	664.55	40.95	—	—	—
1989	752.83	702.09	48.08	—	—	—
1990	818.75	765.09	62.16	203.41	43.29	6.41
1991	1117.17	1044.67	88.11	225.5	99.35	7.68

续表 28-4

年份	养路费	其中 公路局	运管费	货运基金	车购费	客运基金
1992	1372.85	1295.53	119.95	233.87	156.08	20.97
1993	1766.07	1637.87	166.64	275.76	397.75	31.43
1994	1850.19	1701.97	195.84	266.87	622.94	36.44
1995	1970.89	1829.73	208.99	267.19	184.6	48.59
1996	1892.09	1729.11	257.29	300.83	195.09	95.71
1997	1931.49	1817.18	262.61	301.53	229.01	98.09
1998	2079.73	1928.14	271.61	314.34	298.11	105.35
1999	2224.68	2032.54	292.58	359.38	342.78	126.7
2000	2459.14	2247.54	309.34	394.27	164.6	130.24
2001	2655.89	2429.49	301.34	409.89	154.72	112.7
2002	2694.83	2464.72	251.33	373.6	106.51	114.22

第五节　交通监查

交通监理　中华人民共和国成立初期，境内交通监理工作由烟台市监理部门代管。1962 年 8 月，县公路站内设 1 名监理人员，负责有关事宜。1974 年，监理工作由县交通局负责。1976 年 4 月，成立县交通监理站。1984 年 9 月，更名为福山区交通监理所。

交通监理站成立后，每年对辖区机动车辆进行一次审验，对不合格车辆令其停驶，同时对驾驶人员进行全面考核；坚持常年路检路查，对违章驾驶员进行批评教育，情节严重者，吊销其驾驶执照；以办培训班的方式分期分批培训驾驶员，学员学习期满结业后，再经过 1 年实习期，期满经考试合格，发给驾驶证书。对机动车辆入户、过户须持有国家承认的出厂合格证和单位介绍信，经检验合格后，发给牌照和行驶证书。对交通事故处理，监理机关接到肇事报告后，立即派员赶赴现场，勘查丈量，绘制平面图和拍照，并将现场损失、伤亡、遗留物及证人材料记录在案，会同有关部门分析研究，确认事故责任，进行处理。1969—1985 年，全区共发生交通事故 2940 起，死亡 71 人，全部妥善处理。

1987 年 5 月，按上级文件精神，交通监理所移交福山公安分局。

交通稽查　1986 年以前，辖区无交通稽查机构，有关事宜由区交通局临时调管。1987 年 3 月，福山区城关交通检查站（股级事业单位）成立。1990 年 5 月，改称区道路检查站。1995 年 10 月，改称区交通稽查站。1997 年 3 月，易名区交通稽查大队。主要负责辖区的交通检查、交通规费漏征漏缴的稽查工作。2002 年 2 月，区交通稽查大队升格为副科级单位。1987—2002 年，共稽查车辆 70 万辆次，查处违章车辆 25 万辆次；补缴交通规费 2744.85 万元，其中运管费 638.26 万元，货运基金 842.56 万元，养路费 1241.67 万元，车辆购置附加费（税）22.36 万元。

1987—2002 年福山区交通稽查情况表

表 28-5

年份	查车总数（辆）	违章数（辆）	补缴规费			
			运管费（万元）	货运基金（万元）	养路费（万元）	车购费（万元）
1987	20325	4758	10.08	—	20.2	1.98
1988	19375	4508	20.9	—	35.83	2.36
1989	26751	8905	29.84	—	47.13	3.57
1990	45789	29351	30.84	21.94	50.37	4.32
1991	43625	28715	33.58	38.91	63.08	3.29
1992	45075	20751	37.64	43.68	79.03	2.97
1993	40675	11375	39.84	49.14	83.67	0.8
1994	36011	10325	40.85	51.97	85.17	0.65
1995	39062	10277	43.94	68.1	89.57	0.44

续表 28-5

1996	40299	12395	49.89	70.03	90.83	0.94
1997	41327	14095	45.26	77.69	92.17	1.04
1998	49675	15324	47.64	79.18	94.64	—
1999	59431	17625	49.33	81.8	96.8	—
2000	60985	19323	50.05	83.54	98.17	—
2001	64375	20123	51.77	86.94	102.37	—
2002	67753	22195	56.81	89.64	112.64	—

第二十九编　经济管理

中华人民共和国成立后，县（区）政府成立不同的管理机构，加强经济管理工作。1951 年，县政府设工商科，加强企业登记、经济合同、商标广告监督、市场监察、消费品维权和工商行政稽查等管理工作。1955 年设统计局，进行各项社会经济和专项统计调查及统计资料整理等工作。同年，设计划委员会，负责全县（区）国民经济和社会发展战略、中长期规划和年度计划编制并组织实施工作。1963 年，成立物价管理委员会，根据国家物价政策，加强物价调控、物价监督监测、物价服务、副食品价格调整、价格认证等管理工作。1976 年 4 月，成立对外贸易局，加强进出口贸易管理，为“三资”企业提供服务。1984 年设审计局，对区级和乡镇财政预算执行情况及其他财政收入、区直各部门和区属事业单位及下属单位的财务收入、区属地方金融机构和各类企业的资产及负债亏盈情况、区属行政事业单位领导干部和国有企业法人代表任期经济责任、社会保障资金和环保资金及社会捐赠资金等的财务收支情况，进行审计管理。1991 年，设立国有资产管理局，对国有企业进行清产核资、改革和重组，在行政事业单位及国企产权实行登记制度，加强国有企业资产、行政事业资产管理。

第一章　计划管理

境内计划管理工作从第五个五年计划（1976—1980 年）到“十五”期间，经历了指令性计划、指令性计划与指导性计划相结合、指导性计划及宏观导向性计划的转变。

1978 年后，计划经济同商品经济对立的传统观念逐步改变，经济计划和社会发展计划相互结合的计划体系开始建立。1982 年，由编制国民经济计划改为编制国民经济和社会发展计划，基层单位生产计划开始下放，逐步实行指令性计划、指导性计划和国家指导下的市场调节 3 种计划管理形式。从 1981 年“六五”计划开始，除一些关系国计民生和紧缺物资实行指令性计划外，其他大部分产品实行指导性计划和市场调节。1984 年，省政府出台《关于改革计划体制的若干暂行规定》，指令性计划范围进一步压缩，指导性计划和市场调节范围进一步扩大，工农业生产实行指导性计划，部分主要农副产品收购调拨和主要工业品调拨实行指导性计划。计划管理权限进一步下放，计委统一管理的 130 种年度计划减少到 40 种，其余全部下放到各乡镇、部门和企业。“八五”期间（1991—1995 年），宏观经济调控指标体系与社会主义市场经济体系相适应的计划管理体制走向成熟。除粮食、花生产量及煤炭、钢材、水泥、化肥供应实行指令性计划外，其他指标以预测性、指导性计划为主。

“九五”计划开始（1996 年），计划职能不断调整和改革。国民经济和社会发展年度及中长期计划的重点转变到国民经济和社会发展各种重大比例关系的调整和指导上，计划成为经济和社会发展综合平衡的一种预测性指导，并建立起与市场经济体制相适应的计划管理模式。

第一节　管理机构

1955 年，县政府设计划委员会（以下简称计委）。“文化大革命”期间，县革委设计划统计局，行使原计委和统计局职能。1978 年 5 月，复设计委。1983 年 12 月，改称烟台市福山区计划委员会。1984 年 3 月，区计委内设农业区划委员会，下设农业区划办公室，为股级事业单位；1993 年 11 月，划归区农业技术开发总公司。1987 年 11 月前，计委内部不设科室。1988 年 3 月，内设综合科、工业交通科、农业基建科、矿产资源监督管理科，均为股级行政单位。1990年9月，内设信息中心，为副科级事业单位。1991年3月，矿产资源监督管理科撤销，设矿产资源管理局。1991年7月，增设办公室。1993年11月，内设福源经济发展公司，为副科级事业单位；撤销区信息中心。1995年3月，恢复区信息中心，为股级事业单位。1998年7月，福源经济发展公司撤销。2001年12月，区计委撤销，设区发展计划局，为科级行政单位。区物价局、粮食局调整为发展计划局隶属机构。发展计划局内设办公室、公交农业科、综合科，均为股级行政单位。下设区信息中心、区散装水泥办公室，均为股级事业单位。

第二节　计划编制与实施

“七五”计划

1986年，福山区编印国民经济和社会发展第七个五年计划。到1990年，全区社会总产值由1985年的42229万元增加到93000万元（按1980年不变价格计算），年均递增17.1%；国民生产总值由20633万元增加到38600万元，年均递增13.3%；国民收入由18354万元增加到31460万元，年均递增11.4%；工农业总产值由36959万元增加到83665万元，年均递增17.8%。财政收入4666.5万元，年均递增16.6%。乡镇以上工业企业固定资产原值达到26393万元，年均递增27.4%。到1990年，全区粮食总产9491.8万公斤，比1985年增加763.8万公斤，年均递增1.7 %。农村经济总收入达到48321万元，年均递增14.8%。

5年间，全区固定资产投资总额达27259万元，比“六五”期间增加13559万元，增长1倍多。集中力量保证化工、食品发酵、邮电、交通为主的重点建设。技术改造投资7621万元，完成味精厂、包装装潢总厂、锁材厂等一批较大技改项目。

农村适度规模经营范围扩大，建立社会化服务体系，进行经济整顿，理顺经济关系，巩固壮大集体经济。国务院确定的山东省贸工农外向型经济试验区取得阶段性成果。城市全面推行企业承包经营责任制和厂长（经理）负责制。同时，实施计划、财政、税收、金融、物资、价格、劳动工资等方面的改革。

“七五”期间，批准建设“三资”企业9家，共签订利用外资项目11个，协议合同总额1163.38万美元。1990年，全区外贸出口商品收购总值5955.8万元，是1985年的3.9倍，年均递增30.1%。共取得重要科技成果55项。其中，达到国内先进水平的23项，省内先进水平的20项。建立起区、乡、村三级科技推广服务网络，使76%的科技成果得到推广应用，科技进步在促进经济增长中所占的比重达到30%。教育工作坚持以实施九年制义务教育为重点，狠抓基础教育，调整中等教育结构，扩大职业教育和成人教育。全区公办中小学校舍改造通过省级验收，具有先进水平的格迈纳尔中学一期工程建设正在进行中。各类学校入学率、升学率稳步提高。城乡建设取得新成就，拓宽福海路并配套城区段，延伸河滨路，开通北一路，完成排污工程、西山路修筑等重点城建项目；建成2条一级公路干线福山段，新辟福山铁路货运站和年货物发量100万吨的会让站配套货场；新建电讯大楼，开通2000门市区程控电话；城区公用建筑、生活小区、乡镇驻地和农民住宅以及城区园林绿化、美化有新的发展，环境卫生改观。1990年，城区和农村人均居住面积分别达到16.83平方米和20.3平方米。

1990年，全区职工平均工资为1777元，比1985年增加777元；农民人均纯收入755元，增加241元。年末城乡居民储蓄余额达到43807万元，比1985年增长近3倍。社会商品零售总额平均以每年142%的速度增长。劳动就业、社会福利、医疗卫生、文化、体育、广播等各项事业得到较大发展；计划生育、环境保护、民政、宗教、外事、侨务、史志、档案、人事、统计以及国防教育等方面的工作也取得新成绩。

“八五”计划

主要计划指标　1991年，福山区第八个五年计划编制完成。主要计划指标是：到1995年，社会总产值26.7亿元（1990年不变价，下同），年均递增18.2%；国民生产总值11.7亿元，递增16.1%，国民收入8.7亿元，递增13.9%；工农业总产值23.4亿元，递增17.5%；农业总产值3.4亿元，递增5.3%；工业总产值（含村及村以下）20亿元，递增20.6%；工业利润（含村及村以下）1.4亿元，递增19.7%；农村经济总收入10亿元，递增15.7%；农民人均纯收入1200元，递增9.7%；社会商品零售总额4.2亿元，递增15.1%；外贸出口商品收购总值1.5亿元，递增20.3%；财政收入7500万元，递增10%；全区总人口30.8万人，人口自然增长率控制在8‰以内。

计划执行情况　1995年，全区国内生产总值达到26.5亿元（当年价，下同），1980—1995年，15年平均（下同）递增23.2%，均超过全国、全省和全市平均水平；工农业总产值46.4亿元（不变价），年均递增23.5%；社会商品零售总额完成4.98亿元，年均递增14.4%；完成财政收入8800万元，年均平均递增20.6%。

农业生产致力于传统农业向“两高一优”农业转化，林果、畜牧、水产、蔬菜各业生产向基地化、产业化、商品化和现代化方向发展。1995年，乡、村两级工业企业总产值达到32.8亿元，占全区工业总产值的81.6%。工业内部结构初步形成机械、化工、建材、发酵、医药、黄金等几个主要行业，高新技术产业比重日益增大。以交通运输、邮电通信、商贸流通为主体的第三产业发展迅猛，陆地运输能力显著增强，空运实现突破，在全市率先实现农话程控化。全区物资、商品丰富，城乡市场繁荣兴旺。一、二、三产业的增加值分别达到5亿元、13.9亿元和7.6亿元，15年平均增长15.4%、26.8%和28.3%。三次产业的比例关系趋向协调，由1980年的50.2：34.1：15.7调整为18.9：52.4：28.7。

“八五”期间，先后建成聚氨酯制革厂、西苑制药厂、第三水泥厂、发酵厂、酵母厂和洪福陶瓷等一批效益较高的新建工业项目，完成糖化酶扩建、电脑刺绣、醋酸、保险粉等一批技术先进、产品过硬的技改项目；开通5800门程控电话；新建福山供水公司，日供水能力达2万立方米；建成35千伏变电站5座；对福海路、河滨路、南山路、南苑街、城里街、县府街、崇文街、永达街、西山路、福桃路及铁路货运站、会让站等交通运输道路进行修建、拓宽、延伸、硬化，城区建成区道路全部实现硬化；实施高新区基础设施、夹河治理、商贸大世界等城市建设和改造工程，建成电力大厦、商品交易中心等重要设施。至1995年底，建成区面积达到9平方千米，比1990年扩大1倍。

实施“百家企业对外开放”战略。到1995年底，全区累计兴办利用外资项目160个，合同外资额1.8亿美元，实际利用外资额5950万美元。投产的三资企业70家，完成产值6亿元，利税3500万元，创汇1500万美元。创建了总面积8.2平方千米的高新区。对外贸易持续快速增长，“八五”末，全区外贸商品收购总值达到3.2亿元。

农村家庭联产承包责任制普遍建立，统分结合的双层经营体制正在形成。企业改革由普遍实行承包经营责任制向规范化股份制和公司制过渡，兼并、拍卖、出售、租赁、破产等改革方式得到尝试并稳步推进。财税、金融、投资、计划等一些深层次体制改革全面展开，进展顺利。同时，住房、养老、医疗、待业、科技、教育等领域的改革正在稳妥进行。

至1995年底，全区拥有各类科研机构35个、科技人员1.3万人，取得科技成果120项，申报专利55项，实施专利技术35项，科技成果推广应用率90%。基本普及九年制义务教育，建成格迈纳尔中学、实验中学、泉水中学、电视大学、成人中专、燕福进修学院和劳动技校。“八五”末，高中段的入学率达到67%；中等职业技校在校生占高中段学生人数的比重达到56%；成人教育年培训量达到1.2万人次，每年向社会输送大中专毕业生600人左右。全部区属职工平均工资达到3200元，比1980年增长3.8倍，年均递增11%。农民人均纯收入2100元，增长8.2倍，年均递增16%。城乡居民储蓄余额13亿元，增长303倍，年递增46.4%，50%以上的村庄达到国家确定的小康标准。各类医疗机构达到404处，村级卫生室普及率达到100%。卫生专业技术人员534人，医院病床448张，15年分别平均增长16%、0.1%和1.2%。

“九五”计划

主要计划指标　1996年，区政府编印《福山区国民经济和社会发展第九个五年计划及2010年远景目标刚要》。主要计划指标是：到2000年，国民生产总值达到64亿元（当年价，下同），5年平均增长19.3%；人均国民生产总值达到2万元；农业增加值达到8亿元，年均增长10%；第二产业达到35.5亿元，年均增长20.6%；第三产业达到20.5亿元，年均增长22%；三次产业的比例关系为12.5∶55.5∶32；工业企业利税达到6.9亿元，年均增长22.5%；社会消费品零售总额达到12亿元，年均增长20%；地方财政收入达到10600万元，年均增长15%；出口创汇达到5500万美元，年均增长

29.7%；实际利用外资累计达到1.2亿美元；人口自然增长率为2.85‰；工农业总产值达到122.5亿元，年均增长21.4%；农民人均纯收入4600元，年均增长17%；城乡居民储蓄余额达到32.5亿元，年均增长20%。

计划执行情况　2000年，全区国内生产总值为44.6亿元，比“八五”末增长67.7%，按可比价年递增12%；人均GDP为15175元，按现行汇率折算，约合1820美元，高于全市平均水平；地方财政收入为1.388亿元，比“八五”末增长140%，年递增19.2%，连续13年实现收支平衡。“九五”末，城镇居民人均可支配收入为6756元。农民人均纯收入3191元，增长52%，年递增8%。城乡居民人均储蓄存款8400元以上，增长65%，年递增10.5%。

一、二、三产业结构由1979年的59.29∶26.87∶13.84，调整到2000年的13.9∶59∶27.1，经济构成由以农业为主转变为以工业为主，实现从“一、二、三”向“二、三、一”的根本性转变，各产业内部结构也发生重大变化。农业基础地位日益巩固，果、菜、牧、水等高效农业发展迅速，烟台市农副产品供应基地的总体框架基本形成；第二产业主体地位已确立，初步形成机电、建材、发酵、酿酒、电子、生物工程等优势行业和主导产品。高新区基本完成起步建设。第三产业日渐发达，商贸、电信、交通运输、房地产等行业发展迅速，为生产和生活服务的功能日臻完善。

自1984年成立首家“三资”企业，至2000年，共批准成立三资企业220家，实际利用外资累计达到1.2亿美元。全区合同利用外资达到6053万美元。对外工程承包和劳务合作也有实际性进展，全方位、多领域的对外开放格局初步形成。

全区公路通车里程421.7千米，有280个自然村通车，农村通车率达到90%以上。完成城区三纵十横街道建设，初步形成公路、港口、铁路四通八达的交通网络。城区自来水普及率达到100%。完成河滨公园绿化工程，新建河滨广场和健身公园，城区绿化覆盖率达到32.6%，全区电话交换机容量7.5万门，电话普及率达到20.5部/百人，实现村村通电话。

拥有经省认定的高新技术企业20家，科技人员达到1.5万人，民营科技企业46家，跨入“全国科技工作先进县”行列。普及九年义务教育，在中小学实施素质教育，提前实现“双基”目标，高中段教育普及率达到88.75%，成人教育镇办学面达到100%，形成科技和实用技术技能为主的教育网络。计划生育、土地利用和环境保护受到广泛重视。文化、广播、电视、卫生、体育、民政等各项社会事业均取得新成就，精神文明和民主法制建设全面加强。

“十五”计划制定

2001年，编制印发《福山区国民经济和社会发展第十个五年计划》。主要计划指标是：到2005年，国内生产总值达到78.6亿元，年递增12%，其中一、二、三产业增加值分别达到8.3亿元、49.3亿元和21亿元，分别递增6%、13.4%和11.8%，三次产业比例关系调整为10.6：62.7：26.7；人均GDP达到26200元；地方财政收入达到2.67亿元，年递增14%；全社会固定资产投资5年累计达到115亿元，年递增15%；实际利用外资5年累计达到1.5亿美元，年递增25%；出口创汇达到1.4亿美元，年递增40%；社会消费品零售总额达到14.3亿元，年递增10%；城镇居民人均可支配收入达到1万元以上，年递增8.2%；农民人均纯收入达到4690元左右，年递增8%；城镇和农村居民人均居住面积分别达到18平方米和30平方米；人均期望寿命达到76岁；人人享有初级以上卫生保健；全区人口达到30万人，人口自然增长率控制在4.36‰；各类专门人才达到2万人，科技进步对经济增长的贡献率达到62%；基本普及高中段教育，适龄儿童入学率达到99.9%，小学升初中率达到99%。

第二章　物价管理

改革开放前，物价工作由多部门分头管理。1984 年区物价局成立时，正处于经济体制转型时期，价格管理逐步由计划模式向市场模式转变，工作职能由定调价为主向市场经济条件下“定规则，当裁判，搞服务”为主，实行政府定价和政府指导价的商品和服务价格。物价局充分发挥价格杠杆调节作用，并建立起一套比较完善的内部管理制度，基本形成物价监督检查、收费管理、价格服务、价格认证、基金征收“五位一体”的物价执法主体。

1978—1985 年，价格改革的重点是通过调整价格缓解农产品和基础工业品价格偏低的问题，放开价格的只是一些三类农副土特产品和日用工业小商品。1980 年，对三类土特产品实行议购议销。1983 年，对完成派购任务的一二类农产品和三类农产品允许随行就市；分批放开日用工业小商品价格。1985 年后，继续调整一批不合理价格。粮棉油由统购改为合同定购，定购以内的实行比例计价，定购以外和不实行定购的农产品价格全部放开；工业品把一大批商品价格制定权交给企业，属于企业自销和完成国家计划的超产部分的工业生产资料，价格由市场调节；放开国产手表、缝纫机等日用工业小商品价格。1986 年，放开黑白电视机、自行车价格。1987 年，放开服装价格。1988 年，放开肉蛋菜、烟台酒和绝大部分修理服务业等收费价格。1992 年后，农副产品和生活日用品价格逐步放开。

90 年代后，随着经济形势发展和价格职能转变，物价部门先后推行城乡电网“两改一同价”（改革农村电力管理体制，改造农村电网，实现城乡用电同网同价）改革、城市供水和粮食改革，理顺城市供暖、城市公交和客运出租车票价等公用事业价格矛盾，调整中小学教育收费、物业管理费、水资源费标准。90 年代后期，全区社会商品零售价格总水平和居民消费价格总水平涨幅均呈低价运行趋势，涨幅降到几十年来最低点，圆满完成烟台市政府下达的物价控制目标任务。1998 年 5 月 1 日，国家颁布实施《价格法》，与之相配套的各种法规、规章相继出台，价格法律法规日臻完善，价格管理工作逐步走向法制化轨道。到 2002 年，实行政府定价和政府指导价的商品和服务价格种类共保留 13 大类。

第一节　管理机构

中华人民共和国成立初期，福山无物价管理机构，在供销、商业、手工业联合社等系统内设物价员，由各自业务上级进行指导，县政府工商科实行监督检查。1963 年，县成立物价管理委员会，负责全县的物价管理工作。1964 年，改称市场物价管理委员会，对物价管理工作实行统一领导、分级管理。1966 年 8 月，市场物价管理委员会撤销，由县财贸办公室兼理。1970 年，市场物价管理移交统计局。1984 年 1 月，区物价局成立，下设物价检查所，全民所有制商业企业单位均设物价员。1987 年 8 月，增设工农业产品成本调查室。1989 年 9 月，内部增设办公室、农价科、工价科、综合科。1990 年，增设收费科。1993 年 11 月，物价局划归工商局，内设价格管理科、物价检查所。1996 年 8 月，物价局与工商局分离，复设物价局，内设办公室、业务科，下设物价检查所、副食品价格调节基金征收办公室（副科级）。1999 年 9 月，增设价格鉴证评估科。2001 年 6 月，价格评估科更名为价格认证中心（股级事业单位）。同年 12 月，物价局划归区发展计划局，但独立行使物价管理职能，内设办公室、价格科，下设物价检查所、价格认证中心、副食品价格征收办公室（副科级）。

第二节　物价总水平

1989 年，物价局对商品零售价格指数、居民生活费用指数和农业生产资料价格指数变化趋势进行分析，3 种价格指数分别为 116.2、117 和 117.3，同比涨幅较大，社会购买较强。1990 年和 1991 年，3 种价格指数分别为 102、103.6、103.7 和 103.6、103.8、104.2，同比涨幅较小，表明价格稳中有升，供求合理。1993 年和 1996 年，3 种价格指数分别为 106.3、108.3、108.9 和 107.1、115.4、104.6，同比涨幅偏高，特别是居民消费价格涨幅较大，消费品社会需求量相对较大。1997 年后，3种价格指数均在101左右运行，所有商品价格运行平稳，社会购买力相对较弱。2001 年，物价局职能发生变化，价格统计工作转交统计局。

第三节　价格服务

农产品生产成本调查　1984 年，区物价局内设农价组，负责农产品生产成本调查工作。1987 年，增设工农业产品成本调查室。1993 年，物价局并入工商局后，成本调查工作由工商局价格管理科专人负责，成本调查室随之撤销。1996 年 8 月，复设物价局后，成本调查工作由物价检查所安排专人负责。2000 年，成本调查工作由价格科安排专人负责。

农产品生产成本调查品种的确定，国家和省两级相对固定，县一级具有灵活性，一般随着种植结构的调整和品种之间比较效益的高低而适时调整。1984 年，福山区只有 3 个调查项目，其中玉米为省确定的调查项目。1985—1987 年，调查项目增至 8 个，省确定的调查项目又增加青香蕉、红香蕉苹果和小麦 3 项，取消玉米调查项目，区、市自定调查项目由 2 个增加到 5 个。1988—1995 年，区、市又增加菠菜、西红柿、芸豆、小国光苹果 4 个调查项目。同时，小国光苹果被列为省调查项目，调查项目由 8 个增至 11 个。1996—1999 年，随着种植业结构的不断调整，红香蕉苹果被淘汰，同时增加生猪调查项目。2000—2001 年，小国光、青香蕉苹果也被淘汰，省调查项目调整为小麦、玉米和新增加的红富士苹果，其余均为区调查项目。2002 年，福山区的粮食作物大幅度减少，粮食调查项目已失去代表性，省调查项目又调整为红富士苹果、生猪和蛋鸡，调查的侧重点由种植业转为养殖业。

农产品生产成本调查工作，除按规定搞好省规定的调查项目外，每年都选择在本区农业结构调整中占有重要地位的部分项目开展专题调查，拟写调查报告，及时向区委区政府反馈成本及收益情况，提出合理化建议。先后以大樱桃、大棚草莓、生猪、葡萄、小麦、玉米、蔬菜等为题，拟写调查报告 50 篇，多篇被《山东价格信息》和《山东物价》采用。其中，《生猪存栏总量减少，价格有所回升》《生猪市场应加强管理》《粮食价格下调产生的负面影响应引起重视》等调查报告被列为区级领导参阅件。区工商局、物价局连续 8 年被省、市评为农产品生产成本调查工作先进单位；连年被区政府评为信息工作先进单位。

重要商品价格监测　价格监测每月一次，主要对重要商品价格进行采集、统计，通过同比、类比、环比等形式，了解价格变化情况，及时对价格变化较大或价格发生异动的商品进行社会调查，找出价格变化的原因，提出意见和建议，为政府实施宏观调控和价格管理提供可靠依据。价格监测项目由市以上价格主管部门确定，有粮、肉、蛋、菜、农资、成品油等与人民生活息息相关的 46 个品种。1998 年始，福山区除按上级规定要求进行价格监测外，还根据本区实际情况，以价格动态形式，每月对重要商品市场价格走势作出分析，提出建议，上报区委区政府。同时，在区有线电视台开办《菜篮子报价》专栏，每周向全区公布主要副食品价格。2000 年始，又在大樱桃和苹果销售旺季实行每日采价、报价制度，分析市场行情，上报区委区政府，并每日通过电视台向社会公布，促进农副产品旺销。

第四节　价格收费管理

价格收费管理的主要内容有行政性收费、事业性收费和经营性收费。至 2002 年，福山区有收费系统 48 个，执收单位和个人 560 个，涉及收费项目 300 多项。全区有收费员 600 多名，年收费总额达 7000 多万元，基本建立起比较完善的收费管理制度。

行政事业性收费　1998 年，区物价局推行企业交费登记卡制度，对 43 家企业发放《企业交费登记卡》。取消降低 46 项收费和基金，提请区政府研究决定。针对社会反映强烈的热点、难点问题，配合市物价局，先后查处涉及城建、劳动、电力、税务等方面的违价行为 12 起，纠正处罚金额268.6万元。1999年，清理市及以下越权收费项目15项。在全市率先取消9项区定收费项目，并会同财政等部门转发市以上取消收费项目91项、各类基金147项，年直接减轻企业和群众负担100多万元。对涉及企业“三改”及下岗职工再就业等14项收费实行减免政策，每年为企业减负20多万元。结合收费许可证年审，纠正自立收费项目、自定收费标准18项，涉及金额154.7万元。2000年，全面清理涉及企业和项目建设的收费项目及标准，对经常性收费项目进行排查梳理，按照可收可不收的不收、有浮动幅度的执行下限的原则，将原有的108项收费压缩到62项，查处乱收费单位6个，涉及收费项目79项，违价金额80万元。2001年，企业交费登记卡由43家扩大到包括外资企业、村办企业在内的200余家，有效制止了向企业乱收费行为。同年，对涉农、医疗、教育收费实行公示制度，对中小学收费实行“交费卡”制度，各种乱收费行为得到有效控制。2002年，物价局会同财政局、监察局联合出台并实施《关于规范管理行政性事业性收费（政府性基金）的实施办法》。积极参与行政审批制度改革，对全区48个部门的248项保留收费项目和221项取消的收费项目进行审核。同年，进行年审换证工作，共办理收费许可证560个。

经营性收费　经营性收费项目有交通运输（包括铁路、民航、运河、海运、公路、市内公共汽车等客货运输）、邮电（包括电报、电话等）、饮食业、旅店、宾馆、饭店、招待所、修理业、服务业、旅游、文化娱乐收费等。收费标准由市以上价格主管部门确定，区价格主管部门行使监督管理职能。2001年，对技术监督局咨询服务收费等经营性收费办理收费许可证。2002年，根据市物价局有关规定，核定烟台农博园门票收费标准。

收费管理制度　国家和省的现行收费管理制度主要有收费许可证、收费年审、交费登记卡、收费明码标价、收费统计报告、收费票据和收费资金管理制度7项。

第五节　物价监督检查

物价检查　1984年1月区物价检查所成立后，全面履行职能，每年均依法对生资、日用商品、医疗、药品、教育、燃油等开展价格检查工作，维护市场物价秩序。1984年，共检查单位267个，处理违价案件20起，收缴罚没款1723.96元。1985年，共检查单位487个，查处违价单位75个，收缴违法所得17万元，罚款500元。是年，对全区国营和集体企业国家定价的商品和收费项目进行物价大检查，主要有煤炭、成品油、议价粮油、木材、电力及交通运输价格，共查处违价单位20个，收缴罚没款10.15万元。1986年，共检查单位329个，查处违价单位33个，收缴罚没款4600元。是年，推行明码标价制度。设计三色标价签，按国家定价、国家指导价、市场调节价3种价格形式分别采用红、蓝、绿3种颜色实行明码标价。全区明码标价率95%以上。另外，对当年和上一年发生而未处理的物价问题进行重点检查，查处违价单位21个，收缴罚没款3900元。1987年，共检查单位544个，查处违价单位119个，收缴罚没款11.12万元。1988年，共检查单位486个，查处违价单位94个，收缴罚没款20.91万元。1989年，组织物价大检查4次、节日检查3次，检查单位1702个，查处违价单位209个，没收违法所得22.60万元，罚款4.45万元，退还用户25.09万元。

1990年，检查单位2011个，查处违价单位106个，没收违法所得5.76万元，罚款2.69万元，退还用户1.93万元。在行业价格专项检查中，先后开展农用生资、粮食行业价格检查以及医疗卫生、教育和行政执法单位的收费检查，查处违价单位19个，没收违法所得2.65万元，罚款3900元，退还用户1.75万元。在卷烟市场价格专项检查中，重点对城区个体工商户经销的卷烟价格进行检查，检查单位169个，查处违价单位15个，罚款830元。在物价大检查中，重点查处电力、煤炭和社会反映强烈的各种价格违法行为，查处违价单位36个，经济制裁7.49万元。是年，在行政事业性收费单位、经营性服务单位实行明码标价制度，明码标价率达到98%以上。1991年，检查单位1593个，查处违价单位127个，没收违法所得5.83万元，罚款1.22万元，退还用户1.12万元。1992年，继续开展以清费治乱为重点的物价大检查，共检查单位37个，查处违价单位5个，没收违法所得1200元。1993年，在物价大检查中，查处违价单位35个，退还用户0.16万元，罚款100元。1994年，开展以规范市场价格秩序、抑制物价总水平过度上涨为重点的物价大检查，查处违价单位5个，经济制裁19.50万元。1995年，查处违价单位2个，收缴罚没款7800元。1996年，检查单位150个，查出违价单位12个，违价金额32万元。1997年，查处价格违法案件14件，收缴罚没款175万元。1998年，查处价格违法案件18件，收缴罚没款3.33万元。1999年，查处价格违法案件15件，经济制裁总额20.44万元。2000年，查处价格违法案件18件，收缴罚没款47.16万元。2001年，查出违价单位15个，违价金额488.79万元。2002年，立案查处违价单位39个，收缴罚没款105.48万元。是年，推行教育收费公示制度，公示率达到100%。

物价、计量信得过单位评比活动　1984年7月26日，在福山百货商店和福山镇供销社东门市部开展“物价信得过”活动试点工作，以上2单位被区政府授予“物价信得过单位”称号。1985年，全区有68个单位被省、市、区授予“物价、计量信得过单位”。

社会监督　1986年，成立职工物价监督总站和2个分站，总站设在区总工会，人员由区总工会和区物价局组成；分站分别设在区工业公司和二轻公司，人员由区工业公司、二轻公司、区联社、商业局、教育局等单位共7人组成。职监站接受区工会的领导和物价部门的业务指导。1988年，在城区设立2个、10处乡镇各设立1个物价群众监督站，每站5人。1990年，成立福山镇和臧家乡物价检查所，每所3人，人员由乡镇调配，业务受区物价部门指导。1993年11月，物价局合并到工商局后，职监、群监组织和乡镇物价检查机构及职能自行撤销。2000年，区物价局聘请68名义务物价监督员，其职责主要是举报价格违法行为，监督价格执法工作。

企事业内部监督　从计划经济到改革开放初期，福山的商业流通企业建立起比较完善的物价管理制度，设立专职物价员。到1993年，全区企业有专（兼）职物价员203名。随着价格改革的深入，多数商品价格由政府定价改为市场调节价，企业物价员职能也随之取消。

第六节　副食品价格调节基金

计划经济时期，境内无专门副食品价格调节基金征收机构。1995年，福山副食品价格调节基金征收办公室成立，隶属于工商局。1996年8月，隶属于物价局。

基金征收制度　1995年始，对凡在城区建成区内有固定生产或经营场所的企业（含“三资”企业、独资企业、私营企业、个体工商户）、有营业收入的事业单位（部队、学校除外）、外地驻福机构和企业，均实行副食品价格调节基金征收制度。

基金征收范围、标准和方式　副食品价格调节基金征收的范围包括旅店业、饮食业、服务业、批发零售业、有营业收入的事业单位、工业、交通、邮电、金融企业、建筑施工企业以及没有销售收入或营业收入的外地驻福机构。征收额旅店业按旅店客房收入的5%征收；饮食业按营业额的1%征收；服务业舞厅、游艺室、录放像厅、酒吧、高档消费型沐浴（桑拿浴、芬兰浴等）按营业额的2%征收，理发、照相、洗染、服装加工、修理、沐浴按营业额的0.5%征收；从事批发、零售业务的商户按销售额的2‰征收；有营业收入的事业单位按营业收入的2‰征收；工业、交通（含个体汽车和摩托车修理、客货运输）、邮电、金融企业按销售收入或营业收入的2‰征收；建筑企业按施工产值2‰征收；没有销售或营业收入的外地驻福机构按每个职工（含离退休）每月5元定额征收，由职工所在单位缴纳。凡会计账目不齐全的单位和个体工商户，其营业收入或销售收入按税务部门核定的数目计算征收。副食品价格调节基金征收工作由区物价局价格调节基金征收办公室和委托有关行业主管部门代征。价格调节基金征收办公室负责征缴国营、集体、股份制、企事业单位（含旅店业、饮食业和其他服务业）的基金；其余委托有关行业主管部门代征。其中，交通、金融、施工企业，分别由区交通委、中国人行福山支行、区建委负责代征；个体工商户的基金由区工商局代征。

基金征收管理使用　征收基金使用财政部门统一印制的行政事业性收费收据。基金由区物价局统一建账，实行收支两条线管理，统一由财政部门专户储存、专款专用，当年用不完转为下年使用。副食品价格调节基金作为价格补贴，全部用于平抑和调控市场肉、蛋、菜等主要副食品价格。基金的使用，由区副食品价格调节基金征收管理领导小组办公室确定的副食品生产、经营单位提出书面申请，领导小组办公室会同有关部门研究提出使用意见，报区副食品价格调节基金征收管理领导小组审批，未经批准不得使用。

第七节　价格认证

“七五”末期，基层物价部门创立价格鉴证机构（价格事务所）。1992年4月，区物价局开展价格业务，但没有正式成立相应的机构。1996年，全国价格事务工作会议以后，福山的价格事务工作进一步发展。1999年9月，区物价局设立价格鉴证评估科。2001年6月，改设烟台市福山区价格认证中心，为股级事业单位，隶属于区物价局，专司涉案物品价格鉴证工作。至2002年，区价格认证中心共认定案件1838件，认定总额达5800万元。

第三章　工商行政管理

中华人民共和国成立初期，工商管理部门的主要任务是维持集市秩序，打击非法经营和进行工商企业登记工作。1956年到1961年，集市大多关闭，绝大部分物资由国营商业统一收购调拨，工商行政管理机关只是办理商标注册工作。从1960年贯彻“调整、巩固、充实、提高”八字方针到1966年“文化大革命”以前，工商行政管理的职能作用有所强化。1966年5月至1976年10月“文化大革命”时期，集市贸易受到限制，商标注册工作停止，企业登记管理被当成是“管、卡、压”一度中断。工商行政管理机关陷入瘫痪状态。1976年，国家恢复工商行政管理工作。1978年，福山县工商行政管理局成立，工商行政管理工作逐步走向正规。机构不断健全，职能不断扩展、增强，对经济和社会发展发挥了积极的作用。

第一节　管理机构

1928—抗战前夕，工商管理先后由国民党县政府第二科、第四科分管。1948年，北海工商行政管理局福山中心成立。1951年，县政府设工商科。1956年，工商科并入商业局，内设工商管理股，下辖高疃、门楼、古现、旺远、城厢5处市场管理所。1967年，5处市场管理所划归财税局，改为工商税务所。1968年，商业局内设工商股，对外称工商局，原工商税务所改称工商管理所。1978年，县工商行政管理局成立（以下简称工商局），内设办公室、企业登记股、市场管理股；下辖福山镇、高疃、门楼、古现、八角、东厅、兜余、回里、张格庄、臧家10处工商管理所（以下简称工商所）。1980年，增设经济合同管理股和个体户管理股。1985年12月，增设文化街农贸市场管理所。1986年1月，工商局内设办公室；1988年11月，设经检所；1990年6月，设消费者协会办公室；1992年，设外资科。1994年8月，撤销文化街农贸市场管理所，成立福山商品交易中心所。1998年，下设8个科室、16个工商所（含城关分局、城区市场管理处2个正科级单位和稽查队1个副科级单位）。1998年底，归省工商局重点管理。1998年12月，机构改革，设办公室、法制科、企业科、外资科、商广科、市场科、合同科、个体科、稽查队9个科室和11个工商所（含1个城关分局、1个商品交易中心）。2002年1月，改为烟台市工商局福山分局，内设办公室、人事政工科、纪律监察室、财务装备科、市场合同科、商标广告科、消费者权益保护科7个股级科室和公平交易局、企业注册局2个副科级单位；下设的11个基层所合并为8个，即：城关分局改称清洋工商所，城区市场管理处改称城区所，均为正科级单位；门楼工商所和兜余工商所合并为门楼工商所，高疃工商所和东厅工商所合并为高疃工商所，古现工商所和八角工商所合并为古现工商所，均为副科级单位；回里、福新、张格庄工商所，为区工商局的股级派出机构。

第二节　企业登记管理

中华人民共和国成立前，国民党政府对摊（行）商登记，并发给临时营业执照。1951年，县政府颁布《工商企业登记暂行规定》，国营、私营及摊（行）商须到工商科登记，领取临时营业执照。1966—1979年，企业登记中断。1980年，县工商局对全县工商企业进行普查登记，发营业执照854个；对国营、集体（含社队）、个体工商企业的性质、经营状况和关停并转、变更情况进行登记立档；对新申请开业的国营和集体企业、个体工商业户，均进行实地考查，符合政策规定的及时审核批准。同时，对工商企业经营活动进行指导和监督。

1985年，区工商局成立企业股，进行工商企业登记，核准营业登记资格。当年登记核准内资企业1871户，注册资金29744万元；个体户2990户，注册资金289万元；私营企业19户，注册资金158万元。1986年，对公司首次进行清理整顿。全区登记核准内资企业1703户，注册资金37551万元；个体户3126户，注册资金358万元；私营企业26户，注册资金297万元。1987年，全区内资企业为1984户，注册资金43862万元；个体户为3347户，注册资金611万元；私营企业为35户，注册资金326万元。1988年，进行企业法人登记，核准工商法人资格。全区内资企业为2152户。同年12月，境内登记首户外资企业，即烟台中和革制品有限公司。1989年，对公司进行第2次清理整顿，压缩公司数量。除国有流通领域、建筑行业及个别村建筑企业保留外，50多户乡镇以下的公司皆被清除。同年，对工商企业进行换证，内资企业为1880户，其中法人企业1086户，注册资金69154万元；个体户4256户，注册资金1369万元；私营企业52户，注册资金546万元。

1990年，内资企业为1894户，其中法人企业983户，注册资金68929万元；个体户4635户，注册资金1768万元；私营企业60户，资金632万元。并加大对外经济合作与技术交流，不断引进外商投资建厂，当年发展外商投资企业9户。1991年，全区内资企业为2134户，其中法人企业1131户，注册资金71128万元；个体户4922户，注册资金2127万元；私营企业65户，注册资金745万元；外资企业14户。1992年，开始放宽企业登记政策，公司登记数量增加。全区内资企业为2580户，其中法人企业1454户，注册资金160061万元，公司数量由上年的118个增至275个；个体户5381户，注册资金2568万元；私营企业79户，注册资金881万；外资企业45户。1993年下半年，开始进行第1次企业改制。全区共有内资企业3038户，其中法人企业1821户，注册资金236054万元；有限责任公司521户；个体户6421户，注册资金3356万元；私营企业126户，注册资金2561万元；外资企业105户。1994年，公司进行股份制登记。自此以后，有限公司成为私营企业发展的主要形式。个体私营经济多渠道多形式发展，逐步从第三产业向一、二产业延伸，一、二产业的比重有较大提高。是年，清理党政机关办实体，共取缔不合格企业100多户。全区共有内资企业3124户，其中法人企业1909户，注册资金402427万元；个体户7825户，注册资金4156万元；私营企业188户，注册资金3956万元；有限责任公司85户，注册资本2461万元；外资企业131户。1995年，对国有、集体、外资企业的开业、变更、注销登记进行审核发照，对其生产经营活动进行监督管理。全区内资企业达3009户，其中法人企业1784户，注册资金402427万元；个体户10236户，注册资金10929万元；私营企业412户，注册资金97793万元；有限公司156户，注册资本3356万元；外资企业155户。1996年，对在《公司法》和《中华人民共和国公司登记管理条例》实施前登记的有限责任公司、股份有限公司进行规范登记，对达不到公司法规定的资金、人数等方面的公司，责令予以变更。规范后，全区共有内资企业2763户，其中法人企业1661户，注册资金23854万元；个体户12596户，注册资金11568万元；私营企业438户，注册资金10231万元；有限责任公司265户，注册资本15406万元；外资企业163户。1997年，进行第2次企业改制。私营个体经济通过收购、兼并、租赁、参股、控股等形式，参与国有、集体企业改制。同时，对不及时参加年检的107户集体、国有企业予以吊销。全区有内资企业为2029户，其中法人企业1325户，注册资金212247万元；个体户13568户，注册资金12258万元；私营企业461户，注册资金12346万元；有限责任公司314户，注册资本18419万元；外资企业138户。1998年，企业改制全面展开，共改制企业25户。全区共有内资企业1671户，其中法人企业1077户，注册资金203781万元；个体户12346户，注册资金11321万元；私营企业512户，注册资金16259万元；有限公司375户，注册资本21075万元；外资企业133户。1999年，对部分经营困难、资不抵债的村镇集体企业，通过出售、租赁、兼并等形式进行改制，先后将20家集体企业改为私营企业。拓宽就业渠道，大批国有、集体企业下岗职工实现再就业。

是年，通过发展私营个体经济安置的下岗职工有200余人。全区内资企业为1369户，其中法人企业871户，注册资金195517万元；个体户11319户，注册资金24998万元；私营企业565万元，注册资金19419万元；有限公司415万元，注册资金22734万元；外资企业129户。

2000年，区工商局设立登记注册大厅，对各种企业的开业、变更、注销登记进行审核发照，并对其生产经营活动进行监督管理；受理和审查公民从事个体工商业的申请，办理开业、变更、歇业手续，确认其从业资格，对从事个体工商业经营活动进行监督管理；办理企业年检及个体工商户验照贴花手续。全区内资企业为1182户，其中法人企业713户，注册资金185698万元；个体户4081户，注册资金5341万元；私营独资企业742户，注册资金27290万元；有限公司553户，注册资本31865万元；外资企业135户。2001年，对全区所有企业、集团进行规范登记，对达不到标准的15户集团公司进行变更登记，名称中不得再使用“集团”字样。结合年检进行“二次登记”，清理规范企业登记档案。对依照现行法律、法规，凡应办理前置审批而未办理，或前置审批已超过有效期限的，督促限期补办；审查股东、出资人出资情况，打击虚假出资、抽逃出资行为。全区内资企业为1045户，其中法人企业595户，注册资金177025万元；个体户4781万元，注册资金9066万元；私营企业43866万元；有限责任公司559户，注册资本33528万元。2002年，区工商局成立企业注册局，加强企业注册管理。核定注册企业的名称，审定、批准、颁发管辖区内的各类企业和其他经营单位的证照，并实行监管；办理企业年检及个体工商户验照贴花手续；查处违反企业登记注册管理法规的行为；指导辖区内企业和个体工商户的登记注册及监督管理工作。全区内资企业为906户，其中法人企业513户，注册资金183714万元；个体户5351户，注册资金10477万元；私营企业972户，注册资金60831万元；有限责任公司516户，注册资本12324万元。

第三节　经济合同管理

中华人民共和国成立后，随着各行业的发展，各种经济合同相继出现。合同条款经甲乙双方共同商定并签字盖章后，即有法律效力。1980年，县工商局成立经济合同管理股，加强各类经济合同的监督管理，查处违法行为，实行合同示范文本、合同签证、抵押物登记、拍卖登记、重合同守信用企业登记管理。工商、农商、商商之间的一切经济合同，须经工商经济合同股审核、鉴证方为有效。1981年，经工商局鉴证的经济合同为284份，总交易额为1216.92万元。1985年，为36份，总价值3720.6万元。收取鉴证费7541元。查收无效经济合同3份，总价值112.03万元。1986年，工商局办理调解仲裁合同5份；发展重合同守信用企业6个，其中省级2个、市级4个。1987年，查处无效经济合同2份，调解仲裁合同10份，撤销重合同守信用企业3个。1988年，查处无效经济合同10份。1989年，查处无效经济合同6份，发展重合同守信用企业1个。

1990年，办理调解仲裁合同5份。1991年，查处无效经济合同3份，调解仲裁经济合同7份。1992年，发展重合同守信用企业6个，撤销重合同守信用企业5个。1993年，发展重合同守信用企业2个，撤销重合同守信用企业2个。1994年，发展重合同守信用企业2个，撤销重合同守信用企业5个。1995年，发展重合同守信用企业7个，其中省级4个。1996年，办理抵押经济合同483份，抵押物价值55983.82万元，主债权价值34905.71万元；发展重合同守信用企业6个，撤销重合同守信用企业3个。1997年3月，经济合同管理股改为合同管理科。是年，办理抵押合同774份，价值180189.28万元，主债权数额881309.49万元。1998年，办理抵押经济合同216份，价值972093.51万元，主债权数额28344.25万元；发展重合同守信用企业3个，签证经济合同1095份，撤销重合同守信用企业2个。1999年，办理抵押经济合同158份，价值34858.96万元，主债权数额15729.69万元；发展重合同守信用企业3个，签证经济合同990份，撤销重合同守信用企业2个。

2000年，办理抵押经济合同58份，价值39888.15万元，主债权数额35981.46万元；发展重合同守信用企业6个，鉴证经济合同34份，撤销重合同守信用企业3个。2001年，签证经济合同101份；抵押经济合同96份，价值16357.03万元，主债权数额11138.8万元；发展重合同守信用企业2个，撤销重合同守信用企业1个，全区累计重合同守信用企业为18个。2002年5月，合同科与市场科合并，成立市场合同科。除履行合同管理科职能外，还负责监督管理企业合同抵押和抵押物登记，对车辆交易、文化、医药、期货和各类消费品、生资市场开办单位进行注册登记，并参与金融、房地产、劳动、技术、信息、煤炭、粮食等市场的监督管理，规范交易行为，维护市场秩序；参与市场的培育和论证，指导本系统对各类市场的规范化管理。全年办理抵押经济合同 92 份，价值 30749 万元，主债权数额 15463.13 万元。是年，取消合同鉴证和企业不动产物抵押；继续办理动产物抵押。

第四节　商标广告监督管理

1980 年底，县工商局开始对产品商标进行清理，注册登记。至 1985 年底，全区经区工商局初审、国家工商局核准注册的商标共 16 个，商标专用权为 10 年，期满可申请继续使用。至 2002 年底，全区在福山工商分局注册的商标共有 478 个，是 1985 年的近 30 倍。

1982 年，县工商局开始办理广告管理业务。至 1985 年底，全区经营广告业务的单位 2 个。至 2002 年底，广告经营单位增至 13 户。

2002 年 4 月，福山工商分局成立商标广告科，负责全区商标广告的监督管理，指导企业正确使用商标，监督管理商标使用许可合同；负责商标注册及注册商标验证工作；组织推荐省著名商标和国家驰名商标；查处侵权商标专用权的违法案件；受理报批广告经营单位，核发广告经营许可证；审批各类户外广告及法规规定应审批的广告，监督管理广告发布及其他各类广告活动，依法查处各类虚假、违法广告行为。是年，商标广告科推荐的烟台马利酵母有限公司“沪芝”牌商标被评为山东省著名商标，填补了辖区省著名商标的空白；福山有线电视管理处的广告作品，在省八届广告节上获优秀奖。全年共没收非法印刷品广告 3500 余份，对 4 家广告经营单位立案调查，依法取缔无证从事广告业务单位。

图 29-1　福山区质监局开展质量月宣传咨询服务活动

图 29-2　核对市场电子称

第五节　市场管理

中华人民共和国成立初期，工商管理部门负责维持集市秩序，打击非法经营。1953 年 11 月，国家实行粮油统购统销政策，征购季节关闭粮油市场，取缔粮商粮贩和私人油坊。1956 年，对工商业进行社会主义改造，工业品、肉鱼类、药材等不许上市交易，鲜蛋按季节派购，市场基本取消。1960 年下半年，重新开放集市贸易。“文化大革命”期间，集市贸易受到限制，上市物品极少。1978 年后，开放市场，集市贸易日趋活跃。工商部门对集市摊点进行划分、测量、定位、编号，经营者按号租用，商品明码标价。对缺斤少两、经营有害食品和掺杂使假者进行处罚，严厉打击投机倒把、出售伪劣商品等行为。1980 年，查处投机违法案件 690 件，罚款 5993 元。1981 年，查处投机倒把案件 828 件，罚款 17133 元。1982 年，查处投机违法案件 622 件，罚款 19738 元。1983 年，查处无照经营 467 个。1984 年，查处投机违法案件 1252 件，罚款 21961 元。1993 年，查处违法、违章案件 1359 件。1994 年，查处违法、违章案件 1579 件。2000 年，查处无照经营 278 件，罚款 3 万元。2001 年，查处无照经营 285 件，罚款 8 万元。2002 年，查处违法、违章案件 177 件。

第六节　消协　个协

消费者协会　1990年6月29日，福山区消费者协会（简称消协）成立。1992年7月，经区民政局审核，批准登记。2002年6月，重新登记为社团法人组织，职能未变。消协依托工商所成立7个分会，设立29个投诉站。其中，城市商业集中区15个，其他场所14个。消协成立后，加强与各投诉站的联系指导，开展消费者满意单位、满意产品评选活动，推行消协会员制，积极稳妥发展会员，受理消费者投诉，热情提供咨询服务。每年的3月15日都开展消费者权益大型宣传、咨询、服务活动。

1993—2002年，区消协共受理消费者投诉592起，内容涉及电子电器、日用百货、食品、农用生产资料、家用机械、服务质量、医药、房屋及装修材料等共9类。

1993—2002年福山区消费者投诉情况表

表29-1　　单位：件

类别 年份	总件数	家用电子电器	日用百货	食品	农用生产资料	家用机械	服务质量	医药	房屋装修材料	其他
1993	21	8	4	1	6	—	—	—	—	2
1994	40	19	—	2	8	7	2	—	—	2
1995	30	7	7	4	1	7	—	—	—	4
1996	35	13	7	5	2	8	—	—	—	—
1997	44	14	5	5	—	10	5	—	—	5
1998	86	20	11	6	11	9	14	3	—	12
1999	58	6	8	3	10	17	6	2	—	6
2000	69	15	8	2	13	12	15	—	—	4
2001	97	26	15	5	8	26	10	—	—	7
2002	112	21	34	6	7	9	22	4	2	7
合计	592	149	99	39	66	105	74	9	2	49

1999—2002年，福山消协每年都组织开展消费者满意单位和消费者满意产品评选活动。福山商贸大世界、烟台福隆超市、烟台新昌摩托车销售有限公司、福山吉利美容美发厅、福山商贸大世界百货商厦、区电信局、福山新东商城有限公司、山东移动通信公司福山分公司、威海家家悦超市福山店、区城关标榜美容美发洗理休闲中心、烟台永恒肥料有限公司、烟台马利酵母有限公司、烟台仙丰复合肥有限公司，被评为消费者满意单位；烟台马利酵母有限公司生产的“泸芝”牌酵母和“澳福”牌酵母、烟台宏伟浸出油厂生产的“清源”牌二级豆油和高级烹调油及色拉油、烟台宏伟水泥制品厂生产的“宏伟”牌钢筋混凝土排水管和环形预应力混凝土电杆、烟台特达家具有限公司生产的“特达”牌校用家具和钢制餐椅及转椅、烟台磷肥厂生产的“仙丰”牌复合肥和牌腐殖酸多元素系列有机专用肥、烟台佳佳服装厂生产的“福荣”牌纯毛羊绒被褥及服装13个产品，被评为消费者满意产品。

个体劳动者协会代表大会　1984年9月，福山区个体劳动者代表大会筹备领导小组成立，负责代表大会的各项准备工作。民主选举产生出席区首届个体劳动者代表大会代表107名。1985年1月20日，区个体劳动者协会正式成立。每届任期3年。同时，10处乡镇成立个体劳动者分会。

福山区首届个体劳动者协会代表大会　1985年1月10日至11日，区首届个体劳动者协会代表大会召开。大会提出区个体劳动者协会委员候选人名单共14人。审议通过《烟台市福山区个体劳动者协会章程》《烟台市福山区个体劳动者协会会员守则》及福山区首届个体劳动者协会代表会议《倡议书》。大会决定，按乡镇区划设置10个分会，分会对区个协负责报告工作。分会以下按行业成立若干小组，并推选正、副组长。

福山区第二届个体劳动者协会代表大会　1988年3月，区第二届个体劳动者协会代表大会召开。大会听取第一届协会的工作报告；选举产生第二届协会16名理事、5名常务理事；布置第二届协会工作意见；传达市个协第一次代表大会精神，宣读市个协第一次代表大会发出的《倡议书》。大会还对1987年度2个先进个体单位和139名先进个体劳动者进行表彰。有6名个体劳动者在会上作交流发言。

福山区第三届个体劳动者协会代表大会　1991年12

月，区第三届个体劳动者协会代表大会暨文明个体工商户表彰大会召开。大会听取并讨论审议第二届协会理事会的工作报告，通过第三届协会提出的工作意见。大会选举产生第三届协会理事成员21人，选举产生常务理事、会长、副会长、主任；聘请吕家超、王维江、张培富为名誉会长。大会对文明个体经营企业、文明个体工商户颁发了牌匾。烟台市个体劳动者协会会长张善亭到会做重要讲话。

福山区第四届个体劳动者协会代表大会　1996年6月15日，区第四届个体劳动者协会代表大会暨1995年度文明个体户表彰大会召开。大会听取并讨论审议了第三届协会理事会的工作报告，选举产生新一届协会理事成员28人，选举产生常务理事、会长、副会长、主任；聘请副区长姜国平、区人大常委会副主任王振昌、区政协副主席张绪麟3人为名誉会长。大会表彰了十佳个体工商户、十佳私营企业。有5名个体户私营企业代表在大会上作典型发言。

第七节　工商行政稽查

1988年月11月，区工商局设经检所。至1989年，工商监管仅限于打击倒卖国家限制自由买卖的物资。1990年始，以查处无照经营为重点，加大行政执法力度。1994年3月，经检所更名为“稽查大队”，负责打假清劣，打击欺行霸市、短斤少两、强买强卖等不正当竞争行为，保护公平竞争和经营者、消费者的合法权益；查处垄断行为和走私、贩私活动，查处经济违法案件。2002年，随着全国工商系统的机构改革，稽查大队更名为“公平交易局”。1988—2002年，全区共查处投机倒把、违反登记、违法广告、商标违法、无照经营、制假售假等违法案件610起，罚款92.25万元。

第四章　统计管理

50年代初，县政府设专人负责简单的统计调查，并始有定期报表。1955年，县人民政府设立统计机构后，统计工作逐步得到加强。

改革开放后，福山区加强统计机构、队伍建设。1990年始，进行统计管理登记和统计人员持证上岗制度，统计工作走上法制轨道。纵横相连的统计信息网络形成，统计工作进入计算机时代，统计质量和水平不断提高。统计工作由单一的生产型统计转变为生产经营型统计，从注重实物量产值统计转向经济效益统计；统计工作伸展到经济和社会发展各个领域。建立起新的国民经济核算体系和与之配套的统计指标体系。统计资料利用率和参考价值明显提高。

第一节　机构

福山区统计局　1955年，县政府设统计局。1958年划归烟台市后，改称统计科。1962年复县后复称统计局。“文化大革命”期间，计划委员会与统计局合并，称计划统计局。1983年11月，成立福山区统计局。1987年11月，更名为烟台市福山区统计局。1988年，统计局内设办公室、综合科、农工科。1993年12月，内设综合科、农工科。1995年5月，设统计法制检查科。2002年1月，再次规范为办公室、综合科、农工科（挂统计执法检查科牌子）。

乡镇统计站　1958—1985年，公社（乡镇）统计工作由经管站负责。1986年，10处乡镇均成立复合型统计站，由乡镇统计员、经管员和工办、多办统计员组成。同时，规定村办企业较多的大村设1名专职统计员，其他村一般由村委会计、出纳兼任统计员。1988年4月，每个乡镇招聘统计员1名，为事业编制。2002年，全区共有10处乡镇统计站。

部门、企业统计　1983年，各业务主管部门成立统计科或在计财科中设立专职统计员。1986年，各企业在生产科设统计员；年产值在100万元以上的企业原则上设 1 名专职统计员，产值不足 100 万元的村办企业安排 1 名兼任统计员。2002 年，全区有专业、兼职统计人员 538 人，其中统计师 5 人。

第二节　社会经济统计

农业统计　50 年代开始，县里即进行耕地面积、农作物产量、渔业、林业、农村经济总收入及经济收益分配等统计工作。改革开放后，统计工作发生变化。1983 年，统计部门编制的综合年报表有 10 种。1985 年后，农业统计改为农村统计，增加价值和社会经济效益指标体系。到 2002 年，农业统计主要报表有现价农村社会总产值、农业总产值和农业商品产值、农业增加值、农业产值、农村经济收入分配和效益、农村固定资产结构、农村经济卡片等。

工业统计　50—70 年代，工业统计指标主要为工业总产值及主要产品产量。80 年代，工业统计范围不断扩大，逐步形成包括生产、经营、效益等方面完整配套的工业统计报表指标统计。90 年代，工业生产统计增加经济效益、工业生产增加值等指标体系，并采用微机处理汇总工业统计报表，每 10 年使用不同的不变价格。工业统计分年报和月报，主要报表有工业总产值及主要产品产量、独立核算工业企业主要经济指标等 20 余种。

固定资产统计　1978 年后，国家逐步加强宏观经济调控。1980 年起，为全面合理安排建设规模、控制固定资产投资，将基本建设统计逐步扩大到全社会，改为固定资产投资，并建立全民所有制单位更新改造报表制度。原固定资产投资统计年报中仅有投资额、新增固定资产和新增能力 3 部分，以后逐步增加以反映施工和竣工面积为主的房屋建筑面积统计。1982 年，正式规定考核投资效果的指标体系，并将几项衡量经济效果高低的主要指标列入报表制度，逐步建立起以投资额、新增固定资产、新增生产能力、建设项目、房屋面积、资金来源等组成的固定资产投资指标体系。房地产开发统计在投资统计基础上主要增加房地产销售和开发经营情况统计指标。

贸易统计　1979 年，恢复商业、饮食服务业机构网点统计报表。1980 年，扩大主要消费品产销平衡统计商品范围。1981 年，新增 4 种商业统计报表。1983 年，将供销社从全民所有制商业统计中分出，改为集体所有制的供销社商业统计，新增全民所有制商业和供销社商业经济效益主要指标统计报表。1992 年后，商业统计形成一套分项细、内容全的统计指标体系。其综合统计年报包括商品流转、商业效益、商业机构人员 3 部分，共 21 种统计报表。

物资能源统计　80 年代末 90 年代初，大部分生产资料进入商品流通领域，物资统计的范围不断扩大，内容更加充实。在原有物资统计报表的基础上，增加工业品销售和能源统计报表。其统计报表指标体系主要包括物资、工业品销售、能源统计报表等。

外经贸统计　1981 年，开始进行外经贸统计，有报表 10 种和外商在华经营企业基本情况卡片 1 种。1983 年开始，执行利用外资统计表。1984 年，实行国家统计局制定的对外经济贸易综合统计报表制度。1985 年，外经贸综合年报有进出口贸易、借用外国资金、外国和港澳地区在华直接投资等 5 种。90 年代，“三资”企业发展迅速，外资统计突破原有体系。1992 年后，实行山东省统计局制定的外向型经济统计报表制度，编制各种外经贸统计报表 10 种。主要有社会出口商品供货总值年报、乡及乡以上出口创汇工业企业基本情况年报、投产开业的“三资”企业生产经营情况季报、接待外国过夜旅游人数月报、旅游外汇收入月报等。

劳动工资统计　1950 年开始，进行劳动工资统计。1978 年后，劳动工资统计在各个领域、层次发生深刻变化。至 1992 年，劳动工资综合统计年报有 12 种。

人口统计　1949 年，人口统计主要有年内总户数、总人数、男女各人数、出生数、死亡数等指标及各村总户数、总人数。1983 年，福山县人口统计主要有年内总户数、总人数、男女人数、农业人口数、非农业人口数、出生数、出生率、死亡数、死亡率、人口自然增长率、劳动力人数及各行业劳动力构成等主要指标。此后，全区历年人口统计主要项目略有变更，其主要指标没有改变。

2002 年，福山区人口统计主要项目有年内总户数、总人数、男女各人数、农业人口数、非农业人口数、出生数、出生率、死亡数、死亡率、人口自然增长率、迁入人数（包括省内迁入和省外迁入人数）、迁出人数（包括迁往省内和迁往省外人数）、人口密度等；镇（街）人口统计主要项目仍与全区综合统计项目相同；乡村人口统计项目有总户数、总人数、乡村劳动力人数。另外，还有全区各行业从业人员情况综合统计，主要包括从业人员、在岗职工、专业技术人员、长期职工和临时职工人、离开本单位仍保留劳动关系职工人、内部退养职工及长期病、休假职工总数等。

第三节　专项统计调查

人口普查　中华人民共和国成立后，共进行5次全国人口普查工作。第一次为1953年7月1日零时，第二次为1964年7月1日零时，第三次为1982年7月1日零时，第四次为1990年7月1日零时，第五次为2000年11月1日零时。

历次人口普查，县（区）均成立人口普查领导小组和人口普查办公室，选调普查员和普查指导员，通过层层发动宣传、技术培训、划区分片、户口落实、调查试点、入户摸底、正式登记、质量复查、汇总、编码、录入、资料分析整理等工作，确保普查工作顺利进行。1990年，福山区荣获省第四次人口普查先进集体；2000年，获烟台市第五次人口普查先进单位。

农业普查　1995年，国务院颁布《全国第一次农业普查办法》，规定普查时间为1996年12月31日。福山区成立农业普查领导小组和办公室，选调800多名普查员，基本查清现状。全区从业人员为132855人，其中农业从业人员93599人，占总从业人员的70.45%。

基本单位普查　福山区根据国务院通知精神，于1996年进行第一次基本单位普查，普查标准时间为1996年11月1日，普查资料的调查年度为1996年。普查结果：全区单位总数为2019个。其中，法人单位1834个，产业单位185个。

工业普查　中华人民共和国成立后至1996年，根据国家统一部署，共进行全国工业普查3次。第一次为1950年3月。1983年，国务院决定1986年进行第二次全国工业普查。福山区于1984年开始在各级成立普查机构，经过两年半时间，对1985年全区工业情况进行普查，查清全区有工业企业474个。其中，区属企业38个、乡办企业42个、村办企业394个，另有农村合作经营企业69个。全区工业总产值为23700万元。第三次全国工业普查于1995年着手准备，1996年1月1日正式实施，查清1995年末全区工业企业和生产单位为879个，从业人员23950人，实现工业总产值296904万元，产品销售收入232455万元。

第四节　统计普法与执法

统计普法　1984年，《中华人民共和国统计法》颁布实施，统计监督工作步入法制化轨道。福山区以多种形式进行宣传，提高统计工作质量。1991年，烟台市开始进行统计“二五”普法教育。1992年3月，福山区成立普法领导小组，区统计局针对不同对象，采取不同方式，进行普法宣传。1997年1月，区统计局印发《福山区统计法制宣传教育第三个五年规划实施意见》，成立统计“三五”普法领导小组，结合1997年全国统计执法大检查工作，采取张贴标语、电视讲话、公布举报电话、印发材料等形式，进行普法宣传。1998年，福山区以领导干部普法为重点，在全区各级、各部门、各单位领导干部和统计负责人中开展普法学习考试，实行领导干部统计“三五”普法考试合格证制度。1999年，区全民普法依法治理工作领导小组将《中华人民共和国统计法》《山东省统计管理条例》纳入全区“三五”普法内容。1999年，区普法办又将其纳入全区领导干部普法考核和科级以上干部普法考试的内容。区统计局结合普法教育举办培训班，请专家、教授讲课，对科级以上干部分期、分批、分层次进行统计法律知识培训。2000年12月，福山区统计普法工作通过山东省统计“三五”普法考核验收小组的验收考核。2002年2月，区统计局制定《福山区统计“四五”普法工作考核评比办法》。同年7月，举办统计执法检查员培训班，全区有14人取得国家统计局颁发的《统计执法检查证》。

统计执法　1991年，区统计局、区政府法制办联合印发《关于进行以统计数据质量为重点的统计执法情况检查的通知》。同年8月，区人大、统计局、法制办组成3个检查组，对全区的统计数据质量和执法情况进行重点抽查。对查出的问题提出整改意见和建议。1992年和1993年，区统计局、监察局、区政府法制办联合，在全区范围内开展以国民经济主要统计数据质量为中心的统计执法大检查。1995年，区统计局、监察局、国税局、地税局联合开展以重点抽查1994年乡镇企业统计年报中的销售收入、缴纳税金等主要指标的统计执法检查。区统计执法检查组对依法查处的1家企业屡次迟报统计报表的统计违法案件，给予经济处罚，并在全区通报。1996年，区统计局成立统计执法审议委员会。区统计局、监察局、法制办联合组织开展统计执法大检查。1997年，区统计局、监察局、法制办联合印发《关于开展全区统计执法大检查的通知》，查处统计违法案件2起。1998—2000年，为贯彻中央“两办”《关于坚决反对和制止在统计上弄虚作假的通知》精神，区统计局、监察局、法制办每年都组织开展统计执法检查。1998年，成立由统计局、法制办、监察局、司法局联合组成的统计执法检查领导小组。2001年，区政府组织开展《中华人民共和国统计法》执行情况大检查。2002年，采取定期统计执法大检查与经常性大检查相结合、重点抽查与随机抽查相结合的办法，严肃查处各种统计违法行为。对统计违法、拒不缴纳罚款的企业，提交区人民法院申请强制执行。

第五节　统计资料整理

1960年6月，县统计科系统整理出1949—1959年福山县国民经济历史统计资料。此后，每年汇编一辑国民经济统计资料。1988年，区统计局又系统整理出1949—1988年福山区国民经济历史统计资料，并汇编出《福山区辉煌五十年》。1999年9月，为庆祝中华人民共和国成立50周年，充分展示福山经济和社会发展的重大变化，编辑出版《福山五十年》，在全区发行。2002年始，年度统计资料按全省统一标准出版为16开《福山统计年鉴》。

第五章　审计管理

区审计局成立以来，充分发挥职能作用，对预防犯罪、惩治腐败、防止财政资金流失作出贡献。1984—1993年，共审计单位1162个，查处违纪金额2569万元，增加财政收入805万元。人员由成立初期的4人发展到20人。1994—2003年，特别是《中华人民共和国审计法》《中华人民共和国审计法实施条例》颁布实施以来，审计领域不断拓展，审计行为更加规范，逐步走上了法制化、制度化、规范化轨道。10年共审计单位772个，查处违纪金额52077万元，增加财政收入4821万元。

图29-3　福山区审计局

第一节　机构

1984年1月，福山区审计局成立，受区政府和烟台市审计局双重领导，其中审计业务以烟台市审计局领导为主。同年11月，成立审计所。1986年6月，全区第一个内审机构区联社审计科成立。同年8月，审计所撤销，设行事审计股和企业审计股2个股级科室。1989年3月，撤销行事审计股和企业审计股，设工交审计科、行事审计科、商贸审计科和办公室4个股级科室。1990年9月，设烟台市福山区审计事务所，为副科级自收自支事业单位。1993年12月，审计局内设办公室与行事审计科、工基交审计科、商贸财金审计科。1996年11月，设审理室，为内部股级科室。1999年10月，审计事务所脱钩改制，新成立烟台华达有限责任会计师事务所，在名称、业务、财务、人员等方面与审计局完全脱钩，成为独立承担责任的社会中介机构。2001年6月，成立烟台市福山区经济责任审计办公室，为财政全额拨款股级事业单位。2002年1月，审计局内设办公室、财政金融审计科、行政事业审计科、经贸审计科；将指导和管理社会审计职能划给财政局；增加对区直机关、事业单位和国有企业法定代表人的任期经济责任进行审计监督及对社会保障资金和环境保护资金审计监督2项职能。同时，充分发挥社会审计机构的作用，逐步将有关审计项目委托社会审计机构进行审计，审计机关重点进行审计监督检查。

第二节　审计监督

1984年5月，区审计局对福山粮油加工厂进行试审，提高经济效益10.3万元。同年6月，市审计局转发福山区审计局对粮油加工厂试审报告。1985年2月，对烟台磷肥厂进行资产审计，查处资产不实53.4万元。同年3月，对77个单位滥发服装、奖金情况进行调查，查出违纪金额100多万元。4月，审计局印发通报第1号，披露烟台磷肥厂的违纪情况。5月，对电影公司进行审计。8月，对烟台磷肥厂进行厂长离任经济责任审计。1986年4月，召开全区第一次审计工作会议。12月，新华社内参选编第24期刊登福山区实行“两长”（法院院长、检察院检察长）离任审计办法。1987年6月，对电业公司进行干部离任审计，查出违纪金额近百万元。1988年1月，对烟台油漆厂进行承包经营审计试点。6月，对区牙科防治所审计，查出会计贪污案1起，并移交检察机关处理。10月，对全区112户区属企业开展经营责任审计。1989年9月，对全区基层供销社奖售物资亏损情况进行调查。11月，查出烟台自行车配件厂虚增效益情况，并对主要负责人进行严厉处罚。

1991年4月，对89户区属企业潜亏情况进行调查。同年7月，区政府转发区审计局等部门《关于在区属企业进行清产核资的报告》；审计、财政、税务等部门联合，对全区125户区属企业及事改企单位进行清产核资，历时3个月，共查出流动资产损失2800多万元。是年10月，区委区政府印发烟福发〔1991〕62号文，决定对内部审计实行“四定一挂”目标责任管理制度。该做法分别被市审计局、省审计厅和国家审计署采用。1992年9月，对区属9户中外合资企业经营管理情况进行专题调查。1994年5月，区审计局会同计委、建委等6部门对全区建筑市场进行联合检查，对25户违章建筑依法下达审计结论和处理决定。区政府对违章建筑户在全区进行通报批评。1995年5月，区政府出台《关于制止在编审工程决算高估冒算的暂行规定》。以此编发的“一项审计，促成两项法规出台”信息，分别被市审计局、省审计厅和国家审计署采用。8月，对10户有国有资产投资的中外合资企业进行审计，审计面占全区国有资产投资的合资企业80%。9月，对粮油集团总公司进行干部离任审计，查出福山面粉厂原副厂长违纪问题，并移交检察机关查处。10月，按《中华人民共和国审计法》规定，首次对本级预算执行情况进行审计。区审计局分成4个组，对30个一级预算单位1—9月份预算执行情况进行审计，并延伸审计27个单位。聘请25人为审计执法行为监督员。1996年2月，开始实施“审计承诺服务制和审计公开制”，被市审计局在全市审计系统推广，国家审计署、省审计厅也分别在相关刊物刊载。3月，本级审结束，历时6个月，共查出违纪金额1096万元。5月，区政府印发《关于加强审计决定和建议跟踪落实工作的意见》，并被市审计局在全市审计系统转发，分别被国家审计署和省审计厅在信息刊物上刊登。6月29日，市长任海深对福山区上报的《乡镇关停企业资产流失严重》审计情况作出批示。1997年5月，根据区里指示，对松林庄村进行农村财务解剖，历时15天，查出贪污案1起，移交区检察院查处。是年底，进行1997年度本级审，审计单位29个，查出违规行为金额2206万元，上缴财政595万元。1998年度本级审，审计单位12个，查出违规行为金额1080万元，上缴财政161万元。1999年1月，区审计局与区外经委组成审计调查组，对199户外商企业进行调查，摸清外商投资企业的有关情况，分别向区委书记和区长进行了专题汇报。同年7月，由5个部门组成农村合作基金会清产核资小组，对11处基金会进行清产核资。9月，对乡镇计划生育抚养费、押金等收费及管理使用情况进行审计。11月，查出兜余镇基金会原负责人贪污案1起，移交区检察院，犯罪嫌疑人被区法院判刑3年，缓刑4年。

2000年1月，对1999年度进行本级审，审计单位10个，查出违纪违规行为金额4615万元，上缴财政514万元。2001年 7月，根据区政府的安排，对第六化工厂等4户企业进行改制审计。2002年1月，区纪委、组织部、人事局、监察局、审计局召开经济责任审计联席会议。7月，成立由区审计局、财政局、交通局人员组成的审计组，对烟台第三电器厂进行收支审计调查。10月，区审计局组织、抽调人员对清洋与福新街道办事处、高疃镇、区政府办公室、区交通局、区经贸局6个单位领导干部任期经济责任进行审计。

第六章　对外贸易

福山出口贸易兴起于明清时期，以八角为出口岸，出口品种有鱼、盐、豆饼等。烟台辟为商埠后，粉条、草帽辫等皆经此港出口。至光绪末年，胶东所产丝织品、花边、发网、绣花、花生、水果、水产品等皆由烟台商行组织货源，销往海外。1913—1922年，每年出口额关平银达350万两左右（含栖霞、招远），多销往英国、美国、法国、德国、印度等国家。之后，因受世界经济不景气影响，外贸业务下跌，年出口额关平银仅60.2万两。抗战时期，日本侵略军掠夺农产品、手工艺品和土特产品运销日本。解放战争时期，对外贸易中断。

中华人民共和国成立后，出口物资由国家统一收购。五六十年代，出口商品以手工艺品为主，畜、海产品次之。1962年，出口商品30多种，总值18万元。70年代，出口商品有手工艺品、粮油、土产品、畜产品、食品和五矿六大类45个品种，年出口总值1000余万元。

1978年后，对外贸易步伐加快。1984年，全区出口总额1386万元。1985年，出口商品有花生仁、玉米、苹果、大虾、果脯、味精、地瓜干、塑料编织袋、颗粒饲料、海藻粉、宽幅布、抽纱、草制品、兔毛、水貂皮、五矿类、元钉、硝酸钾、氟石粉、磷酸氢钙、茵陈、反白草等，出口总额为1535万元。至2002年，仅福山高新区出口创汇就达1.53亿美元。

境内贸易进口始于清朝中期，每年由八角口输入的布匹、日用杂货等有40余吨。烟台开埠后，“洋货”大量输入，主要有煤油、染料、元钉、棉织品、蜡烛灯，其中以煤油为大宗，每年进口约1.2万桶。抗日战争时期，大量日货进入内地市场。

中华人民共和国成立后，钢材、木料、化肥等进口物资由国家统一分配，改革开放后，进口贸易进入快速发展时期。

第一节　机构

烟台市福山区对外经济贸易委员会　中华人民共和国成立前，福山无外贸机构，外贸业务由私人商行办理。中华人民共和国成立后，由供销社代理。1976年4月，成立县对外贸易局，下设外贸公司，出口物资仍由基层供销社代为收购。1983年11月，外贸局改为局级公司，内部机构设业务科、工矿科、政工科、办公室和直属库。1988年9月，改称福山区对外经济贸易委员会。2001年，改称福山区对外贸易经济合作局，内设办公室、外资科、外企科。

烟台市福山区外商投资企业服务中心　1988年7月，福山区外商投资企业服务公司成立，为全民所有制企业，为区外经贸公司下属事业单位。1995年4月，改为烟台市福山区外商投资企业服务中心，为自收自支事业单位。

第二节　三资企业发展概况

1992年，全区利用外资项目48个，合同外资额3656.8万美元，实际利用外资999.9万美元。1992年后，依托国家优惠政策和本区优势，大批外商投资企业落户福山。至2000年底，全区累计批准外商投资企业231家，合同利用外资额3.26亿美元，实际利用外资额11144万美元。其中，合资企业164家，合同利用外资额1.6亿美元；合作企业6家，合同利用外资额1600万美元；独资企业61家，合同利用外资额1.5亿美元。“三资”企业的主要行业有电子、机械加工、轻纺服装、塑料制品、水产品、农副产品加工、化工产品等。至2000年底，全区生产性“三资”企业共完成出口创汇2.071亿美元，占全区出口创汇额的98%。

2000年底统计，外资来源于18个国家和地区，其中以韩国、美国、澳大利亚为主，合同利用外资额分别为2148.65万美元、5941.21万美元、528.44万美元，分别占全区合同利用外资额的10.1%、27.9%、2.5%。在“三资”企业中，纺织服装行业实际利用外资额为892.32万美元，占实际利用外资额31.2%；电子行业为609.18万美元，占21.3%；机械铸造行业为551.98万美元，占19.3%；农副产品加工行业为303.16万美元，占10.6%；餐饮娱乐服务行业为160.16万美元，占5.6%；房地产开发行业为51.48万美元，占1.8%。

第七章　国有资产管理

中华人民共和国成立后，政府重视行政事业单位、国营企业单位的国有资产。1978—1990年，全县（区）的国有资产一直被纳入财政预算管理。

1991年，为加强全区国有资产的管理，提高运营效益，福山区设国有资产管理局。对区属的区内外的全部资产，包括固定、流动资产及其他国有资产行使管理职能。1992年6月，根据山东省《关于加强国有资产管理工作的通知》《烟台市国有资产管理员试行办法》，区政府决定，在各部门、各企业和事业单位配设国有资产管理员，专职负责国有资产管理工作。全区14个系统、10处乡镇、50个委办局及所属单位共配国有资产管理员136人。凡占有国家基金、使用国有资产、实行独立核算单位的国有资产、有资产拍卖转让及企业兼并、联营、出售、实行股份制和合资合作经营情况的，均需经财政部门审计和评估。1993年，对全区国有企业、行政事业单位进行清产核资和固定资产价值评估，完成区属国有土地的评估工作。1994年，参与股份制试点企业选择，审定企业改造方案，确认资产评估结果，审定股权及股权结构。建立起企业国有股权管理统计报告制度和分户档案。1995年始，对全区财政和事业单位的国有资产产权进行全面登记，建立完整的基础数据资料档案，规范登记资料的管理。1996年，按照区里部署，进行国有企业改革，进行重组和改制工作，采取的形式是产权转让和股权转让与破产重组等。

第一节　机构

1991年6月，烟台市福山区国有资产管理局成立，内设国有资产管理科、国有资产评估科、综合科，隶属于区财政局。2001年12月，国有资产管理局职能划归区财政局。2002年，烟台市福山区国有资产经营公司代行国有资产监管职责。

第二节　国有企业清产核资

1994年3月，区国有资产管理局对全区102户国有企业进行清产核资。其中，大型企业1户、中型企业4户、小型企业97户。按经济类型分，国有企业89户，整改企业13户；按盈亏企业分，盈利企业70户，亏损企业32户。全区国有企业资产总额88395万元，其中流动资产61265万元，固定资产24597万元，长期投资1447万元，无形及递延资产1086万元。负债总额75145万元，其中流动负债58375万元，长期负债16770万元。所有者权益13250万元，实收资本14565万元，其中国家资本12914万元，法人资本733万元，个人和外商资本918万元。全区国有土地为842149平方米、房屋371895平方米、汽车329辆、货轮4艘。清查结果：固定资产盘盈36万元，盘亏及损失352万元，兑除损失净额为316万元。流动资产盘盈75万元，盘亏及损失1833万元，兑除损失净额1758万元，无形、递延及其他资产损失净额为10万元。清产核资后，又对以上102户企业固定资产进行重估。重估前原值为23491万元，净值为18314万元，重估后分别为30758万元和22698万元，分别增加7267万元和4384万元，增长30.94%和23.94%。属于重估的固定资产，重估前原值为17660万元，净值为13143万元，重估后分别为24927万元和17527万元。

第三节 国有企业改革和重组

1994—1997年，对区属国有、集体企业进行改制，主要改制为国有资本控股公司，改制后的大部分企业中国有资本占多数。由企业领导班子和职工参股的公司，改制时间集中在1994年和1995年，改制企业有物贸公司、五交化公司、轻工机械厂等国有、集体企业。1996年和1997年，分别完成中福种鸡场、外贸公司、商业宾馆3户企业改制，成为非国有资本控股公司。1998年开始，将改制为国有资本控股公司的企业，改为非国有资本控股公司。1998年，被兼并企业1户，净资产468万元；撤销公司5家，净资产为负61.6万元；实现股权转让2户，转让金共313万元；产权转让14户，转让金337.02万元，其中零费转让2户，负资产转让259.77万元。1999年，完成企业股权转让2户，转让金共767.77万元；产权转让28户，转让金为负515.1万元，其中零费转让4户，负资产共515.6万元。2000年，完成股权转让1户，转让股资71万元；完成产权转让14户，转让金为负723.8万元。2001年，完成产权转让4户，转让金为负30.1万元。2002年，产权转让2户，转让金12.2万元。

2000年，将挂靠企业、中介机构等性质的企业推向市场，改制成非国有资本控股公司。改制企业有会计师事务所、建设咨询服务部、第三建筑设计院、第三水利设计院、建设监理中心。至2002年，原国有、集体企业已改制65户，改制比例达91%。尚有电业公司、华侨宾馆、杜家崖金矿、粮油收储中心、福山军供站、道路运输总公司6户国有企业未改制，主要原因是这些行业较特殊，不适合进行企业改制。

第四节 行政事业单位与国企产权登记

行政事业单位产权登记 1999年2月，完成全区137户行政事业单位产权登记工作。全区资产总额累计为51220万元，负债累计为10624万元。其中，国有资产总额为40596万元，资产负债率为20.74%。国有资产占全区资产总额的79.26%，其中固定资产38445万元，占全区国有资产总额的94.7%。主要集中在文化卫生、农林水气和行政管理3大类，资产总额分别为17344万元、13195万元和8929万元，负债率分别为13.8%、7.4%和55.1%。

企业产权登记 1992年，开始对国有企业进行产权登记。采取财务报表与产权登记证相结合的办法，做到不重、不漏、不错。经过审核，奠定产权管理基础。至1998年底，完成47户企业产权登记和产权登记年检工作。企业产权登记国有资产总量为16096万元，占登记资产总额的26%，占净资产总额的101.85%。其中，登记国家资本6330万元，国有法人资本579万元，国有资本权益8998万元，其他国有资产189万元。非公司制的国有企业为42户，登记国有资产总量为15003万元，占全区国有资产总量的93.21%，是全区企业的主导力量；一、二、三产业企业分别为5户、11户和31户，第二产业共登记国有资产总量12419万元，占全区国有资产总量的77.16%。在47户登记企业中，盈利企业26户，盈利额478万元；亏损企业21户，亏损额为3810万元。

第五节 行政事业资产管理

行政事业资产处置审批管理 福山区对行政事业资产的处置实行申报、审批制度。行政事业单位处置资产需填报统一设置的《资产处置审批表》，按程序由单位申报，主管部门审核，区国资局审批资产处置。对每项申报处置资产，区国资局根据所处置资产的种类和使用、现场勘查情况，进行技术鉴定、评估确认，分别给予处置意见。残值不大的处置资产，经批准可由单位或主管部门自行处置。残值较大的土地、房产、车辆、锅炉、大型或批量较大设备等处置资产，集中交由区国资局统一进行处置。对尚有使用价值的车辆、仪器、房产等，首先尽量进行合理调配，以减少重复购置，节约财政资金；无法调配的，集中公开拍卖处理，收入由区国资局专户储存，专项用于固定资产的更新改造。

行政事业单位申报需处置的资产，经区国资局认定价值较大需要统一集中处置的，如土地、房产、车辆、锅炉等，均交由国资局统一集中处置，由区纪委、财政局、公证处等部门工作人员现场全程监察，实行公开、公平、公正处置。至2002年，全区共审批处置资产上千项，涉及资产价值总额达1亿多元，包括房产11520平方米、车辆160辆、设备10400件、无偿调配车辆40余辆。先后10余次采用公开拍卖的方式，处置车辆、锅炉、仪器等资产计130辆（台），出售违规建设职工宿舍10套，完成福山一中、体校校区房产拆迁处置项目，在资产处置中共实现处置收益460余万元。

行政事业资产有偿使用及收益管理　2000年，对行政事业经营性房产实行统一管理、租赁制度。区直行政事业经营性房产，包括各单位临街门市、酒店及学校内部食堂、商店，均由国资管理部门按规定统一对外招标租赁，租赁收入先由国资管理部门统一收缴，专户管理，在扣除应缴税款后，按50%的比例返还房产单位；确因特殊情况，可向国资管理部门提出书面申请，经批准，也可全额返还租赁收入。对于未经审批、拒不执行经营性房产租赁管理规定的单位，国资管理部门收缴其所得收益，责令其限期改正；不按期改正的，由财政部门扣拨或停拨其预算内外经费。全年共取得租赁收入等经营收益420万元。

第三十编　文化

福山文化在胶东地区富有代表性。诸多天时地利的因素，造就了福山民众的博大襟怀，体现在文化艺术方面尤为明显。福山文化事业在与民族文化相融中去其糟粕，取其精华，不断推陈出新，使传统优秀文化焕发出勃勃生机。中共十一届三中全会之后，文化艺术事业取得丰富业绩。王懿荣纪念馆的建立，进一步提高了福山的知名度，纪念馆先后被省文化厅命名为“山东省优秀社会主义教育基地”，被市文化局命名为“爱国教育基地”；权希军艺术馆的建立，使福山书画之乡的美名广泛弘扬；图书馆新馆建成后，藏书达 7 万余册，增设成人阅览室、少儿阅览室、电子阅览室、图书室等 5 个服务窗口；文学艺术创作人才不断涌现，创作出许多较有影响的各类作品；文博事业不断发展，区内已发现文物单位 30 处，其中重点文物保护单位 13 处；文化市场管理逐步走向规范化、制度化；各类经营单位包括互联网上网服务营业场所、歌舞娱乐场所、民间联谊会、业余表演团体、音像制品经营单位、录像放映点、电子游戏厅、出版物经营单位、印刷与打字复印企业、综合娱乐场所等得到有序管理；群众文化事业长足发展，先后有 6 个乡镇 5 个村被烟台市评为模范文化乡镇、村，1 个乡镇文化站被评为模范乡镇文化中心。

第一章　机构

福山文化管理机构始设于清光绪三十一年（1905 年）。至 1954 年前，文化工作先后由劝学所、教育局、教育科、文化科掌管。改革开放后，福山县（区）高度重视文化工作，建立健全文化和媒体管理机构，不断增加人员、经费，更新各种设备设施，加强组织领导，发展社会主义先进文化，提高全区文化软实力。

第一节　文化管理机构

清光绪三十年（1904 年）以前，福山文化教育由县学教谕（训导）协助知县掌管。1905 年，设劝学所，掌管文化教育。民国初期，先后由视学所和劝学所掌管。1923 年，劝学所改称教育局，统管文化教育。1928 年，归县政府第一科下设的教育局分管。1932 年，撤局改科，文化教育由第五科分管，不久又将五科合并为四科，由四科分管。1941 年，抗日民主政府设教育科。1954 年，县政府设文教科。1956 年，单设文化科。1958 年，福山划归烟台市，文化科合并于烟台市文化局。1962 年复县，设文教局。1967 年，改称文教组。1971 年，复称文教局。1977 年，单设文化局。1983 年 11 月，文化局与教育局合并，称文教局。1986 年 3 月，文化与教育分立，设区文化局。1993 年 11 月，文化局、体委、教育局 3 局合并，称教育文化体育委员会，分署办公。设区文化服务中心，履行文化局职责。下设电影公司、图书馆、文管所（王懿荣纪念馆）、文化馆、画院、稽查大队。业务指导各乡镇文化站。2002 年 12 月，撤销区文化服务中心，并入区委宣传部，分管群众文化工作。

第二节　广播电视管理机构

1956 年 10 月，县广播站成立。1976 年 5 月，县广播事业管理局成立，为科级单位，保留县广播站，局、站合署办公，1 套机构 2 块牌子。1983 年 8 月，广播事业管理局改称广播电视局，广播站改称广播电视站。1987 年 11 月至 1989 年 1 月，行政机构沿用广播电视局名称，保留广播电视站呼号。1989 年 1 月，广播电视站改称广播电台，与广播电视局合署办公，1 套机构 2 块牌子。1993 年 11 月，设立烟台市福山区广播电视台，隶属区委宣传部；撤销区广播电视局、广播电台。1994 年 8 月，区广播电视台建制上划，改称烟台市福山有线电视管理处；保留原区广播电台呼号，1套机构2块牌子，隶属于烟台市广播电视局，福山区委宣传部负责其新闻宣传业务指导。下设新闻中心、总编室、广告文艺部、用户管理科、工程科、社管稽查科、技术科、播出部、办公室、政工科、计财科11个科室。

1959年，福山镇、古现、高疃和门楼公社相继建立广播放大站，1961年撤销。1964年，开始恢复发展，先后建立兜余、门楼、谭家庄、高疃、古现、福山镇、张格庄、东厅、臧家和八角10处放大站。1998年，乡镇广播站改为广播电视站。2002年，有回里、兜余、门楼、张格庄、高疃、东厅、福新7处广播电视站。

第二章　文学创作

福山文学创作古昌今盛，蔚为风雅。明、清时期，取得进士功名的有75名，取得举人功名的200余人，其中大部分人善写古诗，著述甚多。中华人民共和国成立后，著书者众，邑人散居各地。改革开放后，青出于蓝，涌现出一大批作者，既有专业创作员，又有业余创作员，还有农民作家，形成一支群众性业余文化创作队伍。作品种类有小说、诗歌、散文、报告文学、民间故事、戏剧等，许多作品得到正式出版或在省内外各级报刊发表。

第一节　小说

1978—1990年前，文化馆创作员杨学宽先后在《山东文学》《上海少年文艺》《青岛文艺》《当代小说》《海鸥》《胶东文学》等刊物发表《海味馆》《凉衫》《朱小惠》《误会》《晨雾》《张慎》《重逢》等小说10余篇。1990年后，张格庄乡农民作家王运兴先后在《胶东文学》《作家与作品》《山东文学》《小小说》等刊物发表《灵光》《渡口上》《玉镯子》《谎言》《遗言》《天桥》《诺言》《秋凉》《愉快的一天》等小说10余篇。其中，《灵光》获全国“芳草杯”精短作品大赛优秀奖；《遗言》被《小小说》选刊选载。同期，区文管所所长吕伟达分别在《胶东文学》《中国文化报》等刊物发表《荣儿》《下里巴人》《砸匾》等小说；区文化局干部马咏梅先后在《大江》《胶东文学》等刊物发表《城市生活》《这个人哟》等小说。90年代中期始，出版业改革、多元经营后，福山有多人自费出版各种文艺作品集。其中，城里人谢仁厚在作家出版社出版小说集《蓝色的诱惑》等。

遗言

一头灰毛驴从山路回转处闪出，四蹄有节奏地敲响在青石路面上，夕阳的残辉即刻被踏得粉碎。树林子疏疏密密，山坡上簇簇灌木如枫叶般殷红。

牵驴男人一副焦虑和不安，双目不时地回望着驴背上的年轻女人，女人头缠紫色毛巾，身披蓝棉衣，眼睛半睁半闭，无精打采地颠簸颤悠。

村口上，老石碾子仍在吱吱嘎嘎骨碌，一只黄狗在旁边蜷着打盹。罗二娘放下手中活计，过来关切地问：“怎么样？”“没治了。”牵驴男人哀叹一声，摇摇脑袋。“我娘家村有个神医张半仙，何不求他治治看？”

男人没理会，牵着毛驴去了。

罗二娘望着远去的背影，叹口气：“唉，多可惜，这样年轻就……”

女人患了不治之症。

茅屋前，男人拴住毛驴，过来小心翼翼将女人扡下，扶进屋里，让女人在炕上躺下，便去煮水让女人吃药。

女人满眶泪水。男人过来，道：“又哭了。”女人声音微弱：“医生说了，我没几天活了。”

男人叹口气，抱着脑袋蹲在一边儿。女人道：“你过来。”男人温顺地过来。女人投在男人怀里“哇”地哭了：“我拖累你了。”

男人抚着女人头发，安慰说：“我侍候你还不该？明日去找张半仙看看，没准能治呢！”

女人很感动：“下世咱还在一块儿。”男人答：“嗯，在一块儿。”

女人偎在男人怀里。须臾开口说："临死前，我有话要对你说。"男人说："你说吧。"

女人说："我别无牵挂，只是心里很愧，有件事很对不起你，求你原谅我。"

男人说："你没啥对不起我的地方，你说吧。"

于是，女人就说下去。女人说："我和张驴儿有奸情，很久了。"

"这事儿我一点也不知道。"

"你不会知道，你每次外出，我们就做那事，有秘密地点。"女人说到这里，更伤心了，"你待我这样好，我却瞒着你干了见不得人的事，罪孽啊！反正我就要死了，不说出来心内就压得慌，就欠下活人一笔债，你打我骂我吧……"

女人弥留之际，男人脑里只有她平时许多好处，说："其实你很可以把这秘密带走的，你能告诉我，是拿我当男人看待，这事算不得什么，你安心的去吧。"

俩人融为一体了，泣不成声，难舍难离。

次日，便去求神医张半仙。

张半仙果然名不虚传，有起死回生之医术，经精心治疗，女人日渐康复，脸色红润了，充满了活力，男人狂喜不已。

一日，男人下田，偏偏遇见了张驴儿。张驴儿嘻嘻哈哈，打探女人病情，男人气就没打一处来："我老婆病好坏，关你屁事！"

渐渐地，女人在男人眼里处处不顺眼了，做的饭菜也不香了，时常吵吵闹闹。男人的脑袋里，总似有团马蜂窝，"嗡嗡"炸响。

"乌龟，真他妈的乌龟！"他暗骂着自己。终于有一天，他用土枪把张驴儿脑袋穿个窟窿。

女人正在屋里做饭菜，听得外面"砰"地一声响，急忙出来，只见男人捂着胸口，土枪丢落一边。女人尖叫一声，跑过来扶他："当家的，你这是咋的啦？"

"张驴儿……这混蛋，让我给崩了，你俩这对狗男女，坏女人！"言罢，脑袋一歪，顿时气绝。

（王运兴，原载1994年《山东文学》第二期、《小小说选刊》第五期）

第二节 诗歌

70年代起，南关村农民于崇浩，先后在《中国青年报》《大众日报》《烟台日报》《农村大众》《胶东文学》等报刊发表诗歌70余首。1985年，区果品公司生产科科长、烟台市科普作家协会会员张泽明，在山东出版总社烟台分社出版5万余字的《苹果树修剪俗语》，以诗歌的形式阐述苹果树修剪技术，朗朗上口，好记易懂，引起一定反响。工人作者赵曙光，又名江宁，自1975年发表处女作起，先后在《山东工人报》《淮风》诗刊、安徽《诗歌报》、浙江《作家报》《胶东文学》《黄河诗报》等发表《放风筝的老人》《织女》《失眠之夜》《北方相思树》《失恋之后》《你为何叫海》等诗歌百余首，并在山东文艺出版社自费出版诗集《生命的声音》。八角女教师侯月利，1971年因工伤高位截瘫后，身残志坚，坚持写作，成为农民作家，至20世纪初，先后在多种报刊发表各类儿童文艺作品200余篇。其中，在《农村孩子报》《现代家教》《语文报》《家教导报》《孩子天地》《少年之友》《红领巾》《学习报》发表儿歌《小陶陶玩家家》《爷爷的破棉袄》《柳树妈妈》《蒲公英》《布谷鸟》《小熊猫》《小鸡拔河》《蚕宝宝》等100余首。1995—1998年，援藏干部权锡铭在西藏聂拉木县工作时，在烟台日报发表《援藏行》《感受夏天》等诗歌作品。

我的她

她／是一朵鲜花／在百花园中／映入我眼帘的奇葩；

她／是一株芳草／在万绿丛中／扑鼻的幽香朝着我的身上散发；

她／是一片朝霞／在美女群中／绽放出耀眼的光华。

啊／我的她／贤惠善良／温柔高雅／高空云追月／大地我追她；

啊／我的她／滴水之中见太阳／平凡之处现伟大。

我爱她／依恋她／一生一世离不开她。

胡其林《小河流水》节选

第三节 散文 报告文学

七八十年代，杨学宽先后在人民文学出版社及《山东文艺》《胶东文学》等刊物发表《雪里红》《笔架山下》等散文10余篇。90 年代后，又在红旗出版社、工人出版社、山东音像出版社、《山东文学》《胶东文学》等发表《白圭的子孙》《安泰的奥秘》《丑小鸭和白天鹅》《映日荷花别样红》等报告文学作品30余篇。吕伟达先后在《胶东文学》《中国文化报》及山东教育出版社、解放军文艺出版社等发表《王懿荣殉国90周年祭》《民魂》《酿造者之歌》等散文30余篇，并自费由作家出版社出版散文集《乡情》，在齐鲁出版社出版《王懿荣文集》等。1985年以来，马咏梅先后在《淮北报》《农村孩子报》《胶东文学》、浙江少儿出版社、解放军出版社等发表《香菊》《人间仙境蓬莱阁》《小弟亮亮》《美儿》《永远的爱》《青山的儿子》《寄农村小读者》《立于废墟上的丰碑》《关于荠菜的话题》等散文18篇。2001年，马咏梅的长篇报告文学《王丽华的故事》，由中国文联出版社出版。侯月利的部分散文在《小学生报》《小雪花》《红领巾》《聪明水》发表。王运兴、姜苏等人的散文、报告文学发表于《青春》《作家报》《胶东文学》。原区科协主席权锡铭在西藏工作期间，在中国报道杂志社、《西藏日报》、《烟台日报》、胶东文学等发表散文近百篇。

高原柳

西藏多柳树。

每年三月，当我乘车沿着雅鲁藏布江边溯江而上，沿途依稀可见的高原柳，似乎懂得了人们的心意，把蕴藏一冬的绿色全释放了出来，在春风中无忧无虑的摇曳着。但我所在的聂拉木县城，高原柳直到阳春五月，才在明媚的阳光照耀下，渐次翻绿……

高原柳与家乡的垂柳不同，并不专在河边、路旁扎根生长，也不喜欢把枝叶伸到河里拂水，而是聚拢着柳枝，向着蓝天白云和灿烂的阳光，恰似欲到九天摘星揽月，奋发向上地伸展着。在县城西面的山坡上有一处专供人们庆祝节日和休闲的“林卡”，四周栽满了柳树，虽然有些百年古柳伤痕累累，躺在草坪上，爬在石墙上，可它弯曲着躯干仍然顽强地抬起树头，把嫩枝绿叶伸向天空，给人一种百折不挠、生机勃勃的感觉。我原来的宿舍下面有棵大柳树，盛夏中午，因屋里闷热，我打开窗户，它像要仔细瞅瞅我这个福山人似的，竟毫不客气地把枝叶伸到屋里，不时地招手示意，好像在说：老哥，打扰了，祝你扎西德勒（吉祥如意）！

高原柳，还流传着一个美丽动人的故事：当年唐朝文成公主进藏，从长安把唐柳顺着西进的道路沿途栽插，一直插到拉萨。据说，回首东眺，仿佛能望见家乡。唐柳在西藏生根发芽，世代繁衍，成为汉藏人民真诚团结、民族融合的象征。如今，在拉萨、日喀则市，一到盛夏酷暑，那郁郁葱葱的唐柳主动为人们铺荫遮凉。高原柳犹如一方古碑，在不断向人们讲述着历史天空中那道绚丽的彩虹。

高原柳把春天的信息告诉了人们，把片片绿荫留给了人们，挡住了无情风沙对农田、草原的侵蚀，即使它干枯了，也能供人们烧饭煮茶取暖，直到生命的尽头。高原柳既有家乡夹河垂柳的妩媚，又有西藏高山黑土滋润出来的粗犷。每当看到山坡上、沟壑边、河沿旁、林卡中、宿舍外生长的高原柳，我就会想起众多的援藏干部、工程技术人员、军人、武警……他们和高原柳一样，离别了故土、亲人，来到祖国的西南边陲守疆、创业……

我爱高原柳，也愿做一棵高原柳。

（权锡铭，原载山东省《党员干部之友》）

第四节　民间文学

1985年之前，民间文学在福山境内虽流传很多，但在报刊上形成文字的却很少。1987年，区文化局文艺创作室根据上级部门要求，开始挖掘、搜集、整理流传于境内的民间故事、民间歌谣、民间谚语。有关人员深入基层，发动群众，历时一年多，共搜集整理民间故事75篇、民间歌谣19篇、民间谚语390余条，并编写成《福山民间文学集成》，遂由省集成办统一下发书号，1989年9月出版。全书近20万字，印刷2000册。该书由中国书协副主席沈鹏题写书名、杜昌盛任主编。马咏梅先后发表《迷魂村》《胶东待客重有鱼》等民间故事。其中，《神枪王朗》《迷魂村》《剪纸能手》，分获1992年、1994年、2001年烟台文学创作二、三等奖；《神枪王朗》获省首届民间文学“山花杯”优秀作品奖。

秦始皇腄县轶事

公元前221年，秦皇嬴政三次东巡，“过黄腄，穷成山，登芝罘”，勒碑颂德，祠山求仙，寻长生药。食宿腄城，游览腄地，足迹山川。《史记》有文，民间有声，留下诸多传说。

腄县烹饪甲天下

一日，始皇览城，时至中午。腄县令在县署迎宾厅设宴，给皇帝及从臣接风洗尘。

为接待始帝，县令绞尽脑汁，多次召开佐官、吏员会议专题研究有关事宜。并命县丞在全县北部沿海和西部高台地区，招聘多名庖厨高手。按秦制“数以六纪”法规，腄地料理，加紧备料：海鲜菜肴六道，每道同料，六种做法，每种一盘。清宴六佐一汤；米酒饮料，三种六杯；主食两种，每位六个三鲜饺，六缕一碗长寿面。县令主持，县丞斟酒，县吏端盘，堂官报菜名。宴会井然，气氛庄重。入席稍息，宴请开始。

第一道菜：“秦统天下”。以辖地八角海参为原料，加工烹制成“通天海参”“扒酿海参”“肉末海参”“蝴蝶海参”“葱烧海参”。县令站起来举杯曰：“第一杯黄米香酒，热烈欢迎皇上莅腄！”皇帝及从臣起杯，一饮而尽。丞相李斯曰：“菜质丰润，寓意深长，陛下之功也。”

第二道菜：“普天同乐”。以海边的海螺、鲍鱼等海珍品为原料，以姜汁为佐料，烹制成“姜汁海螺”“油爆海螺”“爆炒天鹅蛋”“清汆蛎子”“辣椒炒蛤”“炸蛎黄”。群臣尽品尽饮。廷尉王绾曰：“螺味各异，皇恩普天，海内同乐也。”

第三道菜：“君民嘉吉”。以八角海产加吉鱼为原料，加工烹制成“清蒸加吉鱼”“红焖加吉鱼”“两吃加吉鱼”“糖醋加吉鱼”“醋椒加吉鱼”“烧烤加吉鱼”。宾主品菜，食饺，边吃边饮，气氛热烈。御史冯劫曰：“菜型雅观，封禅祭山，吉兆呈祥也。”

第四道菜：“华夏繁荣”。以八角海盛产的大对虾为原料，烹制成“芙蓉大虾”“清蒸大虾”“罗汉大虾”“烧烤大虾”“燕子大虾”。县令立起举杯曰：“第二杯黑米酒，诚望圣上东巡大吉！”皇上与群臣同食共饮。使卿王戊曰：“菜美型佳，圣上法政，华夏繁荣也。”

第五道菜：“大秦太平”。以沿海所产牙鲆鱼、偏口鱼为原料，烹制成“清蒸牙鲆鱼”“红焖牙鲆鱼”“油炸偏口鱼”“槽香鱼丝”“滑溜鱼片”“松籽鱼片”。君臣边食边饮，其乐融融。武大夫杨樛曰：“鱼肉鲜嫩，天下太平，大秦无忧也。”

第六道菜：“天长地久”。以八角沿海独产海肠子为原料，佐料韭黄等，烹制成“韭黄海肠子”“蒜茸海肠子”“拉皮海肠子”“干焙海肠 ”“油烹海肠子”“香菜海肠子”。君臣争相品尝，清鲜无比。符玺令事赵高曰：“口味独特，皇恩浩荡，大秦江山，天长地久。”

宴请高汤：“万寿无疆”。以海产雪鱼、牙鲆鱼为原料，将活鱼割头、去尾、剔刺，制成绣球明珠型雪花丸子，清汤水余，配姜汁、海胆、蛎汁、蟹黄、海肠汁、香菜六种佐料，盛于海碗，丸白汤清，气味芳爽。县令立正双手举杯曰：“第三杯粽米酒，敬祝陛下三次东巡，万寿无疆！”全场举杯起立，齐声高喊：“祝吾皇万岁！万岁！万万岁！”始皇与臣属，共同干杯，食长寿面，酒足饭饱。

皇上红光满面，神采奕奕，出口成章曰：“东巡勒石颂秦德，腄县烹饪甲天下！”此联，由丞相李斯篆书，雕制木牌，黑底金字，挂衙堂明柱，雅训共赏。

登临崑崙山

崑崙山，主脉由洪钧顶、疋山、陀山组成。陀山，平峰绵延，峭立似城，巍峨壮观，颇有玉皇庙，东有清洋河；疋山，列峰并峙，突兀挺拔，气势磅礴，山顶有龙王庙，麓有疋山河；洪钧顶，隆崇嵂崒，洪峰连天，势拔五岳，为崑崙之主，颇有祠山台，坡有仙洞，下有清泉，麓有柳林河。三峰相连，碧水傍山，纵贯福山西境，天赐自然景观。

一日，始皇借芝罘刻石逗留之际，由从臣方士簇拥，腄县令引领，驱车至崑崙山览胜展风。始皇驾临柳林河，忽闻远方轰鸣，似山洪倾泻，犹惊雷贯耳。始皇率众，溯流而上，猛然昂首，但见前方，飞流百尺，直下绝壁。此乃罗山坡磕头崖崑崙飞瀑也。瀑布源于崑崙泉，泉水极旺，喷涌而出。始皇达于泉畔，俯察泉水，望之清澈，令取品饮，味之甘甜，连声赞叹：“美哉！可口也！”史臣记曰：“圣水泉”。

始皇心旷神怡，环顾四野后曰：“此地水丰土沃，山清水秀，物华天宝，地灵人杰，礼当登高，祠山福之。”由是，率从臣自泉畔，过柳林河，取古驿路，沿洪钧顶之中岭，达于峰巅。始皇居高临下，饱览群山，曰：“疆域之山，皆横亘东西，唯此山崑崙成峰，纵贯南北，逐成奇也。”侍臣称是，记曰“崑崙山”。又曰：“诸峰孰高？”赵高曰：“近身者高。”问曰：“此峰名何？”对曰：“俗称歪嘴山。”曰：“弗雅矣。朕登者，洪钧也，天也；高者，诸峰之极也，顶也；是谓洪钧顶矣。”臣极称是，记曰“洪钧顶”。始皇训毕，雄视群山：叠峰耸峙，林壑幽美，花木丰茂，蔚然深秀，崑崙风光，尽收眼底。放眼北望：蓝天碧水，辽阔浩淼，芝罘磁山，巍峨呼应，牟子故城，一览无余。始皇踌躇满志，雄风荡起，遂令从臣，于巅设台，行礼祠山。始皇面对群山，庄严呼曰：“山神保佑，吾大秦永世无疆！”从臣齐拜，山呼万岁！

祠山毕，始皇与从臣由洪钧顶，沿来路，归于崑崙泉畔。徐福等众奉命遍山觅宝。

忽报：泉后里许有一神洞，深莫可测。始皇闻言，径至洞中，仔细勘察，此乃北海龙王出没之所。遂借佳境，休憩纳凉。徐福等众踏遍三峰，得崑嵛参一棵，其重愈斤，堪为瑰宝。徐福取悦始皇，名叫“长生参”奉上，尚有灵芝、丹参等上品药材，以备御用，龙颜大悦。

崑嵛山，因始皇之幸，名闻天下。

牟子国揽胜

始皇崑嵛山展风毕，众臣簇拥而归。行至牟子国故地，始皇对李斯曰：“朕于洪钧顶巅，远眺牟子故城，宏观而已，既行至此，何不入而观之？”李斯曰：“吾皇所言极是。”由是，人马歇息待命，始皇与侍臣奔向城南。

牟子国故城，为方形城池。南北东西四门，内有宫殿区、商业区、监狱及冶铸铜铁遗迹，中轴有南北大道。东南角筑射台，西南角设监狱，北有造币厂。《左传》载：春秋时，牟子国附属鲁国，后属齐。六国破灭，自然消灭。大秦一统，人去城空。如今杂草丛生，瓦砾遍地，一片狼藉，十分荒凉。有诗为证：“荒原一望夕阳多，百年附庸为空郭。夜雨莓苔侵石马，秋风荆棘隐铜驼。种瓜惟见邵侯地，秀麦怳闻箕子歌。兴废本来天下事，沧溟犹是昔年波。”

始皇入得南门，驾临君府高地，四下眺望：南有崑嵛山，东有芝罘山，西有牟子山，北靠大海，方圆十里，一马平川；柳林河水，奔流入海。始皇对李斯曰：“此乃天府之国、兵家用武之地，牟子远虑矣。”李斯对曰：“皇上，普天之下，莫非王土，此乃大秦王朝之疆域耳。小小牟子，何足道耶？”始皇近指城内，曰：“附庸之国，虽属弱小，兵刑车币，依然齐备。”李斯对曰：“皇上扫灭六国，区区附庸，不战而胜，国体齐备，无济于事。依臣所见，国家愈多，浪费愈过。由是看来，天下一统，乃大势所趋，人心所向，历史必然也。吾皇英明至此，臣敬祝吾皇，万寿无疆！”始皇曰：“丞相真乃治国之良臣也。”

始皇忽觉脚下有物，低视，原是古钱一枚。拾起，掂之又掂，若有所思，离开君府，走过监狱，登临射台，俯视荒城，突然掷其古钱，惊起一只飞鸿。始皇心中一振，沉吟曰：“世事沧桑，弹指一挥；坚兵利刃，无奈光阴；人生百年，壮志未酬；万世帝业，惟期长生；访仙求药，举足轻重。丞相，徐氏等众，肩负重任，只许成功，弗辱使命耳！”李斯心领神会，曰：“臣遵旨。吾皇洪福齐天，仙人灵药，必速如愿。吾即敦促徐氏，急去仙山为是。”始皇曰：“臣真乃朕之心腹矣！”

始皇与侍臣浏览一过，取北门，由腄县令引归而回。

改置阴主祠

一日，始皇驾到牟山（今磁山）。临近山前，只见一人抬头远望，似迎驾之姿。始皇问土著：“前方何人？”对曰：“此乃石公。”遂将牟山参姑娘、仙姑诸故事说与始皇。

不觉来到山前，但见一片竹林，郁郁葱葱。始皇惊曰：“朕知，竹生南方，长于坡地，未见山顶之竹。”李斯曰：“竹为圣洁之物、祥瑞之兆。”土著接曰：“皇上，此山有奇泉，盛夏之际，飞瀑环流山间。”始皇颔首，曰：“吾大秦盛运水德，神福朕也。”顾而对李斯曰：“朕登芝罘，远望牟山，疑为三山。”李斯曰：“牟山发于艾（山），作高于西南；芝罘终乎棋（山），纳气于东北。两山相雄长也。”始皇曰：“阳主祠置芝罘西南麓，牟山东北麓恰与之相对。”李斯曰：“自古祭神，历有变革。皇上变周之分封为郡县，何不变阴主置三岛为牟山？”始皇明眸，曰：“丞相之意，正合朕心。”遂改置阴主于牟山。八神之祠，福邑遂有其二，阳主祠、阴主祠相顾望。每岁，乡人具少牢，以春三月三日祀芝罘，在腄邑东；至秋七月七日祀牟山，在腄邑西。春阳秋阴，东生西成，尽显阴阳造化之功也。

赐名峆岵山

腄县城南有一高山，海拔630.4米，原为无名山。始皇在腄县览胜崑嵛山、牟山、芝罘山后，乘兴登攀无名山。

是日，始皇率众南行，行至城南二十余里处，腄县令寻一山民引路。始皇驻足，面南而观，苍松古柳，郁郁葱葱；一团云气，笼罩山腰：淡如轻烟缕缕，袅袅浮动，山在虚无飘渺中，像入仙境；浓似波涛翻卷，巅嵌茫茫云海里，宛若叶舟，时隐时现。有诗为证：山势嶙峋列翠屏，岚光层叠倚天青。烟廾万井晴霞落，云合千村昼雨冥。

几番歇息、攀登，始皇率众登顶，大好河山，一览无余。东有昆嵛山，西有牙山，南有招虎山、北有黄渤二海；大沽夹河在南，清阳河于北，把无名山环绕其间。始皇坐于巨石，放眼北眺山下二河，问胡亥：“腄县二河似啥？”答曰：“好似一位婀娜多姿、翩翩起舞的窈窕淑女。”又问徐福：“尔观乎？”对曰：“颇像一棵生长于腄县山水间的老山参。”始皇曰：“朕观之，乃二龙竞相入海焉，真乃福山福地福水也。”众人称绝。

腄县令上前求曰：“吾皇何不赐予山名？”始皇问李斯：“爱卿，意下如何？”答曰：“东首山峰尖峭，排起如指，张开大口，犹如狮吼，可称狮子山也。”始皇点头赞许，不禁右手摸石，掌显划痕，鲜血渗出。赵高急令太医包扎。始皇细瞅，但见蛤皮散地，螺壳抓石。逐曰：“远古，海也。此地多蛤皮螺壳，称其蛤螺山如何？”众人称是。始皇询问山民：“可否？”答曰：“吾皇，当地人叫‘蛤（ha）’为‘ga’，叫‘螺（luo）’为‘lu’或‘lou’。若按俺的叫法，就叫galu山或galou山了。始皇曰：“善哉！蛤若改为岭、螺改成岵，更甚。”众人异口同声：“上也。”

从此，因始皇赐予山名，峆岵山一直叫到现在。

（摘自《山东史志》《悠悠故乡情》等，柳宗铎、解广海等搜集整理）

第五节　戏剧创作与研究

1949年10月1日前，福山戏剧多引进传统剧目演出。“文化大革命”期间，传统剧目被禁锢，县剧团和有的学校、社队成立文艺宣传队，自编自演一些适应当时形势的小节目。

1978年后，福山戏剧创作出现可喜局面。王其耀、姜德修为颂扬清朝国子监祭酒、爱国学者、甲骨之父王懿荣的功绩，与张旭合作新编历史剧“雄风祭酒”，在《剧本》头题发表。1989年9月，获山东省泰山文艺创作三等奖。1999年6月，烟台市举行纪念王懿荣发现甲骨文100周年活动之际，市、区文化部门邀请济南市京剧团在福山礼堂演出京剧“雄风祭酒”，受到观众、特别是国内外甲骨文学者的好评。1988年，王明月创作的独幕话剧“停用三天”，获山东省文化厅录像表演二等奖；房明珠创作的戏剧小品“爱情无价”“来的都是客”，分获烟台市一、三等创作奖；王明月、肖久田创作的戏剧小品“村长家的稀客”，分获山东省创作二等奖，华东小品剧比赛三等奖，烟台市创作一等奖、表演一等奖。1992年，肖久田创作的戏剧小品“泥虎王”，获山东省文化厅创作二等奖；另有肖久田、张勇、赵凤花、钟宝第、姜军等编导、演的小品“婚礼前夜”“减负”，分获山东省文化厅金奖和烟台市“蓬莱阁杯奖”。

第三章　艺术创作

境内的艺术创作历史悠久，内容繁多。主要有音乐、舞蹈、摄影、绘画、书法等。1978年后，福山艺术创作日益繁荣，人才辈出。尤其是书法艺术，多次参展并获奖，为日后成为全国书法之乡，打下坚实基础。

第一节　音乐

古代音乐，在福山早已失传。民国初年，县公署祭孔时，只将文庙内的古乐器陈设于祭坛上，并不演奏。民间的婚嫁、丧葬以及庙会举办的杂耍、百戏，一般有乐师（俗称“吹手”）演奏乐曲助兴或助哀。所用乐器主要有喇叭、唢呐、大杆号、锣鼓、笙、管、笛子、胡琴、琵琶。之后，风琴、大正琴、小提琴等西方乐器陆续传入。30年代中期，开始流行革命歌曲。1937年，福山县民众教育馆成立“福山救亡歌咏团”，以演唱《义勇军进行曲》等歌曲，进行抗日宣传。抗日战争时期，流行的抗日歌曲有《战斗英雄任常伦》《送郎参军》等。解放战争时期，有《支前小调》《解放区的天是明朗的天》等。

中华人民共和国成立后，主要演唱歌颂中国共产党、毛主席、社会主义建设方面的革命歌曲。“文化大革命”期间，一些电影插曲和轻音乐被视为“资产阶级情调”“黄色歌曲”禁止演唱。“样板戏”唱段、“语录歌”一度占领歌坛。1978年后，电吉他、电子琴等传入福山，电影、电视歌曲普遍流行。七八十年代，区文化馆专业音乐工作者和区工会等业余爱好者，在音乐歌曲创作中，取得较好成绩。1984年10月，在烟台首届“金色胶东音乐会”上，福山文化馆创作的“喜爱胶东大丰收”获二等奖，“果乡今日拍电视”“请你吃碗福山面”和“果乡秋夜”获三等奖。福山籍作曲家漠雁创作的“战斗英雄任常伦”，郭成志创作的“敬爱的周总理，人民的好总理”“福山之秋”“胶东啊胶东”在全国有较大影响。至1995年底，福山有1人被吸收为中国音乐协会会员、3人被吸收为山东省音乐协会会员。先后获省级奖励4项。

1986年，《词刊》第三期发表姜苏的歌词《山村储蓄员》。胡平创作的坠琴独奏曲《心曲》、小号二重奏《春潮》《快乐的驾驶员》和歌曲《钢窗工人多自豪》，分获1989年烟台市企业艺术调演创作优秀奖、1990年烟台市新创作音乐二等奖和烟台市专业人员业务技能比赛二等奖、1992年烟台电视台春节文艺节目展播创作奖。金建国创作的小号二重奏《上班路上》和歌曲《山里飞出甜美的歌》，1989年获烟台市企业调演创作优秀奖。郭成功与王宣、姜苏合作的歌曲《渔家户户迎春光》《咱们胶东好》《彩草铺向通天路》等，均获1990年烟台市首届艺术节创作三等奖。秦维胜与他人共同创作的歌曲《我爱祖国，我爱黄土地》《新春佳节迎新客》《春雨的丰收》等，分获1992年和1993年山东省齐鲁杯歌曲创作比赛优秀奖。

第二节　舞蹈

福山古典舞器有麾、节、羽、黄、伞等，为官府举行庆典时的舞队使用。民国初至抗战前夕，常见舞蹈有龙灯舞、花棍舞和大头舞，配以锣鼓伴奏，舞姿近似秧歌。抗战时期，解放区盛行秧歌舞、花篮舞等，多在春节或开庆祝会时，以扭秧歌等形式走街串巷演出。

50年代初，县文化馆组织短期培训班，传授腰鼓舞、狮子舞等。1955年，东北关村排演的“劳动舞”参加山东群众文艺会演，获三等奖。1956年后，苏联的“邀请舞”“俄罗舞”“乌孜别克舞”在学校盛行一时。“文化大革命”期间，传统舞蹈受到禁锢，“忠字舞”一度挤占舞台。1977年，县文化馆创作的“望穿碧海千层浪”进京参加文化部举办的舞蹈调演，受到好评。80年代，“交际舞”“迪斯科舞”传入，团县委、工会、文化局等多次组织指导。

改革开放后，福山的舞蹈创作、表演发展迅速。1986年后，刘丽明编舞的舞蹈“养鸡娃”“接妈”“海赋”“飞翔吧，蒲公英”，分获1990年山东省创作二等奖和三等奖、1992年省文化厅创作一等奖、1994年烟台市文艺创作二等奖、山东省舞协创作奖。区文化馆干部、省舞蹈协会会员陈尧华编导的20余只舞蹈，参加各级会演、调演，大多获奖。其中，“雏燕展翅”“老头乐”，1986年和1991年分获烟台市创作二等奖和优秀奖；“老少乐”“闹春”“希望”“福山大鼓”，1991年“六一”儿童节和1992年春节期间，在省、市电视台播放，并与“绣花女”发表在1992—1994年《烟台日报》；“小兵”，1999年参加山东、河南、河北3省少年儿童舞蹈大赛，分别获创作金奖和演出一等奖；“人参娃娃”“去西口”“八面来风”“绣花女”“秋的丝雨”“祖国颂”“猪蛙闹春”等，参加烟台市会演、调演，均获一等奖；“哥哥当兵回乡来”“战神”，参加解放军第26军文艺调演，分获最佳奖和一等奖。

90年代后，福山城区广场、河边等处，天暖季节，清晨、晚间常有群众自发举行舞会，舞蹈形式多样，参与者众多，多以健身自娱。

第三节　美术创作

明、清至民国时期，福山的美术创作主要有剪纸和绘画。剪纸形式多样，有窗花、灯花、顶棚花、笸箩花，还有以剪纸为基样用彩线刺绣的枕头花、兜肚花、鞋花等。图案有“喜鹊登梅”“牛郎织女”“八仙过海”“福禄寿喜”及荷花、鸳鸯等。绘画主要有壁画、素描画、水彩画、油画、漫画等。民国时期，中、小学均设美术课。后西方的素描画、水彩画、油画逐步传入福山。抗日战争时期，漫画盛行，在根据地黑板报上，常以漫画形式揭露日军罪行。

1949年10月1日之后，县文化馆设美术组，辅导业余美术爱好者。1965年前，曾举办县级美术展览7次，展出作品710件。1977年后，以“烫塑面”为主的工艺美术在福山兴起。1979年，西水夼村农民赵文竹创作玻璃画。1985年，烟台市举办“半岛之春书画展”，福山参展35幅，获总分第一名。1986年，福山画院成立后，通过邀请美院教授、著名画家到福山作画、指导，使福山绘画创作水平有很大提高。1988年开始，福山区的书画作品，在烟台市大型美展中获得三连冠。在全国画展、美展中，有2幅作品获奖；国画《暮秋》，在当代水墨画新人奖美展中获二等奖；《胶东锅台》《白鹭》，1988年在中国画大奖赛中，一件获大奖，一件入选展出；20余幅作品在其他各类专项美展中获奖。福山画院有17幅作品由文化部等选送美国、法国、加拿大、奥地利、墨西哥等国家及驻外使馆巡回展出。另有8幅作品入选纽约一家画廊展销。在省级美展中，福山参展参赛作品逐年增加。到2002年，被省级以上单位收藏作品10余件，出国参展累计70余件，赠送国外友人累计百余件。

1949年10月1日以来，福山籍著名画家有王重年、陈日新、王华南、王澍、靳涛、刘相训、王宴、李湘、孙笃全、卫德章、孙承平、孙涛、舒展、刘振东、臧小丽、

图30-1　《峪岵烟云》（孙承平、李佳秦合作　范扬题）

图30-2　《寿桃》（臧焕年）

刘宏、李藻华、李佳秦、刘胜先、李伟、王义成、赵耘生、丁金胜、贾春光等。

国画　1989年以来，福山画院副院长、省美术协会会员、二级美术师李伟，先后有《村姑》《山魂》《溪山竟香图》《古雪春水》等作品在国家级各类美展中参展，其中《村姑》《山魂》分获“牡丹杯”国际书画大赛三等奖和“国际中国画展暨大赛”荣誉奖;《金色的旋律》《山水》《仁山智水》等作品在省级各类美展中参展，其中《丰碑》获庆祝建党80周年山东美术作品展览三等奖；《山那边姑娘》《绿色的回忆》等20余幅作品在市级各类作品中参展，多数获奖；《春》《足迹》《新竹》《暮色》等10余幅作品分别在《烟台日报》《山东画报》《中国文化报》《胶东文学》《大众日报》《联合日报》等发表。1990年，福山籍画家、中国美协会员卫德章的作品《老墙》在首届美院大专班美展参展后，被中央美院收藏；1993年，《静月》在国际水墨画大展参展，获东方奖。另有福山画院院长刘胜先的《墨牡丹》、画院赵耘生的《霜叶红似二月花》、电影公司臧小丽的《仕女》、文化馆钟毓敏的《踏春图》、新华书店宋广军的《黄河的故事》等，分别在省、市各类美展展出，并在有关报刊发表。

油画　邑人油画作者较少，作品不多。福山职业中专教师刘春光的作品《洗衣妇》，1987年4月被黑龙江《林区教学》第二期采用；《兴安之秋》《肖像》，1989年参加黑龙江省油画研究会二届青年美展;《静物》，1989年12月获伊春市第二届青少年美术大赛获二等奖；《午餐系列》，1992年5月获伊春市美展一等奖；《养扇贝》，1993年入选烟台市纪念毛泽东诞辰100周年美术书法展。烟台包装装潢总厂工艺美术师李藻华的《牛市》，在市级美展展出。

版画　1988年以来，区文化馆干部、省美协会员、三级美术师丁金胜的《山水》《晨雾》《大年五更》《藏书票》等20余幅作品先后在国家级各类美展中参展，并有作品获奖；《前奏曲》《好年景》《永恒的怀念》《海之韵》《红妆素裹》等30余幅作品在省、市级各类美展中参展，部分作品获一、二等奖；《迎亲》《渔村》等作品在人民美术出版社及《胶东文学》《东方藏书票》等出版发表；部分作品被邀赴日本、西班牙等国参展。区工会干部、省美协会员、三级美术师吕道训的版画作品在省、市级美展展出，并在报刊发表。

其他画种　主要有水彩画、水粉画、玻璃画、宣传画、漫画等。福山先后参加市展 2 幅，发表 4 幅，获奖 2 幅；参加省展 9 幅，发表 2 幅，获奖 2 幅，收藏 2 幅；参加全国展出 1 幅，获奖 1 幅。1988 年 11 月，李伟在烟台市画院举办 60 幅水彩画展。其中，作品《沃土》《晚秋》《黄河之源》，被市美术博物馆收藏；部分作品发表于《中国文化报》《山东画报》等。

第四节　书法与篆刻

福山是中国书法之乡。明朝的郭宗皋，清朝的王隲、王懿荣和谢隽杭，民国时期的隋瀚、王宗沂、王景曾等，都是著名的书法家。

50 年代至 80 年代，福山籍书法家权希军、胡铁生、邹德忠、邹振亚、吴鸿清、史世奇和王廷风等闻名海内外。1984 年，福山书画研究会成立，有会员 29 人，刘胜先、王义诚和胡元田等人的作品，多次参加省、市书画展览。1985 年，上刘家村农民周世纯被吸收为中国当代农民书画研究会会员，并选为理事，作品先后 3 次获省级奖，近百幅作品被海外人士收藏。1986 年，福山画院成立后，先后邀请王学仲、陈大禺、王冬令、刘江、朱关田、刘自椟、吟瘦石、刘艺、欧阳中石、权希军、朱学达等到福山讲学，使福山的书法创作水平又有新的提高。1978—2002 年，福山区书法作品参加市级各类展览 100 余件，获奖 30 多件，市级报刊发表 40 余幅；参加省级各类展览 50 多件，获奖 20 件，省级报刊发表 20 件；参加全国各类展览 25 件，获奖 4 件，发表、出版 17 件；参加国外展览 30 多件，被收藏 10 余件，赠送国外友人 30 余件。1986 年以来，中国书协会员、区供电公司职工张鲁家，通过学习、临摹“二王”书法真迹，形成自己的风格。作品先后入选中国书协主办的第六届全国书法篆刻展、第二届中国书坛新人作品展、第一届全国楹联书法展、第一届全国行草书展、第六届中青年书法篆刻家作品展、全国第一届和第二届刻字艺术展等，多次在国家、省、市书法展览和比赛中获一、二、三等奖和金、银、铜奖。作品载入《狮城国际书法大赛大展作品集》，有的被日本、韩国、美国、新加坡等海外人士收藏。后来，张鲁家被中国著名书法家权希军破例收为关门弟子。权老欣然命笔，书写“真金不镀”赠与爱徒。中国书协会员、三级美术师、区文化馆干部王义诚先后有 20 余幅美术作品在国家级各类书法展览中参展，并多次获金奖、银奖、精英奖和一等奖，有 40 余幅作品在省、市级各类书法展览中参展，大都获奖。1995 年，其作品在“中国国际艺术作品博览会”上被认定为特级作品，颁发有中、英 2 种文字的证书和奖杯。中国书协会员胡元田、省书协会员王振业等也有多幅作品在国家级、省级各类书法展览中展出，并获奖。

福山籍著名书法家权希军，自幼酷爱书画，晚年步入书坛。先后担任中国书法家协会副秘书长、篆刻委员会副主任、刻字研究会会长、中国书协顾问、中国文联书画艺术中心顾问、中国书画名家网艺委会艺术顾问。在书法、篆刻、刻字、绘画等艺术领域均有很深造诣，其书法以草书著称，兼写多种书体，在当今书坛自成一体，独树一帜。经常参加国内外书法大展，多次率书画代表团访问日本、韩国、俄罗斯、法国等国家，展出书法作品。其作品被毛主席纪念堂、中国美术馆、军事博物馆及国外人士收藏。出版有《权希军行草滕王阁序》《权希军草书千字文》。曾策划主持全国第一届、第二届篆刻展和第一届、第二届刻字展及第一届国际刻字交流展，主编刻字艺术系列教材，是现代刻字的奠基者。2001 年，中国书法家协会授其特别贡献奖。区内建有“权希军艺术馆”。

福山籍中国美术家协会山东分会秘书长邹振亚，早年字学欧、柳，画则名蒙《芥子园画谱》，篆刻初师齐（白石）派，后入汉印、古钵、泥封，旁及晚清诸家，尤重赵子谦、黄世陵。中年后，喜作篆书，擅金文，并致力于古文字研究。1984 年后，曾主持由中外专家、学者参加的“云峰诸山北朝刻石学术讨论会”“中国汉代碑刻学术议论会”“中国北朝摩崖刻经书学讨论会”等活动。主持编辑《云峰刻石研究》《汉碑研究》《北朝摩崖刻经研究》等文集，发表论文多篇。1988 年，作品获日本白扇书道会最高特别奖。文学创作著有《韦绝簃碎笔》《韦绝簃印稿》《山东古代书法概览》等。

著名书法家邹德忠，房家疃人。其作品收录于全国多种大型书画集册，刊刻于多处碑林，收藏于国内外多处博物馆、纪念馆。主编《当代中国书法作品集》《当代中国书法艺术大成》《怀素草书全集》《中南海珍藏书法集》《寿山石欣赏》《邹德忠书法集》等。

图 30-3　邹振亚篆刻作品

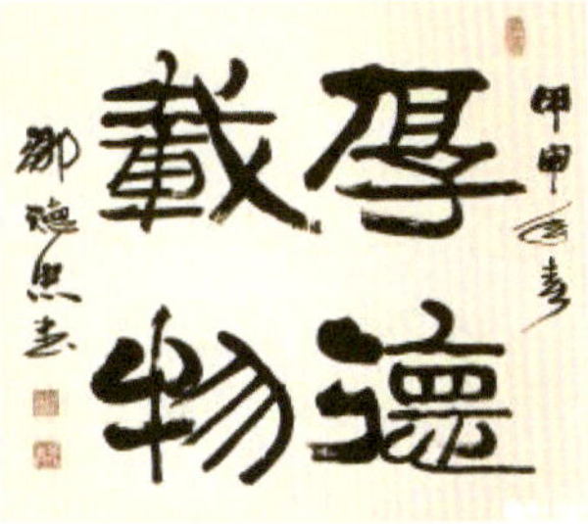

图 30-4　邹德忠书法作品

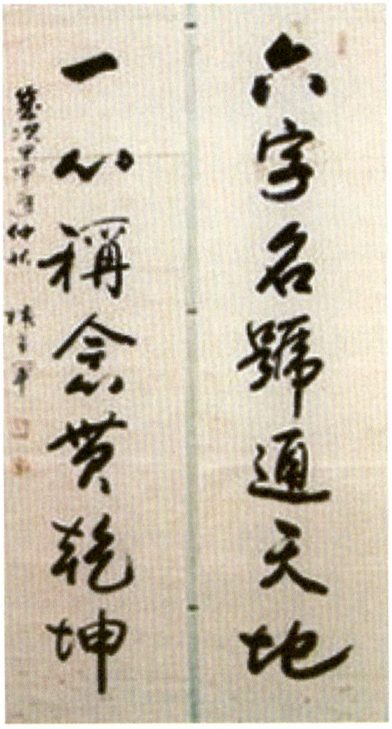

图 30-5　权希军书法作品

第五节　摄影

1957 年以前，福山有“真光”“新新”“黎明”照相馆。1958 年，县文化馆购进 1 台捷克 120 型照相机，用于宣传活动，后又添置了印相机和扩相机。至 70 年代，摄影业余爱好者发展到 20 余人，自购照相机进行拍照。文化馆设专业摄影员 2 人，拥有 70 ～ 210 变焦头 1 个，500 定焦望远镜头 1 个，28 广角镜头 1 个。室内外均可作业。到 2002 年，全区业余摄影爱好者近千名。相机主要有上海海鸥、尼康、富士、佳能、美能达、理光等。全区各种商业性质照相馆、摄影服务处 30 余家，从业人员 60 余名。

70 年代前，福山摄影作品均为黑白片，80 年代后为彩色照片。1978—2002 年，参加各级各类摄影作品展览 120 余幅，其中获市级奖 17 幅、省级奖 5 幅；在市级报刊发表作品 10 幅，省级报刊发表 6 幅。省摄影家协会会员、区文化馆干部王强参加各级各类摄影作品展览 60 余次，获市级作品奖 13 项、省级作品奖 5 项。作品“投”获中国体育摄影大赛优秀奖；《风雪集》《山区孩子》等先后在《摄影世界》《大众摄影》《人民日报》海外版等发表；另有 40 余幅作品在市级报刊发表。文化局干部朱相文，先后参加各级各类摄影作品展览 30 多次，并有作品获奖。区文化馆干部、馆员、省曲艺家协会会员钟宝第的作品《海趣》《第二课堂》《夹河风光》，先后发表于《烟台日报》。区文化馆干部赵芳作品多次在《烟台日报》《烟台晚报》发表，且有部分作品获奖。区供电公司张鲁家对摄影甚为痴迷，其摄影作品多次在《山东电力报》发表，并有多幅作品获奖。

福山籍部分当代国家级文学艺术团体会员辑录

文学、民间文学界

漠　雁	南京军区政治部	栾家疃村人
鲁　芝	栖霞县政协	永福园村人
郭先红	黑龙江作家协会	上夼村人
王厚强	山东省戏剧创作室	山后村人
苏　茹	上海文艺出版社	古现人
陈义然	辽宁省文学艺术界联合会	
姜　英	上海文艺出版社	岚柳墅村人
吕伟达	福山区作协	东留公村人

书法、美术界

王华南	北京画院	东周格庄村人
权希军	中国书法家协会	权家山村人
邹德忠	中国书法家协会	房家疃村人
马文启	辽宁鲁迅美术学院	
邹振亚	山东省书法家协会	山后村人
王廷风	辽宁书法家协会	
胡铁生	上海市手工业管理局	胡家夼村人
陈日新	北京画院	栖里村人
靳　涛	山东轻工学院	盐场村人
李　湘	北京故宫博物馆	北车家人
刘相训	烟台中国煤炭经济学院	刘家台子村人
刘振东	烟台美术博物馆	八角村人
舒　展	烟台画院	舒家村人
鹿逊理	烟台画院	土峻头村人
王其耀	福山区人大	古现东村人
胡元田	福山区政协	东北关村人
王义诚	福山区画院	大屋村人

张鲁家	福山区电业局	东斤村人
吴鸿清	中央电视大学	山吴家村人

音乐、舞蹈界

王国潼	中央音乐学院	古现人
郭成志	中央乐团	西北关村人
滕春山	解放军总政治歌舞团	楮佳疃村人
孙德伦	哈尔滨师范大学艺术系	

电影、戏剧、摄影界

唐国强	八一电影制片厂	东陌堂村人
朱时茂	中国广播艺术团	胜利西村人
董翠娜	烟台京剧团	旺远于村人
冯宝华	烟台艺校	城里村人
王德钧	新疆画报社	古现人

历史、考古界

吕遵谔	北京大学	东留公村人
栾丰实	山东大学	栾家村人

医学界

王忠诚	北京脑神经研究所	诸留王村人
刘复生	中科院肿瘤研究所	楮佳疃村人

烹饪文化界

林则甫	中国烹饪学会	西留公村人
陈学真	烟台商业高级技校	栖里村人

福山历代书画名人录

姜隐（明），字周佑，又字官周。古现人。万历时为宫廷画师。善画人物、山水花卉，细润工致，气韵生动，构景萧疏，寄情凝远，时称能品。

王缄（清），号绿天居士。古现人。《福山县志》稿称：隐居不仕，长于文笔，书法尤工。观其墨迹，应归入矩，法度严谨，笔意流畅而深藏不露，积学功深显波澜老道。

王庸（清），字午庭。城里村人。光绪元年举人。《福山县志》稿称：精丹青山水，得元人笔意，寸绢尺素，人皆珍之。观所作福山八景图，落笔自然，设色清淡，疏爽有逸致。

王永钊（清），字秋崖。西关村人。为人清高，能诗，善白描人物及山水，墨线勾勒，水墨浅淡渲染，能使人物情态毕具。山水皴法尤工，道光间声名甚藉。

王象升（清），南关村人。善画山水，以直线构板块成山形，与传统手法迥异，设色轻倩，疏点作皴，别具一格，时人称之为：石板山。

王连甲（清），字敏轩。城里村人。善画水墨兰石，章法细密，工雅生动。

王乘燮（清），字理堂，又作荔塘。古现人。光绪六年进士。工书法，尤善草书。其行书瘦硬中见萧疏，规整中见飘逸。

卢德复（清），城里村人。光绪二十四年进士。善书法，书中严整端丽，笔墨老而活气，在当时颇有书声。

肖培森（清），又名培畅，字石丹。城里村人。贡生。《福山县志》稿称：少好作画，专工蛱蝶，区别种类，详其形致，了然于胸，吹柳炭作粉，不妄下一笔，精于揣摩，若有神悟，粘絮著花，栩栩如生。因有"肖五蝴蝶"之称。

肖铭勋（清），三里店村人。咸丰二年举人。善画葡萄，设色，风姿露态逸趣横生。

肖鸿诰（清），字子周，或紫洲，号鹤芸。城里村人。同治二年举人。楷书工整多逸。

肖鸿诚（清），字和民，号春浦。城里村人。善画山水、人物。

张延彦（清），字卓堂。古现人。《福山县志》稿称：为人神朵清，精书法，诗文有奇骨，间有尺书，古逸绝伦。

梁宝中（清），字精一。张格庄村人。《福山县志》稿称：善人物，极精工细，著墨如玉，见者叹有出水当风之慨。

鹿泽长（清），号春如。下疥村人。嘉庆十八年拔贡。善书法，篆隶楷草俱工。书法字势开阔，苍劲中见生动，极具书卷气。

鹿荷田，城里村人。乾隆十八年举人。善画水墨牡丹，喜作大幅，约略浓淡，意太逼真。

谢牧之（清），字准夫。西关村人。嘉庆十八年举人。善书法，庄重笃实，渊自颜真卿。

谢敬诒（清），号南坡。城里村人。《福山县志》稿称：尤善书法，自题南坡老人，后人得其尺幅者，珍如拱璧。书法法度谨严，结字工稳。

王学庸（清），字宪民。城里村人。宣统元年贡生。早年善书法，中年尤喜榜书，曾为柏子庵书匾，字大如斗，时人称道。

王辅芝（女），城里村人。善工笔仕女、花卉翎毛，尤以蝴蝶、兰花为佳。

王植玉，字石农，号昆圃。南关村人。擅画花卉，其画甚得恽寿平笔意。

王庄年，字仲逸，景乔子。城里村人。善山水，树石峰峦、幽润清深；设色花鸟，缜密工雅，具足精神。

王景乔，字友松。城西村人。善画水墨兰、石，见其所画“深谷幽兰图”，石显苍老，兰见润秀，随手点染，涉笔成趣。

王镜海，原名凤清。宋家疃村人。善泥塑神像、壁画。曾为福承寺藏王壁内壁作画。所画墨龙显首隐尾，腾云驾雾，活灵活现，描摩名人手迹，亦能惟妙惟肖。

杨联奎，山前李家村人。宣统元年拔贡。善书法，多以行书对联传世，笔力遒劲。

初晓东，原名立言。永福园村人。早年在北京经人介绍拜齐白石为师，善花卉，画意师白石及吴昌硕真传。曾在济南、天津、烟台举办个人画展。

鹿华藻，字郇雨。城里村人。庠生。曾任玉成学校校长。善画山水，设色作大公鸡图，盎然有生气，晕墨作黑熊，憨态逗人。

隋瀚，字星舫。南关村人。光绪十八年拔贡。善书，遒劲凝重，沉着老练。

谢道章，字铭臣，城里村人。宣统元年拔贡。善书，气度从容，行书字势舒展飘逸。

巴礼扬，字矩庵。崇义村人。善画鹰，喜作“封侯卦印”吉祥图。讲究笔墨，清润可喜。

巴景肃，崇义村人。光绪二十六年贡生。善书法，楷书欧阳询，书法森严中见险劲之势。

曲文轩，舒家村人。善画花卉、草虫，笔法苍劲疏逸。曾举办个人画展。

孙笠庵，号白山居士。两甲庄村人。善画兰石，设色更佳。书法学刘墉而得其凝重。

李寿山，泊子村人。善画水墨牡丹，勾勒晕染，均以墨色浓淡出之。

李彤新，号弓白。西埠庄村人。善书，篆隶楷草四体极工，所作山水画多有文人画气韵。

福山籍部分当代著作出版辑录（补遗）

漠　雁	《漠雁剧作选》	江苏文艺出版社
	《悠悠故乡情》	八一电影制片厂
郭光甲	《东渡谋生记》	中国妇女出版社
王　宴	《王宴诗文集》	辽宁文艺出版社
鲁　芝	《铁锁链的故事》	人民文学出版社
	《小八路》	人民文学出版社
	《战士行》	山东文艺出版社
	《狐狸与狐狸》	作家出版社
	《寓言百叶》	
郭先红	《新芽》	上海文艺出版社
	《林炼风采》	黑龙江文艺出版社
	《燃烧的太阳》	黑龙江文艺出版社
邹振亚	《韦绝簃碎笔》	山东文艺出版社
巴南岗	《南岗诗草》	湖北文艺出版社
	《南岗诗集》	湖北文艺出版社
吕明强	《休闲时光》	中国文联出版社
	《华年拾韵》	中国友谊出版社
王　乾	《虎山行》	黑龙江科技出版社
王树村	《红颜奇遇》	山东文艺出版社
	《品文论语》	中国文联出版社
王厚强	《午夜恩仇》	山东文艺出版社
	《春恋》	山东电视台
	《重返沂蒙山》	中央电视台
姜　英	《原谅我》	上海文艺出版社
谢箴厚	《不灭的炉火》	山东文艺出版社
	《半岛泪》（合著）	山东文艺出版社
马海春	《马海春短篇小说选集》	山东文艺出版社
吕伟达	《乡魂·吕伟达小说选》	黄河出版社
	《乡情·吕伟达散文选》	作家出版社
	《甲骨文之父·王懿荣》（合著）	山东画报出版社
	《王懿荣集》（主编）	齐鲁书社出版社
	《纪念王懿荣发现甲骨文100周年论文集》（主编）	齐鲁书社出版社
吴秉忱	《钢铁文艺荟萃》	山东文艺出版社
吴东炬	《北京大观园》《寄情山水画仙境》	
谢仁厚	《蓝色的诱惑》	中国文联出版社
	《闹海十二龙》（合作）	中国文联出版社
肖义山	《画家与刑警队长》	
王宜浩	《树影儿》	吉林电视台
	《黑妹》《兵家情》《田连长回家了》	
王仁民	《黄河文化蓝图》	河南电视台
	《黄河千秋功过新说》	河南电视台
耿　汉	《郑板桥卖画》	黑龙江电视台
	《燃烧的暴风雪》	
王华南	《王华南山水画集》	荣宝斋出版社
权希军	《权希军草书千字文》	蓝天出版社
	《权希军行草滕王阁序》	蓝天出版社
	《中国共产党组织工作大事记》（合著）	
	《中国刻字艺术导论》	
	《木板刻字艺术》	
	《陶瓷刻字艺术》	
	《竹板刻字艺术》	

《石材刻字艺术》
靳　涛　《靳涛作品选》　山东美术出版社
刘相训　《刘相训画集》　今日中国出版社
《刘相训虎画集》　香港华泰出版公司
柳宗铎　《福山区志》（主编）　齐鲁书社出版社
王廷风　《书法艺术》　中国书法出版社
胡铁生　《工业学大庆印集》　西泠印社出版社
《毛泽东题词篆刻》　上海文艺出版社
《怀念周恩来总理》　西泠印社出版社
马文启　《水彩肖像画集》
《素描教学》
《外国素描艺术》
丛鸿伯　《丛鸿伯画辑》　北京美术出版社
邹德忠　《邹德忠书法集》　长城出版社
《邹德忠书法艺术》　国际文化出版公司
《当代中国书法作品集》
《当代中国书法艺术大全》
《怀素草书全集》
《中南海珍藏书法集》
《寿山石欣赏》
《中国历代书法家人名大辞典》
吴辑华　《明代海运及运河的研究》
《明代社会经济史论丛》
《明代制度论丛》
吕实强　《中国早期轮船经营》　台湾“中央研究院”专刊
《中国官神反教的原因》台湾“中央研究院”专刊
《丁日昌与自强运动》　台湾“中央研究院”专刊
吕遵谔　《千禧年中国旧石器时代回顾》　文物出版社
《金牛山人化石发现与意义》　文物出版社
李衡眉　《中国古代婚姻史论集》　吉林文史出版社
《昭穆制度研究》　台湾文津出版社
《先秦史论集》　齐鲁书社出版社
《中国史前文化》　广东人民出版社
《中国历史人物轶闻大观》（合著）齐鲁书社
《大学礼仪概论》（主编）
《大学道德概论》（主编）
栾丰实　《东夷考古》　山东大学出版社
《海岱地区考古研究》　山东大学出版社
《泗水尹家城》（合著）
《山东龙山文化研究文集》
《考古学理论》
《大汶口文化的发现和研究》
王国潼　《二胡音阶练习》《二胡练习曲选》
《二胡基础教程》《二胡练习三百首》
《二胡曲九首及其演奏艺术要求》
《王国潼二胡作品集》
孙德伦　《手风琴普及教程》（合著）　黑龙江人民出版社
《高等师范院校手风琴教程》（合著）　人民音乐出版社
王宪钧　《数理逻辑引论》　北京大学出版社
于业强　《青年思想修养》　陕西人民出版社
《经营管理大系》　陕西人民出版社
邢守润　《领导工作心理学》
王鸿莲　《语文基础知识》
孙文孝　《农民教育学》　辽宁人民出版社
邹广严　《管理之魂》　四川人民出版社
朱学思　《小学语文教改实验与研究》　电子科技大学出版社
王宪钿　《十年来中国心理科学》　科学出版社
陈学真　《鲁菜之秀》　中央新闻电影出版社
《山东名菜谱》　山东科技出版社
《中国鲁菜》　中国轻工出版社
《山东家常风味菜》　中国轻工出版社
《中国八大菜系名菜谱》　劳动出版社
《烟台烹饪荟萃》　山东科技出版社
《烹饪十万个为什么》　中国商业出版社
《中国名厨师技巧博览》　中国商业出版社
《烟台名菜》　安徽科技出版社
王宪斌　《山东菜谱》　科技出版社
栾秉璈　《二次丝绸之路》《鼓刹钟声》
唐振铎　《福山文化名人》（主编）　中国文史出版社
孙淑芬　《山东解放区政权建设史》
岳海鹰　《山东解放区发展史》
《当代中国山东》
王忠诚　《脑血管》
《神经外科手术图谱》
《脑血管等及其外科治疗》
刘复生　《肿瘤病理学》　《肿瘤病理电镜图谱》
《乳腺癌诊治图谱》《食管癌的病理与预防》
林邵芳　《正常成人心电向量图研究》
朱　涛　《西北地区传染病学》
陈　靖　《针灸穴位解图谱》

周世俭	《美国经济与中国贸易》		胡　琴	《染料品种手册》	
赖钟声	《功和能》《静电的一般现象》		陈嘉炎	《铁道》	中国人民大学出版社
薛　军	《中华商法简史》		吕延家	《私营经济管理与研究》	
朱维慈	《简明价格词典》（合著）	天津人民出版社			

第四章　民间艺术

中华人民共和国成立前，逢年、赶集或官府重要活动，福山都开展曲艺、灯会、耍会等民间艺术活动。中华人民共和国成立后，民间艺术得到发展，形式灵活多样。改革开放后，群众文化活动较为活跃，各公社（乡镇）以文化站为依托，建立文化工作室，部分村建起青年民兵之家或文化大院，形成区文化服务中心为龙头、乡镇文化站为枢纽、村民兵之家或文化大院为基础、文化户为补充的多层次、多体制的群众文化网络和全社会办文化的格局，民间艺术创作有了新的发展。

第一节　曲艺创作与演出

清代和民国时期，福山各地每逢集市皆有民间艺人、盲人表演说唱节目，其中多为大鼓说书形式。明末清初，创作出具有地方特色的“福山大鼓”。1945 年，30 名盲人被吸收为“福山县盲人救国会”成员，成立曲艺队，分成 6 个组，分头到各村进行演唱宣传。1959 年，曲艺队解散。1962 年重新恢复。“文化大革命”中停止活动。1978 年，有几个盲艺人年岁已高，被送入敬老院，曲艺队解散。同时，文化部门鼓励曲艺创作。1988 年，区文化局干部、省戏剧家协会会员王明月创作的话剧小品《停用三天》，获省文化厅录像表演二等奖和天津市“南开杯全国业余话剧小品邀请赛”参赛奖。姜苏创作的评书《做一颗闪光的流星》，参加全国首届人武战线学习英模人物事迹大奖赛，获创作二等奖。1990 年，省曲协会员、福山镇文化站干部肖久田创作的相声《擂台之争》，获烟台市“蓬莱阁杯”调演一等奖；小品《家教》，1995 年获烟台市“蓬莱阁杯”演出创作二等奖。区文化馆馆员钟宝第创作的山东琴书《路考》，1990 年获烟台市“蓬莱阁杯”表演二等奖和创作一等奖，并获山东省优秀节目创作一等奖。

第二节　剪纸

剪纸，又称窗花，制作过程为绞花、抠花，其技法多样。诸如南部张格庄、回里镇一带保持着山区风情，细密与粗犷兼有；中部门楼、福山镇一带受戏曲影响较深，多以故事题材为主；北部古现、八角一带仍保留着海洋文化色彩。按民俗功用，剪纸可分以下几类：

求子剪纸　过去的人讲究多子多福。若婚后多年不

图 30-6　胡淑林剪纸

生育或者没生男孩，要有求子的剪纸，图案大致有：5个孩子攀登一棵大树，名为“五子登科”，表示不但多子，而且个个均能考取功名，光宗耀祖；剪成各种姿态的小孩，象征多子，名为“百子图”；十二肖连着十二地支，肖鼠称“子鼠”，有1个“子”，所以在剪纸题格上多剪老鼠；剪1个或几个咧开嘴的石榴，名为“榴开百子”；剪纸为葫芦，企盼多子，若某一家庭生了男孩，要在大门旁悬挂弓箭红旗，弓箭皆用桑枝缠红纸，箭的尾端剪金纸为羽翼，红旗用方形红绸或红布，两面皆用剪纸装饰，一面贴4个角花，中间为“囍”子，另一面仍贴4个角花，中间为“五福捧寿”，寓意新生儿长命百岁。还有的妇女在育儿过程中，常常剪纸为“比娃娃”“母鸡孵小鸡”“母子鹿”“老牛舐犊”“母羊喂奶”等，表示深爱孩子，希望孩子前程似锦。

婚礼剪纸　婚礼剪纸又称喜花、喜字花、嫁妆花。境内农村此类题材有：“门心花”“蝴蝶戏香瓜”及“三鲜”（桃、柿、石榴）等。进入洞房，床上铺着新苇席，婆家要把新苇席卷起来，在上面贴一幅大团花，俗称“席中间花”，题材有：“大云子套小云子”“凤凰成双”等。花样最多的属窗花，中间多为“囍”字、两旁贴有“鸳鸯戏水”“鲤鱼串荷花”“龙凤戏珠”“喜结连理”等剪纸花样。旧时，新郎到女方家迎娶，以红色漆盘覆盖剪纸为礼，其题材为囍字、如意、佛手（福寿），寓意新人婚姻美满、白头偕老。所带的礼品中，8个饽饽均放置剪纸，名为“喜饽饽花”；苇席（毛毡或毛毯）贴囍字花；猪肉上贴一幅扇形的鸳鸯与荷花剪纸。女方家陪嫁的铜盆要在盆底放“喜鹊登梅”剪纸；还要贴“箱子花”“茶壶茶碗花”等。如今，还要贴“空调花”“电视机花”“洗衣机花”“电冰箱花”“轿车花”等。

寿礼剪纸　寿礼中的剪纸，重点为寿堂中“八仙庆寿”的大幅剪纸，即将传说中的八仙吉神，以大“寿”字为外框，上上下下为八仙各神均安排一人位置，张挂于寿堂正中，达到人神合一、突出做寿主题。前来祝寿者看到寿星，就能看到他（她）背后那幅喜气洋洋的剪纸了。还有的剪成“百蝶贺寿”图案，因“蝶”字与“耋”字谐音，取祝贺高寿之意。也有剪成“猫与蝴蝶”图案，期盼父母活到“耄耋”之年，亦有祝寿之意。而寿礼中最多的剪纸当属光头的南极仙翁手捧寿桃的“老寿星”图案，祝寿者称主人为“寿星”，旁边有“老寿星”剪纸，再配以“福如东海长流水，寿比南山不老松”的剪纸对联，可谓其乐融融。

丧礼剪纸　出丧时有“门幡”“寿材花”等。“寿材花”用金箔纸剪成，题材颇像古墓的门脸。门两旁剪纸为童男童女，男性逝者用青龙戏珠，女性逝者用凤凰牡丹。富家大户等讲究之家在棺材四周均贴满金色剪纸，以表达哀思。过去境内的人们办丧事时，要给逝者穿贴有剪纸的寿衣，民谣说有“小鬼小鬼你别拉，奶奶脚底有莲花”“小狗小鹅，搀着爷爷过河”之说。现今殡葬多由殡仪馆承担，丧葬剪纸基本消亡。不过，如今有的剪纸则转化为纸扎的别墅、楼房、电视、冰箱、轿车等，把丧葬剪纸又推向现代生活层面，需谨慎对待。

节日剪纸　岁时节日，各有各的讲究，多为天时、物候的周期性转换为标记，年久成俗，剪纸在每个节日中均扮演不同的重要角色，成为人们欢度节日、烘托气氛不可或缺的内容。

顶棚剪纸　过去，福山民居顶棚多为纸扎，又称“虚棚”。多用秫秸（高粱秆）沿四壁做框和中间做横梁，然后做吊梁固定在房梁上，或做平面，或做穹状，糊上几层报纸后，再贴上各种颜色、图案的专用花纸做装饰。刚结婚的年轻人用大红或粉红等颜色，中老年人多选用洁白有暗花的纸张。等到糊过的纸晾干之后，再用剪纸进行画龙点睛般的装饰。民间认为，青、黑色为镇邪颜色，所以，无论是年轻人还是中老年人，虚棚边一律用墨纸作边，意为“大鬼小鬼进不来”。虚棚中间要剪一圆形“棚心”的剪纸，并在镂空之处做“气眼”，旧时在糊好的纸上做扎，可避免刮大风时虚棚呼呼作响。题材多为“团寿”“凤凰”“牡丹”“五福捧寿”等，四角装饰三角形的云彩、蝴蝶、莲花等图案的剪纸，名为虚棚角。

纸器剪纸　民间百姓为生活需要，喜欢收集废纸，用水泡成纸浆，糊在模具上，晾干取下，然后用彩色纸裱糊起来，做成面缸、方盒、针线笸箩、化妆品盒等，剪出各种图案贴上进行装饰。过去，妇女的陪嫁纸盒，剪的图案多为“一对鸳鸯”“连生贵子”“喜鹊登梅”等内容。这些东西往往放在新房显眼处，内放许多珍贵的物品，与其相伴一生。

绣样剪纸　过去的女人讲究“女红”（女工）。针线活如何，是检验女子巧与笨的试金石。在所有针线活中，显示巧不巧的当属刺绣工艺，而刺绣的花样则是剪

图 30-7　韩月湖收藏（莲生五子）（五子小登科）

图 30-8　韩月湖收藏（剪刀装饰剪纸）

纸与画纸。常见的刺绣剪纸主要有“鞋花”与“袜子花”。旧时，姑娘出嫁时要给婆家每人做一双鞋。绣了花的鞋称“绣花鞋”。鞋前头的花，称“鞋面子花”；鞋帮上的花，称“旁花”。新婚女子的鞋必须绣上这两种花。一般鞋的剪纸图案为两个柿子，一个如意加双线，名为“事事（柿柿）如意、福禄双全”。给婆婆做的鞋绣有寿字图案，称作“富贵长寿”。童鞋则是虎头鞋，鞋面绣有“吉祥平安”图案。还有的在鞋垫上绣有“鲤鱼荷花”“凤凰串牡丹”“喜鹊登梅”等图案。

故事剪纸　民间剪纸中，常常剪些生活气息鲜明的角色和故事，有着浓厚的地方特色。福山流传的剪纸故事题材有老鼠嫁女故事、毛猴故事、荷花生人故事和十二生肖故事等。

福山剪纸艺人较多。自少喜爱剪纸的张格庄乡民间艺人李世媛，其作品多次参加省、市展览并获奖。梁启明的作品多次参加全国和省、市展出，在烟台首届艺术节中获一等奖。民间艺人王文风的剪纸作品题材广泛，线条纤细，结构完整，独具风格，其作品“老鼠娶亲”等多次在各类展览中展出，获“首届中国民族民间剪纸艺术展赛”三等奖“中国巾帼书画展”优秀奖等。卫爱君、林桂茂、栾任先、林翠风、栾萃华、于维秋、臧小丽等作品也曾多次参加省、市美术展览，并获“中国农村巾帼书画展”优秀奖和烟台市首届艺术节优秀奖等。1955年出生于三代剪纸世家的东北关村民韩月湖，自幼酷爱剪纸艺术，10岁小有名气。初中时，剪纸作品被选送福山县艺术作品展。被鲁东大学等聘为客座教授（略，见非遗传承人）。

第三节　玻璃画

30年代，民间“花匠”、宋家疃村村民王景海、王言书父子曾研究、绘画过玻璃画，并在烟福一带造成影响。至70年代末，西水夼村青年农民赵文竹在办制镜厂期间，熟悉玻璃特性之后，对研究、创作玻璃画产生兴趣。几年间，经其潜心探索、创新，创作出大量绚丽多姿、雅俗共赏的以山水为主的玻璃画。1989年，在北京中国画研究院成功举办个人玻璃画展，受到观众欢迎和有关方面的重视。新华社以《轰动京城的玻璃画》为题发表文稿，中央电视台、《人民日报》、《中国文化报》、香港《大公报》、香港凤凰卫视、东方电视台、美国熊猫电视台等国内外百余家媒体进行宣传报道。作品清新自然，意境深远，瑰奇多姿，一派天机，真实又虚幻，如诗如梦，使观者怦然心动，玩味无穷。赵文竹的玻璃画作为文化科技项目，曾获省、市科技进步奖；作为特艺，被收入志书《山东风物大全》。

图 30-9　赵文竹玻璃画

第四节　民乐与渔号

千百年来，福山沿海渔民们在劳动中吆吆喝喝，哼哼唱唱，或为协调用力，或为激发干劲，或为抒发感情，或为打发寂寞。久之，哼哼成腔成调，流传下来，成为渔歌号子。传唱不绝的几十首渔歌号子，音调有的低沉，有的高昂，有的铿锵有力，有的宛转悠扬，在某些方面和一定程度上体现了福山民众的聪明才智和审美情趣。

第五节　雷鼓与抬阁

福山雷鼓，形成于清乾隆年间，是一种亦鼓亦舞的综合性民间舞蹈，多在年节时演出。因表演时鼓声如“雷”而得名。以宋家疃和楮佳疃最为有名。旧时，雷鼓为福山赶山会的开路鼓。击鼓舞蹈者队列2行，大鼓12面，多则不限。表演者胸前挎一直径2尺的大鼓，右手握槌。队前有一指挥者，称“鼓头”。鼓头一声鼓令，击鼓者手挥木制鼓槌单槌摇穗打鼓，鼓槌时而打鼓面，时而击鼓帮，打鼓面鼓声浑厚，击鼓邦鼓声清脆。有节奏地击打鼓面，发出隆隆响声，是谓“雷”。鼓槌红绸飞舞，使观者连连后退，躲其“闪”，使尽开路鼓的威风。旧时的鼓谱套路没有定律。1959年，国庆10周年，经烟台市群众艺术馆专业人员推敲、规范、整理、统一，形成至今越敲越响的旧套路、新“响法”。

抬阁，由下官乐沟村于清朝末期，从京城引进。每逢春节、庙会或重大活动，都有表演。曾应邀到泰国表演，在当地引起轰动。抬阁下部为1.2米的正方形木箱，称“阁”，支架旧时为木制，现改为钢管，高3.65～3.85米，将2～3名幼童绑缚于焊接在高空不同位置钢管的踏板上，外饰戏装，扮成《天仙配》《牛郎织女》《白蛇传》《西游记》等戏中人物，由统一着装的16人抬着行走，前有1人总指挥领队，服饰以醒目红色为主，头戴红色方巾，系红色飘带，上身着红色对襟袄，腰扎红腰带，衣服前后襟都绣“龙”字，下身着红色灯笼袍裤，黑色圆口布鞋。抬阁队员服饰与领队有染色区别，式样无二样。抬阁前面有八面擂鼓开道，随后是锣鼓、花伞、秧歌、舞蹈、高跷、舞龙等相伴。1935年，军阀陈煜兵勇将下官乐沟村抬阁铁芯子掠走，致使这一民俗表演中断。1985年后，恢复表演。

第五章　戏剧与电影

每逢春节或庙会（山会），条件较好或主办庙会的村庄，都要请职业戏班或当地戏剧爱好者搭台，演出京剧和吕剧等传统剧目。1953年，福山率先在胶东成立百花剧团和电影放映队。70年代初，办起吕剧团。1975年，开始建电影院。改革开放后，戏剧和电影电视事业快速发展，活跃了城乡文化生活。

第一节　剧团演出

清末至抗日战争前夕，福山的戏剧活动多集中在庙会和春节期间。30年代初，新兴的话剧开始登上福山的戏剧舞台。抗日战争和解放战争时期，解放区较大的村都成立俱乐部或业余剧团，演出话剧、歌剧、活报剧和秧歌剧，进行革命宣传教育。

1953年，县“百花剧团”成立，曾邀省内外著名京剧演员到福山演出。50年代，农村兴办俱乐部，购置乐器、道具、服装等，冬季排练，春节期间在本村和邻村交流演出。1956年，全县村办俱乐部213个。1958年，5处公社均成立“文工团”，但时间很短就停止活动。“文化大革命”期间，业余剧团大多停止演出，有的改为“文宣队”。“革命样板戏”占领戏剧舞台。

1978年，被禁锢10余年的一批传统剧目如“蔡文姬”“逼婚记”“姐妹易嫁”“借年”“双玉蝉”等重现舞台。县吕剧团排演连台本戏“王华卖爹”，先后赴烟台、青岛、济南、大连等城市流动演出，上座率高，获得好评。全年共演出227场，观众23万多人（次），创利3.8万元。此后又陆续排练演出“于无声处”“血手印”“狸猫换太子”“小女婿”等。1981年，县吕剧团配合上海电影制片厂拍摄故事片“喜盈门”。1983年3月，省广播电台为县吕剧团演唱的“铁蛋盼子”录音，多次播放。1984年，县吕剧团改称烟台市吕剧二团。1978—1985年，县（区）文化部门共举办全县性群众文艺会演

图 30-10　福山影剧院

或调演 7 次，演唱节目有整台京剧、吕剧和选段以及自编戏曲等。1983 年以后，业余剧团逐年减少，专业剧团演出场次不断下降。至 1985 年，全区业余剧团仅剩 18 个，专业剧团全年仅演出 72 场。年底，烟台吕剧二团撤销。演员分流于文化局、工会、工厂等机关企事业单位。

第二节　电影放映

抗日战争之前，县民众教育馆曾请烟台有关单位放映过几次教育性影片。1950 年，省文化厅电影放映分队，来福山放映 16 毫米译制苏联故事片《勇敢的人》《他在保卫祖国》等。1951 年秋后，烟台电影院来福山放映国产故事片《白毛女》等。

1953 年，县中苏友好协会投资 1000 元，购进 1 部捷克放映机，并选派人员到文登专署学习放映技术。1954 年 4 月，福山县电影队成立，在福山、牟平巡回放映。1955 年，县政府投资购进 1 台放映机，开始在城区和部分村放映。1956 年 7 月，又购进 1 台放映机，成立 3 个队，全县分成 3 个片流动放映。1962 年，有放映员 16 人。1970 年，县工会大院改为露天影院，可容纳 2000 人。1975 年 7 月，县影院开始筹建，1978 年 1 月落成，有折叠座位 1200 个，35 毫米座机 2 部。随着被禁锢的影片逐渐解放，影院生意一度红火。1982 年，成立县电影发行放映公司，内设发行组、财务组、技术指导组，有工作人员 46 名。同年，兜余影剧院建成开业，门楼、回里礼堂也售票放映电影。1983 年，全县有电影队 109 个、放映机 110 部，放映 12647 场，观众 1235 万人（次），放映密度在全省名列前茅。1984 年，电影发行放映公司购进立体电影镜头。是年开始，随着电视进入千家万户，电影上座率逐年下降，收入减少。公司下乡流动分队陆续撤回，至年底仅剩 4 个队 8 个人，1985 年底全部撤回。乡镇、村办电影队亦处萧条状态。1985 年以后，随着电视普及、卡拉 OK 兴起和舞厅等娱乐场所增加，已不景气的电影业再次受到冲击。公司设经理办公室、发行股、放管技术股、修理器材股、宣传股、财务股，共有职工 32 名。并对电影院逐步进行改造。1988 年，投资 1.15 万元，购进投影电视设备，加大宣传力度，采取作电视广告、宣传车、海报、大刊板、大横幅标语等形式，让更多的人了解新片，吸引观众。1989 年，公司被省文化厅授予电影发行放映先进单位。1990 年，将原松花江 5501 型座机更换成松花江 5505 型座机，光源为闪灯。同年，投资 6.79 万元，将影院观众厅部分硬座更换成沙发软座。是年，公司被市文化局授予先进集体。

1991 年起，利用影院自身优势，开发第三产业，先后兴办录像厅、录像片出租、加乘艺品公司、台球、影海综合加工厂、小百货店、饭店、招待所等，形成以副养影，电影欠收“三产”补的局面。1992—1994 年，共投资 16.62 多万元，建成 2 个 306 平方米的放映厅，改造影院门头，间隔影院观众厅。同时，加强管理，引入竞争机制，实行目标责任制等，从而使影院业务得以维持。

1995 年，电影发行放映公司机构精减后，设有经理办公室、财务科、发行科、招待所，有职工 21 名。1999 年，福山影院被区建设管理部门认定为危险建筑，勒令拆除。年底，公司与区文化娱乐中心合并，搬迁至福山政府礼堂办公，以礼堂为放映场所，对外称福山影剧院，有座位 1200 个。2002 年 6 月，电影公司改制，至 11 月底结束。

1985—1995 年福山区放映情况统计表

表 30-1

年份	机型	放映场次		观众万人次	收入（万元）	
		场次	短片		放映收入	发行收入
1985	35 毫米	954	243	64.6	7.39	2.91
	16 毫米	6138	9	613.8	1.45	5.69

续表 30-1

年份	机型	放映场次		观众万人次	收入（万元）	
		场次	短片		放映收入	发行收入
1986	35 毫米	802	239	4.49	7.81	3.07
	16 毫米	116	1	11.6	4.01	0.34
1987	35 毫米	1169	371	62.5	11.43	4.64
	16 毫米	2757	25	539.3	3.93	2.48
1988	35 毫米	1767	500	74.2	16.89	7.73
	16 毫米	2743	18	521.2	4.65	2.46
1989	35 毫米	2251	796	79.3	17.44	8.21
	16 毫米	904	4	45.2	1.81	0.81
1990	35 毫米	1871	660	56.6	19.39	8.41
	16 毫米	1243	76	35.7	2.6	1.15
1991	35 毫米	1846	623	46	17.81	7.77
	16 毫米	1507	330	58.9	2.82	1.4
1992	35 毫米	1194	328	23.7	12.79	7.66
1993	35 毫米	758	—	11.8	21.28	6
1994	35 毫米	882	—	11.2	23.26	7
1995	35 毫米	560	—	7.9	25.09	9.9

第六章　群众文化

民国初，在文庙设县通俗图书所和演讲所，为福山最早的文化宣传机构。1930 年，合并为县民众教育馆。1931 年，“九一八”事变后，该馆积极开展抗日救国宣传，创办进步刊物，出刊街头墙报。1938 年春，日军侵占福山，民众教育馆解散。

中华人民共和国成立后，特别改革开放以来，福山坚持文化部门主导与社会力量参与相结合，坚持贴近生活、贴近实际、贴近群众，大力繁荣群众文化，积极发展社区文化、农村文化、企业文化、校园文化、军营文化，营造了浓厚的社会主义文化氛围。

第一节　文化馆、站

文化馆　1945 年秋，县政府教育科组建文化馆。1947 年秋停办。1951 年，重建文化馆，内设图书组、音美组、图书借阅室和阅览室。1958 年，改称烟台市第三文化馆。1962 年，复称福山县文化馆。1967 年，更名为毛泽东思想宣传站。1970 年，恢复原称。1978 年，文化馆设图博组、美术组、摄影组、文艺创作组等。1979 年 11 月，图博组析出，成立县图书馆。1983 年，改称烟台市福山区文化馆。1986 年 3 月，文艺创作组从文化馆析出，成立福山区文艺创作室。同年 7 月，美术组从文化馆析出，成立福山区画院。1994 年，创作室并归文化馆。

文化站　1953 年，县文化馆在二区（门楼）建立文化站，1954 年撤销。1958 年，各公社相继设文化站，1960 年撤销。1975 年春，各公社重建文化站，每站 1～2 人，属民办公助性质。1980 年，福山镇、门楼、兜余、回里等公社始办文化中心站。1983 年 11 月后，改称为乡镇文化站。1985 年，通过考试考核，有 5 名文化站长被录用为国家干部。1986 年后，被录用的文化站长陆续调任他职。遂又先后新聘 4 名文化站干部。到 1995 年底，乡镇文化站每站只有 1 人。到 2002 年底，乡镇文化站基本不复存在。

第二节　文艺辅导与培训

70—80 年代，福山文化馆每年都举办数期文学、美术、摄影等创作学习班和歌曲、曲艺、戏剧等表演培训班。

培训人员为全县（区）的业余文艺爱好者，每期七八人到几十人不等。有的年份全年培训各类文艺爱好者多达数百人次。以文化馆文化干部辅导为主，有时也请专家教授。90 年代以后，因经费不足，各类文艺学习班、培训班逐渐停办，群众文艺辅导被其他形式取代。主要由文化干部分门别类对走进门来的业余文艺爱好者进行个别辅导，或者走出文化馆，找上门去对群众文艺队伍、业余文艺爱好者进行辅导和培训。先后为全县（区）培养了大批文艺人才，活跃了城乡群众文化生活。

第三节　文化娱乐

1949 年前，逢春节、庙会（山会），有的村庄或请专业剧团，或自排自演传统剧目京剧、吕剧，组织开展文化娱乐活动。

1949 年后，特别中共十一届三中全会以来，逢年过节，福山都要举行若干场次文艺会演、调演。多由县（区）委组织部、宣传部、团委、文化局主办，文化馆承办。参演节目为各乡镇、各系统、有关单位所排节目之优秀者。有传统戏曲、现代戏曲，也有自编节目；有京剧、吕剧或选段清唱，有歌曲、舞蹈，也有小品、相声等曲艺节目。1997 年后，每年自办春节文艺晚会，颇受欢迎。2001 年，举办文艺会演、调演 10 多次，演出节目达 150 多个。同时，经常组织代表队参加市以上各类文艺会演和调演，并多次获奖。

90 年代后，文化部门积极开展文化下乡活动。每年都组织业余文艺骨干，排练多台精彩的戏剧选段、歌舞、小品、曲艺等节目，逢集日或农闲时到市集或边远山村演出。还兴办不同层次、多种形式的广场文化活动。每年夏天周末，在城区河滨广场等处组织文艺节目演出、放映电影。多由区委宣传部、文化局主办，区文化馆承办，区工会、交通委及电业公司等协办。春暖花开之后的清晨、夜晚，直到秋后，城区居民自发结伙组队在广场、河边、街头空地、居住小区院内等跳扇子舞、老年迪斯科、健身舞等，有乐曲伴奏，多为自娱健身。每年春节、元宵节期间，区委宣传部都组织乡镇秧歌队进城演出。演出队伍多达数千人，有擂鼓、舞狮子、跑旱船、骑毛驴、打腰鼓、踩高跷、扭秧歌等，为广大群众所喜闻乐见。

另外，每年春节期间以及“七一”、“八一”、国庆节期间，还开展美展、影展活动，展出全区专业及业余作者的美术、书法及摄影作品，观众络绎不绝。

第四节　创建文化先进乡镇

1991 年 3 月，区文化部门按照烟台市文化局“关于开展社会文化先进乡镇活动的意见”精神，成立福山区社会文化先进乡镇评选领导小组，负责各乡镇的评比验收和推荐工作，各乡镇相继成立相应的机构，按先进乡镇标准，积极开展创建活动。到 1992 年 5 月，根据乡镇自评及申请，经区考察、市检查验收，市委、市政府命名福山镇和兜余镇为首批社会文化先进乡镇。1994 年，又有东厅乡、门楼镇、臧家乡、张格庄乡进入社会文化先进乡镇行列。同时，福山镇被评为烟台市模范社会文化乡镇。

第七章　文博事业

中华人民共和国成立后，福山历届政府高度重视文物保护工作，认真贯彻执行《中华人民共和国文物保护法》，依法保护境内文物，设立文物保护机构，拨专款进行文物普查，收集散落在民间的文物，或重点挖掘、保存历史文物。1999 年，文化部门在整修盐场村“大成栈”王氏庄园、搬迁王懿荣纪念馆时，专门拿出房屋存放重要文物，并安排专人昼夜守护。

第一节　文物机构

文管所　中华人民共和国成立前，福山无专职文物管理机构。中华人民共和国成立后，1956 年，县文化馆设文博组，负责收藏文物。1979年12月，文博组归县图书馆。1985年10月，区文物管理所成立，与区图书馆合署办公。1989年3月，文管所独立。2002年，文管所有职工6名，其中副高级职称1名、中级职称1名、助级职称3人，内设业务部和办公室。

王懿荣纪念馆　1986年10月，王懿荣纪念馆成立，为股级事业单位，编制3人。

第二节　文物普查

1977年，县文化馆组成文物普查小组，对全县重点文物进行普查，并绘图上报。1980年，县文化局又组成文物普查小组，历时一年半，逐村普查。对少量文物、遗址进行大清查、大登记，基本查清福山文物情况，发现尚未弄清的疑难问题。此后，采取随发现随查的办法，发现一处，考定一处，不留疑案。通过普查，查出福山许多历史名人、故址。

王懿荣墓：位于福山城西北24千米处。1964年“学大寨”整地时被毁掉。

郭宗皋墓：位于福山城东南0.5千米处。1958年修公路时被破坏。

唐塔：位于福山城南塔寺庄村东。1966年“文化大革命”开始时，被认定为“四旧”而拆除。

东留公汉墓：位于福山城南2千米处、东留公村北。分别于1953年和1967年建造营房、兴修水利时被平毁。

王懿荣故居：又称“二宅子”，位于福山城里。1983年建华侨宾馆、建设银行时拆掉。

福山文庙：位于福山旧城东门内。1966年初，被福山一中学生当成“四旧”拆除。

三十里堡古城址：位于福山城西北三十里堡村南。今尚存。

三十里堡汉墓群：位于福山城西北三十里堡村南和岗嵛村西卧虎岭。今尚存。

峆岵寺：位于福山城南20千米狮子山北麓、塔顶山下。始建于唐开元年间，后经历代修葺形成规模。1942年，由胶东区党委接收峆岵寺庙产后改建为福山峆岵寺林场，庙宇部分房舍作为林场的办公地点。1946年秋，移交给福山二区区公所。1949年5月，改称福山林场。1970年6月，县革委将峆岵寺划给县粮食局，改建为备战粮库，首次拆除并改造停灵阁、后殿、书房、菩萨殿、前殿及关公、岳飞两厢，大殿前的8块石碑破成石料建成库房。1972年，县粮食局进行第二次拆除，将大殿（主建筑）及前院山门拆毁，改造为水泥晒场和宿舍，佛像粉碎垫于门前道路，木料全部运回福山，在县府街建成2层楼房，作为粮食门市，寺庙拆除后改建为粮仓。1998年，更名为烟台市福山区国有林场，共有土地233.67公顷。

奇泉寺：位于福山城西北2.5千米、上夼村西。1955年，建福山东礼堂和图书馆时，因缺木料，被拆掉。

金堆寺：位于福山城南6千米、内夹河东岸。1965年，建炸药库时拆除。

王隲墓：位于烟台市大海阳处。1958年，建工人文化宫时平掉。

王氏（古现王家）祖茔：位于福山城西北、吴家水库附近的落山坡。1958年，全部平毁。

第三节　重点文物保护

文物保护　境内被认定的重点文物保护单位有12处。其中，省级3处、市级8处。

省级　三十里堡汉墓群：分东、西两大墓区，东西长7.5千米，南北宽3.5千米。东墓区东起岗嵛卧虎岭，西至西留沟，北至206国道，南至岗嵛山。1991年，省文物局（92）第78号文规定，整个墓区沿边缘墓冢向外120米为保护范围。西墓区东起小王家村西大道旁，西至墓区1号汉墓外沿120米，南至31号汉墓边沿120米，北至故城南城墙。东西两区共有汉墓55座。1977年12月，山东省革命委员会公布为省级文物保护单位。2002年8月，西墓区移交给烟台开发区宣传部文物科管理，东墓区仍由福山区文管所管理。

三十里堡古城址：又名牟子国城。城址东西长450米，南北宽423米，总面积190350平方米。城墙为夯土结构，高5米，宽10米，墙基宽20米。1977年12月，山东省革命委员会公布为省级重点文物保护单位。1992年6月，被省政府重新公布为重点文物保护单位。2002年8月，移交给烟台开发区宣传部文物科管理。

大成栈旧址：位于盐场村。清末民初北方胶东民居庄园。占地总面积3108平方米，建筑群面积1749.81平方米。四进院落，主体建筑四进正房，每进11间，原有房屋70余间，现存50间，至今保存完好。1994年2月，被省文物局推荐为省级重点文物保护单位。1998年维修。1999年6月，王懿荣纪念馆由“卍字会”旧址迁入该址。

市级 邱家庄遗址：位于福山城东南8千米、邱家庄村东北。东西长270米，南北宽221米，总面积为59670平方米。遗址有大量贝壳堆积，文化层堆积达2米左右，亦称贝丘遗址。1956年发现。1986年4月，被烟台市人民政府公布为市级重点文物保护单位。

福山明代县衙（亲民堂）旧址：位于今区委、区政府楼前。现存大堂、二堂、厢房，共21间。占地面积1200平方米，建筑面积700平方米，是一处保存完好的古建筑群。1996年，被烟台市政府公布为市级文物保护单位。

福山“卍字会”旧址：原为世界“红卍字会”福山分会，坐落在福山城里大街。1937年始建，1940年竣工，在原福山画家李程九“听松斋”基础上扩建而成。现有房屋55间，占地面积1354平方米。传统布局，具有晚清建筑风格。1987年，被烟台市定为市级文物保护单位。1986年，辟为王懿荣纪念馆；1989年10月开馆；1995年8月，该馆被省文化厅、文物局公布为“山东省优秀社会教育基地”；1999年6月，迁至盐场大成栈旧址。

臧家遗址：位于福山城西9千米、臧家村东。东西长220米，南北宽242米，文化层厚度为0.3～0.5米。1975年发现，为第二批市级重点文物保护单位。

东留公墓群：位于东留公村西南100米处。墓群分布在西山环抱小丘上，丘高出地面20米，俗称“赖瓜顶”。共有墓丘9座。1996年，修筑轸八公路时发掘2座，现存7座。墓区南北长500米，东西宽300米。1987年4月，被烟台市政府公布为市级重点文物保护单位。

兜余天主教堂：位于家后村。1915年，由法国传教士郭神甫在福山传教时所建，为典型的欧式建筑风格。现存房屋22间，有教堂、修女房及厢房等。南北长73米，东西宽58米，占地面积4234平方米。除钟楼早年被拆外，其余保存完好。

南庄墓群：位于门楼镇南庄村东南山丘。墓群分为南、北两区。南区在村南500米处，现存土冢4座，东西长约500米，南北宽约200米，直径20～45米不等，高约3～10米不等，分布于山丘南部，70年代，整大寨田时将多数墓冢整平，但墓室均未破坏。北区位于村东250米处，地势微隆，据群众反映，此处原有封土8～9座，“农业学大寨”时平整土地，但未殃及墓室。在墓群范围内可见到散落的菱格纹花纹砖，夹砂灰陶和夹砂红陶陶片。

西黄山墓群：位于西黄山村南300米。1988年5月，西黄山村民孙承琪在自家承包田内耕作时，发现并毁坏1座东周墓，将其中铜器（剑、戈、盘等）送烟台博物馆。后经调查，发现该墓群。2002年8月，申报为市级文物保护单位。

文物执法 区文物管理所利用印发材料、广播电视等宣传手段，大力宣传《中华人民共和国文物保护法》，依法加强文物管理。在重点文物保护单位设文物看护员，落实职责，严格奖惩制度。

三十里堡汉墓群东墓区，汉墓封土大的有18座，地下汉墓不知其数。该墓群多分布在岗嵛村地界上，小部分在马家村地界。1992年5月，福山区文管所接到遗址看护员电话报告，岗嵛汉墓群有挖土现象。当时文管所人员正在两甲庄挖掘一座唐墓，便电话通知臧家乡党委和岗嵛村委，要求立即禁止在墓区内挖土。同年9月，区文管所又接到举报电话，当即会同市文管会人员前去阻止无效。10月6日，文管所向省文物局打告急电话。10月8日，省文物局下达汉墓群保护范围。后又多次发函、发电，令其停止挖土，听候处理。岗嵛村有关领导阳奉阴违，白天停、晚上挖，并在墓区内建简易房2间，设卡挖土卖土。12月5日，省文物局文物处长前来处理此案，定性时为全省最大破坏文物案。

1993年5月，福山文管所与市文管会联合到省文物局汇报，省局领导指示：“根据《文物法》解决此案。”1994年8月，区文化局向区法院提交烟福文〔1994〕8号文，对岗嵛村进行处罚。该村以更换领导班子为由，拖延执行。1995年4月，《烟台日报》、烟台电视台相继报道汉墓破坏情况。6月10日，区法院召开审判委员会会议，审议处罚决定。6月13日，区文化局下达〔1995〕第9号文，按法院审议要求，更正有关条款。数日后，岗嵛村向市中级人民法院起诉区文化局。7月27日，市、区法院联合在福山区法院开庭审理汉墓破坏一案，省文物局、市文管会有关人员及双方代理律师参加审判。10月10日，福山区法院以烟福〔1995〕行初字第5号判决：“维持原处罚决定”。后来，岗嵛村再次上诉到市法院。11月

24日，经市法院复议后，以烟行终字（第34号）作出终审判决：驳回岗崳村上诉，维持原判。《中国文物报》报道此案全部经过。《烟台日报》《大众日报》均予以转载，并加了编者按。

第四节　考古与发掘

福山历史悠久，6000多年前，就有先民居住，留下许多文物古迹。福山文物管理所成立后，认真执行文物保护法律法规，有计划、有重点的进行考古和发掘，加以保护。

古遗址发掘

邱家庄原始文化遗址　1956年发现，1961年省文物处进行复查。1979年9月，中国社会科学院考古队、山东大学考古系、市文管组、福山文化馆联合组成考古队，对该遗址进行科学发掘。共开探方15个，揭露面积357平方米，发现柱子洞300多个，洞直径为15～20厘米。出土了大量的石陶骨器，有石斧、石铲、石刀、石磨盘、石磨、陶制炊器、鼎、罐、钵、豆、盆盛贮器等，还有珍贵的陶纺轮和骨针、骨锥、陶埙。通过发掘考证，该遗址约形成在7000多年前，有过一段海浸时期，是新石器时期文化遗存，属大汶口文化范畴。考古界把胶东地区发现的新文化址，统称为“邱家庄原始文化类型”。

臧家原始文化遗址　1975年发现。据出土文物考证，此址比邱家庄址时代稍晚，延续到战国时期，属新石器时代晚期遗存。

大谷家村原始溶洞遗址　1990年11月21日，大谷家村村民在村南打石头时，发现一个溶洞。内有大量犀牛的残肱骨和肋骨，还有鹿、獾的下颌骨及上牙和肢。1991年7月27日，北京大学考古系副主任、博士生导师、教授吕遵谔率博士研究生汪国华、邵达和烟台市文管会、福山区文管所人员联合进行考古发掘。历时1个月，共出土犀牛、鹿、猿、狼等各类动物化石50余件。溶洞坐西面东，口径1.2米，南北长15米，东西宽10.5米，高4.5米。洞内多石柱，石质岩属石灰岩，为石灰岩溶洞。经鉴定，动物化石为10万年以上，为中更新世纪晚期至晚更新世早期文化。就化石种类认为，此洞似有人类活动痕迹。

古城址考古与发掘　三十里堡古城遗址：据《左传》记载，春秋后，鲁桓公十五年（前697年），牟子国附属鲁国。城墙东墙较完整，依山势曲折利用地形夯土构筑，呈不规则方形城池。该址内采集的文物标本说明，故城从春秋战国一直延续到汉代，文物有陶缸、陶豆柄、白釉陶片、粉白色卷沿大肚陶罐等。在冶炼址处，有氢化汞铁炉渣等。古城内还发现监狱、铸钱坊等。

古墓葬考古与发掘

三十里堡汉墓群东西墓区　1974年3月，市文管组、县文化馆文博组组成联合考古队，对西墓区挖掘汉墓6处，出土铜印2枚，一名“王众”，一名“王何”；还出土铜剑2把，陶罐、龟形器、鱼形器、陶蟾器等30余种。同年10月，又在东墓区挖掘汉墓2座，出土铜器、陶器等10件、画像石3件。

东留公汉墓　位于东留公村北，2座。一座于1953年11月修建部队营房时，由省文物处挖掘，一座于1967年村搞水利建设时被破坏。两座汉墓原有泥土堆积山丘，高10余米，后群众取土，暴露出砖室。墓室内有石门，上刻石雕屋檐瓦陇。最上刻双鹿，两鹿头隙间刻一猛狮。另一块画像石全长2.43米，宽4.4米，上刻车马人物，由右向左进行。最左面是一导骑，鞍旁带弓箭；再是一马拉轺御者，车内分别坐男、女主人；最后是马拉大车，车上只坐着御者。整个画面用细匀的竖平行线条做衬底。据专家考定，东留公画像石在胶东一带很少发现，现存省博物馆和福山文管所。

1996年，修建烟台外环高速公路时，在该村又发现汉墓群，共发掘墓葬10座，均为土坑竖穴，有熟土二层台。较大的1～4号墓分别为两组并穴墓，至今尚留存封土。封土为砂石、黄土堆成，可见有夯层，墓内填土经过夯打。墓中出土遗物主要有壶、罐、钵等。多为灰陶，有的罐、壶外表有红色彩绘图案。其他有铜镜、铜足漆奁等。3号墓被盗过，铜器有失。所余小件铜器均为车马器、系明器，形体小、鎏金。还出土璧环等玉器及铁剑1柄。从出土器物看，时为西汉晚期至东汉早期。出土器物全部由市博物馆收藏。

两甲庄唐墓　1992年5月8日，村民在门前平整道路时发现，由市文管会和区文管所联合发掘。该墓为唐代石板结构，出土画像石29块，有石门，刻画墓主人生活画面4块。此墓可能被盗过，只出土随葬簸箕砚（冥器）1块。

王崇烈墓 1975年4月，古现镇李家村整地时发现。当时砸碎墓三合土后，露出一棺柩，上书“皇清诰封资政大夫直隶韓道汉辅王公之柩”18个金字。破棺后，内尸体尚未腐烂，衣着如新。墓中出土大量玉器、玉牌、鼻烟壶和秦代铭车兽。车兽与鼻烟壶现存烟台市博物馆。另出土1块大甲骨，上刻四五十个文字，出土时被打碎毁。

古建筑

天壤阁藏书楼与王懿荣故居 “天壤阁”时为山东四大书楼之一，为王懿荣祖父王兆琛创建。原在古现王氏老宅，有楼阁3间，收藏经典书籍两千余种，共计1.7万余卷，供其氏族子弟读私塾参阅。王懿荣父亲王祖源，清同治四年（1865年），由兵部主事注选知府，在京候选仍以天壤阁为其书斋名。光绪十二年（1886年），王祖源病故于京城锡拉胡同住宅，葬于古现村西。其子王懿荣、王懿棨及谢夫人归里定居，在福山城里街北筹建新宅。光绪十四年（1888年），新宅落成，王懿荣将其母送迁新宅。该宅有正房4栋、38间，厢房8栋、34间。全宅青砖瓦顶、四合院格局。天壤 阁位于西南角，独院，北正房为两层楼房，上下各3间；南正房3间，为平房。光绪二十二年（1896年），王懿荣的母亲谢夫人病殁于此宅。至民国初年，天壤 阁藏书2500余种，其中家刻《天壤 阁丛书》26种，共计3万余卷。20年代军阀混战，30年代末日军侵占，使大部分书籍毁于战火。1946年土改时，故居分给贫民，天壤 阁改作县粮库。1983年，修建华侨宾馆和建设银行时拆除。

福山明代县衙旧址 金天会九年（1131年）所建。明洪武十年（公元1377年），知县蔡希仁在任时重新扩建。万历三十年（1602年），知县宋沾出俸资扩建整修。后经康熙、乾隆历代修缮至今。现存亲民堂（大堂）、正宅（二堂）和厢房2间，占地面积1200平方米，建筑面积700平方米。1969年，拆除三堂。该建筑群是目前全省唯一留存的县衙，对研究古代县级治所、政治管制、建筑风格等，都是难得的实物资料。

大成栈旧址 系盐场村地主王滨于1914年在原房基础上扩建而成，建筑群为砖石木结构，五棱瓦房，主体结构为前后四进正房，每进11间，分三脊分体连接，为晚清地主庄园风格建筑群。家族堂号为“忠厚堂”，买卖字号与庄园均称“大成栈”。

福山“卍字会”旧址 1928年春，烟台商会会长詹台玉田与福山人谢樾生、李程九等多人创建福山道院。组织道院进修人员，成立世界“红卍字会”福山分会。会址原系福山画家李程九画室“听松斋”，有房10余间。后经翻新扩建，面向大街，有房55间，占地1354平方米，为晚清风格建筑群。中华人民共和国成立前，“红卍字会”在社会上举办慈善事业。初任会长谢樾生，后为赖芳圃、隋际臣、肖芾南等。经费由会员自愿捐助。前院设立施诊所，医生王成九，免费为患者看病。后院为“因利局”办公室，给小商贩无息贷款，冬季发放部分棉衣等。1930年，接办玉成小学并改名任德小学。另办有接婴室，灾年有粥厂施粥，赈济饥民等。1949年10月，改为县政府招待所。1986年，拨给文化局。1989年，改称王懿荣纪念馆。

第五节 流散文物的收集

1978年之前，县文化馆文博组负责对流散于社会的文物进行收集。由于经费有限，收购量极少。即使收集几件，除上缴市文物店以外，馆中所藏文物在“文化大革命”中几乎全部丧失。中共十一届三中全会以后，烟台市文物店在福山设收购部，收购社会流散的文物，多为清代和民国时期的清花小瓷碗、帽筒、少量“文房四宝”和字画等。

1985年10月，福山区文管所成立后，开始独立收购文物，每年地方财政拨款数千元。1989年以来，文管所利用省拨款，每年重点收购王懿荣书画、手札及谢隽杭、王鹭等福山名人的书法作品。王懿荣纪念馆开馆后，重点征集全国著名历史学家、教授、书画家及各级领导为王懿荣纪念馆的题字、题词、题诗等。至1995年底，已收集当代书画珍品210幅。其中，国内及海外著名甲骨文书法作品36件，征集王懿荣手札、书法等手迹30余件，甲骨片26件，王懿荣祭文碑、碑文碑2块。1994年，文管所通过信函，在山西平遥县征购王懿荣的著作《王文敏公集》原本。其间，先后在区政府前院西南角发掘出清代珍贵瓷佛像36尊，在芝阳山挖出隋代四鼻罐2个，在侯家村出土铜剑、汉代陶罐，在两甲庄村出土簸箕砚等文物。

第六节　馆藏文物

抗日战争爆发后，前民众教育馆收藏为数不多的几件文物，已全部散失。自 1956 年后经多年收集，区文管所收藏文物达千余件。

图 30-11　铜鼎

图 30-12　四系罐

石器　有石刀、石铲、石锛、石斧、石镰、石纺轮、石磨棒、石磨盘等百余件。其中，东留公西河出土的石铲被省专家鉴定为国家二级文物藏品。

骨器　有骨锥、骨针等。

陶器　有新石器时期、商周时代、秦汉以后的三大部分百余件。主要有陶罐、陶盆、陶盘等。其中黑沙陶罐、陶蟾盆、陶鱼型器等为国家二级文物藏品。

铜器　有鼎、爵、戈、矛发、镞、铜镜、铜钱等千余件。三十里堡东、西墓区出土铜印两方、铜剑与铜镜各 10 余件；东道平出土的铜鼎被省文物专家鉴定为国家二级文物藏品。

铁器　有铁犁、铁剑等 6 件。经专家鉴定，西道平出土的汉代犁铧为国家三级文物藏品。

瓷器　有隋、唐、元代的四鼻罐 10 余件和明、清的青花瓶、瓷佛像等百余件。

字画　有近、现代字画 200 余幅。其中，王懿荣书法真迹 30 余幅，福山名人字画 40 余幅，当代书法绘画 200 余幅。当代书画中，绝大部分为全国著名人士作品，收藏价值较高。

第七节　文物个人收藏

1978 年以来，文物收藏热在福山悄然兴起。先有邢万玉、由庆麟、吕道龙等收藏较多文物，后有梁文超、王英琦、徐志强等加入。其中，佼佼者相继建立起相关公司、馆堂。

古今堂文化艺术馆　烟台大福绿化工程有限公司董事长王益常建立，是福山首家私人艺术堂馆。90 年代起，王益常开办艺术品专营店。主要经营新老字画、瓷器、

图 30-13　古今堂文化艺术馆

铜器、玉器、新老红木家具、竹木雕件等。21世纪初，又筹资160余万元，建立古今堂文化艺术馆。生意红火，北京、天津、西安、济南等十几处大型艺术品市场的商人常来常往，还有外国人涉足淘宝，成为方圆百里闻名的艺术品集散地，年交易量上万件，经营额千余万元。该馆还积极参与社会文化活动，先后向各界捐赠字画、瓷器等艺术品200余件。

烟台艺丰阁　1998年，孙志强创立烟台艺丰阁，旨在展示交流民间书画、古玩藏品，结交天下藏友，发扬民族优秀文化。内有明、清年代的家具、瓷器珍玩、名人字画，品种较为丰富。其中有郭宗皋、郭尔池、梁同书、何绍基、翁同龢、陆润庠、曹鸿勋、王懿荣、张謇、吴佩孚等名人字画200余件，古、近现代瓷器珍品百余件。

馨德堂　堂主姜宣恩，收藏福山古今文化名人艺术作品较多。1997年，著名书法家权希军题写藏屋"馨德堂"。堂中有王懿荣、谢隽杭、王承燮、于宗潼等明清进士、翰林、拔贡、举人等艺术作品上百幅。为宣传福山文化，丰富藏品，进入21世纪，又在中国互联网络信息中心注册通用网址"福山文化"，开办网站，网名"福山文化艺术品收藏馆"。存有以福山籍古今书画为主的艺术藏品近500幅。

第八节　文博展览

1989年，王懿荣纪念馆开馆后，展览常年不断，全天候开放。每年接纳观众2万余人（次）。

1995年1月，为纪念王懿荣诞辰150周年、壮烈殉国95周年，区文化局及王懿荣纪念馆与烟台市博物馆联合，在市博物馆内举办"甲骨之父、神州英烈—王懿荣爱国主义教育展"。市委、市政府、市人大、市政协和市纪委领导出席剪彩仪式。烟台市新闻媒体做详细报道。山东电视台驻烟台记者站还拍成专题片，在省电视台滚动播出。同年6月至11月，到南京市举行王懿荣事迹展。南京市文化局、文物局、博物馆在朝天宫举行王懿荣展新闻发布会，江苏省和南京市10余家新闻单位进行详细报道。共展出展品154件，对提高烟台暨福山声誉起到了一定作用。8月15日，是王懿荣殉国95周年纪念日。为搞好纪念活动，王懿荣纪念馆从5月开始，向全国高等院校、省市书协及澳大利亚、韩国等著名历史学家、甲骨文书法家、书法家，征集书法珍品80余幅。8月15日，在王懿荣纪念馆内举办"王懿荣爱国主义书法展"。参加活动的有省、市、区有关领导以及王懿荣嫡孙女全国政协委员王福重、著名书法家权希军、著名画家王华南和刘相训等。

图30-14　王懿荣纪念馆（盐场大成栈）

1999年6月，王懿荣纪念馆搬迁至盐场村大成栈王氏庄园，烟台市举行纪念王懿荣发现甲骨文100周年活动，王懿荣嫡系孙子和孙女、海内外上百名甲骨文研究会和殷商学会学者以及国家、省、市、区相关部门负责人到新馆参观。

第九节　王懿荣学术研究

图30-15　王懿荣

专著专文　1990—1999年，区文管所长吕伟达先后编著《王懿荣楷书浅析》《甲骨文之父·王懿荣》《王懿荣文集》《纪念王懿荣发现甲骨文100周年论文集》。

学术会议　1994年是王懿荣发现甲骨文95周年。为弘扬和继承民族优秀文化遗产，落实中共中央"关于爱国主义实施纲要"精神，10月5日至7日，区政府、省文物局在福山联合举行首届王懿荣发现甲骨文95周年学术研讨会。国家文物局、省市领导及安阳市甲骨学会、南京市博物馆、山东大学、中科院历史研究所、烟台师范、威海中国甲午海战博物馆等单位负责人、教授、学者等30余人出席会议。共收到论文、讲稿30余篇，许

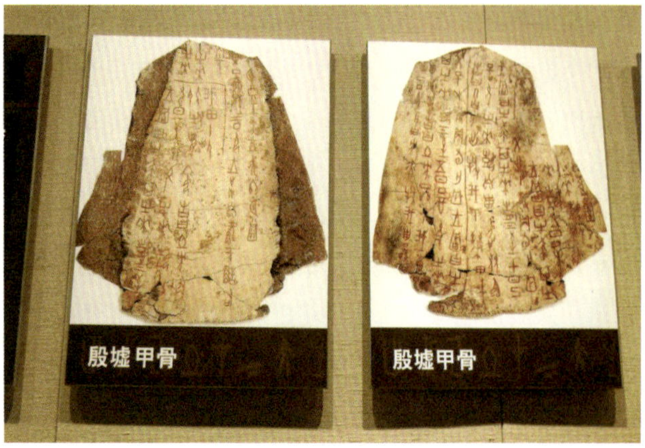

图 30-16 殷墟甲骨

多专家提出新的见解。1999 年 6 月 16 日，烟台市举办纪念王懿荣发现甲骨文 100 周年大型活动。区文化服务中心千方百计争取和筹措资金，抽调得力人员，奋战百天，将王懿荣纪念馆由“卍字会”旧址迁至盐场村的大成栈故居。同时，举行《王懿荣文集》首发式和京剧《雄风祭酒》演出活动以及纪念王懿荣发现甲骨文 100 周年研讨会。2000 年 8 月 15 日，举办王懿荣殉国 100 周年系列纪念活动暨“王懿荣杯”全国楹联大赛，征集书法作品 88 幅，楹联作品 40 余幅。《中国楹联报》《烟台日报》《烟台晚报》及烟台电视台等新闻媒体均作详细报道。

清末至 30 年代，福山较大书店有“二酉堂”、“信兴书店”和“文康书店”。日军侵占福山时期，县城书店相继停业。解放区书刊经销由战时邮局办理。1945 年 8 月，成立“民智书店”，隶属战时邮局。1946 年，书店扩大，设高疃、谭家庄、门楼和古现 4 个点。1948 年，“民智书店”改名为烟台新华书店福山县支店。

第八章 图书

中华人民共和国成立后，1951 年，支店改称“胜麟书店”。1952 年 3 月，更名福山书店，隶属县教育科。1953 年 1 月，改称烟台市新华书店福山门市部。1956 年 6 月，更名为山东省新华书店福山支店。1958 年 10 月，恢复烟台市新华书店福山门市部名称。1983 年 12 月，更名为烟台市新华书店福山支店。改革开放后，福山图书事业发展很快。1978 年，“文化大革命”中被禁锢的图书全部开放，古典文学、外国文学、科技书籍等十分畅销，一大批所谓的“大毒草”重新与广大读者见面，特别是高考作文集、解题集、复习资料等成为社会新宠。全区上下掀起读书热潮，写书、印书、售书、读书蔚然成风，重视文化、重视知识成为社会主流。

图 30-17 福山区新华书店

第一节 图书发行

清末民国初，福山三大书店主要经销小学课本和简装廉价的古典书籍。中华人民共和国成立后，书店主要经销中小学课本、古典文学、小说、诗歌、连环画图册及年画、对联等。“文化大革命”期间，多数文学作品及书画受到禁锢。1966 年 8 月，福山一中“红卫兵”把书店中所谓“封资修”的书籍一次烧毁 5000 余册，造成经济损失 10.5 万元。

1978 年，福山新华书店大楼落成。同年，被禁锢图书全部开放，年销售额达 21 万元，实现利润 1 万多元。1985 年，发行图书 76.7 万册，销售额 52.15 万元，实现利润 4.44 万元。

1995 年，新华书店成立图书音像发行公司，隶属于省图书音像发行总公司，为自主经营、自负盈亏、具有独立法人资格的小型（一）类企业。2002 年，区新华书店拥有职工 19 名，营业面积 560 平方米，集图书、音像、课本、图片供应为一体，图书品种达 3.1 万种，全部实行开架销售、微机化管理、微机收款，并与全省新华书店联网，成为境内图书营业面积最大、品种最多、管理现代化的综合书店。

第二节 藏书与阅览

图书馆藏　中华人民共和国成立前，官方藏书都集中于儒学、书院，私人藏书多集中于仕宦人家，规模较大的宫观寺院也藏有一定数量的佛、道经典和儒家经典。无论官方还是私人藏书均不对外出借。1930 年，县民众教育馆成立后，图书、报刊逐年增多，其中进步作家、哲学家、理论家的著作及生活书店、“左联”编印发行的进步报刊占有较大比重。30 年代中期，订报纸 10 余种、杂志 20 余种。此外，福山县立中学和北关小学的图书室，也为当时较大藏书单位，只对校内师生开放。1938 年日军侵占福山时，民众教育馆和中小学图书室的藏书全部失散。王懿荣的“天壤阁”、于宗潼的“浣薇书屋”及其他士绅家的藏书损失惨重。唯于宗潼生前收藏的线装木板廿四史，尚完整无缺，现存烟台市图书馆。

阅览　1916 年，县公署在文庙设阅报所，后改成通俗图书所。1930 年，县民众教育馆成立，开展群众性的阅览活动。

1951 年，县文化馆图书馆、阅览室，订购各种图书和报刊杂志，常年开展借阅工作。1965 年，县图书馆读者年达 7200 多人（次）。1985 年，全区持证读者 500 余人，图书流动量 1.5 万人（次）。1986 年开始，对全区各村进行详细调查，把每个村科技专业户进行分门别类登记，针对不同科技户的需要，安排专人送书刊 2000 余册。每年冬季，坚持开展“图书进万家”、送图书下乡等活动，定期为残疾人送书上门、送书下乡，并与留公驻军部队建立长期图书流动箱活动，丰富广大官兵的文化生活。至 2002 年，全区持证人数与图书流动量均有所增加。

第三节 福山图书馆

中华人民共和国成立后，1951 年，县文化馆设图书馆、阅览室，订购各种图书和报刊杂志。1965 年，藏书近 2 万册，读者年达 7200 多人（次）。“文化大革命”中，红卫兵将馆藏 8000 多册所谓“封资修”图书焚毁。1979 年 11 月，图书博物组从文化馆析出，成立县图书馆，内设借阅室、阅览室、文物组等。1985 年，藏书约 5 万册、报纸 28 种、刊物 80 余种。2002 年，经剔除、注销等，馆藏图书达 7 万册，报纸、杂志 6000 余册（件）。

1985 年，全区 10 处乡镇文化站设图书借阅室，共藏书约 3 万册；建立农村文化室 82 个，共藏书 4 万余册；有工矿企业图书室 32 个，共藏书 3 万余册；福山一中图书室藏书 2.1 万册；福山师范图书室藏书 1 万余册；另有多处联中、小学图书室均有一定数量的藏书。1994—2002 年，新创建基层图书馆 12 个、图书室 22 个。

图 30-18　福山区图书馆

第九章　档案

1962年4月，福山始设县档案馆，隶属县委。1963年3月，设档案管理科，与档案馆合署办公。同年9月，档案管理科改为档案管理局。1966年“文化大革命”开始后，档案机构撤销。1971年，设档案组，隶属县革委办公室。1979年11月至12月，先后恢复档案馆和档案局。1983年，撤销档案局，保留档案馆。1984年2月，设档案科，与档案馆合署办公。1985年10月，恢复档案局，局长由区委办副主任兼任，配专职副局长1人，列区政府序列部门。1987年11 月，为区委和区政府双管机构，以区委领导为主；档案馆和档案局合署办公，为正科级事业单位。1989年10月，档案局内设业务指导科和档案科。1992年3月，档案局增设办公室。1993年12月，档案局撤销，保留档案馆，仍为正科级事业单位，隶属区委办，内设办公室、指导科、管理科。1994年8月，档案馆对外挂档案局的牌子，归口区委办领导。

第一节　档案收集

1956—1957年，先后建立县委档案室和县人委档案室，开始收集、整理文件资料，组成案卷，实行集中统一保管。1958年，收集、整理永久和长期保管的档案1552卷，同时收集、整理中华人民共和国成立前的革命历史档案83卷。是年，福山县并于烟台市，档案全部调入烟台市档案馆。1962年复县后，随即建立福山县档案馆。同年8月，福山档案全部接回。此后定期接受各部委办局、群众团体、人民公社永久和长期保管的档案。1975年下半年，成立档案组，组织各部门将“文化大革命”期间的文件立卷归档，共接受入馆1392卷。1976年，恢复“文化大革命”以前的立卷归档制度。改革开放以来，县（区）档案馆逐年接收县（区）直机关、团体及乡镇机关具有永久和长期保存价值的档案。同时，撤销机关、团体、经济组织的档案，定时接收因机构改革及倒闭等原因撤销单位的档案，定期接收专业档案。1985年，馆藏档案7662卷，其中永久档案4506卷，长期档案3156卷；刊物资料920种3143卷（册）。至2002年，馆藏机关档案共有86个全宗，其中文书档案1.5万余卷；馆藏企业注销档案1709卷、破产企业档案2400余卷；馆藏科技档案17卷、土地房产证档案338卷、死亡干部档案413卷、纪检案件档案1858卷、会计档案2314卷、诉讼档案4357卷、公证档案2651卷。

第二节　基层档案

科技档案　1963年，县内各工业企业开始设科技档案室，收集、整理、保管图纸和科技资料。“文化大革命”期间，归档制度名存实亡。1976年，各企业开始恢复科技档案工作，配备专职或兼职档案工作人员，均由技术厂长分管、技术科具体领导。至2002年，全区有科技档案室56个，收集整理科技档案1.2万余卷（册）。

城建档案　1980年7月，县建委设计室建立城市建设档案。1984年7月，正式成立城建档案室，主要收集整理建筑设计图及变更图、施工决算书、化验单、施工日记和给排水主要管道平面设计图等。至2002年，共建城建档案1219卷、底图7821张。

农村档案　1966年，全县以村为单位建立农村档案。“文化大革命”期间中断。1976年，重新恢复农村档案，每年立卷归档1次，逐步形成制度。档案内容包括会计账簿、各种统计报表及生产大队党支部、管委会、群众团体在工作中形成的文件材料和各种历史材料等。农村档案工作由各大队会计兼管，乡镇秘书和会计辅导员负责督察。1993年，各乡镇均建立档案管理站，并兼管村级建档工作。至2002年，全区292个行政村建档率达到95%以上。

教学档案　1982年10月，档案局会同教育局在福山一中试点，建立教学档案，后全面展开，全区各公办中学、教研室普遍建立起教学档案。

第三节　档案鉴定

1962 年 4 月县档案馆建馆以来，先后对馆藏档案进行鉴定 3 次。1965 年和 1976 年，两次共鉴定 5414 卷。其中，永久保管档案 3766 卷，长期保管档案 1648 卷。1990—1991 年，对馆内 7900 卷的档案标题，全部进行复审；对 2640 卷缺作者、少名称或不够全面、内容不规范的案卷标题，重新进行修改或拟制，并将案卷封面全部铅印。

第四节　档案利用

1966 年以前，馆藏档案的利用率较低。1963 年，全年提供利用档案仅 65 卷、57 人（次）。1976 年以后，利用率逐年提高。1981—1985 年，提供利用档案 3.54 万卷、2.33 万人（次），年均 7078 卷次、4660 人（次）。区档案局建立和完善检索工具，除利用案卷目录外，并于 1978 年建卡 6.6 万张，实现检索工具卡片化。此后随着一年一度的立卷归档，同时填写卡片。至 1985 年，共有卡片 8.51 万张。并根据烟台市档案局要求，制定档案著录计划。至 2002 年，完成著录。中华人民共和国成立前革命历史档案和成立后档案等 2000 余条，馆藏档案全部编制案卷目录、全引目录、专题目录、人名存放索引，形成科学适用的检索工具体系。同时，有计划地开展档案学术研究工作，编纂档案汇编，向社会提供利用档案资料，并定期对利用情况进行分析。每年编辑印发档案利用成果典型汇编 20 例，上报烟台市档案局。另外，还先后编写《福山县党代会简介》《福山县人代会简介》《自然灾害》《专题人名姓氏索引》等参考资料；与区地名办合作，编撰了 60 万字的《福山区地名志》；与区党史委合作，编辑完成 40 万字的《福山区党史大事记》等；分别与区电业公司、公路局合作，开展“利用档案资源，进行技术革新改造”及“利用档案资源，进行技术革新和文化宣传”等活动。

第五节　档案认定达标单位

1990 年，开展档案工作规范化目标管理达标活动。至 2002 年，全区有 45 个单位的档案实现规范化目标管理达标要求，分别达到省二级和省一级标准。其中，1990 年区建委、1991 年区房管局、1993 年区保险和烟草公司、1994 年区检察院、1995 年区交通委和中国银行福山支行、1997 年福山公安分局、1998 年区安全局和农业发展银行福山区支行及福山一中、1999 年区医院和电信局及区检察院、2000 年区国税局、2002 年区气象局的档案均达到省二级标准。

1995 年，区土地管理局、审计局、建设银行福山区支行、人民银行福山办事处，1996 年，区法院、区公路局、福山公安分局交通警察大队、区劳动保险事业处、区科委和区电业公司，1999 年，区交通委，2000 年，人民银行福山支行，2001 年，区人民法院，2002 年，烟台国土资源局福山分局机关档案均达到省一级标准。

第十章　史志

改革开放不久，福山成立党史办、史志办等专门机构，组成编委会，任命主任、副主任，主审、副主审，主编、副主编，抽调或聘请区内阅历丰富、文化程度较高的人担任编辑，配车、电脑、给经费，编撰各种志书、史书。先后编印出版许多书籍，为各级领导、海外侨胞、福山游子、区内外人士认识、感知、热爱福山，帮助福山发展，做出贡献。

第一节　地方志编纂

县（区）志　自明朝起，先后修《福山县志》《福山区志》6 次。

明万历《福山县志》，上限不限，下限至明万历四十五年（1617年）。1616—1617年完成，刻印，共8卷，约6万字。现仅存前4卷，原件藏于上海图书馆，为1961年手抄本，主编宋大奎，编次郭如泰。

清康熙《福山县志》，续编志，上限与明万历志同，下限至清康熙十二年（1673年）。1673年修成，刻印4册，共12卷，约15万字。现存本卷一、卷二为南京地理研究所；后十卷为北京图书馆新印本。总裁罗博，纂修鹿兆甲、王鹭、萧文慰、郭谐、徐孜。

清乾隆《福山县志》，续修志，上限旧志，下限为清乾隆二十八年（1763年）。1762—1763年修成，刻印8册，共12卷，图1卷，约25万字。现存本为山东省图书馆藏本复印件。总裁何乐善，纂修萧劼、王积熙。

民国《福山县志》，上限不限，下限至清末。1920—1931年修成。统10卷，附黉门录、民国志2卷，列图24幅。民国20年（1931年）铅印14册，约60万字。境内现存10余部，省内外各大图书馆皆有藏。督修王陵基，总纂于宗潼。

《福山区志》，上限不限，下限为1985年12月底，个别章节下延到1987年底。1981年4月，成立福山县编史修志领导小组。1985年5月，成立区地方史志编纂委员会，下设办公室。为中华人民共和国成立后首次修志。先后有4届编委、10余名编辑人员参编，历时8年，于1990年4月定稿。1990年12月，由齐鲁出版社出版，共计96.6万字。第1版印刷4000册，为全国各大图书馆、行政单位、档案馆、大专院校、科研部门及世界32个国家和地区福山籍华侨、个人所收藏。1991年，《福山区志》获山东省地方志编纂委员会优秀奖。1994年，获山东省地方志编纂委员会一等奖。主编柳宗铎、臧宜永；副主编孙治吾、林治楠。

乡镇、村志　各乡镇皆修志成稿，但未印发。村志成稿印发的仅有《西关村志》。1981年成立《西关村志》编辑委员会，1992年志稿纂成，1993年内部印发1000册，除部分赠送有关部门、村委外，多为村民收藏。《西关村志》上溯到明洪武元年（1368年），下限至1990年。16开本，平装，17.5万字。编委会主任王勤政（时任村党支部书记），执笔钟宝春。

专业志　《福山区土壤志》，1984年4月开始进行土壤普查、搜集资料。1985年10月完成初稿。经审查修改后，1986年1月内部刊印，16开精装本，约9万字。除送省、市农业系统各单位外，多为区内有关单位、业内人士收藏。责任编辑陈忠坤（时任区农业畜牧局副局长），编写人邹本仁（时任区土壤普查办公室负责人）、周立炜（时任区土壤普查队长）。

行业、单位志　《福山县水利志》，上限不限，下限1983年。1984年冬始收集资料，整理、编纂，历时1年，三易其稿，1985年10月成书。全志共1卷，16开平装本，约8万字，内部发行。福山区水利局承编，主审杨宝才，组长王升楼，编辑吴江浦。

《福山区劳动志》，上起1920年，个别章节上溯到清末，下限至1986年。1985年5月开始搜集资料，编写初稿。三易其稿，1987年9月定稿付印，内部发行。共1卷，16开平装本，约13万字。编志领导小组组长林道传，副组长刘成义，主编孔宪滋。

《福山区邮电志》，上限自1903年，下限至1998年6月。共1卷，19万字，32开本，内部印发500册。主修于维国、蒋广春，主编肖锋。

《福山区电业志》，上限民国之初，下限至1997年，1998年底成书，内部印发1000册。共1卷，32开本，约15万字。主修刘玉璞，主编梁益诚。

《福山区人民医院志》，上限1946年，下限至1996年。1996年9月内部印发1000册。共1卷，32开平装本，约15.5万字。编委主任姜念夫，副主任刘家年，主编张允德。

《中共福山区委党校志》，上限1947年，下限至1997年5月。1997年5月成书，内部印发1000册。共1卷，约13.8万字，32开平装本。编委主任肖承乐，副主任李日新，张允德、徐建平、柳玉春、李金娥、隋松山、曲振国等编写。

方志论文　1983—1989年，《福山区志》主编柳宗铎，先后在《中国地方志》《修志纪念文集》《山东史志》发表《山东省烟台市福山区志　海外社会效益反馈》《志就回首》等；主编臧宜永在1988年第二期《山东史志》发表“古育黎治所考释”；编辑徐嘉涛在1990年第二期《山东史志》发表《修志“三舛”之我见》，编辑吕鸣奇先后在《山东史志》《史志文萃》《方志研究》发表《志书编写琐议》《志书编写杂谈》《给古代人物作传浅尝》等论文。

第二节　党史编纂

1983年8月，福山县委成立党史资料征集研究委员会。1993年撤销，业务划归区委党校。2001年12月，设立区委党史研究室。先后编纂有关党史方面的书籍及资料140多万字，印刷4500册。

《福山党史资料选编》第1集，9万字。王士平、柳宗铎编写，1987年6月印刷。《福山党史资料选编》第2集，7万字。王心君、曲振国、胡修鸿、赵波、包敦正、蒋瑞等编审。1989年12月印刷。《福山党史资料选编》第3集，8.5万字。王心君、胡克炁 、王介夫、林启英、淳于晓辉、毛显起等编审。1992年6月印刷。

《中共烟台市福山区组织史资料》（1929—1987），25万字。王士平、包敦正主编，王振涛、王家诰编辑。1989年5月印刷。

《中共福山县党史大事记》（1921—1949），5.6万字。王心君、邢治义、胡修鸿等审稿，杨洪文、王士平、姜笃会、李苏、王家诰、蒋瑞等编辑。1989年9月印刷。

《中共烟台市福山区组织史资料》（1987.11—2002.2），45万字。李来雁、姜丽娟、肖承乐分别任编审委主任、副主任，姜守博任主编。2002年11月印刷1000册。

第三节　地名编纂

2000年6月，福山区地名志编纂委员会办公室按照《山东省市、县地名编纂纲要》的要求，以1982年和1992年的地名普查成果为基础，参考史书、方志、碑铭、谱牒及实地调查等资料，开始编撰《福山区地名志》。2002年6月完成初稿，7月审定，广泛征求意见，反复修改。2003年3月完稿，送区、市、省地名管理机关审查。根据各级审查的意见，再次进行修改，形成修订稿，6月送山东省地图出版社付梓，12月出版，国内外发行。

全志附有各个时期地图18幅，反映城乡变化的彩色照片100多幅、黑白照片150多幅，并在部分自然实体及村落目下，附以与其内容相吻合的民间传说、神话故事等，以增加志书的趣味性、可读性。全书共80万字，第1版印刷2000册，发行后，领导重视，社会认可。

第四节　家谱　族谱

福山家谱修撰，始于明朝，兴于清朝，衰于民国，亡于“文化大革命”。从能搜集到的家谱序文看，初修于明朝的谱书有《李氏家谱》《孙氏家谱》等不足10部，因年代久远，今见题无本。续修、重修和始修于清朝家谱主要有《萧氏家族》《王氏家谱》（支谱）《鹿氏家谱》《卢氏家谱》《宋氏家谱》等，全县约40部，是福山家谱的主体。三修、再修、重修于民国，涵盖所有清谱，初修谱书主要有《陈氏家谱》《赖氏家谱》《梁氏家谱》《林氏家谱》等20余部，所修谱书多为支谱，范围少，连续性差，趋于衰落时期。

中华人民共和国成立后，一度受阶级斗争论影响，以阶级划线，所谓“亲不亲，阶级分”，把家谱当成封建糟粕，无修谱之举。“文化大革命”期间，家谱成为“四旧”“毒草”，被付之一炬。

中共十一届三中全会后，人们思想解放，将家谱视为文化瑰宝，寻根问祖的人越来越多，新修家谱蔚然成风，研究家谱方兴未艾。全区新修家谱有《孙氏家谱》《卢氏家谱》《邹氏家谱》《柳氏族谱》《牟氏家谱》及《胡氏家谱》（支谱）、《王氏家谱》（支谱）等。

福山历代家谱，修撰的内容有：姓氏源流，以叙述的形式，记述始祖渊源、后继变迁等，聚置于序文中，展谱即入眼睑；家谱堂号，堂号是一个姓氏的特殊标识，是寻根问祖的重要线索，堂号名称多出于郡号望族，寓意深奥，如下夼村鹿氏的“衍庆堂”、宋家疃村宋氏的“惇叙堂”等；世序范字各姓氏字辈，皆由德高望重的长辈提拟，合族共议，载入族谱，多置序言之后，按字数多少，有四言句、五言句、七言句、九言句不等；世系表，是一个家族成员相互关系按辈排列的图表，其基本格式有欧式、苏式、宝塔式、牒记式4种形式。城西村《王氏族谱》世系表为欧式，特点是：世代分格，由右向左横行，每个世代人名左侧都有一段生平记述，介绍该人的字、号、功名、官爵、生辰、配偶、葬地等。权家村权氏世系表为宝塔式，特点是：将世代人名由上向下排列，采用横竖线联接法，竖线永远处在横线的中间，一目了然，易看易懂。

家谱收藏，历来为世人所看重。明、清时期，皆为手抄本，数量有限，多为望族大户收藏。过春节时，与其宗谱奉祭，供族人瞻仰。民国时期，王、谢等部分大姓，付梓石印，数量较多，分藏于富有人家。1946年土改、复查，地主、富农被扫地出门，家谱遭灭顶之灾。中华人民共和国成立后，政治运动接连不断，家谱逐渐成为废纸，收藏者多为本家族文化老人。“文化大革命”时期，家谱遭遗劫，部分幸存，多为爱好者所藏。全区幸存各姓氏家谱、族谱83部、119册，被列为民族文化遗产。

2002年福山区谱书收藏情况统计表

表30-2

项目 谱名	版式	年代	册数	编修	收藏	住址	堂号
孙氏家谱	手抄	明代	1	孙　珪	孙承惠	盐场村	—
鹿氏族谱	印刷	清代	4	鹿寿祺	鹿道章	下夼村	衍庆堂
宋氏族谱	印刷	清代	1	宋树春	宋绍文	宋家疃	惇叙堂
赖氏家谱	印刷	清代	1	赖　佣	赖积绥	东北关村	—
史氏家谱	印刷	清代	1	史作霖	史青田	史家庄	—
王氏族谱	印刷	清代	1	—	王树楼	东关村	—
卢氏族谱	印刷	清代	1	卢万祚	卢道宾	城里村	素行堂
谢氏家乘	印刷	清代	1	谢乃实	谢英华	下夼村	玉森堂
王氏族谱	手抄	清代	1	—	肖久田	南关村	—
迟氏族谱	手抄	清代	1	—	迟焕浩	南关村	—
邹氏族谱	手抄	清代	1	—	邹立业	銮驾庄	—
王氏家谱	印刷	清代	1	王继绥	王家政	城西村	—
隋氏族谱	手抄	清代	1	隋光弟	隋承东	南关村	—
郭氏族谱	印刷	清代	3	—	郭新枢	西关村	—
曾氏族谱	手抄	清代	1	—	—	曾家庄	—
吕氏族谱	手抄	清代	4	吕铭新	吕伟达	东留公	义德堂
钟氏家谱	手抄	清代	1	—	钟庆录	钟家庄	—
萧氏谱书	印刷	清代	2	萧程俨	萧义政	楮佳疃	—
朱氏族谱	印刷	清代	2	—	—	八角村	—
陈氏族谱	印刷	清代	3	陈曰宣	陈会生	官庄	—
姜氏族谱	手抄	清代	1	姜麟祥	姜锡文	百堡村	—
孙氏家谱	印刷	清代	1	孙东安	孙善韬	花岩村	—
王氏族谱	印刷	清代	6	王家整	王长志	花岩村	—
郑氏族谱	手抄	清代	1	—	—	郑家庄	—
彭氏家谱	手抄	清代	1	—	彭学源	百堡村	—
解氏族谱	手抄	清代	1	解青运 解承勋	解北梓	院下村	慧迪堂
林氏族谱	手抄	清代	1	—	林德禄	林官庄	—
臧氏族谱	手抄	清代	1	—	—	西臧家村	—
王氏族谱	石印	清代	6	王符	王者昌	河北村	—
王氏族谱	印刷	清代	6	王兆琛	王宪君	东村	福德堂
李氏家谱	手抄	清代	1	李玉桥	李焕一	李家村	—
吴氏族谱	手抄	清代	1	吴滋本	吴其仁	永福园村	—
杨氏族谱	印刷	清代	1	吴　普	杨述运	永福园村	—
李氏族谱	手抄	清代	1	—	李宗连	永福园村	—
岳氏家谱	手抄	清代	1	岳　禄	岳永庆	永福园村	—
杜氏谱书	印刷	清代	2	杜　埰	杜伯生	盐场村	—
臧氏族谱	手抄	清代	1	—	—	臧家村	—
于氏族谱	印刷	清代	1	于宗询	于	湘河村	—

续表 30-2

项目 谱名	版式	年代	册数	编修	收藏	住址	堂号
吴氏族谱	手抄	清代	1	—	—	吴阳泉村	—
柳氏族谱	手抄	清代	5	柳廷瑞	柳玉山	高疃北村	—
李氏族谱	印刷	清代	1	李自华	李祝华	南厚滋沟村	—
高氏家谱	手抄	清代	1	—	高更远	曲家村	—
唐氏族谱	印刷	清代	2	唐逢昇	唐茂义	东陌堂村	—
赵氏族谱	手抄	清代	1	—	—	西陌堂村	—
柳氏族谱	手抄	清代	1	柳清晏	—	门楼村	—
王氏家谱	手抄	清代	2	王　骐	王家良	诸留王	—
于氏族谱	手抄	清代	1	于锡麒	于茂绂	南涂山	—
逄氏宗谱	手抄	清代	1	逄元林	逄培恺	前富村	—
柳氏族谱	手抄	清代	1	—	柳运山	柳村	—
郭氏家谱	手抄	清代	1	郭惟斌	郭永坤	门楼村	—
胡氏族谱	手抄	清代	1	胡　瑾	胡再发	下官乐沟村	—
权氏家谱	手抄	清代	1	权彤范	—	权家村	—
杜氏族谱	印刷	清代	1	杜　埰	杜永洲	杜家崖村	—
张氏族谱	手抄	清代	1	张　庚	张敔生	东风村	—
王氏支谱	印刷	清代	1	王　泉	王文军	张格庄	—
陈氏家谱	印刷	清代	3	陈星汉	陈芳玲	浒口村	—
萧氏家谱	手抄	清代	1	萧文蔚	萧建秀	葛庄村	—
牟氏家谱	手抄	清代	1	牟报国	牟林辉	两甲庄	—
梁氏族谱	手抄	民国	1	—	—	东关村	—
叶氏家谱	手抄	民国	1	—	—	叶家村	—
林氏家谱	手抄	民国	1	—	—	上刘家村	—
殷氏家谱	手抄	民国	1	殷铭贵	殷洪武	石屋营村	—
刘氏家谱	手抄	民国	1	—	刘相生	石屋营村	—
汤氏家谱	手抄	民国	1	—	—	汤家村	—
徐氏家谱	手抄	民国	1	—	徐永发	徐家村	—
于氏族谱	手抄	民国	1	—	于荣光	湘里村	—
柳氏族谱	手抄	民国	1	—	柳钟华	西罗格庄	—
董氏族谱	手抄	民国	1	董义勤	董相娟	西罗格庄	富兴堂
姜氏族谱	手抄	民国	1	—	—	东回里、善疃	—
迟氏族谱	手抄	民国	1	—	迟文集	迟家村	—
王氏支谱	手抄	民国	1	王曰寿	王兰芳	瑶台村	—
靳氏家谱	手抄	民国	1	—	—	马蹄夼	—
高氏家谱	手抄	民国	1	高　放	高曰德	集贤村	—
初氏宗谱	手抄	1963 年	1	初本涛	初本涛	西黄埠村	—
汪氏族谱	印刷	1980 年	1	—	—	汪家村	—
王氏家谱	印刷	1988 年	1	王钟崙	王振溥	陈家村	—
卢氏族谱	印刷	1992 年	1	卢道宾	卢继禹	城里村	—
孙氏谱书	铅印	1994 年	1	孙茂盛	孙茂法	西黄山村	—
邹氏谱书	铅印	1998 年	1	邹积超 邹积权	邹积权	张格堡	—
卫氏族谱	印刷	2002 年	1	卫熙昌	卫德瑞	卫家疃	—
胶东柳氏族谱	印刷	2003 年	1	柳玉明	柳宗铎	西罗格庄	德茂堂
胡氏族谱	打印	—	1	胡　瑾	胡其运	下官乐沟村	—
王氏族谱	手抄	—	1	—	—	垆上村	—

第十一章　广播　电视

中华人民共和国成立之后，特别改革开放以来，福山广播电视事业由弱变强，不断发展壮大，形成了广播与电视并举、无线有线与调频结合、微博线路四通八达、卫星地面遍及城乡的现代传媒网络，成为福山文化多姿多彩的真实写照，丰富了人民群众的精神文化生活。

第一节　广播

网络建设　1956年10月，福山县广播站建立。主要设备有5千瓦发电机组、TV型广播机、控制机、录音机各1台。1957年，购进500WTV广播机1台（备用）。广播线路全部利用电话线输送信号。村庄通播率为45%。1959年公社转播放大站建立后，村庄通播率达100%。1965年开始，有计划地架设有线广播线路，当年完成28杆千米。1969年，由县站至公社架设专用线路37杆千米，公社放大站至大队架设线路452.5千米，全县拥有喇叭25305只，广播机13部。1971年，县广播站始用载波线路广播。1973年，广播线路发展到762杆千米，喇叭达61835只，入户率达96%。1977年，烟台地区拨给福山广播站12千瓦柴油机组1部。1981年，购进控制台1部。1984—1985年，购进监视器3台，各乡镇广播站拥有一套完备的播音设备，各有广播机2台，主要负责广播节目的转播监控任务。1985年，全区广播线路达到832杆千米。其中，区到乡镇的信号线路为140杆千米，乡镇到各村的线路为340杆千米。全区306个村实现村村通广播，用户家用喇叭以舌簧喇叭、亚电陶瓷喇叭为主。1987—1989年，完成全区广播线路改造，经省、市两级测试，达到部颁乙级标准，广播入户率达到98%，用户收听大部分更换为动圈喇叭。1989年，福山区被评为全省有线广播先进单位。1990年，为配合门楼水库库区改造工作，重整库区34个村有线广播线路57.7杆千米。经验收，工程质量优良，市政府给予区广播电视局通令嘉奖。

图30-19　福山广播电视

1990年后，有线电视发展迅速，广播入户率逐步下降，广播喇叭逐步从百姓家庭中退出。至1998年，有线广播基本被有线电视取代。

自办节目　1957年，县广播站每天早、晚播音各1次。1958年，广播次数改为早、中、晚3次。1989年1月，区广播电视站更名为烟台市福山人民广播电台，广播节目日播3次，每天播出6小时。其中，转播中央、省电台节目2小时，自办节目4小时。栏目有《福山新闻》《天气预报》《农业科技》《文化与生活》《园丁与蓓蕾》《致富信息》等。在办好自办节目的同时，电台编辑部承担对上供稿任务，年供稿200篇以上。1995—2002年，先后有《科技大嫂》《三块特别金匾》《SOS儿童村走出的抗洪勇士》《两甲庄党支部巧念调整经》等新闻作品获全省一等奖。福山人民广播电台先后6次获山东省集体记者一等奖。

第二节　电视

网络建设　1987年9月，区广播电视局成立公用天线安装队，重点在城区住宅小区内安装公用天线，以解决用户个人天线信号不稳定、节目源少、避雷性差等问题。之后，在经济条件较好的村庄开展公用天线安装业务，至1997年，城区联网达3700户，发展闭路电视村23个。1992年底，福山广播电视大楼竣工，总投资130万元。设立有线电视前端机房，在城区开始有线电视联网，转播中央、山东省、烟台市及部分外省、市电视信号，共12个频道。至1994年，城区已发展有线电视用户4700户，并开始收取有线电视收视费，每户每月3元。之后，城区有线电视以每年近3000户的速度发展。至1996年底，城区有线电视用户达到1.2万户。福山有线电视网络并入省、市有线广播电视传输网。1997年1月，福山有线加密电视开通，全区电视用户可收看的电视频道增至23套，有线电视收视费每户每月增至13元。同年，有线电视管理处投资45万元，开通古现镇的有线电视，发展有线电视用户1200户。1998年，有线电视管理处与烟台电子站、福山星海电子工程安装队协作，共同发展农村有线电视。在7处乡镇设立广播电视管理站，具体负责网络的维护、安装和收费工作，实行全区有线电视网络统一规划、统一建设、统一管理。至2002年底，全区有线电视开通282个村，入村率达96.5%，发展农村有线电视用户2.5万户；城区有线电视用户近3万户。可收看33套电视节目。2001年和2002年，福山有线电视管理处投资110万元，完成老城区6000户的网络改造，使网络传输信号更趋稳定，图像更加清晰。2001年11月，烟台市福山广电信息网络有限公司注册成立，负责有线广播电视信号传输、网络建设与管理以及多媒体业务服务。2002年，有线电视管理处投资100万元，建起广电宽带网络平台，发展教育信息网和个体用户，并开通福山点歌台频道。

自办节目　1997年1月，福山有线电视正式开播《福山新闻》《今晚话题》《文艺商品桥》《电视剧场》4个栏目的自办节目，每晚播出3个小时。1998年，增设《记者观察》《周末123》《艺海拾贝》等专题文艺节目，并每天播报《天气预报》节目。之后，又开办《今日福山》《生活立交桥》《小精灵乐园》《公安在线》《党建聚焦》《走进清洋》等节目。《福山新闻》节目开播之初，每周2次播出，后调整为每周一、三、五首播，二、四、六重播，周日增加一次《一周要闻回顾》。同时，福山有线电视管理处每年对上供稿、供片400件以上，其中多件作品获省、市广播电视节目奖。

电视设备　福山有线电视自办节目开播之初，录、编、播设备十分简陋。1997年，仅有松下455摄像机和JVC 1/2摄像机各2台、家用松下M9000摄像机和借用的SONY 3/4摄像机各1台、线性编辑线2条，使用的是SONY VO-9800编辑机。之后，逐年增加设备投入。至1999年，拥有JVC 1/2摄像机3台，设立线性编辑机房3个。至2002年，逐步用数字设备取代模拟设备，新购置SONY数字摄像机7台，拥有线性编辑线2套、非线性编辑线3套。播出设备更新，新筹建档次较高的播出机房，设立电视墙等现代播出监控设施，播出设备实现数字化，保证了全区有线电视节目安全优质播出。

第十二章　文化市场

文化市场管理的具体分工是：文化局分管全区的文化娱乐、演出市场及文化系统内部的音像制品租赁、零售、放映经营活动；广电局分管文化系统以外及本系统的音像制品租赁、零售、放映经营活动；新闻出版办公室分管图书、报刊零售、租赁及印刷厂的审批和日常经营活动。

第一节　管理机构

1989年，福山区社会文化管理委员会成立，办公室设在区委宣传部，成员由宣传部、文化局、广电局、公安局、工商局等有关负责人组成。1992年，区新闻出版管理办公室成立，由宣传部一名副部长兼主任，办公室迁到新华书店。

1993年9月，组建福山区文化市场稽查队，未定编，由文化局1名副局长负责，抽调文化馆2人，负责全区文化市场稽查工作。1994 年 9 月，根据中共中央、国务院两办指示精神，撤销新闻出版管理办公室，统归文化服务中心协调管理。1995 年 10 月，区文化市场稽查队正式成立，为股级事业单位，定编 5 人。各乡镇文化市场管理，由文化局指派文化站协管，聘任站长为协管人员，主要负责审批发证、执法检查和收费等工作。审批发证　福山文化市场经营点多面广，项目多样化，到 2002 年底，全区文化市场总营业面积达 1.6 万平方米，可容顾客 8000 余人，总投资 2000 多万元，有经营单位 230 多家。其中，歌舞娱乐场所 2 处、录像放映厅 11 处、音像制品零售租赁 34 处、书刊经营 36 处、电子游戏厅 7 处、印刷打字复印企业 76 家、网吧 48 处。为确保文化市场的健康发展，稽查队对所有的经营单位逐个进行摸底调查，实行持证经营制度，严格审批手续，合格者发给经营许可证，做到开业持证，无证查处。

执法检查　稽查队平时经常深入文化市场，进行法规宣传，维护文化市场秩序，指导和管理文化市场。坚持每季度会同公安、工商部门，联合突击清查 1 次；对各经营单位从业人员轮训 1 次，增强其依法经营的自觉性。对违法行为依法进行查处，净化文化市场。先后依法取缔无证经营单位 16 处，责令限期整改 58 处，查封停业 65 处，没收淫秽、凶杀暴力内容书刊 5000 多本，没收各类非法音像制品 3 万余盘。

收费　1998 年前，根据山东省人民政府 35 号令《山东省文化娱乐市场管理规定》《山东省行政性事业收费管理条例》和山东省物价局、财政厅、文化厅鲁价涉字〔1992〕第 406 号文规定，对文化市场收取管理费。1999 年 1 月，停收文化市场管理费，改由地税局代收 3% 的文化事业建设费返还文化部门，作为文化市场管理专用经费。

第二节　主要旅游景区（点）简介

1978 年以前，境内的旅游业几乎为零。改革开放后，旅游事业逐步发展。1993 年 11 月，区政府成立烟台福达旅游开发公司，编制 6 人，正科级事业单位。1998 年 6 月，对外挂福山区旅游局牌子。1998 年 7 月，经区委常委会决定，改为企业单位。其主要旅游景点有：

烟台农科园　坐落在福山芝阳山以东，紧靠城区，占地面积 120 公顷。至 2002 年，总投资 2000 多万元，

图 30-20　烟台农科院

建成国家 AAA 级旅游景点。园区景点有珍奇瓜果园、沙漠绿洲园、立体无土栽培蔬菜园、高档花卉园、世界国花园、热带水果园、百果园、药用食用植物园、观光果园、儿童娱乐园、科普知识教育馆、生物组培展示中心等。还有可容纳 400 人就餐的餐饮中心、烧烤园、急救中心、游客服务中心、住宿接待中心等配套设施。年接待游客 40 多万人。

峆岵山省级森林公园　位于福山城南 20 千米、张格庄镇。南依塔顶山，海拔高度 630.4 米，是境内第一高峰；北邻门楼水库。公园占地面积 233.7 公顷，建筑面积 744 平方米。园内林木葱郁，树种繁多，环境幽静，空气清新，山峦多姿，不乏奇石幽洞。因独特的自然地理位置，不论阴晴雨雪，常有浓雾漫游山中，笼罩围绕，风吹不去，犹如仙境，即旧称福山八景之一的“峆岵烟云”。公园内有 1949 年始建的福山林场，经 50 余年的经营管理，已成郁郁林海。1993 年，被省林业厅批准为省级森林公园。公园内有始建于唐开元年间的峆岵寺，经历代扩建，宫殿规模宏大，曾有殿堂百余间（1970 年拆毁）。存有千年银杏树，高 26.2 米，胸径 151 厘米，树根之间因自然落种生出小树，渐与老树合为一体。古寺遗址另有“饮马湾”、蟹子洞、狮子山战役旧址和大樱桃采摘园等景点。

图 30-21　峆岵寺

图 30-22　福山文博苑

每年光顾踏青游客达万余人。

王懿荣纪念馆　1989 年 10 月，为纪念伟大的爱国学者、王懿荣发现甲骨文 90 周年，省文物局、福山区政府在城里街“卍字会”原址建立王懿荣纪念馆。1999 年 6 月，烟台市举行王懿荣发现甲骨文 100 周年纪念活动，馆址迁至盐场村“王氏庄园”内。该庄园始建于 1914 年，1917 年落成，为四进院落，房屋 50 间，占地面积 3100 平方米。展馆内容分光辉生平、甲骨之父、千古忠烈、风范长存、佳作传世等 5 大部分。展示王懿荣的遗物、手札、书信、著作、书法、甲骨文片等 300 余件，生动翔实。馆内还藏有国家领导人、国内外著名历史学家、甲骨文学者、书画家等佳作珍品 200 余幅。其中有张之洞、康有为为王懿荣所题的悼念诗和悼念文章；有著名文学家臧克家、历史学家胡厚宣等撰写的前言；有著名画家王绪阳绘制的王懿荣传略历史组画；有全国著名书法家赵朴初、周谷城、启功、权希军、武中奇、欧阳中石等为王懿荣纪念馆题写的字、诗、词等艺术珍品。纪念馆年接待参观者近 2 万人。

门楼水库银湖生态农业休闲观光园　坐落在门楼水库内岛，三面临水，山峦起伏，植被葱郁。创建于 2000 年，投资 3000 余万元。水库蓄水近 1 亿立方米，映照构成银湖山水相依、绿色旷野的自然风貌。2000 年，被列为省级水利风景区。岛内的农业观光采摘园，可在苹果园、桃园、大樱桃园进行采摘活动；水上娱乐区可行手划船、快艇、画舫船、垂钓等旅游项目；在森林公园、娱乐和餐饮中心等都可举行一系列旅游活动。年接待游人 2 万多人。

改革开放后，福山旅游服务从无到有。2002 年，福山区有福达旅行社、福山旅行社。主要组织、招徕国内游客赴各地或来烟台旅游，负责吃、住、行、游、购、娱等安排，年组织福山游客赴外地参观旅游考察 3000 人次，招徕外地游客来烟台旅游 5000 人次。

旅游接待定点宾馆有：华侨宾馆、西苑宾馆，设施完备，服务较规范；定点餐馆有西单酒楼、福源大酒店等多家；旅游购物单位有百货大楼、新东花园购物城、东亚商城等。至 2002 年，全区每年接待国内游客 15 万人次左右，旅游业总收入达 2.1 亿元。

图 30-23　门楼水库银湖生态农业休闲观光园

第三十一编　体育

早年，福山人在生活和生产劳动中创造了以强身健体为目的，以民俗体育、武术、气功为主要内容的传统体育活动。19 世纪，近代竞技体育传入，逐渐取代传统体育，成为体育运动的主流。民国初，田径、篮球、排球、足球、乒乓球、游泳等竞技体育运动项目在福山的学校和部分城镇居民中开展起来。中华人民共和国成立后，县政府设立体委，依据小型、业余、多样、和群众办体育的原则，开展体育活动。改革开放后，体育事业蓬勃发展，特别是职工体育竞赛活动如火如荼。区邮电局篮球队多次在省市区行业比赛中夺冠，区电业公司每年举办或参加越野、环城、田径、篮球、乒乓球、拔河等比赛，教体局、福山一中、格中、汽车工业学校等每年举办竞技体育比赛，在省、市举办的体育比赛中均取得良好成绩。

第一章　机构沿革

1949 年后，县（区）政府设立体育机构，主要是因地制宜、因人而异和群众办体育的原则，开展生动活泼、形式多样的体育活动，提高竞技体育运动水平。

第一节　行政机构

1952 年，县政府始设体育运动委员会（以下简称体委），为临时机构。1956 年，改为常设机构，与文教科合署办公。1958 年 10 月，福山县并入烟台市，县体委并入烟台市体委。1962 年 4 月复县后，体委遂又恢复，与文教局合署办公。1967 年，“文化大革命”开始后，体委撤销。1972 年，设体育局。1977 年，改为体委。1983 年 11 月，更名为烟台市福山区体育运动委员会，为区政府正科级职能部门。2001 年 12 月，与教育委员会合并，组建区教育体育局，同时设区体育活动中心，为正科级事业单位，行使管理职能。

图 31-1　福山区体育运动委员会

第二节　事业机构

福山区体育活动中心　2001 年，设区体育活动中心，内设办公室。辖区竞技体育学校、区螳螂拳学校、国家赛艇高水平后备人才福山基地、区武术学校（福山精英武校、福山区湘河武校、福山区鹏程武校）。

全国赛艇后备人才基地——福山基地水上训练场　坐落在城区的内夹河上。这里环境特别优美，水面相对平稳。区政府每年拨款对水上训练场地的河面进行建筑和维修，水域不断扩大。训练场两边为石砌台阶大坝，高 3 米，城区河段河面宽 200 米以上，直航道南北长 2000 米以上，平均水深 2.5 米，上连门楼水库，下有拦河橡皮坝，河床平坦，水面平整无障碍，无杂草、无污染，是良好的水上训练比赛场地。1991 年 12 月 29 日，经国家体委批准，福山区成为国家赛艇高水平人才训练基地。

1994 年，区政府在内夹河岸边征地 0.3 公顷，建成 600 平方米的库房和水上码头。1995 年 8 月，全国少年赛艇比赛在这里举行。1992—2002 年，区政府和上级体育主管部门加大投入，加强“基地”建设。福山区共投资200万元、市体育局投资60万元、省和国家体育局投资50万元、社会筹措50万元，用于基础设施建设和购置训练器械。区体育活动中心筹资60万元，在门楼水库修建水上码头，购进先进的训练艇20余条。2001年，区政府拨款35万元，将门楼水库岸边原敬老院买下，作为运动员、教练员用房。2002年上半年，区体育活动中心又争取上级资金及自筹资金40万元，购置0.7公顷的门楼敬老院，解决基地运动员的食宿问题。至2002年12月，“基地”拥有4人艇6条、2人艇4条、单人艇25条、皮艇10条、划艇10条、各种桨80付、摩托艇2艘、综合训练器1套、拉力器2个、垫子40块、杠铃10付、卧拉架12付、深蹲架8付。

第三节　武校　武馆

国术馆　1921年，县设国术馆，城里街东首，有房屋3.5间。主要招收在校青少年学生和社会武术爱好者。1938年闭馆。

福山区精英武校　坐落于福山城北，西邻格中，是一所“三集中”学校。2000年3月建校，占地面积2.4万平方米，餐厅300平方米，武术训练馆400平方米及100平方米的力量训练房1个。校长李维明。2002年，有初中、职高等6个教学班，在校生150余人。教练员4名，其中大专以上学历2人、中专学历2人；文化教师14名，均为大专以上学历，其中高级职称10人，中级职称2人，初级职称2人。学校开设武术、散打、跆拳道3个训练项目。设有董事会，有共青团、学生会等组织，各项规章制度健全，量化考核指标明确。以高质量的文化教学、专业训练、严格的学生管理为办学宗旨，赢得社会广泛认可。

2000年，建校当年即参加烟台市第五届运动会，获得金牌1枚、铜牌1枚，并向市队输送运动员3名。2001年4月，在莱州举行的烟台市武术散打比赛中，参赛的7名运动员获金牌3枚、铜牌4枚，团体总分列第2名。同年8月，在蓬莱举行的烟台市武术套路比赛中，参赛的6名运动员获金牌7枚、铜牌2枚，团体总分列第3名。在烟台市“一枝笔”杯武术散打比赛中，参赛的6名运动员获金牌3枚、银牌3枚。2002年，在烟台市武术散打、武术套路、跆拳道比赛中，获武术散打金牌4枚、银牌5枚、铜牌3枚；获武术散手金牌1枚、银牌1枚、铜牌2枚；获跆拳道金牌1枚、银牌2枚，并获武术套路比赛团体总分第3名，被市体委授予“体育道德风尚奖”。同时，向市体校输送运动员3名。

湘河武校　建于1994年3月，学生30余名。校址位于高疃北村东面、湘河村北，是一所设施完备、管理严谨、文武并举的私立学校。校长李玉兴，副校长牟维庆，总教练李成。2002年，开设小学部一至五个班级，中学部初一至初四5个教学班，另有微机班1个、成人中学班1个。有学生300多人、文化教师22人、武术教练10人。武术课开设散打、跆拳道、武术套路、擒拿、格斗等项目。学校占地1.34万平方米，拥有1.2万平方米教学楼1栋，408平方米演武厅1处，内有健身器、地毯、垫子、练武器材等设施。有操场7200平方米，内有篮球、排球、足球场等。固定资产140万元。学校设有洗澡间、医务室、理发店、餐厅等。

湘河武校自建校以来，在市以上的各种武术比赛中屡创佳绩，共获奖牌192枚，其中金牌78枚。1999年，被评为烟台市“社会力量办学先进单位”。2000年，被市体育局、教育局、人事局授予“业余训练先进单位”，被省体育局授予“全民健身先进单位”。

烟台市鹏程武校　建于1994年3月，原名福山区邹格庄少林武校，创办人姜百武。其子姜波自幼酷爱中华武术，曾到少林寺武校习武4年，毕业后，经主管部门批准在高疃镇邹格庄村创建武术学校，时有学生70余人。1998年4月，校址迁至古现镇林官庄村，更名为烟台市鹏程武校。学校占地1.3万平方米，建筑3300平方米。固定资产300余万元。在校学生200余人。鹏程武校是一所全日制九年制并可就读职高的学校，严格按照国家制定的文武科教学大纲进行教学。学校建立董事会领导下的校长负责制，实行封闭式管理，坚持以文养武、以武促文的宗旨。1999年，在省武术锦标赛上取得6金5银3铜的优异成绩。2000年，在省、市武运会武术比赛中，以获21枚奖牌的成绩名列前茅。2001年，该校学生王秀丽获世界军人跆拳道锦标赛冠军。2002年，有9人考入烟台师院体育本科，5人被特招入伍。学校先后为北京体育学院、解放军体育学院、省武术学院输送几十名优秀人才。

第四节 体校

福山区体育学校 1964年8月，县成立青少年业余体校，专门培养体育人才。校址在福山一中，有校舍8间，占地约260平方米，固定资产3000元左右。有专职教练员1名、兼职教练员4名。开设田径、篮球、乒乓球、射击4个训练项目。学员来源主要通过县级体育比赛，选拔初中学生中成绩优异者，当年招生125名。1966年6月，体校解散。

1973年7月，恢复青少年业余体校。设乒乓球、篮球训练项目。有教练员2名、学生28人，其中男、女篮球队20人，乒乓球队8人。1974年，训练项目增设武术。1977年，恢复田径训练。1978年，教练员增至6人，设有4个训练队，共计60人。其中，篮球队20人，乒乓球队10人，武术队10人，田径队20人。田径队在原福山三中训练。

1980年8月14日，福山区体育学校成立。占地1849.6平方米，教室、宿舍、办公室等房屋729平方米。训练项目有武术、田径、篮球、乒乓球。设施除2副篮球架、4副乒乓球案、单杠、双杠及田径器械外，其他仍借用福山一中设施。1981年8月1日，开设2个文化课教学班，增加文化教师6名、职员1名。1982年，建起一座乒乓球训练室和3个教室，新增房屋234.9平方米。有教练员9名、文化教师13名、职员7名、学生55名，分初中一至三年级3个教学班。1983年，建起文化教师办公室和教导处用房。有教练员11名、文化教师14名、学生90人。1985年，新建浴室36平方米，房屋总面积1092.2平方米，占地近2000平方米。全校共有教练员16名、文化教师14名、职工14名。同年，增设小学五年级，全校共有学生100余人，活动场地仍然用一中操场。1965—1985年，共向各级专业队及中、高等体育院校输送运动员38人。

福山区竞技体育学校 占地4500平方米，建筑2500平方米。1995年11月，学校改称福山区竞技体育学校。先后为国家培养输送近200名体育人才，其中有80多人参加省级比赛；有40多人参加全国比赛，获得相应名次；有10多人（次）在国际比赛中获奖牌；有3人破省纪录、2人破全国纪录、2人破亚洲纪录、1人破世界纪录。2002年，有3人获亚运会金牌。

第二章 体育设施

民国初年，县内一些规模较大的学校皆设操场，县立北关小学操场被扩建为民众体育场，面积约1.6万平方米，四周有围墙。场内设有单杠、木马、双杠、轮子、秋千、浪木、跷跷板、跳杆等器材。1954年，体育场被县委修建办公房占用。50年代，全县各中小学逐渐配备简易的体育设施，部分村庄也投资修建运动场。50年代初期，随着篮球运动的兴起，设施发展很快。60年代，80%以上的村庄、工厂、学校有篮球架。

1952年，县直机关企事业单位始有乒乓球室，并备木制球案。1962年以后，较大村庄在青年或民兵之家内设有乒乓球室。70年代初期，厂矿企业工会组织多在会议室内设木制球案，有的单设乒乓球室。改革开放后，体育设施迅速增加。

第一节 田径设施

1964年，福山一中体育场竣工。此后，县级田径比赛皆在该场地进行。至1972年，全县共有教练手榴弹、铅球、铁饼等体育器材1256件，其中自制器材占32%。至1985年，全区共有环形200米长的运动场9个。2002年，全区有体育场21个。

第二节 球类设施

篮球 20年代，县组建篮球代表队，命名为“白鸽队”。主要活动场地在县立民众体育场等地。30年代，县城周围开展得比较活跃，经常同邻县进行比赛。

图 31-2　农村健身广场

图 31-3　烟台汽车工程职业学院运动场

1949 年后，县机关及较大的企事业单位组建篮球队，较大村庄也开始组建篮球队，后篮球活动逐渐普及到全县农村，利用业余时间进行比赛。50—60 年代，篮球运动在全县广泛开展，80% 以上的村、厂、校都有篮球场。至 1972 年，全县有篮球场 200 多处，篮球架 232 副。其中，铁制篮球架 55 副，木制篮球架 177 副。

1964 年，县直机关在县政府门前建起全县第一个灯光球场。1973 年，全国中学生篮球赛在烟台举行，福山设为分赛区。为迎接这次比赛，机关灯光球场增建露天看台。是年投资 1.65 万元，7 月中旬动工，各公社部分大队援建，历时 20 天竣工。球场面积 1288 平方米，南北长 46 米，东西宽 28 米。西以民房为屏障，其余三面筑有高 3.7 米的石墙，内侧有 7 层梯形看台。开南北 2 门，可容纳观众 2500 人。球场建成后，承办全国中小学生篮球赛，有广东、福州、江苏、河南、山西、浙江、上海、湖南、青海、四川、烟台 11 个中学生代表队在此进行比赛。此后，还多次在这里举办县级以上的篮球比赛。1983 年，拓宽县府街和城乡建设委员会建办公楼，该球场被拆除。

70 年代中期至 80 年代初，县供电所、邮电局、兜余公社部分村庄、东厅公社机关亦相继修建灯光球场，增添篮球活动设施。1972 年，全县共有篮球架 232 副。1985 年，增至 320 副。2002 年，达到 380 副。

乒乓球　1952 年，县直机关企事业单位始有乒乓球室，并备木制球台。1962 年后，部分村庄在青年或民兵之家内设有乒乓球室。条件较好的小学，亦设乒乓球室和木制球台；条件较差的，在校园用砖石水泥筑土台作球台。70 年代初期，厂矿企业工会组织多在会议室内设木制球台，有的单设乒乓球室。1972 年，全县工厂、农村共有木制乒乓球案 60 副，筑乒乓球台 220 个；学校共有木制乒乓球案 92 副，筑乒乓球土台 87 个。至 1985 年，全区共有木制乒乓球案 150 副。至 2002 年达到 200 个。

第三节　运动场

1982 年 7 月，县政府投资 6.61 万元，在县府街中段南侧建起运动场。东西长 50.4 米，南北宽 46 米，总面积 2318.4 平方米，四周筑有铁栏杆围墙。运动场分 2 大部分，北半部长 50.4 米，宽 19 米，为环形旱冰场，地面系水磨石。除滑冰外，场内还有 2 副篮球架，既可滑冰，又可赛球。南半部中间是 26 米 ×14 米的三合土地面的灯光球场。1996 年，在福山体校北部，征地 2 公顷，总投资 260 万元，建起福山区体育场。是年春，一期工程开工，建起 800 平方米的主席台。1997 年春，二期工程开工，建起 2200 平方米的看台，可容纳观众 4000 人。1998 年，三期工程开工，修起标准的 400 米田径场，造价 80 万元。2002 年，福山共有体育场地 169 处。其中，体育馆 2 处，体育场 3 处，小运动场 17 处，篮球场 114 处，台球台（馆）14 处，排球场 3 处，门球场 9 处，健身房馆 6 处，综合房馆 1 处。

第三章　体育活动

自古以来，福山人就有习武健身的优良传统。1949年后，除中小学设体育课外，也广泛开展群众性的体育活动。县（区）体委统一组织全县性的体育比赛活动，工青妇、民兵组织和教育系统不定期地组织体育比赛，以推动群众性体育活动的深入开展。

第一节　学校体育活动

民国初，体操课进校园。30年代，小学高年级设体育课，低年级设唱游课，将体育、游戏、音乐三者结合进行，以培养儿童的文体兴趣，增强学生体质。体育活动项目有赛跑、跳高、跳远、投掷、体操、篮球等。30年代以后，小学增加早操、课间操等活动。

50年代初，小学体育活动项目以队列、体操、田径为主，中学体育有体操、田径、篮球、乒乓球、单杠、双杠等。1952年，推广第一套广播体操。次年春，在福山一中试点推广《准备劳动与卫国体育制度》（简称“劳卫制”）体育锻炼标准。1954年秋季，按照标准考核短跑、中长跑、跳高、投掷四大项，福山一中30%的学生达到一级标准，荣获一级“劳卫制”奖章；15%的学生达到了二级标准，荣获二级“劳卫制”奖章。进入60年代后，为加强体育教学，各中学均设立体育教研组；小学的体育课多由班主任兼任。中学体育教学项目有60米、100米、200米、400米、800米、1500米、3000米跑，4×100米、4×200米接力跑和高低栏、跳高、撑杆跳高、跳远、三级跳远、掷手榴弹、推铅球、掷铁饼、扔标枪。各学校都成立田径队、篮球队、乒乓球队、体操队。完全小学的体育教学项目有60米、100米、200米、400米、800米、1500米跑和4×100米接力跑及跳高、跳远、掷手榴弹、推铅球。体育课每周二节。1975年，中小学校普遍开展以北京为距离的“象征跑”活动。80年代初，除手榴弹掷远被取消外，其他传统项目皆予保留。1985年，全区有18363名学生达到国家规定的体育锻炼标准，占学生总数的45.6%。其中，良好率为40%，优秀率为15.6%。有6所学校的学生达标率超过80%，受到省体委的表扬。是年，盐场联中被省体委确定为传统项目田径训练点。

学校体育工作，始终把贯彻德、智、体、美、劳全面发展的教育方针放在首位，加快体育教育改革，提高体育教学质量。每年对全区中小学实施《国家体育锻炼标准》情况进行检查，普及率达100%，合格率达98%。

福山一中有体育教师6人，在校学生近2600人。学校建田径运动场1个、篮球场3个、排球场2个、足球场1个，体育器材、设施齐全。学校组建体育高考队、田径队，常年坚持训练，运动成绩逐年提高，有30多人达到国家田径一、二级标准。1989年，福山一中被省教委列为“省体育后备人才试点校”。同年，承办中师校

图31-4　福山区内夹河龙舟竞赛

外体育班。至1991年，共承办三届，中专学历。1991年，被省教委确定为“省体育系统项目学校”(排球)。1996年，获烟台市“体育工作先进单位”。1998年，学校顺利通过省级部门的验收，再次被确定为“省体育传统项目学校”，并增授“田径体育传统项目学校”。自1985年以来，学校先后向高等体育院校输送优秀人才91名，有4名在亚洲和世界比赛中夺得奖牌。学校田径代表队在区田径运动会上，连年获得高中组团体总分第1名。2002年，在省学校杯田径运动会上，以1银2铜的成绩，获得男子乙组团体总分第7名。

第二节　群众体育活动

20年代以后，境内群众运动有武术、田径、举重、游泳、拔河、秋千、踢毽、登山等。1949年后，县成立体委，专门负责组织开展全民性的体育活动，并组织体育比赛，工会、共青团、民兵组织和教育系统不定期地组织比赛，群众性体育活动深入开展。活动项目田赛有跳高、跳远、推铅球、掷手榴弹；径赛有50米、100米、200米、400米、1500米中短跑和4×100米接力跑；球类有篮球、排球、羽毛球、乒乓球、康乐球。男子增加的项目有4×200米接力跑和100米负重赛跑、单杠、双杠、自行车表演。篮球和乒乓球活动最为群众所喜爱。各村之间，经常于农闲时间进行比赛。进入80年代，有少数单位开展高尔夫球和打桥牌活动。1984—1985年，区总工会多次组织环城长跑、钓鱼、象棋等比赛。

1986年起，各类体育比赛百花齐放。区政府把每年5月份确定为“全民健身月”。十几年来，共组织群众性体育比赛300多次。晨、晚练点从无到有，至2002年底，已发展到40多处，群众自发办体育场所50余处，培养健身辅导员近百名。每年有1万余人参加体育比赛，每天早、晚到健身点锻炼人数近万人。先后有10个单位被市体委授予“群众体育工作先进集体”，4所学校被评为“烟台市体育传统项目学校”；有8处乡镇被评为“全省体育先进乡镇”，2所学校被评为“省级体育传统项目学校”　1998年后，全区建立国民体质测试制度，每年对老、中、青、少4个不同年龄段进行国民体质监测。1999年，省、市监测部门进行体质抽测，效果良好，受到省、市体育局的表彰。

武术　1921年前后，东珠岩人孙常忠在西水夼村开设拳房，教授武技，3年后，移于县城，收徒30余人。30年代末，拳房关闭。1954年，东关村王连城在东门外设拳房，1956年关闭。70年代末至80年代初，境内掀起武术热。1983年11月，区体委与公安局联合对教场的武术教练进行考核普查，共有20多名老拳师利用业余时间开设教场，所授拳术主要有长拳、螳螂拳、八卦拳、三皇炮捶等。教授的机械术有南涂山于氏六合棍、七节鞭等。

南涂山于氏六合棍　明朝崇祯年间，南涂山于尔治升任沧州知州，赴任途中，偶收1名武林高手为其护卫，赐名于秋。于秋兢兢业业，维护尔治的声望和安全，使他6年中在沧州声望不断提高。后尔治告老还乡，于秋也同往南涂山村居住。于尔治有个孙子，自幼喜好舞枪弄剑，拜于秋为师习武。在恩师于秋的精心传授下，六合棍、六合叉、六合枪运用自如。到尔治第五代孙于意，将祖传的六合棍术整理成谱，并作图解成书，后此书失传。六合棍自明末起，在南涂山村代代相传，迄今约已传授了12代近400年，练六合棍之风仍长盛不衰。南涂山人氏张宝禄（1893—1965）自幼拜于益堂为师学武，其六合棍术与杨景堂（门楼后山人，号称天下第一棍）齐名。1960—1963年，在南涂山村开办武术场，练棍者达100多人。因其影响大，曾被《大众日报》报道。旺远柳村人巴文樟（1892—1982），自幼拜梅占魁、杨景堂为师习武，其六合棍得到杨景堂真传。1950年后，开始设场教徒，学武者达三四百人，其中佼佼者有石景清、于惠英、于惠明、时立、解国欣、解国海等人。

三皇炮捶　古现镇徐家村徐德良为正宗三皇炮捶的第七代传人，是全国著名的武术家。民国初年，徐德良14岁时，因酷爱武术，入京拜三皇炮捶第六代传人王福全为师习武，艺成后在北平“会友镖局”和“瑞蚨祥”做保镖。30年代后返乡，授艺其侄徐永皋，后利用冬闲在村祠堂设拳坊，收徒20余人，从此三皇炮捶在福山传播。40年代初，徐德良移居丹东，继续传艺，成为辽宁省三皇炮捶的鼻祖。1974年，徐德良重返故里，继续悉心传艺。1985年，徐德良习武不止，《三皇炮捶拳谱》和《武林》杂志等书刊都曾介绍过他的事迹。得徐德良之艺者徐嘉涛等，已成为三皇炮捶第八代传人，至今仍练拳不辍。

螳螂拳　螳螂拳是烟台地区一种独特的象形拳种，

当今社会上流传的各门派螳螂拳均出自一家，现代有据可查的螳螂拳明主梁学香一代，源于莱州，传播于烟台各地民间。40年代初，程显明拜师福山县最后一任国术馆馆长车峨亭门下，学练螳螂拳（拦截）。车峨亭师承李二后（李二苟）与螳螂拳名家梁学香（现海阳市榆崎）、赵迟禄（赵珠，莱阳小赤山人）。车峨亭无子，于1950年前后到哈尔滨其女儿家居住。80年代初，境内学练武术蔚然成风，为使中华武术发扬光大，1984年程显明被区体委借调参加全国武术挖掘工作和烟台市武术挖掘工作组。同时向山东省武协汇报挖掘工作情况和表演，并捐献六合棍古谱一本。1986年秋，程被调入区体委，主抓全区武术工作。先后参加国家、省、市举办的全国和国际武术散打赛。曾家庄人曾宪道，1942年出生，自幼随王连城学练长拳，后拜张宝禄、巴文樟为师，学练六合棍，并得其真传，后又随刘树芬（崔秀山之徒）、苏克斌、王元良（王玉山之子）习练螳螂拳，并得其精华。1964年，在自家院内开设武场，习武教徒。1983年，考取山东省武术裁判员。1984年，在烟台市举办的蓬莱“裕华杯”武术比赛和省第十三届武术比赛中，分别担任裁判和主裁判。是年，区体委举办武术培训班，参加培训学员147人，曾宪道任教练。1985年，又在南十里堡设场教拳。1987年，开办境内首所武校——福山区螳螂拳武术学校（1991年停办），曾宪道任教练并兼任区武术协会副主席和烟台市螳螂拳研究会副会长。1989年，曾宪道在蓬莱县东石棚开办武馆，习武学员达102人。其中有16名参加市、区武术比赛，均获得名次和荣誉。曾宪道武德口碑极好，淄博市武林高手每年慕名来福山请教和切磋武艺。

1987年5月，成立山东省烟台市螳螂拳研究会，苏克斌任会长，程显明任常务副会长兼秘书长。并召开全市螳螂拳研究会第一次会议，到会人员13人，会议通过章程和其他事项。

1988年10月29日至30日，福山区举办第一届武术比赛，参赛者118人。1989年10月，福山区成立胶东地区唯一一所螳螂拳学校，程显明任校长兼总教练，苏克斌任技术顾问兼总指挥，程琳任主教练，苏云杰任教练，时有学生30多名。通过办学，使螳螂拳得到普及。时任国家体委办公厅主任谢炳元莅临学校视察和指导。1990年，北京举办亚运会期间，国家武协主席徐才在亚运村办公室接见福山区观摩团。福山螳螂拳学校被列入亚运会程序册内武术界名录。同年11月4日，螳螂拳学校组织召开福山区第二届武术运动大会，参赛人数155人。该届武术比赛，得到城里彩印厂、渤海联合有限公司、烟台第五鞋厂、烟台宽幅布厂、东华实业总公司、福山第二钢窗厂、沈阳石油化工总厂福山分厂、臧家乡水貂颗粒厂、福山商场和区教育局校舍建筑队等单位的大力赞助。

1991年4月，召开全市螳螂拳研究会第二次会议，与会人员40多人，日本也派人参会。研究会组成人员进行重新调整，程显明任会长，杨宏志任秘书长、梁国爱任副秘书长。同时，开展“螳螂拳故乡行”活动，参观了祖师梁学香教拳旧址、古墓及任风瑞、孙元冒师爷的拳房和旧址，观看了梁学香第五代嫡孙梁国爱螳螂拳术表演。海阳市电视台跟踪录像、播放。烟台电视台《社会广角》栏目予以转播。之后，每年都有外国学员到福山螳螂拳学校学习。

吴式太极拳　吴式太极拳，以其独特的风格和鲜明的特点成为太极拳的五大流派之一。清同治年间，杨氏太极拳创始人杨露蝉受聘于端王（载漪）府，传授太极拳。同时担任旗营武术教练，万春、凌山、全佑从师于露蝉，并得其真传。3人拳术各有所长，万春善刚劲，凌山善发劲，全佑善柔化；山东莱州市程郭镇大武官村人王茂斋，系全佑之女婿，人生忠厚老实，用功最甚，在师兄弟中居长。辛亥革命，全佑之子吴鉴泉生活艰难，举家投奔北京王茂斋，二人按师傅的传授，参悟拳理，切磋技艺，经过数年研悟，将师艺提高到新的层次，创编出松柔、轻灵、严密紧凑的太极新派，即吴氏太极拳，名扬京城。后来吴鉴泉南下上海传拳，王茂斋留在北京传授技艺，吴氏太极便形成南北两派，武术界称“南吴北王”。

朱家和，字介平，生于1901年，15岁到北京东兴楼大饭店学生意。通过亲友介绍，有机会递贴拜师王茂斋门下，于莱州修丕勋为同门师兄弟，一生勤学苦练，对太极悟性极高，日积月累，水到渠成，太极功夫达到炉火纯青程度，运气之时别人用扁担狠力击打腹部毫无痛苦表情，出手极快，爆发力极强，接手即粘，身转形移，常随人背。1969年“文化大革命”期间，因疏散城市人口，回到家乡朱家山村，在故乡传授拳艺。1979年，落实政策回到天津，卒于1985年农历腊月30日，享年85岁。

公民健身活动　70年代末80年代初，市民强身健体意识增强，区内参与健身活动的人员不断增多。健身项目日趋多样化，主要有太极拳、五禽戏、太极扇、太极剑、花鼓、扇、舞蹈、彩绸舞、踩高跷、游离球等形式。为方便市民健身活动，区政府结合城市总体规划，建设了健身公园、园林处门前、福山礼堂门前、福山摩托车市场、区政府门前停车场、西山青年公园、河滨广场、河滨公园等一批健身活动场所。每天早晨和晚上，健身活动者不计其数，每个活动点还有专门教练，有练功者300余人。

区五行通背拳研究会　1993年7月，烟台市福山区五行通背拳研究会成立。来自大连、烟台、莱州等地百余名武林同道和有关人士参加成立大会，烟台市武术协会副会长兼秘书长王启曾到会祝贺。研究会会长由五行通背拳宗师修剑痴的再传弟子、通背拳名家王耀庭亲传弟子李国登担任。研究会实行理事会制，设常务理事15人，会址设在福山泊子村。主要是全面系统地挖掘、整理、继承以修剑痴为主要代表的少祁派五行通背拳术，探究并以科学的方法加以阐发，组织会员积极参加各种武术比赛、表演，定期举办培训班、研讨会和联谊会等活动，摒弃门户偏见，精诚团结，发扬光大五行通背拳。

第三节　职工体育活动

六七十年代，企事业单位职工体育活动活跃，多在厂区内建起篮球场、乒乓球室，并组建业余乒乓球队、篮球队，加强训练，经常在本系统和参加市、省体育比赛。

1984年10月28日，烟台宽幅布厂举办首届田径运动会，共设16个比赛项目，参赛运动员126名。1985年，全区举办首届职工运动会，设拔河、乒乓球、象棋、长跑、篮球等项目，共有130多名运动员参赛。同年10月，区总工会组队参加烟台市职工运动会，在15个县（市、区）和龙口矿区及19个局、公司、供销社、港务局参赛中，获团体总分第6名。1990年10月5日，区物资系统在福山一中举行首届运动会。据1990年统计，全区文体骨干队伍由1987年的82个增至270多个。1995年9月30日，区电业局举办庆国庆秋季运动会；1996年5月1日，举办庆“五一”环城跑比赛；同年9月26日，同预备役炮团、武装部、华侨宾馆联合举办庆国庆大型田径运动会；1997年，举办庆国庆系统强身健体广播体操大奖赛，是年，被省总工会授予“山东省职工体育先进单位”；1999年9月30日，又同驻军部队共同举办军民同庆“国庆”游艺活动，并进行篮球比赛。1997年6月，区总工会组织举办“迎香港回归，共创美好未来”大型游艺活动；国庆节期间，举办体操比赛。

1998年9月27日，区工商局在格中体育场举办迎“国庆”体育比赛，分篮球、田径2个大项，观众千余人。1999年，区工商局暨个私协会在福山一中召开田径运动会，共有16支个体私营企业代表队和工商局代表队参赛。2002年9月，全区举办庆“夹河杯”篮球比赛。

第四节　老年体育活动

1978年，县老年体育协会成立，由县人大具体管理，由1名人大副主任兼任协会主任，县体委主任为副主任兼秘书长。1985年4月，举办全区首届离退休干部运动会，设比赛项目21个，参赛运动员230人。1986年9月，在福山一中举办第二届老干部运动会，设比赛项目23个，参赛老干部320人。1987年开始，全区开展门球活动，各乡镇老干部协会均成立门球队。1989年5月，举办首届“长寿杯”门球比赛，参赛球队12支、200余人。1991—1997年，共举办4届全区老干部门球比赛。之后，每年都举行1～2次老年人门球比赛。同时，每年还组队参加烟台市老年人门球比赛，至2002年，共组队参加全市比赛6次，均取得好名次。1998年10月，老干部张义举入选烟台市老干部门球队，参加省比赛，获1等奖。

1990年4月，区老干部局派一名副局长和区老干部学校副校长到蓬莱参加“引导养生功”辅导员学习班，掌握全套练法。同年5月，在区老干部学校举办为期一个月的“引导养生功”学习班，有80多人参加。至此，养生健身功在福山得到普及和推广。

1990年9月，区老干局与区老年体协共同组织举办全区首届钓鱼比赛，县（处）级以上老干部全部参加。1997年10月，区人事局、老干部局、老年体协共同组织钓鱼比赛，参赛140余人。之后，区老干局与老年体协每年都组织老干部开展钓鱼比赛活动。同时，还积极组队参加烟台市老年人钓鱼比赛。1998年5月，参加全市比赛，福山区代表队获团体总分第三名。2000年9月，举行全市老年人海上垂钓比赛，区代表队获团体总分第二名。2001年5月，全市老年人钓鱼比赛在长岛县举行，区代表队获团体总分第三名。2001 年 11 月，全市老年人钓鱼比赛在古现镇河北举行，区代表队获团体总分第二名。

1999—2002 年，福山区每年组队参加烟台市举行的老年人象棋、太极拳、太极剑、无极健身球、健身操、乒乓球等比赛活动，均取得优异成绩。

2002 年 4 月，盐场村投资建起老年活动中心。管理人员 6 人。内设乒乓球室、棋牌室、书画室、戏剧厅、歌舞排练厅（2 个）、老年学校、器械健身厅、信访室、道德促进会室、阅览室，并有篮球场、门球场等。后活动中心更名为“星光老年之家”。老年活动中心成立后，平均每天有 60 多名老年人到这里活动。并举办老年运动会，开展全民性健身活动。

第五节　残疾人体育活动

2002 年，全区残疾人办证人数为 2680 人，其中肢体残疾 159 人，听力残疾 254 人，智力残疾 298 人，精神残疾 134 人，语言残疾 17 人。

区残联积极为省、市残联选拔、推荐优秀运动员，参加全省、全国残疾人运动会。1994 年，区肢残运动员臧学军在山东省第三届残疾人运动会上，分别夺得体残 TT8 组男子个人跳远和标枪第三名。1996 年，区肢体残运动员梁东在山东省第四届残运会乒乓球比赛中，夺得 TT9 组男子单打第三名；同年 5 月，在大连举行的全国第四届残运会上，又一举夺得肢体残 TT9、TT10 组乒乓球男子团体第二名；2000 年 5 月，在上海举行的全国第五届残运会上，再次夺得肢体残组 TT10 组男子单打第三名。2002 年 10 月，福山区经过选拔，派出 28 名残疾人运动员参加烟台市第一届残运会，高文东分别夺得男子聋哑组 50 米自由泳第一名、100 米自由泳第二名、1000 米蛙泳第二名、50 米蛙泳第三名；王栋和王聪（9 岁）分别夺得肢残组和聋哑组男子乒乓球单打冠军，并为福山夺得乒乓球团体总分第二名。

第四章　体育竞赛

30 年代，开始在中小学校开展田径竞赛活动，规模较小。1949 年后，竞赛活动增多，范围扩大，除学校外，在党政机关、企业、农村也广泛开展竞赛。项目主要有田径、篮球、乒乓球、越野跑、摔跤柔道等。通过开展体育竞赛活动，不仅增强了人们的团结奋进、竞争向上意识，而且涌现出许多优秀运动员，为国家的体育事业发展做出积极的贡献。

第一节　田径运动会

30 年代，福山开始举办田径运动会，组织者多是教育科、民教馆及县立中小学，也有工商界人士和当地驻军。参赛运动员大都是在校青少年学生，也有部分中小学毕业的社会青年。比赛项目较单调，有短跑、中长跑、接力跑、跳远、投掷等。1932 年春，在县立民众体育场举行全县小学运动会，参赛运动员六七百人。1949 年后，竞赛活动日渐增多。1953 年 5 月 28 日至 30 日，县体委牵头在北关操场举行全县各界人民体育运动会。参赛者有机关干部、工人、农民、中学生和师范生运动员 200 余名。运动会根据运动员的年龄分男子工农组、女子工农组、男子学生组、女子学生组 4 个组。比赛项目，径赛有 100 米、200 米、400 米、800 米、1500 米、5000 米跑与 100 米负重赛跑、4×100 米接力跑、4×200 米接力跑；田赛有跳高、跳远、推铅球、投掷手榴弹等；还有器械体操、举重、自行车表演、国术表演等。1957 年 11 月 11 日至 14 日，在福山一中操场举行全县田径运动会。由于受场地限制，规模较小，竞赛分普通组（机关及企事业）、农民组、中学组 3 个组别。1963 年，县体委举办少年田径通讯比赛，各学校按照统一规定的时间和规程，自行组织比赛，各项比赛取前 6 名的成绩报县体委统一平衡，评选出各项运动的优胜者。1964年，福山一中操场扩建后，至1966年，中小学生田径比赛每年举行1～2次。“文化大革命”初期，比赛一度中断。70年代，中小学生田径比赛恢复正常。至2002年，学校每年举办全县（区）性的春季田径运动会，有时还举办秋季田径运动会。参加比赛的有中小学生及儿童。比赛分男女队，每队按年级和年龄分为高中、初中、小学、儿童甲组和乙组。比赛项目，径赛有60米、100米、200米、400米、800米、1500米、3000米、5000米、万米跑和4×100米接力跑、4×200米接力跑、跨栏、负重赛跑；田赛有跳高、撑竿跳、跳远、三级跳远、投掷手榴弹、铅球、铁饼、标枪和跳绳等。工人及农民田径运动会，均由工会、团委、体委三方共同组织，一般都是每年一届。

1983年，在烟台地区田径运动会上，陈景贵获职工男子组400米跑第一名，张建国获职工男子组铁饼第一名，王明军在职工男子1500米和3000米跑中均获第2名。1984年，在烟台市运动会上，王明军获职工男子800米跑第一名，吴新生获职工男子铁饼第二名，张建国获职工男子铁饼第三名。1985年、1986年，福山区均获烟台市职工少年田径运动会职工组团体总分第六名；王明军在职工男子组800米跑和1500米跑、1500米跑和3000米跑中均获第一名。1987年，福山区获烟台市中学生运动会乙组团体总分第六名。1989年，获烟台市业余体校田径赛13岁组团体总分第六名。1990年，获烟台市中学生运动会13岁组团体总分第四名、14～15岁组团体总分第六名。1993年，获烟台市秋季少年运动会15岁组团体总分第三名、13岁组团体总分第五名。1994年，获烟台市中学生运动会乙组团体总分第六名。1995年，获烟台市少年田径运动会女子团体总分第二名、男子团体总分第四名。1996年，在烟台市第四届运动会上，福山区金牌总数、男子团体总分和女子团体总分均获第四名，并获贡献奖第六名。1997年，获山东省青少年“希望杯”赛艇赛团体总分第三名，并获全国群众体育先进单位。1999年，在山东省“将军杯”青少年赛艇赛中获团体总分第二名；在全国少年赛艇赛中，获团体总分第七名。2000年9月，在烟台市第五届运动会上，获总奖牌98.16块，总分1947.76分，奖牌总数和团体总分均为第五名；获比赛奖牌57.5块，为第六名；获贡献奖金牌40.66块，获贡献总分890.26分，均为第三名；并获得精神文明奖。区拳击队获团体总分第三名，举重获团体总分第五名，自行车获团体总分第六名，帆板获团体总分第四名。并获烟台市体育竞赛优秀赛区。2001年，获山东省青少年体育工作先进单位。2002年，在第二十届省运会上，赛艇、皮划艇以奖牌10金、5银、2铜的成绩获赛艇比赛团体总分第四名。

第二节　球类比赛

篮球比赛　1953年10月，福山县男子篮球队在文登专署举行的比赛中获得冠军。同年，代表文登专署参加全省篮球赛，名列第三名。1956年，县队在莱阳专区举行的比赛中获第三名。1958年6月，县职工男子篮球队在山东省篮球赛莱阳赛区的比赛中获第二名。同年9月，县代表队夺得莱阳专区篮球赛冠军；10月，参加山东省在泰安举行的县级篮球赛，获第五名。60年代，福山造纸厂成立男子篮球队。1965年，县中学篮球队在烟台地区举行的比赛中获冠军。1971年后，各校之间、厂矿之间、村与村之间经常举办篮球友谊赛。中学生、职工、农民也常按系统举行篮球赛。县级比赛，每年举行一次。同年6月，县农机修造厂成立女子篮球队。1976年，县生资公司成立男子篮球队。同年秋，福山百货大楼成立女子篮球队，1978年，在烟台地区职工篮球赛福山赛区比赛中，名列前茅。1979年，生资公司篮球队代表县参加地区职工篮球赛，获得较好名次。进入80年代，教育系统分高中、初中、小学3个组别，每年举行1～2次篮球比赛，农村、厂矿及机关·般每年比赛1次。1984年4月，福山邮电分局成立男子篮球队，1987年、1989年和1991年，代表烟台市邮电局参加山东省邮电职工首届、第二届和第三届男子篮球赛，分别获第六名、第三名和第一名；1991年，代表福山区参加烟台市职工男子篮球赛，获季军；1992年，代表山东省邮电局，参加全国邮电职工男子甲级联赛，获第一名；1993年，代表烟台市邮电局参加山东省邮电职工第四届男子篮球赛，摘得桂冠；1997年，代表烟台市邮电局参加在济宁举行的第五届山东省邮电职工男子篮球赛，获第七名。福山邮电篮球队还有1名队员代表省总工会参加全国职工篮球赛，2名队员代表山东省邮电局参加全国大企业篮球赛，2名队员代表烟台市参加全国城运会篮球赛。

1985年9月，烟台市举行基层职工篮球赛，福山参加文登赛区，获男子第4名。同年，福山区代表队获全市小学篮球分区赛男、女团体冠军。1989年9月，区物资局举办第二次系统职工篮球赛，下属7个公司派队参赛。2001年8月，在格中体育馆举办全区“电信杯”篮球比赛。2002年9月，全区举办“夹河杯”篮球比赛。

乒乓球比赛　50年代末，在青少年学生中开展乒乓球运动。60年代，县成立代表队，参加地区级比赛。70年代后，各级团委和体育工作者经常组织村际、厂际、校际间的对抗赛。县级比赛每年举行1次，分学生、农民、职工3个组别，一般是分别举行。进入80年代，乒乓球技术水平不断提高，在市级比赛中成绩名列前茅。1985年，在全市中学生乒乓球比赛中，福山女队获冠军，男队名列第六名。1984年和1985年，在全市职工乒乓球比赛中，获女子团体冠军。1997年4月，烟台市老年人乒乓球比赛，福山区代表队获团体总分第五名。2002年3月，在烟台市老年人乒乓球赛中，福山区获男子团体第三名、女子团体第四名。

第三节　其他比赛

越野跑比赛　1957年秋，县举行第一届越野赛，赛程从福山县城至兜余。参加比赛的运动员有80余人，分青年和中学生2个组别。自此，每年皆开展此项比赛活动。距离为5～10千米。60年代末，比赛一度中断。70年代初，越野赛恢复后，新增设越野接力赛，全程15千米左右。70年代后，越野跑比赛形式日趋多样化，增加象征跑、环城跑。学校比赛由体委等单位统一组织，分小学组、初中组、高中组。其他则是以行业为单位进行比赛。

在烟台市举行的历届越野跑比赛中，福山区代表队均获得较好成绩。1986年，男、女代表队均获团体总分第一名。1987年，男、女代表队均获团体总分第四名。1988年，获男子团体总分第二名。1989年，获男子团体总分第二名、女子团体总分第五名。1990年，获男子团体总分第儿名、女子团体总分第三名。1991年，获男子团体总分第一名、女子团体总分第三名。1992年，获男子团体总分第一名，女子团体总分第三名。1994年，获男子团体总分第一名、女子团体总分第二名。1995年，在烟台市举行的“海峰杯”少年越野赛中，男、女代表队均获团体总分第1名，创福山区越野赛历史最高水平。1996年，获男子团体总分第二名、女子团体总分第三名。1986—1996年，福山区参加市越野赛带队教练均为王明军。

摔跤柔道比赛　1985年3月，在天津塘沽体育馆举行的全国男子柔道锦标赛中，福山籍17岁柔道选手王春光，夺得青年组95公斤级冠军。同年6月，在烟台体育馆举行的全市摔跤柔道比赛中，福山代表队获第四名，共夺得8枚金牌、5枚银牌、3枚铜牌。在省十六届运动会上获男子摔跤团体总分第一名。之后，以福山体校队为主组成的烟台市摔跤柔道队，多次参加省级比赛，均取得可喜成绩。在青岛市举行的全省摔跤柔道比赛中，邢伟获男子柔道60公斤级冠军，王道善、陈立波分获摔跤52公斤级和74公斤级第三名；在省第十七届运动会上，获得男子摔跤团体总分第五名，吕家波在男子88公斤级、刘相涛男子83公斤级、姜兆杰男子68公斤级比赛中均获第一名；1995年，在省“希望杯”摔跤比赛中获男子团体总分第六名，刘相涛和姜兆敏分获男子88公斤和65公斤级第一名；1996年，获省“希望杯”摔跤比赛男子团体总分第四名，获金牌3枚，姜兆敏获男子65公斤级第一名；1997年，获省“希望杯”摔跤比赛男子团体总分第五名，获金牌1枚，蒋胡波获男子130公斤级第一名；同年，获省“身宝杯”青少年摔跤比赛（古典式）团体总分第五名；1998年，获省十九届运动会古典式摔跤团体总分第四名。

附：福山知名运动员

唐功红　1979年1月20日出生，东陌堂村人。1991年，入选福山区竞技体校，师从高级举重教练张建梅。1993年9月，调入烟台市体育运动学校，师从国家级举重教练向东。1993年10月，入选省举重队。在参加全国国际女子举重赛中，共获得31枚金牌，刷新6项世界纪录，赢得“世界第一大力士”的美誉。1998年，获世界大学生运动会女子75公斤以上级金牌，并打破世界纪录。2002年，获釜山亚运会女子75公斤以上级金牌，并打破世界纪录。获第九届全运会上女子75公斤以上级金牌。后来在雅典奥运会上，勇夺75公斤以上级冠军。

孙茂春　绍瑞口村人。1990年，入选福山区竞技体校训练，师从高级教练王明军。1990年，获亚洲帆板锦标赛男子米氏级冠军。1993年，入选烟台市航海运动学校，从事专业训练。1996年，与陈积利合作，获全国“中诚杯”帆板锦标赛男子团体第1名。1998年，获全国帆板锦标赛男子团体第1名。同年，获亚洲帆板巡回赛冠军。2000年，获全国帆板锦标赛男子米氏级冠军。2002年，获釜山亚运会男子帆板米氏级冠军。

车志红　张格庄镇车家村人，1974年出生。1985年入福山区体校，师从一级教练冯玉淑。1991年入选省手球队。1993年10月入选国家手球队。1995年和1997年，在第五、六届亚洲女子手球锦标赛中均获团体第2名。1996年，获第二十六届奥运会女子手球团体赛第5名。

王春光　西关村人，1964年出生。1980年入校前师从王丙林。1980年，考入北京体育学院。1989年，调入国家队。分别获第二十五届奥运会和第七届全运会男子摔跤100公斤级第7名和130公斤级冠军。

陈积利　福山区人。1989年，入选福山区体校，师从王明军。1992年，到烟台航海运动学校训练。1994年，入选国家集训队训练。同年，获全国帆板锦标赛铜牌。1997年，获第八届全运会男子帆板米氏特拉级冠军。1998年，获亚洲锦标赛男子帆板亚军。同年，获全国锦标赛男子帆板团体第1名。后任省帆板队教练。

刘微微　福山区人，1973年出生。1985年，入选福山区体校，师从王明军。1988年，入选省自行车队训练。1997年，获第八届全运会女子自行车50千米团体亚军。1998年，获全国自行车锦标赛50千米团体赛冠军。后任济南市自行车女队教练。

鹿道叶　福山区人，1979年出生。1991年，入选福山体校训练，师从张建梅。1994年，入选烟台市体校训练。同年，考入上海体育学院。1999年，获全国城市运动会女子举重75公斤级亚军，并打破亚洲纪录。后任山东省体育学校教师。

李维宾　福山区人，1965年出生。1982年，选入福山区体校，师从教练林治富。1983年，调入省体校训练。1985年，入选省体工大队训练。1986年，在济南地区运动会上，以54米的成绩获得男子铁饼第1名，并打破省保持28年的铁饼纪录。1989年，在全国田径锦标赛上，以56米的成绩，获男子铁饼亚军。1995年，获全国城市运动会男子铁饼第2名。后任烟台体校投掷教练。

赵霞　福山区人，1966年出生。1984年，选入福山区体校，师从高级摔跤教练张建明。1997年，入选省队训练。1990年和1991年，在全国女子摔跤锦标赛、冠军赛中，均获自由式摔跤52公斤级冠军。

吴寅帅　福山区人，1981年出生。1993年，选入福山区体校，师从王明军。1997年，进入省体校训练。1998年，参加国际登山节获男子冠军。同年，获世界大学生运动会男子3000米跑亚军。1999年，获全国城市运动会10000米跑第4名。

张有朋　莱州市人，1978年出生。1993年，选入福山区赛艇队，师从教练于文立。1994年，入选山东省队训练。1996年，获全国青年锦标赛4人双桨及全能2枚金牌。同年10月，获亚洲青年赛艇锦标赛冠军。

赵植学　黄连墅村人，1968年出生。1984年，入选福山区体校，师从王明军。1987年，获省越野长跑赛少年男子15000米金牌。1988年，入选省队训练。1989年，在第二届全国青少年田径运动会上打破少年男子乙组5000米跑纪录。1990年，获全国冠军赛10000米跑第2名，达运动健将级。1991年，获全国马拉松锦标赛男子越野长跑第2名。同年，获全国田径锦标赛男子10000米跑第2名；在第十七届省运会男子5000米和10000米跑中均获第1名。

李维东　福山区人，1971年出生。 1986年，入选福山体校，师从王明军。1988年，入选烟台市体校训练。1991年，获世界中学生运动会男子800米跑第1名和1500米跑第2名。

刘晓燕　福山区人，1985年出生。1992年，入选福山区体校赛艇队，师从于文全教练。1985年，考入武汉体育学院。1998年，获全国青年帆板锦标赛4人桨金牌。

张晓妮　福山区人，1981年出生。1994年3月，入福山区体校，师从教练冯玉淑。1995年3月，到济南部队训练。2000年，入选国家队。2001年，获第九届全运会女子篮球赛团体冠军。2002年，获亚运会女子篮球赛团体冠军。同年，获世界锦标赛女子篮球团体第6名。

李舰　福山区人，1967年出生。1982年，入选福山区体校，师从教练李伟。1986年，入烟台市体校从事手球训练。1998年，获全国青年手球锦标赛女子第2名。

舒春梅　福山区人，1978年出生。1990年，入选福山区体校，师从一级教练李伟。1993年，入烟台市航海学校训练。1996年，获全国青年帆板锦标赛女子团体第1名。1998年，获全国帆板锦标赛女子团体第2名。

王富春　福山区人，1973年出生。1984年，入选福山区体校，师从张建明。1986年，到省队训练。1990年，分获全国青年摔跤锦标赛、冠军赛男子100公斤级冠军和第2名。

杨永平　福山区人，1973年出生。1986年，入选福山区体校，师从张建明。1987年，入省队训练。1992年，获全国青年古典式摔跤68公斤级第2名。1997年，获第八届全运会男子摔跤68公斤级第2名。

于仁杰　西埠庄村人，1967年出生。1986年，入选福山区体校，师从教练刘其勇。1991年，入省队训练。1995年，获全国城市运动会男子篮球赛团体第4名。

孙桂卿　福山区人，1955年出生。1973年，在全国第三届运动会女子 1500 米和 3000 米跑中，均获第 1 名。

刘茹　在省十三届运动会上打破省女子 100 米栏和女子全能最高纪录。1987 年，获山东省男子 15000 米越野赛金牌。

王萍　1992 年，获全国少年分龄赛女子组 3000 米冠军；获华东区运动会女子组 5000 米第 1 名。

刘伟伟　获第八届全运会自行车赛女子团体第 2 名。1998 年，获全国自行车锦标赛女子 50 千米团体金牌。

刘日晶　2000 年，获全国少年赛艇女子金牌 2 枚。

宋彬彬　2002 年，获全国少年帆板比赛男子乙组第 1 名。

第三十二编　卫生　医疗

中华人民共和国成立之前，福山的卫生事业落后。全县有中药铺 14 家，西医院、诊所、药房 20 家，病床 10 张，医务人员 164 名。因设备简陋，缺医少药，传染病流行不断，地方病有增无减，人们的健康得不到保障。

1949 年 10 月 1 日之后，特别是中共十一届三中全会以来，境内的卫生事业在科技兴医、农村医保、预防保健、卫生监督执法、医院（站、所）建设、创“二甲”医院、职业道德和精神文明建设等方面得到长足发展。1985 年，全区有卫生专业机构 8 个、医疗机构 12 个、医疗室 21 个、村办卫生所 258 个、个体诊所 34 个，病床 432 张，大型医疗器械 141 台套，医护人员 1209 人。乡镇卫生院可做腹部一般手术，区医院能做肺叶和各类肿瘤切除等难度较大的手术。2002 年，全区有区级医院和保健医院各 1 处，乡镇中心卫生院 3 处、卫生院 7 处，私营专科医院 2 处，村卫生所 185 处，民营诊所 52 处，床位 470 张。

1985 年以来，疾病控制坚持预防为主的方针，基本消灭脊灰、白喉、麻疹、疟疾、流脑、乙脑、伤寒、破伤风、霍乱及百日咳等疾病，常见传染病也大幅度下降。计划免疫“四苗”覆盖率达到 98% 以上，各种疫苗接种率达到 95% 以上。基本控制地甲病和麻风病。

大力开展爱国卫生运动，落实“门前三包”制度；下大力气抓好农村改厕、改水工作。2002 年，农村卫生厕所普及率达到 96%，粪便无害化处理达到 53%。

80 年代后，加强对儿童“四病”的防治。对全区 7 岁以下儿童实行计划免疫和“四、二、一” 和“三、二、一”查体制度。1986 年，对孕产妇建立“四簿四卡”，实行系统化管理。1987 年 7 月，区妇幼保健院建立新生儿疾病筛查站和母婴病房及温馨病房。新生儿疾病筛查率达 99% 以上。1995 年，《中华人民共和国母婴保健法》颁布实施，母婴保健工作走上规范化、法制化轨道。1997—1998 年，广泛开展创“爱婴卫生院”活动。2000 年，孕产妇系统管理率、住院分娩率、高危妊娠管理率和住院分娩率均达到 100%，孕产妇死亡率为 6.2/ 万人。2002 年，0 ～ 7 岁儿童系统管理率达到 97.84%，婴儿死亡率 6.81‰，比 1985 年下降 11.42‰。

第一章　机构沿革

区卫生局的主要工作职责是：贯彻执行国家、省、市有关卫生工作的方针、政策、法律、法规、卫生标准以及技术规范，统筹规划与协调卫生资源配置；组织协调对突发事件的医疗卫生救援应急处置，承担食品安全综合协调、组织查处食品安全重大事故的责任；对职业、放射、环境、学校、公共场所和饮用水卫生安全依法进行监督管理；组织制定并实施农村卫生发展规划和政策措施，加强新型农村合作医疗、妇幼保健及社区卫生建设的综合管理；制定并组织实施传染病、地方病、寄生虫病等重大疾病的防控，组织开展爱国卫生运动及全民健康教育活动；推进中医药的继承、创新与发展，组织制定卫生科技、医学教育发展规划，开展重点卫生科研攻关项目和卫生科技成果的推广应用；培训卫生专业技术人员。

第一节　行政机构

明至清代，县衙内设医学训科 1 员，协助县官管理卫生医药事宜。民国时期，卫生事务先后由公安局分管，第一科兼管。

图 32-1　烟台市福山区卫生局

图 32-2　福山区疾病预防控制中心

1945 年 11 月，县政府设卫生科。1946 年 9 月，卫生科与县医院合署办公。1948 年春，重建卫生科。1950 年 3 月，卫生科撤销，卫生工作由县卫生院兼管。1952 年春，县政府复设卫生科。1958 年 10 月，福山县并入烟台市，卫生科合入市卫生局。1962 年 4 月复县，设卫生局。“文化大革命”期间，卫生工作陷于瘫痪。1968 年秋，成立“626”公社革委会，负责全县的卫生工作。1969 年底，恢复卫生局。1985 年底，卫生局设人事、医政、药政干事各 1 人。1989 年 9 月，内设办公室。1991 年 5 月，设医政科、政工科、防保科、计划财务科、审计科。1993 年 10 月，机构改革，撤销政工科、防保科、计划财务科、审计科。1999 年 2 月，医政科改为业务科。2002 年 1 月，恢复政工科。2002 年底，卫生局下辖区医院、妇幼保健院、卫生防疫站、药品检验所、红十字会办公室、爱卫会办公室和回里、张格庄、高疃 3 所中心卫生院及门楼、福山镇、臧家、东厅、兜余 5 处镇卫生院。

第二节　事业机构

卫生防疫站　1956 年 3 月成立。1958 年 10 月，并入烟台市卫生防疫站。1962 年 4 月恢复。1967 年，并入“626”公社革委会。1972 年 12 月恢复。1979 年，内设工业劳动卫生科。1983 年底，改称福山区卫生防疫站。1984 年，设计划免疫科。1985 年底，设环境卫生科、流行病科、食品卫生科、检验科、宣传科、后勤科，共 34 人。1988 年，设消杀科。1994 年 10 月，设卫生监督科（一科、二科）。1995 年 12 月，区卫生防疫站升格为正科级单位。2002 年底，内设计划免疫科、防疫科、查体科、消杀科、食品卫生监督科、公共卫生监督科、职业卫生科、学校卫生科、检验科、财务科、办公室 11 个科室。有卫生专业技术人员 40 人。拥有中型防疫车 3 辆、小货车 1 辆、轿车 1 辆；配有高效气相色谱仪、原子吸收分光光度计、测汞仪、分析天平、单光束紫外分光光度计、723 分光光度计等精密仪器；还有摄像机 1 台、速冻器 8 台、微机 7 台，共 51 种 79 件，总价值约 100 万余元。

妇幼保健院　1954 年以前，妇幼保健工作由县卫生院负责。1954 年 4 月，县卫生院设妇婴办公室。1955 年 12 月，县妇幼保健站成立。1958 年 10 月，并入烟台市妇幼保健站。1962 年 4 月，恢复县妇幼保健站。“文化大革命”期间，妇幼保健工作处于瘫痪状态。1969 年 12 月，恢复正常。1983 年 11 月，更名为福山区妇幼保健站。1985 年 8 月，设立妇产科、内科、儿科。拥有观察病床 12 张。1987 年 10 月，设检验科。1989 年，建 B 超室。1995 年初，建妇产科病房，拥有住院床位 15 张。11 月，妇幼保健站升格为副科级事业单位。1998 年 11 月，更名为烟台市福山区妇幼保健院。2000 年，达到一级甲等妇幼保健院标准。2001 年 3 月，与河北医大中医药研究院糖尿病研究所联合成立福山区妇幼保健院糖尿病专科。2002 年 1 月、4 月和 8 月，分别成立妇幼保健院永乐公寓和商业小区服务站、新生儿听力筛查中心、牙科诊所。拥有住院床位 23 张。

第二章　疾病控制

1949年10月1日之前，境内各种传染病较多发生，加上缺医少药，防控技术落后，仅靠中医用中药或民间土单验方治疗，效果很差。一旦蔓延，只能听天由命，对人身健康和生命安全造成极大伤害。1949年10月1日之后，党和政府高度重视疾病控制工作，设专门防疫机构，建立县、乡、村三级医疗卫生网络。对传染病做到早发现、早报告、早隔离、早治疗。一旦发现，就地隔离，就地抢救，发病率逐步下降。同时，加强对出血热病、疟疾病、狂犬病、皮肤病、性病、艾滋病、寄生虫病、碘缺乏病等地方病防治。卫生防疫部门积极开展卫生防病，组织实施免疫、消毒，对突发传染病、不明原因疾病、免疫接种反应、食物中毒、职业中毒等公共卫生事件进行病菌（毒）检验和疫情监测，落实控制措施，防止病媒生物的传播、蔓延、危害。

县（区）卫生部门贯彻“预防为主”的方针，从普及儿童计划免疫接种抓起，法定传染病的有效控制明显提高，总发病率逐年下降，由80年代初的135/10万降至2002年的76/10万左右，达到全省先进县水平，卫生监督监测通过省级计量认证。

第一节　传染病防治

据史料记载，自1632—1911年，境内曾发生较大疫情9次。患者因得不到救治，死者甚多。1919年，福山城北一带发生霍乱病，患者相继死亡。人民政府建立后，重视传染病的管理与防治。1945年9月，诸留杨村发生霍乱，死亡18人。县政府卫生科闻讯后，立即组织医疗队前往抢救。是年11月，老官庄村有60余人发生伤寒和胃肠型感冒，死亡16人。北海行署卫生处即派巡回医疗队赶赴该村抢救。1948年春，狮子山区发现麻疹、水痘、流感、脑膜炎等急性传染病，仅张格堡村就有102名儿童患病，死亡31名。北海行署、军分区闻讯，派卫生处和地方医院医务人员跋涉200余里到现场抢救。1949年8月，卫生科将全县闲散在社会上的128名医生组成10个区医联会，开展传染病管理与防治工作。

1949年10月1日之后，县设防疫站专门机构，建立县乡村三级医疗卫生网络，对传染病加强管理与防治。至1958年，天花和黑热病相继绝迹；1980年后，肠道传染病再无疫情。

1981年秋，大王家、潘家等大队发现乙型肝炎流行，连续发病20余例。县卫生防疫站派员进行疫源调查，开展群防群治，使疫情很快得到控制，杜绝蔓延。1984年春，义村、吴阳泉、王家庄等大队连续发生麻疹7例。县卫生防疫站派人到疫源地，采取措施，很快杜绝流行。

1992年，甲肝疫苗试验成功，境内共发生各种乙类传染病251例。县卫生防疫站派人到机关、学校等单位注射甲肝疫苗约3万人，杜绝了甲型肝炎的流行。1993年秋，省内部分地区霍乱流行。福山恰有12人到“02”疫区临沂、枣庄参加国际银杏节，回来后部分人拉肚子。区卫生防疫站立即将12人送到区医院进行观察，隔离治疗，终无霍乱病人。1994年以后，境内发生的传染病多为病毒性肝炎、痢疾。霍乱病共发生6例。其中，1995年1例，1996年3例，1998年2例。病毒性肝炎每年发病50～120例，痢疾病每年发病140～213例。由于广泛开展卫生宣传，肝炎疫苗注射和痢疾抗复发服药防治措施得力，均未发生流行。2002年，全区各种传染病发病222例，总发病率为76/10万。未发生乙脑、流脑、麻风、脊灰、麻疹、霍乱、白喉、百日咳、伤寒、疟疾、破伤风等传染病。

第二节　地方病防治

出血热防治　1984—1994年，福山区被省防疫站确定为山东省无病区对照组，省站拨专款，每年捕鼠60只，解剖鼠肺，低温保存，送省站进行检验，均未发现出血热病毒。1998年和2002年，各发生1例出血热病人，均死亡。为此，区卫生局、防疫站高度重视，除进行宣传教育和广泛灭鼠外，还大力开展出血热疫苗接种，每年接种约2000人次。

疟疾防治　民国以前，境内每年都有疟疾病发生。中华人民共和国成立之后，卫生部门将疟疾病作为重点传染病进行防治，发病较少。“文化大革命”中，社会秩序混乱，正常管理无法进行，发病剧增。1971年，全县发生疟疾病567人。为此，各级政府高度重视，加强防治措施落实，对发病者及时服药，对无病者做好预防，发病率逐年减少。1977年，全县发生疟疾患者9人。1982年降至2人。为控制疟疾发病，区卫生防疫站每年都开展群众性灭蚊和防蚊叮咬知识宣传，对乡镇医院检验员进行业务培训，使其认识疟原虫，掌握防疟技术。防疫站检验室和各医院凡发现发热病人都进行常规血检。1985—2002年，境内再未发生疟疾病人。

狂犬病防治　狂犬病俗称“疯狗病”“恐水症”，为人畜共患病，接触性传染，通过疯狗咬伤人而使人发病。人一旦被疯狗咬伤，如果不及时治疗，死亡率达100%。1983年，家后大队一位47岁村民被狗咬伤，因未及时治疗，20多天后患病死亡。是年，全县开展狗狂犬病疫苗防疫工作，免疫狗1.1万条。1986年，免疫狗3.7万条。同时，城区及周围2.5千米以内不准养狗。1989年春季，区政府发布通告，责成公安部门组织捕杀散养犬。被狗咬伤者，及时到区卫生防疫站进行伤口处理，并注射人用狂犬疫苗。是年，高疃发生狂犬病人1例（死亡）。之后到2002年，再无狂犬病例发生。

皮肤病、性病防治　1955年，开始防治麻风病。1958年6月，县成立麻风病防治站，在磁山建麻风村。1974年，麻风病防治站改称皮肤病防治所。1994年3月，皮肤病防治所与卫生防疫站防疫科合并，原有2名医务人员专管皮肤病、性病防治工作。1955—1983年，全县共确诊麻风病患者123人，治愈108人，死亡15人。1980年和1983年，2次普查均未发现新患者。1983年7月，最后1名患者基本治愈回家。1984年后，区卫生防疫站每年对治愈病人进行2次追访观察，无复发病人，也未见新发生病例，麻风病在境内绝迹。同时，还对已治愈回家的40名麻风病人追踪观察，至1991年也已全部治愈。2002年，尚健在39人。

1949年10月1日之后至80年代，境内基本未出现性病。1994年，发生淋病5例。区卫生局、公安局联合，对宾馆、旅社等接待部门加强管理与监测，但仍未杜绝，且发病率呈逐年上升趋势。1998年，发生52例，以后每年都发生30例左右。2000和2001年，发现梅毒病3例。2002年，发生淋病28例、梅毒病1例。

区内尚未发现艾滋病人。但按照省、市要求一直做好预防工作，防患于未然。

碘缺乏病防治　1994年10月1日，国务院颁布《食盐加碘消除碘缺乏病条例》。区卫生防疫站与区盐务局配合，加强销售碘盐的监督检查，凡销售的食用盐不是碘盐的全部没收。在每年“5·18”消除碘缺乏病宣传日，都广泛进行宣传，使食用碘盐消除碘缺乏病、增强儿童智力的知识家喻户晓。区卫生防疫站每年还从部分零售店抽查碘盐进行检验，发现不合格的碘盐，追究来源，及时处置。1998年2月，经省地方病防治办公室领导小组组织专家抽查，福山获全省食盐加碘消除碘缺乏病达标区。2002年，全区抽查碘盐444份，其中盐业公司84份，乡镇居民360份，含碘合格率为99.8%。据对174份小学生食用碘盐及甲状腺肿大调查，食用碘盐合格173份，占99.4%以上；甲状腺肿大的只有2人，甲状腺肿大率不足1.15%。

第三节　计划免疫

境内接种牛痘始于清末，种者极少。1948年10月，县政府卫生科免费为24233人进行3次痘苗注射。1949年，又免费接种牛痘2436人，注射伤寒霍乱混合疫苗29179人。

1949年10月1日之后，国家每年拨专款免费为群众接种疫苗。1979年，县卫生防疫站在全县普遍建立预防接种卡，按卡接种登记。1982年，国家提出“开展计划免疫工作”。此后，福山的接种工作按照卫生部制定的计划免疫程序、接种率指标、传染病发病控制指标、卡册的管理及计划免疫监测等项要求进行。1983年，福山提前7年达到国家控制指标要求。

1984年，区政府成立计划免疫领导小组和计划免疫协调小组，定期召开会议，研究部署计划免疫工作。建立起区、乡镇、村三级计划免疫网络。区卫生局成立计划免疫异常反应诊断处理小组，及时处理免疫反应。区卫生防疫站成立计划免疫科，具体负责计划免疫工作。各乡镇卫生院安排1～2名计划免疫专业人员。村队以片为单位成立96个接种小组，由技术水平较高的乡村医生负责预防接种工作。并在全市最早建立起免疫接种门诊，实行接种证、接种卡制度。每年的4月25日定为计划免疫宣传日，区领导现场看望免疫接种者。

1986年后，一苗一会、接种报表、冷链管理、考核评比等各种计划免疫制度不断建立健全，走上正规化、科学化、规范化管理轨道。1986年，区政府拨款2万元，省卫生防疫站补助2万元，解决冷链设备。区卫生防疫站、乡镇卫生院和乡村医生每年逐级进行1次计划免疫培训，使每个防疫人员熟练掌握免疫程序、接种技术、禁忌证及异常反应处理等基本知识。全区每年还进行2次检查评比。从1992年开始，城区儿童逢单月到防疫站接种门诊、农村儿童每月到乡镇卫生院门诊进行疫苗接种。2002年，区卫生防疫站接种门诊接种时间由2个月改为每周1次，避免了漏接现象。自1988年以来，全区各种疫苗的接种率均在95%以上。

计划免疫保偿　1986年，冷链设备配齐后，在全区范围内实行计划免疫保偿制度，即12周岁以内儿童每年交2～3元保偿金，由防疫站负责注射麻疹、卡介苗、脊灰、三联、乙脑、流脑6种疫苗。若在保偿期内患以上6种疫苗相对应的传染病，经区以上医院确诊，由防疫站报销其医药费。是年，全区保偿率达到93.8%。此后，每年保偿率都达到96%以上。

免疫监测　为确保免疫效果，区卫生防疫站按照烟台市统一要求，以血清学结果为依据，对麻疹抗体、脊灰抗体进行测定，加强免疫监测。在白喉锡克氏试验、结核菌素等免疫效果考核中，均达到上级规定指标的要求。

1987年7月，对城关镇140名12～18个月儿童进行卡介苗监测，逐个观察卡疤情况，只有2人无卡疤，卡疤阳性率达98.57%。

1995至1998年，分别在不同乡镇对1355名男性和1420名女性易感人群进行白喉锡克氏监测。呈阳性反应的183人，阳性率为6.59%；呈阴性反应的2592人，阴性率为93.41%。由此证明，福山区易感人群对白喉的免疫力较高。这也是28年无病例发生的主要原因。

1997年4月，对脊灰免疫进行血清学测定，共测定5个年龄组100人（次）。其中，10个月至1岁儿童25人，2～4岁儿童34人，5～9岁儿童26人，10～15岁儿童6人，16岁以上9人。结果是Ⅰ、Ⅱ、Ⅲ型脊灰抗体阳性率均在80%以上。其中，以Ⅱ型抗体阳性率最高，为89%；10岁以内儿童各型脊灰抗体阳性率平均接近和超过90%。这是福山区20年没有发生脊灰的根本原因。

1998年5月，对城区部分中小学生及幼儿258人采血清进行麻疹抗体水平测定。结果是抗体呈阳性的有240人，阳性率为93.02%。从血清学结果看，福山区消除麻疹的免疫屏障牢固；从疫情看，自1984年发生7例麻疹后，再无病例发生。

计划免疫事故处理　1999年3月6日，高疃计划免疫门诊在给适龄儿童接种卡介苗时，镇医院派一名护士帮助接种，由于防疫医生没有交代清楚接种方法和剂量，护士盲目接种，误将12名儿童三角肌皮下每人注射1毫升卡介苗（正确接种应是三角肌外侧皮内，每人0.1毫升）。接种儿童局部出现红肿、溃烂现象。事故发生后，区卫生防疫站和计划免疫异常反应处理小组立即派专业人员前去调查处理，市防疫站计划免疫科也派专家赴现场进行指导。对12名误接种儿童及时进行药物处理，镇医院选派内科医生每天一次到12名儿童家中进行查体观察，详细填写病历。区卫生局领导亲临现场指挥，做家长的安慰工作，并发给儿童营养补贴费和家长误工费。并对工作失误的防疫医生、护士给予降聘职称和行政处分。由于处理及时，至6月底，12名儿童完全治愈，经区医院全面查体检验和胸透，均未发生偶合症。

第四节　寄生虫病防治

1977年，在蔡家夼大队发现首例恙虫病例，卫生防疫部门立即组织人员对周围村庄展开调查，并开展灭鼠、灭螨工作，杜绝再发生。

1978年4月，旺远柳村一名6岁女孩患肝吸虫病。经医院治疗痊愈。1980年春和1985年夏，县卫生防疫站对大沽夹河流域村庄进行肝吸虫普查，共查7080人的大便，查出肝吸虫感染者94人，经药物治疗痊愈。感染源系当地群众捕食水塘麦穗鱼（肝吸虫第一中间宿主），将螺蛳（第一宿主）带入体内而发病。卫生部门对当地群众进行卫生知识教育，此病逐渐减少。1988年，在旺远王村又发现1例肝吸虫病人，卫生防疫部门立即进行流行病学调查，对周围7个村村民的粪便全部进行镜检，除发现钩虫、蛔虫、蛲虫、鞭虫外，再未发现肝吸虫病例。并对7个村全体村民无偿提供肠虫清口服药，以保证群众健康。1990年，区卫生防疫站组织东厅、高疃、门楼、张格庄4处乡镇卫生防疫医生对门楼水库库区村进行调查，未发现肝吸虫病例。为预防其他寄生虫病的发生，对村民普服了肠虫清口服药片。

自1990年开始，卫生防疫站每年都对部分村进行寄生虫病调查。1998年，对塔寺庄村和下许家村老、中、小不同人群1000人进行镜检调查，寄生虫感染率为4.5%；利用肛贴法调查小学生200名，钩虫感染率为4%。对感染者进行口服肠虫清药片治疗，均取得良好效果。

1993年，以学校卫生室为主，开展对全区中、小学生肠道寄生虫病调查，阳性率为30.32%。当即服用“丙硫咪唑”口服片治疗，效果明显。此后，每年都对中、小学生进行调查，对感染者服用丙硫咪唑口服片。2002年，全区有3328名学生服药，受治率为90.02%；肠道寄生虫病感染率下降到4.07%，达到防治指标5%以下的要求。

1993—2002年福山区蛔虫感染监测及治疗情况表

表32-1

年份	感染监测			驱虫治疗			
	检查人数（人）	阳性人数（人）	阳性率（%）	学生人数（人）	重点人群数(人)	驱虫人数（人）	受治率（%）
1993	343	104	30.32	40319	4951	4010	80.99
1994	280	42	15	37018	3787	3136	82.81
1995	351	50	14.25	33463	31463	25338	80.53
1996	675	113	16.74	40997	4308	3552	82.45
1997	677	64	9.45	41426	41426	35423	85.51
1998	720	55	7.64	41199	3744	3229	86.24
1999	625	45	7.2	37683	4781	3988	83.41
2000	4323	191	4.42	36490	3475	3100	89.21
2001	1109	24	2.16	37216	3772	3394	89.98
2002	614	25	4.07	39945	3697	3328	90.02

第五节 消毒杀虫

消毒　1988年，区卫生防疫站成立消杀科，负责医疗卫生单位的消毒、疫源地消毒、预防性消毒和医疗、卫生用品的消毒管理工作。每年对发生的传染病疫点消毒率达100%，杜绝传染病流行。在每年春季开展的预防性消毒中，消毒人员身背喷雾器对城区宾馆、旅社、饭店、理发店、美容店、车站、游戏厅、网吧、卡拉OK厅、浴池和公共场所、机关企事业单位等普遍进行一次预防性消毒，年消毒面积约20万平方米。

1999年，对全区180名乡村医生进行消毒知识培训，合格率达95%以上。是年，还对医疗单位、医院、村卫生室、城区幼儿园、卫生用品生产厂的消毒情况进行监测检查。监测医疗单位123支紫外线灯合格率为84.5%，对不合格的紫外线灯立即予以更换；监测12处区、镇医院的空气和物体表面各82份、村卫生室消毒液118份，合格率均为100%；检测城区2处幼儿园的空气、物体表面和饮用水杯各12份，合格率均达到100%；抽检2处卫生用品厂的产品3个，合格率为100%。同年，还对城区120家公共场所进行预防性消毒20万平方米。

2001年，对8家卫生用品厂的从业人员培训40人（次），培训率为90%。抽验卫生用品7份，合格率为43%；监测城区20家幼儿园的空气、物体表面、手、饮水杯96份，合格率为47%；监测妇幼保健院和10处镇卫生院的消毒液、空气、物体表面、医护人员手、紫外线灯55份，合格率为73%。对不合格的单位，查找原因，采取措施，及时解决。

杀虫　结合爱国卫生运动，每年的夏、秋两季，都对城区机关、学校、饮食和企业单位喷洒“苯菊脂”长效药，灭杀蚊蝇。使用菊脂类药品约200公斤，喷洒房间面积20万平方米，使蚊蝇密度大为降低。

1989年，区卫生防疫站配制敌鼠钠盐毒饵，到各单位施药消灭老鼠，每天观察1次，连续7天。秋末利用鼠夹法、粉尘法、盗洞法进行鼠密度调查，城区家鼠密度为1%，野鼠密度为0.5%。1990年，市爱卫办对福山的鼠害情况进行抽查，家鼠密度为2%，野鼠密度为1%，均低于国家规定的标准，被命名为无鼠害区。

第三章　妇幼保健

中华人民共和国成立之前，境内卫生条件、技术落后，妇女、儿童常见病不能及时治疗。妇女生育都是旧法接生，产妇、新生儿死亡率极高。中华人民共和国成立之后，党和政府重视妇幼保健工作，加大投入，建立妇幼保健机构，加强妇幼保健管理，推广新法接生，积极开展妇女病普查防治、婚前保健、儿童疾病防治等工作。1978年以后，再未发生新生儿破伤风（脐带风）。

80年代，为提高妇女儿童的健康水平，开展普查普治妇女病和儿童“四、二、一”健康查体工作。1985年8月，区妇幼保健站设立内科、儿科，拥有病床12张。主要从事门诊、区直儿童保健、协助和指导乡镇及幼儿园（所）儿童卫生保健、推行及指导母乳喂养等工作。是年，设妇产科。主要查治妇女病，做孕期保健，进行人工流产、放环及取环手术。

1994年以前，妇幼保健站以社会保健工作为主，协助各乡镇医院搞好妇幼保健工作。1995年以后，在做好社会保健工作的同时，大力发展临床业务，逐步拥有F820全自动血液分析仪、半自动生化分析仪、阴道镜、乳腺透照仪、胎心监护仪、B超、血铅检测仪、微量元素分析仪等先进的医疗设备。1995年初，建立妇产科病房，拥有住院床位15张，配备专科医生和护士，主要收接分娩、大月份流产及引产。是年9月19日，实施首例剖宫产术。1996年4月30日，做第一例卵巢囊肿切除术。1996年9月6日，实施首例子宫全切术。至2002年，能开展中孕引产、分娩和剖宫产、无痛分娩、卵巢肿瘤切除、子宫切除、新式剖宫产和子宫肌瘤剜除、输卵管通水、经阴黏膜下肌瘤摘除、无痛流产、无痛分娩等手术及妇科病诊断、治疗。

图32-3　福山区妇幼保健站

第一节　妇女保健与疾病防治

妇女病防治　1952年，进行妇女经期、孕期、产期、哺育期卫生保健知识的宣传教育。1956年，对参加生产劳动的妇女实行“三调三不调”，即经期调干不调湿、孕期调轻不调重、哺育期调近不调远。1964年，执行省政府保护女工暂行规定。女工在月经期，禁止安排从事冷水作业和过重体力劳动；反应严重不能坚持生产者，按病假处理；孕期，从事有碍身体健康和能引起流产的工种，应予调换；从事对生理机能有不良影响的工作应酌情给予照顾。1971年冬，对福山镇、区直机关事业单位已婚妇女进行妇科病普查。福山镇普查6526人，查出疾病38种，患者4046人，患病率62%；机关事业单位普查378人，查出疾病22种，患者174人，患病率46%。1972年春，对全县22757名妇女进行普查，查出疾病29种，患者11524人，患病率50.6%。1973—1976年，对13439名妇女进行普查，查出患者5729人，患病率为42.6%。对查出的疾病及时予以相应的治疗。1978年，对全县妇女进行全面复查，查出疾病12种，患者12334人，患病率38.2%；治疗9841人，占患者的79.8%。此后，妇幼保健站（院）每年4月都与妇联、工会、劳动局联合开展妇女病普查普治工作，妇女病普查成为常态化。

1985—2002 年福山区普查普治妇女病情况表

表 32-2

年份	应查人数（人）	实查人数（人）	普查率（%）	患病人数（人）	患病率（%）	治疗人数（人）	治疗率（%）
1985	19819	15870	80.07	4577	28.84	4352	95.08
1986	32389	22437	69.27	7629	34	7325	96.02
1987	42823	29248	68.3	8382	28.66	7546	90.03
1988	44536	31420	70.55	10211	32.5	9294	91.02
1989	78997	42603	53.93	9159	21.5	8427	92.01
1990	83825	45765	54.6	7585	16.57	6912	91.13
1991	79364	41604	52.42	7970	19.16	7345	92.16
1992	78256	31772	40.6	9847	30.99	9358	95.03
1993	55978	32697	58.41	8836	27.02	8487	96.05
1994	59814	33335	55.73	8908	26.72	8557	96.06
1995	59323	43469	73.28	12240	28.16	11748	95.98
1996	56789	40188	70.77	10535	26.21	10178	96.61
1997	67968	45077	66.32	12576	27.9	11934	94.9
1998	75665	49870	65.91	12668	25.4	12030	94.96
1999	68049	49010	72.02	10070	20.55	9593	95.26
2000	67822	52028	76.71	10222	19.65	9822	96.09
2001	58882	55548	94.34	12395	22.31	11889	95.92
2002	45703	39798	87.08	10105	25.39	9607	95.07

婚前保健　90 年代前，婚前保健只是一种狭义的保健。1994 年 4 月，区妇幼保健站被省卫生厅、民政厅定为婚前健康检查定点单位，并由市卫生局颁发山东省婚前健康检查许可证。区成立婚前健康检查领导小组和技术指导小组。同年 8 月，开始对城区范围内申请结婚登记的公民进行婚前健康检查。1997 年 10 月，婚前体检范围扩大到全区。

计划生育技术指导与服务　1956 年秋，县医院开始推行阴道隔膜避孕。1964 年，开始放避孕环和做男、女结扎手术。1965 年春，在古现进行计划生育（以下简称计生）推广试点。1975 年开始，县医院和张格庄、古现、门楼、谭家庄、高疃、福山镇医院能做 4 种节育手术。至 1980 年，全县 10 处公社医院都能做放取避孕环、小月份人工流产、输卵管结扎手术。1985 年，区医院外科成功做了 1 例输卵管吻合手术。

1985 年前，妇幼保健站只设计生门诊，主要做放环、取环、人工流产等手术，帮助解决基层计生手术后遗症等问题。1994 年 12 月 25 日，区妇幼保健院做首例中孕引产手术；27 日，做首例女性绝育手术。1985—2002 年，共做计生手术近 3 万例，从未发生医疗差错和事故。

孕产妇系统化管理　1986 年开始，实行规范化孕产妇系统管理。使用省卫生厅统一编制的《孕产妇系统管理手册》，建立“四簿四卡”，即孕产妇、出生儿、围产儿和婴儿死亡、孕产妇死亡登记簿及登记卡。1995 年，将孕产妇登记簿与出生登记簿合并为围产期管理登记簿。1996 年后，取消出生登记卡，改为发放出生医学证明。实行规范化孕产妇系统化管理后，对每个孕妇建立母婴保健手册。在孕早期（孕 12 周内），进行首次孕期检查；孕中期（孕 13 ～ 28 周），每月检查 1 次；孕晚期（孕 28 ～ 40 周），每 2 周检查 1 次；最后 1 个月每周检查 1 次，产前检查达到 8 次以上。如果诊断为高危妊娠，增加孕期检查次数，或遵医嘱。分娩时，产妇可自选医院。产后由乡村医生或区医院医生负责访视 3 次。高危妊娠者必须到区级以上医院分娩。在整个过程中，孕产妇均使用《母婴保健手册》进行登记和记录。

第二节　儿童保健与疾病防治

儿童保健　1975 年后，妇幼保健站每年 2 次定期为入托儿童做健康检查，按期进行预防接种、服药。1979 年秋，对全县 25020 名 2 ～ 7 周岁的幼儿普遍进行 1 次服药驱蛔虫。1980 年，为入托儿童建立健康保健卡。1985 年，对区属厂矿 1031 名 0 ～ 7 岁儿童进行科学探测查体。1994 年，根据卫生部有关要求，区妇幼保健站协助幼儿园（所），配备专职或兼职卫生保健人员，并负责培训及指导日常卫生保健工作，包括制定相关的卫生保健制度、日常生活安排、饮食卫生、体格锻炼、卫生消毒、传染病隔离、常见病防治及教职员工和幼儿健康查体等。

1995 年以后，每年 6 月前后，对全区 7 岁以下儿童实行“四、二、一”和“三、二、一”查体制度，城镇儿童 1 岁内年查体 4 次、1～3 岁年查体 2 次、4～7 岁年查体 1 次；农村儿童 1 岁内年查体 3 次、1～3 岁年查体 2 次、3～7 岁年查体 1 次，并建立儿童系统化管理档案。同时，对儿童进行发育及营养评价，发现异常及时给予治疗、纠正，或转上级医院进行诊治，对筛查出的体弱儿实行专案管理。2002 年，全区儿童系统管理率达到 97.84%，体弱儿管理率达到 100%。

儿童疾病防治　对儿童“四病”（佝偻病、缺铁性贫血、肺炎、腹泻），特别是小儿缺铁性贫血和佝偻病制定相应的防治方案，随时发现，及时治疗。1998 年 7 月，建立新生儿筛查站，按要求配备相应设备及人员，开展新生儿苯丙酮尿症、先天性甲状腺功能低下疾病的筛查工作。2002 年，全区新生儿疾病筛查率达到 98% 以上。是年 4 月，在全区范围内开展新生儿听力筛查，共筛查 1976 例，复查 305 例，确诊有听力障碍 2 例，筛查率达到 99% 以上。

第三节　爱婴医院与母乳喂养

爱婴医院　1995 年，福山创建爱婴医院。3 月，区医院业务院长与妇产科主任参加市卫生局举办的创建爱婴医院学习班。成立爱婴医院领导小组，制定和建立系列工作计划、培训计划、工作制度、孕妇学校、母乳喂养组织等。制作、修整各种宣传板牌 100 余块，对有关人员进行全面培训。根据世界标准要求，建立母婴同室病房及温馨病房。

爱婴市区　在创建区爱婴医院的基础上，各乡镇卫生院积极创建爱婴医院，增创爱婴市区。1997 年和 1998 年，3 处乡镇卫生院创建爱婴医院。2002 年，全区创建爱婴医院 2 处（妇幼保健院、区医院），爱婴卫生院 6 处（回里、张格庄中心卫生院，门楼、兜余、古现、八角卫生院）。母婴住院期间，纯母乳喂养率达到 96%，4～6 个月纯母乳喂养率达到 85% 以上。

第四章　爱国卫生与红十字会

1952 年 4 月，县成立卫生防疫委员会，各区成立卫生委员会，负责督导，开展社会爱国卫生运动。1956 年 4 月，成立县爱国卫生运动委员会。自 1953 年以来，在卫生部门的组织领导下，多次开展全县性的爱国卫生运动，通过综合整治，消灭蝇、蚊、鼠害，改造水井、厕所，清除垃圾、污水和居民区杂草等措施，使全区的卫生环境条件不断得到改善、提高和优化。

1985 年，区卫生局设爱国卫生运动办公室，编制爱国卫生运动规划和年度计划，加强社会卫生管理，组织爱国卫生检查评比，开展爱国卫生宣传教育，普及卫生防疫知识，开展“两管、五改”工作。至年底，福山区城镇卫生设施基本配套，全面落实环卫清扫人员“门前三包”，卫生管理制度落实到户，污水沟、污水湾基本得到清理，全区卫生面貌有较大改观。

1989 年 2 月，区“五四三”办公室撤销，与区爱卫会合署办公。1990 年机构改革，爱卫办撤销，全部工作人员及职能划归区建委环境卫生管理处，成立爱国卫生管理科。

1994 年机构改革，重新设立爱卫办，其职能归区卫生局。在城区开展以创建和巩固卫生城为重点，在农村开展以改水改厕、建设卫生乡镇和卫生村为主要内容的爱国卫生运动。

第一节　创建卫生城市

1982年3月，开展“文明礼貌月”活动，把搞好城乡卫生作为精神文明的突破口，对环境卫生进行综合治理，制定《城乡卫生管理条例》。1983年，福山区获省卫生先进县、20个单位获省卫生先进单位称号。

1994年3月，在城区内开展卫生城创建工作。6月18日，福山区通过全国卫生城验收，各项累计分数达到98分以上，卫生城创建工作全面达标。

1998年，在全区开展创建省级爱国卫生先进单位活动，巩固和保持国家级卫生城成果。10月，国家爱卫会组织专家到福山明察暗访，各项指标均达到国家级卫生城标准。

第二节　农村改水、改厕

60年代开始，在农村开展改水、改厕活动。至1975年，全县有171个村改造了水井，144个村实现了双罐化，113个村有80%以上农户的厕所实现了双罐化。1976年，搞“两管五改”卫生基本建设。至1978年5月，全县改厕4.47万个，改建率为85%；改良水井736眼，改良率为80.6%；建手压井5191个；有32个村吃上自来水；有254个村达到“两管五改”要求，占总村数的83%。1995年，对全区10处乡镇297个自然村的自来水进行全面复查、改造。经省爱卫会验收，全区改水覆盖率和卫生水普及率均达100%，自来水普及率为86.2%。

2000—2001年，重点对农村厕所进行改造，农村卫生厕所普及率达到96%，粪便无害化处理率为53%。

第三节　红十字会

1988年7月，经烟台市红十字会批准，成立福山区红十字会，下设理事会。同年9月11日至10月11日，在全区开展“88”国际体育援助募捐活动，共募捐款36345.46元。1989年4月至1990年2月，对全区6000多名机动车驾驶员进行现场救护培训。1989年11月，全区10处乡镇相继成立基层红十字会。

义务献血　1997年10月，区红十字会办公室依法发动全区人民义务献血。1996—2002年，全区义务献血7022人(次)，献血总量达140.36万毫升，人均200毫升。

社会救助及赈灾　1991年2月，区红十字会向烟台市“十佳好少年”孙义军捐款500元。1995年2月，区红十字会接收省、市社会救助面粉2000公斤、棉被60床、棉衣40件，全部发放给贫困户。1996年1月，接收省、市社会救济棉被60床，全部发放给贫困户。1991年12月，卫生系统干部职工向灾区捐献衣物2400件、人民币12000元。1998年9月，卫生系统干部职工再次向灾区捐献棉被4100余件。1999年7月，根据省、市、区统一部署，卫生系统开展“爱心献功臣”活动，捐款5200元。2000年1月，区红十字会接收省、市红十字会各1000元，区红十字会出资1000元，救济特困户10户，每户接收救济款300元。

第五章　福山区人民医院

1946年3月，县政府在门楼南庄成立县立医院。不久，迁至城里。全院有职工14人，其中西医2人、司药1人、护士3人、护理员2人，简易病床35张。1947年9月，国民党军进攻福山，医院转移到楼子口村。1948年11月，县医院迁至县城北店子街。1950年3月，改称县卫生院。1956年，在城南山建平房50间。1957年，迁至新址，改称福山县人民医院。有职工34人，病床50张。1958年10月，福山县撤销后，改称烟台市第三人民医院。1962年4月复县后，恢复县医院名称。1963年，增设小儿科、中医科。1966年，职工增至79人。“文化大革命”中遭到冲击。1968年10月，成立“626”公社革命委员会。1969年恢复原称。1983年11月，改称烟台市福山区人民医院。1985年，内设科室24个，有干部职工199人，其中卫生技术人员170人，主治医师9人，医师（含

图 32-4　福山区人民医院

相当职称）61 人。

2002 年，全院有专业医务人员 308 人。其中，高级技术职务 29 人，中级技术职务 116 人，初级技术职务 147 人。临床设内一科、内二科、外科、妇产科、小儿科、五官科、骨科、中医科、麻醉手术科、急诊科、精神病防治科、结核病防治科；医技设药剂科、检验科、放射科、供应室；设社区服务站 1 处。拥有万元以上的大型医疗设备 91 台（套）。开放床位 202 张。年门诊量 10 万余人次，治愈好转率达 94%。

区医院是境内最大的医疗、保健、急救中心，集医疗、预防、保健、科教于一体的二级甲等区属全民所有制医院，隶属区卫生局。为市区两级企业职工医疗保险、大病统筹定点、各大保险公司指定服务单位及区公费医疗重点服务单位和第一级转诊医院，也是潍坊医学院和威海卫生学校的教学医院和实习基地。占地 39366 平方米，建筑面积 23058 平方米。

1986—2002 年福山区人民医院卫生技术人员表

表 32-3

年份	合计	主任医师	副主任医师	主治医师	医师	医士	副主任护师	主管护师	护师	护士	助产士	副主任药师	主管药师	药师	药士	主管检验师	检验师	检验士	副主任放射师	主管放射师	放射师	其他技师	其他技士	其他专业
1986	167	—	—	12	51	14	—	—	12	46	5	—	—	4	9	—	—	8	—	—	—	2	4	—
1987	171	—	—	14	52	21	—	2	10	47	5	—	—	3	10	—	—	7	—	—	—	—	—	—
1988	159	—	5	32	37	1	—	13	25	23	2	—	2	9	1	—	7	—	—	—	—	1	—	1
1989	197	—	5	45	40	4	—	11	35	27	2	—	4	12	1	—	9	2	—	—	—	—	—	—
1990	198	—	5	46	39	5	—	11	47	18	2	—	4	9	1		9	2	—	—	—	—	—	—
1991	189	—	5	38	36	4	—	6	40	25	2	—	4	14	5		8	2	—	—	—	—	—	—
1992	212	—	4	45	36	6	—	7	41	38	2	—	4	15	3		9	2	—	—	—	—	—	—
1993	227	—	4	40	50	9	—	4	39	46	2	—	4	13	5		9	2	—	—	—	—	—	—
1994	211	3	13	50	19	1	—	14	65	10	—	—	8	12	—	5	6	—	—	—	—	4	1	—
1995	236	3	11	48	27	2	—	16	72	10	—	—	8	13	—	6	6	—	—	—	—	13	1	—
1996	235	3	13	47	24	2	—	21	70	8	—	—	10	11	—	6	6	—	1	4	9	—	—	—
1997	242	3	13	50	29	2	—	22	70	6	—	—	11	10	—	6	6	—	1	4	9	—	—	—
1998	252	1	23	48	31	—	1	23	72	4	—	—	11	9	—	9	5	—	1	4	9	—	—	—
1999	274	1	23	54	35	—	1	30	77	4	—	1	11	9	—	9	5	—	1	4	9	—	—	—
2000	295	1	18	49	35	—	1	30	67	4	—	1	14	9	—	9	5	—	1	4	9	12	—	26
2001	301	1	18	46	36	—	1	41	62	5	—	3	14	8	—	9	5	—	1	4	9	14	—	24
2002	308	1	18	52	35	—	1	39	66	5	—	3	14	8	—	9	5	—	1	4	9	14	—	24

第一节　诊疗技术

内科诊疗技术　区医院建立初期，内科仅有血压计、听诊器，以治疗常见病为主。1955 年以后，能收治大叶性肺炎、肺心症等病人。1965 年，能成功抢救急性农药中毒、乙型脑炎、流行性脑炎、中毒性菌痢等急症。1974 年后，能抢救肝昏迷、心衰、心肌梗塞。1979 年后，能做中心静脉压测定、心脏除颤、心电示波监护等，采取心脏起搏复律，成功抢救 1 例电击伤呼吸心跳停止病人。1984 年，抢救糖尿病酮症酸中毒、急性心衰、急性心肌梗塞、心源性休克等疾病效果良好。1986 年，医院增添 B 超及 M 超探头后，开展心脏瓣膜病、心肌病、心包疾病诊断。1987 年，开展对心肌梗塞病人的监护。1993 年，开展对左心室收缩功能等 6 项检查和心室晚电位检查，对室速、室颤及心肌梗塞病人预测心源性猝死有一定意义。1994年7月，分为内一科和内二科。内一科主要收治消化、血液、神经系统等疾病患者；内二科主要收治心血管、呼吸、内分泌、泌尿系统疾病患者。2000年，开展细胞生长肽治疗脑梗死临床研究、细胞生长肽治疗慢性溃疡性结肠炎临床疗效观察、洛丁新治疗高血压并肾脏损害。2001年，采取维生素B6加爱茂尔穴位注射治疗老年性顽固性呃逆、美乐心改善心功能。2002年，采用卡托普利早期治疗前壁急性心肌梗塞。

外科诊疗技术　1954年前，外科仅有手术刀、手术剪、血管钳等，只能做简单的外伤处理、脓肿切开及皮囊下切除等小手术。自1955年，能做阑尾、肠梗阻手术。1960年后，能做胃大部切除术。1962年，做首例脾切除和前列腺摘除术。1977年，做第一例肝破裂修补术。1978年，相继开展和溃疡病胃穿孔修补、剖腹探查、肾和膀胱及输尿管取石、胆囊摘除、胆总管切开取石、腮腺混合瘤摘除、外伤肝破裂、胰腺断裂休克抢救修补、卵巢囊肿扭转等手术。并开展肝脓肿切开引流、膈下脓肿切开引流、巨大肾癌切除术。与妇产科合作，开展计生手术。1979年，开展难度较大的贲门和胃底癌切除、食道下段吻合、胃底横断脾切除治疗门脉高压、食道和胃底静脉曲张出血、扩大乳腺癌根治、胆总管空肠吻合术及膀胱镜检查。1981年，开展腰椎压缩性骨折并截瘫椎板切除减压钢板内固定术。1983年后，能做巨大淋巴管瘤切除、肝叶切除、肾切除、膀胱部分切除、尿道管切开取石、食道下端癌切除、甲状腺次全切、直肠癌切除等手术。1984年，开展硬膜下血肿开颅减压、肺叶切除、心包囊肿切除、肝囊肿切除、高位截肢术等。1986年，开展陈旧性股骨头头颈切除、经皮肝穿肝导管造影术。1991年，成功抢救1例心脏刀刺伤、右心房破裂、心包填塞、心跳停止4次休克病人。1994年，建立ICU（重症监护病房），开展巨食道症、全胃切除、纵膈肿瘤切除、输尿管移植、颅脑手术等。1995年，开展难度较大的胸腹联合切口全胃切除R-Y吻合、肺大泡切除术。1998年，开展肺癌肺叶切除、双侧脑室引流或血肿腔引流、颅内血肿清除去骨瓣减压术。1999年，开展食道癌根治胃食管弓上吻合、经腹全胃切除吻合、空肠9字代胃LOX-Y、双侧腹股沟疝腹横小切口高位结扎术。2000年，开展胰腺假性囊肿、囊肿空肠袢式吻合与右输尿管肿瘤根治性切除、肾切开取石＋肾造瘘、双侧脑室引流治疗小脑梗塞术。2001年，开展胰和十二指肠切除、半肝切除、管中管治疗前列腺肿大导尿失败术。2002年，开展骨水泥颅骨成形修补、脑肿瘤切除、腹会阴联合后尿道断裂吻合、巨大疝补片修补术。

骨科诊疗技术　1995年9月骨科设立后，收治较复杂的创伤及常见骨科病症。开展胫腓骨粉碎性骨折弓型钉内固定、前后交叉韧带断裂修补、股骨颈骨折闭合复位空心钉内固定术。1996年，开展奥地氏括约肌成形术。1999年，开展脊柱骨折截瘫病人的椎板减压与哈录通式棒复位内固定、股骨颈骨折变轴式人工髋关节置换、股骨头缺血性坏死病灶清除＋股直肌肌骨瓣植骨、股骨头缺血性坏死伴骨关节炎全髋关节置换、胸腰段脊柱骨折经椎弓根行“SF”内固定、胫腓骨开放性粉碎性骨折交锁髓内针内固定、掌腱膜挛缩症掌腱膜切除、拇指缺损食指尺侧岛状皮瓣修复、手部毁损伤掌骨植骨内固定＋前臂桡侧岛状瓣修复、腰椎间盘突出症髓核摘除、腰椎管狭窄症半椎板切除＋神经根管扩大、腰椎间盘突出症胶原酶注射溶解、膝内侧副韧带陈旧性断裂半腱肌重建、膝关节骨关节清理、膝关节骨关节炎玻璃质酸钠注射、腕三角软骨破裂重建、骨盆及髋臼骨折的手术内固定术。2000年，开展胸椎全椎板切除术硬膜囊减压、全髋关节置换、腰5椎体峡部骨折并滑脱切开复位、LSRF内固定＋横突间植骨融合、颈6和7骨折脱位、颈髓横断、高位截瘫、颅骨牵引＋综合治疗＋康复、腰椎管狭窄全椎板切除减压、双侧神经根管松解术。2001年，开展拇指再造、胫骨髁上截骨德国LinK公司槽形钢板固定矫形、外固定治疗胫腓骨骨折与动力髋螺钉（DSH）内固定、环状韧带重建治疗陈旧挠骨小头脱位术。2002年，开展前后联合切口治疗骨盆粉碎性骨折、一期双侧人工髋关节置换、高龄股骨粗隆间骨折综合治疗、肱骨干骨折交锁髓内钉固定、取掌长肌腱移植修复拇长伸肌缺、绝对卧床间断骨盆牵引治疗腰椎间盘突出症。

妇科诊疗技术　1978年，在外科配合下，开始做卵巢囊肿切除、子宫切除手术。相继开展子宫破裂、经阴道子宫切除、腹膜内子宫切除、子宫肌瘤剜除、会阴修补术等。1984年，在外科医师协助下，开展大隐静脉切开术，股静脉穿刺进行输液、输血抢救失血性休克病人，用肝素治疗DIC及严重溶血性尿毒症等新技术。1986年，能做腹膜外子宫切除术。1990年，成功切除14公斤巨大卵巢瘤。1995年，采取抽吸法治疗卵巢囊肿，不但避免剖腹术，且保留卵巢功能。1998年，能做腹部横切口行子宫切除术。1999年，能做会阴切口单层丝线缝合术，推广催产素临床使用新方法。2000年，能做经腹小切口（子宫肌瘤）全子宫切除、输卵管造口、卵巢癌细胞减灭术。2001年，能做息隐保守治疗宫外孕。2002年，米索前列醇用于计划分娩。

产科诊疗技术　1951年以前，福山没有妇产科医生。1952年，国家分配给县医院1名中专毕业的助产士。福山开始推广新法接生。1953年8月，设妇产科，能处理一般难产。1954年，助产士到省进修回院后，能处理难产手术。1964年后，能做剖腹产。1970年后，能做子宫外孕手术。1975年9月，妇产科主任王天琳用自己配制的脱脐散和发明的脱脐新法，给新生儿快速脱脐，经2年临床观察，效果很好，烟台医科所鉴定后，1978年在全烟台地区推广。1978年，能做内外倒转、穿颅等8项产科手术，使新生儿死亡率下降到1.4%。1978年后，能正确处理高危妊娠、羊水栓塞引起的弥漫性血管内凝血等急重症。1987年，采用回输胎盘血新技术。1992年，开展腹膜外剖腹产术。1994年，应用维生素K预防新生儿颅内出血。1998年，开展新生儿疾病筛查工作。

儿科诊疗技术　1961年前，儿科主要是诊疗流脑、乙脑、麻疹、肺炎、肠炎等传染病及常见病。1962年，设儿科门诊和病房后，能诊治70余种疾病。1967年2月，全县范围发生流脑，开展小儿液体疗法，治疗患儿千余例，治愈率达94.6%，同时还接诊了大批周边县的流脑患儿。1972年以来，采用中西医结合治疗小儿手足口病、皮肤黏膜淋巴结综合征、脱发性颅内出血等一些常见病。1994年，采取新生儿头皮针静脉采血等新方法，以免疫疗法攻克难治性肾病。1995年，采用头皮针为新生儿周围静脉抽血。1999年，开展急性淋巴细胞白血病化疗，采取ATP静脉注射治疗阵发性室上性心动过速，改良头皮针骨髓穿刺术，用多巴胺治疗重度硬肿症及小苏打治疗新生儿黄疸。2000年，采取氧气吹臀治疗小儿红臀症，用中药配方治疗痤疮。2001年，采取氧雾化治疗婴幼儿哮喘。2002年，对新生儿窒息采取新法复苏。

眼科诊疗技术　1971年，能做霰粒肿切除、眼睑内翻等手术。1976年，开展眼球内异物取出、泪囊摘除术等眼科常见病的诊治。1983年，开展眼底检查和诊断治疗等项目。1985年，开展眼球摘除术、睑下垂矫正术。1992年，开展白内障囊外摘除、青光眼内外引流术。1993年，开展人工晶体植入术。与烟台毓璜顶医院合作，完成下斜肌保留切除术矫正垂直偏斜研究，达到国内先进水平。1994年，眼科列为医院重点专科，开展视网膜脱离复位、泪囊鼻腔吻合、泪小管断裂修补、抗青光眼手术的小梁切除术等。1998年，开展眼睑缺损游离皮瓣移植术。1999年，采取泪管插管加断端吻合术治疗泪小管断裂，用睫状体冷冻术治疗绝对期青光眼。2000年，采取角膜缘干细胞治疗翼状胬肉。2001年，采取泪道上端阻塞插管及外伤性前房出血手术治疗技术。2002年，开展鼻内窥镜下泪囊鼻腔造孔术。

耳鼻喉科诊疗技术　1970年，能做扁桃体摘除等一般手术。1978年，能做乳突根治、乳突改良、上颌窦根治、鼻中隔矫正、鼻甲及鼻息肉、筛窦、气管切开、慢性扁桃体挤切、咽后壁脓肿切开引流、甲状舌骨囊肿、鼓膜修补等手术。1985年，能做腮腺混合瘤摘除、骨膜修补（显微手术）术。1986年，购进电测听仪，建立电测听室。1994年以来，开展甲状腺囊肿摘除、全麻扁桃体摘除、喉显微手术、阻塞性睡眠呼吸暂停综合征、鼻内全筛开放、舌部肿瘤、外耳道肿瘤切除并修复成形术。1997年，开展喉裂开术治疗喉肿物术。1998年，开展鼻内外联合经路额窦骨瘤切除并筛窦切除术。1999年，开展前鼻孔闭锁成形术。2000年，开展外耳道成形术＋乳突根治术。2001年，开展喉修复、喉气管断端吻合术。

口腔科诊疗技术　1970年，开展口腔疾病诊断及拔牙等治疗业务。1989年，开展牙体病、牙周病、口腔黏膜病的诊断与治疗，开展牙槽外科等技术。1992年，购进高速涡轮机1台，设立口腔修复室，开展局部义齿及全口义齿的修复、颌骨骨折复位固定、舌部肿瘤切除、颌骨囊肿摘除、颌骨造釉细胞瘤摘除、三叉神经周围支撕脱、腮腺全切（或浅叶）加面神经解剖、甲状舌骨囊肿摘除、舌下腺摘除、颌下腺摘除术及颌面部复合伤处理。1994年，采取局部固定义齿、局部可摘义齿及全口义齿修复技术，矫正儿童牙列不齐。1995年，开展腮腺肿瘤及腺体摘除术。1996年，开展颌下腺摘除术。1997年，开展腭裂修补、裂二次修补术。1999年后，采用活动矫正器治牙反颌及个别牙错颌，开展右颧弓骨折眶内容物下移经口内碘纺纱上颌窦内填塞复位术等。2000年，开展颏神经吻合术。2001年，开展烤瓷牙体制备。

中医科诊疗技术　1956年以前，中医主要以中药、针灸治疗常见病。1957年，福山流行“乙脑”，用中药“白虎汤”“清瘟败毒饮”加减配合西药，治愈休克昏迷乙脑病人18例，治愈率64%。1960年前后，开展中西医治疗阑尾炎、支气管哮喘120余例；艾熏、针灸治疗子宫脱垂151例，治愈率48%。1971年以来，中医科和制剂室协作制出丸、丹、膏、散20余种，各种针剂30余种，应用于临床，效果良好。1985年，建立中医科病房，收治高热、多汗、眩晕、胸痹、消渴、黄疸、胁痛、石淋、胃脘痛、水肿、痹症等疑难杂症。诊治妇女经、带、胎、产诸症尤为擅长。中西医结合治疗内、外、妇、儿、五官科等疾病，都取得明显效果。曾治愈1例多年石淋症，先后排出豆大结石数块。1994年，建立男性科门诊。采用中西药治疗男性病及性病，取得明显疗效。1例婚后4年不育者，服用自拟毓精1号方，其妻1月后受孕，次年正常分娩1男婴。1995年后，中医科增设糖尿病专科门诊，把传统医学理论与现代生物医学科技融为一体，采用中西药结合、固本扶正、增强病人体质、树立战胜疾病信心、保持心理平衡、掌握医学科学知识、倡导健康生活方式等综合疗法，治疗糖尿病及其并发症，取得显著效果。2000年，采取中药保留灌肠治疗慢性肾功能不全（尿毒症前期）。

麻醉科诊疗技术　1953年，麻醉方法有吸入全身麻醉和腰麻，只能做阑尾切除、清创缝合等小手术。60年代，随着手术的开展，麻醉方法有硬膜外麻、腰麻、吸入全身麻醉，能进行胃大部切除、肠梗阻手术等。70年代，增加1台103型麻醉机。1993年，增添多功能麻醉机1台。主要麻醉方法有：静脉复合全身麻醉、分离麻醉、静吸互补全身麻醉、椎管内麻醉、各种神经阻滞麻醉。1994年，新增微电脑麻醉呼吸机和美国MH-509多功能心脏监护仪各1台。1998年，开展双腔导管支气管内插管术。1999年，采取连续硬膜外麻醉＋静脉复合麻醉、利多卡因静脉复合麻醉等。

急危重症抢救技术　2002年8月17日，河南民权县李堂乡52岁男性民工翟现礼，因车祸致头部、胸腹部外伤入院。诊断为多发性脑挫裂伤、蛛网膜下腔出血、急性血气胸、多发肋骨骨折、外伤性湿肺、腹腔脏器破裂（内出血）、肾挫裂伤。入院时病人处于失血性、创伤性休克状态，神志恍惚，面色苍白，呼吸困难，血压7/4Kpa，脉搏微弱，140次／分。入院后给予急行胸腔闭式引流术。在无血源的前提下，采取多通道快速输液补充血容量。行剖腹探查术中证实为脾破裂，胰尾断裂，行脾切除、胰尾切除术，手术顺利。因病人为多发性复合伤，术后据病情给予综合性治疗，于8月31日痊愈出院。

检验科诊断技术　1951年，化验室创建初期只有1台显微镜，仅进行血、尿、粪等常规检查及寄生虫、细菌涂片检查等。1961年，购进干燥箱、分析天平、中型离心机等设备，开展尿糖、尿酮体、尿三胆、胸腹水、精液、细胞学、细菌培养及药敏等检查。相继开展蛋白电泳、蛋白分类等检查。1979年，开展DIC项目检查及Ｃｒ测定11项。1980年以后，随着先进设备的不断增置，检测项目逐渐增加，检测手段和准确度进一步提高。1985—1990年，先后购进尿液分析仪、4010生化分析仪、自动平衡离心机等设备，增加项目检查。1992年，购进荷兰ISP-MI型半自动生化分析仪，增加TBIL、DBIL项目检查。1993年，购进SysmexF－800型血液分析仪。1994年，开始进行乙肝“两对半”等项目检查。1995年，开始进行免疫球蛋白和补体等项目检查。1996年，增加丙肝抗体和艾滋病抗体检测。1997年，购进DADE AR型全自动生化分析仪和Hyperion4型酶标仪。2000年，购进LBY-XC16型自动动态血沉仪、LBY-N6A型旋转式黏度计和LBY-NWI型血浆黏度计，增加血液流变学检测项目。2001年，又增加CKMB、HBDH、HDL等7个检测项目。2002年，购置Sysmex CA－510型全自动血凝仪，增加APTT、TT、Fib检测项目。

病理诊断技术　1986年以来，医院病理室开展各种活组织检测，主要对各种手术标本、活检标本、内窥镜活检标本、穿刺标本、常规石蜡切片及各种细胞学等进行病理检测诊断。

临床用血　80年代以后，随着手术数量的不断增加，临床需血量逐年增多，而且成分输血所占比例逐年提高。1986—1997年，临床用血量年均4000毫升左右，基本上为全血，成分输血仅占20%左右。1998—2000年，年均用血量增加到11万毫升左右，成分输血占40%。2001—2002年，年均用血量达13万毫升左右，成分输血提高到43%。

影像诊断技术 1963年，建立X光室。时有30毫安X光机1台，能做一般摄片及胸部透视。1970年，增加1台200毫安X光机，开展胆囊、泌尿系顺行造影检查。1984年，购进500毫安双床双球管X光机后，开展胸部体层摄片、子宫输卵管造影、经皮肝穿刺、肝胆管造影术等。1990年，安装电视影像增强系统，开展泌尿系逆行造影。1993年，购进800毫安遥控摇篮X光机，可进行各种造影及摄片检查。在该机透视下，可进行无压迫法大剂量静脉肾盂造影，做空气灌肠治疗小儿肠套迭，治疗率达100%；行股骨颈减压术，治疗股骨头无菌坏死；并可进行血管造影、膀胱气钡双重造影3次曝光等。1996年，购进500毫安X光机和快速洗片机各1台；总投资128万元，购进1台德国西门子DRH全身C T机和与之相配套的辅助设备空调3台、除湿机2台、稳压器1台、吸尘器1台，建立起CT室，于8月8日正式投入使用接诊。先后开展颅脑、胸部、腹部、椎间盘、四肢骨骼、盆腔、直肠等全身CT检查。2002年2月13日，新安装美国通用电器公司生产的CT/e螺旋CT机，同时购买柯达160激光照相机、柯达2000洗片机和计算机X线成像系统（简称CR）。

药剂与临床药学 1946年，县立医院建立药房。1963年，建立西药库。1969年，药房更名为药剂科，下设西药调剂室和中药调剂室，有西药300多个品种，日销售额500余元。1970年，药剂科无菌制剂室建成投入生产。1971年，生产出针剂、丸剂、大液体30余种。1983年，建立药品检验室。先后增添25型酸度计、电光分析天平、自动指示旋光仪、净化工作台。1990年，无菌制剂室因无力更新厂房、设备而停止生产。1991年9月，建立中药房。1994年，增设病房药房。药剂科下设西药房、中药房、中西药库、临床药学室。西药房分设门诊西药房与病房西药房。门诊西药房负责调配门诊病人的治疗用药和抢救用药；病房西药房负责220张床位的住院病人治疗用药及抢救用药调配，2个药房每日平均调配处方600余张。2002年，西药房的药品年销售额1335万元。中药房负责调配门诊病人和住院病人的中药用药及煎药。日调配中药80余付，煎中药20余付。中药年销售额约13万元。中西药库承担着全院中西药品的采购、保管和供应工作，存西药700种、中药400种。

1992年，临床药学室由1名主管药师负责临床药学工作。主要任务是检查、分析处方用药的配伍禁忌和合理性；每季度编写一期《药物与临床》刊物，向临床科室介绍新药；定期抽查病历、评价抗生素的使用情况。1993年，根据二级甲等医院药剂科要求标准，医院成立药事管理委员会，药剂科负责日常工作，每季度召开一次工作会议，研究新老药品的增舍，及时通报医药市场的供应情况，对全院医生用药安全进行监督指导。

结核病防治 1972年9月，县成立防痨组。1973年4月，中国防痨专家裘祖源与山东省结核病防治专家王德礼来福山县指导防痨工作。1973年10月，卫生部农村防痨工作现场会在福山召开，县防痨组在会上作重点发言，详细地介绍了全县农村防痨工作情况。1975年11月，成立县结核病防治所。1982年1月，山东省结核病防治在福山开展“三一”试点，对多年遗留传染性难治结核病人和新发的传染性病人进行免费治疗。1992年底，试点结束，历时10年，境内的结核病疫情降到全国最低水平。1984年4月、1985年10月和1987年5月，福山结核病防治所副所长吴忠祥3次参加中国防痨协会分别在武汉、北京、无锡召开的全国结核病防治学术会议，并发表有关结核病防治学术论文。1992年12月，世界银行向全国13省、市提供无息贷款，控制结核病发生，对活动性传染性肺结核病人，实行全程管理，免费治疗。1999年11月份，区结核病防治所合并入区医院，成立结核病防治科。拥有200毫安双球管X光机和30毫安X光机各1台、显微镜3台、电冰箱2台。

精神病防治 1978年，县设立精神病防治组，开始对全县精神病人进行普查。1979年3月，在原古现医院旧址建立县精神病防治院，占地1400平方米，设门诊、病房、药房等科室。设床位40张。同年5月，开始诊治各类精神病患者，病房收治住院病人。对病人采取药物、心理及工娱疗相结合的方法进行治疗。每年约收治住院病人100余人次。同时，对分散在社会上的精神病人建立家庭病床，实行三级防治管理。每年对各公社（乡镇）医院“三病”医生及乡村医生进行业务培训和指导，对全县（区）精神病人实行科学化、规范化管理，减轻对社会及家庭的危害。1980年，采取胰岛素休克疗法治疗精神疾病。1981年，采取神经医疗及精神理疗。1991年，在前埠村始建新院，占地6585平方米，建房屋48间，建筑面积1598.9平方米。1994年7月，迁至新院址，更名为烟台市福山区芝阳山医院。1995年，采取呋喃唑酮厌恶疗法进行戒酒治疗。同年，采用舒必利静脉点滴疗法治疗各类神经症患者，效果明显。1997年，采取激光治疗精神疾病和抑郁症。1999年9月，精神病院划归区医院，成立精神病防治科。设门诊、病房、药房、化验室等。设床位47张。

第二节　医院感染管理与消毒技术

医院感染管理　1991年，区医院建立感染管理科。负责全院各类工作人员预防、控制感染管理工作，进行医院感染知识与技能的培训、考核，对院内感染情况进行监测、监控。先后制定医院感染控制管理、消毒隔离等20多项制度。实行专人负责监控，填写监测记录，按标准要求严格实行无菌操作和床边隔离。

消毒技术　1963年下半年，县医院设供应室，负责消毒工作。1981年，采用电锅高压蒸汽灭菌法集中消毒灭菌。凡进入人机体组织的注射器、针头、头皮针、手术器械等一律经过高压灭菌后使用，杜绝院内交叉感染。1990年，扩建供应室，面积达220平方米。分为污染、半污染、清洁和无菌4个区域。分别设回收间、存放间、初洗间、精洗间、包装间、消毒间、敷料间、手套制作间、无菌存放间和监测室等。1987年以前，采用硫黄纸包作为消毒灭菌指示剂，后又采用苯甲酸纸包消毒指示剂。1990年，改用121化学指示卡，同时配合使用留点温度计测试灭菌效果。1994年，采用热原鲎试剂监测。每月对输液器、注射器等进行1次热原监测，用嗜热脂肪杆菌芽胞菌片对下排气压力蒸汽灭菌器进行效果监测1次。是年，购进中型下排气压力灭菌消毒柜、塔式蒸馏器、中型红外线电烤箱各1台。

90年代前，消毒皮肤黏膜使用的消毒剂是“新洁而灭”，术前消毒采用75%酒精泡手。1994年，消毒皮肤黏膜改用0.5%“碘伏”，术前消毒改用“术必泰”。2002年，改用“安尔碘”。对不能高压灭菌器械采用2%“戊二醛”浸泡10小时灭菌。

1993年前，对医院环境、一次性输液器、注射器以及桌面、地面污染的器械等消毒采用的消毒剂均为“来苏儿”。1994年以后改用“84”消毒液。2002年改用“健子素”。

1994年以前，医院洗衣房的被服敷料消毒均采取煮沸法。1994年以后，采取先用“次乳酸钠”和“84”消毒液消毒后，再加热90℃消毒30分钟。

1994—2002年，手术室先后购置有机玻甲醛熏蒸消毒柜、DW系列全自动灭菌器和快速灭菌器各1台，进行消毒灭菌；口腔科购置电热干燥箱和SWY－11A型手机电子消毒器对牙钻进行灭菌。手术室、产房、新生儿室、治疗室、供应室、口腔科、检验科、换药室、急诊科、CCU室、ICU室、眼科等重点部门的室内空气消毒均采取紫外线照射，每半年进行一次强度监测，紫外线灯管强度不低于70uw/平方厘米。同时，在全院推行消毒隔离制度和监测制度，确保环境消毒灭菌效果。医院设专职人员负责对住院病人和重点部门的空气、物体表面、工作人员的手表面及使用中的各种消毒液、医疗器械的灭菌效果每月进行一次采样，做细菌学监测。对一次性灭菌材料进货后均进行抽样监测，合格后方可入库存放。严格控制医院内交叉感染，使医院感染发生率控制在2.1%以下，漏报率控制在18.5%以下。

第三节　医疗设备

1946年，县立医院成立初期，仅有27间旧式平房，10张简易病床，医疗器械寥寥无几，设备异常简陋。1949年后，医疗设备逐步完善。至2002年，拥有万元以上的大型医疗设备91台（套）。

2002年福山区人民医院主要医疗器械表

表32-4　　单位：台

器械名称	数量	器械名称	数量	器械名称	数量
纤维胃镜	1	500毫安光机	1	心肺复苏软包	1
耳鼻喉手术显微镜	1	切片机	1	不间断电源	2
心脏除颤监护仪	1	眼科手术显微镜	1	温热磁场	1
软片冲洗机	2	微电脑高效电刀	3	听力计	1

续表 32-4

器械名称	数量	器械名称	数量	器械名称	数量
B 超	1	半自动生化分析仪	1	角膜曲率计	1
三导心电图机	1	普通式消毒柜	1	双极电凝	1
全自动生化分析仪	1	电脑化尿液分析仪	3	尿道膀胱镜	1
彩超	1	800 毫安光机	1	灭菌器	1
脑地形图仪	1	自动血液分析仪	1	呼吸机	3
麻醉机	2	微量注射泵	1	血液流变仪	1
血液透析机	2	X 线电视系统	1	动态心电系统	1
K 处理系统	1	立式摄影架	1	远距离自动注射泵	2
鼻内窥镜及影像系统	1	空调	1	微波治疗仪	1
CT 机	1	移动式诊治台	1	电脑激光治疗仪	1
全自动凝血仪	1	C 型臂 X 光机	1	电脑胎儿监护仪	1
电子胃镜	1	骨科动力系统	1	连体式牙科综合治疗机	3
计算机 X 线成像系统（CR）	1	镇痛气体呼吸装置	1	低剂量手提式 X 光机	1
超声乳化仪	1	眼科 A 超	1	妇科微波治疗仪	1
空心电钻摆动锯	1	裂隙灯	1	耳鼻喉综合治疗台	2
心脏监护仪	6	触摸屏	1		

第四节　护理

护理队伍　1971 年，县医院内、外科病房，共有床位 97 张，护士 38 人，基本上能做专科护理。1985 年，床位增至 150 张，有护理人员 71 人。其中，护师 11 人，护士 45 人，护理员 15 人。医院成立护理部，全面负责护理队伍的管理和培训工作。2002 年，全院开放床位 202 张，有副主任护士 1 名，主管护士 39 名，护师 66 名，护士 5 名。

护理技术　70 年代以来，医院逐渐接收护校分配的专业毕业生，护理人员的素质和技术水平不断提高。对新上岗和 30 岁以下的护理人员，实行内科、外科、妇产科、小儿科、急诊科等重点科室轮转，以巩固提高护理人员的基础理论知识，全面掌握各科护理的基本技能，3 年后再固定专业。各科都制定相应的护理制度、护理技术规程和常见病护理常规，护理工作有章可循。实行医嘱班、治疗班、护理班、大夜班、小夜班功能制护理。

1983 年设总护士长后，实行在院长领导下的总护士长负责制，护理工作自成体系。1985 年后，病房改变传统的功能制护理，实行护理责任制，8 小时工作和 24 小时负责制。1993 年以来，根据省卫生厅关于《医院工作制度》《医院工作人员职责》要求，护理部先后制定护理工作制度、护理质量管理目标和质量控制标准、各种护理常规、护理操作技术规程、抢救操作技术规范、护理查对制度和各级护理人员职责 40 多项，保障医疗、护理安全。

1994 年，内、外科分别设 CCU、ICU 病房，培备专科护士。设有心电监护仪、自动同步呼吸机、除颤起搏器、电动吸引器、气管插管等医疗设备。护理人员不仅能熟练掌握输液、导尿、给氧、灌肠等一般护理操作技能，还能掌握心电监护和各种抢救设备的使用方法，对危重病人的观察和应急处理能力，抢救成功率有很大提高。同时，还采用头皮针周围静脉采血、脑室穿刺减压引流术护理、青霉素皮内试验无痛注射等新技术 10 多项。

1996 年，医院设外科、内二科 2 个模式病房。建立良好的护患关系，以病人为中心，实施全面系统的整体护理。先后推广锁骨下静脉穿刺置管、颈外静脉穿刺置管、股静脉穿刺置管术等 5 项新技术，使危重病人得到及时救治。

1986—2002 年福山区人民医院门诊、住院人次表

表 32-5

年份	门诊情况		住院情况	
	全年（人次）	日均（人次）	入院人数（人）	出院人数（人）
1986	55585	234.4	4638	4597

续表 32-5

年份	门诊情况		住院情况	
	全年（人次）	日均（人次）	入院人数（人）	出院人数（人）
1987	99083	271.5	5014	5017
1988	88310	242.0	4914	4908
1989	88276	241.9	4869	4874
1990	94549	259.0	5293	5276
1991	81476	223.2	4639	4652
1992	101366	277.7	5287	5278
1993	89691	245.7	5945	5913
1994	73432	202.3	5958	5951
1995	80498	220.5	6459	6471
1996	90768	248.7	6725	6752
1997	57758	158.2	7013	7004
1998	85537	234.3	7176	7167
1999	86362	236.7	6864	6403
2000	87363	239.4	7406	7349
2001	74757	204.8	6809	6851
2002	74564	204.3	6199	6216

1986—2002 年福山区人民医院治疗情况表

表 32-6

年份	实际占用总床日数	病床使用率（%）	好转率（%）	病死率（%）	治愈率（%）	诊断符合率（%）	手术次数（次）	无菌手术总数（次）	抢救危重病人		
									总人数（人）	成功次数（次）	成功率（%）
1986	44379	81.1	23.9	3.1	69.2	94.8	647	189	—	—	—
1987	48803	89.1	23.4	3	69.9	95.6	729	212	—	—	—
1988	50808	91.6	25.2	3.2	67.6	95.2	715	155	—	—	—
1989	48651	87.1	22.7	3.2	69.8	96.2	740	163	—	—	—
1990	53600	95.8	22.9	2.7	70.8	96.4	913	222	—	—	—
1991	50964	91.3	21.6	2.2	71.9	95.6	1073	202	—	—	—
1992	57009	101.8	22.1	1	72.4	96.3	1002	102	—	—	—
1993	59921	85.1	21.3	1.6	73.5	96.8	1197	174	404	345	85.4
1994	52744	71.5	17.6	1.6	77	94.1	1076	201	423	373	88.2
1995	61337	83.2	19.7	0.8	76.7	94.6	935	226	568	486	85.6
1996	60321	81.6	20.8	1	75.1	96.4	946	242	915	830	90.7
1997	60846	82.5	22.6	1.2	73.5	97.2	937	255	982	935	95.2
1998	61476	83.4	22.5	0.9	73.8	97.1	1067	204	1217	1121	92.1
1999	63714	86.4	23.9	1.7	71.7	96	1191	226	2076	1949	93.9
2000	66056	89.6	24.8	1.3	71.7	97.9	1418	484	1932	1831	94.8
2001	61162	83	24.6	1.4	70.5	96.8	1347	378	1762	1617	91.8
2002	59703	81	24.5	1.5	67.5	97.3	1388	458	1601	1486	92.8

第六章　基层卫生保健

改革开放后，福山狠抓初级卫生保健工作，制定基层卫生保健规划，落实部门分工责任制，加强监督检查、考核评比力度，在省、市初级卫生保健考核中，基本达标。对镇级卫生院，逐年加大投入，配备专业技术人员，完善医疗器械设备，不断改善基层卫生院的医疗卫生条件。同时，加强村级卫生室建设，大力推行合作医疗制，开展创建甲级卫生室活动，配备常用诊断治疗器械、药品，实行一元化管理。对乡村医生实行聘任制和奖惩制，经常进行培训，不断提高执业道德和业务技术水平。

第一节 初级卫生保健

规划指标 1989年，福山区成立初级卫生保健（以下简称初保）协调委员会，下设办公室。制定《福山区实现2000年人人享有卫生保健规划》，把初保指标及附加指标，按部门分工负责，落实责任制。规划要求：至2000年，把初保纳入区、乡镇政府工作目标和当地社会经济发展规划达到100%，具体由区计委负责；逐年增加初保经费投入的乡镇达到100%，由区财政局负责；健康教育普及率达到80%，由区教育局、爱国卫生运动办公室负责；行政村卫生室覆盖率、甲级卫生室比例、合作医疗覆盖率分别达到100%、70%和70%，婴儿死亡率和孕产妇死亡率每5年分别递降8%和20%，儿童“四苗”单苗接种率达到90%，法定报告传染病每5年递降10%，由区卫生局负责；饮用安全卫生水普及率和卫生厕所普及率分别达到80%和70%，由区爱卫办、水利局、建委负责；食品卫生合格率达到85%，由区卫生局、工商局负责。《规划》要求的附加指标及责任单位是：人口出生率和人口自然增长率，由区计生委负责；12岁以上人口识字率，由教育局负责；人均期望寿命，由统计局负责；区、乡镇、村办企业有害作业点卫生合格率，由卫生局、乡镇企业局负责；口腔初保普及率，由卫生局、教育局负责；社会康复普及率，由民政局、卫生局负责；区、乡镇政府年度卫生事业拨款占两级财政支出比例达到8%，由财政局负责。

领导与监督 1991年，区政府先后召开12次区长办公会，专题研究初保工作。区卫生局抽调10名基层领导，分赴各乡镇蹲点，分片包干，责任到人，加强村卫生室建设，推行合作医疗制度。福山镇、张格庄2处乡镇村村建立起卫生所，合作医疗达80%以上。区政府在福山镇、张格庄乡召开现场会，推广其经验。区爱卫办和卫生局组织人员到招远参观学习农村卫生厕所改造，在福山镇东北关、东关、盐场3个村和兜余镇东碓村抓点。这些村的厕所很快达到卫生要求，有棚有盖，无蝇蛆，无臭味。区政府组织各乡镇政府分管负责人在福山镇、兜余镇召开改厕现场会。之后，改造卫生厕所在全区铺开，卫生厕所很快达到62%以上。区初保协调委员会办公室每季度都对全区初保情况进行一次检查小结，半年进行一次全面总结。12月30日，按照规划要求，区政府组织有关部门进行年终检查，12项指标都基本得到落实。全区302个行政村均建立起卫生室，覆盖率达100%。其中，甲级卫生室达到47%，合作医疗达到71.8%。计划免疫、传染病防治、妇幼保健、食品卫生、卫生饮用水、计划生育、财政投入都达到山东省规定的初保考核标准要求。

检查与考核 1991年7月底，烟台市初保办公室对福山的初保工作进行考核。通过查看各种资料，随机抽查福山镇、张格庄、古现3个乡镇的东关、盐场、冯家、上官老沟、潘家、林官庄6个村、每村30户进行检查考核，全区的初保工作基本达标。8月30日，市初保办、市卫生局防疫科到福山考核卫生厕所建设工作。抽查盐场、东北关、东碓村，卫生厕所基本达标。12月18日，区初保办对10处乡镇的卫生初保工作进行全面考核，12项指标共获90.95分，全区的卫生初保工作基本达标。1992年4月10日，省政府初保办对福山的卫生初保工作进行考核。在听取区主要领导汇报、观看录像、查阅资料后，又随机抽签实地查看回里、张格庄和高疃3个乡镇的善疃、老岚、东黄山、东风、姜家、杜家崖、高疃西村、王家疃、陈家庄9个村，各项指标均基本达标。4月23日，区初保办组织有关领导和专业人员对未抽查的其余7个乡镇进行考核，也基本达标。

1994年1月，区初保办按照卫生初保目标分工，组织考核。11月15日至28日，区政府对全区卫生初保达标情况进行全面考核，卫生局业务经费达到财政支出的8%，村卫生室覆盖率达到100%，甲级卫生室达到65%以上（其中兜余、回里、福山镇达到70%以上），安全卫生水普及率和食品卫生合格率分别达到98%和91.5%，婴儿死亡率、孕产妇死亡率均低于标准值，传染病发病率控制在75.6/10万以下，单苗接种率和“四苗”接种率分别达到98%和95%以上，社区康复工作列入卫生初保之中，精神病、可治盲等残疾人基本都得到有效卫生服务。经评审，12项初保指标合计为85分。1994年12月30日至1995年1月4日，省初保办对福山区的卫生初保工作再次进行全面考核。通过查看资料，抽签检查中甲庄、解村、胡家夼、楼底、蔡家夼、蔡家庄、黄庄、柳行等村，全面达标。

1995年3月10日，区政府将卫生初保工作列入区政府的常规管理，福山的卫生初保工作稳步发展。之后，区政府每年都在年初提出当年的初保工作任务，年中组织检查，年终进行考核。区卫生局重点抓农村卫生室、合作医疗硬件建设。

第二节　乡镇卫生院

1958年8月，福山始建基层卫生院。改革开放以来，不断加强基层卫生院建设，增强卫生专业技术力量，加大投入，更新、配备先进医疗器械。至2002年，全区建设镇中心卫生院3处，镇卫生院7处，社区卫生服务站13处。各医院都相继配备了X光机、心电监护仪、电解质分析仪、脑电地型图仪、心电图机、脑电图机、呼吸机、B超仪、胃镜、血球分析仪、尿液分析仪、半自动生化分析仪、万能手术床、超声诊断仪、生物显微镜、多功能电离子机、化验电烤箱、无影灯、氧气车、多用恒温水箱、激光机、恒温加热器、电热培养箱、分光光度计、无影灯、电热蒸馏器、激光针灸仪、分析天平、高压消毒器、电泳仪、电动流产吸引器、多功能电离子手术治疗仪、血糖检测仪、超声雾化器、救护车等医疗器械。能开展常见病、多发病的诊治与护理及妇产、外科手术，抢救冠心病、肺心病、农药中毒等危重病人，进行康复治疗与预防保健、计划免疫等工作。

图32-5　回里中心卫生院

回里中心卫生院　1958年5月成立谭家庄卫生所；8月，称谭家庄公社卫生院。1970年，改称福山县人民医院谭家庄分院；1983年底，改称福山区人民医院回里分院。2002年11月，称福山区回里中心卫生院。占地617.7平方米，建筑面积2662平方米。建有住院、办公综合楼1座，门诊及服务用房3栋、112间。经过40多年的发展，已成为一所科类齐全、功能完善、设备先进、技术力量较强的镇级综合性医院。1994年，通过省一级甲等医院评审验收。1996年，被省定为爱婴医院。2002年，有卫生技术人员38人，其中中级技术职称2人，初级技术职称36人。设床位30张。能进行胃大部切除、胃癌根治、胆囊胆管、子宫全切及多种骨外科和妇产科手术。1985—2002年，累计门诊病人919558人（次），日均门诊量140.1人（次）；累计出院病人27430人（次），床位利用率65.6%。

高疃中心卫生院　1958年8月，成立高疃卫生院。1983年底，改为福山区人民医院高疃分院。2002年11月，称福山区高疃中心卫生院。占地3725.59平方米，房屋使用面积2072平方米。有专业技术人员23人，其中中级职称5人，初级职称18人。设内科、外科、骨科、妇产科、检验科、放射科、口腔科、防疫科、药剂科、护士站、财务科11个科室。有床位26张。可进行胃癌根治、胃大部切除、前列腺摘除、子宫肌瘤摘除等20多种手术。先后选派20多人（次）到烟台山医院、文登整骨医院、福山区医院进修培训。1999年11月，设立中西医结合治疗骨伤专科门诊。2001年12月和2002年1月，分别在西罗格庄村、曲家村设立2处社区卫生服务站。1985—2002年，累计门诊病人622820人（次），日均门诊量94.4人（次）；累计出院病人11063人（次），

图32-6　张格庄中心卫生院

床位利用率 34%。2002 年，病人治愈率 90%。

张格庄中心卫生院　1962 年 4 月，在张格庄村北建 6 栋 90 多间平房，建立张格庄公社卫生院。占地 4000 平方米，建筑 1032 平方米。1970 年，改称福山县人民医院张格庄分院。1983 年 11 月，改称福山区人民医院张格庄分院。1994 年，在冯家村东新建门诊、办公大楼，占地 2800 平方米，建筑面积 1700 平方米。2001 年 11 月，改称福山区张格庄中心卫生院。在张格庄村设 1 处社区服务站。2002 年，有卫生技术人员 19 人，其中副高级职称 1 人，中级职称 2 人，初级职称 16 人。设有内科、外科、儿科、五官科、口腔科、防疫科等科室。拥有床位 20 张。内科在抢救心肌梗塞、心衰、肺心病、有机磷中毒方面有丰富的临床经验。外科分普外和骨外 2 个科。普外科可开展阑尾切除、疝气修补、胃大部切除及胆囊切除术；骨外科可开展手法复位、石膏夹板固定、四肢骨折穿针、钢板固定等手术，是本院特色专科。1998 年，成立感染管理科，负责院内感染监测监控。1985—2002 年，累计门诊病人 402824 人（次），日均门诊量 59.7 人（次）；累计出院病人 13341 人（次），床位利用率 31.6%。2002 年，病人治愈率 86.7%。经区卫生局检查，基础护理合格率为 90%，急救物品完好率达 100%，护理差错、事故发生率和褥疮发生率均为 0。在历年年终评比中均居全区前 3 名。

门楼中心卫生院　原址在门楼村南，有 2 栋 40 间平房。1958 年 8 月，称门楼公社医院。1970 年，改称福山县人民医院门楼分院。1983 年 11 月，改称福山区人民医院门楼分院。1973 年，迁入镇政府东侧新址。有门诊、办公楼 1 栋，病房 3 幢。占地 3537 平方米，建筑面积 1687 平方米。2002 年 11 月，更名为福山区门楼卫生院。在集贤村设立社区服务站。有卫生技术人员 19 人，其中副高级职称 1 人，中级职称 3 人，初级职称 15 人。设内科、外科、中医科、妇产科、放射科、防疫科等科室。有床位 30 张。骨病专科与河北医科大学中医药研究院联合，采取中西医结合治疗骨质增生、股骨头坏死、腰椎间盘突出，效果显著。特别是做腰腿痛骶管手术明显，称“液体刀”。中医科技术力量较强，有 2 名主治中医师坐诊，对治疗心脑血管疾病、肝胆肾结石、急慢性腰腿痛、妇女崩漏带下、月经不调等症有丰富经验。妇科能做子宫肌瘤切除、剖腹产手术。1985—2002 年，累计门诊病人 291974 人次，日均门诊量 44.2 人次；累计出院病人 2156 人次，床位利用率 10.8%。在历年乡镇卫生院年终工作检查中均名列全区前 3 名。2002 年，病人治愈率为 94%，转院率为 7%。获市卫生局“卫生监督与疾病控制先进单位”称号。同年，计划免疫接种门诊获“山东省计划免疫规范化门诊”。

图 32-7　门楼中心卫生院

清洋街道卫生院　建于 1958 年 8 月，原址在东北关村东南，称福山镇卫生院。1970 年，改称城关公社卫生院。1983 年底，称福山区城关镇卫生院。1998 年，迁至河滨小区，租用小区管理处的 2 层楼，占地 1100 平方米，建筑面积 846 平方米。在区武装部和西山路设 2 处社区服务站。2002 年 11 月，更名为福山区清洋街道卫生院。拥有床位 12 张。有卫生技术人员 29 人，其中，副高级职称 1 人，中级职称 10 人，初级职称 18 人。设有中医科、妇产科、化验室、药房、放射科、防疫科。防疫科担负着城区 35 个村 4 万人口的防病治疗工作，各种疫苗接种率均达到 98% 以上。计划免疫门诊在全区最先实现规范化接种，1992 年 5 月，荣获“烟台市计划免疫工作先进单位”。市卫生局在该院召开全市计划免疫工作现场会，推广其经验。1998 年 8 月，获“山东省卫生厅计免规范化接种门诊”。2002 年，获“烟台市卫生局结核防治先进集体”。1985—2002 年，累计门诊病人 1108986 人（次），日均门诊量 168.9 人（次）；累计出院病人 2064 人次，床位利用率 16.7%。

高疃镇中心卫生院二院　1970 年 10 月，建立东厅公社卫生院。1983 年底，更名为东厅乡卫生院。2002 年 11 月，改称高疃中心卫生院二院。院址在东厅村东。占地 1585 平方米，建筑面积 746 平方米。有专业技术人员 14 人，

图 32-8　福新街道卫生院

其中，中级职称 2 人，初级职称 12 人。设有内科、妇产科、检验科、放射科、口腔科、防疫科、药剂科。拥有床位 15 张。2002 年，在山北头村建社区服务站 1 处。1985—2002 年，累计门诊病人 351495 人（次），日均门诊量 53.4 人（次）；累计出院病人 4040 人次，床位利用率 69.3%。

福新街道卫生院　建于 1970 年 10 月。原址在 5564 部队臧家营区内。1974 年 4 月迁至臧家村西首，改称臧家公社卫生院。1983 年，称臧家乡卫生院。2002 年 11 月，更名为福新街道卫生院。占地 4800 平方米，建筑面积 1018 平方米，业务用房 400 平方米。有专业技术人员 9 人。设内科、儿科、外科、妇产科、检验科、放射科、防疫科。有床位 10 张。下设楮家疃社区服务站。1985—2002 年，累计门诊病人 216979 人（次），日均门诊量 32.8 人（次）；累计出院病人 4412 人（次），床位利用率 56%。2002 年，门诊量为 7074 人次，急诊 608 人次，住院病人治愈率 45.05%，好转率 53.6%，转出率 1.89%。1995 年被评为一级乙等医院。

门楼镇卫生院二院　原为兜余公社卫生院，建于 1962 年 4 月。1983 年底，改称兜余镇卫生院。2002 年 11 月，改称福山区门楼镇卫生院二院。占地 4600 平方米，建筑面积 1804 平方米。有专业技术人员 17 人，其中，副高级和中级职称各 1 人，初级职称 15 人。设内科、外科、妇产科、检验科、放射科、防疫科。有病床 20 张，救护车 1 辆。2002 年 4 月，在绍瑞口和卫家疃村各建 1 处社区服务站。1985—2002 年，累计门诊病人 367555 人（次），日均门诊量 55.8 人（次）；累计出院病人 4778 人（次），床位利用率 27.3%。2002 年，出院病人 365 人（次），治疗率 81.92%，被评为一级医院。完成各种疫苗接种率 98% 以上。2000 年，获“烟台市爱婴活动先进集体”和“烟台市新生儿疾病筛查先进集体”。2001 年，获“山东省卫生厅计划免疫规范化门诊”。

八角卫生院　始建于 1970 年 10 月。1971 年 3 月，称八角公社卫生院。1983 年、1998 年，分别改称八角乡卫生院、八角镇卫生院。2000 年，改称古现镇八角卫生院。2002 年 9 月，划归烟台开发区。占地 5200 平方米，建筑面积 1450 平方米。有专业技术人员 26 人，其中副高级职称 1 人、中级职称 5 人、初级职称 20 人。设有西医内科、外科、妇科、检验科、放射科、防疫科、药剂科等科室。拥有病床 20 张。2000 年，在下刘家村设 1 处社区服务站。2002 年，中西医结合治疗骨伤科病，经市卫生局专家组评审，确定为特色专科项目。1985—2002 年，累计门诊病人 457174 人（次），日均门诊量 103.8 人（次）；累计出院病人 3794 人（次），床位利用率 21.4%。

古现卫生院　1958 年 8 月，建立古现公社卫生院。1970 年初，改称福山县人民医院古现分院。2002 年 9 月，划归烟台开发区。原址在古现西村东侧 50 间平房，建筑面积 800 平方米。1976 年，在古现中学东侧新建门诊、办公楼 1 栋，病房为 25 间平房。占地 8000 平方米，建筑面积 1560 平方米。1977 年迁入新院址。2002 年，有专业技术人员 30 人。设有内科、外科、妇科、肛肠科、检验科、放射科、防疫科等科室。拥有床位 35 张。在河北村、西村各建 1 处社区服务站。采取牵引法治疗腰椎间盘突出，能做胃大部切除、胆囊切除、阑尾切除、疝气修补术和激光治疗皮肤痣等。肛肠科能做痔疮根治术。1985—2002 年，累计门诊病人 386925 人（次），日均门诊量 59.3 人（次）；累计出院病人 3729 人（次），床位利用率 20.6%。2002 年，计划免疫门诊通过专家考核，达到山东省计划免疫示范化接种门诊标准。

第三节　农村卫生室建设

1956 年，农村始设保健室。1963 年，改称村卫生室。1969 年，改称合作医疗室。卫生员称“赤脚医生”。1976 年 10 月，全县 306 个大队全都实行合作医疗制。

1978年，全县有赤脚医生789人。1981年，经县卫生局考试，408人取得“乡村医生”证书，不及格者改称卫生员。1982年，推行生产责任制以后，医疗室改称卫生所。1985年，全区有村办卫生所258处，乡村医生427名，卫生员137名，接生员57名。

1986年春，全区开展创建甲级卫生室活动。其标准是有诊断室、治疗室、观察室和药房，乡村医生2～3名，药品在150种以上，配备常用诊断治疗器械，实行集体合作医疗。区卫生局组成10个工作组到乡镇抓落实。至秋，有110个村卫生室达标，占全区卫生室的40%。

1989年，全区开展人人享有初保工作。至1991年底，村卫生室覆盖率达100%。其中，甲级卫生室占47%，集资办医疗占71.8%，有260个村合理解决乡村医生报酬。至1994年底，全区达到甲级卫生室标准的有174个，占71.6%；达到乙级卫生室标准的59个，占24.3%；集体办医的村232个，占95.5%；有368名乡村医生报酬得到合理解决，占94.6%。

1997年，全区292个村居，应设、实设卫生室248个，达100%。其中，甲级卫生室185个，占74.6%，乙级卫生室59个，占23.8%。集体办医的村239个，占总数的96.4%。共有乡村医生410名，其中男266名，女144名。1998年，集体办医的村220个村，占88.7%。其中，甲级卫生室191个，占86.8%；乙级卫生室27个，占12.3%。共有乡村医生354名，其中男202名，女152名。自2001年开始，村卫生室由镇卫生院统一管理，乡村医生由镇卫生院实行聘任制和奖惩制。2002年，因古现、八角所辖村居成建制划给烟台开发区，全区共村卫生室185个、乡村医生342名。

第四节　个体医院与诊所

个体医院

象楠中医整骨医院　1986年6月，经区卫生局批准，建立福山区象楠中医整骨诊所。王象楠任所长。1993年9月，经市卫生局批准，改为福山区象楠中医整骨医院。王象楠任院长，职工由2人增至10人。医院占地1501平方米，建筑面积710平方米。设中医科、中医骨科、放射科、药剂科。有床位30张。增加200毫安X光机2台。1997年，设制剂室。1998年12月，研制的膝关节镇痛丸、增生风湿丸、活骨丸、跌打膏4种中药制剂，经市卫生局复审注册，批准销售。2001年1月，王巨先任院长。2002年6月，新建3000平方米门诊、病房大楼落成。设中医骨科、中医科、内科、理疗科、放射科、检验科、药剂科等10个科室。有床位80张。拥有200毫安X光机、500毫安X光机、C型臂X射线机、50毫安床边拍片机、心电图机、监护仪、意大利百胜B超、麻醉机、万能手术台、日本血球计数仪等医疗设备。有副主任医师1人，主治医师4人。可处理内科、外科、骨科、中医科常见病和多发病及常见急症。能做复合外伤处理、四肢骨折切开复位内固定、股骨和颈骨折钢针固定、人工股骨头置换术等。理疗科有14张牵引床、椅，配有4名理疗师。使用中药制剂配合牵引推拿、外敷膏药治疗椎间盘突出和颈椎病及中药口服配合外敷膏药治疗股骨头无菌坏死，疗法独特，效果明显。胶东地区此类病人多到该院治疗，中国台湾地区和韩国病人也闻名而至。

银华癫痫病医院　1994年12月18日，魏秀银、王爱华夫妇辞去公职，筹资30万元，成立烟台魏氏癫痫专科。2002年10月，又筹资300万元，创办烟台福山银华癫痫病医院，为全市第一所民营癫痫专科医院。医院占地约3000平方米，建筑面积1600平方米。有床位40张。设癫痫科、内科、外科、儿科、中医科。配备意大利生化仪、高倍光电显微镜、尿液分析仪、脑电地形监测仪、B超、心电检测仪等辅助检测仪器。有高级技术职称医务人员2人，中级职称4人，初级职称8人。医治癫痫病疗法独特，取各家之长，从人体穴位和经络学中找出新疗法，首创穴位手术疗法治疗癫痫病，被海内外称为“魏氏疗法”。新闻媒体曾多次报道，称之为人类治疗癫痫病的重大突破。被收录入《中国专家大辞典》《中国名医名术大典》等书籍中，获“世界千年名医”称号。1989年以来，海内外求诊者都得到满意的治疗。

个体诊所、卫生所　至2002年底，全区批准开业的个体诊所、卫生所有：德平中医内科诊所、德江中医内科诊所、源生诊所、康盛诊所、德芳中医诊所、得胜推拿诊所、中西医结合诊所、袁华美中医诊所、针灸推拿诊所、中医内科诊所、梁家清诊所、牛春光诊所、孙秀芝针灸理疗诊所、郑桂明推拿理疗诊所、王有顺中医骨科诊所、陈良推拿诊所、林则隆针灸理疗诊所、徐平愚中医诊所、于克强针灸理疗诊所、靖康推拿诊所、刘乐氏中西医内科诊所、车廷超推拿诊所、梁曰钧中医诊所、王良田中医诊所、永川牙科诊所、张相恩牙科诊所、邹积敏妇科诊所、王岚诊所、刘贺林诊所、孙德乐诊所、天府牙科诊所、北苑小区诊所、华侨宾馆诊所、江玲诊所、赵秀其西医内科诊所、于秀芬西医内科诊所、同兴诊所、黄慧姣诊所、宋永俊眼科诊所、德重诊所、老迟字诊所、于秀丽诊所、吕秀娥诊所、福山西苑药厂诊所、汽车运输公司诊所、兽药厂诊所、福山区军休所诊所、鑫桥诊所、天府小区卫生所、交警队卫生所、农科院卫生所，共51家。

附：神医妙道“化育堂”

清光绪年间，邹本德承父业，在房家疃创立中药铺“化育堂”。他幼年时，熟读《伤寒论》《本草纲目》《本草备要》《脉诀》以及小儿推拿的有关医书、典籍，并受到父亲邹立昌精心传授和指教，医术精湛。其子邹积善、邹积勋、邹积芳、邹积瑞继承父辈衣钵，精心为乡民百姓服务，特别是邹积勋（字述屏）、邹积芳（字儒堂）医术尤为突出。

1945年夏，烟台所城里一陈姓5岁小孩，患“瘟热”多天，高烧不退，处于昏迷状态，病情危急。其父心急如焚，请遍烟台中西名医，治疗效果不佳。后闻福山房家疃有一推拿小儿中医，忙把邹积勋请去。每天推拿2次，并给患儿服用中草药，7天病情好转，半个多月后痊愈。为表达感激之情，陈先生送“神医妙道”匾牌。前埠村邹积东的9岁男孩患惊风不语，发病时全身抽搐，口吐白沫，久治不愈。后找到邹积勋，给小孩把脉推拿、服小儿镇惊散，经百日连续治疗，病情基本稳定，病人家属感激不尽。邹积勋对穷人极为关心，为百姓推拿小儿从不收一分钱。当时交不上药钱的就挂账到年底，年底仍交不起的也从不催要，许多贫苦人家的欠费都一笔勾销。

福山县第一名中医王丹阳

王丹阳天资聪颖，从小喜欢数学，成绩一直很好。原在北京学习政法，大学毕业。晚清时中举人。因对政界不满，不愿从政，遂在京自学医术。回乡后，主要行医，并著书传教，弟子颇多。其知识渊博，医术高明。

王丹阳为人忠厚，心地善良，一生乐善好施，接济穷人，很多穷人找他看病，都少收钱或不收钱，并经常帮助过路要饭者。从医后，喜好收藏医书，并结合多年临床经验，亲自撰写医书。在北京拜师学习过推拿，藏有《推拿三字经》手抄本。除精通医治普通病外，在医治伤寒病方面颇有建树。著有《伤寒论释疑》《中医脉学》《精规药略释疑》等著作。大部分在“文化大革命”中被抄、遗失或流于民间。王丹阳心地豁达，从不保守，把自己医术全部传授给弟子。并编成口诀，使之好记易懂。

第七章　医药卫生管理

区卫生局是境内医疗卫生的管理机构，受福山区政府和烟台市卫生局双重领导。主要从事医政、中医、药政、麻醉药品、医疗保健、公费医疗行政管理工作。

对医院实行分级分类管理、执业医师注册登记、医疗事故鉴定。不断加大对医疗市场清理整顿力度，确保人民群众医疗卫生安全。随着中医事业的发展，在严格审批个体中医医疗机构和对执业医师实行注册登记的同时，注重加强医术、医德的培训教育。在药品、药械管理方面，严格执法，杜绝假劣、淘汰药品药械流入市场。对麻醉药品，实行专人采购、储运、保管、专柜加锁、专用处方和登记。医疗保健、公费医疗管理等工作逐步走向正规渠道。

第一节　医政管理

1985年，区卫生局设医政干事1人，负责全区医疗、防疫、个体诊所、保健和护理等管理工作。1991年，设医政科，负责制定全区卫生事业发展规划并组织实施，负责区内卫生工作的技术质量、个体执业医生和联合诊所考核管理、农村合作医疗改革、卫生专业技术人员统考以及医疗纠纷调解等工作。

1999年，把建立社区卫生服务站、引进特色项目、中心卫生院配备手术室作为工作重点。建立社区卫生服务站15处。至2000年底，全区乡镇卫生院共引进专科特色项目10个。其中，张格庄卫生院综合疗法治疗骨伤、回里中心卫生院胃病专科、高疃中心卫生院中西医结合治疗骨伤、东厅卫生院泌尿系统结石专科、门楼卫生院中西医结合治疗腰腿痛、古现卫生院肛肠专科、八角卫生院骨伤病专科7项经市卫生局批准认可。

医院管理

医院分级管理　1985年以来，对医院不断深化改革，医院管理工作逐步走上规范化、制度化、法制化轨道。

1992年10月，区卫生局成立医院分级管理评审委员会。各医疗机构把医院分级标准化管理作为工作重点，建立健全院、科两级质量管理组织，制定质量管理方案，注重质量控制，实行急诊与首诊负责制、三级医师查房制、行政查房制，严格和规范病历书写。实行医疗质量半年和年终检查评比制度。1995年，经省卫生厅批准，福山区人民医院定为二级甲等医院；经市卫生局批准，回里中心卫生院定为一级甲等医院。

2002年5月，区卫生局印发《关于开展质量管理效益年活动的通知》。8月，组成2个检查组，对区属医疗单位和10处卫生院的夜间值班、救护车和急救药品器材情况进行查岗检查，并将结果全区通报。11月，根据市卫生局通知，对输液设备和操作人员颁发输液许可证。

医院分类管理　从2000年11月始，将医疗机构确定为营利性和非营利性医疗机构，实施分类管理。经区卫生局初审，报市卫生局审核，区医院、妇幼保健院和10处镇卫生院确定为非营利性医疗机构，由区、镇两级财政给予适当补助；农村非营利性医疗机构254处，营利性医疗机构54处。

执业医师注册管理　1998年1月，根据省卫生厅《关于规范医疗机构行为的暂行规定》的通知，区卫生局对执业助理医师进行摸底登记、培训考试和注册。之后，每年组织一次报名考试。1999年6月，组织医疗专业技术人员初次参加全国执业医师考试。至2002年底，全区执业医师注册186人，执业助理医师注册71人。

医疗事故鉴定　1987年6月29日，国家颁布《医疗事故处理办法》。1988年8月20日，成立福山区医疗事故技术鉴定委员会，负责全区医疗事故技术鉴定工作。

医疗市场管理　2002年，区卫生局制定《整顿规范医疗市场工作实施方案》。12月，卫生、公安、工商联合，组成16人执法检查组，集中1个月时间，采取拉网排查和重点抽查的方式，对境内386家医疗机构进行执法检查。查处无证经营8家、坐堂医1家、超范围执业2家、非法药店22家；依法取缔无证经营8家，罚没非法药品148种，价值约7万元。

第二节　药政管理

1985年，区卫生局设药政干事。日常药品监督管理工作主要由药品检验所负责。1987年5月，对游医、药贩进行查处，共查处97起、伪劣药品123种，价值5090元。1988年2月，区级医院成立药事委员会，进一步加强药政管理。区卫生局每年与公安、工商、物价、技术监督等部门联合，多次对全区医药市场进行执法检查。

1989年2月，深入基层单位药房、厂企事业单位卫生室和个体诊所巡回检查，查处药品非法购销渠道、自费滋补药品列入公费报销、出售非治疗性药品、伪劣药品流入市场，确保临床用药安全有效。严禁开大方贵药，坚决打击游医、药贩，取缔非法行医。1990年，对3家药品经营合格单位重新换发《药品经营许可证》。组织执法人员92人（次），检查14所医院和3家药品经营单位。查处假劣药品32批（次），计20788片（丸、支），价值1570元。1991年，组织执法人员132人（次），检查医院14所、药品经营单位3家、个体诊所和乡村卫生室68家，查处假劣药品35批（次），计22289片（丸、支），价值1815.94元。

1992年，共检查医院14所、药品经营单位3家、乡村卫生室和个体诊所168个，检查药品25480批（次）。查处假劣药品159批（次），计132141片（丸、支），价值9986.52元。12月，在全区开展药品质量信得过单位活动，对检查验收合格者，发放药品质量信得过单位牌匾。1993年，组织执法人员296人（次），检查医院14所、药品经营单位3家、药品生产单位1家、乡村卫生室和个体诊所199个，检查药品27000批（次）。查处假劣药品159批（次）140902片（丸、支），价值

10975.46 元。

1994 年，组织执法人员 398 人次，检查医院 14 所、药品经营单位 3 家、药品生产单位 2 家、乡村卫生室和个体诊所 296 个，检查药品 29493 批（次）。查处假劣药品 225 批(次)，计 153092 片(丸、支)，价值 10086.94 元。在乡镇集市取缔游医、药贩 4 人（次），没收药品 6396 片（丸、支），价值 631.90 元。1995 年，组织执法人员 396 人（次），检查医院 14 所、药品经营单位 4 家、药品生产单位 2 家、乡村卫生室和个体诊所 292 个，检查药品 32073 批（次）。查处假劣药品 136 批（次），计 102165 片（丸、支），假劣中药材 94.4 公斤，价值 9954.07 元；取缔农村集市游医、药贩 6 人（次），没收药品 9485 片（丸、支），价值 1032.84 元。1997 年，组织执法人员 389 人（次），检查医院 14 所、药品经营单位 4 家、药品生产单位 2 家、乡村卫生室和个体诊所 290 个，检查药品 33720 批（次）。查处假劣药品 96 批（次），计 17131 片（丸、支），价值 5859.47 元；取缔农村集市游医、药贩 2 人(次)，没收药品 2148 片(丸、支)，价值 186.40 元。1998 年，组织执法人员 423 人(次)，检查医院 14 所、药品经营单位 4 家、药品生产厂家 2 个、乡村卫生室和个体诊所 300 个，检查药品 58130 批次。查处假劣药品 89 批（次），计 29587 片（丸、支），价值 4302.85 元。1999 年，组织执法人员 423 人（次），检查医院 13 所、药品经营单位 8 家、药品生产厂家 2 个、乡村卫生室和个体诊所 313 个，检查药品 48857 批（次）。查处假劣药品 72317 片（丸、支），价值 9967.84 元；取缔农村集市游医、药贩 7 人(次)，没收药品 8798 片(丸、支)，价值 986.40 元。2000 年，组织执法人员 542 人(次)，检查医院 13 所、药品经营单位 8 家、药品生产厂家 2 个、乡村卫生室和个体诊所 316 个，检查药品 74960 批次。查处假劣药品 277 批（次），计 68238 片（丸、支），价值 92535.27 元。2001 年，组织执法人员 614 人（次），检查医院 13 所、药品经营单位 8 家、药品生产厂家 2 个、乡村卫生室和个体诊所 325 个，检查药品 48123 批（次）。查处假劣药品 791243 片（丸、支），价值 97654.12 元。2002 年，组织执法人员 596 人（次），检查医院 13 所、药品经营单位 8 家、药品生产厂家 2 个、乡村卫生室和个体诊所 318 个，检查药品 43254 批（次）。查处假劣药品 278 批次 732468 片（丸、支），价值 84612.30 元。

福山区药店一览表

表 32-7

名称	地 址	负责人	经营主要药品	开业年份
烟台瑞华大药房有限公司	南苑街南东首	王仲元	中成药、中药饮片、化学药制剂、抗生素制剂、生化药品、生物制品（不含疫苗）	1956
烟台瑞华大药房有限公司南苑街药店	南苑街 99 号	刘玉平	中成药、化学药制剂、抗生素制剂、生化药品、生物制品（不含疫苗）	1994
烟台瑞华大药房有限公司区府街药店	区府街干休所旁	宋海波	中成药、中药饮片、化学药制剂、抗生素制剂、生化药品、生物制品（不含疫苗）	1994
烟台瑞华大药房有限公司北一路药店	北一路	崔忠卿	中成药、化学药制剂、抗生素制剂、生化药品、生物制品（不含疫苗）	1995
烟台瑞华大药房有限公司崇文街药店	崇文街	邢延伟	中成药、中药饮片、化学药制剂、抗生素制剂、生化药品、生物制品（不含疫苗）	1995
福山区伟尔药店	商业街	高云霞	中成药、化学药制剂、抗生素制剂、生化药品	1999
福山区利民大药房	松霞路 70 号	迟培婵	中成药、化学药制剂、抗生素制剂、生化药品	1999
烟台瑞华大药房有限公司松霞路药店	松霞路东	徐学瀚	中成药、中药饮片、化学药制剂、抗生素制剂、生化药品、生物制品（不含疫苗）	2001
烟台仁成中西大药房有限公司	崇文街东首	曲仁成	中成药、中药饮片、化学药制剂、抗生素制剂、生化药品、生物制品（不含疫苗）	2002
福山区鸿生大药房有限公司	区府街 327 号	邹积芹	中成药、中药饮片、化学药制剂、抗生素制剂、生化药品	2002
福山区苑安大药房	民丰路东	安忠山	中成药、中药饮片学药制剂、抗生素制剂、生化药品	2002
烟台济生医药有限公司松下路店	松霞路富豪花园 166-10 号	陈秀清	中成药、中药饮片、化学药制剂、抗生素制剂、生化药品	2002

续表 32-7

名称	地 址	负责人	经营主要药品	开业年份
福山区城关康德中西大药房	西山路电业公司门市房	鲍 荣	中成药、化学药制剂、抗生素制剂、生化药品	2002
福山区泰康大药房	区府街西首	安忠东	中成药、中药饮片学药制剂、抗生素制剂、生化药品	2002
福山区恒康堂药房	城里街振华商厦对面	董春兰	中成药、化学药制剂、抗生素制剂、生化药品、生物制品（不含疫苗）	2002
福山半岛生物技术有限公司益民药房	永安街 27 号西侧	房维民	中成药、化学药制剂、抗生素制剂、生化药品	2002
福山区吉林大药房	西山路 282-10 号门市	张继红	中成药、化学药制剂、抗生素制剂、生化药品	2002
烟台海城医药有限公司福山大药房	永安街 10 号	孙茂利	中成药、化学药制剂、抗生素制剂、生化药品、生物制品（不含疫苗）	2002
福山区民丰街仁成中西大药房	民丰路 4-A 楼 1-1 号	孙茂利	中成药、化学药制剂、抗生素制剂、生化药品、生物制品（除疫苗）	2002
福山区老百姓大药房	门楼镇驻地（政府旁）	刘耀进	中成药、化学药制剂、抗生素制剂、生化药品、生物制品（不含疫苗）	2002
福山区华康药店	门楼镇商业街	康晓坡	中成药、化学药制剂、抗生素制剂、生化药品	2002
烟台瑞华大药房有限公司谭家庄药店	回里镇镇政府驻地	姜宝林	中成药、化学药制剂、抗生素制剂、生化药品、生物制品（不含疫苗）	2002
烟台瑞华大药房有限公司高疃药店	高疃镇原驻地	姜 华	中成药、化学药制剂、抗生素制剂、生化药品、生物制品（不含疫苗）	2002.
烟台瑞华大药房有限公司东厅药店	高疃镇东厅镇政府驻地	唐伟伟	中成药、化学药制剂、抗生素制剂、生化药品、生物制品（不含疫苗）	2002
烟台瑞华大药房有限公司义井药店	高疃镇义井村	王志强	中成药、化学药制剂、抗生素制剂、生化药品、生物制品（不含疫苗）	2002

第三节　麻醉药品管理

1988 年 2 月始，贯彻执行国家新的《麻醉药品管理办法》。各医院药房对麻醉药品均设专人管理、专用处方、专柜保存。1992 年始，建立健全麻醉药品保管、使用和管理制度。1995 年 12 月，麻醉药品实行专人、专柜、专账、专锁、专方、处方与发药双签字制度。2001 年 4 月，选配责任心强、业务熟练的专人担任麻醉药品的采购、储运和管理工作。麻醉药品实行专人负责、专柜加锁、专用帐号、专用处方和专册登记、处方保存 3 年备查制度，麻醉药品使用、管理更加严格、规范。

第四节　公费医疗管理

1952 年以前，凡实行供给制的党政机关干部均享受公费医疗。1952 年 7 月，根据政务院的规定，享受公费医疗的范围扩大至工、青、妇等群众团体和各种工作队及文教卫生、经济建设等事业单位的国家工作人员和残废军人。1985 年春，成立福山区公费医疗管理委员会，下设办公室（在区卫生局），负责核定享受公费医疗人员数额及标准，审查公费医疗的预决算及拨款，监督、管理享受公费医疗人员的报销情况。

公费医疗报销由公费医疗办统一掌握，经费按人员和比例分配，重点支付，不平均发放给个人，不包干到人。1986 年始，离休干部的药费实报实销。至 2002 年底，全区享受公费医疗 8495 人。其中，在职 7016 人、离退休 1278 人、二等乙级以上残废军人 201 人。

第八章　卫生制度改革

80年代以来，卫生系统进行改革。卫生资源机构撤、并结合，合理调整，药品实行集中招标采购。专业技术人员实行职称评聘分开和聘任合同制；管理干部采取公开公正的方法竞争上岗。全员实行岗位目标责任制，采取绩效、岗位工资和奖金相结合。根据每个人岗位目标的完成和责任制考核情况实行按劳分配，拉开档次。

第一节　卫生资源调整

1994年3月，区牙科防治所撤销，其专业技术人员分流到区医院和妇幼保健站；区皮肤病防治所撤销，其人员及编制划归区卫生防疫站；区卫生学校撤销，其人员及资产划归区结核病防治所。1998年11月，区妇幼保健站更名为区妇幼保健院。1999年9月，撤销芝阳山医院（原精神病防治院）和区结核病防治所，划归区医院，分别成立结核病防治科和精神病防治科。2002年8月，古现、八角卫生院划归烟台开发区。

第二节　行政审批制度

自2002年5月1日起，按《山东省医疗机构管理条例》规定，对区内医疗机构实行二级审批制度。凡申请设置或登记的医疗机构，经区卫生局初审后，报市卫生局复核批准后执业。是年7月，区行政审批服务中心正式运转，区卫生局和卫生防疫站各选派1名专业技术人员进驻审批中心，负责食品生产加工、销售及餐饮、公共场所卫生许可证核准工作。

第三节　药品集中招标采购

90年代前，全区卫生系统13个医疗单位所需的药品由单位自行采购。2000年6月12日，区医院举行首次药品集中招标采购会，共120余个品种，价值60万元。通过招标，药品价格下降7～8个百分点。此后，每月招标1次。区文明办、监察局、财政局和卫生局的领导参加药品集中招标会。2001年7月，暂停按月招标。区医院、妇幼保健院选择8～10家“三证”齐全、符合GMP标准的药品厂家参加招标。10处镇卫生院根据需要自行采购药品。9月开始，区医院由月招标改为季招标1次。招标会由院长主持、副院长和药剂科主任参加，区卫生局党委副书记出席招标会。每次招标药品品种200余个、价值约200万元，价格下降8%。

2002年10月开始，区医院、妇幼保健院参加全市药品集中招标采购。从11月1日始，执行全市药品统一价格，品种300余种，价值700万元，让利于民70余万元。

第四节　人事制度改革

职称改革　1987年，卫生系统进行首次职称改革。区卫生局成立职称改革领导小组、卫生系列初级评审委员会。从7月份始至1988年8月，历时1年零2个月。经初级评审委评审，有241人获师级初级卫生技术职称、95人获士级技术职称；经市中级职称评审委评审，有97人获中级技术职称；经省高级职称评审委评审，有11人获高级技术职称。

职务聘任　1992年，在全卫生系统实行干部聘任制、职工合同制，对院（站、所）长实行任期目标管理责任制。1995年，对专业技术人员实行聘任制，对工勤人员实行全额合同制，对院（站、所）长实行任期目标管理责任制。由区卫生局长和院（站、所）长签订任期目标合同。1999年3月，根据区人事局《事业单位专业技术职务评聘分开试行意见》，在区妇幼保健院实行专业技术职务评聘改革试点。通过个人自荐、申请、述职和单位推荐、民主评议、量化计分、评委评议、聘任等程序，聘任副高级技术职务2人、中级技术职务19人、初级技术职务24人。同年6月，全区卫生系统专业技术职务评聘分开管理工作全面展开。在对专业技术人员考核的基础上，按照单位高、中、初级技术职务的设岗职数，确定聘任岗位，单位负责人与受聘人员签订聘约合同，颁发聘任书。正职由区卫生局局长聘任，副职由单位正职聘任，聘期为2年。全系统专业技术人员签订聘任合同629名，降聘7人，自动退出不参加竞聘2人。7月，降聘人员低工资兑现。2001年6月，进行第2轮专业技术职务评聘工作。

人才管理　全区卫生系统在区人才交流中心办理聘用制干部78人。单位与个人签订聘用制合同，聘用期3至5年，将聘用制干部、人事代理人员的人事档案、人事关系、工资档案和工资关系交由区人才交流服务中心管理，人事代理人员的转正和专业技术职务评定和聘任，由区卫生局和人才交流中心协商办理。各单位按照国家规定为职工交纳失业金和养老保险金，办理人才流动手续，并根据聘用制干部和人事代理人员年度考核结果，决定是否续聘或解聘。

分配制度改革　2000年以前，卫生系统分配制度无硬性规定。2000年12月11日，区医院进行分配制度改革。每月从职工工资中拿出200元作为绩效工资，年终根据工作目标的完成情况和岗位责任制考核情况进行按劳分配，拉开档次。奖金分配，门诊医生按每人的工作量，病房医生按每个医疗小组的工作量，在全面考核评分的基础上，以工作量和工作质量的综合分数进行分配。奖金向临床和医技科室倾斜，后勤服务科室的工作由临床和医技科室评价打分，职能科室的工作由院长评价打分，按分数高低进行分配。

2001年7月，在全区卫生系统推行以收支平衡为原则的分配制度改革，实行全额浮动绩效工资制。各医院根据收支比例制定相应经济指标，落实到人。改革后的职工收入同技术水平、服务态度、劳动贡献直接挂钩，拉开工资档次。2002年，全区医疗机构业务总收入增长23.36%，乡镇卫生院业务总收入增长14.96%。其中，高疃中心卫生院增长59%。

劳动人事管理　1985年1月，卫生系统的院（站、所）长干部，由卫生局党总支考察批准公布，报区委组织部备案。1986年1月，乡镇卫生院的人事管理权归乡镇政府。9月，“三权”下放。12月，人事管理权又归属区卫生局。

1990年8月，对区直院（站、所）长，由区卫生局党委考察、推荐，任免权归区委组织部。乡镇卫生院院长、副院长，由区卫生局推荐、考察和当地乡镇党委协商任免，报区委组织部备案。从2000年7月开始，区直单位院（站、所）长采取公开、公平的方法竞争上岗。7月14日，区委组织部在区医院召开院长竞选大会，区卫生局党委成员、各乡镇卫生院院长和全院职工250人参加大会。

第九章　公共卫生监督管理

福山区重视公共场所、学校、食品、饮用水、化妆品、职业与放射等公共卫生的监督管理。采取监督检查、抽样检验、监测、培训、发证、查体等形式，积极开展打击假冒伪劣产品行动，确保公共卫生和人身安全。

第一节　食品卫生

中华人民共和国成立初至1955年，食品卫生工作由县卫生院负责。1956年，县卫生防疫站对全县饮食从业人员进行卫生训练，各饮食单位按要求增添卫生设备，制定卫生制度。1957年，对全县饮食从业人员进行普训1次，给38名饮食从业人员查体。1962年，贯彻实施卫生“五四”制度，97%的单位达到要求。1979年，卫生防疫站按规定，对食品生产、销售单位和个体经营户实行检查验收制度，合格者发给食品卫生许可证，每年检查换证1次；对饮食从业人员每年进行1次查体和卫生知识培训。1983年7月，实施《中华人民共和国食品卫生法》，开始对食品卫生进行法制化监督管理。此后，每年对所有饮食品加工、经营单位办理卫生许可证，从业人员进行查体、培训，办理健康证。1984年，食品卫生监督员及防疫站站长全国统一着装，由区政府发给食品卫生监督证。1985年7月，在全市食品卫生大检查中，福山食品卫生工作获第1名。1986年，食品卫生监督员增至6人。1994年，区卫生防疫站食品卫生科人员增至8人，全区食品卫生监督员增至33人。1978—1995年，境内未发生30人以上集体性食物中毒事件。

2000年始，开展“卫生监督世纪行”活动，严厉查处打击生产、销售假冒伪劣食品不法行为。全年对卫生许可证、桶装饮用水、豆腐制品、中秋节和国庆节食品卫生、食品生产安全、卫生示范一条街进行专项检查整顿7次，使全区的食品卫生状况发生根本转变。

2002年，进一步加大食品卫生的监管力度，对各类食品单位的监管覆盖率达100%。全区办验卫生许可证841户，办验证率达98%以上。其中，食品加工业105户，饮食行业250户，集体食堂33户，食品零售业152户，食品摊贩301户。对全区饮食从业人员查体、培训2123人（次），合格率分别达到98.6%和99%。查出乙肝表面抗原阳性者22名，全部调离工作。年底，抽取525份各类食品样品进行卫生检验，合格率为95%。对17户食品卫生不合格单位和个人，分别给予罚款、停业整顿、限期改进、吊销许可证等处罚，共罚款1000元，吊销许可证3户，集中销毁各类过期变质食品200公斤，封存处理含油大米500公斤，现场处理群众举报有关食品卫生安全问题18次。

尽管如此，卫生安全事件时有发生。1996年秋，福山成人中专有18名学生吃老豆腐拉肚子，全部治愈。2002年4月22日，福新街道办事处刘家埠采石矿误将亚硝酸盐当食用盐，致6人严重中毒，经抢救治愈。

第二节　公共场所卫生

1985年，区卫生防疫站设环境卫生科，负责公共场所卫生监测工作。每年有40户公共场所单位办理卫生证，办证率为80%，从业人员每年查体培训率60%左右。1987年对宾馆、旅店、饭店、酒吧、浴池、理发店、影剧院、录像厅、舞厅、商场、车站等空气、微小气候、采光照明、噪音、顾客用具和消毒设施等情况进行监督监测2～3次，合格者办理卫生许可证；对从业人员进行健康查体、培训，合格者办理健康证。1990年，区卫生防疫站购进2个仪器监测箱，对公共场所卫生进行仪器监测。1994年10月，防疫站设卫生监督一科、二科，负责公共场所的卫生监督、监测、查体、培训、办证等工作。实行分片管理。

2001年，结合“卫生监督世纪行”活动，重点解决公共卫生差的问题，对不合格单位给予行政处罚。2002年，重点对理发工具、餐茶具、浴池浴巾和卫生设施消毒进行专项整顿。全区共有公共场所单位90户，经检测，全部合格，均办理了卫生许可证，办证率100%。对430名从业人员进行查体、培训，为合格者办理健康证，办证率99%。对2名乙肝表面抗原阳性者调离工作。在全区公共场所单位设监测点3400个，监测率98%；设采样点766个，合格点为704个，合格率90%，达到条例和省、市卫生主管部门的标准要求。

第三节　饮用水卫生

1972年1月1日，县自来水厂开始向城区送水，日供水量仅有0.3万立方米。无化验人员和设备，自来水也不进行化验。1975年，建立集合井，开始进行加氯消毒。1978年，自来水厂建立化验室，购进消毒器、酸度计等设备，编制2人，经烟台市科委专业技术培训后，取得上岗证书。按1976年卫生部制定的国家《生活饮用水卫生标准》23项指标，对自来水进行化验。1985年，卫生部修订《生活饮用水卫生标准》，区自来水公司对不能自检的项目，委托市自来水公司化验代检。是年，区自来水公司建立加氯站，购进2台加氯机，对自来水进行消毒处理。1986年以后，区卫生防疫站检验科每年对自来水进行1次水质质控检测。

1988年，加强自来水管理网络建设，制定水质管理制度，严格执行环境条件不符合要求的地点不布井、水质达不到要求的水源不开采、水不经消毒不进入管网的规定，确保水质质量。1994—1995年，区供水公司建立化验室，购置高压灭菌器、恒温培养箱、分光光度计、浊度仪等20多台（套）化验仪器设备，配备4名取得国家和省相应资格证书的水质化验员，开展35项水质项目化验测定。

1984—1989年，农村有85%的用户自建手压井，改变了吃大口井水不卫生状况。村自建自来水逐步兴起，先后有10多个村在村头打深井，建水塔，送水到户。城区周围20多个村庄吃上区自来水公司供给的自来水。1990年，全区有三分之二的村庄吃上自建自来水。为确保饮用水卫生，区卫生防疫站每年在枯水期、盛水期、平水期分别在全区东西南北不同地点采取水样进行检验监测。结果表明，除农村部分饮用水由于卫生管理不规范和细菌总数、大肠杆菌总数超标外，大多数饮用水基本合格。对不合格的农村集中式供水，责成村委会安排专人负责，采取水井投放漂白粉的方法进行消毒。

1994年后，饮用水质实行三级检测管理。供水单位每月2次对水源井、出厂水、管网水按国家规定项目指标进行自行化验检测；每年对总大肠菌群、浊度、色度、细菌、臭和味、肉眼可见物、耐热大肠菌群、耗氧量等重点指标化验不低于516次，化验余氮不低于2064次。区卫生防疫站每月对管网水的浊度、余氮、细菌总数、总大肠菌群进行检测，每季度对水源水、出厂水进行全分析检测。区环境保护监测站每季度对水源水进行全面分析检测。经供水单位自检、防疫站和环保监测站抽检，境内自来水均达到国家规定的生活饮用水标准。

2002年，开展饮用水专项整治工作。抽查区自来水公司的水源水、出厂水、末梢水62个点，检验水样100份，合格率达100%；抽查农村集中式供水62个点，检验水样22份，合格率为70%。农村饮用水不合格的主因是管理不严，没有定期消毒。区卫生防疫站监督员对不合格水点现场监督指导，责令限期改进。是年，还对4家净水屋、10家大商店及专卖店销售的涉水产品进行检查，均有国家卫生部、省卫生厅批准文号及经销许可证，符合国家标准要求；监测9户桶装饮用水厂家，有3家卫生环境和卫生设施差、水质不合格，予以取缔；监测外地在福山销售的18个品种的桶装饮用水，有6家水质不合格，禁止销售。

第四节　化妆品卫生

区卫生防疫站食品卫生科兼管化妆品卫生监督管理工作。1989年9月26日，国务院《化妆品卫生监督条例》实施后，食品卫生科每年对商场化妆品部及专卖店进行检查，查其是否有省发卫生许可证（复印件）和批号等，并采样2～4份，送上级防疫站检验。条件具备者，发给专卖店经营许可证。发现客户出现过敏反应者，区卫生防疫站监督员立即进行调查处理。2002年，先后对区内10家化妆品销售店进行整顿，共检查20多种，主要检查有无许可证批件、标签和说明书是否符合《条例》要求等。经查，大部分产品符合销售要求。但有“印度去斑霜”、乳山产“足宝汗脚去臭灵”无卫生许可证、批件及文号，责令禁止出售。同时，采集4个新品种样品送市防疫站检验，均为合格。到2002年，境内未发生化妆品过敏、中毒事故。

第五节　职业卫生与放射卫生

职业卫生　1979年，县卫生防疫站设工业劳动卫生科，负责工矿企业的劳动卫生监测工作。1987年，《山东省乡镇企业卫生管理办法》实施后，开始办理工矿企业劳动卫生许可证，对接触尘毒工人进行查体。每年有40多个企业办理卫生许可证，为400多名接触尘毒工人查体，均未发现职业病人。监测人员在日常监测中发现，水泥厂、镀铬厂、电瓶厂、石子厂个人防护较差，立即督促厂方增设防护设备及个人防护工具。1999年10月后，按照《山东省职业病防治条例》要求，开展验证、发证、查体、建档和卫生监测工作。每年审证、办证500多个，为接触有害工人查体600多人。区及以上企业和三资企业有害作业卫生监测率为70%、乡镇企业卫生监测率为60%以上；区及以上企业粉尘、毒物、物理因素监测点合格率分别为70%、78%、65%以上，乡镇企业三者监测合格率分别为50%、70%、60%以上；接触尘毒工人查体率达到90%，查体合格办理健康监护证和厂矿企业建档率均达100%；探伤机放射工作人员和X光机工作人员查体培训率达98%。

2002年5月1日，《中华人民共和国职业病防治法》实施后，职业病防治步入法制化管理。除广泛宣传外，全区313家企业通过审核验证，审核率达到100%。在有职业危害的91个单位524个作业点设监督点499个，检测覆盖率和合格率分别达到95.23%和94.39%。通过对烟台阀门厂、联合电池厂、闽航钢铁制品厂等单位接触职业危害的953名工人进行查体，均未发现职业病人，全部办理职业性健康监护证。

放射卫生　1985 年始，区卫生防疫站劳动卫生科按照《放射防护条例》要求，对有探伤机放射源的 3 个单位，全部停用，放射源也妥善保存。对全区 12 个医疗单位的 12 台 X 光机设监测点 264 个，合格率达到 91%；对 21 名 X 光机操作人员进行个人剂量监测和查体培训，合格率均为 100%。2002 年 11 月，福山通过省级职业卫生监测资质认证。

第六节　学校卫生

1979 年前，学校卫生由学校自行管理。1980 年，县卫生防疫站安排专人分管学校卫生工作。对全县 10 处高中、45 处联中、245 处小学进行卫生情况调查，并举办 2 期培训班，培训保健教师 65 名，增设学校卫生室 1 处，配备保健箱 36 个，学校开设生理卫生课。之后，每年都对校医、保健教师培训 1 次，对中、小学生进行健康体检，对常见病进行防治。1987 年，区卫生防疫站成立学校卫生科，配备 2 名业务技术人员，购买 2 台近视眼矫正机，每年约有 40 多名中、小学生近视眼得到矫正。

1992 年，贯彻国务院《学校卫生工作条例》，开始有计划、有组织地开展学生常见病综合防治工作。在全区开展初保达标活动，印发卫生知识和初保课本 2 万册，发至各学校。1993—2002 年，在城区中、小学生中开展卫生知识调查。共调查 5670 人，其中小学生 2736 人，中学生 2934 人，卫生知识知晓率分别为 88.49% 和 95.84%，卫生行为合格率分别为 90.97% 98.3%，均达到初保要求。

1993 年 3 月，区成立学生常见病综合防治领导小组，制定学生常见病综合防治规划。之后，每年对区直 4 所中、小学生肠道蠕虫感染、贫血、龋齿、视力低下、沙眼、肥胖和营养不良等常见病进行健康查体约 6000 人左右。1997 年，按照市卫生局、教委的通知要求，在全区广泛开展学生常见病防治工作，如期完成自查任务，达到中期考评标准要求。

1999 年，为掌握城区小学生的贫血情况，对实验小学 320 名学生进行血红蛋白检测，低于 11 克的有 93 人，占 29.1%。2000 年 5 月，对全区中、小学校学生常见病防治情况进行自查，对存在问题及时纠正。2001 年，市防疫站对福山进行考评，达到合格目标要求。1993—2002 年，每年都对城区学生进行寄生虫感染率调查，并用丙硫咪唑驱虫。

2001 年，开展卫生监督新世纪行动，抽查各类学校 31 所。教室人均面积小学为 1.15 平方米，中学为 1.125 平方米，超过国家标准要求；课桌、座椅使用按学生身高判定，分配符合率为 61.29%，基本达到标准要求；教室的采光照明南北朝向占 96.77%，采光系数中学为 1.78%，小学为 1.69%；玻（璃）地（面）比平均为 1∶4.98，教室日光灯大于 240 瓦，均达到国家标准。对 11 所学校食堂进行监督，均组织制度健全、卫生设施完备，全部办理了卫生许可证。还为 40 名炊事员进行查体培训，全部合格，并办理了健康证。

第七节　卫生检验

1969 年 12 月，县卫生防疫站设检验室，负责对食品从业人员的尿、粪、血常规检验。1986 年，检验室改为检验科，分理化检验室与微生物检验室。理化检验包括生活饮用水、酒、酱油、花生油、食品毒物及水质检测，检测项目有钾、钠、钙、镁、氮、铁、磷、氯、铜、醇、碘、铬、粉尘、铅等化学元素；微生物检验包括霍乱疫源水、食品、海产品检索，对饮用水和饮食品、肝功、餐具检测及微生物培养。检验科每年检测水质、食品餐具等样品 3000 多个，检测各类从业人员肝功、大便 4000 多人份。

1986 年，检验科配有 7520 分光光度计、极谱仪、分析天平、超净工作台等仪器 17 种、20 件。到 2002 年，共配备各种仪器 51 种、75 件，价值约 80 万元。1996 年 11 月，检验仪器通过省级计量认证，获省计量认证合格证。2001 年 12 月，通过省计量认证复核，获省计量认证复核合格证。

1998 年后，检验科每年引进新技术开展新项目检测 3 项以上。2002 年，共检验食品类 328 份、水质 70 份、碘盐 174 份、餐具 1520 份，均达到标准要求。为食品从业人员查肝功 4086 人，其中乙肝表面阳性 182 人，查血常规 228 份，尿铅 116 份，腹泻病 SPA 快检 12 例，霍乱疫源检索海产品 54 份，疫水监测 60 份，均无阳性。福山参加全国碘盐质控和市防疫站安排的水、酱油、酒的质控及职业卫生盲样铜监测，均达到标准要求。

第三十三编　华侨　港澳台同胞

福山是远近闻名的“华侨之乡”。清末，福山始有居民到日本、高丽（朝鲜）、俄国（苏联）经商或开饭店。民国年间，福山人出洋经商、避难、与家人团聚者渐多。福山华侨遍及亚洲、欧洲、非洲、美洲、大洋洲五大洲。所去国家主要有日本、朝鲜、苏联、美国、加拿大、英国、法国、菲律宾、新加坡、巴西、奥地利、澳大利亚、西德、泰国、印度尼西亚、马来西亚等31个国家和地区。1985年，福山华侨总数为4015人。其中，在亚洲11个国家有3357人，占66.8%；在美洲5个国家有411人，占8.2%；在欧洲10个国家有230人，占4.6%；在非洲1个国家有3人；在大洋洲1个国家有14人，占总数的20.1%。在世界各地办企业近千人，其中较大规模的600多个。

改革开放后，福山区加强与海外游子的联系工作，欢迎华侨、侨眷回乡旅游、观光、定居。海外侨胞支持和参与家乡经济建设的热情空前高涨，为福山的经济建设和精神文明建设做出贡献。

第一章 机构沿革

1957年7月，县成立华侨联合筹备委员会，设专职副主任1人。改革开放后，区政府先后成立侨胞接待室、归国华侨联合会和“华侨之家”，专门负责侨务管理工作。1984年又建成华侨宾馆。1979—1998年，先后成功召开3届归侨与侨眷代表大会。

第一节 归国华侨联合会

烟台市福山区侨胞接待室 1979年2月，县革命委员会成立侨务办公室。1980年，更名为县人民政府侨务办公室。1983年12月，改称烟台市福山区人民政府侨务办公室。1993年机构改革，设立烟台市福山区侨胞接待室，隶属区政府办公室。2001年，深化机构改革，不再保留侨胞接待室，政府侨务工作划入归国华侨联合会。

烟台市福山区归国华侨联合会 1979年12月23日，县归国华侨联合会正式成立。1983年11月，更名为烟台市福山区归国华侨联合会。2001年，深化机构改革，归国华侨联合会对外挂侨务办公室牌子，行使政府侨务工作职能。

第二节 华侨之家

1992年1月至1995年8月，区侨办、侨联陆续收到76名华侨、港胞捐款，共计美元11200元、港币258248元、日元290000元、人民币若干元，在河滨路109号建成“华侨之家”。建筑面积约600平方米，为2层楼房20个房间。

“华侨之家”落成后，又有15名海外华侨慷慨解囊，鼎力相助捐款（其中有13名为二次捐款），配套完善服务设施，改善接待和办公条件。

捐赠“华侨之家”建设的侨胞：王寰海、王志方、初春霖、王国樑、张卓如、潘士义、由毓浩、柳鸿新、李作功、王正国、彭家章、杨起川、由米美、由爱民、李作伦、吴语超、王建人、邵盛基、吕寅昌、王维谟、于永吉、李恒连、郭光甲、臧永茂、于建平、于建安、于桂兰、于璟川、于静深、于德富、王宝华、王宣英、王维松、刘宗石、孙士金、刘宗周、孙殿卿、曲景焕、初由行、初由忠、邹立恩、吴语廷、邹立菊、初由强、吴语铎、初福全、林家珠、张传乐、姜家彬、潘立发、潘立芳、潘毓胜、柳钟民、朱江春、吕实亭、孙序福、刘殿君、朱曦晨、李世仁、邹立域、吴启埴、李谊新、杨琨源、焦伯林、姜培福、吴炳铸、胡国章、张膺三、王勇达、吴语翰、胡元昌、潘景有、潘景全、王建超、权希英、郭新春。

第三节　华侨宾馆

1983年7月，福山华侨宾馆破土动工，1984年8月落成。建筑面积2800平方米，总投资190万元。其中，华侨、港澳同胞捐资80万元。宾馆由服务楼、餐厅、商店组成。服务楼3层，设有门厅、接待厅、文娱厅和18个高级客房，一次可容纳宾客130人。高级房间配有电冰箱、彩电、电风扇、电话、沙发、软床和板式家具。餐厅设大、中、小型3种，一次可容纳就餐客人150人。商店主要经营日用百货和高档烟酒糖茶，为华侨、港澳同胞回乡探亲和旅游提供方便。

捐赠华侨宾馆建设的侨胞：郭光甲、陈远亮、王宣英、潘士义、柳洪新、邹立域、初春霖、由霖洪、王建超、吴语超、姜洪渐、王尊英、王国樑、姜洪陆、臧维泰、王寿光、吴炳铸、林锦浩、吴语廷、张传乐、安香圃、吴语铎、于继仁、林家珠、刘家齐、王寰海、柳中梅、张卓如、张心正、王建风、朱相奎、王文乐、刘如山、王　琪、李作功、于桂兰、朱春霖、王尊华、王志方、尹长青。

第二章　侨务、港澳台事务

2002年，全区侨胞和港澳台同胞共有1713户、6201人，分布在32个国家和地区。旅居较集中的国家有韩国、美国、日本、英国，其祖籍以古现、八角、高疃、清洋街道为多。

全区共有侨眷、归侨1551户、6076人。其中，侨眷1522户、6020人；归侨29户、56人，以朝鲜居多。

区侨联、侨办本着“热情接待，提供方便，服务周到，多做工作”的原则，积极做好侨务接待工作。在侨胞和港澳台同胞归国探亲、观光的时候，热情地组织他们参观、举行座谈会、进行家访等。改革开放后，侨务部门通过召开代表会、座谈会和小组学习等形式，向归侨和侨眷宣传人民政府“一视同仁，不得歧视，根据特点，适当照顾”的侨务政策，积极开展侨联活动，组织归侨和侨属参观家乡的巨大变化，并采取串乡、登门走访等形式，及时帮助他们解决实际困难。侨联委员经常利用业余时间帮助侨属写信，或通过自己海外亲人或其他关系查找无音信的华侨。通过宣传、落实侨务政策和开展侨联活动，使他们深刻体会到祖国的关怀和亲人的温暖，看到祖国和家乡的巨大变化，进一步调动他们为家乡做贡献的积极性。

第一节　港澳台事务

1997年和1999年香港、澳门回归之后，福山与2个特别行政区的贸易、旅游等不断扩大，深刻影响两岸的交流交往。福山区接待台胞、台商和其他社团人士150多人次，为其观光旅游、经贸洽谈等活动提供服务；先后组织7个团组46人次进岛开展友好交流和经贸活动。

第二节　侨胞、港澳台同胞贡献

文化学术交流　随着华侨社会地位的提高和经济条件的改善，华侨第二、三代新生文化素质不断提高，其中有获博士和硕士学位及专家、教授。特别是1978年之后，出国留学者增多，有的成为留居当地新移民中素质较高、发展潜力较大的群体。他们有的到国内进行学术交流和讲学，有的在当地扶持华文教育，并利用华人、华侨青少年夏令营进行文化交流。

侨汇　中华人民共和国成立之前，由于战乱，福山华侨与家乡的家属、亲友很少通汇。中华人民共和国成立之后，贯彻执行党的侨务政策，侨汇数量逐年增多。1956年，全县收汇4万元，1966年为11.4万元，1976

年为37.43万元。1978年后，实行“对外开放、对内搞活”方针，侨胞回国观光、探亲者增多，他们把带来的外汇全部用在国内，并把寄外汇看作是对祖国、家乡的贡献。1984年，全区侨汇收入56.4万元。侨胞和港澳台同胞为帮助祖国增加外汇，都尽量多订购国货。

投资　自50年代始，海外侨胞有的向家乡捐款，有的捐赠农用机械、汽车、电影机、电视机、复印机、电冰箱等物资，帮助家乡发展经济和社会各项事业。1954年，城里村旅日华侨郭永殷，自赠和发动华侨捐赠，购置灌溉机具，帮助县政府修建侨务机关办公用房；1961年，帮助城里村建磨坊；1964年，又帮助家乡办电，解决全村照明问题。60年代，门楼村旅日华侨刘家齐，帮助县修建建办公房；1984年，向华侨宾馆捐款捐物，还向门楼村捐款；1990年，为支持编纂《福山游子》和《福山区志》捐款；1992年，又进行捐款，兴建4所小学，创福山区有史以来一次性捐款金额最大，兴建学校最多的纪录。1976年，西周格庄村旅日华侨王泽文，为村办电捐资。同年，旅日华侨王寿光、港胞邹立域，分别为西周格庄村和大王家村捐赠25马力拖拉机各1台。1980年，侨胞捐赠载重汽车、丰田面包车和客货两用车5部，电视机19台，电影放映机1部。1982年，侨胞帮助推销抽纱2000多套。1983年，捐赠物资折合人民币8.5万元，捐赠丰田小汽车、客货两用车各1部。1984年，华侨和港澳同胞对全区捐赠款物18万元。1989年，港胞王维谟与烟台化学制革厂合资，创建“烟台中和革制品有限公司”。1990年和1993年，西埠庄村港胞李维鼎，先后捐款兴建门楼“荣珍小学”（西埠庄学校）。侨资企业烟台白马包装有限公司，有员工500人左右，2个厂区，占地面积6公顷，每年利税达500多万元。1999年，建厂投资10万美元，由于投资环境优越，经济效益好，增加到500万美元。主要生产自封袋，99%出口外销至美国，每年出口额2.5亿人民币。

1978—2002年，福山海外侨胞共为家乡兴建学校9所，成立教育基金会6个，设孝行奖1个；累计捐款折合人民币达1300多万元；兴办侨资企业34个，投资额3.3亿美元。此外，借助海外亲属的资助，归侨、侨眷兴办的侨属企业21个，固定资产达1280多万元，从业人员400余人，经营项目涉及饮食、工业加工、养殖、运输、贸易等行业。其中，福山兴华铝制品厂年产值达到300多万元，利税50多万元，成为区内侨属企业骨干。

建功立业　广大归侨、侨眷分布在全区各行各业，他们在各自的本职岗位上积极工作、献计献策、建功立业。有多人入党、入团、参军、升学，被评为先进工作者、先进生产者。有15名归侨、侨眷被推选为各级人大代表和政协委员，参加调查视察和民主评议等各类活动44人（次），撰写提案、议案和建议20多件，多被各级政府采纳。

对外联系　随着对外开放的深入，归侨、侨眷成为海外华侨、华人了解中国的一个重要渠道。全区有40多人（次）通过民间渠道赴美国、加拿大、日本、澳大利亚等国家和地区探亲、考察，加强与华侨、华人的合作交流。还通过书信、电话等形式介绍福山的新形势、新变化，为其国外亲友同国内合作牵线搭桥，引进资金、技术和人才。

1993年，为褒扬和奖励侨胞造福桑梓的义举，区政府根据《福山区华侨支援家乡建设奖励办法（试行）》的规定，对捐款、捐物折合人民币20万元、投资200万美元以上的8名海外华侨、港澳同胞授予“烟台市福山区荣誉市民”称号；对捐款、捐物折合人民币5万元、投资50万美元以上的17名侨胞颁发“爱国爱乡”荣誉证书；有5名侨胞被烟台市政府授予“荣誉市民”称号。

第三节　侨代会

福山县第一届归侨与侨眷代表大会　1979年11月28日，县第一届归侨、侨眷代表大会召开。来自农业、工交、财贸、文教、卫生等各条战线的侨眷、归侨代表76人和侨务工作者30多人出席会议。会议通过县归国华侨联合会章程，选举产生第一届侨联委员15名。省侨联委员郭新湖当选为县侨联主席，省侨联代表孙绍亭当选为副主席。

福山区第二届归侨与侨眷代表大会　1990年11月2日，区第二届归侨、侨眷代表大会召开。选举产生第二届区归国华侨联合委员会。郭新湖继任主席，王经羲、孙绍亭、刘恩来、由其禹当选为副主席；郭新湖、王经羲驻会，主持日常会务工作，聘任张世好为联合会顾问。

福山区第三届归侨与侨眷代表大会　1998年10月30日，区第三届归侨、侨眷代表大会召开。出席会议代表67人。大会审议并通过王经羲代表区侨联第二届委员会作的工作报告。选出区第三届侨联委员19名，常务委员7名。王经羲当选为主席，王如卿、由其禹、姜伟、姜秀琴为副主席，郭新湖为名誉主席，王国樑、于桂兰、李作功、郭光甲为名誉副主席。大会还收到韩国洪城华侨协会会长王正国、美国“厚德福”投资有限公司董事长于桂兰、冀鲁旅港同乡会发来的贺电。

第四节　侨务

接待　1978年改革开放后，福山籍华侨、港澳台胞回乡探亲、祭祖、旅游、观光、洽谈贸易者逐年增多，对回乡的侨胞，侨务部门都派人登门看望，并在食宿、交通、活动安排等方面提供多元化服务。对第一次回国探亲和在政治、经济、科学技术方面有造诣的重点华侨、港澳台胞，区侨联都以来客报告单的形式上报区委区政府，由区领导出面接待。随着改革开放的不断深入，回乡洽谈贸易的侨胞和港澳台胞越来越多，侨务部门在坚持“热情接待、提供方便、服务周到”的同时，积极向他们宣传党和政府的侨务政策，介绍改革开放的成就，以增强他们热爱祖国、热爱家乡的信念和热情，使之在引进项目、资金、信息等方面发挥积极作用。1978—2002年，侨务部门共接待回国探亲、观光的侨胞2201人（次）。

落实侨务政策　自50年代始，县政府对一些丧失劳动能力的侨眷进行适当照顾，或实行“五保”，或补助工分。1982年，县政府组织人员，先后复查并纠正“文化大革命”中归侨、侨眷的冤假错案15起，清理出档案中有海外关系的材料115份，对不实的4份材料全部销毁。1984年，区政府根据党的政策，为18名侨胞重点人物的国内亲属安排了工作。同年，执行中央关于纠正土改时华侨私房被分的决定，全区有70户侨属的1.2万平方米房产得以补偿，折人民币28.72万元。由于拨乱反正和侨务政策的落实，广大归侨的社会地位有了明显提高，精神面貌焕然一新，在扩大海外联系，引进资金、人才、技术等方面做出重要贡献。

维护归侨、侨眷的合法权益　1990年后，贯彻落实《中华人民共和国归侨侨眷权益保护法》《中华人民共和国归侨侨眷权益保护法实施办法》，侨务部门定期对归侨、侨眷走访慰问，帮助他们解决困难，发放救济款1万多元，每年为海外侨胞做好事、办实事50件以上，受理来信来访20余人次，有3名归侨子女享受到“三侨考生”的照顾政策（总分低于提档分数线10分以内，可以提交学校审查录取）待遇。1997年，区侨办在全区范围内开展归侨、侨眷身份认定和制发身份证工作，为196人发放归侨、侨眷身份证。侨务工作者积极开展为侨胞服务、为经济建设服务、为基层服务活动，受到广大归侨、侨眷的赞誉。

第五节　华侨、港澳台胞和外籍华人简介

王学忠　祖籍古现东村人。博士学位，教授。1920年，出生于北京东城乾麦胡同。1935年，在北京汇文中学读书时，参加学生运动，头部被宪兵击伤。1939年，在李先岳支助下，考入上海圣约翰大学。1943年毕业后入纽约哥伦比亚大学，攻读经济学。1950年朝鲜战争爆发，经济断绝，半工半读，终获工商管理硕士和经济博士学位，受聘于美国田纳西州大学，执教7年，后转南加州大学和加州州立大学，任教授。曾获“富布莱特”奖金。先后前往香港大学讲学1年、回国内北京工业大学、山东经济学院等讲学。舌耕之余，辛勤笔耕，著书发行海内外，并赠福山区史志办，被聘为顾问。他热心公益事业，先后为福山教育、史志机构捐款2000余美元。1994年，在古现完小设立“王桐观、于世侨教育基金”，用于奖励勤奋工作、刻苦学习、倾情报国师生。至2002年，基金总额达1万美元，奖励教师418人（次）、学生1296人（次），扶助特困生74人（次），实现了父母未竟夙愿。1988年退休。

王宪钟　1918年生于北京。祖籍古现东村人，博士学位，王懿荣第五代孙、著名数学家。1936年毕业于南开大学，同年入清华大学物理系，后攻读数学。1941年毕业。同年，考入该校研究生。1944年，毕业于清华大学研究院，获数学硕士学位。1945年，获英国文化委员会奖学金，赴英国留学。1948年，获英国曼彻斯特大学博士学位。其间，发现代数拓扑学中以其命名的“王氏序列”。1948—1949年，在南京中央研究院数学研究所任副研究员。1949年，随中央研究院迁移台湾。同年去美国大学任教。1955—1957年，分别在路易斯安那州立大学、普林斯顿大学、阿拉巴马工学院从事研究和教学。

任教于西雅图华盛顿大学。1957—1966年，任西北大学副教授、教授，1966—1978年，任康奈尔大学数学系教授。1966年，当选台湾“中央研究院”院士。1978年6月25日，病逝于美国纽约。

陈靖 又名陈连尧、陈连耀。1951年生，卫家疃村人。本科学历，博士学位、教授。1969年，任村“赤脚医生”。1971年，被推荐为“工农兵”大学生，入山东中医学院攻读。1976年，山东医科大学毕业，留校从教，历任讲师、副教授。1988年，赴墨西哥讲学。1989年，赴美国传播发展中医、针灸、推拿等，在当地引起轰动。1990年，应邀去美国东亚大学任客座教授。著有《针灸穴位解图谱》《推拿挂图》，获全国优秀科技图书1等奖，并以英、日、法等国文字出版，向世界发行，还被美国中医大学用作教材。2002年，任美国南加州山东同乡会会长。从医同时，致力于侨联工作，为祖国和平统一、经济发展做出贡献。

于桂兰 女，1924年生，南于家村人。美国三藩市厚德福饭店总经理。1942年，在河南、上海谋生。1949年，与丈夫去香港，在孤儿院当保育员。1968年，移居美国三藩市，与丈夫开办厚德福饭店，后设分店，任总经理。1988年退休。为弘扬鲁菜文化，不惜重金聘名厨，派员观摩学技艺。她自己亦常利用回国探亲机会，拜师求艺，将鲁菜烹制技艺传播到美国。她关心家乡公益事业，先后为村办幼儿园、出版《福山游子》等捐款13万元。

王国樑 皂户头村人。1924年生。1938年，去大连“群英楼饭店”学徒。1941年，为逃避日本人抓苦工，到天津“登瀛楼饭店”当跑堂。先后在天津“明湖春”“悦宾楼”“忠兴楼”从事烹饪业。1948年，在上海国际饭店“丰泽楼”当厨师。1955年，在香港“豪华楼饭店”。1960年，转厚德福饭店，皆任厨师。1965年，开设香港“松竹楼饭店”，任经理。1966年，在香港九龙设6个分店。1975年，松竹楼集团接收“豪华楼”。1979年，又去美国创办“松竹楼饭店”。1992年，与烟台水产公司合作开发房地产。自1965年开始，任“冀鲁旅港同乡会”常务理事兼总务组主任，当选为烟台市政协委员。他热爱祖国，关心家乡经济建设，从70年代开始，先后为福山华侨宾馆、资助办学等捐款10万元，捐赠汽车5部。

刘家齐 男，1920年生，门楼村人。15岁下学，东渡日本，从事餐饮业，先学徒跑堂，后掌灶当厨师。经多年努力，独资开办“新北京饭店”，任经理、会社社长。主要料理鲁菜，开发名吃，因选料精、技艺高，生意兴隆。他的4个儿子全在饭店就职，成为烹饪世家。他爱国爱乡，善资公益事业，秉承其祖父刘佑民“经商有成，回乡办学”的意愿，在福山捐资兴建小学4所。1963—1992年，先后向家乡捐款捐物。乡亲们为纪念刘家之善行，将其捐款兴建的门楼中心小学更名为“门楼佑民小学”。

李作功 1929年生，东龙夼村人。小学文化。1944年，到北京“东兴楼饭庄”学徒。1950年，受聘去香港“燕云楼”做前台管理。1972年，移居美国，在华盛顿地区中餐馆任前台经理。1980年，在格林威尔市开办自助餐馆“皇宫饭店”。在美国4地开办饭庄5个。至2002年，尚拥有规模较大的“京园饭庄”“红楼餐馆”“华东饭庄”3个，任总经理。在异国他乡，苦心经营中餐，潜心弘扬鲁菜，兼理粤菜、湘菜等，吸引众多顾客光临，生意十分红火。他热心公益事业，经常参与当地的中文学校、京剧社团、医院扶伤等筹资活动。1990年，70寿辰时，收到时任美国总统克林顿签名的贺卡，并受到时访美国的江泽民主席接见。还多次应邀回国参加国庆观礼。

李维鼎 1917年生，西埠庄村人，硕士学位，香港多家公司董事长。1940年，上海沪江大学毕业后，去美国加州大学攻读商管硕士，毕业后回上海从商。1948年去香港。至1985年，历任香港发利服装公司、亚泰金融公司、日本东京皇冠地产（株）、冲绳杰士物产公司、泰国发利服装公司、台湾高雄加工区三鼎企业、纽约发利公司、香港亚太发展有限公司董事长和台北世华银行董事、美国纽约世界服装业公会亚太区代表、晋利地产金融有限公司董事局顾问等，兼任香港冀晋同乡会永九会董、旅美关岛中华会名誉会长。1988年，到北京参加世界法律大会，适逢同籍空军部长刘荣华和村长林福熙，聚会议定：在西埠庄村建立工农专科学院附属中小学，并由北大校长吴树青教授赞助，遂以校友会名义筹资港币100万元。

吴缉华 1927年生，吴阳泉村人，本科学历，高级研究员、教授。1945年在北京中学读书。1947年去台湾读大学。1951年毕业，供职于台湾“中央研究院”历史语言研究所。1972年，去新加坡南洋大学任客座教授。1974年，移居澳大利亚，在堪培拉国立大学太平洋研究院远东历史系研究中国历史。他先做甲骨文及上古史研究，后专攻明史。出版专著有《明代海运及河运的研究》《明代社会经济史论丛》等，发表论文有《元朝与明朝的海运》《明代史载苏松重赋与明太祖迁都的质疑》《明代妃相与权的转移》《明代苏松重赋的由来》《明代四辅官考》《明代建国对外的基本态度决策》等百余篇。这些论著还以英、德、法、日等国文字刊发世界各地，受到高度评价。他多才多艺，擅长书法绘画，尤工甲骨文书法和山水、花卉国画，多次在国内外举办个人书画展。1963—1965年，他以访问学者身份，在美国哈佛大学创办国立成功大学历史系，并首任教授和主任。1979—1980年，先后3次赴日本讲学。1991年3月至5月回国在中国社科院、中国人民大学、北京大学、南开大学等讲学。1997年退休。

张之香　女，1942年出生，祖籍古现人，学士学位，美籍华人。1951年，张之香和全家一起到美国。1960年，她以优异的成绩进入美国伯克利加州大学，主修传播与公共政策。毕业后，加入美国总统直属的和平团，到东南亚地区当英语教师，是年23岁。1966年，回美国入哈佛大学，攻读美国政府管理及东亚政治专业，次年获学士学位。毕业后进入美国国会当职员。1970年后，历任美国参议院助理、国际传播署副主任、国际开发总署助理署长和美国华人妇女协会会长、董事长等，成为当时在美国获得最高职位的亚裔。1989—1993年，被美国总统布什任命为美国驻尼泊尔大使。她是中美教育基金的发起人和主席，致力于美中两国法学学者之间的交流与合作。2000年春，应邀参加在北京召开的世界妇女大会，其间返回故里，走访乡亲邻里，详细询问妇女状况。她是妇女社会活动家，其业绩被收编入《美国著名妇女录》《世界名人录》《美国未来领袖名录》等典籍。

林丛敏　1912年生，祖籍芝阳村人，博士学位。美国印第安纳州药厂研究部高级研究员、著名肠胃激素专家。1938年出国读书。从事医学生物研究30余年，造诣颇深。1979年7月，应北京医科大学邀请，回国讲学，与首都生理学界老科学家张锡钧、赵以柄和中国医学科学院基础医学研究所、北京师范大学、北京大学、中国科学院动物研究所、首都医院、解放军总医院、黑龙江中医学院、内蒙古师范学院、贵阳医学院等从事消化生理科研和肠胃病临床研究工作的专家及学者进行交流。在京期间，共作4次演讲、参加3次学术座谈会。讲演题目有胰血糖素、生长抑素胰多肽、组织胺的现代解释等。

潘士义　男，1915年生。渡口村人。小学文化。1952年移居日本。从事餐饮业，饱受艰辛，历经坎坷。1974年，在大阪市中心地段创建“锦城阁饭店”，任经理。饭店设施豪华，有雅座800个、厨师30名。主营鲁菜，兼制川、粤等菜。多次举办“满汉全席”，深受顾客赞赏。中国访日代表团、党和国家领导人曾多次光临，社会名人也慕名光顾挥毫，主要有刘海粟题词“其味无穷”，董寿平赠匾“宾至如归”，尉天池题诗“供饷十洲三岛客，欢迎四海五湖人”等。他身居国外，心系家乡经济发展，先后捐款10多万元并捐赠汽车、轿车、拖拉机各1部，还赠彩电、电子计算器、照相机等物品。

第三十四编　社会生活

福山地处齐鲁大地，礼仪之邦，崇文尚德，文化昌盛，民风淳朴，在长期的生产生活中，形成了具有乡土风情的婚丧、生育、节日、美食等独特的民俗文化。在宗教文化方面，福山区成立专门机构，依法保护正常的宗教活动，维护宗教团体、宗教活动场所和信教公民的合法权益。目前境内宗教主要有基督教、佛教、天主教、道教。

第一章　人民生活

中华人民共和国成立前，由于社会制度落后，福山人民生活极端贫困。

中共十一届三中全会以后，福山的经济快速发展，人均收入逐年增长，人们的生活水平不断改善提高，饮食结构由温饱型向高质量、营养型转变，穿着服饰、居住环境、家庭生活用品、出行和运输方式等都发生了极大变化，稳步向着全面富裕的小康之路迈进。

第一节　饮食

20世纪初，因军阀混战，福山民众卷入战乱。苛捐杂税巨多，百姓不堪重负，长期处于饥饿状态。至50年代，仍有一日三餐喝稀饭的习惯。

改革开放后，城乡差别缩少，小麦、大米成为人们的主粮，肉禽蛋奶等成为必需品，各种新鲜海产品、时令果蔬等琳琅满目，周年满足供应。

第二节　服饰

穿衣　20世纪初，穿衣袭清末服饰。富者，以绸缎为主，女穿大襟上衣和旗袍，足履尖脚绣花屣；男士长袍套马褂，顶戴红缨“瓜皮帽”，冬裘皮，夏苏罗，皆布履。贫者，头顶半毡帽，一件破棉袄度冬，春来拆洗成单片，夏季粗布汗背心，或用块粗布搭肩。

二三十年代，进口白布、白线（时称“洋布”“洋线”）进入福山市场。富者买布染色，织袜裁衣；穷者粗布用谷草灰、槐树花等染成灰色；农家女用棉花纺线，织成粗线袜，取代布袜。地主老财、绅士名流，多受改革维新思想和洋人的影响，男士剪掉发辫，头戴“礼帽”，蓄“八”字胡，持“文明棍”，脚穿牛皮底布鞋，身着绸缎长袍马褂，一现潇洒风韵。妇女解放运动推波福山，部分青年女性放足求解放，丢掉尖脚鞋，换穿圆口大脚鞋。

40年代，多穿自做的纳帮鞋，贫困人家因孩子多，冬无棉衣、无鞋，青壮年用鲜猪皮缝制成鞋状，内塞麦草，用绳缠绑在脚上（俗称“绑”）。炕上无篾席、无被褥，晚上睡觉不脱衣服“囫囵滚”。一件衣褂只有出门走亲戚时才舍得穿，平日夏秋季节用一条毛巾搭肩，遮阳擦汗。有的爷孙三代都曾穿用，不少穷人用旧麻袋片、口袋片夹在其中缝补衣服。破衣缝隙多，卫生条件差，大人小孩都生虱子。有的贫穷人家借衣走亲戚，如胡家疥有一人在大连时穿戴过的一顶礼帽和一件长袍，全村多名男青年曾借穿，为结婚时的礼服。

中华人民共和国成立初期，男性老人仍多穿大襟长身棉袄（民称“包腚袄”），外套蓝大褂，脚穿木底蒲草窝（民称“草呱哒”）；老妇冬穿黑色大襟棉袄，扣

图34-1　乐在福山（林辉 摄）

系擦泪巾，带子缠裤角；壮年男子夏秋穿白色对襟小褂或蓝或黑色对襟夹衣；青年男子冬戴自做的帽檐、挽两耳的军式棉帽，夏穿“绾夏”衬衣；女青年改穿人民服，或用天蓝士林布缝对襟衣，屣胶粘底黑色力士鞋、球鞋或解放鞋；幼儿冬戴虎头帽，儿童夏穿“呱哒板”（木板拖鞋）。男女皆穿“扭裆裤”（为家妇自裁自做，男接白裤腰，女接红裤腰，直筒裤腿；穿着时，裤腰在腹部褶叠，用腰带围系）。1953年，青年改昔日对襟袄为四兜制服或军服，多为手工自做。布料为平纹海青蓝、咔叽布、人字尼等。同年，学习苏联，女教师有的穿列宁服，有的穿“布拉吉”（连衣裙），跳舞扭秧歌。1957年，执行国家规定，发放使用布票，每人每年1丈2尺布。1961年始，每人每年发布票3尺3寸，穿衣用布多年紧张。1964年，青年多穿军式制服，男戴火车头帽。是年，少数人始穿毛衣或线织背心。“文化大革命”期间，“红卫兵”身穿草绿色军装，头顶红五星军帽，腰扎皮带，臂戴红袖章，以示威风。1969年，青年始穿中山装、军式制服、人民服、青年服、军大衣等。青壮年均穿制服裤，青年妇女穿宽口解放鞋。

70年代初，“的确凉”“涤纶”“涤卡”“人造毛”等化纤相继上市，增添了布料的花色品种。衣着式样以军式制服、中山服为多。冬天，男性老人多披棉大衣，男女青年身穿衣帽一体的“棉猴”或筒式半大衣，脚穿猪皮棉鞋，孩童穿“乌拉鞋”（一种帆布纳帮连胶底高腰靴）。尼龙袜代替线袜。夏季，塑料凉鞋替代“呱哒板”。女兴穿平绒胶底鞋，男多穿军式黄帮胶鞋。80年代初，穿着改换新装服饰。春秋，公司经理、医生、教师、机关干部及农村青年兴穿西服，结花色领带，穿牛皮鞋；女士着不同花色的羊毛、兔毛衣衫，身穿长裙，脚穿高跟鞋、套高腰袜。青年兴穿“鸡腿裤”“喇叭裤”“牛仔裤”“T恤衫”。冬穿剪羊绒（化纤）派克服、雪花尼大衣、半大衣，顶戴鸭舌帽、尼帽。90年代，穿衣讲究面料产地、质地、花色韵纹、式样、做工等，按照“模特儿”的穿衣展示选购衣服。知识分子着装趋向高雅文明，机关工作人员注意洁净，中小学生装点活泼，中老年妇女日趋年轻化，服饰花色鲜艳，格调明快，中老年男子多着休闲装、“面包服”，年轻的经理多穿“金利来”西装和皮鞋，农村体力劳动者服饰从简，注重耐脏、耐磨，夏避暑，冬御寒。1994年，男女青年兴穿筒式、茄克式全身或半身皮衣、裘衣，一件价位3000元、6000元、万元不等。春秋，男着港式“金利来”西服或T恤衫、羊毛衫；女穿超短裙或套裙。牛皮鞋和旅游鞋深受青年青睐。

20世纪末至21世纪初，服装和鞋帽趋向多样化。式样、布料质地、纹饰、色泽、剪裁以法国、日本、韩国服装格调为主旋律。女式冬装讲求文静、靓丽温雅，夏装追求线条美。衣料质地趋向选用毛料、真丝、裘皮、真皮、羽毛等动物纤维和棉、麻等植物纤维，化纤产品逐渐被淘汰。秋冬，女式套装、高档风衣、仿皮风衣、仿雨绸风衣、毛尼大衣、驼绒大衣、裘皮大衣、人造毛皮大衣、黑色高筒女皮靴、黑色女皮裤装扮女青年；唐装为中老年节日装；旗袍为礼仪小姐工作服；休闲羽绒服，为中老年人度冬的时尚装。

福山城区销售国产品牌服装主要有波司登、丑丫头、鲁一、新郎、罗蒙、夏蒙、蒙古王、小博士（童装）、裤城（男装）、英姿（羊、驼皮衣）、红蜻蜓（皮鞋）、寒思（休闲式羽绒服）、洛兹、鹿王（羊绒衫）、虎豹（茄克）、七匹狼、金永成、雅戈尔、太平鸟、久久红（服装）、金猴（皮鞋）、孚德（皮鞋）等；销售港式品牌服装主要有啄木鸟、影儿、敦奴；经销台式女装的店号主要有粉领贵族、声雨竹、富姐等。另外，还有皮尔·卡丹、联邦登喜露、意大利宾度牌男式皮鞋专卖、老人头等品牌或店号销售法国式、欧式服装和鞋帽。

梳饰　清时，男留发辫为清规，女梳长辫为家法。民国初年，强调男士剪掉辫子剃光头，进福山城先经守兵检查，不剪辫子者不准进城。40年代，农村男性皆剃光头；女性用白土（民称“狼屎泥”）或芝麻叶、面碱等洗发，已出嫁的女子留披肩发或梳“飞机”头。

中华人民共和国成立后至50年代，男青少年兴留分头，多为个人购买理发工具，互相免费理发；男性老年多剃光头。女子留长辫或剪成“解放头”（民称“半毛头”）。60至70年代，城区仅有国营理发馆和东北关理发馆2处，只有少数男青年到理发馆理发，需排队等候，多数男青年则是互相免费理发。女性青年兴留长辫或短辫。80年代，个体理发馆、美发店增多，男女老少皆到理发店理发。新婚女子和已婚妇女多烫卷发，青年女子兴留披肩长发。90年代后，讲究美容，体现个性，女子随意涂口红、描眉、粉脸。个体理发馆、美容店遍及城乡，服务项目增多，可随处剪发、洗头、焗油、烫发、拉直、盘头、新娘化妆等，并可专做面膜、按摩等。进入21世纪后，男女青年兴染黄发、棕发，也有的披戴假发。

第三节　居住

境内民居坐北向南（偏东南或西南），靠山近水，背风向阳。有的为北屋南屋、东西2厢，四合院格局；有的只有北屋和东厢或西厢，无南屋，南边、东边和西边套院墙，在南偏东侧开街门、垒门楼。北屋和南屋各为4间或5间。4间的北屋一般在西第二间和东间各开1门，西3间为1明间、2稍间，明间东西各垒1个锅灶，2稍间各垒1铺土炕，与锅灶相通，最东间为储藏间。4间的一般无南屋，只有2间东厢或西厢，外套院墙、垒门楼。5间的有的在院中垒隔墙，开二门，内院西边3间，北屋格局与4间的相同；外院2间，用作客屋或储藏室。南屋内院3间格局与北屋相同；外院最东间为套间，一般用作放置农具、柴草等，另一间为过道。东厢屋一般饲养大牲畜，西厢屋多为人居。

中华人民共和国成立前，富户一般建高门大屋，出厦漆檐、青瓦抱垄；东北红松搭房架、做门窗；石料切块细磨，严丝合缝；布局多为套院，月门相通；室内用石灰水粉刷。一般民房房顶起脊，砖、石、木结构，用麦秆草或山草盖坡，称“草房”；南边每间留1个木棱大窗，北边留较少“死窗”；室内用石灰水粉刷或用泥土抹墙；房屋间口狭小，多为8至10平方米。

中华人民共和国成立后，居住条件逐渐改善。70年代，民居多为青砖、红瓦、白墙，石灰沙浆砌墙，有的在房坡下檐铺3行红瓦，上部用麦草或山草盖坡。80年代初，城建部门要求农村建房街道整齐划一。随着人口的增长、“四世同堂”观念的淡化，青年人结婚即自立门户住新房。每村红色新瓦房成片建成，多属砖、石、木结构，亦有钢筋混凝土结构建平房；三面砌院墙或一面建耳房或厢房。窗户外框为木制，内镶玻璃，前后均为大窗，屋内粉刷涂料，清洁明亮。全县农村人均居住面积为16～18平方米。90年代后，农村用水泥沙浆砌墙，内墙涂乳胶漆，铝合金或塑钢门窗。2002年，全区农村人均居住面积增至28.9平方米。

城区机关干部家属住房，五六十年代，部分租住公有闲房，低矮潮湿，人均居住面积不足5平方米；另一部分在附近村庄租住民房。1983年，宽幅布厂、造纸厂和金融、电业等企业单位建平房或楼房为职工宿舍。县政府大院后建1号楼、2号楼，为政府科级干部家属宿舍。80年代末，河滨小区建成，为机关干部家属居住区。90年代后，房地产开发迅速发展，城镇职工大都住进楼房，居住环境明显改善。河滨小区，居住居民1881户；华侨新村，居住76户；松霞小区，居住503户；银河小区，居住507户；西关恒生小区，居住1191户；天府花园小区，居住1031户；富豪花园小区，居住330户；永乐公寓，居住588户；三联1号和2号小区，居住435户；民丰小区，居住180户。至2002年，福山城区共建成规模居民小区32个。城市人均居住面积提高到25.2平方米。

图34-2　旧式四合院

第四节　用具

火种采集与使用　20世纪初，民间百姓生活用火，火种的采集多是手持“火镰刀”与“火石”经快速打擦产生火花，将火绒引燃，用来吸烟，或再将纸炭、高粱秆芯、细草等引燃，用来烧饭或取暖。为省时省力，多到邻居家中用纸炭或松枝柴草将火种接回，此谓借火烧饭。为保存火种，将艾蒿或玉米须搓成细绳后将其点燃，可几日不灭。20年代前后，始有火柴（时称“洋火”）。50年代，火柴得以普及。60年代，始用汽油打火机。至20世纪末，燃气打火机、自动燃气灶普及开来。

取暖　60年代前，冬季多采取烧火炕取暖，或用泥盆盛木炭、玉米棒等取暖。60年代，机关始用铁铸燃煤炉取暖。80年代，烧煤锅炉、土暖气炉，电热毯在城镇多见使用。至20世纪末，始用空调、电热器采暖；城区楼群采取烧锅炉集体供暖。农村多用煤炉、蜂窝煤炉。

灯具　20世纪初，晚间贫困人家多用碗、碟或将萝卜头挖空后将豆油等油脂倒入，点燃棉芯照明；殷实人家用锡灯台倒入油脂点燃，或用蜡烛照明。至四五十年代，煤油灯、玻璃罩灯、提灯、马灯等燃煤油灯和豆油灯同被使用。50年代末，城区部分居民始用钨丝电灯照明。80年代初，全县城乡普遍使用电灯照明。随着电力工业的发展，各式日光灯、白炽灯、节能灯等逐渐取代钨丝电灯。城区街道、楼宇照明，采用吊灯、感应灯、路灯、霓虹灯等。

炊具　20世纪初，百姓皆用直径为60厘米、70厘米、80厘米的敞口铁锅烧水、炒菜、做饭，用“丫”字形树枝为锅梁，细高粱秆串成箅子，用作熥菜、蒸包子或馒头，炊具主要有铁铲、木勺、葫芦瓢等，盛水用木桶或泥缸、瓷缸。30年代，用薄铁制成水桶或铁勺，替代木桶、木勺。50年代，始用木制风箱（俗称“风匣”）吹火烧饭。70年代后，皆用小型鼓风机（俗称“风鼓子”）吹火。七八十年代，铝锅盖、铝箆簾替代了木制锅盖和高粱秆箆簾；不锈钢炊具使用渐多。90年代后，高压锅、电饭锅、电饭煲、微波炉、电烤箱、电冰箱、电冰柜、液化气灶、抽油烟机等现代炊具、家电进入城乡居民家庭。

餐具　中华人民共和国成立前，一般家庭餐具皆为泥碗、沙碗、泥碟、泥盆；用枝条编成笊篱头、笊篱盘捞食或盛饭；富裕人家多用瓷碗、瓷碟、瓷缸、瓷罐、火锅等；筷子有竹筷、木筷、银筷、铜筷、骨筷、象牙筷等。中华人民共和国成立后至70年代，瓷器尤其粗瓷广为使用，搪瓷、铝合金等餐具亦见多用，泥盘、泥碗（沙碗）、泥盆销迹。至20世纪末，餐具使用日渐考究，各种规格的细瓷碗碟，其形状、质量、图案、功能等推陈出新。

陈设　20世纪初，富裕人家室内桌、椅、箱、柜等多为本地秋木制作。设计大方适用，做工精巧细致，涂枣红色，着桐油漆，雕“松”“竹”“梅”，刻“福”“寿”“喜”等图案。客厅内设八仙桌、长条凳、茶几、书桌、太师椅，案缀瓷花瓶，墙挂中堂、立轴，玻璃镜替代铜面镜。贫户陈设简陋，山区贫民用马尾松木自做饭桌、长条凳、小板凳，麦秆草编草墩，玉米穗叶编织蒲团，枝条编制筐、篓、囤等装衣盛粮。中华人民共和国成立后，家庭陈设不断更新。60年代，青年结婚讲求自行车、手表、缝纫机“三大件”。80年代后，沙发、联帮椅、新式茶几、大立柜、高低柜、梳妆台、席梦思床、衣架、衣柜、电风扇、空调、电视机、洗衣机、石英钟、电子钟、花瓶、古玩等现代时尚家具、电器陈设千家万户。

舆具　清末民初，境内舆具主要为抬轿、驮轿。儿娶女嫁、县官出行时多坐抬轿。百姓人家，以驴、骡为舆，代步迎亲送友，或驮运粮草。30年代，始见自行车。农民送粪、运粮或较远运送货物，除驴驮、人肩挑抬外，还使用木制独轮手推车。中华人民共和国成立后，人们出行、运输舆具不断改善。50年代初，手推车、马拉车由木轮换为胶胎轮。全县仅有自行车三五辆，为政府机关人员出行的唯一代步舆具。县政府召开千人大会，来自各村、镇的参会人员多步行到县城。60年代，自行车渐多，县机关各科局部委备有公用自行车。公安人员骑摩托车执行任务，邮政投递人员骑摩托车投送电报、信件。1972年，县委始有第一辆部队退役的吉普车。1978年，福山华侨赠送一辆面包车，供县机关使用。1983—1984年，县委、县政府有2～3辆轿车，人大、政协亦

图34-3　笼帽

图34-4　老式碗柜

配有公用车。华侨捐赠给县侨办日本丰田轿车和面包车各1辆。工作人员下乡或外出办公皆骑自行车。90年代末以后，区党、政领导基本每人配备一辆轿车，各局、委、办及各乡镇均配备轿车1～4辆。同期，家庭始有私用轿车。

公路客运事业迅速发展，为广大人民群众的出行提供极大便利。1985年，全区客运线路达34条，总通车里程1723千米，有过路班车132次。1996年，“的士”出租轿车穿往城区，载人送客。农民购置“巨力”牌等农用车从事田间运输，独轮手推车被淘汰。同时，人们远途出行可至烟台乘轮船、飞机、火车通向国内外。

第五节　经济收入

农民收入　中华人民共和国成立初期，全县农民人均纯收入仅为五六十元。至1965年，尚不足百元。1974年为133元。1982年增为264元。1983年后，随着家庭联产承包责任制的实行，农民收入显著增加。1985年，人均纯收入提高到513元。1993年，全区农民人均纯收入1190元。1995年增至2096元。1999年突破3000元。2002年达到3647元。

城镇职工收入　50年代初期，城镇居民主要是国家机关和企事业单位职工，工资水平很低，80年代前相当长一段时期，职工工资增长缓慢。1949年，全县国有经济单位职工年均工资仅为148元；1956年，增至501元；1978年，为577元；1985年，增至1005元。90年代以后，职工工资大幅度增加。1990年，全区职工年均工资达到2047元；1994年，增至4331元；1997年，达到6133元；2002年，达到9868元。

1949—2002年福山县（区）农民和职工收入情况表

表34-1　　单位：元/年

年份	农民人均纯收入	职工平均工资	年份	农民人均纯收入	职工平均工资
1949	50	148	1976	235	479
1950	57	148	1977	250	493
1951	63	201	1978	226	577
1952	71	248	1979	276	568
1953	77	288	1980	228	690
1954	81	406	1981	254	652
1955	79	441	1982	264	706
1956	82	501	1983	430	756
1957	82	521	1984	479	865
1958	79	473	1985	513	1005
1959	87	440	1986	531	1052
1960	73	467	1987	560	1258
1961	92	468	1988	598	1509
1962	86	502	1989	577	1803
1963	85	548	1990	587	2047
1964	90	569	1991	680	2125
1965	89	561	1992	913	2440
1966	100	553	1993	1190	2860
1967	106	530	1994	1628	4331
1968	102	530	1995	2096	4597
1969	112	512	1996	2738	5468
1970	109	501	1997	2834	6133
1971	113	514	1998	2993	6856
1972	125	522	1999	3074	6938
1973	138	506	2000	3237	7565
1974	133	538	2001	3438	9542
1975	228	538	2002	3647	9868

第二章 民俗

据邱家庄遗址挖掘证明，早在新石器时期，反映福山饮食文化的民俗就已经存在。春秋战国时期，孔孟之说对境内民俗影响深远。秦汉之后，民俗进一步统一在儒家思想的框架之下，并形成地域传统。其间，虽历经数次改朝换代，但以礼仪为核心的福山民俗并无多大改变。到了近代，随着封建社会的没落和西方文化的影响，福山民俗开始朝着现代化演进。中华人民共和国成立后，福山人民破旧俗，树新风，新风气、新风俗、新风尚逐渐形成。“文化大革命”中，一些民俗被当成“四旧”被废除。改革开放后，多数传统民俗得以恢复，有些封建陋习死灰复燃。福山各级党组织和政府均采取措施，净化社会环境，良风佳俗不断发扬光大。

第一节 生产习俗

农业生产　福山地处山东半岛东北端，濒临黄海。1934年之前，其农业生产在胶东同类习俗中比较有代表性。农业生产中的粮作、菜作、花生种植、禽畜饲养、林果栽培管理和北部沿海渔业生产习俗，独具特色，在山东乃至全国都有影响。

70年代前，福山农村有农忙农闲不同季节活动之分。每年3至10月中旬，为农忙季节，农民的主要时间和精力用在农事生产活动中。10月下旬秋收结束到翌年2月份，为冬闲季节，男劳力多捡粪、拾草，妇女忙于家务。1949年10月1日至70年代，农村仍进行单一农业生产，冬闲期间，大部分劳力集中投入农田基本建设，深翻整地、兴修水利、修筑道路等。80年代后，秋收秋种一结束，农村多种经营生产日趋活跃。

春耕春播、夏收夏种、秋收秋种，为农事大忙季节。群众俗语：“春争日，夏争时，三春不如一秋忙。”意要抓紧农时，春季以日相争，夏季以小时相争，1个秋季比3个春季还忙。每当大忙季节，农民素有“起五更，拉半夜”的习惯，尤其秋季，多数农民趁月色收拾、搬运庄稼和土粪等农活。农民在劳作之中，有短时间小憩的习俗，称为“抽袋烟”，以恢复体力，提高劳动效率。一般上午、下午各休息一次。在农忙季节，男劳力整日劳作于田间，家庭辅助劳力早、午上山送饭，就餐于田间地头，以减少往返路途误工。在立夏至处暑时节，天长夜短和气候炎热，农民有歇晌的习俗，以补充睡眠和避暑。

1984年农村实行生产责任制以后，农民有生产自主权，加之调整种植业结构，粮油作物种植减少，大樱桃栽培面积扩大，农忙季节改为5月下旬至6月中旬。其余时间多为农闲季节，多种经营活跃，从事副业活动渐多。“增加收入、尽快致富”成为广大农民的共识。

渔业生产　境内海域辽阔，渔业生产有着悠久的历史，许多古风习俗代代相传。北部沿海一带称出海打鱼为“大海市”，集中在春、秋两季，称为“春汛”“秋汛”。

推船下海、拉扯、船上滩均称“拉船”。拉船有号子，渔民称“号儿”，唱号子为打号儿。领头为打号儿的，立于船上，前后左右即兴编词于“号儿”中，集指挥、鼓舞于一身。

渔船起航叫“出海”，返航叫“收山”或“归山”，船行离岸近叫“走的矮”，船行离岸远叫“走的高”；船长名“老大”“艄公”，大副名“二板儿”，其余船员统称为“伙计”。

中华人民共和国成立前，渔民多数较穷，无船无网，有船有网的户称为板主。渔民向板主租船、网打鱼，打鱼捕捞所得与板主分成。板主往往兼营海产品加工与出售，称为“鱼行”。

沿海渔民称以潜水捕捞为业的人为“海碰子”“碰子”，如碰海参、碰鲍鱼、碰扇贝等。从前，碰子的劳动十分艰苦和危险。划一舢板到捕捞场，择地抛锚。赤条条光身潜水至海底，看准了，捕捞几只海物上来，换一口气，再下去，往返数次。累了，也不上船，伏在船边系着的几只大葫芦上休息一会儿，复又潜水渔猎。潜水，渔民叫“扎水”，计算扎水深度用“庹”（量词，两臂伸开约五六尺），能扎七八十庹的人，称为“好汉”。如今，碰子下水作业条件不断改善，身穿潜水衣，配有氧气瓶，因为潜水衣的头盔很重，渔民形象地称为“大头”。

沿海渔民有在近海和滩涂捉蟹、挖竹蛏、挖蛤、拾波螺、打牡蛎、捡海肠子等的习俗，统称为“赶海”或“赶小海”。当地谚语讲的“东北风，十个（赶海的）篓子九个空”，意思是刮东北风时没有海货，不必去赶海。

渔民有水产品加工的传统，经验丰富，方法较多。主要加工产品有海米、干贝、干鲍鱼、干蛤肉、干海参、即食海参、鱼干、虾酱、蟹酱、虾油、鱼酱、紫菜等。

沿海一带有许多规约、禁忌，十分讲究。造船要举行仪式，一般有“铺字”（造船底）、“闭龙口”（造成船帮）、“上面梁”几项。新船落成，要选吉日举行“开光”仪式。此日，船主在天亮前到船上焚纸、放鞭、上香，将红布条悬挂在船头。举行仪式时，用两只公鸡，一只在船头开刀，使鸡血顺船而下，流过船头两边的“船眼睛”，俗称“开光”，又称“挂红”。另一只公鸡放掉，谓之“放生”。“开光”后试航，俗称“下河”。“下河”时仍需上香、焚纸、放鞭炮，亲友所赠贺幅悉数挂在船上，有的还插摇钱树，亲朋则聚会欢送新船下水。

出海以“谷雨”节为祭海日，或在捕捞黄花鱼时举行。仪式开始，先放鞭炮，一人擎火把绕网堆奔跑，另一人持荞麦面瓢紧追擎火把的人，最后追上，将瓢与面扣在持火把的人头上。此时，众人欢呼“扣着了！”“满了！”接着，“号头”叫“上网号”，全体船员应号扛网上船。全部网具上船后，再次燃放鞭炮，全体船员操起“捞鱼兜子”，做从海中捞鱼的动作，唱“捞鱼号子”。出海时杀猪饮酒，将猪心切瓣，按船上人数，一人一瓣分食，谓之“团结一心”。

海上丰收俗称“发财了”，要在桅杆上挂起“吊子”（船上特制的旗）。大丰收时，大、小桅杆顶上都挂“吊子”，名为挂“双吊子”，家人远远望见，即到海边迎接，名为“接海”。此时，船主家抬猪到娘娘庙或龙王庙宰杀，名为“发财猪”。船主用黄表纸蘸猪血在神像前焚烧，表示敬神一头猪，敬神后的猪抬回，依照俗例，猪头分给船老大，猪蹄分给二把头，猪尾巴、臀尖分给大师傅，猪下货留下备算账之日做菜，余下的猪肉熬成大锅菜，请船上所有船员及其家属到家吃饭。船主有时会吩咐伙计上街请人吃饭，吃的人越多，下次丰收的希望就越大

工匠生产　福山民间，工匠操业多种多样，有的常年专业执业，有的利用农闲季节短期执业，以增加收入。其业精者，皆称为“匠”，均以“师傅”相称。

做豆腐　农村靠卖豆腐维持生计，称专业户；有的临近春节，几户合伙做包豆腐。无论穷富，每家春节必有豆腐，寓意“都有福”。制作时，先用水将黄豆泡透，用石磨推成“豆粕”，再用粗布包好，挤出汁液，称为豆腐浆子或豆浆，余下的称为“豆腐渣”。豆浆放入锅里加火烧开，加入卤水，稍停，即为“豆腐脑”。然后，在筐子内铺块粗布，将“豆腐脑”舀进筐子里，收紧粗布，放上重石，挤出水，即为豆腐。也有用绿茶豆制作豆腐，称作“绿豆腐”。

做粉条　经营此业称为“开粉坊”。粉条的加工技术较复杂，俗称之为“浆里来，水里去”。需请有丰富经验的粉匠师傅。主要有绿豆粉条和地瓜粉条。传统制作大体经过烫豆、推粉、做粉团、磨粉、打糊、搅面、漏粉、煮条、流水、浆条、搓粉、晒粉条等 10 多道工序。改革开放前，福山农家制作粉条极少，多为生产队用地瓜制作粉条。改革开放后，再无粉条作坊。

条编　民间许多生产和日用器具都为条编。常见的编条有蜡条、韭条、柳条等，统称为“条子”。条子不去皮，称为“黑条”，多用来编织粪筐、苹果筐、车篓、粮囤、篓子等生产工具。去皮的称为“白条”，光洁白净，多编织簸箕、笸箩箱、篮子等生活用具。改革开放前，农村几乎每个生产大队都成立条编小组，常年或利用冬闲从事条编副业。条编多在冬暖夏凉地窨子里作业，不仅可改善条编人员的工作条件，还可保持编条湿润柔软。实行家庭联产承包责任制后，条编小组解体，多变为条编专业户。而今，从事这一职业的人越来越少。

扎笤帚、炊帚　用脱粒后的高粱穗草和黍子穗草扎成。扎扫地笤帚和炊帚用高粱穗草，其中用高粱穗草扎扫地笤帚，食用高粱穗草扎炊帚；扎扫炕笤帚用黍子穗草。加工笤帚、炊帚的方法简单，取一根弓弦，一端系在木棍上，一端系腰间，口衔麻绺，卷笤帚或炊帚把于弓弦中，身子后仰，勒紧，系上麻绺，节节绑紧即成。改革开放前，山区农村每年秋收季节，农民习惯拾掇一些脱粒后的高

梁穗草和黍子穗草，待冬闲时，在家扎笤帚、炊帚。

钉箅子　用两层细高粱秸秆钉成，多为圆形，直径规格为 40 ～ 70 厘米不等。主要用作盛放馒头、饺子或缸盖等。制作时，先将高粱秸秆苞叶剥净，再用细绳“十字”交叉逐根钉连在一起，最后根据所需箅子的直径规格剪成圆形即可。

制陶　民间叫“烧窑”。所制器物多为青色和红色。主要工序有选土、和泥、覆泥、踩大泥、踩小泥、揉剂子、轮制成型、晾胚、上釉、烧窑。其产品有水缸、面瓮、面盆、花盆、坛子、香炉、敞盘、小泥碗、泥玩具（哨儿、泥娃娃、咕咕鸟等）。旧时一年四季成批生产的陶器各有重点，一般春烧水缸，夏烧花盆，秋烧黄盆，冬烧面瓮。中华人民共和国成立后，随着塑料、搪瓷、铝合金、不锈钢工业的发展，土制家用陶器逐渐被淘汰，烧窑制陶业绝迹。

油坊　农村油坊往往秋后开工，春耕大忙前收摊，福山多为榨花生油为主的油坊，榨豆油的极少。榨花生油时，先将花生米在石碾上碾碎，在铁锅内炒熟（称“炒胚”），然后用粗布包好，放到直径约四五十厘米、高约 5 厘米的圆铁圈内，摞放在压榨机上挤压、出油。旧时，有多人用圆木横向撞击的，有多人推圈旋转挤压的，现则以机器粉米、榨油为主。榨油所剩余的渣因其形为扁圆柱体，统称为饼，如豆饼、花生饼等，为上等的饲料和肥料。

木匠　木匠是民间不可或缺的能工巧匠之一。谁家男娶女嫁打家具、死人钉棺材、盖房砍房架和做门窗框、做木制农具等，都要请木匠。所以，木匠也是最受人尊重、推崇的工匠。木匠过去全靠手工作业，所用的工具有锛、斧子、锯、拐尺、墨斗、刨子、钻、铲、锉、凿、羊角锤等。中华人民共和国成立后，许多大队成立木匠铺、组。改革开放后，集体木匠铺、木工组解散，个体木制加工业应运而生。锯、刨、钻、凿等所用工具基本实现机械化。

铁匠　铁匠打铁的场所叫铁匠铺、铁匠炉、红炉、炉坊。主要打制生产、生活用具和驴、马、骡、牛掌等铁制品。有流动和固定作业 2 种形式。一般由 3 人组成，主要工具有炉、风箱（风匣）、砧、锤等。流动作业时，用一辆独轮小推车，携带工具、行李、炊具、煤炭，进村定点加工。铁匠做活，师傅（掌钳）握手锤领先敲打烧红的钢铁，另 2 人挥长柄铁锤紧跟着有节奏地奋力敲打，直至成型。精致在会“看火候”、淬火。“打铁看不出火候”，即是外行。铁匠特珍惜自己的手艺，所打制的产品必打上印记。高疃镇孙家疃村打制的菜刀轻便、锋利、不卷刃，远近闻名。

石匠　民间建筑离不开石匠。石匠有粗细之分，粗石匠俗称“磨匠”，主要是开山采石，精到之处在于辨石脉，选石场、看丝缕、打炮眼、下钻。细工的石匠则能雕刻龙凤、花鸟、虫鱼、禽兽、山水、人物、碑文等。

瓦匠　专做砌墙、盖房、修缮房屋等活计，俗称“瓦工”。瓦匠头俗称“掌尺的”。

染匠　以前，人们多穿蓝色衣服，土法染蓝非常流行。土靛染布要经过抽靛脚、下靛、疏缸、染布、担缸板、晾干等工序。首次染出的是浅蓝色，晾干后再染一次就深一层，愈染愈深，由浅而深的颜色依次是月白色、二蓝、深蓝、缸青，最深的蓝色近于黑色，称为“青”，俗称“青出于蓝而胜于蓝”。染匠营业也有许多有趣的习俗，“印子”就是其中的一种。“印子”用小竹牌制成，一面并排烙 2 个编号，另一面烙一个符号，然后从正中劈成两半，各钻小孔穿系线绳，平时拴在一起，收布时，把其中的一块交给顾客，为取布凭证，另一块拴在布头边角上，即作为布主的记号，也作为布染何种花色的记号。如印子拴在布角上，表示染深蓝色，拴在距布一指处，表示染二蓝色，拴在距布二指处，表示染月白色，拴在距布三指处，系双扣，表示染蓝印花被褥面，拴在距布四指的布边，则表示染印花衣料。在染坊里，印子盛在木盘里，摆放在供财神的桌子上。60 年代以前，境内仍有染坊。改革开放后，随着纺织工业的发展和人们衣着观念的转变，成品布料花色艳丽多样，土靛染坊销声匿迹。

锔匠　俗称锢炉匠。平常挑着担子，走街串巷，修补一些破裂的缸、碗、盆等。修补前，先用羊角锤在铁砧上打形似短小柳叶的铁“锔子”，再用拉钻在裂口两旁各钻两排小孔，将多个“锔子”钉在上面，最后抹上石灰乳即成。不同的器皿选用不同的钻头，一般黄土烧制的器皿用普通钻头，瓷质器皿用金刚钻头。俗语称“没有金刚钻不敢揽瓷器活”。

其他经常活动在民间的还有金匠、银匠、铜匠、锡匠、皮匠、鞋匠、席匠、剃头匠等。

第二节　贸易习俗

旧时，福山庙会、集市、店铺、摊贩较多，至1850年，境内已有千余家商号。1861年，福山所辖烟台辟为山东省最早开埠的通商口岸，一时外商云集，至1864年，在烟台开设的公司、洋行就有33家；到1891年，有商号1660家。民国时期，虽遭遇军阀混战、日寇入侵，但福山作为胶东地区贸易中心的地位并没有改变。中华人民共和国成立后，烟台的变化虽然日新月异，但其贸易民俗却和福山毫无二致，始终一脉相承。

庙会　庙会又称古会、山会、庙市、香会等。福山乡间有“赶庙会”“逛庙会”“赶山”“赶会”的习俗。庙会原为祭祀寺庙神佛而举行的集会，地址一般设在寺庙所在地或附近的地方。从前，庙会开始时，先要祭神。庙会期间，往往要唱大戏，后来逐渐有商贩加入，从而形成祭神、游乐、贸易“三合一”。福山庙会多在春季和夏初，主要有农历正月初九“毓璜顶山”，二月初八“黄家山”，二月十二“萧家夼山”“八角山”，二月十五“大王家山”，二月二十四“门楼山”，二月二十九“凉水湾山”，三月初三“古现山”，三月初十“湘河山”，清明节“清明会”，四月初八“张格庄山”，四月十八“太平顶山”“祈雨顶山”，四月二十七“八角山”，四月二十八“旺远山”“盐场药王山”，五月初五“下刘家山”，六月初六“六月会”等。20年代末期，军阀混战，山会衰落。抗日战争期间，山会停止。中华人民共和国成立后，政府为繁荣农村经济和活跃群众文化生活，利用山会进行物资交流，开展传统的民间娱乐活动。“文化大革命”期间，山会停止。1978年后，山会又逐渐恢复。

山会上的贸易大体可以分为三类：第一类是山货，主要有各种土产，包括农具、家具、日用器物、粮油、果蔬、苗木等。第二类是饮食，主要有炸油条、炸面鱼、混沌、包子、馒头、炸肉、糕点、豆腐脑、羊汤、焖子、凉粉等当地小吃。第三类是各类民间艺人的表演营业，常见的有耍刀枪、变戏法、抬阁、耍猴、跑马戏、傀儡戏、说快书、说大鼓书、“拉洋片”（又称“看西洋景”。道具为一大景箱，分上下两层，皆有画片可轮转调换，上部画片开大景框对外，代为招幌；下部景箱封闭，仅留4只“眼”。观众坐在条凳上，俯首于“眼”上观看，艺人立于箱前，边操纵画片轮转，边以唱词作解说，箱内悬一套锣鼓，以机线相连，拉动机线，就可为艺人演唱伴奏）等。以上各类民间艺人表演旧时较多，现今基本绝迹。

过去的庙会往往出现陋俗，中华人民共和国成立后，取消封建迷信活动，增加经济贸易项目，称“物资交流大会”。除保留传统的贸易、游乐项目外，还开办书市和新兴的文化活动，使传统文化与现代生活相结合，庙会为之一新，焕发出新的生机。

集市　到集上买卖东西叫“赶集”“上集”，无急事、要事而到集上叫“逛集”“赶闲集”。集市结束叫“散集”。集日约定俗成，均匀分布，一般设在周围中心村，按农历单日和双日交替开集，尽量使之较近距离内同日不重叠，2001年，全区共有集市28处，几乎每天都有集日。如每月逢三、六、九日，十三、十六、十九日，二十三、二十六、二十九日，赶福山大集；每月逢四、八日，十四、十八日，二十四、二十八日，赶张格庄集和东厅集等。

集市分行业设固定的集中营业区域，主要有粮油市、柴草市、果蔬市、畜禽市、水产品市、破烂市、服装市、花鸟市、杂品市等。进入腊月后，临时增加鞭炮市、窗花春联市等。

店铺　店铺是民间对坐商的俗称，习惯上称店面大的为“店”，店面小的为“铺”。多为小本经营，零售的基点较低。店铺的营业场所称为店面、铺面、门市、门面。旧时店铺摊货售货均用厚重的长条木柜，称为“柜台”“栏柜”，店主称作“掌柜的”，店员统称为“伙计”，售货员叫“站栏柜的”，记账会计称“账桌先生”，出店办事叫“跑外柜”“跑外城”。店员等级也约定俗成，入门先要学徒2至3年，学徒期间，只管食宿，不付工钱，或只给少量零花钱，名为“鞋钱”，即“跑腿磨鞋的钱”；出徒后，可按月领工资；干得好，有些资历，给一部分奖励钱，称作“吃劳金”；能参与较为重要的经营活动的优秀店员，掌柜的在年终按一定比例从盈利中提成分给“红包”，称“吃份子”或“吃红利”。40年代后期，解放区组织开办供销合作社，在各村设零售店，俗称“代销点（店）”，一直延续到80年代初。改革开放后，集体代销点撤销，个体小卖部遍及城乡。

摊贩　即小本经营的行商，俗称小贩、贩子、小商贩、做小买卖的。中华人民共和国成立前，福山民间的摊贩盛行。他们走街串巷，形成重要的民俗特点。其门类较多，主要有货郎，挑担行货，担子一头设架挂各种货样，一头为货箱，用小鼓代声，名为货郎鼓；卖油郎，俗称油匠、卖油的，肩挑串乡，用以圆形铜片拴系挂在担子的一头，边走边敲，名为"铛铛""油铛铛"；算命打卦，多为盲人，也打"铛铛"，与"油铛铛"的不同之处是中心有一突出部分，且装在竹架上，与槌儿拴在一起，盲人一手持杆探路，一手提此击之，发出"铛铛"的声响；游方郎中，俗称"游医""路挡子先生""路挡子"，摇铃为号，医术不高，药常有假，因要钱不多常有些主顾；弹棉花，也摇铃为号，区别在郎中的铃声缓缓不断，弹花匠的铃声一阵阵急急摇响；白铁匠，俗称打洋铁壶、焊洋铁桶，吹一把小号，除修理白铁器物，也出售自制产品；戗刀磨剪子，连一串铁片钉在木柄上，摇动，则哗啦啦作响，以代替吆喝；收旧货，称"收破烂"，一般不挑担，背负一麻袋，以收购废旧杂品为主。中华人民共和国成立后，发展国有和集体代销点、供销合作社，商品种类较多，挑担小商贩逐渐减少，有些封建迷信行业被取缔。改革开放后，个体商贩迅速发展，以贩卖服装为多，他们除赶集、赶会外，还进村支点或走街串巷，销售货物。

第三节　婚俗

中华人民共和国成立前，由于社会制度落后，受"三从四德""男尊女卑"等封建婚姻礼教的束缚，妇女地位极低。未嫁女子"三门不出四户"、深闺不出，不轻易被异性看见。双方轧亲讲求门当户对；婚姻由父母包办，遵从"媒妁之言，父母之命"，本人没有择偶的权利；男女结婚年龄较早，一般十四五岁即完婚；"童养婚""指腹婚"等不为鲜见；有钱有势人家可一夫多妻，等等。

传统婚姻中，有些礼仪礼规是必行之事，不可随意删繁就简，如说媒、议婚、认亲、订亲、下柬、统一、婚礼、回九等，如果稍有差错，就会被人们视为不懂礼道、不明事理而嗤笑。

中华人民共和国成立后，颁布实施《中华人民共和国婚姻法》，废除封建婚姻的陈规陋习，恋爱自由，提倡晚婚，一夫一妻制，表亲婚、冥婚等封建婚俗彻底消失；换婚、抢婚、买卖婚对男女青年及后代的伤害逐渐被人们所认识，不复存在。结婚礼俗既不墨守成规，又传承了礼仪文化，更具现代化和人性化。

婚俗　福山通行男娶女嫁，男方俗称"张媳妇"，女方俗称"出门子"，个别有女无儿的人家则女娶男嫁，俗称"招养老女婿"或"招赘"。婚事也要办得隆重热闹、体面大方。

说媒　福山民间古有"凡婚必有媒"的习俗，媒妁在传统婚姻中根深蒂固。中华人民共和国成立前，在男女授受不亲的时代，婚姻需要媒人物色男女对象，从中牵线搭桥。只有经过"媒人"的婚姻才算是明媒正娶。男女双方只有入洞房后才能首次相见，使许多家庭上当受骗，痛苦终生。

50年代，称媒人为"介绍人"。时有女青年坚定地自己找婆家，有的青年起来与旧婚俗抗争，摆脱"媒婆"原说定的姻缘。六七十年代，破"四旧"（旧思想，旧文化、旧风俗、旧习惯），立"四新"（新思想、新文化、新风俗、新习惯）。男女婚事，或自由恋爱，或中间人介绍，皆自作主张。80年代后，男女青年多为自由恋爱。民间还成立"婚姻介绍所"，专为大龄青年和再婚男女牵线搭桥，婚成后收取一定的费用。同时，还有媒体征婚、网上征婚等形式。

不同时期，男女择偶条件标准不同。传统婚姻"轧亲"讲究门第，要求"门当户对""门槛一般高"。男人择偶要求年龄大点，以求妻子体贴照顾入微，尤其大3岁为佳，俗称"女大三，抱金砖"；缠足小脚，最好是"三寸金莲"；一般人家"能要大家奴，不娶富家女"。女人择偶要求家庭经济条件好，有文化的读书人、买卖人。1949年10月1日之后，取消门第观点，男女双方择偶情投意合。50至70年代，女性择偶标准是"一军官，

图 34-5　旧时婚房

二机关，三工人，四教员，宁死不嫁庄稼汉”。在讲阶级斗争的年代，贫下中农、工人阶级子弟、干部子弟“根正苗红”，政治可靠，是女子择偶的重点，而资本家和地富反坏右子女专政对象，找对象很难。80年代后，年龄不再是青年男女择偶的主要标准，看重更多的是文化程度、才华、相貌、品德等。

议婚　传统婚姻，封建迷信，双方父母同意后，首先要请有经验、学问的长辈卜算男女的生辰八字（即出生年、月、日和时辰），看二人生肖是否相合，时辰是否相克，俗称“批八字”，然后才能确定是否婚配。如属鸡和属狗的不能成婚，称“鸡狗不对头”；属龙和属虎的不能成婚，称“龙虎斗”，等等。当代婚姻，破除封建迷信，男女婚姻讲求互敬、互爱，“批八字”销声匿迹。

相亲　民间男女相亲称“看人”或“看对象”。50年代后兴起。即由“介绍人”组织安排男女双方在一定场所短暂见面、交谈，使之互相对身高、相貌、言表、举动等有一个初步了解。

看家与认亲　男女双方初步认同后，女方由媒人与姑或姨等亲人陪同，到男方家察看家情，俗称“看家”。如无异议，男方热情招待，并给女方看家钱、衣物、首饰等，如拒绝，则是没相中。若女方开口称男方父母为爹、妈，另给“改口钱”。同样，男方还要到女方家，称为“认亲”。

订亲　民间俗称“攀亲”。传统由男方派媒人到女方家送彩礼。一旦订亲，双方的婚姻关系便得到社会承认，无论哪方提出悔婚、退婚，都是不道德的。

下柬和登记　传统婚姻确定后，由男方写一柬帖，注明男女生肖时辰，装入柬匣，外包红包袱，由“媒人”送到女方家。50年代初期，民间仍有下柬帖的习俗。70年代后，到民政部门实行婚姻登记，领取婚姻登记证，履行法定结婚手续，柬帖完全消失。

择日子与统一　选定结婚的日子，民间称“统一”“看日子”“择日子”。择日子距结婚日期一般在100天内，多选择农历每月的逢二、六、八双日子为结婚吉日。六七十年代，送彩礼当作“买卖婚姻”加以批判，女方自觉废除索要彩礼的旧俗。80年代，恢复彩礼，一般给女方统一钱600元、800元、1000元不等。90年代后，数额增加，多为10001元，寓意“万里挑一”。“认亲”、“定亲”和“统一”3个环节一般合并为一天。结婚日期由双方共同协商确定。

盖新房　中华人民共和国成立前，除招“养老女婿”外，女人均随丈夫居住，男方理所当然要准备住房。富裕家庭提前盖好房子，多数家庭将旧房粉刷一新，作为结婚新房。当代青年结婚，或在农村盖一栋新瓦房，或在城市购买楼房。室内均进行装修。花钱不分男方女方，各尽力而为。

置嫁妆　包括家具、首饰、衣服和被褥、化妆品、桌面摆设等。传统婚姻中，家具由女方准备。一般做1套家具，即2口大柜、1口小柜、2个箱子、2把椅子和1张小饭桌，共8件；富裕人家另加书桌、躺柜、杌子、衣架、脸盆架等10件以上；家境较贫困的只做半套家具，即1口大柜、小柜和1个箱子、2把椅子，有的只把长辈留下的旧家具重新油漆一下。无论家境贫富，椅子不可或缺，因“椅子”与“日子”同音，寓意小两口婚后“过日子”。50年代中期，提倡“婚事俭办”，时有进步姑娘只向父母索一件农具，算是结婚嫁妆。60年代中期至70年代，结婚流行自行车、手表、缝纫机、收音机、大衣柜、五斗橱、写字台、圆桌、高低柜、椅子等，名曰“三转一扭四不动（4间房）”和“几条腿”。80年代，开始有沙发、茶几和电视柜等现代家具。式样打破传统模式，造型美观，木材、钢材、塑料、皮革、玻璃等材并用。90年代后，青年结婚家具按居室功能分区布局。卧室安装壁柜，安放沙发床、床头柜、梳妆台等；客厅安放沙发、茶几、电视柜等；书房安放写字台、书柜、电脑桌等；椅子由2把增为4把以上。收音机、录放机、音响、电视机、电冰箱、电脑、空调机、微波炉、电热水器、洗衣机、吸尘器等现代家具与时俱进，不断更新换代。有的家庭始有自驾轿车。家具不再单是女方而是男女双方协商确定办置。

福山民间闺女出嫁讲究首饰。传统婚姻，除男方送的首饰外，父母还要找金银匠打制金或银耳坠、戒指、项链，并配玉和翡翠挂件等。50至70年代中期，首饰成为“封、资、修”的东西被废除。80年代后，首饰成为新娘必不可缺的嫁妆，主要有钻戒和铂金或黄金耳坠、项链等。

自古以来，服装和被褥是女人新婚必备的嫁妆。传统婚姻衣服为棉袄、棉裤、夹袄、夹裤、单袄、单裤和裙子等四季服装，面料有棉、丝、绸、缎，颜色以艳红为主。新缝制棉被、棉褥，数量根据家庭条件而异，一般各为 2 ～ 4 床。清末以后，富户外加 1 ～ 2 床毛毯和毛毡。被面有棉布和绸缎料，大红印花，正面绣“凤凰串牡丹”或“二龙戏珠”图案。于结婚前择双月双日，请儿女双全、心灵手巧的妇女缝制。当代，女子婚前置服装，内衣买成品秋衣秋裤、毛衣毛裤，外套买时装、名牌，款式新颖，面料时尚；“席梦思”、棕子床垫代替毛毡；棉被一般为 4 ～ 6 床，褥子、毛毯不可缺少；被、褥面料、质量和图案讲究高档、喜庆。女人出嫁，“鸳鸯枕头”“鸳鸯门帘”必备，古今如此。枕头套和门帘上均锈鸳鸯戏水图案，寓意“夫妻恩爱，白头偕老”。

古时化妆品主要是胭脂和粉。清末民初，市面出现雪花膏、凡士林油、口红、眉笔、香水、花露水等，一直沿用至 60 年代。当代化妆品花色斑斓，品种繁多，讲究品牌。

清末以前，结婚“桌面”摆设贫富差别很大。富裕人家有瓷花瓶和帽筒及牙缸、茶具、铜镜、锡蜡台及锡油灯等；穷人家只有简易油灯及简单盥洗用具。清末民初，富裕人家桌面摆设增加座钟、罩花、花瓶、镜子等，穷人家变化不大。当代，结婚“桌面”摆设现代时尚，除常用茶具、盥洗用具、花瓶、玻璃镜子等外，座钟逐渐被电子钟或石英钟替代，收音机被录放机替代。

另外，新娘还随身携带花桃饽饽 1 个、饺子和莲子各 29 个、五谷杂粮 5 种，称“娘家粮”。

学“女红”　旧时，新媳妇女红做得好不好至关重要。女红分为饭食、针线、绣花（包括棒槌和钩针花边及布艺绣花）和剪纸 4 大类。婚后第二天，新媳妇下床第一件事是纫棉被，即在娘家缝棉被时，有一床特意留 2 行不纫，留待婚后纫给婆家看，以检验新娘的“针角”；第二件事是缝包袱，即将结婚随身携带包脸盆的毛碴包袱边缝好，以检验新娘的精细缝纫能力；第三件事是擀面汤，以检验新娘和面、擀面、切面和煮面技艺。婚后，新娘还要给公婆和丈夫每人做一双新鞋，以检验新娘纳底、缝纫、绣花和镶鞋等手工。女红代表女子的脸面，所以，多数家庭女孩从 10 岁左右开始由母亲、大妈、婶子教学女红。中华人民共和国成立后，旧规虽被废除，但多数家庭母亲都会从小教育女儿，学习掌握针线、做饭、手工艺等技巧，以待婚后持家过日子。

装箱子　传统婚姻兴送嫁妆，新娘出嫁的箱子需在结婚前 2 天装好。当代婚姻兴搬嫁妆，也需在结婚前头一天下午装好。装箱子的程序至今未变，即箱子的四角各放 1 个饽饽，由下向上依次放压箱钱、新娘少量衣物、单被、鸳鸯门帘、镜子、新娘给公婆和丈夫做（买）的新鞋各 1 双。装箱子须在落日前进行。装前先用一小碗（杯）香油，内放用红线捻成的灯芯，用火点着，将以上物品装筛子内，用红包袱蒙盖着，在油灯上照一下。

搬送嫁妆　传统婚姻，在结婚的头天上午，女方将家具、铺盖、衣服和桌面摆设等嫁妆送到男方家。男方给送嫁妆人员“压手钱”，中午设宴款待。下午，男方家安置嫁妆、铺床、公公翻箱子和钉门帘。晚上，新郎在铺好的床上睡觉，俗称“压床”，若新郎家五代内有考取秀才以上“功名”或官宦人家，新郎需在女方家过夜（称“隔夜”），需另找一小男孩压床。铺床由儿女双全或有儿子的妇女负责。在床的四角和被褥下面放上花生、栗子、红枣、莲子、糕等，寓意“早立子”、“连得子”、“花花生”（男孩女孩轮换生）、“年年高”。福山民间有抢压床食物的习俗，说是未动婚的大男大女和婚后未生育的小妇，吃了新娘压床的食物能“早动婚”和早生育。公爹“翻箱子”，一手拿 2 双红筷子，一手拿擀面杖，有人在一旁口念喜歌，如：“公公翻箱子，转过年来置庄子；箱子翻到底，金银财宝平地起。”订门帘左右各 3 下，同样有人念喜歌，每钉一下喊一句，如：“一钉金，二钉银，三钉聚宝盆”；再钉福（忌讳 4 字），五钉财，六钉夫妻永恩爱。”

50 年代初期开始，女方送嫁妆改为男方搬嫁妆，即在婚礼当天早上，男方安排人到女方家搬嫁妆。去时带 4 个饽饽、1 张炕席、1 个猪头加 2 个前蹄和 2 扎宽面条给女方。70 年代前，嫁妆靠肩挑人抬，后逐步改用拖拉机、货车、面包车拉，炕席改为毡、高级毛毯，猪头和蹄改为 4 ～ 5 公斤猪肉（称“鸳鸯肉”）。当代，男女双方购买的大宗物品均提前随买随送到新房，但椅子、箱子则在结婚当天搬，脸盆由新娘随身携带。铺床、公公翻箱子和钉门帘也在结婚当天上午进行。

娶亲　传统婚礼，在结婚前一天，新郎先在自己家叩拜祖先“神主”、父母、尊长，再叩拜宗祠和近支同族以及本村业师家的“神主”，然后再到新娘家，拜女方家宗祠“神主”和长者。结婚当天一早，男方安排红、绿 2 台花轿，到新娘家迎娶。新娘上轿前，先用红线将额头上汗毛绞去，称“开脸”，再梳妆打扮。吃过饺子后，由哥或弟抱上轿。花轿有“龙轿”和“凤轿”之分。新郎坐绿轿，称“龙轿”，新娘乘红轿，称“凤轿”，伴郎和送客人骑马随行。花轿有“四抬小轿”和“八抬大轿”，还有用草席卷成拱形、骡子或毛驴驮的简易“驮轿”。如果新郎家有“功名”或官宦人家，新郎及迎亲人员则需提前一天到女方家过夜，男方家设宴盛情款待。

中华人民共和国成立之后，提倡新事新办，时有进步姑娘坐着马车或徒步到婆家。婆家摆上“喜糖”，贴上“喜帖”，以庆新婚。60年代，办喜事不讲排场。新娘由亲人或配嫁女手提红包袱徒步走去婆家，新郎和迎亲人员徒步或骑自行车半路将新娘接回。吃过喜面，“张媳妇”事即算完结。70—80年代，女方安排2名亲人骑自行车带着新娘送到男方家。机关、团体、企事业单位时兴举行集体婚礼。80年代后，多先在家举行婚礼，然后再到外地或国外旅游。90年代以后，随着家庭经济收入的提高，结婚讲排场，极富浪漫色彩。多用轿车迎娶新娘，配用录像、照相、乐队、舞狮队等。女有伴娘，男有伴郎。迎亲一般用轿车6辆、面包车2辆，前方系彩绸、缀红花，装扮一新。日出前，男女双方喜主家门前均支架充气弧形拱门、铺红地毯，两门贴喜联，上方挂彩绸，沿街贴“喜”字。新郎、伴郎和搬嫁妆人员到新娘村后，在鞭炮、鼓乐声中被迎进家。新郎西装革履，手捧鲜花献给新娘；新娘做美容、盘发，身着婚纱，新郎与新娘互戴胸花、戒指。女方喜主设宴招待新郎及搬嫁妆人员。新娘吃过饺子后，由新郎抱上车，有的先到旅游景点短暂一游，录像、拍照，留下人生美好的回忆。傍晌，迎亲车队回到男方家。撒彩纸、抛喜糖、舞狮子，鞭炮鼓乐齐鸣，新郎抱新娘进门，举行婚礼仪式。福山城区建成河滨广场、健身公园等多处婚庆景点，每个景点备有龙凤轿、双喜门、灯廊、吹打乐队、舞狮队等，专供新婚伴侣租用。境内还成立多家婚庆公司，婚俗形成新定式；多家宾馆、酒店增加婚宴项目。男女双方喜主各自专门聘请有经验的人帮忙，有“总管”（亦称大了）1人，“司仪”1～2人，婚礼主持人1人，歌手、鼓乐队、舞狮队若干人；聘请新郎或新娘单位领导，或社会地位较高、资历较深的官员、学者证婚，称“证婚人”；安排2人迎客，称“迎宾”。胸前都各自佩戴带有飘带、写有不同名分的胸花。

早晨，男女双方先各自在家忙活男娶女嫁事宜，中午到酒店，共同举行婚礼，宴请亲友。酒店门前再支拱门，铺红地毯。在喜宴厅入口处张贴喜宴榜，男女双方各设“账房”，称“贺喜处”。婚车到达酒店时，烟花、鞭炮、礼炮、鼓乐齐鸣，抛气球，撒彩带，舞狮子，迎接新郎新娘。

宾客到齐后，主持人宣布婚礼正式开始。在乐队伴奏声中，先是新郎新娘入场，步入主席台，喝交杯酒、交换定情信物、浇灌香槟酒塔、点燃婚礼蜡烛等；再是双方父母入场，由证婚人致证婚词，男方喜主致欢迎答谢词，新郎新娘共同一拜贵宾、再拜高堂、夫妻对拜。

送亲　结婚这天，福山自古至今有女方安排亲人将新娘送到婆家的习俗，俗称“送客”或“送亲”（男方称“贵宾”），多为男性，一般为已婚叔叔、哥哥、弟弟或本家亲属2人。“文化大革命”期间，送客人也有女性，如姐姐、妹妹或新娘同学、好友。

拜堂　传统婚礼，花轿到男方家门口后，新郎在前，新娘在后，二人同系一彩绸，中结一花，民称“如意”。二人进门后，来到天地堂前，行“三拜九叩”礼，先拜天地，再拜高堂，后夫妻对拜（各三叩首），称为“拜花堂”或“拜天地”。礼毕入洞房，新郎揭下新娘的“盖头”，二人同坐床上，喝合婚酒，吃“食盒格”，称“坐床”或“坐帐”。50—80年代，婚礼简单，多取消“拜堂”程序。90年代以后，恢复“拜天地”和“坐床”，“三拜九叩”礼，改为“三鞠躬”。

请客　福山男女结婚宴请客人俗称“请客”，参加宴请者称“喝喜酒”“吃喜面”。请客时间距结婚前数十天，不宜过晚。80年代前，女人出嫁当天一般不请客，只是家人和新娘的姑、姨等女客，在送走新娘后简单吃顿饭而已。待新娘“回九”时，再宴请本家男性长辈。男方则要在当天中午宴请亲友。改革开放后，女嫁男娶地位相等，或在女儿出嫁当天中午，或在新娘归宁时宴请，规模不亚于男方。90年代后，男女双方婚礼和宴请宾客大都在宾馆、酒店共同进行。

婚宴　婚庆典礼结束后，喜宴开始。期间，男女双方喜主及新郎新娘上台首先向客人敬酒。70年代以前，婚宴菜肴以“四一六”为多，即4盘凉菜（称“冷荤”），1个大碗，6盘热菜，以猪肉和蔬菜为主。80年代后，多为“四二八”，即4盘凉菜，2个大碗，8盘热菜。90年代后，菜肴数量、种类大增，且讲究口味，对虾、海参、鲍鱼不可或缺，称为“三大件”。鱼和鸡为古今必有的2道主菜，谓之“无鱼不成席”，寓意“年年有余”，且要带鳞的鱼；“鸡”与“吉”谐音，有“吉祥如意”之意。主食始终为面条。喜宴期间，伴有欢快的乐曲、歌声等，充满喜庆气氛。

宴席结束后，喜主按户给客人压“回礼”，多为饽饽、莲子或面鱼果子和糖。男方父母、新郎新娘及送客贵宾一同到新房进行短暂交谈，商定新娘归宁的日期，然后派车将送客贵宾送回女方家。晚饭，男方全家人共进晚餐，食用新娘带的脸盆饽饽，称“吃全家福”。

人情　亲朋参加婚礼都要送贺礼，称“赶人情”。80年代前，女人出嫁，亲戚送礼在结婚数天前，称“攀嫁”；男人娶亲在结婚当天，亲戚礼金分“喜钱”和“拜钱”，“喜钱”给喜主，“拜钱”给新娘，朋友邻居礼金不分“喜钱”“拜钱”，由喜主酌情处理。80年代后，男娶女嫁，不分亲友邻居，送礼多在结婚当天。六七十年代，亲戚礼金多为2～10元，或被面、袄面、床单等；朋友几人插伙买枕巾、花瓶、暖瓶、茶具、脸盆等一种或2种，以示祝贺。80年代，送礼多为钱币，每人至多20元。90年代始，礼金增至60～200元。进入新世纪，增至600元至上千元。

闹床　福山素有新婚“闹床”（亦称“闹洞房”）的习俗。晚间，新郎的同辈、晚辈、同学、同事、青少年皆进洞房，尽情嬉闹，以示新婚祝贺。但新郎的同辈哥哥绝不能闹床。

回门　新婚后历来有新郎陪新娘回娘家的习俗，称“拜三”“回九”。传统婚姻为结婚后第三天，中午岳父宴请新女婿，下午新郎在日落前独自回去，新娘在娘家住2天再回婆家，称“会亲家”，男方宴请亲家。当代婚姻多为婚后第二天，小两口同去同回。“会亲家”日期不受限制。

婚制与婚变　中华人民共和国成立前，婚姻制度建立在封建经济基础上。婚姻多由父母包办。婚姻形式有：“童养婚”，即家境贫寒人家娶不起媳妇，或女方家穷困养不起孩子或无力出嫁，或者家庭变故如父母亡故无人抚养，在女婴或幼女时，便由婆家抚养，待长到十四五岁时，再让她同儿子“圆房”，童养媳多遭虐待，甚至被摧残成疾或致死；“娃娃婚”，俗称“娃娃亲”，即在婴儿尚呀呀学语或儿童时，双方父母即认媳称婿，等孩子长大后再为其结婚；“指腹婚”，即在胎儿尚未生育时便由双方父母指腹相约，并割衣襟作为信物，谓“指腹割襟”，若双方均生男，互称兄弟，若均生女，互为姊妹，若生一男一女结为夫妻；“冥婚”，即为死去的未婚成年男女找配偶，迎柩合葬，俗称“阴魂亲”或“鬼亲”；“重婚”，官宦、地主、乡绅等有钱有势人家可以通过纳妾的形式，占有三房四妾，称为“大婆”“小婆”，过着多妻的荒淫生活；“交换婚”，男女双方兄妹以交换的方式，互相结为夫妻；“表亲婚”，有姑表婚和姨表婚，民间把婆婆是姑或姨，侄女或外甥女是儿媳，丈夫是表哥或表弟，妻子是表妹或表姐“轧亲”方式意为亲上加亲，以续两家亲戚好上加好，但姑姑的闺女一般不嫁给舅舅的儿子，避免“骨血倒流”；“抢婚”，主要发生在寡妇改嫁身上，因民众藐视寡妇改嫁，把寡妇改嫁视为“不正经”“淫妇”，在寡妇改嫁去丈夫家的路上，外人可以抢，抢到家即可拜堂成亲，成为抢者的老婆，丈夫不能去要人，抢婚者多为光棍汉和鳏夫，抢时带一帮“打手”，准备殴斗，提前埋伏在寡妇路径途中，乘夜色突袭，所以，寡妇改嫁对外不能张扬，走漏消息，俗定清晨天不亮上轿（一般坐“苫子”或骑驴），新郎不去迎娶，只派打手沿途保护，天亮前赶到婆家；“买卖婚”，男子或因家庭贫困，或有残疾，或年龄偏大，或智商低下等原因说不上媳妇，托媒人花钱从外地买一姑娘为妻，多数女子上当受骗，媒人从中赚钱，等等。

旧时，父母为了传宗接代，早抱孙子，强迫不到婚龄的男女结婚，身体多被摧残。

明清时期，同宗共姓不准通婚，禁忌同族“五服”内通婚，出了五服不同辈人之间不能结婚。否则，称为“乱伦”；严禁良贱通婚，清代以士、农、工、商四民为良，奴仆及倡优隶卒为贱，良贱通婚必治以重罪，株连亲族。男女轧亲讲求门当户对。胡家夼村胡姜氏，系龙口市一大家闺秀，曾读私塾，有知识有文化，为求门当户对，在父母的包办下嫁给傻汉胡某某，终生屈从。

在封建社会，男女地位极不平等。规定夫妻离婚的权利在丈夫一方，还为丈夫休妻规定了7条理由，即无子、淫佚、不事舅姑、口舌、盗窃、妒忌和恶疾。妻子违背其中一条，男人便可一纸休书将女人赶出家门，而女人无论摊上怎样的丈夫，也无法离婚。在夫妻关系中，妻子是丈夫的私品，丈夫有控制支配妻子的权利，夫妻之间是一种尊卑、主从关系，一切由丈夫说了算。妻子要守妇道，谓之“夫为妻纲”。丈夫可纳妾，而妻子只能

"从一而终"。家庭财产由丈夫管理、处分，妻子使用须秉承夫意。婚后妇女必须随夫姓，或在本姓上冠以夫姓。丧偶男子再娶为理所当然，丧偶女子再婚为不成体统。明清时期，对妇女提倡节烈，强调"烈女不更二夫"，以夫死守节为美德。在封建精神枷锁禁锢下，有的年轻女子丈夫死后，终生守寡。岗嵛、留公、门楼、谭家庄等交通路口，竖有"贞节碑""节烈碑"，以表彰寡妇守节事迹。民国以后，多有寡妇再婚，俗称"二婚"，但亲族往往提出种种理由，干涉寡妇婚姻自由，时有抢亲和买卖寡妇现象发生。

中华人民共和国成立后，实行男女平等。封建婚姻陋习废除，实行婚姻自由，严格一夫一妻制和婚姻登记制度。夫妻感情不和或其他原因可依法离婚。60年代至80年代初，严格控制离婚，夫妻确不能共同生活，需法院判决。90年代，离婚率上升。1997年，协议离婚、登记由区婚姻登记处统一办理。子女抚养、财产分割无争议者，可到婚姻登记处办理协议离婚手续；有争议者，仍由法院判决离婚。1998—2002年，全区共办理离婚登记2516对。

第四节 生育习俗

在福山，生育习俗既有良风佳俗，也不乏参拜送子观音等迷信陋习。传统观念中"养儿防老""多子多福"的思想根深蒂固，"女人不孝有三，无后为大"，生不生孩子和生男生女，一切责任归女人，有的不生育的女人被休弃，有的无儿家庭通过"过继"儿子来传宗接代和养老送终。只生女孩不生男孩的夫妇被称为"孤老子"，男孩女孩都不生的称为"绝后""孤老棒子"。中华人民共和国成立后，少生优生等新风俗蔚然成风，传宗接代的旧观念被生男生女都一样的新风尚取代。

孕育

福山称妇女怀孕为有喜、有身孕、有身子，怀上了、怀孩子，简称"有了"。一般称妊娠反应为害喜病、害孩子、害口。一般家庭，都强调孕妇的保养，想吃的食物尽量让孕妇吃到。但禁忌很多，最普遍的习俗是不吃兔子肉，怕生豁嘴、豁唇；避免吃姜，怕生6个指头；不许孕妇吃葡萄，怕生葡萄胎，等等。现今的孕妇则避免吃带激素的肉、禽、蛋、奶、菜等，尽量不吃或少吃药、打针，少看电视、上网，多让孕妇听美妙歌曲和轻音乐，进行胎教。

生育

添喜　婴儿降生，俗称添喜，又称临盆、添孩子，简称添了、拾了。传统观念生男谓之大喜，生女谓之小喜。中华人民共和国成立前，医疗条件落后，只能在家中请个"产婆"接生。一般孕妇不能在娘家分娩。接近预产期，娘家派人带饼、鸡蛋等探望孕妇，谓之"催生"。之后，孕妇分娩前不得再回娘家。中华人民共和国成立后，随着人们的思想进步和医疗卫生条件的日益完善，孕妇选择到医院生育。民间产婆逐渐消失。催生后，孕妇仍可随时回娘家。

报喜　旧时婴儿降生后，要在街门框上挂一束桃枝，上系一块红布或绑葱、铜钱等物。桃，谐音逃，寓意逃脱灾难；葱，谐音聪，寓意聪明；钱喻财，寓意多财。若生男孩，街门要挂用杨树条弯成拱形的"弓箭"，与桃枝、柏枝和大葱绑在一起，下挂红布，上书："长命富贵""吉祥福禄"等，生女孩则以佩巾代替弓箭，门上只挂一桃枝，上面绑一红布和大葱。孩子出生后，男孩5日、女孩6日，女婿到岳父家报信，俗称"答喜"。亲戚、本家及邻居馈送鸡蛋、米面、衣服、布料、手镯、银锁、红糖等礼物贺喜，谓之"馆待"。被褥则在婴儿出生前由奶奶做好。如今婴儿降生后，女婿多于次日到岳父家报喜，门框上挂桃枝、红布、葱、铜钱等习俗一直延续。

坐月子　产妇分娩之后，三日之内不下床，一月之内不出门，俗称"坐月子"。月子里产房多禁忌，主要有：忌生人进屋，称第一次闯进产房的外人谓之"踩生"或"猜生人"，据说，婴儿长大后的性格将与猜生人类似；忌重感冒、肺结核和有传染病的人、带重孝的人、信佛教神灵的人进产房等。产妇的主食是鸡蛋、小米粥，再加上红糖，还要吃些猪蹄、鲫鱼汤之类下奶和补养身子的食物，少吃盐，忌吃豆制品。婴儿3日后抱到院子里片刻，俗称"出小行"。婴儿满月后，婆家要蒸"粔粔""莲子""桃饽饽""佛手"等面食，产妇和婴儿回娘家居住一段时间，称作"出行"。产妇和婴儿返回时，娘家要准备同样的面食，带回婆家，馈赠亲友及邻居。

馈送与宴请　旧时亲友特别是产妇的娘家人会选择在婴儿出生后的6日、9日、12日前来探望，送鸡蛋、小米、衣服等，俗称“看欢喜”。如今，送礼多为钱币，数额200元、600元、1000元不等。婆家要在婴儿出生后12日和满月设宴招待贺喜的亲友，并给染红色的鸡蛋压“回礼”。

起名　福山非常重视给婴儿起名。乳名一般由祖父母、外祖父母等长辈起，避免与双方祖辈和本家、本族、亲友、邻居长辈的乳名重名。男孩乳名多为吉祥如意类，如福、禄、寿、喜、富贵、来福、顺子等，有的为了婴儿好养，故意起个下贱或憨呆的乳名，如狗剩、二憨等。女孩一般会起些花草、珍宝之类的名字，如花、兰、菊、玉、珍、妮等。

养育

过百岁　婴儿出生后第99天，俗称“百岁”，寓意“长命百岁”。此日庆贺，谓之“过百岁”，忌说“过百日”。奶奶和姥姥还要蒸“粑粑”和一些“莲子”“桃饽饽”“佛手”等面食，称作“岁”，寓意“长岁”“平安”，分送给亲友和街坊邻居。

抓周　旧时，婴儿周岁这天，要在箩筐或炕上、桌子上放秤、书、笔、馒头等，让小孩去拿，俗称“抓周”。如小孩先抓到书、笔，认为孩子长大后必聪明好学；若小孩抓到馒头，则认为长大没出息，只知道吃；如果抓到秤，则认为长大后是个做买卖的人。如今，该俗已废除。

认干亲　认干亲就是拜义父母，福山叫认“亲爹”“亲妈”，亦称“干爹”“干妈”。义父母称“义子”为“亲儿”或“干儿”，称“义女”为“干闺女”或“干女儿”。婴儿认干亲有三个目的：一个是婴儿出生，算命人认为孩子的命相不好，长大必克父母，破解办法就是让孩子认命相与孩子相和的人为亲爹、亲妈，以转移命相；另一个原因是孩子娇贵，借认亲爹、亲妈，保孩子一生平安；再一个原因是两家大人友好，期望世代和睦相处。孩子懂事之后，要在正月初一给亲爹、亲妈拜年，亲爹、亲妈设宴款待亲儿或干闺女，并给压岁钱。

第五节　奠仪

福山民间旧俗，最为讲究的就是寿终正寝。凡正常死亡的老人，尽量避免在病床上咽下最后一口气。人在垂危弥留之际，亲人为之沐浴穿寿衣，移入正屋明间灵床上，度过弥留时刻，谓之“送终”。死人要穿送老衣裳。旧时人50岁开始准备寿衣布料，年过70岁做寿衣。做寿衣时，儿女们禁忌啼哭落泪和针线结疙瘩。衣裤的件数忌双，多为5件上衣、3件裙裤。老人咽气后，一般要用银制或金制的“喜珠”放入死者口中，名为“用含”。其儿女子媳皆披发趿鞋（父死趿左脚，母死趿右脚）。尸体入殓时，若死者是女的，一定要有娘家人在场。尸体入棺后，需用7根铁钉钉死棺盖，俗称“子孙钉”，据说可使子孙发达。此后，还有吊丧、出殡、埋葬等仪式。

封建葬仪　中华人民共和国成立前，福山概为土葬。死者按辈分以“中左右”“由后向前”排序安葬，昭穆不紊，辈分不乱。富人至中年后，生前即找人择茔地，将圹子建好，然后回土填平，待人死后再挖土，下葬、发拱、培土；墓室多用砖石砌墙，青砖或三合土发拱。穷人只在人死后临时择茔地、挖圹下葬，用砖石或三合土发拱造墓穴，或直接将棺木埋入土中，培成坟堆。

富裕人家人逝后设殡仪厅，丧主请专管料理丧事的人帮忙料理，俗称“大了”。人死后要先到土地庙开锁，俗称“报庙”。下葬前，每日三餐饭前到土地庙祭土地神，俗称“送汤”、“送浆水”，替死者向上天祈福报功；烧纸马，寓意“骑马上西天”，至少三日而殓；子女披麻戴孝，足趿白鞋，手执哀杖（民称“孝棒”），日夜守灵，百日不剃头；有前来吊丧者，子女号啕配哭。

明清至民国初年，富家漆棺厚殓，鼓吹发丧；大殡场面盛大，礼仪复繁，分开丧、闹丧、启灵、斩丧、背棺、发引、摔尸盆、起灵、路祭等名目；子穿不缝边极粗麻布“斩衰”孝服，孙穿缉边粗麻布“齐衰”孝服，其他按亲疏远近穿“大功”孝服、“小功”孝服、“缌麻”孝服，统称“五服”。民间同宗人论亲疏的“五服内”“出五服”之说，即源于此。

子对母的丧服也有规定。若母死父在，服一年的丧服；若父已死，要服3年的丧服，而服却不用“斩衰”，因为母亲只是至亲，不是至尊。

一般人死后3～5天出殡。富家停灵7至14天，多者百天，并雇佣“吹手”奏哀乐，请“礼宾”赞礼，还请和尚道士诵经拜忏，超度灵魂；出殡时设仪仗，沿途设香案；死者棺木置于素轿（称“罩”），抬入墓地。

无论贫富，死者葬后3日亲属均至墓前哭坟，捧土撒于坟上，曰“圆坟”。自亡日起，对死者每7日一祭，称“烧七”，共烧7次。如逢初七、十七、二十七日（称“犯天七”），或死者的父母尚在，均需提前1天烧。其中，“三七”“五七”“七七”尤为重要。百日内，一日三餐要到死者“牌位”前祭奠“供养”饭菜。值“百日”和3个“周年”之际，隆重祭奠。2周年后，儿女子媳换去素服，谓之“脱孝”。

葬俗改革　中华人民共和国成立后，提倡丧葬改革，渐除繁文缛礼。60年代，夷坟墓为耕地，墓碑被毁坏，提倡火葬。“文化大革命”期间，烧香、烧纸、披麻戴孝、“烧七”、“烧百日”、“烧周年”和“供养”、立碑、叩头等葬俗被当成封建迷信禁止。一般死者当日或第二日即火化入葬。其骨灰葬于山坡处，不再按同姓氏宗系辈分排序入葬。80年代至90年代末，恢复立碑、烧香、烧纸及“烧七”“烧百日”“烧周年”“供养”等祭奠活动，行“鞠躬礼”或“跪拜三叩”礼。并多在逝者下葬、祭日、清明节、十月朝于墓前安放花圈，进行悼念。机关、企事业单位对同事逝者在殡仪馆灵堂举行告别仪式，置花圈、送挽联，奏哀乐、诵悼词，为其送行。

第六节　忌讳　陋习

福山民间办事和说话有许多忌讳，稍有疏忽就会引起对方的误解甚至不必要的麻烦。不同区域忌讳语言和行为不尽相同，北部沿海与南部山区差异较大，但有许多相同之处。中华人民共和国成立前，由于科学教育落后，人们受封建传统观念的影响较深，遇事凭天由命，看风水、占卦、信巫、求神等迷信习俗盛行。吸毒、赌博、缠足和嫖娼卖淫等陋习有肆无恐。中华人民共和国成立后，通过普及科学知识教育，破除封建迷信，许多传统的忌讳、陋习被废除。

忌讳

福山人逝世忌说“死”字，称“老了”“走了”“不在了”“过去了”。失火忌说“起火了”，称“走水了”。饭后忌将筷子横放在碗上，忌将酒杯扣过来，否则，会让主人误认为招待不周，没吃饱、喝足，挑主人的眼。春节谈话时，忌说“死”“穷”“碎”“吹”等不吉利的词语，商人最忌讳与“赔”字同音的词语。大年初一忌扫地，怕把“财宝”扫出去。吃大蒜不能说吃蒜，称吃“义和菜”，因蒜与“散”字谐音。煮饺子破皮忌说“碎了”“破了”，称“挣了”。吹灭油灯、蜡烛，称“止灯、止蜡”。结婚选日子忌讳“四”字，认为逢“四”的日子为结婚的“月忌日”，排桌次也没有带“四”的桌号，因“四”与“死”谐音，不吉利。农村中借别人家药铫煎药忌送还，须等物主用时自己取回，意思是不能把病疫带给人家。探望病人忌下午或晚上，认为下午和晚上会使病人的病情加重。送礼忌用“梨”，因“梨”和“离”谐音。孕妇忌吃兔肉，怕生孩子豁嘴、豁唇；忌吃姜，怕生6个指头的孩子；忌吃葡萄或在葡萄架下睡觉，怕生葡萄胎。

北部沿海渔民海上作业谈话时，忌讳“翻过来”“扣过去”等词语，怕船在海里翻扣过来，须改用“划过来”“转过去”词语代替。渔船上的帆因与“翻”字同音，所以也不叫“帆”，而称“蓬”。渔船卸完鱼，不能说“卸完了”，而要说“满了”。捕鱼时，渔网全部撒到海里后，不能说“网下完了”，而要说“丈杆子（风网头上的木叉子）超前喽，一网两船”或“满了”“这网起了”。渔民在行船中，忌唱情歌、吹口哨，不能将手背在身后，因“背”和“顺”相悖。渔民出海，希望一帆风顺，“背”意味着违背意愿运气不佳，发财无望，背手还有“打背网”之说。人不准坐在大柱子上（船体竖立的木桩）和船头上，这有不敬之意和不祥之兆。平日里，忌讳老婆（妇女）跨船、渔网、渔具，因老婆的“婆”字同“破”字同音。称呼人忌说“老”字，如“老张”“老李”改为“张伙计”“李伙计”等，因渔民敬畏鲸鱼，称其为“老人家”。在船上吃完饭后，忌将筷子横搁在碗上，认为船会搁浅、触礁或桅杆被风吹倒。船上器皿忌扣放，预兆发生翻船事故。忌在船头便溺，因怕亵渎龙王。在船上大小便“晨不朝东，夜不朝西，晌不朝南，永不朝北”。

迷信习俗

看风水　中华人民共和国成立前，居民构建房屋、营造坟墓，皆聘请风水先生看“风水”，称“采地气”。如果家中发生不幸或不顺利，便认为住宅或坟墓风水不好，也请风水先生指点，改门迁坟。有的人家在街门上方挂一面镜子，或在墙角埋立一块刻有“泰山石敢当”

的石碑，以避“邪魔”“凶神恶煞”。中华人民共和国成立后，随着科学技术的宣传普及，此俗逐渐废除。

占卦　旧时，福山有许多男性盲人（瞎子）以算命谋生。他们经师传授，根据问卦者的生辰八字来占算其一生各阶段运气的好坏和变化情况，皆有一套巧妙的骗人法术，能将求卦者过去发生过的事和将来可能发生的事及命运说的天花乱坠，使人半信半疑或深信不疑。算命盲人一手敲打小铜锣，一手执竹竿探路，走街串巷。相信其术者，妇女居多。此外，还有少数人在集市或街头巷尾设卦摊，为人算命或占算某一具体事情的成败，或指点趋避吉凶的方法。农村中还有些人能占“马前课”（俗称“掐算”），为人占算失物能否复得、垂危病人能否有转机、在险境中能否逢凶化吉、婚姻成败等。还有极少数人利用批八字、相面（称“看麻衣相”）、拆字等方式为人占卦。中华人民共和国成立后，算命已被取缔，但少数宿命观念较深的妇女还秘密请算命先生占卦算命。

信巫　旧时，福山民间相信狐、蛇、刺猬和黄鼠狼等能修炼成“仙”，既能作祟害人，又能为人驱邪治病，故敬之为“仙家”。显仙家代言和代行其术者为“巫”。俗称女巫为“花姐”，男巫为“男花姐”。巫者家供奉一位或数位“仙家”画像。一些迷信者患病后求巫请“仙”医治，花姐装神弄鬼（俗称“上神”），为人驱除妖邪，从中骗取钱财。中华人民共和国成立后，巫医被取缔，但民间还有极少数花姐仍秘密非法行医，求巫者至今尚未绝迹。

求神　中华人民共和国成立前，人有重病，家人往往祷告神祇，祈求神灵保佑，并承诺病愈后酬谢神明，称为“许愿”。病愈后，兑现承诺，称为“还愿”，即焚烧香纸和纸扎小人（称“替身”），让其替本人为神效劳。富家有的请戏班，在庙前唱戏（称“愿戏”），有的制作新袍服披在神像身上。妇女不生育或不生男孩，到庙内“送生娘娘”（也称“送子观音”）殿内焚烧香纸，求神明保佑早生子女。小儿生天花、麻疹，家人到庙内求“疹痘娘娘”保佑，病愈后再到庙内烧香焚纸答谢。患气管炎者，到庙内“齁神”案前祷告，在神像嘴上抹面酱。生疮或手臂腰腿痛疼，到庙内“十不全”神案前祷告，将麻皮挂于神像身上。遇到久旱无雨，官府平民皆举行求雨活动。地方官绅到庙宇祭祀神祇，诵读祭文；僧道朝夕击鼓撞钟，诵读经文；农村百姓则由老年人率领，头顶簸箕，手持柳条，一日3次到庙内烧香叩头。中华人民共和国成立后，求神活动绝迹。

冥婚　旧时，女子未嫁死亡，不能入祖茔，只能葬在自家田边地头。之前或之后若有未婚男子死亡，经人撮合可与之结成“死亲”，将女子棺木移于男家茔地合葬，称为“冥婚”“鬼婚”。富家有的还轿抬男人牌位，仿照活人婚礼，迎娶女子灵柩。中华人民共和国成立后，此俗废绝。

陋习

吸毒　1862年烟台开埠后，鸦片输入福山，少数商人、富绅、差役及社会上游手好闲之辈开始吸毒，有的逐渐成瘾。清朝和民国时期，日本、朝鲜不法商人，秘密向福山输入海洛因、吗啡等毒品。政府对贩毒吸毒皆有禁令，但表面禁止，暗地却纵容包庇，吸毒者有增无减。中华人民共和国成立后，政府严禁贩毒吸毒，此陋俗一度绝迹。改革开放后，吸毒有所抬头，公安机关予以严厉查处。

赌博　中华人民共和国成立前，福山既有赌场，也有民间聚赌行为，参赌者甚多，尤其逢年过节和冬闲季节最盛。常见的方法有押宝、打麻将、推牌九、看纸牌、掷骰子等。赌徒们昼夜不归，有的输钱无力偿还赌债，典房卖地、妻离子散、败家荡产，甚至偷盗行窃。官府对开局聚赌虽有禁令，但并不执行。有的赌场与官府勾结，受其包庇。中华人民共和国成立后，赌博被取缔。80年代后，赌风又兴，公安机关严厉打击，一经抓获，轻者批评教育，重者绳之以法。

嫖娼卖淫　嫖娼卖淫，历来被人们嗤之以鼻。中华人民共和国成立前，境内公开和暗地嫖娼卖淫场所均存。因此而造成家庭不和、性病蔓延。中华人民共和国成立后，政府严禁，此俗一度消失。90年代后，嫖娼卖淫者复兴，多隐身于练歌房、美容院等场所。对此，公安机关虽不断“扫黄打非”，但屡禁不止。

缠足　1920年以前，女子自幼时即用裹脚带紧缠其双足（称“裹脚”），长期不放松，使之脚骨弯曲变形，呈前尖后圆、三角形小脚，尤以“三寸金莲”为标准。1912年，民国政府临时颁布禁止妇女缠足的法令，此俗已根本废除。

第七节　节日习俗

福山流行的岁时节日，有传统节日和新节日之分。传统节日又有按节气行事与按农历行事两类。节庆活动是纪念重要事件、娱乐、交际的重要形式，也是过去人们吃好饭、改善生活的日子，历来为男女老少所青睐。中华人民共和国成立后，也开始过新设定的“三八”妇女节、“五一”劳动节、“五四”青年节、“六一”儿童节、“十一”国庆节等节日。

传统节日

立春　俗称“打春”，福山人一般不举行纪念活动。

春节　农历（下同）正月初一日，俗称 “过年”“过大年”，是最隆重的传统节日。节前，家家蒸年糕、枣饽饽，置办年货，扫除房舍庭院灰尘。旧时，腊月三十，家家户户张贴春联、挂家谱，安放祖先“神主牌位”与祭器祭品。晚饭吃水饺，饭前放鞭炮、烧香焚纸、祭拜“天地神”。除夕夜挂彩灯、放鞭炮、守岁。午夜后即为大年初一，放鞭炮、迎神、祭拜祖先、吃团年饭，晚辈给长辈拜年，长辈给小孩压岁钱。男性先到宗祠和近支“神主”案前烧香焚纸，叩头行礼，再到同族各家拜年。熟人见面皆拱手祝贺，相互问好。初二日晚行“送神礼”。即日开始到亲戚家拜年，俗称“出门”。习惯上初二、初四拜外祖家，初三、初六、初九拜岳丈家，初七、初八拜姑和姨家。正月十五后，老年人到长辈亲戚和亲家、姊妹家“出门”。

六七十年代，破“四旧”、立“四新”，销毁宗谱，废除旧俗，反对封建迷信、烧香烧纸、祭拜祖宗、铺张浪费。“文化大革命”期间，一度在“干到腊月二十八（整地造田、兴修水利），吃了饺子就上马”的口号声中度过春节；把蒸饽饽、置年货、放鞭炮、拜年、走亲访友当成封建迷信被禁止。80年代后，恢复春节传统习俗。机关、团体、企事业单位，一般放假5～7天，节后上班日集体团拜。1995—1998年，为防烟尘污染、保护环境，城区过年禁止燃放鞭炮。

元宵节　农历正月十五日，又叫“上元节”；自唐代正月十五有观灯的风俗，又叫“灯节”。黄昏时分，到祖茔墓前点燃油灯，称“送灯”，并烧香焚纸、叩头行礼。旧时油灯多用萝卜、胡萝卜或豆面制作，现改用小蜡烛。晚上，新媳妇要到亲戚或邻居家过夜，不能见婆家灯火，俗称“躲灯”。元宵节的应节食物为元宵（亦称汤圆）。从30年代末至70年代末一度中断。1983年开始，区、镇组织民间艺人进城，扭秧歌、踩高跷、跑旱船、舞狮子等，欢度元宵节；晚上举行灯火或烟火晚会，河滨公园的霓虹灯、草坪灯、地埋灯灯火辉煌；鞭炮、礼花响彻天空，五彩缤纷。

二月二　明清至民国年间，二月初二日黎明，家家用草木灰在庭院和场园打灰囤、画圆圈，中间捧撒五谷，称为“搭谷囤”，预兆五谷丰登、粮食满仓；燃香蒂于谷仓，熏害虫，传说可保粮食不受虫害；爆炒黄豆，供小儿零食；妇女将彩布剪成小方块，与截成小段的蒜秸和铜钱大小的圆形花布连缀在一起（称“龙尾”），佩戴在男孩身上“避邪”；男人剃头理发，孩子 称“剃喜头”，借龙抬头之吉时，保佑孩子健康成长，长大后出人头地；大人称“剃龙头”，辞旧迎新，希望带来好运。传说二月二是龙抬头日，这天不动针线，恐刺伤龙眼。这天为祭“土地神”日，傍晚，男性到土地庙焚纸烧香，燃放烟火。中华人民共和国成立后，大多废止，但剃头理发习俗延续至今。

图34-6　女子擂鼓队表演（包爱华　摄）

图34-7　秧歌进城闹元宵（唐克　摄）

寒食节　亦称“百五节”，为上年冬至后的第105天，即“清明节”的前一天。相传，春秋时晋国介子推辅佐重耳（晋文公）夺取君位后，隐居不仕。为避征召，与其母深居深山。重耳命人三面烧山让其从一面逃出，介子推不从，背母抱树被烧而死。重耳为追念他，号令百姓禁止在介子推死难之日烧火煮饭，后相沿成俗。至民国时期，这天家家吃提前做好的冷稀饭，故称“寒食节”。新媳妇要到亲戚或邻居家过夜，不能与丈夫见面和看见婆家的烟火，俗称“躲火”。

清明节　二十四节气之一，一般在农历三月、公历四月五日前后，是传统和重要的祭祀节日。农村家家都到祖茔扫墓、祭奠，俗称“上坟”。在亲人墓前供祭，焚烧香纸，燃放鞭炮，并将小方形纸压在坟堆上，寓意给死者换夏衣，再为坟墓添培新土，然后叩头行礼祭拜。中华人民共和国成立后，机关、部队、学校及各界人士每年到烈士陵园扫墓，缅怀先烈。90年代以后，为防山火，提倡文明扫墓，禁止在坟地烧香焚纸。有的在亲人墓前摆放鲜花、花圈，以示怀念。清明节，正是春光明媚的时节，也是人们春游的好时候，所以古人有清明踏青的习俗，故又称“踏青节”。

端午节　五月初五日，又称端阳节。相传为纪念诗人屈原而设。过去，此日家家户户吃粽子，门楣上皆挂艾蒿草、桃枝，示意驱除瘟邪。幼儿手腕和脚腕上系五彩线，俗称“戴禄束”；用彩色苘麻扎成小笤帚、小炊帚，系于衣服纽扣上。青年男女佩戴珠囊或内装香料的绣花荷包。喝雄黄酒并涂于小儿耳鼻，驱魔避毒。学子要向师长揖拜以表尊崇，还要给塾师送礼或宴请老师，称“隆师”。许多人家把出嫁的女儿接回来过节，称“逆女”。女儿回婆家时，娘家要送上夏令用品，称“追节”。中华人民共和国成立后，迷信活动多废，唯有吃粽子、挂艾草和桃枝的习俗仍沿袭不衰。

六月六　六月初六日，农家习惯用新麦子炒熟磨面，称“焦面”，留以炎夏用凉水拌食充饥；用新面粉包包子，故有“六月六，掰开包子尽是肉”之说。谚语“六月六，看谷秀”，意为谷子抽穗。古时，这天把书画、衣服拿到太阳下晾晒，避免被虫咬；窗上悬挂“凤眼草”，避蚊蝇。

七月七　七月初七日，又称“乞巧节”。家家皆用白面烙成各种图形的“巧果”，分给儿童食用。清朝以前，青年妇女多于此夜在庭院中设帷幕、悬牛女图，供奉瓜果、五谷菜等，祭祀织女，称为“乞巧”；注水漂针，竟巧拙。清末民初，乞巧活动废绝，但做巧果的习俗仍延续至今。

中元节　农历七月十五日。1937年以前，为祭奠祖先的日子。民间皆供奉时令瓜果，烧香焚纸，叩头祭拜。中华人民共和国成立后，境内祭祖活动基本停止。

中秋节　农历八月十五日，又称“团圆节”。旧时，仕宦、富商之家，盛备肴馔，全家饮宴，并宴请邻舍宾朋，犒劳奴仆雇工。普通人家也尽所能，改善生活。晚上，家家把盏赏月，吃月饼，以求团圆、喜庆。至今，全家团聚宴饮，吃月饼、赏明月的习俗一直延续盛行。

重阳节　九月初九日，又叫“重九节”。旧时，文人墨客多于这天登山观景，故又称“登高节”。有食花糕、酿菊酒的习俗。据传，九月初九为轩辕黄帝瞑目日。重阳也是“隆师”和“ 逆女追节”的日子。

十月朝　十月初一，俗称“十月朝”，又称“祭祖节”。为民间秋季祭扫先人坟墓的日子，礼仪与“清明”祭扫相同。

冬至　俗称“过冬”，二十四节气之一。旧时，为家祭祖先，也是“隆师”和“ 逆女追节”的日子。中华人民共和国成立后，民间除改善生活外，别无其他活动。

腊八　十二月初八日。古来有喝“腊八粥”，腌制“腊八蒜”的习俗，一直沿袭至今。

辞灶节　腊月二十三日，称“过小年”，为祭祀灶神（又叫“灶王爷”）的节日。传说灶神是天上派到人间的一家之主，专司监察家人行为品德善恶，每年此日上天汇报。旧时，每家门后灶前都贴一张灶王爷画像。进了腊月，人们赶集时必请（买）一张灶王爷新画像，两侧印有“上天言好事，下界保平安”的联句。腊月二十三这天，将旧灶神像揭下，换上新像，在画像前摆放水饺、杂面汤、黏糕或黏饼、麦芽糖等供品，烧香焚纸，旧画像随之焚化。然后用清水一盏，内放数节谷草，泼于门外，供灶神坐骑饮用，全家叩头行礼。60年代，辞灶旧俗渐废。

除上述节日外，民间对“入伏”“立秋”“出九”等传统节日也较重视，一般都改善生活，多习惯“入伏”吃面条，“立秋”和“出九”吃水饺。90年代后，一些新兴节日如王母娘娘生日、财神生日、圣诞节、情人节等在民间流传，届时多鸣鞭炮、烧冥资，情人节则送鲜花或礼物等。

新立节日　中华人民共和国成立后，一些纪念性的公历节日渐为民众接收，但活动范围、深广程度不同。“元旦”“五一”“十一”为举国同庆。1999年国家实行“黄金周”后，“五一”“十一”两大节日较为隆重。其他节日期间，有关部门每年都采取不同形式开展纪念庆祝活动。

元旦　公历（下同）1月1日，又称新年，俗称“阳历年”。元旦节更换新一年的历书，机关企事业单位大多升国旗、挂横档、举行庆新年文艺晚会，公职人员、企业工人放假一天。民无定俗。进入90年代，渐兴寄贺卡、发电子邮件或手机短信互相祝福之风。

国际劳动妇女节　3月8日，又称“三八”国际妇女节。机关单位为妇女放假一天或半天，有的还发给少量的女用纪念品，或召开妇女表彰大会，或组织丰富多彩的文体活动。

植树节　1979年2月13日，全国人大常委会第六次会议决定：3月12日为植树节。城乡每年均组织开展义务植树造林活动。

国际劳动节　5月1日，亦称“五一”国际劳动节、“劳动节”。福山区历年在此日前一两天，组织各种形式的庆祝活动，召开劳动模范、先进人物表彰大会。80年代前，机关、团体、学校放假1天。90年代后，成为法定假日，放假3天。

青年节　5月4日，又称“五四”青年节。为纪念1919年“五四”运动，自50年代起，福山各级团组织每年多于此日举行新团员入团仪式，举行纪念活动。

母亲节　现代母亲节起源于美国，为每年5月的第二个星期日。90年代末，境内也于这日始兴过“母亲节”。儿女不忘母亲的恩情，给妈妈送礼物和鲜花。

儿童节　6月1日，又称“六一”国际儿童节。50年代之初，政务院确定“六一”国际儿童节为中国儿童的节日。逢节日，儿童们着新衣、戴红领巾，高举少年先锋队队旗，唱《我们是共产主义接班人》队歌。学校举行儿童加入少先队仪式。

中国共产党诞生纪念日　7月1日，也称“党的生日”。各级党组织举行新党员入党仪式，或召开先进党组织和优秀党员表彰会，或组织党员学习党的基本知识，或召开民主生活会。

建军节　8月1日，为中国人民解放军建军节。地方武装部门组织庆祝活动，党政机关、民政部门开展拥军优属活动。供电公司等单位与驻军一般会举行军民联欢晚会

教师节　1985年，第六届全国人大常委会第九次会议决议，确定每年的9月10日为教师节。福山区每年采取多种形式开展庆祝活动。区政府召开大会，表彰优秀教师和优秀教育工作者。社会各界开展尊师重教活动。是日，教师放假半天。

国庆节　10月1日，为国庆日。这天，机关企事业单位升国旗，挂彩灯，举行庆祝活动。90年代后成为法定节假日，机关、团体、学校放假3天。

老人节　1988年，国家把每年的九月初九日即重阳节这天，定为“中国老人节”。节日前后，区老龄工作委员会、老干部局、妇联、共青团等联合走访看望老人；对生活困难者，送去衣被、油米面等生活日用品。儿女们买来节日礼物，祝老人健康长寿。

第八节　美食文化

福山美食文化历史悠久，并不断发展完善。贯穿宴会餐桌摆设、上菜、吃菜、喝酒、座位、陪客、客人、请客、宴会时间安排等全过程的礼仪，彰显了福山的美食文化。

餐桌摆设

福山宴会的摆设考究。当今，宴会厅内根据风格的不同摆放一张或几张餐桌，雅间一般为1～2桌，大厅十几桌或几十桌。现代风格放圆桌，古朴风格放方桌（八仙桌），椅子的风格与餐桌相匹配。桌上每人面前摆放一套酒杯、茶杯和接碟、筷子、汤匙等餐具及餐巾、纸巾等。圆桌铺桌布，有紫色、红色、墨绿色，显得庄重典雅；有的大桌中间安装轴承，上放一玻璃圆盘，方便转动；圆盘上摆放鲜花或绢花，让客人心情愉悦。摆设档次视宴会标准和酒店（餐馆）特色而定。在档次较高的酒店（餐馆）招待层次较高的客人，桌上摆放鲜花，酒杯使用高角标准的白兰地杯、葡萄酒杯和啤酒杯，用银或镶银筷子，选用质地优良餐巾。一般宴会的餐具和摆放不太讲究，但方寸不乱。家庭宴会摆放，相对简单得多。

宴会上菜　顺序是先凉菜后热菜，席首和席尾上汤菜，先荤后素，先高档后一般，先咸后甜。以一般宴会“十

菜一汤”和喜宴“四二八”的菜肴设置为例：

“十菜一汤”：一般冷荤6～8个（不计“十菜”之内），宴会正式开始前摆放好。10道热菜按汤、海参、对虾、鲍鱼、肉、鸡、蔬菜、鱼等依次上完，也有席尾上汤的，一般为海鲜汤或水果汤。主食设在酒宴之后，一般为面条、水饺。主食之后，有的上果盘。

“四二八”（4个冷荤、8个热菜、2个大碗）喜宴：开席前先上点心，一般为核桃酥、蛋糕、沙琪玛、蜜三刀，用茶水就食。4个冷荤上来，撤掉点心，酒宴开始。8个热炒分两组上完。第一组一般是“葱烧海参”“清蒸加吉鱼”“火靠 大虾”和“芙蓉干贝”。第二组一般为“熘肚片”“扣鸡”或“扒鸡”“芫爆乌鱼花”，或“油爆海螺”“糖醋鱼”“拔丝山药”。2个大碗（汤菜）设在热炒之首和之末。主食为“福山大面”，象征长长远远，吉祥平安。

宴会上菜、摆放也很讲究。首先，掌握好节奏，先快后慢关键缓。先快，是在客人肚子较空、食量较大的情况下，快上热菜压住桌面，以防出现盘空断档现象；后慢，是便于客人边吃边谈，不致出现催客问题；关键缓，是在主人和客人敬酒时，把速度放慢，以便喝足喝好。其次，上菜位置讲究。菜肴上桌，圆桌从副陪左边放到桌上，然后转到主客面前；方桌则从7、8席陪客人员之间上菜，由陪客者端放在主客面前。第三，整鱼上席摆放要“头朝北肚朝客”。因为鱼肚是最佳部位，让客人先用。第四，不摞碟子。如果桌面放不开众多的碟子，可以换小盘，不可将碟子摞起来。否则，是对客人的不尊重。

吃菜　福山宴会过去不分餐，其礼仪极为严谨。每道菜都要放在主客面前，主客先动筷，依次往下转，主客不吃，其他人不能动筷；圆桌自右至左向转动转盘，无转盘的餐桌由陪客人员端盘换位置，以对主客的尊重。吃菜时只能在自己面前的菜盘里夹菜，且数量不能太多，也不能夹起菜后再放到碟子里去，更不能在整个碟子里翻来捡去和伸长胳膊、探出身体到对面或侧面的碟子夹菜。否则，将被别人耻笑。

吃菜要得体，细嚼慢咽，不能大口吞食、狼吞虎咽。每夹一筷菜放到嘴里后，要把筷子放下，不能拿在手里。手握筷子的姿势要美观，要握在筷子的中上部，不能握在中部以下；要手心朝上，不能反扣。不合自己口味的菜可以不吃，但合自己口味的菜一定不能多吃。

客人一般不先动筷吃鱼。中华人民共和国成立前，多数家庭生活拮据，逢年过节只买一两条鱼，一条鱼往往要招待多次客人。在南部山区，有的甚至用木头做假鱼，盛在盘中，每当来客时端上桌充数。因此，无论真鱼还是假鱼，端上桌后，客人一般都不会动筷夹鱼，以免使主人难堪。中华人民共和国成立后特别改革开放后，鱼已成为百姓的家常菜，不再是稀罕奢望品，木头鱼不复存在。吃鱼时，客人忌挑鱼眼、翻鱼。否则，意味不懂规矩或对主人不满意而“挑眼”。有时客人对主人或陪客人不满意，不能直言，有意把鱼眼挑出来放在盘子里，这意味着客主之间的关系破裂，宴会只能不欢而散。“客不翻鱼”，渔民驾船出海，忌讳“翻”字。另一说是旧社会来客后女人和孩子不能上桌，宴席上只吃鱼的一半，另一半撤下来留给家人或下次招待客人。

福山美食吃的规矩多、学问大，不懂会闹出笑话，很不雅观，甚至当众出丑。例如吃拔丝类菜肴，菜上桌之前必上一碗凉水，用来涮筷子。因拔丝菜是甜食，为保口味纯净，须把已用过的筷子涮干净。拔丝菜上桌后，要趁热用筷子夹起一块菜，缓慢向上一提，即会拔出一根根细腻的金黄色糖丝，再稍一回顿，糖丝即断。再是拔丝菜外挂糊包糖，内中温度很高，夹后不能随即放进口里，要放在接碟中，稍待片刻再食之。如果不懂食法，往往会闹出笑话。

喝酒

福山民众旧时喝的是白干（白酒）和老酒（黄酒）。20世纪初，开始喝张裕公司生产的红酒、白葡萄酒和其他果酒、白兰地、三鞭酒（药酒）和啤酒。农村宴会上喝的酒，档次要低一些，但多为烟台当地生产的白酒。

斟酒　宴席上，由陪客人或酒店服务员从第一客人开始依次斟酒。一般白酒用小杯或酒盅，红酒用高脚杯，啤酒用专用杯。斟酒要适量，原则上喝一杯斟一杯或不断喝不断斟，自斟自饮被视为贪杯。黄酒一般春、秋、冬喝，夏季不喝，喝前烫热，烫酒时加糖和姜片。

敬酒　宴席始终在互相敬酒的气氛中进行。宴席开始，由主陪说明主题，主动与众人碰杯，先喝为敬，然后从主客开始依次喝下。主陪一般敬2杯酒，称敬双不敬单。主陪敬毕，副陪敬酒。主人敬酒后，客人回敬，一般从客坐最末一位开始，首位客人最后敬酒。第一轮敬酒结束（也叫酒过三巡），同桌人随意互相敬酒。但不同桌之间不能相互敬酒，称隔席不谈话。敬酒词一般为祝贺、祝福、感谢、友谊、吉利语等，充满着友好、祥和的气氛。

喝酒　旧时，福山民众喝酒时，先用手指在酒杯里蘸一点，然后在空中和地下分别弹一下，或用筷子蘸点酒滴在地上，谓之“先敬天敬地”。当今，破除封建迷信，此俗废除。喝酒需处理好主动与被动的关系、喝足喝好与贪杯的关系、喝酒与吃菜的关系、碰杯与干杯的关系。农村有“划拳”喝酒的传统，俩人便划拳便吆喝：“一点通，俩人好，三星高照，四喜，五魁手，六六顺，七巧，八匹马，（九）快喝酒，十满贯”，手上指法相反，输者喝酒。

座位

福山对宴会桌序和座位排列非常讲究。若仅有一桌宴席，按客人座位高低排列；多桌宴会既要讲究桌序，又要兼顾客人的座位顺序。桌序排列基本原则是重要人物、长辈、年龄大者排在首桌和前几桌。结婚喜宴，“送亲贵宾”为大客，须安排在最前面桌（俗称“大席”）。若是两辈人，二人须分开桌席，长辈安排在第一桌首席座位，晚辈安排在第二桌首席座位；若是同辈人，二人可分开桌席，年长者安排在第一桌首席座位，年少者安排在第二桌首席座位；二人也可安排在同一桌上，年长者坐首席，年少者坐二席。其次为新娘桌。之后，每桌按亲朋关系、辈分、年龄排序。一般亲友、同学、同族长辈和年长者排在前面，晚辈和孩子排在后面。舅舅和舅妈是仅次于送亲的贵客，舅舅一般安排在送亲桌坐二席，或第五、六桌（婚宴不设第四桌）首席；舅妈安排在新娘桌坐二席，或舅舅之后桌首席。其他宴会，主题人物和头面人物在第一桌就坐，一般人物靠后排；朋友、同学聚会，多按年龄排序。

桌序排列后，每桌要按客人的身份安排位次，顺序与桌序排列相同，按客人身份、亲疏、辈分、年龄由高向低依次排列，总的原则是按中华民族传统“右为上”的顺序排列。桌形有八仙桌、圆桌和小炕桌。有 6 人席、8 人席、10 人席、10 人以上席。中华人民共和国成立前，宴会多用八仙桌（讲究“左为上”）。民间多为 8 人一桌，其中客人 6 人，陪客 2 人；官桌 3 人一桌，其中客人 2 人，陪客 1 人，极少采用。八仙桌放置非常讲究，民间桌面木纹为竖纹，即与陪客人顺放；官桌桌面木纹为横纹，即与陪客人横放，迎门桌前挂桌围。大型活动人数较多的宴会，集中安排在餐馆大厅、院落或分散在邻居家中。圆桌是中华人民共和国成立后逐渐推广开来的一种桌形。其座位排列原则和顺序均按国际惯例和国家标准设定。多为 10 人一桌。旧时，福山宴席男女、父子不能同席，但爷孙可以同席。现在，这些陈规已被打破。

陪客　福山宴会重视陪客人的选择。喜宴陪客人由喜主聘请，一般为家族中的长辈、单位领导和社会名望较高的人。基本条件是形象好、素质高、举止文雅、善说会道、酒量较大。陪客人要把握宴会的基调，控制宴会的时间和节奏，张罗客人吃好、喝好。

请客　福山人好客，婚宴请客范围较大，有本族亲属、亲戚、街坊邻居、单位领导、同事、朋友等，一般在 200 人以上，多则上千人。宴会前由主人提前请客。喜宴一般提前 1 月至 2 个月，有的甚至提前半年请客。农村喜宴一般要请 4 次客：第一次为“统一”后口头请，二次为送请柬，三次为喜宴前 7 天，四次为喜宴当天早晨。其他宴请活动一般提前 2 天。

送请柬　凡隆重的宴请活动一般都送请柬，但本族亲属、亲戚可不送请柬，多为口头邀请。请柬内容包括客人姓名、设宴地点、时间、主题和邀请人姓名等。

注意仪表　客人出席宴会活动，都很注意仪表。接到邀请后，男人提前理发，女人美容、化妆。如果男子胡子拉碴、女子蓬头素面出席宴会，是对主人的不尊重、不礼貌。家庭经济条件好的买新衣、购新鞋，条件较差的也要着装干净、整洁。

准备“红包”　凡出席婚宴、生子喜宴（包括“十二日”“满月”“百岁”生日等）、寿宴和送行宴会等的客人，应准备红包，这是必行之礼。

按时赴宴　宴会特别是婚宴和其他多桌宴会，客人要提前 5～10 分钟到达。如突遇特殊情况，要提前告知，以示对主人和其他客人的尊重。

主客是宴会的核心，必须谦虚、随和，不要把自己的意志强加给他人；主动配合陪客人的工作，带头得体地吃菜喝酒，为宴会创造和谐热烈的氛围。出席婚宴的“送亲大客”既要喝好，又不能喝醉。酒宴结束后，与喜主见面，嘱咐新娘婚后孝敬公婆，待好丈夫，处理好家庭关系；与喜主商定新娘“归宁”的时间，带着太阳（太阳落山前）返回家中。

第三章　宗教

境内宗教主要有基督教、佛教、天主教、道教。基督教始于清末，盛于民国，建教堂6座。佛教始于南北朝，盛于宋代，建寺院9座。天主教始于民国，建教堂2座。道教始于汉代，盛于金朝，建宫观8座。民国年间，教堂被毁，教徒递减，活动渐停。中华人民共和国成立后至1977年，全县无宗教活动，其庙宇除家后天主教堂及峆嵫寺3间厢房外，余者全部拆除。改革开放后，落实宗教政策，保护信仰自由，基督教、天主教、佛教开始恢苏，新建活动场所增多。1990年后，区政府设立民族宗教机构，加强宗教事务管理，鼓励行善奉献。

第一节　政府管理机构

行政机构　明朝，县衙设僧道会司，管理佛教与道教事宜。清朝，僧、道会司分设，僧会司附于福圣寺，道会司附于修真观。两会司在各寺、观内选择行端者授职，管理邑内教徒诸事。民国时期，民族宗教事务由民族机构管理。中华人民共和国成立后，民族宗教事务由县统战部兼管。“文化大革命”期间，民族宗教管理机构瘫痪。1978年后，民族宗教工作恢复，由县统战部暂管。1990年3月，区府办始设民族宗教外事科，专司民族宗教事务。1994年6月，民族宗教工作复交区委统战部，内设民族宗教事务科，对外挂区政府民族宗教事务办公室牌子。2001年12月，民族宗教工作移交区府办，下设民族宗教科，对外挂烟台市福山区民族宗教管理局牌子。

民间组织　1987年以前，境内基督教活动无组织，各行其是。1988年，在区统战部领导下，成立基督教“三自”（自传、自治、自养）爱国运动委员会（以下简称“三自爱委会”）。制定章程，选举盖昌祥任主任，王秀秋、胡克宝任副主任，王金瑞任委员，负责全区基督教活动场所的教务指导工作，团结和带领全体教徒走“三自”爱国道路。是年，区基督教“三自”爱国运动委员会经区民政局批准登记为社团组织。1994年，委员会换届选举，王秀秋任主任，胡克宝任副主任，臧崇刚任秘书长，执事5人，传道员7人。2000年，委员会换届，烟台市政协委员、福山区政协常委王秀秋任主任，胡克宝任副主任，臧崇刚兼任秘书长。

第二节　道教

金代以前，福山道教只有“正一”一派。金大定七年（1167年），王重阳在牟平创建“全真”派道教，不久即由其徒马丹阳（钰）传入福山。此后，境内道教即分为“正一”和“全真”两大派系。道教徒男称道士，女称道姑或女道士。正一派道士不出家，可结婚，称“俗家道士”或“火居道士”；全真派道士须出家，禁婚。全真派创立后，发展极为迅速，明、清时，已在两派中占绝对优势。至清末和民国时期，境内除城隍庙外，其他皆为全真派道士。

旧时，民众都尊奉道教所“创造”的“神”和“仙”，家家供奉灶神、财神、玉帝，有的家庭妇女还供奉“八仙”之一何仙姑像。每个村庄和较有名的山上都建有道教庙宇，逢年过节或平时，都有人到“三清观”“三元宫”“关帝庙”“玉皇庙”“龙王庙”等烧香敬拜。官府选一道官，并设书记一人，统管全县道教事宜。道官不离职，设在城隍庙、祝圣道院、通仙宫，道官与县官交往与僧官相同。抗日战争爆发后，道官停止集中活动，许多庙宇改建为小学校舍。1946年土改时，土地分给农民，房屋归公，全县仅有道士14人，后都先后还俗务农。改革开放后，信奉道教者增多，但无出家道士，均在自家供奉财神像。

附：主要宫观

通仙宫　位于城西观月顶，旧名积金山。金大定二十三年（1183年），督醮会道迟衍创建，内有马丹阳述怀诗并画像刻石。元至治二年（1322年），道门提领李元义重修。明永乐六年（1408年），道士王喜童修葺。明永乐十六年（1418年），百户左旺建玉皇殿。明万历三十一年（1603年），会首肖时泰铸造宫磬，重修后殿，增设西廊、环墙门舍，整饰后，殿宫、堂齐全。建筑雄伟，雕工精致。住庙道士常有五六人。清乾隆十八年（1753年），道士永增募修。光绪年间再次重修，住庙道士减至二三人。清末民初，内有土地2.7公顷，殿堂房屋25间，道士3名。住持王言青，乳山县朱王村人，23岁去北京受戒，清光绪二十六年（1900年）回庙为住持，宣统三年（1911年）被选为县道官。1946年土改时，留给道士房屋7间，土地0.4公顷，让自食其力，其余土地分给当地群众，房屋归公。70年代初，整个山头被县气象站占用。山东麓由区技术监督局所占。80年代，在东坡建成“观月顶”居民小区。

三元宫　位于东关村东。明万历三十五年（1607年），道人穆进学修建。清顺治年间，道士赵东来观募修。后又经2次扩建和大修，宫殿始具规模。民国初年，有道士3人，宫舍17间，土地2.5公顷。主持宋云亭，法名嘉岳，即墨人，13岁入该宫，29岁时因与徒弟不和，迁居留公村，后重返三元宫住持。1946年土改时，留给宋云亭房屋3间、土地0.3公顷，余者分给群众。1947年，房屋拆毁。宋云亭返俗后，居东关村务农，分得住房3间。

修真观　位于南关村。金大定二年（1162年），道门提领王道周创建。明洪武六年（1373年），道士姜德荣重修。明洪武十九年（1386年），道会崔守德重加修葺。明成化十四年（1478年），千户王钰建置玻璃殿5间。明万历三十五年（1607年），会首肖时泰纠资重修后殿，供有诸神雕像百余尊。至清末，庙产由南关村会首代管。中华人民共和国成立前，该观有房屋15间、土地0.93公顷，划为村立小学校产。1948年，国民党军占据福山时拆毁。

碧霞宫　位于院口村北镇泉山上，建年不详。清乾隆二十七年（1762年），时称镇泉山庙，曾为庙刻度石立碑。有宫殿、房舍、戏楼32间，土地0.93公顷。产权归福山、栖霞两县近村共有。庙内有道士居住，土地收入归道士所有。清末，因请不到道士，庙产由张格庄村陈万同之父看管，其父死后，陈万同继管。1949年，收归公有，由福山劳改队管理，后卖给栖霞红旗窑场。1966年秋拆毁。现为石灰窑场。

祝圣道院　位于在芝阳村北芝阳山祝圣峰前。金代末年始建。元至治二年（1322年），道士林德荣重修。元统三年（1335年）三月，刻石立碑。元至正七年（1347年），在真武殿后创建马真君亭记。院内横列“福地”，竖列“洞天”。明永乐十年（1412年），道童崔云增修三清殿及方丈；道士王教惠于东顶建泰山行宫。明万历十七年（1589年），道士刘演正、赵全壁相继重修。清顺治年间，道士赵全壁募修三清殿5间，并在芝阳洞前新建正武雷神殿3间。清光绪十八年（1892年），重修三清殿，并刻石立碑。时有殿堂25间、土地2公顷。1946年土改时，山岚、土地分给群众，殿堂毁于战火。

城隍庙　位于在福山城中，现华侨宾馆南楼。明洪武元年（1368年），县丞王景始修。明永乐十三年（1415年），邑人周彦忠等重修。明天顺六年（1462年），知县朱真创塑两廊神像。明崇祯九年（1636年），吕才明募修。清崇德八年（1643年），知县吴闻诗捐俸，重修两廊。清顺治十八年（1661年），知县申修捐俸，重修大门；邑人肖丕振董其事，并捐资助成。清康熙五年（1666年），知县张大本，举人肖文蔚捐金，建二门；生员郭元培、谢琰董其事。清乾隆五年（1740年），知县宋文锦建戏楼3间。清乾隆十二年（1747年），知县李经帮鸠工修仪门3间、寝宫3间、西廊8间、宾馆3间。清乾隆三十九年（1774年），仪制刻石碑记。清道光十二年（1832年），捐资重修，并刻名立碑。该庙占地4000多平方米，建筑面积2000平方米。有城隍殿、戏台、香亭、侧廊、外门、仪门等。1930年改为他用。50年代之后，先后被县招待所、华侨宾馆占用。1997年，建华侨宾馆南楼时，全部拆除。

松岭庵　位于古现镇四合村东，松岭山北麓。明万历年间始建。清康熙二十六年（1687年）立碑，后经管不善，邑人进士陈汝弼上《松岭庵讲经道场募缘疏》，广募资金。清乾隆十九年（1754年），僧人与贝重修大殿。清乾隆五十五年（1790年），立《陪殿碑记》。清嘉庆二十五年（1820年），立《永传庙业》碑记。至此，庙具规模，有后排中大殿3间、西中段3间、东平房9间，前山门3间、西中门3间、东平房9间；西厢房6间、东厢房6间。庵前有龙爪槐1棵。原为尼姑庵，后与和尚合居。1920年，庵房被松岭小学占用。1931年，改为县立第五小学。1947年，大殿被拆，木料用于构筑军事工事，其余房舍于1968年拆除建学校。中华人民共和国成立后，最后一名和尚还俗，居四合村。现庵遗址仅存龙爪槐。

太平顶庙　位于南涂山村东、葛庄村西。山上有敕建龙王庙，祭载祀典，有观音堂。清顺治年间，住持孟道士募建玉皇三清殿及泰山行宫。农历四月十八日，集神会于其上，人遂称太平顶庙。相传，龙王庙为唐初大将尉迟恭所建，殿内供奉"敕封东海龙王广利王"，逢旱，四乡群众集结殿前，祈求龙王普降甘霖。龙王庙东南有"三清祠"，供奉道教所尊的玉清原始天尊、上清灵宝道君、太清太上老君。观音堂内供奉十八只手的观音、手持金瓶柳枝的观音、静坐莲花台上的观音和"送子娘娘""十不全老爷"等。南有"碧霞元君行宫"，殿内有王母娘娘金身坐像。山之巅即玉皇大殿。整个庙宇排列在山顶上，有殿堂、屋舍近百间，时为胶东地区之最。前来烧香祭拜、贸易、文化娱乐者达万余人。1938年，庙宇被日军炸毁。

第三节　佛教

早在南北朝时，境内就有人信奉佛教。唐代在古现村建千佛寺，在道平村西山建多佛寺。到宋朝时，佛教发展很快，寺院增多，有山阳寺、朱庵寺、金堆寺、崀峊寺、资佛寺等。中经金、元、明，至清朝，全县有12大寺。除佛寺外，还有尼姑庵6座，最早的是磁山庵，建于元朝，重修于明洪武年间，建于明朝的有观音庵、松岭庵，其余3座建于清朝。

福山佛教属全国七十二"查"支法眼派。法眼派在福山又分三派四支十二寺。东南派有黄山院、高山卢寺、珠岩寺、苍山寺；南派有三阳寺、金堆寺、集贤寺、岭嶐寺；西北派有芝水寺、古现寺、奇泉寺、崀峊寺。每座寺院都拥有较多的土地，少者数十亩，多者上千亩，由俗人耕种。信佛者，除出家为僧尼者外，有的在自家供奉佛像（多为观世音、尼勒佛），吃斋念佛。民国以后，人们思想逐渐开化，出家为僧为尼者甚少。30年代中期，许多寺院仅剩下二三名僧尼，佛教濒临灭绝。1946年土地改革时，寺院土地除留下小部分给僧尼耕种外，其余皆分给群众，房屋也大部分收归公有，后僧尼多数还俗。1947年，全县仅有僧尼12人。1952年，全县仅有9人，其中和尚6人，尼姑3人。之后，佛教活动停止。

80年代初，佛教教徒又开始活动，全县有佛教教徒56人。主要集中在城里、南关、东北关等城区一带，大多为中老年人。无固定活动场所，与外界没有往来。佛教活动主要是在自家供奉佛像，打坐念经。但在每年的农历二月初八日、二月十九日、六月十九日、九月十九日，传说是释迦牟尼出家和观世音诞生、成道、出家的日子，教徒举行集体活动，一般10余人。购买龟、鱼、鹦鹉等，到门楼水库放生。皈依师释上妙下世方丈弟子徐丙烈（释广烈），在福山开办"福山法物金像店"，结识不少朋友，也为群众做好事、善事。对一些即将破裂的家庭，他及时登门做工作，化解矛盾，使其家庭和好如初。由此当选为烟台市佛教协会委员。2002年，全区共有佛教教徒50人。其中，门楼镇17人，张格庄镇33人。

附：主要寺院

高峪寺　又名多佛寺，位于西道平村西北高山卢山南麓。唐中和三年（883年），僧人祖远始建。清顺治年间，僧人圆贞募资重修佛殿、方丈、斋堂、山门，寺已具规模。邑人进士鹿廷瑄诗颂曰："贤集东去尽青山，古刹清幽野色斑，往僻烟寒人迹少，老僧高枕白云间"。清末，拥有土地20公顷，山岚千余亩，和尚10名。土地分租给农民耕种，山岚树木雇工砍伐。民国以后，该寺逐渐衰落。1938年后，方丈张连城，法名传一，与其徒弟吸食鸦片，大部分土地、山岚卖掉，只剩下0.67公顷土地，1947年土改复查时，给他留下0.53公顷，张连成还俗务农，住西道平村，寺被村占用。1957年，神佛被推倒。1962年春，拆除。

山阳寺　位于葛庄村北。宋宣和二年（1120年），僧人法庆始建，旧名寿圣禅院。清乾隆二十六年（1761年），僧人清洙募修。清光绪二十二年（1896年），传明任主持，并选任福山僧官。时有山门、大殿、后殿、东西两廊，共68间，土地10余公顷，徒弟徒孙八九人。1921年传明死后，先后由绪法、霍清云任主持。1947年土改复查时，有和尚2名，留给3间房和0.33公顷土地，还俗务农。50年代，寺房归粮管所当仓库，60年代末拆除。

金堆寺　位于大屋村北两甲庄村南金堆山上。954—959年（后周显德），有僧结庐于此。宋庆历八年（1048年），僧人圆鉴建寺。金天德元年（1149年）重修，知县张邦彦为其树碑立传。"寺三面皆山，河绕寺石。惟石鸥蹲下，有深潭"。明邑人南京兵部尚书郭宗皋联云："千年佳水佳山地，一室无生无来人。"明万历六年（1578年），铸钟一鼎。清同治年间，有殿堂37间，土地千余亩，和尚10余人。土地大部分出租，后被大水冲毁46.7公顷，剩下20公顷，雇工18人耕种，年收粮20石左右。1918年，吴秀英，法名元宝任主持，1936年去北京，1946年返回。徒弟法名同杰，18岁去刘珍年部下当兵，后回寺。1947年土改复查时，吴秀英师徒还俗务农，移居新庄。寺归林场。中华人民共和国成立后，用作炸药仓库。1962年，移交大屋村。1984年，移交区民政局，创办化工厂。殿堂全部改建，址存舍变。

峪岵寺　位于南车家村东，峪山卢山之北。唐初开元年间始建。后周广顺三年（953年）立香幢记，主持怀萼书。元大德五年(1301年)，僧人明朗扩建。明万历三十一年(1603年)，僧人照圆重修。崇祯年间，邑人王好仁同僧人圆极重修大殿及配房各3间。清治顺二年（1645年），王好仁又同僧人行福募资，重修方丈5间，寺之西二里许。清顺治七年（1650年），王好仁捐鼎建泰山行宫3间及僧舍，并置赡地0.67公顷。经明、清两代4次重修，建筑规模宏大，有山门、二殿、后殿、东西两庑，计百余间，碑碣21幢。明南京兵部尚书郭宗皋“峪嶁寺”诗曰：“松颠置兰若，云岫倚芙蓉。犬吠林间客，僧鸣天上钟。杖轻身矍铄，路细草蒙茸。吾亦参禅者，无劳礼数恭”。民国时期，该寺拥有土地13.33公顷，山岚200余公顷，和尚10名，雇工27名。1929年，张应州，法名同谭，任主持。1946年土改时，土地、山岚、房产收归县林场。1948年，张应州去北京兴隆寺，1949年，返回福山，还俗务农，居门楼村其侄家中。中华人民共和国成立后，寺舍归县林场和粮管所。现殿墙尚存，还有3间东屋，其他殿堂已改建，碑碣有的砌在墙中和铺在地下，但寺前的千年银杏古树至今仍枝繁叶茂。

奇泉寺　位于上夼村西南。奇泉寺始建于唐朝，有殿堂、廊坊81间，规模宏伟，寺院钟声悠扬，香烟缭绕；殿宇高大，巨檐腾脊，画梁雕栋，古香古色。时为福山（清阳县）第一大寺院。明永乐十四年（1416年），僧知庆续建。明宣德元年（1426年），僧明进相继重修山门。明天顺三年（1459年），知县段坚题写“奇泉庵”。明崇祯十六年（1643年），僧行玘捐资鸠工重修大殿及东西配殿、方丈斋堂、西厢、山门，一切鼎新。其三世佛系王道增、王好仁等捐赠粧塑。清顺治七年（1650年）扩建重修，占地1500平方米，殿堂55间。清雍正十一年（1733年），募修大殿、千佛殿、西配殿、方丈、山门粧金、前后殿、佛像，增修客房3间、东石桥1座，僧清漯重修山门外大桥。至此，奇具规模，有大殿、二殿、后殿、东西厢房共81间，土地13.33公顷。山植梨树，春天梨花盛开，似冬雪覆盖。清至民国年间，每逢农历三月十六梨花节，前来赏花者络绎不绝。1946年土改时，寺院土地分给群众，后和尚本经、永贵相继去世。1950年，寺院被部队占用兴办炸药厂，1954年迁走。1955年，将大殿等拆掉，其木、石、砖瓦等用于建县政府礼堂和家属宿舍。现存清顺治七年石碑一幢。

崮岦寺　又名普安禅院。位于古现镇院下村西，崮岦山巅洪钧顶东麓。金皇统二年（1142年）僧人惠进始建。金大定三年（1163年）十二月，尚书礼部敕赐“普安禅院”。金大安元年（1209年），请峪嶁寺希公戒师任主持，续建山门，塑金刚神像2躯。戒师张明昌，福山人，“主持崮岦寺，志节孤高，德行纯洁，远近重慕之”；金大安三年（1211年），戒师染病归天；四年，徒弟善琦、善寿、善理、善敬、善通为戒师建遗灵塔于院内，以颂戒师功德。清顺治十二年（1655年），邑乡贤王道增捐资命僧人果兴重修寺院。进士肖文蔚撰“修崮岦寺序”，颂其功德。清乾隆二十二年（1757年），僧人请工重修方丈5间。寺处山坳，坐西面东，三排殿堂，各7间。前排为山门，拥有土地13.3公顷。邑人进士清湖广总督王检曾冒雪览民国年间，战时寺院受损。1946年土改时，寺产归公，土地分给村民，和尚还俗务农。泥塑毁掉。殿堂木材分别于1949年和1958年拆除，用于建村办小学和吴家完小。

古现寺　又名千佛寺。位于古现东村村北。712年，由僧人善庆建。明万历三十八年（1610年），邑人王明捐资重修伽蓝、祖师两殿。1635年（明崇祯八年），邑贤王道增捐资，僧人圆亨重修方丈(住持)5间及东西斋房、山门(佛寺大门）。清康熙年间，邑人庠生王锷（王鹭三弟）同僧人果善重修达摩(法)祖师两殿。时颇具规模，有殿堂等30间，土地13.3余公顷，和尚5人。清末至民国，随着人们思想不断开化，信奉者逐渐减少，寺院房舍失修倒塌。1946年土改时，土地分给村民，殿堂被学校占用，中华人民共和国成立后拆毁。

黄山院　位于西黄山村南，黄山脚下。宋治平四年(1067年)，僧永杲“草刘”始建，有殿堂40余间，“基构不宏，栋宇深邃。”金大定四年（1164年），尚书礼部敕赐“圆明禅院”。永杲归天后，其徒弟行沼、行珍继任主持。金承安五年（1200年）修葺，后徒孙庆政、庆向继任主持。元至治三年（1323年），重修黄山圆明禅院，僧钵俗“赐红衣讲主”。明正德三年(1508年)重修。清顺治八年(1651年)，再次重修大殿。时有殿堂、方丈、厢房、山门，计50余间，土地13.3余公顷，山岚6.7余公顷。清末，寺院衰落。民国年间，部分殿堂漏塌。1946年土改时，土地分给农民，寺产归公。1955年，建西黄山村校舍，寺院拆除。

集贤寺　位于集贤村西集贤顶上。金大定十二年（1172年），僧人元祥建。元至正年间，在寺东建村，以寺名冠村名。明万历年间扩建。清顺治十一年（1654年）重修。清乾隆四十六年（1781年），再次修建。始具规模，有佛殿、方丈、斋堂、山门、戏楼共39间，土地5.3余公顷。清末，逐渐衰落。民国年间，寺院被学校占用，和尚还俗。1946年土改时，土地分给农民，寺产归村。中华人民共和国成立初期，寺被拆除，就原址建学校。

第四节　基督教

基督教，亦称耶稣教，在福山分为中华基督教浸信会、中华基督教奇山教会和中华基督耶稣家庭3个派系。中华基督教浸信会，由美籍牧师司梯返及中籍牧师温月林于1906年春创办，50年代初停止活动。中华基督教奇山教会，由英国人马茂兰与中籍牧师王长春、长老刘玉山3人于1902年创办，1938年停止活动。中华基督耶稣家庭，创始人孙爱道，女，古现村人，创办于1948年，1953年后停止活动。70年代后，落实宗教政策，基督教恢复活动。

教徒　中华基督教浸信会，1920年发展教徒50多名；1932年，发展教徒10多名；1937年，发展教徒40多人；1947年，发展教徒30余人。中华基督教奇山教会，1920年发展教徒10多人；30年代前后，发展教徒30余人。中华基督耶稣家庭，创办初期发展教徒3人，至1951年，共发展教徒14人。1955年，全县基督教信徒仅剩5人，停止活动。1978年以后，基督教恢复活动，重新发展教徒。1983年，烟台胜利堂刘信纯长老、南车门郭学贤和莱山村孙书周等传教人，到绍瑞口村传教，由传道员王秀秋发起，建立基督教聚会活动点，时有教徒5人。活动内容为讲道、祈祷、唱诗。教规为爱国、爱教、遵纪守法，荣神益人。1988年，全区共有基督教活动点19个，教徒325人。其中，在民族宗教事务管理部门登记的285人。主要分布于回里镇、福山镇和兜余镇28个村庄。其中，回里镇解村9人、唐村3人、钱村3人，均未聚会以自信为主；善疃村活动点15人（本村9人，张格堡3人，刘家庄3人），谭家庄活动点17人（本村10人，孔家庄7人），前富村活动点19人（本村12人，迟家村5人，唐家埠村2人），后富村活动点16人（本村12　人，中甲庄村4人），东回里村活动点3个共29人（王明浩家活动点7人，解国华家活动点12人，王宝芬家活动点10人），西黄山村活动点3个共49人（孙成功家活动点12人，赵歪基家活动点17人，牟颜诺家活动点20人），胡家夼活动点24人（胡克宝家），巨甲村活动点2个共28人（王贵娥家活动点17人，王前堂家活动点11人），西回里村活动点17人（泽其荣家），西道平活动点13人（王德之家）。福山镇宫家台子、杨家台子、刘家台子3村12人（宫润兴家），南关村活动点9人。兜余镇绍瑞口村活动点33人（王秀秋家），紫埠村活动点27人（包振瑞家，本村25人，两甲庄村2人）。门楼镇仉村林1人，集贤村1人。

1991年，全区有基督教信徒612人。其中，兜余镇322人，门楼镇2人，回里镇107人，古现镇98人，八角乡29人，臧家乡和东厅乡33人，福山镇21人。1994年，基督教信徒范围逐渐扩到楚塘、邱家庄、紫埠、东陌堂、西陌堂和芝罘区车门、玉树庄、套口及莱山等村。1999年，基督教信徒遍及全区各镇，共有信徒829人，慕道友745人，传道员5人，长老1人，神学生1　人。其中，福山镇有信徒81人，慕道友70人；回里镇有信徒235人，慕道友235人，传道员1人；兜余镇有信徒137人，慕道友75人，长老1人，传道员3人；门楼镇有信徒40人，慕道友56人；古现镇有信徒210人，慕道友121人，传道员1人，神学生1　人；八角镇有信徒26人，慕道友32人；张格庄镇有信徒61人，慕道友44人；臧家镇有信徒11人，慕道友33人；高疃镇有信徒21人，慕道友56人；东厅镇有信徒7人，慕道友23人。2002年，全区共有基督教信徒965人，慕道友417人，长老1人，传道员6人，分布于全区各镇（街）155个村庄。其中，清洋街道有信徒113人，慕道友83人，传道员2人；回里镇有信徒268人，慕道友82人，传道员1人；门楼镇有信徒272人，慕道友65人，长老1　人，传道员3人；古现镇有信徒247人，慕道友145人；张格庄镇有信徒28人，慕道友12人；福新街道有信徒11人，慕道友30人；高疃镇有信徒26人。

教堂

古现教堂　位于北斗村。1942年，由美籍牧师慕雅各及中籍牧师杨美斋创办，建新音堂12间。1947年，由范爱林、盖昌祥主持教务。“文化大革命”时期，教堂关闭，5间北房被用作粮库。1987—1988年，宗教财产归回，时有教徒20余人，由盖昌祥和魏兄弟主持教务。1997年，盖去世后，由臧崇刚主持教务。1999年，教堂重新修建。是年，烟台罗星山牧师到堂主持复堂典礼。2002年，教堂可拥有300名教徒聚会。

张格庄教堂　位于张格庄村。1995年，由栖霞市衣文龙和刘谦兄弟建立。教会负责人是孙盛祖和郭时为兄弟。2000年，由王秀秋长老管理。2002年，有聚会教徒300多人。

上官老村教堂　位于上官老沟村。1997年，由韩籍牧师刘宗其（原籍石臼村）捐赠1.5万元，兴建教堂4间平房，占地190平方米。由杨其香主持教务。2002年，有教徒20余人。

集贤村教堂　位于集贤村南。1998年，由刘宗其捐赠10万元，兴建教堂8间，占地672平方米，建筑面积157平方米。教会负责人是于永珍姊妹。2002年，有聚会教徒20余人。

门楼教堂　位于门楼村。1999年，由刘宗其捐资3万元，建教堂6间，占地面积400余平方米。由王秀秋长老，陈惠敏、杨铭芬、陈衣荣姊妹，胡克宝兄弟联手建立教会，由王秀秋主持教务。2002年，有聚会教徒400多人。

城西教堂　位于城西村178号。2001年，区基督教“三自爱委会”自筹资金10万元，在城西村买平房200平方米，建立教堂。教会负责人是王艳梅和马桂香姊妹。2002年，有聚会教徒400余人。

后庄教堂　位于门楼后庄村。由区基督教“三自爱委会”自筹资金1.3万元建立，占地面积160平方米。2002年，有聚会教徒10余人。

会所　自1978年以来，境内的基督教聚会活动场所不断增多。据调查，1995年，全区7个乡镇有基督教聚会活动点39个，参加聚会活动教徒（以下简称“参加教徒”）790多人。活动时间为逢周六或周日。福山镇有聚会活动点5个，参加教徒89人。其中，东关村史英田家活动点，1986年建立，参加教徒25人；东北关村李翠连家聚会活动点，1989年建立，参加教徒13人；南关村王秉方家聚会活动点，传道人王洪洲，1992年建立，参加教徒25人，其中16人受洗；东留公村李永兰家活动点，1993年建立，传道人孙德明，参加教徒6人；銮驾庄梁静华家活动点，1994年建立，传道人姊妹，参加教徒20人。回里镇有聚会活动点17个，参加教徒280多人。其中，西回里村姜忠双家活动点，1978年建立，负责人姜岩，传道人胡克宝；巨甲村王家福家活动点，1982年建立，负责人王桂娥，传道人胡克宝，参加教徒20人；旺远钱村隋守荣家活动点，1988年建立，参加教徒6人；谭家庄肖玉淑家活动点，1988年建立，参加教徒14人；东回里村王明烟家活动点，1988年建立，参加教徒27人；善疃村邹淑敏家活动点，1988年建立，参加教徒11人；后富村姜忠美家活动点，1988年建立，参加教徒12人；前富村杨仁家活动点，1988年建立，参加教徒7人；东黄山村赵丕基家活动点，1988年建立，负责人孙德明，参加教徒17人；西黄山村牟诺家活动点，1988年建立，参加教徒25人；旺远解村解国福家活动点，1988年建立，负责人孙德玉，参加教徒20人；胡家夼村胡照家活动点，1989年建立，负责传道人胡克保，参加教徒51人；旺远王村宋文果家活动点，1991年建立，参加教徒28人；谭家庄曲洪同家活动点，1991年建立，参加教徒20人；旺远柳村柳忠江家活动点，负责人于淑香，1991年建立，参加教徒10人；李家疃村马秀美家活动点，1991年建立，参加教徒6人；刘家庄姜典美家活动点，1992年建立，负责人高宝芝，参加教徒6人。兜余镇有聚会活动点6个，参加教徒186人。其中，东陌堂村孙玉好家活动点，1983年建立，负责人唐秉贤，参加教徒15人；紫埠村包振瑞家活动点，1983年建立，负责人包锡康，参加教徒35人，其中受洗30人；绍瑞口村王秀秋家活动点，1983年建立，参加教徒65人，其中受洗60人；楼底村刘秀英家活动点，1987年建立，负责人刘连芬和王允芝，参加教徒40人，其中受洗30人；西庄村刘振琦家活动点，1990年建立，参加教徒15人，其中受洗10人；卫家疃村邹爱华家活动点，1992年建立，负责人苏纪英、苏君华，参加教徒16人，受洗16人。门楼镇有聚会活动点4个，参加教徒94人。其中，蓬莱庄卫树香家活动点，1991年建立，传道人卫树香，参加教徒24人；蓬莱庄王竹强家活动点，1991年建立，传道人王竹强，参加教徒12人；集贤村赵德树家活动点，1991年建立，参加教徒13人；集贤村赵德树家活动点，1991年建立，负责人赵德树，参加教徒45人。张格庄乡有聚会活动点1个，即院口村孙承武家活动点，1991年建立，参加教徒19人（院口村10人，瑶台村4人，车家村5人）。古现镇有聚会活动点4个，参加教徒106人。其中，院下村姚振南家活动点，1990年建立，传道人姚振南，参加教徒27人，其中受洗15人；西臧家村臧丛刚家活动点，1992年建立，负责人臧丛刚，参加教徒45人，其中受洗32人；郭家村栾桂荣家活动点，1993年建立，传道人栾桂荣，参加教徒17人，其中受洗16人；三十里堡村李兆满家活动点，1993年建立，参加教徒17人。八角乡有聚会活动点2个，参加教徒16人。其中，小赵家村王玉玲家活动点，1992年建立，参加教徒8人，其中受洗`6人；上刘家村方益卿家活动点，传道人方益卿，1994年建立，参加教徒8人，其中受洗5人。

第五节　天主教

1915年，法人郭神甫来福山传教，并在兜余家后村北买地0.77公顷，建房舍22间，设立教堂，进行教务活动。1919年，郭神甫去博山传教，由华人万神甫继任住持。1923年，烟台教区派法人安神甫来教堂住持教务。同年，教区在善疃买房3间，设堂传教，发展教徒10余人，由赵玉才任住持。抗战时期，日军多方限制美、法、英等国教徒在中国行动，福山天主教于1939年停止活动。1946年土改时，善疃教堂房产归村。1948年1月，家后教堂由加拿大神甫江世甫代管。1950年，由中籍神甫张曰津代管。1951年，县政府将家后教堂修女院3间房和院外0.27公顷土地，分给原教堂做饭女工李素贞，教堂内其他房舍和土地被学校占用。1978年后，落实宗教政策，天主教又有发展。至1985年，全区有教徒举行宗教仪式的场所8处、教徒125人。2002年，全区有天主教教徒13人，其中，高疃镇王家疃村1人，大转村2人，和平村4人；古现镇官庄村3人；门楼镇家后村2人、西庄村1人。皆为女性，文化程度较低，其中高中学历1人、初中学历4人、小学学历6人、文盲2人。

第六节　宗教内部管理

区政府落实宗教政策，尊重信仰自由，保护正常的宗教活动和信教公民的合法权益，成立专门机构，加强宗教事务管理。1995年，根据上级部署，对福山的宗教活动场所，实行依法审核登记制度。2002年，全区基督教聚会教会点有东陌堂、西陌堂、兜余、回里、旺远、楚塘、蔡家夼、葛庄、蓬莱庄、集贤、城西和古现教会，共12个。

区民族宗教事务管理部门，按政策规定，引导宗教界人士参与社会活动，鼓励行善奉献。基督教韩籍牧师刘宗其，从1995年起，先后捐献17万元，兴建教堂4座，共34间1396平方米。绍瑞口村委会组织教徒上山灭荒近1公顷，整修村道1千米，每年植树节开展植树活动，还为灾区捐款2000多元，为残疾人捐款700多元，为孤儿捐款500多元，捐物300多件。

1988年7月，区基督教"三自爱委会"代表胡克宝，诉讼北斗村赵仁波侵占教会教堂用地案，请求法院裁决。区政府责成区统战部会同市、区、镇有关部门进行庭外调解。经烟台市宗教事务处、福山区府办、区统战部和古现镇政府多次调解，双方达成协议，赵仁波同意拆除现教堂后院墙，恢复原教堂用地，重建新墙，产权归赵仁波，缓解了民教纠纷矛盾。

福山区依法登记宗教活动点

表34-1

村名	活动点	负责人	登记时间
东关	李翠莲家	李翠莲	1995年
北斗	基督教堂	臧崇刚	1995年
西臧家	—	臧崇刚	1995年
上刘家	房义卿家	王子清	1995年
蓬莱庄	卫绪香家	卫绪香	1995年
集贤	董仁莲家	董仁莲	1995年
东陌堂	孙玉洲家	孙英玉	1995年
楼底	刘秀英家	刘延芬	1995年
胡家夼	胡克宝家	胡克宝	1995年

续表 34-1

村名	活动点	负责人	登记时间
西回里	姜忠双家	姜　岩	1995 年
巨甲	王家福家	王桂娥	1995 年
栾家疃	解金玲家	解金玲	1997 年
门楼	蒋兰芝家	蒋兰芝	1998 年
东留公	吕家宏家	—	1999 年
杜家崖	杜言花家	杜言花	2000 年
集贤	由蓬莱庄卫绪香家变更	卫绪香	2000 年
城西	由栾家疃村解金玲家变更	王延梅	2001 年

第四章　方言

福山区汉族人口居多，其语言属于汉语北方方言华北东北次方言区胶东方言。由于周边与蓬莱、栖霞、牟平等县（区）接壤，语音多有变化。西北部的古现、八角一带有蓬莱市方言特点；西部和西南部的高疃、张格庄一带有栖霞市方言特点；东南部的回里一带有牟平区方言特点。邻市（区）方言与福山方言相互渗透、逐渐演变，形成福山方言特点。

第一节　语音

声母　福山方音声母有20个，与普通话相同的17个，没有[tʂ][tʂ][ʂ ʻ][ʐ]，多出cc′ ç。普通话的[tʂ] [tʂ] [ʂ ʻ]在福山方音里分两大类：第一类与普通话的[tʂ] [tʂ] [ʂ ʻ]相对应。又分两小类：第一小类是[ts] [ts ʻ] [s]，如“支翅诗”；第二小类是[tɕ] [tɕ ʻ] [ɕ]，如“蒸除书”。第二大类与普通话交叉变化，将[ʂ ʻ]变为[ts ʻ]，如“钥匙”的“匙”。

福山方音将普通话的声母[ʐ]也分为两大类：第一大类，将声母[ʐ]变为零声母。又分两小类：第一小类将[ʐ]变为韵母[i]，形成零声母，韵母不变，如“然绕热人日容肉”；第二小类将[ʐ]和其后的韵母[u]共同变为 [y]，形成零声母，其后部分的韵母不变。这又分两种情况：一种只将韵母[u]变为韵母[y]，后面的韵母不变，如“如软润若”；一种不仅将韵母[u]变为韵母[y]，而且后面的韵母改变，如“若弱”，将[u]后面的韵母[o]变为[ɣ]）。第二大类，将声母[ʐ]变为声母[l]。又分两小类：第一小类将声母[ʐ]变为声母[l]。又有两种情况：其一，不改变韵母，如“仍辱”；其二，改变韵母，如“锐睿蕊”，将[uei]变为[ei]）。第二小类将声母[uei]变为声母 [s]或[l]。如，人名“董存瑞”的“瑞”[ʐuei] 一般读为[suei]；“瑞雪兆丰年”中的“瑞”一般读为[lei]或 [luei]。因此，一个人名带“瑞”字，就可能出现3种读法：有的读成[suei]，有的读成[lei]，有的读成 [luei]。

福山方音分尖团，普通话不分。尖音有[tɕ] [tɕ ʻ] [ɕ]，如，“精青星”；团音有c c′ ç，如“京轻兴”。将团音字读成尖音字，福山人称为吐舌。50年代，国家推广普通话，60年代出生接受高等教育而回福山工作的，已有人将团音改为尖音，及至70后、80后乃至90后，改为尖音的人越来越多。

福山声母（20个）：

拼音字母	国际音标	例字
b	[b]	巴比布
p	[b ʻ]	怕皮普
m	[m]	麻米母泥（泥的声母普通话为n）
f	[f ʻ]	发冯夫
d	[t]	大底肚
t	[t ʻ]	他梯土
n	[n]	拿奴

l　[l]　拉离路吕

g　[k]　该古跪

k　[k‘]　开库狂

h　[x]　海呼寒

j　[tɕ]　焦招主（招、主的声母普通话为 zh）

q　[tɕ‘]　枪昌除（昌、除的声母普通话为 ch）

x　[ɕ]　线扇书（扇、书的声母普通话为 sh）

z　[ts]　增争祝（争、祝的声母普通话为 zh）

c　[ts‘]　曹巢锄（巢、锄的声母普通话为 ch）

s　[s]　僧生数（生、数的声母普通话为 sh）

gi　c　经捐局（三字声母普通话均为 j）

ki　c′　丘圈拳（三字声母普通话均为 q）

hi　ç　休靴学（三字声母普通话均为 x）

1990 年版《福山区志》声母记为 22 个，其中声母 -n（舌面前浊鼻音）现在 60 岁以下的人群中，已几乎与声母 n 无区别，故此忽略不计。另外，零声母在普通话中也有，不能算作福山方音特点，只是福山零声母复杂些。因此本志只记 20 个声母。

韵母　福山方音韵母 36 个，没有普通话的ʅ、uəŋ，多出 iai、yo，普通话 t　t‘　n　l 和 ts　ts‘s 拼 uei、uan、uən 三个韵母的字，福山方音没有 u 介音（如“对岁”、“短酸”）。

福山韵母（36 个）：

a 八大沙割　ia 俩傻家牙　ua 爪刷瓜瓦

ɤ 特则个厄　iɛ 别爹哲茄热　yɛ 决靴月　yo 钥药疟乐

uo 多左歌窝

ɿ 支资齿诗四　i 必地妻急日

u 布土足古　y 驴主区乳

ai 拜呆晒该　iai 街鞋矮　uai 拽甩怪歪

ei 杯对脆欸　uei 追规回位

ɑu 包刀早高　iɑu 标掉焦巧扰

ou 剖头走口　iou 丢酒求尤柔

an 班单酸甘　iæn 边天尖言然　uan 专川官完　yæn 捐犬玄软

ən 本盾孙很　in 彬真金音人　uən 春舜坤文　yn 旬军训闰

ɑŋ 邦当仓缸　iɑŋ 两丈江央让　uɑŋ 窗光荒汪

əŋ 崩灯争庚　iŋ 冰丁精兴　uŋ 东中工翁　yŋ 垄松窘用

声调　福山方音只有 3 个声调。普通话的阳平和去声，合为去声。声调归类还有一些地方与普通话不同，如上声的一部分字普通话分为阴阳上去四声。

福山声调（3 个）：

平声　31　刚蒸苏书　南人围鱼

上声　214　短酒古许　买有午软　割节桌说　麦裂落岳

去声　445　盘穷床全　麻延文元　是正助用　纳六物略

福山方音声母、韵母拼合关系表

表 34-2

声母 \ 四呼韵母	开口呼	齐齿呼	合口呼	撮口呼
	A ɤ o ɛɿ ai ei ɑu ou an ən ɑŋ əŋ	ia iɛ i iai iɑu iou iæn in iɑŋ iŋ	uɑ uo u uai uei uan uən uɑŋ uəŋ	iɛ y iæn yn yŋ
b b‘m	+	+	只与 u 拼合	—
f‘	+	—	只与 u 拼合	—
t t‘	+	+	+	—
n	+	—	+	—
l	+	+	+	+
ts ts ‘s	+	—	+	—
tɕ tɕ ‘ɕ	—	+	—	+

续表 34-2

声母 \ 四呼韵母	开口呼	齐齿呼	合口呼	撮口呼
	Ą ɣ o ɛɿ ai ei ɑu ou an ən ɑŋ əŋ	ia iɛ i iai iɑu iou iæn in iɑŋ iŋ	uɑ uo u uai uei uan uən uɑŋ uəŋ	iɛ y iæn yn yŋ
c c′ ç	－	＋	－	＋
k kʻx	＋	－	＋	－
Ø	＋	＋	＋	＋

说明：声母、韵母能拼合用“＋”表示，不能拼合用“－”表示

普通话卷舌声母字在福山方音中声母读音比较表

表 34-3

普通话	福山话	例 字
tʂ	ts	扎闸栅眨炸札渣乍铡轧榨诈站栈湛盏蘸绽斩债斋寨睁争挣臻支肢之址枝纸芝筑烛嘱瞩竹助祝专砖篆撰转赚拙卓茁灼捉酌浊桌镯着著
	tɕ	瞻詹粘沾展辗战占章张掌涨丈账仗杖招昭召赵照真针珍震振蒸征怔整正政郑证知职织直殖植挚执稚质炙痔治周舟州洲粥轴肘帚咒宙
tʂ	Ts ʻ	搀馋谗掺铲钞巢抄吵炒碜衬谶龇撑匙炽齿翅虫崇充冲重宠瞅愁初雏锄楚础矗搐触畜怵揣穿传船喘串椽窗床幢闯吹炊捶锤垂棰槌春
	tɕ ʻ	蝉缠颤昌常长偿肠厂敞畅唱倡超朝嘲潮臣陈辰尘晨忱沉趁称城成橙呈乘程惩澄诚承逞秤吃痴持池迟驰弛耻尺侈赤斥抽酬稠筹仇绸丑臭
ʂʻ	s	沙砂杀纱山梢捎哨肾渗参生牲省师诗时史使驶示士柿市恃试蔬叔淑梳孰束数蜀属漱刷耍摔衰率甩帅拴霜双谁水睡税舜瞬顺说朔硕妁
	ɕ	傻啥苫闪陕擅赡善扇伤伤殇商觞墒熵上尚垧晌赏尚绱裳烧勺韶少邵 佘奢赊猞畲舌蛇舍设社射涉赦摄慑麝 深娠神沈申伸身呻绅珅深什神沈审哂婶甚慎升声绳盛剩胜圣 失湿士石拾什食蚀实识世誓逝势噬适释饰试式 收守首手寿授受兽狩
	ts′	匙
	tɕ′	束；售
ʐ	Ø i 起头	然燃染冉苒瓤嚷壤攘让饶扰绕娆人忍韧刃轫葚妊仁壬任认日揉柔肉蹂糅惹热戎绒蓉容荣融熔溶茸冗
	ØY 起头	如儒孺乳入褥若弱软闰润
	l 起头	蕤蕊芮锐瑞睿扔仍礽
	s 起头	瑞

说明：卷舌声母变化之后，后面韵母有的随之变化。如：傻，声母 ʂʻ 变为 ɕ 后，韵母 Ą 变为 ia；售，声母 ʂʻ 变为 tɕʻ 后，韵母 ou 变为 iou 。其他从略

福山方音与普通话相同声母发音混淆情况比较表

表 34-4

<table>
<tr><th colspan="2">声母</th><th>例 字</th></tr>
<tr><td>普通话</td><td>t</td><td rowspan="2">堤提（防）</td></tr>
<tr><td>福山话</td><td>t ʻ</td></tr>
<tr><td>普通话</td><td>t ʻ</td><td rowspan="2">突头（枕）</td></tr>
<tr><td rowspan="2">福山话</td><td>t</td></tr>
<tr><td>s</td><td>踧</td></tr>
<tr><td>普通话</td><td>n</td><td rowspan="2">弄</td></tr>
<tr><td rowspan="2">福山话</td><td>l</td></tr>
<tr><td>m</td><td>泥</td></tr>
</table>

续表 34-4

声母		例 字
普通话	k	给
福山话	k‘	
	c	耕刚
普通话	x	（杏）核（夹）弧（韵母为 u）
福山话	k	
普通话	c	酵（母）校（对）
福山话	ɕ	
普通话	ɕ	械
福山话	c	
	c′	朽
普通话	s	松宿（舍）粟（子）
福山话	ɕ	
	ts‘	寺饲

说明：卷舌声母混淆情况参见《普通话卷舌声母字在福山方音中声母读音比较表》

福山方音与普通话之韵母异同对比表

表 34-5

韵母		例字
普通话	a	啥傻
福山话	ia	
普通话	o	拨波玻钵饽剥菠播伯驳帛泊柏勃钹铂亳舶脖博渤搏箔薄礴踱簸 坡泊泼颇婆鄱叵笸迫珀破 摸无摹模膜麽摩磨魔抹万末没茉殁沫陌脉莫秣漠寞靺墨镆瘼默磨佛
福山话	e	
	ei	卜
	u	谟蓦佛
	uo	佛
普通话	ai	掰白百伯柏 拆 麦脉 宅翟窄
福山话	e	
普通话	an	占沾毡粘詹瞻展战 谗婵禅孱缠蝉蟾谄阐忏颤 苫扇煽膻闪陕讪单善骟缮擅膳嬗赡鳝
福山话	ian	
普通话	uan	（温）暖
福山话	an	
	ao	暖和（“和”字读 huo，轻声），福山方音读 hun，轻声）
普通话	ang	刚（才） 张章鄣獐彰漳璋樟蟑长仉涨掌丈仗杖帐账胀障幛嶂瘴 昌猖场尝常长偿肠厂敞畅唱倡 伤殇商觞墒熵上垧晌赏尚绱裳
福山话	iang	
普通话	ao	超晁朝嘲潮 烧勺韶少邵绍 钊招昭着朝沼召兆诏赵棹照肇
福山话	iao	
	uo	烙酪 勺芍 凿
	ou	（蛇）蚤

续表 34-5

<table>
<tr><th colspan="2">韵母</th><th>例字</th></tr>
<tr><td>普通话</td><td>ei</td><td rowspan="2">北
没
黑
贼</td></tr>
<tr><td rowspan="2">福山话</td><td>e</td></tr>
<tr><td>i</td><td>被（介词，被他骗了）</td></tr>
<tr><td>普通话</td><td>ie</td><td rowspan="2">别</td></tr>
<tr><td rowspan="2">福山话</td><td>ai</td></tr>
<tr><td>i</td><td>（烙）铁</td></tr>
<tr><td>普通话</td><td>e</td><td rowspan="2">折蜇遮哲辄詟蛰谪摺辙者锗赭褶这浙蔗蟅鹧
车扯彻坼掣撤澈
奢赊猞畲舌佘蛇舍设社射涉赦摄慑麝</td></tr>
<tr><td rowspan="3">福山话</td><td>ie</td></tr>
<tr><td>uo</td><td>讹俄哦峨娥鹅蛾恶厄扼垩饿鄂萼遏崿愕腭噩鳄
戈哥歌阁各哥戈舸葛
苛珂柯轲科棵稞窠颗磕（打）蝌可课骒缂嗑溘
禾合何和河荷盒貉贺鹤壑
乐</td></tr>
<tr><td>a</td><td>割
磕（头）瞌渴
喝</td></tr>
<tr><td>普通话</td><td>uo</td><td rowspan="2">（暖）和</td></tr>
<tr><td rowspan="2">福山话</td><td>un</td></tr>
<tr><td>uang</td><td>戳</td></tr>
<tr><td>普通话</td><td>en</td><td rowspan="2">抻郴琛嗔瞋臣尘辰沉忱陈宸晨谌趁谶
申伸身呻绅珅深什神沈审哂婶甚慎
贞针侦珍帧真斟甄箴诊枕轸疹缜圳阵鸩振赈震镇</td></tr>
<tr><td rowspan="2">福山话</td><td>in</td></tr>
<tr><td>an</td><td>伧</td></tr>
<tr><td>普通话</td><td>eng</td><td rowspan="2">柽称蛏瞠成丞呈诚承城晟乘程惩澄橙逞骋秤
耕
升声胜绳圣晟乘盛剩
正征怔症烝证郑政</td></tr>
<tr><td>福山话</td><td>ing</td></tr>
<tr><td>普通话</td><td>ou</td><td rowspan="2">舟州周洲啁粥妯轴碡肘帚纣咒宙胄籀
抽仇俦帱惆绸畴酬筹踌丑臭售
收手守首寿受狩授兽绶</td></tr>
<tr><td rowspan="3">福山话</td><td>iu</td></tr>
<tr><td>ong</td><td>馊</td></tr>
<tr><td>u</td><td>哞牟眸谋某</td></tr>
<tr><td>普通话</td><td>u</td><td rowspan="2">朱诛茱洙珠株诸铢猪蛛主拄渚煮住贮注驻柱著蛀铸箸
出厨橱处楮储褚
殳书抒纾枢叔殊舒摅输秫赎熟暑黍署鼠薯曙术戍述沭树竖恕庶墅澍束（束腰带）</td></tr>
<tr><td>福山话</td><td>ü</td></tr>
<tr><td>普通话</td><td>i</td><td rowspan="2">臂</td></tr>
<tr><td>福山话</td><td>eng</td></tr>
<tr><td>普通话</td><td>ia</td><td rowspan="2">家</td></tr>
<tr><td>福山话</td><td>i</td></tr>
<tr><td>普通话</td><td>ü</td><td rowspan="2">绿</td></tr>
<tr><td rowspan="2">福山话</td><td>u</td></tr>
<tr><td>iu</td><td>取（钱）</td></tr>
<tr><td>普通话</td><td>o</td><td rowspan="2">摸</td></tr>
<tr><td>福山话</td><td>e</td></tr>
<tr><td>普通话</td><td>ing</td><td rowspan="2">冰（凉）</td></tr>
<tr><td>福山话</td><td>ei</td></tr>
<tr><td>普通话</td><td>ong</td><td rowspan="2">农浓</td></tr>
<tr><td rowspan="3">福山话</td><td>u</td></tr>
<tr><td>iou</td><td>（化）脓</td></tr>
<tr><td>iong</td><td>松嵩</td></tr>
<tr><td>普通话</td><td>ui</td><td rowspan="2">蕤蕊芮锐瑞睿</td></tr>
<tr><td>福山话</td><td>ei</td></tr>
</table>

续表 34-5

韵母		例字
普通话	iao	药钥
福山话	üe	
普通话	üe	跃
福山话	iao	

说明：1. 不含带 u 介音的韵母。2. 有些韵母改变，声母也随之改变，此表不加说明，声母也不标出。本表韵母为汉语拼音字母

第二节　词汇

福山方言常用词汇共收集400多条，按词性分为8类。此次记词，尽量考究词源，使读者望文便能生义；尚未考究出词源的，则借用同音字，后加释义，少数并有举例说明。有的词用汉语拼音方案加注方音。

名词与名词性词组（以下按英文字母为序）

B：扒门子（蓖麻子）；百岁（婴儿出生后的第一百天）；霸子（冰雹）；背生（夫死后所生亲子）；波娄盖（膝盖骨）；薄土（路面上的浮土）。

C：菜角子（用粗面粗菜做成的无褶的包子）；草驴（母驴）；长脖子（鹅）；衬〔读（cān）单，褥单或被单〕；触灯（火柴）；葱白色（淡绿色）。

D：带肚（女人再嫁后所怀前夫之子）。刀龙（螳螂）。地豆（地蛋，土豆，马铃薯）。电把儿（手电筒）。

E：儿郎（儿子）；二糊（糊涂，糊涂人）；二虎（性情粗暴莽撞的人）；二骡子（雄骡）；热疙瘩（痱子）；日头（太阳）。

F：釜台（烟囱）。

G：秆草（谷秸）；杠子头（爱“抬杠”的人）；格格档子（蝌蚪）；跟脚（原指出海时大船后所带小船，以供维修等用，比喻女人再嫁时所带前夫之子）；狗屎虫（萤火虫）；咕咕喵儿（猫头鹰）；孤老儿（有女无儿的人）；孤老棒儿（没儿没女的人）；箍子（水饺）；鬼化狐（坏主意）；过遗（家产）；核〔读（gū）儿，如杏核儿〕；狗（吝啬，小气）。

H：汉们（成年男子，丈夫）；黑老哇（乌鸦）；猴儿（比喻坏点子）；胡秸（高粱秸）；胡秫（高粱）；红胡子（土匪）。

J：饥荒（债）；鸡毛腚（嘲讽善于拍马逢迎的人）；夹弧，读“孤”（墙角，土地边角地方）；家什、家把什（工具）；见天（天天）；江菠（海带）；脚孤拐（大趾和脚掌相连向外突出的地方，踝子骨）；叫驴（公驴）；疥巴子（蟾蜍）；妗妈（舅母）。

K：苦没牙（苦菜）；骒骡（雌骡）。

L：拉耷嘴子（几个人比较，成绩最差或才能最低的一个）；拉末了、拉末腚（最后）；溇水（咸水）；老面堆（比喻身体肥胖而没有多大力气的人）；老娘们儿（对已婚妇女的称呼）；老鹞子（风筝）；老爷们儿（妇女对男子的称呼）；姥爷（外祖父）；利吾（运气）；栗蓬、栗子（板栗）；掳生子（对未曾经师、自学技艺而又不精之人的轻蔑称呼）；乱子头（祸事），落〔读（la）不腚，最后〕。

M：麻糖（油条）。马吊（蚂蟥）；马流（作风不正、不务正业的人）；蚂虮嚷子（蚂蚁）；毛头（指举止轻狂、爱开玩笑、恶作剧的人）；茂红色（深红色）；没处歇儿、没才歇儿（一会儿）；闷儿、蒙儿（谜语）；没处歇（一会儿）。

N：馕食包（讥讽食量大的人，亦指能吃不能干的人）；泥里佝子（蝌蚪）。

P：盘嫁（女子出嫁，亲友赠送的钱币礼品）；漂儿（模样）；瓶阻（瓶塞，专指木质瓶口之内封堵物，区别于瓶口之外包封之瓶盖）；婆（祖母）；泊地（平川地带的农田）。

Q：樗〔读（qū），樗叶，指香椿〕；亲爹、亲妈（干爹，干妈）。

S：晒阳阳（晒太阳）；晌午（中午）；生插杠子（初到某地或某单位而又不熟悉情况的人）；双棒子（双胞胎）；水红色（粉红色）；臊水狼（黄鼠狼、黄鼬）；四围遭（周围）。

T：抬杠（无理强辩）；甜水（淡水）；头枕（ 枕头），头读为“斗”；头晌、下晌（上午、下午）；疃（村

庄的泛称）；吞子（喉咙，嗓子）；太阳媳妇儿（童养媳）。

W：围脖子（围巾）。

X：媳妇（男人对自己对象的称呼）；媳妇儿（儿媳）；相宜（便宜）；香胰子（香皂）；小时家（幼年时代）；小厮儿（男孩）；小子儿（男孩）；孝妇（再嫁的寡妇，含鄙视意）；谢青色（蓝紫色，也称马兰花色）；兄（口语对弟弟的称呼）；楦头（楦子，制鞋、帽时所用的模型，多用木头做成，今常以塑料代替）。

Y：牙狗（雄狗），牙猫（雄猫）；夜来（昨天）；胰子（肥皂）；饐儿（食物腐败变质生出的霉毛）；油脂垃（肥肉炼出油脂后剩下的肉渣）；鱼噶次（鱼鳃）；院沟（厕所）。

Z：攒子（做豆腐用的卤水，即盐卤）；楔子、橛子（楔子）；搌布（抹布）；枕头护布（枕巾）；转日莲（向日葵）；阻儿（动词转名词，如，瓶阻儿）；正晌白午（中午）。

动词与动词性词组

B：扒讼（数落）；罢手地（拉倒，算了，作罢）；掰（情谊破裂，分析，说）；掰咕（能说、胡吹等意）；摆谱（讲排场，摆阔气）；败霍（挥霍、糟蹋、破坏等意）；包圆儿（把货物或剩余的货物全部买下）；本（约，邀）；熥〔读（bě）烙〕；罢手（停止）；巴结（攀附、困难、努力）；巴望（盼望）。

C：颩〔读（cou），风干〕；操持（寻找，筹集）；侧（用铲子撮取东西）；蹭（就着某种机会不出代价而跟着得到好处，揩油，如，蹭饭吃）；插（尖锐的东西刺进肉里）；抄手（袖手）；磣（用呵斥的口气说话，含贬义）；撑（吃得过饱）；瞅目（盯着）；出门（走亲戚）；触（料到、回忆）；触杠（顶撞挖苦）；串门（到别人家玩）；戳〔读（cuǎng），倚墙竖立〕；呲（责备，批评，如，又叫人家呲了一顿）；跐蹭（用脚踩着滑动，摩擦，如：你们这两个孩子，看把我的床单跐蹭乱了）；凑付（将就，凑近）；打哏儿（稍微迟疑）；撮弄（唆使）。焯（把菜放进开水烫一下迅速捞出）。

D：打滑溜跐儿（在冰雪上滑行）；啖〔音 dan，读（dai），吃〕；淡（羞）；当害（碍事）；叨叨（制止幼儿淘气行为）；得搂（将聚集的线之类解开）；得着（双手分别从两侧将物体向上抬起）；颠（捣）；丢荡（下垂的物体来回摆动）；揿（塞进）；揿驰（用较粗短的东西来回戳或捅）；掇弄（整理、修理）；扽（用拳向前击打，如：用拳头扽了他两下）。

E：耳食（理睬）。

F：发（浸泡干食品等）；跗（脚用力向下踩）；放声（开口说话）；疯（嬉笑打闹）。

G：割〔读（gǎ），舍读（xi），舍得〕；挌搂（搅动）；格应（讨厌）；鼓令（教唆，引诱，怂恿）；固揽（沾上）；挂挂（惦念）；乖（触摸、拿取、玩弄等动作）；惯鬼儿（习惯做不好的事）；贵金（珍惜，疼爱）。

H：抲〔读（hài），用拳头或棍棒捶打〕；哈虎（吓唬，恫吓）；海喜（喜欢）；罕希（稀罕，用于否定句）；弧搐〔读（hūci），近距离包围〕；护（轻轻地接触、依靠）；哗丑（长辈、年长者对晚辈、年少者批评训斥）；滑学（逃学）；划拉（用手或工具把散乱的东西聚拢起来）；劐〔读（huò），割〕；薅（拔）；哈（喝）；呵睺（转动眼珠怒视的样子，如，你呵睺谁）。

J：挤钩（身子前后晃动）；夹咕（睒眼，眨巴眼，眼睛很快地开闭）；张（娶）；接仗（吵嘴，争辩）；紧（物体缩小、缩短）；就原了（不可救药，无法挽救）；捲（用脚横踢，使人当众出丑）；噘（骂）；筋筋（名词转动词，转义为“收缩”，如衣物缩水叫“筋筋”了）。

K：卡（用碾子碾碎东西）；磕〔读（kǎ），跌，摔〕；挌把（勒紧，刁难）；抠搜（行为迟缓，不大方）；扣（吝啬）；挎刺（搜刮）；捆（用鞭子抽打）。

L：拉趴（将两腿分开）；来（撕）；揽水（浮水，游泳）；揽张（揽承）；缆（拴，系）；蹽跶（腿脚乱抬，走路不正）；拉拔（抚养，扶助，提拔）。

M：码算、虑算（估摸，估算）；没离动（一直守在那里没离开）；摸搜（偷）；买膏药（虚假的漂亮话）；螨（跨越）。

N：捺〔读（nǎ），用手挤出物体中的水〕；攮〔读（nǎn），扎，刺〕。

P：捧〔读（“pāng”）着，双手端着物品〕；扑腾（践踏）；趴（躲藏）；嗙（吹牛，夸大）；谝弄（夸耀，显示）。

Q：切（用巴掌打脸）；趋趔〔读（qūli），小步快走〕。

R：辱脸〔读（“yǔlin”），使人感觉丢脸，不光彩〕。

S：撒目（四面张望）；锈水（金属氧化变质生锈）；洒（泄漏）；束〔读（“xǔ”），又读（“qǔ”），束腰带〕；搜面（揉面，使其柔软）；靸（把鞋后帮踩在脚跟穿，如：靸着鞋）。

T：踢蹬（弄坏）；贴谱（基本切合实际）；敌（掏，专指从口袋里掏东西）；秃掳（用热水浸烫杀死的禽畜，然后拔除其毛）；突撸（扯着线头将毛织品或线球之类拆、放开）；汢（流水轻冲）；抬长（指抚养孩子）；舔摸（讨好，阿谀奉承）。

W：挖后（用眼睛表示生气或不满）；透踟（身体轻轻向前、后或左右移动）；稳（放置）；呜嗷（人发怒时大声说话或争吵）。

X：瞎了（作废，无用）；掀忽（频繁地掀动）；熊（骗）；楦（泛指用东西填紧物体的中空部分）；下稍（瓜果蔬菜采摘结束，如：到了夏至，许多村里的大樱桃已下稍了）；笑料（嘲弄，如：笑料人）；小告（放下架子求人，如：你去小告他，没用）。

Y：掩（秘藏）；眼企（羡慕）；拐（折断）。

Z：咂摩（品味之意）；咂搜（吸食带液汁或能溶化的食品）；栽歪（左右来回倾斜）；攒斥（用手指轻轻触动）；扎固（修理，治疗，打扮）；站（玩）；掌（接着向下落的东西）；挣（拽、拉、扯）；摭（用锨撮取东西）；抓呼（欺骗、愚弄）；着（传染）；走字（走运）；阻（悄悄递给别人东西，堵塞）；作索（糟蹋；毁坏）；张媳妇（娶媳妇）；扎（本义为刺，喻凉水刺骨，如冰水扎手）；找齐（补上）。

形容词与形容性词组

B：巴及（不充裕，吃力）；巴涩（很涩）；般大不小（年龄相仿，多指青少年）；半朝銮驾、短把火、半吊子、短一窍、少叶肝、不熟（形容人不大精细）；彪（呆傻）；不糙（不坏，不错）；不夸气（不大够，不充裕）；不搂搜（不够）。

C：草鸡（认输，无力坚持或无法忍受）；碴斥（吃了生硬难消化的食物，胃里不舒服）；超快（绰绰有余）。

D：得搜（形容得意忘形、行为不稳）；颠煽（行为不稳，谄媚）；顶硬（很硬）；顿迟（寒颤）；顿次（犹豫）；蹀躞（迈小步的样子，有厌恶意味，亦可重叠为“蹀蹀躞躞”）。

F：浮流浮流（满满的）。

G：生古（厉害，含贬义）；生杂（难惹难斗，蛮不讲理）；杠（有美、好之义，多出于妇女之口）；格色（特殊，特别）；多指人的服饰打扮与众不同，含贬义）；艮（行动迟缓）；狗食（喻人过于吝啬）；鼓轮（圆柱形）；拐（机警，含贬义）；贵珍（疼爱）。

H：酣战（调皮）；齁咸（很咸）；厚（稠）；糊通（大蒜变质的气味）；护手哈热（齐心协力，也用于包干剩下的工作之类）；灰不冷登（淡浅而不纯的灰色）；浑实（身体健壮魁梧）；黑压压（浓黑的一片）；花花（心眼多）。

J：精细（精明而细心）；唧唧（爱为小事与人计较争执）；尖尖（与“悭吝”近义，多指讨厌别人动用自己的东西）；娇娇（说话娇声娇气）；胶黏（很粘）；焦黄（很黄）；焦酸（很酸）；焦蓝（很蓝）；精枵（很薄）；炯（沾沾自喜的样子，含贬义）。

K：抠（形容人干活慢，行动迟缓）；眍瞜（眼睛深陷的样子）。

L：邋遢（形容人在饮食、衣着、居住等方面不讲究清洁，习惯于肮脏污秽）；辣害（毒辣、狠毒、厉害）；老长短（很长）；老粗细（很粗）；老大小（很大）；老高矮（很高）；老距远（很远）；老臊（很臊）；老深浅（很深）；勒苦、巴苦（很苦）。

M：毛嫩（骂人年轻，阅历浅，不老成）；没长短儿（很短）；没粗细儿、没尖细（很细）；没大点儿（很小）；没距远儿（很近）；没深浅儿（很浅）；没有皮草（与“皮脸”“不知羞耻”近义）；迷离马拉（半睡半醒的状态）；模糊颠倒（意同“屋脊六兽”）；埋汰（无能）。

N：囊（人多拥挤）；粘（说话絮叨）；蔫〔花草枯萎〕，蔫头耷脑（萎靡不振）。

P：纰（稀疏）；破狼破虎（破烂不堪）。

Q：黢黑（很黑）。

S：洒丽（体形修美，衣着可体）；生疼（很疼）；死腥（很腥）；馊臭（很臭）。

R：二虎（喻人粗鲁、凶悍或不精明、不懂事、糊涂）；二五眼（差、不精明）。

T：条白（很白）；抬杠（喻无理强辩）；挺脱（形容人或牲畜健壮力大、器物坚实耐用或性能超出一般）。

W：歪歪（爱挑毛病，难伺候）；瓮动（瓜之类腐败而有恶味）；屋脊六兽（原指古建筑屋脊上的六种兽，这里是不知干什么好的意思）；武拉（泼辣，胆大）；悟亮（手巧）。

X：血绿（很绿）；腌臜（肮脏不洁，借用为天气闷热）；稀嫩（很嫩）；稀甜（很甜）；下材、下拙、下次赖（不自重，自甘卑贱）；相差下末（数量相差不多）；澥离（由稠变稀）。

Y：一大些、老些（很多）；仪奈（形容东西肮脏或故作仪态使人恶心）；有牙口（能言善辩，嘴头硬）；小小不然（轻微的，细小的）。

Z：匝煞（吃东西挑挑拣拣，这也不好吃，那也不好吃）；择色（同“匝煞”）；仄棱（张狂之意）；凿（形容人讲话生硬，不委婉）；锃亮（很新）；窄巴（狭窄）；战（多指小孩乱动东西）；战才（淘气）；争争（多指妇女喜欢做超越常规的事，含贬义）；正儿八经、正理八经、干正经、正经八百（严肃认真地，端庄正派，正当的）；智灵（灵巧）；主贱、贱材（犯贱，形容人喜欢自讨苦吃、自讨无趣）。

数量词

D：磴（计算屋舍的量词，相当于“栋、排”等词）。

G：箍碌（段，专指东西）。

N：捺（即“拃”，表示张开的大拇指和中指或小指两端间的距离）。

Y：一围遭（好大一会儿，一阵子，一半天，多用于否定句）；一遭儿（一次）；碌〔读（lōu）儿，把西瓜、月饼等分成若干等份，称其中的一份为碌〕；一粑粑一饼子（说话实在）。

代词

D：多会儿（什么时候）；大家伙（大家）；东西（指孩子，如：这小东西儿）。

G：管哪、漫哪（任何地方）。

H：浑家子（大家）。

N：那场（那）；哪（相当于“你，你们，你的，你们的”）。

Y：样样数数（各种各样）。

Z：这场（这）；这阵（这会儿）。

副词

B：白（别，不要）；不差什么（不到必要的时候）；不希（不要，不屑于、不值得）。

C：划（一概）；才刚（刚才）；从根（从来）；敞开儿（尽情，尽量）；瞅愣子（冷不防、突然或乍、乍乍）；成得（很，太，非常，实在）。

D：大概其（猜测）；大约摸（粗略）；大不瞧（突然，忽然）。

打盹儿（越发）；当捎儿（顺便）；盯着流儿（一直地，不间断地）；大喷（正在旺季）。

G：管多（永远，总是）；赶滥儿（相当于“单，单单，只，专”等词）；干摸（大概，也许、可能）。挂（常常，爱）。

Y：一憋气（一点不停顿、不间歇）。

J：就手儿（一便）。

K：快溜（赶快）。

H：好干净儿的（表示嫌少，看不起的语气）；忽拉巴、大不瞧（忽然，突然）。

S：生生（全，完全，多表示气愤的语气）；仨儿马儿（有时，偶而）。

T：特为地、特为意地（特地故意）；天生（本来）；铁（太）。

X：希（屑于、值得）；先头儿（刚才，表示时间略前一点儿）。

Y：依恃（依靠）；一势儿（索性）；一遭（全部）；意不知（想不到，凑巧）。

Z：直嘎嘎（一直）。

介词

D：待（在）。

G：跟（在，从）；赶着（趁着）。

连词

D：但凡（只要、如果，多用于否定句，兼表责备、埋怨的语气）。

G：赶着……赶着……（表示前后动作紧密相接）；管（不管）。

S：势必（一定，非要）。

第三节　语法

福山方言在语法方面与普通话基本一致，只是个别词组和句子的结构形式与普通话相比略有变化。

词法

“大”构成的偏正词组　在福山方言中，“大”字有一种特殊用法，就是加在“高矮”“长短”“深浅”“厚薄”“粗细”等词前面，构成偏正词组，词意偏于中心词的后一词素，以表示很矮、很短、很浅、很薄、很细等意思。用这类词组组成的句子，都是疑问语气的感叹句，具有嫌怨或蔑视、欣幸等感情因素。此外，与此类似的词组还有“大几个儿”“大大点儿”“大处歇儿”等，表示的意思是数量、体积太少和时间太短，也具有上述感情因素。例如：1、你看，这墙才大高矮儿，不用费事就爬过去了。2、这绳子才大长短儿，哪能捆过这些行李来。3、这件棉衣才大厚薄儿，穿身上也不暖和。4、你看，这水才大深浅儿，挽着裤腿就过去了。5、这才住了大几天儿，你就急着回去。6、你才干了大处歇儿，就想休息。

“多”构成的偏正词组　普通话中，“多”字放在“高矮”“长短”“厚薄”“深浅”“粗细”等词的前面，一般表示疑问。但在福山方言中，有时不表疑问，而表感叹。用“多”构成的偏正词组，词义偏于中心词的前一词素，所表示的感情与“大”字基本相同。如“多高矮”“多长短”“多厚薄”等词组，分别表示“很高”“很长”“很厚”“很深”“很粗”的意思。

“可”构成的重叠词组　福山方言在肯定与否定相叠的动词或形容词之间加一“可”字，可使句子具有一种特殊的感情色彩，即对别人的行为、心情、性状，不管是肯定还是否定，都表示一种不屑置意的意思。例如：1. 他来可不来的啦。2. 他喜欢可不喜欢的啦。3. 他漂亮可不漂亮啦，跟我有什么关系。

方言中，表示肯定意思，也可用一种在否定词前加一“可”字组成的特殊双重否定的句式表示，以加深加重句子的语气和感情色彩。例如：甲：你看见我偷他家的鸡蛋来么？乙：那可不是啦，我亲眼看见的！

介词“叫”的被动用法　福山方言表示被动的介词只有一个“叫”字。例如：1、他的书叫小李拿去了。2、我的茶杯叫孩子打碎了。

有的被动句在“叫××”之后可再加上一个由“给”和第一人称代词组成的介词结构。例如：1. 他的书叫老张给她拿去了；2. 我的茶杯叫孩子给打碎了。

用“叫”字组成的被动句，一般都表示损害或不愉快、不乐意的意思。可以说“他叫汽车撞伤了”，而不能说“他叫群众选为县人民代表”。在普通话中，用“被”字作介词表示被动的句子，“被”字后面宾语（表示施事者的词语）可以省略，但方言中介词“叫”后的宾语却绝对不能省去，可以说“敌人被消灭了”，但却不能说“敌人叫消灭了”。用“被”字组成的被动句，以前在福山人口语中很少出现。如“这次选举，他被选为人民代表”“这次评选，他被评为劳动模范”。在方言口语中，一般都说成“这次选举，他选上了人民代表”“这次评选，他评上了劳动模范”，省去“被”字。

词或词组的相叠形式　如果动词前面带能愿动词，在方言里可用能愿动词的肯定与否定相叠的形式表示疑问。如普通话“该去不该去”“敢斗争不敢斗争”，方言则变为“该不该去”“敢不敢斗争”。

如果能愿动词是双音词，在疑问句里，方言的重叠格式也可以是“A不AB”。如普通话“应该不应该批评”、“可以不可以买”，方言则变为“应不应该批评”“可不可以买”。

双音节的动词、形容词或动词性、形容词性词组，用肯定与否定相叠的形式表示疑问。在普通话里，格式为“AB不AB”；在福山方言里，却常变为“A不AB”。如普通话“学习不学习”“漂亮不漂亮”，方言则分别变为“学不学习”“漂不漂亮”。

句法

强调谓语　普通话的询问句，主语在前，谓语在后。福山方言则强调谓语，将谓语提到主语前。例如：1. 普通话：老王干什么去？福山话：干什么去老王？ 2. 普通话：鱼多少钱一斤？福山话：多少钱一斤鱼？ 3. 普通话：饭熟了吗？福山话：熟了没有，饭？

省略关联词语　表示条件关系的连词“不管”，在福山方言口语中，常将“不”字省去，只用一个“管”字。但这种复句，其中必须有一个成分（多为主语）是人称代词或物性代词“他（她）”或“它”，或 疑问代词“谁”“哪儿”“什么”等。在紧缩复句中，这种用法更为常见。例如：管他是什么干部，也不能随便进来；管干什么工作，他都非常认真；这两天，他管哪儿也没去；今天，管谁也没到这里来。

在福山方言口语中，有些紧缩复句前后两谓语如为同一动词，中间的关联词语“就”字可以省去，前后两谓语形同动词的重叠。例如：他既然走了，就让他走了吧。（复句）他走了就走了吧。（一般紧缩式）他走——走吧。（方言紧缩式）。

第四节　话语

俗语

A

矮半截　比喻感到自己的地位、身份、气势不如别人。

爱面子　指爱惜自己的体面，在乎别人的评判。

B

八辈子　比喻时间久远。

八九不离十　指同实际情况非常接近。

八面光　指某个人做事通体圆滑、周到，颇为世故。

八字没有一撇　比喻事情刚着手进行，还没有什么进展。

白纸黑字　指证据确凿，不容否认。

百事通　指生活中常见的被人称为无所不知的人。

败家子　原指不务正业、挥霍家产的子弟。比喻挥霍浪费国家财产、败坏事业的人。

搬起石头打自己的脚　比喻想伤害别人，结果反而害了自己。

半道杀出个程咬金　程咬金，唐初大将。比喻事情突然有变，出现一个意想不到的人物。

半拉子　指做某事只做了一部分；又指某人不完全会做或做好某事。

半路出家　原意是中途出家当和尚、尼姑。比喻本来是做别的事情，中途改做另件事情。

半瓶醋　形容半通不通的人。

饱汉子不知饿汉子饥　指处境优越的人，体验不到处境困难人的苦楚。

不知自己吃几碗米的干饭　比喻人无自知之明。

C

踩着别人的肩膀往上爬　比喻以损害别人的利益来达到自己升官的目的。

差十万八千里　形容相差很远。

拆东墙补西壁　比喻没从根上解决问题，只是采取临时的应急措施。多指借新债还旧债。

常穿袍子，没有遇不着亲家的　常做坏事，迟早要被人发觉抓获，受到惩罚。

吃不了兜着走　比喻担待不起，禁受不住，要承担全部责任。

赤脚的不怕穿鞋的　穷人没有顾虑，受了富人的欺负，敢于与之拼命。

丑话说在头里　意谓先把可能发生的事说清楚，虽显得不太客气，但免得以后怪罪。

丑媳妇早晚得见公婆　比喻犯了过错早晚得让人知道，不如干脆自己坦白说了。

出锅早了没有好烧饼　比喻不按程序办事，出现不良后果。

出家容易回家难　意谓出家以后再还俗不是一件容易的事。

窗户纸一捅就破　比喻把话说明了。

D

打抱不平　意谓遇到不公平的事挺身而出，帮助受欺负的人，打击强暴者。

打一巴掌给个甜枣吃　喻指对人欺凌之后，给点微小的好处，使人消除怨恨的伪善行为。

大处不算小处算　指大的方面不在乎，小的地方却精打细算。

E

儿大不由爹，女大不由娘　指儿女大了，由不得父母做主。

耳听不如眼见　意谓听说的事不足为信，看见的事才是真的。

F

贩猪猪贵，贩羊羊贵　不管做什么，总是不顺利。

G

高不成，低不就　高的攀不上，低的不满意。指择偶或职业时挑来拣去，不能成功。

胳膊扭不过大腿　比喻力量小、地位低的拗不过力量大、地位高的。

各打五十大板　比喻不分青红皂白，对矛盾冲突的双方给以同样的惩罚。

给你棒槌纫针了　比喻心眼太实，将别人敷衍的话当真。

狗到天边是吃屎，狼到天边是吃肉　意为本性难移。

狗嘴里吐不出象牙　比喻坏人嘴里说不出好话来。

挂着羊头卖狗肉　比喻名实不符，打着好的招牌，实际上干坏事。

过了这个村就没有这个店了　比喻错过机会，就再也得不到了。指机不可失，时不再来。

隔着锅台上炕　形容过于性急，一下就想把事办好。

H

海猫子不识潮水　不了解做某件事情的艰难危险而贸然行事。

好犍子不拉犁　比喻有能力不肯使出来。

横立草不捏竖立草　形容人极懒惰，连最轻微的劳动也不肯参加。

猴年马月　不可知的年月，等再长的时间也不可能实现的意思。

葫芦里装的什么药　比喻不知道打的是什么主意或搞的是什么花样。

黄瓜菜都凉了　比喻时机错过了，一切都晚了。

活猫碰个死老鼠　比喻侥幸得到或事情凑巧。

活人叫尿憋死　与“勺子长在树上了”意思相近。

火上房了还问挑甜水挑漤水　意为不识时务。

饥一顿，饱一顿　形容生活艰难，勉强度日。也指饮食无节制，饥饱不匀。

J

鸡蛋里挑骨头　比喻故意找碴儿，挑毛病。

鸡蛋没有逢还能孵出小鸡　意为若要人不知，除非己莫为。

记吃不记打　比喻吃亏上当不接受教训。

脚踩两只船　比喻两边都占着，投机取巧；也形容拿不定主意，摇摆不定。

井水不犯河水　意为各行其事。

久病无孝子　人生病时间久了，就是亲生儿女也会失去耐心，产生厌烦心理。

K

砍倒胡林现出狼来　比喻正直而有才人都走了，给了坏人、庸人掌权的机会。

L

老牛身上拔根毛　在极大的数量中去掉微不足道的极小部分。比喻损失极小。

老牛拉破车　人力物力皆为劣等。

冷手抓个热馒头　事先未参与，未出力，却独享或分享别人的劳动成果。

冷一阵，热一阵　形容人情绪不稳定，时而高涨，时而低落。

里外不够人　指事情没处理好，己方和对方都不满意。

两条腿的不交，交四条腿的　比喻不能识别好人、坏人，竟和坏人交往起来。

露水珠引河水　比喻规模很小的事业有可能逐渐发展成为规模宏大的事业。

路不平，旁人踩　比喻欺负人、压迫人的行为，必然要受到社会舆论的谴责。

驴架子大了值钱，人架子大了不值钱　意谓人摆架子不被赞成，不受欢迎。

驴屎巴巴外面光　只是表面上花哨好看，实际上不顶用。

乱插杠子　比喻插手干涉，从中作梗。

M

没牙啃　无可奈何。

N

拿出扎奶的劲　指用出所有的力气，尽了最大努力。

拿鸡毛当令箭　假借名义发号施令，以支使人、吓唬人。也比喻小题大作。

哪壶不开提哪壶　喻指专说不该说的。

尿泡尿照一照　谓自己掂量一下自身的分量。劝人要有自知之明。

牛头不对马嘴　比喻两者说法不相符，不对头，毫不相干。

暖和暖和上炕了　形容得寸进尺。

P

破罐子破摔　比喻不改正缺点错误，任凭错下去，或者反而横下心向更坏的方向发展。

Q

起五更爬半夜　形容十分辛苦、劳累。

牵着不走，打着倒退　比喻人不要强，不上进，甘心落后。

枪打出头鸟　比喻因某方面表现突出而受到指责或打击。

去五对节二八扣　形容讲话虚假成分太多，极不可信。

缺胳膊短腿 形容残缺不全或说话办事不周全。

S

撒泡尿照一照 讽刺人狂妄、没有自知自明。

三岁的孩子都知道 指人人皆知。

三尺肠子闲二尺半 意为人到吃不上饭时，不会产生非分之想。

勺子长在树上了 比喻人的心眼太死，本来很容易解决的问题，却感到没办法。

身不动膀不摇 指什么也不干。

生米做成熟饭 比喻事情已成定局，无法改变。

十个指头不一般长 意为同一种事物也有区别。

手打鼻子眼前过 意思是事实明摆着。

说嘴打嘴，鼻子尖上挂棒槌 刚夸口就丢了丑。形容爱夸耀的人，偏偏在行动上丢丑。

T

抬头不见低头见 指经常见面、打交道。

天打五雷轰 指遭报应。多用于咀咒发誓。

跳黄河洗不清 比喻被人冤枉，无法辩白。

W

歪脖子好治，犟眼子难治 指固执到了极点。

无风不起浪 比喻事情的发生总有缘由。

X

现上轿，现包脚 与“临时抱佛脚”、“临阵磨枪”的意思相同。

现喂的鸡不下蛋 意同“平时不信佛，临时抱佛脚”。

歇人不歇马 比喻人休息，设备不休息，轮班干活。

性急吃不了热豆腐 比喻做事情不能操之过急，急于求成。

Y

羊毛出在羊身上 多指以对方的钱财，花在对方或与对方有关的人身上。

要饭吃赶不上门 挖苦人连起码的谋生本领也没有。

一筐木头砍不出个楔子来 比喻人不少，但却找不出一个有才干的。

一支鲜花插在牛粪上 比喻好女子嫁了个不般配的赖丈夫。

有理的三扁担，无理的扁担三 同“各打三十大板”近义。

又想当婊子，又想树牌坊 比喻又要做坏事，又想得个好名声。

Z

咂鼻涕咂不出响来 嘲骂人懦弱无能。

枣、核桃一律数 对人对事不根据具体情况区别对待。

贼走了抡担杖 发生了问题，不立即采取措施，事后急于设法挽救，已无济于事。

占着茅房不拉屎 比喻占着职位却不想干事。

猪头烂了嘴不烂 比喻已经彻底失败，还在强词夺理，与“倒驴不倒架”义近。

猪头烂在汤里 比喻从表面上看财务有损失，但实际上还是落在自家手里。

竹竿好扶，灌绳难扶 比喻人庸懦无能，别人不管怎样帮助扶持，也不能使其坚强起来。

走慢了穷赶上；走快了，赶上穷 总是摆脱不了倒霉的命运。

谚语

气象类

B

八月初一下一阵，干到来年五月尽。

八月十五月不明，正月十五雪打灯。

白露秋风夜，一夜凉一夜。

北斗（星）打闪，下雨不远。

不怕初一下，就怕初二阴。

C

长到夏至短到冬（至）。

朝霞不出门（有雨），晚霞行千里（无雨）。

春打六九头，赶集去买牛；春打五九尾，出门冻死鬼。

春冻骨秋冻肉。

春旱旱不刹，秋旱一刀刮。

春冷、秋热、伏腌臜（春 、秋、夏三季，人有这三种感觉即有雨）。

春雨贵似油，连下三场还歉收。

D

大旱三年，忘不了五月十三（下雨）。

东北风雨，三天三宿。

东虹雾露西虹雨，南虹过来发河水。

冬在头，卖了皮袄去买牛；冬在腰，冻死猫；冬在尾，冻死鬼。

冬至无雨一冬晴。

冬至阴天，来年春旱。

冬至有雪来年旱，冬至有风冷半冬。

G

谷雨下雨，四十五日无干土。

谷雨以后下场霜，百天以后（雨）下满缸。

谷雨阴沉沉，立夏雨淋淋。

过了十月节，反风就是雪。

过了中秋节，一夜冷一夜。

H

旱刮东风不下雨，涝刮东风不晴天。

J

惊蛰未到雷先鸣，大雨下来似蛟龙。

九里雾露伏里旱，伏里雾露过险年。

久晴必有连阴天。

L

老龙斑，不过三，过三还得十八天。（“老龙斑”即云呈龙鳞状；“不过三”，即不过三天要下雨）。

雷打惊蛰前，四十九个阴雨天。

雷打立春节，惊蛰雨不歇。

雷打立秋，干死泥鳅。

雷雨三过晌。

冷在三九，热在三伏。

立春一日，水暖三分。

Q

七月十五下雨，典妻卖儿卖女。

清明断雪不断雪，谷雨断霜不断霜。

群蛙呱呱叫，大雨快来到。

R

人黄有病，天黄有雨。

日落乌云遮，明儿把工歇。

日晕三更雨，月晕午时风。

S

三日不下（雨）小旱，五日不下（雨）大旱。（指三伏天）。

三天东南风，不用问天公（有雨）。

十月还有个小阳春。

T

天上勾勾云，地下雨淋淋。

天上老龙斑，明天晒谷不用翻。

X

小寒大寒不下雪，小暑大暑田开裂。

Y

燕子钻天蛇过道，蚂蚁搬家老牛叫（有雨）。

一场春雨一场暖，一场秋雨一场寒。

一九二九不出手，三九四九冰上走，五九六九看河柳，七九河开，八九燕来，九九八十一，耕牛遍地走。

一日北风三日晴，三日南风别盼晴。

一天两口风，不用问天公（有雨）。

有钱难买五月旱，六月淋淋吃饱饭。

雨中知了叫，报告晴天到。

云彩往南，扛着锄头上山。

Z

早晨雾露天，晌午晒死獾。

早晨下雨当日晴，晚上下雨到天明。

早上放雾露，晌午晒葫芦。

重阳无雨看十三，十三无雨半冬干。

昼立秋寒飕飕，夜立秋热到头。

农事类

B

白露早，寒露迟，秋分种麦正合适。

白天太阳夜间雨，地好肥多增玉米。

C

锄头有水又有火。

春天捅一棍，秋天吃一顿。

春争日，夏争时（指播种）。

D

地是黄金板，人勤地不懒。

冬深耕，顶茬粪。

冬天把地翻，害虫命归天。

豆熟一朝，麦熟一晌。

豆子雨泼不长高，雨后种豆保全苗。

F

粪是庄稼宝，种地少不了。

伏里积下三圈粪，来年粮食打满囤。

G

谷雨前后，种瓜种豆。

过了芒种，不得强种。

过了十月朝，山上的东西往家捎（指秋收结束，地里的东西可以随便拾取）。

H

花生怕重茬，重茬减产大。

J

惊蛰一犁地，春分地气通。

九成熟十成收，十成熟一成丢（指小麦）。

立冬萝卜小雪菜（指收获萝卜和白菜时节）。

立冬四十五（日），出芽不出土；立冬不倒股，不如土里晤（指种小麦）。

良种是个宝，还须种得好。

M

麦盖三尺被（雪），头枕饽饽睡。

麦收八、十、三（指农历）月雨。

麦无二旺，冬旺少打粮。

麦喜胎里富。

麦子成和秕，但看正月二十一。

门前没有三大堆，种地那是瞎胡吹。

N

能栽霜打头，不栽立夏后（地瓜）。

Q

七宿小麦八宿谷，十天以外看胡秫（指出苗天数）。

七月核桃八月梨，九月柿子滥赶集（指收获时间）。

七月十五（农历）定旱涝，八月十五定年成。

清明高粱谷雨谷，年年调茬必有福。

R

人饿地皮，地饿肚皮。

S

三春不如一秋忙，夏收夏种忙加忙。

三分种，七分管，十分收成有保证。

T

桃花开，杏花落，抢种庄稼没失错。

头伏（种）萝卜，二伏（种白）菜。

W

五月冷，一颗豆打一捧。

X

小端午下雨招粘虫，大端午下雨好年成。

小麦锄三遍，腹沟看不见。

Y

一年纯、二年杂、三年四年不像话（指种子混杂）。

有处买种，无处买苗。

Z

早耕地有油气，晚耕地（清明后）撒了气。

早浇花，午浇瓜。

早黍晚麦，十年九不得。

植树造林，莫过清明。

治虫先治卵，治卵先治蛾。

治虫要治早，晚了治不了。

治虫治在三龄前，搞好测报是关键

种大苗壮，母大子胖。

种地选好种，一垄顶两垄。

庄稼上了场，先打种子粮。

庄稼一枝花，全靠肥当家。

养生类

B

不懒不馋，益寿延年。

D

冬吃萝卜夏吃姜，不劳医生开药方。

S

食物缺了钙，骨牙就要坏。

W

捂捂盖盖脸发黄，天天晒晒身体强。

Z

早吃好，午吃饱，晚吃少。

早上盐汤人参汤，晚上盐汤如砒霜。

生活类

B

不怕不识货，就怕货比货。

C

朝喂猫，夜喂狗。

吃不穷，穿不穷，打算不到一辈子穷。

从南京到北京，买的不如卖的精。

D

大雁不过三月三，小燕不过四月八。（指大雁、小燕飞入境内的时间）

豆黄蟹子麦黄鳖（谓此时最肥）。

J

鸡吃活食，鸭吃死食。

鸡孵鸡，三七二十一，鸡孵鸭，四七二十八。

加吉头，鲅鱼尾，鲐鱼肚子，鲆鲆嘴。（所指部位味最鲜美）

L

凉水蛎子热水蛤（指其味鲜）。

M

猫过清明狗过夏（指生小崽）。

猫三狗四猪五月（指怀孕）。

N

宁吃飞禽一口，不吃走兽半斤。

T

烫衣洗澡，虱子不咬。

头锅饺子二锅面。

头炕鸭子末炕鸡。

Y

要想吃好饭，围着福山转。

一日之计在于晨，一年之计在于春，一生之计在于勤。

一日夫妻百日恩。

越吃越馋，越坐越懒。

Z

在家靠父母，出门靠朋友。

住村住哨，住城住闹，住楼住高。

修养类

B

不做亏心事，不怕鬼叫门。

D

打人不打脸，骂人不揭短。

R

人要脸，树要皮，人不要脸没法治。

忍得一时气，免得百日忧。

S

师傅领进门，修行在个人。

是非只因多开口，烦恼皆因强出头。

Z

忠言逆耳利于行，良药苦口利于病。

其他类

D

大难不死，必有后福。

E

儿郎孝不如媳妇孝，闺女孝不如女婿孝。

G

狗不嫌家贫，儿不嫌母丑。

H

好帮好底绱好鞋，好爹好妈养好孩。

画虎画皮难画骨，知人知面难知心。

J

家贫出孝子，国难出忠臣。

L

龙生龙，凤生凤，耗子生的会打洞。

M

马熊有人骑，人熊有人欺。

R

人不可貌相，海水不可斗量。

人无千日好，花无百日红。

S

蛇无头不走，鸟无羽不飞。

T

台上绝活几秒钟，台下苦练几春冬。

Y

有理走遍天下，无理寸步难行。

有心栽花花不开，无意插柳柳成荫。

Z

纸里包不住火，雪里埋不住尸。

歇后语

B

拔水的灌绳——扶不起来

C

苍蝇叮鸡蛋——无孔不入

茶壶煮饺子——肚子里有货倒不出来

吃地瓜用接碟——摆谱

吃着甘蔗上楼梯——步步高，节节甜

D

打开棺材捉贼——冤枉死人

打着灯笼拾粪——找死（屎）
大姑娘坐轿——头一回
大热天穿棉袄——不是时候
大水冲倒龙王庙——家人不识一家人
大喜子他妈吃面——没有数
大年初一死头驴——不好也说好
电线杆上绑鸡毛——好大的掸（胆）子
吊死鬼抹粉——死要面子
碟子里洗澡——水浅
豆腐掉在灰里——吹不得，打不得
独木桥上遇仇人——冤家路窄
对着窗户吹喇叭——名声在外

E

二骡子放屁——前紧后松
二十一天不出鸡——坏蛋

F

飞机上挂暖瓶——高水瓶（平）

G

高射炮打蚊子——大材小用
狗咬耗子——多管闲事
光着腚推磨——转圈丢人

J

家雀跟着蝙蝠飞——熬夜遭罪
警察打他爹——公事公办

H

蛤蟆跳在脚背上——不咬人恪怏人（让人讨厌）
蛤蟆腚上绑撮毛——算个什么鸟儿
黑傻子掰苞米——掰一穗丢一穗
黑傻子叫门——熊到家了
黄鼠狼给鸡拜年——没安好心
和尚的木鱼——天生挨揍的料

L

懒老婆的包脚布——又臭又长
老和尚打咣咣——老一套
老鼠钻进书堆里——咬文嚼字
聋子的耳朵——摆设
驴腚上的苍蝇——瞎轰轰
吕布戏貂蝉——英雄难过美人关
搂草打兔子——当捎儿

M

猫哭老鼠—假慈悲

N

泥菩萨过河—自身难保

Q

骑着驴看唱本——走着瞧
墙头上的草——随风倒
秋后的蚂蚱——蹦跶不几天了

S

三眼枪打兔子——没有准
山草驴下蚂蚱——窝不如一窝
孙家茔的柏椤——穷柞（作）

T

剃头挑子——头热
兔子叫门——送肉来了

X

瞎子点灯——白费蜡

Y

鸭巴子吃面条——嘴挑（说空话）
鸭巴子和鸡亲嘴——口大口小

Z

枕着扁担睡觉——想得宽
猪八戒照镜子——里外不是人
猪鼻子插葱——装象（相）
正月十五贴门神——晚半月
做梦娶媳妇——想得美

人物

福山人杰地灵。千百年来，涌现出大批可歌可颂的人物。他们中间有古代人物补遗、爱国人士、文人学者、英模人物、非物质文化传承人（凡属于少数民族、女性予以标注，其余均为汉族、男性）。

知名人物传略

刘宠　字祖荣，东汉牟平人（今古现镇）。齐倬惠王刘肥之子、牟平侯刘渫后代。刘宠青年时期，因“明经”被举荐为孝廉，出任济南郡东平陵县令，政绩有声。后升任豫章、会稽太守，简除烦苛政令，监察官吏的非法行为，政绩卓著。后升职入京，山阴县（会稽郡首县，今浙江绍兴县）有五六位须眉皓齿的老人，特意从乡下远来为他送行，每人带百文钱赠送，他仅收下一文，以作纪念，后人称他为“一钱太守”。清朝监察御史杨维乔在刘宠的一首墓题诗中写道：“居官莫道一钱轻，尽是苍生血做成，向使特来抛海底，莒波赢得有清名。”

刘宠入京后，历任宗正大鸿胪、司空、司徒太尉等职。一次，他出京到外地，路经亭舍，想进去休息片刻。管亭舍的官吏不认识刘宠，拒而不纳，说：“我们这里特意整顿洒扫一番，专等刘宠大人的到来，你有什么资格来住呢！”刘宠听了，一言不发，悄然离去。时人称颂他是一位忠厚长者。东汉建宁二年（169年），刘宠被免职，返回乡里，后卒于家中。其一生清廉俭朴，在《后汉书·官吏传》中被奉为楷模。清代著名文人宋克智在诗中写道：“冷落东牟汉室亲，坚持清节作名臣。到今千有余年后，占得吾乡第一人。”

孙温（1272—？）　两甲庄人。军籍家庭，行伍出身。1335—1340年（元朝元统年间），任宁海州判官。后仕至怀远大将军。逝后，墓葬福山城南仉村孙家茔。

柳崇（约1342—1389）　高疃人。元朝末年（1360年），在家乡磁山前参加红巾军，随军征战山东、安徽等地。元至正二十四年（1364年），归附朱元璋部队，充任军内小旗。明洪武元年（1368年），因功授予百户。洪武十一年（1378年），以战功提升燕山右护卫，授予百户世袭。洪武十二年（1379年），阵亡尔深沐，卒年48岁。1425年（明洪熙元年），赠爵安远侯、奉国将军卫。

柳升（？—1427）　原籍高疃，后客籍安徽怀宁县。明朝名将。性勇善斗、胸有韬略。升袭父职，征驰累立战功。明永乐二年（1404年），授骠骑将军都督佥事。永乐四年（1406年），征交趾，生擒黎季犛。永乐六年（1408年），封安远伯，世袭。永乐七年（1409年），同陈湏帅舟师巡海至青州，大破倭寇，追至金州白山岛而还。永乐九年（1411年），挂平羌将军印，镇宁夏，讨斩叛将冯答案、兰木耳等，召还总京营兵。永乐二十年（1422年），复从北征中军，破兀良哈于裂儿间。千世侯帝王出塞，建奇功，宠待列侯之上。明洪熙元年（1425年），命掌右符加太子太傅，进封安远侯，世袭，赐号奉天靖难推诚之力武臣。明宣德二年（1427年），帅师复征交趾，中镖身亡。明正统十二年（1447年），赠融国公，谥襄愍。

柳溥（约1389—1461）　字广达，原籍高疃，柳升之子。明代著名将领，封安远侯爵，数挂征远、平虏大将军。明宣德十年（1435年）获悉侯爵。明正统元年（1436年）十二月，领中府。正统三年（1438年）六月，挂征蛮将军印，率湖、广等地都司官军镇守广西，清廉爱民，政声显赫。当年冬，广西瑶民地区相继发生叛乱，他首次带兵征讨大藤峡获胜。正统五年（1440年），又攻破柳州，擒斩贼首杨容拾等。转年，再次出征大藤峡，大破石门等地叛军营寨。正统十年（1445年），征讨思恩蛮等地再获大胜，擒斩常万王等贼首，一举荡平寇乱。正统十四年（1449年）十二月还京，晋加太子太师，总掌神机营，兼掌右军都督府诸军事，后受命再次镇守广西。明景泰元年（1450年），奉召还京执掌右府，总领神机营，又挂平虏将军印。景泰三年（1452年）四月，又晋太子太师。景泰五年（1454年）二月，第三次出镇广西。明天顺元年（1457年），奉召还京仍掌右府，累进太子太傅。是年冬，陕西频报边警，受命配挂平虏将军印，御敌大胜，扫平寇乱。次年12月还师，辞去军机事务养病。天顺四年（1460年）九月复职，重掌神机营。天顺五年（1461年）三月病故，享年七旬，谥号武肃。其长子患腿疾，由嫡长孙柳景袭安远侯，充总兵官，镇守两广，因战功加太子太傅。

柳恂（？—1543） 明史误记柳珣，原籍高疃。柳溥后裔，其父柳文曾数挂征蛮将军印，镇守广西。明嘉靖十二年（1533年），柳恂袭爵安远侯，袭禄千石。翌年十二月，出镇两广。嘉靖十四年（1535年），充总兵官，挂征蛮将军印，镇守两广，征讨广西叛贼获胜，因功加太子太保，复加少保。嘉靖十九年（1540年），安南（越南）莫登庸造反，佩挂征夷副将军印，论功加太子太傅（从一品）。转年，征剿海南，平息叛乱，因功加少保兼太子太傅（从一品）。嘉靖二十二年（1543年）三月甲戌，在镇守两广时卒于任上，赐祭葬礼，赠太保（正一品），谥号武襄。赐葬应天府安德乡，后赐归葬故里高疃北老茔。长子柳震，袭安远侯。

初贤 台上村人。明成化十九年（1483年），癸卯科乡试举人。始任直隶隆庆州知州，中升大名府同知，转易山西庆阳府知府，后调广西庆远府知府。致仕归里，故于家中。墓葬黑石村初家茔。

姜毅 姜家村人。明永乐十一年（1413年），癸己岁贡。官至工部虞衡司郎中。致仕逝于故里。墓葬杜家崖村东姜家茔。

郭天锡 字承之，城里村人。明弘治十七年（1504年），甲子科乡试举人，任北直静海知县，廉明爱民。武宗南狩时，沿途各县官争相贡献，唯恐不丰，他却空手往见。前驱官赖某怒挞之，县民孙瀛、胡奉等争以身护。以其治才升徐州知府，时值荒年，饥民啸聚，众议出兵围剿，天锡不允，迁身往抚，事得平息，名声大震。历任陕西兰州知州、河南陈州知州、中军都督府经历转刑部员外郎、刑部福建清吏司郎中。因劳瘁卒于京邸，中外悼惜。天锡性好吟咏，著有《野航吟稿》2卷。

孙云 东关村人。明洪武五年（1372年），壬子岁贡。洪武十一年（1378年），任广西道监察御史。

王丰 诸留王村人。明洪武二十七年（1394年），甲戌贡生。明洪武二十八年（1395年），任四川雅州知州。

迟通 迟家村人。明永乐十五年（1417年），丁酉科乡试举人。官至大理寺寺丞。

刘清 城里村人。明宣德六年（1431年），辛亥岁贡。官至山西泽州知州。

林荣 林家村人。明正统四年（1439年），己未岁贡。官至直隶隆庆州知州。

张瓛 宅院村人。明成化十六年（1480年），庚子科乡试举人。历任南直怀远县知县、宿迁县知县、山西隰州知州、霍州知州，官至浙江绍兴府同知。

于尔直 字完初，南涂山村人。生而颖异，赋性公正。明泰昌元年（1620年），庚申拔贡。授山西平遥县知县。辖地史兴选秀女、建生祠等陋习，尔直言传身教，“宰遥三载，弊绝风清”。大吏复荐升直隶沧州知州。沧地俗悍多盗难治，尔直莅任，崇文学，编保甲，昭雪冤案，劝善罚暴，恶风渐息。致仕归里后，清郡邑推荐以原官起用不就，忧愤成疾而卒。

滕元鼎 祖籍江南江浦县，其父滕绍宗“以诸生从戎”。明崇祯十三年（1640年），任登镇陆左营事，驻防福山八角口。致仕后，落户三十里堡村，后移居黄家村。他从小随军，文武双全。崇祯十五年（1642年）壬午科顺天副贡。始任陕西泾阳县知县，后升任广东儋州知州，官至兵部职方清吏司员外郎。著有《宰泾政略》。去世后，葬于古现四合村东墓地。

孙珂（1422—？） 字廷珍，两甲庄村人。幼受家教，聪明颖慧。十几岁入邑庠学，书史诗画俱佳，一时“文誉四起，学问淹贯”。明正统十二年（1447年），丁卯科乡试举人。明景泰五年（1454年），甲戌科会试进士，授刑部主事。次年参加御史选拔考试，列为一等，擢广东道监察御史，恪尽职守，勤政为民，纠百官无畏无私，查漕粮海运一丝不苟，受到朝廷嘉奖。凡地方官有送贿者，一概拒收，一时廉声四起。御史期满后，考绩优异，迁升南京大理寺丞。经常“出巡江浙，参赞荆襄”，每到徽州见到徽民时，总是行大礼。百姓颂扬孙遇有此贤德之子，可谓青出于蓝。致仕归里后，颇具父风，教子孙读圣贤书，子侄科第层云。逝后，朝廷赠封奉政大夫。县城建有孙珂进士坊。

孙珪（1424—？） 两甲庄村人。幼受庭训，天资聪悟。入塾就读，记忆力强，日诵千句，视为神童。少年入泮中廪生，食饩日取六斗米，乡里村邻羡慕。但久困秋闱，屡试不第。他没有气馁，更加勤奋，“行文有奇气”，深受府学正赏识。明成化七年（1471年），辛卯科山东乡试中举人。成化十四年（1478年），经会试、复试、殿试3场拼搏，考中进士，并选为庶吉士，成为福山第一位翰林。在翰林院教习馆学习3年，擢升礼部给事中。俸满1任，又迁为户部给事中。明弘治九年（1496年），迁任陕西右布政使。辖地人口疏密不均，边缘地区流民较多。孙珪改革弊端，减少徭役，并实行移民荒垦政策，取得成效。他为官勤政清廉，有“青天父母”之誉。晚年致仕返乡，百姓攀车泣送几十里。

孙珪生活简朴，酷爱藏书，多为孤本。惜于明崇祯五年（1632年）被皮岛叛明将领李九成率兵攻打福山城时烧毁。孙珪逝后，朝廷授正奉大夫。福山城建有孙珪进士坊。

孙琰（1427—？） 两甲庄村人。“性聪敏，多识典故，行文有才气，直抒胸臆，工尺牍，闻作诗及铭诔，诗意天真流露，不假填塞，为诸生屡试前列，书法承父风”。明成化十三年（1477年），丁酉科山东乡试中举人。成化十七年（1481年），辛丑会试中进士，授中书科舍人，掌管撰写诰敕，制诏、银册、铁券等。他的书法小楷有深厚功底，“严整精到，法度森严”，深受推重。在中书科，撰写大典、起草诏书表现出色，受朝廷褒奖。任满擢升尚宝司少卿，职掌皇帝御印、符牌、朝廷印章等。在职期间，尽职尽责，得到朝廷的重用。孙琰晚年致仕归里。长子孙乐在其精心教导下，己丑科中进士，成为福山孙家一门三代六进士佳话。

王三锡 字怀万，河北村人。幼而沉毅，倜傥不群，能诗文，善草书，出笔明健。稍长身材，矫捷便利，弓马绝伦，熟谙孙武兵法及从来兵家言。明崇祯六年（1633年），癸酉乡试，弓马技勇策论冠场，京卫籍顺天第一名。崇祯七年（1634年），甲戌科全国会试第二十七名，赐武进士，授昌平道中军守备，不久升为山东提标水师左营游击。崇祯十六年（1643年），调任陕西某营游击。刚入关，正逢李自成破城，三锡无所赴，乃潜身草野，遇异人指引，周历关中山川，得其形势险要，侦知虚实情况。崇祯十七年（1644年）二月，回京师，诣阙上书，陈及守御要略，总因大势已去，李自成攻克北京，崇祯自缢，明亡。三锡东下，匿深山不出，夙善弈棋，群推国手。逝后，葬于臧家村北。

王道增（1577—1659） 字仰池，古现村人。生而俊伟，秀目美髯，性阔达倜傥，多大略。少好颜黄门家训，长通左氏春秋，内外传，得其要领。父为廉吏，因家苦贫，少年务农，边耕边读。年17遂废业，躬亲田渔，以给其家。

明末，长岛初设防驻军，海运尚未开通，给养难以供应。镇守将领檄发告示州县，以重金招募运输者，无敢应运务者。他慨然组织族人，冒险驾船前往，打通海上运输通道，把军需及时运到岛上。归途所经岛屿，必绕近登临观测，是登岛及辟航第一人。

一年冬天，他路过石城岛（属辽宁庄河县），守将池凤高屯千兵，而现粮不支一月。见道增至，垂泪乞求增援。应允后，回乡组织族人乡民，收集粮米装船。然因天寒，海口结冰，乃弃故道，绕海抵屯。将士见粮，欢腾雀跃。

明崇祯十四年（1641年），福山遭灾，县西北数十里村落成墟。道增将家由河北村迁至古现东村。该村地处通道，为救济饥民，他出米赈粥，没有柴草，即折屋材。当时牟城、次兴等6社百姓欠税粮500石，军中传檄催交，知县吴闻诗无法，找其商议。他发动族人富户如数借予上缴。事后，知县欲向百姓征还。道增曰：“时事如此，安所得米，仍追逼，先后均一死也，非某初心，尽捐之。”知县感动，特书“燕山堂”匾额相赠，并跋诗曰：“国课亏矣，赖尔输完。民生鲜矣，赖尔安全。爵尔所羞，名尔所浼。天道福善，赖尔燕山。”在赈济同时，他建议设义塚一处，以百文收饿死的人尸1具，给予掩葬。孔有德落魄，曾住古现东大寺，与乞丐为伍，并受欺凌。他见后，予以资助，修书荐其去登州府参军，后发迹，遂成孔王。道增“生平内无匿情，外无讳事，见义必为，教行不怠，无虑情事大小，每遭人侮陷，事白情见，而终不修怨，故里党取法焉。”清顺治十六年（1659年），道增病逝家中。清康熙十八年（1679年），乡里公举入乡贤祠。其生6子，皆朝廷命官，赠封他为礼部儒官。

郭谏（1606—1668） 字怀悫，城里村人。幼颖悟，经传洽熟。明崇祯元年（1628年），戊辰恩贡。明崇祯十五年（1642年），壬午科举人。崇祯十六年（1643年），癸未科中副会。清顺治九年（1652年），就教职，署齐东教谕。诸生韩朴守荒地，穷困欠租，谏为其代交，并申报终身免责。诸生张琭，为怨家所陷，谏多次调审，予以雪冤。顺治十五年（1658年），戊戌科进士，考翰林院庶吉士，授工部郎中，官至广西按察司佥事，提学道台。顺治十八年（1661 年），任工部都水司主事，督杭州南新关税务，他革除供帐陋规与都统议禁。清康熙三年（1664 年），督夏镇河道，擢户部司员外郎。莅任后，驰驱河干，督民工疏通河道，催赶粮船快行，很快清除以往时弊。康熙七年（1668 年），转任按察司佥事，督学广西，所拔出皆真才，多取贫家子弟，士民称服。其时寻遭吴逆之变，将军孙延龄亦相继而起，谏以忧愤，猝卒于官。6 年后，其子元楷，将灵柩归葬故里。

鹿兆图（1590—1671） 字祥涟，城里村人。生而颖慧，诚厚和易。清顺治二年（1645 年），乙酉岁贡。初任江南太平县令，时改朝换代，民尽流出，劫掠肆起。兆图莅任，单骑入寇营，严辞开导，未过数日自行解散。但城中有个不法恶少，又捏其簿籍，视为奇货，而投入公堂者万余人，老少无不逃跑。兆图闻之，将其籍当众烧毁，众欢呼载道。不久，兆图调任湖广武昌县知县，邑值禁旅，往来供亿繁难，乃竭蹶以从。凡军需，皆与民酌其便，久之军行不扰，而民众安定。同时，申严保甲，劝农植桑，事事关心民众疾苦。民戴其德，政绩载于《武昌县志》。后升任山西汾阳州同知，时晋发生兵变不久，战火未息，凡分拨军粮，每防胥役，皆予扣尅，军队无粮草。兆图严查，公布罪行，后出皆手加额，而称神君，“其介如石，其洁如冰”。后母讣归里，营葬服阙，不复出仕，于草舍中，聚子侄十余人，令其以兄弟为师友，察其勤惰，而劝惩之。清康熙十年（1671 年），卒于故里，葬于杏花庄西山。

鹿兆甲（1606—1678） 字鼎擢，城里村人。聪明果敢，正直好施。清顺治八年（1651 年），辛卯恩贡。顺治十六年（1659 年），授陕西宁夏盐捕，管河东惠安小池盐法，挂衔平凉州通判。莅任后，破陋规，开新法，不过半年，课办用足，商通民便。该地有个尚姓商人，偶遗部引赎，援以百金，办纳无门，将鬻子女。兆甲闻之，恻然捐俸代抵。惠安有回教数百家，城内有个恶少，为其私利，不分皂白，将全驱赶出城。兆甲悉情后，力为申救，始得昭雪。巡抚赞曰：“上不亏用，下不害民，如鹿别驾者，可多得乎”。清康熙二年（1663 年），以治续卓越，迁升湖广同治。时值筹措军需，连续 2 年浏阳诸邑因荒旱流亡载道。兆甲奉命往抚，经多方招徕，数万难民得以存活，各安井里抚军，军备得以加强。兆甲奇才，得以重任，特委署印湖南七郡查案，开狱审理罪犯。在复审中，“清操峻厉，苞苴（贿赂）不行”，圆满完成奉旨，帝大悦之。康熙六年（1667 年），入觐蒙优诏奖，由承德郎特晋奉政大夫。康熙九年（1670 年），以疾得请归，郡之士庶闻之，如失父母，皆流涕远送。康熙十二年（1673 年），郡县续修志书，邑侯罗博敦请从事。康熙十七年（1678 年），卒于家中。

鹿廷瑛（1636—1695） 字生色，号芝阳，又号惕斋，城里村人。15 岁入邑庠生。清康熙二年（1663 年），癸卯科举人。康熙九年（1670 年），庚戌科进士，授知县，官至四川道监察御史。始任湖广宜章县知县，俗多溺女，严为禁止。折狱明决，莅任 7 载，全部判决。时吴藩叛逆为窃据，黔滇二省尚然未靖，战创未复，而军需紧急，有如星火。他竭力设法办纳，毫无扰累，得书上考纪录 12 次。彬属旧有锡矿，四方往采者万余人，抚府惧其生变。他进言曰：“人众需粮必多，但使粮道断绝，则群众自散矣！”上抚从之，罹患以消。宰宜其间，复设义塚、修学宫，立书院、请师设教向学，让邑人登仕。因治行卓异，离任时邑人遮道攀辕流涕不已。康熙十五年（1676 年），升授四川道监察御史，协理河南道、巡视西城、掌山东道事。时邪教惑众，闻知按律严缉，伊党与繁盛，攀附权贵某郎中，贵某居间，希望息事。他正色以拒，执法不移，又秉性刚直，吏、礼、刑部屡被弹，上奏章至，封诰阻隔，积弊已久。为力陈其事，他当蒙论旨，定入则例，而数十年之积弊以除，同朝重之。致仕居辽，卒于寓所，葬于沈阳。次年，舆榇归里，墓芝阳山之原。

陈汝弼（1636—1707） 字愧辅，又字禹庵，八角官庄村人。秉姿颖异，赋性刚直，面右白、左黑。15 岁入学中痒生。清康熙十七年（1678 年），乡试中举。翌年，殿试为三甲第七十一名进士。授知县，官至吏部文选郎中。康熙十八年（1679 年），任河南光山县知县。辖地处豫东南山区，交通不便，“旧时拘唤乡民充斥，城市奸吏视为利薮”。汝弼洞悉其弊，聚村为社，约定集日，吸纳外地商，开展集市贸易。并面谕集管户长，一秉公正，丝毫不以累民，百姓感恩。光山任满，以行取补刑部山西司主事，升刑部河南司员外郎，寻任礼部祠祭司郎中。经月奉旨调任刑部江南司郎中。时有户权贵人家，经常集党徒纵饮酒，欠账千金，店主讨要，反被殴打，无奈至官府鸣冤。汝弼查明情况，将权贵杖打，并罚双倍酒钱，归还店家。有个刁民，诬其邻为盗，并以同伙之布袍为证。审判时，汝弼取其衣观看良久，命证伙穿其衣着，布袍非常合身。大叱曰：“汝以己物诬人耶？”诬者叩头服罪。这年，他在巡视中发现一盗卖妇女者，将抢骗来的妇女藏在窖中，便跟踪数日。一天，贼又劫些妇女，以棉塞口、耳，用车载之。某妇之弟，发现劫车上有其姐，于是攀车大喊。汝弼闻声上前拦车，检查其契皆一手所书，问其价，则无有。与人贩立法，将妇女全部买下。遂集兵包围地窖，将百余妇女解救，人贩全部缉拿归案。直隶巡抚李光地，以素著廉明，执法不阿，荐调陈汝弼吏部文选司郎中。1702年，康熙帝接见他，赐御笔亲临董其昌书兰花诗3首。1703年，典试江南，他自行品评，守正嫉邪，对行贿者，不管贵官权要，皆以叱退。他正直秉性，积怨被诬革职。后蒙康熙帝过问，昭雪沉冤，诬者受谪罚者40余人。1705年归里。1707年卒于家中。著有《怀荆堂诗文集》20卷。

王潏（1667—1742）　字征远，号溟波，岁贡，古现村人。4岁丧父，发奋读书，屡试不第，援例谒选。清康熙五十二年（1713年），授官云南省云龙州知州。该州蛮瑶杂处，潏至始兴教化，旧俗浸变。地故有盐井8处，灶户缴纳官定税捐、杂支繁多，濒临倒闭。王潏废除额外盘剥，给灶户经济松绑，并勒石立法，圣祖赞他为“才守第一”，擢升广西太平府知府。该为古南诏极边之地，辖21个土司，其人犷悍难治。其中思明土司黄而芸尤为凶暴，聚众数千人，与各土司相仇杀，剽劫行旅，杀害内地商贾，施虐地方。广西巡抚亦惧，不敢擒治。王潏视情气愤，向巡抚以官职担保立军令状，请缨捉拿。得允后，先派员密探，掌其虚实。后自轻装单骑，以巡边为名进入思明。黄而芸先是疑心，见他单入放弃戒备，迎进城舍。王潏趁其不备，抓住黄而芸。众党羽欲动，潏对其晓以利害，声明只拿黄一人，协从者不咎，顷刻散去，将黄而芸治罪。从此，思明州实施“改土归流”，百姓生活逐步稳定。

太平府辖的龙英州土司赵雍城，盘剥州民。王潏悉情，为民申冤。赵暗送三千贿金，请求宽恕。他不动声色，如数收下，次日于州衙大堂召集官民，当众将三千贿金为州民偿还所欠赋税，并治罪赵雍城，民心大快。王潏政绩，远名扬播，百姓称赞，同僚嫉妒。清雍正元年（1723年），遭诬陷，罢官归里。雍正六年（1728年），冤案平反，雍正帝降旨授任成都府知府。抵任后，察看水利，开浚故堰水道等。雍正八年（1730年），调署顺天府知府，旋升光禄寺卿、太常寺卿。这年，鲁西南地区遭旱灾，他令家人在家乡捐粮3000石，运抵灾区。清乾隆二年（1737年），升任大理寺卿。清乾隆四年（1739年），告老还乡。乾隆七年（1742年）病逝家中。著有《王太常集》2卷、《王潏云龙州志》等。

王从绳（1692—1757）　字司直，古现村人。清康熙五十三年（1714年），甲午科乡试中武举，出任直隶宣化镇右营游击。清雍正六年（1728年），调任张家口右营游击。正逢鄂尔坤之役，领所辖士卒，规划屯田，身先劝率，年支有余。驻军处距敌营数十里，他赞理修城，武装团练，敌见官兵守瞭，具有程法，惕息不敢犯。雍正十年（1732年），调任宣化镇左营游击，仍署张家口参将。张家口地控边陲，旗民旅居，情况繁杂。他取严法，对不法者制裁。此作引起同僚嫉妒，世宗皇帝偏信谗言，奉调他入京，授山西老营参将。后随提督移调松江，署提标左营参将。清乾隆三年（1738年），调任六安营参将。他调勘地势，尽得要害，挑选武官勇卒，将奸贼缉捕。时值年旱，他目击民困，实报总督，总督据奏得旨，赈恤灾民。因矛盾召怨，有司教唆镇帅以其细少往事，弹劾他去职。未过一日，六安发盗17案，总督惋惜从绳，具疏乞留，得旨发陕试用。未几日，父母过世，回乡奔丧未归，居故里。乾隆二十二年（1757年），卒于家中。葬于岗嵛村东茔地。

鹿寿祺（1689—1764）　字吉先，号静庵，又号惠亭，城里村人。清乾隆十六年（1751年）恩贡。嗜好攻读，笔耕为业。凡经史子集，百家记传，无不览及，著书立言，倡导后生举闱成均。乾隆二十七年（1762年），参修《福山县志》，任采访。同时，续修谱乘，不辞辛劳，远采近访，修成《鹿氏族谱》。其著述主要有《历代名人年谱》24卷、《惠亭笔记》10卷、《宫闺小名录补编》4卷、《同姓名录》2卷、《静庵拙笔》4卷、《壬戌修志官见录》2卷。其著述皆自有序，并有邑之名家谢景谟、萧榕年、于儇、王积燾等作序扬美。

王柔（1689—1765）　字东牟，古现村人。幼从师读经，深得其奥旨，工书法行文有奇气。经考补县学生员，后乡试不第，入国子监谒选。清康熙五十三年（1714年），授湖南永州同知，旋受乾州同知。该地汉苗杂处，动辄仇杀。任职后，亲履各寨，察其民情，每寨公举苗头1人，给以印照，制订寨规，民得安定。六里苗地，位于川、黔交处，泉流成河，地域形势，宜植水稻，可设郡邑。他创议抚绥汉苗，举书湖南巡抚布兰泰，上奏旨准。柔被超授衡永郴道，赴部上召，殿询六里苗抚绥情况。帝悦，改授郴辰沅靖道，赐西洋摺匣5个。清雍正六年（1728年）抵任时，永顺、保靖、桑植3土司正在改土归流，大吏议于永顺等处，增设1府3县，又桑植有副将1员，特旨命柔署理。他前往永顺等地，观察形势，悉知保、桑2县，向为土司欺压，六里苗兵民乏食。柔捐廉买粮运贮接济，并请旨开辟六里苗疆。督抚惑议，寻衅干扰。柔力排众议，统兵前往，对无田贫民，皆予授田。苗民相安，命名"永绥"。柔同知、副将兼署，并赏加按察使衔。雍正十年（1732年）春，王柔被授湖北按察司使。到任月余，清理前任积案400余件。雍正十一年（1733年）冬，容美土司田旻如不服征调，附近18个土司也都畏惧他。柔前往查办，开导各土司，欣悦争请归流，田旻如势孤自缢。遂以柔书议，于其地设"施恩"府，辖4县。麻城县民涂如松，殴妻杨氏身亡，总督判为自杀。柔觉此案有疑，遂开棺验尸，奇冤昭雪。时湖北省会有人将此案编成小说和戏剧《一线天传奇》，又名《楚江清》，争颂柔贤明。雍正十三年（1735年）秋，王柔改授浙江海防兵备道，协办海塘事务。以仿书内汲沙牛法，用磁石等物下桩，排列2里，防护塘脚。月余，沙涨异常，塘工永固。因染岚瘴致病，告归调养。清乾隆六年（1741年），湖南城绥苗族不堪苛负，群起反抗，界连广西义宁。贵州总督张广泗剿办失利。朝旨以柔补授辰沅靖道仍带按察使衔督办城绥军务。他设计诱擒头目杨青保等12人，协从苗民不究，并好言相抚，返乡务农。城绥复平，乾隆帝赞："军功第一"。乾隆十三年（1748年），授四川建昌道。乾隆十五年（1750年），以老病乞休归里。后乾隆帝2次东巡，柔皆召章迎驾。返里后，居门不出，教育子孙读书。著有《东牟奏议》8卷。卒后葬于大杨家村西夹鹿山东麓。

王检（1707—1767） 字思及，古现村人。生有异质，颖悟绝伦，性至孝，嗜学经诗。清雍正七年（1729年），乡试举人。雍正十一年（1733年），会试进士，改庶吉士。清乾隆元年（1736年），散馆一等，授编修。官至湖广总督。乾隆十四年（1749年），授直隶河间府知府。德州民人庞久旺，诬控原任都司战绳祖邪教通苗，案久未定。检寻得其情，立予昭雪。他重建瀛洲书院，聘请名师督学，文风大进。府治向有管地8公顷，历任知府都将其出租，租金成为知府生活金库。检悉除之，将此官地分给贫民和无业者，使辖地乞丐减少。乾隆十七年（1752年），擢直隶坝昌道。翌年，所属昌平等处发生蝗灾，检率领官员亲临灾区，设法捕灭。是年，调补通永河道，莅任后疏浚修防，悉合机宜。乾隆二十二年（1757年），粮船以水小壅滞，奉旨于天津协总督督其事，时计漕60余万石，在检亲临督理下，两旬间飞速完竣。乾隆帝大悦，称检"才优守洁"。乾隆二十四年（1759年），调任长盐运使。抵任运置时悉，衙门一切费用皆由盐商供给，检予以屏除，按朝廷规定办理。盐商始觉不安，时逢王检生病，沈商以知医至署，乘间挟重贿，欲请检在盐检时行便。检谢绝拒贿，禁商入门。众商又闻王检喜爱玉器，假借和王检交好之友转贿玉器，亦被谢绝，使整个转运司上下，清廉美誉远布。乾隆帝在热河召见王检，见其身疲体弱，笑曰："汝操守，朕所深知，但身为运使，乃转瘠耶？"遂传旨授安徽按察使。皖城濒临大江，频岁多抢劫案，检设法整顿，缉擒要犯，劫案遂减。是年四月，调直隶按察使，恭逢皇太后七旬万寿，赴京祝嘏，蒙貂皮文绮之赐，并赏加一级。乾隆二十六年（1761年），调任山西按察使，旋任广西布政使，调任甘肃布政使。时甘凉各府偏灾，检亲赴履勘，凡不在赈例及隆冬无由得食者，奏请悉令各州县动支仓粮，设粥场赈之。旋奉恩旨，皋兰等县于例赈外，加赈1月至3月不等，灾民得救。乾隆二十九年（1764年），升任湖北巡抚。沿江水匪危及安定。检到任后，成立水警，沿江缉查，民众得安。乾隆三十年（1765年），擢升湖广总督。同年，调任广东巡抚。辖地历来崇尚奢侈，官场尤盛。检上任后，下令严禁官场宴请。当地海盗船防不胜防，检悉情后，布告渔民，凡出海渔、商船，皆要到官府登记立档，由官府发给执照，方可出海，官府派官船巡视保护来往船只。广东地方上有置祭田习俗，而家族间为争祭田常发生械斗。检奏请下旨，将全省祭田进行丈量，限定亩数。将多余之田，分给族中贫者耕种。

王检因在粤不服水土，加以积劳成疾，病于任上。乾隆帝闻知下旨，要他安心调养，兼理政务。乾隆三十二年（1767年）8月病逝。著有《西园奏议》等。

王骐（1697—1772） 字中一，号二水，诸留王村人。赋姿聪敏，奋志举业，青年入泮，惜未获第。清乾隆二十六年（1761年），考取岁贡。乾隆二十七年（1762年），邑令何乐善倡导续修《福山县志》，聚仕21人，任命总裁。纂修、参阅、采访、督理、缮写等，王骐任采访。他敦笃务实，不求浮誉，竭尽心力，周谘博访，昼采夜理，细心编写，与同事操觚2年，一部25万字的体例完备、资料翔实的《福山县志》付梓。知县何乐善授予王骐《乡进士》匾额，以示表彰，现存其裔孙王邦治家。

王机（1698—1773） 字研溪，号若虞，古现村人。少年得生员，乡试不爽，由太学生拣选以河工同知效力，分发河南治水，官至平凉府知府。

清雍正六年（1728年），在担任分修江苏洪泽湖石堤时，汛期来临，有的坍塌，唯王机分修堤坝“独屹立不动，众皆叹服”。因治水有功，署河道同知。时于清江浦大江庙开浚新渠，河道内多枯骨荒坟，白骨暴露。王机捐俸买义地，将河道无名墓全部改葬。是年冬，调任山南同治，职任“有廉能声”。经副都御史刘奉保举，清乾隆三年（1738年），升任河南南阳府知府。“不畏强权，又善断奇案，百姓呼为‘青天’”，遂迁任直隶天津府同治。时值父母相继去世，奔丧丁忧，期满回京，补甘肃宁夏府西路同知。乾隆十三年（1748年），甘肃凉州大旱，百姓流离失所。王机带头捐俸，亲赴灾区赈灾，因政绩显赫，升平凉府知府。在此多年，受尽风沙之苦。因年事已高，恳请朝廷恩准致仕。归里后，被族人推为族长，首倡捐钱，置义田4公顷，用于诸事应酬所需。乾隆三十八年（1773年）病逝家中，诰授中宪大夫。

王启绪（1729—1781） 字绍衣，号德圃，古现村人。幼承家学，天资聪颖，初试秀才，崭露头角。清乾隆十二年（1747年），丁卯科举人。乾隆十六年（1751年），辛未科进士。授官翰林院编修，官至河南开封陈许管河兵备道。乾隆二十一年（1756年），始任云南道御史。他明察暗访，掌握实情，疏陈时政，切中利弊，帝悦。乾隆二十四年（1759年），出任河南知府，“政尚简约，务持大节，有不便商民者，悉罢黜之”，民众、商贾传颂。在任开封府知府时，兼署河道，时祥符等处黄河泛滥决口，继而仪封黄河堤坝工程时修时溃。他率先士卒，不避劳险，与民众挥锹装包，填堵洪水。同时补开旧陈许道后，他往返河干测量形势，议增建顺黄坝，复于潘家厂开引河，不过数月，河工告竣。后黄河大堤又有险情，兵民并惶束手。启绪知情后，自仪封工所疾驰而至，与兵民竭力堵防一昼夜，堤始无恙。未及喘息，又遇芝麻庄、张家房抢险之役。紧急关头，他旧病复发，带疾指挥，猝死堤上。朝廷念他忠于职守，鞠躬尽瘁，诰奉中宪大夫。著有《棣华书屋集》等。

王显绪（1717—1784） 字维章，号闰轩，古现村人。少颖异，有至性。入泮食饩，名列第一。清雍正十三年（1735年），乙卯科举人。清乾隆元年（1736年），丙辰科进士。授吏部文选司主事，官至安徽布政使。乾隆十二年（1747年），由考功司郎中擢贵州道监察御史，转江南道，巡视通州漕务，前后奏擢漕诸大政，皆得旨允行。乾隆十三年（1748年），黔部分少数民族闹事，大金州方用兵，他进言“以番制番”，得以平息。乾隆十七年（1752年），充贵州典试官，所拔悉单学士，时论称之。乾隆十九年（1754年），以直言上疏，触及满人贵族利益，降为刑部主事，出守广南府。该府地界边陲，番民杂处难治，显绪为政宽大不苛，时境沃土多荒废，他捐发籽粮，令民开垦野土，以解其贫。乾隆三十四年（1769年），擢甘肃肃州道，晋历山西、直隶、安徽按察使。辖地徐州、泗水一带，2次遭灾。他亲往履勘，账贷兼施，救活灾民数以万计。乾隆四十二年（1777年），以属吏牵误削职昭雪后，复以刑部主事用历员外郎郎中18司之长。乾隆四十七年（1782年），继任监宝源局事，掌管铸钱。乾隆五十年（1785年），以疾卒于官。他为官50年，贫无以葬，其清介之，操可想见矣。著有《布政集文》《燕小诗草》《蓬城集》各1卷。

张务纳 宅院村人。出身官宦人家，其祖张瓛，明初举人，任过知府。务纳幼性聪颖，嗜好读书，15岁入泮，县、府、道岁考名列前茅，补博士子弟员。清雍正十三年（1735年），乙卯科中举。清乾隆七年（1742年），壬戌科中进士，授官知县。在铨选陕西凤翔县知县时，正逢一件凶杀案，他苦思冥想，暗查明访，以其“审狗绝招”聚众几百人，将其无疑之儿童、妇女、老人等解脱，剩下几十名身强力壮嫌疑人，逐个观察，最后将凶犯刘珞抓获，绳之以法，百姓称奇。因审案果断，震慑四方，俸满后擢升乾州知州。勤政为民，兴办水利，发展农业，社会稳定，多次受到朝廷褒奖。2年后，调京师迁任监察御史。尽职尽责，监百官无私，查粮运无畏，朝廷重视。

致仕归里后，仍为村民解难，深受民众称赞。

隋光德（1730—1785） 字开闻，南关村人。幼岁受读，长而习武，英武奇伟，谋勇兼全。清乾隆十八年（1753年），癸酉科亚元，考兵部差官，历任福建抚标右营守备，升漳州城守营都司，泉州提标左营游击，护台湾北路副将。所至营伍，训练有方，信义爱士，能得人心，死力攻征，无不克，屡建奇功，诰授武翼大夫。

王衍绪 原名昌绪，古现东村人。清乾隆三年（1738年），戊午科顺天乡试中举，授内阁中书，选南安同知。辖地陋习，死者停柩不葬，他苦口疏导，数日内全部埋葬。大庾地方有个小米陇村，多盗贼，他得知后，半夜驾轻舟，出其不意将其抓获，人惊称神。后境地遭灾，民不聊生，衍绪赴省，奏陈民情，得邀赈恤，灾民得救。调任直隶大名府知府时，教匪倡乱之后，全郡纷乱，他出重赏，购捕邪匪，操练士卒，以备不测，民心始定。（1796年清嘉庆元年），预千叟宴戊午重宴鹿鸣，以孖兆琛赠荣禄大夫。

王令绪 字淑子，古现村人。习书经，以其伯父按察使王柔恩荫得监生，绩学能文。清乾隆十五年（1750年），庚午科顺天乡试中举，授官贵州铜仁府松桃理苗同治，为官清廉。

王杲（1711—1794） 字方旭，古现东村人。自幼识广，性格豪爽，爱好诗文，习练武功。父与诸兄，久宦于外，他籍家侍母，综理家政。清乾隆十一年（1746年），由监生入士，授河工同知。乾隆十二年（1747年），拣先东河效力。乾隆十三年（1748年），借补上河通判。乾隆十八年（1753年），补曹单同知。乾隆二十一年（1756年），选云南大理知府，奏调永昌知府。乾隆二十九年（1764年），授广东雷琼道，以兄检巡抚广东，廻避改广西右江道。乾隆四十三年（1778年），补授浙江督粮道调温处道。乾隆四十七年（1782年），擢浙江按察使，次迁太常寺少卿。乾隆五十年（1785年），乞休归里。乾隆五十九年（1794年），卒于家中。

杲有通敏之材，特达之知。历任期间，善修河防，身先士卒，表率声誉。易职辖地，或临海，或边陲，都所无畏惧的靖边氓，戢奸匪，军需摒挡，履险如夷。审理案件，公正不苟。德政惠民，屡蒙乾隆皇帝恩赐。致仕归里时，百姓“攀援不忍，赴送者动数十里不绝”。他回乡献俸修夹河桥、置船，百姓称善。本村有些老者无人俸养，族人有些贫苦子弟无力读书，他2次捐田百亩，建义房、设私塾，供养解贫。先祖有古茔地1.8公顷，择新茔址后，故地闲置，牟城十几个村，土地不够税粮。他便自行捐出1.8公顷土地，以补税粮之用，村民立石颂德。他酷爱藏书，春秋佳日，聚集文友咏诗和唱。著有《小太常集》等。

王燕绪（1730—1800） 字翼子，号治堂，古现东村人。清乾隆十二年（1747年），丁卯科举人。乾隆十九年（1754年），甲戌会试中正榜，授内阁中书、军机处章京。乾隆二十五年（1760年），庚辰科会试中进士，入选庶吉士。3年散馆朝考一等，授翰林院编修。乾隆二十七年（1762年），任陕西乡试副考官，简拔名士皆真才实学者，受乾隆帝褒奖。乾隆二十八年（1763年），会试任同考官。乾隆三十年（1765年）和乾隆三十六年（1771年），任顺天乡试同考官。右春坊右赞善、左春坊左中允、教习庶吉士、《四库全书》藏事，赐筵文渊阁。时父检司总校，燕绪分检，俱荷优叙，升翰林院侍读，充文渊阁校理。清嘉庆元年（1796年），预千叟宴。去世后，诰授中宪大夫封典，后以子庆长贵晋封通议大夫。

萧榕年（1723—1801） 字容山，号霞村，城里村人。15岁入邑庠。清乾隆十七年（1752年），壬申春乡试中举，秋会试中进士，一年两第，授官知县，官至广东连州、直隶州知州。榕年性敏异，胸次脱洒，处世接物，磊落光明，体貌奇伟。乾隆二十六年（1761年），选授四川西昌知县。该县有一蔡姓，横肆于乡，与邻鞫讼，抗不赴质拘之，急则逃匿，令悍妇以热汤浇役头颈，莫敢近之。榕年施其骗术，将蔡犯拿捕，处以重刑，后无票传不至者。乾隆三十九年（1774年），在任广东河源知县时，邑民冯谦嗣将次女许给苏学震之子，后冯妻嫌苏贫，改许谭姓。苏呈控，榕年公断归苏，当堂合卺，鼓乐送归，并给以婚嫁之资。邑有甲乙二民，为茔域争辩多年未决，甲民持券书据系前明旧约，公审视之券内姓名，有逢本朝御讳恭缺一笔。榕年详细盘问：此券既为明朝之约，怎能预缺清讳呢？遂决乙胜诉。在任新会知县时，有个铁匠与本村富家有矛盾，富家诬告铁匠行窃，并贿属旁证十余人。榕年知其冤，乃个别研讯十余人，供词互异，审判时陈其人证，富家服罪。新会县有陈规，书吏临试期，先拟文武前名，开单呈进，约可数千金。榕年以其陋习掷之，所拔首卷，莫昱系寒士。

榕年居官，交僚友以信，抚属吏以恩。属邑阳山县李令，有大案久而未决，上要罢官。他知后，赴省恳请代办，几经查讯，予以结案。李令馈金感之，被叱而却之。署三江口理徭同知，抚士卒将官，恩威并用，施及徭人，共沐德化。乾隆四十九年（1784 年），自羊城返棹舟过阳山，值江水涨发，行上水船，狂飚怒卷，舟退行数十里，忽抵岸傍，人舟无恙。乾隆五十二年（1787 年），署连州，廉政为民，颂曰：“饮尽金沙千顷水，半囊明月半囊诗”。乾隆五十三年（1788 年），荐擢惠州知府，适以属地邑盐引短销，部议降职二级，以疾隐退。乾隆五十四年（1789 年），辞官返乡。归里后，日与亲友往来，唱和诗卷盈箧。邑侯请谒，间寄以诗，尤精熟苏东坡《渔洋诗稿》，随笔集句，天衣无缝。书法出于王赵，七旬外，书扇头小楷，孜孜不倦。著有《裕昆堂诗集》《西湖咏古》《裕昆堂填词选》各 1 卷。

王懋赏（？—1802） 西留公村人。性格刚烈，幼习弓马，擅步射、马术、长弓、刀、石。清乾隆三十九年（1774 年），甲午科乡试武举。乾隆四十年（1775 年），乙未科会试一甲第一名武状元，赐盔甲、腰刀、缴袋、鞋带、靴袜等。初授头等侍卫，帝无疆，甚喜，委以重用，升领浔州副将，调赴湖南军营，镇压苗族起义。清嘉庆元年（1796 年），率部攻占结石冈，夺取尖云山，克复乾州城。翌年，奉命开赴广西西隆，进击苗族义军。嘉庆五年（1800 年），奉调湖北，镇压白莲教起义军，在余家河茅伦山等地，打败白莲教义军。嘉庆六年（1801 年），与总兵德昌、参将富永等，激战于秦家坪、鹅坪。白莲军受挫，追至三岔沟，生擒白莲教首领杨天贵等 74 人。以显赫战功荣升永州镇总兵，带兵赴兴山、房县、竹山边隘，迎截四川、陕西转战白莲教。嘉庆七年（1802 年），随巡抚全保追击义军，在马发岭遇难身亡。嘉庆帝闻讯，大为惋惜，按例赐恤。三代子孙，荫袭文武官职 80 年。

王懋德 西留公村人。体貌丰伟，气度雍容，年少与胞兄懋赏习武，善弓马、技勇初显，18 岁气饩武庠生。清乾隆四十年（1775 年），癸卯科乡试中武举。乾隆四十九年（1784 年），应宗兵部会试中武进士，授蓝翎待卫。嘉庆初年，迁升江苏泰兴绿兵营都司。在任时，尽职爱民。有一年辖地宁海县水灾严重，民不聊生，哄抢京运漕米，上司命他与地方官伙同查办。懋德察访后认为，百姓无生机，别无他路，才铤而走险。他率兵到现场对空鸣炮，以示官威，让劫粮者快跑。后协同地方官以“押粮官酒醉渎职罪”上报，妥善平息事件。他袒护百姓，受到敬仰。换防时，宁海百姓含泪相送。

萧栴年（1727—1805） 字丹山，号雪崖，城里村人。出身书香门第。清乾隆十八年（1753 年），癸酉科拔贡。乾隆二十四年（1759 年），己卯科举人。乾隆二十八年（1763 年），癸未科进士，授官知县，官至贵州仁怀厅同知、大名府知府。

乾隆三十六年（1771 年），拣拔贵州，权知同仁县事，缘勘命案，失职降级。乾隆三十九年（1774 年），宰清镇县，邑系滇黔冲道，差务络绎，综理裕如。讼至即庭，鞫案无留，牍民无耗费，故时有青天之名。普定县有被盗劫杀者，邑令抓获六七个，严刑拷讯，贼作假赃，瞒服上报，动辄翻案，年余未能定案。栴年会勘贼众，以赃证俱无，齐喊冤苦。一日，带贼众去城隍庙，使伏案前焚香默祝，观者聚集，叱役逐去，内有一人担负包裹糊涂不知去向，讯之即劫盗者。其包裹自劫后，闻缉逃至云南，并去湖北和四川，至贵州一年未开，赃物俱在，案乃定。莅任犭立山县，首重学校，旧有书院久废，栴年捐廉集资复修，请师督课，亲自监考，庚子、癸卯连科获得佳绩。毕节县邱令，以浮征致民变，围城数日，邻境戒严。巡抚冯光熊仓皇失措，召集州县官策镇抚之，无一应者。栴年毅然自任，星夜赴毕，距 30 里处，召素识绅士，讲述其利害，绅士们晓之以理，分头解说，未烦一兵，民变解除，擢升仁怀同知。大定郡三面受敌，而各营兵将大半赴楚城中游荡。栴年见状禀报，募乡勇修城池，白天催送军粮，夜晚巡查城区，发现有内奸。集各里土目，激以防御之计，土目素戴公德，各徵所属猓苗，负弩荷炮，布于险隘，共相奋勉。而逆苗之犯普安州者，忽逼水城南部而来，土目姬凤翔率众御于黄河口，贼不得渡，抓获 50 余人，民心无恐。有联云：“众志成城盘石固，臣心如水猓夷安”。时邻封数处被围，平远州牧周景益驰檄告急。栴年拣乡勇往救，乘其不备，攻之解围获胜。清嘉庆三年（1798 年），卸任，居仁怀 2 年。嘉庆五年（1800 年），归里，以舌耕自给，虽食指浩繁，而束修双羸，解组来归，反形支绌，故帝曰：“吾吏不如课读也。”

鹿维城（1735—1808） 字月岑，号丰垣，城里村人。幼受祖训，祖殁受业于邑进士谢景谟，入泮食饩。清乾隆五十三年（1788 年），府岁贡。因家贫寒，以舌耕为业，仰事俯畜，从学者众，或贡或均，或领乡荐，或捷礼闱，从不以此居功，而已常谦退。乡试十余次，仅以府贡终身。清嘉庆五年（1800年），刘大绅署福山，闻及维城著藏书颇丰，登门造访慰之曰：“穷通有命向使，先生早年显达，谁复成就后年乎？”所著有《历代帝王世纪辑略》2册10卷、《历代帝业系图》1册、《历代清侯纪略》1册10卷、《历代窃国纪略》2册13卷、《春秋分类裒集》2册、《春秋摘题》1册和《芩香堂诗草》《芩香堂四六集》《爱我庐文》《爱吾庐杂艺》各1本，俱藏于家，后因战火失毁。

王善垲（1733—1809） 字金田，古现村人。生有诗兴，尤工制艺，一时盛名。乾隆三十五年（1770年清），庚寅副贡。乾隆三十九年（1774年），甲午科举人。乾隆四十九年（1784年），甲辰科进士。授礼部礼仪制司主事，官至云南普洱澄江府知府迤南道。乾隆五十一年（1786年），初任铸银局员外郎，所铸之官银，如数交议制司颁发。旋升刑部安徽司、贵州司郎中。清嘉庆元年（1796年），调任云南普洱澄江府知府。澄江地处云南中部，滇池之东，山水秀丽，少数民族杂居，民族纠纷常现，历称难治。他莅任后，调查民情，依据清律，抚绥民众，化解民族矛盾，缉捕滋事罪犯，各民族和睦相处。因不服水土，患风湿病，以身殉职，民皆怀之。著有《贻后庸言》《金田诗草》各1卷。

鹿维基（1751—1814） 字定宇，号笕谷，一号鹤汀，城里村人。幼性颖悟，嗜好读书。19岁补博士。清乾隆五十一年（1786年），丙午科举人。清嘉庆元年（1796年），丙辰科二甲第四十名进士，授刑部广西司主事。官至云南昭同大关厅同知。嘉庆十一年（1806年），简放云南，委署景东直隶厅事。一土司牵连被控，他查明真相，与以昭雪。土司谒见，敬酬黄金百两，被辞，曰：“今叨恩出治于万里之外，讵敢失寒儒操况，我来蛮瘴乡，远涉江湖，险又不仅，杨伯起之，四知已也。”辖地兵营，房近民居，因屡肆害民，请移不允，民愤相聚数千人，欲以瓦石击之。他悉情前赴，动之以情，晓之以理，好言相劝，民众解散，化险为夷。景东地处高原山区，树多蔗茂，官府诫令，命其毁林，改务庄稼。他权衡利弊曰：“此固深切民瘼，然穷黎一年作苦，八口赖此，以生拔之，是阏其生理也！”后上札谕止。嘉庆十三年（1808年），改署昭通府分防大关同知。地界蜀黔，盗贼云集，白昼劫人。他率卒搜捕，贼俱缩手遁迹，地方安定。

维基“秋曹十载，边徼万里，依然无半稜田，乃以清白，为子孙贻也。”嘉庆十九年（1814年），卒于旅邸。著有《书画眼》《有容堂文集》等。

谢宜发（1736—1820） 字莼亭，号梅溪，城里村人。性颖悟，10岁能文，17岁入邑试，每次得冠，食廪生。清乾隆三十年（1765年），乙酉科山东乡试第二十九名举人。乾隆三十六年（1771年），辛卯恩科二甲第二十七名进士。官刑部江苏司主事，以事忤某官，循例擢员外郎被阻，选滁州直隶州。先时有盛京逃奴，实为幼时被拐卖者，同官欲置之法，力争不能得，会稿时，中堂问及，他据实以对曰：“似此判大辟（死刑），吾觉不安，命于呈稿内夹说帖侯圣裁。”乾隆帝依议御批得以免死，与此类型所判罪刑，皆予平反。他守滁州，连清积案数十件，作恶讼师，闻风远逃。后授山西隰州直隶州知州，辖地多虎患，莅任数月，患即消失。并倡导文明，清除积弊，禁止苛派，遇命案不株连一人。宜发所行善政，滁隰两州均设长生禄位，诰奉政大夫。清嘉庆二十五年（1820年），卒于故里。著有《六顺齐文集》。

王厚庆（1772—1826） 字谷以，号幼海，古现村人。幼年好学，博览史书。清嘉庆三年（1798年），戊午科举人。嘉庆六年（1801年），辛酉科进士。授内阁中书，军机处章京，官至浙江台州府知府，署宁绍台兵备道。初任军机处章京时，辅佐皇帝缮写谕旨，查核奏议，得帝欢心。嘉庆九年（1804年），调任宗人府经历司主事，掌理皇室宗族事务。嘉庆十九年（1814年），擢升刑部直隶司员外郎，旋任江西司郎中。嘉庆二十五年（1820年）后，历任云南澄江府、东川府和浙江台州府知府及总办甘肃军需局文案、浙江侯补道、宁绍台兵备道台。居官廉直，公善断狱，民称“青天”。在督修嘉庆会典时，任提调官，与同事参校纂辑，秉公而行，从不弄虚借假，誉称秉笔。著有《幼海文稿》1卷。

萧培厚（1764—1837） 字敦之，号植园，亦号警堂，城里村人。清乾隆五十四年（1789年），拔贡。乾隆五十九年（1794年），顺天乡试举人，授知县，官至山西永宁州知州。清嘉庆十三年（1808年），署安徽繁昌县事。该县摊赊负累二千金，有富室威逼佃丁一案，富室贿数千金，被他斥去。嘉庆十六年（1811年），庐州府试，请其词卷，有童欲列前茅，贿多金，也被斥却之。

是年秋，赴山西，上官倚重委勘积案，平反许多冤案，众心服悦。署寿阳县，时书院久废，地租每年二百余金，皆为书吏所用。他任后，让士子收租，作为书院开支，立碑于书院，不经书吏之手，邑人起额云：“化雨菁义”。宰清津、永和、阳城、孝义、崞县俱以周恤，民隐为心，遇民情刁悍则恩威并用，所在皆颂盛德。清道光二年（1822年），授洪洞县，地当冲繁，兼办西域兵差。他勤俭慈惠，尽除烦苛，邑人颂为“严师慈父”。邑有一无头案，已历数旬，经他3日查访，将罪犯抓获。道光七年（1827年），升任永宁州知州。前任积案很多，他勤为清理，不过1月，旧案全定，人颂为“白面包公”。见孔庙坍塌，捐廉集资万金，亲自督理，择士重修，极为严整。永宁向有陋习计亩出资，为官祝寿不下千金，他慨然曰：“宣以民之脂膏充宦囊耶？”即除之。养济院久废，故址无存，他捐廉建修，工料俱照民价给发，招来孤贫，按月发给口粮。该州向有义塚，地亩甚狭，贫民无处埋葬，他勘州城东南有高原隙地，捐廉置地0.8公顷，为义塚，州人楹联云：“欲为儿孙留地步，须知苍赤系天心”。道光十二年（1832年），奉调入围阅卷。临行晚上，适州北峪口镇土山夜塌，穴居者尽被山压，署任者无措。他曰：“被压之下，未毙者尚多。”即聚民百名，尽夜抢救，大部获生。入帘尽心阅卷，遇有感冒风寒，亦力疾批阅，日夜不倦。主司云：“君为人处处可法，而老于州县仕途可知矣”。他凡落任之处，案无留牍，狱无冤民，起程之日，士庶贫民泣送数十里。道光十六年（1836年），致仕归里。著有《学填词》1卷。

隋良栋（1773—1843）　字石安，南关村人。幼读诗书，长习弓马，志气超迈，性情磊落。清嘉庆六年（1801年），辛酉科武举，历署牟平、文登、福山汛总。致仕归里后，惟嗜史学，通医方，好士重友，舍药济世，乡闾称颂。

鹿钟之（1790—1846）　字道亭，一字小山，号宝岩，西关村人。直隶承德府赤峰县廪生。清道光八年（1828年），戊子科顺天乡试第一百十四名举人，大挑一等，选授广东三水县知，历署龙门、阳山、顺德县知，兼理永宁通判，开广州、虎门同知，例授奉攻大夫。

他自少颖悟，涉猎经史，过目不忘，不到20岁，因家贫北上承德，教读名士。先署龙门，弹丸之地，学校甚少，他捐廉请师，发展教育。莅任4年，士气日上，始有登科。道光十二年（1832年），委办湖南粮台，总理审判，平定洋夷孽事。议善后事，督办虎门炮台，兼理营务及屯田事宜。他机智果敢，“控御钩距之方，规度经营之法”，不动声色，一切就理。尤长治盗，先平息阳山盗贼，后至顺德。在平贼中，“上下联交，谄读不居，怨谤不避”，毋纵毋枉，依法办案，秉正无私，民吏誉称“刚直不阿，是为莫及矣！”后致仕归里，卒于家中，葬于芝罘山之原。

王景绪　字星瑞，古现村人。清乾隆三十年（1765年），乙酉科山东乡试第四十二名举人。历任福建永春直隶州州同、大田县知县及云南鹤庆、镇雄等州知州，所至有政绩。通经术，擅诗赋。著有《周易遗筌》《曜圃诗集》等。

王庆长　古现村人。清乾隆三十六年（1771年），辛卯科山东乡试第五十三名举人。乾隆三十七年（1772年），壬辰会试中正榜，殿试不第，授内阁中书用军机处行走，开长沙同知，改二部主事，转员外郎，记名御史，官至福建按察使。闽省积案很多，庆长锐意理清，阅案常到深夜。俗好持械相斗，成为巨案，他接案后，差派要员，严谨各属，先事察访，刁风以息。晋江梁马家长期行盗无人敢管，为破此案，他亲临其地，晓之以理，民皆慑服，缚送首从，无以幸免，百姓称快。终因积劳成疾，卒于官所。

吕从龙　字为霖，号润田，东留公村人。少年体貌丰厚，举动有威，性格耿直，20岁食饩武庠生。清乾隆五十一年（1786年），丙午武科在京顺天武乡试中，首试《孙子》《吴子》大义默写武圣名列第一；在校场考马箭、步箭、弓、石等武艺一举夺魁。乾隆六十年（1795年），乙卯科晋京应兵部会试，考取武进士，授兵部差官，为兵部最低级办事员。清嘉庆三年（1798年），擢升山东驻京提塘官，掌管传递山东与各部院来往文书，领送、颁发省官的文书与各州县印信。遇有不平之事，敢问敢管，众称好官。告老还乡，朝廷封其为武翼将军。

于公槐　字荫堂，湘河村人。嘉庆十八年（1813年），癸酉科朝考二等第二名拔贡，以知县用。历任四川丹稜、青神、射洪知县。为民办事，百姓拥戴。时辖白莲教刚平定，犹有些残余，潜伏在民众之中，企图东山再起。他探知后，率精兵秘密捕捉，杀死数人，事方稳定。后以知府候选，授江西临江府知府。临江滨江，隄工岁修岁捐，久为民害。他率属捐俸，身督其役，不辞劳瘁，年余竣工，永无水患，百姓安居。终因积劳成疾，致仕归里，卒于家中，墓葬于湘河村山前东南麓。

谢牧之　字准夫，西关村人。清嘉庆十八年（1813年），癸酉科山东乡试第九名举人。历任广东新兴、顺德知县。成绩卓著，反响较好。署澳门同知，陞补虎门屯防同知。地属繁盛之区，商贾聚集，加以风俗凶勇，号称难治。他到任后，理烦治剧，以镇静者处之，民皆安定。大吏称其能，部覆候陞。还乡回原籍，卒于故里。

王兆琛（1786—1852）　原名王兆玺，字西舶，古现村人。清朝山西巡抚，诰授荣禄大夫、振威将军。清嘉庆十一年（1806年）中举。嘉庆二十二年（1817年）中进士，翰林院庶吉士。嘉庆二十四年（1819年），授编修。清道光二年（1822年），充会试同考官。道光七年（1827年），任江南道监察御史。曾对河工人员多由地方佐杂改为经吏部查明酌拔；对选用官吏不及时之弊端提出解决方略，由朝廷定为明确章法，永久实施。道光九年（1829年），任湖广道监察御史。见外城街道向无修整经费，便奏请库银3万两，发至五城典铺生息，每年以息之半用于修整街道，余归国库。后又以同法，增补陈兵费用。同年4月，直隶总督奏请将不称职、不胜任之知府，改为京职。他即上疏，认为对不胜任和年力衰迈者，督抚应甄别降调使用，概不得请改京职。道光帝谕曰："王兆琛所奏甚是。"后历任成都知府、重庆知府、江西督粮道、甘肃按察使、四川布政使等职。道光二十五年（1845年），以捐输河工经费，赏戴花翎。道光二十六年（1846年），擢升山西巡抚。道光二十八年（1848年），奏请将司库生息存款动支1万串，发阳曲等8县各当商生息，以备陈兵赏勇之用，其奏获准。时萨拉齐厅遭水灾，洪洞、襄陵、定襄、陵川又遭旱、雹等灾，上本请求缓征本年钱粮，恩准。道光二十九年（1849年），御史杨彤如奏参他赃污款迹，上令户部和吏部查办，寻经褫职，遣戍新疆。清咸丰二年（1852年），卒于新疆。逝后授特赏正一品，封典建威将军，济里杭阿巴图鲁花翎提督衔记名总兵。著有《经义测海》2卷、《正俗备用字解》5卷、《重韵辨义》4卷、《御史奏义》1卷、《巡抚奏义》4卷和《眄棠书屋集》等。

牟惇儒　祖籍芝水村。因家庭贫穷，清雍正年间徙居两甲庄村。幼年生活艰难，查读经史，其叔父牟昱，"天性友爱，好善乐施"，倾力支助侄子读书。不负叔望，少年入泮。清乾隆五十七年（1792年），食饩副贡。乾隆六十年（1795年），乙卯科中举人。清嘉庆六年（1801年），与其弟颖儒晋京会试，双中进士，授工部主事。在管理殿、衙修缮中，精打细算，从不浪费工料钱财，受嘉庆帝欣赏。任职6年，官升五品。嘉庆十三年（1808年），擢升云南大理知府。尊重各民族风情习俗，认真办案，替民解围，克己奉公、施民，受辖区各族百姓爱戴。晚年致仕，当地百姓踊跃相送，脱靴进酒送百里不绝。逝后朝廷封奉政大夫。

牟颖儒　两甲庄村人，惇儒之弟。幼年受苦，少有壮志，读书过目不忘。在叔父牟昱资助下，年少入泮，食饩庠生。清嘉庆五年（1800年），庚申科中举人。嘉庆六年（1801年），与兄惇儒晋京会试，双中进士，授官内阁中书，职掌撰拟、记载、翻译、缮写之事。满2任后，擢升甘肃宁州府知州。辖地与陕西接壤，社情复杂，土匪为患，前任捕之斩首。他到任后，采取镇抚并重对策，亲率役捕，查明主从罪由，惩办首犯，宽恕协犯，使土匪土崩瓦解，民情稳定。境有马莲河，汛期洪涝成灾，他率署吏捐俸，并亲临河堤指导筑坝，使宁州免于水患，百姓称他是个好官。办案中，不畏权势，拒贿清廉，民众称颂。署塞多年，晚年引病归里。逝后朝廷诰封承德郎。

于谦益　字受堂，奇章村人。少颖悟，喜读书，因家贫转考武庠生。一年四季，雨霜风雪，寒练筋骨，暑坚体魄，慨然有志；为人豪爽，持躬端谨，县邑先达名公咸推重之。清嘉庆六年（1801年），辛酉科顺天武乡试中武举。次年晋京应试兵部会试中武会元，钦点二等花翎侍卫。清道光初年，擢升江南提标松江城守城游击官。辖地闹灾荒，豪门绅富商封仓罢粜待高价，百姓饥饿难忍，组织起来"吃大户"。绅商们告上知县，衙役抓十几名，以"聚众滋事、打家劫舍"罪名，处以酷刑。于谦益知情后，到县衙问这些人犯了什么法？知县回答后，谦益说："该死，该死！不吃排饭该饿死，吃了排饭该站死。该死，该死！"说完拂袖而去。知县恐坏事，连夜放人，告示绅商速办平粜赈济饥民，全县平安无事。后来，他在一次剿灭海盗战斗中受伤，不幸病卒于营所，以其"操守清廉，敝赢空匮，绅耆居金棺敛之"。朝廷诰授正三品武毅将军封典。

鹿树棠（1786—1857）　字思召，号南亭，城里村人。5岁丧父，母艰辛教养，自幼奋志读书，总期自立慰亲。清嘉庆十二年（1807年），入泮食饩庠生。清道光十一年（1831 年），中举，后会试屡荐未售，遂设馆京都。道光二十四年（1844 年），大挑后归里，掌教福山宾阳书院，维持各教，整重士林，为福山教育献力。

鹿树连（1792—1879） 字汇仲，号春潭，城里村人。赋性朴直，爱好诗书花卉。清道光四年（1824 年），县试童子军。道光七年（1827 年）入庠，国子监算学厅肄业。道光九年（1829 年），考取恩监。后因家道多艰，遂游于莱阳、曹县等处，又南游江苏阅卷，教读于姑苏郡县署中。生平浣花莳竹，盆景尤多，工墨花卉墨梅，尤胜工草书，时人重之，且诗律又为平生所长。他为人沈毅大度，遇事有谋有识。晚年归里，仍操旧业。家藏书画毁于兵燹。

吕文凤（1813—1885） 字梧冈，东留公村人。生而颖慧，7 岁能文，髫年采芹食饩。后习武。应邑童子试第一名入泮，屡试冠军。清道光二十四年（1844 年），甲辰科武乡试第一名解元。道光三十年（1850 年），庚戌科武会试中武进士，授官江南游击。时地百姓惯械斗，伤体败俗，社会难安。他以理劝导，民风渐变，斗患少息，民众称快。清咸丰初年，辖地有大火案讼至京城，朝廷遣钦差来军主办，命其为协办。他易商服，委曲暗访，保护钦差，深得实情，取得力证，将案犯缉拿归案，释放无辜，得民称赞，钦差保荐嘉奖。清咸丰六年（1856 年），擢升副将。恪尽职守，深入下层，体察民情，治安井然。该城有 2 个无赖经常到城东门处小酒馆骗吃骗喝，惹是生非，弄得餐饮商家生意清淡，惶恐不安。文凤知情后，带领几名军士，将 2 个无赖制服。辞官归里后，以耕读为生。逝后朝廷诰封威远将军。

王钟湛 字洛源，号香海，古现村人。幼读书慧，过目成诵。清道光十四年（1834 年），甲午科举人。道光二十五年（1845 年），乙巳恩科进士。以知县用，官至甘肃州知州。

在知渭源县时，南乡有巨盗数百人，为害百姓日久。他率役亲往捕获，阖境以安。遇有词讼，随准随审结，案无积牍。审案时，重证据，从不刑求，不枉屈一人。这年正值春旱，饥民遍地，他带头捐廉银，并动员当地士绅和官府开仓，无人饿死。是年五六月间，南关河水泛涨，民房不时被淹没，他率民抢险救灾。“鸠工筑堤”，并捐廉千金，用 2 年时间，挖河筑堤，竣工后，河不为害，绅民颂德。清同治五年（1866 年），在署宁远县时，蒙古骑兵常来侵扰百姓。因该为咽喉重地，朝廷特拨防兵千名，以备守御。兵食供给虽拮据万状，均自筹不扰及民。侵兵侦知其粮缺信息后，即派精骑围攻县城 80 余日。他率兵民日夜巡查，坚守城防月余，敌兵败退，城终获全。大吏奏闻，奉旨擢升。同治六年（1867 年），补授甘肃直隶知州。终因积劳过度，在赴任路上猝死。其儿子家人前去运灵柩时，宁远县士绅在城外路祭几千人。逝后朝廷例授为承德郎。

王祖源（1822—1886） 原名伯濂，字莲堂，一字渊慈，号莲塘，古现村人。清道光二十九年（1849 年），考取己酉科拔贡，候选教谕。清咸丰六年（1856 年），授兵部主事。咸丰十年（1860 年），奉旨到登州办团练，尽职尽责，授升兵部员外郎。清同治十一年（1872 年），升任四川龙安府知府。该地位于四川北部山区，北与甘肃接壤，西与岷山相连，是四川极贫地区。在这穷乡僻壤，他安于清苦，维护治安，帮民解贫，百姓安居乐业。清光绪五年（1879 年），擢升成都知府，政绩显著。光绪八年（1882 年），擢升四川成绵潼龙茂兵备道。清廉自律，认真执法，民众爱戴。光绪十一年（1885 年），致仕回京，次年病逝于京城寓所。葬于古现李家村北顶岭。其子懿荣墓座题诗曰：“松山一脚，海色苍茫。梦魂千里，风雨泷冈。”

王祖源酷爱金石，在任兵部主事时，公务之余，流连于厂肆，见有称心者，量力购置，妥善收藏，精心研究。从道光末年始，着手汇编、刊刻、收藏《天壤阁丛书》，到其子懿荣接编，历时 50 余载，收编 20 余种，增刊 6 种，以小学、刑律、诗文评为主。收藏于福山“天壤阁”书楼，后被毁。著有《判花轩集》《尔雅直音》各 2 卷，《急就篇直音》《声调谱》《然镫记闻》《律诗定体》《声调前谱》《声调后谱》《谈龙录》《内功图说》《渔洋山人秋抑诗笺》各 1 卷，《明刑弼教录》6 卷和《判花轩诗集》等。

李秉衡（1830—1900） 字鉴堂，原籍桃源村，后随父为官徙居辽宁海城。天资聪慧，幼受父亲熏陶，年少入泮，食饩庠生，后取岁贡。清道光十四年（1834 年），甲午顺天府乡试中举。清光绪五年（1879 年），授任冀州知府。断案公正廉明，誉为“廉吏”。辖地冯家庄曾出一盗墓案，他亲临现场勘验，围观者千余人。秉衡传地保、邻居等，令其逐个反复讲述事发经过，自己似听非听，细心暗察围观者神态，最终发现避后嫌疑人。衙役审讯后，案犯元大辫子尽吐实情。案结后，民众称奇。秉衡后迁任永平府知府，受张之洞赏识，后任浙江、广西省按察史。光绪十一年（1885年），驻扎在越南凉山一线清军败退，新任两广总督张之洞起用老将冯子材。3月，冯重用秉衡等部在镇南关迎接三路来犯法军，越南义军相助，取得凉山大捷。李秉衡功勋卓著，擢升为山东巡抚。

清光绪二十一年（1895年），时任国子监祭酒王懿荣上书请缨回乡办团练，抗击日军入侵，李秉衡全力支持。李鸿章与日本签订丧权辱国的《马关条约》，因威海、荣成等地失陷，李秉衡受到朝廷处分。光绪二十三年（1897年），因组织军民，准备抵抗德国借口巨野教案在胶州湾登陆时，被朝廷撤职。光绪二十六年（1900年），重新被启用，任长江巡阅水师大臣，参与东南海防事务。八国联军攻克天津，进犯北京，李秉衡按朝廷旨意，率舰北上天津，与侵军激战。因朝廷无意决战，并秘密调兵西去保卫北京，成为孤军，大部已战死。他气愤欲绝，率军退至通州。8月11日，他见大势已去，在北张家湾服毒自杀殉国。

鹿务敬（1854—1913） 榜名葆熙，字敬堂，号南生，城里村人。幼失怙，母伺养。善读书，弱冠入泮，以才著名。清光绪十九年（1893年），癸已恩科顺天中举。因迫家计，就馆京师。光绪二十三年（1897年），由甘肃湟案异常劳绩，保升分省，补用知县。其时有母在堂，矢志终养，不忍出山。光绪二十五年（1899年），母逝后，历掌黄邑、福山书院，发起建立福山官立学堂。1913年辞世。

谢道溥（1868—1919） 字雨泉，监生，下夼村人。日本东京法政大学毕业，投民政部考试，赏蓝翎五品衔，任黄县巡警官。又中央警察传习所毕业，为优等学员，分发山东，任用警正，署理山东沿海水上警察第一区警察署署长。

王崇烈（1870—？） 字汉辅，一字火传，古现村人。王懿荣次子。清光绪十三年（1887年），入泮食饩庠生。光绪二十年（1894年），甲午科顺天府乡试中举。光绪二十四年（1898年），援例直隶候补知州，供差永定河工。后保荐为候补知府、候补道，分发直隶候缺，驻天津。光绪二十六年（1900年），遵从父命，携妻返乡福山。王懿荣殉国后，进京遵从朝廷旨意，为父亲料理后事。为支持刘鹗编拓《铁云藏龟》一书，将其父收藏的千余片甲骨，半价送刘鹗。同时，为还债，还将父亲收藏品青铜器卖给端方、翁同和等人。在张之洞、袁世凯等主持下，在其父殉难井边勒建一亭，并立御制祭文碑，由张之洞亲书“王文敏公家祠”。是年春，扶父、母、嫂之灵柩，运回家乡福山西北顶安葬。著有《史宬存稿》40卷、《智雨斋题跋》4卷、《佛教简目提要》16卷、《瑛斋金文》1卷，《双江薇馆经眼录》4卷、《种瓜亭笔记》1卷、《殷墟文解字》4卷。

王崇焕（1892—1953） 字汉章，笔名娱堪、踊公，古现村人。王懿荣四子。在京出生时，王懿荣举诗曰：“京曹岁月太匆匆，二十八年一梦中；但愿此儿能长大，半耕半读作村翁。”清光绪二十六年（1900年），王懿荣殉国时，不满9岁，寄居姐夫吴重熹家读私塾。清宣统二年（1910年），考入天津铁路局当练习生、文书课课员。后到上海与叶楚伧一起办《太平洋报》，以文学鼓吹资产阶级民主革命，反对清王朝的种族压迫和专制统治。辛亥革命后，入直隶省教育厅任秘书，兼任烟酒公卖局秘书，还曾在京奉铁路警察教练所任教。工作之余，致力于文史资料辑录和编纂工作，保存并收藏其父遗留甲骨文片500多片。1949年后，由其女王福重代哥哥王福埏全部捐献给国家，现存天津历史博物馆。王崇焕曾任天津铁路学校校长。1953年病逝。著作颇丰，主要有《甲骨文存》《纪晓岚年谱》《王文敏公年谱》《福山王氏劫印谱》《王文敏公墨迹手扎》《王文敏奏疏稿》《王文敏公遗集》等。

吕格 东留公村人。少年习武，食饩庠生。1681年（清康熙二十年），辛酉科山东乡试中武举，选江南太兴营守备。

史御璞 史家庄村人。少年习武。清康熙五十二年（1713年），癸已山东乡试中武举，官至天津府唐官屯河千总。

邹培一 山后村人。清道光二十四年（1844年），甲辰科乡试中武举，考授千总。

张腾云 南庄村人。清咸丰八年（1858年），戊午乡试中武举，官至东昌府运粮千总。

于克钊（1925—1988） 肖家沟村人。出身农民家庭。1942年7月参加福山大队，投身抗日战争。后在胶东军区、解放军13纵队、31军，历任排长、连长、营长、团参谋长。1945 年，入解放军高级步校学习。毕业后，先后任 273 团团长、91 师副参谋长、福建省龙溪军分区副司令员和司令员。身经百战，屡立战功，曾受军通令嘉奖和奖励 8 次。在任军分区司令员兼漳州地委常委和体委主任期间，亲自指挥该地区车站、大桥和机场等 7 项重大建设。1972 年，在他的指挥下，仅 1 个月即建成临时草棚训练场，获得“三连冠”的中国女排即从这里开始。国家体委编撰的《中国排球史》中，记载“于克钊”一章，叙述其对国家排球事业的贡献，被誉为“排球司令”。1988 年病逝。

王世波（1928—1977） 原名王世柏，东回里村人，中共党员。小学文化，司（厅）职。1944 年参加福山抗日游击队。历任班长、机要译电员、机要组长、股长。1949 年，随军南下。历任广西壮族自治区计委机关党委副书记、办公室副主任、劳动局副处长、劳动局局长和党组书记。曾多次立功受奖。1977 年 8 月病逝。

王致臣（1943—2003） 城里村人，中共党员。1970 年 8 月，山东农机学院毕业参加工作，任高青县五金厂技术员、团委书记。1975 年 8 月，任县工业局生产科长。1977 年 9 月，任县农机修造厂党支部书记。1980 年 10 月，任县委常委。次年 1 月，任县委常委、副县长。1984 年 3 月，任县委书记。同年 5 月，兼任县政协主席。1992 年 8 月，任淄博市总工会党组书记。1993 年，任市总工会主席。是年 12 月，任市中级人民法院副院长。1994 年 1 月，任市法院院长。2002 年 2 月，任淄博市人大常委会副主任。2003 年 10 月 20 日病逝。

王韬（1866—1937） 原名王延焘，号王敬三、王静珊，古现村人。出身仕宦家庭，幼受庭训，仕途廉达。民国初年，曾任直隶省口北道尹。1935 年任北平市市长。1936 年，任天津市市长。一生为官清廉，任北平市市长时，财政入不敷出，宁向弟弟王为蔚（曾任吴佩孚军长）讨款补助，也不增加税捐、加重市民负担。1937 年病故。

王为蔚（1868—1938） 原名延焕，字啸宇，古现村人。出身仕宦家庭，清光绪末年，候选县丞，后考入保定北洋陆军速成学堂。毕业后，历任北洋军陆军第三镇炮兵管带、绥远都统署军务课长、陆军第二混成旅参谋长兼河南归德镇守使。1911 年辛亥革命后，任北洋军陆军师长。1915 年，由国民军第一军军长转任第三方面军团长、讨贼（袁世凯）联军副司令。后历任国民军陆军第二十四师师长、将军府将军、中将等职。授民国尉威将军，晋二等文虎章、二等嘉禾章，颁奖五狮军刀。民国年间，曾向古现小学捐资银元千元。

王尊诰（1927—1979） 山王家村人。大本学历（以下简称大本学历），中共党员。1945 年参加八路军，历任干事、秘书、助理员、副科长。1958 年，入解放军政治学院学习，毕业后历任解放军炮兵团副政委、团政委及师政治部副主任、师副政委等职。曾多次立功。1957 年，中央军委授予三级解放勋章。1979 年 1 月病逝。

巴忠鼎（1936—2001） 崇义村人。大专学历（以下简称大专学历），中共党员。1956 年 2 月参加工作。历任烟台二中文书、烟台市初家公社文书、烟台市社教工作队秘书、山东省委海阳社教工作团盘石大队部秘书、牟平县委办公室和县革委办公室秘书。1970 年 1 月，任牟平县委办公室主任。1975 年 8 月，任烟台地委组织部组织科科长。1982 年 10 月，任烟台地委组织部副部长。1983 年 10 月，任烟台地委常委。1984 年 1 月，任烟台地委常委、秘书长。1989 年 5 月，任烟台市委副书记。1993 年 3 月后，历任烟台市第八届、第九届政协主席和党组书记及山东省第七届、第八届政协委员。2001 年 10 月 5 日，因病逝世。

在担任市委领导期间做了很多工作。担任市政协领导后，认真履行人民政协职能，推进全市政协工作上台阶、上水平。自幼酷爱书法，一生临池不辍，形成独特风格。他是中国书协会员、中国书法艺术研究院特邀书法家、省政协联谊书画院副院长、烟台书画联谊会会长、烟台市书协名誉主席，作品曾多次参加国际、国内书画展，荣获过世界铜奖、艺术家称号。其业绩被载入《国际现代书画篆刻家大辞典》《世界名人录》《20 世纪世界艺术家系列丛书》《中国当代艺术界名人录》《世界华人文学艺术界名人录》。

巴南岗（1913—1998） 原名巴本楠，崇义村人。1937 年参加县组织的抗日培训班学习，从事抗日宣传活动。1938 年，参加八路军。1939 年，加入中国共产党，历任八路军五支队宣传队长、蓬莱县政府政治学校副校长、蓬东行署教务科长、山东北海专署秘书。解放战争时期，历任蓬莱县政府副县长、胶东行署外事处副科长、河南洛阳和郑州市文化局科长。1949 年 5 月，随军南下武汉，负责接管武汉剧团、民众教育馆、图书馆等工作。

是年9月，参加筹建武汉市文艺工作委员会，任戏曲处副处长。期间，著名京剧演员马连良、张君秋赴香港演出负债，处境困难，巴南岗获悉后，借贷筹款替其还清债务，并派专人赴香港将2人请到武汉，配齐行当，成立了中南实验京剧团。1951年11月，主持举行了武汉市第一届戏曲观摩会演，创作演出了《血债血还》等一批优秀剧目。1952年，组建楚剧团，培养出新中国首批女演员。所演改编剧目《葛麻》《百日缘》《宇宙峰》等，在全国戏曲观摩会上一炮打响。1953年后，先后任武汉市文化局秘书、副局长、局长、党组书记。期间，在全国率先成立大型国营中南京剧工作团、武汉豫剧团、武汉越剧团、武汉杂技团。到1957年，武汉市剧团由4个增加到12个，从业人员由581人增加到2300人，其剧种规模在全国名列前茅。

“文化大革命”中，巴南岗受到冲击，下放到“五七”干校劳动。1972年，结合进班子，被任命为武汉市城建局领导小组副组长、园林局副局长。党的十一届三中全会后，冤案得到平反。1980年，退居二线，任武汉市文化局顾问，兼社会多职。撰写了大量评论、回忆录、诗词、书法作品。著有《南岗诗草》《南岗诗集》。有些作品被《中国文艺家专集》《当代诗词家大辞典》《中国美术 书法界名人名作博览》《中华人物大典》等收录。

石礼经（1923—1995） 仉村孙村人。大专学历，中共党员，大校军衔。1942年参加中共地下党。1943年参加福山地方抗日游击队，当侦察兵，夺敌手枪2支，藏于家中。1945年3月，参加八路军，任侦察排长，派人回村取出枪支。1946年任侦察排长。在鲁中战役中，带领1班13人，在侦察敌堡时，遭暗堡袭击，他奋不顾身，掩护战士后撤，打掉暗堡，荣立二等功。后参加淮海战役、渡江战役。1950年，奉命到福建省剿匪，荣立三等功。1951年参加抗美援朝战争，立三等功1次。1953年回国，先后任空军某基地指挥部指挥员、科长。是年4月，在上海虹桥机场任指挥。1960年，入北京空军学院指挥系深造，结业后任空二军指挥。1970年2月，任空二军矿山教导队队长，负责飞行实践培训工作。1972年11月，任空二军第21师副师长。1977年退休。组织安排他到沈阳军区干休所休养，他请求回故乡发挥余热。经中央军委批准，与老伴邹淑屏（军队科级干部）一起回到家乡，被村党支部聘为顾问，协助做民政、调解等工作。他的事迹曾被《空军报》《解放军报》等报道。1983年，转为离休，中央军委授予勋章。1995年9月19日病逝。沈阳军区为此发讣告，召开追悼会。

胡铁生（1911—1997） 原名胡克熙，自号梦熊，胡家夼村人。幼受家教，10岁挥笔写春联，20岁临摹吴昌硕的书画篆刻。1936年在福山县立北关小学任教。1937年参加八路军，先当侦察兵、参谋，后任参谋处长、后勤部长。驰骋沙场，转战南北。1944年，转任胶东工商局局长。1947年，调任胶东军区海防办事处处长。1948年，调任华东工商部进出口处处长。1949年南下，历任福建省和上海市商业厅长、局长、市财办副主任、区委书记、手工业管理局局长。1958年，不幸中风瘫痪，手脚失灵，以惊人的毅力，用金石篆刻和书法绘画的技法，锯石、刻字、提笔，持续4年，恢复健康。1961年，出任上海市手工业管理局局长。“文化大革命”中受到冲击，他以铮铮铁骨顶着无数次批判。在靠边站的10余年里，失职伏枥，创作书画数千幅，篆刻作品千余方。1980年，创作的《怀念周总理印集》，其印文有“光明磊落”“谦虚谨慎”“鞠躬尽瘁”等78方，上海社科院院长罗竹风在序中给予很高评价。

他对艺术创作态度是无创不特，其书法擅长篆、隶、魏。自创胡体，熔篆、隶、行、楷为一体。结构开阔，庄重沉着，笔力雄健，神完气足，轻笔不滑，重笔不滞，点面纵横，不离规矩。其绘画，以泼墨为主，提出“画有字意方成画”。所绘虾、蟹，栩栩如生；写意花卉，清新天然。其金石篆刻，篆隶结合，繁简结合，通专用字结合，字体不限一碑，风格不拘一体，郭沫若评称为“铁画银钩，古为今用”。

田夫（1912—1997） 原名胡克煦，胡家夼村人。初中文化。1939年10月加入中国共产党。是年12月，任村党支部书记。1940年3月后，历任中共福山县第一区区委组织委员、福山南部分区区委副书记、县委组织部干部科科长。1941年9月，到胶东区委党校学习。1942年2月任中共福山县第二分区区委书记。是年6月，任第四区区委书记。1945年9月，任福山县委组织部副部长。1947年10月，任组织部长。1950年6月，调任莱阳专区供销分社副主任。1954年1月，任莱阳地委财委副书记、财贸部部长。1955年9月，入第四中级党校学习。1956年8月调任山东省供销社监事室监事。1958

年4月，任省供销社监事会副主任。年底，任中国机械进出口公司山东省分公司经理。1966年离休。1997年逝世。

吕云章（1893—1974） 女，字沄沁，东留公村人，民国时期著名女社会活动家。出身书香门第，少时由叔父和母亲教习文化。1912年去北平求学，先入初级师范学习，毕业后留校任教。1919年，“五四”运动爆发时，被选为校评议委员，率队到总统府请愿。1921年，升入国立北京女子高等师范学校，曾参加该校驱杨学潮运动。1924年，加入国民党，任北京市党部妇女运动委员会委员，主编《妇女之友》半月刊，编著出版《漫云》一书。1925年，任上海市党部妇女运动委员会秘书，创刊《革命妇女》。1928年，任国民党浙江省党务指导委员，主编《浙江新妇女》。次年，出席国民党第三次代表大会，对主席团拟定的违背男女平等教育原则的教育案提出尖锐批评，致使蒋介石请客调解才得以解决。1930年回北平，被聘为河北省教育厅督学，秉公处理了北京通县女子师范学潮。1931年“九・一八”事变后，发起组织“妇女救国同盟”，开办妇女职业学校。在《华北日报》主办“华北妇女”周刊，自任总编辑，宣传妇女解放。同时，还举办救护训练班，培训80人，其中有20人自愿到上海参加救护淞沪抗战将士。1934年，出任通县女子师范学校校长。组织学生自己管理伙食，办农场种菜、栽果，修建校园，把学校管理得井然有序。1937年，抗日战争爆发后，南下安徽，任省教育厅督学。1938年7月，当选为国民党参政会参议员。1945年参加中国国民党第六次全国代表大会，当选为中央执行委员、立法委员。1945年去台湾。1974年逝世。著有《诗兴的友谊》《妇女问题论文集》《世界妇女运动》等。

汤英祖（1925—1997） 八角村人。初中文化，司（厅）职。1944年10月参加革命工作。1946年1月，加入中国共产党。历任北海军分区后勤部合作社副经理、独立团供应处会计、北海贸易公司业务科科长、中国花纱布山东省公司成品科科长和昌潍分公司副经理、昌潍专署财粮贸办公室副主任、临朐县外贸局局长、昌潍肉联厂党委书记等职。曾多次被评为省、地、县先进工作者和优秀党员。1989年离休，1997年5月22日病逝。

孙子宇（1915—1987） 原名孙维栋，号芝宇、子宇，旺远于村人。1932年考入福山县中学。1935年毕业，在盐场小学任教。1938年10月，在王历波等人的带动下，加入抗日队伍。他勤学苦练，要求进步，加入中国共产党。1939年，任八路军13团营教导员。带领战士积极参战，先后立功多次。解放战争中，先后参加过鲁南战役、淮海战役、渡江战役、上海战役。1951年参加抗美援朝，停战回国后，驻军无锡，先后任团政委、师副政委。1964年，任上海警备区副政委。1974年，调任南京军区纪委副书记。1987年病逝。

孙茂甲（1917—1966） 曾用名徐鹏之，号镇东，西黄山村人。中学学历，司（厅）职。1939年加入国民党。1940年，加入共产党。1941年参加革命工作。1944年9月，任福山县第六区公所区长。1945年12月，任福山民政科科长。1948年历任中南局城市工作部办公室副主任、主任。1958年，调到国家计委，历任科长、主任、机电产品分配计划局副局长。

邹德志（1927—1993） 张格堡村人。小学文化，副司（厅）职。出身贫苦，1944年2月参加革命工作。1945年7月加入中国共产党。抗日战争期间，在党创立的栖、牟、福工商局从事抗日地下工作。解放战争时期，先后在烟台振太公司、烟台环球公司、烟台工商局、山东大华工业原料公司，从事党领导的经贸工作。1949年1月，随军第四大队南下进入上海，从事外贸工作。1949年后，历任上海市贸易总公司人事科办事员、上海市贸易信托公司储运科副科长、华东蛋品区公司人事科科长及华东畜产区公司人事科和秘书科科长、加工厂副厂长、检查室主任。1954年8月，任华东畜产进出口区公司驻福建办事处副主任。后历任福建省畜产进出口公司经理、龙岩地区外贸站经理、福建省食品进出口公司经理、 福建省外贸局副局长。1983年，中福公司成立，任副总经理。1987年12月，兼任中福技术服务（澳门）有限公司董事长。1991年5月离休，任公司高级顾问。1993年10月1日病逝。

张洪刚（1939—1995） 山前李家村人。中专学历。1961年7月烟台农校毕业，回村务农。1962年，任村党支部书记。1971年，调任福山县革委会组织组干事。1972年2月，任古现公社党委副书记。1974年，任烟台物资局副局长。1979年2月，任福山县革委会副主任。1980年9月，任福山县委副书记。1983年12月，任福山区委书记。1987年2月，调任烟台市林业局局长。1995年病逝。他性格刚直，勤政廉洁，敦笃务实。在村任职期间，敢想敢干，带领群众，建养猪场，盖苹果库，成为全县先进典型。在市物资局任职期间，坚持原则，大公无私，村干部找他买钢材，被拒绝，称他是“铁公鸡”。在福山县委任职期间，1981年下半年，负责纠正“文化大革命”中冤假错案和落实干部政策工作，复审纠正2139起，占立案总数的94.4%。是年底，组织320余名县、社干部，深入各大队宣讲家庭联产承包生产责任制。1983—1987年，任县委书记期间，突出抓城区建设，主要对清洋河城区段进行浆砌石护岸，建设福山华侨宾馆、福山礼堂、福城桥和烟台SOS儿童村等。

姜培禄（1921—2002）　姜家庄村人。中学文化。1935年下学务工，先后在大连山南电气工厂、山商会工程部、船渠技工、同信工程部等任主任。1947年，任旅大建东公园公司经理，兼任土建行业同业公会会长。1950年4月，加入中国民主建国会，兼任大连市工商联合会会长。1953年，当选为第一届旅大市工商联执行委员会主任委员，后连续至十届。1956年，先后任公私合营建升水胶器材厂厂长、大连金属工业公司经理。1955年，当选为旅大市第一届政协副主席，后连续至八届。1957年，选任民建大连市委主任委员，后连任至九届。1958年，任旅大市副市长。

1966年，被下放到农村劳动。1978年，恢复工作，任大连市副市长，兼任进出口办公室主任、辽宁省工商联主委、民建辽宁省委员会代主委，辽宁省第四届政协主席和全国工商联第四、五、六、七届副主席及第八届名誉会长、民建中央委员会顾问、辽宁省国际信托投资公司和中国工商联经济开发公司董事、辽宁省经济开发区董事长，丹东市人民政府顾问，大连海运技术服务公司董事长、中日合作大连佐咨询公司董事长，第一、二、三、五、六届全国人大代表，第七、八届全国政协常委。1977年离休。2002年6月去世。

王宪钧（1910—1993）　祖籍古现东村人，出生于南京。研究生学历，著名逻辑学家。出身官宦人家，自幼耳濡目染，励志成才，文采斐然。1933年毕业于清华大学哲学系，后考入该校、系研究生。1936年，毕业后赴德国柏林大学留学。1937年和1938年，在奥地利维也纳大学和德国敏士敦大学进修和研究。1938年回国，任西南联合大学（北京大学、清华大学、南开大学联合）教授。1946年，任清华大学教授。1952年后，历任北京大学教授、中国逻辑学会副会长和名誉会长、中国数理逻辑学会理事长、北京市逻辑学会理事长。长期从事普通逻辑和数理逻辑的研究，提倡形式逻辑现代化。主持完成国家“七·五”重点项目《现代逻辑丛书》的编撰工作。撰有论文《数理逻辑和形式逻辑》《论蕴涵》等。主编《中国大百科全书·哲学卷》逻辑分卷。专著的《数理逻辑引论》是新中国早期出版的现代逻辑著作之一。一生致力于逻辑学科的教学工作，桃李满天下。1952—1956年，主持中国第一个逻辑学专业，并最先在新中国开设数理逻辑课程。1956年后，主要从事逻辑研究生的培养工作，为国家培养了大批逻辑人才，所指导、培养的硕士生和博士生，已成为国内逻辑学界的骨干力量。1993年11月19日病逝于北京。

黄振东（1918—1987）　原名臧宜训，西臧家村人。中学文化。1938年参加福山县抗日游击队，同年加入中国共产党。历任营长、游击总队长、团长、军分区副参谋长，济南军区后勤部副部长，南京军区工程兵、装甲兵、炮兵参谋长和顾问等职。1987年病逝。

1938年10月，在牙山战斗中，他率领全连战士与日军浴血奋战，掩护上级领导和机关突出重围，并将部队带回根据地。1940年秋，率部巧攻莱西日庄据点，成为胶东地区智取顽敌的范例。1943年夏，在攻打牟平水道据点战斗中，营长、教导员相继伤亡，他挺身而出，指挥战斗，全歼日军一个加强小队。1947年，在攻打寒亭战斗中，以围城打援法，一举歼灭增援的国民党军800余人。1948年4月，在攻打潍县战斗中，率部先克外围重要据点凤凰山，又主动攻击突围之敌，活捉国民党43军少将军长陈金城。后又参加济南、淮海、渡江、上海等战役。1955年，被中央军委授予三级独立自由勋章、二级解放勋章。

1949年后，经常深入部队施工现场，与战士同甘共苦，圆满完成各项国防施工任务，受到军区嘉奖2次，还受到贺龙元帅的赞扬，被评为南京军区积极分子。

鹿道平（1918—1989）　土峻头村人。中学文化。出身贫苦家庭，下学务农。1938年5月加入中国共产党。1941年10月参加工作。历任党的地下交通员、县招待所所长。1945年10月至1946年8月，任芝阳山区区长兼区委书记。1946年6月至1948年2月，任芝阳山分区区委副书记。1948年2月至1949年2月，任门楼分区区委书记。1949年2月，任福山县县长。1951年3月至1952年4月，任福山县委副书记兼统战部部长。1952年7月至1957年9月，任福山县委书记兼县长。1957年10月，离职学习。1959年8月至1962年3月，任烟台市委副书记、书记处第一书记。1962年4月至1965年5月，任福山县委书记。1965年6月至1975年10月，先后任即墨县、海阳县县委书记。1975年11月，任烟台地区行署农业顾问，享受正司（厅）职待遇。1989年11月病逝。

在抗日战争和解放战争中，带领群众支援前线，开展对敌斗争，不断扩大革命根据地。50年代初期，狠抓粮果生产，使全县的粮增果多。1959—1961年，带领全市（今芝罘区）城乡居民生产自救，战胜灾难。1962年4月任福山县委书记后，组织民众建塘坝、打机井、扩大水浇地、改造涝洼地和盐碱地、整“三合一”梯田。在即墨、海阳县任职期间，多次受到烟台地委、行署的表彰。曾多次受到毛泽东、刘少奇的接见。其事迹被中央人民广播电台、《人民日报》以“工农干部学哲学的典范”为题广泛报道。曾被评为模范县委书记。

张福运（1890—1983） 古现人。著名的法学家、政治家、外交家。曾任哈佛大学顾问、联合国组织会议中国代表团法律经济技术专家、中俄莫斯科会谈法律顾问、中华民国国民政府海关总署署长、税务总署署长。一生正气为先，不贪权势，被称为中国文人的典范。

1910年，考取清华庚款留美预备班。1911年，赴美国哈佛大学法学院学习，为第一位就留学哈佛大学的中国人。1917年，获哈佛大学法学士学位。毕业回国后，任教于北京大学，传授国际法。后入北京政府交通部和外交部，任交通部航政司司长等职。曾担任中国代表团秘书，参加华盛顿“国际限制海军军备会议”。1920年，与薛桂轮、梅贻琦、蔡正、黄凤华等组织成立清华幸福委员会，致力于清华和清华同学会的发展。1922—1925年，任交通大学（北京）校长。1927年，应哈佛同窗、国民政府财政部长宋子文的邀请，任国民政府财政部首任关务署署长，兼任国定税则委员会委员长。在他的殚精竭虑、厥功尽职之下，到1930年，中国完全收复关税自主权。同时，通过改革海关行政管理体制，成功实现了国有化，为中国海关正本清源做出卓越贡献。后曾在全国经济委员会、中国国防供应公司等处工作，担任联合国大会中国代表团的法律与经济委员会代表，后再任国民政府关务署署长兼国定税则委员会委员长。1949年，赴美供职于亚洲学会。1983年逝世于旧金山寓所。

郭敬宽（1893—1976） 郭家村人。出身匠人世家。读私塾3年，10岁开始学艺，烧炉化铁，刻苦钻研，又经前辈名师指导，技艺高超，为福山铸造工业的鼻祖。

清同治年间，郭家即建造大炉，兴办翻砂铸造业，到郭敬宽已是第三代。郭家大炉闻名遐迩，制作的犁尖、犁托等质量上乘，产品遍及栖霞、蓬莱、福山等地。1956年，县政府为发展工业，特聘郭敬宽和次子郭守田到县城办厂。他积极响应政府号召，携妻带子，用马车拉着化铁炉、风箱等设备进城，组建了福山第一个工业项目“福山手工社群力铁社”。

他为人忠厚，技术精益求精，对徒弟既耐心，又严格，很快培养出一批技术工人，生产出“手摇水车、畜拉水车”生产农具。至1961年，福山的铸造业迅速发展，“群力铁社”更名为“福山铸造厂”，郭守田任厂长。1964年，该厂生产出整套机械设备“空气锤”“轧滚机”，在全省同行业名列前茅。郭守田被县政府评为劳模，并光荣出席全国劳动模范大会。

他还把4个孙子分别取名“传保、传家、传卫、传国”，寓意“保家卫国”。1968年，又把传国送到古现修配厂当翻砂工。祖孙三代献身翻砂事业。郭敬宽1963年退休，1976年病故。

张宝斌（1926—1990） 门楼南庄村人。1949年后，积极参加互助组、合作社。1956年，南庄大队科技队成立，任队长。带领14名队员，先后改革耕种技术13项，引进和自选各类作物品种1005个，承担省、市、县（区）农业科技试验项目150多项、近3000项次，把47个品种推广到大田。1966—1969年，选育出抗病、高产的“南选25”小麦新品种，1970年在全县推广，1972年8月，被省认定为小麦优良品种。1972年2月，县委给南庄科技队记三等功。1979年，创出夏玉米亩产718公斤的高产纪录，获烟台地区科技成果三等奖。1980年，“小麦施肥规律研究”，获地区科技成果一等奖。1981年，“小麦玉米两作连续4年亩产超千斤”，获地区科技成果二等奖。1982年，张宝斌被评为烟台地区劳动模范。1984年，因成绩突出，晋升为农艺师，破格为其办理退休，时为福山首位农民农艺师和享受退休待遇的农民。1990年病逝。

姜成镇（1936—1990） 东北关村人。初中学历。1967年任大队科技队队长，带领队员先后对大白菜、大椒、黄瓜、番茄、茭瓜等进行近百个杂交组合试验，其中有20多个一代种推广到大田。育成的大白菜、大椒等良种在国内深有影响，每年向全国各地供应各种菜籽1500余公斤。至1973年，先后选育出大白菜品种和一代杂交种6个，这些新品种比福山包头大白菜增产14.7%～20%，被山东省品种审定委员会定为“认定品种”推广，并分别获省、地科技成果奖。1973—1977年，利用茄门甜椒与福山柿子椒杂交，育成高产、株矮、肉厚、结果集中、辣度适中的“福东大椒2号”新品种，亩产达6000～7000公斤。1978年5月，该品种获省科技成果奖。是年，当选为县政协委员，被评为省先进科技工作者，并出席全国科学大会。1975—1979年，采用福山茭瓜与阿尔及利亚茭瓜杂交，育成结实多、一叶一瓜、高产、抗病的“福东茭瓜1号、2号”新品种，比“双亲”均增产20%以上。1980年和1981年，该品种分别获山东省科技成果三等奖和烟台市科技成果二等奖。1980年，调到县种子站工作。1987年，被烟台市委市政府确定为1987—1989年度专业技术拔尖人才。1988年，晋升为农艺师，当选为省政协委员。1990年病逝。

王仲年（1900—1988） 笔名重年，石岚村人，著名画家。天资颖悟，心思灵敏，青年苦节，志矢冰霜。1925年国立北京艺术专科学校毕业后，赴捷克艺术学院深造。1930年回国。曾游历欧洲各国，并在英、法、德、意、荷等国举办个人画展，饮誉国外。1934年，在国立北京美术学院任教。1936年，被天津工商学院聘为教授。曾向齐白石学习国画，从事国画创作，致力于《书谱》研究，先后在香港、上海举办个人画展。

1952年，放弃去日本任教机会，毅然从香港回到北京，参加新中国建设，曾任北京北华美术学院教授。1958年，任轻工业部美术顾问。擅长油画、国画、书法，精通英、法、德、意、日语。创作的油画作品，多被外国大博物馆收藏。1966年，“文化大革命”开始，全家从北京被遣返回乡，因无房产，借住2间破房，靠2个儿子务农糊口。全家人饥食薯干，渴饮生水，衣不遮体，屋不御寒。逆境中，全家没有沉沦，夫妇劳动之余练习绘画，2个儿子，1个练习绘画，1个学习外语。他每日清晨练“抱树桩”，上午读外语，研究西画理论，中午研究书法，以粗劣黄土纸正反面用。晚上有电练字，无电站桩健体。治学之志，不曾稍懈。村民无不佩服，纷纷送粮、菜相帮。困苦砥砺，悉出至诚，其治学态度更加严谨。1978年，研究撰写的5套《书谱》，经外事部门转送日本，受到好评。著名佛教界人士卢松安在给他的信中称：“你的《书谱》在日本引起很好反响，日本专家把你比作孙过庭再世”。1980年，王仲年被平反回京，中央按知名人士为其落实政策，任北京文史馆馆员。1988年8月病逝。

王宗信（1933—2000） 南涂山村人，动参模范。小学文化，毕业后在村务农。1948年任村民兵部文书。1950年，加入共青团，次年任村团支部书记。1954年，任涂山乡团支书记。是年，与5户群众组成村第一个农业生产互助组，任副组长。1958年，任初级社社务委员。1961年，加入中国共产党。次年，任合作社主管会计。1966年，任生产队长。带领社员兴办豆腐坊、养猪场，粮食产量和人均分配较全村平均水平高10%。1968年，任村林业队长。带领13名队员拼命苦干，当年改造荒滩6.5公顷，植树造林5000多株。1970年，调任兜余公社拖拉机站会计，后任党支部副书记，分管生产。采取单机定额核算法，在亏损1.2万元的情况下，1年扭亏为盈，到1976年，共盈利18万元，除偿还借款5万元、购置拖拉机5台、建车库及站房14间外，还剩余流动资金12万元。

1976年，回村任党支部书记。带领群众大搞农田水利基本建设，浆砌渠道4500米，打机井12眼，挖大口井1眼，扩大水浇地面积30多公顷，开垦荒滩、发展经济田27公顷，购置农机10台191马力，基本实现农业机械化，被县政府评为劳动模范。1982年，被评为烟台地区劳动模范。1983年，采取集体村办与外地联营的形式，积极兴办工业企业。投资56万元，先后办起包装厂、乙炔气厂、再生革厂。是年，当选为区政协委员。1984年，全村粮食亩产由原来的400公斤增加到800公斤，1年向国家交售粮食44万公斤，农民人均纯收入由118元增长到532元。1986年，村办企业产值达到160万元，实现利润27万元。同年，被授予山东省劳动模范。2000年病逝。

王洪汉（1905—1994） 后富村人。1942年积极参加村里的革命活动，带领全村军属开荒造地1.1公顷，解决军属粮食不足的困难。1945年，加入中国共产党。1947年，任村指导员（党支部书记）。在大参军活动中，组织全村党员、干部，夜以继日，走村串户，采取革命形势教育及诉苦谈心等方法，启发提高参军对象的阶级觉悟，被誉为村里的“军事代表”。村里先后4次掀起参军热潮，有185名青年参军，参军户占总户数的70%，被县政府授予“动参模范村”，其个人被命名为“动参模范”，并授光荣匾。1949年春，脱产工作，任福山八区（臧家）副区长；10月被选为出席山东省农民代表会议代表。1949年后，曾任整党工作队组长。1958年，调任国营福山林场场长。1965年秋退休，1994年病逝。

孙治吾（1920—1996） 名元修，号治吾，盐场村人。中学文化。1938年福山县立初级中学毕业，先后务农、执教。1945年参加工作，历任东北关、西牟、兜余等完小校长。1949年后，先后在福山中学、烟台市干部文化补习学校、烟台师专、福山师范任教。秉性温惠，言语谨慎，尤精古文，舌耕为业，敦厚施教，桃李天下。曾选任为区（县）政协委员及常委、烟台市政协委员。先后在福山政协、烟台市政协主办的内刊资料上发表文章9篇。1978年离休。但他离而不休，仍积极参与公益活动。1989年，任《福山区志》副主编。认真修改志稿，并撰写《福山区志》“方言”编。1994年6月，因车祸卧床3年。1996年逝世。

李程九（1869—1936） 名鹏飞，字程九，又字未觉生，室名“听松斋”，城里村人。幼时便喜爱绘画，悟性甚强，师从上海国画大师吴石仙。专擅山水，尤精雪景。20年代，其雪景画在山东画坛堪称独步。作品曾参加中日绘画联展，并刊印于画册中。其画中年秀润，晚年苍深，洋溢着威中有柔，温中有刚气质。曾作一幅虎画，幅面丈余，皮毛花色，欲跃形态，气势恢宏。所作墨熊图，群聚集，或相嬉斗，或饮水溪边，传真写照，情志各异。他爱乡敬业，曾以福山城东门为素材，作《清洋河景图》，获山东省国画比赛二等奖。其作品在胶东各地及省博物馆均有收藏。晚年，将画室“听松斋”，捐给福山“卍字会”，并任副会长。

李衡眉（1942—2001） 原名张元勋，杏花庄村人。中共党员，著名教授。少年赋性聪敏，学习出类拔萃。1966年7月烟台师专毕业，先后在栖霞四中和一中任英语教师、教导主任。1978年，国家恢复高考制度后，考取吉林大学研究生，师从著名历史学家金景芳教授，毕业后获硕士学位，在烟台师范学院任政史系主任。1986年，再拜金教授，攻读博士研究生。1991年，获吉林大学博士学位。1997年，被国家教委作为高级访问学者，派往美国耶鲁大学。他抓住一切机会，扎进图书馆，每天自早到晚，从不间歇。1998年，突发胃出血入院，确诊为胃癌，将胃大部切除。出院后，按期回国，又全身心地投入紧张的教学和科研工作中。写出1.5万字的《美国大学教育巡礼》，以翔实的资料，科学论证了美国大学的长处与弊端。先后在全系和全校教师大会上作学术报告，闻者心悦诚服。他是中国史学界杰出学者、先秦史专家。病重期间，还坚持不懈地将已发表的论文加以整理，出版了50万字的《先秦史论集》专著。他以笔耕为业，坚持历史研究与现实结合，先后发表史学论文130多篇，计200余万字。其中《中国古代婚姻史论集》，获烟台市社会科学优秀成果一等奖。后期，一直关注中华民族的道德礼仪建设，先后主编出版《大学礼仪概论》《大学道德概论》。1999年12月，由其创意策划并担任统稿任务40万字的《中华民族精神论》出版，不久荣获全国图书奖。2000年8月，又创意策划30万字的《中国公民道德礼仪读本》，并申报为2001年度全国“五个一”工程奖。2001年3月27日病逝。

赵丕松（1909—1995） 东黄山村人，文盲。17岁随族兄赵义朴到上海，在意大利领事馆做饭打杂，不到1年被解雇。二人同去哈尔滨，因义朴懂俄语，给苏联人当翻译，他随学俄语，打下手，做些服务性工作。1935年，日本入侵占东三省，抓劳工，欺辱中国人。丕松气急之下，打了日本人，被日本当局通缉。为躲事祸，二人回到烟台，在长生庄打包扛袋。1940年，回村务农。1949年后，参加民兵。1950年3月，加入中国共产党。1952年，响应党的号召，组织10户，带头组建起东黄山村第一个互助组，任组长。在其带领下，打井整地，增施肥料，选用良种，创出玉米亩产350公斤、小麦亩产180公斤的高产纪录。是年12月，县推选他出席山东省农业劳模代表会议，被省政府授予劳动模范。1953年，获省政府颁发的农业丰产模范奖章。1954年，在原互助组基础上，建立起40户的民生农业生产合作社，任社长。带领社员压沙改土，修田垒堰，大积农家肥，创出玉米单产500公斤、地瓜单产2500公斤的高产地块。1955年，获山东省社会主义农业建设和积极分子代表会议纪念章。1956年，加入高级农业生产合作社。1958年，任大队党支部副书记、大队长。1969年，当选为山东省代表，赴京参加国庆20周年观礼，受到毛主席接见。1971年，当选为中共福山县委委员。1983年，被区政府授予劳动模范。1985年退休，1995年去世。

赵连春（1907—1983）　女，权家山村人。娘家是西水夼村，22岁时嫁给权家山村权章林为妻。1938年2月，日军侵占福山城，是年12月，中共福山县委在权家山村成立，办公地点暗设在赵连春家。一时，其家成为地下党的联络站。她成为中共地下党的一名服务员、放哨员。1941年春的一天，中共福山南部分区区委副书记田夫到该村检查工作，一进门，她即让儿子权元京趴在后窗放哨。田夫刚要脱衣消汗，小元京突然发现东街头有伪军，立即告诉母亲。连春见状，急中生智，将田夫藏在夹道里。敌人直冲其家，将刺刀架在她的脖子上说："把共产党员交出来！"连春临危不惧，坚持说："家里没来人。"敌人无言以对，搜家无影作罢，只好撤回。1949年后，连春居功不傲，擅长接生，义务服务，群众有口皆碑。

胡光（1929—2002）　曾用名胡修源，笔名劳湖、秀源，胡家夼村人。中共党员，大学学历，高级编辑。1945年胶东北海公学结业并参加工作，在《大众日报》社任记者、编辑。1955年，入复旦大学进修2年，结业后回原报社工作，历任编辑部主任、主任编辑、高级编辑，兼任山东省社会科学联合会一、二、三届委员，七省级学会常务理事和多家报刊顾问，山东省社会主义经济研究会和新闻学会副会长及新闻培训中心主任。长期主持《大众日报》理论部工作，主办过《理论学习》专刊，发表作品逾百万字。其中，新闻学论文10多万字，《紧跟联系实际　真实反映实际》一文，获省社会科学优秀成果二等奖。著有《新闻学琐谈》，主编《企业家谈企业改革》《山东黄河区域经济发展研究》《山东省志大事记（建国部分）》等14部书，分获山东省社会科学优秀成果一、二、三等奖。1986年，获全国记者协会和山东省记者协会颁发的"全国新闻工作者"荣誉证书及奖章。1989年离休，2002年11月病逝。

徐德良（1897—1993）　字明轩，徐家村人。小学文化，著名武术家。丹东市三皇炮捶协会名誉会长。14岁入北平，拜三皇炮捶第六代传人王福全为师习武，20岁艺成，成为顶门徒弟，在北平举行的比武大会上，参赛三皇炮捶大枪取得第2名。

30年代，日军侵占北平后，他为中共地下党筹集军火，被汉奸发现告密，派宪兵抓捕，跳楼逃生，回到故里务农。冬闲时，收徒传艺。40年代初，为生活所迫，去辽宁省丹东谋生，在货场当搬运工。把头是高丽人，依其主势，骄横跋扈，凌辱劳工。一次，把头"羊头"撞劳工，他上前阻止，把头恼羞成怒，朝其攻击，连攻2下，均被躲过。当第3次又攻来时，他旋发丹田气，一掌将把头打出丈远，摔个仰卧蹬，至此把头再也不敢欺负劳工。在丹东，除教习三皇炮捶功艺外，还结识螳螂拳师袁成材，与其学习螳螂拳，吸纳之长，两拳融会贯通，武艺更加高强。1974年，再次回乡传艺，使三皇炮捶拳在福山发扬光大。

他悉心传艺习武，德艺双馨，弟子百人，有的成为国家级裁判。北京出版的《三皇炮捶》和《武林》杂志均介绍他的事迹。1987年，在90岁华诞时，其徒弟送帐匾，称谓"武林泰斗""师恩如山"。1993年病逝。

郭成利（1917—1996）　黑石村人。1937年去大连码头当搬运工，受尽折磨。1939年，回村务农。1943年，加入中国共产党，担任代耕队长。1945—1946年，任村公安员。1947年，任村党支部组织委员兼公安员。1952年，带头组织黑石村第一个互助组，任组长。带领群众打井浇地，增施肥料，选用良种，创出0.27公顷粮食单产530公斤、19.67公顷大豆单产211公斤的高产纪录。其丰产经验在全县推广，被评为县农业劳动模范。次年，出席山东省农业劳动模范代表会议，被省政府授予劳动模范。1954年，成立农业生产合作社，任社长。带动本村另2处合作社，栽植苹果20公顷，为山区发展多种经营开辟新路。1955年冬，黑石与杜家崖2村合并，成立分级社，他任党总支书记。1956年，被选为县人代会、党代会和省党代会代表。1958年，任门楼公社副主任。带领群众打8眼排井1个，修方塘3座，挖渠道1千米，引水上山，扩大水浇地27公顷。1960年，黑石、杜家崖2村分设后，任黑石大队党支部书记。带领社员大搞农田水利基本建设，苦干6个春秋，河滩造地6公顷，整地25公顷，建塘坝9座，栽果树万株。1963年，再次被选为县、省党代会代表。1967—1982年，任大队"革委会"主任、党支部书记。1980年，当选县九届人代会代表，评为县模范党员。1982年，当选为县第一届政协委员。1983年退休，1996年病逝。

唐与杰（1917—1981） 绍瑞口村人。小学文化，中共党员。历任村党支部委员、农业生产合作社社长、大队长。1945年因一只眼睛负伤失明，复员回村务农。1953年，带头组织13户成立初级农业生产合作社，任社长。当年粮、果产量大增。在其影响下，翌年全村又成立3处初级社。他被山东省政府授予农业劳动模范，先后3次出席省劳模会议。1955年秋后，全村550户加入高级农业生产合作社，唐与杰任队长。带领社员整地改土，兴修水利，推广先进技术，把发展果业生产作为主攻方向。经过20年的艰苦努力，全村年粮食总产达70万公斤，苹果总产达350万公斤，使土改时还有108户靠讨饭生存的穷村，一跃成为远近闻名的富村。1956年，他被评为全国果业生产积极分子，并出席全国劳动模范代表大会。

孙家修（1914—1985） 字风巨，邱家庄人。中专学历。1936年毕业于莱阳乡村师范学校。同年，全省举行高中生、师范生会考，考取全省第3名，按规定可免试直接升入大学。但因家庭情况，未能如愿，到东北关小学任教。1938年抗日战争爆发，在栖霞桃村小学任教，团结进步教师，创办“桃小童声”报，刊登毛泽东《论持久战》等文章，积极宣传抗日。1939年，到胶东干校学习，加入中国共产党。后调到牟平埠西头胶东实小、莱阳一中、蓬莱八中等学校工作，为党培养了一批优秀干部。

1948年“肃托”，因与托匪分子肖仲清一起工作过，背上“托匪”罪名。1958年，在蓬莱一中任教导主任，毕业生升学率高，考入清华和全国名牌大学数名。正在事业如火如荼之时，在一次全县“整风反右”运动大会发言后，被戴上右派帽子，开除公职，遣返回乡。1978年，平反昭雪，重新安排工作，在绍瑞口村任高中教导主任。1981年，调福山一中。1982年离休后，仍坚守教学岗位。1985年，因病去世。

梁启明（1920—1989） 女，张格庄村人。小学文化。中国农民书画研究会理事。自幼学习剪纸，师承家乡地方纤巧繁复的风格。粗者大刀阔斧，古朴酣畅；细者如丝强缕，巧夺天工。所剪的人物、动物、植物等，惟妙惟肖，大都为婚庆喜花、春节窗花和纸器装饰，千姿百态。还能根据民间故事和民间歌谣剪成写意作品。热心搜集整理民间传统剪纸，将数百幅清末以来的地方剪纸和薰样，分成棂子窗花（其中又分各种窗心、窗角、条花、小花）、婚礼剪纸（包括喜窗花、饽饽花、鸳鸯肉花等）、虚棚花、笸箩花、纸盒子花、刺绣花样（如鞋花、兜子花、帽子花等）等几大类。尤其剪的笸箩花可谓一绝，有大、小、圆、敞口、有盖多种。敞口的多用作盛针线、糖果、点心，有盖的多用于装盛小件衣物、首饰，大型的代箱柜收藏棉衣棉被，纸缸用于盛米盛面等。

梁启明一生剪纸创作勤奋，起初只用于村中民俗活动，直到1985年才被人发现。当年山东《群众艺术》发表她的作品《娃娃壮》和《双鱼》。此后作品先后入选全国剪纸巡回展和烟台艺术节，并被多家美术馆收藏。1987年，被中国农民书画研究会吸收为会员，并选为理事。1989年去世时，留下剪纸作品一千多件。

朱涛（1920—1993） 又名朱吉纯，1920年出生，八角村人，大本学历，中共党员。1948年西北医学院毕业后，参加地下工作，后调入解放军西北联勤司令部医政处、解放军第一后方医院、解放军第四军医大学，历任军医、助教、讲师、科长、副主任、主任、副教授、教授。著有《西北地区传染病学》《正常人体学解剖和讲义》。荣立三等功1次、四等功2次。1984年离休。1993年9月病逝。

邹振亚（1931.2—2002） 原名李靖华，字振亚，笔名李谦益，别署韦绝簃、补读书屋主人。山东福山人。曾任山东省美协秘书长、山东省书协常务副主席，中国书协篆刻艺术委员会副主任、西泠印社理事、山东书协名誉主席、山东印社社长等职，兼山东省人民对外友好协会理事、山东省国际文化交流中心理事、山东省旅游协会理事、山东大学教授等职。2001年曾获中国书法艺术荣誉奖。有文集《韦绝簃碎笔》、篆刻集《韦绝簃印蜕》问世。

知名人物简介

巴曌　又名巴本春，1919年出生，崇义村人。大专学历，中共党员。1938年参加福山县抗日游击队、北海独立营，历任文书、干事、教员、指导员。1946年，在解放军师部、军部、兵团政治部、总政政治部政治工作研究室，历任教导员、科长、团副政委、团政委、师副政委、师政委。多次立功受奖。喜爱作诗，在报刊发表50余首。1980年离休。

孙德才　1927年出生，张格堡村人。大本学历，中共党员。1944年参加八路军，历任班长、排长、连长、股长、营长、科长。1962年，入解放军辽宁通信兵学院学习。毕业后历任团长、大队长、师参谋长、师长、湛江军分区副司令员。荣立大功3次、小功5次。1988年离休。

王奈庆　1925年出生，楼底村人，大专学历，中共党员。1939年入伍，先后在八路军、中国人民志愿军、解放军，历任文书、文化教员、武工队长、教导员、科长、处长、师政委。“文化大革命”期间支左，任中共江苏省委委员、南京市委常委。荣立大功2次，获朝鲜人民共和国二级红旗勋章、中华人民共和国三级自由独立勋章和三级解放勋章、中央军委独立功勋荣誉章各1枚。1987年离休。

权希军　1926年出生，权家山村人，大专学历，中国党员，著名书法家。1946年参加革命工作，在大连市公安局任警长、派出所代理所长。1948年，入警校学习。1951年，入东北公安学校学习。结业后留东北局公安部政治部任一等科员。1954年，调任中央公安部科长。1963年，调任中组部干事、党委办公室主任。1983年，退居二线，负责编写出版《中国共产党组织史》。后调中央党校讲授组织史。1985年，调任中国书法家协会副秘书长兼中国书协篆刻委员会副主任、刻字研究会会长。1991年，任中国书协顾问。自幼喜爱书画，少年临习唐楷，青年研习油画，中年先习汉隶后工行草，晚年研习篆刻。其书法技法细腻，风格遒劲清丽，气韵生动。经常应邀参加国内外书法大展并获奖。有的作品被毛泽东纪念堂、中国美术馆、中国军事博物馆等及海外一些国家和地区收藏。与他人合著《中国共产党组织史纲要》《中国共产党组织史大事记》；主编《中国刻字艺术导论》《木板刻字艺术》《竹板刻字艺术》《陶瓷刻字艺术》《石材刻字艺术》等系列教材；出版《权希军草书千字文》《权希军行草滕王阁序》。1996年离休。2001年，中国书协成立20周年大会上被授予特别贡献奖。

王铁城　又名王文承，1921年出生，上疋山夼村人。解放军速成中学毕业，中共党员。1946年3月入北方大学行政院预科学习。1947年3月入伍，编入二野9纵队27旅司令部，任见习侦察参谋、参谋。1949年，整编为15军，历任团作训股副股长、股长、师和军司令部侦察科长、参谋。先后参加大小战斗50余次，其中较大规模的有7次，并参加抗美援朝上甘岭战役。作战英勇，屡建战功，获解放奖章、朝鲜军功章各1枚。1958年，转业到武汉，先后在湖北省燃料工业厅、省煤炭地质局、咸宁柏墩茶场、省劳动厅、省机械厅等单位，历任副科长、科长、副处长。1983年3月离休。

丁克敏　1932年出生，八角村人。中专学历，中共党员。1949年2月参加革命工作，先后在八角完小和山王家小学任教。1949年后，先后入黄县中学师范部、解放军空军通信干校学习。结业后，先后在解放军第三航空预科总队、沈阳通信学校、通信独立工程团、通信兵政治部、总参通信兵部、总参四部，历任队长、排长、指导员、团职干事、副师职参谋、副师职干事等。荣立三等功2次，被评先进分子2次。1951年，获全国解放纪念章1枚。1988年，获总参谋长迟浩田命令颁发的胜利功勋荣誉章1枚。同年离休。

王文进　1927年出生，河北村人，中共党员。1944年8月入伍，历任胶东军区特务团3营排长，第三野战军第109团2营连长，步兵101师炮兵团司令部军训科副股长，农业建设3师7团生产建设科科长，铁道兵第46团参谋长、第26团副团长、团长、第2师副师长、铁道兵学院研究部研究员。曾参加抗日战争、解放战争和抗美援朝战争。主要参加过即墨战役、潍坊齐家埠战役、莱阳城攻坚战役、兖州城战役、济南攻城战役等30余次。荣立二等功1次、三等功3次。1980年12月，陕西省军区兴庆路干休所副师职离休干部。

于元辅　又名于元洪，1928年出生，湘里村人。初中学历，中共党员，副司（厅）职。1944年参加八路军，先后在胶东军区和东北军区政治部解放军官教导团、青年干部教导团，历任文书、副排长、指导员、干事、教导员。1952年，转业到地方，分别在东北国营农场管理局、农业机械化学校、东北农学院，历任秘书、副校长、副主任兼组织部长、处长、党委办公室主任、副院长。多次立功受奖。1984年离休。

于尔明　1932年出生，奇章村人。大本学历，中共党员，副司（厅）职。1948年参加革命工作，先后在大连市公安局、政法委办公室、监委、组织部、大连钢厂、市委组织部、工业交通部，历任科员、秘书、副科长、副部长、部长。1988年，任大连市委常委、秘书长。多次获先进工作者、优秀党员称号。1992年离休。

于仁川　1929年出生，周家岘村人，大本学历，中共党员。1944年参加工作，任福山县委文书、青岛市建设局科员。1958年，入中南财经学院进修。结业后调任辽宁省计委科长、处长。1988年后，历任辽宁省经济研究所副所长、省委咨询团成员、高级经济师。发表论文40余篇，参与编辑经济类著作3部。多次获先进工作者和优秀党员称号。1990年离休。

于承升　1929年出生，湘河村人，初中学历，中共党员，高级经济师。1945年参加革命工作，历任宅院小学教员、校长和福山县中青年团书记。1949年后，历任旅大邮电管理局会计股长，东北邮电管理局资金管理科副科长，山东省卫生厅科长、办公室主任、副厅长、党组成员，山东省供销合作社副主任、党组成员。主持制定的全省供销饮食服务业“双文明”评比方法，成为典范，商业部在全国推广。1983年，主持的国家“六五”科技攻关项目“水果储藏保鲜技术”中的“三课题”，获国家六五科技进步奖。发表论文《我国果品行业现状和发展的总体目标》。荣立二等功1次。1989年离休。

于宝珊　1920年出生，冯家村人。初中学历，中共党员。1945年参加工作，任福山二区武装部干事。后参军，历任指挥部参谋、长山岛大队副连长、公安军内卫司令部参谋长、青海军区独立师团长、新疆军区石河子军分区副司令员。曾多次立功授奖。1980年离休。

于国强　1926年出生，南涂山村人。初中学历，中共党员，师职。1945年参加解放军，历任校长、指导员、股长、科长、政治处主任、团政委、师处长、军后勤部政委、广西柳州军分区顾问。荣立大功3次、小功2次。1983年离休。

于德普　1932年出生，南于家村人。大本学历，中共党员，副司（厅）职。1951年参加工作，任小学教师。1959年，入山东大学政治经济系学习。毕业后，历任山东省委党校助教、省教育厅办公室副主任、省政府办公厅处长和副秘书长兼办公厅主任、省人大常委会教科文卫委员会副主任。多次被评为先进工作者、优秀共产党员。

孔庆先　1944年出生，刘家庄村人。中专学历，中共党员，副司（厅）职。1964年参加解放军，在8341部队，从事中央首长保卫工作，任战士、分队长。退役后，入北京电影学院摄影专业学习，毕业后在中央音乐学院，历任保卫科长、保卫部长、纪委副书记。曾多次受到嘉奖，获优秀党员称号。

王宴　原名王凤岐，笔名王一庵，字鸣山，1918年出生，湘里村人。中专学历，副司（厅）职。1938年参加八路军并加入中国共产党。历任胶东军区文化股长、俱乐部主任、教导员、《大众报》特约随军记者、黄河剧团政治指导员和编辑。1945年，转业到东北地区，历任地委宣传科长、县长，黑龙江省商业厅副厅长，《辽宁日报》特约顾问，辽宁省委组织部顾问和省供销总社顾问。1983年离休后，被聘为辽宁省不老松画会会长、夕照明诗词社秘书长、辽宁省老年书画研究会副会长、山东省政府经济顾问等。酷爱绘画艺术，少年习步，中年留名，老骥拔萃。其作品在香港、南京书画展各1次，东北三省书画展2次，中、日、韩三国书画联展3次，多次获省、市及全国奖，近百幅作品被海内外30多个单位收藏。其事迹被收录入《中国现代文学作者名录》和《世界名人录》。

王基　1938年出生，古现东村人。中专学历，中共党员。1951年参加解放军，历任团政治处副主任、空军独立一团副政委和政委、空军第5师副政委。荣立三等功2次。1979年，在任空军独立一团政委时，带领部队参加对越自卫反击战，因战绩突出，受到中央军委通令嘉奖。1986年，转业到烟台市政协，历任副秘书长、办公室主任。1995年退休。

王元德　1932年出生，汪家村人。大本学历，中共党员，副司（厅）职。1947年参加革命工作，任烟台对外贸易公司土产公司副科长。1952年，入山东第二速成中学、北京政法学院学习。毕业后留政法学院，任政治教育系副主任。1964年，调任高教部机关人事处科长。1972年，调北京航空学院，历任人事处副处长、第一基础部党委书记。1983年，调任教育部机关党委纪委副书记。1988年，任国家教委机关党委副书记、机关工会主席。1992年离休。

王允诚　1930年出生，东关村人。大专学历，中共党员，副师职。1945年参加地下运输队。1946年参军，先后在福山县独立营、华东野战军第13纵队38师、92师、31军，历任医助、医疗所所长、卫生科科长、处长、后勤部副部长。曾受到华东军区通报表扬，评为军区积极分子，荣立二等功1次、三等功和四等功各6次。1987年离休后，仍管理军办企业。

王仁民　又名王文泉，1925年出生，上疋山夼村人。大本学历，中共党员，副司（厅）职。1946年参加解放军，在豫西和河南省军区，历任干事、助理员、指导员、教导员。1958年，转业到地方，先后在洛阳市、郑州市、河南省，历任科长、主任、局长、书记，兼任中华炎黄文化研究会副会长和副秘书长、炎黄二帝巨型雕塑筹委会副主任、中国旅游、中华教育、河南旅游、社会科学等学会研究会及报刊杂志常务理事、副社长、副会长、顾问。多次立功并授予功臣、优秀党员、劳动模范和“五一”劳动奖章。著有《黄河文化特区蓝图》《旅游考察》《黄河千秋功过新说》《根治黄河》，发表论文20余篇。其事迹《人民日报》等5个国家级报纸头版头条予以报道，誉为“黄河的儿子”。1985年离休。

王文治　1930年出生，大王家村人。中专学历，中共党员。1945年参加解放军，历任班长、排长、参谋、营长、股长、团长、师长。多次立功授奖。1990年离休。

王纯炎　1932年出生，东关村人。大专学历，中共党员。1946年参加解放军，任医助、军医。1953年，入解放军苏州军区进修班和军医学校进修学习。毕业后，历任解放军127医院内科主任、86医院副院长、南京军区后勤第10分部卫生处处长。1989年，任解放军杭州疗养院院长（正师职）。荣立个人三等功8次、四等功3次。1992年离休。

漠雁　原名栾为伦，1925年4月出生，栾家村人。初中肄业。全国文联委员、中国作协会员、中国剧协理事、江苏省剧协副主席、江苏省导演学会主席。1942年9月，参加八路军，在胶东5旅国防剧团当演员。1945年春，在国防剧团演员队任副分队长、编辑干事。1946年春，调任胶东5师宣传队戏剧教员。1947年，调任华野9纵文工团戏剧教员。1950年，调任中国人民志愿军某军文工团副团长。1953年，调任某军前线话剧团队长、团长。1979年，调任南京军区政治部创作室创作员。创作剧本20多部，其中有5部获奖。

1947年冬，时晨、陈健吾2人写出一部初稿歌剧，漠雁改编为导演本《瞎老妈》，演出盛况空前。1948年，在淮海战场，为配合部队作好融俘工作，在距敌只有500米的前沿阵地上，创作、导演并参加演出歌剧《三班长》，受到指战员们的热烈欢迎，荣立二等功。60年代初，沈西蒙（执笔）、吕兴臣和漠雁3人合作创作《霓虹灯下的哨兵》剧本。1963年2月，奉命进京演出，引起很大反响，得到毛主席、周总理、朱德委员长、邓小平总书记等人称赞。3月23日，罗瑞卿总长、肖华主任特邀周总理观看演出。看完戏，周总理和邓颖超上台接见演员。还有一次，漠雁坐在周总理身后观看该戏，边看边记录着总理提出的27条意见，回去后逐条进行整理修改。此后，全国许多戏剧团体都陆续排演该剧。1963年，该剧获总政治部优秀创作奖；1964年，获文化部优秀话剧奖。还被译成朝文、日文、越文、阿尔巴尼亚文等，在国外发行。朝鲜、越南国家剧院也排演了该剧。

他的剧作《朋友》，颂扬陈毅在斗争中既讲原则又讲策略、敢于带头到大资本家中赴宴，表现了陈老总的堂堂大度，团结一切可以团结的人，共同建设社会主义的大家风范。1979年，被评为军区优秀剧本奖。80年代，他在部队体验生活2个多月，走访了十几位指导员。写出了《宋指导员的日记》剧本；1983年，荣获首届解放军文艺奖；1984年，获全国优秀剧本奖。他荣立二等功。

1981年，创作的《故乡情》，获总政治部优秀剧本奖。

王忠诚　1925年出生，诸留王村人。大本学历，中共党员，教授，中国工程院院士。自幼颖悟，嗜书励志，芝罘中学毕业，考入北京医科大学。1949年参加工作，历任天津总医院医师、北京同仁医院主治医师、北京宣武医院院长、北京市神经外科研究所所长、天坛医院院长。1983年，在山西忻县地区医院，为患者夹闭4个颅内动脉瘤，成功地进行了罕见的高难度手术，引起国内外关注。

他是中国神经外科事业的开拓者和创始人之一，世界著名神经外科专家，带领中国神经外科从无到有，从小到大，直至步入国际先进行列。在脑干肿瘤、脑动脉瘤、脑血管畸形、脊髓内肿瘤等方面治疗有独到之处和重大贡献，解决了一系列神经外科领域公认的世界难题。在脑血管病的外科治疗、神经系统疾病的流行病调查及神经影像等方面，多次荣获全国和卫生部奖励。发表学术论文近百篇，著有《脑血管造影术》《神经外科》等。

姜德华　1928年出生，姜家村人。初中学历。1945年7月参加革命工作。同年11月，加入中国共产党。历任小学教师、区委文书、宣传委员、武工队长、县委工作队长、团县委宣传部长。1949年后，历任青年团福山县委书记、中央团校四期学员，青年团莱阳地委常委兼秘书、副书记。1958年7月，任莱阳专署矿冶局局长。是年8月后，历任烟台专署重工业局局长、计委副主任、“五七”干校学员、地区工办副主任、经委主任。1979年4月，任烟台行署副专员。1983年11月，任烟台市政府副市长兼烟台开发区筹委会主任。1988年1月，任烟台市人大常委会副主任，兼任山东省山东半岛经济开放区协调指导小组副组长、山东省银杏协会副会长。1991年，获山东省（1970—1990）重点工程建设荣誉证书奖。1998年7月离休。

安绍连　1946年12月出生，福山区丁家夼村人，1968年3月入伍，历任排长，团师两级司令部参谋、营长，济南陆军学院学员队长、处长，副师职大队长、学院党委常委总务长。1985年参加老山对越反击作战，荣立三等功。

邢治山　男，1960年2月出生，福山区邢家村人，中共党员，硕士研究生。1978年2月入伍，历任中央警卫团战士、班长、教导大队教官、副队长、学员队教导员、副政委、政委、政治部副主任，中央警卫团一大队（中南海警卫大队）政委，中央警卫局305医院政治部主任，中央警卫局警卫处处长（正师职）。1987年荣立三等功，1990年被授予中直机关优秀共产党员。

郭敬模　1959年3月出生，黑石村人。大本学历，中共党员。历任战士、炊事班长，食堂管理员、主任，科职、副处职、正处职、副局（厅或副师级）职干部。先后被中央军委授予首都卫士、优秀车管干部、交通安全先进管理干部、全军职工先进工作者、优秀职员干部，五次荣立三等功。

王若钊　又名王培华，1927年出生，张格庄人。初中学历，中共党员。1941年参加工作，先后在福山县委、胶东大众报社、军区教导团、解放军某师、福州军区总医院、后勤部等，历任股长、参谋、指导员、干事、处长、科长、副师政委、顾问。多次立功受奖。1982年离休。

王宜捷　曾用名王咸敏，1929年出生，河北村人。高中学历，中共党员，副司（厅）职。1944年参加工作，先后在胶东民运部、北海师范、后防司令部、河南监汝县、湖南隆回县、湖南282厂、湖南省工业部、韶山管理局、湘西仪表总厂、湖南省五机局、湖南省国防工业办公室，历任团委书记、宣传部长、科长、处长、副局长、“革委会”主任、党委书记、局长、主任等职。多次受奖。1989年离休。

王宝良　1940年出生，巨甲庄人。中专学历，中共党员。1959年中央机要学校毕业并参加工作。历任青海省达日县和久治县委译电员、果洛州委秘书科长、宣传部副部长、青海省委政策研究室处长、主任，国家监察部政策法规司副司长、司长。对中国西部地区经济发展政策和战略研究，做出重大贡献，受到国家表彰多次。发表论文多篇。2000年退休。

王桂欣　又名王理军，1925年出生，东回里村人。初中学历，中共党员。1942年参加工作，任福山县各救会干事。1943年，入胶东建国学校学习。毕业后在福山县税务局和工商局、烟台工商局和财政局、潍坊工商局和财贸部、临淄县委、张店区委、淄博市委工作，历任副科长、科长、副局长、局长、部长、副市长、市委常委、市纪委书记。1985年离休。

王家祥　1943年出生，大沙埠村人。大本学历，中共党员。1967年山东财经学院毕业。1968年，在山东省纺织进出口公司，历任办事员、办公室副主任、科长。

1983年，调到山东省对外贸易局，历任科长、副处长、处长、副局长（副司厅职）。

王德镇　1927年出生，古现东村人。大专学历，中共党员。1944年参加工作，先后在福山县大队、胶东军区特务团、华东野战军第13纵队、济南铁路警备司令部、公安学院、新疆公安厅、国家工商行政管理局，历任班长、干事、副指导员、股长、科长、主任教员、处长、副司长。多次荣立二、三、四等功及通令嘉奖。1988年离休。

王宪铨　1925年出生，古现东村人。清华大学历史系毕业（大本学历），中共党员。1946年参加工作。1950年后，历任北京市新闻出版处和文化局副科长、科长，北京出版社编辑部主任、副社长兼编辑部主任。1972年后，历任中国书店党总支书记，北京出版社副社长、社长，北京出版局、文化局副局长。1985年离休后，被北京出版社聘为特邀顾问、北京出版工作者协会主席、北京出版专业高级职称评审委员会主任委员。

王宪铢　1928年出生，古现东村人。大本学历，中共党员。1949年参加解放军，随军南下，任12兵团政治部干事。1951年，入南京军事学院学习，毕业后留校任教员。后调北京军政干校、石家庄高级步兵学校，历任教员、教研室副主任。1985年，任石家庄高级步校正师职教员。主编、合编、编辑军事教材多部，发表论文多篇。荣立二等功1次、三等功6次。1988年离休。

王原苓　1929年出生，王家疃村人。初中学历，中共党员，司（厅）职。1947年参加工作，在区公所跑交通、当干事。1949年，随军南下到安徽省，历任六安县土产公司副科长、总工会主席，县委组织部部长，县委副书记，纺织和电机及手扶拖拉机等厂党委书记，六安市委常委、副市长。1987年，任六安市政协主席。荣立三等功2次，1990年离休。

王善俭　1930年出生，谭家庄村人。高中学历，中共党员。1949年入华东工商学院学习。是年，随军南下，在安徽省六安县贸易公司、土产公司，任副科长、科长。后调安徽省烟麻公司、专美公司、百货公司，历任副经理、经理、纪检组长。1985年，任安徽省商业厅副厅长。多次受到表彰和嘉奖。1991年离休。

王辉生　原名王行敏，1926年出生，河北村人。初中学历，中共党员，副司（厅）职。1945年参加解放军，任分队长、连指导员。1954年，转业到黑龙江省，历任290农场党委副书记、《甘南日报》总编、省委宣传部副部长、《兵团战士》报副总编、省人民出版社编辑室副主任和副编审。撰发新闻稿件百余篇。参编《东北烈士传》。1987年离休。

王赞春　1931年出生，陡崖村人。高中学历，中共党员，副司（厅）职。1947年参加革命，从事商业工作。1948年，入华东商业干校学习。1949年，在安徽省皖北贸易公司、土产公司，任副科长、科长。后调省烟麻公司、商业厅，历任副经理、副处长、处长、经理。1985年，任省供销合作社副主任、副书记、省政协委员等。发表论文3篇。1992年离休。

王毅光　原名王尊训，1926年出生，山王家村人。初中学历，中共党员。1945年参加解放军，历任连指导员、营列队参谋、团作战科长、师政治部副主任、南昌警备区副政委，少将军衔。智勇双全，善做思想政治工作。荣立三等功5次、四等功2次。1986年离休。

车汝霖　曾用名王焕明，1923年5月出生，招贤村人。中学学历，中共党员，司（厅）职。1944年7月参加革命工作，历任福山县抗日民主政府文书、武工队队员、连队文书、营部技术书记、文化教员、指导员、教导团区队长、保卫干事、助理员、教导员、政治处主任、师政工科长。1965年9月，转业到厦门市，历任罐头厂党委书记、革委副主任，市商业局局长、党委书记，城建局局长、党委书记。革命战争时期，荣立三等功4次、四等功3次，获国家解放奖章。转业到地方后，荣获建设部、省、市先进工作者、优秀党员等称号。1983年8月离休后，仍身兼多职，发挥余热。

车培钦　1931年出生，北车家村人。大本学历，中共党员。1948年参加革命工作，在哈尔滨、沈阳人民银行，任股长、副科长。1958年，考入中国人民大学，毕业后到北京外贸学院进修英语。结业后在中国银行伦敦分行、香港中行、澳门南通银行、中国人民银行总行，历任副处长、总经理助理、处长、常委董事兼总经理、副司长、外事局长、理事会理事、驻亚洲开发银行执行董事。参编《中国金融年鉴》，发表论文多篇。1991年离休。

尹丕礼　1941年出生，盐场村人。大本学历，中共党员。1961年，解放军海军工程学院毕业并入伍，先后在北海舰队航海器材修理所、航保修理厂，历任技师、工程师、总工程师、副师职上校高级工程师。著有《电航仪器变流机组》《舰艇自动舵》《自动操舵仪》《航海仪器自动控制元件》。参加“卫星／奥米加导航接收机综合测试仪”的研制，获科技进步二等奖。荣立二、三等功各1次，被授予海军装备维修先进个人，并出席海军表彰大会。其业绩载入《中国工程师名人大全》。2000年退休。

石浩　原名王道化，1927年出生，山王家村人。初中学历，中共党员。1944年，在山东省北海联合中学、山东抗日军政大学一校学习。毕业后，在东北抗日联军、解放军第四野战军、中南军区、武汉军区，历任指导员、教导员、团政委、师副政委、军政治部主任、顾问。荣立二、三等功多次，中央军委授予解放勋章、独立功勋荣誉章各1枚。1988年离休。

左人　原名徐福佐，1918年生，绍瑞口村人。高中学历，中共党员，司（厅）职。1938年参加工作，任本村小学教师、区委宣传委员。1941年，入胶东抗日军政大学学习。结业后历任栖东县敌伪军工作站站长、华东军区教导团副科长。1949年，随军南下，历任南京市公安学校科长、公安处秘书处主任、9分局局长、市局办公室副主任。1956年，调长春中国第一汽车制造厂，任办公室主任、副厂长。多次立功受奖。1980年离休。

史成仁　1920年生，古现东村人。初中学历，中共党员。1944年参加工作，任古现区联防指导员、福山县各救会长。1949年后，历任江苏省江宁县副县长、省财贸部处长、省粮食厅副厅长、江都等县委书记、扬州地委常委、副专员、市人大副主任。1987年离休。

史枫砚　女，1937年出生，西关村人。大本学历，中共党员，副司（厅）职。1963年清华大学毕业，参加解放军，历任国防科委研究所助研员、55125部队政治部干事。1980年，转业到山东大学，历任红外遥感研究室副主任、光学系党总支副书记、副教授。1988年，任山东大学纪委副书记。参加山西农业遥感应用研究实验，获国家科研一等奖；《莱州湾滩涂遥感应用研究》，获山东大学科研三等奖。1996年退休。

丛树发　1930年出生，紫埠村人。大本学历，中共党员，师职。1942年参加八路军，任北海军分区侦查员、东北民主联军政治指导员。1955年后，历任解放军某部政治处主任、团政委、河南确山县武装部政委、确山县委书记、驻马店军分区政委。荣立大功6次、小功2次。1990年离休。

邢炳彩　又名晓光，女，1928年出生，邢家山子村人。初中学历，中共党员。1945年参加革命工作，先后在旅大市寺儿沟区、市妇联，历任女工部长、妇联主任；在青海省毛纺厂、医学院附属医院、灯泡厂、省妇联、省人大，历任宣传科长、宣传部长、秘书长、党委副书记、书记、省妇联主任、党组书记、省委委员、全国妇联执委、省人大专职常委。被评为全国优秀妇女干部。发表论文2篇。1988年离休。

朱维慈　1938年4月出生，八角村人。大本学历，中共党员。1947年在八角完小读书，毕业后分别到威海、文登、济南等地求学。1964年，山东财经学院经济系毕业后，留校任教。后调到天津财贸学校、天津商学院，历任助教、系主任、讲师、副教授、副院长。主编著作有《现代经纪人实物》《中国经济变革中的市场营销》等；合著有《中国社会主义市场学》《简明价格词典》《商业管理问题解答》《企业发展战略》《简明价格学教程》等；发表论文10余篇。多次被评为先进工作者、优秀共产党员、模范教育工作者。

刘世庆　1927年出生，石岚村人。高中学历，中共党员。1945年参加福山县地方抗日武装组织。是年秋，入胶东抗日军政大学学习。结业后参加解放军，历任干事、股长、指导员、教导员、师后勤部政委、师政治部副主任、师副政委。荣立二等功1次、三等功2次、四等功5次。1978年离休。

刘国寿　1928年出生，南厚滋沟村人。初中学历，中共党员，副司（厅）职。1951年参加工作，历任察哈尔省供销社会计，河北省官厅水库干事，山西省212地质队科长、工会主席、副队长、经济研究室主任，国家地质部第九石油普查勘探大队大队长，山西省地矿局第五勘察公司经理。多次受到表彰。1989年退休。

刘忠贵　1926年出生，老官庄村人。初中学历，中共党员，副司（厅）职。1948年参加革命工作，先后在大连市和江西省九江地委、彭泽县委、下垅锡矿、省煤炭局、省人事局，历任科员、科长、区长、党总支书记、党委书记、副局长。1984年，任江西省直机关党委书记。多次受到表彰和嘉奖。1986年退休。

刘德和　1928年出生，屯里村人。初中学历，中共党员。1945年参加八路军，在胶东军区特务团，历任班长、排长、指导员。1947年，在解放军第9纵队、80师，历任宣传股长、科长、团政委、师副政委。荣立三等功2次、四等功3次。1982年离休。

牟范　曾用名牟琼、牟传义，1924年出生，两甲庄村人。初中学历，中共党员，副司（厅）职。1943年参加革命工作，先后在福山县三区、太平顶区和天津市、胶东军区、北海军分区、山东省公安干校、政治学院、83厂、山东中医学院附属医院等单位，历任助理员、区长、校长、地下工作员、秘书、股长、科长、副主任、政委、党委副书记、医院副院长。荣立三等功1次、四等功2次。1983年离休。

孙敏　又名萧沛然，1934年出生，卫家疃村人。初中学历，中共党员。1947年参加解放军，历任班长、排长、指导员、教导员、团政委、浙江军区后勤部政治处主任、湖州军分区政治委员，少将军衔。多次立功受奖。1989年离休。

孙以训　1926年出生，茂芝场村人。小学学历，中共党员。1946年参加解放军，历任班长、排长、副指导员、股长、科长、处长、团长、师参谋长。荣立二等功1次、三等功2次、四等功3次。1987年离休。

孙勤运　1921年出生，盐场村人。高小学历，中共党员，副司（厅）职。1949年参加工作，历任哈尔滨市总工会干事、执委、常委、中国工会七大代表、哈尔滨市发电厂副书记、黑龙江省送变电工程公司党委书记。多次受到表彰。1982年离休。

邢守润　1942年出生，赵家庄村人。大本学历，中共党员。1969年9月，山东大学政治哲学专业毕业，下放到解放军莱西农场劳动。1971年11月，调山东化工学院任教。后又回母校进修1年。1976年5月，调回福山，先后在福山师范、福山一中、福山党校，历任教师、讲师、教研组长。1984年6月，调到烟台市委党校，历任哲学教研室副主任、教务室主任、行管室主任（副处职）。1996年10月，评聘为教授。编写的讲稿多数被市、省党校评为优秀讲稿并获奖，成为兄弟院校和上级党校重要的交流范本。结合教学实际，编著《领导工作心理学》等3部。发表学术论文27篇，其中国家级11篇。多次获省、市社科优秀成果奖，多次被市委授予优秀理论工作者和优秀党务工作者。2002年退休。

孙利强　1947年出生，台上村人。大专学历，中共党员。1968年福山工读师范学校毕业并参加工作。1974年，任福山县工业局副局长。1975年，任县工交办公室主任。1976年，任福山县委副书记。1979年后，历任福山酿酒厂厂长、福山味精厂党支部书记。1989年后，历任烟台张裕集团有限公司总经理、董事长、党委书记。

在味精厂任职期间，筹措资金，学习采用先进技术，生产的“福寿”牌味精名扬海内外，1983年获省优，1986年获部优，1988年获布鲁塞尔优质产品博览会金奖。在张裕公司任职期间，组建起完善的三级市场营销体系，加大产品销售力度；不断加强和完善内部管理，深入进行人事和分配制度改革；以质量管理为重点，推进产品质量的提高和品种的更新换代；大力引进国际先进技术和装备，大幅度提高生产能力；进行公司股份改制，先后成功发行B股和A股上市，募集资金近9亿元，积聚了发展后劲。2002年，张裕公司实现销售收入18亿元，利税4.3亿元，进入全国500家最佳经济效益企业和上市公司50强企业行列。

1985年和1986年，分别被评为市和省劳动模范。1992年，获烟台市优秀共产党员称号。1998年，获全国“五一”劳动奖章。2003年，当选为第十届全国人大代表。

孙志远　原名孙鸿锟，1923年出生，茂芝场村人。高中学历，中共党员，司（厅）职。1943年参加工作，历任福山县武工队队员、福山特区副区长、芝阳山区区长、福山县司法科副科长、县医院副院长。1949年始，历任上海市高桥区副区长、市建工局处长、市建工医院院长、市住宅总公司副总经理。荣立一、二、三等功各1次。获军功勋章3枚。1985年离休。

孙志超　1926年出生，茂芝场村人。初中学历，中共党员，副司（厅）职。1942年参加工作。1945年，任福山城厢镇副镇长。1946年，任第八区区长。1947年4月，任芝阳山区区长。是年5月，任县教育科副科长。同年7月，任教导员，带领全县300名民工担架队，支援鲁南会战。1948年2月，先后在潍坊市、济南市工商局、济南市区、济南市委和市政府，历任副科长、区长、区委副书记、党委书记、宣传部副部长、市委常委、副市长。荣立二等功1次、三等功2次，多次受到各级表彰。1983年离休。

孙承贤　1950年10月出生，上官老沟村人。大本学历，中共党员。初中毕业后，回乡务农。1972年1月参加工作，历任张格庄供销社团支部副书记、福山镇供销社干事。1979年5月，调到福山县委组织部，历任干事、办公室主任、干部科科长。1984年7月，入烟台电视大学干部专修班进修。1986年7月，历任福山区委组织部副部长、老干部局局长。1989年12月，调任龙口市纪委书记、市委常委、市委副书记、代市长、市长。2000年12月，调任烟台市发展和改革委主任、党组书记，市政协副主席兼发改委主任。2001年，被烟台市委、市政府记二等功1次。

孙祖梅　1933年出生，隆口村人。大本学历，中共党员，副司（厅）职。1951年参加工作，在国家第一机械部大连起重机厂和三局当办事员。1955年，先后入汉口和北京技校、北京机械学院学习深造。1964年毕业后，回一机部干部司，历任干事、组长、处长。1983年，任中共中央纪律检察委员会驻机械部纪检组副组长。1989年，历任国家机械委科技情报所党委书记兼常务副所长、中国机械工程学会管理学会理事长。1993年退休。

孙善毓　1935年8月出生，老官庄村人。大专学历，中共党员，师职。1951年7月参加解放军，在烟台步兵101师炮兵团当通讯员。1952年，入空军第五航空预科总队学习。同年4月，在空军空降兵司令部任文员。1958年9月，在空军地空导弹兵独立一营政治处当干事。1967年5月，调国防科委第14研究院政治部，先后任干部处副处长、代处长。1975年8月，任军委空军司令部政治部干部处处长。1982年1月，任空军第七研究所政治部主任。1988年1月，任空军第六研究所政委、代所长。1990年11月，退休。1991年1月，被聘任为北京华讯通信集团公司顾问。工作之余，撰写“地空部队训练”“战斗中政治工作经验”等论文，被军内报刊选用。曾参入击落美制U-2高空侦察机，立集体一等功1次、个人三等功1次。平时工作中，荣立个人三等功4次。

李强　又名王之连，1925年出生，东关村人。高中学历，中共党员。1944年参加革命，从事政保工作。历任福山县公安局股长、河南省内乡县公安局局长、南阳市公安局副处长、河南省公安厅处长、宜阳县委书记、洛阳地区财委主任、洛阳市委常委、河南省公安厅副厅长。多次立功受奖。1987年离休。

李国洋　1934年出生，泊子村人。研究生学历，中共党员。1966年清华大学研究生毕业，先后在中国建筑学院、国家建工总局、城乡建设环境保护部任副处长。1988年，任建设部科技发展司副司长、副总工程师。参与制定国家科技发展规划和12项技术政策，其中两项2次获国家科技进步一等奖。发表论文10余篇。翻译出版英、俄文土木建筑科技著作50万字。1994年退休。

李炳善　1931年出生，湘里村人。高中学历，中共党员，副司（厅）职。1952年参加工作，历任吉林林区文教部干事、八家林业局《林区生活报》编辑和党委秘书、延边林业企业党委办公室研究员、东北林业总局和黑龙江省林业局科级巡视员、黑龙江省林业科学院组织部长和纪委书记、野生动物研究所党委书记。多次受奖。1991年退休。

李培先　1929年出生，宋家疃村人。大专学历，中共党员。1947年参加解放军，历任80师239团排长、炮团指导员、卫生营副教导员、高炮营教导员。1963年，入解放军炮兵学院学习。结业后历任解放军27军高炮团政治处主任、627团政委、高炮75师副政委。荣立二等功1次、三等功5次。1981年离休。

杜林　又名杜百鑫，1927年出生，盐场村人。小学学历，中共党员，少将军衔。1944年参加八路军，在福山县独立营、北海军分区特务营和教导营，历任班长、排长、副指导员。后历任胶东抗大学员，胶东军区政治部宣传干事和青年干事，济南军区工程兵政治部主任，守备26师政治部宣传科科长，68军政治部宣传处处长，202师政治部副主任、副政委。1970年，调任北京军政大学学员队政委，1971年任大队副大队长（副军职）。1976年，调任青海省果洛军分区政委、分区党委书记，并任果洛州委常委，被选为兰州军区党委委员。1980年，调任青海省军区政治部副主任、党委副书记。1985年离休。

曾参加解放烟台（1945年）粉子、丈苓阻击战，莱阳战役、解放青岛、长山岛战役等。荣立三等功和四等功各2次，被授予三级解放勋章、独立军功荣誉章。

吴成强　1925年出生，西宋洲村人。中专学历，中共党员。1945年入伍，历任干事、排长、指导员、副教导员、政治处主任、团政委、师副政委。荣立三等功1次、四等功2次。1980年离休。

吴辑经　1928年出生，张格庄村人，大专学历，中共党员，副师职。1946年参加解放军，在福山县独立营、北海2团、32军、27军，历任班长、排长、连长、主任。后入解放军工程兵学院学习。1956年毕业后，历任江苏省军区75团工程兵主任、仪征工地副主任、仪征县武装部部长、江苏省军区独立师副师长、扬州军分区顾问。多次立功。1982年离休。

余之光　原名姜国忠，1920年出生，西回里村人。中专学历，中共党员。1938年参加革命工作。1942年，入胶东抗日军政大学学习。结业后历任武工队长、县委秘书、宣传部长。1949年，随军南下，历任四川省渠县县委副书记、县长，共青团川东地委副书记，西南教工部长，团中央委员、共青团重庆市委书记，重庆市工办主任、轻工局长，四川省工业厅副厅长兼副书记、省文办副主任、省教育厅顾问。1985年离休。

余秀超　1917年出生，冯家村人。初中学历，中共党员。1942年参加革命工作，历任门楼区教师抗日救国会主任、福山县各救会会长。1946年，调任泰山区委书记。1952年，调任青岛市台西区委宣传部长、市房产局科长。1969年，调任山东省建筑设计院院长。1973年，任淄博建筑公司经理。多次受到表彰。1976年离休。

邹广严　1941年出生，房家疃村人。大本学历，中共党员。1968年，天津大学毕业，先后在国家冶金部长城钢厂、长城特钢公司、四川省计经委、省政府，历任党总支书记、办公室副主任、技改处处长、物资供应处处长、副厂长、党委书记、计经委副主任、生产委员会主任、副省长。多次受到表彰。主编《管理之魂》，副主编《企业领导工作手册》，发表论文多篇。2001年退休。

邹日光　又名邹明朗，1931年出生，大转村人。大本学历，中共党员。1946年，从事地方武装，任福山县区中队班长。同年参加解放军，在北海一团、第三野战军教导师、公安13师、中国人民志愿军和某师纠察团、857农场，历任干事、助理员、股长、科长、副主任。1959年，任中国科技大学级部主任。后调任一机部、冶金部科研所、交通部科学院政治处主任。1978年，调国家人事总局、劳动部，历任处长、副司长。编辑《奖惩工作解答》，主编《奖惩工作手册》。荣立三等功2次、四等功5次，获军功章1枚。1991年离休。

邹志远　女，1929年出生，銮驾庄村人。初中学历，中共党员，副司（厅）职。1946年参加革命，从事医疗工作，先后在解放军驻福、胶东、华东、西南、西北及福州军区医训队、医院、学校，历任护士、区队长、军医。1964年，转业到福建省漳州市妇幼保健站、人民医院、市立医院，历任副站长、副书记、副院长。荣立三等功4次、四等功2次。获全国“三八”红旗手称号。1984年离休。

张广田　1928年生，仉村周村人。初中学历，中共党员。1945年参加解放军，历任排长、连长、股长、科长、团参谋长、团长、副师长、浙江金华军分区副司令员。荣立三等功8次。1985年离休。

张云生　曾用名张志勤、张维俭，1922年出生，宅院村人。小学学历，中共党员。 1944年参加工作，就职于栖福工商局和烟台镇泰公司。1949年，调香港运通船务、华夏企业、远洋轮船和海通有限公司。1974年，调任北京中国对外贸易运输总公司经理。1982年离休。

张柯铎　原名张家基，1922年出生，宅院村人。初中学历，中共党员。1938年参加革命工作，历任队长、股长、军事部长、副指挥、宣传部长、代理县委书记、县武装部政委、地委政策研究室主任、江苏省政府副厅长、南京市政协常委、秦淮区政协主席。多次受到表彰。1984年离休。

张振平　原名张家志，1929年出生，宅院村人。中专，中共党员。1944年参军，历任股长、政治处主任、总政群工部助理员、青海军分区副政委、总政文工团副政委及“八一”电影制片厂副政委、政治部主任、纪委书记。荣立二等功1次、三等功2次。1980年离休。

张增政　1936年出生，宅院村人。大本学历，中共党员。1949年，解放军哈尔滨军事工程学院毕业，先后在解放军第20和27训练基地、试验训练基地，历任气象预报员、组长、室主任、科长、副参谋长、高级工程师、正师职副总工程师。在西昌试验基地建设以及导弹、卫星、核弹试验、“亚洲一号”和“长二捆”发射、气象研究、人员培训等方面有重大贡献。多次立功受奖。1983年离休。

迟焕然　1952年出生，永福园村人。大本学历，中共党员。1972年2月参加工作，福山纸箱厂工人。是年6月，调县政府，历任工业局文书、工办秘书、政府秘书、团县委书记。1984年，入山东师范大学干部专修班进修2年。1994年，调烟台市政府，先后任财贸科长、办公室副主任、秘书长、交通委主任。1998年，任烟台市政府副市长。

陈芳甫　原名陈芳钊，1932年出生，浒口村人。高中学历，中共党员，司（厅）职。 1947年参加工作，在福山县四区、北海独立团、三野教导师、第三公安部队学校、上海警备区，历任干事、排长、指导员、教导员、团长、副教务主任、副政委。1988年，任同济大学机械学院副院长。荣立三等功3次、四等功4次。获优秀教育工作者等称号。1993年离休。

陈学振　又名程玄桢、蕴声，1941年出生，舒家村人。大本学历，中共党员。副司（厅）职。1966年山东师范学院毕业，先后在山东省滑翔学校、胜利油田中学、省出版总社、齐鲁书社，历任教师、教导主任、副校长、研究室主任、总编委副主任、书社社长。著有《中学代数复习集》，译有《代数和初等函数习题集》，参编《山东年鉴》《中国出版年鉴》《当代中国的山东》《精神文明建设调查与讨论文集》。发表论文多篇。曾获省劳动模范、优秀教师、先进工作者称号。2001年退休。

陈树远　又名梁志远，1919年出生，官庄村人。初中学历，中共党员，副司（厅）职。1943年参加革命工作，在臧家、古现村任教。1945年，任福山县各救会文书。1947年，任辽宁省阜新市任高德煤矿主任。1954年，去内蒙古自治区，在通辽县和开鲁县，历任区长、区委书记、公安局长、呼纳盟公安局副处长。1973年，调任内蒙古自治区公安部处长、劳改局副局长。多次立功受奖。1983年离休。

陈茂胜　原名陈际田，八角泊子村人。初中学历，中共党员，副师职。1944年参加八路军，先后在胶东军分区、山东省被服厂、华东军区工厂、解放军总后勤部“八一”农场、广州建设兵团、华南热带作物科学研究院，历任指导员、场长、副书记、师副政委、副院长。多次获劳动模范、红旗手、模范干部、优秀党员、先进工作者称号。1984年离休。

林则福　1930年出生，西留公村人。高中学历，中共党员，副司（厅）职。1946年参加革命工作，入军政学校学习。先后在华东野战军第13纵队、胶东军区、32军，历任文书、文化教员、干事、副指导员。1953年，转业到地方，历任华东纺织局监察员、国棉七厂党委副书记、普院区委党校主任、宜昌和曹阳中学校长、区委副部长、普院区人大常委会副主任兼机关党委书记。多次受到表彰。1990年离休。

林则普　1931年出生，西留公村人。大本学历，中共党员。1948年春参加解放军，在东北军区后勤部工作。1949年后，转业到中央贸易部工作。1956年，调任国家商业部部长秘书。1958年，调浙江省委财贸部。1960年，入中央党校学习。1963年，调任商业部处长、政策研究室副主任、办公厅副主任。1982年，调任国家经委国内贸易局局长，旋任国务院经济调节办公室一组组长。1986年，调任商业部饮食服务局局长，兼任中国烹饪协会常务副会长、秘书长和世界中国烹饪协会秘书长。在主理商业饮食服务工作期间，于1987年领导成立中国烹饪协会，策划组织各类全国烹饪技术大赛，培养了大批名厨新秀。1991年，领导成立世界中国烹饪联合会。多次率中国烹饪代表团到世界多国和地区参加交流与表演，把中国烹饪技艺和烹饪学术理论介绍到国外，使中国烹饪协会成为世界厨师联合会第40个成员会员。组织“中国烹饪学术研讨会”多次、“中国烹饪论坛”2次、“清真饮食文化学术研讨会”1次、“国际烹饪文化研讨会”4次。发表《二十一世纪的中国烹饪》《千禧之年论烹饪》等论文40余篇。主编和参编烹饪典籍有《中华饮食文库》《中国烹饪发展战略问题研究》《中国烹饪技法集成》《中华名优小吃集》等。1992年离休。

初学导　1939年出生，东黄埠村人。大本学历，中共党员。1962年曲阜师范学院数学系毕业，留校任教，历任助教、讲师、副教授、教授、自动化研究所副所长、所长。发表学术论文20篇，出版著作有《系统辨识及其程序设计》。1999年退休。

初晓燕　女，1958年2月出生，上夼村人。大本学历，中共党员。1975年下乡知青，任村党支部副书记。1976年，任共青团福山县委副书记。1980年，调山东省司法厅，历任律师处副科级干事、宣传处和律师管理处正科级助检员及基层工作处处长。2002年，任政治部主任（副厅职）。1998年，首开东明“148”法律服务专线。发表论文20余篇。先后被省政府机关评为优秀工作者、巾帼建功先进工作者；受省司法厅嘉奖1次，记三等功1次。

赵玉华　1925年出生，黄连墅人。初中学历，中共党员。1946年参加解放军，历任班长、排长、连长、参谋、作训股长、团参谋长、副师职顾问。荣立三等功4次。1985年离休。

赵心悦　1927年出生，西陌堂村人。初中学历，中共党员。1946年参加解放军，历任班长、排长、指导员、连长、参谋、科长、参谋长、驻刚果军事专家、西安军分区副司令员。多次受奖。1987年离休。

赵廉坡　又名赵松山，1926年出生，赵庄村人。初中学历，中共党员，司（厅）职。1944年参加工作，先后在门楼区、县公安局、山东公安总局，任公安员、侦查员。1949年，入华东党校学习。毕业后，历任上海市高桥公安分局和市公安局股长、科长、协理员，华东局和上海市委组织部科长、上海市体工大队副大队长、上海市体育馆馆长兼上海体操协会主席。多次立功受奖。1987年离休。

赵丽明　女，1948年出生，小赵家村人。研究生学历，博士学位，中共党员。1968年参加工作。后在华中师范大学博士研究生毕业，历任北京市崇文区职工大学教师，清华大学中文系讲师、副教授、教授。著有《中国女书研究》，发表文献学、语言学、文学研究等论文20余篇。获清华大学优秀教师奖和朱自清语言文学奖。

胡万发　1936年出生，下官乐沟村人。大专学历，中共党员。1953年在工厂当工人。1955年参加解放军，任排长。1962年，入汉口陆军高级步兵学校学习，毕业后历任副指导员、副教导员、协理员、组织股长、政治处主任、团政委、师副政委。1986年，转业到烟台市民政局任副局长。荣立三等功3次，受表彰多次。1996年退休。

周世兰　1920年出生，上刘家村人。初中学历，中共党员，副司（厅）职。1947年参加革命，从事行政管理工作，任股长。1949年，随军南下到广西省，历任广西垦殖分局科长、农垦局副处长。1972年，调任中共广西壮族自治区组织部老干部处处长。1978年，任自治区人事局副局长。多次受到表彰。1983年离休。

周恩庆　1933年出生，钟家庄村人。大本学历，中共党员，副司（厅）职。1949年参加工作，历任东北工业部经理处办事员、重工业部财务科员、国家冶金部副司长。1982年，入北京钢铁学院管理系深造，结业后回冶金部工作。1989年后，历任冶金部审计局副局长兼国防审计师协会会员、中国内部审计学会副秘书长、中国冶金审计会会长。3次主编《冶金产品价格目录》，发表专业论文和赴美考察报告等10余篇。1993年退休。

岳惠生　女，又名岳永慧、李惠生，1925年出生，盐场村人。初中学历，中共党员，副司（厅）职。1940年参加革命工作，分别在福山县妇联、福山中学、烟台市公安局、山东省公安厅、黑龙江省北海钢厂、二机部哈尔滨物理研究所、黑龙江省机械研究所，历任干事、科员、科长、办公室副主任、党委书记。多次受到嘉奖。1981年离休。

柳运荃　1928年出生，西罗格庄村人。大专学历，中共党员。1945年春参加八路军，后入抗大山东分校学习。结业后历任解放军和志愿军观测员、排长、副连长、连长、参谋、股长、营教导员、团参谋长、福州军区炮兵司令部作战训练部处长、部长。荣立三等功4次、四等功4次，获解放奖章和独立功勋荣誉章各1枚。1947年，在鲁南会战中荣立战功，福山县委授匾故里，上书“柳运荃同志鲁南会战立功纪念，《人民功臣》”。1982年，副师职离休。

柳新华　1954年8月出生，高疃北村人，研究生学历，中共党员。1975年11月参加工作。1980年7月，在烟台地区经委，历任办公室秘书、副主任、科长。1990年5月，任烟台市委研究室科长、副处职秘书。1991年3月，任烟台市政府办公室副主任。1993年4月，任烟台市政府副秘书长、办公室副主任；1994年9月，转为正处职。1997年3月，任烟台市政府副秘书长、政府办副主任、调研室党组书记。是年12月，任烟台市政府副秘书长、办公室主任、党组副书记、调研室党组书记。致力于学术研究，在国家级报刊发表文章70余篇，获省（部）级奖6项、市级奖12项。著有《烟台工业概览》《企业管理实例新编》《实用公文写作概要》《天堑化通途》《中国城市综合势力五十强·烟台市》《辉煌——烟台开发十年》《烟台社会服务承诺理论与实践》《创新致胜》《悲壮的挽歌》《渤海海峡跨海通道研究》等16部。是国家“863”计划“采用国产软硬件进行电子政务研究与示范应用”和国家科技攻关计划“渤海海峡跨海通道前瞻性研究”课题主要负责人。

姜荣　1929年出生，善疃村人。高中学历，中共党员，副司（厅）职。1943年参加工作，先后在蓬（莱）黄（县）福（山）联合中学、胶东军区、北海银行福山办事处、《大众日报》社发行组及江苏省邮电局、交通部、机械厅办公室、组织部、进出口商品检验局，历任会计、组长、处长、副主任、主任、局长。多次受奖。1992年离休。

姜超　女，原名姜咏雪，1924年出生，姜家夼村人。初中学历，中共党员，司（厅）职。1944年参加革命工作，历任小学教师、门楼区委宣传干事、福山医院干事、青岛信托公司科长、中国石油公司科长、上海市粮食局局长。

荣立三等功1次、四等功1次，获先进工作者、优秀党员多次。

姜连水　原名胡修连，1909年出生，胡家夼村人。初中学历，中共党员，副司（厅）职。1941年参加革命，在福山从事党政工作，发动群众，进行抗日活动。1941年，任福山县社会部副部长。1942年，任福东工委书记。1944年，任芝阳山区区委书记。1945年，任烟台市秘密工委副书记。1946年，任潍坊市北关区委组织科长。1949年南下，在上海市历任市纪委审理科长、市机电局和造船局纪委副书记。多次受奖。1970年离休。

姜泽亭　1930年出生，西回里村人。中学学历，中共党员，副省（部）职。1947年参加革命，从事行政管理工作。先后在东海地区、苏南行政公署、四川省，历任股长、科长、主任、省公司经理、处长、省财贸办公室副主任、省财政厅厅长、省政府秘书长、省政协副主席。多次受到表彰。1990年离休。

姜鼎禹　1926年出生，邹格庄村人。大专学历，中共党员。1943年参加八路军，历任班长、排长、指导员、教导员、科长、政治处主任、师后勤部政委。1953年，先后入北京公安学院和北京政治学院学习，毕业后历任南溪岛守备团政委兼县工委书记、高炮团政委、122师和惠阳军分区副政委。荣立大功2次、小功多次。1986年离休。

贾德丰　1927年出生，东北关村人。大本学历，中共党员。1944年参加八路军，历任卫生员、医助、军医、内科主任。1960年，入解放军重庆第七军医大学深造，毕业后历任福州军区医校内科教研室主任、186医院副院长（师职）。荣立二等功1次、三等功6次、四等功4次，被授予军分区卫生模范。1978年离休。

倪德礼　1924年出生，陈庄人。大专学历，中共党员，副司（厅）职。1943年参加地方武装部队，历任福山县独立营班长、排长。1946年，历任连长、营长、93师团参谋长、团长。1963年，转业到福建省，历任永安机械厂厂长、党委书记，省物资厅处长、副厅长，省建委副主任、副书记，省建工局副局长。曾多次立功受奖。1984年离休。

郭敏　女，1923年出生，西北关村人。初中学历，中共党员，司（厅）职。1938年参加革命工作，历任宣传队员、剧团演员、组织干事、县妇救会长、专区和省妇联主任、女工部长、胜利油田政治部副主任、一机部纪检书记。曾多次立功受奖。1983年离休。

郭志涛　原名郭新钧，1930年出生，门楼村人。大本学历，中共党员，司（厅）职。1949年大连工学院毕业后参加工作，历任中科院大连物化所秘书、科长。1959年，入哈尔滨建工学院、中国科技大学进修。结业后历任中科院工程力学研究所一室副主任、处长、地震地质副大队长、党委书记。1988年，任国家地震与地壳应力研究所所长兼党委书记。1990年离休。

栾世熙　1933年出生，浒口村人。大本学历，中共党员，司（厅）职。1952年参加工作，在北京同仁医院任干事。1958年后，先后入北京同仁医院、北京医学院、北京友谊医院进修。1963年结业后，在北京同仁医院，历任病理科医师、党支部书记、院长办公室主任。1978年，赴非洲几内亚，任中国医疗队队长、党总支书记。回国后，1981年任北京同仁医院副院长。1988年，退居二线。1993年退休。当医生，重医术，精益求精，热情为患者治病；当领导，重医德，积极为患者服务。所在医院和个人，曾多次获奖。

栾秉良　1945年1月出生，汪家疃村人。大专学历，中共党员，司（厅）职。1961年7月烟台六中毕业后，回村务农。1965年12月，历任农中、小学、联中民办教师。1975年8月，历任钟家庄和西关联中校长、党支部书记。1978年1月，调任烟台市只楚公社教育组党支部副书记、只楚中学校长。1980年3月，任烟台市第六中学教导主任、党支部书记。1981年9月，入山东师范大学干部专修科中文系进修。1983年7月，任烟台市委党校教研室主任。是年11月，调任芝罘区委副书记兼组织部长。1986年6月，任芝罘区副书记、代区长、区长。1989年12月，任芝罘区纪委书记、武装部第一书记。1991年9月，入山东省委党校学习。1992年12月后，历任烟台市委常委、市纪委书记、市委副书记、市政协党组书记。2001年3月，任烟台市政协主席、党组书记。

逄文洲　1927年出生，前富村人。初中学历，中共党员。1945年参加解放军，历任班长、排长、指导员、教导员、协理员、政治部主任、团政委、广州军区空军司令员、军区政治部副主任。曾多次立功受奖。1982年离休。

逄忠国　1942年出生，前富村人。高中学历，中共党员。1961年入伍，历任山东省公安厅办事员、科员，解放军边防总队后勤部副科长，中国人民武装警察部队山东总队后勤部营房处长、后勤部副部长。荣立三等功1次。2002年退休。

鹿玉理　1939年出生，城里村人。大本学历，中共党员，副司（厅）职。1963年吉林大学毕业，在山东大学从事教育工作，历任历史系副主任、副教授、学校教务处处长、教务长。主要从事电化学、电报过程动力学的理论研究，并在化学电源（铅酸蓄电池）、电镀的应用研究方面取得成果，“便携式铅酸蓄电池塑料板栅的研制”，获国家专利。合译《铅酸蓄电池电化理论》，发表学术论文20余篇。1999年退休。

鹿崇义　1935年出生，鹿家村人。大专学历，中共党员，副司（厅）职。1950年参加工作，历任天津机械修配厂厂长、塘沽阀门厂副厂长、天津市计委副处长和综合计划处处长、天津市计委副主任兼天津市物资局党委书记。曾多次受表彰。1995年退休。

萧航川　1931年出生，肖家村人。大本学历，中共党员。1946年在本村小学任教。1950年，莱阳师范毕业后，参加抗美援朝，后经军队公安干校培养，先后在平原省（今河南省新乡市一带）公安厅、国家公安部工作。1955年，派往苏联列宁格勒防控军官学校学习。1957年回国，先后在公安部12局、市警卫处、2局警卫处等单位工作。1980年，任公安部警卫局师职干部。1988年，获解放军胜利功勋荣誉章。1992年离休。

董金田　1922年出生，百堡村人。初中学历，中共党员。1944年参加革命工作，先后在福山县大队、抗日民主政府、北海兵工厂、汽车队等，历任战士、干事、股长、副队长。1949年参加渡江和解放上海战役后，分别在上海军管会、造船厂、黄浦江码头等担负保卫工作。是年10月，参加解放新疆，后率西北军区汽车一、二团进军西藏。1960年，调总后勤部232部队，任副师职干部。曾多次受奖。1982年离休。

钱立山　又名钱科盛，1926年出生，旺远钱村人。初中学历，中共党员。1945年参加革命工作，先后在沈阳独立大队、辽西保一旅、19师，历任文化教员、党支部书记、指导员、副教导员；在北京部队直属检察院、航空兵4师和天津海军政治学校分校，历任检察员、师副政委和分校副政委。荣立大功1次、小功3次。1984年离休。

谭延贤　1915年出生，谭家村人。高小文化，中共党员，副司（厅）职。1944年参加革命工作。1947年，任古现区区长。1948年，任门楼区区长。1949年，任福山县司法科科长。是年10月后，历任胶东司法处审判员、上海华东司法干部班主任、华东法院科长、上海铁路法院副院长、司法局副处长兼律师协会秘书长、新建机器厂和重机公司党委书记、江西东华计量所及国防工业设计院党委书记和院长。荣立一等功1次，1984年离休。

腾春山　1933年出生，楮家疃村人。高中学历，中共党员。1951年入伍，历任解放军总政治部文工团队员、组长、分队长、副区队长、乐队队长（副师职），兼任中国音乐家协会会员、低声提琴学会理事。擅长乐技，精于低音提琴、大号、电贝司演奏，曾参与大型史诗《东方红》演出，并多次出国演出，受到海内外观众称赞。1998年退休。

王丕典　1942年出生，上疋山夼村人。中共党员，大专学历，高级工程师。1963年7月参加工作。同年10月参军，先后任学员、技术员、分队长、参谋、工程师（技术九级副团职）。获嘉奖4次，荣立三等功1次。1988年10月，转业到湖北省国土资源厅，先后任科长、高级工程师、副处长、正处职调研员。1989年后，选任湖北省测绘学会第五、六、七届理事会常务理事和省土地学会第五届理事会副秘书长。获国家和部级科技优秀成果奖4项、科技进步奖1项。在省级以上刊物发表论文10余篇，参与编写出版《湖北土地资源》和《湖北省志（自然资源卷·国土资源）》。2002年12月退休。

解北振　1951年11月出生，院下村人。大本学历。1968年12月参加工作。1973—1978年，历任古现公社团委副书记、书记、党委常委。1978—1981年，任福山团县委书记、县人大常委。1981年后，调山东省团校、山东省青年干部学院，历任总务处副处长、处长、院长助理。1992年，任共青团全国干部院校后勤工作研究会副秘书长。

张恩行　1954年11月出生，南张家村人，大专学历，中共党员，上校军衔、一级警督。1973年11月入伍，历任解放军陆军21军军直汽车教导队教练、副班长、排长、汽教队长、营政治教导员。1991—1994年，历任陆军21集团军陕北煤矿副团职助理员、政委、矿长。1994年5月后，历任兰州军区陕北矿管局正团职矿长、军区后勤部上校处长。1998年8月，转业到烟台市公安局，任行政装备财务处副处长。

在部队期间，参与或主持集团军的有关军事运输、战备训练、战役演习、抢险救灾、部队整编、部队移防和自卫还击作战部队运输保障工作。1989年秋，在陕西省宝鸡市夜间率领2个汽车教导连300余人执行铁路抢险任务时负伤，伤愈后被定为三等甲级革命伤残军人。转业到地方后，主管公安行政和后勤保障工作，参与和负责历届烟台国际果蔬博览会和国家领导人来烟等重大活动的保卫和后勤保障工作；负责主持全市166个公安派出所的外观改造和部分派出所、看守所、公安局的基本建设。荣立三等功5次。1979年，被评为红旗车驾驶员和优秀车管干部。1994年，被评为集团军先进个人。1998年后，被评为优秀公安员、市抗旱节水先进个人，被市政府嘉奖和记三等功，获山东省绿化造林红星奖章等。

王福重　王懿荣孙女，1921年出生，古现东村人。大本学历，中共党员。幼受家教，聪慧好学。1940年考入燕京大学研究生院。后因家庭困难辍学，在天津圣功女子中学任教。1954年，任教导主任；1956年，任副校长。1978年，被评为国家特级教师。1984年，调天津教育学院，历任讲师、副教授、教授。1996年退休。执教50年，刻苦钻研业务，改进教学方法，创出独特风格的王氏教育理论，成为当地最受尊敬的名师。多次被评为“三八”红旗手、先进工作者、模范教师、市劳模和全国劳模。从1955年起，先后当选为区人大代表和常委委员、市政协委员和常委、全国政协委员和常委、民进中央委员。担任全国政协委员20余年，共写提案400余件。1962年，毅然将祖父收藏和保存的500片甲骨无偿捐献给国家。为支援家乡福山筹建王懿荣纪念馆，捐献出先祖遗物文件，对家乡文化事业做出贡献。

于纯智　1925年出生，八角村人。大本学历，中共党员。1948年沈阳医学院毕业。1949年，参加解放军。参入西北军区人民医学院筹建；在解放军第四军医大学和附属医院，历任教员、副教授、教授、主任医师，兼任陕西省政协委员、卫生组组长、医学会理事、眼科学会副主任。取得多项科研成果，曾获全国科学大会奖、“神农杯”优秀奖、卫生部二等奖、全军科技三等奖2项、其他奖6项。荣立三等功2次。合编《眼科伤学》《眼科临床专题讲座》，发表论文45篇。1985年离休。

于培礼　1921年出生，东厅村人。大本学历，中共党员。1947年北京大学医学院毕业，先后在北京中央医院、中央人民医院、中国人民志愿军军医手术队、解放军第十三陆军医院，历任医助、医生、主治医生、队长；在辽宁省鞍山钢铁公司总医院，任骨科主任、主任医师，兼任鞍山市和辽宁省骨科学会理事长、鞍山骨科研究所名誉所长、市政协委员。发表学术论文15篇，曾多次受到嘉奖。1988年离休。

于善谦　1936年出生，湘河村人。研究生学历，中共党员。1961年7月复旦大学毕业后，在该校攻读研究生。结业后留校，任助教、讲师。1980年，赴美国留学，研读病毒学。1982年回国，在复旦大学生命科学院，历任病毒研究室副主任、副教授、教授。对病毒学深有研究，位居领先地位，受到各级的表彰和学术界的好评。出版译著有《植物病毒志》2集；参入出版编著有《植物检疫》（植物病毒检疫的血清学方法）、《病毒与农业》（植物病毒生态学及病毒病的生态学控制）、《中国农作物病虫害》（大麦黄花叶病）、《病毒名称手册》。发表论文主要有“黄瓜花叶病毒单克隆抗体制备及其对株系特异性的研究”“发生在我国的小麦黄花叶病毒病”“芜菁花叶病毒的榨菜分离株”“种传大小麦病毒病的研究”“大麦黄矮病在甘肃河西地区的流行与生态防治”“香菇病毒的研究”等。1996年退休。

马文启　笔名未来，1926年出生，马家村人，研究生学历，画家。1950年考入东北鲁迅美术学院，毕业后在该校攻读研究生。1957年，毕业后留校从教，历任助教、讲师、副教授、学报主编、教授，兼任沈阳出版社特约副编审、中国美协会员、辽宁版画学会理事。对中西美术史深有研究。作品、著作和译著有《北陵风景》《业余绘画教材》《水彩肖像画法》《素描教学》《外国素描艺术》等。曾多次受奖。1986年退休。

车培岩　1935年出生，车家村人。大本学历，中共党员，著名导演。1952年参加工作，在石井村任教。后入中央戏剧学院学习。毕业后，历任春雷文工团和黑龙江实验剧院导演、黑龙江电影制片厂导演和艺术室主任、黑龙江电影电视剧制作中心导演和创作室主任。导演京剧、评剧、豫剧、龙江剧16部及电视剧9部，任副导演的电影《她从雾中来》《皇亲国戚》，分别获中央组织部党教片一等奖、国家保密局保密教育片三等奖、东北“三省”电视连续剧金虎奖和三等奖、煤炭部乌金奖。

王征　又名王凤灵，1929年出生，百堡村人。研究生学历，中共党员。1948年参加工作。1952年，中国人民大学毕业，留校任教。后分别在东北人民大学、辽宁财经学院、辽宁省经济哲学社会科学研究所、中国医科大学马列主义研究室、辽宁大学，历任组长、副主任、讲师、副教授、主任、教授。主编著作有《企业管理现代化概论》《现代企业管理方法》；副主编著作有《实用经济工作手册》《走向成功》；合编著作有《中国企业管理百科全书》《现代管理学导论》。发表学术论文20余篇。获各级表彰5次。1989年离休。

王华南　又名王延文，1917年出生，西周格庄村人。初中学历，中共党员，著名画家。1940参加工作，历任福山青救会长、文协主任、北海区青联宣传部长、胶东青联教育科长、《青年》杂志编辑、鲁南新区工作队队长。1947年参加解放军，历任教导员、民运部长、区委书记、秘书科长。1956年转业到地方，历任北京中国画院办公室主任、秘书长、中国美术馆负责人。自幼喜爱绘画，师承知名画家李程九，摹读荆浩、范宽、石涛、吴石仙等大师作品，继承中国画的笔墨风韵。其画以写意山水为主，擅长雪景，淡妆素洁，意境贞靖，独树一帜。作品曾多次获奖。1993年，在全国获得大展一等奖，在香港获金奖。1997年，在首届世界华艺术大奖赛中获优秀奖。2002年，获百名金牌艺术家和艺术荣誉博士称号。其作品为世人所重，多被海内外名人收藏。

王汝龙　1931年出生，山王家村人。大本学历，中共党员。1958年毕业于北京医学院，在北京友谊医院，历任药剂科医师、副主管医师、主管医师、党支部书记、副主任药师、主任药师。主编著作《化工药物手册》，编写及编审《国家基本药物》1部；发表“临床抗菌素的进程”“合理用药”等学术论文20余篇。曾多次受到表彰。1991年退休。

王廷风　1933年出生，祖籍福山，出生于辽宁省海城县。高中学历，中共党员，著名书法家。1951年参加工作，在辽宁省公安厅、共青团鞍山市委和中共鞍山市委文教部、组织部、宣传部，历任处长、办公室主任、副部长，兼任中国书协理事和辽宁分会副主席、鞍山市对外友协会长和文联主席。幼读私塾，酷爱书法，先摹颜柳，后临二王。对殷墟甲骨、秦汉碑铭、唐宋行草尤对王羲之、孙过庭、张旭、怀素、米芾、于右任等名家发帖反复练习，认真揣摩，博观酌取，独显机杼。其楷书法度严谨，深得魏晋风骨；行草洒脱刚健，气势融重，章法自然。作品曾参加全国一、二、三、四届书法篆刻展，获四届书展三等奖。1983年参加日本奈川县举办的中国辽宁书道画展。1986年参加日本尼崎市举办的中国鞍山书画展，均被收入作品集。1988年参加台湾“隔山画展”举办的当代大陆书法精英展。其作品有的被国内一些省、市博物馆收藏，有的则为乐山、莫干山、函谷关、王羲之纪念馆、戚继光纪念馆、王懿荣纪念馆等名胜古迹撰写成楹联和题匾，并刻石展出。1993年退休，仍在社会兼职。

王延久　1931年出生，老官庄村人。研究生学历。1952年燕京大学毕业。1955年，哈尔滨工业大学研究生毕业，先在大连工学院任助教，后调郑州工学院，历任讲师、副教授、教授，兼任全国和郑州铸造设备教研会及学会副主任、理事长，郑州机械工程学会和学术委员会副理事长、主任。主编著作有《铸造设备》《铸造设备图册》《铸造车间设计原理》，译著有《铸造车间和工厂设计原理》；发表论文获省级优秀奖。获优秀教师、优秀科技工作者、先进工作者称号4次。1991年退休。

王治忠　1930年出生，绍瑞口村人。大本学历，中共党员。1946年参加解放军，从事医务工作。历任卫生员、军医。1959年，入解放军第四和第二军医大学进修，毕业后历任福州军区鼓浪屿疗养院主任、副主治医师、主治医师、解放军184医院和110医院内科主任、副主任医师、主任医师。发表论文多篇。荣立三等功3次、四等功4次。1990年离休。

王忠良　1927年出生，诸留杨村人。大本学历，中共党员，主任医师。1944年参加八路军，从事医务工作，历任卫生员、军医、主治医师。1945年，入解放军第七军医大学和上海外国语学院留苏班学习。1962年后，历任广州军区196医院主任医师、副院长及366医院副院长。研制成功粉碎性骨折固定器。发表论文获科技三等奖。被授予模范卫生员、模范军医称号。记大功4次、小功1次，受省军区通令嘉奖1次。1982年离休。

王均衡　1925年出生，永福园村人。大本学历，中共党员。1950年哈尔滨医科大学毕业留校任教，历任助教、讲师、副教授、生化教研室副主任、主任、教授，兼任中国生物化学会理事、医学生化专委会和病理生理学会实验血液学会委员、黑龙江省生物化学会理事长、哈尔滨生物学会副理事长、国家“六五”和“七五”重点科技攻关课题负责人。获国家科技奖1项、省科技奖4项。发表学术论文30余篇，参编著作有《中国医学百科全书》等，著、译著作有《生物化学》《内分泌生理学》《造血细胞培养技术》等。1985年退休。

王国潼　1939年6月出生，河北村人。大本学历，中共党员。1960年中央音乐学院毕业，留校任教。1972年，在中国广播民族乐团，历任首席二胡、艺术指导。1983，回中央音乐学院，历任讲师、副教授、教授及民乐系副主任、主任兼教研室主任、中乐系主任、院学术学位委员、中国音乐家协会理事。1991年，应邀赴香港担任演艺学院中国音乐顾问，1999年，历任该院主任、中央音乐学院客座教授，兼任中国音乐家协会二胡学会顾问、中国唱片总公司艺术顾问、香港康乐及文化事务署音乐顾问。

60年代，二胡演奏艺术就已蜚声乐坛，以创新的技巧，成功地演奏了《三门峡畅想曲》《豫北叙事曲》，被誉为“是二胡演奏划时代的里程碑”。不仅为国内外培养了一批优秀的二胡演奏人才，还应邀到20多个国家和地区演出。创作、改编的二胡曲有《怀乡曲》《翻身曲》《南国风情》《山谣》及二胡演奏曲《帝女花幻想曲》《音画——渔舟唱晚》等数十首。录音广播和灌录唱片的二胡独奏、协奏、重奏曲目达百余首，演奏的《二泉映月》获1989年中国唱片总公司首届金唱片奖。1991年，在香港录制10余张二胡独奏CD唱片。主要著作有《二胡音阶练习》《二胡练习选曲》《二胡基础教程》《二胡练习三百首》等。发表“阿炳研究风格初探”等论文20余篇。合作研制方圆二胡、低调粗弦二胡、扁八角高胡等，分获文化部科技成果三等奖和四等奖。1992年，被国家人事部授予“有突出贡献的中青年专家”，载入《中国当代文化艺术名人大辞典》及《英国剑桥中心世界名人录》。

王明月　1956年7月出生，后富村人。中学学历，中共党员。1971年6月参加工作，在福山吕剧团当演员。1980年10月，入山东省专业剧团导演讲习班学习。1981年3月，任福山吕剧团副团长、导演兼演员。1986年1月，调任福山区文艺创作室副主任、三级编剧。1994年3月，任福山文化馆党支部书记、三级编剧。1995年3月，调任烟台市吕剧团副团长、二级导演。2001年5月，入中国艺术研究院戏剧编导进修班。同年7月，任烟台市吕剧院副院长、一级导演。主演的《屠夫状元》《王华买爹》《喝面叶》《借年》等戏剧20余部，其中《铁蛋盼子》被省电视台录播，获地区奖；导演的《包公巧断血手印》《寻儿记》《春江三月》等戏剧10余部，其中《大桥故事》获省二等奖和省精品奖；编、导、演出的话剧小品20余部，其中《停水三天》《王二虎过年》《村长家的稀客》等，分别在市、省、华东、全国比赛中获奖；改编、导演的《孔繁森》演出百余场，《荣辱悲歌》获省编导一等奖，《深宫巡恨》获市编导一等奖和创作二等奖，《张裕魂》获省导演一等奖和省精品工程奖。因工作成绩突出，连年被评为先进工作者，被市文化局记三等功4次。

王学义　1924年出生，古现东村人。1939年烟台志孚中学肄业，同年考入黄埔军校十八期二总队炮兵科。1942年毕业后，历任国民党第一军参谋处少尉、中尉参谋、军直属战车防御炮营中尉排长、师属山炮营中尉观测员和测量员。参加过抗日豫西会战及日军受降。1949年1月，在任徐州战车第一团团副至上尉战车储备军官时，于淮海战役被解放军俘虏，在三野解放军官训练团学习3个月。同年春，上海解放前夕，参加中共地下党发动的国民党京沪杭警备司令部第三处的起义。1949年后，被安置于上海公安局社会处工作。1950年10月，考入中央贸易干校。毕业后，分配到贸易部茶叶总公司企业管理处任科员。后调到农产品采购部、城市服务部、全国供销总社、二商部、商业部等基建部门，参与了全国主要茶区的茶厂建设、机械制茶设备及棉籽脱绒设备的研发与订货。1978年后，主持商业部3万平方米新建住宅工程的技术工作。1988年退休，被返聘原单位及经济日报社，负责新建社址及印刷厂工程，任总工程师。

王厚强　1949年出生，山后村人。大本学历，一级编剧。1968年任民办教师。1970年选入山东省话剧团，从事文学戏剧创作。1978年，入上海戏剧学院文学系编剧专修班学习。1980年，毕业回省话剧团，任专业编剧。主要作品有电视连续剧《眷恋》，获全国电视“飞天奖”二等奖；《重返沂蒙山》，获全军第二届军事题材电视剧二等奖；大型话剧《眷恋》，获华东“田汉戏剧奖”二等奖；《海迪》，获省优秀舞台剧本奖；执笔撰稿的《欢天喜地》《龙飞凤舞》，分别被省电视台1986和1987年春节晚会录播，分获全国一、二等奖。著有长篇小说《午夜恩仇》等。

王尊孝　1924年出生，山王家村人。大本学历，中共党员。1950年浙江大学毕业并参加工作，历任北京黄海化工研究室实习员、国家化工部综合研究室技术员、化工部沈阳化工研究院研究室主任和高级工程师。1984年，任沈阳化工研究院副院长、教授。获国家发明奖和化工部科技进步一等奖各1项。发表学术论文10余篇。1988年退休。

王维谦　1931年出生，石岚村人。大本学历。1954年中国医科大学毕业，先后在山西省卫生厅、药品检验所、卫生防疫站，历任科员、药师、主管药师、主管技师、副主任技师、主任技师、副主任、教授，兼任“九三学社”省委委员、代秘书长、省政协常委、侨办咨询委员。发表学术论文20多篇，主编著作有《食品卫生理化检验文集》，参编著作有《化学性食物中毒与检验》《山西中药志》《卫生技术人员晋升考核题解》。参加全国性先进代表会2次，获国家级奖励3次，受省级表彰5次。1991年退休。

王德钧　1936年出生，古现村人。大本学历，中共党员，著名摄影师。1955年毕业于徐州铁中，响应支边号召，赴新疆工作队，先后入新疆维吾尔自治区干校、新疆语文学院、新疆大学学习。1959年毕业后在《新疆青年报》《新疆画报》《新疆日报》社，历任记者、副主任记者、办公室主任、高级摄影师，兼任新疆摄影家协会副主席、乌鲁木齐职工摄影协会常务理事。拍摄和撰写新闻专题有《博斯腾湖记行》《云雾山中红哨兵》《818水利工程》《深山采药》《公园之晨》《东陌堂之路》《东方夏威夷——烟台开发区》《西大街圆舞曲》等。其作品《草原巡诊》《西陲铁流》《博湖日出》《开都河源头》《戈壁新垦区》《雪珊瑚》等，分别刊登于《中国画报》《人民日报》《中国报道》《中国摄影》等国家级摄影刊物。《天山雪莲》，被国内多家媒体选用，还被《人民画报》编印在《名山集》的挂历中，被《新疆画报》《新观察》《中国青年》《人民中国》等杂志选用于封面或封底，评为《中·日大自然摄影大赛》最佳奖；曾参加《中国大西北摄影艺术展》和《新加坡·中国摄影展》。1996年，撰摄的新闻专题稿《美丽富饶的额尔齐斯河》，在《新疆画报》连载1年，获全国首届画报连载专题一等奖。从事摄影、新闻工作40余年，共发表摄影作品1万品幅，撰写新闻稿10万字。1997年退休。

卢道江　1928年出生，城里村人。大本学历，中共党员。1953年清华大学毕业，留校任教，历任助教、讲师、副主任、副教授、主任、研究员、教授，兼任中国精密仪器学会会员、理事。主持多项精密仪器研究课题。曾获国家发明一等奖、国家科技成果四等奖、北京市科技进步三等奖。1988年退休。

史世奇　字小怿，号卧云，1941年出生，史家庄村人。大专学历，民盟盟员，著名书法家、文物鉴定家和收藏家。1963年北京电力学校毕业并参加工作，在黑龙江省大庆市，历任热电厂计划员、果品工商业务员、文物管理站站长和鉴定员、图书馆采编和馆员、画院负责人及副院长。1992年，调到威海市文管所。1972年后，专研启功书艺；1976年，被启功破例收为弟子，得其真传。作品在大赛中连连得奖，分别被中国历史博物馆、人民大会堂、中南海收藏，被石刻为中国翰林院碑林和黄河碑林。1991年，在中国历史博物馆举办为期一周的“史世奇书法展”，著名书法家李铎为其撰写前言，启功为其题字并致开幕词，观展者络绎不绝，轰动京城。在大庆工作期间，慧眼发现了宋人《蚕织图》和元人《瑶池醉归》2幅画卷，经鉴定为国家一级文物甲级品，受到文化部和文物局嘉奖。1992年，又发现国之孤本的清代《红楼梦人物》册页精绘。他颇爱收藏，古书画、古瓷器、古砚等达国家一、二级文物标准的古物枚不胜数。曾随国家书法出访团访问欧洲，在法国受到舒伦堡伯爵的家宴欢迎。中央电视台、《人民日报》等国内外20余家新闻单位，对其进行采访、报道。1992年，被入编《中国当代书画大辞典》。发表论文有“论宋人（蚕织图）”“简说陶器”“名砚溅说”等10余篇。2001年退休。

史守旭　女，1945年出生，史家庄村人。大本学历，中共党员。1970年北京大学毕业，留校任教，历任物理系助教、讲师、自然科学处科研计划科长、副研究员，深圳研究生院副院长、教授。发表“窄禁带半导体材料的磁光光谱及其非线性光学应用”“激光喇曼光谱和研究管理”等论文20余篇。

由其文　1920年出生，岗嵛村人。大本学历。1944年西南联合大学毕业，历任美军空运处昆明基地翻译、财政部天津直接税局驻厂税务员、沈阳市财政局财务科长、中国实业银行青岛市分行文书主任、行政院青岛办事处专员。1949年后，历任中国人民银行青岛市分行计划股长、行长办公室主任，山东大学经济系讲师、副教授、教授，兼任山东省政协委员、中国民主建国会山东省委委员、山东对外文化交流中心理事会理事。译著有《欧洲的汽车工业》《各国税务怎样进行比较》《跨国公司》等。曾多次受到表彰。1980 年离休。

吕实强　1926 年出生，东留公村人。硕士学位，研究员。1939 年小学毕业。翌年，去烟台从商学生意和在奇章小学任教。1941 年，在张格庄小学任教。1942 年，就读于福山县立中学。1943 年，插班于莱阳联合中学。1945 年，在东留公小学任教，后考入青岛临时中学高中部。1949 年 6 月，随校撤离青岛去台湾。同年 9 月，考入台湾省立师范学院史地系。1953 年毕业，军训 1 年后，于次年到台北市立大同中学任历史教员。1955 年 2 月，被台湾“中央研究院”近代史研究所聘为助理员。1962 年，赴美国哈佛大学进修。1965 年，晋升为副研究员。1969 年，晋升为研究员。1979 年，被聘为中国近代史研究所所长。1985 年，被聘为该所文化思想史组主任，兼任台湾师范大学教授、台湾成功大学历史系硕士和博士研究生导师。对近代史研究成果丰硕。专著有《中国早期的轮船经营》《中国官绅反教的原因》《丁日昌与自强运动》；参编著作有《清代筹办夷物始末引得》、清季总理衙门清档《海防档》《中法越南交涉档》《教务教案档》及《中华民国建国史》《中国近代现代史论文集》《中国现代史辞典》《中华民国名人传》等；发表论文有《清光绪二年淡水厅三重埔教案》《皆督理教士在艋甲初创教堂经过》《冯桂芳的政治思想》《儒家传统与维新》等 114 篇。1997 年退休。

吕韶羽　1932 年出生，塔寺庄村人。大专学历，中共党员。1948 年入华东新闻干校学习。1949 年，随军南下，在《浙江日报》社从事新闻工作，历任通联、记者、编辑、主任编辑。1988 年，任《经济生活报》主编、高级记者，兼任浙江省新闻学会理事等职。发表作品百余万字。其中，《毛主席在浙江农业科学研究所》一文，被评为一等奖。1986 年，获全国新闻工作者荣誉证书。1992 年离休。

吕遵谔　1928 年出生，东留公村人。大本学历，中共党员。1949 年考入北京大学历史系。1953 年，毕业留校，历任考古系助教、讲师、副教授、教授、博士生导师、系副主任。潜心考古发掘与研究，主持发掘的项目有 1964 年蓝田猿人，1974 年湖北三峡等地区洞穴调查，1976 年内蒙古大窑文化遗址，1980 年四川资阳鲤鱼桥文化论证，1982 年山东沂源县洞穴发现 2 枚猿人化石，1984 年辽宁金牛山遗址，1992 年福山大谷家溶洞动物化石等；参入发掘的项目主要有 1954 年山西襄汾县丁村旧石器时代遗址，1956 年广西巨猿化石穴，1958 年北京猿人下颌骨等。这些发掘，有的填补了历史的空白，有的得到准确命名，引起考古界关注，受到国家重视。发表论文主要有《内蒙古西林考古调查》《我国旧石器时代考古概况——兼论大窑文化》《四川资阳鲤鱼桥发掘报告》《金牛山人化石的发现与意义》《舒子洞人类化石》等。出版论著有《史亚文明史（第一卷·旧石器时代早、晚期）》《关于寻找人类祖先及其文化的几点认识》《金牛山髋骨的研究》《南京人化石研究》《千禧年中国旧石器时代回顾》等。

刘永健　1954年出生，栾家疃村人，博士研究生学历，中共党员。1970 年参加工作。1976 年，北京钢铁学院毕业，在天津重型机械厂任技术员。1981 年，考入华中理工大学，获硕士、博士学位，毕业后在中国国际信托投资公司天津工业发展公司项目部，任经理、高级工程师，兼任天津格鲁麦克有限公司和肯尼迪化纤制品有限公司董事。在国内外机械及计算机应用等杂志上，发表论文多篇，部分论文获省级优秀奖。

刘宜华　1939 年出生，河北刘家村人，研究生学历。1964 年山东大学物理系毕业，留校攻读研究生，结业后留校任物理系讲师。1980 年，赴美国喀罗拉多州立大学进修。1981 年，任山东大学物理系副教授。1995 年，晋升为教授。在国内外学术刊物分别发表论文 15 篇和 10 篇，出版译著 2 部。获全国科技大会奖、国家教委科技进步二等奖、省科技进步三等奖、山东大学论文一等奖和三等奖。2000 年退休。

刘相训　字刘通，誉号虎侠，1935 年出生，刘家台子村人。大本学历，中共党员。1960 年鲁迅美术学院版画系毕业，留校任教。后调辽宁省群众艺术馆。1981 年，在大连市文联和美协任职。1986 年，应聘到中国煤炭经济学院，历任教育美术系主任、艺术教研室主任、讲师、副教授、教授，兼任东方书画函授学院教授、山东画院特聘高级画师、烟台中山书画院副院长、美国海外艺术家协会理事。其作品《林海》《腊月十五》，分别被中国美术馆、吉林省博物馆收藏。1980 年后，在沈阳、大连、烟台、扬州等地举办个人画展31次。1995年，出版《刘相训画集》。1997年，分别在北京和辽宁出版虎年挂历，在江苏出版《群英会》4条屏。2000年，在香港出版《刘相训虎画专集》。1995年退休。

刘复生　1930年出生，楮佳疃村人。大本学历，中共党员，教授，著名肿瘤病理专家。1946年参加革命，在敌占区作学术工作。1956年，山东医学院毕业，后入上海医科大学和北京协和医院进修、实习。1981—1982年，作为客座教授在美国新泽西州的医学中心进行肿瘤超微结构及乳腺的形态学研究一年半。1984—1986年，作为客座学者在联邦德国学习和研究近2年。回国后，又以专家资格受邀访问20个国家和地区，与世界各地的医疗单位、专家学者建立了广泛的交流和合作关系，具有较高的知名度。1986年，到瑞典任客座主任医师半年。1995年，到西班牙Valencia大学任客座主任医师。1988年后，历任中国医科院肿瘤研究所主任，兼任中华医学会和国际肺癌学会会长、中国癌症基金会评委会副会长、全国淋巴瘤研究会常委、全国肿瘤病理学会副主任、北京市肿瘤病理学会主任等职。

从事临床肿瘤病理的诊断和研究工作40余年，擅长解决疑难病例的病理诊断和鉴别诊断，尤其对食管癌病理形态学的研究有较深造诣，提出的“早期食管癌分型”，被国内外学者广泛采用；在国际上首先发现“鸡咽食管癌”，获全国科技大会奖；“食管癌组织发生学研究”，获卫生部科技进步二等奖；“电子显微镜在病理诊断上的应用”，获中国医学科学院医疗进步三等奖。主编《肿瘤病理学》《肿瘤病理电镜图谱》《乳腺癌诊治图谱》《食管癌的病理与预防》《肿瘤病理图谱》《中国肿瘤病理学分类》6部专著，参加编写有关医学书籍25部，发表学术论文121篇。1993年离休。

刘振东　1944年出生，八角村人。大本学历，中共党员。1968年山东艺术学院毕业。1986年，中央美术学院结业。先后在烟台地区艺术馆、烟台画院、烟台美术博物馆，历任馆员、二级美术师、副馆长、一级美术师，兼任烟台市美协理事、烟台书画联谊会理事、山东画院高级画师。早年主攻人物画兼涉梅竹，中年后转攻山水，尤钟大海。其作品散见于《山东画报》《国画家》《当代水墨画作品选》《第四届全国水彩、粉画展作品集》等。

作品参加市、省、中央级画展百件（次）。其中，《似水流年》《春寒料峭》《潮起》《华夏板块》，分别参加文化部和中国文联及中国美术家协会主办的第八届全国美术作品展览、纪念抗日战争暨世界反法西斯战争胜利五十周年全国美展、全国第四届水彩画粉画展览、中国首届国际水墨画博览会。1989年，应北京市政府邀请，为天安门城楼作画。在出版的百件《天安门城楼珍藏书画集》和陈列于天安门城楼的10件精品中，皆有其作品。还多次参加韩国、日本、美国、加拿大及中国香港、台湾等国家和地区的交流展，百余幅精品力作被收藏家收藏。1995年9月，应邀赴韩国群山市举办个人画展，获高度评价，并牵线搭桥，使群山与烟台两岸书法、美术缔结为友好姊妹协会。1997年6月，应邀赴日本大阪举办个人画展，盛况空前。1999年12月，应邀赴美国旧金山举办个人画展，反响强烈。

汤洪川　曾用名汤承亿，1930年3月出生，汤家村人。大本学历，中共党员。1950年参加解放军。1956年5月第一军医大学医疗系毕业，留校任临床第一学院神经内科和神经精神科教研室住院医师、助教、主治医师。1965年，调任解放军总医院神经内科主治医师。1986年后，历任解放军总医院南楼临床部神经内科主任、硕士研究生导师（教授）、总医院专家组成员，担任党和国家及军队领导人的医疗保健工作，兼任中华医学会老年神经病学组副组长，解放军第五届医学科技委员会委员、第六届和第七届荣誉委员、《中华神经科杂志》常务编委、《中国临床神经科学》等杂志编委、国际神经病理学会(ISN)会员、中华医学会神经内科分会神经病理学组委员。

从事神经病学医疗、教学、科研工作40余年，具有丰富的临床经验和坚实的理论基础，对老年神经疾病包括脑血管病、癫痫、神经系统感染、各种神经系统代谢病、变性病及脱髓鞘病以及老年神经系统疾病和神经科疑难病症的诊疗有很深造诣。其成果主要有“脑血管疾病诊断与治疗的研究”“椎—基底动脉供血不足性脑晕颈椎横突孔CT扫描及听觉诱发电位应用研究”“老年期痴呆临床诊断和病因系列研究”等。获全军科技进步二等奖1项、三等奖4项，医疗成果二等奖1项、三等奖多项。主编《实用神经病诊断治疗学》著作1部，参编《中国老年实用大全》等著作5部，发表学术论文50余篇。荣立三等功2次，获先进工作者等12次。曾多次被中央军委保健委员会和中央保健委员会授予“全军医疗保健先进个人”称号，获“全军干部保健特殊贡献奖”“中央保健工作特殊贡献者”奖牌及荣誉证书。1988 年，被评为“军中名医”。1990 年退休。1992 年，享受政府特殊津贴。1995 年，被中华医学会神经精神科学会评为“当代神经科著名专家”。

许万良　1930 年出生，宋家疃村人。大专学历，中共党员。1948 年沈阳通信兵学院毕业，历任解放军 4 纵 10 旅收发员，190 师通信科、64 军通信处、沈阳军区通信兵部参谋，武汉通信指挥学院教员、副主任、主任、教授。主编多种军事通信教材，多次获优秀教学成果一等奖。发表学术论文 10 余篇，获优秀论文一等奖 2 篇。主持建立的教学演练室，获全军科技进步四等奖。1990 年离休。

孙贵吉　1949 年 11 月出生，诸留杨村人。大本学历，中共党员。1976 年 12 月昌潍医学院毕业并参加工作，任福山医院古现分院医师。1979 年 6 月，调潍坊市益都中心医院，历任医师、主治医师、麻醉科副主任、副主任医师、疼痛科主任、主任医师。在临床、麻醉、疼痛专业诊治中，技术上有创新，理论上有突破，对各种疑难杂症有较深研究，并总结出简便有效的治疗方法，被评为青州市技术骨干人才、医院拔尖人才。在省及国家级学术刊物上发表论文 70 余篇，其中获奖 6 篇。主持完成科研成果 4 项，均获奖。参编出版著作有《小儿瘫痪》《简明小儿神经病学》。工作之余，研习书法、篆刻 30 余年，其作品在《书法报》《中国书画报》《书法导报》《书法艺术》等 20 多家报刊发表。硬笔书法，获山东省大赛一等奖、全国三等奖；篆刻作品，获全国艺展和世界艺展铜奖。被载入《当代书画篆刻家辞典》。

孙德伦　1939 年出生，祖籍福山。大本学历，中共党员，音乐教育家。1958 年黑龙江师专毕业，留校从事高师风琴教学，历任助教、讲师、副教授、教授、音乐教育系主任，兼任中国音乐家协会会员、中国音乐协手风琴学会副会长、黑龙江省音协手风琴学会会长。1984 年，倡导成立全国高等师范院校手风琴学会，被推选为首届会长。从教 40 年，培养了数百名手风琴专业人员，有数十人成为中国手风琴界的专家和教授。合著有《手风琴普及教程》《高等师范院校手风琴教程》等，发表论文有“手风琴左手记谱法研究”等 10 余篇，录像主编《中外手风琴名曲集》，改编《手风琴五重奏鲁斯兰与柳德米拉序曲》等。1987—2001 年，先后 7 次任全国手风琴比赛评委。1999 年退休。

李哲　原名杜世赓，又名杜子杨，1929 年出生，盐场村人。大本学历，中共党员，研究员。1945 年参加革命工作，历任东北土改工作团组长、莲江口区委副书记、松江省委党校主任，黑龙江省委学习室主任、哲学社会科学研究所副所长、社会科学学会副主席。著作有《论农村社员家庭副业经济》，主编《现代流通配置系统》《促进社会主义经济的全面高涨》，合著《中国现阶段个体经济研究》，发表论文 40 余篇，其中 3 篇获省科学论文和社会科学成果奖。1989 年离休。

李培信　1930 年出生，大本学历，宋家疃村人。中共党员。1954 年东北工学院毕业，先后在北京有色冶金设计总院、江西有色冶金设计院，任技术员。1962 年，调山东矿业学院，历任讲师、副教授、研究室主任。1988 年，任教研室主任，晋升为教授。发表学术论文多篇，编著出版《液压传动》大学本科教材。多次受到表彰。1978 年后，多次应邀对东厅乡镇企业压延厂和盐场村工厂的机械进行改造，提高了效率，为家乡的工业发展做出贡献，受到领导和工人的爱戴。1990 年退休。

杜正文　曾用名杜百政，1927 年出生，盐场村人。大本学历，中共党员，研究员。1943 年入胶东公学农科读书，毕业后在胶东农业实验场和行署农业处工作。1950 年，调华东农科所、江苏省农业科学院。1956 年，赴苏联列宁格勒大学攻读研究生。1961 年，获博士学位。1980 年，在菲律宾国际稻作所进修博士后。1985 年，任江苏省农业科学院研究所所长。其研究成果获国家科技进步一等奖和三等奖。被江苏省政府授予劳动模范称号。1988 年离休。

杨鲁　原名杨尧田，1926 年出生，诸留杨村人。大本学历，研究员。1944 年考入南开大学经济系。学生时就从事革命运动，任行动委员会主席、游行示威总领队，带领师生抗议美军暴行。1947 年毕业后就职于北平，并加入中国共产党，任中共地下党支部委员。1949 年北平解放后，历任中共北京市委宣传部干事、政策研究室组长、办公厅秘书、市物价局副局长、国务院价格研究中心理论价格测算办公室主任。1984 年，任国务院经济技术开发社会发展研究中心顾问、研究员。1986 年离休。

初伟斌　1970 年出生，永福园村人。研究生学历，中共党员。1992 年山东省财政学院毕业并参加工作，在国家财政部注册会计师协会，主持全国会计师监管工作。1996年5月，调任国家证券会基金二处处长，主持基金监管工作。期间，在职攻读东北财政大学研究生。2003年10月，就职于中美合资的景顺长城基金公司，任副总经理。在《中国财经报》《中国证券报》发表《合伙会计师事务所发展现状》和《市场审计情况分析》等论文。

邹炜　原名邹德炎，1941年出生，山后村人。大本学历，研究员。1966年，上海交通大学毕业，历任中国船舶重工集团公司第七〇五研究所昆明分部副总工程师、两型国家重点工程型号主任设计师（副总设计师）、中国造船工程学会水中兵器学术委员会委员，兼任鱼雷发射装置学组组长、第七〇五研究所科技委委员。长期从事水中兵器发射装置的研制工作，曾参加核潜艇鱼雷发射装置、大型导弹驱逐舰火箭助飞鱼雷发射架、某型鱼雷发射装置现代化改装及新一代常规潜艇雷弹发射装置等多项国家重点工程的研制。在研制新常潜中，提出外置液压平衡式雷弹发射装置的研制方案，并以主任设计师身份组织和主持该型研制全过程，为海军提供一个多用途、高性能的新装备，开创了中国潜艇发射新纪元。科研成果获国家科技进步一等奖、全国科学大会奖、中船总公司（部级）一等奖和三等奖、国防科委四等奖、七院一等奖等，多次受到嘉奖。荣立国防科工委个人三等功1次。发表论文、译文多篇。学科带头人，享受国务院特殊津贴。2001年退休。

邹立佐　1929年出生，邹家房村人。大专学历，中共党员，教授。1945年8月参加八路军。日军投降后，进军东北，参加林海雪原剿匪战斗。在第四野战军参加辽沈、平津、渡江及解放“两广”战役。历任班长、译电员、大尉助理员，曾给张闻天、林彪、罗荣桓等译电。获解放奖章1枚、大决战纪念章3枚。1958年，转业到广州市工作，历任厂宣传部长、局政工组副组长、市委组织部处长、市人大副秘书长、联络委主任、选举办主任、社科联副主席。1994年离休后，历任广东省和广州市党建学会、人大制度研究会、经济管理学会、炎黄文化研究会等9个学会领导职务和关心下一代讲师团团长，先后到市委党校、中山大学、广州师范大学、广州财贸干部管理学院及基层党校讲课。编著出版《党性　理想　时代精神》《人民的苦力》《党的领导与政权建设》《依法治市与政权机关的作用》等13部书，共计450万字；撰写论文100余篇，发表于30多本论文集和140多种报刊上；拍摄《使命》政论电视片1部。其中有3本书、13篇论文获省、市社科优秀成果奖。13次被评为省、市社科先进工作者和优秀党员。其业绩收录入《世界名人录》《社会主义精神文明建设巡礼》等书典。

邹积隆　1937年出生，刘家埠村人。大专学历，中共党员。1962年，山东中医学院毕业留校，历任助教、讲师、副主任、主任、副教授、院长、教授，兼任中华医学会山东分会理事、中华医学会会员、科普委员会副主任。发表中医学术论文多篇，其中获奖3篇。合编著作有《中药方剂学》《中药学》《古今药方纵横》，获山东省教育厅科技进步奖、著作二等奖。1997年退休。

陈靖　又名陈连尧、陈连耀，1951年出生，卫家疃村人。研究生学历，博士学位。1969年，任村“赤脚医生”，苦学医术。1971年，被推荐为“工农兵”大学生，入山东中医学院读书。1976年，毕业留校从教，历任讲师、副教授。1988年，赴墨西哥讲学。1989年，赴美国传播发展中医、针灸、推拿医术，在当地引起轰动。1990年，应邀去美国东亚大学任客座教授。著有《针灸穴位解图谱》《推拿挂图》，获全国优秀科技图书一等奖，并以英、日、法、西班牙等国文字出版，向世界发行，被美国中医大学用作教材。2002年，任美国南加州山东同乡会会长。致力侨联工作，为祖国的和平统一、经济发展做出积极贡献。

陈日新　曾用名陈金劲，1916年出生，栖里村人，大专学历，著名画家，中共党员。1937年春，参加革命。同年11月，赴莱阳胶东抗日军政干校学习，后留校任宣传科干事。1939年秋至1940年冬，到临沂地区中国抗日大学山东分校政治队学习，结业后到胶东八路军政治部宣传队美术组工作。1942年，转入地方工作，先后任胶东大众报社编辑部美术编辑、烟台师范代校长兼教导主任、市民众教育馆馆长。1946年考入鲁南临沂地区山东大学文教系文史科，后到沂水县任民运部副部长。1947年，随山东省直机关转移至大连、丹东、通化等地，负责照顾转移家属工作，后入佳木斯东北大学学习。1948年，长春、吉林解放，东北大学迁回，任文学院教务主任兼党支部书记。1950年，调东北鲁迅艺术学院美术部工作，不久入中央美术学院调干班进修。1952年，调任东北美术专科学校讲师，兼校党总支书记。1962年，入北京中国画院在职进修。1965年，任北京画院艺术室主任、副院长，后兼任北京中国画研究会顾问、北京中国书画艺术促进会艺术顾问。绘画题材广泛，情钟墨竹，作品曾参加国内外展览，部分作品入编北京画院多种画集及《百年经典美术全集》等，国家有关馆、堂等单位亦有收藏。个人业绩载入《中国当代书画家大辞典》。1985年离休。

陈培朴　1933年出生，黄家村人。大本学历，中共党员。1953年山东医学院毕业，先后在烟台工人医院、泰安市中心医院，历任医士、副主治医师、主治医师、大外科副主任、副主任医师、主任医师。发明了食管软性扩张器，免除贲门失驰缓症传统的剖胸手术疗法，分别获北京国际发明展览会铜牌奖和国家发明三等奖，被评为山东省专业技术拔尖人才。发表学术论文5篇。1993年退休。

林白鹏　原名林成乐，1926年出生，林官庄村人。研究生学历，中共党员。1945年华北大学政治学院研究生毕业，历任中国人民大学和山东大学讲师、副教授、教授，兼任山东省《资本论》研究会副会长、中国消费者协会理事、山东省消费者协会常务理事。致力于消费经济学和《资本论》的研究。发表论文多篇，著作有《中国消费结构学》《简明经济学辞典》，参编著作《资本论辞典》《政治经济学辞典》等。1996年离休。

林绍芳　1926年出生，奇章村人。大本学历，中共党员。1947年考入山东大学医学院。1952年毕业，历任山东医学院助教和主治医师、泰安地区医院医科所副所长、济南千佛山医院内科副主任医师和主任医师。主要从事内科心血管疾病的临床教学和科研工作。50年代，即把心电图用于临床，在省内率先开展心导管检查术，随后首先开展心血管造影和肾动脉造影。发表有重要临床价值的论文10余篇。1974年，编著的《心电向量图学》，为国内最早较完整的经典，获省和全国科学大会奖。1987年，撰写的正常成人心电向量图“P”“QRS”“T”环3篇论文，获省科技进步三等奖。1992年，享受政府特殊津贴。1994年退休。

赵庆波　1950年10月出生，黄连墅村人。大本学历，中国石油天然气集团公司高级技术专家。1974年7月华东石油学院毕业并参加工作，在辽河油田研究院区域室，历任综合组组长、助工、工程师。曾参加“六五”国家煤成气开发研究和“七五”国家天然气攻关项目。承担和主持完成多项天然气和煤层气勘探重大科技项目。1989年，任廊坊分院天然气地质所高级工程师、国家“八五”攻关“渤海湾盆地新生界天然气富集条件及勘探目标评价”和“中国大中型气田富集规律及目标评价研究”课题负责人。1994年后，历任中国石油天然气集团公司煤层气勘探项目经理部经理、煤层气勘探开发研究所所长、国家综合评标专家库评标专家、中国地质大学兼职教授。2002年，任中国石油学会石油地质专委会煤层气学组副组长、中国地质大学（武汉）兼职教授。发表论文62篇，出版《中国煤层气勘探》《煤成气地质与勘探技术》等19部著作。获国家科技进步二等奖1项（第一完成人）、省部级成果奖7项、局级成果奖18项、专利5项。曾受到胡锦涛、温家宝等党和国家领导人的接见。

赵锡堂　1945年12月出生，小赵家村人。大本学历，中共党员。1970年7月山东医学院毕业并参加工作，任莱阳卫生学校医生。1973年，入山东中医学院进修。1981年，烟台毓璜顶医院医师。1987年3月，入北京阜外医院进修。1988年后，在毓璜顶医院和市中西医结合研究所，历任主任医师、教授、所长，兼任省市老年病专委委员、主任。烟台市专业技术拔尖人才、省名中医。采用中西医结合方法，抢救急性心肌梗塞120余例，成功率达95%以上。在省级以上医学杂志发表论文25篇，其中国家级8篇；参编医著5部。1998年，“中西医结合抢救急性心肌梗塞临床研究”，获省科技进步二等奖。多次被评为先进工作者或记功。2002年10月1日，到京参加知名人士座谈会，受到国家领导人接见。

周世勤　1941年出生，上刘家村人。大本学历，中共党员。1965年清华大学毕业并参加工作，在国家航天部三院33所，历任工程师、研究室副主任、高级工程师。1988年，任研究室主任、高级工程师。主要从事惯性制引系统的仪表研究，主管研制的“动力调谐陀螺”，获全国科学大会奖和国防科委二等奖，“TN-04挠性加速计伺服电路”，获科工委二等奖。编著的《惯性导航加速计》，被选送香港举办的中国书展。荣立二等功1次。2001年退休。

周世俭　1943年出生，上刘家村人。大本学历，中共党员。1968年，北京外贸学院毕业并参加工作，历任中学教师、北京外贸学院英语系副主任、中国驻美大使馆商务处一秘、中国对外经济贸易大学办公室主任。

1985年，李先念、李鹏率团访美签署核能和平利用、文化、教育和渔业协定时，任助理。1986年，获美国华盛顿大学名誉管理硕士。1987年，被聘为中华美国学会理事。是年，邓朴方率中国残疾人福利基金会访日本、加拿大、美国和香港时，任随团顾问。1989年，任中国对外经济贸易大学秘书长、教授。主编的《美国经济与中国贸易》一书，定为国际贸易大学教材。

周宏均　1935年出生，东陌堂村人。大本学历。1951年参加工作，在山东省建筑设计院，历任会计、技术员、工程师、设计所所长、主任设计师。曾到5个国家和地区进行建筑考察。主要设计了山东省立医院门诊楼、山东医科大学二院病房楼、利比亚驻博茨瓦纳大使馆等。著有《省级社会图书馆设计探讨》等，发表学术论文多篇。多次受到表彰。1995年退休。

高树仁　1925年出生，西埠庄村人。大本学历，中共党员。1944年参加八路军，从事医务工作，历任医助、军医、卫生队长、副科长。1949年，随军南下重庆。1954年，入解放军重庆第七军医大学进修。结业后，任183医院传染科主任军医、医务副院长。1976年，转业到地方，任重庆医科大学第二附属医院院长、主任医师。荣立大功1次，获解放勋章和朝鲜三级国旗勋章各1枚。多次被评为省先进工作者。1985年离休。

郭成志　1943年出生，西关村人。大本学历。1962年，在中央乐团从事声乐工作。1968年，从事音乐创作。1979年，入中央音乐学院进修。1988年，晋升为二级作曲家，兼音乐协会会员、轻音乐协会理事。1998年，晋升为一级作曲家。创作的作品有《敬爱的周总理　人民的好总理》《太阳与月亮的对话》等30余首，分别获文化部、中央电视台、中央人民广播电台、中央音乐家协会等举办的作品比赛一、二等奖和优秀作品奖。

郭先红　原名郭善鸿，笔名仙鸿，1929年出生，上夼村人。大专学历，著名作家。1943年，到青岛、北京打工。1949年参加革命工作。1950年，随厂由沈阳迁至黑龙江阿城县。1952年，加入中国共产党，先后任车间主任、技术科长。1953年起，历任国营阿城机电器厂、哈尔滨电表仪器厂技术科长、车间主任。1958年，考入哈尔滨工人业余文学院，获大专文凭。1966年，出席全国第三次文代大会，受到毛泽东、刘少奇、周恩来、朱德、邓小平等接见。1962年，脱产入黑龙江作家协会作家班进修。1964年结业，调入黑龙江省作家协会，专业作家。1988年，任中国作家协会会员、黑龙江省文学院兼职教授、省级劳动模范。出版短篇小说集《新芽》、长篇小说《征途》，并被上海电影制片厂拍摄成电影；创作长篇纪实文学《燃烧的太阳》；发表报告文学和散文主要有《大荒歌》《春蚕颂》等30余万字，已集结出版了《林练风采》《小城辉》等8部选集。其中《欢乐鸟》《高墙里的阳光》《太阳车》《天尽头观沧海》，获黑龙江省报刊大奖。1990年离休。

郭新璋　1931年出生，西关村人。大本学历。1946年参加革命工作，历任北海银行会计、股长。1949年，加入中国共产党，历任中国人民银行山东分行股长、中共山东分局干事。1960年，中国人民大学政治经济系研究生毕业后，历任山东大学秘书长兼党总支书记，山东省政府秘书，省计委处长、副主任，省经济研究中心主任、研究员，省经济发展战略研究学科带头人，兼任山东大学教授、山东经济学会副会长、山东计划学会副会长和山东价格学会副会长。为省委、省政府起草过若干重要文件、总结和规划。在省级和全国报刊上发表论文多篇；参与和主编了《国民经济计划学》等，其中《山东省情》，获省社会科学优秀成果一等奖。1992年，享受政府特殊津贴。1993年，被评为山东省专业技术拔尖人才，分别被山大经济学院、山东财政学院、山东讲师团聘为兼职教授。1991年离休。

栾丰实　1951年11月出生，栾家村人。研究生学历，博士学位，中共党员。1978年，考入山东大学历史系考古专业。1982年毕业，留校任教，边教边读，取得博士学位。历任山东大学历史系考古专业讲师、副教授、教授，山东大学考古研究中心主任、历史文化学院考古研究所所长、博士生导师，兼任中国考古学会理事、中国殷商文化学会理事、北京大学考古研究中心兼职教授、东夷古国研究会副会长。多次主持田野考古发掘项目，主要有1987年邹平“丁公遗址”、1991年“龙山文化遗址”、1994年长江三峡抢救性考古发掘和重庆开县余家坝战国墓地、1998—2001年与美国耶鲁大学和芝加哥自然历史博物馆联合考古队对日照“两城镇遗址”的发掘等。同时，着力于海岱地区史前考古研究。对“凤凰岭文化”“后李文化”“大汶口文化”等均全面系统进行研究。曾获中国十大考古新发现奖、国家文物局考古质量奖、国家级优秀教学成果奖、教育部人文科学优秀研究成果二等奖各1次。著作有《山东龙山文化研究文集》《东夷考古》《海岱地区考古研究》《考古学理论》《大汶口文化的发现和研究》等；合著有《泗水尹家城》；发表学术论文70余篇。

栾秉璈　1934年出生，古现西村人。大本学历，民盟盟员。1960年北京地质学院毕业并参加工作，先后在北京地质局、中国有色金属工业总公司宝石原料公司、地质《地球》杂志社，历任技术员、工程师、编辑。1988年，任中国有色金属工业总公司情报所副总工程师，兼任地质、矿物、科普等协会会员及南阳宝玉石学会副理事长。是著名的宝石专家、古玉鉴定家，多次为多家鉴别古玉。译著有《苇氏大辞典》（宝石科）；著作有《宝石》《宝玉传奇》《怎样鉴定古玉器》《中国宝石和玉石》《英汉宝石辞典》《二次丝绸之路》《古刹钟声》《现代科学技术辞典》（宝石学科）等。1994年退休。

鹿守理　1933年出生，城里村人。研究生学历，中共党员。1959年，苏联哈尔科夫工学院压力加工专业毕业。回国后任北京钢铁学院压力加工系助教、讲师。1981年，赴西德阿亨大学塑性成型研究所进修，获工学博士学位。1988年，任北京科技大学压力加工系副教授、模拟研究室主任。1992年，晋升教授。对“相似理论在压力加工中的应用”“计算机辅助子（型）设计”“高合金钢和合金的压力加工”，皆有研究和实践经验。1993年退休。

鹿安理　1936年出生，城里村人。研究生学历，中共党员。1965年，清华大学毕业，留校攻读研究生。1969年后，历任北京工业大学焊接系助教、机械工业部电器科研室工程师。1984年，赴美国里亥大学进修2年。1986年，任清华大学焊接系副教授。1994年，晋升教授。参加中国第一台“电子束焊接机”研制，获国家新产品二等奖。发表论文多篇，并赴美参加国际性学术会。研制的“永磁合金”，性能达到国际先进水平。1996年退休。

鹿道温　1938年出生，南关村人，大本学历。1963年，青岛医学院毕业，先后在青岛市立医院、青岛市第五人民医院，历任变态反应科和耳鼻喉科主任、主任医师，兼任中华医学会变态反应学组全国委员和山东学组组长。青岛拔尖人才。“关于脉草及其致敏性研究”“关于常年性鼻炎的研究”，均获省科技进步奖。发表有关鼻炎等学术论文多篇。1998年退休。

鹿逊理　1938年出生，土峻头村人。中专学历，中共党员。1955年，在沈阳文化宫工作，后入沈阳鲁迅美术学院，进修油画、版画。毕业后，在山东省第二轻工业学校，历任教师、教研室组长、主任。曾出席全国第三次文艺工作者代表大会，受到毛泽东、周恩来等党和国家领导人的接见。后调任烟台画院副院长、一级美术师，兼任烟台市美术家协会副主席、山东省美术家协会理事、山东画院高级画师。对中国民族绘画和西方传统美术皆有精深研究，有60多幅作品入选国家和省级美术展览。曾在韩国和中国台湾地区举办个人水彩画展，作品被国家军事博物馆和日本美术馆、墨西哥、美国等画廊收藏。为第四届全国运动会出版宣传画2幅、体育装饰画2辑。被载入《中国现代美术家辞典》。1998年退休。

梁枫　曾用名红叶，1925年出生，石臼村人。高中学历，中共党员，编审。1946年参加革命工作，历任土改工作队队员、山东画报社记者和编辑室主任、中国人民志愿军记者、辽宁美术出版社副社长和党委书记，兼任中国摄影家协会理事、辽宁摄影家协会副主席和秘书长、辽宁省政协委员。发表摄影作品和论文多幅（篇），其中《正义战胜钢铁》，获摄影一等奖。1988年离休。

梁维尊　1937年出生，东关村人。大专学历，中共党员。1956年参加解放军，任北海舰队616舰机电长。1964年，转业到中央新闻电影制片厂，任记者、摄影师；1988年，任主任记者兼摄影家协会会员。先后参加拍摄新闻纪录片90余部，其中为主拍摄30多部，获奖片7部。荣立二等功1次、三等功4次。

隋玉俭　1931年出生，盐场村人。研究生学历，博士学位，中共党员。1947年参加解放军，历任战士、文化干事。1950年，转业到地方，在济南机床二厂任团总支书记。后脱产入山东工学院、北京外语学院进修学习和赴苏联钢铁学院深造，毕业后在苏联科学院冶金研究所继续学习，获博士学位。回国后，先后在北京钢铁研究总院研究室、规划部、科研处、院办公室，历任处长、主任、教授、高级工程师。研制的3项新材料，获全国科学大会奖。在国内外刊物上发表学术论文30篇。1992年离休。

靳涛　原名靳允堂，1926年出生，盐场村人。大专学历，中共党员。1945年参加工作，历任胶东文协美术组副组长、美术创作室副主任、青岛市文联美术组组长、山东省文联美术编辑和美术创作室主任、山东人民出版社画报编辑室主任。1957年后，在山东师范学院、山东艺专、曲阜师范学院任美术教师。六七十年代，福山县文化馆创作员。1984年，调山东轻工学院，历任讲师、副教授、教授，兼任中国美术家协会山东分会名誉理事、山东画院艺术顾问、山东水彩画协会名誉会长。享受国务院特殊津贴。擅长水彩水粉画，尤善国画花鸟虎。发表的木刻作品有《缴好公粮》《千里眼》等；水彩组画有《生死同心》《大明湖风景》等，分获省美术展一、二、三等奖。代表作有《靳涛水彩画集》《靳涛作品选》《双虎图》等。作品除在国内出版、发表和展览外，还展销于日本、加拿大、新加坡等国家和地区。1989年，创作的水彩画《小镇细雨》，参加台湾“亚洲第四届水彩画展”；《新港码头》，参加第五届“亚洲国际水彩画大展”。创作的“虎”作品被省政府推荐给国家领导人作为出国访问的礼品画。其业绩载入《中国当代美术名家名录》。1986年离休。

赖钟声　1917年出生，招贤村人。大本学历，民革会员。1942年西南联合大学毕业，在云南省滇缅铁路第一工程处和昆明机场任工程师。1949年后，在北京师范大学附中、工农中学、北京第一高级师范学校，历任教师、讲师、副教授、教授。1980年离休。曾当选为北京市政协委员、区政协副主席。发表论文多篇。著有《功和能》《静电的一般现象》等。

臧福科　1937年出生，臧家村人。大本学历，中共党员。1963年北京中医学院毕业后留校，在东直门医院骨科，历任医助、医师、副主任医师。1987年后，任该院按摩科主任、主治医师和推拿教研组主任、副主任医师、主任医师。发表论文20余篇，著有《推拿简编》《推拿学》《家庭简易推拿法》等。

臧福录　1925年出生，臧家村人。大本学历，中共党员。1948年，毕业于国立北洋大学并参加工作，先后在天津大学、清华大学、北京石油学院和东北石油学院，历任助教、讲师、副教授、教授；在北京燕山石化公司研究院和技术委员会，任副总工程师、副院长、主任；在北京化工学院二分院和北京化工专科学校，任院长、校长、教授。潜心化工研究，其成果主要有“由石油馏分生产萘的中试”“流化床焚烧的研究和工业化设计”“SBS中试研究装置”“合成环氧乙烷中试和合成MTBE等全套研究设计”。编辑《石油化工工程师的继续工程教案》；主编《石油加工过程及设备》上册，参编下册，获科技进步奖。1987年离休。

冯宝华　女，1940年10月出生，城里村人。中学学历，中共党员。自幼喜爱文艺、擅长表演，先后任学员、演员、二级演员、一级演员等。1983年，当选为烟台市人大代表、常委。1986年后，兼烟台市青联副主席。从艺40余年，主演作品有大型创作戏《苦菜花》《郑盈盈》《海上明珠》；主演移植剧有《西厢记》《牡丹亭》《桃花扇》《丰收之后》《朝阳沟》《李二嫂改嫁》等，其中《春风送暖》《红色车站》参加省现代戏汇演，获优秀创作奖；导演作品有《崔秀英》《窦娥冤》《荆钗记》《孟姜女》等，先后获省、市奖励。

王厚堂　1952年出生，东关村人。7岁习书法，并习武。后拜李英奇学习藏密宁马派金刚禅铁砂掌，为其第一大弟子、第三代铁砂掌掌门人。是国际武术和书法协会主席、国际羲皇艺术家协会会长、中国榜书艺术研究会顾问、北京湖社画会顾问。其书法作品在国际、国内大赛中多次获奖，其中10余次获一等奖。1996年，举家移居美国，同时把祖国博大精深的文化带到大洋彼岸。中央电视台国际频道曾对其进行为期5天的采访，并制作成专题片《东方骄子—王厚堂》，向150多个国家和地区播放。

邢国庆　1955年出生，曲家村人。大本学历。1974年参加工作。1978年，考入山东大学计算机科学系统专业。1982年毕业后，在北京“七三八”厂任助理工程师。1988年，调任中国科学院软件研究所工程师。1992年，调任ATGF（中国）公司主任。2002年，被中国科学院软件研究所（智能交通）聘任为高级工程师。先后主理鞍山钢铁公司投入产出计划管理系统、新华社新闻网络系统、中国农业银行城市分行储蓄网络系统、北京市建行ATM网络监检系统、中央警卫局中央首长医疗保健系统、国家广电总局广播智能调度系统的研制工作。其出版论著有《Jwa Sorvlet开发与实例》《企业信息工厂》《Jna2教程》等。

邢安庆　1961年出生，曲家村人。博士后学历。1982年山东大学数学系自控专业毕业。同年，考入该校优控理论研究生，1985年毕业，获硕士学位。1985年，获世界银行贷款资助，前往加拿大里贾纳大学进修1年，获该校奖学金，转读博士，进行约束最优控制的研究，在国际杂志上发表文章若干篇。1989年，获博士学位。1992年，在加拿大莎卡切温大学攻读博士后，研究数学模型在土木工程领域的应用及计算机工程软件开发。期间，在其所属院校授课，主讲微积分。1994年，获博士后学位。1995年，在加拿大原子能有限公司，历任工程师、高级工程师、教授，主要从事自动控制系统设计及实时自动控制软件开发。

邢民庆　1964年出生，曲家村人。研究生学历，博士学位，技术总监。1985年山东大学数学系计算机专业毕业后，在北京市计算机中心从事计算机软件开发。先后为北京市供电局、卫生局设计开发2套专业信息管理系统。1991年，考入加拿大里贾纳大学计算机系，从事计算机软件开发及数理研究。1994年，获硕士学位后，又在该校转攻博士生，从事计算机数字图像处理，并得到加拿大远程通州实验室的资助。期间，还在某公司从事图像压缩及动画在不同通讯媒体中的有效传输的研究。1997年，获博士学位。同年10月，就职于加拿大某公司，从事无线信息管理的开发，并领导ATGT（WERBLBBC）公司的信息管理系统的开发。2000年10月，就职于美国汤姆逊公司，从事传讯信息的开发与研究，获专利2项。

王亚平　女，1980年出生，张格庄村人，空军中尉，中国第七批女飞行员，武汉空军运输机飞行员。1997年，考选入长春飞行学院，除学习飞行驾驶技术和大学课程外，每天坚持进行体能训练和军事训练，并进行拉练、游泳、跳伞等特殊训练。1999年4月，顺利转入哈尔滨第一飞行学院，开始真正的飞行生涯。2001年，获军事学学士学位，进入武汉空军运输航空兵部队。能熟练掌握4种机型的驾驶技术，成为一名年轻的骨干女飞行员。后成为航天员，并进入太空授课。

郭光甲　1919年出生，东周格庄人。15岁离乡，独自一人闯大连，在饭馆跑堂。后东渡日本，在中华楼学徒。1945年，创办万寿山饭庄，后与人合办神仙阁。1964年，开创八仙阁饭庄，自任经理。1972年中日邦交正常化后，曾接待过党和国家领导人邓小平、胡耀邦、廖承志、康克清、王震等。1993年，还接待过北京人民艺术剧院、中国芭蕾舞剧团、中国曲艺代表团、中国京剧团、中国杂技团、山东京剧院等。与文艺界知名人士梅兰芳、侯宝林、郭全宝、郭启儒、白淑湘、李万春、张君秋、方荣翔等有交往。还担任日本神户大学教育部家政科讲师、日本料理学校讲师、大阪料理协会讲师等。

1984年，福山华侨宾馆落成时，2次捐款20万元，请北京实验京剧团和陕西京剧团来福山演出祝贺。还向区、镇、村捐赠吉普车、载重车、拖拉机各1部。1990年，捐款3万元，用于区修路购车；捐款1万元，资助编写《福山区志》。

晚年，在廖承志的鼓励下，写出《从童工到经理》的自传体长篇纪实文学。后在作家师征的帮助下，创作出电视连续剧《异国漂泊记》。1995年，重新编写出16万字的长篇纪实文学《东渡谋生记》，由中国妇女出版社出版发行，在国内引起强烈反响。

李雪梅　女，1963年4月出生，中共党员。1984年，毕业于烟台师院中文系。历任福山一中高级教师、特级教师、教研室主任。多次获市、区两级“教学能手”“教学先进个人”称号。1999年，被烟台市人事局、教育局授予“烟台市优秀教师”。2001年，被省人事厅、教育厅授予“山东省优秀教师”。2002年，被山东省人民政府授予“山东省特级教师”。同年，当选为区第十五届人大代表、常委。

邹德忠　1938年2月出生，笔名齐惠，别署知不知子，斋号知不知斋，山东福山人。曾任中国书协组联部主任、中国书协第三届理事。现任中国书协中央国家机关分会副会长、中原书画研究院顾问、中国书协书法培训中心教授、《艺术中国报》顾问。主编《当代中国书法作品集》、《当代中国书法艺术大成》、《中国书协会员名鉴》、《邹德忠书法艺术》等行世。在山东省烟台市开发区、福山区房家疃建有邹德忠书法艺术馆。

权锡鉴　生于1961年11月，男，汉族，山东省烟台市福山区人，博士、教授、博士生导师，现为中国海洋大学管理学院院长、MBA教育中心主任，入选山东省理论人才“百人工程”。

近年来主持国家社科重点项目等各类高级别课题多项，在《中国工业经济》《经济管理》《山东大学学报》等学术刊物发表高水平学术论文近百篇，出版《现代企业制度与国有企业改革》等学术专著多部，多次获得省部级科研成果奖励。其中《营销管理创新研究》被国内外名校选为教材，《山东省产业发展竞争力研究》荣获山东省社会科学一等奖。

非遗传承人

程显明　1937年7月出生，东北关村人，市级非遗代表性传承人。他自幼酷爱武术，先后拜福山原国术馆馆长车峨亭、福山螳螂拳名家苏克斌为师，习练梅花螳螂拳，系统学习螳螂拳的基本功法、套路、拳法和技法，深得螳螂拳大师之真传，从此爱不释手，最终成为烟台知名的武术大师。1984年，他参加了山东省体委组织的传统武术挖掘小组，结合自己几十年的习武心得和传统武术挖掘成果，整理出《螳螂拳谱》和《螳螂拳简易谱》；他学众家之长，并先后拜“天下第一棍”福山南涂山六合棍的传人——张宝禄、栾洪成、巴文芝三位老师学习六合棍，并整理出一本《六合棍法解释谱》。他一生酷爱武术事业，把弘扬传统武术当己任，坚持60年传习不间断，收徒授艺上百人，其中包括俄罗斯、美国、韩国学徒10余人。他多次组织学徒参加山东省螳螂拳锦标赛和烟台市国际武术节比赛，共有30余名徒弟获得金牌，他先后任原烟台市螳螂拳学校校长、现任烟台市武协老拳师委员会副主任、山东烟台福山螳螂拳研究会会长等职。

韩月湖　1955年3月出生，东北关村人，市级非遗保护项目“福山剪纸”代表性传承人。他从小就对剪纸感兴趣，先跟母亲学习剪纸技巧，后向剪纸名家请教剪纸章法，经刻苦钻研练习，形成自己独特的剪纸风格。他的剪纸特点是“构思奇，技法巧，神态活，样式新”，每幅剪纸作品都有美好的寓意在其中，深受广大群众喜爱。2008年，他创作的剪纸作品“情满奥运”，荣获全国剪纸大赛金奖；2010年，他创作的剪纸作品“齐鲁之花”，荣获山东民间剪纸大赛金奖；2011年，他创作的剪纸作品“福山百年老剪纸”，荣获中国民间工艺博览会金奖。2013年，被评为烟台剪纸项目的市级代表性传承人；2014年，他创作的剪纸作品“老鼠娶亲”，荣获烟台市文学艺术创作三等奖；2015年，他创作的剪纸作品“老鼠过寿”、“老鼠嫁女”，在烟台市庆祝新中国成立66周年暨纪念抗日战争70周年作品展中荣获金奖。他热爱剪纸收藏，对老剪纸剪样情有独钟，尽其所能广泛搜集，数量达六万余幅，最早为明清时期的剪纸剪样，成为名副其实的剪纸收藏家。经他整理的《老鼠娶亲》《老鼠嫁女》《老鼠过寿》三套剪纸作品被鲁东大学和烟台市非物质文化遗产保护中心收藏，并为其颁发收藏证书。他勤于剪纸技艺传承，他积极响应国家关于非遗进学校、进社区、进乡村的号召，每年按计划到东华小学、清洋社区、居家养老院、SOS儿童村、鲁东大学等单位授课，他趣味的教学和精湛的剪纸技艺赢得大家的一致好评，听课学生、群众和剪纸爱好者累计千余人，他被福山区东华小学聘为剪纸辅导员、被鲁东大学艺术学院聘为民俗研究员及客座教授。鉴于韩月湖在剪纸技艺传承方面做出的突出业绩，中央电视台、山东电视台、烟台电视台、福山电视台等多家新闻媒体给予宣传报道，在烟台剪纸界有较大影响。

侯玉兰　女，1944年9月出生，福山区人，区级非遗保护项目“福山侯氏老豆腐”代表性传承人。她自1963年开始，跟公爹谢鸿坤学习福山老豆腐制作技艺，至今已从事老豆腐制作销售生意50载。她对做豆腐很是上心，在其公爹的精心指导下很快总结出“福山老豆腐”的七步制作法，分别为选、发、磨、虑、蒸、点、凝等。其中要点有三，一是选用本地门楼水库周边产优质黑脐黄豆制作；二是用石磨加工；三是用卤水点化，这样做出的豆腐才有福山老豆腐的味道。她制作的老豆腐很有特点，一桶老豆腐分上中下三层，上层最嫩，中层最好，下层最老。不同口味的人按不同的时间点去吃，她会根据不同顾客的喜好，配制各种口味，经过多年的经营，她还研配出吃福山老豆腐的专用调料，主要成分由鱼汤、韭菜花、辣椒油等构成，且均经过其亲自熬制，注重色彩搭配，咸、香、辣、鲜各味俱全，将其浇到老豆腐上调和食用，再吃上一口福山老油条，真可谓回味无穷，现已成为福山当地人和南来北往客人来福山必食的名小吃，她做的豆腐也被福山人称为“福山侯氏老豆腐”。

李洪璧　1980年9月出生，高疃镇人，区级非遗保护项目“梅花螳螂拳”代表性传承人。他自幼酷爱武术，对拳术、械术皆感兴趣，先后拜福山梅花螳螂拳大师苏克斌之长子苏义同拳师为师，学习梅花螳螂拳，拜太极拳拳师孙忠良为师学习太极拳，习武至今，得到众多拳师及同行的指点，拳术、械术大有长进，经过多年的勤学苦练，现已成长为福山区乃至烟台市较为知名的年轻拳师新秀。李洪璧谨遵师教，注重德艺双修，不但自己习武健身，还把提高全民体质视为己任，共收徒授艺60余人，带领学徒参加国家、省、市、区各级武术赛事10余次，个人及学徒均取得优异成绩。至今，他参加烟台市武术协会举办的各种武术赛事获得多项比赛金牌。自1996年收徒授艺至今，先后获得烟台市传统武术教练员、国家武术二级裁判员、中国武术段位考评员、中国武术段位指导员等资格证书。

李克选　1945年2月出生，宋家疃人，市级非遗代表性传承人。自1965年开始，他拜本村雷鼓艺人李克明为师，学习鼓谱、鼓技、鼓步、鼓姿等雷鼓要领技巧。由于心灵手巧，虚心好学，雷鼓舞蹈技艺大有长进，经过十几年的表演锻炼，很快成长为福山雷鼓队的“鼓头”。他和鼓头李培峰新老搭配，经常参加政府和民间组织的“秧歌进城”“庙会”“婚庆”“节庆”等民俗表演活动。他热心雷鼓舞蹈艺术的学习研究与传承，已带出众多徒弟。

李培峰　1969年11月出生，宋家疃人，市级非遗代表性传承人。他出生在雷鼓舞蹈世家，自幼喜爱雷鼓舞蹈技艺，十几岁开始跟二爹李克明学艺，深得二爹李克明雷鼓舞蹈技艺的真传。他练就的雷鼓步伐，“门槛步”庄重稳健、“胡同步”轻快流畅、“拐弯步”灵活多变、“前进步”铿锵有力；练就的击鼓技巧，时击鼓面、时击鼓邦、抑扬顿挫，鼓声如雷，潇洒大方；步法、手法、身法的巧妙结合，给观众以美的享受和声势的震撼，他是现任福山区宋家疃雷鼓队的“鼓头”。他酷爱雷鼓舞蹈表演，经常和老“鼓头”李克选搭档参加政府或者民间组织的“秧歌进城”等雷鼓舞蹈表演活动，场场精彩，观众爆满。

王巨先　1973年3月出生，东关村人，区级非遗保护项目“福山象楠正骨技术”代表性传承人。他出身于中医世家，四代行医。1994年他考入山东中医药大学，学习中医专业知识，毕业后便跟随父亲王象楠学习正骨技术。由于他聪明好学，大胆实践，很快掌握正骨技术之精髓：一是祖传正骨手法复位。二是科学规范治疗。运用老字号的象楠正骨术，对各类骨折以祖传手法整复为主，小夹板固定为辅，外贴祖传膏药，内服秘方接骨丹，不开刀、不见血、痛苦少、花钱少、康复快、无后遗症。他把救死扶伤视为己任，把学到的正骨医术大胆用于临床实践和教学，年治愈骨病患者2万余人，带徒10余人，被当患者尊称为“神医”。在医术与药物研发上，他精益求精，带领科研团队潜心研究，刻苦攻关，先后研制出中药制剂、健骨丸、膝关节镇痛丸、增生风湿丸、跌打膏等高效药物，配合正骨治疗，临床效果非常明显，顺利通过省药品监督管理局验收，并核发批准文号，使祖传中药制剂和正骨技术同步提高。王巨先现任烟台巨先药业有限公司董事长，烟台象楠中医整骨医院院长，兼中医骨伤科主任，副主任医师等职，被推选为烟台中西医结合学会理事、烟台市福山区优秀政协委员。

李永熙　1967年12月出生，孙家疃人，区级非遗保护项目“孙家疃菜刀手工制作技艺”代表性传承人。他从16岁开始就继承了父亲的手艺，做铁匠，30多年如一日，长年的经验积累使他制作菜刀的技艺炉火纯青。之后他逐渐把这门手艺转型成为生产性产业。李永熙手工制作的刀具钢口好，持久锋利，经久耐用，不易断裂，实用性强，几十年来，他打制的各种刀具、铁制工具上万把，销往烟台地区及全国各地。

林桂茂　女，1914年5月生，福山区人，市级非遗“剪纸”项目代表性传承人。她12岁开始随母亲学习剪纸技艺，90多年来从未间断。剪纸作品从窗棂花、虚棚花、笸箩花、十二属相、花鸟、动物、蝴蝶到喜庆花、节日窗花等等应有尽有，数不胜数。晚年“抠花”更成为她生活中不可缺少的“营生”“抠好花，做好人，祈福纳祥，保平安”是她的处世名言，四世同堂其乐融融。在历届全国及省、市、区剪纸大赛中多次获得大奖。剪纸图册“八仙图”“二十四孝图”“十大元帅图”等作品畅销国内外，深受国内外剪纸爱好者喜爱。

栾萃华　女，1950年3月出生，福山区人，市级非遗剪纸项目代表性传承人。其自幼跟母亲剪纸“寿星”林桂茂学习绘画、剪纸，对福山剪纸中的窗棂花、虚棚花、笸箩花、喜庆花、丧葬花、炕围花、灯花、门笺、窗笺等多个传统品种都得心应手。技艺特点，善于采用阴阳结合的表现手法，虚实对比强烈，粗中有细，画面生动，剪纸强调传神，剪出的人物神态表情恰到好处，花、鸟、虫、鱼活灵活现。当小学教师后，充分发挥剪纸特长，给学生开设兴趣特长班。在历届全国及省、市、区剪纸大赛中，剪纸作品多次获奖。其作品《金玉满堂》《四大美女》《花开富贵》《幸福和谐》等精品远销美国、加拿大、法国、日本等国。

栾玉敏　女，1957年9月出生，门楼村人。区级非遗项目“福山笑脸吉祥大饽饽”代表性传承人。她从小跟着母亲赖美荣学习面食的制作技艺，到处走访民间艺人，整理笑脸吉祥大饽饽的相关资料，悉心学习和研究福山笑脸吉祥大饽饽传统手工制作技艺，将其成功申报为区级非物质文化保护遗产名录。福山笑脸吉祥大饽饽推上市场后，先后被推广到上海、北京、广州、海南、天津、大连、沈阳等地区。得到广大地区食客的高度认可及赞誉。

张吉顺　1948年11月出生，城里村人，省级非遗保护项目“鲁菜烹饪技艺”代表性传承人。他先在部队厨房当炊事班长，后到地方宾馆当厨师长，再到酒店、餐饮公司任总经理或董事长。他师从国家烹饪大师王义均学习厨艺，得到大师精心指点，所做菜品色、香、味、形俱全，尤以“味”最佳。他所做热菜“清汤燕窝”，于2002年6月，在首届中国（烟台）五彩缤纷国际美食节上，获金奖，并获个人“中华美食大奖”。他擅长鲁菜的挖掘、研究与开发，参与编写鲁菜标准精选一书，为推广鲁菜发挥了积极作用。他注重鲁菜烹饪技艺新人培养，四十多年来带出鲁菜烹饪徒弟90余人，到山东服务技术学院讲解鲁菜烹饪课上百课时，听课师生达5000余人，为福山烹饪协会的成立和福山“鲁菜之乡”的发展做出贡献。他充分发挥鲁菜专家评委作用，先后到芝罘区、莱山区、开发区、牟平区、高新区、龙口市、蓬莱市、长岛县、栖霞市等地参加餐饮赛事担任评委，评选出本市“名店名菜招牌”。他先后被中国烹饪协会授予“中国餐饮业高级职业经理人”，被山东省烹饪协会授予“鲁菜烹饪专家”，被山东省鲁菜发展研究中心颁发“山东省传承鲁菜技艺突出贡献奖”，被烟台市商务局、烟台市总工会、烟台市旅游局联合授予“烟台市传承鲁菜功勋大师”，被烟台市鲁菜产业促进会和烟海博鲁菜研究中心评为“烟台鲁菜工匠”等。

权福健　1966年8月出生，权家人，市级非遗代表性传承人。他自幼对厨艺感兴趣，十七岁开始学厨，现已成为名副其实的鲁菜烹饪大师。他遍访当地名师，经周元芳等鲁菜名厨指点，厨艺精到有成，所做福山大面、烧小鸡、三不粘、胶东大饽饽等被普查、挖掘、申报为区级、市级、省级非物质文化遗产保护名录项目，同时也入选齐鲁特色名小吃。之后，权福健在韩国参加第一届“中韩给力炸酱面大赛”，荣获“地上最高炸酱王”并颁发荣誉证书；福山大面中的“炝锅面”被评选为“中国十大名面”，在山东综艺频道《蓝海·百姓厨神》栏目中，荣获年度总决赛冠军。权福健对民俗文化研究造诣很深，他与胡元田、林桂茂共同创作的《二十四孝图诗》，荣获第八届山东省泰山文艺奖民间文艺类三等奖。

王良　1965年12月出生，东张家人，“鲁菜烹饪技艺”市级代表性传承人。现任烟台市福山宾馆副总经理，中国烹饪协会会员，山东省烹饪协会理事，省技术监督局鲁菜标准化体系委员会委员、烟台台市烹饪协会常务理事，福山烹饪协会副会长兼秘书长。1982年从事烹饪工作，2002年拜中国烹饪大师、鲁菜泰斗王义均为师。现为国家高级技师、中国烹饪大师、鲁菜烹饪特级大师、餐饮业国家级评委。2002年被中国烹饪协会授予“全国烹饪管理成就奖”，参加在人民大会堂举行的庆典活动，受到国家领导人的接见。

王永光　1964年4月出生，福山区人，区级非遗代表性传承人。他自1979年起拜“中华名厨”初立健为师学习厨艺，得到初立健大师的精心指点，厨艺大有长进，经过30多年的烹饪实践，现已成长为中国知名的鲁菜烹饪大师，被业界尊称为“王大厨”。他先后在济南万国大酒店、西北餐饮公司、济南军区长城大厦等饭店担任行政总厨、出品总监等职务。他热爱鲁菜烹饪技艺传承，先在济南成立“王大厨餐饮工作室”、后在家乡福山创建王大厨美食养生馆，均被评为“山东餐饮名店”“山东健康营养示范店”，经他传授烹饪技艺的学徒近百人。2003年，荣获央视“满汉全席”两届金牌擂主，被山东烹饪协会授予“中国鲁菜大师”，参赛作品《花鼓蟹黄海参》《金盏鲍鱼》获金牌菜。后被中国烹饪协会授予“餐饮业国家级评委”，被中国饭店协会授予“中国烹饪大师”，享受政府津贴。

杨志春　女，1966年9月出生，东关村人，市级非物质文化遗产保护项目“福山豆面酱手工制作技艺”代表性传承人。她自20岁学习厨艺，尤其是对历史悠久的福山豆面酱产生兴趣，虚心向母亲陈月明学习福山豆面酱传统手工制作技艺，并遍访民间豆面酱制作老艺人，挖掘、整理福山豆面酱的相关资料，使豆面酱制作技艺得以传承。她善于餐饮调料的研发和创新，在张格庄镇政府驻地设立豆面酱生产加工基地，所生产制作的豆面酱酱香浓郁，与菜品搭配能烹饪出美味佳肴，深受食客喜爱。之后采用福山豆面酱制作的炸酱面，荣获第四届中国国际美食节“中国特色菜品大赛的金奖”；在韩国参加首届“中韩给力炸酱面大赛”中采用福山豆面酱，制作的炸酱面荣获银奖；采用福山豆面酱制作的福山炸酱面被评选为“齐鲁名吃”；在山东电视综艺频道《蓝海•百姓厨神》年度总决赛中，最终获得年度总决赛冠军。她不但是制作豆面酱的好手，更热爱豆面酱制作技艺的传承，现已培养出五名徒弟，均能独当一面。她还把豆面酱制作技艺免费传授给周围群众，得到广大群众的赞赏。

赵亚琳　女，1978年4月出生，东黄山村人，区级非遗保护项目“福山面塑”代表性传承人。她出生在面塑世家，其太姥蒋陈氏、姥姥蒋文格、母亲孙茂叶等都是当地面塑高手。自记事起她就模仿姥姥、母亲做简单的面塑面人、花鸟等，成年后专门向姥姥、母亲学习面塑技艺，并得以真传，扎实掌握了制做面塑的构思、设计、和面、蒸熟、揉面、配色、捏塑、干化、包装等技法，做出的面塑形态逼真、色彩鲜艳、花样繁多、玲珑奇巧，很受广大群众喜爱。为把面塑做大做强，她成立了烟台老岚食品有限公司，开设多家分店，专门从事馒头、饽饽、面塑的制做、经营与销售，同时带出面塑徒弟10余人，所做面塑已形成规模，并能够根据客户的要求设计制做面塑工艺品，其面塑产品销往全国各地，在烟台当地名声很大。

劳动模范一览表

表1

姓名	村（单位）	获称年份	荣誉称号
徐美玲（女）	绍瑞口	1958	全国劳动模范
郭成利	黑石村	1953	华东劳动模范
郑希文	旺远王村	1963	华东劳动模范
孙德云	西黄山村	1951	山东省劳动模范
李文轩	古现东村	1951	山东省劳动模范
赵丕松	东黄山村	1952	山东省劳动模范
徐守义	泉水眼村	1952	山东省劳动模范
吕焕文	胜利东村	1952	山东省劳动模范
陈广德	陈家沟村	1952	山东省劳动模范
邢治友	邢家村	1952	山东省劳动模范
刘赞先	下刘家村	1952	山东省劳动模范
张成瑞	绍瑞口村	1952	山东省劳动模范
刘元林	西罗格庄村	1956	山东省劳动模范
李成和	福山铜矿	1978	冶金部劳动模范
栾秉赞	县农业银行	1982	山东省劳动模范
王国清	烟台制锨厂	1982	山东省劳动模范
方忠竹	福山铜矿	1982	山东省劳动模范
王宗信	南涂山村	1986	山东省劳动模范
杨书仲	福山铜矿	1989	山东省劳动模范
初本忠	中国银行福山支行	1989	山东省劳动模范
唐与山	东陌堂村	1990	山东省劳动模范
吕道龙	西苑集团公司	1990	山东省劳动模范
吕世涛	烟台第三建筑安装工程公司	1992	山东省劳动模范
王淑玲（女）	烟台华隆针织公司	1994	山东省劳动模范
郑忠燕（女）	烟台SOS儿童村	1995	山东省劳动模范
林则建	烟台中艺抽纱公司	1998	山东省劳动模范
王维竹	三十里堡村	1982	烟台地区劳动模范
李桂兰（女）	东华小学	1982	烟台地区劳动模范
孙宝琪	东风村	1982	烟台地区劳动模范
刘家明	县人民法院	1982	烟台地区劳动模范

续表 1

姓名	村（单位）	获称年份	荣誉称号
赵其美	回里粮管所	1982	烟台地区劳动模范
宋殿君	陡崖村	1982	烟台地区劳动模范
杨锡礼	县市政工程处	1982	烟台地区劳动模范
范作山	东关村	1982	烟台地区劳动模范
郭范乙	县水利局	1982	烟台地区劳动模范
朱友仁	烟台第二钢木家具厂	1982	烟台地区劳动模范
邢万玉	上夼村	1982	烟台地区劳动模范
赵玉玲（女）	烟台格迈纳尔中学	1982	烟台地区劳动模范
董来运	县教育局	1982	烟台地区劳动模范
陈生宝	区农科所	1982	烟台地区劳动模范
张元福	东黄山村	1982	烟台地区劳动模范
赵恩柏	丁家夼村	1982	烟台地区劳动模范
杨克芹（女）	县纸箱厂	1982	烟台地区劳动模范
王美英（女）	县妇幼保健站	1982	烟台地区劳动模范
迟丕盛	福山永盛装材厂	1982	烟台地区劳动模范
王道米（女）	县百货大楼	1982	烟台地区劳动模范
汪洪海	东北关村	1982	烟台地区劳动模范
吕家赞	东留公村	1982	烟台地区劳动模范
王新平	绍瑞口村	1982	烟台地区劳动模范
张宝斌	南庄村	1982	地区劳动模范
舒宗仁	区化工公司	1988	烟台市劳动模范
陈德祥	区渤海公司	1990	烟台市劳动模范
王余贤	河北村	1990	烟台市劳动模范
于守礼	北于家村	1990	烟台市劳动模范
于祥金	福山钢窗厂	1990	烟台市劳动模范
于培岐	区升华联合公司	1990	烟台市劳动模范
李宗连	福山永达公司	1990	烟台市劳动模范
杜凤兰（女）	旺远刘村	1990	烟台市劳动模范
郑宗文	两甲庄村	1990	烟台市劳动模范
刘训绍	下刘家村	1990	烟台市劳动模范
叶东升	烟台冶金矿山机械厂	1993	烟台市劳动模范
杜宝才	烟台格迈纳尔中学	1993	烟台市劳动模范
吴洪山	烟台东海建材公司	1993	烟台市劳动模范
王　欣	山东通信福山分公司	1993	烟台市劳动模范
林建伟	烟台地毯材料公司	1993	烟台市劳动模范
王文贤	区房管局	1995	烟台市劳动模范
杨学岭	区政府	1996	烟台市劳动模范
王　平	福山燕福实业公司	1996	烟台市劳动模范
吕道升	烟台西苑集团公司	1996	烟台市劳动模范
唐矛刚	东陌堂村	1996	烟台市劳动模范
姜中二	区政府	1996	烟台市劳动模范
方芳（女）	工商银行福山支行	1996	烟台市劳动模范
谢明燕	烟台宽幅布厂	1996	烟台市劳动模范
宋殿荣	烟台马赛克厂	1999	烟台市劳动模范
孔繁军（女）	区人民医院	1999	烟台市劳动模范
孙汝成	台　上	1999	烟台市劳动模范
林美娟（女）	区人大常委会	1999	烟台市劳动模范
邹广奇	烟台第二水泥厂	1999	烟台市劳动模范
蔡德勇	区人民法院	1999	烟台市劳动模范
于　东	福山高新区	1999	烟台市劳动模范
林则海	福山锦程化工厂	1999	烟台市劳动模范
黄万杰	福山高新区	2002	烟台市劳动模范
林喜峰	烟台首钢磁材公司	2002	烟台市劳动模范
吕永强	烟台阀门厂	2002	烟台市劳动模范
刘春红（女）	烟台马利酵母公司	2002	烟台市劳动模范

附：明清时期福山进士、举人、贡生名录

明、清时期福山进士名录

表 2

姓名	生卒年份	考中年代	授任官职	籍贯
孙乐	不详	明弘治十八年（1505 年）	四川布政司参政	两甲庄村
孙檠	不详	明弘治十八年（1505 年）	直隶任邱县知县	两甲庄村
王慎言	不详	明崇祯七年（1634 年）	锦衣卫百户（武进士）	河北村
王允谐	不详	清顺治四年（1647 年）	陕西成县知县	河北村
鹿廷瑄	1620—1677	清康熙九年（1670 年）	奉天承德县知县	城里村
谢乃果	1661—1733	清康熙二十七年（1688 年）	文选司主事	西关村
刘元声	1666—1730	清康熙五十二年（1713 年）	河南郾城县知县	西埠庄
萧　劼	1685—1763	清康熙五十四年（1715 年）	甘肃高台县知县	城里村
谢光纪	1686-1738	清康熙五十七年（1718 年）	广西富川县知县	西关村
王甘敷	不详	清乾隆元年（1736 年）	咸安宫教习	古现村
萧　润	不详	清乾隆元年（1736 年）	河南义封县知县	城里村
王希旦	不详	清乾隆十九年（1754 年）	沂州知州教授	古现村
谢景谟	1720—1785	清乾隆二十八年（1763 年）	陕西保安县知县	西关村
王积熙	1711—1771	清乾隆三十六年（1771 年）	未放官	城里村
王鸿中	不详	清乾隆四十六年（1781 年）	泰安府教授	楼底村
王奎甲	不详	清乾隆五十二年（1787 年）	浙江武义县知县	东吴家村
王延庆	1781—1852	清嘉庆十年（1805 年）	国子监博士	古现村
牟安儒	不详	清嘉庆十年（1805 年）	直隶临城县知县	两甲庄村
王余晋	1765—1848	清嘉庆十三年（1808 年）	兖州府教授	旺远王村
王余师	1771—1848	清嘉庆十四年（1809）	莱州府教授	旺远王村
王余英	1768—1819	清嘉庆十四年（1809）	湖南善化县知县	旺远王村
王德瑛	1774—1832	清嘉庆十九年（1814 年）	河南安阳县知县	古现村
王森长	1771—1846	清嘉庆二十四年（1819 年）	陕西蒲城县知县	古现村
王善壁	不详	清嘉庆二十四年（1819 年）	广东和平县知县	古现村
巴从周	不详	清道光十二年（1832 年）	铨选知县	祖籍崇义村
王麟瑞	不详	清道光十三年（1833 年）	直隶武邑县知县	古现村
王武曾	1782—1851	清道光十五年（1835 年）	浙江慈溪县知县	古现村
萧铭卤	1837—1868	清道光二十七年（1847 年）	刑部候补主事	城里村
王大辂	不详	清道光三十年（1850 年）	铨选知县	古现村
张恩煦	不详	清咸丰十年（1860 年）	直隶乐亭县知县	古现村
谢文起	1821—1870	清同治四年（1865 年）	贵州清镇县知县	西关村
李绪昌	不详	清同治四年（1865 年）	工部主事	西埠庄村
刘铭训	不详	清同治十年（1871 年）	济南府教授	刘家台子村
萧宪章	不详	清同治十三年（1874）	铨选知县	祖籍永福园村
于汉津	不详	清光绪二年（1876 年）	翰林院检讨	台上村
王承燮	不详	清光绪六年（1880 年）	安徽铜陵县知县	古现村
卢德复	1858—1917	清光绪二十四年（1898 年）	户部主事	城里村

说明：福山明清时期共考取进士 75 名（含武进士 9 名），其中芝罘区（今）4 名，福山区 71 名（含武进士 7 名），上届入传 7 名，本届五品以上补传略 27 名，入录 37 名

明、清时期福山举人名录

表 3

姓　名	类　别	考中年代	授任官职	籍贯
潘　道	举　人	明永乐三年（1405 年）	交趾清潭县知县	潘家村
刘　钊	举　人	明永乐九年（1411 年）	南直凤阳府通判	西关村

续表 3

姓 名	类 别	考中年代	授任官职	籍贯
迟 通	举 人	明永乐十五年（1417 年）	大理寺寺丞	迟家村
李 佳	举 人	明成化元年（1465 年）	不 详	西埠庄村
孙 讃	举 人	明成化十年（1474 年）	不 详	两甲庄村
郭尔池	举 人	明万历二十八年（1600 年）	福建水口运同	城里村
萧文蔚	举 人	清顺治十一年（1654 年）	江南桃源县知县	城里村
刘逢甲	举 人	清康熙十一年（1672 年）	山东曹县教谕	西埠庄村
萧廷蓥	举 人	清康熙十四年（1675 年）	山东胶州学正	城里村
钟国观	举 人	清康熙二十年（1681 年）	广东和平县知县	钟家庄村
于 谨	武 举	清康熙二十三年（1684 年）	候选守备	东厅村
杜标立	武 举	清康熙二十六年（1687 年）	选守备	盐场村
车梦鹏	举 人	清康熙二十六年（1687 年）	山东掖县教谕	北车家村
萧程俨	举 人	清康熙三十八年（1699 年）	河南遂平县知县	城里村
杜冲凯	武 举	清康熙三十八年（1699 年）	不 详	盐场村
王书平	举 人	清康熙五十二年（1713 年）	不 详	城里村
谢光伦	举 人	清康熙五十二年（1713 年）	河南宜阳县知县	西关村
李时发	举 人	清康熙五十二年（1713 年）	山东莘县教谕	城里村
徐志发	举 人	清康熙五十三年（1714 年）	不 详	宋家疃村
吕其爵	举 人	清康熙五十六年（1717 年）	不 详	东留公村
刘联声	举 人	清康熙五十六年（1717 年）	不 详	西埠庄村
萧 勖	举 人	清雍正二年（1724 年）	直隶安肃县知县	城里村
刘懋泰	举 人	清雍正四年（1726 年）	云南五河知县	西埠庄村
谢光祖	举 人	清雍正四年（1726 年）	刑部广东司主事	西关村
萧 勍	举 人	清雍正十年（1732 年）	拣选知县	三里店村
贾龙戴	举 人	清乾隆元年（1736 年）	不 详	西关村
王 槭	举 人	清乾隆元年（1736 年）	湖北天门县知县	古现村
陈日来	举 人	清乾隆元年（1736 年）	不 详	八角村
李秉忠	举 人	清乾隆六年（1741 年）	不 详	城里村
萧 勷	举 人	清乾隆六年（1741 年）	江苏阳湖县知县	城里村
王 植	武 举	清乾隆六年（1741 年）	不 详	水都社
王正举	武 举	清乾隆九年（1744 年）	不 详	东关村
刘俭龄	举 人	清乾隆九年（1744 年）	不 详	西埠庄村
牟承志	举 人	清乾隆九年（1744 年）	水都沂水县训导	两甲庄村
刘惇泰	举 人	清乾隆九年（1744 年）	不 详	西埠庄村
邹 峻	举 人	清乾隆十二年（1747 年）	水都潍县教谕	鹿家村
王文炯	举 人	清乾隆十五年（1750 年）	四川中江县知县	古现村
于 僖	举 人	清乾隆十七年（1752 年）	不 详	南涂山村
陈九畴	举 人	清乾隆十七年（1752 年）	四川绵竹县知县	官庄村
吕协凤	举 人	清乾隆十七年（1752 年）	不 详	大沙埠村
鹿 甠	举 人	清乾隆十八年（1753 年）	候选教谕	城里村
吕汝干	武 举	清乾隆二十一年（1756 年）	不 详	东留公村
王广绪	举 人	清乾隆二十五年（1760 年）	云南按板井盐课大使	古现村
王鲁贯	举 人	清乾隆二十五年（1760 年）	不 详	东关村
王善至	举 人	清乾隆三十三年（1768 年）	海丰县教谕	旺远王村
王钟泰	举 人	清乾隆三十三年（1768 年）	山西蒲州府永乐镇同知	古现村
刘延宗	举 人	清乾隆三十九年（1774 年）	山东章丘县教谕	西埠庄村
谢显谟	举 人	清乾隆三十九年（1774 年）	山东聊城县教谕	西关村
王余庄	举 人	清乾隆四十二年（1777 年）	山东莱芜县训导	旺远王村
牟 瑞	举 人	清乾隆四十二年（1777 年）	山东郓城县训导	两甲庄村
鹿承基	举 人	清乾隆四十二年（1777 年）	候选教谕	城里村
王余蒨	举 人	清乾隆四十四年（1779 年）	拣选知县	城里村
王善培	举 人	清乾隆五十一年（1786 年）	山东陵县教谕	旺远王村
王绶长	举 人	清乾隆五十一年（1786 年）	四氏学教授	古现村
于谦牧	举 人	清乾隆五十三年（1788 年）	山东金乡县教谕	奇章村
王余莒	举 人	清乾隆五十四年（1789 年）	湖北钟祥县知县	古现村
刘蕤焜	举 人	清乾隆五十四年（1789 年）	山东东平州学正	西埠庄村

续表 3

姓 名	类 别	考中年代	授任官职	籍贯
王守经	举 人	清乾隆五十七年（1792 年）	候选教谕	城西村
王英序	武 举	清乾隆五十七年（1792 年）	不 详	东关村
唐文佩	武 举	清乾隆六十年（1795 年）	不 详	东陌堂村
王从矩	举 人	清嘉庆三年（1798 年）	山东章丘县教谕	河北村
刘 超	举 人	清嘉庆三年（1798 年）	候选教谕	西埠庄村
隋 镛	举 人	清嘉庆五年（1800 年）	山东东阿县训导	南关村
王元玑	举 人	清嘉庆五年（1800 年）	拣选知县	城里村
鹿显基	举 人	清嘉庆五年（1800 年）	山东曹县教谕	城里村
王锡珍	举 人	清嘉庆六年（1801 年）	山东鱼台县教谕	西关村
安国瑞	举 人	清嘉庆六年（1801 年）	山东汶上县教谕	大沙埠村
郭懋先	举 人	清嘉庆六年（1801 年）	山东新泰县教谕	城里村
刘 樾	举 人	清嘉庆六年（1801 年）	直隶柏乡县教谕	西埠庄村
林世兴	举 人	清嘉庆六年（1801 年）	不 详	务本社
王余校	举 人	清嘉庆九年（1804 年）	湖北候补知县	古现村
王余孚	举 人	清嘉庆九年（1804 年）	山东胶州学正	旺远王村
王玉汝	举 人	清嘉庆九年（1804 年）	山东馆陶县训导	河北村
鹿树嘉	举 人	清嘉庆九年（1804 年）	咸安宫教习	城里村
郭 瑨	举 人	清嘉庆九年（1804 年）	不 详	城里
王兆琦	举 人	清嘉庆十二年（1807 年）	山东德州学正	古现村
郭维瑄	举 人	清嘉庆十二年（1807 年）	海丰县教谕	城里村
鹿义靖	举 人	清嘉庆十三年（1808 年）	山东郯城县训导	城里村
栾音翕	举 人	清嘉庆十五年（1810 年）	候选教谕	栾家村
于谦光	举 人	清嘉庆十八年（1813 年）	山东博兴县教谕	奇章村
权祖兴	举 人	清嘉庆十八年（1813 年）	候选教谕	权家村
陈华源	举 人	清嘉庆二十一年（1816 年）	青城县训导	城里村
李辉德	举 人	清嘉庆二十一年（1816 年）	江苏江都县知县	桃园村
王階庆	举 人	清嘉庆二十三年（1818 年）	候选教谕	门楼村
萧铭衡	举 人	清嘉庆二十三年（1818 年）	山东临淄县教谕	城里村
杜宗岳	举 人	清嘉庆二十三年（1818 年）	陕西礼泉县知县	盐场村
谢应岳	举 人	清道光元年（1821 年）	山东恩县教谕	城里村
谢孔嘉	举 人	清道光元年（1821 年）	山东临邑县训导	城里村
吕怀新	举 人	清道光二年（1822 年）	候选训导	大沙埠村
王尊泽	举 人	清道光二年（1822 年）	山东泰安府教授	古现村
邹廷显	举 人	清道光二年（1822 年）	候选训导	山后村
王鹏程	举 人	清道光八年（1828 年）	山东徐州学正	湘里村
鹿树棠	举 人	清道光十一年（1831 年）	福山宾阳分院教习	城里村
王余萃	举 人	清道光十一年（1831 年）	山东曹州府教授	旺远王村
吕 敏	举 人	清道光十一年（1831 年）	候选教谕	大沙埠村
鹿燕苹	举 人	清道光十二年（1832 年）	以教谕用	城里村
邹培元	武 举	清道光十四年（1834 年）	不 详	诸留村
赵慎典	举 人	清道光十五年（1835 年）	候选训导	朱丛村
王祐庆	举 人	清道光十七年（1837 年）	福建建宁县知县	古现村
杜 沆	举 人	清道光十九年（1839 年）	候选教谕	盐场村
杜景衍	举 人	清道光二十三年（1843 年）	不 详	盐场村
张毓森	举 人	清道光二十四年（1844 年）	候选教谕	宅院村
王应衔	举 人	清道光二十六年（1846 年）	山东平度州学正	古现村
王錞庆	举 人	清道光二十六年（1846 年）	山东汶上县训导	城里村
柳宝壇	举 人	清咸丰元年（1851 年）	授教习	旺远王村
萧铭勋	举 人	清咸丰二年（1852 年）	山东嘉祥县教谕	三里店村
林 谋	举 人	清咸丰二年（1852 年）	不 详	西留公村
邹廷珍	举 人	清咸丰五年（1855 年）	山东蒲台县教谕	张格堡村
王伯寅	举 人	清咸丰五年（1855 年）	山东馆陶县训导	楮佳疃村
萧麟年	举 人	清咸丰八年（1858 年）	不 详	永福园村
萧鸿诰	举 人	清同治元年（1862 年）	例授文林郎	城里村
刘百官	举 人	清同治元年（1862 年）	拣选知县	西埠庄村

续表 3

姓　名	类 别	考中年代	授任官职	籍贯
张百获	举 人	清同治元年（1862 年）	安徽候补知县	南于家村
刘贵昌	举 人	清同治六年（1867 年）	不 详	西埠庄村
王廷槐	举 人	清同治九年（1870 年）	安徽合县知县	城西
牟宝琪	举 人	清同治九年（1870 年）	任教职	旺远于村
王啟昌	武 举	清同治九年（1870 年）	长山汛千总侭先守备	城西村
谢端甫	举 人	清同治十二年（1873 年）	浙江桐庐县知县	城里村
孔昭许	举 人	清同治十二年（1873 年）	山东莘县教谕	巨甲庄村
王鸿恩	举 人	清同治十二年（1873 年）	刑部主事	贾家庄村
王　庸	举 人	清光绪元年（1875 年）	山东济宁州学正	城里村
栾郁翘	举 人	清光绪元年（1875 年）	山东齐河县训导	栾家疃村
隋仲升	举 人	清光绪元年（1875 年）	拣选知县	南关村
张玉振	武 举	清光绪元年（1875 年）	不 详	城西村
王　霖	武 举	清光绪二年（1876 年）	兵部差官	东关村
王佐寅	武 举	清光绪二年（1876 年）	兵部差官	东关村
迟　梅	武 举	清光绪五年（1879 年）	不 详	南关村
王锡恩	武 举	清光绪五年（1879 年）	兵部差官	东关村
于镇川	举 人	清光绪十一年（1885 年）	候保知县	西栾家村
鹿绍庭	举 人	清光绪十一年（1885 年）	四川候补知县	城里村
林万涛	举 人	清光绪十一年（1885 年）	拣选知县	芝阳村
谢商衡	举 人	清光绪十四年（1888 年）	不 详	西关村
王文臣	举 人	清光绪十四年（1888 年）	湖南安仁县知县	古现村
王恩铎	举 人	清光绪十五年（1889 年）	候选教谕	大屋村
鹿福宝	举 人	清光绪十五年（1889 年）	山东陵县教谕	城里村
王崇燕	举 人	清光绪十七年（1891 年）	鸿胪寺序班	古现村
王丙堃	举 人	清光绪十九年（1893 年）	鸿胪寺序班	东关村
吕宝书	举 人	清光绪十九年（1893 年）	不 详	大沙埠村
鹿葆熙	举 人	清光绪十九年（1893 年）	补用知县、始办学	城里村
王丙涛	举 人	清光绪二十年（1894 年）	不 详	古现村
王崇烈	举 人	清光绪二十年（1894 年）	鸿胪寺序班	古现村
王锡麟	举 人	清光绪二十年（1894 年）	鸿胪寺序班	东关村
郭学濂	举 人	清光绪二十三年（1897 年）	兰山教谕	西关村
杨琨吾	举 人	清光绪二十四年（1898 年）	候选教谕	大杨家村

说明：福山明、清时期中举 195 名，其中芝罘区（今）31 名，福山区 164 名，含武举 23 名，以上补传略 19 名，入录 145 名

明、清时期福山贡生名录

表 4

姓　名	类 别	考中年代	授任官职	籍 贯
姜　肃	岁 贡	明洪武元年（1368 年）	北平行唐县知县	姜家村
臧　琪	岁 贡	明洪武年间	北平获鹿县知县	朱从社
于　宾	岁 贡	明洪武年间	陕西陇西县知县	古现社
鹿克己	岁 贡	明洪武年间	福建建阳卫经历	鹿家村
陈　鼎	岁 贡	明洪武年间	北平万全卫经历	八角社
刘　翀	岁 贡	明洪武年间	河南宜阳县知县	西关社
姜　育	岁 贡	明洪武年间	直隶邳州州判	集贤社
崔　珣	岁 贡	明洪武年间	鸿胪寺序班	东马疃村
张　维	岁 贡	明永乐十三年（1415 年）	南直桃源县知县	涂山社
由　敏	岁 贡	明永乐十七年（1419 年）	直隶吴桥县知县	岗嵛村
于　达	岁 贡	明正统十二年（1447 年）	陕西开城县知县	西关村
王　俊	岁 贡	明景泰三年（1452 年）	授任知县	河北村
张　昶	岁 贡	明天顺八年（1464 年）	直隶金吾右卫吏目	南涂山
初　浩	岁 贡	明成化四年（1468 年）	陕西鄜州州判	务本社
由　明	岁 贡	明成化六年（1470 年）	南直隶邳州吏目	岗嵛村

续表 4

姓　名	类 别	考中年代	授任官职	籍 贯
孙　棨	岁 贡	明弘治十三年（1500 年）	南直隶亳州吏目	两甲庄村
王之麟	岁 贡	明弘治十五年（1502 年）	山西石楼县知县	中前所
潘　显	岁 贡	明正德三年（1508 年）	江西按察司照磨	潘家村
周　璇	岁 贡	明嘉靖五年（1526 年）	怀庆县知县	中前所
张如祐	岁 贡	明嘉靖十一年（1532 年）	直隶容城县知县	宅院村
王　钺	恩 贡	明嘉靖十七年（1538 年）	上海县知县	河北村
唐文学	岁 贡	明嘉靖二十一年（1542 年）	直隶深泽县知县	不详
张国宾	岁 贡	明嘉靖年间	陕西压浪县知县	宅院村
孙　燧	岁 贡	明嘉靖年间	官至照磨	两甲庄村
王汝弼	岁 贡	明嘉靖四十年（1561 年）	六安州颍州州同	孙夼社
岳　化	岁 贡	明隆庆元年（1567 年）	湖广黄州府经历	涂山村
汤　臣	岁 贡	明隆庆六年（1572 年）	江西建昌府经理	中前所
刘宏祚	恩 贡	明万历元年（1573 年）	河南桐柏县知县	西关社
郭如梅	选 贡	明万历四年（1576 年）	河南温县知县	城里村
王汝翼	岁 贡	明万历六年（1578 年）	直隶州同	孙夼社
岳程玉	岁 贡	明万历三十八年（1610 年）	陕西礼县知县	涂山村
王政益	岁 贡	明万历四十二年（1614 年）	湖广沅州府通判	兜余村
李自华	岁 贡	明万历四十六年（1618 年）	河南怀庆卫经历	城里村
刘宏任	岁 贡	明天启三年（1623 年）	山西潞安府经历	西关社
曲引伸	岁 贡	明天启五年（1625 年）	贵州石矸府经历	曲家村
郭　谟	恩 贡	明崇祯元年（1628 年）	湖广汉阳府通判	城里村
郭　让	拔 贡	明崇祯八年（1635 年）	授州判	城里村
吕封齐	恩 贡	清顺治元年（1644 年）	河南邱封县知县	大沙埠村
郭　诗	岁 贡	清顺治七年（1650 年）	陕西富平县知县	义井村
迟　煌	拔 贡	清顺治十一年（1654 年）	浙江乐清县知县	南关村
吕家齐	岁 贡	清顺治十三年（1656 年）	奉天府经历	大沙埠村
于　谊	拔 贡	清康熙三十八年（1699 年）	授州同	东厅村
刘宠甲	恩 贡	清雍正元年（1723 年）	云南永平县知县	西埠庄村
刘显祖	拔 贡	清雍正元年（1723 年）	授州判	西埠庄村
陈啟观	拔 贡	清雍正十三年（1735 年）	候补同知	马家村
王余苓	拔 贡	清乾隆四十二年（1777 年）	候选直隶州州判	城里村
王念增	副 贡	清乾隆五十三年（1788 年）	候选知县	古现村
谢士韡	拔 贡	清乾隆五十四年（1789 年）	浙江慈溪县知县	西关村
谢应起	拔 贡	清道光二十九年（1849 年）	河南宜阳县知县	西关村
萧铭畴	拔 贡	清道光二十九年（1849 年）	保举知县	城里村
萧培畹	恩 贡	清咸丰四年（1854 年）	世袭云骑尉	宋家疃村
于克宽	恩 贡	清咸丰九年（1859 年）	吏部七品京官	刘家疃村
刘维权	岁 贡	清同治三年（1864 年）	直隶候补知府道员	盐场村
王伯方	优 贡	清同治三年（1864 年）	陕西富平县知县	旺远王村

说明：福山明清时期共有贡生 450 名，其中芝罘区（今）46 名，福山区 386 名；五品入传略 17 名，七品入表 54 名，余者不记载

附　录

大事记

（1978年前）

商周时期（前1600—前771）

商、西周时期，为莱国地。

春秋战国时期（前771—前221）

春秋时为牟子国迁徙地（今三十里堡村南）。战国时期（前445—前221），为齐康公食邑。

秦朝（前221—前206）

为齐郡腄县地，县治在今福山城。

汉朝（前206—公元220）

西汉（前206—公元25）先后为腄县、牟平县（县治在今古现）、育犁县（县治在奇章村）地，均属青州东莱郡，南境内有少部分地区为观阳县地，属东莱郡。东汉（25—220）废除腄县、育犁县，并入牟平县，仍属青州东莱郡。

魏晋南北朝时期（220—581）

魏国（220—265）为牟平县地，属长广郡，南部仍属观阳县。西晋、东晋（公元265—420）和南北朝（420—581）均为牟平县地（县治在蓬莱境），后为文登县（今文登市）地。

隋朝（581—618）

先为牟平县地，后为文登县地。

唐朝（618—907）

621年（唐武德四年），割文登西部、牟平东部置清阳县（县治在福山城），属登州。627年（贞观元年），废除牟平、清阳县，清阳西部与牟平并入黄县，东部复属文登县。清阳县治改为两水镇。665年（麟德二年），割文登西部(含福山东部)置牟平县,福山分属黄、牟两县。707年（神龙三年），福山属登州东牟郡，观阳县撤销后，福山南部改属昌阳县。

五代至北宋（907—1127）

仍为牟平、蓬莱县地，属登州东牟郡。后唐时，改昌阳县为莱阳县，福山南境为莱阳县地。

金天会九年（1131年）

齐帝刘豫设福山县，属登州。

元延祐二年（1315年）

主簿祁祖谦在文庙明伦堂两侧修建讲堂。

明洪武元年（1368年）

朝廷在西北关设中前所守御福山，刘能任千户。

明洪武四年（1371年）

在福山县设备御千户所，属登州卫。

明永乐六年（1408年）

地屡震，有声如雷。年内大震51次，小震无算。

明永乐九年（1411年）

千户周玘组织民众以砖石修筑城垣，并建城楼。东曰镇静门，西曰义勇门，南曰平安门，后开北门。

明正统十年（1445年）

三月二十一日，地大震。

明成化十年（1474年）

知县郭玉倡民凿官渠，西自马神庙，北抵清洋河，长十五华里。

明弘治五年（1492年）

大旱。

明弘治十四年（1501 年）

雨雹杀禾。

明正德四年（1509 年）

大饥，人相食。

明正德五年（1510 年）

春，河北省霸县刘六（宠）、刘七（宸）农民起义军进攻福山城。

明正德八年（1513 年）

夏，飞蝗蔽日。

明嘉靖七年（1528 年）

大饥，死者载道。

明嘉靖十二年（1533 年）

县城西北天落陨石如雨。

明嘉靖十二年至十四年（1533—1535 年）

连续三年发生蝗灾，禾稼食尽。

明嘉靖二十七年（1548 年）

九月十三日，地大震。

明嘉靖三十七年（1558 年）

大饥，籴粮于辽东。

明嘉靖三十九年（1560 年）

大旱。

明嘉靖四十一年（1562 年）

夏不雨，大饥。

明隆庆二年（1568 年）

春，南京兵部尚书、城里人郭宗皋在柳行庄东治稻田 2.67 公顷。

明万历十九年（1591 年）

倭寇侵扰日紧，知县张所修在城上督建垛堞，添设炮台。

明万历二十二年（1594 年）

雨雹伤禾，大饥，斗米钱四百余。

明万历二十五年（1597 年）

十一月（农历），地震有声。

明万历二十六年（1598 年）

二月十二日，地震，十三日复震，四月四日又震。

明万历二十七年（1599 年）

三月二十八日，地震，四月五日又震。

明万历三十三年（1605 年）

七月（农历），地震。

明万历三十七年（1609 年）

二月（农历），地震如雷。

明万历三十八年（1610 年）

大旱。

明万历四十一年（1613 年）

八月二十二日，异风暴作，大雨如注，经 3 昼夜，坏房舍，拔大树，禾稼一空。

明万历四十二年（1614 年）

秋，暴雨 3 昼夜，清洋河洪水泛滥，城楼荡然，城墙倒塌多处。设急递铺，传递官方公文。

明万历四十三年（1615 年）

三月至九月（农历），不雨，千里如焚，蝗蝻遍野，人食树皮。

明万历四十四年（1616 年）

春，大饥，人相食，饿殍载路，市卖子女。

是年，兴修水利，清洋、大沽两河沿岸农民开渠筑堰，制造水车，引水浇地 66.7 公顷，作物产量大增。

明万历四十六年（1618 年）

知县宋大奎修成《福山县志》，8 卷（存前 4 卷）。

副使陶朗先开辽海新道，在八角湾设港口。

明天启七年（1627 年）

大水。

明崇祯元年（1628 年）

秋，大水。

明崇祯四年（1631 年）

秋，大水。

明崇祯十年（1637 年）

知县周冀龙在城上建炮台 8 座。

明崇祯十一年（1638 年）

春，无雨。夏，蝗飞蔽天，食谷殆尽。秋，螽蝝遍野，蝗复大起，禾稼食尽。

明崇祯十三年（1640 年）

自春至秋无雨，禾稼焦枯，人相食。

明崇祯十六年（1643 年）

三月（农历），清兵破成山卫，旋围福山城，知县周闻诗固守，攻城未下。

清顺治十八年（1661 年）

十月（农历），栖霞农民起义军首领于七，派部下邢小泉率义军进攻福山城。

十二月六日，于七所部刘五率兵数万进驻古现。

清康熙四年（1665 年）

大旱，无麦。秋，有蝗，大饥。

清康熙六年（1667 年）

六月（农历），大雨。至八月始止，稼伤过半。

清康熙七年（1668 年）

六月（农历），兜余村西井水上涌，有声如雷，17 日地震，房屋多倒塌。

清康熙八年（1669 年）

四月九日、十日、十四日、十五日，地震，有声如雷。

清康熙九年（1670 年）

旱，地无苗。

冬，大雪，柴价昂贵，百姓冻死者甚多。

清康熙十年（1671 年）

秋、冬，无雨雪。

十一月三日，地震有声。

清康熙十一年（1672 年）

地震。

清康熙十二年（1673 年）

知县罗博修成《福山县志》，12 卷。

清康熙十九年（1680 年）

初秋，大水。

清康熙二十四年（1685 年）

四月十五日，大水。

清康熙二十五年（1686 年）

一月十八日，地震有声，两日后又震。

清康熙四十三年（1704 年）

大饥，瘟疫盛行，死者无数。

清康熙四十四年（1705 年）

宁海兵变，福山城戒严。

清康熙五十一年（1712 年）

四月二十三日，地震。

清康熙五十四年（1715 年）

一月十六日夜，大雷雨，河水暴涨。

清康熙五十八年（1719 年）

秋，大水，大沽夹河宫家岛段决口，北流入海，毁坏农田 1000 多亩。

清雍正二年（1724 年）

七月三日，雨雹，大如鸡卵。

清雍正四年（1726 年）

推行“摊丁入亩”赋税制度。

清雍正七年（1729 年）

八角口修筑炮台，设千总 1 员。

清雍正十二年（1734年）

知县程大模倡民疏浚柳子河、修筑清洋河南关石堤。

清乾隆元年（1736年）

十二月二十五日、二十七日、二十八日，地震。

清乾隆十一年（1746年）

夏、秋，大雨伤禾。

知县李经邦捐俸并倡邑绅捐资于城北置地17.1公顷，创建宾阳书院，为本县最早的公办学堂。

清乾隆十二年（1747年）

八月十日，雨后烈风拔木，禾稼尽伤。

清乾隆十三年（1748年）

六月（农历），涝灾严重，飞蝗蔽日。

清乾隆十六年（1751年）

夏、秋，霪雨不止。

清乾隆二十四年（1759年）

七月（农历），清洋河水涨溢，群众震恐，知县何乐善捐俸和倡民捐资重修南关石堤。

清乾隆二十六年（1761年）

冬，大寒，树多冻死。

清乾隆二十七年（1762年）

秋，涝，城墙多处垮塌，知县何乐善组织民众修补。期间，主持修成《福山县志》12卷。

清乾隆六十年（1795年）

八月初旬（农历），大沽、清洋两河水涨，居人奔避数日。

清嘉庆十六年（1811年）

秋，大水。

春，大旱，瘟疫盛行，死者无算，贫者卖田、宅、子女，斗米白银2两。

清道光三年（1823年）

六月至七月（农历），不雨。

清道光九年（1829年）

大水。

清道光十二年（1832年）

重修城隍庙，并刻名立碑。

清道光十七年（1837年）

大旱。

清道光十八年（1838年）

为抗击倭寇入侵，提督王振启率13个营约6000余人，于烟台至八角一线布防，总部设岗嵛。

清道光二十三年（1843年）

大水，房屋倒塌甚多，秋稼尽没。

清道光二十六年（1846年）

冬，降大雪，平地雪深100～150厘米。

清道光二十八年（1848年）

夏、秋，大旱。

清道光二十九年（1849年）

六月，小麦生黄锈病；八月遭虫灾，夏、秋粮歉收。

清咸丰八年（1858年）

蝗飞蔽日十余日，所到处禾稼尽伤。

清咸丰九年（1859年）

夏，知县余相将福山海岸段卖给洋人，索得重价，尽饱私囊。

清咸丰十年（1860年）

六月八日，法军3000余侵占烟台，福山城戒严。

七月，厘税局由烟台移驻福山城。

清咸丰十一年（1861年）

八月二十二日，清廷迫于中英（法）天津条约，辟福山县辖烟台港为对外通商口岸，烟台自此开埠。

十月七日，捻军一部包围福山城。

清同治元年（1862年）

八月，淫雨连绵，河水泛涨，庄稼受灾。

烟台设东海关（中国五大海关之一），海内外通商。

清同治六年（1867 年）

七月十一日，捻军入福山境。同月十六日，2 万余人设营于磁山下，至十二月（农历）始退。

外国矿商来福山开采金矿，清政府下令地方官员严加禁止。

清同治八年（1869 年）

清政府于福山设水师营，隶属登莱青兵备道。

清同治十年（1871 年）

美国传教士约翰·倪维思（John. L. Nevius）从美国带来西洋苹果、洋梨、美洲葡萄、大樱桃和欧洲杏等多种果苗，在福山县东北保烟台毓璜顶东南山麓创建广兴果园，开创中国栽培西洋苹果、大樱桃之先河。

清光绪元年（1875 年）

八月十八日，遭暴风袭击，持续 3 天，海水溢岸。

清光绪二年（1876 年）

春、夏，连续干旱，米价昂贵。

清光绪五年（1879 年）

五月至六月（农历），大雨 40 余日。

清光绪二十一年（1895 年）

甲午战争爆发，日本侵略军攻陷威海，福山城居民惊惶，纷纷迁移。

清光绪二十二年（1896 年）

烟台商务总董事、福山楮佳疃人萧荣田，募款扩建永福园夹河桥，成为双桥。

清光绪二十五年（1899 年）

清末进士、邑人国子监祭酒王懿荣发现甲骨文，被世人称为“甲骨文之父”。

清光绪二十六年（1900 年）

八国联军攻陷北京，京师团练大臣王懿荣以身殉国。棺椁由京城运回古现李家村翰林茔埋葬。

清光绪二十九年（1903 年）

设邮政局，办理信件邮递及汇款业务。

清光绪三十一年（1905 年）

商人孙克选（牟平人）投资 21 万银元，在今烟台华丰街西南河东沿创办“全埠华商电灯有限公司”，购置一台小型发电机组发电，首创福山及烟台用电先河。

清光绪三十二年（1906 年）

设劝学所。

清光绪三十三年（1907 年）

宾阳书院改称“县立高等小学堂”。是年前后，西关坤士谢樾亭捐资创办私立师范讲习所和私立育黎小学堂。

清光绪三十四年（1908 年）

废保社制，全县划为 20 个区，辖 371 个村。

清宣统元年（1909 年）

五月十日，上刘家村渔民林在亭等 9 人，乘 70 吨渔帆船在芝罘西口避风，突遇暴风，船船相撞，船翻失事，林在亭等 8 人死亡，救活 1 人。

清宣统二年（1910 年）

鼠疫、霍乱流行。

清宣统三年（1911 年）

一月三十日，夜雨如注，河水暴涨；鼠疫大作，死者甚多。

二月，山东省福山地方审判厅在烟台成立，受理烟台、福山、牟平、莱阳、文登、海阳、栖霞、招远、荣成、蓬莱、黄县、掖县、平度等县二审案件。

十一月十二日，烟台同盟会会员发动烟台清军起义成功。次日，知县易扬远获悉烟台守军响应辛亥革命，举行起义，知不可敌，遂开城门，悬挂白旗投降。

十二月，县民政署成立。

1912 年（民国元年）

十月十日，辛亥革命成功，建立中华民国。域内开始废除男留辫、女缠足陋习。

西关村绅士谢寅修捐资创办端华女子小学。

民国二年（1913年）

十一月二十四日，下刘家村渔民刘承安等9人，驾50吨帆船在岗嵛村北海域下钩钓鱼，遇大风船翻，刘承安等6人死亡，刘承连等3人得救。

是年，民政署改称县公署，设总务、民政，财政、司法4科。

福山商人张润暄和王子雍共同筹资10万银元，在烟台西马路口创办“生明电灯有限公司”，安装两台100千瓦蒸汽引擎发电机组，1914年五月一日正式发电。1936年改称“启明电灯公司”。1938年二月，日寇侵占福山城，启明电灯公司被迫停业。

民国三年（1914年）

七月，福山的花生、野蚕丝在山东省农矿厅首届物品展览会上展出。

八月二十七日，大水，清洋河、大沽夹河水溢，倒塌房屋无数。

民国四年（1915年）

袁世凯称帝，激起境内民众强烈反对，加入到全国讨袁洪流，迫使袁取消帝制。

民国五年（1916年）

福山县商会成立。

民国六年（1917年）

春，连续5个月未下雨，无法春播。

开始征收牲畜交易营业税。

民国八年（1919年）

永福园、八角等村霍乱病流行，死者甚多。

法国传教士在兜余家后村建天主教堂，在境内传教，并发展教徒。

民国九年（1920年）

设劝业所，发展实业。

清末进士、湘河村人于宗潼续修《福山县志》（1931年成《福山县志稿》，14卷）。

烟（台）潍（县）公路福山路段动工（1922年建成通车）。

法国人卫利在崇义村南建耶稣教堂传教。

民国十一年（1922年）

小学教育改为6年制，初级4年，高级2年。课程设置有国文、算术、修身、历史、地理、论说、尺牍、唱歌、图画、劳作和体操。

福山商人吴朝功从青岛购进黑白花公奶牛2头、母奶牛9头，开始配种繁殖。

民国十二年（1923年）

八角口在东岛嘴树立杉木杆灯标。

民国十三年（1924年）

成立二年制县师范讲习所。

民国十六年（1927年）

世界红卍字会福山分会成立。

福山初级中学成立，于宗潼任校长，校址在原宾阳书院后院。

民国十七年（1928年）

八月，山东军务督办张宗昌的鲁军第四军参谋长刘珍年，于胶东兼并杂牌军后，在福山县辖烟台自封为国民革命军胶东防御总指挥，分兵进驻福山县城。

县公署改称县政府。

民国十八年（1929年）

春，军阀刘珍年与张宗昌、褚玉璞战于牟平，张、褚大败，褚逃入福山城。刘率军困城18天，经本地士绅调停，褚投降。

十月，蓬莱、福山、牟平3县渔民联合会在福山县辖烟台成立，以抵制渔轮滥渔，维护渔民利益。

十二月，共产党员彭雪枫以教学为掩护，深入福山古现一带宣传马列主义，福山始有党的活动。翌年，彭暴露身份，被迫离开福山。

民国十九年（1930年）

八角口设海关分卡。

刘珍年组织人力物力财力，将城里大街和县府前街铺成水泥路面。

十月，中国国民党福山县特派员办事处成立，鞠心一任特派员，成立工会、妇女、农民协筹委会，年底撤销。

民国二十年（1931 年）

十二月，县度量衡检定分所成立，进行度量衡检定和推行新制。

商人鹿益三、王玉卿、栾宝亭等 7 人，集资创办育黎有限股份电灯公司，翌年秋在县城城里街东侧、内夹河西岸发电，安装电灯千余盏。

国民党政府试建童子军团，并成立县童子军促进会。

福山县立初级中学成立。

民国二十一年（1932 年）

秋，全县 20 个区合并为 5 个大区，下设 44 个乡（镇）。

是年，设立养路班房，负责公路养护。

民国二十二年（1933 年）

六月，参加日照农民暴动的共产党员毕梅九、李宗昌转移在永福园村，以扛活为掩护，发展党员，建立党组织，秘密开展党的工作。

是年，县邮政局开办长途电话业务。

民国二十三年（1934 年）

三月，烟台从福山县划出，成立烟台特别行政区，隶属国民党山东省政府。通伸、上夼、西南村、西河村、奇山所、东海阳、中海阳、西海阳等村划归烟台特别行政区。

民国二十四年（1935 年）

十一月，银元停止使用，“法币”（中央、中国、交通三银行的纸币）开始在境内流通。

十二月，胡家夼村一带农民积极配合中共胶东特委发动的“一一·四”暴动，发起抗债抗租斗争。

民国二十五年（1936 年）

年初，展书堂率国民党八十一师来福山“清乡”（即“剿共”，镇压农民运动）。

七月，于业功与赵锡钝等以福山县民众教育馆为基地，在知识分子中秘密发展“中华民族解放先锋队”队员。

秋，绥远抗战爆发后，孙端夫等在福山中学发动师生开展援绥募捐活动，师生们捐款捐物，大力开展抗日救亡宣传，募捐活动很快由学校扩展到社会。

民国二十六年（1937 年）

二月，“中华民族解放先锋队福山县队部”在民众教育馆成立，发展队员 70 余名，负责人为于业功、赵锡钝。

七月，抗战爆发，日本飞机轰炸古现周围村庄，损失惨重。

八月，“民先”县队部组织业余救亡歌咏团，演出《放下你的鞭子》《流亡三部曲》《义勇军进行曲》等文艺节目，宣传抗日。

十一月，国民党福山县政府县长李树森（陈昱姐夫）携眷属并带黄金约 500 两逃往天津，其秘书陈昱任代理县长。

民国二十七年（1938 年）

一月下旬，侵华日军沿烟青公路向胶东地区进犯。代理县长陈昱率政府机关和保安队弃城逃至紫埠、旺远一带。

二月二日，日军第五师团 3000 余人入侵福山县城；14 日，伪军 500 余人进驻福山城里、高疃、门楼、八角等重要村镇，福山大部沦陷。同月 10 日，烟台伪鲁东道尹委任命陈昱为伪福山县县长，陈昱随即把县政府和保安队迁回福山城。

三月十九日，山东人民抗日救国军第三军第一路包围福山城，伪县长陈昱被迫反正，同意抗日，保安队接受改编，陈昱任纵队长。25 日，福山县抗日民主联合政府成立，陈昱任主席。

五月四日，陈昱在东厅突然下令扣押中共胶东区委委派的胡亦农、徐唯等军政人员 20 多人，制造“东厅叛变事件”。胶东第一个国共联合建立的福山县抗日民主政府解体。

五月下旬，中共领导的抗日游击队在蓬福边区成立，约 60 人，苏新源任队长。6 月，整编为山东游击纵队胶东区福山县第五支队。

六月，日伪县政府在其统治区内实行保甲制。同月，伪福山县警察所设特务系，为日军搜集情报，破坏抗日组织。

七月，中共胶东特委组织 60 余人，成立东方工作团，到福山吴阳泉一带宣传抗日，组织抗日团体。

夏，蝗灾大作，遮天蔽日，农作物受灾严重。

八月十六日，八角湾海潮大涨，毁房 30 余间。

秋，国民党福山县党部成立，吕宝光任书记长。

十一月，中共胶东特委决定将福山县抗日五支队、栖霞县抗日六支队、黄县抗日三支队合编，组建八路军山东纵队第五支队独立一营（亦称福山独立营）。

十二月，中共福山县委在权家山村成立，对外称八路军五支队驻福山办事处，李善本任书记兼办事处主任。

是年，日伪军在曲家、浒口、台上、邢家等村烧杀抢掠，仅浒口一村就有80%的房屋被焚毁；日军飞机在东回里、西回里、集贤、东陌堂、西陌堂、张格庄、下官乐沟、黑石、东汪格庄、西汪格庄和门楼、兜余、高疃、古现、八角等村镇狂轰滥炸。

民国二十八年（1939年）

二月，福山第一个农村中共党支部在姜家村建立，姜云深任书记。

五月，中共福山县委决定在狮子山一带建立南部分区委，林纯之任书记，徐琳任组织委员，王逸樵任宣传委员。

七月，县委在张格庄村召开党员干部会议，传达学习毛泽东的《论持久战》，并选举县妇救会长陈健（女）为出席胶东区党代会的代表。同月，县抗日游击大队在黑石、杜家崖一带成立，王学政任队长，余之光任政委。

吧月，三民主义青年团福山分团部在张格庄小学成立，陈焕明任书记。

冬，“民先”创办《三青》《青年教育》《苞米》等进步刊物，宣传“团结、抗战、进步”的主张，为动员人民参加抗日发挥了积极作用。

民国二十九年（1940年）

四月，中共北海地委对福山县委进行调整充实，丁宗岳任中共福山县委书记。

五月，中共福山县北部分区委成立，李培庆任书记兼组织委员，李直夫任宣传委员。同月，福山县抗日民主政府在蓬莱县大道刘家村秘密成立（1941年3月19日在胡家夼村正式公开），第一任县长为郝艺军。

同月，张格庄、兴隆山等小学进步师生组织宣传队，反对汪精卫投降日本、在南京成立伪中央政府，全县迅速形成“反汪”的强大舆论。

七月，县委在疋山夼村组织进步青年读书会，成立“福山青年阵线”，宣传中共“坚决抗战到底，反对妥协投降”的主张。读书会的教师不久参加革命工作，“阵线”自行解体。

十月，陈昱在国民党县党部的支持下，加紧进行反共活动，建立暗杀组织，先后杀害了旺远小学校长牟济人、紫埠小学校长包绍禹、泥都屯小学教师邹本经等进步人士。

十一月，福山县大队在蓬莱县黑山沟成立，县长郝艺军兼任大队长，贺进恒任政委。同月，县委开展“肃托”运动，将打入陈昱部队内部的共产党员于连易、李新民以“托嫌”送往北海地委社会部审查，次年处决。同时，在其他党员和进步人士中寻捕“托派”，使党在陈昱军政内部建立的两个特别支队遭到破坏。1942年6月，“肃托”运动结束。1987年予以平反。

民国三十年（1941年）

二月十一日，福山县委宣传部长于业功在垆上村被陈昱暗杀组织秘密杀害。

三月十八日，八路军五支队攻打观水据点，陈昱率残部逃到莱阳县赵保原处藏身。

四月九日，县抗日民主政府在西黄山村召开全县小学教师大会，解放区、敌占区200余名教师出席会议。大会决定在学校实施抗战教育。

同月，县抗日民主政府将全县划为5个工作区；福山县公安局成立，设押犯所、警卫队。

五月二十九日，史家庄村民吕善修妻一胎生2男1女，面色各异，女孩面呈红色，2男1黑1白，时谓“刘、关、张”投胎，3天后相继死去。

夏，永福园村东夹河木桥建成。

七月，《大众报》载文揭露伪福山县县长刘荣斋伙同陈昱，采取诱骗和公开捕捉手段，秘密向伪满洲国输送壮丁1500余人的罪行。全县人民展开制止壮丁外输的斗争。

同月，福山第一次临时参议会在栖东县西下夼村召开，选举林纯之为参议长，王寅东为副参议长，郝艺军为县长。

十二月，县公安机关破获阴谋武装暴乱的“沿海大队”特务组织，首犯顾寿凯、陈世刚落入法网（二犯于1947年七月被处决）。

同月，抗日革命根据地兴办冬学，全县300余人参加学习。

民国三十一年（1942 年）

二月，在根据地内开展镇压日伪顽特务运动，10 多名汉奸、特务被处决。7 日，根据地成立各级战时邮局。

三月，根据地开展反封锁、反蚕食、反扫荡斗争。

五月八日，在张格庄村休整的胶东军区后勤部警卫连联合胶东军区十四团某营，反击伪县长刘荣斋所部偷袭之敌，毙敌指挥官 2 名、士兵 60 余人，缴获日伪军大批武器弹药。

六月，李砚农任中共福山县委书记。

八月，县、区机关整顿机构，精简人员，充实县大队和区中队力量。

十一月，始建县粮库。

十二月四日，县大队、民兵配合北海独立团某分部，在北候旨沟村北伏击日军运输队，炸毁汽车 2 辆，击毙日军 7 人，俘虏 2 名，缴获武器弹药一宗。

十四日，日军血洗大谷家村，残杀抗日军民 8 人，捉走壮丁 48 名。

是年，全县民兵开展破坏敌人通讯、运输线路斗争，割电线 1000 多公斤，毁电线杆 110 根，破路 30 千米，毁桥梁 15 座。

民国三十二年（1943 年）

年初，福山县成立武装委员会（简称“武委会”），领导民兵工作。

一月二十九日，县妇救会会长于敏在牟平县吴家村英勇就义。

春，义村农民周树荣无米下锅，其妻及 3 个孩子砸杏仁充饥，食后 4 人中毒死亡。

四月，开始使用毛泽东肖像邮票，面额有 5 分、1 角、5 角。

五月，县第二次参议会在富村召开，选举林纯之为县政府县长，王松为县参议会参议长。

九月，陈昱保镖李国福（外号铁牛子），曾先后杀害抗日军民 16 人。上旬，李国福被县公安警卫队俘获。12 月，县政府在蔡家夼召开公审大会，当场将其处决。

十月，于明任中共福山县委书记。

十二月，胶东军区司令员许世友指挥胶东五旅十六团捣毁日伪旺远据点。

冬，全县军民对敌展开战役攻势，一举拔除马山、寨山、西厅、厚滋沟等 7 个据点，歼敌 2 个中队。

民国三十三年（1944 年）

一月十一日，陈昱部队配合日伪军 600 余人窜到绍瑞口、紫埠、邱家庄等村大肆抢掠财物、粮食，并抓走青年男女 6 人。

二月，县武工队在杜家崖村成立，王金山任队长。

春，县委县政府领导根据地党政军民开展开荒运动，一至四月，共开垦荒地 100 多公顷；北海地方医院第三治疗所在狮子山区建立，收治北海地区党政军伤病员和根据地群众，福、栖两县在边区建兵工厂，开始只能制造地雷，年底则能造步枪。抗战胜利后，停止生产。

四月，开展反封锁、反“蚕食”斗争，伏击日伪军 4 次，炸敌汽车 2 次，共毙伤日伪军 20 余人，俘伪军 25 名，炸毁汽车 1 辆，缴获枪支弹药一批。

下旬，县委、县抗日民主政府以“武装请客”方式，邀请敌占区 31 名伪乡保长和 94 名伪职工作人员及敌占区部分教师在峆嵧寺集训，组织他们学习和参观。通过集训，取缔伪乡镇公所 25 个，法办了罪大恶极者，余者分批分期取保释放。

七月九日，高疃据点的伪军窜到罗格庄抢小麦，被县大队击毙 7 人，俘 10 人，截获小麦 500 余公斤。

八月，县委在大谷家村举办减租减息积极分子训练班，“双减”运动在全县展开。

九月九日，县大队配合北海某部攻克八角据点，俘伪军中队长以下 69 人。驻守高疃、古现据点的伪军闻讯逃离，龟缩至福山城。

十二月十一日，县抗日民主政府召开全县劳动模范座谈会，推广西黄山村犋互助组和张格堡、胡家夼村手工业生产合作社的经验。

民国三十四年（1945 年）

一月十九日，抗大胶东分校教导二团与栖东、福山两县代表召开拥政爱民、拥军优属工作会议，并成立“联拥筹备委员会”，确定 2 月份为“双拥月”。

三月，林明任中共福山县委书记。

三十一日，日伪军 200 余人在南厚滋沟村奸淫烧杀，烧毁房屋 193 间，该村民兵奋起还击，毙敌 2 名，伤 1 名，击退日伪军。

六月十九日，县公安局在奇章村召开公判大会，处决土匪犯胡寿丰，奇章、车家、屯里、小陈家、舒家、栖里、廒上等村百余人参加大会。

八月十五日，日本宣布无条件投降，福山城内日伪军拒绝交出武器。翌日，东海军分区独立营及福山县地方武装、民兵共1000余人包围福山城，向日伪军发出限期投降的最后通牒。

十五日至十八日，福山县临时参议会在楼子口村召开，选举王松为参议长，林纯之为县长。

十九日，日伪军逃离福山城，福山县第一次解放。

二十日，中共福山县委、福山县抗日民主政府机关进入福山城。

下旬，开始对日伪组织、日伪人员和土匪等进行清查登记。截止到九月十二日，全县共有330余名伪军政人员和土匪向人民政府登记自首。

同月，县抗日民主政府改称县人民政府；诸留杨村发现霍乱病，死亡18人，县人民政府组织医疗队赶赴疫区。

九月，全县深入开展反奸诉苦运动，在老区进行减租减息，在新区进行增资留雇。

十月，接管伪区乡保公所，基层工、农、青、妇等群众组织和自卫团体相继成立。

同月，县武装部成立，范桂之任部长；县盲人救国会成立，会员分组下乡演出曲艺节目。

十二月八日，福山县特区学联成立，姜书勤任主任。

是年，县政府司法科在仉村李村成立看守所、训育队，加强对犯人的训教和劳动改造。

县战时邮局接管敌伪邮政局。

民国三十五年（1946年）

一月，东北关、盐场和四台子村召开群众斗争大会，控拆汉奸、恶霸赖芳圃、王润生、于鸿涛的罪行。

七日，岗嵛村党支部书记由洪顺伙同村长、副村长，在斗争大地主由之兴的大会上煽动群众，绑架区干部。县委采取果断措施，平息了这起暴乱事件。

春，宅院区邢家村邢治友出席胶东文化模范会议；福山城墙及城门开始拆除，至1953年拆完；建立县新华书店。

三月一日，县在门楼区南庄村建立医院。

十日，县公安局在门楼召开群众大会，公审杀害门楼区农救会长孙德星的凶手苏广同和伪乡长郭永模，将苏广同就地处决，判处郭永模有期徒刑10年。

同月，县委培训反奸诉苦积极分子1270余人，全县斗争汉奸恶霸运动全面展开。

上半年，县农场在崇义村建成。

八月，太平顶、蓁山区划归烟台市。

秋，八角口设立派出所，检查往来船只，维护港口治安。

十月十五日，县粮库改为特种粮库。

二十三日，县委召开土改工作会议。会后，土改运动在全县展开。

十二月三日，车家村残废军人王英起捐献退伍金1000（北海币）元慰问前线将士。

同月，疋山区和芝阳山区85名教师分别集会，成立教师战地服务团，捐献粮食750公斤和现金2.58万元（北海币），支援解放战争。

民国三十六年（1947年）

一月十二日，县人民政府召开海外商人座谈会，与会者一致表示反对内战、反对美蒋商约。

三月，县支前指挥部成立，下设政治部、民力动员部、民站部和秘书处。

二十三日，第一批支前民工800余人，带担架167副，奔赴鲁南前线。先后参加孟良崮、南麻和临朐战役，九月二十一日胜利返回福山。

同月，县成立赴掖县慰问团，慰问参加沙河战斗的军民；全县678名青壮年参军入伍，奔赴解放战争前线。

四月，全县掀起反蒋保田的战备训练高潮，5368名民兵、8822名自卫团员参加训练。

下旬，全县开展土改复查运动。没收地主、富农土地和房产等分给穷人。

七月九日，大水，全县48个村受灾，倒塌房屋560间，霉烂粮食17780公斤，农作物被淹6666.7余公顷。

二十一日，全县4000余名青年踊跃参军。后富村、松林庄、东黄山村被授予“动参模范村”。

同月，支援鲁南前线的第二批民工近500人集结出发（九月返回福山）。

九月二十四日，县机关和部队撤离县城，转移到狮子山区等地。

二十九日，国民党军二十五师、五十四师一部占领福山。

十月六日，北海独立二团1200余人在狮子山北麓阻击国民党二十五师西进之敌，毙、伤敌600余人，俘60余人，胜利完成阻击任务。

九日，杜家崖子村村长、叛徒王有元勾结还乡团，在该村用铡刀铡死党支部书记王泽普、农救会长王德勋、民兵指导员吕道长和自卫团长王子云4人，制造了“杜家崖惨案”。县公安局闻讯于当日将叛徒王有元逮捕枪决。

十二日，还乡团头子佘伯言在楮佳疃村杀害村农救会长宁洪江、民兵队长滕维盛等13人，制造了“楮佳疃惨案”。

同月，烟台市太平顶区、蓁山区、芝水区与栖霞县铁口区及大潘家、小潘家、姚家庄、小夼村，划归福山县。

民国三十七年（1948年）

一月八日，县武工队长李泽洲在山前李家战斗中英勇牺牲。

同月，国民党军、还乡团于夜间将被捕的解放区干部、积极分子30余人，押送至城北沙旺一带活埋。

二月初，边沿区干部、群众在武装部队配合下，向国民党军发动政治攻势，先后争取47名国民党官兵投诚。

九日，国民党谍报队副队长吕洪喜在东留公村被县政府枪决。

下旬，县委县政府精简机构，撤销民政科、司法科、教育科，停办解放区中、小学校。

春，门楼、旺远、古现、奇章、狮子山等区相继成立医生联合会，开展医术交流。

四月，解放区开展反走私活动，县公安局在旺远、门楼两区和烟潍、烟青两条公路设立检查站，严格盘查来往行人。

六月，烟台独立团450余人在留公村南阻击国民党军新二旅及还乡团，激战10余小时，打退敌人5次冲锋，毙敌30余人，伤60余名。

同月，福山城市场物价飞涨，每公斤玉米售价47万元（法币），居民苦不堪言。

七月，烟台独立团一个连夜袭国民党芝阳山据点，俘敌3人，救出村干部7人，约6分钟结束战斗。

八月，县委发动夏季政治攻势，各区召开蒋军官兵家属会15次、国民党地方政权人员会3次，124名蒋军官兵和地方政权人员投诚。

同月，解放区开展互助合作运动，建立农村互助组8314个。

九月二十八日，北海军分区烟台独立团扼守太平顶阵地，与国民党军新二旅一部展开激战。

十月七日，国军及还乡团逃离福山城，胁迫带走城区居民近千人。福山县第二次解放。

九日，中共福山县委、县人民政府机关迁回福山城。

同月，召开商人座谈会，宣传党的工商政策，城内20余家商号恢复营业。

十一月下旬，全县抽调1800名民工，组成3个担架营，支援淮海战役、渡江战役和上海战役。1949年7月中旬，返回福山。

同月，铁口区及大潘家、小潘家、姚家庄、前法卷、后法卷、小夼村划归栖霞县。

十二月，开始流通中国人民银行发行的人民币；县委抽调36名干部随军南下，接管新解放区；王历波任中共福山县委书记。

1949年

一月，狮子山区和门楼区发生麻疹、回归热、流行性感冒等传染病，患病595人，死亡228人。县卫生科组织医务人员迅速赶往疫区，很快制止了疫病蔓延。

二月，鹿道平任福山县人民政府县长。

三月，从全县党、政、军中抽出50%的干部去华东党校培训，准备支援新解放区。

四月，第一次进行霍乱疫苗预防注射，全县注射29747人。

同月，成立海产品交易税征收所，开始征收海产品交易税。

夏，旱，受灾面积16100公顷。

七月二十五日，全县抽调135名民兵、36只船，到蓬莱县刘家旺集合，支援解放长岛。

二十六日，全县遭受特大台风和暴雨袭击，倒塌房屋1343间，被淹土地1653.3公顷，大部分水果被刮落。

10月1日，全县人民隆重集会，热烈庆祝中华人民共和国成立。

3日至5日，县政府召开会议，选举为军工属代耕、生产、动参、支前、保田等方面积极分子，后富村农民王洪汉出席全省农民代表会议。

秋，县青救会改称县青年工作委员会；县妇救会改称县民主妇女联合会。

11月，全县党支部正式公开工作。

12月1日，中共福山县委员会第一次代表会议在县城召开。到会代表75名，历时5天。

同月11日至14日，县第一届各界人民代表会议在县城召开，历时4天。至1952年12月20日，先后共召开10届会议。

17日至翌年春，县政府组织沿海农民营造防风林带12千米、82公顷，植树191120株。

19日，支援解放舟山群岛的48名民工集结出发。

冬，发展果业生产，全县栽植果树11600余株；开展冬学运动，全县训练民师1007名，建立夜校433处、妇女识字班477处。

是年，免费为群众接种牛痘；县国营林场在张格庄村东南、塔顶山下建成。

1950年

1月28日，全县劳模会议召开。选出一等劳模1名、二等劳模6名、三等劳模23名。

同月，开始建立少年儿童队。至7月，全县274处小学普遍建立少年儿童队组织，发展队员13000人。1953年6月，改称少年先锋队。

2月，中国新民主主义青年团福山县工作委员会成立，赵维省任团工委书记。至6月，各区（镇）普遍建起团工委，全县建立基层团支部226个，发展团员4586名。7月20日至21日，福山县首届团代会召开。

8日，中共福山县第二次代表会议召开。到会代表108名，历时5天。

同月，全县开始实行婚姻登记制度。

3月1日，金堆寺苗圃建立。

4月14日，县委决定，对烧私盐进行登记加税。

15日，县政府、妇联联合召开生产积极分子会议，173人出席，历时3天。会议交流了生产互助经验，推动全县生产互助运动。

22日，干部整编开始，至5月30日结束。整编后，全县有干部488名、勤杂工93名。

5月1日，中共福山县委纪律检查委员会成立。

同月，北海专署撤销，福山县划归文登专区；县委书记王历波调离。10月24日，王鲁夫任中共福山县委书记。

7月29日，县供销合作总社成立。1951年5月，改称福山县供销合作社联合社。

同月，整风运动开始。县委采取干部轮训的方法，至11月底，共举办训练班4期，14名县级干部、199名区级干部、252名一般干部参加训练，并进行自我检查和互相批评。

8月31日，县工青妇委员会成立。

秋，大水，受灾面积375公顷，其中绝产44.6公顷。

9月5日，县复员军人委员会成立。同月9日至15日，各区、村相继成立复员安置机构，至年底，安置复员军人212名。

同月，县人民法院成立；引进扁穗小麦品种；开始在农村划分阶级成分，共定为贫农、下中农、中农、富农、地主5种成分。

11月，县机关干部文化补习学校建立，开设语文、算术2门课程。

24日至27日，县委召开扩大干部会议，布置结束土地改革工作任务。至次年11月结束土改，改正错划成分2668户，查出漏划地主78户，清理出土地224.7公顷、山岚243.8公顷。并确定地权，颁发土地证。

是年，文登专署畜牧站工作组来福山，对全县大牲畜及猪、鸡进行防疫注射；胶东兽医院北海防疫大队福蓬分队到福山，对全县大牲畜首次注射预防炭疽病疫苗，共注射937头。

1951年

1月，镇压反革命运动开始，重点打击特务、土匪、恶霸、反动党团骨干、反动道会门头子，1953年3月结束。全县分4批逮捕各类罪犯430名（含从城市解救回来的71名），其中，判处165人死刑。

23日，县政府在县城举办历史空前的农业生产成果展览会，参观人数达2万多人。

同月，学习、宣传、贯彻《婚姻法》，至年底，全县有500对青年男女自主成婚；全县掀起“抗美援朝，保家卫国”热潮。全县17.97万人签名拥护和平理事会宣言，17.94 万人投票反对美国武装日本，4357 名青年报名参军，各界人士捐款 6683 余万元（旧人民币）“买飞机大炮”，支援抗美援朝。

2 月 15 日，西黄山村孙德云、古现东村李文轩出席山东省工农兵劳动模范代表大会。

3 月，全县建立乡人民政权 91 个，各乡召开人民代表会议，选举出乡人民政府领导人。

4 月 5 日，县举办牲畜、农具物资交流大会，全县 5 万余人在会上进行物资交流。

16 日，县农业技术研究会成立，县长鹿道平兼任主任。

5 月 1 日，全县 108950 余人举行游行示威，反对美国侵略朝鲜。

6 月 9 日，中共福山县委书记王鲁夫写信给毛泽东主席，汇报镇压反革命运动情况。

7 月 29 日至 8 月 10 日，全县连续降雨，夹河水溢满河槽，流进东关、西关、东北关、西北关村。全县 89 个村、7315 户受灾，许多河坝被冲溃，遭水冲压、过水庄稼 5828 公顷，占总面积的 18.33%，绝产 1189 公顷。

同月，中国人民银行福山县支行设保险股，开始办理保险业务。

11 月 22 日至 30 日，中共福山县第三次代表会议召开。历时 9 天，出席代表 173 名。

是年，全县取缔一贯道、先天道、佛教会、三佛龙华会等反动会道门组织；福山在烟台市和牟平县分设水果合作推销部，全年推销水果 6000 吨；福山汽车站在西北关建成，烟台至福山开始通短途班车；全县成立各种剧团 207 个，经常演出的剧团有 37 个，参加剧团人数达 3730 人；县设立检察署，赵维省任检察长。

1952 年

1 月，在机关内部开展反贪污、反浪费、反官僚主义的“三反”运动。至 7 月，全县共查出千万元（旧人民币）以上的贪污分子 8 名，千万元以下者 19 名。

2 月，在私营工商业中开展反行贿、反偷税漏税、反盗窃国家财产、反偷工减料、反盗窃国家经济情报的“五反”运动，至同年 4 月底结束。

3 月，大沽夹河大沙埠公路桥破土动工。1953 年 7 月竣工通车。

9 日，全县第一次互助合作代表会议召开，与会代表 87 人，旨在提高、巩固互助合作组织，酝酿开展互助合作竞赛。

春，县公安局侦察干事谭廷宜、县税务局副局长于脉超，在陈家沟村处理群众私自酿酒事件中，辱骂、体罚群众，一人因被罚款自杀身亡。山东省中级人民法院文登分院判处谭廷宜有期徒刑 5 年、于脉超有期徒刑 2 年。1979 年 10 月，烟台地区中级人民法院予以纠正。

4 月，全面开展爱国卫生防疫活动，机关、学校实行星期六大扫除制度，部分村庄规定爱国卫生日。全县建立各级防疫组织，为群众种牛痘 158910 人次，注射防疫疫苗 107454 人次，消灭老鼠 20 余万只。

28 日，全县第二次互助合作代表会议召开，与会代表 90 人，旨在推广逐步积累组内公共财产的互助形式。

5 月 5 日，大沽夹河（外夹河）桥开工修建，桥址在大沙埠村东南，为钢筋混凝土结构。全长 131.96 米，高 5.9 米，宽 7 米，同年 10 月 5 日竣工，定名为外夹河桥。

夏，福山百花剧团成立。

7 月，福山中学（今福山一中）在盐场村“大成栈”建立，9 月 1 日开学，设 6 个班，在校学生 271 人。

19 日，县委成立整党委员会，开始整党工作，至 1955 年底结束。动员 470 人退党，32 人被取消预备党员资格，352 人受到党纪处分。其中，开除党籍 265 人，撤职 9 人，留党察看 28 人，警告 49 人，劝告 1 人。同时，新建党支部 15 个，发展新党员 528 名。

同月，县委书记王鲁夫调离，鹿道平任中共福山县委书记。

8 月 6 日，全县第三次互助合作代表会议召开，出席会议代表 132 人，历时 5 天，旨在提高互助组管理水平。会后，全县掀起兴修水利、推广新农具热潮。

10 月，清洋河（内夹河）桥开工建设，桥址在曾家庄村东北，为钢筋混凝土结构，系苏联专家设计，华东工程局承建。全长 144 米，高 10.1 米，宽 7 米，于次年 6 月竣工，定名为内夹河桥。自此，烟（台）青（岛）公路福山段建成通车。

同月，对全县土地、果树、林业、牧草、优良粮棉品种等农业资源进行全面普查。

11 月，中国人民保险公司福山支公司成立，并开始办理业务。

同月，县建立民兵团。同时，各区建立民兵营、各村建立民兵连。

12月4日至7日，中共福山县第四次代表会议在福山城召开，出席代表143名。

26日，全县劳模和优抚模范代表大会召开。会议推举郭成立为出席华东区劳模代表大会代表；推举农业劳模赵培松、徐守义、于长英（女）和果业劳模张成瑞、林业劳模吕焕文、渔业劳模刘赞先为出席山东省劳模代表大会代表。

同月，普遍发生猪丹毒，全县死猪1587头。

冬，兴修水土保持工程，全县建成闸谷坊190座。

是年，开展新法接生工作，全县训练新法接生员70名；全县第一次大规模扫盲运动开始，至年底，开办扫盲班99个，学员4074人；1956年，全县掀起第二次扫盲运动高潮，至1957年，扫除文盲7000余人。

1953年

1月3日，城厢镇泉水眼村党支部书记徐守义办起全县第一处初级社，定名为“五一农业合作社”，亦称徐守义农业合作社。

同月，国营企业职工由供给制改为工资制。

春，红蜘蛛为害，小麦受害面积10000公顷，占总面积的70%。

3月，开展“贯彻与宣传婚姻法运动月”活动，批判重男轻女等封建残余思想。

4日，中国人民志愿军第26军76师由朝鲜回国，进驻岗嵛、楮佳疃、东厅、楚塘、留公等村，全县人民表现出极大热忱。不久，县政府拨出53公顷土地，修建部队营房。

5月26至28日，全县第一次体育运动会在县城举行，参加运动会的有机关干部、部队官兵、工人、农民和学生200人，比赛项目有田径、体操、举重等。福山一中、县直机关代表队分获团体总分第一名、第二名。

6月1日，县召开农业技术训练会议，242名干部、技术员到县国营农场参观科学种田。

7月1日，全县进行第一次人口普查。

8月13日下午6时，百堡、八角、孙家疃、辛店和湘里等村降雹，最大如核桃，翌日晨尚未化完。13.3余公顷梨园受灾，受灾村的小麦减产3成。

20日至25日，中共福山县第一次代表大会在县城召开，历时6天。出席会议的正式代表150人，列席23人。

9月3日至7日，大雨连绵，山洪暴发，全县23个乡57个村受灾，淹没土地2058公顷。县委、县政府主要领导立即深入灾区，带领群众排水救灾。

同月，全县对棉布、棉花及棉织品实行凭票定量供应。

秋，绍瑞口村果农张成瑞1.8亩苹果总产1.1万公斤，亩产6000多公斤，成为胶东综合性丰产典范。他与本村果农陈培田共商，各自将精选的“青香蕉”苹果1箱，邮寄给党中央、毛主席，以表达果农对党的感激之情。绍瑞口村于1958年、1959年、1967年、1968年，精选优质苹果赠送给党中央和毛主席。中共中央、国务院办公厅立即如数汇款，并复信示意：党中央和国家领导人感谢果农的一片心意，但谢绝赠送礼品。

10月至11月，县设立市集管委会和流动市集交易所。开始对粮食、油料、食用植物油脂实行统购统销，并取缔粮商粮贩。

11月，鹿道平不再担任县长，王友政担任福山县人民政府县长。

3日，全县召开县、区、乡、村“四级干部”会议，历时9天。文登地委副书记李文到会，并作《关于党在过渡时期总路线总任务的报告》。

12月14日，曲家村于善声私做炸药，因吸烟不慎引爆，全家4口和2位亲戚被烧死。

是年，烟青公路建成通车；县邮政局更名为福山县邮电局，开始办理电信业务。

1954年

2月6日，县委召开第一次农业合作社代表会议，出席会议的代表140人、乡干部16人、区干部37人，历时6天。会议决定，在全县首批试办37个初级社，带领农民走合作化道路。

春，福山第一条引泉渠道，即小杨家村响水河自流建成，灌溉面积8公顷。

3月20日，福山县六区妇女干部胡月仙、七区妇女干部迟秀芝带动其他52名未婚妇女奔赴新疆，支援边疆建设，并在当地结婚成家。

25日，全县人民购买国家经济建设公债14万元，超额完成国家下达的指标。

28日，基层选举工作结束。全县118370人参加选举，选出县乡人民代表2422名。

同月，长期危害人民身体健康的天花疫病在县域内绝迹；县工商联合会会员代表大会召开，选举产生由11人组成的工商联。

4月，县电影放映队成立，开始在福山、牟平2县巡回放映。

7日，县农业技术推广站和爱国卫生运动委员会相继成立。

10日，全县私营工商业者大会召开，部署对私营工商业进行登记发证工作。至6月25日，登记、发证、换证工作结束。全县有业户1061户，从业人员1442名，固定和流动资金24亿元（旧币）。

5月，福山县暴风警报站在下刘家村建成。

7月1日，全县停止征收猪、羊牲畜交易税。

6日至10日，全县第一届人民代表大会召开。大会通过拥护《宪法决议》。历时5天。本届共举行4次会议。

同月，开始改造落后村，至1956年结束，改造落后村45个。

8月12日，降暴雨4小时， 87个村受灾，过水土地1853公顷，绝产162.7公顷。

同月，东黄山村民生农业生产合作社首次进行玉米人工授粉试验。

9月7日，县委召开各区委书记、供销社主任、税务所长会议，实行棉布凭票供应。

10月18日至27日，全县中小学教师代表会议召开。参加会议的代表231名。

11月19日，东珠玑、西珠玑、桥上、只楚、仓里、北皂6个村划归烟台市。

同月21日，县委举办第一期农业社社长训练班。历时10天，培训办社骨干108人。

是年，县委、县政府成立《宪法》（草案）学习委员会，培训报告员382名。全县掀起学习、讨论《宪法》（草案）热潮，提出修改意见100余条。

是年，接受复员军人501名，安排专业干部42人；全县成立信用社筹备委员会26处，建立信用合作社34处、信用部7处，发展社员20227人，股金37081万元（旧币），存款累计521733万元，放款92661万元；苏联园艺专家华西列夫到绍瑞口村考察苹果生产；1956年，苏联果树专家德拉加采夫、维尔霍夫斯基分别到绍瑞口村考察苹果产销情况．

1955年

1月9日，全县劳模及优抚模范代表会议召开。出席会议的农业劳模107名，烈军属和荣、复、专业军人及优抚代表110名。

2月14日，经文登地委批准，福山县人委计划委员会成立。

3月1日，发行新人民币，旧币1万元兑换新币1元。

3月上旬至4月下旬，全县50%以上的麦田发生长腿红蜘蛛，造成小麦减产。

同月，开始审干工作，至1958年7月结束。共审查干部883名，发现有问题的243名，作出结论的101名，给予党纪处分的8名。

4月12日，全县转、复军人代表会议召开。出席会议代表220名，历时3天。

同月，开始对私营商业进行社会主义改造，至次年底，全县私商737人，接受改造的639人，占86.7%。

5月，栖霞县大芹子夼村划入福山县；福山县芝水区的珠玑、只楚2乡划归烟台市。

6月，县邮电局安装人工单向音响电报机，开始直接办理电报业务。

同月，县人民法院开始实行公开审判制度。

7月15日晚至17日下午，全县降雨191毫米，内外夹河决口35处，倒塌房屋757间，过水土地3333.3公顷，粮食减产110多万公斤。

同月，国家机关工作人员全部实行工资制，执行三类区工资标准。

8月初至9月底，全县51个乡发生粘虫，3333.3公顷玉米、谷子受害，减产67万公斤。

8月，对农村实行粮食定产、定购、定销（即“三定”），非农业人口实行粮食定量供应。

9月3日，县委召开“四级干部”会议，批判过去“由社转组”“不批准就办社等问题”；提出扩大老社、建立新社计划。

同月，实行生猪派养派购政策。

秋，下刘家村渔业生产开始使用机帆船。

10月6日，根据文登专署批复，全县各区名称改为按地名命名：一区改称谭家庄区，二区改称门楼区，三区改称黄务区，四区改称宅院区，五区改称芝水区，六区改称城西区，七区改称古现区，八区改称臧家区，城厢镇名称不变。

同月，撤销县人武部，成立县兵役局；全县黑热病绝迹。

12月，县人民政府改称县人民委员会；撤销县纪委会，成立县监委会。

是年，县建立妇幼保健站；县东礼堂建成；两甲庄村家庭妇女房纬经选育的“福山伏花生”被文登专署定为优良品种，并在全国推广；

1956年

1月1日，蓝烟铁路竣工通车，该路铺轨183.7千米。境内设回里、旺远、楚塘、珠玑4处火车站，为福山民工建设施工，共投入民工19442人，计610690个工日。

29日，全县社会主义建设积极分子大会召开。与会人员533人，历时4天。会议给47名积极分子物质奖励，选出9人为出席山东省社会主义建设积极分子大会代表。

同月，县委成立审干办公室，对干部进行内部摸底排队，至年底，全县有57名干部受到审查，占应审干部10.3%。同时，对资本主义工商业实行社会主义改造，到6月底基本结束。全县258家私人商业企业实行公私合营，44家手工业全部加入生产合作社。

2月，县成立“肃清反革命分子”领导小组及办公室，开始“肃反”运动，至11月底，分3批逮捕反革命分子和各种犯罪分子350名。3批肃反运动参加人数分别为410人、531人和502人。文登地委批准肃反对象为16名，定案的14名。第四批肃反斗争查处坏分子60名，分别给予判刑、劳教、开除等处分。肃反运动于1957年1月结束。

3月10日，烈属、军属、复员军人及贫困农民调查登记工作结束，历时4个月零10天。

春，福山二中在门楼村南建立。7月招收初一学生216人。

4月，文登专区与莱阳专区合并，福山县隶属莱阳专区。

5月17日至23日，中共福山县第二届代表大会召开，历时7天，选出中共福山县第二届委员会、监察委员会和出席省第一届党代会代表。本届共举行2次会议。

6月，建立县广播站。1957年1月31日开始播音。

7月，撤销区级建制，全县划为1个镇20个乡。

同月，召开全县中医代表会议，部署中医带徒工作。谭家庄、古现、黄务等地相继建立中医学校，聘请老中医授课，178名学员参加学习。

8月，东北关完小教师李桂兰赴北京出席全国总工会第二次代表会议。中共中央副主席朱德接见与会代表。

同月，对全县党政机关、企事业单位和中小学干部、职工、教师进行工资改革。取消乡干部补贴制，改为工资制；实行货币规定工资标准制度，全县执行三类地区工资标准。

9月4日晚至5日下午，19小时降雨174毫米。全县堤坝决口73处，住宅进水1079户，房屋倒塌428间，土地过水3580公顷，粮田绝产16公顷，损坏渔船7只、渔网150丈。

同月，初级社转为高级农业生产合作社。至年底，全县将311处初级合作社合并为243处高级农业生产合作社，43663户农民加入高级社，占农户总数的98.2%。

秋，八角口村至东岛沿海营造防护林33.3公顷；推广井底下泉（母子井）技术，全县训练技术员100余名。

11月26日，县第二届人民代表大会在县城召开，历时6天。本届共举行3次会议。

同月，西罗格庄村残废军人、党支部书记刘元林赴京参加全国烈属、军属、残废、复员退伍军人社会主义建设积极分子大会，受到毛泽东、刘少奇、周恩来、朱德等党和国家领导人接见，并获得1块盲人怀表的奖励。

12月，邑人唐玉杰被评为全国果业积极分子；唐德英为省果业积极分子；陈广德为省林业劳模；吕秀芬、王玉山、杨志兰为省农业积极分子；孙景轩为全军积极分子；刘光明、董炳安、密金元为省供销系统积极分子。

是年，开放自由市场；县文化馆在文物普查中发现邱家庄村原始文化遗址。出土的大量石器、陶器证明，6000年前福山已有人类居住。

县委增设文化教育部、工业交通部。工业交通部管辖手工业联社、邮电局、公路局、劳动科、交通科、蓝烟铁路指挥部、汽车站7个单位。

全县掀起扫盲、识字热潮，5000余名知识青年参加扫盲工作队，35000余名文盲进入学习组、识字班学习。

福山首个村级科技队南庄科技实验队成立。至1971年，全县村级科技队发展到297个，占农村总数的94%，有农民技术员3646名。

1957年

1月，县卫生院改称县人民医院，成为以医疗为中心的综合性医院。

同月，黄务、西牟两乡及东陌堂、西陌堂村划入烟台市。

2月7日，全县第二届社会主义农业建设积极分子代表会议召开。出席会议代表240名。会议对21个丰产单位、30个模范人物分别给予物质奖励；选出出席省代会代表7人。次日，郭成立、徐守义、赵培松等劳模给党中央和毛主席写决心书，并向兄弟社挑起农业丰产竞赛。

同月，开始计划生育工作，全县实施“生育三胎的夫妇必须有一方结扎”的政策，省政府在福山召开现场会。

春，清洋、大沽夹河下游堤防工程竣工；全县开展养猪积肥运动，到9月底，共养猪77000头，比上年同期增长51.5%。

3月22日，县委、县人委成立生产节约委员会，广泛开展群众性增产节约运动。

同月，开始应用牲畜人工授精配种新技术。

4月，县委成立书记处。

5月，县服务部成立，下设食品、烟酒、糖果、蔬菜果品、饮食业4个经理部。

6月，县委成立12人的整风领导小组，开始进行党内整风运动，包括大鸣大放、整风补课、整改3个阶段。

7月11日，降雨并伴有冰雹，受灾面积358.8公顷，粮食减产41万多公斤。

同月，县长王友政离职，慕玉鉴任福山县人民政府县长。

8月1日，回里、门楼、兜余、东厅、八角等乡降雹，受灾面积1315公顷，粮食减产约3成。8日，回里、兜余、门楼等重点果区降雹，击伤苹果400万公斤，落地10万公斤。

同月，县委召开整风会议，1175名县、乡、社干部在会上进行“大鸣、大放、大辩论”，全县整风运动开始，次年3月结束。在反右派斗争中，犯了扩大化错误，有213名干部被错划为“右派分子”，111名职工定为“反社会主义分子”。1978年全部纠正。

9月，县委书记鹿道平离职，张少甫任中共福山县委书记。

同月，全县进行麻风病普查；全县5000公顷松林遭受松毛虫危害，山区人民开展群众性捕捉活动；县委召开乡、农业社干部会议，协商落实可卖秋粮475万公斤；

12月17日，县兽医组自制猪瘟免化疫苗（湿苗）成功。

是年，熟食品实行粮票制度；邑人曹福祥被评为省农业积极分子；刘泽先被评为省渔业积极分子。

1958年

1月5日，县委召开“三级干部”会议，历时35天。帮助县机关整风，开展四大（大鸣、大放、大字报、大辩论），鸣放意见17073条，写大字报5453张；横扫“三风”（共产风、浮夸风、命令风）和“五气”（官气、暮气、阔气、娇气、骄气）。

同月，全县募集120933.5公斤干菜运往灾区；全县掀起声势浩大的除“四害”（老鼠、苍蝇、蚊子、麻雀）高潮。到6月下旬，全县灭成蚊5.15公斤、成蝇443公斤，捕鼠178209只、麻雀113335只。

3月23日，县委召开县直机关干部全体会议，开展“双反”（反浪费、反保守）运动，力求反掉“五气”，多快好省搞建设。959名机关干部参加运动，至5月23日基本结束。

同月，县民主妇女联合会改称县妇女联合会。

春，内夹河南堤扬水站竣工，安装75马力锅驼机2台，净扬程6.4米。

4月，开展猪瘟、猪丹毒预防工作，全县20926头猪注射疫苗。

5月1日，中共福山县委机关报《福山大众》创刊。至9月13日，出版38期后停刊。

8日，全县从根本上消灭黑热病，向山东省政府报捷。

25日至30日，山东省节育工作现场会在福山召开。全省各县代表和河北、山西、江苏省的代表共180余人参加会议。县政府主要领导在会上汇报，与会人员参观东北关、栾家疃、西庄、房家疃、谭家庄、李家疃等村节育工作。

6月3日，县第三届人民代表大会在县城举行，历时3天。本届只举行1次会议。

6日，幸福渠（门楼水库西干渠）竣工，全长18.1千米，灌溉面积1333.3公顷。

10日，县工业局成立。

同月，开始实行粮食包购五年不变政策，解除群众“粮食产量增加，统购任务随着增加，管打多少粮，总是180公斤”的顾虑。

7月8日，八角乡花岩炼铁厂练出境内第一炉铁水，打响土法炼铁第一炮。至9月，全县开展大炼钢铁运动，建成炼铁厂2处，小炼铁炉遍布城乡，强迫砸锅毁林炼铁，2万多人上阵，大搞“钢铁元帅升帐”，劳民伤财，得不偿失。

24日，为适应工业大跃进的需要，成立县矿冶公司。

8月，推行“生活集体化”，开始“大办食堂”。广大社员连孕妇、病号都要到食堂“吃大锅饭”。后陆续解散，1960年全部停办。

同月，撤销乡镇建制，成立古现、门楼、高疃、谭家庄、福山镇5处人民公社，全县实现“人民公社化”；县委召开有线广播大会，提出完成亩产吨粮指标。部分农村基层干部提出“人有多大胆，地有多大产”“亩施万斤肥，亩产万斤粮”的口号，瞎指挥、“放卫星”、浮夸风泛滥，超越了当时的生产力水平。

同月，全县玉米螟为害面积约4666.7公顷，占玉米总面积的54%；县工业大学在东关村成立，县长王友正兼任校长，招生150人；县农业大学在下夼村成立，县委副书记宋明兼任校长，招生200人；县果业大学在兜余乡驻地成立，副县长姜仁仕兼任校长，招生100人。3所大学均于9月1日开学。

9月，县男子篮球队在山东省县级比赛中获文登赛区第一名。

秋，中共中央副主席刘少奇、中共中央书记处总书记邓小平到绍瑞口村考察苹果生产情况，并与省人大代表、县劳模张成瑞和果农陈培田等亲切交谈。

10月，县民兵师成立。

同月，撤销福山县建制，县级机关和行政区划并入烟台市。在栖里村北建立国营园艺场，有土地28公顷，其中果园16公顷。

11月1日，门楼水库修建工程破土动工，上阵2万人，搬迁37个自然村，淹没耕地1753.3公顷，国家投资2426.7万元。1960年5月大坝合拢蓄水，总库容2亿立方米，设计灌溉面积14066公顷，实达8200公顷。

同月，福山京剧团与牟平红星京剧团合并为烟台京剧二团。

是年，古现公社在八角村建成海带养殖场，开始海带生产；县麻风病院在古现公社磁山建成运营，新建房屋50间，收容麻风病患者9人。

1959年

1月，福山境内学生外出读书实行部分供给制，在校伙食标准：城市中学每人每周7.5元，农村中学每人每周6.5元，伙食费、学杂费、书籍费等由所在公社发给。因受条件制约，只有部分公社实行，后随公共食堂解体而结束。

2月，基层供销社下放到所在公社管理。

3月，贯彻中共中央郑州会议精神，开始纠正人民公社存在的平均主义倾向和无偿调用农民财物的错误。

春，开展整社运动；春，福山镇公社购进48千瓦发电机1台，在南堤扬水站利用75马力蒸汽机作动力，每晚发电3小时，供机关、商店、城里村和南关村部分住户照明。

同月，开始干部下放劳动，与群众“三同”（除少数老弱病残外，每人每年至少参加劳动40—60天，并与工农群众同吃同住同劳动）。

4月12日至17日，烟台市委召开工业“四级干部”会议。表彰第一季度涌现出来的高疃公社、福山镇邮电支局等89个先进班组和福山糖酒厂王维安等313名先进生产者。

同月，烟台行署在福山抽调150名木瓦工，随中国建筑公司赴蒙古共和国参加建设。

6月，根据中央指示，允许社员私养禽畜，恢复自留地，鼓励社员利用房前屋后和其他废弃土地栽树种果种菜，谁种归谁所有。

7月，各公社建立科技机构。

9月，实行购物证制度，香烟、白酒、火柴、肥皂等凭证定量供应。

同月，上级布置农村人均积干菜百斤，全县形成积干菜高潮；兜余公社蔡家夼村精选经光照晒成的“中国共产党万岁”“毛主席万岁”等字样的10箱红金丝苹果送到京城，参加国庆10周年农业成就展，好评如潮。

10月30日，门楼水库移民办公室正式办公。至翌年2月，外迁安置16个村、2577户、10914人。1962年2月14日起，由低迁高15个村、1349户、5600人，拆旧房27602间。

11月22日，中共烟台市委组织部公布中共烟台市委门楼水库工地党委由鹿道平、宋明、吕书吉、张数万、赵学海、王维彭、王茂昭、张文波、李文博9人组成。鹿道平任书记，宋明、吕书吉任副书记。

11月，传达贯彻中共中央庐山会议精神，开展“反右倾”斗争，部分干部受到错误批判和党纪、政纪处分。1962年予以甄别。

同月，高疃公社孙家疃村党支部书记刘振山，因抵制浮夸风，将粮食亩产400公斤指标按实际降到250公斤，受到批判。刘不堪身心折磨，与妻子及2个儿子自焚身亡。

同月，推行公（米）制，改革市制（改16两一斤为10两一斤），限制英制，废除杂制。

是年，沿海居民与当地驻军建立军民联防。

1960年

2月，烟台市委决定，福山镇公社栖里生产大队（含栖里、廒上2个村）312户、1071人、170公顷土地并入国营园艺场，由集体所有制变为全民所有制，社员变为园艺场职工。

3月，各公社成立人民武装部，公社党委书记兼任政委。

4月，福山镇公社刘家台子大队刘奎光出席全国民兵代表大会。大会奖给刘奎光“五四”式半自动步枪1支。

5月，门楼水库东西主体大坝合拢，蓄水成功，并放养淡水鱼苗，开始发展淡水养殖。

6月1日，汤家村托儿所、东北关幼儿园被评为全国儿童工作先进集体，受到全国妇联、全国总工会、团中央、中国人民保卫儿童全国委员会的表彰。

同月，烟台市委成立“三反”（反贪污、反浪费、反官僚主义）领导小组，开展基层“三反”运动。全市（含福山、芝罘）共揭发出有贪污错误的干部职工1749名，交代贪污款87771元，挖出地富反坏分子31名、蜕化变质分子15名。

9月6日，成立烟台市门楼水库管理局。

10月，为回笼货币，对少数工业品和副食品实行高价销售。

是年，社办工业停办，职工下放回生产队参加劳动；商业系统开展清理资金、清理库存、改善经营管理的群众运动；全县粮食减产，城乡居民普遍缺粮，花生按粒卖，不少人以野菜、树叶为食，水肿病发生，人口死亡率由1959年的10%上升到16.75%。

1961年

1月22日，烟台市总结推广谭家庄公社土峻头生产队“四包一奖四固定”（包工、包产、包成本、包购粮；超产奖励，减产包赔；固定劳力、土地、牲畜、农具）经验。

同月，学习贯彻中共中央《关于农村人民公社当前政策问题的紧急指示信》（即《十二条》），开始批判“浮夸风”，纠正“一平二调”错误，允许社员经营自留地和家庭副业。

2月4日、3月8日和22日，烟台市委对违反政策、贪污、克扣、挥霍浪费的单位及个人（上年11月，市建工局组织56名干部职工在谭家庄公社巨甲、善疃村开荒生产期间，私自高价购买生猪宰杀自食；12月15日，市委拨给高疃公社救灾鲅鱼2140.5公斤，主管分配的负责人截留492.5公斤）分别给予相关负责人撤销职务、行政降薪、行政记过等处分。

3月18日，烟台市委将门楼公社划为2个公社，成立张格庄人民公社。

27日，烟台市第四届人民代表大会在烟台举行，福山县建制撤销，划归烟台市。1962年4月复县后，本届代表大会列入福山代表大会序次。

31日，各公社大搞代食品生产运动。主要为庄稼秸秆、皮、叶、蔓等加工成粗、细代食品，并组织群众捕鱼打猎。

4月，学习贯彻《农村人民公社工作条例（草案）》（即《六十条》），开始实行“三级所有、队为基础”体制。

6月，下夼村华侨农场购进捷克产热特—25A型拖拉机，为福山境内最早的一台拖拉机。

7月4日，谭家庄公社唐家埠村女教师、共产党员唐玉娥为抢救落水儿童英勇献身。

10月，为原福山县县长慕玉鉴等人摘掉“右派分子帽子”。

11月，党政机关和企事业单位精减职工。全县共减393人，其中，机关事业干部108人、工业系统154人、商业系统20人、供销系统96人、粮食系统15人。

1962年

1月，开展党员教育活动，采取短期培训和业余时间上党课相结合的办法，对各党支部书记、生产大队长、车间主任及支部委员、小组长进行轮训；农村党支部委员和小组长由各公社党委以片为单位办培训班，朝出晚归，中午带饭。

4月10日，福山由烟台市划出，恢复原县建制和行政区划。管辖古现、福山镇、高疃、兜余（复县时成立）、谭家庄、门楼、张格庄7处公社。

同月，鹿道平任中共福山县委书记，牟照仁为福山县县长。

5月13日，张格庄公社黑石大队社员郭某的母亲做饭生火时，不慎引发火灾，烧毁5户社员房屋43间、粮食1250 公斤、柴草3000公斤及衣服、家具等，共损失1万多元。

同月，县委成立甄别领导小组，下设办公室，对1958年以来整风整社、拔白旗和反右逐人逐事进行甄别。维持原批判、处分的147名，给予部分改正的188名，给予平反的613名。甄别工作于1963年5月结束。

6月9日，谭家庄、门楼、张格庄3处公社29个村遭受冰雹（大如鹅卵）袭击，小麦受灾776公顷，春作物受灾866公顷，重灾区水果被打掉三分之二。县人委下拨化肥5万公斤、粮食8.5万公斤，发放贷款11万元，减免征购粮任务7.5万公斤。

7月2日，县体育运动委员会成立。

8月，大水，倒塌房屋341间，过水土地2227公顷，其中绝产370公顷。

9月10日，县爱国卫生运动委员会成立。

同月，古现公社梁家村84名社员食蟹中毒，死亡3人。

10月22日　成立门楼水库库区建设委员会，由胡登保任主任，姜德余、吕书吉、赵学海任副主任。冬，修建东放水洞临时渠道3000米（从水库到门楼公社诸留王村）。

11月23日，县人委将烟台专署拨给1万市尺救济布，分给门楼水库库区群众4000市尺，照顾社会困难户6000市尺。

12月28日，县人委将烟台专署拨给的救济棉300公斤、旧棉鞋300双分配到各公社。

是年，县政府在门楼水库开工建设48千瓦水轮发电站，供水库管理局及大坝照明；开展对外贸易工作，出口商品30余种，以抽纱制品和苹果为大宗。其中，抽纱制品畅销美、英、日、法、德、比利时、澳大利亚、香港等国家和地区。

1963年

1月，谭家庄公社发生猪瘟传染病，后蔓延到门楼、高疃、张格庄、福山镇等公社，生猪死亡4711头。

2月11日至24日，全县回乡知识青年积极分子代表会议召开，与会代表200人。会议选出10名出席烟台地区回乡知识青年积极分子代表会议代表，团县委代表团省委向10人授予“青年跃进红旗手奖章”。

17日，县委农村工作部成立。

3月27日，县委召开会议，传达省委《关于进一步开展社会主义教育运动的指示》，要求层层发动群众，传达“六十条”，发动干部“照镜子”“洗澡”“放包袱”，开展“五好队”“五好社员”竞赛活动。会后，地、县工作组在谭家庄公社进行“社教”试点。

同月，各公社召开学雷锋动员大会，全县掀起学习雷锋热潮；县劳模、谭家庄公社王村党支部书记郑喜文出席华东农业先进生产者代表会议。

4月，实行城镇非农业人口粮食定量标准。其中，一等特重体力每月为27公斤，二等特重体力每月为24.75公斤，脑力劳动者每月为13.5 公斤。

5月21日，县机关党委成立，辖县委办、武装部、公安局、文教局、交通局、卫生局等21个党支部，共有党员332名。

30日，县委成立增产节约和“五反”（反官僚主义、反分散主义、反铺张浪费、反贪污盗窃、反投机倒把）运动领导小组，下设办公室，全面部署开展增产节约和“五反”运动。至9月底结束。

同月，烟台发电厂开始向福山供电。

6月15日，县第五届人民代表大会在县城举行。历时4天。本届共举行3次会议。

7月8日，城西村发生反革命杀人案，解放军144医院司机周学书勾结该村惯偷分子甄秉轩，为筹集反革命活动经费，将该村瓦工王振绥架到村外枪杀，劫走人民币1300元。后甄犯被判刑，周犯被处决。

21日，中共福山县第三次代表大会在县城召开。大会选出中共福山县第三届委员会、监察委员会和出席省第二届党代会代表。历时6天。本届只举行1次会议。

9月，开展粮油议购议销业务，当年议购粮食27.5万公斤、油料14万公斤。

10月4日，福山县人民委员会批准成立福山县电业管理所，借酒厂的房屋办公。

同月，全县1092名干部职工提升一级工资，调级面为43.3%，级差为6.03元。

11月5日，县委决定，由门楼、高疃、张格庄3处公社党委联合组成门楼水库民兵联防指挥部。

15日至12月1日，县委召开县、公社、大队“三级干部”会议，落实中央“双十条”规定，训练骨干，部署开展社会主义教育运动。有319名村干部放“政治包袱”429个、“经济包袱”1759个；289人交代多吃多占现金2571元、粮食9800公斤、物资折款6245元；131人交代挪用现金23295元；114人交代贪污现金5071元、粮食1652.5公斤、物资折款5311元；167人交代“投机倒把”牟利13342元。

11月至12月，县委相继设立监察委员会和县水土保持委员会、计划生育委员会、财贸办公室、县农业银行。

是年，沿海公社、大队成立各级安全组织，各船配备安全员，负责船只安检和收听、传递风情；县农技站地瓜温汤浸种育苗试验和山地施用磷肥试验获得成功；绍瑞口大队果园示范队创出每亩苹果万斤高产。

1964年

1月，全县开展林木确权发证工作。

2月，院下大队发生牛口蹄疫，全县立即实行严格封锁、隔离，在各交通要道设立检疫卡。经42天紧张工作，治愈全部病牛，控制了疫情发展。

是年春至1965年秋，县里在原幸福自流渠的基础上改建扩建西干渠。

3月2日，烟台专署批准福山盐场洼地治涝改碱计划。当年工程竣工，疏浚松河、柳子河4.6千米，疏挖排水沟7条、长11千米，改造盐碱地733公顷。

10日，县委提出开展学习“先后担任山王家村、河北村、赵庄村党支部书记、改变3个村落后面貌、深受群众拥护的古现公社武装部干事林汝芳”模范事迹活动。

4月8日，县委宣传部制定下发学习毛主席著作的通知，要求县直机关干部每周学习1天，公社脱产干部每周学习8小时。全县各行各业、各个阶层掀起学习热潮。

同月，增设市场物价管理委员会。

5月7日，烟台专署表彰奇章边防所和奇章大队党支部。通报中说，奇章边防所全体同志和奇章村党支部书记于洪锡，带领60余名民兵顶着惊涛骇浪，下水抢救长岛渔船，使得1名渔民起死回生，特通报表扬。

25日，县人委决定试办福山农业职业学校。校址在福山镇公社下夼大队，由县文教局主管。当年招生100名。翌年10月24日，改称工读师范学校。

同月，开始麦田套种玉米试验。

6月11日，县委开始集训社会主义教育工作队，部署开展“社教”意见。参加学习的队员23名，历时22天。

7月，进行第二次人口普查。以7月1日零时为标准时间，全县总人口为220274人，其中，男性107569人，女性112705人。

7月至8月，连阴雨。8月7日，福山镇公社50分钟降雨81毫米。8月18日，张格庄公社8小时降雨124毫米；兜余公社8个半小时降雨116.5毫米。全县河道决口44处，倒塌房屋144间，毁坏桥涵11座，过水土地1933余公顷，其中绝产219公顷。

8月上旬，县委、县人委在蔡家夼村召开果业生产现场会，推广变套袋为打药防治果树食心虫新技术。

16日，烟台地区民兵大比武现场观摩大会在永福园村召开。解放军副总参谋长张云逸大将观看比武表演。10月，永福园村冷桂芝兄妹组一行4人出席济南军区大比武表演大会，并获一等奖。

同月，县科委、科协成立。

9月，县成立青少年业余体校，设田径、篮球、射击、乒乓球4个训练项目。

同月，接收645名城市知识青年回乡落户（1973—1977年123名；1978年103名）。

10月，县农具修配合作社试制65公斤空气锤成功。翌年11月，成批生产65公斤空气锤180台，列入省定点产品；1966年1月，农具修配合作社改称县机械厂，8月试制成功150公斤空气锤；1972年，试制成功560公斤空气锤。

10月7日，县编制委员会成立。

11月8日，县人委召开全县各界人士学习中共中央《关于目前农村工作中若干问题的决定（草案）》会议。参加人员有华侨、商人、老中医、小业主、资本家等48人，历时9天。

29日，县委召开“三级干部”和贫下中农代表会议，开展清政治、清经济、清组织、清思想“四清”运动。会上，揭发干部“四不清”问题1396条；农村干部交代贪污款49675元、粮食8064公斤、布票1502市尺、其它物资10余种，并当场退赔大部分钱物。

12月1日，县城以下职工确定食油定量标准。

同月4日，县人委决定，利用冬闲，修建门张公路，长9.45千米，由门楼和张格庄公社分段包干，次年初完成。

同月，县农业局组织专业人员和老果农59人，组成县果业生产技术传授队，深入社队现场传授管理技术，24天培训技术员1488人。

冬，“四清”工作组进驻全县152个大队，社会主义教育运动开始。全县小“四清”（清仓库、清帐目、清财务、清工分），清出40余万元、25万公斤粮食和2617市尺布票。至翌年2月14日结束。运动中存在扩大化倾向。

是年，由门楼水库管理局组织施工，建成泄洪电站。

1965年

1月28日，支援惠民、广饶、郓城等县灾区干菜75万多公斤，装车启运。

2月10日至25日，全县中小学教职员工1223人到福山一中集训，进行“四清”运动。

同月18日，县委召开“三级干部”会议，学习贯彻中央《二十三条》。提出“一抓社教，二抓生产，粮油产量分别达到225公斤和155公斤，跨长江，过黄河”口号。

同月21日，清洋河流域工作委员会成立。

春、夏两季大旱，降雨31.9毫米，小麦大幅度减产。

3月5日至6月上旬，全县注射预防副霍乱疫苗、接种牛痘疫苗。注射率、接种率分别为人口总数的80%和85%。

4月12日至28日，县及各公社贫下中农协会筹备委员会相继成立。

5月2日，县委决定在谭家庄公社东道平山上修建样板山。随后，县成立指挥部组织实施。投资5万元，6月动工，翌年春完工，并建成苹果园。

同月，鹿道平离职，鞠远业任中共福山县委书记；烟台市黄务公社29个大队及幸福公社西牟、小沙埠2个大队划归福山县。同月29日，黄务公社所辖东陌堂、西陌堂2个大队划归兜余公社；小沙埠大队划归福山镇公社；西牟大队划归黄务公社。7月10日，黄务公社所辖西牟、东玉树庄、西玉树庄3个大队划归兜余公社。

7月27日至28日，连降暴雨36小时，全县平均降雨量达318.8毫米。倒塌房屋1441间、院墙5714处、敞棚37间，毁坏桥涵23座、公路30千米、地包堰6000余条，冲走树木100多棵、大麻2.4公顷，过水土地2642公顷，其中绝产549公顷。

8月4日至8日，全县学习毛主席著作积极分子经验交流会召开。533人出席会议，13人作典型发言。大会树立了一批学习毛主席著作典型。

8日，大雨，清洋河水暴涨，西宋洲社员乘舢板渡河超载落水，淹死8人。

19日，县委部署开展学大寨、改造自然和比学赶帮活动，号召社、队大造样板田。

9月15日，县委组织社教工作队启程，赴威海参加“四清”运动。

同月，县委分2批训练291人农村学“毛著”辅导员，掀起学习“老三篇”（《为人民服务》《纪念白求恩》《愚公移山》）和《反对自由主义》《全党团结起来，为实现党的任务而奋斗》等毛主席著作热潮。

11月16日，县委举行县直机关、工厂、学校纪念王杰同志报告会。全县迅速掀起“学习王杰同志、学唱《光荣战士王杰之歌》、活学活用‘毛著’”的高潮。

同月，县委先后4次组织县、公社、大队、生产队“四级干部”750余人到黄县下丁家参观。学习下丁家艰苦奋斗、战天斗地、改造自然的事迹和经验。

12月，县委在党校训练2期共335名农村党支部书记（含脱产公社干部12人），树立敢于斗争、敢于胜利的革命化思想。

年底，开展争当“五好生产队”和“五好社员”活动，全县评选出五好生产队 323 个、五好社员 6913 名。

是年，全县实行粮食征购一定三年的政策；县委、县人委组织力量，在盐场大队盐碱地改稻田成功。挖筑沟渠 120 多条、长 60 余千米，根治涝洼地 299 公顷，新增稻田 127 公顷。

是年以至翌年，国务院副总理董必武、谷牧和余秋里分别到绍瑞口村考察苹果生产情况。

1966 年

1 月 8 日至 11 日，全县农业先进集体代表和贫下中农代表会议召开。先进集体代表 60 人、贫下中农代表 361 人参加会议。会议提出本年和第三个五年计划目标，选出出席省会议的农业先进集体代表 4 名、贫下中农代表 5 名。

1 月至 5 月 22 日，县委组织部从农村 169 名知识青年积极分子中选拔录用服役干部 19 名，其中男 12 名、女 7 名，享受国家干部待遇；5 年期满后，回原籍或转为国家干部。

2 月 26 日至 3 月 1 日，县第六届人民代表大会在县城举行，历时 4 天。本届代表大会时逢“文化大革命”，仅举行 1 次会议。

同月，县委、县人委号召全县广大党员、干部向党的好干部焦裕禄学习。

3 月 4 日至 11 日，县委召开“四级干部”会议，3000 多人参加。会议提出“2 年内实现大寨式县，建成 1.8 万公顷高产稳产大寨田”的奋斗目标。

5 日，县人委颁发张贴《关于林木权属政策几项具体规定的布告》，开始发放集体、个人林木所有证。

22 日，全县 7700 余人次参加绿化蓝（村）烟（台）铁路福山路段工程。10 天整地 30 公顷，育苗 6.4 公顷，植树 4.4 万株，压棉槐条 12 万墩，挖防护沟 1.5 万米。

4 月 20 日至 11 月，修建张格庄至庙后战备公路。长 7.35 千米，宽 6.5 米，占用耕地 2.67 公顷，搬运土石方 45550 立方米，动用标准工日 2 万个。封冻前建成通车。

28 日至 8 月，修建门楼至旺远战备公路。长 10.6 千米，宽 6.5 米，路基护坡 744 米，搬运土石方 53810 立方米，修建桥涵 19 座，动用标准工日 22400 个。秋季建成通车。

5 月，县物资局成立。

自 1965 年 1 月到本月为止，全县破获 10 起青少年涂写诬蔑党和领袖的标语、字迹案件，9 名为在校学生，1 名为社会青少年。根据当时政策分别给予相应处理。

6 月上旬，全县各界群众分别举行声讨邓拓、吴晗、廖沫沙大会。

19 日，县委派工作组进驻福山一中，进行“文化大革命”试点。

21 日至 7 月 11 日，全县发生溺死人命事故 6 起，死亡 6 人。

8 月 5 日，县委召开常委会议，决定撤销县委派驻福山一中工作组。

下旬，学校“红卫兵”“杀”向社会，掀起扫“四旧”（旧思想、旧文化、旧风俗、旧习惯）狂潮，许多人被抄家，古书、字画被焚烧，文物被破坏，部分干部被当成“牛鬼蛇神”批斗和游街示众。

同月，部分机关企事业单位和农村“红卫兵”组织相继成立。

9 月 4 日，县委“文化大革命”领导小组成立。

18 日晚，县委召开全县有线广播大会，落实“文化大革命”有关规定，稳定农村局势。

10 月，全县 450 多名学生、48 名教师进京接受毛主席检阅。同时，学校“停课闹革命”，掀起“革命大串联”热潮。

秋，福山一中“红卫兵”密谋拆除县衙。芝阳大队党支部书记、民兵连长王树南闻知，率领本村民兵进驻县衙，把机枪（无子弹）架在大堂，迫使“红卫兵”退却。不久，省、地委组成联合调查组，结论是：王树南等民兵行为不当；县委负有责任；县衙是文物，不宜拆除。1993 年 7 月，旧县衙被列为省级文物保护单位，是全国仅存的 4 座明代旧县衙之一。

11 月，县委通知各公社及各大队，将收回的自留地全部退给社员。

12 月 11 日，县革命师生接待站成立，接待各地到福山进行大串联的师生和“红卫兵”。

25 日，西玉树庄大队部分人以“民主革命不彻底”为由，查封 53 户群众房屋及财产，分给 84 户贫农和革命群众。1972 年 2 月纠正，并退还。

同月，黄务中学“红卫兵”进城批斗县委书记鞠远业和组织部长于丕通。同时，全县从城镇到农村，各行各业成立“战斗队”，“踢开党委闹革命”，揪斗“走资派”，冲击党政机关。不久，各级党政机关全部瘫痪。

是年，高疃公社9个大队联合兴建盛家扬水站，安装100千瓦电动机组2台。

1967年

1月，驻福部队奉命参加“三支两军”（支左、支工、支农、军管、军训）工作。

2月21日，县四大“造反派”组织联合在灯光球场召开夺权大会，宣布夺了县委、县人委的权，成立福山县革命委员会（以下简称县革委），徐珉为县革委主任。会后，各级党政组织相继被夺权。经上级批准，此次大会列为县第七届人民代表大会序次。

同月，全县推广地瓜窝瓜“下蛋”栽培法。

3月11日，县革委召开全县“三级干部”会议，提出“实行革命‘大联合’、‘三结合’，对‘走资派’进行夺权，并掌好权、用好权”口号。军代表王安让到会并讲话。

同月，全县中小学陆续“复课闹革命”。不久，部分学校又停课。

4月3日至6日，县革委召开公社革委主任会议，做出“抓革命、促生产”安排。

22日至25日，县直机关“造反派”组织召开大会，揪斗县委领导干部。全县141名干部受到批斗。至26日，103名中层干部经批判检查和“造反派”同意，“站”了起来。

同月，县革委公布办公机构，设文革领导小组、生产指挥部、保卫办公室、革委办公室。

5月21日，县革委为被县公安局通令取缔的西埠庄村“红色农民造反兵团”“红色造反联络站”，西玉树庄村的“文化革命委员会”“扑不灭革命造反队”，城里等村的“烟台地区革命造反派联合会福山分会”和“永捍”“三八”“文艺”“永红”“劲松”战斗队，南关村的“前卫战斗队”，招贤村的“永革战斗队”等“造反”组织平反。

同月，在林彪、江青发动的“反击二月逆流”影响下，“红卫兵”组织形成“造反派”与“保守派”两派对立，大搞派性斗争。

6月5日，福山一中部分“红卫兵”和县直机关干部1000余人，在原县委大院静坐、绝食33小时，要求县革委答复承认其“战斗队”是“造反组织”等5个条件。

同月，首次发现小麦全蚀病。

7月，县“造反组织”成立“文攻武卫指挥部”，部分干部群众受到迫害。

10月8日，县“作战部”（工人、农民、学生、机关干部四大“造反组织”联合组成）改称为县革委文化革命办公室。

26日至11月11日，县革委举办第一期毛泽东思想学习班，开展“斗私批修”。

秋，全国马铃薯留种现场会议在福山县召开，推广福山马铃薯的留种经验和做法。

东北关大队蔬菜科研队选育的“福东大白菜1号”，被定为山东省名特产。

11月6日至26日，县革委召开大批判会议，要揭开福山旧县委阶级斗争的“盖子”；原县委常委和正、副县长在会上做检查，“造反派”对其“上挂下联”，逐个批斗。

同月29日，原县长牟照仁被揪斗后出走，于夹河口含冤去世。

12月7日，县革委在礼堂召开革委委员和四大“造反组织”常委会议，传达中央关于整顿、恢复、重建党组织的指示。

1968年

2月，各学校“复课闹革命”，主要学习“老三篇”（《为人民服务》《愚公移山》《纪念白求恩》）和毛主席语录100条。

3月，县公、检、法机关实行军事管制；500余名民兵参加莱山机场扩建工程。

4月，批判所谓“二月逆流新反扑”，大批干部再次被批斗；王安让任福山县革委主任。

5月24日，房家疃、南涂山、芝阳等大队利用飞机喷药防治小麦一代粘虫。

同月，全县开展在毛主席像前“早请示”“晚汇报”以及“跳忠字舞”“唱语录歌”等活动；开展“清理阶级队伍”运动，2266人被批判斗争。

8月，“工人毛泽东思想宣传队”进驻福山一中，“贫下中农毛泽东思想宣传队”开始管理农村学校。

9月，“工宣队”“贫宣队”进驻县直机关。

10月，机关开始整党，进行“斗私批修”“吐故纳新”，部分党员被“吐故”，部分“造反派”被“纳新”入党。

12月，全县小学公办教师下放原籍任教。1969年7月，工资改为工分，吃农业粮；1971年8月纠正，下放教师被重新安排工作。

1969年

4月1日，门楼水库东干渠开工。1971年1月竣工，全长21千米，设计灌溉面积7866公顷，国家投资156万元。

5月，县汽车运输队成立，备有大把195型三轮车4辆。

6月，县建筑工程队夏殿信设计的移动式落地水塔试制成功，在全国推广；花生蚜虫为害面积3733公顷，秋后减产16万公斤；南庄大队科技队选育出“南选25号”小麦品种，被省定为优良品种。

7月18日，渤海湾地震，福山有感。

9月，中共福山县革委核心领导小组成立，戴长春任组长。

29日，福山最早的拖拉机站在兜余公社建成，备有“东方红牌”拖拉机3台。

同月底，东黄山村赵丕松赴京参加国庆观礼，受到毛主席接见。

10月15日，汪家沟小学发动学生挖土填教室，泥崖塌方，张爱芹等4名学生被压死。

11月，县钻井队在峰台大队首次打成1眼百米深井。

12月，全县农村实行合作医疗制度，各大队建立合作医疗室，配备“赤脚医生”。

是年，中小学由12年制改为9年制（小学5年，初、高中各2年）。

1970年

2月，全县开展打击反革命破坏活动和反对贪污盗窃、反对投机倒把、反对铺张浪费的“一打三反”运动，错整了一大批人。1983年，予以纠正。

7月16日，县水利局技术员李大鹏为抢救国家物资，在羊角河牺牲，后追认为烈士。

同月，全县划分为八角、古现、臧家、东厅、高疃、门楼、兜余、黄务、谭家庄、张格庄、福山镇11个公社。

8月，门楼公社上许家大队共青团员栾学美在抗洪斗争中，为抢救落水社员英勇献身。

9月，县革委召开“农业学大寨”会议，提出“奋战三年，为建设大寨县而努力奋斗”，进行“大兵团作战”，大搞农田基本建设。

同月，以走“五七”道路为名，安排19名干部下乡“锻炼”；福山县第一家水泥厂在门楼公社石臼大队建成投产。

12月，王庆云任福山县革委主任。

是年，县水产供销公司用海带制碘试验成功。

1971年

1月2日，中共福山县第四次代表大会召开，历时8天。选出中共福山县第四届委员会，撤销县革委会党的核心领导小组；选举王庆云为中共福山县委书记。本届只举行1次会议。

2月，成立县计划生育办公室。

3月，高等学校开始招生，废除升学考试，实行推荐与选拔相结合办法，全县有14名“工农兵学员”入学。

5月，全县开始清查所谓“五·一六”反革命阴谋集团运动，部分干部受到错误审查，后全部予以平反。

7月1日，门楼水库东干渠建成通水。

7月8日，刘家台子大队民兵刘世利因与邻居不和，开枪打死打伤各2人，刘犯被处决。

9月，福山铜矿建成投产，日处理矿石500吨。

10月中旬，县委向22级以上党员干部传达中共中央关于林彪叛党叛国的文件。次月，向广大群众传达。全县开展对林彪反革命政治纲领《571工程纪要》的批判。

同月，兜余公社部分大队向党中央、国务院特供“青香蕉”“红香蕉”苹果。

12月，举办首期农机培训班，培训拖拉机驾驶员140余名。

冬，县种子站派员到海南岛崖县租地3公顷，加代繁育、配制玉米和高粱杂交种及花生种。至1998年，先后赴海南21次，共繁种2.23万公斤。

是年，粮食征购任务3年一定改为5年一定；全国推广超大型白菜培育技术现场会在西北关大队召开。

印度尼西亚20余位外宾来门楼水库参观。

1972 年

1月1日，县自来水厂向城区供水，结束了城区居民饮用河水的历史。

春，县妇幼保健站对全县进行妇女病普查工作。

3月，福山建成门楼水库西水电站。

4月22日，县革委颁发《关于自来水收费管理等有关问题的试行办法》，规定居民用水每人每月按0.05元与所在村结算；机关企事业单位及建筑用水，每吨收费0.2元。

5月，门楼水库开始孵化鱼苗，搞淡水养殖。

6月，县食品公司兽药厂建成投产。

7月30日，阿尔巴尼亚派专家来房家疃大队考察玉米制种。

8月31日，八角东岛指航灯塔由汽灯改装为200毫米电闪灯。

9月，门楼水库东水电站竣工发电。

秋，山东省蔬菜工作会议在福山召开，会议对福山“包头大白菜”给予较高评价。

冬，成立县结核病防治组，对全县结核病人进行登记治疗。

11月，青龙山革命烈士纪念塔落成。

是年，朝鲜果树代表团一行8人到绍瑞口考察苹果防病管理情况；国务院总理周恩来批示，从东北调运400吨大豆给兜余公社，专门用于绍瑞口、紫埠、蔡家夼等大队苹果生产，并安排福山苹果对中央实行特供。

1973 年

2月1日，回里、张格庄公社成立电影队，各配备8.75毫米电影放映机1台。

4月，中国防痨专家裘祖源来福山检查指导工作，对全县农村防痨工作给予较高评价。

5月12日，县委召开常委扩大会议，名谓“批林整风”，实质把矛头指向老干部。

7月，为迎接全国中学生篮球赛，福山露天灯光球场看台建成。

同月，董传周任中共福山县委书记、县革委主任(兼)；县聋哑学校在福山师范成立，1976年1月迁至銮驾庄新校址。

9月，北京电影制片厂《侦察兵》摄制组来福山拍摄外景。

同月，引进试验小麦“四、二畦”（俗称“小畦大背”）种植方式。翌年5月，推广大背套种玉米技术。

10月，全国农村防痨工作现场会在福山召开。福山代表在会上介绍经验。

是年，引进日本“青富士”苹果品种；日本果树代表团一行6人到绍瑞口、紫埠一带考察和研究果树生长情况；县钻井队始用电测找水仪器。

1974 年

3月8日至15日，县革委召开全县农业科学实验工作大会。34个农业科学实验队、63名科学实验先进个人受到表彰。

春，首次举办农作物病虫害预测预报训练班，全县建立基层测报点15处。

4月，张格庄公社黑石大队“赤脚医生”郭洪臣出席全国药政工作会议。

同月，县委召开“四委”会（革委会、工代会、贫代会、红代会），开展所谓“批林批孔”“揭县委盖子”“反复辟”斗争，县委常委和武装部几位领导受到围攻。

6月，福山首批178名知识青年集体下乡插队落户，接受贫下中农再教育。至1978年，共下乡498名。1980年，安置就业结束。

7月，八角公社人工养殖贻贝1.3公顷，福山开始发展贻贝养殖业。

同月，烟（台）岗（崙）路夹河口大桥建成通车；东北关村饲养场一头母猪一胎生6只仔猪，其毛黑黄两色相间，从头至尾呈条状，似虎，称“虎皮猪”。

11月14日，水貂颗粒厂建成。至1986年，年产值2000万元，实现利润150万元。

12月18日，门楼水库西干渠扩建、延伸工程开工，福山民兵组成师、团、营、连进行施工，1980年3月竣工，国家投资270万元。全长32.3千米，设计灌溉面积5333公顷。

1975 年

2月4日，辽宁海城地震，福山有感，烈度为4.5度。

4月，县机械厂生产技术组组长吕其斌赴京参加全国轻工系统大会，并在会上作汇报发言。

同月，关闭粮食市场。1978年底恢复。

5月，烟台地革委组织福山、栖霞、牟平县劳动力治理大沽夹河工程，翌年汛期前竣工。

8月13日15时至16日6时，降雨259.4毫米，全县堤坝决口44处，住宅进水436户，倒塌房屋600间，过水土地2600公顷，其中绝产180公顷。

9月，福山被评为“全国农业学大寨先进县”。

11月，县农田基本建设专业队（简称“战山河”）成立，共10个连，2000余人。

同月，县政府招待所竣工并交付使用。

12月22日，高疃北村社员柳忠录之妻包饺子时，误将砒霜当布面使用，食后全家7口人中毒，救活3口，死亡4口。

是年，全县实行“一、二、三”护林制度，即毁坏1棵树，罚交2元钱，栽3棵树，树活后退还罚款；开展“学习小靳庄”活动，社队举办赛诗会。

1976年

1月1日至1980年9月底，门楼水库保安全指挥部施工完成溢洪闸工程建设。

2月4日，福山县“农业学大寨”群英会开幕。出席会议的干部、代表850余人。154个先进集体、182名先进个人受到表彰。

2月25日，长岛地震，福山有感。

3月，全县开展“反击右倾翻案风”运动，部分“反潮流战士”诬蔑攻击1975年的整顿为“右倾翻案”，揪所谓“还乡团”和“投降派”，部分领导干部再次受到冲击。

春，大沽夹河上游堤防工程竣工，全长23千米。

5月，在上夼村和邢家山村一带，发现大型钼矿和中型钨矿。

6月9日，古现公社陈家沟小学学生劳动时发生塌方事故，7名学生被压在土崖底下，造成3人死亡、2人重伤、2人轻伤。

22日至24日，兜余公社食品站和西牟、西陌堂食品点出售变质烧肉，中毒897人，经抢救全部脱险。

24日，阿尔巴尼亚农科所小麦研究室主任肯德尔等一行2人，到南庄大队考察小麦品种。

7月28日，唐山地震，福山震感强烈，烈度为5度。县医院接收76名伤员进行治疗。

8月，全国小麦全蚀病防治学术讨论会在福山召开。

9月，县机械厂设计的50吨五金压铸机试制成功。

9日，毛泽东主席逝世。同月18日，全县军民举行追悼大会，设11个分会场，13万人参加，沉痛悼念毛主席逝世。会议期间，雷声伴着大雨铺天而降，天地一片哀声。

23日，匈牙利国营农场中心科长斯克卡伊·以斯特万博士一行到房家疃村考察玉米栽培技术；县造纸厂当班人员违规操作引起料场火灾，烟台消防队、驻军与邻村社员、机关干部齐心扑灭火灾，有2人受伤，停产32小时，损失万元。

10月9日，晚大风，三十里堡大队鲁福渔29号船在海上遇难，死亡7人。

22日，城区军民隆重集会，庆祝粉碎王洪文、张春桥、江青、姚文元“四人帮”的伟大胜利，会后进行了大游行。

同月，推广农田喷灌技术。

秋，福山镇、臧家2处公社39个大队，开始对城后泊东起大沽夹河、西至岗嵛村、南自福山城、北止胜利村，共计1333余公顷涝洼地进行综合治理。全部工程于1977年冬结束，改造柳子河栖里村段及原烟潍公路8千米（改名福海路），开挖四级排水沟320条，修筑排灌建筑物104座，建标准园田地1133.3公顷。

11月10日，全县850余人组成民兵团参加马陵铁矿会战。

24日，旅日华侨王寿光捐献给西周格庄村1台25马力拖拉机。

12月，张崇德任中共福山县委书记，并兼任县革委主任。

是年，国家领导人叶剑英接见福山烹饪大师赵升明；东北关村蔬菜科研队选育的“福东大椒2号”，经鉴定达到国内先进水平。

1977年

1月8日，全县各界代表在大礼堂集会，纪念周恩来总理逝世一周年。

3月21日，揭批“四人帮”大会在福山礼堂召开，2300多人参加大会。

4月18日，县造纸厂一工人吸烟引起火灾，烧掉麦草1000吨，损失7.8万元。

24日，县革委成立县“五七”农业大学。

25日，县宽幅布厂建成投产。

同月，黄务公社的全部，兜余公社的西牟、西玉树庄、东玉树庄3个大队和福山镇公社的小沙埠大队划归烟台市。

5月，县运输公司副队长王福祥行车肇事，致3人死亡，被判处有期徒刑3年。

6月，开展小麦全蚀病普查工作，受害村占84.3%。

17日，南斯拉夫萨格拉市植物改良和小麦部负责人约·波托查李茨博士一行到邱家庄大队考察小麦高产栽培技术。

秋，松干蚧壳虫为害，全县有6666余公顷松树枯死。

11月，恢复中共福山县委党校。

12月，全县科技大会召开，县委书记张崇德出席会议并讲话。

是年，全县进行精神病普查，查出各类精神病患者1905名；福山镇钢窗厂生产的金属门窗获山东省优质产品；福山电影院建成；恢复大中专招生考试制度，至来年春，福山考生录取121名，其中大专40名，中专81名。

明·万历《福山县志》序

周礼设外史掌四方之志，于是列九邱，凡以各聚其有，详内史之末备也。迨后职废而遗事犹存，是故为都会志，为郡邑志。福山虽小，亦寄有民社，不可谓非邑也。而越自建置来，曾未有志，付文献于泯泯无传，讵非阙典与？乙卯冬，延长宋公来宰，下车初，即锐欲修志，而时值荐饥，奉檄赈粥，日拮据不遑也。既而转徙遗黎，悉蒙全活。逾年而岁羌稔，乃历精振刷，百废俱兴，复毅然有崇教维风，微显阐幽之想。遂遍觅故志，得前人手录者一二残编，公余披览，见其阙佚靡伦，且多豕亥鲁鱼之误，因为点检存稿，集庠生数辈，相与捃摭前闻，搜罗往牒，兼询故老，参之见闻所及者，两阅月而纂集成帙，复加幡订而汇裁之。虽至于传疑传信，而抑扬去取，无不厘正，于考据之乖，卒未尝为摹规甘寄篱下者等也。殆执辔康衢，和鸾中度，携诸从事爽毂而趋，其我公今日事耶？是志也，诚欲其信今传后，俾当事者寓目而会心焉。按形胜则思据守，览建置则思保障，考贡赋而知军国之惟资，辨物产而知食用之攸藉。又如吏治之臧否与夫士习之淳浇，酌宜于古今，而取征于文献。倘所称典刑之会萃，衡鉴之渊林，志之，裨益殊非浅鲜，而岂斤斤一名物象数，侈饰治之具文已也？梓竣，驰赍示余于宣之宦邸，属以为序。余不佞，方待罪边陲，迄无一长可录，乃徒蒙厚颜而要微禄以为荣，致不获奉教左右，以襄盛举，用操余憾矣！然披对之顷，不能不瞿然有怀焉。夫诸凡纪载，炳烺简册者姑勿论，第即留神往懿，扶数百年濒熄之幽光，既用以阐扬潜德，又籍以风厉人心，惠彻古今，功垂不朽。视彼隆施一时者，殆不可同年而语矣，而矧其拯灾救弊，又有大造于福乎？余不佞，曷能为序？然无盐砦鉴，成鉴之美，已之媸若忘焉，因唯唯以弁其者。

万历戊午孟春之吉，奉仪大夫直隶河间府同知进士，邑人郭尔池撰

明·万历《福山县志》跋

万历丁巳，邑侯宋公纂修邑志成，不以余不敏，命叙末简。余弗讳纤才，肆学步于邯郸，因踊跃而置喙。盖邑之有志，犹国之有史也。史以载事，邑轩轾寓其中，夫志亦有然者。邑建自阜昌间，几四百年于兹矣。其间因革之故，政俗之衡，经权常变之宜，淑慝是非之鉴，兹集成而囊括无余。譬之渊谷，百物毕聚，令人一披阅而邑宛然在目焉。且于振节藻行者，尤必详其颠末。昔司马温公于忠邪曲直，无难显揭其真，此独示劝于扬芳，不言惩而惩自在。虽迹有不同，而垂戒示人之意无两致也。后之观感而兴起者，宁不由于斯集耶？今而后，邑斯幸矣。岂后先显晦之数有固然与！何久湮之故实，一旦而灿然明备若此？公之功讵不伟哉！呜呼，后之思今，犹今之视昔。然则筹画而慎守之，使斯集水存，而昭鉴戒于不坠，又属将来当事者。

万历四十六年，辽东广宁卫儒学教授孙恒跋

清·康熙《福山县志》序

皇上御极十有二年，允大臣遵谕条奏，下令各省征志付史馆汇修，以昭一统盛典。余莅任福山，春月即奉藩宪檄。时值亢旸，邑小民贫。官绅士庶，方忧旱祈祷，实未遑修举。后天泽沛而秋成有望，遂敦请名绅硕儒公议纂辑。阅月而稿成，窃意志之修非徒以其文也。使徒以文，若古风云月露辞，点缀足观，何裨于国家之治？夫邑之有志，犹国之有史，以存直也，以传信也。如志天星而分野有辨，志沿革而创设可考，志疆域山川而形胜以列，志科贡知登誉髦之选者何代之哲，志职官知著民社之绩者何时之吏，志户口知载王朝之版者几何人，志田赋知急公家之税者几何里，以及忠孝节义有志，则人知激劝；祥瑞灾异有志，则人知修省；物产风俗古迹艺文各有志，则知其地之可采而陈者几何事。彰往昭来，

移风善化，志之所关，诚非浅鲜也。余日事簿书，愧无能赞一词，志成得以藉手报命，聊附数言为序。

康熙癸丑岁八月仲秋，赐进士文林郎知福山县，东里罗博题于邑之退思堂

庶得与一代之史相传于不朽云。是为序。

康熙十二年，岁次癸丑秋九月上浣吉，湖广长沙府清军同知，邑人鹿兆甲撰

清·康熙《福山县志》序

古者掌记时事，列邦皆有史册。自封建制废，而郡邑之志始出。志者，言志也。山川户口于是乎书，人物风俗于是乎书，诸如政教、礼乐、兵农、钱谷之类，悉于是乎书。是则一邑之志，即当年一国之史也。今朝廷德教翔洽，车书一统，阁臣览宇图之无外，思简册之宜新，请修一统志，甚盛举也。因而直省郡县各纂旧志。福侯罗公才高班、马，用董厥成首，以笔削属余。余屡谢不敏，而公固强之，因不揣固陋，与邑之诸君子勉强从事焉。余窃谓福虽弹丸小邑，而奇峰峙其南，大海汇其北，加上二水如带，四山环绕，亦海岱一巨观也。其民力田而好义，其士敦诗而说礼，淳淳穆穆，论者以为有三代遗风。自故明迄今，其间以经济酬世，文章华国者，固指不胜屈，亦有骚人墨客，或赋诗赋增答，自放怀于山巅水涯之间。他若忠臣孝子之行，幽人烈妇之谊，天日可白其心，风霜不变其节，尤足令人感泣流连而不能置。使非详而志之，俾山川、人物诸事迹竟与荒烟蔓草同其湮没，岂非当事者一大缺典乎？甚矣哉，志之所关者大也！余用是矢公矢慎，取旧志而详订之，采事实而补葺之，爰集其编有五，总其目凡十有二。其间有考古者，有证今者，有古有而今废者，有昔略而今详者。阅数月其书始成。用是勒之版章，上之彤庭，俾在朝史臣执珥笔而书之曰：某山某水是福之形胜所存也；某寺某院是福之古迹所沿也；纳价若何，陈诗若何，是福之风土所宜也；制度如何，兴祲祥若何，见是福之吏治所关也；膺科名者几何人，列缙绅者几何人，以德行文章传者几何人，以忠孝节烈著者几何人，是又福之人文所系也。上以备圣天子贤相之求，下以备册府职方之考，则福虽微，而一邑山川、户口、人物、风俗以及政教、礼乐、兵农、钱谷诸大端，

清·康熙《福山县志》序

邑志之宜事于纂修也，同心者积虑多年所矣。辛亥春，曾谋之俨思潘侯而未果。今年纂修通志，乃自阁臣条奏之，部臣议之，皇上允而行之，中外翼翼，诸有司遂莫不以修志为先务。邑侯东里罗公，笃君子也，治民既克追国侨之行政，尤能文章，有著作才。承檄致我二三邑人而命事，余陪其后，虽病不得辞。既受命，愧焉以怯，惕焉以惧，不敢怠，偕同人检邑旧志取裁焉。顾邑建置日浅，志仅寥寥具目，乃为之正其体式，广其条例，网其放失，芟其芜陋，经营几如创始矣。时蒸暑，药饵楮管杂几上，刻晷拮据，每有所作，即正之侯，资其润色。事讫，伏而言曰：治举其大，则细可略；义准其内，则外可概。郡县有志，自班椽发原。盖数周礼外史所掌者，以史乘较外也，细也。近世或修或否，听其官司；或质或艳，因其人士。事不隶于史馆，则其事不必尽典实；书不献于天子，则其书不必尽雅驯也。固已即斟酌至道，思以一代兼数十代，臻于美善，亦自有其史乘在。按图经，考策府，凡夫天以下之物类，古以来之治迹，皆其灿然者，为观为察，为损为益，大者举而治起，内者准而义尽，彼细者、外者，不其徒然矣乎？虽然，事必广于所托乃备，尤必择于所聚乃精。居后之世，征古之法，即如《禹贡》《周官》，久有牴牾，矧夫地里、河渠，杳无依据。非其所作轻也，圣人之道不可易，圣人之书不可执，其往即日陈，其来有日新也。天下有日新之故，泥陈言而昧变通，固所不宜；天下有日新之故，而乃毕智于史乘之闻见，则信耳者已失之疑，信目者已失之隘。彼夫鸿文繁指，不免拘墟捕影之消者，岂非少所托则备者不极，寡所聚则精者不出乎？荀子曰："欲知亿万，则审一二。"夫以郡县之人，志其郡县之地之事之人物，形不异质，标不离本，近则得详，专则得确，知必不侔于遥集者。抑以

各郡县之志，载其各郡县之地之事之人物，较然其如列眉焉，敛然其如具体焉，析之可辨区域之风轨，汇之遂穷宇宙之情状，而史乘之所未及，斯及之矣，备矣。而复重之以大君之命，凡事之不典实者不敢滥，文之不雅驯者不敢逞，而经其简核者，一事一议，皆可至于天子之前，而供其采择，则天以下之物类，古以来之政迹得所聚也。从而观之察之，损之益之，宗原应变，曲致其当，所谓入宝肆而取珠玉精者归焉。斯以一代兼数十代之美善，而至道成矣。通志之宜事于纂修也，其实效有如此。阁臣条奏之，部臣议之，皇上允而行之，意甚弘远也，岂如曩代仅以征书侈懿令哉？余小臣，管窥蠡测，弗堪对扬；弇鄙无文，益怯且惧，区区一邑志之规，何足称说焉？然而邑之志因以成书，所载邑之地之事之人物，将缀史馆，侯之司云底绩矣，二三邑人之受命亦云终事矣。独计纂修之役，前者受其劳，后者享其逸。旧志虽仅具目，然不守其目，采于何敷？昔人曰，后起者概毋忽为他人之文，而不原其著作之始，余盖甚难忘夫前者之始为此志者，而惜未传其人也。

康熙十二年，岁次癸丑嘉平月，邑人王骘撰于义圃

清·康熙《福山县志》跋

癸丑秋，余归自金台，倦于游览，一竹一石，亦分外投洽。方谋扫轨，而邑侯罗公忽轻车盖造门，接谈，方知时值奉檄修志。因命余尾续诸公后。及询所为志，如山川、土田、职官、人物、风俗、文章，已秩然有条，每条为一引，又已强半成章，间有未及，则命余补之，此外无预焉尔。阅月成志。因思《史记》之佳处在疏，《汉书》之不如《史记》处在密，此由其笔力不同也。孔氏杂说，又言司马迁叙三千年事，五十万言，班固叙二百年事，乃八十万言，此盖谓繁不如简。而修荒史者病墨胎传溢，刑者遗张杜，后世又讥其立言近驳，若是乎著书之难也。昔江淹谓修史莫难于志。岂撰言之难乎？而述事之难也；岂述事之难乎？而平心之难也。故人宜平心著书，又宜平心读书，著书不平心，疏密繁驳与不驳皆无与于道也；读书不平心，不惟无与于道，且无与于疏密繁简驳与不驳也。志虽不获与史并，而从事乎此者之心之宜平则一也。余益矣，余从事诸公后，而知著史、读史皆有道存焉矣。

举人邑人萧文蔚撰

乾隆《福山县志》序

福邑自康熙十二年奉文征志付史馆，前邑令东里罗君同邑士大夫纂辑成书，迄于今九十有余载矣。其间星野分区，山川流峙，固皆百世不易，至于户口之繁衍，职官之因革，已月异而岁不同。若夫德业文章之著，孝义节烈之行，科甲联翩之盛，尤津津于人齿颊间，足以光史册而垂竹帛者也。前或欲修而未果，或修之而未成，积累既久，采辑愈难。倘仍因陋就简，一邑之文献无考，居官之责守谓何？余也承乏兹土，倏尔四年，于地方事宜，颇有见闻。惟是簿书碌碌，未遑专心，用是延请耆硕名儒及同邑诸君子，远采博访，虚公纂修。又复广其门类，增为十二卷。是者因之，讹者正之，缺者补之。两阅月间，炳炳烺烺，举九十余年之事务损益，三十一社之人物言行，尽搜罗而编纪之。而余亦以固陋之学，厘定考核，参末议于其间，不任己私，不徇物好，存至公而秉直道，是则余可信于福邑士大夫，邑之士大夫亦可见谅于余者耳。是为序。

乾隆二十八年，岁次癸未。丙辰举人福山县知县　何乐善撰

清·乾隆《福山县志》序

邑之有志，犹一邑之史也。按《周礼·春官》既设大史、内史，复佐以小史，掌邦国之志，外史掌四方之志，固统纪天下国家之事而檃括无遗者也，区区邑志何得与国史絜量？然均此纪事之书，合则史，分则志，合职其要，

分必职其详者。垂之简册，考古证今，永为一乡之鉴观；上之庙廊，提纲絜领，即为一朝之信史。邑志实国史之先资，所系岂浅鲜也哉？福志自康熙癸丑以后，迄今将及百年，未经修补。其间时异势殊，盛衰兴废，笔不胜书。若不及今采集，将来愈久愈湮，文献无证，虽欲寻踪觅迹，其道无由。幸遇邑侯何公，莅任四载，凡有关于地方事宜，废者修之，坠者举之，兴利除弊，无不以次就理，尤切切以邑志久缺为今日要务，属余辈同人共订正而续辑之。余屏居多年，自甘守拙，兼以樗栎之材，既老且病，深愧不克胜任。但念一邑公务，又重以邑侯之命，何敢以耄荒诿卸？犹忆雍正乙卯，先大人年逾古稀，承邑侯程公命，同邑中士大夫续修旧志，而人心不古，动思滥入，啧有烦言，遂阁笔而未竟厥绪。越数年，邑侯宋公复延乡先生重行修辑，亦未竣而中止，诚憾事也！尝闻先大人有言，纪载之词，欲其简不欲其繁，昔伊尹、柳下之圣，孟子以“清”、“任”、“和”三字了之，何简切如铁笔也！窃思言期于简，简生于断，断生于识。彼患词多者，坐无识耳。《新唐书》文省而事增，五代史约为一史，欧阳公之识也。福以弹丸地，条例多端，不亚大邑，则简之难载。且繁则易枉，简则能直。但邑志与国史同亦有异。星野之区分，山川之形胜，方域之广狭，皆有定局，纪事者得失在详略而无枉直，志与史同之。惟志内人物，史例邪正兼收，劝惩显示，不虚美，不饰恶，谓之直笔。以邑人而为邑志，非葭莩之亲，即洽比之邻，虽有美无刺，尚疑其美有未尽，此其与史异者也，则直之难哉。余以老病之躯，学殖久荒，乃掉三寸不律，偕同人谬应邑侯命，兼完先大人未竟之功，虽分之所宜，实才之所绌也。幸前编未废，勉续其后，以备史馆之采择，而是非去取，一惟邑侯折衷。至于易旧为新，裒多益寡，远不敢失之挂漏，近不能失之滥觞，其果能尽乎简与直之道耶？所不敢知也。昔宋人诗云：“谁知鹤发残年叟，犹解蝇头细字书。”披阅者当必輾然笑曰：“绝少史笔，但类钞胥。”后来博雅君子，踵其事以补所未逮，俾成不刊之典，是不佞所厚望也。

乾隆二十七年，壬午初冬之吉，邑人萧劼撰

清·乾隆《福山县志》叙

今上御极之二十七年，中州何老父台莅吾邑者凡四载矣。公君子人也，以文学饰吏治，整饬废坠，厘然具举，兹复有纂修邑志之役。邑志旧有成书，肇造于康熙癸丑。当时躬操秉笔之任者，实吾曾祖先司徒公。历今且九十年，其间人文蔚起，甲第联翩，爵里姓氏之可指数者，固已照耀人耳目，而穷陬僻壤伟人烈女，往往以奇节著闻。世愈久而老成彫谢，谘访无人，惧泯泯焉。夫前人之节概，端赖后人之表扬。邑虽建置日浅，顾百里内山川之孕毓，风雨之潆会，由汉迄宋，中岂无人士可表见？乃澌灭无闻，旁稽他书，无只字传者，则邑乘所系不綦重哉！余忝在分修，陪诸君子后，虽文词弇鄙，不敢参作者之林，而表扬潜伏必征实，始可传信，断不可稍涉瞻徇，求米千斛，为乃公作佳传，重负作者意。又福邑建自阜昌，自上蔡碑记沉埋，古迹流传者绝少。独念金源大定以来，莅兹土者应有著作，通都大邑不概见，或散著于断碑荒刹间。乃搜剔无遗，获散文几宝若拱璧。夫酷嗜碑版文字，固文人结习使然，要有关于政典甚巨。今书已告成矣，踵事有增，视前志加详。叙引书记有宜因者不敢废，有审时夺势必宜订正者，亦无容墨守陈编，依然吾先人之志事而已。至不牵孚言，不徇请托，以啜志局，则尤皆吾邑侯主持之力也。余得藉手以无羞陨越，何厚幸与！

乾隆二十七年，岁次壬午，无射之月，邑人王积熙撰于养素堂

民国《福山县志稿》序

福山自金源立县，距今已七百年。志凡三修，一于明之万历，一于康熙，一于乾隆，嗣是无闻焉。顾万历志久已无存，康熙志虽间有存者，然率多残缺无完本。惟乾隆志，邑中故家尚有藏者，亦寥寥不过数部。嗣是又经百七八十年，搜集而采访之，盖嘎嘎乎其难矣！光绪十五年，奉旨开会典馆于京师，征求各省志书。越二年，邑令康公乃创修志之举，公举王文敏、牟朵珊、谢南川

及余为总纂。四人皆宦京师，邑中亦未正式开局，仅有提调采访诸人，又以绌于经费，诸人皆自尽义务，不支薪，无专责，故前后邮寄京师者殊属无几。幸文敏学文淹博，多方考证，成选举表二卷，宦迹尚未成半数。惟节孝一门，采访者多，故称完备。又二年，文敏入直南书房，日不暇给，朵珊亦出守柳州。又数年，南川亦出守曲靖。比甲午文敏殉难，书多散佚，是本亦多亡失，辗转存县，久已庋置。辛丑，余读礼家居，邑令李公谆嘱继办。余展其稿，惟碑版一门颇完全，其他则毫无依傍，乃复求李公派员采访。李公旋被议去官，余亦出守四川，又复中缀。民国九年，四川王君来令是邦，重申前议，乃复委人采访，然所采访终亦无多。幸孙君虞臣习知邑中掌故，与之竭力搜罗，各门始得略具规模。舍弟宗洵帮同纂辑，乃得告成。然不完不备之处仍不能免，故定名为《福山县志稿》，以待后来者之修正云尔。

岁在重光协洽涂月下浣　于宗潼识。

柳行庄水田记

我柳行庄有水经其北，甚清流也。水滨之地，则皆斥卤，诸谷不生，水不啻可灌溉百亩，而不得少施其杯勺之功，地之负水，水之不遇，不知其几百年矣！嘉靖戊戌，予为山西副使，驻代州。尝初春出南门，有稻田数十区，土白如雪，极卤之地也。夏月再出，其稻甚茂，予于是知卤地可稻也。甲辰为陕西参政，分守关西，辖宁夏。宁夏人亦往往以卤地艺稻，予于是知卤地之可稻，人以为常，而予见之晚也。庚戌以宣大总督失职，谪戍靖虏，索居无事，颇涉猎平生未读之书，见古人以卤地为水田者数事。韩使郑国说秦开渠，本欲疲秦，渠成，溉舄卤四万余顷，收皆亩一钟，秦以富强。魏邺令史起引漳水溉民田，民歌曰：邺有贤令兮，为史公！决漳水兮，灌邺旁！终古舄卤兮，生稻粮！蔡邕惠樊渠歌序云：阳陵县东，其地衍隩，土气辛螫，嘉谷不值，而泾水长流。京兆尹樊君乃立新渠，曩之卤田化为甘壤，农民怡悦，云云。予于是乎知卤地苟可以水耕，智者不弃也，勃然兴念作水田于柳行庄，用水之利变卤之恶，地不易者力增焉，不亦我恒产不足者之一策乎？屡以书教儿辈为之，不果为。隆庆改元，丁卯，予蒙恩释归，方度地料功，而再官诣京。是冬，自南京兵部致仕，还携作水车木工一人，老农一人来。戊辰春，择庄东下地，躬督沟塍之，成水田四十亩。使水车牛輓者一，人輓者二。用王氏农书法，树木栅遏水南溉。初以车輓，后高其栅，水自溢上，不复用车。其年，稻亩仅农斗四五斗，明年亩七八斗，间有逾一石者。今三年亩逾一石者颇多，间有及二石者，二石以官计量之，殆几于亩一钟者矣。水之北，东山之后，多荒地可垦，拟姑致精于四十亩，数年之后，果有可观，次第开拓之。旧县尹金君，池州人，数教我以南方粪田引水耕莳之法，且勉我作石闸，盖其意欲因我以导民也。予志为之益坚，乃作记刻石，见我之为此，非好奇多事，据所见所闻，而为天下古今之所共为耳。求自然之利于不耕之地，人弃我取，而为吾力之所能为耳，冀此业之不隳也。大抵水田者，南方之所以致殷富者也，其利数倍陆田。使柳行庄不卤，则为水田已久矣，不待今日也。王氏农书载傅子之言曰：陆田者，命悬于天，人力虽修，水旱不时，则一年功弃；水田者，制之由人，人力苟修，地利可尽，此陆田不如水田一明案也。此我所以费不恤，贫劳不恤，老必为其所欲为，务抵于成，务期其久也。

明·隆庆五年　郭宗皋

古育犁治所考释

育犁西汉立县，后汉省，并入牟平。两千年来，宋代以前其治所无文字记载，其后说法不一，概址有四：福山城西北十里处；芝罘区宫家岛村后；乳山县育黎集；文登县境内。我们倾其一，疑其三，理由如下：

（一）文献记载。《寰宇记》载：“育犁汉立县，后汉省，并入牟平，盖在今郡东南一百二十里，厥港水侧，以地良沃名邑。”“今郡”系指北宋时期的登州府东牟郡，址今蓬莱县治，非后来牟平境内之东牟县。东牟郡东南一百二十里，在今福山城西北十里处。《齐乘》云：“在宁海州西北八十里。”元时宁海州在今牟平县，距西北八十里，亦在今福山城西北十里处。清末《登州杂事》云：“腄、牟平、育犁在今福山。”民国初年《烟台要览》福山沿革载：“汉为腄县、又置牟平、育犁，东汉省，育犁入牟平县。”东汉牟平县治在今福山境内。民国初《山东通志》古迹称：“育犁治所在今福山城西北营子头。”《中国历史地图集》标育犁于今福山城西北十里处。以上六部文献皆记育犁治所在今福山城西北十里处。

（二）它说矛盾。《明一统志》曰，育犁“在宁海州东南一百二十里”，按此方向寻所，该在今文登境内，可文登境内，既无治所，又无古遗址发现，不知本何。清乾隆《福山县志》和民国《福山县志稿》曰：“《齐乘》云在州西北八十里，氵厥港水侧，其地良沃，故名育犁。今宫家岛后旧城，土人呼曰营子，疑即是。”宫家岛今芝罘境内，村后有古墓，且无汉代遗物，此疑无据。《登州府志》谓：“汉既置腄县，不应仅去五里又置育犁县，今福山县无氵厥港水，氵厥港水在今宁海西南，考其地势，此城当在宁海，今之育犁集，即其故址，齐乘误西南为西北耳。”民国《牟平县志》遂其府志曰：“查城阴村距玉林集八里，命名之义，当系指居城后而言，其城南地名碑子，掘地时有古物发现，距城一百二十里，与明一统志道里正合，其为育犁城故址无疑。”二者所指育犁系在今乳山县境，此说矛盾不达理之处有六：其一，“不应仅去五里又置育犁县”，按里设县极不科学，更不是历史事实。汉时县级政权多为封皇戚而置，对政权布局不甚严密，在数里或数十里内置多县事例古今并不罕见。西汉时在掖县以西不足五十里曾设阳乐、当利、阳石、卢乡、平度五县。在今东明、菏泽之间仅二十里内，曾设葭密、句阳、吕都三县，在今广饶不足十里之间，曾设巨定、利县、博昌三县。其二，“今福山无氵厥港水”，此结论武断，且不说古今山川河流名称多变，即是同一条河名称亦不相同。在今福山城后十里处奇章村，尚存一块残碑，名曰“卧龙桥”，此碑虽仅剩二十五个字，亦有“厥”“水”二字，惜碑大部无下落。其三，《齐乘》明指育犁址在今宁海州西北方向，《登州府志》偏按编者自己的意图校为西南，曲解文献本意，给后世外添误解。其四，民国《牟平县志》称：“掘地时有古物发现”。发现什么古物、什么朝代的，没有说明，令后人糊涂。其五，民国《牟平县志》曰：“与《明一统志》道里正合”，《明一统志》指东南一百二十里，《牟平县志》指在西南一百二十里，方向相去太远，“正合”在哪里呢？其六，断章取义，民国《牟平县志》沿革图标说明“寰宇记谓育犁在溉港水侧，在今县境内”。既引同部文献，就应全引，只取所需，怎能自圆其说，《寰宇记》曰：“育犁汉立县，后汉省，并入牟平。”此说至今无人非议。牟平西汉立县，治所在今福山区古现村，后汉时仍在此地。既然如此，假如育犁县在今乳山县有育犁集，那么东有昌阳，西有观阳，北有东牟，怎么会隔着他境跳到牟平呢？

（三）新的发现。育犁治所争无定论，址在何处？据史考今，我们认为在今福山区臧家乡奇章村后“营子头”。

营子头是一个丘岗，依山傍水，地势险要，东有养马顶，西有福岚山，北濒黄海，南靠柳子河，是建城池佳地。

1980年福山文物普查时，经长时间实地考察，发现营子头是座古城，虽经两千年风风雨雨，旧城墙隐约可见，仍能勾画出旧城轮廓。墙基石料砌筑，中间土质坚固，间有碎石砖瓦陶片等物，似逐层夯实。城南北长约500米，东西宽约300米，城内遗物丰富，汉砖、汉瓦、陶片到处可见，酷似战后残城。据该村群众说，1966年整地时，曾在这里挖出大量汉币，其中一次达百余斤，还有铜镜、铜鼎、陶盆、陶坛等，蛤皮、木炭灰也多处出现。从遗物看，汉时有人在此集居。城东300米处有条沟，群众至今称“遛马沟”，相传是古代官方遛马驯马的地方。城东南1里许，有个村庄名为廒上，“廒”指仓房。秦汉魏时，官府在今河南敖山上置谷仓，名敖仓，其后沿称为敖，又作敖。据考，古代在此设过粮仓，即以“敖”字名村，说明育敖仓居设于此地。城北营子头下，今一片沙滩，3里处便是黄海。从凿井时的地质结构看，地表至30米岩石无土层，全是海沙。建国后，据记录，每年海退陆延3米左右，积沙成陆至今达100多米，按此推算，汉时的海边当在营子头下，东西有山环包，两山之间是个天然良港。《寰宇记》载：“在氵厥港水侧”，我们疑其“港”系海港，非指河水而言，氵厥港即在于此。城南1里处，自西向东有柳子河（上段谓响水河），长13千米，宽30至40米，流域面积46平方千米。沿河土地肥沃，俗称“粮囤子”。两岸村庄稠密，人口集居，自古以来就是人们生产栖息的好地方。至今在福山境内，以育犁命名的商店、饭馆、学校、工厂繁多，亦证明“育犁”在福山人们心中的历史影响。

综上所述，从文献记载，到新的发现，我们认为奇章村后营子头即古育犁治所。

臧宜永　柳宗铎

我们都是客籍人，已在福山工作多年，得到全区人民的大力支持和帮助。今躬逢修志盛事，受益匪浅，深感欣慰荣幸！同时，也坚定了我们与全区人民一道发愤图强，艰苦奋斗，振兴福山的信心。坚信福山人民一定能在党中央的正确领导下，同心协力，开拓前进，把福山建设得更加繁荣昌盛。

中共福山区委书记姚学政、区长刘同占

1989年10月29日

《福山区志》序

《福山区志》，历时8年，3易其稿，现已成书出版。这是一项具有激励今人、启发后代的综合工程，是全区人民的一件大事。

编写志书，是我国文化的优良传统。福山自明朝万历年间至民国初期曾4次修志，这4部志书对福山的建置沿革、自然地理、名胜古迹、灾异祥瑞均有较翔实的记载，是福山珍贵的文化遗产。但由于受时代的局限，阶级的偏见，内容侧重于褒扬官宦士绅、贤孝节烈，对劳动人民在政治、经济、文化和科学技术方面所做出的贡献则略而不详，或付诸阙如。

新编《福山区志》，是以马列主义、毛泽东思想为指导，运用辩证唯物主义和历史唯物主义的观点，坚持四项基本原则和实事求是的精神，用新的观点、新的方法、新的材料、新的体例，记述了自建县以来福山的全部历史，既保存了旧志中许多有价值的资料，又着重记述了近百年来，特别是中共福山县委和人民政府建立以来，福山的经济、政治、军事、文化、科技、教育、人民生活等多方面的发展变化状况。上溯千年，纵横百里，凡发生在福山的重大事件，均有记载。这部志书，可使为政者和全区人民前有所稽，后有所鉴。它具有“存史、资政、教化”的作用。

《福山区志 》的编修，受到许多老同志、专家内行、省市领导和兄弟县市（区）的大力支持和精心指教，得到全区各级党政机关、群众团体、企事业单位和各界人士的积极协助，经编纂人员艰辛努力，精心著述而成。可以说是集体的心血和智慧之结晶。在此，向大家表示衷心的感谢！

《福山区志》序

福山历史悠久，6000年前之远古先民即劳动生息于邱家庄、臧家一带，经商至唐，历代不衰。金天会九年（1131年）始建置福山县，迄今已有850余年的历史。福山修志始于明朝万历四十六年（1618年），成志8卷。继有清朝康熙十二年（1673年）修志12卷，清朝乾隆二十七年（1762年），修志8卷。民国九年（1920年），修志稿14卷。建国后虽屡有修志之议，然百事待兴，加以建置屡改，修志工作未能循序而进。中共十一届三中全会以来，政通人和，经济繁荣，值修志之盛世。中共福山县委、县政府烛见修志意义之重大，毅然决策并拨付专款，选调专才，广征博咨，收集资料3000余万字，10订纲目，3易其稿，尽8年之功，始完成《福山区志》之巨业。辛劳之汗水结出硕果，多年之夙愿得以偿慰。至此，展卷可得一方乡情，顾志始知建业艰难；鉴往知来，从政者将有所咨考，为民者将受到教育。

昔日修志，多由地方文人士绅谋划，或仓促从事，时辍时兴；或只计进程，不顾质量，甚至为当朝执政者歌功颂德，树碑立传；或篡改历史之史实，抹煞人民之作用，对群众革命斗争不收或无所述及，且视若“盗匪”，以致失去志书之真实。尔今福山区修志迥异于往昔，在区委和政府的领导下，制定规划，确立篇目，广咨博采，集思广益，汲取旧志之精华，集聚四方之卓见，运用历史唯物主义的观点，遵循“详今略古”之原则，从本区实际情况出发，以实事求是之精神，编纂记述全区的历史和现状。初稿完成后，即印发各方征求意见，并邀请省、市、县的修志专家学者，共济一堂，大自编章，小至表录，各抒己见，反复讨论，磋商推敲，力求正确，然后进行补充修改，最后送审定稿。这种敬事慎行的精神，为新志的编纂奠定了良好的基础，保证了区志的质量。

历代修志篇目内容虽有增减，但体例大多因袭旧志，内容烦琐，连篇累牍记述职官、艺文、节烈，对经济却涉及甚少。新志增加经济内容，以大事记为例：自1948年10月7日福山第二次解放至1987年底，共收记512条，其中有关经济发展者218条，略占大事记之半。此外，福山果树栽培历史久远，为著名的烟台苹果主要产地之一，驰名中外，堪称“苹果之乡”；福山是国内八大菜系之首—鲁菜发祥地之一，尤以海味烹调技艺著佳，名厨高手，蜚声中外，素称“烹饪之乡”；福山华侨遍布五大洲31个国家和地区，“游子”身居异国，辛勤劳作为祖国增光添彩，并为家乡建设做出诸多贡献，誉称“华侨之乡”。如此重要事例，旧志却无记述。新志发掘福山区之所长，突出了地方特点，其超越旧志显然可见。新志对工农业生产、水产养殖、商业贸易、文化教育、科学技术、医疗卫生、名胜古迹及城区建设等皆设专编，标列条目，详细记述，和旧志相比，《福山区志》独显异彩。

《福山区志》编纂指导思想正确，编章节目安排科学合理；内容翔实可信；文字通畅简练；时代特点突出；地方色彩浓郁，是一部有特色有成就的新区志。它的问世不仅为志库增一瑰宝，也是志书中新开放的一束异葩。

披览新区志，深感修志之艰辛。新志之成，当归区领导的重视，全体修志人员的努力和有关单位的支持。《福山区志》的出版，实为福山区人民之光荣，修志人员之骄傲。

愿我福邑，青山永存，绿水长流，经济繁荣，人民幸福！

吕遵谔

1989年10月于北京大学燕园

全区个体私营经济工作意见

烟福政发（1999）3号

一、指导思想

以邓小平理论为指导，认真贯彻党的十五大和十五届三中全会及省、市经济工作会议精神，按照“完善政策，优化服务，内外并举，以外为主”的总体思路，加大发展个体私营经济工作力度，不断扩张总量；加强企业管理，培植骨干大户，发展科技型企业；拓宽发展空间，不断向外扩展；加强园区经济建设，促进园区经济快速发展；引导企业转体改制，实施再就业工程；加大监管力度，推动全区个体私营经济工作再上新台阶。

二、主要指标及工作重点

年内全区新发展个体工商户1500户，注册资金1000万元；新发展私营企业120户，其中过50万元的30户，注册资金6800万元；完成个体私营工业总产值12.4亿元，实现工业销售收入10.75亿元，完成工业增加值2.37亿元，第三产业营业收入7.3亿元，完成入库税金2400万元，培植过百万元纳税大户3户，过50万元的10户。

1. 加大发展力度，在总量上实现新的扩张。继续把个体私营经济作为一个重要的经济支柱抓，放胆、放手发展，加大组织发动的力度，多形式、多层次，不限数量，不限规模，形成千军万马与铺天盖地发展个体私营经济的新局面。在发展方向上，因地制宜发挥各自优势，宜工则工，宜农则农，能搞什么搞什么，能搞多快搞多快，形成各具特色的发展路子。在发展重点上，壮大流通业，提高加工业，拓宽服务业，开发种植业，不断延伸产业范围和领域。为促进福山区经济快速增长，继续实行“三开放”，即放开从业人员范围，放开经营范围，放开经营方式。

2. 加强企业管理，培植私营企业大户，发展科技型私营企业。在继续抓好数量增长的同时，坚持以规模、效益为中心，积极引导和扶持有条件的业户扩大规模，形成大户，促其向多种经营、规模经营、集团经营发展，重点选择一批有生产技术和有经营能力的私营企业，通过联合、参股、兼并等低成本扩张措施进一步壮大经济实力，向大中型企业集团发展，年内全区新发展注册资金过百万的私营企业6户，累计达到40户。积极引导企业走科技型发展的路子，鼓励企业增加投入，搞好现有企业的技术改造，不断开发新产品，大力引进、消化和吸收先进科技成果，提高企业的 科技水平、装备水平和产品水平，增强企业竞争能力。年内新发展科技型私营企业5户，积极引导个体私营企业发展注册商标，新发展个体私营企业注册商标申请10件。以建立现代企业制度为目标，积极借鉴和吸收国内外先进的企业管理经验，使个体私营企业的管理方式由家族式向科学化和规范化转变。在全区开展评选私营企业现代化管理示范点活动，命名确定1～3个示范企业。

3. 拓宽发展空间，发展外向型企业。在外向型扩展上下功夫，开辟新的发展领域，寻求新的发展空间。一是加快利用外资步伐，帮助、引导和支持私营企业与外商合资合作，兴办三资企业。二是实施招商工程，吸引区外个体私营企业特别是民营科技企业来福山投资兴业。三是努力扩大出口创汇，引导个体私营经济瞄准国际市场，把更多的产品打出去，参与国际竞争。年内新发展外向型企业5户，出口创汇额达到200万美元，争取为1户私营企业申办自营进出口权。

4. 继续抓好村、镇、园建设。根据农村改革与发展的需要，坚持从实际出发，或依托资源，或依托市场，或依托传统生产技术，或依托便利的交通，因地制宜大力发展各具特色的“村、镇、园”。专业村搞“一村一品”；产业镇搞“一业为主，数业并举”，以减少市场风险；产业园的发展以镇驻地为主，有条件的镇都应该统一规划建设，抓紧培育完善富民（蒲湾）、东厅、产业园、永福园4个初具规模的私营经济园，积极吸收外地优势企业进区落户，加速膨胀，促进繁荣。到年底，全区专业村达到85个，产业镇达到4个，私营经济园6个。

5. 引导个体私营企业参与国有集体企业改制。积极引导鼓励个体私营业户参与改制。通过买断、兼并、联合、租赁等各种形式，进一步壮大经济实力。在改制过程中，重点推广以下四种模式：一是长期经营不善，亏损严重或停产、半停产的企业，经政府批准，公开向社会拍卖，整体出售给个人，实现产权一次买断，债务一次划转，改革一步到位。二是对资不抵债，无法出售的企业，采取抽回企业的流动资金，把厂房、设备等固定资产整体租赁，并让承租者重新登记注册，更换营业执照，割断与产权单位的经济连带关系，使新的经营主体成为名副其实的私营企业。三是通过挂靠联合，规模经营，让哪些科技含量高的私营企业通过合作、兼并等形式，与国有企业相互联合，壮大自身实力，发展规模生产。四是在协商论证的基础上，对部分企业实行内部股份制改造，鼓励企业职工个人入股，购买企业产权。无论哪种形式，只要符合市场机制，又能达到资产保值、增值的目的，就放手大胆地干。

6. 加大“再就业工程”的推进力度。把发展个体私营经济作为实施再就业工程的重要举措，把个体私营企业吸纳和引导下岗干个体、搞私营作为安置下岗职工再就业的重要渠道，年内力争新安置下岗职工500人。

积极引导下岗职工转变择业观念，大力从事个体私营经济。一是政策扶持。切实抓好优惠政策的完善和兑现，调动下岗职工参与个体私营经济的积极性。城乡贸易中心等划出专用场地，无偿为下岗职工提供经营摊位，优先核发营业执照，优先提供市场信息服务，按规定免收一定的行政管理费。二是开展再就业中介服务，引导个体私营企业优先录用下岗职工。三是采用不同形式举办洽谈会，架起再就业的桥梁，使下岗职工与私营企业直接见面。

7. 加快个体私营企业参与农业产业化的进程。农业产业化是个体私营企业发展中的用武之地，也是福山区当前发展私营经济中的薄弱环节。为更好地贯彻落实党的十五届三中全会精神，加强农村工作，发动全区个体私营业户向农业产业化进军，力争有所突破，支持个体私营企业兴办农副产品加工，走农业集约化道路；鼓励个体私营企业和城镇下岗职工租用土地、池塘、水库，综合开发种养业；以市场为导向，支持种养业大户优化组合各种生产要素。把千家万户分散的小生产同千变万化的大市场联合起来，形成市场＋基地＋农户的贸工农一体化产业实体，形成种养加、产供销一体化的经营格局。

三、工作措施

1. 认真落实个体私营经济鼓励政策。把贯彻区委、区政府《关于鼓励发展个体私营经济的若干规定》作为推进个体私营经济发展的关键环节强化措施，狠抓落实，真正发挥政策引导的作用。根据福山区个体私营经济发展中出现的新情况、新问题，按照市里的文件精神，新补充以下政策措施：（1）对一时达不到一般纳税人应税销售额的外来私营企业，但会计核算健全，能够提供纳税资料，经税务部门批准，可按一般纳税人管理，允许使用增值税发票。（2）对具有相当规模的私营企业派遣出国（境）作经贸或科技考察洽谈的，给予办理因公出国手续。（3）在个体私营企业比较集中的专业批发市场实行“一个窗口对外”，“一个部门收费”管理模式。（4）探索成立个体私营经济融资担保合作基金会，千方百计为个体私营经济提供金融服务。

2. 加强精神文明建设，提高个体私营业主的素质。（1）抓好教育引导。要对全区个体私营业主加强教育，引导他们做守法经营，照章纳税，勤劳致富的工商业户。各级个私协会每年都要采取一定形式对个体私营业者进行教育培训。通过举办法律、法规、专业技术、劳动技能等多形式的教育和培训，提高个体私营业者的文化、业务和职业道德素质。（2）进一步开展评选“五星级文明户”“光彩之星”和“户户讲道德，店店无假货”活动，促进个体私营业者的文明经营。（3）继续开展加强私营企业、十佳个体工商户和百家模范户评比活动，鼓励广大个体私营业户文明经营，勤劳致富，克服“小富即安，小城即满”的小农思想，树立干大事业、求大发展的观念。

3. 加强对个体私营经济工作的管理、监督和考评工作。（1）分解指标，加强考核。把全区发展个体私营经济有关指标，分解到各镇、产业区，每月统计、通报，年终列入岗位目标责任制进行考核。（2）培训个体私营经济统计人员，完善统计报表制度。上半年按新的报表要求举行一次个私统计培训班，提高统计报表质量，完善全区个体私营统计报表体系。（3）实行重点项目调度制度，按时召开重点项目调度会，对全区个体私营企业的重点项目进行跟踪调度，跟踪服务，确保重点项目的顺利进行。（4）做好个体私营企业年检工作，及时查处无照经营、制售假冒伪劣商品等违法活动，坚决取缔违法业户，保护合法经营，维护公平竞争。（5）鼓励个体私营业户走出区外、省外、国外，积极参与各类经贸活动。推荐、组织个体私营企业业户产品参加各类展览会、交流会、订货会等，让个体私营企业的产品参与国内外市场的竞争。

4. 强化对个体私营经济管理工作的监督。主要是实行六项工作制度：一是政务承诺制度。凡是与发展个体私营经济联系的部门，都要从本部门的业务实际出发，出台开拓性的支持个体私营经济发展的意见。这个意见包括政策和服务承诺方面的要求，以正式文件下发本单位及本系统执行，并报区个体私营经济领导小组办公室，统一印刷下发到个体私营户。二是缴费卡制度。做到一户一卡，如实填写缴费卡后方可收费。凡是与缴费卡所列收费项目，标准不一致的，业户有权拒绝缴纳。三是联谊会制度。由工商局牵头，会同有关部门，定期或不定期召开联谊会例会，面对面地听取业户的意见和建议，每次例会后将业户意见整理好，报区领导和有关部门。四是解决问题反馈通报制度。个体私营经济办公室经常听取业户意见及反映的问题，及时将问题分解到有关部门进行处理，按规定期限通报处理结果，并向业户进行反馈。五是监督举报制度。对阻碍鼓励发展个体私营经济政策落实的行为，乱收费行为，野蛮管理行为，支持、鼓励个体私营业户举报，向社会公布区政府督查科的电话号码（6363072）。六是评议奖惩制度。评议内容主要有五个方面：管理服务的政策和活力；管理服务的态度与效率；管理服务的质量和水平；依法收费情况；遵纪廉政情况。这项工作由纪委、监察局负责，每半年组织个体私营业户，采取不同形式对有关部门评议一次，评议结果公开通报，年终奖评议情况作为考核部门政绩的重要依据。通过以上措施，进一步优化个体私营经济的发展环境，为促进个体私营经济发展提供保障。

5. 加强对个体私营经济工作的组织领导。（1）完善区私营经济领导小组办公室，建立联合办事制度。（2）把发展个体私营经济作为促进全区经济发展的一项十分重要的举措，纳入国民经济和社会发展的总体规划，并作为各级部门岗位目标责任制考核的重要内容。（3）领导干部经常深入个体私营业户，及时听取他们的意见，针对个体私营发展中出现的难点问题，召集有关部门“会诊”，研究解决难点、热点问题，不断提出发展个体私营经济的新思路。

关于扶持福山高新技术产业区加快发展的意见

烟福政发〔1999〕11 号

福山高新技术产业区是我区对外开放的窗口、工业结构调整的龙头和最大的经济增长点。为进一步优化投资环境，增强产业区对外吸引力和合作能力，特制定如下意见。

一、进一步统一对产业区地位和作用的认识

各级各部门要从我区经济和社会发展的整体布局，从迎接知识经济时代的挑战出发，进一步认识产业区的重要地位，形成“全区共办产业区”的共识。全区上下要关注产业区的发展，参与产业区的建设，凡是产业区的事情都是“特事”，都要“特办”；要把产业区作为福山区开放的窗口和现代化的工业园区，加强舆论宣传工作；要打好 APEC 烟台科技工业园区的牌子，做好政策争取工作。全区上下都要支持产业区的发展，为产业区发展创造良好的政策环境、舆论环境和服务环境。

二、赋予产业区改革、开放和发展试点权

在不违背国家法律、法规的前提下，只要符合“三个有利于”，允许产业区在管理体制、投融资体制、招商引资、高新技术产业发展等方面，进行改革试点，探索创新。

三、扩大产业区的管理权限，提高办事效率

1. 赋予产业区工商管理权。由区工商局在产业区设立特别办事机构，凡在产业区 8 平方千米范围内新开办的内资企业，由产业区工商机构负责办理登记注册手续。在产业区设立的外商投资企业，由产业区工商机构负责办理登记初审，由区工商局转报市工商局审核后领取营业执照。产业区内各类企业的年检及监督管理，由产业区工商机构负责。

2. 赋予产业区项目管理权。产业区的科技计划、技术改造计划、基本建设计划，由产业区管委编制，在区有关部门实行单列。在产业区内，投资规模属区级可批准的内、外资项目，审批权限放给产业区管委，区直有关部门盖章认可，并履行办批手续，授权产业区管委负责产业区内建设工程项目的市场管理、施工现场安全和文明施工管理等事项。

3. 赋予产业区人员管理权。产业区内的劳动人事、专业技术职务聘用、科技人才引进、奖励、企业用工、职业培训等工作，主要由产业区管委负责开展。在产业区管委企业管理处同时挂“劳动人事管理处”牌子，人员内部调整解决。区劳动局派员到产业区管委协助工作。在适当的时候，组建“福山高新产业区劳动服务公司”。

4. 简化项目办理手续。对产业区内的各类生产、经营性项目，先由产业区管委初审，经初审同意进区后，在项目审批表上加盖公章。区政府各有关部门在为项目办理相关手续时，凭产业区管委的公章，先进入办理程序，同时进行审核，以提高办事效率。

5. 实行现场办公制度。对产业区内的所有项目，改投资者到部门办理手续为部门到产业区现场为投资者办理手续。产业区管委在办公楼内设置综合办公室，企业凡需办理的各类审批手续，均由产业区管委提前通知各有关部门，在约定时间内到产业区管委综合办公室直接为企业办理有关手续。

6. 减少对企业的各类检查、达标和事务性活动。区直各部门到产业区内的企业开展工作，继续坚持区政府办公室审批制度和产业区管委派员协助工作制度，并列入“机关服务年”活动和行风评议活动的考评范围。凡未经批准和未与产业区管委联系的，企业有权拒绝接待，产业区管委有权暂时中止其活动。

7. 实行一个头收费。凡涉及产业区的收费，各部门各单位能减则减，能免则免，有上下幅度的，按下限收费。所有收费由产业区管委代为收取，任何单位不得直接向企业收费。

一九九九年四月二十六日

关于扶持重点企业发展的意见

烟福政发〔1999〕16 号

为加快发展我区经济，区委、区政府决定选择部分具有一定规模、产品科技含量较高、市场前景广阔、发展活力充足的企业，作为全区经济的龙头，予以重点扶持，促其尽快成为我区经济格局的骨干，带动全区经济持续、快速、健康发展。

一、重点企业标准

1. 企业规模：固定资产总额和年销售收入均达到1000万元以上；

2. 技术装备水平：达到八十年代国际先进水平以上；

3. 经济效益：不亏损、不欠税、不欠息、不欠费、不欠发工资，年上交入库税金100万元以上；

4. 发展前景：产品科技含量和市场占有率较高，产销率达到98%以上，发展空间广阔。

二、管理方式

对重点企业实行动态管理。年初，由产业区管委、区经贸委、外经贸委、乡企局、贸易局、工商局按职责分工，不分所有制形式和隶属关系，对全区各类企业梳理排队，提报符合条件的企业名单和材料，经区委、区政府研究确定后，作为本年度全区重点企业进行调度和扶持，享有有关优惠政策。重点企业标准将随着我区经济发展的状况每年调整一次，对上年度重点企业，经考核不符合标准的，不再纳入重点企业管理范围。

三、扶持政策

1. 建立高新技术项目风险基金。支持重点企业加大技术改造投入力度，发展高新技术，开发高新技术产品，新上高新技术项目。

2. 减轻企业缴费负担。对重点企业承担的区级以上重点生产建设项目，需缴纳的有关行政事业性收费，在区政府权限范围内给予减免优惠。

3. 实行重点保护。除财税、政法部门以外，其他任何部门和单位到重点企业检查、收费，都必须事先经过扶持重点企业发展工作领导小组办公室批准。否则，重点企业有权拒绝。

4. 优惠使用土地。重点企业承担的区级以上生产建设项目需新征用的土地，由土地管理部门在上级下达用地计划指标内优先安排，其土地征用费按国家规定予以优惠。位于老城区的企业，在企业搬迁时，可以在原厂区按照规划和房地产开发计划进行开发，其开发的区级收费，给予减免优惠。

5. 增加企业生产建设投入。各专业银行每年发放的技术改造专项贷款要首先保证重点企业的技改项目。每个银行都要加大银企联手工作力度，至少选择一个区级重点企业作为扶持对象，增加对重点企业的资金投入。同时，要积极探索封闭贷款等新的商业贷款运作方式，支持企业加快发展。

6. 支持企业的科技开发。区里每年安排的科技三项费用，要优先扶持重点企业科技攻关项目。重点企业在销售收入中提取的技术开发费，可按高于5%的比例执行。

7. 扶持企业开辟新的生产领域。重点企业的新上项目，需要办理立项的挤进国家、省计划盘子的，由区计委负责，协同有关部门予以优先办理并积极向上争取。对国家扶持的重点产业、产品的有关政策规定，包括国贷的投向，计委等部门要主动向重点企业提供信息，引导企业及时调整产品结构，帮助企业争取国家资金的支持。

8. 帮助企业开拓市场。产业区管委和区经贸委、外经贸委、乡企局、贸易局、工商局等有关部门，要积极帮助重点企业开拓产品市场，指导企业搞好产品包装宣传，帮助企业发展电子商务，引导企业开拓国内、国外市场，拓展企业发展空间。在组织参加重大经贸活动中，对重点企业的产品优先安排展销摊位。

9. 增强企业自我发展能力。对重点企业中的股份制企业，国有股分红可按银行同期贷款基准利率计息有偿使用。对中外合资企业中方分得的税后利润，可按合资企业董事会决定，继续用作股本投资。

10. 建立企业经营者激励机制。对经营者业绩突出的企业主要负责人，按照区委、区政府《关于鼓励企业加速发展的奖励意见》给予奖励。

11. 支持企业引进人才。重点企业从区外引进的优秀人才，人事、劳动部门优先办理手续。不愿迁移或不能迁移户口的，可办理暂住人口登记，聘用期间的粮油供应和子女入学等，与当地常住城镇户口人员享受同等待遇。引进的科技人才，档案可以挂靠在区人才交流中心。

四、保证措施

1. 加强领导。成立烟台市福山区扶持重点企业发展工作领导小组，其办公室设在区经贸委，主要负责重点企业发展的综合协调和管理工作，加强对企业生产经营及建设项目的规划指导，衔接落实扶持重点企业发展的政策措施，分阶段提出重点企业工作意见，并按区里统一部署，进行日常管理与考核。

2. 建立重点企业联谊会制度。每季度召开一次，听取各企业发展情况汇报，研究加快企业发展的措施，协调解决企业发展中的问题，为企业发展创造良好的环境条件。

3. 建立重点企业现场办公制度。对企业发展中遇到的重大问题和难点问题，及时召开由有关部门参加的现场办公会议，进行研究解决。

4. 设立重点企业投诉电话。电话设在区长公开电话办公室和区经贸委（6363072；6362463），主要受理重点企业反映的生产经营问题和对有关部门的工作意见。

附：1999 年度全区重点企业名单；福山区扶持重点企业发展工作领导小组成员名单（略）。

关于延长农村土地承包期工作的实施方案

烟福政发〔1999〕22 号

为切实做好我区延长土地承包期工作，根据市政府《关于延长土地承包期，稳定完善土地承包关系的意见》精神，结合我区实际，现制定如下实施方案，

一、指导思想

以党的十五届三中全会精神为指针，进一步稳定完善农村双层经营体制，坚定不移地贯彻执行延长土地承包期 30 年不变的政策，赋予农民长期而有保障的土地使用权，充分调动农民的生产积极性，促进农业和农村经济发展，维护农村社会稳定。

二、原则要求

延长土地承包期工作面广、业务量大、政策性强，涉及农民的切身利益，关系到农村经济发展和社会稳定，必须按照上级规定，严格程序，精心运作，具体要把握好以下几条原则：

一是坚持土地承包期必须延长 30 年的原则。在这次土地延包中，土地承包期一定要坚定不移，不折不扣的延长到 30 年，任何单位和个人都不得随意更改承包期限。

二是坚持“大稳定、小调整”的原则。延长土地承包期工作的核心是“稳定”，只要原土地承包办法基本合理，绝大多数群众基本满意，应保持原承包办法不变，直接延长承包期，签订承包合同。因人口增减、耕地被占用等原因造成的承包土地严重不均、地块过于零碎、群众意见较大的，经村民大会或村民代表大会绝大多数成员同意，并报乡镇政府和区政府农业主管部门批准，可先做小调整后，再签订 30 年的承包合同。调整时，耕地的附着物应本着“物随地走”的原则，合理确定价值给予补偿。

三是坚持“机动地”不超过 5% 的原则。已留有“机动地”的地方，必须将“机动地”严格控制在耕地总面积的 5% 以内，用于解决人地矛盾。对已列入区乡以上公路、铁路以及区、镇城镇建设总体规划用地的，相关镇村根据需要可留出占耕地总面积 1% ～ 2% 的预留地，不列入机动地范围，承包期可灵活掌握。

四是坚持不得任意改变土地权属关系和用途的原则。凡以原生产队为单位发包的，原则上不要随意打破原土地所有的界限在全村范围内平均承包。对群众确有要求的，须经村民代表会议同意后再重新进行承包。对多数群众认可、镇以上人民政府批准、已实行以村为单位发包的，要保持稳定，不再改变。要保护好耕地，不得随意改变耕地用途。未经批准，自行改变用途的，除按有关法律规定予以处理外，集体应收回原承包土地，另行发包。在承包期内，发包方有权收回户籍已外迁、死亡绝户的承包土地及抛荒两年以上的承包耕地。

五是坚持国家、集体、个人三者利益相结合的原则。农业税、农业特产税、农产品订购任务，原则上由承包户承担。农业特产税不得按人头、按地亩平摊。上交集体的土地承包费要充分考虑农户的承受能力和国家有关减轻农民负担的政策规定，承包指标要经过科学分析、民主议定。

六是坚持土地延包与发展壮大集体经济、推行适度规模经营以及调整农业结构相结合的原则。要始终坚持发展壮大集体经济实力，但决不能随意收回承包地，剥夺农民的承包经营权。要严禁不顾客观条件和农民意愿，用行政命令的办法强制推行土地规模经营。对二三产业发达、劳动力已大量转移并有稳定收入的村，在农民自愿的基础上，可以将土地集中起来，提倡由种田能手和大户承包经营，也可由集体统一经营。要积极探索符合实际的土地规模经营的新思路、新办法，注意推广在不

改变农户承包经营的基础上，通过发展农工贸一体化的产业化经营或实行股份制、股份合作制等形式的土地流转来取得规模效应。对水利建设，除国家、省、市立项的大型水利基建工程按规定征地外，要在不改变土地承包关系和家庭承包经营的基础上，发展集体统一组织协调的作用，搞好综合整治。对自然资源的开发，可以集体统一组织开发，然后分户承包经营，也可以通过拍卖、租赁、分户开发经营。在调整农业产业结构上，要以市场为导向，通过信息引导、政策引导、典型示范、农民自愿的方法进行，重点发展设施农业、高效农业，严禁用行政手段，强行改变土地承包关系，进行农业产业结构调整。

三、方法步骤

这次土地延包工作时间紧、任务重，各级要集中力量，周密安排，稳妥推进。具体分三个阶段进行：

（一）准备阶段（1999年7月底前）

1. 深入动员，广泛发动。各镇村要通过召开会议、张贴标语、发放明白纸等形式，大张旗鼓地进行宣传发动，统一广大干部、群众的思想认识，为延长土地承包期工作的顺利开展打下坚实的基础。

2. 搞好调查摸底和试点工作。要通过征求农民意见、召开镇村干部座谈会等形式，摸清农村土地承包的现状，在此基础上，按照上级要求，搞好延长土地承包期试点，为全区面上展开打好基础。

3. 制定实施方案。各村根据区里的统一部署制定详细的实施方案，经村民大会或村民代表会议讨论通过后，于7月底前报镇政府和区农业主管部门审查批准。

（二）实施阶段（1999年底7月底至1999年9月15日）

1. 成立组织机构。各镇村分别成立土地延包工作小组，负责督查指导和协调服务工作。

2. 搞好人员培训。区镇两级分别对镇村主要领导、分管领导和相关人员进行培训。培训过程中，对延长土地承包期涉及的法规政策、方法步骤、注意问题要进行重点强调，使工作人员掌握政策、明确方法、坚持原则、秉公办事。

3. 组织开展土地延包。向全体村民公布批准的新一轮土地延包实施方案，全面开展延包工作。各村要经讨论协商、科学测算等方式，确定合理承包指标。在此基础上，签订承包合同，由镇农村承包合同主管部门鉴证归档，区政府颁发《土地承包经营权证》。对此前已进行土地延包，但期限不足30年的，必须按国家规定，将承包期延长至30年。

（三）总结阶段（1999年9月16日至1999年9月30日）

1. 各镇、村进行土地延包工作总结并逐级上报。

2. 区统一组织检查验收。采取听、看、问的方式进行。即听取各镇、村领导汇报。查看各村实际签订的合同，主要检查样本是否规范，指标是否合理，附加条款是否符合政策规定，是否鉴证归档。深入农户，询问承包方式、实施过程及群众意见。

四、应注意把握的几个问题

（一）正确选择调整模式。对二三产业比较发达、农户对土地要求不很迫切或土地很少、调整土地容易造成地块零碎、无法耕种的村，可采取原承包土地不进行调整，利用经济杠杆调整的方法予以解决；对农户主要依靠农业收入为主，农民对土地比较重视的村，必须按规定进行适当调整后，再进行延包。

（二）乡镇驻地村的土地延包问题。乡镇驻地村是小城镇建设的重点，在延长土地承包期签订合同的过程中，应着眼长远，区别对待：①规划外的大部分土地按人平分，并应与承包户签订30年承包合同，在合同条款中应明确规定，必须服从小城镇建设规划用地；②规划内用地要按人平均承包到户，但面积不宜过大，承包期不宜过长，合同必须明确规定，无条件服从统一规划，不发《土地承包经营权证》。承包期内可适当调整土地，但小调整的间隔期最短不得小于5年。

（三）承包土地人口确定问题。承包土地人口应是指户口在本村并承担国家、村集体各项义务的常驻户口。按国家计划生育政策规定生育的子女；正在服役的义务兵；在校读书的大中专（含军事院校）学生；农民合同制工人和已嫁（包括改嫁）而户口未迁出，并能积极完成国家、集体各项义务的，在这次续签工作中应作为承包土地人口。对于符合五保条件的农户，如果本人有劳动能力，愿意承包土地的，可给予承包地，但不再享受五保待遇；如本人一直由亲属供养，其死亡后，所承包土地也可由其亲属继续承包；本人提出退还承包地的，村里可将土地收回重新发包，本人继续享受五保待遇。

已被国家司法部门判处有期徒刑的人员待刑满释放后，给予承包土地。户口在村，外出打工，常年不归，不履行国家、集体各项义务的人员，暂不能承包土地。因违反计划生育政策等原因造成人在户口不在或户口在人不在的，必须按有关计划生育政策处理后，方可承包土地。未依法登记结婚的迁入人员，不能承包土地。

（四）沿街、沿路两侧土地延包问题。沿路、沿街两侧耕地，无论是集体还是个人设立的临时性、阶段性的工副业等第三产业项目占地，仍作为耕地承包，如果承包关系发生变化，可由新老承包户之间相互协商抵顶；也可纳入村机动地管理。

（五）土地延包方案审批标准问题。在延包方案审批中，要做到“两不批”。即违背中央政策的不批，未召开村民会议讨论通过的不批。

（六）承包合同和承包费管理问题。新一轮土地承包必须依法签订土地承包合同，并由镇农村承包合同主管部门统一管理，承包合同要使用区农村承包合同主管机关统一印制的合同，由镇土地承包合同主管部门鉴证。在延长土地承包期和必要的土地调整中，要严格加强土地承包费用管理。除工副业、果园、鱼塘、山林、“四荒”承包项目以外，其他的土地，无论如何承包，其承包费都属于农民向集体经济组织上交的村提留、乡统筹的总量控制范围，不得超过村上年农民人均收入的5%。农户经集体批准后在承包的荒山、荒坡、荒地上改田造地，其新增的耕地按“谁投资改造，谁使用受益”的原则处理，不改变原承包基数。在第一轮土地承包期间按照当地统一规划占用耕地而建立的经济林（园），五年以内的按粮田承包基数确定，五年以上的按经济林园承包基数确定。

（七）发放经营权证书问题。土地承包经营权证是确认农户承包土地30年不变的证明。土地承包经营权证由烟台市农村承包主管部门统一印制，区政府盖章，由农村集体经济组织（村委会）在签订合同后，向农户填发。颁发土地承包经营权证的范围，主要是承包集体耕地的村集体经济组织成员。下列情况应区别对待：①正在服役的义务兵，中高等专业学校（含军事院校）在校生，承包期限可长可短，暂不发土地承包经营权证。②承包机动地的，只签订承包合同，不发土地承包经营权证。③全家外出打工，两年以上不归的，或正在服刑的人员，其原承包地可由集体暂时收回另行发包，待其归来后，集体再与其签订合同，颁发土地承包经营权证。

（八）建立土地承包经营权流转机制问题。在坚持土地集体所有和不改变土地农业用途的前提下，允许承包方在承包期内，对承包地依法转包、转让、出租、互换、入股等；鼓励承包方相互之间，承包方与村集体经济组织或村民委员会、企事业单位及外商之间，村集体经济组织或村民委员会与企事业单位及外商之间，村集体经济组织或村民委员会相互之间，通过流转，开展多种形式的经营。土地流转坚持自愿、有偿的原则，由双方协商经发包方同意，签订书面合同，并报农业合同管理机关备案。要切实保护实际耕种者的利益，逐步建立土地投资补偿机制、有偿使用制度和相应的约束机制，不断规范土地流转行为。

五、组织领导

土地延包工作是区委、区政府1999年的一项重要工作。为切实加强领导，区成立由主要领导任组长，分管领导任副组长，有关部门主要负责人为成员的延包工作领导小组，负责对全区延长土地承包期工作的领导、检查、督促。各镇也要成立相应的组织，党政一把手要亲自抓，负总责。土地延包工作组要深入第一线，帮助村两委搞好组织实施，及时处理解决工作中的具体问题。各镇、各有关部门要明确责任，积极配合。各镇要将延包工作列入村干部岗位责任制，考核结果要与工资、奖金、评先树优挂钩。宣传部门要搞好舆论宣传，农业部门要搞好组织实施、技术指导、检查督促等工作，土地、司法等部门要根据职责搞好服务。形成分工明确、责任到人、齐抓共管、配套联动的组织体系。确保土地延包工作顺利进行。

一九九九年七月三十日

下许家村功德碑

公元一九九九年，烟台市电力开发办公室受市委、市政府之派遣，前来下许家村帮助解贫工作。该室领导想村民之所想，帮村民之所需，投入资金60万元。与村民一道搬土石方6000立方米，铺设管道5000米，建成蓄水池3处，完成一项永久性灌溉工程。该室为民兴修水利，以德化民，造福后代。其举堪为赞颂，故立此碑以铭之。

门楼镇下许家党支部、村民委员会

1999年12月18日

1992年，胡家夼村发现立于清朝咸丰年间的“禁赌碑”。碑文有几处磨损，谨录存志。

“盖闻倾家者，莫速于赌；败德者也莫甚于赌。穷其流弊，莫可胜纯。吾村旧有禁赌章程，今仍旧制，一切赌博悉行禁止。但恐岁衰积久，新章虚驰，则赌博仍开，用是勒赌……所望赌斯碑……至于责备之……头家加倍，决不准情。”

首事人：村长；禁赌人：合村等

咸丰十一年（1861）正月十五日　吉立

福山考释

福山，区遂山名，山指何处？2002年前，众说纷纭，概址有二：其一，今城西村东北，修烟潍公路时平掉；其二，老城西积金山，即旧福山。2003年，福山区史志办主编等人，在翻阅大量历史资料和登山实地考察后敲定，并在《福山区地名志》中，以词条形式，公布于众，发行国内外，恢复历史本来故址，给名山以历史本来面目和法律保护。

福山，位于福山老城西北2.5千米，城西村北。山体呈圆形，直径约300米，周长近千米，海拔45米，巅有烽火墩，坡有果园，麓为农田。明万历《福山县志·山川》记载：“福山，在县西北五里，金刘豫登之，视为福地，遂以山名县”。明时，倭寇经常袭扰沿海一带，为防倭官府鸠众，在福山等山顶筑烽火墩，现墩尚存。县志地舆图标福山，南标积金山，西标奇泉寺，福山位于其中。清康熙《福山县志·山川》记曰：“福山，在县西北四里许，由崱岦中条冈峦顿宕，蜿蜒三十余里抵此拔起圆峰，巍然而止，屹立平原，群山绕向。金刘豫登之，称为福地，遂以名县”。县志地舆图福山名标，与万历《福山县志》同。清乾隆《福山县志·山川》记载：“福山，在县西北五里，由崱岦山蜿蜒三十余里至此，拔起圆峰，群山绕之。”《大清一统志》载，伪齐刘豫登之，称为福地，遂以名县。光绪《登州府志》《中国古今地名大辞典》条释：“福山在山东福山县西北五里。由崱岦山蜿蜒三十余里至此，群山绕之，县以此名”。另据文献记载，北宋靖康二年（1127年），金兵攻陷宋都汴京，立刘豫为帝，国号齐，建都大名府（今河北大名县），年号阜昌。当时，黄河流域全部沦陷，广大汉族不甘异族统治，纷纷揭竿而起，刘豫惶恐奔逃。《今县释名》载释：“福山，汉腄县地。福山在县西北五里。相传刘豫为敌兵所追，避此山获免，叹曰：真福地也，因名山，并以名县”。

纵览所取，历史清楚，证据确凿，何时更改？源头在1956年地图测绘，测绘人员南方人多，北方人少，福山话听不懂。在实地勘察时，将山巅烽火墩误为战事炮台，标记“炮山”沿之，后以讹传讹。1985年编修《福山区志》，采用地村资料，参考测绘山名，“福山”标成“炮山”，铸成大错。地名命名、更名，国务院早有规定：地名命名、更名是辖地地名管理部门的事，是政府行为。任何单位或个人，不得擅自命名或更改地名，违者视其情节轻重，追究法律责任。确须命名或改名地名，可向地名管理部门反映咨询。地名是执法，非学术讨论。为维护《地名法》严肃性，防范地名领域说三道四，特撰此文，以正视听！

柳宗铎　徐嘉涛

汉之牟平城考

编史修志，提及牟平，多从今治，张冠李戴，笑话不少。为避失误，我们在编撰建置志中，对牟平县治，进行历史勘考。

从设县朝代看，史载牟平城址有三：一为汉之牟平，故城在今福山区古现镇；二为高齐之牟平，故城在今蓬莱市马岭山南；三为唐后之牟平，故城即今牟平城。三城址立县朝代不同，故城治所各有所别。

秦始皇统一中国后，实行郡县制，历代沿之。西汉元朔三年（公元前126年），武帝（刘彻）封齐孝王子渫为牟平侯，设牟平县。其县治所，《隋书》牟平下云："有牟山、龙山、金山、九目山。"《元和郡县图志》载："在牟山之阳，其他夷坦，故曰牟平。"《齐乘》云："故牟平城在登州东南九十里，汉县。"《福山县志》其"牟平城"条下云："在县西北二十五里，故址犹存，牟城社以得名。"《牟平县志》载："汉之牟平，故址在今福山县北（西北）三十里古县社（俗作古现），或谓在福山县西北二十五里牟平社。"《辞海》牟平条释："县名。故址在今福山县境。"《中国历史地名大辞典》和《中国古今地名大辞典》的牟平条下，皆云："汉之牟平，故城在今山东省福山县境内。"《中国历史地图集》标汉之牟平，故城在福山境城。综其引文，汉之牟平在福山，已是共识。

古现，作为古代牟平县治，有其历史源渊和自然环境。从历史上看，春秋时鲁襄公六年（公元前567年），齐侯来莱，逼牟国东迁于今三十里堡村南（汉时为牟平县地），建立牟子国，筑城设防，兴盛一时，周边18个村庄，皆冠"牟城"，统称"牟城社"。迁之牟，战国时，国亡人散城废，为齐康公食邑。时距350年，汉武帝封齐孝王子渫侯爵于牟子国地，并顺其念旧民意之故，命名牟平县，理所当然。从地理位置、自然环境看，古现在登州东南90里，福山县城西北30里。西有牟山（今称磁山），北有九目山，南有龙山（今称隆山）、凤凰山，东临黄海，黄金河擦村北由西向东穿过，中为10.5平方千米平原，土地良沃，山、水、原俱全，为座城住地，与史记牟平完全相符。从现存遗址看，故城坐北面南，南北长约500米，东西宽约550米，主街有南北、东西各两条，型似井字，县衙位其中。据老年人回忆，在遗址内，古现西村西边，曾有一所古城墙基址，墙外有条护城河。在今咸鱼市街西口处，有座跨护城河石桥。在西村栾姓村民旧居东侧，有城南门墙垛。东村崔姓村民旧居西侧，有南门地铺石条。古现村西南有块高地，称祭祀台，相传为古牟平县知县祭天的地方。附近，还有座楼（已塌），相传是知县吸讷民意之地，称南楼，两名沿袭至今。另据《姜氏家谱》记载，汉时古现栾姓居牟平城里，姜姓住城西今臧家村一带，因常遭匪患，姜、栾二姓联姻，姜姓迁至南关，故称南关姜家。汉之牟平，后经东汉、三国、西晋、东晋列国、南北朝、至北齐，在福山历时682年。

北齐文宣帝（高洋），天保七年（公元556年），移牟平县治于黄县东七十三里马岭山南（今蓬莱市东南60里）。唐贞观二年（公元628年），牟平废，在黄县历时72年。

唐麟德二年（公元665年），析文登县地，设牟平县，于东牟县（汉设）故城置牟平县治至今，历时业已1500余年。

柳宗铎　解广海

2005年冬

腄县"腄"字读音考证

长期以来，烟台人对腄县的"腄"字读音争议很大。有人认为应读（chuí），有人认为应读（zhuí），有人认为应读（shuí），还有人说'月'字旁加'垂'字，作为地名，是秦设郡县的专用字，读音为hou。

最近，我们对"腄"字读音进行考证。现将查阅资料情况汇总如下，并提出考证见解。

一、查阅的资料

1.《辞海》　上海辞书出版社出版的《辞海》（1999年版，封面书名由江泽民题写)第239页对"腄"字的诠释：腄(chuí)①瘢胝，即老茧。见《说文·肉部》。②通"脽"，臀，见《集韵·五支》。腄县，古县名。"腄"一作"锤"或"陲"，秦置，治所在今山东烟台市西南福山区，东汉废。《史记·秦始皇本纪》二十八年（公元前219年）东巡，"乃并渤海以东，过黄、腄"，即此。（注：瘢，读ban。胝，读zhi。脽，读shui。）

2.《词源》　商务印书馆出版的《词源》（1982年版，

封面书名由叶圣陶题写）第三卷第 2564 页对“腄”字的诠释：腄 you（丨ヌ）羽求切，平，尤韵，于。zhui（ㄓㄨㄟ）驰伪切，去，寘韵，澄。地名，史记秦始皇纪二十八年：“过黄腄，穷成山，登之罘，立石颂秦德焉而去。”汉为县，属东莱郡，见汉书地理志上，故城在今山东文登县西。（注：原文如此，芝罘写作之罘；古城写作故城。寘，读 Zhi）

3.《汉语大词典》　汉语大词典出版社出版的《汉语大词典（卷 6）》（1990 年版）第 1331 页对“腄”字的诠释：腄[1]chuí 《广韵》竹垂切，平支，知。）瘢胝，茧疤。参见“腄腄”。腄[2]（zhuì 《广韵》驰伪切，去寘，澄。又羽求切，平尤，云。）古县名，在今山东省烟台市。《史记·秦始皇本纪》：“[始皇]于是乃并渤海以东，过黄腄，穷成山，登芝罘，立石颂秦德焉而去。”《汉书·郊祀志下》：“[宣帝]又祠参山八神于曲城，蓬山石社石鼓于临朐，之罘山于腄，成山于不夜，莱山于黄。”

4.《中华大字典》　中华书局出版的《中华大字典（1980 年版）》（1915 年编撰出版，1980 年再版）下册第 1629 页对“腄”字的诠释：①[腄] 株垂切，音箠。是为切，音垂。支韵。㈠本作腏，《说文》：“腏，跟胝也。”《段注》：“跟，足踵也。跟胝者，足跟生胝之谓。”㈡臀也，见《集韵》。②[腄] 驰伪切，音缒，寘韵。视佳切，音谁，支韵。于求切，音尤，尤韵。县名，《史记·秦始皇纪》：“过黄腄”。[按：汉腄县，属东莱郡，当今山东文登县西。] ③[腄] 崇怀切，音拽，佳韵。膗或字，《集韵》：“腂膗，形恶，或作腄腄。”（注：①②③的标点符号为查阅者所加。腂，读 lei。膗，读 zhuai。）

5.《中国历史地名大辞典》　日本株式会社凌云书房出版的《中国历史地名大辞典》（1980 年版）第四卷第 103 页对“腄”字的诠释：腄，音缒 zhui(chui) [县名] 秦邑；史记：“始皇二十八年，并渤海以东过黄腄。”汉置县，属东莱郡。东汉废。今山东文登县西七十里清阳水侧近，与芝罘相对，见寰宇记。按续山东考古录：清阳水即汉志声阳水，今清阳河，腄县在其侧，而与芝罘山对，寰宇所指今县，即今牟平，为唐麟德中所徙置者，清阳水在其西七十里可证，若文登西七十里，安有清阳水且何能对芝罘山。（注：清阳河于明朝中期后改为清洋河）

二、考证见解

通过上述资料，可以看出：

1. 在《辞海》里，把“腄县”的“腄”字读作 chuí。

2. 在《词源》里，标注“腄”字有 yóu 和 zhuì 两种读音。“腄县”的“腄”字读作 zhuì。

3. 在《汉语大词典》里，标注的“腄”字有 chuí 和 zhuì。“腄县”的“腄”字读作 chuí 或 zhuì。

4. 在《中华大字典》里，标注的“腄”字有 zhui、shui、chui、you、zhuai 五种读音。从其诠释中可以看出“过黄腄”的“腄”字读作 chui 或 zhuì。

5. 在《中国历史地名大辞典》里，标注有 zhui 和 chui 两种读音。“过黄腄”的“腄”字可读作 zhui 或 zhui。

综上所述，腄县的“腄”字读音为 chuí 或 zhuì。读音 hou，因手头资料所限，尚未查到。

我们倾向《辞海》里把“腄县”的“腄”字读作 chuí。其依据有三：一是时间跨度长，与其他字典、辞书相比较，距离秦置“腄县”时间长，有充裕的考证时间；二是空间广度大，有多种古今中外的辞书、字典版本可以借鉴；三是具有权威性，1999 年出版的《辞海》，是专家云集搞出的最新版本，主编为夏征农，常务副主编为罗竹风。江泽民在为祝贺《辞海》出版曾题词：“发扬一丝不苟、字斟句酌、作风严谨的‘辞海’精神，为提高中华民族的文化素质而努力。”《辞海》1999 年出版时，江泽民又亲自为其题写书名，所以具有权威性。

另外，“腄县”的“腄”字亦可读作 zhui。

胡其林　权锡铭

2016 年 9 月

植留“黎荫槐”记

我的故乡钟家庄，原来有三棵古树，位于村西的那棵是黄连木，树龄在 500 多年，是钟姓先祖建村时所植；

村西与村东各有一棵国槐，分别是钟、周二姓先祖所植，树龄均有300多年。少年时经常坐在大树下听长辈讲“前人栽树，后人乘凉。”村庄优美的环境和淳朴的村风，在我幼小的心灵里打下深深的烙印，助推着我的成长和进步，学习先辈植树庇荫后人便成为我的一个梦想。

1961年，我考入福山一中（初中部），来年，从6里地外的福山城，靠勤工俭学挣来的钱，买回一棵高4米多、胸径为5厘米粗的国槐，栽在老屋旁。在我和父母、兄弟、邻里的精心管理下，小树茁壮成长。到1972年，已长成可做两副大车杆的材料，有人要高价收买，被我父亲婉拒。此后，我把小树视为我的生命，精心呵护，小树长成大树，枝繁叶茂。21世纪初，被福山区园林部门定为重点保护树木。

2002年，我退休回到故乡，观赏着少年时代亲手植下、巍然耸立、冠盖面积约三分地大小的国槐，情不自禁，欣然命笔，取“为黎民遮阳庇荫”之意，命名为“黎荫槐”，撰文勒石，立于树旁，并拿出两万多元的薪水，浆砌大理石护墙，安装钢筋护栏，并置办石凳、石桌于树下，供给父老乡亲在树下休憩、娱乐、纳凉。与对面村中那眼老井，相映成趣，成为村中“乡亲乘凉赞植者，吃水不忘挖井人”的靓丽风景。

2018年夏初，经实地测量，树高15.7米，枝下干高4.28米，胸围长3.15米，树冠周长600多米，平均冠幅15米，东西长14.5米，南北长15.5米，此树集天地之灵气、聚日月之精华，正处于盛期。据园林专家说，全区境内有如此完美的国槐，仅此一棵。

植留此树，感慨颇多，领悟“绿水青山就是金山银山”的深意。古人云：“十年树木，百年树人”。其实，植留一棵好树，何至十年？植树易而护树难，古人所讲的“树木”，饱含着呵护培养的深刻内涵。所以，我们要像抚养孩子一样爱护树木。

一棵树，可陶冶高尚的情操，不忘初心；一棵树，可寄托永恒的情思，记住乡愁；一棵树，可弘扬浩然正气，催人奋进！这次，在城中村拆迁改造中，村里的父老乡亲们恳请把此树作为村标保留下来，社区要给报酬，被我诚然谢绝，无偿捐献家乡，甚感坦然而自豪。留下所爱，留下所想，留下一树日月长！以永志。

钟庆禄于清洋河畔

岁次戊戌（2018年5月）初夏

前志勘误

1990年版《福山区志》勘误情况

1. 第455页倒数第八行末，“许友率领”，缺失一个“世”字，应为“许世友率领”。

2. 第456页第七行“栖东县地主武装”中的“主”字应为“方”字，即为“栖东县地方武装”。

3. 第459页：磁山中队长“姜天宏”、海防大队指导员“姜天宏”中的“宏”字，都应为“洪”字。

4. 第638页第二行，“解玉敏”“解玉九”中的“玉”字均为“如”字。

·编后记·

《福山区志（1978—2002）》为1990年出版的《福山区志（1131—1985）》的续志，两本志书承前启后，一脉相承。整个编纂过程大致经历了筹备发动、资料征集、编纂评议、加工完善四个阶段。

筹备发动阶段。2002年初，福山区政府重新设立史志办公室，任命负责人，调配或聘请编纂人员。新成立的史志办公室正确处理续志和前志的延续连接，继承好的经验和做法，吸取失误和教训，写出续志规划，并报区政府审核批准。同时，根据省、市地方志编纂委员会的要求，结合福山实际，编纂出《福山区志（1978—2002）纲要》，由区委办和政府办联合下达文件。随后，各级各部门根据纲要规范，结合各自特点，编制出本单位纲要。8月初，成立以区政府区长为组长、以分管史志工作的副区长为副组长、以政府办公室等部门负责人为成员的福山区地方志编纂委员会。8月底，区政府召开全区续修地方志工作会议，各镇街园、各部门、各单位分管负责人参加，时任区长姜中二在会上作了重要讲话。会上，史志办的同志还对各单位采编基础稿的文字、图片和撰稿方法等提出了具体要求，为下步编纂工作的顺利推进打下良好基础。

资料征集阶段。区史志办根据续志编纂要求，拟定出资料征集提纲，发至各镇街园、区直各部门和驻福各单位。具体工作中，一方面，在史志办内部明确分工，责任到人，不定期地与有关单位沟通，指导牵头或主管部门，在写好本部门志稿的同时，对所牵头的其他单位或下属单位做好协调进度、规范格式、志稿初审等工作。另一方面，安排专人到档案馆、图书馆等单位查阅文件、档案，并向部分海内外福山籍人士致函致电或就近采访，以获取相关历史资料。针对部分单位进展缓慢等问题，我们在“两办”领导的大力支持下，深入各单位进行督导，对不符合要求的志稿退回修改或重写，直到合格为止。至2004年底，基本完成资料征集工作。

编纂评议阶段。2005年，区史志办根据工作需要，对征集上来的文件资料进行分门别类，拟编出《福山区志（1978—2002）编目》，并经多次修改后，提交区地方史志编纂委员会审定。尔后，根据编纂委员会各成员单位的社会经历、知识面，合理划分工作职责，分编目撰写志稿。对缺少的图表、照片等资料，随时补充。区志主编、副主编负责对所有资料进行审查把关，决定取舍。至2011年，基本完成区志初稿编纂。随后按照进度要求，在区五大班子、各有关单位和部门中征求意见，并印发到烟台市辖各县市区史志办，征求修改意见。区史志办根据反馈的意见，再次进行了修改补充。2012年4月22日至25日，《福山区志（1978—2002）（评审稿）》评议会议在福山宾馆举行。福山区地方志编纂委员会主要成员，山东省、烟台市及各县市区史志办的部分领导和专家参加了会议。与会同志对福山区志评审稿进行了全面审议，提出了诚恳的修改意见和建议，为进一步修改完善区志提供了参考。

加工完善阶段。《福山区志（1978—2002）（评审稿）》评议会议结束之后，福山区地方志编纂委员会对各级领导、专家的意见建议非常重视，要求区史志办调配精干力量进行梳理汇总，并做好加工完善工作。2013年3月，聘请两位有编志经验的离岗退休人员为特邀主编，重新加工凡例、概述，调整篇目设置，将原来的41编压缩到34编，将原来的260余万字压缩到150余万字。2018年3月，专门聘请摄像师拍摄志书所需要的各种照片，并到区委宣传部等相关单位搜集历史图片。同时，为确保志书质量，区史志办本着“尊重历史、客观公正”的原则，对志稿的政治性、思想性、历史性进行反复斟酌推敲，对重要事件、关键数字反复核实；对志稿体例、语言、标点符号等予以规范，力求观点正确、记述准确、言简意赅。成稿后，将征求意见稿发送至福山区门户网站，面向社会各界人士征求意见，并聘请特邀主审进行审稿。

本部志书编纂的时间跨度为1978—2002年。为防止断续现象发生，区史志办将民政、农业、水利、商贸、教育、卫生等编目的机构设立时间适当前移，便于人们查阅；大事记采用通志写法，简要记述上级领导及区级主要领导的重要活动和福山发生的重大变化、获得的主要荣誉、取得的重要成绩等。

本部区志的顺利出版，离不开区委、区政府领导的高度重视，离不开省、市及兄弟县市区史志办的鼎力支持，离不开福山各级各部门各单位的密切配合及社会各界的热心相助，也离不开广大编审人员的辛勤劳动。值此，谨向关心、支持、帮助区志编纂出版的领导、专家、单位和各界人士表示衷心感谢！

修志工作是一项艰巨、庞大的文化系统工程，时间紧、任务重，志中难免有未尽事宜及不足之处，敬请读者批评指正。

编者

2018年6月